# English/Spanish and Spanish/English Legal Dictionary

THIRD EDITION

KLUWER LAW INTERNATIONAL

# English/Spanish and Spanish/English Legal Dictionary

THIRD EDITION

**Steven M. Kaplan**

AUSTIN BOSTON CHICAGO NEW YORK THE NETHERLANDS

ISBN 978-90-411-2539-2

Published by:
Kluwer Law International
P.O. Box 316
2400 AH Alphen aan den Rijn
The Netherlands
Email: sales@kluwerlaw.com
Website: http://www.kluwerlaw.com

*Sold and distributed in North, Central and South America by:*
Aspen Publishers, Inc.
7201 McKinney Circle
Frederick, MD 21704
United States of America

*Sold and distributed in all other countries by:*
Turpin Distribution Services Ltd.
Stratton Business Park
Pegasus Drive
Biggleswade
Bedfordshire SG18 8TQ
United Kingdom

*Printed on acid-free paper*

# Preface and Notes on the Use of This Dictionary

This Dictionary provides over 100,000 entries and over 135,000 equivalents covering all areas of law, plus relevant terms in related spheres of expertise. This is the Dictionary that lawyers, translators, and those working in English and Spanish in law and associated fields have been trusting since the First Edition was published in 1993. In order to prepare this Third Edition, the entire Second Edition was revised and updated, and over 40,000 new terms were added.

Because of its straightforward and naturally intuitive format, there are no special rules or indications for the use of this Dictionary. The user simply looks up any desired word or phrase, gets the equivalent, and returns to whatever was being worked on. The general presentation of the Dictionary is easy on the eyes, and facilitates finding the desired terms and equivalents with the least time and effort.

The Internet was used extensively throughout the preparation of this Dictionary, and if multiple people in serious endeavors used a given term in the areas covered by this Dictionary, it is quite likely to be included here. Even so, if a user feels that there are terms that should be added to a future edition of this book, or wishes to otherwise comment on this Dictionary, an email may be sent to the author at: **diccionarios@gmail.com**. Any such emails will certainly be appreciated.

Here are the abbreviations utilized:

| | | | |
|---|---|---|---|
| *adj* | adjective | *m* | masculine noun |
| *adv* | adverb | *m/f* | common gender noun |
| *conj* | conjunction | *n* | noun |
| *f* | feminine noun | *prep* | preposition |
| *int* | interjection | *v* | verb |

# Prólogo y notas sobre el uso de este diccionario

Este diccionario provee mas de 100.000 entradas y más de 135.000 equivalentes cubriendo todas las áreas del derecho, más términos pertinentes en esferas relacionadas de pericia. Éste es el diccionario en que abogados, traductores, y aquellos trabajando en Inglés y Español en derecho y campos asociados han estado confiando desde que se publicó la primera edición en 1993. Para preparar esta tercera edición, se revisó y actualizó la segunda edición completa, y se añadieron más de 40.000 nuevos términos.

Debido a su formato directo y naturalmente intuitivo, no hay reglas ni indicaciones especiales para el uso de este diccionario. El usuario sencillamente busca cualquier palabra o frase deseada, obtiene el equivalente, y regresa a lo que se haya estado trabajando. La presentación general del diccionario es agradable a la vista, y facilita encontrar los términos y equivalentes con el mínimo de tiempo y esfuerzo.

El Internet se usó extensamente a través de la preparación de este diccionario, y si múltiples personas en asuntos serios usaron un término dado en las áreas cubiertas por este diccionario, es muy probable que esté aquí incluido. Aun así, si un usuario siente que hay términos que se deberían añadir a una edición futura de este libro, o desea de algún otro modo comentar sobre este diccionario, se le puede enviar un email al autor a: **diccionarios@gmail.com**. Se agradecerán tales emails, desde luego.

## Aquí están las abreviaciones utilizadas:

| | | | |
|---|---|---|---|
| *adj* | adjetivo | *m* | sustantivo masculino |
| *adv* | adverbio | *m/f* | sustantivo de género común |
| *conj* | conjunción | *n* | sustantivo |
| *f* | sustantivo femenino | *prep* | preposición |
| *int* | interjección | *v* | verbo |

# Acknowledgments

My full gratitude goes to Karel van der Linde, Publishing Manager of Kluwer Law International (a part of Wolters Kluwer Law and Business), who supervised the preparation of this Dictionary from start to finish, providing support and trust at all times. I truly appreciate his recognizing the merit of this book, and having been willing to personally make it a reality.

I would also like to sincerely thank the following people, who had a meaningful interest in the Dictionary, and took concrete steps towards getting this book off the ground:

Rick Kravitz, Executive Vice President of Wolters Kluwer Law and Business, who from New York took care of key matters related to the book before sending the concept to Amsterdam.

Bas Kniphorst, Publisher at Wolters Kluwer Asia, who gave me a real helping hand before heading from Amsterdam to Hong Kong.

Jon Eldridge, Publisher at Aspen Publishers (a part of Wolters Kluwer Law and Business), who kept in touch quite a while, and then directed me to Rick Kravitz when the time was right. Kluwer Senior Developmental Editor Ronald Sinesio, and finally and quite importantly, David Bartolone, Director of Sales for Kluwer Law International.

Plus, I would like to thank Assistant to the Publisher Hanneke Verbeek, Executive Assistant Patricia G. Henry, and Betty Ankrapp, Royalty Administrator. Betty Ankrapp has been a kind presence for me at Wolters Kluwer for almost ten years now.

This book is dedicated to nice people, most especially those that are also tolerant, open-minded, and independent thinkers. It is dedicated to those who are honest, respectful, considerate, and kind with others. In a society that encourages and rewards lies, greed, exploitation, manipulation, intolerance, violence, hate, cruelty, ignorance, fear, rudeness, conformism, unimaginativeness, and superficiality, you are true anarchists. It takes real courage to be a nice person in this world, and you really do make a difference!

Steven M. Kaplan — Europe, 2007

# Reconocimientos

Karel van der Linde, Jefe de Edición de Kluwer Law International (una unidad de Wolters Kluwer Law and Business), quien supervisó la preparación de este diccionario de principio a fin, proveyendo apoyo y confianza en todo momento, tiene toda mi gratitud. Realmente le agradezco que reconociera el mérito de este libro, y el haber estado dispuesto a personalmente hacerlo una realidad.

También quiero darle gracias sinceras a las siguientes personas, quienes tuvieron un interés genuino en el diccionario, y que dieron pasos concretos para poner en marcha la preparación de este libro:

Rick Kravitz, Vicepresidente Ejecutivo de Wolters Kluwer Law and Business, quien desde Nueva York se encargó de asuntos claves relacionados al libro antes de mandar el concepto a Amsterdam.

Bas Kniphorst, Editor Responsable en Wolters Kluwer Asia, quien me dio una mano valiosa antes de ir de Amsterdam a Hong Kong.

Jon Eldridge, Editor Responsable en Aspen Publishers (una unidad de Wolters Kluwer Law and Business), quien se mantuvo en contacto conmigo un buen tiempo, y luego me dirigió a Rick Kravitz en el momento oportuno. Ronald Sinesio, Editor Principal de Desarrollo, y finalmente, y muy importantemente, David Bartolone, Director de Ventas de Kluwer Law International.

Además, me gustaría darle las gracias a Hanneke Verbeek, Asistente del Jefe de Edición, Patricia G. Henry, Asistente Ejecutiva, y a Betty Ankrapp, Administradora de Regalías. Betty Ankrapp ha sido una amable presencia para mi en Wolters Kluwer por ya casi diez años.

Este libro está dedicado a la gente buena gente, muy especialmente aquellos que además son tolerantes, de mente abierta, y pensadores independientes. Está dedicado a aquellos que son honestos, respetuosos, considerados, y amables con los demás. En una sociedad que fomenta y recompensa las mentiras, avaricia, explotación, manipulación, intolerancia, violencia, odio, crueldad, ignorancia, miedo, grosería, conformismo, falta de imaginación, y superficialidad, ustedes son anarquistas reales. Requiere valor genuino ser una persona buena gente en este mundo, ¡y ustedes realmente hacen una diferencia!

Steven M. Kaplan — Europa, 2007

## English to Spanish

---

## Inglés a Español

# A

**a/c (account)** – cuenta
**a contrario sensu** – en sentido contrario, a contrario sensu
**a fortiori** – con más razón, a fortiori
**a.k.a (also known as)** – también conocido como
**a.m. (ante meridiem)** – a.m.
**a mensa et thoro** – separación en vez de disolución de matrimonio, a mensa et thoro
**a priori** – desde el principio, deductivamente, a priori
**a.s.a.p (as soon as possible)** – tan pronto como sea posible
**ab initio** – desde el principio, ab initio
**ab intestat** – intestado, ab intestat
**ab intestato** – de un intestado, ab intestato
**ab irato** – por alguien enfurecido, acaloradamente, ab irato
**ABA (American Bar Association)** – Asociación Americana de Abogados
**abalienation** – transferencia de propiedad
**abandon** *v* – abandonar, evacuar, renunciar
**abandon a child** – abandonar un hijo, abandonar un niño
**abandon a claim** – abandonar una reclamación
**abandon a crime** – abandonar un crimen
**abandon allegiance** – abandonar la lealtad
**abandon an action** – abandonar una acción
**abandon goods** – abandonar bienes, abandonar propiedad, abandonar mercancías
**abandon land** – abandonar tierra
**abandon nationality** – abandonar la nacionalidad
**abandon property** – abandonar propiedad
**abandon to the insurer** – abandonar al asegurador
**abandoned** *adj* – abandonado, evacuado
**abandoned action** – acción abandonada
**abandoned appeal** – apelación abandonada
**abandoned assets** – activo abandonado
**abandoned cargo** – carga abandonada, cargamento abandonado
**abandoned child** – hijo abandonado, niño abandonado
**abandoned claim** – reclamación abandonada
**abandoned contract** – contrato abandonado
**abandoned crime** – crimen abandonado
**abandoned easement** – servidumbre abandonada
**abandoned freight** – flete abandonado
**abandoned goods** – bienes abandonados, propiedad abandonada, mercancías abandonadas
**abandoned husband** – esposo abandonado
**abandoned infant** – infante abandonado
**abandoned land** – tierra abandonada
**abandoned patent** – patente abandonada
**abandoned property** – propiedad abandonada
**abandoned rights** – derechos abandonados
**abandoned servitude** – servidumbre abandonada
**abandoned spouse** – cónyuge abandonado
**abandoned trust** – fideicomiso abandonado
**abandoned wife** – esposa abandonada
**abandonee** *n* – beneficiario de un abandono
**abandoning** *n* – abandono, renuncia, desistimiento
**abandonment** *n* – abandono, renuncia, desistimiento
**abandonment and desertion** – abandono y deserción
**abandonment clause** – cláusula de abandono
**abandonment loss** – pérdida por abandono
**abandonment of a child** – abandono de un hijo, abandono de un niño
**abandonment of a claim** – abandono de una reclamación
**abandonment of a crime** – abandono de un crimen
**abandonment of a pleading** – abandono de un alegato
**abandonment of actions** – abandono de las acciones
**abandonment of allegiance** – abandono de lealtad
**abandonment of appeal** – abandono de apelación
**abandonment of assets** – abandono de activo
**abandonment of assets in bankruptcy** – abandono de activo en bancarrota
**abandonment of cargo** – abandono de carga, abandono de cargamento
**abandonment of claim** – renuncia a una acción, abandono de una reclamación
**abandonment of contract** – abandono de contrato
**abandonment of copyright** – abandono de derechos de autor
**abandonment of easement** – abandono de servidumbre
**abandonment of freight** – abandono de flete
**abandonment of goods** – abandono de bienes, abandono de propiedad, abandono de mercancías
**abandonment of husband** – abandono de esposo
**abandonment of insured property** – abandono de propiedad asegurada
**abandonment of known rights** – abandono de derechos conocidos
**abandonment of land** – abandono de tierra
**abandonment of mark** – abandono de marca, abandono de marca comercial
**abandonment of office** – abandono de cargo
**abandonment of patent** – abandono de patente
**abandonment of property** – abandono de propiedad
**abandonment of rights** – abandono de derechos
**abandonment of ship** – abandono de buque, abandono de nave
**abandonment of spouse** – abandono de cónyuge
**abandonment of suit** – abandono de acción, abandono de litigio
**abandonment of trademark** – abandono de marca, abandono de marca comercial
**abandonment of trust** – abandono de fideicomiso
**abandonment of wife** – abandono de esposa
**abandonment option** – opción de abandono
**abandonment stage** – etapa de abandono
**abandonment value** – valor de abandono
**abase** *v* – rebajar, humillar, envilecer
**abatable** *adj* – abatible, abolible, reducible
**abatable nuisance** – estorbo que se puede eliminar, acto perjudicial que se puede eliminar
**abate** *v* – abatir, disminuir, anular, mitigar, reducir,

rebajar, cancelar
**abate a bequest** – disminuir un legado
**abate a debt** – cancelar una deuda
**abate a devise** – disminuir un legado
**abate a legacy** – disminuir un legado
**abate a nuisance** – eliminar un estorbo
**abate a tax** – rebajar un impuesto, eliminar un impuesto
**abate an action** – anular una acción
**abate in intensity** – disminuir la intensidad
**abatement** *n* – disminución, abolición, mitigación, extinción de una demanda, extinción en parte de una demanda, reducción, rebaja, cancelación
**abatement and revival** – suspensión y restablecimiento
**abatement of a bequest** – disminución de un legado
**abatement of a devise** – disminución de un legado
**abatement of a legacy** – disminución de un legado
**abatement of a nuisance** – eliminación de un estorbo, eliminación de un acto perjudicial
**abatement of action** – extinción de la acción
**abatement of debts** – rebaja de deudas
**abatement of differences** – disminución de diferencias
**abatement of taxes** – rebaja de impuestos, eliminación de impuestos
**abator** – aquel que elimina algo perjudicial
**abbreviate** *v* – abreviar, resumir, compendiar
**abbreviated** *adj* – abreviado, resumido, compendiado
**abbreviation** *n* – abreviación, resumen, compendio
**abbreviature** *n* – abreviación, resumen, compendio
**abdicate** *v* – abdicar, renunciar
**abdication** *n* – abdicación, renuncia
**abduce** *v* – secuestrar, raptar
**abduct** *v* – secuestrar, raptar
**abduction** *n* – secuestro, abducción, rapto
**abductor** *n* – secuestrador, raptor
**abearance** *n* – conducta
**aberrance** *n* – aberración, anormalidad
**aberrancy** *n* – aberración, anormalidad
**aberrant** *adj* – aberrante, anormal
**aberration** *n* – aberración
**abet** *v* – inducir, incitar, instigar, apoyar
**abetment** *n* – apoyo, instigación, complicidad
**abettor** *n* – instigador, incitador, fautor
**abeyance** *n* – suspensión, espera
**abeyance, in** – en espera, en suspensión, latente, pendiente
**abeyancy** *n* – suspensión, espera
**abeyant** *adj* – en suspenso, en espera, pendiente
**abhor** *v* – aborrecer, odiar
**abhorrent** *adj* – aborrecible
**abidance, by** – respeto de, adhesión a
**abidance, in** – permanencia
**abide** *v* – aceptar, atenerse, someterse, cumplir
**abide by** – respetar, cumplir con, atenerse a, acatar
**abiding** *adj* – obediente
**abiding by** – atenerse a, someterse a
**abiding conviction** – convicción de culpabilidad con certidumbre
**ability** *n* – habilidad, aptitud, capacidad
**ability to act** – capacidad de actuar
**ability to compete** – capacidad de competir
**ability to contract** – capacidad de contratar
**ability to distinguish** – capacidad de distinguir
**ability to earn** – capacidad de ganar
**ability to endure** – capacidad de tolerar
**ability to know** – capacidad de conocer
**ability to mortgage** – capacidad para hipotecar
**ability to pay** – capacidad de pagar
**ability to pay debts** – capacidad de pagar deudas
**ability to pay taxes** – capacidad de pagar impuestos
**ability-to-pay principle** – principio de la capacidad para pagar impuestos
**ability to perceive** – capacidad de percibir
**ability to perform** – capacidad de ejecutar
**ability to reason** – capacidad de razonar
**ability to sue** – capacidad de demandar
**ability to support** – capacidad de mantener
**ability to tolerate** – capacidad de tolerar
**ability to understand** – capacidad de entender
**ability to withstand** – capacidad de tolerar
**ability to work** – capacidad para trabajar
**abject** *adj* – abyecto, despreciable
**abject poverty** – pobreza absoluta
**abjection** *n* – abyección, bajeza
**abjuration** *n* – abjuración, renuncia
**abjuration of allegiance** – abjuración de lealtad
**abjure** *v* – abjurar, renunciar, retractarse solemnemente
**abjurement** *n* – abjuración, renuncia
**abjurer** *n* – quien abjura, quien renuncia
**ablaze** *adj* – en llamas, ardiendo, encendido
**able** *adj* – capaz, hábil, competente
**able-bodied** *adj* – sin impedimentos físicos que eviten cumplir un cargo, fuerte y sano
**able to be altered** – capaz de ser alterado
**able to be confirmed** – capaz de ser confirmado
**able to be seen** – capaz de ser visto
**able to be shown** – capaz de ser demostrado
**able to contract** – capaz de contratar
**able to earn** – capaz de ganar
**able to endure** – capaz de tolerar
**able to improve** – capaz de mejorar
**able to pay** – capaz de pagar
**able to pay debts** – capaz de pagar deudas
**able to pay taxes** – capaz de pagar impuestos
**able to purchase** – capaz de comprar
**able to recognize** – capaz de reconocer
**able to withstand** – capaz de tolerar
**able to work** – capaz de trabajar
**ableness** *n* – capacidad, habilidad, competencia
**ably** *adv* – hábilmente, competentemente
**abnegate** *v* – abnegar, renunciar, negar, rechazar
**abnegation** *n* – abnegación, negación, rechazo
**abnormal** *adj* – anormal, irregular
**abnormal deterioration** – deterioro anormal
**abnormal risk** – riesgo anormal, riesgo irregular
**abnormality** *n* – anormalidad, irregularidad
**abnormity** *n* – anormalidad, irregularidad
**abode** *n* – hogar, residencia, domicilio
**abolish** *v* – abolir, anular, derogar
**abolished** *adj* – abolido, anulado, derogado
**abolishment** *n* – abolición, anulación, derogación
**abolition** *n* – abolición, derogación
**abolition of a remedy** – abolición de un recurso
**abolition of an action** – abolición de una acción
**abominable** *adj* – abominable

**abomination** *n* – abominación
**abort** *v* – abortar, suspender, abandonar, fracasar
**aborted** *adj* – abortado, fracasado
**aborted attempt** – intento abortado
**aborted crime** – crimen abortado
**aborted effort** – esfuerzo abortado
**aborted mission** – misión abortada
**abortion** *n* – aborto, terminación del embarazo
**abortionist** *n* – abortador
**abortive** *adj* – abortivo, fracasado
**abortive trial** – juicio sin veredicto, juicio sin sentencia
**abortus** *n* – producto del aborto
**about-face** *n* – cambio de parecer, media vuelta
**about the person** – cerca de la persona, acerca de la persona
**about to happen** – a punto de ocurrir
**above** *adv* – sobre, superior, precedente, anterior
**above all** – sobre todo
**above average** – sobre promedio
**above-cited** *adj* – anteriormente citado
**above-described** *adj* – descrito anteriormente
**above-market interest rate** – tasa de interés por encima del mercado
**above-market price** – precio por encima del mercado
**above-market rate** – tasa por encima del mercado
**above-mentioned** *adj* – antedicho, anteriormente mencionado
**above par** – sobre la par
**above quota** – sobre la cuota
**above-the-market interest rate** – tasa de interés por encima del mercado
**above-the-market price** – precio por encima del mercado
**above-the-market rate** – tasa por encima del mercado
**above-written** *adj* – antes escrito
**aboveboard** *adj* – abiertamente, honestamente
**abreast** *adv* – lado a lado, parejo, al tanto
**abridge** *v* – abreviar, reducir, limitar
**abridged** *adj* – abreviado, reducido, limitado
**abridgment** *n* – abreviación, condensación, compendio, limitación, disminución
**abridgment of damages** – derecho del tribunal a reducir los daños y perjuicios
**abridgment of rights** – disminución de derechos
**abridgment of time** – abreviación de tiempo
**abroad** *adj* – en el extranjero
**abrogate** *v* – abrogar, revocar, anular, derogar
**abrogated** *adj* – abrogado, revocado, anulado, derogado
**abrogation** *n* – abrogación, revocación, anulación, derogación
**abrogation of agreement** – abrogación de contrato
**abrogative** *adj* – abrogativo
**abrupt** *adj* – abrupto, repentino
**abruption** *n* – ruptura
**abruptly** *adv* – abruptamente, repentinamente
**abscission** *n* – abscisión, separación
**abscond** *v* – fugarse, huir y esconderse, robar e huir
**abscond on bail** – fugarse bajo fianza
**absconder** *n* – fugitivo, prófugo, contumaz
**absconding debtor** – deudor prófugo
**absence** *n* – ausencia, no comparecencia
**absence from the state** – ausencia del estado
**absence of authority** – ausencia de autoridad
**absence of ceremony** – ausencia de ceremonia
**absence of change** – ausencia de cambio
**absence of competition** – ausencia de competencia
**absence of consideration** – ausencia de contraprestación
**absence of credibility** – ausencia de credibilidad
**absence of doubt** – ausencia de duda
**absence of fraud** – ausencia de fraude
**absence of funds** – ausencia de fondos
**absence of guilt** – ausencia de culpabilidad
**absence of heirs** – ausencia de herederos
**absence of issue** – ausencia de descendencia
**absence of meaning** – ausencia de significado, ausencia de sentido
**absence of negligence** – ausencia de negligencia
**absence of notice** – ausencia de aviso
**absence of wrongdoing** – ausencia de daño
**absence rate** – tasa de ausencias
**absent** *adj* – ausente, no compareciente
**absent and absconding debtor** – deudor ausente y prófugo
**absent creditor** – acreedor ausente
**absent debtor** – deudor ausente
**absent defendant** – demandado ausente, acusado ausente
**absent from** – ausente de
**absent from a jurisdiction** – ausente de una jurisdicción
**absent-minded** *adj* – distraído
**absented** *adj* – ausentado
**absentee** *n* – ausente, quien se ausenta
**absentee ballot** – voto ausente, voto por poder, papeleta para voto ausente
**absentee landlord** – arrendador ausente, propietario ausente
**absentee lessor** – arrendador ausente
**absentee owner** – dueño ausente
**absentee voting** – voto ausente
**absenteeism** *n* – absentismo, ausentismo
**absenteeism rate** – tasa de absentismo, tasa de ausentismo, índice de absentismo, índice de ausentismo
**absolute** *adj* – absoluto, incondicional, definitivo
**absolute acceptance** – aceptación absoluta
**absolute admission** – admisión absoluta
**absolute advantage** – ventaja absoluta
**absolute assertion** – afirmación absoluta
**absolute assignment** – cesión absoluta, traspaso absoluto, asignación absoluta, cesión incondicional, traspaso incondicional, asignación incondicional
**absolute auction** – subasta absoluta
**absolute beneficiary** – beneficiario absoluto
**absolute bequest** – legado irrevocable, legado absoluto
**absolute certainty** – certeza absoluta
**absolute condition** – condición absoluta
**absolute control** – control absoluto
**absolute conveyance** – traspaso absoluto
**absolute conviction** – convicción absoluta
**absolute covenant** – estipulación absoluta, acuerdo absoluto
**absolute deed** – título absoluto
**absolute delivery** – entrega absoluta

**absolute devise** – legado irrevocable, legado absoluto
**absolute discretion** – discreción absoluta
**absolute divorce** – divorcio absoluto
**absolute endorsement** – endoso absoluto
**absolute estate** – derechos y posesión absolutos, título absoluto
**absolute exemption** – exención absoluta
**absolute fee** – título absoluto
**absolute fee simple** – título absoluto
**absolute gift** – donación absoluta
**absolute guarantee** – garantía absoluta, garantía incondicional
**absolute guaranty** – garantía absoluta, garantía incondicional
**absolute immunity** – inmunidad absoluta
**absolute indorsement** – endoso absoluto
**absolute injuries** – perjuicio absoluto, daños absolutos
**absolute interest** – interés absoluto, derecho absoluto
**absolute law** – ley absoluta
**absolute legacy** – legado irrevocable, legado absoluto
**absolute liability** – responsabilidad objetiva, responsabilidad absoluta
**absolute monopoly** – monopolio absoluto
**absolute moral certainty** – certidumbre moral absoluta
**absolute nullity** – nulidad absoluta
**absolute obligation** – obligación absoluta
**absolute owner** – dueño absoluto
**absolute ownership** – propiedad absoluta
**absolute pardon** – perdón incondicional, perdón absoluto
**absolute power of alienation** – poder de disposición absoluto
**absolute power of disposition** – poder de disposición absoluto
**absolute power of revocation** – poder de revocación absoluta
**absolute prerequisite** – prerrequisito absoluto
**absolute priority** – prioridad absoluta
**absolute priority rule** – regla de prioridad absoluta
**absolute privilege** – privilegio absoluto, gracia absoluta, inmunidad del proceso civil
**absolute property** – propiedad absoluta, posesión y derecho absoluto
**absolute requisite** – requisito absoluto
**absolute right** – derecho absoluto
**absolute sale** – venta definitiva
**absolute terms** – términos absolutos
**absolute title** – título absoluto
**absolute total loss** – pérdida total absoluta
**absolute transfer** – transferencia absoluta
**absolute warranty** – garantía absoluta
**absolutely** *adv* – absolutamente, completamente, definitivamente, incondicionalmente
**absolutely and unconditionally** – absoluta e incondicionalmente
**absolutely clear** – absolutamente claro
**absolutely necessary** – absolutamente necesario
**absolutely privileged** – absolutamente privilegiado, inmune del proceso civil
**absolutely privileged communication** – comunicación absolutamente privilegiada, comunicación con inmunidad de proceso civil
**absolutely void** – absolutamente nulo
**absoluteness** *n* – carácter absoluto
**absolution** *n* – absolución, perdón
**absolutism** *n* – absolutismo
**absolutist** *adj* – absolutista
**absolutist** *n* – absolutista
**absolve** *v* – absolver, exonerar, dispensar, eximir
**absolve of blame** – absolver de culpa, exonerar de culpa
**absolve of fault** – absolver de culpa, exonerar de culpa
**absorb** *v* – absorber, asimilar a fondo
**absorb costs** – absorber costos, absorber costes
**absorb the loss** – absorber la pérdida
**absorbed** *adj* – absorbido
**absorption** *n* – absorción
**absorption of liquidity** – absorción de liquidez
**absque hoc** – sin esto, absque hoc
**abstain** *v* – abstenerse, privarse
**abstain from** – abstenerse de, privarse de
**abstemious** *adj* – abstemio, frugal
**abstention** *n* – abstención, inhibición
**abstention doctrine** – doctrina de la abstención, doctrina de la inhibición
**abstinence** *n* – abstinencia
**abstract** *n* – resumen, extracto, compendio, sumario, resumen de título
**abstract** *v* – resumir, compendiar, remover, separar, sustraer
**abstract company** – compañía que prepara resúmenes de título
**abstract idea** – idea abstracta
**abstract instruction** – instrucción abstracta al jurado
**abstract loss** – pérdida no experimentada en concreto, pérdida abstracta
**abstract of evidence** – resumen de pruebas
**abstract of judgment** – resumen del fallo
**abstract of record** – resumen breve del expediente
**abstract of title** – resumen de título
**abstract of the disclosure** – resumen de lo que se presenta para patentizarse incluyendo de qué se trata y lo que tiene de nuevo
**abstract of trust** – resumen del fideicomiso
**abstract question** – pregunta teórica, pregunta especulativa
**abstract thing** – cosa abstracta
**abstract update** – actualización de resumen de título
**abstracted** *adj* – resumido, compendiado, abstraído
**abstracter** *n* – preparador de resúmenes
**abstraction** *n* – abstracción, hurto, sustracción, separación
**abstruse** *adj* – abstruso, incomprensible
**abstruseness** *n* – incomprensibilidad
**absurd** *adj* – absurdo, irracional
**absurd story** – historia absurda
**absurd testimony** – testimonio absurdo
**absurdity** *n* – absurdidad, irracionalidad
**absurdness** *n* – absurdidad, irracionalidad
**abuse** *n* – abuso, injuria
**abuse** *v* – abusar, injuriar
**abuse a child** – abusar de un hijo, abusar de un niño
**abuse a spouse** – abusar de un cónyuge
**abuse of authority** – abuso de autoridad
**abuse of child** – abuso de niño, abuso de hijo, abuso de menor

**abuse of civil law** – abuso del derecho civil
**abuse of discretion** – abuso de discreción
**abuse of drugs** – abuso de drogas
**abuse of executive authority** – abuso de autoridad ejecutiva
**abuse of female child** – abuso de niña menor, abuso de hija menor
**abuse of husband** – abuso de esposo
**abuse of law** – abuso de derecho, abuso de la ley
**abuse of legal process** – abuso de proceso legal
**abuse of male child** – abuso de niño menor, abuso de hijo menor
**abuse of minor** – abuso de menor
**abuse of power** – abuso de poder
**abuse of privilege** – abuso de privilegio
**abuse of process** – abuso de proceso
**abuse of trust** – abuso de confianza
**abuse of wife** – abuso de esposa
**abused** *adj* – abusado, injuriado
**abused and neglected** – abusado y descuidado
**abusive** *adj* – abusivo, injurioso
**abusive husband** – esposo abusivo
**abusive language** – lenguaje abusivo, lenguaje cruel
**abusive letter** – carta abusiva
**abusive person** – persona abusiva
**abusive spouse** – cónyuge abusivo
**abusive tax shelter** – abrigo contributivo abusivo
**abusive wife** – esposa abusiva
**abusiveness** *n* – carácter de abusivo
**abut** *v* – lindar, colindar, confinar, terminar en
**abutment** *n* – linde, lindero, confín
**abuttals** *n* – colindancias, lindes, linderos, límites, confines
**abutter** *n* – colindante, dueño de propiedad colindante
**abutting** *adj* – colindante, limítrofe
**abutting land** – tierra colindante
**abutting owner** – dueño de propiedad colindante
**abutting property** – propiedad colindante
**abutting property owner** – dueño de propiedad colindante
**abysmal** *adj* – abismal, profundo
**academic** *adj* – académico, teórico, especulativo
**academic question** – pregunta académica, pregunta hipotética
**academy** *n* – academia
**accede** *v* – acceder, consentir
**accede to** – acceder a, consentir a
**acceding** *adj* – accediendo, consintiendo
**acceding country** – país en proceso de adhesión
**acceding government** – gobierno en proceso de adhesión
**accelerant** *n* – acelerante
**accelerate** *v* – acelerar
**accelerate payment** – acelerar pago
**accelerated** *adj* – acelerado, adelantado, anticipado
**accelerated cost recovery system** – sistema acelerado de recuperación de costos, sistema acelerado de recuperación de costes
**accelerated death benefits** – beneficios por muerte acelerados, indemnización por muerte acelerada
**accelerated decision** – decisión acelerada
**accelerated depreciation** – depreciación acelerada
**accelerated maturity** – vencimiento acelerado, vencimiento anticipado
**accelerated payment** – pago acelerado
**accelerated tariff elimination** – eliminación de aranceles acelerada
**acceleration** *n* – aceleración
**acceleration clause** – cláusula de aceleración
**acceleration doctrine** – doctrina de aceleración
**acceleration of estate** – aceleración de un legado, aceleración de una sucesión
**acceleration of payment** – aceleración de pago
**accentuate** *v* – acentuar, intensificar
**accept** *v* – aceptar, admitir, recibir, aprobar
**accept a bill** – aceptar una letra, aceptar una cuenta
**accept a bribe** – aceptar un soborno
**accept a check** – aceptar un cheque
**accept a condition** – aceptar una condición
**accept a contract** – aceptar un contrato
**accept a deposit** – aceptar un depósito
**accept a proposal** – aceptar una propuesta
**accept advice** – aceptar consejos
**accept an obligation** – aceptar una obligación
**accept an offer** – aceptar una oferta
**accept cash** – aceptar efectivo
**accept conditionally** – aceptar condicionalmente, aceptar con reserva
**accept delivery** – aceptar entrega
**accept deposits** – aceptar depósitos
**accept for the account of** – recibir por la cuenta de
**accept goods** – aceptar bienes, aceptar propiedad, aceptar mercancías
**accept liability** – aceptar responsabilidad
**accept responsibility** – aceptar responsabilidad
**acceptable** *adj* – aceptable, admisible
**acceptable bid** – oferta aceptable, puja aceptable
**acceptable conditions** – condiciones aceptables
**acceptable evidence** – prueba admisible
**acceptable identification** – identificación aceptable
**acceptable price** – precio aceptable
**acceptable quality** – calidad aceptable
**acceptable quality level** – nivel de calidad aceptable
**Acceptable Use Policy** – política de uso aceptable
**acceptance** *n* – aceptación, aprobación, admisión
**acceptance bonus** – bono de aceptación
**acceptance by conduct** – aceptación por conducta
**acceptance certificate** – certificado de aceptación
**acceptance conditions** – condiciones de aceptación
**acceptance credit** – crédito de aceptación
**acceptance date** – fecha de aceptación
**acceptance inspection** – inspección de aceptación
**acceptance liability** – responsabilidad de aceptación
**acceptance responsibility** – responsabilidad de aceptación
**acceptance of a bill** – aceptación de una letra, aceptación de una cuenta
**acceptance of a bribe** – aceptación de un soborno
**acceptance of a check** – aceptación de un cheque
**acceptance of a cheque** – aceptación de un cheque
**acceptance of a contract** – aceptación de un contrato
**acceptance of a deposit** – aceptación de un depósito
**acceptance of a gift** – aceptación de una donación, aceptación de un regalo
**acceptance of a proposal** – aceptación de una propuesta, aceptación de una proposición
**acceptance of an insurance application** – aceptación de una solicitud de seguro

**acceptance of benefits** – aceptación de beneficios
**acceptance of bids** – aceptación de ofertas, aceptación de propuestas
**acceptance of condition** – aceptación de condición
**acceptance of delivery** – aceptación de entrega
**acceptance of goods** – aceptación de bienes, aceptación de propiedad, aceptación de mercancías
**acceptance of job** – aceptación de trabajo, aceptación de empleo
**acceptance of liability** – aceptación de responsabilidad
**acceptance of membership** – aceptación como miembro
**acceptance of obligation** – aceptación de obligación
**acceptance of offer** – aceptación de oferta
**acceptance of office** – aceptación de cargo
**acceptance of order** – aceptación de orden
**acceptance of penalty** – aceptación de pena
**acceptance of proposal** – aceptación de propuesta
**acceptance of responsibility** – aceptación de responsabilidad
**acceptance of risk** – aceptación del riesgo
**acceptance of sale** – aceptación de venta
**acceptance procedure** – procedimiento de aceptación
**acceptance standards** – normas de aceptación
**acceptance supra protest** – aceptación bajo protesta
**acceptation** *n* – aceptación, aprobación
**accepted** *adj* – aceptado, aprobado, admitido
**accepted amount** – cantidad aceptada
**accepted benefit** – beneficio aceptado
**accepted bid** – oferta aceptada, propuesta aceptada
**accepted bill** – letra aceptada, cuenta aceptada
**accepted bribe** – soborno aceptado
**accepted budget** – presupuesto aceptado
**accepted charge** – cargo aceptado
**accepted check** – cheque aceptado
**accepted cheque** – cheque aceptado
**accepted claim** – reclamación aceptada
**accepted commission** – comisión aceptada
**accepted conditions** – condiciones aceptadas
**accepted contract** – contrato aceptado
**accepted cost** – costo aceptado, coste aceptado
**accepted delivery** – entrega aceptada
**accepted deposit** – depósito aceptado
**accepted draft** – giro aceptado, letra aceptada
**accepted fact** – hecho aceptado
**accepted gift** – donación aceptada, regalo aceptado
**accepted goods** – bienes aceptados, propiedad aceptada, mercancías aceptadas
**accepted job** – empleo aceptado, trabajo aceptado
**accepted liability** – responsabilidad aceptada
**accepted limit** – límite aceptado
**accepted obligation** – obligación aceptada
**accepted offer** – oferta aceptada
**accepted pay** – paga aceptada
**accepted payment** – pago aceptado
**accepted payment** – pago aceptado
**accepted period** – período aceptado
**accepted price** – precio aceptado
**accepted proposal** – propuesta aceptada
**accepted remuneration** – remuneración aceptada
**accepted responsibility** – responsabilidad aceptada
**accepted risk** – riesgo aceptado
**accepted salary** – salario aceptado
**accepted selling price** – precio de venta aceptado
**accepted standards** – normas aceptadas
**accepted terms** – términos aceptados
**accepted valuation** – valuación aceptada
**accepted value** – valor aceptado
**accepter** *n* – aceptante, aceptador
**acceptilation** *n* – aceptilación, relevo de deuda
**accepting** *adj* – aceptante
**accepting bank** – banco aceptante
**accepting house** – casa de aceptaciones
**acceptor** *n* – aceptante, aceptador
**access** *n* – acceso, entrada, paso, acceso carnal
**access code** – código de acceso
**access control** – control de acceso
**access device** – dispositivo de acceso
**access easement** – servidumbre de paso
**access limit** – límite de acceso
**access right** – derecho de acceso
**access to a market** – acceso a un mercado
**access to courts** – acceso a la justicia
**accessibility** *n* – accesibilidad, asequibilidad
**accessible** *adj* – accesible, asequible, susceptible
**accession** *n* – accesión, adhesión, toma de posesión, incremento, aumento, acceso
**accession of property** – toma de posesión de propiedad
**accessorial** *adj* – accesorio, suplementario
**accessory** *n* – accesorio, cómplice
**accessory action** – acción accesoria
**accessory after the fact** – cómplice encubridor, cómplice después de los hechos, encubridor de un delito
**accessory before the fact** – cómplice instigador, inductor de un delito
**accessory building** – edificación auxiliar
**accessory charge** – cargo accesorio
**accessory contract** – contrato accesorio
**accessory during the act** – cómplice presente, cómplice de los hechos, quien presencia un delito sin prestar ayuda
**accessory expenditures** – gastos accesorios
**accessory expenses** – gastos accesorios
**accessory fee** – cargo accesorio
**accessory obligation** – obligación accesoria
**accessory to a crime** – cómplice
**accessory use** – uso auxiliar
**accident** *n* – accidente, desgracia, casualidad
**accident analysis** – análisis del accidente
**accident and health benefits** – beneficios por accidentes y enfermedades
**accident and health insurance** – seguro contra accidentes y enfermedades
**accident and sickness insurance** – seguro contra accidentes y enfermedades
**accident benefits** – beneficios por accidentes
**accident frequency** – frecuencia de accidentes
**accident insurance** – seguro contra accidentes
**accident policy** – póliza contra accidentes
**accident prevention** – prevención de accidentes
**accident-prone** *adj* – propenso a sufrir accidentes
**accident rate** – frecuencia de accidentes
**accident report** – informe de accidente, reporte de accidente
**accident risk** – riesgo de accidentes

**accidental** *adj* – accidental, imprevisto, fortuito
**accidental bodily injury** – lesión corporal accidental
**accidental cause** – causa accidental
**accidental damage** – daño accidental
**accidental death** – muerte accidental
**accidental death benefit** – beneficio por muerte accidental
**accidental death clause** – cláusula de muerte accidental
**accidental death insurance** – seguro de muerte accidental
**accidental event** – acontecimiento accidental
**accidental fire** – fuego accidental
**accidental homicide** – homicidio accidental
**accidental injury** – lesión accidental
**accidental killing** – homicidio accidental
**accidental loss** – pérdida accidental
**accidental means** – causa accidental
**accidentally** *adv* – accidentalmente, fortuitamente
**acclaim** *v* – aclamar, proclamar
**acclamation** *n* – aclamación, voto unánime
**acclamatory** *adj* – aclamatorio
**accommodate** *v* – acomodar, proveer, adaptar, facilitar, alojar
**accommodated party** – parte acomodada, parte beneficiada, beneficiario de una firma de favor, beneficiario de una firma por acomodación
**accommodating** *adj* – servicial, complaciente, flexible
**accommodation** *n* – favor, acomodamiento, garantía, alojamiento, crédito, préstamo
**accommodation acceptance** – aceptación de favor
**accommodation bill** – documento de favor, letra de favor
**accommodation draft** – giro de favor, letra de favor
**accommodation endorsement** – endoso de favor
**accommodation endorser** – endosante de favor
**accommodation guarantor** – garante de favor
**accommodation indorsement** – endoso de favor
**accommodation indorser** – endosante de favor
**accommodation line** – pólizas de seguros aceptadas por deferencia al agente
**accommodation maker** – quien firma de favor
**accommodation note** – pagaré de favor
**accommodation paper** – documento de favor, documento para facilitar
**accommodation party** – quien firma de favor, parte por acomodación
**accommodation road** – camino de acceso
**accommodation signer** – quien firma de favor
**accompaniment** *n* – acompañamiento, accesorio
**accompany** *v* – acompañar, escoltar
**accompanying** *adj* – acompañante
**accomplice** *n* – cómplice
**accomplice liability** – responsabilidad de un cómplice
**accomplice witness** – testigo cómplice
**accomplish** *v* – efectuar, lograr, realizar
**accomplished** *adj* – realizado, ejecutado, acabado
**accomplishments** *n* – logros, realizaciones
**accord** *n* – convenio, acuerdo
**accord** *v* – acordar, otorgar, convenir
**accord and satisfaction** – acuerdo y satisfacción, extinción de deuda o compromiso mediante contraprestación alterna
**accordance** *n* – acuerdo, conformidad
**accordant** *adj* – en conformidad, de conformidad
**according** *adj* – conforme
**according to** – de acuerdo a, conforme a, según
**according to agreement** – de acuerdo al contrato, de acuerdo a lo convenido
**according to contract** – de acuerdo al contrato
**according to custom** – de acuerdo a las costumbres
**according to facts** – de acuerdo a los hechos
**according to law** – de acuerdo a la ley
**according to our records** – según nuestros registros, de acuerdo a nuestros registros
**according to schedule** – conforme al programa, según el programa
**according to the custom of the place** – de acuerdo a las costumbres del lugar
**accordingly** *adv* – en conformidad, por consiguiente
**accost** *v* – dirigirse a, abordar
**accouchement** *n* – parto
**account** *n* – cuenta, informe, relación
**account activity** – actividad de cuenta
**account adjustment** – ajuste de cuenta
**account analysis** – análisis de cuenta
**account balance** – saldo de cuenta
**account book** – libro de cuentas, libro de contabilidad, libro de asiento, libro de cuenta y razón
**account certification** – certificación de cuenta
**account classification** – clasificación de cuenta
**account closed** – cuenta cerrada
**account closing** – cierre de cuenta
**account day** – día de liquidación
**account debtor** – deudor en la cuenta
**account due** – cuenta vencida, cuenta en mora
**account enquiry** – petición para información de cuenta, investigación de cuenta
**account entry** – anotación en cuenta
**account executive** – ejecutivo de cuentas
**account for** – dar razón de, rendir cuentas, responder por
**account history** – historial de cuenta
**account hold** – retención en cuenta
**account holder** – tenedor de cuenta, titular de cuenta, cuentahabiente, cuentacorrentista
**account in trust** – cuenta en fideicomiso
**account inquiry** – petición para información de cuenta, investigación de cuenta
**account list** – lista de cuentas
**account maintenance** – mantenimiento de cuenta
**account management** – administración de cuenta, gestión de cuenta
**account manager** – administrador de cuenta
**account movement** – movimiento de cuenta
**account name** – nombre de cuenta
**account number** – número de cuenta
**account, on** – a cuenta, pago a cuenta
**account open** – cuenta abierta
**account opening** – apertura de cuenta
**account overdraft** – sobregiro de cuenta
**account overdrawn** – cuenta sobregirada
**account overdue** – cuenta vencida, cuenta en mora
**account past due** – cuenta vencida, cuenta en mora
**account payable** – cuenta por pagar
**account payee** – beneficiario de cuenta
**account period** – período de cuenta

**account receivable** – cuenta por cobrar
**account reconcilement** – reconciliación de cuenta
**account reconciliation** – reconciliación de cuenta
**account rendered** – cuenta presentada al deudor
**account report** – informe de cuenta, reporte de cuenta
**account settled** – cuenta saldada
**account stated** – acuerdo de balance para cancelación
**account statement** – estado de cuenta
**account status** – estado de cuenta
**account summary** – resumen de cuenta
**account terms** – términos de cuenta
**account title** – título de cuenta
**account transaction** – transacción de cuenta
**account turnover** – giro de cuenta
**accountability** *n* – responsabilidad
**accountable** *adj* – responsable
**accountable official** – oficial responsable
**accountable person** – persona responsable
**accountable receipt** – recibo de dinero acompañado de una obligación, recibo de propiedad acompañada de una obligación
**accountancy** *n* – contabilidad, contaduría
**accountancy adjustment** – ajuste contable
**accountancy analysis** – análisis contable
**accountancy books** – libros de contabilidad, libros contables
**accountancy change** – cambio contable, cambio de contabilidad
**accountancy chief** – jefe de contabilidad, contable jefe, contador jefe
**accountancy clerk** – oficinista de contabilidad
**accountancy control** – control contable, control de contabilidad
**accountancy conventions** – prácticas contables, prácticas de contabilidad
**accountancy costs** – costos contables, costos de contabilidad, costes contables, costes de contabilidad
**accountancy cycle** – ciclo contable, ciclo de contabilidad
**accountancy data** – datos contables, datos de contabilidad
**accountancy department** – departamento de contabilidad, departamento contable
**accountancy director** – director de contabilidad, director contable
**accountancy division** – división de contabilidad, sección de contabilidad, división contable, sección contable
**accountancy documents** – documentos contables, documentos de contabilidad
**accountancy entity** – entidad de contabilidad, entidad contable
**accountancy entry** – asiento contable, anotación contable, apunte contable
**accountancy error** – error contable, error de contabilidad, yerro de cuenta
**accountancy event** – evento contable, evento de contabilidad
**accountancy evidence** – prueba contable, prueba de contabilidad
**accountancy firm** – firma de contadores, firma de contabilidad
**accountancy income** – ingresos contables
**accountancy manager** – gerente de contabilidad, gerente contable
**accountancy method** – método contable, método de contabilidad
**accountancy model** – modelo contable, modelo de contabilidad
**accountancy office** – contaduría, oficina de contabilidad, oficina contable
**accountancy officer** – oficial de contabilidad, oficial contable, funcionario de contabilidad, funcionario contable
**accountancy period** – período contable, período de contabilidad
**accountancy plan** – plan contable, plan de contabilidad
**accountancy policies** – normas de contabilidad, normas contables
**accountancy practices** – prácticas contables, prácticas de contabilidad
**accountancy principles** – principios de contabilidad, principios contables
**accountancy procedures** – procedimientos contables, procedimientos de contabilidad
**accountancy process** – proceso contable, proceso de contabilidad
**accountancy program** – programa de contabilidad, programa contable
**accountancy programme** – programa de contabilidad, programa contable
**accountancy purposes** – fines contables, fines de contabilidad, propósitos contables, propósitos de contabilidad
**accountancy records** – registros contables, registros de contabilidad
**accountancy records and books** – libros y registros contables, libros y registros de contabilidad
**accountancy report** – informe contable, informe de contabilidad, reporte contable, reporte de contabilidad
**accountancy rules** – reglas contables, reglas de contabilidad
**accountancy services** – servicios contables, servicios de contabilidad
**accountancy software** – software de contabilidad, software contable, programas de contabilidad, programas contables
**accountancy standardisation** – normalización contable
**accountancy standardization** – normalización contable
**accountancy standards** – normas contables, normas de contabilidad
**accountancy statements** – estados contables, estados de contabilidad
**accountancy system** – sistema contable, sistema de contabilidad
**accountancy treatment** – tratamiento contable
**accountancy valuation** – valuación contable
**accountancy value** – valor contable
**accountancy year** – año contable
**accountant** *n* – contador, contable
**accountant general** – jefe de contabilidad, contable jefe, contador jefe
**accountant in charge** – contador responsable, contable responsable
**accountant's certificate** – certificado del contador,

certificado del contable
**accountant's liability** – responsabilidad del contador, responsabilidad del contable
**accountant's opinion** – opinión del contador, opinión del contable
**accountant's report** – informe del contador, informe del contable, reporte del contador, reporte del contable
**accountant's responsibility** – responsabilidad del contador, responsabilidad del contable
**accountholder** *n* – tenedor de cuenta, titular de cuenta, cuentahabiente, cuentacorrentista
**accounting** *n* – contabilidad
**accounting adjustment** – ajuste contable
**accounting analysis** – análisis contable
**accounting books** – libros de contabilidad, libros contables
**accounting books and records** – libros y registros de contabilidad
**accounting change** – cambio contable, cambio de contabilidad
**accounting chief** – jefe de contabilidad, contable jefe, contador jefe
**accounting clerk** – oficinista de contabilidad
**accounting control** – control contable, control de contabilidad
**accounting conventions** – prácticas contables, prácticas de contabilidad
**accounting costs** – costos contables, costos de contabilidad, costes contables, costes de contabilidad
**accounting cycle** – ciclo contable, ciclo de contabilidad
**accounting data** – datos contables, datos de contabilidad
**accounting department** – departamento de contabilidad, departamento contable
**accounting director** – director de contabilidad, director contable
**accounting division** – división de contabilidad, sección de contabilidad, división contable, sección contable
**accounting documents** – documentos contables, documentos de contabilidad
**accounting entity** – entidad de contabilidad, entidad contable
**accounting entry** – asiento contable, anotación contable, apunte contable
**accounting error** – error contable, error de contabilidad, yerro de cuenta
**accounting event** – evento contable, evento de contabilidad
**accounting evidence** – prueba contable, prueba de contabilidad
**accounting exposure** – exposición contable
**accounting file** – archivo contable, archivo de contabilidad, fichero contable, fichero de contabilidad
**accounting firm** – firma de contadores, firma de contabilidad
**accounting harmonisation** – armonización contable
**accounting harmonization** – armonización contable
**accounting identity** – identidad contable
**accounting income** – ingresos contables
**accounting liquidity** – liquidez contable
**accounting manager** – gerente de contabilidad, gerente contable
**accounting manual** – manual de contabilidad
**accounting method** – método contable, método de contabilidad
**accounting model** – modelo contable, modelo de contabilidad
**accounting office** – contaduría, oficina de contabilidad, oficina contable
**accounting officer** – oficial de contabilidad, oficial contable, funcionario de contabilidad, funcionario contable
**accounting period** – período contable, período de contabilidad
**accounting plan** – plan contable, plan de contabilidad
**accounting policies** – normas de contabilidad, normas contables
**accounting postulate** – postulado de contabilidad
**accounting practices** – prácticas contables, prácticas de contabilidad
**accounting principles** – principios de contabilidad, principios contables
**accounting procedures** – procedimientos contables, procedimientos de contabilidad
**accounting process** – proceso contable, proceso de contabilidad
**accounting program** – programa de contabilidad, programa contable
**accounting programme** – programa de contabilidad, programa contable
**accounting proof** – prueba contable, prueba de contabilidad
**accounting purposes** – fines contables, fines de contabilidad, propósitos contables, propósitos de contabilidad
**accounting records** – registros contables, registros de contabilidad
**accounting records and books** – libros y registros de contabilidad
**accounting report** – informe contable, informe de contabilidad, reporte contable, reporte de contabilidad
**accounting rules** – reglas contables, reglas de contabilidad
**accounting services** – servicios contables, servicios de contabilidad
**accounting software** – software de contabilidad, software contable, programas de contabilidad, programas contables
**accounting standardisation** – normalización contable
**accounting standardization** – normalización contable
**accounting standards** – normas contables, normas de contabilidad
**accounting statements** – estados contables, estados de contabilidad
**accounting system** – sistema contable, sistema de contabilidad
**accounting treatment** – tratamiento contable
**accounting unit** – unidad contable
**accounting valuation** – valuación contable
**accounting value** – valor contable
**accounting year** – año contable
**accounts payable** – cuentas por pagar
**accounts receivable** – cuentas por cobrar
**accounts uncollectible** – cuentas incobrables
**accouple** *v* – unir, unir por matrimonio

**accredit** *v* – acreditar, reconocer
**accreditation** *n* – acreditación, identificación, certificación
**accredited** *adj* – acreditado, reconocido, autorizado
**accredited agent** – agente autorizado, representante autorizado
**accredited law school** – escuela de leyes acreditada
**accredited representative** – representante autorizado
**accrete** *v* – aumentar
**accretion** *n* – acreción, acrecentamiento, acrecencia, aumento
**accretive** *adj* – acrecentador
**accroach** *v* – invadir, usurpar
**accrual** *n* – acrecimiento, acumulación, incremento, devengo
**accrue** *v* – acumular, devengar
**accrued** *adj* – acumulado
**accrued alimony** – pensión alimenticia acumulada, pensión alimentaria acumulada
**accrued assets** – activo acumulado
**accrued benefit** – beneficio acumulado
**accrued cause of action** – acción ejercitable
**accrued compensation** – compensación acumulada
**accrued debt** – deuda acumulada
**accrued depreciation** – depreciación acumulada
**accrued earnings** – ingresos acumulados
**accrued expenses** – gastos acumulados
**accrued income** – ingresos acumulados, ingresos devengados
**accrued interest** – interés acumulado
**accrued liability** – pasivo acumulado
**accrued payroll** – nómina acumulada
**accrued rent** – renta acumulada
**accrued right** – autoridad legal para requerir reparación, derecho ejercitable
**accrued salary** – salario acumulado
**accrued taxes** – contribuciones acumuladas, impuestos acumulados, impuestos devengados
**accrued wages** – salario acumulado
**accruer** *n* – acrecimiento
**accruing** *adj* – incipiente
**accruing costs** – costas luego del fallo
**accumulate** *v* – acumular
**accumulate income** – acumular ingresos
**accumulate reserves** – acumular reservas
**accumulate taxes** – acumular impuestos
**accumulated** *adj* – acumulado
**accumulated amount** – cantidad acumulada
**accumulated annuity** – anualidad acumulada
**accumulated damages** – daños acumulados
**accumulated earnings** – ingresos acumulados
**accumulated expenses** – gastos acumulados
**accumulated income** – ingresos acumulados
**accumulated judgment** – fallo acumulado
**accumulated legacy** – legado acumulado
**accumulated profits** – ganancias acumuladas
**accumulated remuneration** – remuneración acumulada
**accumulated reserves** – reservas acumuladas
**accumulated sentence** – sentencia acumulada
**accumulated surplus** – superávit acumulado
**accumulating** *adj* – acumulativo
**accumulation** *n* – acumulación
**accumulation trust** – fideicomiso de acumulación
**accumulation value** – valor de acumulación
**accumulative** *adj* – acumulativo
**accumulative judgment** – fallo acumulativo
**accumulative legacy** – legado adicional
**accumulative sentence** – sentencia acumulativa
**accumulator** *n* – acumulador
**accuracy** *n* – precisión, exactitud
**accurate** *adj* – preciso, exacto
**accurately** *adv* – con precisión, con exactitud
**accusable** *adj* – acusable
**accusal** *n* – acusación
**accusation** *n* – acusación, denuncia
**accusatorial** *adj* – acusatorio
**accusatorial procedure** – procedimiento acusatorio, proceso acusatorio
**accusatorial process** – procedimiento acusatorio, proceso acusatorio
**accusatory** *adj* – acusatorio
**accusatory instrument** – instrumento acusatorio
**accusatory procedure** – procedimiento acusatorio, proceso acusatorio
**accusatory process** – procedimiento acusatorio, proceso acusatorio
**accuse** *v* – acusar, delatar, denunciar, sindicar, culpar, acriminar
**accuse falsely** – acusar falsamente
**accuse unfairly** – acusar injustamente
**accuse unjustly** – acusar injustamente
**accused** *adj* – acusado, delatado, denunciado, sindicado, culpado, incriminado
**accused party** – parte acusada
**accuser** *n* – acusador, delator, denunciante, sindicador
**accusingly** *adv* – de forma acusadora
**accustomed** *adj* – acostumbrado
**accustomed practice** – práctica acostumbrada
**accustomed use** – uso acostumbrado
**acerbate** *v* – exasperar, exacerbar, irritar
**acerbity** *n* – acerbidad, aspereza
**achievable** *adj* – alcanzable, factible
**achieve** *v* – lograr, ejecutar, obtener
**achievement** *n* – logro, realización
**acid test** – prueba de fuego, prueba decisiva
**acknowledge** *v* – reconocer, certificar, acusar recibo
**acknowledge a debt** – reconocer una deuda
**acknowledge a document** – reconocer un documento, certificar un documento
**acknowledge a signature** – reconocer una firma, certificar una firma
**acknowledge an order** – reconocer una orden
**acknowledge payment** – reconocer pago
**acknowledge receipt** – acusar recibo
**acknowledge receipt of a copy** – acusar recibo de una copia
**acknowledge receipt of a payment** – acusar recibo de un pago
**acknowledge receipt of an order** – acusar recibo de un pedido
**acknowledged** *adj* – reconocido
**acknowledged father** – padre reconocido
**acknowledgment** *n* – reconocimiento, certificación, acuse de recibo
**acknowledgement certificate** – certificado de reconocimiento

**acknowledgement certification** – certificación de reconocimiento
**acknowledgment of debt** – reconocimiento de deuda
**acknowledgment of deed** – reconocimiento de título
**acknowledgment of guilt** – reconocimiento de culpabilidad
**acknowledgment of order** – reconocimiento de orden
**acknowledgment of paternity** – reconocimiento de paternidad
**acknowledgment of payment** – reconocimiento de pago
**acknowledgment of receipt** – acuse de recibo, reconocimiento de pago
**acknowledgment of service** – reconocimiento de entrega de notificación de actos procesales
**acknowledgment of signature** – reconocimiento de firma
**acme** *n* – cima, colmo, apogeo
**acquaint** *v* – familiarizarse con, enterarse de
**acquaintance** *n* – conocido, conocimiento
**acquaintanceship** *n* – relación, trato
**acquainted** *adj* – familiarizado
**acquest** *n* – propiedad adquirida
**acquets** *n* – propiedad adquirida durante el matrimonio
**acquiesce** *v* – aquiescer, consentir sin palabras, consentir
**acquiesce to a breach of contract** – aquiescer a un incumplimiento de contrato
**acquiescence** *n* – aquiescencia, consentimiento sin palabras, consentimiento tácito
**acquiescence, estoppel by** – impedimento por aquiescencia
**acquiescent** *adj* – aquiescente
**acquirable** *adj* – adquirible
**acquire** *v* – adquirir
**acquire beforehand** – adquirir de antemano
**acquire by fraud** – adquirir mediante fraude
**acquire by inheritance** – adquirir mediante herencia
**acquire by purchase** – adquirir mediante compra
**acquire by will** – adquirir mediante testamento
**acquire information** – adquirir información
**acquired** *adj* – adquirido
**acquired by** – adquirido por
**acquired immune deficiency syndrome** – síndrome de inmunodeficiencia adquirida
**acquired rights** – derechos adquiridos
**acquiree** *n* – ente adquirido
**acquirement** *n* – adquisición
**acquirer** *n* – adquiriente
**acquisition** *n* – adquisición, compra
**acquisition accounting** – contabilidad de adquisiciones
**acquisition agent** – agente de adquisiciones
**acquisition agreement** – acuerdo de adquisición
**acquisition authentication** – certificación de adquisición
**acquisition by purchase** – adquisición mediante compra
**acquisition capital** – capital de adquisiciones
**acquisition certificate** – certificado de adquisición
**acquisition certification** – certificación de adquisición
**acquisition commitment** – compromiso de adquisición
**acquisition conditions** – condiciones de adquisición
**acquisition cost** – costo de adquisición, coste de adquisición
**acquisition date** – fecha de adquisición
**acquisition decision** – decisión de adquisición
**acquisition evidence** – prueba de adquisición
**acquisition fee** – cargo de adquisición
**acquisition financing** – financiación de adquisición, financiamiento de adquisición
**acquisition fund** – fondo de adquisiciones
**acquisition group** – grupo de adquisición
**acquisition intention** – intención de adquisición
**acquisition loan** – préstamo para adquisición
**acquisition method** – método de adquisición
**acquisition money** – pago anticipado, precio de adquisición
**acquisition of assets** – adquisición de activos
**acquisition of property** – adquisición de propiedad
**acquisition of stock** – adquisición de acciones, adquisición de inventario
**acquisition price** – precio de adquisición
**acquisition proof** – prueba de adquisición
**acquisition value** – valor de adquisición
**acquisitive** *adj* – adquisitivo, codicioso
**acquisitive offenses** – delitos de hurto, delitos de robo
**acquit** *v* – absolver, exonerar, exculpar
**acquitment** *n* – absolución, exoneración, exculpación
**acquittal** *n* – absolución, exoneración, exculpación
**acquittal by jury** – absolución mediante jurado
**acquittal in fact** – absolución de hecho
**acquittal in law** – absolución inferida por la ley
**acquittance** *n* – recibo, carta de pago, quitanza, reconocimiento de pago, exoneración, descargo
**acquitted** *adj* – absuelto, exonerado, exculpado
**acre** *n* – acre
**acreage** *n* – área en acres
**acronym** *n* – acrónimo, sigla
**across the board** – incluyendo todo
**across-the-board increase** – aumento incluyendo todo, aumento incluyendo a todos
**across-the-board reduction** – reducción incluyendo todo, reducción incluyendo a todos
**act** *n* – acto, acción, ley, decreto, hecho
**act against** – actuar en contra
**act as agent** – actuar como agente
**act as mediator** – actuar como mediador
**act as moderator** – actuar como moderador
**act by virtue of office** – acto que está dentro de los poderes de un funcionario pero que al ejecutarlo lo hace de forma impropia o abusiva
**act dishonestly** – actuar deshonestamente
**act efficiently** – actuar eficientemente
**act falsely** – actuar falsamente
**act illegally** – actuar ilegalmente
**act improperly** – actuar impropiamente
**act in collusion** – actuar en colusión
**act in concert** – actuar en concierto
**act in harmony** – actuar en armonía
**act in opposition** – actuar en oposición
**act in pais** – acto fuera de tribunal
**act in place of** – actuar en lugar de
**act jointly** – actuar conjuntamente
**act of aggression** – acto de agresión

**act of bankruptcy** – acto de quiebra, acto que puede llevar a un procedimiento involuntario de quiebra
**act of commission** – acto de comisión
**act of cruelty** – acto de crueldad
**act of embezzlement** – acto de desfalco
**act of ferocity** – acto de ferocidad
**act of generosity** – acto de generosidad
**act of God** – acto de Dios, causa de fuerza mayor
**act of grace** – amnistía
**act of harassment** – acto de hostigamiento
**act of honor** – acto de honor
**act of hostility** – acto de hostilidad
**act of incorporation** – acta constitutiva, escritura de constitución, carta constitucional, instrumento constitutivo
**act of insolvency** – acto de insolvencia, acto que demuestra insolvencia
**act of law** – efecto jurídico
**act of nature** – acto de la naturaleza, acto de fuerza mayor
**act of necessity** – acto de necesidad
**act of omission** – acto de omisión
**act of ownership** – acto de propiedad
**act of sale** – escritura de compraventa
**act of sexual harassment** – acto de hostigamiento sexual
**act of state** – acto de gobierno, acto de estado
**act of the parties** – acto de las partes
**act of treason** – traición
**act of violence** – acto de violencia
**act on behalf of** – actuar de parte de
**acting** *adj* – interino, desempeñando, actuando, en funciones
**acting chair** – presidente interino
**acting chairman** – presidente interino
**acting chairperson** – presidente interino
**acting chairwoman** – presidenta interina
**acting director** – director interino
**acting executor** – albacea interino
**acting judge** – juez interino
**acting officer** – funcionario interino
**acting president** – presidente interino
**acting representative** – representante interino
**acting trustee** – fiduciario interino
**action** *n* – acción, acción judicial, acto, proceso, obra, actividad
**action brought** – acción iniciada
**action commenced** – acción comenzada
**action committee** – comité de acción
**action ex contractu** – acción basada en un contrato
**action ex delicto** – acción por daños y perjuicios, acción extracontractual
**action for bodily injury** – acción por lesión corporal
**action for breach of contract** – acción por incumplimiento de contrato
**action for damage to property** – acción por daño a la propiedad
**action for damages** – acción por daños y perjuicios
**action for defamation** – acción por difamación
**action for dissolution** – acción para disolución
**action for division** – acción para dividir un reclamo
**action for fraud** – acción por fraude
**action for libel** – acción por libelo, acción por difamación
**action for misrepresentation** – acción por declaraciones falsas
**action for specific performance** – acción para la ejecución de lo estipulado
**action group** – grupo de acción
**action in personam** – acción personal
**action in rem** – acción contra la cosa
**action in tort** – acción por ilícito civil, acción por daño legal, acción por agravio
**action of assumpsit** – acción por incumplimiento de contrato
**action of contract** – acción contractual
**action of covenant** – acción por incumplimiento de contrato
**action of debt** – acción por cobro de deuda, acción de apremio
**action of ejectment** – acción de desahucio
**action of foreclosure** – acción de ejecución hipotecaria
**action of replevin** – acción de reivindicación
**action of trespass** – acción de transgresión
**action on contract** – acción contractual, acción directa
**action on the case** – acción por daños y perjuicios
**action pending** – acción pendiente
**action, right of** – derecho de acción
**action to quiet title** – acción para resolver reclamaciones opuestas en propiedad inmueble, acción para eliminar defectos en un título de propiedad
**action to recover damages** – acción por daños y perjuicios
**actionable** *adj* – justiciable, enjuiciable, accionable, procesable
**actionable claim** – reclamación justiciable
**actionable fraud** – fraude justiciable
**actionable misrepresentation** – declaración falsa justiciable
**actionable negligence** – negligencia justiciable
**actionable nuisance** – estorbo justiciable, acto perjudicial justiciable, perjuicio justiciable
**actionable per quod** – palabras justiciables si causan un daño que se pueda demostrar
**actionable per se** – justiciable en sí mismo, palabras de por sí calumniosas o difamantes
**actionable tort** – ilícito civil justiciable, daño legal justiciable, agravio justiciable
**actionable words** – calumnia justiciable, palabras calumniosas
**actionable wrong** – agravio justiciable
**actionary** *n* – accionista
**activate** *v* – activar
**active** *adj* – activo, vigente
**active account** – cuenta activa
**active administration** – administración activa
**active administrator** – administrador activo
**active business** – negocio activo
**active capital** – capital activo
**active client** – cliente activo
**active concealment** – ocultación activa
**active corporation** – corporación activa
**active debt** – deuda activa
**active employee** – empleado activo
**active employment** – empleo activo
**active file** – archivo activo

**active income** – ingreso activo
**active investment** – inversión activa
**active job** – empleo activo, trabajo activo
**active management** – administración activa, gestión activa
**active manager** – administrador activo
**active market** – mercado activo
**active member** – miembro activo
**active negligence** – negligencia activa
**active participant** – participante activo
**active participation** – participación activa
**active partner** – socio activo
**active population** – población activa
**active trust** – fideicomiso activo
**actively** *adv* – activamente
**activism** *n* – activismo
**activist** *n* – activista
**activist policy** – política activista
**activity** *n* – actividad
**activity bonus** – bonificación por actividad, bono por actividad
**activity charge** – cargo por actividad
**activity fee** – cargo por actividad
**activity report** – informe sobre la actividad, reporte sobre la actividad
**activity status** – estado de actividad
**actor** *n* – actor, demandante
**actual** *adj* – actual, real, efectivo, existente
**actual age** – edad actual, edad real
**actual agency** – agencia real, agencia actual, representación efectiva, mandato de hecho
**actual amount** – cantidad real, monto real
**actual assets** – activo corriente, activo líquido, activo realizable
**actual authorisation** – autorización real, autorización efectiva
**actual authority** – autoridad real, autoridad efectiva
**actual authorization** – autorización real, autorización efectiva
**actual bailment** – depósito efectivo
**actual budget** – presupuesto corriente, presupuesto real
**actual budgeting** – presupuestación corriente
**actual business year** – ejercicio anual corriente, año comercial corriente
**actual capital** – capital corriente, capital circulante, capital real
**actual case** – caso actual, caso real
**actual cash value** – valor realizable en efectivo, precio justo de venta, precio real de venta
**actual change of possession** – cambio de posesión efectivo, traspaso verdadero
**actual charge** – cargo actual, cargo real, cargo corriente
**actual controversy** – controversia actual, controversia concreta
**actual confusion** – confusión entre marcas por parte de consumidores, confusión entre marcas comerciales por parte de consumidores
**actual cost** – costo actual, costo real, costo corriente, costo de adquisición, coste actual, coste real, coste corriente, coste de adquisición
**actual damages** – daños y perjuicios efectivos, daños efectivos, compensación real por daños y perjuicios
**actual debt** – deuda actual, deuda corriente, deuda real
**actual delivery** – entrega efectiva
**actual disbursement** – desembolso corriente, desembolso real
**actual doubt** – duda razonable
**actual eviction** – evicción efectiva, desahucio efectivo, desalojo físico
**actual expenditures** – gastos corrientes, gastos reales
**actual expenses** – gastos corrientes, gastos reales
**actual exports** – exportaciones reales, exportaciones corrientes
**actual fiscal year** – año fiscal en curso
**actual force** – fuerza real
**actual fraud** – fraude real, fraude efectivo
**actual holdings** – cartera de inversiones actual, propiedades actuales, posesiones actuales
**actual imports** – importaciones reales, importaciones corrientes
**actual income** – ingreso actual, ingreso real
**actual insurance** – seguro corriente, seguro vigente
**actual intent** – intención real
**actual intent to defraud** – intención real de defraudar
**actual knowledge** – conocimiento efectivo, conocimiento real
**actual liabilities** – pasivo corriente, pasivo líquido
**actual licence** – licencia actual, licencia corriente
**actual license** – licencia actual, licencia corriente
**actual liquidity** – liquidez corriente, liquidez real
**actual loss** – pérdida real, pérdida efectiva
**actual malice** – malicia real
**actual market** – mercado actual, mercado real
**actual market price** – precio corriente de mercado, precio actual de mercado, precio en el mercado actual
**actual market value** – valor corriente de mercado, valor actual de mercado, valor en el mercado actual
**actual member** – miembro vigente
**actual membership** – membresía vigente
**actual notice** – notificación efectiva
**actual occupancy** – ocupación efectiva, ocupación actual
**actual offer** – oferta corriente, oferta real
**actual operations** – operaciones en curso, operaciones actuales
**actual overdraft** – sobregiro real
**actual owner** – dueño real
**actual payments** – pagos corrientes, pagos reales
**actual policy** – póliza corriente, política corriente, política actual
**actual possession** – posesión actual, posesión efectiva, posesión real
**actual practice** – práctica efectiva, práctica actual
**actual price** – precio corriente, precio actual, precio real
**actual production** – producción corriente
**actual profits** – beneficios corrientes, ganancias corrientes
**actual rate** – tasa real, tasa corriente
**actual residence** – residencia corriente, residencia actual, residencia verdadera
**actual resident** – residente corriente, residente actual, residente verdadero
**actual revenues** – ingresos corrientes, ingresos reales
**actual salary** – salario actual, salario real, salario efectivo, sueldo actual, sueldo real, sueldo efectivo,

salario del presente período
**actual state** – estado actual, estado corriente
**actual status** – estado actual, estado corriente
**actual terms** – términos actuales, términos corrientes, términos reales
**actual total loss** – pérdida total efectiva
**actual turnover** – giro real, rotación real
**actual use** – uso actual, uso efectivo
**actual user** – usuario real, usuario actual
**actual value** – valor actual, valor real
**actual violence** – acometimiento con violencia
**actual wages** – salario actual, salario real, salario efectivo, sueldo actual, sueldo real, sueldo efectivo, salario del presente período
**actual year** – año en curso, año actual
**actually** *adv* – efectivamente, en efecto
**actuarial** *adj* – actuarial
**actuarial adjustment** – ajuste actuarial
**actuarial assumptions** – suposiciones actuariales
**actuarial basis** – base actuarial
**actuarial equivalent** – equivalente actuarial
**actuarial evaluation** – evaluación actuarial
**actuarial expectation** – expectativa actuarial
**actuarial gains** – ganancias actuariales
**actuarial liability** – responsabilidad actuarial
**actuarial life expectancy** – expectativa de vida actuarial
**actuarial losses** – pérdidas actuariales
**actuarial rate** – tasa actuarial
**actuarial report** – informe actuarial, reporte actuarial
**actuarial reserve** – reserva actuarial
**actuarial science** – ciencia actuarial
**actuarial statistics** – estadística actuarial
**actuarial table** – tabla actuarial
**actuarial valuation** – valuación actuarial, valoración actuarial
**actuary** *n* – actuario
**actuate** *v* – activar, accionar
**actus reus** – acto criminal, acto culpable, acto prohibido, omisión prohibida, actus reus
**acuity** *n* – agudeza, acuidad
**acumen** *n* – cacumen, agudeza
**ad (advertisement)** – anuncio
**ad (advertising)** – publicidad
**ad agency** – agencia de publicidad, agencia publicitaria
**ad agent** – agente de publicidad, agente publicitario
**ad budget** – presupuesto de publicidad, presupuesto publicitario
**ad budgeting** – presupuestación publicitaria
**ad campaign** – campaña de publicidad, campaña publicitaria
**ad consultant** – consultor de publicidad, consultor publicitario
**ad costs** – costos de publicidad, costo publicitario, costes de publicidad, coste publicitario
**ad coverage** – cobertura de publicidad, cobertura publicitaria
**ad department** – departamento de publicidad, departamento publicitario
**ad director** – director de publicidad, director publicitario
**ad division** – división de publicidad
**ad executive** – ejecutivo de publicidad, ejecutivo publicitario
**ad expenditures** – gastos de publicidad, gastos publicitarios
**ad expenses** – gastos de publicidad, gastos publicitarios
**ad gimmick** – truco publicitario, truco de publicidad
**ad hoc** – tratándose de esto, para esto, a esto, a propósito, ad hoc
**ad hoc committee** – comité ad hoc, comisión ad hoc
**ad hoc officer** – oficial ad hoc
**ad hoc working group** – grupo de trabajo ad hoc
**ad idem** – de acuerdo, en acuerdo, ad idem
**ad infinitum** – infinitamente, sin fin, ad infinitum
**ad interim** – en el ínterin, mientras tanto, provisionalmente, ad interim
**ad litem** – para el proceso, para el litigio, ad litem
**ad literature** – literatura publicitaria
**ad manager** – gerente de publicidad, administrador de publicidad
**ad materials** – materiales publicitarios, materiales de publicidad
**ad media** – medios publicitarios, medios de publicidad
**ad nauseam** – hasta nausear, hasta el punto del disgusto, ad nauseam
**ad office** – oficina de publicidad
**ad opus** – por el trabajo
**ad perpetuam** – perpetuamente, para siempre, ad perpetuam
**ad plan** – plan publicitario, plan de publicidad
**ad ploy** – estratagema publicitaria
**ad policy** – política de publicidad, política publicitaria
**ad quem** – al cual, para el cual, ad quem
**ad rem** – a la cosa, ad rem
**ad standards** – normas de publicidad, normas publicitarias
**ad strategy** – estrategia publicitaria, estrategia de publicidad
**ad trick** – truco publicitario, truco de publicidad
**ad valorem** – de acuerdo al valor, según el valor, ad valorem
**ad valorem rate** – tasa según el valor, tasa ad valorem
**ad valorem tax** – impuesto según el valor, impuesto ad valorem
**ad vehicle** – vehículo publicitario, vehículo de publicidad, medio publicitario, medio de publicidad
**ad vitam** – por vida, ad vitam
**ad voluntatem** – sujeto a la voluntad, por voluntad, ad voluntatem
**adamant** *adj* – inflexible, obstinado
**adapt** *v* – adaptar
**adaptable** *adj* – adaptable
**adaptation** *n* – adaptación
**adapted** *adj* – adaptado
**adaptive** *adj* – adaptivo
**adaptive administration** – administración adaptiva
**adaptive administrator** – administrador adaptivo
**adaptive management** – administración adaptiva, gestión adaptiva
**adaptive manager** – administrador adaptivo
**adaptive technology** – tecnología adaptiva
**add** *v* – añadir, unir
**added collateral** – colateral adicional
**added contribution** – contribución adicional
**added cost** – costo adicional, coste adicional

**added coverage** – cobertura adicional
**added deposit** – depósito adicional
**added expenditures** – gastos adicionales
**added expenses** – gastos adicionales
**added insured** – asegurado adicional
**added payment** – pago adicional, abono adicional
**added security** – seguridad adicional, garantía adicional
**added protection** – protección adicional
**added substance** – sustancia añadida
**added tax** – impuesto adicional, contribución adicional
**added value** – valor agregado, valor adicional
**added-value tax** – impuesto al valor agregado, impuesto de plusvalía
**addendum** *n* – apéndice, suplemento, adición
**addendum to a contract** – suplemento a un contrato
**addible** *adj* – añadible
**addict** *n* – adicto, drogadicto
**addicted** *adj* – adicto, enviciado
**addicted to alcohol** – adicto al alcohol
**addicted to drugs** – adicto a las drogas
**addiction** *n* – adicción, drogadicción
**addictive** *adj* – adictivo
**additament** *n* – aditamento, añadidura
**additio** – adición
**addition** *n* – adición, suma
**addition to a structure** – adición a una estructura
**additional** *adj* – adicional
**additional appropriation** – apropiación adicional, asignación adicional
**additional beneficiary** – beneficiario adicional
**additional benefit** – beneficio adicional
**additional burden** – carga adicional
**additional clause** – cláusula adicional
**additional collateral** – colateral adicional
**additional compensation** – compensación adicional
**additional consideration** – contraprestación adicional
**additional contribution** – contribución adicional
**additional cost** – costo adicional, coste adicional
**additional coverage** – cobertura adicional
**additional credit** – crédito adicional
**additional damages** – daños adicionales
**additional death benefit** – beneficio adicional por muerte
**additional deposit** – depósito adicional
**additional duties** – deberes adicionales, derechos aduaneros adicionales
**additional easement** – servidumbre adicional
**additional expenditure** – gasto adicional
**additional expenses** – gastos adicionales
**additional instructions** – instrucciones adicionales
**additional insured** – asegurado adicional
**additional legacy** – legado adicional
**additional liability** – responsabilidad adicional
**additional obligation** – obligación adicional
**additional payment** – pago adicional, abono adicional
**additional responsibility** – responsabilidad adicional
**additional security** – garantía adicional, seguridad adicional
**additional servitude** – servidumbre adicional
**additional stipulation** – estipulación adicional
**additional tax** – impuesto adicional, contribución adicional
**additional time** – tiempo adicional
**additional work** – trabajo adicional
**additionally** *adv* – adicionalmente, además
**additive** *adj* – aditivo
**additur** – aumento a la indemnización mas allá de lo otorgado por el jurado
**address** *n* – dirección, domicilio, discurso
**address the court** – dirigirse al tribunal
**address for service** – dirección para recibir notificaciones de actos procesales
**address verification** – verificación de dirección
**addressee** *n* – destinatario
**addresser** *n* – remitente
**adduce** *v* – aducir, alegar, citar, presentar
**adduce evidence** – aducir pruebas
**adeem** *v* – revocar, retirar
**adeem a bequest** – revocar un legado
**adeem a devise** – revocar un legado
**adeem a gift** – revocar una donación
**adeem a legacy** – revocar un legado
**adeemed** *adj* – revocado, retirado
**ademption** *n* – revocación de un legado, revocación
**ademption of a bequest** – revocación de un legado
**ademption of a devise** – revocación de un legado
**ademption of a gift** – revocación de una donación
**ademption of a legacy** – revocación de un legado
**adept** *adj* – experto, adepto
**adequacy** *n* – suficiencia, capacidad, competencia
**adequacy of coverage** – suficiencia de la cobertura
**adequacy of financing** – suficiencia de la financiación, suficiencia del financiamiento
**adequacy of insurance** – suficiencia de la cobertura, suficiencia del seguro
**adequacy of reserves** – suficiencia de las reservas
**adequate** *adj* – adecuado, suficiente
**adequate care** – cuidado adecuado, precaución adecuada
**adequate cause** – causa suficiente
**adequate compensation** – indemnización justa, compensación adecuada
**adequate consideration** – contraprestación adecuada, contraprestación suficiente, contraprestación razonable, causa adecuada, prestación adecuada
**adequate coverage** – cobertura adecuada
**adequate disclosure** – divulgación adecuada
**adequate income** – ingresos adecuados
**adequate notice** – notificación suficiente
**adequate pay** – paga adecuada
**adequate preparation** – preparación adecuada
**adequate protection** – protección adecuada
**adequate provocation** – provocación suficiente
**adequate quality** – calidad adecuada
**adequate remedy** – remedio adecuado
**adequate remuneration** – remuneración adecuada
**adequate salary** – salario adecuado
**adequate security** – seguridad adecuada
**adequate support** – mantenimiento adecuado, apoyo adecuado
**adequately** *adv* – adecuadamente
**adhere to** – adherirse a, acatarse a
**adhere to the terms of a contract** – adherirse a los términos de un contrato
**adherence** *n* – adherencia, adhesión, fidelidad
**adherence to a contract** – adherencia a un contrato

**adherent** *adj* – adherente, partidario, adhesivo
**adherent** *n* – adherente, partidario, seguidor
**adhering** *adj* – adhiriendo
**adhesion** *n* – adhesión
**adhesion contract** – contrato de adhesión
**adhesion insurance contract** – contrato de seguros de adhesión
**adhibit** *v* – admitir, unir
**adjacency** *n* – adyacencia, contigüidad
**adjacent** *adj* – adyacente, contiguo
**adjacent land** – tierra adyacente
**adjacent owner** – dueño adyacente
**adjacent property** – propiedad adyacente
**adjective law** – derecho procesal, ley adjetiva, derecho adjetivo
**adjective provision** – disposición procesal
**adjoin** *v* – juntar, colindar, lindar con
**adjoining** *adj* – adyacente, contiguo
**adjoining landowners** – dueños de propiedades colindantes
**adjoining properties** – propiedades colindantes
**adjourn** *v* – suspender, diferir, aplazar, clausurar
**adjourn a case** – aplazar un caso
**adjourn a meeting** – aplazar la reunión, levantar la sesión
**adjourn a session** – aplazar la sesión, levantar la sesión
**adjourned** *adj* – aplazado, diferido, suspendido
**adjourned summons** – citación llevada a cabo en el despacho del juez y luego trasladada al tribunal a ser debatida entre abogados
**adjourned term** – sesión continuada, sesión aplazada
**adjournment** *n* – aplazamiento, suspensión, clausura
**adjournment day** – día de aplazamiento
**adjournment sine die** – aplazamiento indefinido, aplazamiento sine die
**adjudge** *v* – juzgar, sentenciar, dictar sentencia, fallar, decretar
**adjudge bankrupt** – decretar en quiebra
**adjudge insolvent** – decretar insolvente
**adjudicate** *v* – adjudicar, juzgar, fallar, decretar, sentenciar
**adjudicatee** *n* – adjudicatario
**adjudication** *n* – adjudicación, fallo, decisión, sentencia, declaración judicial
**adjudication of bankruptcy** – adjudicación de quiebra, declaración judicial de quiebra
**adjudication of insolvency** – adjudicación de insolvencia, declaración judicial de insolvencia
**adjudication of liability** – adjudicación de responsabilidad, declaración judicial de responsabilidad
**adjudicative** *adj* – adjudicativo
**adjudicative facts** – hechos adjudicativos, hechos adjudicativos en un proceso administrativo, hechos reales concernientes a las partes en un proceso
**adjudicative power** – poder adjudicativo
**adjudicator** *n* – juez, árbitro, adjudicador
**adjudicatory** *adj* – adjudicatorio
**adjudicatory authority** – autoridad adjudicatoria
**adjudicatory hearing** – audiencia adjudicatoria
**adjudicatory process** – proceso adjudicatorio
**adjudicature** *n* – adjudicación, fallo, sentencia
**adjunct** *adj* – adjunto, auxiliar, subordinado
**adjunct** *n* – auxiliar, subordinado, adjunto
**adjunct account** – cuenta adjunta
**adjunction** *n* – adjunción, añadidura
**adjuration** *n* – juramento solemne
**adjure** *v* – ordenar bajo juramento solemne, implorar
**adjust** *v* – ajustar, conciliar
**adjustable** *adj* – ajustable
**adjustable amount** – cantidad ajustable
**adjustable benefits** – beneficios ajustables
**adjustable budget** – presupuesto ajustable
**adjustable budgeting** – presupuestación ajustable
**adjustable capital** – capital ajustable
**adjustable cost** – costo ajustable, coste ajustable
**adjustable currency** – moneda ajustable
**adjustable debt** – deuda ajustable
**adjustable exchange rate** – tipo de cambio ajustable
**adjustable income** – ingreso ajustable
**adjustable insurance** – seguro ajustable
**adjustable interest rate** – tasa de interés ajustable
**adjustable life** – seguro de vida ajustable
**adjustable life insurance** – seguro de vida ajustable
**adjustable limit** – límite ajustable
**adjustable loan** – préstamo ajustable
**adjustable mortgage** – hipoteca ajustable
**adjustable payments** – pagos ajustables
**adjustable peg** – tasa de cambio fijada a otra tasa
**adjustable premium** – prima ajustable
**adjustable price** – precio ajustable
**adjustable rate** – tasa ajustable, tipo ajustable
**adjustable-rate financing** – financiamiento de tasa ajustable
**adjustable-rate loan** – préstamo de tasa ajustable
**adjustable-rate mortgage** – hipoteca de tasa ajustable
**adjusted** *adj* – ajustado
**adjusted basis** – base ajustada
**adjusted gross income** – ingreso bruto ajustado, renta bruta ajustada
**adjusted income** – ingreso ajustado, renta ajustada
**adjusted net income** – ingreso neto ajustado, renta neta ajustada
**adjusted present value** – valor actual ajustado
**adjusted rate** – tasa ajustada
**adjusted value** – valor ajustado
**adjuster** *n* – ajustador, liquidador, arreglador
**adjusting entry** – asiento de ajuste
**adjustment** *n* – ajuste, liquidación
**adjustment entry** – asiento de ajuste
**adjustment of a claim** – liquidación de una reclamación
**adjustment of accounts** – ajuste de cuentas, liquidación de cuentas
**adjustment of contract** – ajuste de contrato
**adjustment of status** – ajuste de estado, ajuste de estatus
**adjustment process** – proceso de ajuste
**adjustor** *n* – ajustador, liquidador, arreglador
**adjuvant** *adj* – ayudante, auxiliar
**admeasurement** *n* – repartición
**adminicular** *adj* – auxiliar
**adminicular evidence** – prueba auxiliar
**adminiculate** *v* – dar evidencia auxiliar
**administer** *v* – administrar
**administer an oath** – tomar juramento
**administer commerce** – administrar el comercio

**administer costs** – administrar los costos, administrar los costes
**administer expenditures** – administrar los gastos
**administer expenses** – administrar los gastos
**administer funds** – administrar los fondos
**administer growth** – administrar el crecimiento
**administer inflation** – administrar la inflación
**administer negligently** – administrar negligentemente
**administer poorly** – administrar mal
**administer prices** – administrar los precios
**administer punishment** – castigar
**administer rates** – administrar las tasas
**administer salaries** – administrar los salarios
**administer the economy** – administrar la economía
**administer trade** – administrar el comercio
**administer wages** – administrar los salarios
**administered** *adj* – administrado
**administered account** – cuenta administrada
**administered commodities** – mercancías administradas, productos administrados
**administered company** – compañía administrada
**administered corporation** – corporación administrada
**administered costs** – costos administrados, costes administrados
**administered currency** – moneda administrada, moneda controlada
**administered economy** – economía planificada, economía dirigida, economía administrada
**administered expenditures** – gastos administrados
**administered expenses** – gastos administrados
**administered funds** – fondos administrados
**administered group** – grupo administrado
**administered growth** – crecimiento administrado
**administered inflation** – inflación administrada
**administered liabilities** – pasivo administrado
**administered market** – mercado administrado
**administered money** – moneda administrada, fondos administrados
**administered prices** – precios administrados
**administered rates** – tasas administradas, tipos administrados
**administered salaries** – salarios administrados
**administered trade** – comercio administrado, comercio controlado
**administered wages** – salarios administrados
**administering** *adj* – administrante, administrador
**administering authority** – autoridad administradora
**administrate** *v* – administrar, dirigir
**administrate commerce** – administrar el comercio
**administrate costs** – administrar los costos, administrar los costes
**administrate expenditures** – administrar los gastos
**administrate expenses** – administrar los gastos
**administrate funds** – administrar los fondos
**administrate growth** – administrar el crecimiento
**administrate inflation** – administrar la inflación
**administrate prices** – administrar los precios
**administrate rates** – administrar las tasas
**administrate salaries** – administrar los salarios
**administrate the economy** – administrar la economía
**administrate trade** – administrar el comercio
**administrate wages** – administrar los salarios
**administrated** *adj* – administrado
**administrated account** – cuenta administrada
**administrated commodities** – mercancías administradas, productos administrados
**administrated company** – compañía administrada
**administrated corporation** – corporación administrada
**administrated costs** – costos administrados, costes administrados
**administrated currency** – moneda administrada, moneda controlada
**administrated economy** – economía planificada, economía dirigida, economía administrada
**administrated expenditures** – gastos administrados
**administrated expenses** – gastos administrados
**administrated funds** – fondos administrados
**administrated group** – grupo administrado
**administrated growth** – crecimiento administrado
**administrated inflation** – inflación administrada
**administrated market** – mercado administrado
**administrated money** – moneda administrada, fondos administrados
**administrated prices** – precios administrados
**administrated rates** – tasas administradas, tipos administrados
**administrated salaries** – salarios administrados
**administrated trade** – comercio administrado, comercio controlado
**administrated wages** – salarios administrados
**administration** *n* – administración, dirección, gestión
**administration agency** – órgano administrativo, agencia administrativa
**administration audit** – auditoría administrativa, auditoría de administración
**administration board** – junta administrativa, junta de administración
**administration company** – compañía administrativa, compañía de administración
**administration consultant** – consultor administrativo, consultor de administración
**administration costs** – costos administrativos, costes administrativos, costos de administración, costes de administración
**administration deviation** – irregularidad administrativa
**administration director** – director administrativo, director de administración
**administration employee** – empleado administrativo, empleado de administración
**administration expenditures** – gastos de administración
**administration expenses** – gastos de administración
**administration fee** – cargo administrativo, cargo de administración
**administration irregularity** – irregularidad administrativa, irregularidad de administración
**administration job** – empleo administrativo, empleo de administración, trabajo administrativo, trabajo de administración
**administration manager** – gerente administrativo, gerente de administración
**administration of estate** – administración de sucesión
**administration of expenses** – administración de gastos
**administration of justice** – administración de justicia
**administration office** – oficina administrativa, oficina

de administración
**administration officer** – oficial administrativo, funcionario administrativo, oficial de administración, funcionario de administración
**administration personnel** – personal administrativo, personal de administración
**administration planning** – planificación administrativa, planificación de administración
**administration practices** – prácticas administrativas, prácticas de administración
**administration procedures** – procedimientos administrativos, procedimientos de administración
**administration services** – servicios administrativos, servicios de administración
**administration services only** – solo servicios administrativos, solo servicios de administración
**administration skills** – destrezas administrativas, destrezas de administración
**administration staff** – personal administrativo, personal de administración
**administration system** – sistema administrativo, sistema de administración
**administration work** – trabajo administrativo, trabajo de administración
**administrative** *adj* – administrativo
**administrative accountancy** – contabilidad administrativa
**administrative accountant** – contable administrativo, contador administrativo
**administrative accounting** – contabilidad administrativa
**administrative accounts** – cuentas administrativas
**administrative action** – acción administrativa, acto administrativo
**administrative acts** – actos administrativos
**administrative agency** – órgano administrativo, agencia administrativa
**administrative agent** – agente administrativo
**administrative agreement** – acuerdo administrativo
**administrative assistant** – asistente administrativo
**administrative audit** – auditoría administrativa
**administrative authority** – autoridad administrativa
**administrative board** – junta administrativa
**administrative body** – cuerpo administrativo
**administrative budget** – presupuesto administrativo
**administrative budgeting** – presupuestación administrativa
**administrative capacity** – capacidad administrativa
**administrative charge** – cargo administrativo, cargo administrador
**administrative commission** – comisión administrativa, comisión administradora
**administrative committee** – comité administrativo, comité administrador
**administrative company** – compañía administrativa
**administrative consultant** – consultor administrativo, consultor administrador
**administrative consulting services** – servicios de consultores en administración
**administrative contract** – contrato administrativo
**administrative control** – control administrativo
**administrative control system** – sistema de control administrativo
**administrative costs** – costos administrativos, costes administrativos
**administrative council** – consejo administrativo
**administrative court** – tribunal administrativo
**administrative crime** – crimen administrativo
**administrative cycle** – ciclo administrativo
**administrative development** – desarrollo administrativo
**administrative deviation** – irregularidad administrativa
**administrative discretion** – discreción administrativa
**administrative dissolution** – disolución administrativa
**administrative effectiveness** – efectividad administrativa
**administrative efficiency** – eficiencia administrativa
**administrative employee** – empleado administrativo
**administrative expenditures** – gastos administrativos
**administrative expense charge** – cargo por gastos administrativos
**administrative expenses** – gastos administrativos
**administrative fee** – cargo administrativo
**administrative function** – función administrativa
**administrative guide** – guía administrativa
**administrative hearing** – vista administrativa
**administrative irregularity** – irregularidad administrativa
**administrative job** – empleo administrativo, trabajo administrativo
**administrative judge** – juez administrativo, juez de derecho administrativo
**administrative law** – derecho administrativo
**administrative law judge** – juez de derecho administrativo
**administrative methods** – métodos administrativos
**administrative office** – oficina administrativa, oficina de administración
**administrative officer** – oficial administrativo, funcionario administrativo
**administrative order** – orden administrativa
**administrative personnel** – personal administrativo
**administrative planning** – planificación administrativa
**administrative position** – puesto administrativo
**administrative power** – poder administrativo
**administrative practices** – prácticas administrativas
**administrative prerogatives** – prerrogativas administrativas
**administrative prices** – precios administrativos
**administrative procedures** – procedimientos administrativos
**administrative proceeding** – proceso administrativo
**administrative process** – proceso administrativo
**administrative regulations** – reglamentos administrativos
**administrative remedy** – remedio administrativo
**administrative reorganisation** – reorganización administrativa
**administrative reorganization** – reorganización administrativa
**administrative report** – informe administrativo, reporte administrativo
**administrative revenues** – ingresos administrativos
**administrative review** – revisión administrativa
**administrative rights** – derechos administrativos

**administrative ruling** – fallo administrativo
**administrative services** – servicios administrativos
**administrative skills** – destrezas administrativas
**administrative staff** – personal administrativo
**administrative structure** – estructura administrativa
**administrative style** – estilo administrativo
**administrative system** – sistema administrativo
**administrative theory** – teoría administrativa
**administrative tribunal** – tribunal administrativo
**administrative work** – trabajo administrativo
**administrator** *n* – administrador
**administrator pendente lite** – administrador temporal
**administratrix** *n* – administradora
**admiralty** *n* – almirantazgo
**admiralty court** – tribunal marítimo
**admissibility** *n* – admisibilidad
**admissible** *adj* – admisible, aceptable
**admissible evidence** – prueba admisible
**admission** *n* – admisión, confesión, entrada, reconocimiento, ingreso, ingreso a prisión, ingreso al sistema penal
**admission against interest** – admisión contra intereses propios
**admission by conduct** – admisión por conducta
**admission by flight** – admisión por fuga
**admission of debt** – admisión de deuda
**admission of guilt** – admisión de culpabilidad, confesión
**admission of liability** – admisión de responsabilidad
**admission of responsibility** – admisión de responsabilidad
**admission temporaire** – admisión temporal
**admission to the bar** – ingreso al colegio de abogados
**admission under duress** – confesión bajo coacción
**admissions** *n* – reconocimientos, confesiones, declaraciones
**admissive** *adj* – concesivo
**admit** *v* – admitir, confesar, declarar, reconocer, dejar entrar
**admit a claim** – admitir una reclamación
**admit a debt** – admitir una deuda
**admit guilt** – admitir culpabilidad
**admit liability** – admitir responsabilidad
**admit to bail** – liberar bajo fianza
**admittance** *n* – admisión, entrada
**admitted** *adj* – admitido
**admitted assets** – activo admitido, activo computable
**admitted claim** – reclamación admitida
**admitted to the bar** – colegiado, autorizado a ejercer como abogado
**admittere** – admitir
**admixture** *n* – mezcla
**admonish** *v* – amonestar, advertir, aconsejar
**admonishment** *n* – amonestación, advertencia, consejo
**admonition** *n* – admonición, advertencia
**admonitory** *adj* – admonitorio, exhortativo
**adnepos** – el hijo de un tataranieto
**adneptis** – la hija de una tataranieta
**adolescence** *n* – adolescencia
**adolescent** *adj* – adolescente
**adopt** *v* – adoptar, aceptar
**adopt a child** – adoptar un niño
**adopt a law** – adoptar una ley
**adopt a measure** – adoptar una medida
**adopt a philosophy** – adoptar una filosofía
**adopt a resolution** – adoptar una resolución, adoptar un acuerdo
**adoptable** *adj* – adoptable
**adopter** *n* – adoptador, adoptante
**adoption** *n* – adopción
**adoption by estoppel** – adopción basada en un impedimento por actos propios
**adoption by reference** – incorporación por referencia
**adoption curve** – curva de adopción
**adoption of a contract** – adopción de un contrato
**adoption of a proposal** – adopción de una propuesta
**adoption of children** – adopción de niños
**adoption petition** – petición de adopción
**adoption process** – proceso de adopción
**adoption proceedings** – procedimientos de adopción
**adoptive** *adj* – adoptivo
**adoptive act** – ley que entra en vigor por consentimiento de los habitantes de la región donde aplica
**adoptive child** – hijo adoptivo
**adoptive father** – padre adoptivo
**adoptive mother** – madre adoptiva
**adoptive parent** – padre adoptivo
**ADP (automated data processing)** – procesamiento automático de datos, tratamiento automático de datos
**adpromissor** – garante
**ADR (alternative dispute resolution)** – procedimientos para resolver disputas sin litigio
**adscendentes** – antepasados
**adsessores** – asesores, jueces auxiliares
**adult** *n* – adulto
**adulterant** *n* – adulterante
**adulterate** *v* – adulterar
**adulteration** *n* – adulteración
**adulterator** *n* – adulterador
**adulterer** *n* – adúltero
**adulterine** *adj* – adulterino
**adulterinus** – adulterado
**adulterous** *adj* – adúltero
**adultery** *n* – adulterio
**adulthood** *n* – edad adulta, mayoría de edad
**advance** *adj* – anticipado
**advance** *n* – adelanto, anticipo, préstamo
**advance** *v* – adelantar, anticipar, ascender
**advance bill** – factura anticipada
**advance billing** – facturación anticipada
**advance cash** – pago anticipado
**advance commitment** – compromiso anticipado
**advance copy** – copia anticipada
**advance deposit** – depósito anticipado
**advance deposit requirement** – requisito de depósito anticipado
**advance directive** – testamento vital
**advance fee** – cargo anticipado
**advance health care directive** – testamento vital
**advance health directive** – testamento vital
**advance, in** – por adelantado
**advance medical directive** – testamento vital
**advance money** – adelantar dinero, anticipar dinero
**advance notice** – aviso anticipado, preaviso
**advance of money** – anticipo de dinero, adelanto
**advance of salary** – anticipo de salario

**advance on policy** – anticipo sobre póliza
**advance payment** – pago anticipado, abono anticipado, anticipo
**advance premium** – prima anticipada
**advance publicity** – propaganda anticipada, publicidad anticipada
**advance rent** – renta anticipada
**advance repayment** – reembolso anticipado
**advance tax** – impuesto anticipado, contribución anticipada, impuesto adelantado, contribución adelantada
**advance tax payment** – pago anticipado de impuestos
**advanced** *adj* – avanzado, adelantado
**advanced country** – país desarrollado
**advanced economy** – economía avanzada
**advancement** *n* – anticipo, ascenso
**advancer** *n* – impulsor, promotor
**advantage** *n* – ventaja, beneficio
**advantageous** *adj* – ventajoso, beneficioso
**advantageousness** *n* – ventaja, beneficio
**adventitious** *adj* – adventicio, fortuito, imprevisto, accidental
**adventure** *n* – aventura, empresa, empresa conjunta, especulación, riesgo
**adventurer** *n* – aventurero
**adventurous** *adj* – aventurado, audaz, arriesgado
**adversarial system** – sistema adversarial
**adversary** *n* – adversario, contrario
**adversary hearing** – vista adversativa, vista contenciosa
**adversary process** – procedimiento contencioso, proceso contradictorio
**adversary proceeding** – procedimiento contencioso, proceso contradictorio
**adverse** *adj* – adverso, contrario, hostil, opuesto
**adverse action** – acción contraria
**adverse claim** – reclamación contraria
**adverse claimant** – reclamante contrario
**adverse comment** – comentario contrario
**adverse conditions** – condiciones adversas
**adverse effect** – efecto adverso
**adverse enjoyment** – posesión adversa contra los intereses de otro
**adverse event** – evento adverso
**adverse fortune** – fortuna adversa
**adverse interest** – interés adverso
**adverse opinion** – opinión adversa
**adverse party** – parte contraria
**adverse possession** – posesión adversa, prescripción adquisitiva
**adverse selection** – selección adversa
**adverse terms of trade** – condiciones adversas de comercio
**adverse title** – título adquirido mediante prescripción adquisitiva
**adverse use** – uso sin permiso
**adverse verdict** – veredicto adverso
**adverse witness** – testigo hostil
**adversity** *n* – adversidad, infortunio
**adversus** – en contra de
**advert** *n* – anuncio
**advert** *v* – referirse a, prestar atención a
**advertise** *v* – anunciar, publicar, divulgar, informar
**advertised** *adj* – anunciado
**advertisement** *n* – anuncio, aviso
**advertiser** *n* – anunciante
**advertising** *n* – publicidad, propaganda
**advertising administration** – administración de publicidad, administración publicitaria
**advertising administrator** – administrador de publicidad, administrador publicitario
**advertising agency** – agencia de publicidad, agencia publicitaria
**advertising agent** – agente de publicidad, agente publicitario
**advertising agreement** – acuerdo de publicidad, acuerdo publicitario
**advertising and promotion** – publicidad y promoción
**advertising budget** – presupuesto de publicidad, presupuesto publicitario
**advertising budgeting** – presupuestación publicitaria
**advertising campaign** – campaña de publicidad, campaña publicitaria
**advertising channels** – canales de publicidad, canales publicitarios
**advertising concept** – concepto de publicidad, concepto publicitario
**advertising consultant** – consultor de publicidad, consultor publicitario
**advertising cost** – costo de publicidad, costo publicitario, coste de publicidad, coste publicitario
**advertising coverage** – cobertura de publicidad, cobertura publicitaria
**advertising department** – departamento de publicidad, departamento publicitario
**advertising director** – director de publicidad, director publicitario
**advertising division** – división de publicidad, división publicitaria
**advertising executive** – ejecutivo de publicidad, ejecutivo publicitario
**advertising expenditures** – gastos de publicidad, gastos publicitarios
**advertising expenses** – gastos de publicidad, gastos publicitarios
**advertising gimmick** – truco de publicidad, truco publicitario
**advertising injury** – daño legal ocasionado por publicidad, daño ocasionado por publicidad
**advertising literature** – literatura publicitaria
**advertising management** – administración de publicidad, administración publicitaria, gestión de publicidad, gestión publicitaria
**advertising manager** – gerente de publicidad, administrador de publicidad
**advertising materials** – materiales de publicidad, materiales publicitarios
**advertising media** – medios de publicidad, medios publicitarios
**advertising model** – modelo de publicidad, modelo publicitario
**advertising office** – oficina de publicidad, oficina publicitaria
**advertising plan** – plan de publicidad, plan publicitario
**advertising ploy** – estratagema de publicidad, estratagema publicitaria
**advertising policy** – política de publicidad, política

publicitaria
**advertising reach** – alcance de publicidad, alcance publicitario
**advertising research** – investigación de publicidad, investigación publicitaria
**advertising standards** – normas de publicidad, normas publicitarias
**advertising strategy** – estrategia de publicidad, estrategia publicitaria
**advertising team** – equipo de publicidad, equipo publicitario
**advertising trick** – truco de publicidad, truco publicitario
**advertising vehicle** – vehículo de publicidad, vehículo publicitario, medio de publicidad, medio publicitario
**advertorial** *n* – publireportaje, anuncio presentado de modo que de la impresión que es un reportaje o editorial
**advice** *n* – consejo, comunicación
**advisable** *adj* – aconsejable, prudente
**advise** *v* – aconsejar, informar, advertir
**advised** *adj* – aconsejado, informado
**advisedly** *adv* – intencionalmente, deliberadamente
**advisement** *n* – consideración, consulta
**adviser** *n* – asesor, consejero
**advising bank** – banco notificador, banco ordenante, banco girador
**advisor** *n* – asesor, consejero
**advisory** *adj* – asesor, consultor
**advisory bank** – banco asesor
**advisory board** – junta asesora
**advisory body** – cuerpo asesor, entidad asesora
**advisory committee** – comité asesor
**advisory council** – consejo asesor
**advisory group** – grupo asesor
**advisory judgment** – fallo que resuelve una diferencia pero no la controversia
**advisory jury** – jurado consultivo
**advisory opinion** – opinión del tribunal
**advisory report** – informe de asesoría, reporte de asesoría
**advisory verdict** – veredicto consultivo del jurado
**advocacy** *n* – apoyo, defensa
**advocacy advertising** – publicidad apoyando una causa
**advocate** *n* – abogado, defensor
**advocate** *v* – abogar, recomendar
**Advocate General** – Abogado General
**affair** *n* – asunto, acción, juicio, aventura
**affairs** *n* – negocios, trámites
**affect** *v* – afectar, influir
**affect adversely** – afectar adversamente
**affect negatively** – afectar negativamente
**affected member** – miembro afectado
**affecting** *adj* – conmovedor, que afecta
**affecting commerce** – concerniente a los negocios
**affection** *n* – hipotecar para asegurar el pago de dinero o la prestación de servicios, pignorar para asegurar el pago de dinero o la prestación de servicios, afecto
**affiance** *v* – prometerse
**affiant** *n* – declarante, deponente, persona que ha hecho una declaración jurada
**affidare** – tomar juramento
**affidavit** *n* – affidávit, declaración jurada
**affidavit of defence** – declaración jurada del mérito de la defensa
**affidavit of defense** – declaración jurada del mérito de la defensa
**affidavit of loss** – affidávit de pérdidas, declaración jurada de pérdidas
**affidavit of merits** – declaración jurada del mérito de la defensa
**affidavit of notice** – affidávit de notificación
**affidavit of paternity** – declaración jurada de paternidad, affidávit de paternidad
**affiliate** *n* – afiliado, asociado, filial, sociedad vinculada
**affiliate** *v* – afiliarse
**affiliated** *adj* – afiliado, asociado
**affiliated association** – asociación afiliada
**affiliated bank** – banco afiliado
**affiliated chain** – cadena afiliada
**affiliated company** – compañía afiliada, sociedad afiliada
**affiliated corporation** – corporación afiliada
**affiliated enterprise** – empresa afiliada
**affiliated entity** – entidad afiliada
**affiliated firm** – firma afiliada
**affiliated group** – grupo afiliado
**affiliated organisation** – organización afiliada
**affiliated organization** – organización afiliada
**affiliated person** – persona afiliada
**affiliated union** – sindicato afiliado, unión afiliada, gremio afiliado
**affiliation** *n* – afiliación, asociación, determinación de paternidad, determinación de la filiación
**affiliation proceedings** – juicio de paternidad, juicio de filiación
**affiliation requirements** – requisitos para afiliación
**affinity** *n* – afinidad, parentesco
**affirm** *v* – afirmar, confirmar, confirmar una decisión
**affirm a contract** – afirmar un contrato
**affirm a decision** – afirmar una decisión
**affirm explicitly** – afirmar explícitamente
**affirm under oath** – afirmar bajo juramento
**affirmance** *n* – afirmación, confirmación
**affirmance of contract** – afirmación de contrato
**affirmant** *n* – afirmante, declarante
**affirmation** *n* – afirmación, declaración, confirmación, declaración formal
**affirmation of fact** – declaración de un hecho
**affirmation of truth** – afirmación de la verdad
**affirmation under oath** – afirmación bajo juramento
**affirmative** *adj* – afirmativo
**affirmative action programs** – programas diseñados para remediar prácticas discriminatorias
**affirmative charge** – instrucción al jurado que remueve un caso de su consideración
**affirmative covenant** – estipulación afirmativa
**affirmative defence** – defensa afirmativa
**affirmative defense** – defensa afirmativa
**affirmative easement** – servidumbre afirmativa
**affirmative pregnant** – afirmación que a su vez implica una negación favorable al adversario
**affirmative proof** – prueba afirmativa
**affirmative relief** – compensación otorgada al demandado

**affirmative servitude** – servidumbre afirmativa
**affirmative statute** – ley que ordena una conducta en vez de prohibirla
**affirmative warranty** – garantía afirmativa
**affirmatory** *adj* – afirmativo
**affirmer** *n* – afirmante, declarante
**affix** *v* – adherir, agregar, pegar
**affix a date** – fechar
**affix a signature** – firmar
**affixed document** – documento adjunto, documento anexo
**affixed to the freehold** – fijado al terreno
**afflict** *v* – afligir, acongojar
**affliction** *n* – aflicción, calamidad
**afflictive** *adj* – aflictivo, molesto
**affluence** *n* – riqueza, opulencia
**afforare** – valuar
**afforce** *v* – añadir, acrecentar
**affordability** *n* – calidad de asequible
**affordability index** – índice que refleja cuan asequible es comprar una vivienda
**affordable** *adj* – asequible, razonable
**affordable cost** – costo razonable, costo asequible, coste razonable, coste asequible
**affordable interest rate** – tasa de interés razonable, tasa de interés asequible
**affordable payment** – pago razonable, pago asequible
**affordable premium** – prima razonable, prima asequible
**affordable price** – precio razonable, precio asequible
**affordable rate** – tasa razonable, tasa asequible
**afforest** *v* – convertir en bosque
**afforestation** *n* – forestación
**affranchise** *v* – liberar, manumitir
**affranchisement** *n* – liberación, manumisión
**affray** *n* – riña
**affreightment** *n* – fletamiento
**affront** *v* – afrentar, insultar, confrontar
**aforecited** *adj* – anteriormente citado, antedicho
**aforedescribed** *adj* – anteriormente descrito, antedicho, susodicho
**aforegoing** *adj* – anterior, precedente
**aforementioned** *adj* – anteriormente mencionado, antedicho, susodicho
**aforenamed** *adj* – anteriormente nombrado, antedicho, susodicho
**aforesaid** *adj* – susodicho, anteriormente mencionado, antedicho
**aforestated** *adj* – anteriormente mencionado, antedicho, susodicho
**aforethought** *adj* – premeditado
**after-acquired** *adj* – adquirido luego de
**after-acquired clause** – cláusula de propiedad adquirida luego de la transacción
**after-acquired property** – propiedad adquirida luego de la transacción, propiedad adquirida luego de la declaración de quiebra
**after-acquired property clause** – cláusula de propiedad adquirida luego de la transacción
**after-born child** – hijo nacido después de un testamento
**after-born heir** – heredero póstumo
**after-cost** *n* – costo adicional, coste adicional
**after-effects** *n* – repercusiones, consecuencias, efectos posteriores
**after-hours** *adj* – fuera de horas, después de horas hábiles
**after-market** *n* – mercado secundario
**after-profits** *adj* – tras beneficios, tras ganancias
**after-sales** *adj* – posventa, tras ventas
**after-sales service** – servicio posventa, servicio después de la venta
**after-tax** *adj* – después de impuestos, después de contribuciones, tras impuestos
**after-tax income** – ingresos después de impuestos
**after the act** – luego del acto
**after the fact** – luego del hecho
**aftercare** *n* – cuido posterior, ayuda posterior, mantenimiento y/o servicio posterior
**afterclap** *n* – revés inesperado
**aftercost** *n* – costo adicional, coste adicional
**aftereffects** *n* – repercusiones, consecuencias, efectos posteriores
**aftermath** *n* – consecuencias, secuelas
**afterthought** *n* – pensamiento posterior, ocurrencia tardía
**afterwards** *adv* – después, subsecuentemente, posteriormente
**against** *prep* – contra, en contra de
**against all risks** – contra todos los riesgos
**against commerce** – contra el comercio
**against documents** – contra documentos, contra entrega de documentos
**against fair trade** – contra la competencia justa y razonable
**against free commerce** – contra el libre comercio
**against free trade** – contra el libre comercio
**against her will** – contra la voluntad de ella, contra del consentimiento de ella
**against his will** – contra la voluntad de él, contra del consentimiento de él
**against interest** – contrario al interés propio
**against payment** – contra pago
**against the form of the statute** – contrario a lo prescrito por ley
**against the law** – contra la ley
**against the peace** – contra la paz, perturbación de la paz pública
**against the rules** – contra las reglas
**against the will** – contra la voluntad
**age admitted** – aceptación de la edad declarada por un asegurado
**age benefits** – beneficios por edad
**age change** – cambio de edad
**age discrimination** – discriminación por edad
**age discrimination act** – ley contra la discriminación por edad
**age exemption** – exención por edad
**age group** – grupo de edades
**age limit** – límite de edad
**age of consent** – edad de consentimiento
**age of discretion** – edad de discreción
**age of majority** – mayoría de edad, edad en que se puede contratar
**age of reason** – edad en que se considera a un niño responsable de sus acciones
**age of responsibility** – edad de responsabilidad
**age reduction** – reducción por edad

**aged** *adj* – envejecido, maduro
**aged account** – cuenta vencida
**aged person** – persona de edad avanzada
**ageism** *n* – discriminación por edad
**agency** *n* – agencia, organismo, mandato, representación, oficina
**agency agreement** – convenio de agencia
**agency bank** – banco agente
**agency broker** – corredor de agencia
**agency by estoppel** – agencia por impedimento, mandato por impedimento
**agency by necessity** – agencia establecida por circunstancias de necesidad, mandato establecido por circunstancias de necesidad
**agency by operation of law** – agencia por fuerza de la ley, mandato por fuerza de la ley
**agency charge** – cargo por agencia
**agency contract** – contrato de agencia
**agency costs** – costos de agencia, costes de agencia
**agency coupled with an interest** – agencia en que el agente tiene interés en la materia
**agency fee** – honorario de agencia
**agency problem** – problema de agencia
**agency relationship** – relación de agencia, relación de mandato
**agency to sell** – autorización para vender, mandato para vender
**agency shop** – organización donde los no agremiados pagan cuotas sindicales
**agency to sell** – autorización para vender, mandato para vender
**agency transaction** – transacción de agencia
**agenda** *n* – agenda, programa, orden del día
**agent** *n* – agente, representante, delegado
**agent bank** – banco agente
**agent for service of process** – agente para recibir notificaciones, agente para recibir notificaciones de actos procesales
**agent provocateur** – espía, agente provocador
**agent licence** – licencia de agente
**agent license** – licencia de agente
**agent's actual authority** – la autoridad para la cual se encargó al agente, facultades del agente
**agent's fees** – honorarios del agente
**agent's implied authority** – facultades implícitas del agente
**agent's lien** – gravamen del agente
**agglomeration** *n* – aglomeración
**aggravate** *v* – agravar
**aggravated** *adj* – agravado
**aggravated assault** – asalto grave, acometimiento grave, agresión agravada
**aggravated assault and battery** – asalto y agresión grave
**aggravated battery** – agresión con agravantes
**aggravated larceny** – hurto agravado
**aggravated robbery** – robo agravado
**aggravating circumstances** – circunstancias agravantes
**aggravation** *n* – agravación, circunstancia agravante
**aggregate** *adj* – total, global, agregado
**aggregate** *v* – agregar, reunir
**aggregate amount** – monto total
**aggregate assets** – activos totales
**aggregate balance** – saldo total
**aggregate benefits** – beneficios totales
**aggregate capital** – capital total
**aggregate capitalisation** – capitalización total
**aggregate capitalization** – capitalización total
**aggregate cost** – costo total, coste total
**aggregate debt** – deuda total
**aggregate disbursement** – desembolso total
**aggregate expenditures** – gastos totales
**aggregate expenses** – gastos totales
**aggregate exports** – exportaciones totales
**aggregate imports** – importaciones totales
**aggregate income** – ingresos totales
**aggregate indemnity** – beneficio máximo de una póliza, beneficio máximo de pólizas combinadas
**aggregate insurance** – seguro total
**aggregate insurance limit** – límite de seguros total
**aggregate investment** – inversión total
**aggregate liability** – responsabilidad total
**aggregate limit** – límite total
**aggregate limit of liability** – límite de responsabilidad total
**aggregate loss** – pérdida total
**aggregate payment** – pago total
**aggregate receipts** – entradas totales
**aggregate reserves** – reservas totales
**aggregate revenue** – ingresos totales
**aggregate risk** – riesgo total
**aggregate value** – valor total
**aggregated** *adj* – agregado
**aggregation** *n* – acumulación, agregación
**aggregative** *adj* – agregativo
**aggression** *n* – agresión, acometida, asalto
**aggressive** *adj* – agresivo, emprendedor
**aggressive accounting** – contabilidad agresiva
**aggressive collection** – cobro coactivo
**aggressive growth** – crecimiento agresivo
**aggressive investment** – inversión agresiva
**aggressive investment strategy** – estrategia de inversión agresiva
**aggressive portfolio** – cartera de valores agresiva
**aggressive strategy** – estrategia agresiva
**aggressor** *n* – agresor
**aggrieve** *v* – agravar, perjudicar, damnificar
**aggrieved** *adj* – agraviado, dañado, damnificado
**aggrieved party** – parte agraviada, parte afectada
**aggrieved person** – persona agraviada, persona afectada
**agio** *n* – agio, usura, especulación
**agiotage** *n* – agiotaje, usura, especulación
**agitation** *n* – agitación, incitación
**agitator** *n* – agitador, incitador
**AGM (annual general meeting)** – asamblea general anual, junta general anual, reunión general anual
**agnates** *n* – agnados
**agnatic** *adj* – agnaticio
**agnation** *n* – agnación
**agnomination** *n* – apellido
**agnostic** *adj* – agnóstico
**agnostic** *n* – agnóstico
**agony** *n* – agonía, angustia
**agrarian** *adj* – agrario, agrícola
**agrarian activity** – actividad agrícola
**agrarian business** – negocio agrícola, empresa

agrícola
**agrarian cooperative** – cooperativa agrícola
**agrarian credit** – crédito agrícola
**agrarian development** – desarrollo agrícola
**agrarian enterprise** – empresa agrícola
**agrarian income** – ingresos agrícolas
**agrarian labor** – trabajo agrícola
**agrarian labour** – trabajo agrícola
**agrarian laws** – leyes agrícolas
**agrarian policy** – política agrícola
**agrarian products** – productos agrícolas
**agrarian reform** – reforma agrícola
**agrarian sector** – sector agrícola
**agrarian subsidy** – subsidio agrícola, subvención agrícola
**agrarian technology** – tecnología agrícola
**agrarian transformation** – transformación agrícola
**agrarian worker** – trabajador agrícola
**agree** *v* – acordar, concertar, convenir, pactar, contratar, coincidir
**agreeable** *adj* – conforme, adaptable, agradable
**agreed** *adj* – acordado, concertado, convenido, pactado, contratado
**agreed amount** – cantidad pactada, cantidad convenida, cantidad acordada
**agreed benefits** – beneficios pactados, beneficios convenidos
**agreed budget** – presupuesto pactado, presupuesto convenido
**agreed capital** – capital pactado, capital convenido
**agreed case** – proceso en que se dicta una sentencia basada en los hechos acordados por las partes
**agreed charge** – cargo pactado, cargo convenido
**agreed commission** – comisión pactada, comisión convenida
**agreed conditions** – condiciones pactadas, condiciones convenidas
**agreed cost** – costo pactado, costo convenido, coste pactado, coste convenido
**agreed deposit** – depósito pactado, depósito convenido
**agreed exclusion** – exclusión acordada
**agreed expenditures** – gastos pactados, gastos convenidos
**agreed expenses** – gastos pactados, gastos convenidos
**agreed fee** – cargo pactado, cargo convenido
**agreed interest rate** – tasa de interés pactada, tasa de interés convenida
**agreed liability** – responsabilidad pactada, responsabilidad convenida
**agreed limit** – límite convenido
**agreed obligation** – obligación pactada, obligación convenida
**agreed pay** – paga pactada, paga convenida
**agreed payment** – pago pactado, pago convenido
**agreed period** – período pactado, período convenido
**agreed premium** – prima pactada, prima convenida
**agreed price** – precio pactado, precio convenido
**agreed rate** – tasa pactada, tasa convenida
**agreed remuneration** – remuneración pactada, remuneración convenida
**agreed rent** – renta pactada, renta convenida
**agreed salary** – salario pactado, salario convenido
**agreed selling price** – precio de venta pactado, precio de venta convenido
**agreed statement of facts** – declaración de hechos acordada por las partes
**agreed terms** – términos pactados, términos convenidos
**agreed to** – pactado, convenido, acordado
**agreed-upon** *adj* – convenido, acordado, pactado
**agreed-upon amount** – cantidad convenida
**agreed-upon benefits** – beneficios pactados, beneficios convenidos
**agreed-upon budget** – presupuesto pactado, presupuesto convenido
**agreed-upon charge** – cargo pactado, cargo convenido
**agreed-upon commission** – comisión pactada, comisión convenida
**agreed-upon conditions** – condiciones pactadas, condiciones convenidas
**agreed-upon cost** – costo pactado, costo convenido, coste pactado, coste convenido
**agreed-upon deposit** – depósito pactado, depósito convenido
**agreed-upon expenditures** – gastos pactados, gastos convenidos
**agreed-upon expenses** – gastos pactados, gastos convenidos
**agreed-upon fee** – cargo pactado, cargo convenido
**agreed-upon interest rate** – tasa de interés pactada, tasa de interés convenida
**agreed-upon liability** – responsabilidad pactada, responsabilidad convenida
**agreed-upon obligation** – obligación pactada, obligación convenida
**agreed-upon pay** – paga pactada, paga convenida
**agreed-upon payment** – pago pactado, pago convenido
**agreed-upon period** – período pactado, período convenido
**agreed-upon premium** – prima pactada, prima convenida
**agreed-upon price** – precio pactado, precio convenido
**agreed-upon rate** – tasa pactada, tasa convenida
**agreed-upon remuneration** – remuneración pactada, remuneración convenida
**agreed-upon rent** – renta pactada, renta convenida
**agreed-upon salary** – salario pactado, salario convenido
**agreed-upon selling price** – precio de venta pactado, precio de venta convenido
**agreed-upon terms** – términos pactados, términos convenidos
**agreed-upon wages** – salarios pactados, salarios convenidos
**agreed valuation** – valuación convenida
**agreed wages** – salarios pactados, salarios convenidos
**agreement** *n* – convenio, acuerdo, contrato, pacto, avenencia, concierto, tratado, trato, avenimiento, capitulación, compostura
**agreement, as per** – de acuerdo a lo convenido
**agreement for insurance** – convenio de cobertura antes de la entrega de la póliza
**agreement in writing** – acuerdo por escrito
**agreement of sale** – contrato de compraventa

**agreement to buy** – acuerdo de compra
**agreement to fix prices** – acuerdo para fijar precios
**agreement to purchase** – acuerdo de compra
**agreement to sell** – contrato de compraventa, acuerdo de venta
**agri-business** *n* – agroindustria
**agri-food** *adj* – agroalimentario
**agribusiness** *n* – agroindustria
**agricultural** *adj* – agrícola
**agricultural activity** – actividad agrícola
**agricultural agreement** – convenio agrícola
**agricultural bank** – banco agrícola
**agricultural census** – censo agrícola
**agricultural co-operative** – cooperativa agrícola
**agricultural commerce** – comercio agrícola
**agricultural commodities** – productos agrícolas
**agricultural cooperative** – cooperativa agrícola
**agricultural credit** – crédito agrícola
**agricultural economy** – economía agrícola
**agricultural engineering** – ingeniería agrícola
**agricultural equipment** – equipo agrícola
**agricultural exports** – exportaciones agrícolas
**agricultural extension** – extensión agrícola
**agricultural imports** – importaciones agrícolas
**agricultural income** – ingresos agrícolas
**agricultural labor** – trabajo agrícola
**agricultural labour** – trabajo agrícola
**agricultural lands** – tierras agrícolas
**agricultural laws** – leyes agrícolas
**agricultural lien** – gravamen agrícola
**agricultural loan** – préstamo agrícola
**agricultural market** – mercado agrícola
**agricultural policy** – política agrícola
**agricultural production** – producción agrícola
**agricultural products** – productos agrícolas
**agricultural project** – proyecto agrícola
**agricultural resources** – recursos agrícolas
**agricultural sector** – sector agrícola
**agricultural subsidy** – subsidio agrícola, subvención agrícola
**agricultural tariff** – arancel agrícola
**agricultural trade** – comercio agrícola
**agricultural workers** – trabajadores agrícolas, obreros agrícolas
**agriculture** *n* – agricultura
**agrifood** *adj* – agroalimentario
**agro-business** *n* – agroindustria
**agro-chemical** *adj* – agroquímico
**agro-chemicals** *n* – agroquímicos
**agro-economic** *adj* – agroeconómico
**agro-forest** *adj* – agroforestal
**agro-industry** *n* – agroindustria
**agro-tourism** *n* – agroturismo
**agrobusiness** *n* – agroindustria
**agrochemical** *adj* – agroquímico
**agrochemicals** *n* – agroquímicos
**agroeconomic** *adj* – agroeconómico
**agroforest** *adj* – agroforestal
**agroindustry** *n* – agroindustria
**agronomy** *n* – agronomía
**agrotourism** *n* – agroturismo
**AI (artificial intelligence)** – inteligencia artificial
**aid** *n* – asistencia, ayuda, apoyo
**aid** *v* – asistir, ayudar, auxiliar, apoyar
**aid and abet** – instigar y/o ayudar a cometer un delito
**aid and comfort** – ayuda, aliento, colaboración
**aid flow** – flujo de ayuda, flujo de asistencia, flujo de apoyo
**aid prayer** – petición para la suspensión de un acto judicial
**aid program** – programa de ayuda, programa de asistencia, programa de apoyo
**aid programme** – programa de ayuda, programa de asistencia, programa de apoyo
**aide** *n* – ayudante, asistente
**aider and abettor** – cómplice, accesorio
**aider by verdict** – saneamiento de una sentencia
**aiding an escape** – asistiendo en una fuga
**AIDS (acquired immunodeficiency syndrome)** – SIDA
**aielesse** – abuela
**ailment** *n* – dolencia, enfermedad, malestar
**aim** *n* – propósito
**aim** *v* – apuntar, dirigir, aspirar
**aim a weapon** – apuntar un arma
**air bill of lading** – conocimiento de embarque aéreo
**air contamination** – contaminación del aire
**air insurance** – seguro aéreo
**air mail** – correo aéreo
**air pollution** – contaminación del aire
**air piracy** – piratería aérea
**air rights** – derechos aéreos
**air time** – tiempo en el aire, tiempo en antena, tiempo de emisión, tiempo de uso de un servicio de comunicación inalámbrica
**air traffic rules** – reglas del tráfico aéreo
**air waybill** – carta de porte aéreo, guía aérea, guía de carga aérea
**airbill** *n* – carta de porte aéreo, guía aérea, guía de carga aérea
**aircraft insurance** – seguro de aeronave
**aircraft operator** – operador aéreo, operador de aeronave
**airmail** *n* – correo aéreo
**airspace** *n* – espacio aéreo
**airway** *n* – ruta de navegación aérea
**airtime** *n* – tiempo en el aire, tiempo en antena, tiempo de emisión, tiempo de uso de un servicio de comunicación inalámbrica
**aka (also known as)** – también conocido como
**akin** *adj* – consanguíneo, similar
**alcohol** *n* – alcohol
**alcoholic** *adj* – alcohólico
**alcoholic beverage** – bebida alcohólica
**alderman** *n* – concejal, regidor
**aleatory** *adj* – aleatorio
**aleatory contract** – contrato aleatorio
**aleatory promise** – promesa aleatoria
**aleatory transaction** – transacción aleatoria
**alert** *n* – alerta, aviso
**alia** – otras cosas
**alias** *n* – alias, nombre supuesto, sobrenombre
**alias summons** – un emplazamiento sustituto preparado cuando el original no funcionó por razones tales como expiración o falta de entrega
**alibi** *n* – coartada, excusa
**alien** *adj* – extranjero, extraño
**alien** *n* – extranjero

**alien company** – compañía extranjera
**alien corporation** – corporación extranjera
**alien enemy** – ciudadano de país hostil
**alien immigrant** – extranjero no naturalizado
**alien insurer** – asegurador extranjero
**alien laws** – leyes de extranjería
**alien registration** – registro de extranjero
**alienability** *n* – transferibilidad
**alienable** *adj* – alienable, transferible, enajenable, sujeto a transferencia
**alienage** *n* – condición de ser extranjero
**alienate** *v* – enajenar, alienar, transmitir, transferir título de propiedad
**alienation** *n* – enajenación, alienación, transmisión, transferencia de título y posesión de propiedad
**alienation clause** – cláusula contractual concerniente a la transferencia de la propiedad
**alienation of affection** – enajenación de afectos, detrimento a la relación matrimonial
**alienation of property** – enajenación de bienes, enajenación de propiedad
**alienee** *n* – beneficiario de la transferencia de propiedad
**alieni juris** – bajo la autoridad de otro
**alienism** *n* – condición de ser extranjero
**alienor** *n* – quien cede, enajenador, enajenante
**alignment** *n* – alineación
**aliment** *n* – alimento, sostén
**alimony** *n* – pensión alimenticia, pensión alimentaria, pensión compensatoria, alimentos
**alimony award** – adjudicación de pensión alimenticia
**alimony in gross** – pago único de pensión alimenticia, pago íntegro de alimentos
**alimony income** – ingresos por pensión alimenticia, ingresos por pensión alimentaria
**alimony judgment** – fallo de pensión alimenticia
**alimony pendente lite** – pensión alimenticia en espera de litigio de divorcio, alimentos provisionales
**alimony trust** – fideicomiso para pensión alimenticia, fideicomiso para alimentos
**ALJ (administrative law judge)** – juez de derecho administrativo
**all and singular** – todos sin excepción, todos y cada uno
**all costs** – todas las costas, todos los costos, todos los costes
**all expenses paid** – todos los gastos pagados
**all faults** – todos los defectos
**all fours** – dos casos o decisiones similares en todos los aspectos relevantes, situaciones similares en todos los aspectos relevantes
**all-in cost** – costo con todo incluido, coste con todo incluido
**all-in policy** – póliza de seguros contra todo riesgo, póliza de seguros contra todos los riesgos
**all-in price** – precio con todo incluido
**all-inclusive** *adj* – con todo incluido
**all-inclusive insurance** – seguro con todo incluido
**all-inclusive price** – precio con todo incluido
**all loss** – toda pérdida
**all-loss insurance** – seguro contra toda pérdida
**all-out strike** – huelga con todos los empleados y/o miembros de la unión
**all-purpose bank** – banco múltiple, banco de servicios múltiples
**all rights reserved** – todos los derechos reservados, reservados todos los derechos
**all-risk insurance** – seguro contra todo riesgo, seguro contra todos los riesgos
**all-risk insurance policy** – póliza de seguros contra todo riesgo, póliza de seguros contra todos los riesgos
**all-risk policy** – póliza de seguros contra todo riesgo, póliza de seguros contra todos los riesgos
**all risks** – todo riesgo
**allegation** *n* – alegación, alegato
**allegation of facts** – alegación de hechos
**allegation of use** – alegación de uso
**allege** *v* – alegar, sostener, afirmar, declarar
**allege a crime** – alegar un crimen
**alleged** *adj* – alegado, supuesto, afirmado, declarado
**alleged breach** – supuesto incumplimiento
**alleged default** – supuesto incumplimiento
**alleged dumping** – supuesto dumping
**alleged non-compliance** – supuesto incumplimiento
**alleged noncompliance** – supuesto incumplimiento
**allegedly** *adv* – alegadamente, presuntamente
**allegiance** *n* – lealtad, fidelidad
**allen charge** – instrucción al jurado para que traten de evaluar los aspectos importantes tomando en consideración los puntos de vista de los otros miembros del jurado
**alley** *n* – callejón, pasadizo
**alliance** *n* – alianza, unión, liga
**allied** *adj* – aliado, relacionado
**allied bank** – banco aliado
**allied company** – compañía aliada
**allied corporation** – corporación aliada
**allied enterprise** – empresa aliada
**allied group** – grupo aliado
**allied member** – miembro aliado
**allied union** – sindicato aliado, unión aliada, gremio aliado
**allision** *n* – choque de una embarcación con otra
**allocable** *adj* – distribuible, asignable
**allocate** *v* – distribuir, asignar, repartir
**allocate benefits** – asignar beneficios
**allocate contracts** – asignar contratos
**allocate costs** – asignar costos, asignar costes
**allocate funds** – asignar fondos
**allocate income** – asignar ingresos
**allocate losses** – asignar pérdidas
**allocate money** – asignar dinero
**allocate quotas** – asignar cuotas
**allocate reserves** – asignar reservas
**allocate resources** – asignar recursos
**allocated** *adj* – asignado, destinado
**allocated benefits** – beneficios asignados
**allocated contracts** – contratos asignados
**allocated costs** – costos asignados, costes asignados
**allocated funds** – fondos asignados
**allocated income** – ingresos asignados
**allocated losses** – pérdidas asignadas
**allocated money** – dinero asignado
**allocated quotas** – cuotas asignadas
**allocated reserves** – reservas asignadas
**allocated resources** – recursos asignados
**allocation** *n* – asignación, repartición, distribución, cuota

**allocation cartel** – cartel de asignación
**allocation of assets** – asignación de activos
**allocation of benefits** – asignación de beneficios
**allocation of contracts** – asignación de contratos
**allocation of costs** – asignación de costos, asignación de costes
**allocation of earnings** – asignación de ingresos
**allocation of expenses** – asignación de gastos
**allocation of funds** – asignación de fondos
**allocation of income** – asignación de ingresos
**allocation of liabilities** – asignación de responsabilidades
**allocation of losses** – asignación de pérdidas
**allocation of money** – asignación de dinero
**allocation of profits** – asignación de beneficios, asignación de ganancias
**allocation of quotas** – asignación de cuotas
**allocation of reserves** – asignación de reservas
**allocation of resources** – asignación de recursos
**allocative efficiency** – eficiencia en la asignación, eficiencia en la asignación de recursos
**allocatur** – certificado de costos, certificado de costes, certificado de gastos
**allocution** *n* – alocución
**allodial** *adj* – alodial
**allodial property** – propiedad alodial
**allodium** *n* – alodio
**allonge** *n* – anexo para endosos
**allot** *v* – distribuir, asignar, repartir
**allotment** *n* – cuota, asignación, distribución, reparto
**allotment certificate** – certificado de asignación
**allotment letter** – carta de asignación
**allotment note** – orden escrita por un marino cediendo parte de su compensación a otras personas
**allotted** *adj* – asignado, destinado, repartido
**allotted benefits** – beneficios asignados
**allotted contracts** – contratos asignados
**allotted costs** – costos asignados, costes asignados
**allotted funds** – fondos asignados
**allotted income** – ingresos asignados
**allotted losses** – pérdidas asignadas
**allotted money** – dinero asignado
**allotted quotas** – cuotas asignadas
**allotted reserves** – reservas asignadas
**allotted resources** – recursos asignados
**allottee** *n* – beneficiario de una distribución, beneficiario de una asignación
**allow** *v* – permitir, asignar, dar, admitir
**allowable** *adj* – permisible, admisible
**allowable losses** – pérdidas permisibles
**allowance** *n* – concesión, permiso, asignación, rebaja, mesada, pensión, descuento, deducción, reserva, bonificación, sobresueldo, provisión
**allowance for bad debts** – reserva para deudas incobrables
**allowance for claims** – reserva para reclamaciones
**allowance for contingencies** – reserva para contingencias
**allowance for depreciation** – deducción por depreciación, reserva para depreciación
**allowance for doubtful accounts** – reserva para cuentas dudosas
**allowance for expenses** – reserva para gastos
**allowance pendente lite** – orden judicial para pensión alimenticia temporera antes de finalizar el litigio
**allowed** *adj* – permitido
**allowed assets** – activo permitido
**allowed behavior** – conducta permitida
**allowed behaviour** – conducta permitida
**allowed by law** – permitido por ley
**allowed claim** – reclamación permitida
**allowed time** – tiempo permitido
**allowed transactions** – transacciones permitidas
**allurement** *n* – atractivo
**alluvion** *n* – aluvión
**alluvium** *n* – aluvión
**ally** *n* – aliado
**alms** *n* – limosna, caridad
**almshouse** *n* – casa de beneficencia
**alone** *adj* – solo, único, solitario
**also known as** – también conocido como
**alter** *v* – alterar, cambiar, modificar
**alter ego** – álter ego
**alter ego doctrine** – doctrina del álter ego
**alter the books** – alterar los libros
**alteration** *n* – alteración, cambio, modificación
**alteration of a check** – alteración de un cheque
**alteration of a cheque** – alteración de un cheque
**alteration of contract** – alteración de contrato
**alteration of instrument** – alteración de instrumento
**alteration of the books** – alteración de los libros
**alteration of trust** – alteración de fideicomiso
**alterations and improvements** – modificaciones y mejoras
**altercation** *n* – altercado, disputa
**altered** *adj* – alterado
**altered check** – cheque alterado
**altered cheque** – cheque alterado
**alternat** *n* – alternación
**alternate** *adj* – alterno, alternativo, suplente, sustituto
**alternate** *v* – alternar
**alternate beneficiary** – beneficiario alternativo, beneficiario alterno
**alternate judge** – juez suplente, juez sustituto
**alternate legacy** – legado alternativo
**alternate valuation** – valuación alterna
**alternating** *adj* – alternante, alterno
**alternative** *adj* – alternativo
**alternative** *n* – alternativa, opción
**alternative contract** – contrato alternativo
**alternative cost** – costo alternativo, coste alternativo
**alternative damages** – daños alternativos
**alternative dispute resolution** – procedimientos para resolver disputas sin litigio
**alternative drawee** – librado alternativo
**alternative energy** – energía alternativa
**Alternative Investment Market** – Mercado Alternativo de Inversiones
**alternative investments** – inversiones alternativas
**alternative judgment** – sentencia alternativa
**alternative legacy** – legado alternativo
**alternative medicine** – medicina alternativa
**alternative minimum tax** – contribución alternativa mínima
**alternative mortgage** – hipoteca alternativa
**alternative mortgage instrument** – instrumento hipotecario alternativo
**alternative obligation** – obligación alternativa

**alternative order** – orden alternativo
**alternative payee** – beneficiario alternativo
**alternative punishment** – pena alternativa
**alternative rate** – tasa alternativa
**alternative relief** – indemnización alternativa
**alternative writ** – mandamiento alternativo
**alto et basso** – alto y bajo, acuerdo para someterse a arbitraje
**AM (ante meridiem)** – AM
**amalgamate** *v* – amalgamar, fusionar, unir
**amalgamation** *n* – fusión, unión
**amanuensis** – amanuense, escribano
**amass** *v* – amasar, acumular
**ambassador** *n* – embajador, enviado
**ambidexter** *n* – hipócrita, quien recibe paga de ambas partes, ambidextro
**ambiguity** *n* – ambigüedad, imprecisión
**ambiguous** *adj* – ambiguo, impreciso
**ambiguous language** – lenguaje ambiguo
**ambiguously** *adv* – ambiguamente
**ambit** *n* – ámbito, contorno
**ambitus** – corrupción electoral
**ambulance** *n* – ambulancia
**ambulance chaser** – picapleitos
**ambulation aids** – ayudas para desplazarse
**ambulatory** *adj* – ambulante, variable, revocable
**ambulatory court** – tribunal ambulante
**ambush** *n* – emboscada
**ameliorate** *v* – mejorar
**ameliorations** *n* – mejoras
**amenable** *adj* – responsable, receptivo, flexible
**amenable to the law** – responsable ante la ley
**amend** *v* – enmendar, modificar, rectificar, corregir
**amend a certificate of incorporation** – enmendar un certificado de incorporación
**amend a law** – enmendar una ley
**amend a will** – enmendar un testamento
**amendable** *adj* – enmendable, modificable, rectificable, corregible
**amendatory** *adj* – enmendatorio
**amended** *adj* – enmendado, modificado, rectificado, corregido
**amended return** – declaración enmendada de la renta, declaración enmendada de ingresos, declaración enmendada de impuestos
**amended tax return** – declaración enmendada de la renta, declaración enmendada de ingresos, declaración enmendada de impuestos
**amendment** *n* – enmienda, modificación, rectificación, corrección
**amendment certificate** – certificado de enmienda
**amendment of articles of incorporation** – enmienda al acta constitutiva, enmienda al acta de constitución, enmienda a los artículos de incorporación
**amendment to a certificate of incorporation** – enmienda a un certificado de incorporación
**amendment to a law** – enmienda a una ley
**amendment to a will** – enmienda a un testamento
**amendment to articles of incorporation** – enmienda al acta constitutiva, enmienda al acta de constitución, enmienda a los artículos de incorporación
**amends** *n* – indemnización, compensación, reparación
**amenities** *n* – amenidades, comodidades, instalaciones
**amerce** *v* – multar
**amercement** *n* – multa
**American Bar Association** – Asociación Americana de Abogados
**American Depositary Receipt** – recibo de depósito estadounidense, American Depositary Receipt
**American Depositary Shares** – American Depositary Shares
**American rule** – regla americana
**ami** – amigo
**amicable** *adj* – amistoso, amigable
**amicable action** – acción amistosa, acción en acuerdo
**amicable agreement** – convenio amistoso
**amicable settlement** – arreglo amistoso
**amicus** – amigo, amigo del tribunal, amicus
**amicus brief** – documento entregado por un amigo del tribunal
**amicus curiae** – amigo del tribunal, amicus curiae
**amita** – una tía paternal
**amitinus** – un primo
**amity** *n* – amistad, paz
**amnesia** *n* – amnesia
**amnesty** *n* – amnistía
**amoral** *adj* – amoral
**amortisable** *adj* – amortizable
**amortisation** *n* – amortización
**amortisation of debt** – amortización de deuda
**amortisation of obligation** – amortización de obligación
**amortise** *v* – amortizar
**amortise a debt** – amortizar una deuda
**amortise an obligation** – amortizar una obligación
**amortised** *adj* – amortizado
**amortised amount** – cantidad amortizada, monto amortizado
**amortised loan** – préstamo amortizado
**amortizable** *adj* – amortizable
**amortization** *n* – amortización
**amortization contract** – contrato de amortización
**amortization of debt** – amortización de deuda
**amortization of obligation** – amortización de obligación
**amortize** *v* – amortizar
**amortize a debt** – amortizar una deuda
**amortize an obligation** – amortizar una obligación
**amortized** *adj* – amortizado
**amortized amount** – cantidad amortizada, monto amortizado
**amortized loan** – préstamo amortizado
**amotion** *n* – despojo, desalojo
**amount** *n* – cantidad, monto, cuantía, suma
**amount** *v* – significar, ascender a
**amount at risk** – cantidad en riesgo, monto en riesgo
**amount charged** – cantidad cargada, monto cargado
**amount collected** – cantidad cobrada, monto cobrado
**amount contributed** – cantidad contribuida, monto contribuido
**amount covered** – cantidad asegurada, monto asegurado
**amount credited** – cantidad acreditada, monto acreditado
**amount deducted** – cantidad deducida, monto deducido

**amount due** – cantidad debida, monto debido, acreencia
**amount exported** – cantidad exportada, monto exportado
**amount financed** – cantidad financiada, monto financiado
**amount imported** – cantidad importada, monto importado
**amount in controversy** – cantidad en controversia, monto en controversia
**amount in dispute** – cantidad en disputa, monto en disputa
**amount insured** – cantidad asegurada, monto asegurado
**amount involved** – cantidad envuelta, monto envuelto
**amount lost** – cantidad perdida, monto perdido
**amount of credit** – cantidad de crédito, monto de crédito
**amount of damage** – cantidad del daño, monto del daño
**amount of evidence** – cantidad de prueba
**amount of loss** – cantidad de la pérdida, monto de la pérdida
**amount of payment** – cantidad del pago, monto del pago
**amount of subsidy** – cantidad del subsidio, monto del subsidio, cantidad de la subvención, monto de la subvención
**amount on hand** – cantidad disponible, monto disponible
**amount outstanding** – cantidad pendiente, saldo, monto pendiente
**amount overdue** – cantidad vencida, monto vencido
**amount overpaid** – cantidad pagada en exceso, monto pagado en exceso
**amount paid** – cantidad pagada, monto pagado
**amount payable** – cantidad a pagar, monto a pagar
**amount pending** – cantidad a pagar, monto a pagar
**amount to** – ascender a, llegar a, significar
**amount withheld** – cantidad retenida, monto retenido
**AMT (alternative minimum tax)** – contribución alternativa mínima
**amove** *v* – remover, llevarse
**ampliation** *n* – prórroga, aplazamiento, aumento, extensión
**amusement** *n* – diversión, recreo
**anacrisis** *n* – averiguación, investigación
**analogous** *adj* – análogo, paralelo
**analogy** *n* – analogía
**analyse** *v* – analizar
**analysis** *n* – análisis
**analysis certificate** – certificado de análisis
**analysis certification** – certificación de análisis
**analysis evidence** – prueba de análisis
**analysis proof** – prueba de análisis
**analysis verification** – verificación de análisis
**analyst** *n* – analista, analizador
**analytical** *adj* – analítico
**analytical accounting** – contabilidad analítica
**analytical jurisprudence** – jurisprudencia analítica
**analytical review** – revisión analítica
**analyze** *v* – analizar
**anarchist** *adj* – anarquista
**anarchist** *n* – anarquista
**anarchy** *n* – anarquía
**anatocism** *n* – anatocismo, usura, interés compuesto
**anatomical gift** – donación anatómica
**ancestor** *n* – antepasado, predecesor
**ancestral** *adj* – ancestral
**ancestral actions** – acciones ancestrales
**ancestral debt** – deuda ancestral
**ancestral estate** – bienes inmuebles adquiridos por sucesión
**ancestral property** – propiedad adquirida por sucesión
**ancestry** *n* – linaje, abolengo, alcurnia
**anchorage** *n* – tarifa de anclaje
**ancient** *adj* – antiguo, anciano
**ancient deed** – título de más de 30 años, título de más de 20 años
**ancient document** – documento de más de 30 años, documento de más de 20 años
**ancient house** – casa antigua
**ancient lights** – servidumbre de luz y aire
**ancient records** – documentos de más de 30 años, documentos de más de 20 años
**ancient writings** – documentos de más de 30 años, documentos de más de 20 años
**ancienty** *n* – prioridad, antigüedad
**ancillary** *adj* – auxiliar, dependiente, accesorio
**ancillary action** – acción accesoria
**ancillary agreement** – convenio auxiliar
**ancillary attachment** – embargo auxiliar
**ancillary benefits** – beneficios auxiliares
**ancillary claim** – reclamo auxiliar
**ancillary costs** – costos auxiliares, costes auxiliares
**ancillary covenant** – estipulación auxiliar
**ancillary jurisdiction** – jurisdicción auxiliar, jurisdicción sobre materias incidentales a la jurisdicción primaria
**ancillary legislation** – legislación auxiliar
**ancillary probate** – proceso auxiliar para la legalización de un testamento
**ancillary proceeding** – procedimiento auxiliar
**ancillary process** – proceso auxiliar
**ancillary receiver** – síndico auxiliar
**ancillary remedy** – remedio auxiliar
**ancillary suit** – acción accesoria
**and Co. (and company)** – y compañía
**and company** – y compañía
**and/or** – y/o
**and others** – y otros
**anew** *adv* – nuevamente, de nuevo
**angary, right of** – derecho de angaria
**angel investor** – inversionista ángel
**anger** *n* – enojo, ira
**anguish** *n* – angustia, tormento
**aniens** – nulo
**anient** – anular
**animus** – ánimo, mente, intención, animus
**animus furandi** – intención de hurtar, animus furandi
**animus lucrandi** – ánimo de lucro, animus lucrandi
**animus possidendi** – intención de tomar posesión, animus possidendi
**animus revertendi** – intención de retornar, animus revertendi
**animus testandi** – intención de hacer testamento, animus testandi
**annex** *n* – anejo, anexo

**annex** *v* – anexar, anejar, unir
**annexation** *n* – anexión, incorporación, unión
**annexation by reference** – incorporación por referencia
**annexe** *n* – anejo, anexo
**annihilate** *v* – aniquilar, destruir
**annihilation** *n* – aniquilación, destrucción total
**annihilator** *n* – aniquilador, destructor
**anniversary** *n* – aniversario
**anniversary of policy** – aniversario de póliza
**annotate** *v* – anotar, comentar
**annotation** *n* – anotación, comentario
**announce** *v* – anunciar, avisar
**announced** *adj* – anunciado, avisado
**announcement** *n* – aviso, declaración, anuncio, comunicado
**announcement date** – fecha de aviso, fecha de anuncio
**announcement effect** – efecto de anuncio
**annoy** *v* – molestar, incomodar
**annoyance** *n* – molestia, incomodidad
**annual** *adj* – anual
**annual accounts** – cuentas anuales, estados financieros
**annual adjustment** – ajuste anual
**annual aggregate limit** – límite total anual
**annual audit** – auditoría anual
**annual average earnings** – promedio de ingresos anuales
**annual bonus** – bono anual, bonificación anual
**annual budget** – presupuesto anual
**annual budgeting** – presupuestación anual
**annual cap** – límite anual
**annual charge** – cargo anual
**annual cost** – costo anual, coste anual
**annual depreciation** – depreciación anual
**annual earnings** – ingresos anuales
**annual exclusion** – exclusión anual
**annual expenses** – gastos anuales
**annual fee** – cargo anual
**annual financial statement** – estado financiero anual
**annual general meeting** – asamblea general anual, junta general anual, reunión general anual
**annual income** – ingresos anuales
**annual interest** – interés anual
**annual limit** – límite anual
**annual meeting** – reunión anual, asamblea anual, junta anual, sesión anual
**annual payment** – pago anual, abono anual
**annual percentage rate** – tasa porcentual anual, tasa anual equivalente, tasa de interés efectiva, tipo de interés efectivo
**annual percentage yield** – rendimiento porcentual anual
**annual policy** – póliza anual
**annual premium** – prima anual
**annual rate** – tasa anual, tipo anual
**annual rate increase** – incremento de tasa anual
**annual remuneration** – remuneración anual
**annual rent** – renta anual
**annual report** – informe anual, reporte anual, memoria anual
**annual report to shareholders** – informe anual a los accionistas
**annual report to stockholders** – informe anual a los accionistas
**annual salary** – salario anual, sueldo anual
**annual shareholders' meeting** – asamblea anual de accionistas
**annual statement** – estado anual, balance anual
**annual stockholders' meeting** – asamblea anual de accionistas
**annual wage** – salario anual
**annualise** *v* – anualizar
**annualised** *adj* – anualizado
**annualize** *v* – anualizar
**annualized** *adj* – anualizado
**annually** *adv* – anualmente
**annuitant** *n* – rentista, pensionado
**annuitise** *v* – comenzar los pagos de una anualidad
**annuitize** *v* – comenzar los pagos de una anualidad
**annuity** *n* – anualidad, pensión, pensión vitalicia, renta, renta vitalicia, censo
**annuity accumulation period** – período de acumulación de anualidad
**annuity accumulation unit** – unidad de acumulación de anualidad
**annuity accumulation value** – valor de acumulación de anualidad
**annuity analysis** – análisis de anualidad
**annuity bond** – bono perpetuo
**annuity certain** – anualidad cierta, anualidad incondicional
**annuity commencement date** – fecha de comienzo de pagos de anualidad
**annuity contract** – contrato de anualidad
**annuity due** – anualidad pagada antes del período
**annuity factor** – factor de anualidad
**annuity fund** – fondo de anualidad
**annuity in advance** – anualidad pagada antes del período
**annuity in arrears** – anualidad pagada después del período
**annuity income** – ingreso de anualidad
**annuity insurance** – seguro de anualidad
**annuity method** – método de anualidad
**annuity payment** – pago de anualidad, abono de anualidad
**annuity period** – período de anualidad
**annuity policy** – póliza de anualidad
**annul** *v* – anular, cancelar, abrogar
**annul a contract** – anular un contrato
**annul a marriage** – anular un matrimonio
**annullable** *adj* – anulable
**annulling** *adj* – anulador
**annulment** *n* – anulación, derogación, abrogación
**annulment of contract** – anulación de contrato
**annulment of marriage** – anulación de matrimonio
**annum** – año
**anomalous** *adj* – anómalo, irregular
**anomalous endorsement** – endoso irregular
**anomalous indorsement** – endoso irregular
**anomalous plea** – alegato con elementos positivos y negativos
**anomaly** *n* – anomalía
**anonymity** *n* – anonimato
**anonymous** *adj* – anónimo
**anonymous case** – caso anónimo

**anonymous donor** – donador anónimo
**anonymous trading** – transacciones anónimas
**answer** *n* – respuesta, contestación
**answer** *v* – responder, contestar
**answer for** – responder por, responsabilizarse
**answer to interrogatories** – contestación a los interrogatorios
**answerable** *adj* – responsable, que se puede contestar
**answering machine** – contestador, máquina contestadora
**answering service** – servicio de contestador
**antagonise** *v* – antagonizar
**antagonist** *n* – antagonista
**antagonize** *v* – antagonizar
**antapocha** – reconocimiento firmado de deuda
**antecedent** *adj* – antecedente
**antecedent** *n* – antecedente
**antecedent claim** – derecho anterior
**antecedent debt** – deuda contraída anteriormente
**antecessor** *n* – antecesor
**antedate** *v* – antedatar
**antedated** *adj* – antedatado
**antedated check** – cheque antedatado
**antedated cheque** – cheque antedatado
**antenatal** *adj* – antes de nacer
**antenuptial** *adj* – antenupcial, prenupcial
**antenuptial agreement** – pacto antenupcial, capitulaciones matrimoniales, contrato matrimonial
**antenuptial contract** – pacto antenupcial, capitulaciones matrimoniales, contrato matrimonial
**antenuptial gift** – donación antenupcial
**antenuptial will** – testamento antenupcial
**anthropometry** *n* – antropometría
**anti-avoidance legislation** – legislación antievasión
**anti-competitive** *adj* – anticompetitivo
**anti-competitive practices** – prácticas anticompetitivas
**anti-cyclical** *adj* – anticíclico
**anti-dilutive** *adj* – antidiluente
**anti-dilutive effect** – efecto antidiluente
**anti-dumping** *adj* – antidumping
**anti-dumping act** – ley antidumping, ley contra la venta de mercancía importada a precios por debajo de su valor de mercado, acto antidumping
**anti-dumping action** – acción antidumping, acción contra la venta de mercancía importada a precios por debajo de su valor de mercado
**anti-dumping agreement** – convenio antidumping, convenio contra la venta de mercancía importada a precios por debajo de su valor de mercado
**anti-dumping code** – código antidumping, código contra la venta de mercancía importada a precios por debajo de su valor de mercado
**anti-dumping duty** – tarifa antidumping, impuesto antidumping, tarifa contra la venta de mercancía importada a precios por debajo de su valor de mercado
**anti-dumping law** – ley antidumping, ley contra la venta de mercancía importada a precios por debajo de su valor de mercado
**anti-dumping legislation** – legislación antidumping, legislación contra la venta de mercancía importada a precios por debajo de su valor de mercado
**anti-dumping measure** – medida antidumping, medida contra la venta de mercancía importada a precios por debajo de su valor de mercado
**anti-dumping practices** – prácticas antidumping, prácticas contra la venta de mercancía importada a precios por debajo de su valor de mercado
**anti-dumping regulations** – reglamentos antidumping, reglamentos contra la venta de mercancía importada a precios por debajo de su valor de mercado
**anti-dumping tariff** – tarifa antidumping, impuesto antidumping, tarifa contra la venta de mercancía importada a precios por debajo de su valor de mercado
**anti-dumping tax** – impuesto antidumping, impuesto contra la venta de mercancía importada a precios por debajo de su valor de mercado
**anti-government** *adj* – antigubernamental
**anti-governmental** *adj* – antigubernamental
**anti-inflation** *adj* – antiinflacionario
**anti-inflationary** *adj* – antiinflacionario
**anti-inflationary measures** – medidas antiinflacionarias
**anti manifesto** – proclamación de porqué una guerra es defensiva
**anti-monopoly** *adj* – antimonopolio
**anti-monopoly laws** – leyes antimonopolio
**anti-nuclear** *adj* – antinuclear
**anti-pollution** *adj* – anticontaminación
**anti-rebate law** – ley contra reembolso
**anti-recession** *adj* – antirecesión
**anti-sexist** *adj* – antisexista
**anti-social** *adj* – antisocial
**anti-takeover measures** – medidas contra tomas de control corporativo
**anti-trust** *adj* – antimonopolio, antimonopolista
**anti-trust acts** – leyes antimonopolio
**anti-trust laws** – leyes antimonopolio
**anti-trust policy** – política antimonopolio
**anti-trust legislation** – legislación antimonopolio
**antiavoidance legislation** – legislación antievasión
**antichresis** *n* – anticresis
**anticipate** *v* – anticipar, prever
**anticipated** *adj* – anticipado
**anticipated acceptance** – aceptación anticipada
**anticipated annuity** – anualidad anticipada
**anticipated balance** – saldo anticipado
**anticipated benefits** – beneficios anticipados
**anticipated cost** – costo anticipado, coste anticipado
**anticipated defence** – defensa anticipada
**anticipated defense** – defensa anticipada
**anticipated expenditures** – gastos anticipados
**anticipated expenses** – gastos anticipados
**anticipated interest** – interés anticipado
**anticipated loss** – pérdida anticipada
**anticipated payments** – pagos anticipados, abonos anticipados
**anticipated price** – precio anticipado
**anticipation** *n* – anticipación, previsión, expectación
**anticipatory** *adj* – anticipador
**anticipatory breach** – incumplimiento con anticipación, declaración previa de incumplimiento de contrato
**anticipatory breach of contract** – incumplimiento con anticipación, declaración previa de incumplimiento de contrato

**anticipatory offense** – delito que consiste en prepararse para otro delito
**anticipatory repudiation** – repudio anticipado, declaración previa de incumplimiento de contrato
**anticompetitive** *adj* – anticompetitivo
**anticompetitive practices** – prácticas anticompetitivas
**anticonstitutional** *adj* – anticonstitucional
**anticyclical** *adj* – anticíclico
**antidilutive** *adj* – antidiluente
**antidilutive effect** – efecto antidiluente
**antidumping** *adj* – antidumping
**antidumping act** – ley antidumping, ley contra la venta de mercancía importada a precios por debajo de su valor de mercado, acto antidumping
**antidumping action** – acción antidumping, acción contra la venta de mercancía importada a precios por debajo de su valor de mercado
**antidumping agreement** – convenio antidumping, convenio contra la venta de mercancía importada a precios por debajo de su valor de mercado
**antidumping code** – código antidumping, código contra la venta de mercancía importada a precios por debajo de su valor de mercado
**antidumping duty** – tarifa antidumping, impuesto antidumping, tarifa contra la venta de mercancía importada a precios por debajo de su valor de mercado
**antidumping law** – ley antidumping, ley contra la venta de mercancía importada a precios por debajo de su valor de mercado
**antidumping legislation** – legislación antidumping, legislación contra la venta de mercancía importada a precios por debajo de su valor de mercado
**antidumping measure** – medida antidumping, medida contra la venta de mercancía importada a precios por debajo de su valor de mercado
**antidumping practices** – prácticas antidumping, prácticas contra la venta de mercancía importada a precios por debajo de su valor de mercado
**antidumping regulations** – reglamentos antidumping, reglamentos contra la venta de mercancía importada a precios por debajo de su valor de mercado
**antidumping tariff** – tarifa antidumping, impuesto antidumping, tarifa contra la venta de mercancía importada a precios por debajo de su valor de mercado
**antidumping tax** – impuesto antidumping, impuesto contra la venta de mercancía importada a precios por debajo de su valor de mercado
**antigovernment** *adj* – antigubernamental
**antigovernmental** *adj* – antigubernamental
**antigraph** *n* – copia de un instrumento escrito
**antiinflationary** *adj* – antiinflacionario
**antiinflationary measures** – medidas antiinflacionarias
**antimonopoly** *adj* – antimonopolio
**antimonopoly laws** – leyes antimonopolio
**antinomy** *n* – antinomia
**antinuclear** *adj* – antinuclear
**antipode** *adj* – opuesto
**antipollution** *adj* – anticontaminación
**antiquity** *n* – el pasado remoto
**antirecession** *adj* – antirecesión
**antisexist** *adj* – antisexista
**antisocial** *adj* – antisocial
**antitakeover measures** – medidas contra tomas de control corporativo
**antitrust** *adj* – antimonopolio, antimonopolista
**antitrust acts** – leyes antimonopolio
**antitrust laws** – leyes antimonopolio
**antitrust legislation** – legislación antimonopolio
**anxiety** *n* – ansiedad, anhelo
**any other business** – ruegos y preguntas
**AOB (any other business)** – ruegos y preguntas
**apartment** *n* – apartamento, departamento, piso
**apartment building** – edificio de apartamentos, edificio de departamentos, edificio de pisos
**apartment house** – casa de apartamentos, casa de departamentos, casa de pisos
**apiece** *adv* – cada uno, por cada uno
**apex** *n* – ápice, cima
**apolitical** *adj* – apolítico
**apology** *n* – disculpa
**apostles** *n* – escrito concerniente a la apelación a un tribunal superior
**apparatus** *n* – aparato, instrumentos
**apparent** *adj* – aparente, evidente, manifiesto
**apparent ability** – habilidad aparente
**apparent agency** – agencia aparente
**apparent agent** – agente aparente, representante aparente
**apparent authority** – autoridad aparente
**apparent boundaries** – límites aparentes
**apparent cause** – causa aparente
**apparent damage** – daño aparente
**apparent danger** – peligro aparente
**apparent defects** – defectos aparentes, vicios aparentes
**apparent easement** – servidumbre aparente
**apparent error** – error aparente
**apparent heir** – heredero aparente
**apparent liability** – responsabilidad aparente
**apparent necessity** – necesidad aparente
**apparent ownership** – propiedad aparente
**apparent partnership** – sociedad aparente
**apparent possession** – posesión aparente
**apparent risk** – riesgo aparente
**apparent servitude** – servidumbre aparente
**apparent title** – título aparente
**apparent use** – uso aparente
**apparent validity** – validez aparente
**apparent value** – valor aparente
**apparently** *adv* – aparentemente
**appeal** *n* – apelación, recurso, llamado, solicitud
**appeal** *v* – apelar, recurrir
**appeal bond** – fianza de apelación
**appeal against conviction** – apelación contra condena
**appeal committee** – comité de apelación
**appeal for amendment** – recurso de enmienda
**appeal for annulment** – recurso de nulidad
**appeal for help** – solicitud de ayuda
**appeal for protection** – recurso de protección, recurso de amparo
**appeal for reinstatement** – recurso de reposición
**appeal, right of** – derecho de recurso, derecho de apelación
**appealable** *adj* – apelable, recurrible
**appealable interest** – interés apelable

**appealable judgment** – sentencia apelable
**appealable order** – orden apelable
**appealer** *n* – apelante
**appeals court** – tribunal de apelaciones
**appeals officer** – oficial de apelaciones
**appear** *v* – aparecer, comparecer, presentarse
**appearance** *n* – comparecencia, apariencia
**appearance bail** – fianza de comparecencia
**appearance bond** – fianza de comparecencia
**appearance docket** – registro de comparecencias
**appearance of authority** – apariencia de autoridad
**appearance of validity** – apariencia de validez
**appearing party** – parte compareciente
**appease** *v* – apaciguar
**appeasement** *n* – apaciguamiento
**appellant** *n* – apelante, recurrente
**appellate** *adj* – de apelación
**appellate body** – órgano de apelación
**appellate court** – tribunal de apelaciones
**appellate jurisdiction** – jurisdicción de apelaciones
**appellate review** – revisión por un tribunal de apelaciones
**appellee** *n* – apelado
**appellor** *n* – apelante, recurrente
**append** *v* – añadir, fijar, adjuntar, anexar
**appendant** *adj* – accesorio, anexo
**appendant powers** – poderes accesorios
**appenditia** – anexos, accesorios
**appendix** *n* – apéndice, anexo
**appertain to** – pertenecer a, corresponder a
**appliance** *n* – artefacto, instrumento, electrodoméstico
**applicability** *n* – aplicabilidad, pertinencia
**applicable** *adj* – aplicable, pertinente
**applicable law** – ley aplicable, derecho aplicable
**applicable local law** – ley local aplicable, derecho local aplicable
**applicable rate** – tasa aplicable
**applicant** *n* – solicitante, candidato
**application** *n* – solicitud, petición, aplicación
**application date** – fecha de solicitud
**application for a loan** – solicitud de préstamo
**application for change of venue** – solicitud para traslado de sala
**application for credit** – solicitud de crédito
**application for direction** – solicitud de orientación
**application for registration** – solicitud de registro
**application for subsidy** – solicitud de subsidio, solicitud de subvención
**application for withdrawal** – solicitud de retiro
**application form** – formulario de solicitud
**application number** – número de solicitud
**application of funds** – uso de fondos
**application of resources** – aplicación de recursos
**application procedure** – procedimiento de solicitud
**applied** *adj* – aplicado
**apply** *v* – aplicar, solicitar, pedir
**apply for a job** – solicitar un empleo, solicitar un trabajo
**apply for a loan** – solicitar un préstamo
**apply for a patent** – solicitar una patente
**appoint** *v* – nombrar, designar
**appoint an agent** – nombrar un agente
**appoint an executor** – nombrar un albacea
**appointed** *adj* – nombrado
**appointed director** – director nombrado
**appointee** *n* – designado, beneficiario
**appointing power** – poder de nombramiento
**appointment** *n* – designación, nombramiento, cita
**appointment of trustee** – designación de fiduciario, nombramiento de fiduciario
**appointor** *n* – persona quien designa
**apportion** *v* – repartir, asignar, distribuir, prorratear
**apportioned** *adj* – prorrateado, distribuido, asignado
**apportionment** *n* – distribución, reparto, prorrateo
**apportionment of blame** – distribución de la culpa
**apportionment of damages** – distribución de los daños
**apportionment of liability** – distribución de la responsabilidad
**appraisable** *adj* – tasable, evaluable, medible
**appraisal** *n* – tasación, evaluación, valoración, avalúo, aforo, estimación, justiprecio
**appraisal certificate** – certificado de tasación, certificado de avalúo, certificado de valoración
**appraisal clause** – cláusula de tasación
**appraisal date** – fecha de tasación
**appraisal for taxation purposes** – avalúo fiscal
**appraisal method** – método de tasación
**appraisal report** – informe de tasación, reporte de tasación
**appraisal value** – valor de tasación, valoración
**appraise** *v* – tasar, evaluar, valorar, avaluar, aforar, estimar, justipreciar
**appraised** *adj* – tasado, evaluado, valorado
**appraised value** – valor tasado, valoría
**appraisement** *n* – tasación, evaluación, valoración, avalúo, aforo, estimación, justiprecio
**appraiser** *n* – tasador, evaluador, avaluador, aforador, justipreciador
**appreciable** *adj* – apreciable
**appreciable damages** – daños apreciables
**appreciate** *v* – apreciar, reconocer, comprender, valorar
**appreciation** *n* – apreciación, valoración, evaluación
**apprehend** *v* – aprehender, comprender, detener, arrestar
**apprehension** *n* – aprensión, temor, captura, detención, arresto
**apprehensive** *adj* – aprensivo, tímido, perspicaz
**apprendre** – ganancia devengada
**apprentice** *n* – aprendiz
**apprenticeship** *n* – aprendizaje, noviciado
**apprise** *v* – informar
**apprise of** – dar parte a
**approach** *n* – acercamiento, enfoque
**approach** *v* – acercarse a, hacer propuestas a
**approach, right of** – derecho de revisar una nave
**approach the witness** – solicitud al juez para acercarse a un testigo
**approbate** *v* – aprobar
**approbation** *n* – aprobación, sanción
**appropriate** *adj* – apropiado, adecuado
**appropriate** *v* – apropiarse, asignar
**appropriate remedy** – remedio apropiado
**appropriated** *adj* – apropiado, asignado
**appropriation** *n* – apropiación, asignación
**appropriation account** – cuenta de apropiación

**appropriation bill** – proyecto de ley presupuestaria, proyecto de ley de asignación de fondos
**appropriation of land** – expropiación
**appropriation of payments** – asignación de pagos
**appropriation of water** – apropiación de agua
**appropriator** *n* – quien realiza un acto de apropiación
**approval** *n* – aprobación, consentimiento, visto bueno
**approval conditions** – condiciones de aprobación
**approval of credit** – aprobación de crédito
**approval, on** – previa aceptación, a prueba
**approval process** – proceso de aprobación
**approve** *v* – aprobar, ratificar, consentir
**approve the budget** – aprobar el presupuesto
**approved** *adj* – aprobado, ratificado, sancionado
**approved amount** – cantidad aprobada
**approved benefits** – beneficios aprobados
**approved budget** – presupuesto aprobado
**approved capital** – capital aprobado
**approved charge** – cargo aprobado
**approved conditions** – condiciones aprobadas
**approved cost** – costo aprobado, coste aprobado
**approved credit line** – línea de crédito aprobada
**approved deposit** – depósito aprobado
**approved expenditures** – gastos aprobados
**approved expenses** – gastos aprobados
**approved fee** – cargo aprobado
**approved individual** – individuo aprobado
**approved limit** – límite aprobado
**approved list** – lista aprobada
**approved obligation** – obligación aprobada
**approved pay** – paga aprobada
**approved payment** – pago aprobado
**approved period** – período aprobado
**approved premium** – prima aprobada
**approved price** – precio aprobado
**approved rate** – tasa aprobada, tipo convenido
**approved remuneration** – remuneración aprobada
**approved rent** – renta aprobada
**approved salary** – salario aprobado
**approved terms** – términos aprobados
**approved valuation** – valuación aprobada
**approved value** – valor aprobado
**approved wages** – salarios aprobados
**approx. (approximate)** – aproximado
**approximate** *adj* – aproximado
**approximate cost** – costo aproximado, coste aproximado
**approximate expenditures** – gastos aproximados
**approximate expenses** – gastos aproximados
**approximate payment** – pago aproximado
**approximate premium** – prima aproximada
**approximate price** – precio aproximado
**approximate risk** – riesgo aproximado
**approximate subsidy** – subsidio aproximado, subvención aproximada
**approximate tax** – impuesto aproximado
**approximate value** – valor aproximado
**approximately** *adv* – aproximadamente
**approximation** *n* – aproximación, estimado
**appt. (appointment)** – cita
**appurtenances** *n* – anexidades, accesorios, conexidades
**appurtenant** *adj* – anexo, accesorio, perteneciente
**appurtenant easement** – servidumbre predial, servidumbre real, servidumbre accesoria
**appurtenant structure** – estructura anexa
**apt words** – palabras aptas, palabras apropiadas para lograr un efecto jurídico
**AQL (acceptable quality level)** – nivel de calidad aceptable
**APR (annual percentage rate)** – tasa porcentual anual, tasa anual equivalente, tasa de interés efectiva, tipo de interés efectivo
**apt. (apartment)** – apartamento
**apud acta** – entre las leyes registradas, en el expediente
**aquaculture** *n* – acuicultura
**aquatic rights** – derechos de agua
**arable land** – tierra cultivable, tierra arable
**arbiter** *n* – árbitro, arbitrador
**arbitrable** *adj* – arbitrable
**arbitrage** *n* – arbitraje
**arbitrage house** – casa de arbitraje
**arbitral** *adj* – arbitral
**arbitral agreement** – acuerdo arbitral
**arbitrament** *n* – laudo arbitral
**arbitrarily** *adv* – arbitrariamente
**arbitrariness** *n* – arbitrariedad
**arbitrary** *adj* – arbitrario
**arbitrary act** – acto arbitrario
**arbitrary action** – acción arbitraria
**arbitrary and capricious** – arbitrario y caprichoso
**arbitrary classification** – clasificación arbitraria
**arbitrary determination** – determinación arbitraria
**arbitrary mark** – marca arbitraria, marca comercial arbitraria
**arbitrary power** – poder arbitrario, poder discrecional
**arbitrary punishment** – condena arbitraria, condena discrecional, pena arbitraria, pena discrecional
**arbitrary taxation** – imposición arbitraria
**arbitrary verdict** – veredicto arbitrario
**arbitrate** *v* – arbitrar
**arbitration** *n* – arbitraje, arbitración, compromiso, tercería
**arbitration acts** – actos de arbitraje
**arbitration agreement** – convenio de arbitraje
**arbitration award** – laudo arbitral
**arbitration board** – junta de arbitraje, junta arbitral
**arbitration body** – cuerpo arbitral, órgano arbitral
**arbitration clause** – cláusula arbitral, cláusula de arbitraje
**arbitration court** – tribunal arbitral
**arbitration decision** – laudo arbitral
**arbitration proceedings** – procedimiento arbitral, juicio de árbitros
**arbitration tribunal** – tribunal arbitral
**arbitrative** *adj* – arbitrativo
**arbitrator** *n* – árbitro, arbitrador, tercero, compromisario
**archetype** *n* – arquetipo
**archive** *n* – archivo
**archive** *v* – archivar
**archivist** *n* – archivista
**area** *n* – área, zona, terreno
**area director** – director regional
**area manager** – gerente regional, administrador regional
**area of expertise** – área de pericia

**area office** – oficina regional
**area representative** – representante regional
**argue** *v* – discutir, sostener, exponer
**arguendo** – poner por caso, pongamos por caso
**argument** *n* – argumento, alegato, discusión, razonamiento
**argument to jury** – alegato dirigido al jurado
**argumentation** *n* – argumentación, razonamiento
**argumentative** *adj* – argumentativo, discutidor
**argumentative question** – pregunta tendenciosa
**argumentum** *n* – argumento
**arise** *v* – surgir, levantarse, resultar de
**arise from** – proceder de, resultar de
**arising** *adj* – procediendo de, surgiendo de
**arising out of a contract** – surgiendo de un contrato
**arising out of employment** – surgiendo del empleo
**aristo-democracy** *n* – aristodemocracia
**aristocracy** *n* – aristocracia
**aristocrat** *n* – aristócrata
**ARM (adjustable-rate mortgage)** – hipoteca de tasa ajustable
**arm's length** – transacciones en buena fe entre partes independientes actuando con intereses propios
**arm's length bargaining** – negociaciones en buena fe entre partes independientes con intereses propios
**arm's length negotiations** – negociaciones en buena fe entre partes independientes con intereses propios
**arm's length price** – precio al cual se llega en buena fe entre partes independientes con intereses propios
**arm's length transactions** – transacciones en buena fe entre partes independientes con intereses propios
**armed** *adj* – armado
**armed burglary** – robo a mano armada
**armed forces** – fuerzas armadas
**armed neutrality** – neutralidad armada
**armed peace** – paz armada
**armed robbery** – robo a mano armada
**arming one's self** – armándose, tomando armas
**armistice** *n* – armisticio
**armory** *n* – armería
**arms** *n* – armas
**arraign** *v* – leer la acusación, procesar, acusar formalmente
**arraignment** *n* – lectura de la acusación, acusación formal
**arrange** *v* – arreglar, ordenar, fijar, organizar
**arrangement** *n* – arreglo, concordato, convenio
**arrangement with creditors** – concordato, convenio con acreedores, quita y espera
**array** *n* – grupo de personas del cual se escogerán los miembros del jurado, orden, colección
**arrearage** *n* – atraso, demora
**arrears** *n* – atrasos
**arrears, in** – en mora, vencido
**arrears in alimony** – atrasos en los pagos de pensión alimenticia, atrasos en los pagos de pensión alimentaria
**arrears in payment** – atrasos en los pagos
**arrest** *n* – arresto, detención, paro
**arrest bond** – fianza de arresto
**arrest of judgment** – suspensión de la sentencia
**arrest of ships** – embargo de buques
**arrest record** – expediente de arrestos, historial de arrestos, antecedentes policiales
**arrest warrant** – orden de arresto
**arrested** *adj* – arrestado, detenido, parado
**arrestee** *n* – a quien se arresta
**arrester** *n* – quien arresta
**arretted** *adj* – convenido ante un juez
**arrival** *n* – llegada
**arrive** *v* – llegar, arribar
**arrogation** *n* – arrogación
**arsenal** *n* – arsenal
**arson** *n* – incendio provocado, incendio intencional
**arson clause** – cláusula de incendios provocados
**arsonist** *n* – incendiario
**art** *n* – arte, habilidad, oficio
**art, words of** – términos o expresiones técnicas
**articled clerk** – aprendiz, novicio, pasante, pasante de abogado
**article** *n* – artículo, cláusula, sección, objeto, cosa
**articles of agreement** – cláusulas de un contrato
**articles of amendment** – modificaciones a la acta constitutiva, modificaciones a los estatutos sociales
**articles of association** – acta de fundación, artículos de asociación, escritura de constitución
**articles of dissolution** – acta de disolución
**articles of impeachment** – escrito de impugnación
**articles of incorporation** – acta constitutiva, acta de constitución, artículos de incorporación, documento de incorporación, escritura de constitución, instrumento constitutivo, bases constitutivas
**articles of partnership** – contrato para formar una sociedad
**articles of war** – código militar
**articulate** *adj* – articulado, elocuente
**articulate** *v* – articular, pronunciar
**articulately** *adv* – articuladamente, elocuentemente, artículo por artículo
**artifice** *n* – artificio, artimaña
**artificer** *n* – artífice, artesano
**artificial** *adj* – artificial, afectado
**artificial barrier** – barrera artificial
**artificial boundary** – frontera artificial
**artificial currency** – moneda artificial
**artificial force** – fuerza artificial
**artificial insemination** – inseminación artificial
**artificial intelligence** – inteligencia artificial
**artificial person** – persona jurídica
**artificial presumptions** – presunciones jurídicas
**artificial water course** – curso de agua artificial
**artisan** *n* – artesano
**artwork** *n* – material gráfico
**as amended** – según enmendado
**as against** – comparado con
**as between** – comparado con
**as if** – como si
**as is** – tal y como está
**as is selling** – ventas de cosas tal y como están, ventas sin garantía alguna
**as is, where is** – en la condición que está y en el lugar que esté
**as of** – desde tal momento
**as of right** – según derecho
**as per** – de acuerdo a, de acuerdo con, según
**as per agreement** – de acuerdo a lo convenido
**as per contract** – de acuerdo al contrato
**as soon as possible** – tan pronto como sea posible

**as soon as practicable** – tan pronto como sea razonablemente posible, tan pronto como sea posible poner en práctica
**as such** – como tal
**as though** – como si
**as yet** – hasta ahora
**ASAP (as soon as possible)** – tan pronto como sea posible
**ascend** *v* – ascender, elevarse
**ascendants** *n* – ascendientes, antepasados
**ascent** *n* – ascensión
**ascertain** *v* – averiguar, comprobar, investigar, indagar, verificar, determinar
**ascertainable** *adj* – comprobable, averiguable, determinable
**ascertainable damages** – daños comprobables
**ascertainable losses** – pérdidas comprobables
**ascertainment** *n* – averiguación, determinación, comprobación
**ascribe** *v* – atribuir, adscribir
**ascribe a motive** – atribuir un motivo
**ask** *v* – preguntar, pedir, invitar
**asked price** – precio mínimo, precio inicial
**asking price** – precio inicial, precio de venta
**aspect** *n* – aspecto
**asperse** *v* – calumniar, difamar
**aspersions** *n* – calumnias, difamaciones
**asportation** *n* – acto de llevarse algo ilegalmente
**assail** *v* – asaltar, acometer, agredir
**assailant** *n* – asaltante, agresor
**assailer** *n* – asaltante, agresor
**assassin** *n* – asesino, magnicida
**assassinate** *v* – asesinar
**assassination** *n* – asesinato, magnicidio
**assault** *n* – asalto, acometimiento, ataque, agresión
**assault and battery** – asalto y agresión, asalto y lesiones, acometimiento y agresión
**assault with a deadly weapon** – asalto a mano armada
**assault with intent to commit a felony** – asalto con intención de cometer un delito grave, asalto con intención de cometer un crimen
**assault with intent to commit murder** – asalto con intención de asesinar
**assault with intent to commit rape** – asalto con intención de violar
**assault with intent to kill** – asalto con intención de matar
**assault with intent to murder** – asalto con intención de asesinar
**assault with intent to rape** – asalto con intención de violar
**assault with intent to rob** – asalto con intención de robar
**assay** *n* – ensayo, ensaye
**assayer** *n* – ensayador, aquilatador
**assecuration** *n* – seguro marítimo
**assecurator** *n* – asegurador marítimo
**assemblage** *n* – asamblea, combinación
**assemble** *v* – reunir, convocar, recopilar
**assembly** *n* – asamblea, reunión, montaje
**assembly-line factory** – fábrica con línea de montaje
**assembly-line worker** – trabajador en línea de montaje
**assembly, right of** – derecho de reunión, libertad de organización
**assemblyman** *n* – asambleísta
**assemblyperson** *n* – asambleísta
**assent** *n* – consentimiento, asentimiento
**assent** *v* – consentir, asentir
**assent by acts** – consentimiento mediante actos
**assent by gestures** – consentimiento mediante gestos
**assent by silence** – consentimiento mediante silencio
**assert** *v* – aseverar, afirmar
**assertion** *n* – aserto, afirmación
**assertory oath** – juramento asertorio
**assess** *v* – valorar, tasar, evaluar, amillarar, imponer contribuciones
**assess a tax** – amillarar
**assess performance** – evaluar rendimiento
**assessable** *adj* – imponible, gravable
**assessable income** – ingresos imponibles
**assessable insurance** – seguro con primas adicionales posibles
**assessable policy** – póliza con primas adicionales posibles
**assessed** *adj* – valorado, tasado, amillarado
**assessed valuation** – valor catastral, valuación fiscal
**assessed value** – valor catastral, valuación fiscal
**assessment** *n* – contribución, imposición, impuesto, amillaramiento, tasación, avalúo, evaluación, gravamen, tasa
**assessment base** – valor de la propiedad en un distrito fiscal
**assessment district** – distrito fiscal
**assessment insurance** – seguro de cuota-parte
**assessment list** – lista de contribuyentes
**assessment notice** – aviso de imposición
**assessment of damages** – determinación de daños
**assessment of deficiency** – determinación de deficiencia
**assessment of risk** – evaluación del riesgo
**assessment of taxes** – imposición de impuestos
**assessment plan** – contrato de seguro en que los pagos dependen de las contribuciones de otros con contratos similares
**assessment roll** – registro de contribuyentes
**assessment work** – trabajo anual requerido en una mina
**assessor** *n* – asesor, tasador
**asset** *n* – activo, elemento del activo, valor activo, valores, ventaja, atractivo, recurso
**asset administration** – administración de activos
**asset administrator** – administrador de activos
**asset and liability sheet** – balance
**asset and liability statement** – balance
**asset-backed** *adj* – respaldado por activos
**asset-based** *adj* – respaldado por activos, basado en activos
**asset coverage** – cobertura de activos
**asset-covered** *adj* – respaldado por activos
**asset financing** – financiamiento respaldado por activos
**asset freeze** – congelación de activos
**asset freezing** – congelación de activos
**asset liquidation** – liquidación de activos
**asset management** – administración de activos, gestión de activos
**asset manager** – administrador de activos
**asset quality** – calidad de activos

**asset restructuring** – reestructuración de activos
**asset stripping** – adquisición de una entidad con la intención de liquidar sus activos, liquidación de activos
**asset substitution** – sustitución de activos
**asset sufficiency** – suficiencia de activos
**asset value** – valor de activos
**assets** *n* – bienes, activo, haberes
**assets and liabilities** – activo y pasivo
**assets in hand** – activos en mano, activos disponibles
**assets of a company** – acervo social
**assets of an estate** – acervo hereditario
**assets per descent** – bienes hereditarios
**assets under management** – activos administrados, activos gestionados
**asseveration** *n* – aseveración
**assign** *v* – asignar, designar, transferir, ceder, delegar
**assign a lease** – transferir un arrendamiento
**assign a salary** – salariar
**assign benefits** – asignar beneficios
**assign contracts** – asignar contratos
**assign costs** – asignar costos, asignar costes
**assign funds** – asignar fondos
**assign income** – asignar ingresos
**assign money** – asignar dinero
**assign quotas** – asignar cuotas
**assign reserves** – asignar reservas
**assign resources** – asignar recursos
**assignability** *n* – transferibilidad, cesibilidad
**assignable** *adj* – asignable, transferible, cedible
**assignable contract** – contrato transferible
**assignable interest** – interés transferible
**assignable lease** – arrendamiento transferible
**assignation** *n* – asignación, designación, transferencia
**assignation house** – prostíbulo
**assigned** *adj* – asignado, transferido, cedido, delegado
**assigned account** – cuenta asignada, cuenta cedida
**assigned benefits** – beneficios asignados
**assigned contracts** – contratos asignados
**assigned costs** – costos asignados, costes asignados
**assigned counsel** – abogado de oficio
**assigned funds** – fondos asignados
**assigned income** – ingresos asignados
**assigned money** – dinero asignado
**assigned quotas** – cuotas asignadas
**assigned reserves** – reservas asignadas
**assigned resources** – recursos asignados
**assigned risk** – riesgo asignado
**assignee** *n* – beneficiario, cesionario, causahabiente, delegado, sucesor
**assigner** *n* – cedente, transferidor, causante, cesionista, delegante
**assignment** *n* – asignación, transferencia, cesión, traspaso, destinación
**assignment for benefit of creditors** – cesión de bienes para el beneficio de acreedores
**assignment notice** – aviso de asignación, aviso de transferencia, aviso de traspaso, aviso de cesión
**assignment of account** – transferencia de cuenta, traspaso de cuenta, cesión de cuenta
**assignment of benefits** – transferencia de beneficios, traspaso de beneficios, cesión de beneficios
**assignment of claim** – transferencia de créditos, cesión de créditos
**assignment of contract** – transferencia de contrato, traspaso de contrato, cesión de contrato
**assignment of copyright** – transferencia de derechos de autor, transferencia de derechos de propiedad intelectual, transferencia de propiedad literaria
**assignment of counsel** – designación de abogado
**assignment of debts** – transferencia de deudas, traspaso de deudas, cesión de deudas
**assignment of dower** – transferencia de dote
**assignment of error** – motivos de recurso
**assignment of funds** – transferencia de fondos, asignación de fondos, cesión de fondos
**assignment of income** – transferencia de ingresos, asignación de ingresos, cesión de ingresos
**assignment of lease** – transferencia de arrendamiento, cesión de arrendamiento, traspaso de arrendamiento
**assignment of mortgage** – transferencia de hipoteca, cesión de hipoteca
**assignment of proceeds** – transferencia de ingresos, cesión de ingresos
**assignment of rents** – transferencia de rentas, cesión de rentas
**assignment of rights** – transferencia de derechos, cesión de derechos
**assignment of risk** – transferencia de riesgo, cesión de riesgo
**assignment of salary** – transferencia de salario, cesión de salario, asignación de salario
**assignment of trademark** – transferencia de marca, transferencia de marca comercial
**assignment of wages** – transferencia de salario, cesión de salario, asignación de salario
**assignment with preferences** – transferencia preferencial, cesión preferencial
**assignor** *n* – cedente, transferidor, causante, cesionista, delegante
**assigns** *n* – cesionarios, sucesores
**assimilation** *n* – asimilación
**assimilative capacity** – capacidad asimilativa
**assist** *v* – asistir, ayudar, apoyar
**assistance** *n* – asistencia, ayuda, apoyo
**assistance and salvage at sea** – asistencia y salvamento en alta mar
**assistance of counsel** – derecho a defensa apropiada
**assistant** *n* – asistente, ayudante
**assistant administrator** – subadministrador
**assistant commissioner** – subcomisionado
**assistant controller** – subcontralor
**assistant director** – subdirector
**assistant executive** – ejecutivo asistente
**assistant judge** – juez asistente
**assistant manager** – subgerente
**assistant official** – oficial asistente
**assistant supervisor** – supervisor asistente
**assistant treasurer** – subtesorero
**assisted person** – persona asistida
**assisting** *adj* – asistiendo, ayudando, apoyando
**assistive technology** – tecnología asistiva
**assize** *n* – sesión de un tribunal, sesión de un cuerpo legislativo o administrativo
**associate** *n* – asociado, socio, miembro, cómplice
**associate** *v* – asociar, relacionar, juntar
**associated** *adj* – asociado, relacionado, juntado

**associate administrator** – administrador asociado
**associate bank** – banco asociado
**associate business** – negocio asociado
**associate company** – compañía asociada, sociedad asociada
**associate corporation** – corporación asociada
**associate director** – director asociado
**associate enterprise** – empresa asociada
**associate entity** – entidad asociada
**associate manager** – gerente asociado
**associate member** – miembro asociado
**associated** *adj* – asociado
**associated bank** – banco asociado
**associated business** – negocio asociado, negocios asociados
**associated company** – compañía asociada, sociedad asociada
**associated corporation** – corporación asociada
**associated enterprise** – empresa asociada
**associated entity** – entidad asociada
**associated member** – miembro asociado
**associated person** – persona asociada
**association** *n* – asociación, alianza, organización, relación
**association accountability** – responsabilidad de la asociación
**association accountant** – contable de la asociación, contador de la asociación
**association accounting** – contabilidad de la asociación
**association activity** – actividad de la asociación
**association address** – domicilio de la asociación
**association administration** – administración de la asociación, gestión de la asociación
**association administrator** – administrador de la asociación
**association agency** – agencia de la asociación
**association agent** – agente de la asociación
**association agreement** – convenio de asociación
**association and methods** – asociación y métodos
**association bookkeeping** – contabilidad de la asociación
**association capital** – capital de la asociación
**association debt** – deuda de la asociación
**association decision** – decisión de la asociación
**association department** – departamento de la asociación
**association director** – director de la asociación
**association ethics** – ética de la asociación
**association executive** – ejecutivo de la asociación
**association finance** – finanzas de la asociación
**association financing** – financiación de la asociación
**association insurance** – seguro de la asociación
**association interest** – interés de la asociación
**association liability** – responsabilidad de la asociación
**association management** – administración de la asociación, gestión de la asociación, gerencia de la asociación
**association manager** – gerente de la asociación, administrador de la asociación
**association member** – miembro de la asociación
**association name** – nombre de la asociación
**association objective** – objetivo de la asociación
**association officers** – funcionarios de la asociación
**association philosophy** – filosofía de la asociación
**association plan** – plan de la asociación
**association planning** – planificación de la asociación
**association policy** – política de la asociación, póliza de la asociación
**association powers** – poderes de la asociación
**association practices** – prácticas de la asociación, costumbres de la asociación
**association property** – propiedad de la asociación
**association records** – registros de la asociación
**association regulations** – reglamentos de la asociación, normas de la asociación
**association structure** – estructura de la asociación
**assoil** *v* – absolver, liberar, exonerar
**assumable** *adj* – asumible
**assumable loan** – préstamo asumible
**assumable mortgage** – hipoteca asumible
**assume** *v* – asumir, suponer, adoptar, encargarse de, fingir
**assume a debt** – asumir una deuda
**assume a lease** – asumir un arrendamiento
**assume a loan** – asumir un préstamo
**assume a mortgage** – asumir una hipoteca
**assume a risk** – asumir un riesgo
**assume an obligation** – asumir una obligación
**assume control** – asumir control
**assume responsibility** – asumir responsabilidad
**assumed** *adj* – asumido, adoptado, fingido
**assumed facts** – hechos presuntos
**assumed interest rate** – tasa de interés asumida
**assumed liability** – responsabilidad asumida
**assumed name** – alias
**assumed risk** – riesgo asumido
**assumpsit** *n* – promesa de pago a otro, acción por incumplimiento de contrato
**assumption** *n* – asunción, suposición, conjetura
**assumption charge** – cargo de asunción
**assumption clause** – cláusula de asunción de hipoteca
**assumption fee** – cargo de asunción
**assumption of a loan** – asunción de préstamo
**assumption of debt** – asunción de deuda
**assumption of indebtedness** – asunción de deuda
**assumption of liability** – asunción de responsabilidad
**assumption of mortgage** – asunción de hipoteca
**assumption of obligation** – asunción de obligación
**assumption of risk** – asunción de riesgo
**assurable** *adj* – asegurable
**assurance** *n* – promesa, aseveración, garantía, certidumbre, seguro, seguro de vida
**assurance of conformity** – garantía de conformidad
**assurance policy** – póliza de seguro, póliza de seguro de vida
**assurance premium** – prima de seguro, prima de seguro de vida
**assure** *v* – asegurar, garantizar, prometer, afirmar
**assured** *adj* – asegurado, garantizado, prometido, afirmado
**assured tenancy** – arrendamiento con derecho a permanecer indefinidamente bajo ciertas condiciones
**assurer** *n* – asegurador
**asylum** *n* – asilo
**asylum, right of** – derecho de asilo
**asylum seeker** – quien busca asilo, quien solicita asilo
**asymmetric information** – información asimétrica

**asymmetric shock** – choque asimétrico
**asymmetric taxation** – imposición asimétrica
**at (@)** – arroba, @
**at all times** – en todo momento
**at and from** – en y desde
**at any time** – en cualquier momento
**at any time prior to** – en cualquier momento antes de
**at arm's length** – transacciones en buena fe entre partes independientes actuando con intereses propios
**at bar** – ante el tribunal
**at issue** – en controversia, bajo discusión
**at large** – libre, fugitivo, en general
**at law** – de acuerdo a la ley
**at least** – por lo menos
**at once** – en seguida
**at or near** – en o cerca de
**at owner's risk** – a riesgo del dueño
**at random** – al azar
**at risk** – a riesgo
**at sea** – en alta mar
**at stake** – en juego
**at the market** – al precio del mercado
**at the time** – en el momento
**at will** – a voluntad
**at will employment** – empleo sin término fijo cancelable por ambas partes
**atheism** *n* – ateísmo
**atheistic** *adj* – ateo
**atheist** *n* – ateo
**ATM (automatic teller machine, automated teller machine)** – cajero automático
**atomic energy** – energía atómica
**atrocious** *adj* – atroz
**atrocious assault** – asalto agravado con crueldad y brutalidad, acometimiento agravado con crueldad y brutalidad
**atrocious assault and battery** – asalto y agresión agravada con crueldad y brutalidad
**atrocious battery** – agresión agravada con crueldad y brutalidad
**atrocity** *n* – atrocidad
**attach** *v* – anexar, adjuntar, anejar, embargar, ligar, unir
**attach property** – embargar propiedad
**attachable** *adj* – embargable, que se puede anexar
**attaché** *n* – agregado, maletín
**attaché case** – maletín
**attached** *adj* – anexo, anejo, adjunto, embargado
**attached account** – cuenta embargada
**attached copy** – copia adjunta
**attached document** – documento adjunto
**attached file** – archivo adjunto, fichero adjunto
**attached property** – bienes embargados, propiedad embargada
**attaching creditor** – acreedor embargante
**attachment** *n* – embargo, fijación, anejo, secuestro, incautación, archivo adjunto, fichero adjunto, fidelidad
**attachment bond** – fianza para liberar un embargo
**attachment of assets** – embargo de bienes
**attachment of earnings** – embargo de ingresos
**attachment of goods** – embargo de bienes, embargo de mercancías, embargo de propiedad
**attachment of property** – embargo de propiedad
**attachment of risk** – transferencia de riesgo
**attachment proceedings** – diligencia de embargo, juicio de embargo
**attack** *n* – ataque, acometimiento, asalto
**attack** *v* – atacar, acometer, asaltar
**attack credibility** – atacar la credibilidad
**attacker** *n* – atacante, acometedor, asaltante, agresor
**attain** *v* – alcanzar, llegar a, conseguir
**attainder** *n* – extinción de derechos civiles, muerte civil
**attained age** – edad alcanzada
**attaint** *v* – acusar, corromper
**attempt** *n* – intento, tentativa, atentado
**attempt** *v* – intentar, procurar
**attempt to commit a crime** – intento de cometer un crimen
**attempt to commit rape** – intento de violar
**attempt to defraud** – intento de defraudar
**attempt to monopolise** – intento de monopolizar
**attempt to monopolize** – intento de monopolizar
**attempt to murder** – intento de asesinar
**attempt to rape** – intento de violar
**attempt to take over** – intento de apoderarse
**attend** *v* – atender, cuidar, asistir
**attendance** *n* – asistencia, atención, presencia
**attendant** *adj* – concomitante
**attendant circumstances** – circunstancias concomitantes
**attention** *n* – atención, cuidado
**attenuate** *v* – atenuar, amortiguar
**attenuating circumstances** – circunstancias atenuantes
**attenuation** *n* – atenuación, amortiguamiento
**attest** *v* – atestiguar, dar fe, deponer, testificar, certificar, autenticar, legalizar
**attest to** – dar fe de, atestiguar
**attestation** *n* – atestación, testimonio, certificación
**attestation clause** – cláusula de certificación
**attested** *adj* – atestiguado, certificado
**attested copy** – copia certificada
**attested signature** – firma certificada
**attesting notary** – notario autorizante
**attesting witness** – testigo certificador
**attestor** *n* – quien certifica, quien atestigua
**attorn** *v* – transferir, ceder, reconocer un nuevo dueño
**attorney** *n* – abogado, apoderado, agente legal
**attorney ad hoc** – abogado para una acción específica, abogado ad hoc
**attorney at law** – abogado autorizado, abogado
**attorney-client privilege** – privilegio de comunicaciones entre abogado y cliente
**attorney ethics** – código de ética de abogados
**attorney general** – procurador general
**attorney-in-fact** *n* – apoderado, abogado privado
**attorney of record** – abogado que consta, abogado que representa formalmente
**attorney, right to** – derecho a abogado defensor
**attorney's fees** – honorarios del abogado
**attorney's license** – licencia de abogado, licencia para ejercer la abogacía
**attorney's lien** – gravamen del abogado
**attorney's oath** – juramento del abogado
**attorney's privilege** – privilegio del abogado
**attorney work product privilege** – protección de

materiales preparados por abogados antes y durante litigios
**attornment** *n* – reconocimiento de un nuevo dueño por el arrendatario, reconocimiento de un nuevo arendador por el arrendatario
**attractive nuisance** – peligro atrayente, objetos o condiciones que tienden a atraer y a poner en peligro a los niños
**attractive nuisance doctrine** – doctrina que responsabiliza a quien mantiene un peligro atrayente en su propiedad
**attractive offer** – oferta atractiva
**attractive terms** – condiciones atractivas, términos atractivos
**attribution** *n* – atribución, cualidad
**attrition** *n* – agotamiento, desgaste
**auction** *n* – subasta, almoneda, remate, venta en remate, subastación, encante
**auction** *v* – subastar, martillar, licitar, rematar, vender en remate, almonedar
**auction house** – casa de subastas, martillo
**auction off** – subastar, martillar, licitar, rematar, vender en remate, almonedar
**auctioneer** *n* – subastador, martillero, rematador
**audience** *n* – audiencia, entrevista, público
**audio conference** – audioconferencia
**audio-visual conference** – conferencia audiovisual
**audioconference** *n* – audioconferencia
**audiovisual conference** – conferencia audiovisual
**audit** *n* – auditoría, intervención, revisión contable, compulsa, arqueo
**audit** *v* – auditar, examinar cuentas, intervenir, comprobar, revisar
**audit accounts** – auditar las cuentas, revisar las cuentas
**audit activity** – actividad de auditoría
**audit adjustment** – ajuste de auditoría
**audit an account** – auditar una cuenta
**audit certificate** – certificado de auditoría
**audit comment** – comentario de auditoría
**audit committee** – comité de auditoría
**audit cycle** – ciclo de auditoría
**audit department** – departamento de auditoría
**audit director** – director de auditoría
**audit division** – división de auditoría
**audit examination** – examinación de auditoría
**audit failure** – fracaso de auditoría
**audit file** – archivo de auditoría, fichero de auditoría
**audit function** – función de auditoría
**audit group** – grupo de auditoría
**audit manager** – gerente de auditoría, administrador de auditoría
**audit of accounts** – auditoría de cuentas, reconocimiento de cuentas
**audit office** – oficina de auditoría
**audit officer** – oficial de auditoría
**audit opinion** – informe del contador público autorizado, opinión relativa a una auditoría
**audit period** – período de auditoría
**audit procedures** – procedimientos de auditoría
**audit program** – programa de auditoría
**audit programme** – programa de auditoría
**audit report** – informe de auditoría, reporte de auditoría
**audit risk** – riesgo de auditoría
**audit scope** – alcance de auditoría
**audit services** – servicios de auditoría
**audit software** – software de auditoría, programas de auditoría
**audit standards** – normas de auditoría
**audit team** – equipo de auditoría
**audit techniques** – técnicas de auditoría
**audit trail** – rastro de auditoría
**audit verification** – verificación de auditoría
**audit year** – año de auditoría
**auditability** *n* – auditabilidad
**auditable** *adj* – auditable
**audited** *adj* – auditado
**audited account** – cuenta auditada
**audited statement** – estado auditado
**auditee** *n* – quien es auditado
**auditing** *n* – auditoría, intervención, revisión
**auditing activity** – actividad de auditoría
**auditing committee** – comité de auditoría
**auditing department** – departamento de auditoría
**auditing division** – división de auditoría
**auditing evidence** – evidencia de auditoría
**auditing function** – función de auditoría
**auditing group** – grupo de auditoría
**auditing manager** – gerente de auditoría, administrador de auditoría
**auditing of accounts** – auditoría de cuentas
**auditing office** – oficina de auditoría
**auditing officer** – oficial de auditoría
**auditing procedures** – procedimientos de auditoría
**auditing process** – proceso de auditoría
**auditing program** – programa de auditoría
**auditing programme** – programa de auditoría
**auditing report** – informe de auditoría, reporte de auditoría
**auditing risk** – riesgo de auditoría
**auditing scope** – alcance de auditoría
**auditing services** – servicios de auditoría
**auditing software** – software de auditoría, programas de auditoría
**auditing standards** – normas de auditoría
**auditing system** – sistema de auditoría
**auditing team** – equipo de auditoría
**auditing techniques** – técnicas de auditoría
**auditing verification** – verificación de auditoría
**auditing year** – año de auditoría
**auditor** *n* – auditor, contralor, intervenidor, fiscal de cuentas, revisor
**auditor's certificate** – dictamen del auditor, dictamen de auditoría
**auditor's office** – oficina del auditor, revisoría
**auditor's opinion** – opinión del auditor
**auditor's report** – informe del auditor, reporte del auditor
**augment** *v* – aumentar, acrecentar
**augmented estate** – patrimonio extendido de acuerdo a lo provisto por las leyes aplicables
**augmentation** *n* – aumento, acrecentamiento
**austerity** *n* – austeridad
**autarchic** *adj* – autárquico
**autarchical** *adj* – autárquico
**autarchy** *n* – autarquía
**authentic** *adj* – auténtico, legítimo, fidedigno

**authentic act** – acta auténtica, acta protocolizada, acta legalizada
**authentic copy** – copia auténtica
**authentic interpretation** – interpretación auténtica
**authenticate** *v* – autenticar, autentificar, legalizar
**authenticated** *adj* – autenticado
**authenticated signature** – firma autenticada
**authentication** *n* – autenticación, legalización de documentos
**authentication of documents** – autenticación de documentos, legalización de documentos
**authentication of identity** – autenticación de identidad
**authentication of signature** – autenticación de firma, reconocimiento de firma
**authentication procedure** – procedimiento de autenticación
**authentification** *n* – autenticación
**author** *n* – autor, creador
**authorisation** *n* – autorización, concesión, habilitación, otorgamiento, delegación
**authorisation centre** – centro de autorizaciones
**authorisation code** – código de autorización
**authorisation department** – departamento de autorizaciones
**authorisation division** – división de autorizaciones
**authorisation number** – número de autorización
**authorisation office** – oficina de autorizaciones
**authorisation request** – petición de autorización
**authorise** *v* – autorizar, justificar
**authorised** *adj* – autorizado, apoderado
**authorised account** – cuenta autorizada
**authorised agent** – agente autorizado
**authorised amount** – cantidad autorizada
**authorised auditor** – auditor autorizado
**authorised bank** – banco autorizado
**authorised benefits** – beneficios autorizados
**authorised budget** – presupuesto autorizado
**authorised by law** – autorizado por ley
**authorised capital** – capital autorizado
**authorised capital shares** – acciones de capital autorizadas, emisión autorizada
**authorised capital stock** – acciones de capital autorizadas, emisión autorizada
**authorised charge** – cargo autorizado
**authorised company** – compañía autorizada
**authorised conditions** – condiciones autorizadas
**authorised cost** – costo autorizado, coste autorizado
**authorised credit line** – línea de crédito autorizada
**authorised dealer** – comerciante autorizado, intermediario autorizado
**authorised deposit** – depósito autorizado
**authorised expenditures** – gastos autorizados
**authorised expenses** – gastos autorizados
**authorised fee** – cargo autorizado
**authorised individual** – individuo autorizado
**authorised insurer** – asegurador autorizado
**authorised investment** – inversión autorizada
**authorised leave of absence** – licencia autorizada
**authorised limit** – límite autorizado
**authorised list** – lista autorizada
**authorised obligation** – obligación autorizada
**authorised payment** – pago autorizado
**authorised period** – período autorizado
**authorised premium** – prima autorizada
**authorised price** – precio autorizado
**authorised rate** – tasa autorizada
**authorised remuneration** – remuneración autorizada
**authorised rent** – renta autorizada
**authorised representative** – representante autorizado
**authorised salary** – salario autorizado
**authorised shares** – acciones autorizadas, emisión autorizada
**authorised signatory** – firmante autorizado, apoderado autorizado
**authorised signature** – firma autorizada
**authorised stock** – acciones autorizadas, emisión autorizada
**authorised terms** – términos autorizados
**authorised transfer** – transferencia autorizada, traspaso autorizado
**authorised use** – uso autorizado
**authorised valuation** – valuación autorizada
**authorised value** – valor autorizado
**authorised wages** – salarios autorizados
**authoritarian** *adj* – autoritario
**authoritative** *adj* – autoritativo
**authorities** *n* – autoridades, citaciones, citas de fuentes formales del derecho
**authority** *n* – autoridad, experto, representación
**authority authentication** – certificación de autoridad
**authority bond** – bono para financiar un proyecto público que genera ingresos
**authority by estoppel** – autoridad por impedimento
**authority certificate** – certificado de autoridad
**authority certification** – certificación de autoridad
**authority evidence** – prueba de autoridad
**authority of the court** – autoridad del tribunal
**authority proof** – prueba de autoridad
**authority to contract** – autorización para contratar
**authority to negotiate** – autorización para negociar
**authority to operate** – autorización para operar
**authority to pay** – autorización para pagar
**authority to purchase** – autorización de compra
**authority verification** – verificación de autoridad
**authorization** *n* – autorización, concesión, habilitación, otorgamiento, delegación
**authorization center** – centro de autorizaciones
**authorization centre** – centro de autorizaciones
**authorization code** – código de autorización
**authorization department** – departamento de autorizaciones
**authorization division** – división de autorizaciones
**authorization number** – número de autorización
**authorization office** – oficina de autorizaciones
**authorization request** – petición de autorización
**authorize** *v* – autorizar, justificar
**authorized** *adj* – autorizado, apoderado
**authorized account** – cuenta autorizada
**authorized agent** – agente autorizado
**authorized amount** – cantidad autorizada
**authorized auditor** – auditor autorizado
**authorized bank** – banco autorizado
**authorized benefits** – beneficios autorizados
**authorized budget** – presupuesto autorizado
**authorized by law** – autorizado por ley
**authorized capital** – capital autorizado
**authorized capital shares** – acciones de capital autorizadas, emisión autorizada

**authorized capital stock** – acciones de capital autorizadas, emisión autorizada
**authorized charge** – cargo autorizado
**authorized company** – compañía autorizada
**authorized conditions** – condiciones autorizadas
**authorized cost** – costo autorizado, coste autorizado
**authorized credit line** – línea de crédito autorizada
**authorized dealer** – comerciante autorizado, intermediario autorizado
**authorized deposit** – depósito autorizado
**authorized expenditures** – gastos autorizados
**authorized expenses** – gastos autorizados
**authorized fee** – cargo autorizado
**authorized individual** – individuo autorizado
**authorized insurer** – asegurador autorizado
**authorized investment** – inversión autorizada
**authorized leave of absence** – licencia autorizada
**authorized limit** – límite autorizado
**authorized list** – lista autorizada
**authorized obligation** – obligación autorizada
**authorized payment** – pago autorizado
**authorized period** – período autorizado
**authorized premium** – prima autorizada
**authorized price** – precio autorizado
**authorized rate** – tasa autorizada
**authorized remuneration** – remuneración autorizada
**authorized rent** – renta autorizada
**authorized representative** – representante autorizado
**authorized salary** – salario autorizado
**authorized shares** – acciones autorizadas, emisión autorizada
**authorized signatory** – firmante autorizado, apoderado autorizado
**authorized signature** – firma autorizada
**authorized stock** – acciones autorizadas, emisión autorizada
**authorized terms** – términos autorizados
**authorized transfer** – transferencia autorizada, traspaso autorizado
**authorized use** – uso autorizado
**authorized valuation** – valuación autorizada
**authorized value** – valor autorizado
**authorized wages** – salarios autorizados
**auto allowance** – asignación para gastos de automóvil, deducción por gastos de automóvil
**auto car insurance** – seguro de automóvil
**auto-financed** *adj* – autofinanciado
**auto-financing** *n* – autofinanciamiento, autofinanciación
**auto insurance** – seguro de automóvil
**auto liability insurance** – seguro de responsabilidad pública de automóvil
**auto loan** – préstamo de automóvil
**auto registration** – matrícula de automóviles
**auto tax** – impuesto sobre automóvil, impuesto de circulación de automóvil
**autocracy** *n* – autocracia
**autocrat** *n* – autócrata
**autofinancing** *n* – autofinanciamiento, autofinanciación
**autograph** *n* – autógrafo
**automate** *v* – automatizar
**automated** *adj* – automatizado
**automated clearing house** – casa de liquidación automatizada
**Automated Clearing Settlement System** – sistema de liquidación automatizada
**automated clearinghouse** – casa de liquidación automatizada
**automated data processing** – procesamiento automático de datos, tratamiento automático de datos
**automated teller** – cajero automático
**automated teller machine** – cajero automático
**automatic** *adj* – automático
**automatic bill payment** – pago automático de facturas
**automatic coverage** – cobertura automática
**automatic data processing** – procesamiento automático de datos, tratamiento automático de datos
**automatic deposit** – depósito automático
**automatic extension** – extensión automática
**automatic funds transfer** – transferencia automática de fondos
**automatic guarantee** – garantía automática
**automatic guaranty** – garantía automática
**automatic insurance** – seguro automático
**automatic licensing** – otorgamiento automático de licencia, licenciamiento automático
**automatic payment** – pago automático
**automatic premium loan** – estipulación de póliza de seguros que permite usar cualquier valor de préstamo disponible para pagar primas tras los días de gracia
**automatic reinsurance** – reaseguro automático
**automatic reinstallation** – reinstalación automática
**automatic reinstatement** – reinstalación automática
**automatic renewal** – renovación automática
**automatic stabiliser** – estabilizador automático
**automatic stabilizer** – estabilizador automático
**automatic stay** – aplazamiento automático
**automatic teller machine** – cajero automático
**automatic transfer** – transferencia automática, traspaso automático
**automatic transfer of funds** – transferencia automática de fondos, traspaso automático de fondos
**automatic updating** – actualización automática
**automatic warranty** – garantía automática
**automatic withdrawal** – retiro automático
**automatically** *adv* – automáticamente
**automation** *n* – automatización
**automobile car insurance** – seguro de automóvil
**automobile-expense allowance** – asignación para gastos de automóvil, deducción por gastos de automóvil
**automobile guest** – a quien se invita a viajar en automóvil
**automobile insurance** – seguro de automóvil
**automobile liability insurance** – seguro de responsabilidad pública de automóvil
**automobile loan** – préstamo de automóvil
**automobile registration** – matrícula de automóviles
**automobile tax** – impuesto sobre automóvil, impuesto de circulación de automóvil
**autonomous** *adj* – autónomo
**autonomous division** – división autónoma
**autonomous group** – grupo autónomo
**autonomous transaction** – transacción autónoma
**autonomy** *n* – autonomía
**autopsy** *n* – autopsia
**autoptic evidence** – prueba a ser vista por el jurado

**autoptic proference** – artículos presentados para observación en tribunal
**autre droit** – el derecho de otro
**autre vie** – la vida de otro
**autrefois acquit** – previamente absuelto por el mismo delito
**autrefois convict** – previamente condenado por el mismo delito
**auxiliary** *adj* – auxiliar
**auxiliary clause** – cláusula auxiliar
**auxiliary covenant** – cláusula auxiliar
**auxiliary services** – servicios auxiliares
**AV conference (audiovisual conference)** – conferencia audiovisual
**availability** *n* – disponibilidad
**available** *adj* – disponible, obtenible, válido, accesible, utilizable
**available capital** – capital disponible
**available for work** – disponible para trabajo
**available funds** – fondos disponibles
**available reserves** – reservas disponibles
**available resources** – recursos disponibles
**avails** *n* – el producto de la venta de propiedad
**aval** *n* – aval
**avarice** *n* – avaricia
**Ave. (avenue)** – avenida
**aver** *v* – aseverar, alegar
**average** *adj* – promedio, medio, mediocre
**average** *n* – promedio, media, avería
**average adjuster** – liquidador de averías, ajustador de averías
**average cost** – costo promedio, coste promedio
**average life** – vida media
**average quality** – calidad promedio
**average rate** – tasa promedio
**average remuneration** – remuneración promedio
**average salary** – salario promedio, sueldo promedio
**average tax** – impuesto promedio, contribución promedio
**average wage** – salario promedio, sueldo promedio
**average weekly wage** – salario semanal promedio
**average work week** – semana laboral promedio, semana de trabajo promedio
**average workweek** – semana laboral promedio, semana de trabajo promedio
**averment** *n* – afirmación, aseveración, verificación
**aversion** *n* – aversión, repugnancia
**aviation insurance** – seguro de aviación
**avocation** *n* – ocupación menor, diversión
**avoid** *v* – evitar, evadir, eludir, anular, huir de
**avoidable** *adj* – evitable, anulable
**avoidable charges** – cargos evitables
**avoidable consequences doctrine** – doctrina según la cual la parte perjudicada debe tratar de minimizar los daños
**avoidable cost** – costo evitable, coste evitable
**avoidable delay** – demora evitable
**avoidable expenditures** – gastos evitables
**avoidable expenses** – gastos evitables
**avoidable fees** – cargos evitables
**avoidance** *n* – evitación, evasión, elusión, anulación, abstinencia
**avoidance of claims** – evitación de reclamaciones
**avoidance of contract** – evitación de contrato
**avoidance of risk** – evitación de riesgo
**avoidance of taxes** – evitación de impuestos
**avouch** *v* – afirmar, declarar, responder de
**avoucher** *n* – afirmante, declarante, quien responde por
**avow** *v* – declarar, confesar, reconocer
**avowal** *n* – declaración, admisión, confesión
**avowant** *n* – declarante, quien confiesa
**avowed** *adj* – declarado
**avowry** *n* – justificación
**avulsion** *n* – avulsión
**await** *v* – esperar
**award** *n* – laudo, fallo, decisión, adjudicación, premio
**award** *v* – adjudicar, otorgar, fallar
**award a contract** – adjudicar un contrato, otorgar un contrato
**award of contract** – adjudicación de contrato, otorgamiento de contrato
**award of damages** – adjudicación de daños
**award to the best bidder** – adjudicar al mejor postor
**award wages** – salario mínimo otorgado
**away-going crop** – cosecha del arrendatario, cosecha tras la expiración del arrendamiento
**ayant cause** – cesionario, causante

# B

**B/E (bill of entry)** – conocimiento de entrada
**B/E (bill of exchange)** – letra de cambio
**B/L (bill of lading)** – conocimiento de embarque
**B/S (bill of sale)** – factura de venta
**B2B (business-to-business)** – empresa a empresa, negocio a negocio
**B2C (business-to-consumer)** – empresa a consumidor, negocio a consumidor
**B2E (business-to-employee)** – empresa a empleado, negocio a empleado
**B2G (business-to-government)** – empresa a gobierno, negocio a gobierno
**baby act** – defensa de minoridad, defensa de menores
**baby sitter** – niñera
**bachelor** *n* – soltero, bachiller
**bachelor of laws** – licenciado en derecho
**back** *n* – dorso, reverso
**back** *v* – respaldar, apoyar, endosar, financiar
**back away** – echarse atrás, retirarse
**back channel** – canal clandestino y/o extraoficial de comunicaciones
**back charges** – cargos atrasados
**back-date** *v* – antedatar
**back-dated** *adj* – antedatado
**back-dating** *n* – acto o práctica de antedatar
**back down** – echarse atrás
**back lands** – tierras no contiguas
**back matter** – apéndice, índice
**back off** – echarse atrás

**back office** – oficina de servicios de apoyo, back office, trastienda
**back out** – echarse atrás
**back pay** – atrasos, sueldos atrasados, sueldos devengados
**back rent** – rentas atrasadas, alquileres atrasados
**back taxes** – impuestos atrasados
**back-to-back loans** – prestamos recíprocos y simultáneos entre dos entidades o gobiernos de dos países diferentes, préstamos cruzados en divisas
**back-to-office report** – informe tras volver de una investigación
**back up** – respaldar, copiar, crear una copia de seguridad
**back-up contract** – contrato de reserva
**back-up copy** – copia de seguridad
**back-up file** – archivo de seguridad, fichero de seguridad
**back-up system** – sistema de respaldo
**back-up withholding** – retención de reserva
**back wages** – atrasos, sueldos atrasados, sueldos devengados
**backbite** *v* – murmurar, hablar mal de un ausente, calumniar
**backbiter** *n* – murmurador, quien habla mal de un ausente, calumniador
**backbiting** *n* – murmuración, calumnia
**backbond** *n* – contrafianza
**backdate** *v* – antedatar
**backdated** *adj* – antedatado
**backdating** *n* – acto o práctica de antedatar
**backdoor** *adj* – clandestino, secreto, con alevosía, utilizando trampas
**backdown** *n* – retractación, cesión
**backed** *adj* – respaldado, apoyado, endosado, financiado
**backed loan** – préstamo respaldado
**backer** *n* – garante, fiador, patrocinador, partidario, financiador, avalista
**background** *n* – trasfondo, medio, fondo, antecedentes
**background check** – comprobación de trasfondo
**background document** – documento de antecedentes
**background investigation** – investigación de trasfondo
**backing** *n* – respaldo, apoyo, patrocinio, ayuda, garantía
**backing of currency** – respaldo de la moneda
**backlog** *n* – acumulación
**backside** *n* – parte posterior
**backstair** *adj* – clandestino, secreto
**backtrack** *v* – retroceder, retirarse
**backtracking** *n* – antigüedad, desplazamiento de un empleado por otro con más tiempo en el trabajo
**backup** *n* – respaldo, apoyo, copia de seguridad, acumulación de asuntos pendientes, acumulación, soporte, sustituto
**backup contract** – contrato de reserva
**backup copy** – copia de seguridad
**backup file** – archivo de seguridad, fichero de seguridad
**backup system** – sistema de respaldo
**backup withholding** – retención de reserva
**backward** *adv* – al revés, hacia atrás
**backwardation** *n* – prima de aplazamiento
**backwater** *n* – agua de rechazo, agua estancada
**bad account** – cuenta incobrable
**bad bargain** – mal negocio
**bad behavior** – mala conducta
**bad behaviour** – mala conducta
**bad character** – mal carácter, mala fama
**bad check** – cheque sin fondos, cheque devuelto, cheque rechazado
**bad cheque** – cheque sin fondos, cheque devuelto, cheque rechazado
**bad credit** – crédito incobrable, mal crédito
**bad deal** – mal negocio
**bad debt** – deuda incobrable
**bad debt collection** – cobro de deuda incobrable
**bad debt loss** – pérdida por deuda incobrable
**bad debt losses** – pérdidas por deudas incobrables
**bad debt provision** – provisión para cuentas incobrables, provisión para cuentas dudosas
**bad debt recovery** – cobro de parte de deuda anteriormente incobrable, cobro de deuda anteriormente incobrable
**bad debt reserve** – reserva para deudas incobrables, reserva para cuentas dudosas
**bad debtor** – deudor moroso, persona que no acostumbra pagar sus deudas
**bad delivery** – entrega sin todo en orden
**bad faith** – mala fe
**bad law** – fallo o sentencia que no está en acorde con la ley
**bad loan** – préstamo incobrable
**bad motive** – acto ilícito a sabiendas
**bad reputation** – mala reputación
**bad repute** – mala reputación
**bad risk** – mal riesgo
**bad title** – título imperfecto
**bad will** – mala voluntad
**badge** *n* – insignia, placa
**badges of fraud** – señales de fraude
**badly off** – en apuros económicos, pobre
**baggage** *n* – equipaje, bagaje
**bail** *n* – fianza, caución, fiador
**bail** *v* – dar fianza, pagar caución, liberar bajo fianza
**bail appeal** – apelación de fianza
**bail absolute** – fianza absoluta
**bail bond** – escritura de fianza, póliza de fianza
**bail out** – pagar una fianza, sacar de apuros económicos, sacar de apuros, vender valores que están perdiendo dinero
**bail piece** – inscripción de fianza
**bail schedule** – tabla de fianzas
**bailable** *adj* – caucionable
**bailable action** – acción caucionable
**bailable offense** – delito caucionable
**bailable process** – proceso caucionable
**bailee** *n* – depositario, depositario de fianza
**bailee for hire** – custodio de propiedad personal a título oneroso
**bailer** *n* – depositante, fiador
**bailiff** *n* – alguacil, administrador, oficial de justicia
**bailiwick** *n* – alguacilazgo, jurisdicción
**bailment** *n* – depósito, entrega, caución, arraigo, depósito mercantil, depósito comercial
**bailment contract** – contrato de depósito, contrato de

custodia, contrato de préstamo de uso
**bailment for hire** – depósito a título oneroso
**bailment lease** – arrendamiento con opción de compra
**bailor** *n* – depositante, fiador
**bailout** *n* – rescate
**bailsman** *n* – fiador
**bailout provision** – cláusula de retiro de fondos
**bait** *n* – cebo, carnada
**bait advertising** – publicidad para atraer clientela con una mercancía y ofrecer otra
**bait and switch** – atraer clientela con una mercancía y ofrecer otra
**bait and switch advertising** – publicidad para atraer clientela con una mercancía y ofrecer otra
**balance** *n* – balance, balanza, saldo, equilibrio
**balance** *v* – balancear, saldar, equilibrar
**balance a budget** – equilibrar un presupuesto
**balance an account** – saldar una cuenta
**balance book** – libro de balances
**balance certificate** – certificado de balance, certificado de saldo
**balance certification** – certificación de balance, certificación de saldo
**balance due** – saldo deudor, balance adeudado, saldo pendiente
**balance of account** – balance de cuenta, saldo de cuenta
**balance of payments** – balanza de pagos, balanza cambista
**balance of power** – equilibrio de poderes
**balance of trade** – balanza comercial
**balance on hand** – saldo disponible
**balance outstanding** – saldo pendiente
**balance sheet** – balance, hoja de balance, estado de situación, estado de contabilidad, balance de contabilidad, balance de situación
**balance sheet audit** – auditoría del balance
**balance the budget** – equilibrar el presupuesto
**balanced** *adj* – balanceado, equilibrado
**balanced budget** – presupuesto equilibrado
**balanced economic growth** – crecimiento económico equilibrado
**balanced economy** – economía equilibrada
**balanced growth** – crecimiento equilibrado
**balanced investment strategy** – estrategia de inversión equilibrada
**balancing entry** – contrapartida
**balancing item** – contrapartida
**balderdash** *n* – disparate
**bale** *n* – desgracia, fardo
**bale out** – sacar de apuros económicos, sacar de apuros, vender valores que están perdiendo dinero, pagar una fianza
**ballistics** *n* – balística
**balloon** *n* – pago final mayor, abono final mayor
**balloon loan** – préstamo con pago final mayor
**balloon maturity** – préstamo con pago final mayor
**balloon mortgage** – hipoteca con pago final mayor
**balloon note** – préstamo con pago final mayor, pagaré con pago final mayor
**balloon payment** – pago final mayor, abono final mayor
**ballot** *n* – papeleta, sufragio, votación
**ballot box** – urna electoral
**ballot paper** – papeleta
**ballot rigging** – pucherazo
**balloter** *n* – elector
**ballpark estimate** – cifra aproximada
**ballpark figure** – cifra aproximada
**ban** *n* – prohibición
**ban** *v* – prohibir, proscribir
**banal** *adj* – banal, trivial
**banality** *n* – banalidad, trivialidad
**banc** *n* – tribunal
**bancassurance** *n* – la combinación de actividades bancarias y aseguradoras por la misma entidad
**band** *n* – banda, partida
**band width** – ancho de banda
**bandit** *n* – bandido, proscrito, bandolero
**bandwagon behavior** – comportamiento gregario, comportamiento de rebaño
**bandwagon behaviour** – comportamiento gregario, comportamiento de rebaño
**bandwagon effect** – comportamiento gregario, comportamiento de rebaño
**bandwidth** *n* – ancho de banda
**banish** *v* – desterrar, expulsar, deportar
**banishment** *n* – destierro, expulsión, deportación
**bank** *n* – banco, tribunal, entidad bancaria, casa bancaria, ribera
**bank acceptance** – aceptación bancaria
**bank account** – cuenta bancaria
**bank accounting** – contabilidad bancaria
**bank activity** – actividad bancaria
**bank administration** – administración bancaria
**bank advance** – adelanto bancario
**bank assessment** – evaluación bancaria
**bank auditor** – auditor bancario
**bank authorities** – autoridades bancarias
**bank balance** – balance bancario, estado de cuenta bancaria
**bank bill** – billete de banco, nota bancaria, efecto bancario
**bank board** – junta bancaria
**bank bond** – bono bancario
**bank book** – libreta de banco, libreta de ahorros
**bank bookkeeping** – contabilidad bancaria
**bank borrowing** – préstamos bancarios
**bank branch** – sucursal de banco
**bank by mail** – banca por correo
**bank by phone** – banca por teléfono
**bank call** – inspección gubernamental bancaria
**bank card** – tarjeta bancaria
**bank cash ratio** – razón de encaje, coeficiente de encaje
**bank cashier** – cajero de banco
**bank certificate** – certificado bancario
**bank certificate of deposit** – certificado de depósito bancario
**bank charge** – cargo bancario
**bank charter** – autorización para operar un banco
**bank check** – cheque, cheque de caja
**bank cheque** – cheque, cheque de caja
**bank clearing** – compensación bancaria
**bank clerk** – empleado de banco
**bank code** – código de banco
**bank commission** – comisión bancaria
**bank commissioner** – comisionado de la banca

**bank community** – comunidad bancaria
**bank confirmation** – confirmación bancaria
**bank connection** – conexión bancaria
**bank credit** – crédito bancario
**bank currency** – billete de banco
**bank debit** – débito bancario
**bank debt** – deuda bancaria
**bank deposit** – depósito bancario
**bank deregulation** – desregulación bancaria
**bank director** – director de banco, miembro de la junta directiva de un banco
**bank discount** – descuento bancario
**bank draft** – giro bancario, letra bancaria
**bank employee** – empleado de banco
**bank employment** – empleo de banco
**bank endorsement** – endoso bancario
**bank examination** – examinación de banco
**bank examiner** – examinador de bancos
**bank failure** – quiebra bancaria
**bank fee** – cargo bancario
**Bank for International Settlements** – Banco de Pagos Internacionales
**bank giro** – giro bancario
**bank group** – grupo bancario
**bank guarantee** – garantía bancaria
**bank-guaranteed** *adj* – garantizado por banco
**bank guaranty** – garantía bancaria
**bank holding company** – compañía tenedora de banco
**Bank Holding Company Act** – ley de compañías tenedoras de bancos
**bank holiday** – día festivo bancario
**bank house** – casa de banca
**bank identification** – identificación bancaria
**bank identification number** – número de identificación bancaria
**bank income** – ingresos bancarios
**bank indorsement** – endoso bancario
**bank industry** – industria bancaria
**bank insolvency** – insolvencia bancaria
**bank interest** – intereses bancarios, interés bancario
**bank job** – empleo bancario, trabajo bancario
**bank ledger** – libro mayor bancario
**bank lending** – préstamos bancarios
**bank lien** – gravamen bancario
**bank line** – línea de crédito bancaria
**bank line of credit** – línea de crédito bancaria
**bank liquidity** – liquidez bancaria
**bank liquidity ratio** – razón de liquidez bancaria
**bank loan** – préstamo bancario, préstamo de banco
**bank machine** – cajero automático
**bank management** – administración bancaria, gestión bancaria
**bank manager** – gerente de banco
**bank merger** – fusión bancaria
**bank money order** – giro bancario
**bank money** – depósitos bancarios, dinero bancario
**bank note** – billete de banco, nota bancaria
**bank of circulation** – banco de emisión
**bank of deposit** – banco de ahorro, banco de depósito
**bank of first deposit** – banco de depósito inicial
**bank of issue** – banco emisor, banco de emisión
**bank officer** – oficial de banco
**bank official** – oficial de banco
**bank operation** – operación bancaria
**bank order** – orden bancaria
**bank overdraft** – sobregiro bancario
**bank paper** – papel bancario
**bank passbook** – libreta de banco, libreta de ahorros
**bank quality** – calidad de banco
**bank rate** – tasa bancaria, tipo bancario
**bank reconciliation** – reconciliación de estado bancario
**bank reference** – referencia bancaria
**bank regulation** – reglamentación bancaria
**bank remittance** – remesa bancaria
**bank report** – informe bancario, reporte bancario
**bank reserves** – reservas bancarias, encaje bancario
**bank robber** – ladrón de banco
**bank run** – corrida bancaria, retiro masivo y general de fondos de un banco
**bank secrecy** – secreto bancario
**bank securities** – valores bancarios
**bank service charge** – cargo por servicios bancarios
**bank service fee** – cargo por servicios bancarios
**bank services** – servicios bancarios
**bank shares** – acciones bancarias, acciones de banco
**bank soundness** – solidez bancaria
**bank stamp** – sello bancario
**bank statement** – estado bancario, estado de cuenta, extracto de cuenta bancaria
**bank stock** – acciones bancarias, acciones de banco
**bank subsidiary** – subsidiaria de banco, subsidiaria bancaria
**bank supervision** – supervisión bancaria
**bank supervisor** – supervisor bancario
**bank syndicate** – sindicato bancario
**bank transaction** – transacción bancaria
**bank transfer** – transferencia bancaria
**bank trust department** – departamento fiduciario de banco
**bank trust division** – división fiduciaria de banco
**bank trust office** – oficina fiduciaria de banco
**bank work** – trabajo de banco
**bankable** *adj* – negociable, comerciable conforme a la práctica bancaria, bancable
**bankbook** *n* – libreta de banco, libreta de ahorros
**banker** *n* – banquero
**banker's acceptance** – aceptación bancaria
**banker's bank** – banco de bancos
**banker's bill** – billete de banco, nota bancaria, efecto bancario
**banker's check** – cheque de caja
**banker's cheque** – cheque de caja
**banker's draft** – giro bancario, letra bancaria
**banker's lien** – gravamen bancario
**banker's note** – nota bancaria
**banker's payment** – pago de banquero
**banker's reference** – referencia bancaria
**banking** *n* – banca
**banking account** – cuenta bancaria
**banking activity** – actividad bancaria
**banking administration** – administración bancaria
**banking assessment** – evaluación bancaria
**banking authorities** – autoridades bancarias
**banking board** – junta de banca
**banking book** – libreta de banco, libreta de ahorros
**banking bookkeeping** – contabilidad bancaria
**banking branch** – sucursal de banco

**banking business** – negocio bancario
**banking by mail** – banca por correo
**banking by phone** – banca por teléfono
**banking card** – tarjeta bancaria
**banking center** – centro bancario
**banking centre** – centro bancario
**banking certificate** – certificado bancario
**banking chain** – cadena bancaria
**banking charges** – cargos bancarios
**banking charter** – autorización para operar un banco
**banking clerk** – empleado de banco
**banking code** – código de banco
**banking commission** – comisión bancaria
**banking commissioner** – comisionado de la banca
**banking community** – comunidad bancaria
**banking company** – compañía bancaria
**banking confirmation** – confirmación bancaria
**banking connection** – conexión bancaria
**banking corporation** – corporación bancaria
**banking credit** – crédito bancario
**banking debt** – deuda bancaria
**banking delay** – demora bancaria
**banking department** – departamento bancario
**banking deposit** – depósito bancario
**banking deregulation** – desreglamentación bancaria
**banking discount** – descuento bancario
**banking discount rate** – tasa de descuento bancaria
**banking draft** – giro bancario, letra bancaria
**banking employee** – empleado de banco
**banking employment** – empleo de banco
**banking entity** – entidad bancaria
**banking examination** – examinación de banco
**banking examiner** – examinador de bancos
**banking expenditures** – gastos bancarios
**banking expenses** – gastos bancarios
**banking fee** – cargo bancario
**banking games** – juegos de azar
**banking giro** – giro bancario
**banking group** – grupo bancario
**banking guarantee** – garantía bancaria
**banking guaranty** – garantía bancaria
**banking holding company** – compañía tenedora de banco
**banking holiday** – día festivo bancario
**banking hours** – horas bancarias
**banking house** – casa bancaria
**banking industry** – industria bancaria
**banking institution** – institución bancaria
**banking job** – empleo bancario, trabajo bancario
**banking laws** – leyes bancarias
**banking loan** – préstamo bancario, préstamo de banco
**banking management** – administración bancaria, gestión bancaria
**banking manager** – gerente de banco
**banking merger** – fusión bancaria
**banking money order** – giro bancario
**banking network** – red bancaria
**banking office** – oficina bancaria
**banking officer** – oficial de banco
**banking official** – oficial de banco
**banking operations** – operaciones bancarias
**banking passbook** – libreta de banco, libreta de ahorros
**banking power** – poder bancario
**banking rate** – tasa bancaria
**banking reference** – referencia bancaria
**banking regulation** – reglamentación bancaria
**banking report** – informe bancario, reporte bancario
**banking secrecy** – secreto bancario
**banking sector** – sector bancario
**banking service charge** – cargo por servicios bancarios
**banking service fee** – cargo por servicios bancarios
**banking services** – servicios bancarios
**banking shares** – acciones bancarias, acciones de banco
**banking statement** – estado bancario, estado de cuenta, extracto de cuenta bancaria
**banking subsidiary** – subsidiaria de banco, subsidiaria bancaria
**banking supervision** – supervisión bancaria
**banking syndicate** – sindicato bancario
**banking system** – sistema bancario
**banking transaction** – transacción bancaria
**banking transfer** – transferencia bancaria, traspaso bancario
**banking trust department** – departamento fiduciario de banco
**banking trust division** – división fiduciaria de banco
**banking work** – trabajo de banco
**bankroll** *n* – fondo, caudal
**bankroll** *v* – financiar
**bankrupt** *adj* – quebrado, en quiebra, en bancarrota, insolvente, concursado, fallido
**bankrupt** *n* – quebrado, fallido
**bankrupt** *v* – quebrar, llevar a la quiebra, llevar a la bancarrota
**bankrupt company** – compañía quebrada
**bankrupt corporation** – corporación quebrada
**bankrupt entity** – entidad quebrada
**bankrupt firm** – empresa quebrada
**bankrupt, go** – ir a la quiebra, ir a la bancarrota
**bankrupt law** – ley de quiebra
**bankrupt partner** – socio quebrado
**bankrupt person** – quebrado, fallido
**bankrupt's assets** – activo de la quiebra
**bankrupt's estate** – masa de la quiebra
**bankrupt's property** – bienes del quebrado
**bankruptcy** *n* – quiebra, insolvencia, bancarrota, falencia
**bankruptcy assets** – activo de la quiebra
**bankruptcy code** – leyes de quiebra, código de las quiebras
**bankruptcy costs** – costos de quiebra, costes de quiebra
**bankruptcy court** – tribunal de quiebra
**bankruptcy creditor** – acreedor de quiebra
**bankruptcy discharge** – rehabilitación del quebrado
**bankruptcy distribution** – distribución de bienes del quebrado a los acreedores
**bankruptcy estate** – masa de la quiebra
**bankruptcy laws** – leyes de quiebra
**bankruptcy notice** – aviso de quiebra
**bankruptcy order** – orden de quiebra
**bankruptcy petition** – petición de quiebra
**bankruptcy prediction** – predicción de quiebra
**bankruptcy proceedings** – juicio de quiebra, procedimiento de quiebra, causa de insolvencia

**bankruptcy protection** – protección bajo ley de quiebras
**bankruptcy risk** – riesgo de quiebra
**bankruptcy trustee** – fideicomisario de la quiebra, síndico de la quiebra
**banned** *adj* – prohibido, proscrito
**banner** *n* – banner, pancarta
**banning** *n* – prohibición, exclusión
**banns of matrimony** – amonestaciones matrimoniales, aviso público de matrimonio, carteles matrimoniales
**banter** *v* – burlarse de
**bar** *n* – tribunal, colegio de abogados, abogacía, barra, barandilla
**bar** *v* – prohibir, excluir
**bar admission** – admisión al colegio de abogados
**bar association** – colegio de abogados
**bar docket** – lista extraoficial de causas por juzgar
**bar exam** – reválida, reválida para poder ejercer como abogado
**bar examination** – reválida, reválida para poder ejercer como abogado
**bar to marriage** – impedimento matrimonial
**barbaric** *adj* – barbárico
**barbarity** *n* – barbarie, barbaridad
**barbed** *adj* – cortante, mordaz, barbado
**bare** *adj* – descubierto, desnudo, vacío, escueto
**bare-bones** *adj* – con solo lo esencial, con solo lo mínimo
**bare-handed** *adj* – a manos vacías, desarmado
**bare licensee** – a quien se le tolera la presencia
**bare owner** – nudo propietario
**bare patent licence** – permiso para vender un producto patentado sin derecho de exclusividad
**bare patent license** – permiso para vender un producto patentado sin derecho de exclusividad
**bare trustee** – fiduciario de un fideicomiso pasivo
**bareboat charter** – contrato donde quien arrienda una nave es dueño para todos efectos durante el período de arrendamiento
**barely** *adv* – apenas
**bareness** *n* – desnudez, deficiencia
**bargain** *n* – negocio, convenio, contrato, pacto, ganga
**bargain** *v* – negociar, convenir, regatear
**bargain and sale** – compraventa, contrato de compraventa
**bargain and sale deed** – escritura de compraventa
**bargain collectively** – negociar colectivamente
**bargain in bad faith** – negociar en mala fe
**bargain in good faith** – negociar en buena fe
**bargain money** – depósito, anticipo, señal, caparra
**bargainee** *n* – comprador
**bargainer** *n* – negociador, vendedor
**bargaining** *n* – negociación, regateo
**bargaining agent** – agente de negociaciones
**bargaining control** – control de negociación
**bargaining group** – grupo de negociación
**bargaining period** – período de negociación
**bargaining position** – posición de negociación
**bargaining power** – poder de negociación
**bargaining rights** – derechos a negociaciones
**bargaining strength** – fuerza de negociación
**bargaining table** – mesa de negociaciones
**bargaining unit** – cuerpo participante en negociaciones colectivas a nombre de los obreros
**bargainor** *n* – negociador, vendedor
**barge** *n* – barcaza, embarcación recreativa
**baron** *n* – barón, magnate
**barrator** *n* – picapleitos, pleitista
**barratrous** *adj* – fraudulento
**barratry** *n* – baratería, incitación a pleito
**barred** *adj* – inadmisible, obstaculizado
**barrel of oil** – barril de petróleo
**barren money** – dinero improductivo, deuda que no devenga intereses
**barrenness** *n* – esterilidad
**barretor** *n* – picapleitos, pleitista
**barricade** *n* – barricada, barrera
**barrier** *n* – barrera, obstáculo
**barrier-free** *adj* – sin barreras
**barrier line** – línea demarcadora
**barriers to entry** – barreras a la entrada
**barriers to trade** – barreras al comercio
**barring** *prep* – exceptuando
**barrister** *n* – abogado, procurador
**barroom** *n* – cantina
**barter** *n* – permuta, cambio, canje, trueque
**barter** *v* – permutar, cambiar, canjear, trocar
**barter agreement** – contrato de permuta, tratado de permuta, contrato de trueque
**barter economy** – economía de trueque, economía de permutas
**barter taxation** – imposición de permuta
**barter trade** – comercio de trueque, comercio de permuta
**barter transaction** – transacción de permuta
**barterer** *n* – trocador, cambiador
**bartering** *n* – trueque, cambalache, cambio, permutación
**basal** *adj* – básico, fundamental
**base** *adj* – bajo, deshonesto, vil
**base** *n* – base, fundamento
**base agreement** – convenio base
**base amount** – cantidad base
**base capital** – capital base
**base cost** – costo base, coste base
**base currency** – moneda base
**base date** – fecha base
**base interest rate** – tasa de interés base
**base level** – nivel base
**base line** – línea divisoria, línea demarcadora, línea de referencia
**base money** – dinero base, dinero primario
**base pay** – sueldo base, paga base
**base pay rate** – tasa de sueldo base
**base premium** – prima base
**base price** – precio base
**base rate** – tasa base, tipo base
**base rate of pay** – tasa base de sueldo
**base remuneration** – remuneración base
**base rent** – alquiler base
**base salary** – salario base, sueldo base
**base tax** – impuesto base, contribución base
**base tax rate** – tasa de impuesto base, tasa de contribución base
**base value** – valor base
**base wage** – salario base, sueldo base
**based on valuable consideration** – a título oneroso
**based upon** – basado en

**baseless** *adj* – sin fundamento, infundado
**basement** *n* – sótano
**baseness** *adj* – bajeza
**bash** *n* – golpe, golpe fuerte, gran fiesta
**basic** *adj* – básico, fundamental, sencillo
**basic agreement** – convenio básico
**basic commodities** – productos básicos, productos de primera necesidad
**basic cost** – costo básico, coste básico
**basic expenditures** – gastos básicos, desembolsos básicos
**basic expenses** – gastos básicos, desembolsos básicos
**basic industry** – industria básica
**basic insurance premium** – prima de seguro básica
**basic level** – nivel básico
**basic limit** – límite básico
**basic patent** – patente original
**basic pay** – sueldo básico, paga básica
**basic pay rate** – tasa de sueldo básico
**basic premium** – prima básica
**basic price** – precio básico
**basic products** – productos básicos, productos de primera necesidad
**basic rate** – tasa básica
**basic remuneration** – remuneración básica
**basic salary** – salario básico, sueldo básico
**basic services** – servicios básicos
**basic tax** – impuesto básico, contribución básica
**basic wage** – salario básico, sueldo básico
**basically** *adv* – básicamente, fundamentalmente
**basis** *n* – base, fundamento
**basis of accounting** – base de contabilidad
**basis of assessment** – base de imposición
**basis of bargain** – garantía explícita
**basis price** – precio cotizado a base de la tasa porcentual anual, precio base
**basket of currencies** – canasta de monedas, cesta de monedas
**batter** *v* – golpear, abusar, maltratar
**battered** *adj* – maltratado, agredido, abusado
**battered child** – niño maltratado, hijo maltratado, menor maltratado, niño abusado, hijo abusado, menor abusado
**battered husband** – esposo maltratado, esposo abusado
**battered spouse** – cónyuge maltratado, cónyuge abusado
**battered wife** – esposa maltratada, esposa abusada
**battering** *n* – paliza, golpiza
**battery** *n* – agresión, agresión física, violencia física
**battle** *n* – batalla, lucha
**battle of the forms** – las distintas formas para aceptar y confirmar los términos de contratos
**bawdy house** – burdel
**Bcc (blind carbon copy)** – copia ciega, copia oculta, copia carbón ciega, copia carbón oculta
**be it enacted** – decrétase
**be it known** – sépase, publíquese
**be it resolved** – resuélvase
**beacon** *n* – faro
**bean counter** – contable obsesionado con los números, persona obsesionada con los números
**bear** *v* – portar, llevar, aguantar, prestar, devengar, dar, pagar
**bear arms** – portar armas
**bear false witness** – perjurar, mentir
**bear hug** – abrazo del oso, oferta con términos muy favorables para una adquisición corporativa
**bear interest** – devengar intereses
**bear raid** – intento de bajar el precio de una acción combinando ventas masivas al descubierto y la diseminación de rumores adversos sobre la compañía objeto
**bear witness** – atestiguar
**bearable** *adj* – tolerable, aguantable, soportable
**bearer** *n* – portador, tenedor
**bearer bill** – efecto al portador
**bearer bond** – bono pagadero al portador
**bearer certificate** – certificado al portador
**bearer check** – cheque al portador
**bearer cheque** – cheque al portador
**bearer debenture** – obligación al portador
**bearer endorsement** – endoso al portador
**bearer form** – valor al portador sin registro
**bearer instrument** – instrumento al portador
**bearer note** – pagaré al portador
**bearer paper** – obligación al portador, documento al portador, efectos al portador
**bearer policy** – póliza al portador
**bearer proxy** – poder al portador
**bearer securities** – valores al portador
**bearer scrip** – vale al portador
**bearing** *n* – presencia, porte
**bearing date** – fecha del instrumento
**beast** *n* – bestia, bruto
**beat** *v* – golpear, azotar, vencer
**beater** *n* – batidor, que golpea
**beating** *n* – paliza
**becalm** *v* – calmar, apaciguar
**because of** – por causa de
**become** *v* – convertirse, nacer, tornarse
**become obsolete** – quedar obsoleto
**bed and board** – separación conyugal sin divorcio, mesa y lecho
**bedlam** *n* – olla de grillos, manicomio
**bedrock** *n* – fundamento
**before me** – ante mi
**before-tax** *adj* – preimpuestos, antes de impuestos
**before-tax earnings** – ingresos antes de impuestos
**before-tax income** – ingresos antes de impuestos
**before-tax profits** – beneficios antes de impuestos, ganancias antes de impuestos
**before taxes** – antes de impuestos, antes de contribuciones
**before trial** – antes del juicio
**beforehand** *adv* – de antemano, con antelación, anteriormente, previamente
**beg** *v* – pedir, pedir limosna
**beget** *v* – procrear, engendrar
**beggar** *n* – mendigo
**beggar-my-neighbor policy** – política de empobrecer al vecino
**beggar-thy-neighbor policy** – política de empobrecer al vecino
**begging** *n* – mendicidad
**begin** *v* – empezar, comenzar, instituir
**begin work** – empezar trabajo
**beginning** *n* – comienzo, origen, principio

**beginning of the month** – comienzo del mes
**beginning of the period** – comienzo del período
**beginning of the year** – comienzo del año
**beginning pay** – paga inicial
**beginning price** – precio inicial
**beginning salary** – salario inicial
**beginning wage** – salario inicial
**begun** *adj* – comenzado, empezado, instituido
**behalf of, on** – de parte de, a beneficio de, a favor de
**behavior** *n* – conducta, funcionamiento
**behaviour** *n* – conducta, funcionamiento
**behind closed doors** – a puertas cerradas, tras bastidores
**behoof** *n* – provecho, utilidad, ventaja
**being** *n* – ser, vida
**being struck** – ser chocado, ser golpeado
**behavioral economics** – economía conductista
**behavioral finance** – finanzas conductistas
**behavioural economics** – economía conductista
**behavioural finance** – finanzas conductistas
**belated claim** – reclamación tardía
**belief** *n* – creencia, opinión
**believe** *v* – creer, opinar
**belittle** *v* – menospreciar, minimizar
**belligerence** *n* – beligerancia
**belligerency** *n* – beligerancia
**belligerent** *adj* – beligerante
**bellum** *n* – guerra
**bellwether** *n* – indicador de tendencias
**belong to** – pertenecer a, ser de
**belonging to** – perteneciendo a
**belongings** *n* – pertenencias, bienes
**below** *prep* – inferior, abajo, debajo
**below cost** – por debajo del costo, bajo costo, por debajo del coste, bajo coste
**below investment-grade** – bonos no aptos para inversiones prudentes, valores no aptos para inversiones prudentes
**bench** *n* – corte, tribunal, cuerpo de jueces, banco, escaño
**bench and bar** – jueces y abogados colectivamente
**bench blotter** – registro de policía con arrestos y demás
**bench conference** – conferencia en el banco del juez con abogados
**bench trial** – juicio sin jurado
**bench warrant** – orden de arresto de parte del tribunal
**benchmark** *n* – punto de referencia, cota de referencia, parámetro de referencia
**benchmark currency** – moneda de referencia
**benchmark index** – índice de referencia
**benchmark interest rate** – tasa de interés de referencia
**benchmark level** – nivel de referencia
**benchmark price** – precio de referencia
**benchmark rate** – tasa de referencia
**benchmark test** – prueba de referencia
**bend the truth** – distorsionar la verdad
**beneath** *prep* – debajo, abajo
**benefactor** *n* – benefactor
**benefice** *n* – beneficio
**benefice de discussion** – beneficio de discusión
**beneficial** *adj* – beneficioso, útil, provechoso
**beneficial association** – sociedad de beneficencia
**beneficial enjoyment** – disfrute de un derecho para beneficio propio
**beneficial estate** – derecho real de propiedad para beneficio propio
**beneficial interest** – derecho de usufructo, interés beneficioso
**beneficial owner** – usufructuario
**beneficial ownership** – propiedad en usufructo
**beneficial power** – poder beneficioso
**beneficial use** – uso provechoso, derecho de uso y disfrute
**beneficiary** *n* – beneficiario
**beneficiary association** – asociación de beneficios
**beneficiary clause** – cláusula de beneficiario
**beneficiary identifier** – identificador de beneficiario
**beneficiary of a policy** – beneficiario de una póliza
**beneficiary of an insurance policy** – beneficiario de una póliza de seguros
**beneficiary of trust** – beneficiario del fideicomiso, fideicomisario
**benefit** *n* – beneficio, provecho, ganancia, disfrute
**benefit of cession** – inmunidad de encarcelamiento del deudor quien asigna toda su propiedad a sus acreedores
**benefit of counsel** – derecho a abogado defensor, derecho de representación legal
**benefit of discussion** – beneficio de discusión
**benefit of inventory** – beneficio de inventario
**benefit of order** – beneficio de orden
**benefit package** – paquete de beneficios
**benefit period** – período de beneficios
**benefit society** – sociedad de beneficencia
**benefits claim** – reclamo de beneficios
**benefits in kind** – beneficios adicionales no monetarios, complementos salariales no monetarios
**benevolence** *n* – benevolencia, buena voluntad
**benevolent** *adj* – benévolo, bondadoso
**benevolent association** – sociedad de beneficencia, asociación de beneficencia
**benevolent company** – compañía de beneficencia, sociedad de beneficencia, compañía sin fines de lucro
**benevolent contributions** – contribuciones a entidades de beneficencia
**benevolent corporation** – corporación de beneficencia, sociedad de beneficencia, corporación sin fines de lucro
**benevolent deduction** – deducción por contribuciones a entidades de beneficencia
**benevolent entity** – entidad de beneficencia
**benevolent foundation** – fundación de beneficencia
**benevolent gift** – donación de beneficencia, donación a entidades de beneficencia
**benevolent institution** – institución de beneficencia
**benevolent organisation** – organización de beneficencia, sociedad de beneficencia
**benevolent organization** – organización de beneficencia, sociedad de beneficencia
**benevolent purpose** – fines de beneficencia, propósitos de beneficencia
**benevolent trust** – fideicomiso de beneficencia
**benign neglect** – negligencia benévola, desatención benévola
**bequeath** *v* – legar
**bequeathment** *n* – legado
**bequest** *n* – legado

**bereaved** *adj* – afligido
**bereft of** – privado de
**Berne Convention** – Convenio de Berna, Convención de Berna
**besayle** – un bisabuelo
**beset** *v* – acosar, hostigar, molestar
**beside** *prep* – junto a, al lado de
**besides** *adv* – además, en adición, también, en todo caso
**besides** *prep* – además de, excepto por
**besiege** *v* – asediar, acosar
**besieger** *n* – asediador, acosador
**besot** *v* – atontar, infatuar
**best ability** – la mejor habilidad
**best and highest use** – el uso que produzca el mayor provecho de un inmueble
**best bid** – la mejor oferta
**best-case scenario** – escenario más favorable
**best effort** – el mejor esfuerzo
**best estimate** – el mejor estimado
**best evidence** – prueba directa
**best evidence rule** – regla de la mejor evidencia, regla de exclusión de prueba secundaria al tener la primaria disponible
**best information available** – la mejor información disponible
**best interests** – los mejores intereses
**best interests of the child** – los mejores intereses del niño
**best judgment** – el mejor juicio
**best offer** – mejor oferta
**best price** – mejor precio
**best use** – el uso óptimo, el mejor uso
**bestow** *v* – conferir, otorgar, donar a
**bestowal** *n* – donación, otorgamiento
**bet** *n* – apuesta
**bet** *v* – apostar
**betray** *v* – traicionar, engañar, revelar
**betrayal** *n* – traición, engaño, revelación
**betroth** *v* – comprometerse a matrimonio
**betrothal** *n* – compromiso de matrimonio, desposorios
**betrothed** *adj* – prometido, prometida
**betterment** *n* – mejoramiento, mejora
**betting** *n* – el apostar
**betting shop** – agencia de apuestas
**bettor** *n* – apostador
**beverage** *n* – bebida, bebida alcohólica
**beyond a reasonable doubt** – más allá de duda razonable
**beyond control** – más allá del control
**beyond seas** – ultramar
**beyond the jurisdiction** – más allá de la jurisdicción
**bi-annual** *adj* – semestral, semianual
**bi-annual audit** – auditoría semestral
**bi-annual income** – ingresos semestrales
**bi-annually** *adv* – semestralmente
**bi-weekly** *adj* – bisemanal, quincenal
**bi-weekly payment** – pago bisemanal, abono bisemanal
**biannual** *adj* – semestral, semianual
**biannual audit** – auditoría semianual
**biannual income** – ingresos semestrales
**biannually** *adv* – semestralmente
**bias** *n* – sesgo, parcialidad, prejuicio, predisposición, inclinación, predilección, tendencia
**biased** *adj* – sesgado, parcial, prejuiciado, predispuesto, inclinado
**bibliotics** *n* – examen de documentos para verificar la autenticidad
**bicameral** *adj* – bicameral
**bicker** *v* – reñir por insignificancias
**bid** *n* – oferta, puja, licitación, propuesta, postura, oferta pública de adquisición, oferta de toma del control
**bid** *v* – ofrecer, pujar, licitar, proponer
**bid bond** – fianza de oferta
**bidder** *n* – postor, licitador, pujador, concursante
**bidding** *n* – licitación, remate, ofertas, orden, mandato, concurso
**bidding conditions** – condiciones de licitación
**bidding requirements** – requisitos de licitación
**bids wanted** – se solicitan ofertas
**biennial** *adj* – bienal
**bifurcate** *v* – bifurcar
**bifurcated trial** – juicio bifurcado
**bifurcation** *n* – bifurcación
**big business** – las grandes empresas, empresa grande
**big producer** – quien vende mucho, que se vende mucho, quien produce mucho, que produce mucho
**bigamist** *n* – bígamo
**bigamous** *adj* – bígamo
**bigamy** *n* – bigamia
**bilateral** *adj* – bilateral
**bilateral agreement** – convenio bilateral, tratado bilateral
**bilateral aid** – ayuda bilateral
**bilateral arrangement** – arreglo bilateral
**bilateral assistance** – asistencia bilateral
**bilateral commerce** – comercio bilateral
**bilateral contract** – contrato bilateral
**bilateral creditor** – acreedor bilateral
**bilateral exchange** – intercambio bilateral
**bilateral flow** – flujo bilateral
**bilateral mistake** – equivocación bilateral
**bilateral monopoly** – monopolio bilateral
**bilateral obligation** – obligación bilateral
**bilateral option** – opción bilateral
**bilateral partners** – socios bilaterales
**bilateral risk** – riesgo bilateral
**bilateral tax treaty** – tratado contributivo bilateral
**bilateral trade** – comercio bilateral
**bilateral trade agreement** – acuerdo comercial bilateral
**bilateral transaction** – transacción bilateral
**bilateralism** *n* – bilateralismo
**bilaterally** *adv* – bilateralmente
**bilingual** *adj* – bilingüe
**bill** *n* – proyecto de ley, proposición de ley, factura, petición, efecto, letra, documento, billete de banco, valor, conocimiento, nota, cuenta
**bill** *v* – facturar
**bill book** – libro de letras, libro de facturas
**bill for a new trial** – petición para juicio nuevo, moción para juicio nuevo
**bill for collection** – letra al cobro
**bill for foreclosure** – petición para ejecución de hipoteca
**bill for raising revenue** – proyecto de ley para

impuestos, proyecto de ley de ingresos
**bill holder** – tenedor de letra
**bill in equity** – demanda en equidad
**bill obligatory** – pagaré sellado
**bill of adventure** – documento de aventura
**bill of appeal** – escrito de apelación
**bill of attainder** – ley que señala y penaliza a individuos específicos sin el beneficio de un juicio, decreto de confiscación y muerte civil
**bill of certiorari** – recurso de equidad para llevar un litigio a un tribunal superior
**bill of complaint** – escrito de demanda
**bill of costs** – factura de costas
**bill of credit** – carta de crédito
**bill of debt** – pagaré, cambial
**bill of discovery** – petición para descubrimiento, moción para descubrimiento, escrito que exige al demandado someterse a descubrimiento
**bill of entry** – conocimiento de entrada, pliego de aduana
**bill of evidence** – transcripción del testimonio, acta taquigráfica
**bill of exceptions** – escrito de impugnaciones, escrito de recusaciones
**bill of exchange** – letra de cambio, cédula de cambio
**bill of freight** – carta de porte
**bill of health** – certificado de salud, certificado de sanidad, patente de sanidad
**bill of indictment** – escrito de acusación del gran jurado
**bill of lading** – conocimiento de embarque, conocimiento, carta de porte, documento de tránsito, guía de embarque, carta de embarque
**bill of materials** – lista de materiales
**bill of mortality** – informe público de muertes
**bill of pains and penalties** – ley con penalidades sin juicio previo
**bill of parcels** – factura
**bill of particulars** – moción de especificación de la demanda
**bill of peace** – recurso de prevención de litigios múltiples, solicitud para prevenir litigios múltiples
**bill of privilege** – acción especial para demandar a funcionarios de un tribunal
**bill of review** – recurso de revisión, solicitud de revisión
**bill of revivor** – recurso de restablecimiento
**bill of rights** – declaración de derechos, carta de derechos
**bill of sale** – factura de venta, contrato de venta, carta de venta, comprobante de venta, documento de venta, título de adquisición, escritura de compraventa, boleto de compraventa
**bill of sight** – declaración provisional, declaración aproximada de importador
**bill of trading** – conocimiento de embarque
**bill payable** – cuenta a pagar, letra a pagar
**bill payment** – pago de facturas
**bill receivable** – cuenta a cobrar, letra a cobrar
**bill single** – pagaré
**bill to quiet possession and title** – acción para resolver reclamaciones opuestas en propiedad inmueble
**bill to quiet title** – acción para resolver reclamaciones opuestas en propiedad inmueble
**bill to suspend a decree** – acción para suspender una sentencia
**billable** *adj* – facturable
**billable hour** – hora facturable
**billboard** *n* – cartelera, valla publicitaria
**billed** *adj* – facturado
**biller** *n* – facturador
**billing** *n* – facturación
**billing amount** – monto de facturación
**billing cycle** – ciclo de facturación
**billing date** – fecha de facturación
**billing error** – error de facturación
**billing office** – oficina de facturación
**billing period** – período de facturación
**billing system** – sistema de facturación
**billion** *n* – billón, millardo
**billionaire** *n* – billonario
**bimester** *n* – bimestre
**bimestrial** *adj* – bimestral
**bimonthly** *adj* – bimestral
**bind** *v* – vincular, obligar, comprometer, compeler
**binder** *n* – documento provisional de seguro, resguardo provisional, recibo vinculante, garantía provisional, carpeta
**binding** *adj* – vinculante, obligante, obligatorio, valedero
**binding agreement** – convenio vinculante
**binding arbitration** – arbitración vinculante
**binding instruction** – instrucción vinculante
**binding offer** – oferta vinculante
**binding out** – ponerse al servicio de otro
**binding over** – caución para comparecencia
**binding precedent** – precedente vinculante
**binding receipt** – recibo vinculante
**binding sale** – venta vinculante
**binding signature** – firma vinculante
**binding transaction** – transacción vinculante
**biodiversity** *n* – biodiversidad
**bioeconomics** *n* – bioeconomía
**biological father** – padre biológico
**biological mother** – madre biológica
**biological parent** – padre biológico
**biomass** *n* – biomasa
**biometrics** *n* – biométrica
**biotechnology** *n* – biotecnología
**biotope** *n* – biotopo
**binnacle** *n* – bitácora
**bipartisan** *adj* – bipartidario
**bipartite** *adj* – bipartito, duplicado, en dos partes
**birth** *n* – nacimiento, parto, origen
**birth certificate** – acta de nacimiento, partida de nacimiento, certificado de nacimiento
**birth control** – control de la natalidad, planificación familiar, prevención del embarazo
**birth record** – estadísticas oficiales de nacimientos
**birthplace** *n* – lugar de nacimiento
**birthrights** *n* – derechos de nacimiento
**BIS (Bank for International Settlements)** – Banco de Pagos Internacionales
**bissextile** *n* – bisiesto
**bisexual** *adj* – bisexual
**bisexual** *n* – bisexual
**bite marks** – marcas de mordeduras

**bitty** *adj* – fragmentado, incoherente
**biweekly** *adj* – quincenal, bisemanal
**biweekly payment** – pago bisemanal, abono bisemanal
**biyearly** *adj* – semestral
**biz (business)** – negocios
**black and blue** – amoratado
**black and white, in** – en negro sobre blanco, por escrito
**black economy** – economía sumergida, economía negra
**black, in the** – en números negros
**black letter law** – principios legales básicos y explícitos en una jurisdicción
**black list** – lista negra
**black maria** – coche celular
**black market** – mercado negro, estraperlo
**blackball** *v* – votar en contra de, ir en contra de
**blackleg** *n* – estafador, tahúr
**blacklist** *v* – poner en una lista negra
**blacklisting** *n* – discriminación contra miembros de una lista negra
**blackmail** *n* – chantaje, extorsión
**blackmail** *v* – chantajear, extorsionar, amenazar
**blackmailer** *n* – chantajista
**blackout** *n* – apagón, desmayo, censura o supresión de noticias, censura o supresión
**blackout period** – período durante el cual ciertas actividades están restringidas o prohibidas
**blame** *n* – culpa, censura
**blameless** *adj* – sin culpa, inocente
**blameworthy** *adj* – culpable, censurable
**blank** *adj* – en blanco, vacío
**blank** *n* – espacio en blanco, formulario en blanco
**blank acceptance** – aceptación en blanco
**blank bill** – letra de cambio al portador
**blank check** – cheque en blanco
**blank cheque** – cheque en blanco
**blank endorsement** – endoso en blanco, endoso al portador
**blank form** – formulario en blanco
**blank indorsement** – endoso en blanco, endoso al portador
**blank instrument** – instrumento en blanco
**blanket** *adj* – global, general, colectivo, múltiple
**blanket agreement** – convenio global
**blanket bond** – caución de fidelidad colectiva
**blanket contract** – contrato de seguro múltiple, contrato global
**blanket coverage** – cobertura múltiple
**blanket fidelity bond** – caución de fidelidad colectiva
**blanket insurance** – seguro general
**blanket limit** – límite de cobertura total por área
**blanket loan** – préstamo colectivo
**blanket mortgage** – hipoteca general
**blanket policy** – póliza de seguro de cobertura múltiple
**blanket rate** – prima de cobertura múltiple
**blanket recommendation** – recomendación colectiva
**blanket search warrant** – orden de allanamiento general, auto de registro general
**blast** *n* – explosión, chorro, ráfaga
**blasting** *n* – voladura, estallido
**blatant** *adj* – evidente, flagrante, descarado
**blaze** *n* – fuego vivo, incendio, esplendor
**bleed dry** – chupar la sangre, tomarle todo el dinero a una persona o empresa, explotar despiadadamente
**bleed white** – chupar la sangre, tomarle todo el dinero a una persona o empresa, explotar despiadadamente
**blend** *v* – mezclar, armonizar
**blending** *n* – mezcla, combinación
**blighted area** – área intencionalmente deteriorada
**blind** *adj* – ciego, oculto
**blind alley** – callejón sin salida
**blind carbon copy** – copia ciega, copia oculta, copia carbón ciega, copia carbón oculta
**blind corner** – esquina ciega, esquina de pobre visibilidad
**blind entry** – asiento ciego
**blind flying** – vuelo sin visibilidad
**blind landing** – aterrizaje a ciegas
**blind spot** – punto ciego, debilidad
**blind trust** – fideicomiso ciego
**bloc** *n* – bloque
**block** *n* – bloque, lote, cuadra
**block** *v* – bloquear, impedir, obstruir, congelar
**block assets** – congelar activos
**block funds** – bloquear fondos, congelar fondos
**blockade** *n* – bloqueo, obstrucción
**blockade** *v* – bloquear, obstruir
**blockading** *n* – bloqueador, obstructor
**blockbusting** *n* – inducir a vender propiedad usando como la razón la presencia de grupo étnico, inducir a vender propiedad usando el miedo a la llegada de un grupo étnico
**blocked** *adj* – bloqueado, congelado
**blocked account** – cuenta congelada, cuenta bloqueada
**blocked deposits** – depósitos bloqueados, depósitos congelados
**blocked funds** – fondos bloqueados
**blood** *n* – sangre, linaje
**blood alcohol content** – contenido de alcohol en la sangre
**blood alcohol count** – nivel de alcohol en la sangre
**blood feud** – enemistad entre familias o clanes
**blood grouping test** – prueba de sangre para determinar paternidad
**blood money** – dinero obtenido por matar a otro, dinero de recompensa por convicción de un supuesto criminal, dinero pagado a los parientes de una supuesta víctima de asesinato
**blood relatives** – parientes consanguíneos
**blood test evidence** – análisis de sangre como prueba
**blow-out** *n* – ruptura repentina de neumático de carro
**bludgeon** *n* – cachiporra, macana
**blue-chip securities** – valores de primera calidad
**blue-chips** *n* – acciones de primera calidad, valores de primera calidad
**blue-collar work** – trabajo manual
**blue-collar worker** – trabajador manual
**blue laws** – leyes de cierre los domingos
**blue ribbon jury** – jurado altamente calificado
**blue-sky laws** – leyes estatales reguladoras del comercio bursátil
**blueprint** *n* – plan detallado, anteproyecto, cianotipo
**Bluetooth** *n* – Bluetooth
**bluff** *n* – engaño con simulación, acantilado, barranca, fanfarrón

**bluntly** *adv* – bruscamente
**Blvd. (boulevard)** – bulevar
**board** *n* – junta, tribunal, consejo, directiva, comida, pensión
**board assembly** – sesión de la junta, sesión de la directiva
**board of aldermen** – junta municipal
**board conference** – conferencia de la directiva
**board control** – control del consejo, control de la junta
**board meeting** – sesión de la directiva
**board of administration** – junta de administración
**board of appeals** – junta de apelaciones
**board of arbitration** – junta de arbitraje
**board of arbitrators** – junta de árbitros
**board of audit** – junta de auditoría
**board of directors** – junta directiva, junta de directores, directiva, consejo de dirección, consejo administrativo
**board of education** – junta de educación
**board of elections** – junta electoral
**board of examiners** – junta examinadora
**board of governors** – junta de gobernadores, junta de dirección
**board of health** – junta de sanidad
**board of management** – junta de administración, junta de gestión
**board of pardons** – junta de clemencia
**board of parole** – junta de libertad bajo palabra, comité de libertad condicional
**board of patent appeals** – junta de apelaciones de patentes
**board of review** – junta revisora
**board of supervisors** – consejo de supervisión
**board of tax appeals** – junta de apelación de impuestos
**board of trade** – junta de comercio
**board of trustees** – junta de fiduciarios, comité de fiduciarios, junta de síndicos
**board of underwriters** – junta de aseguradores
**board representation** – representación en la junta, representación en la directiva
**boarder** *n* – huésped, pensionista
**boardinghouse** *n* – casa de huéspedes
**boardroom** *n* – sala de juntas, sala de sesiones
**bodily** *adj* – corporal, físico
**bodily contact** – contacto corporal
**bodily exhibition** – exhibición obscena
**bodily harm** – daño corporal
**bodily heirs** – descendientes directos
**bodily infirmity** – enfermedad física
**bodily injury** – lesión corporal
**bodily pain** – dolor corporal
**body** *n* – cuerpo, cadáver, individuo
**body corporate** – ente corporativo, persona jurídica, corporación, sociedad
**body execution** – arresto para obligar a pagar deudas, auto de prisión
**body of an instrument** – lo clave de un documento
**body of laws** – colección de leyes, ordenamiento jurídico
**body of regulations** – conjunto de reglamentos
**body of the crime** – cuerpo del delito
**body of the offense** – cuerpo del delito
**body politic** – entidad política, entidad pública
**body of rules** – conjunto de reglas
**body snatching** – hurto de cadáveres
**bodyguard** *n* – guardaespaldas
**bogus** *adj* – falso, falsificado, fraudulento
**bogus check** – cheque falso
**bogus cheque** – cheque falso
**bogus company** – compañía fantasma, compañía inexistente, compañía fraudulenta
**bogus corporation** – corporación fantasma, corporación inexistente, corporación fraudulenta
**bogus entity** – entidad fantasma, entidad inexistente, entidad fraudulenta
**boiler room** – lugar de donde llaman quienes intentan vender inversiones dudosas con presión excesiva, entidad que intenta vender inversiones dudosas con presión excesiva
**boiler-room transactions** – venta de inversiones dudosas con presión excesiva
**boiler shop** – lugar de donde llaman quienes intentan vender inversiones dudosas con presión excesiva, entidad que intenta vender inversiones dudosas con presión excesiva
**boiler-shop transactions** – venta de inversiones dudosas con presión excesiva
**boilerplate** *n* – lenguaje estandarizado en documentos legales
**boilerplate language** – lenguaje estandarizado en documentos legales
**bolster** *v* – apoyar, sostener
**bolstering** *n* – uso inapropiado de prueba
**bolting** *n* – argumentación de casos en privado
**bomb scare** – amenaza de bomba
**bomb threat** – amenaza de bomba
**bona confiscata** – propiedad confiscada
**bona fide** – de buena fe, bona fide
**bona fide assignment** – traspaso de buena fe
**bona fide belief** – creencia de buena fe
**bona fide controversy** – controversia de buena fe
**bona fide domicile** – domicilio de buena fe
**bona fide emptor** – comprador de buena fe, comprador legítimo
**bona fide error** – error de buena fe
**bona fide holder for value** – tenedor de buena fe, tenedor legítimo
**bona fide operation** – negocio legítimo
**bona fide purchase** – compra de buena fe
**bona fide purchaser** – comprador de buena fe
**bona fide purpose** – propósito de buena fe
**bona fide residence** – domicilio de buena fe
**bona fide resident** – residente en domicilio de buena fe
**bona fide sale** – venta de buena fe
**bona fides** – buena fe, bona fides
**bond** *n* – caución, fianza, afianzamiento, bono, garantía, vínculo, lazo, título, obligación, satisdación, recaudo
**bond** *v* – caucionar, afianzar, vincular
**bond anticipation note** – nota en anticipación a una emisión de bonos
**bond call** – rescate de bonos, redención de bonos
**bond certificate** – certificado de bono
**bond circular** – circular de bono
**bond creditor** – acreedor con caución

**bond financing** – financiación mediante bonos, financiamiento mediante bonos
**bond holder** – tenedor de bonos, bonista, rentista, obligacionista
**bond indenture** – escritura de emisión de bonos
**bond issuance** – emisión de bonos
**bond issue** – emisión de bonos, bonos de un emisor
**bond offering** – ofrecimiento de bonos
**bond provider** – fiador, garante, afianzador
**bond rate** – tasa de interés de bono, tipo de interés de bono
**bond rating** – clasificación de bono
**bond trustee** – fiduciario de emisión de bonos
**bond underwriting** – colocación de bonos, suscripción de bonos
**bonded** *adj* – afianzado
**bonded debt** – deuda garantizada por bonos
**bonded goods** – mercancías puestas en almacén afianzado
**bonded factory** – fábrica afianzada, factoría afianzada
**bonded warehouse** – almacén afianzado, almacén fiscal
**bondholder** *n* – tenedor de bonos, bonista, rentista, obligacionista
**bonding** *n* – afianzamiento
**bonding company** – institución de fianzas
**bonding requirement** – requisito de afianzar
**bondsman** *n* – fiador, garante, afianzador
**bonification** *n* – bonificación
**bonification of taxes** – bonificación de contribuciones
**bonus** *n* – bonificación, prima, bono
**bonus dividend** – dividendo adicional
**bonus incentives** – incentivos por bonificaciones
**bonus issue** – dividendo en acciones
**bonus method** – método de bonificación
**bonus payment** – pago de bonificación
**bonus plan** – plan de bonificaciones
**bonus shares** – acciones adicionales de bonificación
**bonus stock** – acciones adicionales de bonificación
**bonus system** – sistema de bonificaciones
**boodle** *n* – soborno, botín
**boodling** *n* – prácticas legislativas corruptas
**book** *n* – libro, registro, tomo, ficha
**book** *v* – reservar, efectuar una entrada, contabilizar, contratar
**book account** – estado detallado de cuenta, registro contable
**book audit** – auditoría de los libros
**book debt** – deuda en libros
**book entry** – asiento contable, anotaciones en libros de contabilidad, registro de inversiones en computadora
**book-entry securities** – valores sin certificados
**book-keeper** *n* – contable, tenedor de libros
**book-keeping** *n* – contabilidad, teneduría de libros
**book-keeping cycle** – ciclo de contabilidad
**book-keeping department** – departamento de contabilidad
**book-keeping entry** – asiento contable
**book-keeping method** – método de contabilidad
**book of accounts** – libro de cuentas, libro de contabilidad
**book of original entries** – registro de transacciones
**book value** – valor contable
**booked** *adj* – comprometido, destinado, reservado
**bookie** *n* – corredor de apuestas
**booking** *n* – procedimientos para fichar al arrestado, reserva, contabilización
**bookkeeper** *n* – contable, tenedor de libros
**bookkeeping** *n* – contabilidad, teneduría de libros
**bookkeeping cycle** – ciclo de contabilidad
**bookkeeping department** – departamento de contabilidad
**bookkeeping entry** – asiento contable
**bookkeeping method** – método de contabilidad
**bookmaker** *n* – corredor de apuestas
**bookmaking** *n* – recibo y pago de apuestas
**books** *n* – libros de cuentas, libros contables, libros de una entidad, cuentas
**books and papers** – todo tipo de documento requerido durante la etapa procesal de prueba
**boost interest rates** – aumentar tasas de interés
**bootleg** *adj* – pirata, ilegal
**bootlegger** *n* – quien vende artículos pirateados, contrabandista, contrabandista de licor
**booty** *n* – botín, despojo
**BOP (balance of payments)** – balanza de pagos, balanza cambista
**border** *n* – frontera, confín, orilla
**border control** – control fronterizo, control de fronteras
**border line** – frontera, límite
**border measures** – medidas en las fronteras
**border patrol** – patrulla de frontera
**border price** – precio en la frontera
**border protection** – protección en frontera, protección de la frontera
**border search** – búsqueda en la frontera
**border tax** – impuesto en la frontera
**border trade** – comercio fronterizo
**border warrant** – proceso de búsqueda y arresto de inmigrantes ilegales cerca de fronteras
**border worker** – trabajador fronterizo
**bordereau** *n* – memorando
**bordering** *adj* – colindando
**borderline** *adj* – limítrofe, incierto, dudoso
**borderline risk** – riesgo cuestionable
**born** *adj* – nacido, innato
**born alive** – nacido vivo
**borough** *n* – municipio, distrito
**borough courts** – tribunales de distrito
**borrow** *v* – tomar prestado, pedir prestado
**borrow capital** – tomar capital prestado
**borrow funds** – tomar fondos prestados
**borrow money** – tomar dinero prestado
**borrow on margin** – tomar prestado usando acciones como colateral
**borrowed** *adj* – prestado
**borrowed capital** – capital prestado
**borrowed employee** – empleado prestado
**borrowed funds** – fondos prestados
**borrowed money** – dinero prestado
**borrowed reserve** – reserva prestada
**borrowed resources** – recursos prestados
**borrower** *n* – prestatario, mutuario, mutuatario, tomador de crédito
**borrower bank** – banco prestatario, banco mutuario
**borrower company** – compañía prestataria, compañía mutuaria

**borrower corporation** – corporación prestataria, corporación mutuaria
**borrower country** – país prestatario, país mutuario
**borrowing agreement** – convenio de tomar prestado
**borrowing bank** – banco prestatario, banco mutuario
**borrowing capacity** – capacidad de tomar prestado
**borrowing company** – compañía prestataria, compañía mutuaria
**borrowing corporation** – corporación prestataria, corporación mutuaria
**borrowing cost** – costo de tomar prestado, coste de tomar prestado
**borrowing country** – país prestatario, país mutuario
**borrowing entity** – entidad prestataria, entidad mutuaria
**borrowing interest rate** – tasa de interés de préstamo, tipo de interés de préstamo
**borrowing limit** – límite de endeudamiento
**borrowing of capital** – el tomar capital prestado
**borrowing of funds** – el tomar fondos prestados
**borrowing of money** – el tomar dinero prestado
**borrowing of shares** – el tomar acciones prestadas
**borrowing of stock** – el tomar acciones prestadas
**borrowing on margin** – el tomar prestado usando acciones como colateral
**borrowing power** – poder de tomar prestado
**borrowing rate** – tasa de interés de préstamo, tipo de interés de préstamo
**borrowing ratio** – índice de endeudamiento, razón de endeudamiento, ratio de endeudamiento
**borrowing requirements** – requisitos para tomar prestado
**borrowings** *n* – préstamos recibidos
**boss** *n* – jefe
**BOT (balance of trade)** – balanza comercial
**bottleneck** *n* – cuello de botella, embotellamiento, atolladero, obstáculo
**bottleneck facilities** – instalaciones esenciales
**bottom line** – ingresos netos, pérdida neta, lo esencial, consecuencia final
**bottomry** *n* – préstamo a la gruesa, contrato a la gruesa, préstamo a riesgo marítimo
**bottomry bond** – contrato a la gruesa
**bought** *adj* – comprado
**boulevard** *n* – avenida, bulevar
**boulevard rule** – regla que exige que el que viene por camino secundario ceda el paso
**bounce** *v* – rechazar un cheque, girar un cheque sin fondos, rebotar
**bounce a check** – rechazar un cheque, girar un cheque sin fondos, rebotar
**bounce a cheque** – rechazar un cheque, girar un cheque sin fondos, rebotar
**bounced check** – cheque rechazado, cheque rebotado
**bounced cheque** – cheque rechazado, cheque rebotado
**bound** *n* – frontera, límite, linde, lindero, confín, término, línea
**bound** *adj* – atado, limitado, obligado, destinado
**bound bailiff** – auxiliar del alguacil
**boundary** *n* – linde, lindero, frontera, límite, confín, término, línea
**bounders** *n* – marcas u objetos de agrimensura
**bounds** *n* – límites, confines
**bounty** *n* – dádiva, recompensa, generosidad
**bounty hunter** – cazarrecompensas, cazarecompensas
**bountyhunter** *n* – cazarrecompensas, cazarecompensas
**bourse** *n* – bolsa, bolsa de valores
**bowie knife** – cuchillo de caza
**boycott** *n* – boicot
**boycott** *v* – boicotear
**BPO (Business Process Outsourcing)** – outsourcing de procesos de negocios, externalización de procesos de negocios
**bracket** *n* – clasificación contributiva, categoría
**bracket creep** – entrada en clasificación contributiva más alta por la inflación
**bracket system** – sistema de clasificación contributiva
**Braille** *n* – Braille
**brain** *n* – cerebro, intelecto, planificador
**brain death** – muerte cerebral
**brain trust** – conjunto de expertos
**brainchild** *n* – idea, invento
**brainwash** *v* – lavar el cerebro
**brainwashing** *n* – lavado de cerebro
**braking distance** – distancia para frenar un carro, distancia para frenar un coche
**branch** *n* – rama, sucursal, departamento, dependencia
**branch accounting** – contabilidad por ramas
**branch administrator** – administrador de sucursal
**branch bank** – sucursal bancaria
**branch banking** – banca de sucursales
**branch chief** – jefe de sucursal
**branch director** – director de sucursal
**branch head** – jefe de sucursal
**branch line** – ramal
**branch management** – gerencia de sucursal
**branch manager** – gerente de sucursal
**branch of the sea** – brazo de mar
**branch office** – sucursal
**branch office administrator** – administrador de sucursal
**branch office manager** – gerente de sucursal
**branch out** – diversificar, ampliar
**brand** *n* – marca, marca de fábrica
**brand awareness** – conciencia de marca
**brand building** – creación de conciencia de marca
**brand development** – desarrollo de marca
**brand image** – imagen de marca
**brand management** – administración de marca, gestión de marca
**brand manager** – gerente de marca
**brand marketing** – marketing de marca, mercadeo de marca
**brand name** – marca de fábrica, nombre de marca, marca
**brand new** – flamante, completamente nuevo, nuevo
**brand strategy** – estrategia de marca
**brass** *n* – alta gerencia, alta dirección
**brass knuckles** – manopla
**brawl** *n* – riña, altercado
**breach** *n* – incumplimiento, violación, rompimiento, quebrantamiento, falta
**breach** *v* – incumplir, violar, romper, quebrantar, faltar
**breach of agreement** – incumplimiento de acuerdo, incumplimiento de convenio, incumplimiento de

contrato
**breach of authority** – abuso de autoridad
**breach of close** – translimitación
**breach of condition** – incumplimiento de condición
**breach of confidence** – abuso de confianza, violación de confianza
**breach of contract** – incumplimiento de contrato, violación de contrato
**breach of copyright** – violación de derechos de autor
**breach of covenant** – incumplimiento de pacto, incumplimiento de cláusula contractual
**breach of duty** – incumplimiento de deberes, violación de deberes, prevaricación
**breach of international law** – violación del derecho internacional
**breach of marriage promise** – incumplimiento de compromiso de matrimonio
**breach of official duty** – prevaricación
**breach of peace** – alteración del orden público, perturbación de la paz
**breach of prison** – fuga de una cárcel
**breach of privilege** – abuso de privilegio
**breach of promise** – incumplimiento de promesa, violación de promesa
**breach of representation** – incumplimiento de representación
**breach of security** – violación de seguridad
**breach of the peace** – alteración del orden público, perturbación de la paz
**breach of trust** – abuso de confianza, prevaricación
**breach of warranty** – incumplimiento de garantía, violación de garantía
**breadline, on the** – apenas ganando lo suficiente para subsistir, en la miseria
**breadth** *n* – extensión, ancho
**breadwinner** *n* – sostén económico familiar
**break** *n* – descanso, receso, pausa, interrupción, rotura, oportunidad, pausa publicitaria
**break** *v* – romper, violar, quebrar, dividir, incumplir
**break a contract** – romper un contrato
**break a strike** – romper una huelga
**break down** – desglosar, fracasar, averiarse
**break-in** *n* – entrada forzosa
**break in** – entrar a la fuerza
**break the law** – violar la ley, infringir la ley
**break-up** *n* – disolución, rotura
**break-up value** – valor de disolución
**breakage** *n* – garantía del manufacturero al comprador de mercancía en transporte, indemnización por cosas quebradas en el transporte
**breakdown** *n* – avería, malogro, colapso, ruptura, desglose
**breakdown of charges** – desglose de cargos
**breakdown of costs** – desglose de costos, desglose de costes, desglose de costas
**breakdown of expenditures** – desglose de gastos
**breakdown of expenses** – desglose de gastos
**breakdown of fees** – desglose de honorarios, desglose de cargos
**breakeven analysis** – análisis del punto crítico
**breaking** *n* – rompimiento, violación
**breaking a case** – discusión de un caso entre jueces, resolución de un crimen
**breaking a close** – violación de propiedad
**breaking and entering** – escalamiento, violación de propiedad, allanamiento de morada
**breaking and entry** – escalamiento, violación de propiedad, allanamiento de morada
**breaking bulk** – hurto de bienes por depositario, división de cargamento grande por intermediario
**breaking doors** – forzar puertas
**breaking into** – escalamiento
**breaking jail** – fuga de la cárcel
**breaking point** – punto límite, extremo
**breaking the syndicate** – terminación del sindicato
**breakup** *n* – disolución, rotura
**breakup value** – valor de disolución
**breath specimen** – muestra de aliento para determinar el nivel de alcohol en la sangre
**breathalyzer test** – prueba de aliento para determinar el nivel de alcohol en la sangre
**breath test** – prueba de aliento para determinar el nivel de alcohol en la sangre
**brethren** *n* – hermanos, hermanas
**breviate** *n* – sinopsis, informe
**brevity** *n* – concisión, brevedad
**bribe** *n* – soborno, cohecho
**bribe** *v* – sobornar, cohechar
**bribe a juror** – sobornar un jurado
**bribe a witness** – sobornar un testigo
**briber** *n* – sobornador, cohechador
**bribery** *n* – soborno, cohecho
**bribery at elections** – soborno del electorado
**bribour** *n* – bribón, pillo
**bricks and clicks** – empresa que permite que sus clientes compren en locales físicos y/o la Web
**bricks and mortar company** – compañía con local físico donde clientes pueden ir para comprar
**bridal** *adj* – nupcial, relativo a la novia
**bridge credit** – crédito puente, préstamo puente
**bridge financing** – financiamiento puente, financiación puente
**bridge insurance** – seguro puente
**bridge loan** – préstamo puente
**bridge loan rate** – tasa de préstamo puente
**bridge rate** – tasa puente, tipo puente
**bridging credit** – crédito puente, préstamo puente
**bridging loan** – préstamo puente
**brief** *adj* – breve
**brief** *n* – escrito, informe, breve, resumen
**brief** *v* – informar, instruir, resumir
**brief of title** – resumen de título
**briefing** *n* – sesión informativa, sesión de información, informe, instrucciones
**briefing meeting** – reunión informativa, reunión de información
**briefing session** – sesión informativa, sesión de información
**brig** *n* – calabozo
**bring** *v* – traer, producir, inducir
**bring about** – causar, ocasionar
**bring suit** – iniciar acción judicial
**bring up** – citar, mencionar, traer a colación, criar
**bring up to date** – actualizar
**bringing money into court** – depositar judicialmente
**brisk commerce** – comercio activo
**brisk trade** – comercio activo, operaciones bursátiles activas

**bristle** *n* – erizar, encrespar
**broad interpretation** – interpretación liberal, interpretación amplia
**broadcast** *n* – transmisión, emisión
**broadcast** *v* – transmitir, emitir
**broadcasting** *n* – transmisión, radiodifusión, difusión
**broadening the tax base** – ampliación de la base impositiva, ampliación de la base imponible
**broadside objection** – objeción sin especificar
**brocage** *n* – corretaje
**brochure** *n* – folleto informativo, folleto publicitario, folleto
**broke** *adj* – sin dinero
**broken** *adj* – violado, roto, en quiebra
**broken contract** – contrato roto
**broker** *n* – corredor, agente, agente comercial
**broker account** – cuenta de corredor
**broker-agent** *n* – licenciado como corredor y agente, corredor-agente
**broker business** – negocio de corredor
**broker charge** – cargo de corretaje
**broker commission** – comisión de corredor
**broker contract** – contrato de corredor
**broker-dealer** *n* – corredor que además mantiene cuenta propia
**broker fee** – cargo de corretaje
**brokerage** *n* – corretaje, correduría
**brokerage account** – cuenta de corretaje
**brokerage business** – negocio de corretaje
**brokerage charge** – cargo de corretaje
**brokerage commission** – comisión de corretaje
**brokerage contract** – contrato de corretaje
**brokerage department** – departamento de corretaje
**brokerage division** – división de corretaje
**brokerage fee** – cargo de corretaje
**brokerage firm** – firma de corretaje, casa de corretaje
**brokerage house** – casa de corretaje
**brokerage services** – servicios de corretaje
**broking services** – servicios de corredores
**Bros. (brothers)** – hermanos
**brothel** *n* – burdel
**brother-in-law** *n* – cuñado, hermano político
**brother-sister corporations** – corporaciones con los mismos dueños
**brought** *adj* – traído, presentado
**Brown Decision** – decisión del tribunal supremo declarando inconstitucional la segregación racial en las escuelas públicas
**brownout** *n* – apagón parcial
**browser** *n* – navegador de Internet, navegador de web, navegador, browser
**bruise** *n* – magullar, abollar, herir
**bruit** *v* – rumorear
**brutal** *adj* – brutal, cruel, salvaje
**brutalize** *v* – tratar brutalmente
**BS (balance sheet)** – balance, hoja de balance, estado de situación, estado de contabilidad, balance de contabilidad, balance de situación
**bubble** *n* – período en que propiedades y/o valores están excesivamente sobrevalorados, inversión fraudulenta
**bubble theory** – teoría que expone que en ocasiones los precios de valores suben desenfrenadamente hasta que se pincha el globo
**bucket shop** – lugar para compraventas ficticias de valores, lugar para compraventas de valores cuestionables, agencia de viajes ofreciendo precios reducidos
**bucketing** *n* – recibo de órdenes de corretaje sin intención de realizar dichas transacciones
**budget** *adj* – barato, asequible, presupuestario
**budget** *n* – presupuesto
**budget** *v* – presupuestar, presuponer
**budget accounting** – contabilidad presupuestaria
**budget administration** – administración presupuestaria
**budget agency** – agencia presupuestaria
**budget allocation** – asignación presupuestaria
**budget allotment** – asignación presupuestaria
**budget allowance** – asignación presupuestaria
**budget analysis** – análisis presupuestario
**budget appropriation** – apropiación presupuestaria, asignación presupuestaria
**budget assignment** – asignación presupuestaria
**budget authorisation** – autorización presupuestaria
**budget authorization** – autorización presupuestaria
**budget balance** – equilibrio presupuestario
**budget bill** – proyecto de ley presupuestario
**budget ceiling** – techo presupuestario, tope presupuestario
**budget consolidation** – consolidación presupuestaria
**budget constraint** – limitación presupuestaria
**budget control** – control presupuestario
**budget cut** – recorte presupuestario
**budget deficit** – déficit presupuestario
**budget distribution** – distribución presupuestaria
**budget equilibrium** – equilibrio presupuestario
**budget estimate** – estimación presupuestaria
**budget expenditures** – gastos presupuestarios, desembolsos presupuestarios
**budget expenses** – gastos presupuestarios, desembolsos presupuestarios
**budget for** – tener en cuenta para un presupuesto, presupuestar
**budget gap** – déficit presupuestario
**budget item** – ítem presupuestario
**budget law** – ley presupuestaria
**budget limit** – límite presupuestario
**budget line** – línea presupuestaria
**budget management** – administración presupuestaria, gestión presupuestaria
**budget manager** – administrador presupuestario
**budget maximum** – máximo presupuestario
**budget outlay** – desembolso presupuestario
**budget period** – período presupuestario
**budget policy** – política presupuestaria
**budget proposal** – propuesta presupuestaria
**budget provision** – asignación presupuestaria
**budget savings** – ahorros presupuestarios
**budget share** – proporción presupuestaria
**budget surplus** – superávit presupuestario
**budget year** – año presupuestario
**budgetary** *adj* – presupuestario
**budgetary account** – cuenta presupuestaria
**budgetary accounting** – contabilidad presupuestaria
**budgetary administration** – administración presupuestaria
**budgetary agency** – agencia presupuestaria

**budgetary allocation** – asignación presupuestaria
**budgetary allotment** – asignación presupuestaria
**budgetary allowance** – asignación presupuestaria
**budgetary analysis** – análisis presupuestario
**budgetary appropriation** – apropiación presupuestaria, asignación presupuestaria
**budgetary assignment** – asignación presupuestaria
**budgetary authorisation** – autorización presupuestaria
**budgetary authorization** – autorización presupuestaria
**budgetary balance** – equilibrio presupuestario
**budgetary ceiling** – techo presupuestario, tope presupuestario
**budgetary consolidation** – consolidación presupuestaria
**budgetary constraint** – limitación presupuestaria
**budgetary control** – control presupuestario
**budgetary cut** – recorte presupuestario
**budgetary deficit** – déficit presupuestario
**budgetary distribution** – distribución presupuestaria
**budgetary equilibrium** – equilibrio presupuestario
**budgetary estimate** – estimado presupuestario
**budgetary expenditures** – gastos presupuestarios, desembolsos presupuestarios
**budgetary expenses** – gastos presupuestarios, desembolsos presupuestarios
**budgetary gap** – déficit presupuestario
**budgetary item** – ítem presupuestario
**budgetary law** – ley presupuestaria
**budgetary limit** – límite presupuestario
**budgetary line** – línea presupuestaria
**budgetary management** – administración presupuestaria, gestión presupuestaria
**budgetary maximum** – máximo presupuestario
**budgetary outlay** – desembolso presupuestario
**budgetary performance** – resultados presupuestarios
**budgetary period** – período presupuestario
**budgetary policy** – política presupuestaria
**budgetary proposal** – propuesta presupuestaria
**budgetary provision** – asignación presupuestaria
**budgetary savings** – ahorros presupuestarios
**budgetary share** – proporción presupuestaria
**budgetary surplus** – superávit presupuestario
**budgetary year** – año presupuestario
**budgeted** *adj* – presupuestado
**budgeting** *n* – presupuestación
**budgeting administration** – administración presupuestaria
**budgeting constraint** – limitación presupuestaria
**budgeting control** – control presupuestario
**budgeting cut** – recorte presupuestario
**budgeting management** – administración presupuestaria, gestión presupuestaria
**budgeting manager** – administrador presupuestario, gerente presupuestario
**budgeting period** – período presupuestario
**budgeting policy** – política presupuestaria
**buffer zone** – área separando dos tipos de zonificación
**bug** *n* – micrófono oculto, error
**buggery** *n* – sodomía, bestialismo
**bugging** *n* – vigilancia electrónica
**build** *v* – construir, formar, establecer, edificar, levantar
**builder** *n* – constructor, constructora
**builder's risk insurance** – seguro de riesgos de constructor
**builder's warranty** – garantía del constructor
**building** *n* – edificio, construcción
**building activity** – actividad de construcción
**building and construction** – edificación y construcción
**building and loan association** – sociedad de ahorro y préstamo para la construcción
**building business** – negocio de construcción
**building code** – código de edificación, reglamento de edificación, ley de edificación, ordenanzas de construcción
**building contract** – contrato de construcción
**building contractor** – contratista de construcción
**building costs** – costos de construcción, costes de construcción
**building firm** – empresa de construcción
**building funds** – fondos de construcción
**building industry** – industria de construcción
**building is covered** – el edificio tiene cubierta de seguro
**building laws** – leyes de edificación
**building lease** – arrendamiento para edificación
**building lien** – gravamen del constructor
**building line** – línea de edificación
**building loan** – préstamo para edificación
**building lot** – solar
**building materials** – materiales de construcción
**building permit** – permiso para edificación, licencia para edificar
**building project** – proyecto de construcción
**building regulations** – reglamentos de edificación
**building restrictions** – restricciones de edificación
**building society** – sociedad de ahorro y préstamo para la vivienda
**built-in** *adj* – incorporado a, empotrado
**built-in stabilizer** – estabilizador incorporado
**built-up** *adj* – urbanizado
**bulk** *n* – agregado, bulto, cargamento, mayoría
**bulk commodity** – mercancía a granel, productos de gran consumo
**bulk email** – email enviado a una cantidad enorme de destinatarios, correo electrónico enviado a una cantidad enorme de destinatarios
**bulk goods** – mercancía a granel
**bulk mail** – correo regular enviado a una gran cantidad de destinatarios, correo electrónico enviado a una cantidad enorme de destinatarios
**bulk mortgage** – hipoteca de propiedades agregadas
**bulk sale** – venta a granel
**bulk sales acts** – leyes para proteger a acreedores de ventas a granel clandestinas
**bulk sales laws** – leyes para proteger a acreedores de ventas a granel clandestinas
**bulk transfer** – transferencia a granel
**bull pen** – celda
**bullet** *n* – bala
**bullet mortgage** – hipoteca con pago único al final
**bulletin** *n* – boletín, comunicado
**bulletin board** – tablón de anuncios, tablón de anuncios electrónico
**bullion** *n* – metal precioso en lingotes, oro en lingotes, plata en lingotes
**bullion reserve** – reserva metálica

**bum** *n* – vagabundo
**bumper** *n* – parachoques
**bumping** *n* – antigüedad, desplazamiento de un empleado por otro con más tiempo en el trabajo
**bumpy** *adj* – desigual, agitado
**bunco** *n* – estafa
**bunco game** – juego para estafar
**bundle** *n* – montón, manojo, suma de dinero
**buoy** *n* – boya
**burden** *n* – carga, peso, obligación
**burden of producing evidence** – obligación de presentar prueba, carga de producir pruebas suficientes para evitar una sentencia contraria, carga de la prueba
**burden of proof** – carga de la prueba, peso de la prueba, obligación de probar
**burden of taxation** – carga impositiva
**burden of taxes** – carga impositiva
**burden with taxes** – gravar con impuestos
**burdensome** *adj* – opresivo, pesado
**bureau** *n* – negociado, oficina, agencia, departamento
**bureau of customs** – negociado de aduanas
**bureaucracy** *n* – burocracia
**bureaucrat** *n* – burócrata
**bureaucratic** *adj* – burocrático
**bureaucratisation** *n* – burocratización
**bureaucratization** *n* – burocratización
**burglar** *n* – ladrón, escalador
**burglar alarm** – alarma antirrobo, alarma contra ladrones
**burglarious** *n* – con intención de robo, con intención de escalamiento
**burglarize** *v* – robar, escalar
**burglary** *n* – robo, escalamiento, escalo, hurto
**burglary in the first degree** – escalamiento en primer grado
**burglary insurance** – seguro contra robos
**burglary tools** – artículos usados para efectuar robos
**burgle** *v* – robar, escalar
**burial** *n* – entierro, sepultura
**burial expenses** – gastos funerarios
**burial ground** – cementerio
**burn** *v* – quemar
**burn-out** *n* – agotamiento, agotamiento por trabajo excesivo, agotamiento y desmotivación por trabajo excesivo
**burn rate** – ritmo de agotamiento de capital antes de generarse un flujo de fondos positivo
**burnout** *n* – agotamiento, agotamiento por trabajo excesivo, agotamiento y desmotivación por trabajo excesivo
**burnt** *adj* – quemado, escaldado
**burrow** *v* – excavar, esconderse
**bursar** *n* – tesorero
**bursary** *n* – tesorería
**burst** *v* – reventar, explotar, derribar
**burying-ground** *n* – cementerio
**business** *n* – negocio, negocios, comercio, empresa, ocupación, tarea, asunto
**business account** – cuenta comercial, cuenta de negocios
**business accounting** – contabilidad de negocios, contabilidad de empresas
**business activity** – actividad comercial, actividad empresarial, actividad de negocios
**business acumen** – perspicacia comercial
**business address** – dirección comercial, dirección del negocio, domicilio comercial, domicilio del negocio
**business administration** – administración de empresas, gestión de empresas, administración empresarial, administración comercial
**business administrator** – administrador de empresa, administrador de negocio
**business adviser** – asesor de negocios, asesor empresarial
**business advisor** – asesor de negocios, asesor empresarial
**business agency** – agencia de negocios, agencia empresarial
**business agent** – agente comercial, agente de negocios
**business agreement** – convenio comercial, convenio empresarial, convenio de negocios
**business assembly** – asamblea de negocios, asamblea comercial, asamblea empresarial
**business assets** – activo comercial, activo de negocio
**business association** – asociación mercantil, compañía comercial, sociedad comercial, sociedad mercantil
**business bad debts** – deudas incobrables de negocio
**business banking** – banca de empresas, banca de negocios
**business bankruptcy** – quiebra de negocio, quiebra empresarial, quiebra comercial
**business broker** – corredor de empresas, corredor de negocios
**business call** – llamada de negocios, llamada comercial, visita de negocios, visita comercial
**business card** – tarjeta de negocios, tarjeta comercial, tarjeta profesional, tarjeta de visita
**business center** – centro de negocios, centro de empresas
**business centre** – centro de negocios, centro de empresas
**business chain** – cadena de negocios, cadena empresarial
**business circles** – círculos empresariales, círculos comerciales, círculos de negocios, medios empresariales, medios de negocios
**business closure** – cierre de negocio
**business college** – escuela de empresariales, escuela empresarial, colegio de negocios, universidad de negocios, academia comercial, academia de negocios
**business combination** – combinación de negocios
**business community** – comunidad empresarial, comunidad de negocios
**business company** – sociedad de negocios, compañía de negocios
**business compulsion** – coacción a un dueño de negocio
**business computing** – computación de negocios, computación empresarial
**business concern** – empresa comercial, entidad comercial, empresa de negocios, entidad de negocios
**business conditions** – condiciones comerciales, condiciones empresariales, condiciones de negocios
**business conference** – conferencia de negocios, conferencia comercial, conferencia empresarial

**business considerations** – consideraciones de negocios, consideraciones empresariales
**business consultant** – consultor empresarial, consultor de negocios
**business continuity services** – servicios de continuidad de negocio
**business contract** – contrato de negocios, contrato empresarial, contrato mercantil
**business convention** – convención de negocios, convención comercial, convención empresarial
**business corporation** – corporación de negocios, corporación mercantil
**business correspondence** – correspondencia comercial, correspondencia empresarial, correspondencia de negocios
**business counsellor** – consejero de negocios, consejero empresarial
**business counselor** – consejero de negocios, consejero empresarial
**business credit** – crédito empresarial, crédito de negocios, crédito comercial
**business creditor** – acreedor de negocios, acreedor empresarial
**business crime** – crimen de negocios
**business crime insurance** – seguro contra crímenes comercial
**business cycle** – ciclo económico, ciclo comercial, ciclo de negocios
**business day** – día laborable, día hábil, día de negocios
**business deal** – transacción de negocios, transacción empresarial, transacción comercial
**business debt** – deuda de negocios, deuda empresarial
**business decision** – decisión empresarial, decisión comercial, decisión de negocios
**business department** – departamento de negocios, departamento empresarial
**business deposit** – depósito comercial
**business development** – desarrollo de negocios, desarrollo empresarial, desarrollo comercial
**business director** – director de negocios, director empresarial
**business district** – distrito comercial, distrito de negocios
**business document** – documento empresarial, documento comercial, documento de negocios
**business done in state** – negocio comenzado y completado en el mismo estado
**business earnings** – ingresos empresariales, ingresos comerciales, ingresos de negocios
**business email** – email comercial, email de negocios, email empresarial, correo electrónico comercial, correo electrónico de negocios, correo electrónico empresarial
**business empire** – imperio de negocios, imperio comercial
**business ends** – fines empresariales, fines comerciales, fines de negocios
**business enterprise** – empresa de negocios, empresa comercial
**business entity** – entidad comercial, entidad de negocios
**business environment** – ambiente de negocios, ambiente empresarial, ambiente comercial
**business equipment** – equipo de negocios
**business establishment** – negocio, comercio, lugar de negocios
**business ethics** – ética en los negocios, ética comercial, ética empresarial
**business etiquette** – etiqueta en los negocios
**business exhibit** – exhibición de negocios, exhibición empresarial
**business expenditures** – gastos de negocios, gastos empresariales
**business expenses** – gastos de negocios, gastos empresariales
**business experience** – experiencia empresarial, experiencia comercial, experiencia en negocios
**business failure** – quiebra de negocio, quiebra empresarial, quiebra comercial
**business finance** – finanzas empresariales, finanzas comerciales, finanzas de negocios
**business financing** – financiación empresarial, financiación comercial, financiación de negocios
**business firm** – empresa de negocios, empresa comercial, firma de negocios, firma comercial
**business forecast** – pronóstico empresarial, pronóstico comercial, pronóstico de negocios
**business forecasting** – previsión empresarial, previsión comercial, previsión de negocios
**business fraud** – fraude empresarial, fraude comercial, fraude en los negocios
**business gains** – ganancias comerciales, ganancias empresariales, ganancias de negocios
**business games** – juegos comerciales, juegos empresariales, juegos de negocios
**business gifts** – regalos empresariales, regalos comerciales, regalos de negocios
**business goal** – meta empresarial, meta comercial, meta de negocios
**business health insurance** – seguro de salud comercial
**business hours** – horario comercial, horas de oficina, horas de trabajo, horas de comercio
**business income** – ingresos empresariales, rentas empresariales, ingresos comerciales, ingresos de negocios
**business indicators** – indicadores empresariales, indicadores comerciales, indicadores de negocios
**business insurance** – seguro comercial, seguro empresarial, seguro de negocios, seguro de vida para empleados claves para la protección de una empresa
**business insurance policy** – póliza de seguro comercial, póliza de seguro empresarial
**business intelligence** – inteligencia empresarial, inteligencia comercial
**business interest** – interés comercial, interés empresarial
**business interruption** – interrupción de negocios, interrupción empresarial, interrupción comercial
**business interruption insurance** – seguro contra pérdidas por interrupción de negocios
**business interruption policy** – póliza de seguro contra pérdidas por interrupción de negocios
**business investment** – inversión empresarial, inversión comercial, inversión en negocios
**business invitee** – quien va invitado a un local a

llevar a cabo negocios
**business judgment rule** – regla que exime a miembros de directivas de responsabilidad mientras sus actos se hayan llevado a cabo con buena fe y cuidado razonable
**business law** – derecho mercantil, derecho comercial, derecho empresarial
**business league** – asociación de negocios, asociación de empresas
**business lease** – arrendamiento comercial, arrendamiento empresarial, arrendamiento de negocio
**business lender** – prestador de negocios, prestador empresarial
**business lending** – préstamos de negocios, préstamos empresariales
**business letter** – carta comercial, carta de negocios, carta empresarial
**business liability** – responsabilidad comercial, responsabilidad empresarial
**business liability insurance** – seguro de responsabilidad comercial
**business licence** – licencia comercial, licencia de negocios, licencia empresarial
**business license** – licencia comercial, licencia de negocios, licencia empresarial
**business literature** – literatura de negocios, literatura empresarial
**business loans** – préstamos de empresas, préstamos de negocios, préstamos comerciales
**business locale** – local empresarial, local comercial, local de negocios
**business losses** – pérdidas de negocios, pérdidas empresariales, pérdidas comerciales
**business mail** – correo comercial, correo de negocios, correo empresarial, email comercial, email de negocios, email empresarial, correo electrónico comercial, correo electrónico de negocios, correo electrónico empresarial
**business man** – hombre de negocios, comerciante, empresario
**business management** – administración de empresas, administración empresarial, administración comercial, gestión de empresas, gestión empresarial, gestión comercial
**business manager** – gerente comercial, gerente de empresa
**business meeting** – reunión de negocios, reunión comercial, reunión empresarial
**business mix** – mezcla de negocios, mezcla comercial, mezcla empresarial
**business model** – modelo de negocios, modelo comercial, modelo empresarial
**business month** – mes de 30 días
**business name** – nombre de la empresa, nombre comercial, razón social
**business objective** – objetivo empresarial, objetivo comercial, objetivo de negocios
**business of banking** – negocio bancario
**business of insurance** – negocio de seguros
**business office** – oficina de negocios, oficina empresarial, oficina comercial
**business operation** – operación empresarial, operación comercial, operación de negocios
**business opportunity** – oportunidad de negocio, oportunidad comercial, oportunidad empresarial
**business or commercial corporation** – corporación de negocios
**business or occupation** – negocio u ocupación
**business organisation** – organización comercial, organización del negocio
**business organization** – organización comercial, organización del negocio
**business-oriented** *adj* – orientado hacia los negocios, orientado hacia las empresas
**business owner** – dueño de negocio, propietario de negocio
**business owner's policy** – póliza de dueño de negocio
**business paper** – papel comercial
**business papers** – documentos comerciales, documentos empresariales, documentos de negocios
**business park** – parque empresarial, parque comercial, parque de negocios
**business person** – persona de negocios, comerciante, empresario
**business plan** – plan de negocios, plan empresarial, plan comercial
**business planning** – planificación empresarial, planificación comercial, planificación de negocios
**business policy** – póliza comercial, política comercial, póliza empresarial, política empresarial, póliza de negocios, política de negocios
**business portal** – portal empresarial, portal comercial, portal de negocios
**business portfolio** – portafolio de negocios, portafolio empresarial, portafolio comercial
**business practices** – prácticas comerciales, prácticas mercantiles, costumbres comerciales, costumbres mercantiles
**business premises** – local empresarial, local comercial, local de negocios, oficinas
**business presentation** – presentación de negocios, presentación empresarial
**Business Process Outsourcing** – outsourcing de procesos de negocios, externalización de procesos de negocios
**business profits** – beneficios de empresas, beneficios comerciales, beneficios de negocios, ganancias de empresas, ganancias comerciales, ganancias de negocios
**business property** – propiedad de negocio, propiedad comercial, propiedad empresarial
**business proposition** – propuesta de negocio, propuesta empresarial, propuesta comercial
**business purpose** – propósito comercial, propósito empresarial
**business recession** – recesión empresarial, recesión comercial, recesión de los negocios
**business records** – expedientes del negocio, expedientes empresariales, registros del negocio, registros empresariales
**business recovery** – recuperación empresarial, recuperación comercial, recuperación de negocios
**business regulations** – reglamentos empresariales, reglamentos comerciales, reglamentos de negocios, normas empresariales
**business relations** – relaciones comerciales, relaciones empresariales, relaciones de negocios

**business reply** – respuesta comercial, respuesta empresarial
**business reply card** – tarjeta de respuesta comercial
**business reply envelope** – sobre de respuesta comercial
**business reply mail** – correo de respuesta comercial, respuesta comercial
**business reply postcard** – tarjeta postal de respuesta comercial
**business report** – informe comercial, reporte comercial, informe empresarial, reporte empresarial, informe de negocios, reporte de negocios
**business restrictions** – restricciones comerciales, restricciones empresariales
**business risk** – riesgo comercial, riesgo empresarial, riesgo de negocio
**business rules** – reglas empresariales, reglas comerciales, reglas de negocios
**business sale** – venta de negocios, venta empresarial
**business scam** – estafa comercial, timo comercial, estafa empresarial, timo empresarial
**business school** – colegio de negocios, universidad de negocios, escuela de empresariales
**business secrets** – secretos comerciales, secretos empresariales, secretos de negocios
**business sector** – sector empresarial, sector comercial, sector de negocios
**business services** – servicios empresariales, servicios comerciales, servicios de negocios
**business situations** – situaciones empresariales, situaciones comerciales, situaciones de negocios
**business situs** – domicilio comercial
**business standards** – normas empresariales, normas comerciales, normas de negocios
**business start-up** – empresa puesta en marcha, negocio puesto en marcha
**business startup** – empresa puesta en marcha, negocio puesto en marcha
**business strategy** – estrategia empresarial, estrategia comercial, estrategia de negocios
**business studies** – estudios empresariales, estudios comerciales, estudios de negocios
**business summit** – cumbre empresarial, cumbre de negocios, cumbre comercial
**business support services** – servicios de apoyo a las empresas, servicios de apoyo comercial
**business swindle** – estafa comercial, timo comercial, estafa empresarial, timo empresarial
**business taxation** – imposición comercial, imposición empresarial
**business taxes** – impuestos comerciales, contribuciones comerciales, impuestos empresariales, contribuciones empresariales
**business television** – televisión de negocios, televisión empresarial
**business-to-business** *adj* – empresa a empresa, negocio a negocio
**business-to-consumer** *adj* – empresa a consumidor, negocio a consumidor
**business-to-employee** *adj* – empresa a empleado, negocio a empleado
**business-to-government** *adj* – empresa a gobierno, negocio a gobierno
**business transaction** – transacción comercial, transacción empresarial, transacción de negocios
**business travel** – viaje de negocios
**business traveler** – viajante de negocios
**business traveller** – viajante de negocios
**business treaty** – tratado de negocios, tratado empresarial
**business trends** – tendencias empresariales, tendencias comerciales, tendencias de negocios
**business trip** – viaje de negocios
**business trust** – fideicomiso comercial
**business usage** – uso comercial, uso empresarial
**business vehicle** – vehículo de negocios, vehículo empresarial
**business venture** – empresa comercial, empresa de negocios
**business visit** – visita de negocios, visita comercial
**business visitor** – quien va invitado a un local a llevar a cabo negocios
**business woman** – mujer de negocios, comerciante, empresaria
**business world** – mundo de los negocios, mundo empresarial, mundo comercial
**business year** – ejercicio anual, año comercial, año empresarial, año de negocios
**businesslike** *adj* – sistemático, eficiente, formal
**businessman** *n* – hombre de negocios, persona de negocios, comerciante, empresario
**businessperson** *n* – persona de negocios, comerciante, empresario
**businesswoman** *n* – mujer de negocios, comerciante, empresaria
**bust out** – escaparse de la cárcel
**bust-up takeover** – compra apalancada en la cual la empresa adquiriente vende parte de la compañía adquirida para financiar la toma de control
**busy schedule** – agenda apretada, programa apretado, calendario apretado
**buttals** *n* – lindes
**button-down** *adj* – conservador, convencional, poco imaginativo
**butts and bounds** – lindes, linderos
**buy** *v* – comprar, creer en
**buy-back** *n* – recompra
**buy on credit** – comprar a crédito
**buy on margin** – comprar valores usando crédito en una firma bursátil
**buy out** – comprar todas las acciones, comprar las acciones restantes, comprar lo restante
**buy outright** – comprar enteramente, comprar al contado
**buyback** *n* – recompra
**buyer** *n* – comprador, agente comprador
**buyer agreement** – convenio del comprador
**buyer boycott** – boicot del comprador
**buyer broker** – corredor del comprador
**buyer care** – cuido del comprador
**buyer credit** – crédito del comprador
**buyer debt** – deuda del comprador
**buyer education** – educación del comprador
**buyer habits** – hábitos del comprador
**buyer ignorance** – ignorancia del comprador
**buyer in bad faith** – comprador de mala fe
**buyer in good faith** – comprador de buena fe
**buyer information** – información para el comprador,

información sobre los compradores
**buyer interests** – intereses del comprador
**buyer loan** – préstamo al comprador
**buyer-oriented** *adj* – orientado al comprador
**buyer power** – poder del comprador
**buyer pressure** – presión al comprador, presión del comprador
**buyer protection** – protección del comprador
**buyer research** – investigación sobre compradores, investigación del comprador
**buyer rights** – derechos del comprador
**buyer risk** – riesgo del comprador
**buyer satisfaction** – satisfacción del comprador
**buyer service** – servicio al comprador
**buyers' association** – asociación de compradores
**buyers' cooperative** – cooperativa de compradores
**buyers' organisation** – organización de compradores
**buyers' organization** – organización de compradores
**buyers' records** – registros de compradores
**buying agency** – agencia de compras
**buying agent** – agente de compras
**buying agreement** – convenio de compras
**buying binge** – frenesí de compras
**buying co-operative** – cooperativa de compras
**buying compulsion** – compulsión de comprar
**buying contract** – contrato de compras
**buying cooperative** – cooperativa de compras
**buying frenzy** – frenesí de compras
**buying in** – compra en subasta por el mismo dueño, compra en subasta por parte interesada
**buying on margin** – compra de valores usando crédito en una firma bursátil
**buyout** *n* – adquisición de un porcentaje de acciones que permita controlar una corporación
**buzzword** *n* – palabra o frase trillada de popularidad efímera
**by-bidder** *n* – postor contratado por el dueño, postor contratado por el agente del dueño
**by-bidding** *n* – ofertas hechas por un postor contratado por el dueño, ofertas hechas por un postor contratado por el agente del dueño
**by color of office** – so color de cargo
**by contract** – por contrato
**by courtesy of** – por cortesía de, de regalo
**by estimation** – por estimado, aproximadamente
**by law** – de acuerdo con la ley
**by-laws** *n* – reglamentos internos, reglamentos interiores, estatutos, estatutos de sociedades
**by mutual consent** – por consentimiento mutuo
**by order of** – por orden de
**by-product** *n* – subproducto, producto secundario
**by proxy** – por poder
**by reason of** – por razón de
**by the book** – por el libro
**by the bye** – incidentalmente, a propósito
**by trade** – de oficio
**by virtue of** – en virtud de
**bypass** *v* – pasar de lado, pasar por alto
**bypass trust** – fideicomiso para evitación de impuestos sucesorios
**bypath** *n* – desvío
**byroad** *n* – camino solitario y apartado
**bystander** *n* – espectador, circunstante
**bystreet** *n* – callejuela
**byway** *n* – desvío

# C

**c-commerce (collaborative commerce)** – comercio colaborativo
**C&F (cost and freight)** – costo y flete, coste y flete
**c/o (care of)** – para entregar a
**C2B (consumer-to-business)** – consumidor a empresa, consumidor a negocio
**C2C (consumer-to-consumer)** – consumidor a consumidor
**CA (Certified Accountant)** – contador autorizado, contable autorizado
**cabalistic** *adj* – secreto, misterioso
**cabana** *n* – cabaña, ministerio
**cabin** *n* – cabaña, choza
**cabinet** *n* – gabinete
**cabinet council** – consejo de ministros
**cabinet meeting** – reunión de gabinete
**cable transfer** – transferencia cablegráfica
**cabotage** *n* – cabotaje
**cache** *n* – escondite, reserva secreta
**cachet** *n* – sello distintivo, prestigio
**cadastral** *adj* – catastral
**cadastral survey** – inspección catastral
**cadastral value** – valor catastral
**cadastre** *n* – catastro
**cadaver** *n* – cadáver
**cadet** *n* – cadete, hijo o hermano menor
**caducary** *adj* – caducario
**caducity** *n* – caducidad
**caducous** *adj* – caduco
**caesarean operation** – operación cesárea
**cafeteria benefit plan** – plan de beneficios estilo cafetería
**cafeteria benefit program** – programa de beneficios estilo cafetería
**cafeteria plan** – plan de beneficios estilo cafetería
**cagey** *adj* – astuto, evasivo
**cageyness** *n* – astucia, cautela
**cahoots, in** – confabulado con
**cajole** *v* – engatusar, persuadir
**cajolery** *n* – engatusamiento
**calaboose** *n* – calabozo
**calamitous** *adj* – calamitoso, desastroso
**calamity** *n* – calamidad, desastre
**calculated** *adj* – premeditado, calculado
**calculated cost** – costo calculado, coste calculado
**calculated expenditures** – gastos calculados
**calculated expenses** – gastos calculados
**calculated interest rate** – tasa de interés calculada, tipo de interés calculado
**calculated payment** – pago calculado
**calculated premium** – prima calculada
**calculated price** – precio calculado
**calculated rate** – tasa calculada, tipo calculado

**calculated risk** – riesgo calculado
**calculated subsidy** – subsidio calculado, subvención calculada
**calculated taxes** – impuestos calculados, contribuciones calculadas
**calculated value** – valor calculado
**calculating** *adj* – calculador, prudente
**calculation** *n* – cálculo, premeditación
**calculation of costs** – cálculo de costos, cálculo de costes
**calculation of expenditures** – cálculo de gastos
**calculation of expenses** – cálculo de gastos
**calculation of interest** – cálculo de intereses
**calculation of payments** – cálculo de pagos
**calculation of premium** – cálculo de prima
**calculation of prices** – cálculo de precios
**calculation of subsidy** – cálculo de subsidio, cálculo de subvención
**calculation of taxes** – cálculo de impuestos, cálculo de contribuciones
**calculation of value** – cálculo del valor
**calendar day** – día calendario, día civil, día natural
**calendar month** – mes calendario, mes civil
**calendar week** – semana calendario, semana civil
**calendar year** – año calendario, año civil
**call** *n* – citación, llamada, invitación, convocatoria, visita, opción de compra, demanda de pago, redención
**call** *v* – citar, llamar, invitar, convocar, visitar, redimir
**call a bond** – redimir un bono
**call a loan** – demandar el pago de un préstamo
**call a meeting** – convocar una reunión
**call a strike** – declarar una huelga
**call as a witness** – citar como testigo
**call back** – hacer volver, devolver la llamada, redimir
**call center** – centro de llamadas
**call centre** – centro de llamadas
**call compensation** – compensación por comparecencia
**call for bids** – llamada a licitación, convocar a licitación, convocatoria para propuestas, petición de propuestas, llamada a propuestas
**call for tenders** – llamada a licitación, convocar a licitación, convocatoria para propuestas, petición de propuestas, llamada a propuestas
**call in** – retirar, hacer devolver, llamar a, hacer entrar
**call girl** – prostituta
**call loan** – préstamo pagadero a la demanda
**call money** – dinero pagadero a la demanda, dinero exigible
**call off** – cancelar, suspender, terminar
**call, on** – a la vista, a petición
**call on** – exigir pago, pedir que se haga algo, pedir ayuda, exigir que se haga algo, exigir ayuda, visitar
**call pay** – pago por comparecencia
**call price** – precio al cual el emisor puede recomprar un bono
**call protection** – protección contra redención
**call provision** – estipulación de redención
**call to order** – llamar a la orden
**call to the bar** – admitir al ejercicio de la abogacía
**call up** – llamar, reclutar, convocar, recordar, requerir el pago de algo, requerir la devolución de dinero
**callable** *adj* – pagadero a la demanda, retirable, redimible, rescatable
**callable bond** – bono retirable, bono redimible
**callable loan** – préstamo pagadero a la demanda
**callable securities** – valores redimibles
**called** *adj* – redimido, rescatado, retirado, demandado, llamado
**called bond** – bono retirado, bono redimido
**called meeting** – reunión extraordinaria, reunión convocada
**called upon to pay** – obligado a pagar
**caller** *n* – visitante, llamador
**calling** *n* – llamado, vocación
**calling card** – tarjeta de visita
**calumniae** – calumnia
**calumniate** *v* – calumniar
**calumniator** *n* – calumniador
**calumnious** *adj* – calumnioso
**calumny** *n* – calumnia
**Calvo doctrine** – doctrina Calvo
**cambist** *n* – cambista, corredor
**camera, in** – en privado, en el despacho del juez
**cameralistics** *n* – la ciencia de las finanzas
**camerarius** *n* – tesorero
**camouflage** *n* – camuflaje, engaño
**campaign** *n* – campaña
**campaign contributions** – contribuciones de campaña
**campaign funds** – fondos de campaña
**canal** *n* – canal, zanja
**canalisation** *n* – canalización
**canalization** *n* – canalización
**canalise** *v* – canalizar
**canalize** *v* – canalizar
**cancel** *v* – cancelar, anular, eliminar
**cancel a bill** – cancelar una factura
**cancel a check** – cancelar un cheque
**cancel a cheque** – cancelar un cheque
**cancel a contract** – cancelar un contrato
**cancel a credit** – cancelar un crédito
**cancel a debt** – cancelar una deuda
**cancel an instrument** – cancelar un instrumento
**cancel an order** – cancelar una orden, cancelar un pedido
**cancel out** – anular mutuamente, cancelar mutuamente, cancelar, contrapesar
**cancelable** *adj* – cancelable
**cancelation** *n* – cancelación, anulación
**cancelation charge** – cargo por cancelación
**cancelation clause** – cláusula de cancelación, cláusula resolutiva
**cancelation evidence** – evidencia de cancelación
**cancelation fee** – cargo por cancelación
**cancelation notice** – aviso de cancelación
**cancelation of agreement** – cancelación de convenio
**cancelation of contract** – cancelación de contrato
**cancelation of debt** – cancelación de deuda
**cancelation of insurance policy** – cancelación de póliza de seguro
**cancelation of loan** – cancelación de préstamo
**cancelation of mortgage** – cancelación de hipoteca
**cancelation of order** – cancelación de orden, cancelación de pedido
**cancelation of policy** – cancelación de póliza
**cancelation of trademark** – cancelación de marca, cancelación de marca comercial
**cancelation proceeding** – procedimiento de

cancelación, proceso de cancelación
**cancelation verification** – verificación de cancelación
**canceled** *adj* – cancelado
**canceled account** – cuenta cancelada
**canceled check** – cheque cancelado
**canceled cheque** – cheque cancelado
**canceled claim** – reclamo cancelado
**canceled debt** – deuda cancelada
**canceler** *n* – anulador
**canceling** *adj* – anulador
**canceling entry** – apunte de cancelación
**cancellable** *adj* – cancelable
**cancellation** *n* – cancelación, anulación, eliminación
**cancellation charge** – cargo por cancelación
**cancellation clause** – cláusula de cancelación
**cancellation evidence** – evidencia de cancelación
**cancellation fee** – cargo por cancelación
**cancellation notice** – aviso de cancelación
**cancellation of agreement** – cancelación de convenio
**cancellation of contract** – cancelación de contrato
**cancellation of debt** – cancelación de deuda
**cancellation of instrument** – cancelación de instrumento
**cancellation of insurance policy** – cancelación de póliza de seguro
**cancellation of lease** – cancelación de arrendamiento
**cancellation of loan** – cancelación de préstamo
**cancellation of mortgage** – cancelación de hipoteca
**cancellation of order** – cancelación de orden, cancelación de pedido
**cancellation of policy** – cancelación de póliza
**cancellation of trademark** – cancelación de marca, cancelación de marca comercial
**cancellation proceeding** – procedimiento de cancelación, proceso de cancelación
**cancellation verification** – verificación de cancelación
**cancelled** *adj* – cancelado
**cancelled account** – cuenta cancelada
**cancelled check** – cheque cancelado
**cancelled cheque** – cheque cancelado
**cancelled claim** – reclamo cancelado
**cancelled debt** – deuda cancelada
**canceller** *n* – quien anula, quien cancela
**cancelling** *adj* – anulador
**cancelling entry** – apunte de cancelación
**candid** *adj* – imparcial, sincero
**candidacy** *n* – candidatura
**candidate** *n* – candidato
**candidature** *n* – candidatura
**candidly** *adv* – cándidamente, ingenuamente
**candor** *n* – candor, imparcialidad
**cannibalisation** *n* – canibalización
**cannibalise** *v* – canibalizar
**cannibalization** *n* – canibalización
**cannibalize** *v* – canibalizar
**cannily** *adv* – astutamente, sutilmente
**canniness** *n* – astucia, sutileza
**canon** *n* – canon, regla
**canons** *n* – normas, cánones, reglas
**canons of construction** – normas de interpretación, normas de hermenéutica
**canons of descent** – normas de sucesión
**canons of ethics** – normas de ética, cánones de ética
**canons of inheritance** – normas de sucesión
**canons of judicial ethics** – normas de ética judicial
**canons of professional responsibility** – normas de ética profesional, cánones de ética profesional
**canons of taxation** – normas de imposición
**canvass** *n* – escrutinio, solicitación de votos, buscar clientes potenciales, visitar gente para tratar de convencerles de pensar y/o hacer algo, sondear
**canvasser** *n* – quien cuenta votos, quien solicita votos
**cap** *n* – límite, límites, límites en demandas por daños, tope
**cap** *v* – limitar, establecer un tope
**CAP (Common Agricultural Policy)** – Política Agrícola Común
**capability** *n* – capacidad, aptitud, competencia
**capability to compete** – capacidad de competir
**capability to contract** – capacidad para contratar
**capability to earn** – capacidad para devengar ingresos
**capability to mortgage** – capacidad para hipotecar
**capability to pay** – capacidad de pago, capacidad para pagar
**capability to pay debts** – capacidad para pagar deudas
**capability to pay taxes** – capacidad para pagar impuestos
**capability to work** – capacidad para trabajar
**capable** *adj* – capaz, competente, hábil
**capable of contracting** – capaz de contratar
**capable of inheriting** – capaz de heredar
**capable to marry** – capaz de contraer matrimonio
**capacitate** *v* – capacitar, acreditar
**capacity** *n* – capacidad, aptitud legal, competencia
**capacity defence** – defensa basada en la incapacidad de responder por las acciones
**capacity defense** – defensa basada en la incapacidad de responder por las acciones
**capacity of parties** – capacidad de las partes
**capacity planning** – planificación de la capacidad
**capacity to act** – capacidad de actuar
**capacity to compete** – capacidad de competir
**capacity to contract** – capacidad para contratar
**capacity to distinguish** – capacidad de distinguir
**capacity to earn** – capacidad para devengar ingresos
**capacity to endure** – capacidad de tolerar
**capacity to know** – capacidad de conocer
**capacity to mortgage** – capacidad para hipotecar
**capacity to pay** – capacidad de pago, capacidad para pagar
**capacity to pay debts** – capacidad para pagar deudas
**capacity to pay taxes** – capacidad para pagar impuestos
**capacity to perceive** – capacidad de percibir
**capacity to perform** – capacidad de ejecutar
**capacity to reason** – capacidad de razonar
**capacity to sue** – capacidad para demandar
**capacity to support** – capacidad de mantener
**capacity to tolerate** – capacidad de tolerar
**capacity to understand** – capacidad de entender
**capacity to withstand** – capacidad de tolerar
**capacity to work** – capacidad para trabajar
**capax doli** – capaz de cometer crimen
**capias ad respondendum** – orden para arrestar al demandado y traerlo ante el tribunal
**capita, per** – por cabeza, per capita
**capital** *n* – capital, caudal
**capital accumulation** – acumulación de capital

**capital addition** – adición de capital
**capital adequacy** – suficiencia de capital
**capital aid** – ayuda de capital
**capital and interest** – capital e intereses
**capital and reserves** – capital y reservas
**capital appreciation** – apreciación de capital
**capital assets** – activo de capital, bienes de capital
**capital authorised** – capital autorizado
**capital authorized** – capital autorizado
**capital base** – base de capital
**capital bonus** – bonificación de capital, bono de capital
**capital budget** – presupuesto de capital
**capital budgeting** – presupuestación de capital
**capital case** – juicio en que el crimen conlleva la pena capital
**capital charges** – cargos de capital
**capital circulating** – capital circulante
**capital clause** – cláusula de capital autorizado
**capital construction** – formación de capital físico
**capital consumption** – consumo de capital
**capital control** – control de capital
**capital cost** – costo de capital, coste de capital
**capital crime** – crimen capital
**capital deficiency** – deficiencia de capital
**capital distribution** – distribución de capital
**capital dividend** – dividendo de capital
**capital employed** – capital utilizado
**capital equipment** – equipo de capital
**capital expenditures** – gastos de capital
**capital expenses** – gastos de capital
**capital exports** – exportaciones de capital
**capital financing** – financiación de capital, financiamiento de capital
**capital flight** – fuga de capitales, huida de capitales
**capital flow** – flujo de capital
**capital formation** – formación de capital
**capital funding** – financiación de capital, financiamiento de capital
**capital gains** – ganancias de capital, plusvalías, utilidades de capital
**capital gains tax** – impuesto sobre ganancias de capital, contribución sobre ganancias de capital, impuesto de plusvalía, contribución sobre plusvalía
**capital goods** – bienes de capital
**capital growth** – crecimiento de capital
**capital imports** – importaciones de capital
**capital improvement** – mejora de capital
**capital income** – ingresos de capital
**capital inflow** – entrada de capital
**capital infusion** – infusión de capital
**capital injection** – inyección de capital
**capital-intensive** *adj* – intensivo en capital
**capital investment** – inversión de capital
**capital/labor ratio** – ratio capital/trabajo, razón capital/trabajo, relación capital/trabajo
**capital/labour ratio** – ratio capital/trabajo, razón capital/trabajo, relación capital/trabajo
**capital laundering** – blanqueo de capital
**capital lease** – arrendamiento de capital
**capital levy** – impuesto sobre capital
**capital liability** – pasivo fijo
**capital loss** – pérdida de capital
**capital market** – mercado de capitales
**capital movement** – movimiento de capitales
**capital net worth** – capital neto
**capital offense** – crimen capital
**capital outflow** – salida de capital
**capital outlay** – dinero invertido
**capital partner** – socio capitalista
**capital project** – proyecto de inversión, proyecto de capital
**capital punishment** – pena capital
**capital ratio** – ratio de capital, razón de capital, coeficiente de capital, proporción de capital
**capital rationing** – racionamiento de capital
**capital readjustment** – reajuste de capital
**capital requirements** – requisitos de capital
**capital reserves** – reservas de capital
**capital resources** – recursos de capital
**capital revenues** – ingresos de capital, rentas de capital
**capital risk** – riesgo de capital
**capital shares** – acciones de capital
**capital spending** – gastos de capital
**capital stock** – capital social, acciones de capital, fondo social
**capital structure** – estructura de capital
**capital subsidy** – subsidio de capital, subvención de capital
**capital sum** – suma de capital
**capital surplus** – superávit de capital, excedente de capital, sobrante de capital
**capital tax** – impuesto sobre el capital, contribución sobre el capital, tributación al capital, impuesto de patrimonio, contribución sobre el patrimonio
**capital transfer** – transferencia de capital, traspaso de capital
**capital turnover** – giro de capital
**capital value** – valor del capital
**capitalisation** *n* – capitalización
**capitalisation of taxes** – capitalización de impuestos, capitalización de contribuciones
**capitalise** *v* – capitalizar
**capitalised** *adj* – capitalizado
**capitalism** *n* – capitalismo
**capitalist** *adj* – capitalista
**capitalist** *n* – capitalista
**capitalist economy** – economía capitalista
**capitalistic** *adj* – capitalista
**capitalization** *n* – capitalización
**capitalization of taxes** – capitalización de impuestos, capitalización de contribuciones
**capitalize** *v* – capitalizar
**capitalized** *adj* – capitalizado
**capitation** *n* – capitación
**capitation tax** – impuesto de capitación
**capitulary** *adj* – capitulario
**capitulate** *v* – capitular
**capitulation** *n* – capitulación, recapitulación
**capped interest rate** – tasa de interés que puede fluctuar pero no exceder cierto límite
**capped loan** – préstamo con una tasa de interés que puede fluctuar pero no exceder cierto límite
**capped mortgage** – hipoteca con una tasa de interés que puede fluctuar pero no exceder cierto límite
**capped rate** – tasa que puede fluctuar pero no exceder cierto límite

**caprice** *n* – capricho
**capricious** *adj* – caprichoso
**capricious and unlawful** – caprichoso e ilegal
**captaincy** *n* – capitanía
**captains of industry** – magnates de la industria
**captainship** *n* – capitanía
**captation** *n* – captación
**caption** *n* – encabezamiento, leyenda, epígrafe
**captious** *adj* – capcioso, criticón, censurador
**captivate** *v* – cautivar
**captivation** *n* – fascinación
**captivator** *n* – cautivador, fascinador
**captive** *adj* – cautivo, cautivado
**captive agent** – agente cautivo
**captive audience** – público cautivo, audiencia cautiva, personas que presencian algo en contra de su voluntad
**captive market** – mercado cautivo
**captivity** *n* – cautiverio, prisión
**captor** *n* – captor, apresador
**capture** *v* – capturar, tomar, acaparar
**car bomb** – coche bomba, carro bomba
**car expense allowance** – asignación para gastos de automóvil, deducción por gastos de automóvil
**car insurance** – seguro de automóvil
**car liability insurance** – seguro de responsabilidad pública de automóvil
**car registration** – matrícula de automóviles
**car tax** – impuesto sobre automóvil, contribución sobre automóvil
**carbon copy** – copia carbón
**carcass** *n* – cadáver
**carcelage** *n* – derechos de cárcel
**card holder** – titular de tarjeta, poseedor de tarjeta, tenedor de tarjeta, usuario de tarjeta
**card holder agreement** – convenio de titulares de tarjeta, convenio de tenedor de tarjeta
**card holder statement** – estado de titulares de tarjeta
**card index** – fichero, índice
**card issue** – emisión de tarjeta
**card issuer** – emisor de tarjetas
**card member** – titular de tarjeta, poseedor de tarjeta, tenedor de tarjeta, usuario de tarjeta
**card member agreement** – convenio de titulares de tarjeta
**card member statement** – estado de titulares de tarjeta
**card reader** – lector de tarjetas
**card security** – seguridad de tarjeta
**card security number** – número de seguridad de tarjeta
**cardholder** *n* – titular de tarjeta, poseedor de tarjeta, tenedor de tarjeta, usuario de tarjeta
**cardholder agreement** – convenio de titulares de tarjeta, convenio de tenedor de tarjeta
**cardholder statement** – estado de titulares de tarjeta
**cardinal** *adj* – principal, fundamental
**cardmember** *n* – titular de tarjeta, poseedor de tarjeta, tenedor de tarjeta, usuario de tarjeta
**cardmember agreement** – convenio de titulares de tarjeta
**cardmember statement** – estado de titulares de tarjeta
**care** *n* – cuidado, atención, preocupación, cargo
**care and custody** – cuidado y custodia
**care and maintenance** – cuidado y mantenimiento
**care of** – para entregar a, al cuidado de, cuidado de
**care order** – orden de colocar a un niño en manos de las autoridades
**care proceedings** – procedimiento de otorgamiento de patria potestad
**careen** *v* – carenar, volcar
**career** *n* – carrera, curso de vida
**career advancement** – progreso en la carrera
**career adviser** – asesor de carreras
**career advisor** – asesor de carreras
**career break** – interrupción de la carrera
**career change** – cambio de carrera
**career choice** – selección de la carrera
**career counsellor** – consejero de carrera
**career counselor** – consejero de carrera
**career decision** – decisión de carrera
**career development** – desarrollo de la carrera
**career expectations** – expectativas de carrera
**career ladder** – escalera profesional
**career management** – administración de la carrera, gestión de la carrera
**career motivation** – motivación de carrera
**career objective** – objetivo de la carrera
**career-oriented** *adj* – orientado hacia la carrera
**career path** – ruta de la carrera
**career pattern** – patrón de la carrera
**career planning** – planificación de la carrera
**career preferences** – preferencias de carrera
**career selection** – selección de la carrera
**career stage** – etapa de la carrera
**careful** *adj* – cuidadoso, meticuloso
**carefully** *adv* – cuidadosamente, meticulosamente
**carefulness** *n* – cuidado, cautela
**careless** *adj* – descuidado, negligente
**careless and negligent** – descuidado y negligente
**carelessly** *adv* – descuidadamente, negligentemente
**carelessness** *n* – descuido, negligencia
**cargo** *n* – carga, cargamento
**cargo delivery** – entrega de carga
**cargo handling** – manejo de carga
**cargo insurance** – seguro de carga
**cargo shipping** – transporte de carga, envío de carga
**carnage** *n* – matanza, carnicería
**carnal** *adj* – carnal, sexual
**carnal abuse** – abuso carnal
**carnal knowledge** – ayuntamiento carnal, coito
**carnality** *n* – carnalidad, lujuria
**carnet** *n* – documento que permite que mercancías o vehículos puedan atravesar fronteras sin pagar impuestos
**carnosity** *n* – carnosidad
**carping** *adj* – capcioso, mordaz
**carpool** *n* – uso compartido de automóviles con fines tales como economizar o reducir la contaminación ambiental
**carriage** *n* – transporte, flete, porte
**carriage and insurance paid** – transporte y seguro pagado, flete y seguro pagado, porte y seguro pagado
**carrier** *n* – transportista, portador, cargador, aseguradora
**carrier's liability** – responsabilidad del transportista
**carrier's lien** – gravamen del transportista
**carry** *v* – cargar, llevar, tener, portar, acarrear
**carry a concealed weapon** – portar un arma oculta

**carry a weapon** – portar un arma
**carry an election** – ganar una elección
**carry arms** – portar armas
**carry-back** *v* – traspasar pérdidas a un año anterior, traspasar una cantidad a un año anterior, traspasar a una cuenta o período anterior
**carry-forward** *v* – traspasar pérdidas a un año subsiguiente, traspasar una cantidad a un año futuro, traspasar a una cuenta o período posterior
**carry insurance** – estar asegurado, poseer seguro
**carry on a business** – mantener un negocio
**carry on a trade or business** – mantener un negocio
**carry out** – llevar a cabo, cumplir, efectuar, practicar, realizar
**carry-over** *n* – saldo anterior, pérdidas que se pueden incluir en las planillas de contribuciones de años subsiguientes
**carry-over basis** – base de pérdidas que se pueden incluir en las planillas de contribuciones de años subsiguientes
**carry weapons** – portar armas
**carryback** *n* – pérdidas que se incluyen al volver a computar los impuestos de años anteriores, pérdidas traspasadas a un año anterior
**carryforward** *n* – pérdidas que se pueden incluir en las planillas de contribuciones de años subsiguientes, cantidad traspasada a un año futuro
**carrying away** – llevarse algo, hurtar
**carrying charge** – cargo por ventas a plazo en adición a intereses, gastos de posesión, gastos de transporte, recargo
**carrying concealed weapons** – llevar armas ocultas
**carrying cost** – costo de posesión, coste de posesión
**carrying value** – valor de posesión
**carryover** *n* – saldo anterior, pérdidas que se pueden incluir en las planillas de contribuciones de años subsiguientes
**carryover basis** – base de pérdidas que se pueden incluir en las planillas de contribuciones de años subsiguientes
**cartage** *n* – transporte, costo del transporte, coste del transporte
**carte blanche** – carta en blanco, carta blanca
**cartel** *n* – cartel, asociación, monopolio
**cartel agreement** – convenio de cartel
**cartel for price fixing** – cartel de precios
**cartulary** *adj* – cartulario
**cartelisation** *n* – cartelización
**cartelization** *n* – cartelización
**carve-out** *n* – escisión parcial
**case** *n* – caso, causa, acción
**case agreed on** – acuerdo de las dos partes sobre los hechos
**case certified** – controversia de ley llevada de un tribunal inferior a uno superior
**case history** – antecedentes
**case in point** – caso en cuestión, ejemplo pertinente
**case law** – precedentes, jurisprudencia
**case made** – acuerdo entre abogados presentado al tribunal
**case of fraud** – caso de fraude
**case or controversy** – caso o controversia, doctrina que exige que los tribunales solo decidan casos o controversias reales y concretos
**case stated** – acuerdo de las dos partes sobre los hechos
**case study** – estudio de caso
**case system** – estudio de leyes a través de la jurisprudencia
**casebook** – libro de casos con discusiones, libro de enseñanza basado en casos concretos
**caseworker** – trabajador social
**cash** *adj* – al contado
**cash** *n* – efectivo, dinero, dinero en efectivo, metálico, caja
**cash** *v* – cambiar, cobrar, convertir en efectivo, hacer efectivo, efectivar
**cash a check** – cobrar un cheque
**cash a cheque** – cobrar un cheque
**cash account** – cuenta de caja
**cash accounting** – contabilidad de caja
**cash acknowledgement** – reconocimiento de pago en efectivo
**cash administration** – administración de efectivo, administración de fondos
**cash administrator** – administrador de fondos
**cash advance** – adelanto de efectivo
**cash against documents** – pago contra documentos
**cash assets** – activo disponible, activo a mano, activo efectivo
**cash audit** – auditoría de caja
**cash bail** – fianza en efectivo
**cash balance** – saldo en efectivo, saldo de caja
**cash basis** – base de efectivo
**cash-basis accounting** – contabilidad de caja
**cash before delivery** – pago antes de entrega
**cash benefit** – beneficio en efectivo, beneficio líquido
**cash bid** – oferta en efectivo
**cash bond** – fianza en efectivo
**cash bonus** – bono en efectivo, bonificación en efectivo
**cash buyer** – comprador al contado, comprador en efectivo
**cash buying** – compras al contado, compras en efectivo
**cash card** – tarjeta de efectivo
**cash collateral** – colateral en efectivo
**cash commodity** – mercancía al contado
**cash control** – control del efectivo, control de caja
**cash credit** – crédito en efectivo
**cash crop** – cultivo comercial
**cash deal** – negocio pagado en efectivo, negocio en efectivo
**cash deficit** – déficit de caja
**cash disbursed** – efectivo desembolsado
**cash disbursement** – desembolso de efectivo
**cash discount** – descuento por pago en efectivo
**cash dispenser** – cajero automático, dispensador de efectivo
**cash dispensing machine** – cajero automático, dispensador de efectivo
**cash dividend** – dividendo en efectivo
**cash drain** – agotamiento de efectivo
**cash earnings** – ingresos en efectivo, rentas en efectivo
**cash economy** – economía monetaria
**cash entry** – asiento de caja
**cash equivalence** – equivalencia en efectivo

**cash equivalent** – equivalente en efectivo
**cash flow** – flujo de efectivo, flujo de fondos, flujo de caja
**cash flow accounting** – contabilidad de flujo de efectivo
**cash flow problems** – problemas de liquidez
**cash flow statement** – estado de flujos de caja
**cash generation** – generación de efectivo
**cash guarantee** – garantía en efectivo
**cash guaranty** – garantía en efectivo
**cash holdings** – efectivo en caja, disponibilidades en efectivo
**cash, in** – en efectivo
**cash in** – cobrar, convertir en efectivo, realizar ganancias, explotar
**cash in advance** – pago por adelantado
**cash in hand** – efectivo disponible, efectivo en mano
**cash income** – ingresos en efectivo
**cash inflow** – entrada en efectivo
**cash items** – efectos de caja, artículos de efectivo
**cash journal** – libro de caja
**cash loan** – préstamo en efectivo
**cash machine** – cajero automático, dispensador de efectivo
**cash management** – administración de efectivo, administración de fondos, gestión de efectivo, gestión de fondos
**cash manager** – administrador de fondos
**cash margin** – margen de caja
**cash market** – mercado al contado
**cash market value** – valor en el mercado, valor en el mercado al contado
**cash method** – método de efectivo, método de caja
**cash offer** – oferta en efectivo
**cash on delivery** – pago contra reembolso
**cash on hand** – efectivo en caja, existencia en caja
**cash operation** – operación al contado
**cash order** – orden al contado, pedido al contado
**cash outflow** – salida en efectivo
**cash outlay** – desembolso de efectivo
**cash overage** – sobrante de efectivo
**cash payment** – pago en efectivo, pago al contado, abono en efectivo, abono al contado
**cash-poor** *adj* – de escasos fondos, de fondos insuficientes
**cash position** – posición de liquidez
**cash price** – precio al contado
**cash purchase** – compra al contado, compra en efectivo, compraventa al contado
**cash ratio** – ratio de efectivo, razón de efectivo, coeficiente de efectivo, proporción de efectivo
**cash receipts** – entradas en caja, entrada
**cash refund** – reembolso en efectivo, reintegro en efectivo
**cash register** – caja registradora
**cash report** – informe de caja, reporte de caja
**cash requirement** – requerimiento de efectivo
**cash reserve** – reserva de efectivo, encaje
**cash resources** – recursos en efectivo
**cash-rich** *adj* – con fondos suficientes, con fondos en exceso
**cash sale** – venta al contado
**cash settlement** – liquidación en efectivo, entrega inmediata
**cash shares** – acciones al contado
**cash shortage** – faltante de efectivo
**cash statement** – estado de caja
**cash stock** – acciones al contado
**cash-strapped** *adj* – escaso de fondos
**cash surplus** – sobrante de efectivo
**cash surrender value** – valor de rescate en efectivo
**cash trade** – transacción en efectivo, transacción con entrega inmediata
**cash transaction** – transacción en efectivo
**cash transfer** – transferencia de efectivo
**cash value** – valor en efectivo
**cash withdrawal** – retiro de efectivo
**cashable** *adj* – convertible en efectivo
**cashback** *n* – reembolso en efectivo, retiro de efectivo al efectuarse una compra
**cashbook** *n* – libro de caja
**cashed check** – cheque cobrado
**cashed cheque** – cheque cobrado
**cashflow** *n* – flujo de efectivo, flujo de fondos, flujo de caja
**cashflow problems** – problemas de liquidez
**cashier** *n* – cajero
**cashier** *v* – despedir, dar de baja en desgracia
**cashier's account** – cuenta de cheques de caja
**cashier's book** – libro del cajero
**cashier's check** – cheque de caja, cheque de cajero, cheque de gerencia, cheque circular
**cashier's cheque** – cheque de caja, cheque de cajero, cheque de gerencia, cheque circular
**cashiered** *adj* – despedido, dado de baja en desgracia
**cashless** *adj* – sin utilizar efectivo, sin utilizar dinero
**cashless society** – sociedad sin dinero, sociedad sin efectivo
**cashpoint** *n* – cajero automático, dispensador de efectivo
**cassare** – anular
**cassation** *n* – casación, anulación, revocación
**cassation, court of** – tribunal de casación
**cast** *v* – lanzar, echar, depositar
**cast away** – rechazar
**cast off** – desechar, zarpar
**castaway** *n* – náufrago
**castigate** *v* – castigar
**castigation** *n* – castigo
**casting vote** – voto decisivo, voto de calidad
**castle doctrine** – doctrina que permite defender el hogar a como de lugar
**casual** *adj* – casual, accidental, ocasional
**casual bettor** – apostador ocasional
**casual condition** – condición aleatoria
**casual deficit** – déficit casual
**casual employee** – empleado temporero
**casual employment** – empleo temporero
**casual evidence** – prueba incidental
**casual job** – trabajo temporal, empleo temporal
**casual labor** – trabajo temporal
**casual labour** – trabajo temporal
**casual sale** – venta ocasional
**casual transaction** – transacción ocasional
**casual worker** – trabajador temporero
**casually** *adv* – casualmente, informalmente
**casualty** *n* – accidente, contingencia, baja
**casualty insurance** – seguro de accidentes, seguro

contra accidentes, seguro de responsabilidad por accidentes, seguro de responsabilidad pública, seguro de contingencia
**casualty loss** – pérdida por accidente
**casus fortuitus** – caso fortuito, evento inesperado
**casus omissus** – caso omitido
**cataclysm** *n* – cataclismo
**catastrophe** *n* – catástrofe, calamidad
**catastrophe hazard** – peligro de catástrofe
**catastrophe insurance** – seguro contra catástrofes
**catastrophe loss** – pérdida por catástrofe
**catastrophe plan** – plan para catástrofes
**catastrophe reinsurance** – reaseguro de catástrofe
**catastrophe reserve** – reserva para catástrofes
**catastrophe risk** – riesgo de catástrofe
**catastrophic** *adj* – catastrófico
**catastrophic hazard** – peligro catastrófico
**catastrophic insurance** – seguro catastrófico
**catastrophic risk** – riesgo catastrófico
**catch** *n* – trampa, pega
**catch** *v* – atrapar, coger, agarrar, contraer
**catch-all account** – cuenta en la cual se coloca lo que esta inadecuadamente dirigido
**catch question** – pregunta capciosa
**catching bargain** – negocio abusivo, contrato abusivo
**catchings** *n* – presas
**categorical question** – pregunta categórica
**categorisation** *n* – categorización, clasificación
**categorise** *v* – categorizar, clasificar
**categorised** *adj* – categorizado, clasificado
**categorization** *n* – categorización, clasificación
**categorize** *v* – categorizar, clasificar
**categorized** *adj* – categorizado, clasificado
**category** *n* – categoría
**category killer** – cadena de tiendas grandes que usa su poder para quebrar a sus competidores, cadena de tiendas que se especializa en una gama limitada de productos para intentar vencer a sus competidores
**cattily** *adv* – maliciosamente
**cattle farm** – hacienda de ganado, finca de ganado
**catwalk** *n* – pasadizo angosto
**caucasian** *adj* – caucásico
**caucus** *n* – junta de dirigentes
**causa causans** – causa inmediata
**causa mortis** – por causa de muerte, causa mortis
**causa mortis gift** – regalo por causa de muerte
**causa sine qua non** – causa necesaria, causa sine qua non
**causal** *adj* – causal
**causal connection** – conexión causal
**causal relation** – relación causal
**causation** *n* – causalidad, proceso causativo
**causation in fact** – causalidad de hecho
**causative** *adj* – causante
**causator** *n* – quien causa, litigante
**cause** *n* – causa, juicio, acción
**cause** *v* – causar, obligar
**cause and consequence** – causa y consecuencia
**cause and effect** – causa y efecto
**cause célèbre** – caso célebre
**cause in fact** – causa que ocasiona otro evento, concausa
**cause list** – lista de causas
**cause of action** – derecho de acción, causa de la acción
**cause of death** – causa de la muerte
**cause of injury** – causa de la lesión
**cause-related marketing** – marketing ligado a una causa, mercadeo ligado a una causa
**caution money** – fianza
**causeless** *adj* – sin causa
**causeway** *n* – calzada elevada
**cautio** – precaución, garantía
**caution** *n* – cautela, precaución
**caution** *v* – advertir
**cautionary** *adj* – preventivo, avisador
**cautionary instruction** – instrucción al jurado que limita la prueba a propósitos específicos
**cautious** *adj* – cauteloso, prudente
**cautiously** *adv* – cautelosamente, prudentemente
**caveat** *n* – aviso formal indicando precaución, advertencia, notificación de suspender el procedimiento, caveat
**caveat emptor** – que tenga cuidado el comprador, a riesgo del comprador, caveat emptor
**caveat venditor** – que tenga cuidado el vendedor, a riesgo del vendedor, caveat venditor
**caveator** *n* – quien advierte, oponente, autor de un pleito por falsificación
**cc (carbon copy)** – copia carbón
**CCI (consumer confidence index)** – índice de confianza de los consumidores
**CCT (Common Customs Tariff)** – Arancel de Aduanas Común
**CD (certificate of deposit)** – certificado de depósito
**CD (compact disc)** – disco compacto, CD
**CD (cum dividend)** – con dividendo
**CD-ROM** *n* – CD-ROM
**CDW (collision damage waiver)** – renuncia a la recuperación de daños por accidente automovilístico
**CE (Council of Europe)** – Consejo de Europa
**cease** *v* – cesar, desistir
**cease and desist order** – orden para cesar alguna actividad
**cease-fire** *n* – tregua
**cease to be valid** – dejar de ser válido
**cease to have effect** – dejar de tener vigencia, dejar de tener efecto
**cease work** – cesar de trabajar
**ceasefire** *n* – tregua
**ceaseless** *adj* – incesante, perpetuo
**CEC (Commission of the European Communities)** – Comisión de las Comunidades Europeas
**cedant** *n* – cedente, transferidor
**cede** *v* – ceder, traspasar
**cede jurisdiction** – ceder jurisdicción
**cede territory** – ceder territorio
**cedent** *n* – cedente, transferidor
**ceiling** *n* – tope, techo
**ceiling interest rate** – tasa de interés tope
**ceiling price** – precio tope
**ceiling rate** – tasa tope
**celation** *n* – ocultación de embarazo o parto
**celebrate** *v* – celebrar
**celebration** *n* – celebración
**celebration of marriage** – celebración del matrimonio
**celibacy** *n* – celibato
**celibate** *adj* – célibe

**cell** *n* – celda, cédula
**cell phone** – teléfono móvil, teléfono celular
**cellphone** *n* – teléfono móvil, teléfono celular
**cellular phone** – teléfono móvil, teléfono celular
**cemetery** *n* – cementerio
**censor** *n* – censor
**censorial** *adj* – censorio, relativo a un censo
**censorship** *n* – censura
**censurable** *adj* – censurable
**censure** *n* – censura
**censure** *v* – censurar
**census** *n* – censo, empadronamiento
**census bureau** – oficina de censos
**census data** – datos del censo
**census taker** – empadronador, empleado de la oficina de censos
**central** *n* – central, principal
**central bank** – banco central
**central bank intervention** – intervención del banco central
**central bank money** – dinero del banco central
**central banking** – banca central
**central business district** – distrito comercial central
**central criminal court** – tribunal penal central
**central information file** – archivo central de información
**central liability** – responsabilidad central
**central monetary institution** – institución monetaria central
**central office** – oficina central
**central planning** – planificación central
**central reserve** – reserva central
**centralisation** *n* – centralización
**centralisation of administration** – centralización de la administración
**centralisation of control** – centralización del control
**centralisation of government** – centralización del gobierno
**centralisation of management** – centralización de la administración
**centralise** *v* – centralizar
**centralised** *adj* – centralizado
**centralised administration** – administración centralizada
**centralised control** – control centralizado
**centralised economic planning** – planificación económica centralizada
**centralised government** – gobierno centralizado
**centralised management** – administración centralizada, gestión centralizada
**centralised planning** – planificación centralizada
**centralised purchasing** – compras centralizadas
**centralism** *n* – centralismo
**centralist** *n* – centralista
**centralist** *adj* – centralista
**centralization** *n* – centralización
**centralization of administration** – centralización de la administración
**centralization of control** – centralización del control
**centralization of government** – centralización del gobierno
**centralization of management** – centralización de la administración
**centralize** *v* – centralizar
**centralized** *adj* – centralizado
**centralized administration** – administración centralizada
**centralized control** – control centralizado
**centralized economic planning** – planificación económica centralizada
**centralized government** – gobierno centralizado
**centralized management** – administración centralizada
**centralized planning** – planificación centralizada
**centralized purchasing** – compras centralizadas
**centrally planned economy** – economía centralmente planificada, economía de planificación centralizada, economía planificada
**centrist** *n* – centrista
**centrist** *adj* – centrista
**century** *n* – siglo
**CEO (chief executive officer)** – jefe ejecutivo, funcionario ejecutivo principal
**ceremonial marriage** – matrimonio solemne
**ceremony** *n* – ceremonia
**certain** *adj* – cierto, fijo, inevitable
**certain annuity** – anualidad cierta
**certain contract** – contrato cierto
**certainly** *adv* – ciertamente
**certainty** *n* – certeza, algo seguro
**certifiable** *adj* – certificable
**certificate** *n* – certificado, testimonio, obligación, boleta, cédula, título, partida
**certificate of a notary public** – notariato
**certificate of acknowledgment** – certificado de reconocimiento
**certificate of amendment** – certificado de enmienda
**certificate of analysis** – certificado de análisis
**certificate of authority** – certificado de autoridad
**certificate of birth** – partida de nacimiento, certificado de nacimiento
**certificate of claim** – certificado de reclamación
**certificate of damage** – certificado de daños
**certificate of death** – partida de defunción, certificado de defunción
**certificate of deposit** – certificado de depósito, boleta bancaria, resguardo de depósito, warrant
**certificate of dissolution** – certificado de disolución
**certificate of eligibility** – certificado de elegibilidad
**certificate of employment** – certificado de empleo
**certificate of eviction** – orden de desahucio
**certificate of good conduct** – certificado de buena conducta
**certificate of health** – certificado de salud
**certificate of identity** – certificado de identidad
**certificate of incorporation** – certificado de incorporación, acta constitutiva
**certificate of indebtedness** – certificado de deuda
**certificate of insurance** – certificado de seguro
**certificate of manufacture** – certificado de manufactura
**certificate of manufacturer** – certificado de manufacturero
**certificate of marriage** – partida de matrimonio, certificado de matrimonio
**certificate of occupancy** – certificado de ocupación, documento certificando que un local cumple con las leyes de zonificación y/o edificación

**certificate of origin** – certificado de origen
**certificate of ownership** – certificado de propiedad
**certificate of product origin** – certificado de origen de producto
**certificate of protest** – certificado de protesto
**certificate of purchase** – certificado de compra
**certificate of quality** – certificado de calidad
**certificate of registration** – certificado de registro, boleta de registro
**certificate of registry** – certificado de registro, boleta de registro
**certificate of sale** – certificado de venta
**certificate of title** – certificado de título
**certificate of use** – certificado de uso
**certificate of value** – certificado de valor
**certificate of weight** – certificado de peso
**certificateless** *adj* – sin certificado
**certificateless investments** – inversiones sin certificado
**certificateless securities** – valores sin certificado
**certificateless transactions** – transacciones sin certificados
**certification** *n* – certificación
**certification mark** – marca de certificación
**certification of acknowledgement** – certificación de reconocimiento
**certification of analysis** – certificación de análisis
**certification of authority** – certificación de autoridad
**certification of balance** – certificación de saldo
**certification of check** – certificación de cheque
**certification of cheque** – certificación de cheque
**certification of claim** – certificación de reclamación
**certification of damage** – certificación de daños
**certification of eligibility** – certificación de elegibilidad
**certification of employment** – certificación de empleo
**certification of health** – certificación de salud
**certification of identity** – certificación de identidad
**certification of incorporation** – certificación de incorporación, acta constitutiva
**certification of insurance** – certificación de seguro
**certification of manufacturer** – certificación de manufacturero
**certification of occupancy** – documento certificando que un local cumple con las leyes de edificación y/o zonificación
**certification of origin** – certificación de origen
**certification of ownership** – certificación de propiedad
**certification of participation** – certificación de participación
**certification of purchase** – certificación de compra
**certification of quality** – certificación de calidad
**certification of sale** – certificación de venta
**certification of title** – certificación de título, título
**certification of trust** – certificación de fideicomiso, resumen de fideicomiso
**certification of use** – certificación de uso
**certification of value** – certificación de valor
**certification of weight** – certificación de peso
**certification office** – oficina de certificación
**certification procedure** – procedimiento de certificación
**certification stamp** – sello de certificación
**certified** *adj* – certificado, auténtico
**Certified Accountant** – contador autorizado, contable autorizado
**certified appraisal** – tasación certificada, avalúo certificado
**certified appraiser** – tasador certificado
**certified balance sheet** – balance certificado
**certified bill of lading** – conocimiento de embarque certificado
**certified check** – cheque certificado, cheque visado
**certified cheque** – cheque certificado, cheque visado
**certified copy** – copia certificada
**certified document** – documento certificado
**certified financial statement** – estado financiero certificado
**certified letter** – carta certificada
**certified mail** – correo certificado, correspondencia certificada
**Certified Public Accountant** – contador público autorizado, contador autorizado, contable público autorizado, contable autorizado
**certified signature** – firma certificada
**certified statement** – estado certificado
**certified true copy** – copia auténtica certificada
**certifier** *n* – certificador
**certify** *v* – certificar, atestiguar
**certify a signature** – certificar una firma
**certifying** *adj* – certificatorio
**certifying accountant** – contador certificante, contable certificante
**certiorari** *n* – auto de certiorari, auto de avocación, escrito emitido de un tribunal superior a uno inferior para revisión
**certitude** *n* – certidumbre
**cesarean** *adj* – cesáreo
**cessation** *n* – cesación, suspensión
**cessation of business** – cesación de negocios
**cessation of occupation** – cesación de ocupación
**cessation of possession** – cesación de posesión
**cessation of work** – cesación de trabajo
**cesser** *n* – cesación, cesación de responsabilidad
**cession** *n* – cesión
**cession number** – número de cesión
**cession of goods** – cesión de bienes
**cessionary** *adj* – cesionario
**cessionary** *n* – cesionario
**cessionary bankrupt** – insolvente que cede sus bienes a sus acreedores
**cessment** *n* – contribución, impuesto
**cessor** *n* – quien abandona un deber tiempo suficiente como para poder sufrir consecuencias legales
**cestui** – aquel que, el beneficiario de un fideicomiso
**cestui que trust** – el beneficiario de un fideicomiso
**cestui que use** – persona que cede el uso de una propiedad a otra
**cestui que vie** – persona a quien se le ceden bienes de por vida
**CF (cost and freight)** – costo y flete, coste y flete
**CFO (chief financial officer)** – director financiero, director de finanzas, funcionario financiero principal
**CFR (cost and freight)** – costo y flete, coste y flete
**chaffer** *v* – negociar, regatear
**chaffery** *n* – comercio, negocio
**chagrin** *n* – mortificación, disgusto

**chain** *n* – cadena, cadena de establecimientos que ofrecen los mismos productos y/o servicios, cadena de tiendas
**chain conspiracy** – complot dividido en partes
**chain gang** – grupo de penitenciarios encadenados entre si
**chain of banks** – cadena de bancos
**chain of circumstances** – cadena de circunstancias
**chain of command** – cadena de mando
**chain of custody** – cadena de custodia
**chain of possession** – cadena de posesión
**chain of stores** – cadena de tiendas
**chain of title** – cadena de título
**chain reaction** – reacción en cadena
**chain store** – tienda de una cadena
**chair** *n* – presidente, presidencia
**chair** *v* – presidir
**chair of the board** – presidente de la junta directiva
**chairman** *n* – presidente
**chairman and chief executive** – presidente y director ejecutivo
**chairman and chief executive officer** – presidente y director ejecutivo
**chairman and managing director** – presidente y director ejecutivo
**chairman of the board** – presidente de la junta directiva
**chairman of the board of directors** – presidente de la junta directiva
**chairman of the executive board** – presidente de la junta directiva
**chairman of the executive committee** – presidente de la junta directiva
**chairman of the management board** – presidente de la junta directiva
**chairmanship** *n* – presidencia
**chairperson** *n* – presidente
**chairperson and chief executive** – presidente y director ejecutivo, presidenta y directora ejecutiva
**chairperson and chief executive officer** – presidente y director ejecutivo, presidenta y directora ejecutiva
**chairperson and managing director** – presidente y director ejecutivo, presidenta y directora ejecutiva
**chairperson of the board** – presidente de la junta directiva, presidenta de la junta directiva
**chairperson of the board of directors** – presidente de la junta directiva, presidenta de la junta directiva
**chairperson of the executive board** – presidente de la junta directiva, presidenta de la junta directiva
**chairperson of the executive committee** – presidente de la junta directiva, presidenta de la junta directiva
**chairperson of the management board** – presidente de la junta directiva, presidenta de la junta directiva
**chairwoman** *n* – presidenta
**chairwoman and chief executive** – presidenta y directora ejecutiva
**chairwoman and chief executive officer** – presidenta y directora ejecutiva
**chairwoman and managing director** – presidenta y directora ejecutiva
**chairwoman of the board** – presidenta de la junta directiva
**chairwoman of the board of directors** – presidenta de la junta directiva
**chairwoman of the executive board** – presidenta de la junta directiva
**chairwoman of the executive committee** – presidenta de la junta directiva
**chairwoman of the management board** – presidenta de la junta directiva
**chalk up** – apuntarse, acreditarse
**challenge** *n* – recusación, objeción, tacha, reto, desafío
**challenge** *v* – recusar, objetar, retar, desafiar
**challenge for cause** – recusación justificada
**challenge to jury array** – recusación del jurado completo
**challenger** *n* – demandante, objetante, retador
**challenging** *adj* – retador, desafiante, provocador
**chamber** *n* – cámara, cuarto, recámara
**chamber business** – toda actividad del juez fuera de audiencia
**chamber of commerce** – cámara de comercio
**chamber of commerce and industry** – cámara de comercio y de industria
**chamber of industry** – cámara de la industria
**chambers** *n* – despacho del juez
**champertor** *n* – quien mantiene una demanda por un tercero con interés creado
**champertous** *adj* – en la naturaleza de una demanda mantenida por un tercero con interés creado
**champerty** *n* – mantenimiento de una demanda por un tercero con interés creado
**champion** *n* – defensor, paladín
**chance** *n* – oportunidad, posibilidad, casualidad, fortuna
**chance bargain** – contrato a riesgo propio
**chance-medley** *n* – riña resultando en un homicidio en defensa propia o por encontrarse en un estado de emoción violenta, riña fortuita
**chancellor** *n* – canciller, decano
**chancer** *v* – ajustar a los principios del tribunal de equidad
**chancery** *n* – equidad, tribunal de equidad
**chancy** *adj* – arriesgado, peligroso
**Chancellor of the Exchequer** – Ministro de Hacienda, Ministro de Economía y Hacienda, Ministro de Economía
**Chandler Act** – enmienda a la ley de quiebras de 1938
**change** *n* – cambio, alteración, trocamiento, vuelta, calderilla
**change** *v* – cambiar, alterar, trocar
**change agent** – agente que asiste en cambios, cambiar de agente
**change hands** – cambiar de manos, cambiar de dueño
**change in accounting method** – cambio en un método de contabilidad, cambio en un método contable
**change in conditions** – cambio en condiciones
**change in the risk** – cambio en el riesgo
**change of address** – cambio de dirección
**change of beneficiary** – cambio de beneficiario
**change of beneficiary provision** – cláusula de cambio de beneficiario
**change of circumstances** – cambio de circunstancias
**change of domicile** – cambio de domicilio
**change of duties** – cambio de deberes
**change of heart** – cambio de parecer

**change of name** – cambio de nombre
**change of ownership** – cambio de propiedad
**change of parties** – cambio de partes
**change of possession** – cambio de posesión
**change of rate** – cambio de tasa
**change of venue** – traslado de sala
**change owner** – cambiar de dueño, cambiar de manos
**change process** – proceso de cambio
**changeable** *adj* – cambiable, variable
**changeful** *adj* – variable
**changeless** *adj* – inmutable, constante
**changeover** *n* – cambio, alteración
**channel** *n* – canal, cauce, caño
**channel** *v* – canalizar
**channels of commerce** – canales de comercio
**channels of communication** – canales de comunicación
**channels of distribution** – canales de distribución
**channels of marketing** – canales de marketing, canales de mercadeo
**channels of sales** – canales de ventas
**channels of trade** – canales de comercio
**chaos** *n* – caos
**chaotic** *adj* – caótico
**chapman** *n* – vendedor ambulante
**chapter** *n* – capítulo, organización local
**chapter 7 bankruptcy** – bancarrota directa, quiebra
**chapter 11 bankruptcy** – reorganización del negocio bajo la ley de quiebras
**chapter 12 bankruptcy** – convenio especial para el pago de deudas del granjero familiar bajo la ley de quiebras
**chapter 13 bankruptcy** – convenio para el pago de deudas por un deudor asalariado bajo la ley de quiebras
**character** *n* – carácter, temperamento, distintivo
**character and habit** – las características morales de una persona determinadas por su reputación y conducta
**character assassination** – el uso la difamación con el propósito de arruinar la reputación de una persona
**character evidence** – prueba concerniente a la reputación de una persona
**character loan** – préstamo en el cual se le da gran peso al carácter del prestatario
**character witness** – testigo sobre el carácter de una persona
**characteristic** *n* – característica, cualidad
**characterisation** *n* – determinación de las leyes aplicables a un caso, caracterización
**characterization** *n* – determinación de las leyes aplicables a un caso, caracterización
**charge** *n* – acusación, carga, cargo, responsabilidad, comisión, honorarios, precio
**charge** *v* – acusar, imponer una carga, cobrar, cargar, pagar con tarjeta de crédito
**charge account** – cuenta de crédito
**charge card** – tarjeta de crédito
**chargé d'affaires** – representante diplomático subordinado o sustituto, representante diplomático
**charge of crime** – acusación de crimen
**charge-off** *n* – cancelación
**charge-sheet** *n* – registro policial
**charge to the jury** – instrucciones al jurado
**chargeable** *adj* – acusable, imponible, sujeto a cobro, imputable, que permite pago con tarjeta de crédito
**chargeback** *n* – transacción devuelta
**charges** *n* – cargos, acusaciones
**charges for services** – cargos por servicios
**charges forward** – pago tras recibo
**charges prepaid** – cargos prepagados
**charging lien** – gravamen de abogado
**charging order** – orden a favor de un acreedor de embargar ciertos valores o bienes de un deudor
**chariness** *n* – cautela
**charisma** *n* – carisma, liderazgo, poder de captación
**charitable** *adj* – caritativo, benéfico
**charitable association** – asociación caritativa
**charitable bequest** – legado caritativo
**charitable company** – compañía caritativa
**charitable contributions** – contribuciones caritativas
**charitable corporation** – corporación caritativa, sociedad caritativa
**charitable deduction** – deducción por contribuciones caritativas
**charitable enterprise** – empresa caritativa
**charitable entity** – entidad caritativa
**charitable foundation** – fundación caritativa
**charitable gift** – donación caritativa
**charitable institution** – institución caritativa
**charitable organisation** – organización caritativa, sociedad caritativa
**charitable organization** – organización caritativa, sociedad caritativa
**charitable purposes** – fines caritativos, propósitos caritativos
**charitable trust** – fideicomiso caritativo, fideicomiso de beneficencia
**charitable use** – uso caritativo
**charitableness** *n* – caridad, beneficencia
**charitably** *adv* – caritativamente
**charity** *n* – caridad, beneficencia, bondad
**charlatan** *n* – charlatán, embaucador
**charlatanism** *n* – charlatanismo
**chart** *n* – diagrama, gráfico, tabla, esquema, carta de navegar
**charta** *n* – carta, escritura, cédula, documento constitucional
**charter** *n* – carta, escritura de constitución, carta constitucional, escritura de constitución, autorización para operar un banco, contrato de fletamento
**charter** *v* – fletar, fletear, alquilar
**charter agent** – agente de fletamento
**charter agreement** – contrato de fletamento
**charter broker** – corredor de fletamento
**charter flight** – vuelo chárter
**charter member** – miembro fundador
**charter of affreightment** – fletamento
**charter party** – contrato de fletamento, fletamento, póliza de fletamento
**chartered accountant** – contador público autorizado, contador público titulado
**chartered bank** – banco autorizado
**Chartered Financial Consultant** – asesor financiero autorizado
**Chartered Life Underwriter** – suscriptor de seguros de vida autorizado
**chartered ship** – embarcación fletada

**chartered vessel** – embarcación fletada
**charterer** *n* – fletador, fletante
**chartering** *n* – fletamento, fletamiento
**chartless** *adj* – sin rumbo
**chary** *adj* – cuidadoso, cauteloso
**chase** *v* – perseguir, acosar
**chaser** *n* – perseguidor, acosador
**chasm** *n* – abismo, ruptura
**chaste** *adj* – casto, puro
**chaste character** – carácter puro
**chastely** *adv* – castamente, púdicamente
**chasteness** *n* – castidad, pureza
**chastise** *v* – castigar, corregir
**chastity** *n* – castidad
**chat** *n* – charla
**chattel interest** – interés parcial en un bien mueble
**chattel lien** – gravamen sobre un bien mueble
**chattel mortgage** – hipoteca sobre bienes muebles, hipoteca mobiliaria, crédito mobiliario, prenda
**chattels** *n* – bienes muebles, mobiliario, efectos, enseres
**chaud-medley** *n* – homicidio pasional
**chauffeur** *n* – chofer
**chauvinism** *n* – chovinismo
**chauvinist** *n* – chovinista
**cheap money** – dinero barato
**cheap money policy** – política de dinero barato
**cheapen** *v* – abaratar
**cheat** *n* – tramposo, trampa, engaño
**cheat** *v* – engañar, hacer trampa
**check** *n* – cheque, control, verificación, inspección, revisión, comprobación, chequeo, talón
**check** *v* – controlar, verificar, inspeccionar, revisar, comprobar, chequear, detener
**check authorisation** – autorización de cheque
**check authorization** – autorización de cheque
**check card** – tarjeta de cheque
**check certification** – certificación de cheque
**check clearing** – compensación de cheques
**check collection** – cobro de cheques
**check credit** – crédito de cheques, revisar el crédito
**check desk** – departamento de comprobación
**check digit** – dígito de comprobación
**check files** – archivos de cheques, revisar archivos
**check forgery** – falsificación de cheques
**check guarantee** – garantía de cheque
**check guaranty** – garantía de cheque
**check hold** – retención de cheque
**check in** – registrarse, matricularse, darse de alta
**check in the amount of** – cheque por la cantidad de
**check kiting** – girar un cheque sin fondos en anticipación de depósitos futuros
**check kiting scheme** – treta para girar cheques sin fondos en anticipación de depósitos futuros
**check list** – lista de cotejo
**check number** – número de cheque
**check out** – pagar e irse, verificar, darse de baja
**check payable to** – cheque a favor de, cheque pagadero a
**check point** – punto de inspección
**check processing** – procesamiento de cheques, proceso de cheques
**check protector** – protector de cheques
**check register** – registro de cheques
**check representment** – presentación para cobro de cheque rebotado hasta que aparezcan fondos suficientes
**check retention** – retención de cheque
**check signer** – firmante de cheques
**check stub** – talón de cheque
**check to bearer** – cheque al portador
**check verification** – verificación de cheque
**check verification guarantee** – garantía de verificación de cheque
**checkbook** *n* – libreta de cheques
**checking account** – cuenta de cheques
**checkless** *adj* – sin cheques
**checkless banking** – banca sin cheques
**checkless society** – sociedad sin cheques
**checklist** *n* – lista de cotejo
**checkout** *n* – caja, punto de pago
**checkpoint** *n* – punto de control, punto de inspección
**checks and balances** – sistema de control y balance entre las ramas del gobierno
**chemical analysis** – análisis químico
**cheque** *n* – cheque
**cheque authorisation** – autorización de cheque
**cheque authorization** – autorización de cheque
**cheque card** – tarjeta de cheque
**cheque certification** – certificación de cheque
**cheque clearing** – compensación de cheques
**cheque collection** – cobro de cheques
**cheque files** – archivos de cheques
**cheque forgery** – falsificación de cheques
**cheque guarantee** – garantía de cheque
**cheque hold** – retención de cheque
**cheque in the amount of** – cheque por la cantidad de
**cheque kiting** – girar un cheque sin fondos en anticipación de depósitos futuros
**cheque kiting scheme** – treta para girar cheques sin fondos en anticipación de depósitos futuros
**cheque number** – número de cheque
**cheque payable to** – cheque a favor de, cheque pagadero a
**cheque processing** – procesamiento de cheques, proceso de cheques
**cheque protector** – protector de cheques
**cheque register** – registro de cheques
**cheque retention** – retención de cheque
**cheque signer** – firmante de cheques
**cheque stub** – talón de cheque
**cheque to bearer** – cheque al portador
**cheque verification** – verificación de cheque
**cheque verification guarantee** – garantía de verificación de cheque
**chequebook** *n* – libreta de cheques
**chequeless** *adj* – sin cheques
**chequeless society** – sociedad sin cheques
**cherry-pick** *v* – seleccionar solo lo que se percibe como lo mejor o más ventajoso
**cherry-picking** *n* – selección de solo lo que se percibe como lo mejor o más ventajoso
**ChFC (Chartered Financial Consultant)** – asesor financiero autorizado
**chicane** *n* – trampa, tramoya
**chief** *adj* – principal
**chief** *n* – jefe, líder, director
**chief accountant** – jefe de contabilidad, contable jefe,

contador jefe
**chief accounting officer** – director de contabilidad
**chief clerk** – secretario del tribunal
**chief executive** – director ejecutivo, jefe ejecutivo, ejecutivo en jefe
**chief executive officer** – jefe ejecutivo, funcionario ejecutivo principal
**chief financial officer** – director financiero, director de finanzas, funcionario financiero principal
**chief information officer** – jefe de información, director de información
**chief judge** – presidente de un tribunal, juez presidente
**chief justice** – presidente de un tribunal, juez presidente
**chief magistrate** – primer magistrado, presidente del tribunal supremo
**chief of police** – superintendente de la policía
**chief of section** – jefe de sección
**chief of state** – jefe de estado
**chief office** – oficina principal
**chief officer** – funcionario principal
**chief operating officer** – director general, jefe de operaciones, funcionario de operaciones principal
**chief operations officer** – director de operaciones, jefe de operaciones
**chief technical officer** – director técnico, jefe del departamento técnico
**chief use** – uso general, uso principal
**chief witness** – testigo principal
**chiefly** *adv* – principalmente
**child** *n* – niño, niña, hijo, hija, menor, criatura
**child abuse** – abuso de menores
**child allowance** – pago social para la manutención de menores
**child care center** – centro de cuido de niños
**child care centre** – centro de cuido de niños
**child custody** – custodia de menores
**child labor** – empleo de menores
**child labor laws** – leyes para proteger a menores en el empleo
**child labour** – empleo de menores
**child labour laws** – leyes para proteger a menores en el empleo
**child support** – alimentos para menores, obligación alimenticia
**child support guidelines** – pautas de alimentos para menores, pautas de obligaciones alimenticias
**child support laws** – leyes sobre alimentos para menores, leyes sobre obligaciones alimenticias
**child support order** – orden de alimentos para menores, orden de obligaciones alimenticias
**child support worksheet** – hoja de trabajo para alimentos para menores, hoja de trabajo para obligaciones alimenticias
**child's part** – parte de una herencia correspondiente a un hijo, parte de una herencia correspondiente a una hija
**child's welfare** – bienestar de un menor
**childbearing** *adj* – capacitada para la maternidad
**childbirth** *n* – parto
**childcare center** – centro de cuido de niños
**childcare centre** – centro de cuido de niños
**childhood** *n* – niñez
**children** *n* – niños, hijos, menores
**children's court** – juzgado de menores, tribunal de menores, tribunal tutelar de menores
**chilling a sale** – conspiración para obtener bienes bajo el valor justo de mercado
**chilling bids** – actos o palabras para impedir la libre competencia entre postores en subastas
**Chinese wall** – barrera de comunicación entre abogados de un mismo bufete que permite a dicha firma representar a una parte aun cuando algún miembro haya defendido a la parte adversaria en otra ocasión
**chip card** – tarjeta con chip, tarjeta inteligente
**chirograph** *n* – quirógrafo, escritura, contrato, escritura en dos partes correspondientes
**chirographum** – algo escrito a mano
**choate** *adj* – completo, perfeccionado
**choate lien** – gravamen perfeccionado
**choice** *n* – selección, opción
**choice of law** – selección de la ley aplicable
**choice, right of** – derecho de selección
**choke** *v* – estrangular, ahogar, asfixiar
**choose** *v* – escoger, decidir por
**choppy** *adj* – discontinuo, incoherente
**chose in action** – derecho de acción para recobrar algo
**chose in possession** – cosa en posesión, cosa que se puede poseer mediante acción
**chose local** – cosa local
**chose transitory** – cosa mueble
**Christmas bonus** – bono de navidad, aguinaldo de navidad, paga extraordinaria de navidad
**chronic** *adj* – crónico
**chronic alcoholism** – alcoholismo crónico
**chronic unemployment** – desempleo crónico
**chronically** *adv* – crónicamente
**chronicle** *n* – crónica
**chronicle** *v* – relatar
**chronological** *adj* – cronológico
**chronologically** *adv* – cronológicamente
**churning** *n* – transacciones excesivas de parte de un corredor de valores para generar comisiones
**CI (cost and insurance)** – costo y seguro, coste y seguro
**CIF (cost, insurance, and freight)** – costo, seguro y flete; coste, seguro y flete
**CIO (chief information officer)** – jefe de información, director de información
**CIP (carriage and insurance paid)** – transporte y seguro pagado, flete y seguro pagado, porte y seguro pagado
**cipher** *n* – mensaje en clave, clave, clave secreta, cifra, algo sin valor, persona sin influencia
**cipher message** – mensaje en clave
**Cir. (Circle)** – círculo
**circa** *prep* – alrededor de, circa
**circuit** *n* – circuito, jurisdicción
**circuit court** – tribunal de circuito
**circuit court of appeals** – tribunal federal de apelaciones
**circuit judge** – juez de circuito
**circuity of action** – curso indirecto de una acción
**circulate** *v* – circular
**circulated** *adj* – circulado, diseminado

**circulating capital** – capital circulante
**circulating currency** – dinero en circulación
**circulation** *n* – circulación, diseminación
**circulation of goods** – circulación de bienes
**circulation of money** – circulación de dinero
**circulator** *n* – divulgador
**circumambiency** *n* – medio, ambiente
**circumambient** *adj* – circundante
**circumambulate** *v* – vagar, andar alrededor de
**circumscribe** *v* – circunscribir, limitar
**circumscription** *n* – circunscripción, limitación
**circumspect** *adj* – circunspecto, discreto, cauteloso
**circumspection** *n* – circunspección, discreción, cautela
**circumstances** *n* – circunstancias, incidentes, detalles
**circumstantial** *adj* – circunstancial
**circumstantial error** – error circunstancial
**circumstantial evidence** – prueba circunstancial
**circumstantial inference** – inferencia circunstancial
**circumstantially** *adv* – circunstancialmente
**circumvent** *v* – circunvenir, enredar, burlar, evadir
**circumvent the law** – circunvenir la ley
**circumvolution** *n* – circunvolución, rodeo
**citation** *n* – citación, cita, mención, emplazamiento
**citation of authorities** – mención de autoridades y precedentes
**citators** *n* – tomos que recopilan el historial judicial de los casos
**citatory** *adj* – citatorio
**cite** *v* – citar, mencionar
**cite a case** – citar un caso
**citizen** *n* – ciudadano
**citizen-informant** *n* – informador sin recompensa
**citizen's arrest** – arresto por persona particular
**citizenry** *n* – ciudadanía
**citizenship** *n* – ciudadanía
**citizenship papers** – certificado de ciudadanía
**city** *n* – ciudad, población
**city council** – concejo municipal, consejo municipal, consejo de la ciudad
**city courts** – tribunales municipales, tribunales de la ciudad
**city hall** – municipalidad, gobierno municipal, alcaldía, gobierno de la ciudad
**city planning** – planificación municipal, planificación de la ciudad
**city-state** *n* – ciudad-estado
**civic** *adj* – cívico, ciudadano
**civic enterprise** – empresa cívica
**civil** *adj* – civil, ciudadano, atento
**civil action** – acción civil
**civil arrest** – arresto civil, arresto por persona particular
**civil authorities** – autoridades civiles
**civil authority clause** – cláusula en póliza de seguros que protege contra daños ocasionados por las autoridades civiles
**civil bail** – caución por acción civil
**civil case** – caso civil
**civil cause** – causa civil
**civil ceremony** – ceremonia civil
**civil code** – código civil
**civil cognation** – cognación civil
**civil commitment** – confinación civil
**civil commotion** – insurrección civil
**civil conspiracy** – conspiración civil
**civil contempt** – desacato civil
**civil contract** – contrato civil
**civil court** – tribunal civil
**civil damage** – daño civil
**civil damage acts** – leyes que responsabilizan a quien sirve alcohol a una persona cuando esa persona se lesiona posteriormente
**civil day** – día civil
**civil death** – muerte civil
**civil defence** – defensa civil
**civil defense** – defensa civil
**civil disabilities** – incapacidad jurídica
**civil disobedience** – desobediencia civil
**civil disorder** – desorden civil
**civil fraud** – fraude civil
**civil injury** – daño civil, perjuicio civil
**civil jurisdiction** – jurisdicción civil
**civil jury trial** – juicio con jurado en acción civil
**civil law** – derecho civil
**civil lawyer** – abogado en materia civil
**civil liability** – responsabilidad civil
**civil liability acts** – leyes que responsabilizan a quien sirve alcohol a una persona cuando esa persona se lesiona posteriormente
**civil liability insurance** – seguro de responsabilidad civil
**civil liberties** – libertades civiles, derechos civiles
**civil marriage** – matrimonio civil
**civil month** – mes civil
**civil nature** – de naturaleza civil
**civil nuisance** – estorbo civil, acto perjudicial civil
**civil obligation** – obligación civil
**civil offense** – infracción civil
**civil office** – oficina municipal, función civil
**civil officer** – funcionario civil
**civil penalties** – penalidades civiles
**civil possession** – posesión civil
**civil procedure** – procedimientos de la ley civil, procedimiento civil, enjuiciamiento civil, ley civil
**civil process** – proceso civil
**civil remedy** – recurso civil, acción civil
**civil responsibility** – responsabilidad civil
**civil rights** – derechos civiles
**civil rights act** – ley de derechos civiles
**civil rights commission** – comisión de derechos civiles
**civil rules** – procedimientos civiles
**civil servant** – funcionario público
**civil service** – servicio civil, administración pública
**civil side** – sala de lo civil
**civil statute** – ley civil
**civil suit** – litigio civil
**civil trial** – juicio civil
**civil union** – unión civil
**civil unrest** – descontento social, malestar civil
**civil war** – guerra civil
**civil week** – semana civil
**civil year** – año civil
**civilian** *n* – civil
**civiliter mortuus** – civilmente muerto
**claim** *n* – reclamo, reclamación, alegación, demanda, derecho, título, petición, pedimento, afirmación

**claim** *v* – reclamar, demandar, alegar, peticionar, afirmar, pedir
**claim adjuster** – ajustador de reclamaciones, liquidador de averías
**claim amount** – monto de la reclamación, cantidad de la reclamación
**claim and delivery** – acción para recobrar bienes personales más daños y perjuicios
**claim authentication** – certificación de reclamación
**claim certificate** – certificado de reclamación
**claim certification** – certificación de reclamación
**claim documentation** – documentación de reclamación
**claim evidence** – prueba de reclamación
**claim for damages** – demanda por daños y perjuicios, reclamación por daños y perjuicios
**claim jumping** – reclamo de mina de otro en espera de que su título sea inválido
**claim of ownership** – reclamo de propiedad
**claim of right** – reclamo de derecho
**claim of title** – reclamo de título
**claim paid** – reclamación pagada
**claim payment** – pago de la reclamación
**claim proof** – prueba de reclamación
**claim provision** – cláusula de reclamaciones
**claim report** – informe de reclamación, reporte de reclamación
**claim settlement** – liquidación de reclamación, liquidación de siniestro
**claim verification** – verificación de reclamación
**claimable** *adj* – reclamable
**claimant** *n* – demandante, reclamante, reclamador, denunciante, actor
**claimer** *n* – demandante, reclamante, reclamador, denunciante, actor
**claims adjuster** – ajustador de reclamaciones
**claims agent** – agente de reclamaciones
**claims avoidance** – evitación de reclamaciones
**claims court** – tribunal para juicios contra el gobierno
**claims department** – departamento de reclamaciones
**claims division** – división de reclamaciones
**claims made** – reclamaciones sometidas
**claims manager** – gerente de reclamaciones, administrador de reclamaciones
**claims office** – oficina de reclamaciones
**claims representative** – ajustador de reclamaciones
**claims reserve** – reserva para reclamaciones
**clampdown** *n* – imposición de medidas represivas, medidas represivas
**clandestine** *adj* – clandestino
**clandestine agreement** – convenio clandestino
**clandestine exporting** – exportación clandestina
**clandestine importing** – importación clandestina
**clandestine marriage** – matrimonio clandestino
**clandestine meeting** – reunión clandestina
**clandestine operation** – operación clandestina
**clandestine sale** – venta clandestina
**clandestine transaction** – transacción clandestina
**clandestinely** *adv* – clandestinamente
**clandestinity** *n* – clandestinidad
**clarification** *n* – clarificación, esclarecimiento
**clarification of conditions** – clarificación de condiciones
**clarification of terms** – clarificación de términos
**clarify** *v* – clarificar, esclarecer
**clarity** *adj* – claridad
**clash** *v* – chocar, discordar
**class** *n* – clase, categoría
**class action** – acción de clase, demanda colectiva
**class action suit** – acción de clase, demanda colectiva
**class gift** – regalo a un grupo de personas
**class legislation** – legislación clasista, legislación aplicable a ciertas personas
**class of insurance** – clase de seguro
**class of stock** – categoría de acciones
**class struggle** – lucha de clases, guerra de clases
**class suit** – acción de clase, demanda colectiva
**class war** – lucha de clases, guerra de clases
**classic** *n* – clásico, típico
**classical** *n* – clásico
**classical economics** – economía clásica
**classical management** – administración clásica, gestión clásica
**classical model** – modelo clásico
**classical monetary policy** – política monetaria clásica
**classifiable** *adj* – clasificable
**classification** *n* – clasificación, gradación, graduación
**classification method** – método de clasificación
**classification of accounts** – clasificación de cuentas
**classification of crimes** – clasificación de crímenes
**classification of risks** – clasificación de riesgos
**classification system** – sistema de clasificación
**classificatory** *adj* – clasificador
**classified** *adj* – clasificado, secreto
**classified ad** – anuncio clasificado
**classified advertisement** – anuncio clasificado
**classified insurance** – seguro clasificado
**classified loan** – préstamo clasificado
**classified risk** – riesgo clasificado
**classified shares** – acciones clasificadas
**classified stock** – acciones clasificadas
**classified taxation** – imposición clasificada
**classify** *v* – clasificar
**clause** *n* – cláusula, artículo, estipulación
**clawback** *n* – utilización de imposición u otros medios por parte de un gobierno que desea recuperar gastos desembolsados, dinero que de algún modo se busca recuperar tras haberlo dado
**Clayton Act** – ley federal con reglamentos contra monopolios
**clean** *adj* – limpio, inocente, libre, honesto
**clean acceptance** – aceptación general, aceptación libre, aceptación incondicional, aceptación absoluta
**clean air acts** – leyes para el control de la contaminación del aire
**clean bill** – letra limpia, letra de cambio libre de otros documentos
**clean bill of exchange** – letra limpia, letra de cambio libre de otros documentos
**clean bill of health** – certificado de salud
**clean bill of lading** – conocimiento de embarque limpio, conocimiento de embarque sin restricciones
**clean credit** – crédito limpio
**clean hands** – inocencia
**clean hands doctrine** – doctrina que niega remedio a demandantes que han obrado culpable o injustamente en la materia del litigio
**clean money** – dinero limpio

**clean opinion** – opinión sin reserva
**clean out** – dejar limpio, expulsar
**clean-up fund** – fondo de gastos finales adicionales
**clean water acts** – leyes para el control de la contaminación del agua
**cleanhanded** *adj* – con las manos limpias, intachable
**cleaning fee** – cargo por limpieza
**cleanup fund** – fondo de gastos finales adicionales
**clear** *adj* – claro, libre, limpio, líquido, neto
**clear** *v* – aclarar, absolver, librar, limpiar, compensar, liquidar, pasar debidamente por aduana
**clear and convincing evidence** – prueba clara y contundente
**clear and convincing proof** – prueba clara y contundente
**clear and present danger** – peligro claro e inmediato
**clear annuity** – anualidad exenta
**clear chance** – oportunidad clara para evitar un accidente
**clear customs** – pasar debidamente por aduana, pasar aduanas
**clear-cut** *adj* – evidente, inequívoco
**clear days** – días enteros
**clear evidence** – prueba clara, prueba positiva
**clear evidence or proof** – prueba clara, prueba positiva
**clear-headed** *adj* – racional
**clear in** – acatarse a las normas de aduana para importar
**clear instructions** – instrucciones claras
**clear legal right** – derecho deducible por ley
**clear market price** – valor evidente en el mercado, valor justo en el mercado
**clear out** – acatarse a las normas de aduana para exportar
**clear title** – título limpio
**clear up** – aclarar, esclarecer
**clear value** – valor neto
**clear view doctrine** – doctrina que permite a la policía en un allanamiento legítimo confiscar objetos a simple vista y luego presentarlos como evidencia
**clearance** *n* – autorización, franquicia, despacho, liquidación, despeje
**clearance card** – carta describiendo el trabajo de una persona al finalizar su servicio
**clearance certificate** – certificado de cumplimiento de los requisitos de aduana
**clearance papers** – certificación de cumplimiento de los requisitos de aduana
**cleared check** – cheque compensado
**cleared cheque** – cheque compensado
**clearing** *n* – aclaración, compensación, despeje, partida de una embarcación tras cumplir los requisitos establecidos
**clearing account** – cuenta de compensación
**clearing agency** – agencia de compensación
**clearing agent** – agente de compensación
**clearing agreement** – convenio de compensación
**clearing arrangement** – convenio de compensación
**clearing association** – asociación de compensación
**clearing bank** – banco de compensación
**clearing center** – centro de compensación
**clearing centre** – centro de compensación
**clearing checks** – compensación de cheques
**clearing cheques** – compensación de cheques
**clearing day** – día de compensación
**clearing house** – casa de liquidación, cámara de compensación
**clearing of checks** – canje, compensación de cheques
**clearing of cheques** – canje, compensación de cheques
**clearing price** – precio de compensación
**clearing system** – sistema de compensación
**clearing title** – saneamiento de título, limpieza de título
**clearinghouse** *n* – casa de liquidación, cámara de compensación
**clearly** *adv* – evidentemente, abiertamente
**clearly erroneous** – evidentemente erróneo
**clearly proved** – claramente demostrado
**clearness** *n* – claridad
**clemency** *n* – clemencia, indulgencia
**clement** *adj* – clemente
**clench** *v* – apretar, agarrar
**clerical** *adj* – clerical
**clerical error** – error de escritura, error de pluma, error de copia, error material
**clerical misprision** – error intencional del secretario del tribunal
**clerk** *n* – secretario del tribunal, empleado de oficina, oficinista, empleado, dependiente
**clerk of the court** – secretario del tribunal
**clerkship** *n* – período en que un estudiante de leyes trabaja para un abogado o juez
**clicks and bricks** – empresa que permite que sus clientes compren en locales físicos y/o la Web
**clicks and mortar** – empresa que permite que sus clientes compren en locales físicos y/o la Web
**client** *n* – cliente
**client acceptance** – aceptación por el cliente
**client account** – cuenta del cliente
**client analysis** – análisis del cliente
**client association** – asociación de clientes
**client awareness** – conciencia del cliente
**client base** – base de clientes
**client behavior** – conducta del cliente
**client behaviour** – conducta del cliente
**client benefits** – beneficios para el cliente
**client billing** – facturación de clientes
**client care** – cuido del cliente
**client choice** – elección del cliente
**client confidence** – confianza del cliente
**client credit** – crédito del cliente
**client debt** – deuda del cliente
**client demand** – demanda del cliente
**client dissatisfaction** – insatisfacción del cliente
**client education** – educación del cliente
**client expectations** – expectativas del cliente
**client expenditures** – gastos del cliente
**client expenses** – gastos del cliente
**client frustration** – frustración del cliente
**client group** – grupo de clientes
**client habits** – hábitos del cliente
**client ignorance** – ignorancia del cliente
**client information** – información para el cliente, información sobre los clientes
**client interest** – intereses del cliente
**client is always right, the** – el cliente siempre tiene la

razón
**client liaison** – enlace con el cliente
**client loan** – préstamo al cliente
**client loyalty** – lealtad del cliente
**client needs** – necesidades del cliente
**client organisation** – organización del cliente
**client organization** – organización del cliente
**client-oriented** *adj* – orientado al cliente
**client preferences** – preferencias del cliente
**client pressure** – presión al cliente, presión del cliente
**client price** – precio al cliente
**client profile** – perfil del cliente
**client protection** – protección del cliente
**client records** – registros de clientes
**client relations** – relaciones con clientes
**client relations manager** – gerente de relaciones con clientes
**client relationship management** – administración de relaciones con clientes, gestión de relaciones con clientes
**client representative** – representante de clientes
**client research** – investigación sobre clientes, investigación del cliente
**client resistance** – resistencia del cliente
**client response** – respuesta del cliente
**client rights** – derechos del cliente
**client risk** – riesgo del cliente
**client satisfaction** – satisfacción del cliente
**client service** – servicio al cliente
**client service manager** – gerente de servicio al cliente
**client service representative** – representante de servicio al cliente
**client spending** – gastos del cliente
**client study** – estudio sobre clientes, estudio del cliente
**client survey** – encuesta del cliente
**client tastes** – gustos del cliente
**client test** – prueba del cliente
**client training** – entrenamiento de clientes
**client trends** – tendencias de clientes
**client's agreement** – convenio del cliente
**client's cooperative** – cooperativa de clientes
**clientele** *n* – clientela
**cliff vesting** – adquisición de todos los derechos de pensión a partir de cierto momento en vez de gradualmente
**climactic** *adj* – culminante, decisivo
**climax** *n* – clímax
**cling** *v* – agarrarse, mantenerse fiel a
**CLO (collateralized loan obligation, collateralised loan obligation)** – obligación de préstamo colateralizado
**clock in** – registrar la hora de entrada
**clock off** – registrar la hora de salida
**clock on** – registrar la hora de entrada
**clock out** – registrar la hora de salida
**clone** *n* – clon
**close** *adj* – cerrado, restringido, cercano
**close** *n* – terreno cercado, fin
**close** *v* – cerrar, concluir, obstruir
**close a bank** – cerrar un banco
**close a case** – cerrar un caso
**close a deal** – cerrar un negocio
**close a transaction** – cerrar una transacción
**close an account** – cerrar una cuenta
**close an investigation** – concluir una investigación
**close copies** – copias informales
**close company** – compañía cerrada
**close corporation** – corporación de pocos accionistas, sociedad de pocos accionistas
**close down** – cerrar, cerrar en definitiva
**close interpretation** – interpretación restringida
**close of books** – cierre de los libros
**close of business** – al finalizar las horas acostumbradas de trabajo, al cierre de un negocio
**close out** – liquidar, cerrar en definitiva
**close range** – de cerca
**close resemblance** – gran parecido
**close season** – veda
**close the books, to** – cerrar los libros
**closed** *adj* – cerrado, concluido
**closed account** – cuenta cerrada
**closed bid** – oferta cerrada
**closed chapter** – asunto concluido
**Closed-Circuit Television** – televisión de circuito cerrado
**Closed-Circuit TV** – televisión de circuito cerrado
**closed company** – compañía cerrada
**closed contract** – contrato cerrado
**closed corporation** – corporación cerrada
**closed-doors, behind** – a puertas cerradas, tras bastidores
**closed economy** – economía cerrada
**closed-end credit** – crédito con términos fijos
**closed-end lease** – arrendamiento cerrado
**closed-end mortgage** – hipoteca cerrada
**closed investigations** – investigaciones privadas
**closed market** – mercado cerrado
**closed mortgage** – hipoteca cerrada
**closed sea** – mar jurisdiccional
**closed session** – sesión a puerta cerrada
**closed shop** – taller cerrado, empresa en que todo solicitante tiene que ser miembro de un gremio
**closed trial** – juicio a puerta cerrada
**closed union** – unión cerrada
**closely** *adv* – cerca, estrechamente, atentamente
**closely held company** – compañía cerrada
**closely held corporation** – corporación de pocos accionistas, sociedad de pocos accionistas
**closemouthed** *adj* – discreto, callado
**closeness** *n* – cercanía, exactitud
**closing** *n* – cierre
**closing a contract** – finalización de la negociación de un contrato
**closing a loan** – cierre de un préstamo
**closing a mortgage loan** – cierre de un préstamo hipotecario
**closing account** – cuenta del cierre
**closing agreement** – convenio final
**closing argument** – resumen de los puntos sobresalientes de un juicio de parte de uno de los abogados, resumen de los puntos sobresalientes e instrucciones al jurado de parte del juez, declaraciones finales de un abogado ante un tribunal
**closing assets** – activo de cierre
**closing balance** – balance de cierre, saldo de cierre
**closing bid** – oferta al cierre, oferta final, oferta ganadora

**closing charges** – gastos de cierre
**closing costs** – gastos de cierre
**closing date** – fecha de cierre
**closing entry** – asiento de cierre
**closing liabilities** – pasivos de cierre
**closing of the books** – cierre de los libros
**closing statement** – resumen de los puntos sobresalientes de un juicio de parte de uno de los abogados, resumen de los puntos sobresalientes e instrucciones al jurado de parte del juez, declaraciones finales de un abogado ante un tribunal, declaración del cierre, estado del cierre
**closing title** – transferencia de título
**closure** *n* – clausura, cierre, limitar el debate
**cloture** *n* – limitar el debate
**cloud on title** – nube sobre título
**cloudily** *adv* – obscuramente, nebulosamente
**cloudy** *n* – obscuro, nebuloso
**CLU (Chartered Life Underwriter)** – suscriptor de seguros de vida autorizado
**club** *n* – club, garrote
**club** *v* – golpear, unir
**club-law** – gobierno a garrote, gobernación por la fuerza, ley del más fuerte, a mano dura
**clue** *n* – pista, indicio
**clue** *v* – dar una pista
**clumsily** *adv* – torpemente
**clumsiness** *n* – torpeza
**clumsy** *adj* – torpe
**clutter** *n* – desorden, confusión
**CMO (collateralized mortgage obligation, collateralised mortgage obligation)** – obligación hipotecaria colateralizada
**Co. (company)** – compañía
**co-administrate** *v* – coadministrar
**co-administrator** *n* – coadministrador
**co-adventurer** *n* – coempresario
**co-agent** *n* – coagente
**co-applicant** *n* – cosolicitante
**co-assignee** *n* – cocesionario
**co-creditor** *n* – coacreedor
**co-debtor** *n* – codeudor
**co-defendant** *n* – codemandado, coacusado
**co-direct** *v* – codirigir
**co-director** *n* – codirector
**co-executor** *n* – coalbacea
**co-finance** *v* – cofinanciar
**co-financing** *n* – cofinanciamiento
**co-heir** *n* – coheredero
**co-heiress** *n* – coheredera
**co-insurance** *n* – coaseguro
**co-insurance carrier** – compañía de coaseguro
**co-insurance company** – compañía de coaseguro
**co-insurance coverage** – cobertura de coaseguro
**co-insurance policy** – póliza de coaseguro
**co-insurance provision** – cláusula de coaseguro
**co-insurance rate** – tasa de coaseguro
**co-insurance requirement** – requisito de coaseguro
**co-insurance risk** – riesgo de coaseguro
**co-insurance services** – servicios de coaseguro
**co-insured** *adj* – coasegurado
**co-insurer** *n* – coasegurador
**co-inventor** *n* – coinventor
**co-lessee** *n* – coarrendatario
**co-lessor** *n* – coarrendador
**co-maker** *n* – codeudor
**co-mortgagor** *n* – codeudor hipotecario, cohipotecante
**co-obligor** *n* – codeudor
**co-op** *n* – cooperativa
**co-operation** *n* – cooperación
**co-operation agreement** – pacto de cooperación, convenio de cooperación, acuerdo de cooperación
**co-operation contract** – contrato de cooperación
**co-operative** *adj* – cooperativo
**co-operative** *n* – cooperativa
**co-operative arrangement** – arreglo cooperativo
**co-operative association** – asociación cooperativa
**co-operative exporters** – exportadores cooperativos
**co-operative importers** – importadores cooperativos
**co-operative insurance** – seguro cooperativo
**co-operative insurer** – asegurador cooperativo
**co-opetition** *n* – cooperación entre competidores
**co-ordinate** *v* – coordinar
**co-ordinate efforts** – coordinar esfuerzos
**co-ordination** *n* – coordinación
**co-ordinator** *n* – coordinador
**co-owner** *n* – copropietario
**co-ownership** *n* – copropiedad
**co-partner** *n* – consocio
**co-partnership** *n* – sociedad
**co-payment** *n* – pago conjunto
**co-respondent** *n* – codemandado
**co-sign** *v* – cofirmar
**co-signatory** *n* – cosignatario, cofirmante, codeudor
**co-signature** *n* – firma conjunta
**co-signer** *n* – cosignatario, cofirmante, codeudor
**co-surety** *n* – cofiador
**co-tenancy** *n* – tenencia conjunta
**co-tenant** *n* – copropietario, coposesor, coarrendatario, coinquilino
**co-worker** *n* – colega de trabajo
**coach** *v* – instruir
**coact** *v* – actuar en conjunto
**coaction** *n* – coacción
**coactive** *adj* – coactivo
**coadjutant** *n* – ayudante
**coadjutor** *n* – coadjutor, ayudante
**coadministrate** *v* – coadministrar
**coadministrator** *n* – coadministrador
**coadventurer** *n* – coempresario
**coagent** *n* – coagente
**coalesce** *v* – juntarse, aliarse
**coalescence** *n* – coalescencia, unificación
**coalescent** *adj* – coalescente
**coalition** *n* – coalición, federación
**coapplicant** *n* – cosolicitante
**coassignee** *n* – cocesionario
**coast** *n* – costa, litoral
**coast guard** – guardacostas
**coast waters** – aguas costeras
**coastal** *adj* – costero
**coastal trade** – cabotaje
**coastal trading** – cabotaje
**coaster** *n* – embarcación de cabotaje
**coasting trade** – cabotaje
**coastland** *n* – costa, litoral
**coastline** *n* – línea costera, costa

**coastwards** *adv* – hacia la costa
**coastwise** *adj* – de cabotaje, costanero
**coax** *v* – persuadir, engatusar
**coaxing** *n* – engatusamiento, persuasión
**cobelligerent** *n* – cobeligerante
**cocreditor** *n* – coacreedor
**COD (cash on delivery)** – pago contra reembolso
**COD (collect on delivery)** – pago contra reembolso
**code** *n* – código, compilación de leyes
**code** *v* – codificar
**code of arbitration** – código de arbitración
**code of commerce** – código de comercio
**code of conduct** – código de conducta
**code of criminal procedure** – código de procedimiento criminal
**code of ethics** – código de ética
**code of fair competition** – código de competencia leal
**code of good conduct** – código de buena conducta
**code of judicial conduct** – código de conducta judicial
**code of practice** – código de procedimientos, código de prácticas
**code of procedure** – código de procedimientos, código de prácticas
**code of professional ethics** – código de ética profesional
**code of professional responsibility** – código de responsabilidad profesional
**code penal** – código penal
**code pleading** – alegato
**code word** – palabra en clave, palabra en código
**codebtor** *n* – codeudor
**codetermination** *n* – codeterminación
**codex** *n* – código
**codicil** *n* – codicilo, adición o cambio a un testamento
**codicillary** *adj* – codicilar
**codification** *n* – codificación
**codify** *v* – codificar
**coding method** – método de codificación
**coding of accounts** – codificación de cuentas
**coding system** – sistema de codificación
**codirect** *v* – codirigir
**codirector** *n* – codirector
**CoE (Council of Europe)** – Consejo de Europa
**coemption** *n* – acaparamiento de mercancía, acaparamiento de toda la oferta
**coequal** *adj* – recíproco
**coequality** *n* – reciprocidad
**coerce** *v* – coercer, forzar, obligar
**coercible** *adj* – coercible
**coercion** *n* – coerción
**coexecutor** *n* – coalbacea
**coffers** *n* – fondos, tesoro
**cofinance** *v* – cofinanciar
**cofinancing** *n* – cofinanciamiento
**cogent** *adj* – convincente, persuasivo, contundente
**cogent evidence** – prueba convincente, prueba contundente
**cognati** – parientes por parte de la madre
**cognatio** – relación, cognación
**cognation** *n* – parentesco
**cognition** *n* – entendimiento, conocimiento
**cognitive impairment** – dificultad cognitiva
**cognizable** *adj* – conocible
**cognizance** *n* – jurisdicción, conocimiento
**cognizant of** – conocedor de, informado de
**cognize** *v* – conocer
**cognomen** *n* – apellido, nombre, apodo
**cognoscible** *adj* – conocible
**cognovit** *n* – admisión de sentencia
**cohabit** *v* – cohabitar
**cohabit as a married couple** – cohabitar como pareja casada
**cohabitant** *n* – cohabitante
**cohabitation** *n* – cohabitación
**cohabitation agreement** – contrato de cohabitación, acuerdo de cohabitación
**coheir** *n* – coheredero
**cohere** *v* – adherirse, cooperar
**coherence** *n* – coherencia, consistencia
**coherent** *adj* – coherente
**coherently** *adv* – coherentemente
**cohesion** *n* – cohesión
**cohesive** *adj* – cohesivo, coherente
**cohorts** *n* – secuaces
**coin** *n* – moneda, dinero
**coincide** *v* – coincidir, concurrir
**coincidence** *n* – coincidencia
**coincident** *adj* – coincidente
**coincidentally** *adv* – coincidentalmente
**coined term** – término acuñado
**coinheritance** *n* – herencia conjunta
**coinstantaneous** *adj* – simultáneo
**coinsurance** *n* – coaseguro
**coinsurance carrier** – compañía de coaseguro
**coinsurance company** – compañía de coaseguro
**coinsurance coverage** – cobertura de coaseguro
**coinsurance policy** – póliza de coaseguro
**coinsurance provision** – cláusula de coaseguro
**coinsurance rate** – tasa de coaseguro
**coinsurance requirement** – requisito de coaseguro
**coinsurance risk** – riesgo de coaseguro
**coinsurance services** – servicios de coaseguro
**coinsured** *adj* – coasegurado
**coinsurer** *n* – coasegurador
**coinventor** *n* – coinventor
**coitus** *n* – coito
**COLA (cost of living adjustment)** – ajuste por costo de vida, ajuste por coste de vida
**cold-blooded murder** – asesinato a sangre fría
**cold-bloodedly** *adj* – despiadadamente, a sangre fría
**cold call** – llamada de ventas sin previo aviso a alguien desconocido, visita de ventas sin previo aviso a alguien desconocido
**cold canvass** – ir de puerta en puerta buscando clientes
**cold war** – guerra fría
**colegatee** *n* – colegatario
**colessee** *n* – coarrendatario
**colessor** *n* – coarrendador
**collaborate** *v* – colaborar
**collaboration** *n* – colaboración
**collaborative** *adj* – colaborativo
**collaborative approach** – acercamiento colaborativo
**collaborative commerce** – comercio colaborativo
**collaborative effort** – esfuerzo colaborativo
**collaborative work** – trabajo colaborativo
**collaborator** *n* – colaborador

**collapse** *n* – colapso, derrumbe, caída, fracaso
**collate** *v* – colacionar, revisar, ordenar, cotejar
**collateral** *adj* – colateral, accesorio
**collateral** *n* – colateral, garantía
**collateral acceptance** – aceptación de colateral
**collateral action** – acción colateral
**collateral affinity** – afinidad colateral
**collateral agreement** – convenio colateral
**collateral ancestors** – antepasados colaterales
**collateral assignment** – asignación de colateral
**collateral assurance** – garantía adicional
**collateral attack** – reclamo colateral
**collateral bond** – bono con garantía prendaria
**collateral borrower** – prestatario contra colateral
**collateral charges** – cargos colaterales
**collateral consanguinity** – consanguinidad colateral
**collateral contract** – contrato colateral, contrato accesorio
**collateral covenant** – cláusula colateral
**collateral descent** – sucesión colateral
**collateral estoppel** – impedimento colateral
**collateral evidence** – prueba colateral
**collateral facts** – hechos colaterales
**collateral fraud** – fraude colateral, fraude extrínseco
**collateral heir** – heredero colateral
**collateral issue** – asunto incidental, asunto colateral
**collateral kinsmen** – parientes colaterales
**collateral limitation** – limitación colateral
**collateral line** – línea colateral, sucesión colateral
**collateral loan** – préstamo con garantía prendaria, préstamo con garantía, pignoración
**collateral negligence** – negligencia colateral, negligencia subordinada, negligencia incidental
**collateral note** – pagaré con garantía prendaria, pagaré con garantía
**collateral power** – poder colateral
**collateral proceeding** – procedimiento colateral
**collateral promise** – promesa colateral
**collateral security** – garantía prendaria
**collateral warranty** – garantía colateral
**collateralise** *v* – colateralizar, garantizar
**collateralised** *adj* – colateralizado, garantizado
**collateralised bond** – bono colateralizado
**collateralised bond obligation** – obligación de bonos colateralizados
**collateralised debt** – deuda colateralizada
**collateralised debt obligation** – obligación de deudas colateralizadas
**collateralised loan** – préstamo colateralizado
**collateralised loan obligation** – obligación de préstamo colateralizado
**collateralised mortgage obligation** – obligación hipotecaria colateralizada
**collateralised obligation** – obligación colateralizada
**collateralize** *v* – colateralizar
**collateralized** *adj* – colateralizado
**collateralized bond** – bono colateralizado
**collateralized bond obligation** – obligación de bonos colateralizados
**collateralized debt** – deuda colateralizada
**collateralized debt obligation** – obligación de deudas colateralizadas
**collateralized loan** – préstamo colateralizado
**collateralized loan obligation** – obligación de préstamo colateralizado
**collateralized mortgage obligation** – obligación hipotecaria colateralizada
**collateralized obligation** – obligación colateralizada
**collaterally** *adv* – colateralmante
**collation** *n* – comparación, colación
**collation of seals** – comparación de sellos
**collator** *n* – colador, cotejador
**colleague** *n* – colega
**collect** *v* – cobrar, coleccionar, juntar, recopilar
**collect a bill** – cobrar una factura
**collect a check** – cobrar un cheque
**collect a cheque** – cobrar un cheque
**collect a debt** – cobrar una deuda
**collect a payment** – cobrar un pago
**collect a premium** – cobrar una prima
**collect fees** – cobrar cargos
**collect interest** – cobrar intereses
**collect on delivery** – pago contra reembolso
**collect rent** – cobrar alquiler
**collect taxes** – cobrar impuestos
**collectable** *adj* – cobrable, coleccionable
**collected** *adj* – cobrado, tomado de varias fuentes, mesurado
**collected and delivered** – cobrado y entregado, recogido y entregado
**collected debts** – deudas cobradas
**collected fees** – cargos cobrados
**collected funds** – fondos cobrados
**collected interest** – intereses cobrados
**collected premiums** – primas cobradas
**collected taxes** – impuestos cobrados, contribuciones cobradas
**collectible** *adj* – cobrable, coleccionable
**collectibles** *n* – artículos coleccionables
**collecting agency** – agencia de cobros
**collecting bank** – banco de cobro
**collecting company** – compañía de cobro
**collection** *n* – colección, cobro, acumulación, recopilación
**collection activity** – actividad de cobros
**collection administrator** – administrador de cobros
**collection agency** – agencia de cobros
**collection agent** – agente de cobros
**collection agreement** – convenio de cobros
**collection bank** – banco de cobros
**collection and delivery** – recogida y entrega
**collection book** – libro de cobros
**collection charge** – cargo por cobros
**collection commission** – comisión por cobros
**collection cost** – costo de cobros, coste de cobros
**collection department** – departamento de cobros
**collection division** – división de cobros
**collection documents** – documentos de cobros
**collection expenditures** – gastos de cobros
**collection expenses** – gastos de cobros
**collection fee** – cargo por cobros
**collection letter** – carta de cobro
**collection manager** – administrador de cobros
**collection of checks** – cobro de cheques
**collection of cheques** – cobro de cheques
**collection of data** – recopilación de datos
**collection of debts** – cobro de deudas
**collection of interest** – cobro de intereses

**collection of premiums** – cobro de primas
**collection of rent** – cobro de alquiler
**collection of taxes** – recaudación de impuestos, cobro de impuestos
**collection office** – oficina de cobros
**collection on delivery** – pago contra reembolso
**collection papers** – papeles de cobros
**collection rate** – tasa de cobros
**collection service** – servicio de cobros
**collective** *adj* – colectivo
**collective account** – cuenta colectiva
**collective action** – acción colectiva
**collective action problem** – problema de la acción colectiva
**collective agreement** – convenio colectivo
**collective amount** – monto colectivo
**collective assets** – activos colectivos
**collective balance** – saldo colectivo
**collective bargaining** – negociación colectiva
**collective bargaining agreement** – convenio de negociación colectiva
**collective bargaining unit** – unidad de negociación colectiva
**collective benefits** – beneficios colectivos
**collective capital** – capital colectivo
**collective contract** – contrato colectivo
**collective cost** – costo colectivo, coste colectivo
**collective debt** – deuda colectiva
**collective deductible** – deducible colectivo
**collective deficit** – déficit colectivo
**collective economy** – economía colectiva
**collective effect** – efecto colectivo
**collective expenditures** – gastos colectivos
**collective expenses** – gastos colectivos
**collective exports** – exportaciones colectivas
**collective fund** – fondo colectivo
**collective imports** – importaciones colectivas
**collective income** – ingresos colectivos
**collective insurance** – seguro colectivo
**collective investment** – inversión colectiva
**collective labor agreement** – convenio colectivo de trabajo
**collective labour agreement** – convenio colectivo de trabajo
**collective liability** – responsabilidad colectiva
**collective limit** – límite colectivo
**collective loss** – pérdida colectiva
**collective mark** – marca colectiva
**collective negotiation** – negociación colectiva
**collective ownership** – propiedad colectiva
**collective payment** – pago colectivo
**collective policy** – póliza colectiva
**collective reserves** – reservas colectivas
**collective rate** – tasa colectiva
**collective receipts** – entradas colectivas
**collective reserves** – reservas colectivas
**collective revenue** – ingresos colectivos
**collective risk** – riesgo colectivo
**collective sales** – ventas colectivas
**collective security** – seguridad colectiva
**collective spending** – gastos colectivos
**collective statement** – estado colectivo
**collective taxes** – impuestos colectivos, contribuciones colectivas
**collective value** – valor colectivo
**collectively** *adv* – colectivamente
**collectivism** *n* – colectivismo
**collectivist** *adj* – colectivista
**collectivist** *n* – colectivista
**collector** *n* – cobrador, recaudador, colector, coleccionista
**collector of debts** – cobrador de deudas
**collector of internal revenue** – recaudador de rentas internas
**collector of taxes** – recaudador de impuestos
**collector of the customs** – recaudador de derechos aduaneros, administrador de aduanas
**collectorate** *n* – colecturía
**collega** – colega
**collegatary** *n* – colegatario
**college** *n* – colegio, universidad
**collegium** – colegio
**collide** *v* – chocar
**colligate** *v* – coligar
**colligation** *n* – coligación
**collision** *n* – colisión, choque, oposición
**collision coverage** – cobertura de colisión
**collision damage waiver** – renuncia a la recuperación de daños por accidente automovilístico
**collision insurance** – seguro contra accidentes automovilísticos
**collocate** *v* – colocar
**collocation** *n* – ordenamiento de acreedores, colocación
**colloquial** *adj* – familiar
**colloquium** *n* – declaración de que las palabras difamatorias iban dirigidas al demandante
**collude** *v* – coludir, confabularse
**collusion** *n* – colusión, confabulación
**collusive** *v* – colusorio
**collusive action** – acción colusoria
**collusive bidding** – licitación colusoria
**collusive claim** – reclamación colusoria
**collusive effort** – esfuerzo colusorio
**collusive practices** – prácticas colusorias
**collusive suit** – acción colusoria
**colonialism** *n* – colonialismo
**colonialist** *adj* – colonialista
**colonialist** *n* – colonialista
**color** *n* – color, apariencia
**color** *v* – colorar, exagerar
**color of authority** – autoridad aparente
**color of law** – color de la ley, semejanza de derecho, apariencia de derecho
**color of office** – actos de funcionario no autorizado
**color of title** – título aparente
**colorable** *adj* – aparente, falsificado, engañoso
**colorable alteration** – modificación aparente
**colorable claim** – reclamo superficial
**colorable imitation** – imitación engañosa
**colorable transaction** – transacción engañosa
**.com** – punto com
**comaker** *n* – codeudor
**comanager** *n* – coadministrador
**combat** *n* – combate, lucha
**combination** *n* – combinación, asociación, conspiración
**combination patent** – patente que combina patentes

anteriores
**combination policy** – póliza con combinación
**combine** *n* – combinación, asociación, consorcio, cartel
**combine** *v* – combinar, sindicar, unir
**combined** *adj* – combinado, unido, junto
**combined account** – cuenta combinada
**combined amount** – monto combinado
**combined annual deductible** – deducible anual combinado
**combined application** – solicitud combinada
**combined assets** – activos combinados
**combined balance sheet** – balance combinado
**combined benefits** – beneficios combinados
**combined capital** – capital combinado
**combined capitalisation** – capitalización combinada
**combined capitalization** – capitalización combinada
**combined cost** – costo combinado, coste combinado
**combined debt** – deuda combinada
**combined deductible** – deducible combinado
**combined depreciation** – depreciación combinada
**combined disbursement** – desembolso combinado
**combined discount** – descuento combinado
**combined expenditures** – gastos combinados
**combined expenses** – gastos combinados
**combined exports** – exportaciones combinadas
**combined financial statement** – estado financiero combinado
**combined imports** – importaciones combinadas
**combined income** – ingresos combinados
**combined indemnity** – beneficio máximo de una póliza
**combined insurance** – seguro combinado
**combined insurance limit** – límite de seguros combinado
**combined investment** – inversión combinada
**combined liability** – responsabilidad combinada
**combined limit** – límite combinado
**combined limit of liability** – límite de responsabilidad combinado
**combined loss** – pérdida combinada
**combined payment** – pago combinado
**combined property** – propiedad combinada
**combined rate** – tasa combinada
**combined receipts** – entradas combinadas
**combined reserves** – reservas combinadas
**combined revenue** – ingresos combinados
**combined risk** – riesgo combinado
**combined sales** – ventas combinadas
**combined spending** – gastos combinados
**combined statement** – estado combinado
**combined taxes** – impuestos combinados, contribuciones combinadas
**combined value** – valor combinado
**combined yield** – rendimiento combinado
**come** *v* – venir, llegar, comparecer
**comes and defends** – comparece y se defiende
**comestibles** *n* – comestibles
**comfort** *n* – confort, beneficio, consuelo
**comfort care** – cuidado paliativo
**comfort letter** – carta de recomendación financiera, carta de un contador público autorizado confirmando ciertos datos
**comfortable** *adj* – cómodo, de medios adecuados
**coming** *adj* – venidero
**comity** *n* – cortesía
**comity of nations** – cortesía entre naciones
**command** *n* – orden, ordenanza, dominio
**command** *v* – ordenar, dirigir, poseer
**command economy** – economía dirigida
**commandant** *n* – comandante
**commandeer** *v* – tomar a la fuerza, expropiar, confiscar
**commander in chief** – comandante en jefe
**commanditaires** – socios comanditarios
**commandite** *n* – sociedad en comandita
**commemorate** *v* – conmemorar
**commemoration** *n* – conmemoración
**commemorative** *adj* – conmemorativo
**commence** *v* – comenzar, iniciar
**commence a suit** – comenzar una acción
**commence an action** – comenzar una acción
**commencement** *n* – comienzo, ceremonia de graduación
**commencement of a declaration** – inicio de la declaración
**commencement of action** – inicio de la acción
**commencement of coverage** – comienzo de la cobertura
**commencement of criminal proceeding** – comienzo de la acción penal
**commencement of insurance** – comienzo del seguro
**commencement of insurance coverage** – comienzo de la cobertura del seguro
**commend** *v* – recomendar, encomendar, reconocer
**commendable** *adj* – recomendable, meritorio
**commendably** *adv* – meritoriamente
**commendation** *n* – recomendación, elogio
**commensurate** *adj* – proporcional, apropiado para
**commensurately** *adv* – proporcionalmente
**comment** *n* – comentario, explicación, observación
**comment** *v* – comentar, explicar, observar
**comment on evidence** – comentar sobre la prueba
**commentary** *n* – comentario, observación
**commerce** *n* – comercio, negocio, tráfico
**commerce account** – cuenta de comercio
**commerce accounting** – contabilidad de comercio
**commerce activity** – actividad de comercio
**commerce address** – domicilio de comercio
**commerce administration** – administración de comercio
**commerce administrator** – administrador de comercio
**commerce adviser** – asesor de comercio
**commerce advisor** – asesor de comercio
**commerce agency** – agencia de comercio
**commerce agent** – agente de comercio
**commerce agreement** – convenio de comercio
**commerce arbitration** – arbitraje de comercio
**commerce area** – área de comercio
**commerce association** – asociación de comercio
**commerce bank** – banco de comercio
**commerce banker** – banquero de comercio
**commerce banking** – banca de comercio
**commerce broker** – corredor de comercio
**commerce center** – centro de comercio
**commerce centre** – centro de comercio
**commerce channels** – canales de comercio
**commerce circles** – círculos de comercio

**commerce clause** – disposición de la constitución estadounidense que otorga al congreso autoridad exclusiva sobre el comercio interestatal
**commerce closure** – cierre de comercio
**commerce code** – código de comercio
**commerce community** – comunidad de comercio
**commerce company** – sociedad de comercio, compañía de comercio
**commerce computing** – computación de comercio
**commerce concern** – empresa de comercio
**commerce conditions** – condiciones de comercio
**commerce conference** – conferencia de comercio
**commerce considerations** – consideraciones de comercio
**commerce consultant** – consultor de comercio
**commerce contract** – contrato de comercio
**commerce convention** – convención de comercio
**commerce corporation** – corporación de comercio
**commerce correspondence** – correspondencia de comercio
**commerce court** – tribunal comercial, tribunal mercantil
**commerce credit** – crédito de comercio
**commerce cycle** – ciclo de comercio
**commerce debt** – deuda de comercio
**commerce decision** – decisión de comercio
**commerce development** – desarrollo de comercio
**commerce director** – director de comercio
**commerce discussion** – discusión de comercio
**commerce district** – distrito de comercio
**commerce document** – documento de comercio
**commerce earnings** – ingresos de comercio
**commerce economics** – economía comercial
**commerce email** – email de comercio, correo electrónico de comercio
**commerce enterprise** – empresa de comercio
**commerce entity** – entidad de comercio
**commerce environment** – ambiente de comercio
**commerce equipment** – equipo de comercio
**commerce establishment** – establecimiento de comercio, comercio, negocio
**commerce ethics** – ética comercial
**commerce exhibit** – exhibición de comercio
**commerce expenditures** – gastos de comercio
**commerce expenses** – gastos de comercio
**commerce experience** – experiencia de comercio
**commerce firm** – firma de comercio
**commerce forecast** – pronóstico de comercio
**commerce forecasting** – previsión de comercio
**commerce fraud** – fraude de comercio
**commerce gains** – ganancias de comercio
**commerce goal** – meta de comercio
**commerce income** – ingresos de comercio
**commerce insurance** – seguro de comercio
**commerce intelligence** – inteligencia de comercio
**commerce league** – asociación de comercio
**commerce lender** – prestador de comercio
**commerce lending** – préstamos de comercio
**commerce letter** – carta de comercio
**commerce licence** – licencia para comercio
**commerce license** – licencia para comercio
**commerce literature** – literatura de comercio
**commerce loans** – préstamos de comercio
**commerce losses** – pérdidas de comercio
**commerce mail** – correo de comercio
**commerce management** – administración de comercio, gestión de comercio
**commerce manager** – gerente de comercio
**commerce meeting** – reunión de comercio
**commerce model** – modelo de comercio
**commerce name** – nombre de comercio
**commerce objective** – objetivo de comercio
**commerce office** – oficina de comercio
**commerce operation** – operación de comercio
**commerce opportunity** – oportunidad de comercio
**commerce organisation** – organización de comercio
**commerce organization** – organización de comercio
**commerce-oriented** *adj* – orientado hacia el comercio
**commerce park** – parque de comercio
**commerce plan** – plan de comercio
**commerce planning** – planificación de comercio
**commerce policy** – póliza de comercio, política de comercio
**commerce portal** – portal de comercio
**commerce practices** – prácticas de comercio, costumbres de comercio
**commerce presentation** – presentación de comercio
**commerce profits** – beneficios de comercio, ganancias de comercio
**commerce property** – propiedad de comercio
**commerce purpose** – propósito de comercio
**commerce records** – registros de comercio, expedientes de comercio
**commerce regulations** – reglamentos de comercio, normas de comercio
**commerce relations** – relaciones de comercio
**commerce report** – informe de comercio, reporte de comercio
**commerce risk** – riesgo de comercio
**commerce rules** – reglas de comercio
**commerce scam** – estafa de comercio, timo de comercio
**commerce sector** – sector de comercio
**commerce services** – servicios de comercio
**commerce standards** – normas de comercio
**commerce strategy** – estrategia de comercio
**commerce terms** – términos de comercio
**commerce transaction** – transacción de comercio
**commerce travel** – viaje de comercio
**commerce treaty** – tratado de comercio
**commerce trends** – tendencias de comercio
**commerce vehicle** – vehículo de comercio
**commerce venture** – empresa de comercio
**commerce year** – año de comercio
**commercial** *adj* – comercial, mercantil
**commercial** *n* – anuncio
**commercial account** – cuenta comercial, cuenta mercantil
**commercial accounting** – contabilidad comercial, contabilidad mercantil
**commercial activity** – actividad comercial, actividad mercantil
**commercial address** – domicilio comercial, dirección comercial
**commercial administration** – administración comercial, administración mercantil
**commercial administrator** – administrador comercial, administrador mercantil

**commercial adviser** – asesor comercial, asesor mercantil
**commercial advisor** – asesor comercial, asesor mercantil
**commercial agency** – agencia comercial, agencia mercantil
**commercial agent** – agente comercial, agente mercantil, corredor
**commercial agreement** – convenio comercial, convenio mercantil
**commercial arbitration** – arbitraje comercial, arbitraje mercantil
**commercial area** – área comercial, área mercantil
**commercial assets** – activo comercial, activo mercantil
**commercial association** – asociación comercial, asociación mercantil
**commercial bank** – banco comercial, banco mercantil
**commercial banker** – banquero comercial, banquero mercantil
**commercial banking** – banca comercial, banca mercantil
**commercial bankruptcy** – quiebra comercial, quiebra mercantil
**commercial bill** – letra comercial, letra mercantil, efecto comercial
**commercial bookkeeping** – contabilidad comercial, contabilidad mercantil
**commercial broker** – corredor comercial, corredor mercantil, corredor
**commercial business** – negocio comercial, firma comercial, negocio
**commercial call** – llamada comercial, visita comercial
**commercial card** – tarjeta comercial, tarjeta mercantil
**commercial center** – centro comercial, centro mercantil
**commercial centre** – centro comercial, centro mercantil
**commercial chain** – cadena comercial, cadena mercantil
**commercial circles** – círculos comerciales, círculos mercantiles, medios comerciales, medios mercantiles
**commercial closure** – cierre comercial, cierre mercantil
**commercial code** – código comercial, código mercantil
**commercial community** – comunidad comercial, comunidad mercantil
**commercial company** – sociedad comercial, compañía comercial, sociedad mercantil, compañía mercantil
**commercial computing** – computación comercial, computación mercantil
**commercial concern** – empresa comercial, entidad comercial, empresa mercantil, entidad mercantil
**commercial conditions** – condiciones comerciales, condiciones mercantiles
**commercial conference** – conferencia comercial, conferencia mercantil
**commercial considerations** – consideraciones comerciales, consideraciones mercantiles
**commercial consultant** – consultor comercial, consultor mercantil
**commercial contract** – contrato comercial, contrato mercantil
**commercial convention** – convención comercial, convención mercantil
**commercial corporation** – corporación comercial, corporación mercantil
**commercial correspondence** – correspondencia comercial, correspondencia mercantil
**commercial counsellor** – consejero comercial, consejero mercantil
**commercial counselor** – consejero comercial, consejero mercantil
**commercial counterfeiting** – falsificación comercial
**commercial court** – tribunal comercial, tribunal de comercio, tribunal mercantil
**commercial credit** – crédito comercial, crédito mercantil
**commercial creditor** – acreedor comercial, acreedor mercantil
**commercial crop** – cultivo comercial
**commercial cycle** – ciclo comercial, ciclo mercantil
**commercial day** – día comercial
**commercial deal** – transacción comercial, transacción mercantil
**commercial debt** – deuda comercial, deuda mercantil
**commercial decision** – decisión comercial, decisión mercantil
**commercial department** – departamento comercial, departamento mercantil
**commercial deposit** – depósito comercial, depósito mercantil
**commercial development** – desarrollo comercial, desarrollo mercantil
**commercial director** – director comercial, director mercantil
**commercial discount** – descuento comercial, descuento mercantil
**commercial discussion** – discusión comercial, discusión mercantil
**commercial district** – distrito comercial, distrito mercantil
**commercial document** – documento comercial, documento mercantil
**commercial domicile** – domicilio comercial, domicilio mercantil
**commercial earnings** – ingresos comerciales, ingresos mercantiles
**commercial economics** – economía comercial, economía mercantil
**commercial email** – email comercial, correo electrónico comercial
**commercial endorsement** – endoso comercial
**commercial ends** – fines comerciales, fines mercantiles
**commercial enterprise** – empresa comercial, empresa mercantil
**commercial entity** – entidad comercial, entidad mercantil
**commercial environment** – ambiente comercial, ambiente mercantil
**commercial equipment** – equipo comercial, equipo mercantil
**commercial establishment** – negocio, comercio, establecimiento comercial, establecimiento mercantil
**commercial ethics** – ética comercial, ética mercantil
**commercial etiquette** – etiqueta en los negocios

**commercial exhibit** – exhibición comercial, exhibición mercantil
**commercial expenditures** – gastos comerciales, gastos mercantiles
**commercial expenses** – gastos comerciales, gastos mercantiles
**commercial experience** – experiencia comercial, experiencia mercantil
**commercial failure** – quiebra comercial, quiebra mercantil, fracaso comercial, fracaso mercantil
**commercial finance** – finanzas comerciales, finanzas mercantiles
**commercial financing** – financiación comercial, financiación mercantil
**commercial firm** – empresa comercial, empresa mercantil, firma comercial, firma mercantil
**commercial forecast** – pronóstico comercial, pronóstico mercantil
**commercial forecasting** – previsión comercial, previsión mercantil
**commercial forms** – formularios comerciales, formularios mercantiles
**commercial fraud** – fraude comercial, fraude mercantil
**commercial frustration** – circunstancia imprevisible que exime a una parte de cumplir con un contrato firmado
**commercial gains** – ganancias comerciales, ganancias mercantiles
**commercial gifts** – regalos comerciales
**commercial goal** – meta comercial, meta mercantil
**commercial hours** – horas de oficina, horas de trabajo, horas comerciales
**commercial income** – ingresos comerciales, rentas comerciales, ingresos mercantiles, rentas mercantiles
**commercial indicators** – indicadores comerciales, indicadores mercantiles
**commercial indorsement** – endoso comercial
**commercial insolvency** – insolvencia comercial, insolvencia de comerciante
**commercial insurance** – seguro comercial, seguro mercantil
**commercial interest** – interés comercial, interés mercantil
**commercial investment** – inversión comercial, inversión mercantil
**commercial invoice** – factura comercial
**commercial law** – derecho comercial, derecho mercantil
**commercial league** – asociación comercial, asociación mercantil
**commercial lease** – arrendamiento comercial, arrendamiento mercantil
**commercial lender** – prestador comercial, prestador mercantil
**commercial lending** – préstamos comerciales, préstamos mercantiles
**commercial letter** – carta comercial, carta mercantil
**commercial letter of credit** – carta de crédito comercial
**commercial letting** – alquiler comercial
**commercial liability** – responsabilidad comercial, responsabilidad mercantil
**commercial liability insurance** – seguro de responsabilidad comercial
**commercial licence** – licencia comercial, licencia mercantil
**commercial license** – licencia comercial, licencia mercantil
**commercial lines** – líneas comerciales
**commercial literature** – literatura comercial, literatura mercantil
**commercial loan** – préstamo comercial, préstamo mercantil
**commercial locale** – local comercial, local mercantil
**commercial losses** – pérdidas comerciales, pérdidas mercantiles
**commercial mail** – correo comercial, correo mercantil, email comercial, email mercantil, correo electrónico comercial, correo electrónico mercantil
**commercial management** – administración comercial, administración mercantil, gestión comercial, gestión mercantil
**commercial manager** – gerente comercial, gerente mercantil
**commercial meeting** – reunión comercial, reunión mercantil
**commercial monopoly** – monopolio comercial
**commercial mortgage** – hipoteca comercial, hipoteca mercantil
**commercial mortgage backed securities** – valores respaldados por hipotecas comerciales
**commercial name** – nombre comercial, nombre mercantil
**commercial objective** – objetivo comercial, objetivo mercantil
**commercial office** – oficina comercial, oficina mercantil
**commercial operation** – operación comercial, operación mercantil
**commercial opportunity** – oportunidad comercial, oportunidad mercantil
**commercial organisation** – organización comercial, organización mercantil
**commercial organization** – organización comercial, organización mercantil
**commercial-oriented** *adj* – orientado hacia lo comercial
**commercial overhead** – gastos generales comerciales
**commercial paper** – instrumentos negociables, papel comercial
**commercial park** – parque comercial, parque mercantil
**commercial partnership** – sociedad comercial, sociedad mercantil
**commercial plan** – plan comercial, plan mercantil
**commercial planning** – planificación comercial, planificación mercantil
**commercial policy** – póliza comercial, política comercial, póliza mercantil, política mercantil
**commercial portal** – portal comercial, portal mercantil
**commercial portfolio** – portafolio comercial, portafolio mercantil
**commercial practices** – prácticas comerciales, prácticas mercantiles, costumbres comerciales, costumbres mercantiles
**commercial premises** – local comercial, local mercantil

**commercial presence** – presencia comercial, presencia mercantil
**commercial presentation** – presentación comercial, presentación mercantil
**commercial profits** – beneficios comerciales, beneficios mercantiles, ganancias comerciales, ganancias mercantiles
**commercial property** – propiedad comercial, propiedad mercantil
**commercial proposition** – propuesta comercial, propuesta mercantil
**commercial purpose** – propósito comercial, propósito mercantil
**commercial rate** – tasa comercial
**commercial real estate** – inmuebles comerciales, bienes inmuebles comerciales, bienes raíces comerciales, propiedad inmueble comercial
**commercial recession** – recesión comercial, recesión mercantil
**commercial records** – registros comerciales, registros mercantiles, expedientes comerciales, expedientes mercantiles
**commercial recovery** – recuperación comercial, recuperación mercantil
**commercial regulations** – reglamentos comerciales, reglamentos mercantiles, normas comerciales, normas mercantiles
**commercial relations** – relaciones comerciales, relaciones mercantiles
**commercial rent** – alquiler comercial, renta comercial
**commercial rental** – arrendamiento comercial
**commercial reply** – respuesta comercial
**commercial report** – informe comercial, reporte comercial, informe mercantil, reporte mercantil
**commercial risk** – riesgo comercial, riesgo mercantil
**commercial rules** – reglas comerciales, reglas mercantiles
**commercial sale** – venta comercial, venta mercantil
**commercial sample** – muestra comercial
**commercial scam** – estafa comercial, timo comercial
**commercial sector** – sector comercial
**commercial services** – servicios comerciales, servicios mercantiles
**commercial standards** – normas comerciales, normas mercantiles
**commercial strategy** – estrategia comercial, estrategia mercantil
**commercial swindle** – estafa comercial, timo comercial
**commercial taxation** – imposición comercial, imposición mercantil
**commercial taxes** – impuestos comerciales, contribuciones comerciales, impuestos mercantiles, contribuciones mercantiles
**commercial television** – televisión comercial
**commercial terms** – términos comerciales, términos mercantiles
**commercial trade** – comercio comercial, comercio mercantil
**commercial transaction** – transacción comercial, transacción mercantil
**commercial travel** – viaje comercial, viaje mercantil
**commercial traveler** – viajante comercial, viajante mercantil
**commercial traveller** – viajante comercial, viajante mercantil
**commercial treaty** – tratado comercial, tratado mercantil
**commercial trends** – tendencias comerciales, tendencias mercantiles
**commercial trust** – fideicomiso comercial
**commercial usage** – uso comercial, uso mercantil
**commercial use** – uso comercial, uso mercantil
**commercial value** – valor comercial
**commercial vehicle** – vehículo comercial, vehículo mercantil
**commercial venture** – empresa comercial, empresa mercantil
**commercial visit** – visita comercial
**commercial world** – mundo comercial, mundo mercantil
**commercial year** – año comercial
**commercialisation** *n* – comercialización
**commercialise** *v* – comercializar
**commercialised** *adj* – comercializado
**commercialism** *n* – comercialismo
**commercialization** *n* – comercialización
**commercialize** *v* – comercializar
**commercialized** *adj* – comercializado
**commercially** *adv* – comercialmente
**commercially available** – disponible comercialmente
**commination** *n* – conminación, amenaza
**comminatory** *adj* – conminatorio, amenazante
**commingle** *v* – mezclar, compenetrar
**commingled** *adj* – mezclado
**commingled accounts** – cuentas mezcladas
**commingled funds** – fondos mezclados
**commingled trust fund** – fondos en fideicomiso mezclados
**commingling** *n* – mezcla
**commingling of funds** – mezcla de fondos
**commingling of property** – mezcla de propiedades
**commissary** *n* – delegado, comisionista
**commission** *n* – comisión, junta, encargo, nombramiento
**commission** *v* – encargar, capacitar, nombrar
**commission account** – cuenta a comisión
**commission agent** – comisionista, agente a comisión
**commission basis** – a comisión
**commission broker** – corredor de bolsa
**commission government** – gobierno municipal en manos de pocos
**Commission of the European Communities** – Comisión de las Comunidades Europeas
**commission rate** – tasa de comisión
**commission seller** – vendedor a comisión
**commission system** – sistema de comisiones
**commission work** – trabajo a comisión
**commissioner** *n* – comisionado, comisario, miembro de la junta municipal
**commissioner of banking** – comisionado de banca
**commissioner of insurance** – comisionado de seguros
**commissioner of patents** – encargado del negociado de patentes
**commissioners of bail** – oficiales encargados de recibir fianzas
**commissioners of deeds** – notarios con permiso

gubernamental para ejercer en otro estado
**commissioners of highways** – comisionados encargados de las autopistas
**commissive waste** – desperdicio activo
**commit** *v* – cometer, perpetrar, confinar, confiar, consignar, comprometer, obligar
**commit a crime** – cometer un crimen
**commit fraud** – cometer fraude
**commit funds** – comprometer fondos
**commit perjury** – cometer perjurio, jurar en falso
**committal proceedings** – vista preliminar ante un tribunal de magistrados, vista preliminar en un juzgado de paz
**commitment** *n* – auto de prisión, confinamiento, compromiso, obligación
**commitment basis, on a** – en base a compromisos
**commitment charge** – cargo de compromiso
**commitment cost** – costo de compromiso, coste de compromiso
**commitment fee** – cargo por compromiso
**commitment letter** – carta de compromiso
**commitment of funds** – compromiso de fondos
**commitment of resources** – compromiso de recursos
**commitment period** – período de compromiso
**committed** *adj* – comprometido, obligado
**committed costs** – costos comprometidos, costes comprometidos
**committed fixed costs** – costos fijos comprometidos, costes fijos comprometidos
**committed funds** – fondos comprometidos
**committed resources** – recursos comprometidos
**committee** *n* – comité, junta
**committee assembly** – reunión de un comité
**committee conference** – conferencia de un comité
**committee meeting** – reunión de un comité
**committee of management** – comité administrativo, junta directiva
**Committee on Agriculture** – Comité de Agricultura
**committing magistrate** – magistrado examinador, juez de paz
**commix** *v* – mezclarse
**commixtion** *n* – mezcla, confusión
**commixture** *n* – mezcladura
**commodities** *n* – productos, mercancías, productos básicos, mercaderías
**commodities agreement** – acuerdo sobre productos, acuerdo sobre mercancías
**commodities broker** – corredor de productos, corredor de mercancías
**commodities cartel** – cartel de productos, cartel de mercancías
**commodities contract** – contrato de productos, contrato de mercancías
**commodities exchange** – mercado de productos, mercado de mercancías, lonja de productos, lonja de mercancías, bolsa de comercio, bolsa de contratación, intercambio de productos, intercambio de mercancías
**commodities fund** – fondo mutuo que invierte en productos, fondo mutuo que invierte en mercancías
**commodities futures** – futuros de productos, futuros de mercancías, contrato de futuros, contrato para productos a término, contrato para mercancías a término
**commodities futures contract** – contrato de futuros, contrato para productos a término, contrato para mercancías a término
**commodities futures market** – mercado de contratos para productos a término, mercado de contratos para mercancías a término, mercado de contratos de futuros
**commodities loan** – préstamo garantizado con productos, préstamo garantizado con mercancías
**commodities management** – administración de productos, administración de mercancías, gestión de productos, gestión de mercancías
**commodities manager** – gerente de productos, gerente de mercancías
**commodities market** – mercado de productos, mercado de mercancías, lonja de productos, lonja de mercancías, bolsa de comercio, bolsa de contratación
**commodities price index** – índice de precios de productos, índice de precios de mercancías
**commodities price stabilisation** – estabilización de precios de productos, estabilización de precios de mercancías
**commodities price stabilization** – estabilización de precios de productos, estabilización de precios de mercancías
**commodities prices** – precios de productos, precios de mercancías
**commodities pricing** – fijación de precios de productos, fijación de precios de mercancías
**commodities rate** – tasa especial para un tipo de producto, tasa especial para un tipo de mercancía
**commodities tax** – impuesto sobre productos, impuesto sobre mercancías
**commodities trading** – transacciones de productos, comercio de productos, transacciones de mercancías, comercio de mercancías
**commodities transactions** – transacciones de productos, transacciones de mercancías
**commoditisation** *n* – medidas empleadas para aumentar la comercialibidad o liquidez de algo, conversión en un producto, conversión en una mercancía
**commoditization** *n* – medidas empleadas para aumentar la comercialibidad o liquidez de algo, conversión en un producto, conversión en una mercancía
**commodity** *n* – producto, mercancía, producto básico, mercadería
**commodity agreement** – acuerdo sobre productos, acuerdo sobre mercancías
**commodity broker** – corredor de productos, corredor de mercancías
**commodity cartel** – cartel de productos, cartel de mercancías
**commodity contract** – contrato de productos, contrato de mercancías
**commodity exchange** – mercado de productos, mercado de mercancías, lonja de productos, lonja de mercancías, bolsa de comercio, bolsa de contratación, intercambio de productos, intercambio de mercancías
**commodity fund** – fondo mutuo que invierte en productos, fondo mutuo que invierte en mercancías
**commodity futures** – futuros de productos, futuros de mercancías, contrato de futuros, contrato para productos a término, contrato para mercancías a término

**commodity futures contract** – contrato de futuros, contrato para productos a término, contrato para mercancías a término
**commodity futures market** – mercado de contratos para productos a término, mercado de contratos para mercancías a término, mercado de contratos de futuros
**commodity index** – índice de precios de productos, índice de precios de mercancías
**commodity loan** – préstamo garantizado con productos, préstamo garantizado con mercancías
**commodity management** – administración de productos, administración de mercancías, gestión de productos, gestión de mercancías
**commodity manager** – gerente de productos, gerente de mercancías
**commodity market** – mercado de productos, mercado de mercancías, lonja de productos, lonja de mercancías, bolsa de comercio, bolsa de contratación
**commodity price index** – índice de precios de productos, índice de precios de mercancías
**commodity price stabilisation** – estabilización de precios de productos, estabilización de precios de mercancías
**commodity price stabilization** – estabilización de precios de productos, estabilización de precios de mercancías
**commodity prices** – precios de productos, precios de mercancías
**commodity pricing** – fijación de precios de productos, fijación de precios de mercancías
**commodity rate** – tasa especial para un tipo de producto, tasa especial para un tipo de mercancía
**commodity tax** – impuesto sobre productos, impuesto sobre mercancías
**commodity trading** – transacciones de productos, comercio de productos, transacciones de mercancías, comercio de mercancías
**commodity transactions** – transacciones de productos, transacciones de mercancías
**common** *adj* – común, familiar, corriente
**common** *n* – ejido, derecho conjunto
**common agency** – agencia común
**Common Agricultural Policy** – Política Agrícola Común
**common ancestor** – antepasado común
**common annuity** – anualidad común
**common area** – área común
**common appearance** – apariencia común
**common asset** – activo común
**common bar** – especificación por parte del demandante de dónde precisamente ocurrió el escalamiento alegado
**common budget** – presupuesto común
**common budgeting** – presupuestación común
**common business expenses** – gastos de negocios comunes
**common business practices** – prácticas de negocios comunes
**common carrier** – transportador público, portador público, entidad pública de transporte
**common council** – ayuntamiento
**common counts** – cargos generales
**common course of business** – curso común de los negocios
**common creditor** – acreedor común
**common currency** – moneda común
**common currency area** – área de moneda común, área monetaria
**common currency zone** – zona de moneda común, zona monetaria
**Common Customs Tariff** – Arancel de Aduanas Común
**common defence** – defensa común
**common defense** – defensa común
**common depreciation** – depreciación común
**common design** – intención común para un acto ilícito
**common disaster** – muerte simultanea de dos personas con intereses en la misma propiedad asegurada
**common discount** – descuento común
**common dividend** – dividendo común
**common elements** – elementos comunes
**common enterprise** – empresa colectiva
**common expenditures** – gastos comunes
**common expenses** – gastos comunes
**common fees** – cargos comunes
**common fishery** – lugar para la pesca común
**common fund doctrine** – doctrina del fondo común
**common good** – para el bienestar general, bien común
**common ground** – asunto de interés mutuo
**common highway** – carretera pública
**common in gross** – derecho en común sobre algo asociado con una persona en particular
**common income** – ingreso común
**common informer** – informante común
**common intendment** – sentido usual, sentido natural
**common insurance** – seguro común
**common intent** – intención común
**common interest** – interés común, intereses comunes
**common inventor** – inventor común
**common jurisdiction** – jurisdicción común
**common jury** – jurado ordinario
**common knowledge** – de conocimiento común
**common land** – tierra común, tierra comunal
**common law** – derecho común, derecho jurisprudencial, derecho consuetudinario, ley común
**common-law action** – acción bajo el derecho común
**common-law assignments** – cesiones a acreedores bajo el derecho común
**common-law contempt** – desacato criminal
**common-law courts** – tribunales del derecho común
**common-law crime** – crimen castigable bajo el derecho común
**common-law husband** – esposo de hecho, esposo en un matrimonio de hecho
**common-law jurisdiction** – jurisdicción bajo el derecho común
**common-law lien** – gravamen bajo el derecho común
**common-law marriage** – matrimonio de hecho, matrimonio consensual, matrimonio de derecho común, matrimonio por acuerdo mutuo y cohabitación
**common-law trademark** – marca bajo el derecho común
**common-law trust** – fideicomiso bajo el derecho común
**common-law wife** – esposa de hecho, esposa en un matrimonio de hecho

**common life insurance** – seguro de vida común
**common man** – hombre promedio
**common market** – mercado común
**common necessity** – necesidad común
**common nuisance** – estorbo público, acto perjudicial público
**common of estovers** – derecho a cortar árboles
**common of piscary** – derecho a pescar
**common ownership** – condominio
**common partnership** – sociedad común
**common payment** – pago común, abono común
**common peril** – peligro común
**common point** – punto común
**common practice** – práctica habitual, práctica común
**common property** – propiedad comunal, copropiedad
**common quality** – calidad común
**common rate** – tasa común
**common remuneration** – remuneración común
**common rent** – renta común
**common repute** – reputación pública
**common resources** – recursos comunes
**common right** – derecho bajo el derecho común, derecho consuetudinario
**common risks** – riesgos comunes
**common salary** – salario común
**common schools** – escuelas públicas
**common seal** – sello corporativo
**common seller** – vendedor habitual
**common sense** – sentido común
**common shareholder** – accionista ordinario, accionista común
**common shares** – acciones ordinarias, acciones comunes
**common stock** – acciones ordinarias, acciones comunes
**common stockholder** – accionista ordinario, accionista común
**common tariff** – tarifa común
**common tenancy** – tenencia sin derecho de supervivencia
**common, tenant in** – tenedor en conjunto, coinquilino, coarrendatario
**common thief** – ladrón habitual
**common traverse** – negación general
**common trust fund** – fondos en fideicomiso comunes
**common voting** – votación común
**common wall** – pared compartida
**common weal** – bienestar público
**common year** – año común
**commonable** *adj* – con derecho conjunto
**commonage** *n* – terreno comunal, derecho de pasto
**commonalty** *n* – ciudadanía
**commonance** *n* – comuneros
**commonplace** *adj* – común
**commonwealth** *n* – bienestar público, comunidad de naciones, república, nación autónoma, comunidad de naciones autónomas, estado libre asociado
**commorancy** *n* – domicilio transitorio
**commorant** *n* – residente, residente transitorio
**commotion** *n* – conmoción, tumulto
**commove** *v* – conmover, agitar
**communal** *adj* – comunal
**commune** *n* – comuna, comunidad
**commune forum** – foro común
**communicability** *adv* – comunicabilidad, calidad de contagioso
**communicable** *adj* – comunicable, contagioso
**communicant** *n* – comunicante, informador
**communicate** *v* – comunicar, comunicarse, transmitir
**communication** *n* – comunicación, mensaje
**communications** *n* – comunicaciones
**communications agency** – agencia de comunicación
**communications channels** – canales de comunicación
**communications management** – administración de comunicaciones, gestión de comunicaciones, gerencia de comunicaciones
**communications manager** – gerente de comunicaciones, administrador de comunicaciones
**communications media** – medios de comunicación
**communications network** – red de comunicaciones
**communications satellite** – satélite de comunicaciones
**communications system** – sistema de comunicaciones
**communicative** *adj* – comunicativo
**communicativeness** *n* – comunicatividad
**communicatory** *adj* – comunicatorio
**communiqué** *n* – comunicado
**communism** *n* – comunismo
**communist** *adj* – comunista
**communist** *n* – comunista
**community** *n* – comunidad, sociedad
**community account** – cuenta conjunta
**community action** – acción comunitaria
**community association** – asociación comunitaria
**community bank** – banco comunitario
**community budget** – presupuesto comunitario
**community budgeting** – presupuestación comunitaria
**community charge** – cargo comunitario
**community college** – universidad de dos años
**community debt** – deuda conjunta, deuda comunitaria
**community expenditure** – gasto comunitario
**community expense** – gasto comunitario
**community fee** – cargo comunitario
**community home** – hogar para acoger menores
**community income** – ingresos comunitarios
**community investment** – inversión comunitaria
**community law** – derecho comunitario
**community of interest** – interés común, interés comunitario
**community of profits** – comunidad de ganancias
**community property** – bienes gananciales, bienes comunales
**community reinvestment** – reinversión comunitaria
**community rules** – reglas comunitarias
**community service** – servicio a la comunidad, servicio comunitario, servicio a la comunidad para reducir o evitar tiempo en la cárcel
**community supervision** – supervisión comunitaria
**community tax** – impuesto comunitario
**commutation** *n* – conmutación, cambio, modificación, sustitución
**commutation of sentence** – conmutación de la sentencia
**commutation of taxes** – conmutación impositiva
**commutation right** – derecho de seleccionar pago único

**commutative contract** – contrato conmutativo
**commutative justice** – justicia conmutativa
**commute** *v* – hacer viajes entre el hogar y el lugar de trabajo regularmente, intercambiar, conmutar, cambiar, modificar, reducir
**commute a sentence** – conmutar una sentencia
**commuter** *n* – quien hace viajes entre el hogar y el lugar de trabajo regularmente, viajero
**commuter tax** – impuesto sobre viajes entre el hogar y el lugar de trabajo
**commuting** *n* – el hacer viajes entre el hogar y el lugar de trabajo regularmente
**comortgagor** *n* – codeudor hipotecario, cohipotecante
**compact** *n* – convenio, contrato
**compact disc** – disco compacto
**companion** *n* – compañero, acompañante
**companionate** *adj* – entre compañeros
**companionship** *n* – compañía, asociación, compañerismo
**company** *n* – compañía, sociedad, empresa, invitados, acompañante
**company account** – cuenta empresarial, cuenta de la compañía
**company accountability** – responsabilidad empresarial, responsabilidad de la compañía
**company accounting** – contabilidad empresarial, contabilidad de la compañía
**company acquisition** – adquisición empresarial, adquisición de la compañía
**company activity** – actividad empresarial, actividad de la compañía
**company address** – domicilio empresarial, domicilio social, domicilio de la compañía
**company administration** – administración empresarial, administración social, administración de la compañía
**company administrator** – administrador empresarial, administrador social, administrador de la compañía
**company advertising** – publicidad empresarial, publicidad de la compañía
**company adviser** – asesor empresarial, asesor de la compañía
**company advisor** – asesor empresarial, asesor de la compañía
**company affairs** – asuntos empresariales, asuntos de la compañía
**company affiliate** – afiliado empresarial, afiliado de la compañía
**company agency** – agencia empresarial, agencia de la compañía
**company agent** – agente empresarial, agente de la compañía
**company assets** – activo empresarial, activo social, activo de la compañía
**company bankruptcy** – quiebra empresarial, quiebra social, quiebra de la compañía
**company benefits** – beneficios empresariales, beneficios de la compañía
**company bookkeeping** – contabilidad empresarial, contabilidad de la compañía
**company books** – libros empresariales, libros sociales, libros de la compañía
**company brand** – marca empresarial, marca de la compañía
**company campaign** – campaña empresarial, campaña de la compañía
**company capital** – capital empresarial, capital social, capital de la compañía
**company car** – carro empresarial, carro de la compañía
**company card** – tarjeta empresarial, tarjeta de la compañía
**company chain** – cadena empresarial, cadena de compañías
**company check** – cheque empresarial, cheque de la compañía
**company cheque** – cheque empresarial, cheque de la compañía
**company conditions** – condiciones empresariales, condiciones de la compañía
**company consultant** – consultor empresarial, consultor social, consultor de la compañía
**company contract** – contrato empresarial, contrato de la compañía
**company correspondence** – correspondencia empresarial, correspondencia de la compañía
**company credit** – crédito empresarial, crédito de la compañía
**company culture** – cultura empresarial, cultura de la compañía
**company data** – datos empresariales, datos de la compañía
**company database** – base de datos empresarial, base de datos de la compañía
**company debt** – deuda empresarial, deuda de la compañía
**company decision** – decisión empresarial, decisión de la compañía
**company director** – director empresarial, director de la compañía
**company document** – documento empresarial, documento de la compañía
**company domicile** – domicilio empresarial, domicilio social, domicilio de la compañía
**company earnings** – ingresos empresariales, ingresos sociales, ingresos de la compañía
**company email** – email empresarial, correo electrónico empresarial, email de la compañía, correo electrónico de la compañía
**company environment** – ambiente empresarial, ambiente de la compañía
**company equipment** – equipo empresarial, equipo de la compañía
**company establishment** – establecimiento empresarial, establecimiento de la compañía
**company ethics** – ética empresarial, ética de la compañía
**company executive** – ejecutivo empresarial, ejecutivo de la compañía
**company expenditures** – gastos empresariales, gastos de la compañía
**company expenses** – gastos empresariales, gastos de la compañía
**company finance** – finanzas empresariales, finanzas de la compañía
**company financing** – financiación empresarial, financiación de la compañía
**company forecast** – pronóstico empresarial,

pronóstico de la compañía
**company fraud** – fraude empresarial, fraude de la compañía
**company gains** – ganancias empresariales, ganancias de la compañía
**company gifts** – regalos empresariales, regalos de la compañía
**company goal** – meta empresarial, meta de la compañía
**company group** – grupo empresarial, grupo de compañías
**company health insurance** – seguro de salud de la compañía
**company identity** – identidad empresarial, identidad de la compañía
**company image** – imagen empresarial, imagen de la compañía
**company income** – ingresos empresariales, ingresos de la compañía, rentas de la compañía
**company income tax** – impuestos empresariales, impuestos sobre ingresos de la compañía
**company insider** – persona informada de la compañía
**company insurance** – seguro empresarial, seguro de la compañía
**company interest** – interés empresarial, interés de la compañía
**company investment** – inversión empresarial, inversión de la compañía
**company lease** – arrendamiento empresarial, arrendamiento de la compañía
**company lending** – préstamos empresariales, préstamos de la compañía
**company liability** – responsabilidad empresarial, responsabilidad de la compañía
**company liability insurance** – seguro de responsabilidad empresarial, seguro de responsabilidad de la compañía
**company licence** – licencia empresarial, licencia de la compañía
**company license** – licencia empresarial, licencia de la compañía
**company limited by guarantee** – compañía en la cual los accionistas se responsabilizan por deudas hasta una cantidad máxima en caso de bancarrota
**company limited by shares** – compañía en la cual los accionistas se responsabilizan por deudas hasta el valor de sus acciones no pagadas en caso de bancarrota
**company literature** – literatura de la compañía
**company logo** – logo empresarial, logotipo empresarial, logo de la compañía, logotipo de la compañía
**company losses** – pérdidas empresariales, pérdidas de la compañía
**company mail** – correo empresarial, email empresarial, correo de la compañía, email de la compañía
**company management** – administración empresarial, administración social, administración de la compañía, gestión de la compañía, gerencia de la compañía
**company manager** – administrador empresarial, administrador social, gerente de la compañía, administrador de la compañía
**company meeting** – reunión empresarial, reunión de la compañía
**company member** – miembro empresarial, miembro de la compañía
**company merger** – fusión empresarial, fusión de la compañía
**company model** – modelo empresarial, modelo de la compañía
**company name** – nombre empresarial, nombre social, nombre de la compañía
**company objective** – objetivo empresarial, objetivo de la compañía
**company officers** – funcionarios empresariales, funcionarios de la compañía
**company organisation** – organización empresarial, organización de la compañía
**company organization** – organización empresarial, organización de la compañía
**company owner** – dueño de la compañía, propietario de la compañía
**company perks** – beneficios adicionales de la compañía
**company philosophy** – filosofía empresarial, filosofía de la compañía
**company planning** – planificación empresarial, planificación de la compañía
**company policy** – política empresarial, póliza empresarial, política de la compañía, póliza de la compañía
**company portal** – portal empresarial, portal de la compañía
**company portfolio** – portafolio empresarial, portafolio de la compañía
**company powers** – capacidades empresariales, capacidades de la compañía
**company practices** – prácticas empresariales, prácticas de la compañía, costumbres de la compañía
**company premises** – local de la compañía
**company priorities** – prioridades empresariales, prioridades de la compañía
**company profits** – beneficios de la compañía, ganancias de la compañía
**company property** – propiedad empresarial, propiedad de la compañía
**company purchase** – compra empresarial, compra de la compañía
**company purpose** – propósito empresarial, propósito de la compañía
**company records** – registros empresariales, registros de la compañía, expedientes de la compañía
**company regulations** – reglamentos empresariales, normas empresariales, reglamentos de la compañía, normas de la compañía
**company relations** – relaciones de la compañía
**company reorganisation** – reorganización empresarial, reorganización de la compañía
**company reorganization** – reorganización empresarial, reorganización de la compañía
**company report** – informe empresarial, reporte empresarial, informe de la compañía, reporte de la compañía
**company reserves** – reservas empresariales, reservas de la compañía
**company rules** – reglas empresariales, reglas de la compañía

**company sale** – venta de la empresa, venta de la compañía
**company scam** – estafa empresarial, estafa de la compañía, timo de la compañía
**company seal** – sello empresarial, sello de la compañía
**company services** – servicios empresariales, servicios de la compañía
**company shares** – acciones de la compañía
**company spending** – gastos empresariales, gastos de la compañía
**company sponsor** – patrocinador empresarial, patrocinador de la compañía
**company sponsorship** – patrocinio empresarial, patrocinio de la compañía
**company stock** – acciones de la compañía
**company stock purchase plan** – plan de compra de acciones de la compañía
**company store** – economato, tienda de la compañía
**company strategic planning** – planificación estratégica empresarial, planificación estratégica de la compañía
**company strategy** – estrategia empresarial, estrategia de la compañía
**company structure** – estructura empresarial, estructura de la compañía
**company support services** – servicios de apoyo empresariales, servicios de apoyo de la compañía
**company swindle** – estafa empresarial, estafa de la compañía, timo de la compañía
**company takeover** – toma del control de la compañía
**company taxation** – imposición empresarial, imposición de la compañía
**company taxes** – impuestos empresariales, impuestos de la compañía, contribuciones de la compañía
**company town** – comunidad establecida por una compañía
**company union** – unión que favorece a la compañía, unión de la compañía
**company usage** – uso de la compañía
**company vehicle** – vehículo de la compañía
**comparable** *adj* – comparable
**comparable offer** – oferta comparable
**comparable properties** – propiedades comparables
**comparable worth** – valor comparable
**comparables** *n* – propiedades comparables
**comparably** *adv* – comparablemente
**comparative** *adj* – comparativo, relativo, comparado
**comparative advantage** – ventaja comparativa
**comparative cost** – costo comparativo, coste comparativo
**comparative interpretation** – interpretación comparativa
**comparative jurisprudence** – derecho comparado, derecho comparativo
**comparative law** – derecho comparado, derecho comparativo
**comparative negligence** – negligencia comparada, negligencia comparativa
**comparative rectitude** – rectitud comparada, rectitud comparativa
**comparatively** *adv* – comparativamente
**compare** *v* – comparar, cotejar
**comparison** *n* – comparación, cotejo
**comparison of handwriting** – comparación de escritura
**comparison of negligence** – comparación de negligencia
**compart** *v* – dividir en partes
**compartment** *n* – compartimiento, división
**compartmentalize** *v* – dividir en compartimientos
**compassion** *n* – compasión
**compassionate** *adj* – compasivo
**compatibility** *n* – compatibilidad
**compatible** *adj* – compatible
**compatriot** *n* – compatriota
**compel** *v* – obligar, compeler, exigir, imponer
**compel to testify** – obligar a testificar
**compelling** *adj* – obligatorio, apremiante
**compelling necessity** – necesidad apremiante
**compelling need** – necesidad apremiante
**compendium** *n* – compendio
**compensable** *adj* – compensable, indemnizable
**compensable death** – muerte indemnizable
**compensable injury** – lesión indemnizable
**compensate** *v* – compensar, indemnizar
**compensated** *adj* – compensado
**compensated absence** – ausencia compensada
**compensating** *adj* – compensatorio
**compensating balance** – balance compensatorio
**compensating error** – error compensatorio
**compensating expenditures** – gastos compensatorios
**compensating expenses** – gastos compensatorios
**compensating payment** – pago compensatorio
**compensating tariff** – arancel compensatorio
**compensation** *n* – compensación, indemnización, reparación
**compensation agreement** – acuerdo de compensación
**compensation and benefits** – compensación y beneficios
**compensation for damages** – compensación por daños
**compensation for injuries** – compensación por lesiones
**compensation for pain and suffering** – compensación por dolor y sufrimiento
**compensation fund** – fondo de compensación
**compensation package** – paquete de compensación
**compensation period** – período de compensación
**compensation system** – sistema de compensación
**compensation tax** – impuesto de compensación, contribución de compensación
**compensative** *adj* – compensativo
**compensatory** *adj* – compensatorio, indemnizatorio
**compensatory adjustment** – ajuste compensatorio
**compensatory balance** – balance compensatorio
**compensatory damages** – indemnización compensatoria
**compensatory financing** – financiamiento compensatorio
**compensatory measure** – medida compensatoria
**compensatory stock option** – opción de compra de acciones compensatoria
**compensatory suspension** – suspensión compensatoria
**compensatory tariff** – tarifa compensatoria
**compensatory tax** – impuesto compensatorio
**compensatory trade** – transacción compensatoria

**compensatory transaction** – transacción compensatoria
**compete** *v* – competir, desafiar
**competence** *n* – competencia, capacidad, suficiencia
**competence proceedings** – procedimiento para determinar la competencia judicial
**competency** *n* – competencia, capacidad, suficiencia
**competency of a witness** – competencia de un testigo
**competent** *adj* – competente, capaz
**competent authority** – autoridad competente
**competent court** – tribunal competente
**competent evidence** – prueba admisible
**competent jurisdiction** – jurisdicción competente
**competent parties** – partes competentes
**competent proof** – prueba admisible
**competent to stand trial** – competente para ser juzgado
**competent witness** – testigo competente
**competently** *adv* – competentemente
**competing offer** – oferta de un competidor
**competition** *n* – competencia, competición, concurso, rivalidad
**competitive** *adj* – competitivo, competido, selectivo
**competitive ability** – habilidad competitiva
**competitive advantage** – ventaja competitiva
**competitive alliance** – alianza competitiva
**competitive bid** – oferta competitiva
**competitive bidding** – licitación pública, condiciones justas para ofertas
**competitive capacity** – capacidad competitiva
**competitive disadvantage** – desventaja competitiva
**competitive economy** – economía competitiva
**competitive market** – mercado competitivo
**competitive pay** – paga competitiva
**competitive position** – posición competitiva
**competitive pressure** – presión competitiva
**competitive price** – precio competitivo
**competitive pricing** – precios competitivos
**competitive rate** – tasa competitiva
**competitive remuneration** – remuneración competitiva
**competitive salary** – salario competitivo
**competitive wage** – salario competitivo
**competitiveness** *n* – competitividad
**competitivity** *n* – competitividad
**competitor** *n* – competidor, rival
**compilation** *n* – compilación, recopilación, ordenamiento
**compilation of data** – compilación de datos, recopilación de datos
**compile** *v* – compilar, recopilar
**compiled statutes** – recopilación de leyes en vigor
**compiler** *n* – compilador, recopilador
**complacence** *n* – complacencia
**complacency** *n* – complacencia
**complacent** *adj* – complaciente
**complain** *v* – demandar, entablar demanda, quejarse, querellarse
**complain about poor service** – quejarse del pobre servicio
**complain about service** – quejarse del servicio
**complainant** *n* – demandante, acusador, querellante
**complaint** *n* – demanda, querella, denuncia, queja, reclamación
**complaint handling** – manejo de quejas
**complaint handling procedure** – procedimiento para el manejo de quejas
**complaint handling process** – proceso para el manejo de quejas
**complaint procedure** – procedimiento para quejas
**complement** *n* – complemento, accesorio
**complemental** *adj* – complementario, suplementario
**complementary** *adj* – complementario
**complementary tax** – impuesto complementario
**complementing entry** – asiento complementario
**complete** *adj* – completo, acabado, consumado, terminado, total
**complete** *v* – completar, acabar, terminar
**complete a transaction** – completar una transacción, llevar a cabo una transacción
**complete abandonment** – abandono completo
**complete acceptance** – aceptación completa
**complete agreement** – acuerdo completo, convenio completo
**complete amount** – cantidad completa, monto total
**complete audit** – auditoría completa
**complete authority** – autoridad plena, autoridad completa
**complete contract** – contrato completo
**complete conveyance** – traspaso completo
**complete cost** – costo total, coste total
**complete coverage** – cobertura completa, cobertura total
**complete delivery** – entrega completa
**complete disclosure** – divulgación completa
**complete endorsement** – endoso completo
**complete exemption** – exención total
**complete guarantee** – garantía completa
**complete guaranty** – garantía completa
**complete in itself** – completo por sí mismo
**complete indorsement** – endoso completo
**complete insurance** – seguro completo
**complete jurisdiction** – jurisdicción completa
**complete liquidation** – liquidación completa
**complete liquidity** – liquidez completa
**complete monopoly** – monopolio completo
**complete name** – nombre completo
**complete obligation** – obligación completa
**complete offer** – oferta completa
**complete order** – orden completa
**complete ownership** – propiedad completa
**complete payment** – pago completo, pago final
**complete price** – precio completo, precio total
**complete receipt** – recibo completo
**complete record** – registro completo
**complete refund** – reembolso completo
**complete remedy** – remedio completo
**complete report** – informe completo, reporte completo
**complete sale** – venta completa
**complete title** – título completo
**complete transfer** – transferencia completa
**completed** *adj* – completo, completado, terminado, llevado a cabo
**completed product** – producto terminado
**completed transaction** – transacción completada
**completely** *adv* – completamente, totalmente
**completeness** *n* – entereza, totalidad
**completion** *n* – terminación, finalización,

cumplimiento
**completive** *adj* – completivo
**complex** *adj* – complejo, complicado
**complex capital structure** – estructura de capital compleja
**complex trust** – fideicomiso complejo
**complexion** *n* – tez, aspecto
**complexity** *n* – complejidad
**compliance** *n* – cumplimiento, acatamiento, conformidad, sumisión, obediencia
**compliance audit** – auditoría de cumplimiento
**compliance certificate** – certificado de cumplimiento
**compliance committee** – comité de cumplimiento
**compliance department** – departamento de cumplimiento
**compliance director** – director del departamento de cumplimiento
**compliance division** – división de cumplimiento
**compliance examination** – examinación de cumplimiento
**compliance inspection** – inspección de cumplimiento
**compliance inspection report** – informe de inspección de cumplimiento
**compliance manager** – gerente del departamento de cumplimiento
**compliance office** – oficina de cumplimiento
**compliance officer** – funcionario de cumplimiento
**compliance report** – informe de cumplimiento, reporte de cumplimiento
**compliance test** – prueba de cumplimiento
**compliance unit** – unidad de cumplimiento
**compliance with, in** – conforme a, de acuerdo con
**compliant** *adj* – obediente, sumiso, acatador, conforme con
**compliantly** *adv* – obedientemente, sumisamente
**complicacy** *n* – complejidad
**complicate** *v* – complicar, enredar
**complicated** *adj* – complicado
**complication** *n* – complicación
**complice** *n* – cómplice
**complicity** *n* – complicidad
**complier** *n* – consentidor
**complimentary** *adj* – gratuito, de cortesía, elogioso
**complimentary close** – despedida cortés en una carta
**compliments, with** – como obsequio
**comply** *v* – cumplir, acatar, acomodarse, obedecer, acceder a
**comply fully** – cumplir completamente
**comply with** – cumplir con, acatarse a, acomodarse a, obedecer, acceder a
**component** *n* – componente
**comportment** *n* – comportamiento
**compos mentis** – sano juicio, compos mentis
**compose** *v* – componer, redactar, arreglar
**composed** *adj* – sereno
**composedly** *adv* – serenamente
**composedness** *n* – serenidad
**composite** *adj* – compuesto
**composite photograph** – fotografía compuesta
**composite rate** – tasa combinada
**composite tax rate** – tasa contributiva combinada
**composite work** – obra colectiva, obra conjunta
**composition** *n* – arreglo, convenio, composición
**composition agreement** – convenio con acreedores
**composition deed** – convenio con acreedores
**composition of creditors** – convenio con acreedores
**composition of matter** – composición de la materia, mezcla química
**composition with creditors** – convenio con acreedores
**composure** *n* – compostura
**compound** *adj* – compuesto
**compound** *v* – componer, arreglar, agravar, complicar, mezclar, capitalizar, aumentar
**compound annual rate** – tasa anual compuesta
**compound arbitrage** – arbitraje compuesto
**compound entry** – asiento compuesto
**compound interest** – interés compuesto
**compound journal entry** – asiento del diario compuesto
**compound larceny** – hurto complicado, robo con circunstancias agravantes
**compound rate** – tasa de interés compuesto, tasa compuesta
**compound tariff** – arancel compuesto
**compounded** *v* – compuesto, capitalizado
**compounded annual rate** – tasa anual compuesta
**compounded growth rate** – tasa de crecimiento compuesto
**compounded interest** – interés compuesto
**compounded interest rate** – tasa de interés compuesto
**compounded rate** – tasa de interés compuesto, tasa compuesta
**compounded return** – rendimiento compuesto
**compounded yield** – rendimiento compuesto
**compounder** *adv* – componedor, mediador
**compounding a crime** – acuerdo ilícito por parte de la víctima de un crimen de no denunciar al perpetrador a cambio de una contraprestación
**compounding a felony** – acuerdo ilícito por parte de la víctima de un crimen de no denunciar al perpetrador a cambio de una contraprestación
**compounding period** – período de cómputo de interés compuesto
**comprehend** *v* – comprender, concebir
**comprehensibility** *n* – comprensibilidad
**comprehensible** *adj* – comprensible
**comprehension** *n* – comprensión
**comprehensive** *adj* – comprensivo, global, abarcador, extenso, completo, a todo riesgo
**comprehensive agreement** – acuerdo global
**comprehensive budget** – presupuesto global
**comprehensive budgeting** – presupuestacíon global
**comprehensive coverage** – cobertura global
**comprehensive health insurance** – seguro de salud global
**comprehensive insurance** – seguro a todo riesgo, seguro global
**comprehensive insurance coverage** – cobertura de seguro a todo riesgo
**comprehensive liability insurance** – seguro de responsabilidad a todo riesgo
**comprehensive medical insurance** – seguro de salud global
**comprehensive policy** – póliza a todo riesgo, póliza global
**comprehensive report** – informe exhaustivo, reporte exhaustivo

**comprehensive zoning** – zonificación global
**comprehensively** *adv* – comprensivamente
**comprehensiveness** *n* – abarcamiento, comprensión
**compress** *v* – resumir, comprimir
**compressed** *adj* – comprimido
**compressed work week** – semana de trabajo comprimido
**comprise** *v* – comprender, constituir, abarcar, encerrar
**compromise** *n* – concesión, arreglo, acomodo, acuerdo
**compromise** *v* – conceder, arreglar, comprometer, acordar
**compromise and settlement** – convenio para someterse a arbitraje
**compromise verdict** – veredicto de jurado a través de concesiones, veredicto por acomodación
**compromising** *adj* – comprometedor
**comptroller** *n* – contralor, contador principal, interventor
**comptroller general** – interventor general, contralor
**comptroller of currency** – administrador de los bancos nacionales
**comptrollership** *n* – contraloría
**compulsion** *n* – compulsión, coacción, apremio
**compulsive** *adj* – compulsivo, coercitivo, apremiante
**compulsive buying** – compras compulsivas
**compulsive shopping** – compras compulsivas
**compulsive spending** – gasto de dinero compulsivo
**compulsively** *adv* – compulsivamente
**compulsiveness** *n* – carácter compulsivo
**compulsory** *adj* – compulsorio, obligatorio, forzoso, forzado, coercitivo
**compulsory acquisition** – adquisición compulsoria
**compulsory agreement** – convenio compulsorio
**compulsory appearance** – comparecencia obligatoria
**compulsory arbitration** – arbitraje obligatorio
**compulsory attendance** – asistencia obligatoria
**compulsory automobile liability insurance** – seguro compulsorio de responsabilidad pública de automóvil
**compulsory condition** – condición obligatoria
**compulsory coverage** – cobertura compulsoria
**compulsory deposit** – depósito obligatorio
**compulsory disclosure** – divulgación forzosa
**compulsory education** – educación obligatoria, escolaridad obligatoria
**compulsory expenditures** – gastos compulsorios, desembolsos compulsorios
**compulsory expenses** – gastos compulsorios, desembolsos compulsorios
**compulsory insurance** – seguro obligatorio
**compulsory joinder** – litisconsorcio obligatorio
**compulsory licence** – licencia obligatoria
**compulsory licencing** – licenciamiento obligatorio
**compulsory license** – licencia obligatoria
**compulsory licensing** – licenciamiento obligatorio
**compulsory liquidation** – liquidación obligatoria
**compulsory loan** – préstamo compulsorio
**compulsory nonsuit** – sobreseimiento involuntario
**compulsory pay** – paga compulsoria
**compulsory payment** – pago obligatorio, pago bajo coacción
**compulsory process** – proceso compulsorio, citación con pena de arresto
**compulsory purchase** – compra forzosa
**compulsory remuneration** – remuneración compulsoria
**compulsory reserve** – reserva obligatoria
**compulsory retirement** – jubilación forzosa, retiro forzoso
**compulsory retirement age** – edad de jubilación forzosa
**compulsory sale** – venta forzosa, venta forzada
**compulsory self-incrimination** – autoincriminación forzada
**compulsory tax** – impuesto compulsorio, contribución compulsoria
**compulsory testimony** – testimonio obligatorio
**compulsory winding-up** – liquidación obligatoria
**computation** *n* – cómputo, cálculo
**computation of costs** – cómputo de costos, cómputo de costes
**computation of expenditures** – cómputo de gastos
**computation of expenses** – cómputo de gastos
**computation of interest** – cómputo de intereses
**computation of payments** – cómputo de pagos
**computation of premium** – cómputo de prima
**computation of prices** – cómputo de precios
**computation of subsidy** – cómputo de subsidio, cómputo de subvención
**computation of taxes** – cómputo de impuestos, cómputo de contribuciones
**computation of time** – cómputo del tiempo
**computation of value** – cómputo del valor
**computed** *adj* – computado, calculado
**computed cost** – costo calculado, coste calculado
**computed expenditures** – gastos calculados
**computed expenses** – gastos calculados
**computed interest rate** – tasa de interés calculada
**computed payment** – pago calculado
**computed premium** – prima calculada
**computed price** – precio calculado
**computed rate** – tasa calculada
**computed risk** – riesgo calculado
**computed subsidy** – subsidio calculado, subvención calculada
**computed taxes** – impuestos calculados, contribuciones calculadas
**computed value** – valor calculado
**computer accounting** – contabilidad informatizada, contabilidad computarizada
**computer-aided** *adj* – asistido por computadora, asistido por ordenador
**computer-aided design** – diseño asistido por computadora, diseño asistido por ordenador
**computer-aided education** – educación asistida por computadora, educación asistida por ordenador
**computer-aided instruction** – instrucción asistida por computadora, instrucción asistida por ordenador
**computer-aided learning** – aprendizaje asistido por computadora, aprendizaje asistido por ordenador
**computer-aided manufacturing** – manufactura asistida por computadora, manufactura asistida por ordenador
**computer-aided teaching** – enseñanza asistida por computadora, enseñanza asistida por ordenador
**computer-aided training** – entrenamiento asistido por computadora, entrenamiento asistido por ordenador

**computer-assisted** *adj* – asistido por computadora, asistido por ordenador
**computer-assisted design** – diseño asistido por computadora, diseño asistido por ordenador
**computer-assisted education** – educación asistida por computadora, educación asistida por ordenador
**computer-assisted instruction** – instrucción asistida por computadora, instrucción asistida por ordenador
**computer-assisted learning** – aprendizaje asistido por computadora, aprendizaje asistido por ordenador
**computer-assisted manufacturing** – manufactura asistida por computadora, manufactura asistida por ordenador
**computer-assisted teaching** – enseñanza asistida por computadora, enseñanza asistida por ordenador
**computer-assisted training** – entrenamiento asistido por computadora, entrenamiento asistido por ordenador
**computer-based** *adj* – basado en computadoras, basado en ordenadores, asistido por computadora, asistido por ordenador, informatizado, computarizado
**computer-based design** – diseño asistido por computadora, diseño asistido por ordenador
**computer-based education** – educación asistida por computadora, educación asistida por ordenador
**computer-based instruction** – instrucción asistida por computadora, instrucción asistida por ordenador
**computer-based learning** – aprendizaje asistido por computadora, aprendizaje asistido por ordenador
**computer-based manufacturing** – manufactura asistida por computadora, manufactura asistida por ordenador
**computer-based teaching** – enseñanza asistida por computadora, enseñanza asistida por ordenador
**computer-based training** – entrenamiento asistido por computadora, entrenamiento asistido por ordenador
**computer communications** – teleinformática
**computer conference** – conferencia por computadora, conferencia por ordenador
**computer conferencing** – conferencia por computadora, conferencia por ordenador
**computer-controlled** *adj* – controlado por computadora, controlado por ordenador
**computer-controlled manufacturing** – manufactura controlada por computadora, manufactura controlada por ordenador
**computer equipment** – equipo de computadora, equipo de ordenador
**computer file** – archivo de computadora, archivo de ordenador, fichero de ordenador
**computer fraud** – fraude informático
**computer hardware** – hardware, equipo de computadora, equipo de ordenador
**computer-integrated manufacturing** – manufactura integrada por computadora, manufactura integrada por ordenador
**computer network** – red de computadoras, red de ordenadores
**computer-operated** *adj* – operado por computadora, operado por ordenador
**computer presentation** – presentación por computadora, presentación por ordenador
**computer security** – seguridad de computadoras, seguridad de ordenadores
**computer services** – servicios de informática
**computer simulation** – simulación por computadora, simulación por ordenador
**computer software** – programas, software, programas de computadora, programas de ordenador
**computer telecommunications** – teleinformática
**computer terminal** – terminal de computadora, terminal de ordenador
**computerisation** *n* – informatización, computerización
**computerise** *v* – informatizar, computarizar
**computerised** *adj* – informatizado, computarizado
**computerised accounting** – contabilidad informatizada, contabilidad computarizada
**computerization** *n* – informatización, computerización
**computerize** *v* – informatizar, computarizar
**computerized** *adj* – informatizado, computarizado
**computerized accounting** – contabilidad informatizada, contabilidad computarizada
**computerized loan origination** – originación de préstamos computerizada
**computing** *n* – informática, computación
**computing center** – centro de cómputos, centro de cálculo
**computing centre** – centro de cómputos, centro de cálculo
**con** *n* – opinión contraria, desventaja, timo, estafa
**con** *v* – timar, estafar
**con artist** – estafador, timador, embaucador
**con man** – estafador, timador, embaucador
**con woman** – estafadora, timadora, embaucadora
**conation** *n* – conación, voluntad
**conative** *adj* – conativo
**conceal** *v* – ocultar, esconder, encubrir
**conceal a crime** – ocultar un crimen
**conceal damages** – ocultar daños
**conceal facts** – ocultar hechos
**conceal information** – ocultar información
**concealed** *adj* – oculto, escondido, encubierto
**concealed assets** – activo oculto
**concealed crime** – crimen oculto
**concealed damage** – daño oculto
**concealed defects** – defectos ocultos
**concealed facts** – hechos ocultos
**concealed inflation** – inflación oculta
**concealed information** – información oculta
**concealed subsidy** – subsidio oculto, subvención oculta
**concealment** *n* – ocultación, escondimiento, encubrimiento
**concealment of crime** – ocultación de un crimen
**concealment of damages** – ocultación de daños
**concealment of facts** – ocultación de hechos
**concealment of information** – ocultación de información
**concede** *v* – conceder, admitir, reconocer
**conceivable** *adj* – concebible
**conceivably** *adv* – concebiblemente
**conceive** *v* – concebir, engendrar
**concentrate** *v* – concentrar
**concentration** *n* – concentración
**concentration of capital** – concentración de capitales
**concentration of industry** – concentración de

industrias
**concept** *n* – concepto
**conception** *n* – concepción, comprensión
**conceptual** *adj* – conceptual
**concern** *n* – asunto, negocio, incumbencia, preocupación, interés
**concern** *v* – concernir, importar, tratar de, incumbir, preocupar
**concern, to whom it may** – a quien corresponda, a quien pueda interesar
**concerned** *adj* – interesado, preocupado
**concerning** *prep* – concerniente a, perteneciente a, con respecto a
**concernment** *n* – asunto, importancia
**concert** *v* – concertar, componer
**concerted** *adj* – concertado, coordinado
**concerted action** – acción concertada
**concerted plan** – plan concertado
**concession** *n* – concesión
**concession agreement** – convenio de concesión
**concessionaire** *n* – concesionario
**concessional** *adj* – concesionario
**concessionary** *adj* – del concesionario, por concesión
**concessive** *adj* – concesivo
**conciliate** *v* – conciliar
**conciliation** *n* – conciliación
**conciliation act** – acto de conciliación
**conciliation board** – junta de conciliación
**conciliation efforts** – esfuerzos de conciliación
**conciliation officer** – oficial de conciliación
**conciliation procedure** – procedimiento de conciliación
**conciliation process** – proceso de conciliación
**conciliative** *adj* – conciliativo
**conciliator** *n* – conciliador
**conciliatory** *adj* – conciliatorio, conciliador
**conciliatory act** – acto de conciliación
**conciliatory action** – acto de conciliación
**conciliatory approach** – enfoque conciliatorio
**concise** *adj* – conciso
**concisely** *adv* – concisamente
**conclave** *n* – cónclave, conciliábulo, junta
**conclude** *v* – concluir, deducir, inferir
**conclude a hearing** – concluir una vista
**conclude a trial** – concluir un juicio
**conclusion** *n* – conclusión, deducción, término
**conclusion of fact** – conclusión de hecho
**conclusion of law** – conclusión de derecho
**conclusive** *adj* – conclusivo, concluyente, decisivo, convincente
**conclusive admission** – admisión conclusiva
**conclusive evidence** – prueba conclusiva, prueba concluyente
**conclusive presumption** – presunción concluyente
**conclusive proof** – prueba conclusiva, prueba concluyente
**conclusively** *adv* – concluyentemente
**concoct** *v* – fabricar, tramar
**concoction** *n* – fabricación, trama
**concomitance** *n* – concomitancia
**concomitant** *adj* – concomitante
**concord** *n* – concordia, arreglo
**concordance** *n* – concordancia, armonía
**concordant** *adj* – concordante
**concordat** *n* – convenio
**concourse** *n* – confluencia
**concrete** *adj* – concreto, preciso, real, específico
**concretize** *v* – concretar, precisar
**concubinage** *n* – concubinato
**concubine** *n* – concubina
**concupiscence** *n* – concupiscencia
**concupiscent** *adj* – concupiscente
**concur** *v* – concurrir, coincidir, concordar, estar de acuerdo
**concurator** *n* – cocurador, coguardián
**concurrence** *n* – concurrencia, coincidencia, acuerdo
**concurrence deloyale** – competencia desleal
**concurrency** *n* – concurrencia, coincidencia, acuerdo
**concurrent** *adj* – concurrente, coincidente
**concurrent acts** – actos concurrentes
**concurrent causes** – causas concurrentes
**concurrent conditions** – condiciones concurrentes
**concurrent consideration** – contraprestación concurrente, causa concurrente
**concurrent contracts** – contratos concurrentes
**concurrent covenant** – convenio recíproco, garantías concurrentes
**concurrent estates** – condominio
**concurrent insurance** – cobertura concurrente, seguro conjunto
**concurrent interests** – intereses concurrentes
**concurrent jurisdiction** – jurisdicción concurrente, jurisdicción acumulativa
**concurrent lease** – arrendamiento concurrente, locación concurrente, arrendamiento de algo que comienza antes de terminar un arrendamiento previo
**concurrent legislation** – legislación concurrente
**concurrent liens** – gravámenes concurrentes
**concurrent negligence** – negligencia concurrente
**concurrent obligation** – obligación concurrente
**concurrent ownership** – propiedad concurrente
**concurrent powers** – poderes concurrentes
**concurrent resolution** – resolución concurrente
**concurrent sentences** – sentencias concurrentes
**concurrent stipulations** – estipulaciones concurrentes
**concurrent tortfeasors** – aquellos quienes independientemente le hacen un daño a la misma persona
**concurrent use** – uso concurrente
**concurrently** *adv* – concurrentemente
**concurring opinion** – opinión concurrente, opinión en acuerdo con la mayoría pero con razones propias
**concussion** *n* – intimidación, concusión
**condemn** *v* – condenar, sentenciar, expropiar, declarar en ruina
**condemnable** *adj* – condenable
**condemnation** *n* – expropiación, condena, condenación
**condemnatory** *adj* – condenatorio
**condensation** *n* – condensación, versión condensada
**condense** *v* – condensar
**condensed** *adj* – condensado
**condensed balance sheet** – balance condensado
**condensed financial statement** – estado financiero condensado
**condensed statement** – estado condensado
**condescendingly** *adv* – con aire de superioridad
**conditio sine qua non** – condición indispensable,

conditio sine qua non
**condition** *n* – condición, estado, estipulación
**condition collateral** – condición colateral
**condition concurrent** – condición concurrente
**condition of employment** – requisito de trabajo
**condition precedent** – condición previa
**condition subsequent** – condición subsiguiente
**conditional** *adj* – condicional, condicionado
**conditional acceptance** – aceptación condicional, aceptación limitada
**conditional agreement** – convenio condicional
**conditional annuity** – anualidad condicional
**conditional assault** – gestos amenazantes acompañados de amenazas verbales
**conditional bequest** – legado condicional
**conditional charge** – cargo condicional
**conditional commitment** – compromiso condicional
**conditional consent** – consentimiento condicional
**conditional contract** – contrato condicional
**conditional conveyance** – traspaso condicional
**conditional creditor** – acreedor condicional
**conditional delivery** – entrega condicional
**conditional devise** – legado condicional, legado contingente de bienes raíces
**conditional discharge** – liberación condicional
**conditional endorsement** – endoso condicional
**conditional gift** – donación condicional
**conditional guarantee** – garantía condicional
**conditional guaranty** – garantía condicional
**conditional indorsement** – endoso condicional
**conditional insurance** – seguro condicional
**conditional judgment** – sentencia condicional
**conditional lease** – arrendamiento condicional
**conditional legacy** – legado condicional, legado contingente
**conditional liability** – responsabilidad condicional
**conditional limitation** – limitación condicional
**conditional obligation** – obligación condicional
**conditional offer** – oferta condicional
**conditional order** – orden condicional
**conditional pardon** – perdón condicional
**conditional payment** – pago condicional
**conditional permit** – permiso condicional
**conditional promise** – promesa condicional
**conditional purchase** – compra condicional
**conditional receipt** – recibo condicional
**conditional release** – libertad condicional
**conditional right** – derecho condicional
**conditional sale** – venta condicional
**conditional sales contract** – contrato de venta condicional
**conditional sentence** – sentencia condicional
**conditional transfer** – transferencia condicional
**conditional will** – testamento condicional
**conditionality** *n* – limitación
**conditionally** *adv* – condicionalmente
**conditioned** *adj* – condicionado
**conditions concurrent** – condiciones simultáneas
**conditions and qualifications** – condiciones y salvedades, condiciones y calificaciones
**conditions and terms** – condiciones y términos
**conditions and terms of sale** – condiciones y términos de venta
**conditions and terms of use** – condiciones y términos de uso
**conditions concurrent** – condiciones simultáneas
**conditions of acceptance** – condiciones de aceptación
**conditions of approval** – condiciones de aprobación
**conditions of carriage** – condiciones de transporte
**conditions of delivery** – condiciones de entrega
**conditions of employment** – condiciones de empleo
**conditions of payment** – condiciones de pago
**conditions of purchase** – condiciones de compra
**conditions of sale** – condiciones de venta, normas para subastas
**conditions of trade** – condiciones de comercio
**conditions of use** – condiciones de uso
**condo** *n* – condominio
**condominium** *n* – condominio
**condominium association** – asociación de condominio
**condominium insurance** – seguro de condominio
**condominium owners' association** – asociación de dueños de condominio
**condonation** *n* – condonación
**condone** *v* – condonar, tolerar, perdonar, consentir
**conduce** *v* – contribuir
**conduct** *n* – conducta, dirección, manejo, gestión
**conduct** *v* – conducir, dirigir, administrar, llevar, llevar a cabo
**conduct business** – llevar a cabo negocios
**conduct money** – dinero pagado para los gastos de un testigo
**conductor** *n* – conductor, arrendador
**conduit** *n* – conducto, caño
**confabulate** *v* – confabular
**confabulation** *n* – confabulación
**confectio** – ejecución de una orden
**confederacy** *n* – confederación, conspiración, coalición
**confederation** *n* – confederación
**confer** *v* – conferir, otorgar
**confer authority** – otorgar autoridad
**confer jurisdiction** – otorgar jurisdicción
**confer rights** – conferir derechos
**conferee** *n* – conferido, quien participa en una conferencia
**conference** *n* – conferencia, junta, reunión, congreso
**conference board** – consejo de conferencias
**conference call** – llamada en conferencia
**conference center** – centro de conferencias
**conference centre** – centro de conferencias
**conference delegate** – delegado de la conferencia
**conference member** – miembro de la conferencia
**conference proceedings** – procedimientos de la conferencia
**conference program** – programa de la conferencia
**conference programme** – programa de la conferencia
**conference report** – informe de la conferencia, reporte de la conferencia
**conference table** – mesa de conferencias
**conference venue** – lugar de la conferencia
**confess** *v* – confesar, reconocer
**confess guilt** – confesar culpabilidad
**confessedly** *adv* – por confesión propia
**confession** *n* – confesión, reconocimiento
**confession and avoidance** – confesión y anulación

**confession of error** – reconocimiento de error
**confession of judgment** – admisión de sentencia, admisión de sentencia por parte del deudor
**confessor** *n* – confesor, confesante
**confidant** *n* – confidente
**confide** *v* – confiar
**confide in** – confiar en
**confidence** *n* – confianza, confidencia, seguridad, fe
**confidence artist** – estafador, timador, embaucador
**confidence game** – estafa, timo, embaucamiento
**confidence man** – estafador, timador, embaucador
**confidence trick** – estafa, timo, embaucamiento
**confidence trickster** – estafador, timador, embaucador
**confidence woman** – estafadora, timadora, embaucadora
**confident** *adj* – confiado, seguro
**confidential** *n* – confidencial
**confidential communications** – comunicaciones confidenciales
**confidential file** – archivo confidencial
**confidential information** – información confidencial
**confidential relation** – relación de confianza, relación fiduciaria
**confidential statement** – declaración confidencial
**confidentiality** *n* – confidencialidad
**confidentiality agreement** – acuerdo de confidencialidad, convenio de confidencialidad
**confidentiality clause** – cláusula de confidencialidad
**confidentiality obligation** – obligación de confidencialidad
**confidentiality requirement** – requisito de confidencialidad
**confidentially** *adv* – confidencialmente
**confidently** *adv* – confiadamente
**configuration** *n* – configuración
**configurative** *adj* – configurativo
**configure** *v* – configurar
**confine** *n* – confín, término
**confine** *v* – confinar, restringir, recluir
**confinement** *n* – confinamiento, reclusión, encierro
**confining condition** – condición confinante
**confining medical condition** – condición médica confinante
**confirm** *v* – confirmar, ratificar, corroborar
**confirm an order** – confirmar una orden
**confirmatio** – confirmación
**confirmation** *n* – confirmación, ratificación, corroboración
**confirmation letter** – carta de confirmación
**confirmation notice** – aviso de confirmación
**confirmation of analysis** – confirmación de análisis
**confirmation of authority** – confirmación de autoridad
**confirmation of balance** – confirmación de saldo, confirmación de balance
**confirmation of claim** – confirmación de reclamación
**confirmation of damage** – confirmación de daños
**confirmation of eligibility** – confirmación de elegibilidad
**confirmation of employment** – confirmación de empleo
**confirmation of health** – confirmación de salud
**confirmation of identity** – confirmación de identidad
**confirmation of incorporation** – confirmación de incorporación, acta constitutiva
**confirmation of insurance** – confirmación de seguro
**confirmation of manufacturer** – confirmación de manufacturero
**confirmation of order** – confirmación de orden
**confirmation of origin** – confirmación de origen
**confirmation of ownership** – confirmación de propiedad
**confirmation of purchase** – confirmación de compra
**confirmation of quality** – confirmación de calidad
**confirmation of sale** – confirmación de venta
**confirmation of signature** – confirmación de firma
**confirmation of title** – confirmación de título, título
**confirmation of use** – confirmación de uso
**confirmation of value** – confirmación de valor
**confirmation office** – oficina de confirmación
**confirmation request** – solicitud de confirmación
**confirmation stamp** – sello de confirmación
**confirmative** *adj* – confirmativo
**confirmatively** *adv* – confirmativamente
**confirmatory** *adj* – confirmatorio
**confirmed** *adj* – confirmado, habitual
**confirmed letter of credit** – carta de crédito confirmada
**confirmee** *n* – beneficiario de una confirmación
**confirming** *adj* – confirmante
**confirmor** *n* – quien confirma
**confiscable** *adj* – confiscable
**confiscate** *v* – confiscar, decomisar
**confiscated** *adj* – confiscado, decomisado
**confiscation** *n* – confiscación, decomiso
**confiscator** *n* – confiscador
**confiscatory** *adj* – confiscatorio
**conflict** *n* – conflicto
**conflict of interest** – conflicto de intereses
**conflict of jurisdiction** – conflicto de competencia, conflicto de jurisdicción
**conflict of laws** – conflicto de leyes
**conflicting** *adj* – conflictivo, contrario, contradictorio
**conflicting evidence** – pruebas conflictivas, testimonio contradictorio
**conflicting interests** – intereses conflictivos
**conflicting jurisdiction** – jurisdicción conflictiva
**conflicting marks** – marcas conflictivas, marcas comerciales conflictivas
**conflicting provisions** – disposiciones conflictivas
**conflicting trademarks** – marcas conflictivas, marcas comerciales conflictivas
**confluence** *n* – confluencia
**conform** *v* – ajustarse, someterse, conformarse
**conformably** *adv* – en conformidad, sumisamente
**conformance** *n* – conformidad
**conformed** *adj* – conformado
**conformed copy** – copia conformada, copia con anotaciones
**conforming loan** – préstamo conforme
**conforming mortgage** – hipoteca conforme
**conformity** *n* – conformidad, concordancia
**conformity certificate** – certificado de conformidad
**conformity with, in** – en conformidad con
**confound** *v* – confundir
**confounded** *adj* – aturdido
**confrère** *n* – colega
**confront** *v* – confrontar, hacer frente a, comparar
**confrontation** *n* – confrontación, careo

**confuse** *v* – confundir, desconcertar, mezclar
**confused** *adj* – confundido, confuso, desconcertado
**confusedly** *adv* – confusamente, desconcertadamente
**confusedness** *n* – confusión
**confusing** *adj* – confuso, desconcertante
**confusingly** *adv* – confusamente
**confusion** *n* – confusión, perturbación, confusión entre marcas por parte de consumidores
**confusion of boundaries** – confusión de lindes
**confusion of debts** – confusión de deudas
**confusion of goods** – confusión de bienes
**confusion of rights** – confusión de derechos, unión de las capacidades de acreedor y deudor
**confusion of titles** – confusión de títulos
**confutation** *n* – confutación, refutación
**confute** *v* – confutar, refutar, invalidar
**congenial** *adj* – congenial, compatible con
**congeniality** *n* – congenialidad, compatibilidad
**congenital** *adj* – congénito
**congest** *v* – congestionar
**conglomerate** *n* – conglomeración
**conglomerate** *v* – conglomerar
**conglomerate merger** – consolidación de empresas operando en mercados distintos
**conglomeration** *n* – conglomeración
**congregate** *v* – congregarse, juntarse
**congregation** *n* – congregación
**congress** *n* – congreso, reunión
**congressional district** – distrito electoral
**congressional powers** – poderes del congreso, facultades del congreso
**congressman** *n* – congresista
**congressmember** *n* – congresista
**congresswoman** *n* – congresista
**congruence** *n* – congruencia, concordancia
**congruent** *adj* – congruente
**congruently** *adv* – congruentemente
**congruity** *n* – congruidad, congruencia
**congruous** *adj* – congruo, congruente
**congruously** *adv* – congruentemente
**conjecturable** *adj* – conjeturable
**conjectural** *adj* – conjetural
**conjecturally** *adv* – conjeturalmente
**conjecture** *n* – conjetura, suposición
**conjecture** *v* – conjeturar, suponer
**conjoin** *v* – unirse
**conjoint** *adj* – conjunto
**conjoint will** – testamento conjunto, testamento mancomunado
**conjointly** *adv* – conjuntamente
**conjoints** *n* – cónyuges
**conjugal** *adj* – conyugal
**conjugal rights** – derechos conyugales
**conjugally** *adv* – conyugalmente
**conjunct** *adj* – conjunto, unido
**conjunctive** *adj* – conjuntivo
**conjuration** *n* – conjuración
**conjure** *v* – conjurar
**connatural** *adj* – connatural
**connect** *v* – conectar, relacionar, unir, vincular, comunicar
**connected** *adj* – conectado, relacionado, unido, vinculado, comunicado
**connectedly** *adv* – con relación
**connection** *n* – conexión, unión, enlace, relación, contacto
**connections** *n* – vínculos familiares, contactos, conexiones
**connectivity** *n* – conectividad
**connivance** *n* – connivencia, confabulación, consentimiento
**connive** *v* – hacer la vista gorda, hacerse de la vista gorda, confabularse
**conniver** *n* – cómplice
**connotation** *n* – connotación
**connotative** *adj* – connotativo
**connote** *v* – connotar, implicar
**connubial** *adj* – connubial
**connubium** – matrimonio
**conquest** *n* – conquista
**consanguineous** *adj* – consanguíneo
**consanguinity** *n* – consanguinidad
**conscience** *n* – conciencia
**conscience of the court** – la conciencia del tribunal
**conscience, right of** – libertad de conciencia
**conscience-stricken** *adj* – arrepentido
**conscienceless** *adj* – desalmado
**conscientious** *adj* – concienzudo, escrupuloso
**conscientious objector** – objetor de conciencia, quien objeta con base en la conciencia
**conscientious scruple** – escrúpulo de conciencia
**conscientiously** *adv* – concienzudamente
**conscientiousness** *n* – rectitud
**conscious** *adj* – consciente
**conscious act** – acto consciente
**conscious indifference** – indiferencia consciente
**conscious parallel action** – acción paralela consciente
**consciously** *adv* – conscientemente, a sabiendas
**consciousness** *n* – conocimiento, conciencia
**conscript** *adj* – reclutado
**conscript** *n* – recluta
**conscript** *v* – reclutar
**conscription** *n* – reclutamiento, conscripción
**consecution** *n* – sucesión, secuencia
**consecutive** *adj* – consecutivo
**consecutive sentences** – sentencias consecutivas
**consecutively** *adv* – consecutivamente
**conseil d'État** – consejo de estado, conseil d'État
**consensual** *adj* – consensual
**consensual contract** – contrato consensual
**consensual marriage** – matrimonio consensual
**consensual sex** – sexo consensual
**consensus** *n* – consenso, acuerdo
**consensus ad idem** – entendimiento y acorde común, acuerdo de voluntades
**consent** *n* – consentimiento, permiso, aquiescencia
**consent decree** – decreto por consentimiento, decreto emitido por acuerdo entre las partes
**consent in writing** – consentimiento por escrito
**consent judgment** – sentencia acordada por las partes
**consent jurisdiction** – jurisdicción por acuerdo de las partes
**consent of the victim** – consentimiento de la víctima
**consent search** – allanamiento con consentimiento, registro con consentimiento
**consent to be sued** – consentimiento a ser demandado
**consent to notice** – consentimiento a ciertas formas

de notificación
**consenting adults** – adultos que consienten
**consequence** *n* – consecuencia
**consequential** *adj* – consecuente, importante
**consequential damages** – daños y perjuicios indirectos
**consequential loss** – pérdida consecuente
**consequently** *adv* – consiguientemente, por consiguiente
**conservancy** *n* – conservación, área reservada
**conservation** *n* – conservación, preservación
**conservation of energy** – conservación de la energía
**conservation of natural resources** – conservación de los recursos naturales
**conservation of property** – conservación de la propiedad
**conservation of resources** – conservación de los recursos
**conservation program** – programa de conservación
**conservation programme** – programa de conservación
**conservationist** *adj* – conservacionista
**conservationist** *n* – conservacionista
**conservatism** *n* – conservadurismo, conservatismo
**conservative** *adj* – conservador, cauteloso
**conservative** *n* – conservador
**conservative estimate** – estimado conservador
**conservative portfolio** – cartera de valores conservadora
**conservator** *n* – conservador, protector, curador
**conserve** *v* – conservar
**conserve energy** – conservar energía
**conserve natural resources** – conservar recursos naturales
**conserve resources** – conservar recursos
**consider** *v* – considerar, examinar
**consider on the merits** – considerar según los méritos
**considerable** *adj* – considerable, notable
**considerable damage** – daño considerable
**considerable provocation** – provocación considerable
**considerable time** – tiempo considerable
**considerably** *adv* – considerablemente
**consideration** *n* – consideración, contraprestación, causa, motivo, recompensa, deliberación
**consideration in money** – contraprestación pecuniaria, contraprestación monetaria
**considering** *prep* – considerando, teniendo en cuenta
**consign** *v* – consignar, enviar
**consignatary** *n* – consignatario, depositario
**consignation** *n* – consignación
**consigned** *adj* – consignado
**consignee** *n* – consignatario, destinatario
**consigner** *n* – consignador, remitente
**consignment** *n* – consignación, envío
**consignment contract** – contrato de consignación
**consignment note** – hoja de embarque, carta de porte
**consignor** *n* – consignador, remitente
**consist** *v* – consistir
**consistency** *n* – consistencia, coherencia
**consistent** *adj* – consistente, consecuente, uniforme, compatible
**consistent cases** – casos compatibles
**consistent condition** – condición compatible
**consistent decisions** – decisiones consistentes
**consistent defences** – defensas consistentes
**consistent defenses** – defensas consistentes
**consistent interpretation** – interpretación consistente
**consistently** *adv* – consistentemente, consecuentemente, sistemáticamente
**consistory** *n* – consistorio, asamblea
**consociate** *v* – asociarse
**consociation** *n* – asociación
**consolation** *n* – consolación, consuelo, alivio
**consolidate** *v* – consolidar, fusionar
**consolidate actions** – consolidar acciones
**consolidated** *adj* – consolidado
**consolidated appeal** – apelación conjunta
**consolidated balance sheet** – balance consolidado
**consolidated debt** – deuda consolidada
**consolidated financial statement** – estado financiero consolidado
**consolidated laws** – leyes compiladas
**consolidated loans** – préstamos consolidados
**consolidated mortgages** – hipotecas consolidadas
**consolidated report** – informe consolidado, reporte consolidado
**consolidated return** – declaración consolidada de la renta, declaración consolidada de ingresos, declaración consolidada de impuestos, planilla
**consolidated school district** – distrito escolar consolidado
**consolidated statement** – estado consolidado
**consolidated tax return** – declaración consolidada de la renta, declaración consolidada de ingresos, declaración consolidada de impuestos, planilla
**consolidation** *n* – consolidación, unión
**consolidation of actions** – consolidación de acciones
**consolidation of cases** – consolidación de casos
**consolidation of companies** – consolidación de compañías
**consolidation of corporations** – consolidación de corporaciones
**consolidation of debts** – consolidación de deudas
**consolidation process** – proceso de consolidación
**consolidator** *n* – consolidador
**consonance** *n* – consonancia
**consonant** *adj* – consonante
**consort** *n* – consorte
**consortium** *n* – consorcio, consorcio conyugal, unión de partes en una acción
**conspicuous** *adj* – conspicuo
**conspicuous clause** – cláusula conspicua
**conspicuous consumption** – consumo conspicuo, consumo ostentoso
**conspicuous place** – lugar conspicuo
**conspicuous term** – cláusula conspicua
**conspicuously** *adv* – conspicuamente, visiblemente
**conspiracy** *n* – conspiración, conjura, complot
**conspirator** *n* – conspirador
**conspire** *v* – conspirar, conjurarse, complotar
**constable** *n* – agente de policía, alguacil
**constant** *adj* – constante, invariable
**constant costs** – costos constantes, costes constantes
**constant depreciation** – amortización constante, depreciación constante
**constant expenditures** – gastos constantes
**constant expenses** – gastos constantes
**constant fee** – cargo constante

**constant income** – ingreso constante
**constant payment** – pago constante
**constant premium** – prima constante
**constant rate** – tasa constante
**constant-rate loan** – préstamo de tasa constante
**constant-rate mortgage** – hipoteca de tasa constante
**constantly** *adv* – constantemente
**constate** *v* – establecer, constituir
**constituency** *n* – distrito electoral, circunscripción electoral
**constituent** *n* – constituyente, elector, mandante
**constituent company** – compañía componente
**constituent elements** – elementos constitutivos
**constituent instrument** – instrumento constitutivo
**constitute** *v* – constituir, designar, nombrar
**constitute a crime** – constituir un crimen
**constituted** *adj* – constituido
**constituted authorities** – autoridades constituidas
**constitution** *n* – constitución
**constitutional** *adj* – constitucional
**constitutional convention** – asamblea constitucional
**constitutional court** – tribunal constitucional
**constitutional freedoms** – libertad constitucional, derechos fundamentales
**constitutional homestead** – hogar seguro garantizado por la constitución
**constitutional law** – derecho constitucional
**constitutional liberty** – libertad constitucional
**constitutional limitations** – limitaciones constitucionales
**constitutional officer** – funcionario gubernamental cuyo oficio fue creado por la constitución
**constitutional right** – derecho constitucional
**constitutionally** *adv* – constitucionalmente
**constitutor** *n* – fiador
**constrain** *v* – constreñir, limitar, restringir, obligar
**constrained** *adj* – constreñido, limitado, restringido, obligado
**constraining factor** – factor limitante
**constraint** *n* – constreñimiento, limitación, restricción, coacción
**construct** *v* – construir, edificar
**construction** *n* – construcción, interpretación, edificación
**construction activity** – actividad de construcción
**construction bond** – caución de construcción
**construction business** – negocio de construcción
**construction code** – código de construcción, código de edificación, reglamento de construcción, reglamento de edificación, ordenanzas de construcción, ley de edificación
**construction contract** – contrato de construcción
**construction contractor** – contratista de construcción
**construction costs** – costos de construcción, costes de construcción
**construction firm** – empresa de construcción
**construction funds** – fondos de construcción
**construction industry** – industria de la construcción
**construction insurance** – seguro de construcción
**construction line** – línea de edificación
**construction loan** – préstamo de construcción
**construction lot** – solar
**construction materials** – materiales de construcción
**construction mortgage** – hipoteca de construcción
**construction permit** – permiso de construcción, licencia de construcción
**construction project** – proyecto de construcción
**construction restrictions** – restricciones de construcción
**construction work** – trabajo de construcción
**constructionist** *n* – interpretador
**constructive** *adj* – constructivo, establecido en derecho, implícito
**constructive assent** – consentimiento implícito
**constructive authority** – autoridad implícita, autorización implícita
**constructive contempt** – desacato indirecto
**constructive contract** – contrato implícito, cuasicontrato
**constructive conversion** – apropiación ilícita deducida
**constructive delivery** – entrega simbólica
**constructive desertion** – abandono forzoso
**constructive dismissal** – despido constructivo
**constructive entry** – entrada implícita
**constructive eviction** – desahucio constructivo
**constructive flight** – fuga implícita
**constructive force** – intimidación, amenazas
**constructive fraud** – fraude implícito, fraude presuntivo
**constructive intent** – intención implícita, intención imputable a una persona
**constructive knowledge** – conocimiento implícito, conocimiento imputable a una persona
**constructive larceny** – hurto implícito
**constructive loss** – pérdida implícita
**constructive malice** – malicia implícita
**constructive notice** – notificación implícita
**constructive possession** – posesión implícita
**constructive receipt** – percepción implícita de ingresos, percepción de ingresos para efectos contributivos
**constructive receipt of income** – percepción implícita de ingresos, percepción de ingresos para efectos contributivos
**constructive service of process** – notificación implícita, notificación por edicto, notificación por correo
**constructive taking** – intención de tomar algo
**constructive total loss** – pérdida total implícita
**constructive treason** – traición imputada
**constructive trust** – fideicomiso implícito, fideicomiso impuesto mediante la ley
**constructive trustee** – fideicomisario constructivo
**constructive use** – uso implícito
**construe** *v* – interpretar, explicar
**constuprate** *v* – violar
**consuetudinary law** – derecho consuetudinario
**consul** *n* – cónsul
**consul general** – cónsul general
**consular** *adj* – consular
**consular courts** – tribunales consulares
**consular invoice** – factura consular
**consular marriage** – matrimonio por vía consular
**consulate** *n* – consulado
**consulship** *n* – consulado
**consult** *v* – consultar
**consult with counsel** – consultar con el abogado

**consultancy** *n* – consultoría
**consultant** *n* – consultor
**consultary response** – opinión de un tribunal en un caso específico
**consultation** *n* – consulta, conferencia
**consultation agreement** – convenio para consultas
**consultative** *adj* – consultivo, consultativo, consultor
**consultative board** – junta consultiva
**consultative body** – cuerpo consultivo
**consultative capacity** – capacidad consultiva
**consultative committee** – comité consultivo
**consultative company** – compañía consultiva
**consultative corporation** – corporación consultiva
**consultative firm** – firma consultiva
**consulting** *adj* – consultivo, consultor
**consulting board** – junta consultora
**consulting body** – cuerpo consultor
**consulting capacity** – capacidad consultiva
**consulting committee** – comité consultivo
**consulting company** – compañía consultora
**consulting corporation** – corporación consultora
**consulting firm** – firma consultora
**consumable** *adj* – consumible
**consumable goods** – bienes consumibles
**consume** *v* – consumir
**consumer** *n* – consumidor
**consumer action** – acción de los consumidores, acción del consumidor
**consumer ads** – anuncios dirigidos a consumidores
**consumer advertisements** – anuncios dirigidos a consumidores
**consumer advertising** – publicidad dirigida a consumidores
**consumer advocacy** – defensa de los consumidores, defensa del consumidor, defensa al consumidor
**consumer advocate** – defensor de los consumidores, defensor del consumidor
**consumer analysis** – análisis de los consumidores
**consumer association** – asociación de consumidores
**consumer awareness** – conciencia del consumidor
**consumer banking** – banca para el consumidor
**consumer behavior** – conducta del consumidor
**consumer behaviour** – conducta del consumidor
**consumer borrowing** – préstamos de consumidores
**consumer brand** – marca de consumo
**consumer credit** – crédito del consumidor
**consumer credit code** – código para proteger el crédito del consumidor
**consumer credit protection** – protección del crédito del consumidor
**Consumer Credit Protection Act** – ley para proteger el crédito del consumidor
**consumer credit protection laws** – leyes sobre la protección del crédito del consumidor
**consumer debt** – deuda del consumidor, deuda por consumo
**consumer dissatisfaction** – insatisfacción del consumidor
**consumer economics** – economía del consumo
**consumer education** – educación del consumidor
**consumer finance** – financiamiento del consumo, financiación del consumo
**consumer fraud** – fraude del consumidor
**consumer frustration** – frustración del consumidor
**consumer goods** – bienes de consumo
**consumer group** – grupo de consumidores
**consumer habits** – hábitos de consumo, hábitos del consumidor
**consumer ignorance** – ignorancia del consumidor
**consumer information** – información para los consumidores, información sobre el consumidor
**consumer interest** – intereses de consumidores, intereses del consumo
**consumer lease** – arrendamiento de consumo
**consumer leasing** – arrendamiento a consumidores
**consumer lending** – crédito al consumo, préstamos al consumo
**consumer loan** – préstamo de consumo, préstamo al consumidor
**consumer marketing** – marketing dirigido a consumidores, mercadeo dirigido a consumidores
**consumer needs** – necesidades de consumidores, necesidades del consumidor
**consumer organisation** – organización de consumidores
**consumer organization** – organización de consumidores
**consumer-oriented** *adj* – orientado al consumidor
**consumer package** – envase del consumidor
**consumer pressure** – presión al consumidor, presión del consumidor
**consumer price index** – índice de precios al consumidor, índice de precios al consumo
**consumer product** – producto de consumo
**consumer profile** – perfil del consumidor
**consumer protection** – protección al consumidor, protección del consumidor
**consumer protection act** – ley de protección al consumidor
**consumer protection laws** – leyes de protección al consumidor
**consumer research** – investigación del consumidor
**consumer rights** – derechos del consumidor
**consumer risk** – riesgo del consumidor
**consumer services** – servicios al consumidor
**consumer society** – sociedad de consumo
**consumer staples** – productos de consumo de primera necesidad, productos esenciales de consumo
**consumer-to-business** *adj* – consumidor a empresa, consumidor a negocio
**consumer-to-consumer** *adj* – consumidor a consumidor
**consumer's cooperative** – cooperativa de consumidores
**consumerism** *n* – consumismo
**consumerist** *adj* – consumista
**consumerist** *n* – consumista
**consumeristic** *adj* – consumista
**consummate** *adj* – consumado, completo
**consummate** *v* – consumar, completar
**consummation** *n* – consumación
**consumption** *n* – consumo
**consumption economy** – economía de consumo
**consumption expenditures** – gastos de consumo
**consumption expenses** – gastos de consumo
**consumption of intoxicating substances** – consumo de sustancias intoxicantes
**consumption of liquor** – consumo de licor

**consumption tax** – impuesto al consumo
**contact** *n* – contacto
**contain** *v* – contener, incluir
**containerisation** *n* – contenedorización
**containerise** *v* – contenedorizar
**containerization** *n* – contenedorización
**containerize** *v* – contenedorizar
**contaminant** *n* – contaminante
**contaminate** *v* – contaminar
**contaminated** *adj* – contaminado
**contaminating** *adj* – contaminante
**contamination** *n* – contaminación
**contamination control** – control de la contaminación
**contamination damage** – daños por contaminación
**contamination effects** – efectos de la contaminación
**contamination monitoring** – monitoreo de la contaminación
**contamination of air** – contaminación del aire
**contamination of water** – contaminación del agua
**contamination reduction** – reducción de la contaminación
**contemnor** *n* – quien comete desacato, rebelde
**contemplate** *v* – contemplar, proponerse
**contemplation** *n* – contemplación, intención
**contemplation of assignment** – contemplación de transferencia
**contemplation of bankruptcy** – contemplación de quiebra
**contemplation of death** – contemplación de muerte
**contemplation of insolvency** – contemplación de insolvencia
**contemplation of marriage** – contemplación de matrimonio
**contemplative** *adj* – contemplativo
**contemporaneous** *adj* – contemporáneo
**contemporaneous agreement** – convenio contemporáneo
**contemporaneous construction** – interpretación por costumbre
**contemporaneous declaration** – declaración contemporánea
**contemporaneous transaction** – transacción contemporánea
**contemporary** *adj* – contemporáneo
**contempt** *n* – desacato, desdén, desobediencia
**contempt of court** – desacato al tribunal, rebeldía
**contempt power** – poder del tribunal para castigar el desacato
**contemptible** *adj* – despreciable
**contemptible act** – acto despreciable
**contend** *v* – alegar, sostener, disputar
**content** *adj* – contento, satisfecho
**content provider** – proveedor de contenido
**contention** *n* – contención, discusión, argumento
**contentious** *adj* – contencioso
**contentment** *n* – satisfacción, contentamiento
**contents** *n* – contenido, capacidad
**contents unknown** – contenido desconocido
**conterminous** *n* – contérmino, adyacente
**contest** *n* – concurso, debate, disputa, impugnación
**contest** *v* – impugnar, disputar
**contest of will** – impugnación de testamento
**contestable** *adj* – disputable, contestable
**contestable clause** – cláusula disputable
**contestation** *n* – contestación
**contested case** – caso impugnado
**contested election** – elección impugnada, votación impugnada
**context** *n* – contexto
**contextual** *n* – contextual, del contexto
**contiguity** *n* – contigüidad
**contiguous** *adj* – contiguo, próximo
**contiguous lands** – tierras contiguas
**contiguous property** – propiedad contigua
**contiguous territory** – territorio contiguo
**contiguousness** *n* – contigüidad
**continental** *adj* – continental
**contingency** *n* – contingencia, evento contingente, posibilidad
**contingency clause** – cláusula de contingencias
**contingency fees** – honorarios contingentes
**contingency financing** – financiamiento de contingencia, financiación de contingencia
**contingency fund** – fondo de contingencia
**contingency insurance** – seguro de contingencias
**contingency management** – manejo de contingencias
**contingency plan** – plan para contingencias
**contingency planning** – planificación para contingencias
**contingency reserve** – reserva de contingencia
**contingent** *adj* – contingente, condicional, accidental
**contingent annuitant** – rentista contingente, pensionado contingente
**contingent annuity** – anualidad contingente
**contingent beneficiary** – beneficiario contingente
**contingent bequest** – legado condicional
**contingent claim** – reclamación contingente
**contingent commitment** – compromiso contingente
**contingent contract** – contrato contingente
**contingent damages** – daños contingentes
**contingent debt** – deuda contingente
**contingent devise** – legado condicional
**contingent estate** – patrimonio contingente
**contingent event** – evento contingente
**contingent expenditures** – gastos contingentes
**contingent expenses** – gastos contingentes
**contingent fees** – honorarios condicionales
**contingent fund** – fondo de contingencia
**contingent gift** – donación contingente
**contingent interest** – interés contingente
**contingent legacy** – legado condicional
**contingent liability** – pasivo contingente, responsabilidad contingente, compromiso eventual
**contingent limitation** – limitación contingente
**contingent obligation** – obligación contingente
**contingent offer** – oferta contingente
**contingent order** – orden contingente
**contingent remainder** – derecho a suceder condicional, derecho contingente
**contingent reserve** – reserva contingente
**contingent right** – derecho contingente
**contingent trust** – fideicomiso contingente
**contingent trustee** – fiduciario condicional
**contingent use** – uso condicionado
**continual** *adj* – continuo
**continuance** *n* – aplazamiento, continuación
**continuation** *n* – continuación
**continuation of benefits** – continuación de beneficios

**continue** *v* – continuar, mantenerse
**continue an action** – continuar una acción
**continued use** – uso continuo, uso continuado
**continuing** *adj* – continuo, constante
**continuing assessment** – evaluación continua
**continuing breach of contract** – incumplimiento reiterado de contrato
**continuing consideration** – contraprestación continua
**continuing cost** – costo continuo, coste continuo
**continuing covenant** – contrato continuo
**continuing damages** – daños y perjuicios continuos
**continuing guarantee** – garantía continua
**continuing guaranty** – garantía continua
**continuing investment** – inversión continua
**continuing nuisance** – peligro atrayente continuo, acto perjudicial continuo
**continuing offense** – delito continuo, crimen continuo
**continuing professional education** – educación profesional continua
**continuing trespass** – transgresión continua
**continuing warranty** – garantía continua
**continuity** *n* – continuidad
**continuity of life** – continuidad de la existencia corporativa
**continuous** *adj* – continuo
**continuous absence** – ausencia continua
**continuous account** – cuenta continua, relato continuo
**continuous activity** – actividad continua
**continuous adverse possession** – posesión adversa continua
**continuous adverse use** – uso adverso continuo
**continuous assessment** – evaluación continua
**continuous audit** – auditoría continua
**continuous budget** – presupuesto continuo
**continuous budgeting** – presupuestación continua
**continuous consideration** – contraprestación continua
**continuous crime** – crimen continuo
**continuous damages** – daños y perjuicios continuos
**continuous disability** – discapacidad continua
**continuous easement** – servidumbre continua
**continuous employment** – empleo continuo
**continuous guarantee** – garantía continua
**continuous guaranty** – garantía continua
**continuous improvement** – mejoramiento continuo, mejora continua
**continuous inflation** – inflación continua
**continuous injury** – daño continuo, agravio repetido
**continuous nuisance** – peligro atrayente continuo, acto perjudicial continuo
**continuous offer** – oferta continua
**continuous policy** – póliza continua
**continuous possession** – posesión continua
**continuous process** – proceso continuo
**continuous residence** – residencia continua
**continuous servitude** – servidumbre continua
**continuous shift** – turno continuo, jornada continua
**continuous tort** – ilícito civil continuo, daño legal continuo, agravio continuo
**continuous trespass** – transgresión continua
**continuous wrong** – agravio continuo
**continuous work shift** – turno continuo, jornada continua

**contort** *v* – torcer
**contra** *prep* – contra, de otra forma
**contra bonos mores** – contrario a las buenas morales, contrario a las buenas costumbres
**contraband** *n* – contrabando
**contraband of war** – contrabando de guerra
**contract** *n* – contrato, convenio, contrata
**contract** *v* – contratar, convenir, contraer
**contract a debt** – contraer una deuda
**contract a loan** – contraer un préstamo
**contract account** – cuenta por contrato
**contract agreement** – acuerdo por contrato, acuerdo del contrato
**contract, as per** – de acuerdo al contrato
**contract authorisation** – autorización de contrato
**contract authorization** – autorización de contrato
**contract award** – otorgamiento de contrato
**contract awarding** – otorgamiento de contrato
**contract bargaining** – negociación del contrato
**contract bond** – garantía para el cumplimiento de contrato, fianza de contratista
**contract broker** – agente de contratación
**contract by mutual agreement** – contrato por acuerdo mutuo
**contract carrier** – portador por contrato
**contract clause** – cláusula de la constitución que le prohíbe a los estados menoscabar las obligaciones contractuales
**contract expiration** – expiración de contrato
**contract expiration date** – fecha de expiración de contrato
**contract for sale** – contrato de venta
**contract for sale of goods** – contrato para la venta de mercancía
**contract for sale of land** – contrato para la compraventa de tierras
**contract for services** – contrato de servicios
**contract holder** – tenedor de contrato, portador de contrato
**contract interest rate** – tasa de interés de contrato
**contract labor** – mano de obra contratada, trabajo contratado
**contract labour** – mano de obra contratada, trabajo contratado
**contract manager** – gerente de contratos, administrador de contratos
**contract month** – mes del contrato
**contract negotiation** – negociación del contrato
**contract note** – informe escrito de transacción de valores, evidencia de transacción de valores, nota de contrato
**contract of adhesion** – contrato de adhesión
**contract of affreightment** – contrato de fletamento, póliza de fletamento
**contract of carriage** – contrato de transporte
**contract of employment** – contrato de empleo
**contract of guarantee** – contrato de garantía
**contract of guaranty** – contrato de garantía
**contract of hire** – contrato de trabajo, contrato de locación
**contract of indemnity** – contrato de indemnidad
**contract of insurance** – contrato de seguro
**contract of record** – contrato de registro público
**contract of sale** – contrato de venta, contrato de

compraventa
**contract officer** – funcionario de contratos
**contract out** – subcontratar, contratar
**contract payment** – pago por contrato, pago de contrato, pago contractual
**contract price** – precio de contrato
**contract purchasing** – compras por contrato
**contract rate** – tasa de contrato
**contract rent** – renta de contrato
**contract rights** – derechos de contrato, derechos contractuales
**contract to buy** – contrato para comprar, contrato de compra
**contract to sell** – contrato para vender, contrato de venta
**contract under seal** – contrato sellado
**contract work** – trabajo contratado
**contracted** *adj* – contratado
**contracted agreement** – acuerdo contratado
**contracted benefits** – beneficios contratados
**contracted budget** – presupuesto contratado
**contracted capital** – capital contratado
**contracted charge** – cargo contratado
**contracted commission** – comisión contratada
**contracted conditions** – condiciones contratadas
**contracted cost** – costo contratado, coste contratado
**contracted expenditures** – gastos contratados
**contracted expenses** – gastos contratados
**contracted fee** – cargo contratado
**contracted interest rate** – tasa de interés contratada
**contracted liability** – responsabilidad contratada
**contracted obligation** – obligación contratada
**contracted pay** – paga contratada
**contracted payment** – pago contratado
**contracted period** – período contratado
**contracted premium** – prima contratada
**contracted price** – precio contratado
**contracted rate** – tasa contratada
**contracted remuneration** – remuneración contratada
**contracted rent** – renta contratada
**contracted salary** – salario contratado
**contracted terms** – términos contratados
**contracted wage** – salario contratado
**contracting** *adj* – contratante
**contracting out** – subcontratación
**contracting party** – parte contratante
**contracting process** – proceso de contratación
**contraction** *n* – contracción
**contractor** *n* – contratista
**contractor services** – servicios de contratista
**contractor's liability insurance** – seguro de responsabilidad del contratista
**contractual** *adj* – contractual
**contractual agreement** – acuerdo contractual
**contractual benefits** – beneficios contractuales
**contractual charge** – cargo contractual
**contractual clauses** – cláusulas contractuales
**contractual conditions** – condiciones contractuales
**contractual consideration** – contraprestación contractual
**contractual costs** – costos contractuales, costes contractuales
**contractual expenditures** – gastos contractuales
**contractual expenses** – gastos contractuales
**contractual fee** – cargo contractual
**contractual liability** – responsabilidad contractual
**contractual maturity** – vencimiento contractual
**contractual obligation** – obligación contractual
**contractual pay** – paga contractual
**contractual payment** – pago contractual
**contractual period** – período contractual
**contractual plan** – plan contractual
**contractual price** – precio contractual
**contractual provision** – provisión contractual
**contractual relation** – relación contractual
**contractual remuneration** – remuneración contractual
**contractual right** – derecho contractual
**contractual salary** – salario contractual
**contractual term** – plazo contractual
**contractual wage** – salario contractual
**contractus** – contrato
**contradict** *v* – contradecir
**contradiction** *adj* – contradicción
**contradiction in terms** – frase contradictoria de por sí
**contradictorily** *adv* – contradictoriamente
**contradictory** *adj* – contradictorio
**contradictory evidence** – evidencia contradictoria
**contradictory instructions** – instrucciones contradictorias
**contradictory judgment** – sentencia contradictoria
**contradictory statement** – declaración contradictoria
**contraposition** *n* – contraposición
**contrariety** *n* – contrariedad
**contrarily** *n* – contrariamente
**contrariness** *n* – contrariedad
**contrary** *adj* – contrario, adverso
**contrary, on the** – al contrario, lo contrario, por el contrario
**contrary to law** – contrario a la ley, ilegal
**contrary to the evidence** – contrario a la prueba
**contrary to the provisions** – contrario a las provisiones
**contrast** *n* – contraste
**contrasting** *adj* – contrastante, opuesto
**contravene** *v* – contravenir, desobedecer, disputar
**contravention** *n* – contravención, infracción
**contribute** *v* – contribuir
**contributed** *adj* – contribuido
**contributed capital** – capital contribuido
**contributing cause** – causa contribuyente, causa indirecta
**contributing negligence** – negligencia contribuyente
**contribution** *n* – contribución, cuota
**contribution clause** – cláusula de contribución
**contribution for improvements** – contribución para mejoras
**contribution holiday** – intervalo durante el cual un patrono no aporta al fondo de pensiones de empleados, intervalo durante el cual un empleado no aporta al fondo de pensiones
**contribution of capital** – contribución de capital
**contribution plan** – plan de contribuciones
**contributive pension** – pensión contributiva
**contributor** *n* – contribuyente
**contributory** *adj* – contribuyente, contributivo
**contributory infringement** – infracción de patente por actos contribuyentes
**contributory negligence** – negligencia contribuyente

**contributory pension plan** – plan de pensión contribuyente
**contributory pension scheme** – plan de pensión contribuyente
**contributory retirement system** – sistema de retiro contribuyente
**contrite** *adj* – contrito, arrepentido
**contrition** *n* – contrición, arrepentimiento
**contrivable** *adj* – imaginable, factible
**contrivance** *n* – artificio, invención
**contrive** *v* – ingeniar, maquinar
**contrived** *adj* – fabricado, rebuscado
**contriver** *n* – tramador, autor
**control** *n* – control, dominio, autoridad
**control** *v* – controlar, dominar, gobernar
**control account** – cuenta de control
**control card** – tarjeta de control
**control code** – código de control
**control commerce** – controlar el comercio
**control costs** – controlar costos, controlar costes
**control expenditures** – controlar los gastos
**control expenses** – controlar los gastos
**control funds** – controlar los fondos
**control group** – grupo de control, grupo con autoridad para tomar acción
**control growth** – controlar el crecimiento
**control inflation** – controlar la inflación
**control limits** – límites de control
**control period** – período de control
**control person** – persona de control
**control prices** – controlar los precios
**control rates** – controlar las tasas
**control salaries** – controlar los salarios
**control shares** – acciones de control, controlar acciones
**control stock** – acciones de control, controlar acciones
**control the economy** – controlar la economía
**control trade** – controlar el comercio
**control wages** – controlar los salarios
**controllable** *adj* – controlable
**controllable costs** – costos controlables, costes controlables
**controllable expenditures** – gastos controlables
**controllable expenses** – gastos controlables
**controlled** *adj* – controlado, dominado
**controlled account** – cuenta controlada
**controlled commodities** – mercancías controladas, productos controlados
**controlled company** – compañía controlada
**controlled corporation** – corporación controlada
**controlled costs** – costos controlados, costes controlados
**controlled disbursement** – desembolso controlado
**controlled economy** – economía controlada
**controlled exchange rates** – tipos de cambio controlados
**controlled expenditures** – gastos controlados
**controlled expenses** – gastos controlados
**controlled funds** – fondos controlados
**controlled group** – grupo controlado
**controlled growth** – crecimiento controlado
**controlled inflation** – inflación controlada
**controlled market** – mercado controlado
**controlled prices** – precios controlados
**controlled rates** – tasas controladas
**controlled salaries** – salarios controlados
**controlled shares** – acciones controladas
**controlled stock** – acciones controladas
**controlled substance** – sustancia controlada
**controlled trade** – comercio controlado
**controlled wages** – salarios controlados
**controller** *n* – contralor, controlador, interventor, contador principal, director financiero
**controllership** *n* – contraloría, dirección
**controlling** *adj* – gobernante, que controla, determinante
**controlling company** – compañía que controla
**controlling interest** – interés mayoritario
**controlling shareholder** – accionista mayoritario
**controlling stockholder** – accionista mayoritario
**controversial** *adj* – controversial, controvertible, discutible, problemático
**controversy** *n* – controversia, debate
**controvert** *v* – controvertir, debatir
**contumacious** *adj* – contumaz
**contumacious conduct** – conducta contumaz
**contumacy** *n* – contumacia
**contumelious** *adj* – contumelioso, injurioso
**contumely** *n* – contumelia, injuria
**conusant** *adj* – sabiendo
**convalescence** *n* – convalecencia
**convenable** *adj* – apropiado, conforme
**convene** *v* – convocar, iniciar una acción
**convener** *n* – convocador, convocante, presidente, representante sindical
**convenience** *n* – conveniencia, utilidad
**convenience fee** – cargo por la conveniencia de pagar algo o retirar efectivo por medios electrónicos, cargo por conveniencia
**convenient** *adj* – conveniente
**convenor** *n* – convocador, convocante, presidente, representante sindical
**convention** *n* – convención, congreso, convenio, regla convencional
**conventional** *adj* – convencional, contractual, de poca imaginación
**conventional energy** – energía convencional
**conventional interest** – interés convencional
**conventional lien** – gravamen convencional
**conventional loan** – préstamo convencional
**conventional market** – mercado convencional
**conventional mortgage** – hipoteca convencional
**conventional obligation** – obligación convencional
**conventional remission** – condonación convenida
**conventional tariff** – tarifa convencional
**conventional terms** – términos convencionales
**conventional trust** – fideicomiso convencional
**conventions** *n* – pactos concernientes a la extradición
**converge** *v* – convergir, converger
**convergence** *n* – convergencia
**convergency** *n* – convergencia
**conversable** *adj* – conversable, tratable
**conversant** *adj* – familiarizado con
**conversation** *n* – conversación, plática
**converse** *adj* – converso
**converse** *v* – conversar
**conversion** *n* – conversión, apropiación ilícita
**conversion loan** – préstamo de conversión

**conversion of policy** – conversión de póliza
**conversion of property** – conversión de propiedad
**conversion option** – opción de conversión
**conversion premium** – prima de conversión
**conversion rate** – tasa de conversión
**conversion rights** – derechos de conversión
**convert** *v* – convertir
**convertibility** *n* – convertibilidad
**convertible** *adj* – convertible
**convertible adjustable-rate mortgage** – hipoteca de tasa ajustable convertible
**convertible assets** – activo convertible
**convertible bond** – bono convertible
**convertible debenture** – obligación convertible
**convertible debt** – deuda convertible
**convertible insurance** – seguro convertible
**convertible loan** – préstamo convertible
**convertible mortgage** – hipoteca convertible
**convertible note** – nota convertible
**convertible preferred shares** – acciones preferidas convertibles
**convertible preferred stock** – acciones preferidas convertibles
**convertible securities** – valores convertibles
**convertible shares** – acciones convertibles
**convertible stock** – acciones convertibles
**convertibles** *n* – valores convertibles
**convey** *v* – ceder, traspasar, transferir, transportar
**convey ownership** – traspasar propiedad
**convey property** – traspasar propiedad
**conveyable** *adj* – traspasable, transferible, cedible
**conveyance** *n* – cesión, traspaso, escritura de traspaso, transporte, medio de transporte
**conveyance deed** – escritura de traspaso
**conveyance of ownership** – traspaso de propiedad
**conveyance of title** – traspaso de título
**conveyancer** *n* – escribano de escrituras de traspaso
**conveyancing** *n* – hacer las varias funciones de traspasar propiedad, traspaso de propiedad
**convicium** – calumnia
**convict** *n* – convicto, presidiario
**convict** *v* – condenar
**conviction** *n* – condena, convicción
**convince** *v* – convencer
**convincing** *adj* – convincente
**convincing proof** – prueba convincente
**convincingly** *adv* – convincentemente
**convocation** *n* – convocación
**convoke** *v* – convocar, citar
**convoluted** *adj* – complicado, confuso
**convoy** *n* – escolta
**COO (chief operating officer)** – director general, jefe de operaciones, funcionario de operaciones principal
**COO (chief operations officer)** – director de operaciones, jefe de operaciones
**coobligor** *n* – codeudor
**cook the books** – falsificar registros financieros, falsificar declaraciones financieras
**cool blood** – en mesura, sangre fría
**cool state of blood** – sin que el coraje afecte la razón y las facultades
**cooling-off period** – período en que se suspenden las acciones para calmar los ánimos, período de enfriamiento, período de tiempo dentro del cual se puede cancelar un contrato sin incurrir penalidades, intervalo entre registrar el folleto informativo de una emisión de acciones y el ofrecer dichas acciones al público
**cooling time** – tiempo para recobrar la mesura tras gran excitación, período de enfriamiento
**coolly** *adv* – fríamente, serenamente
**coop** *n* – cooperativa
**cooperate** *v* – cooperar, colaborar
**cooperating** *adj* – cooperador, cooperativo
**cooperation** *n* – cooperación
**cooperation agreement** – pacto de cooperación, convenio de cooperación, acuerdo de cooperación
**cooperation contract** – contrato de cooperación
**cooperative** *adj* – cooperativo, cooperador
**cooperative** *n* – cooperativa
**cooperative arrangement** – arreglo cooperativo
**cooperative association** – asociación cooperativa
**cooperative attitude** – actitud cooperativa
**cooperative exporters** – exportadores cooperativos
**cooperative importers** – importadores cooperativos
**cooperative insurance** – seguro cooperativo
**cooperative insurer** – asegurador cooperativo
**cooperative marketing** – marketing cooperativo, mercadeo cooperativo
**cooperative negligence** – negligencia contribuyente
**cooperator** *n* – cooperador
**coopetition** *n* – cooperación entre competidores
**cooptation** *n* – cooptación, elección
**coordinate** *n* – semejante
**coordinate** *v* – coordinar
**coordinate efforts** – coordinar esfuerzos
**coordinate jurisdiction** – jurisdicción concurrente
**coordination** *n* – coordinación
**coordinator** *n* – coordinador
**coowner** *n* – copropietario
**coownership** *n* – copropiedad
**coparcenary** *n* – herencia conjunta
**coparceners** *n* – coherederos
**copartner** *n* – consocio
**copartnership** *n* – sociedad
**copayment** *n* – pago conjunto
**copious** *adj* – copioso, rico
**copiously** *adv* – copiosamente
**copper-bottomed** *adj* – completamente seguro
**copulation** *n* – copulación, coito
**copy** *n* – copia, texto, ejemplar
**copyright** *n* – derechos de autor, derechos de propiedad intelectual, propiedad literaria
**copyright and related rights** – derechos de autor y derechos conexos
**copyright notice** – aviso de derechos de autor
**copyright office** – oficina de derechos de autor
**copyright owner** – propietario de derechos de autor
**copyright piracy** – piratería lesiva del derecho de autor
**copyright protection** – protección de los derechos de autor
**copyright registration** – registro de derechos de autor
**copyright reserved** – todos los derechos reservados
**coram judice** – dentro de la jurisdicción del tribunal, coram judice
**coram nobis** – ante nosotros, coram nobis
**coram non judice** – ante persona no juez, coram non judice

**coram vobis** – ante usted, coram vobis
**cordial** *adj* – cordial
**cordially** *adv* – cordialmente, sinceramente
**core** *n* – núcleo, alma
**core administration** – administración nuclear
**core business** – negocio principal
**core capital** – capital principal
**core financing** – financiación básica, financiamiento básico
**core funding** – financiación básica, financiamiento básico
**core holdings** – valores que permanecen en la cartera a largo plazo
**core inflation** – inflación básica
**core labor standards** – normas fundamentales del trabajo
**core labour standards** – normas fundamentales del trabajo
**core management** – administración nuclear, gestión nuclear
**core workers** – trabajadores indispensables
**corespondent** *n* – codemandado
**corner** *v* – acaparar, arrinconar
**corner the market** – acaparar el mercado
**cornered market** – mercado acaparado
**cornering** *n* – acaparamiento
**corollary** *n* – corolario, resultado
**coroner** *n* – médico forense, investigador de muertes sospechosas
**coroner's court** – tribunal de quienes investigan muertes sospechosas
**coroner's inquest** – pesquisa por parte del investigador de muertes sospechosas, investigación por parte del médico forense
**corp. (corporation)** – corporación, persona jurídica, sociedad anónima
**corporal** *adj* – corporal, físico
**corporal appearance** – comparecencia física, apariencia física
**corporal oath** – juramento solemne
**corporal punishment** – castigo físico, pena corporal
**corporal touch** – contacto físico
**corporate** *adj* – corporativo, social, empresarial
**corporate account** – cuenta social, cuenta corporativa
**corporate accountability** – responsabilidad corporativa, responsabilidad empresarial, responsabilidad social
**corporate accountant** – contable social, contador social, contable corporativo, contador corporativo
**corporate accounting** – contabilidad social, contabilidad corporativa
**corporate acquisition** – adquisición social, adquisición corporativa, adquisición empresarial
**corporate act** – acto social, acto corporativo, acto empresarial
**corporate action** – acción corporativa, acción empresarial
**corporate activity** – actividad corporativa, actividad empresarial
**corporate address** – domicilio social, domicilio corporativo
**corporate administration** – administración social, administración corporativa
**corporate administrator** – administrador social, administrador corporativo
**corporate advertising** – publicidad corporativa, publicidad empresarial
**corporate adviser** – asesor corporativo, asesor empresarial
**corporate advisor** – asesor corporativo, asesor empresarial
**corporate affairs** – asuntos corporativos, asuntos empresariales
**corporate affiliate** – afiliado corporativo, afiliado empresarial
**corporate agency** – agencia corporativa, agencia empresarial
**corporate agent** – agente corporativo, agente empresarial
**corporate assets** – activo social, activo corporativo
**corporate association** – asociación corporativa, asociación empresarial
**corporate authorities** – funcionarios municipales, funcionarios corporativos
**corporate backing** – patrocinio corporativo, patrocinio empresarial
**corporate banking** – banca corporativa, banca empresarial
**corporate bankruptcy** – quiebra social, quiebra corporativa
**corporate benefits** – beneficios corporativos, beneficios empresariales
**corporate body** – ente corporativo, persona jurídica, corporación, sociedad
**corporate bond** – bono corporativo
**corporate bookkeeping** – contabilidad corporativa, contabilidad social, contabilidad empresarial
**corporate books** – libros sociales, libros corporativos
**corporate borrowing** – préstamos corporativos, préstamos empresariales
**corporate brand** – marca corporativa, marca empresarial
**corporate campaign** – campaña corporativa, campaña empresarial
**corporate capital** – capital social, capital corporativo
**corporate car** – carro empresarial
**corporate card** – tarjeta empresarial
**corporate chain** – cadena empresarial
**corporate characteristics** – características corporativas
**corporate charter** – instrumento mediante el cual se crea una sociedad, instrumento mediante el cual se crea una corporación, carta de constitución, carta orgánica
**corporate check** – cheque empresarial
**corporate cheque** – cheque empresarial
**corporate citizenship** – ciudadanía corporativa
**corporate client** – cliente corporativo, cliente empresarial
**corporate conditions** – condiciones corporativas, condiciones empresariales
**corporate conference** – conferencia corporativa
**corporate consultant** – consultor corporativo, consultor empresarial
**corporate contract** – contrato corporativo, contrato empresarial
**corporate correspondence** – correspondencia corporativa, correspondencia empresarial

**corporate credit** – crédito corporativo, crédito empresarial
**corporate crime** – crimen corporativo, crimen imputable a una corporación o sociedad
**corporate culture** – cultura corporativa, cultura empresarial
**corporate customer** – cliente corporativo
**corporate data** – datos corporativos
**corporate database** – base de datos corporativa
**corporate debt** – deuda corporativa, deuda empresarial
**corporate decision** – decisión corporativa, decisión empresarial
**corporate department** – departamento corporativo
**corporate deposit** – depósito corporativo
**corporate director** – director corporativo, director empresarial
**corporate discount** – descuento corporativo
**corporate document** – documento corporativo, documento social
**corporate domicile** – domicilio social, domicilio corporativo
**corporate earnings** – ingresos corporativos, ingresos empresariales
**corporate email** – email corporativo, correo electrónico corporativo
**corporate enterprise** – empresa corporativa
**corporate entity** – entidad corporativa
**corporate environment** – ambiente corporativo
**corporate equipment** – equipo corporativo
**corporate establishment** – establecimiento corporativo, negocio
**corporate ethics** – ética corporativa
**corporate etiquette** – etiqueta corporativa
**corporate executive** – ejecutivo corporativo, ejecutivo empresarial
**corporate existence** – existencia corporativa
**corporate expenditures** – gastos corporativos, gastos empresariales
**corporate expenses** – gastos corporativos, gastos empresariales
**corporate finance** – finanzas corporativas, finanzas empresariales
**corporate financing** – financiación corporativa, financiación empresarial
**corporate forecast** – pronóstico corporativo
**corporate franchise** – carta de constitución, carta orgánica, concesión social, autorización de una corporación para actuar como tal
**corporate fraud** – fraude corporativo, fraude empresarial
**corporate gifts** – regalos corporativos, regalos empresariales
**corporate goal** – meta corporativa
**corporate governance** – gestiones de la junta directiva, responsabilidades de la junta directiva en relación a sus accionistas
**corporate group** – grupo corporativo, grupo empresarial
**corporate health insurance** – seguro de salud corporativo
**corporate identity** – identidad corporativa
**corporate image** – imagen corporativa, imagen empresarial
**corporate income** – ingresos corporativos, rentas corporativas
**corporate income tax** – impuestos sobre ingresos corporativos
**corporate insider** – persona informada corporativa
**corporate insurance** – seguro corporativo, seguro empresarial
**corporate interest** – interés corporativo, interés empresarial
**corporate inversion** – inversión corporativa
**corporate investment** – inversión corporativa
**corporate investor** – inversionista corporativo
**corporate issue** – emisión corporativa, asunto corporativo
**corporate joint venture** – empresa conjunta corporativa
**corporate law** – derecho corporativo, derecho empresarial
**corporate lease** – arrendamiento corporativo, arrendamiento empresarial
**corporate lending** – préstamos corporativos, préstamos empresariales
**corporate liability** – responsabilidad corporativa, responsabilidad empresarial
**corporate liability insurance** – seguro de responsabilidad corporativo
**corporate licence** – licencia corporativa
**corporate license** – licencia corporativa
**corporate literature** – literatura corporativa
**corporate loan** – préstamo corporativo, préstamo empresarial
**corporate logo** – logotipo corporativo, logo corporativo, logotipo empresarial, logo empresarial
**corporate losses** – pérdidas empresariales, pérdidas corporativas
**corporate magazine** – revista corporativa, boletín corporativo
**corporate mail** – correo corporativo, email corporativo, correo electrónico corporativo
**corporate management** – administración corporativa, gestión corporativa, gerencia corporativa, administración empresarial, gestión empresarial, gerencia empresarial
**corporate manager** – gerente corporativo, administrador corporativo
**corporate marketing** – marketing corporativo, mercadeo corporativo, marketing empresarial, mercadeo empresarial
**corporate meeting** – reunión corporativa
**corporate member** – miembro corporativo
**corporate merger** – fusión corporativa, fusión de corporaciones, fusión empresarial
**corporate model** – modelo corporativo
**corporate name** – razón social, nombre corporativo
**corporate objective** – objetivo corporativo
**corporate officers** – funcionarios corporativos, funcionarios sociales
**corporate opportunity** – oportunidad corporativa, oportunidad empresarial
**corporate organisation** – organización corporativa, organización empresarial
**corporate organization** – organización corporativa, organización empresarial
**corporate owner** – dueño corporativo

**corporate park** – parque empresarial
**corporate perks** – beneficios adicionales corporativos
**corporate philosophy** – filosofía corporativa, filosofía empresarial
**corporate plan** – plan corporativo, plan empresarial
**corporate planning** – planificación corporativa, planificación empresarial
**corporate planning model** – modelo de planificación corporativa
**corporate policy** – política corporativa, póliza corporativa, política empresarial, póliza empresarial
**corporate portal** – portal corporativo, portal empresarial
**corporate portfolio** – portafolio corporativo, portafolio empresarial
**corporate powers** – capacidades corporativas, facultades sociales
**corporate practices** – prácticas corporativas, costumbres corporativas
**corporate premises** – local empresarial
**corporate presentation** – presentación corporativa
**corporate priorities** – prioridades corporativas, prioridades empresariales
**corporate profits** – beneficios corporativos, ganancias corporativas
**corporate property** – propiedad corporativa, propiedad empresarial
**corporate purchase** – compra corporativa, compra empresarial
**corporate purpose** – propósito corporativo, objeto social
**corporate raider** – tiburón, persona o persona jurídica que intenta tomar control de una corporación mediante la adquisición de una mayoría sus acciones
**corporate reacquisition** – readquisición corporativa
**corporate records** – registros corporativos, expedientes corporativos
**corporate regulations** – reglamentos corporativos, normas corporativas
**corporate relations** – relaciones corporativas
**corporate reorganisation** – reorganización corporativa, reorganización empresarial
**corporate reorganization** – reorganización corporativa, reorganización empresarial
**corporate report** – informe corporativo, reporte corporativo, informe empresarial, reporte empresarial
**corporate reserves** – reservas corporativas
**corporate resolution** – resolución corporativa
**corporate risk** – riesgo corporativo, riesgo empresarial
**corporate rules** – reglas corporativas
**corporate sale** – venta corporativa
**corporate scam** – estafa corporativa, timo corporativo
**corporate seal** – sello corporativo, sello de la empresa
**corporate sector** – sector corporativo
**corporate services** – servicios corporativos, servicios empresariales
**corporate shares** – acciones corporativas
**corporate spending** – gastos corporativos, gastos empresariales
**corporate sponsor** – patrocinador corporativo
**corporate sponsorship** – patrocinio corporativo, patrocinio empresarial
**corporate state** – estado corporativo
**corporate stock** – acciones corporativas
**corporate store** – tienda corporativa
**corporate strategic planning** – planificación estratégica corporativa
**corporate strategy** – estrategia corporativa
**corporate structure** – estructura corporativa, estructura empresarial
**corporate support services** – servicios de apoyo corporativos
**corporate surplus** – superávit corporativo
**corporate swindle** – estafa corporativa, timo corporativo
**corporate takeover** – toma del control corporativo, absorción de empresa
**corporate taxation** – imposición de sociedades
**corporate taxes** – impuesto de sociedades, impuestos corporativos
**corporate television** – televisión corporativa, televisión empresarial
**corporate transaction** – transacción corporativa, transacción empresarial
**corporate travel** – viaje corporativo, viaje empresarial
**corporate treasurer** – tesorero corporativo
**corporate trends** – tendencias corporativas, tendencias empresariales
**corporate trust** – fideicomiso corporativo, confianza en una corporación
**corporate trustee** – fiduciario corporativo
**corporate trustees** – corporaciones con facultad para servir como fiduciario
**corporate TV** – TV corporativa, TV empresarial
**corporate union** – unión corporativa, unión que favorece la compañía
**corporate usage** – uso corporativo, uso empresarial
**corporate vehicle** – vehículo empresarial
**corporate veil** – velo corporativo
**corporate venture capital** – capital arriesgado en una corporación
**corporate year** – ejercicio social, año corporativo
**corporation** *n* – corporación, persona jurídica, sociedad anónima
**corporation accounting** – contabilidad de corporación
**corporation acquisition** – adquisición de la corporación
**corporation activity** – actividad de la corporación
**corporation address** – domicilio de la corporación
**corporation administration** – administración de la corporación
**corporation administrator** – administrador de la corporación
**corporation affiliate** – afiliado de la corporación
**corporation agency** – agencia de la corporación
**corporation agent** – agente de la corporación
**corporation assets** – activo de la corporación
**corporation bankruptcy** – quiebra de la corporación
**corporation bookkeeping** – contabilidad de corporación
**corporation books** – libros de la corporación
**corporation charter** – autorización de la corporación
**corporation contract** – contrato de la corporación
**corporation correspondence** – correspondencia de la corporación
**corporation culture** – cultura de la corporación
**corporation data** – datos de la corporación
**corporation database** – base de datos de la

corporación
**corporation de facto** – corporación de hecho, corporación de facto
**corporation de jure** – corporación autorizada, corporación de jure
**corporation debt** – deuda de la corporación
**corporation decision** – decisión de la corporación
**corporation department** – departamento de la corporación
**corporation director** – director de la corporación
**corporation document** – documento de la corporación
**corporation domicile** – domicilio de la corporación
**corporation email** – email de la corporación, correo electrónico de la corporación
**corporation environment** – ambiente de la corporación
**corporation ethics** – ética de la corporación
**corporation executive** – ejecutivo de la corporación
**corporation expenditures** – gastos de la corporación
**corporation expenses** – gastos de la corporación
**corporation finance** – finanzas de la corporación
**corporation financing** – financiación de la corporación, financiamiento de la corporación
**corporation fraud** – fraude de la corporación
**corporation group** – grupo de corporaciones
**corporation insider** – persona informada de la corporación
**corporation insurance** – seguro de la corporación
**corporation interest** – interés de la corporación
**corporation lease** – arrendamiento de la corporación
**corporation lending** – préstamos de la corporación
**corporation liability** – responsabilidad de la corporación
**corporation licence** – licencia de la corporación
**corporation license** – licencia de la corporación
**corporation limited by guarantee** – corporación en la cual los accionistas se responsabilizan por deudas hasta una cantidad máxima en caso de bancarrota
**corporation limited by shares** – corporación en la cual los accionistas se responsabilizan por deudas hasta el valor de sus acciones no pagadas en caso de bancarrota
**corporation literature** – literatura de la corporación
**corporation logo** – logotipo de la corporación, logo de la corporación
**corporation losses** – pérdidas de la corporación
**corporation mail** – correo de la corporación, email de la corporación, correo electrónico de la corporación
**corporation management** – administración de la corporación, gestión de la corporación, gerencia de la corporación
**corporation manager** – gerente de la corporación, administrador de la corporación
**corporation merger** – fusión de la corporación
**corporation name** – nombre de la corporación
**corporation objective** – objetivo de la corporación
**corporation officers** – funcionarios de la corporación
**corporation organisation** – organización de la corporación
**corporation organization** – organización de la corporación
**corporation owner** – dueño de la corporación, propietario de la corporación
**corporation philosophy** – filosofía de la corporación
**corporation planning** – planificación de la corporación
**corporation policy** – política de la corporación, póliza de la corporación
**corporation powers** – capacidades de la corporación
**corporation practices** – prácticas de la corporación, costumbres de la corporación
**corporation premises** – local de la corporación
**corporation property** – propiedad de la corporación
**corporation purpose** – propósito de la corporación
**corporation records** – registros de la corporación, expedientes de la corporación
**corporation regulations** – reglamentos de la corporación, normas de la corporación
**corporation report** – informe de la corporación, reporte de la corporación
**corporation rules** – reglas de la corporación
**corporation seal** – sello de la corporación
**corporation sole** – sociedad unipersonal, corporación constituida por una sola persona, persona jurídica constituida por una sola persona
**corporation structure** – estructura de la corporación
**corporation takeover** – toma del control de la corporación
**corporation taxation** – imposición de la corporación
**corporation taxes** – impuestos de la corporación, contribuciones de la corporación, impuestos sobre beneficios de la corporación, impuestos sobre ganancias de la corporación
**corporation union** – unión que favorece a la corporación, unión de la corporación
**corporatise** *v* – convertir en corporación, convertir un ente gubernamental en corporación
**corporatism** *n* – corporativismo
**corporative** *adj* – corporativo
**corporativism** *n* – corporativismo
**corporatize** *v* – convertir en corporación, convertir un ente gubernamental en corporación
**corporator** *n* – miembro de una corporación
**corporeal** *adj* – corpóreo
**corporeal hereditaments** – bienes heredables
**corporeal possession** – posesión material
**corporeal property** – propiedad material
**corporeal right** – derecho real
**corporeally** *adv* – corporalmente, materialmente
**corps** *n* – cuerpo, asociación
**corps diplomatique** – cuerpo diplomático
**corpse** *n* – cadáver
**corpus** *n* – cuerpo, bienes tangibles
**corpus delicti** – cuerpo del delito, corpus delicti
**corpus juris** – cuerpo de la ley, corpus juris
**correct** *adj* – correcto, exacto, justo
**correct** *v* – corregir, enmendar
**corrected** *adj* – corregido
**corrected invoice** – factura corregida
**corrected policy** – póliza de seguros que corrige una anterior con errores
**correcting entry** – contraasiento
**correction** *n* – corrección, enmienda
**correctional** *adj* – correccional, penal
**correctional facilities** – instituciones correccionales
**correctional institutions** – instituciones correccionales, instituciones penales
**correctional system** – sistema correccional

**corrective** *adj* – correctivo
**corrective actions** – medidas correctivas
**corrective measures** – medidas correctivas
**corrective policies** – políticas correctivas
**correctly** *adv* – correctamente
**correlate** *v* – correlacionar
**correlation** *n* – correlación
**correlative** *adj* – correlativo
**correlative rights** – derechos correlativos
**correspond to** – corresponder a
**correspondence** *n* – correspondencia
**correspondence audit** – auditoría por correspondencia
**correspondent** *n* – corresponsal
**correspondent bank** – banco corresponsal
**correspondent firm** – firma corresponsal
**corresponding** *adj* – correspondiente
**corrigendum** *n* – errata
**corroborant** *adj* – corroborante
**corroborate** *v* – corroborar
**corroborating** *adj* – corroborante, corroborativo
**corroborating circumstances** – circunstancias corroborantes
**corroborating evidence** – prueba corroborante
**corroborating proof** – prueba corroborante
**corroborating testimony** – testimonio corroborante
**corroborating witness** – testigo corroborante
**corroborative** *adj* – corroborativo, corroborante
**corroborative circumstances** – circunstancias corroborantes
**corroborative evidence** – prueba corroborante
**corroborative proof** – prueba corroborante
**corroborative testimony** – testimonio corroborante
**corroborative witness** – testigo corroborante
**corroboratory** *adj* – corroborativo, corroborante, confirmativo
**corrupt** *adj* – corrupto, inmoral
**corrupt** *v* – corromper, alterar
**corrupt practices acts** – leyes que regulan las contribuciones y los gastos de campañas electorales
**corruption** *n* – corrupción
**corruptly** *adv* – corruptamente
**corruptor** *n* – corruptor
**cosign** *v* – cofirmar
**cosignatory** *n* – cosignatario, firmante conjunto, cofirmante, codeudor
**cosignature** *n* – firma conjunta
**cosigner** *n* – cosignatario, firmante conjunto, cofirmante, codeudor
**cosinage** *n* – primazgo
**cost** *n* – costo, coste, costa, precio
**cost accounting** – contabilidad de costos, contabilidad de costes
**cost allocation** – asignación de costos, asignación de costes
**cost analysis** – análisis de costos, análisis de costes
**cost and freight** – costo y flete, coste y flete
**cost and insurance** – costo y seguro, coste y seguro
**cost apportionment** – distribución de costos, distribución de costes
**cost assignment** – asignación de costos, asignación de costes
**cost, at** – al costo, al coste
**cost base** – base de costo, base de coste
**cost basis** – base de costo, base de coste
**cost-benefit** *n* – costo-beneficio, coste-beneficio
**cost bond** – fianza para costas, fianza de apelación
**cost calculation** – cómputo de costos, cómputo de costes
**cost center** – centro de costos, centro de costes
**cost centre** – centro de costos, centro de costes
**cost containment** – control de costos, control de costes
**cost contract** – contrato a costo, contrato a coste
**cost control** – control de costos, control de costes
**cost-effective** *adj* – eficaz en relación con el costo, eficaz en relación con el coste
**cost-effectiveness** *n* – eficacia de costos, eficacia de costes
**cost-efficiency** *n* – eficacia de costos, eficacia de costes
**cost-efficient** *adj* – costo eficiente, eficiente en costos, coste eficiente, eficiente en costes
**cost estimate** – estimado de costo, estimado de coste
**cost estimating** – estimado de costos, estimado de costes
**cost estimation** – estimado de costos, estimado de costes
**cost evaluation** – evaluación de costos, evaluación de costes
**cost forecast** – pronóstico de costos, pronóstico de costes
**cost forecasting** – previsión de costos, previsión de costes
**cost-free** *adj* – sin costo, sin coste
**cost inflation** – inflación de costos, inflación de costes
**cost, insurance, and freight** – costo, seguro y flete; coste, seguro y flete
**cost of borrowing** – costo de tomar prestado, coste de tomar prestado
**cost of capital** – costo de capital, coste de capital
**cost of carry** – costo de posesión, coste de posesión
**cost of collection** – gastos de cobranza
**cost of equity** – costo del capital propio, coste del capital propio
**cost of funds** – costo de fondos, coste de fondos
**cost of goods** – costo de bienes, coste de bienes, costo de mercancías, coste de mercancías
**cost of insurance** – costo del seguro, coste del seguro
**cost of labor** – costo de la mano de obra, coste de la mano de obra
**cost of labour** – costo de la mano de obra, coste de la mano de obra
**cost of living** – costo de vida, coste de vida
**cost of living adjustment** – ajuste por costo de vida, ajuste por coste de vida
**cost of living allowance** – asignación por costo de vida, asignación por coste de vida
**cost of living clause** – cláusula para ajuste por costo de vida, cláusula para ajuste por coste de vida
**cost of living index** – índice del costo de vida, índice del coste de vida
**cost of money** – costo del dinero, coste del dinero
**cost of occupancy** – costo de ocupación, coste de ocupación
**cost of ownership** – costo de propiedad, coste de propiedad
**cost of possession** – costo de posesión, coste de

posesión
**cost of replacement** – costo de reemplazo, coste de reemplazo
**cost of risk** – costo del riesgo, coste del riesgo
**cost of sales** – costo de ventas, coste de ventas
**cost of tender** – costo de oferta, coste de oferta
**cost overrun** – sobrecosto, sobrecoste
**cost per employee** – costo por empleado, coste por empleado
**cost per kilometer** – costo por kilómetro, coste por kilómetro
**cost per mile** – costo por milla, coste por milla
**cost-plus contract** – contrato a costo más ganancias, contrato a coste más ganancias
**cost pool** – agrupamiento de costos, agrupamiento de costes
**cost prediction** – predicción de costos, predicción de costes
**cost price** – precio de costo, precio de coste
**cost pricing** – fijación del precio de costo, fijación del precio de coste
**cost-push inflation** – inflación impulsada por costos, inflación impulsada por costes
**cost records** – registros de costos, registros de costes, expedientes de costos, expedientes de costes
**cost reduction** – reducción de costos, reducción de costes
**cost-reduction measures** – medidas de reducción de costos, medidas de reducción de costes
**cost-reduction program** – programa de reducción de costos, programa de reducción de costes
**cost-reduction programme** – programa de reducción de costos, programa de reducción de costes
**cost reference** – referencia de costo, referencia de coste
**cost savings** – ahorros de costos, ahorros de costes
**cost-sensitive** *adj* – sensible al costo, sensible al coste
**cost sheet** – hoja de costos, hoja de costes
**cost structure** – estructura de costos, estructura de costes
**cost to repair** – costo para reparar, coste para reparar
**costing** *n* – costeo
**costs and charges** – costos y gastos, costes y gastos
**costs of collection** – gastos de cobranza
**costs of the day** – costas del día, costos del día, costes del día
**cosurety** *n* – cofiador
**cotenancy** *n* – tenencia conjunta
**cotenant** *n* – copropietario, coposesor, coarrendatario, coinquilino
**coterminous** *adj* – colindante
**cottage** *n* – casa de campo
**could not** – no podría
**council** *n* – consejo, ayuntamiento
**council housing** – viviendas con subsidio gubernamental
**council of arbitration** – consejo de arbitraje
**Council of Europe** – Consejo de Europa
**Council of Ministers** – Consejo de Ministros
**councilor** *n* – concejal
**councillor** *n* – concejal
**counsel** *n* – abogado, consejero, consultor, asesoramiento, consejo
**counsel of record** – abogado que consta, abogado de autos
**counsel, right to** – derecho a abogado
**counseling** *n* – asesoramiento
**counselling** *n* – asesoramiento
**counsellor** *n* – abogado, consejero, consultor
**counselor** *n* – abogado, consejero, consultor
**counselor at law** – abogado, asesor legal
**count** *n* – cargo, conteo, recuento, escrutinio
**count** *v* – contar, tomar en cuenta
**countenance** *n* – semblanza, apoyo
**counter** *adj* – contrario, opuesto
**counter** *n* – mostrador, ventanilla, contador
**counter** *v* – oponerse a, contestar a
**counter-bid** *n* – contraoferta
**counter check** – cheque de ventanilla
**counter cheque** – cheque de ventanilla
**counter-complaint** *n* – contrarreclamación
**counter-inflationary** *adj* – contra la inflación
**counter-measure** *n* – contramedida
**counter-offer** *n* – contraoferta
**counteract** *v* – contrarrestar
**counteraction** *n* – acción contraria
**counteraffidavit** *n* – afidávit contradictorio, contradeclaración
**counterbalance** *v* – contrapesar, contrabalancear
**counterbid** *n* – contraoferta
**counterbond** *n* – contragarantía
**counterclaim** *n* – contrademanda, reconvención
**countercomplaint** *n* – contrarreclamación
**counterfeit** *adj* – falsificado, falso
**counterfeit** *n* – falsificación, imitación
**counterfeit** *v* – falsificar, simular
**counterfeit card** – tarjeta falsificada, tarjeta alterada
**counterfeit coin** – moneda falsificada
**counterfeit goods** – bienes falsificados, mercancías falsificadas
**counterfeit money** – dinero falsificado
**counterfeiter** *n* – falsificador
**counterfoil** *n* – talón de cheque
**counterinflationary** *adj* – contra la inflación
**counterletter** *n* – contradocumento
**countermand** *n* – contraorden
**countermand** *v* – revocar
**counteroffer** *n* – contraoferta
**counterpart** *n* – contraparte, contrapartida, duplicado, complemento
**counterparty** *n* – contraparte
**counterparty risk** – riesgo de la contraparte
**counterproposal** *n* – contrapropuesta, contraoferta
**countersecurity** *n* – contragarantía
**countersign** *n* – contraseña, refrendata
**countersign** *v* – refrendar
**countersignature** *n* – refrendación
**countersignature law** – ley de refrendación
**countertrade** *n* – comercio de trueque entre países
**countervail** *v* – contrapesar, compensar
**countervailable subsidy** – subsidio de compensación, subvención de compensación
**countervailing** *adj* – compensatorio
**countervailing duty** – tarifa compensatoria, derecho compensatorio
**countervailing duty order** – orden de tarifa compensatoria, orden de derecho compensatorio

**countinghouse** *n* – oficina de contaduría, oficina
**countless** *adj* – innumerable
**country** *n* – país, región, campo
**country-club billing** – facturación acompañada de copias de recibos
**country code** – código de país
**country coverage** – cobertura de país
**country limit** – límite del país
**country of consignment** – país de consignación
**country of destination** – país de destino
**country of manufacture** – país de manufactura
**country of origin** – país de origen
**country of registration** – país de registro
**country of residence** – país de residencia
**country quota** – cuota del país
**country risk** – riesgo del país
**county** *n* – condado, distrito
**county affairs** – negocios del condado
**county attorney** – procurador del condado
**county business** – negocios del condado
**county clerk** – secretario del condado
**county commissioners** – comisionados del condado
**county courts** – tribunales de distrito
**county property** – propiedad del condado
**county seat** – capital del condado
**county-town** *n* – capital del condado
**coup d'etat** – golpe de estado, coup d'etat
**couple** *n* – pareja
**coupled with an interest** – mandato en el que el agente tiene un interés
**coupon** *n* – cupón
**coupon policy** – póliza con cupones
**coupon rate** – tasa del cupón, tasa de interés
**coupon yield** – rendimiento del cupón
**courier** *n* – mensajero
**courier service** – servicio de mensajería
**course** *n* – curso, dirección, procedimiento
**course, in due** – a su debido tiempo, en el momento apropiado
**course of action** – curso de acción
**course of business** – marcha de los negocios, curso de los negocios
**course of employment** – en el curso del empleo
**course of the voyage** – ruta acostumbrada
**course of trade** – marcha de los negocios, marcha del comercio
**court** *n* – corte, tribunal, comitiva, juzgado, juez
**court above** – tribunal superior
**court act** – acto judicial
**court action** – acción judicial
**court below** – tribunal inferior
**court day** – día en que se reúne el tribunal
**court facilitator** – empleado de un tribunal que ofrece ayuda con formularios y procedimientos pero que no da consejos legales
**court-martial** *n* – consejo de guerra
**court of admiralty** – tribunal marítimo
**court of appeals** – tribunal de apelaciones, tribunal de casación
**court of arbitration** – tribunal arbitral
**court of auditors** – tribunal de auditores
**court of bankruptcy** – tribunal de quiebras
**court of cassation** – tribunal de casación
**court of chancery** – tribunal de equidad
**court of claims** – tribunal para juicios contra el gobierno
**court of competent jurisdiction** – tribunal de jurisdicción competente, tribunal competente
**court of conciliation** – tribunal de conciliación
**court of criminal appeals** – tribunal de apelaciones criminales, tribunal de apelaciones penales
**court of customs and patent appeals** – tribunal con competencia en materias de aduanas y patentes
**court of equity** – tribunal de equidad
**court of first instance** – tribunal de primera instancia, tribunal de instancia
**court of general jurisdiction** – tribunal de jurisdicción general, tribunal superior en su jurisdicción
**court of general sessions** – tribunal de instancia en materia penal
**Court of International Trade** – Tribunal de Comercio Internacional
**court of justice** – tribunal de justicia, sala de justicia
**court of last resort** – tribunal de último recurso, el más alto tribunal de justicia
**court of law** – tribunal judicial, juzgado
**court of limited jurisdiction** – tribunal de jurisdicción limitada, tribunal especial
**court of nisi prius** – tribunal de primera instancia en lo civil
**court of original jurisdiction** – tribunal de jurisdicción original, tribunal de primera instancia
**court of probate** – tribunal testamentario
**court of protection** – tribunal de protección
**court of record** – tribunal que lleva un expediente y puede imponer penas, tribunal de registro
**court of sessions** – tribunal penal
**court of special sessions** – tribunales formados sólo para casos específicos, tribunal ad hoc
**court order** – orden judicial, auto judicial, apremio
**court procedure** – procedimiento judicial
**court reporter** – escribiente del tribunal, taquígrafo del tribunal
**court rule** – norma procesal
**court system** – sistema judicial
**courtesy** *n* – cortesía, derechos del marido en los bienes de su difunta esposa
**courtesy of, by** – por cortesía de, de regalo
**courthouse** *n* – edificio del tribunal, palacio de justicia, palacio de los tribunales
**courtroom** *n* – sala del tribunal, sala de justicia
**courtyard** *n* – patio, atrio
**cousin** *n* – primo, prima
**cousin-german** *n* – primo hermano, prima hermana
**cousinhood** *n* – primazgo
**covenable** *adj* – conveniente
**covenant** *n* – contrato, convenio, estipulación, garantía
**covenant against encumbrances** – garantía de que un inmueble está libre de gravámenes
**covenant against incumbrances** – garantía de que un inmueble está libre de gravámenes
**covenant for further assurance** – cláusula por la cual el que vende un inmueble se compromete a hacer lo necesario para perfeccionar el título
**covenant for quiet enjoyment** – garantía contra el desahucio, garantía de posesión sin trastornos legales
**covenant in gross** – obligación no relacionada con el

inmueble
**covenant in law** – obligación presumida por ley, obligación conforme a la ley
**covenant not to compete** – acuerdo de no competencia
**covenant not to sue** – obligación de no demandar
**covenant of seisin** – cláusula a través de la cual el vendedor afirma ser dueño de lo que vende
**covenant of warranty** – cláusula de garantía
**covenant running with the land** – obligación vinculada con el inmueble
**covenant to convey** – acuerdo de transferir bienes bajo ciertas circunstancias
**covenant to renew** – acuerdo de renovar
**covenantee** *n* – garantizado, contratante
**covenantor** *n* – garantizador, obligado
**covenants, conditions, and restrictions** – convenios, condiciones, y restricciones
**covenants for title** – el conjunto de garantías que da el vendedor de un inmueble
**cover** *n* – cobertura, cubierta
**cover** *v* – cubrir, asegurar, proteger, recomprar
**cover-all clause** – cláusula que abarca todas las circunstancias de un caso
**cover letter** – carta de remisión, carta acompañante, carta de transmisión, carta de cobertura
**cover note** – declaración escrita de cobertura de parte del agente de seguros
**cover up** – encubrir
**cover-up** *n* – encubrimiento
**coverage** *n* – cobertura, alcance
**coverage initiated** – cobertura iniciada
**coverage level** – nivel de cobertura
**coverage of hazard** – cobertura del riesgo
**coverage of risk** – cobertura del riesgo
**covered** *adj* – cubierto
**covered agreement** – pacto cubierto, convenio cubierto
**covered arbitrage** – arbitraje cubierto
**covered by insurance** – cubierto por seguro
**covered expenses** – gastos cubiertos
**covered investment** – inversión cubierta
**covered location** – lugar cubierto, ubicación cubierta
**covered losses** – pérdidas cubiertas
**covered margin** – margen cubierto
**covered party** – parte cubierta
**covered person** – persona cubierta
**covered property** – propiedad cubierta
**covered risk** – riesgo cubierto
**covering letter** – carta de remisión, carta acompañante, carta de transmisión, carta de cobertura
**covering note** – declaración escrita de cobertura de parte del agente de seguros
**covert** *adj* – secreto, protegido
**covertly** *adv* – secretamente
**coverture** *n* – estado de mujer casada, derechos de la esposa
**covin** *n* – fraude, colusión
**covinous** *adj* – fraudulento, colusorio
**cowboy** *n* – chapucero, grosero, quien hace las cosas sin darle importancia a la honestidad o a los daños que pueda ocasionar
**coworker** *n* – colega de trabajo
**coy** *adj* – esquivo, reservado, tímido
**CPA (Certified Public Accountant)** – contador público autorizado, contador autorizado, contable público autorizado, contable autorizado
**CPI (consumer price index)** – índice de precios al consumidor, índice de precios al consumo
**craft** *n* – destreza, oficio, nave
**craft union** – sindicato de trabajadores del mismo oficio
**crafty** *n* – astuto, mañoso
**cram down** – ratificación por un tribunal de quiebras de una reorganización corporativa
**cramdown** *n* – ratificación por un tribunal de quiebras de una reorganización corporativa
**crash** *n* – choque, estallido, colapso de precios de acciones, colapso de mercado de valores
**crash** *v* – chocar, romper, invadir, colapsar
**crash course** – curso intensivo
**crash landing** – aterrizaje de emergencia
**crash program** – programa intensivo, programa de choque
**crash programme** – programa intensivo, programa de choque
**crass** *adj* – craso
**crave** *v* – implorar, apetecer
**crawling peg** – tasa de cambio fijada a otra tasa de modo que las variaciones entre si sean graduales
**cream of the crop** – lo mejor de lo mejor
**create** *v* – crear, procrear, causar
**create a debt** – crear una deuda
**create a liability** – crear una responsabilidad
**create a lien** – crear un gravamen
**created by fraud** – creado por fraude
**created by law** – creado por ley
**creative accounting** – contabilidad creativa
**creative destruction** – destrucción creativa
**creative financing** – financiamiento creativo, financiación creativa
**credence to, give** – dar credibilidad a, dar crédito a
**credentials** *n* – credenciales, referencias
**credibility** *n* – credibilidad
**credibility gap** – brecha de credibilidad
**credibility problem** – problema de credibilidad
**credible** *adj* – creíble, verosímil
**credible evidence** – prueba creíble
**credible person** – persona digna de confianza
**credible witness** – persona competente para testificar, testigo digno de confianza
**credibly informed** – informado por un tercero confiable
**credible proof** – prueba creíble
**credit** *n* – crédito, reconocimiento, fe, reputación
**credit** *v* – acreditar, abonar
**credit acceptance** – aceptación de crédito
**credit account** – cuenta de crédito
**credit adjustment** – ajuste de crédito
**credit administration** – administración de crédito
**credit administrator** – administrador de crédito
**credit advice** – asesoramiento de crédito
**credit adviser** – asesor de crédito
**credit advisor** – asesor de crédito
**credit against tax** – crédito contra impuesto
**credit agency** – agencia de crédito
**credit agreement** – convenio de crédito, acuerdo de crédito

**credit an account** – acreditar a una cuenta, abonar a una cuenta
**credit analysis** – análisis de crédito
**credit analyst** – analista de crédito
**credit application** – solicitud de crédito
**credit approval** – aprobación de crédito
**credit arrangement** – arreglo de crédito
**credit association** – asociación de crédito
**credit authorisation** – autorización de crédito
**credit authorization** – autorización de crédito
**credit availability** – disponibilidad de crédito
**credit available** – crédito disponible
**credit balance** – saldo acreedor
**credit bank** – banco de crédito
**credit basis** – base de crédito
**credit bill** – letra de crédito
**credit broker** – intermediario de crédito, corredor de crédito
**credit bureau** – agencia de crédito, negociado de crédito, agencia de reporte y clasificación de crédito
**credit capacity** – capacidad de crédito
**credit card** – tarjeta de crédito
**credit card crime** – crimen cometido con tarjeta de crédito
**credit ceiling** – límite de crédito
**credit check** – verificación de crédito
**credit clearing** – compensación de crédito
**credit co-operative** – cooperativa de crédito
**credit column** – columna del haber
**credit company** – compañía de crédito
**credit consultant** – asesor de crédito
**credit contract** – contrato de crédito
**credit control** – control de crédito
**credit cooperative** – cooperativa de crédito
**credit corporation** – corporación de crédito
**credit counseling** – asesoramiento de crédito
**credit counselling** – asesoramiento de crédito
**credit counsellor** – asesor de crédito
**credit counselor** – asesor de crédito
**credit creation** – creación de crédito
**credit criteria** – criterios de crédito
**credit crunch** – reducción del crédito disponible, escasez de crédito
**credit decline** – denegación de crédito
**credit denial** – denegación de crédito
**credit department** – departamento de crédito
**credit derivatives** – inversiones derivadas usadas para reducir riesgos al otorgar crédito
**credit director** – director de crédito
**credit division** – división de crédito
**credit enhancement** – realzado de crédito
**credit entity** – entidad de crédito
**credit entry** – asiento de crédito
**credit expansion** – expansión de crédito
**credit exposure** – exposición a riesgo de crédito
**credit facilities** – facilidades de crédito
**credit file** – archivo de crédito
**credit financing** – financiamiento del crédito, financiación del crédito
**credit form** – formulario de crédito
**credit freeze** – congelamiento de crédito
**credit guarantee** – garantía de crédito
**credit guaranty** – garantía de crédito
**credit history** – historial de crédito
**credit information** – información de crédito
**credit inquiry** – indagación de crédito
**credit institution** – institución de crédito
**credit instrument** – instrumento de crédito
**credit insurance** – seguro sobre el crédito
**credit investigation** – investigación de crédito
**credit limit** – límite de crédito
**credit line** – línea de crédito
**credit losses** – pérdidas de crédito
**credit management** – administración de crédito
**credit manager** – administrador de crédito
**credit market** – mercado de crédito
**credit mechanism** – mecanismo de crédito
**credit memo** – memorando de crédito
**credit memorandum** – memorando de crédito
**credit note** – nota de crédito
**credit office** – oficina de crédito
**credit order** – orden a crédito
**credit outstanding** – crédito pendiente
**credit party** – parte del crédito
**credit period** – período de crédito
**credit policy** – política de crédito
**credit portfolio** – cartera de créditos, portafolio de créditos
**credit quality** – calidad de crédito
**credit rating** – calificación crediticia
**credit rating agency** – agencia de calificación crediticia
**credit rating book** – libro de calificaciones crediticias
**credit rationing** – racionamiento de crédito
**credit record** – registro de crédito
**credit reference** – referencia de crédito
**credit repair** – reparación de crédito
**credit report** – informe de crédito
**credit reporting agency** – agencia de informes de crédito
**credit requirements** – requisitos de crédito
**credit reserves** – reservas de crédito
**credit restrictions** – restricciones de crédito
**credit review** – revisión de crédito
**credit risk** – riesgo de crédito
**credit sale** – venta a crédito, venta a plazos
**credit scoring** – puntuación de crédito
**credit service charge** – cargo por servicios de crédito
**credit service fee** – cargo por servicios de crédito
**credit shelter trust** – fideicomiso para evitación de impuestos sucesorios
**credit side** – haber
**credit slip** – hoja de crédito
**credit society** – sociedad de crédito
**credit squeeze** – reducción del crédito disponible, escasez de crédito
**credit standing** – reputación de crédito
**credit status** – estatus de crédito
**credit supply** – oferta de crédito
**credit system** – sistema de crédito
**credit terms** – términos de crédito
**credit transaction** – transacción de crédito
**credit transfer** – transferencia de crédito
**credit union** – cooperativa de crédito
**credit verification** – verificación de crédito
**creditor** *n* – acreedor
**creditor at large** – acreedor quirografario, acreedor común

**creditor bank** – banco acreedor
**creditor beneficiary** – un tercero que se beneficia de un contrato
**creditor country** – país acreedor
**creditor nation** – nación acreedora
**creditor's bill** – acción entablada por un acreedor en equidad
**creditor's claim** – derecho del acreedor
**creditors' committee** – comité de acreedores
**creditor's suit** – acción entablada por un acreedor en equidad
**creditors' meeting** – asamblea de acreedores
**creditworthiness** *n* – solvencia
**creditworthy** *adj* – solvente, de crédito aceptable
**creed** *n* – credo
**creeping** *adj* – lentamente progresivo, variado de modo que sea más difícil percatarse de los cambios
**creeping inflation** – inflación lentamente progresiva
**cremate** *v* – cremar, quemar
**cremation** *n* – cremación
**crepuscule** *n* – crepúsculo
**crest** *n* – cresta, cima
**crew** *n* – tripulación, personal
**crier** *n* – pregonero
**crime** *n* – crimen, delito
**crime against nature** – acto sexual desviado, acto contra natura
**crime against property** – delito contra la propiedad
**crime insurance** – seguro contra crímenes
**crime of omission** – crimen de omisión
**crime of passion** – crimen pasional
**crime of violence** – crimen con violencia
**crime statistics** – estadísticas criminales
**crimen falsi** – delito con engaño
**criminal** *adj* – criminal, penal
**criminal** *n* – criminal, culpable
**criminal act** – acto criminal
**criminal action** – acción penal, acción criminal, causa
**criminal capacity** – capacidad criminal
**criminal charge** – acusación penal, acusación criminal
**criminal code** – código penal
**criminal conduct** – conducta criminal
**criminal conspiracy** – complot criminal
**criminal contempt** – desacato criminal
**criminal conversation** – adulterio, coito ilegal
**criminal conviction** – condena penal
**criminal court** – tribunal penal, tribunal criminal
**criminal history** – antecedentes penales, antecedentes criminales, historial criminal
**criminal homicide** – homicidio criminal
**criminal insanity** – insania que impide que una persona sepa que está haciendo el mal
**criminal intent** – intención criminal, propósito criminal
**criminal judgment** – fallo penal, fallo criminal
**criminal jurisdiction** – jurisdicción penal, jurisdicción criminal
**criminal law** – derecho penal
**criminal lawyer** – abogado penalista, abogado criminalista
**criminal liability** – responsabilidad penal, responsabilidad criminal
**criminal mischief** – daño voluntario y malicioso castigable por ley
**criminal negligence** – negligencia criminal
**criminal offense** – delito penal
**criminal procedure** – procedimiento penal, procedimiento criminal
**criminal process** – proceso penal, proceso criminal, citación para comparecer en un juicio penal, orden de arresto
**criminal prosecution** – acción penal, enjuiciamiento criminal, enjuiciamiento penal, procesamiento penal
**criminal record** – antecedentes penales, antecedentes criminales, historial criminal
**criminal responsibility** – responsabilidad penal, responsabilidad criminal
**criminal sexual conduct** – conducta sexual criminal
**criminal simulation** – simulación criminal
**criminal solicitation** – el buscar de algún modo que otro cometa un acto criminal
**criminal syndicalism** – sindicalismo criminal
**criminal trespass** – violación de propiedad criminal
**criminal trial** – juicio penal, juicio criminal
**criminalisation** *n* – criminalización
**criminality** *n* – criminalidad
**criminalization** *n* – criminalización
**criminally** *adv* – criminalmente
**criminally negligent** – criminalmente negligente
**criminate** *v* – incriminar, acusar, censurar
**crimination** *n* – incriminación
**criminative** *adj* – acusatorio
**criminological** *adj* – criminológico
**criminology** *n* – criminología
**criminous** *adj* – criminoso, criminal
**crisis** *n* – crisis
**crisis management** – administración de crisis, gestión de crisis
**criteria** *n* – criterios
**criterion** *n* – criterio
**critic** *n* – crítico
**critical** *adj* – crítico
**critical circumstances** – circunstancias críticas
**critical path** – camino crítico, vía crítica
**critical shortage** – escasez crítica
**critical stage** – etapa crítica
**critically** *adv* – críticamente
**criticism** *n* – crítica, censura
**CRM (customer relationship management)** – administración de relaciones con clientes, gestión de relaciones con clientes
**crony capitalism** – capitalismo de camarilla
**cronyism** *n* – amiguismo
**crook** *n* – pillo, estafador
**crooked** *adj* – deshonesto, fraudulento
**crop** *n* – cosecha
**crop areas** – áreas de cultivo
**crop insurance** – seguro de cosecha
**crop rotation** – rotación de cultivos
**cross** *v* – marcar con una cruz, cruzar
**cross a picket line** – cruzar un piquete
**cross-action** *n* – contrademanda, contraquerella
**cross-appeal** *n* – contraapelación
**cross-border** *adj* – transfronterizo
**cross-border lending** – préstamos transfronterizos
**cross-border measures** – medidas transfronterizas
**cross-border risk** – riesgo transfronterizo
**cross-border trade** – comercio transfronterizo

**cross-border worker** – trabajador transfronterizo
**cross-check** *v* – verificar con fuentes múltiples
**cross-claim** *n* – contrademanda, contrareclamación
**cross-collateral** *n* – colateral cruzado
**cross-complaint** *n* – contrademanda, contrareclamación
**cross default** – incumplimiento cruzado
**cross-demand** *n* – contrademanda, reconvención
**cross-examination** *n* – contrainterrogatorio, repreguntas
**cross-examine** *v* – contrainterrogar, repreguntar, interrogar
**cross-interrogatories** *n* – contrainterrogatorio, repreguntas
**cross-liability** *n* – responsabilidad cruzada
**cross-licensing** *n* – licenciamiento cruzado
**cross-merchandising** *n* – venta cruzada de mercancías
**cross-ownership** *n* – propiedad cruzada
**cross-promotion** *n* – promoción cruzada
**cross-question** *v* – repreguntar
**cross-reference** *n* – referencia cruzada
**cross-section** *n* – grupo representativo
**cross-subsidy** *n* – subsidio cruzado, subvención cruzada
**crossed** *adj* – cruzado
**crossed check** – cheque cruzado
**crossed cheque** – cheque cruzado
**crossing** *n* – cruce, intersección, paso
**crossroad** *n* – cruce de caminos
**crowd** *n* – multitud, grupo
**crowd-out** *v* – excluir, llenar a capacidad
**crucial** *adj* – crucial, crítico
**crude oil** – petróleo crudo
**cruel** *adj* – cruel, inhumano
**cruel and abusive treatment** – trato cruel y abusivo
**cruel and inhuman punishment** – castigo cruel e inhumano
**cruel and unusual punishment** – castigo cruel e inusual
**cruel treatment** – trato cruel
**cruelty** *n* – crueldad
**cruelty to animals** – crueldad contra animales
**cruelty to children** – crueldad contra niños
**crux** *n* – punto crítico
**cry** *v* – vocear, llorar
**cryer** *n* – pregonero, subastador
**cryptic** *adj* – misterioso
**crystalline** *adj* – cristalino, evidente
**Ctr. (center)** – centro
**cuckold** *n* – cornudo
**cue** *n* – señal
**cul-de-sac** *n* – calle sin salida
**culmination** *n* – culminación
**culpability** *n* – culpabilidad
**culpable** *adj* – culpable
**culpable homicide** – homicidio culpable
**culpable ignorance** – ignorancia culpable
**culpable neglect** – descuido culpable
**culpable negligence** – negligencia culpable
**culpably** *adv* – culpablemente
**culprit** *n* – culpado, culpable, acusado, criminal, delincuente
**cultural differences** – diferencias culturales
**cultural sensitivity** – sensibilidad cultural
**cultural services** – servicios culturales
**culture shock** – choque cultural
**cum dividend** – con dividendo
**cum interest** – con intereses
**cum rights** – con derechos de suscripción
**cum testamento annexo** – con el testamento anexo
**cum warrant** – con certificado de derechos de compra
**cumulative** *adj* – cumulativo, acumulativo
**cumulative amount** – monto acumulativo, cantidad acumulativa
**cumulative assessment** – evaluación acumulativa
**cumulative assets** – activos acumulativos
**cumulative balance** – saldo acumulativo
**cumulative criminal acts** – actos criminales acumulativos
**cumulative benefits** – beneficios acumulativos
**cumulative capital** – capital acumulativo
**cumulative cost** – costo acumulativo, coste acumulativo
**cumulative debt** – deuda acumulativa
**cumulative deductible** – deducible acumulativo
**cumulative deficit** – déficit acumulativo
**cumulative depreciation** – depreciación acumulativa
**cumulative disbursement** – desembolso acumulativo
**cumulative discount** – descuento acumulativo
**cumulative dividend** – dividendo acumulativo
**cumulative effect** – efecto acumulativo
**cumulative evidence** – prueba cumulativa, prueba corroborante
**cumulative expenditures** – gastos acumulativos
**cumulative expenses** – gastos acumulativos
**cumulative exports** – exportaciones acumulativas
**cumulative financial statement** – estado financiero acumulativo
**cumulative imports** – importaciones acumulativas
**cumulative income** – ingreso acumulativo
**cumulative insurance** – seguro acumulativo
**cumulative investment** – inversión acumulativa
**cumulative legacies** – legados adicionales
**cumulative liability** – responsabilidad acumulativa
**cumulative limit** – límite acumulativo
**cumulative loss** – pérdida acumulativa
**cumulative offense** – delito en el que los mismos actos se repiten en diferentes ocasiones, delito habitual
**cumulative payment** – pago acumulativo
**cumulative preferred** – acciones preferidas acumulativas
**cumulative preferred shares** – acciones preferidas acumulativas
**cumulative preferred stock** – acciones preferidas acumulativas
**cumulative punishment** – pena aumentada por delito habitual
**cumulative rate** – tasa acumulativa
**cumulative receipts** – entradas acumulativas
**cumulative remedy** – recurso adicional
**cumulative reserves** – reservas acumulativas
**cumulative risk** – riesgo acumulativo
**cumulative sentence** – condena acumulada
**cumulative statement** – estado acumulativo
**cumulative taxes** – impuestos acumulativos, contribuciones acumulativas

**cumulative voting** – votación acumulativa
**cumulatively** *adv* – acumulativamente
**cunning** *adj* – astuto, diestro
**curative** *adj* – curativo
**curator** *n* – curador, encargado, tutor
**curator ad litem** – curador ad litem
**curator bonis** – curador de bienes
**curatorship** *n* – curaduría, curatela
**curb** *n* – algo que limita, algo que controla
**curb** *v* – limitar, controlar
**cure** *v* – curar, remediar
**curfew** *n* – toque de queda
**currency** *n* – moneda, divisa, dinero en circulación
**currency adjustment** – ajuste de divisas, ajuste monetario
**currency arbitrage** – arbitraje de divisas
**currency area** – área monetaria, área de monedas
**currency band** – intervalo monetario, intervalo de moneda
**currency basket** – cesta monetaria, cesta de monedas
**currency board** – junta monetaria
**currency borrowing** – préstamos en divisas
**currency clause** – cláusula monetaria, cláusula de monedas
**currency code** – código monetario, código de moneda
**currency collapse** – colapso monetario, colapso de moneda
**currency convertibility** – convertibilidad monetaria, convertibilidad de moneda
**currency debt** – deuda en moneda extranjera, deuda en divisas
**currency deflation** – deflación monetaria
**currency deposits** – depósitos en divisas
**currency depreciation** – depreciación monetaria, depreciación de la moneda
**currency devaluation** – devaluación monetaria, devaluación de moneda
**currency draft** – giro en divisas
**currency exchange** – mercado de divisas, intercambio de divisas
**currency exchange controls** – controles de intercambios de divisas
**currency flow** – flujo de divisas
**currency futures** – futuros de monedas, futuros de divisas
**currency holdings** – reserva de divisas
**currency in circulation** – moneda en circulación
**currency inflation** – inflación monetaria, inflación de moneda
**currency issue** – emisión monetaria, emisión de moneda
**currency liabilities** – pasivo monetario
**currency market** – mercado de divisas
**currency movements** – movimientos de divisas
**currency peg** – tasa de cambio fijada a otra tasa
**currency rates** – tasas de divisas
**currency regulations** – reglamentos de divisas
**currency reserves** – reserva de divisas
**currency restrictions** – restricciones de divisas
**currency revaluation** – revalorización de divisas
**currency risks** – riesgos de divisas
**currency stabilisation** – estabilización monetaria, estabilización de moneda
**currency stabilization** – estabilización monetaria, estabilización de moneda
**currency standard** – patrón monetario
**currency substitution** – sustitución monetaria, sustitución de moneda
**currency swap** – intercambio monetario, intercambio de monedas, intercambio de divisas
**currency zone** – zona monetaria
**current** *adj* – corriente, al día, popular
**current account** – cuenta corriente
**current assets** – activo corriente, activo líquido, activo realizable
**current assumption** – asunción corriente
**current budget** – presupuesto corriente
**current budgeting** – presupuestación corriente
**current business year** – ejercicio anual corriente, año comercial corriente
**current capital** – capital corriente, capital circulante
**current cost** – costo corriente, coste corriente
**current debt** – deuda corriente
**current disbursement** – desembolso corriente
**current earnings** – ingresos corrientes
**current expenditures** – gastos corrientes
**current expenses** – gastos corrientes
**current filing** – registro corriente
**current fiscal year** – año fiscal en curso
**current holdings** – cartera de inversiones actual, propiedades actuales, posesiones actuales
**current income** – ingresos corrientes
**current indicator** – indicador corriente
**current insurance** – seguro corriente, seguro vigente
**current interest** – interés corriente
**current interest rate** – tasa de interés corriente
**current international payments** – pagos internacionales corrientes
**current investments** – inversiones corrientes
**current liabilities** – pasivo corriente, pasivo líquido
**current licence** – licencia corriente
**current license** – licencia corriente
**current liquidity** – liquidez corriente
**current market price** – precio corriente de mercado
**current market value** – valor corriente de mercado
**current member** – miembro vigente
**current membership** – membresía vigente
**current money** – moneda en circulación
**current month** – mes en curso
**current monthly income** – ingresos mensuales corrientes
**current offer** – oferta corriente
**current operations** – operaciones en curso
**current payments** – pagos corrientes
**current policy** – póliza corriente, política corriente
**current price** – precio corriente
**current profits** – beneficios corrientes, ganancias corrientes
**current quote** – cotización actual
**current rate** – tasa corriente
**current revenues** – ingresos corrientes
**current state** – estado corriente
**current status** – estado corriente
**current terms** – términos corrientes
**current value** – valor corriente
**current value accounting** – contabilidad de valor corriente
**current wages** – salarios del presente período, salarios

actuales
**current year** – año en curso
**currently** *adv* – corrientemente
**currently covered** – corrientemente cubierto
**currently insured** – corrientemente asegurado
**curriculum vitae** – currículo, currículum vitae
**cursorily** *adv* – superficialmente
**cursory** *adj* – superficial
**cursory examination** – inspección somera
**curtail** *v* – acortar, reducir
**curtesy** *n* – derechos del marido en los bienes de su difunta esposa
**curtilage** *n* – terreno que rodea una casa
**cushion** *n* – reserva, intervalo de protección
**custodia legis** – custodia de la ley
**custodial** *adj* – relacionado a la custodia, custodial
**custodial account** – cuenta mantenida para otro a quien se tiene bajo la custodia
**custodial interference** – el físicamente evitar que un niño esté con quien tiene derecho a su custodia
**custodial parent** – padre con custodia, padre con derecho a custodia
**custodial person** – persona con custodia, persona con derecho a custodia
**custodian** *n* – custodio, guardián
**custodian account** – cuenta de custodia
**custodian bank** – banco depositario
**custodianship** *n* – custodia
**custody** *n* – custodia
**custody account** – cuenta de custodia
**custody and control** – custodia y control
**custody and visitation** – custodia y visitación
**custody of children** – custodia de hijos, custodia de niños
**custody of property** – custodia de propiedad
**custom** *n* – costumbre, costumbres, prácticas, clientela
**custom and usage** – uso y costumbre
**custom-free** *adj* – exento de contribuciones aduaneras
**customary** *adj* – acostumbrado, usual, consuetudinario
**customary agency** – agencia acostumbrada
**customary and reasonable charge** – cargo acostumbrado y razonable
**customary and reasonable fee** – cargo acostumbrado y razonable
**customary budget** – presupuesto acostumbrado
**customary business expenses** – gastos de negocios acostumbrados
**customary business practices** – prácticas de negocios acostumbradas
**customary charges** – cargos acostumbrados
**customary cost** – costo acostumbrado, coste acostumbrado
**customary course of business** – curso acostumbrado de los negocios
**customary discount** – descuento acostumbrado
**customary dividend** – dividendo acostumbrado
**customary expenditures** – gastos acostumbrados
**customary expenses** – gastos acostumbrados
**customary fees** – cargos acostumbrados
**customary income** – ingresos acostumbrados
**customary insurance** – seguro acostumbrado
**customary interest** – intereses acostumbrados
**customary interpretation** – interpretación usual
**customary loss** – pérdida acostumbrada
**customary payment** – pago acostumbrado, abono acostumbrado
**customary payroll** – nómina acostumbrada
**customary price** – precio acostumbrado
**customary quality** – calidad acostumbrada
**customary rate** – tasa acostumbrada
**customary remuneration** – remuneración acostumbrada
**customary rent** – renta acostumbrada
**customary revenue** – ingresos acostumbrados
**customary risks** – riesgos acostumbrados
**customary salary** – salario acostumbrado
**customary services** – servicios acostumbrados
**customer** *n* – cliente
**customer account** – cuenta del cliente
**customer-activated terminal** – terminal activado por cliente
**customer ads** – anuncios dirigidos al cliente
**customer advertisements** – anuncios dirigidos al cliente
**customer advertising** – publicidad dirigida al cliente
**customer agreement** – convenio del cliente
**customer analysis** – análisis del cliente
**customer association** – asociación de clientes
**customer awareness** – conciencia del cliente
**customer base** – base de clientes
**customer behavior** – conducta del cliente
**customer behaviour** – conducta del cliente
**customer benefits** – beneficios para el cliente
**customer billing** – facturación de clientes
**customer card** – tarjeta del cliente
**customer care** – cuido del cliente
**customer cooperative** – cooperativa de clientes
**customer credit** – crédito del cliente
**customer debt** – deuda del cliente
**customer dissatisfaction** – insatisfacción del cliente
**customer education** – educación del cliente
**customer expectations** – expectativas del cliente
**customer expenditures** – gastos del cliente
**customer expenses** – gastos del cliente
**customer frustration** – frustración del cliente
**customer group** – grupo de clientes
**customer habits** – hábitos del cliente
**customer ignorance** – ignorancia del cliente
**customer information** – información para el cliente, información sobre los clientes
**customer interest** – intereses del cliente
**customer is always right, the** – el cliente siempre tiene la razón
**customer liaison** – enlace con el cliente
**customer loan** – préstamo al cliente, préstamo del cliente
**customer marketing** – marketing dirigido al cliente, mercadeo dirigido al cliente
**customer needs** – necesidades del cliente
**customer organisation** – organización del cliente
**customer organization** – organización del cliente
**customer-oriented** *adj* – orientado al cliente
**customer preferences** – preferencias del cliente
**customer pressure** – presión al cliente, presión del cliente
**customer price** – precio al cliente

**customer profile** – perfil del cliente
**customer protection** – protección del cliente
**customer records** – registros de clientes, expedientes de clientes
**customer relations** – relaciones con clientes
**customer relations manager** – gerente de relaciones con clientes
**customer relationship management** – administración de relaciones con clientes, gestión de relaciones con clientes
**customer representative** – representante de clientes
**customer research** – investigación sobre clientes, investigación del cliente
**customer resistance** – resistencia del cliente
**customer response** – respuesta del cliente
**customer rights** – derechos del cliente
**customer risk** – riesgo del cliente
**customer satisfaction** – satisfacción del cliente
**customer service** – servicio al cliente
**customer service center** – centro de servicio al cliente
**customer service centre** – centro de servicio al cliente
**customer service manager** – gerente de servicio al cliente
**customer service representative** – representante de servicio al cliente
**customer spending** – gastos del cliente
**customer study** – estudio sobre clientes, estudio del cliente
**customhouse** *n* – aduana
**customhouse broker** – corredor de aduanas, agente de aduanas
**customhouse officer** – inspector de aduanas, oficial de aduanas
**customs** *n* – aduana, impuestos aduaneros, costumbres, prácticas
**customs administration** – administración aduanera, administración de aduanas
**customs administrator** – administrador aduanero, administrador de aduanas
**customs agency** – agencia aduanera, agencia de aduanas
**customs agent** – agente aduanero, agente de aduanas
**Customs and Border Protection** – Oficina de Aduanas y Protección Fronteriza
**Customs and Excise** – departamento gubernamental que cobra derechos aduaneros e impuestos indirectos
**Customs and Excise Department** – departamento gubernamental que cobra derechos aduaneros e impuestos indirectos
**customs and patent appeals court** – tribunal de apelación de asuntos de aduanas y patentes
**customs and practices** – costumbres y prácticas
**customs area** – área aduanera, área de aduanas
**customs authorities** – autoridades aduaneras, autoridades de aduanas
**customs barriers** – barreras aduaneras, barreras de aduanas
**customs bond** – fianza aduanera, fianza de aduanas
**customs broker** – corredor aduanero, corredor de aduanas, agente aduanero, agente de aduanas
**customs certificate** – certificado aduanero, certificado de aduanas
**customs charges** – cargos aduaneros, cargos de aduanas
**customs check** – revisión aduanera, revisión de aduanas
**customs classification** – clasificación aduanera, clasificación de aduanas
**customs clearance** – despacho aduanero, despacho de aduanas
**customs clearance services** – servicios de despacho aduanero, servicios de despacho de aduanas
**customs code** – código aduanero, código de aduanas
**customs collector** – cobrador aduanero, cobrador de aduanas
**customs control** – control aduanero, control de aduanas
**customs court** – tribunal aduanero, tribunal de aduanas
**customs declaration** – declaración aduanera, declaración de aduanas
**customs documentation** – documentación aduanera, documentación de aduanas
**customs documents** – documentos aduaneros, documentos de aduanas
**customs duties** – derechos aduaneros, impuestos aduaneros, derechos de aduanas, impuestos de aduanas
**customs duties collection** – cobro de derechos aduaneros, cobro de derechos de aduanas
**customs-exempt** *adj* – exento de derechos aduaneros, exento de impuestos aduaneros
**customs exemption** – exención aduanera
**customs fine** – multa aduanera, multa de aduanas
**customs-free** *adj* – exento de derechos aduaneros, exento de impuestos aduaneros
**customs-free area** – zona franca
**customs-house** *n* – aduana
**customs-house broker** – corredor de aduanas, agente de aduanas
**customs-house officer** – inspector de aduanas, oficial de aduanas
**customs inspection** – inspección aduanera, inspección de aduanas
**customs inspector** – inspector aduanero, inspector de aduanas, vista de aduana
**customs invoice** – factura aduanera, factura de aduanas
**customs officer** – oficial aduanero, oficial de aduanas
**customs procedures** – procedimientos aduaneros, procedimientos de aduanas
**customs rate** – tasa aduanera, tasa de aduanas
**customs regulations** – reglamentos aduaneros, reglamentos de aduanas
**customs rules** – reglas aduaneras, reglas de aduanas
**customs seal** – sello aduanero, sello de aduanas
**customs service** – servicio aduanero, servicio de aduanas
**customs station** – estación aduanera, estación de aduanas
**customs tariff** – tarifa aduanera, tarifa de aduanas
**customs valuation** – valuación aduanera, valuación de aduanas
**customs value** – valor aduanero, valor en aduanas
**customs value, no** – sin valor aduanero, sin valor en aduanas

**customs warehouse** – almacén aduanero, almacén de aduanas
**customshouse** *n* – aduana
**cut** *v* – cortar, acortar, penetrar
**cut costs** – cortar costos, cortar costes
**cut down expenses** – reducir gastos
**cut in salary** – reducción de salario
**cut-off date** – fecha de corte
**cut-off point** – punto de corte
**cut-off rate** – tasa de corte
**cut-off time** – tiempo de corte
**cut-price** *adj* – a precio reducido, a precio de ganga
**cut prices** – reducir precios
**cut-rate** *adj* – a precio reducido, a precio de ganga
**cut rates** – reducir tasas
**cut service** – reducir servicio, eliminar servicio
**cut-throat competition** – competencia feroz
**cut workers** – despedir empleados
**cutback** *n* – recorte, despido de empleados para economizar
**cutpurse** *n* – carterista
**CV (curriculum vitae)** – currículo, currículum vitae
**cy pres** – tan cerca como posible
**cybercrime** *n* – cibercrimen
**cyberspace** *n* – ciberespacio
**cycle** *n* – ciclo
**cyclical** *adj* – cíclico
**cyclical fluctuations** – fluctuaciones cíclicas
**cyclical industry** – industria cíclica
**cyclical inflation** – inflación cíclica
**cyclical unemployment** – desempleo cíclico
**cyclically** *adv* – cíclicamente
**cyclically adjusted** – ajustado cíclicamente

# D

**dactylography** *n* – dactiloscopia
**dactyloscopic** *adj* – dactiloscópico
**dactyloscopy** *n* – dactiloscopia
**dagger** *n* – puñal
**daily** *adj* – diario, cotidiano, diurno
**daily allowance** – asignación diaria
**daily limit** – límite diario
**daily occupation** – ocupación regular
**daily pay** – jornal, paga por día, salario diario
**daily rate** – tasa diaria, jornal, paga por día
**daily rate of pay** – salario diario, jornal, paga por día
**daily report** – informe diario
**daily salary** – salario diario, jornal, paga por día
**daily wage** – salario diario, jornal, paga por día
**daisy chain** – transacciones que manipulan el mercado de modo que un valor aparente tener mucha actividad
**dale and sale** – nombres de lugares ficticios
**dam** *n* – represa, dique
**damage** *n* – daño, lesión
**damage** *v* – dañar, lesionar, perjudicar
**damage authentication** – certificación de daños
**damage certificate** – certificado de daños
**damage certification** – certificación de daños
**damage claim** – reclamación de daños
**damage control** – control de daños
**damage due to negligence** – daños por negligencia
**damage evidence** – prueba de daños
**damage proof** – prueba de daños
**damage to person** – daño a la persona
**damage to property** – daños a la propiedad
**damage verification** – verificación de daños
**damageable** *adj* – susceptible al daño
**damaged** *adj* – dañado
**damages** *n* – daños, daños y perjuicios
**damages for delay** – daños por aplazamiento de una sentencia
**damnification** *n* – lo que ocasiona un daño
**damnify** *v* – perjudicar, dañar
**damnum** – pérdida, daño
**damnum absque injuria** – daño sin recurso legal, damnum absque injuria
**damnum emergens** – daño emergente
**danger** *n* – peligro, riesgo
**danger invites rescue** – doctrina que estipula que un demandado que crea un peligro para una persona responde por los daños causados a quien acude a ayudar a esa persona
**danger money** – plus de peligrosidad
**danger signal** – señal de peligro
**danger zone** – zona de peligro
**dangerous** *adj* – peligroso, arriesgado
**dangerous animal** – animal peligroso
**dangerous business** – negocio peligroso
**dangerous chattel** – artículo peligroso
**dangerous condition** – condición peligrosa
**dangerous conduct** – conducta peligrosa
**dangerous contraband** – contrabando peligroso
**dangerous criminal** – criminal peligroso
**dangerous defect** – defecto peligroso
**dangerous driving** – el conducir peligrosamente
**dangerous employment** – empleo peligroso
**dangerous goods** – mercancías peligrosas
**dangerous instrumentality** – cosa peligrosa
**dangerous machinery** – maquinaria peligrosa
**dangerous occupation** – ocupación peligrosa
**dangerous per se** – peligroso de por sí, peligroso per se
**dangerous place** – lugar peligroso
**dangerous structure** – estructura peligrosa
**dangerous tendency test** – propensión a ocasionar una lesión, propensión a ocasionar un daño
**dangerous waste** – desperdicios peligrosos
**dangerous weapon** – arma peligrosa
**dangerous work** – trabajo peligroso
**dangerously** *adv* – peligrosamente
**dangerousness** *n* – peligrosidad
**dangers of navigation** – peligros de la navegación
**dangers of the sea** – peligros del mar
**dark** *adj* – oscuro, confuso
**darken** *v* – oscurecer, confundir
**data** *n* – datos
**data acquisition** – adquisición de datos
**data automation** – automatización de datos
**data availability** – disponibilidad de datos

**data bank** – banco de datos
**data base** – base de datos
**data capture** – captura de datos
**data center** – centro de datos
**data centre** – centro de datos
**data channel** – canal de datos
**data collection** – recopilación de datos
**data communication** – telemática, comunicación de datos
**data compilation** – compilación de datos, recopilación de datos
**data control** – control de datos
**data conversion** – conversión de datos
**data corruption** – corrupción de datos
**data distribution** – distribución de datos
**data encryption** – codificación de datos
**data entry** – entrada de datos
**data field** – campo de datos
**data file** – archivo de datos, fichero de datos
**data gathering** – recogida de datos
**data glove** – guante de datos
**data input** – entrada de datos
**data integrity** – integridad de datos
**data management** – gestión de datos, administración de datos
**data management system** – sistema de gestión de datos, sistema de administración de datos
**data manipulation** – manipulación de datos
**data medium** – medio de datos
**data mining** – minería de datos
**data network** – red de datos
**data organisation** – organización de datos
**data organization** – organización de datos
**data output** – salida de datos
**data privacy** – privacidad de datos
**data processing** – procesamiento de datos, proceso de datos
**data-processing insurance** – seguro de procesamiento de datos
**data protection** – protección de datos
**Data Protection Agency** – Agencia de Protección de Datos
**data recovery** – recuperación de datos
**data-recovery system** – sistema de recuperación de datos
**data retrieval** – recuperación de datos
**data security** – seguridad de datos
**data storage** – almacenamiento de datos
**data system** – sistema de datos
**data transfer** – transferencia de datos
**data transmission** – transmisión de datos
**data warehouse** – almacén de datos
**database** *n* – base de datos
**database management** – gestión de base de datos, administración de base de datos
**database management system** – sistema de gestión de base de datos, sistema de administración de base de datos
**database services** – servicios de bases de datos
**date** *n* – fecha, compromiso, cita
**date** *v* – fechar
**date back** – antedatar
**date certain** – fecha fijada, fecha cierta
**date due** – fecha de vencimiento
**date of acceptance** – fecha de aceptación
**date of application** – fecha de solicitud
**date of bankruptcy** – fecha de la declaración de quiebra
**date of birth** – fecha de nacimiento
**date of death** – fecha de fallecimiento
**date of delivery** – fecha de entrega
**date of execution** – fecha de ejecución
**date of filing** – fecha de registro, fecha de presentación
**date of first use** – fecha de primer uso
**date of injury** – fecha de lesión
**date of invoice** – fecha de factura
**date of issue** – fecha de emisión
**date of judgment** – fecha del fallo
**date of loss** – fecha de pérdida
**date of maturity** – fecha de vencimiento
**date of notification** – fecha de aviso
**date of payment** – fecha de pago
**date of publication** – fecha de publicación
**date of purchase** – fecha de compra
**date of record** – fecha de registro
**date of registration** – fecha de registro
**date of sale** – fecha de venta
**date of termination** – fecha de terminación
**dated** *adj* – fechado
**dative** *adj* – dativo, nombrado por autoridad pública
**datum** *n* – dato, referencia
**daughter-in-law** *n* – hija política, nuera
**dawn raid** – intento de toma de control de una corporación al comienzo del día bursátil
**day book** – libro diario, registro diario de entradas y salidas
**day calendar** – lista de causas preparadas para el día
**day certain** – día fijo, día cierto
**day in court** – oportunidad de ejercer los derechos en un tribunal competente
**day laborer** – jornalero
**day labourer** – jornalero
**day loan** – préstamo diario
**day of hearing** – día de la audiencia, día de la vista, día del juicio
**day off** – día libre
**day pay** – jornal, paga por día, salario diario
**day rate** – tasa diaria, jornal, paga por día
**day rate of pay** – salario diario, jornal, paga por día
**day shift** – turno diurno, jornada diurna
**day-to-day** *adj* – de día a día
**day-to-day loan** – préstamo de día a día
**day trade** – comprar y vender los mismos valores el mismo día buscando aprovechar cualquier variación en precio
**day trader** – quien compra y venta de los mismos valores el mismo día buscando aprovechar cualquier variación en precio
**day trading** – compra y venta de los mismos valores el mismo día buscando aprovechar cualquier variación en precio
**day wage** – salario diario, jornal, paga por día
**day worker** – trabajador diurno
**day's pay** – jornal, paga por día, salario diario
**daybreak** *n* – alba, amanecer
**daylight** *n* – luz del día
**daylight-saving time** – horario utilizado para aprovechar la luz del día

**daylong** *adj* – todo el día
**days of coverage** – días de cobertura
**days of demurrage** – demora en la duración de un viaje
**days of grace** – días de gracia
**daytime** *n* – la parte del día con luz natural
**dayworker** *n* – trabajador diurno
**daze** *v* – aturdir, ofuscar
**dazedly** *adv* – aturdidamente
**DB (database)** – base de datos
**DBA (doing business as)** – en negocios bajo el nombre de, operando con el nombre de
**DBMS (database management system)** – sistema de gestión de base de datos, sistema de administración de base de datos
**de bene esse** – condicionalmente, de bene esse
**de bonis asportatis** – por bienes removidos
**de die in diem** – de día a día, de die in diem
**de facto** – de hecho, de facto
**de facto adoption** – adopción de hecho
**de facto authority** – autoridad de hecho
**de facto contract** – contrato de hecho
**de facto corporation** – corporación de hecho, corporación con existencia de hecho
**de facto court** – tribunal de hecho
**de facto government** – gobierno de hecho
**de facto guardian** – tutor de hecho
**de facto judge** – juez de hecho
**de facto marriage** – matrimonio de hecho
**de facto officer** – funcionario de hecho
**de facto trust** – fideicomiso de hecho
**de jure** – de derecho, válido bajo la ley, de jure
**de jure corporation** – corporación autorizada, corporación de jure
**de minimis imports** – importaciones insignificantes, importaciones de minimis
**de novo** – de nuevo, de novo
**de novo hearing** – repetición de una vista
**de quota litis** – convenio para honorarios contingentes
**de son tort** – por su propio daño
**de-skilling** *n* – reducción de destrezas de empleados
**dead** *adj* – muerto, inactivo, improductivo, extinto
**dead assets** – activos improductivos
**dead body** – cadáver
**dead-born** *adj* – nacido sin vida
**dead-end job** – trabajo sin oportunidades para mejoramiento
**dead freight** – pago por flete contratado pero sin utilizar, falso flete
**dead hand** – manos muertas
**dead letter** – carta muerta, letra muerta, ley fuera de uso
**dead loss** – pérdida total
**dead man's part** – la parte de los bienes de quien muere que pasa al administrador
**dead pledge** – hipoteca
**dead stock** – inventario no vendible, capital improductivo
**dead storage** – almacenamiento de bienes, mercancías inmovilizadas
**dead time** – tiempo muerto
**deadbeat** *n* – deudor moroso
**deadline** *n* – fecha límite, fecha de vencimiento, plazo, término
**deadliness** *n* – efecto mortífero
**deadlock** *n* – estancamiento, empate
**deadlocked jury** – jurado que no puede llegar a un veredicto
**deadly** *adj* – mortal
**deadly attack** – ataque mortal
**deadly force** – fuerza mortal
**deadly weapon** – arma mortal
**deadly weapon per se** – arma mortal de por sí
**deadweight loss** – desperdicio de recursos a consecuencia de una situación en que nadie se beneficia
**deaf** *adj* – sordo
**deaf and mute** – sordo y mudo
**deafen** *v* – ensordecer
**deafening** *adj* – ensordecedor
**deadweight loss** – desperdicio de recursos a consecuencia de una situación en que nadie se beneficia
**deal** *n* – negocio, contrato, acuerdo, trato
**deal** *v* – negociar, comerciar, repartir, tratar
**dealer** *n* – comerciante, intermediario, corredor, corredor de bolsa, dealer
**dealer in narcotics** – narcotraficante
**dealer's talk** – exageraciones usadas para vender algo
**dealership** *n* – concesionario
**dealings** *n* – negociaciones, tratos, transacciones, comercio
**dean** *n* – decano
**death** *n* – muerte, fallecimiento
**death benefits** – beneficios por muerte, indemnización por muerte
**death by his own hand** – suicidio
**death by wrongful act** – muerte justiciable
**death certificate** – certificado de defunción, certificado de muerte
**death duty** – impuesto sobre herencias, impuestos sucesorios
**death penalty** – pena de muerte, pena capital
**death rate** – tasa de mortalidad
**death records** – registro de fallecimientos
**death sentence** – pena de muerte, pena capital
**death taxes** – impuestos sobre herencias, impuestos sucesorios
**death warrant** – orden de ejecución de pena de muerte
**deathbed** *n* – lecho de muerte
**deathtrap** *n* – trampa mortal
**debacle** *n* – debacle, fracaso, fiasco
**debarment** *n* – exclusión
**debatable** *adj* – discutible
**debate** *v* – debatir, discutir
**debauch** *v* – corromper, seducir
**debauchery** *n* – corrupción, libertinaje
**debenture** *n* – obligación sin hipoteca o prenda, debenture
**debenture bond** – bono sin hipoteca o prenda, debenture
**debenture certificate** – certificado de debenture
**debenture debt** – deuda sin hipoteca o prenda, debenture
**debenture loan** – préstamo sin hipoteca o prenda, debenture
**debilitate** *v* – debilitar
**debit** *n* – débito, debe, saldo deudor, cargo

**debit** *v* – debitar, cargar en cuenta
**debit advice** – aviso de débito
**debit an account** – adeudar una cuenta
**debit and credit** – debe y haber
**debit balance** – saldo deudor
**debit card** – tarjeta de débito
**debit column** – columna del debe
**debit entry** – asiento de cargo, asiento de débito
**debit insurance** – seguro industrial
**debit item** – partida del debe
**debit memo** – memorando de débito
**debit memorandum** – memorando de débito
**debit note** – nota de débito
**debit side** – debe
**debitor** *n* – deudor
**debris** *n* – escombros, desperdicios
**debt** *n* – deuda, obligación
**debt adjusting** – atender las deudas de otro por compensación
**debt adjustment** – convenio para pagar deudas que se disputan
**debt administration** – administración de la deuda
**debt assignment** – transferencia de la deuda, asignación de la deuda
**debt assumption** – asunción de la deuda
**debt burden** – carga de la deuda
**debt buyback** – recompra de deuda
**debt by contract** – deuda por contrato
**debt cancellation** – cancelación de deuda
**debt capacity** – capacidad de contraer deudas
**debt capital** – capital obtenido a través de préstamos
**debt capital market** – mercado de capitales obtenidos a través de préstamos
**debt ceiling** – máximo de deuda
**debt certificate** – certificado de deuda
**debt charges** – cargos por deuda
**debt collection** – cobro de deudas
**debt collector** – cobrador de deudas
**debt consolidation** – consolidación de deudas
**debt conversion** – conversión de deuda
**debt counseling** – asesoramiento sobre deudas
**debt counselling** – asesoramiento sobre deudas
**debt due** – deuda exigible
**debt evidence** – prueba de deuda
**debt factoring** – venta a descuento de las cuentas por cobrar
**debt financing** – financiamiento mediante deuda, financiamiento de la deuda
**debt-for-environment swap** – intercambio de deudas por mejoras ambientales
**debt-for-nature swap** – intercambio de deudas por mejoras ambientales
**debt forgiveness** – condonación de la deuda
**debt funding** – financiación mediante deuda, consolidación de deudas
**debt holder** – acreedor, deudor
**debt instrument** – instrumento de deuda
**debt level** – nivel de deuda
**debt leverage** – nivel de endeudamiento relativo al capital
**debt limit** – límite de deuda
**debt limitations** – limitaciones de la deuda
**debt load** – carga de la deuda
**debt loading** – acumulación de deudas en anticipación a declarar quiebra
**debt management** – administración de la deuda, gestión de la deuda
**debt manager** – administrador de la deuda
**debt moratorium** – moratoria de la deuda
**debt obligations** – obligaciones de deudas
**debt of another** – deuda de otro
**debt of honor** – deuda de honor
**debt of record** – deuda declarada en un juicio
**debt overhang** – deuda que excede la capacidad futura de repagarla, sobreendeudamiento
**debt payment** – pago de deuda
**debt pooling** – arreglo mediante el cual un deudor reparte sus activos entre acreedores
**debt proof** – prueba de deuda
**debt rating** – clasificación de deuda
**debt reduction** – reducción de deuda
**debt refinancing** – refinanciamiento de deuda
**debt relief** – alivio de la deuda
**debt renegotiation** – renegociación de la deuda
**debt repayment** – pago de deuda
**debt repayment schedule** – tabla de pago de deuda
**debt repudiation** – cancelación de la deuda
**debt repurchase** – recompra de la deuda
**debt rescheduling** – reprogramación de la deuda
**debt restructuring** – reestructuración de deuda
**debt retirement** – retiro de deuda
**debt-ridden** *adj* – sobreendeudado
**debt security** – garantía de una deuda, obligación de deuda
**debt service** – servicio de la deuda, pago de deudas
**debt servicing** – servicio de la deuda, pago de deudas
**debt standstill** – moratoria de la deuda
**debt sustainability** – sostenibilidad de la deuda
**debt swap** – intercambio de deuda
**debtee** *n* – acreedor
**debtor** *n* – deudor
**debtor account** – cuenta deudora
**debtor country** – país deudor
**debtor in possession** – negocio que sigue operando durante su reorganización bajo la ley de quiebras
**debtor nation** – nación deudora
**decade** *n* – década
**decapitalisation** *n* – descapitalización
**decapitalization** *n* – descapitalización
**decapitate** *v* – decapitar
**decapitation** *n* – decapitación
**decartelisation** *n* – descartelización
**decartelization** *n* – descartelización
**decay** *n* – deterioro, degeneración
**decease** *n* – muerte, fallecimiento
**decease** *v* – morir, fallecer
**deceased** *adj* – difunto, muerto
**deceased** *n* – difunto, muerto
**deceased account** – cuenta de difunto
**decedent** *n* – difunto, muerto
**decedent's account** – cuenta de difunto
**decedent's estate** – patrimonio sucesorio
**deceit** *n* – engaño, dolo, decepción
**deceitful** *adj* – engañoso, falso
**deceitfully** *adv* – engañosamente, fraudulentamente
**deceitfulness** *n* – falsedad, engaño
**deceivable** *adj* – engañoso
**deceive** *v* – engañar, embaucar

**deceiver** *n* – quien engaña, impostor
**deceivingly** *adv* – engañosamente
**decency** *n* – decencia, normas de conducta
**decent** *adj* – decente, adecuado
**decentralisation** *n* – descentralización
**decentralise** *v* – descentralizar
**decentralised** *adj* – descentralizado
**decentralised agency** – agencia descentralizada
**decentralised management** – administración descentralizada, gestión descentralizada
**decentralization** *n* – descentralización
**decentralize** *v* – descentralizar
**decentralized** *adj* – descentralizado
**decentralized agency** – agencia descentralizada
**decentralized management** – administración descentralizada, gestión descentralizada
**deception** *n* – engaño, fraude
**deceptive** *adj* – engañoso
**deceptive advertising** – publicidad engañosa
**deceptive marketing** – marketing engañoso, mercadeo engañoso
**deceptive packaging** – empaque engañoso
**deceptive practice** – práctica engañosa
**deceptive sales practices** – prácticas comerciales engañosas
**deceptive statement** – declaración engañosa
**deceptiveness** *n* – apariencia engañosa
**decidable** *adj* – determinable
**decide** *v* – decidir
**decide against** – decidir en contra
**decide in favor** – decidir a favor
**decided** *adj* – decidido, resuelto
**decipher** *v* – descifrar
**decision** *n* – decisión, sentencia, fallo, decreto
**decision maker** – quien toma las decisiones
**decision making** – toma de decisiones
**decision-making power** – facultad decisoria
**decision-making process** – proceso de decisión
**decision on appeal** – decisión del tribunal de apelación
**decision on merits** – decisión por los méritos de una cuestión
**decision tree** – árbol de decisión
**decisive** *adj* – decisivo, determinante, decidido
**decisive factor** – factor determinante, factor decisivo
**decisive oath** – juramento decisivo
**decisively** *adv* – concluyentemente
**declaim** *v* – declamar
**declamation** *n* – declamación
**declamatory** *adj* – declamatorio
**declarable** *adj* – declarable
**declarant** *n* – declarante
**declaration** *n* – declaración, exposición, demanda, primer alegato, manifestación, declaración aduanera
**declaration against interest** – declaración contraria a los intereses propios
**declaration in chief** – demanda principal
**declaration of assets** – declaración de bienes
**declaration of bankruptcy** – declaración de quiebra
**declaration of death** – declaración de fallecimiento
**declaration of dividend** – declaración de dividendo
**declaration of independence** – declaración de independencia
**declaration of intent** – declaración de intención
**declaration of intention** – declaración de intención
**declaration of law** – declaración de ley
**declaration of legitimacy** – declaración de la legitimidad de un hijo
**declaration of means** – declaración de medios financieros
**declaration of need** – declaración de necesidad
**declaration of origin** – declaración de origen
**declaration of public necessity** – declaración de necesidad pública
**declaration of rights** – declaración de derechos
**declaration of solvency** – declaración de solvencia
**declaration of trust** – declaración de fideicomiso
**declaration of value** – declaración del valor
**declaration of war** – declaración de guerra
**declaration under penalty of perjury** – declaración bajo pena de perjurio
**declarations section** – sección de declaraciones
**declaratory** *adj* – declaratorio
**declaratory action** – acción declaratoria
**declaratory covenant** – estipulación declaratoria
**declaratory judgment** – sentencia declaratoria
**declaratory legislation** – legislación declaratoria
**declaratory statute** – ley declaratoria
**declare** *v* – declarar, manifestar
**declare a dividend** – declarar un dividendo
**declare a strike** – declarar una huelga
**declared** *adj* – declarado
**declared capital** – capital declarado
**declared dividend** – dividendo declarado
**declared income** – ingresos declarados
**declared profit** – beneficio declarado, ganancia declarada
**declared value** – valor declarado
**declared value, no** – sin valor declarado
**declaredly** *adv* – explícitamente
**declarer** *n* – declarante
**declassify** *v* – suspender el carácter clasificado, revocar el carácter clasificado
**declination** *n* – declinatoria, acto judicial mediante el cual un fiduciario declara su intención de no actuar como tal, declive, rechazo
**declinatory exception** – excepción declinatoria
**decline** *n* – disminución, bajada, descenso
**decline** *v* – declinar, decaer, disminuir, rechazar, empeorar, rehusar, no admitir
**decline jurisdiction** – declinar jurisdicción
**declining quality** – calidad decreciente
**declining rates** – tasas decrecientes
**decode** *v* – descodificar, descifrar
**decoder** *n* – descodificador
**deconglomeration** *n* – desconglomeración
**deconsolidate** *v* – desconsolidar
**decontrol** *n* – descontrol, reducción de controles
**decontrol** *v* – descontrolar, reducir controles
**decoy** *n* – señuelo
**decoy** *v* – atraer con señuelo, engañar
**decoy letter** – carta utilizada de señuelo
**decrease** *n* – disminución, reducción, merma, baja
**decrease** *v* – disminuir, reducir, mermar, bajar
**decreasing** *adj* – decreciente
**decreasing insurance** – seguro decreciente
**decree** *n* – decreto, sentencia, mandato
**decree absolute** – sentencia absoluta

**decree in absence** – sentencia dictada en ausencia, sentencia dictada en rebeldía
**decree nisi** – sentencia provisional
**decree of distribution** – sentencia de distribución
**decree of divorce** – sentencia de divorcio
**decree of insolvency** – declaración judicial de que los activos no alcanzan a cubrir las deudas
**decree of nullity** – auto de nulidad
**decree pro confesso** – sentencia basada en la confesión tácita del demandado
**decrement** *n* – decremento, disminución, merma
**decrepit** *adj* – decrépito
**decretal order** – orden preliminar
**decriminalisation** *n* – descriminalización
**decriminalization** *n* – descriminalización
**decruitment** *n* – despido de empleados
**decry** *v* – desaprobar, menospreciar, desacreditar
**decrypt** *v* – descifrar, descodificar
**decryption** *n* – descifrado, descodificación
**dedicate** *v* – dedicar, dedicar un inmueble al uso público
**dedication** *n* – dedicación, dedicación de un inmueble al uso público
**dedication and reservation** – dedicación reservándose ciertos derechos
**dedication to the public** – dedicación de bienes para el uso público
**dedition** *n* – dación, entrega
**deduce** *v* – deducir, inferir
**deduct** *v* – deducir
**deduct from wages** – deducir del salario
**deduct taxes** – deducir impuestos
**deductibility** *n* – deducibilidad
**deductible** *adj* – deducible
**deductible** *n* – deducible, franquicia
**deductible clause** – cláusula sobre el deducible en un contrato de seguro
**deductible expenses** – gastos deducibles
**deductible insurance** – seguro con deducibles
**deductible losses** – pérdidas deducibles
**deduction** *n* – deducción, descuento
**deduction for new** – parte del costo de reparación de una nave que reembolsa el asegurado al asegurador
**deduction from income** – deducción de ingresos
**deductive** *adj* – deductivo
**deductively** *adv* – deductivamente
**deed** *n* – escritura, título, instrumento formal para transferir derechos sobre un inmueble, hecho, acto
**deed in fee** – escritura mediante la cual se transfiere dominio absoluto sobre un inmueble
**deed in lieu** – entrega de escritura en vez de juicio hipotecario
**deed in lieu of foreclosure** – entrega de escritura en vez de juicio hipotecario
**deed indenture** – escritura de traspaso
**deed intended** – escritura mediante la cual se transfieren los derechos sobre un inmueble
**deed of agency** – fideicomiso con el propósito de pagar deudas
**deed of assignment** – escritura de traspaso
**deed of conveyance** – escritura de traspaso
**deed of covenant** – escritura de garantía, instrumento accesorio a un contrato de un inmueble
**deed of foundation** – escritura de fundación
**deed of gift** – escritura de donación
**deed of incorporation** – escritura de constitución
**deed of partition** – escritura de división de copropiedad
**deed of partnership** – escritura de sociedad
**deed of release** – acta de cesión de derechos, escritura de cancelación
**deed of sale** – escritura de compraventa, escritura de venta
**deed of separation** – escritura de separación
**deed of transfer** – escritura de transferencia
**deed of trust** – escritura de fideicomiso
**deed poll** – escritura unilateral
**deed restriction** – restricción de escritura
**deem** *v* – considerar, estimar, juzgar
**deem necessary** – estimar necesario
**deface** *v* – desfigurar, borrar, destruir
**defalcate** *v* – desfalcar, malversar
**defalcation** *n* – desfalco, malversación, incumplimiento
**defamacast** *n* – difamación por transmisión
**defamation** *n* – difamación, calumnia, injuria
**defamatory** *adj* – difamatorio, calumniante, injuriante
**defamatory advertising** – publicidad difamatoria
**defamatory libel** – difamación por escrito, libelo
**defamatory per se** – palabras difamatorias de por sí
**defamed** *adj* – difamado, calumniado
**defamer** *n* – difamador, calumniador
**default** *n* – incumplimiento, omisión, mora, falta de pago, rebeldía, falta de comparecencia
**default** *v* – incumplir, no pagar
**default divorce** – divorcio incontestado
**default, in** – en mora, incumplido
**default judgment** – sentencia en rebeldía
**default of obligations** – incumplimiento de obligaciones
**default of payment** – incumplimiento de pago
**default, on** – en caso de incumplimiento
**default penalty** – penalidad por incumplimiento
**default premium** – prima para compensar por el riesgo de incumplimiento
**default risk** – riesgo de incumplimiento
**defaulter** *n* – incumplidor, moroso, quien no paga, rebelde
**defeasance** *n* – contradocumento, anulación, revocación, derecho de redención tras incumplimiento de pago
**defeasance clause** – cláusula que permite la extinción de una hipoteca
**defeasibility** *n* – revocabilidad
**defeasible** *adj* – anulable, revocable, condicional
**defeasible fee** – derecho de dominio revocable
**defeasible title** – titularidad revocable, título revocable
**defeat** *v* – derrotar, impedir, revocar, frustrar
**defect** *n* – defecto, vicio
**defect in title** – defecto de título
**defect of form** – defecto de forma
**defect of substance** – defecto material
**defection** *n* – defección, abandono, deserción, renuncia
**defective** *adj* – defectuoso, viciado
**defective construction** – construcción defectuosa
**defective product** – producto defectuoso

**defective service** – servicio defectuoso
**defective title** – título defectuoso, titularidad defectuosa
**defective verdict** – veredicto defectuoso
**defence** *n* – defensa, amparo, oposición
**defence attorney** – abogado defensor
**defence of insanity** – defensa basada en la insania, defensa basada en la incapacidad mental
**defenceless** *adj* – indefenso
**defencelessly** *adv* – indefensamente
**defencelessness** *n* – vulnerabilidad
**defend** *v* – defender
**defendant** *n* – demandado, acusado
**defendant in error** – recurrido
**defender** *n* – defensor
**defendere** – defender
**defense** *n* – defensa, amparo, oposición
**defense attorney** – abogado defensor
**defense of insanity** – defensa basada en la insania, defensa basada en la incapacidad mental
**defenseless** *adj* – indefenso
**defenselessly** *adv* – indefensamente
**defenselessness** *n* – vulnerabilidad
**defensible** *adj* – defendible
**defensive** *adj* – defensivo
**defensive investment** – inversión segura, inversión estable
**defensive investment strategy** – estrategia de invertir en acciones seguras, estrategia de invertir en valores seguros
**defensor** *n* – defensor
**defer** *v* – diferir, retrasar, ceder, aplazar
**defer a payment** – aplazar un pago
**deference** *n* – deferencia, acatamiento
**deferment** *n* – aplazamiento
**deferment charge** – cargo por aplazamiento
**deferment fee** – cargo por aplazamiento
**deferment of payment** – aplazamiento de pago
**deferment of payment of taxes** – aplazamiento de pago de contribuciones
**deferment period** – período durante el cual no hay beneficios, período durante el cual no hay pagos
**deferrable** *adj* – aplazable
**deferral** *n* – aplazamiento
**deferral of taxes** – aplazamiento de impuestos
**deferred** *adj* – diferido
**deferred account** – cuenta diferida
**deferred amount** – cantidad diferida
**deferred annuity** – anualidad diferida
**deferred annuity contract** – contrato de anualidad diferida
**deferred asset** – activo diferido
**deferred benefits** – beneficios diferidos
**deferred billing** – facturación diferida
**deferred charge** – cargo diferido
**deferred collection** – cobro diferido
**deferred compensation** – compensación diferida
**deferred compensation plan** – plan de compensación diferida
**deferred contribution plan** – plan de contribuciones diferidas
**deferred cost** – costo diferido, coste diferido
**deferred credit** – crédito diferido
**deferred debit** – débito diferido
**deferred delivery** – entrega diferida
**deferred dividend** – dividendo diferido
**deferred expenditures** – gastos diferidos
**deferred expenses** – gastos diferidos
**deferred fee** – cargo diferido
**deferred gain** – ganancia diferida
**deferred group annuity** – anualidad grupal diferida
**deferred income** – ingresos diferidos
**deferred income tax** – contribución sobre ingresos diferida
**deferred interest** – intereses diferidos
**deferred liability** – pasivo diferido, responsabilidad diferida
**deferred maintenance** – mantenimiento diferido
**deferred months** – meses lejanos de expiraciones de opciones
**deferred-payment annuity** – anualidad de pagos diferidos
**deferred-payment option** – opción de pagos diferidos
**deferred-payment sale** – venta de pagos diferidos
**deferred payments** – pagos diferidos
**deferred premium** – prima diferida
**deferred profit sharing** – participación diferida en los beneficios, participación diferida en las ganancias
**deferred profits** – beneficios diferidos ganancias diferidas
**deferred remuneration** – remuneración diferida
**deferred retirement** – retiro diferido
**deferred salary increase** – aumento de salario diferido
**deferred sales charge** – cargo de venta diferido
**deferred sales fee** – cargo de venta diferido
**deferred shares** – acciones diferidas
**deferred stock** – acciones diferidas
**deferred taxation** – imposición diferida
**deferred taxes** – impuestos diferidos
**deferred wage increase** – aumento de salario diferido
**defiance** *n* – desafío, obstinación
**deficiency** *n* – deficiencia, insuficiencia, déficit
**deficiency assessment** – la diferencia entre lo que calcula el contribuyente y lo que reclaman las autoridades
**deficiency decree** – sentencia obligando al deudor en una ejecución de hipoteca a pagar la diferencia entre lo que se debe y lo que se devengó, fallo de deficiencia
**deficiency judgment** – sentencia obligando al deudor en una ejecución de hipoteca a pagar la diferencia entre lo que se debe y lo que se devengó, fallo de deficiencia
**deficiency letter** – carta de aviso por parte de las autoridades informando al contribuyente de una deficiencia en la declaración de las contribuciones, carta de deficiencia
**deficiency notice** – aviso por parte de las autoridades informando al contribuyente de una deficiencia en la declaración de las contribuciones, aviso de deficiencia
**deficiency reserve** – reserva para deficiencias
**deficiency suit** – acción para obligar al deudor en una ejecución de hipoteca a pagar la diferencia entre lo que se debe y lo que se devengó
**deficient** *adj* – deficiente, incompleto
**deficit** *n* – déficit
**deficit financing** – financiamiento mediante déficit, financiamiento del déficit

**deficit reduction** – reducción del déficit
**deficit spending** – gastos deficitarios, gastos en exceso de los ingresos, financiamiento mediante déficit
**defile** *v* – manchar, corromper, violar
**defilement** *n* – contaminación, corrupción, violación
**define** *v* – definir, interpretar, establecer
**defined** *adj* – definido, establecido
**defined-benefit pension plan** – plan de pensión de beneficios definidos
**defined-benefit plan** – plan de pensión de beneficios definidos
**defined benefits** – beneficios definidos
**defined by law** – definido por ley, establecido por ley
**defined-contribution pension plan** – plan de pensión de contribuciones definidas
**defined-contribution plan** – plan de contribuciones definidas
**defined contributions** – contribuciones definidas
**definite** *adj* – definido, definitivo, preciso, determinado
**definite description** – descripción definitiva
**definite interest** – interés definitivo
**definite loss** – pérdida definitiva
**definite sentence** – sentencia definitiva
**definition** *n* – definición, claridad
**definitive** *adj* – definitivo, concluyente
**deflation** *n* – deflación
**deflationary** *adj* – deflacionario
**defloration** *n* – desfloración
**deforcement** *n* – usurpación, detentación, posesión de mala fe
**deforciant** *n* – usurpador
**deforestation** *n* – deforestación
**defraud** *v* – defraudar, estafar
**defraudation** *n* – defraudación, estafa
**defrauder** *n* – defraudador, estafador
**defray** *n* – costear, pagar, sufragar
**defunct** *adj* – difunto, terminado
**defunct business** – negocio difunto
**defunct company** – compañía difunta
**defunct corporation** – corporación difunta
**defy** *v* – desafiar, resistir
**degenerate** *n* – degenerado
**degradation** *n* – degradación, deterioro
**degrade** *v* – degradar, rebajar, corromper
**degrading** *adj* – degradante, denigrante
**degree** *n* – grado, título, título universitario
**degree of care** – grado de cuidado
**degree of certainty** – grado de certidumbre
**degree of crime** – grado del crimen
**degree of disability** – grado de discapacidad
**degree of monopoly** – grado de monopolio
**degree of negligence** – grado de negligencia
**degree of proof** – fuerza de la prueba
**degree of risk** – grado de riesgo
**degrees of kin** – la relación entre el difunto y sus sucesores, filiación
**degression** *n* – degresión
**degressive** *adj* – degresivo
**degressive tax** – impuesto degresivo
**degressive taxation** – imposición degresiva
**deindustrialisation** *n* – desindustrialización
**deindustrialization** *n* – desindustrialización
**dejection** *n* – aflicción, depresión
**dejeration** *n* – juramento solemne
**del credere** – garantía
**delate** *v* – acusar, delatar
**delator** – acusador, delatador
**delay** *n* – demora, aplazamiento
**delay** *v* – demorar, aplazar
**delay clause** – cláusula de demora
**delay in delivery** – demora en la entrega
**delay in payment** – demora en el pago, demora en el abono
**delay rent** – renta pagada para usar un terreno más tiempo
**delayed** *adj* – demorado, aplazado
**delayed amount** – cantidad demorada
**delayed annuity** – anualidad demorada
**delayed availability** – disponibilidad demorada
**delayed benefits** – beneficios demorados
**delayed billing** – facturación demorada
**delayed charge** – cargo demorado
**delayed compensation** – compensación demorada
**delayed contribution** – contribución demorada
**delayed cost** – costo demorado, coste demorado
**delayed credit** – crédito demorado
**delayed debit** – débito demorado
**delayed delivery** – entrega demorada
**delayed dividend** – dividendo demorado
**delayed expenditures** – gastos demorados
**delayed expenses** – gastos demorados
**delayed fee** – cargo demorado
**delayed income** – ingreso demorado
**delayed interest** – intereses demorados
**delayed maintenance** – mantenimiento demorado
**delayed payment** – pago demorado, abono demorado
**delayed premium** – prima demorada
**delayed profits** – beneficios demorados, ganancias demoradas
**delayed remuneration** – remuneración demorada
**delayed retirement** – retiro demorado
**delayed salary increase** – aumento de salario demorado
**delayed taxation** – imposición demorada
**delayed taxes** – impuestos demorados
**delayed wage increase** – aumento de salario demorado
**delaying tactics** – tácticas dilatorias
**delectus personae** – la selección de la persona
**delegable** *adj* – delegable
**delegable duty** – deber delegable, obligación delegable
**delegate** *n* – delegado, diputado
**delegate** *v* – delegar
**delegate authority** – delegar autoridad
**delegated** *adj* – delegado
**delegation** *n* – delegación, diputación
**delegation of authority** – delegación de autoridad
**delegation of duty** – delegación del deber
**delegation of power** – delegación del poder
**delete** *v* – suprimir, borrar
**deleterious** *adj* – dañoso, perjudicial
**deletion** *n* – supresión, borradura
**deleveraging** *n* – desapalancamiento
**deliberate** *adj* – intencional, deliberado, voluntario
**deliberate** *v* – deliberar, meditar, discutir

**deliberate act** – acto intencional
**deliberate and premeditated** – intencional y premeditado
**deliberately** *adv* – intencionalmente, deliberadamente, con premeditación, voluntariamente
**deliberation** *n* – deliberación, premeditación
**deliberator** *n* – deliberante
**delict** *n* – delito
**delictual** *adj* – delictual, criminal
**delictum** *n* – acto criminal, acto dañoso
**delimit** *v* – delimitar, demarcar
**delimitate** *v* – delimitar
**delimitation** *n* – delimitación, demarcación
**delineate** *v* – delinear
**delinquency** *n* – delincuencia, delincuencia juvenil, morosidad
**delinquency interest** – interés por mora
**delinquency rate** – tasa de morosidad
**delinquent** *adj* – delincuente, moroso
**delinquent account** – cuenta en mora
**delinquent act** – acto delincuente
**delinquent borrower** – deudor moroso
**delinquent child** – delincuente infantil, niño delincuente
**delinquent debt** – deuda en mora
**delinquent debtor** – deudor moroso
**delinquent list** – lista de morosos
**delinquent loan** – préstamo en mora
**delinquent mortgage** – hipoteca en mora
**delinquent party** – parte incumplidora
**delinquent return** – declaración morosa de la renta, declaración morosa de ingresos, declaración morosa de impuestos
**delinquent tax return** – declaración morosa de la renta, declaración morosa de ingresos, declaración morosa de impuestos
**delinquent taxes** – impuestos morosos
**delinquently** *adv* – delincuentemente, criminalmente
**delirious** *adj* – delirante
**delirium** *n* – delirio
**deliver** *v* – entregar, remitir, librar, depositar
**deliver goods** – entregar mercancías
**deliverable** *adj* – entregable
**deliverance** *n* – veredicto del jurado, entrega
**delivered** *adj* – entregado
**delivered by hand** – entregado en mano
**delivered duty paid** – entregado derechos pagados
**delivered duty unpaid** – entregado derechos no pagados
**delivered email** – email entregado, correo electrónico entregado
**delivered mail** – correo entregado, email entregado, correo electrónico entregado
**delivery** *n* – entrega, remesa, transmisión de posesión
**delivery bond** – fianza para reintegración de bienes embargados
**delivery charges** – cargos por entrega
**delivery conditions** – condiciones de entrega
**delivery confirmation** – confirmación de entrega
**delivery cost** – costo de entrega, coste de entrega
**delivery date** – fecha de entrega
**delivery fee** – cargo de entrega
**delivery note** – nota de entrega
**delivery notice** – aviso de entrega
**delivery of cargo** – entrega del cargamento
**delivery of deed** – entrega de la escritura
**delivery of possession** – transmisión de la posesión
**delivery, on** – a la entrega
**delivery order** – orden de entrega
**delivery receipt** – recibo de entrega
**delivery service** – servicio de entrega
**delivery slip** – albarán
**delivery terms** – condiciones de entrega
**delivery time** – tiempo de entrega, hora de entrega
**delivery versus payment** – entrega contra pago
**delusion** *n* – ilusión, decepción
**demand** *adj* – a la vista, exigible
**demand** *n* – demanda, exigencia, reclamación
**demand** *v* – demandar, exigir, reclamar
**demand and supply** – demanda y oferta
**demand bill** – letra a la vista
**demand debt** – deuda a la vista
**demand deposit** – depósito a la vista
**demand draft** – letra a la vista
**demand for a jury trial** – solicitud para un juicio por jurado
**demand for payment** – requerimiento de pago
**demand letter** – carta de requerimiento, carta de requerimiento de pago
**demand liability** – obligación a la vista
**demand loan** – préstamo a la vista
**demand money** – dinero a la vista
**demand mortgage** – hipoteca a la vista
**demand note** – pagaré a la vista
**demand, on** – a la vista, a solicitud
**demandable** *adj* – demandable, exigible
**demandant** *n* – demandante
**demanded liability** – obligación a la vista
**demander** *n* – demandador, demandante
**demarcate** *v* – demarcar
**demarcation** *n* – demarcación
**dematerialisation** *n* – el proceso de eliminar certificados en papel como evidencia de posesión de valores
**dematerialization** *n* – el proceso de eliminar certificados en papel como evidencia de posesión de valores
**demeanor** *n* – porte, comportamiento, conducta
**demented** *adj* – demente
**dementedly** *adv* – con locura
**dementia** *adv* – demencia
**demerger** *n* – separación de partes de una compañía
**demesne** *n* – dominio, posesión, propiedad
**demesnial** *adj* – relacionado con el dominio
**demise** *n* – transferencia de dominio, arrendamiento, defunción, fallecimiento, legado, cesión
**demise** *v* – transferir temporalmente, arrendar, legar
**demise and redemise** – derechos recíprocos de arrendamiento sobre un inmueble
**demise charter** – fletamento temporal
**demised premises** – propiedad arrendada
**demo (demonstration)** – demostración, demo
**democracy** *n* – democracia
**democratic** *adj* – democrático
**democrat** *n* – demócrata
**demographic** *adj* – demográfico
**demographic pressure** – presión demográfica
**demographic profile** – perfil demográfico

**demographics** *n* – demografía
**demography** *n* – demografía
**demolish** *v* – demoler
**demolition** *n* – demolición
**demolition clause** – cláusula contra demolición
**demolition insurance** – seguro contra demolición
**demonetisation** *n* – desmonetización
**demonetise** *v* – desmonetizar
**demonetization** *n* – desmonetización
**demonetize** *v* – desmonetizar
**demonstrability** *n* – demostrabilidad
**demonstrate** *v* – demostrar, probar, manifestar
**demonstration** *n* – demostración, manifestación
**demonstrative** *adj* – demostrativo
**demonstrative evidence** – prueba material
**demonstrator** *n* – manifestante
**demur** *v* – presentar excepciones
**demurrable** *adj* – sujeto a excepción
**demurrage** *n* – sobreestadía
**demurral** *n* – excepción, objeción
**demurrant** *n* – parte que interpone una excepción
**demurrer** *n* – excepción, excepción formal
**demurrer book** – expediente de un incidente de excepción
**demurrer to evidence** – objeción a la prueba de una de las partes, objeción a pruebas defectuosas
**demutualisation** *n* – desmutualización
**demutualise** *v* – desmutualizar
**demutualised** *adj* – desmutualizado
**demutualization** *n* – desmutualización
**demutualize** *v* – desmutualizar
**demutualized** *adj* – desmutualizado
**denationalisation** *n* – desnacionalización
**denationalise** *v* – desnacionalizar
**denationalised** *adj* – desnacionalizado
**denationalization** *n* – desnacionalización
**denationalize** *v* – desnacionalizar
**denationalized** *adj* – desnacionalizado
**denaturalise** *v* – desnaturalizar
**denaturalised** *adj* – desnaturalizado
**denaturalize** *v* – desnaturalizar
**denaturalized** *adj* – desnaturalizado
**denial** *n* – denegación, negación, negativa, rechazo
**denial letter** – carta de rechazo
**denial of admittance** – denegación de entrada, denegación de admisión
**denial of benefits** – denegación de beneficios
**denier** *n* – negador
**denigrate** *v* – denigrar, manchar
**denigration** *n* – denigración
**denization** *n* – naturalización
**denize** *v* – naturalizar
**denizen** *n* – extranjero naturalizado, habitante
**denomination** *n* – denominación
**denomination of money** – denominación de dinero
**denote** *v* – denotar, indicar
**denouement** *n* – desenlace, solución
**denounce** *v* – denunciar, delatar, reprobar
**denouncement** *n* – denuncia minera, denuncia, solicitud para la concesión de una explotación minera
**denouncer** *n* – denunciante
**densely populated** – densamente poblado
**density zoning** – normas para el uso de la tierra en un área a través de la planificación urbana
**dental insurance** – seguro dental
**denude** *v* – desvestir
**denumeration** *n* – acto de pago
**denunciate** *v* – denunciar
**denunciation** *n* – denuncia, censura, reprobación
**denunciator** *n* – denunciante
**deny** *v* – negar, denegar, rechazar
**depart** *v* – partir, fallecer
**departed** *adj* – fallecido, difunto
**department** *n* – departamento, territorio, ministerio
**department administration** – administración de departamento
**department administrator** – administrador de departamento
**department chief** – jefe de departamento
**department director** – director de departamento
**department head** – jefe de departamento
**department management** – administración de departamento, gestión de departamento
**department manager** – gerente de departamento
**Department of Agriculture** – Departamento de Agricultura, Ministerio de Agricultura
**Department of Commerce** – Departamento de Comercio, Ministerio de Comercio
**department of government** – departamento de gobierno
**Department of Homeland Security** – Departamento de Seguridad Nacional
**Department of Labor** – Departamento de Trabajo, Ministerio de Trabajo
**Department of Labour** – Departamento de Trabajo, Ministerio de Trabajo
**Department of Public Health** – Departamento de Salud Pública, Ministerio de Salud Pública
**department of revenue** – departamento fiscal, Hacienda
**department of state** – departamento de estado, ministerio de relaciones exteriores
**departmental** *adj* – departamental
**departmental administration** – administración departamental
**departmental administrator** – administrador departamental
**departmental agency** – agencia departamental
**departmental head** – jefe departamental
**departmental management** – administración departamental, gestión departamental
**departmental manager** – gerente departamental
**departmentalisation** *n* – departamentalización
**departmentalization** *n* – departamentalización
**departure** *n* – desviación, partida, divergencia, marcha, salida
**departure customs** – aduana de salida
**departure permit** – permiso de salida
**dependable** *adj* – confiable, cumplidor
**dependable evidence** – prueba confiable
**dependant** *adj* – dependiente, sujeto a
**dependant** *n* – dependiente
**dependency** *n* – dependencia, posesión
**dependent** *adj* – dependiente, sujeto a
**dependent** *n* – dependiente
**dependent child** – niño dependiente, hijo dependiente
**dependent conditions** – condiciones dependientes
**dependent contract** – contrato dependiente

**dependent covenant** – convenio dependiente
**dependent coverage** – cobertura de dependiente
**dependent insurance coverage** – cobertura de seguro de dependiente
**dependent nation** – nación dependiente
**dependent person** – persona dependiente
**dependent promise** – promesa condicionada
**depict** *v* – describir, representar
**depiction** *n* – descripción, representación
**depletable** *adj* – agotable
**depletable assets** – activo agotable
**depletable resources** – recursos agotables
**deplete** *v* – agotar
**depleted** *adj* – agotado
**depletion** *n* – agotamiento, desvalorización de un bien depreciable
**depletion allowance** – deducción por agotamiento
**depletion of reserves** – agotamiento de reservas
**depletion reserve** – reserva por agotamiento, apunte contable que refleja la desvalorización de un bien depreciable
**depone** *v* – deponer, declarar
**deponent** *n* – deponente, declarante
**depopulate** *v* – despoblar
**depopulated** *adj* – despoblado
**depopulation** *n* – despoblación
**deport** *v* – deportar, expulsar
**deportable** *adj* – sujeto a deportación
**deportation** *n* – deportación
**deportee** *n* – deportado
**deportment** *n* – porte, comportamiento, conducta
**depose** *v* – deponer, testificar, atestiguar
**deposit** *n* – depósito, entrada, caución
**deposit** *v* – depositar, imponer
**deposit account** – cuenta de depósito
**deposit bank** – banco de depósito
**deposit bond** – bono de depósito
**deposit box** – caja de seguridad
**deposit broker** – corredor de depósitos
**deposit certificate** – certificado de depósito
**deposit company** – compañía que alquila cajas de seguridad
**deposit currency** – moneda de depósito
**deposit date** – fecha de depósito
**deposit evidence** – prueba de depósito
**deposit in court** – depósito judicial
**deposit in escrow** – depositar en cuenta en plica, depositar en manos de un tercero
**deposit insurance** – seguro sobre depósitos bancarios
**deposit liability** – responsabilidad de depósitos
**deposit loan** – préstamo de depósito
**deposit money** – dinero en depósitos, depósitos
**deposit note** – nota respaldada por depósitos
**deposit of title deeds** – depósito de títulos de propiedad
**deposit proof** – prueba de depósito
**deposit receipt** – recibo de depósito, comprobante de depósito
**deposit slip** – hoja de depósito
**deposit-taking company** – compañía que acepta depósitos
**depositary** *n* – depositario, depósito, depositaría, lugar donde se mantienen depósitos
**depositary receipt** – recibo de depósito, recibo de depósito de acciones, recibo depositario
**deposition** *n* – deposición, declaración fuera del tribunal
**depositor** *n* – depositante
**depository** *n* – depósito, depositaría, depositario, lugar donde se mantienen depósitos
**depot** *n* – depósito, almacén
**depraved** *adj* – depravado
**depraved act** – acto depravado
**depraved mind** – mente depravada
**depreciable** *adj* – depreciable, amortizable
**depreciable assets** – activo depreciable, activo amortizable
**depreciable basis** – base depreciable, base amortizable
**depreciable cost** – costo depreciable, costo amortizable, coste depreciable, coste amortizable
**depreciable life** – vida depreciable, vida amortizable
**depreciable property** – propiedad depreciable, propiedad amortizable
**depreciable real estate** – bienes inmuebles depreciables, bienes inmuebles amortizables
**depreciate** *v* – depreciar, amortizar
**depreciated** *adj* – depreciado, amortizado
**depreciated amount** – cantidad depreciada, monto depreciado, cantidad amortizada, monto amortizado
**depreciated value** – valor depreciado, valor amortizado
**depreciation** *n* – depreciación, amortización, desvalorización
**depreciation accounting** – contabilidad de depreciación, contabilidad de amortización
**depreciation adjustment** – ajuste de depreciación, ajuste de amortización
**depreciation allowance** – reserva de depreciación, reserva de amortización
**depreciation base** – base de depreciación, base de amortización
**depreciation basis** – base de depreciación, base de amortización
**depreciation charge** – cargo por depreciación, cargo por amortización
**depreciation cost** – costo de depreciación, costo de amortización, coste de depreciación, coste de amortización
**depreciation deduction** – deducción por depreciación, deducción por amortización
**depreciation expense** – gastos de depreciación, gastos de amortización
**depreciation fund** – fondo de depreciación, fondo de amortización
**depreciation insurance** – seguro de depreciación, seguro de amortización
**depreciation method** – método de depreciación, método de amortización
**depreciation of assets** – depreciación de activos, amortización de activos
**depreciation period** – período de depreciación, período de amortización
**depreciation rate** – tasa de depreciación, tasa de amortización
**depreciation recapture** – recaptura de depreciación, recaptura de amortización
**depreciation reserve** – reserva de depreciación,

reserva de amortización
**depreciation schedule** – tabla de depreciación, cuadro de depreciación, tabla de amortización, cuadro de amortización
**depreciation system** – sistema de depreciación, sistema de amortización
**depredation** *n* – depredación, saqueo, pillaje
**depressed** *adj* – deprimido
**depressed area** – área deprimida
**depressed economy** – economía deprimida
**depressed market** – mercado deprimido
**depressed price** – precio deprimido
**depressed state** – estado deprimido
**depression** *n* – depresión
**deprival value** – valor equivalente a lo que costaría reemplazar algo que no se pudiese usar
**deprivation** *n* – privación, desposeimiento, pérdida
**deprivation of property** – privación de propiedad
**deprive** *v* – privar
**deprive of employment** – privar de empleo
**deprive of life** – privar de vida
**deprive of rights** – privar de derechos
**dept. (department)** – departamento
**depth interview** – entrevista a profundidad
**deputation** *n* – diputación
**deputize** *v* – delegar, diputar, comisionar, sustituir
**deputy** *n* – diputado, suplente, delegado
**deputy administrator** – administrador adjunto
**deputy chair** – presidente adjunto
**deputy chairman** – presidente adjunto
**deputy chairperson** – presidente adjunto
**deputy chairwoman** – presidenta adjunta
**deputy chief executive** – director ejecutivo adjunto
**deputy chief executive officer** – director ejecutivo adjunto
**deputy executive director** – director ejecutivo adjunto
**deputy manager** – administrador adjunto, gerente adjunto
**deputy managing director** – director gerente adjunto
**deputy president** – presidente adjunto
**deputy sheriff** – subalguacil, ayudante del alguacil
**deraign** *v* – probar, vindicar
**deranged** *adj* – loco, trastornado
**derangement** *n* – trastorno mental, desorden
**deregulate** *v* – desregular
**deregulated** *adj* – desregulado
**deregulation** *n* – desregulación
**deregulatory** *adj* – desregulatorio
**derelict** *adj* – abandonado, derrelicto
**derelict property** – propiedad abandonada
**dereliction** *n* – adquisición de tierra por el retiro de aguas, abandono, descuido, negligencia
**dereliction of duties** – abandono de deberes
**derisive** *adj* – burlón
**derisory** *adj* – burlón
**derivation** *n* – derivación, deducción
**derivative** *adj* – derivado, secundario
**derivative** *n* – derivado
**derivative action** – acción entablada por un accionista a beneficio de la corporación, acción entablada por un accionista a beneficio de la sociedad
**derivative conveyances** – cesiones derivadas
**derivative evidence** – evidencia derivada de otra ilegalmente obtenida
**derivative instrument** – instrumento derivado
**derivative investment** – inversión derivada
**derivative products** – productos derivados
**derivative securities** – valores derivados de otros, derivados
**derivative suit** – acción entablada por un accionista en nombre de la corporación, acción entablada por un accionista en nombre de la sociedad
**derivative tort** – responsabilidad del mandante por daños ocasionados por el agente
**derivative work** – obra derivada
**derivatives** *n* – valores derivados de otros, derivados
**derivatives department** – departamento de derivados
**derivatives market** – mercado de derivados
**derive** *v* – derivar, obtener
**derived** *adj* – derivado
**derogation** *n* – derogación
**derogation from grant** – restricción del derecho que se transfiere
**derogatory** *adj* – despectivo
**derogatory clause** – cláusula de exclusión
**derogatory information** – información despectiva
**descend** *v* – descender, transmitir por sucesión
**descendant** *n* – descendiente
**descendible** *adj* – heredable, transmisible
**descent** *n* – sucesión hereditaria, transmisión hereditaria
**describe** *v* – describir, relatar
**descriptio personae** – descripción de la persona
**description** *n* – descripción
**description of goods** – descripción de los bienes, descripción de la mercancía
**description of land** – descripción de la tierra
**description of person** – descripción de la persona
**description of property** – descripción de la propiedad
**description of services** – descripción de los servicios
**description sheet** – hoja de descripción
**descriptive** *adj* – descriptivo
**descriptive billing** – facturación descriptiva
**descriptive characteristics** – características descriptivas
**descriptive mark** – marca descriptiva
**descriptive statement** – estado descriptivo
**desegregation** *n* – desegregación
**desert** *v* – abandonar, desertar
**desertion** *n* – deserción, abandono del hogar conyugal
**desertion of children** – abandono de hijos, abandono de menores
**desertion of minors** – abandono de menores
**deserve** *n* – merecer
**deserving** *adj* – de mérito, meritorio
**desertification** *n* – desertificación
**desertify** *v* – desertificar
**design** *n* – intención, diseño, concepción
**design** *v* – diseñar, concebir
**design patent** – patente de diseño
**designate** *v* – designar, señalar
**designate as a beneficiary** – designar como beneficiario
**designate as an agent** – designar como agente
**designate as an executor** – designar como albacea
**designate benefits** – designar beneficios
**designate contracts** – designar contratos
**designate costs** – designar costos, designar costes

**designate funds** – designar fondos
**designate income** – designar ingresos
**designate losses** – designar pérdidas
**designate money** – designar dinero
**designate profits** – designar beneficios, designar ganancias
**designate quotas** – designar cuotas
**designate reserves** – designar reservas
**designate resources** – designar recursos
**designated** *adj* – designado
**designated agent** – agente designado
**designated beneficiary** – beneficiario designado
**designated executor** – albacea designado
**designated funds** – fondos designados
**designated income** – ingresos designados
**designated losses** – pérdidas designadas
**designated money** – dinero designado
**designated products** – productos designados
**designated profits** – beneficios designados, ganancias designadas
**designated purpose** – propósito designado
**designated quotas** – cuotas designadas
**designated reserves** – reservas designadas
**designated resources** – recursos designados
**designated use** – uso designado
**designation** *n* – designación, nombramiento
**designation of agent** – designación de agente
**designation of assets** – distribución de activos
**designation of beneficiary** – designación de beneficiario
**designation of benefits** – designación de beneficios
**designation of contracts** – designación de contratos
**designation of costs** – designación de costos, designación de costes
**designation of executor** – designación de albacea
**designation of funds** – designación de fondos
**designation of money** – designación de dinero
**designation of quotas** – designación de cuotas
**designation of reserves** – designación de reservas
**designation of resources** – designación de recursos
**designedly** *adv* – intencionalmente, por diseño
**desire** *n* – desear, anhelar
**desire to buy** – deseo de comprar
**desire to purchase** – deseo de comprar
**desire to sell** – deseo de vender
**desired investment** – inversión deseada
**desired outcome** – resultado deseado
**desist** *v* – desistir
**desistance** *n* – desistimiento
**desk job** – trabajo de oficina, trabajo de escritorio
**desk work** – trabajo de oficina, trabajo de escritorio
**deskilling** *n* – reducción de destrezas de empleados
**desktop computer** – computadora de escritorio
**desolate** *adj* – desolado, arruinado
**desolation** *n* – desolación, abandono
**despair** *n* – desesperación
**despatch** *v* – despachar, enviar
**despatch note** – nota de envío
**despatch notice** – aviso de envío
**desperate** *adj* – desesperado, peligroso
**despoil** *v* – despojar violentamente, despojar clandestinamente, privar
**desponsation** *n* – acto matrimonial
**despot** *n* – déspota, autócrata
**despotism** *n* – despotismo
**destabilisation** *n* – desestabilización
**destabilise** *v* – desestabilizar
**destabilised** *adj* – desestabilizado
**destabilising** *adj* – desestabilizante
**destabilization** *n* – desestabilización
**destabilize** *v* – desestabilizar
**destabilized** *adj* – desestabilizado
**destabilizing** *adj* – desestabilizante
**destination** *n* – destinación, fin
**destination carrier** – portador de destino
**destination country** – país de destino
**destination customs** – aduana de destino
**destination port** – puerto de destino
**destitute** *adj* – indigente, necesitado
**destitute circumstances** – circunstancias de necesidad extrema
**destitute person** – persona necesitada
**destitution** *n* – indigencia, miseria
**destock** *v* – liquidar existencias, reducir existencias, dejar de mantener en inventario
**destroy** *v* – destruir, matar
**destroy a contract** – destruir un contrato
**destroy a document** – destruir un documento
**destroy a will** – destruir un testamento
**destructibility** *n* – destructibilidad
**destructible trust** – fideicomiso susceptible a terminación
**destruction** *n* – destrucción
**destruction of records** – destrucción de registros
**desuetude** *n* – desuso
**desultory** *adj* – impensado, ocasional
**detached** *adj* – desprendido, separado, independiente
**detached housing** – viviendas desprendidas
**detail** *n* – detalle, pormenor
**detail** *v* – detallar, pormenorizar
**detail person** – quien promueve ventas visitando clientes corrientes
**detailed** *adj* – detallado, exacto
**detailed audit** – auditoría detallada
**detailed description** – descripción detallada
**details of payment** – detalles de pago
**detain** *v* – detener, arrestar, apropiar, demorar
**detained** *adj* – detenido, arrestado, demorado
**detainer** *n* – detención, arresto, apropiación, demora
**detainment** *n* – detención, arresto, apropiación, demora
**detect** *v* – detectar, descubrir, percibir, advertir
**detection** *n* – detección, descubrimiento
**detective** *n* – detective
**detention** *n* – detención, arresto, apropiación, demora
**detention in a reformatory** – detención en un reformatorio
**detention of ship** – secuestro de nave
**deter** *v* – disuadir, refrenar, impedir, desanimar
**deterrence** *n* – disuasión
**deteriorate** *v* – deteriorarse
**deteriorated** *adj* – deteriorado
**deterioration** *n* – deterioro, desmejora
**determinable** *adj* – determinable, sujeto a condición resolutoria
**determinable fee** – derecho de dominio sobre un inmueble sujeto a condición resolutoria
**determinate** *adj* – determinado, específico

**determinate obligation** – obligación determinada
**determination** *n* – determinación, resolución, sentencia, decisión, terminación
**determination of a case** – decisión de un caso
**determination of boundaries** – delimitación de confines
**determination of facts** – determinación de hechos
**determine** *v* – determinar, resolver, decidir, terminar
**determined** *adj* – determinado, resuelto, decidido
**determining factor** – factor determinante
**deterrent** *adj* – disuasivo
**deterrent measures** – medidas disuasivas
**deterring** *adj* – disuasivo
**detinue** *n* – retención ilegal de propiedad, acción para recuperar propiedad retenida ilegalmente
**detour** *n* – desvío, rodeo
**detournement** *n* – desvío de fondos
**detract** *v* – distraer, disminuir, reducir, quitar, denigrar
**detraction** *n* – traslado de bienes a otro estado tras transmisión por sucesión, denigración
**detriment** *n* – detrimento, perjuicio, daño
**detrimental** *adj* – perjudicial
**deuterogamy** *n* – deuterogamia
**devaluated** *adj* – devaluado
**devaluated currency** – moneda devaluada
**devaluation** *n* – devaluación
**devalue** *v* – devaluar
**devalued** *adj* – devaluado
**devastation** *n* – devastación, arrasamiento
**devastavit** *n* – administración inapropiada de bienes de parte de un albacea
**develop** *v* – desarrollar
**develop land** – desarrollar tierras
**developed** *adj* – desarrollado
**developed country** – país desarrollado
**developed waters** – aguas traídas a la superficie para el uso del reclamante
**developer** *n* – desarrollador
**developing** *adj* – en desarrollo
**developing countries** – países en desarrollo
**development** *n* – desarrollo, suceso, tendencia
**development agency** – agencia de desarrollo
**development aid** – ayuda al desarrollo
**development area** – área de desarrollo
**development assistance** – ayuda al desarrollo
**development bank** – banco de desarrollo
**development company** – compañía de desarrollo
**development corporation** – corporación de desarrollo
**development costs** – costos del desarrollo, costes del desarrollo
**development department** – departamento de desarrollo
**development director** – director de desarrollo
**development enterprise** – empresa de desarrollo
**development entity** – entidad de desarrollo
**development expenditures** – gastos del desarrollo
**development expenses** – gastos del desarrollo
**development financing** – financiación del desarrollo, financiamiento del desarrollo
**development fund** – fondo para el desarrollo
**development grant** – subvención para desarrollo
**development loan** – préstamo de desarrollo
**development management** – administración del desarrollo, gestión del desarrollo
**development manager** – gerente de desarrollo
**development period** – período de desarrollo
**development plan** – plan de desarrollo
**development planning** – planificación del desarrollo
**development policy** – política de desarrollo
**development program** – programa de desarrollo
**development programme** – programa de desarrollo
**development stage** – etapa de desarrollo
**development strategy** – estrategia de desarrollo
**developmental** *adj* – en desarrollo
**devest** *v* – despojar, privar de, enajenar
**deviant** *adj* – desviado
**deviation** *n* – desviación, incumplimiento de labores sin justificación
**deviation policy** – política sobre desviaciones
**device** *n* – aparato, dispositivo, plan, ardid, estratagema
**devious** *adj* – tortuoso, desviado, sinuoso, dudoso
**deviously** *adv* – tortuosamente, sinuosamente
**devisable** *adj* – legable, imaginable
**devisavit vel non** – tema de discusión cuando se impugna un testamento
**devise** *n* – legado
**devise** *v* – legar, concebir, idear
**devisee** *n* – legatario
**deviser** *n* – inventor
**devisor** *n* – testador
**devoid of risk** – libre de riesgo
**devolution** *n* – traspaso, transmisión, entrega
**devolve** *v* – transferir, transmitir, delegar, recaer
**DHS (Department of Homeland Security)** – Departamento de Seguridad Nacional
**diagnose** *v* – diagnosticar
**diagram** *n* – diagrama
**dialog** *n* – diálogo
**dialogue** *n* – diálogo
**diaphaneity** *n* – diafanidad, transparencia
**diaphanous** *adj* – diáfano, transparente
**diarchy** *n* – diarquía
**dichotomous** *adj* – dicótomo
**dichotomy** *n* – dicotomía
**dictate** *v* – dictar, ordenar
**dictation** *n* – dictado, mandato
**dictator** *n* – dictador
**dictatorship** *n* – dictadura
**dictum** *n* – dictamen, observación incidental contenida en una sentencia judicial, opinión de un juez la cual no es necesaria para decidir el caso, opinión expresada por un tribunal
**die** *v* – fallecer, morir
**die without issue** – morir sin descendencia
**diehard** *n* – intransigente
**dies a quo** – día de origen de, día a partir del cual, dies a quo
**dies ad quem** – día de conclusión, último día de un plazo, dies ad quem
**dies juridicus** – día hábil, día con actividad jurídica, dies juridicus
**dies non juridicus** – día inhábil, día sin actividad jurídica, dies non juridicus
**differ** *v* – diferir, disentir
**difference** *n* – diferencia, disputa, desacuerdo
**difference of opinion** – diferencia de opinión

**different terms** – términos diferentes
**differentiable** *adj* – distinguible, diferenciable
**differential cost** – costo diferencial, coste diferencial
**differential pay** – paga diferencial
**differential rate** – tasa diferencial
**differentiate** *v* – diferenciar, modificar
**differentiated** *adj* – diferenciado
**differentiation** *n* – diferenciación
**differently** *adv* – diferentemente
**difficile** *adj* – dificultoso, obstructor
**digamy** *n* – segundo matrimonio
**digest** *n* – digesto, compilación, compendio
**digester** *n* – compendiador
**digit** *n* – dígito
**digital** *adj* – digital, dactilar
**digital audio** – audio digital, sonido digital
**digital camera** – cámara digital
**digital cash** – dinero digital
**digital certificate** – certificado digital
**digital commerce** – comercio digital
**digital communications** – comunicaciones digitales
**digital content** – contenido digital, información digital
**digital data** – datos digitales
**digital divide** – brecha digital
**digital domain** – dominio digital
**digital economy** – economía digital
**digital ID (digital identification)** – identificación digital
**digital identification** – identificación digital
**digital library** – biblioteca digital
**digital market** – mercado digital
**digital money** – dinero digital
**digital phone** – teléfono digital
**digital satellite** – satélite digital
**digital signature** – firma digital
**digital speech** – voz digital
**digital telephone** – teléfono digital
**digital television** – televisión digital
**digital TV (digital television)** – televisión digital
**digital video** – video digital
**digital voice** – voz digital
**digital wallet** – cartera digital, billetera digital
**digitise** *v* – digitalizar
**digitised** *adj* – digitalizado
**digitize** *v* – digitalizar
**digitized** *adj* – digitalizado
**digitized speech** – habla digitalizada
**digits deleted** – dígitos borrados
**dignified** *adj* – digno, serio
**dignitary** *n* – dignatario
**dignity** *n* – dignidad, señorío
**digress** *v* – divagar, desviarse, apartarse
**digression** *n* – digresión
**digressive** *adj* – digresivo
**dijudication** *n* – decisión judicial, sentencia, juicio decisivo
**dilapidated** *adj* – dilapidado
**dilapidation** *n* – dilapidación, ruina
**dilation** *n* – dilación
**dilatory** *adj* – dilatorio
**dilatory defence** – defensa dilatoria
**dilatory defense** – defensa dilatoria
**dilatory exceptions** – excepciones dilatorias
**dilatory plea** – argumentación dilatoria
**diligence** *n* – diligencia, esmero
**diligent** *adj* – diligente, esmerado
**diligently** *adv* – diligentemente
**diluted shares** – acciones diluidas
**diluted stock** – acciones diluidas
**dilutive** *adj* – diluente
**dim** *adj* – mortecino, indistinto, oscuro
**diminish** *v* – disminuir, menguar
**diminished** *adj* – disminuido
**diminished liability** – responsabilidad disminuida
**diminished obligation** – obligación disminuida
**diminished responsibility** – responsabilidad disminuida
**diminishing returns** – utilidad decreciente
**diminishing utility** – utilidad decreciente
**diminution** *n* – disminución, falta de elementos, rebaja
**diminution in value** – disminución en el valor
**diminution of damages** – disminución de los daños
**din** *n* – ruido fuerte, estrépito
**dinarchy** *n* – gobierno de dos personas
**DIP (debtor in possession)** – negocio que sigue operando durante su reorganización bajo la ley de quiebras
**diploma** *n* – diploma
**diplomacy** *n* – diplomacia
**diplomat** *n* – diplomático
**diplomatic** *adj* – diplomático, discreto
**diplomatic agent** – agente diplomático
**diplomatic immunity** – inmunidad diplomática
**diplomatic recognition** – reconocimiento diplomático
**diplomatic relations** – relaciones diplomáticas
**diplomatics** *adj* – diplomática
**dipsomania** *n* – dipsomanía
**dipsomaniac** *n* – dipsomaníaco
**direct** *adj* – directo, claro, inequívoco, exacto
**direct** *v* – dirigir, administrar, gestionar, gobernar, mandar
**direct access** – acceso directo
**direct action** – acción directa
**direct advertising** – publicidad directa
**direct affinity** – afinidad directa
**direct and proximate cause** – causa próxima y directa
**direct attack** – ataque directo
**direct benefit** – beneficio directo
**direct capital investment** – inversión directa de capital
**direct capitalisation** – capitalización directa
**direct capitalization** – capitalización directa
**direct cause** – causa directa
**direct collection** – recaudación directa, cobro directo
**direct contempt** – desacato
**direct consumption** – consumo directo
**direct control** – control directo
**direct costs** – costas directas, costos directos, costes directos
**direct damages** – daños directos
**direct debit** – débito directo
**direct debt** – deuda directa
**direct deposit** – depósito directo
**direct descendants** – descendientes directos
**direct discrimination** – discriminación directa
**direct estoppel** – impedimento a una acción por haber sido litigada anteriormente por las partes

**direct evidence** – prueba directa
**direct examination** – interrogatorio directo
**direct expenditures** – desembolsos directos
**direct expenses** – gastos directos
**direct exporting** – exportación directa
**direct financial compensation** – compensación financiera directa
**direct financing** – financiamiento directo
**direct importing** – importación directa
**direct injury** – daño directo, lesión directa
**direct insurance** – seguro directo
**direct insurer** – asegurador directo
**direct interest** – interés directo
**direct investment** – inversión directa
**direct knowledge** – conocimiento directo
**direct labor** – costo de personal directo, coste de personal directo
**direct labor budget** – presupuesto de costo de personal directo, presupuesto de coste de personal directo
**direct labour** – costo de personal directo, coste de personal directo
**direct labour budget** – presupuesto de costo de personal directo, presupuesto de coste de personal directo
**direct liability** – responsabilidad directa
**direct line** – línea directa de descendencia, línea directa de ascendencia
**direct loan** – préstamo directo
**direct loss** – pérdida directa
**direct mail** – publicidad directa
**direct marketing** – marketing directo, mercadeo directo
**direct method** – método directo
**direct obligation** – obligación directa
**direct participation** – participación directa
**direct payment** – pago directo, abono directo
**direct payroll deposit** – depósito de nómina directo
**direct placement** – colocación directa
**direct public offering** – ofrecimiento público directo
**direct response** – respuesta directa
**direct result** – resultado directo
**direct sales** – ventas directas
**direct seller** – vendedor directo
**direct selling** – ventas directas
**direct strike** – huelga directa
**direct subsidy** – subsidio directo, subvención directa
**direct tax** – impuesto directo
**direct taxation** – imposición directa
**direct testimony** – testimonio directo
**direct transfer** – transferencia directa
**direct trust** – fideicomiso directo
**direct verification** – verificación directa
**direct writer** – vendedor de seguros directo, reasegurador directo
**directed** *adj* – dirigido
**directed economy** – economía dirigida
**directed verdict** – veredicto impuesto al jurado por parte del juez, veredicto dictado directamente por el juez
**direction** *n* – dirección, orden, instrucción, orientación
**directive** *adj* – directivo
**directive** *n* – directiva, orden
**directly** *adv* – directamente, exactamente
**directly responsible** – directamente responsable
**director** *n* – director, administrador, consejero
**director general** – director general
**directorate** *n* – directiva
**directors and officers liability insurance** – seguro de responsabilidad de directores y funcionarios
**directors' liability insurance** – seguro de responsabilidad de director
**directors' meeting** – reunión de directores, reunión de consejeros
**directors' report** – informe de la directiva
**directors' shares** – acciones de la directiva
**directors' stock** – acciones de la directiva
**directorship** *n* – cargo de director, dirección
**directory** *adj* – directivo, opcional
**directory** *n* – guía, directorio, listado, guía telefónica
**directory statute** – estatuto inmaterial, ley sin provisión de penalidades
**directory trust** – fideicomiso en que el fideicomisario tiene que cumplir con instrucciones específicas
**dirty** *adj* – sucio, bajo, malévolo
**dirty bill of lading** – carta de porte especificando defectos
**dirty money** – dinero sucio
**dirty tactics** – tácticas sucias
**disability** *n* – discapacidad, minusvalía
**disability annuity** – anualidad de discapacidad
**disability benefit** – beneficio por discapacidad, indemnización por discapacidad
**disability clause** – cláusula de discapacidad, cláusula de incapacidad
**disability compensation** – compensación por discapacidad, indemnización por discapacidad
**disability income** – ingresos tras discapacidad
**disability income insurance** – seguro de ingresos tras discapacidad
**disability income rider** – cláusula adicional de seguro de ingresos tras discapacidad
**disability insurance** – seguro de discapacidad
**disability payment** – pago por discapacidad
**disability pension** – pensión por discapacidad
**disability retirement** – jubilación por discapacidad
**disability work incentive** – incentivo de trabajar tras discapacidad
**disabled** *adj* – discapacitado, minusválido
**disabled person** – persona discapacitada
**disabled worker** – trabajador discapacitado
**disablement** *n* – discapacidad, minusvalidez
**disablement benefit** – beneficios por discapacidad
**disablement insurance** – seguro por discapacidad
**disabling** *adj* – incapacitante
**disabuse** *v* – desengañar
**disaccord** *n* – desacuerdo
**disaccord** *v* – discordar
**disaccustom** *n* – desacostumbrar
**disadvantage** *n* – desventaja
**disadvantaged region** – región desfavorecida
**disadvantageous** *adj* – desventajoso
**disaffection** *n* – desafecto, deslealtad
**disaffirm** *v* – negar, repudiar, revocar, desmentir
**disaffirmance** *n* – repudiación, renuncia, repudio
**disagree** *v* – disentir, diferir, discrepar
**disagreeable** *adj* – desagradable

**disagreement** *n* – desacuerdo, discrepancia
**disallow** *v* – denegar, desautorizar, desaprobar, anular, rechazar
**disallowable** *adj* – negable, inadmisible
**disallowance of a claim** – rechazo de una reclamación, rechazo de una pretensión
**disannulment** *n* – anulación
**disappearing deductible** – deducible desvaneciente
**disapproval** *n* – desaprobación, censura
**disapprove** *v* – desaprobar, censurar
**disarm** *v* – desarmar
**disarray** *n* – desorden
**disassociate** *v* – desasociar, disociar
**disaster** *n* – desastre, calamidad
**disaster area** – área de desastre
**disaster clause** – cláusula de desastre
**disaster loss** – pérdida por desastre
**disaster recovery** – recuperación tras un desastre
**disastrous** *adj* – desastroso
**disavow** *v* – repudiar, desautorizar
**disavowal** *n* – repudiación, desautorización
**disbar** *v* – suspender la licencia de un abogado, revocar la licencia de un abogado, desaforar
**disbarment** *n* – suspensión de la licencia de un abogado, revocación de la licencia de un abogado, desaforo
**disbursable** *adj* – desembolsable, capaz de ser desembolsado
**disburse** *v* – desembolsar
**disbursement** *n* – desembolso
**disbursement schedule** – tabla de desembolsos
**disburser** *n* – desembolsador, quien desembolsa
**disbursing** *adj* – que desembolsa
**disc** *n* – disco
**discern** *v* – discernir
**discernible** *adj* – discernible
**discerning** *adj* – juicioso
**discharge** *v* – liberar, absolver, cancelar, eximir, despedir, cumplir
**discharge an obligation** – cumplir una obligación
**discharge by agreement** – extinción de contrato por acuerdo
**discharge by breach** – extinción de contrato por incumplimiento
**discharge by performance** – extinción de contrato al cumplirse con lo acordado
**discharge from liability** – exoneración de responsabilidad, eximir de responsabilidad
**discharge in bankruptcy** – liberación de deuda por bancarrota, liberación del deber de pagar ciertas deudas por bancarrota, rehabilitación del quebrado
**discharge of a bankrupt** – rehabilitación del quebrado
**discharge of a debt** – cancelación de una deuda, pago de una deuda
**discharge of an appeal** – rechazo de una apelación
**discharge of an employee** – despido de un empleado
**discharge of an injunction** – levantamiento de un interdicto
**discharge of an obligation** – extinción de una obligación, cumplimiento con una obligación
**discharge of bankruptcy** – terminación de juicio de quiebra
**discharge of contract** – cancelación de contrato, cumplimiento de contrato
**discharge of debts** – cancelación de deudas, pago de deudas
**discharge of employee** – despido de empleado
**discharge of jury** – disolución del jurado
**discharge of lien** – cancelación de gravamen
**dischargeable debt** – deuda cancelable mediante quiebra
**discharged bankrupt** – quebrado rehabilitado
**disciplinary** *adj* – disciplinario
**disciplinary action** – acción disciplinaria
**disciplinary hearing** – vista disciplinaria
**disciplinary offense** – infracción disciplinaria
**disciplinary power** – poder disciplinario
**disciplinary proceedings** – procedimientos disciplinarios
**discipline** *n* – disciplina, orden
**disclaim** *v* – renunciar, renegar, negar una responsabilidad, negar
**disclaimer** *n* – renuncia, declinación de responsabilidad, denegación de una responsabilidad, denegación
**disclaimer clause** – cláusula negando responsabilidad
**disclaimer of interest** – denegación de interés
**disclaimer of knowledge** – negación de conocimiento
**disclaimer of liability** – declinación de responsabilidad
**disclaimer of warranties** – denegación de garantías
**disclamation** *n* – repudiación, renuncia
**disclose** *v* – divulgar, revelar
**disclose information** – divulgar información
**disclosed** *adj* – divulgado, revelado
**disclosure** *n* – divulgación, revelación
**disclosure of information** – divulgación de información
**disclosure of interest** – divulgación de interés
**disclosure requirements** – requisitos de divulgación
**disclosure statement** – divulgación de datos específicos pertinentes
**disconcert** *v* – desconcertar
**disconnect** *v* – desconectar, desunir
**disconnected** *adj* – desconectado
**disconnection** *n* – desconexión
**discontinuance** *n* – descontinuación, abandono, terminación, desistimiento
**discontinuance of action** – abandono de la acción
**discontinuance of payments** – descontinuación de pagos
**discontinuance of plan** – descontinuación de plan
**discontinue** *v* – descontinuar, suspender
**discontinued** *adj* – descontinuado
**discontinued service** – servicio descontinuado
**discontinuous** *adj* – discontinuo
**discontinuous easement** – servidumbre discontinua
**discontinuous servitude** – servidumbre discontinua
**discontinuously** *adv* – discontinuamente
**discord** *n* – discordia, conflicto
**discordance** *n* – discordia
**discordant** *adj* – discordante, incompatible
**discount** *n* – descuento, rebaja
**discount** *v* – descontar, rebajar, descartar
**discount, at a** – a descuento
**discount broker** – corredor de descuento, casa de corretaje de descuento
**discount brokerage** – corretaje de descuento
**discount rate** – tasa de descuento

**discount shares** – acciones emitidas bajo la par
**discountable** *adj* – descontable
**discounted** *adj* – descontado
**discounted loan** – préstamo descontado
**discounted value** – valor descontado
**discounter** *n* – quien vende a descuento
**discounting** *n* – descuento, descuento de facturas
**discourage** *v* – desanimar, disuadir
**discourse** *n* – conversación, discurso
**discover** *v* – descubrir, revelar
**discovery** *n* – descubrimiento, procedimientos para obtener información para un juicio
**discovery of deceit** – descubrimiento de engaño
**discovery of error** – descubrimiento de error
**discovery of facts** – procedimientos para obtener información para un juicio
**discovery of fraud** – descubrimiento de fraude
**discovery of loss** – descubrimiento de pérdida
**discovery rule** – regla que indica que un término de prescripción comienza al descubrirse algo justiciable o cuando se debió de haber descubierto, regla que indica que el término de prescripción por negligencia profesional comienza al descubrirse tal culpa o cuando se debió de haber descubierto
**discredit** *v* – desacreditar
**discredit a witness** – desacreditar a un testigo
**discredited** *adj* – desacreditado
**discredited witness** – testigo desacreditado
**discreet** *adj* – discreto, prudente
**discreetly** *adv* – discretamente
**discrepancy** *n* – discrepancia
**discrete** *adj* – separado, distinto
**discretely** *adv* – separadamente
**discretion** *n* – discreción, prudencia
**discretionary** *adj* – discrecional
**discretionary account** – cuenta discrecional
**discretionary acts** – actos discrecionales
**discretionary authority** – autoridad discrecional
**discretionary budget** – presupuesto discrecional
**discretionary damages** – monto de daños y perjuicios a discreción del jurado o juez
**discretionary expenditure** – gasto discrecional
**discretionary expense** – gasto discrecional
**discretionary fund** – fondo discrecional
**discretionary income** – ingresos discrecionales
**discretionary order** – orden discrecional
**discretionary policy** – política discrecional
**discretionary power** – poder discrecional
**discretionary spending** – gastos discrecionales
**discretionary trust** – fideicomiso discrecional
**discriminate** *v* – discriminar, diferenciar
**discriminating** *adj* – discriminador, discerniente
**discriminating duty** – tarifa discriminadora
**discriminating monopoly** – monopolio discriminador
**discriminating tariff** – tarifa discriminadora
**discrimination** *n* – discriminación, diferenciación
**discriminative** *adj* – discriminador, parcial, discerniente
**discriminator** *n* – discriminador
**discriminatory** *adj* – discriminatorio
**discriminatory measures** – medidas discriminatorias
**discriminatory prices** – precios discriminatorios
**discriminatory taxation** – imposición discriminatoria
**discriminatory taxes** – impuestos discriminatorios
**discuss** *v* – discutir, ventilar
**discuss terms** – negociar términos
**discussion** *n* – discusión, beneficio de excusión
**disease** *n* – enfermedad
**diseconomy** *n* – deseconomía
**disendow** *v* – privar de dote
**disendowment** *n* – privación de dote
**disequilibrium** *n* – desequilibrio
**disfigurement** *n* – desfiguración
**disfranchise** *v* – privar de derechos de franquicia
**disfranchisement** *n* – privación de derechos de franquicia
**disgrace** *n* – desgracia, deshonor
**disguise** *v* – ocultar, disfrazar
**disguised inflation** – inflación disfrazada
**disguised unemployment** – desempleo disfrazado
**disgust** *v* – repugnar
**disgusting** *adj* – repugnante
**disherison** *n* – desheredación
**dishoarding** *n* – desatesoramiento
**dishonest** *adj* – deshonesto, fraudulento
**dishonest act** – acto deshonesto
**dishonest practice** – práctica deshonesta
**dishonestly** *adv* – deshonestamente, fraudulentamente
**dishonesty** *n* – deshonestidad
**dishonor** *v* – deshonrar, rehusar pago
**dishonor a check** – rehusar pago de un cheque
**dishonored check** – cheque rehusado
**dishonour** *v* – deshonrar, rehusar pago
**dishonour a cheque** – rehusar pago de un cheque
**dishonoured cheque** – cheque rehusado
**disincarcerate** *v* – excarcelar
**disinherison** *n* – desheredación
**disincentive** *n* – desincentivo
**disinflation** *n* – desinflación
**disinflationary** *adj* – desinflacionario
**disinformation** *n* – desinformación
**disinherit** *v* – desheredar
**disinherit a spouse** – desheredar un cónyuge
**disinheritance** *n* – desheredamiento
**disinter** *v* – desenterrar
**disinterest** *v* – desinteresar
**disinterested** *adj* – desinteresado, imparcial
**disinterested witness** – testigo imparcial
**disinterestedly** *adv* – desinteresadamente
**disinterestedness** *n* – desinterés
**disintermediation** *n* – desintermediación
**disinvest** *v* – desinvertir
**disinvested** *adj* – desinvertido
**disinvestment** *n* – desinversión
**disjoin** *v* – separar, desunir
**disjointed** *adj* – inconexo, incoherente
**disjunct** *adj* – descoyuntado
**disjunction** *n* – disyunción
**disjunctive** *adj* – disyuntivo
**disjunctive allegations** – alegaciones disyuntivas
**disjunctive condition** – condición disyuntiva
**disjunctive term** – término disyuntivo
**disk** *n* – disco
**dislocation** *n* – dislocación, desarreglo
**disloyal** *adj* – desleal, infiel
**dismember** *v* – desmembrar, despedazar
**dismiss** *v* – despedir, rechazar, declarar no ha lugar, descartar

**dismissal** *n* – rechazo de una acción, rechazo, despido, anulación de la instancia
**dismissal and nonsuit** – terminación de una acción por desistimiento o inactividad del demandante, caducidad de una acción por desistimiento o inactividad del demandante
**dismissal compensation** – indemnización por despido
**dismissal for cause** – despido justificado
**dismissal of appeal** – rechazo de una apelación
**dismissal pay** – pago adicional por despido
**dismissal procedure** – procedimiento de despido
**dismissal process** – proceso de despido
**dismissal with cause** – despido justificado
**dismissal with prejudice** – rechazo de la demanda sin dar oportunidad de iniciar una nueva acción
**dismissal without cause** – despido injustificado
**dismissal without prejudice** – rechazo de la demanda permitiendo iniciar nuevamente la acción
**dismissed employees** – empleados despedidos
**dismortgage** *v* – redimir una hipoteca
**disobedience** *n* – desobediencia
**disobedient** *adj* – desobediente
**disobedient child** – niño desobediente
**disorder** *n* – desorden, alboroto
**disorderly** *adv* – desordenado, alborotoso
**disorderly conduct** – desorden público, conducta desordenada
**disorderly house** – lugar donde hay actos contrarios al orden público, burdel
**disorderly person** – persona de conducta desordenada, enemigo público
**disorderly picketing** – demostraciones o piquetes que alteran el orden público
**disorganisation** *n* – desorganización
**disorganised** *adj* – desorganizado
**disorganization** *n* – desorganización
**disorganized** *adj* – desorganizado
**disorientation** *n* – desorientación
**disown** *v* – repudiar, negar
**disparage** *v* – menospreciar, desacreditar
**disparage a product** – menospreciar un producto
**disparagement** *n* – menosprecio, descrédito
**disparagement of goods** – menosprecio de mercancías, el desacreditar los bienes de un competidor
**disparagement of title** – intento enjuiciable de crear dudas sobre la validez de un título
**disparaging** *adj* – menospreciativo, despectivo
**disparaging attitude** – actitud despectiva
**disparaging comment** – comentario despectivo
**disparaging instructions** – instrucciones al jurado que denigran una de las partes del litigio
**disparaging remark** – comentario despectivo
**disparity** *n* – disparidad, desemejanza
**dispatch** *n* – prontitud, mensaje, envío
**dispatch** *v* – despachar, enviar
**dispatch money** – pago adicional por cargar o descargar más pronto de lo estipulado
**dispatch note** – nota de envío
**dispatch notice** – aviso de envío
**dispauper** *v* – perder los derechos de demandar como indigente
**dispel** *v* – aclarar, disipar
**dispensation** *n* – dispensa, exención
**dispense** *v* – dispensar, repartir, eximir
**dispenser** *n* – dispensador, administrador
**displace** *v* – desplazar, destituir, cambiar de lugar
**displaced** *adj* – desplazado
**displaced person** – persona desplazada
**displacement** *n* – desplazamiento, desalojamiento, reemplazo, traslado
**display** *n* – exhibición, demostración
**display** *v* – exhibir, revelar
**display advertising** – anuncios impresos que incorporan gráficos
**displayed price** – precio mostrado
**disposable** *adj* – disponible, desechable
**disposable income** – ingresos disponibles, ingresos disponibles para bienes de consumo
**disposable portion** – la parte de la herencia del que se puede disponer sin restricciones
**disposable product** – producto desechable
**disposal** *n* – eliminación, distribución, transferencia, disposición, venta
**disposal date** – fecha de eliminación, fecha de venta
**dispose** *v* – disponer, ordenar, colocar, distribuir, vender
**disposing capacity** – capacidad mental para testar
**disposing mind** – capacidad mental para testar
**disposition** *n* – disposición, sentencia penal, tendencia
**dispositive** *adj* – dispositivo
**dispositive facts** – hechos jurídicos
**dispossess** *v* – desposeer, desalojar, desahuciar, privar
**dispossess proceedings** – procedimientos de desahucio
**dispossession** *n* – desahucio, desalojo, usurpación de bienes raíces, expulsión
**dispossessor** *n* – desposeedor, desahuciador
**disproof** *n* – prueba contraria, refutación
**disproportionate** *adj* – desproporcionado
**disproportionate distribution** – distribución desproporcionada
**disprove** *v* – refutar
**disputable** *adj* – disputable, controvertible
**disputable presumption** – presunción dudosa
**dispute** *n* – disputa, litigio, controversia
**dispute** *v* – disputar, litigar, controvertir
**dispute management** – manejo de disputas
**dispute resolution** – resolución de disputas
**dispute settlement** – resolución de disputas
**disqualification** *n* – descalificación
**disqualified witness** – persona no calificada para atestiguar
**disqualify** *v* – descalificar, incapacitar
**disquiet** *v* – perturbar
**disrate** *v* – degradar
**disregard** *v* – hacer caso omiso de, desatender
**disregardful** *adj* – indiferente, negligente
**disrepair, in** – en mal estado
**disreputable** *adj* – de mala fama
**disrepute** *n* – mala fama, desprestigio
**disrespect** *n* – falta de respeto
**disrespectfully** *adv* – irrespetuosamente
**disruption** *n* – interrupción, alteración
**disruptive** *adj* – destructor, disruptivo, perjudicial

**disruptive competition** – competencia disruptiva
**disruptive conduct** – conducta desordenada, conducta disruptiva
**disruptive effects** – efectos disruptivos
**dissection** *n* – disección, inspección minuciosa
**disseise** *v* – desposeer
**disseisee** *n* – quien ha sido desposeído
**disseisin** *n* – desposesión, desposeimiento
**dissemble** *v* – aparentar, disimular, ocultar
**disseminate** *v* – diseminar
**dissemination** *n* – diseminación
**dissension** *n* – disensión, oposición
**dissent** *n* – disenso, disidencia, opinión disidente, disentimiento
**dissent** *v* – disentir
**dissenter** *n* – disidente
**dissentiente** – disidente
**dissenting** *adj* – disidente
**dissenting judge** – juez disidente
**dissenting opinion** – opinión disidente
**dissenting shareholders** – accionistas disidentes
**dissident** *n* – disidente
**dissimilar** *adj* – distinto, desigual
**dissimilarity** *n* – desemejanza, desigualdad
**dissimulate** *v* – disimular
**dissociation** *n* – disociación
**dissolution** *n* – disolución, liquidación, muerte
**dissolution of corporation** – disolución de corporación, liquidación de corporación
**dissolution of marriage** – disolución de matrimonio
**dissolution of partnership** – disolución de sociedad
**dissolve** *v* – disolver, cancelar, liquidar, terminar
**dissolve a company** – disolver una compañía
**dissolve a partnership** – disolver una sociedad
**dissuade** *v* – disuadir, desaconsejar
**dissuasive** *adj* – disuasivo
**distant** *adj* – distante
**distinct** *adj* – distinto, preciso
**distinction** *n* – distinción
**distinctive** *adj* – distintivo
**distinctive mark** – marca distintiva
**distinctive name** – nombre distintivo
**distinguish** *v* – distinguir, clasificar
**distinguishing** *adj* – distintivo, característico
**distinguishing mark** – marca distintiva
**distort** *v* – distorsionar, torcer, retorcer
**distort the truth** – distorsionar la verdad
**distorted** *adj* – torcido, distorsionado
**distorted facts** – hechos distorsionados
**distract** *v* – distraer, afligir
**distracted** *adj* – distraído, afligido
**distraction** *n* – distracción, confusión, aflicción, pasatiempo
**distrain** *v* – tomar la propiedad de otro como prenda para forzarlo a cumplir algo
**distrainor** *n* – quien secuestra bienes
**distraint** *n* – secuestro de bienes
**distress** *n* – secuestro de bienes de parte del arrendador para forzar al arrendatario a cumplir con el pago de alquiler, aflicción, apuro, peligro, miseria
**distress merchandise** – mercancías a precios de apuro
**distress price** – precio de apuro, precio de remate
**distress selling** – ventas en apuro, remate
**distress warrant** – orden de secuestro de bienes
**distressed property** – propiedad en peligro de juicio hipotecario, propiedad en juicio hipotecario
**distressed sale** – venta de liquidación, venta bajo circunstancias desventajosas
**distressed securities** – valores de entidades en apuros
**distributable** *adj* – distribuible
**distribute** *v* – distribuir, dividir, clasificar
**distribute benefits** – distribuir beneficios
**distribute contracts** – distribuir contratos
**distribute costs** – distribuir costos, distribuir costes
**distribute funds** – distribuir fondos
**distribute income** – distribuir ingresos
**distribute losses** – distribuir pérdidas
**distribute money** – distribuir dinero
**distribute profits** – distribuir beneficios, distribuir ganancias
**distribute quotas** – distribuir cuotas
**distribute reserves** – distribuir reservas
**distribute resources** – distribuir recursos
**distribute shares** – distribuir acciones
**distribute stock** – distribuir acciones
**distributed** *adj* – distribuido
**distributed benefits** – beneficios distribuidos
**distributed contracts** – contratos distribuidos
**distributed costs** – costos distribuidos, costes distribuidos
**distributed database** – base de datos distribuida
**distributed earnings** – ingresos distribuidos
**distributed funds** – fondos distribuidos
**distributed income** – ingresos distribuidos
**distributed money** – dinero distribuido
**distributed profits** – beneficios distribuidos, ganancias distribuidas
**distributed quotas** – cuotas distribuidas
**distributed resources** – recursos distribuidos
**distributed shares** – acciones distribuidas
**distributed stock** – acciones distribuidas
**distributee** *n* – heredero, a quien se distribuye
**distributing** *adj* – distribuidor
**distributing syndicate** – sindicato de distribución
**distribution** *n* – distribución, división hereditaria
**distribution agent** – agente de distribución
**distribution area** – área de distribución
**distribution center** – centro de distribución
**distribution centre** – centro de distribución
**distribution chain** – cadena de distribución
**distribution channels** – canales de distribución
**distribution clause** – cláusula de distribución
**distribution costs** – costos de distribución, costes de distribución
**distribution date** – fecha de distribución
**distribution expenditures** – gastos de distribución
**distribution expenses** – gastos de distribución
**distribution fees** – cargos de distribución
**distribution in kind** – distribución no monetaria
**distribution management** – gestión de distribución, gerencia de distribución, administración de distribución
**distribution manager** – gerente de distribución
**distribution network** – red de distribución
**distribution of accounts** – distribución de cuentas
**distribution of assets** – distribución de activos
**distribution of benefits** – distribución de beneficios

**distribution of contracts** – distribución de contratos
**distribution of costs** – distribución de costos, distribución de costes
**distribution of earnings** – distribución de ingresos
**distribution of expenditures** – distribución de gastos
**distribution of expenses** – distribución de gastos
**distribution of funds** – distribución de fondos
**distribution of income** – distribución de ingresos
**distribution of liabilities** – distribución de responsabilidades
**distribution of losses** – distribución de pérdidas
**distribution of money** – distribución de dinero
**distribution of profits** – distribución de beneficios, distribución de ganancias
**distribution of quotas** – distribución de cuotas
**distribution of reserves** – distribución de reservas
**distribution of resources** – distribución de recursos
**distribution of risk** – distribución del riesgo
**distribution of shares** – distribución de acciones
**distribution of stock** – distribución de acciones
**distribution of trade** – distribución del comercio
**distribution office** – oficina de distribución
**distribution procedure** – procedimiento de distribución
**distribution service** – servicio de distribución
**distribution to owners** – distribución a dueños
**distribution warehouse** – almacén de distribución
**distributive** *adj* – distributivo
**distributive share** – participación en la distribución de bienes
**distributor** *n* – distribuidor
**district** *n* – distrito, jurisdicción, región
**district attorney** – fiscal de distrito
**district clerk** – secretario del tribunal de distrito
**district courts** – tribunales de distrito, tribunales federales de primera instancia
**district judge** – juez de distrito
**district manager** – gerente de distrito
**district school** – escuela pública de distrito, escuela de distrito
**distrust** *n* – desconfianza, sospecha
**disturb** *v* – perturbar, molestar, alterar
**disturbance** *n* – perturbación, molestia, tumulto, alteración del orden público
**disturbance of peace** – alteración del orden público, perturbación de la paz
**disturbance of possession** – perturbación a la posesión
**disturbance of tenure** – perturbación al derecho de posesión
**disturbance of the peace** – alteración del orden público, perturbación de la paz
**disturbance of ways** – perturbación al derecho de paso
**disturbing** *adj* – perturbador
**disutility** *n* – desutilidad
**ditto** *n* – ídem, lo mismo
**diurnal** *adj* – diurno
**diurnally** *adv* – diariamente, de día
**divagation** *n* – divagación
**divergence** *n* – divergencia
**divergence of opinion** – divergencia de opinión
**diversifiable risk** – riesgo diversificable
**diversification** *n* – diversificación
**diversified** *adj* – diversificado
**diversified company** – compañía diversificada
**diversified corporation** – corporación diversificada
**diversified holding company** – compañía tenedora diversificada
**diversified investment company** – compañía de inversiones diversificada
**diversified portfolio** – cartera diversificada
**diversify** *v* – diversificar
**diversion** *n* – distracción, desviación
**diversity** *n* – diversidad, variedad, alegato de parte del detenido de que no es quien ha sido encontrado culpable
**diversity jurisdiction** – jurisdicción de los tribunales federales sobre casos donde hay diversidad de ciudadanía estatal entre el demandante y el demandado
**diversity of citizenship** – diversidad de ciudadanía, diversidad de ciudadanía estatal entre el demandante y el demandado como base de jurisdicción de los tribunales federales
**divert** *v* – desviar, divertir
**divest** *v* – despojar, privar de, vender una subsidiaria, desinvertir
**divestiture** *n* – venta de subsidiaria, escisión, desinversión
**divestment** *n* – privación de un interés antes de tiempo
**divide** *v* – dividir, repartir
**divided** *adj* – dividido
**divided account** – cuenta dividida
**divided court** – falta de unanimidad en un tribunal, discrepancia entre los jueces, corte dividida
**divided custody** – custodia dividida
**divided interest** – intereses separados
**dividend** *n* – dividendo
**dividend announcement** – anuncio de dividendo
**dividend audit** – auditoría de dividendos
**dividend declaration** – declaración de dividendo
**dividend in kind** – dividendo en especie
**dividend income** – ingreso por dividendos
**dividend payable** – dividendo a pagar
**dividend payout** – pago de dividendos, ratio de pagos de dividendos, razón de pagos de dividendos
**dividend policy** – política de dividendos
**dividend rate** – tasa de dividendos
**dividend reinvestment** – reinversión de dividendos
**dividend tax** – impuesto sobre dividendos
**dividend yield** – rendimiento de dividendos
**dividing** *adj* – divisor
**divisibility** *n* – divisibilidad
**divisible** *adj* – divisible
**divisible contract** – contrato divisible
**divisible divorce** – divorcio divisible
**divisible guarantee** – garantía divisible
**divisible guaranty** – garantía divisible
**divisible offense** – delito que incluye otros de menor grado
**division** *n* – división, sección, distribución, compartimiento
**division chief** – jefe de división, jefe de sección
**division director** – director de división, director de sección
**division head** – jefe de división, jefe de sección

**division management** – gerencia de división, gestión de división, administración de división
**division manager** – gerente de división
**division of costs** – división de costos, división de costas
**division of damages** – división de daños
**division of labor** – división del trabajo
**division of labour** – división del trabajo
**division of opinion** – división de votos, diferencia de opiniones
**division of powers** – división de poderes
**division of property** – división de propiedad
**division wall** – pared medianera
**divorce** *n* – divorcio
**divorce a mensa et thoro** – separación sin disolución matrimonial
**divorce a vinculo matrimonii** – divorcio, disolución del matrimonio
**divorce agreement** – convenio de divorcio
**divorce by consent** – divorcio por consentimiento mutuo
**divorce from bed and board** – separación sin disolución matrimonial
**divorce suit** – juicio de divorcio
**divulge** *v* – divulgar
**dock** *n* – banquillo del acusado, muelle
**dock** *v* – reducir, atracar en un muelle
**dock master** – oficial de muelle
**dock receipt** – recibo de muelle
**dockage** *n* – derechos por atracar
**docket** *n* – lista de casos a ser juzgados, lista de causas, registro, registro conciso sobre lo acontecido en un tribunal
**docket** *v* – resumir y registrar en un libro judicial
**docket fee** – honorario pagado como parte de las costas de la acción
**docket number** – número de caso dentro de una lista de casos a ser juzgados
**doctor** *n* – doctor, médico
**doctor** *v* – alterar, suministrar cuidado médico
**doctored data** – datos adulterados, datos manipulados
**doctrinal interpretation** – interpretación doctrinal
**doctrine** *n* – doctrina, doctrina jurídica
**doctrine of abstention** – doctrina de abstención
**doctrine of acceleration** – doctrina de aceleración
**doctrine of alter ego** – doctrina del álter ego
**doctrine of attractive nuisance** – doctrina que responsabiliza a quien mantiene un peligro atrayente en su propiedad
**doctrine of avoidable consequences** – doctrina según la cual la parte perjudicada debe tratar de minimizar los daños
**doctrine of clean hands** – doctrina que niega remedio a demandantes que han obrado culpable o injustamente en la materia del litigio
**doctrine of emergencies** – doctrina indicando que no se espera que una persona en una situación de emergencia use el mismo juicio que demostraría en una situación en la que hay tiempo para reflexionar
**doctrine of equivalents** – doctrina de equivalentes
**doctrine of fair use** – doctrina concerniente al uso razonable de materiales bajo derechos de autor
**doctrine of fighting words** – doctrina que declara que las palabras intencionadas a provocar violencia no están protegidas por la primera enmienda
**doctrine of last clear chance** – doctrina según la cual un conductor que ha sido negligente puede obtener reparación por daños y perjuicios si puede demostrar que el otro conductor tuvo la oportunidad de evitar el accidente
**doctrine of mutuality** – doctrina que según la cual las obligaciones contractuales tienen que ser recíprocas para que el contrato sea válido
**doctrine of necessaries** – doctrina según la cual se le puede cobrar al esposo o padre por artículos de primera necesidad vendidos a su esposa e hijos
**doctrine of overbreadth** – doctrina según la cual cualquier ley que viole los derechos constitucionales no es válida
**doctrine of unclean hands** – doctrina que le niega reparaciones a la parte demandante si ésta es culpable de conducta injusta en la materia del litigo
**doctrine of unjust enrichment** – doctrina concerniente al enriquecimiento injusto
**doctrine of vagueness** – doctrina según la cual es inconstitucional cualquier ley que no indique claramente lo que se ordena o prohíbe
**doctrine of virtual representation** – doctrina que permite entablar litigio en representación de un grupo con un interés común
**document** *n* – documento, instrumento
**document** *v* – documentar
**document of title** – instrumento de título, documento de propiedad
**documentary** *adj* – documental
**documentary credit** – crédito documentario
**documentary draft** – letra de cambio documentaria
**documentary evidence** – prueba documental
**documentary proof** – prueba documental
**documentation** *n* – documentación
**documentation clerk** – oficinista de documentación
**documented** *adj* – documentado
**documents against acceptance** – documentos contra aceptación
**documents against payment** – documentos contra pago
**dodge taxes** – evadir impuestos
**Doe, Jane** – Fulana de Tal, nombre ficticio usado para propósitos ilustrativos o cuando se desconoce el nombre de una parte
**Doe, John** – Fulano de Tal, nombre ficticio usado para propósitos ilustrativos o cuando se desconoce el nombre de una parte
**dogma** *n* – dogma
**dogmatic** *adj* – dogmático
**doing business** – en negocios, ejercicio de la actividad comercial
**doing business as** – en negocios bajo el nombre de
**DOL (Department of Labor)** – Departamento de Trabajo, Ministerio de Trabajo
**dole** *n* – distribución, limosna, subsidio de paro
**doli capax** – capaz de intención criminal, doli capax
**doli incapax** – incapaz de intención criminal, doli incapax
**dollarisation** *n* – dolarización
**dollarization** *n* – dolarización
**dolus** – malicia, dolo
**domain** *n* – dominio, propiedad absoluta de un

inmueble, propiedad inmueble
**domain name** – nombre de dominio
**domestic** *adj* – doméstico, nacional, interno
**domestic account** – cuenta nacional
**domestic agent** – agente nacional
**domestic aid** – ayuda nacional
**domestic animal** – animal doméstico
**domestic assistance** – asistencia nacional
**domestic bank** – banco nacional
**domestic banking** – banca nacional
**domestic bill** – letra nacional
**domestic bonds** – bonos nacionales
**domestic borrowing** – préstamos nacionales
**domestic branch** – sucursal nacional
**domestic capital** – capital nacional
**domestic commerce** – comercio nacional
**domestic commodity** – producto nacional, producto del país
**domestic company** – compañía nacional
**domestic competition** – competencia nacional
**domestic consumption** – consumo nacional
**domestic content** – contenido nacional
**domestic corporation** – corporación nacional, corporación constituida en un estado en particular
**domestic courts** – tribunales domésticos, tribunales con jurisdicción en el lugar donde una parte tiene domicilio
**domestic credit** – crédito nacional
**domestic creditor** – acreedor nacional
**domestic currency** – moneda nacional
**domestic debt** – deuda nacional
**domestic demand** – demanda nacional
**domestic department** – departamento nacional
**domestic deposit** – depósito nacional
**domestic division** – división nacional
**domestic domicile** – domicilio nacional
**domestic economy** – economía nacional
**domestic employee** – empleado doméstico
**domestic employment** – empleo doméstico
**domestic enterprise** – empresa nacional
**domestic firm** – empresa nacional
**domestic goods** – productos nacionales
**domestic guardian** – tutor designado en el domicilio del pupilo
**domestic income** – ingresos nacionales
**domestic industry** – industria nacional
**domestic insurer** – asegurador nacional
**domestic investment** – inversión nacional
**domestic investor** – inversionista nacional
**domestic issue** – emisión nacional
**domestic judgment** – sentencia de un tribunal doméstico, sentencia de un tribunal del mismo estado
**domestic jurisdiction** – jurisdicción local
**domestic law** – derecho interno
**domestic liquidity** – liquidez nacional
**domestic loan** – préstamo nacional
**domestic market** – mercado nacional
**domestic partnership** – sociedad nacional
**domestic policy** – política nacional, póliza nacional
**domestic port** – puerto nacional
**domestic price** – precio nacional
**domestic product** – producto nacional, producto del país
**domestic purposes** – propósitos domésticos
**domestic relations** – derecho de familia, relaciones domésticas
**domestic resources** – recursos nacionales
**domestic sales** – ventas nacionales
**domestic sector** – sector nacional
**domestic securities** – valores nacionales
**domestic servant** – persona empleada en servicio doméstico
**domestic shares** – acciones nacionales
**domestic stock** – acciones nacionales
**domestic subsidiary** – subsidiaria nacional
**domestic subsidy** – subsidio nacional, subvención nacional
**domestic supply** – oferta nacional
**domestic support** – ayuda nacional
**domestic tax** – impuesto nacional
**domestic tax credit** – crédito impositivo nacional
**domestic tax deduction** – deducción impositiva nacional
**domestic trade** – comercio nacional
**domestic use** – uso doméstico
**domestically prohibited goods** – productos prohibidos en el país de origen
**domesticated** *v* – domesticado
**domicile** *n* – domicilio
**domicile of choice** – domicilio de elección
**domicile of origin** – domicilio de origen
**domicile of succession** – domicilio sucesorio
**domiciled** *adj* – domiciliado
**domiciliary** *adj* – domiciliario
**domiciliary administration** – administración de una sucesión donde se encuentra el domicilio sucesorio
**domiciliate** *v* – domiciliar, establecer dominio
**domiciliation** *n* – domiciliación
**dominance** *n* – autoridad
**dominant** *adj* – dominante
**dominant estate** – predio dominante
**dominant firm** – empresa dominante
**dominant party** – parte dominante
**dominant tenement** – propiedad dominante
**dominate** *v* – dominar
**dominate a market** – dominar un mercado
**domination** *n* – dominación
**domineer** *v* – oprimir, tiranizar
**domineering** *adj* – dominante
**dominion** *n* – dominio, propiedad
**dominium** *n* – dominio
**dominium directum** – dominio directo
**dominium utile** – dominio útil
**donate** *v* – donar
**donated** *adj* – donado
**donated shares** – acciones donadas
**donated stock** – acciones donadas
**donatio** – donación, donativo
**donatio inter vivos** – donación entre vivos
**donatio mortis causa** – donación en anticipación a la muerte
**donation** *n* – donación, donativo
**donation inter vivos** – donación entre vivos
**donation mortis causa** – donación en anticipación a la muerte
**donative intent** – intención de donar
**donator** *n* – donante
**donatorius** – donatario, comprador

**donee** *n* – donatario, beneficiario
**donor** *n* – donador, donante
**donor country** – país donante
**donors and creditors** – donantes y acreedores
**donors and lenders** – donantes y prestamistas
**doom** *n* – fatalidad, sentencia
**door-to-door** *adj* – de puerta a puerta
**door-to-door delivery** – transporte de puerta a puerta
**door-to-door selling** – ventas de puerta en puerta
**door-to-door service** – servicio de puerta a puerta
**dormant** *adj* – inactivo, en suspenso
**dormant account** – cuenta inactiva
**dormant claim** – reclamación en suspenso
**dormant corporation** – corporación sin operar al presente, corporación inactiva
**dormant execution** – ejecución en suspenso
**dormant judgment** – sentencia no ejecutada
**dormant partner** – socio inactivo, socio oculto
**dossier** *n* – dossier
**dot-com** *adj* – relacionado a una compañía cuyo funcionamiento está basado en la Internet
**dot-com** *n* – punto com, compañía cuyo funcionamiento está basado en la Internet
**dotage** *n* – senilidad
**dotal property** – bienes dotales
**dotation** *n* – dotación
**dotcom** *adj* – relacionado a una compañía cuyo funcionamiento está basado en la Internet
**dotcom** *n* – punto com, compañía cuyo funcionamiento está basado en la Internet
**dotted line** – línea de puntos, línea punteada, línea de puntos donde se firma
**double accounting** – doble contabilización
**double adultery** – adulterio en el que ambas personas están casadas
**double assessment** – doble imposición
**double-barreled bond** – bono con doble garantía
**double charge** – doble cargo
**double-check** *v* – volver a revisar
**double compensation** – doble indemnización, doble compensación
**double counting** – doble contabilidad, doble contabilización, doble conteo
**double creditor** – acreedor doble, acreedor con garantía sobre dos fondos
**double employment** – doble empleo
**double endorsement** – doble endoso
**double-entry accounting** – contabilidad con doble registro, contabilidad por partida doble
**double-entry bookkeeping** – contabilidad con doble registro, contabilidad por partida doble
**double-entry system** – sistema de doble registro, sistema de partida doble
**double exemption** – doble exención
**double hearsay** – prueba de referencia doble
**double income** – con dos ingresos
**double indemnity** – doble indemnización
**double indorsement** – doble endoso
**double insurance** – doble seguro
**double jeopardy** – doble exposición por el mismo delito
**double liability** – doble responsabilidad
**double meaning** – doble sentido
**double patenting** – obtención de una segunda patente para la misma invención por el mismo solicitante
**double pay** – doble paga
**double plea** – doble defensa
**double posting** – doble asiento
**double proof** – doble prueba
**double-protection policy** – póliza de doble protección
**double recovery** – indemnización mas allá de los daños sufridos
**double rent** – doble alquiler
**double standard** – doble moral
**double taxation** – doble imposición
**double time** – tiempo doble
**double use** – solicitud de patente para el uso nuevo de un proceso conocido
**double will** – testamento recíproco
**doubt** *n* – duda
**doubt** *v* – dudar
**doubtful** *adj* – dudoso, ambiguo
**doubtful account** – cuenta dudosa
**doubtful debt** – deuda dudosa
**doubtful loan** – préstamo dudoso
**doubtful title** – título dudoso
**doubtfully** *adv* – dudosamente
**doubtless** *adj* – indudable, sin duda, cierto
**dour** *adj* – severo, terco
**dowable** *adj* – con derechos dotales
**dowager** *n* – viuda con título de bienes heredados del marido
**dower** *n* – la parte de los bienes del esposo fallecido que le corresponden por ley a la viuda
**down payment** – pronto pago, pago inicial, entrada, pago de entrada, señal, arras, pago inmediato
**down time** – tiempo de inactividad por avería, tiempo de inactividad
**downgrade** *v* – bajar de categoría
**download** *n* – download
**download** *v* – descargar, hacer un download
**downmarket** *adj* – dirigido hacia consumidores de bajos ingresos, de baja calidad
**downscale** *adj* – dirigido hacia consumidores de bajos ingresos, de baja calidad
**downside risk** – riesgo de disminución de valor
**downsizing** *n* – redimensionamiento, reducción en busca de mayor eficiencia, reducción de personal
**downstream** *adj* – actividad corporativa de matriz a subsidiaria
**downstream product** – producto elaborado tras otro
**downswing** *n* – disminución en actividad económica, disminución en actividad empresarial
**downtime** *n* – tiempo de inactividad por avería, tiempo de inactividad
**downward adjustment** – ajuste a la baja
**downward revision** – revisión a la baja
**downzoning** *n* – rezonificación para reducir la intensidad de uso
**dowry** *n* – dote
**draconian** *adj* – draconiano, severo, cruel
**Draconian laws** – leyes draconianas, leyes extremadamente severas
**draft** *n* – letra de cambio, letra, giro, libranza, libramiento, proyecto, cheque, borrador
**draft budget** – proyecto de presupuesto
**draft contract** – proyecto de contrato
**draft prospectus** – borrador de prospecto

**draft resolution** – proyecto de resolución
**drafting committee** – comité de redacción
**drafter** *n* – redactor, diseñador
**dragnet** *n* – pesquisa
**dragnet clause** – cláusula hipotecaria en la que el deudor garantiza deudas pasadas y futuras además de las presentes
**drain** *v* – desaguar, encañar, consumir, drenar, vaciar
**drainage** *n* – drenaje, desagüe
**drainage, right of** – servidumbre de drenaje
**dram** *n* – bebida alcohólica, traguito
**Dram Shop Acts** – leyes imponiéndole responsabilidad a dueños de establecimientos de bebidas alcohólicas cuyos clientes embriagados provocan daños a terceros
**dram shop liability insurance** – seguro de responsabilidad de establecimientos que venden bebidas alcohólicas
**dramatics** *n* – conducta melodramática
**drastic** *adj* – drástico, riguroso
**drastic measures** – medidas drásticas
**drastic remedies** – remedios drásticos
**draw** *v* – retirar, devengar, girar, librar, apuntar, redactar, elegir, retirar fondos, dibujar
**draw a check** – girar un cheque
**draw a cheque** – girar un cheque
**draw a jury** – seleccionar un jurado
**draw up** – redactar, formular
**drawback** *n* – reintegro, desventaja, contratiempo, reembolso de derechos aduaneros
**drawdown** *n* – agotamiento, retiro gradual de fondos, reducción de valor
**drawee** *n* – girado, librado
**drawer** *n* – girador, librador, cajón
**drawing** *n* – sorteo, dibujo
**drawn** *adj* – girado, librado
**dread disease insurance** – seguro contra enfermedad catastrófica específica
**dress code** – reglas de vestimenta, vestimenta requerida
**drift** *n* – cosa llevada por la corriente, rumbo
**drift** *v* – ir a la deriva, ir sin rumbo
**drifter** *n* – persona sin rumbo
**drinking shop** – cantina
**drive** *v* – guiar, impulsar
**drive-in** *n* – establecimiento donde se ofrece servicio en el carro
**drive-through** *n* – establecimiento donde se ofrece servicio en el carro
**driver** *n* – conductor
**driver's license** – permiso de conducir, carnet de conducir, licencia de conductor
**driving** *adj* – manejando, conduciendo
**driving force** – fuerza motriz
**driving under the influence** – manejar bajo la influencia del alcohol y/u otras drogas, conducir bajo la influencia del alcohol y/u otras drogas
**driving while intoxicated** – manejar bajo la influencia del alcohol y/u otras drogas, conducir bajo la influencia del alcohol y/u otras drogas
**drop** *n* – bajada, caída, reducción
**drop** *v* – desistir, omitir, bajar, caer, reducir, abandonar
**drop charges** – retirar una acusación
**drop in prices** – caída de precios
**drop in salary** – caída de salario
**drop letter** – carta local
**drop-off** *n* – disminución
**drop-shipment delivery** – entrega sin pasar por mayorista, envió directo a detallista
**drop-shipping** *n* – entrega sin pasar por mayorista, envió directo a detallista
**drought** *n* – sequía
**drown** *n* – ahogar, ahogarse
**drowse** *v* – adormecer
**drowsily** *adv* – soñolientamente
**drubbing** *n* – paliza
**drudgery** *n* – algo monótono, trabajo pesado
**drug** *n* – droga, medicina
**drug abuse** – abuso de drogas
**drug addict** – drogadicto
**drug addiction** – drogadicción
**drug dealer** – narcotraficante
**drug dependence** – drogadicción, dependencia de drogas
**drummer** *n* – agente viajero, vendedor ambulante, viajante de comercio
**drunk** *adj* – borracho
**drunk** *n* – borracho
**drunk driving** – manejar bajo la influencia del alcohol, conducir bajo la influencia del alcohol
**drunkard** *n* – borracho
**drunken** *adj* – borracho
**drunkenness** *n* – embriaguez
**drunkometer** *n* – aparato para medir el nivel de alcohol en la sangre
**dry** *adj* – formal, nominal, infructífero, seco
**dry lease** – arrendamiento neto, arrendamiento neto de avión
**dry mortgage** – hipoteca donde el deudor se responsabiliza sólo por el valor del bien hipotecado
**dry trust** – fideicomiso pasivo
**dual agency** – doble agencia
**dual citizenship** – doble ciudadanía
**dual contract** – doble contrato
**dual control** – doble control
**dual court system** – sistema en que coexisten dos regímenes judiciales
**dual economy** – doble economía
**dual exchange rate** – doble tipo de cambio, doble tasa de cambio
**dual purpose doctrine** – doctrina según la cual un empleado que viaja como parte de su trabajo está en el curso del trabajo aún cuando salga en gestiones personales
**dual purpose fund** – fondo de doble propósito, fondo mutuo de doble propósito
**dual supervision** – doble supervisión
**dual taxation** – doble imposición
**dubious** *adj* – dudoso
**dubiously** *adv* – dudosamente
**dubitable** *adj* – dudable, dudoso
**duces tecum** – traiga consigo
**due** *adj* – justo, legal, pagadero, debido, razonable, propio, vencido, esperado, apropiado
**due and payable** – vencido y pagadero
**due and reasonable care** – cuidado debido y razonable

**due and unpaid** – vencido e impago
**due bill** – reconocimiento de una deuda por escrito, pagaré
**due care** – cuidado debido
**due compensation** – indemnización debida, compensación debida
**due consideration** – contraprestación adecuada, debida deliberación
**due course of law** – curso debido de la ley
**due date** – fecha de vencimiento
**due date notice** – aviso de fecha de vencimiento
**due diligence** – diligencia debida
**due diligence meeting** – reunión de diligencia debida
**due diligence session** – sesión de diligencia debida
**due in advance** – pagadero por adelantado
**due notice** – notificación debida, debido aviso
**due on demand** – pagadero a la vista
**due-on-sale clause** – cláusula de préstamo pagadero a la venta
**due process of law** – debido proceso
**due proof** – prueba razonable
**due proof of loss** – prueba razonable de pérdida
**due regard** – debida consideración
**duel** *n* – duelo, combate
**dueling** *n* – batirse a duelo
**dues** *n* – cargos, cuotas, tasas, impuestos
**DUI (driving under the influence)** – manejar bajo la influencia del alcohol y/u otras drogas, conducir bajo la influencia del alcohol y/u otras drogas
**duly** *adj* – debidamente, puntualmente
**duly allowed** – debidamente permitido
**duly appointed** – debidamente designado
**duly assigned** – debidamente asignado
**duly authorised** – debidamente autorizado
**duly authorised agent** – agente debidamente autorizado
**duly authorized** – debidamente autorizado
**duly authorized agent** – agente debidamente autorizado
**duly certified** – debidamente certificado
**duly commenced** – debidamente comenzado
**duly completed** – debidamente completado
**duly designated** – debidamente designado
**duly established** – debidamente establecido
**duly executed** – debidamente ejecutado
**duly named** – debidamente nombrado
**duly organized** – debidamente organizado
**duly presented** – debidamente presentado
**duly qualified** – debidamente cualificado
**duly recorded** – debidamente registrado
**duly registered** – debidamente registrado
**duly verified** – debidamente verificado
**dumb-bidding** *n* – establecimiento del precio mínimo requerido en una subasta
**dummy** *adj* – falso, fingido, ficticio, títere
**dummy** *n* – prestanombre, persona de paja
**dummy corporation** – corporación formada para propósitos ilícitos, sociedad de paja
**dummy director** – director sin funciones reales, director ficticio
**dummy employee** – empleado ficticio
**dummy transaction** – transacción ficticia
**dump** *v* – vender mercancía importada bajo costo, vender mercancía importada bajo coste, vender un bloque de acciones sin importar el efecto en el mercado
**dumping** *n* – dumping, venta de mercancía importada bajo costo, venta de mercancía importada bajo coste, saturación ilegal
**dumping duties** – derechos antidumping
**dun** *n* – exigencia de pago, apremio
**dungeon** *n* – mazmorra
**dunning letter** – carta exigiendo pago
**duopoly** *n* – duopolio
**duplex house** – dúplex, casa para dos familias
**duplicate** *n* – duplicado
**duplicate** *v* – duplicar
**duplicate invoice** – factura duplicada
**duplicate will** – testamento duplicado
**duplication** *n* – duplicación
**duplication of benefits** – duplicación de beneficios
**duplicitous** *adj* – engañoso, dudoso, que reúne más de una acción
**duplicity** *n* – duplicidad, el reunir más de una acción en la misma causa
**durable** *adj* – duradero
**durable consumer goods** – bienes de consumo duraderos
**durable power of attorney** – poder duradero, poder legal duradero, poder notarial duradero
**durable goods** – bienes duraderos
**durables** *n* – bienes duraderos, bienes de consumo duraderos
**duration** *n* – duración, término
**duration of agreement** – duración del convenio
**duration of benefits** – duración de los beneficios
**duration of contract** – duración del contrato
**duration of liability** – duración de la responsabilidad
**duration of obligation** – duración de la obligación
**duration of warranty** – duración de la garantía
**duress** *n* – coacción, violencia, cautividad
**duress per minas** – coacción mediante amenazas
**duressor** *n* – quien emplea coacción
**Durham rule** – regla que establece que una persona no es criminalmente responsable si se demuestra que sufría de una enfermedad mental al cometer el acto
**during** *prep* – durante
**during good behavior** – mientras no viole la ley, durante el buen comportamiento
**during good behaviour** – mientras no viole la ley, durante el buen comportamiento
**during the trial** – durante el juicio
**dusk** *n* – crepúsculo
**Dutch Auction** – subasta a la baja, subasta en la que se empieza con un precio alto y se va bajando hasta vender el artículo
**duteous** *adj* – obediente, sumiso
**duteously** *adv* – obedientemente, debidamente
**duteousness** *n* – obediencia
**dutiable** *adj* – sujeto al pago de impuestos aduaneros, sujeto al pago de impuestos
**dutiable goods** – bienes sujetos al pago de impuestos aduaneros
**dutiable value** – valor sujeto al pago de impuestos aduaneros, valor imponible
**duties** *n* – derechos de importación, derechos de aduana, derechos aduaneros, derechos arancelarios, deberes, obligaciones

**duties and charges** – derechos aduaneros y cargos
**duties collection** – cobro de derechos
**duties on imports** – derechos sobre importaciones
**dutiful** *adj* – cumplidor, obediente
**duty** *n* – deber, obligación, cargo, impuesto, tarifa, derechos de aduana, derechos aduaneros, derechos arancelarios
**duty-free** *adj* – libre de impuestos, exento de derechos, libre de derechos, franco
**duty-free goods** – productos libres de impuestos
**duty-free quota** – cuota libre de impuestos
**duty-free sale** – venta libre de impuestos
**duty-free trade** – comercio libre de impuestos
**duty-free zone** – zona libre de impuestos
**duty of support** – el deber de proveer alimentos para menores, el deber de cumplir con la obligación alimenticia
**duty, off** – no estando de turno
**duty, on** – estando de turno, en servicio
**duty paid** – derechos pagados
**duty to act** – deber de actuar
**duty to warn** – deber de advertir
**DVD (digital versatile disc)** – DVD
**DVP (delivery versus payment)** – entrega contra pago
**dwell** *v* – residir, permanecer
**dwelling** *n* – vivienda, residencia
**dwelling coverage** – cobertura de vivienda
**dwelling house** – lugar de residencia
**dwelling insurance** – seguro de vivienda
**dwelling insurance coverage** – cobertura de seguro de vivienda
**dwelling insurance policy** – póliza de seguro de vivienda
**DWI (driving while intoxicated)** – manejar bajo la influencia del alcohol y/u otras drogas, conducir bajo la influencia del alcohol y/u otras drogas
**dying** *adj* – moribundo
**dying declarations** – declaraciones del moribundo
**dying intestate** – morir intestado
**dying without issue** – morir sin descendencia
**dynamic** *adj* – dinámico
**dynamic management** – administración dinámica, gestión dinámica
**dynamic risk** – riesgo dinámico
**dynamically** *adv* – enérgicamente
**dynamite charge** – instrucción al jurado para que trate de evaluar los aspectos importantes tomando en consideración los puntos de vista de todos los integrantes
**dynamite instruction** – instrucción al jurado para que trate de evaluar los aspectos importantes tomando en consideración los puntos de vista de todos los integrantes
**dynasty** *n* – dinastía
**dysnomy** *n* – legislación deficiente

# E

**e-administration** *n* – administración electrónica
**e-bank** *n* – banco electrónico
**e-banking** *n* – banca electrónica
**e-bill** *n* – factura electrónica
**e-billing** *n* – facturación electrónica
**e-biz (e-business)** – comercio electrónico, negocio electrónico, e-business
**e-book** *n* – libro electrónico
**e-book** *v* – reservar electrónicamente
**e-booking** *n* – reserva electrónica
**e-brochure** *n* – folleto electrónico
**e-business** *n* – comercio electrónico, negocio electrónico, e-business
**e-business activity** – actividad de comercio electrónico
**e-business address** – dirección del comercio electrónico
**e-business agent** – agente de comercio electrónico
**e-business assets** – activo de comercio electrónico
**e-business association** – asociación de comercios electrónicos
**e-business bankruptcy** – quiebra de comercio electrónico
**e-business closure** – cierre de comercio electrónico
**e-business company** – sociedad de comercio electrónico, compañía de comercio electrónico
**e-business computing** – computación de comercio electrónico
**e-business concern** – empresa de comercio electrónico, entidad de comercio electrónico
**e-business consultant** – consultor de comercio electrónico
**e-business contract** – contrato de comercio electrónico
**e-business debt** – deuda de comercio electrónico
**e-business development** – desarrollo del comercio electrónico
**e-business director** – director de comercio electrónico
**e-business document** – documento de comercio electrónico
**e-business earnings** – ingresos de comercio electrónico
**e-business email** – email de comercio electrónico, correo electrónico de comercio electrónico
**e-business empire** – imperio de comercio electrónico
**e-business enterprise** – empresa de comercio electrónico
**e-business entity** – entidad de comercio electrónico
**e-business ethics** – ética en el comercio electrónico
**e-business etiquette** – etiqueta en el comercio electrónico
**e-business failure** – quiebra de comercio electrónico
**e-business finance** – finanzas de comercio electrónico

**e-business financing** – financiación de comercio electrónico
**e-business firm** – empresa de comercio electrónico, firma de comercio electrónico
**e-business fraud** – fraude de comercio electrónico
**e-business gains** – ganancias de comercio electrónico
**e-business income** – ingresos del comercio electrónico
**e-business law** – derecho de comercio electrónico
**e-business liability** – responsabilidad de comercio electrónico
**e-business licence** – licencia de comercio electrónico
**e-business license** – licencia de comercio electrónico
**e-business loan** – préstamo de comercio electrónico
**e-business losses** – pérdidas de comercio electrónico
**e-business mail** – email de comercio electrónico, correo electrónico de comercio electrónico
**e-business management** – administración de comercio electrónico, gestión de comercio electrónico
**e-business manager** – gerente de comercio electrónico
**e-business name** – nombre de comercio electrónico
**e-business organisation** – organización del comercio electrónico
**e-business organization** – organización del comercio electrónico
**e-business-oriented** *adj* – orientado hacia el comercio electrónico
**e-business owner** – dueño de comercio electrónico, propietario de comercio electrónico
**e-business policy** – póliza de comercio electrónico, política de comercio electrónico
**e-business portal** – portal de comercio electrónico
**e-business portfolio** – portafolio de comercios electrónicos
**e-business practices** – prácticas del comercio electrónico, costumbres del comercio electrónico
**e-business profits** – beneficios de comercio electrónico, ganancias de comercio electrónico
**e-business property** – propiedad de comercio electrónico
**e-business purpose** – propósito del comercio electrónico
**e-business records** – expedientes del comercio electrónico
**e-business regulations** – reglamentos del comercio electrónico, normas del comercio electrónico
**e-business relations** – relaciones de comercio electrónico
**e-business risk** – riesgo del comercio electrónico
**e-business rules** – reglas del comercio electrónico
**e-business sale** – venta de comercio electrónico
**e-business scam** – estafa de comercio electrónico, timo de comercio electrónico
**e-business services** – servicios de comercio electrónico
**e-business standards** – normas del comercio electrónico
**e-business studies** – estudios de comercio electrónico
**e-business swindle** – estafa de comercio electrónico, timo de comercio electrónico
**e-business taxation** – imposición del comercio electrónico
**e-business taxes** – impuestos del comercio electrónico, contribuciones del comercio electrónico
**e-business transaction** – transacción de comercio electrónico
**e-business treaty** – tratado de comercio electrónico
**e-business usage** – uso dentro del comercio electrónico
**e-business world** – mundo del comercio electrónico
**e-card** *n* – tarjeta electrónica
**e-cash** *n* – dinero electrónico
**e-catalog** *n* – catálogo electrónico
**e-catalogue** *n* – catálogo electrónico
**e-commerce** *n* – comercio electrónico, e-commerce
**e-commerce activity** – actividad de comercio electrónico
**e-commerce address** – dirección del comercio electrónico
**e-commerce agent** – agente de comercio electrónico
**e-commerce agreement** – convenio de comercio electrónico
**e-commerce assets** – activo de comercio electrónico
**e-commerce bankruptcy** – quiebra de comercio electrónico
**e-commerce closure** – cierre de comercio electrónico
**e-commerce company** – sociedad de comercio electrónico, compañía de comercio electrónico
**e-commerce computing** – computación de comercio electrónico
**e-commerce conditions** – condiciones de comercio electrónico
**e-commerce contract** – contrato de comercio electrónico
**e-commerce correspondence** – correspondencia de comercio electrónico
**e-commerce creditor** – acreedor de comercio electrónico
**e-commerce debt** – deuda de comercio electrónico
**e-commerce department** – departamento de comercio electrónico
**e-commerce deposit** – depósito de comercio electrónico
**e-commerce development** – desarrollo del comercio electrónico
**e-commerce director** – director de comercio electrónico
**e-commerce document** – documento de comercio electrónico
**e-commerce earnings** – ingresos de comercio electrónico
**e-commerce empire** – imperio de comercio electrónico
**e-commerce enterprise** – empresa de comercio electrónico
**e-commerce entity** – entidad de comercio electrónico
**e-commerce environment** – ambiente de comercio electrónico
**e-commerce ethics** – ética en el comercio electrónico
**e-commerce etiquette** – etiqueta en el comercio electrónico
**e-commerce expenditures** – gastos de comercio electrónico
**e-commerce expenses** – gastos de comercio electrónico
**e-commerce failure** – quiebra de comercio electrónico
**e-commerce finance** – finanzas de comercio

electrónico
**e-commerce financing** – financiación de comercio electrónico
**e-commerce firm** – empresa de comercio electrónico, firma de comercio electrónico
**e-commerce fraud** – fraude de comercio electrónico
**e-commerce income** – ingresos del comercio electrónico
**e-commerce insurance** – seguro de comercio electrónico
**e-commerce law** – derecho de comercio electrónico
**e-commerce league** – asociación de comercios electrónicos
**e-commerce liability** – responsabilidad de comercio electrónico
**e-commerce licence** – licencia de comercio electrónico
**e-commerce license** – licencia de comercio electrónico
**e-commerce loan** – préstamo de comercio electrónico
**e-commerce losses** – pérdidas de comercio electrónico
**e-commerce management** – administración de comercio electrónico, gestión de comercio electrónico
**e-commerce manager** – gerente de comercio electrónico
**e-commerce model** – modelo de comercio electrónico
**e-commerce name** – nombre de comercio electrónico
**e-commerce network** – red de comercio electrónico
**e-commerce operation** – operación de comercio electrónico
**e-commerce opportunity** – oportunidad de comercio electrónico
**e-commerce organisation** – organización del comercio electrónico
**e-commerce organization** – organización del comercio electrónico
**e-commerce-oriented** *adj* – orientado hacia el comercio electrónico
**e-commerce owner** – dueño de comercio electrónico, propietario de comercio electrónico
**e-commerce policy** – póliza de comercio electrónico, política de comercio electrónico
**e-commerce portal** – portal de comercio electrónico
**e-commerce portfolio** – portafolio de comercios electrónicos
**e-commerce practices** – prácticas del comercio electrónico, costumbres del comercio electrónico
**e-commerce profits** – beneficios de comercio electrónico, ganancias de comercio electrónico
**e-commerce property** – propiedad de comercio electrónico
**e-commerce records** – expedientes del comercio electrónico
**e-commerce regulations** – reglamentos del comercio electrónico, normas del comercio electrónico
**e-commerce relations** – relaciones de comercio electrónico
**e-commerce report** – informe de comercio electrónico, reporte de comercio electrónico
**e-commerce risk** – riesgo del comercio electrónico
**e-commerce rules** – reglas del comercio electrónico
**e-commerce sale** – venta de comercio electrónico
**e-commerce scam** – estafa de comercio electrónico, timo de comercio electrónico
**e-commerce sector** – sector del comercio electrónico
**e-commerce services** – servicios de comercio electrónico
**e-commerce standards** – normas del comercio electrónico
**e-commerce start-up** – comercio electrónico puesto en marcha
**e-commerce startup** – comercio electrónico puesto en marcha
**e-commerce studies** – estudios de comercio electrónico
**e-commerce swindle** – estafa de comercio electrónico, timo de comercio electrónico
**e-commerce taxation** – imposición del comercio electrónico
**e-commerce taxes** – impuestos del comercio electrónico, contribuciones del comercio electrónico
**e-commerce transaction** – transacción de comercio electrónico
**e-commerce treaty** – tratado de comercio electrónico
**e-commerce usage** – uso dentro del comercio electrónico
**e-commerce venture** – empresa de comercio electrónico
**e-commerce world** – mundo del comercio electrónico
**e-consumer** *n* – consumidor electrónico
**e contra** – al contrario
**e converso** – al contrario
**e-form** *n* – formulario electrónico
**e.g. (exempli gratia, for example)** – por ejemplo
**e-government** *n* – gobierno electrónico
**e-journal** *n* – revista electrónica, boletín electrónico
**e-learning** *n* – aprendizaje electrónico
**e-magazine** *n* – revista electrónica, boletín electrónico
**e-mail** *n* – email, correo electrónico
**e-mail address** – dirección de email, dirección de correo electrónico
**e-mail message** – mensaje de email, email, mensaje de correo electrónico
**e-marketing** *n* – marketing electrónico, mercadeo electrónico
**e-marketplace** *n* – mercado electrónico
**e-money** *n* – dinero electrónico
**e-procurement** *n* – adquisición electrónica
**e-retail** *n* – ventas electrónicas, ventas por Internet, ventas electrónicas minoristas, ventas electrónicas al por menor
**e-retailer** *n* – quien hace ventas electrónicas, quien vende por la Internet, quien hace ventas electrónicas minoristas, quien hace ventas electrónicas al por menor
**e-retailing** *n* – ventas electrónicas, ventas por Internet, ventas electrónicas minoristas, ventas electrónicas al por menor
**e-service** *n* – servicio electrónico, servicio mediante la Internet
**e-sourcing** *n* – abastecimiento electrónico
**e-tail** *n* – ventas electrónicas, ventas por Internet, ventas electrónicas minoristas, ventas electrónicas al por menor
**e-tailer** *n* – quien hace ventas electrónicas, quien vende por la Internet, quien hace ventas electrónicas minoristas, quien hace ventas electrónicas al por

menor
**e-tailing** *n* – ventas electrónicas, ventas por Internet, ventas electrónicas minoristas, ventas electrónicas al por menor
**e-wallet** *n* – cartera electrónica, billetera electrónica
**e-zine** *n* – revista electrónica, boletín electrónico
**E. & OE (errors and omissions excepted)** – salvo error u omisión
**each way** – en cada dirección de la transacción
**eadministration** *n* – administración electrónica
**eager** *adj* – ansioso, deseoso, impaciente
**EAP (employee assistance program)** – programa de asistencia a empleados
**earlier** *adj* – más temprano, antes
**early extinguishment of debt** – extinción temprana de deuda
**early filing** – registro temprano, presentación temprana
**early redemption** – redención temprana
**early retirement** – retiro temprano
**early-retirement benefits** – beneficios de retiro temprano
**early-stage capital** – capital inicial
**early withdrawal** – retiro temprano
**early-withdrawal penalty** – penalidad por retiro temprano, penalización por retiro temprano
**earmark** *n* – marca, marca distintiva, señal
**earmark** *v* – señalar, asignar, designar
**earmark rule** – regla indicando que al confundir fondos en un banco éstos pierden su identidad
**earmarked** *adj* – señalado, asignado, designado
**earmarked account** – cuenta asignada
**earmarked assets** – activo asignado
**earmarked beneficiary** – beneficiario asignado
**earmarked funds** – fondos asignados
**earmarked income** – ingresos asignados
**earmarked money** – dinero asignado
**earmarked reserves** – reservas asignadas
**earmarked resources** – recursos asignados
**earmarked use** – uso asignado
**earn** *v* – devengar, ganar, cobrar
**earn a living** – ganarse la vida
**earn a salary** – devengar un salario, devengar ingresos
**earn a wage** – devengar un salario, devengar ingresos
**earn interest** – devengar intereses
**earn wages** – devengar un salario, devengar ingresos
**earned** *adj* – devengado, ganado
**earned income** – ingresos devengados a cambio de trabajo, rentas de trabajo
**earned income credit** – crédito contributivo sobre ingresos devengados a cambio de trabajo
**earned interest** – interés devengado
**earned premium** – prima devengada
**earned profit** – beneficio percibido, ganancia percibida
**earned surplus** – superávit acumulado, superávit ganado, beneficios acumulados
**earned wages** – ingresos devengados a cambio de trabajo, rentas de trabajo
**earner** *n* – quien devenga ingresos, asalariado
**earnest** *adj* – serio
**earnest** *n* – pago anticipado, anticipo, arras, señal, caparra
**earnest money** – pago anticipado, anticipo, arras, señal, caparra
**earning assets** – activo rentable
**earning capacity** – capacidad para devengar ingresos
**earning power** – capacidad para devengar ingresos
**earnings** *n* – ingresos, réditos, salario, entradas, beneficios, ganancias
**earnings before interest and taxes** – ingresos antes de intereses e impuestos
**earnings before interest, taxes, depreciation, and amortisation** – ingresos antes de intereses, impuestos, depreciación, y amortización; beneficios antes de intereses, impuestos, depreciación, y amortización
**earnings before interest, taxes, depreciation, and amortization** – ingresos antes de intereses, impuestos, depreciación, y amortización; beneficios antes de intereses, impuestos, depreciación, y amortización
**earnings before taxes** – ingresos antes de contribuciones, beneficios antes de contribuciones
**earnings estimate** – estimado de ingresos
**earnings per share** – ingresos por acción
**earnings period** – período de ingresos
**earnings report** – informe de ingresos
**earnings statement** – estado de ingresos
**earnings warning** – advertencia de ingresos
**earshot** *n* – distancia dentro de la cual se puede oír
**earthly possessions** – posesiones terrenales, patrimonio
**earthquake insurance** – seguro contra terremotos
**earwitness** *n* – testigo auricular, quien atestigua sobre algo que escuchó
**ease** *n* – tranquilidad, comodidad, facilidad
**ease** *v* – relajar, aligerar, facilitar, reducir
**easement** *n* – servidumbre
**easement by estoppel** – servidumbre por impedimento por actos propios
**easement by necessity** – servidumbre de paso por necesidad
**easement by prescription** – servidumbre por prescripción
**easement in gross** – servidumbre personal
**easement of access** – servidumbre de acceso, servidumbre de paso
**easement of convenience** – servidumbre de conveniencia
**easement of natural support** – servidumbre de apoyo lateral de propiedad
**easement of necessity** – servidumbre de paso por necesidad
**easement right** – derecho de acceso
**easily accessible** – fácilmente accesible
**easily affected** – fácilmente afectado
**easily agreed upon** – fácilmente acordado
**easily convinced** – fácilmente convencido
**easily duped** – fácilmente engañado
**easily fooled** – fácilmente engañado
**easily influenced** – fácilmente influenciado
**easily observed** – fácilmente observado
**easily persuaded** – fácilmente persuadido
**easily seen** – fácilmente visto
**easily understood** – fácilmente entendido
**easy money** – dinero fácil, ambiente económico de intereses decrecientes que promueve préstamos
**easy money policy** – política de dinero fácil

**easy payments** – facilidades de pago
**easy terms** – estipulaciones convenientes, facilidades de pago
**easy to be seen** – fácil de ser visto
**easy to believe** – fácil de creer
**easy to understand** – fácil de entender
**eaves-drip** *n* – gotereo de canalón, servidumbre del gotereo de canalón
**eavesdrop** *v* – escuchar furtivamente, escuchar ilegalmente, escuchar indiscretamente, interceptar una comunicación telefónica
**eavesdropper** *n* – quien escucha furtivamente, quien escucha ilegalmente, quien escucha indiscretamente, quien intercepta una comunicación telefónica
**eavesdropping** *n* – acción de escuchar furtivamente, acción de escuchar ilegalmente, acción de escuchar indiscretamente, acción de interceptar una comunicación telefónica
**eavesdropping device** – dispositivo para escuchar furtivamente
**ebank** *n* – banco electrónico
**ebanking** *n* – banca electrónica
**ebill** *n* – factura electrónica
**ebilling** *n* – facturación electrónica
**EBIT (earnings before interest and taxes)** – ingresos antes de intereses e impuestos
**EBITDA (earnings before interest, taxes, depreciation, and amortization)** – ingresos antes de intereses, impuestos, depreciación, y amortización
**ebiz (ebusiness)** – comercio electrónico, negocio electrónico, e-business
**EBO (employee buyout)** – adquisición de parte de los empleados de un porcentaje de acciones que permita controlar la corporación
**ebook** *n* – libro electrónico
**ebook** *v* – reservar electrónicamente
**ebooking** *n* – reserva electrónica
**EBRD (European Bank for Reconstruction and Development)** – Banco Europeo para la Reconstrucción y el Desarrollo
**ebriety** *n* – ebriedad
**ebrochure** *n* – folleto electrónico
**EBT (earnings before taxes)** – ingresos antes de contribuciones, beneficios antes de contribuciones
**ebullient** *adj* – rebosante, exaltado
**ebulliently** *adv* – exaltadamente
**ebusiness** *n* – comercio electrónico, negocio electrónico, e-business
**ebusiness activity** – actividad de comercio electrónico
**ebusiness address** – dirección del comercio electrónico
**ebusiness agent** – agente de comercio electrónico
**ebusiness assets** – activo de comercio electrónico
**ebusiness association** – asociación de comercios electrónicos
**ebusiness bankruptcy** – quiebra de comercio electrónico
**ebusiness closure** – cierre de comercio electrónico
**ebusiness company** – sociedad de comercio electrónico, compañía de comercio electrónico
**ebusiness computing** – computación de comercio electrónico
**ebusiness concern** – empresa de comercio electrónico, entidad de comercio electrónico
**ebusiness consultant** – consultor de comercio electrónico
**ebusiness contract** – contrato de comercio electrónico
**ebusiness debt** – deuda de comercio electrónico
**ebusiness development** – desarrollo del comercio electrónico
**ebusiness director** – director de comercio electrónico
**ebusiness document** – documento de comercio electrónico
**ebusiness earnings** – ingresos de comercio electrónico
**ebusiness email** – email de comercio electrónico, correo electrónico de comercio electrónico
**ebusiness empire** – imperio de comercio electrónico
**ebusiness enterprise** – empresa de comercio electrónico
**ebusiness entity** – entidad de comercio electrónico
**ebusiness ethics** – ética en el comercio electrónico
**ebusiness etiquette** – etiqueta en el comercio electrónico
**ebusiness failure** – quiebra de comercio electrónico
**ebusiness finance** – finanzas de comercio electrónico
**ebusiness financing** – financiación de comercio electrónico
**ebusiness firm** – empresa de comercio electrónico, firma de comercio electrónico
**ebusiness fraud** – fraude de comercio electrónico
**ebusiness gains** – ganancias de comercio electrónico
**ebusiness income** – ingresos del comercio electrónico
**ebusiness law** – derecho de comercio electrónico
**ebusiness liability** – responsabilidad de comercio electrónico
**ebusiness licence** – licencia de comercio electrónico
**ebusiness license** – licencia de comercio electrónico
**ebusiness loan** – préstamo de comercio electrónico
**ebusiness losses** – pérdidas de comercio electrónico
**ebusiness mail** – email de comercio electrónico, correo electrónico de comercio electrónico
**ebusiness management** – administración de comercio electrónico, gestión de comercio electrónico
**ebusiness manager** – gerente de comercio electrónico
**ebusiness name** – nombre de comercio electrónico
**ebusiness organisation** – organización del comercio electrónico
**ebusiness organization** – organización del comercio electrónico
**ebusiness-oriented** *adj* – orientado hacia el comercio electrónico
**ebusiness owner** – dueño de comercio electrónico, propietario de comercio electrónico
**ebusiness policy** – póliza de comercio electrónico, política de comercio electrónico
**ebusiness portal** – portal de comercio electrónico
**ebusiness portfolio** – portafolio de comercios electrónicos
**ebusiness practices** – prácticas del comercio electrónico, costumbres del comercio electrónico
**ebusiness profits** – beneficios de comercio electrónico, ganancias de comercio electrónico
**ebusiness property** – propiedad de comercio electrónico
**ebusiness purpose** – propósito del comercio

electrónico
**ebusiness records** – expedientes del comercio electrónico
**ebusiness regulations** – reglamentos del comercio electrónico, normas del comercio electrónico
**ebusiness relations** – relaciones de comercio electrónico
**ebusiness risk** – riesgo del comercio electrónico
**ebusiness rules** – reglas del comercio electrónico
**ebusiness sale** – venta de comercio electrónico
**ebusiness scam** – estafa de comercio electrónico, timo de comercio electrónico
**ebusiness services** – servicios de comercio electrónico
**ebusiness standards** – normas del comercio electrónico
**ebusiness studies** – estudios de comercio electrónico
**ebusiness swindle** – estafa de comercio electrónico, timo de comercio electrónico
**ebusiness taxation** – imposición del comercio electrónico
**ebusiness taxes** – impuestos del comercio electrónico, contribuciones del comercio electrónico
**ebusiness transaction** – transacción de comercio electrónico
**ebusiness treaty** – tratado de comercio electrónico
**ebusiness usage** – uso dentro del comercio electrónico
**ebusiness world** – mundo del comercio electrónico
**EC (European Commission)** – Comisión Europea
**EC (European Community)** – Comunidad Europea
**ecard** *n* – tarjeta electrónica
**ecash** *n* – dinero electrónico
**ECB (European Central Bank)** – Banco Central Europeo
**eccentric** *adj* – excéntrico, irregular
**eccentricity** *n* – excentricidad
**eclectic** *adj* – ecléctico
**eclectic** *n* – ecléctico
**eco-accounting** *n* – contabilidad ecológica
**eco-audit** *n* – auditoría ecológica
**eco-centric** *adj* – ecocéntrico
**eco-conditions** *n* – condiciones ecológicas
**eco-consequences** *n* – consecuencias ecológicas
**eco-considerations** *n* – consideraciones ecológicas
**eco-contamination** *n* – contaminación ecológica
**eco-control** *n* – control ecológico
**eco-damage** *n* – daño ecológico
**eco-depletion** *n* – agotamiento ecológico
**eco-disaster** *n* – desastre ecológico
**eco-economics** *n* – economía ecológica
**eco-factor** *n* – factor ecológico
**eco-feminism** *n* – ecofeminismo
**eco-feminist** *adj* – ecofeminista
**eco-feminist** *n* – ecofeminista
**eco-footprint** *n* – huella ecológica
**eco-friendly** *adj* – eco-amistoso
**eco-harm** *n* – daño ecológico
**eco-health** *n* – salud ecológica
**eco-impact** *n* – impacto ecológico
**eco-industry** *n* – ecoindustria
**eco-integrity** *n* – integridad ecológica
**eco-issues** *n* – cuestiones ecológicas
**eco-justice** *n* – justicia ecológica
**eco-labeling** *n* – ecoetiquetado
**eco-labelling** *n* – ecoetiquetado
**eco-management** *n* – administración ecológica, gestión ecológica
**eco-policy** *n* – política ecológica
**eco-pollution** *n* – contaminación ecológica
**eco-program** *n* – programa ecológico
**eco-programme** *n* – programa ecológico
**eco-protection** *n* – protección ecológica
**eco-requirements** *n* – requisitos ecológicos
**eco-services** *n* – servicios ecológicos
**eco-tax** *n* – ecotasa, impuesto ecológico
**eco-toxic** *adj* – ecotóxico
**eco-toxicological** *adj* – ecotoxicológico
**ecoaccounting** *n* – contabilidad ecológica
**ecoaudit** *n* – auditoría ecológica
**ecocentric** *adj* – ecocéntrico
**ecoconditions** *n* – condiciones ecológicas
**ecoconsequences** *n* – consecuencias ecológicas
**ecoconsiderations** *n* – consideraciones ecológicas
**ecocontamination** *n* – contaminación ecológica
**ecocontrol** *n* – control ecológico
**ecodamage** *n* – daño ecológico
**ecodepletion** *n* – agotamiento ecológico
**ecodisaster** *n* – desastre ecológico
**ecoeconomics** *n* – economía ecológica
**ecofactor** *n* – factor ecológico
**ecofeminism** *n* – ecofeminismo
**ecofeminist** *adj* – ecofeminista
**ecofeminist** *n* – ecofeminista
**ecofootprint** *n* – huella ecológica
**ecofriendly** *adj* – eco-amistoso
**ecoharm** *n* – daño ecológico
**ecohealth** *n* – salud ecológica
**ecoimpact** *n* – impacto ecológico
**ecoindustry** *n* – ecoindustria
**ecointegrity** *n* – integridad ecológica
**ecoissues** *n* – cuestiones ecológicas
**ecojustice** *n* – justicia ecológica
**ecolabeling** *n* – ecoetiquetado
**ecolabelling** *n* – ecoetiquetado
**ecologic** *adj* – ecológico
**ecological** *adj* – ecológico
**ecological accounting** – contabilidad ecológica
**ecological appraisal** – evaluación ecológica
**ecological audit** – auditoría ecológica
**ecological citizenship** – responsabilidad ecológica
**ecological commitment** – compromiso ecológico
**ecological conditions** – condiciones ecológicas
**ecological consequences** – consecuencias ecológicas
**ecological considerations** – consideraciones ecológicas
**ecological contamination** – contaminación ecológica
**ecological control** – control ecológico
**ecological damage** – daño ecológico
**ecological decision** – decisión ecológica
**ecological degradation** – degradación ecológica
**ecological depletion** – agotamiento ecológico
**ecological destruction** – destrucción ecológica
**ecological disaster** – desastre ecológico
**ecological discrimination** – discrimen ecológico
**ecological economics** – economía ecológica
**ecological ethics** – ética ecológica
**ecological factor** – factor ecológico

**ecological footprint** – huella ecológica
**ecological harm** – daño ecológico
**ecological health** – salud ecológica
**ecological impact** – impacto ecológico
**ecological impact statement** – declaración de impacto ecológico
**ecological impact study** – estudio de impacto ecológico
**ecological indicators** – indicadores ecológicos
**ecological injustice** – injusticia ecológica
**ecological issues** – cuestiones ecológicas
**ecological integrity** – integridad ecológica
**ecological justice** – justicia ecológica
**ecological law** – derecho ecológico
**ecological liability** – responsabilidad ecológica
**ecological literacy** – alfabetización ecológica
**ecological load** – carga ecológica
**ecological management** – administración ecológica, gestión ecológica
**ecological monitoring** – monitoreo ecológico
**ecological movement** – movimiento ecológico
**ecological policy** – política ecológica
**ecological pollution** – contaminación ecológica
**ecological program** – programa ecológico
**ecological programme** – programa ecológico
**ecological protection** – protección ecológica
**ecological quality** – calidad ecológica
**ecological racism** – racismo ecológico
**ecological requirements** – requisitos ecológicos
**ecological responsibility** – responsabilidad ecológica
**ecological risk assessment** – evaluación de riesgos ecológicos
**ecological risks** – riesgos ecológicos
**ecological revolution** – revolución ecológica
**ecological scenario** – escenario ecológico
**ecological science** – ciencia ecológica
**ecological services** – servicios ecológicos
**ecological tax** – impuesto ecológico
**ecological values** – valores ecológicos
**ecologically** *adv* – ecológicamente
**ecologically friendly** – ecológicamente amistoso
**ecologically responsible** – responsable ecológicamente
**ecologically sound** – prudente ecológicamente
**ecologically sustainable** – sostenible ecológicamente
**ecologist** *n* – ecólogo
**ecology** *n* – ecología
**ecomanagement** *n* – administración ecológica, gestión ecológica
**ecommerce** *n* – comercio electrónico, e-commerce
**ecommerce activity** – actividad de comercio electrónico
**ecommerce address** – dirección del comercio electrónico
**ecommerce agent** – agente de comercio electrónico
**ecommerce agreement** – convenio de comercio electrónico
**ecommerce assets** – activo de comercio electrónico
**ecommerce bankruptcy** – quiebra de comercio electrónico
**ecommerce closure** – cierre de comercio electrónico
**ecommerce company** – sociedad de comercio electrónico, compañía de comercio electrónico
**ecommerce computing** – computación de comercio electrónico
**ecommerce conditions** – condiciones de comercio electrónico
**ecommerce contract** – contrato de comercio electrónico
**ecommerce correspondence** – correspondencia de comercio electrónico
**ecommerce creditor** – acreedor de comercio electrónico
**ecommerce debt** – deuda de comercio electrónico
**ecommerce department** – departamento de comercio electrónico
**ecommerce deposit** – depósito de comercio electrónico
**ecommerce development** – desarrollo del comercio electrónico
**ecommerce director** – director de comercio electrónico
**ecommerce document** – documento de comercio electrónico
**ecommerce earnings** – ingresos de comercio electrónico
**ecommerce empire** – imperio de comercio electrónico
**ecommerce enterprise** – empresa de comercio electrónico
**ecommerce entity** – entidad de comercio electrónico
**ecommerce environment** – ambiente de comercio electrónico
**ecommerce ethics** – ética en el comercio electrónico
**ecommerce etiquette** – etiqueta en el comercio electrónico
**ecommerce expenditures** – gastos de comercio electrónico
**ecommerce expenses** – gastos de comercio electrónico
**ecommerce failure** – quiebra de comercio electrónico
**ecommerce finance** – finanzas de comercio electrónico
**ecommerce financing** – financiación de comercio electrónico
**ecommerce firm** – empresa de comercio electrónico, firma de comercio electrónico
**ecommerce fraud** – fraude de comercio electrónico
**ecommerce income** – ingresos del comercio electrónico
**ecommerce insurance** – seguro de comercio electrónico
**ecommerce law** – derecho de comercio electrónico
**ecommerce league** – asociación de comercios electrónicos
**ecommerce liability** – responsabilidad de comercio electrónico
**ecommerce licence** – licencia de comercio electrónico
**ecommerce license** – licencia de comercio electrónico
**ecommerce loan** – préstamo de comercio electrónico
**ecommerce losses** – pérdidas de comercio electrónico
**ecommerce management** – administración de comercio electrónico, gestión de comercio electrónico
**ecommerce manager** – gerente de comercio electrónico
**ecommerce model** – modelo de comercio electrónico
**ecommerce name** – nombre de comercio electrónico
**ecommerce network** – red de comercio electrónico

**ecommerce operation** – operación de comercio electrónico
**ecommerce opportunity** – oportunidad de comercio electrónico
**ecommerce organisation** – organización del comercio electrónico
**ecommerce organization** – organización del comercio electrónico
**ecommerce-oriented** *adj* – orientado hacia el comercio electrónico
**ecommerce owner** – dueño de comercio electrónico, propietario de comercio electrónico
**ecommerce policy** – póliza de comercio electrónico, política de comercio electrónico
**ecommerce portal** – portal de comercio electrónico
**ecommerce portfolio** – portafolio de comercios electrónicos
**ecommerce practices** – prácticas del comercio electrónico, costumbres del comercio electrónico
**ecommerce profits** – beneficios de comercio electrónico, ganancias de comercio electrónico
**ecommerce property** – propiedad de comercio electrónico
**ecommerce records** – expedientes del comercio electrónico
**ecommerce regulations** – reglamentos del comercio electrónico, normas del comercio electrónico
**ecommerce relations** – relaciones de comercio electrónico
**ecommerce report** – informe de comercio electrónico, reporte de comercio electrónico
**ecommerce risk** – riesgo del comercio electrónico
**ecommerce rules** – reglas del comercio electrónico
**ecommerce sale** – venta de comercio electrónico
**ecommerce scam** – estafa de comercio electrónico, timo de comercio electrónico
**ecommerce sector** – sector del comercio electrónico
**ecommerce services** – servicios de comercio electrónico
**ecommerce standards** – normas del comercio electrónico
**ecommerce start-up** – comercio electrónico puesto en marcha
**ecommerce startup** – comercio electrónico puesto en marcha
**ecommerce studies** – estudios de comercio electrónico
**ecommerce swindle** – estafa de comercio electrónico, timo de comercio electrónico
**ecommerce taxation** – imposición del comercio electrónico
**ecommerce taxes** – impuestos del comercio electrónico, contribuciones del comercio electrónico
**ecommerce transaction** – transacción de comercio electrónico
**ecommerce treaty** – tratado de comercio electrónico
**ecommerce usage** – uso dentro del comercio electrónico
**ecommerce venture** – empresa de comercio electrónico
**ecommerce world** – mundo del comercio electrónico
**econometric** *adj* – econométrico
**econometrics** *n* – econometría
**economic** *adj* – económico
**economic activity** – actividad económica
**economic advancement** – progreso económico
**economic adviser** – asesor económico
**economic advisor** – asesor económico
**economic affairs** – asuntos económicos
**economic agent** – agente económico
**economic agreement** – acuerdo económico
**economic aid** – ayuda económica
**economic aid program** – programa de ayuda económica, programa de asistencia económica, programa de ayuda financiera, programa de asistencia financiera
**economic aid programme** – programa de ayuda económica, programa de asistencia económica, programa de ayuda financiera, programa de asistencia financiera
**economic analysis** – análisis económico
**economic analyst** – analista económico
**Economic and Monetary Union** – Unión Económica y Monetaria
**economic and social policy** – política social y económica
**economic assistance** – asistencia económica
**economic austerity** – austeridad económica
**economic balance** – equilibrio económico
**economic base** – base económica
**economic benefit** – beneficio económico
**economic blockade** – bloqueo económico
**economic boom** – auge económico
**economic boycott** – boicot económico
**economic budget** – presupuesto económico
**economic burden** – carga económica
**economic capacity** – capacidad económica
**economic climate** – clima económico
**economic co-operation** – cooperación económica
**economic cohesion** – cohesión económica
**economic commission** – comisión económica
**economic community** – comunidad económica
**economic conditions** – condiciones económicas
**economic convergence** – convergencia económica
**economic cooperation** – cooperación económica
**economic cost** – costo económico, coste económico
**economic crisis** – crisis económica
**economic cycle** – ciclo económico
**economic depreciation** – depreciación económica
**economic development** – desarrollo económico
**economic discrimination** – discriminación económica
**economic dynamics** – dinámica económica
**economic efficiency** – eficiencia económica
**economic entity** – entidad económica
**economic environment** – ambiente económico
**economic equilibrium** – equilibrio económico
**economic expansion** – expansión económica
**economic exposure** – exposición económica
**economic factors** – factores económicos
**economic feasibility** – viabilidad económica
**economic fluctuation** – fluctuación económica
**economic forecast** – pronóstico económico
**economic forecasting** – previsión económica
**economic freedom** – libertad económica
**economic fundamentals** – aspectos fundamentales de la economía
**economic geography** – geografía económica
**economic goods** – productos económicos

**economic growth** – crecimiento económico
**economic history** – historial económico
**economic indicators** – indicadores económicos
**economic inefficiency** – ineficiencia económica
**economic integration** – integración económica
**economic internationalisation** – internacionalización económica
**economic internationalization** – internacionalización económica
**economic intervention** – intervención económica
**economic law** – derecho económico
**economic liability** – responsabilidad económica
**economic liberalism** – liberalismo económico
**economic life** – vida económica, vida útil
**economic loss** – pérdida económica
**economic management** – administración económica, gestión económica
**economic migrant** – emigrante económico
**economic mission** – misión económica
**economic model** – modelo económico
**economic nationalism** – nacionalismo económico
**economic needs** – necesidades económicas
**economic obligation** – obligación económica
**economic obsolescence** – obsolescencia económica
**economic opportunity** – oportunidad económica
**economic organisation** – organización económica
**economic organization** – organización económica
**economic paradigm** – paradigma económico
**economic pattern** – patrón económico
**economic performance** – rendimiento económico, resultados económicos
**economic plan** – plan económico
**economic planning** – planificación económica
**economic planning board** – junta de planificación económica
**economic policy** – política económica
**economic power** – potencia económica, poder económico
**economic price** – precio económico
**economic profit** – beneficio económico, ganancia económica
**economic program** – programa económico
**economic programme** – programa económico
**economic progress** – progreso económico
**economic prospects** – perspectivas económicas
**economic recovery** – recuperación económica
**economic refugee** – emigrante económico
**economic rent** – renta económica
**economic reorganisation** – reorganización económica
**economic reorganization** – reorganización económica
**economic research** – investigación económica
**economic resources** – recursos económicos
**economic responsibility** – responsabilidad económica
**economic sanctions** – sanciones económicas
**economic security** – seguridad económica
**economic segregation** – segregación económica
**economic self-sufficiency** – autosuficiencia económica
**economic situation** – situación económica
**economic slowdown** – ralentización económica
**economic stabilisation** – estabilización económica
**economic stability** – estabilidad económica
**economic stabilization** – estabilización económica
**economic strategy** – estrategia económica
**economic strike** – huelga laboral, huelga por condiciones del empleo
**economic structure** – estructura económica
**economic summit** – cumbre económica
**economic support** – apoyo económico
**economic system** – sistema económico
**economic theory** – teoría económica
**economic trend** – tendencia económica
**economic union** – unión económica
**economic unit** – unidad económica
**economic unity** – unidad económica
**economic value** – valor económico
**economic viability** – viabilidad económica
**economic war** – guerra económica
**economic waste** – explotación excesiva de un recurso natural
**economic welfare** – bienestar económico
**economic well-being** – bienestar económico
**economic year** – año económico, ejercicio económico
**economical** *adj* – económico
**economically** *adv* – económicamente
**economics** *n* – economía
**economise** *v* – economizar
**economism** *n* – economismo
**economist** *n* – economista
**economize** *v* – economizar
**economy** *n* – economía
**econsumer** *n* – consumidor electrónico
**ecopolicy** *n* – política ecológica
**ecopollution** *n* – contaminación ecológica
**ecoprogram** *n* – programa ecológico
**ecoprogramme** *n* – programa ecológico
**ecoprotection** *n* – protección ecológica
**ecorequirements** *n* – requisitos ecológicos
**ecoservices** *n* – servicios ecológicos
**ecosystem** *n* – ecosistema
**ecotax** *n* – ecotasa, impuesto ecológico
**ecotoxic** *adj* – ecotóxico
**ecotoxicological** *adj* – ecotoxicológico
**edge** *n* – ventaja, borde, afueras
**edge down** – bajar un poquito, disminuir un poquito
**edge up** – subir un poquito, aumentar un poquito
**EDI (Electronic Data Interchange)** – Intercambio Electrónico de Datos
**edict** *n* – edicto
**edification** *n* – edificación, enseñanza
**edification code** – ordenanzas de construcción, ley de edificación
**edification contract** – contrato de construcción
**edification laws** – leyes de edificación
**edification line** – línea de edificación
**edification lot** – solar
**edification materials** – materiales de construcción
**edification permit** – permiso para edificación, licencia para edificar
**edification restrictions** – restricciones de edificación
**edifice** *n* – edificio
**edit** *v* – corregir, repasar, revisar, preparar para la publicación
**edition** *n* – edición, versión
**editor** *n* – editor, redactor, director
**editorial** *n* – editorial, artículo de fondo
**editorial advertising** – publicidad redaccional
**editorialist** *n* – editorialista

**EDP (electronic data processing)** – procesamiento electrónico de datos
**educate** *v* – educar
**education** *n* – educación, instrucción
**education expenses** – gastos educativos
**education fund** – fondo educativo
**education institution** – institución educativa
**education loan** – préstamo para gastos educativos
**education purpose** – propósito educativo
**education trust** – fideicomiso para la educación
**education use** – uso educativo
**educational** *adj* – educativo, educacional
**educational expenses** – gastos educativos
**educational fund** – fondo educativo
**educational institution** – institución educativa
**educational loan** – préstamo para gastos educativos
**educational purpose** – propósito educativo
**educational trust** – fideicomiso para la educación
**educational use** – uso educativo
**edutainment** *n* – entretenimiento educativo
**EEA (European Economic Area)** – Espacio Económico Europeo
**EEC (European Economic Community)** – Comunidad Económica Europea
**EEOC (Equal Employment Opportunity Commission)** – Comisión para la Igualdad de Oportunidades en el Empleo
**effect** *n* – efecto, vigencia, consecuencia
**effect** *v* – efectuar, realizar, causar
**effect a change** – efectuar un cambio
**effect a dissolution** – efectuar una disolución
**effect a payment** – efectuar un pago
**effect a purchase** – efectuar una compra
**effect a sale** – efectuar una venta
**effect a transaction** – efectuar una transacción
**effect, in** – en efecto, en vigor, en vigencia
**effective** *adj* – efectivo, eficaz, real, impresionante
**effective access** – acceso efectivo
**effective age** – edad efectiva
**effective agency** – agencia efectiva
**effective annual interest rate** – tasa de interés anual efectiva
**effective annual yield** – rendimiento anual efectivo
**effective assignment** – transferencia efectiva
**effective authority** – autoridad efectiva
**effective bailment** – depósito efectivo
**effective change of possession** – cambio de posesión efectivo
**effective damages** – daños y perjuicios efectivos, daños efectivos, compensación real por daños y perjuicios
**effective date** – fecha de efectividad, fecha de vigor, fecha de vigencia
**effective debt** – deuda efectiva
**effective delivery** – entrega efectiva
**effective duration** – duración efectiva
**effective eviction** – evicción efectiva, desahucio efectivo, desalojo físico
**effective fraud** – fraude efectivo
**effective gain** – ganancia efectiva
**effective income** – ingresos efectivos
**effective interest rate** – tasa de interés efectiva
**effective knowledge** – conocimiento efectivo
**effective loss** – pérdida efectiva
**effective management** – administración efectiva, gestión efectiva
**effective market** – mercado efectivo
**effective market value** – valor en el mercado efectivo, valor efectivo de mercado
**effective net worth** – valor neto efectivo
**effective notice** – notificación efectiva
**effective occupancy** – ocupación efectiva
**effective possession** – posesión efectiva
**effective practice** – práctica efectiva
**effective price** – precio efectivo
**effective rate** – tasa efectiva
**effective sale** – venta efectiva
**effective tariff** – tarifa vigente
**effective tax rate** – tasa contributiva efectiva
**effective time** – fecha de efectividad, fecha de vigencia
**effective use** – uso efectivo
**effectively** *adv* – efectivamente
**effectiveness** *n* – eficacia, vigencia
**effects** *n* – bienes personales, bienes, efectos
**effectual** *adj* – eficaz, obligatorio, válido
**effectually** *adv* – efectivamente
**effectuate** *v* – efectuar
**efficacy** *n* – eficacia, eficiencia
**efficiency** *n* – eficiencia, rendimiento
**efficiency audit** – auditoría de eficiencia
**efficiency bonus** – bonificación por eficiencia, bono por eficiencia
**efficient** *adj* – eficiente, competente
**efficient cause** – causa eficiente
**efficient intervening cause** – un hecho nuevo que interrumpe la cadena causal y que provoca el daño
**efficiently** *adv* – eficientemente
**effigy** *n* – efigie
**effluence** *n* – efluencia, emanación
**efflux** *n* – expiración, vencimiento
**effluxion of time** – expiración del plazo convenido
**effort** *n* – esfuerzo, empeño, producto
**effortless** *adj* – sin esfuerzo, natural
**effrontery** *n* – desfachatez, descaro
**effusive** *adj* – efusivo
**effusiveness** *n* – efusividad
**eform** *n* – formulario electrónico
**EFT (electronic funds transfer)** – transferencia electrónica de fondos
**egalitarian** *adj* – igualitario
**egalitarian** *n* – igualitario
**egalitarianism** *n* – igualitarismo
**eggshell skull** – doctrina que responsabiliza por todos los daños subsiguientes a quien lesiona a otro inicialmente
**EGM (extraordinary general meeting)** – asamblea general extraordinaria
**egovernment** *n* – gobierno electrónico
**egress** *n* – salida, egreso
**EIB (European Investment Bank)** – Banco Europeo de Inversiones
**eight hour laws** – leyes estableciendo un día de trabajo de ocho horas
**EIS (Executive Information Systems)** – Sistemas de Información Gerencial
**ejaculate** *v* – eyacular, expeler
**ejaculation** *n* – eyaculación
**eject** *v* – expeler, desalojar, expulsar

**ejection** *n* – expulsión, desalojo, desahucio, evicción
**ejectment** *n* – desahucio, expulsión
**ejector** *n* – quien desaloja, expulsor
**ejournal** *n* – revista electrónica, boletín electrónico
**ejusdem generis** – del mismo género
**elaborate** *adj* – detallado, complejo
**elaborate** *v* – elaborar, ampliar, explicar en más detalle
**elaborately** *adv* – detalladamente, con esmero
**elapse** *v* – pasar, transcurrir, expirar
**elastic currency** – moneda elástica
**elder** *adj* – mayor
**elder title** – título con más antigüedad
**elderly** *adj* – de avanzada edad, anciano
**elderly abuse** – abuso de ancianos
**elderly tax credit** – crédito impositivo por persona de edad avanzada
**eldest** *adj* – el de mayor edad, primogénito
**elect** *v* – elegir
**elearning** *n* – aprendizaje electrónico
**elect** *v* – elegir
**elected** *adj* – elegido, electo
**elected domicile** – domicilio para efectos del contrato
**election, estoppel by** – impedimento por actos propios cuando se escogen remedios incompatibles
**election** *n* – elección, nombramiento
**election at large** – elección del distrito electoral completo
**election board** – junta electoral
**election contest** – impugnación de elecciones
**election district** – distrito electoral
**election judges** – jueces electorales
**election laws** – leyes electorales
**election of remedies** – la opción de escoger entre varias formas de indemnización
**election officer** – funcionario electoral
**election returns** – resultados electorales
**elective** *adj* – electivo, facultativo, electoral
**elective franchise** – derecho de voto
**elective office** – cargo electivo
**elective share** – parte forzosa de patrimonio
**elector** *n* – elector
**electoral** *adj* – electoral
**electoral college** – colegio electoral
**electoral court** – tribunal electoral
**electoral process** – proceso electoral
**electoral register** – registro electoral
**electoral system** – sistema electoral
**electorate** *n* – electorado
**electrify** *v* – electrizar, electrificar
**electrocute** *v* – electrocutar
**electrocution** *n* – electrocución
**electronic accounting** – contabilidad electrónica
**electronic administration** – administración electrónica
**electronic bank** – banco electrónico
**electronic banking** – banca electrónica
**electronic benefits transfer** – transferencia electrónica de beneficios
**electronic bill** – factura electrónica
**electronic bill of lading** – conocimiento de embarque electrónico
**electronic billing** – facturación electrónica
**electronic book** – libro electrónico
**electronic booking** – reserva electrónica
**electronic bookkeeping** – contabilidad electrónica
**electronic brochure** – folleto electrónico
**electronic broker** – corredor electrónico
**electronic business** – comercio electrónico, negocio electrónico
**electronic card** – tarjeta electrónica
**electronic cash** – dinero electrónico
**electronic cash register** – caja registradora electrónica
**electronic catalog** – catálogo electrónico
**electronic catalogue** – catálogo electrónico
**electronic certificate** – certificado electrónico
**electronic commerce** – comercio electrónico, negocio electrónico
**electronic commerce activity** – actividad de comercio electrónico
**electronic commerce address** – dirección del comercio electrónico
**electronic commerce agent** – agente de comercio electrónico
**electronic commerce agreement** – convenio de comercio electrónico
**electronic commerce assets** – activo de comercio electrónico
**electronic commerce bankruptcy** – quiebra de comercio electrónico
**electronic commerce closure** – cierre de comercio electrónico
**electronic commerce company** – sociedad de comercio electrónico, compañía de comercio electrónico
**electronic commerce computing** – computación de comercio electrónico
**electronic commerce conditions** – condiciones de comercio electrónico
**electronic commerce contract** – contrato de comercio electrónico
**electronic commerce correspondence** – correspondencia de comercio electrónico
**electronic commerce creditor** – acreedor de comercio electrónico
**electronic commerce debt** – deuda de comercio electrónico
**electronic commerce department** – departamento de comercio electrónico
**electronic commerce deposit** – depósito de comercio electrónico
**electronic commerce development** – desarrollo del comercio electrónico
**electronic commerce director** – director de comercio electrónico
**electronic commerce document** – documento de comercio electrónico
**electronic commerce earnings** – ingresos de comercio electrónico
**electronic commerce empire** – imperio de comercio electrónico
**electronic commerce enterprise** – empresa de comercio electrónico
**electronic commerce entity** – entidad de comercio electrónico
**electronic commerce environment** – ambiente de comercio electrónico

**electronic commerce ethics** – ética en el comercio electrónico
**electronic commerce etiquette** – etiqueta en el comercio electrónico
**electronic commerce expenditures** – gastos de comercio electrónico
**electronic commerce expenses** – gastos de comercio electrónico
**electronic commerce failure** – quiebra de comercio electrónico
**electronic commerce finance** – finanzas de comercio electrónico
**electronic commerce financing** – financiación de comercio electrónico
**electronic commerce firm** – empresa de comercio electrónico, firma de comercio electrónico
**electronic commerce fraud** – fraude de comercio electrónico
**electronic commerce income** – ingresos del comercio electrónico
**electronic commerce insurance** – seguro de comercio electrónico
**electronic commerce law** – derecho de comercio electrónico
**electronic commerce league** – asociación de comercios electrónicos
**electronic commerce liability** – responsabilidad de comercio electrónico
**electronic commerce licence** – licencia de comercio electrónico
**electronic commerce license** – licencia de comercio electrónico
**electronic commerce loan** – préstamo de comercio electrónico
**electronic commerce losses** – pérdidas de comercio electrónico
**electronic commerce management** – administración de comercio electrónico, gestión de comercio electrónico
**electronic commerce manager** – gerente de comercio electrónico
**electronic commerce model** – modelo de comercio electrónico
**electronic commerce name** – nombre de comercio electrónico
**electronic commerce network** – red de comercio electrónico
**electronic commerce operation** – operación de comercio electrónico
**electronic commerce opportunity** – oportunidad de comercio electrónico
**electronic commerce organisation** – organización del comercio electrónico
**electronic commerce organization** – organización del comercio electrónico
**electronic commerce-oriented** *adj* – orientado hacia el comercio electrónico
**electronic commerce owner** – dueño de comercio electrónico, propietario de comercio electrónico
**electronic commerce policy** – póliza de comercio electrónico, política de comercio electrónico
**electronic commerce portal** – portal de comercio electrónico
**electronic commerce portfolio** – portafolio de comercios electrónicos
**electronic commerce practices** – prácticas del comercio electrónico, costumbres del comercio electrónico
**electronic commerce profits** – beneficios de comercio electrónico, ganancias de comercio electrónico
**electronic commerce property** – propiedad de comercio electrónico
**electronic commerce records** – expedientes del comercio electrónico
**electronic commerce regulations** – reglamentos del comercio electrónico, normas del comercio electrónico
**electronic commerce relations** – relaciones de comercio electrónico
**electronic commerce report** – informe de comercio electrónico, reporte de comercio electrónico
**electronic commerce risk** – riesgo del comercio electrónico
**electronic commerce rules** – reglas del comercio electrónico
**electronic commerce sale** – venta de comercio electrónico
**electronic commerce scam** – estafa de comercio electrónico, timo de comercio electrónico
**electronic commerce sector** – sector del comercio electrónico
**electronic commerce services** – servicios de comercio electrónico
**electronic commerce standards** – normas del comercio electrónico
**electronic commerce start-up** – comercio electrónico puesto en marcha
**electronic commerce startup** – comercio electrónico puesto en marcha
**electronic commerce studies** – estudios de comercio electrónico
**electronic commerce swindle** – estafa de comercio electrónico, timo de comercio electrónico
**electronic commerce taxation** – imposición del comercio electrónico
**electronic commerce taxes** – impuestos del comercio electrónico, contribuciones del comercio electrónico
**electronic commerce transaction** – transacción de comercio electrónico
**electronic commerce treaty** – tratado de comercio electrónico
**electronic commerce usage** – uso dentro del comercio electrónico
**electronic commerce venture** – empresa de comercio electrónico
**electronic commerce world** – mundo del comercio electrónico
**electronic consumer** – consumidor electrónico
**electronic cottage** – local con equipos electrónicos para teletrabajo
**Electronic Data Interchange** – Intercambio Electrónico de Datos
**electronic data processing** – procesamiento electrónico de datos
**electronic directory** – directorio electrónico
**electronic eavesdropping** – acción de escuchar furtivamente por medios electrónicos, acción de

interceptar una comunicación telefónica
**electronic filing** – declaración electrónica, registro electrónico
**electronic form** – formulario electrónico
**electronic funds transfer** – transferencia electrónica de fondos
**electronic government** – gobierno electrónico
**electronic invoice** – factura electrónica
**electronic journal** – revista electrónica, boletín electrónico
**electronic learning** – aprendizaje electrónico
**electronic magazine** – revista electrónica, boletín electrónico
**electronic mail** – email, correo electrónico
**electronic mall** – centro comercial electrónico
**electronic marketing** – marketing electrónico, mercadeo electrónico
**electronic marketplace** – mercado electrónico
**electronic media** – medios electrónicos
**electronic message** – mensaje electrónico, email
**electronic messaging** – mensajería electrónica
**electronic money** – dinero electrónico
**electronic office** – oficina electrónica
**electronic order** – orden electrónica
**electronic organiser** – agenda electrónica, organizador electrónico
**electronic organizer** – agenda electrónica, organizador electrónico
**electronic payment** – pago electrónico, abono electrónico
**electronic point of sale** – punto de venta electrónico
**electronic procurement** – adquisición electrónica
**electronic purchase** – compra electrónica
**electronic retail** – ventas electrónicas, ventas por Internet, ventas electrónicas minoristas, ventas electrónicas al por menor
**electronic retailer** – quien hace ventas electrónicas, quien vende por la Internet, quien hace ventas electrónicas minoristas, quien hace ventas electrónicas al por menor
**electronic retailing** – ventas electrónicas, ventas por Internet, ventas electrónicas minoristas, ventas electrónicas al por menor
**electronic shopping** – compras electrónicas
**electronic signature** – firma electrónica
**electronic sourcing** – abastecimiento electrónico
**electronic store** – tienda electrónica
**electronic surveillance** – vigilancia por medios electrónicos
**electronic transfer** – transferencia electrónica
**electronic wallet** – cartera electrónica, billetera electrónica
**electronically** *adv* – electrónicamente
**electronically transferred** – transferido electrónicamente
**eleemosynary** *adj* – caritativo
**eleemosynary association** – asociación caritativa
**eleemosynary bequest** – legado caritativo
**eleemosynary contributions** – contribuciones caritativas
**eleemosynary corporation** – corporación caritativa, sociedad caritativa
**eleemosynary enterprise** – empresa caritativa
**eleemosynary foundation** – fundación caritativa
**eleemosynary gift** – donación caritativa
**eleemosynary institution** – institución caritativa
**eleemosynary organization** – organización caritativa
**eleemosynary purpose** – fines caritativos
**eleemosynary trust** – fideicomiso caritativo
**element** *n* – elemento
**element of risk** – elemento de riesgo
**elemental** *adj* – elemental
**elements** *n* – elementos, las fuerzas de la naturaleza
**elements of a case** – los elementos constitutivos de un caso
**elements of a crime** – los elementos constitutivos de un crimen
**elevation** *n* – elevación
**elevator** *n* – elevador, ascensor
**elicit** *v* – deducir, evocar, sacar, provocar, obtener
**eligibility** *n* – elegibilidad
**eligibility authentication** – certificación de elegibilidad
**eligibility certificate** – certificado de elegibilidad
**eligibility certification** – certificación de elegibilidad
**eligibility check** – comprobación de elegibilidad
**eligibility conditions** – condiciones de elegibilidad
**eligibility date** – fecha de elegibilidad
**eligibility evidence** – prueba de elegibilidad
**eligibility parameters** – parámetros de elegibilidad
**eligibility period** – período de elegibilidad
**eligibility proof** – prueba de elegibilidad
**eligibility qualifications** – calificaciones de elegibilidad
**eligibility requirements** – requisitos de elegibilidad
**eligibility rules** – reglas de elegibilidad
**eligibility test** – prueba de elegibilidad
**eligibility verification** – verificación de elegibilidad
**eligible** *adj* – elegible
**eligible alien** – extranjero elegible
**eligible applicant** – solicitante elegible
**eligible bank** – banco elegible
**eligible borrower** – prestatario elegible
**eligible debt** – deuda elegible
**eligible employee** – empleado elegible
**eligible expenses** – gastos elegibles
**eligible for aid** – elegible para asistencia
**eligible for assistance** – elegible para asistencia
**eligible for relief** – elegible para alivio
**eligible for subsidy** – elegible para subsidio, elegible para subvención
**eligible investment** – inversión elegible
**eligible person** – persona elegible
**eligible products** – productos elegibles
**eligible property** – propiedad elegible
**eligible securities** – valores elegibles
**eligible shares** – acciones elegibles
**eligible stocks** – acciones elegibles
**eliminate** *v* – eliminar, suprimir
**eliminate competition** – eliminar la competencia
**elimination** *n* – eliminación
**elimination of ambiguousness** – eliminación de ambigüedad
**elimination of complexity** – eliminación de complejidad
**elisors** – personas designadas, personas quienes eligen
**elope** *v* – fugarse con el amante, huir
**elopement** *n* – fuga con el amante, huida

**elsewhere** *adv* – en otra parte, a otra parte
**elsewhere known as** – en otra parte conocido como
**elucidation** *n* – elucidación, aclaración
**elucidative** *adj* – explicativo, aclaratorio
**elude** *v* – eludir, evitar
**elusion** *n* – evasión, fuga
**emagazine** *n* – revista electrónica, boletín electrónico
**email** *n* – email, correo electrónico
**email** *v* – enviar email, enviar por email, enviar correo electrónico, enviar por correo electrónico
**email address** – dirección de email, dirección de correo electrónico
**email message** – mensaje de email, email, mensaje de correo electrónico
**emancipate** *v* – emancipar, liberar
**emancipated minor** – menor emancipado, menor independiente
**emancipation** *n* – emancipación, liberación
**emarketing** *n* – marketing electrónico, mercadeo electrónico
**emarketplace** *n* – mercado electrónico
**embargo** *n* – embargo, impedimento
**embargo** *v* – embargar, detener
**embargoed** *adj* – embargado
**embargoed goods** – bienes embargados
**embarrassing situation** – situación vergonzosa
**embassador** *n* – embajador
**embassy** *n* – embajada
**embellishments** *n* – adornos, exageraciones
**embezzle** *v* – desfalcar, malversar
**embezzlement** *n* – desfalco, malversación
**embezzler** *n* – desfalcador, malversador
**emblements** *n* – productos anuales de la labor agrícola
**embody** *v* – incorporar, encarnar, personificar
**embossed character reader** – lector de caracteres en relieve
**embrace** *v* – abarcar, incluir, abrazar
**embraceor** *n* – sobornador
**embracery** *n* – intento criminal de sobornar a un jurado
**emerge** *v* – emerger, salir
**emergency** *n* – emergencia, situación crítica
**emergency aid** – ayuda de emergencia, asistencia de emergencia
**emergency assistance** – asistencia de emergencia, ayuda de emergencia
**emergency doctrine** – doctrina según la cual no se espera que una persona en una situación de emergencia use el mismo juicio que demostraría en una situación en la que hay tiempo para reflexionar
**emergency fund** – fondo para emergencias
**emergency legislation** – legislación de emergencia
**emergency notification** – notificación de emergencia
**emergency protective order** – orden de protección de emergencia
**emergency service** – servicio de emergencia
**emergency tax** – impuesto de emergencia
**emerging industry** – industria emergente
**emerging market** – mercado emergente
**EMI (European Monetary Institute)** – Instituto Monetario Europeo
**emigrant** *n* – emigrante
**emigrate** *v* – emigrar
**emigration** *n* – emigración
**emigre** *n* – emigrado político, emigrado
**eminent** *adj* – eminente
**eminent domain** – derecho de expropiación, expropiación forzosa
**emissary** *n* – emisario
**emission** *n* – emisión
**emit** *v* – emitir, expresar
**emitted shares** – acciones emitidas
**emitted stock** – acciones emitidas
**emolument** *n* – emolumento
**emoney** *n* – dinero electrónico
**emotional** *adj* – emocional, emotivo
**emotional appeal** – atractivo emocional
**emotional insanity** – insania producida por emociones violentas
**emphasis** *n* – énfasis, fuerza
**emphasise** *v* – enfatizar, recalcar, hacer hincapié
**emphasize** *v* – enfatizar, recalcar, hacer hincapié
**emphatic** *adj* – enfático
**emphatically** *adv* – enfáticamente, con insistencia, enérgicamente
**emphyteusis** *n* – enfiteusis, arrendamiento perpetuo
**empire** *n* – imperio
**empiric** *adj* – empírico
**empirical** *adj* – empírico
**empirical evidence** – evidencia empírica
**emplead** *v* – acusar, acusar formalmente, demandar, poner pleito
**employ** *v* – emplear, usar
**employ force** – usar fuerza
**employ violence** – usar violencia
**employable** *adj* – empleable, utilizable
**employed** *adj* – empleado
**employed full-time** – empleado a tiempo completo
**employed illegally** – empleado ilegalmente
**employed in hazardous work** – empleado en trabajo peligroso
**employed part-time** – empleado a tiempo parcial
**employee** *n* – empleado
**employee assistance program** – programa de asistencia a empleados
**employee association** – asociación de empleados
**employee benefit insurance plan** – plan de seguro de beneficios de empleados
**employee benefits** – beneficios de empleados
**employee buyout** – adquisición de parte de los empleados de un porcentaje de acciones que permita controlar la corporación
**employee compensation** – compensación de empleados
**employee contributions** – contribuciones de empleados
**employee death benefits** – beneficios por muerte de empleados
**employee health benefits** – beneficios de salud de empleados
**employee health insurance** – seguro de salud de empleados
**employee insurance** – seguro de empleados
**employee involvement** – participación de empleados
**employee leasing** – arrendamiento de empleados
**employee ownership** – situación en la cual los empleados son dueños de parte o toda la compañía

donde trabajan
**employee participation** – participación de los empleados
**employee pension plan** – plan de pensiones para empleados
**employee profit sharing** – participación en los beneficios de empleados, participación en las ganancias de empleados
**employee promotion** – promoción de empleado
**employee rate of pay** – tasa de pago de empleado
**employee relations** – relaciones con los empleados, relaciones con el personal
**employee representation** – representación de los empleados
**Employee Retirement Income Security Act** – ERISA, Ley de Seguridad de Ingresos de Retiro de Trabajadores
**employee savings plan** – plan de ahorros de empleados
**employee shares** – acciones de los empleados
**employee stock** – acciones de los empleados
**employee stock option** – opción de compra de acciones de empleados
**employee stock option plan** – plan de compra de acciones de empleados
**employee stock ownership plan** – plan de compra de acciones de empleados
**employees' pension** – pensiones de empleados
**employer** *n* – patrono, empleador
**employer identification number** – número de identificación patronal
**employer interference** – interferencia patronal
**employer retirement plan** – plan de retiro patronal
**employer rights** – derechos patronales
**employers' association** – asociación patronal
**employers' contingent liability** – responsabilidad contingente patronal
**employers' contribution** – contribución patronal
**employers' insurance** – seguro patronal
**employers' liability** – responsabilidad patronal
**employers' liability acts** – leyes concernientes a las responsabilidades patronales
**employers' liability coverage** – cobertura de responsabilidad patronal
**employers' liability insurance** – seguro de responsabilidad patronal
**employers' organisation** – organización patronal
**employers' organization** – organización patronal
**employment** *n* – empleo, ocupación, trabajo, uso
**employment advancement** – progreso en el empleo
**employment agency** – agencia de empleos
**employment agreement** – convenio de trabajo, contrato de trabajo
**employment analysis** – análisis de empleo
**Employment Appeal Tribunal** – Tribunal de Apelación de Empleo
**employment at will** – empleo de plazo indeterminado
**employment authentication** – certificación de empleo
**employment authorization** – autorización de empleo
**employment bureau** – agencia de empleos
**employment certificate** – certificado de empleo
**employment certification** – certificación de empleo
**employment change** – cambio de empleo
**employment choice** – selección de empleo
**employment classification** – clasificación de empleo
**employment conditions** – condiciones de empleo
**employment contract** – contrato de empleo
**employment creation** – creación de empleos
**employment decision** – decisión de empleo
**employment definition** – definición de empleo
**employment description** – descripción de empleo
**employment discrimination** – discriminación de empleo
**employment enrichment** – enriquecimiento de empleo
**employment environment** – ambiente de empleo
**employment evaluation** – evaluación de empleo
**employment evidence** – prueba de empleo
**employment exchange** – bolsa de empleos, agencia de empleos
**employment expectations** – expectativas de empleo
**employment figures** – cifras de empleo
**employment history** – historial de empleo
**employment level** – nivel de empleo
**employment market** – mercado de empleos
**employment objective** – objetivo del empleo
**employment offer** – oferta de empleo
**employment office** – oficina de empleos
**employment opportunities** – oportunidades de empleo
**employment-oriented** *adj* – orientado al empleo
**employment placement** – colocación de empleo
**employment planning** – planificación del empleo
**employment preferences** – preferencias de empleo
**employment proof** – prueba de empleo
**employment protection** – protección de empleo
**Employment Protection Act** – Ley de Protección del Empleo
**employment rate** – tasa de empleo
**employment record** – historial de empleo
**employment-related** *adj* – relacionado al empleo
**employment-related accident** – accidente relacionado al empleo
**employment-related death** – muerte relacionada al empleo
**employment-related injury** – lesión relacionada al empleo
**employment report** – informe de empleo
**employment rotation** – rotación de empleos
**employment satisfaction** – satisfacción en el empleo
**employment security** – seguridad de empleo
**employment selection** – selección de empleo
**employment service** – servicio de empleos
**employment situation** – situación de empleo
**employment specification** – especificación de empleo
**employment stabilisation** – estabilización de empleo
**employment stabilization** – estabilización de empleo
**employment statistics** – estadísticas de empleo
**employment stress** – estrés en el empleo
**employment tax** – impuesto sobre empleo
**employment test** – prueba de empleo
**employment training** – entrenamiento de empleo
**employment verification** – verificación de empleo
**emporium** *n* – emporio, almacén
**empower** *v* – facultar, comisionar, autorizar, empoderar
**emptor** *n* – un comprador
**EMS (European Monetary System)** – Sistema Monetario Europeo

**EMU (Economic and Monetary Union)** – Unión Económica y Monetaria
**EMU (European Monetary Union)** – Unión Monetaria Europea
**emulative product** – producto emulador
**emulate** *v* – emular, competir con
**emulation** *n* – emulación
**en banc** – en el tribunal, en banc
**en route** – en camino
**enable** *v* – capacitar, habilitar, autorizar
**enabling act** – ley de autorización
**enabling clause** – cláusula de autorización
**enabling environment** – ambiente propicio
**enabling law** – ley de autorización
**enabling statute** – ley de autorización
**enact** *v* – decretar, pasar una ley, establecer por ley, promulgar
**enacted law** – ley escrita, ley decretada, ley
**enactment** *n* – promulgación, decreto, proceso para aprobar una ley, ley
**enate** *n* – pariente materno
**encash** *v* – convertir en efectivo
**encashable** *adj* – convertible en efectivo
**encashment** *n* – conversión en efectivo
**enceinte** *adj* – encinta
**encl. (enclosed)** – adjunto, anexado
**encl. (enclosure)** – anexo
**enclave** *n* – enclave
**enclose** *v* – incluir, anexar, adjuntar, encerrar, cercar
**enclosed** *adj* – adjunto, anexado, encerrado, cercado
**enclosed document** – documento adjunto
**enclosed file** – archivo adjunto, fichero adjunto
**enclosure** *n* – anexo, encerramiento
**encode** *v* – codificar
**encoded** *adj* – codificado
**encoder** *n* – codificador
**encoding** *n* – codificación
**encompass** *v* – abarcar, incluir
**encounter** *n* – encuentro, batalla
**encourage** *v* – animar, instigar, favorecer
**encroach** *v* – traspasar los límites, invadir, usurpar, inmiscuirse en
**encroach upon** – invadir, usurpar
**encroachment** *n* – traspaso de límites, intrusión, invasión, usurpación
**encrypt** *v* – codificar
**encrypted** *adj* – codificado
**encrypter** *n* – codificador
**encryption** *n* – codificación
**encumber** *v* – gravar, recargar, impedir
**encumbered** *adj* – gravado
**encumbrance** *n* – gravamen, carga, hipoteca, estorbo
**encumbrancer** *n* – tenedor de gravamen, acreedor hipotecario
**end** *n* – fin, objetivo, resultado
**end consumer** – consumidor final, consumidor
**end of month** – fin de mes
**end of period** – fin de período
**end of quarter** – fin de trimestre
**end of will** – donde termina la parte dispositiva de un testamento
**end of year** – fin de año
**end product** – producto final
**end-to-end** *adj* – de fin de mes a fin de mes, a todo lo largo
**end use** – uso final
**end user** – usuario final
**endamage** *v* – dañar, perjudicar
**endanger** *v* – poner en peligro, arriesgar
**endanger life** – poner en peligro la vida
**endanger property** – arriesgar propiedad
**endeavor** *n* – esfuerzo, intento, actividad
**endeavor** *v* – esforzarse, intentar, procurar
**endeavour** *n* – esfuerzo, intento, actividad
**endeavour** *v* – esforzarse, intentar, procurar
**ending balance** – balance final, saldo final, balance de cierre
**endorsable** *adj* – endosable
**endorse** *v* – endosar, sancionar, apoyar, avalar, promover
**endorsed** *adj* – endosado, avalado, apoyado, promovido
**endorsed check** – cheque endosado
**endorsed cheque** – cheque endosado
**endorsee** *n* – endosatario, avalado
**endorsement** *n* – endoso, aval, respaldo, aprobación, promoción
**endorsement date** – fecha de endoso
**endorsement for collection** – endoso para cobro
**endorser** *n* – endosante, avalista
**endorsing** *n* – endoso
**endow** *v* – dotar, donar
**endow with authority** – dotar de autoridad
**endower** *n* – dotador, donante
**endowment** *n* – dotación, dote, fundación
**endowment assurance** – seguro mixto
**endowment fund** – fondo de beneficencia
**endowment insurance** – seguro dotal
**endowment mortgage** – hipoteca en que sólo se pagan intereses combinado con seguro de vida
**endowment policy** – póliza dotal
**endurance** *n* – resistencia, tolerancia
**endure** *v* – soportar, sobrellevar, sufrir
**energy conservation** – conservación de la energía
**energy efficiency** – eficiencia en el uso de la energía
**energy management** – administración de energía, gestión de energía
**energy reserve** – reservas energéticas
**energy resources** – recursos energéticos
**energy-saving technology** – tecnología que ayuda a conservar energía
**energy supply** – suministro de energía, abastecimiento de energía
**energy tax** – impuesto sobre el consumo de energía
**energy waste** – desperdicio de energía
**enemy** *n* – enemigo, adversario
**enemy alien** – ciudadano de país enemigo
**enemy territory** – territorio enemigo
**enemy vessel** – nave enemiga
**enemy's property** – propiedad del enemigo
**energetic** *adj* – energético
**energetic denial** – denegación energética
**enforce** *v* – hacer cumplir, ejecutar, aplicar, imponer
**enforce a contract** – hacer cumplir un contrato
**enforce a law** – hacer cumplir una ley
**enforce censorship** – imponer censura
**enforce obedience** – imponer obediencia
**enforcement** *n* – acción de hacer cumplir, aplicación

de la ley, cumplimiento, ejecución, imposición, puesta en vigor
**enforcement of a contract** – el hacer cumplir un contrato
**enforcement of a judgment** – ejecución de una sentencia
**enforcement of a right** – ejecución de un derecho
**enforcement of the law** – el hacer cumplir la ley
**enforcement order** – orden de cumplimiento
**enforcement process** – proceso de hacer cumplir, proceso de cumplimiento
**enfranchise** *v* – libertar, manumitir
**enfranchisement** *n* – liberación, derecho de voto, el otorgar un derecho
**engage** *v* – comprometer, emplear, atraer, ocupar
**engage in conversation** – conversar
**engaged** *adj* – comprometido, ocupado, contratado
**engaged in business** – dedicado a los negocios
**engaged in commerce** – dedicado al comercio
**engaged in employment** – estar empleado, empleado
**engagement** *n* – compromiso, promesa, obligación, acuerdo
**engagement to marry** – compromiso de matrimonio
**engender** *v* – engendrar, procrear, causar
**engine of growth** – motor del crecimiento
**engineer** *n* – ingeniero, maquinista
**engross** *v* – acaparar, absorber, transcribir
**engrossed bill** – proyecto de ley listo para el voto
**engrossment** *n* – anteproyecto en su forma final, acaparamiento, transcripción
**enhance** *v* – mejorar, realzar
**enhance capacity** – mejorar la capacidad
**enhance performance** – mejorar el rendimiento
**enhance quality** – mejorar la calidad
**enhance service** – mejorar el servicio
**enhanced capacity** – capacidad mejorada
**enhanced performance** – rendimiento mejorado
**enhanced quality** – calidad mejorada
**enhanced service** – servicio mejorado
**enhancement of capacity** – mejoramiento de la capacidad
**enhancement of performance** – mejoramiento del rendimiento
**enhancement of quality** – mejoramiento de la calidad
**enhancement of service** – mejoramiento del servicio
**enigma** *n* – enigma
**enjoin** *v* – imponer, requerir, mandar
**enjoy** *v* – disfrutar de, gozar de, poseer
**enjoyment** *n* – disfrute, goce, uso
**enlarge** *v* – agrandar, aumentar, ampliar
**enlargement** *n* – extensión, aumento, ampliación
**enlist** *v* – alistarse, enrolarse
**enlistment** *n* – alistamiento, reclutamiento voluntario
**enormous** *adj* – enorme, desmesurado
**enquiry** *n* – indagación, investigación, encuesta
**enquiry desk** – mesa de información, información
**enrichment** *n* – enriquecimiento
**enroll** *v* – registrar, inscribir, alistar
**enrolled** *adj* – registrado, matriculado
**enrolled agent** – agente matriculado
**enrolled bill** – proyecto de ley aprobado
**enrollment** *n* – alistamiento, inscripción, registro, matriculación
**enschedule** *v* – incorporar en una lista, inscribir
**enseal** *v* – sellar
**ensue** *v* – resultar, seguir, suceder
**ensuing liability** – responsabilidad correspondiente
**ensure** *v* – asegurar, dar seguridad
**entail** *n* – vinculación, limitación de la sucesión
**entail** *v* – suponer, implicar, vincular, ocasionar, limitar la sucesión
**entailment** *n* – vinculación
**enter** *v* – entrar, tomar posesión, registrar, anotar, asentar
**enter a contract** – contratar, comprometerse por contrato
**enter an agreement** – contratar, llegar a un acuerdo
**enter goods** – declarar mercancías
**enter illegally** – entrar ilegalmente
**enter in the books** – anotar en los libros
**enter into a contract** – contratar, comprometerse por contrato
**enter into negotiations** – negociar, iniciar las negociaciones
**enter uninvited** – entrar sin permiso
**enter unlawfully** – entrar ilegalmente
**entering** *n* – registro, acto de entrar, entrada
**entering judgments** – registro formal de sentencias
**enterprise** *n* – empresa, proyecto, iniciativa
**enterprise account** – cuenta empresarial
**enterprise accounting** – contabilidad empresarial
**enterprise activity** – actividad empresarial
**enterprise address** – domicilio empresarial
**enterprise administration** – administración empresarial, gestión empresarial
**enterprise administrator** – administrador empresarial
**enterprise adviser** – asesor empresarial
**enterprise advisor** – asesor empresarial
**enterprise agency** – agencia empresarial
**enterprise agent** – agente empresarial
**enterprise agreement** – convenio empresarial
**enterprise assets** – activo empresarial
**enterprise bankruptcy** – quiebra empresarial
**enterprise benefits** – beneficios empresariales
**enterprise capital** – capital empresarial
**enterprise chain** – cadena empresarial
**enterprise check** – cheque empresarial
**enterprise cheque** – cheque empresarial
**enterprise closure** – cierre empresarial
**enterprise computing** – computación empresarial
**enterprise consultant** – consultor empresarial
**enterprise contract** – contrato empresarial
**enterprise correspondence** – correspondencia empresarial
**enterprise credit** – crédito empresarial
**enterprise debt** – deuda empresarial
**enterprise decision** – decisión empresarial
**enterprise department** – departamento empresarial
**enterprise development** – desarrollo empresarial
**enterprise director** – director empresarial
**enterprise document** – documento empresarial
**enterprise earnings** – ingresos empresariales
**enterprise email** – email empresarial, correo electrónico empresarial
**enterprise ethics** – ética empresarial
**enterprise executive** – ejecutivo empresarial
**enterprise expenditures** – gastos empresariales
**enterprise expenses** – gastos empresariales

**enterprise finance** – finanzas empresariales
**enterprise goal** – meta empresarial
**enterprise income** – ingresos empresariales, rentas empresariales
**enterprise insurance** – seguro empresarial
**enterprise investment** – inversión empresarial
**enterprise liability** – responsabilidad empresarial
**enterprise licence** – licencia empresarial
**enterprise license** – licencia empresarial
**enterprise literature** – literatura empresarial
**enterprise locale** – local empresarial
**enterprise logo** – logotipo empresarial, logo empresarial
**enterprise management** – administración empresarial, gestión empresarial, gerencia empresarial
**enterprise manager** – gerente empresarial, administrador empresarial
**enterprise model** – modelo empresarial
**enterprise name** – nombre empresarial
**enterprise objective** – objetivo empresarial
**enterprise office** – oficina empresarial
**enterprise organisation** – organización empresarial
**enterprise organization** – organización empresarial
**enterprise philosophy** – filosofía empresarial
**enterprise planning** – planificación empresarial
**enterprise policy** – política empresarial, póliza empresarial
**enterprise portal** – portal empresarial
**enterprise profits** – beneficios empresariales, ganancias empresariales
**enterprise property** – propiedad empresarial
**enterprise purpose** – propósito empresarial
**enterprise records** – expedientes empresariales
**enterprise report** – informe empresarial, reporte empresarial
**enterprise resource planning** – planificación de recursos empresariales
**enterprise services** – servicios empresariales
**enterprise start-up** – empresa puesta en marcha, negocio puesto en marcha
**enterprise startup** – empresa puesta en marcha, negocio puesto en marcha
**enterprise strategy** – estrategia empresarial
**enterprise structure** – estructura empresarial
**enterprise support services** – servicios de apoyo a las empresas
**enterprise taxation** – imposición empresarial
**enterprise taxes** – impuestos empresariales, contribuciones empresariales
**enterprise transaction** – transacción empresarial
**enterprise value** – valor empresarial
**enterprise zone** – zona empresarial
**enterprising** *adj* – emprendedor
**entertain** *v* – entretener, recibir invitados
**entertain doubts** – dudar, sospechar
**entertain suspicions** – sospechar, dudar
**entertainment** *n* – entretenimiento, recibimiento
**entertainment expenses** – gastos de representación
**entice** *v* – tentar, atraer, seducir
**enticement** *n* – tentación, atracción, seducción
**entire** *adj* – entero, íntegro, completo
**entire abandonment** – abandono entero
**entire acceptance** – aceptación entera
**entire actual loss** – pérdida entera real
**entire amount** – cantidad entera
**entire audit** – auditoría entera
**entire balance** – saldo entero
**entire balance of my estate** – lo restante de mi patrimonio
**entire blood** – descendencia por vía materna y paterna
**entire breach** – incumplimiento entero
**entire capitalisation** – capitalización entera
**entire capitalization** – capitalización entera
**entire consideration** – contraprestación entera
**entire contract** – contrato total, contrato indivisible
**entire contract clause** – cláusula de contrato total
**entire control** – control entero
**entire cost** – costo entero, coste entero
**entire coverage** – cobertura entera
**entire day** – un día continuo, día entero
**entire debt** – deuda entera
**entire delivery** – entrega entera
**entire disability** – discapacidad entera
**entire disbursement** – desembolso entero
**entire disclosure** – divulgación entera
**entire eviction** – desalojo entero
**entire interest** – dominio absoluto
**entire liquidation** – liquidación entera
**entire loss** – pérdida entera
**entire loss of sight** – pérdida total de la visión, pérdida considerable de la visión
**entire payment** – pago entero
**entire performance** – cumplimiento entero
**entire price** – precio entero
**entire record** – registro entero
**entire report** – informe entero, reporte entero
**entire reserves** – reservas enteras
**entire tenancy** – posesión individual
**entire use** – derecho a uso exclusivo, uso entero
**entire value** – valor entero
**entirely** *adv* – enteramente, completamente, únicamente
**entirely without understanding** – sin entendimiento
**entireness** *n* – totalidad
**entirety** *n* – totalidad
**entirety of contract** – totalidad del contrato
**entitle** *v* – dar derecho a, autorizar, habilitar, titular
**entitled** *adj* – con derecho a, autorizado, habilitado, titulado
**entitled to possession** – con derecho a posesión
**entitlement** *n* – derecho, el otorgar un derecho
**entity** *n* – entidad, ente, ser
**entity accounting** – contabilidad de entidad
**entrance** *n* – entrada, admisión
**entrance card** – tarjeta de admisión, tarjeta de entrada
**entrance exam** – examen de admisión, examen de ingreso
**entrance fee** – cargo por admisión, costo de entrada, coste de entrada
**entrap** *v* – atrapar, engañar, entrampar, inducir engañosamente
**entrapment** *n* – acción de inducir engañosamente, acción de entrampar
**entreaty** *n* – súplica, petición
**entrepôt** *n* – centro de recibo y distribución, centro de almacenamiento y distribución, punto de importación y exportación sin el pago de derechos, depósito comercial

**entrepreneur** *n* – empresario, emprendedor
**entrepreneurial** *adj* – empresarial, emprendedor
**entrepreneurship** *n* – espíritu empresarial, el emprender un negocio
**entrust** *v* – encomendar, recomendar, confiar
**entry** *n* – entrada, asiento, registro, partida, anotación, apunte, ingreso, presentación, allanamiento, escalamiento
**entry at customhouse** – declaración aduanera
**entry barrier** – barrera a la entrada
**entry book** – libro de registro
**entry customs** – aduana de entrada
**entry duties** – derechos de entrada, derechos de aduana
**entry fee** – cargo de entrada
**entry-level job** – trabajo que requiere poca o ninguna experiencia, trabajo de inicio de carrera
**entry of judgment** – registro de la sentencia
**entry permit** – permiso de entrada
**entry, right of** – derecho de ingreso
**entry stamp** – sello de entrada
**entry tax** – impuesto de entrada, derechos de aduana
**entry visa** – visado de entrada, visa de entrada
**enumerate** *v* – enumerar, designar
**enumerated** *adj* – enumerado, designado
**enumerated powers** – poderes federales delegados
**enumerator** *n* – empadronador
**enure** *v* – tomar efecto, operar, beneficiar
**environment** *n* – ambiente, medio, circunstancias
**environmental** *adj* – ambiental, medioambiental
**environmental accounting** – contabilidad ambiental
**environmental appraisal** – evaluación ambiental
**environmental audit** – auditoría ambiental
**environmental citizenship** – responsabilidad ambiental
**environmental commitment** – compromiso ambiental
**environmental conditions** – condiciones ambientales
**environmental consequences** – consecuencias ambientales
**environmental considerations** – consideraciones ambientales
**environmental contamination** – contaminación ambiental
**environmental control** – control ambiental
**environmental damage** – daño ambiental
**environmental decision** – decisión ambiental
**environmental degradation** – degradación ambiental
**environmental depletion** – agotamiento ambiental
**environmental destruction** – destrucción ambiental
**environmental disaster** – desastre ambiental
**environmental discrimination** – discrimen ambiental
**environmental economics** – economía ambiental
**environmental ethics** – ética ambiental
**environmental factor** – factor ambiental
**environmental footprint** – huella ambiental
**environmental harm** – daño ambiental
**environmental health** – salud ambiental
**environmental impact** – impacto ambiental
**environmental impact statement** – declaración de impacto ambiental
**environmental impact study** – estudio de impacto ambiental
**environmental indicators** – indicadores ambientales
**environmental injustice** – injusticia ambiental
**environmental issues** – cuestiones ambientales
**environmental integrity** – integridad ambiental
**environmental justice** – justicia ambiental
**environmental labeling** – etiquetado ambiental
**environmental law** – derecho ambiental
**environmental liability** – responsabilidad ambiental
**environmental literacy** – alfabetización ambiental
**environmental load** – carga ambiental
**environmental management** – administración ambiental, gestión ambiental
**environmental monitoring** – monitoreo ambiental
**environmental movement** – movimiento ambiental
**environmental noise** – ruido ambiental
**environmental policy** – política ambiental
**environmental pollution** – contaminación ambiental
**environmental program** – programa ambiental
**environmental programme** – programa ambiental
**environmental protection** – protección ambiental
**Environmental Protection Agency** – Agencia de Protección Ambiental
**environmental quality** – calidad ambiental
**environmental racism** – racismo ambiental
**environmental requirements** – requisitos ambientales
**environmental responsibility** – responsabilidad ambiental
**environmental risk assessment** – evaluación de riesgos ambientales
**environmental risks** – riesgos ambientales
**environmental revolution** – revolución ambiental
**environmental scenario** – escenario ambiental
**environmental science** – ciencia ambiental
**environmental services** – servicios ambientales
**environmental space** – espacio ambiental
**environmental tax** – impuesto ambiental
**environmental toxicology** – toxicología ambiental
**environmental values** – valores ambientales
**environmentalism** *n* – ambientalismo
**environmentalist** *adj* – ambientalista
**environmentalist** *n* – ambientalista
**environmentally** *adv* – ambientalmente
**environmentally friendly** – ambientalmente amistoso
**environmentally friendly industries** – industrias ambientalmente amistosas
**environmentally friendly products** – productos ambientalmente amistosos
**environmentally responsible** – ambientalmente responsable
**environmentally sound** – ambientalmente prudente
**environmentally sustainable** – ambientalmente sostenible
**envoy** *n* – enviado, representante diplomático
**eo instanti** – en ese instante, eo instanti
**EOC (Equal Opportunities Commission)** – Comisión de Igualdad de Oportunidades
**EPA (Environmental Protection Agency)** – Agencia de Protección Ambiental
**episode** *n* – episodio, incidente
**EPOS (electronic point of sale)** – punto de venta electrónico
**eprocurement** *n* – adquisición electrónica
**EPS (earnings per share)** – ingresos por acción
**equal** *adj* – igual
**equal** *v* – igualar
**equal and uniform taxation** – uniformidad e igualdad

contributiva
**equal before the law** – igual ante la ley
**equal benefit** – beneficio igual
**equal degree** – igualdad en el grado de parentesco
**equal employment opportunity** – igualdad de oportunidades en el empleo
**Equal Employment Opportunity Commission** – Comisión para la Igualdad de Oportunidades en el Empleo
**equal footing, on** – en pie de igualdad, bajo las mismas condiciones
**equal in effect** – de igual efecto
**equal in force** – de igual fuerza
**equal in power** – de igual poder
**equal in value** – de igual valor
**Equal Opportunities Commission** – Comisión de Igualdad de Oportunidades
**Equal Opportunities Policy** – política de igualdad de oportunidades
**equal opportunity** – igualdad de oportunidades
**equal opportunity employer** – patrono que no discrimina
**equal pay** – igualdad de paga
**Equal Pay Act** – Acta de Igualdad de Paga
**equal pay for equal work** – igual salario por igual trabajo
**equal protection** – igualdad de protección
**equal rights** – igualdad de derechos
**equal taxation** – igualdad impositiva
**equal terms, on** – de igual a igual
**equality** *n* – igualdad, equidad
**equalisation** *n* – igualación, compensación
**equalisation board** – junta para la igualdad tributaria
**equalisation of taxes** – igualamiento de los impuestos
**equalise** *v* – igualar, equilibrar, compensar
**equality** *n* – igualdad
**equalization** *n* – igualación, compensación
**equalization board** – junta para la igualdad tributaria
**equalization of taxes** – igualamiento de los impuestos
**equalization tax** – impuesto de igualación
**equalize** *v* – igualar, equilibrar, compensar
**equally** *adv* – igualmente, equitativamente
**equally divided** – dividido igualmente
**equilibrium** *n* – equilibrio
**equip** *v* – equipar, proveer
**equipment** *n* – equipo, aparatos, capacidad
**equipment leasing** – arrendamiento de equipo
**equipment leasing partnership** – sociedad de arrendamiento de equipo
**equipment purchase** – compra de equipo
**equipment rental** – alquiler de equipo
**equipment trust certificate** – certificado de fideicomiso de equipo
**equipped** *adj* – equipado
**equitable** *adj* – equitativo, imparcial
**equitable action** – acción en equidad
**equitable assignment** – cesión en equidad
**equitable charge** – cargo equitativo
**equitable consideration** – contraprestación fundada en la equidad
**equitable construction** – interpretación en equidad, interpretación liberal
**equitable conversion** – conversión equitativa
**equitable defence** – defensa basada en la equidad
**equitable defense** – defensa basada en la equidad
**equitable distribution** – distribución equitativa, distribución equitativa de bienes gananciales cuando no hay causal de divorcio
**equitable election** – doctrina que declara que quien acepta beneficios estipulados en un testamento no puede impugnar la validez del mismo en otros aspectos
**equitable estoppel** – impedimento por actos propios en equidad
**equitable fee** – cargo equitativo
**equitable interest** – interés equitativo, interés en equidad en una propiedad, interés en equidad del beneficiario de un fideicomiso
**equitable lien** – gravamen equitativo
**equitable life estate** – interés propietario en equidad de por vida
**equitable mortgage** – hipoteca en equidad
**equitable owner** – propietario en equidad
**equitable redemption** – rescate de una propiedad hipotecada
**equitable right** – derecho en equidad
**equitable title** – título equitativo, título en equidad
**equitable treatment** – trato equitativo
**equitable waste** – daños a la propiedad indemnizables bajo el régimen de equidad
**equity** *n* – equidad, sistema jurídico basado en la equidad, sistema jurídico basado en usos establecidos, activo neto, capital social, capital propio, valor líquido, patrimonio neto, inversión neta
**equity accounting** – contabilidad del activo neto
**equity base** – base de recursos propios
**equity buildup** – acumulación de amortización hipotecaria
**equity capital** – capital corporativo, capital propio, capital en acciones, acciones, patrimonio neto
**equity capital stock** – capital en acciones, acciones
**equity carve-out** – escisión parcial
**equity, courts of** – tribunales de equidad
**equity financing** – financiación por la venta de acciones, financiación propia, financiación por venta de participación
**equity follows the law** – la equidad sigue a la ley
**equity funding** – financiación por la venta de acciones, financiación propia, financiación por venta de participación
**equity funds** – fondos de inversión en acciones, fondos en títulos
**equity holder** – accionista, accionista ordinario
**equity holdings** – cartera de acciones, cartera de valores
**equity income** – ingreso de acciones, ingreso por dividendos
**equity interest** – interés propietario
**equity investment** – inversión en acciones, inversión en valores
**equity investor** – inversionista en acciones, inversionista en valores
**equity issue** – emisión de acciones, emisión de valores
**equity joint venture** – empresa conjunta con acciones
**equity jurisdiction** – jurisdicción de equidad
**equity jurisprudence** – las reglas y principios fundamentales en el régimen de equidad
**equity market** – mercado de acciones, mercado de

valores
**equity of a statute** – el espíritu de la ley
**equity of partners** – derecho de los socios a designar bienes de la sociedad para cubrir las deudas de la sociedad, capital de los socios
**equity of redemption** – derecho de rescate de una propiedad hipotecada
**equity ownership** – participación en el capital social
**equity participation** – participación en las ganancias
**equity portfolio** – cartera de acciones
**equity security** – acciones de una corporación, participación en una sociedad, valores convertibles en acciones de una corporación o en una participación en una sociedad
**equity shares** – acciones ordinarias, acciones
**equity stake** – posesión de acciones de una compañía
**equity stock** – acciones ordinarias, acciones
**equity term** – período de sesiones de un tribunal en el régimen de equidad
**equity value** – valor del activo neto, valor del capital social, valor del capital propio, valor líquido
**equivalence** *n* – equivalencia
**equivalent** *adj* – equivalente
**equivalent access** – acceso equivalente
**equivalent act** – acto equivalente
**equivalents doctrine** – doctrina de equivalencia
**equivocal** *adj* – equívoco, ambiguo, dudoso
**equivocate** *v* – usar lenguaje ambiguo, usar equívocos
**eradicate** *v* – erradicar
**erasure** *n* – borradura, raspadura
**erect** *v* – erigir, construir, levantar
**erection** *n* – erección, construcción
**ergo** *conj* – por tanto, ergo
**eretail** *n* – ventas electrónicas, ventas por Internet, ventas electrónicas minoristas, ventas electrónicas al por menor
**eretailer** *n* – quien hace ventas electrónicas, quien vende por la Internet, quien hace ventas electrónicas minoristas, quien hace ventas electrónicas al por menor
**eretailing** *n* – ventas electrónicas, ventas por Internet, ventas electrónicas minoristas, ventas electrónicas al por menor
**ergonomic** *adj* – ergonómico
**ergonomic design** – diseño ergonómico
**ergonomical** *adj* – ergonómico
**ergonomically** *adv* – ergonómicamente
**ergonomically designed** – diseñado ergonómicamente
**ergonomics** *n* – ergonomía
**ERISA (Employee Retirement Income Security Act)** – ERISA
**erosion** *n* – erosión, merma
**erosion of confidence** – merma de confianza
**erosion of income** – merma de ingresos
**erosion of quality** – merma de calidad
**erosion of rights** – merma de derechos
**erosion of trust** – merma de confianza
**ERP (enterprise resource planning)** – planificación de recursos empresariales
**err** *v* – errar, equivocarse
**errand** *n* – diligencia, mandato
**errant** *adj* – errante, descarriado
**erratum** *n* – errata, error
**erroneous** *adj* – erróneo
**erroneous assessment** – valuación errónea, evaluación errónea
**erroneous decision** – decisión errónea
**erroneous information** – información errónea
**erroneous judgment** – sentencia errónea
**erroneous reasoning** – razonamiento erróneo
**erroneous statement** – declaración errónea
**erroneous valuation** – valuación errónea
**error** *n* – error, defecto legal, sentencia incorrecta, ofensa, equivocación
**error coram nobis** – error ante nosotros, acción para que un tribunal considere sus propios errores de hecho
**error-free** *adj* – libre de errores
**error in fact** – error de hecho
**error in law** – error de derecho
**error of fact** – error de hecho
**error of judgment** – error de juicio
**error of law** – error de derecho
**error resolution** – resolución de error
**errors and omissions** – error u omisión
**errors and omissions excepted** – salvo error u omisión
**errors and omissions insurance** – seguro de responsabilidad por error u omisión
**errors and omissions liability insurance** – seguro de responsabilidad por error u omisión
**errors excepted** – salvo error u omisión
**ersatz** *n* – sustituto inferior, imitación inferior
**ES (expert system)** – sistema experto
**escalate** *v* – escalar, aumentar
**escalating** *adj* – ascendente, creciente
**escalating costs** – costos crecientes, costes crecientes
**escalating duties** – derechos crecientes
**escalating prices** – precios crecientes
**escalation clause** – cláusula de escalamiento
**escalator clause** – cláusula de escalamiento
**escape** *n* – fuga, escape
**escape** *v* – fugarse, escaparse
**escape clause** – cláusula de escape
**escape period** – período de baja sindical
**escheat** *n* – reversión al estado, reversión al estado de bienes sin herederos, reversión al estado de bienes no reclamados, derecho de sucesión del estado
**escheatable** *adj* – revertible al estado
**escort** *n* – acompañante, escolta
**escrow** *n* – plica, depósito que retiene un tercero hasta que se cumplan ciertas condiciones, aquello que retiene un tercero hasta que se cumplan ciertas condiciones
**escrow account** – cuenta de plica, cuenta de garantía bloqueada
**escrow agent** – agente de plica
**escrow agreement** – contrato estipulando las condiciones de una cuenta de plica, acuerdo de plica
**escrow analysis** – análisis de cuenta de plica
**escrow closing** – cierre
**escrow contract** – contrato estipulando las condiciones de una cuenta de plica, contrato de plica
**escrow deposit** – depósito en plica
**escrow funds** – fondos en plica
**escrow officer** – funcionario de plica
**ESF (European Social Fund)** – Fondo Social Europeo
**ESOP (employee stock ownership plan, employee stock option plan)** – plan de compra de acciones de

empleados
**esourcing** *n* – abastecimiento electrónico
**espionage** *n* – espionaje
**espionage act** – acto de espionaje
**espionage activity** – actividad de espionaje
**espousals** *n* – esponsales, compromiso de matrimonio
**espouse** *v* – casarse con
**essence** *n* – esencia, naturaleza
**essence of the contract** – condiciones esenciales de un contrato
**essential** *adj* – esencial, inherente, indispensable
**essential acquisition** – adquisición esencial
**essential act** – acto esencial
**essential activity** – actividad esencial
**essential beneficiary** – beneficiario esencial
**essential business** – negocio esencial
**essential care** – cuidado esencial
**essential clause** – cláusula esencial
**essential commodities** – productos esenciales, productos necesarios
**essential component** – componente esencial
**essential conditions** – condiciones esenciales
**essential cost** – costo esencial, coste esencial
**essential covenant** – estipulación esencial
**essential coverage** – cobertura esencial
**essential diligence** – diligencia esencial
**essential easement** – servidumbre esencial
**essential element** – elemento esencial
**essential evidence** – prueba esencial
**essential expenditure** – gasto esencial, desembolso esencial
**essential expenses** – gastos esenciales, desembolsos esenciales
**essential fact** – hecho esencial
**essential goods** – bienes esenciales, productos esenciales
**essential ignorance** – ignorancia de las circunstancias esenciales
**essential industry** – industria esencial
**essential information** – información esencial
**essential insurance** – seguro esencial
**essential obligation** – obligación esencial
**essential part** – parte esencial
**essential party** – parte esencial
**essential pay** – paga esencial
**essential products** – productos esenciales
**essential remuneration** – remuneración esencial
**essential repairs** – reparaciones esenciales
**essential salary** – salario esencial
**essential services** – servicios esenciales
**essential servitude** – servidumbre esencial
**essential stipulation** – estipulación esencial
**essential testimony** – testimonio esencial
**essential witness** – testigo esencial
**essentially** *adv* – esencialmente
**est. (established)** – establecido
**establish** *v* – establecer, demostrar, confirmar, fundar, plantear
**establish a corporation** – establecer una corporación
**establish boundaries** – establecer límites
**establish by agreement** – establecer mediante acuerdo
**establish guidelines** – establecer pautas
**establish parameters** – establecer parámetros
**established** *adj* – establecido
**established annuity** – anualidad establecida
**established assets** – activo establecido
**established bail** – fianza establecida
**established benefits** – beneficios establecidos
**established brand** – marca establecida
**established budget** – presupuesto establecido
**established budgeting** – presupuestación establecida
**established by custom** – establecido mediante costumbre
**established capital** – capital establecido
**established charges** – cargos establecidos
**established company** – compañía establecida
**established cost contract** – contrato de costo establecido, contrato de coste establecido
**established costs** – costos establecidos, costes establecidos, costas establecidas
**established credit line** – línea de crédito establecida
**established debt** – deuda establecida
**established exchange rate** – tipo de cambio establecido
**established expenditures** – gastos establecidos
**established expenses** – gastos establecidos
**established factors** – factores establecidos
**established fee** – cargo establecido
**established income** – ingreso establecido
**established industry** – industria establecida
**established intention** – intención establecida
**established interest** – interés establecido
**established interest rate** – tasa de interés establecida
**established laws** – leyes establecidas
**established method** – método establecido
**established mode** – modo establecido
**established obligation** – obligación establecida
**established order** – orden establecido
**established payments** – pagos establecidos
**established period** – período establecido
**established practice** – práctica establecida
**established premium** – prima establecida
**established price** – precio establecido
**established procedure** – procedimiento establecido
**established rate** – tasa establecida
**established rent** – renta establecida
**established reputation** – reputación establecida
**established residence** – residencia establecida
**established salary** – salario establecido
**established selling price** – precio de venta establecido
**established tax** – impuesto establecido
**established term** – plazo establecido
**established trust** – fideicomiso establecido
**establishment** *n* – establecimiento, institución, institución grande
**establishment, the** – quienes tienen el poder y la intención de permanecer así
**estate** *n* – propiedad, patrimonio, bienes, derecho, estado, condición
**estate accounting** – contabilidad del patrimonio
**estate administrator** – administrador del patrimonio, administrador de bienes
**estate agency** – agencia inmobiliaria
**estate agent** – agente inmobiliario
**estate at sufferance** – posesión en virtud de la tolerancia del dueño

**estate at will** – derecho de uso de propiedad que el propietario puede revocar en cualquier momento
**estate by purchase** – derecho sobre un inmueble obtenido por cualquier medio excepto la sucesión
**estate by the entirety** – copropiedad de los cónyuges
**estate duty** – derechos de sucesión
**estate executor** – albacea
**estate for life** – derecho sobre un inmueble de por vida
**estate for years** – derecho de posesión por años determinados
**estate from year to year** – derecho de posesión que se renueva de año en año
**estate in common** – copropiedad sobre un inmueble, propiedad mancomunada
**estate in expectancy** – propiedad en expectativa
**estate in fee simple** – propiedad sobre un inmueble en pleno dominio
**estate in fee tail** – sucesión de bienes a descendientes directos
**estate in lands** – propiedad de inmuebles
**estate in possession** – propiedad en la que el dueño tiene derecho de posesión
**estate in remainder** – derechos de propiedad que entran en vigor al terminar los derechos de otros
**estate in severalty** – propiedad de dominio de una sola persona, derecho exclusivo de propiedad sobre un inmueble
**estate in tail** – sucesión de bienes a descendientes directos
**estate income** – ingresos patrimoniales
**estate of freehold** – propiedad de dominio absoluto
**estate of inheritance** – patrimonio heredable
**estate planning** – planificación del patrimonio
**estate pur autre vie** – derechos de propiedad durante la vida de otro
**estate tax** – impuesto sucesorio, contribución de herencia
**estate upon condition** – propiedad condicional
**esteem** *v* – estimar, considerar, juzgar
**estimate** *n* – estimado, estimación, evaluación, tasación, valoración, cálculo
**estimate** *v* – estimar, evaluar, valorar, calcular, tasar
**estimate of costs** – estimado de costos, estimado de costes, estimado de costas
**estimate of expenditures** – estimado de gastos
**estimate of expenses** – estimado de gastos
**estimate of payments** – estimado de pagos
**estimate of premium** – estimado de prima
**estimate of prices** – estimado de precios
**estimate of subsidy** – estimado de subsidio, estimado de subvención
**estimate of taxes** – estimado de impuestos, estimado de contribuciones
**estimate of value** – estimado del valor
**estimated** *adj* – estimado, evaluado, valorado, calculado, tasado
**estimated balance sheet** – balance estimado
**estimated cost** – costo estimado, coste estimado
**estimated efficiency** – eficiencia estimada
**estimated expenditures** – gastos estimados
**estimated expenses** – gastos estimados
**estimated liability** – responsabilidad estimada
**estimated life** – vida estimada
**estimated payment** – pago estimado
**estimated premium** – prima estimada
**estimated price** – precio estimado
**estimated risk** – riesgo estimado
**estimated subsidy** – subsidio estimado, subvención estimada
**estimated taxes** – impuestos estimados, contribuciones estimadas
**estimated useful life** – vida útil estimada
**estimated value** – valor estimado
**estimation** *n* – estimación, opinión, evaluación, valoración, cálculo, tasación
**estimation of costs** – estimación de costos, estimación de costes, estimación de costas
**estimation of expenditures** – estimación de gastos
**estimation of expenses** – estimación de gastos
**estimation of payments** – estimación de pagos
**estimation of premium** – estimación de prima
**estimation of prices** – estimación de precios
**estimation of subsidy** – estimación de subsidio, estimación de subvención
**estimation of taxes** – estimación de impuestos, estimación de contribuciones
**estimation of value** – estimación del valor
**estimator** *n* – estimador, evaluador, valuador, tasador
**estop** *v* – impedir, prevenir
**estoppel** *n* – impedimento, impedimento por actos propios, preclusión, preclusión jurídica
**estoppel by acquiescence** – impedimento por aquiescencia
**estoppel by deed** – impedimento por escritura
**estoppel by election** – impedimento por actos propios cuando se escogen remedios incompatibles
**estoppel by judgment** – impedimento por sentencia
**estoppel by laches** – impedimento por no haber ejercido ciertos derechos a tiempo
**estoppel by negligence** – impedimento por negligencia
**estoppel by representation** – impedimento por declaraciones propias
**estoppel by silence** – impedimento por silencio
**estoppel by verdict** – impedimento por veredicto
**estoppel certificate** – documento declarando el estado de ciertos hechos al momento de firmarse
**estoppel in pais** – impedimento por no manifestar intención de hacer valer un derecho
**estover** *n* – derecho del arrendatario de cortar árboles para su uso personal
**estrange** *v* – enajenar, separar, alejar
**estrangement** *n* – separación, extrañamiento, alejamiento
**estray** *n* – animal realengo
**estreat** *n* – extracto, copia fiel
**estrepement** *n* – arrasamiento de inmuebles
**et al.** – y otros
**et alii** – y otros
**et alius** – y otro
**et cetera** – y así por el estilo, etcétera
**etail** *n* – ventas electrónicas, ventas por Internet, ventas electrónicas al por menor
**etailer** *n* – quien hace ventas electrónicas, quien vende por la Internet, quien hace ventas electrónicas al por menor
**etailing** *n* – ventas electrónicas, ventas por Internet, ventas electrónicas al por menor

**ETF (Exchange-Traded Fund)** – fondo mutuo indexado cuyas acciones se cotizan en un bolsa
**Ethernet** *n* – Ethernet, Eternet
**ethical** *adj* – ético, moral
**ethical behavior** – conducta ética
**ethical behaviour** – conducta ética
**ethical company** – compañía ética
**ethical investment** – inversión ética
**ethical practice** – práctica ética
**ethical statement** – declaración ética
**ethically** *adv* – éticamente
**ethics** *n* – ética, moral
**ethnic** *adj* – étnico
**etiquette** *n* – etiqueta, protocolo
**etiquette of the profession** – ética profesional
**EU (European Union)** – Unión Europea
**Euclidean zoning** – zonificación que limita algunas áreas para usos específicos
**eunomy** *n* – leyes equitativas, orden civil bajo leyes equitativas
**EURATOM (European Atomic Energy Community)** – EURATOM
**Euribor (Euro Interbank Offered Rate)** – Euribor
**euro** *n* – euro
**Euro Zone** – zona euro
**Eurocurrency** *n* – eurodivisa
**Eurodollars** *n* – eurodólares
**Euromarket** *n* – euromercado
**Euromoney** *n* – eurodivisa, eurodinero
**Euronotes** *n* – euronotas
**European Atomic Energy Community** – EURATOM
**European Bank for Reconstruction and Development** – Banco Europeo para la Reconstrucción y el Desarrollo
**European Central Bank** – Banco Central Europeo
**European Commission** – Comisión Europea
**European Community** – Comunidad Europea
**European Economic Area** – Espacio Económico Europeo
**European Economic Community** – Comunidad Económica Europea
**European Investment Bank** – Banco Europeo de Inversiones
**European Monetary Institute** – Instituto Monetario Europeo
**European Monetary System** – Sistema Monetario Europeo
**European Monetary Union** – Unión Monetaria Europea
**European Single Market** – Mercado Único Europeo
**European Social Fund** – Fondo Social Europeo
**European Union** – Unión Europea
**euthanasia** *n* – eutanasia
**evacuate** *v* – evacuar, desocupar
**evade** *v* – evadir, evitar
**evade duty** – evadir deber
**evade liability** – evadir responsabilidad
**evade responsibility** – evadir responsabilidad
**evade taxes** – evadir impuestos
**evade the law** – evadir la ley
**evader** *n* – evasor
**evaluate** *v* – evaluar, tasar
**evaluate the evidence** – evaluar la prueba
**evaluation** *n* – evaluación, tasación
**evaluation of evidence** – evaluación de la prueba
**evaluator** *n* – evaluador, tasador
**evasion** *n* – evasión, fuga
**evasion of duty** – evasión del deber
**evasion of liability** – evasión de responsabilidad
**evasion of obligation** – evasión de obligación
**evasion of responsibility** – evasión de responsabilidad
**evasion of taxation** – evasión de imposición
**evasion of taxes** – evasión de impuestos
**evasion of truth** – evasión de la verdad
**evasive** *adj* – evasivo
**evasive action** – acción evasiva
**evasive answer** – respuesta evasiva
**eve** *n* – víspera, atardecer
**even** *adj* – parejo, ecuánime, plano
**even out** – igualar
**even-tempered** *adj* – calmado, sereno, plácido
**evenhanded** *adj* – justo, imparcial
**evening** *n* – vespertina, atardecer, desde la puesta del sol hasta la oscuridad
**evenly** *adv* – imparcialmente, equitativamente, parejo
**event** *n* – evento, hecho, acontecimiento
**event of default, in the** – en caso de incumplimiento
**eventual** *adj* – eventual
**eventually** *adv* – eventualmente
**evergreen contract** – contrato que se sigue renovando
**evergreen credit** – crédito que se sigue renovando
**evergreen funding** – financiamiento que se sigue renovando
**everyday activity** – actividad cotidiana
**everyday charges** – cargos cotidianos
**everyday cost** – costo cotidiano, coste cotidiano
**everyday expenditures** – gastos cotidianos
**everyday expenses** – gastos cotidianos
**everyday fees** – cargos cotidianos
**everyday practice** – práctica cotidiana
**everyday risks** – riesgos cotidianos
**evict** *v* – desalojar, despojar, desahuciar, recobrar mediante sentencia
**eviction** *n* – desalojo, desahucio, evicción, desposesión
**eviction certificate** – certificado de desahucio
**eviction proceedings** – juicio de desahucio
**evidence** *n* – prueba, evidencia, probanza
**evidence aliunde** – prueba externa
**evidence completed** – conclusión de la presentación de prueba
**evidence, law of** – reglas y principios de la prueba, derecho probatorio
**evidence of accounting** – prueba de contabilidad
**evidence of analysis** – prueba de análisis
**evidence of authority** – prueba de autoridad
**evidence of claim** – prueba de reclamación
**evidence of damage** – prueba de daños
**evidence of death** – prueba de muerte
**evidence of debt** – prueba de deuda
**evidence of deposit** – prueba de depósito
**evidence of disability** – prueba de discapacidad
**evidence of eligibility** – prueba de elegibilidad
**evidence of employment** – prueba de empleo
**evidence of guilt** – prueba de culpabilidad
**evidence of health** – prueba de salud
**evidence of identity** – prueba de identidad

**evidence of incorporation** – prueba de incorporación
**evidence of indebtedness** – prueba de deuda
**evidence of injuries** – prueba de lesiones
**evidence of innocence** – prueba de inocencia
**evidence of insurability** – prueba de asegurabilidad
**evidence of insurance** – prueba de seguro
**evidence of loss** – prueba de pérdida
**evidence of participation** – prueba de participación
**evidence of payment** – prueba de pago
**evidence of purchase** – prueba de compra
**evidence of quality** – prueba de calidad
**evidence of responsibility** – prueba de responsabilidad
**evidence of sale** – prueba de venta
**evidence of title** – prueba de dominio, título de propiedad, evidencia de propiedad
**evidence of use** – prueba de uso
**evidence of value** – prueba de valor
**evidence of weight** – prueba de peso
**evidence rules** – reglas de evidencia
**evident** *adj* – evidente, manifiesto
**evident ability** – habilidad evidente
**evident agency** – agencia evidente
**evident agent** – agente evidente
**evident authority** – autoridad evidente
**evident cause** – causa evidente
**evident danger** – peligro evidente
**evident defects** – defectos evidentes
**evident error** – error evidente
**evident liability** – responsabilidad evidente
**evident meaning** – significado evidente
**evident mistake** – error evidente
**evident necessity** – necesidad evidente
**evident ownership** – propiedad evidente
**evident partnership** – sociedad evidente
**evident possession** – posesión evidente
**evident risk** – riesgo evidente
**evident sense** – sentido evidente
**evident title** – título evidente
**evident use** – uso evidente
**evident validity** – validez evidente
**evidential** *adj* – indicativo, probatorio
**evidentiary** *adj* – con carácter de prueba, probatorio
**evidentiary facts** – hechos necesarios para probar otros hechos
**evidentiary harpoon** – introducción de prueba inadmisible a través de testigos
**evidently** *adv* – evidentemente
**evil** *adj* – malvado, perjudicial
**evil behavior** – conducta malvada
**evil behaviour** – conducta malvada
**evil deed** – fechoría
**evocation** *n* – avocación, evocación
**evolve** *v* – desarrollar, deducir
**ewallet** *n* – cartera electrónica, billetera electrónica
**ex** *prep* – ex, de, en, por, sin, sin incluir
**ex adverso** – abogado de la parte contraria, ex adverso
**ex contractu** – surgiendo por un contrato, por contrato, ex contractu
**ex-convict** *n* – ex presidiario
**ex coupon** – sin cupón, ex cupón
**ex curia** – fuera de tribunal, ex curia
**ex debito justitiae** – por deuda de justicia, por obligación legal
**ex delicto** – como resultado de un delito, ilícito, dañoso
**ex div. (ex dividend)** – sin dividendo, ex dividendo
**ex dividend** – sin dividendo, ex dividendo
**ex-dividend date** – fecha a partir del cual no hay dividendo
**ex facto** – del acto, ex facto
**ex gratia** – por favor de gracia, ex gratia
**ex gratia payment** – pago de una reclamación aun sin obligación
**ex lege** – de acuerdo a la ley, según la ley, ex lege
**ex maleficio** – dañoso
**ex more** – por costumbre, ex more
**ex necessitate** – por necesidad, sin que exista alternativa
**ex officio** – por virtud de su cargo, de oficio, nato, ex officio
**ex parte** – de una parte, ex parte
**ex parte hearing** – audiencia de una de las partes, audiencia unilateral
**ex parte proceeding** – procedimiento para una parte, procedimiento unilateral
**ex post facto** – después del acto, retrospectivo, ex post facto
**ex post facto law** – ley después del acto, ley retrospectiva
**ex proprio motu** – por motivo propio, ex propio motu
**ex proprio vigore** – por fuerza propia, ex propio vigore
**ex rel** – por relación de
**ex relatione** – por relación de
**ex rights** – sin derechos de suscripción
**ex tempore** – por el momento
**ex warrant** – sin certificado de derechos de compra
**exacerbate** *v* – exacerbar, agraviar
**exact** *adj* – exacto, preciso, riguroso
**exact copy** – copia exacta
**exact meaning** – significado preciso
**exact moment** – momento preciso
**exactly** *adv* – exactamente
**exaction** *n* – exacción, extorsión
**exactor** *n* – exactor, recaudador de impuestos, extorsionista
**exaggerated** *adj* – exagerado
**exaggerated claim** – reclamación exagerada
**exaggerated statement** – declaración exagerada
**exaggeration** *n* – exageración
**examination** *n* – examen, examinación, investigación, inspección, interrogatorio, revisión
**examination in chief** – primer interrogatorio por la parte que aporta al testigo
**examination of bankruptcy** – interrogatorio a la parte que inicia una acción de quiebra
**examination of contract** – examen de contrato
**examination of invention** – investigación de la invención
**examination of records** – investigación de registros
**examination of the application** – examen de la solicitud
**examination of the books** – revisión de los libros
**examination of title** – revisión de título
**examine** *v* – examinar, revisar, investigar, inspeccionar
**examine a witness** – interrogar un testigo

**examined copy** – copia corroborada con el original
**examiner** *n* – examinador, revisor, investigador, inspector, quien toma testimonios
**examining attorney** – abogado revisor
**examining board** – junta examinadora
**excamb** – intercambio
**exceed** *v* – exceder, propasar
**exceed expectations** – exceder las expectativas
**exceedingly** *adj* – extremadamente
**excellence** *n* – excelencia
**except** *v* – excluir, exceptuar
**except as otherwise noted** – salvo disposición contraria
**except as otherwise provided** – salvo disposición contraria
**except as otherwise specified** – salvo disposición contraria
**except as otherwise stated** – salvo disposición contraria
**exception** *n* – excepción, objeción, recusación
**exception clause** – cláusula exonerativa
**exception item** – artículo de excepción
**exception report** – informe de excepción
**exceptionable** *adj* – impugnable, recusable
**exceptionable title** – título impugnable
**exceptional** *adj* – excepcional, extraordinario
**exceptional circumstances** – circunstancias excepcionales
**exceptional costs** – costos excepcionales, costes excepcionales, costas excepcionales
**exceptional expenses** – gastos excepcionales
**exceptional items** – partidas excepcionales
**exceptional losses** – pérdidas excepcionales
**excerpt** *n* – extracto, resumen, cita
**excess** *n* – exceso
**excess amount** – cantidad en exceso
**excess charge** – cargo en exceso
**excess condemnation** – expropiación excesiva
**excess contributions** – contribuciones en exceso
**excess coverage** – cobertura en exceso
**excess deductions** – deducciones en exceso
**excess employment** – sobreempleo
**excess funds** – fondos en exceso
**excess insurance** – seguro en exceso
**excess limit** – límite en exceso
**excess loans** – préstamos en exceso
**excess margin** – margen en exceso
**excess of authority** – abuso de autoridad
**excess of jurisdiction** – extralimitación de la jurisdicción
**excess payment** – pago en exceso
**excess policy** – póliza que paga beneficios tras el agotamiento de otras pólizas aplicables
**excess reinsurance** – reaseguro en exceso
**excess rent** – renta en exceso
**excess reserves** – reservas en exceso
**excess valuation** – sobrevaloración
**excessive** *adj* – excesivo, desmedido
**excessive amount** – cantidad excesiva
**excessive appraisal** – tasación excesiva
**excessive assessment** – tasación excesiva
**excessive award** – adjudicación excesiva
**excessive bail** – fianza excesiva
**excessive damages** – indemnización excesiva por daños y perjuicios
**excessive drunkenness** – embriaguez total
**excessive fine** – multa excesiva
**excessive force** – fuerza excesiva
**excessive interest** – usura
**excessive punishment** – pena excesiva
**excessive rate** – tasa excesiva
**excessive sentence** – sentencia excesiva
**excessive speed** – exceso de velocidad
**excessive tax** – impuesto excesivo
**excessive verdict** – veredicto excesivo
**excessively** *adv* – excesivamente, desmedidamente
**excessively intoxicated** – embriaguez total
**exchange** *n* – cambio, intercambio, permuta, canje, mercado de valores, bolsa, central telefónica
**exchange** *v* – cambiar, intercambiar, permutar, canjear
**exchange broker** – corredor de cambio
**exchange charge** – cargo por cambio
**exchange contract** – contrato de cambio
**exchange cost** – costo de cambio, coste de cambio
**exchange for, in** – a cambio de
**exchange of judges** – intercambio de jueces, intercambio de jueces de diferentes jurisdicciones
**exchange of land** – permuta de inmuebles
**exchange of property** – intercambio de propiedad
**exchange parity** – paridad de cambio
**exchange privilege** – privilegio de cambio
**exchange process** – proceso de cambio
**exchange rate** – tipo de cambio, tasa de cambio
**exchange restrictions** – restricciones de cambio
**exchange risk** – riesgo de cambio
**exchange system** – sistema de cambio
**Exchange-Traded Fund** – fondo mutuo indexado cuyas acciones se cotizan en un bolsa
**exchequer** *n* – fisco
**Exchequer** *n* – Tesoro Público, Hacienda, Ministerio de Hacienda, Ministerio de Economía y Hacienda, Ministerio de Economía
**excisable** *adj* – sujeto a impuesto de consumo
**excise duty** – impuesto sobre ciertos productos tales como el alcohol y el tabaco, accisa, impuesto sobre el consumo, impuesto indirecto
**excise tax** – impuesto sobre ciertos productos tales como el alcohol y el tabaco, accisa, impuesto sobre el consumo, impuesto indirecto
**excited utterance** – declaración en estado de excitación
**exclaim** *v* – exclamar
**exclude** *v* – excluir, no admitir, remover
**exclude from a will** – excluir de un testamento
**excluded** *adj* – excluido
**excluded peril** – peligro excluido
**excluded period** – período excluido
**excluded property** – propiedad excluida
**excluded risk** – riesgo excluido
**exclusion** *n* – exclusión
**exclusion clause** – cláusula exonerativa, cláusula de exclusión
**exclusion of a juror** – exclusión de un miembro del jurado
**exclusion principle** – principio de exclusión
**exclusionary rule** – regla de exclusión
**exclusions of policy** – exclusiones de la póliza

**exclusive** *adj* – exclusivo
**exclusive agency** – agencia exclusiva
**exclusive agency listing** – contrato exclusivo para vender un inmueble que permite venta sin comisión por el dueño
**exclusive agent** – agente exclusivo
**exclusive contract** – contrato exclusivo, contrato en exclusiva
**exclusive control** – control exclusivo
**exclusive dealing arrangement** – acuerdo de comercio en exclusiva
**exclusive dealing contract** – contrato de comercio en exclusiva
**exclusive distribution** – distribución exclusiva, distribución en exclusiva
**exclusive distributor** – distribuidor exclusivo, distribuidor en exclusiva
**exclusive economic zone** – zona económica exclusiva
**exclusive immunity** – inmunidad exclusiva
**exclusive jurisdiction** – jurisdicción exclusiva, competencia exclusiva
**exclusive liability** – responsabilidad exclusiva
**exclusive licence** – licencia exclusiva, licencia en exclusiva
**exclusive license** – licencia exclusiva, licencia en exclusiva
**exclusive licensee** – licenciatario exclusivo, licenciatario en exclusiva, concesionario exclusivo, concesionario en exclusiva
**exclusive listing** – contrato exclusivo para vender un inmueble
**exclusive marketing rights** – derechos exclusivos de marketing, derechos exclusivos de mercadeo
**exclusive of taxes** – sin incluir impuestos, antes de pagar impuestos
**exclusive ownership** – propiedad exclusiva
**exclusive possession** – posesión exclusiva, posesión en exclusiva
**exclusive privilege** – privilegio exclusivo, privilegio en exclusiva
**exclusive remedy** – remedio exclusivo
**exclusive representative** – representante exclusivo, representante en exclusiva
**exclusive right** – derecho exclusivo, derecho en exclusiva, derecho de exclusividad
**exclusive right to sell** – derecho exclusivo para vender, derecho en exclusiva para vender
**exclusive right to sell listing** – contrato de derecho exclusivo para vender, contrato de derecho en exclusiva para vender
**exclusive sale** – venta exclusiva, venta en exclusiva
**exclusive use** – uso exclusivo
**exclusively** *adv* – exclusivamente
**exclusivity** *n* – exclusividad
**exculpate** *v* – exculpar, disculpar, excusar
**exculpatory** *adj* – exculpatorio, eximente, justificativo
**exculpatory clause** – cláusula exculpatoria
**exculpatory evidence** – prueba exculpatoria
**exculpatory statement** – declaración exculpatoria
**excusable** *adj* – excusable, perdonable
**excusable homicide** – homicidio excusable, homicidio inculpable
**excusable neglect** – negligencia excusable, inobservancia justificable
**excusable negligence** – negligencia excusable
**excuse** *n* – excusa, defensa
**excuse** *v* – excusar, exonerar, eximir
**excuss** *v* – arrestar
**exec. (executive)** – ejecutivo
**execute** *v* – ejecutar, cumplir, completar, otorgar
**execute a criminal** – ejecutar a un criminal
**execute a judgment** – ejecutar una sentencia
**execute an order** – ejecutar una orden
**executed** *adj* – ejecutado, cumplido, otorgado, realizado
**executed agreements** – convenios cumplidos, acuerdos cumplidos
**executed consideration** – contraprestación cumplida, causa efectuada
**executed contract** – contrato cumplido, contrato ejecutado
**executed estate** – propiedad en la cual el dueño tiene derecho de posesión, propiedad y posesión actual
**executed sale** – venta consumada, compraventa consumada
**executed trust** – fideicomiso completamente determinado, fideicomiso formalizado
**executed will** – testamento firmado y en conformidad con las normas establecidas
**execution** *n* – ejecución, celebración, cumplimiento
**execution creditor** – acreedor ejecutante
**execution docket** – lista de ejecuciones pendientes
**execution lien** – embargo ejecutivo, gravamen por ejecución
**execution of instrument** – finalización de un documento
**execution of judgment** – ejecución de la sentencia
**execution sale** – venta judicial
**executioner** *n* – verdugo
**executive** *adj* – ejecutivo
**executive** *n* – ejecutivo, poder ejecutivo
**executive accountancy** – contabilidad ejecutiva
**executive accountant** – contable ejecutivo, contador ejecutivo
**executive accounting** – contabilidad ejecutiva
**executive accounts** – cuentas ejecutivas
**executive act** – acto de poder ejecutivo
**executive action** – acción ejecutiva, acto ejecutivo
**executive administration** – administración ejecutiva
**executive agency** – agencia ejecutiva
**executive agent** – agente ejecutivo
**executive agreement** – acuerdo ejecutivo, pacto internacional del presidente sin la aprobación del senado
**executive assistant** – asistente ejecutivo, secretario ejecutivo
**executive audit** – auditoría ejecutiva
**executive board** – junta ejecutiva, consejo ejecutivo, comité ejecutivo, directorio ejecutivo
**executive body** – órgano ejecutivo, cuerpo ejecutivo
**executive branch** – rama ejecutiva
**executive budget** – presupuesto ejecutivo
**executive budgeting** – presupuestación ejecutiva
**executive capacity** – capacidad ejecutiva
**executive chairman** – presidente ejecutivo
**executive chairperson** – presidente ejecutivo
**executive chairwoman** – presidenta ejecutiva

**executive charge** – cargo ejecutivo
**executive clemency** – clemencia ejecutiva
**executive commission** – comisión ejecutiva
**executive committee** – comité ejecutivo
**executive compensation** – compensación ejecutiva
**executive consultant** – consultor ejecutivo
**executive consulting services** – servicios de consultores en administración
**executive contract** – contrato ejecutivo
**executive control** – control ejecutivo
**executive costs** – costos ejecutivos, costes ejecutivos
**executive council** – consejo ejecutivo
**executive department** – departamento ejecutivo
**executive development** – desarrollo ejecutivo
**executive director** – director ejecutivo
**executive duties** – deberes ejecutivos
**executive effectiveness** – efectividad ejecutiva
**executive efficiency** – eficiencia ejecutiva
**executive employee** – empleado ejecutivo
**executive engineering** – ingeniería ejecutiva
**executive expenditures** – gastos ejecutivos
**executive expenses** – gastos ejecutivos
**executive fee** – cargo ejecutivo
**executive game** – juego ejecutivo
**Executive Information Systems** – Sistemas de Información Gerencial
**executive irregularity** – irregularidad ejecutiva
**executive job** – empleo ejecutivo
**executive manager** – gerente ejecutivo
**executive methods** – métodos ejecutivos
**executive office** – oficina ejecutiva
**executive officer** – funcionario ejecutivo, oficial ejecutivo
**executive order** – orden del poder ejecutivo
**executive pardon** – absolución por poder ejecutivo
**executive perks** – beneficios adicionales ejecutivos
**executive perquisites** – beneficios adicionales ejecutivos
**executive personnel** – personal ejecutivo
**executive planning** – planificación ejecutiva
**executive position** – puesto ejecutivo
**executive powers** – poderes ejecutivos
**executive practices** – prácticas ejecutivas
**executive prerogatives** – prerrogativas ejecutivas
**executive privilege** – privilegio ejecutivo
**executive procedures** – procedimientos ejecutivos
**executive proceeding** – procedimiento ejecutivo
**executive reorganisation** – reorganización ejecutiva
**executive reorganization** – reorganización ejecutiva
**executive report** – informe ejecutivo
**executive review** – revisión ejecutiva
**executive search** – búsqueda ejecutiva
**executive secretary** – secretario ejecutivo, asistente ejecutivo
**executive services** – servicios ejecutivos
**executive session** – sesión ejecutiva
**executive skills** – destrezas ejecutivas
**executive staff** – personal ejecutivo
**executive structure** – estructura ejecutiva
**executive style** – estilo ejecutivo
**executive summary** – resumen ejecutivo, sumario ejecutivo
**executive system** – sistema ejecutivo
**executive training** – entrenamiento ejecutivo
**executive vice president** – vicepresidente ejecutivo
**executive work** – trabajo ejecutivo
**executor** *n* – albacea, albacea testamentario
**executor by substitution** – albacea suplente
**executor de son tort** – quien actúa de albacea sin haber sido designado
**executorship** *n* – albaceazgo
**executory** *adj* – por cumplirse, por efectuarse, incompleto, condicionado
**executory accord** – convenio por cumplirse, acuerdo por cumplirse
**executory agreement** – convenio por cumplirse, acuerdo por cumplirse
**executory bequest** – legado contingente de bienes muebles
**executory consideration** – contraprestación futura, causa por realizarse
**executory contract** – contrato por cumplirse, contrato con cláusulas pendientes de ejecución
**executory devise** – legado condicional
**executory estate** – derecho sobre inmuebles condicional
**executory instrument** – instrumento por cumplirse
**executory interests** – derechos e intereses futuros
**executory limitation** – legado condicional
**executory process** – proceso ejecutivo, juicio ejecutivo
**executory sale** – venta concertada pero no realizada
**executory trust** – fideicomiso por formalizar
**executrix** *n* – albacea, albacea testamentaria
**executry** *n* – la parte del patrimonio que pasa al albacea
**exemplary** *adj* – ejemplar
**exemplary damages** – daños punitivos
**exempli gratia** – por ejemplo
**exemplification** *n* – copia autenticada, copia certificada
**exemplified copy** – copia autenticada, copia certificada
**exempt** *adj* – exento, franco, libre, dispensado
**exempt** *v* – eximir, exonerar, liberar
**exempt commodity** – mercancía exenta, producto exento
**exempt company** – compañía exenta
**exempt corporation** – corporación exenta
**exempt employees** – empleados exentos
**exempt from tax** – libre de impuestos, exento de impuestos
**exempt from taxation** – libre de impuestos, exento de impuestos
**exempt income** – ingresos exentos
**exempt organisation** – organización exenta
**exempt organization** – organización exenta
**exempt property** – propiedad exenta
**exempt securities** – valores exentos
**exempt status** – estado exento
**exemption** *n* – exención, inmunidad
**exemption certificate** – certificado de exención
**exemption clause** – cláusula de exención
**exemption from duties** – exención de derechos aduaneros, exención de impuestos
**exemption from liability** – exención de responsabilidad
**exemption from taxation** – exención de imposición

**exemption laws** – leyes que excluyen ciertos bienes de ejecución o quiebra, leyes de exenciones
**exemption phase-out** – eliminación progresiva de exención
**exempts** *n* – personas exentas de deberes
**exequatur** *n* – exequátur, que se ejecute
**exercisable** *adj* – ejecutable, ejercitable
**exercise** *n* – ejercicio, ejecución, uso
**exercise** *v* – ejercer, ejercitar, usar
**exercise authority** – ejercer autoridad
**exercise discretion** – usar discreción
**exercise influence** – usar influencia
**exercise limit** – límite de ejercicios de opciones
**exercise notice** – aviso de ejercicio
**exercise of good judgment** – uso del buen juicio
**exercise price** – precio de ejercicio
**exert pressure** – ejercer presión, presionar
**exhaust** *v* – agotar, gastar
**exhaustible** *adj* – agotable
**exhaustible natural resources** – recursos naturales agotables
**exhaustible resources** – recursos agotables
**exhaustion** *n* – agotamiento
**exhaustion of administrative remedies** – agotamiento de recursos administrativos
**exhaustion of remedies** – agotamiento de recursos
**exhaustive** *adj* – exhaustivo, minucioso
**exhaustive analysis** – análisis exhaustivo
**exhaustive investigation** – investigación exhaustiva
**exhaustive study** – estudio exhaustivo
**exhibit** *n* – prueba instrumental, documento de prueba, prueba tangible, prueba, exhibición, exposición
**exhibit** *v* – exhibir, presentar, revelar, exponer, mostrar
**exhibition** *n* – exhibición, exposición, presentación
**exhibition of documents** – exhibición de documentos
**exhibitionism** *n* – exhibicionismo
**exhibitionist** *n* – exhibicionista
**exhibitor** *n* – exhibidor, expositor
**exhort** *v* – exhortar
**exhumation** *n* – exhumación
**exigence** *n* – exigencia, necesidad, emergencia
**exigency** *n* – exigencia, necesidad, emergencia
**exigent circumstances** – situaciones que requieren acción inmediata o poco usual
**exigent search** – allanamiento sin orden judicial debido a las circunstancias
**exigible** *adj* – exigible
**exile** *n* – exilio
**exist** *v* – existir, vivir, estar en vigor
**existing** *adj* – existente
**existing claim** – reclamo existente, acción ejercitable
**existing condition** – condición existente
**existing debt** – deuda existente
**existing liability** – responsabilidad existente
**existing obligation** – obligación existente
**existing person** – persona existente
**existing responsibility** – responsabilidad existente
**existing risk** – riesgo existente
**exit** *n* – salida
**exit** *v* – salir
**exit charge** – cargo de salida
**exit fee** – cargo de salida
**exit interview** – entrevista de salida
**exit price** – precio de salida
**exit strategy** – estrategia de salida
**exit value** – valor de salida
**exit wound** – lesión de salida de un arma o proyectil
**exonerate** *v* – exonerar
**exoneration** *n* – exoneración, liberación
**exoneration clause** – cláusula de exoneración
**exoneration from liability** – exoneración de responsabilidad
**exorbitant** *adj* – exorbitante, desmedido
**exorbitant amount** – cantidad exorbitante
**exorbitant appraisal** – tasación exorbitante
**exorbitant assessment** – valuación exorbitante
**exorbitant award** – adjudicación exorbitante
**exorbitant bail** – fianza exorbitante
**exorbitant damages** – indemnización exorbitante por daños y perjuicios
**exorbitant fine** – multa exorbitante
**exorbitant interest** – intereses exorbitantes, usura
**exorbitant jurisdiction** – jurisdicción exorbitante
**exorbitant punishment** – pena exorbitante
**exorbitant rate** – tasa exorbitante
**exorbitant sentence** – sentencia exorbitante
**exorbitant tax** – impuesto exorbitante
**exordium** *n* – exordio
**exotic option** – opción exótica
**expansion strategy** – estrategia de expansión
**expansionary policy** – política expansionista
**expatriate** *n* – expatriado, exiliado
**expatriation** *n* – expatriación, exilio
**expect** *v* – esperar, suponer
**expectancy** *n* – expectativa, contingencia
**expectancy of life** – expectativa de vida
**expectant** *adj* – en expectativa, aspirante, embarazada, condicional
**expectant estate** – derecho futuro sobre inmuebles, propiedad en expectativa
**expectant heir** – heredero en expectativa
**expectant right** – derecho en expectativa
**expectation** *n* – expectativa, esperanza
**expectation of life** – expectativa de vida
**expectation of loss** – expectativa de pérdida
**expected** *adj* – esperado
**expected acceptance** – aceptación esperada
**expected amount** – cantidad esperada
**expected annuity** – anualidad esperada
**expected benefits** – beneficios esperados
**expected budget** – presupuesto esperado
**expected charges** – cargos esperados
**expected contract** – contrato esperado
**expected costs** – costos esperados, costes esperados
**expected customer service** – servicio al cliente esperado
**expected deposit** – depósito esperado
**expected discount** – descuento esperado
**expected dividend** – dividendo esperado
**expected economic life** – vida económica esperada
**expected employment** – empleo esperado
**expected expenditures** – gastos esperados
**expected expenses** – gastos esperados
**expected fees** – cargos esperados
**expected growth** – crecimiento esperado
**expected holding period** – período de tenencia

esperado
**expected income** – ingresos esperados
**expected insurance** – seguro esperado
**expected interest rate** – tasa de interés esperada
**expected job** – trabajo esperado
**expected loss** – pérdida esperada
**expected mortality** – mortalidad esperada
**expected payment** – pago esperado, abono esperado
**expected period** – período esperado
**expected premium** – prima esperada
**expected price** – precio esperado
**expected profit** – beneficios esperados, ganancias esperadas
**expected quality** – calidad esperada
**expected rate** – tasa esperada
**expected remuneration** – remuneración esperada
**expected rent** – renta esperada
**expected results** – resultados esperados
**expected return** – rendimiento esperado
**expected risks** – riesgos esperados
**expected salary** – salario esperado
**expected services** – servicios esperados
**expected tax** – impuesto esperado
**expected voting** – votación esperada
**expected work** – trabajo esperado
**expediency** *n* – conveniencia, utilidad, oportunidad, rapidez
**expedient** *adj* – conveniente, útil, apropiado, oportuno, rápido
**expedite** *v* – apresurar, despachar, facilitar
**expedition** *n* – expedición, despacho, prontitud
**expeditious** *adj* – expeditivo, pronto
**expel** *v* – expulsar, expeler
**expend** *v* – consumir, gastar
**expendable** *adj* – prescindible, gastable
**expenditure** *n* – desembolso, gasto
**expenditure account** – cuenta para gastos
**expenditure accounting** – contabilidad de gastos
**expenditure allocation** – asignación de gastos
**expenditure analysis** – análisis de gastos
**expenditure authorisation** – autorización de gastos
**expenditure authorization** – autorización de gastos
**expenditure budget** – presupuesto para gastos
**expenditure budgeting** – presupuestación para gastos
**expenditure commitment** – compromiso de gasto
**expenditure containment** – control de gastos
**expenditure control** – control de gastos
**expenditure estimate** – estimado de gastos
**expenditure forecast** – pronóstico de gastos
**expenditure forecasting** – previsión de gastos
**expenditure fund** – fondo para gastos
**expenditure incurred** – gasto incurrido
**expenditure item** – partida de gastos
**expenditure level** – nivel de gastos
**expenditure limit** – límite de gastos
**expenditure limitation** – limitación de gastos
**expenditure minimisation** – minimización de gastos
**expenditure minimization** – minimización de gastos
**expenditure on infrastructure** – gastos de infraestructura
**expenditure pattern** – patrón de gastos
**expenditure records** – registros de gastos
**expenditure reimbursement** – reembolso de gastos
**expenditure report** – informe de gastos
**expenditure reserve** – reserva para gastos
**expenditure verification** – verificación de gastos
**expenditure voucher** – comprobante de gastos, recibo de gastos
**expense** *n* – gasto, desembolso, costo, coste
**expense account** – cuenta para gastos
**expense accounting** – contabilidad de gastos
**expense allocation** – asignación de gastos
**expense allowance** – asignación para gastos, deducción por gastos
**expense analysis** – análisis de gastos
**expense authorisation** – autorización de gastos
**expense authorization** – autorización de gastos
**expense budget** – presupuesto para gastos
**expense budgeting** – presupuestación para gastos
**expense containment** – control de gastos
**expense control** – control de gastos
**expense estimate** – estimado de gastos
**expense fund** – fondo para gastos
**expense incurred** – gasto incurrido
**expense item** – partida de gastos
**expense level** – nivel de gastos
**expense limitation** – limitación de gastos
**expense minimisation** – minimización de gastos
**expense minimization** – minimización de gastos
**expense of litigation** – costas del litigio
**expense on infrastructure** – gastos de infraestructura
**expense records** – registros de gastos
**expense reduction** – reducción de gastos
**expense reimbursement** – reembolso de gastos
**expense report** – informe de gastos
**expense reserve** – reserva para gastos
**expense sheet** – hoja de gastos
**expense verification** – verificación de gastos
**expense voucher** – comprobante de gastos, recibo de gastos
**expenses of administration** – gastos de administración de la sucesión, gastos de administración
**expenses of collection** – gastos de cobranza
**expenses paid, all** – todos los gastos pagados
**experience** *n* – experiencia, práctica
**experience** *v* – experimentar
**experience rating** – determinación de primas de seguro a base de la experiencia previa del asegurado con la compañía aseguradora, nivel de experiencia
**experienced** *adj* – experimentado, perito
**experienced mortality** – mortalidad experimentada
**experiment** *n* – experimento
**experiment** *v* – experimentar
**experimental evidence** – prueba experimental
**expert** *adj* – experto
**expert** *n* – experto, perito
**expert evidence** – prueba pericial
**expert opinion** – opinión pericial, dictamen pericial
**expert report** – informe pericial
**expert system** – sistema experto
**expert testimony** – testimonio pericial
**expert witness** – testigo perito
**expertise** *n* – pericia, experiencia, juicio, especialidad
**expiration** *n* – expiración, vencimiento, caducidad, muerte
**expiration date** – fecha de expiración, fecha de vencimiento

**expiration notice** – aviso de expiración, aviso de vencimiento
**expiration of agreement** – expiración de acuerdo
**expiration of contract** – expiración de contrato
**expiration of copyright** – expiración de derechos de autor
**expiration of lease** – expiración de arrendamiento
**expiration of licence** – expiración de licencia
**expiration of license** – expiración de licencia
**expiration of patent** – expiración de patente
**expiration of permission** – expiración de permiso
**expiration of permit** – expiración de permiso
**expiration of policy** – expiración de póliza
**expiration of sentence** – expiración de sentencia
**expiration of trademark** – expiración de marca, expiración de marca comercial
**expiration time** – hora de expiración
**expire** *v* – expirar, caducar, morir
**expire worthless** – expirar sin valor
**expired** *adj* – expirado, vencido, caducado
**expired account** – cuenta expirada
**expired card** – tarjeta expirada
**expired contract** – contrato expirado
**expired copyright** – derechos de autor expirados
**expired credit card** – tarjeta de crédito expirada
**expired insurance** – seguro expirado
**expired insurance policy** – póliza de seguro expirada
**expired lease** – arrendamiento expirado
**expired licence** – licencia expirada
**expired license** – licencia expirada
**expired patent** – patente expirada
**expired policy** – póliza expirada
**expiry** *n* – expiración, vencimiento, caducidad
**explain** *v* – explicar, aclarar
**explain incorrectly** – explicar incorrectamente
**explanation** *n* – explicación, aclaración
**explanatory** *adj* – explicativo
**explanatory comment** – comentario explicativo
**explanatory note** – nota explicativa
**explanatory remark** – comentario explicativo
**explicit** *adj* – explícito, inequívoco
**explicit agency** – agencia explícita
**explicit agent** – agente explícito
**explicit authority** – autoridad explícita
**explicit cause** – causa explícita
**explicit comment** – comentario explícito
**explicit costs** – costos explícitos, costes explícitos
**explicit danger** – peligro explícito
**explicit defects** – defectos explícitos
**explicit error** – error explícito
**explicit intent** – intención explícita
**explicit interest** – interés explícito
**explicit liability** – responsabilidad explícita
**explicit meaning** – significado explícito
**explicit mistake** – error explícito
**explicit necessity** – necesidad explícita
**explicit notice** – aviso explícito
**explicit possession** – posesión explícita
**explicit pricing** – sistema explícito de precios
**explicit remark** – comentario explícito
**explicit risk** – riesgo explícito
**explicit sense** – sentido explícito
**explicit use** – uso explícito
**explicit validity** – validez explícita
**explicitly** *adv* – explícitamente
**explode** *v* – explotar, estallar, refutar
**exploit** *v* – explotar
**exploitation** *n* – explotación, aprovechamiento
**exploitation of labor** – explotación de los trabajadores, explotación de la mano de obra
**exploitation of labour** – explotación de los trabajadores, explotación de la mano de obra
**exploitation of people** – explotación de la gente
**exploitation of workers** – explotación de los trabajadores, explotación de la mano de obra
**exploited** *adj* – explotado
**exploiter** *n* – explotador
**exploration** *n* – exploración
**explorator** *n* – explorador
**explore** *v* – explorar, investigar
**explosion** *n* – explosión
**explosive device** – dispositivo explosivo
**export** *adj* – exportador, de exportación
**export** *n* – exportación, artículos de exportación
**export** *v* – exportar
**export account** – cuenta de exportación
**export activity** – actividad exportadora, actividad de exportación
**export agent** – agente exportador, agente de exportación
**export agreement** – convenio de exportación
**export article** – artículo de exportación
**export authorisation** – autorización de exportación
**export authorization** – autorización de exportación
**export ban** – prohibición de exportación
**export bond** – fianza de exportación
**export broker** – corredor exportador, corredor de exportación
**export business** – negocio exportador, negocio de exportación
**export capacity** – capacidad exportadora, capacidad de exportación
**export cartel** – cartel exportador, cartel de exportación
**export center** – centro exportador, centro de exportación
**export centre** – centro exportador, centro de exportación
**export certificate** – certificado de exportación
**export company** – sociedad exportadora, compañía exportadora, sociedad de exportación, compañía de exportación
**export conditions** – condiciones de exportación
**export consultant** – consultor de exportación
**export contract** – contrato de exportación
**export controls** – controles de exportación
**export corporation** – corporación exportadora, corporación de exportación
**export credit** – crédito de exportación
**export cycle** – ciclo de exportación
**export declaration** – declaración de exportación
**export department** – departamento exportador, departamento de exportación
**export development** – desarrollo de la exportación
**export director** – director de exportación
**export division** – división exportadora, división de exportación
**export documentation** – documentación de exportación

**export documents** – documentos de exportación
**export duties** – derechos de exportación
**export earnings** – ingresos de exportación, rentas de exportación
**export economics** – economía exportadora, economía de exportación
**export enterprise** – empresa exportadora, empresa de exportación
**export environment** – ambiente de exportación
**export factoring** – venta a descuento de cuentas a cobrar al exportar
**export figures** – cifras de exportación
**export finance** – finanzas de la exportación
**export financing** – financiación de la exportación
**export firm** – empresa exportadora, empresa de exportación
**export goods** – bienes de exportación, productos de exportación, mercancías de exportación
**export house** – empresa de exportación
**export-import** *n* – exportación e importación
**Export-Import Bank** – Banco de Exportación e Importación
**export incentives** – incentivos de exportación, incentivos para la exportación
**export income** – ingresos de exportación
**export insurance** – seguro de exportación
**export-led growth** – crecimiento impulsado por la exportación
**export letter of credit** – carta de crédito de exportación
**export licence** – licencia de exportación, autorización de exportación
**export license** – licencia de exportación, autorización de exportación
**export loans** – préstamos de exportación
**export management** – administración de exportación, gestión de exportación
**export manager** – gerente de exportación
**export market** – mercado exportador, mercado de exportación
**export marketing** – marketing de exportación, mercadeo de exportación
**export office** – oficina exportadora, oficina de exportación
**export operation** – operación exportadora, operación de exportación
**export organisation** – organización exportadora, organización de exportación
**export organization** – organización exportadora, organización de exportación
**export-oriented** *adj* – orientado hacia la exportación
**export permit** – permiso de exportación
**export planning** – planificación de exportación
**export policy** – política exportadora, política de exportación
**export potential** – potencial de exportación
**export practices** – prácticas de exportación
**export price** – precio de exportación
**export proceeds** – ingresos de exportación
**export profits** – beneficios de exportación, ganancias de exportación
**export promotion** – promoción de exportación
**export quotas** – cuotas de exportación
**export rate** – tasa de exportación
**export records** – expedientes de exportación
**export regulations** – reglamentos de exportación
**export requirements** – requisitos de exportación
**export restraint** – restricción de exportación, limitación de exportación
**export restrictions** – restricciones de exportación
**export risk** – riesgo de exportación
**export sales** – ventas de exportación
**export sector** – sector exportador, sector de exportación
**export services** – servicios de exportación
**export strategy** – estrategia exportadora, estrategia de exportación
**export subsidies** – subsidios de exportación, subvenciones de exportación
**export surplus** – superávit de exportación, excedente de exportación
**export tariff** – tarifa de exportación
**export tax** – impuesto de exportación
**export taxation** – imposición de exportación
**export trade** – comercio de exportación, comercio exportador
**export treaty** – tratado de exportación
**export value** – valor de exportación
**export volume** – volumen de exportación
**export waybill** – guía de exportación
**exportation** *n* – exportación
**exported** *adj* – exportado
**exported goods** – bienes exportados, productos exportados, mercancías exportadas
**exporter** *n* – exportador
**exporting** *adj* – exportador
**exporting country** – país exportador
**exporting industry** – industria exportadora
**exporting nation** – nación exportadora
**expose** *v* – exponer, revelar, poner en peligro
**expose to danger** – exponer a peligro
**expose to disease** – exponer a enfermedad
**expose to risk** – exponer a riesgo
**exposed** *adj* – expuesto, revelado
**exposed to danger** – expuesto a peligro
**exposed to disease** – expuesto a enfermedad
**exposed to risk** – expuesto a riesgo
**exposition** *n* – exposición, interpretación, explicación
**expositive** *adj* – expositivo, explicativo
**expository statute** – ley aclaratoria
**exposure** *n* – exposición, revelación, descubrimiento
**exposure of child** – exponer a un niño a peligros
**exposure of person** – exhibición obscena
**exposure to danger** – exposición a peligro
**exposure to disease** – exposición a enfermedad
**exposure to risk** – exposición a riesgo
**express** *adj* – expreso, exacto, claro
**express** *n* – transporte rápido, transporte expreso, correo expreso
**express** *v* – expresar, formular, manifestar, enviar por transporte rápido
**express abrogation** – abrogación expresa
**express acceptance** – aceptación expresa, aceptación absoluta
**express admission** – admisión expresa, admisión directa
**express agreement** – convenio expreso, acuerdo expreso

**express an objection** – expresar una objeción
**express an opinion** – expresar una opinión
**express appointment** – nombramiento expreso
**express assent** – asentimiento expreso
**express authority** – autorización expresa, autoridad expresa
**express company** – compañía que hace entregas rápidas de paquetes y documentos
**express condition** – condición expresa
**express consent** – consentimiento expreso
**express consideration** – contraprestación expresa, causa expresa
**express contract** – contrato expreso, contrato explícito
**express covenant** – estipulación expresa, convenio expreso
**express delivery** – entrega rápida, entrega urgente, transporte urgente, transporte rápido
**express error** – error expreso
**express guarantee** – garantía expresa
**express guaranty** – garantía expresa
**express licence** – licencia expresa, patente directa
**express license** – licencia expresa, patente directa
**express mail** – correo expreso
**express malice** – malicia expresa
**express notice** – notificación expresa
**express obligation** – obligación expresa
**express opposition** – expresar oposición
**express permission** – permiso expreso
**express promise** – promesa expresa
**express request** – solicitud expresa
**express terms** – términos expresos, términos inequívocos
**express trust** – fideicomiso expreso
**express waiver** – renuncia de derecho voluntaria
**express warranty** – garantía expresa
**expressed concisely** – expresado concisamente
**expressed indirectly** – expresado indirectamente
**expressed opinion** – opinión expresada
**expression of interest** – manifestación de interés
**expropriate** *v* – expropiar, enajenar
**expropriation** *n* – expropiación, enajenamiento
**expulsion** *n* – expulsión
**expunge** *v* – destruir, borrar, cancelar, suprimir
**expunge records** – eliminar expedientes, destruir expedientes
**expurgation** *n* – expurgación
**expurgator** *n* – expurgador
**Expy. (expressway)** – autopista
**extant** *adj* – existente, sobreviviente, viviente, actual
**extemporary** *adj* – improvisado, provisional
**extend** *v* – extender, prolongar, ampliar, conceder, aplazar
**extend the agreement** – extender el convenio
**extend the contract** – extender el contrato
**extend the deadline** – extender el plazo, extender la fecha de vencimiento
**extend the risk** – extender el riesgo
**extend the term** – extender el plazo
**extend the warranty** – extender la garantía
**extended** *adj* – extendido, prolongado
**extended agreement** – convenio extendido
**extended contract** – contrato extendido
**extended coverage** – cobertura extendida
**extended credit** – crédito extendido
**extended insurance** – cobertura de seguro extendida
**extended insurance coverage** – cobertura de seguro extendida
**extended lease** – arrendamiento extendido
**extended policy** – póliza extendida
**extended supervision** – supervisión extendida, libertad condicional
**extended terms** – términos extendidos
**extended warranty contract** – contrato de garantía extendida
**extension** *n* – extensión, prórroga, ampliación, concesión
**extension agreement** – acuerdo de extensión
**extension charge** – cargo por extensión
**extension clause** – cláusula de extensión
**extension fee** – cargo por extensión
**extension of contract** – extensión de contrato
**extension of copyright** – extensión de derechos de autor
**extension of coverage** – extensión de cobertura
**extension of credit** – otorgamiento de crédito, prórroga del plazo de pago
**extension of insurance policy** – extensión de póliza de seguro
**extension of lease** – extensión de arrendamiento
**extension of licence** – extensión de licencia
**extension of license** – extensión de licencia
**extension of patent** – extensión de patente
**extension of permit** – extensión de permiso
**extension of policy** – extensión de póliza
**extension of the deadline** – extensión del plazo, extensión de la fecha de vencimiento
**extension of the term** – extensión del plazo
**extension of time** – prórroga
**extensive** *adj* – extenso, extensivo, amplio, considerable
**extensive agriculture** – agricultura extensiva
**extensive damages** – daños considerables
**extensive interpretation** – interpretación extensiva
**extent** *n* – alcance, extensión, amplitud
**extenuate** *v* – extenuar, atenuar, mitigar
**extenuating** *adj* – extenuante, atenuante, mitigante
**extenuating circumstances** – circunstancias atenuantes
**extenuation** *n* – extenuación, atenuación, mitigación
**extenuator** *n* – mitigador
**external** *adj* – externo, visible, aparente
**external account** – cuenta externa
**external assets** – activo externo
**external audit** – auditoría externa
**external auditor** – auditor externo
**external check** – comprobación externa
**external control** – control externo
**external costs** – costos externos, costes externos
**external data** – datos externos
**external debt** – deuda externa
**external deficit** – déficit exterior
**external documents** – documentos externos
**external economy** – economía externa
**external evidence** – prueba externa
**external funds** – fondos externos
**external growth** – crecimiento externo
**external influence** – influencia externa

**external liability** – responsabilidad externa
**external loan** – préstamo externo
**external means** – medios externos
**external report** – informe externo
**external reserves** – reservas externas
**external trade** – comercio exterior
**externalise** *v* – externalizar
**externality** *n* – externalidad
**externalize** *v* – externalizar
**extinct** *adj* – extinto
**extinction** *n* – extinción
**extinction of rights** – extinción de derechos
**extinguish** *v* – extinguir, aniquilar, cancelar
**extinguishment** *n* – extinción, aniquilación, anulación
**extinguishment of debts** – extinción de deudas
**extinguishment of ways** – extinción de servidumbre de paso
**extirpation** *n* – extirpación, erradicación
**extort** *v* – extorsionar, quitar mediante la fuerza
**extortion** *n* – extorsión
**extortionate** *adj* – de precio excesivo, inmoderado, exorbitante, excesivo
**extortionate credit** – usura
**extra** *adj* – extra, adicional, suplementario
**extra allowance** – asignación de costas adicionales en casos difíciles
**extra appropriation** – apropiación adicional, asignación adicional
**extra-budgetary** *adj* – extrapresupuestario
**extra charges** – cargos adicionales
**extra collateral** – colateral adicional
**extra contribution** – contribución adicional
**extra cost** – costo adicional, coste adicional
**extra coverage** – cobertura adicional
**extra deposit** – depósito adicional
**extra fees** – cargos adicionales
**extra duty** – impuesto adicional, tarifa adicional, derechos de aduana adicionales
**extra expenditures** – gastos adicionales
**extra expenses** – gastos adicionales
**extra fees** – cargos adicionales
**extra-hazardous** *adj* – bajo condiciones de gran peligro
**extra-official** *adj* – extraoficial
**extra payment** – pago adicional, abono adicional
**extra premium** – prima adicional
**extra security** – garantía adicional
**extra tariff** – tarifa adicional
**extra tax** – impuesto adicional, contribución adicional
**extra work** – trabajo adicional
**extrabudgetary** *adj* – extrapresupuestario
**extract** *n* – extracto, fragmento
**extract** *v* – extraer, extractar, compendiar
**extradite** *v* – extraditar
**extradition** *n* – extradición
**extradition treaty** – tratado de extradición
**extrahazardous** *adj* – condiciones de gran peligro
**extrajudicial** *adj* – extrajudicial
**extrajudicial confession** – confesión extrajudicial
**extrajudicial evidence** – prueba extrajudicial
**extrajudicial identification** – identificación extrajudicial
**extrajudicial oath** – juramento extrajudicial
**extralateral right** – derecho a la explotación de una mina aunque la veta se extienda más allá de los planos perpendiculares de la misma
**extramural** *adj* – fuera de los límites, extramuros
**extranational** *adj* – mas allá del territorio de un país
**extraneous** *adj* – extraño, ajeno, externo
**extraneous evidence** – prueba externa
**extranet** *n* – extranet
**extraordinary** *adj* – extraordinario, notable
**extraordinary activity** – actividad extraordinaria
**extraordinary agency** – agencia extraordinaria
**extraordinary agent** – agente extraordinario
**extraordinary amount** – cantidad extraordinaria
**extraordinary average** – avería extraordinaria
**extraordinary balance** – saldo extraordinario, balance extraordinario
**extraordinary benefits** – beneficios extraordinarios
**extraordinary budget** – presupuesto extraordinario
**extraordinary budgeting** – presupuestación extraordinaria
**extraordinary capital** – capital extraordinario
**extraordinary care** – cuidados extraordinarios, diligencia extraordinaria
**extraordinary charges** – cargos extraordinarios
**extraordinary circumstances** – circunstancias extraordinarias
**extraordinary costs** – costos extraordinarios, costes extraordinarios
**extraordinary customer service** – servicio al cliente extraordinario
**extraordinary danger** – peligro extraordinario
**extraordinary diligence** – diligencia extraordinaria
**extraordinary discount** – descuento extraordinario
**extraordinary dividend** – dividendo extraordinario
**extraordinary election** – elección extraordinaria
**extraordinary expenditures** – gastos extraordinarios
**extraordinary expenses** – gastos extraordinarios
**extraordinary fees** – cargos extraordinarios
**extraordinary gains** – ganancias extraordinarias
**extraordinary general meeting** – asamblea general extraordinaria
**extraordinary growth** – crecimiento extraordinario
**extraordinary hazard** – peligro extraordinario
**extraordinary income** – ingresos extraordinarios
**extraordinary item** – partida extraordinaria
**extraordinary loss** – pérdida extraordinaria
**extraordinary meeting** – asamblea extraordinaria, junta extraordinaria, reunión extraordinaria
**extraordinary mortality** – mortalidad extraordinaria
**extraordinary payment** – pago extraordinario, abono extraordinario
**extraordinary peril** – peligro extraordinario
**extraordinary premium** – prima extraordinaria
**extraordinary price** – precio extraordinario
**extraordinary procedure** – procedimiento extraordinario
**extraordinary proceeding** – procedimiento extraordinario
**extraordinary process** – proceso extraordinario
**extraordinary production** – producción extraordinaria
**extraordinary productivity** – productividad extraordinaria
**extraordinary profits** – beneficios extraordinarios, ganancias extraordinarias

**extraordinary purpose** – propósito extraordinario
**extraordinary quality** – calidad extraordinaria
**extraordinary rate** – tasa extraordinaria
**extraordinary redemption** – redención extraordinaria
**extraordinary remedies** – recursos extraordinarios
**extraordinary rent** – renta extraordinaria
**extraordinary repairs** – reparaciones extraordinarias
**extraordinary resources** – recursos extraordinarios
**extraordinary results** – resultados extraordinarios
**extraordinary return** – rendimiento extraordinario
**extraordinary revenue** – ingresos extraordinarios
**extraordinary risks** – riesgos extraordinarios
**extraordinary salary** – salario extraordinario
**extraordinary service** – servicio extraordinario
**extraordinary session** – sesión extraordinaria
**extraordinary tariff** – tarifa extraordinaria
**extraordinary tax** – impuesto extraordinario
**extraordinary value** – valor extraordinario
**extraordinary volume** – volumen extraordinario
**extraordinary work** – trabajo extraordinario
**extraordinary writs** – recursos extraordinarios
**extrapolate** *v* – extrapolar
**extrapolation** *n* – extrapolación
**extraterritorial** *adj* – extraterritorial
**extraterritorial jurisdiction** – jurisdicción extraterritorial
**extraterritoriality** *n* – extraterritorialidad
**extravagant interpretation** – interpretación extravagante
**extreme** *adj* – extremo
**extreme case** – caso extremo
**extreme cruelty** – crueldad extrema
**extreme fear** – temor extremo
**extreme measures** – medidas extremas
**extremely** *adv* – extremadamente
**extremity** *n* – extremidad, extremo, situación extrema, apuro, necesidad
**extrinsic** *adj* – extrínseco, externo
**extrinsic evidence** – prueba externa
**eyewitness** *n* – testigo ocular, testigo de vista
**eyewitness identification** – identificación por testigo ocular
**ezine** *n* – revista electrónica, boletín electrónico

# F

**fabricate** *v* – fabricar, falsificar, inventar, fingir
**fabricated** *adj* – fabricado, falsificado, inventado, fingido
**fabricated copy** – copia falsificada
**fabricated document** – documento falsificado
**fabricated entry** – asiento falsificado
**fabricated evidence** – prueba falsificada
**fabricated fact** – hecho fabricado
**fabricated instrument** – instrumento falsificado
**fabricated record** – registro falsificado
**fabricated report** – informe falsificado
**fabricated signature** – firma falsificada
**fabricated statement** – estado falsificado
**fabrication** *n* – fabricación, falsificación, mentira, invención
**face** *n* – faz, apariencia, superficie, cara
**face amount** – valor nominal
**face amount of policy** – valor nominal de una póliza
**face capital** – capital nominal
**face of instrument** – el texto de un documento
**face interest rate** – tasa de interés nominal
**face of judgment** – valor nominal de una sentencia
**face of policy** – texto de una póliza, valor nominal de una póliza
**face of record** – expediente completo, total de los autos
**face rate** – tasa de interés nominal
**face-to-face** *adj* – cara a cara
**face-to-face meeting** – reunión cara a cara
**face up to** – afrontar, hacer frente a
**face value** – valor nominal, lo que aparece ser en vez de lo que realmente es
**facedown** *adj* – boca abajo
**faceless** *adj* – anónimo, sin cara
**facet** *n* – aspecto, faceta
**faceup** *adj* – boca arriba
**facial disfigurement** – desfiguración facial, desfiguración
**facile** *adj* – fácil, superficial
**facilitate** *v* – facilitar, ayudar
**facilitating agency** – agencia de facilitación
**facilitation** *n* – facilitación, asistencia
**facilitator** *n* – facilitador
**facilities** *n* – facilidades, instalaciones, amenidades, medios
**facility of payment clause** – cláusula permitiendo que el asegurado y beneficiario asignen una persona a quien se harán los pagos
**facsimile** *n* – facsímil, telefacsímil
**facsimile signature** – firma facsimilar, firma enviada por telefacsímil
**facsimile transmission** – transmisión por telefacsímil
**fact** *n* – hecho, suceso real
**fact finder** – quien determina los hechos
**fact-finding** *adj* – investigador
**fact-finding board** – junta investigadora
**fact-finding mission** – misión de investigación
**fact question** – cuestión de hecho
**faction** *n* – facción, bando
**factional** *adj* – faccionario, partidario
**factitious** *adj* – artificial, ficticio, imitado, falso
**factor** *n* – factor, agente comercial, entidad que compra a descuento cuentas por cobrar
**factor's lien** – gravamen del agente comercial
**factorage** *n* – comisión, remuneración al agente comercial, labor del agente comercial
**factoring** *n* – venta a descuento de las cuentas por cobrar, factoraje, factorización, factoring
**factorise** *v* – factorizar
**factorize** *v* – factorizar
**factorizing process** – embargo de bienes en posesión de un tercero
**factory** *n* – fábrica, factoría, taller
**factory acts** – leyes que regulan las condiciones de

trabajo
**factory certificate** – certificado de fábrica
**factory costs** – costos de fábrica, costes de fábrica
**factory expenditures** – gastos de fábrica
**factory expenses** – gastos de fábrica
**factory farm** – granja industrial
**factory inspection** – inspección de fábrica
**factory inspector** – inspector de fábrica
**factory manager** – gerente de fábrica
**factory price** – precio de fábrica
**factory worker** – obrero de fábrica, trabajador de fábrica
**facts in issue** – hechos controvertidos, hechos en disputa, hechos litigiosos
**factual** *adj* – basado en hechos, cierto, real, objetivo
**factual error** – error de hecho
**factuality** *n* – imparcialidad, objetividad
**factum** *n* – hecho, acto
**facultative** *adj* – facultativo, contingente, eventual
**facultative compensation** – compensación facultativa
**facultative reinsurance** – reaseguro facultativo
**faculties** *n* – facultades, poderes
**faculty** *n* – facultad, autoridad, cuerpo docente
**fad** *n* – moda pasajera
**fail** *v* – fallar, quebrar, fracasar
**fail to act** – no actuar
**fail to answer** – no contestar
**fail to appear** – no comparecer
**fail to comply** – no cumplir
**fail to deliver** – no entregar
**fail to fulfill** – no cumplir
**fail to mention** – no mencionar
**fail to observe** – no observar
**fail to pay** – no pagar
**fail to receive** – no recibir
**fail to understand** – no entender
**failed** *adj* – quebrado, insolvente, fracasado
**failed bank** – banco quebrado, banco en bancarrota
**failed institution** – institución quebrada
**failing circumstances** – estado de insolvencia
**failure** *n* – fracaso, quiebra, incumplimiento, falta, abandono
**failure of condition** – incumplimiento de una condición
**failure of consideration** – disminución en el valor de la contraprestación, falta de contraprestación
**failure of evidence** – prueba insuficiente, falta de prueba
**failure of issue** – falta de descendencia, falta de sucesión
**failure of justice** – malogro de la justicia, injusticia, error judicial
**failure of proof** – prueba insuficiente, falta de prueba
**failure of record** – omisión de una prueba instrumental a las alegaciones
**failure of title** – falta de título válido
**failure of trust** – ineficacia de un fideicomiso
**failure to act** – omisión de un acto
**failure to appear** – incomparecencia en un juicio
**failure to bargain collectively** – negativa a negociar colectivamente
**failure to comply** – incumplimiento
**failure to deliver** – falta de entrega
**failure to make delivery** – falta de entrega
**failure to meet obligations** – incumplimiento de las obligaciones
**failure to pay taxes** – incumplimiento en el pago de contribuciones
**failure to perform** – incumplimiento
**failure to testify** – incumplimiento en prestar testimonio
**faint pleader** – alegaciones engañosas o colusorias para perjudicar a un tercero
**fair** *adj* – justo, imparcial, honesto
**fair** *n* – mercado, feria
**fair and equitable** – justo y equitativo
**fair and impartial jury** – jurado justo e imparcial
**fair and impartial trial** – juicio justo e imparcial
**fair and reasonable consideration** – contraprestación justa y razonable
**fair and reasonable value** – valor justo y razonable
**fair and valuable consideration** – contraprestación justa y adecuada
**fair cash value** – valor justo de mercado
**fair comment** – comentario razonable
**fair comparison** – comparación justa
**fair competition** – competencia leal, competencia justa y equitativa
**fair consideration** – contraprestación justa
**fair credit acts** – leyes de crédito justo
**fair credit reporting** – informes sobre el crédito justos y equitativos
**fair dealing** – negociación justa, trato justo
**fair employment** – empleo justo
**fair employment and housing** – empleo y vivienda justa
**fair hearing** – vista imparcial
**fair housing** – vivienda justa
**fair housing acts** – leyes de vivienda justa
**fair housing laws** – leyes de vivienda justa
**fair knowledge or skill** – conocimiento o habilidad razonable
**Fair Labor Standards Act** – Ley Federal de Normas Razonables del Trabajo
**fair market price** – precio justo en el mercado
**fair market rent** – renta justa en el mercado
**fair market value** – valor justo en el mercado
**fair-minded** *adj* – justo, imparcial
**fair-mindedness** *n* – imparcialidad
**fair notice** – notificación razonable
**fair offer** – oferta razonable
**fair on its face** – aparentemente legal, aparentemente justo
**fair pay** – paga justa
**fair persuasion** – persuasión razonable
**fair play** – juego limpio, trato justo
**fair preponderance of evidence** – preponderancia de la prueba
**fair price** – precio justo
**fair rate** – tasa justa
**fair rent** – renta razonable
**fair return** – rendimiento razonable
**fair return on investment** – rendimiento razonable de una inversión
**fair sale** – venta judicial justa e imparcial, venta justa e imparcial
**fair sales price** – precio justo de venta
**fair share** – parte justa

**fair trade** – competencia justa y razonable, comercio justo
**fair-trade acts** – leyes sobre la competencia justa y razonable
**fair-trade laws** – leyes sobre la competencia justa y razonable
**fair-trade policy** – política sobre la competencia justa y razonable
**fair treatment** – trato justo
**fair trial** – juicio imparcial
**fair use** – uso razonable, el uso razonable de materiales bajo derechos de autor
**fair use doctrine** – doctrina concerniente al uso razonable de materiales bajo derechos de autor
**fair value** – valor justo, valor justo en el mercado, valor razonable
**fair warning** – aviso suficiente
**fairly** *adv* – justamente, con justicia, equitativamente, justificadamente, razonablemente, imparcialmente, bastante
**fairness** *n* – imparcialidad, equidad, justicia
**fait accompli** – hecho consumado, fait accompli
**faith** *n* – fe, confianza, lealtad
**faithful** *adj* – fiel, leal, honesto
**faithfully** *adv* – fielmente, lealmente, honestamente
**fake** *adj* – falso, falsificado, fraudulento, fingido
**fake** *n* – imitación, falsificación, impostor
**fake** *v* – falsificar, fingir, falsear
**fake copy** – copia falsa, copia falsificada
**fake document** – documento falso, documento falsificado
**fake entry** – asiento falso, asiento falsificado
**fake evidence** – prueba falsa, prueba falsificada
**fake instrument** – instrumento falso, instrumento falsificado
**fake money** – dinero falso
**fake record** – registro falso, registro falsificado
**fake report** – informe falso, informe falsificado
**fake signature** – firma falsa, firma falsificada
**fake statement** – estado falso, estado falsificado
**fake vault** – bóveda falsa
**faked** *adj* – falso, falsificado, fraudulento, fingido
**faked copy** – copia falsa, copia falsificada
**faked disease** – enfermedad fingida
**faked dispute** – disputa fingida
**faked document** – documento falso, documento falsificado
**faked entry** – asiento falso, asiento falsificado
**faked evidence** – prueba falsa, prueba falsificada
**faked illness** – enfermedad fingida
**faked injury** – lesión fingida
**faked instrument** – instrumento falso, instrumento falsificado
**faked record** – registro falso, registro falsificado
**faked report** – informe falso, informe falsificado
**faked signature** – firma falsa, firma falsificada
**faked statement** – estado falso, estado falsificado
**faker** *n* – impostor, falsificador, estafador
**fall** *n* – caída, bajada, disminución, descenso, otoño
**fall** *v* – caer, bajar, disminuir, morir
**fall away** – eliminarse, debilitarse, desaparecer
**fall behind** – retrazarse, rezagarse
**fall due** – ser pagadero, caducar, vencer
**fall in with** – estar de acuerdo con
**fall into** – caer en, adoptar
**fall off** – disminuir, decaer, empeorar
**fall short** – quedarse corto
**fall through** – fracasar, venirse abajo
**fall to** – tocar a
**fall under** – ser incluido en, estar sujeto a
**fall upon** – caer en, tocar a, acometer
**fall within** – estar incluido en
**fallacious** *adj* – falaz, engañoso, erróneo
**fallaciously** *adv* – falazmente, engañosamente
**fallacy** *n* – falacia, error, falsedad, engaño
**fallback** *n* – reserva, recurso de emergencia
**fallow** *adj* – sin cultivar, no productivo
**fallow-land** *n* – tierra sin cultivar
**falling** *adj* – decreciente
**falsa demonstratio** – descripción falsa
**false** *adj* – falso, falsificado, postizo, engañoso
**false accounting** – contabilidad falsa
**false accusation** – acusación falsa
**false action** – acción falsa, acción engañosa
**false advertising** – publicidad engañosa
**false alarm** – falsa alarma
**false and fraudulent** – falso y fraudulento
**false and malicious** – falso y malicioso
**false and misleading** – falso y engañoso
**false answer** – respuesta falsa
**false arrest** – arresto ilegal
**false character** – el delito de hacerse pasar por otra persona
**false charge** – cargo falso
**false check** – cheque sin fondos, cheque falso
**false cheque** – cheque sin fondos, cheque falso
**false claim** – declaración falsa, reclamación falsa
**false colors** – pretextos falsos
**false copy** – copia falsa, copia falsificada
**false declaration** – declaración falsa
**false document** – documento falso, documento falsificado
**false economy** – economía falsa
**false entry** – asiento falso, asiento falsificado
**false evidence** – prueba falsa, prueba falsificada
**false fact** – hecho falso
**false imprisonment** – encarcelamiento ilegal, detención ilegal
**false information** – información falsa
**false instrument** – instrumento falsificado
**false invoice** – factura falsa
**false money** – dinero falso
**false motive** – motivo falso
**false name** – nombre falso
**false news** – noticias falsas
**false oath** – perjurio, juramento falso
**false personation** – el delito de hacerse pasar por otra persona
**false plea** – alegación falsa, defensa dilatoria
**false pretenses** – falsos pretextos, falsas apariencias, declaraciones engañosas para estafar, estafa
**false record** – registro falso, registro falsificado
**false report** – informe falso, informe falsificado
**false representation** – representación falsa, declaración falsa
**false return** – declaración falsa de la renta, declaración falsa de ingresos, declaración falsa de impuestos
**false statement** – declaración falsa, estado falsificado

**false swearing** – perjurio, juramento falso
**false tax return** – declaración falsa de la renta, declaración falsa de ingresos, declaración falsa de impuestos
**false testimony** – perjurio, testimonio falso
**false token** – documento falso, indicación de la existencia de algo con motivos fraudulentos
**false verdict** – veredicto injusto, veredicto erróneo
**false weights** – balanzas erróneas
**falsehood** *n* – falsedad
**falsely** *adv* – falsamente
**falsification** *n* – falsificación, adulteración
**falsification of books** – falsificación de libros
**falsified** *adj* – falsificado
**falsified copy** – copia falsificada
**falsified document** – documento falsificado
**falsified entry** – asiento falsificado
**falsified evidence** – prueba falsificada
**falsified instrument** – instrumento falsificado
**falsified record** – registro falsificado
**falsified report** – informe falsificado
**falsified signature** – firma falsificada
**falsified statement** – estado falsificado
**falsify** *v* – falsificar
**falsify documents** – falsificar documentos
**falsify evidence** – falsificar pruebas
**falsify records** – falsificar registros
**falsify reports** – falsificar informes
**falsifying a record** – falsificar un expediente
**falsity** *n* – falsedad, mentira
**familiar** *adj* – familiar, conocido
**familiarity** *n* – familiaridad, confianza
**family** *n* – familia, linaje
**family allowance** – asignación de fondos para mantener a la familia durante la administración de la sucesión, deducción familiar, asignación familiar
**Family and Medical Leave Act** – Ley de Ausencia Familiar y Médica
**family arrangement** – convenio familiar
**family budget** – presupuesto familiar
**family budgeting** – presupuestación familiar
**family business** – negocio familiar
**family circle** – círculo familiar
**family company** – compañía familiar
**family corporation** – corporación familiar
**family court** – tribunal de familia
**family coverage** – cobertura familiar
**family disturbance** – altercado familiar
**family enterprise** – empresa familiar
**family expense insurance** – seguro de gastos familiares
**family expenses** – gastos familiares
**family income** – ingresos familiares
**family income policy** – póliza de ingresos familiares
**family group** – grupo familiar
**family law** – derecho de familia
**family living expenses** – gastos de subsistencia familiares
**Family Medical Leave Act** – Ley de Ausencia Familiar y Médica
**family name** – apellido
**family policy** – póliza familiar
**family purpose doctrine** – doctrina que responsabiliza a una persona que presta su auto a un familiar por las lesiones que éste pueda causar
**family relationship** – relación familiar
**family settlement** – convenio familiar
**family tree** – árbol genealógico
**famous** *adj* – famoso
**famous mark** – marca famosa, marca comercial famosa
**famous trademark** – marca famosa, marca comercial famosa
**fanatic** *adj* – fanático
**fanatical** *adj* – fanático
**fanaticism** *n* – fanatismo
**fancied** *adj* – imaginado, preferido
**fanciful mark** – marca fantasiosa, marca comercial fantasiosa
**fanciful trademark** – marca fantasiosa, marca comercial fantasiosa
**Fannie Mae (Federal National Mortgage Association)** – Fannie Mae
**fantastic** *adj* – fantástico, imaginario
**fantastic testimony** – testimonio fantástico
**fantasy** *n* – fantasía, imaginación
**FAO (Food and Agriculture Organization, Food and Agriculture Organisation)** – Organización para la Agricultura y la Alimentación
**FAQ (frequently asked questions)** – preguntas más frecuentes
**far-reaching** *adj* – de gran extensión
**fare** *n* – tarifa, pasajero
**farer** *n* – viajero
**farm** *n* – finca, granja, cultivo
**farm** *v* – cultivar
**farm activity** – actividad agrícola
**farm business** – negocio agrícola, empresa agrícola
**farm co-operative** – cooperativa agrícola
**farm commerce** – comercio agrícola
**farm commodities** – productos agrícolas
**farm cooperative** – cooperativa agrícola
**farm credit** – crédito agrícola
**farm crossing** – camino que cruza encima o debajo de la vía de un ferrocarril para llegar a la tierra aislada por dicha vía
**farm economics** – economía agrícola
**farm economy** – economía agrícola
**farm engineering** – ingeniería agrícola
**farm enterprise** – empresa agrícola
**farm equipment** – equipo agrícola
**farm exports** – exportaciones agrícolas
**farm extension** – extensión agrícola
**farm imports** – importaciones agrícolas
**farm income** – ingresos agrícolas
**farm labor** – trabajo agrícola
**farm laborer** – trabajador agrícola, obrero agrícola
**farm labour** – trabajo agrícola
**farm labourer** – trabajador agrícola, obrero agrícola
**farm land** – tierra agrícola
**farm laws** – leyes agrícolas
**farm loan** – préstamo agrícola
**farm out** – dar por contrato, arrendar, subcontratar
**farm policy** – política agrícola
**farm produce** – productos agrícolas
**farm production** – producción agrícola
**farm products** – productos agrícolas
**farm reform** – reforma agrícola

**farm sector** – sector agrícola
**farm subsidy** – subsidio agrícola, subvención agrícola
**farm technology** – tecnología agrícola
**farm worker** – trabajador agrícola, obrero agrícola
**farmers' association** – asociación agrícola
**farmers' co-operative** – cooperativa agrícola
**farmers' cooperative** – cooperativa agrícola
**farming** *adj* – agrícola
**farming** *n* – agricultura, cultivo
**farming activity** – actividad agrícola
**farming agreement** – convenio agrícola
**farming bank** – banco agrícola
**farming business** – negocio agrícola, empresa agrícola
**farming co-operative** – cooperativa agrícola
**farming commerce** – comercio agrícola
**farming commodities** – productos agrícolas
**farming cooperative** – cooperativa agrícola
**farming credit** – crédito agrícola
**farming economics** – economía agrícola
**farming economy** – economía agrícola
**farming engineering** – ingeniería agrícola
**farming enterprise** – empresa agrícola
**farming equipment** – equipo agrícola
**farming exports** – exportaciones agrícolas
**farming extension** – extensión agrícola
**farming imports** – importaciones agrícolas
**farming income** – ingresos agrícolas
**farming labor** – trabajo agrícola
**farming labour** – trabajo agrícola
**farming laws** – leyes agrícolas
**farming loan** – préstamo agrícola
**farming policy** – política agrícola
**farming produce** – productos agrícolas
**farming production** – producción agrícola
**farming products** – productos agrícolas
**farming project** – proyecto agrícola
**farming reform** – reforma agrícola
**farming resources** – recursos agrícolas
**farming sector** – sector agrícola
**farming subsidy** – subsidio agrícola, subvención agrícola
**farming technology** – tecnología agrícola
**farming trade** – comercio agrícola
**farming workers** – trabajadores agrícolas, obreros agrícolas
**farmland** *n* – tierra de cultivo, terreno de cultivo
**farseeing** *adj* – precavido, prudente
**farsighted** *adj* – prudente, sagaz
**farsightedly** *adv* – prudentemente
**FAS (free alongside ship)** – franco al costado de buque, libre al costado
**FASB (Financial Accounting Standards Board)** – Junta de Normas de Contabilidad Financiera
**fascism** *n* – fascismo
**fascist** *adj* – fascista
**fascist** *n* – fascista
**fast market** – mercado volátil y con alto volumen, mercado rápido
**fasten** *v* – atar, asegurar, abrochar
**fat cat** – pez gordo, persona adinerada, persona con mucho poder
**fatal** *adj* – mortal, fatal
**fatal accident** – accidente mortal
**fatal errors** – errores fatales
**fatal injury** – lesión mortal
**fatality** *n* – fatalidad, muerto
**fatally** *adv* – fatalmente
**father-in-law** *n* – suegro
**fathom** *n* – braza
**fatigue** *n* – fatiga
**fault** *n* – falta, culpa, negligencia, error, defecto
**fault** *v* – errar, culpar, hallar un defecto en
**fault divorce** – divorcio con culpa
**faultily** *adv* – defectuosamente
**faultless** *adj* – sin defectos, perfecto, intachable
**faulty** *adj* – defectuoso, incompleto
**faux** *adj* – falso
**favor** *n* – favor, parcialidad, privilegio
**favor** *v* – favorecer, apoyar
**favorable** *adj* – favorable
**favorable decision** – decisión favorable
**favorable economic climate** – clima económico favorable
**favorable economic conditions** – condiciones económicas favorables
**favorable economic outlook** – panorama económico favorable
**favorable economic situation** – situación económica favorable
**favorable judgment** – fallo favorable
**favorable opinion** – opinión favorable
**favorable position** – posición favorable
**favorable sentence** – sentencia favorable
**favorable verdict** – veredicto favorable
**favorably** *adv* – favorablemente
**favored** *adj* – favorecido
**favored nation** – nación favorecida
**favoritism** *n* – favoritismo
**favour** *n* – favor, parcialidad, privilegio
**favour** *v* – favorecer, apoyar
**favourable** *adj* – favorable
**favourable decision** – decisión favorable
**favourable economic climate** – clima económico favorable
**favourable economic conditions** – condiciones económicas favorables
**favourable economic outlook** – panorama económico favorable
**favourable economic situation** – situación económica favorable
**favourable judgment** – fallo favorable
**favourable opinion** – opinión favorable
**favourable position** – posición favorable
**favourable sentence** – sentencia favorable
**favourable verdict** – veredicto favorable
**favourably** *adv* – favorablemente
**favoured** *adj* – favorecido
**favoured nation** – nación favorecida
**favouritism** *n* – favoritismo
**fax** *n* – fax, envió por fax, facsímil
**fax** *v* – enviar por fax
**FCPA (Foreign Corrupt Practices Act)** – Ley de Prácticas Corruptas Extranjeras
**FDIC (Federal Deposit Insurance Corporation)** – Corporación Federal de Seguros de Depósitos
**fear** *n* – miedo, temor, ansiedad
**fear** *v* – temer

**fearful** *adj* – temeroso, miedoso
**fearless** *adj* – valiente
**feasance** *n* – cumplimiento, conducta
**feasibility** *n* – viabilidad, factibilidad, posibilidad
**feasibility study** – estudio de viabilidad, estudio de factibilidad
**feasible** *adj* – factible, viable, razonable, hacedero, posible
**feasibleness** *n* – viabilidad, factibilidad, posibilidad
**feasor** *n* – actor, quien hace
**featherbedding** *n* – tácticas laborales para aumentar innecesariamente la cantidad de empleados y/o el tiempo necesario para hacer un trabajo, exceso de personal
**feature** *n* – característica, aspecto, rasgo, semblante
**featureless** *adj* – sin rasgos distintivos
**feckless** *adj* – ineficaz, inútil
**fecklessly** *adv* – ineficazmente, inútilmente
**fecklessness** *n* – ineficacia, inutilidad
**Fed (Federal Reserve System)** – Sistema de la Reserva Federal, Reserva Federal
**fed. (federal)** – federal
**federal** *adj* – federal
**federal account** – cuenta federal
**federal actions** – acciones federales
**federal acts** – leyes federales, actos federales
**federal affairs** – asuntos federales
**federal agency** – agencia federal
**federal agency securities** – valores de agencias federales
**federal agent** – agente federal
**federal aid** – ayuda federal, asistencia federal
**federal assets** – activo federal
**federal assistance** – asistencia federal, ayuda federal
**federal auditor** – auditor federal
**federal authority** – autoridad federal
**federal bank** – banco federal
**federal bank examination** – examinación de bancos federales
**federal bank examiner** – examinador de bancos federales
**federal banking** – banca federal
**federal benefit** – beneficio federal
**federal borrowing** – préstamos federales
**federal branch** – sucursal federal
**federal budget** – presupuesto federal
**federal budgeting** – presupuestación federal
**federal capital** – capital federal
**federal census** – censo federal
**federal citizenship** – ciudadanía federal
**federal commerce** – comercio federal
**federal commodity** – producto federal, mercancía federal
**federal control** – control federal
**federal courts** – tribunales federales
**federal crimes** – delitos federales, crímenes federales
**federal debt** – deuda federal
**federal debt limit** – límite de deuda federal
**federal deficit** – déficit federal
**federal department** – departamento federal
**Federal Deposit Insurance Corporation** – Corporación Federal de Seguros de Depósitos
**federal district** – distrito federal
**federal division** – división federal
**federal enterprise** – empresa federal
**federal expenditures** – gastos federales
**federal expenses** – gastos federales
**federal funding** – financiación federal, financiamiento federal
**federal funds** – fondos federales
**federal funds rate** – tasa de fondos federales
**federal goods** – productos federales, bienes federales
**federal government** – gobierno federal
**federal government securities** – valores del gobierno federal
**federal holiday** – feriado federal
**Federal Home Loan Mortgage Corporation** – Freddie Mac
**Federal Housing Administration** – Administración Federal de Viviendas
**federal improvements** – mejoras federales
**federal income** – ingresos federales
**federal income taxes** – impuestos sobre ingresos federales
**federal inspector** – inspector federal
**federal instrumentality** – agencia federal, ente federal
**federal insurance** – seguro federal
**federal insurer** – asegurador federal
**federal interests** – intereses federales
**federal intervention** – intervención federal
**federal investment** – inversión federal
**federal issue** – emisión federal, asunto federal
**federal judge** – juez federal
**federal jurisdiction** – jurisdicción federal
**federal lands** – tierras federales
**federal law** – derecho federal, ley federal
**federal liabilities** – pasivo federal
**federal liquidity** – liquidez federal
**federal loan** – préstamo federal
**federal market** – mercado federal
**federal minimum wage** – salario mínimo federal, paga mínima federal
**Federal National Mortgage Association** – Fannie Mae, Asociación Hipotecaria Federal Nacional
**federal offense** – delito federal
**federal officer** – funcionario federal
**Federal Open Market Committee** – Comité Federal del Mercado Abierto
**federal partnership** – sociedad federal
**federal pension** – pensión federal
**federal police** – policía federal
**federal policy** – política federal, póliza federal
**federal powers** – poderes federales, facultades federales
**federal prison** – prisión federal
**federal property** – propiedad federal
**federal question** – caso federal
**federal rate** – tasa federal
**federal regulation** – reglamento federal
**federal representative** – representante federal
**Federal Reserve** – Reserva Federal
**Federal Reserve Bank** – Banco de la Reserva Federal
**Federal Reserve Board** – Junta de la Reserva Federal
**Federal Reserve System** – Sistema de la Reserva Federal, Reserva Federal
**federal resources** – recursos federales
**federal revenue** – ingresos federales
**federal rules** – reglas federales

**federal rules of appellate procedure** – reglas federales de procedimiento apelativo
**federal rules of civil procedure** – reglas federales de procedimiento civil
**federal rules of criminal procedure** – reglas federales de procedimiento penal
**federal rules of evidence** – reglas federales en materia de prueba
**federal sales** – ventas federales
**federal sales tax** – impuesto federal sobre ventas
**federal secret** – secreto de estado, secreto federal
**federal sector** – sector federal
**federal securities** – valores federales
**federal standards** – normas federales
**federal statutes** – estatutos federales
**federal subsidiary** – subsidiaria federal
**federal subsidy** – subsidio federal, subvención federal
**federal support** – ayuda federal
**federal taxation** – imposición federal
**federal taxes** – impuestos federales
**federal trade** – comercio federal
**Federal Trade Commission** – Comisión Federal de Comercio
**federal union** – unión federal
**federalism** *n* – federalismo
**federalist** *adj* – federalista
**federalist** *n* – federalista
**federally** *adv* – federalmente
**federally-controlled** *adj* – controlado federalmente
**federation** *n* – federación
**fee** *n* – honorario, compensación, cargo, impuesto, derecho, dominio, pleno dominio, cuota, emolumento
**fee absolute** – dominio absoluto, pleno dominio
**fee-based** *adj* – a base de pagos
**fee-based service** – servicio a base de pagos
**fee expectant** – transmisión de propiedad a un matrimonio y sus descendientes directos, dominio expectante
**fee income** – ingresos por honorarios
**fee simple** – dominio simple, pleno dominio
**fee simple absolute** – dominio absoluto, pleno dominio
**fee simple conditional** – dominio condicional
**fee simple defeasible** – dominio sobre un inmueble sujeto a condición resolutoria
**fee tail** – dominio heredable limitado a ciertos descendientes
**fee tail female** – dominio heredable limitado a la persona y sus descendientes directos del género femenino
**fee tail male** – dominio heredable limitado a la persona y sus descendientes directos del género masculino
**feedback** *n* – retroalimentación, realimentación
**feelgood factor** – factor que toma en cuenta la sensación de bienestar de consumidores
**feign** *v* – aparentar, fingir
**feigned** *adj* – fingido, falso, ficticio
**feigned accomplice** – agente encubierto que se hace pasar por cómplice
**feigned disease** – enfermedad fingida
**feigned dispute** – disputa fingida
**feigned illness** – enfermedad fingida
**feigned injury** – lesión fingida
**feigned issue** – cuestión artificial, litigio simulado para llegar a un veredicto concerniente a una cuestión real
**feigner** *n* – fingidor
**felicity** *n* – felicidad
**fell** *adj* – cruel, maligno, mortal
**fell** *v* – derribar, cortar
**fellatio** *n* – felación
**fellness** *n* – crueldad, malignidad
**fellow** *n* – compañero, socio, colega
**fellow citizen** – conciudadano
**fellow-heir** *n* – coheredero
**fellow laborer** – colaborador
**fellow labourer** – colaborador
**fellow servant** – coempleado
**felo de se** – suicidio
**felon** *n* – criminal
**felonious** *adj* – criminal, con intención criminal, malicioso, villano
**felonious act** – acto criminal
**felonious action** – acto criminal
**felonious assault** – asalto criminal, violencia criminal, asalto con violencia
**felonious conduct** – conducta criminal
**felonious entry** – allanamiento de morada
**felonious homicide** – homicidio criminal, homicidio culpable
**felonious intent** – intención criminal
**felonious taking** – hurto con intención criminal
**feloniously** *adv* – criminalmente, malvadamente
**felony** *n* – crimen, delito grave
**felony murder doctrine** – doctrina que establece que si una persona comete homicidio involuntario mientras comete un delito grave es culpable de asesinato
**felony murder rule** – doctrina que establece que si una persona comete homicidio involuntario mientras comete un delito grave es culpable de asesinato
**femicide** *n* – homicidio de una mujer
**feminicide** *n* – homicidio de una mujer
**feminism** *n* – feminismo
**feminist** *adj* – feminista
**feminist** *n* – feminista
**fence** *n* – perista, quien recibe objetos robados, traficante de objetos robados, cerca
**fence** *v* – cercar, traficar objetos robados, dar respuestas evasivas
**fenceless** *adj* – sin cerca, indefenso
**fencing patents** – patentes para ampliar lo que se protege como parte de la invención
**fend** *v* – detener, repeler, evadir
**feneration** *n* – usura, devengar intereses, intereses devengados
**ferial days** – días feriados
**ferociously** *adv* – ferozmente
**ferociousness** *adv* – ferocidad, brutalidad
**ferocity** *n* – ferocidad
**ferriage** *n* – barcaje
**ferry** *n* – transbordador, barco de transporte, barco de pasaje
**ferry** *v* – barquear, transportar en barco
**ferry franchise** – concesión otorgada a un servicio de transbordador
**ferryman** *n* – barquero, dueño de un transbordador

**fertile** *adj* – fértil, productivo
**fertileness** *n* – fertilidad
**fertilisation** *n* – fertilización
**fertilise** *v* – fertilizar
**fertiliser** *n* – fertilizante
**fertility** *n* – fertilidad
**fertilization** *n* – fertilización
**fertilize** *v* – fertilizar
**fertilizer** *n* – fertilizante
**fervent** *adj* – ferviente
**fetal death** – muerte fetal
**feticide** *n* – feticidio
**fetters** *n* – grilletes, cadenas
**fetus** *n* – feto
**feudal** *adj* – feudal
**feudalism** *n* – feudalismo
**feudalist** *adj* – feudal
**feudalistic** *adj* – feudal
**FHA (Federal Housing Administration)** – Administración Federal de Viviendas
**FHLMC (Federal Home Loan Mortgage Corporation)** – Freddie Mac
**fiancé** *n* – prometido
**fiancée** *n* – prometida
**fiat** *n* – fíat
**fiat money** – dinero fiduciario, moneda de curso legal por decreto gubernamental
**fiaunt** *n* – una orden
**fib** *n* – mentirilla
**fibber** *n* – mentiroso
**fiber-optic cable** – cable de fibra óptica
**fibre-optic cable** – cable de fibra óptica
**fickle** *adj* – inconstante, inestable
**FICO score** – puntuación FICO
**fiction** *n* – ficción, mentira
**fiction of law** – ficción legal
**fictional** *adj* – ficticio
**fictitious** *adj* – ficticio, fingido, falsificado
**fictitious action** – acción ficticia
**fictitious address** – dirección ficticia
**fictitious assets** – activo ficticio
**fictitious bidding** – licitación ficticia
**fictitious business name** – nombre ficticio de empresa, nombre comercial ficticio
**fictitious claim** – reclamación ficticia
**fictitious company** – compañía ficticia
**fictitious corporation** – corporación ficticia
**fictitious credit** – crédito ficticio
**fictitious debt** – deuda ficticia
**fictitious group** – grupo ficticio
**fictitious name** – nombre ficticio
**fictitious party** – parte ficticia
**fictitious payee** – beneficiario ficticio
**fictitious payment** – pago ficticio
**fictitious person** – persona ficticia
**fictitious plaintiff** – demandante ficticio
**fictitious promise** – promesa ficticia
**fictitious receipt** – recibo ficticio
**fictitious registration** – registro ficticio
**fictitious residence** – residencia ficticia
**fidelity** *n* – fidelidad, exactitud
**fidelity and guaranty insurance** – seguro de fidelidad, seguro contra ciertas conductas de parte de ciertas personas, seguro contra estafas de empleados
**fidelity bond** – caución de fidelidad, fianza de fidelidad
**fidelity insurance** – seguro de fidelidad, seguro contra ciertas conductas de parte de ciertas personas, seguro contra estafas de empleados
**fiducial** *adj* – fiduciario, de confianza
**fiduciary** *adj* – fiduciario, de confianza
**fiduciary** *n* – fiduciario, persona de confianza
**fiduciary accounting** – contabilidad fiduciaria
**fiduciary bond** – caución fiduciaria, fianza
**fiduciary capacity** – capacidad fiduciaria
**fiduciary contract** – contrato fiduciario
**fiduciary debt** – deuda fiduciaria
**fiduciary duty** – deber fiduciario
**fiduciary heir** – heredero fiduciario
**fiduciary loan** – préstamo fiduciario
**fiduciary money** – dinero fiduciario
**fiduciary obligation** – obligación fiduciaria
**fiduciary relation** – relación fiduciaria, relación de confianza
**fiduciary service** – servicio fiduciario
**field** *n* – campo, esfera
**field agent** – agente de campo
**field audit** – auditoría de campo
**field auditor** – auditor de campo
**field employee** – empleado de campo
**field manager** – gerente de campo
**field of operations** – campo de operaciones
**field of vision** – campo visual
**field office** – división regional del gobierno, oficina regional de una empresa, oficina exterior
**field representative** – representante de campo
**field sobriety tests** – pruebas para determinar la sobriedad que consisten en pedirle al conductor que salga de su vehículo y realice pruebas de coordinación
**field services** – servicios de campo
**field staff** – personal de campo
**field warehouse receipt** – recibo de bienes en almacenaje, recibo de bienes en depósito
**field work** – trabajo de campo
**fiendish** *adj* – perverso, malvado
**fierce** *adj* – feroz, violento
**fieri facias** – mandamiento de ejecución, fieri facias
**FIFO (first-in-first-out)** – primero en entrar-primero en salir
**fifth amendment** – quinta enmienda
**fifty-fifty** *adj* – dividido justamente entre dos partes
**fight** *n* – pelea, lucha
**fight** *v* – pelear, luchar
**fight back** – contraatacar
**fighting words** – palabras intencionadas a provocar violencia
**fighting words doctrine** – doctrina según la cual las palabras intencionadas a provocar violencia no están protegidas por la primera enmienda
**figment** *n* – ficción, invención
**figural** *adj* – figurado, que tiene figuras
**figure** *n* – cifra
**figure of speech** – forma de expresión, lenguaje figurado
**figures** *n* – figuras, diseños, cifras
**filch** *v* – ratear, robar cantidades pequeñas de dinero
**filcher** *n* – ratero, quien roba cantidades pequeñas de dinero

**filching** *n* – ratería, robo de cantidades pequeñas de dinero
**file** *n* – archivo, fichero, expediente, registro
**file** *v* – archivar, registrar, presentar, declarar
**file a claim** – presentar una demanda, presentar una solicitud, entablar una reclamación
**file a judgment** – registrar una sentencia
**file a lien** – registrar un gravamen
**file a mortgage** – registrar una hipoteca
**file a motion** – presentar una moción
**file a return** – presentar una declaración de la renta, presentar una declaración de ingresos, presentar una declaración de impuestos
**file a tax return** – presentar una declaración de la renta, presentar una declaración de ingresos, presentar una declaración de impuestos
**file an appeal** – presentar una apelación, interponer apelación
**file an application** – presentar una solicitud
**file cabinet** – archivo
**file clerk** – archivero, archivista, archivador
**file for bankruptcy** – presentar una declaración de quiebra
**file jointly** – declarar conjuntamente, presentar conjuntamente
**file name** – nombre de archivo, nombre de fichero
**file, on** – disponible en los archivos, registrado
**file protection** – protección de archivos, protección de ficheros
**file security** – seguridad de archivos, seguridad de ficheros
**file separately** – declarar separadamente, presentar separadamente
**file server** – servidor de archivos, servidor de ficheros
**file suit** – demandar, iniciar una acción, entablar un procedimiento, iniciar un pleito, incoar un juicio
**file system** – sistema de archivos, sistema de ficheros
**filer** *n* – quien archiva, quien registra, quien presenta
**filiation** *n* – filiación
**filiation proceeding** – procedimiento de filiación
**filibuster** *n* – obstruccionista legislativo
**filibustering** *n* – obstruccionismo legislativo
**filing** *n* – presentación, registro, clasificación
**filing basis** – base legal para un registro
**filing clerk** – archivero
**filing date** – fecha de registro, fecha de presentación
**filing fee** – cargo por registro
**filing jointly** – declarando conjuntamente, registrando conjuntamente
**filing of articles of incorporation** – registro del acta constitutiva de una corporación, registro de los artículos de incorporación de una corporación
**filing receipt** – recibo de registro
**filing separately** – declarando separadamente, registrando separadamente
**filing status** – estado civil para efectos contributivos
**fill** *v* – llenar, ocupar
**fill a vacancy** – llenar una vacante
**fill in** – rellenar, sustituir
**FILO (first-in-last-out)** – primero en entrar-último en salir
**filthy** *adj* – asqueroso, obsceno
**final** *adj* – final, conclusivo, decisivo
**final acceptance** – aceptación final
**final account** – cuenta final
**final accounting** – contabilidad final
**final adjudication** – adjudicación final
**final agreement** – convenio final
**final argument** – resumen de los puntos sobresalientes de un juicio de parte de uno de los abogados, resumen de los puntos sobresalientes e instrucciones al jurado de parte del juez, declaraciones finales de un abogado ante un tribunal
**final assembly** – ensamblaje final
**final assessment** – tasación final, evaluación final
**final assets** – activo final
**final award** – adjudicación final
**final balance** – balance final, saldo final
**final beneficiary** – beneficiario final
**final bid** – oferta final, oferta ganadora
**final buyer** – comprador final
**final cause** – causa final
**final charges** – cargos finales
**final consumer** – consumidor final
**final consumption** – consumo final
**final conviction** – convicción final
**final costs** – costos finales, costes finales, costas definitivas
**final date** – fecha límite, fecha de vencimiento, fecha de cierre
**final decision** – decisión final, sentencia definitiva
**final decree** – sentencia definitiva
**final determination** – decisión final, resolución final
**final disposition** – decisión final
**final distribution** – distribución final
**final dividend** – dividendo final
**final entry** – asiento final
**final evaluation** – evaluación final
**final examination** – examen final
**final expenses** – gastos finales
**final hearing** – vista final
**final hours** – horas finales
**final installment** – pago final
**final invoice** – factura final
**final judgment** – sentencia final, sentencia definitiva
**final list** – lista final
**final notice** – notificación final, aviso final
**final offer** – oferta final
**final order** – orden final
**final passage** – el voto de un proyecto de ley
**final payment** – pago final, abono final
**final price** – precio final
**final process** – proceso final
**final product** – producto final
**final prospectus** – prospecto final
**final purchase** – compra final
**final quotation** – cotización final, cotización al cierre
**final quote** – cotización final, cotización al cierre
**final recovery** – sentencia definitiva
**final reminder** – recordatorio final
**final report** – informe final, reporte final
**final sale** – venta final
**final sentence** – sentencia definitiva
**final settlement** – conciliación final de la sucesión, liquidación final, liquidación definitiva
**final statement** – estado final
**final submission** – sumisión completa, sumisión final
**final time** – hora final

**final transaction** – transacción final
**final use** – uso final
**final user** – usuario final
**final value** – valor final
**final warning** – advertencia final, última advertencia
**finalise** *v* – finalizar, concretar
**finalise a contract** – finalizar un contrato
**finalise a loan** – finalizar un préstamo
**finality** *n* – finalidad, carácter concluyente
**finality of payment** – finalidad de pago
**finalize** *v* – finalizar, concretar
**finalize a contract** – finalizar un contrato
**finalize a loan** – finalizar un préstamo
**finance** *n* – finanzas
**finance** *v* – financiar
**Finance Act** – Ley de Finanzas
**finance bill** – proyecto de ley financiero, letra financiera
**finance charge** – cargo por financiamiento
**finance committee** – comité financiero
**finance company** – compañía financiera, financiera
**finance corporation** – corporación financiera
**finance cost** – costo por financiamiento, coste por financiamiento
**finance department** – departamento financiero
**finance director** – director financiero
**finance expenditures** – gastos por financiamiento
**finance expenses** – gastos por financiamiento
**finance fees** – cargos por financiamiento
**finance house** – casa financiera, empresa financiera
**finance manager** – gerente financiero
**finance market** – mercado financiero
**finance office** – oficina financiera
**financed** *adj* – financiado
**financed premium** – prima financiada
**financial** *adj* – financiero
**financial accounting** – contabilidad financiera
**Financial Accounting Standards Board** – Junta de Normas de Contabilidad Financiera
**financial administration** – administración financiera
**financial administrator** – administrador financiero
**financial advertising** – publicidad financiera
**financial adviser** – asesor financiero
**financial advisor** – asesor financiero
**financial agent** – agente financiero
**financial aid** – ayuda financiera, asistencia financiera, ayuda económica, asistencia económica
**financial aid flow** – flujo de ayuda financiera, flujo de asistencia financiera, flujo de ayuda económica, flujo de asistencia económica
**financial aid program** – programa de ayuda financiera, programa de asistencia financiera, programa de ayuda económica, programa de asistencia económica
**financial aid programme** – programa de ayuda financiera, programa de asistencia financiera, programa de ayuda económica, programa de asistencia económica
**financial analysis** – análisis financiero
**financial analyst** – analista financiero
**financial appraisal** – evaluación financiera
**financial arrangement** – arreglo financiero
**financial assessment** – evaluación financiera
**financial assets** – activo financiero
**financial assistance** – asistencia financiera
**financial authorities** – autoridades financieras
**financial backer** – financiador, patrocinador financiero
**financial backing** – respaldo financiero
**financial bookkeeping** – contabilidad financiera
**financial books** – libros financieros
**financial break-even point** – punto crítico financiero
**financial budget** – presupuesto financiero
**financial budgeting** – presupuestación financiera
**financial burden** – carga financiera
**financial capital** – capital financiero
**financial center** – centro financiero
**financial centre** – centro financiero
**financial channels** – canales financieros
**financial charge** – cargo financiero
**financial circles** – círculos financieros
**financial company** – compañía financiera
**financial compensation** – compensación financiera
**financial condition** – condición financiera
**financial conglomerate** – conglomerado financiero
**financial contingency** – contingencia financiera
**financial controller** – contralor financiero
**financial controls** – controles financieros
**financial corporation** – compañía financiera
**financial costs** – costos financieros, costes financieros
**financial counseling** – asesoramiento financiero
**financial counselling** – asesoramiento financiero
**financial counsellor** – asesor financiero
**financial counselor** – asesor financiero
**financial credit** – crédito financiero
**financial crisis** – crisis financiera
**financial data** – datos financieros
**financial decision** – decisión financiera
**financial development** – desarrollo financiero
**financial director** – director financiero
**financial disclosure** – divulgación financiera
**financial equilibrium** – equilibrio financiero
**financial evaluation** – evaluación financiera
**financial expenses** – gastos financieros
**financial feasibility** – viabilidad financiera
**financial firm** – firma financiera
**financial forecast** – pronóstico financiero
**financial futures** – futuros financieros, instrumentos financieros a plazo
**financial guarantee** – garantía financiera
**financial guaranty** – garantía financiera
**financial history** – historial financiero
**financial incentive** – incentivo financiero
**financial indicators** – indicadores financieros
**financial information** – información financiera
**financial institution** – institución financiera
**financial instrument** – instrumento financiero
**financial interest** – interés financiero
**financial intermediary** – intermediario financiero
**financial intermediation** – intermediación financiera
**financial investment** – inversión financiera
**financial leverage** – apalancamiento financiero
**financial liabilities** – pasivo financiero
**financial liability** – responsabilidad financiera
**financial loan** – préstamo financiero
**financial losses** – pérdidas financieras
**financial management** – administración financiera, gestión financiera
**financial manager** – administrador financiero
**financial market** – mercado financiero

**financial model** – modelo financiero
**financial motivation** – motivación financiera
**financial obligation** – obligación financiera
**financial officer** – oficial financiero
**financial operation** – operación financiera
**financial package** – paquete financiero
**financial participation** – participación financiera
**financial period** – período financiero
**financial plan** – plan financiero
**financial planner** – planificador financiero
**financial planning** – planificación financiera
**financial policy** – política financiera
**financial position** – posición financiera
**financial privacy** – privacidad financiera
**financial profit** – beneficio financiero, ganancia financiera
**financial projection** – proyección financiera
**financial provisions** – provisiones financieras
**financial pyramid** – pirámide financiera
**financial records** – registros financieros
**financial rehabilitation** – rehabilitación financiera
**financial report** – informe financiero, reporte financiero
**financial reporting** – informes financieros, presentación de informes financieros
**financial repression** – represión financiera
**financial requirements** – requisitos financieros
**financial resources** – recursos financieros
**financial responsibility** – responsabilidad financiera
**financial responsibility clause** – cláusula de responsabilidad financiera
**financial results** – resultados financieros
**financial review** – análisis financiero
**financial rewards** – recompensas financieras
**financial risk** – riesgo financiero
**financial sector** – sector financiero
**financial security** – seguridad financiera
**financial services** – servicios financieros
**financial situation** – situación financiera
**financial solvency** – solvencia financiera
**financial stability** – estabilidad financiera
**financial standards** – normas financieras
**financial standing** – situación financiera
**financial statement** – estado financiero
**financial statement audit** – auditoría de estados financieros
**financial structure** – estructura financiera
**financial summary** – resumen financiero
**financial support** – apoyo financiero
**financial system** – sistema financiero
**financial uncertainty** – incertidumbre financiera
**financial year** – año financiero
**financially able** – solvente
**financially sound** – solvente
**financier** *n* – financiero, financista
**financing** *n* – financiamiento, financiación
**financing acceptance** – aceptación de financiamiento
**financing administration** – administración de financiamiento
**financing administrator** – administrador de financiamiento
**financing advice** – asesoramiento de financiamiento
**financing adviser** – asesor de financiamiento
**financing advisor** – asesor de financiamiento
**financing agency** – agencia de financiamiento
**financing agreement** – convenio de financiamiento, acuerdo de financiamiento
**financing analysis** – análisis de financiamiento
**financing analyst** – analista de financiamiento
**financing application** – solicitud de financiamiento
**financing approval** – aprobación de financiamiento
**financing arrangement** – arreglo de financiamiento
**financing assistance** – asistencia en financiamiento
**financing authorisation** – autorización de financiamiento
**financing authorization** – autorización de financiamiento
**financing availability** – disponibilidad de financiamiento
**financing available** – financiamiento disponible
**financing bank** – banco de financiamiento
**financing broker** – intermediario de financiamiento, corredor de financiamiento
**financing bureau** – agencia de financiamiento, negociado de financiamiento
**financing business** – negocio de financiamiento
**financing capacity** – capacidad de financiamiento
**financing ceiling** – límite de financiamiento
**financing charges** – cargos de financiamiento
**financing co-operative** – cooperativa de financiamiento
**financing commitment** – compromiso de financiamiento
**financing company** – compañía de financiamiento
**financing consultant** – asesor de financiamiento
**financing contract** – contrato de financiamiento
**financing control** – control de financiamiento
**financing cooperative** – cooperativa de financiamiento
**financing corporation** – corporación de financiamiento
**financing cost** – costo de financiamiento, coste de financiamiento
**financing counseling** – asesoramiento de financiamiento
**financing counselling** – asesoramiento de financiamiento
**financing counsellor** – asesor de financiamiento
**financing counselor** – asesor de financiamiento
**financing criteria** – criterios de financiamiento
**financing crunch** – reducción del financiamiento disponible, escasez de financiamiento
**financing decline** – denegación de financiamiento
**financing denial** – denegación de financiamiento
**financing department** – departamento de financiamiento
**financing director** – director de financiamiento
**financing division** – división de financiamiento
**financing entity** – entidad de financiamiento
**financing expansion** – expansión de financiamiento
**financing expenditures** – gastos de financiamiento
**financing expenses** – gastos de financiamiento
**financing exposure** – exposición a riesgo de financiamiento
**financing facilities** – facilidades de financiamiento
**financing form** – formulario de financiamiento
**financing freeze** – congelamiento de financiamiento
**financing gap** – brecha de financiamiento

**financing guarantee** – garantía de financiamiento
**financing guaranty** – garantía de financiamiento
**financing history** – historial de financiamiento
**financing information** – información de financiamiento
**financing inquiry** – indagación de financiamiento
**financing institution** – institución de financiamiento
**financing instrument** – instrumento de financiamiento
**financing insurance** – seguro de financiamiento
**financing interest** – interés del financiamiento
**financing interest rate** – tasa de interés del financiamiento
**financing limit** – límite de financiamiento
**financing losses** – pérdidas de financiamiento
**financing management** – administración de financiamiento, gestión de financiamiento
**financing manager** – administrador de financiamiento
**financing market** – mercado de financiamiento
**financing mechanism** – mecanismo de financiamiento
**financing memorandum** – memorando de financiamiento
**financing method** – método de financiamiento
**financing office** – oficina de financiamiento
**financing outstanding** – financiamiento pendiente
**financing package** – paquete de financiamiento
**financing party** – parte del financiamiento
**financing period** – período de financiamiento
**financing plan** – plan de financiamiento
**financing policy** – política de financiamiento
**financing rate** – tasa de financiamiento
**financing requirements** – requisitos de financiamiento
**financing reserves** – reservas de financiamiento
**financing restrictions** – restricciones de financiamiento
**financing review** – revisión de financiamiento
**financing risk** – riesgo de financiamiento
**financing service charge** – cargo por servicios de financiamiento
**financing services** – servicios de financiamiento
**financing sources** – fuentes de financiamiento
**financing squeeze** – reducción del financiamiento disponible, escasez de financiamiento
**financing statement** – declaración de colateral para financiamiento
**financing status** – estatus de financiamiento
**financing supply** – oferta de financiamiento
**financing system** – sistema de financiamiento
**financing terms** – términos de financiamiento
**financing transaction** – transacción de financiamiento
**financing transfer** – transferencia de financiamiento
**find** *v* – encontrar, descubrir, fallar
**find against** – fallar en contra, decidir contra
**find for** – fallar a favor, decidir en favor de
**find guilty** – hallar culpable
**finder** *n* – intermediario que pone en contacto a dos partes para una oportunidad comercial, intermediario
**finder's fee** – comisión por poner en contacto a dos partes, comisión de intermediario
**finding** *n* – veredicto, fallo, sentencia, descubrimiento
**finding of fact** – determinación de hecho, decisión sobre cuestión de hecho
**findings of jury** – veredicto del jurado
**fine** *adj* – muy bueno, selecto, fino, refinado
**fine** *n* – multa
**fine** *v* – multar
**fine print** – letra pequeña, cláusulas de un contrato escritas con letras pequeñas y ubicadas de modo que no se noten fácilmente
**fine-tune** *v* – afinar, poner los últimos toques
**fingerprint** *n* – huella digital, huella dactilar, impresión digital
**fingerprint** *v* – tomar huellas digitales
**finish** *v* – terminar, agotar
**finished goods** – bienes terminados, productos terminados, mercancías terminadas
**finished products** – productos terminados
**fire** *n* – fuego
**fire** *v* – despedir, disparar, incendiar
**fire alarm** – alarma de incendio
**fire department** – departamento de bomberos
**fire district** – distrito de bomberos
**fire escape** – escape de incendios, escalera de incendios
**fire extinguisher** – extintor de incendio
**fire hazard** – peligro de incendio
**fire insurance** – seguro contra incendio
**fire insurance policy** – póliza de seguro contra incendio
**fire loss** – pérdida por causa de fuego
**fire policy** – póliza de seguro contra incendio
**fire regulations** – reglamentos concerniente a los incendios
**fire risk** – riesgo de incendio
**fire sale** – venta de liquidación
**firearm** *n* – arma de fuego
**firearm acts** – leyes que penalizan la posesión o el uso ilegal de armas de fuego
**fireboat** *n* – barco para extinguir incendios
**fireproof** *adj* – a prueba de fuego
**fireworks** *n* – excitación, fuegos artificiales
**firewall** *n* – contrafuegos
**firing** *n* – disparo, disparos, despido
**firing squad** – pelotón de fusilamiento
**firm** *adj* – firme, en firme, estable, final
**firm** *n* – empresa, firma
**firm bid** – oferta firme, oferta en firme
**firm buyer** – comprador firme, comprador en firme
**firm commitment** – compromiso firme, ofrecimiento en que los suscriptores compran los valores que se ofrecerán al público
**firm contract** – contrato firme, contrato en firme
**firm name** – nombre de empresa
**firm offer** – oferta firme, oferta en firme
**firm order** – orden firme, orden en firme
**firm price** – precio firme, precio en firme
**firm quote** – cotización firme, cotización en firme
**firm sale** – venta firme, venta en firme
**firm seller** – vendedor firme, vendedor en firme
**firmly** *adv* – firmemente
**first aid** – primeros auxilios
**first attempt** – primer intento
**first blush** – a primera impresión
**first-born** *adj* – primogénito
**first charge** – primer cargo
**first class** – primera clase
**first class mail** – correo de primera clase
**first class post** – correo de primera clase

**first conviction** – primera condena
**first cousin** – primo hermano
**first crime** – primer crimen
**first criminal act** – primer acto criminal
**first criminal conviction** – primera condena criminal
**first degree murder** – asesinato en primer grado
**first-dollar coverage** – cobertura desde el primer dólar
**first-hand** *adj* – de primera mano
**first-hand** *adv* – directamente
**first-hand knowledge** – conocimiento de primera mano
**first heir** – primer heredero
**first impression** – primera impresión
**first-in-first-out** – primero en entrar-primero en salir
**first-in-last-out** – primero en entrar-último en salir
**first instance** – primera instancia
**first lien** – privilegio de primer grado, gravamen de primer rango, primer gravamen, primera hipoteca
**first mortgage** – primera hipoteca, hipoteca en primer grado
**first name** – nombre de pila
**first offender** – delincuente sin antecedentes penales
**first option** – primera opción, derecho de preferencia
**first payment** – primer pago, pago inicial
**first policy year** – primer año de vigencia de una póliza
**first premium** – primera prima
**first price** – primer precio, precio inicial
**first purchaser** – comprador original de propiedad que todavía forma parte de los bienes familiares
**first rate** – de primera categoría, de primera clase
**first refusal right** – derecho de prelación, derecho de tener la primera oportunidad de comprar un inmueble al estar disponible
**first stage** – primera etapa
**first-time homebuyer** – comprador de vivienda por primera vez
**first use** – primera uso
**first world** – primer mundo
**fisc** *n* – fisco, hacienda pública
**fiscal** *adj* – fiscal, impositivo
**fiscal activity** – actividad fiscal
**fiscal adjustment** – ajuste fiscal
**fiscal administration** – administración fiscal
**fiscal adviser** – asesor fiscal
**fiscal advisor** – asesor fiscal
**fiscal affairs** – asuntos fiscales
**fiscal agency** – agencia fiscal
**fiscal agent** – agente fiscal
**fiscal agreement** – acuerdo fiscal
**fiscal aid** – ayuda fiscal
**fiscal analysis** – análisis fiscal
**fiscal analyst** – analista fiscal
**fiscal approach** – acercamiento fiscal
**fiscal assistance** – asistencia fiscal
**fiscal austerity** – austeridad fiscal
**fiscal authorities** – autoridades fiscales
**fiscal balance** – equilibrio fiscal, balance fiscal
**fiscal base** – base fiscal
**fiscal benefit** – beneficio fiscal
**fiscal boom** – auge fiscal
**fiscal budget** – presupuesto fiscal
**fiscal burden** – carga fiscal
**fiscal calendar** – calendario fiscal
**fiscal capacity** – capacidad fiscal
**fiscal climate** – clima fiscal
**fiscal co-operation** – cooperación fiscal
**fiscal commission** – comisión fiscal
**fiscal conditions** – condiciones fiscales
**fiscal cooperation** – cooperación fiscal
**fiscal cost** – costo fiscal, coste fiscal
**fiscal court** – tribunal fiscal
**fiscal crisis** – crisis fiscal
**fiscal cycle** – ciclo fiscal
**fiscal decision** – decisión fiscal
**fiscal deficit** – déficit fiscal
**fiscal depreciation** – depreciación fiscal
**fiscal development** – desarrollo fiscal
**fiscal discrimination** – discriminación fiscal
**fiscal dividend** – dividendo fiscal
**fiscal drag** – lastre fiscal, rémora fiscal, progresividad en frío
**fiscal dynamics** – dinámica fiscal
**fiscal efficiency** – eficiencia fiscal
**fiscal entity** – entidad fiscal
**fiscal environment** – ambiente fiscal
**fiscal equilibrium** – equilibrio fiscal, balance fiscal
**fiscal expansion** – expansión fiscal
**fiscal expenditures** – gastos fiscales
**fiscal exposure** – exposición fiscal
**fiscal forecast** – pronóstico fiscal
**fiscal forecasting** – previsión fiscal
**fiscal freedom** – libertad fiscal
**fiscal growth** – crecimiento fiscal
**fiscal history** – historial fiscal
**fiscal illusion** – ilusión fiscal
**fiscal incentive** – incentivo fiscal
**fiscal indicators** – indicadores fiscales
**fiscal inefficiency** – ineficiencia fiscal
**fiscal information** – información fiscal
**fiscal integration** – integración fiscal
**fiscal intervention** – intervención fiscal
**fiscal law** – derecho fiscal
**fiscal loss** – pérdida fiscal
**fiscal management** – administración fiscal, gestión fiscal
**fiscal mission** – misión fiscal
**fiscal model** – modelo fiscal
**fiscal monopoly** – monopolio fiscal
**fiscal needs** – necesidades fiscales
**fiscal officers** – funcionarios fiscales
**fiscal operation** – operación fiscal
**fiscal opportunity** – oportunidad fiscal
**fiscal organisation** – organización fiscal
**fiscal organization** – organización fiscal
**fiscal pattern** – patrón fiscal
**fiscal penalties** – penalidades fiscales, sanciones fiscales
**fiscal period** – período fiscal
**fiscal plan** – plan fiscal
**fiscal planning** – planificación fiscal
**fiscal policy** – política fiscal
**fiscal position** – posición fiscal
**fiscal power** – potencia fiscal
**fiscal quarter** – trimestre fiscal
**fiscal recovery** – recuperación fiscal
**fiscal reorganisation** – reorganización fiscal
**fiscal reorganization** – reorganización fiscal

**fiscal report** – informe fiscal
**fiscal research** – investigación fiscal
**fiscal resources** – recursos fiscales
**fiscal restraint** – mesura fiscal
**fiscal revenues** – ingresos fiscales
**fiscal sanctions** – sanciones fiscales
**fiscal security** – seguridad fiscal
**fiscal situation** – situación fiscal
**fiscal stabilisation** – estabilización fiscal
**fiscal stability** – estabilidad fiscal
**fiscal stabilization** – estabilización fiscal
**fiscal stimulus** – estímulo fiscal
**fiscal strategy** – estrategia fiscal
**fiscal structure** – estructura fiscal
**fiscal support** – apoyo fiscal
**fiscal system** – sistema fiscal
**fiscal tax year** – año contributivo fiscal
**fiscal theory** – teoría fiscal
**fiscal transparency** – transparencia fiscal
**fiscal trend** – tendencia fiscal
**fiscal value** – valor fiscal
**fiscal welfare** – bienestar fiscal
**fiscal year** – año fiscal, ejercicio fiscal
**fiscally** *adv* – fiscalmente
**fishery** *n* – derecho de pesca, pesca, pesquería, pescadería
**fishery, right of** – derecho de pesca
**fishing expedition** – el uso de los tribunales para obtener información mas allá de lo concerniente al caso, el realizar investigaciones con el fin de hacer daño mientras se aparenta otra cosa
**fishing industry** – industria pesquera
**fishing right** – derecho de pesca
**fishing trip** – el uso de los tribunales para obtener información mas allá de lo concerniente al caso, el realizar investigaciones con el fin de hacer daño mientras se aparenta otra cosa
**fit** *adj* – apto, apropiado, correcto
**fit** *n* – concordancia
**fit** *v* – convenir a, corresponder a
**fitness** *n* – aptitud, conveniencia
**fitness for a particular purpose** – aptitud para un fin específico
**fix** *v* – fijar, establecer, determinar, arreglar
**fix a price** – fijar un precio
**fixation** *n* – fijación
**fixed** *adj* – fijo, establecido
**fixed amortisation** – amortización fija
**fixed amortization** – amortización fija
**fixed amount** – cantidad fija
**fixed-amount annuity** – anualidad de cantidad fija
**fixed annual interest** – intereses anuales fijos
**fixed annual interest rate** – tasa de interés anual fija
**fixed annual percentage** – porcentaje anual fijo
**fixed annual percentage rate** – tasa de porcentaje anual fijo
**fixed annual rate** – tasa anual fija
**fixed annuity** – anualidad fija
**fixed assets** – activo fijo
**fixed bail** – fianza fijada
**fixed benefits** – beneficios fijos
**fixed budget** – presupuesto fijo
**fixed budgeting** – presupuestación fija
**fixed capital** – capital fijo
**fixed charges** – cargos fijos
**fixed-cost contract** – contrato de costo fijo, contrato de coste fijo
**fixed costs** – costos fijos, costes fijos, costas fijas
**fixed credit line** – línea de crédito fija
**fixed debt** – deuda fija
**fixed deposit** – depósito a plazo fijo, depósito fijo
**fixed depreciation** – depreciación fija
**fixed-dollar annuity** – anualidad de cantidad fija
**fixed duties** – derechos fijos, impuestos fijos
**fixed exchange rate** – tipo de cambio fijo
**fixed expenditures** – gastos fijos
**fixed expenses** – gastos fijos
**fixed factors** – factores fijos
**fixed fee** – cargo fijo
**fixed income** – ingreso fijo
**fixed-income investment** – inversión de ingreso fijo
**fixed-income market** – mercado de inversiones de ingreso fijo
**fixed-income securities** – valores de ingreso fijo
**fixed installments** – pagos fijos, plazos fijos
**fixed intention** – intención fija
**fixed interest** – interés fijo
**fixed interest rate** – tasa de interés fija
**fixed inventory** – inventario fijo
**fixed investment** – inversión fija
**fixed liabilities** – pasivo fijo
**fixed maturity** – vencimiento fijo
**fixed obligation** – obligación fija
**fixed opinion** – prejuicio
**fixed par value** – paridad fija
**fixed parity** – paridad fija
**fixed pay** – paga fija
**fixed-payment loan** – préstamo de pagos fijos
**fixed-payment mortgage** – hipoteca de pagos fijos
**fixed payments** – pagos fijos
**fixed period** – período fijo
**fixed premium** – prima fija
**fixed price** – precio fijo
**fixed-price contract** – contrato a precio fijo
**fixed procedure** – procedimiento fijo
**fixed rate** – tasa fija
**fixed-rate bond** – bono de tasa fija
**fixed-rate debt** – deuda de tasa fija
**fixed-rate financing** – financiamiento a tasa fija
**fixed-rate loan** – préstamo de tasa fija
**fixed-rate mortgage** – hipoteca de tasa fija
**fixed remuneration** – remuneración fija
**fixed rent** – renta fija
**fixed residence** – residencia fija
**fixed return** – rendimiento fijo
**fixed revenue** – ingresos fijos
**fixed salary** – salario fijo
**fixed selling price** – precio de venta fijo
**fixed sentence** – sentencia fija
**fixed tax** – impuesto fijo
**fixed term** – plazo fijo
**fixed-term contract** – contrato a plazo fijo
**fixed-term deposit** – depósito a plazo fijo
**fixed-term loan** – préstamo a plazo fijo
**fixed trust** – fideicomiso fijo
**fixed wages** – salarios fijos
**fixed yield** – rendimiento fijo
**fixing** *n* – fijación, determinación

**fixture** *n* – instalación
**fixtures and fittings** – instalaciones fijas, instalaciones fijas que se incluyen al vender un inmueble, accesorios e instalaciones
**flag** *n* – bandera
**flag** *v* – señalar, hacer señales con banderas
**flag, law of the** – las leyes del país de la bandera izada en una embarcación
**flag of convenience** – bandera de conveniencia
**flag of registration** – bandera de registro
**flag of truce** – bandera de tregua, bandera blanca
**flagrant** *adj* – flagrante, notorio
**flagrant crime** – crimen flagrante
**flagrant necessity** – necesidad flagrante
**flame** *n* – llama, fuego
**flash** *v* – chispear, moverse ligeramente, estallar
**flash check** – cheque conscientemente girado sin fondos, cheque falso
**flash cheque** – cheque conscientemente girado sin fondos, cheque falso
**flat** *adj* – fijo, uniforme, plano, sin intereses acumulados, neto
**flat** *n* – apartamento, departamento, piso
**flat cancellation** – cancelación de la póliza el día de vigencia
**flat charge** – cargo fijo
**flat commission** – comisión fija
**flat deductible** – deducible fijo
**flat fee** – cargo fijo
**flat lease** – arrendamiento de pagos fijos
**flat rate** – tasa fija, tarifa fija
**flat scale** – escala fija
**flat tax** – impuesto fijo
**flatly** *adv* – categóricamente, totalmente
**flaw** *n* – imperfección, falta, defecto, tacha
**flawless** *adj* – impecable, intachable
**flee** *v* – huir, apartarse de
**fleece** *v* – desplumar
**flee from justice** – huir de la justicia
**fleet** *n* – flota
**fleet policy** – póliza sobre una flota de vehículos
**flesh** *n* – carne, género humano, parentesco
**flexibility** *n* – flexibilidad
**flexible** *adj* – flexible, dócil
**flexible account** – cuenta flexible
**flexible benefit plan** – plan de beneficios flexible
**flexible budget** – presupuesto flexible
**flexible budgeting** – presupuestación flexible
**flexible exchange rate** – tipo de cambio flexible
**flexible hours** – horario flexible
**flexible interest rate** – tasa de interés flexible
**flexible manufacturing** – manufactura flexible
**flexible mortgage** – hipoteca flexible
**flexible-payment mortgage** – hipoteca de pagos flexibles
**flexible premium** – prima flexible
**flexible-premium annuity** – anualidad de primas flexibles
**flexible-premium insurance** – seguro de primas flexibles
**flexible prices** – precios flexibles
**flexible rate** – tasa flexible
**flexible-rate loan** – préstamo de tasa flexible
**flexible-rate mortgage** – hipoteca de tasa flexible
**flexible schedule** – horario flexible
**flexible tariff** – tarifa flexible
**flexible time** – horario flexible
**flexible timetable** – horario flexible
**flexible working hours** – horario flexible
**flexitime** *n* – horario flexible
**flextime** *n* – horario flexible
**flight** *n* – vuelo, fuga
**flight from justice** – huida de la justicia
**flight of capital** – fuga de capital
**flight of funds** – fuga de fondos
**flimsy** *adj* – débil, frágil
**flight to quality** – tendencia hacia la compra de inversiones seguras para contrarrestar factores adversos del mercado, huida hacia la calidad
**flipper** *n* – quien busca obtener una ganancia rápida al vender acciones de una oferta pública inicial lo más rápido posible
**float** *n* – flotación, emisión, emisión de valores, acciones, tiempo entre la emisión de un cheque y el registro del débito, tiempo entre la fecha de un pago esperado y el pago efectivo, bienes en el curso de su elaboración
**float** *v* – flotar, emitir, emitir acciones, emitir valores, poner, negociar
**floatation** *n* – emisión, emisión de acciones, emisión de bonos
**floatation cost** – costo de emitir acciones, costo de emitir bonos, coste de emitir acciones, coste de emitir bonos
**floater** *n* – póliza de artículos sin un lugar fijo, instrumento de deuda de tasa variable
**floater policy** – póliza de artículos sin un lugar fijo
**floating** *adj* – flotante, circulante, variante
**floating** *n* – emisión, emisión de acciones, emisión de bonos
**floating assets** – activo circulante, activo flotante
**floating capital** – capital circulante, capital flotante
**floating charge** – gasto flotante
**floating currency** – moneda flotante
**floating debt** – deuda flotante
**floating exchange** – cambio flotante
**floating exchange rate** – tipo de cambio flotante
**floating interest rate** – tasa de interés flotante
**floating policy** – póliza flotante
**floating rate** – tasa flotante
**floating-rate loan** – préstamo de tasa flotante
**floating-rate mortgage** – hipoteca de tasa flotante
**floating-rate note** – instrumento de deuda de tasa flotante
**floating-rate preferred securities** – valores preferidos de tasa flotante
**floating-rate preferred shares** – acciones preferidas de tasa flotante
**floating-rate preferred stock** – acciones preferidas de tasa flotante
**floating-rate securities** – valores de tasa flotante
**floating stock** – emisión de acciones
**floating zone** – zonificación en la que se asigna cierta proporción del área total a usos determinados pero no lugares específicos para estos usos
**flogging** *n* – azotamiento, vapuleo
**flood** *n* – inundación, torrente
**flood** *v* – inundar, colmar, saturar

**flood insurance** – seguro contra inundaciones
**flood water** – caudal de una creciente
**floor** *n* – piso, mínimo, suelo, parqué
**floor amount** – cantidad mínima
**floor loan** – préstamo mínimo
**floor plan** – plano de piso
**floor price** – precio mínimo
**floor rate** – tasa mínima
**flop** *n* – fracaso
**flotation** *n* – emisión, emisión de acciones, emisión de bonos
**flotation cost** – costo de emitir acciones, costo de emitir bonos, coste de emitir acciones, coste de emitir bonos
**flotsam** *n* – restos flotantes, objetos flotantes
**flow** *n* – flujo, corriente
**flow chart** – organigrama, flujograma
**flow of costs** – flujo de costos, flujo de costes
**flow of funds** – flujo de fondos
**flow of goods** – flujo de productos, flujo de mercancías
**flow of money** – flujo de dinero
**flow of work** – flujo del trabajo
**flowage** *n* – inundación, corriente
**flowchart** *n* – organigrama, flujograma
**FLSA (Fair Labor Standards Act)** – Ley Federal de Normas Razonables del Trabajo
**fluctuate** *v* – fluctuar
**fluctuating** *adj* – fluctuante
**fluctuating interest rate** – tasa de interés fluctuante
**fluctuating rate** – tasa fluctuante
**fluctuating rate loan** – préstamo de tasa fluctuante
**fluctuating rate mortgage** – hipoteca de tasa fluctuante
**fluctuating unemployment** – desempleo fluctuante
**fluctuation** *n* – fluctuación
**fluctuation interval** – intervalo de fluctuación
**fluctuation limit** – límite de fluctuación
**fluctuation range** – intervalo de fluctuación
**fly-by-night** *adj* – cuestionable, sospechoso
**flyer** *n* – octavilla, pasajero aéreo
**FMLA (Family and Medical Leave Act)** – Ley de Ausencia Familiar y Médica
**FNMA (Federal National Mortgage Association)** – Fannie Mae
**FOB (free on board)** – franco a bordo, libre a bordo
**FOB price (free on board price)** – precio FOB
**focus of attention** – foco de atención
**focus on** – centrarse en, enfocar en
**foe** *n* – enemigo, adversario
**foeticide** *n* – feticidio
**fog** *n* – neblina, nebulosidad
**fogbound** *adj* – rodeado de neblina, detenido por motivo de neblina
**fold** *v* – cesar operaciones, cesar operaciones por falta de éxito, plegar
**folder** *n* – fólder, carpeta
**folio** *n* – folio, hoja, numeración de hojas, página
**follow** *v* – seguir, perseguir, observar
**follow advice** – seguir consejos
**follow-up** *n* – seguimiento
**follow-up letter** – carta de seguimiento
**follower** *n* – seguidor, discípulo, adherente
**FOMC (Federal Open Market Committee)** – Comité Federal de Mercado Abierto
**food aid** – ayuda alimentaria
**Food and Agriculture Organisation** – Organización para la Agricultura y la Alimentación
**Food and Agriculture Organization** – Organización para la Agricultura y la Alimentación
**food crop** – cultivo alimentario
**food industry** – industria de alimentos
**food processing** – procesamiento de alimentos
**food security** – seguridad alimentaria
**food stamps** – cupones de alimentos
**footage** *n* – película, longitud expresada en pies
**footnote disclosure** – divulgación en nota al pie
**footpath** *n* – sendero
**footprints** *n* – huellas del pie, rastro
**for account of** – para la cuenta de
**for cause** – por causa suficiente
**for collection** – al cobro
**for deposit only** – sólo para depósito
**for hire** – para alquiler, libre
**for information purposes only** – a título informativo
**for lease** – se arrienda
**for life** – vitalicio
**for purpose of** – para el propósito de, con la intención de
**for rent** – se alquila
**for reward** – por recompensa
**for sale** – se vende
**for show** – para impresionar
**for that** – por lo que, para eso
**for use** – para el uso, para el beneficio
**for value received** – por contraprestación recibida
**for whom it may concern** – a quien pueda interesar, a quien pueda corresponder
**for your information** – para su información
**forbear** *v* – desistir de, evitar, tolerar
**forbearance** *n* – tolerancia, tolerancia por incumplimiento de pago, indulgencia, abstención
**forbearance agreement** – acuerdo de no cobrar un dinero debido
**forbearing** *adj* – tolerante
**forbid** *v* – prohibir
**forbidden** *adj* – prohibido
**forbidden by law** – prohibido por ley
**forbidden marks** – marcas prohibidas, marcas comerciales prohibidas
**force** *n* – fuerza, vigencia, violencia
**force** *v* – obligar, forzar, coactar
**force and arms** – uso de violencia
**force and fear** – uso de fuerza y temor
**force, in** – en vigor, en vigencia
**force majeure** – fuerza mayor
**forced** *adj* – forzoso, forzado
**forced acquisition** – adquisición forzosa
**forced agreement** – convenio forzoso
**forced arbitration** – arbitraje forzoso
**forced bankruptcy** – quiebra forzosa
**forced conversion** – conversión forzosa
**forced coverage** – cobertura forzosa
**forced currency** – moneda forzosa
**forced expenditures** – gastos forzosos
**forced expenses** – gastos forzosos
**forced heir** – heredero forzoso
**forced labor** – trabajo forzoso, trabajo forzado

**forced labour** – trabajo forzoso, trabajo forzado
**forced liquidation** – liquidación forzosa
**forced loan** – préstamo forzoso
**forced payment** – pago forzoso
**forced purchase** – compra forzosa
**forced remuneration** – remuneración forzosa
**forced retirement** – retiro forzoso
**forced sale** – venta forzosa
**forced share** – parte forzosa
**forces of the market** – fuerzas del mercado
**forcible** *adj* – forzado, eficaz, concluyente
**forcible detainer** – remedio sumario para recobrar un bien inmueble
**forcible entry** – posesión de un inmueble mediante la violencia, allanamiento de morada
**forcible entry and detainer** – proceso sumario para recobrar un bien inmueble
**forcible rape** – violación con violencia, estupro con violencia
**forcible trespass** – apropiación de bienes muebles mediante la violencia, apropiación de bienes inmuebles mediante la violencia, allanamiento de morada
**foreclose** *v* – privar del derecho de redención a un deudor hipotecario, ejecutar, ejecutar una hipoteca, impedir, concluir
**foreclosure** *n* – ejecución hipotecaria, juicio hipotecario, acción hipotecaria, ejecución, extinción del derecho de redimir una hipoteca, ejecución de una hipoteca, impedimento del uso de un derecho, exclusión
**foreclosure decree** – decreto judicial para la ejecución hipotecaria
**foreclosure of a mortgage** – ejecución hipotecaria
**foreclosure, right of** – derecho de ejecución hipotecaria
**foreclosure sale** – venta de un inmueble hipotecado para pagar la deuda, venta judicial
**foredate** *v* – antedatar
**foregift** *n* – pago de prima por encima del alquiler de parte de un arrendatario, prima de arriendo
**foregoing** *adj* – antedicho, antes escrito
**foregone earnings** – ingresos sacrificados
**foregone income** – ingresos sacrificados
**foregone revenue** – ingresos sacrificados
**foreign** *adj* – extranjero, exterior, extraño, ajeno
**foreign account** – cuenta exterior
**foreign administrator** – administrador extranjero
**foreign advertising** – publicidad extranjera
**foreign agency** – agencia extranjera
**foreign agent** – agente extranjero
**foreign agreement** – convenio extranjero
**foreign aid** – ayuda exterior
**foreign application** – solicitud extranjera
**foreign applicant** – solicitante extranjero
**foreign assets** – activo exterior
**foreign assignment** – cesión hecha en el extranjero
**foreign assistance** – asistencia exterior
**foreign association** – asociación extranjera
**foreign attachment** – embargo de bienes o derechos de un extranjero
**foreign bank** – banco extranjero
**foreign banking** – banca extranjera
**foreign bill** – letra extranjera
**foreign bill of exchange** – letra de cambio extranjera
**foreign bonds** – bonos extranjeros
**foreign borrowing** – préstamos extranjeros, préstamos en divisas
**foreign branch** – sucursal extranjera
**foreign capital** – capital extranjero
**foreign co-operation** – cooperación extranjera
**foreign commerce** – comercio exterior
**foreign company** – compañía extranjera, compañía establecida en otro estado
**foreign competition** – competencia extranjera
**foreign conference** – conferencia extranjera
**foreign consulate** – consulado extranjero
**foreign content** – contenido extranjero
**foreign contract** – contrato extranjero
**foreign-controlled** *adj* – controlado desde el exterior
**foreign cooperation** – cooperación extranjera
**foreign copyright** – derechos de autor extranjeros
**foreign corporation** – corporación extranjera, corporación establecida en otro estado
**foreign correspondent** – corresponsal extranjero
**Foreign Corrupt Practices Act** – Ley de Prácticas Corruptas Extranjeras
**foreign country** – país extranjero
**foreign county** – condado extranjero
**foreign court** – tribunal extranjero
**foreign creditor** – acreedor extranjero
**foreign currency** – moneda extranjera
**foreign currency account** – cuenta en moneda extranjera, cuenta en divisas
**foreign currency arbitrage** – arbitraje de divisas
**foreign currency borrowing** – préstamos en divisas
**foreign currency debt** – deuda en moneda extranjera, deuda en divisas
**foreign currency deposits** – depósitos en divisas
**foreign currency exchange** – mercado de divisas, intercambio de divisas
**foreign currency exchange controls** – controles de intercambio de divisas
**foreign currency futures** – futuros de divisas
**foreign currency holdings** – reserva de divisas
**foreign currency loan** – préstamo en moneda extranjera
**foreign currency market** – mercado de divisas
**foreign currency options** – opciones de divisas
**foreign currency reserves** – reserva de divisas
**foreign currency restrictions** – restricciones de divisas
**foreign currency revaluation** – revalorización de divisas
**foreign currency swap** – intercambio de divisas
**foreign currency transaction** – transacción en divisas
**foreign currency translation** – traducción de divisas
**foreign custom** – costumbre extranjera
**foreign debt** – deuda extranjera
**foreign demand** – demanda extranjera
**foreign department** – departamento extranjero
**foreign deposit** – depósito extranjero
**foreign diplomatic officers** – funcionarios diplomáticos extranjeros
**foreign direct investment** – inversión extranjera directa
**foreign dispute** – disputa extranjera
**foreign division** – división extranjera

**foreign divorce** – divorcio en el extranjero
**foreign document** – documento extranjero
**foreign domicile** – domicilio extranjero
**foreign economic plan** – plan económico extranjero
**foreign emergency** – emergencia extranjera
**foreign enterprise** – empresa extranjera
**foreign exchange** – divisas, intercambio de divisas, moneda extranjera, intercambio de moneda extranjera, cambio
**foreign exchange assets** – activo en divisas
**foreign exchange broker** – corredor de divisas
**foreign exchange control** – control de divisas
**foreign exchange dealer** – corredor de divisas
**foreign exchange futures** – divisas a término
**foreign exchange market** – mercado de divisas
**foreign exchange policy** – política de divisas
**foreign exchange rate** – tipo de cambio de divisas
**foreign exchange reserves** – reserva de divisas
**foreign exchange restrictions** – restricciones de divisas
**foreign exchange risk** – riesgo de divisas
**foreign exchange speculation** – especulación con divisas
**foreign exchange transaction** – transacción de divisas
**foreign firm** – empresa extranjera
**foreign goods** – productos extranjeros, bienes extranjeros, mercancías extranjeras
**foreign guardian** – tutor designado por un tribunal en otra jurisdicción
**foreign holiday** – fiesta extranjera
**foreign immunity** – inmunidad extranjera
**foreign income** – ingresos extranjeros
**foreign insurance** – seguro extranjero
**foreign investment** – inversión extranjera
**foreign investor** – inversionista extranjero
**foreign issue** – emisión extranjera
**foreign judgment** – sentencia extranjera
**foreign jurisdiction** – jurisdicción extranjera
**foreign jury** – jurado extranjero
**foreign language** – lenguaje extranjero
**foreign law** – derecho extranjero
**foreign laws** – leyes extranjeras
**foreign liabilities** – pasivo exterior
**foreign liability** – responsabilidad extranjera
**foreign liquidity** – liquidez extranjera
**foreign loan** – préstamo extranjero
**foreign market** – mercado extranjero
**foreign minister** – ministro de asuntos exteriores, embajador extranjero
**foreign money** – dinero extranjero
**foreign order** – orden extranjera, orden judicial originada en otro estado
**foreign organisation** – organización extranjera
**foreign organization** – organización extranjera
**foreign origin** – origen extranjero
**foreign-owned** *adj* – de propiedad extranjera
**foreign patent** – patente extranjera
**foreign payment** – pago extranjero
**foreign policy** – política extranjera, póliza extranjera
**foreign port** – puerto extranjero
**foreign proceeding** – procedimiento en el extranjero
**foreign reserves** – reservas extranjeras
**foreign securities** – valores extranjeros
**foreign service** – servicio exterior
**foreign shares** – acciones extranjeras
**foreign-source income** – ingresos procedentes del extranjero
**foreign stock** – acciones extranjeras
**foreign tax** – impuesto extranjero
**foreign tax agreement** – convenio extranjero sobre impuestos
**foreign tax credit** – crédito impositivo extranjero
**foreign tax deduction** – deducción impositiva extranjera
**foreign trade** – comercio exterior
**foreign trade agency** – agencia de comercio exterior
**foreign trade balance** – balanza de comercio exterior
**foreign trade bank** – banco de comercio exterior
**foreign trade policy** – política de comercio exterior
**foreign trade zone** – zona de comercio exterior, zona franca
**foreign vessel** – nave extranjera
**foreign waters** – aguas territoriales de un país extranjero
**foreigner** *n* – extranjero, forastero
**forejudge** *v* – juzgar de antemano, privar mediante sentencia judicial
**foreknow** *v* – saber de antemano, prever
**foreman** *n* – capataz, presidente de un jurado
**forename** *n* – nombre de pila
**forensic** *adj* – forense, judicial
**forensic accountant** – contador forense
**forensic medicine** – medicina forense, medicina legal
**foreperson** *n* – capataz, presidente de un jurado
**foresee** *v* – prever
**foreseeable** *adj* – previsible
**foreseeable consequences** – consecuencias previsibles
**foreseeable damage** – daño previsible
**foreseeable danger** – peligro previsible
**foreseeable encounter** – encuentro previsible
**foreseeable injury** – lesión previsible
**foreseeable result** – resultado previsible
**foreseeable risk** – riesgo previsible
**foreshadow** *v* – presagiar, anunciar
**foreshore** *n* – la zona de la playa entre la marea baja y alta, playa
**foresight** *n* – previsión, prudencia
**forestall** *v* – impedir, excluir, acaparar
**forestalling the market** – acaparamiento del mercado
**forestallment** *n* – prevención, anticipación
**forestry** *n* – silvicultura, selvicultura
**forethought** *n* – premeditación, prudencia, prevención
**forever** *adv* – eternamente, para siempre
**forewarn** *v* – advertir, prevenir
**forewoman** *n* – capataz, presidenta de un jurado
**forex (foreign exchange)** – divisas, intercambio de divisas, moneda extranjera, intercambio de moneda extranjera, cambio
**forex assets (foreign exchange assets)** – activo en divisas
**forex broker (foreign exchange broker)** – corredor de divisas
**forex control (foreign exchange control)** – control de divisas
**forex futures (foreign exchange futures)** – divisas a término

**forex market (foreign exchange market)** – mercado de divisas
**forex rate (foreign exchange rate)** – tipo de cambio de divisas
**forex reserves (foreign exchange reserves)** – reserva de divisas
**forex restrictions (foreign exchange restrictions)** – restricciones de divisas
**forex risk (foreign exchange risk)** – riesgo de divisas
**forex transaction (foreign exchange transaction)** – transacción de divisas
**forfaiting** *n* – forfaiting
**forfeit** *v* – perder, confiscar, decomisar, perder el derecho a una cosa
**forfeitable** *adj* – sujeto a pérdida, confiscable, decomisable
**forfeiture** *n* – pérdida, confiscación, decomiso
**forge** *v* – falsificar, fabricar, forjar
**forged** *adj* – falsificado
**forged check** – cheque falsificado
**forged cheque** – cheque falsificado
**forged copy** – copia falsificada
**forged document** – documento falsificado
**forged duplicate** – duplicado falsificado
**forged endorsement** – endoso falsificado
**forged entry** – asiento falsificado
**forged instrument** – instrumento falsificado
**forged money** – dinero falsificado
**forged record** – registro falsificado
**forged report** – informe falsificado
**forged signature** – firma falsificada
**forged statement** – estado falsificado
**forger** *n* – falsificador
**forgery** *n* – falsificación
**forgery insurance** – seguro contra falsificación
**forgivable loan** – préstamo perdonable
**forgive** *v* – perdonar, eximir
**forgo** *v* – renunciar a, perder, pasar sin, prescindir de
**forgone earnings** – ingresos sacrificados
**forgone income** – ingresos sacrificados
**forgone revenue** – ingresos sacrificados
**form** *n* – formulario, forma, modelo
**form** *v* – formar, desarrollar
**form of the statute** – el lenguaje de la ley
**formal** *adj* – formal, expreso
**formal acceptance** – aceptación formal
**formal accusation** – acusación formal
**formal adherence** – adherencia formal
**formal agreement** – acuerdo formal
**formal charges** – cargos formales
**formal communication** – comunicación formal
**formal complaint** – querella formal
**formal consent** – consentimiento formal
**formal contract** – contrato formal
**formal criminal charge** – cargo criminal formal
**formal declaration** – declaración formal
**formal issue** – cuestión formal
**formal notice** – notificación formal
**formal organisation** – organización formal
**formal organization** – organización formal
**formal permission** – permiso formal
**formal promise** – promesa formal
**formal questioning** – interrogatorio formal
**formal statement** – declaración formal
**formalisation** *n* – formalización
**formalise** *v* – formalizar, celebrar
**formalise a contract** – formalizar un contrato
**formalise an agreement** – formalizar un acuerdo
**formalism** *n* – formalismo
**formality** *n* – formalidad, norma, ceremonia
**formalization** *n* – formalización
**formalize** *v* – formalizar, celebrar
**formalize a contract** – formalizar un contrato
**formalize an agreement** – formalizar un acuerdo
**formally** *adv* – formalmente
**formally accept** – aceptar formalmente
**formally accuse** – acusar formalmente
**formally communicate** – comunicar formalmente
**formally consent** – consentir formalmente
**formally contract** – contratar formalmente
**formally declare** – declarar formalmente
**formally promise** – prometer formalmente
**formally state** – declarar formalmente
**format** *n* – formato, forma
**formation** *n* – formación, constitución
**formation of trust** – formación de fideicomiso
**formed design** – premeditación
**former** *adj* – anterior, antiguo
**former adjudication** – adjudicación previa, cosa juzgada
**former buyer** – comprador anterior
**former conditions** – condiciones anteriores
**former convictions** – condenas anteriores
**former deposit** – depósito anterior
**former disability** – discapacidad anterior
**former employee** – empleado anterior
**former employer** – patrono anterior
**former employment** – empleo anterior
**former endorsement** – endoso anterior
**former endorser** – endosante anterior
**former indorsement** – endoso anterior
**former indorser** – endosante anterior
**former injury** – lesión anterior
**former jeopardy** – disposición que prohíbe una segunda acción por el mismo delito
**former job** – empleo anterior
**former marriage** – matrimonio anterior
**former obligation** – obligación anterior
**former order** – orden anterior
**former period** – período anterior
**former recovery** – indemnización en una acción anterior
**former terms** – términos anteriores
**former testimony** – testimonio anterior
**former use** – uso anterior
**former will** – testamento anterior
**forms of action** – formas de acción
**formula** *n* – fórmula
**fornication** *n* – fornicación
**forsake** *v* – abandonar, dejar
**forswear** *v* – jurar en falso, perjurar
**forth** *adv* – adelante, en adelante
**forthcoming** *adj* – próximo, que viene
**forthcoming bond** – caución para recobrar bienes embargados
**forthright** *adj* – directo
**forthright** *adv* – directamente
**forthwith** *adv* – inmediatamente

**fortnight** *n* – dos semanas
**fortuitous** *adj* – fortuito, accidental
**fortuitous collision** – colisión accidental
**fortuitous event** – evento fortuito
**fortuitous loss** – pérdida fortuita
**fortuitously** *adv* – fortuitamente
**forty** *n* – cuarenta acres en forma cuadrada
**fortune** *n* – fortuna
**forum** *n* – foro, tribunal, jurisdicción
**forum conveniens** – jurisdicción conveniente
**forum non conveniens** – doctrina que permite que un tribunal niegue jurisdicción si hay uno más conveniente
**forum shopping** – la búsqueda de un tribunal o jurisdicción o juez que se estime que tratará más favorablemente un caso
**forward** *adj* – a plazo, a término, futuro, adelantado
**forward** *v* – enviar, reenviar, remitir, promover
**forward contract** – contrato a plazo, contrato a término
**forward cover** – cobertura a plazo, cobertura a término
**forward delivery** – entrega futura
**forward discount** – descuento a plazo, descuento a término
**forward earnings** – pronóstico de ingresos futuros
**forward exchange rate** – tipo de cambio a plazo, tipo de cambio a término
**forward exchange transaction** – transacción de cambio a plazo, transacción de cambio a término
**forward interest rate** – tasa de interés a plazo, tasa de interés a término
**forward-looking indicators** – indicadores anticipados
**forward market** – mercado a plazo, mercado a término
**forward planning** – planificación futura
**forward price** – precio a plazo, precio a término
**forward purchase** – compra a plazo, compra a término
**forward rate** – tasa a plazo, tasa a término
**forward sale** – venta a plazo, venta a término
**forward stock** – inventario en el canal de distribución en anticipación a órdenes, inventario a la mano
**forward transaction** – transacción a plazo, transacción a término
**forwarder** *n* – agente expedidor, expedidor, embarcador
**forwarding** *n* – envío, expedición
**forwarding agency** – agencia de envío
**forwarding agent** – agente de envío
**forwarding company** – compañía de envío
**forwarding instructions** – instrucciones de envío
**foster** *v* – fomentar
**foster child** – menor al cuido de personas que no son sus padres biológicos, menor adoptivo, hijo adoptivo
**foster growth** – fomentar crecimiento
**foster home** – hogar para cuidar y criar menores
**foster parent** – adulto que cuida a un menor como si fuera su padre, padre adoptivo
**foul** *adj* – asqueroso, estropeado, grosero
**foul bill of lading** – conocimiento de embarque señalando faltas, conocimiento tachado
**foul play** – traición, engaño
**found** *v* – fundar, fundamentar
**foundation** *n* – fundación, fundamento, preguntas preliminares
**founded** *adj* – fundado, basado
**founded on** – basado en
**founder** *n* – fundador
**founder** *v* – irse al fondo, irse a pique, caerse, fracasar
**founder member** – miembro fundador
**founder's shares** – acciones del fundador
**founding member** – miembro fundador
**founding shareholder** – accionista fundador
**founding stockholder** – accionista fundador
**foundling** *n* – expósito
**foundling hospital** – casa para expósitos, casa cuna
**four corners** – el documento completo
**fourth estate** – la prensa
**fourth world** – cuarto mundo
**foxily** *adv* – astutamente
**fraction** *n* – fracción, porción
**fraction of a day** – porción de un día
**fractional** *adj* – fraccionario, fraccionado, minúsculo
**fractional ownership** – propiedad fraccionaria
**fragmentation** *n* – fragmentación
**fragmented** *adj* – fragmentado
**fragmented market** – mercado fragmentado
**frame** *v* – formar, concebir, formular, incriminar a una persona inocente
**frame of mind** – estado de ánimo
**frame of reference** – marco de referencia, punto de referencia
**frame-up** *n* – estratagema para incriminar a una persona inocente, fabricación de un caso
**framework** *n* – armazón, marco, estructura
**framework agreement** – convenio marco
**framework contract** – contrato marco
**franchise** *n* – franquicia, concesión, privilegio, derecho de voto, sufragio
**franchise agreement** – convenio de franquicia
**franchise clause** – cláusula de franquicia
**franchise tax** – impuesto sobre franquicias, impuesto corporativo, derechos de licencia
**franchised dealer** – concesionario, agente autorizado
**franchisee** *n* – quien recibe una franquicia, concesionario
**franchiser** *n* – quien otorga una franquicia, franquisiador
**franchising services** – servicios de franquicia
**franchisor** *n* – quien otorga una franquicia, franquisiador
**frank** *adj* – sincero, franco
**frank** *n* – franquicia postal, envío franco
**frank** *v* – franquear, enviar gratis por correo
**franking privilege** – franquicia postal
**frantic** *adj* – frenético, desequilibrado
**fraternal** *adj* – fraternal
**fraternal benefit association** – fraternidad, logia
**fraternal benefit society** – fraternidad, logia
**fraternal lodge** – fraternidad, logia
**fraternity** *n* – hermandad, fraternidad
**fratricide** *n* – fratricidio, fratricida
**fraud** *n* – fraude, dolo, abuso de confianza, engaño
**fraud in fact** – fraude de hecho
**fraud in law** – fraude de derecho
**fraud in the inducement** – uso del fraude para inducir a firmar un documento, dolo principal
**fraudulence** *n* – fraudulencia
**fraudulent** *adj* – fraudulento, doloso, engañoso
**fraudulent act** – acto fraudulento

**fraudulent alienation** – transferencia fraudulenta
**fraudulent application** – solicitud fraudulenta
**fraudulent bankruptcy** – quiebra fraudulenta
**fraudulent check** – cheque fraudulento, cheque falso
**fraudulent cheque** – cheque fraudulento, cheque falso
**fraudulent claim** – reclamación fraudulenta
**fraudulent concealment** – ocultación fraudulenta
**fraudulent conversion** – apropiación fraudulenta
**fraudulent conveyance** – transferencia fraudulenta, transferencia fraudulenta de bienes en perjuicio de los acreedores
**fraudulent debt** – deuda fraudulenta
**fraudulent document** – documento fraudulento
**fraudulent entry** – entrada fraudulenta
**fraudulent intent** – intención fraudulenta
**fraudulent misrepresentation** – declaración fraudulenta
**fraudulent practice** – práctica fraudulenta
**fraudulent representation** – declaración fraudulenta
**fraudulent sale** – venta fraudulenta, venta fraudulenta en perjuicio de los acreedores
**fraudulent statement** – declaración fraudulenta
**fraudulent transfer** – transferencia fraudulenta
**fraudulently** *adv* – fraudulentamente, engañosamente
**FRB (Federal Reserve Bank)** – Banco de la Reserva Federal
**FRB (Federal Reserve Board)** – Junta de la Reserva Federal
**Freddie Mac (Federal Home Loan Mortgage Corporation)** – Freddie Mac
**free** *adj* – libre, exento, gratis
**free access** – libre acceso
**free admission** – entrada libre, admisión libre
**free agent** – agente libre
**free alongside** – franco al costado, libre al costado
**free alongside ship** – franco al costado de buque, libre al costado
**free and clear** – libre de gravámenes
**free and equal** – libre e igual
**free and open market** – mercado libre y abierto
**free area** – zona franca
**free balance** – balance mínimo sin cargos por servicios
**free banking** – banca libre
**free carrier** – franco transportista
**free cash flow** – flujo de efectivo libre
**free circulation** – libre circulación
**free circulation of capital** – libre circulación de capitales
**free circulation of goods** – libre circulación de bienes
**free competition** – libre competencia
**free delivery** – entrega gratuita, entrega gratis
**free depreciation** – libre depreciación
**free economy** – economía libre
**free enterprise** – libre empresa
**free entry** – libre ingreso, entrada libre
**free exchange** – cambio libre
**free fall** – caída en picado
**free from bias** – imparcial
**free from blame** – inocente
**free from danger** – a salvo
**free from doubt** – sin dudas
**free from errors** – sin errores
**free from guilt** – inocente
**free from risk** – a salvo, sin riesgo
**free interpretation** – interpretación libre
**free market** – mercado libre
**free-market economy** – economía de libre mercado
**free-market price** – precio de libre mercado
**free-market system** – sistema de libre mercado
**free movement of capital** – libre circulación de capitales
**free movement of goods** – libre circulación de bienes
**free movement of labor** – libre circulación de trabajadores, libre movimiento de trabajadores
**free movement of labour** – libre circulación de trabajadores, libre movimiento de trabajadores
**free of charge** – gratis
**free of cost** – gratis
**free of customs** – libre de impuestos aduaneros
**free of duties** – libre de derechos
**free of error** – sin errores
**free of income tax** – libre de impuestos sobre la renta
**free of tax** – libre de impuestos
**free offer** – oferta gratuita
**free on board** – franco a bordo, libre a bordo
**free period** – días de gracia, período gratuito
**free port** – puerto franco
**free press** – prensa libre
**free rate** – tasa libre
**free reserves** – reserva disponible
**free rider** – quien busca aprovecharse de otros pagando y/o haciendo menos de lo que se debe
**free sample** – muestra gratuita
**free ship** – barco neutral
**free-standing** *adj* – independiente
**free tenure** – derecho de propiedad
**free time** – tiempo libre
**free trade** – libre comercio
**Free Trade Agreement** – Tratado de Libre Comercio
**free trade area** – zona franca, área de libre comercio
**free trade zone** – zona franca, zona de libre comercio
**free will** – libre albedrío
**free zone** – zona franca
**freebee** *n* – regalo, producto o servicio gratuito
**freebie** *n* – regalo, producto o servicio gratuito
**freedom** *n* – libertad, facilidad, privilegio
**freedom of action** – libertad de acción
**freedom of association** – libertad de asociación
**freedom of choice** – libertad de elección
**freedom of contract** – libertad de contratación
**freedom of establishment** – libertad de establecimiento
**freedom of expression** – libertad de expresión
**freedom of information** – libertad de información
**freedom of movement** – libertad de movimiento
**freedom of navigation** – libertad de navegación
**freedom of press** – libertad de prensa
**freedom of religion** – libertad de religión
**freedom of speech** – libertad de expresión
**freedom of the city** – inmunidad de la jurisdicción de un condado
**freehold** *n* – derecho de dominio absoluto, propiedad absoluta
**freehold in law** – derecho de dominio absoluto sin haber tomado posesión
**freehold property** – propiedad absoluta
**freeholder** *n* – dueño de propiedad inmueble,

propietario, propietario absoluto, titular
**freelance** *adj* – freelance, por cuenta propia
**freelance worker** – trabajador freelance, trabajador por cuenta propia
**freelancer** *n* – trabajador freelance, trabajador por cuenta propia
**freely** *adv* – libremente, abundantemente
**freely given** – dado libremente
**freestanding** *adj* – independiente
**freeze** *v* – congelar, congelar una cuenta, bloquear
**freeze assets** – congelar activos
**freeze capital** – congelar capital
**freeze credit** – congelar crédito
**freeze funds** – congelar fondos
**freeze out** *v* – usar el poder corporativo para excluir a los accionistas minoritarios, excluir
**freeze-out** *n* – exclusión de los accionistas minoritarios mediante el uso del poder corporativo, exclusión
**freeze wages** – congelar salarios
**freezing** *n* – congelación, bloqueo
**freezing of assets** – congelación de activos
**freezing of capital** – congelación de capital
**freezing of credit** – congelación de crédito
**freezing of funds** – congelación de fondos
**freezing of wages** – congelación de salarios
**freezeout** *n* – exclusión de los accionistas minoritarios mediante el uso del poder corporativo, exclusión
**freight** *n* – flete, cargamento, carga, gastos de transporte
**freight** *v* – fletar, cargar, transportar
**freight and insurance paid** – porte y seguro pagados
**freight booking** – reserva de cargamento
**freight charges** – gastos de transporte, cargos por transporte
**freight collect** – porte debido
**freight expense** – gastos de transporte
**freight forward** – porte debido
**freight forwarder** – despachador de cargas
**freight free** – porte franco
**freight insurance** – seguro de cargamento
**freight mile** – una tonelada de cargamento transportado una milla
**freight owing** – porte debido
**freight paid** – porte pagado
**freight prepaid** – porte pagado
**freight rate** – flete, tarifa de transporte
**freight transport** – transporte de carga
**freighter** *n* – fletador, carguero, buque de carga, avión de carga, tren de carga
**frenzy** *n* – frenesí, locura
**frequent** *adj* – frecuente, usual
**frequent** *v* – frecuentar
**frequenter** *n* – frecuentador, quien puede estar en un lugar de trabajo sin ser empleado ni transgresor
**frequently** *adv* – frecuentemente
**frequently asked questions** – preguntas más frecuentes
**fresh** *adj* – fresco, reciente, inexperto
**fresh complaint rule** – regla que establece que hay credibilidad adicional si una persona acude a otra persona de su confianza inmediatamente tras alegar ser víctima de un crimen
**fresh evidence** – prueba nueva
**fresh pursuit** – derecho de la policía a cruzar líneas divisorias de jurisdicciones al perseguir a un criminal
**fresh start** – nuevo comienzo
**frictional unemployment** – desempleo friccional
**friend** *n* – amigo, compañero, aliado
**friendly competition** – competencia amistosa
**friendly suit** – acción por acuerdo común
**friendly takeover** – toma de control amistosa
**friendly terms** – términos amistosos
**friendly witness** – testigo favorable
**frighten** *v* – asustar, alarmar
**frigidity** *n* – frigidez
**fringe benefits** – beneficios extrasalariales, beneficios marginales
**frisk** *v* – cachear
**frivolous** *adj* – frívolo, sin fundamento
**frivolous answer** – respuesta frívola
**frivolous appeal** – apelación sin fundamento
**frivolous defence** – defensa sin fundamento
**frivolous defense** – defensa sin fundamento
**frivolous return** – declaración frívola de la renta, declaración frívola de ingresos, declaración frívola de impuestos
**frivolous suit** – juicio sin fundamento
**frivolous tax return** – declaración frívola de la renta, declaración frívola de ingresos, declaración frívola de impuestos
**frolic** *n* – situación en la cual un empleado hace cosas que tienen tan poco que ver con su trabajo que el patrono está exento de responsabilidad
**from one place to another** – de un lugar a otro
**from time to time** – de tiempo en tiempo
**front** *n* – frente, apariencia, apariencia falsa, fachada
**front-end costs** – costos de puesta en marcha, costes de puesta en marcha, costos a pagar al obtener una hipoteca, costes a pagar al obtener una hipoteca
**front-end fees** – cargos iniciales, comisión inicial
**front-end load** – fondo mutuo que cobra comisión al comprar acciones, comisión al comprar acciones de fondo mutuo
**front-end load mutual fund** – fondo mutuo que cobra comisión al comprar acciones
**front-loaded** *adj* – con mayor peso al principio, que cobra comisión al comprar acciones
**front money** – dinero para empezar un negocio
**front office** – oficinas de ejecutivos principales
**frontage** *n* – la parte del frente de una propiedad, fachada
**frontier** *n* – frontera
**frontier traffic** – tráfico fronterizo
**fronting and abutting** – colindante
**frontward** *adv* – hacia adelante
**frozen** *adj* – congelado, bloqueado, fijo
**frozen account** – cuenta congelada
**frozen assets** – activo congelado
**frozen capital** – capital congelado
**frozen credit** – crédito congelado
**frozen funds** – fondos congelados
**frozen price** – precio congelado
**frozen wages** – salarios congelados
**frugal** *adj* – frugal, económico
**fruitful** *adj* – fructífero, fértil, productivo
**fruition** *adj* – fruición, cumplimiento

**fruitless** *adj* – infructuoso, infecundo
**fruits of crime** – frutos del crimen
**frustrate** *v* – frustrar, impedir
**frustrated** *adj* – frustrado
**frustration** *n* – frustración, impedimento
**frustration of contract** – frustración de contrato
**frustration of purpose** – frustración de propósito
**FTA (Free Trade Agreement)** – Tratado de Libre Comercio
**FTA (free trade area)** – zona franca, área de libre comercio
**FTC (Federal Trade Commission)** – Comisión Federal de Comercio
**FTZ (free trade zone)** – zona franca, zona de libre comercio
**fuddle** *v* – embriagar, confundir
**fugitive** *n* – fugitivo, prófugo
**fugitive from justice** – prófugo de la justicia
**fulfil** *v* – cumplir, satisfacer
**fulfil a contract** – cumplir un contrato
**fulfil a promise** – cumplir una promesa
**fulfil a requirement** – cumplir un requisito
**fulfil an obligation** – cumplir una obligación
**fulfill** *v* – cumplir, satisfacer
**fulfill a contract** – cumplir un contrato
**fulfill a promise** – cumplir una promesa
**fulfill a requirement** – cumplir un requisito
**fulfill an obligation** – cumplir una obligación
**fulfillment** *n* – cumplimiento, realización, terminación
**fulfillment of a claim** – cumplimiento de una reclamación
**fulfilment** *n* – cumplimiento, realización, terminación
**fulfilment of a claim** – cumplimiento de una reclamación
**full** *adj* – lleno, total, completo, pleno, máximo
**full abandonment** – abandono total
**full acceptance** – aceptación total
**full actual loss** – pérdida total real
**full age** – mayoría de edad
**full amount** – cantidad completa, monto total
**full answer** – respuesta completa
**full assignment** – cesión total
**full audit** – auditoría completa
**full authority** – autoridad plena, autoridad total
**full balance** – saldo total
**full blood** – parentesco directo
**full board** – pensión completa
**full budgeting** – presupuestación completa
**full capacity** – plena capacidad
**full cash value** – valor justo en el mercado
**full charge** – cargo completo
**full commitment** – compromiso completo
**full consideration** – contraprestación total
**full contract** – contrato total
**full control** – control total
**full copy** – transcripción completa, copia completa
**full cost** – costo total, coste total
**full costing** – costeo total
**full court** – tribunal en pleno
**full covenants** – garantía total
**full cover** – cobertura total
**full-cover insurance** – seguro de cobertura total
**full coverage** – cobertura total
**full-coverage insurance** – seguro de cobertura total
**full debt** – deuda total
**full defence** – defensa completa
**full defense** – defensa completa
**full delivery** – entrega total
**full disclosure** – divulgación completa
**full effect** – efecto completo
**full employment** – pleno empleo
**full employment level** – nivel de pleno empleo
**full endorsement** – endoso completo
**full exemption** – exención total
**full faith and credit** – respaldo de deuda de entidad gubernamental con todos sus recursos disponibles
**full faith and credit clause** – cláusula constitucional que indica que cada estado tiene que reconocer las leyes y decisiones judiciales de los demás estados
**full hearing** – vista exhaustiva
**full, in** – completamente, totalmente
**full indorsement** – endoso completo
**full jurisdiction** – jurisdicción plena
**full liability** – responsabilidad total
**full life** – vida entera
**full liquidation** – liquidación total
**full loss** – pérdida total
**full name** – nombre completo
**full ownership** – propiedad total
**full pardon** – indulto incondicional
**full payment** – pago total
**full performance** – cumplimiento total
**full powers** – plenos poderes
**full price** – precio completo, precio total
**full proof** – prueba plena
**full record** – registro total
**full rate** – tasa completa
**full report** – informe completo
**full retirement age** – edad de retiro para recibir todos los beneficios
**full right** – derecho pleno
**full satisfaction** – pago total de una deuda, entera satisfacción
**full-service** *adj* – de servicios completos
**full-service agency** – agencia de servicios completos
**full-service bank** – banco de servicios completos
**full-service banking** – banca con servicios completos
**full-service broker** – casa de corretaje de servicios completos, corredor de servicios completos
**full-service brokering** – corretaje de servicios completos
**full shares** – acciones con valor a la par de cien dólares
**full stock** – acciones con valor a la par de cien dólares
**full-time** *adj* – a tiempo completo
**full-time employee** – empleado a tiempo completo
**full-time employment** – empleo a tiempo completo
**full-time work** – trabajo a tiempo completo
**full-time worker** – trabajador a tiempo completo
**full value** – valor total
**full warranty** – garantía completa
**fully** *adv* – completamente, enteramente, plenamente
**fully amortised** – completamente amortizado
**fully amortised loan** – préstamo completamente amortizado
**fully amortized** – completamente amortizado
**fully amortized loan** – préstamo completamente amortizado

**fully comprehensive cover** – cobertura total
**fully comprehensive coverage** – cobertura total
**fully comprehensive insurance** – seguro de cobertura total
**fully diluted** – completamente diluido
**fully distributed** – completamente distribuido
**fully-owned subsidiary** – subsidiaria de propiedad total
**fully paid** – totalmente pagado, totalmente pago, completamente pagado
**fully-paid policy** – póliza completamente pagada
**fully-paid shares** – acciones liberadas
**fully registered** – completamente registrado
**fully reporting** – informando completamente
**fully vested** – con derecho completo de pensión de retiro
**fumble** *v* – andar torpemente, tocar torpemente, estropear
**function** *n* – función, ocupación, operación
**functional** *adj* – funcional, útil
**functional administration** – administración funcional
**functional obsolescence** – obsolescencia por virtud de productos similares más recientes de utilidad superior
**functional organisation** – organización funcional
**functional organization** – organización funcional
**functional trade agreement** – acuerdo comercial funcional
**functionality** *n* – funcionalidad
**functionary** *n* – funcionario
**fund** *n* – fondo, fondo de inversión, reserva, capital
**fund** *v* – financiar, consolidar
**fund flow** – flujo de fondos
**fund group** – grupo de fondos
**fund liquidity** – liquidez del fondo
**fund raising** – recaudación de fondos
**fundament** *n* – fundamento, base
**fundamental** *adj* – fundamental, esencial, básico
**fundamental breach of contract** – incumplimiento esencial de un contrato
**fundamental change** – cambio fundamental
**fundamental error** – error fundamental
**fundamental law** – ley fundamental, constitución
**fundamental rights** – derechos fundamentales
**funded** *adj* – financiado, consolidado
**funded debt** – deuda consolidada
**funded pension plan** – plan de pensión con fondos asignados
**funded retirement plan** – plan de retiro con fondos asignados
**funder** *n* – financista
**fundholder** *n* – tenedor de fondo
**funding** *n* – financiamiento, financiación, fondos
**funding administration** – administración de financiamiento
**funding administrator** – administrador de financiamiento
**funding advice** – asesoramiento de financiamiento
**funding adviser** – asesor de financiamiento
**funding advisor** – asesor de financiamiento
**funding agency** – agencia de financiamiento
**funding agreement** – convenio de financiamiento, acuerdo de financiamiento
**funding analysis** – análisis de financiamiento
**funding application** – solicitud de financiamiento
**funding approval** – aprobación de financiamiento
**funding arrangement** – arreglo de financiamiento
**funding assistance** – asistencia en financiamiento
**funding association** – asociación de financiamiento
**funding authorisation** – autorización de financiamiento
**funding authorization** – autorización de financiamiento
**funding availability** – disponibilidad de financiamiento
**funding available** – financiamiento disponible
**funding bank** – banco de financiamiento
**funding basis** – base de financiamiento
**funding broker** – intermediario de financiamiento, corredor de financiamiento
**funding business** – negocio de financiamiento
**funding cancellation** – cancelación de financiamiento
**funding capacity** – capacidad de financiamiento
**funding ceiling** – límite de financiamiento
**funding charges** – cargos de financiamiento
**funding commitment** – compromiso de financiamiento
**funding company** – compañía de financiamiento
**funding consultant** – asesor de financiamiento
**funding contract** – contrato de financiamiento
**funding control** – control de financiamiento
**funding corporation** – corporación de financiamiento
**funding cost** – costo de financiamiento, coste de financiamiento
**funding counseling** – asesoramiento de financiamiento
**funding counselling** – asesoramiento de financiamiento
**funding criteria** – criterios de financiamiento
**funding crunch** – reducción del financiamiento disponible, escasez de financiamiento
**funding denial** – denegación de financiamiento
**funding director** – director de financiamiento
**funding expansion** – expansión de financiamiento
**funding expenditures** – gastos de financiamiento
**funding expenses** – gastos de financiamiento
**funding facilities** – facilidades de financiamiento
**funding freeze** – congelamiento de financiamiento
**funding gap** – brecha de financiamiento
**funding guarantee** – garantía de financiamiento
**funding guaranty** – garantía de financiamiento
**funding information** – información de financiamiento
**funding inquiry** – indagación de financiamiento
**funding institution** – institución de financiamiento
**funding instrument** – instrumento de financiamiento
**funding interest** – interés del financiamiento
**funding interest rate** – tasa de interés del financiamiento
**funding limit** – límite de financiamiento
**funding losses** – pérdidas de financiamiento
**funding management** – administración de financiamiento, gestión de financiamiento
**funding manager** – administrador de financiamiento
**funding market** – mercado de financiamiento
**funding mechanism** – mecanismo de financiamiento
**funding method** – método de financiamiento
**funding package** – paquete de financiamiento
**funding period** – período de financiamiento

**funding plan** – plan de financiamiento
**funding policy** – política de financiamiento
**funding rate** – tasa de financiamiento
**funding requirements** – requisitos de financiamiento
**funding reserves** – reservas de financiamiento
**funding restrictions** – restricciones de financiamiento
**funding review** – revisión de financiamiento
**funding risk** – riesgo de financiamiento
**funding services** – servicios de financiamiento
**funding sources** – fuentes de financiamiento
**funding squeeze** – reducción del financiamiento disponible, escasez de financiamiento
**funding system** – sistema de financiamiento
**funding terms** – términos de financiamiento
**fundraiser** *n* – recaudador de fondos, evento para la recaudación de fondos
**fundraising** *n* – recaudación de fondos
**funds** *n* – fondos
**funds administration** – administración de fondos
**funds administrator** – administrador de fondos
**funds application** – aplicación de fondos
**funds availability** – disponibilidad de fondos
**funds commitment** – compromiso de fondos
**funds freeze** – congelación de fondos
**funds inflow** – entrada de fondos
**funds infusion** – infusión de fondos
**funds management** – administración de fondos, gestión de fondos
**funds manager** – administrador de fondos, gestor de fondos
**funds transfer** – transferencia de fondos
**funeral** – funeral, entierro
**funeral expenses** – gastos funerarios
**fungible** *adj* – fungible, intercambiable
**fungible goods** – bienes fungibles
**fungibles** *n* – bienes fungibles, valores fungibles
**furlough** *n* – licencia, permiso
**funnel funds** – canalizar fondos
**funny money** – dinero falsificado, dinero cuestionable
**furnish** *v* – proveer, procurar, aducir, suministrar
**furnish bail** – prestar fianza
**furnish evidence** – suministrar prueba
**furnish information** – suministrar información
**furnish proof** – suministrar prueba
**furniture** *n* – muebles, mobiliario
**furniture and fixtures** – muebles e instalaciones
**further** *adv* – adicional, más
**further advance** – préstamo adicional, adelanto adicional
**further evidence** – pruebas adicionales
**further hearings** – vistas adicionales
**further instructions** – instrucciones adicionales
**further proceedings** – procedimientos adicionales
**furtherance** *n* – fomento, progreso
**furtherer** *n* – promotor
**furthermore** *adv* – además, otrosí
**furthermost** *adj* – más lejano, más remoto
**furthest** *adj* – más lejano, más remoto
**furtive** *adj* – furtivo, secreto, disimulado
**furtively** *adv* – furtivamente, secretamente, disimuladamente
**fury** *n* – furia, ferocidad
**fuse** *v* – fusionar, fundir, unir, juntar
**fusion** *n* – fusión
**future** *adj* – futuro, venidero
**future-acquired property** – bienes adquiridos después de un determinado hecho
**future delivery** – entrega futura
**future earnings** – ingresos futuros
**future estate** – derecho a bienes inmuebles en el futuro
**future expenditures** – gastos futuros
**future expenses** – gastos futuros
**future income** – ingresos futuros
**future interest** – interés futuro
**future monetary value** – valor monetario futuro
**future price** – precio futuro
**future profit** – beneficio futuro, ganancia futura
**future taxes** – impuestos futuros
**future value** – valor futuro
**future value of an annuity** – valor futuro de una anualidad
**future worth** – valor futuro
**futures** *n* – futuros, contratos de futuros, contratos para adquirir mercancías en el futuro, contratos para adquirir mercancías a término
**futures contracts** – contratos de futuros, contratos para adquirir mercancías en el futuro, contratos para adquirir mercancías a término
**futures exchange** – bolsa de futuros, mercado de mercancías, lonja de mercancías
**futures market** – mercado de futuros, mercado a término
**futures options** – opciones sobre contratos de futuros
**futures option contracts** – opciones sobre contratos de futuros
**futures price** – precio de futuros
**futures trading** – transacciones de futuros
**fuzzy logic** – lógica difusa
**FYI (for your information)** – para su información

# G

**G2B (government-to-business)** – gobierno a empresas
**G2C (government-to-citizen)** – gobierno a ciudadano
**G2C (government-to-consumer)** – gobierno a consumidor
**G2G (government-to-government)** – gobierno a gobierno
**G-5 (group of five)** – G-5
**G-7 (group of seven)** – G-7
**G-8 (group of eight)** – G-8
**G-10 (group of ten)** – G-10
**GAAP (Generally Accepted Accounting Principles)** – principios de contabilidad generalmente aceptados, normas de contabilidad generalmente aceptadas
**GAAS (Generally Accepted Auditing Standards)** – normas de auditoría generalmente aceptadas
**gag** *n* – mordaza, broma

**gag** *v* – amordazar, hacer callar
**gag order** – orden judicial para que los testigos y los abogados no hablen del caso con reporteros, orden judicial para impedir que un acusado haga desorden
**gage** *v* – calcular, estimar, medir
**gain** *n* – ganancia, beneficio, utilidad, ingreso, adquisición, ventaja, provecho, aumento, apreciación
**gain** *v* – ganar, ganarse, adquirir, obtener, beneficiarse, aumentar, apreciar
**gain advantage** – tomar ventaja, beneficiarse
**gain control over** – tomar control
**gain possession** – tomar posesión
**gainful** *adj* – lucrativo, ventajoso, provechoso
**gainful activity** – actividad lucrativa
**gainful employment** – empleo provechoso
**gainful occupation** – empleo provechoso
**gainfully employed** – con empleo provechoso
**gainfully occupied** – con empleo provechoso
**gainless** *adj* – infructuoso, desventajoso
**gainsay** *v* – contradecir, negar, oponerse a
**gale** *n* – ventarrón
**galloping inflation** – inflación galopante
**gallows** *n* – horca, patíbulo
**galore** *adj* – en abundancia
**gamble** *n* – riesgo, apuesta
**gamble** *v* – apostar, jugar, arriesgar
**gambler** *n* – apostador, jugador
**gambling** *n* – juego
**gambling house** – casa de juego
**gambling place** – lugar de juego
**gambling tax** – impuesto sobre el juego
**game** *n* – juego, pasatiempo, animales y aves salvajes
**game laws** – leyes que regulan la caza y pesca
**game license** – licencia de caza
**game of chance** – juego de azar
**gaming** *n* – el acto de apostar
**gang** *n* – pandilla, cuadrilla, banda
**gangster** *n* – pandillero, pistolero
**gap** *n* – brecha, paso, diferencia, intervalo
**garble** *v* – confundir maliciosamente, distorsionar hechos, hacer incomprensible
**garner** *v* – recopilar, acumular
**garnish** *v* – embargar
**garnishee** *n* – embargado
**garnisher** *n* – embargante
**garnishment** *n* – embargo, sentencia de embargo, embargo de bienes en posesión de terceros
**garrote** *n* – garrote
**garrote** *v* – dar garrote, estrangular
**garroting** *n* – muerte mediante el garrote, estrangulación
**gate** *n* – portón, entrada
**gather** *v* – recoger, acumular, unir
**gather together** – recopilar, reunir
**gathering of evidence** – recopilación de pruebas
**gathering of information** – recopilación de información
**GATS (General Agreement on Trade in Services)** – Acuerdo General Sobre el Comercio de Servicios
**GATT (General Agreement on Tariffs and Trade)** – Acuerdo General Sobre Aranceles Aduaneros y Comercio
**gauge** *n* – medida, norma de medida o de comparación
**gauge** *v* – estimar, calcular, medir
**gavel** *n* – martillo del juez
**gazette** *n* – gaceta, periódico
**gazump** *v* – echarse atrás de un compromiso de venta de propiedad al tener una oferta más alta que otra previamente aceptada, intentar al último momento de cobrar más por una propiedad que lo previamente aceptado
**gazunder** *v* – intentar al último momento de pagar menos por una propiedad que lo previamente acordado
**GDP (gross domestic product)** – producto interior bruto, PIB
**GE (genetically engineered)** – transgénico, modificado genéticamente
**GE foods (genetically engineered foods)** – alimentos transgénicos, alimentos modificados genéticamente
**genealogical** *adj* – genealógico
**genealogical tree** – árbol genealógico
**genealogy** *n* – genealogía
**gender awareness** – conciencia del género
**gender bias** – prejuicios sexistas
**gender discrimination** – discriminación sexual
**gender favoritism** – favoritismo sexual
**gender prejudice** – prejuicios sexistas
**genearch** *n* – jefe de una familia
**general** *adj* – general, común, total
**general acceptance** – aceptación general
**general account** – cuenta general
**general accounting executive** – ejecutivo de contabilidad general
**General Accounting Office** – Oficina General de Contabilidad
**general administration** – administración general
**general administrative expenses** – gastos administrativos generales
**general administrator** – administrador general
**general agency** – agencia general
**general agent** – agente general
**general agreement** – acuerdo general
**General Agreement on Tariffs and Trade** – Acuerdo General Sobre Aranceles Aduaneros y Comercio
**General Agreement on Trade in Services** – Acuerdo General Sobre el Comercio de Servicios
**general appearance** – comparecencia ante un tribunal aceptando su jurisdicción, apariencia general
**general armistice** – armisticio general
**general assembly** – reunión general
**general assignment** – cesión general
**general assumpsit** – acción por incumplimiento de contrato
**general audit** – auditoría general
**general authorisation** – autorización general
**general authority** – autorización general
**general authorization** – autorización general
**general average** – avería gruesa, promedio general
**general average bond** – fianza de avería gruesa
**general average contribution** – contribución de avería gruesa
**general balance** – balance general
**general balance sheet** – balance general
**general bequest** – legado general
**general budget** – presupuesto general
**general brokerage** – corretaje general

**general cargo** – carga general
**general challenge** – recusación general
**general characteristics** – características generales
**general circulation** – circulación general
**general contractor** – contratista general
**general controller** – contralor general
**general cost** – costo general, coste general
**general count** – declaración general
**general course** – curso general
**general court-martial** – tribunal militar, consejo de guerra
**general covenant** – acuerdo general
**general credit** – crédito general, credibilidad general
**general creditor** – acreedor ordinario
**general custom** – costumbre general
**general damages** – daños y perjuicios generales, daños y perjuicios emergentes
**general debt** – deuda general
**general decrease** – disminución general
**general demurrer** – excepción general
**general denial** – denegación general
**general deposit** – depósito general
**general depository** – depositario general
**general deterrence** – disuasión general
**general devise** – legado general
**general disability** – incapacidad jurídica, incapacidad general
**general election** – elección general
**general endorsement** – endoso en blanco
**general equilibrium** – equilibrio general
**general estate** – patrimonio
**general examination** – examinación general
**general exception** – excepción general
**general execution** – ejecución sobre los bienes en general
**general executor** – albacea universal
**general expenditures** – gastos generales
**general expenses** – gastos generales
**general export licence** – licencia de exportación general, autorización de exportación general
**general export license** – licencia de exportación general, autorización de exportación general
**general exports** – exportaciones generales
**general findings** – los hechos que conducen a un fallo
**general franchise** – autorización general
**general fund** – fondo general
**general goods** – mercancías generales, productos generales
**general government** – gobierno general
**general guarantee** – garantía general, garantía sin restricciones
**general guaranty** – garantía general, garantía sin restricciones
**general guardian** – tutor
**general guidelines** – pautas generales
**general holiday** – feriado general
**general import licence** – licencia de importación general, autorización de importación general
**general import license** – licencia de importación general, autorización de importación general
**general imports** – importaciones generales
**general improvement** – mejora general
**general increase** – aumento general
**general indorsement** – endoso en blanco
**general information** – información general
**general insanity** – insania completa
**general insurance** – seguro general
**general intent** – intención general
**general journal** – libro general, libro diario
**general jurisdiction** – jurisdicción general
**general law** – ley general
**general ledger** – libro mayor general
**general legacy** – legado general
**general liability insurance** – seguro de responsabilidad general
**general lien** – gravamen general
**general malice** – carácter malicioso
**general management** – administración general, gestión general
**general manager** – gerente general
**general meaning** – sentido general
**general meeting** – reunión general, asamblea general, junta general
**general meeting of shareholders** – asamblea general de accionistas
**general mortgage** – hipoteca general
**general objection** – objeción general
**general obligation bond** – bono de obligación general
**general obligations** – obligaciones generales, responsabilidades generales, bonos de obligación general
**general office** – oficina general
**general operating expenditures** – gastos operativos generales
**general operating expenses** – gastos operativos generales
**general owner** – dueño
**general pardon** – indulto general
**general partner** – socio general, quien tiene responsabilidad personal y se encarga del manejo de una sociedad en comandita
**general partnership** – sociedad colectiva, sociedad regular colectiva
**general plea** – defensa general
**general power of appointment** – poder de nombramiento
**general power of attorney** – poder general, poder legal general, poder notarial general
**general powers** – poderes generales
**general price index** – índice de precios general
**general price level** – nivel de precios general
**general principle** – principio general
**general property** – propiedad, derecho de dominio absoluto, propiedad general
**general property tax** – impuesto sobre la propiedad general
**general provisions** – estipulaciones generales
**general proxy** – apoderado general, mandatario general, poder general
**general public** – público general
**general public services** – servicios públicos generales
**general purposes** – propósitos generales
**general reciprocity** – reciprocidad general
**general reprisals** – represalias generales
**general reputation** – reputación general
**general reserves** – reservas generales
**general resources** – recursos generales
**general retainer** – iguala general, anticipo general

**general retirement system** – sistema de retiro general
**general revenue** – ingresos generales
**general revenue fund** – fondo general para gastos municipales
**general review** – revisión general
**general rule** – regla general
**general services** – servicios generales
**general shareholders' meeting** – asamblea general de accionistas
**general statement** – estado general, declaración general
**general stockholders' meeting** – asamblea general de accionistas
**general statute** – ley general
**general strike** – huelga general, paro general
**general tariff** – tarifa general
**general tax** – impuesto general
**general tax lien** – gravamen fiscal general
**general tenancy** – arrendamiento sin duración fija
**general term** – sesiones ordinarias
**general traverse** – impugnación general
**general usage** – uso general
**general verdict** – veredicto general, sentencia general
**general warranty** – garantía general
**general warranty deed** – escritura con garantía general
**general welfare** – bienestar general
**general words** – cláusulas generales
**generally** *adv* – generalmente
**generally accepted** – generalmente aceptado
**Generally Accepted Accounting Principles** – principios contables generalmente aceptados, normas contables generalmente aceptadas
**Generally Accepted Auditing Standards** – normas de auditoría generalmente aceptadas
**generally known** – generalmente conocido
**generate** *v* – generar
**generate employment** – generar empleos
**generate income** – generar ingresos
**generate jobs** – generar empleos
**generate profits** – generar beneficios, generar ganancias
**generation** *n* – generación
**generation of employment** – generación de empleos
**generation of income** – generación de ingresos
**generation of jobs** – generación de empleos
**generation of profits** – generación de beneficios, generación de ganancias
**generation-skipping transfer** – traspaso en el que los bienes se transfieren no a la generación siguiente sino a la subsiguiente
**Generation-Skipping Transfer Tax** – impuesto sobre bienes se transfieren no a la generación siguiente sino a la subsiguiente
**generation-skipping trust** – fideicomiso en el que los bienes se transfieren no a la generación siguiente sino a la subsiguiente
**generational accounting** – contabilidad generacional
**generic** *adj* – genérico, general
**generic brand** – marca genérica
**generic identification** – identificación genérica
**generic job description** – descripción genérica de trabajo
**generic mark** – marca genérica, marca comercial genérica
**generic name** – nombre genérico
**generic product** – producto genérico
**generic trademark** – marca genérica, marca comercial genérica
**genericide** *n* – genericidio
**genetic** *adj* – genético
**genetic modification** – modificación genética
**genetically engineered** – transgénico, modificado genéticamente
**genetically engineered foods** – alimentos transgénicos, alimentos modificados genéticamente
**genetically modified** – transgénico, modificado genéticamente
**genetically-modified foods** – alimentos transgénicos, alimentos modificados genéticamente
**genetically-modified organisms** – organismos transgénicos, organismos modificados genéticamente
**genitals** *n* – genitales
**gentleman's agreement** – pacto entre caballeros, acuerdo verbal sin valor jurídico cuyo cumplimiento depende de la honestidad de los pactantes
**gentlemen's agreement** – pacto entre caballeros, acuerdo verbal sin valor jurídico cuyo cumplimiento depende de la honestidad de los pactantes
**gentrification** *n* – aburguesamiento
**gentrify** *v* – aburguesar
**genuine** *adj* – genuino, auténtico, verdadero, sincero
**genuine and valid** – genuino y válido
**genuine article** – artículo genuino
**genuine link** – relación genuina
**genus** *n* – género, descendientes directos
**geodemographic** *adj* – geodemográfico
**geopolitical** *adj* – geopolítico
**geopolitics** *n* – geopolítica
**german cousin** – primo hermano
**germane** *adj* – pertinente, apropiado, relacionado
**gerrymandering** *n* – trazar distritos electorales arbitrariamente con el propósito de sacar ventaja en las elecciones
**gestation** *n* – gestación, embarazo, desarrollo
**gesture** *n* – gesto, ademán, acto de cortesía
**gesture** *v* – gesticular, hacer ademanes
**ghosting** *n* – colusión entre creadores de mercado con el fin de manipular precios de acciones
**gift** *n* – donación, regalo
**gift causa mortis** – donación por causa de muerte
**gift deed** – escritura de regalo
**gift enterprise** – ardid publicitario en el que se dan participaciones en un sorteo a cambio de la compra de ciertas cosas
**gift in contemplation of death** – donación en anticipación de muerte
**gift in contemplation of marriage** – donación en anticipación de matrimonio
**gift inter vivos** – donación entre vivos
**gift of property** – donación de propiedad
**gift tax exclusion** – exclusión de impuesto sobre donaciones
**gift taxes** – impuestos sobre donaciones
**gift to a class** – donación a un grupo de personas
**gilt-edge** *adj* – de primera clase, de máxima garantía
**gilt-edged** *adj* – de primera clase, de máxima garantía
**gilt-edged bonds** – bonos de primera clase

**gilt-edged securities** – valores punteros, valores de primera clase
**gilt-edged shares** – acciones de primera clase
**gilt-edged stock** – acciones de primera clase
**gilts** *n* – bonos de la tesorería, valores punteros
**gimmick** *n* – ardid, ardid publicitario, estratagema
**Gini coefficient** – coeficiente de Gini
**Gini ratio** – ratio de Gini, coeficiente de Gini, razón de Gini
**giro** *n* – giro bancario, giro
**gist** *n* – sustancia, esencia, motivo de una acción
**give** *v* – donar, entregar, dar
**give and bequeath** – legar
**give away** – regalar
**give bail** – prestar fianza
**give color** – reconocimiento de un derecho aparente de la contraparte
**give credence to** – dar credibilidad a, dar crédito a
**give evidence** – presentar prueba
**give judgment** – dictar sentencia
**give notice** – notificar
**give time** – extender un plazo
**give warning** – dar advertencia, dar aviso
**give way** – dar paso
**giveaway** *n* – regalo, algo baratísimo, algo delatante
**given** *adj* – donado, regalado, otorgado, especificado
**given name** – nombre de pila
**giver** *n* – donante
**glance** *v* – echar un vistazo, mirar de reojo
**glass ceiling** – barrera de la cual no se habla pero que impide ascensos de mujeres y/u otros grupos
**glimpse** *v* – vislumbrar, mirar rápidamente
**global** *adj* – global
**global account** – cuenta global
**global accountancy** – contabilidad global
**global accounting** – contabilidad global
**global accounting standards** – normas globales de contabilidad
**global advertising** – publicidad global
**global agency** – agencia global
**global agent** – agente global
**global agreement** – convenio global, pacto global
**global aid** – ayuda global
**global analysis** – análisis global
**global assets** – activo global
**global assistance** – asistencia global
**global association** – asociación global
**global bank** – banco global
**global banking** – banca global
**global body** – cuerpo global, institución global
**global borrowing** – préstamos globales
**global branch** – sucursal global
**global brand** – marca global
**global budget** – presupuesto global
**global budgeting** – presupuestación global
**global capital** – capital global
**global capital market** – mercado global de capitales
**global cartel** – cartel global
**global co-operation** – cooperación global
**global commerce** – comercio global
**global commodity** – producto global, mercancía global
**global commons** – patrimonio universal
**global communications** – comunicación global
**global company** – compañía global
**global competition** – competencia global
**global conference** – conferencia global
**global consumption** – consumo global
**global contract** – contrato global
**global cooperation** – cooperación global
**global corporation** – corporación global
**global coverage** – cobertura global
**global credit** – crédito global
**global currency** – moneda global
**global custom** – costumbre global
**global debt** – deuda global
**global deposits** – depósitos globales
**global division** – división global
**global economy** – economía global
**global enterprise** – empresa global
**global entity** – entidad global
**global estimates** – estimados globales
**global expenditures** – gastos globales
**global expenses** – gastos globales
**global exports** – exportaciones globales
**global firm** – empresa global
**global food aid** – ayuda alimentaria global
**global fund** – fondo global
**global goods** – productos globales, bienes globales
**global harmonisation** – armonización global
**global harmonization** – armonización global
**global holiday** – feriado global
**global imports** – importaciones globales
**global income** – ingresos globales
**global industry** – industria global
**global insurance** – seguro global
**global insurance contract** – contrato de seguro global
**global insurance coverage** – cobertura de seguro global
**global insurance policy** – póliza de seguro global
**global insurer** – asegurador global
**global interests** – intereses globales
**global investment** – inversión global
**global investor** – inversionista global
**global issue** – emisión global, asunto global
**global law** – derecho global
**global lending** – préstamos globales
**global liabilities** – pasivo global
**global liability** – responsabilidad global
**global liquidity** – liquidez global
**global loans** – préstamos globales
**global market** – mercado global
**global marketing** – marketing global, mercadeo global
**global monetary system** – sistema monetario global
**global organisation** – organización global
**global organization** – organización global
**global partnership** – sociedad global
**global payment** – pago global
**global policy** – política global, póliza global
**global price** – precio global
**global product** – producto global
**global quota** – cuota global
**global reserves** – reservas globales
**global resources** – recursos globales
**global revenues** – ingresos globales
**global sales** – ventas globales
**global securities** – valores globales
**global shipping** – transporte global

**global standardisation** – normalización global
**global standardization** – normalización global
**global standards** – normas globales
**global strategy** – estrategia global
**global subsidy** – subsidio global, subvención global
**global supply** – oferta global
**global support** – ayuda global, apoyo global
**global system** – sistema global
**global tax** – impuesto global
**global trade** – comercio global
**global trade policy** – política de comercio global
**global transport** – transporte global
**global union** – unión global
**global warming** – calentamiento global
**global waters** – aguas globales
**global wealth** – riqueza global
**globalisation** *n* – globalización
**globalisation of the world economy** – globalización de la economía mundial
**globalise** *v* – globalizar
**globalised** *adj* – globalizado
**globalization** *n* – globalización
**globalization of the world economy** – globalización de la economía mundial
**globalize** *v* – globalizar
**globalized** *adj* – globalizado
**glocalisation** *n* – glocalización
**glocalization** *n* – glocalización
**gloss** *n* – glosa, observación
**glove** *n* – guante
**glut** *n* – superabundancia, plétora, exceso de oferta
**GM (general manager)** – gerente general
**GM (genetically modified)** – transgénico, modificado genéticamente
**GM foods (genetically modified foods)** – alimentos transgénicos, alimentos modificados genéticamente
**GMO (genetically-modified organisms)** – organismos transgénicos, organismos modificados genéticamente
**GMP (good management practices)** – buenas prácticas de administración, buenas prácticas de gestión
**GMP (good manufacturing practices)** – buenas prácticas de manufactura
**GMT (Greenwich Mean Time)** – hora media de Greenwich
**GNP (gross national product)** – producto nacional bruto
**go bankrupt** – ir a la quiebra, ir a la bancarrota
**go-between** *n* – intermediario
**go public** – salir a bolsa, emitir acciones por primera vez, revelar públicamente
**go-slow** *n* – huelga de brazos caídos
**goad** *v* – incitar, provocar
**goal** *n* – meta, objetivo
**going concern** – empresa en marcha
**going concern value** – valor de una empresa en marcha
**going price** – precio vigente, valor prevaleciente en el mercado
**going private** – proceso mediante el que una compañía se hace privada
**going public** – salida a bolsa, proceso mediante el que una compañía emite sus primeras acciones
**going rate** – tasa corriente, tasa vigente
**gold-backed** *adj* – respaldado por oro
**gold bullion** – oro en lingotes
**gold certificate** – certificado oro
**gold cover** – reserva de oro
**gold exchange standard** – patrón de cambio oro
**gold fixing** – fijación del precio de oro
**gold market** – mercado del oro
**gold-pegged currency** – moneda vinculada al oro
**gold production** – producción de oro
**gold reserves** – reservas de oro
**gold standard** – patrón oro
**golden handcuffs** – esposas de oro
**golden handshake** – indemnización lucrativa por despido
**golden hello** – bono por firmar otorgado a un nuevo empleado
**golden parachute** – convenio que protege a los altos ejecutivos cuando una corporación cambia de control, paracaídas dorado
**golden rule** – regla de oro
**good and clear record title** – título de propiedad libre de defectos y gravámenes
**good and valid** – bueno y válido, adecuado
**good and workmanlike manner** – de forma hábil y profesional
**good behavior** – buena conducta
**good behaviour** – buena conducta
**good cause** – causa suficiente, justificación
**good condition** – buenas condiciones
**good conduct** – buena conducta
**good consideration** – contraprestación suficiente, contraprestación valiosa, causa valiosa
**good credit risk** – buena paga
**good defence** – defensa válida, buena defensa
**good defense** – defensa válida, buena defensa
**good delivery** – entrega con todo en orden
**good enough** – satisfactorio
**good excuse** – buena excusa
**good faith** – buena fe
**good faith bargaining** – negociaciones en buena fe
**good faith defence** – defensa basada que el acusado o demandado actuó en buena fe
**good faith defense** – defensa basada que el acusado o demandado actuó en buena fe
**good faith deposit** – depósito en buena fe
**good faith money** – depósito en buena fe
**good faith purchaser** – comprador de buena fe
**good health** – buena salud
**good investment** – buena inversión
**good judgment** – buen juicio
**good jury** – jurado seleccionado de una lista de jurados especiales
**good management** – buena administración
**good management practices** – buenas prácticas de administración, buenas prácticas de gestión
**good manufacturing practices** – buenas prácticas de manufactura
**good moral character** – buen carácter moral
**good money** – buen dinero, buenos ingresos
**good name** – buena reputación
**good order** – buen estado
**good pay** – buena paga
**good quality** – buena calidad
**good record title** – título libre de gravámenes

**good reputation** – buena reputación
**good repute** – buena reputación
**good standing, in** – cumpliendo con todos los requisitos corrientes
**good title** – título libre de defectos
**goodness of fit** – precisión del ajuste
**goods** *n* – bienes, productos, mercancías, géneros, mercaderías
**goods and chattels** – bienes muebles
**goods and services** – bienes y servicios, productos y servicios
**Goods and Services Tax** – impuesto sobre bienes y servicios
**goods exported** – bienes exportados, productos exportados, mercancías exportadas
**goods exported illegally** – bienes exportados ilegalmente, productos exportados ilegalmente, mercancías exportadas ilegalmente
**goods for export** – bienes para la exportación
**goods for exportation** – bienes para la exportación
**goods for import** – bienes para la importación
**goods for importation** – bienes para la importación
**goods imported** – bienes importados, productos importados, mercancías importadas
**goods imported illegally** – bienes importados ilegalmente, productos importados ilegalmente, mercancías importadas ilegalmente
**goods in transit** – bienes en tránsito, productos en tránsito, mercancías en tránsito
**goods on approval** – productos a prueba, mercancías a prueba
**goods on consignment** – mercancías consignadas
**goods sold and delivered** – bienes vendidos y entregados, productos vendidos y entregados, mercancías vendidas y entregadas
**goodwill** *n* – buen nombre de una empresa, llave, valor llave, plusvalía, derecho de clientela, fondo de comercio, crédito comercial, activo invisible, regalía
**gossip** *n* – chismorreo, chismoso
**gossip** *v* – chismear
**gossiper** *n* – chismoso
**govern** *v* – gobernar, dirigir, determinar
**governing** *adj* – gobernante, dirigente
**governing body** – cuerpo gobernante
**government** *n* – gobierno, estado, autoridad
**government accountancy** – contabilidad gubernamental, contabilidad del gobierno, contabilidad del estado
**government accounting** – contabilidad gubernamental, contabilidad del gobierno, contabilidad del estado
**government agency** – agencia gubernamental, agencia del gobierno, agencia del estado
**government agent** – agente gubernamental, agente del gobierno, agente del estado
**government assistance** – ayuda gubernamental, ayuda del gobierno, ayuda del estado
**government attorney** – fiscal, abogado gubernamental
**government-backed** *adj* – respaldado por el gobierno, respaldado por el estado
**government backing** – respaldo del gobierno, respaldo del estado
**government bank** – banco del gobierno, banco del estado
**government bill** – obligación gubernamental a corto plazo
**government bond** – bono del gobierno, bono del estado
**government borrowing** – préstamos del gobierno, préstamos del estado
**government budget** – presupuesto del gobierno, presupuesto del estado
**government commitment** – compromiso del gobierno, compromiso del estado
**government contract** – contrato con el gobierno, contrato con el estado
**government-controlled** *adj* – controlado por el gobierno, controlado por el estado
**government de facto** – gobierno de hecho, gobierno de facto
**government de jure** – gobierno de derecho, gobierno de jure
**government debt** – deuda del gobierno, deuda del estado, deuda pública
**government department** – departamento gubernamental, departamento del gobierno, departamento del estado
**government deposit** – depósito gubernamental, depósito del gobierno, depósito del estado
**government depository** – depositaría gubernamental, depositaría del gobierno, depositaría del estado
**government enterprise** – empresa gubernamental, empresa del gobierno, empresa del estado
**government expenditures** – gastos gubernamentales, gastos del gobierno, gastos del estado
**government expenses** – gastos gubernamentales, gastos del gobierno, gastos del estado
**Government Finance** – Hacienda Pública, finanzas del gobierno, finanzas del estado
**government-financed** *adj* – financiado por el gobierno, financiado por el estado
**government fund** – fondo gubernamental, fondo del gobierno, fondo estatal
**government grant** – concesión gubernamental, otorgamiento gubernamental, concesión del gobierno, otorgamiento del gobierno, concesión del estado, otorgamiento del estado
**government immunity** – inmunidad gubernamental, inmunidad del gobierno, inmunidad del estado
**government inspector** – inspector gubernamental, inspector del gobierno, inspector del estado
**government insurance** – seguro gubernamental, seguro del gobierno, seguro del estado
**government intervention** – intervención gubernamental, intervención del gobierno, intervención estatal
**government investment** – inversión gubernamental, inversión del gobierno, inversión estatal
**government lawyer** – abogado del estado, abogado del gobierno
**government loan** – préstamo gubernamental, préstamo del gobierno, préstamo del estado
**government market** – mercado gubernamental, mercado del gobierno, mercado del estado
**government monopoly** – monopolio gubernamental, monopolio del gobierno, monopolio estatal
**government obligation** – obligación gubernamental, obligación del gobierno, obligación del estado

**government office** – oficina gubernamental, oficina del gobierno, oficina del estado
**government-owned** *adj* – gubernamental, del gobierno, del estado
**government paper** – papel gubernamental, papel del gobierno, papel del estado
**government procurement** – compras gubernamentales, compras del gobierno, compras estatales, compras públicas
**government property** – propiedad gubernamental, propiedad del gobierno, propiedad del estado
**government receipts** – ingresos gubernamentales, ingresos del gobierno, ingresos estatales
**government-regulated** *adj* – regulado por el gobierno, regulado por el estado
**government revenues** – ingresos gubernamentales, ingresos del gobierno, ingresos estatales
**government securities** – valores garantizados por el gobierno, valores garantizados por el estado
**government securities dealers** – comerciantes de valores garantizados por el gobierno, comerciantes de valores garantizados por el estado
**government services** – servicios gubernamentales, servicios del gobierno, servicios estatales
**government spending** – gastos gubernamentales, gastos del gobierno, gastos del estado
**Government-Sponsored Enterprise** – empresa con respaldo gubernamental, empresa con respaldo del gobierno, empresa con respaldo del estado
**government subsidy** – subsidio gubernamental, subsidio del gobierno, subsidio del estado, subvención gubernamental, subvención del gobierno, subvención del estado
**government-supported** *adj* – apoyado por el gobierno, apoyado por el estado
**government taxes** – impuestos gubernamentales, impuestos del gobierno, impuestos del estado
**government-to-business** *adj* – gobierno a empresas
**government-to-citizen** *adj* – gobierno a ciudadano
**government-to-consumer** *adj* – gobierno a consumidor
**government-to-government** *adj* – gobierno a gobierno
**governmental** *adj* – gubernamental, estatal
**governmental account** – cuenta gubernamental
**governmental act** – acto gubernamental
**governmental agency** – agencia gubernamental
**governmental agent** – agente gubernamental
**governmental aid** – ayuda gubernamental
**governmental assets** – activo gubernamental
**governmental assistance** – asistencia gubernamental
**governmental auditor** – auditor gubernamental
**governmental bank** – banco gubernamental
**governmental banking** – banca gubernamental
**governmental body** – ente gubernamental, organismo público
**governmental bonds** – bonos gubernamentales
**governmental borrowing** – préstamos gubernamentales
**governmental branch** – rama gubernamental
**governmental budget** – presupuesto gubernamental
**governmental budgeting** – presupuestación gubernamental
**governmental capital** – capital gubernamental
**governmental consumption** – consumo gubernamental
**governmental control** – control gubernamental
**governmental-controlled** *adj* – controlado gubernamentalmente
**governmental debt** – deuda gubernamental
**governmental demand** – demanda gubernamental
**governmental department** – departamento gubernamental
**governmental division** – división gubernamental
**governmental enterprise** – empresa gubernamental, empresa estatal
**governmental expenditures** – gastos gubernamentales
**governmental expenses** – gastos gubernamentales
**governmental facility** – instalación gubernamental
**governmental function** – función gubernamental
**governmental fund** – fondo gubernamental
**governmental income** – ingresos gubernamentales
**governmental industry** – industria gubernamental
**governmental inspector** – inspector gubernamental
**governmental instrumentality** – ente gubernamental, organismo gubernamental
**governmental interests** – intereses gubernamentales
**governmental intervention** – intervención gubernamental
**governmental investment** – inversión gubernamental
**governmental issue** – emisión gubernamental, asunto gubernamental
**governmental loan** – préstamo gubernamental
**governmental market** – mercado gubernamental
**governmental partnership** – sociedad gubernamental
**governmental pension** – pensión gubernamental
**governmental policy** – política gubernamental, póliza gubernamental
**governmental product** – producto gubernamental
**governmental rate** – tasa gubernamental
**governmental resources** – recursos gubernamentales
**governmental revenue** – ingresos gubernamentales
**governmental sales** – ventas gubernamentales
**governmental sector** – sector gubernamental
**governmental securities** – valores gubernamentales
**governmental standards** – normas gubernamentales
**governmental subsidiary** – subsidiaria gubernamental
**governmental subsidy** – subsidio gubernamental, subvención gubernamental
**governmental support** – ayuda gubernamental
**governmental tax** – impuesto gubernamental
**governmental trade** – comercio gubernamental
**governor** *n* – gobernador, alcaide
**govt. (government)** – gobierno
**grab** *v* – agarrar, capturar, apropiarse de
**grace** *n* – gracia, indulgencia
**grace days** – días de gracia
**grace, days of** – días de gracia
**grace period** – período de gracia
**grade** *n* – grado, clase, categoría, declive
**grade** *v* – clasificar, nivelar
**grade crossing** – cruce a nivel
**graded** *adj* – graduado
**graded policy** – póliza graduada
**graded premium** – prima graduada
**graded premium insurance** – seguro de primas graduadas
**grades of crime** – grados de delito

**grading** *n* – graduación
**gradual** *adj* – gradual
**gradually** *adv* – gradualmente
**graduated income tax** – impuesto sobre la renta progresivo
**graduated lease** – arrendamiento escalonado
**graduated-payment loan** – hipoteca de pagos progresivos, préstamo de pagos progresivos
**graduated-payment mortgage** – hipoteca de pagos progresivos
**graduated payments** – pagos progresivos
**graduated tax** – impuesto progresivo
**graduated wages** – salarios escalonados
**graft** *n* – abuso de poder o confianza, lo devengado tras el abuso de poder o confianza, pago hecho a quien abusa de su poder o confianza, soborno, dinero obtenido por funcionarios públicos aprovechándose de su capacidad, confirmación retroactiva del título de una propiedad hipotecada
**grafter** *n* – funcionario público corrupto
**grand juror** – miembro de un jurado de acusación
**grand jury** – jurado de acusación, gran jurado
**grand jury investigation** – investigación por un jurado de acusación, investigación del gran jurado
**grand larceny** – hurto mayor de cierta cantidad
**grand total** – total general
**grandaunt** *n* – tía abuela
**grandfather clause** – cláusula de ley que excluye a quienes ya participan en una actividad regulada de tener que adoptar ciertas normas nuevas, cláusula de anterioridad
**grandfathered** *adj* – eximido por anterioridad
**grandnephew** *n* – sobrino nieto
**grandniece** *n* – sobrina nieta
**granduncle** *n* – tío abuelo
**grange** *n* – granja
**grant** *n* – cesión, concesión, transferencia, autorización, subsidio, donación
**grant** *v* – otorgar, conceder, transferir, autorizar, donar
**grant a lease** – otorgar un arrendamiento
**grant a license** – otorgar una licencia
**grant a patent** – conceder una patente
**grant amnesty** – conceder amnistía
**grant asylum** – otorgar asilo
**grant authority** – otorgar autoridad
**grant, bargain, and sell** – transferir y vender
**grant credit** – otorgar crédito
**grant exemption** – otorgar exención
**grant immunity** – otorgar inmunidad
**grant-in-aid** *n* – subsidio gubernamental, subvención gubernamental
**grant of patent** – concesión de una patente, transferencia de una patente
**grant of personal property** – cesión de bienes muebles
**grantee** *n* – cesionario, adjudicatario, beneficiario
**granter** *n* – otorgante, cedente, donante
**granting clause** – cláusula de transferencia
**granting of capital** – otorgamiento de capital
**grantor** *n* – otorgante, cedente, donante
**Grantor Retained Annuity Trust** – estilo de fideicomiso donde el otorgante recibe beneficios por un período dado
**grantor trusts** – fideicomisos en los que el otorgante retiene control sobre los ingresos para efectos contributivos
**graph** *n* – gráfica, gráfico
**graphic** *adj* – gráfico
**graphical** *adj* – gráfico
**grasp** *v* – comprender, asir, aferrar
**grass widow** – mujer divorciada, mujer separada, mujer abandonada
**grassroots** *adj* – de la comunidad, común
**GRAT (Grantor Retained Annuity Trust)** – estilo de fideicomiso donde el otorgante recibe beneficios por un período dado
**gratification** *n* – gratificación, premio
**gratis** *adv* – gratis
**gratis dictum** – declaración voluntaria
**gratuitous** *adj* – gratuito, a título gratuito, sin fundamento
**gratuitous agency** – agencia a título gratuito
**gratuitous bailee** – depositario a título gratuito
**gratuitous bailment** – depósito a título gratuito
**gratuitous consideration** – contraprestación a título gratuito
**gratuitous contract** – contrato a título gratuito
**gratuitous deed** – escritura a título gratuito
**gratuitous deposit** – depósito a título gratuito
**gratuitous guest** – invitado a título gratuito
**gratuitous passenger** – pasajero a título gratuito
**gratuitous services** – servicios gratuitos
**gratuity** *n* – algo a título gratuito, propina, donación, recompensa
**gravamen** *n* – fundamento, fundamento de una acusación
**grave** *adj* – grave, serio
**grave** *n* – sepultura
**grave** *v* – grabar, fijar en la mente
**grave crime** – delito grave
**grave injustice** – injusticia grave
**graveyard** *n* – cementerio
**graveyard shift** – turno de media noche
**gravis** – grave
**gray market** – mercado gris
**gray market goods** – productos del mercado gris, productos de origen extranjero que se venden usando una marca existente sin autorización, mercancías del mercado gris, mercancías de origen extranjero que se venden usando una marca existente sin autorización
**great aunt** – tía abuela
**great bodily injury** – lesiones graves corporales
**great care** – cuidado extraordinario, diligencia extraordinaria
**great diligence** – diligencia extraordinaria
**great-grandchild** *n* – bisnieto, bisnieta
**great-grandfather** *n* – bisabuelo
**great-grandmother** *n* – bisabuela
**great-great-grandchild** *n* – tataranieto, tataranieta
**great-great-grandfather** *n* – tatarabuelo
**great-great-grandmother** *n* – tatarabuela
**great uncle** – tío abuelo
**greater fool theory** – teoría que propone que es posible ganar dinero al comprar acciones de calidad cuestionable siempre y cuando haya otro tonto que esté dispuesto a pagar más
**green accounting** – contabilidad con el ambiente en

mente, contabilidad verde, contabilidad ecológica
**green card** – tarjeta verde
**green-conscious** *adj* – consciente del ambiente
**green energy** – energía verde, energía ecológica
**green labeling** – etiquetado verde, etiquetado ecológico
**green labelling** – etiquetado verde, etiquetado ecológico
**Green Party** – Partido Verde
**green revolution** – revolución verde
**green tax** – impuesto verde, impuesto ambiental
**greenback** *n* – papel moneda, billete
**greenhouse effect** – efecto de invernadero
**greenmail** *n* – pago sobre el valor del mercado que hace una compañía para recuperar acciones en manos de otra compañía e impedir una adquisición hostil
**Greenwich Mean Time** – hora media de Greenwich
**grey market** – mercado gris
**grey market goods** – productos del mercado gris, productos de origen extranjero que se venden usando una marca existente sin autorización, mercancías del mercado gris, mercancías de origen extranjero que se venden usando una marca existente sin autorización
**grievance** *n* – queja, resentimiento, resentimiento por maltrato, injusticia, agravio
**grieved** *adj* – agraviado, perjudicado
**grogshop** *n* – cantina, lugar donde se vende licor
**gross** *adj* – total, bruto, flagrante, inexcusable, grande
**gross accumulation** – acumulación bruta
**gross added value** – valor agregado bruto
**gross adventure** – préstamo a la gruesa
**gross amount** – cantidad bruta
**gross average** – avería gruesa
**gross basis** – en cifras brutas, en cifras aproximadas
**gross book value** – valor contable bruto
**gross capital formation** – formación bruta de capital
**gross cash flow** – flujo de fondos bruto
**gross debt** – deuda bruta
**gross deposits** – depósitos brutos
**gross domestic expenditure** – gasto interior bruto
**gross domestic income** – ingreso interior bruto
**gross domestic product** – producto interior bruto
**gross earnings** – ingresos brutos
**gross estate** – patrimonio bruto
**gross fault** – negligencia grave, culpa grave
**gross federal debt** – deuda federal bruta
**gross income** – ingresos brutos, renta bruta
**gross injustice** – injusticia grave
**gross interest** – interés bruto
**gross investment** – inversión bruta
**gross lease** – arrendamiento en que el arrendador paga todos los gastos
**gross margin** – margen bruto, beneficio bruto
**gross misdemeanor** – delito serio sin llegar a ser delito grave
**gross national debt** – deuda nacional bruta
**gross national expenditure** – gasto nacional bruto
**gross national income** – ingreso nacional bruto
**gross national investment** – inversión nacional bruta
**gross national product** – producto nacional bruto
**gross national savings** – ahorro nacional bruto
**gross neglect of duty** – incumplimiento grave del deber
**gross negligence** – negligencia grave, negligencia temeraria
**gross operating profit** – beneficios brutos de explotación, ganancias brutas de explotación, beneficios brutos operativos, ganancias brutas operativas
**gross output** – producción bruta
**gross pay** – paga bruta, salario bruto, remuneración bruta
**gross premium** – prima bruta
**gross price** – precio bruto
**gross proceeds** – réditos brutos, productos brutos
**gross profit** – beneficio bruto, ganancia bruta
**gross rate** – tasa bruta
**gross receipts** – ingresos brutos
**gross rent** – renta bruta
**gross reserves** – reservas brutas
**gross return** – rendimiento bruto
**gross revenue** – ingresos brutos
**gross salary** – salario bruto
**gross sales** – ventas brutas
**gross tonnage** – tonelaje bruto
**gross value** – valor bruto
**gross wage** – salario bruto
**gross weight** – peso bruto
**gross yield** – rendimiento bruto
**ground** *n* – fundamento, motivo, tierra, terreno
**ground lease** – arrendamiento de terreno vacante
**ground of action** – motivo de una acción
**ground rent** – renta por el arrendamiento de un terreno vacante
**ground water** – aguas subterráneas, agua de pozo
**grounding** *n* – entrenamiento fundamental, conocimientos fundamentales
**groundless** *adj* – sin fundamento, infundado
**groundless accusation** – acusación infundada
**groundless rumor** – rumor infundado
**groundlessly** *adv* – infundadamente
**grounds for cancellation** – causales de cancelación, motivos de cancelación
**grounds for dismissal** – causales de despido, motivos de despido
**grounds for divorce** – causales de divorcio, motivos de divorcio
**grounds for opposition** – causales de oposición, motivos de oposición
**groundwork** *n* – trabajo preliminar
**group annuity** – anualidad grupal, anualidad colectiva
**group banking** – banca grupal, banca de grupo
**group contract** – contrato grupal, contrato de grupo
**group deferred annuity** – anualidad diferida grupal
**group depreciation** – depreciación grupal, amortización grupal
**group disability insurance** – seguro de discapacidad grupal, seguro de discapacidad de grupo
**group financial statement** – estado financiero grupal
**group health insurance** – seguro de salud grupal, seguro de salud de grupo
**group incentive plan** – plan de incentivos grupal
**group insurance** – seguro grupal, seguro de grupo, seguro colectivo
**group life insurance** – seguro de vida grupal, seguro de vida de grupo
**group of 5** – grupo de los 5
**group of 7** – grupo de los 7

**group of 8** – grupo de los 8
**group of 10** – grupo de los 10
**group of accounts** – grupo de cuentas
**group of companies** – grupo de compañías
**group of eight** – grupo de los ocho
**group of five** – grupo de los cinco
**group of seven** – grupo de los siete
**group of ten** – grupo de los diez
**group training** – entrenamiento grupal, entrenamiento de grupo, capacitación grupal
**group work** – trabajo grupal, trabajo de grupo
**grouping** *n* – agrupamiento
**groupware** *n* – groupware, programas diseñados para colaboración en grupo
**grow** *v* – crecer, prosperar, volverse
**growing crop** – cosecha en crecimiento
**growing equity mortgage** – hipoteca con pagos progresivos para amortizar más rápido el principal
**growing market** – mercado creciente
**growth** *n* – crecimiento, apreciación
**growth area** – área de crecimiento
**growth curve** – curva de crecimiento
**growth fund** – fondo mutuo con metas de apreciación
**growth in value** – crecimiento del valor
**growth industry** – industria en crecimiento
**growth mutual fund** – fondo mutuo con metas de apreciación
**growth portfolio** – cartera de valores de apreciación
**growth rate** – tasa de crecimiento
**growth shares** – acciones de apreciación
**growth stage** – etapa de crecimiento
**growth stocks** – acciones de apreciación
**growth strategy** – estrategia de crecimiento
**grub stake** – contrato mediante el cual una parte provee el equipo necesario para minar mientras que la otra parte busca la tierra explotable
**grudge** *n* – rencor, resentimiento
**GSE (Government-Sponsored Enterprise)** – empresa con respaldo gubernamental, empresa con respaldo del gobierno, empresa con respaldo del estado
**guarantee** *n* – garantía, fianza, beneficiario de una garantía, garante
**guarantee** *v* – garantizar, afianzar
**guarantee agreement** – convenio de garantía
**guarantee bond** – fianza, fianza de garantía, bono de garantía
**guarantee clause** – cláusula de garantía
**guarantee deposit** – depósito de garantía
**guarantee fund** – fondo de garantía
**guarantee letter** – carta de garantía
**guarantee of signature** – garantía de firma
**guarantee period** – período de garantía
**guarantee reserve** – reserva de garantía
**guaranteed** *adj* – garantizado
**guaranteed additional payment** – pago adicional garantizado
**guaranteed amount** – cantidad garantizada
**guaranteed annual wage** – salario anual garantizado
**guaranteed bond** – bono garantizado
**guaranteed claim** – reclamación garantizada
**guaranteed contract** – contrato garantizado
**guaranteed credit** – crédito garantizado
**guaranteed debt** – deuda garantizada
**guaranteed deposit** – depósito garantizado
**guaranteed income** – ingresos garantizados
**guaranteed insurability** – asegurabilidad garantizada
**guaranteed interest** – interés garantizado
**guaranteed investment** – inversión garantizada
**guaranteed investment contract** – contrato de inversión garantizada
**guaranteed letter of credit** – carta de crédito garantizada
**guaranteed loan** – préstamo garantizado
**guaranteed minimum wage** – salario mínimo garantizado
**guaranteed mortgage** – hipoteca garantizada
**guaranteed mortgage certificate** – certificado de hipotecas garantizadas
**guaranteed mortgage loan** – préstamo hipotecario garantizado
**guaranteed pay** – paga garantizada, salario garantizado
**guaranteed payments** – pagos garantizados
**guaranteed price** – precio garantizado
**guaranteed purchase option** – opción de compra garantizada
**guaranteed rate** – tasa garantizada
**guaranteed renewable contract** – contrato renovable garantizado
**guaranteed renewable health insurance** – seguro de salud renovable garantizado
**guaranteed renewable insurance** – seguro renovable garantizado
**guaranteed renewable life insurance** – seguro de vida renovable garantizado
**guaranteed salary** – salario garantizado
**guaranteed securities** – valores garantizados
**guaranteed shares** – acciones con garantía externa de dividendos
**guaranteed stock** – acciones con garantía externa de dividendos
**guaranteed wage** – salario garantizado
**guarantees and commitments** – garantías y compromisos
**guarantor** *n* – garante, avalista
**guaranty** *n* – garantía, fianza
**guaranty bond** – fianza, fianza de garantía
**guaranty clause** – cláusula de garantía
**guaranty company** – compañía que otorga fianzas
**guaranty deposit** – depósito de garantía
**guaranty fund** – fondo de garantía
**guaranty letter** – carta de garantía
**guaranty of signature** – garantía de firma
**guaranty period** – período de garantía
**guaranty reserve** – reserva de garantía
**guard** *n* – guardia, vigilancia, vigilante, vigilante de prisioneros, carcelero
**guard** *v* – proteger, vigilar, guardar
**guardage** *n* – tutela
**guardian** *n* – guardián, tutor, curador
**guardian ad litem** – tutor para el juicio
**guardian by nature** – tutor natural
**guardian of the estate** – tutor en lo que se refiere a un patrimonio
**guardianship** *n* – tutela, curatela, amparo, protección
**guess** *v* – adivinar, conjeturar
**guest** *n* – huésped, invitado, visita
**guest worker** – trabajador invitado

**guide price** – precio indicativo, precio guía
**guidelines** *n* – pautas, normas
**guild** *n* – gremio, asociación
**guildhall** *n* – casa del ayuntamiento
**guillotine** *n* – guillotina
**guilt** *n* – culpabilidad, culpa
**guilty** *adj* – culpable
**guilty but mentally ill** – culpable pero con enfermedad mental
**guilty mind** – intención de cometer un delito, mens rea
**guilty plea** – admisión formal de culpabilidad, confesión
**guilty verdict** – veredicto de culpabilidad
**gullible** *adj* – crédulo
**gun** *n* – pistola, escopeta, arma de fuego
**gunboat diplomacy** – diplomacia de cañón
**gunfight** *n* – tiroteo
**gunfire** *n* – disparo, disparos
**gynarchy** *n* – ginecocracia
**gynecocracy** *n* – ginecocracia
**gynecocratic** *adj* – ginecocrático

# H

**habeas corpus** – hábeas corpus
**habeas corpus acts** – garantías constitucionales de la libertad personal, leyes de hábeas corpus
**habeas corpus ad subjiciendum** – hábeas corpus ad subjiciendum
**habendum** *n* – cláusula de una escritura que define la extensión de los derechos transferidos
**habendum clause** – cláusula de una escritura que define la extensión de los derechos transferidos
**habilitate** *v* – habilitar
**habit** *n* – hábito, costumbre
**habitability** *n* – habitabilidad
**habitable** *adj* – habitable
**habitable repair** – estado de habitabilidad
**habitancy** *n* – domicilio
**habitant** *n* – habitante
**habitat** *n* – hábitat, ambiente
**habitation** *n* – habitación, domicilio, morada
**habitation, right of** – derecho de habitar
**habitual** *adj* – habitual, usual
**habitual activity** – actividad habitual
**habitual agency** – agencia habitual
**habitual agent** – agente habitual
**habitual care** – diligencia habitual
**habitual cohabitation** – cohabitación habitual
**habitual conditions** – condiciones habituales
**habitual course** – curso habitual
**habitual criminal** – criminal habitual
**habitual dangers** – peligros habituales
**habitual diligence** – diligencia habitual
**habitual drunkard** – borracho habitual
**habitual drunkenness** – ebriedad habitual
**habitual duty** – deber habitual
**habitual expenses** – gastos habituales
**habitual hazards** – riesgos habituales
**habitual income** – ingresos habituales
**habitual insurance** – seguro habitual
**habitual interpretation** – interpretación habitual
**habitual intoxication** – ebriedad habitual, intoxicación habitual
**habitual investment practice** – práctica de inversión habitual
**habitual loss** – pérdida habitual
**habitual meaning** – sentido habitual
**habitual method** – método habitual
**habitual mode** – modo habitual
**habitual offender** – delincuente habitual
**habitual practice** – práctica habitual
**habitual procedure** – procedimiento habitual
**habitual process** – proceso habitual
**habitual rent** – renta habitual
**habitual repairs** – reparaciones habituales
**habitual residence** – residencia habitual
**habitual risks** – riesgos habituales
**habitual services** – servicios habituales
**habitual session** – sesión habitual
**habitual spoilage** – deterioro habitual
**habitual tax** – impuesto habitual
**habitual term** – plazo habitual
**habitual time** – tiempo habitual
**habitual use** – uso habitual
**habitually** *adv* – habitualmente, por costumbre
**habituation** *n* – habituación
**haggle** *v* – regatear, porfiar
**haggling** *n* – regateo
**hail insurance** – seguro contra granizo
**hair-trigger** *adj* – muy sensible, fácil de provocar o alterar
**half blood** – la relación de personas que comparten sólo un progenitor
**half brother** – medio hermano
**half day** – medio día, media jornada
**half-monthly** *adv* – quincenalmente
**half-proof** *n* – prueba insuficiente para fundar una sentencia
**half section** – área de tierra conteniendo 320 acres
**half sister** – media hermana
**half-truth** *n* – verdad a medias
**half-yearly** *adv* – semestralmente
**halfheartedly** *adv* – indiferentemente, sin entusiasmo
**halfway** *adj* – a medias, incompletamente, entremedias
**halfway house** – institución que sirve para ayudar a personas marginadas a reintegrarse a la sociedad
**hall** *n* – sala, ayuntamiento, pasillo, vestíbulo
**hallmark** *n* – marca de legitimidad, marca de pureza, sello, distintivo
**hallucinate** *v* – alucinar
**hallucination** *n* – alucinación
**hallucinogenic drug** – droga alucinógena
**halo effect** – halo positivo laboral
**halt** *n* – parada, interrupción
**halve** *v* – dividir en dos
**hammer** *n* – venta forzada, subasta, martillo
**hammer out** – resolver o acordar tras gran esfuerzo
**hammer price** – puja ganadora
**hand** *n* – mano, obrero, participación, firma,

autoridad, parte, asistencia, ayuda
**hand and seal** – firma y sello
**hand down a decision** – emitir una sentencia
**hand, in** – en mano, disponible, bajo control
**hand in** – entregar
**hand-made** *adj* – hecho a mano
**hand money** – seña, señal, anticipo, depósito
**hand, on** – presente, disponible
**hand over** – entregar, ceder, transferir
**hand-picked** *adj* – cuidadosamente seleccionado
**handbill** *n* – octavilla, volante
**handcuff** *v* – esposar
**handcuffs** *n* – esposas
**handicap** *n* – minusvalía, impedimento, desventaja
**handily** *adv* – hábilmente, fácilmente, diestramente
**handle** *v* – manejar, palpar, tratar, controlar, dirigir
**handling** *n* – manejo, manipulación, desenvolvimiento, manoseo
**handling charges** – gastos de tramitación
**handling costs** – costos de tramitación, costes de tramitación
**handling expenditures** – gastos de tramitación
**handling expenses** – gastos de tramitación
**handmade** *adj* – hecho a mano
**handout** *n* – octavilla, volante, panfleto, limosna
**handover** *n* – entrega, transferencia
**hands-on training** – entrenamiento práctico
**handwriting** *n* – escritura, letra, caligrafía
**handwriting expert** – perito caligráfico
**handwriting sample** – muestra de escritura
**hang** *v* – permanecer sin determinar, ahorcar, suspender
**hanging** *n* – ahorcamiento
**hangman** *n* – verdugo
**haphazard** *adj* – fortuito, casual
**happening** *n* – suceso, hecho, acontecimiento
**harass** *v* – acosar, hostigar
**harassment** *n* – acosamiento, hostigamiento
**harbinger** *n* – precursor
**harbor** *n* – puerto, refugio, asilo
**harbor** *v* – albergar, encubrir
**harbor doubts** – albergar dudas
**harbor line** – límites del puerto
**harbor suspicions** – albergar sospechas
**harboring** *n* – encubrimiento
**harboring a criminal** – encubrimiento de un fugitivo, encubriendo a un fugitivo
**hard** *adj* – duro, difícil, firme, severo, cruel
**hard and fast rules** – reglas inmutables
**hard cases** – casos difíciles
**hard cash** – dinero en efectivo
**hard copy** – copia impresa
**hard-core cartel** – cartel especialmente nocivo
**hard costs** – costos reales, costes reales
**hard currency** – moneda fuerte, moneda dura, moneda en metálico
**hard discount** – descuento en efectivo
**hard feelings** – resentimiento
**hard goods** – bienes de consumo duraderos, productos de consumo duraderos
**hard labor** – trabajo forzoso
**hard labour** – trabajo forzoso
**hard loan** – préstamo a repagarse usando una moneda fuerte
**hard money** – moneda en metálico
**hard sell** – técnicas de ventas a base de la insistencia, venta agresiva
**hard to believe** – difícil de creer
**hard to control** – difícil de controlar
**hard to explain** – difícil de explicar
**hard to understand** – difícil de entender
**hardened criminal** – criminal habitual
**hardening of prices** – aumento de precios
**hardly credible** – apenas creíble
**hardly possible** – apenas posible
**hardship** *n* – dificultad, apuro, penuria, trabajo arduo
**hardship fund** – fondo de ayuda
**hardware** *n* – hardware, equipo físico
**hardware security** – seguridad del hardware
**harm** *n* – daño, lesión, perjuicio
**harm** *v* – dañar, lesionar, perjudicar
**harmful** *adj* – dañino, perjudicial, peligroso
**harmful act** – acto dañino, acto perjudicial
**harmful effects** – efectos dañinos, efectos perjudiciales
**harmful error** – error perjudicial, error perjudicial que influyó en el fallo
**harmful product** – producto dañino
**harmfully** *adv* – perjudicialmente, dañinamente
**harmless** *adj* – inofensivo, sin daños
**harmless error** – error inconsecuente, error menor
**harmless error doctrine** – doctrina según la cual un error menor o inconsecuente no es motivo suficiente para revocar un fallo
**harmlessly** *adv* – inofensivamente
**harmonisation** *n* – armonización
**harmonisation of taxes** – armonización de impuestos, armonización impositiva
**harmonise** *v* – armonizar
**harmonised** *adj* – armonizado
**harmonised standards** – normas armonizadas
**harmonised system** – sistema armonizado
**harmonization** *n* – armonización
**harmonization of taxes** – armonización de impuestos, armonización impositiva
**harmonize** *v* – armonizar
**harmonized** *adj* – armonizado
**harmonized standards** – normas armonizadas
**harmonized system** – sistema armonizado
**harmony** *n* – armonía, concordancia
**harsh** *adj* – severo, riguroso, cruel
**harsh penalty** – penalidad severa
**harshly** *adv* – severamente, duramente, cruelmente
**harshness** *n* – severidad, crueldad
**harvest** *n* – cosecha, fruto
**harvest** *v* – recolectar, cosechar
**haste** *n* – prisa, precipitación
**hasten** *v* – apresurar, precipitar
**hastily** *adv* – apresuradamente, precipitadamente
**hastiness** *n* – prisa, precipitación, impaciencia
**hasty** *adj* – apresurado, pronto
**haul** *v* – arrastrar, transportar, acarrear
**hauler** *n* – transportador, transportista
**haulier** *n* – transportador, transportista
**have and hold** – tener y poseer, tener y retener
**have authority** – tener autoridad
**have control** – tener control
**have doubts** – tener dudas

**have effect** – tener efecto
**have influence** – tener influencia
**have insurance** – poseer seguro, estar asegurado
**have intercourse** – tener relaciones
**have knowledge of** – tener conocimiento de
**have liability** – tener responsabilidad
**have possession** – tener posesión
**have power** – tener poder
**have responsibility** – tener responsabilidad
**have suspicions** – tener sospechas
**have under control** – tener bajo control
**haven** *n* – asilo, refugio
**hawker** *n* – vendedor ambulante
**hawking** *n* – venta ambulante
**hazard** *n* – riesgo, peligro, azar
**hazard bonus** – bono por riesgo
**hazard insurance** – seguro contra riesgos
**hazard pay** – plus de peligrosidad, remuneración por trabajos peligrosos
**hazardous** *adj* – peligroso, aventurado
**hazardous chemicals** – sustancias químicas peligrosas
**hazardous contract** – contrato aleatorio, contrato contingente
**hazardous employment** – empleo peligroso, trabajo peligroso
**hazardous goods** – mercancías peligrosas
**hazardous insurance** – seguro sobre personas en peligro especial, seguro sobre bienes en peligro especial
**hazardous job** – trabajo peligroso, empleo peligroso
**hazardous negligence** – negligencia que crea un gran peligro
**hazardous substances** – sustancias peligrosas
**hazardous waste** – desperdicios peligrosos
**hazardous work** – empleo peligroso, trabajo peligroso
**HDI (Human Development Index)** – Índice del Desarrollo Humano
**head** *n* – director, cabeza, jefe, principal
**head** *v* – encabezar, dirigir
**head accountant** – jefe de contabilidad, contable jefe, contador jefe
**head buyer** – jefe de compras
**head count** – número de personas, recuento de personas
**head lease** – arrendamiento principal
**head money** – impuesto de capitación, dinero pagado por la cabeza de un fugitivo
**head of department** – jefe de departamento
**head of family** – cabeza de familia, jefe de familia
**head of household** – cabeza de familia, jefe de familia
**head of personnel** – jefe de personal
**head of sales** – jefe de ventas
**head of section** – jefe de sección
**head of state** – jefe de estado
**head office** – oficina central, oficina matriz, oficina principal
**head-on** *adj* – frente a frente, de frente
**head-on collision** – choque frente a frente, choque de frente
**head start** – ventaja inicial
**head tax** – impuesto de capitación, impuesto per capita
**headcount** *n* – número de personas, recuento de personas
**headhunter** *n* – cazatalentos
**heading** *n* – encabezamiento, título
**headline** *n* – titular, título
**headline inflation** – tasa de inflación incluyendo todo
**headnote** *n* – resumen introductorio
**headquarters** *n* – sede, sede central, oficina central, cuartel general
**heads of agreement** – borrador del acuerdo
**healer** *n* – curandero
**healing act** – ley reformadora
**health** *n* – salud, sanidad, bienestar
**health and safety** – salud y seguridad, seguridad e higiene
**health and safety at work** – salud y seguridad en el trabajo, seguridad e higiene en el trabajo
**health and social services** – servicios sociales y de salud
**health authorities** – autoridades de salud pública, autoridades sanitarias
**health benefits** – beneficios de salud
**health care** – cuidado de la salud, atención sanitaria, atención de la salud
**health care card** – tarjeta de seguro de salud, tarjeta de cuidado de la salud
**health care costs** – costos de la atención sanitaria, costes de la atención sanitaria, costes del cuidado de la salud, costes del cuidado de la salud
**health care demand** – demanda para el cuidado de la salud, demanda para la atención sanitaria
**health care expenses** – gastos del cuidado de la salud, gastos de la atención sanitaria
**health care infrastructure** – infraestructura del cuidado de la salud, infraestructura de la atención sanitaria
**health care insurance** – seguro médico, seguro de salud, seguro de enfermedad
**health care management** – administración del cuidado de la salud, gestión del cuidado de la salud, administración de la atención sanitaria, gestión de la atención sanitaria
**health care model** – modelo del cuidado de la salud, modelo de la atención sanitaria
**health care needs** – necesidades del cuidado de la salud
**health care plan** – plan del cuidado de la salud
**health care provision** – provisión del cuidado de la salud
**health care provider** – proveedor de cuidado de la salud
**health care regulations** – reglamentos para el cuidado de la salud
**health care services** – servicios de cuidado de la salud, servicios de salud
**health care standards** – normas para el cuidado de la salud
**health care system** – sistema del cuidado de la salud
**health certificate** – certificado de salud, certificado médico
**health certification** – certificación de salud
**health danger** – riesgo para la salud
**health department** – departamento de salud, departamento de sanidad, departamento de salud pública
**health evidence** – prueba de salud

**health hazard** – riesgo para la salud
**health inspector** – inspector de salud, inspector de sanidad
**health insurance** – seguro médico, seguro de salud, seguro de enfermedad
**health insurance contract** – contrato de seguro médico
**health insurance credit** – crédito por seguro médico
**health laws** – leyes de salud pública
**health maintenance organisation** – organización de mantenimiento de salud
**health maintenance organization** – organización de mantenimiento de salud
**health officer** – funcionario de salud pública
**health plan** – plan de salud, plan médico
**health proof** – prueba de salud
**health regulations** – reglamentaciones de salud pública, reglamentaciones de sanidad
**health risk** – riesgo para la salud
**health sector** – sector de la salud
**health services** – servicios de salud
**health verification** – verificación de salud
**health warning** – advertencia de salud
**healthcare** *n* – cuidado de la salud, atención sanitaria, atención de la salud
**healthcare card** – tarjeta de seguro de salud, tarjeta de cuidado de la salud
**healthcare costs** – costos de la atención sanitaria, costes de la atención sanitaria, costes del cuidado de la salud, costes del cuidado de la salud
**healthcare demand** – demanda para el cuidado de la salud, demanda para la atención sanitaria
**healthcare expenses** – gastos del cuidado de la salud, gastos de la atención sanitaria
**healthcare infrastructure** – infraestructura del cuidado de la salud, infraestructura de la atención sanitaria
**healthcare insurance** – seguro médico, seguro de salud, seguro de enfermedad
**healthcare management** – administración del cuidado de la salud, gestión del cuidado de la salud, administración de la atención sanitaria, gestión de la atención sanitaria
**healthcare model** – modelo del cuidado de la salud, modelo de la atención sanitaria
**healthcare needs** – necesidades del cuidado de la salud
**healthcare plan** – plan del cuidado de la salud
**healthcare provision** – provisión del cuidado de la salud
**healthcare provider** – proveedor de cuidado de la salud
**healthcare regulations** – reglamentos para el cuidado de la salud
**healthcare services** – servicios de cuidado de la salud, servicios de salud
**healthcare standards** – normas para el cuidado de la salud
**healthcare system** – sistema del cuidado de la salud
**healthy** *adj* – saludable, sano, robusto
**healthy competition** – competencia sana
**healthy economy** – economía sana
**hearing** *n* – audiencia, vista, audición
**hearing de novo** – nueva vista, repetición de vista
**hearing-impaired** *adj* – de audición deteriorada, con poca audición
**hearing impairment** – limitación auditiva, minusvalía auditiva
**hearsay** *n* – rumor, testimonio de referencia, prueba de oídas
**hearsay evidence** – testimonio de referencia, prueba de oídas
**hearsay rule** – regla contra el uso de testimonio de referencia
**heart balm statutes** – leyes que niegan el derecho de entablar una acción por actos tales como la enajenación de afectos y el adulterio
**heat of passion** – estado de emoción violenta
**heavily indebted** – altamente endeudado
**heavily indebted poor countries** – países pobres altamente endeudados
**heavily subsidised** – con grandes subsidios, con grandes subvenciones
**heavily subsidized** – con grandes subsidios, con grandes subvenciones
**heavy advertising** – publicidad masiva
**heavy duties** – derechos elevados
**heavy-duty** *adj* – de servicio pesado
**heavy industry** – industria pesada
**heavy work** – trabajo pesado
**heavy workload** – carga de trabajo pesada
**hectare** *n* – hectárea
**hedge** *n* – cobertura, protección
**hedge** *v* – cubrirse, cubrir, protegerse, proteger
**hedge buying** – compras de cobertura
**hedge fund** – fondo especulativo
**hedging** *n* – cobertura, protección
**heed** *v* – prestar atención, atender
**heedless** *adj* – descuidado, negligente, distraído
**heedlessness** *n* – descuido, negligencia, distracción
**hegemonic** *adj* – hegemónico
**hegemony** *n* – hegemonía
**heinous** *adj* – horrendo, atroz
**heinous conduct** – conducta atroz
**heinous crime** – crimen atroz
**heinously** *adv* – horrendamente
**heir** *n* – heredero
**heir apparent** – heredero forzoso, heredero aparente
**heir at law** – heredero legítimo
**heir beneficiary** – heredero con beneficio de inventario
**heir by adoption** – heredero por adopción
**heir by devise** – heredero quien recibe inmuebles
**heir collateral** – heredero colateral
**heir conventional** – heredero por contrato
**heir expectant** – heredero en expectativa
**heir forced** – heredero forzoso
**heir general** – heredero legítimo
**heir hunter** – persona cuyo trabajo es buscar herederos
**heir legal** – heredero legal
**heir of the blood** – heredero por consanguinidad
**heir of the body** – heredero quien es descendiente directo
**heir presumptive** – heredero presunto
**heir testamentary** – heredero testamentario
**heir unconditional** – heredero incondicional
**heirdom** *n* – sucesión
**heirless estate** – sucesión vacante

**heirlooms** *n* – bienes sucesorios con gran valor sentimental
**heirs and assigns** – herederos y cesionarios
**heirship** *n* – condición de heredero, derecho de heredar
**held** *adj* – decidido, tenido
**held in trust** – tenido en fideicomiso
**helm** *n* – mando, timón
**help** *v* – ayudar, asistir, remediar
**help desk** – servicio de ayuda, servicio de ayuda a usuarios
**help line** – línea de ayuda
**help wanted** – se solicita empleado, se solicita ayudante
**helpdesk** *n* – servicio de ayuda, servicio de ayuda a usuarios
**helpless** *adj* – indefenso, incapacitado
**helplessness** *n* – impotencia
**helpline** *n* – línea de ayuda
**henceforth** *adv* – de aquí en adelante, de ahora en adelante
**henceforward** *adv* – de aquí en adelante, de ahora en adelante
**henchman** *n* – secuaz, partidario
**herald** *n* – heraldo
**herbage** *n* – servidumbre de pastoreo
**herd** *n* – rebaño, multitud
**herd instinct** – instinto de manada
**hereafter** *adv* – en lo futuro, en adelante, de ahora en adelante
**hereditaments** *n* – lo que puede heredarse, herencia
**hereditary** *adj* – hereditario
**hereditary succession** – sucesión hereditaria
**heredity** *n* – herencia
**herein** *n* – en esto, incluso, aquí contenido, aquí mencionado
**hereinabove** *adv* – más arriba, anteriormente
**hereinafter** *adv* – más abajo, a continuación, más adelante
**hereinbefore** *adv* – más arriba, anteriormente
**hereinbelow** *adv* – más abajo, más adelante
**hereof** *adv* – de esto, acerca de esto
**hereon** *adv* – sobre esto, acerca de esto
**hereto** *adv* – a la presente, a esto
**heretofore** *adv* – hasta ahora, antes
**hereunder** *adv* – más abajo, a continuación, por la presente
**hereunto** *adv* – a la presente
**hereupon** *adv* – en esto, por consiguiente, sobre esto
**herewith** *n* – con la presente, adjunto
**heritage** *n* – bienes inmuebles, herencia, patrimonio
**hermeneutics** *n* – hermenéutica
**hidden** *adj* – oculto, escondido, clandestino
**hidden agenda** – agenda oculta
**hidden assets** – activos ocultos
**hidden clause** – cláusula oculta
**hidden costs** – costos ocultos, costes ocultos
**hidden costs of crime** – costos ocultos del crimen, costes ocultos del crimen
**hidden crisis** – crisis oculta
**hidden danger** – peligro oculto
**hidden defect** – defecto oculto, vicio oculto
**hidden dumping** – dumping oculto
**hidden inflation** – inflación oculta
**hidden intention** – intención oculta
**hidden knowledge** – conocimiento oculto
**hidden offer** – oferta oculta
**hidden peril** – peligro oculto
**hidden reserve** – reserva oculta
**hidden risk** – riesgo oculto
**hidden subsidy** – subsidio oculto, subvención oculta
**hidden tax** – impuesto oculto
**hidden unemployment** – desempleo oculto
**hide** *v* – ocultar, encubrir, esconder, disimular
**hide the truth** – ocultar la verdad
**hideous** *adj* – horrible, horroroso
**hiding** *n* – ocultación, encubrimiento
**hierarchical** *adj* – jerárquico
**hierarchy** *n* – jerarquía
**high cost of living** – alto costo de la vida, alto coste de la vida
**high degree of negligence** – negligencia grave
**high diligence** – diligencia extraordinaria
**high-end** *adj* – lo máximo, lo más caro
**high finance** – altas finanzas
**high flier** – quien disfruta de mucho éxito, quien posee cualidades que llevan al éxito, acción que ha tenido buena apreciación en la bolsa
**high flyer** – quien disfruta de mucho éxito, quien posee cualidades que llevan al éxito, acción que ha tenido buena apreciación en la bolsa
**high-grade** *adj* – de primera calidad
**high-grade bond** – bono de primera calidad
**high-growth venture** – empresa de alto crecimiento
**high-income countries** – países con altos ingresos
**high inflation** – alta inflación
**high-level** *adj* – de alto nivel
**high leverage** – alto apalancamiento
**high-office** *adj* – alto cargo
**high official** – alto funcionario
**high-pressure job** – trabajo altamente estresante
**high-pressure selling** – técnicas de ventas a base de la insistencia, ventas agresivas
**high-profile** *adj* – de gran visibilidad
**high-quality** *adj* – alta calidad
**high-return** *adj* – alto rendimiento
**high-risk** *adj* – alto riesgo
**high-risk stocks** – acciones de alto riesgo
**high seas** – alta mar
**high season** – temporada alta
**high-tech** *adj* – de alta tecnología
**high-tech industries** – industrias de alta tecnología
**high-technology** *adj* – de alta tecnología
**high-technology industries** – industrias de alta tecnología
**high tide** – marea alta
**high treason** – alta traición
**high-water line** – línea de la marea alta, punto culminante, el punto o valor más alto alcanzado
**high-water mark** – línea de la marea alta, punto culminante, el punto o valor más alto alcanzado
**high-yield** *adj* – alto rendimiento
**higher education** – educación superior
**highest** *adj* – el más alto, el máximo
**highest age** – edad máxima
**highest amount** – cantidad máxima
**highest and best use** – uso que produzca el mayor provecho de un inmueble

**highest benefit** – beneficio máximo
**highest bidder** – mejor postor
**highest charge** – cargo máximo
**highest cost** – costo máximo, coste máximo
**highest court** – tribunal de último recurso, tribunal supremo
**highest degree of care** – el grado de cuidado que usaría una persona muy prudente bajo circunstancias similares
**highest employment age** – edad máxima de empleo
**highest family benefit** – beneficio de familia máximo
**highest fee** – cargo máximo
**highest interest rate** – tasa de interés máxima
**highest loss** – pérdida máxima
**highest payment** – pago máximo
**highest penalty** – pena máxima
**highest premium** – prima máxima
**highest price** – precio máximo
**highest probable loss** – pérdida máxima probable
**highest rate** – tasa máxima
**highest rate increase** – aumento de tasa máximo
**highest salary** – salario máximo
**highest sentence** – sentencia máxima
**highest tax** – impuesto máximo
**highest tax rate** – tasa impositiva máxima
**highest wage** – salario máximo
**highhanded** *adj* – arbitrario, tiránico
**highly competitive** – altamente competitivo
**highly indebted** – altamente endeudado
**highly indebted poor countries** – países pobres altamente endeudados
**highly leveraged** – altamente apalancado
**highly paid** – altamente remunerado
**highly skilled** – altamente calificado, altamente cualificado, altamente especializado
**highway acts** – leyes concernientes a las carreteras
**highway crossing** – cruce de ferrocarril, cruce de carreteras
**highway robbery** – asalto en o cerca de caminos, asalto con intimidación o fuerza, ganancia excesiva en un negocio
**highway tax** – impuesto de autopistas
**highway toll** – peaje de autopista
**highwayman** *n* – bandolero, salteador de caminos
**hijack** *n* – asalto de bienes en tránsito, secuestro de avión
**hijacker** *n* – asaltador de bienes en tránsito, secuestrador de avión
**hijacking** *n* – asalto de bienes en tránsito, secuestro de avión
**hike** *v* – aumentar
**hike prices** – aumentar precios
**hinder** *v* – estorbar, impedir, molestar, obstaculizar
**hindrance** *n* – estorbo, impedimento, obstáculo
**hint** *n* – sugestión, pista, insinuación, indirecta
**HIPC (highly indebted poor countries)** – países pobres altamente endeudados
**hire** *n* – arrendamiento, alquiler, remuneración
**hire** *v* – contratar, alquilar, arrendar
**hire and fire** – contratar y despedir
**hire charge** – arriendo, alquiler
**hire, for** – para alquiler, libre
**hire out** – arrendarse, alquilarse, contratarse
**hire purchase** – compra a plazos
**hire purchase agreement** – contrato de compra a plazos
**hire purchase contract** – contrato de compra a plazos
**hired hand** – empleado pagado, peón
**hirer** *n* – arrendador, alquilador, locatario, contratante, empleador
**hiring at will** – locación por un plazo indeterminado
**hiring hall** – oficina de empleos
**histogram** *n* – histograma, gráfico de barras
**historic site** – lugar histórico
**historical cost** – costo histórico, coste histórico
**historical materialism** – materialismo histórico
**historical rate** – tasa histórica
**historical return** – rendimiento histórico
**historical structure** – estructura histórica
**historical trend** – tendencia histórica
**hit** *v* – pegar, afectar, acertar
**hit-and-run** – accidente en el que el conductor se da a la fuga
**hit-and-run accident** – accidente en el que el conductor se da a la fuga
**hit-and-run driver** – conductor que tras un accidente se da a la fuga
**hitchhiker** *n* – quien pide viajes gratuitos en automóvil sin conocer al conductor
**hither** *adv* – acá, hacia acá, aquí
**hithermost** *adj* – lo más cercano
**hitherto** *adv* – hasta la fecha, hasta aquí, hasta ahora
**hitherward** *adv* – hacia acá, por aquí
**HMO (health maintenance organization)** – organización de mantenimiento de salud
**hoard** *v* – acaparar
**hoarded** *adj* – acaparado
**hoarding** *n* – acaparamiento, atesoramiento, cerca rodeando una construcción, cartelera, valla publicitaria
**hoarding of commodities** – acaparamiento de mercancías
**hoarding of goods** – acaparamiento de bienes, acaparamiento de mercancías
**Hobbs Act** – ley federal que hace un crimen el interferir con el comercio interestatal mediante actos de violencia o extorsión
**hoc** – esto, con, por, hoc
**hold** *n* – fortificación, cárcel, dominio, cabina de carga
**hold** *v* – tener, retener, contener, sostener, detener, imponer, decidir, celebrar
**hold a conference** – celebrar una conferencia
**hold a meeting** – celebrar una reunión
**hold a post** – tener un cargo
**hold a referendum** – celebrar un referendo
**hold accountable** – hacer responsable
**hold an auction** – celebrar una subasta
**hold down** – mantener abajo, mantener bajo
**hold funds** – retener fondos
**hold harmless agreement** – convenio para eximir de responsabilidad
**hold harmless clause** – cláusula para eximir de responsabilidad
**hold in check** – controlar, mantener a raya
**hold liable** – hacer responsable
**hold out** – no ceder, persistir, resistir, mantenerse firme, ofrecer

**hold over** – retener la posesión de un inmueble tras haberse expirado el término acordado, aplazar
**hold pleas** – juzgar una causa
**hold responsible** – hacer responsable
**hold shares** – tener acciones
**hold stock** – tener acciones
**holdback** *n* – retención de fondos, retención, lo que se retiene
**holdback pay** – paga retenida condicionalmente
**holder** *n* – tenedor, portador, titular
**holder for value** – tenedor por valor
**holder in due course** – tenedor legítimo, tenedor de buena fe
**holder in good faith** – tenedor en buena fe
**holder of a trust** – beneficiario de un fideicomiso
**holder of an account** – titular de una cuenta
**holder of record** – tenedor registrado
**holding** *n* – propiedad, posesión, tenencia, el principio jurídico en el que se basa una sentencia
**holding company** – holding, compañía tenedora, sociedad de cartera, sociedad tenedora, sociedad holding
**holding corporation** – holding, corporación tenedora
**holding period** – período de tenencia
**holdings** *n* – propiedades, posesiones, valores en cartera, conjunto de inversiones
**holdover tenant** – arrendatario quien retiene la posesión de un inmueble tras haberse expirado el término acordado
**holdup** *n* – atraco, robo a mano armada, asalto, demora
**holdup man** – atracador, asaltador
**holiday** *n* – día festivo
**holiday pay** – paga por días festivos
**holograph** *n* – ológrafo, testamento ológrafo, documento ológrafo
**holographic will** – testamento ológrafo
**home** *n* – hogar, domicilio, casa, residencia, país de origen
**home banking** – banca desde el hogar
**home computer** – computadora doméstica, ordenador doméstico
**home confinement** – confinamiento en el hogar, reclusión en el hogar
**home consumption** – consumo en el hogar, consumo doméstico, consumo interno, consumo nacional
**home delivery** – entrega a domicilio
**home demand** – demanda doméstica, demanda nacional
**home equity** – inversión neta en el hogar tras restar cualquier hipoteca del valor total
**home inspector** – inspector de hogares
**home insurance** – seguro de hogar
**home insurance policy** – póliza de seguro de hogar
**home loan** – préstamo para la vivienda
**home market** – mercado doméstico, mercado nacional, mercado de viviendas
**home mortgage** – hipoteca de hogar
**home mortgage interest** – intereses hipotecarios de hogar
**home office** – oficina central, casa matriz, oficina en el hogar
**home owner** – dueño de hogar
**home ownership** – condición de ser dueño del hogar propio
**home page** – página Web principal
**home policy** – póliza de seguro de hogar
**home port** – puerto de origen, puerto de matrícula
**home rule** – autonomía
**home shopping** – compras desde el hogar
**home warranty** – garantía sobre la estructura e instalaciones fijas de una vivienda
**home worker** – quien trabaja en su casa
**homeless** *adj* – sin hogar, desamparado
**homeless child** – niño sin hogar, niño desamparado
**homeless person** – persona sin hogar, persona desamparada
**homeowner** *n* – dueño de hogar
**homeowner insurance** – seguro sobre riesgos del hogar
**homeowner's association** – asociación de dueños de hogar
**homeowner's insurance policy** – póliza de seguro sobre riesgos del hogar
**homeowner's policy** – póliza de seguro sobre riesgos del hogar
**homeownership** *n* – condición de ser dueño del hogar propio
**homeownership rate** – proporción de dueños de hogar propio
**homepage** *n* – página Web principal
**homestead** *n* – residencia familiar con su terreno circundante, hogar seguro
**homestead corporation** – compañía organizada para comprar y subdividir terrenos para residencias de los accionistas
**homestead exemption** – exención de las residencias familiares de ejecución por deudas no relacionadas al hogar, rebaja de la valuación fiscal de la residencia principal
**homestead exemption laws** – leyes para excluir las residencias familiares de ejecución por deudas no relacionadas al hogar
**homestead right** – el derecho al uso pacífico de la residencia familiar sin reclamaciones de los acreedores, derecho de hogar seguro
**homeward** *adj* – de regreso a casa
**homeward bound** – de regreso a casa
**homeward freight** – flete de regreso
**homeworker** *n* – quien trabaja en su casa
**homicidal** *adj* – homicida
**homicide** *n* – homicidio, homicida
**homicide by misadventure** – homicidio accidental
**homicide by necessity** – homicidio por necesidad
**homogeneous** *adj* – homogéneo
**homogeneous exposure** – exposición a riesgo homogénea
**homogeneous oligopoly** – oligopolio homogéneo
**homologate** *v* – homologar
**homologation** *n* – homologación
**honcho** *n* – jefe, quien esta encargado
**honest** *adj* – honrado, justo, legítimo
**honestly** *adv* – honradamente, sinceramente
**honesty** *n* – honradez, integridad, sinceridad
**honor** *n* – honor, integridad, buen nombre
**honor** *v* – honrar, aceptar, pagar, cancelar
**honor a check** – aceptar un cheque, pagar un cheque
**honor a cheque** – aceptar un cheque, pagar un cheque

**honor a contract** – cumplir un contrato
**honor a promise** – cumplir una promesa
**honorable** *adj* – honorable
**honorable discharge** – licenciamiento honroso, baja honorable
**honorableness** *n* – honorabilidad, honradez
**honorably** *adv* – honorablemente
**honorarium** *n* – honorarios, pago gratuito
**honorary** *adj* – honorario, honroso
**honorary trustees** – fideicomisarios honoríficos, administradores honoríficos
**honour** *n* – honor, integridad, buen nombre
**honour** *v* – honrar, aceptar, pagar, cancelar
**honour a check** – aceptar un cheque, pagar un cheque
**honour a cheque** – aceptar un cheque, pagar un cheque
**honour a contract** – cumplir un contrato
**honour a promise** – cumplir una promesa
**hook** *n* – gancho, gancho comercial
**hope for** – esperar
**hopeful** *adj* – esperanzado, prometedor
**horizontal agreement** – convenio horizontal
**horizontal audit** – auditoría horizontal
**horizontal consolidation** – consolidación horizontal
**horizontal expansion** – expansión horizontal
**horizontal integration** – integración horizontal
**horizontal merger** – fusión horizontal
**horizontal mobility** – movilidad horizontal
**horizontal promotion** – promoción horizontal
**horizontal property** – propiedad horizontal
**horizontal union** – sindicato horizontal
**hornbook** *n* – libro básico, cartilla, libro que resume áreas del derecho, tratado
**horns effect** – halo negativo laboral
**horrible** *adj* – horrible
**horrid** *adj* – hórrido
**horrify** *v* – horrorizar
**horror** *n* – horror
**hospital** *n* – hospital, clínica
**hospital expense insurance** – seguro de gastos hospitalarios
**hospital expenses** – gastos hospitalarios
**hospital liability insurance** – seguro de responsabilidad de hospital
**hospital medical insurance** – seguro médico de hospital
**hospitality** *n* – hospitalidad
**hospitalisation** *n* – hospitalización
**hospitalization** *n* – hospitalización
**hospitalisation insurance** – seguro de hospitalización
**hospitalization insurance** – seguro de hospitalización
**hospitalize** *v* – hospitalizar
**host** *n* – anfitrión
**host country** – país anfitrión, país sede
**hostage** *n* – rehén
**hostile** *adj* – hostil, enemigo, contrario
**hostile bid** – oferta pública de adquisición de una corporación que no la quiere, oferta de toma del control de una corporación que no la quiere
**hostile embargo** – embargo de naves enemigas
**hostile encounter** – encuentro hostil
**hostile environment** – ambiente hostil
**hostile environment sexual harassment** – ambiente hostil de trabajo creado por el hostigamiento sexual, ambiente de hostigamiento sexual en el trabajo que afecta la salud mental de las víctimas
**hostile fire** – fuego fuera de control, fuego que se extiende a áreas inesperadas
**hostile intent** – intención hostil
**hostile intention** – intención hostil
**hostile party** – parte hostil
**hostile person** – persona hostil
**hostile possession** – posesión hostil
**hostile takeover** – toma hostil del control corporativo
**hostile takeover bid** – oferta pública de adquisición de una corporación que no la quiere, oferta de toma del control de una corporación que no la quiere
**hostile witness** – testigo hostil
**hostilities** *n* – hostilidades
**hostility** *n* – hostilidad
**hot blood** – condición emocional en la que la persona no se puede controlar
**hot desking** – el uso compartido de un número dado de escritorios por un grupo de empleados que los ocupan por turnos
**hot money** – dinero caliente, dinero que se mueve entre inversiones muy líquidas buscando el mejor rendimiento posible, dinero que se mueve a corto plazo entre países buscando aprovechar cualquier fluctuación en los tipos de cambio o intereses, dinero obtenido ilegalmente
**hot pursuit** – persecución en curso de uno o más sospechosos a áreas donde normalmente no se tendría jurisdicción o permiso de ir
**hot tempered** – de mal temperamento, de mal genio
**hotchpot** *n* – colación de bienes, mezcolanza
**hotline** *n* – línea directa, línea de información, línea para llamadas urgentes
**hourly** *adj* – cada hora, por hora
**hourly** *adv* – cada hora, durante cada hora
**hourly pay** – paga por hora, salario por hora
**hourly rate** – tarifa por hora, precio por hora
**hourly salary** – salario por hora, paga por hora
**hourly wage** – salario por hora, paga por hora
**hours of business** – horas de oficina, horas de trabajo, horas de comercio
**hours of labor** – horas de trabajo
**hours of labour** – horas de trabajo
**house** *n* – casa, residencia, empresa, firma, descendencia, cuerpo legislativo, cámara
**house arrest** – arresto domiciliario
**house brand** – marca de la casa, marca blanca
**house building loan** – préstamo para construcción de vivienda
**house call** – aviso de la casa de corretaje de que una cuenta está debajo del mínimo de mantenimiento
**house counsel** – abogado interno
**house label** – marca de la casa, marca blanca
**house maintenance call** – aviso de la casa de corretaje de que una cuenta está debajo del mínimo de mantenimiento
**house maintenance requirements** – requisitos de mínimos de mantenimiento en cuentas de margen
**house of correction** – reformatorio, cárcel para menores, correccional
**house of delegates** – cámara de delegados
**house of ill fame** – prostíbulo
**house of legislature** – cámara legislativa

**house of prostitution** – prostíbulo
**house of refuge** – reformatorio, refugio
**house of representatives** – cámara de representantes
**house purchase** – compra de vivienda, compra de casa
**house-to-house selling** – ventas de casa en casa
**houseage** *n* – cargo por almacenaje
**housebreaking** *n* – violación de domicilio con intención de robar, robar, escalamiento
**household** *n* – familia, familia que vive junta, hogar
**household budget** – presupuesto doméstico
**household employee** – empleado doméstico
**household expenditures** – gastos domésticos
**household expenses** – gastos domésticos
**household goods** – bienes muebles de un hogar
**household insurance** – seguro de hogar
**household insurance policy** – póliza de seguro de hogar
**household policy** – póliza de seguro de hogar
**household savings** – ahorros domésticos
**household worker** – empleado doméstico
**householder** *n* – dueño de casa, jefe de familia, cabeza de familia
**housing** *n* – vivienda, viviendas, alojamiento
**housing allowance** – asignación para vivienda, subsidio para vivienda, subvención para vivienda
**Housing and Urban Development** – Departamento de Vivienda y Desarrollo Urbano
**housing association** – asociación de viviendas
**housing bonds** – bonos respaldados por hipotecas sobre viviendas, bonos emitidos para financiar viviendas
**housing co-operative** – cooperativa de viviendas
**housing code** – código de edificación, código de la vivienda
**housing cooperative** – cooperativa de viviendas
**housing development** – proyecto de viviendas, urbanización
**housing estate** – proyecto de viviendas, urbanización
**housing loan** – préstamo para viviendas
**housing market** – mercado de viviendas
**housing project** – complejo de viviendas subvencionadas, complejo de viviendas subsidiadas, proyecto de viviendas
**housing scheme** – complejo de viviendas subvencionadas, complejo de viviendas subsidiadas
**housing shortage** – escasez de viviendas
**housing starts** – comienzos de construcción de viviendas
**housing subsidy** – subsidio para vivienda, subvención para vivienda
**housing unit** – unidad de vivienda
**however** *adv* – sin embargo, no obstante, como quiera que
**howsoever** *adv* – de cualquier modo, por muy
**HQ (headquarters)** – sede, sede central, oficina central
**HR (human resources)** – recursos humanos
**hub** *n* – eje, centro
**huckster** *n* – quien vende agresivamente y deshonestamente, mercenario
**HUD (Housing and Urban Development)** – Departamento de Vivienda y Desarrollo Urbano
**hue and cry** – vocerío, alboroto
**hull insurance** – seguro de casco
**human capital** – capital humano
**human decency** – decencia humana
**Human Development Index** – Índice del Desarrollo Humano
**human error** – error humano
**human factors** – factores humanos
**human relations** – relaciones humanas
**human resources** – recursos humanos
**human resources administration** – administración de recursos humanos
**human resources administrator** – administrador de recursos humanos
**human resources agency** – agencia de recursos humanos, agencia de empleos
**human resources audit** – auditoría de recursos humanos
**human resources costs** – costos de recursos humanos, costes de recursos humanos
**human resources cuts** – recortes de recursos humanos
**human resources department** – departamento de recursos humanos
**human resources development** – desarrollo de recursos humanos
**human resources director** – director de recursos humanos
**human resources division** – división de recursos humanos
**human resources increase** – aumento de recursos humanos
**human resources management** – administración de recursos humanos, gestión de recursos humanos
**human resources manager** – administrador de recursos humanos
**human resources office** – oficina de recursos humanos
**human resources planning** – planificación de recursos humanos
**human resources policy** – política de recursos humanos
**human resources psychology** – psicología de recursos humanos
**human resources reductions** – reducciones de recursos humanos
**human resources representative** – representante de recursos humanos
**human resources selection** – selección de recursos humanos
**human resources training** – entrenamiento de recursos humanos
**human rights** – derechos humanos
**humane** *adj* – humanitario, humano
**humanely** *adv* – humanamente
**humanitarian** *n* – humanitario
**humanitarian doctrine** – doctrina humanitaria
**humanity** *n* – humanidad, naturaleza humana
**humankind** *n* – humanidad
**humanly** *adv* – humanamente
**humiliation** *n* – humillación
**humor** *n* – humor, genio, disposición
**humor** *v* – complacer, seguirle la corriente
**hunch** *n* – presentimiento, corazonada
**hung jury** – jurado que no puede llegar a un veredicto
**hurricane insurance** – seguro contra huracanes

**hurried** *adj* – apresurado
**hurriedly** *adv* – apresuradamente
**hurt** *n* – daño, lesión, perjuicio
**hurt** *v* – lastimar, injuriar, dañar, perjudicar
**hurtful** *adj* – dañoso, perjudicial, injurioso
**hurtfully** *adv* – dañosamente, perjudicialmente, injuriosamente
**husband de facto** – esposo de hecho
**husband de jure** – esposo legal
**husband-wife immunity** – derecho de mantener confidencial las comunicaciones entre cónyuges
**husband-wife privilege** – derecho de mantener confidencial las comunicaciones entre cónyuges
**hush money** – soborno, soborno para ocultar información
**hustle** *v* – embaucar, obligar, hacer a la carrera, esforzarse
**Hwy. (highway)** – carretera
**hybrid accounting method** – método de contabilidad híbrido
**hybrid annuity** – anualidad híbrida
**hybrid securities** – valores híbridos
**hydroelectric power** – energía hidroeléctrica
**hygiene requirements** – requisitos de higiene
**hype** *v* – promocionar exageradamente
**hyperinflation** *n* – hiperinflación
**hyperlink** *n* – hiperenlace
**hypothecary action** – acción hipotecaria
**hypothecary debt** – deuda hipotecaria
**hypothecate** *v* – hipotecar, pignorar
**hypothecation** *n* – hipoteca, pignoración
**hypothesis** *n* – hipótesis
**hypothetic** *adj* – hipotético
**hypothetical** *adj* – hipotético
**hypothetical case** – caso hipotético
**hypothetical controversy** – controversia hipotética
**hypothetical fact** – hecho hipotético
**hypothetical issue** – cuestión hipotética
**hypothetical question** – pregunta hipotética
**hypothetical scenario** – escenario hipotético
**hypothetical situation** – situación hipotética
**hysteria** *n* – histeria

# I

**i (interest)** – interés, intereses
**i2i (industry-to-industry)** – industria a industria
**i.e. (id est, that is)** – es decir, esto es
**IADB (Inter-American Development Bank)** – Banco Interamericano de Desarrollo
**IBRD (International Bank for Reconstruction and Development)** – Banco Internacional de Reconstrucción y Fomento
**ID (identification)** – identificación
**ID card (identification card)** – tarjeta de identificación, tarjeta de identidad, cédula de identidad, carné de identidad
**IDB (Inter-American Development Bank)** – Banco Interamericano de Desarrollo
**idea** *n* – idea, plan, concepto, pensamiento, proyecto
**ideal market** – mercado ideal
**idem per idem** – lo mismo por lo mismo
**identical** *adj* – idéntico
**identical goods** – bienes idénticos, productos idénticos, mercancías idénticas
**identical issue** – cuestión idéntica
**identical value** – valor idéntico
**identification** *n* – identificación
**identification card** – tarjeta de identificación, tarjeta de identidad, cédula de identidad, carné de identidad
**identification mark** – marca de identificación
**identification of goods** – identificación de bienes, identificación de productos, identificación de mercancías
**identification of goods and services** – identificación de productos y servicios, identificación de bienes y servicios
**identification of services** – identificación de servicios
**identification papers** – documentos de identificación, cédula de identificación
**identification system** – sistema de identificación
**identified** *adj* – identificado
**identified amount** – cantidad identificada
**identified benefits** – beneficios identificados
**identified coverage** – cobertura identificada
**identified deposit** – depósito identificado
**identified duty** – deber identificado
**identified insurance** – seguro identificado
**identified intent** – intención identificada
**identified limit** – límite identificado
**identified payment** – pago identificado
**identified period** – período identificado
**identified price** – precio identificado
**identified rate** – tasa identificada
**identified salary** – salario identificado
**identified subsidy** – subsidio identificado, subvención identificada
**identified tax** – impuesto identificado
**identify** *v* – identificar
**identify a suspect** – identificar un sospechoso
**identify an assailant** – identificar un agresor
**identify handwriting** – identificar escritura
**identify incorrectly** – identificar incorrectamente
**identify stolen property** – identificar propiedad robada
**identity** *n* – identidad
**identity authentication** – autenticación de identidad, certificación de identidad
**identity card** – tarjeta de identificación, tarjeta de identidad, cédula de identidad, cédula de identificación, carné de identidad
**identity certificate** – certificado de identidad
**identity certification** – certificación de identidad
**identity evidence** – prueba de identidad
**identity proof** – prueba de identidad
**identity theft** – robo de identidad
**identity verification** – verificación de identidad
**idle** *adj* – inactivo, desocupado, no utilizado, inútil, improductivo
**idle assets** – activo improductivo, activo no utilizado
**idle balance** – saldo inactivo

**idle capacity** – capacidad no utilizada
**idle capital** – capital inactivo
**idle cash** – efectivo inactivo
**idle funds** – fondos inactivos, fondos que no devengan provecho, fondos que no devengan intereses
**idle money** – dinero inactivo, dinero que no devenga provecho, dinero que no devenga intereses
**idle resources** – recursos no utilizados
**idle time** – tiempo en que no se puede trabajar aun queriendo, tiempo muerto
**IFC (International Finance Corporation)** – Corporación Financiera Internacional
**ignominy** *n* – ignominia, deshonra, conducta ignominiosa
**ignorance** *n* – ignorancia, desconocimiento
**ignorance of the facts** – desconocimiento de los hechos
**ignorance of the law** – desconocimiento del derecho, desconocimiento de la ley
**ignore** *v* – ignorar, no hacer lugar a, desconocer
**ill** *adj* – enfermo, mal, nulo
**ill fame** – mala fama
**illegal** *adj* – ilegal, ilícito
**illegal ab initio** – ilegal desde el principio
**illegal act** – acto ilegal
**illegal action** – acción ilegal
**illegal agreement** – acuerdo ilegal, contrato ilegal
**illegal alien** – extranjero ilegal
**illegal arrest** – arresto ilícito
**illegal assembly** – reunión ilegal
**illegal auction** – subasta ilegal
**illegal authority** – autoridad ilegal
**illegal beneficiary** – beneficiario ilegal
**illegal business** – negocio ilegal
**illegal cause** – causa ilegal
**illegal combination** – combinación ilegal
**illegal condition** – condición ilegal
**illegal conduct** – conducta ilegal
**illegal consideration** – contraprestación ilegal
**illegal contract** – contrato ilegal
**illegal custody** – custodia ilegal
**illegal detainer** – detención ilegal
**illegal detention** – detención ilegal
**illegal discrimination** – discriminación ilegal
**illegal dividend** – dividendo ilegal
**illegal donation** – donación ilegal
**illegal entity** – entidad ilegal
**illegal entry** – ingreso ilegal
**illegal evasion** – evasión ilegal
**illegal exaction** – exacción ilegal
**illegal export** – exportación ilegal
**illegal force** – fuerza ilegal
**illegal gain** – ganancia ilegal, beneficio ilegal, ventaja ilegal
**illegal gift** – donación ilegal
**illegal immigrant** – inmigrante ilegal
**illegal import** – importación ilegal
**illegal incentive** – incentivo ilegal
**illegal incitation** – incitación ilegal
**illegal income** – ingresos ilegales
**illegal inducement** – motivación ilegal
**illegal interest** – usura, interés ilegal
**illegal interest rate** – usura, interés ilegal
**illegal loan** – préstamo ilegal
**illegal measures** – medios ilegales
**illegal monopoly** – monopolio ilegal
**illegal motivation** – motivación ilegal
**illegal notice** – notificación ilegal
**illegal obligation** – obligación ilegal
**illegal offer** – oferta ilegal
**illegal operation** – operación ilegal
**illegal order** – orden ilegal
**illegal pact** – pacto ilegal, convenio ilegal
**illegal per se** – ilegal de por sí, ilegal per se
**illegal picketing** – piquete ilegal
**illegal possession** – posesión ilegal
**illegal practice** – práctica ilegal
**illegal present** – regalo ilegal
**illegal process** – proceso ilegal
**illegal profit** – ganancia ilegal, beneficio ilegal
**illegal property** – propiedad ilegal
**illegal purpose** – propósito ilegal
**illegal rate** – usura, interés ilegal
**illegal reward** – recompensa ilegal
**illegal sale** – venta ilegal
**illegal search** – allanamiento ilegal, búsqueda ilegal
**illegal strike** – huelga ilegal
**illegal tax** – impuesto ilegal
**illegal trade** – comercio ilegal
**illegal traffic** – tráfico ilegal
**illegal transaction** – negocio ilegal
**illegal transfer** – transferencia ilegal
**illegal use** – uso ilegal
**illegality** *n* – ilegalidad, ilicitud
**illegally** *adj* – ilegalmente, ilícitamente
**illegally adopted** – adoptado ilegalmente
**illegally agreed upon** – acordado ilegalmente
**illegally arrested** – arrestado ilegalmente
**illegally assembled** – reunido ilegalmente
**illegally auctioned** – subastado ilegalmente
**illegally authorized** – autorizado ilegalmente
**illegally combined** – combinado ilegalmente
**illegally constituted** – constituido ilegalmente
**illegally contracted** – contratado ilegalmente
**illegally detained** – detenido ilegalmente
**illegally donated** – donado ilegalmente
**illegally done** – hecho ilegalmente
**illegally entered** – ingresado ilegalmente
**illegally established** – establecido ilegalmente
**illegally evaded** – evadido ilegalmente
**illegally exported** – exportado ilegalmente
**illegally exported goods** – bienes exportados ilegalmente, productos exportados ilegalmente, mercancías exportadas ilegalmente
**illegally immigrated** – inmigrado ilegalmente
**illegally imported** – importado ilegalmente
**illegally imported goods** – bienes importados ilegalmente, productos importados ilegalmente, mercancías importadas ilegalmente
**illegally incited** – incitado ilegalmente
**illegally incorporated** – incorporado ilegalmente
**illegally induced** – motivado ilegalmente
**illegally loaned** – prestado ilegalmente
**illegally monopolized** – monopolizado ilegalmente
**illegally motivated** – motivado ilegalmente
**illegally obligated** – obligado ilegalmente
**illegally obtained** – obtenido ilegalmente
**illegally obtained evidence** – prueba obtenida

ilegalmente
**illegally offered** – ofrecido ilegalmente
**illegally operated** – operado ilegalmente
**illegally ordered** – ordenado ilegalmente
**illegally pacted** – pactado ilegalmente
**illegally possessed** – poseído ilegalmente
**illegally practiced** – practicado ilegalmente
**illegally searched** – allanado ilegalmente
**illegally sold** – vendido ilegalmente
**illegally taxed** – impuesto ilegalmente
**illegally traded** – comerciado ilegalmente
**illegally trafficked** – traficado ilegalmente
**illegally transacted** – negociado ilegalmente
**illegally transferred** – transferido ilegalmente
**illegally used** – usado ilegalmente
**illegible** *adj* – ilegible
**illegitimacy** *n* – ilegitimidad
**illegitimate** *adj* – ilegítimo, ilegal
**illegitimate act** – acto ilegítimo
**illegitimate child** – hijo ilegítimo
**illicit** *adj* – ilícito, prohibido
**illicit act** – acto ilícito
**illicit action** – acción ilícita
**illicit agreement** – acuerdo ilícito, contrato ilícito
**illicit arrest** – arresto ilícito
**illicit assembly** – reunión ilícita
**illicit auction** – subasta ilícita
**illicit authority** – autoridad ilícita
**illicit beneficiary** – beneficiario ilícito
**illicit business** – negocio ilícito
**illicit cause** – causa ilícita
**illicit cohabitation** – cohabitación ilícita
**illicit combination** – combinación ilícita
**illicit condition** – condición ilícita
**illicit conduct** – conducta ilícita
**illicit connection** – relaciones sexuales ilícitas, conexión ilícita
**illicit consideration** – contraprestación ilícita, causa ilícita
**illicit contract** – contrato ilícito
**illicit custody** – custodia ilícita
**illicit detainer** – detención ilícita
**illicit detention** – detención ilícita
**illicit discrimination** – discriminación ilícita
**illicit dividend** – dividendo ilícito
**illicit donation** – donación ilícita
**illicit entity** – entidad ilícita
**illicit entry** – ingreso ilícito
**illicit evasion** – evasión ilícita
**illicit force** – fuerza ilícita
**illicit gain** – ganancia ilícita, beneficio ilícito, ventaja ilícita
**illicit gift** – donación ilícita
**illicit immigrant** – inmigrante ilícito
**illicit incentive** – incentivo ilícito
**illicit incitation** – incitación ilícita
**illicit income** – ingresos ilícitos
**illicit inducement** – motivación ilícita
**illicit interest** – usura, interés ilícito
**illicit interest rate** – usura, interés ilícito
**illicit loan** – préstamo ilícito
**illicit measures** – medios ilícitos
**illicit monopoly** – monopolio ilícito
**illicit motivation** – motivación ilícita
**illicit notice** – notificación ilícita
**illicit obligation** – obligación ilícita
**illicit offer** – oferta ilícita
**illicit operation** – operación ilícita
**illicit order** – orden ilícita
**illicit pact** – pacto ilícito, convenio ilícito
**illicit picketing** – piquete ilícito
**illicit possession** – posesión ilícita
**illicit practice** – práctica ilícita
**illicit present** – regalo ilícito
**illicit process** – proceso ilícito
**illicit profit** – ganancia ilícita, beneficio ilícito
**illicit property** – propiedad ilícita
**illicit purpose** – propósito ilícito
**illicit rate** – usura, interés ilícito
**illicit relation** – relaciones sexuales ilícitas, relación ilícita
**illicit reward** – recompensa ilícita
**illicit sale** – venta ilícita
**illicit search** – allanamiento ilícito, búsqueda ilícita
**illicit strike** – huelga ilícita
**illicit tax** – impuesto ilícito
**illicit trade** – comercio ilícito
**illicit traffic** – tráfico ilícito
**illicit transaction** – transacción ilícita
**illicit transfer** – transferencia ilícita
**illicit use** – uso ilícito
**illicitly** *adv* – ilícitamente, ilegalmente
**illicitly adopted** – adoptado ilícitamente
**illicitly agreed upon** – acordado ilícitamente
**illicitly arrested** – arrestado ilícitamente
**illicitly assembled** – reunido ilícitamente
**illicitly auctioned** – subastado ilícitamente
**illicitly authorized** – autorizado ilícitamente
**illicitly combined** – combinado ilícitamente
**illicitly constituted** – constituido ilícitamente
**illicitly contracted** – contratado ilícitamente
**illicitly donated** – donado ilícitamente
**illicitly done** – hecho ilícitamente
**illicitly entered** – ingresado ilícitamente
**illicitly established** – establecido ilícitamente
**illicitly evaded** – evadido ilícitamente
**illicitly immigrated** – inmigrado ilícitamente
**illicitly incited** – incitado ilícitamente
**illicitly incorporated** – incorporado ilícitamente
**illicitly induced** – motivado ilícitamente
**illicitly loaned** – prestado ilícitamente
**illicitly monopolized** – monopolizado ilícitamente
**illicitly motivated** – motivado ilícitamente
**illicitly obligated** – obligado ilícitamente
**illicitly offered** – ofrecido ilícitamente
**illicitly operated** – operado ilícitamente
**illicitly ordered** – ordenado ilícitamente
**illicitly pacted** – pactado ilícitamente
**illicitly possessed** – poseído ilícitamente
**illicitly practiced** – practicado ilícitamente
**illicitly searched** – allanado ilícitamente
**illicitly taxed** – impuesto ilícitamente
**illicitly traded** – comerciado ilícitamente
**illicitly trafficked** – traficado ilícitamente
**illicitly transacted** – negociado ilícitamente
**illicitly transferred** – transferido ilícitamente
**illicitly used** – usado ilícitamente
**illiquid** *adj* – ilíquido

**illiquid assets** – activo ilíquido
**illiquid funds** – fondos ilíquidos
**illiquidity** *n* – iliquidez
**illiquidity risk** – riesgo de iliquidez
**illiteracy** *n* – analfabetismo, ignorancia
**illiterate** *adj* – analfabeto, ignorante
**illness** *n* – enfermedad, mal
**illogical** *adj* – ilógico
**illogical conclusion** – conclusión ilógica
**illogical deduction** – deducción ilógica
**illogical result** – resultado ilógico
**illogical statement** – declaración ilógica
**illogical testimony** – testimonio ilógico
**illusion** *n* – ilusión, engaño
**illusory** *adj* – ilusorio, engañoso
**illusory agreement** – contrato ficticio
**illusory appointment** – designación ilusoria
**illusory contract** – contrato ficticio
**illusory promise** – promesa ficticia
**illusory transfer** – transferencia ficticia
**illustrative** *adj* – ilustrativo
**ILO (International Labour Organization, International Labour Organisation, International Labor Organization)** – Organización Internacional del Trabajo
**image advertising** – publicidad de imagen
**image marketing** – marketing de imagen, mercadeo de imagen
**imagine** *v* – imaginar, imaginarse
**imbibe** *v* – beber, asimilar, absorber
**imbroglio** *n* – embrollo
**IMF (International Monetary Fund)** – Fondo Monetario Internacional
**imitation** *adj* – imitado
**imitation** *n* – imitación
**immaterial** *adj* – inmaterial, sin importancia, no esencial
**immaterial allegation** – aseveración inmaterial
**immaterial alteration** – alteración inmaterial
**immaterial averment** – aseveración inmaterial
**immaterial breach** – incumplimiento inmaterial
**immaterial evidence** – prueba inmaterial
**immaterial facts** – hechos inmateriales
**immaterial goods** – bienes inmateriales
**immaterial issue** – cuestión inmaterial
**immaterial testimony** – testimonio inmaterial
**immateriality** *n* – inmaterialidad
**immaturity** *n* – inmadurez
**immediate** *adj* – inmediato, cercano, urgente
**immediate annuity** – anualidad inmediata
**immediate beneficiary** – beneficiario inmediato
**immediate cause** – causa inmediata
**immediate consequence** – consecuencia inmediata
**immediate control** – control inmediato
**immediate credit** – crédito inmediato
**immediate damage** – daño inmediato
**immediate death** – muerte inmediata
**immediate delivery** – entrega inmediata
**immediate descent** – descendencia inmediata
**immediate effect** – efecto inmediato
**immediate execution** – ejecución inmediata
**immediate family** – familia inmediata
**immediate injury** – lesión inmediata
**immediate interest** – interés inmediato
**immediate need** – necesidad inmediata
**immediate notice** – notificación inmediata
**immediate order** – orden inmediata
**immediate payment** – pago inmediato
**immediate payment annuity** – anualidad de pago inmediato
**immediate possession** – posesión inmediata
**immediate problem** – problema urgente
**immediate relative** – pariente inmediato
**immediate reply** – respuesta inmediata
**immediate vesting** – adquisición inmediata de derechos de pensión
**immediately** *adv* – inmediatamente
**immemorial** *adj* – inmemorial
**immemorial custom** – costumbre inmemorial
**immemorial possession** – posesión inmemorial
**immemorial usage** – costumbre inmemorial
**immigrant** *adj* – inmigrante
**immigrant** *n* – inmigrante
**immigrant alien** – extranjero inmigrante
**immigrant visa** – visa de inmigrante
**immigrant worker** – trabajador inmigrante
**immigration** *n* – inmigración
**Immigration and Customs Enforcement** – Oficina de Inmigración y Control de Aduanas
**Immigration and Naturalization Service** – Servicio de Inmigración y Naturalización
**immigration control** – control de inmigración
**imminent** *adj* – inminente
**imminent danger** – peligro inminente
**imminent peril** – peligro inminente
**immiserate** *v* – hacer miserable, empobrecer
**immoderate** *adj* – inmoderado
**immoral** *adj* – inmoral, obsceno
**immoral act** – acto inmoral, conducta inmoral
**immoral agreement** – contrato inmoral, convenio inmoral
**immoral conduct** – conducta inmoral
**immoral consideration** – contraprestación inmoral
**immoral contract** – contrato inmoral
**immorality** *n* – inmoralidad
**immovable property** – propiedad inmueble
**immovables** *n* – inmuebles
**immune** *adj* – inmune, exento
**immune from arrest** – inmune contra arresto
**immune from execution** – inmune contra ejecución
**immune from process** – inmune contra proceso
**immune from prosecution** – inmune contra acción judicial
**immunity** *n* – inmunidad, dispensa, exención
**immunity clause** – cláusula de inmunidad
**immunity from arrest** – inmunidad contra arresto
**immunity from execution** – inmunidad contra ejecución
**immunity from process** – inmunidad contra proceso
**immunity from prosecution** – inmunidad contra acción judicial
**immunity from taxation** – exención contributiva, inmunidad fiscal
**impact** *n* – impacto, choque
**impact on the environment** – impacto sobre el ambiente
**impact statement** – declaración de impacto
**impact study** – estudio de impacto

**impacted area** – área impactada
**impacted industry** – industria impactada
**impacted market** – mercado impactado
**impair** *v* – deteriorar, perjudicar, impedir, disminuir
**impaired capital** – capital deteriorado
**impaired credit** – crédito deteriorado
**impaired risk** – riesgo deteriorado
**impairing the obligation of contracts** – que disminuye el valor de los contratos
**impairment** *n* – deterioro, impedimento, empeoramiento
**impairment of capital** – deterioro de capital
**impairment of security** – deterioro de seguridad
**impairment of value** – deterioro del valor
**impanel** *v* – elegir un jurado, elegir
**imparlance** *n* – el período de tiempo otorgado para que el demandado presente su defensa
**impartial** *adj* – imparcial, justo, desinteresado
**impartial expert** – perito imparcial, perito nombrado por el tribunal
**impartial jury** – jurado imparcial
**impartial trial** – juicio imparcial
**impartial witness** – testigo imparcial
**impasse** *n* – punto muerto, dificultad insuperable, atascadero, atolladero
**impeach** *v* – impugnar, acusar, recusar, residenciar
**impeach a witness** – impugnar un testigo
**impeachable** *adj* – acusable, impugnable, recusable
**impeachment** *n* – acusación formal contra funcionarios públicos, acusación, impugnación
**impeachment of a contract** – impugnación de contrato
**impeachment of a witness** – impugnación de testigo, impugnación de testimonio
**impeachment of verdict** – impugnación de veredicto
**impede** *v* – impedir, obstruir, obstaculizar
**impede negotiations** – impedir negociaciones, obstruir negociaciones
**impede progress** – impedir progreso
**impediment** *n* – impedimento
**impediment to marriage** – impedimento matrimonial
**imperative** *adj* – imperativo, urgente
**imperfect** *adj* – imperfecto, incompleto, defectuoso
**imperfect competition** – competencia imperfecta
**imperfect market** – mercado imperfecto
**imperfect description** – descripción imperfecta
**imperfect execution** – ejecución imperfecta
**imperfect obligation** – obligación moral, deber moral
**imperfect oligopoly** – oligopolio imperfecto
**imperfect ownership** – propiedad imperfecta
**imperfect right** – derecho imperfecto
**imperfect title** – título imperfecto
**imperfect trust** – fideicomiso imperfecto
**imperfect usufruct** – usufructo imperfecto
**imperialism** *n* – imperialismo
**imperialist** *adj* – imperialista
**imperialist** *n* – imperialista
**imperialistic** *adj* – imperialista
**imperialistically** *adv* – imperialistamente
**impersonal** *adj* – impersonal
**impersonation** *n* – personificación, imitación
**impertinence** *n* – impertinencia
**impertinent** *adj* – impertinente
**impertinent question** – pregunta impertinente
**impetuous** *adj* – impetuoso
**impignoration** *n* – pignoración, empeño
**implead** *v* – accionar, demandar, acusar, citar a juicio a un tercero, poner pleito
**implement** *n* – implemento, utensilio, instrumento
**implement** *v* – implementar, poner en práctica, cumplir, ejecutar
**implementation** *n* – implementación, puesta en práctica, cumplimiento, ejecución
**implementation period** – período de implementación
**implements of the trade** – instrumentos del oficio
**implicate** *v* – implicar, comprometer
**implicate a person** – implicar una persona
**implicate an accomplice** – implicar un cómplice
**implication** *n* – implicación, inferencia, consecuencia
**implication of an accomplice** – implicación de un cómplice
**implicit** *adj* – implícito, incondicional
**implicit abandonment** – abandono implícito, desistimiento implícito
**implicit acceptance** – aceptación implícita
**implicit acknowledgment** – reconocimiento implícito
**implicit admission** – admisión implícita
**implicit agency** – agencia implícita
**implicit agent** – agente implícito
**implicit agreement** – convenio implícito, contrato implícito
**implicit authorisation** – autorización implícita
**implicit authority** – autorización implícita, autoridad implícita
**implicit authorization** – autorización implícita
**implicit collusion** – colusión implícita
**implicit command** – orden implícita
**implicit condition** – condición implícita
**implicit confession** – confesión implícita
**implicit consent** – consentimiento implícito
**implicit consideration** – contraprestación implícita
**implicit contract** – contrato implícito
**implicit cost** – costo implícito, coste implícito
**implicit covenant** – cláusula implícita
**implicit dedication** – dedicación implícita
**implicit easement** – servidumbre implícita
**implicit guarantee** – garantía implícita
**implicit guaranty** – garantía implícita
**implicit intent** – intención implícita
**implicit knowledge** – conocimiento implícito
**implicit licence** – autorización implícita
**implicit license** – autorización implícita
**implicit malice** – malicia implícita
**implicit mortgage** – hipoteca por operación de la ley
**implicit notice** – notificación implícita
**implicit obligation** – obligación implícita
**implicit partnership** – sociedad implícita
**implicit permission** – permiso implícito
**implicit powers** – poderes implícitos
**implicit price** – precio implícito
**implicit procuration** – procuración implícita
**implicit promise** – promesa implícita
**implicit ratification** – ratificación implícita
**implicit rejection** – rechazo implícito
**implicit release** – liberación implícita
**implicit rent** – renta implícita
**implicit repeal** – derogación implícita
**implicit trust** – fideicomiso implícito

**implicit warranty** – garantía implícita
**implied** *adj* – implícito, tácito
**implied abandonment** – abandono implícito, desistimiento implícito
**implied acceptance** – aceptación implícita
**implied acknowledgment** – reconocimiento implícito
**implied admission** – admisión implícita
**implied agency** – agencia implícita
**implied agreement** – convenio implícito, contrato implícito
**implied authorisation** – autorización implícita
**implied authority** – autorización implícita, autoridad implícita
**implied authorization** – autorización implícita
**implied by law** – inferido por ley
**implied collusion** – colusión implícita
**implied command** – orden implícita
**implied condition** – condición implícita
**implied confession** – confesión implícita
**implied consent** – consentimiento implícito
**implied consideration** – contraprestación implícita
**implied contract** – contrato implícito
**implied cost** – costo implícito, coste implícito
**implied covenant** – cláusula implícita
**implied dedication** – dedicación implícita
**implied easement** – servidumbre implícita
**implied guarantee** – garantía implícita
**implied guaranty** – garantía implícita
**implied intent** – intención implícita
**implied knowledge** – conocimiento implícito
**implied licence** – autorización implícita
**implied license** – autorización implícita
**implied malice** – malicia implícita
**implied mortgage** – hipoteca por operación de la ley
**implied notice** – notificación implícita
**implied obligation** – obligación implícita
**implied partnership** – sociedad implícita
**implied permission** – permiso implícito
**implied powers** – poderes implícitos
**implied price** – precio implícito
**implied procuration** – procuración implícita
**implied promise** – promesa implícita
**implied ratification** – ratificación implícita
**implied rejection** – rechazo implícito
**implied release** – liberación implícita
**implied rent** – renta implícita
**implied repeal** – derogación implícita
**implied trust** – fideicomiso implícito
**implied warranty** – garantía implícita
**implied warranty of fitness for a particular purpose** – garantía implícita de aptitud para un fin específico
**implied warranty of habitability** – garantía implícita de habitabilidad
**implied warranty of merchantability** – garantía implícita de comerciabilidad
**imply** *v* – implicar, involucrar, querer decir, significar, suponer
**import** *n* – importación, sentido, importancia
**import** *v* – importar, significar, introducir
**import account** – cuenta de importación
**import activity** – actividad de importación
**import agent** – agente de importación
**import agreement** – convenio de importación
**import article** – artículo de importación
**import authorisation** – autorización de importación
**import authorization** – autorización de importación
**import broker** – corredor de importación
**import business** – negocio de importación
**import capacity** – capacidad de importación
**import cartel** – cartel de importación
**import center** – centro de importación
**import centre** – centro de importación
**import certificate** – certificado de importación
**import company** – sociedad de importación, compañía de importación
**import conditions** – condiciones de importación
**import consultant** – consultor de importación
**import contract** – contrato de importación
**import controls** – controles de importación
**import corporation** – corporación de importación
**import credit** – crédito de importación
**import declaration** – declaración de importación
**import department** – departamento de importación
**import development** – desarrollo de la importación
**import director** – director de importación
**import division** – división de importación
**import documentation** – documentación de importación
**import documents** – documentos de importación
**import duties** – derechos de importación
**import earnings** – ingresos de importación
**import economics** – economía de importación
**import enterprise** – empresa de importación
**import environment** – ambiente de importación
**import-export** *n* – importación y exportación
**import-export company** – compañía de importación y exportación
**import factoring** – venta a descuento de cuentas a cobrar al importar
**import finance** – finanzas de la importación
**import financing** – financiación de la importación
**import firm** – empresa de importación
**import goods** – bienes de importación, productos de importación, mercancías de importación
**import incentives** – incentivos para la importación
**import income** – ingresos de importación, rentas de importación
**import insurance** – seguro de importación
**import-intensive** *adj* – requiriendo mucha importación
**import letter of credit** – carta de crédito para la importación
**import licence** – licencia de importación, autorización de importación
**import license** – licencia de importación, autorización de importación
**import loans** – préstamos de importación
**import management** – administración de la importación, gestión de la importación
**import manager** – gerente de importación
**import market** – mercado de importación
**import marketing** – marketing de importación, mercadeo de importación
**import monopoly** – monopolio de importación
**import office** – oficina de importación
**import operation** – operación de importación
**import organisation** – organización de importación
**import organization** – organización de importación

**import-oriented** *adj* – orientado hacia la importación
**import permit** – permiso de importación
**import policy** – política de importación
**import practices** – prácticas de importación
**import price** – precio de importación
**import quota** – cuota de importación
**import rate** – tasa de importación
**import records** – expedientes de importación
**import regulations** – reglamentos de importación
**import restrictions** – restricciones de importación
**import risk** – riesgo de importación
**import sales** – ventas de importación
**import sector** – sector de importación
**import services** – servicios de importación
**import subsidies** – subsidios de importación, subvenciones de importación
**import surcharge** – recargo a la importación
**import tariffs** – tarifas de importación
**import tax** – impuesto de importación
**import taxation** – imposición de importación
**import trade** – comercio de importación
**import treaty** – tratado de importación
**import value** – valor de importación
**importation** *n* – importación, internación
**importation agent** – agente de importación
**importation article** – artículo de importación
**importation broker** – corredor de importación
**importation business** – negocio de importación, comercio de importación
**importation capacity** – capacidad de importación
**importation certificate** – certificado de importación
**importation controls** – controles a la importación
**importation credit** – crédito de importación
**importation declaration** – declaración de importación
**importation documents** – documentos de importación
**importation duties** – derechos de importación
**importation-exportation** *n* – importación y exportación
**importation goods** – bienes de importación, productos de importación, mercancías de importación
**importation incentives** – incentivos para la importación
**importation insurance** – seguro de importación
**importation letter of credit** – carta de crédito para la importación
**importation licence** – licencia de importación, autorización de importación
**importation license** – licencia de importación, autorización de importación
**importation office** – oficina de importación
**importation permit** – permiso de importación
**importation price** – precio de importación
**importation quota** – cuota de importación
**importation restrictions** – restricciones de importación
**importation surcharge** – recargo a la importación
**importation tariffs** – tarifas de importación
**importation tax** – impuesto de importación
**importation trade** – comercio de importación
**imported** *adj* – importado
**imported goods** – bienes importados, productos importados, mercancías importadas
**imported inflation** – inflación importada
**imported merchandise** – mercancías importadas
**imported products** – productos importados
**imported underemployment** – subempleo importado
**importer** *n* – importador
**importing** *adj* – importador
**importing nation** – país importador
**importunity** *n* – importunidad
**impose** *v* – imponer, gravar, cargar
**impose a fine** – imponer una multa
**impose a penalty** – imponer una penalidad
**impose conditions** – imponer condiciones
**impose restrictions** – imponer restricciones
**imposition** *n* – imposición, gravamen, impuesto
**imposition of sentence** – imposición de sentencia
**impossibility** *n* – imposibilidad
**impossibility of performance** – imposibilidad de cumplimiento, imposibilidad de cumplimiento de contrato
**impossible** *adj* – imposible, impracticable
**impossible condition** – condición imposible
**impossible task** – tarea imposible
**impossible to alter** – imposible de alterar
**impostor** *n* – impostor, engañador
**imposts** *n* – impuestos
**impotence** *n* – impotencia
**impound** *v* – incautar, confiscar, embargar, acorralar, secuestrar judicialmente
**impound account** – cuenta mantenida por un prestador para encargarse de ciertos pagos del prestatario
**impounded** *adj* – incautado, confiscado, embargado
**impounded property** – propiedad confiscada, propiedad embargada, propiedad incautada
**impounding** *n* – incautación, confiscación, embargo
**impoverished** *adj* – empobrecido
**impracticability** *n* – impracticabilidad, imposibilidad
**impracticable** *adj* – impracticable, imposible
**imprescriptibility** *n* – imprescriptibilidad
**imprescriptible** *adj* – imprescriptible
**imprescriptible rights** – derechos imprescriptibles
**impression** *n* – impresión, efecto, marca, huella
**impressment** *n* – expropiación, enganche
**imprison** *v* – encarcelar, aprisionar, encerrar
**imprisonment** *n* – encarcelamiento, reclusión
**improbable** *adj* – improbable, inverosímil
**improbable evidence** – prueba improbable
**improbable testimony** – testimonio improbable
**improper** *adj* – impropio, indebido, inadecuado, incorrecto
**improper act** – acto impropio
**improper action** – acción impropia
**improper behavior** – conducta impropia
**improper behaviour** – conducta impropia
**improper business** – negocio impropio
**improper business practices** – prácticas impropias de negocios
**improper combination** – combinación impropia
**improper conduct** – conducta impropia
**improper consideration** – contraprestación impropia
**improper detention** – detención impropia
**improper discrimination** – discriminación impropia
**improper donation** – donación impropia
**improper entry** – ingreso impropio
**improper evasion** – evasión impropia
**improper force** – fuerza impropia

**improper gain** – ganancia impropia
**improper gift** – donación impropia
**improper incentive** – incentivo impropio
**improper incitation** – incitación impropia
**improper influence** – influencia indebida
**improper jurisdiction** – jurisdicción indebida
**improper motivation** – motivación impropia
**improper offer** – oferta impropia
**improper operation** – operación impropia
**improper pact** – pacto impropio
**improper picketing** – piquete impropio
**improper possession** – posesión impropia
**improper practice** – práctica indebida
**improper present** – regalo impropio
**improper professional conduct** – conducta profesional impropia
**improper profit** – ganancia impropia, beneficio impropio
**improper purpose** – propósito impropio
**improper reward** – recompensa impropia
**improper sale** – venta impropia
**improper search** – allanamiento impropio
**improper strike** – huelga impropia
**improper tax** – impuesto impropio
**improper traffic** – tráfico impropio
**improper transaction** – transacción impropia
**improper use** – uso indebido
**improperly obtained evidence** – prueba obtenida indebidamente
**improve** *v* – mejorar, beneficiar
**improved land** – tierras con mejoras
**improved property** – propiedad mejorada
**improvement** *n* – mejora, mejoramiento, adelanto, progreso, desarrollo
**improvement aid** – ayuda para mejoras
**improvement area** – área de mejoras
**improvement assistance** – ayuda para mejoras
**improvement bond** – bono para mejoras
**improvement costs** – costos de mejoras, costes de mejoras
**improvement enterprise** – empresa de mejoras
**improvement expenditures** – gastos de mejoras
**improvement expenses** – gastos de mejoras
**improvement financing** – financiación de mejoras, financiamiento de mejoras
**improvement fund** – fondo para mejoras
**improvement grant** – subvención para mejoras
**improvement loan** – préstamo de mejoras
**improvement management** – administración de mejoras, gestión de mejoras
**improvement period** – período de mejoras
**improvement plan** – plan de mejoras
**improvement planning** – planificación de mejoras
**improvement policy** – política de mejoras
**improvement program** – programa de mejoras
**improvement programme** – programa de mejoras
**improvement project** – proyecto de mejoras
**improvement strategy** – estrategia de mejoras
**improvidence** *n* – imprevisión, desprevención, descuido, incompetencia al administrar bienes
**improvident** *adj* – impróvido, desprevenido, descuidado
**improvidently** *adv* – impróvidamente, desprevenidamente, descuidadamente
**impugn** *v* – impugnar
**impulse** *n* – impulso, inclinación repentina
**impulse buying** – compras impulsivas
**impulse purchases** – compras impulsivas
**impunity** *n* – impunidad
**imputability** *n* – imputabilidad
**imputation** *n* – imputación
**imputation of payment** – imputación de pago
**impute** *v* – imputar, atribuir
**imputed** *adj* – imputado, atribuido
**imputed consent** – consentimiento imputado
**imputed cost** – costo imputado, coste imputado
**imputed guilt** – culpabilidad imputada
**imputed income** – ingresos imputados
**imputed intent** – intención imputada
**imputed intention** – intención imputada
**imputed interest** – interés imputado
**imputed knowledge** – conocimiento imputado
**imputed liability** – responsabilidad imputada
**imputed negligence** – negligencia imputada, negligencia indirecta, negligencia derivada
**imputed notice** – notificación implícita
**imputed value** – valor imputado
**in abeyance** – en suspenso, en espera, pendiente
**in absentia** – en ausencia
**in action** – bien recuperable mediante acción judicial, en acción
**in advance** – por adelantado
**in arrears** – en mora, vencido
**in articulo mortis** – en el momento de la muerte
**in being** – existente, con vida
**in black and white** – en negro sobre blanco, por escrito
**in blank** – en blanco
**in bonis** – entre los bienes
**in bulk** – a granel
**in cahoots** – confabulado con
**in camera** – en privado, en el despacho del juez
**in camera proceedings** – procedimientos en privado, procedimientos en el despacho del juez
**in case** – en caso, por si acaso
**in cash** – en efectivo
**in chambers** – en el despacho del juez, actos judiciales fuera de sesión
**in charge** – a cargo
**in-charge accountant** – contador responsable
**in charge of** – a cargo de
**in common** – en común
**in-company** *adj* – dentro de la misma compañía, interno
**in compliance with** – en cumplimiento con
**in conformity with** – en conformidad con
**in conjunction with** – en conjunción con
**in consideration of** – en consideración de, como contraprestación de, a cambio de
**in contemplation of death** – en contemplación de la muerte
**in contempt** – en desacato
**in court** – en el tribunal, ante un tribunal
**in currency** – en efectivo
**in custodia legis** – bajo la custodia de la ley
**in custody** – en custodia
**in dubio** – en duda
**in default** – en mora, incumplido

**in depth** – a fondo, en profundidad
**in disrepair** – en mal estado
**in due course** – a su debido tiempo, en el momento apropiado
**in effect** – en efecto, en vigor, en vigencia
**in equal shares** – en partes iguales
**in equity** – en un tribunal de equidad, en equidad
**in esse** – existente
**in evidence** – probado
**in excess** – en exceso
**in exchange for** – a cambio de
**in execution and pursuance of** – en virtud de, conforme a
**in expectation** – en expectativa
**in extenso** – de principio a fin, a todo lo largo de
**in extremis** – justo antes de la muerte
**in fact** – de hecho, en realidad, para más decir
**in facto** – en realidad
**in favor of** – a favor de
**in force** – en vigor, en vigencia
**in forma pauperis** – como indigente, exento del pago de gastos legales por ser indigente
**in full** – completamente, totalmente
**in futuro** – en el futuro
**in good faith** – de buena fe
**in good standing** – cumpliendo con todos los requisitos corrientes
**in gross** – al por mayor
**in hoc** – en esto
**in hand** – en mano, disponible, bajo control
**in-house** *adj* – dentro de la misma organización, de la misma organización, interno
**in issue** – en disputa, en litigio, en cuestión
**in judgment** – ante el tribunal
**in jure** – conforme a derecho
**in kind** – en especie, de la misma categoría, de la misma clase
**in-kind distribution** – distribución en especie
**in law** – de derecho, conforme al derecho
**in-laws** *n* – parientes políticos
**in lieu of** – en vez de, en lugar de
**in lieu of payment** – en lugar de pago
**in limine** – al comienzo
**in loco** – en lugar
**in loco parentis** – en lugar de un padre
**in mercy** – a merced de
**in name only** – sólo de nombre
**in pais** – extrajudicial, fuera de litigio
**in pais, estoppel** – impedimento por no manifestar intención de hacer valer un derecho
**in pari delicto** – con el mismo grado de culpabilidad
**in pari materia** – sobre la misma materia
**in part** – en parte
**in perpetuity** – en perpetuidad
**in person** – en persona
**in personam** – contra la persona
**in personam jurisdiction** – jurisdicción con respecto a la persona
**in plain language** – en lenguaje sencillo
**in posse** – en potencial
**in possession** – en posesión
**in pro per (in propria persona)** – en nombre propio, sin abogado
**in propria persona** – en nombre propio, sin abogado
**in re** – concerniente a, con referencia a
**in regard to** – en relación a, en relación con
**in rem** – contra la cosa
**in rem jurisdiction** – jurisdicción con respecto a la cosa
**in safe hands** – en buenas manos
**in service** – en servicio
**in-service** *adj* – durante el empleo, durante el trabajo
**in specie** – específicamente
**in-state** *adj* – en el mismo estado
**in statu quo** – de la forma que estaba, en el mismo estado
**in terrorem** – bajo terror
**in the black** – en números negros
**in the course of employment** – en el curso del empleo
**in the event of default** – en caso de incumplimiento
**in the ordinary course of business** – en el curso ordinario de los negocios
**in the pipeline** – en proceso, venidero, bajo consideración
**in the presence** – en la presencia, en presencia de
**in the red** – en números rojos
**in theory** – en teoría
**in toto** – totalmente, completamente
**in trade** – en el comercio
**in transit** – en tránsito
**in transitu** – en tránsito
**in-tray** *n* – bandeja de entrada
**in trust** – en fideicomiso
**in witness whereof** – en testimonio de lo cual, en fe de lo cual
**in writing** – por escrito
**inability to pay** – incapacidad para pagar
**inability to work** – incapacidad para trabajar
**inaccuracy** *n* – inexactitud
**inaccurate** *adj* – inexacto
**inaction** *n* – inacción, inactividad
**inactive** *adj* – inactivo
**inactive account** – cuenta inactiva, cuenta sin movimiento
**inactive asset** – activo inactivo
**inactive business** – negocio inactivo
**inactive capital** – capital inactivo
**inactive corporation** – corporación inactiva
**inactive employee** – empleado inactivo
**inactive file** – archivo inactivo, fichero inactivo
**inactive funds** – fondos inactivos
**inactive job** – empleo inactivo
**inactive market** – mercado inactivo
**inactive member** – miembro inactivo
**inactive money** – dinero inactivo
**inactive securities** – valores inactivos
**inactive trust** – fideicomiso inactivo
**inactivity fee** – cargo por falta de actividad, cargo por actividad insuficiente
**inadequacy** *n* – inadecuación, insuficiencia
**inadequate** *adj* – inadecuado, insuficiente
**inadequate care** – cuidado inadecuado
**inadequate cause** – causa insuficiente
**inadequate compensation** – compensación inadecuada, indemnización inadecuada
**inadequate consideration** – contraprestación insuficiente, contraprestación inadecuada
**inadequate damages** – indemnización insuficiente,

daños no equitativos
**inadequate notice** – notificación inadecuada
**inadequate preparation** – preparación inadecuada
**inadequate price** – precio inadecuado
**inadequate protection** – protección inadecuada
**inadequate provocation** – provocación insuficiente
**inadequate remedy at law** – recursos judiciales insuficientes, remedio inadecuado
**inadequate security** – seguridad inadecuada
**inadequate support** – mantenimiento inadecuado
**inadmissibility** *n* – inadmisibilidad
**inadmissible** *adj* – inadmisible
**inadmissible evidence** – prueba inadmisible
**inadmissible statement** – declaración inadmisible
**inadmissible testimony** – testimonio inadmisible
**inadvertence** *n* – inadvertencia, descuido, negligencia
**inadvertency** *n* – inadvertencia, descuido, negligencia
**inadvertent** *adj* – inadvertido, descuidado, negligente
**inadvertent error** – error inadvertido
**inadvertently** *adv* – inadvertidamente, descuidadamente, negligentemente
**inalienable** *adj* – inalienable
**inalienable interest** – interés inalienable
**inalienable rights** – derechos inalienables
**inapplicable** *adj* – inaplicable
**inappropriate** *adj* – inapropiado, impropio
**inappropriate act** – acto inapropiado
**inappropriate action** – acción inapropiada
**inappropriate agreement** – acuerdo inapropiado
**inappropriate behavior** – conducta inapropiada
**inappropriate behaviour** – conducta inapropiada
**inappropriate business** – negocio inapropiado
**inappropriate combination** – combinación inapropiada
**inappropriate conduct** – conducta inapropiada
**inappropriate consideration** – contraprestación inapropiada
**inappropriate contract** – contrato inapropiado
**inappropriate detention** – detención inapropiada
**inappropriate discrimination** – discriminación inapropiada
**inappropriate donation** – donación inapropiada
**inappropriate entry** – ingreso inapropiado
**inappropriate evasion** – evasión inapropiada
**inappropriate force** – fuerza inapropiada
**inappropriate gain** – ganancia inapropiada
**inappropriate gift** – donación inapropiada
**inappropriate incentive** – incentivo inapropiado
**inappropriate incitation** – incitación inapropiada
**inappropriate motivation** – motivación inapropiada
**inappropriate offer** – oferta inapropiada
**inappropriate operation** – operación inapropiada
**inappropriate pact** – pacto inapropiado
**inappropriate picketing** – piquete inapropiado
**inappropriate possession** – posesión inapropiada
**inappropriate practice** – práctica inapropiada
**inappropriate present** – regalo inapropiado
**inappropriate profit** – ganancia inapropiada, beneficio inapropiado
**inappropriate purpose** – propósito inapropiado
**inappropriate reward** – recompensa inapropiada
**inappropriate sale** – venta inapropiada
**inappropriate search** – allanamiento inapropiado, búsqueda inapropiada
**inappropriate strike** – huelga inapropiada
**inappropriate tax** – impuesto inapropiado
**inappropriate traffic** – tráfico inapropiado
**inappropriate transaction** – transacción inapropiada
**inasmuch as** – ya que, puesto que
**inauguration** *n* – inauguración, instalación, estreno
**inbound** *adj* – de entrada, que llega, por entrar, hacia el interior
**inbound common** – terreno comunal abierto
**Inc. (incorporated)** – incorporado
**incapable** *adj* – incapaz, sin capacidad legal
**incapacitated** *adj* – incapacitado
**incapacitated person** – persona incapacitada
**incapacity** *n* – incapacidad, insuficiencia
**incapacity benefit** – beneficio por incapacidad
**incapacity for work** – incapacidad de trabajar
**incarceration** *n* – encarcelación
**incautious** *adj* – incauto, negligente
**incendiary** *adj* – incendiario
**incentive** *n* – incentivo, estímulo, motivo
**incentive bonus** – bono de incentivo, bonificación de incentivo
**incentive contract** – contrato con incentivos
**incentive fee** – pago de incentivo
**incentive legislation** – legislación de incentivo
**incentive pay** – salario adicional que recompensa los incrementos en productividad
**incentive pay plans** – programas de salario que recompensan los incrementos en productividad con incrementos en paga
**incentive plan** – plan de incentivos
**incentive stock option** – opción de compra de acciones con incentivos contributivos
**incentive wage plans** – programas de salario que recompensan los incrementos en productividad con incrementos en paga
**inception** *n* – principio
**inception date** – fecha de efectividad
**incest** *n* – incesto
**incestuous** *adj* – incestuoso
**inchmaree clause** – cláusula que protege contra la negligencia de la tripulación o por vicios de la nave
**inchoate** *adj* – incoado, incompleto, imperfecto, incipiente, empezado
**inchoate agreement** – convenio incompleto
**inchoate contract** – contrato incompleto
**inchoate crime** – crimen incompleto que lleva a otro crimen, crimen incompleto
**inchoate dower** – dote incompleto
**inchoate gift** – donación incompleta
**inchoate instrument** – instrumento incompleto
**inchoate interest** – interés real revocable, interés incompleto
**inchoate lien** – privilegio revocable, gravamen revocable
**inchoate right** – derecho en expectativa
**incidence** *n* – incidencia, efecto
**incidence of taxes** – incidencia de impuestos
**incident** *adj* – concomitante, incidente
**incident** *n* – incidente
**incidental** *adj* – incidental, accidental, concomitante, accesorio
**incidental admission** – admisión incidental
**incidental assistance** – asistencia incidental

**incidental authority** – autoridad incidental
**incidental beneficiary** – beneficiario incidental
**incidental benefit** – beneficio incidental
**incidental charges** – cargos incidentales
**incidental consequence** – consecuencia incidental
**incidental costs** – costos incidentales, costes incidentales
**incidental damages** – daños incidentales, daños indirectos
**incidental expenditures** – gastos incidentales
**incidental expenses** – gastos incidentales
**incidental jurisdiction** – jurisdicción incidental
**incidental powers** – facultades inherentes
**incidental question** – pregunta incidental
**incidentals** *n* – gastos incidentales
**incidents of ownership** – intereses y/o derechos que se retienen sobre activos tales como propiedades o pólizas
**incite** *v* – incitar, instigar, estimular
**incitement** *n* – incitación, instigación, estímulo
**incitement to commit a crime** – incitación a cometer un crimen
**incitement to riot** – incitación a rebelarse
**inciter** *n* – incitador, instigador
**incivism** *n* – falta de civismo
**incl. (included)** – incluido, incluso
**incl. (including)** – incluyendo
**incl. (inclusive)** – inclusive
**inclose** *v* – cercar, encerrar, incluir
**inclosed lands** – tierras cercadas
**inclosure** *n* – cercamiento, encerramiento
**include** *v* – incluir, abarcar, confinar
**included** *adj* – incluido, incluso
**included offense** – delito incluido en uno de mayor gravedad
**including tax** – impuestos incluidos
**inclusive** *adj* – inclusivo
**inclusive of** – inclusive
**inclusive of tax** – impuestos incluidos
**inclusively** *adv* – inclusive
**incognito** *adj* – incógnito
**incoherent** *adj* – incoherente
**income** *n* – ingresos, renta, rédito, utilidad
**income after taxes** – ingresos después de contribuciones
**income analysis** – análisis de ingresos
**income and expenditure account** – cuenta de ingresos y egresos, cuenta de ingresos y gastos
**income assignment** – transferencia de ingresos, asignación de ingresos, cesión de ingresos
**income available** – ingresos disponibles
**income band** – banda de ingresos
**income basis** – base de ingresos
**income before taxes** – ingresos antes de contribuciones
**income beneficiary** – beneficiario de ingresos
**income bond** – bono cuyos pagos dependen de ingresos
**income bracket** – tramo de renta, clasificación contributiva de ingresos
**income continuation** – continuación de ingresos
**income declaration** – declaración de ingresos
**income distribution** – distribución de ingresos
**income earned** – ingresos percibidos, ingresos devengados
**income-earning** *adj* – que devenga ingresos
**income exclusion** – exclusión de ingresos
**income foregone** – ingresos sacrificados
**income from employment** – ingresos por empleo, ingresos salariales
**income from investments** – ingresos por inversiones
**income from operations** – ingresos operativos, ingresos de explotación
**income from sales** – ingresos por ventas
**income insurance** – seguro de ingresos
**income limit** – límite de ingresos
**income policy** – póliza de ingresos
**income property** – propiedad que produce ingresos
**income range** – intervalo de ingresos, banda de ingresos
**income redistribution** – redistribución de ingresos
**income reimbursement** – reembolso de ingresos
**income replacement** – reemplazo de ingresos
**income-replacement insurance** – seguro de reemplazo de ingresos
**income return** – declaración de la renta, declaración de ingresos, declaración de impuestos, planilla
**income share** – proporción de los ingresos, participación en los ingresos
**income shares** – acciones de ingresos
**income-sharing cartel** – cartel en el que se comparten las ganancias
**income-sharing cartel** – cartel en el que se comparten las ganancias
**income shifting** – transferencia de ingresos
**income splitting** – división de ingresos
**income statement** – estado de ingresos, resumen de ganancias y pérdidas, estado de ganancias y pérdidas
**income stocks** – acciones de ingresos
**income stream** – corriente de ingresos
**income summary** – resumen de ingresos
**income support** – suplemento de ingresos, subsidio de ingresos
**income tax allocation** – distribución de impuestos sobre la renta
**income tax allowance** – deducción en la planilla de impuestos sobre la renta
**income tax deduction** – deducción en la planilla de impuestos sobre la renta
**income tax deficiency** – deficiencia en el pago de contribuciones
**income tax laws** – leyes relacionadas con impuestos sobre la renta
**income tax preparer** – preparador de declaraciones de la renta, preparador de declaraciones de ingresos, preparador de declaraciones de impuestos
**income tax rate** – tasa de impuestos sobre la renta
**income tax refund** – reembolso de impuestos sobre la renta
**income tax reserve** – reserva de impuestos sobre la renta
**income tax return** – declaración de la renta, declaración de ingresos, declaración de impuestos, planilla
**income taxes** – impuestos sobre la renta, impuestos sobre ingresos, contribuciones sobre ingresos
**incommunicado** *adj* – incomunicado
**incommutable** *adj* – inconmutable, inmutable

**incompatibility** *n* – incompatibilidad
**incompatible** *adj* – incompatible
**incompatible use** – uso incompatible
**incompetence** *n* – incompetencia, incapacidad
**incompetency** *n* – incompetencia, incapacidad
**incompetent** *adj* – incompetente, incapaz
**incompetent evidence** – prueba incompetente
**incompetent person** – persona incompetente
**incompetent witness** – testigo incompetente
**incomplete** *adj* – incompleto, parcial, defectuoso
**incomplete abandonment** – abandono parcial
**incomplete acceptance** – aceptación parcial
**incomplete account** – rendición de cuentas parcial
**incomplete assignment** – cesión parcial
**incomplete audit** – auditoría parcial
**incomplete breach** – incumplimiento parcial
**incomplete contract** – contrato parcial
**incomplete coverage** – cobertura parcial
**incomplete defence** – defensa parcial
**incomplete defense** – defensa parcial
**incomplete delivery** – entrega parcial
**incomplete distribution** – distribución parcial
**incomplete eviction** – desalojo parcial
**incomplete evidence** – prueba incompleta
**incomplete information** – información parcial
**incomplete insurance** – seguro parcial
**incomplete interest** – interés parcial
**incomplete invalidity** – invalidez parcial
**incomplete liquidation** – liquidación parcial
**incomplete loss** – pérdida parcial
**incomplete merger** – fusión parcial
**incomplete monopoly** – monopolio parcial
**incomplete oligopoly** – oligopolio parcial
**incomplete ownership** – propiedad parcial
**incomplete payment** – pago parcial
**incomplete performance** – cumplimiento parcial
**incomplete possession** – posesión parcial
**incomplete record** – registro parcial
**incomplete transfer** – transferencia parcial
**incomplete waiver** – renuncia de derecho parcial
**inconclusive** *adj* – inconcluyente, no convincente
**inconsequential** *adj* – inconsecuente, insignificante
**inconsequential error** – error inconsecuente
**inconsistency** *n* – inconsistencia, incoherencia
**inconsistent** *adj* – inconsistente, incoherente
**inconsistent evidence** – prueba inconsistente
**inconsistent presumptions** – presunciones inconsistentes
**inconsistent statement** – declaración inconsistente
**inconsistent testimony** – testimonio inconsistente
**incontestability** *n* – incontestabilidad
**incontestability clause** – cláusula de incontestabilidad
**incontestability provision** – cláusula de incontestabilidad
**incontestable** *adj* – incontestable, incuestionable, inatacable
**incontestable clause** – cláusula de incontestabilidad
**incontestable policy** – póliza incontestable
**incontinence** *n* – incontinencia
**incontrovertible** *adj* – incontrovertible, indisputable
**incontrovertible fact** – hecho incontrovertible
**incontrovertible proof** – prueba incontrovertible
**inconvenience** *n* – inconveniencia, estorbo
**inconvenience** *v* – incomodar, estorbar
**inconvertible currency** – moneda inconvertible
**incorporate** *v* – incorporar, constituir una corporación, constituir una sociedad, constituir una persona jurídica
**incorporated** *adj* – incorporado, constituido, constituido legalmente
**incorporated company** – sociedad anónima, compañía incorporada
**incorporated corporation** – corporación constituida, corporación constituida legalmente
**incorporated law society** – asociación de abogados que ejerce una serie de funciones concernientes a la práctica del derecho
**incorporating state** – estado en el que se constituye una corporación
**incorporation** *n* – incorporación, constitución, constitución de una corporación, constitución de una sociedad, constitución de una persona jurídica, asociación
**incorporation agreement** – acta de constitución
**incorporation authentication** – autenticación de incorporación
**incorporation by reference** – inclusión por referencia, incorporación por referencia
**incorporation certificate** – certificado de incorporación
**incorporation certification** – certificación de incorporación
**incorporation evidence** – prueba de incorporación
**incorporation expenditures** – gastos de incorporación
**incorporation expenses** – gastos de incorporación
**incorporation fees** – cargos de incorporación, cargos por constituir una corporación, cargos por constituir una sociedad, cargos por constituir una persona jurídica
**incorporation papers** – documentos de incorporación, acto constitutivo, contrato de sociedad, escritura de constitución
**incorporation proof** – prueba de incorporación
**incorporator** *n* – quien incorpora, quien constituye una corporación, quien constituye una sociedad, quien constituye una persona jurídica, fundador
**incorporeal** *adj* – incorpóreo, inmaterial
**incorporeal chattels** – derechos sobre bienes incorpóreos
**incorporeal hereditaments** – bienes incorpóreos heredables
**incorporeal property** – propiedad incorpórea
**incorporeal rights** – derechos sobre bienes incorpóreos
**incorporeal things** – cosas incorpóreas
**incorrect** *adj* – incorrecto, inexacto
**incorrect appraisal** – tasación incorrecta
**incorrect statement** – declaración incorrecta, estado incorrecto
**incorrigible** *adj* – incorregible
**incorruptible** *adj* – incorruptible, íntegro
**Incoterms (International Commerce Terms)** – Incoterms
**increase** *n* – aumento, extensión
**increase** *v* – aumentar, extender
**increase in costs** – aumento de los costos, aumento de los costes
**increase in earnings** – aumento de los ingresos

**increase in pay** – aumento de la paga
**increase in productivity** – aumento de la productividad
**increase in quota** – aumento de la cuota
**increase in salary** – aumento de salario
**increase in wages** – aumento de salarios
**increase of capital** – aumento de capital
**increase of premium** – aumento de prima
**increase of rate** – aumento de tasa
**increase of risk** – aumento del riesgo
**increase output** – aumentar salida
**increase prices** – aumentar precios
**increase production** – aumentar producción
**increase profits** – aumentar los beneficios, aumentar las ganancias
**increase tariffs** – aumentar tarifas
**increase taxes** – aumentar impuestos
**increase the interest rate** – aumentar la tasa de interés
**increase the offer** – aumentar la oferta
**increase the rate** – aumentar la tasa
**increase trade** – aumentar comercio
**increased** *adj* – aumentado
**increased capital** – capital aumentado
**increased costs** – costos aumentados, costes aumentados
**increased earnings** – ingresos aumentados
**increased hazard** – riesgo aumentado
**increased pay** – paga aumentada
**increased premium** – prima aumentada
**increased price** – precio aumentado
**increased rate** – tasa aumentada
**increased returns** – rendimientos crecientes
**increased risk** – riesgo aumentado
**increased salary** – salario aumentado
**increased tariffs** – tarifas aumentadas
**increased taxes** – impuestos aumentados
**increased value** – valor aumentado
**increased wages** – salarios aumentados
**increasing** *adj* – creciente
**increasing costs** – costos crecientes, costes crecientes
**increasing expenditures** – gastos crecientes
**increasing expenses** – gastos crecientes
**increasing insurance** – seguro creciente
**increasing productivity** – productividad creciente
**increasing returns** – rendimientos crecientes
**incredible statement** – declaración increíble
**incredible testimony** – testimonio increíble
**increment** *n* – incremento, acrecentamiento
**incremental** *adj* – incremental
**incremental cost** – costo incremental, costo adicional, coste incremental, coste adicional
**incremental cost of capital** – costo de capital incremental, coste de capital incremental
**incremental cost of funds** – costo de fondos incremental, coste de fondos incremental
**incremental rate** – tasa incremental
**incriminate** *v* – incriminar, inculpar, acusar
**incriminating** *adj* – incriminatorio, inculpatorio
**incriminating admission** – admisión incriminatoria
**incriminating circumstance** – circunstancia incriminatoria
**incriminating evidence** – prueba incriminatoria
**incriminating fact** – hecho incriminatorio
**incriminating statement** – declaración incriminatoria
**incriminating testimony** – testimonio incriminatorio
**incrimination** *n* – incriminación, acusación
**incriminatory** *adj* – incriminatorio, inculpatorio
**incriminatory admission** – admisión incriminatoria
**incriminatory circumstance** – circunstancia incriminatoria
**incriminatory evidence** – prueba incriminatoria
**incriminatory fact** – hecho incriminatorio
**incriminatory statement** – declaración incriminatoria
**incriminatory testimony** – testimonio incriminatorio
**incroachment** *n* – intrusión, invasión, usurpación
**inculpate** *v* – inculpar, incriminar, acusar
**inculpatory** *adj* – inculpatorio, incriminatorio, acusatorio
**inculpatory circumstance** – circunstancia inculpatoria
**inculpatory evidence** – prueba inculpatoria
**inculpatory fact** – hecho inculpatorio
**inculpatory statement** – declaración inculpatoria
**inculpatory testimony** – testimonio inculpatorio
**incumbent** *adj* – incumbente, funcionario, titular
**incumbered** *adj* – gravado
**incumbrance** *n* – gravamen, carga, hipoteca, estorbo
**incumbrancer** *n* – tenedor de gravamen, acreedor hipotecario
**incur** *v* – incurrir, contraer
**incur a debt** – contraer una deuda
**incur a loss** – incurrir una pérdida
**incurable** *adj* – incurable
**incurable disease** – enfermedad incurable
**incurred** *adj* – incurrido
**incurred expenditures** – gastos incurridos
**incurred expenses** – gastos incurridos
**incurred losses** – pérdidas incurridas
**indebted** *adj* – endeudado, obligado
**indebtedness** *n* – endeudamiento, obligaciones, agradecimiento
**indebtedness certificate** – certificado de endeudamiento
**indebtedness evidence** – prueba de endeudamiento
**indecent** *adj* – indecente, deshonesto, impropio, obsceno
**indecent advertisement** – anuncio indecente
**indecent assault** – abusos deshonestos, atentado al pudor
**indecent behavior** – conducta indecente
**indecent behaviour** – conducta indecente
**indecent exhibition** – exhibición indecente
**indecent exposure** – exposición indecente
**indecent liberties** – abusos deshonestos
**indecent publication** – publicación indecente, publicación pornográfica
**indecisive** *adj* – indeciso, dudoso
**indeed** *adv* – efectivamente
**indefeasible** *adj* – irrevocable, inquebrantable, absoluto
**indefinite** *adj* – indefinido, incierto, impreciso
**indefinite contract** – contrato por tiempo indefinido
**indefinite failure of issue** – falta de descendientes por tiempo indefinido
**indefinite imprisonment** – encarcelamiento por tiempo indefinido
**indefinite legacy** – legado indefinido
**indefinite liability** – responsabilidad indefinida
**indefinite obligation** – obligación indefinida

**indemnification** *n* – indemnización, compensación, reparación
**indemnification agreement** – convenio de indemnización
**indemnification benefits** – beneficios de indemnización
**indemnification bond** – contrafianza
**indemnification contract** – contrato de indemnización
**indemnify** *v* – indemnizar, compensar, satisfacer
**indemnitee** *n* – indemnizado, beneficiario de una indemnización
**indemnitor** *n* – indemnizador, quien paga una indemnización
**indemnity** *n* – indemnidad, indemnización, reparación
**indemnity agreement** – convenio de indemnización
**indemnity benefits** – beneficios de indemnización
**indemnity bond** – contrafianza
**indemnity contract** – contrato de indemnización
**indemnity insurance** – seguro de indemnización
**indenture** *n* – instrumento formal, convenio escrito que estipula ciertas condiciones para una emisión de bonos, hipoteca, escritura, contrato
**indenture trustee** – fideicomisario de un convenio escrito que estipula ciertas condiciones para una emisión de bonos
**independence** *n* – independencia, autonomía
**independent** *adj* – independiente
**independent accountant** – contable independiente
**independent adjuster** – ajustador independiente
**independent advice** – asesoramiento independiente
**independent agency** – agencia independiente
**independent agent** – agente independiente
**independent appraisal** – tasación independiente
**independent audit** – auditoría independiente
**independent auditor** – auditor independiente
**independent bank** – banco independiente
**independent broker** – corredor independiente
**independent cause** – causa independiente
**independent condition** – condición independiente
**independent contractor** – contratista independiente
**independent contracts** – contratos independientes, contratos con obligaciones independientes
**independent covenant** – estipulación independiente
**independent director** – director independiente
**independent duty** – deber independiente
**independent entity** – entidad independiente
**independent events** – eventos independientes
**independent insurer** – asegurador independiente
**independent means** – recursos económicos propios
**independent negligence** – negligencia independiente
**independent retailer** – detallista independiente, minorista independiente
**independent union** – unión independiente
**independent variable** – variable independiente
**independently** *adv* – independientemente
**indestructible** *adj* – indestructible
**indestructible trust** – fideicomiso indestructible
**indeterminate** *adj* – indeterminado, impreciso
**indeterminate damages** – daños y perjuicios sin liquidar
**indeterminate obligation** – obligación indeterminada
**indeterminate penalty** – pena indeterminada
**indeterminate premiums** – primas indeterminadas
**indeterminate premiums insurance** – seguro de primas indeterminadas
**indeterminate sentence** – sentencia indeterminada, condena de prisión sin plazo fijo
**index** *n* – índice
**index** *v* – indexar, indizar
**index-linked** *adj* – vinculado a un índice
**index-tied** *adj* – vinculado a un índice
**indexation** *n* – indexación, indización
**indexed** *adj* – indexado, indizado
**indexed investment** – inversión indexada, inversión indizada
**indexed life insurance** – seguro de vida indexado, seguro de vida indizado
**indexed loan** – préstamo indexado, préstamo indizado
**indexed policy** – póliza indexada, póliza indizada
**indexed rate** – tasa indexada, tasa indizada
**indexing** *n* – indexación, indización
**Indian reservation** – reserva de indígenas
**Indian tribal property** – propiedad de tribu indígena
**indicated** *adj* – indicado
**indicated amount** – cantidad indicada
**indicated benefits** – beneficios indicados
**indicated bequest** – legado indicado
**indicated coverage** – cobertura indicada
**indicated deposit** – depósito indicado
**indicated duty** – deber indicado
**indicated insurance** – seguro indicado
**indicated intent** – intención indicada
**indicated limit** – límite indicado
**indicated payment** – pago indicado
**indicated period** – período indicado
**indicated price** – precio indicado
**indicated rate** – tasa indicada
**indicated salary** – salario indicado
**indicated subsidy** – subsidio indicado, subvención indicada
**indicated tax** – impuesto indicado
**indication** *n* – indicación, indicio, sugerencia, señal
**indication of interest** – indicación de interés
**indicative** *adj* – indicativo, sugestivo
**indicative evidence** – prueba indicativa
**indicative price** – precio indicativo
**indicator** *n* – indicador
**indices** *n* – índices
**indicia** *n* – indicios, señales
**indicium** *n* – indicio
**indict** *v* – acusar formalmente de un delito, acusar por un gran jurado, acusar, procesar
**indictable** *adj* – procesable, acusable, sujeto a una acusación formal
**indictable offense** – delito procesable
**indicted** *adj* – acusado penalmente
**indictee** *n* – acusado, procesado
**indictment** *n* – acusación formal de un delito, acusación por un gran jurado, acusación, procesamiento
**indictor** *n* – quien acusa formalmente
**indifferent** *adj* – indiferente, imparcial, insignificante
**indigent** *adj* – indigente
**indigent** *n* – indigente
**indigent defendant** – acusado indigente
**indignity** *n* – indignidad, crueldad mental hacia el cónyuge, afrenta
**indirect** *adj* – indirecto

**indirect action** – acción indirecta
**indirect attack** – ataque indirecto
**indirect benefit** – beneficio indirecto
**indirect cause** – causa indirecta
**indirect confession** – confesión indirecta
**indirect control** – control indirecto
**indirect costs** – costos indirectos, costes indirectos, costas indirectas
**indirect damages** – daños indirectos, daños y perjuicios indirectos
**indirect discrimination** – discriminación indirecta
**indirect evidence** – prueba indirecta
**indirect exchange** – intercambio indirecto
**indirect expenditures** – gastos indirectos
**indirect expenses** – gastos indirectos
**indirect export** – exportación indirecta
**indirect exportation** – exportación indirecta
**indirect exporting** – exportación indirecta
**indirect import** – importación indirecta
**indirect importation** – importación indirecta
**indirect importing** – importación indirecta
**indirect injury** – daño indirecto, lesión indirecta
**indirect interest** – interés indirecto
**indirect knowledge** – conocimiento indirecto
**indirect labor costs** – costo de personal indirecto, coste de personal indirecto
**indirect labour costs** – costo de personal indirecto, coste de personal indirecto
**indirect liability** – responsabilidad indirecta
**indirect loan** – préstamo indirecto
**indirect loss** – pérdida indirecta
**indirect method** – método indirecto
**indirect obligation** – obligación indirecta
**indirect result** – resultado indirecto
**indirect tax** – impuesto indirecto
**indirect taxation** – imposición indirecta
**indispensable** *adj* – indispensable, de rigor
**indispensable act** – acto indispensable
**indispensable care** – cuidado indispensable
**indispensable clause** – cláusula indispensable
**indispensable commodities** – productos indispensables, productos de primera necesidad
**indispensable component** – componente indispensable
**indispensable condition** – condición indispensable
**indispensable coverage** – cobertura indispensable
**indispensable deposit** – depósito indispensable
**indispensable diligence** – diligencia indispensable
**indispensable easement** – servidumbre indispensable
**indispensable element** – elemento indispensable
**indispensable evidence** – prueba indispensable
**indispensable expenditures** – gastos indispensables, desembolsos indispensables
**indispensable expenses** – gastos indispensables, desembolsos indispensables
**indispensable fact** – hecho indispensable
**indispensable information** – información indispensable
**indispensable insurance** – seguro indispensable
**indispensable part** – parte indispensable
**indispensable parties** – partes indispensables
**indispensable pay** – paga indispensable
**indispensable products** – productos indispensables
**indispensable remuneration** – remuneración indispensable
**indispensable repairs** – reparaciones indispensables
**indispensable salary** – salario indispensable
**indispensable services** – servicios indispensables
**indispensable servitude** – servidumbre indispensable
**indispensable stipulation** – estipulación indispensable
**indispensable testimony** – testimonio indispensable
**indispensable wages** – salario indispensable
**indispensable witness** – testigo indispensable
**indisputability** *n* – indisputabilidad, incontestabilidad
**indisputable** *adj* – indisputable, incontestable, irrefutable
**individual** *adj* – individual, particular
**individual** *n* – individuo, sujeto
**individual account** – cuenta individual
**individual assets** – bienes individuales, activo individual
**individual banking** – banca individual
**individual bargaining** – negociación individual
**individual capacity** – capacidad individual
**individual capital** – capital individual
**individual damages** – daños individuales
**individual debts** – deudas individuales
**individual enterprise** – empresa individual
**individual income** – ingresos individuales
**individual income tax** – contribución sobre la renta individual
**individual income tax return** – declaración de la renta individual, declaración de ingresos individual, declaración de impuestos individual
**individual insurance** – seguro individual
**individual investor** – inversionista individual, inversor individual
**individual liability** – responsabilidad individual
**individual obligation** – obligación individual
**individual ownership** – propiedad individual
**individual policy** – póliza individual
**individual proprietorship** – negocio propio
**individual retirement account** – cuenta de retiro individual
**individual rights** – derechos individuales
**individual savings account** – cuenta de ahorros individual
**individual shareholder** – accionista individual
**individual stock purchase plan** – plan de compra de acciones individual
**individual stockholder** – accionista individual
**individual taxpayer** – contribuyente individual
**individualisation** *n* – individualización
**individualise** *v* – individualizar
**individualism** *n* – individualismo
**individualist** *adj* – individualista
**individualist** *n* – individualista
**individuality** *n* – individualidad
**individualization** *n* – individualización
**individualize** *v* – individualizar
**individually** *adv* – individualmente
**indivisibility** *n* – indivisibilidad
**indivisible** *adj* – indivisible
**indivisible contract** – contrato indivisible
**indivisible obligation** – obligación indivisible
**indorsable** *adj* – endosable
**indorse** *v* – endosar

**indorsee** *n* – endosatario
**indorsee for collection** – endosatario para cobro
**indorsee in due course** – endosatario de buena fe, endosatario regular
**indorsement** *n* – endoso
**indorsement date** – fecha de endoso
**indorsement for collection** – endoso para cobro
**indorser** *n* – endosante
**indubitable** *adj* – indubitable, indudable, indiscutible
**indubitable proof** – prueba indubitable
**induce** *v* – inducir, instigar, provocar, efectuar
**induced** *adj* – inducido, instigado, provocado
**inducement** *n* – motivación, incentivo, instigación
**inducing breach of contract** – el inducir al incumplimiento de contrato
**induct** *v* – instalar, iniciar, enrolar
**induction** *n* – inducción, ingreso, instalación, iniciación, enrolamiento
**indulgence** *n* – indulgencia, moratoria, extensión de plazo
**industrial** *adj* – industrial
**industrial accident** – accidente laboral, accidente industrial
**industrial accident insurance** – seguro contra accidentes laborales
**industrial action** – acción industrial, huelga, huelga de brazos caídos
**industrial activity** – actividad industrial
**industrial administration** – administración industrial
**industrial administrator** – administrador industrial
**industrial advertising** – publicidad industrial
**industrial adviser** – asesor industrial
**industrial advisor** – asesor industrial
**industrial agency** – agencia industrial
**industrial agent** – agente industrial
**industrial agreement** – convenio industrial
**industrial arbitration** – arbitraje laboral
**industrial area** – área industrial
**industrial association** – asociación industrial
**industrial bank** – banco industrial
**industrial bankruptcy** – quiebra industrial
**industrial base** – base industrial
**industrial broker** – corredor industrial
**industrial center** – centro industrial
**industrial centre** – centro industrial
**industrial circles** – círculos industriales
**industrial classification** – clasificación industrial
**industrial co-operative** – cooperativa industrial
**industrial community** – comunidad industrial
**industrial complex** – complejo industrial
**industrial computing** – computación industrial
**industrial concern** – empresa industrial
**industrial conditions** – condiciones industriales
**industrial conference** – conferencia industrial
**industrial conflict** – conflicto industrial
**industrial conglomerate** – conglomerado industrial
**industrial consultant** – consultor industrial
**industrial cooperative** – cooperativa industrial
**industrial corporation** – corporación industrial
**industrial country** – país industrial
**industrial court** – tribunal industrial
**industrial cycle** – ciclo industrial
**industrial debt** – deuda industrial
**industrial decision** – decisión industrial
**industrial demand** – demanda industrial
**industrial democracy** – democracia industrial
**industrial design** – diseño industrial
**industrial development** – desarrollo industrial
**industrial development bond** – bono de desarrollo industrial
**industrial director** – director industrial
**industrial disease** – enfermedad industrial, enfermedad laboral, enfermedad ocupacional
**industrial dispute** – disputa laboral, disputa industrial
**industrial economics** – economía industrial
**industrial efficiency** – eficiencia industrial
**industrial electronics** – electrónica industrial
**industrial empire** – imperio industrial
**industrial engineering** – ingeniería industrial
**industrial enterprise** – empresa industrial
**industrial entity** – entidad industrial
**industrial environment** – ambiente industrial
**industrial espionage** – espionaje industrial
**industrial estate** – parque industrial, zona industrial
**industrial ethics** – ética industrial
**industrial expansion** – expansión industrial
**industrial fatigue** – fatiga laboral
**industrial finance** – finanzas industriales
**industrial financing** – financiación industrial
**industrial firm** – empresa industrial
**industrial fraud** – fraude industrial
**industrial goods** – mercancías industriales
**industrial hygiene** – higiene industrial
**industrial injury** – lesión industrial, lesión laboral
**industrial insurance** – seguro industrial
**industrial intelligence** – inteligencia industrial
**industrial interests** – intereses industriales
**industrial law** – derecho industrial, derecho laboral
**industrial lease** – arrendamiento industrial
**industrial lender** – prestador industrial
**industrial lending** – préstamos industriales
**industrial liability** – responsabilidad industrial
**industrial licence** – licencia industrial
**industrial license** – licencia industrial
**industrial loans** – préstamos industriales
**industrial locale** – local industrial
**industrial losses** – pérdidas industriales
**industrial management** – administración industrial, gestión industrial
**industrial manager** – gerente industrial
**industrial operation** – operación industrial
**industrial organisation** – organización industrial
**industrial organization** – organización industrial
**industrial owner** – dueño industrial
**industrial park** – parque industrial, complejo industrial, zona industrial
**industrial plan** – plan industrial
**industrial planning** – planificación industrial
**industrial plant** – planta industrial
**industrial policy** – póliza industrial, política industrial
**industrial practices** – prácticas industriales
**industrial production** – producción industrial
**industrial property** – propiedad industrial
**industrial purpose** – propósito industrial
**industrial records** – expedientes industriales
**industrial recovery** – recuperación industrial
**industrial regulations** – reglamentos industriales
**industrial relations** – relaciones laborales, relaciones

industriales
**industrial research** – investigación industrial
**industrial restructuring** – reconversión industrial, reestructuración industrial
**industrial revenue bond** – bono de ingresos industriales
**industrial revolution** – revolución industrial
**industrial risk** – riesgo industrial
**industrial rules** – reglas industriales
**industrial safety** – seguridad industrial
**industrial sector** – sector industrial
**industrial security** – seguridad industrial
**industrial services** – servicios industriales
**industrial standards** – normas industriales
**industrial summit** – cumbre industrial
**industrial taxation** – imposición industrial
**industrial taxes** – impuestos industriales
**industrial treaty** – tratado industrial
**industrial tribunal** – tribunal industrial
**industrial union** – unión industrial
**industrial usage** – uso industrial
**industrial use** – uso industrial
**industrial waste** – residuos industriales
**industrial worker** – trabajador industrial
**industrial zone** – zona industrial
**industrialisation** *n* – industrialización
**industrialise** *v* – industrializar
**industrialised** *adj* – industrializado
**industrialism** *n* – industrialismo
**industrialist** *adj* – industrialista
**industrialist** *n* – industrialista
**industrialization** *n* – industrialización
**industrialize** *v* – industrializar
**industrialized** *adj* – industrializado
**industrious** *adj* – trabajador, aplicado
**industrious concealment** – ocultación activa de un vicio
**industry** *n* – industria
**industry accounting** – contabilidad de industria
**industry activity** – actividad de industria
**industry administration** – administración de industria
**industry administrator** – administrador de industria
**industry adviser** – asesor de industria
**industry advisor** – asesor de industria
**industry agency** – agencia de industria
**industry agent** – agente de industria
**industry agreement** – convenio de industria
**industry analysis** – análisis de industria
**industry analyst** – analista de industria
**industry assets** – activo de industria
**industry association** – asociación de industria
**industry bankruptcy** – quiebra de industria
**industry broker** – corredor de industria
**industry concern** – empresa de industria
**industry conditions** – condiciones de industria
**industry consultant** – consultor de industria
**industry corporation** – corporación de industria
**industry cycle** – ciclo de industria
**industry debt** – deuda de industria
**industry development** – desarrollo de industria
**industry director** – director de industria
**industry district** – distrito de industria
**industry earnings** – ingresos de industria
**industry economics** – economía de industria
**industry empire** – imperio de industria
**industry enterprise** – empresa de industria
**industry entity** – entidad de industria
**industry environment** – ambiente de industria
**industry equipment** – equipo de industria
**industry ethics** – ética de industria
**industry expenditures** – gastos de industria
**industry expenses** – gastos de industria
**industry failure** – quiebra de industria
**industry finance** – finanzas de industria
**industry financing** – financiación de industria
**industry firm** – empresa de industria
**industry fraud** – fraude de industria
**industry income** – ingresos de industria
**industry insurance** – seguro de industria
**industry intelligence** – inteligencia de industria
**industry interests** – intereses de industria
**industry investment** – inversión de industria
**industry leader** – líder de industria
**industry league** – asociación de industria
**industry lender** – prestador de industria
**industry lending** – préstamos de industria
**industry liability** – responsabilidad de industria
**industry licence** – licencia de industria
**industry license** – licencia de industria
**industry loans** – préstamos de industria
**industry locale** – local de industria
**industry losses** – pérdidas de industria
**industry management** – administración de industria, gestión de industria
**industry manager** – gerente de industria
**industry mix** – mezcla de industria
**industry model** – modelo de industria
**industry operation** – operación de industria
**industry organisation** – organización de industria
**industry organization** – organización de industria
**industry-oriented** *adj* – orientado hacia la industria
**industry owner** – dueño de industria
**industry park** – parque industrial
**industry plan** – plan de industria
**industry planning** – planificación de industria
**industry policy** – póliza de industria, política de industria
**industry practices** – prácticas de industria
**industry profits** – beneficios de industria, ganancias de industria
**industry property** – propiedad de industria
**industry recession** – recesión de industria
**industry records** – expedientes de industria
**industry recovery** – recuperación de industria
**industry regulations** – reglamentos de industria
**industry relations** – relaciones de industria
**industry report** – informe de industria
**industry risk** – riesgo de industria
**industry rules** – reglas de industria
**industry sector** – sector de industria
**industry services** – servicios de industria
**industry standards** – normas de industria
**industry summit** – cumbre de industria
**industry taxation** – imposición de industria
**industry taxes** – impuestos de industria
**industry-to-industry** *adj* – industria a industria
**industry-wide** *adj* – a través de toda la industria
**inebriate** *adj* – ebrio

**inebriate** *v* – embriagar
**ineffective** *adj* – ineficaz, inútil, incapaz
**ineffectual judgment** – sentencia ineficaz
**inefficiency** *n* – ineficacia, incompetencia
**inelastic currency** – moneda inelástica
**ineligibility** *n* – inelegibilidad
**ineligible** *adj* – inelegible
**inequality** *n* – desigualdad, injusticia
**inequitable** *adj* – injusto
**inescapable** *adj* – ineludible
**inescapable peril** – peligro ineludible
**inevitable** *adj* – inevitable
**inevitable accident** – accidente inevitable
**inevitable event** – evento inevitable
**inevitable mistake** – error inevitable
**inexcusable** *adj* – inexcusable
**inexcusable neglect** – negligencia inexcusable
**infamous** *adj* – infame, infamante
**infamous crime** – crimen infame
**infamous punishment** – pena infame
**infamy** *n* – infamia, deshonra, oprobio
**infancy** *n* – infancia, minoridad
**infant** *n* – infante, menor
**infanticide** *n* – infanticidio
**infer** *v* – inferir, deducir, concluir
**inference** *n* – inferencia, deducción, conclusión
**inference on inference, rule of** – regla que prohíbe basar una inferencia en otra
**inferential** *adj* – inferido, deducido
**inferential facts** – hechos inferidos
**inferior** *adj* – inferior, subordinado
**inferior court** – tribunal de primera instancia, tribunal inferior
**inferior goods** – bienes inferiores, productos inferiores, mercancías inferiores
**inferior product** – producto inferior
**inferior quality** – calidad inferior
**inferred** *adj* – inferido
**inferred abandonment** – abandono inferido, desistimiento inferido
**inferred acceptance** – aceptación inferida
**inferred acknowledgment** – reconocimiento inferido
**inferred admission** – admisión inferida
**inferred agency** – agencia inferida
**inferred agreement** – convenio inferido, contrato inferido
**inferred authorisation** – autorización inferida
**inferred authority** – autoridad inferida
**inferred authorization** – autorización inferida
**inferred by law** – inferido por ley
**inferred collusion** – colusión inferida
**inferred command** – orden inferida
**inferred condition** – condición inferida
**inferred confession** – confesión inferida
**inferred consent** – consentimiento inferido
**inferred consideration** – contraprestación inferida
**inferred contract** – contrato inferido
**inferred cost** – costo inferido, coste inferido
**inferred covenant** – cláusula inferida
**inferred dedication** – dedicación inferida
**inferred easement** – servidumbre inferida
**inferred guarantee** – garantía inferida
**inferred guaranty** – garantía inferida
**inferred intent** – intención inferida
**inferred knowledge** – conocimiento inferido
**inferred licence** – autorización inferida, licencia inferida
**inferred license** – autorización inferida, licencia inferida
**inferred malice** – malicia inferida
**inferred mortgage** – hipoteca por operación de la ley
**inferred notice** – notificación inferida
**inferred obligation** – obligación inferida
**inferred partnership** – sociedad inferida
**inferred permission** – permiso inferido
**inferred powers** – poderes inferidos
**inferred price** – precio inferido
**inferred procuration** – procuración inferida
**inferred promise** – promesa inferida
**inferred ratification** – ratificación inferida
**inferred rejection** – rechazo inferido
**inferred release** – liberación inferida
**inferred rent** – renta inferida
**inferred repeal** – derogación inferida
**inferred trust** – fideicomiso inferido
**inferred warranty** – garantía inferida
**infidelity** *n* – infidelidad, traición
**infirm** *adj* – débil, inestable, enfermo
**infirmative** *adj* – que disminuye la validez
**infirmity** *n* – debilidad, fragilidad
**inflation** *n* – inflación
**inflation-adjusted** *adj* – ajustado por la inflación
**inflation-proof** *adj* – a prueba de la inflación
**inflation rate** – tasa inflacionaria
**inflationary** *adj* – inflacionario
**inflationary boom** – auge inflacionario
**inflationary environment** – ambiente inflacionario
**inflationary gap** – brecha inflacionaria
**inflationary period** – período inflacionario
**inflationary pressure** – presión inflacionaria
**inflationary risk** – riesgo inflacionario
**inflationary spiral** – espiral inflacionaria
**inflationist** *adj* – inflacionista
**inflationist** *n* – inflacionista
**inflict** *v* – infligir, causar
**inflow of capital** – entrada de capital
**inflow of funds** – entrada de fondos
**influence** *n* – influencia
**influence** *v* – influenciar, influir, persuadir
**influence peddling** – tráfico de influencias
**influence prices** – influenciar los precios, influir sobre los precios
**influence rates** – influenciar las tasas, influir sobre las tasas
**influence salaries** – influenciar los salarios, influir sobre los salarios
**influence wages** – influenciar los salarios, influir sobre los salarios
**influential** *adj* – influyente
**info. (information)** – información
**infomercial** *n* – anuncio de televisión presentado como si fuese un programa informativo, publirreportaje
**inform** *v* – informar, comunicar
**informal** *adj* – informal, irregular, de confianza
**informal contract** – contrato verbal, contrato informal
**informal hearing** – vista informal
**informal marriage** – matrimonio informal

**informal proceedings** – procedimientos informales
**informality** *n* – informalidad
**informant** *n* – informante, informador
**informatics** *n* – informática
**information** *n* – información, acusación hecha por un funcionario competente sin la intervención de un jurado de acusación, denuncia
**information and belief** – saber y entender
**information center** – centro de información
**information centre** – centro de información
**information desk** – mesa de información, información
**information exchange** – intercambio de información
**information, for your** – para su información
**information highway** – vías electrónicas de transferencia de información
**information management** – administración de la información, gestión de la información
**information network** – red de información
**information processing** – procesamiento de información
**information return** – formulario de información
**information storage** – almacenamiento de información
**information system** – sistema de información
**information technology** – tecnología de información, informática
**informative** *adj* – informativo, instructivo
**informed** *adj* – informado, al tanto de
**informed consent** – consentimiento informado
**informed decision** – decisión informada
**informed opinion** – opinión informada
**informer** *n* – informador, informante
**infra** *adv* – bajo, debajo, infra
**infraction** *n* – infracción, violación
**infrastructure** *n* – infraestructura, fundamento
**infringe** *v* – infringir
**infringement** *n* – infracción, violación
**infringement of copyright** – violación de los derechos de autor
**infringement of patent** – violación de patente
**infringement of privacy** – violación de privacidad
**infringement of right** – violación de un derecho
**infringement of trademark** – violación de marca, violación de marca comercial, violación de marca de comercio, violación de marca registrada, violación de marca industrial
**infringer** *n* – infractor, violador
**infusion of capital** – infusión de capital
**infusion of funds** – infusión de fondos
**infusion of money** – infusión de dinero
**ingot** *n* – lingote
**ingratitude** *n* – ingratitud
**ingress** *n* – ingreso, entrada, acceso, paso
**ingress, egress, and regress** – derecho de entrar y salir y de volver a entrar
**ingrossing** *n* – preparación de la versión final de un documento
**inhabit** *v* – habitar, residir en
**inhabitability** *n* – habitabilidad
**inhabitant** *n* – habitante
**inhere** *v* – ser inherente
**inherent** *adj* – inherente
**inherent condition** – condición inherente
**inherent covenant** – estipulación inherente
**inherent defect** – defecto inherente
**inherent distinctiveness** – peculiaridad inherente
**inherent powers** – facultades inherentes
**inherent right** – derecho inherente
**inherent risk** – riesgo inherente
**inherent vice** – vicio inherente
**inherently** *adv* – inherentemente
**inherently dangerous** – inherentemente peligroso
**inherit** *v* – heredar
**inheritable blood** – heredero legal
**inheritance** *n* – herencia, sucesión
**inheritance tax** – impuesto sobre la herencia
**inherited** *adj* – heredado
**inhibit** *v* – inhibir, detener, prohibir
**inhibition** *n* – inhibición, restricción
**inhuman** *adj* – inhumano, brutal
**inhuman treatment** – trato inhumano, trato brutal
**initial** *adj* – inicial, incipiente
**initial** *n* – inicial
**initial** *v* – poner las iniciales
**initial appearance** – comparecencia inicial, apariencia inicial
**initial capital** – capital inicial
**initial carrier** – transportador inicial
**initial claim** – reclamación inicial
**initial commitment** – compromiso inicial
**initial contract** – contrato inicial
**initial cost** – costo inicial, coste inicial
**initial expenditures** – gastos iniciales
**initial expenses** – gastos iniciales
**initial fault** – falta inicial
**initial insurance** – seguro inicial
**initial interest rate** – tasa de interés inicial
**initial investment** – inversión inicial
**initial loss** – pérdida inicial
**initial offer** – oferta inicial
**initial pay** – paga inicial
**initial premium** – prima inicial
**initial price** – precio inicial
**initial public offering** – oferta pública inicial
**initial rate** – tasa inicial
**initial salary** – salario inicial
**initial stage** – etapa inicial
**initial wage** – salario inicial
**initialise** *v* – inicializar
**initialize** *v* – inicializar
**initialling** *n* – el acto de poner las iniciales
**initials** *n* – iniciales
**initiate** *v* – iniciar, instruir, admitir
**initiate an action** – iniciar una acción
**initiation** *n* – iniciación, inicio
**initiative** *n* – iniciativa
**injunction** *n* – mandamiento judicial, mandamiento judicial para prohibir algo, entredicho, orden de no innovar, interdicto
**injunctive relief** – desagravio por mandato judicial
**injure** *v* – injuriar, perjudicar, lesionar, dañar
**injured** *adj* – injuriado, perjudicado, lesionado, dañado
**injured party** – la parte perjudicada, la parte lesionada
**injurious** *adj* – injurioso, perjudicial, lesivo, dañoso, calumnioso
**injurious dumping** – dumping perjudicial
**injurious exposure** – exposición a sustancias tóxicas

injuriosa
**injurious falsehood** – calumnia injuriosa
**injurious words** – calumnia, difamación
**injury** *n* – lesión, herida, daño, perjuicio
**injury on the job** – lesión en el trabajo
**injury to property** – daño a la propiedad
**injury to reputation** – daño a la reputación
**injustice** *n* – injusticia
**inland** *adj* – interior, interno, tierra adentro, doméstico
**inland** *n* – interior
**inland bill of exchange** – letra de cambio local
**inland marine insurance** – seguro de transportes
**inland navigation** – navegación de cabotaje, navegación fluvial
**Inland Revenue** – Servicio de Rentas Internas, Hacienda
**Inland Revenue Office** – Oficina de Rentas Internas, Hacienda
**Inland Revenue Service** – Servicio de Rentas Internas, Hacienda
**inland trade** – comercio interior
**inland transport** – transporte interior
**inland waters** – aguas interiores
**inland waterways** – vías de navegación fluviales
**inmate** *n* – recluso, paciente, inquilino
**innavigable** *adj* – innavegable
**inner** *adj* – interior, secreto
**inner city** – parte central de una ciudad grande, casco de la ciudad
**innkeeper** *n* – posadero, hostelero
**innocence** *n* – inocencia
**innocent** *adj* – inocente, inofensivo
**innocent agent** – agente inocente
**innocent misrepresentation** – falsa representación inocente
**innocent of** – ignorante de, inocente de
**innocent party** – parte inocente
**innocent purchaser** – comprador de buena fe
**innocent third party** – tercera parte inocente
**innocent trespass** – entrada a un inmueble ajeno de buena fe o sin querer
**innocent trespasser** – quien entra a un inmueble ajeno de buena fe o sin querer
**innominate** *adj* – innominado
**innominate contracts** – contratos innominados
**innovate** *v* – innovar
**innovation** *n* – innovación
**innovative** *adj* – innovador
**innuendo** *n* – insinuación, indirecta, explicación del sentido de ciertas palabras
**inofficious** *adj* – inoficioso
**inofficious testament** – testamento inoficioso
**inoperative** *adj* – inoperante, inválido, fuera de servicio
**input** *n* – entrada, aportación, contribución, insumo
**inquest** *n* – indagatoria, investigación, cuerpo señalado para llevar a cabo una indagatoria
**inquest jury** – jurado indagatorio
**inquire** *v* – indagar, investigar, encuestar
**inquiry** *n* – indagación, investigación, pregunta, estudio, encuesta
**inquisition** *n* – inquisición, investigación
**inquisitor** *n* – inquisidor, investigador
**inquisitorial procedure** – procedimiento inquisitorial, proceso inquisitorial
**inquisitorial process** – procedimiento inquisitorial, proceso inquisitorial
**inquisitorial system** – sistema inquisitorial
**INS (Immigration and Naturalization Service)** – Servicio de Inmigración y Naturalización
**insane** *adj* – insano, demente
**insane delusion** – alucinación por insania
**insanity** *n* – insania, demencia
**insanity defence** – defensa basada en la insania, defensa basada en la incapacidad mental
**insanity defense** – defensa basada en la insania, defensa basada en la incapacidad mental
**insanity plea** – alegación de insania, alegación de incapacidad mental
**inscribe** *v* – inscribir, registrar
**inscribed** *adj* – inscrito, registrado
**inscription** *n* – inscripción, registro
**insecure** *adj* – inseguro, peligroso, arriesgado
**insecurity** *n* – inseguridad, peligro, riesgo
**insert** *n* – encarte, algo insertado
**insert** *v* – insertar, introducir
**inside director** – director que además tiene puesto de administración en la compañía
**inside information** – información privilegiada, información sobre una corporación que no es de conocimiento público
**inside track** – posición ventajosa
**insider** *n* – persona que dispone de información privilegiada, persona clave de una corporación con acceso a información que no es de conocimiento público
**insider dealing** – transacciones que aprovechan información privilegiada, transacciones con las acciones de una corporación basadas en información que no es de conocimiento público
**insider information** – información privilegiada, información sobre una corporación que no es de conocimiento público
**insider trading** – transacciones que aprovechan información privilegiada, transacciones con las acciones de una corporación basadas en información que no es de conocimiento público
**insignia** *n* – insignia, distintivo, emblema
**insinuation** *n* – insinuación, indirecta
**insinuation of a will** – la presentación original de un testamento
**insofar as** – en lo que concierne a, en la medida en que
**insolvency** *n* – insolvencia
**insolvency clause** – cláusula de insolvencia
**insolvency fund** – fondo de insolvencia
**insolvency risk** – riesgo de insolvencia
**insolvent** *adj* – insolvente
**insolvent company** – compañía insolvente
**insolvent corporation** – corporación insolvente
**insolvent debtor** – deudor insolvente
**insolvent entity** – entidad insolvente
**insolvent firm** – firma insolvente
**insomuch as** – ya que, puesto que
**insomuch that** – de tal modo que
**insourcing** *n* – contratación interna, pasar algo de contratación externa a contratación interna
**inspect** *v* – inspeccionar, revisar

**inspection** *n* – inspección, reconocimiento, registro, revisión
**inspection by customs** – inspección por aduana
**inspection certificate** – certificado de inspección
**inspection charges** – cargos por inspección
**inspection laws** – leyes de inspección
**inspection of documents** – inspección de documentos, derecho a inspeccionar documentos
**inspection of records** – inspección de registros
**inspection receipt** – recibo de inspección
**inspection report** – informe de inspección
**inspection rights** – derechos de inspección
**inspection stamp** – sello de inspección
**inspector** *n* – inspector, supervisor
**inspector of taxes** – inspector de impuestos, inspector de Hacienda
**instability** *n* – inestabilidad
**install** *v* – instalar
**installation** *n* – instalación
**installment** *n* – plazo, pago parcial, pago periódico, mensualidad, instalación
**installment contract** – contrato a plazos, contrato de venta a plazos
**installment credit** – crédito a pagarse a plazos, crédito para compras a plazo
**installment debt** – deuda a plazos, deuda en cuotas
**installment land contract** – contrato para la compra de un terreno cuya escritura se entrega tras el último pago
**installment loan** – préstamo a plazos, préstamo en cuotas
**installment payment** – pago parcial
**installment refund annuity** – anualidad de reembolso a plazos
**installment sale** – venta a plazos
**instalment** *n* – plazo, pago parcial, pago periódico, mensualidad, instalación
**instalment contract** – contrato a plazos, contrato de venta a plazos
**instalment credit** – crédito a pagarse a plazos, crédito para compras a plazo
**instalment land contract** – contrato para la compra de un terreno cuya escritura se entrega tras el último pago
**instalment loan** – préstamo a plazos, préstamo en cuotas
**instalment payment** – pago parcial
**instalment refund annuity** – anualidad de reembolso a plazos
**instalment sale** – venta a plazos
**instance** *n* – instancia, ejemplo
**instance court** – tribunal de primera instancia, tribunal a quo
**instant** *adj* – inmediato, presente, urgente
**instant** *n* – instante
**instant credit** – crédito inmediato, crédito instantáneo
**instant dismissal** – despido del trabajo sin previo aviso
**instant message** – mensaje instantáneo
**instant messaging** – mensajería instantánea
**instantaneous crime** – crimen instantáneo
**instantaneous death** – muerte instantánea
**instanter** *adv* – inmediatamente
**instantly** *adv* – instantáneamente
**instigate** *v* – instigar, incitar, promover
**instigation** *n* – instigación, incitación
**institute** *n* – instituto
**institute** *v* – instituir, iniciar, entablar, implementar, establecer, fundar
**institute an action** – entablar una acción
**institution** *n* – institución, establecimiento
**institutional** *adj* – institucional
**institutional advertising** – publicidad institucional
**institutional banking** – banca institucional
**institutional brokerage** – corretaje institucional
**institutional economics** – economía institucional
**institutional framework** – marco institucional
**institutional fund** – fondo institucional
**institutional investments** – inversiones institucionales
**institutional investors** – inversionistas institucionales
**institutional lender** – institución de crédito
**institutional loan** – préstamo institucional
**institutional relations** – relaciones institucionales
**instruct** *v* – instruir, ordenar
**instruct the jury** – instruir al jurado
**instructed verdict** – veredicto impuesto al jurado por el juez
**instruction** *n* – instrucción, orden
**instruction manual** – manual de instrucciones
**instructions to jury** – instrucciones al jurado
**instructor** *n* – instructor
**instrument** *n* – instrumento, documento
**instrument for the payment of money** – pagaré
**instrument in writing** – instrumento por escrito
**instrument of acceptance** – instrumento de aceptación
**instrument of appeal** – documento de apelación
**instrument of evidence** – medio de prueba, documento probatorio
**instrument of fraud** – instrumento para cometer fraude
**instrument under seal** – instrumento sellado
**instrumental** *adj* – instrumental, útil
**instrumentality** *n* – agencia, medio
**insubordination** *n* – insubordinación, desobediencia
**insufficiency** *n* – insuficiencia, incapacidad
**insufficiency of evidence** – insuficiencia de la prueba
**insufficient** *adj* – insuficiente, incapaz
**insufficient evidence** – prueba insuficiente
**insufficient funds** – fondos insuficientes
**insular** *adj* – insular, aislado, separado
**insulate** *v* – aislar
**insurability** *n* – asegurabilidad
**insurability evidence** – prueba de asegurabilidad
**insurability proof** – prueba de asegurabilidad
**insurable** *adj* – asegurable
**insurable interest** – interés asegurable
**insurable risk** – riesgo asegurable
**insurable title** – título asegurable
**insurable value** – valor asegurable
**insurance** *n* – seguro, garantía
**insurance activity** – actividad aseguradora
**insurance adjuster** – ajustador de seguros
**insurance agency** – agencia de seguros
**insurance agent** – agente de seguros
**insurance agreement** – convenio de seguros
**insurance authentication** – certificación de seguro
**insurance broker** – corredor de seguros
**insurance brokerage** – correduría de seguros
**insurance business** – negocio de seguros

**insurance carrier** – compañía de seguros, aseguradora
**insurance certificate** – certificado de seguros
**insurance certification** – certificación de seguro
**insurance claim** – reclamación de seguros
**insurance commissioner** – comisionado de seguros
**insurance company** – compañía de seguros, aseguradora
**insurance consultant** – consultor de seguros
**insurance contract** – contrato de seguros
**insurance corporation** – corporación de seguros, aseguradora
**insurance cover** – cobertura de seguros
**insurance coverage** – cobertura de seguros
**insurance department** – departamento de seguros
**insurance division** – división de seguros
**insurance evidence** – prueba de seguro
**insurance examiner** – examinador de seguros
**insurance firm** – empresa aseguradora, aseguradora
**insurance form** – formulario de seguros
**insurance industry** – industria de seguros
**insurance limit** – límite de seguros
**insurance of risks** – seguros contra riesgos
**insurance office** – oficina de seguros
**insurance plan** – plan de seguros
**insurance policy** – póliza de seguros
**insurance policy anniversary** – aniversario de póliza de seguros
**insurance policy cancellation** – cancelación de póliza de seguros
**insurance policy clauses** – cláusulas de póliza de seguros
**insurance policy condition** – condición de póliza de seguros
**insurance policy date** – fecha de póliza de seguros
**insurance policy declaration** – declaración de póliza de seguros
**insurance policy dividend** – dividendo de póliza de seguros
**insurance policy expiration** – expiración de póliza de seguros
**insurance policy expiration date** – fecha de expiración de póliza de seguros
**insurance policy face** – valor nominal de póliza de seguros
**insurance policy fee** – cargo por procesar una póliza de seguros, cargo adicional de póliza de seguros
**insurance policy holder** – tenedor de póliza de seguros, asegurado
**insurance policy limit** – límite de póliza de seguros
**insurance policy loan** – préstamo garantizado con una póliza de seguros
**insurance policy number** – número de póliza de seguros
**insurance policy owner** – tenedor de póliza de seguros, asegurado
**insurance policy period** – período de póliza de seguros
**insurance policy premium** – prima de póliza de seguros
**insurance policy processing fee** – cargo por procesar una póliza de seguros
**insurance policy provisions** – cláusulas de póliza de seguros
**insurance policy requirement** – requisito de póliza de seguros
**insurance policy reserve** – reserva de póliza de seguros
**insurance policy stipulation** – estipulación de póliza de seguros
**insurance policy terms** – términos de póliza de seguros
**insurance policy year** – período anual de una póliza de seguros, aniversario de la emisión de una póliza de seguros
**insurance premium** – prima de seguros
**insurance premium adjustment** – ajuste de prima de seguros
**insurance premium advance** – adelanto de prima de seguros
**insurance premium base** – base de prima de seguros
**insurance premium basis** – base de prima de seguros
**insurance premium default** – incumplimiento de pago de prima de seguros
**insurance premium deposit** – depósito de prima de seguros
**insurance premium discount** – descuento de prima de seguros
**insurance premium discount plan** – plan de descuentos de prima de seguros
**insurance premium loan** – préstamo sobre primas de seguros
**insurance premium notice** – aviso de fecha de pago de prima de seguros
**insurance premium rate** – tasa de prima de seguros
**insurance premium recapture** – recaptura de prima de seguros
**insurance premium receipt** – recibo de pago de prima de seguros
**insurance premium refund** – reembolso de prima de seguros
**insurance premium return** – devolución de prima de seguros
**insurance product** – producto de seguros
**insurance proof** – prueba de seguro
**insurance rate** – tasa de seguros
**insurance regulation** – regulación de la industria de seguros
**insurance risk** – riesgo de seguros
**insurance services** – servicios de seguros
**insurance settlement** – liquidación del seguro
**insurance trust** – fideicomiso que usa los beneficios de una póliza de seguros
**insurance underwriter** – asegurador
**insurance verification** – verificación de seguro
**insure** *v* – asegurar, garantizar, afianzar
**insure against all risks** – asegurar contra todos los riesgos
**insured** *adj* – asegurado
**insured** *n* – asegurado
**insured account** – cuenta asegurada
**insured bank** – banco asegurado
**insured deposit** – depósito garantizado, depósito asegurado
**insured depositor** – depositante asegurado
**insured financial institution** – institución financiera asegurada
**insured loan** – préstamo asegurado
**insured mail** – correo asegurado

**insured mortgage** – hipoteca asegurada
**insured peril** – peligro asegurado
**insured person** – persona asegurada
**insured post** – correo asegurado
**insured premises** – propiedad asegurada
**insured property** – propiedad asegurada
**insured risk** – riesgo asegurado
**insured title** – título garantizado
**insuree** *n* – asegurado
**insurer** *n* – aseguradora, asegurador
**insurgent** *adj* – insurgente, insurrecto
**insuring agreement** – convenio de cobertura de seguros
**insuring clause** – cláusula de cobertura de seguros
**insurrection** *n* – insurrección, sedición
**intangible** *adj* – intangible
**intangible assets** – activo intangible
**intangible cost** – costo intangible, coste intangible
**intangible personal property** – propiedad personal intangible
**intangible property** – bienes intangibles, propiedad intangible
**intangible value** – valor intangible
**intangibles** *n* – intangibles, activo intangible, bienes intangibles
**integral part** – parte integral
**integrate** *v* – integrar
**integrated** *adj* – integrado
**integrated bar** – colegio de abogados al que hay que pertenecer para poder ejercer la profesión
**integration** *n* – integración
**integrity** *n* – integridad, entereza
**intellectual property** – propiedad intelectual
**intellectual property law** – derecho de propiedad intelectual
**intellectual property management** – administración de propiedad intelectual, gestión de propiedad intelectual
**Intellectual Property Office** – Oficina de Propiedad Intelectual
**intellectual property protection** – protección de propiedad intelectual
**intellectual property rights** – derechos de propiedad intelectual
**Intellectual Property Service** – Servicio de Propiedad Intelectual
**intelligibility** *n* – inteligibilidad, claridad
**intelligible** *adj* – inteligible, claro
**intemperance** *n* – intemperancia
**intend** *v* – proponerse, pensar en, querer decir
**intendant** *n* – intendente, supervisor, administrador
**intended purpose** – propósito intencionado
**intended to be recorded** – destinado al registro
**intended use** – uso intencionado
**intendment of law** – el propósito real de la ley, presunción legal
**intensive agriculture** – agricultura intensiva
**intensive supervision** – supervisión intensiva
**intent** *n* – intento, intención, sentido
**intent of the parties** – intención de las partes
**intent to commit fraud** – intención de cometer fraude
**intent to defraud** – intención de defraudar
**intent to lie** – intención de mentir
**intent to use** – intención de usar
**intention** *n* – intención, concepto
**intentional** *adj* – intencional
**intentional act** – acto intencional
**intentional action** – acto intencional
**intentional deception** – decepción intencional
**intentional exaggeration** – exageración intencional
**intentional homicide** – homicidio intencional
**intentional infringement** – infracción intencional
**intentional injury** – lesión intencional
**intentional neglect** – negligencia intencional
**intentional tort** – ilícito civil intencional, daño legal intencional, agravio intencional
**intentional wrong** – agravio intencional
**intentionally** *adv* – intencionalmente
**inter alia** – entre otras cosas, inter alia
**Inter-American Development Bank** – Banco Interamericano de Desarrollo
**inter-bank** *adj* – interbancario
**inter-company** *adj* – interempresarial, entre compañías
**inter-company arbitration** – arbitraje entre compañías
**inter-company data** – datos entre compañías
**inter-company transactions** – transacciones entre compañías
**inter-continental** *adj* – intercontinental
**inter-firm** *adj* – entre firmas, entre empresas
**inter-governmental** *adj* – intergubernamental
**inter-industry** *adj* – entre industrias, interindustrial
**inter-market** *adj* – intermercados, entre mercados
**inter partes** – entre las partes
**inter-period** *adj* – interperíodo
**inter-personal skills** – habilidades interpersonales
**inter se** – entre sí
**inter vivos** – entre vivos, inter vivos
**inter vivos gift** – donación entre vivos
**inter vivos transfer** – transferencia entre vivos
**inter vivos trust** – fideicomiso entre vivos, fideicomiso durante la vida de quien lo estableció
**interactive** *adj* – interactivo
**interactive service** – servicio interactivo
**interactive television** – televisión interactiva
**interactive TV** – TV interactiva
**interbank** *adj* – interbancario
**intercept** *v* – interceptar
**interception** *n* – intercepción
**interception of communications** – intercepción de comunicaciones
**interchange** *n* – intercambio
**interchangeable** *adj* – intercambiable
**interchangeably** *adv* – de forma intercambiable, recíprocamente
**intercompany** *adj* – interempresarial, entre compañías
**intercompany arbitration** – arbitraje entre compañías
**intercompany data** – datos entre compañías
**intercompany transactions** – transacciones entre compañías
**intercontinental** *adj* – intercontinental
**intercourse** *n* – intercambio, comunicación, relaciones sexuales
**interdepartmental** *adj* – interdepartamental
**interdependence** *n* – interdependencia
**interdict** *n* – interdicto, interdicción, prohibición
**interdict** *v* – interdecir, prohibir
**interdiction** *n* – interdicto, interdicción, prohibición

**interesse** – intereses
**interest** *n* – interés, intereses, título, rédito, participación, derecho
**interest-bearing** *adj* – que devenga intereses
**interest-bearing deposit** – depósito que devenga intereses
**interest calculation** – cálculo de intereses
**interest charges** – cargos por intereses
**interest costs** – costos de los intereses, costes de los intereses
**interest coupon** – cupón de intereses
**interest coverage** – cobertura de intereses
**interest deduction** – deducción de intereses
**interest due** – intereses pagaderos, intereses devengados
**interest earned** – intereses devengados
**interest equalization tax** – impuesto por la adquisición de valores extranjeros con vencimiento de un año o más
**interest expenditure** – gasto de intereses
**interest expense** – gasto de intereses
**interest for years** – derecho sobre un inmueble por un plazo determinado
**interest-free** *adj* – sin intereses, libre de intereses
**interest-free loan** – préstamo sin intereses
**interest group** – grupo de interés, grupo de presión
**interest income** – ingresos por intereses
**interest on arrears** – interés sobre monto en mora
**interest on interest** – interés compuesto
**interest on investment** – intereses de la inversión
**interest-only loan** – préstamo en que sólo se pagan intereses
**interest paid** – intereses pagados
**interest payable** – intereses a pagar
**interest payment** – pago de intereses
**interest penalty** – penalidad sobre intereses a pagar, penalidad en intereses
**interest policy** – póliza de seguros en que el asegurado tiene un interés real y asignable
**interest rate** – tasa de interés
**interest rate adjustment** – ajuste de tasa de interés
**interest rate base** – base tasa de interés
**interest rate basis** – base tasa de interés
**interest rate cap** – límite tasa de interés
**interest rate ceiling** – límite tasa de interés
**interest rate cut** – recorte de tasa de interés
**interest rate cutting** – recorte de tasa de interés
**interest rate decrease** – reducción de tasa de interés
**interest rate floor** – tasa mínima de interés
**interest rate futures** – futuros de tasas de intereses
**interest rate increase** – aumento de tasa de interés
**interest rate limit** – límite de tasa de interés
**interest rate lock** – fijación de tasa de interés
**interest rate reduction** – reducción de tasa de interés
**interest rate risk** – riesgo de tasa de interés
**interest rate sensitivity** – sensibilidad a la tasa de interés
**interest rate setting** – fijación de tasa de interés
**interest rate subsidy** – subsidio de tasas de interés, subvención de tasas de interés
**interest receivable** – intereses por cobrar
**interest received** – intereses recibidos
**interest reduction** – reducción de interés
**interest relief** – deducción de intereses, alivio contributivo de intereses
**interest-sensitive** *adj* – sensible a la tasa de interés
**interest-sensitive assets** – activo sensible a la tasa de interés
**interest-sensitive liabilities** – pasivo sensible a la tasa de interés
**interest subsidy** – subsidio de intereses, subvención de intereses
**interest upon interest** – interés compuesto
**interested** *adj* – interesado
**interested party** – parte interesada
**interested person** – persona interesada
**interested witness** – testigo interesado
**interface** *n* – interfaz
**interfere** *v* – interferir, intervenir, obstruir
**interference** *n* – interferencia, conflicto de patentes
**interference with interstate commerce** – interferencia de comercio interestatal
**interfirm** *adj* – entre firmas, entre empresas
**intergovernmental** *adj* – intergubernamental
**intergovernmental transactions** – transacciones intergubernamentales
**interim** *adj* – interino, provisional
**interim agreement** – convenio interina, acuerdo interino
**interim audit** – auditoría interina
**interim balance sheet** – balance interino
**interim budget** – presupuesto interino
**interim budgeting** – presupuestación interina
**interim award** – laudo arbitral provisional, sentencia provisional
**interim chair** – presidente interino
**interim chairman** – presidente interino
**interim chairperson** – presidente interino
**interim chairwoman** – presidenta interina
**interim committee** – comité interino
**interim credit** – crédito interino
**interim curator** – curador provisional
**interim director** – director interino
**interim financial statement** – estado financiero interino
**interim financing** – financiamiento provisional, financiamiento interino
**interim loan** – préstamo interino
**interim officer** – funcionario interino
**interim order** – orden provisional
**interim payment** – pago interino
**interim president** – presidente interino
**interim receipt** – recibo provisional
**interim report** – informe provisional
**interim statement** – estado interino
**interim trustee** – fiduciario interino
**interindustry** *adj* – entre industrias, interindustrial
**interinsurance exchange** – intercambio recíproco
**interior** *adj* – interior, interno
**interior department** – departamento de lo interior
**interlineation** *n* – interlineación
**interlining** *n* – transferencia de un cargamento a otro transportador para entrega
**interlocking directorate** – junta directiva vinculada
**interlocutory** *adj* – interlocutorio
**interlocutory costs** – costas interlocutorias
**interlocutory decree** – decreto interlocutorio, auto interlocutorio

**interlocutory hearing** – audiencia interlocutoria
**interlocutory injunction** – mandamiento judicial interlocutorio
**interlocutory judgment** – sentencia interlocutoria
**interlocutory order** – orden interlocutoria, auto interlocutorio
**interlocutory sentence** – sentencia interlocutoria
**interloper** *n* – comerciante sin licencia, intruso, entrometido
**intermarket** *adj* – intermercados, entre mercados
**intermeddle** *v* – inmiscuirse, entrometerse
**intermediary** *n* – intermediario, mediador
**intermediary bank** – banco intermediario
**intermediate** *adj* – intermedio, medianero
**intermediate** *n* – intermediario, mediador
**intermediate account** – rendición de cuentas intermedia
**intermediate carrier** – transportador intermedio
**intermediate courts** – tribunales intermedios
**intermediate order** – orden interlocutoria
**intermediation** *n* – intermediación
**intermittent easement** – servidumbre intermitente
**intermixture of goods** – confusión de bienes, mezcla de bienes
**intern** *n* – interno, persona internada
**intern** *v* – internar, encerrar
**internal** *adj* – interno, interior, inherente, doméstico
**internal act** – acto interno
**internal affairs** – asuntos internos
**internal assets** – activo interno
**internal audit** – auditoría interna
**internal auditor** – auditor interno
**internal balance** – saldo interno
**internal check** – comprobación interna
**internal commerce** – comercio interno
**internal control** – control interno
**internal costs** – costos internos, costes internos
**internal data** – datos internos
**internal debt** – deuda interna, deuda interior
**internal document** – documento interno
**internal economy** – economía interna
**internal expansion** – expansión interna
**internal financing** – financiamiento interno, financiación interna
**internal funds** – fondos internos
**internal improvements** – mejoras internas
**internal police** – policía interna
**internal rate of return** – tasa de rendimiento interno
**internal report** – informe interno
**internal reserves** – reservas internas
**internal revenue** – rentas internas, impuestos, ingresos interiores, ingresos gubernamentales por contribuciones
**Internal Revenue** – Servicio de Rentas Internas, Hacienda
**internal revenue code** – leyes de rentas internas, leyes de impuestos
**internal revenue laws** – leyes de rentas internas, leyes de impuestos
**Internal Revenue Service** – Servicio de Rentas Internas, Hacienda
**internal security** – seguridad interna
**internal waters** – aguas interiores
**internally financed** – utilizando fondos internos
**internally funded** – utilizando fondos internos
**international** *adj* – internacional
**international account** – cuenta internacional
**international accountancy** – contabilidad internacional
**international accounting** – contabilidad internacional
**international accounting standards** – normas internacionales de contabilidad
**international administrator** – administrador internacional
**international advertising** – publicidad internacional
**international agency** – agencia internacional
**international agent** – agente internacional
**international agreement** – convenio internacional
**international aid** – ayuda internacional
**international assets** – activo internacional
**international assignment** – cesión internacional
**international assistance** – asistencia internacional
**international association** – asociación internacional
**international bank** – banco internacional
**International Bank for Reconstruction and Development** – Banco Internacional de Reconstrucción y Fomento
**international banking** – banca internacional
**international body** – cuerpo internacional, institución internacional
**international bonds** – bonos internacionales
**international borrowing** – préstamos internacionales
**international branch** – sucursal internacional
**international budget** – presupuesto internacional
**international budgeting** – presupuestación internacional
**international capital** – capital internacional
**international capital market** – mercado internacional de capitales
**international cartel** – cartel internacional
**International Chamber of Commerce** – Cámara de Comercio Internacional
**international co-operation** – cooperación internacional
**international commerce** – comercio internacional
**international company** – compañía internacional
**international competition** – competencia internacional
**international conference** – conferencia internacional
**international content** – contenido internacional
**international contract** – contrato internacional
**international cooperation** – cooperación internacional
**international copyright** – derechos de autor internacionales
**international corporation** – corporación internacional, sociedad internacional
**international court** – tribunal internacional
**international creditor** – acreedor internacional
**international currency** – moneda internacional
**international custom** – costumbre internacional
**international date line** – línea de cambio de fecha internacional
**international debt** – deuda internacional
**international demand** – demanda internacional
**international department** – departamento internacional
**international deposit** – depósito internacional
**international dispute** – disputa internacional
**international divorce** – divorcio internacional

**international document** – documento internacional
**international domicile** – domicilio internacional
**international economic plan** – plan económico internacional
**international economy** – economía internacional
**international emergency** – emergencia internacional
**International Energy Agency** – Agencia Internacional de Energía
**international enterprise** – empresa internacional
**international exchange rate** – tipo de cambio de divisas
**international expenditures** – gastos internacionales
**international expenses** – gastos internacionales
**International Finance Corporation** – Corporación Financiera Internacional
**international firm** – empresa internacional
**international food aid** – ayuda alimentaria internacional
**international fund** – fondo internacional
**international harmonisation** – armonización internacional
**international harmonization** – armonización internacional
**international holiday** – fiesta internacional
**international income** – ingresos internacionales
**international insurance** – seguro internacional
**international insurer** – asegurador internacional
**international interests** – intereses internacionales
**international investment** – inversión internacional
**international investor** – inversionista internacional
**international issue** – emisión internacional, asunto internacional
**international jurisdiction** – jurisdicción internacional
**international jury** – jurado internacional
**International Labor Organization** – Organización Internacional del Trabajo
**International Labour Organisation** – Organización Internacional del Trabajo
**International Labour Organization** – Organización Internacional del Trabajo
**international law** – derecho internacional
**international lending** – préstamos internacionales
**international liabilities** – pasivo internacional
**international liability** – responsabilidad internacional
**international liquidity** – liquidez internacional
**international loan** – préstamo internacional
**international market** – mercado internacional
**International Monetary Fund** – Fondo Monetario Internacional
**international monetary system** – sistema monetario internacional
**international money order** – giro postal internacional
**international organisation** – organización internacional
**International Organisation for Standardisation** – ISO, Organización Internacional de Normalización
**international organization** – organización internacional
**International Organization for Standardization** – ISO, Organización Internacional de Normalización
**international origin** – origen internacional
**international partnership** – sociedad internacional
**international patent** – patente internacional
**international payment** – pago internacional
**international policy** – política internacional, póliza internacional
**international port** – puerto internacional
**international reserves** – reservas internacionales
**international resources** – recursos internacionales
**international revenues** – ingresos internacionales
**international sales** – ventas internacionales
**international securities** – valores internacionales
**International Securities Identification Number** – Código ISIN
**international standardisation** – normalización internacional
**international standardization** – normalización internacional
**international standards** – normas internacionales
**International Standards Organisation** – ISO, Organización Internacional de Normalización
**International Standards Organization** – ISO, Organización Internacional de Normalización
**international subsidiary** – subsidiaria internacional
**international subsidy** – subsidio internacional, subvención internacional
**international support** – ayuda internacional, apoyo internacional
**international system** – sistema internacional
**international tax** – impuesto internacional
**international tax agreement** – convenio internacional sobre impuestos
**international trade** – comercio internacional
**international trade policy** – política de comercio internacional
**international union** – unión internacional
**international waters** – aguas internacionales
**international wealth** – riqueza internacional
**internationalisation** *n* – internacionalización
**internationalism** *n* – internacionalismo
**internationalization** *n* – internacionalización
**internationally** *adv* – internacionalmente
**Internet** *n* – Internet
**Internet access** – acceso a Internet
**Internet address** – dirección de Internet, dirección online, dirección en línea, dirección electrónica
**Internet ads** – anuncios en el Internet, anuncios online, anuncios en línea, anuncios electrónicos
**Internet advertisements** – anuncios en el Internet, anuncios online, anuncios en línea, anuncios electrónicos
**Internet advertising** – publicidad en el Internet, publicidad online, publicidad en línea, publicidad electrónica
**Internet bank** – banco por Internet, banco online, banco en línea, banco electrónico
**Internet banking** – banca por Internet, banca online, banca en línea, banca electrónica
**Internet billing** – facturación por Internet, facturación online, facturación en línea, facturación electrónica
**Internet business** – negocios por Internet, negocios online, negocios en línea, negocios electrónicos
**Internet commerce** – comercio por Internet, comercio online, comercio en línea, comercio electrónico
**Internet conference** – conferencia por Internet, conferencia online, conferencia en línea, conferencia electrónica
**Internet crime** – crimen por Internet

**Internet-enabled** *adj* – preparado para Internet
**Internet fraud** – fraude por Internet
**Internet marketing** – marketing en el Internet, marketing online, marketing en línea, marketing electrónico, mercadeo en el Internet, mercadeo online, mercadeo en línea, mercadeo electrónico
**Internet phone** – teléfono Internet
**Internet Protocol address** – dirección IP, dirección de Internet
**Internet-ready** *adj* – preparado para Internet
**Internet search** – búsqueda en el Internet, búsqueda online, búsqueda en línea, búsqueda electrónica
**Internet security** – seguridad en el Internet, seguridad del Internet
**Internet service** – servicio de Internet
**Internet service provider** – proveedor de servicios de Internet
**Internet shopping** – compras en el Internet, compras online, compras en línea, compras electrónicas
**Internet site** – sitio Internet, sitio Web, sitio online, sitio en línea, sitio electrónico
**Internet telephone** – teléfono Internet
**Internet theft** – robo por Internet
**Internet transaction** – transacción en el Internet, transacción online, transacción en línea, transacción electrónica
**Internet Website** – sitio Web, sitio Internet, sitio online, sitio en línea, sitio electrónico
**internment** *n* – internación, internado
**interoffice** *adj* – entre oficinas de la misma empresa
**interpellate** *v* – interpelar
**interpellation** *n* – interpelación
**interperiod** *n* – interperíodo
**interpersonal skills** – habilidades interpersonales
**interplea** *n* – moción para obligar a reclamantes adversos a litigar entre sí
**interpleader** *n* – parte que pide al tribunal que obligue a reclamantes adversos a litigar entre sí
**interpolate** *v* – interpolar
**interpolation** *n* – interpolación
**interpose** *v* – interponer
**interposition** *n* – interposición
**interpret** *v* – interpretar, explicar, traducir oralmente
**interpretation** *n* – interpretación, sentido, traducción oral
**interpretation clause** – cláusula de interpretación
**interpretative** *adj* – interpretativo
**interpretative regulation** – reglamento interpretativo
**interpreter** *n* – intérprete, traductor oral
**interregnum** *n* – interregno, lapso
**interrogate** *v* – interrogar, preguntar
**interrogation** *n* – interrogación
**interrogation of witness** – interrogación de testigo
**interrogatories** *n* – preguntas escritas a usarse en un interrogatorio, interrogatorios
**interrupt** *v* – interrumpir
**interrupt an interval** – interrumpir un intervalo
**interrupt possession** – interrumpir posesión
**interruption** *n* – interrupción, intervalo
**interruption in service** – interrupción en el servicio
**interruption of possession** – interrupción de posesión
**interruption of prescription** – interrupción de la prescripción
**intersection** *n* – intersección, cruce
**intersessional meeting** – asamblea entre sesiones programadas
**interspousal** *adj* – entre cónyuges
**interspousal immunity** – derecho a mantener confidencial las comunicaciones entre cónyuges
**interstate** *adj* – interestatal
**interstate account** – cuenta interestatal
**interstate act** – ley interestatal
**interstate action** – acción interestatal
**interstate advertising** – publicidad interestatal
**interstate affairs** – asuntos interestatales
**interstate agency** – agencia interestatal
**interstate agent** – agente interestatal
**interstate agreement** – convenio interestatal
**interstate aid** – ayuda interestatal
**interstate assistance** – asistencia interestatal
**interstate association** – asociación interestatal
**interstate bank** – banco interestatal
**interstate banking** – banca interestatal
**interstate co-operation** – cooperación interestatal
**interstate commerce** – comercio interestatal
**interstate company** – compañía interestatal
**interstate competition** – competencia interestatal
**interstate conference** – conferencia interestatal
**interstate contract** – contrato interestatal
**interstate cooperation** – cooperación interestatal
**interstate corporation** – corporación interestatal
**interstate emergency** – emergencia interestatal
**interstate extradition** – extradición interestatal
**interstate firm** – empresa interestatal
**interstate funds** – fondos interestatales
**interstate income** – ingresos interestatales
**interstate laws** – leyes interestatales
**interstate market** – mercado interestatal
**interstate origin** – origen interestatal
**interstate regulation** – reglamento interestatal
**interstate rendition** – extradición interestatal
**interstate rules** – reglas interestatales
**interstate tax** – impuesto interestatal
**interstate trade** – comercio interestatal
**interstate union** – unión interestatal
**interval ownership** – propiedad por tiempo compartido
**intervene** *v* – intervenir
**intervening** *adj* – intermedio, interpuesto
**intervening act** – acto de un tercero que altera los resultados de una cadena de acontecimientos
**intervening agency** – acto que altera los resultados de una cadena de acontecimientos
**intervening cause** – causa interpuesta
**intervenor** *n* – interventor
**intervention** *n* – intervención, tercería, interferencia
**intervention policy** – política de intervención
**interventionism** *n* – intervensionismo
**interventionist** *adj* – intervensionista
**interventionist** *n* – intervensionista
**interview** *n* – entrevista
**interview** *v* – entrevistar
**interviewee** *n* – entrevistado
**interviewer** *n* – entrevistador
**intestable** *adj* – sin capacidad testamentaria
**intestacy** *n* – muerte intestada, estado intestado
**intestate** *adj* – intestado, sin testar
**intestate laws** – leyes concernientes a las sucesiones

de personas que mueren intestadas
**intestate succession** – sucesión intestada
**intimacy** *n* – intimidad, relaciones sexuales, familiaridad
**intimate** *adj* – íntimo, privado, profundo
**intimate** *v* – intimar, insinuar, sugerir
**intimation** *n* – intimación, notificación, insinuación, sugerencia
**intimidate** *v* – intimidar
**intimidation** *n* – intimidación
**intolerable** *adj* – intolerable, insufrible
**intolerable cruelty** – crueldad intolerable
**intolerable mental cruelty** – crueldad mental intolerable
**intoxicated** *adj* – intoxicado, ebrio
**intoxicating liquor** – bebida embriagante
**intoxication** *n* – intoxicación, ebriedad
**intoxilyzer** *n* – aparato para medir la concentración del alcohol en la sangre
**intoximeter** *n* – aparato para medir la concentración del alcohol en la sangre
**intra** – en, dentro de, cerca de, intra
**intra-corporate** *adj* – intraempresarial
**intra-departmental** *adj* – intradepartamental
**intra-government** *adj* – intragubernamental
**intra-group** *adj* – intragrupal
**intra-period** *adj* – intraperíodo
**intra-state** *adj* – intraestatal
**intra vires** – dentro de las facultades o autoridad, intra vires
**intracorporate** *adj* – intraempresarial
**intraday** *adj* – dentro del mismo día
**intradepartmental** *adj* – intradepartamental
**intragovernment** *adj* – intragubernamental
**intragroup** *adj* – intragrupal
**intramural** *adj* – intramuros
**intranet** *n* – Intranet
**intransitive covenant** – obligación intransferible
**intraperiod** *adj* – intraperíodo
**intrapreneur** *n* – empresario que busca nuevos proyectos para su entidad
**intrastate** *adj* – intraestatal
**intrastate account** – cuenta intraestatal
**intrastate act** – ley intraestatal
**intrastate action** – acción intraestatal
**intrastate advertising** – publicidad intraestatal
**intrastate affairs** – asuntos intraestatales
**intrastate agency** – agencia intraestatal
**intrastate agent** – agente intraestatal
**intrastate agreement** – convenio intraestatal
**intrastate aid** – ayuda intraestatal
**intrastate assistance** – asistencia intraestatal
**intrastate association** – asociación intraestatal
**intrastate bank** – banco intraestatal
**intrastate banking** – banca intraestatal
**intrastate commerce** – comercio intraestatal
**intrastate company** – compañía intraestatal
**intrastate competition** – competencia intraestatal
**intrastate conference** – conferencia intraestatal
**intrastate contract** – contrato intraestatal
**intrastate cooperation** – cooperación intraestatal
**intrastate corporation** – corporación intraestatal
**intrastate emergency** – emergencia intraestatal
**intrastate firm** – empresa intraestatal
**intrastate funds** – fondos intraestatales
**intrastate income** – ingresos intraestatales
**intrastate laws** – leyes intraestatales
**intrastate market** – mercado intraestatal
**intrastate origin** – origen intraestatal
**intrastate regulation** – reglamento intraestatal
**intrastate rules** – reglas intraestatales
**intrastate tax** – impuesto intraestatal
**intrastate trade** – comercio intraestatal
**intrastate union** – unión intraestatal
**intrinsic** *adj* – intrínseco, esencial
**intrinsic evidence** – prueba intrínseca
**intrinsic fraud** – fraude intrínseco
**intrinsic value** – valor intrínseco
**introduce legislation** – introducir legislación
**introduction** *n* – introducción, presentación
**introduction of evidence** – presentación de prueba
**introductory offer** – oferta introductoria
**introductory rate** – tasa introductoria
**intromission** *n* – intromisión, introducción
**intrude** *v* – entremeterse, molestar
**intruder** *n* – intruso, entrometido
**intrusion** *n* – intrusión, entrometimiento
**intrust** *v* – encomendar, recomendar, confiar
**inundation** *n* – inundación
**inure** *v* – tomar efecto, operar
**invalid** *adj* – inválido, nulo
**invalid agreement** – contrato inválido
**invalid contract** – contrato inválido
**invalid date** – fecha de invalidez
**invalid defence** – defensa inválida
**invalid defense** – defensa inválida
**invalid delegation** – delegación inválida
**invalid reason** – razón inválida
**invalid title** – título inválido
**invalid transfer** – transferencia inválida
**invalid will** – testamento inválido
**invalidate** *v* – invalidar, anular
**invalidate a will** – invalidar un testamento
**invalidate an election** – invalidar una elección
**invalidated** *adj* – invalidado, anulado
**invalidation** *n* – invalidación, anulación
**invalidity** *n* – invalidez, nulidad
**invaluable** *adj* – invaluable, inestimable
**invasion** *n* – invasión, violación
**invasion of privacy** – invasión de privacidad
**inveigle** *v* – engatusar, seducir
**invent** *v* – inventar, idear
**invention** *n* – invención, invento, fabricación
**inventor** *n* – inventor, creador
**inventory** *n* – inventario, existencias
**inventory** *v* – inventariar, hacer inventario
**inventory control** – control de inventario
**inverse** *adj* – inverso, contrario
**inverse discrimination** – discriminación inversa
**invest** *v* – invertir, investir
**invest money** – invertir dinero
**invested** *adj* – invertido
**invested capital** – capital invertido
**invested funds** – fondos invertidos
**invest money** – invertir dinero
**investable funds** – fondos disponibles para inversión
**investigate** *v* – investigar, estudiar, analizar
**investigate a crime** – investigar un crimen

**investigation** *n* – investigación, estudio, análisis
**investigation of title** – estudio de título
**investitive fact** – hecho que da origen a un derecho
**investiture** *n* – investidura, cargo
**investment** *n* – inversión
**investment abroad** – inversión exterior
**investment account** – cuenta de inversiones
**investment activity** – actividad de inversiones
**investment adviser** – asesor de inversiones, asesor financiero
**investment adviser's act** – ley que regula las ejecutorias de los asesores financieros
**investment advisor** – asesor de inversiones, asesor financiero
**investment advisor's act** – ley que regula las ejecutorias de los asesores financieros
**investment agreement** – acuerdo de inversiones
**investment analysis** – análisis de inversiones
**investment bank** – banco de inversión
**investment banker** – banquero de inversión
**investment banking** – banca de inversión
**investment bill** – letra de cambio comprada como inversión
**investment broker** – corredor de inversiones, corredor de bolsa, agente de inversiones
**investment capital** – capital de inversión
**investment center** – centro de inversiones
**investment centre** – centro de inversiones
**investment climate** – clima de inversiones
**investment company** – compañía de inversiones
**investment company laws** – leyes de compañías de inversiones
**investment consultant** – asesor de inversiones
**investment contract** – contrato de inversiones
**investment counsellor** – asesor de inversiones
**investment counselor** – asesor de inversiones
**investment credit** – crédito por inversión
**investment firm** – firma de inversiones
**investment fund** – fondo de inversiones
**investment-grade** *adj* – de calidad apropiada para inversiones prudentes
**investment-grade bonds** – bonos de calidad apropiada para inversiones prudentes
**investment-grade securities** – valores de calidad apropiada para inversiones prudentes
**investment guarantee** – garantía de inversión
**investment guaranty** – garantía de inversión
**investment history** – historial de inversiones
**investment incentive** – incentivo para la inversión
**investment income** – ingresos por inversiones
**investment interest** – intereses de inversiones
**investment letter** – carta de inversión
**investment losses** – pérdidas por inversiones
**investment management** – administración de inversiones, gestión de inversiones
**investment manager** – administrador de inversiones
**investment policy** – política de inversión
**Investment Policy Statement** – Declaración de la Política de Inversión
**investment portfolio** – cartera de valores, cartera de inversión
**investment product** – producto de inversión
**investment program** – programa de inversión
**investment programme** – programa de inversión
**investment property** – propiedad de inversión
**investment pyramid** – pirámide de inversión
**investment research** – investigación de inversiones
**investment return** – rendimiento de inversión
**investment revenue** – ingresos por inversiones
**investment security** – título de inversión
**investment strategy** – estrategia de inversiones
**investment subsidy** – subsidio para inversiones, subvención para inversiones
**investment tax credit** – crédito contributivo por inversión
**investment taxes** – impuestos sobre inversiones
**investment trust** – compañía de inversiones
**investment turnover** – giro de inversiones, movimiento de inversiones
**investor** *n* – inversionista, inversor
**investor group** – grupo de inversionistas
**investor protection** – protección de inversionistas
**investor relations** – relaciones con inversionistas
**investor relations department** – departamento de relaciones con inversionistas
**invidious** *adj* – injusto, ofensivo, denigrante
**invidious discrimination** – discriminación injusta
**inviolability** *n* – inviolabilidad
**inviolability of contracts** – inviolabilidad de contratos
**inviolable** *adj* – inviolable
**inviolate** *adj* – inviolado, íntegro
**invisible assets** – activo invisible
**invisible earnings** – ingresos invisibles
**invisible hand** – mano invisible
**invitation** *n* – invitación, tentación
**invitation to bid** – invitación a someter ofertas, anuncio de oferta
**invite** *v* – invitar, solicitar, pedir
**invite tenders** – solicitar ofertas
**invited error** – error en el ofrecimiento de una prueba tras un error previo de la otra parte
**invitee** *n* – invitado
**invoice** *n* – factura
**invoice** *v* – facturar
**invoice amount** – importe de factura
**invoice book** – libro de facturas
**invoice date** – fecha de factura
**invoice factoring** – venta a descuento de las cuentas por cobrar
**invoice number** – número de factura
**invoice payable** – factura a pagar
**invoice price** – precio de factura
**invoice receivable** – factura a cobrar
**involuntary** *adj* – involuntario
**involuntary abandonment** – abandono involuntario
**involuntary admission** – admisión involuntaria
**involuntary alienation** – pérdida de propiedad involuntaria
**involuntary appearance** – comparecencia involuntaria
**involuntary arbitration** – arbitraje involuntario
**involuntary assignment** – cesión involuntaria
**involuntary bailment** – depósito involuntario
**involuntary bankruptcy** – quiebra involuntaria
**involuntary compliance** – cumplimiento involuntario
**involuntary confession** – confesión involuntaria
**involuntary conversion** – conversión involuntaria
**involuntary conveyance** – transferencia involuntaria
**involuntary deposit** – depósito involuntario

**involuntary discontinuance** – cesación involuntaria de una acción
**involuntary dissolution** – disolución involuntaria, liquidación involuntaria
**involuntary exchange** – intercambio involuntario
**involuntary ignorance** – ignorancia involuntaria
**involuntary intoxication** – intoxicación involuntaria
**involuntary lien** – gravamen involuntario
**involuntary liquidation** – liquidación involuntaria
**involuntary manslaughter** – homicidio involuntario
**involuntary payment** – pago involuntario
**involuntary plan termination** – terminación de plan involuntaria
**involuntary reserve** – reserva involuntaria
**involuntary sale** – venta involuntaria
**involuntary separation** – separación involuntaria
**involuntary servitude** – trabajo forzado
**involuntary statement** – declaración involuntaria
**involuntary termination** – terminación involuntaria
**involuntary trust** – fideicomiso involuntario
**involve** *v* – envolver, comprometer, incluir, implicar
**inward investment** – inversión en un área con fondos provenientes de otra, inversión extranjera
**IOU** *n* – pagaré
**IP address (Internet Protocol address)** – dirección IP, dirección de Internet
**IPO (initial public offering)** – oferta pública inicial
**IPS (Investment Policy Statement)** – Declaración de la Política de Inversión
**ipse** – él, él mismo
**ipse dixit** – él mismo dijo
**ipso facto** – por el hecho mismo, ipso facto
**ipso jure** – por el derecho mismo, ipso jure
**IRA (individual retirement account)** – cuenta de retiro individual
**iron-safe clause** – cláusula en algunas pólizas de seguros que requieren que se guarden ciertas cosas en un sitio a prueba de incendios
**irrational** *adj* – irracional, irrazonable
**irrational conclusion** – conclusión irracional
**irrational testimony** – testimonio irracional
**irrebuttable presumption** – presunción absoluta
**irreconcilable** *adj* – irreconciliable
**irreconcilable conflict** – conflicto irreconciliable
**irreconcilable differences** – diferencias irreconciliables
**irrecoverable** *adj* – irrecuperable, incobrable, irreparable
**irrecoverable debt** – deuda incobrable
**irrecoverable loan** – préstamo incobrable
**irrecusable** *adj* – irrecusable
**irrefutable** *adj* – irrefutable
**irregular** *adj* – irregular, extraño
**irregular activity** – actividad irregular
**irregular behavior** – conducta irregular
**irregular behaviour** – conducta irregular
**irregular conditions** – condiciones irregulares
**irregular conduct** – conducta irregular
**irregular course** – curso irregular
**irregular deposit** – depósito irregular
**irregular endorsement** – endoso irregular
**irregular endorser** – endosante irregular
**irregular indorsement** – endoso irregular
**irregular indorser** – endosante irregular
**irregular judgment** – sentencia irregular
**irregular method** – método irregular
**irregular mode** – modo irregular
**irregular practice** – práctica irregular
**irregular procedure** – procedimiento irregular
**irregular process** – proceso irregular
**irregular succession** – sucesión irregular
**irregular use** – uso irregular
**irregularity** *n* – irregularidad, error
**irrelevancy** *n* – irrelevancia
**irrelevant** *adj* – irrelevante, no pertinente
**irrelevant allegation** – alegación irrelevante
**irrelevant answer** – contestación irrelevante
**irrelevant comment** – comentario irrelevante
**irrelevant evidence** – prueba irrelevante
**irrelevant statement** – declaración irrelevante
**irrelevant testimony** – testimonio irrelevante
**irreparable** *adj* – irreparable
**irreparable damages** – daños irreparables, daños y perjuicios irreparables
**irreparable harm** – daño irreparable
**irreparable injury** – lesión irreparable
**irresistible** *adj* – irresistible
**irresistible force** – fuerza irresistible
**irresistible impulse** – impulso irresistible
**irresponsibility** *n* – irresponsabilidad
**irresponsible** *adj* – irresponsable
**irretrievable breakdown of marriage** – colapso de matrimonio irreparable
**irreversible** *adj* – irreversible
**irreversible damage** – daño irreversible
**irrevocable** *adj* – irrevocable, inalterable
**irrevocable beneficiary** – beneficiario irrevocable
**irrevocable credit** – crédito irrevocable
**irrevocable dedication** – dedicación irrevocable
**irrevocable gift** – donación irrevocable
**irrevocable letter of credit** – carta de crédito irrevocable
**irrevocable licence** – licencia irrevocable
**irrevocable license** – licencia irrevocable
**irrevocable offer** – oferta irrevocable
**irrevocable transfer** – transferencia irrevocable
**irrevocable trust** – fideicomiso irrevocable
**IRS (Internal Revenue Service)** – Servicio de Rentas Internas, Hacienda
**ISIN (International Securities Identification Number)** – Código ISIN
**ISIN Code** – Código ISIN
**ISO (International Organization for Standardization, International Standards Organization, International Standards Organisation)** – ISO, Organización Internacional de Normalización
**ISO standards** – normas ISO
**isocost** *n* – isocosto, isocoste
**isolate** *v* – aislar
**isolated** *adj* – aislado
**isolated sale** – venta aislada
**isolated transaction** – transacción aislada
**isolationist** *adj* – aislacionista
**isolationist** *n* – aislacionista
**ISP (Internet service provider)** – proveedor de servicios de Internet
**issuable** *adj* – pudiendo llevar a una cuestión, emisible

**issuable defense** – defensa de fondo
**issuance** *n* – emisión, expedición
**issue** *n* – cuestión, descendencia, emisión, expedición, resultado
**issue** *v* – emitir, expedir, arrojar, entregar
**issue a check** – emitir un cheque
**issue a cheque** – emitir un cheque
**issue a policy** – emitir una póliza
**issue date** – fecha de expedición
**issue of fact** – cuestión de hecho
**issue of law** – cuestión de derecho
**issue shares** – emitir acciones
**issue stocks** – emitir acciones
**issued** *adj* – emitido, expedido
**issued and outstanding** – emitido y en circulación
**issued capital** – capital emitido
**issued shares** – acciones emitidas
**issued stock** – acciones emitidas
**issuer** *n* – emisor, otorgante
**issues and profits** – todo tipo de rédito devengado de un inmueble
**issuing** *adj* – emisor, expedidor
**issuing bank** – banco emisor
**IT (information technology)** – tecnología de información, informática
**it is in the mail** – ya está enviado por correo, ya está de camino
**it is in the post** – ya está enviado por correo, ya está de camino
**item** *n* – ítem, partida, artículo
**itemise** *v* – detallar, especificar
**itemised billing** – facturación detallada
**itemised deductions** – deducciones detalladas
**itemised invoice** – factura detallada
**itemize** *v* – detallar, especificar
**itemized billing** – facturación detallada
**itemized deductions** – deducciones detalladas
**itemized invoice** – factura detallada
**iteration** *n* – iteración
**itinerant** *adj* – itinerante, ambulante
**itinerant peddling** – venta ambulante
**itinerant vendor** – vendedor ambulante
**itinerant worker** – trabajador itinerante
**itinerary** *n* – itinerario

# J

**jack-in-office** *n* – funcionario que le da importancia inmerecida a cosas insignificantes
**jactitation** *n* – jactancia
**jail** *n* – prisión, cárcel
**jail** *v* – encarcelar
**jail credit** – el tiempo de encarcelación en espera del juicio que entonces se descuenta de la sentencia final
**jailbreak** *n* – fuga de una prisión
**jailer** *n* – carcelero
**jailhouse lawyer** – preso que estudia derecho y ofrece asesoramiento a otros presos
**Jane Doe** – Fulana de Tal, nombre ficticio usado para propósitos ilustrativos o cuando se desconoce el nombre de una parte
**jar** *v* – sacudir, disgustar, irritar
**jargon** *n* – jerga, argot
**Jason Clause** – Cláusula de Jason
**jaywalker** *n* – peatón imprudente
**jaywalking** *n* – cruzar calles imprudentemente
**jealous** *adj* – celoso, envidioso, desconfiado
**jealousy** *n* – celos, envidia, desconfianza
**Jedburgh justice** – linchamiento
**jeopardize** *v* – poner en peligro, arriesgar
**jeopardous** *adj* – peligroso, arriesgado
**jeopardy** *n* – peligro, riesgo
**jeopardy assessment** – colección de impuestos de forma inmediata si se sospecha que no será posible cobrarlos después
**jerry** *adj* – de calidad inferior
**jerry-build** *v* – fabricar mal, fabricar a la carrera
**jerry-built** *adj* – mal fabricado
**jetsam** *n* – echazón, desecho
**jettison** *n* – echazón
**jettison** *v* – echar al mar, desechar, echar por la borda
**jetty** *n* – rompeolas, muelle
**jimmy** *v* – forzar una puerta
**jingle** *n* – jingle publicitario
**job** *n* – trabajo, empleo, ocupación, acto criminal
**job advancement** – progreso en el trabajo, progreso en el empleo
**job agreement** – contrato de trabajo, contrato de empleo
**job analysis** – análisis de trabajo, análisis de empleo
**job application** – solicitud de trabajo, solicitud de empleo
**job bank** – banco de trabajos, banco de empleos
**job center** – centro de trabajo, centro de empleo
**job centre** – centro de trabajo, centro de empleo
**job change** – cambio de trabajo, cambio de empleo
**job choice** – selección de trabajo, selección de empleo
**job classification** – clasificación de trabajo, clasificación del empleo
**job cluster** – grupo de trabajos similares
**job contract** – contrato de trabajo, contrato de empleo
**job control** – control del trabajo, control del empleo
**job creation** – creación de trabajos, creación de empleos
**job cycle** – ciclo de trabajo
**job decision** – decisión de trabajo, decisión de empleo
**job definition** – definición de trabajo, definición del empleo
**job description** – descripción de trabajo, descripción del empleo
**job design** – diseño del trabajo, diseño del empleo
**job enrichment** – enriquecimiento del trabajo, enriquecimiento del empleo
**job environment** – ambiente de trabajo, ambiente de empleo
**job evaluation** – evaluación de trabajo, evaluación de empleo
**job expectations** – expectativas del trabajo, expectativas del empleo
**job flexibility** – flexibilidad del trabajo, flexibilidad del

empleo
**job hop** – cambiar de trabajo, cambiar frecuentemente de trabajo, cambiar de empleo, cambiar frecuentemente de empleo
**job hopping** – cambio de trabajo, cambio frecuente de trabajo, cambio de empleo, cambio frecuente de empleo
**job hunting** – búsqueda de trabajo, búsqueda de empleo
**job loss** – pérdida de trabajo, pérdida de empleo
**job market** – mercado de trabajos, mercado de empleos
**job motivation** – motivación en el trabajo, motivación en el empleo
**job objective** – objetivo del trabajo, objetivo del empleo
**job offer** – oferta de trabajo, oferta de empleo
**job opening** – trabajo vacante, vacante
**job opportunity** – oportunidad de trabajo, oportunidad de empleo
**job order** – orden de trabajo
**job-oriented** *adj* – orientado al trabajo, orientado al empleo
**job outlook** – perspectivas de trabajo, perspectivas de empleo
**job performance** – ejecución del trabajo
**job placement** – colocación de trabajo, colocación de empleo
**job planning** – planificación del trabajo
**job preferences** – preferencias de trabajo, preferencias de empleo
**job prospects** – perspectivas de trabajo, perspectivas de empleo
**job protection** – protección del trabajo, protección del empleo
**job quotas** – cuotas de trabajo, cuotas de empleo
**job rate** – tasa por trabajo
**job-related** *adj* – relacionado al trabajo, relacionado al empleo
**job-related accident** – accidente relacionado al trabajo, accidente relacionado al empleo
**job-related death** – muerte relacionada al trabajo, muerte relacionada al empleo
**job-related injury** – lesión relacionada al trabajo, lesión relacionada al empleo
**job requirements** – requisitos del trabajo, requisitos del empleo
**job rotation** – rotación de trabajo, rotación de empleo
**job safety** – seguridad de trabajo, seguridad de empleo
**job satisfaction** – satisfacción en el trabajo, satisfacción en el empleo
**job search** – búsqueda de trabajo, búsqueda de empleo
**job security** – seguridad de trabajo, seguridad de empleo
**job seeker** – quien busca trabajo, quien busca empleo
**job selection** – selección de trabajo, selección de empleo
**job-sharing** *n* – repartimiento de trabajo
**job skills** – destrezas del trabajo, destrezas del empleo
**job specification** – especificación de trabajo
**job stabilisation** – estabilización de trabajos
**job stabilization** – estabilización de trabajos
**job stress** – estrés de trabajo, estrés de empleo
**job training** – entrenamiento de trabajo, entrenamiento de empleo
**job vacancy** – trabajo vacante, vacante
**jobber** *n* – corredor, corredor de bolsa, intermediario
**Jobcentre** *n* – centro de servicios gubernamentales de empleos
**jobholder** *n* – empleado
**jobless** *adj* – desempleado, sin empleo
**joblessness** *n* – desempleo
**John Doe** – Fulano de Tal, nombre ficticio usado para propósitos ilustrativos o cuando se desconoce el nombre de una parte
**join** *v* – juntar, unir, asociarse a, incorporarse a
**joinder** *n* – acumulación de acciones, unión, consolidación
**joinder in demurrer** – aceptación de excepción
**joinder of defendants** – unión de los acusados
**joinder of offenses** – unión de delitos
**joinder of parties** – unión de las partes
**joint** *adj* – unido, conjunto, en común, mancomunado
**joint account** – cuenta conjunta, cuenta mancomunada
**joint account agreement** – convenio de cuenta conjunta
**joint acquisition** – coadquisición
**joint action** – acción conjunta
**joint administrators** – administradores conjuntos
**joint adventure** – empresa colectiva, empresa conjunta, riesgo conjunto
**joint agreement** – convenio conjunto
**joint and mutual will** – testamento conjunto y recíproco
**joint and several contract** – contrato solidario
**joint and several creditor** – acreedor solidario
**joint and several debt** – deuda solidaria
**joint and several debtor** – deudor solidario
**joint and several guarantee** – garantía solidaria
**joint and several guaranty** – garantía solidaria
**joint and several liability** – responsabilidad solidaria
**joint and several note** – pagaré solidario
**joint and several obligation** – obligación solidaria
**joint and survivorship annuity** – anualidad que sigue pagando a los beneficiarios tras la muerte del rentista original, anualidad mancomunada y de supervivencia
**joint annuity** – anualidad conjunta
**joint appeal** – apelación conjunta
**joint assignee** – cocesionario
**joint authorship** – autoría conjunta
**joint balance** – saldo conjunto
**joint ballot** – voto conjunto
**joint bank account** – cuenta de banco conjunta
**joint beneficiaries** – beneficiarios conjuntos
**joint benefits** – beneficios combinados
**joint bond** – fianza conjunta, fianza mancomunada
**joint borrower** – prestatario conjunto, prestatario mancomunado
**joint capital** – capital conjunto
**joint capitalisation** – capitalización conjunta
**joint capitalization** – capitalización conjunta
**joint cause of action** – acción acumulada
**joint commission** – comisión conjunta
**joint committee** – comité conjunto
**joint contract** – contrato conjunto
**joint control** – control conjunto
**joint creditor** – coacreedor, acreedor mancomunado
**joint custody** – custodia conjunta

**joint debtor** – codeudor, deudor mancomunado
**joint debts** – deudas conjuntas, deudas mancomunadas
**joint defence** – defensa conjunta
**joint defense** – defensa conjunta
**joint deposit** – depósito conjunto, depósito mancomunado
**joint director** – codirector
**joint donees** – codonatarios
**joint donors** – codonantes
**joint effort** – esfuerzo conjunto
**joint employer** – compatrono
**joint endorsement** – endoso conjunto
**joint enterprise** – empresa conjunta
**joint estate** – copropiedad
**joint executors** – coalbaceas, albaceas mancomunados
**joint financing** – financiamiento conjunto, financiación conjunta
**joint fine** – multa conjunta
**joint guarantee** – garantía conjunta
**joint guarantor** – cogarante
**joint guaranty** – garantía conjunta
**joint heirs** – coherederos
**joint income** – ingresos conjuntos
**joint income tax return** – declaración de la renta conjunta, declaración de ingresos conjunta, declaración de impuestos conjunta
**joint indictment** – procesamiento conjunto
**joint indorsement** – endoso conjunto
**joint initiative** – iniciativa conjunta
**joint insurance** – seguro conjunto
**joint insurance policy** – póliza de seguros conjunta
**joint interest** – interés común
**joint intervention** – intervención conjunta
**joint inventions** – invenciones conjuntas
**joint investment** – inversión conjunta
**joint legacies** – legados conjuntos
**joint legal custody** – custodia legal conjunta
**joint legatee** – colegatario
**joint lessee** – coarrendatario
**joint lessor** – coarrendador
**joint liability** – responsabilidad mancomunada
**joint life insurance** – seguro de vida en conjunto
**joint limit** – límite conjunto
**joint litigant** – colitigante
**joint lives** – derecho de propiedad que sigue en vigor mientras todas las partes estén vivas
**joint loan** – préstamo conjunto, préstamo mancomunado
**joint management** – administración conjunta, administración mancomunada, gestión conjunta, gestión mancomunada
**joint negligence** – negligencia conjunta
**joint obligation** – obligación conjunta
**joint offender** – coautor de un delito, cómplice
**joint offense** – delito conjunto
**joint opinion** – opinión conjunta
**joint owners** – copropietarios, condueños
**joint ownership** – copropiedad, posesión conjunta
**joint partnership** – sociedad conjunta
**joint patent** – patente conjunta
**joint policy** – póliza conjunta, póliza de seguro común
**joint possession** – coposesión, posesión conjunta
**joint promissory note** – pagaré conjunto
**joint property** – propiedad conjunta
**joint proprietor** – copropietario
**joint reserves** – reservas conjuntas
**joint resolution** – resolución conjunta
**joint responsibility** – responsabilidad conjunta
**joint return** – declaración de la renta conjunta, declaración de ingresos conjunta, declaración de impuestos conjunta
**joint risk** – riesgo conjunto
**joint sentence** – sentencia conjunta
**joint session** – sesión conjunta
**joint signature** – firma conjunta
**joint statement** – estado conjunto
**joint-stock association** – empresa sin incorporar pero con acciones
**joint-stock bank** – banco por acciones, sociedad bancaria con acciones
**joint-stock company** – empresa sin incorporar pero con acciones
**joint surety** – cogarante
**joint tax return** – declaración de la renta conjunta, declaración de ingresos conjunta, declaración de impuestos conjunta
**joint tenancy** – tenencia conjunta, tenencia mancomunada, posesión conjunta, condominio, copropiedad sobre un inmueble
**joint tenancy with right of survivorship** – tenencia conjunta con derecho de supervivencia
**joint tenant** – copropietario, coinquilino, coarrendatario
**joint tort** – ilícito civil conjunto, daño legal conjunto, agravio conjunto
**joint tort-feasors** – coautores de un ilícito civil, coautores de un daño legal, coautores de un agravio
**joint tortfeasors** – coautores de un ilícito civil, coautores de un daño legal, coautores de un agravio
**joint trespass** – transgresión conjunta
**joint trespassers** – transgresores conjuntos
**joint trial** – juicio conjunto
**joint trustees** – cofiduciarios
**joint undertaking** – empresa conjunta
**joint venture** – empresa conjunta, joint venture
**joint verdict** – veredicto conjunto
**joint will** – testamento conjunto
**joint work** – trabajo en conjunto
**jointist** *n* – comerciante establecido en un local cuyo negocio es el vender sustancias ilícitas
**jointly** *adv* – conjuntamente, mancomunadamente
**jointly acquired property** – propiedad adquirida en común por esposos
**jointly and severally** – solidariamente
**jointly owned property** – propiedad común de esposos
**jointress** *n* – mujer quien tendrá cierta propiedad el tiempo que ella esté viva tras fallecer su esposo, viuda
**jointure** *n* – derecho de por vida que tiene una mujer a cierta propiedad tras fallecer su esposo, viudedad
**joker** *n* – cláusula deliberadamente ambigua, disposición engañosa, bromista
**jolt** *n* – sacudida, conmoción, choque
**jostle** *v* – empujar, forcejear
**journal** *n* – diario, libro diario, libro de navegación
**journal entry** – asiento de diario
**journal voucher** – comprobante de diario
**journalist** *n* – periodista
**journalist's privilege** – exención de un publicador de

acciones por difamación mientras se informe juiciosamente
**journalise** *v* – anotar en el diario, registrar en el diario
**journalize** *v* – anotar en el diario, registrar en el diario
**journey** *n* – viaje, jornada
**journeyman** *n* – obrero que ha terminado su noviciado
**journeywork** *n* – trabajo rutinario
**joyriding** *n* – uso temporal de un vehículo ajeno para viajar desenfrenadamente
**judge** *n* – juez, magistrado, conocedor
**judge** *v* – juzgar, opinar
**judge de facto** – juez de hecho, juez de facto
**judge-made law** – derecho establecido por jurisprudencia, legislación judicial
**judge pro tempore** – juez temporero, juez interino, juez pro tempore
**judge trial** – juicio sin jurado
**judge's certificate** – certificado judicial
**judge's minutes** – minutas del juez, notas tomadas por un juez durante un juicio
**judge's notes** – notas tomadas por un juez durante un juicio, minutas del juez
**judge's order** – orden judicial
**judgement** *n* – sentencia, fallo, decisión, juicio, opinión
**judgement book** – libro de sentencias
**judgement by confession** – sentencia basada en confesión
**judgement creditor** – acreedor que ha obtenido un fallo contra el deudor
**judgement debt** – deuda corroborada por fallo judicial
**judgement debtor** – deudor por fallo, deudor cuya deuda ha sido corroborada judicialmente
**judgement docket** – registro de sentencias
**judgement, estoppel by** – impedimento por sentencia
**judgement execution** – ejecución de sentencia
**judgement file** – registro de sentencias
**judgement filed** – sentencia registrada
**judgement for the plaintiff** – sentencia a favor del demandante
**judgement in absence** – sentencia en ausencia
**judgement in personam** – sentencia contra una persona
**judgement in rem** – sentencia contra la cosa, sentencia en relación a la cosa
**judgement lien** – privilegio judicial, embargo judicial, gravamen por fallo
**judgement notwithstanding the verdict** – sentencia contraria al veredicto
**judgement of conviction** – sentencia condenatoria
**judgement of dismissal** – sentencia absolutoria
**judgement of foreclosure** – sentencia de ejecución hipotecaria
**judgement of his peers** – juicio por jurado
**judgement on the merits** – sentencia según los méritos
**judgement on verdict** – sentencia basada en el veredicto
**judgement proof** – a prueba de sentencias para cobro
**judgement record** – expediente judicial
**judgement recovered** – defensa basada en que el demandante ya ha obtenido lo que se pide de la acción
**judgement roll** – registro del tribunal, legajo de sentencia
**judgement satisfied** – sentencia cumplida, sentencia satisfecha
**judgement seat** – tribunal
**judgement with costs** – sentencia más las costas
**judges of elections** – jueces electorales
**judgmatically** *adv* – juiciosamente
**judgment** *n* – sentencia, fallo, decisión, juicio, opinión
**judgment book** – libro de sentencias
**judgment by confession** – sentencia basada en confesión
**judgment creditor** – acreedor que ha obtenido un fallo contra el deudor
**judgment debt** – deuda corroborada por fallo judicial
**judgment debtor** – deudor por fallo, deudor cuya deuda ha sido corroborada judicialmente
**judgment docket** – registro de sentencias
**judgment, estoppel by** – impedimento por sentencia
**judgment execution** – ejecución de sentencia
**judgment file** – registro de sentencias
**judgment filed** – sentencia registrada
**judgment for the plaintiff** – sentencia a favor del demandante
**judgment in absence** – sentencia en ausencia
**judgment in personam** – sentencia contra una persona
**judgment in rem** – sentencia contra la cosa, sentencia en relación a la cosa
**judgment lien** – privilegio judicial, embargo judicial, gravamen por fallo
**judgment notwithstanding the verdict** – sentencia contraria al veredicto
**judgment of conviction** – sentencia condenatoria
**judgment of dismissal** – sentencia absolutoria
**judgment of foreclosure** – sentencia de ejecución hipotecaria
**judgment of his peers** – juicio por jurado
**judgment on the merits** – sentencia según los méritos
**judgment on verdict** – sentencia basada en el veredicto
**judgment proof** – a prueba de sentencias para cobro
**judgment record** – expediente judicial
**judgment recovered** – defensa basada en que el demandante ya ha obtenido lo que se pide de la acción
**judgment roll** – registro del tribunal, legajo de sentencia
**judgment satisfied** – sentencia cumplida, sentencia satisfecha
**judgment seat** – tribunal
**judgment with costs** – sentencia más las costas
**judicable** *adj* – juzgable
**judicative** *adj* – judicial
**judicatory** *adj* – judicial
**judicature** *n* – judicatura, tribunal, jurisdicción
**judicial** *adj* – judicial, crítico
**judicial act** – acto judicial
**judicial action** – acción judicial
**judicial activism** – activismo judicial
**judicial administrator** – administrador judicial
**judicial admission** – admisión judicial
**judicial assistant** – asistente judicial
**judicial authorisation** – autorización judicial
**judicial authority** – jurisdicción, autoridad judicial
**judicial authorization** – autorización judicial
**judicial bond** – fianza judicial

**judicial branch** – rama judicial
**judicial business** – actividades judiciales
**judicial circuit** – circuito judicial
**judicial code** – código judicial
**judicial cognizance** – conocimiento judicial
**judicial comity** – principio que requiere que unas jurisdicciones reconozcan las leyes y decisiones judiciales de otras como cuestión de cortesía
**judicial command** – mando judicial
**judicial comment** – comentario judicial
**judicial conclusion** – conclusión judicial
**judicial confession** – confesión judicial
**judicial control** – control judicial
**judicial council** – consejo judicial
**judicial day** – día judicial
**judicial decision** – decisión judicial, decisión del tribunal
**judicial decree** – decreto judicial
**judicial definition** – definición judicial
**judicial department** – rama judicial
**judicial deposit** – depósito judicial
**judicial determination** – determinación judicial
**judicial discretion** – discreción judicial
**judicial district** – distrito judicial
**judicial documents** – documentos judiciales
**judicial duty** – deber judicial
**judicial errors** – errores judiciales
**judicial estoppel** – impedimento judicial
**judicial evidence** – prueba judicial
**judicial examination** – examen judicial
**judicial foreclosure** – ejecución hipotecaria judicial
**judicial function** – función judicial
**judicial immunity** – inmunidad judicial
**judicial inquiry** – indagación judicial, investigación judicial
**judicial interpretation** – interpretación judicial
**judicial intervention** – intervención judicial
**judicial investigation** – investigación judicial
**judicial knowledge** – conocimiento judicial
**judicial legislation** – derecho establecido por jurisprudencia, legislación judicial
**judicial lien** – gravamen judicial, gravamen por fallo judicial
**judicial method** – método judicial
**judicial notice** – notificación judicial, aviso judicial
**judicial oath** – juramento judicial
**judicial office** – cargo judicial
**judicial officer** – funcionario judicial
**judicial opinion** – opinión judicial
**judicial order** – orden judicial
**judicial partition** – partición judicial
**judicial power** – poder judicial
**judicial precedent** – precedente judicial
**judicial procedure** – procedimiento judicial
**judicial proceeding** – procedimiento judicial, juicio
**judicial process** – proceso judicial
**judicial proof** – prueba judicial
**judicial question** – cuestión judicial
**judicial reconsideration** – reconsideración judicial
**judicial records** – registros judiciales
**judicial reexamination** – reexamen judicial
**judicial remark** – comentario judicial
**judicial remedy** – recurso judicial
**judicial review** – revisión judicial
**judicial sale** – venta judicial
**judicial self-restraint** – acción del juez de reprimir sus opiniones personales al adjudicar
**judicial separation** – separación judicial
**judicial sequestration** – secuestro judicial
**judicial settlement** – arreglo judicial
**judicial system** – sistema judicial
**judicial trustee** – fiduciario judicial
**judicially** *adv* – judicialmente
**judiciary** *n* – magistratura, judicatura
**judiciary acts** – leyes que rigen el poder judicial
**judiciary police** – policía judicial
**judicious** *adj* – juicioso, sensato
**judiciously** *adv* – juiciosamente, sensatamente
**judiciousness** *n* – juicio, sensatez
**jump bail** – fugarse al estar bajo fianza, violar la libertad bajo fianza
**junior** *adj* – menor, subordinado, auxiliar, hijo
**junior accountant** – contador auxiliar, contable auxiliar
**junior bond** – bono subordinado
**junior counsel** – abogado auxiliar
**junior creditor** – acreedor subordinado, acreedor secundario
**junior debt** – deuda subordinada
**junior encumbrance** – gravamen subordinado, gravamen secundario
**junior execution** – ejecución subordinada
**junior interest** – interés subordinado
**junior judgment** – sentencia subordinada
**junior lien** – privilegio subordinado
**junior management** – subjefes, administradores subordinados
**junior mortgage** – hipoteca subordinada, hipoteca secundaria, hipoteca posterior
**junior partner** – socio menor
**junior securities** – valores subordinados
**junior staff** – personal subordinado
**junk** *n* – chatarra, basura
**junk bond** – bono de calidad inferior
**junk email** – spam, correo basura, email de publicidad no solicitado, correo electrónico de publicidad no solicitado
**junk faxes** – facsímiles de publicidad no solicitados
**junk mail** – correo basura, correo de publicidad no solicitado, correo electrónico de publicidad no solicitado, email de publicidad no solicitado
**junket** *n* – arreglo mediante el cual un casino paga ciertos gastos de un apostador para que apueste en dicho casino
**jura** – derechos, leyes
**jural** *adj* – jurídico, legal
**jural act** – acto jurídico
**jural cause** – causa jurídica
**jural relationship** – relación jurídica
**jurat** *n* – certificación de autenticidad del notario
**juratory** *n* – juratorio
**jure** – por derecho, jure
**juridic** *adj* – jurídico, judicial, legal
**juridical** *adj* – jurídico, judicial, legal
**juridical act** – acto jurídico
**juridical day** – día judicial, día hábil
**juridical person** – persona jurídica
**juridically** *adv* – jurídicamente

**juris** – de derecho
**juris publici** – del derecho público
**jurisconsult** *n* – aprendido del derecho
**jurisdiction** *n* – jurisdicción, competencia
**jurisdiction of the subject matter** – jurisdicción sobre el asunto del litigio
**jurisdiction over the person** – jurisdicción sobre la persona
**jurisdictional** *adj* – jurisdiccional
**jurisdictional amount** – cuantía en litigio que determina la jurisdicción
**jurisdictional clause** – cláusula de jurisdicción
**jurisdictional dispute** – disputa de jurisdicción
**jurisdictional facts** – hechos que determinan la jurisdicción
**jurisdictional limits** – límites jurisdiccionales
**jurisdictional plea** – alegación jurisdiccional
**jurisdictional requirement** – requisito jurisdiccional
**jurisprudence** *n* – jurisprudencia, filosofía del derecho, teoría del derecho
**jurisprudential** *adj* – jurisprudencial
**jurist** *n* – jurista
**juristic** *adj* – jurídico, legal
**juristic act** – acto jurídico
**juristically** *adv* – jurídicamente
**juror** *n* – jurado, miembro de un jurado
**juror designate** – persona designada para formar parte de un jurado
**juror's book** – lista de las personas capacitadas para participar en un jurado
**jury** *adj* – improvisado, provisional
**jury** *n* – jurado
**jury box** – tribuna del jurado
**jury challenge** – impugnación de jurado
**jury commissioner** – funcionario encargado de seleccionar los integrantes de un jurado
**jury fixing** – soborno del jurado
**jury instructions** – instrucciones del juez al jurado
**jury-list** *n* – lista de las personas que integran un jurado
**jury nullification** – anulación por jurado
**jury panel** – grupo de personas de que se selecciona un jurado
**jury polling** – práctica de preguntarle a los integrantes de un jurado uno por uno su veredicto
**jury process** – proceso para convocar a un jurado
**jury questions** – preguntas que el jurado tiene que contestar, preguntas hechas al jurado
**jury selection** – selección de los miembros de un jurado
**jury service** – servir como miembro de un jurado
**jury summation** – declaraciones finales de los abogados al jurado
**jury trial** – juicio con jurado
**jury wheel** – dispositivo para sorteo de jurados
**jus** – derecho, ley, justicia, jus
**jus civile** – derecho civil, jus civile
**jus cogens** – ley obligatoria, jus cogens
**jus commune** – derecho común, jus commune
**jus gentium** – derecho de las naciones, jus gentium
**jus naturale** – ley natural, derecho natural, jus naturale
**jus tertii** – derecho de un tercero, jus tertii
**just** *adj* – justo, recto, legítimo, imparcial
**just cause** – causa justa
**just compensation** – remuneración justa, indemnización justa por expropiación
**just consideration** – contraprestación justa
**just debts** – deudas legalmente exigibles
**just prior** – justo antes
**just title** – justo título
**just value** – justo valor, justo valor en el mercado
**justice** *n* – justicia, juez, magistrado, imparcialidad
**justice department** – departamento de justicia
**justice of the peace** – juez de paz
**justice system** – sistema de justicia
**justice's clerk** – secretario del juez, oficial jurídico
**justice's courts** – tribunales inferiores con jurisdicción limitada presididos por jueces de paz
**justiceship** *n* – judicatura
**justiciable** *adj* – justiciable
**justiciable controversy** – controversia justiciable
**justifiable** *adj* – justificable, justificado
**justifiable cause** – causa justificada
**justifiable homicide** – homicidio justificado
**justifiableness** *n* – calidad de justificable
**justifiably** *adv* – justificadamente
**justification** *n* – justificación, vindicación
**justificative** *adj* – justificativo
**justificatory** *adj* – justificador
**justified** *adj* – justificado
**justified price** – precio justificado
**justify** *v* – justificar, vindicar
**justifying bail** – el requisito de demostrar que una fianza es adecuada
**justitia** – justicia
**justly** *adv* – justamente, debidamente
**justness** *n* – justicia, rectitud, exactitud
**juvenile** *adj* – juvenil, inmaduro
**juvenile courts** – tribunales de menores
**juvenile crime** – delincuencia juvenil, crimen juvenil
**juvenile delinquency** – delincuencia juvenil
**juvenile delinquent** – delincuente juvenil
**juvenile offender** – delincuente juvenil
**juxtapose** *v* – yuxtaponer
**juxtaposition** *n* – yuxtaposición

# K

**kangaroo court** – tribunal irresponsable y prejuiciado, tribunal fingido
**keel** *n* – quilla
**keelage** *n* – derecho de quilla
**keen** *adj* – agudo, vívido, vehemente
**keep** *n* – sustento, subsistencia
**keep** *v* – conservar, retener, mantener, continuar, proteger, guardar, cuidar, reservar, tener
**keep back** – retener, ocultar, retrazar
**keep down** – oprimir, reprimir, contener
**keep in repair** – mantener en buen estado de funcionamiento

**keep in touch** – mantenerse en contacto
**keep out** – prohibido el paso, mantenerse fuera
**keep records** – mantener registros, mantener expedientes
**keep under** – mantener sometido
**keep under wraps** – mantener secreto
**keeper** *n* – guardián, administrador, custodio
**keeper of a dog** – quien refugia a un perro sin ser dueño, dueño de perro
**keeper of public records** – funcionario a cargo de los registros públicos, registrador
**keeping** *n* – custodia, conservación, observación
**keeping a lookout** – mantenerse pendiente de los alrededores, mantenerse pendiente del vehículo propio y de los demás vehículos y peatones
**keeping books** – mantener libros contables
**keeping the peace** – mantener el orden público
**kennel** *n* – perrera, desagüe
**Keogh Plan** – plan Keogh, plan de retiro para personas con negocio propio
**key** *n* – llave, clave
**key account** – cuenta clave
**key data** – datos claves
**key employee** – empleado clave
**key employee insurance** – seguro contra muerte o incapacidad de empleado clave
**key industry** – industria clave
**key job** – trabajo clave
**key man insurance** – seguro contra muerte o incapacidad de empleado clave
**key money** – dinero adicional que se paga por adelantado al alquilar una propiedad, dinero adicional que se paga para poder seguir alquilando una propiedad
**key number system** – sistema de numeración de temas claves de los casos reportados
**key person** – persona clave, empleado clave
**key person insurance** – seguro contra muerte o incapacidad de empleado clave
**keyage** *n* – derecho de muelle
**keynote** *n* – principio fundamental
**keynote address** – conferencia principal
**keynote speaker** – conferencista principal
**keynote speech** – conferencia principal
**keyword** *n* – palabra clave
**kickback** *n* – comisión ilegal, soborno, la actividad deshonesta de devolver una porción del precio de venta de mercancías para promover compras futuras, reacción
**kiddie tax** – impuesto usando la tasa del padre sobre los ingresos de sus hijos no devengados del trabajo personal
**kidnap** *v* – secuestrar, raptar
**kidnapper** *n* – secuestrador, raptor
**kidnapping** *n* – secuestro, rapto
**kill** *v* – matar, eliminar, descartar
**kin** *n* – parentela, familiar
**kind** *adj* – bueno, gentil, afectuoso
**kind** *n* – tipo, clase, género
**kind, in** – en especie
**kindle** *v* – encender, prender fuego a
**kindred** *adj* – enparentado, relacionado, de naturaleza similar
**kinfolk** *n* – parentela
**kinsfolk** *n* – parentela
**kinship** *n* – parentesco
**kinsman** *n* – pariente
**kinswoman** *n* – parienta
**kiosk** *n* – kiosco
**kite** *n* – cheque sin fondos, instrumento negociable ficticio usado para intentar obtener dinero real fraudulentamente
**kiting** *n* – el girar un cheques sin fondos, el girar un cheque sin fondos con la expectativa de que se depositarán los fondos necesarios antes de cobrarse dicho cheque, el uso de instrumentos negociables ficticios para intentar obtener dinero real fraudulentamente
**kleptocracy** *n* – cleptocracia
**kleptomania** *n* – cleptomanía
**kleptomaniac** *n* – cleptómano
**knave** *n* – ladrón, bribón
**knock** *v* – tocar, tocar una puerta, criticar severamente
**knock and announce rule** – regla que exige que en casos de arresto los funcionarios públicos toquen a la puerta y anuncien su capacidad y su propósito
**knock down** – asignar al mejor postor mediante un martillazo, tumbar
**knockoff** *n* – imitación fraudulenta, imitación no autorizada
**knot** *n* – nudo, problema, vínculo
**know all men** – sépase por la presente
**know all men by these presents** – sépase por la presente
**know-how** *n* – pericia, destreza, habilidad, conocimientos especializados
**know-your-customer rules** – reglas de conocer ciertos datos de clientes
**knower** *n* – conocedor
**knowing** *adj* – instruido, discernidor, sagaz
**knowing** *n* – conocimiento
**knowingly** *adv* – a sabiendas, deliberadamente, voluntariamente, sagazmente
**knowingly aid** – ayudar a sabiendas
**knowingly and willfully** – consciente e intencionalmente
**knowledge** *n* – conocimiento, saber
**knowledge and belief** – saber y entender
**knowledge economy** – economía del conocimiento
**knowledge-intensive** *adj* – requiriendo muchos conocimientos
**knowledge management** – gestión del conocimiento
**knowledgeable** *adj* – conocedor, informado, erudito
**known** *adj* – conocido
**known heirs** – herederos conocidos

# L

**L/C (letter of credit)** – carta de crédito
**labefaction** *n* – deterioro, debilitamiento
**label** *n* – etiqueta, indicación, rótulo, marca
**label** *v* – rotular, identificar, etiquetar
**label incorrectly** – rotular erróneamente
**labeling** *n* – etiquetado
**labeling laws** – leyes de etiquetado

**labelling** *n* – etiquetado
**labelling laws** – leyes de etiquetado
**labile** *adj* – lábil, inestable
**labor** *adj* – laboral
**labor** *n* – labor, trabajo, mano de obra, faena
**labor** *v* – trabajar, trabajar duro, acercarse al parto, funcionar con dificultad
**labor a jury** – intentar influir impropiamente al jurado
**labor action** – acción laboral
**labor administration** – administración laboral
**labor agreement** – acuerdo laboral, convenio colectivo laboral
**labor arbitration** – arbitraje laboral
**labor certificate** – certificado laboral
**labor certification** – certificación laboral
**labor clause** – cláusula laboral
**labor code** – código laboral
**labor contract** – contrato laboral, contrato colectivo de trabajo
**labor costs** – costos de personal, costes de personal, costo laboral, coste laboral
**labor discrimination** – discriminación laboral
**labor dispute** – conflicto laboral, conflicto colectivo
**labor efficiency** – eficiencia laboral
**labor exchange** – bolsa de trabajo
**labor federation** – confederación de sindicatos
**labor force** – fuerza laboral, mano de obra
**labor income** – ingresos laborales
**labor-intensive** *adj* – con mucha mano de obra
**labor jurisdiction** – jurisdicción laboral
**labor law** – derecho laboral, ley laboral
**labor leader** – líder obrero, líder gremial
**labor legislation** – legislación laboral
**labor market** – mercado laboral
**labor mobility** – movilidad laboral
**labor monopoly** – monopolio laboral
**labor movement** – movimiento laboral
**labor organisation** – sindicato laboral
**labor organization** – sindicato laboral
**labor piracy** – piratería laboral
**labor pool** – bolsa de trabajo
**labor practices** – prácticas laborales
**labor productivity** – productividad laboral
**labor regulations** – reglamentos laborales
**labor relations** – relaciones laborales
**labor shortage** – escasez laboral
**labor standards** – normas laborales
**labor statistics** – estadísticas laborales
**labor supply** – oferta laboral
**labor turnover** – rotación laboral, giro laboral
**labor union** – gremio laboral, sindicato obrero
**laboratory** *n* – laboratorio
**labored** *adj* – trabajoso, forzado
**laborer** *n* – obrero, persona que labora
**labour** *adj* – laboral
**labour** *n* – labor, trabajo, mano de obra, faena
**labour** *v* – trabajar, trabajar duro, acercarse al parto, funcionar con dificultad
**labour a jury** – intentar influir impropiamente al jurado
**labour action** – acción laboral
**labour administration** – administración laboral
**labour agreement** – acuerdo laboral, convenio colectivo laboral
**labour arbitration** – arbitraje laboral
**labour certificate** – certificado laboral
**labour certification** – certificación laboral
**labour clause** – cláusula laboral
**labour code** – código laboral
**labour contract** – contrato laboral, contrato colectivo de trabajo
**labour costs** – costos de personal, costes de personal, costo laboral, coste laboral
**labour discrimination** – discriminación laboral
**labour dispute** – conflicto laboral, conflicto colectivo
**labour efficiency** – eficiencia laboral
**labour exchange** – bolsa de trabajo
**labour federation** – confederación de sindicatos
**labour force** – fuerza laboral, mano de obra
**labour income** – ingresos laborales
**labor-intensive** *adj* – con mucha mano de obra
**labour jurisdiction** – jurisdicción laboral
**labour law** – derecho laboral, ley laboral
**labour leader** – líder obrero, líder gremial
**labour legislation** – legislación laboral
**labour market** – mercado laboral
**labour mobility** – movilidad laboral
**labour monopoly** – monopolio laboral
**labour movement** – movimiento laboral
**labour organisation** – sindicato laboral
**labour organization** – sindicato laboral
**labour piracy** – piratería laboral
**labour pool** – bolsa de trabajo
**labour practices** – prácticas laborales
**labour productivity** – productividad laboral
**labour regulations** – reglamentos laborales
**labour relations** – relaciones laborales
**labour shortage** – escasez laboral
**labour standards** – normas laborales
**labour statistics** – estadísticas laborales
**labour supply** – oferta laboral
**labour turnover** – rotación laboral, giro laboral
**labour union** – gremio laboral, sindicato obrero
**labourer** *n* – obrero, persona que labora
**lacerate** *v* – lacerar, herir, atormentar
**laches, estoppel by** – impedimento por no haber ejercido ciertos derechos a tiempo
**laches** *n* – inactividad en ejercer ciertos derechos que lleva a la pérdida de dichos derechos, negligencia, prescripción negativa
**lack** *n* – falta, deficiencia, carencia
**lack of ability** – falta de habilidad
**lack of activity** – falta de actividad
**lack of attention** – falta de atención
**lack of authority** – falta de autoridad
**lack of capacity** – falta de capacidad
**lack of care** – falta de cuidado
**lack of caution** – falta de precaución
**lack of certainty** – falta de certidumbre
**lack of clarity** – falta de claridad
**lack of competence** – falta de competencia, falta de capacidad
**lack of consideration** – falta de contraprestación, falta de causa
**lack of control** – falta de control
**lack of credibility** – falta de credibilidad
**lack of doubt** – falta de duda
**lack of due care** – falta del debido cuidado

**lack of due process** – falta del debido proceso
**lack of evidence** – falta de prueba
**lack of funds** – falta de fondos
**lack of honesty** – falta de honestidad
**lack of incentive** – falta de incentivo
**lack of integrity** – falta de integridad
**lack of intent** – falta de intención
**lack of interest** – falta de interés
**lack of issue** – falta de descendencia
**lack of judgment** – falta de juicio
**lack of jurisdiction** – falta de jurisdicción
**lack of knowledge** – falta de conocimiento
**lack of maintenance** – falta de mantenimiento
**lack of motive** – falta de motivo
**lack of precedent** – falta de precedentes
**lack of probable cause** – falta de causa probable
**lack of protection** – falta de protección
**lack of safety** – falta de seguridad
**lack of warning** – falta de advertencia
**lackadaisical** *adj* – indiferente, desganado, vago, lento
**lacking** *adj* – deficiente, carente de
**laconic** *adj* – lacónico, conciso
**lade** *n* – desembocadura
**lade** *v* – cargar, echar en
**laden** *adj* – cargado, agobiado
**lading** *n* – carga, cargamento
**lag** *n* – retraso, duración del retraso, atraso, intervalo
**lag** *v* – retrasarse, atrasarse
**lagan** *n* – mercancías arrojadas al mar y marcadas con una boya para poder ser rescatadas
**laissez-faire** *n* – política de interferir al mínimo, laissez faire
**lame** *adj* – lisiado, insatisfactorio
**lame duck** – funcionario que será reemplazado por otro ya electo, especulador insolvente
**lame duck session** – sesión legislativa tras la elección de nuevos miembros pero antes de que éstos asuman sus cargos
**LAN (local-area network)** – red de área local, red local, LAN
**land** *n* – tierra, tierras, terreno, suelo, país, propiedad inmueble
**land** *v* – aterrizar, desembarcar
**land administration** – administración de tierras
**land administrator** – administrador de tierras
**land agent** – administrador de tierras, agente inmobiliario
**land and buildings** – terrenos y edificios
**land bank** – banco federal para préstamos agrícolas con términos favorables, banco de préstamos hipotecarios
**land boundaries** – lindes de un terreno
**land certificate** – certificado de tierras
**land contract** – contrato concerniente a un inmueble, contrato de compraventa de un inmueble
**land damages** – compensación por expropiación
**land description** – lindes de un terreno
**land development** – urbanización, edificación de terrenos
**land district** – distrito federal creado para la administración de tierras
**land economy** – economía de la tierra, economía agrícola
**land grant** – concesión de tierras, concesión de tierras públicas
**land holder** – terrateniente
**land improvement** – aprovechamiento de tierras
**land in abeyance** – tierras sin titular
**land law** – derecho inmobiliario
**land lease** – arrendamiento de terreno vacante
**land management** – administración de tierras
**land manager** – administrador de tierras
**land measures** – medidas de terreno
**land office** – oficina para la administración de las tierras públicas de su distrito
**land owner** – propietario de terrenos, propietario de tierras, propietario de inmuebles, terrateniente
**land ownership** – posesión de terrenos, posesión de tierras
**land patent** – concesión de tierras públicas, el documento que certifica una concesión de tierras públicas
**land property** – propiedad, propiedad rural, predio
**land reclamation** – reclamación de tierras
**land reform** – reforma agraria
**land registry** – registro de la propiedad
**land rent** – renta de terreno
**land revenues** – rentas inmobiliarias
**land sale contract** – contrato de compraventa de tierras
**land survey** – agrimensura
**land surveyor** – agrimensor
**land tax** – impuesto inmobiliario, impuesto territorial
**land tenant** – dueño de tierras
**land trust** – fideicomiso de tierras
**land use** – utilización de tierras
**land-use intensity** – intensidad de utilización de tierras
**land-use planning** – las normas para planificar la utilización de tierras
**land-use regulations** – reglamentos sobre la utilización de tierras
**land value** – valor del terreno, valor de la tierra
**land warrant** – el documento que certifica una concesión de tierras públicas
**landed cost** – precio incluyendo todos los gastos tales como entrega e impuestos
**landed estate** – propiedad inmueble, bienes raíces
**landed interest** – interés relativo a un inmueble
**landed price** – precio incluyendo todos los gastos tales como entrega e impuestos
**landed property** – propiedad inmueble, bienes raíces
**landed securities** – garantías inmobiliarias
**landfill** *n* – vertedero
**landing** *n* – aterrizaje, desembarque, plataforma de carga
**landless** *adj* – sin tierras
**landlocked** *adj* – terreno completamente rodeado de terrenos de otras personas
**landlocked country** – país sin litoral, país completamente rodeado de terrenos de otros países
**landlord** *n* – arrendador, locador, terrateniente
**landlord and tenant relationship** – relación arrendador-arrendatario
**landlord's lien** – gravamen del arrendador
**landlord's warrant** – orden de embargo de parte del arrendador

**landmark** *n* – mojón, hito, punto de referencia, acontecimiento grande, lugar histórico
**landowner** *n* – propietario de terrenos, propietario de tierras, propietario de inmuebles, terrateniente
**landownership** *n* – posesión de terrenos, posesión de tierras
**lands, tenements, and hereditaments** – bienes inmuebles
**landslide** *n* – derrumbe, desprendimiento de tierras, victoria masiva
**language barrier** – barrera lingüística
**language requirements** – requisitos lingüísticos
**lane** *n* – carril, sendero
**language** *n* – lenguaje, lengua, palabras
**Lanham law** – ley Lanham
**lappage** *n* – interferencia, conflicto, superposición
**lapping** *n* – ocultación de escasez mediante la manipulación de cuentas
**lapsable** *adj* – caducable, prescriptible
**lapse** *n* – lapso, equivocación, caducidad, prescripción, transcurso
**lapse** *v* – decaer, caducar, prescribir, deslizarse
**lapse of agreement** – caducidad del acuerdo
**lapse of contract** – caducidad del contrato
**lapse of copyright** – caducidad de los derechos de autor
**lapse of lease** – caducidad del arrendamiento
**lapse of license** – caducidad de la licencia
**lapse of offer** – caducidad de la oferta
**lapse of patent** – caducidad del patente
**lapse of permission** – caducidad del permiso
**lapse of permit** – caducidad del permiso
**lapse of policy** – caducidad de la póliza
**lapse of sentence** – caducidad de la sentencia
**lapse of time** – lapso de tiempo, intervalo de tiempo
**lapse of trademark** – caducidad de la marca, caducidad de la marca comercial
**lapse patent** – nueva concesión de tierras al caducar la anterior
**lapsed** *adj* – caducado, prescrito, cumplido
**lapsed agreement** – acuerdo caducado
**lapsed contract** – contrato caducado
**lapsed copyright** – derechos de autor caducados
**lapsed devise** – legado caducado
**lapsed insurance** – seguro caducado
**lapsed insurance policy** – póliza de seguros caducada
**lapsed lease** – arrendamiento caducado
**lapsed legacy** – legado caducado
**lapsed license** – licencia caducada
**lapsed offer** – oferta caducada
**lapsed option** – opción expirada
**lapsed patent** – patente caducada
**lapsed policy** – póliza caducada
**lapsed trademark** – marca comercial caducada
**larcener** *n* – ladrón
**larcenist** *n* – ladrón
**larcenous** *adj* – teniendo el carácter de hurto
**larcenous intent** – intención de hurto
**larceny** *n* – latrocinio, hurto
**larceny by bailee** – hurto de parte del depositario
**larceny by deception** – hurto mediante engaño
**larceny by extortion** – hurto mediante la extorsión
**larceny by false pretenses** – hurto mediante engaño
**larceny by fraud** – hurto mediante el fraude
**larceny by trick** – hurto mediante engaño
**larceny from the person** – hurto de bienes de una persona sin el uso de la violencia
**larceny of auto** – hurto de carro, hurto de coche
**large-scale** *adj* – a gran escala
**large-scale cultivation** – cultivo a gran escala
**large-scale production** – producción a gran escala
**largely** *adv* – en gran medida, en gran parte
**lascivious** *adj* – lascivo
**lascivious cohabitation** – concubinato
**lasciviousness** *n* – lascivia
**last** *adj* – último, final
**last** *v* – durar, permanecer
**last antecedent rule** – regla que indica que al interpretar las leyes las frases calificativas se aplicarán a las palabras y frases más cercanas a ellas
**last clear chance doctrine** – doctrina según la cual un conductor que ha sido negligente puede obtener reparación por daños y perjuicios si puede demostrar que el otro conductor tuvo la oportunidad de evitar el percance
**last heir** – la persona a quien corresponden los bienes de quien muere intestado
**last illness** – la enfermedad por la cual muere una persona, enfermedad mortal
**last-in-first-out** – último en entrar-primero en salir
**last known address** – último domicilio conocido
**last-minute** *adj* – de última hora, de último momento
**last name** – apellido
**last residence** – última residencia
**last resort** – última instancia, último recurso
**last resort, court of** – tribunal de última instancia
**last sickness** – la enfermedad por la cual muere una persona, enfermedad mortal
**last will** – testamento, última voluntad
**last will and testament** – testamento
**lasting** *adj* – duradero, permanente, constante
**lata culpa** – negligencia grave, culpa lata
**late** *adj* – tarde, tardío, fallecido, reciente
**late charge** – cargo adicional por pago atrasado
**late claim** – reclamación tardía
**late fee** – cargo adicional por pago atrasado
**late filer** – quien presenta tardíamente, quien registra tardíamente
**late filing** – declaración tardía, registro tardío
**late filing penalty** – penalidad por declaración tardía, penalidad por registro tardío
**late payment** – pago tardío
**late payment penalty** – penalidad por pago tardío
**latency** *n* – estado latente
**latent** *adj* – latente, oculto
**latent ambiguity** – ambigüedad latente
**latent danger** – peligro latente
**latent deed** – escritura ocultada por más de 20 años
**latent defect** – defecto oculto, vicio oculto
**latent equity** – derecho equitativo latente
**latent fault** – defecto oculto, vicio oculto
**latent injury** – lesión latente
**latent liability** – responsabilidad latente
**latent reserves** – reservas ocultas
**latent risk** – riesgo latente
**latently** *adv* – latentemente, ocultamente
**lateral support** – derecho del apoyo lateral de las tierras

**latest date** – fecha límite
**latitude** *n* – latitud, libertad
**latrociny** *n* – latrocinio, hurto
**latter** *adj* – posterior, más reciente
**launch** *v* – lanzar, botar, emprender
**launch a new product** – lanzar un nuevo producto
**launching** *n* – lanzamiento
**launder money** – lavar dinero, blanquear dinero
**laundered money** – dinero lavado, dinero blanqueado
**laundering** *n* – lavado de dinero, blanqueo de dinero
**lavishly** *adv* – despilfarradamente, copiosamente
**law** *n* – ley, derecho, leyes, abogacía
**law-abiding** *adj* – observante de la ley
**law and order** – ley y orden
**law arbitrary** – derecho arbitrario
**law book** – libro de derecho
**law charges** – costas legales
**law courts** – tribunales de derecho
**law day** – día de vencimiento
**law department** – departamento de justicia
**law enforcement** – ejecución de la ley
**law enforcement officer** – policía, funcionario a cargo de la ejecución de la ley
**law firm** – bufete, firma de abogados
**law in the books** – ley en el sentido formal
**law journal** – revista jurídica
**law list** – guía de abogados
**law making** – el procedimiento para crear una ley
**law merchant** – derecho comercial, derecho mercantil
**law of a general nature** – ley general
**law of arms** – acuerdos sobre condiciones de guerra
**law of diminishing returns** – ley de los rendimientos decrecientes
**law of evidence** – reglas y principios de la prueba, derecho probatorio
**law of increasing returns** – ley de los rendimientos crecientes
**law of nations** – derecho internacional
**law of nature** – derecho natural
**law of shipping** – derecho de la navegación
**law of supply and demand** – ley de oferta y demanda
**law of the case** – doctrina que indica que se tiene que observar la decisión de un tribunal de apelaciones a través de los procedimientos subsiguientes del caso
**law of the flag** – las leyes del país de la bandera izada en una embarcación
**law of the land** – la ley a través de su procedimiento establecido, derecho vigente en un país
**law of the jungle** – ley de la selva
**law of the road** – las normas del uso de las vías públicas
**law officer** *n* – funcionario legal, policía
**law question** – cuestión de derecho
**law reporters** – tomos con fallos judiciales, crónica jurídica
**law reports** – tomos con fallos judiciales, crónica jurídica
**law review** – revista jurídica
**law school** – facultad de derecho, escuela de leyes
**law sitting** – sesión de un tribunal
**law term** – período de sesiones de un tribunal
**law worthy** – teniendo el beneficio y la protección de la ley
**lawbreaker** *n* – violador de la ley
**lawbreaking** *adj* – que viola la ley
**lawbreaking** *n* – violación de la ley
**lawful** *adj* – legal, lícito, legítimo, permitido
**lawful act** – acto legal
**lawful action** – acción legal
**lawful address** – domicilio legal
**lawful administration** – administración legal
**lawful age** – mayoría de edad
**lawful arrest** – arresto legal
**lawful auction** – subasta legal
**lawful authorisation** – autorización legal
**lawful authorities** – autoridades legales
**lawful authority** – autoridad legal
**lawful authorization** – autorización legal
**lawful beneficiary** – beneficiario legal
**lawful business** – negocios lícitos
**lawful capacity** – capacidad legal
**lawful capacity to sue** – capacidad legal para accionar
**lawful capital** – capital legal
**lawful cause** – causa lícita
**lawful claim** – reclamo legal
**lawful command** – orden legal
**lawful competence** – competencia legal, capacidad legal
**lawful condition** – condición lícita
**lawful consideration** – contraprestación legal
**lawful contract** – contrato legal
**lawful currency** – moneda de curso legal, moneda lícita
**lawful custody** – custodia legal
**lawful damages** – daños y perjuicios determinados por ley
**lawful decision** – decisión legal
**lawful demand** – requerimiento legal
**lawful description** – descripción legal
**lawful discharge** – liberación de acuerdo al derecho de quiebra
**lawful duty** – obligación legal
**lawful entity** – entidad legal
**lawful entry** – ingreso lícito
**lawful goods** – bienes lícitos
**lawful heirs** – herederos legítimos
**lawful interest** – interés lícito
**lawful investments** – inversiones permitidas para ciertas instituciones financieras
**lawful issue** – descendencia legítima
**lawful limit** – límite legal
**lawful maximum** – máximo legal
**lawful measures** – medios legales
**lawful minimum** – mínimo legal
**lawful money** – moneda de curso legal
**lawful monopoly** – monopolio legal
**lawful mortgage** – hipoteca legal
**lawful name** – nombre legal
**lawful notice** – notificación legal
**lawful obligation** – obligación legal
**lawful order** – orden legal
**lawful owner** – propietario legal
**lawful possession** – posesión legítima
**lawful possessor** – poseedor legítimo
**lawful process** – proceso legal
**lawful purpose** – propósito legal
**lawful rate** – tasa legal
**lawful rate of interest** – tasa de interés legal

**lawful remedy** – recurso legal
**lawful representative** – heredero legítimo, albacea
**lawful reserve** – reserva legal
**lawful residence** – domicilio legal
**lawful trade** – comercio lícito
**lawful transfer** – transferencia legal
**lawful use** – uso legal
**lawfully** *adv* – legalmente, lícitamente, legítimamente
**lawfully adequate** – adecuado legalmente
**lawfully administered** – administrado legalmente
**lawfully adopted** – adoptado legalmente
**lawfully advised** – asesorado legalmente
**lawfully arrested** – arrestado legalmente
**lawfully assisted** – asistido legalmente
**lawfully auctioned** – subastado legalmente
**lawfully authorized** – autorizado legalmente
**lawfully binding** – obligante legalmente
**lawfully capable** – capacitado legalmente
**lawfully claimed** – reclamado legalmente
**lawfully constituted** – constituido legalmente
**lawfully contracted** – contratado legalmente
**lawfully dead** – muerto para efectos legales
**lawfully decided** – decidido legalmente
**lawfully described** – descrito legalmente
**lawfully determined** – determinado legalmente
**lawfully disabled** – discapacitado para efectos legales
**lawfully distributed** – distribuido legalmente
**lawfully documented** – documentado legalmente
**lawfully established** – establecido legalmente
**lawfully evidenced** – probado legalmente
**lawfully impossible** – imposible legalmente
**lawfully incorporated** – incorporado legalmente
**lawfully insane** – insano desde el punto de vista legal
**lawfully interested** – interesado legalmente
**lawfully investigated** – investigado legalmente
**lawfully liable** – responsable legalmente
**lawfully limited** – limitado legalmente
**lawfully monopolized** – monopolizado legalmente
**lawfully mortgaged** – hipotecado legalmente
**lawfully named** – nombrado legalmente
**lawfully notified** – notificado legalmente
**lawfully obligated** – obligado legalmente
**lawfully ordered** – ordenado legalmente
**lawfully possessed** – poseído legalmente
**lawfully processed** – procesado legalmente
**lawfully relevant** – relevante legalmente
**lawfully remedied** – remediado legalmente
**lawfully represented** – representado legalmente
**lawfully resided** – domiciliado legalmente
**lawfully responsible** – responsable legalmente
**lawfully separated** – separado legalmente
**lawfully transferred** – transferido legalmente
**lawfully used** – usado legalmente
**lawfully valid** – válido legalmente
**lawfulness** *n* – legalidad, legitimidad, licitud
**lawgiver** *n* – legislador
**lawless** *adj* – fuera de ley, sin ley, ilegal, ilícito
**lawlessly** *adv* – ilegalmente
**lawmaker** *n* – legislador
**lawmaking** *n* – legislación
**laws of war** – derecho de guerra
**lawsuit** *n* – litigio, demanda, proceso, proceso civil, acción legal, pleito, juicio
**lawyer** *n* – abogado, licenciado, letrado
**lawyer's liability** – la responsabilidad profesional de los abogados
**lawyer's liability policy** – póliza de seguro de la responsabilidad profesional de los abogados
**lay** *adj* – no profesional
**lay** *v* – colocar, alegar
**lay damages** – declarar la cantidad de daños y perjuicios deseada, alegar daños
**lay days** – días permitidos para la carga y descarga, estadía
**lay judge** – juez no letrado
**lay off** – suspender un empleado, despedir un empleado
**lay out** – desembolsar, presentar
**lay people** – miembros de un jurado
**lay witness** – testigo no perito
**layaway** *v* – reservar una compra con un anticipo, reservar una compra con un anticipo y luego recibir la mercancía al pagar totalmente
**laying foundation** – la presentación de pruebas que anticipan y justifican otras pruebas venideras, el establecer un fundamento
**layoff** *n* – suspensión de un empleado, despido
**layoff pay** – paga por despido
**layout** *n* – arreglo, esquema, distribución, diseño
**LBO (leveraged buyout)** – compra apalancada, compra de la mayoría de las acciones de una compañía usando principalmente fondos prestados
**LDC (less-developed country)** – país menos desarrollado, país menos adelantado
**LDW (loss damage waiver)** – renuncia a la recuperación de daños por accidente automovilístico
**lead** *n* – dirección, mando, pista, delantera, primacía
**lead** *v* – guiar, llevar, dirigir, inducir
**lead bank** – banco líder
**lead counsel** – abogado principal
**lead insurer** – asegurador líder
**lead partner** – socio principal
**lead time** – tiempo de entrega
**leader** *n* – líder, jefe, guía
**leader pricing** – líder en pérdida, artículo vendido bajo costo para atraer clientela en espera que se hagan otras compras lucrativas para el negocio
**leadership** *n* – liderazgo, jefatura, dirección
**leading** *adj* – director, principal
**leading** *n* – dirección, sugestión
**leading a witness** – hacer preguntas sugestivas a un testigo
**leading case** – precedente
**leading counsel** – abogado principal
**leading-edge technology** – tecnología de punta, tecnología avanzada, tecnología de vanguardia
**leading question** – pregunta sugestiva
**leaflet** *n* – volante, folleto
**league** *n* – liga, sociedad
**league of nations** – liga de naciones
**leak** *n* – filtración, indiscreción, divulgación sin autorización
**leak information** – filtrar información
**leakage** *n* – filtración, escape, descuento en los derechos aduaneros por la pérdida de líquidos de importadores
**lean** *adj* – eficiente y utilizando el mínimo de personal, con poco desperdicio, económico, no

próspero, difícil
**lean** *v* – inclinarse, apoyarse
**lean manufacturing** – manufactura eficiente utilizando el mínimo de personal
**lean production** – producción eficiente utilizando el mínimo de personal
**leap frog** – saltar por encima de
**leap year** – año bisiesto
**learn** *v* – aprender, enterarse de
**learned** *adj* – versado, erudito
**learning** *n* – aprendizaje, saber, doctrina legal
**learning curve** – curva de aprendizaje
**leasable** *adj* – arrendable
**lease** *n* – arrendamiento, contrato de arrendamiento, locación, alquiler
**lease** *v* – arrendar, alquilar
**lease agreement** – contrato de arrendamiento
**lease broker** – corredor de arrendamientos
**lease commitment** – compromiso de arrendamiento
**lease company** – compañía de arrendamiento
**lease contract** – contrato de arrendamiento
**lease financing** – financiamiento de arrendamientos
**lease, for** – se arrienda
**lease for lives** – arrendamiento de por vida
**lease for years** – arrendamiento por un número determinado de años
**lease in reversion** – arrendamiento efectivo al terminarse uno existente
**lease of premises** – arrendamiento de local
**lease option** – opción de arrendamiento
**lease term** – período del arrendamiento
**lease with option to purchase** – arrendamiento con opción de compra
**leaseback** *n* – retroarriendo, venta de una propiedad que entonces se arrienda a quien lo vendió
**leased** *adj* – arrendado, alquilado
**leased goods** – bienes arrendados
**leasehold** *n* – derechos sobre la propiedad que tiene el arrendatario, arrendamiento
**leasehold improvements** – mejoras hechas por el arrendatario
**leasehold interest** – el interés que tiene el arrendatario en la propiedad
**leasehold mortgage** – hipoteca garantizada con el interés del arrendatario en la propiedad, hipoteca de inquilinato
**leasehold value** – el valor del interés que tiene el arrendatario en la propiedad
**leaseholder** *n* – arrendatario, locatario
**leasing** *n* – arrendamiento, locación, alquiler, leasing
**leasing agreement** – contrato de arrendamiento
**leasing broker** – corredor de arrendamientos
**leasing commitment** – compromiso de arrendamiento
**leasing company** – compañía de arrendamiento
**leasing contract** – contrato de arrendamiento
**leasing financing** – financiamiento de arrendamientos
**leasing option** – opción de arrendamiento
**leasing term** – período del arrendamiento
**least-advanced countries** – países menos adelantados, países menos desarrollados
**least amount** – cantidad mínima
**least benefit** – beneficio mínimo
**least cost** – costo mínimo, coste mínimo
**least-developed countries** – países menos desarrollados, países menos adelantados
**least employment age** – edad mínima de empleo
**least fee** – honorario mínimo, cargo mínimo
**least loss** – pérdida mínima
**least lot area** – área de solar mínima
**least maintenance** – mantenimiento mínimo
**least payment** – pago mínimo
**least penalty** – pena mínima
**least premium** – prima mínima
**least price** – precio mínimo
**least rate** – tasa mínima
**least salary** – salario mínimo
**least sentence** – sentencia mínima
**least wage** – salario mínimo
**leave** *n* – permiso, autorización, licencia
**leave** *v* – dejar, dejar estar, legar, abandonar
**leave by will** – legar
**leave no issue** – fallecer sin descendencia
**leave of absence** – permiso para ausentarse, licencia para ausentarse, falta con permiso
**leave of court** – permiso otorgado por el tribunal
**leave out** – dejar fuera, omitir
**lecture** *n* – conferencia, reprimenda
**ledger** *n* – libro mayor, mayor
**ledger account** – cuenta del mayor
**ledger balance** – saldo del mayor
**ledger entry** – asiento del mayor
**ledger paper** – papel de cuentas
**leer** *v* – mirar de reojo
**left** *adj* – dejado, legado, de izquierda
**left-winger** *n* – izquierdista
**leftism** *n* – izquierdismo
**leftist** *adj* – izquierdista
**leftist** *n* – izquierdista
**legacy** *n* – legado
**legacy duty** – impuesto sucesorio, impuesto sobre herencias
**legacy tax** – impuesto sucesorio, impuesto sobre herencias
**legal** *adj* – legal, lícito, jurídico, legítimo
**legal abstract** – resumen legal
**legal act** – acto legal
**legal action** – acción legal
**legal acumen** – cacumen legal, perspicacia legal
**legal address** – domicilio legal
**legal administration** – administración legal
**legal advice** – asesoramiento legal, asesoramiento jurídico
**legal adviser** – asesor legal, asesor jurídico
**legal advisor** – asesor legal, asesor jurídico
**legal age** – mayoría de edad
**legal aid** – asesoramiento jurídico gratuito
**legal arrest** – arresto legal
**legal assets** – la porción de los bienes de un fallecido destinada legalmente a pagar deudas y legados
**legal assistance** – asistencia legal
**legal auction** – subasta legal
**legal authorisation** – autorización legal
**legal authority** – autoridad legal
**legal authorization** – autorización legal
**legal beneficiary** – beneficiario legal
**legal brief** – resumen de un caso, escrito legal, alegato
**legal capacity** – capacidad legal
**legal capacity to sue** – capacidad legal para accionar

**legal capital** – capital legal
**legal cause** – causa legal, causa próxima, causa inmediata
**legal claim** – reclamo legal
**legal competence** – competencia legal, capacidad legal
**legal conclusion** – deducción legal, conclusión de derecho
**legal consent** – consentimiento legal
**legal consideration** – contraprestación legal, causa lícita
**legal consultant** – consejero jurídico, consejero legal
**legal contract** – contrato legal, acuerdo legal
**legal controversy** – controversia legal
**legal costs** – costos legales, costes legales, costas legales
**legal cruelty** – crueldad que justificaría un divorcio
**legal custody** – custodia legal, detención, custodia judicial
**legal damages** – daños y perjuicios obtenibles mediante tribunal, daños y perjuicios determinados por un tribunal
**legal death** – muerte legal
**legal debts** – deudas exigibles mediante tribunal
**legal decision** – decisión legal
**legal defence** – defensa establecida en tribunal, defensa en derecho
**legal defense** – defensa establecida en tribunal, defensa en derecho
**legal demand** – requerimiento legal
**legal dependent** – dependiente por ley, dependiente legal
**legal deposit** – depósito legal
**legal description** – descripción legal
**legal detriment** – detrimento legal
**legal disability** – incapacidad jurídica
**legal discretion** – discreción judicial
**legal dispute** – disputa legal
**legal distributees** – herederos legítimos
**legal document** – documento legal
**legal duty** – obligación legal
**legal education** – educación legal
**legal entity** – entidad legal, entidad jurídica, persona jurídica
**legal estoppel** – impedimento técnico
**legal ethics** – ética legal
**legal evidence** – prueba jurídicamente admisible, prueba legal
**legal excuse** – excusa legal
**legal expense insurance** – seguro de costos legales, seguro de costes legales, seguro de costas legales
**legal expenses** – costos legales, costes legales, costas legales
**legal father** – padre legal
**legal fees** – costos legales, costes legales, costas legales, honorarios legales
**legal fiction** – ficción legal
**legal firm** – bufete, firma de abogados
**legal force** – fuerza legal
**legal framework** – marco legal
**legal fraud** – fraude implícito
**legal heirs** – herederos legítimos
**legal holiday** – día feriado oficial, día feriado judicial
**legal impediment** – impedimento legal
**legal imperialism** – imperialismo jurídico
**legal impossibility** – imposibilidad legal
**legal incapacity** – incapacidad legal
**legal injury** – daño jurídico, violación de derechos
**legal insanity** – insania del punto de vista legal
**legal institution** – institución legal
**legal instrument** – instrumento legal
**legal interest** – interés legal
**legal investigation** – investigación legal
**legal investments** – inversiones permitidas para ciertas instituciones financieras
**legal issue** – descendencia legítima, cuestión legal
**legal jeopardy** – la condición de ser procesado
**legal lending limit** – límite de préstamos legal
**legal liability** – responsabilidad legal
**legal limit** – límite legal
**legal list** – lista legal, lista de inversiones permitidas para ciertas instituciones financieras
**legal loophole** – laguna legal, laguna
**legal malice** – malicia implícita
**legal malpractice** – negligencia profesional legal
**legal maxim** – máxima legal
**legal means** – medios legales, medios jurídicos, medidas legales, medidas jurídicas
**legal measures** – medidas legales, medidas jurídicas, medios legales, medios jurídicos
**legal minimum** – mínimo legal
**legal monopoly** – monopolio legal
**legal mortgage** – hipoteca legal
**legal mother** – madre legal
**legal name** – nombre legal
**legal negligence** – negligencia implícita
**legal notice** – notificación legal, notificación adecuada según la ley, notificación legalmente exigida
**legal obligation** – obligación legal
**legal opinion** – opinión jurídica, opinión legal
**legal order** – orden jurídica
**legal owner** – propietario legal
**legal periodical** – revista jurídica
**legal person** – persona jurídica
**legal personal representative** – representante legal, representante legal de un fallecido
**legal possession** – posesión legítima, posesión legal
**legal possessor** – poseedor legítimo
**legal power** – poder legal
**legal practice** – práctica legal
**legal precedent** – precedente legal
**legal prejudice** – prejuicio jurídico
**legal presumption** – presunción legal
**legal principle** – principio legal
**legal procedure** – procedimiento legal
**legal proceedings** – procedimientos judiciales, actos jurídicos
**legal process** – orden judicial, proceso judicial, vía contenciosa
**legal profession** – abogacía
**legal purpose** – propósito legal
**legal rate** – tasa legal
**legal rate of interest** – tasa de interés legal
**legal reasoning** – razonamiento jurídico
**legal redress** – reparación jurídica
**legal relevancy** – relevancia jurídica, admisibilidad
**legal remedy** – recurso legal
**legal representative** – representante legal

**legal rescission** – rescisión
**legal research** – investigación jurídica
**legal reserve** – reserva legal
**legal residence** – domicilio legal
**legal responsibility** – responsabilidad legal
**legal right** – derecho legal, derecho creado por ley, derecho natural
**legal rule** – regla jurídica
**legal separation** – separación legal
**legal services** – servicios legales
**legal staff** – cuerpo de abogados de una organización
**legal status** – estado civil, situación jurídica
**legal strike** – huelga legal
**legal subrogation** – subrogación legal
**legal succession** – sucesión legal
**legal suit** – acción legal
**legal system** – sistema legal
**legal tariff** – tarifa legal
**legal tender** – moneda de curso legal
**legal termination** – terminación legal
**legal terminology** – terminología jurídica, terminología legal
**legal theory** – teoría jurídica
**legal title** – título perfecto de propiedad
**legal tradition** – tradición jurídica
**legal transfer** – transferencia legal
**legal transplants** – transplantes jurídicos
**legal use** – uso legal
**legal usufruct** – usufructo legal
**legal validity** – validez legal
**legal voter** – persona elegible para votar
**legal will** – testamento legal
**legal year** – año judicial
**legalese** *n* – jerga legal, jerga legal utilizada para dificultar la comprensión de lo que se dice o escribe
**legalisation** *n* – legalización
**legalise** *v* – legalizar, legitimar
**legality** *n* – legalidad, licitud
**legality of consideration** – licitud de la contraprestación
**legality of contract** – licitud del contrato
**legality of obligation** – licitud de la obligación
**legality of purpose** – licitud del propósito
**legality principle** – principio de la legalidad
**legalization** *n* – legalización
**legalize** *v* – legalizar, legitimar
**legally** *adv* – legalmente
**legally adequate** – adecuado legalmente
**legally administered** – administrado legalmente
**legally adopted** – adoptado legalmente
**legally advised** – asesorado legalmente
**legally arrested** – arrestado legalmente
**legally assisted** – asistido legalmente
**legally auctioned** – subastado legalmente
**legally authorized** – autorizado legalmente
**legally binding** – obligante legalmente
**legally capable** – capacitado legalmente
**legally claimed** – reclamado legalmente
**legally committed** – recluido legalmente
**legally competent** – jurídicamente capaz
**legally constituted** – constituido legalmente
**legally contracted** – contratado legalmente
**legally dead** – muerto para efectos legales
**legally decided** – decidido legalmente
**legally described** – descrito legalmente
**legally determined** – determinado legalmente
**legally disabled** – discapacitado para efectos legales
**legally distributed** – distribuido legalmente
**legally documented** – documentado legalmente
**legally established** – establecido legalmente
**legally evidenced** – probado legalmente
**legally impossible** – imposible legalmente
**legally incorporated** – incorporado legalmente
**legally insane** – insano del punto de vista legal
**legally interested** – interesado legalmente
**legally investigated** – investigado legalmente
**legally liable** – responsable legalmente
**legally limited** – limitado legalmente
**legally monopolized** – monopolizado legalmente
**legally mortgaged** – hipotecado legalmente
**legally named** – nombrado legalmente
**legally notified** – notificado legalmente
**legally obligated** – obligado legalmente
**legally ordered** – ordenado legalmente
**legally possessed** – poseído legalmente
**legally processed** – procesado legalmente
**legally qualified** – calificado legalmente
**legally relevant** – relevante legalmente
**legally remedied** – remediado legalmente
**legally represented** – representado legalmente
**legally reside** – domiciliarse
**legally resided** – domiciliado legalmente
**legally responsible** – responsable legalmente
**legally separated** – separado legalmente
**legally sufficient evidence** – prueba admisible y suficiente, prueba jurídicamente adecuada
**legally transferred** – transferido legalmente
**legally used** – usado legalmente
**legally valid** – válido legalmente
**legalness** *n* – legalidad, licitud
**legatary** *n* – legatario
**legatee** *n* – legatario
**legation** *n* – legación, embajada
**legator** *n* – testador
**legibility** *n* – legibilidad
**legible** *adj* – legible, descifrable
**legislate** *v* – legislar
**legislation** *n* – legislación
**legislative** *adj* – legislativo
**legislative act** – ley, acto legislativo
**legislative assembly** – asamblea legislativa
**legislative body** – cuerpo legislativo
**legislative branch** – poder legislativo, rama legislativa
**legislative control** – control legislativo
**legislative council** – consejo legislativo
**legislative courts** – tribunales creados por la legislatura
**legislative department** – rama legislativa
**legislative divorce** – divorcio decretado por la legislatura
**legislative functions** – funciones legislativas
**legislative immunity** – inmunidad legislativa
**legislative intent** – intención del legislador
**legislative investigations** – investigaciones legislativas
**legislative officer** – legislador
**legislative power** – poder legislativo
**legislative record** – diario legislativo

**legislatively** *adv* – legislativamente
**legislator** *n* – legislador
**legislatorial** *adj* – legislativo
**legislature** *n* – legislatura
**legitimacy** *n* – legitimidad
**legitimate** *adj* – legítimo, lícito
**legitimate** *v* – legitimar, aprobar
**legitimate heirs** – herederos legítimos
**legitimately** *adv* – legítimamente
**legitimation** *n* – legitimación
**legitimatise** *v* – legitimar
**legitimatize** *v* – legitimar
**legitimise** *v* – legitimar
**legitimism** *n* – legitimismo
**legitimize** *v* – legitimar
**leisure time** – tiempo de ocio, tiempo libre
**lemon law** – ley del limón
**lend** *v* – prestar, proveer
**lend funds** – prestar fondos
**lender** *n* – prestador, prestamista
**lender liability** – responsabilidad del prestador
**lender of last resort** – prestamista de última instancia, prestamista de último recurso
**lender participation** – participación del prestador
**lending** *n* – concesión de préstamos, concesión de préstamo, otorgamiento de préstamos, otorgamiento de préstamo
**lending bank** – banco de préstamos
**lending capacity** – capacidad de otorgar préstamos
**lending ceiling** – límite de préstamos
**lending institution** – institución de préstamos
**lending margin** – margen de préstamos
**lending policy** – política de préstamos
**lending rate** – tasa de préstamos
**lending requirements** – requisitos de préstamos
**lending securities** – prestar valores
**length** *n* – largo, longitud, duración, trozo
**length of prison sentence** – duración de una sentencia de cárcel
**lenity rule** – regla que indica que si hay ambigüedad en las leyes concernientes a diferentes penas que se debe escoger con indulgencia
**lesion** *n* – lesión, daño, perjuicio
**less-developed country** – país menos desarrollado, país menos adelantado
**lessee** *n* – arrendatario, locatario
**lessee's interest** – el interés que tiene el arrendatario en la propiedad
**lessen** *v* – disminuir, decrecer
**lesser** *adj* – menor, inferior
**lesser included offense** – delito menor que incluye algunos de los elementos de un delito más grave
**lessor** *n* – arrendador, locador
**lessor's interest** – el interés que tiene el arrendador en la propiedad, el valor presente del contrato de arrendamiento más el valor de la propiedad al expirar dicho contrato
**lest** *conj* – no sea que, a fin de que no
**let** *n* – arrendamiento, contrato de arrendamiento, alquiler
**let** *v* – alquilar, arrendar, permitir, adjudicar un contrato a un postor
**let, to** – se alquila
**lethal** *adj* – letal, mortal
**lethal weapon** – arma mortal
**letter** *n* – carta, letra, significado literal
**letter box** – buzón
**letter carrier** – cartero
**letter drop** – buzón
**letter of acceptance** – carta de aceptación
**letter of administration** – carta de administración
**letter of advice** – carta de aviso, carta con instrucciones
**letter of appointment** – carta de nombramiento
**letter of attorney** – poder, carta de poder
**letter of authorisation** – carta de autorización
**letter of authority** – carta de autorización
**letter of authorization** – carta de autorización
**letter of commission** – carta de comisión
**letter of comfort** – carta de recomendación financiera, carta de un contador público autorizado confirmando ciertos datos
**letter of commitment** – carta de compromiso
**letter of credence** – carta credencial
**letter of credit** – carta de crédito
**letter of demand** – carta de requerimiento, carta de requerimiento de pago
**letter of deposit** – carta de depósito
**letter of exchange** – letra de cambio
**letter of guarantee** – carta de garantía
**letter of guaranty** – carta de garantía
**letter of indication** – carta de indicación
**letter of intent** – carta de intención
**letter of licence** – carta para extender el plazo de pago de un deudor
**letter of license** – carta para extender el plazo de pago de un deudor
**letter of recall** – carta enviada por un fabricante para informar sobre defectos en sus productos y sobre el procedimiento para corregirlos, carta de un gobierno a otro para informar que su representante ya no ocupa ese cargo
**letter of recommendation** – carta de recomendación
**letter of recredentials** – carta de un gobierno a otro para informar que el representante quien fuera liberado de su cargo ha vuelto a ocupar ese cargo
**letter of representation** – carta de representación
**letter of resignation** – carta de renuncia
**letter of the law** – la letra de la ley
**letter of transmission** – carta de remisión
**letter of transmittal** – carta de remisión
**letter of undertaking** – carta de compromiso
**letter patent** – documento mediante el cual un gobierno concede una patente, patente de invención
**letter stock** – acciones que no se pueden vendar al público
**letterhead** *n* – membrete, encabezado
**letters of administration** – documento mediante el cual se señala el administrador de una sucesión
**letters of guardianship** – documento mediante el cual se señala un tutor
**letters rogatory** – solicitud rogatoria, carta rogatoria
**letters testamentary** – documento mediante el cual un tribunal señala un albacea
**letting** *n* – arrendamiento
**letting out** – arrendamiento, adjudicación de un contrato
**level** *adj* – nivelado, estable, constante

**level** *n* – nivel, grado, categoría, plano
**level annuity** – anualidad de pagos parejos
**level crossing** – cruce a nivel
**level of centralisation** – nivel de centralización
**level of centralization** – nivel de centralización
**level of employment** – nivel de empleo
**level-payment annuity** – anualidad de pagos parejos
**level-payment loan** – préstamo de pagos parejos
**level-payment mortgage** – hipoteca de pagos parejos
**level-payment plan** – plan de pagos parejos
**level payments** – pagos parejos
**level-premium insurance** – seguro con primas parejas
**level premiums** – primas parejas
**levelheaded** *adj* – sensato, juicioso
**leveling off** – nivelación, estabilización
**levelling off** – nivelación, estabilización
**leverage** *n* – apalancamiento, poder de adquirir algo por un pago inicial pequeño comparado con el valor total, nivel de endeudamiento relativo al capital, influencia, peso
**leveraged buyout** – compra apalancada, comprar una mayoría de las acciones de una compañía usando principalmente fondos prestados
**leveraged company** – compañía apalancada
**leveraged investment company** – compañía de inversiones apalancada
**leveraged lease** – arrendamiento apalancado
**leveraged takeover** – toma del control apalancada
**leviable** *adj* – gravable, imponible, tributable, exigible
**levier** *n* – imponedor
**levy** *n* – embargo, impuesto, gravamen, tasación, ejecución
**levy** *v* – embargar, imponer, gravar, tasar, ejecutar
**levy taxes** – imponer impuestos
**lewd** *adj* – lascivo, sensual, obsceno
**lewd person** – persona lasciva
**lewdness** *n* – lascivia, obscenidad
**lex** – ley, lex
**lex fori** – la ley del foro, lex fori
**lex loci** – la ley del lugar, lex loci
**lex loci actus** – la ley del lugar donde se realizó un acto, lex loci actus
**lex loci contractus** – la ley del lugar donde se celebró el contrato, lex loci contractus
**lex loci delicti** – la ley del lugar donde se cometió el delito, lex loci delicti
**lex loci rei sitae** – la ley del lugar donde se encuentra el objeto del litigio, lex loci rei sitae
**lex mercatoria** – derecho comercial, lex mercatoria
**lex non scripta** – derecho no escrito, lex non scripta
**lex scripta** – derecho escrito, lex scripta
**lex talionis** – ley del talión, lex talionis
**liability** *n* – responsabilidad, obligación, deuda, pasivo
**liability administration** – administración del pasivo
**liability bond** – fianza de responsabilidad civil
**liability for damages** – responsabilidad por daños y perjuicios
**liability imposed by law** – responsabilidad impuesta por ley
**liability in contract** – responsabilidad contractual
**liability insurance** – seguro de responsabilidad civil, seguro de responsabilidad
**liability limits** – límites de cobertura de póliza de responsabilidad civil
**liability management** – administración del pasivo, gestión del pasivo
**liability to taxation** – obligación de pagar impuestos
**liable** *adj* – responsable, obligado
**liable civilly** – responsable civilmente
**liable criminally** – responsable penalmente, responsable criminalmente
**liable for** – sujeto a, responsable de
**liable for tax** – sujeto a impuestos
**liable to action** – sujeto a una acción
**liable to penalty** – sujeto a una penalidad
**liable to punishment** – sujeto a castigo
**liaison** *n* – vinculación, unión, relaciones ilícitas
**libel** *n* – libelo, difamación, difamación escrita, demanda
**libel** *v* – difamar
**libel suit** – acción por difamación
**libelant** *n* – libelista, difamador, demandante en una acción de difamación
**libeler** *n* – difamador
**libelous** *adj* – difamatorio
**libelous per quod** – difamatorio si hay circunstancias adicionales que le dan ese sentido
**libelous per se** – difamatorio de por sí
**liberal** *adj* – liberal, amplio, libre, aproximado, no literal
**liberal** *n* – liberal
**liberal construction** – interpretación liberal
**liberal interpretation** – interpretación liberal
**liberal returns policy** – política de devoluciones liberal
**liberalisation** *n* – liberalización
**liberalism** *n* – liberalismo
**liberalist** *adj* – liberalista
**liberalist** *n* – liberalista
**liberalization** *n* – liberalización
**liberate** *v* – liberar, eximir
**liberation** *n* – liberación
**libertas** – libertad, privilegio, inmunidad
**liberticide** – liberticida
**liberty** *n* – libertad, privilegio, licencia, facultad
**liberty of conscience** – libertad de conciencia
**liberty of contract** – libertad de contrato
**liberty of expression** – libertad de expresión
**liberty of speech** – libertad de expresión
**liberty of the press** – libertad de prensa
**licence** *n* – licencia, permiso, concesión, autorización, libertad
**licence** *v* – licenciar, autorizar, permitir
**licence application** – solicitud de licencia
**licence bond** – fianza de licencia
**licence by invitation** – quien ingresa a la propiedad de otro con permiso
**licence contract** – contrato de licencia
**licence fee** – impuesto pagadero para una licencia
**licence laws** – leyes sobre actividades que requieren licencias
**licence plate** – placa de automóvil, tablilla, permiso de circulación de vehículos
**licence tax** – impuesto pagadero para una licencia
**licence to operate** – licencia para operar
**licenced** *adj* – licenciado, autorizado
**licenced lender** – prestador autorizado
**licenced premises** – local autorizado para vender

bebidas alcohólicas
**licencee** *n* – licenciatario, concesionario
**licencer** *n* – licenciador, licenciante
**licencing** *n* – la venta de licencias, el otorgamiento de licencias
**licencing agreement** – convenio de licencia
**licencing authority** – autoridad para otorgar licencias
**licencing power** – autoridad para otorgar licencias
**licencing requirements** – requisitos para obtener licencias
**license** *n* – licencia, permiso, concesión, autorización, libertad
**license** *v* – licenciar, autorizar, permitir
**license application** – solicitud de licencia
**license bond** – fianza de licencia
**license by invitation** – quien ingresa a la propiedad de otro con permiso
**license contract** – contrato de licencia
**license fee** – impuesto pagadero para una licencia
**license laws** – leyes sobre actividades que requieren licencias
**license plate** – placa de automóvil, tablilla, permiso de circulación de vehículos
**license tax** – impuesto pagadero para una licencia
**license to operate** – licencia para operar
**licensed** *adj* – licenciado, autorizado
**licensed lender** – prestador autorizado
**licensed premises** – local autorizado para vender bebidas alcohólicas
**licensee** *n* – licenciatario, concesionario
**licenser** *n* – licenciador, licenciante
**licensing** *n* – la venta de licencias, el otorgamiento de licencias
**licensing agreement** – convenio de licencia
**licensing authority** – autoridad para otorgar licencias
**licensing power** – autoridad para otorgar licencias
**licensing requirements** – requisitos para obtener licencias
**licensor** *n* – licenciador, licenciante
**licensure** *n* – licenciamiento
**licentiate** *n* – licenciado, licenciada
**licentiousness** *n* – libertinaje
**licit** *adj* – lícito, permitido
**licit act** – acto lícito
**licit action** – acción lícita
**licit administration** – administración lícita
**licit agreement** – acuerdo lícito, contrato lícito
**licit arrest** – arresto lícito
**licit assembly** – reunión lícita
**licit auction** – subasta lícita
**licit authorities** – autoridades lícitas
**licit authority** – autoridad lícita
**licit beneficiary** – beneficiario lícito
**licit business** – negocios lícitos
**licit capital** – capital lícito
**licit cause** – causa lícita
**licit claim** – reclamo lícito
**licit combination** – combinación lícita
**licit command** – orden lícita
**licit condition** – condición lícita
**licit conduct** – conducta lícita
**licit consideration** – contraprestación lícita
**licit contract** – contrato lícito
**licit custody** – custodia lícita
**licit decision** – decisión lícita
**licit demand** – requerimiento lícito
**licit detainer** – detención lícita
**licit detention** – detención lícita
**licit donation** – donación lícita
**licit entity** – entidad lícita
**licit entry** – ingreso lícito
**licit evasion** – evasión lícita
**licit force** – fuerza lícita
**licit gain** – ganancia lícita, beneficio lícito
**licit gift** – donación lícita
**licit goods** – bienes lícitos
**licit heirs** – herederos legítimos
**licit immigrant** – inmigrante lícito
**licit incentive** – incentivo lícito
**licit incitation** – incitación lícita
**licit income** – ingresos lícitos
**licit inducement** – motivación lícita
**licit interest** – interés lícito
**licit interest rate** – tasa de interés lícita
**licit lending limit** – límite de préstamos lícito
**licit limit** – límite lícito
**licit loan** – préstamo lícito
**licit maximum** – máximo lícito
**licit measures** – medios lícitos
**licit minimum** – mínimo lícito
**licit monopoly** – monopolio lícito
**licit motivation** – motivación lícita
**licit notice** – notificación lícita
**licit obligation** – obligación lícita
**licit offer** – oferta lícita
**licit operation** – operación lícita
**licit order** – orden lícita
**licit owner** – propietario lícito
**licit pact** – pacto lícito
**licit picketing** – piquete lícito
**licit possession** – posesión lícita
**licit possessor** – poseedor lícito
**licit practice** – práctica lícita
**licit present** – regalo lícito
**licit process** – proceso lícito
**licit profit** – ganancia lícita
**licit property** – propiedad lícita
**licit purpose** – propósito lícito
**licit rate** – tasa lícita
**licit rate of interest** – tasa de interés lícita
**licit remedy** – recurso lícito
**licit reward** – recompensa lícita
**licit sale** – venta lícita
**licit search** – allanamiento lícito, búsqueda lícita
**licit strike** – huelga lícita
**licit tax** – impuesto lícito
**licit trade** – comercio lícito
**licit transaction** – transacción lícita
**licit transfer** – transferencia lícita
**licit use** – uso lícito
**licitation** *n* – licitación
**licitly** *adv* – lícitamente, legalmente
**licitly adequate** – adecuado lícitamente
**licitly administered** – administrado lícitamente
**licitly adopted** – adoptado lícitamente
**licitly advised** – asesorado lícitamente
**licitly arrested** – arrestado lícitamente
**licitly assisted** – asistido lícitamente

**licitly auctioned** – subastado lícitamente
**licitly authorized** – autorizado lícitamente
**licitly binding** – obligante lícitamente
**licitly capable** – capacitado lícitamente
**licitly claimed** – reclamado lícitamente
**licitly constituted** – constituido lícitamente
**licitly contracted** – contratado lícitamente
**licitly dead** – muerto para efectos legales
**licitly decided** – decidido lícitamente
**licitly described** – descrito lícitamente
**licitly determined** – determinado lícitamente
**licitly distributed** – distribuido lícitamente
**licitly documented** – documentado lícitamente
**licitly established** – establecido lícitamente
**licitly evidenced** – probado lícitamente
**licitly impossible** – imposible lícitamente
**licitly incorporated** – incorporado lícitamente
**licitly interested** – interesado lícitamente
**licitly investigated** – investigado lícitamente
**licitly liable** – responsable lícitamente
**licitly limited** – limitado lícitamente
**licitly monopolized** – monopolizado lícitamente
**licitly mortgaged** – hipotecado lícitamente
**licitly named** – nombrado lícitamente
**licitly notified** – notificado lícitamente
**licitly obligated** – obligado lícitamente
**licitly ordered** – ordenado lícitamente
**licitly possessed** – poseído lícitamente
**licitly processed** – procesado lícitamente
**licitly relevant** – relevante lícitamente
**licitly remedied** – remediado lícitamente
**licitly represented** – representado lícitamente
**licitly resided** – domiciliado lícitamente
**licitly responsible** – responsable lícitamente
**licitly separated** – separado lícitamente
**licitly transferred** – transferido lícitamente
**licitly used** – usado lícitamente
**licitly valid** – válido lícitamente
**lie** *n* – mentira
**lie** *v* – mentir, yacer, subsistir, ser admisible
**lie detector** – detector de mentiras
**lie to** – colindar, mentir a
**lien** *n* – gravamen, carga, derecho de retención
**lien account** – declaración de los gravámenes con respecto a ciertos bienes
**lien creditor** – acreedor con derecho de retención
**lienee** *n* – deudor cuyos bienes están sujetos a un gravamen
**lienholder** *n* – quien se beneficia de un gravamen
**lienor** *n* – acreedor con derecho de retención
**lieu lands** – tierras dadas en lugar de otras expropiadas
**lieu of, in** – en vez de
**lieu tax** – impuesto sustitutivo
**lieutenant** *n* – sustituto, delegado, teniente
**lieutenant governor** – vicegobernador
**life** *n* – vida, vigencia, existencia, carrera
**life and health insurance** – seguro de vida y salud
**life annuitant** – pensionado vitalicio
**life annuity** – anualidad vitalicia
**life annuity certain** – anualidad vitalicia con garantía de número mínimo de pagos
**life assurance** – seguro de vida
**life assurance benefits** – beneficios de seguro de vida
**life assurance company** – compañía de seguros de vida
**life assurance cost** – costo de seguro de vida, coste de seguro de vida
**life assurance policy** – póliza de seguro de vida
**life assurance proceeds** – pagos al beneficiario de un seguro de vida
**life assurance provider** – proveedor de seguro de vida
**life beneficiary** – beneficiario vitalicio
**life cycle** – ciclo de vida
**life estate** – propiedad vitalicia
**life expectancy** – expectativa de vida
**life-hold** *n* – arrendamiento vitalicio
**life imprisonment** – cadena perpetua
**life in being** – lo restante de la vida de quien recibe ciertos derechos al transmitirse dichos derechos
**life insurance** – seguro de vida
**life insurance benefits** – beneficios de seguro de vida
**life insurance company** – compañía de seguros de vida
**life insurance cost** – costo de seguro de vida, coste de seguro de vida
**life insurance in force** – seguro de vida en vigor
**life insurance limits** – límites de seguro de vida
**life insurance policy** – póliza de seguro de vida
**life insurance proceeds** – pagos al beneficiario de un seguro de vida
**life insurance provider** – proveedor de seguro de vida
**life insurance reserves** – reserva de seguro de vida
**life insurance trust** – fideicomiso consistente de pólizas de seguros de vidas
**life interest** – usufructo vitalicio
**life-land** *n* – arrendamiento vitalicio
**life member** – miembro vitalicio
**life of a patent** – duración de una patente, vigencia de una patente
**life of a writ** – duración de una orden judicial
**life of loan cap** – tasa de interés máxima durante la vida de un préstamo
**life or limb** – disposición que prohíbe una segunda acción por el mismo delito
**life pension** – pensión vitalicia
**life policy** – póliza de seguro de vida
**life-prolonging procedures** – procedimientos que prolongan la vida de una persona quien de otro modo moriría próximamente o seguiría en coma permanente
**life-prolonging treatments** – tratamientos que prolongan la vida de una persona quien de otro modo moriría próximamente o seguiría en coma permanente
**life-sustaining procedures** – procedimientos que prolongan la vida de una persona quien de otro modo moriría próximamente o seguiría en coma permanente
**life-sustaining treatments** – tratamientos que prolongan la vida de una persona quien de otro modo moriría próximamente o seguiría en coma permanente
**life savings** – ahorros de toda la vida
**life sentence** – cadena perpetua
**life span** – duración de la vida
**life tenancy** – usufructo vitalicio, posesión vitalicia, arrendamiento vitalicio
**life tenant** – usufructuario vitalicio
**life vest** – chaleco salvavidas
**lifecycle** *n* – ciclo de vida
**lifelong** *adj* – de toda la vida, vitalicio
**lifesaving station** – estación de salvamento

**lifespan** *n* – duración de la vida
**lifestyle** *n* – estilo de vida
**lifetime** *adj* – vitalicio
**lifetime** *n* – vida, curso de vida
**lifetime employment** – empleo de por vida
**lifetime gift** – regalo en vida
**lifetime guarantee** – garantía de por vida
**lifetime guaranty** – garantía de por vida
**lifetime income** – ingresos de por vida
**lifetime security** – seguridad de por vida
**lifetime warranty** – garantía de por vida
**LIFO (last-in-first-out)** – último en entrar-primero en salir
**lift** *v* – alzar, exaltar, cancelar
**lifting of restrictions** – levantamiento de restricciones
**ligan** *n* – mercancías arrojadas al mar e identificadas con una boya para ser rescatadas
**light** *adj* – ligero, liviano, fácil, alegre, claro
**light** *n* – luz, luz del día
**light-duty** *adj* – de servicio liviano
**light industry** – industria ligera
**light pen** *n* – lápiz óptico
**light, right to** – servidumbre de luz
**light sentence** – sentencia leve
**light work** – trabajo liviano
**lighter** *n* – barcaza, encendedor
**lighterage** *n* – transporte por medio de barcazas
**lighterman** *n* – gabarrero
**lighthouse** *n* – faro
**lightning strike** – huelga relámpago
**lightpen** *n* – lápiz óptico
**like benefits** – beneficios similares
**like-kind exchange** – intercambio de bienes similares
**like-kind property** – propiedad similar
**likelihood** *n* – probabilidad, verosimilitud
**likelihood of confusion** – probabilidad de confusión entre marcas por parte de consumidores
**likely** *adj* – probable, verosímil, idóneo
**limit** *n* – límite, linde, término, restricción
**limit** *v* – limitar, deslindar, restringir
**limit of liability** – límite de responsabilidad
**limitable** *adj* – limitable
**limitation** *n* – limitación, restricción, prescripción
**limitation in law** – dominio de duración limitada por una condición
**limitation of action** – prescriptibilidad de la acción
**limitation of damages** – limitación de los daños y perjuicios
**limitation of estates** – restricciones a los derechos de propiedad que están enumerados en la escritura
**limitation of liability** – limitación de responsabilidad
**limitation of prosecution** – prescriptibilidad de la acción penal
**limitation over** – un derecho que será efectivo al expirar otro sobre los mismos bienes, dominio subsiguiente
**limitation period** – término de la prescripción
**limitation title** – título pleno de un inmueble
**limitations, statute of** – ley de prescripción
**limitative** *adj* – limitativo
**Limited (limited liability company)** – sociedad de responsabilidad limitada, compañía de responsabilidad limitada
**limited** *adj* – limitado, circunscrito, restringido, de responsabilidad limitada
**limited acceptance** – aceptación limitada
**limited admissibility** – admisibilidad limitada de una prueba
**limited agency** – agencia limitada
**limited agent** – agente limitado
**limited appeal** – apelación limitada, apelación parcial
**limited audit** – auditoría limitada
**limited authority** – autoridad limitada
**limited by law** – limitado por ley
**limited check** – cheque limitado
**limited cheque** – cheque limitado
**limited company** – sociedad de responsabilidad limitada, compañía de responsabilidad limitada
**limited court** – tribunal con jurisdicción limitada
**limited credit** – crédito limitado
**limited discretion** – discreción limitada
**limited distribution** – distribución limitada
**limited-dividend corporation** – corporación de dividendos limitados
**limited divorce** – divorcio limitado, decreto de divorcio sin considerar una pensión alimenticia, separación sin disolución de matrimonio
**limited executor** – albacea con facultades limitadas
**limited experience** – experiencia limitada
**limited fee** – propiedad de dominio limitado, derecho limitado sobre un inmueble
**limited guarantee** – garantía limitada
**limited guaranty** – garantía limitada
**limited insurance** – seguro limitado
**limited interpretation** – interpretación restringida
**limited jurisdiction** – jurisdicción limitada, competencia limitada, jurisdicción especial
**limited jurisdiction court** – tribunal de competencia limitada, tribunal de jurisdicción limitada, tribunal de jurisdicción especial
**limited liability** – responsabilidad limitada
**limited liability company** – sociedad de responsabilidad limitada, compañía de responsabilidad limitada
**limited liability partnership** – sociedad de responsabilidad limitada
**limited market** – mercado limitado
**limited occupancy agreement** – acuerdo de ocupación limitada
**limited owner** – usufructuario
**limited partner** – socio comanditario
**limited partnership** – sociedad en comandita
**limited payment life** – seguro de vida de pagos limitados
**limited payment life insurance** – seguro de vida de pagos limitados
**limited personal liability** – responsabilidad personal limitada
**limited policy** – póliza limitada
**limited power** – poder limitado, poder legal limitado, poder notarial limitado
**limited power of appointment** – poder limitado de designación
**limited power of attorney** – poder limitado, poder legal limitado, poder notarial limitado
**limited publication** – publicación para un grupo selecto de personas
**limited-purpose trust company** – compañía fiduciaria

con propósitos limitados
**limited responsibility** – responsabilidad limitada
**limited review** – revisión limitada
**limited risk** – riesgo limitado
**limited-service bank** – banco de servicios limitados
**limited tax bond** – bono respaldado por poder de imposición limitado
**limited time** – tiempo limitado
**limited trading authorization** – autorización para transacciones limitada
**limited trust** – fideicomiso limitado
**limited waiver of immunity** – renuncia limitada de inmunidad
**limited warranty** – garantía limitada
**line** *n* – línea, cola, límite, frontera, especialidad, ruta
**line of business** – línea de negocios, rama de actividad
**line of command** – línea jerárquica
**line of credit** – línea de crédito
**line of duty** – cumplimiento del deber
**line organisation** – organización lineal
**line organization** – organización lineal
**lineage** *n* – linaje, estirpe, raza
**lineal** *adj* – lineal, hereditario
**lineal ascendants** – ascendentes directos
**lineal consanguinity** – consanguinidad lineal
**lineal descendant** – descendiente directo
**lineal descent** – descendencia lineal
**lineal heir** – heredero directo
**lineal warranty** – garantía de parte del antepasado quien legó al heredero
**linear** *adj* – lineal
**linearity** *n* – linealidad
**lineation** *n* – delineación
**liner** *n* – barco de línea, avión de línea
**lines** *n* – lindes, límites, líneas, demarcaciones
**lines and corners** – las líneas demarcadoras y los ángulos entre sí de una propiedad
**lineup** *n* – hilera de personas, galería de sospechosos
**linger** *v* – demorarse, titubear, persistir, estarse
**link** *n* – eslabón, vínculo, unión, enlace, hiperenlace
**link** *v* – vincular, unir, enlazar
**lion's share** – parte del león
**liquid** *adj* – líquido, corriente, disponible
**liquid assets** – activo líquido, activo corriente
**liquid debt** – deuda vencida y exigible
**liquid liabilities** – pasivo líquido, pasivo corriente
**liquid market** – mercado líquido
**liquid reserves** – reservas líquidas
**liquid resources** – recursos líquidos
**liquid savings** – ahorros líquidos
**liquid securities** – valores líquidos
**liquid value** – valor líquido
**liquidate** *v* – liquidar
**liquidated** *adj* – liquidado, cancelado, saldado
**liquidated account** – cuenta saldada, cuenta liquidada
**liquidated claim** – reclamación saldada
**liquidated damages** – daños fijados por contrato
**liquidated damages and penalties** – pena convencional, daños convencionales, daños y perjuicios fijados por contrato o mediante una sentencia
**liquidated debt** – deuda saldada
**liquidated demand** – demanda conciliada
**liquidated loan** – préstamo pagado
**liquidating dividend** – dividendo de liquidación
**liquidating partner** – socio liquidador
**liquidating trust** – fideicomiso de liquidación
**liquidation** *n* – liquidación
**liquidation charge** – cargo por liquidación
**liquidation dividend** – dividendo de liquidación
**liquidation fee** – cargo por liquidación
**liquidation price** – precio de liquidación
**liquidation statement** – estado de liquidación
**liquidation value** – valor de liquidación
**liquidator** *n* – liquidador, administrador judicial
**liquidity** *n* – liquidez
**liquidity control** – control de liquidez
**liquidity crisis** – crisis de liquidez
**liquidity management** – administración de liquidez, gestión de liquidez
**liquidity measure** – medida de liquidez
**liquidity position** – posición de liquidez
**liquidity problems** – problemas de liquidez
**liquidity requirement** – requisito de liquidez
**liquidity risk** – riesgo de liquidez
**liquidity shortage** – escasez de liquidez
**liquidity squeeze** – escasez de liquidez
**liquidity trap** – trampa de liquidez
**liquor license** – licencia para vender bebidas alcohólicas
**liquor offenses** – delitos relacionados con bebidas alcohólicas
**lis** – litigio, controversia, lis
**lis alibi pendens** – litispendencia en otra parte, lis alibi pendens
**lis pendens** – litispendencia, lis pendens
**list** *n* – lista, nómina, registro
**list** *v* – alistar, inscribir, listar, cotizar
**list of charges** – lista de cargos
**list of costs** – lista de costos, lista de costes
**list of creditors** – lista de acreedores
**list of fees** – lista de cargos
**list of payments** – lista de pagos
**list of prices** – lista de precios
**list of property** – lista de propiedad, lista de bienes
**list of rates** – lista de tasas
**list price** – precio de lista
**listed** *adj* – cotizado, listado, inscrito
**listed company** – compañía cotizada
**listed corporation** – corporación cotizada
**listed option** – opción cotizada
**listed securities** – valores cotizados
**listed shares** – acciones cotizadas
**listed stock** – acciones cotizadas
**listen** *v* – escuchar a, atender a
**listers** *n* – funcionarios que hacen listas de cosas tributables
**listing** *n* – alistamiento, ítem, cotización en una bolsa de valores, contrato para una transacción de un inmueble con un corredor de bienes raíces
**listing contract** – contrato para una transacción de un inmueble con un corredor de bienes raíces
**listing of securities** – cotización de valores en una bolsa
**listing requirements** – requisitos para la cotización de valores en una bolsa
**lite pendente** – mientras está pendiente el litigio, lite

pendente
**literacy** *n* – capacidad de leer y escribir
**literacy qualification** – requisito de poder leer y escribir
**literacy test** – prueba para determinar si una persona puede leer y escribir
**literal** *adj* – literal, textual, exacto
**literal construction** – interpretación literal
**literal contract** – contrato escrito
**literal interpretation** – interpretación literal
**literal meaning** – sentido literal
**literal proof** – prueba escrita
**literal sense** – sentido literal
**literary** *adj* – literario
**literary composition** – composición literaria
**literary property** – propiedad literaria
**literary work** – obra literaria
**literate** *adj* – alfabetizado
**literature** *n* – literatura, información escrita, folletos informativos
**litigant** *n* – litigante, pleiteante
**litigate** *v* – litigar, pleitear, procesar, accionar
**litigation** *n* – litigación, litigio, pleito
**litigation expenses** – costas judiciales
**litigiosity** *adj* – litigiosidad
**litigious** *adj* – litigioso, contencioso
**litigious right** – derecho que requiere una acción judicial para ejercerse
**litter** *n* – basura esparcida, desorden
**littering** *n* – el arrojar basura indebidamente
**littoral** *n* – litoral
**littoral land** – tierras litorales
**livable** *adj* – soportable, habitable
**live** *adj* – vivo
**live** *v* – vivir, perdurar
**live birth** – nacimiento con vida
**live from hand to mouth** – vivir al día
**live storage** – estacionamiento, almacenamiento
**live with** – vivir con, tolerar, aceptar
**livelihood** *n* – subsistencia, medios de vida, ocupación
**livery** *n* – entrega, traspaso, alquiler de vehículos
**livery conveyance** – vehículo para el transporte público
**lives in being** – las vidas en curso al crearse un interés
**livestock** *n* – ganado, ganadería
**livestock economy** – economía ganadera
**livestock insurance** – seguro de ganado
**living** *adj* – vivo, activo
**living** *n* – vida, medios de vida
**living apart** – viviendo separadamente
**living conditions** – condiciones de vida
**living cost** – costo de vida, coste de vida
**living death** – muerte en vida
**living expenses** – gastos de vida
**living issue** – descendientes vivos
**living quarters** – vivienda, habitaciones
**living separate and apart** – viviendo separadamente sin intención de volver a cohabitar
**living together** – conviviendo
**living trust** – fideicomiso entre vivos, fideicomiso durante la vida de quien lo estableció
**living wage** – salario de subsistencia, salario vital
**living will** – testamento vital
**LLC (limited liability company)** – sociedad de responsabilidad limitada, compañía de responsabilidad limitada
**LLP (limited liability partnership)** – sociedad de responsabilidad limitada
**Ln. (lane)** – camino
**load** *n* – carga, cargamento, deberes, peso, comisión
**load** *v* – cargar, adulterar, agobiar
**load line** – línea de carga
**loading** *n* – cargamento, carga, prima adicional
**loan** *n* – préstamo, empréstito
**loan** *v* – prestar
**loan acceptance** – aceptación de préstamo
**loan account** – cuenta de préstamos
**loan adjustment** – ajuste de préstamo
**loan administration** – administración de préstamos
**loan administrator** – administrador de préstamos
**loan advice** – asesoramiento de préstamos
**loan adviser** – asesor de préstamo
**loan advisor** – asesor de préstamo
**loan agency** – agencia de préstamos
**loan agreement** – contrato de préstamo, convenio de préstamo, acuerdo de préstamo
**loan analysis** – análisis de préstamos
**loan analyst** – analista de préstamos
**loan applicant** – solicitante de préstamo
**loan application** – solicitud de préstamo
**loan application charge** – cargo por solicitud de préstamo
**loan application fee** – cargo por solicitud de préstamo
**loan approval** – aprobación de préstamo
**loan association** – asociación de préstamo
**loan authorisation** – autorización de préstamo
**loan authorization** – autorización de préstamo
**loan availability** – disponibilidad de préstamos
**loan balance** – saldo del préstamo
**loan bank** – banco de préstamos
**loan broker** – corredor de préstamos
**loan bureau** – agencia de préstamos, negociado de préstamos
**loan capacity** – capacidad de préstamo
**loan capital** – capital en préstamos
**loan ceiling** – límite de préstamos
**loan certificate** – certificado de préstamo
**loan check** – verificación de préstamo
**loan classification** – clasificación de préstamo
**loan closing** – cierre
**loan club** – club de préstamos
**loan co-operative** – cooperativa de préstamos
**loan commitment** – compromiso de préstamo
**loan committee** – comité de préstamos
**loan company** – compañía de préstamos
**loan consent agreement** – convenio de consentimiento de préstamo de valores
**loan consultant** – asesor de préstamos
**loan contract** – contrato de préstamo
**loan cooperative** – cooperativa de préstamos
**loan corporation** – corporación de préstamos
**loan counseling** – asesoramiento de préstamos
**loan counsellor** – asesor de préstamos
**loan counselor** – asesor de préstamos
**loan coverage ratio** – ratio de cobertura de préstamos, razón de cobertura de préstamos
**loan criteria** – criterios de préstamo

**loan crunch** – reducción de préstamos disponibles, escasez de préstamos disponibles
**loan decline** – denegación de préstamo
**loan denial** – denegación de préstamo
**loan department** – departamento de préstamos
**loan director** – director de préstamos
**loan division** – división de préstamos
**loan documentation** – documentación de préstamo
**loan entity** – entidad de préstamos
**loan exposure** – exposición a riesgo de préstamos
**loan facilities** – facilidades de préstamo
**loan fee** – cargo por préstamo
**loan file** – expediente de préstamo
**loan financing** – financiación mediante préstamos, financiación de préstamos
**loan folder** – expediente de préstamo
**loan for consumption** – préstamo para consumo
**loan for exchange** – préstamo en el que una parte entrega bienes personales y la otra devuelve bienes similares en una fecha futura
**loan for use** – préstamo de uso
**loan form** – formulario de préstamo
**loan freeze** – congelamiento de préstamos
**loan fund** – fondo para préstamos
**loan guarantee** – garantía de préstamo
**loan guarantee certificate** – certificado de garantía de préstamo
**loan guarantee fee** – cargo por garantía de préstamo
**loan guaranty** – garantía de préstamo
**loan guaranty certificate** – certificado de garantía de préstamo
**loan guaranty fee** – cargo por garantía de préstamo
**loan history** – historial del préstamo
**loan holder** – titular del préstamo
**loan information sheet** – hoja de información de préstamos
**loan information** – información del préstamo
**loan inquiry** – indagación de préstamo
**loan institution** – institución de préstamos
**loan instrument** – instrumento de préstamo
**loan insurance** – seguro de préstamo
**loan interest** – interés del préstamo
**loan interest rate** – tasa de interés del préstamo
**loan investigation** – investigación de préstamo
**loan limit** – límite de préstamos
**loan line** – línea de préstamo
**loan loss provision** – reserva para pérdidas de préstamos
**loan loss reserve** – reserva para pérdidas de préstamos
**loan losses** – pérdidas de préstamos
**loan management** – administración de préstamos, gestión de préstamos
**loan manager** – administrador de préstamos
**loan market** – mercado de préstamos
**loan maturity** – vencimiento del préstamo
**loan note** – nota de préstamo
**loan of money** – préstamo de dinero
**loan office** – oficina de préstamos
**loan officer** – funcionario de préstamos
**loan origination** – originación de préstamo
**loan origination charge** – cargo por originación de préstamo
**loan origination fee** – cargo por originación de préstamo
**loan outstanding** – préstamo pendiente
**loan participation** – participación en préstamo
**loan period** – período del préstamo
**loan policy** – política de préstamos
**loan portfolio** – cartera de préstamos, portafolio de préstamos
**loan processing** – procesamiento de préstamos
**loan quality** – calidad de préstamos
**loan rate** – tasa del préstamo
**loan rate of interest** – tasa de interés del préstamo
**loan receipt** – recibo de préstamo
**loan record** – registro del préstamo
**loan recovery** – recuperación de préstamo
**loan reference** – referencia de préstamo
**loan register** – registro de préstamos
**loan repayment** – pago de préstamo, abono de préstamo
**loan report** – informe del préstamo
**loan reporting agency** – agencia de informes de préstamos
**loan requirements** – requisitos de préstamos
**loan reserves** – reservas para préstamos
**loan restrictions** – restricciones de préstamos
**loan review** – revisión de préstamo
**loan risk** – riesgo de préstamo
**loan sales** – ventas de préstamos
**loan schedule** – tabla de pagos de préstamos
**loan service** – servicio del préstamo
**loan shares** – prestar valores
**loan shark** – usurero
**loan sharking** – usura
**loan society** – sociedad de préstamos
**loan squeeze** – reducción de préstamos disponibles, escasez de préstamos disponibles
**loan status** – estatus del préstamo
**loan stock** – prestar valores
**loan supply** – oferta de préstamos
**loan swap** – intercambio de préstamos
**loan system** – sistema de préstamos
**loan terms** – términos del préstamo
**loan-to-value ratio** – ratio del préstamo al valor total, razón del préstamo al valor total
**loan transaction** – transacción de préstamo
**loan transfer** – transferencia de préstamo
**loan value** – valor del préstamo
**loan verification** – verificación del préstamo
**loanable** *adj* – prestable
**loaned** *adj* – prestado
**loaned employee** – empleado cuyos servicios se prestan temporalmente a otro patrono
**loaned funds** – fondos prestados
**loaned money** – dinero prestado
**loaned resources** – recursos prestados
**loaned securities** – valores prestados
**loaned servant** – empleado cuyos servicios se prestan temporalmente a otro patrono
**loaned shares** – acciones prestadas
**loaned stock** – acciones prestadas
**loaned servant doctrine** – doctrina según la cual un empleado cuyos servicios se prestan temporalmente a otro patrono se considera como empleado de este último
**loaned shares** – acciones prestadas

**loaned stock** – acciones prestadas
**lobby** *n* – lobby, grupo de presión, grupo de cabilderos, camarilla, vestíbulo
**lobby** *v* – cabildear
**lobbying** *n* – cabildeo
**lobbying acts** – leyes las cuales regulan las actividades de cabildeo
**lobbyist** *n* – cabildero
**local** *adj* – local, regional
**local act** – ley local
**local actions** – acciones locales
**local affairs** – asuntos locales
**local agency** – agencia local
**local agent** – agente local
**local aid** – ayuda local
**local allegiance** – respeto a las normas del país donde uno se encuentra temporalmente
**local-area network** – red de área local, red local, LAN
**local assessment** – impuesto local, tasación para mejoras
**local assets** – activo local
**local assistance** – asistencia local
**local auditor** – auditor local
**local authority** – autoridad local
**local bank** – banco local
**local banking** – banca local
**local benefit** – beneficio local
**local branch** – sucursal local
**local chattel** – mueble adherido a un inmueble
**local check** – cheque local
**local cheque** – cheque local
**local clearinghouse** – casa de liquidación local
**local commerce** – comercio local
**local commodity** – producto local
**local company** – compañía local
**local concern** – empresa con intereses locales
**local consumption** – consumo local
**local control** – control local
**local corporation** – corporación local
**local courts** – tribunales locales
**local credit** – crédito local
**local currency** – moneda local
**local customs** – costumbres locales
**local debt** – deuda local
**local domicile** – domicilio local
**local economy** – economía local
**local enterprise** – empresa local
**local firm** – empresa local
**local funds** – fondos locales
**local government** – gobierno local, gobierno municipal
**local holiday** – feriado local
**local improvements** – mejoras públicas locales, mejoras locales
**local improvements assessment** – impuesto para mejoras públicas locales
**local income** – ingresos locales
**local income tax** – impuesto local sobre la renta
**local industry** – industria local
**local inspector** – inspector local
**local insurance** – seguro local
**local insurer** – asegurador local
**local interests** – intereses locales
**local intervention** – intervención local
**local investment** – inversión local
**local knowledge** – de conocimiento local
**local law** – ley local, derecho local
**local liabilities** – pasivo local
**local loan** – préstamo local
**local minimum wage** – salario mínimo local, paga mínima local
**local officer** – funcionario local
**local option** – opción local
**local partnership** – sociedad local
**local police** – policía local
**local policy** – política local, póliza local
**local prison** – prisión local
**local rate** – tasa local
**local regulation** – reglamento local
**local representative** – representante local
**local resources** – recursos locales
**local rules** – reglas locales
**local sales** – ventas locales
**local sales tax** – impuesto local sobre ventas
**local securities** – valores locales
**local self-government, right of** – derecho a un gobierno autónomo para asuntos locales
**local standards** – normas locales
**local statute** – estatuto local
**local subsidiary** – subsidiaria local
**local subsidy** – subsidio local, subvención local
**local support** – ayuda local
**local taxes** – impuestos locales
**local time** – hora local
**local union** – unión local
**local usage** – de uso local
**local waybill** – carta de porte local
**localisation** *n* – localización
**localise** *v* – localizar
**locality** *n* – localidad, sitio
**locality of a lawsuit** – el lugar donde se puede ejercer la competencia judicial
**localization** *n* – localización
**localize** *v* – localizar
**locally** *adv* – localmente
**locally-controlled** *adj* – controlado localmente
**locally-run** *adj* – operado localmente
**locate** *adj* – localizar, ubicar, dar con
**location** *n* – localización, lugar, ubicación, colocación, sitio, reclamación de una pertenencia minera
**locator** *n* – localizador
**lock** *n* – cerradura, candado
**lock** *v* – cerrar con llave
**lock limit** – detención de ejecución de transacciones por haberse alcanzado el máximo permitido de alza o baja en el precio de un contrato de futuros en un día
**lock-out** *n* – huelga patronal
**locked-in interest rate** – tasa de interés que se compromete a ofrecer un prestador
**lockout** *n* – huelga patronal
**lockup** *n* – celda para la detención de personas en espera de un juicio
**loco parentis, in** – en lugar de un padre, in loco parentis
**locum tenens** – suplente
**locus** *n* – lugar
**locus contractus** – el lugar del contrato

**locus delicti** – el lugar del delito
**locus in quo** – el lugar en el cual
**locus standi** – derecho de audiencia ante un tribunal
**lodge** *n* – posada, hotel
**lodge** *v* – alojar, albergar, introducir, sentar, presentar
**lodge a complaint** – presentar una querella, presentar una acción
**lodger** *n* – inquilino, huésped
**lodging house** – casa de huéspedes
**lodging place** – albergue temporal
**log** *n* – diario, cuaderno de bitácora, registro, tronco
**log** *v* – registrar, anotar, recorrer, cortar
**log in** – registrar, contabilizar
**logbook** *n* – diario, cuaderno de bitácora, registro
**logic** *n* – lógica
**logical** *adj* – lógico
**logical inference** – inferencia lógica
**logical interpretation** – interpretación lógica
**logical process** – proceso lógico
**logical relevancy** – pertinencia lógica
**logical sequence** – secuencia lógica
**logical testimony** – testimonio lógico
**logically** *adv* – lógicamente
**logistics** *n* – logística
**logjam** *n* – estancamiento
**logo** *n* – logotipo, logo, marca figurativa
**logotype** *n* – logotipo, logo, marca figurativa
**logrolling** *n* – intercambio de favores, intercambio de favores políticos
**loiter** *v* – vagar, dilatar
**loiterer** *n* – vagabundo
**loitering** *n* – vagabundeo
**lone** *adj* – único, solitario, aislado
**long arm statutes** – estatutos que permiten que se extienda jurisdicción personal sobre personas que hacen gestiones de negocio desde otro estado
**long-distance** *adj* – larga distancia
**long-range** *adj* – a largo plazo
**long-range planning** – planificación a largo plazo
**long-standing** – de largos años, duradero
**long-term** *adj* – a largo plazo
**long-term assets** – activo a largo plazo
**long-term capital** – capital a largo plazo
**long-term capital gain** – ganancia de capital a largo plazo
**long-term capital loss** – pérdida de capital a largo plazo
**long-term care** – cuidado a largo plazo
**long-term contract** – contrato a largo plazo
**long-term credit** – crédito a largo plazo
**long-term creditor** – acreedor a largo plazo
**long-term debt** – deuda a largo plazo
**long-term disability** – discapacidad a largo plazo
**long-term disability insurance** – seguro de discapacidad a largo plazo
**long-term employee** – empleado a largo plazo
**long-term employment** – empleo a largo plazo
**long-term financing** – financiamiento a largo plazo, financiación a largo plazo
**long-term gain** – ganancia a largo plazo
**long-term gains tax** – impuesto sobre ganancias a largo plazo
**long-term investment** – inversión a largo plazo
**long-term lease** – arrendamiento a largo plazo
**long-term liability** – responsabilidad a largo plazo, obligación a largo plazo
**long-term loan** – préstamo a largo plazo
**long-term loss** – pérdida a largo plazo
**long-term mortgage** – hipoteca a largo plazo
**long-term policy** – póliza a largo plazo, política a largo plazo
**long-term rate** – tasa a largo plazo
**long-term securities** – valores a largo plazo
**long-term security** – seguridad a largo plazo
**long-term unemployment** – desempleo de larga duración, desempleo a largo plazo
**long-term work** – trabajo a largo plazo
**long-term worker** – trabajador a largo plazo
**long ton** – tonelada larga
**long weekend** – puente, fin de semana largo
**longevity** *n* – longevidad
**longevity pay** – compensación por longevidad
**longhand** *n* – escritura
**longshoreman** *n* – estibador
**look** *n* – mirada, apariencia
**look** *v* – mirar, parecer, indicar
**look alike** – parecerse a
**look into** – investigar, considerar
**looker-on** *n* – observador
**lookout** *n* – observación atenta, vigilancia, vigía, observador
**loophole** *n* – laguna legal, laguna
**loose** *adj* – suelto, flojo, inexacto
**loose ends** – cabos sueltos, asuntos sin resolver, asuntos pendientes
**loose-leaf** *adj* – de hojas sueltas, de hojas cambiables
**loosely** *adv* – libremente, aproximadamente
**loot** *n* – botín, presa, saqueo
**loot** *v* – saquear, robar
**looter** *n* – saqueador
**looting** *n* – saqueo
**loquacious** *adj* – locuaz
**lore** *n* – del saber popular
**lorry** *n* – camión
**lose ground** – perder terreno
**lose out** – perderse de, perder
**loss** *n* – pérdida, daño, siniestro
**loss adjuster** – ajustador de pérdidas
**loss adjustment** – ajuste de pérdidas
**loss assessment** – evaluación de los daños
**loss avoidance** – evitación de pérdidas
**loss burden** – carga del siniestro
**loss carry-back** – pérdidas netas que se incluyen al volver a computar los impuestos de años anteriores
**loss carry-forward** – pérdidas que se pueden incluir en la declaración de la renta para años subsiguientes
**loss carry-over** – pérdidas que se pueden incluir en la declaración de la renta para años subsiguientes
**loss carryback** – pérdidas netas que se incluyen al volver a computar los impuestos de años anteriores
**loss carryforward** – pérdidas que se pueden incluir en la declaración de la renta para años subsiguientes
**loss carryover** – pérdidas que se pueden incluir en la declaración de la renta para años subsiguientes
**loss compensation** – compensación de pérdidas
**loss control** – control de pérdidas
**loss damage waiver** – renuncia a la recuperación de daños por accidente automovilístico

**loss evidence** – prueba de pérdida
**loss exposure** – exposición a pérdida
**loss frequency** – frecuencia de pérdidas
**loss leader** – líder en pérdida, artículo vendido bajo costo para atraer clientela en espera que se hagan otras compras lucrativas para el negocio
**loss limitation** – limitación de pérdidas
**loss-making** *adj* – que genera pérdidas, que no genera ganancias
**loss of affection** – pérdida de afecto
**loss of anticipated profits** – pérdida de beneficios anticipados, pérdida de ganancias anticipadas
**loss of earnings** – pérdida de ingresos
**loss of identity** – pérdida de identidad
**loss of income** – pérdida de ingresos
**loss of income insurance** – seguro contra pérdida de ingresos
**loss of pay** – pérdida de paga, pérdida de salario
**loss of profits** – pérdida de ganancias
**loss of respect** – pérdida de respeto
**loss prevention** – prevención de pérdidas
**loss proof** – prueba de pérdida
**loss reduction** – reducción de pérdidas
**loss report** – informe de pérdidas
**loss reserve** – reserva para siniestros, reserva para pérdidas
**losses incurred** – pérdidas incurridas
**lost** *adj* – perdido, olvidado, desorientado
**lost card** – tarjeta perdida
**lost days** – días perdidos
**lost in transit** – perdido durante el tránsito
**lost or not lost** – estipulación en una póliza de seguro marítimo que si las partes envueltas no están enteradas de un siniestro existente que dicho siniestro estará cubierto
**lost policy** – póliza perdida
**lost policy receipt** – formulario de póliza perdida
**lost property** – propiedad perdida, bienes perdidos
**lost will** – testamento perdido
**lot** *n* – lote, solar, parcela, grupo, suerte
**lottery** *n* – lotería, rifa
**low** *adj* – bajo, escaso, vil
**low-budget** *adj* – de bajo presupuesto
**low-cost** *adj* – de bajo precio
**low-cost housing** – viviendas de bajo costo, viviendas de bajo coste
**low-end** *adj* – de baja calidad, dirigido hacia consumidores de bajos ingresos, lo más barato, referente a lo más barato dentro de una gama dada
**low-grade** *adj* – de baja calidad
**low-income** *adj* – de ingresos bajos
**low-income country** – país de ingresos bajos
**low-inflation country** – país de baja inflación
**low-interest loan** – préstamo de tasa baja
**low or slight diligence** – diligencia mínima
**low pay** – paga baja
**low quality** – baja calidad
**low salary** – salario bajo
**low-tech** *adj* – de tecnología sencilla
**low-technology** *adj* – de tecnología sencilla
**low wages** – paga baja
**low-water mark** – línea de bajamar
**lower** *adj* – más bajo, inferior
**lower** *v* – bajar, rebajar, disminuir, reducir
**lower benefits** – reducir beneficios
**lower court** – tribunal inferior, tribunal de primera instancia
**lower house** – cámara baja
**lower taxes** – reducir impuestos
**loyal** *adj* – leal, legal, constante
**loyalty** *n* – lealtad, legalidad, constancia
**loyalty card** – tarjeta de fidelización
**LP (limited partnership)** – sociedad en comandita
**Ltd. (limited company, limited liability company)** – sociedad de responsabilidad limitada, compañía de responsabilidad limitada
**lucid interval** – intervalo lúcido
**lucidity** *n* – lucidez
**luck** *n* – suerte, azar, casualidad
**lucrative** *adj* – lucrativo
**lucrative activity** – actividad lucrativa
**lucrative bailment** – depósito a título oneroso, depósito lucrativo
**lucrative office** – cargo remunerado
**lucrative title** – título gratuito
**Luddite** *n* – ludita
**lump sum** – suma global, cantidad global
**lump-sum contract** – contrato para pago global
**lump-sum distribution** – distribución global
**lump-sum payment** – pago global
**lump-sum purchase** – compra global
**lump-sum settlement** – indemnización global
**lump-sum tax** – impuesto global
**lunacy** *n* – insania, demencia
**lunar month** – mes lunar
**lunatic** *n* – lunático
**lure** *n* – tentación, señuelo
**lure** *v* – atraer con engaño, seducir, tentar
**lurk** *v* – estar al asecho
**lurker** *n* – acechador, espía
**luxury tax** – impuesto suntuario, impuesto de lujo
**lynch law** – ley de linchamiento
**lynching** *n* – linchamiento

# M

**M & A (mergers and acquisitions)** – fusiones y adquisiciones
**m-business (mobile business)** – comercio móvil, comercio electrónico usando aparatos móviles como teléfonos celulares
**m-commerce (mobile commerce)** – comercio móvil, comercio electrónico usando aparatos móviles como teléfonos celulares
**M'Naghten Rule** – regla que declara que una persona no es culpable de un crimen si al cometerlo estaba insano
**macabre** *adj* – macabro, horripilante
**mace** *n* – maza, aerosol altamente irritante para ahuyentar personas o animales

**mace-proof** *adj* – inmune a arresto
**machine-made** *adj* – hecho a máquina
**machine-readable** *adj* – legible por máquina
**machine scanning** – exploración por máquina
**machinery** *n* – maquinaria
**macroeconomic** *adj* – macroeconómico
**macroeconomics** *n* – macroeconomía
**macroenvironment** *n* – macroambiente
**macromarketing** *n* – macromarketing, macromercadeo
**MACRS (modified accelerated cost recovery system)** – sistema acelerado de recuperación de costos modificado
**mad** *adj* – insano, enfurecido, frenético
**made known** – hecho saber
**made-to-measure** *adj* – hecho a la medida
**made-to-order** *adj* – hecho a la medida
**mafia** *n* – mafia, crimen organizado, conspiración
**magazine** *n* – revista, boletín, cartucho
**magisterial precinct** – distrito judicial
**magistracy** *n* – magistratura
**magistrate** *n* – magistrado, juez
**magistrate judge** – magistrado, juez
**magistrates' court** – tribunal de magistrados, juzgado de paz
**magna culpa** – culpa grave, negligencia grave, magna culpa
**magnate** *n* – magnate
**magnetic card** – tarjeta magnética
**magnetic disk** – disco magnético
**magnetic stripe** – franja magnética
**magnetic tape** – cinta magnética
**maiden name** – apellido de soltera
**mail** *adj* – postal
**mail** *n* – correo, correspondencia, email, correo electrónico
**mail** *v* – enviar por correo, enviar por email
**mail address** – dirección de correo, dirección de email
**mail advertising** – publicidad por correo
**mail carrier** – cartero, cartera
**mail contract** – contrato por correspondencia
**mail deposit** – depósito por correo
**mail fraud** – fraude cometido usando el servicio postal
**mail, it is in the** – ya está enviado por correo, ya está de camino
**mail message** – mensaje de correo, mensaje de email
**mail offense** – delito contra el servicio postal, delito utilizando el servicio postal
**mail order** – giro postal, orden por correo
**mail order company** – compañía de ventas por correo
**mail order divorce** – divorcio en el cual ninguna de las dos partes está presente en la jurisdicción otorgante
**mail order insurance** – seguros vendidos por correo
**mail order firm** – empresa de ventas por correo
**mail order house** – casa de ventas por correo
**mail order insurance** – seguros vendidos por correo
**mail order sales** – ventas por correo
**mail order selling** – ventas por correo
**mail teller** – cajero de transacciones solicitadas por correo
**mailable** *adj* – apto para enviarse por correo
**mailbox** *n* – buzón
**mailbox rule** – regla según la cual una aceptación de oferta es efectiva al echarse en el buzón
**mailed** *adj* – enviado por correo
**mailing** *n* – mailing, material comercial enviado por correo, material enviado por correo
**mailing address** – dirección postal, domicilio postal
**mailing list** – lista de mailing, lista de direcciones, lista de direcciones a donde enviar material comercial
**mailman** *n* – cartero, cartera
**mailperson** *n* – cartero, cartera
**mailshot** *n* – mailing, correo basura, envío de correo basura
**maim** *v* – mutilar
**main** *adj* – principal, esencial, central
**main** *n* – parte principal, lo esencial
**main account** – cuenta principal
**main action** – acción principal
**main activity** – actividad principal
**main allegation** – alegación principal
**main bank** – banco principal
**main beneficiary** – beneficiario principal
**main boycott** – boicot principal
**main branch** – sucursal principal
**main broker** – corredor principal
**main budget** – presupuesto principal
**main business** – negocio principal, asunto principal
**main capital** – capital principal
**main channel** – canal principal
**main commodity** – producto principal, mercancía principal
**main contract** – contrato principal
**main contractor** – contratista principal
**main creditor** – acreedor principal
**main dealer** – corredor principal
**main debtor** – deudor principal
**main defendant** – demandado principal
**main evidence** – prueba principal
**main exports** – exportaciones principales
**main fact** – hecho principal
**main fund** – fondo principal
**main home** – residencia principal
**main imports** – importaciones principales
**main industry** – industria principal
**main insurance** – seguro principal, seguro primario
**main insurer** – asegurador principal
**main issue** – emisión principal, cuestión principal
**main lease** – arrendamiento principal
**main liability** – responsabilidad principal
**main obligation** – obligación principal
**main office** – oficina central, sede, casa matriz
**main organisation** – organización principal
**main organization** – organización principal
**main place of business** – oficina central, sede, casa matriz
**main powers** – poderes principales
**main purpose** – propósito principal
**main rate** – tasa principal, tipo principal
**main reserves** – reservas principales
**main residence** – residencia principal
**main sea** – mar abierto
**main shareholder** – accionista principal
**main stockholder** – accionista principal
**main trading partner** – socio comercial principal
**main underwriter** – colocador de emisión principal
**mainframe** *n* – servidor grande y poderoso,

computadora grande y poderosa, ordenador grande y poderoso, computadora central, ordenador central
**mainly** *adv* – mayormente, principalmente
**mainstream** *adj* – conforme a la corriente dominante, conforme al pensamiento convencional, conforme a lo establecido
**maintain** *v* – mantener, conservar, sostener, defender, continuar una acción
**maintain an action** – continuar una acción
**maintain continuity** – mantener continuidad
**maintainor** *n* – quien ayuda en un juicio ajeno ya sea con dinero o de otro modo
**maintenance** *n* – mantenimiento, sostenimiento, conservación, pensión alimenticia, el ayudar en un juicio ajeno ya sea con dinero o de otro modo
**maintenance bond** – caución de mantenimiento
**maintenance call** – aviso de la casa de corretaje de que una cuenta de margen está debajo del mínimo de mantenimiento
**maintenance charge** – cargo de mantenimiento
**maintenance cost** – costo de mantenimiento, coste de mantenimiento
**maintenance expenditures** – gastos de mantenimiento
**maintenance expenses** – gastos de mantenimiento
**maintenance fee** – cargo de mantenimiento
**maintenance margin** – margen de mantenimiento
**maintenance minimum** – mínimo de mantenimiento
**maintenance of children** – mantenimiento de menores, manutención de menores
**maintenance payment** – pago de mantenimiento, pago de pensión alimenticia
**maintenance pending suit** – pensión alimenticia en espera de la finalización del litigio de divorcio, alimentos provisionales
**maintenance requirements** – requisitos de mantenimiento
**maintenance reserve** – reserva de mantenimiento
**maintenance supplement** – suplemento de mantenimiento
**major** *adj* – mayor, más grande, principal, importante, mayor de edad
**major** *n* – persona mayor de edad, mayor, especialidad
**major account** – cuenta principal
**major crime** – delito grave
**major currency** – moneda principal
**major medical expense insurance** – seguro para gastos médicos mayores
**major medical insurance** – seguro para gastos médicos mayores
**majority** *n* – mayoría, mayoría de edad, pluralidad
**majority control** – control mayoritario
**majority decision** – decisión mayoritaria
**majority holder** – accionista mayoritario, tenedor mayoritario
**majority interest** – interés mayoritario
**majority leader** – líder de la mayoría
**majority opinion** – opinión de la mayoría
**majority ownership** – propiedad mayoritaria
**majority party** – partido de la mayoría
**majority rule** – gobierno mayoritario
**majority shareholder** – accionista mayoritario
**majority stake** – interés mayoritario, participación mayoritaria
**majority stockholder** – accionista mayoritario
**majority vote** – voto mayoritario
**make** *n* – marca
**make** *v* – hacer, fabricar, celebrar, establecer, firmar, crear, efectuar, ganar, causar, deducir
**make a bequest** – hacer un legado
**make a bid** – hacer una oferta
**make a comparison** – hacer una comparación
**make a confession** – hacer una confesión
**make a contract** – celebrar un contrato
**make a deal** – hacer un negocio, hacer un trato
**make a decision** – tomar una decisión
**make a deposit** – hacer un depósito
**make a distinction** – hacer una distinción
**make a getaway** – huir
**make a legacy** – hacer un legado
**make a loan** – hacer un préstamo
**make a market** – cuando un corredor mantiene cuenta propia para facilitar la liquidez de ciertos valores
**make a note** – tomar nota
**make a promise** – hacer una promesa
**make a purchase** – hacer una compra
**make a resolution** – tomar una resolución
**make a sale** – hacer una venta
**make a statement** – hacer una declaración
**make a transfer** – hacer una transferencia
**make an award** – emitir un fallo
**make an entry** – efectuar un asiento
**make an exception** – hacer una excepción
**make an offer** – hacer una oferta
**make delivery** – hacer entrega
**make formal** – formalizar
**make illegal** – hacer ilegal
**make impossible** – hacer imposible
**make improvements** – hacer mejoras
**make inevitable** – hacer inevitable
**make lawful** – hacer legal, legalizar
**make legal** – hacer legal, legalizar
**make money** – ganar dinero
**make over** – transferir título o posesión, transferir, renovar
**make payment** – hacer pago
**make possible** – hacer posible
**make up for** – compensar por
**maker** *n* – fabricante, librador, firmante
**makeshift** *adj* – apropiado como sustituto provisional, provisional, improvisado
**makeshift** *n* – sustituto provisional pero inferior, sustituto provisional
**making law** – la creación de una nueva ley
**mala fide** – de mala fe, mala fide
**mala fides** – mala fe, mala fides
**mala in se** – malvado de por sí
**mala prohibita** – delitos prohibidos
**maladministration** *n* – administración inepta, administración fraudulenta
**malady** *n* – mal, enfermedad, trastorno
**malconduct** *n* – mala conducta, conducta ilícita
**malefaction** *n* – malhecho, delito, crimen
**malefactor** *n* – malhechor, criminal
**malefic** *adj* – maléfico, perjudicial, dañino
**maleficence** *n* – maleficio, maldad
**maleficent** *adj* – maléfico, dañino
**malevolence** *n* – malevolencia
**malevolent** *adj* – malévolo

**malevolently** *adv* – malévolamente
**malfeasance** *n* – fechoría, acto ilegal
**malfunction** *n* – funcionamiento defectuoso
**malice** *n* – malicia, intención maliciosa
**malice aforethought** – malicia premeditada
**malice in fact** – malicia de hecho, intención criminal de hecho
**malice in law** – malicia implícita, intención criminal implícita
**malicious** *adj* – malicioso, malévolo, doloso, maligno
**malicious abandonment** – abandono conyugal doloso
**malicious accusation** – acusación maliciosa
**malicious act** – acto malicioso, acto doloso
**malicious arrest** – arresto ilícito malicioso
**malicious assault** – asalto malicioso
**malicious falsehood** – falsedad maliciosa
**malicious injury** – lesión dolosa, lesión maliciosa
**malicious killing** – homicidio doloso
**malicious mischief** – daño voluntario y malicioso a propiedad ajena
**malicious motive** – motivo malicioso
**malicious prosecution** – acción penal sin fundamento, denuncia maliciosa
**malicious trespass** – violación de propiedad maliciosa, transgresión dolosa
**malicious use of process** – abuso de proceso
**maliciously** *adv* – maliciosamente
**maliciousness** *n* – malicia
**malign** *adj* – maligno
**malign** *v* – difamar, calumniar
**maligner** *n* – difamador
**malinger** *v* – fingir un impedimento o enfermedad
**malingerer** *n* – quien finge un impedimento o enfermedad
**mall** *n* – centro comercial
**Mallory Rule** – regla según la cual no es admisible una confesión obtenida tras una detención por un tiempo irrazonable
**malpractice** *n* – negligencia profesional
**malpractice insurance** – seguro contra negligencia profesional
**malpractice liability insurance** – seguro contra negligencia profesional
**maltreat** *v* – maltratar
**maltreatment** *n* – maltrato
**malversation** *n* – malversación, delitos cometidos en la capacidad de funcionario
**man-day** *n* – el trabajo que hace una persona en un día
**man-hour** *n* – el trabajo que hace una persona en una hora, hora-hombre
**man-made** *adj* – artificial, sintético
**man of straw** – hombre de paja
**man-year** *n* – el trabajo que hace una persona en un año
**manacle** *v* – esposar
**manacles** *n* – esposas
**manage** *v* – manejar, administrar, dirigir, gestionar, lograr
**manage commerce** – manejar el comercio
**manage costs** – manejar los costos, manejar los costes
**manage exchange rates** – manejar los tipos de cambio
**manage expenditures** – manejar los gastos
**manage expenses** – manejar los gastos
**manage funds** – manejar los fondos
**manage growth** – manejar el crecimiento
**manage inflation** – manejar la inflación
**manage poorly** – manejar mal
**manage prices** – manejar los precios
**manage rates** – manejar las tasas
**manage trade** – manejar el comercio
**manage the economy** – manejar la economía
**manage wages** – manejar los salarios
**manageable** *adj* – manejable, razonable
**managed** *adj* – administrado, dirigido, controlado
**managed account** – cuenta administrada
**managed commodities** – mercancías administradas, productos administrados
**managed company** – compañía administrada
**managed corporation** – corporación administrada
**managed costs** – costos administrados, costes administrados
**managed currency** – moneda administrada
**managed economy** – economía planificada, economía dirigida
**managed exchange rate** – tipo de cambio administrado, tasa de cambio administrada
**managed expenditures** – gastos administrados
**managed expenses** – gastos administrados
**managed foreign corporation** – corporación extranjera administrada
**managed funds** – fondos administrados
**managed group** – grupo administrado
**managed growth** – crecimiento administrado
**managed inflation** – inflación administrada
**managed liabilities** – pasivo administrado
**managed market** – mercado administrado
**managed money** – moneda administrada, fondos administrados
**managed prices** – precios administrados
**managed rates** – tasas administradas
**managed trade** – comercio administrado
**managed wages** – salarios administrados
**management** *adj* – administrativo
**management** *n* – manejo, administración, gestión, gerencia, dirección, cuerpo directivo
**management accountancy** – contabilidad administrativa
**management accounting** – contabilidad administrativa
**management agency** – agencia administrativa
**management agreement** – acuerdo administrativo
**management audit** – auditoría administrativa
**management board** – junta administrativa, junta directiva
**management buy-in** – adquisición por la gerencia de una compañía de un interés mayoritario en otra
**management buy-out** – adquisición por la gerencia de todas las acciones de su propia compañía
**management by consensus** – gestión participativa, administración por consenso
**management by crisis** – administración por crisis, administración de crisis en crisis
**management by exception** – administración por excepciones
**management by objectives** – administración por objetivos, gestión por objetivos
**management by results** – administración por

resultados, gestión por resultados
**management by walking around** – administración incorporando contacto directo
**management charge** – cargo administrativo, cargo por administración
**management committee** – comité administrativo, junta directiva
**management company** – compañía administrativa, compañía administradora
**management consultant** – consultor administrativo
**management consulting services** – servicios de consultores en administración
**management contract** – contrato de administración
**management control** – control administrativo
**management control system** – sistema de control administrativo
**management costs** – costos administrativos, costes administrativos
**management cycle** – ciclo administrativo
**management development** – desarrollo administrativo
**management deviation** – irregularidad administrativa
**management effectiveness** – efectividad administrativa
**management employee** – empleado administrativo
**management engineering** – ingeniería administrativa
**management expenditures** – gastos de administración
**management expenses** – gastos de administración
**management fee** – cargo administrativo, cargo por administración
**management game** – juego administrativo
**management guide** – guía administrativa
**Management Information Systems** – Sistemas de Información Gerencial
**management irregularity** – irregularidad administrativa
**management job** – empleo administrativo
**management of property** – administración de propiedad
**management of the ship** – administración de la nave
**management office** – oficina administrativa, oficina de administración
**management officer** – oficial administrativo, funcionario administrativo
**management personnel** – personal administrativo
**management planning** – planificación administrativa
**management position** – puesto administrativo
**management practices** – prácticas administrativas
**management prerogatives** – prerrogativas administrativas
**management procedures** – procedimientos administrativos
**management report** – informe administrativo
**management review** – revisión administrativa
**management rights** – derechos administrativos
**management sciences** – ciencias administrativas
**management services** – servicios administrativos
**management skills** – destrezas administrativas
**management staff** – personal administrativo
**management structure** – estructura administrativa
**management style** – estilo administrativo
**management system** – sistema administrativo
**management training** – entrenamiento administrativo
**management work** – trabajo administrativo
**manager** *n* – administrador, gerente, gestor, director
**manager office** – oficina del administrador, oficina del gerente
**manager on duty** – administrador de turno, gerente de turno
**managerial** *adj* – administrativo, gerencial, ejecutivo, directivo
**managerial accounting** – contabilidad administrativa, contabilidad ejecutiva
**managerial action** – acción administrativa, acto administrativo
**managerial agency** – agencia administrativa
**managerial agreement** – acuerdo administrativo
**managerial assistant** – asistente administrativo
**managerial audit** – auditoría administrativa
**managerial board** – junta administrativa, junta administradora, junta directiva
**managerial budget** – presupuesto administrativo
**managerial budgeting** – presupuestación administrativa
**managerial charge** – cargo administrativo
**managerial commission** – comisión administrativa
**managerial committee** – comité administrativo
**managerial company** – compañía administrativa, compañía administradora
**managerial consultant** – consultor administrativo
**managerial contract** – contrato administrativo
**managerial control** – control administrativo, control ejecutivo
**managerial costs** – costos administrativos, costes administrativos
**managerial council** – consejo administrativo, consejo administrador
**managerial development** – desarrollo administrativo
**managerial effectiveness** – efectividad administrativa
**managerial employee** – empleado administrativo
**managerial expenditures** – gastos administrativos
**managerial expenses** – gastos administrativos
**managerial fee** – cargo administrativo
**managerial functions** – funciones administrativas
**managerial guide** – guía administrativa
**managerial irregularity** – irregularidad administrativa
**managerial job** – empleo administrativo
**managerial law** – derecho administrativo
**managerial methods** – métodos administrativos
**managerial office** – oficina administrativa
**managerial officer** – oficial administrativo, funcionario administrativo
**managerial personnel** – personal administrativo
**managerial planning** – planificación administrativa
**managerial position** – puesto administrativo
**managerial practices** – prácticas administrativas
**managerial prerogatives** – prerrogativas administrativas
**managerial procedures** – procedimientos administrativos
**managerial reorganisation** – reorganización administrativa
**managerial reorganization** – reorganización administrativa
**managerial revenues** – ingresos administrativos
**managerial review** – revisión administrativa
**managerial rights** – derechos administrativos
**managerial services** – servicios administrativos

**managerial skills** – destrezas administrativas
**managerial staff** – personal administrativo
**managerial structure** – estructura administrativa
**managerial system** – sistema administrativo
**managerial work** – trabajo administrativo
**managing** *adj* – administrador, gerencial, directivo
**managing agent** – gerente
**managing board** – junta directiva
**managing committee** – comité directivo
**managing director** – director gerente
**managing partner** – socio administrador
**managing underwriter** – colocador de emisión líder
**mandamus** – ordenamos, orden judicial, mandamus
**mandatary** *n* – mandatario
**mandate** *n* – mandato, orden
**mandator** *n* – mandante
**mandatory** *adj* – obligatorio, imperativo
**mandatory act** – acto obligatorio
**mandatory agreement** – convenio obligatorio
**mandatory amount** – cantidad obligatoria
**mandatory arbitration** – arbitraje obligatorio
**mandatory care** – cuidado obligatorio
**mandatory clause** – cláusula obligatoria
**mandatory component** – componente obligatorio
**mandatory condition** – condición obligatoria
**mandatory copy** – texto obligatorio
**mandatory cost** – costo obligatorio, coste obligatorio
**mandatory coverage** – cobertura obligatoria
**mandatory damages** – daños y perjuicios obligatorios
**mandatory deposit** – depósito obligatorio
**mandatory diligence** – diligencia obligatoria
**mandatory disclosure** – divulgación obligatoria
**mandatory domicile** – domicilio obligatorio
**mandatory easement** – servidumbre obligatoria
**mandatory expenditures** – gastos obligatorios, desembolsos obligatorios
**mandatory expense** – gasto obligatorio
**mandatory inference** – inferencia obligatoria
**mandatory injunction** – orden judicial imperativa, requerimiento imperativo, mandamiento preceptivo, mandamiento afirmativo
**mandatory instructions** – instrucciones obligatorias
**mandatory insurance** – seguro obligatorio
**mandatory level** – nivel obligatorio
**mandatory licence** – licencia obligatoria
**mandatory license** – licencia obligatoria
**mandatory limit** – límite obligatorio
**mandatory order** – orden imperativa
**mandatory parties** – partes obligatorias
**mandatory pay** – paga obligatoria
**mandatory payment** – pago obligatorio
**mandatory reinsurance** – reaseguro obligatorio
**mandatory remuneration** – remuneración obligatoria
**mandatory repairs** – reparaciones obligatorias
**mandatory reserve** – reserva obligatoria
**mandatory retirement** – retiro obligatorio
**mandatory salary** – salario obligatorio
**mandatory sentence** – sentencia obligatoria
**mandatory servitude** – servidumbre obligatoria
**mandatory sharing** – compartimiento obligatorio
**mandatory standard** – norma obligatoria
**mandatory statutes** – leyes imperativas
**mandatory stipulation** – estipulación obligatoria
**mandatory testimony** – testimonio obligatorio
**mandatory wages** – salario obligatorio
**mangle** *v* – mutilar, desfigurar
**manhandle** *v* – maltratar
**manhood** *n* – mayoría de edad
**manhunt** *n* – búsqueda de un fugitivo
**mania** *n* – manía
**maniac** *n* – maníaco
**manifest** *adj* – manifiesto, evidente, aparente
**manifest** *n* – manifiesto de carga, lista de pasajeros
**manifest** *v* – manifestar, declarar, registrar en un manifiesto de carga
**manifest ability** – habilidad manifiesta
**manifest agency** – agencia aparente
**manifest agent** – agente aparente
**manifest authority** – autoridad manifiesta
**manifest danger** – peligro manifiesto
**manifest defects** – defectos manifiestos
**manifest error** – error manifiesto
**manifest liability** – responsabilidad manifiesta
**manifest meaning** – significado manifiesto
**manifest mistake** – error manifiesto
**manifest necessity** – necesidad manifiesta
**manifest of cargo** – manifiesto de carga
**manifest of passengers** – lista de pasajeros
**manifest ownership** – propiedad manifiesta
**manifest partnership** – sociedad manifiesta
**manifest possession** – posesión manifiesta
**manifest risk** – riesgo aparente
**manifest sense** – sentido manifiesto
**manifest title** – título manifiesto
**manifestation** *n* – manifestación
**manifestation of intent** – manifestación de intención
**manifestation of intention** – manifestación de intención
**manifesto** *n* – manifiesto, declaración pública
**manifold** *adj* – múltiple, diverso
**manipulate** *v* – manipular, alterar
**manipulate accounts** – manipular las cuentas
**manipulate commerce** – manipular el comercio
**manipulate costs** – manipular los costos, manipular los costes
**manipulate exchange rates** – manipular los tipos de cambio
**manipulate expenditures** – manipular los gastos
**manipulate expenses** – manipular los gastos
**manipulate funds** – manipular los fondos
**manipulate growth** – manipular el crecimiento
**manipulate inflation** – manipular la inflación
**manipulate markets** – manipular los mercados
**manipulate prices** – manipular los precios
**manipulate rates** – manipular las tasas
**manipulate shares** – manipular las acciones
**manipulate stock** – manipular las acciones
**manipulate the economy** – manipular la economía
**manipulate trade** – manipular el comercio
**manipulate wages** – manipular los salarios
**manipulated** *adj* – manipulado
**manipulated account** – cuenta manipulada
**manipulated commodities** – mercancías manipuladas, productos manipulados
**manipulated company** – compañía manipulada
**manipulated corporation** – corporación manipulada
**manipulated costs** – costos manipulados, costes manipulados

**manipulated currency** – moneda manipulada, moneda controlada
**manipulated economy** – economía manipulada
**manipulated exchange rates** – tipos de cambio manipulados
**manipulated expenditures** – gastos manipulados
**manipulated expenses** – gastos manipulados
**manipulated funds** – fondos manipulados
**manipulated group** – grupo manipulado
**manipulated growth** – crecimiento manipulado
**manipulated inflation** – inflación manipulada
**manipulated investment** – inversión manipulada
**manipulated market** – mercado manipulado
**manipulated prices** – precios manipulados
**manipulated rates** – tasas manipuladas
**manipulated securities** – valores manipulados
**manipulated shares** – acciones manipuladas
**manipulated stock** – acciones manipuladas
**manipulated trade** – comercio manipulado
**manipulation** *n* – manipulación
**manipulator** *n* – manipulador
**manmade** *adj* – artificial, sintético
**manner** *n* – manera, modo, costumbre, porte, estilo
**manner and form** – modo y forma
**manner of living** – modo de vivir
**manner of working** – modo de trabajar
**manor** *n* – casa, residencia
**manpower** *n* – fuerza de trabajo, mano de obra, personal
**mansion-house** *n* – mansión, residencia
**manslaughter** *n* – homicidio culposo, homicidio preterintencional, homicidio impremeditado, homicidio involuntario, homicidio negligente
**manual** *adj* – manual
**manual** *n* – manual
**manual delivery** – entrega a mano
**manual gift** – donación manual
**manual labor** – trabajo manual
**manual labour** – trabajo manual
**manual worker** – trabajador manual
**manufacture** *n* – manufactura, elaboración, fabricación, producción
**manufacture** *v* – manufacturar, elaborar, fabricar, producir
**manufacture certificate** – certificado de manufactura
**manufactured** *adj* – manufacturado, elaborado, fabricado, producido
**manufactured article** – artículo manufacturado
**manufactured goods** – bienes manufacturados
**manufactured housing** – vivienda manufacturada
**manufacturer** *n* – fabricante, manufacturero, industrial
**manufacturer's agent** – agente del fabricante
**manufacturer's certificate** – certificado de manufacturero
**manufacturer's certification** – certificación de manufacturero
**manufacturer's liability doctrine** – doctrina sobre la responsabilidad del fabricante
**manufacturer's liability insurance** – seguro de responsabilidad del fabricante
**manufacturer's representative** – representante del fabricante
**manufacturer's suggested retail price** – precio al por menor sugerido por el fabricante, precio sugerido por el fabricante
**manufacturers' association** – asociación de fabricantes
**manufacturing** *n* – manufactura, elaboración, fabricación, producción
**manufacturing activity** – actividad manufacturera
**manufacturing administration** – administración de manufactura
**manufacturing agent** – agente manufacturero
**manufacturing agreement** – convenio manufacturero
**manufacturing association** – asociación manufacturera
**manufacturing center** – centro manufacturero
**manufacturing centre** – centro manufacturero
**manufacturing co-operative** – cooperativa manufacturera
**manufacturing community** – comunidad manufacturera
**manufacturing company** – compañía manufacturera
**manufacturing complex** – complejo manufacturero
**manufacturing concern** – empresa manufacturera
**manufacturing conditions** – condiciones manufactureras
**manufacturing conglomerate** – conglomerado manufacturero
**manufacturing cooperative** – cooperativa manufacturera
**manufacturing corporation** – corporación manufacturera
**manufacturing cost** – costo de manufactura, coste de manufactura
**manufacturing country** – país manufacturero
**manufacturing director** – director de manufactura
**manufacturing earnings** – ingresos manufactureros
**manufacturing empire** – imperio manufacturero
**manufacturing enterprise** – empresa manufacturera
**manufacturing entity** – entidad manufacturera
**manufacturing equipment** – equipo de manufactura
**manufacturing establishment** – establecimiento manufacturero
**manufacturing ethics** – ética manufacturera
**manufacturing expenditures** – gastos de manufactura
**manufacturing expenses** – gastos de manufactura
**manufacturing financing** – financiación de la manufactura
**manufacturing firm** – empresa manufacturera
**manufacturing hygiene** – higiene manufacturera
**manufacturing industry** – industria manufacturera
**manufacturing insurance** – seguro manufacturero
**manufacturing interests** – intereses manufactureros
**manufacturing investment** – inversión manufacturera
**manufacturing lender** – prestador para la manufactura
**manufacturing lending** – préstamos para la manufactura
**manufacturing liability** – responsabilidad manufacturera
**manufacturing licence** – licencia manufacturera
**manufacturing license** – licencia manufacturera
**manufacturing loans** – préstamos para la manufactura
**manufacturing management** – administración de la manufactura, gestión de la manufactura
**manufacturing manager** – gerente de manufactura
**manufacturing operation** – operación manufacturera

**manufacturing order** – orden de manufactura
**manufacturing organisation** – organización manufacturera
**manufacturing organization** – organización manufacturera
**manufacturing park** – parque manufacturero, complejo manufacturero, zona manufacturera
**manufacturing plant** – planta manufacturera
**manufacturing policy** – póliza manufacturera, política manufacturera
**manufacturing practices** – prácticas manufactureras
**manufacturing product** – producto de manufactura
**manufacturing production** – producción manufacturera
**manufacturing profits** – beneficios de la manufactura, ganancias de la manufactura
**manufacturing promotion** – promoción manufacturera
**manufacturing purpose** – propósito manufacturero
**manufacturing recession** – recesión manufacturera
**manufacturing records** – expedientes manufactureros
**manufacturing regulations** – reglamentos manufactureros
**manufacturing report** – informe manufacturero
**manufacturing requirements** – requisitos de manufactura
**manufacturing risk** – riesgo manufacturero
**manufacturing rules** – reglas de manufactura
**manufacturing safety** – seguridad manufacturera
**manufacturing sector** – sector manufacturero
**manufacturing security** – seguridad manufacturera
**manufacturing standards** – normas manufactureras
**manufacturing tax** – impuesto de manufactura
**manufacturing treaty** – tratado manufacturero
**manufacturing union** – unión manufacturera
**manufacturing waste** – residuos manufactureros
**manufacturing worker** – trabajador manufacturero
**manufacturing zone** – zona manufacturera
**manumission** *n* – manumisión
**manuscript** *n* – manuscrito
**map** *n* – mapa
**map** *v* – levantar un mapa, planear, proyectar
**maquila** *n* – maquila
**maquiladora** *n* – maquiladora
**mar** *v* – estropear, dañar
**maraud** *v* – saquear
**margin** *n* – margen, ganancia, borde, reserva
**margin account** – cuenta de margen, cuenta con una firma bursátil para la compra de valores a crédito
**margin account agreement** – convenio de cuenta de margen
**margin agreement** – convenio de cuenta de margen
**margin buying** – compra de valores en cuenta de margen
**margin call** – aviso de la casa de corretaje de que hay que depositar dinero o valores en una cuenta de margen por ésta estar debajo del mínimo de mantenimiento
**margin notice** – aviso de la casa de corretaje de que hay que depositar dinero o valores en una cuenta de margen por ésta estar debajo del mínimo de mantenimiento
**margin of error** – margen de error
**margin of profit** – margen de ganancia, margen de beneficio
**margin of safety** – margen de seguridad
**margin, on** – comprado en cuenta de margen
**margin requirement** – cantidad mínima a depositar en una cuenta de margen
**margin securities** – valores elegibles para cuentas de margen
**margin trading** – transacciones de valores usando una cuenta de margen
**marginable securities** – valores elegibles para cuentas de margen
**marginal** *adj* – marginal
**marginal activity** – actividad marginal
**marginal benefit** – beneficio marginal
**marginal borrower** – prestatario marginal
**marginal cost** – costo marginal, coste marginal
**marginal efficiency** – eficiencia marginal
**marginal enterprise** – empresa marginal
**marginal land** – tierra marginal
**marginal lender** – prestador marginal
**marginal note** – nota marginal, apostilla
**marginal profits** – beneficios marginales, ganancias marginales
**marginal propensity** – propensión marginal
**marginal property** – propiedad marginal
**marginal rate** – tasa marginal
**marginal return** – rendimiento marginal
**marginal risk** – riesgo marginal
**marginal tax rate** – tasa impositiva marginal
**marginalise** *v* – marginalizar
**marginalism** *n* – marginalismo
**marginalist** *adj* – marginalista
**marginalist** *n* – marginalista
**marginalize** *v* – marginalizar
**marine** *adj* – marino, marítimo
**marine belt** – aguas territoriales
**marine carrier** – porteador marítimo, transportador marítimo
**marine contamination** – contaminación marítima
**marine contract** – contrato marítimo
**marine insurance** – seguro marítimo
**marine insurance policy** – póliza de seguro marítimo
**marine interest** – interés sobre préstamos a la gruesa
**marine league** – legua marítima
**marine insurer** – asegurador marítimo
**marine pollution** – contaminación marítima
**marine risk** – riesgo marítimo
**marine underwriter** – asegurador marítimo
**marital** *adj* – marital, conyugal, matrimonial
**marital agreements** – capitulaciones matrimoniales, convenios matrimoniales
**marital communications privilege** – derecho de mantener confidencial las comunicaciones entre cónyuges
**marital deduction** – deducción matrimonial
**marital duties** – deberes matrimoniales
**marital infidelity** – infidelidad matrimonial
**marital property** – propiedad matrimonial, bienes adquiridos por los cónyuges durante el matrimonio
**marital relationship** – relación matrimonial
**marital rights and duties** – derechos y deberes matrimoniales
**marital settlement agreement** – convenio de divorcio
**marital termination agreement** – convenio de

divorcio
**marital status** – estado civil
**marital trust** – fideicomiso matrimonial
**maritime** *adj* – marítimo, naval
**maritime attachment** – embargo marítimo
**maritime belt** – aguas territoriales
**maritime cargo** – flete marítimo, carga marítima
**maritime casualty** – siniestro marítimo
**maritime cause** – causa marítima
**maritime coastline trade** – comercio de cabotaje
**maritime contract** – contrato naval
**maritime court** – tribunal marítimo, tribunal de almirantazgo
**maritime flag** – bandera marítima
**maritime interest** – interés sobre préstamos a la gruesa
**maritime jurisdiction** – jurisdicción del tribunal marítimo
**maritime law** – derecho marítimo
**maritime lien** – privilegio marítimo, gravamen marítimo, embargo marítimo
**maritime loan** – préstamo marítimo
**maritime mortgage** – hipoteca marítima
**maritime perils** – peligros del mar
**maritime prize** – presa naval
**maritime service** – servicio marítimo
**maritime tort** – ilícito civil marítimo, daño legal marítimo, agravio marítimo
**maritime trade** – comercio marítimo
**maritime waters** – aguas territoriales
**mark** *n* – marca, señal, signo, objetivo, distinción, huella, calificación
**mark** *v* – marcar, señalar, caracterizar, registrar, calificar
**mark-down** *n* – reducción, descuento, reducción de precio
**mark-down** *v* – reducir, descontar, reducir de precio
**mark-on** *n* – cantidad que se le suma al costo para llegar al precio de lista
**mark to market** – evaluar el valor de valores para asegurarse de que la cuenta cumple con los mínimos de mantenimiento, añadir fondos para que la cuenta cumpla con los mínimos de mantenimiento, ajustar el valor de valores para reflejar el valor corriente de mercado
**mark-up** *n* – margen de ganancia, margen, alza de un precio
**mark-up** *v* – asignar el margen de ganancia, asignar el margen, alzar un precio
**markdown** *n* – reducción, descuento, reducción de precio
**markdown** *v* – reducir, descontar, reducir de precio
**marked** *adj* – marcado, notable
**marked money** – dinero marcado
**marker** *n* – marcador, señal
**market** *n* – mercado, bolsa, plaza
**market** *v* – mercadear, comerciar, comercializar, vender
**market access** – acceso a mercados
**market allocation** – repartición de mercado
**market analysis** – análisis de mercado
**market assessment** – evaluación de mercado
**market audit** – auditoría de mercado
**market-based** *adj* – basado en el mercado
**market collapse** – colapso de mercado de valores
**market conditions** – condiciones del mercado
**market consolidation** – consolidación del mercado
**market cost** – costo de mercado, coste de mercado
**market coverage** – cobertura de mercado
**market crash** – colapso de precios de acciones, colapso de mercado de valores
**market creation** – creación de un mercado
**market cycle** – ciclo de mercado
**market day** – día de mercado
**market development** – desarrollo de mercado
**market disruption** – perturbación de mercado
**market-driven** *adj* – impulsado por el mercado
**market economy** – economía de mercado
**market exposure** – exposición al mercado
**market forces** – fuerzas de mercado
**market glut** – saturación del mercado
**market index** – índice de mercado
**market indicator** – indicador de mercado
**market interest rate** – tasa de interés de mercado
**market maker** – creador de mercado, corredor de bolsa que mantiene cuenta propia para facilitar la liquidez de ciertos valores
**market management** – administración del mercado, gestión del mercado
**market-oriented** *adj* – orientado al mercado
**market overt** – mercado abierto y público
**market price** – precio de mercado, valor justo en el mercado
**market pricing** – fijación del precio de mercado
**market rate** – tasa de mercado
**market regulation** – regulación del mercado
**market rent** – renta justa de mercado
**market risk** – riesgo de mercado
**market saturation** – saturación del mercado
**market-sensitive** *adj* – sensible al mercado
**market share** – porcentaje del mercado
**market stabilisation** – estabilización de mercado
**market stabilization** – estabilización de mercado
**market valuation** – valoración del mercado
**market value** – valor en el mercado, valor justo en el mercado
**market value clause** – cláusula de valor en el mercado
**marketability** *n* – comerciabilidad
**marketable** *adj* – vendible, comerciable, negociable, mercadeable
**marketable goods** – bienes comerciables, productos comerciables, mercancías comerciables
**marketable securities** – valores negociables
**marketable title** – título de propiedad transferible sin gravámenes u otras restricciones
**marketeer** *n* – quien vende en un mercado, quien vende, quien mercadea
**marketer** *n* – quien vende en un mercado, quien vende, quien mercadea
**marketing** *n* – marketing, mercadeo, mercadotecnia
**marketing administration** – administración de marketing, administración de mercadeo
**marketing administrator** – administrador de marketing, administrador de mercadeo
**marketing agency** – agencia de marketing, agencia de mercadeo
**marketing agent** – agente de marketing, agente de mercadeo
**marketing and promotion** – marketing y promoción,

mercadeo y promoción
**marketing campaign** – campaña de marketing, campaña de mercadeo
**marketing channels** – canales de marketing, canales de mercadeo
**marketing co-operative** – cooperativa de marketing, cooperativa de mercadeo
**marketing consultant** – consultor de marketing, consultor de mercadeo
**marketing cooperative** – cooperativa de marketing, cooperativa de mercadeo
**marketing costs** – costos de marketing, costes de marketing, costos de mercadeo, costes de mercadeo
**marketing coverage** – cobertura de marketing, cobertura de mercadeo
**marketing department** – departamento de marketing, departamento de mercadeo
**marketing director** – director de marketing, director de mercadeo
**marketing division** – división de marketing, división de mercadeo
**marketing executive** – ejecutivo de marketing, ejecutivo de mercadeo
**marketing expenditures** – gastos de marketing, gastos de mercadeo
**marketing expenses** – gastos de marketing, gastos de mercadeo
**marketing gimmick** – truco de marketing, truco de mercadeo
**marketing intermediaries** – intermediarios de marketing, intermediarios de mercadeo
**marketing jingle** – jingle de marketing, jingle de mercadeo
**marketing literature** – literatura de marketing, literatura de mercadeo
**marketing management** – administración de marketing, administración de mercadeo, gestión de marketing, gestión de mercadeo
**marketing manager** – gerente de marketing, administrador de marketing, gerente de mercadeo, administrador de mercadeo
**marketing materials** – materiales de marketing, materiales de mercadeo
**marketing media** – medios de marketing, medios de mercadeo
**marketing mix** – mezcla de marketing, mezcla de mercadeo
**marketing model** – modelo de marketing, modelo de mercadeo
**marketing office** – oficina de marketing, oficina de mercadeo
**marketing plan** – plan de marketing, plan de mercadeo
**marketing ploy** – estratagema de marketing, estratagema de mercadeo
**marketing policy** – política de marketing, política de mercadeo
**marketing reach** – alcance del marketing, alcance del mercadeo
**marketing research** – investigación de marketing, investigación de mercadeo
**marketing slogan** – slogan de marketing, slogan de mercadeo
**marketing standards** – normas de marketing, normas de mercadeo
**marketing strategy** – estrategia de marketing, estrategia de mercadeo
**marketing team** – equipo de marketing, equipo de mercadeo
**marketing trick** – truco de marketing, truco de mercadeo
**marketing vehicle** – vehículo de marketing, medio de marketing, vehículo de mercadeo, medio de mercadeo
**marketmaker** *n* – creador de mercado, corredor de bolsa que mantiene cuenta propia para facilitar la liquidez de ciertos valores
**marketplace** *n* – mercado, plaza del mercado
**markon** *n* – cantidad que se le suma al costo para llegar al precio de lista
**marksman** *n* – quien firma documentos con una marca por no saber escribir, tirador
**markup** *n* – margen de ganancia, margen, alza de un precio
**markup** *v* – asignar el margen de ganancia, asignar el margen, alzar un precio
**marriage** *n* – matrimonio, boda, enlace
**marriage broker** – agente matrimonial
**marriage ceremony** – ceremonia matrimonial
**marriage certificate** – certificado de matrimonio
**marriage licence** – licencia matrimonial
**marriage license** – licencia matrimonial
**marriage of convenience** – matrimonio de conveniencia
**marriage portion** – dote
**marriage promise** – compromiso de matrimonio
**marriage settlement** – convenio prematrimonial, capitulaciones matrimoniales
**married** *adj* – casado
**married couple** – matrimonio
**married filing jointly** – casados declarando conjuntamente
**married filing separately** – casados declarando separadamente
**married life** – vida conyugal
**married state** – estado conyugal
**marry** *v* – casar, casarse con, unir
**marshal** *n* – alguacil, maestro de ceremonias
**marshaling assets** – clasificación de acreedores
**marshaling liens** – clasificación de gravámenes
**mart** *n* – mercado, centro comercial
**martial law** – ley marcial
**Marxism** *n* – marxismo
**Marxist** *adj* – marxista
**Marxist** *n* – marxista
**masochism** *n* – masoquismo
**mass advertising** – publicidad en masa
**mass appraising** – tasación en masa
**mass communication** – comunicación de masas
**mass email** – email en masa, correo electrónico en masa
**mass mail** – correo en masa, email en masa, correo electrónico en masa
**mass market** – mercado de masas
**mass marketing** – marketing en masa, mercadeo en masa
**mass media** – medios de comunicación masiva, medios de comunicación
**mass murder** – asesinatos múltiples
**mass produce** – producir en serie, producir en masa

**mass production** – producción en serie, producción en masa
**mass promotion** – promoción masiva
**Massachusetts rule** – regla según la cual todo banco que recibe un cheque para pago sirve como agente del depositante
**Massachusetts trust** – ente de negocios donde los socios transfieren bienes a un fideicomiso del cual son los beneficiarios
**massage data** – manipular datos
**massive demonstration** – demostración masiva
**massive protest** – protesta masiva
**master** *adj* – maestro, experto, principal
**master** *n* – master, maestría, experto, patrono, jefe, maestro, original, auxiliar judicial, poseedor, comandante de una nave
**master** *v* – dominar, vencer
**master agreement** – contrato colectivo de trabajo
**master contract** – contrato maestro
**master deed** – escritura maestra
**master file** – archivo maestro, fichero maestro
**master key** – llave maestra
**master lease** – arrendamiento principal
**master limited partnership** – inversión en que se combinan sociedades en comandita para formar unidades de mayor liquidez
**master mortgage** – hipoteca principal
**master of a ship** – comandante de una nave
**Master of Accounting** – Master en Contabilidad, Maestría en Contabilidad
**Master of Business Administration** – Master en Administración de Empresas, Maestría en Administración de Empresas, Master en Gestión de Empresas, Maestría en Gestión de Empresas
**Master of Business Management** – Master en Administración de Empresas, Maestría en Administración de Empresas, Master en Gestión de Empresas, Maestría en Gestión de Empresas
**Master of Commerce** – Master en Comercio, Maestría en Comercio
**Master of Economics** – Master en Economía, Maestría en Economía
**Master of Science in Business Administration** – Master en Administración de Empresas, Maestría en Administración de Empresas, Master en Gestión de Empresas, Maestría en Gestión de Empresas
**Master of Science in Economics** – Master en Ciencias Económicas, Maestría en Ciencias Económicas
**master plan** – plan maestro, plan principal para el desarrollo urbano de una localidad
**master policy** – póliza principal
**master trust** – fideicomiso principal
**mastermind** *n* – cerebro
**mastermind** *v* – planificar y dirigir
**match** *n* – igual, matrimonio, combinación, fósforo
**match** *v* – enfrentar, emparejar, igualar
**matchless** *adj* – sin igual
**matched** *adj* – apareado
**mate** *n* – cónyuge, camarada, segundo oficial de una nave
**matching** *n* – apareamiento, armonización
**matching contribution** – cantidad proporcional que aporta un patrono en adición al que aporta un empleado a su plan de retiro
**material** *adj* – material, pertinente, importante, esencial, sustancial, corporal
**material allegation** – alegación material
**material alteration** – alteración sustancial
**material amendment** – enmienda material
**material breach** – incumplimiento sustancial
**material change** – cambio sustancial
**material change in circumstances** – cambio sustancial de circunstancias
**material circumstance** – circunstancia material
**material defect** – defecto material
**material error** – error material
**material evidence** – prueba material
**material fact** – hecho material
**material false representation** – representación falsa material
**material injury** – lesión sustancial
**material interest** – interés material
**material misrepresentation** – representación falsa material
**material mistake** – error sustancial
**material participation** – participación material
**material representation** – representación material, declaración material
**material witness** – testigo clave
**materialism** *n* – materialismo
**materialist** *adj* – materialista
**materialist** *n* – materialista
**materiality** *n* – materialidad
**materialman** *n* – quien provee materiales
**materialman's lien** – gravamen de quien provee materiales
**maternal** *adj* – maternal
**maternal line** – línea materna
**maternal property** – propiedad heredada por la vía materna
**maternity** *n* – maternidad
**maternity benefits** – beneficios por maternidad
**maternity leave** – licencia por maternidad
**maternity pay** – paga por maternidad
**mathematical evidence** – prueba matemática, prueba confiable
**matricide** *n* – matricidio, matricida
**matriculate** *v* – matricular
**matriculation** *n* – matriculación
**matrilineal** *adj* – matrilineal
**matrimonial** *adj* – matrimonial
**matrimonial action** – acción matrimonial
**matrimonial causes** – causas matrimoniales
**matrimonial cohabitation** – cohabitación matrimonial
**matrimonial domicile** – domicilio matrimonial
**matrimonial property** – propiedad matrimonial
**matrimony** *n* – matrimonio
**matrix** *n* – matriz, protocolo
**matter** *n* – materia, cuestión, asunto, negocio
**matter** *v* – importar
**matter in controversy** – cuestión en controversia
**matter in deed** – cuestión de hecho
**matter in dispute** – cuestión en controversia
**matter in issue** – cuestión en controversia
**matter in pais** – cuestión de hecho no escrito
**matter of course** – lo que se hace rutinariamente
**matter of fact** – cuestión de hecho

**matter of form** – cuestión de forma
**matter of law** – cuestión de derecho
**matter of principle** – cuestión de principios
**matter of record** – materia de registro
**matter of substance** – cuestión sustancial
**mature** *adj* – maduro, vencido, exigible
**mature** *v* – madurar, vencer, expirar
**matured** *adj* – vencido, exigible
**maturity** *n* – vencimiento, madurez
**maturity date** – fecha de vencimiento
**maturity value** – valor al vencimiento
**maunder** *v* – vagar, divagar
**maxim** *n* – máxima, principio de derecho, axioma
**maximisation** *n* – maximización
**maximise** *v* – maximizar
**maximization** *n* – maximización
**maximize** *v* – maximizar
**maximum** *adj* – máximo
**maximum age** – edad máxima
**maximum amount** – cantidad máxima
**maximum benefit** – beneficio máximo
**maximum charge** – cargo máximo
**maximum contribution** – contribución máxima
**maximum cost** – costo máximo, coste máximo
**maximum deduction** – deducción máxima
**maximum employment age** – edad máxima de empleo
**maximum family benefit** – beneficio de familia máximo
**maximum fee** – cargo máximo
**maximum interest rate** – tasa de interés máxima
**maximum loss** – pérdida máxima
**maximum loan-to-value ratio** – ratio máximo del préstamo al valor total, razón máxima del préstamo al valor total
**maximum output** – producción máxima
**maximum payment** – pago máximo
**maximum penalty** – pena máxima
**maximum premium** – prima máxima
**maximum price** – precio máximo
**maximum probable loss** – pérdida máxima probable
**maximum rate** – tasa máxima
**maximum rate increase** – aumento de tasa máximo
**maximum salary** – salario máximo
**maximum sentence** – sentencia máxima
**maximum tax** – impuesto máximo
**maximum tax rate** – tasa impositiva máxima
**maximum wage** – salario máximo
**mayhem** *n* – lesión incapacitante criminal, mutilación criminal, pandemónium
**mayor** *n* – alcalde, intendente
**mayor's court** – tribunal municipal
**mayoralty** *n* – alcaldía, intendencia
**MBA (Master of Business Administration)** – Master en Administración de Empresas, Maestría en Administración de Empresas
**MBI (management buy-in)** – adquisición por la gerencia de una compañía de un interés mayoritario en otra
**MBO (management buy-out)** – adquisición por la gerencia de todas las acciones de su propia compañía
**MBS (mortgage-backed securities)** – valores respaldados por hipotecas
**MBWA (management by walking around)** – administración incorporando contacto directo, gestión incorporando contacto directo
**McJob** *n* – trabajo de baja categoría sin oportunidades para mejoramiento
**McNabb-Mallory Rule** – regla según la cual no es admisible una confesión obtenida tras una detención por un tiempo irrazonable
**McNaghten Rule** – regla que declara que una persona no es culpable de un crimen si al cometerlo estaba insano
**MCom (Master of Commerce)** – Master en Comercio, Maestría en Comercio
**MEA (multilateral environmental agreement)** – acuerdo ambiental multilateral
**mean** *adj* – común, inferior, vil, malo, medio
**mean** *n* – media, medio
**mean** *v* – significar, proponerse, querer decir
**mean high tide** – promedio de las mareas altas
**mean low tide** – promedio de la mareas bajas
**mean reserve** – reserva media
**meander** *v* – vagar, caminar sin rumbo
**meaning** *n* – significado, acepción, intención
**meaningful** *adj* – significativo
**meaningless** *adj* – sin sentido
**meaningly** *adv* – significativamente
**meanness** *n* – maldad, vileza
**means** *n* – medios, recursos, modo
**means of communication** – medios de comunicación
**means of delivery** – medios de entrega
**means of payment** – medios de pago
**means of support** – medios de sostén
**means of transport** – medios de transporte
**means test** – prueba financiera de elegibilidad
**measure** *n* – medida, alcance, grado
**measure** *v* – medir, delimitar, señalar
**measure of damages** – medida de los daños, reglas para la determinación de los daños y perjuicios
**measure of value** – medida del valor, norma de valor
**measurement** *n* – medida
**measurement of damages** – medida de los daños
**measurement of liability** – medida de la responsabilidad
**mechanic's lien** – gravamen del constructor, gravamen de aquellos envueltos en la construcción o reparación de estructuras, privilegio del constructor
**mechanical** *adj* – mecánico, automático
**mechanisation** *n* – mecanización
**mechanism** *n* – mecanismo
**mechanization** *n* – mecanización
**meddle** *v* – entrometerse
**media** *n* – medios publicitarios, medios de comunicación
**media adviser** – asesor de medios de comunicación, asesor de medios publicitarios
**media advisor** – asesor de medios de comunicación, asesor de medios publicitarios
**media buyer** – comprador de espacios en medios de comunicación, comprador de espacios en medios publicitarios
**media consultant** – asesor de medios de comunicación, asesor de medios publicitarios
**media plan** – plan para medios de comunicación, plan para medios publicitarios
**median income** – ingreso promedio, ingreso medio
**mediate** *adj* – medio, interpuesto, mediato

**mediate** *v* – mediar, reconciliar, arbitrar, comunicar
**mediate descent** – descendencia mediata
**mediate interest** – interés mediato
**mediate powers** – facultades accesorias
**mediate testimony** – prueba secundaria, testimonio secundario
**mediation** *n* – mediación, arbitraje, intervención
**mediation and arbitration** – mediación y arbitraje
**mediation board** – junta de mediación, junta de arbitraje
**mediator** *n* – mediador, intercesor
**Medicaid** *n* – Medicaid, programa de asistencia pública para gastos médicos
**medical attention** – atención médica
**medical benefits** – beneficios médicos
**medical care** – atención médica
**medical certificate** – certificado médico
**medical deduction** – deducción contributiva por gastos médicos
**medical directive** – testamento vital
**medical evidence** – prueba suministrada por un perito en medicina, testimonio pericial de médicos
**medical exam** – examen médico, reconocimiento médico
**medical examination** – examen médico, reconocimiento médico
**medical examiner** – médico forense
**medical expenditures** – gastos médicos
**medical expense insurance** – seguro de gastos médicos
**medical expenses** – gastos médicos
**medical insurance** – seguro médico
**medical jurisprudence** – jurisprudencia médica, medicina forense
**medical malpractice** – negligencia profesional médica
**medical payments insurance** – seguro de pagos médicos
**medical record** – historial médico
**medical treatment** – tratamiento médico
**Medicare** *n* – Medicare, programa de asistencia pública para gastos médicos
**medicine** *n* – medicina, medicamento
**medico-legal** *adj* – médico-legal
**mediocre** *adj* – mediocre
**meditate** *v* – meditar, tramar
**medium** *n* – medio
**medium-dated** *adj* – a medio plazo
**medium-duty** *adj* – de servicio regular a casi pesado
**medium of change** – medio de cambio
**medium of exchange** – medio de intercambio
**medium term** – a medio plazo
**medley** *n* – riña
**meet** *n* – encuentro, reunión
**meet** *v* – encontrarse con, enfrentarse a, conocer, satisfacer, cumplir con, cubrir
**meet an obligation** – atender una obligación, cumplir una obligación
**meet expectations** – cumplir con las expectativas
**meet needs** – atender las necesidades, cumplir con las necesidades
**meet obligations** – cumplir con las obligaciones
**meet requirements** – cumplir con los requisitos
**meet specifications** – cumplir con las especificaciones
**meeting** *n* – reunión, conferencia, junta
**meeting of creditors** – junta de acreedores
**meeting of minds** – acuerdo de voluntades
**meeting of shareholders** – reunión de accionistas
**meeting of stockholders** – reunión de accionistas
**meeting room** – sala de reuniones, sala de conferencias
**megacorporation** *n* – megacorporación, megaempresa
**melancholia** *n* – melancolía
**meliorate** *v* – mejorar
**meliorations** *n* – mejoras
**member** *n* – miembro, socio, afiliado
**member bank** – banco miembro
**member bank reserves** – reservas de banco miembro
**member company** – compañía miembro
**member corporation** – corporación miembro
**member country** – país miembro
**member firm** – firma miembro, firma miembro de una organización, miembro de una bolsa
**member nation** – nación miembro
**member of a jury** – miembro de un jurado
**Member of Congress** – Miembro del Congreso
**Member of Parliament** – Miembro del Parlamento
**member of the bar** – miembro del cuerpo de abogados, abogado colegiado
**Member of the European Parliament** – Miembro del Parlamento Europeo
**member state** – estado miembro
**membership** *n* – calidad de miembro, calidad de socio, número de miembros, número de socios, pertenencia
**memo (memorandum)** *n* – memorándum, informe, minuta, apunte, nota
**memo of agreement** – memorando de acuerdo
**memo of association** – escritura de constitución
**memo of understanding** – memorando de entendimiento
**memorandum** *n* – memorándum, informe, minuta, apunte, nota
**memorandum articles** – artículos por los cuales el asegurador tiene responsabilidad limitada
**memorandum check** – cheque en garantía
**memorandum cheque** – cheque en garantía
**memorandum clause** – cláusula que limita la responsabilidad del asegurador sobre ciertas mercancías perecederas
**memorandum decision** – informe breve sobre una decisión judicial
**memorandum in error** – memorándum que alega un error de hecho
**memorandum of agreement** – memorando de acuerdo
**memorandum of association** – escritura de constitución
**memorandum of understanding** – memorando de entendimiento
**memorandum sale** – venta sujeta a la aprobación
**memory** *n* – memoria
**memory chip** – chip de memoria
**menace** *n* – amenaza
**menacingly** *adv* – amenazadoramente
**mend** *v* – enmendar, reparar, mejorar
**menial** *adj* – de baja categoría
**menial job** – trabajo de baja categoría
**menial task** – tarea de baja categoría

**menial work** – trabajo de baja categoría
**mens** – mente, intención, mens
**mens legis** – la intención de la ley, mens legis
**mens rea** – intención criminal, mens rea
**mensa et thoro** – una separación en vez de disolución de matrimonio, mensa et thoro
**mental alienation** – enajenación mental, insania
**mental anguish** – angustia mental, sufrimiento mental
**mental capacity** – capacidad mental
**mental competence** – competencia mental
**mental cruelty** – crueldad mental
**mental disease** – enfermedad mental
**mental equilibrium** – equilibrio mental
**mental examination** – examen mental
**mental health** – salud mental
**mental health insurance** – seguro de salud mental
**mental hospital** – hospital psiquiátrico
**mental image** – imagen mental
**mental impairment** – deterioro mental, discapacidad mental, minusvalidez mental
**mental incapacity** – incapacidad mental
**mental incompetence** – incapacidad mental
**mental incompetency** – incapacidad mental
**mental reservation** – reserva mental
**mental shock** – sacudida mental
**mental sickness** – enfermedad mental
**mental state** – estado mental
**mental suffering** – sufrimiento mental
**mention** *n* – mención, alusión
**mention** *v* – mencionar, aludir, nombrar
**mentor** *n* – mentor, tutor
**menu** *n* – menú
**MEP (Member of the European Parliament)** – Miembro del Parlamento Europeo
**mercable** *adj* – vendible, comerciable, negociable
**mercantile** *adj* – mercantil, comercial
**mercantile accounting** – contabilidad mercantil
**mercantile activity** – actividad mercantil
**mercantile address** – domicilio mercantil
**mercantile administration** – administración mercantil
**mercantile administrator** – administrador mercantil
**mercantile adviser** – asesor mercantil
**mercantile advisor** – asesor mercantil
**mercantile agency** – agencia mercantil
**mercantile agent** – agente mercantil
**mercantile agreement** – convenio mercantil
**mercantile arbitration** – arbitraje mercantil
**mercantile assets** – activo mercantil
**mercantile association** – asociación mercantil
**mercantile bank** – banco mercantil
**mercantile banking** – banca mercantil
**mercantile bankruptcy** – quiebra mercantil
**mercantile bookkeeping** – contabilidad mercantil
**mercantile broker** – corredor mercantil, corredor
**mercantile business** – negocio mercantil
**mercantile center** – centro mercantil
**mercantile centre** – centro mercantil
**mercantile code** – código mercantil
**mercantile company** – sociedad mercantil, compañía mercantil
**mercantile computing** – computación mercantil
**mercantile concern** – empresa mercantil
**mercantile consultant** – consultor mercantil
**mercantile contract** – contrato mercantil
**mercantile corporation** – corporación mercantil
**mercantile counsellor** – consejero mercantil
**mercantile counselor** – consejero mercantil
**mercantile court** – tribunal mercantil
**mercantile counterfeiting** – falsificación mercantil
**mercantile credit** – crédito mercantil
**mercantile credit company** – compañía de crédito mercantil
**mercantile debt** – deuda mercantil
**mercantile development** – desarrollo mercantil
**mercantile director** – director mercantil
**mercantile documents** – documentos mercantiles
**mercantile domicile** – domicilio mercantil
**mercantile ends** – fines mercantiles
**mercantile enterprise** – empresa mercantil
**mercantile entity** – entidad mercantil
**mercantile establishment** – establecimiento mercantil, negocio
**mercantile ethics** – ética mercantil
**mercantile etiquette** – etiqueta en los negocios
**mercantile failure** – quiebra mercantil
**mercantile financing** – financiación mercantil
**mercantile firm** – empresa mercantil
**mercantile forms** – formularios mercantiles
**mercantile fraud** – fraude mercantil
**mercantile gains** – ganancias mercantiles
**mercantile income** – ingresos mercantiles
**mercantile insolvency** – insolvencia mercantil
**mercantile insurance** – seguro mercantil
**mercantile interest** – interés mercantil
**mercantile investment** – inversión mercantil
**mercantile invoice** – factura mercantil
**mercantile law** – derecho mercantil
**mercantile lender** – prestador mercantil
**mercantile lending** – préstamos mercantiles
**mercantile letter of credit** – carta de crédito mercantil
**mercantile licence** – licencia mercantil
**mercantile license** – licencia mercantil
**mercantile loan** – préstamo mercantil
**mercantile losses** – pérdidas mercantiles
**mercantile management** – administración mercantil, gestión mercantil
**mercantile manager** – gerente mercantil
**mercantile mortgage** – hipoteca mercantil
**mercantile name** – nombre mercantil
**mercantile office** – oficina mercantil
**mercantile operation** – operación mercantil
**mercantile organisation** – organización mercantil
**mercantile organization** – organización mercantil
**mercantile-oriented** *adj* – orientado hacia lo mercantil
**mercantile paper** – papel mercantil
**mercantile park** – parque mercantil
**mercantile policy** – póliza mercantil, política mercantil
**mercantile practices** – prácticas mercantiles
**mercantile premises** – local mercantil
**mercantile profits** – beneficios mercantiles, ganancias mercantiles
**mercantile property** – propiedad mercantil
**mercantile property policy** – póliza de propiedad mercantil
**mercantile rate** – tasa mercantil
**mercantile records** – expedientes mercantiles
**mercantile regulations** – reglamentos mercantiles

**mercantile relations** – relaciones mercantiles
**mercantile rent** – alquiler mercantil
**mercantile rental** – arrendamiento mercantil
**mercantile report** – informe mercantil
**mercantile risk** – riesgo mercantil
**mercantile rules** – reglas mercantiles
**mercantile scam** – estafa mercantil
**mercantile sector** – sector mercantil
**mercantile services** – servicios mercantiles
**mercantile standards** – normas mercantiles
**mercantile swindle** – estafa mercantil
**mercantile taxation** – imposición mercantil
**mercantile taxes** – impuestos mercantiles
**mercantile terms** – términos mercantiles
**mercantile trade** – comercio mercantil
**mercantile transaction** – transacción mercantil
**mercantile treaty** – tratado mercantil
**mercantile trust** – fideicomiso mercantil
**mercantile usage** – uso mercantil
**mercantile value** – valor mercantil
**mercantile venture** – empresa mercantil
**mercantile world** – mundo mercantil
**mercantile year** – año mercantil
**mercantilism** *n* – mercantilismo
**mercative** *adj* – mercantil, comercial
**merchandise** *n* – mercancía, mercadería
**merchandise** *v* – comercializar, comerciar, vender, negociar
**merchandise administration** – administración de mercancías
**merchandise administrator** – administrador de mercancías
**merchandise broker** – corredor de mercancías
**merchandise control** – control de mercancías
**merchandise inventory** – inventario de mercancías
**merchandise management** – administración de mercancías, gestión de mercancías
**merchandise manager** – administrador de mercancías
**merchandise trade** – comercio de mercancías
**merchandise transfer** – transferencia de mercancías
**merchandiser** *n* – comercializador
**merchandising** *n* – merchandising, comercialización, técnicas mercantiles
**merchandising and marketing** – comercialización y marketing, comercialización y mercadeo
**merchandize** *v* – comercializar, comerciar, vender
**merchant** *adj* – mercante, mercantil, comercial, de comercio
**merchant** *n* – mercader, comerciante, comercializador
**merchant agreement** – acuerdo de comerciante, acuerdo entre el comerciante y el banco que procesa transacciones de tarjeta
**merchant application** – solicitud de comerciante
**merchant bank** – banco mercantil
**merchant banking** – banca mercantil
**merchant fraud** – fraude de comerciante
**merchant seaman** – marino mercante, marino en una nave comercial
**merchant ship** – buque mercante, nave comercial
**merchant shipping** – navegación comercial
**merchantability** *n* – comerciabilidad
**merchantable** *adj* – vendible, comerciable
**merchantable title** – título de propiedad negociable sin gravámenes u otras restricciones, título negociable, título válido
**merchantman** *n* – buque mercante, nave comercial
**merchants' accounts** – cuentas comerciales
**mercy** *n* – misericordia, clemencia, gracia
**mercy killing** – eutanasia
**mere licensee** – quien entra a la tierra de otro con permiso o sin objeción del dueño
**mere possession** – mera posesión
**mere right** – derecho sin posesión ni título
**merely** *adv* – meramente, simplemente, solamente
**Mercosur (Mercado Común del Sur)** – Mercosur
**mere preparation** – mera preparación
**merge** *v* – fusionar, combinar, unir, consolidar, confundir
**merge companies** – fusionar compañías
**merged** *adj* – unido, fusionado
**merged company** – compañía fusionada
**merger** *n* – fusión, consolidación, unión, confusión
**merger of rights** – confusión de derechos
**mergers and acquisitions** – fusiones y adquisiciones
**merit** *n* – mérito
**merit selection** – selección por mérito
**merit system** – sistema de méritos
**meritocracy** *n* – meritocracia
**meritorious** *adj* – meritorio
**meritorious consideration** – contraprestación basada en una obligación moral, causa valiosa
**meritorious defence** – defensa basada en los méritos, defensa sustantiva
**meritorious defense** – defensa basada en los méritos, defensa sustantiva
**merits** *n* – los derechos legales de las partes, méritos
**mesne assignment** – cesión intermedia
**mesne conveyance** – cesión intermedia
**mesne process** – órdenes judiciales intermedias, auto interlocutorio
**mesne profits** – ganancias intermedias, beneficios obtenidos mediante posesión ilegal
**message** *n* – mensaje, comunicación, aviso
**message authentication code** – código de autenticación de mensaje
**message header** – encabezamiento de mensaje
**messaging** *n* – mensajería
**messenger** *n* – mensajero
**messuage** *n* – casa con sus estructuras anexas más el terreno que las rodea
**metachronism** *n* – metacronismo
**mete** *n* – límite, mojón
**meter** *n* – medidor, contador, metro
**meter** *v* – medir, franquear con máquina
**meter rate** – tasa por unidad de consumo, tasa según contador
**metes and bounds** – límites de un inmueble, linderos de un inmueble, rumbos y distancias
**method** *n* – método, modo
**method of assessment** – método de evaluación
**method of evaluation** – método de evaluación
**method of payment** – método de pago
**methodology** *n* – metodología
**metropolis** *n* – metrópoli
**metropolitan** *adj* – metropolitano
**metropolitan area** – área metropolitana
**metropolitan district** – distrito metropolitano
**mfd. (manufactured)** – manufacturado

**MFN (most favored nation)** – nación más favorecida
**Mgr. (manager)** – administrador, gerente
**micro-capitalisation** *adj* – relacionado con compañías cuya capitalización de mercado es muy pequeña
**micro-capitalization** *adj* – relacionado con compañías cuya capitalización de mercado es muy pequeña
**microbrowser** *n* – microexplorador
**microchip** *n* – microchip
**microcredit** *n* – microcrédito
**microeconomic** *adj* – microeconómico
**microeconomics** *n* – microeconomía
**microfilm** *n* – micropelícula
**micromarketing** *n* – micromarketing
**micropayment** *n* – micropago
**microprocessor** *n* – microprocesador, chip
**microtransaction** *n* – microtransacción
**mid-capitalisation** *adj* – relacionado con compañías cuya capitalización de mercado es mediana
**mid-capitalization** *adj* – relacionado con compañías cuya capitalización de mercado es mediana
**mid-channel** *n* – medio de una vía navegable
**mid-priced** *adj* – ni muy barato ni muy caro
**mid-range** *adj* – ni en el extremo bajo ni alto para una gama dada
**mid-term meeting** – asamblea a la mitad del período
**middle** *adj* – medio, intermedio, moderado
**middle** *n* – centro, medio, mitad
**middle class** – clase media
**middle management** – administración intermedia, gestión intermedia
**middle manager** – administrador intermedio
**middleman** *n* – intermediario
**midnight deadline** – vencimiento a medianoche
**might** *n* – poder, poderío
**migrant** *adj* – migratorio
**migrant** *n* – emigrante
**migrant labor** – mano de obra migratoria
**migrant labour** – mano de obra migratoria
**migrant worker** – trabajador migratorio
**migrate** *v* – migrar
**migration** *n* – migración
**migratory** *adj* – migratorio
**migratory labor** – mano de obra migratoria
**migratory labour** – mano de obra migratoria
**migratory worker** – trabajador migratorio
**mil** *n* – milésima del valor, milésima de dólar, millón
**mileage allowance** – asignación para gastos de transporte en vehículo propio, deducción de gastos de transporte en vehículo propio
**milestone** *n* – hito, mojón, acontecimiento importante
**military** *adj* – militar
**military base** – base militar
**military courts** – tribunales militares
**military forces** – fuerzas militares
**military government** – gobierno militar
**military jurisdiction** – jurisdicción militar
**military law** – derecho militar
**military offense** – delito militar
**military officer** – oficial militar
**military personnel** – personal militar
**military service** – servicio militar
**military state** – estado militar
**militia** *n* – milicia
**militiamen** *n* – soldados
**mill** *n* – milésima del valor, milésima de dólar, millón, molino, prensa
**mill site** – terreno apropiado para erigir un molino
**millage rate** – tasa impositiva expresada en milésimas
**million** *n* – millón
**millionaire** *n* – millonario
**mind** *n* – mente, entendimiento, memoria, opinión, inclinación
**mind and memory** – mente y memoria
**minded** *adj* – dispuesto, propenso
**mindful** *adj* – atento, cuidadoso
**mindfully** *adv* – atentamente
**mindfulness** *n* – atención, cuidado
**min. (minimum)** – mínimo
**mine** *n* – mina
**mine** *v* – minar, explotar
**mineral lands** – tierras mineras
**mineral lease** – arrendamiento de minas
**mineral right** – derecho de explotar minas
**mineral royalty** – regalía minera
**mineral servitude** – servidumbre minera
**mingle** *v* – mezclar, entremezclar, asociar
**mini-branch** *n* – minisucursal
**mini-trial** *n* – método privado e informal para la resolución de disputas en el que los abogados presentan sus alegatos y luego las partes tratan de llegar a un acuerdo
**minimal** *adj* – mínimo
**minimal contacts** – contactos mínimos
**minimisation** *n* – minimización
**minimisation of costs** – minimización de costos, minimización de costes
**minimisation of expenses** – minimización de gastos
**minimise** *v* – minimizar
**minimise costs** – minimizar costos, minimizar costes
**minimise damages** – minimizar daños
**minimise expenses** – minimizar gastos
**minimization** *n* – minimización
**minimization of costs** – minimización de costos, minimización de costes
**minimization of expenses** – minimización de gastos
**minimize** *v* – minimizar
**minimize costs** – minimizar costos, minimizar costes
**minimize damages** – minimizar daños
**minimize expenses** – minimizar gastos
**minimum** *adj* – mínimo
**minimum** *n* – mínimo
**minimum age** – edad mínima
**minimum amount** – cantidad mínima
**minimum amount policy** – póliza de cantidad mínima
**minimum balance** – balance mínimo
**minimum benefit** – beneficio mínimo
**minimum cash ratio** – ratio de efectivo mínimo, razón de efectivo mínimo
**minimum charge** – tarifa mínima, cargo mínimo
**minimum contacts** – contactos mínimos
**minimum contribution** – contribución mínima
**minimum cost** – costo mínimo, coste mínimo
**minimum deposit** – depósito mínimo
**minimum down payment** – pronto pago mínimo
**minimum employment age** – edad mínima de empleo
**minimum fee** – honorario mínimo, cargo mínimo
**minimum interest rate** – tasa de interés mínima
**minimum lease payment** – pago de arrendamiento

mínimo
**minimum lending rate** – tasa de préstamo mínima
**minimum living wage** – salario mínimo de subsistencia
**minimum loss** – pérdida mínima
**minimum lot area** – área de solar mínima
**minimum maintenance** – mantenimiento mínimo
**minimum margin** – margen mínimo
**minimum payment** – pago mínimo
**minimum penalty** – pena mínima
**minimum pension** – pensión mínima
**minimum premium** – prima mínima
**minimum price** – precio mínimo
**minimum quality** – calidad mínima
**minimum rate** – tasa mínima
**minimum rate increase** – aumento de tasa mínimo
**minimum reserve** – reserva mínima, encaje mínimo
**minimum reserve ratio** – ratio mínimo de encaje, razón mínima de encaje
**minimum sentence** – pena mínima
**minimum service charge** – cargo por servicios mínimo
**minimum service fee** – cargo por servicios mínimo
**minimum tax** – impuesto mínimo
**minimum tax rate** – tasa impositiva mínima
**minimum wage** – salario mínimo, paga mínima
**mining** *n* – minería
**mining claim** – concesión minera, pertenencia minera
**mining district** – distrito minero
**mining law** – derecho minero
**mining lease** – arrendamiento de minas
**mining licence** – licencia minera
**mining license** – licencia minera
**mining location** – pertenencia minera
**mining partnership** – sociedad minera
**mining rent** – renta por explotar minas
**mining royalty** – regalía minera
**minister** *n* – enviado, delegado
**minister** *v* – administrar, suministrar
**Minister of Agriculture** – Ministro de Agricultura
**Minister of Commerce** – Ministro de Comercio
**Minister of Finance** – Ministro de Finanzas
**Minister of Industry** – Ministro de Industria
**Minister of Labor** – Ministro de Trabajo
**Minister of Labour** – Ministro de Trabajo
**Minister of the Economy** – Ministro de Economía
**ministerial** *adj* – administrativo, ministerial
**ministerial act** – acto ministerial
**ministerial duty** – obligación ministerial
**ministerial office** – oficina ministerial
**ministerial officer** – funcionario ministerial
**ministerial trust** – fideicomiso pasivo
**ministry** *n* – ministerio
**Ministry of Agriculture** – Ministerio de Agricultura
**Ministry of Commerce** – Ministerio de Comercio
**Ministry of Finance** – Ministerio de Finanzas
**Ministry of Industry** – Ministerio de Industria
**Ministry of Labor** – Ministerio de Trabajo
**Ministry of Labour** – Ministerio de Trabajo
**Ministry of State** – Ministerio de Estado
**Ministry of the Economy** – Ministerio de Economía
**minor** *adj* – menor, secundario, inferior, leve
**minor** *n* – menor, menor de edad
**minor breach** – incumplimiento menor
**minor defect** – defecto menor
**minor error** – error menor
**minor fact** – hecho circunstancial, hecho menor
**minor loss** – siniestro menor
**minor offense** – delito menor
**minority** *adj* – minoritario
**minority** *n* – minoría, persona de grupo minoritario, minoría de edad
**minority holder** – tenedor minoritario
**minority interest** – interés minoritario
**minority opinion** – opinión minoritaria
**minority partner** – socio minoritario
**minority rights** – derechos de las minorías
**minority shareholders** – accionistas minoritarios
**minority stake** – interés minoritario, participación minoritaria
**minority stockholders** – accionistas minoritarios
**mint** *n* – casa de la moneda, casa de amonedación
**mint** *v* – acuñar
**mintage** *n* – acuñación
**minting** *n* – acuñación
**minus balance** – saldo negativo, balance negativo
**minus figure** – cifra negativa
**minute** *adj* – diminuto, insignificante, detallado
**minute** *n* – minuta, minuto, acta, instante
**minute book** *n* – libro de minutas, minutario
**minutes** *n* – minutas, actas
**minutia** *n* – minucia
**minutiae** *n* – minucias
**Miranda Rule** – Regla Miranda, regla que exige que se informe al arrestado de sus derechos antes de interrogarlo
**Miranda Warning** – Advertencia Miranda, informe al arrestado de sus derechos antes de interrogarlo
**MIS (Management Information Systems)** – Sistemas de Información Gerencial
**misadventure** *n* – desgracia, percance
**misallegation** *n* – alegato falso, alegato erróneo
**misallege** *v* – alegar falsamente, alegar erróneamente
**misapplication** *n* – uso indebido de fondos, uso ilegal de fondos, mal uso
**misapplication of funds** – uso indebido de fondos
**misappropriate** *v* – malversar, apropiar indebidamente, usar mal
**misappropriation** *n* – malversación, apropiación indebida, mal uso
**misappropriation of public funds** – apropiación indebida de fondos públicos
**misbehavior** *n* – mala conducta, conducta ilícita
**misbehaviour** *n* – mala conducta, conducta ilícita
**misbrand** *v* – rotular productos con indicaciones falsas
**misbranding** *n* – rotulación de productos con indicaciones falsas
**misc. (miscellaneous)** – misceláneo
**miscalculate** *v* – calcular mal
**miscalculation** *n* – error de cálculo
**miscarriage** *n* – mala administración, aborto, fracaso
**miscarriage of a child** – aborto
**miscarriage of justice** – error judicial, injusticia
**miscellaneous** *adj* – misceláneo
**miscellaneous charges** – cargos misceláneos
**miscellaneous costs** – costos misceláneos, costes misceláneos

**miscellaneous coverage** – cobertura miscelánea
**miscellaneous expenditures** – gastos misceláneos
**miscellaneous expenses** – gastos misceláneos
**miscellaneous fees** – cargos misceláneos
**miscellaneous income** – ingresos misceláneos
**miscellaneous outlays** – desembolsos misceláneos
**mischarge** *n* – instrucción errónea al jurado
**mischief** *n* – daño voluntario a propiedad ajena, mal que se trata de evitar o corregir mediante una ley, daño, injuria, conducta ilícita, travesura
**misconception** *n* – concepto erróneo
**misconduct** *n* – mala conducta, comportamiento ilícito, incumplimiento de los deberes de un cargo
**misconduct in office** – incumplimiento de los deberes de un funcionario público
**misconduct of counsel** – incumplimiento de los deberes del abogado
**misconduct of judge** – incumplimiento de los deberes del juez
**misconduct of jury** – incumplimiento de los deberes del jurado
**misconstruction** *n* – interpretación falsa, interpretación errónea
**miscontinuance** *n* – continuación indebida
**miscount** *v* – contar mal
**miscreancy** *n* – vileza
**miscreant** *adj* – vil, inescrupuloso
**misdate** *n* – fecha falsa, fecha errónea
**misdate** *v* – fechar falsamente, fechar erróneamente
**misdeclaration** *n* – declaración falsa, declaración errónea
**misdeed** *n* – fechoría, delito
**misdelivery** *n* – entrega errónea
**misdemeanant** *n* – persona culpable de un delito menor
**misdemeanor** *n* – delito menor
**misdescription** *n* – descripción errónea
**misdirection** *n* – instrucciones erróneas al jurado, mala dirección
**misdoer** *n* – malhechor
**misemploy** *v* – emplear mal
**misencode** *v* – codificar mal
**misencoded** *adj* – mal codificado
**misencoded card** – tarjeta mal codificada
**miserable** *adj* – miserable, abyecto
**misery index** – índice de miseria
**misfeasance** *n* – acto legal realizado ilegalmente, ejecución impropia de un acto que no es ilegal de por sí
**misfortune** *n* – infortunio, percance, desgracia
**misgovernment** *n* – mala administración, desgobierno
**misguide** *v* – aconsejar mal
**mishandle** *v* – maltratar, manejar mal
**mishap** *n* – accidente, percance
**misinform** *v* – informar mal
**misinformation** *n* – información errónea
**misinterpret** *v* – interpretar mal
**misinterpretation** *n* – mala interpretación
**misjoinder** *n* – vinculación impropia de acciones o de las partes de un juicio, acumulación indebida de acciones
**misjoinder of causes** – acumulación indebida de acciones
**misjudge** *v* – juzgar mal, errar
**mislabel** *v* – rotular productos con indicaciones falsas
**mislabeling** *n* – rotulación de productos con indicaciones falsas
**mislaid property** – bienes extraviados, bienes perdidos
**mislay** *v* – extraviar, perder
**mislead** *v* – engañar
**misleading** *adj* – engañoso
**misleading advertising** – publicidad engañosa
**misleading packaging** – empaque engañoso
**misleading practices** – prácticas engañosas
**misleading sales practices** – prácticas comerciales engañosas
**misleading statement** – declaración engañosa
**misleadingly** *adv* – engañosamente
**mismanage** *v* – administrar mal
**mismanage trust funds** – administrar mal fondos en fideicomiso
**mismanagement** *n* – mala administración, mala gestión
**misnomer** *n* – nombre equivocado, término equivocado, nombre inapropiado, término inapropiado
**misplace** *v* – extraviar
**mispleading** *n* – errores en los alegatos
**misprice** *v* – fijar un precio erróneo, cotizar un precio erróneo
**misprint** *n* – errata
**misprision** *n* – rebeldía, desacato, delito sin nombre, ocultación de delitos, mala administración en un cargo público
**misprision of felony** – ocultación de un delito grave
**misprision of treason** – ocultación de un delito de traición
**misquote** *v* – citar erróneamente, citar falsamente
**misread** *v* – malinterpretar, leer mal
**misreading** *n* – lectura errónea
**misrecital** *n* – descripción errónea
**misrepresent** *v* – declarar falsamente, declarar erróneamente, tergiversar
**misrepresentation** *n* – declaración falsa, declaración errónea, tergiversación
**Miss** – Srta.
**miss work** – faltar al trabajo
**missing** *adj* – desaparecido, ausente
**missing payment** – pago perdido, pago extraviado
**missing person** – persona desaparecida, persona ausente
**missing ship** – nave perdida
**mission** *n* – misión, comisión
**mission-critical** *adj* – indispensable para efectuar labores, indispensable
**mission report** – informe de la misión
**mission statement** – declaración de la misión
**missive** *n* – misiva, carta
**misstatement** *n* – declaración falsa, declaración errónea
**mistake** *n* – equivocación, error, falta
**mistake** *v* – confundir, interpretar mal, errar
**mistake of fact** – error de hecho
**mistake of law** – error de derecho
**mistaken** *adj* – erróneo, equivocado
**mistreat** *v* – maltratar
**mistreatment** *n* – maltrato
**mistress** *n* – amante, querida, señora, perita
**mistrial** *n* – juicio nulo

**mistrust** *n* – desconfianza, recelo
**misunderstand** *v* – entender mal
**misunderstanding** *n* – malentendido
**misuse** *n* – uso no intencionado, uso ilícito
**misuse** *v* – usar mal, malversar, abusar
**misuse of power** – abuso de poder
**misuser** *n* – uso ilegal de un derecho, abuso de cargo
**mitigate** *v* – mitigar, atenuar, reducir
**mitigating circumstances** – circunstancias mitigantes, circunstancias atenuantes
**mitigation** *n* – mitigación, atenuación, reducción
**mitigation of damages** – atenuación de daños
**mitigation of punishment** – reducción de la pena
**mix** *n* – mezcla
**mix** *v* – mezclar, combinar
**mix business and pleasure** – mezclar los negocios con el placer
**mixed** *adj* – mixto, mezclado
**mixed account** – cuenta mixta
**mixed actions** – acciones mixtas
**mixed cognation** – cognación mixta
**mixed collateral** – colateral mixto
**mixed condition** – condición mixta
**mixed contract** – contrato mixto
**mixed credit** – crédito mixto
**mixed duty** – arancel mixto, derecho mixto
**mixed economy** – economía mixta
**mixed enterprise** – empresa mixta
**mixed farming** – agricultura mixta
**mixed feelings** – sentimientos conflictivos
**mixed financing** – financiamiento mixto
**mixed funds** – fondos mixtos
**mixed government** – gobierno mixto
**mixed insurance company** – compañía de seguros mixta
**mixed jury** – jurado mixto
**mixed larceny** – hurto calificado
**mixed laws** – leyes mixtas
**mixed nuisance** – estorbo al público en general y a personas en particular, acto perjudicial al público en general y a personas en particular
**mixed perils** – peligros mixtos
**mixed policy** – póliza mixta, póliza combinada
**mixed presumption** – presunción mixta
**mixed property** – propiedad mixta, bienes mixtos
**mixed question of law and fact** – cuestión mixta de derecho y de hecho
**mixed questions** – cuestiones mixtas
**mixed sentence** – sentencia mixta
**mixed subjects of property** – bienes mixtos
**mixed tariff** – arancel mixto
**mixtion** *n* – confusión de bienes, mezcla de bienes
**mixture** *n* – mezcla
**MOA (memorandum of agreement)** – memorando de acuerdo
**MOA (memorandum of association)** – escritura de constitución
**mobile business** – comercio electrónico usando aparatos móviles como teléfonos celulares
**mobile commerce** – comercio electrónico usando aparatos móviles como teléfonos celulares
**mobile communications** – comunicaciones móviles
**mobile home** – caravana
**mobile Internet** – Internet móvil
**mobile phone** – teléfono móvil
**mobile telephone** – teléfono móvil
**mobility** *n* – movilidad
**mobility aids** – ayudas para la movilidad
**mobility-impaired** *adj* – de movilidad deteriorada, con poca movilidad
**mobility of labor** – movilidad laboral
**mobility of labour** – movilidad laboral
**mock** *adj* – simulado, ficticio
**mock** *n* – burla, objeto de burla
**mock** *v* – burlarse de, desdeñar, ridiculizar
**mock trial** – juicio ficticio
**modal legacy** – legado modal
**mode** *n* – modo, método, forma
**mode of communication** – modo de comunicación
**mode of delivery** – medio de entrega, modo de entrega
**mode of expression** – modo de expresión
**mode of living** – modo de vivir
**mode of operation** – modo de operación
**mode of payment** – medio de pago, modo de pago
**mode of transport** – modo de transporte
**model** *n* – modelo, ejemplo
**model act** – ley modelo
**model clause** – cláusula modelo
**model code** – código modelo
**model law** – ley modelo
**model penal code** – código penal modelo
**modeling** *n* – modelado
**modem** *n* – módem
**moderate** *adj* – moderado, mediocre
**moderated** *adj* – moderado
**moderator** *n* – moderador, mediador
**modernisation** *n* – modernización
**modernise** *v* – modernizar
**modernization** *n* – modernización
**modernize** *v* – modernizar
**modification** *n* – modificación, enmienda
**modification agreement** – convenio de modificación
**modification of agreement** – modificación de convenio
**modification of contract** – modificación de contrato
**modification of terms** – modificación de términos
**modification order** – orden de modificación
**modifications and improvements** – modificaciones y mejoras
**modified** *adj* – modificado
**modified accelerated cost recovery system** – sistema acelerado de recuperación de costos modificado
**modified accrual basis** – base de acumulación modificada
**modified adjusted gross income** – ingreso bruto ajustado modificado
**modified insurance** – seguro modificado
**modified legal list** – lista legal modificada
**modified life insurance** – seguro de vida modificado
**modified reserve** – reserva modificada
**modify** *v* – modificar, enmendar
**modular** *adj* – modular
**module** *n* – módulo
**modus** *n* – modo, método
**modus operandi** – modo de operar, modus operandi
**modus vivendi** – modo de vivir, modus vivendi
**mogul** *n* – magnate
**moiety** *n* – la mitad de algo

**molest** *v* – abusar sexualmente, molestar
**molestation** *n* – abuso sexual, molestia
**mom-and-pop shop** – pequeña tienda generalmente atendida por miembros de familia
**mom-and-pop store** – pequeña tienda generalmente atendida por miembros de familia
**monarchy** *n* – monarquía
**monetarism** *n* – monetarismo
**monetarist** *adj* – monetarista
**monetarist** *n* – monetarista
**monetary** *adj* – monetario
**monetary accord** – acuerdo monetario
**monetary activity** – actividad monetaria
**monetary adjustment** – ajuste monetario
**monetary administration** – administración monetaria
**monetary administrator** – administrador monetario
**monetary agent** – agente monetario
**monetary agreement** – acuerdo monetario
**monetary aid** – ayuda monetaria
**monetary analysis** – análisis monetario
**monetary appreciation** – apreciación monetaria
**monetary arrangement** – arreglo monetario
**monetary assessment** – evaluación monetaria
**monetary assets** – activo monetario
**monetary assistance** – asistencia monetaria
**monetary authorities** – autoridades monetarias
**monetary benefit** – beneficio monetario
**monetary board** – junta monetaria
**monetary center** – centro monetario
**monetary centre** – centro monetario
**monetary charges** – cargos monetarios
**monetary clause** – cláusula monetaria
**monetary code** – código monetario
**monetary collapse** – colapso monetario
**monetary commission** – comisión monetaria
**monetary community** – comunidad monetaria
**monetary compensation** – compensación monetaria
**monetary component** – componente monetario
**monetary composition** – composición monetaria
**monetary contingency** – contingencia monetaria
**monetary control** – control monetario
**monetary conversion** – conversión monetaria
**monetary counseling** – asesoramiento monetario
**monetary debt** – deuda monetaria
**monetary decision** – decisión monetaria
**monetary deposit** – depósito monetario
**monetary erosion** – erosión monetaria
**monetary exchange** – intercambio monetario
**monetary expansion** – expansión monetaria
**monetary expenditures** – gastos monetarios
**monetary expenses** – gastos monetarios
**monetary guarantee** – garantía monetaria
**monetary guaranty** – garantía monetaria
**monetary indemnity** – indemnización monetaria
**monetary inflation** – inflación monetaria
**monetary information** – información monetaria
**monetary institution** – institución monetaria
**monetary interest** – interés monetario
**monetary intervention** – intervención monetaria
**monetary investment** – inversión monetaria
**monetary issue** – emisión monetaria, cuestión monetaria
**monetary liability** – responsabilidad monetaria
**monetary loan** – préstamo monetario, préstamo de banco
**monetary loss** – pérdida monetaria
**monetary management** – administración monetaria
**monetary manager** – administrador monetario
**monetary obligation** – obligación monetaria
**monetary operations** – operaciones monetarias
**monetary participation** – participación monetaria
**monetary policy** – política monetaria
**monetary power** – poder monetario
**monetary rate** – tasa monetaria
**monetary reform** – reforma monetaria
**monetary regulation** – regulación monetaria
**monetary remuneration** – remuneración monetaria
**monetary report** – informe monetario, reporte monetario
**monetary reserve** – reserva monetaria
**monetary resources** – recursos monetarios
**monetary responsibility** – responsabilidad monetaria
**monetary restraint** – moderación monetaria
**monetary restriction** – restricción monetaria
**monetary risk** – riesgo monetario
**monetary services** – servicios monetarios
**monetary sovereignty** – soberanía monetaria
**monetary squeeze** – restricción monetaria
**monetary stabilisation** – estabilización monetaria
**monetary stabilization** – estabilización monetaria
**monetary standard** – patrón monetario
**monetary stimulus** – estímulo monetario
**monetary structure** – estructura monetaria
**monetary supervision** – supervisión monetaria
**monetary system** – sistema monetario
**monetary tightening** – restricción monetaria
**monetary transaction** – transacción monetaria
**monetary transfer** – transferencia monetaria, traspaso monetario
**monetary union** – unión monetaria
**monetary unit** – unidad monetaria
**monetary value** – valor monetario
**monetary wage** – paga monetaria
**monetisation** *n* – monetización
**monetise** *v* – monetizar
**monetised** *adj* – monetizado
**monetization** *n* – monetización
**monetize** *v* – monetizar
**monetized** *adj* – monetizado
**money** *n* – dinero, moneda
**money administration** – administración monetaria, administración de fondos, administración de efectivo
**money administrator** – administrador monetario, administrador de fondos
**money advance** – adelanto de efectivo
**money-back guarantee** – garantía de devolución del dinero
**money-back guaranty** – garantía de devolución del dinero
**money-back offer** – oferta de devolución de dinero
**money-back warranty** – garantía de devolución del dinero
**money-bill** *n* – proyecto de ley fiscal
**money broker** – corredor financiero, corredor de cambios
**money buyer** – comprador al contado, comprador en efectivo
**money card** – tarjeta de efectivo

**money center** – centro financiero
**money centre** – centro financiero
**money control** – control monetario, control del efectivo, control de caja
**money creation** – creación del dinero
**money deficit** – déficit monetario, déficit de caja
**money demand** – demanda monetaria
**money deposit** – depósito de dinero
**money disbursement** – desembolso de efectivo, desembolso de dinero
**money flow** – flujo monetario, flujo de efectivo, flujo de fondos, flujo de caja
**money fund** – fondo de inversión del mercado monetario
**money-grabbing** *adj* – avaro, en busca constante del dinero como sea
**money-grubbing** *adj* – avaro, en busca constante del dinero como sea
**money holdings** – efectivo en caja
**money illusion** – ilusión del dinero
**money in advance** – pago por adelantado
**money in circulation** – dinero en circulación
**money judgment** – sentencia que dispone que se pague una suma de dinero
**money land** – dinero en fideicomiso señalado para la compra de inmuebles
**money laundering** – lavado de dinero, blanqueo de dinero
**money lender** – prestador
**money lent** – dinero prestado
**money made** – notificación de parte del alguacil al juez de que ha obtenido la suma de dinero exigida por la orden de ejecución
**money-maker** *n* – algo rentable, quien solo busca ganar dinero, quien devenga ingresos
**money management** – administración de fondos, administración de efectivo, administración de cartera de valores, gestión de fondos, gestión de efectivo, gestión de cartera de valores
**money manager** – administrador de fondos, administrador de cartera de valores
**money market** – mercado monetario
**money market account** – cuenta del mercado monetario
**money market fund** – fondo de inversión del mercado monetario
**money market instrument** – instrumento del mercado monetario
**money market interest rate** – tasa de interés del mercado monetario
**money market investment** – inversión del mercado monetario
**money market mutual fund** – fondo mutuo del mercado monetario
**money market rate** – tasa del mercado monetario
**money market securities** – valores del mercado monetario
**money on delivery** – pago contra entrega
**money on hand** – efectivo en caja, existencia en caja
**money order** – giro postal, orden de pago
**money-order office** – oficina postal que emite y paga giros postales
**money paid** – dinero pagado
**money receipts** – entradas en caja, entradas
**money rates** – tasas de préstamos
**money refund** – reembolso en efectivo, reintegro en efectivo
**money shortage** – deficiencia monetaria, faltante de efectivo
**money supply** – agregado monetario, masa monetaria, oferta monetaria
**money to burn** – exceso de dinero
**money transaction** – transacción monetaria, transacción en efectivo
**money transfer** – transferencia monetaria, transferencia de efectivo
**money trap** – trampa del dinero
**money wage** – salario monetario
**moneyed** *adj* – adinerado
**moneyed corporation** – corporación financiera
**moneylender** *n* – prestador, prestamista
**moneymaker** *n* – algo rentable, quien solo busca ganar dinero, quien devenga ingresos
**moneymaking** *adj* – rentable, lucrativo
**monger** *n* – vendedor, negociante
**monies received** – dinero recibido
**moniment** *n* – registro
**monitor progress** – monitorear progreso, observar progreso, supervisar progreso
**monitoring** *n* – monitoreo, supervisión, control
**monocracy** *n* – monocracia
**monocrat** *n* – monócrata
**monogamy** *n* – monogamia
**monometallism** *n* – monometalismo
**monopolisation** *n* – monopolización
**monopolise** *v* – monopolizar
**monopolised** *adj* – monopolizado
**monopolised market** – mercado monopolizado
**monopoliser** *n* – monopolizador
**monopolist** *n* – monopolista
**monopolistic** *adj* – monopolístico, monopolizador
**monopolistic competition** – competencia monopolística
**monopolistic control** – control monopolístico
**monopolization** *n* – monopolización
**monopolize** *v* – monopolizar
**monopolized** *adj* – monopolizado
**monopolized market** – mercado monopolizado
**monopolizer** *n* – monopolizador
**monopolization** *n* – monopolización
**monopolize** *v* – monopolizar
**monopoly** *n* – monopolio
**monopoly price** – precio de monopolio
**monopsony** *n* – monopsonio
**month-to-month lease** – arrendamiento de mes a mes
**month-to-month rent** – alquiler de mes a mes
**month-to-month tenancy** – arrendamiento de mes a mes
**monthly** *adj* – mensual
**monthly** *adv* – mensualmente
**monthly charges** – cargos mensuales
**monthly costs** – costos mensuales, costes mensuales
**monthly expenditures** – gastos mensuales
**monthly expenses** – gastos mensuales
**monthly fee** – cargo mensual
**monthly income** – ingresos mensuales
**monthly installment** – pago mensual
**monthly interest** – intereses mensuales

**monthly pay** – paga mensual
**monthly payment** – pago mensual
**monthly report** – informe mensual
**monthly rent** – alquiler mensual
**monthly salary** – salario mensual
**monthly statement** – estado mensual
**monthly wage** – salario mensual
**monument** *n* – monumento, mojón, límite
**moonlighter** *n* – quien tiene otro trabajo en horas que no son las que se dedican al trabajo regular, pluriempleado
**moonlighting** *n* – desempeño de otro trabajo en horas que no son las que se dedican al trabajo regular, pluriempleo
**moonshine** *n* – licor elaborado ilegalmente, licor importado ilegalmente
**moor** *v* – amarrar, anclar
**moorage** *n* – amarraje, amarradero
**mooring** *n* – amarra, amarre
**moot** *adj* – ficticio, debatible, discutible
**moot case** – cuestión ficticia, cuestión académica
**moot court** – tribunal ficticio
**moot question** – cuestión académica
**moral** *v* – moral, ético
**moral actions** – acciones morales
**moral behavior** – conducta moral
**moral behaviour** – conducta moral
**moral certainty** – certeza moral
**moral character** – carácter moral
**moral conduct** – conducta moral
**moral consideration** – contraprestación moral, causa equitativa
**moral damages** – daños morales
**moral duress** – coacción moral
**moral duty** – deber moral
**moral evidence** – prueba verosímil
**moral fraud** – fraude intencional
**moral hazard** – riesgo moral
**moral law** – ética, ley moral
**moral obligation** – obligación moral
**moral offense** – delito moral
**moral responsibility** – responsabilidad moral
**moral rights** – derechos morales
**moral risk** – riesgo moral
**moral suasion** – persuasión moral
**moral turpitude** – vileza moral
**morale** *n* – moral
**moratorium** *n* – moratoria
**more favorable terms** – términos más favorables
**more or less** – más o menos, aproximadamente
**moreover** – además, por otra parte
**morgue** *n* – morgue
**mortal** *adj* – mortal, humano
**mortality** *n* – mortalidad
**mortality tables** – tablas de mortalidad
**mortgage** *n* – hipoteca
**mortgage** *v* – hipotecar
**mortgage administration** – administración hipotecaria
**mortgage arrears** – atrasos en pagos hipotecarios
**mortgage assumption** – asunción hipotecaria, asunción de hipoteca
**mortgage-backed** *adj* – respaldado por hipotecas
**mortgage-backed investment** – inversión respaldada por hipotecas
**mortgage-backed securities** – valores respaldados por hipotecas
**mortgage bank** – banco hipotecario
**mortgage banker** – banquero hipotecario
**mortgage banking** – banca hipotecaria
**mortgage banking company** – compañía de banca hipotecaria
**mortgage bond** – bono hipotecario
**mortgage broker** – corredor hipotecario
**mortgage certificate** – certificado hipotecario, cédula hipotecaria
**mortgage clause** – cláusula hipotecaria
**mortgage commitment** – compromiso hipotecario, compromiso de otorgar una hipoteca
**mortgage company** – compañía hipotecaria
**mortgage conduit** – conducto de hipotecas
**mortgage corporation** – corporación hipotecaria
**mortgage credit** – crédito hipotecario
**mortgage creditor** – acreedor hipotecario
**mortgage debt** – deuda hipotecaria
**mortgage debtor** – deudor hipotecario
**mortgage deed** – escritura hipotecaria
**mortgage financing** – financiamiento hipotecario
**mortgage foreclosure** – ejecución hipotecaria
**mortgage insurance** – seguro hipotecario
**mortgage insurance policy** – póliza de seguro hipotecario
**mortgage insurance premium** – prima de seguro hipotecario
**mortgage interest** – intereses hipotecarios
**mortgage interest deduction** – deducción de intereses hipotecarios
**mortgage interest rate** – tasa de interés hipotecaria, tipo de interés hipotecario
**mortgage lender** – prestamista hipotecario
**mortgage lien** – gravamen hipotecario
**mortgage life insurance** – seguro de vida hipotecario
**mortgage loan** – préstamo hipotecario
**mortgage loan commitment** – compromiso de préstamo hipotecario
**mortgage loan rate** – tasa de préstamo hipotecario
**mortgage market** – mercado hipotecario
**mortgage note** – pagaré hipotecario
**mortgage of goods** – gravamen contra bienes muebles
**mortgage of ship** – hipoteca naval
**mortgage origination** – originación hipotecaria
**mortgage participation** – participación hipotecaria
**mortgage payment** – pago hipotecario
**mortgage pool** – agrupación de hipotecas
**mortgage premium** – prima hipotecaria
**mortgage protection** – protección hipotecaria
**mortgage protection insurance** – seguro de protección hipotecaria
**mortgage rate** – tasa hipotecaria, tipo hipotecario
**mortgage registry** – registro de hipotecas
**mortgage repayment** – pago hipotecario, abono hipotecario
**mortgage risk** – riesgo hipotecario
**mortgage sale** – venta hipotecaria
**mortgage securities** – valores hipotecarios
**mortgage service** – servicio hipotecario
**mortgageable** *adj* – hipotecable
**mortgaged** *adj* – hipotecado
**mortgagee** *n* – acreedor hipotecario

**mortgagee clause** – cláusula del acreedor hipotecario
**mortgagee in possession** – acreedor hipotecario en posesión del inmueble
**mortgager** *n* – deudor hipotecario, hipotecante
**mortgagor** *n* – deudor hipotecario, hipotecante
**mortis causa** – por causa de muerte, en expectativa de la muerte, mortis causa
**mortuary** *n* – morgue
**mortuary tables** – tablas de mortalidad
**most-favored nation** – nación más favorecida
**most-favored nation clause** – cláusula de nación más favorecida
**most-favored nation treatment** – trato de nación más favorecida
**most-favoured nation** – nación más favorecida
**most-favoured nation clause** – cláusula de nación más favorecida
**most-favoured nation treatment** – trato de nación más favorecida
**most recent period** – período más reciente
**most recent quarter** – trimestre más reciente
**mother-in-law** *n* – suegra
**motion** *n* – moción, propuesta, petición, movimiento, gesto
**motion** *v* – proponer, indicar mediante gesto
**motion carried** – moción aprobada
**motion defeated** – moción rechazada
**motion for a new trial** – petición para un nuevo juicio
**motion for directed verdict** – petición para que el juez dicte sentencia sin uso del jurado
**motion for judgment notwithstanding verdict** – petición para que el juez dicte sentencia en contra del veredicto del jurado
**motion for judgment on pleadings** – petición de que se dicte sentencia luego de los alegatos
**motion for summary judgment** – petición para que el juez dicte una sentencia sumaria a favor de quien lo solicita
**motion in limine** – petición para la exclusión de ciertas pruebas hasta determinar con certeza si van a ser admisibles
**motion rejected** – moción rechazada
**motion granted** – moción concedida
**motion to adjourn** – moción para levantar la sesión
**motion to dismiss** – moción para que se rechace la demanda
**motion to strike** – petición de eliminación
**motion to suppress evidence** – petición para suprimir pruebas
**motivate** *v* – motivar
**motivated** *adj* – motivado
**motivating force** – fuerza motivante
**motivating idea** – idea motivante
**motivating reason** – razón motivante
**motivation** *n* – motivación
**motivational** *adj* – motivacional
**motivator** *n* – motivador
**motive** *n* – motivo, móvil
**motor car** – automóvil
**motor impairment** – limitación motriz, minusvalía motriz
**motor vehicle** – vehículo de motor
**motor vehicle expenses** – gastos de vehículos de motor
**motor vehicle fees** – cargos de vehículos de motor
**motor vehicle insurance** – seguro de vehículo de motor
**motor vehicle taxes** – impuestos sobre vehículos de motor
**motorist** *n* – automovilista
**MOU (memorandum of understanding)** – memorando de entendimiento
**mourn** *v* – lamentarse, apesadumbrarse, enlutarse
**mourning** *n* – duelo, aflicción
**movable** *adj* – mueble, movible
**movable estate** – propiedad mueble, bienes muebles
**movable property** – bienes muebles
**movables** *n* – muebles, bienes muebles
**movant** *n* – peticionante, solicitante
**move** *n* – movimiento, mudanza, transferencia, traslado
**move** *v* – peticionar, proponer, presentar una moción, trasladar, transportar, mover, mudar, vender, conmover
**move in** – instalarse, intervenir
**move offices** – trasladarse de oficina
**move out of** – mudarse de, desocupar, desalojar
**movement** *n* – movimiento, actividad, circulación
**movement of labor** – movimiento de mano de obra
**movement of labour** – movimiento de mano de obra
**movement of personnel** – movimiento de personal
**mover and shaker** – quien tiene poder para efectuar cambios
**moving papers** – los documentos correspondientes a una petición
**moving violation** – infracción de leyes de tránsito
**MP (Member of Parliament)** – Miembro del Parlamento
**Mr. (mister)** – Sr.
**MRQ (most recent quarter)** – trimestre más reciente
**Mrs. (mistress)** – Sra.
**Ms.** – Srta., Sra.
**MSRP (manufacturer's suggested retail price)** – precio al por menor sugerido por el fabricante, precio sugerido por el fabricante
**mulct** *n* – multa
**mulct** *v* – multar, castigar
**multi-annual** *adj* – multianual
**multi-currency** *adj* – multidivisa
**multi-employer bargaining** – negociaciones de patronos múltiples
**multi-family** *adj* – multifamiliar
**multi-family housing** – edificación de viviendas múltiples, vivienda multifamiliar
**multi-lateral agreement** – convenio multilateral, tratado multilateral
**multi-lateral aid** – asistencia multilateral
**multi-lateral contract** – contrato multilateral
**multi-lateral trade** – comercio multilateral
**multi-millionaire** *n* – multimillonario
**multi-national** *adj* – multinacional
**multi-national** *n* – multinacional
**multi-national company** – compañía multinacional
**multi-national corporation** – corporación multinacional
**multi-national enterprise** – empresa multinacional
**multi-nationally** *adv* – multinacionalmente
**multi-sector** *adj* – multisector

**multi-skilling** *n* – entrenamiento de los empleados en destrezas múltiples
**multiannual** *adj* – multianual
**multicurrency** *adj* – multidivisa
**multiemployer bargaining** – negociaciones de patronos múltiples
**multifamily** *adj* – multifamiliar
**multifamily housing** – edificación de viviendas múltiples, vivienda multifamiliar
**multifarious** *adj* – múltiple, diverso
**multifarious issue** – cuestión que combina aspectos que se deben litigar por separado
**multifariousness** *n* – combinación de acciones que se deben litigar por separado, desemejanza de alegatos, proyecto de ley concerniente a cuestiones disímiles
**multilateral agreement** – convenio multilateral, tratado multilateral
**multilateral aid** – asistencia multilateral
**multilateral contract** – contrato multilateral
**multilateral trade** – comercio multilateral
**multilateralism** *n* – multilateralismo
**multilevel marketing** – marketing a niveles múltiples, mercadeo a niveles múltiples
**multimedia** *adj* – multimedia, multimedios
**multimillionaire** *n* – multimillonario
**multinational** *adj* – multinacional
**multinational** *n* – multinacional
**multinational company** – compañía multinacional
**multinational corporation** – corporación multinacional
**multinational enterprise** – empresa multinacional
**multinationally** *adv* – multinacionalmente
**multipartite** *adj* – multipartito
**multiple** *adj* – múltiple
**multiple counts** – denuncia combinando varias acciones, causa combinando varias acciones
**multiple evidence** – prueba admisible sólo para un propósito específico
**multiple indemnity** – indemnización múltiple
**multiple location policy** – póliza de locales múltiples
**multiple management** – administración múltiple, gestión múltiple
**multiple peril insurance** – seguro contra peligros múltiples
**multiple recording** – registro múltiple
**multiple recording of transactions** – registro múltiple de transacciones
**multiple sentences** – sentencias múltiples
**multiple taxation** – imposición múltiple
**multiplicity** *n* – multiplicidad
**multiplicity of actions** – multiplicidad de acciones
**multiplier effect** – efecto multiplicador
**multisector** *adj* – multisector
**multiskilling** *n* – entrenamiento de los empleados en destrezas múltiples
**multitude** *n* – multitud
**municipal** *adj* – municipal, local
**municipal act** – ley municipal
**municipal actions** – acciones municipales
**municipal affairs** – asuntos municipales
**municipal agency** – agencia municipal
**municipal agent** – agente municipal
**municipal aid** – ayuda municipal
**municipal assessment** – impuesto municipal, tasación para mejoras
**municipal assistance** – asistencia municipal
**municipal auditor** – auditor municipal
**municipal authorities** – autoridades municipales
**municipal bank** – banco municipal
**municipal benefit** – beneficio municipal
**municipal bonds** – bonos municipales, títulos municipales
**municipal charter** – estatuto municipal
**municipal code** – código municipal
**municipal concern** – empresa con intereses municipales
**municipal corporation** – municipalidad, corporación municipal, ente municipal
**municipal corporation de facto** – municipalidad de hecho
**municipal council** – ayuntamiento
**municipal courts** – tribunales municipales
**municipal domicile** – domicilio municipal
**municipal election** – elección municipal
**municipal function** – función municipal
**municipal funds** – fondos municipales
**municipal government** – gobierno municipal
**municipal improvements** – mejoras públicas municipales
**municipal improvements assessment** – impuesto para mejoras públicas municipales
**municipal insurance** – seguro municipal
**municipal law** – derecho municipal, ley municipal
**municipal lien** – gravamen municipal
**municipal officer** – funcionario municipal
**municipal ordinance** – ordenanza municipal
**municipal police** – policía municipal
**municipal purposes** – propósitos municipales
**municipal records** – registros municipales
**municipal regulation** – reglamento municipal
**municipal representative** – representante municipal
**municipal rules** – reglas municipales
**municipal securities** – valores municipales, inversiones municipales
**municipal statute** – estatuto municipal
**municipal taxation** – imposición municipal
**municipal taxes** – impuestos municipales
**municipal warrant** – orden de pago municipal
**municipality** *n* – municipalidad
**muniment of title** – prueba documental de título de propiedad, documento de título, título de propiedad
**muniments** *n* – prueba documental de título de propiedad, documentos de título
**murder** *n* – asesinato
**murder** *v* – asesinar
**murder in the first degree** – asesinato en primer grado
**murder in the second degree** – asesinato en segundo grado
**murderer** *n* – asesino
**must** *n* – algo indispensable
**mutatis mutandis** – cambiando lo que se debe cambiar, mutatis mutandis
**mute** *adj* – mudo, silencioso
**mutilated** *adj* – mutilado, estropeado
**mutilated ballot** – papeleta electoral mutilada
**mutilated check** – cheque mutilado
**mutilated cheque** – cheque mutilado
**mutilated instrument** – documento mutilado

**mutilated note** – pagaré mutilado
**mutilated securities** – valores mutilados
**mutilation** *n* – mutilación
**mutinous** *adj* – insubordinado, rebelde
**mutiny** *n* – motín, revuelta
**mutiny** *v* – amotinarse
**mutual** *adj* – mutuo, mutual, recíproco
**mutual accord** – acuerdo mutuo
**mutual accounts** – cuentas recíprocas
**mutual action** – acción mutua
**mutual adventure** – empresa colectiva, empresa mutua, riesgo mutuo
**mutual affray** – riña por acuerdo mutuo, duelo
**mutual agreement** – acuerdo mutuo, convenio mutuo
**mutual aid** – ayuda mutua
**mutual and reciprocal wills** – testamentos recíprocos
**mutual annuity** – anualidad mutua
**mutual assent** – consentimiento mutuo
**mutual assets** – activos mutuos
**mutual assistance** – asistencia mutua
**mutual association** – asociación mutua
**mutual beneficiaries** – beneficiarios mutuos
**mutual benefit** – beneficio mutuo
**mutual capital** – capital mutuo
**mutual capitalisation** – capitalización mutua
**mutual capitalization** – capitalización mutua
**mutual company** – compañía mutual
**mutual conditions** – condiciones recíprocas
**mutual consent** – consentimiento mutuo
**mutual consideration** – contraprestación recíproca
**mutual contract** – contrato recíproco, contrato mutuo
**mutual covenants** – cláusulas recíprocas
**mutual credits** – créditos recíprocos
**mutual debtor** – codeudor, deudor mancomunado
**mutual debts** – deudas mutuas, deudas mancomunadas
**mutual demands** – demandas recíprocas
**mutual easements** – servidumbres recíprocas
**mutual effort** – esfuerzo mutuo
**mutual enterprise** – empresa mutua
**mutual error** – error recíproco
**mutual expenditures** – gastos mutuos
**mutual expenses** – gastos mutuos
**mutual exports** – exportaciones mutuas
**mutual financing** – financiamiento mutuo, financiación mutua
**mutual fund** – fondo mutuo
**mutual guarantee** – garantía mutua
**mutual guaranty** – garantía mutua
**mutual imports** – importaciones mutuas
**mutual income** – ingresos mutuos
**mutual initiative** – iniciativa mutua
**mutual insurance** – seguro mutual
**mutual insurance company** – compañía mutual de seguros
**mutual insurance policy** – póliza de seguros mutua
**mutual interest** – interés mutuo
**mutual intervention** – intervención mutua
**mutual investment** – inversión mutua
**mutual liability** – responsabilidad mutua
**mutual loss** – pérdida mutua
**mutual mistake** – error recíproco
**mutual obligation** – obligación recíproca
**mutual patent** – patente mutua
**mutual payment** – pago mutuo
**mutual promises** – promesas recíprocas
**mutual rate** – tasa mutua
**mutual recognition** – reconocimiento mutuo
**mutual reserves** – reservas mutuas
**mutual responsibility** – responsabilidad mutua
**mutual risk** – riesgo mutuo
**mutual savings bank** – banco mutual de ahorros
**mutual testaments** – testamentos recíprocos
**mutual trade** – comercio recíproco, comercio mutuo
**mutual understanding** – entendimiento mutuo
**mutual undertaking** – empresa mutua
**mutual wills** – testamentos recíprocos
**mutuality** *n* – mutualidad, reciprocidad
**mutuality doctrine** – doctrina según la cual las obligaciones contractuales tienen que ser recíprocas para que un contrato sea válido
**mutuality of contract** – requisito de que las obligaciones contractuales sean recíprocas para que un contrato sea válido
**mutuality of obligation** – requisito de que las obligaciones contractuales sean recíprocas para que un contrato sea válido
**mutually** *adv* – mutuamente
**mutually agreed** – mutuamente acordado
**mutually binding** – mutuamente obligante
**mutuant** *n* – mutuante
**mutuary** *n* – mutuario
**mutuum** *n* – préstamo de consumo
**mysterious disappearance** – desaparición misteriosa
**mystery** *n* – misterio, secreto, oficio, arte
**mystic testament** – testamento sellado
**mystic will** – testamento sellado

# N

**n/a (no account)** – sin cuenta
**n/a (not applicable)** – no aplica, no pertinente
**n/a (not available)** – no disponible
**nab** *v* – arrestar, coger
**NAFTA (North American Free Trade Agreement)** – Tratado de Libre Comercio de América del Norte, TLCAN, NAFTA
**naive** *adj* – ingenuo, crédulo
**naïve** *adj* – ingenuo, crédulo
**naked** *n* – nudo, desnudo, claro
**naked authority** – autoridad unilateral
**naked confession** – confesión sin pruebas que indiquen que quien confiesa cometió el delito
**naked contract** – contrato sin contraprestación, contrato sin contraprestación suficiente
**naked deposit** – depósito gratuito
**naked possession** – posesión sin título
**naked possibility** – posibilidad remota
**naked power** – poder sin interés en el apoderado
**naked promise** – promesa unilateral

**naked trust** – fideicomiso pasivo
**name** *n* – nombre, apellido, designación, reputación
**name** *v* – nombrar, designar, citar, identificar, fijar
**name brand** – nombre de marca, marca de fábrica
**name brand advertising** – publicidad de marca
**name brand image** – imagen de marca
**name brand marketing** – marketing de marca, mercadeo de marca
**name brand positioning** – posicionamiento de marca
**name of corporation** – nombre de la corporación
**name of partnership** – nombre de la sociedad
**name only, in** – sólo de nombre
**named** *adj* – nombrado, designado
**named insured** – la persona asegurada
**named peril policy** – póliza de peligros enumerados
**named plaintiffs** – los que originan una acción de clase
**nameless** *adj* – anónimo, desconocido
**namely** *adv* – a saber, es decir, específicamente
**naming** *n* – nombramiento
**nanny state** – papá estado
**nanotechnology** *n* – nanotecnología
**NAO (National Audit Office)** – Oficina Nacional de Auditoría
**narcoanalysis** *n* – narcoanálisis
**narcotic substance** – sustancia narcótica
**narcotics** *n* – narcóticos
**narrate** *v* – narrar, relatar
**narration** *n* – narración, relato
**narrative evidence** – prueba que consiste en una narración
**narrator** *n* – narrador, relator
**narrow construction** – interpretación restringida
**narrow seas** – estrecho
**narrow sense** – sentido estricto
**narrow view** – perspectiva cerrada, perspectiva limitada, miras estrechas
**nastily** *adv* – ofensivamente, desagradablemente
**nat. (national)** – nacional
**natal** *adj* – natal
**nation** *n* – nación, país
**national** *adj* – nacional
**national account** – cuenta nacional
**national accountancy** – contabilidad nacional
**national accounting** – contabilidad nacional
**national advertising** – publicidad nacional
**national agency** – agencia nacional
**national agent** – agente nacional
**national agreement** – convenio nacional
**national aid** – ayuda nacional
**national assets** – activo nacional
**national assistance** – asistencia nacional
**national association** – asociación nacional
**National Audit Office** – Oficina Nacional de Auditoría
**national bank** – banco nacional
**national bank examination** – examinación de bancos nacionales
**national bank examiner** – examinador de bancos nacionales
**national banking** – banca nacional
**national bonds** – bonos nacionales
**national borrowing** – préstamos nacionales
**national budget** – presupuesto nacional
**national budgeting** – presupuestación nacional
**national capital** – capital nacional
**national citizenship** – ciudadanía nacional
**national co-operation** – cooperación nacional
**national commerce** – comercio nacional
**national commodity** – producto nacional, producto del país
**national company** – compañía nacional
**national competition** – competencia nacional
**national conference** – conferencia nacional
**national consumption** – consumo nacional
**national contract** – contrato nacional
**national cooperation** – cooperación nacional
**national copyright** – derechos de autor nacionales
**national corporation** – corporación nacional
**national credit** – crédito nacional
**national creditor** – acreedor nacional
**national currency** – moneda nacional
**national custom** – costumbre nacional
**national debt** – deuda pública, deuda nacional
**national defence** – defensa nacional
**national defense** – defensa nacional
**national department** – departamento nacional
**national deposit** – depósito nacional
**national division** – división nacional
**national domain** – propiedad pública
**national domicile** – domicilio nacional
**national economic plan** – plan económico nacional
**national economy** – economía nacional
**national emergency** – emergencia nacional
**national enterprise** – empresa nacional
**National Environmental Policy Act** – Ley Nacional de Política Ambiental
**national estimates** – estimados nacionales
**national expenditures** – gastos nacionales
**national expenses** – gastos nacionales
**national exports** – exportaciones nacionales
**national firm** – empresa nacional
**national flag** – bandera nacional
**national goods** – productos nacionales
**national government** – gobierno nacional
**national guard** – guardia nacional
**national holiday** – feriado nacional, fiesta nacional
**national imports** – importaciones nacionales
**national income** – ingresos nacionales
**national industry** – industria nacional
**national insurance** – seguro nacional, seguro social
**national insurance number** – número de seguro social
**national insurer** – asegurador nacional
**national interests** – intereses nacionales
**national investment** – inversión nacional
**national issue** – emisión nacional, asunto nacional
**national liabilities** – pasivo nacional
**national liquidity** – liquidez nacional
**national loan** – préstamo nacional
**national market** – mercado nacional
**national minimum wage** – salario mínimo nacional, paga mínima nacional
**national money** – dinero nacional
**national organisation** – organización nacional
**national organization** – organización nacional
**national origin** – origen nacional
**national partnership** – sociedad nacional
**national patent** – patente nacional
**national policy** – política nacional, póliza nacional

**national port** – puerto nacional
**national product** – producto nacional, producto del país
**national reserves** – reservas nacionales
**national resources** – recursos nacionales
**national revenue** – ingreso nacional
**national sales tax** – impuesto nacional sobre ventas
**national securities** – valores nacionales
**national standards** – normas nacionales
**national subsidiary** – subsidiaria nacional
**national subsidy** – subsidio nacional, subvención nacional
**national support** – ayuda nacional
**national tax** – impuesto nacional
**national trade** – comercio nacional
**national trade policy** – política de comercio nacional
**national treasury** – tesorería nacional
**national union** – unión nacional
**national wealth** – riqueza nacional
**nationalisation** *n* – nacionalización
**nationalise** *v* – nacionalizar, naturalizar
**nationalised** *adj* – nacionalizado, naturalizado
**nationalism** *n* – nacionalismo
**nationalist** *adj* – nacionalista
**nationalist** *n* – nacionalista
**nationalistic** *adj* – nacionalista
**nationality** *n* – nacionalidad, ciudadanía
**nationality by birth** – nacionalidad por nacimiento
**nationality by naturalisation** – nacionalidad por naturalización
**nationality by naturalization** – nacionalidad por naturalización
**nationalization** *n* – nacionalización
**nationalize** *v* – nacionalizar, naturalizar
**nationalized** *adj* – nacionalizado, naturalizado
**nationally** *adv* – nacionalmente
**nationally advertised** – anunciado nacionalmente
**nationally distributed** – distribuido nacionalmente
**nationwide** *adj* – por toda la nación
**native** *adj* – nativo, innato
**natural** *adj* – natural, congénito
**natural affection** – afecto natural
**natural allegiance** – lealtad natural
**natural and probable consequences** – consecuencias naturales y probables
**natural-born citizen** – ciudadano nativo
**natural-born subject** – ciudadano de nacimiento
**natural boundary** – frontera natural
**natural business year** – año comercial natural, año fiscal
**natural channel** – canal natural
**natural child** – hijo natural
**natural cognation** – cognación natural
**natural day** – día natural
**natural death** – muerte natural
**natural domicile** – domicilio de origen
**natural equity** – justicia natural
**natural fruits** – frutos naturales
**natural guardian** – tutor natural
**natural heirs** – herederos naturales
**natural justice** – justicia natural
**natural law** – derecho natural, ley natural
**natural liberty** – libertad natural
**natural life** – vida natural
**natural monopoly** – monopolio natural
**natural monument** – monumento natural
**natural obligation** – obligación natural
**natural parents** – padres biológicos
**natural person** – persona natural
**natural possession** – posesión física
**natural premium** – prima natural
**natural rate** – tasa natural
**natural resources** – recursos naturales
**natural resources conservation** – conservación de recursos naturales
**natural resources management** – administración de recursos naturales, gestión de recursos naturales
**natural rights** – derechos naturales
**natural succession** – sucesión natural
**natural tendency** – tendencia natural
**natural unemployment rate** – tasa de desempleo natural
**natural use** – uso natural
**natural wastage** – agotamiento de personal natural
**natural year** – año natural
**naturalisation** *n* – naturalización
**naturalisation courts** – tribunales con competencia en cuestiones de naturalización
**naturalisation papers** – documentos de naturalización
**naturalisation proceedings** – procedimientos para la naturalización
**naturalise** *v* – naturalizar
**naturalised** *adj* – naturalizado
**naturalised citizen** – ciudadano naturalizado
**naturalization** *n* – naturalización
**naturalization courts** – tribunales con competencia en cuestiones de naturalización
**naturalization papers** – documentos de naturalización
**naturalization proceedings** – procedimientos para la naturalización
**naturalize** *v* – naturalizar
**naturalized** *adj* – naturalizado
**naturalized citizen** – ciudadano naturalizado
**naturally** *adv* – naturalmente
**nature** *n* – naturaleza, esencia, índole
**nature conservation** – conservación de la naturaleza
**nautical** *adj* – náutico
**nautical assessors** – peritos en cuestiones navales
**nautical incident** – incidente náutico
**nautical mile** – milla marítima, nudo
**nautically** *adv* – náuticamente
**naval** *adj* – naval
**naval courts** – tribunales navales
**naval law** – derecho naval
**navigability** *n* – navegabilidad
**navigable** *adj* – navegable
**navigable in fact** – navegable en su estado natural, navegable de hecho
**navigable river** – río navegable
**navigable waters** – aguas navegables
**navigableness** *n* – navegabilidad
**navigate** *v* – navegar
**navigation** *n* – navegación
**navigation chart** – carta náutica
**navigation servitude** – servidumbre de navegación
**navigational** *adj* – navegacional
**navigator** *n* – navegante
**navy** *n* – flota marina

**nay** *n* – voto negativo, negación
**NB (nota bene)** – obsérvese, nota bene
**NCV (no commercial value)** – sin valor comercial
**ne exeat** – orden de no abandonar la jurisdicción
**ne varietur** – no se puede alterar
**near** *adj* – cercano, íntimo, próximo
**near** *adv* – cerca, casi
**near** *v* – acercarse
**near money** – activo fácilmente convertible en efectivo, casi dinero
**near relative** – pariente cercano
**near-term** *adj* – a cercano plazo
**nearby** *adj* – cercano, próximo
**nearly** *adv* – casi, aproximadamente
**nearly complete** – casi completo
**nearly correct** – casi correcto
**nebulous** *adj* – nebuloso
**necessaries** *n* – artículos de primera necesidad
**necessaries doctrine** – doctrina según la cual se le puede cobrar al esposo o padre por artículos de primera necesidad vendidos a su esposa e hijos
**necessarily** *adv* – necesariamente
**necessarily included offense** – delito menos grave que necesariamente se ha cometido al cometerse el delito en cuestión
**necessary** *adj* – necesario, inevitable
**necessary act** – acto necesario
**necessary agreement** – convenio necesario
**necessary amount** – cantidad necesaria
**necessary and proper** – necesario y apropiado
**necessary arbitration** – arbitraje necesario
**necessary balance** – balance necesario
**necessary care** – cuidado necesario
**necessary clause** – cláusula necesaria
**necessary commodities** – productos necesarios, productos de primera necesidad
**necessary component** – componente necesario
**necessary condition** – condición necesaria
**necessary cost** – costo necesario, coste necesario
**necessary coverage** – cobertura necesaria
**necessary damages** – daños y perjuicios generales
**necessary deposit** – depósito necesario
**necessary diligence** – diligencia necesaria
**necessary disclosure** – divulgación necesaria
**necessary domicile** – domicilio necesario
**necessary easement** – servidumbre necesaria
**necessary expenditures** – gastos necesarios, desembolsos necesarios
**necessary expense** – gasto necesario
**necessary inference** – inferencia necesaria
**necessary insurance** – seguro necesario
**necessary labor** – mano de obra necesaria
**necessary labour** – mano de obra necesaria
**necessary level** – nivel necesario
**necessary licence** – licencia necesaria
**necessary license** – licencia necesaria
**necessary limit** – límite necesario
**necessary litigation** – litigio necesario
**necessary loan** – préstamo necesario
**necessary parties** – partes necesarias
**necessary pay** – paga necesaria
**necessary payment** – pago necesario
**necessary price** – precio necesario
**necessary products** – productos necesarios
**necessary purchase** – compra necesaria
**necessary rating** – clasificación necesaria
**necessary remuneration** – remuneración necesaria
**necessary repairs** – reparaciones necesarias
**necessary reserve** – reserva necesaria
**necessary salary** – salario necesario
**necessary sale** – venta necesaria
**necessary services** – servicios necesarios
**necessary servitude** – servidumbre necesaria
**necessary stipulation** – estipulación necesaria
**necessary tax** – impuesto necesario, contribución necesaria
**necessary testimony** – testimonio necesario
**necessary wages** – salario necesario
**necessary witness** – testigo necesario
**necessitate** *v* – necesitar, hacer necesario
**necessitation** *n* – obligación
**necessities** *n* – artículos de primera necesidad
**necessitous** *adj* – necesitado, indigente
**necessitous circumstances** – circunstancias de necesidad
**necessity** *n* – necesidad
**necessity, out of** – por necesidad
**necropsy** *n* – necropsia, autopsia
**née** *adj* – nacido
**need** *n* – necesidad, carencia
**need** *v* – necesitar, requerir
**needful** *adj* – necesario, requerido
**needfully** *adv* – necesariamente
**neediness** *n* – indigencia
**needless** *adj* – innecesario, inútil
**needlessly** *adv* – inútilmente
**needs test** – prueba de necesidades, comprobación de necesidades
**needy** *adj* – necesitado, indigente
**nefarious** *adj* – nefario, infame
**negate** *v* – negar, anular, invalidar
**negation** *n* – negación, nulidad
**negative** *adj* – negativo, denegatorio
**negative amortisation** – amortización negativa
**negative amortization** – amortización negativa
**negative authorisation** – autorización negativa
**negative authorization** – autorización negativa
**negative averment** – alegación negativa
**negative bias** – sesgo negativo
**negative carry** – rendimiento menor que el costo de posesión
**negative condition** – condición negativa
**negative confirmation** – confirmación negativa
**negative covenant** – estipulación de no realizar un acto
**negative coverage** – cobertura negativa
**negative easement** – servidumbre negativa
**negative evidence** – prueba negativa
**negative factor** – factor negativo
**negative file** – archivo negativo
**negative goodwill** – plusvalía negativa
**negative leverage** – apalancamiento negativo
**negative misprision** – ocultación de un hecho que se debería denunciar
**negative net worth** – valor neto negativo
**negative plea** – defensa negativa
**negative pledge clause** – cláusula de pignoración negativa

**negative pregnant** – negación que implica una afirmación
**negative premium** – prima negativa
**negative proof** – prueba negativa
**negative reprisals** – represalias negativas
**negative servitude** – servidumbre negativa
**negative statute** – ley negativa
**negative tax** – impuesto negativo
**negative testimony** – testimonio indirecto
**negative value** – valor negativo
**negative verification** – verificación negativa
**negatively** *adv* – negativamente
**neglect** *n* – negligencia, descuido
**neglect** *v* – descuidar, abandonar, no ocuparse de, desatender, incumplir
**neglect of duty** – incumplimiento del deber
**neglected** *adj* – descuidado, desatendido, incumplido
**neglected child** – niño descuidado
**neglected minor** – menor descuidado
**neglecter** *n* – negligente, persona negligente
**neglectful** *adj* – negligente, descuidado
**neglectfully** *adv* – negligentemente
**neglectfulness** *n* – negligencia, descuido
**negligence** *n* – negligencia, descuido
**negligence, estoppel by** – impedimento por negligencia
**negligence in law** – negligencia accionable
**negligence liability insurance** – seguro contra responsabilidad por negligencia
**negligence per se** – negligencia en sí misma, negligencia per se
**negligent** *adj* – negligente, descuidado
**negligent act** – acto negligente
**negligent behavior** – conducta negligente
**negligent behaviour** – conducta negligente
**negligent conduct** – conducta negligente
**negligent escape** – fuga debida a la negligencia de un funcionario de la prisión
**negligent homicide** – homicidio negligente
**negligent injury** – lesión negligente
**negligent manslaughter** – homicidio negligente
**negligent offense** – delito negligente
**negligently** *adv* – negligentemente, descuidadamente
**negligently done** – hecho negligentemente
**negotiability** *n* – negociabilidad
**negotiable** *adj* – negociable
**negotiable bill** – letra de cambio negociable
**negotiable bill of exchange** – letra de cambio negociable
**negotiable bill of lading** – conocimiento de embarque negociable
**negotiable bond** – bono negociable
**negotiable check** – cheque negociable
**negotiable cheque** – cheque negociable
**negotiable contract** – contrato negociable
**negotiable document** – documento negociable
**negotiable document of title** – título negociable
**negotiable instruments** – instrumentos negociables
**negotiable investments** – inversiones negociables
**negotiable note** – pagaré negociable
**negotiable paper** – títulos negociables
**negotiable securities** – valores negociables
**negotiable terms** – términos negociables
**negotiable words** – palabras y frases de negociabilidad
**negotiate** *v* – negociar, gestionar
**negotiated** *adj* – negociado, gestionado
**negotiated agreement** – acuerdo pactado, contrato pactado, acuerdo negociado, contrato negociado
**negotiated benefits** – beneficios pactados, beneficios negociados
**negotiated charge** – cargo pactado, cargo negociado
**negotiated commission** – comisión pactada, comisión negociada
**negotiated conditions** – condiciones pactadas, condiciones negociadas
**negotiated contract** – contrato pactado, contrato negociado
**negotiated cost** – costo pactado, costo negociado, coste pactado, coste negociado
**negotiated credit line** – línea de crédito pactada, línea de crédito negociada
**negotiated expenditures** – gastos pactados, gastos negociados
**negotiated expenses** – gastos pactados, gastos negociados
**negotiated fee** – cargo pactado, cargo negociado
**negotiated interest rate** – tasa de interés pactada, tasa de interés negociada
**negotiated liability** – responsabilidad pactada, responsabilidad negociada
**negotiated obligation** – obligación pactada, obligación negociada
**negotiated pay** – paga pactada, paga negociada
**negotiated payment** – pago pactado, pago negociado
**negotiated period** – período pactado, período negociado
**negotiated plea** – convenio entre el acusado y el fiscal para que el acusado admita su culpabilidad a ciertos cargos a cambio de la recomendación del fiscal de que no se dicte la pena máxima, alegación negociada
**negotiated premium** – prima pactada, prima negociada
**negotiated price** – precio pactado, precio negociado
**negotiated purchase** – compra negociada
**negotiated rate** – tasa pactada, tasa negociada
**negotiated remuneration** – remuneración pactada, remuneración negociada
**negotiated rent** – renta pactada, renta negociada
**negotiated salary** – salario pactado, salario negociado
**negotiated sale** – venta negociada
**negotiated selling price** – precio de venta pactado, precio de venta negociado
**negotiated terms** – términos pactados, términos negociados
**negotiated wages** – salarios pactados, salarios negociados
**negotiating** *n* – negociación
**negotiating agent** – agente de negociaciones
**negotiating clout** – poder de negociación
**negotiating control** – control de negociación
**negotiating group** – grupo de negociación
**negotiating period** – período de negociación
**negotiating position** – posición de negociación
**negotiating power** – poder de negociación
**negotiating rights** – derechos de negociación
**negotiating strength** – fuerza de negociación
**negotiating table** – mesa de negociaciones

**negotiating unit** – unidad de negociaciones
**negotiation** *n* – negociación
**negotiation agent** – agente de negociaciones
**negotiation clout** – poder de negociación
**negotiation control** – control de negociación
**negotiation fee** – cargo por negociación
**negotiation group** – grupo de negociación
**negotiation period** – período de negociación
**negotiation position** – posición de negociación
**negotiation power** – poder de negociación
**negotiation process** – proceso de negociación
**negotiation rights** – derechos de negociación
**negotiation strength** – fuerza de negociación
**negotiation table** – mesa de negociaciones
**negotiation unit** – unidad de negociaciones
**negotiator** *n* – negociador
**negotiorum gestio** – gestión de negocios
**negotiorum gestor** – quien hace una gestión de negocios
**neighbor** *adj* – vecino, próximo, colindante
**neighbor** *n* – vecino
**neighbor** *v* – colindar, estar cerca de
**neighborhood** *n* – vecindario, vecindad
**neither** – ninguno de los dos, ninguno
**neither party** – ninguna de las partes
**nemine contradicente** – sin oposición
**NEPA (National Environmental Policy Act)** – Ley Nacional de Política Ambiental
**nephew** *n* – sobrino
**nepotism** *n* – nepotismo
**nepotist** *adj* – nepotista
**nepotist** *n* – nepotista
**nest egg** – ahorros
**net** *adj* – neto, final
**net** *n* – red
**net** *v* – realizar, capturar
**Net (Internet)** – Internet
**net. (network)** – red
**net 30** – a pagarse en 30 días
**net amount** – cantidad neta
**net amount at risk** – cantidad en riesgo neta
**net asset value** – valor de activo neto
**net assets** – activo neto
**net balance** – saldo neto
**net basis** – base neta
**net borrowed reserves** – reservas prestadas netas
**net borrowing** – prestamos netos
**net capital expenditure** – gasto de capital neto
**net capital formation** – formación neta de capital
**net capital gain** – ganancia neta de capital
**net capital loss** – pérdida neta de capital
**net capital requirement** – requisito neto de capital
**net capital spending** – gastos de capital neto
**net change** – cambio neto
**net charge-off** – cancelaciones netas
**net contribution** – contribución neta
**net cost** – costo neto, coste neto
**net credit** – crédito neto
**net debt** – deuda neta
**net decrease** – disminución neta
**net domestic assets** – activos nacionales netos
**net domestic product** – producto nacional neto
**net earnings** – ingresos netos
**net effect** – efecto neto
**net emigration** – emigración neta
**net equity** – capital propio neto
**net estate** – patrimonio neto
**net exportations** – exportaciones netas
**net expenses** – gastos netos
**net exportations** – exportaciones netas
**net exporter** – exportador neto
**net exports** – exportaciones netas
**net foreign investment** – inversión extranjera neta
**net ground lease** – arrendamiento de terreno vacante neto
**net immigration** – inmigración neta
**net importations** – importaciones netas
**net importer** – importador neto
**net imports** – importaciones netas
**net income** – ingresos netos, beneficio neto, renta neta
**net income tax** – impuesto sobre la renta neta
**net increase** – aumento neto
**net interest** – interés neto
**net international reserves** – reservas internacionales netas
**net investment** – inversión neta
**net lease** – arrendamiento neto, arrendamiento en que el arrendatario tiene que pagar ciertos otros gastos en adición al pago del alquiler
**net level premium** – prima nivelada neta
**net liquid assets** – activo líquido neto
**net listing** – contrato para la venta de un inmueble en que la comisión es lo que exceda una cantidad fija que le corresponde al vendedor, listado neto
**net long-term debt** – deuda a largo plazo neta
**net loss** – pérdida neta
**net national debt** – deuda nacional neta
**net national income** – ingreso nacional neto
**net national product** – producto nacional neto
**net of tax** – neto tras factorizar impuestos
**net operating income** – ingresos operativos netos
**net operating loss** – pérdida operativa neta
**net pay** – paga neta, salario neto
**net payments** – pagos netos
**net premium** – prima neta
**net present value** – valor presente neto
**net price** – precio neto
**net proceeds** – producto neto
**net profits** – beneficios netos, ganancias netas
**net public debt** – deuda pública neta
**net rate** – tasa neta
**net rent** – alquiler neto
**net reserves** – reservas netas
**net return** – rendimiento neto
**net revenue** – ingreso neto
**net salary** – salario neto
**net sales** – ventas netas
**net sales contract** – contrato de venta neto
**net settlement** – liquidación neta
**net short-term debt** – deuda a corto plazo neta
**net single premium** – prima individual neta
**net surplus** – superávit neto
**net tax liability** – responsabilidad contributiva neta
**net taxes** – impuestos netos, contribuciones netas
**net tonnage** – tonelaje neto
**net transaction** – transacción neta
**net value** – valor neto
**net value added** – valor añadido neto

**net wages** – salario neto
**net weight** – peso neto
**net working capital** – capital circulante neto
**net worth** – valor neto, activo neto
**net yield** – rendimiento neto
**nether** *adj* – inferior, menor
**nethermost** *adj* – lo más bajo
**netcasting** *n* – difusión por la Internet
**netiquette** *n* – netiqueta
**netizen** *n* – internauta
**network** *n* – red
**network** *v* – buscar y establecer contactos
**network access** – acceso a una red
**network administration** – administración de red
**network administrator** – administrador de red
**network authentication** – autenticación de red
**network computer** – computadora de red
**network management** – administración de red, gestión de red
**network manager** – administrador de red
**network security** – seguridad de red
**networking** *n* – la búsqueda y establecimiento de contactos, trabajo con redes, interconexión de redes
**neutral** *adj* – neutral, imparcial, indiferente
**neutral nation** – nación neutral
**neutral property** – propiedad neutral
**neutralisation** *n* – neutralización
**neutralism** *n* – neutralismo
**neutrality** *n* – neutralidad
**neutrality laws** – leyes de neutralidad
**neutralization** *n* – neutralización
**never** *adv* – nunca, en ningún momento
**never used** – nunca usado
**nevermore** *adv* – nunca más
**nevertheless** *adv* – sin embargo
**new** *adj* – nuevo, reciente, distinto
**new account** – cuenta nueva
**new acquisition** – nueva adquisición
**new action** – nueva acción
**new and useful** – novedoso y útil
**new assignment** – alegación de la parte demandante que la defensa no tiene que ver con la demanda
**new cause of action** – hechos nuevos que podrían dar un nuevo derecho de acción
**new consideration** – contraprestación adicional
**new contract** – nuevo contrato
**new economy** – nueva economía
**new enterprise** – nueva empresa
**new for old** – nuevo por viejo
**new issue** – nueva emisión
**new management** – nueva administración, nueva gestión
**new matter** – cuestión de hecho nueva, asunto nuevo
**new money** – dinero nuevo, dinero fresco
**new product** – nuevo producto
**new promise** – nueva promesa
**new technology** – nueva tecnología
**new trial** – nuevo juicio
**new works** – obras nuevas
**newborn** *adj* – recién nacido
**newly** *adv* – nuevamente, recientemente
**newly discovered evidence** – prueba descubierta tras dictarse una sentencia
**newly industrialised countries** – países recientemente industrializados
**newly industrialised economy** – economía recientemente industrializada
**newly industrialized countries** – países recientemente industrializados
**newly industrialized economy** – economía recientemente industrializada
**newlyweds** *n* – recién casados
**news** *n* – noticias, novedad
**news agency** – agencia noticiosa
**news conference** – conferencia de prensa, rueda de prensa
**news service** – servicio de noticias
**newscasting** *n* – transmisión de noticias
**newsletter** *n* – boletín
**newsman** *n* – reportero
**newsman's privilege** – derecho del periodista a no divulgar su fuente de información
**newspaper** *n* – periódico
**newspaperman** *n* – reportero, periodista
**newspaperwoman** *n* – reportera, periodista
**next devisee** – legatario subsiguiente
**next friend** – funcionario del tribunal que defiende los intereses de una persona incapaz sin ser su tutor
**next of kin** – parientes más cercanos
**nexus** *n* – nexo, vínculo
**NGO (non-governmental organization, non-governmental organisation)** – organización no gubernamental
**nickname** *n* – apodo, sobrenombre
**niece** *n* – sobrina
**night** *n* – noche, anochecer
**night blindness** – ceguera nocturna
**night court** – tribunal nocturno
**night deposit** – depósito hecho después de horas laborables
**night shift** – turno nocturno, turno de noche
**night stick** – cachiporra
**night watch** – guardia nocturna
**night watchman** – guardián nocturno
**nightfall** *n* – crepúsculo, anochecer
**nighttime** *n* – noche
**nightwalker** *n* – merodeador nocturno
**nihil** – nada
**nihil dicit** – no dice nada
**nihil est** – no hay nada
**nihilism** *n* – nihilismo
**nihilist** *adj* – nihilista
**nihilist** *n* – nihilista
**nihility** *n* – la nada
**nil** *n* – nada, cero
**nine to five** – empleo con horario regular y sueldo fijo, jornada de nueve a cinco
**nisi** *adj* – a menos que
**nisi prius** – tribunal con un solo juez y jurado
**no. (number)** – número
**no account** – sin cuenta
**no arrival, no sale** – si no llegan los bienes no hay que pagar por ellos
**no award** – negación del perfeccionamiento de un laudo
**no bill** – denegación de procesamiento
**no business value** – sin valor comercial
**no collateral** – sin colateral

**no commercial value** – sin valor comercial
**no contest** – no contestaré, no disputaré, nolo contendere
**no contest clause** – cláusula testamentaria que indica que no se puede impugnar el testamento
**no customs value** – sin valor aduanero, sin valor en aduanas
**no declared value** – sin valor declarado
**no evidence** – prueba insuficiente, prueba inadecuada
**no-fault** *adj* – sin culpa
**no-fault auto insurance** – seguro automovilístico sin culpa, seguro automovilístico donde la compañía aseguradora paga los daños independientemente de quien tuvo la culpa
**no-fault automobile insurance** – seguro automovilístico sin culpa, seguro automovilístico donde la compañía aseguradora paga los daños independientemente de quien tuvo la culpa
**no-fault car insurance** – seguro automovilístico sin culpa, seguro automovilístico donde la compañía aseguradora paga los daños independientemente de quien tuvo la culpa
**no-fault divorce** – divorcio sin culpa
**no-frills** *adj* – sólo con lo esencial, sin lujos, básico
**no funds** – sin fondos
**no-man's-land** *n* – terreno sin dueño, tierra de nadie
**no money down** – sin pronto pago
**no name** – sin marca, sin nombre
**no par** – sin valor nominal, sin valor a la par
**no-par shares** – acciones sin valor nominal, acciones sin valor a la par
**no-par stock** – acciones sin valor nominal, acciones sin valor a la par
**no purchase necessary** – sin obligación de compra
**no recourse** – sin recurso
**no-strike clause** – cláusula de no declarar huelga
**no strings attached** – sin cortapisas
**no trespassing** – prohibido el paso
**no value declared** – sin valor declarado
**no-win situation** – situación en la cual se pierde comoquiera
**nobody** *pron* – nadie, ninguno
**nocent** *adj* – culpable
**nocturnal** *adj* – nocturno
**noise pollution** – contaminación sonora
**nolens volens** – con o sin consentimiento, a la fuerza
**nolle prosequi** – abandono de proceso
**nolo contendere** – no contestaré, no disputaré, nolo contendere
**nomad** *n* – nómada
**nomen** – nombre
**nominal** *adj* – nominal
**nominal amount** – cantidad nominal
**nominal assets** – activo nominal
**nominal capital** – capital nominal
**nominal charges** – cargos nominales
**nominal consideration** – contraprestación nominal
**nominal cost** – costo nominal, coste nominal
**nominal damages** – daños y perjuicios nominales, daños nominales
**nominal defendant** – demandado nominal, acusado nominal
**nominal fees** – cargos nominales
**nominal income** – ingreso nominal
**nominal interest** – interés nominal
**nominal interest rate** – tasa de interés nominal
**nominal partner** – socio nominal
**nominal party** – parte nominal
**nominal plaintiff** – demandante nominal
**nominal price** – precio nominal
**nominal profit** – beneficio nominal, ganancia nominal
**nominal rate** – tasa nominal
**nominal rent** – alquiler nominal
**nominal right** – derecho nominal
**nominal tariff** – tarifa nominal
**nominal trust** – fideicomiso nominal
**nominal value** – valor nominal
**nominal wage** – salario nominal
**nominal yield** – rendimiento nominal
**nominate** *v* – nominar, nombrar, designar
**nominate contracts** – contratos nominados, contratos con nombre o forma propia
**nomination** *n* – nominación, nombramiento, propuesta
**nominative** *adj* – nominativo, asignado por nombramiento
**nominator** *n* – nominador, nombrador, proponente
**nominee** *n* – persona nombrada, nómino, representante, candidato, fideicomisario, hombre de paja
**nomographer** *n* – nomógrafo
**nomography** *n* – nomografía
**non-ability** *n* – incapacidad, incapacidad legal
**non-acceptance** *n* – no aceptación, rechazo
**non-access** *n* – falta de acceso carnal, falta de acceso
**non-accrual loan** – préstamo sin acumulación
**non-adherence** *n* – no adherencia
**non-adhering** *adj* – no adherente
**non-adjustable** *adj* – no ajustable
**non-admission** *n* – no admisión
**non-admitted** *adj* – no admitido
**non-age** *n* – minoría de edad, minoridad
**non-aggressive** *adj* – no agresivo
**non-agricultural** *adj* – no agrícola
**non-amortising loan** – préstamo sin amortización
**non-amortizing loan** – préstamo sin amortización
**non-ancestral estate** – bienes inmuebles no adquiridos por sucesión
**non-annullable** *adj* – no anulable
**non-apparent** *adj* – no aparente
**non-apparent easement** – servidumbre discontinua
**non-appearance** *n* – incomparecencia
**non-approval** *n* – no aprobación
**non-approved** *adj* – no aprobado
**non-arm's length negotiations** – negociaciones entre partes independientes con desigualdad de condiciones
**non-arm's length transactions** – transacciones entre partes independientes con desigualdad de condiciones
**non-assessable** *adj* – no susceptible a gravámenes o impuestos
**non-assessable shares** – acciones no gravables, acciones no susceptibles a gravámenes o impuestos
**non-assessable stock** – acciones no gravables, acciones no susceptibles a gravámenes o impuestos
**non-assignable** *adj* – no transferible
**non-assignable policy** – póliza no transferible
**non-assumable** *adj* – no asumible
**non assumpsit** – defensa basada en que nunca hubo

compromiso de pago
**non-attendance** *n* – falta de asistencia
**non-availability** *n* – no disponibilidad
**non-bailable** *adj* – sin derecho de fianza, sin necesidad de fianza
**non-bank** *adj* – no bancario
**non-banking** *adj* – no bancario
**non-belligerant** *n* – no beligerante
**non-borrowed** *adj* – no prestado
**non-business** *adj* – no de negocios, no laborable
**non-business day** – día no laborable
**non-business expenditures** – gastos no de negocios
**non-business expenses** – gastos no de negocios
**non-business income** – ingreso no de negocios
**non-callable** *adj* – no retirable, no redimible
**non-cancelable** *adj* – no cancelable
**non-cancelable health insurance** – seguro de salud no cancelable
**non-cancelable insurance** – seguro no cancelable
**non-cancelable life insurance** – seguro de vida no cancelable
**non-cancelable policy** – póliza no cancelable
**non-cancellable** *adj* – no cancelable
**non-cancellable health insurance** – seguro de salud no cancelable
**non-cancellable insurance** – seguro no cancelable
**non-cancellable life insurance** – seguro de vida no cancelable
**non-cancellable policy** – póliza no cancelable
**non-cash** *adj* – no en efectivo, no al contado
**non-citizen** *n* – no ciudadano
**non-claim** *n* – abandono de derecho por no hacerlo valer dentro del período señalado por ley
**non-clearing** *adj* – no compensable
**non-collectible** *adj* – incobrable
**non-collectible debt** – deuda incobrable
**non-combatant** *n* – no combatiente
**non-commercial** *adj* – no comercial
**non-commercial services** – servicios no comerciales
**non-commercial transaction** – transacción no comercial
**non-committal** *adj* – evasivo
**non-competing** *adj* – no competidor
**non-competition agreement** – acuerdo de no competencia
**non-competitive** *adj* – no competitivo
**non-competitive bid** – oferta no competitiva
**non-compliance** *n* – incumplimiento
**non-compliant** *adj* – incumplidor
**non compos mentis** – incapacitado mentalmente, non compos mentis
**non-compulsory** *adj* – no obligatorio
**non-conforming** *adj* – no conforme
**non-conforming loan** – préstamo no conforme a ciertas especificaciones
**non-conforming lot** – solar no conforme a la zonificación
**non-conforming mortgage** – hipoteca no conforme a ciertas especificaciones
**non-conforming use** – uso no conforme a la zonificación
**non-conformist** *n* – inconformista, disidente
**non-consolidated** *adj* – no consolidado
**non-constitutional** *adj* – no constitucional, inconstitucional
**non-contestability** *n* – incontestabilidad
**non-contestability clause** – cláusula de incontestabilidad
**non-contestable clause** – cláusula de incontestabilidad
**non-continuous easement** – servidumbre discontinua
**non-contributory** *adj* – sin contribuciones
**non-contributory retirement plan** – plan de retiro sin contribuciones por empleados
**non-controllable** *adj* – no controlable
**non-controllable cost** – costo no controlable, coste no controlable
**non-controllable expenditures** – gastos no controlables
**non-controllable expenses** – gastos no controlables
**non-controllable risk** – riesgo no controlable
**non-controvertible** *adj* – incontrovertible
**non-cooperation** *n* – no cooperación
**non-corporate** *adj* – no corporativo
**non-criminal** *adj* – no criminal, civil
**non-cumulative** *adj* – no acumulativo
**non-cumulative dividends** – dividendos no acumulativos
**non-cumulative preferred shares** – acciones preferidas no acumulativas
**non-cumulative preferred stock** – acciones preferidas no acumulativas
**non-cumulative voting** – votación no acumulativa
**non-custodial parent** – padre sin custodia, padre sin derecho a custodia
**non-deductible** *adj* – no deducible
**non-deductible expenditures** – gastos no deducibles
**non-deductible expenses** – gastos no deducibles
**non-deductible tax** – impuesto no deducible
**non-delivery** *n* – falta de entrega
**non-descript** *adj* – indefinido
**non-destructive** *adj* – no destructivo
**non-direction** *n* – la omisión por parte del juez en dar las instrucciones necesarias al jurado
**non-dischargeable debt** – deuda no cancelable mediante quiebra
**non-disclosure** *n* – no divulgación
**non-disclosure agreement** – convenio de no divulgación, pacto de no divulgación
**non-discretionary** *adj* – no discrecional
**non-discretionary trust** – fideicomiso no discrecional
**non-discrimination** *n* – no discriminación
**non-discriminatory** *adj* – no discriminante
**non-divisible** *adj* – no divisible
**non-divisible contract** – contrato no divisible
**non-durable goods** – mercancías no duraderas, mercancías perecederas
**non-durable power of attorney** – poder no duradero, poder legal no duradero, poder notarial no duradero
**non-dutiable** *adj* – no imponible
**non-effective** *adj* – ineficaz, no vigente
**non-entity** *n* – nulidad, cosa inexistente
**non-essential** *adj* – no esencial
**non-essential goods** – bienes no esenciales
**non-essential ignorance** – ignorancia de un hecho no pertinente
**non-exclusive** *adj* – no exclusivo
**non-exclusive licence** – licencia no exclusiva

**non-exclusive license** – licencia no exclusiva
**non-executive** *adj* – no ejecutivo
**non-exempt** *adj* – no exento
**non-exempt employee** – empleado no exento
**non-exempt property** – propiedad no exenta
**non-existence** *n* – inexistencia
**non-existent** *adj* – inexistente
**non-existent action** – acción ficticia
**non-existent address** – dirección inexistente
**non-existent assets** – activo inexistente
**non-existent company** – compañía inexistente
**non-existent corporation** – corporación inexistente
**non-existent credit** – crédito inexistente
**non-existent debt** – deuda inexistente
**non-existent group** – grupo inexistente
**non-existent name** – nombre inexistente
**non-existent party** – parte inexistente
**non-existent payee** – beneficiario inexistente
**non-existent payment** – pago inexistente
**non-existent person** – persona inexistente
**non-existent registration** – registro inexistente
**non-existent residence** – residencia inexistente
**non-expert** *n* – inexperto, no experto
**non-fatal** *adj* – no fatal
**non-feasance** *n* – incumplimiento, omisión
**non-filer** *n* – quien no rinde declaración de la renta
**non-final order** – orden apelable
**non-financial** *adj* – no financiero
**non-financial compensation** – compensación no financiera
**non-financial incentive** – incentivo no financiero
**non-forfeitable** *adj* – no sujeto a confiscación
**non-fulfillment** *n* – incumplimiento
**non-functional** *adj* – no funcional
**non-fungible** *adj* – no fungible
**non-governmental** *adj* – no gubernamental
**non-governmental body** – organización no gubernamental
**non-governmental organisation** – organización no gubernamental
**non-governmental organization** – organización no gubernamental
**non-immigrant** *adj* – no inmigrante
**non-immigrant** *n* – no inmigrante
**non-immigrant visa** – visa de no inmigrante
**non-incorporated** *adj* – no incorporado
**non-industrial** *adj* – no industrial
**non-inflationary** *adj* – no inflacionario
**non-insurable** *adj* – no asegurable
**non-insurable risk** – riesgo no asegurable
**non-insured** *adj* – no asegurado
**non-insured driver** – conductor no asegurado
**non-intercourse** *n* – falta de comercio entre países, falta de relaciones sexuales
**non-interest** *adj* – sin intereses
**non-interest bearing** – que no devenga intereses
**non-interest deposit** – depósito sin intereses
**non-intervention** *n* – no intervención
**non-intervention will** – testamento autorizando al albacea a administrar sin intervención judicial
**non-issuable pleas** – alegaciones sin mérito
**non-joinder** *n* – falta de unión de una parte a la acción
**non-judicial day** – día feriado judicial
**non-lawyer** *n* – quien no es abogado
**non-legal** *adj* – no legal, ilegal
**non-legal investments** – inversiones no permitidas para ciertas instituciones financieras
**non-leviable** *adj* – inembargable
**non-linearity** *n* – no linealidad
**non-listed** *adj* – no cotizado
**non-luxury** *adj* – no de lujo
**non-mailable** *adj* – no apto para enviarse por correo
**non-mandatory** *adj* – no obligatorio
**non-manufacturing** *adj* – no de manufactura
**non-marketable** *adj* – no vendible
**non-marketable bond** – bono no negociable
**non-marketable investment** – inversión no negociable
**non-marketable security** – valor no negociable
**non-medical policy** – póliza de seguro emitida sin examen médico
**non-member** *adj* – no miembro
**non-member bank** – banco no miembro
**non-member firm** – empresa no miembro
**non-merchantable title** – título de propiedad no comerciable
**non-molestation order** – orden de no molestar o agredir a otra persona
**non-monetary** *adj* – no monetario
**non-monetary exchange** – intercambio no monetario
**non-monetary transaction** – transacción no monetaria
**non-navigable** *adj* – no navegable
**non-negotiable** *adj* – no negociable
**non-negotiable check** – cheque no negociable
**non-negotiable cheque** – cheque no negociable
**non-negotiable instrument** – instrumento no negociable
**non-negotiable note** – pagaré no negociable
**non-objective** *adj* – no objetivo
**non-obligatory** *adj* – no obligatorio
**non-occupational** *adj* – no ocupacional
**non-occupational accident** – accidente no de trabajo
**non-occupational disability** – discapacidad no ocupacional
**non-official** *adj* – no oficial
**non-operating income** – ingresos que no provienen de las operaciones
**non-participant** *n* – no participante
**non-participating** *adj* – no participante
**non-participating policy** – póliza sin participación
**non-participating preferred shares** – acciones preferidas sin participación
**non-participating preferred stock** – acciones preferidas sin participación
**non-participating shares** – acciones sin participación
**non-participating stock** – acciones sin participación
**non-payment** *n* – falta de pago
**non-pecuniary** *adj* – no pecuniario
**non-penalised** *adj* – no penalizado
**non-penalized** *adj* – no penalizado
**non-performance** *n* – incumplimiento
**non-performance of contract** – incumplimiento de contrato
**non-performing assets** – activo improductivo
**non-performing loans** – préstamos en mora o de otro modo en incumplimiento
**non-probate** *adj* – propiedad que se lega a otros sin el uso de testamentos ni otros medios que podrían ser escudriñados judicialmente

**non-productive** *adj* – no productivo
**non-productive loan** – préstamo improductivo
**non-professional** *adj* – no profesional
**non-profit** *adj* – sin fines de lucro
**non-profit accounting** – contabilidad de organización sin fines de lucro
**non-profit association** – asociación sin fines de lucro
**non-profit corporation** – corporación sin fines de lucro, sociedad sin fines de lucro
**non-profit institution** – institución sin fines de lucro
**non-profit making** – sin fines de lucro
**non-profit organisation** – organización sin fines de lucro
**non-profit organization** – organización sin fines de lucro
**non-proportional** *adj* – no proporcional
**non-proportional reinsurance** – reaseguro no proporcional
**non prosequitur** – sentencia a favor del demandado por la falta de seguimiento del demandante
**non-public** *adj* – no público, privado
**non-public company** – compañía no pública
**non-public information** – información no pública
**non-qualified** *adj* – no calificado
**non-qualified pension plan** – plan de pensión no calificado
**non-questionable** *adj* – no cuestionable
**non-reciprocal** *adj* – no recíproco
**non-reciprocal transfer** – transferencia no recíproca
**non-recognition** *n* – desconocimiento
**non-recourse** *adj* – sin recursos
**non-recourse debt** – deuda sin recursos
**non-recourse loan** – préstamo sin recursos
**non-recoverable** *adj* – no recuperable
**non-recurrent** *adj* – no recurrente, no repetitivo
**non-recurrent charge** – cargo no recurrente
**non-recurrent cost** – costo no recurrente, coste no recurrente
**non-recurrent expenditures** – gastos no recurrentes
**non-recurrent expenses** – gastos no recurrentes
**non-recurrent fee** – cargo no recurrente
**non-recurrent gain** – ganancia no recurrente
**non-recurrent loss** – pérdida no recurrente
**non-recurrent revenue** – ingresos no recurrentes
**non-recurring** *adj* – no recurrente, no repetitivo
**non-recurring charge** – cargo no recurrente
**non-recurring cost** – costo no recurrente, coste no recurrente
**non-recurring expenditures** – gastos no recurrentes
**non-recurring expenses** – gastos no recurrentes
**non-recurring fee** – cargo no recurrente
**non-recurring gain** – ganancia no recurrente
**non-recurring loss** – pérdida no recurrente
**non-recurring revenue** – ingresos no recurrentes
**non-recyclable** *adj* – no reciclable
**non-refundable** *adj* – no reembolsable
**non-refundable charge** – cargo no reembolsable
**non-refundable deposit** – depósito no reembolsable
**non-refundable expenditures** – gastos no reembolsables
**non-refundable expenses** – gastos no reembolsables
**non-refundable fee** – cargo no reembolsable
**non-renewable** *adj* – no renovable
**non-renewable natural resources** – recursos naturales no renovables
**non-reserve** *adj* – no de reserva
**non-residence** *n* – falta de residencia en la jurisdicción en cuestión
**non-resident** *adj* – no residente
**non-resident account** – cuenta de no residente
**non-resident tax** – impuesto de no residentes
**non-residential** *adj* – no residencial
**non-residential mortgage loan** – préstamo hipotecario no residencial
**non-restrictive** *adj* – sin restricción
**non-reversible** *adj* – no reversible, irreversible
**non-routine decision** – decisión no de rutina
**non-scheduled** *adj* – inesperado, sin itinerario fijo
**non sequitur** – no se sigue, conclusión errónea
**non-significant** *adj* – no significante
**non-specific** *adj* – no específico
**non-standard** *adj* – no reglamentario, no estándar
**non-stock** *adj* – sin acciones
**non-stock company** – compañía sin acciones
**non-stock corporation** – corporación sin acciones
**non-sufficient funds** – fondos insuficientes
**non-suit** *n* – sentencia de no ha lugar, rechazo de una acción, sobreseimiento
**non-support** *n* – falta de sostenimiento, falta de sustento
**non-tariff** *adj* – no arancelario
**non-taxable** *adj* – no tributable
**non-taxable dividend** – dividendo no tributable
**non-taxable gross income** – ingreso bruto no tributable
**non-taxable income** – ingreso no tributable
**non-taxable interest** – intereses no tributables
**non-taxable investment** – inversión no tributable
**non-taxable investment income** – ingresos por inversiones no tributables
**non-taxable securities** – valores no tributables
**non-taxable transaction** – transacción no tributable
**non-toxic** *adj* – no tóxico
**non-traditional reinsurance** – reaseguro no tradicional
**non-transferable** *adj* – no transferible
**non-transferable card** – tarjeta no transferible
**non-union** *adj* – no de unión, no de sindicato
**non-unionised** *adj* – no sindicalizado
**non-unionized** *adj* – no sindicalizado
**non-valued** *adj* – no valorado
**non-verbal** *adj* – no verbal
**non-voting** *adj* – sin derecho a voto
**non-voting shares** – acciones sin derecho a voto
**non-voting stock** – acciones sin derecho a voto
**non vult** – él no contestará, nolo contendere
**non-wage** *adj* – no salarial
**non-wage income** – ingresos no salariales
**non-waiver agreement** – acuerdo mediante el cual se retienen los derechos a los cuales no se ha renunciado y que no se han perdido
**nonability** *n* – incapacidad, incapacidad legal
**nonacceptance** *n* – no aceptación, rechazo
**nonaccess** *n* – falta de acceso carnal, falta de acceso
**nonaccrual loan** – préstamo sin acumulación
**nonadherence** *n* – no adherencia
**nonadhering** *adj* – no adherente
**nonadjustable** *adj* – no ajustable

**nonadmission** *n* – no admisión
**nonadmitted** *adj* – no admitido
**nonage** *n* – minoría de edad, minoridad
**nonaggressive** *adj* – no agresivo
**nonagricultural** *adj* – no agrícola
**nonamortising loan** – préstamo sin amortización
**nonamortizing loan** – préstamo sin amortización
**nonancestral estate** – bienes inmuebles no adquiridos por sucesión
**nonannullable** *adj* – no anulable
**nonapparent** *adj* – no aparente
**nonapparent easement** – servidumbre discontinua
**nonappearance** *n* – incomparecencia
**nonapproval** *n* – no aprobación
**nonapproved** *adj* – no aprobado
**nonassessable** *adj* – no susceptible a gravámenes o impuestos
**nonassessable shares** – acciones no gravables, acciones no susceptibles a gravámenes o impuestos
**nonassessable stock** – acciones no gravables, acciones no susceptibles a gravámenes o impuestos
**nonassignable** *adj* – no transferible
**nonassignable policy** – póliza no transferible
**nonassumable** *adj* – no asumible
**nonattendance** *n* – falta de asistencia
**nonavailability** *n* – no disponibilidad
**nonbailable** *adj* – sin derecho de fianza, sin necesidad de fianza
**nonbank** *adj* – no bancario
**nonbanking** *adj* – no bancario
**nonbelligerant** *adj* – no beligerante
**nonborrowed** *adj* – no prestado
**nonbusiness** *adj* – no de negocios, no laborable
**nonbusiness day** – día no laborable
**nonbusiness expenditures** – gastos no de negocios
**nonbusiness expenses** – gastos no de negocios
**nonbusiness income** – ingreso no de negocios
**noncallable** *adj* – no retirable, no redimible
**noncancelable** *adj* – no cancelable
**noncancelable health insurance** – seguro de salud no cancelable
**noncancelable insurance** – seguro no cancelable
**noncancelable life insurance** – seguro de vida no cancelable
**noncancelable policy** – póliza no cancelable
**noncancelable** *adj* – no cancelable
**noncancellable health insurance** – seguro de salud no cancelable
**noncancellable insurance** – seguro no cancelable
**noncancellable life insurance** – seguro de vida no cancelable
**noncancellable policy** – póliza no cancelable
**noncash** *adj* – no en efectivo, no al contado
**nonchalance** *n* – indiferencia
**nonchalant** *adj* – indiferente
**noncitizen** *n* – no ciudadano
**nonclaim** *n* – abandono de derecho por no hacerlo valer dentro del período señalado por ley
**nonclearing** *adj* – no compensable
**noncollectible** *adj* – incobrable
**noncollectible debt** – deuda incobrable
**noncombatant** *n* – no combatiente
**noncommercial** *adj* – no comercial
**noncommercial services** – servicios no comerciales
**noncommercial transaction** – transacción no comercial
**noncompeting** *adj* – no competidor
**noncommittal** *adj* – evasivo
**noncompetition agreement** – acuerdo de no competencia
**noncompetitive** *adj* – no competitivo
**noncompetitive bid** – oferta no competitiva
**noncompliance** *n* – incumplimiento
**noncompliant** *adj* – incumplidor
**noncompulsory** *adj* – no obligatorio
**nonconforming** *adj* – no conforme
**nonconforming loan** – préstamo no conforme a ciertas especificaciones
**nonconforming lot** – solar no conforme a la zonificación
**nonconforming mortgage** – hipoteca no conforme a ciertas especificaciones
**nonconforming use** – uso no conforme a la zonificación
**nonconformist** *n* – inconformista, disidente
**nonconsolidated** *adj* – no consolidado
**nonconstitutional** *adj* – no constitucional, inconstitucional
**noncontestability** *n* – incontestabilidad
**noncontestability clause** – cláusula de incontestabilidad
**noncontestable clause** – cláusula de incontestabilidad
**noncontinuous easement** – servidumbre discontinua
**noncontributory** *adj* – sin contribuciones
**noncontributory retirement plan** – plan de retiro sin contribuciones por empleados
**noncontrollable** *adj* – no controlable
**noncontrollable cost** – costo no controlable, coste no controlable
**noncontrollable expenditures** – gastos no controlables
**noncontrollable expenses** – gastos no controlables
**noncontrollable risk** – riesgo no controlable
**noncontrovertible** *adj* – incontrovertible
**noncooperation** *n* – no cooperación
**noncorporate** *adj* – no corporativo
**noncumulative** *adj* – no acumulativo
**noncumulative dividends** – dividendos no acumulativos
**noncumulative preferred shares** – acciones preferidas no acumulativas
**noncumulative preferred stock** – acciones preferidas no acumulativas
**noncumulative voting** – votación no acumulativa
**noncustodial parent** – padre sin custodia, padre sin derecho a custodia
**nondeductible** *adj* – no deducible
**nondeductible expenditures** – gastos no deducibles
**nondeductible expenses** – gastos no deducibles
**nondeductible tax** – impuesto no deducible
**nondelivery** *n* – falta de entrega
**nondescript** *adj* – indefinido
**nondestructive** *adj* – no destructivo
**nondirection** *n* – la omisión por parte del juez en dar las instrucciones necesarias al jurado
**nondischargeable debt** – deuda no cancelable mediante quiebra
**nondisclosure** *n* – no divulgación

**nondisclosure agreement** – convenio de no divulgación, pacto de no divulgación
**non-discretionary** *adj* – no discrecional
**nondiscretionary trust** – fideicomiso no discrecional
**nondiscrimination** *n* – no discriminación
**nondiscriminatory** *adj* – no discriminante
**nondivisible** *adj* – no divisible
**non-divisible contract** – contrato no divisible
**nondurable goods** – mercancías no duraderas, mercancías perecederas
**nondurable power of attorney** – poder duradero, poder legal duradero, poder notarial duradero
**nondutiable** *adj* – no imponible
**noneffective** *adj* – ineficaz, no vigente
**nonentity** *adj* – nulidad, cosa inexistente
**nonessential** *adj* – no esencial
**nonessential goods** – bienes no esenciales
**nonessential ignorance** – ignorancia de un hecho no pertinente
**nonesuch** *n* – cosa sin igual, persona sin igual
**nonetheless** *adv* – sin embargo
**nonexclusive** *adj* – no exclusivo
**nonexclusive licence** – licencia no exclusiva
**nonexclusive license** – licencia no exclusiva
**nonexecutive** *adj* – no ejecutivo
**nonexempt** *adj* – no exento
**nonexempt employee** – empleado no exento
**nonexempt property** – propiedad no exenta
**nonexistence** *n* – inexistencia
**nonexistent** *adj* – inexistente
**nonexistent action** – acción ficticia
**nonexistent address** – dirección inexistente
**nonexistent assets** – activo inexistente
**nonexistent company** – compañía inexistente
**nonexistent corporation** – corporación inexistente
**nonexistent credit** – crédito inexistente
**nonexistent debt** – deuda inexistente
**nonexistent group** – grupo inexistente
**nonexistent name** – nombre inexistente
**nonexistent party** – parte inexistente
**nonexistent payee** – beneficiario inexistente
**nonexistent payment** – pago inexistente
**nonexistent person** – persona inexistente
**nonexistent registration** – registro inexistente
**nonexistent residence** – residencia inexistente
**nonexpert** *adj* – inexperto, no experto
**nonfatal** *adj* – no fatal
**nonfeasance** *n* – incumplimiento, omisión
**nonfiler** *n* – quien no rinde declaración de la renta
**nonfinal order** – orden apelable
**nonfinancial** *adj* – no financiero
**nonfinancial compensation** – compensación no financiera
**nonfinancial incentive** – incentivo no financiero
**nonforfeitable** *adj* – no sujeto a confiscación
**nonfulfillment** *n* – incumplimiento
**nonfunctional** *adj* – no funcional
**nonfungible** *adj* – no fungible
**nongovernmental** *adj* – no gubernamental
**nongovernmental body** – organización no gubernamental
**nongovernmental organisation** – organización no gubernamental
**nongovernmental organization** – organización no gubernamental
**nonimmigrant** *adj* – no inmigrante
**nonimmigrant** *n* – no inmigrante
**nonimmigrant visa** – visa de no inmigrante
**nonincorporated** *adj* – no incorporado
**nonindustrial** *adj* – no industrial
**noninflationary** *adj* – no inflacionario
**noninsurable** *adj* – no asegurable
**noninsurable risk** – riesgo no asegurable
**noninsured** *adj* – no asegurado
**noninsured driver** – conductor no asegurado
**nonintercourse** *n* – falta de comercio entre países, falta de relaciones sexuales
**noninterest** *adj* – sin intereses
**noninterest bearing** – que no devenga intereses
**noninterest deposit** – depósito sin intereses
**nonintervention** *n* – no intervención
**nonintervention will** – testamento autorizando al albacea a administrar sin intervención judicial
**nonissuable pleas** – alegaciones sin mérito
**nonjoinder** *n* – falta de unión de una parte a la acción
**nonjudicial day** – día feriado judicial
**nonlawyer** *n* – quien no es abogado
**nonlegal** *adj* – no legal, ilegal
**nonlegal investments** – inversiones no permitidas para ciertas instituciones financieras
**nonleviable** *adj* – inembargable
**nonlinearity** *n* – no linealidad
**nonlisted** *adj* – no cotizado
**nonluxury** *adj* – no de lujo
**nonmailable** *adj* – no apto para enviarse por correo
**nonmandatory** *adj* – no obligatorio
**nonmanufacturing** *adj* – no de manufactura
**nonmarketable** *adj* – no vendible
**nonmarketable bond** – bono no negociable
**nonmarketable investment** – inversión no negociable
**nonmarketable security** – valor no negociable
**nonmedical policy** – póliza de seguro emitida sin examen médico
**nonmember** *adj* – no miembro
**nonmember bank** – banco no miembro
**nonmember firm** – empresa no miembro
**nonmerchantable title** – título de propiedad no comerciable
**nonmolestation order** – orden de no molestar o agredir a otra persona
**nonmonetary** *adj* – no monetario
**nonmonetary exchange** – intercambio no monetario
**nonmonetary transaction** – transacción no monetaria
**nonnavigable** *adj* – no navegable
**nonnegotiable** *adj* – no negociable
**nonnegotiable check** – cheque no negociable
**nonnegotiable cheque** – cheque no negociable
**nonnegotiable instrument** – instrumento no negociable
**nonnegotiable note** – pagaré no negociable
**nonobjective** *adj* – no objetivo
**nonobligatory** *adj* – no obligatorio
**nonoccupational** *adj* – no ocupacional
**nonoccupational accident** – accidente no de trabajo
**nonoccupational disability** – discapacidad no ocupacional
**nonofficial** *adj* – no oficial
**nonoperating income** – ingresos que no provienen de

las operaciones
**nonpareil** *adj* – sin igual
**nonparticipant** *n* – no participante
**nonparticipating** *adj* – no participante, sin participación
**nonparticipating policy** – póliza sin participación
**nonparticipating preferred shares** – acciones preferidas sin participación
**nonparticipating preferred stock** – acciones preferidas sin participación
**nonparticipating shares** – acciones sin participación
**nonparticipating stock** – acciones sin participación
**nonpayment** *n* – falta de pago
**nonpecuniary** *adj* – no pecuniario
**nonpenalised** *adj* – no penalizado
**nonpenalized** *adj* – no penalizado
**nonperformance** *n* – incumplimiento
**nonperformance of contract** – incumplimiento de contrato
**nonperforming assets** – activo improductivo
**nonperforming loans** – préstamos en mora o de otro modo en incumplimiento
**nonplus** *v* – dejar perplejo, confundir, asombrar
**nonprobate** *adj* – propiedad que se lega a otros sin el uso de testamentos ni otros medios que podrían ser escudriñados judicialmente
**nonproductive** *adj* – no productivo
**nonproductive loan** – préstamo improductivo
**nonprofessional** *adj* – no profesional
**nonprofit** *adj* – sin fines de lucro
**nonprofit accounting** – contabilidad de organización sin fines de lucro
**nonprofit association** – asociación sin fines de lucro
**nonprofit corporation** – corporación sin fines de lucro, sociedad sin fines de lucro
**nonprofit institution** – institución sin fines de lucro
**nonprofit making** – sin fines de lucro
**nonprofit organisation** – organización sin fines de lucro
**nonprofit organization** – organización sin fines de lucro
**nonproportional** *adj* – no proporcional
**nonproportional reinsurance** – reaseguro no proporcional
**nonpublic** *adj* – no público
**nonpublic company** – compañía no pública
**nonpublic information** – información no pública
**nonqualified** *adj* – no calificado
**nonqualified pension plan** – plan de pensión no calificado
**nonquestionable** *adj* – no cuestionable
**nonreciprocal** *adj* – no recíproco
**nonreciprocal transfer** – transferencia no recíproca
**nonrecognition** *n* – desconocimiento
**nonrecourse** *n* – sin recursos
**nonrecourse debt** – deuda sin recursos
**nonrecourse loan** – préstamo sin recursos
**nonrecoverable** *adj* – no recuperable
**nonrecurrent** *adj* – no recurrente, no repetitivo
**nonrecurrent charge** – cargo no recurrente
**nonrecurrent cost** – costo no recurrente, coste no recurrente
**nonrecurrent expenditures** – gastos no recurrentes
**nonrecurrent expenses** – gastos no recurrentes
**nonrecurrent fee** – cargo no recurrente
**nonrecurrent gain** – ganancia no recurrente
**nonrecurrent loss** – pérdida no recurrente
**nonrecurrent revenue** – ingresos no recurrentes
**nonrecurring** *adj* – no recurrente, no repetitivo
**nonrecurring charge** – cargo no recurrente
**nonrecurring cost** – costo no recurrente, coste no recurrente
**nonrecurring expenditures** – gastos no recurrentes
**nonrecurring expenses** – gastos no recurrentes
**nonrecurring fee** – cargo no recurrente
**nonrecurring gain** – ganancia no recurrente
**nonrecurring loss** – pérdida no recurrente
**nonrecurring revenue** – ingresos no recurrentes
**nonrecyclable** *adj* – no reciclable
**nonrefundable** *adj* – no reembolsable
**nonrefundable charge** – cargo no reembolsable
**nonrefundable deposit** – depósito no reembolsable
**nonrefundable expenditures** – gastos no reembolsables
**nonrefundable expenses** – gastos no reembolsables
**nonrefundable fee** – cargo no reembolsable
**nonrenewable** *adj* – no renovable
**nonrenewable natural resources** – recursos naturales no renovables
**nonreserve** *adj* – no de reserva
**nonresidence** *n* – falta de residencia en la jurisdicción en cuestión
**nonresident** *adj* – no residente
**nonresident account** – cuenta de no residente
**nonresident tax** – impuesto de no residentes
**nonresidential** *adj* – no residencial
**nonresidential mortgage loan** – préstamo hipotecario no residencial
**nonrestrictive** *n* – sin restricción
**nonreversible** *n* – no reversible, irreversible
**nonroutine decision** – decisión no de rutina
**nonsane** *adj* – insano, demente
**nonscheduled** *adj* – inesperado, sin itinerario fijo
**nonsense** *n* – disparate, disparates
**nonsensical** *adj* – disparatado, absurdo
**nonsignificant** *adj* – no significante
**nonspecific** *adj* – no específico
**nonstandard** *adj* – no reglamentario, no estándar
**nonstock** *adj* – sin acciones
**nonstock company** – compañía sin acciones
**nonstock corporation** – corporación sin acciones
**nonsufficient funds** – fondos insuficientes
**nonsuit** *n* – sentencia de no ha lugar, rechazo de una acción, sobreseimiento
**nonsupport** *n* – falta de sostenimiento, falta de sustento
**nontariff** *adj* – no arancelario
**nontaxable** *adj* – no tributable
**nontaxable dividend** – dividendo no tributable
**nontaxable gross income** – ingreso bruto no tributable
**nontaxable income** – ingreso no tributable
**nontaxable interest** – intereses no tributables
**nontaxable investment** – inversión no tributable
**nontaxable investment income** – ingresos por inversiones no tributables
**nontaxable securities** – valores no tributables
**nontaxable transaction** – transacción no tributable

**nontenure** *n* – defensa en una acción por un inmueble basada en que no se ocupa la propiedad
**nonterm** *n* – el período entre dos sesiones de un tribunal
**nontoxic** *adj* – no tóxico
**nontraditional reinsurance** – reaseguro no tradicional
**nontransferable** *adj* – no transferible
**nontransferable card** – tarjeta no transferible
**nonunion** *adj* – no de unión, no de sindicato
**nonunionised** *adj* – no sindicalizado
**nonunionized** *adj* – no sindicalizado
**nonuse** *n* – falta de uso
**nonvalued** *adj* – no valorado
**nonverbal** *adj* – no verbal
**nonvoting** *adj* – sin derecho a voto
**nonvoting shares** – acciones sin derecho a voto
**nonvoting stock** – acciones sin derecho a voto
**nonwage** *adj* – no salarial
**nonwage income** – ingresos no salariales
**nonwaiver agreement** – acuerdo mediante el cual se retienen los derechos a los cuales no se ha renunciado y que no se han perdido
**noonday** *n* – mediodía
**norm** *n* – norma, regla, guía, costumbre
**normal** *adj* – normal
**normal activity** – actividad normal
**normal agency** – agencia normal
**normal agent** – agente normal
**normal amount** – cantidad normal
**normal and reasonable** – normal y razonable
**normal annuity** – anualidad normal
**normal benefits** – beneficios normales
**normal budget** – presupuesto normal
**normal budgeting** – presupuestación normal
**normal business expenses** – gastos de negocios normales
**normal business practices** – prácticas de negocios normales
**normal capacity** – capacidad normal
**normal capital** – capital normal
**normal care** – diligencia normal
**normal charges** – cargos normales
**normal client** – cliente normal
**normal commercial practice** – práctica comercial normal
**normal company** – compañía normal, sociedad normal
**normal conditions** – condiciones normales
**normal contract** – contrato normal
**normal cost** – costo normal, coste normal
**normal course** – curso normal
**normal course of business** – curso normal de los negocios
**normal creditor** – acreedor normal
**normal customer** – cliente normal
**normal dangers** – peligros normales
**normal deposit** – depósito normal
**normal depreciation** – depreciación normal
**normal diligence** – diligencia normal
**normal dividend** – dividendo normal
**normal duty** – deber normal
**normal election** – elección normal
**normal employment** – empleo normal
**normal endorsement** – endoso normal
**normal endorser** – endosante normal
**normal expenditures** – gastos normales
**normal expenses** – gastos normales
**normal fees** – cargos normales
**normal foreseeable loss** – pérdida previsible normal
**normal hazards** – riesgos normales
**normal hours** – horas normales
**normal income** – ingresos normales
**normal indorsement** – endoso normal
**normal indorser** – endosante normal
**normal insurance** – seguro normal
**normal interest** – intereses normales
**normal interest rate** – tasa de interés normal
**normal investment practice** – práctica de inversión normal
**normal job** – trabajo normal
**normal jurisdiction** – jurisdicción normal
**normal law** – derecho normal
**normal life insurance** – seguro de vida normal
**normal loss** – pérdida normal
**normal mail** – correo normal
**normal meaning** – sentido normal
**normal meeting** – asamblea ordinaria
**normal method** – método normal
**normal mind** – facultades mentales consideradas normales
**normal mode** – modo normal
**normal partnership** – sociedad normal
**normal payment** – pago normal, abono normal
**normal period** – período normal
**normal practice** – práctica normal
**normal premium** – prima normal
**normal price** – precio normal
**normal procedure** – procedimiento normal
**normal proceeding** – procedimiento normal
**normal process** – proceso normal
**normal profit** – beneficio normal, ganancia normal
**normal publication** – publicación normal
**normal quality** – calidad normal
**normal rate** – tasa normal
**normal remuneration** – remuneración normal
**normal rent** – renta normal
**normal repairs** – reparaciones normales
**normal revenue** – ingresos normales
**normal risks** – riesgos normales
**normal salary** – salario normal
**normal sale** – venta normal
**normal services** – servicios normales
**normal session** – asamblea normal, sesión normal
**normal shares** – acciones normales
**normal spoilage** – deterioro normal
**normal stock** – acciones normales
**normal tariff** – tarifa normal
**normal tax** – impuesto normal
**normal time** – tiempo normal
**normal use** – uso normal
**normal value** – valor normal
**normal voting** – votación normal
**normal wage** – sueldo normal
**normal wear and tear** – deterioro normal
**normal work** – trabajo normal
**normal yield** – rendimiento normal
**normalise** *v* – normalizar
**normalize** *v* – normalizar
**normally** *adv* – normalmente

**North American Free Trade Agreement** – Tratado de Libre Comercio de América del Norte, TLCAN, NAFTA
**nostro account** – cuenta nostro
**not act** – no actuar
**not allowed** – no permitido
**not allowed by law** – no permitido por ley, ilegal
**not answer** – no contestar
**not appear** – no comparecer
**not applicable** – no aplica, no pertinente
**not available** – no disponible
**not comply** – no cumplir
**not deliver** – no entregar
**not elsewhere specified** – no especificado en otra parte
**not exceeding** – no excediendo
**not for resale** – no para reventa
**not found** – denegación de procesamiento, no hallado
**not fulfill** – no cumplir
**not guilty** – no culpable, inocente
**not guilty by reason of insanity** – no culpable por razones de insania, inocente por razones de insania
**not hold water** – no tener fundamento
**not intended** – no intencionado, no premeditado
**not later than** – no más tarde de
**not less than** – no menos de
**not mention** – no mencionar
**not negotiable** – no negociable
**not observe** – no observar
**not paid** – no pagado, impago
**not pay** – no pagar
**not possessed** – defensa mediante la cual se alega la falta de posesión, no poseído
**not proven** – no probado
**not rated** – no calificado
**not receive** – no recibir
**not satisfied** – impago
**not sufficient funds** – fondos insuficientes
**not transferable** – no transferible
**not understand** – no entender
**nota bene** – obsérvese, nota bene
**notable** *adj* – notable
**notarial** *adj* – notarial
**notarial act** – acta notarial
**notarial certificate** – certificado notarial
**notarial seal** – sello notarial
**notarial will** – testamento notarial
**notarisation** *n* – notarización, atestación notarial
**notarise** *v* – notarizar, hacer certificar por un notario
**notarised** *adj* – notarizado
**notarization** *n* – notarización, atestación notarial
**notarize** *v* – notarizar, hacer certificar por un notario
**notarized** *adj* – notarizado
**notary** *n* – notario, escribano
**notary public** – notario, notario público, escribano público
**notation** *n* – anotación
**note** *n* – pagaré, nota, billete, aviso, anotación, advertencia
**note** *v* – anotar, observar, advertir
**note holder** – tenedor de un pagaré
**note of hand** – pagaré
**note of protest** – nota de protesto
**note payable** – documento por pagar
**note receivable** – documento por cobrar
**noteholder** *n* – tenedor de un pagaré
**notes payable** – pagarés a pagar
**notes receivable** – pagarés a cobrar
**noteworthy** *adj* – notable, considerable
**nothingness** *n* – nada, inexistencia
**notice** *n* – aviso, notificación, aviso de despido, advertencia, mención
**notice** *v* – notar, advertir, observar, mencionar, dar aviso
**notice in writing** – notificación por escrito
**notice of abandonment** – notificación de abandono
**notice of acceptance** – aviso de aceptación
**notice of action** – notificación de litispendencia, notificación de demanda
**notice of appeal** – notificación de apelación
**notice of appearance** – notificación de comparecencia
**notice of arrears** – aviso de mora
**notice of arrival** – aviso de llegada
**notice of assessment** – aviso de amillaramiento, aviso de imposición
**notice of assignment** – aviso de traspaso
**notice of bankruptcy** – aviso de quiebra
**notice of cancellation** – aviso de cancelación
**notice of cancellation clause** – cláusula de aviso de cancelación
**notice of change** – aviso de cambio
**notice of copyright** – aviso de derechos de autor
**notice of default** – aviso de incumplimiento
**notice of deficiency** – aviso de deficiencia
**notice of delay** – aviso de demora
**notice of dishonor** – aviso de rechazo, aviso de rechazo de un pagaré
**notice of dishonour** – aviso de rechazo, aviso de rechazo de un pagaré
**notice of due date** – aviso de vencimiento
**notice of intention** – aviso de intención
**notice of judgment** – notificación de sentencia
**notice of lis pendens** – notificación de litispendencia, notificación de demanda
**notice of meeting** – convocatoria
**notice of motion** – notificación de moción
**notice of non-acceptance** – aviso de no aceptación
**notice of non-payment** – aviso de falta de pago
**notice of order** – notificación de orden, notificación de sentencia
**notice of protest** – notificación de protesto
**notice of publication** – notificación de publicación
**notice of renewal** – aviso de renovación
**notice of seizure** – aviso de embargo
**notice of shipment** – aviso de embarque
**notice of strike** – aviso de huelga
**notice of trial** – notificación de juicio
**notice of withdrawal** – aviso de retiro
**notice period** – período de notificación
**notice to creditors** – aviso a acreedores
**notice to plead** – intimación a contestar la demanda
**notice to quit** – notificación de desalojo, aviso de dejar vacante
**noticeable** *adj* – conspicuo, notable, evidente, perceptible
**notifiable offence** – delito grave
**notification** *n* – notificación, aviso, citación
**notification in writing** – notificación por escrito

**notification of acceptance** – notificación de aceptación
**notification of arrears** – notificación de mora
**notification of arrival** – notificación de llegada
**notification of assessment** – notificación de amillaramiento, notificación de imposición
**notification of assignment** – notificación de traspaso
**notification of bankruptcy** – notificación de quiebra
**notification of cancellation** – notificación de cancelación
**notification of cancellation clause** – cláusula de notificación de cancelación
**notification of change** – notificación de cambio
**notification of confirmation** – notificación de confirmación
**notification of copyright** – notificación de derechos de autor
**notification of default** – notificación de incumplimiento
**notification of deficiency** – notificación de deficiencia
**notification of delay** – notificación de demora
**notification of dishonor** – notificación de rechazo, notificación de rechazo de un pagaré
**notification of dishonour** – notificación de rechazo, notificación de rechazo de un pagaré
**notification of due date** – notificación de vencimiento
**notification of intention** – notificación de intención
**notification of meeting** – convocatoria
**notification of non-acceptance** – notificación de no aceptación
**notification of non-payment** – notificación de falta de pago
**notification of protest** – notificación de protesto
**notification of renewal** – notificación de renovación
**notification of seizure** – notificación de embargo
**notification of shipment** – notificación de embarque
**notification of strike** – notificación de huelga
**notification of withdrawal** – notificación de retiro
**notification period** – período de notificación
**notification system** – sistema de notificación
**notification to creditors** – notificación a acreedores
**notify** *v* – notificar, avisar, comunicar
**notion** *n* – noción, opinión, teoría, intención
**notoriety** *n* – notoriedad
**notorious** *adj* – notorio, evidente
**notorious easement** – servidumbre notoria
**notorious insolvency** – insolvencia notoria
**notorious possession** – posesión notoria
**notorious use** – uso notorio
**notwithstanding** *adv* – sin embargo, no obstante
**nourish** *v* – mantener, nutrir, criar
**novation** *n* – novación
**novel** *adj* – nuevo, original
**novel assignment** – alegación de la parte demandante indicando que la contestación realizada por la parte demandada no tiene que ver con los hechos de la demanda
**novelty** *n* – novedad, innovación
**nowadays** *adv* – hoy en día
**noxious** *adj* – nocivo, pernicioso
**noxious substance** – sustancia nociva
**noxiousness** *n* – nocividad
**NSF (not sufficient funds)** – fondos insuficientes
**nuclear** *adj* – nuclear
**nuclear energy** – energía nuclear
**nuclear incident** – incidente nuclear
**nuclear installation** – instalación nuclear
**nuclear operator** – operador nuclear
**nuclear power plant** – planta nuclear
**nuclear reactor** – reactor nuclear
**nuclear risk** – riesgo nuclear
**nuclear war** – guerra nuclear
**nuclear weapon** – arma nuclear
**nude** *adj* – nudo, desnudo
**nude contract** – contrato sin contraprestación
**nude matter** – afirmación de hecho sin prueba
**nude pact** – contrato sin contraprestación, promesa unilateral
**nudum pactum** – contrato sin contraprestación, promesa unilateral
**nugatory** *adj* – nugatorio, fútil, nulo, inválido, ineficaz
**nuisance** *n* – estorbo, acto perjudicial, molestia, perjuicio, daño
**nuisance at law** – estorbo en sí mismo, acto perjudicial en sí mismo
**nuisance in fact** – estorbo de hecho, acto perjudicial de hecho
**nuisance per accidens** – estorbo de hecho, acto perjudicial de hecho
**nuisance per se** – estorbo en sí mismo, acto perjudicial en sí mismo
**nuisance tax** – impuesto sobre las ventas, impuesto sólo por fastidiar
**null** *adj* – nulo, inexistente
**null and void** – nulo, sin efecto ni valor
**nulla bona** – no hay bienes, no hay propiedad, nulla bona
**nullification** *n* – anulación
**nullification of agreement** – anulación de convenio, anulación de contrato
**nullification of contract** – anulación de contrato
**nullify** *v* – anular
**nullifying effect** – efecto anulatorio
**nullity** *n* – nulidad, inexistencia jurídica
**nullity of marriage** – nulidad de matrimonio
**numbered account** – cuenta numerada
**numerical value** – valor numérico
**nunc pro tunc** – con efecto retroactivo, nunc pro tunc
**nuncupative will** – testamento nuncupativo
**nuptial** *adj* – nupcial
**nurture** *v* – criar, nutrir

**O.K.** *adj* – conforme, correcto, bien
**O.K.** *v* – aprobar, dar el visto bueno
**oath** *n* – juramento
**oath of allegiance** – juramento de fidelidad
**oath of office** – juramento al asumir un cargo público, juramento al asumir un cargo
**obduracy** *n* – obstinación, obduración

**obdurate** *adj* – obstinado, insensible
**obedience** *n* – obediencia, sumisión
**obediently** *adv* – obedientemente
**obey** *v* – obedecer, cumplir, acatar
**obey conditions** – obedecer condiciones
**obey regulations** – obedecer reglamentos
**obey rules** – obedecer reglas
**obfuscate** *v* – ofuscar, confundir
**obfuscation** *n* – ofuscación
**obiter dictum** – observación incidental contenida en una sentencia judicial, opinión de un juez la cual no es necesaria para decidir el caso, obiter dictum
**obituary** *n* – obituario
**object** *n* – objeto, propósito
**object** *v* – objetar, impugnar
**object of a statute** – propósito de una ley
**object of an action** – objeto de una acción
**object-oriented** *adj* – orientado a objetos
**objectify** *v* – objetivar
**objection** *n* – objeción, reparo
**objection to title** – objeción a título
**objectionable** *adj* – objetable, impugnable, desagradable
**objectionable behavior** – conducta objetable
**objectionable behaviour** – conducta objetable
**objectionable conduct** – conducta objetable
**objectionable question** – pregunta objetable
**objective** *adj* – objetivo
**objective** *n* – objetivo, fin
**objective indicators** – indicadores objetivos
**objective value** – valor establecido por el mercado, valor objetivo
**objectively** *adv* – objetivamente
**objectiveness** *n* – objetividad
**objectivity** *n* – objetividad
**objector** *n* – impugnador, objetante
**obligate** *v* – obligar, comprometer
**obligated** *adj* – obligado
**obligation** *n* – obligación, compromiso, pagaré, bono
**obligation of a contract** – obligación contractual
**obligation to buy** – obligación de comprar
**obligation to sell** – obligación de vender
**obligations and commitments** – obligaciones y compromisos
**obligations outstanding** – obligaciones pendientes
**obligator** *n* – obligado, deudor
**obligatorily** *adv* – obligatoriamente
**obligatory** *adj* – obligatorio, forzoso
**obligatory acquisition** – adquisición obligatoria
**obligatory act** – acto obligatorio
**obligatory agreement** – convenio obligatorio
**obligatory amount** – cantidad obligatoria
**obligatory arbitration** – arbitraje obligatorio
**obligatory automobile liability insurance** – seguro de responsabilidad pública de automóvil obligatorio
**obligatory care** – cuidado obligatorio
**obligatory clause** – cláusula obligatoria
**obligatory component** – componente obligatorio
**obligatory condition** – condición obligatoria
**obligatory copy** – texto obligatorio
**obligatory cost** – costo obligatorio, coste obligatorio
**obligatory covenant** – estipulación obligatoria
**obligatory coverage** – cobertura obligatoria
**obligatory damages** – daños y perjuicios obligatorios
**obligatory deposit** – depósito obligatorio
**obligatory diligence** – diligencia obligatoria
**obligatory disclosure** – divulgación obligatoria
**obligatory domicile** – domicilio obligatorio
**obligatory easement** – servidumbre obligatoria
**obligatory expenditures** – gastos obligatorios, desembolsos obligatorios
**obligatory expenses** – gastos obligatorios, desembolsos obligatorios
**obligatory inference** – inferencia obligatoria
**obligatory instructions** – instrucciones obligatorias
**obligatory insurance** – seguro obligatorio
**obligatory level** – nivel obligatorio
**obligatory licence** – licencia obligatoria
**obligatory license** – licencia obligatoria
**obligatory order** – orden obligatoria
**obligatory pact** – convenio obligatorio
**obligatory parties** – partes obligatorias
**obligatory pay** – paga obligatoria
**obligatory payment** – pago obligatorio
**obligatory reinsurance** – reaseguro obligatorio
**obligatory remuneration** – remuneración obligatoria
**obligatory repairs** – reparaciones obligatorias
**obligatory reserves** – reserva obligatoria
**obligatory retirement** – retiro obligatorio
**obligatory salary** – salario obligatorio
**obligatory sentence** – sentencia obligatoria
**obligatory servitude** – servidumbre obligatoria
**obligatory stipulation** – estipulación obligatoria
**obligatory testimony** – testimonio obligatorio
**obligatory wages** – salario obligatorio
**oblige** *v* – obligar, complacer
**obligee** *n* – obligante, acreedor
**obligor** *n* – obligado, deudor
**obliterate** *v* – obliterar, tachar
**obliteration** *n* – destrucción, tachadura
**oblivion** *n* – olvido, amnistía
**obliviously** *adv* – con olvido
**obloquy** *n* – reproche, descrédito
**obnoxious** *adj* – ofensivo, odioso
**obreption** *n* – obrepción
**obrogation** *n* – abrogación, alteración a una ley
**obscene** *adj* – obsceno, indecente
**obscene libel** – difamación obscena
**obscene publication** – publicación obscena
**obscenely** *adv* – obscenamente
**obsceneness** *n* – obscenidad
**obscenity** *n* – obscenidad
**obscure** *adj* – oscuro, ambiguo, confuso
**obscurely** *adv* – oscuramente, confusamente
**observable** *adj* – observable, perceptible
**observably** *adv* – conspicuamente, perceptiblemente
**observance** *n* – observancia, cumplimiento, costumbre
**observant** *adj* – observador, atento
**observation** *n* – observación, escrutinio
**observation test** – prueba mediante observación
**observe** *v* – observar, cumplir, vigilar
**observe the law** – cumplir con la ley, observar la ley, acatar la ley
**observer** *n* – observador
**obsession** *n* – obsesión
**obsignatory** *adj* – ratificatorio
**obsolescence** *n* – obsolescencia, desuso

**obsolescent** *adj* – obsolescente
**obsolete** *adj* – obsoleto
**obsolete restriction** – restricción obsoleta
**obstacle** *n* – obstáculo
**obstruct** *v* – obstruir, dificultar
**obstruct an investigation** – obstruir una investigación
**obstructing justice** – que obstruye la justicia
**obstructing mails** – que obstruye el servicio postal
**obstruction** *n* – obstrucción, obstáculo
**obstruction of highways** – obstrucción de carreteras
**obstruction to navigation** – obstrucción a la navegación
**obstructive** *adj* – obstructivo
**obtain** *v* – obtener, adquirir
**obtain by force** – obtener mediante fuerza
**obtain credit** – obtener crédito
**obtain illegally** – obtener ilegalmente
**obtain insurance** – obtener seguro
**obtain lawfully** – obtener legalmente
**obtain legally** – obtener legalmente
**obtain unlawfully** – obtener ilegalmente
**obtest** *v* – protestar
**obtrusion** *n* – intrusión
**obtrusive** *adj* – intruso, entremetido
**obverse** *adj* – anverso
**obviate** *v* – obviar
**obvious** *adj* – obvio, evidente
**obvious agency** – agencia evidente
**obvious agent** – agente evidente
**obvious authority** – autoridad evidente
**obvious cause** – causa evidente
**obvious danger** – peligro evidente
**obvious defect** – defecto evidente
**obvious error** – error evidente
**obvious liability** – responsabilidad evidente
**obvious meaning** – significado evidente
**obvious necessity** – necesidad evidente
**obvious ownership** – propiedad evidente
**obvious partnership** – sociedad evidente
**obvious possession** – posesión evidente
**obvious risk** – riesgo evidente
**obvious sense** – sentido evidente
**obvious use** – uso evidente
**obvious validity** – validez evidente
**obviousness** *n* – claridad
**occasion** *n* – ocasión, oportunidad
**occasion** *v* – ocasionar, motivar
**occasional** *adj* – ocasional, incidental
**occasional sale** – venta ocasional
**occasional transaction** – transacción ocasional
**occasionally** *adv* – ocasionalmente
**occupancy** *n* – ocupación, tenencia
**occupancy certificate** – documento certificando que un local cumple con las leyes de edificación
**occupancy certification** – documento certificando que un local cumple con las leyes de edificación
**occupancy costs** – costos de ocupación, costes de ocupación
**occupancy expenses** – gastos de ocupación
**occupant** *n* – ocupante, tenedor
**occupation** *n* – ocupación, trabajo, profesión, tenencia
**occupation change** – cambio de trabajo
**occupation classification** – clasificación de trabajo
**occupation definition** – definición de trabajo
**occupation description** – descripción de trabajo
**occupation enrichment** – enriquecimiento de trabajo
**occupation environment** – ambiente de trabajo
**occupation evaluation** – evaluación de trabajo
**occupation expectations** – expectativas de trabajo
**occupation motivation** – motivación en el trabajo
**occupation objective** – objetivo del trabajo
**occupation-oriented** *adj* – orientado al trabajo
**occupation placement** – colocación de trabajo
**occupation permit** – permiso de trabajo, permiso de ocupación
**occupation-related** *adj* – relacionado al trabajo
**occupation-related accident** – accidente relacionado al trabajo
**occupation-related death** – muerte relacionada al trabajo
**occupation-related injury** – lesión relacionada al trabajo
**occupation satisfaction** – satisfacción en el trabajo
**occupation security** – seguridad de trabajo
**occupation stress** – estrés del trabajo
**occupation training** – entrenamiento de trabajo
**occupational** *adj* – ocupacional
**occupational accident** – accidente ocupacional, accidente laboral
**occupational analysis** – análisis ocupacional
**occupational disease** – enfermedad de trabajo, enfermedad profesional
**occupational earnings** – ingresos ocupacionales, ingresos laborales
**occupational hazard** – riesgo de trabajo, riesgo ocupacional
**occupational hazards** – gajes del oficio
**occupational health** – salud de trabajo, salud ocupacional
**occupational information** – información de trabajo, información ocupacional
**occupational injury** – lesión de trabajo, lesión ocupacional
**occupational licence** – licencia ocupacional
**occupational license** – licencia ocupacional
**occupational pension** – pensión ocupacional
**occupational psychology** – psicología ocupacional
**occupational risk** – riesgo de trabajo, riesgo ocupacional
**occupational safety** – seguridad ocupacional
**Occupational Safety and Health Administration** – Administración de Seguridad y Salud Ocupacional, OSHA
**occupational tax** – impuesto a ocupaciones
**occupier** *n* – ocupante
**occupy** *v* – ocupar
**occupying claimant** – quien intenta recobrar el costo de las mejoras que ha hecho a un bien inmueble tras enterarse que la tierra no es de él
**occur** *v* – ocurrir
**occurrence** *n* – ocurrencia, incidente
**ocean bill of lading** – conocimiento de embarque marítimo
**ocean marine insurance** – seguro marítimo
**ochlocracy** *n* – oclocracia
**ocular** *adj* – ocular
**ocularly** *adv* – ocularmente

**OCR (optical character reader)** – lector óptico de caracteres
**OCR (optical character recognition)** – reconocimiento óptico de caracteres
**odd jobs** – trabajos diversos, trabajos varios
**odd lot doctrine** – doctrina según la cual se considerará que una persona está completamente incapacitada para trabajar si sus limitaciones le ponen en una desventaja competitiva muy significativa
**odds** *n* – probabilidades
**odious** *adj* – odioso
**OECD (Organization for Economic Cooperation and Development, Organisation for Economic Cooperation and Development)** – Organización para la Cooperación y el Desarrollo Económico
**of age** – mayor de edad
**of counsel** – abogado colaborador
**of course** – de derecho, por supuesto
**of force** – en vigor
**of grace** – de gracia
**of late** – recientemente
**of record** – registrado, inscrito, protocolizado
**of right** – de derecho
**off-balance sheet assets** – activo que no aparece en el balance
**off-balance sheet financing** – financiamiento que no aparece en el balance
**off-balance sheet items** – partidas que no aparecen en el balance
**off-balance sheet liability** – pasivo que no aparece en el balance
**off-brand** *n* – marca considerada inadecuada por un consumidor
**off duty** – no estando de turno
**off-limits** *adj* – prohibido
**off-line** *adj* – fuera de línea, offline
**off-peak** *adj* – fuera de horas pico, fuera de horas punta, no en las horas de máximo consumo, no en las horas de máximo precio
**off premises** – no en el local, no en el local asegurado
**off-premises clause** – cláusula para cobertura de propiedad mientras no esté en el local asegurado
**off-price** *adj* – relacionado con tiendas que venden productos a descuento, relacionado con productos vendidos a descuento
**off-season** *n* – temporada baja
**off-shift differential** – paga adicional por jornada irregular
**off-site** *adj* – en otro local, en otras instalaciones
**off-the-books** *adj* – no en los libros, no declarado
**off-the-job training** – entrenamiento no en el lugar de trabajo
**off-the-record** *adj* – extraoficial, confidencial
**off-year election** – elección efectuada en un año en el cual no hay elección presidencial
**offend** *v* – ofender
**offender** *n* – ofensor, delincuente, infractor
**offending** *adj* – ofensivo, ilícito, delictivo
**offending act** – acto ilícito, delito, infracción
**offending party** – parte incumplidora, parte infractora
**offense** *n* – ofensa, acto criminal, acto ilícito, delito
**offenseless** *adj* – inofensivo
**offensive** *adj* – ofensivo, ilícito, dañino
**offensive behavior** – conducta ofensiva
**offensive behaviour** – conducta ofensiva
**offensive comment** – comentario ofensivo
**offensive conduct** – conducta ofensiva
**offensive language** – lenguaje ofensivo
**offensive remark** – comentario ofensivo
**offensive statement** – declaración ofensiva
**offensive weapon** – arma mortal, arma peligrosa
**offer** *n* – oferta, propuesta
**offer** *v* – ofrecer, proponer
**offer a contract** – ofrecer un contrato
**offer a job** – ofrecer un trabajo
**offer an explanation** – ofrecer una explicación
**offer an opinion** – ofrecer una opinión
**offer and acceptance** – oferta y aceptación
**offer document** – documento de oferta
**offer for sale** – ofrecer para la venta
**offer in writing** – oferta por escrito
**offer of compromise** – oferta de transacción
**offer of proof** – ofrecimiento de prueba
**offer price** – precio de oferta
**offer to purchase** – oferta de compra
**offer wanted** – aviso de que se solicitan ofertas
**offered** *adj* – ofrecido
**offered price** – precio ofrecido
**offeree** *n* – ofrecido, quien recibe una oferta
**offerer** *n* – oferente
**offering** *n* – ofrecimiento, oferta, propuesta
**offering circular** – circular de ofrecimiento
**offering date** – fecha de ofrecimiento
**offering price** – precio de oferta, precio de ofrecimiento
**offeror** *n* – oferente
**offhand** *adj* – de imprevisto, de primera impresión
**office** *n* – oficina, despacho, agencia, cargo, oficio
**office administration** – administración de oficina
**office administrator** – administrador de oficina
**office audit** – auditoría de oficina
**office automation** – ofimática, automatización de oficinas
**office clerk** – oficinista
**office copy** – copia certificada, copia para la oficina
**office employee** – empleado de oficina, oficinista
**office equipment** – equipo de oficina
**office expenditures** – gastos de oficina
**office expenses** – gastos de oficina
**office grant** – transferencia oficial
**office holder** – funcionario
**office hours** – horas de oficina
**office job** – trabajo de oficina
**office management** – administración de oficina, gestión de oficina
**office manager** – gerente de oficina
**Office of Fair Trading** – Departamento de Protección al Consumidor
**office of honor** – cargo honorario
**office personnel** – personal de oficina
**office premises** – local de oficina
**office staff** – personal de oficina
**office technology** – tecnología de oficina
**office work** – trabajo de oficina
**office worker** – empleado de oficina, oficinista
**officeholder** *n* – funcionario
**officer** *n* – funcionario, oficial
**officer de facto** – funcionario de hecho

**officer de jure** – funcionario de derecho
**officer of justice** – oficial de justicia, funcionario auxiliar de justicia
**officer's check** – cheque de caja
**officer's cheque** – cheque de caja
**officers and directors liability insurance** – seguro de responsabilidad de funcionarios y directores
**official** *adj* – oficial, de oficio
**official** *n* – funcionario
**official act** – acto oficial
**official agency** – agencia oficial
**official agent** – agente oficial
**official ballot** – papeleta electoral oficial
**official bond** – fianza de funcionario público
**official books** – libros oficiales
**official borrower** – prestatario oficial
**official business** – asunto oficial, negocio oficial
**official capacity** – carácter oficial
**official capital** – capital oficial
**official check** – cheque de caja
**official cheque** – cheque de caja
**official classification** – clasificación oficial
**official creditor** – acreedor oficial
**official debt** – deuda oficial
**official document** – documento oficial
**official exchange rate** – tipo de cambio oficial
**official gazette** – gaceta oficial
**official inquiry** – indagación oficial
**official investigation** – investigación oficial
**official journal** – diario oficial
**official language** – lenguaje oficial
**official logbook** – diario oficial de navegación
**official map** – mapa oficial
**official market** – mercado oficial
**official misconduct** – incumplimiento de los deberes de un funcionario público
**official notice** – notificación oficial
**official oath** – juramento oficial
**official opinion** – opinión oficial
**official price** – precio oficial
**official proceeding** – procedimiento oficial
**official publication** – publicación oficial
**official rate** – tasa oficial
**official record** – registro oficial
**official registration** – registro oficial, inscripción oficial
**official reports** – colección oficial de decisiones judiciales
**official reserves** – reserva oficial
**official seal** – sello oficial
**official solicitor** – abogado asignado para proteger ante la corte suprema los intereses de quienes no se pueden defender por alguna discapacidad oficialmente reconocida
**official statement** – declaración oficial
**official strike** – huelga oficial
**official use** – uso oficial
**official value** – valor oficial
**officialese** *n* – lenguaje intencionalmente pomposo y confuso frecuentemente utilizado en documentos oficiales
**officially** *adv* – oficialmente
**officious will** – testamento oficioso
**offload** *v* – descargar
**offset** *n* – compensación
**offset** *v* – compensar
**offset account** – cuenta de compensación
**offset losses** – compensar pérdidas
**offsetting entry** – asiento compensatorio
**offsetting error** – error compensatorio
**offsetting transaction** – transacción compensatoria
**offshore** *adj* – en el exterior, offshore, de mar adentro
**offshore account** – cuenta offshore, cuenta en el exterior
**offshore bank** – banco offshore, banco en el exterior
**offshore banking** – banca offshore, banca más allá de un territorio con el fin de aprovechar diferencias en regulaciones
**offshore company** – compañía offshore, compañía en el exterior
**offshore corporation** – corporación offshore, corporación en el exterior
**offshore enterprise** – empresa offshore, empresa en el exterior
**offshore entity** – entidad offshore, entidad en el exterior
**offshore investments** – inversiones offshore, inversiones en el exterior
**offspring** *n* – prole, descendencia, consecuencia
**oftentimes** *adv* – a menudo
**OGM (ordinary general meeting)** – asamblea general ordinaria
**oil company** – compañía de petróleo
**oil crisis** – crisis de petróleo
**oil demand** – demanda de petróleo
**oil-exporting country** – país exportador de petróleo
**oil exports** – exportaciones de petróleo
**oil field** – campo petrolífero
**oil imports** – importaciones de petróleo
**oil industry** – industria petrolera
**oil pipeline** – oleoducto
**oil price** – precio del petróleo
**oil shortage** – escasez de petróleo
**oil spill** – vertido de petróleo
**oil supply** – oferta de petróleo
**oil tanker** – petrolero, barco petrolero
**oil well** – pozo petrolero, pozo petrolífero
**oilfield** *n* – campo petrolífero, campo petrolero
**okay** *adj* – conforme, correcto, bien
**okay** *v* – aprobar, dar el visto bueno
**old-age and survivors' insurance** – seguro de edad avanzada y supervivientes
**old-age pension** – pensión de jubilación
**old-boy network** – red favoritista, red favoritista entre hombres
**old custom** – vieja costumbre
**old economy** – economía vieja
**old-fashioned** *adj* – anticuado
**old hand** – experto, veterano
**old line life** – seguro de vida con pagos y beneficios fijos
**old line life insurance** – seguro de vida con pagos y beneficios fijos
**old money** – dinero viejo
**oligarch** *n* – oligarca
**oligarchic** *adj* – oligárquico
**oligarchy** *n* – oligarquía
**oligopolistic** *adj* – oligopolísitco

**oligopolistic competition** – competencia oligopolísitca
**oligopoly** *n* – oligopolio
**oligopoly price** – precio de oligopolio
**oligopsony** *n* – oligopsonio
**oligopsony price** – precio de oligopsonio
**olograph** *n* – ológrafo
**ombudsman** *n* – ombudsman, procurador del ciudadano, procurador de individuos
**ominous** *adj* – ominoso, nefasto
**omission** *n* – omisión, negligencia
**omission clause** – cláusula de omisiones
**omit** *v* – omitir, excluir
**omittance** *n* – omisión
**omitted** *adj* – omitido
**omitted dividend** – dividendo omitido
**omitted transaction** – transacción omitida
**omnibus** *n* – ómnibus
**omnibus clause** – cláusula de cobertura para personas que usan un vehículo con la autorización de la persona asegurada, cláusula ómnibus
**omnibus count** – cargo consolidado
**on a commitment basis** – en base a compromisos
**on account** – a cuenta, pago a cuenta
**on all fours** – un caso o decisión el cual es similar en todos los aspectos relevantes a otro
**on approval** – previa aceptación, a prueba
**on behalf of** – de parte de, a beneficio de, a favor de
**on call money** – dinero a la vista
**on call** – a la vista, a petición
**on consignment** – en consignación
**on credit** – a crédito, a plazos
**on default** – en caso de incumplimiento
**on delivery** – a la entrega
**on demand** – a la vista, a solicitud
**on duty** – estando de turno, en servicio
**on equal footing** – en pie de igualdad, bajo las mismas condiciones
**on equal terms** – de igual a igual
**on file** – disponible en los archivos, registrado
**on hand** – presente, disponible
**on-line** *adj* – online, en línea
**on-line ads** – publicidad online, anuncios online, publicidad en línea, anuncios en línea
**on-line advertising** – publicidad online, anuncios online, publicidad en línea, anuncios en línea
**on-line bank** – banco online, banco en línea
**on-line banking** – banca online, banca en línea
**on-line brokerage** – corretaje online, corretaje en línea
**on-line business** – negocio online, empresa online, negocio en línea, empresa en línea
**on-line consumer** – consumidor online, consumidor en línea
**on-line database** – base de datos online, base de datos en línea
**on-line document** – documento online, documento en línea
**on-line help** – ayuda online, ayuda en línea
**on-line journal** – revista online, boletín online, revista en línea, boletín en línea
**on-line magazine** – revista online, boletín online, revista en línea, boletín en línea
**on-line market** – mercado online, mercado en línea
**on-line order** – orden online, orden en línea
**on-line payment** – pago online, pago en línea
**on-line publicity** – publicidad online, anuncios online, publicidad en línea, anuncios en línea
**on-line purchase** – compra online, compra en línea
**on-line sale** – venta online, venta en línea
**on-line search** – búsqueda online, búsqueda en línea
**on-line shopping** – compras online, compras en línea
**on-line stock trading** – transacciones de acciones online, transacciones de acciones en línea
**on-line trading** – transacciones de acciones online, transacciones de acciones en línea, transacciones de valores online, transacciones de valores en línea
**on margin** – comprado en cuenta de margen
**on or about** – en o alrededor de, en o cerca de
**on or before** – en o antes de
**on order** – pedido pero no recibido
**on own recognizance, release** – libertad bajo palabra
**on purpose** – a propósito
**on record** – registrado, que consta
**on sight** – a la vista
**on site** – en el local
**on-site audit** – auditoría en el local
**on-site inspection** – inspección en el local
**on the contrary** – al contrario, lo contrario, por el contrario
**on-the-job accident** – accidente en el trabajo
**on-the-job training** – entrenamiento en el trabajo
**on the person** – llevar consigo
**on-the-record** *adj* – oficial, a publicarse
**on time** – a tiempo
**on vacation** – de vacaciones
**once in jeopardy** – la condición de una persona a quien se está acusando de un delito por el cual ya estuvo en peligro de ser condenado mediante otro juicio penal
**oncoming** *adj* – que viene, venidero
**one-man company** – compañía de un solo integrante
**one-man corporation** – corporación de un solo integrante, persona jurídica de un solo integrante
**one-person company** – compañía de un solo integrante
**one-person corporation** – corporación de un solo integrante, persona jurídica de un solo integrante
**one-sided contract** – contrato abusivo, contrato leonino
**one-stop banking** – banca con servicios completos
**one-time** *adj* – de una sola vez, que no se repite
**one-to-one contact** – contacto uno a uno
**one-way free trade** – libre comercio unilateral
**one-year rule** – regla de un año
**onerous** *adj* – oneroso, desproporcionado
**onerous contract** – contrato oneroso
**onerous gift** – donación con cargos
**onerous title** – título oneroso
**ongoing** *adj* – en curso, continuo
**ongoing seller** – vendedor continuo
**online** *adj* – online, en línea
**online ads** – publicidad online, anuncios online, publicidad en línea, anuncios en línea
**online advertising** – publicidad online, anuncios online, publicidad en línea, anuncios en línea
**online bank** – banco online, banco en línea
**online banking** – banca online, banca en línea
**online brokerage** – corretaje online, corretaje en línea

**online business** – negocio online, empresa online, negocio en línea, empresa en línea
**online consumer** – consumidor online, consumidor en línea
**online database** – base de datos online, base de datos en línea
**online document** – documento online, documento en línea
**online help** – ayuda online, ayuda en línea
**online journal** – revista online, boletín online, revista en línea, boletín en línea
**online magazine** – revista online, boletín online, revista en línea, boletín en línea
**online market** – mercado online, mercado en línea
**online order** – orden online, orden en línea
**online payment** – pago online, pago en línea
**online publicity** – publicidad online, anuncios online, publicidad en línea, anuncios en línea
**online purchase** – compra online, compra en línea
**online sale** – venta online, venta en línea
**online search** – búsqueda online, búsqueda en línea
**online shopping** – compras online, compras en línea
**online stock trading** – transacciones de acciones online, transacciones de acciones en línea
**online trading** – transacciones de acciones online, transacciones de acciones en línea, transacciones de valores online, transacciones de valores en línea
**only** *adj* – sólo, único
**only** *adv* – solamente, únicamente
**only child** – hijo único
**onomastic** *adj* – onomástico
**onrush** *n* – embestida, ataque
**onset** *n* – comienzo, inicio, arremetida
**onset date** – fecha de inicio
**onsite** *adj* – en el local
**onsite audit** – auditoría en el local
**onsite inspection** – inspección en el local
**OPEC (Organization of Petroleum Exporting Countries, Organisation of Petroleum Exporting Countries)** – OPEP
**onus** *n* – carga, carga de la prueba, responsabilidad
**onus of proof** – carga de la prueba, carga probatoria, onus probandi
**onus probandi** – carga de la prueba, carga probatoria, onus probandi
**open** *adj* – abierto, abierto al público, a puertas abiertas, libre, disponible, sincero
**open** *v* – abrir, abrir al público, exponer, empezar
**open 24 hours** – abierto las 24 horas
**open a case** – iniciar un caso
**open a court** – iniciar las sesiones de un tribunal
**open a judgment** – reconsiderar una sentencia
**open a line of credit** – iniciar una línea de crédito
**open a loan** – conceder un préstamo
**open a market** – abrir un mercado
**open account** – cuenta corriente, cuenta abierta
**open adoption** – adopción abierta
**open an account** – abrir una cuenta
**open and notorious** – abierto y notorio
**open and notorious adultery** – adulterio público y notorio
**open-and-shut** *adj* – obvio, indiscutible
**open bid** – oferta abierta, propuesta con derecho de reducción
**open bidding** – licitación abierta
**open bids** – abrir propuestas
**open box** – ubicación física de los valores de clientes que una casa de corretaje guarda
**open certificate** – certificado abierto
**open check** – cheque abierto
**open cheque** – cheque abierto
**open competition** – competencia abierta
**open competition laws** – leyes de competencia abierta
**open contract** – contrato abierto
**open court** – tribunal en sesión, audiencia pública
**open credit** – crédito abierto
**open date** – fecha abierta, fecha a fijarse
**open dating** – colocación de fecha de expiración en un lugar fácil de ver
**open diplomacy** – diplomacia abierta
**open-door policy** – política de puerta abierta
**open economy** – economía abierta
**open-end contract** – contrato en el cual ciertos términos no se han establecido
**open-end credit** – crédito renovable
**open-end fund** – fondo mutuo de acciones ilimitadas
**open-end investment company** – compañía de inversiones de acciones ilimitadas
**open-end lease** – arrendamiento abierto
**open-end mortgage** – hipoteca renovable, hipoteca ampliable
**open-ended** *adj* – sin límite, sin restricciones, sujeto a cambio, inconcluso
**open-ended contract** – contrato en el cual ciertos términos no se han establecido
**open-ended credit** – crédito renovable
**open-ended fund** – fondo mutuo de acciones ilimitadas
**open-ended investment company** – compañía de inversiones de acciones ilimitadas
**open-ended lease** – arrendamiento abierto
**open-ended mortgage** – hipoteca renovable, hipoteca ampliable
**open entry** – ingreso a un bien inmueble en forma pública
**open fire** – abrir fuego
**open form** – formulario abierto
**open fund** – fondo abierto
**open government** – gobierno abierto
**open hearing** – audiencia pública, vista pública
**open house** – casa abierta
**open inflation** – inflación abierta
**open insurance** – seguro abierto
**open insurance policy** – póliza de seguros abierta
**open letter** – letra abierta
**open listing** – contrato no exclusivo para vender un inmueble
**open market** – mercado abierto
**open market credit** – crédito de mercado abierto
**open market intervention** – intervención de mercado abierto
**open market operations** – operaciones de mercado abierto
**open market policy** – política de mercado abierto
**open market rate** – tasa de mercado abierto
**open market transaction** – transacción de mercado abierto
**open mortgage** – hipoteca abierta

**open offer** – oferta abierta
**open policy** – póliza abierta
**open port** – puerto libre, puerto franco
**open possession** – posesión manifiesta
**open sea** – mar abierto
**open shop** – empresa la cual emplea sin considerar si el solicitante es miembro de un gremio
**open source** – código fuente abierto
**open space** – espacio abierto
**open system** – sistema abierto
**open to discussion** – abierto a discusión
**open to offers** – abierto a ofertas
**open to the public** – abierto al público
**open trade** – transacción abierta
**open transaction** – transacción abierta
**open unemployment** – desempleo abierto
**open union** – unión abierta
**open verdict** – veredicto el cual no establece quien cometió el crimen o si realmente se cometió un crimen
**opening** *n* – apertura, principio, vacante
**opening assets** – activo de apertura
**opening balance** – balance de apertura, saldo de apertura
**opening capital** – capital de apertura
**opening date** – fecha de apertura
**opening entry** – asiento de apertura
**opening hours** – horas de atención al público
**opening liabilities** – pasivo de apertura
**opening of account** – apertura de cuenta
**opening of bids** – apertura de licitación
**opening of books** – apertura de libros
**opening of negotiations** – apertura de negociaciones
**opening of year** – apertura del ejercicio, apertura del año
**opening offer** – oferta de apertura
**opening statement** – exposición inicial en un juicio
**opening time** – hora de apertura
**opening transaction** – transacción de apertura
**openly** *adv* – abiertamente
**openness** *n* – franqueza
**operate** *v* – operar, manejar, dirigir, funcionar
**operating** *adj* – en funcionamiento, activo
**operating account** – cuenta operativa, cuenta de explotación
**operating administration** – administración operativa
**operating assets** – activo operativo, activo de explotación
**operating budget** – presupuesto operativo
**operating capital** – capital operativo, capital de explotación
**operating company** – compañía en operación, compañía de explotación
**operating costs** – costos operativos, costos de explotación, costes operativos, costes de explotación
**operating decisions** – decisiones operativas
**operating deficit** – déficit operativo, déficit de explotación
**operating earnings** – ingresos operativos, ingresos de explotación
**operating expenditures** – gastos operativos, gastos de explotación
**operating expenses** – gastos operativos
**operating income** – ingresos operativos, ingresos de explotación
**operating lease** – arrendamiento operativo, arrendamiento de explotación
**operating losses** – pérdidas operativas, pérdidas de explotación
**operating management** – administración operativa, gestión operativa
**operating officer** – funcionario operativo
**operating profits** – beneficios de explotación, ganancias de explotación, beneficios operativos, ganancias operativas, utilidad de explotación
**operating risk** – riesgo operativo
**operating statement** – estado operativo
**operating subsidies** – subsidios operativos, subvenciones operativas
**operation** *n* – operación, funcionamiento, transacción, vigencia
**operation of law** – efecto de la ley
**operational** *adj* – operacional, de operaciones
**operational audit** – auditoría operacional
**operational budget** – presupuesto operacional
**operational charges** – cargos operacionales
**operational control** – control operacional
**operational costs** – costos operacionales, costes operacionales
**operational expenditures** – gastos operacionales
**operational expenses** – gastos operacionales
**operational income** – ingresos operacionales
**operational lease** – arrendamiento operacional, arrendamiento de explotación
**operational leasing** – leasing operacional, arrendamiento de explotación
**operational loan** – préstamo operacional
**operational management** – administración operacional, gestión operacional
**operational manager** – gerente de operaciones
**operational objectives** – objetivos operacionales
**operations administration** – administración de operaciones
**operations administrator** – administrador de operaciones
**operations analysis** – análisis de operaciones
**operations audit** – auditoría de operaciones
**operations budgeting** – presupuestación de operaciones
**operations director** – director de operaciones
**operations liability** – responsabilidad de operaciones
**operations management** – administración de operaciones, gestión de operaciones
**operations manager** – administrador de operaciones
**operations unit** – unidad de operaciones
**operative** *adj* – operativo
**operative** *n* – agente secreto
**operative clause** – cláusula operativa
**operative words** – palabras claves de un contrato
**operator** *n* – operador, gerente, agente
**opine** *v* – opinar
**opinion** *n* – opinión, dictamen
**opinion evidence** – opinión suministrada como prueba
**opinion leader** – líder en opiniones
**opinion of title** – opinión de título
**opponent** *adj* – contrario, opuesto
**opponent** *n* – opositor, contrario
**opportune** *adj* – oportuno
**opportunism** *n* – oportunismo

**opportunist** *n* – oportunista
**opportunistic** *adj* – oportunista
**opportunity** *n* – oportunidad, ocasión
**opportunity cost** – costo de oportunidad, coste de oportunidad
**oppose** *v* – oponer, oponerse a
**opposer** *n* – oponente
**opposing party** – parte contraria
**opposite** *adj* – opuesto, contrario
**opposite party** – parte contraria
**opposition** *n* – oposición, resistencia
**oppress** *v* – oprimir, agobiar
**oppression** *n* – opresión
**oppressive** *adj* – opresivo, agobiante
**oppressive agreement** – convenio abusivo
**oppressive clause** – cláusula abusiva
**oppressor** *n* – opresor
**opprobrious** *adj* – oprobioso
**opprobrium** *n* – oprobio
**oppugn** *v* – opugnar
**opt** *v* – optar
**opt in** – darse de alta, participar, aceptar una opción
**opt out** – darse de baja, no participar, rechazar una opción
**optical character reader** – lector óptico de caracteres
**optical character recognition** – reconocimiento óptico de caracteres
**optical fiber** – fibra óptica
**optical fibre** – fibra óptica
**optical scanner** – explorador óptico
**optically** *adv* – ópticamente, visualmente
**optimal** *adj* – óptimo
**optimal allocation** – asignación óptima
**optimal solution** – solución óptima
**optimisation** *n* – optimización
**optimise** *v* – optimizar
**optimism** *n* – optimismo
**optimist** *adj* – optimista
**optimization** *n* – optimización
**optimize** *v* – optimizar
**optimum** *adj* – óptimo
**optimum currency area** – zona monetaria óptima
**optimum solution** – solución óptima
**option** *n* – opción, opción de compra, opción de venta, elección
**option account** – cuenta de opciones, cuenta con opciones
**option account agreement** – convenio de cuenta de opciones
**option account agreement form** – formulario de convenio de cuenta de opciones
**option agreement** – convenio de cuenta de opciones
**option buyer** – comprador de opciones
**option contract** – contrato de opciones
**option exercise** – ejercicio de opciones
**option holder** – tenedor de opciones
**option period** – período de opciones
**option premium** – prima de opción
**option price** – precio de opción
**option seller** – vendedor de opciones
**option to buy** – opción de comprar
**option to lease** – opción de arrendar
**option to purchase** – opción de comprar
**option to renew** – opción de renovar
**option to sell** – opción de vender
**option writer** – quien vende una opción
**optional** *adj* – opcional
**optional appearance** – comparecencia opcional, comparecencia facultativa
**optional benefits** – beneficios opcionales
**optional clause** – cláusula opcional
**optional credit** – crédito opcional
**optional date** – fecha opcional
**optional payment** – pago opcional
**optional tax** – impuesto opcional
**optionee** *n* – quien recibe una opción, titular de una opción
**or better** – o a mejor precio
**oral** *adj* – oral
**oral agreement** – contrato oral, acuerdo oral, pacto verbal
**oral arguments** – argumentos orales
**oral confession** – confesión oral, confesión verbal
**oral contract** – contrato oral, contrato verbal
**oral evidence** – prueba oral, prueba testimonial
**oral examination** – examen oral, indagación oral
**oral offer** – oferta oral
**oral order** – orden oral
**oral testimony** – testimonio oral
**oral trust** – fideicomiso constituido oralmente, fideicomiso constituido verbalmente
**oral will** – testamento oral
**orchestrate** *v* – organizar, tramar
**ordain** *v* – ordenar, estatuir
**ordeal** *n* – ordalía
**order** *n* – orden, pedido, clase
**order** *v* – ordenar, pedir, dirigir
**order bill of lading** – conocimiento de embarque a la orden
**order book** – libro de órdenes
**order by Internet** – ordenar por Internet
**order by mail** – ordenar por correo
**order by phone** – ordenar por teléfono
**order check** – cheque a la orden, verificación de orden
**order cheque** – cheque a la orden
**order entry** – entrada de orden, entrada de pedido
**order form** – formulario de orden, formulario de pedido
**order in writing** – orden por escrito
**order letter** – carta de orden
**order nisi** – orden provisional
**order number** – número de orden, número de pedido
**order of, by** – por orden de
**order of creditors** – orden de acreedores
**order of filiation** – orden de filiación
**order of the day** – orden del día
**order, on** – pedido pero no recibido
**order, out of** – fuera de orden, no funciona
**order paper** – instrumento negociable pagadero a persona específica
**order-taker** *adj* – quien toma órdenes
**order to appear** – orden de comparecencia
**order to pay** – orden de pago
**order to show cause** – orden de mostrar causa
**orderly market** – mercado estable
**orders in hand** – pedidos en cartera
**ordinance** *n* – ordenanza, estatuto, ley
**ordinarily** *adv* – ordinariamente

**ordinary** *adj* – ordinario, normal
**ordinary account** – cuenta ordinaria
**ordinary activity** – actividad ordinaria
**ordinary agency** – agencia ordinaria
**ordinary agent** – agente ordinario
**ordinary and necessary business expenses** – gastos de negocios ordinarios y necesarios
**ordinary and necessary expenses** – gastos ordinarios y necesarios
**ordinary annuity** – anualidad ordinaria
**ordinary asset** – activo ordinario
**ordinary budget** – presupuesto ordinario
**ordinary budgeting** – presupuestación ordinaria
**ordinary business expenses** – gastos de negocios ordinarios
**ordinary business practices** – prácticas de negocios ordinarias
**ordinary calling** – actividades ordinarias
**ordinary capital** – capital ordinario
**ordinary care** – diligencia ordinaria
**ordinary charges** – cargos ordinarios
**ordinary conditions** – condiciones ordinarias
**ordinary cost** – costo ordinario, coste ordinario
**ordinary course** – curso ordinario
**ordinary course of business** – curso ordinario de los negocios
**ordinary creditor** – acreedor ordinario
**ordinary dangers** – peligros ordinarios
**ordinary deposit** – depósito ordinario
**ordinary depreciation** – depreciación ordinaria
**ordinary diligence** – diligencia ordinaria
**ordinary dividend** – dividendo ordinario
**ordinary duty** – deber ordinario
**ordinary election** – elección ordinaria
**ordinary endorsement** – endoso ordinario
**ordinary endorser** – endosante ordinario
**ordinary expenditures** – gastos ordinarios
**ordinary expenses** – gastos ordinarios
**ordinary fees** – cargos ordinarios
**ordinary gain** – ganancia ordinaria
**ordinary general meeting** – asamblea general ordinaria
**ordinary hazards** – riesgos ordinarios
**ordinary income** – ingresos ordinarios
**ordinary indorsement** – endoso ordinario
**ordinary indorser** – endosante ordinario
**ordinary insurance** – seguro ordinario
**ordinary interest** – intereses ordinarios
**ordinary investment practice** – práctica de inversión ordinaria
**ordinary jurisdiction** – jurisdicción ordinaria
**ordinary life** – seguro de vida ordinario, vida ordinaria
**ordinary life insurance** – seguro de vida ordinario
**ordinary loss** – pérdida ordinaria
**ordinary mail** – correo ordinario
**ordinary market** – mercado ordinario
**ordinary meaning** – sentido ordinario
**ordinary meeting** – asamblea ordinaria
**ordinary method** – método ordinario
**ordinary mode** – modo ordinario
**ordinary navigation** – navegación ordinaria
**ordinary negligence** – negligencia ordinaria
**ordinary partnership** – sociedad ordinaria
**ordinary payment** – pago ordinario, abono ordinario
**ordinary payroll** – nómina ordinaria
**ordinary persons** – personas ordinarias
**ordinary practice** – práctica ordinaria
**ordinary price** – precio ordinario
**ordinary procedure** – procedimiento ordinario
**ordinary proceeding** – procedimiento ordinario
**ordinary process** – proceso ordinario
**ordinary quality** – calidad ordinaria
**ordinary rate** – tasa ordinaria
**ordinary remuneration** – remuneración ordinaria
**ordinary rent** – renta ordinaria
**ordinary repairs** – reparaciones ordinarias
**ordinary risks** – riesgos ordinarios
**ordinary salary** – salario ordinario
**ordinary sale** – venta ordinaria
**ordinary seaman** – marinero ordinario
**ordinary services** – servicios ordinarios
**ordinary session** – sesión ordinaria
**ordinary shareholder** – accionista ordinario
**ordinary shares** – acciones ordinarias
**ordinary skill in art** – habilidad ordinaria en un oficio
**ordinary spoilage** – deterioro ordinario
**ordinary stock** – acciones ordinarias
**ordinary stockholder** – accionista ordinario
**ordinary tariff** – tarifa ordinaria
**ordinary tax** – impuesto ordinario
**ordinary term** – plazo ordinario
**ordinary time** – tiempo ordinario
**ordinary use** – uso ordinario
**ordinary voting** – votación ordinaria
**organ** *n* – órgano
**organic** *adj* – orgánico
**organic act** – ley orgánica
**organic agriculture** – agricultura orgánica
**organic farming** – agricultura orgánica
**organic food** – alimentos orgánicos
**organic growth** – crecimiento orgánico
**organic law** – ley orgánica, constitución
**organisation** *n* – organización, persona jurídica
**organisation account** – cuenta de la organización
**organisation accountability** – responsabilidad de la organización
**organisation accountant** – contable de la organización, contador de la organización
**organisation accounting** – contabilidad de la organización
**organisation acquisition** – adquisición de la organización
**organisation activity** – actividad de la organización
**organisation address** – domicilio de la organización
**organisation administration** – administración de la organización
**organisation administrator** – administrador de la organización
**organisation advertising** – publicidad de la organización
**organisation adviser** – asesor de la organización
**organisation advisor** – asesor de la organización
**organisation affairs** – asuntos de la organización
**organisation affiliate** – afiliado de la organización
**organisation agency** – agencia de la organización
**organisation agent** – agente de la organización
**organisation and methods** – organización y métodos
**organisation assets** – activo de la organización

**organisation backer** – patrocinador de la organización
**organisation backing** – patrocinio de la organización
**organisation banking** – banca de la organización
**organisation bankruptcy** – quiebra de la organización
**organisation benefits** – beneficios de la organización
**organisation bookkeeping** – contabilidad de la organización
**organisation books** – libros de la organización
**organisation campaign** – campaña de la organización
**organisation capital** – capital de la organización
**organisation car** – carro de la organización
**organisation card** – tarjeta de la organización
**organisation chart** – organigrama
**organisation conference** – conferencia de la organización
**organisation consultant** – consultor de la organización
**organisation correspondence** – correspondencia de la organización
**organisation cost** – costo de organización, costo de constitución, coste de organización, coste de constitución
**organisation credit** – crédito de la organización
**organisation culture** – cultura de la organización
**organisation data** – datos de la organización
**organisation database** – base de datos de la organización
**organisation debt** – deuda de la organización
**organisation decision** – decisión de la organización
**organisation deposit** – depósito de la organización
**organisation development** – desarrollo de la organización
**organisation director** – director de la organización
**organisation document** – documento de la organización
**organisation domicile** – domicilio de la organización
**organisation earnings** – ingresos de la organización
**organisation email** – email de la organización, correo electrónico de la organización
**organisation environment** – ambiente de la organización
**organisation ethics** – ética de la organización
**organisation executive** – ejecutivo de la organización
**organisation expenditures** – gastos de la organización, gastos de constitución
**organisation expenses** – gastos de la organización, gastos de constitución
**organisation finance** – finanzas de la organización
**organisation financing** – financiación de la organización
**Organisation for Economic Cooperation and Development** – Organización para la Cooperación y el Desarrollo Económico
**organisation fraud** – fraude de la organización
**organisation goal** – meta de la organización
**organisation health insurance** – seguro de salud de la organización
**organisation identity** – identidad de la organización
**organisation image** – imagen de la organización
**organisation income** – ingresos de la organización, rentas de la organización
**organisation insurance** – seguro de la organización
**organisation interest** – interés de la organización
**organisation investment** – inversión de la organización
**organisation lending** – préstamos de la organización
**organisation liability** – responsabilidad de la organización
**organisation liability insurance** – seguro de responsabilidad de la organización
**organisation licence** – licencia de la organización
**organisation license** – licencia de la organización
**organisation literature** – literatura de la organización
**organisation loan** – préstamo de la organización
**organisation logo** – logotipo de la organización, logo de la organización
**organisation losses** – pérdidas de la organización
**organisation magazine** – revista de la organización, boletín de la organización
**organisation mail** – correo de la organización, email de la organización, correo electrónico de la organización
**organisation management** – administración de la organización, gestión de la organización, gerencia de la organización
**organisation manager** – gerente de la organización, administrador de la organización
**organisation meeting** – reunión de la organización, asamblea de constitución
**organisation member** – miembro de la organización
**organisation merger** – fusión de la organización
**organisation method** – método de organización
**organisation model** – modelo de la organización
**organisation name** – nombre de la organización
**organisation objective** – objetivo de la organización
**organisation of accounts** – organización de cuentas
**organisation of assets** – organización de activos
**organisation of costs** – organización de costos, organización de costes
**organisation of liabilities** – organización del pasivo
**Organisation of Petroleum Exporting Countries** – Organización de Países Exportadores de Petróleo, OPEP
**organisation officers** – funcionarios de la organización
**organisation owner** – dueño de la organización
**organisation perks** – beneficios adicionales de la organización
**organisation philosophy** – filosofía de la organización
**organisation plan** – plan de organización
**organisation planning** – planificación de la organización
**organisation policy** – política de la organización, póliza de la organización
**organisation portal** – portal de la organización
**organisation portfolio** – portafolio de la organización
**organisation powers** – poderes de la organización
**organisation practices** – prácticas de la organización, costumbres de la organización
**organisation priorities** – prioridades de la organización
**organisation profits** – beneficios de la organización, ganancias de la organización
**organisation property** – propiedad de la organización
**organisation purchase** – compra de la organización
**organisation purpose** – propósito de la organización
**organisation records** – registros de la organización

**organisation regulations** – reglamentos de la organización, normas de la organización
**organisation relations** – relaciones de la organización
**organisation report** – informe de la organización, reporte de la organización
**organisation reserves** – reservas de la organización
**organisation resolution** – resolución de la organización
**organisation risk** – riesgo de la organización
**organisation rules** – reglas de la organización
**organisation seal** – sello de la organización
**organisation services** – servicios de la organización
**organisation shares** – acciones de la organización
**organisation spending** – gastos de la organización
**organisation sponsor** – patrocinador de la organización
**organisation sponsorship** – patrocinio de la organización
**organisation stock** – acciones de la organización
**organisation store** – tienda de la organización
**organisation strategic planning** – planificación estratégica de la organización
**organisation strategy** – estrategia de la organización
**organisation structure** – estructura de la organización
**organisation support services** – servicios de apoyo de la organización
**organisation system** – sistema de la organización
**organisation taxation** – imposición de la organización
**organisation taxes** – impuestos de la organización, contribuciones de la organización
**organisation treasurer** – tesorero de la organización
**organisation union** – unión de la organización
**organisational** *adj* – organizacional, organizativo
**organisational analysis** – análisis organizacional, análisis organizativo
**organisational change** – cambio organizacional, cambio organizativo
**organisational chart** – organigrama
**organisational climate** – clima organizacional, clima organizativo
**organisational development** – desarrollo organizacional, desarrollo organizativo
**organisational effectiveness** – efectividad organizacional, efectividad organizativa
**organisational efficiency** – eficiencia organizacional, eficiencia organizativa
**organisational goal** – meta organizacional, meta organizativa
**organisational level** – nivel organizacional, nivel organizativo
**organisational meeting** – reunión constitutiva
**organisational norm** – norma organizacional, norma organizativa
**organisational planning** – planificación organizacional, planificación organizativa
**organisational psychology** – psicología organizacional, psicología organizativa
**organisational structure** – estructura organizacional, estructura organizativa
**organisational system** – sistema organizacional, sistema organizativo
**organise** *v* – organizar, establecer
**organised** *adj* – organizado, establecido
**organised crime** – crimen organizado
**organised exchange** – mercado organizado, lonja
**organised labor** – trabajadores agremiados, trabajadores sindicados
**organised labour** – trabajadores agremiados, trabajadores sindicados
**organised market** – mercado organizado
**organised strike** – huelga organizada
**organiser** *n* – organizador, agenda electrónica
**organization** *n* – organización, persona jurídica
**organization account** – cuenta de la organización
**organization accountability** – responsabilidad de la organización
**organization accountant** – contable de la organización, contador de la organización
**organization accounting** – contabilidad de la organización
**organization acquisition** – adquisición de la organización
**organization activity** – actividad de la organización
**organization address** – domicilio de la organización
**organization administration** – administración de la organización
**organization administrator** – administrador de la organización
**organization advertising** – publicidad de la organización
**organization adviser** – asesor de la organización
**organization advisor** – asesor de la organización
**organization affairs** – asuntos de la organización
**organization affiliate** – afiliado de la organización
**organization agency** – agencia de la organización
**organization agent** – agente de la organización
**organization and methods** – organización y métodos
**organization assets** – activo de la organización
**organization backer** – patrocinador de la organización
**organization backing** – patrocinio de la organización
**organization banking** – banca de la organización
**organization bankruptcy** – quiebra de la organización
**organization benefits** – beneficios de la organización
**organization bookkeeping** – contabilidad de la organización
**organization books** – libros de la organización
**organization campaign** – campaña de la organización
**organization capital** – capital de la organización
**organization car** – carro de la organización
**organization card** – tarjeta de la organización
**organization chart** – organigrama
**organization conference** – conferencia de la organización
**organization consultant** – consultor de la organización
**organization correspondence** – correspondencia de la organización
**organization cost** – costo de organización, costo de constitución, coste de organización, coste de constitución
**organization credit** – crédito de la organización
**organization credit card** – tarjeta de crédito de la organización
**organization culture** – cultura de la organización
**organization data** – datos de la organización
**organization database** – base de datos de la organización
**organization debt** – deuda de la organización

**organization decision** – decisión de la organización
**organization deposit** – depósito de la organización
**organization development** – desarrollo de la organización
**organization director** – director de la organización
**organization document** – documento de la organización
**organization domicile** – domicilio de la organización
**organization earnings** – ingresos de la organización
**organization email** – email de la organización, correo electrónico de la organización
**organization environment** – ambiente de la organización
**organization ethics** – ética de la organización
**organization executive** – ejecutivo de la organización
**organization expenditures** – gastos de la organización, gastos de constitución
**organization expenses** – gastos de la organización, gastos de constitución
**organization finance** – finanzas de la organización
**organization financing** – financiación de la organización
**Organization for Economic Cooperation and Development** – Organización para la Cooperación y el Desarrollo Económico
**organization fraud** – fraude de la organización
**organization goal** – meta de la organización
**organization health insurance** – seguro de salud de la organización
**organization identity** – identidad de la organización
**organization image** – imagen de la organización
**organization income** – ingresos de la organización, rentas de la organización
**organization insurance** – seguro de la organización
**organization interest** – interés de la organización
**organization investment** – inversión de la organización
**organization lending** – préstamos de la organización
**organization liability** – responsabilidad de la organización
**organization liability insurance** – seguro de responsabilidad de la organización
**organization licence** – licencia de la organización
**organization license** – licencia de la organización
**organization literature** – literatura de la organización
**organization loan** – préstamo de la organización
**organization logo** – logotipo de la organización, logo de la organización
**organization losses** – pérdidas de la organización
**organization magazine** – revista de la organización, boletín de la organización
**organization mail** – correo de la organización, email de la organización, correo electrónico de la organización
**organization management** – administración de la organización, gestión de la organización, gerencia de la organización
**organization manager** – gerente de la organización, administrador de la organización
**organization meeting** – reunión de la organización, asamblea de constitución
**organization member** – miembro de la organización
**organization merger** – fusión de la organización
**organization method** – método de organización
**organization model** – modelo de la organización
**organization name** – nombre de la organización
**organization objective** – objetivo de la organización
**organization of accounts** – organización de cuentas
**organization of assets** – organización de activos
**organization of costs** – organización de costos, organización de costes
**organization of liabilities** – organización del pasivo
**Organization of Petroleum Exporting Countries** – Organización de Países Exportadores de Petróleo, OPEP
**organization officers** – funcionarios de la organización
**organization owner** – dueño de la organización
**organization perks** – beneficios adicionales de la organización
**organization philosophy** – filosofía de la organización
**organization plan** – plan de organización
**organization planning** – planificación de la organización
**organization policy** – política de la organización, póliza de la organización
**organization portal** – portal de la organización
**organization portfolio** – portafolio de la organización
**organization powers** – poderes de la organización
**organization practices** – prácticas de la organización, costumbres de la organización
**organization priorities** – prioridades de la organización
**organization profits** – beneficios de la organización, ganancias de la organización
**organization property** – propiedad de la organización
**organization purchase** – compra de la organización
**organization purpose** – propósito de la organización
**organization records** – registros de la organización
**organization regulations** – reglamentos de la organización, normas de la organización
**organization relations** – relaciones de la organización
**organization report** – informe de la organización, reporte de la organización
**organization reserves** – reservas de la organización
**organization resolution** – resolución de la organización
**organization risk** – riesgo de la organización
**organization rules** – reglas de la organización
**organization seal** – sello de la organización
**organization services** – servicios de la organización
**organization shares** – acciones de la organización
**organization spending** – gastos de la organización
**organization sponsor** – patrocinador de la organización
**organization sponsorship** – patrocinio de la organización
**organization stock** – acciones de la organización
**organization store** – tienda de la organización
**organization strategic planning** – planificación estratégica de la organización
**organization strategy** – estrategia de la organización
**organization structure** – estructura de la organización
**organization support services** – servicios de apoyo de la organización
**organization system** – sistema de la organización
**organization taxation** – imposición de la organización

**organization taxes** – impuestos de la organización, contribuciones de la organización
**organization treasurer** – tesorero de la organización
**organization union** – unión de la organización
**organizational** *adj* – organizacional, organizativo
**organizational analysis** – análisis organizacional, análisis organizativo
**organizational change** – cambio organizacional, cambio organizativo
**organizational chart** – organigrama
**organizational climate** – clima organizacional, clima organizativo
**organizational development** – desarrollo organizacional, desarrollo organizativo
**organizational effectiveness** – efectividad organizacional, efectividad organizativa
**organizational efficiency** – eficiencia organizacional, eficiencia organizativa
**organizational goal** – meta organizacional, meta organizativa
**organizational level** – nivel organizacional, nivel organizativo
**organizational meeting** – reunión constitutiva
**organizational norm** – norma organizacional, norma organizativa
**organizational planning** – planificación organizacional, planificación organizativa
**organizational psychology** – psicología organizacional, psicología organizativa
**organizational structure** – estructura organizacional, estructura organizativa
**organizational system** – sistema organizacional, sistema organizativo
**organize** *v* – organizar, establecer
**organized** *adj* – organizado
**organized county** – condado constituido
**organized crime** – crimen organizado
**organized exchange** – mercado organizado, lonja
**organized labor** – trabajadores agremiados, trabajadores sindicados
**organized labour** – trabajadores agremiados, trabajadores sindicados
**organized market** – mercado organizado
**organized strike** – huelga organizada
**organizer** *n* – organizador, agenda electrónica
**orientation** *n* – orientación
**origin** *n* – origen
**origin authentication** – certificación de origen
**origin certificate** – certificado de origen
**origin certification** – certificación de origen
**original** *adj* – original, singular
**original acquisition** – adquisición original
**original act** – acto original
**original action** – acción original
**original age** – edad original
**original application** – solicitud original
**original assessment** – amillaramiento original, imposición original
**original assets** – activo original
**original bill** – demanda concerniente a una cuestión no litigada antes entre las mismas partes que mantienen los mismos intereses
**original bill of lading** – conocimiento de embarque original
**original capital** – capital inicial
**original conveyances** – cesiones originales
**original cost** – costo original, coste original
**original decree** – decreto original
**original document** – documento original
**original document rule** – regla que indica que la mejor prueba del contenido de un documento es el original de dicho documento
**original entry** – asiento original
**original estate** – propiedad original
**original evidence** – prueba original
**original filing** – presentación original, registro original
**original insurance** – seguro original
**original inventor** – inventor original
**original investment** – inversión original
**original invoice** – factura original
**original jurisdiction** – jurisdicción original
**original language** – lenguaje original
**original manifestation** – manifestación original
**original members** – miembros originales
**original obligation** – obligación original
**original order** – orden original
**original package** – paquete original
**original packing** – empaquetamiento original
**original patent** – patente original
**original process** – proceso inicial, citación a comparecer
**original work of authorship** – trabajo original de autoría, obra original de autoría
**originality** *n* – originalidad
**originally** *adv* – originalmente
**originate** *v* – originar
**originate a loan** – originar un préstamo
**originating bank** – banco de origen
**origination** *n* – originación, emisión
**origination charge** – cargo por originación, comisión de apertura
**origination fee** – cargo por originación, comisión de apertura
**originator** *n* – originador, emisor
**orphan** *n* – huérfano
**orphan's deduction** – deducción de huérfano
**orphanage** *n* – orfelinato
**orphanhood** *n* – orfandad
**OSHA (Occupational Safety and Health Administration)** – OSHA
**ostensible** *adj* – ostensible, aparente
**ostensible agency** – agencia aparente
**ostensible authority** – autoridad aparente
**ostensible ownership** – propiedad aparente
**ostensible partner** – socio aparente
**ostensibly** *adv* – ostensiblemente, aparentemente
**ostensive** *adj* – ostensivo, aparente
**ostensively** *adv* – ostensivamente, aparentemente
**other assets** – otros activos
**other beneficiaries** – otros beneficiarios
**other charges** – otros cargos
**other costs** – otros costos, otros costes
**other current assets** – otros activos corrientes, otros activos líquidos
**other current liabilities** – otros pasivos corrientes, otros pasivos líquidos
**other expenditures** – otros gastos
**other expenses** – otros gastos

**other fees** – otros cargos
**other from** – distinto a, aparte de
**other income** – otros ingresos
**other insurance clause** – cláusula de seguro que trata sobre cobertura que coincide con otra
**other insured** – otros asegurados
**other investments** – otras inversiones
**other loans** – otros préstamos
**other long-term debt** – otras deudas a largo plazo
**other securities** – otros valores
**other than** – otra cosa que, aparte de
**otherwise** *adv* – de otro modo
**ought** *v* – deber, deber de
**oust** *v* – desalojar, expulsar
**ouster** *n* – desalojamiento, expulsión
**ouster judgment** – sentencia de desalojo
**ouster of jurisdiction** – pérdida de jurisdicción
**out of benefit** – asegurado a quien se le ha suspendido la cobertura por falta de pago de las primas
**out of commission** – fuera de servicio
**out-of-court** *adj* – extrajudicial
**out-of-court settlement** – arreglo extrajudicial
**out-of-date** *adj* – caducado, expirado
**out-of-doors** *adj* – al aire libre
**out-of-favor** *adj* – desfavorecido
**out of necessity** – por necesidad
**out-of-pocket costs** – costos pagados en efectivo, costes pagados en efectivo
**out-of-pocket expenditures** – gastos pagados en efectivo
**out-of-pocket expenses** – gastos pagados en efectivo
**out-of-pocket rule** – regla que indica que quien compra tras representaciones fraudulentas tiene el derecho de recobrar la diferencia entre la cantidad pagada y el valor de lo comprado
**out of service** – fuera de servicio
**out-of-state** *adj* – fuera del estado
**out of stock** – fuera de inventario
**out of term** – fuera del período de actividades judiciales
**out of the box** – recién sacado de la caja e instalado, listo para usar y/o instalar al comprarse
**out of the jurisdiction** – fuera de la jurisdicción
**out of time** – fuera de tiempo, fuera de plazo, nave perdida
**out of work** – desempleado
**out-tray** *n* – bandeja de salida
**outage** *n* – interrupción
**outbid** *v* – presentar una mejor oferta
**outbound** *adj* – de salida, que sale, por salir, hacia el exterior
**outbox** *n* – buzón de salida
**outbuilding** *n* – estructura anexa, edificio anexo
**outburst** *n* – arranque
**outdated** *adj* – anticuado, obsoleto
**outdo** *v* – superar, mejorar
**outdoor advertising** – publicidad exterior
**outdoors** *adj* – al aire libre
**outer door** – puerta exterior
**outflow of capital** – salida de capital
**outflow of funds** – salida de fondos
**outermost** *adj* – extremo, más alejado
**outgoing** *adj* – saliente
**outgoing mail** – correo saliente
**outgoing post** – correo saliente
**outhouse** *n* – edificio anexo, estructura anexa, excusado
**outland** *n* – el extranjero
**outlandish** *adj* – estrafalario
**outlast** *v* – durar más que
**outlaw** *n* – fugitivo, proscrito
**outlawed** *adj* – prohibido
**outlay** *n* – desembolso, gasto
**outlive** *v* – sobrevivir a
**outlook** *n* – perspectiva, punto de vista
**outlying** *adj* – remoto
**outmaneuver** *v* – maniobrar mejor que
**outpatient** *n* – paciente externo
**outperform** *v* – superar, tener mejor rendimiento, proveer mayores beneficios
**outplacement** *n* – outplacement, servicios que ofrece un patrono para ayudar a un empleado despedido a obtener otro trabajo
**output** *n* – producción, salida
**output per capita** – producción per cápita, producción por cabeza
**output per head** – producción por cabeza, producción per cápita
**output per hour** – producción por hora, salida por hora
**outrage** *n* – ultraje, afrenta, indignación
**outrageous** *adj* – atroz, excesivo, ultrajante
**outrageous behavior** – conducta atroz
**outrageous behaviour** – conducta atroz
**outrageous conduct** – conducta atroz
**outrageously** *adv* – atrozmente
**outrageousness** *n* – atrocidad
**outright** *adj* – entero, por completo, incondicional, directo, franco
**outright** *adv* – enteramente, sin limitaciones, francamente
**outright gift** – donación incondicional
**outright ownership** – propiedad incondicional
**outright purchase** – compra incondicional
**outset** *n* – comienzo
**outside** *adj* – externo, superficial
**outside** *n* – exterior, apariencia
**outside capital** – capital externo
**outside director** – director externo, miembro de una junta directiva cuyo vínculo único es ese cargo, consejero externo
**outside interference** – interferencia externa
**outside office hours** – fuera de horas de oficina, fuera de horas laborables
**outside pressure** – presión externa
**outside shareholder** – accionista externo
**outside stockholder** – accionista externo
**outside working hours** – fuera de horas laborables
**outsider** *n* – no afiliado
**outsource** *v* – contratar externamente, externalizar
**outsourcing** *n* – contratación externa, outsourcing, externalización
**outstanding** *adj* – pendiente de pago, pendiente, sobresaliente, destacado, en circulación
**outstanding account** – cuenta pendiente
**outstanding amount** – cantidad pendiente
**outstanding and open account** – cuenta pendiente
**outstanding balance** – saldo pendiente

**outstanding check** – cheque sin cobrar, cheque pendiente de pago
**outstanding cheque** – cheque sin cobrar, cheque pendiente de pago
**outstanding claim** – reclamación pendiente
**outstanding credit** – crédito pendiente
**outstanding debt** – deuda pendiente de pago
**outstanding expenses** – gastos pendientes de pago
**outstanding invoice** – factura pendiente
**outstanding loan** – préstamo pendiente
**outstanding obligation** – obligación pendiente
**outstanding order** – orden pendiente, pedido pendiente
**outstanding payment** – pago pendiente
**outstanding premium** – prima pendiente de pago
**outstanding public debt** – deuda pública pendiente de pago
**outstanding securities** – valores en circulación
**outstanding shares** – acciones en circulación
**outstanding stock** – acciones en circulación
**outvote** *v* – tener más votos
**outward** *adj* – exterior, externo
**outward-looking economy** – economía orientada hacia el exterior
**outward-oriented economy** – economía orientada hacia el exterior
**outworker** *n* – empleado de una empresa que trabaja en su casa
**over-accumulation** *n* – sobreacumulacion
**over and short** – sobrantes y faltantes
**over-bid** *v* – ofrecer más que, ofrecer demasiado
**over-book** *v* – reservar más allá de lo que se puede acomodar
**over-booked** *adj* – con reservaciones más allá de lo que se puede acomodar
**over-booking** *n* – aceptación de reservaciones más allá de lo que se puede acomodar
**over-borrow** *v* – tomar demasiado prestado
**over-building** *n* – sobreconstrucción
**over-buy** *v* – comprar de más, comprar pagando de más
**over-capacity** *n* – sobrecapacidad
**over-capitalisation** *n* – sobrecapitalización
**over-capitalise** *v* – sobrecapitalizar
**over-capitalised** *adj* – sobrecapitalizado
**over-capitalization** *n* – sobrecapitalización
**over-capitalize** *v* – sobrecapitalizar
**over-capitalized** *adj* – sobrecapitalizado
**over-cautious** *adj* – cauteloso en exceso
**over-certification** *n* – sobrecertificación, certificación de un cheque sin fondos, confirmación bancaria por exceso
**over-certify** *v* – certificar un cheque sin fondos
**over-collaterisation** *n* – sobrecolateralización
**over-collaterization** *n* – sobrecolateralización
**over-commitment** *n* – asunción de demasiados compromisos
**over-compensation** *n* – sobrecompensación
**over-consumption** *n* – sobreconsumo
**over-credit** *v* – acreditar en exceso
**over-depreciation** *n* – sobredepreciación
**over-employment** *n* – sobreempleo
**over-estimate** *v* – sobreestimar
**over-estimated** *adj* – sobreestimado
**over-exposed** *adj* – sobreexpuesto
**over-exposed bank** – banco sobreexpuesto
**over-extended** *adj* – sobreextendido
**over-extension** *n* – sobreextensión
**over-financing** *n* – sobrefinanciamiento
**over-funded** *adj* – sobrefinanciado
**over-funding** *n* – sobrefinanciamiento
**over-heated economy** – economía sobrecalentada
**over-improvement** *n* – sobremejoramiento
**over-indebtedness** *n* – sobreendeudamiento
**over-insurance** *n* – sobreseguro
**over-insured** *adj* – sobreasegurado
**over-investment** *n* – sobreinversión
**over-invoicing** *n* – sobrefacturación
**over-issue** *n* – emisión más allá de lo permitido, sobreemisión
**over-leveraged** *adj* – sobreapalancado
**over line** – cobertura más allá de la capacidad normal
**over-produce** *v* – sobreproducir
**over-production** *n* – sobreproducción
**over-provision** *n* – sobreprovisión
**over-rate** *v* – sobrestimar
**over-reaching clause** – cláusula de extensión
**over-represent** *v* – sobrerrepresentar
**over-saturation** *n* – sobresaturación
**over-saving** *n* – sobreahorro
**over-speculation** *n* – sobreespeculación
**over-spend** *v* – gastar de más
**over-staff** *v* – contratar exceso de personal
**over-staffed** *adj* – con exceso de personal
**over-state** *v* – declarar de más, exagerar
**over-stimulate** *v* – sobreestimular
**over-stock** *v* – mantener existencias excesivas
**over-stocked** *adj* – con existencias excesivas
**over-subscribe** *v* – sobresuscribir
**over-subscribed** *adj* – sobresuscrito
**over-subscription** *n* – sobresuscripción
**over-tax** *v* – cobrar exceso de impuestos, sobrecargar
**over-trading** *n* – transacciones excesivas, expansión de operaciones más allá de lo financiable por el capital circulante
**over-urbanisation** *n* – sobreurbanización
**over-urbanization** *n* – sobreurbanización
**over-valuation** *n* – sobrevaloración, sobrevaluación
**over-value** *v* – sobrevalorar
**over-valued** *adj* – sobrevalorado
**over-work** *v* – trabajar en exceso
**overaccumulation** *n* – sobreacumulacion
**overage** *n* – exceso, superávit, excedente, cantidad adicional al alquiler a pagar basado en ventas brutas
**overall** *adj* – global, total, en conjunto
**overall account** – cuenta global
**overall agreement** – convenio global
**overall amount** – monto total, suma total
**overall assets** – activo total
**overall balance** – saldo total, balance total
**overall bargaining** – negociación global
**overall benefits** – beneficios totales
**overall budget** – presupuesto total
**overall budgeting** – presupuestación total
**overall capital** – capital total
**overall contract** – contrato global
**overall cost** – costo total, coste total
**overall coverage** – cobertura global

**overall debt** – deuda total
**overall deductible** – deducible total
**overall deficit** – déficit global, déficit total
**overall demand** – demanda total
**overall discount** – descuento total
**overall dividend** – dividendo total
**overall economy** – economía total
**overall effect** – efecto global
**overall expenditures** – gastos totales
**overall expenses** – gastos totales
**overall exports** – exportaciones totales
**overall growth** – crecimiento total
**overall imports** – importaciones totales
**overall income** – ingresos totales
**overall inflation** – inflación total
**overall insurance** – seguro global
**overall investment** – inversión total
**overall liabilities** – pasivo total
**overall liability** – responsabilidad total
**overall limit** – límite total
**overall loss** – pérdida total
**overall market** – mercado total
**overall negotiation** – negociación global
**overall output** – salida total, producción total
**overall ownership** – propiedad total
**overall payment** – pago total
**overall policy** – póliza global
**overall production** – producción total
**overall rate** – tasa total
**overall rate of return** – tasa de rendimiento total
**overall receipts** – entradas totales
**overall reserves** – reservas totales
**overall revenue** – ingresos totales
**overall risk** – riesgo total
**overall sales** – ventas totales
**overall shares** – acciones totales
**overall spending** – gastos totales
**overall stock** – acciones totales
**overall supply** – oferta total
**overall taxes** – impuestos totales, contribuciones totales
**overall value** – valor total
**overall yield** – rendimiento total
**overbanked** *adj* – con demasiados bancos
**overbear** *v* – oprimir, dominar
**overbearing** *adj* – dominante
**overbid** *v* – ofrecer más que, ofrecer demasiado
**overbill** *v* – facturar demasiado, sobrefacturar
**overbook** *v* – reservar más allá de lo que se puede acomodar
**overbooked** *adj* – con reservaciones más allá de lo que se puede acomodar
**overbooking** *n* – aceptación de reservaciones más allá de lo que se puede acomodar
**overborrow** *v* – tomar demasiado prestado
**overbreadth doctrine** – doctrina según la cual cualquier ley que viole los derechos constitucionales no es válida
**overbuilding** *n* – sobreconstrucción
**overburden** *v* – sobrecargar
**overbuy** *v* – comprar de más, comprar pagando de más
**overcapacity** *n* – sobrecapacidad
**overcapitalisation** *n* – sobrecapitalización
**overcapitalise** *v* – sobrecapitalizar
**overcapitalised** *adj* – sobrecapitalizado
**overcapitalization** *n* – sobrecapitalización
**overcapitalize** *v* – sobrecapitalizar
**overcapitalized** *adj* – sobrecapitalizado
**overcautious** *adj* – cauteloso en exceso
**overcertification** *n* – sobrecertificación, certificación de un cheque sin fondos, confirmación bancaria por exceso
**overcertify** *v* – certificar un cheque sin fondos
**overcharge** *n* – cargo excesivo, recargo, cobro excesivo
**overcharge** *v* – sobrecargar, cobrar de más
**overclass** *n* – clase social que controla la economía, clase social que controla
**overcollaterisation** *n* – sobrecolateralización
**overcollaterization** *n* – sobrecolateralización
**overcome** *v* – superar
**overcommitment** *n* – asunción de demasiados compromisos
**overcompensation** *n* – sobrecompensación
**overconsumption** *n* – sobreconsumo
**overcredit** *v* – acreditar en exceso
**overdepreciation** *n* – sobredepreciación
**overdraft** *n* – sobregiro, descubierto
**overdraft facility** – facilidad de sobregiro
**overdraft protection** – protección contra sobregiros
**overdraw** *v* – sobregirar, girar en descubierto
**overdrawn** *adj* – sobregirado, en descubierto
**overdrawn account** – cuenta sobregirada, cuenta en descubierto
**overdue** *adj* – vencido, en mora
**overdue contributions** – contribuciones vencidas, contribuciones en mora
**overdue debt** – deuda vencida, deuda en mora
**overdue payment** – pago vencido, pago en mora
**overdue taxes** – contribuciones vencidas, contribuciones en mora, impuestos vencidos, impuestos en mora
**overemphasis** *n* – énfasis exagerada
**overemphasize** *v* – acentuar demasiado
**overemployment** *n* – sobreempleo
**overestimate** *v* – sobreestimar
**overestimated** *adj* – sobreestimado
**overexposed** *adj* – sobreexpuesto
**overexposed bank** – banco sobreexpuesto
**overextended** *adj* – sobreextendido
**overextension** *n* – sobreextensión
**overfinancing** *n* – sobrefinanciamiento
**overflow** *n* – desbordamiento
**overflow** *v* – inundar
**overfunded** *adj* – sobrefinanciado
**overfunding** *n* – sobrefinanciamiento
**overhang** *n* – bloque grande que de venderse crearía presión bajista
**overhang** *v* – sobresalir, colgar
**overhaul** *v* – examinar a fondo reparando lo necesario, investigar, examinar, revisar, sobrepasar
**overhauling** *n* – revisión, examen
**overhead** *n* – gastos generales, gastos fijos
**overhead costs** – costos generales fijos, costos fijos, costes generales fijos, costes fijos
**overhead expenses** – gastos generales fijos, gastos fijos

**overhead insurance** – seguro de gastos generales
**overhead projector** – retroproyector
**overheated economy** – economía sobrecalentada
**overimprovement** *n* – sobremejoramiento
**overindebtedness** *n* – sobreendeudamiento
**overinsurance** *n* – sobreseguro
**overinsured** *adj* – sobreasegurado
**overinvestment** *n* – sobreinversión
**overinvoicing** *n* – sobrefacturación
**overissue** *n* – emisión más allá de lo permitido, sobreemisión
**overland transport** – transporte terrestre
**overlapping debt** – deuda que coincide con otra
**overlapping insurance** – seguro que coincide con otro
**overleveraged** *adj* – sobreapalancado
**overline** *n* – cobertura más allá de la capacidad normal
**overload** *v* – sobrecargar
**overlook** *v* – pasar por alto, supervisar
**overlying right** – derecho de extraer aguas subterráneas
**overnight delivery** – entrega el siguiente día, entrega el siguiente día laborable
**overnight funds** – préstamo a un día
**overnight loan** – préstamo a un día
**overnight money** – préstamo a un día
**overnight rate** – tasa de préstamo a un día
**overnight trading** – transacciones durante la noche
**overpaid** *adj* – pagado en exceso
**overpay** *v* – pagar en exceso
**overpayment** *n* – pago en exceso, abono en exceso
**overplus** *n* – excedente
**overpower** *v* – abrumar
**overprice** *v* – cobrar en exceso, fijar un precio excesivo
**overpriced** *adj* – con precio excesivo
**overproduce** *v* – sobreproducir
**overproduction** *n* – sobreproducción
**overprovision** *n* – sobreprovisión
**overrate** *v* – sobrestimar
**overreaching clause** – cláusula de extensión
**overrepresent** *v* – sobrerrepresentar
**override** *n* – comisión adicional, comisión de ventas, compensación adicional a alguien de puesto superior, compensación más allá de cierta cantidad
**override** *v* – echar a un lado, pasar sobre, anular, derogar, abrogar, dominar
**override commission** – comisión adicional, comisión de ventas
**overrider** *n* – comisión adicional, comisión de ventas
**overriding commission** – comisión adicional, comisión de ventas
**overriding interest** – derecho prevaleciente
**overrule** *v* – denegar, revocar, anular
**overrun** *n* – sobreproducción, sobrecostos
**overrun** *v* – rebasar, inundar, invadir
**oversaturation** *n* – sobresaturación
**oversaving** *n* – sobreahorro
**overseas** *adj* – extranjero, exterior, de ultramar, en ultramar, ultramar
**overseas agent** – agente exterior
**overseas client** – cliente extranjero
**overseas customer** – cliente extranjero
**overseas investments** – inversiones extranjeras
**overseas investor** – inversionista extranjero
**overseas market** – mercado extranjero
**overseas trade** – comercio exterior
**oversee** *v* – supervisar
**overseer** *n* – supervisor
**oversell** *v* – sobrevender, exagerar sobre algo en busca de venderlo
**overshoot** *v* – exceder
**oversight** *n* – descuido, inadvertencia, vigilancia, supervisión
**oversold** *adj* – sobrevendido, infravalorado, saturado
**oversold market** – mercado infravalorado
**overspeculation** *n* – sobreespeculación
**overspend** *v* – gastar de más
**overstaff** *v* – contratar exceso de personal
**overstaffed** *adj* – con exceso de personal
**overstate** *v* – declarar de más, exagerar
**overstimulate** *v* – sobreestimular
**overstock** *v* – mantener existencias excesivas
**overstocked** *adj* – con existencias excesivas
**oversubscribe** *v* – sobresuscribir
**oversubscribed** *adj* – sobresuscrito
**oversubscription** *n* – sobresuscripción
**oversupply** *n* – sobreoferta
**overt** *adj* – manifiesto, público
**overt act** – acto manifiesto, acto hostil
**overt words** – palabras claras
**overtake** *v* – alcanzar
**overtax** *v* – cobrar exceso de impuestos, sobrecargar
**overtime** *n* – horas extras, sobretiempo, tiempo suplementario
**overtime pay** – paga por horas extras
**overtime salary** – salario por horas extras
**overtime wage** – salario por horas extras
**overtime work** – trabajo de horas extras
**overtone** *n* – sugestión, alusión
**overtrading** *n* – transacciones excesivas, expansión de operaciones más allá de lo financiable por el capital circulante
**overture** *n* – propuesta, insinuación
**overturn** *v* – derrocar, volcar, revocar
**overurbanisation** *n* – sobreurbanización
**overurbanization** *n* – sobreurbanización
**overuse** *v* – uso excesivo
**overvaluation** *n* – sobrevaloración, sobrevaluación
**overvalue** *v* – sobrevalorar
**overvalued** *adj* – sobrevalorado
**overwork** *v* – trabajar en exceso
**owe** *v* – deber, adeudar
**owelty** *n* – igualdad
**owelty of partition** – dinero pagado para igualar el valor de una repartición dispareja
**owing** *adj* – pendiente de pago
**own** *adj* – propio
**own** *v* – tener, poseer
**own-brand** *n* – marca propia
**own capital** – capital propio
**own funds** – fondos propios
**own-label** *n* – marca propia
**own recognizance, release on** – libertad bajo palabra
**own resources** – recursos propios
**owner** *n* – dueño, propietario
**owner financing** – financiamiento por el dueño
**owner-manager** *n* – dueño-gerente

**owner-occupied** *adj* – ocupado por el dueño
**owner of record** – titular registrado
**owner-operator** *n* – dueño-operador
**owner's risk** – riesgo del dueño
**ownership** *n* – propiedad, titularidad
**ownership authentication** – certificación de propiedad
**ownership certificate** – certificado de propiedad
**ownership certification** – certificación de propiedad
**ownership form** – forma de propiedad
**ownership interest** – interés propietario
**ownership in common** – copropiedad
**ownership, right of** – derecho de posesión
**ownership rights** – derechos de propiedad
**ownership structure** – estructura de la propiedad
**oyez** *int* – ¡oíd!

# P

**p. (page)** – página
**p. (principal)** – principal
**p.a. (per annum)** – por año
**P & L (profit and loss)** – pérdidas y ganancias
**p & p (postage and packing)** – franqueo y embalaje
**P.S. (postscript)** – posdata
**PABX (private automatic branch exchange)** – centralita PABX
**pacesetter** *n* – quien marca la pauta
**pacification** *n* – pacificación
**pacifism** *n* – pacifismo
**pacifist** *adj* – pacifista
**pacifist** *n* – pacifista
**pack** *n* – paquete, envase, manada
**pack** *v* – engañar, usar recursos engañosos para seleccionar un jurado parcial, empacar, embalar
**package** *n* – paquete, envase
**package deal** – acuerdo global
**package insurance** – seguro global
**package insurance policy** – póliza de seguro global
**package mortgage** – hipoteca que incluye mobiliario
**package policy** – póliza global
**packaged** *adj* – empaquetado
**packaged goods** – mercancías empaquetadas
**packaging** *n* – empaque, embalaje
**packaging and labeling** – embalaje y etiquetado
**packaging laws** – leyes sobre empaquetado, leyes sobre embalaje
**packet** *n* – paquete pequeño, paquete, dineral
**packing** *n* – empaquetamiento, embalaje
**packing instructions** – instrucciones de empaque
**packing list** – lista de empaque
**packing note** – albarán
**packing slip** – albarán
**pact** *n* – pacto, convenio, acuerdo, compromiso
**pactional** *adj* – concerniente a un pacto
**pactions** *n* – pacto entre países a ejecutarse en un solo acto
**pactitious** *adj* – determinado por contrato
**pactum** *n* – pacto
**page** *v* – llamar por buscapersonas, llamar por altavoz
**pager** *n* – buscapersonas
**paging device** *n* – buscapersonas
**paid** *adj* – pagado, pago, remunerado
**paid check** – cheque pagado
**paid cheque** – cheque pagado
**paid directly** – directamente pagado
**paid employment** – empleo remunerado
**paid for** – pagado
**paid holiday** – día festivo pagado
**paid holidays** – vacaciones pagadas
**paid-in capital** – capital pagado, capital desembolsado
**paid in full** – pagado en su totalidad, liquidado
**paid-in shares** – acciones pagadas, acciones liberadas
**paid-in stock** – acciones pagadas, acciones liberadas
**paid losses** – pérdidas pagadas
**paid on delivery** – pago a la entrega
**paid status** – estado de pagado
**paid to date** – pagado hasta la fecha
**paid-up** *adj* – pagado totalmente, liberado
**paid-up benefits** – beneficios pagados
**paid-up capital** – capital pagado, capital desembolsado
**paid-up insurance** – seguro pago
**paid-up shares** – acciones pagadas, acciones liberadas
**paid-up stock** – acciones pagadas, acciones liberadas
**paid vacations** – vacaciones pagadas
**pain** *n* – dolor, dificultad
**pain and suffering** – dolor y sufrimiento
**pair-off** *v* – aparear
**pairing-off** *n* – apareamiento, acuerdo entre miembros de distintos partidos de abstenerse de votar
**palimony** *n* – pensión alimenticia tras la separación de personas no casadas
**palm off** – engañar, defraudar
**palm prints** – huellas de las palmas de las manos
**palmtop** *n* – computadora de mano
**palpable** *adj* – palpable, evidente
**paltry** *adj* – exiguo, ínfimo
**pamphlet** *n* – panfleto, octavilla
**pan-European** *adj* – paneuropeo
**pander** *n* – alcahuete
**pander** *v* – alcahuetear
**panderer** *n* – alcahuete
**pandering** *n* – alcahuetería
**panel** *n* – panel, lista, lista de los integrantes de un jurado
**panel of arbitrators** – panel arbitral, comisión de árbitros
**panel of experts** – panel de expertos
**panic** *n* – pánico
**panic buying** – compras por pánico
**panic selling** – ventas por pánico
**pannellation** *n* – elección de jurado
**panorama** *n* – panorama
**paper** *n* – papel, documento, periódico, documento negociable
**paper currency** – papel moneda
**paper gains** – ganancias sin realizar, ganancias sobre el papel
**paper losses** – pérdidas sin realizar, pérdidas sobre el papel

**paper money** – papel moneda
**paper patent** – invención la cual no ha sido explotada comercialmente
**paper profits** – beneficios sin realizar, beneficios sobre el papel, ganancias sin realizar, ganancias sobre el papel
**paper shredder** – destructora de documentos, trituradora de papeles
**paper standard** – patrón papel
**paper title** – título dudoso
**paperless** *adj* – sin papel, electrónico
**paperless office** – oficina sin papel
**paperless processing** – procesamiento sin papeles, procesamiento electrónico
**paperwork** *n* – papeleo
**par** *adj* – a la par, nominal
**par** *n* – par, paridad, valor nominal, igualdad
**par delictum** – igual culpa
**par shares** – acciones a la par, acciones con valor nominal
**par stock** – acciones a la par, acciones con valor nominal
**par value** – valor nominal, valor a la par
**par-value shares** – acciones a la par, acciones con valor nominal
**par-value stock** – acciones a la par, acciones con valor nominal
**parachronism** *n* – paracronismo
**paradigm** *n* – paradigma
**paradox** *n* – paradoja
**paragraph** *n* – párrafo, parágrafo
**paralegal** *n* – paralegal, asistente legal
**parallel citation** – cita paralela
**parallel economy** – economía paralela
**parallel exporting** – exportación paralela
**parallel exports** – exportaciones paralelas
**parallel financing** – financiamiento paralelo
**parallel importing** – importación paralela
**parallel imports** – importaciones paralelas
**parallel loan** – préstamo paralelo
**parallel market** – mercado paralelo
**parallel standard** – patrón paralelo
**parameter** *n* – parámetro
**paramount** *adj* – supremo
**paramount clause** – cláusula superior
**paramount equity** – derecho superior
**paramount title** – título superior
**paramour** *n* – amante
**parapherna l property** – bienes parafernales
**paraphernalia** *n* – parafernalia
**paraprofessional** *n* – paraprofesional
**parcel** *n* – parcela, paquete, lote
**parcel** *v* – dividir, empaquetar
**parcel post** – servicio de paquetes del correo
**parcels** *n* – descripción y límites de un inmueble
**parcenary** *n* – herencia conjunta
**parcener** *n* – coheredero
**parchment** *n* – pergamino
**pardon** *n* – perdón, indulto, gracia
**pardon** *v* – perdonar, indultar, amnistiar
**pardon attorney** – oficial del Ministerio de Justicia que hace recomendaciones para indultos presidenciales
**pardonable** *adj* – perdonable
**pare down** – reducir gradualmente
**parens patriae** – patria potestad
**parent application** – solicitud anterior de parte del mismo inventor para el mismo invento
**parent bank** – banco controlador
**parent-child contact** – contacto entre un padre y su hija o hijo, contacto entre una madre y su hija o hijo
**parent company** – compañía controladora, compañía matriz, sociedad matriz, sociedad controladora
**parent corporation** – corporación controladora, corporación matriz, sociedad matriz, sociedad controladora
**parentage** *n* – ascendencia, paternidad, maternidad
**parental** *adj* – paternal, maternal
**parental authority** – autoridad de los padres
**parental consent** – consentimiento de los padres
**parental duties** – deberes de los padres
**parental liability** – responsabilidad de los padres, responsabilidad de los padres por los actos de los hijos
**parental responsibilities** – responsabilidades de los padres
**parental rights** – derechos de los padres
**parenticide** *n* – parricidio, matricidio, parricida, matricida
**Pareto Efficiency** – Optimalidad de Pareto, Eficiencia de Pareto
**Pareto Optimality** – Optimalidad de Pareto, Eficiencia de Pareto
**Pareto's Law** – Ley de Pareto
**Pareto's Principle** – Principio de Pareto
**pari causa** – con igual derecho
**pari delicto** – con igual culpa
**pari materia** – la materia misma
**pari passu** – igualmente, equitativamente
**Paris Convention** – Convenio de París
**parity** *n* – paridad
**parity clause** – cláusula de paridad
**parity of currencies** – paridad de divisas, paridad entre monedas
**parity of exchange** – paridad de cambio
**parity price** – precio de paridad
**parity principle** – principio de paridad
**parliament** *n* – parlamento
**parliamentary** *adj* – parlamentario
**parliamentary agents** – agentes parlamentarios
**parliamentary committee** – comité parlamentario
**parliamentary government** – gobierno parlamentario
**parliamentary law** – derecho parlamentario
**parliamentary privilege** – privilegio parlamentario
**parliamentary rules** – reglas parlamentarias
**parol** *adj* – verbal, oral
**parol agreement** – contrato verbal
**parol arrest** – arresto ordenado verbalmente
**parol contract** – contrato verbal
**parol evidence** – prueba oral, prueba extrínseca
**parol evidence rule** – regla que excluye acuerdos orales los cuales alteran un contrato escrito
**parol lease** – arrendamiento oral
**parol will** – testamento oral
**parole** *n* – libertad condicional, libertad bajo palabra
**parole board** – junta de libertad condicional
**parole officers** – funcionarios encargados de las personas bajo libertad condicional

**parolee** *n* – persona bajo libertad condicional
**parricide** *n* – parricidio, parricida
**parsimony** *n* – parsimonia
**part** *n* – parte, porción, uno de los originales de un instrumento
**part exchange** – canje parcial
**part owners** – copropietarios, propietarios parciales
**part ownership** – copropiedad, propiedad parcial
**part payment** – pago parcial, abono parcial
**part performance** – cumplimiento parcial
**part-time** *adj* – a tiempo parcial
**part-time employee** – empleado a tiempo parcial
**part-time employment** – empleo a tiempo parcial
**part-time job** – empleo a tiempo parcial
**part-time work** – trabajo a tiempo parcial
**part-time worker** – trabajador a tiempo parcial
**partial** *adj* – parcial, sin objetividad, incompleto
**partial abandonment** – abandono parcial
**partial acceptance** – aceptación parcial
**partial account** – rendición de cuentas parcial
**partial armistice** – armisticio parcial
**partial assignment** – cesión parcial
**partial audit** – auditoría parcial
**partial average** – avería parcial
**partial breach** – incumplimiento parcial
**partial contract** – contrato parcial
**partial coverage** – cobertura parcial
**partial defence** – defensa parcial
**partial defense** – defensa parcial
**partial delivery** – entrega parcial
**partial dependency** – dependencia parcial
**partial disability** – discapacidad parcial
**partial distribution** – distribución parcial
**partial eviction** – desalojo parcial
**partial evidence** – prueba parcial
**partial incapacity** – incapacidad parcial
**partial insanity** – insania parcial
**partial insurance** – seguro parcial
**partial interest** – interés parcial
**partial invalidity** – invalidez parcial
**partial limitation** – limitación parcial
**partial liquidation** – liquidación parcial
**partial loss** – pérdida parcial
**partial merger** – fusión parcial
**partial monopoly** – monopolio parcial
**partial oligopoly** – oligopolio parcial
**partial ownership** – propiedad parcial
**partial pardon** – indulto parcial
**partial payment** – pago parcial
**partial performance** – cumplimiento parcial
**partial plan termination** – terminación de plan parcial
**partial possession** – posesión parcial
**partial record** – registro parcial
**partial release** – liberación parcial
**partial reversal** – revocación parcial
**partial spin-off** – escisión parcial
**partial summary judgment** – sentencia sumaria parcial
**partial taking** – expropiación parcial
**partial transfer** – transferencia parcial
**partial verdict** – veredicto parcial
**partial waiver** – renuncia de derecho parcial
**partiality** *n* – parcialidad
**partible** *adj* – divisible
**partible lands** – tierras divisibles
**particeps criminis** – cómplice
**participant** *n* – participante, partícipe
**participate** *v* – participar, compartir
**participate in a conspiracy** – participar en una conspiración
**participate in a crime** – participar en un crimen
**participating** *adj* – participante
**participating annuity** – anualidad con participación
**participating country** – país participante
**participating insurance** – seguro con participación, póliza de seguros con participación
**participating insurance policy** – póliza de seguros con participación
**participating interest** – interés participante
**participating policy** – póliza con participación
**participating preferred** – acciones preferidas con participación
**participating preferred shares** – acciones preferidas con participación
**participating preferred stock** – acciones preferidas con participación
**participating reinsurance** – reaseguro con participación
**participating shares** – acciones con participación
**participating stock** – acciones con participación
**participation** *n* – participación
**participation agreement** – convenio de participación
**participation certificate** – certificado de participación
**participation certification** – certificación de participación
**participation evidence** – prueba de participación
**participation in crime** – participación en un delito
**participation loan** – préstamo con participación
**participation mortgage** – hipoteca con participación, hipoteca conjunta
**participation proof** – prueba de participación
**participation verification** – verificación de participación
**participative leadership** – liderazgo con participación
**participative management** – administración con participación, gestión con participación
**particular** *adj* – particular, individual, exigente
**particular** *n* – detalle, pormenor
**particular average** – avería particular
**particular estate** – derecho limitado relativo a un inmueble
**particular lien** – gravamen específico
**particular malice** – malicia dirigida hacia un individuo
**particular partnership** – sociedad para un negocio predeterminado
**particular power of appointment** – poder limitado de designación de herederos
**particular tenant** – quien tiene derecho limitado relativo a un inmueble
**particularity** *n* – particularidad, meticulosidad
**particularize** *v* – particularizar, detallar
**particulars** *n* – detalles
**particulars of a document** – detalles de un documento
**particulars of criminal charges** – exposición detallada de los cargos penales
**particulars of sale** – descripción detallada de propiedades a subastarse
**parties** *n* – las partes

**parties and privies** – las partes de un contrato
**parties to crime** – los participantes en un crimen
**partisan** *n* – partidario, secuaz
**partition** *n* – partición, repartición, separación
**partition** *v* – partir, repartir, separar
**partition of a succession** – partición de una sucesión
**partition order** – orden de partición
**partly** *adj* – parcialmente
**partly paid** – parcialmente pago
**partner** *n* – socio, asociado, compañero
**partner countries** – países socios, países socios comerciales
**partnership** *n* – sociedad, asociación, consorcio
**partnership address** – dirección social, domicilio social
**partnership agreement** – contrato de sociedad
**partnership articles** – contrato para formar una sociedad
**partnership assets** – activo social
**partnership association** – sociedad con responsabilidad limitada
**partnership at will** – sociedad sin un período fijo de tiempo
**partnership capital** – capital social
**partnership certificate** – certificado de sociedad
**partnership contract** – contrato de sociedad
**partnership debt** – deuda de la sociedad
**partnership deed** – escritura de sociedad
**partnership funds** – fondos sociales
**partnership in commendam** – sociedad en comandita
**partnership insurance** – seguro de vida sobre socios, seguros obtenidos con la intención de mantener la sociedad
**partnership life insurance** – seguro de vida sobre socios
**partnership property** – propiedad de la sociedad
**party** *n* – parte, partido, grupo, fiesta
**party aggrieved** – la parte agraviada
**party and party costs** – costas que una parte tiene que pagarle a la otra
**party at fault** – la parte responsable
**party in breach** – la parte incumplidora
**party to be charged** – demandado, la parte contra la cual se alega incumplimiento
**party wall** – pared medianera
**pass** *n* – pase, autorización, paso, pasada
**pass** *v* – aprobar, adoptar, pasar, fallecer, suceder
**pass a resolution** – adoptar una resolución, adoptar un acuerdo
**pass counterfeit money** – circular dinero falsificado
**pass judgment** – dictar sentencia
**pass legislation** – aprobar una ley
**pass on** – transferir, comunicar, morir
**pass over** – pasar por encima, pasar por alto, morir
**pass sentence** – sentenciar
**pass-through entity** – entidad cuyas contribuciones pasan sin cobrar hasta llegar a los dueños
**pass-through securities** – valores cuyas contribuciones pasan sin cobrar hasta llegar a los inversionistas
**pass title** – transferir título
**passage** *n* – pasaje, paso, aprobación, transcurso, transición, viaje
**passbook** *n* – libreta de banco, libreta de ahorros
**passed dividend** – dividendo omitido, dividendo no pagado
**passenger** *n* – pasajero, viajero
**passenger list** – lista de pasajeros
**passing** *adj* – pasajero, transitorio, pasante, aprobatorio, de difuntos
**passing judgment** – el dictar sentencia
**passing of property** – transferencia de propiedad
**passing of title** – transferencia de título
**passing title** – transferencia de título
**passion** *n* – pasión, emoción violenta
**passive** *adj* – pasivo, sumiso, inactivo
**passive activity** – actividad pasiva
**passive debt** – deuda pasiva, deuda que no devenga intereses
**passive income** – ingresos pasivos
**passive investing** – inversión pasiva
**passive investment** – inversión pasiva
**passive investor** – inversionista pasivo
**passive management** – administración pasiva, gestión pasiva
**passive loss rules** – reglas para abrigos tributarios por pérdidas pasivas
**passive negligence** – negligencia pasiva
**passive trust** – fideicomiso pasivo
**passport** *n* – pasaporte
**password** *n* – contraseña
**password protected** – protegido por contraseña
**password recovery** – recuperación de contraseña
**password required** – contraseña requerida
**past consideration** – contraprestación anterior
**past convictions** – condenas previas
**past debt** – deuda preexistente
**past due** – vencido, en mora
**past-due account** – cuenta vencida, cuenta en mora
**past-due debt** – deuda vencida, deuda en mora
**past-due loan** – préstamo vencido, préstamo en mora
**past-due mortgage** – hipoteca vencida, hipoteca en mora
**past performance** – resultados anteriores, rendimiento anterior, antecedentes
**past recollection recorded** – relación de un asunto del cual un testigo tenía conocimiento pero que en el momento presente no recuerda bien
**past service benefit** – beneficio por servicio previo
**past service credit** – crédito por servicio previo
**past service liability** – responsabilidad por servicio previo
**pat. pend. (patent pending)** – patente pendiente
**patent** *adj* – patente, manifiesto, evidente, patentado
**patent** *n* – patente, privilegio, documento de concesión
**patent** *v* – patentar
**patent agent** – agente de patentes
**patent ambiguity** – ambigüedad evidente
**patent and copyright clause** – cláusula de patentes y derechos de autor
**Patent and Trademark Office** – Registro de Marcas y Patentes
**patent application** – solicitud de patente
**patent application file** – expediente de solicitud de patente
**patent application publication** – publicación de solicitud de patente

**patent applied for** – patente solicitada
**patent attorney** – abogado de patentes
**patent certificate** – certificado de patente
**patent claim** – reclamación de patente
**patent defect** – vicio evidente
**patent drawings** – dibujos de patente
**patent family** – familia de patentes
**patent holder** – tenedor de patente
**patent infringement** – infracción de patente
**patent law** – derecho de patentes, ley de patentes
**patent licence** – licencia de patente
**patent license** – licencia de patente
**patent life** – vigencia de la patente
**patent number** – número de patente
**patent office** – oficina de patentes
**patent pending** – patente pendiente
**patent pooling** – combinación de derechos de patentes
**patent protection** – protección de patentes
**patent right** – derecho de patente
**patent-right dealer** – comerciante de derechos de patentes
**patent royalties** – regalías de la patente
**patent search** – búsqueda de patentes
**patent suit** – demanda por infracción de patente
**patent term** – duración de la patente
**patentability** *n* – patentabilidad
**patentable** *adj* – patentable
**patented** *adj* – patentado
**patented article** – artículo patentado
**patented process** – proceso patentado
**patented product** – producto patentado
**patentee** *n* – patentado, poseedor de patente, titular de una patente
**patently** *adv* – patentemente, evidentemente
**patents and trademarks** – marcas y patentes
**paternal** *adj* – paternal
**paternal authority** – autoridad paterna
**paternal line** – línea paterna
**paternal power** – patria potestad
**paternal property** – propiedad heredada por la vía paterna
**paternity** *n* – paternidad
**paternity leave** – licencia por paternidad
**paternity suit** – demanda de paternidad
**paternity test** – prueba de paternidad
**patience** *n* – paciencia
**patient** *adj* – paciente, indulgente
**patient** *n* – paciente
**patient-physician privilege** – comunicaciones entre un médico y su paciente las cuales el paciente no tiene que divulgar ni permitir que el médico revele tampoco
**patient's bill of rights** – declaración de los derechos del paciente
**patria potestas** – patria potestad
**patricide** *n* – parricidio, parricida
**patrilineal** *adj* – patrilineal
**patrimonial** *adj* – patrimonial
**patrimony** *n* – patrimonio
**patrol** *n* – ronda, patrulla
**patrol** *v* – rondar, patrullar
**patrol boat** – bote patrullero
**patroller** *n* – patrullero, policía
**patrolman** *n* – patrullero, policía
**patron** *n* – patrocinador, cliente, protector
**patronage** *n* – patrocinio, clientela, facultad de nombrar funcionarios
**patronise** *v* – patrocinar, frecuentar, proteger, tratar con un aire de superioridad
**patronize** *v* – patrocinar, frecuentar, proteger, tratar con un aire de superioridad
**pattern** *n* – patrón, modelo, ejemplo, diseño
**pauper** *n* – indigente
**pawn** *n* – empeño, pignoración, prenda
**pawn** *v* – empeñar, pignorar, prendar, dejar en prenda
**pawnbroker** *n* – prestamista sobre prendas
**pawnee** *n* – acreedor prendario
**pawnor** *n* – deudor prendario
**pawnshop** *n* – casa de empeños
**pay** *n* – paga, sueldo, salario, honorarios, remuneración
**pay** *v* – pagar, abonar, remunerar, saldar, rendir
**pay a salary** – pagar un salario, salariar
**pay a visit** – visitar
**pay adjustment** – ajuste salarial
**pay administration** – administración salarial
**pay agreement** – convenio salarial
**pay and conditions** – salario y condiciones, sueldo y condiciones
**pay-as-you-earn** – impuestos retenidos
**pay as you go** – pague al utilizar
**pay assignment** – cesión salarial, asignación salarial
**pay at sight** – pagar a la vista
**pay attention** – prestar atención
**pay back** – reembolsar, devolver, cobrar venganza
**pay bargaining** – negociación de salario, negociación de sueldo
**pay bracket** – escala salarial
**pay by card** – pagar con tarjeta
**pay by check** – pagar con cheque
**pay by cheque** – pagar con cheque
**pay by credit card** – pagar con tarjeta de crédito
**pay by giro** – pagar con giro
**pay by installments** – pagar a plazos
**pay by Internet** – pagar por Internet
**pay by mail** – pagar por correo
**pay-by-phone** *n* – sistema de pagos mediante teléfono
**pay-by-phone system** – sistema de pagos mediante teléfono
**pay cash** – pagar en efectivo, pagar al contado
**pay ceiling** – techo salarial
**pay check** – cheque de salario, cheque de sueldo
**pay cheque** – cheque de salario, cheque de sueldo
**pay claim** – reclamación de salario, reclamación de sueldo
**pay compression** – compresión salarial
**pay continuation plan** – plan de continuación salarial
**pay control** – control salarial
**pay cut** – recorte de salario, recorte de sueldo
**pay day** – día de pago
**pay decrease** – disminución salarial
**pay dispute** – disputa salarial
**pay down** – efectuar un depósito, hacer un pago inicial, pagar a cuenta
**pay earner** – quien devenga un salario
**pay envelope** – sobre que contiene la paga
**pay floor** – mínimo salarial
**pay freeze** – congelación de salario, congelación de sueldo

**pay garnishment** – embargo salarial
**pay in** – pagar, efectuar un depósito, pagar a cuenta
**pay in advance** – pagar por adelantado
**pay in cash** – pagar en efectivo, pagar al contado
**pay in full** – pagar totalmente
**pay in installments** – pagar a plazos
**pay in kind** – pagar en especie
**pay in lieu of notice** – paga en vez de notificación
**pay increase** – aumento de salario, aumento de sueldo
**pay increment** – incremento salarial
**pay index** – índice salarial
**pay inflation** – inflación salarial
**pay level** – nivel salarial
**pay minimum** – mínimo salarial
**pay monthly** – pagar mensualmente
**pay negotiations** – negociaciones salariales
**pay off** – saldar, liquidar, pagar, despedir a un empleado tras pagarle lo que se le debe, sobornar, dar resultado
**pay on account** – pagar a cuenta
**pay on death** – pagar al morir, transferir al morir
**pay out** – desembolsar, pagar
**pay packet** – sobre que contiene la paga
**pay parity** – paridad salarial
**pay period** – período de pago
**pay quarterly** – pagar trimestralmente
**pay raise** – aumento de salario, aumento de sueldo
**pay rate** – tasa salarial
**pay reduction** – reducción salarial
**pay reduction plan** – plan de reducción salarial
**pay review** – revisión salarial
**pay rise** – alza salarial
**pay scale** – escala salarial
**pay settlement** – convenio salarial
**pay slip** – hoja de salario, recibo de salario
**pay statement** – estado de salario, estado de sueldo
**pay structure** – estructura salarial
**pay tax** – impuesto sobre salarios
**pay to bearer** – pagar al portador
**pay to the order of** – pagar a la orden de
**pay top dollar** – pagar el precio más alto
**pay under protest** – pagar bajo protesta
**pay up** – saldar, liquidar, pagar
**payable** *adj* – pagadero, vencido, pagable
**payable at sight** – pagadero a la vista
**payable in advance** – pagadero por adelantado
**payable in installments** – pagadero a plazos
**payable monthly in arrears** – pagadero por mes vencido
**payable on delivery** – pagadero a la entrega
**payable on demand** – pagadero a la vista
**payable quarterly in arrears** – pagadero por trimestre vencido
**payable to bearer** – pagadero al portador
**payable to holder** – pagadero al portador
**payable to order** – pagadero a la orden
**payback** *n* – restitución, retribución, venganza
**paycheck** *n* – cheque de salario, cheque de paga, salario
**paycheque** *n* – cheque de salario, cheque de paga, salario
**payday** *n* – día de pago
**paydown** *n* – pago parcial de deuda
**PAYE (pay-as-you-earn)** – impuestos retenidos
**payee** *n* – tenedor, portador, beneficiario de pago
**payer** *n* – pagador
**paying** *adj* – pagador
**paying agency** – agencia pagadora
**paying agent** – agente pagador
**paying bank** – banco pagador
**payload** *n* – carga útil
**paymaster** *n* – pagador
**payment** *n* – pago, abono, sueldo, remuneración, plazo
**payment against documents** – pago contra documentos
**payment authorisation** – autorización de pago
**payment authorization** – autorización de pago
**payment before delivery** – pago antes de entrega
**payment bond** – fianza de pago
**payment by check** – pago por cheque
**payment by cheque** – pago por cheque
**payment by results** – paga basada en el rendimiento
**payment cap** – máximo de ajuste de pago
**payment capacity** – capacidad de pago
**payment card** – tarjeta de pago
**payment certain** – anualidad de pagos seguros
**payment commitment** – compromiso de pago
**payment conditions** – condiciones de pago
**payment date** – fecha de pago
**payment delay** – demora de pago
**payment for services** – pago por servicios
**payment guarantee** – garantía de pago
**payment guaranteed** – pago garantizado
**payment guaranty** – garantía de pago
**payment history** – historial de pagos
**payment holiday** – permiso para aplazar pagos
**payment in advance** – pago por adelantado
**payment in arrears** – pago atrasado
**payment in full** – pago total
**payment in installments** – pago a plazos
**payment in kind** – pago en especie
**payment into court** – pago judicial
**payment is due** – el pago se ha vencido
**payment method** – método de pago
**payment of debt** – pago de deuda
**payment of interest** – pago de intereses
**payment of principal** – pago del principal
**payment of salary** – pago de salario
**payment of taxes** – pago de impuestos
**payment of wages** – pago de salario
**payment on account** – pago a cuenta
**payment order** – orden de pago
**payment out of court** – pago extrajudicial
**payment plan** – plan de pagos
**payment processing** – procesamiento de pago
**payment receipt** – recibo de pago
**payment received** – pago recibido
**payment record** – registro de pago
**payment refused** – pago rechazado
**payment request** – solicitud de pago
**payment schedule** – programa de pagos, tabla de pagos, programa de amortización, tabla de amortización
**payment system** – sistema de pagos
**payment terms** – términos de pago
**payment type** – método de pago
**payment under protest** – pago bajo protesta

**payoff** *n* – pago, liquidación, recompensa, resultado
**payoff statement** – declaración del prestador en cuanto los términos del préstamo y lo que falta por cancelarlo
**payola** *n* – soborno para promover algo
**payor** *n* – pagador
**payor bank** – banco pagador
**payout** *n* – pago, rendimiento, rendimiento necesario para recuperación de inversión
**payroll** *n* – nómina, planilla de sueldos
**payroll account** – cuenta de nómina
**payroll audit** – auditoría de nómina
**payroll deductions** – deducciones de nómina, deducciones del cheque de salario
**payroll journal** – libro de salarios
**payroll office** – oficina de nómina
**payroll period** – período de nómina
**payroll records** – registros de nómina
**payroll register** – registro de nómina
**payroll tax** – impuesto sobre la nómina
**PBX (private branch exchange)** – centralita PBX
**PC (personal computer)** – ordenador personal, computadora personal, computador personal
**PC (political correctness)** – corrección política, esfuerzos aparentes de no ofender a ciertos grupos
**pct. (percent)** – por ciento
**pd. (paid)** – pagado
**PDA (personal digital assistant)** – PDA, asistente digital personal
**PDF (Portable Document Format)** – PDF, formato PDF
**peace and quietude** – paz y tranquilidad
**peace officers** – agentes del orden público, policías
**peace treaty** – tratado de paz
**peaceable** *adj* – pacífico
**peaceable entry** – ingreso a un inmueble sin usar la fuerza
**peaceful picketing** – piquete pacífico
**peaceful possession** – posesión pacífica
**peaceful protest** – protesta pacífica
**peak** *n* – pico, punta, máximo
**peak hours** – horas pico, horas punta, horas de demanda máxima, horas de utilización máxima
**peak period** – horas pico, horas punta, período pico, período punta
**peak price** – precio durante horas o temporada pico, precio durante horas o temporada punta, precio máximo
**peak season** – temporada pico, temporada punta, temporada de demanda máxima, temporada de utilización máxima
**peak time** – hora pico, hora punta
**peck order** – jerarquía entre personas
**pecking order** – jerarquía entre personas
**peculation** *n* – peculado, desfalco
**peculiar** *adj* – peculiar, particular, singular
**peculiar behavior** – conducta peculiar
**peculiar behaviour** – conducta peculiar
**pecuniary** *adj* – pecuniario, monetario
**pecuniary accord** – acuerdo pecuniario
**pecuniary adjustment** – ajuste pecuniario
**pecuniary agreement** – acuerdo pecuniario
**pecuniary assistance** – asistencia pecuniaria
**pecuniary benefits** – beneficios pecuniarios
**pecuniary bequest** – legado pecuniario
**pecuniary commission** – comisión pecuniaria
**pecuniary condition** – condición pecuniaria
**pecuniary consideration** – contraprestación pecuniaria
**pecuniary control** – control pecuniario
**pecuniary damages** – daños y perjuicios pecuniarios
**pecuniary exchange** – intercambio pecuniario
**pecuniary gain** – ganancia pecuniaria
**pecuniary indemnity** – indemnización pecuniaria
**pecuniary injury** – daños y perjuicios pecuniarios
**pecuniary interest** – interés pecuniario
**pecuniary legacy** – legado pecuniario
**pecuniary liability** – responsabilidad pecuniaria
**pecuniary loss** – pérdida pecuniaria
**pecuniary penalty** – penalidad pecuniaria
**pecuniary remuneration** – remuneración pecuniaria
**pecuniary transaction** – transacción pecuniaria
**pecuniary value** – valor pecuniario
**peddle** *v* – practicar el oficio de buhonero
**peddler** *n* – buhonero
**pederast** *n* – pederasta
**pederasty** *n* – pederastia
**pedestrian** *n* – peatón
**pedigree** *n* – linaje, genealogía
**pedlar** *n* – buhonero
**peer** *adj* – paritario
**peer** *n* – par, igual
**peer group** – grupo paritario
**peer review** – revisión por grupo paritario
**Peeping Tom** – voyerista
**peerless** *adj* – sin igual
**peg** *n* – estabilización de precios mediante intervención, apoyo de precios mediante estabilización, ajuste del tipo de cambio de una moneda basada en otra
**peg** *v* – fijar, estabilizar, clasificar
**pegged currency** – moneda cuyos ajustes en tipo de cambio están basados en otra
**pegging** *n* – estabilización de precios mediante intervención, apoyo de precios mediante estabilización, ajuste del tipo de cambio de una moneda basada en otra
**penal** *n* – penal
**penal action** – acción penal
**penal bond** – obligación penal
**penal clause** – cláusula penal
**penal code** – código penal
**penal institutions** – instituciones penales
**penal law** – derecho penal, ley penal
**penal obligation** – obligación penal
**penal offense** – delito penal
**penal servitude** – reclusión con trabajos forzados
**penal statute** – ley penal
**penal suit** – juicio penal
**penal sum** – penalidad, multa
**penalisable** *adj* – penalizable
**penalise** *v* – penalizar, penar, multar
**penalizable** *adj* – penalizable
**penalize** *v* – penalizar, penar, multar
**penalty** *n* – penalidad, multa, pena
**penalty charge** – cargo adicional en caso de incumplimiento
**penalty clause** – cláusula penal

**penalty duty** – arancel punitivo, derecho punitivo
**penalty for early withdrawal** – penalidad por retiro temprano
**penalty interest** – tasa de interés mayor en caso de incumplimiento
**penalty interest rate** – tasa de interés mayor en caso de incumplimiento
**penalty phase** – fase penal
**penalty rate** – tasa de interés mayor en caso de incumplimiento
**pendency** *adj* – suspensión
**pendency of action** – litispendencia
**pendent jurisdiction** – jurisdicción discrecional
**pendente lite** – durante el litigio, en lo que se lleva a cabo el litigio, mientras el caso está pendiente, pendente lite
**pending** *adj* – pendiente, inminente
**pending action** – acción pendiente
**pending arbitration** – arbitraje pendiente
**pending business** – negocios pendientes
**pending case** – caso pendiente
**pending claim** – reclamo pendiente
**pending litigation** – litigio pendiente
**pending proceeding** – procedimiento pendiente
**pending suit** – acción pendiente
**penetration** *n* – penetración
**penetration pricing** – establecimiento de precio bajo para acelerar la entrada de un producto al mercado
**penitentiary** *n* – penitenciaría
**penny shares** – acciones que se venden típicamente por menos de un dólar
**penny stocks** – acciones que se venden típicamente por menos de un dólar
**penology** *n* – penología, criminología
**pension** *n* – pensión, jubilación, retiro
**pension adjustment** – ajuste de la pensión
**pension contributions** – cuotas hacia la pensión
**pension fund** – fondo de pensiones, fondo jubilatorio
**pension fund management** – administración de fondo de pensiones, gestión de fondo de pensiones
**pension income** – ingresos de pensiones
**pension maximisation** – maximización de pensión
**pension maximization** – maximización de pensión
**pension payments** – pagos de la pensión
**pension plan** – plan de pensiones
**pension plan funding** – financiamiento de plan de pensiones
**pension plan termination** – terminación de plan de pensiones
**pension rights** – derecho a una pensión
**pension scheme** – plan de pensiones
**pension shortfall** – déficit en la pensión
**pension trust** – fideicomiso de pensiones
**pensionable** *adj* – con derecho a una pensión
**pensioner** *n* – pensionado, pensionista, jubilado
**people-intensive** *adj* – que requiere muchas personas
**peppercorn rent** – alquiler nominal, alquiler simbólico, renta nominal, renta simbólica
**per accident limit** – límite por accidente
**per annum** – por año
**per autre vie** – durante la vida de otra persona
**per capita** – por cabeza, per cápita
**per capita debt** – deuda per cápita
**per capita income** – ingreso per cápita
**per capita tax** – impuesto per cápita
**per cent** – por ciento
**per consequens** – por consecuencia
**per curiam** – por el tribunal, per curiam
**per day** – por día
**per diem** – por día
**per head** – por cabeza, per cápita
**per incuriam** – mediante inadvertencia
**per minas** – mediante amenazas
**per month** – por mes
**per pais, trial** – juicio mediante jurado
**per person limit** – límite por persona
**per procuration** – por poder
**per quarter** – por trimestre
**per quod** – mediante el cual
**per sample** – mediante muestra
**per se** – en sí mismo, de por sí, per se
**per se defamatory** – palabras difamatorias en si mismas
**per se negligence** – negligencia en sí misma
**per se violation** – infracción en sí misma
**per share** – por acción
**per stirpes** – por estirpe
**per subscriber** – por suscriptor
**per-unit subsidy** – subsidio por unidad, subsidio unitario, subvención por unidad, subvención unitaria
**per year** – por año
**perceived risk** – riesgo percibido
**percent** *adv* – por ciento
**percentage** *n* – porcentaje
**percentage depletion** – porcentaje de agotamiento
**percentage lease** – arrendamiento con participación basada en las ventas, arrendamiento con participación
**percentage of alcohol** – porcentaje de alcohol
**percentage participation** – porcentaje de participación
**percentage point** – punto porcentual
**percentage rent** – pago de alquiler incluyendo una cantidad adicional basada en las ventas
**perceptible** *adj* – perceptible
**perception** *n* – percepción
**perceptive** *adj* – perceptivo
**perceptivity** *n* – perceptividad
**percolating waters** – aguas filtradas
**perdurable** *adj* – perdurable, duradero
**peremption** *n* – rechazo de una acción
**peremptory** *adj* – perentorio, decisivo, inderogable, absoluto, terminante, arbitrario
**peremptory challenge** – recusación perentoria
**peremptory defence** – defensa perentoria
**peremptory defense** – defensa perentoria
**peremptory exceptions** – excepciones perentorias
**peremptory instruction** – instrucción perentoria
**peremptory notice** – notificación perentoria
**peremptory order** – orden perentoria
**peremptory plea** – excepción perentoria
**peremptory rule** – regla perentoria
**peremptory writ** – orden judicial perentoria
**perfect** *adj* – perfecto, completo, cumplido, ejecutado
**perfect** *v* – perfeccionar, completar, cumplir, ejecutar
**perfect competition** – competencia perfecta
**perfect delegation** – delegación perfecta, novación perfecta
**perfect equity** – título completo en equidad

**perfect hedge** – cobertura perfecta
**perfect instrument** – instrumento registrado
**perfect monopoly** – monopolio perfecto
**perfect obligation** – obligación legal
**perfect ownership** – dominio perfecto, propiedad perfecta
**perfect title** – título perfecto
**perfect trust** – fideicomiso perfecto
**perfect usufruct** – usufructo perfecto
**perfected** *adj* – perfeccionado
**perfected lien** – gravamen perfeccionado
**perfected security interest** – derecho perfeccionado de vender un inmueble para satisfacer una deuda
**perfecting bail** – perfeccionamiento de la fianza
**perfidy** *n* – perfidia, traición
**perforce** *adv* – a la fuerza, inevitablemente, necesariamente
**perform** *v* – cumplir, ejecutar, ejercer
**performance** *n* – cumplimiento, ejecución, desempeño, rendimiento, funcionamiento, espectáculo
**performance analysis** – análisis del rendimiento, análisis de ejecución
**performance appraisal** – evaluación del rendimiento, evaluación de ejecución
**performance assessment** – evaluación del rendimiento, evaluación de ejecución
**performance audit** – auditoría del rendimiento, auditoría de ejecución
**performance bond** – fianza de cumplimiento, garantía de cumplimiento
**performance contract** – contrato basado en el rendimiento, contrato basado en la ejecución
**performance criteria** – criterios de rendimiento, criterios de ejecución
**performance evaluation** – evaluación del rendimiento, evaluación de ejecución
**performance goal** – meta del rendimiento, meta de ejecución
**performance guarantee** – garantía de ejecución
**performance guaranty** – garantía de ejecución
**performance indicator** – indicador del rendimiento, indicador de ejecución
**performance management** – administración del rendimiento, administración de ejecución, gestión del rendimiento, gestión de ejecución
**performance measurement** – medición del rendimiento, medición de ejecución
**performance monitoring** – supervisión del rendimiento, supervisión de ejecución
**performance of services** – prestación de servicios
**performance-related** *adj* – relacionado al rendimiento, relacionado a la ejecución, vinculado al rendimiento, vinculado a la ejecución
**performance report** – informe del rendimiento, informe de ejecución
**performance review** – evaluación del rendimiento, evaluación de ejecución
**performance supervision** – supervisión del rendimiento, supervisión de ejecución
**performance target** – meta del rendimiento, meta de ejecución
**performance warranty** – garantía de ejecución
**peril** *n* – peligro, riesgo
**perils of the sea** – peligros del mar
**period** *n* – período, plazo, etapa
**period certain** – período cierto
**period of credit** – período de crédito
**period of delivery** – período de entrega
**period of detention** – período de detención
**period of grace** – período de gracia
**period of notification** – período de notificación
**period of redemption** – período de rescate de una propiedad hipotecada
**periodic** *adj* – periódico
**periodic audit** – auditoría periódica
**periodic change** – cambio periódico
**periodic charge** – cargo periódico
**periodic cost** – costo periódico, coste periódico
**periodic expenditures** – gastos periódicos
**periodic expenses** – gastos periódicos
**periodic fee** – cargo periódico
**periodic finance charge** – cargo por financiamiento periódico
**periodic income** – ingreso periódico
**periodic interest rate** – tasa de interés periódica
**periodic interest rate adjustment** – ajuste periódico de tasa de interés
**periodic level** – nivel periódico
**periodic outlay** – desembolso periódico
**periodic payment** – pago periódico
**periodic payment plan** – plan de pagos periódicos
**periodic procedure** – procedimiento periódico
**periodic rate** – tasa periódica
**periodic statement** – estado periódico
**periodic transaction** – transacción periódica
**periodical** *n* – periódico
**peripheral activity** – actividad periférica
**periphrasis** *n* – perífrasis
**perish** *v* – perecer, fallecer
**perishable** *adj* – perecedero
**perishable commodity** – producto perecedero
**perishable goods** – bienes perecederos
**perjury** *n* – perjurio
**perks** *n* – beneficios adicionales, pequeños beneficios, privilegios por el puesto, complementos salariales
**permanent** *adj* – permanente, fijo, estable
**permanent abode** – residencia permanente
**permanent account** – cuenta permanente
**permanent address** – dirección permanente
**permanent alimony** – pagos permanentes de pensión alimenticia, pagos permanentes de pensión alimentaria
**permanent contract** – contrato permanente
**permanent damage** – daño permanente
**permanent disability** – discapacidad permanente
**permanent disability benefits** – beneficios por discapacidad permanente
**permanent employee** – empleado permanente
**permanent employment** – empleo permanente
**permanent file** – archivo permanente
**permanent financing** – financiamiento permanente
**permanent fixtures** – instalaciones permanentes
**permanent home** – residencia permanente
**permanent income** – ingresos permanentes
**permanent injunction** – mandamiento judicial permanente
**permanent injury** – lesión permanente
**permanent insurance** – seguro permanente
**permanent law** – ley permanente

**permanent life** – seguro de vida permanente
**permanent life insurance** – seguro de vida permanente
**permanent location** – ubicación permanente
**permanent mission** – misión permanente
**permanent mortgage** – hipoteca permanente
**permanent nuisance** – estorbo permanente, acto perjudicial permanente
**permanent partial disability** – discapacidad parcial permanente
**permanent personnel** – personal permanente
**permanent residence** – residencia permanente
**permanent resident** – residente permanente
**permanent staff** – personal permanente
**permanent total disability** – discapacidad total permanente
**permanent trespass** – transgresión permanente
**permanently** *adv* – permanentemente
**permissible** *adj* – permisible
**permissible activities** – actividades permisibles
**permissible deductions** – deducciones permisibles
**permissible depreciation** – depreciación permisible
**permissible expenditures** – gastos permisibles
**permissible expenses** – gastos permisibles
**permissible losses** – pérdidas permisibles
**permissible nonbank activities** – actividades no bancarias permisibles
**permissible transactions** – transacciones permisibles
**permission** *n* – permiso, licencia
**permission granted clause** – cláusula de permiso otorgado
**permissive** *adj* – permisivo
**permissive waste** – deterioro de inmuebles por omisión
**permit** *n* – permiso, licencia
**permit** *v* – permitir, autorizar
**permit bond** – fianza de licencia
**permit for transit** – permiso para tránsito
**permitted** *adj* – permitido
**permitted activities** – actividades permitidas
**permitted deductions** – deducciones permitidas
**permitted depreciation** – depreciación permitida
**permitted transactions** – transacciones permitidas
**permutatio** – permuta
**permutation** *n* – permutación
**pernancy** *n* – percepción
**perpetrate** *v* – perpetrar
**perpetration** *n* – perpetración, comisión
**perpetrator** *n* – perpetrador
**perpetual** *adj* – perpetuo, vitalicio, continuo
**perpetual annuity** – anualidad perpetua, anualidad vitalicia
**perpetual bond** – bono sin vencimiento, bono a perpetuidad
**perpetual contract** – contrato perpetuo, contrato vitalicio
**perpetual easement** – servidumbre perpetua
**perpetual injunction** – mandamiento judicial perpetuo
**perpetual insurance** – seguro perpetuo
**perpetual lease** – arrendamiento perpetuo, arrendamiento vitalicio
**perpetual lien** – gravamen perpetuo
**perpetual servitude** – servidumbre perpetua
**perpetual statute** – ley perpetua
**perpetual succession** – sucesión vitalicia
**perpetual trust** – fideicomiso perpetuo, fideicomiso vitalicio
**perpetuating testimony** – conservación de un testimonio
**perpetuity** *n* – perpetuidad
**perplex** *v* – dejar perplejo, embrollar
**perquisites** *n* – beneficios adicionales, pequeños beneficios, privilegios por el puesto, complementos salariales
**persecute** *v* – perseguir, acosar, atormentar
**persistency** *n* – persistencia
**persistent** *adj* – persistente, constante
**persistent violator** – reincidente, criminal habitual
**person aggrieved** – persona agraviada, persona dañada
**person charged** – persona acusada
**person-day** *n* – el trabajo que hace una persona en un día
**person-hour** *n* – el trabajo que hace una persona en una hora
**person in loco parentis** – quien asume el cargo de padre sin adoptar
**person of full age** – persona mayor de edad
**person under disability** – persona con discapacidad
**person-year** *n* – el trabajo que hace una persona en un año
**persona non grata** – persona no grata, persona non grata
**personable** *adj* – legitimado para actuar ante un tribunal, agradable
**personal** *adj* – personal, privado
**personal accident** – accidente personal
**personal action** – acción personal
**personal application** – solicitud personal
**personal articles** – artículos personales
**personal articles insurance** – seguro sobre artículos personales
**personal assets** – bienes personales, bienes muebles, bienes muebles e intangibles
**personal assistant** – asistente personal
**personal automobile policy** – póliza de automóvil personal
**personal banker** – banquero personal
**personal banking** – banca personal
**personal belongings** – propiedad personal, pertenencias personales
**personal benefit** – beneficio personal
**personal bias** – sesgo personal
**personal bond** – fianza personal
**personal calls** – llamadas personales
**personal catastrophe insurance** – seguro de catástrofe médico personal
**personal chattel** – bienes muebles
**personal check** – cheque personal
**personal cheque** – cheque personal
**personal computer** – ordenador personal, computadora personal, computador personal
**personal consumption** – consumo personal
**personal contract** – contrato personal
**personal contract hire** – contrato de arrendamiento de vehículo en que se otorga pertenencia tras el último pago
**personal credit** – crédito personal

**personal crime** – crimen personal, crimen contra otra persona
**personal damages** – daños contra una persona
**personal defence** – defensa personal
**personal defense** – defensa personal
**personal demand** – intimación personal de pago, demanda personal
**personal digital assistant** – asistente digital personal
**personal disability** – discapacidad personal
**personal disposable income** – ingresos personales disponibles
**personal distribution of income** – distribución personal de ingresos
**personal earnings** – ingresos personales
**personal effects** – efectos personales
**personal effects floater** – cobertura de efectos personales sin importar la ubicación
**personal effects insurance** – cobertura de efectos personales sin importar la ubicación
**personal estate** – bienes muebles de una persona
**personal exemption** – exención personal
**personal expenditures** – gastos personales
**personal expenses** – gastos personales
**personal finances** – finanzas personales
**personal guardian** – tutor en lo que se refiere a niños
**personal guarantee** – garantía personal
**personal guaranty** – garantía personal
**personal history** – historial personal
**personal holding company** – compañía tenedora controlada por pocas personas
**personal identification number** – número de identificación personal
**personal identity** – identidad personal
**personal income** – ingresos personales
**personal income tax** – impuestos sobre ingresos personales, impuestos sobre la renta personal
**personal injury** – lesión personal, lesión corporal
**personal injury protection** – cobertura para lesiones personales
**personal insurance** – seguro personal
**personal investment** – inversión personal
**personal judgment** – sentencia la cual impone responsabilidad personal, opinión personal
**personal jurisdiction** – jurisdicción sobre la persona
**personal knowledge** – conocimiento personal
**personal law** – ley personal
**personal leave** – permiso personal
**personal letter** – carta personal
**personal liability** – responsabilidad personal
**personal liability insurance** – seguro de responsabilidad personal
**personal liberties** – derechos fundamentales
**personal liberty** – libertad personal
**personal loan** – préstamo personal
**personal loss** – pérdida personal
**personal marketing** – marketing personal, mercadeo personal
**personal matter** – asunto personal
**personal notice** – notificación personal
**personal obligation** – obligación personal
**personal organiser** – organizador personal
**personal organizer** – organizador personal
**personal particulars** – datos personales
**personal pension** – pensión personal
**personal pension scheme** – plan de pensión personal
**personal property** – propiedad personal, bienes muebles, bienes muebles e intangibles
**personal property floater** – cobertura de propiedad personal sin importar la ubicación
**personal property tax** – impuesto sobre los bienes muebles
**personal reasons** – razones personales
**personal recognizance** – libertad bajo palabra
**personal representation** – representación personal
**personal representative** – representante personal
**personal residence** – residencia personal
**personal rights** – derechos personales
**personal savings** – ahorros personales
**personal security** – garantía personal, seguridad personal
**personal service** – notificación personal
**personal service contract** – contrato de servicios personales
**personal service corporation** – corporación de servicios personales
**personal services** – servicios personales
**personal servitude** – servidumbre personal
**personal statutes** – leyes personales, estatutos personales
**personal tax** – impuesto personal, impuesto sobre bienes muebles
**personal things** – efectos personales
**personal tort** – acto perjudicial contra una persona, ilícito civil contra una persona, daño legal contra una persona
**personal trust** – fideicomiso personal
**personal use** – uso personal
**personal use property** – propiedad de uso personal
**personal warranty** – garantía personal
**personal wealth** – riqueza personal, patrimonio personal
**personalisation** *n* – personalización
**personalised** *adj* – personalizado
**personalised service** – servicio personalizado
**personality** *n* – personalidad
**personalization** *n* – personalización
**personalized** *adj* – personalizado
**personalized service** – servicio personalizado
**personally** *adv* – personalmente
**personalty** *n* – bienes muebles, bienes muebles e intangibles, derechos sobre bienes muebles
**personate** *v* – hacerse pasar por otra persona
**personation** *n* – representación engañosa
**personnel** *n* – personal, departamento de personal, plantel
**personnel administration** – administración de personal
**personnel administrator** – administrador de personal
**personnel agency** – agencia de personal, agencia de empleos
**personnel audit** – auditoría de personal
**personnel costs** – costos de personal, costes de personal
**personnel cuts** – recortes de personal
**personnel director** – director de personal
**personnel management** – administración de personal, gestión de personal
**personnel manager** – administrador de personal

**personnel office** – oficina de personal
**personnel planning** – planificación de personal
**personnel policy** – política de personal
**personnel psychology** – psicología del personal
**personnel reductions** – reducciones de personal
**personnel representative** – representante de personal
**personnel selection** – selección de personal
**personnel turnover** – movimiento de personal, giro de personal, rotación de personal
**perspective** *n* – perspectiva
**persuade** *v* – persuadir, urgir
**persuasion** *n* – persuasión
**persuasive** *adj* – persuasivo
**persuasive arguments** – argumentos persuasivos
**persuasive testimony** – testimonio persuasivo
**persuasive witness** – testigo persuasivo
**pertain** *v* – pertenecer, concernir
**pertaining to** – concerniente a
**pertinence** *n* – pertinencia
**pertinent** *adj* – pertinente
**pertinent allegation** – alegación pertinente
**pertinent change** – cambio pertinente
**pertinent circumstance** – circunstancia pertinente
**pertinent defect** – defecto pertinente
**pertinent error** – error pertinente
**pertinent evidence** – prueba pertinente
**pertinent fact** – hecho pertinente
**pertinent misrepresentation** – representación falsa pertinente
**pertinent mistake** – error pertinente
**pertinent testimony** – testimonio pertinente
**perturb** *adj* – perturbar
**perverse verdict** – veredicto en que el jurado no le presta atención a las instrucciones del juez sobre un punto de la ley
**pesticides** *n* – pesticidas
**petit juror** – miembro de un jurado ordinario
**petit jury** – jurado ordinario
**petit larceny** – hurto menor
**petition** *n* – petición, demanda, pedido
**petition for divorce** – petición para divorcio
**petition for name change** – petición para cambio de nombre
**petition for rehearing** – petición para una nueva audiencia
**petition for probate** – petición para la legalización de un testamento
**petition for review** – petición para revisión
**petition in bankruptcy** – petición de quiebra
**petition in insolvency** – petición de quiebra
**petitioner** *n* – peticionante, peticionario, demandante, apelante
**petitioning creditor** – acreedor solicitante
**petitory action** – acción petitoria
**petroleum industry** – industria del petróleo
**pettifogger** *n* – picapleitos
**petty** *adj* – menor, trivial
**petty average** – avería menor
**petty cash** – caja chica, caja para gastos menores
**petty juror** – miembro de un jurado ordinario
**petty jury** – jurado ordinario
**petty larceny** – hurto menor
**petty offender** – delincuente menor
**petty offense** – delito menor, contravención
**petty officers** – oficiales inferiores
**petty thief** – ratero
**pg. (page)** – página
**PGI (Protected Geographical Indication)** – Indicación Geográfica Protegida
**phantom income** – ingresos fantasmas
**pharmaceutical industry** – industria farmacéutica
**phase** *n* – fase
**phase in** – introducir gradualmente, implementar gradualmente
**phase out** – retirar gradualmente, eliminar gradualmente
**phaseout** *n* – reducción progresiva
**philosophy of law** – filosofía del derecho
**phishing** *n* – phishing
**phone account** – cuenta telefónica
**phone banking** – banca telefónica
**phone bill payment** – pago de cuentas telefónico
**phone book** – guía telefónica
**phone company** – compañía telefónica
**phone directory** – guía telefónica
**phone extension** – extensión telefónica
**phone line** – línea telefónica
**phone message** – mensaje telefónico
**phone number** – número telefónico
**phone order** – orden telefónica
**phone rage** – furia telefónica
**phone sales** – ventas telefónicas
**phone support** – apoyo por teléfono
**phone transaction** – transacción telefónica
**photo** *n* – foto, fotografía
**photocopied** *adj* – fotocopiado
**photocopier** *n* – fotocopiadora
**photocopy** *n* – fotocopia
**photograph** *n* – foto, fotografía
**physical** *adj* – físico, corporal
**physical abuse** – abuso físico
**physical assets** – activo físico
**physical barrier** – barrera física
**physical capital** – capital físico
**physical commodity** – mercancía física, mercancía entregada físicamente
**physical condition** – condición física
**physical cruelty** – crueldad física
**physical custody** – custodia física
**physical damage insurance** – seguro de daños físicos
**physical delivery** – entrega física
**physical depreciation** – depreciación física
**physical disability** – discapacidad física
**physical fact** – hecho material
**physical features** – características físicas
**physical force** – fuerza física, violencia física
**physical handicap** – impedimento físico
**physical harm** – daño físico
**physical impairment** – limitación física, minusvalía física
**physical impossibility** – imposibilidad física
**physical incapacity** – incapacidad física, incapacidad de tener relaciones sexuales
**physical infrastructure** – infraestructura física
**physical injury** – lesión corporal
**physical inspection** – inspección física
**physical inventory** – inventario físico
**physical necessity** – necesidad física

**physical possession** – posesión efectiva
**physical protection** – protección física
**physical shock** – choque físico
**physical special needs** – necesidades especiales físicas
**physical suffering** – sufrimiento físico
**physical verification** – verificación física
**physical violence** – violencia física
**physician-patient privilege** – comunicaciones entre un médico y su paciente las cuales el paciente no tiene que divulgar ni permitir que el médico revele tampoco
**picaroon** *n* – pícaro
**pick-up time** – hora de recogida
**picket** *n* – piquete, piquete de huelga
**picket** *v* – hacer un piquete, organizar un piquete
**picketer** *n* – miembro de un piquete
**picketing** *n* – hacer piquete
**pickpocket** *n* – carterista
**pickup time** – hora de recogida
**picture** *n* – fotografía, imagen
**pie chart** – gráfico circular
**piece of advice** – consejo
**piece of information** – información
**piece of news** – noticia
**piece of work** – trabajo
**piece rate** – salario por parte, tarifa por pieza, tarifa a destajo
**piece wage** – salario a destajo, salario por pieza
**piece work** – trabajo a destajo, destajo
**piece worker** – trabajador a destajo, trabajador por pieza
**piecework** *n* – trabajo a destajo, destajo
**pieceworker** *n* – trabajador a destajo, trabajador por pieza
**piechart** *n* – gráfico circular
**pier** *n* – muelle
**pierage** *n* – derecho de amarre
**pierce the veil** – desestimar la personalidad jurídica, descorrer el velo corporativo
**piercing the corporate veil** – desestimación de la personalidad jurídica, descorrimiento del velo corporativo
**piercing the veil** – desestimación de la personalidad jurídica
**pigeonhole** *n* – casillero
**pignorative** *adj* – pignoraticio
**PIK (payment in kind)** – pago en especie
**pilfer** *v* – hurtar, ratear
**pilferage** *n* – hurto, ratería
**pilferer** *n* – ratero
**pillage** *n* – pillaje, saqueo
**pilot** *n* – piloto, guía
**pilot project** – proyecto piloto
**pilot study** – estudio piloto
**pilotage** *n* – pilotaje
**pimp** *n* – alcahuete
**PIN (personal identification number)** – número de identificación personal
**pin money** – dinero para gastos casuales o menores
**PIN number** – número de identificación personal
**pink-collar work** – trabajo mal remunerado tradicionalmente efectuado por mujeres
**pink slip** – notificación de despido
**pioneer industry** – industria pionera
**pioneer patent** – patente pionera
**pioneer product** – producto pionero
**pipeline** *n* – conducto, oleoducto, canal de información
**pipeline, in the** – en proceso, venidero, bajo consideración
**piracy** *n* – piratería
**pirate** *v* – piratear
**pirated** *adj* – pirateado
**piscary** *n* – derecho de pesca, derecho de pesca en aguas ajenas
**pistol** *n* – pistola
**pitch** *n* – lo que dice un vendedor quien quiere vender algo
**pitfall** *n* – peligro, peligro no evidente, escollo
**pittance** *n* – miseria
**pkg. (package)** – paquete
**pkt. (packet)** – paquete
**Pkwy. (parkway)** – alameda
**placard** *n* – cartel, letrero, edicto, anuncio
**place** *n* – lugar, local, puesto
**place** *v* – poner, establecer, dar empleo, colocar
**place an order** – poner una orden
**place of abode** – residencia, domicilio
**place of birth** – lugar de nacimiento
**place of business** – domicilio comercial
**place of contract** – lugar del contrato
**place of death** – lugar de defunción
**place of delivery** – lugar de entrega
**place of employment** – lugar de empleo
**place of incorporation** – lugar donde se ha constituido una corporación
**place of payment** – lugar de pago
**place of performance** – lugar de cumplimiento
**place of registration** – lugar de registro
**place of residence** – lugar de residencia
**place of work** – lugar de trabajo
**place where** – lugar en donde
**placement** *n* – colocación
**placement agency** – agencia de colocaciones, agencia de empleos
**placement office** – oficina de colocaciones, oficina de empleos
**placer** *n* – depósito mineral superficial, quien coloca
**placer claim** – pertenencia de un depósito mineral superficial
**placit** *n* – decreto
**plagiarism** *n* – plagio
**plagiarist** *n* – plagiario
**plagiarize** *v* – plagiar
**plagium** *n* – secuestro
**plain** *adj* – simple, sencillo, evidente
**plain error rule** – regla que indica que se debe revocar una sentencia si hubo errores evidentes durante el juicio
**plain language** – lenguaje sencillo
**plainly** *adv* – evidentemente
**plaint** *n* – demanda, querella
**plaintiff** *n* – demandante, querellante, accionante, actor
**plaintiff in error** – apelante
**plan** *n* – plan, plano, proyecto
**plan** *v* – planificar
**plan administration** – administración de plan

**plan administrator** – administrador de plan
**plan document** – documento de plan
**plan management** – administración de plan, gestión de plan
**plan manager** – administrador de plan
**plan of action** – plan de acción
**plan participants** – participantes de plan
**plan sponsor** – patrocinador de plan
**plan termination** – terminación de plan
**planned** *adj* – planificado
**planned community** – comunidad planificada
**planned development** – desarrollo planificado
**planned economy** – economía planificada
**planned investment** – inversión planificada
**planned obsolescence** – obsolescencia planificada
**planned unit development** – desarrollo de unidades planificado
**planning** *n* – planificación
**planning board** – junta de planificación
**planning commission** – comisión de planificación
**plant** *n* – planta, fábrica
**plant and equipment** – planta y equipo
**plant manager** – gerente de planta, gerente de fábrica
**plant patent** – patente sobre una planta nueva
**plastic card** – tarjeta de plástico
**plat** *n* – plano, diseño, parcela
**platform** *n* – plataforma
**plausible** *adj* – verosímil, razonable
**player** *n* – jugador, persona influyente en un ámbito dado
**PLC (public limited company)** – sociedad anónima, compañía pública de responsabilidad limitada, compañía pública
**plea** *n* – alegato, alegación, defensa
**plea agreement** – acuerdo entre el acusado y el fiscal en que el acusado admite su culpabilidad a ciertos cargos a cambio de que no se dicte la pena máxima con la recomendación del fiscal, acuerdo en que el acusado reconoce su culpabilidad de delito inferior
**plea bargaining** – alegación de culpabilidad de delito inferior, convenio entre el acusado y el fiscal para que el acusado admita su culpabilidad a ciertos cargos a cambio de la recomendación del fiscal de que no se dicte la pena máxima
**plea deal** – acuerdo entre el acusado y el fiscal en que el acusado admite su culpabilidad a ciertos cargos a cambio de que no se dicte la pena máxima con la recomendación del fiscal, acuerdo en que el acusado reconoce su culpabilidad de delito inferior
**plea in bar** – excepción perentoria
**plea in reconvention** – reconvención
**plea of guilt** – alegación de culpabilidad
**plea of guilty** – alegación de culpabilidad
**plea of innocence** – alegación de inocencia
**plea of innocent** – alegación de inocencia
**plea of insanity** – alegación de insania
**plea of never indebted** – defensa alegando que nunca hubo un contrato de préstamo
**plea of nolo contendere** – alegación en la cual no se contesta a la acusación, nolo contendere
**plea of not guilty** – alegación de inocencia
**plea of pregnancy** – alegación de embarazo
**plead** *v* – alegar, abogar, defender
**plead a cause** – defender una causa
**plead guilty** – declararse culpable, alegar culpabilidad
**plead not guilty** – declararse no culpable, alegar no culpabilidad
**plead over** – no aprovecharse de un error de procedimiento de la parte contraria
**pleader** *n* – quien alega, abogado
**pleading** *n* – alegato, alegación, defensa
**please forward** – favor de enviar, favor de reenviar, favor de remitir
**plebiscite** *n* – plebiscito
**pledge** *n* – prenda, pignoración, garantía, promesa, compromiso, compromiso de donativo, empeño
**pledged account** – cuenta pignorada
**pledged account mortgage** – hipoteca de cuenta pignorada
**pledged asset** – activo pignorado
**pledged securities** – valores pignorados
**pledged shares** – acciones pignoradas
**pledged stock** – acciones pignoradas
**pledgee** *n* – acreedor prendario
**pledger** *n* – deudor prendario
**pledgor** *n* – deudor prendario
**plenary** *adj* – pleno, completo, plenario
**plenary action** – juicio ordinario
**plenary admission** – admisión plena
**plenary confession** – confesión plena
**plenary jurisdiction** – jurisdicción plena
**plenary powers** – plenos poderes
**plenary session** – sesión plenaria
**plene administravit** – defensa de parte de un administrador en que se alega que se han administrado todos los bienes
**plenipotentiary** *adj* – plenipotenciario
**plenum dominium** – pleno dominio
**plot** *n* – lote, solar, plano, complot, trama
**plot** *v* – delinear, conspirar
**plot plan** – plano del lote, plano del solar
**plottage** *n* – valor adicional que tienen los lotes urbanos al ser parte de una serie contigua
**plottage value** – valor adicional que tienen los lotes urbanos al ser parte de una serie contigua
**plough back** – reinvertir
**plug** *v* – hacer propaganda, hacer comentarios favorables
**plunder** *n* – botín, pillaje
**plunder** *v* – rapiñar, saquear, pillar
**plunderage** *n* – pillaje a bordo de una nave
**plundering** *n* – rapiña, saqueo
**plural marriage** – bigamia, poligamia
**pluralism** *n* – pluralismo
**pluralist** *adj* – pluralista
**pluralist** *n* – pluralista
**pluralistic** *adj* – pluralista
**plurality** *n* – pluralidad
**plurilateral** *adj* – plurilateral
**plus** *n* – ventaja
**Plz. (plaza)** – plaza
**PO (post office)** – oficina de correos, oficina postal
**PO (purchase order)** – orden de compra
**PO Box (post office box)** – apartado de correos, apartado postal
**poach** *v* – cazar furtivamente
**poaching** *n* – caza furtiva
**pocket veto** – veto indirecto presidencial resultando

de su inactividad concerniente a un proyecto de ley
**POD (proof of delivery)** – prueba de entrega
**POD (proof of deposit)** – prueba de depósito
**point** *n* – punto, cuestión
**point** *v* – apuntar
**point of entry** – punto de entrada
**point of export** – punto de exportación
**point of import** – punto de importación
**point of intersection** – punto de intersección
**point of law** – cuestión de derecho
**point of origin** – punto de origen
**point of purchase** – punto de compra
**point of sale** – punto de venta
**point of view** – punto de vista
**point reserved** – cuestión de derecho decidida provisionalmente para estudiarla más a fondo
**point system** – sistema de puntos, sistema de acumulación de puntos en contra de conductores que violan las leyes de tránsito
**poison** *n* – veneno
**poison pill** – tácticas para que una compañía sea menos atractiva a un adquiridor, píldora venenosa
**poisonous tree doctrine** – doctrina según la cual si se obtienen pruebas tras un arresto o allanamiento ilegal que estas pruebas podrían ser inadmisibles aunque se hayan obtenido debidamente
**polar star rule** – regla según la cual un documento ambiguo se debe interpretar conforme a la intención de quien lo creó
**police** *n* – policía
**police action** – acción policial
**police authorities** – autoridades policiales
**police brutality** – brutalidad policial
**police court** – tribunal policial
**police department** – departamento de policía
**police headquarters** – jefatura de policía
**police justice** – juez de paz
**police officer** – policía, oficial de policía
**police power** – poder de policía
**police questioning** – interrogatorio policial
**police record** – antecedentes penales
**policeman** *n* – policía
**policewoman** *n* – mujer policía
**policy** *n* – póliza, política
**policy anniversary** – aniversario de póliza
**policy cancellation** – cancelación de póliza
**policy clauses** – cláusulas de póliza
**policy condition** – condición de póliza
**policy date** – fecha de póliza
**policy declaration** – declaración de póliza
**policy dividend** – dividendo de póliza
**policy expiration** – expiración de póliza
**policy expiration date** – fecha de expiración de póliza
**policy face** – valor nominal de póliza
**policy fee** – cargo por procesar una póliza, cargo adicional de póliza
**policy guidelines** – directrices de políticas
**policy holder** – tenedor de póliza, asegurado
**policy limit** – límite de póliza
**policy loan** – préstamo garantizado con una póliza de seguros
**policy makers** – quienes establecen políticas
**policy making** – establecimiento de política
**policy number** – número de póliza
**policy objectives** – objetivos de políticas
**policy of insurance** – póliza de seguros
**policy of the law** – la intención de la ley
**policy owner** – tenedor de póliza, asegurado
**policy period** – período de póliza
**policy processing fee** – cargo por procesar una póliza
**policy provisions** – cláusulas de póliza
**policy purchase option** – opción de compra de póliza
**policy requirement** – requisito de póliza
**policy reserve** – reserva de póliza
**policy statement** – declaración de política
**policy stipulation** – estipulación de póliza
**policy terms** – términos de póliza
**policy year** – aniversario de la emisión de una póliza, período anual de una póliza
**policyholder** *n* – tenedor de una póliza de seguros, asegurado
**policymakers** *n* – quienes establecen políticas
**policymaking** *n* – establecimiento de política
**policyowner** *n* – tenedor de póliza, asegurado
**political** *adj* – político
**political affairs** – asuntos políticos
**political assemblies** – asambleas políticas
**political bias** – parcialidad política
**political climate** – clima político
**political co-operation** – cooperación política
**political contribution** – contribución política
**political cooperation** – cooperación política
**political corporation** – ente público
**political correctness** – corrección política, esfuerzos aparentes de no ofender a ciertos grupos
**political corruption** – corrupción política
**political crime** – crimen político
**political division** – división política
**political donation** – contribución política
**political economy** – economía política
**political influence** – influencia política
**political issue** – asunto político
**political law** – derecho político, ciencias políticas
**political liberty** – libertad política
**political offenses** – delitos políticos, crímenes políticos
**political office** – cargo político
**political party** – partido político
**political questions** – cuestiones políticas
**political rights** – derechos políticos
**political risk** – riesgo político
**political science** – ciencia política
**political situation** – situación política
**political subdivision** – subdivisión política
**political system** – sistema político
**politically correct** – políticamente correcto
**politically incorrect** – políticamente incorrecto
**politician** *n* – político
**politics** *n* – política
**polity** *n* – gobierno establecido, constitución política, estado
**poll** *n* – encuesta, sondeo, escrutinio, votación, listado electoral, cabeza
**poll** *v* – cuestionar uno a uno los integrantes de un jurado para confirmar su veredicto, escudriñar
**poll tax** – impuesto de capitación
**polling** *n* – sondeo
**polling the jury** – cuestionar uno a uno los integrantes

de un jurado para confirmar su veredicto
**pollutant** *adj* – contaminante
**pollute** *v* – contaminar, corromper
**polluter** *n* – contaminador
**polluter pays principle** – principio de quien contamina debe pagar el resultante costo social
**polluting** *adj* – contaminador
**pollution** *n* – contaminación
**pollution control** – monitoreo de la contaminación, control de la contaminación
**pollution damage** – daño por contaminación
**pollution effects** – efectos de la contaminación
**pollution exclusion** – exclusión por contaminación
**pollution monitoring** – monitoreo de la contaminación
**pollution of air** – contaminación del aire
**pollution of water** – contaminación del agua
**pollution reduction** – reducción de la contaminación
**polyandry** *n* – poliandria
**polygamous** *adj* – polígamo
**polygamy** *n* – poligamia
**polygraph** *n* – aparato para detectar mentiras, máquina para copiar documentos, polígrafo
**polypoly** *n* – polipolio
**pond** *n* – charca, estanque, laguna
**Ponzi scheme** – esquema de Ponzi, venta piramidal
**pool** *n* – fondo común, fondo, agrupación, consorcio, combinación, piscina
**pooling** *n* – el combinar fondos, el agrupar
**pooling of interests** – agrupamiento de intereses
**poor** *adj* – pobre
**poor man's oath** – juramento de pobreza
**popular** *adj* – popular
**popular actions** – acciones populares
**popular assemblies** – asambleas populares
**popular government** – gobierno popular
**popular opinion** – opinión popular
**popular sense** – sentido popular
**popular use** – uso público
**population** *n* – población
**population census** – censo de población, censo poblacional
**population density** – densidad de población, densidad poblacional
**population estimate** – estimado de población, estimado poblacional
**population growth** – crecimiento de población, crecimiento poblacional
**population projections** – proyecciones de población, proyecciones poblacionales
**populist** *adj* – populista
**populist** *n* – populista
**pornographic** *n* – pornográfico
**pornographic material** – material pornográfico
**pornography** *n* – pornografía
**port** *n* – puerto
**port authority** – autoridad portuaria
**port charges** – derechos portuarios
**port dues** – derechos portuarios
**port duties** – derechos portuarios
**port of call** – puerto de escala
**port of delivery** – puerto de entrega, puerto final
**port of departure** – puerto de partida
**port of destination** – puerto de destino
**port of discharge** – puerto de descarga
**port of entry** – puerto de entrada
**port of exit** – puerto de salida
**port of registry** – puerto de matriculación
**port of shipment** – puerto de embarque
**port of transit** – puerto de tránsito
**port-reeve** *n* – funcionario portuario
**port risk** – riesgo portuario
**port-to-port** *adj* – de puerto a puerto
**port toll** – derecho portuario
**port-warden** *n* – funcionario portuario
**portable** *adj* – portátil, transferible
**Portable Document Format** – formato PDF
**portable mortgage** – hipoteca transferible a otra propiedad
**portable pension** – pensión transferible a otro patrono
**portal** *n* – portal
**portal-to-portal pay** – pago de todos los gastos de viaje
**portfolio** *n* – cartera de valores, valores en cartera, cartera, portafolio
**portfolio administration** – administración de cartera de valores
**portfolio administrator** – administrador de cartera de valores
**portfolio composition** – composición de la cartera de valores
**portfolio income** – ingresos de la cartera de valores
**portfolio insurance** – seguro de cartera de valores
**portfolio management** – administración de cartera de valores, gestión de cartera de valores
**portfolio manager** – administrador de cartera de valores
**portfolio reinsurance** – reaseguro de cartera de pólizas
**portfolio security** – un valor dentro de una cartera, seguridad de la cartera
**portion** *n* – porción
**position** *n* – posición, colocación, punto de vista, posición en el mercado, situación, puesto, empleo
**position of authority** – posición de autoridad
**position of power** – posición de poder
**position of trust** – posición de confianza
**positioning** *n* – posicionamiento
**positive** *adj* – positivo, absoluto
**positive attitude** – actitud positiva
**positive authorisation** – autorización positiva
**positive authorization** – autorización positiva
**positive bias** – sesgo positivo
**positive condition** – condición positiva
**positive confirmation** – confirmación positiva
**positive discrimination** – discriminación positiva
**positive evidence** – prueba directa, prueba positiva
**positive fraud** – fraude real
**positive identification** – identificación positiva
**positive law** – ley positiva
**positive misprision** – mala administración en un cargo público, delito
**positive proof** – prueba directa, prueba positiva
**positive reprisals** – represalias positivas
**positive servitude** – servidumbre positiva
**positive testimony** – testimonio directo
**positive wrong** – acto ilícito intencional
**positivism** *n* – positivismo
**posse** *n* – posibilidad, personas actuando bajo el

comando de un funcionario policial para efectuar un arresto
**posse comitatus** – el conjunto de las personas de una sociedad las cuales pueden ser requeridas a ayudar a los funcionarios policiales para efectuar arrestos
**possess** *v* – poseer, posesionar
**possessio** – posesión
**possession** *n* – posesión
**possession, right of** – derecho de posesión
**possessions insurance** – seguro de bienes
**possessions proceedings** – procedimientos judiciales para la recuperación de propiedad y/o bienes
**possessor** *n* – poseedor
**possessory** *adj* – posesorio
**possessory action** – acción posesoria
**possessory claim** – reclamo posesorio
**possessory interest** – derecho de posesión
**possessory judgment** – sentencia que establece un derecho de posesión
**possessory lien** – privilegio de retención
**possessory warrant** – orden judicial de reposesión
**possibility** *n* – posibilidad
**possibility coupled with an interest** – derecho en expectativa
**possibility of reverter** – posibilidad de reversión
**possibility on a possibility** – posibilidad remota
**possible** *n* – posible, permisible
**possible claim** – posible reclamación
**possible condition** – posible condición
**possible credit** – posible crédito
**possible debt** – posible deuda
**possible expenditures** – posibles gastos
**possible expenses** – posibles gastos
**possible fees** – posibles honorarios, posibles gastos
**possible interest** – posible interés
**possible liability** – posible responsabilidad
**possible limitation** – posible limitación
**possible obligation** – posible obligación
**post** *n* – puesto, cargo, correo, entrega de correo, nota, puesto militar
**post** *v* – asentar, anunciar, situar, enviar por correo, colocar una nota, destinar
**post-act** *n* – acto posterior
**post-audit** *adj* – post-auditoría
**post bail** – prestar fianza
**post-bankruptcy** *adj* – post-bancarrota
**post card** – tarjeta postal
**post-consumer** *adj* – postconsumidor
**post-crime victimization** – revictimización, victimización secundaria
**post-date** *v* – posfechar
**post-dated** *adj* – posfechado
**post-dated check** – cheque posfechado
**post-dated cheque** – cheque posfechado
**post diem** – después del día, post diem
**post facto** – después del hecho, post facto
**post fraud** – fraude cometido usando el servicio postal
**post-free** *adj* – con franqueo pagado, sin cargo postal
**post hoc** – después de esto, post hoc
**post, it is in the** – ya está enviado por correo, ya está de camino
**post-mortem** *adj* – después de la muerte
**post-mortem examination** – autopsia
**post no bills** – prohibido fijar carteles
**post-nuptial** *adj* – postnupcial
**post-nuptial agreement** – convenio postnupcial
**post-nuptial settlement** – convenio postnupcial
**post-obit bond** – garantía a pagarse tras la muerte de un tercero
**post office** – oficina de correos, oficina postal
**post office box** – apartado de correos, apartado postal
**post-paid** *adj* – con franqueo pagado
**post-purchase** *adj* – post-compra
**post-sales service** – servicio post-venta
**postage** *n* – franqueo
**postage and packing** – franqueo y embalaje
**postage meter** – medidor de franqueo
**postage paid** – franqueo pagado
**postage rate** – tasa de franqueo
**postage stamp** – sello, sello de correos
**postal** *adj* – postal
**postal address** – dirección postal
**postal box** – apartado postal
**postal code** – código postal
**postal money order** – giro postal
**postal order** – giro postal
**postal service** – servicio postal
**postal zip code** – código postal
**postaudit** *adj* – postauditoría
**postbox** *n* – buzón
**postcard** *n* – tarjeta postal
**postcode** *n* – código postal
**postconsumer** *adj* – postconsumidor
**postcrime victimization** – revictimización, victimización secundaria
**postdate** *v* – posfechar
**postdated** *adj* – posfechado
**postdated check** – cheque posfechado
**postdated cheque** – cheque posfechado
**posted price** – precio anunciado, precio publicado, precio de lista
**posted waters** – aguas con avisos del dueño de que no se pueden usar por nadie más
**poster** *n* – cartel, póster
**posteriority** *n* – posterioridad
**posterity** *n* – posteridad
**postfactum** – un hecho posterior
**postgraduate** *adj* – posgraduado
**posthumous** *adj* – póstumo
**posthumous child** – hijo póstumo
**posthumous work** – obra póstuma
**posting** *n* – asiento, entrada, anuncio, colocación de nota, destino
**posting date** – fecha de asiento, fecha de entrada
**posting error** – error de asiento, error de entrada
**postliminium** *n* – postliminio
**postman** *n* – cartero
**postmark** *n* – matasellos
**postmark** *v* – matasellar
**postmaster** *n* – jefe de correos
**postpaid** *adj* – con franqueo pagado
**postpone** *v* – posponer, aplazar, diferir
**postpone a case** – posponer un caso
**postpone payment** – aplazar un pago
**postponed** *adj* – aplazado, diferido, pospuesto
**postponed account** – cuenta aplazada
**postponed annuity** – anualidad aplazada

**postponed annuity contract** – contrato de anualidad aplazada
**postponed availability** – disponibilidad aplazada
**postponed benefits** – beneficios aplazados
**postponed billing** – facturación aplazada
**postponed charge** – cargo aplazado
**postponed compensation** – compensación aplazada
**postponed compensation plan** – plan de compensación aplazada
**postponed contribution plan** – plan de contribuciones aplazadas
**postponed cost** – costo aplazado, coste aplazado
**postponed credit** – crédito aplazado
**postponed debt** – deuda aplazada
**postponed delivery** – entrega aplazada
**postponed dividend** – dividendo aplazado
**postponed fee** – cargo aplazado
**postponed gain** – ganancia aplazada
**postponed group annuity** – anualidad grupal aplazada
**postponed income** – ingresos aplazados
**postponed income tax** – contribución sobre ingresos aplazada
**postponed interest** – intereses aplazados
**postponed liability** – responsabilidad aplazada
**postponed maintenance** – mantenimiento aplazado
**postponed payments** – pagos aplazados
**postponed premium** – prima aplazada
**postponed profits** – beneficios aplazados, ganancias aplazadas
**postponed remuneration** – remuneración aplazada
**postponed retirement** – retiro aplazado
**postponed taxes** – impuestos aplazados
**postponed wage increase** – aumento de salario aplazado
**postponement** *n* – aplazamiento, diferimiento
**postponement of limitations** – aplazamiento de las limitaciones, interrupción en el término de prescripción
**postponement of trial** – aplazamiento de un juicio
**postscript** *n* – postdata
**potable** *adj* – potable
**potentate** *n* – potentado
**potential** *adj* – potencial, en perspectiva
**potential danger** – peligro potencial
**potestas** – poder
**pound** *n* – corral municipal, prisión, libra
**pound** *v* – aporrear, golpear
**pound breach** – el romper un corral o depósito para llevarse el contenido
**pour autrui** – para otros
**pour-over will** – testamento donde se pasa la propiedad a un fideicomiso al morirse
**pourparty** *n* – repartición
**poverty** *n* – pobreza, carencia
**poverty affidavit** – declaración jurada de pobreza
**poverty increase** – aumento de pobreza
**poverty line** – línea de pobreza
**poverty reduction** – reducción de pobreza
**poverty trap** – trampa de pobreza
**power** *n* – poder, poderío, potencia, fuerza, capacidad, facultad, energía
**power coupled with an interest** – poder combinado con un interés de parte del apoderado
**power of alienation** – poder de disposición
**power of appointment** – facultad de nombramiento
**power of arrest** – poder de arrestar, facultad de arrestar
**power of attorney** – poder, poder legal, poder notarial
**power of disposition** – facultad de disposición
**power of revocation** – facultad de revocación
**power of sale** – poder de venta
**power plant** – planta eléctrica, central eléctrica
**power politics** – política del poder
**power station** – planta eléctrica, central eléctrica
**power struggle** – lucha por el poder
**pp. (pages)** – páginas
**PPI (producer price index)** – índice de precios de productores
**PPP (Public-Private Partnership)** – sociedad entre los sectores públicos y privados
**PR (public relations)** – relaciones públicas
**practicable** *adj* – factible
**practical** *adj* – práctico
**practical impossibility** – imposibilidad práctica
**practice** *n* – práctica, costumbre, ejercicio de una profesión, ejercicio
**practice** *v* – practicar, ejercer
**practice acts** – leyes procesales
**practice law** – ejercer la abogacía
**practice of law** – ejercicio de la abogacía
**practice of medicine** – ejercicio de la medicina
**practice, put into** – poner en práctica
**practices** *n* – prácticas
**practise** *n* – práctica, costumbre, ejercicio de una profesión, ejercicio
**practise** *v* – practicar, ejercer
**practitioner** *n* – profesional
**praecipe** *n* – orden, orden judicial
**praedial servitude** – servidumbre predial
**praxis** *n* – práctica
**prayer** *n* – solicitud
**prayer for relief** – petitorio
**pre-appointed evidence** – prueba preestablecida por ley
**pre-approved** *adj* – preaprobado
**pre-approved card** – tarjeta preaprobada
**pre-approved loan** – préstamo preaprobado
**pre-approved mortgage** – hipoteca preaprobada
**pre-approved rate** – tasa preaprobada
**pre-arrange** *v* – arreglar de antemano
**pre-arranged** *adj* – preestablecido, anteriormente arreglado
**pre-audience** *n* – el derecho de ser escuchado antes que otro
**pre-audit** *n* – preauditoría
**pre-authorised** *adj* – preautorizado
**pre-authorised charge** – cargo preautorizado
**pre-authorised check** – cheque preautorizado
**pre-authorised cheque** – cheque preautorizado
**pre-authorised debit** – débito preautorizado
**pre-authorised payment** – pago preautorizado
**pre-authorised trade** – transacción preautorizada
**pre-authorised transaction** – transacción preautorizada
**pre-authorised transfer** – transferencia preautorizada
**pre-authorized** *adj* – preautorizado
**pre-authorized charge** – cargo preautorizado
**pre-authorized check** – cheque preautorizado

**pre-authorized cheque** – cheque preautorizado
**pre-authorized debit** – débito preautorizado
**pre-authorized payment** – pago preautorizado
**pre-authorized trade** – transacción preautorizada
**pre-authorized transaction** – transacción preautorizada
**pre-authorized transfer** – transferencia preautorizada
**pre-bankruptcy** *adj* – prebancarrota, prequiebra
**pre-coded** *adj* – precodificado
**pre-compute** *v* – precomputar
**pre-computed** *adj* – precomputado
**pre-condition** *n* – precondición
**pre-contract** *n* – precontrato
**pre-contractual** *adj* – precontractual
**pre-date** *v* – prefechar, antedatar
**pre-dated** *adj* – prefechado, antedatado
**pre-determined** *adj* – predeterminado
**pre-determined benefits** – beneficios predeterminados
**pre-determined budget** – presupuesto predeterminado
**pre-determined charges** – cargos predeterminados
**pre-determined costs** – costos predeterminados, costes predeterminados
**pre-determined credit line** – línea de crédito predeterminada
**pre-determined debt** – deuda predeterminada
**pre-determined exchange rate** – tipo de cambio predeterminado
**pre-determined expenditures** – gastos predeterminados
**pre-determined expenses** – gastos predeterminados
**pre-determined fees** – cargos predeterminados
**pre-determined income** – ingreso predeterminado
**pre-determined interest** – interés predeterminado
**pre-determined interest rate** – tasa de interés predeterminada
**pre-determined obligation** – obligación predeterminada
**pre-determined payments** – pagos predeterminados, abonos predeterminados
**pre-determined period** – período predeterminado
**pre-determined premium** – prima predeterminada
**pre-determined price** – precio predeterminado
**pre-determined procedure** – procedimiento predeterminado
**pre-determined rate** – tasa predeterminada
**pre-determined rent** – renta predeterminada
**pre-determined salary** – salario predeterminado
**pre-determined tax** – impuesto predeterminado
**pre-determined term** – plazo predeterminado
**pre-emption** *n* – prioridad
**pre-emptive** *adj* – prioritario
**pre-emptive rights** – derechos prioritarios
**pre-existing** *adj* – preexistente
**pre-existing condition** – condición preexistente
**pre-existing debt** – deuda preexistente
**pre-existing use** – uso preexistente
**pre-fabricate** *v* – prefabricar
**pre-fabricated** *adj* – prefabricado
**pre-fabricated house** – casa prefabricada
**pre-filing** *adj* – antes de la presentación, antes del registro
**pre-judgment** *adj* – antes del fallo, antes de la sentencia
**pre-judgment interest** – intereses acumulados antes del fallo
**pre-lease** *n* – prearrendamiento, arrendamiento antes de la construcción
**pre-marital** *adj* – prematrimonial, antenupcial
**pre-marital agreement** – pacto antenupcial, convenio premarital, capitulaciones matrimoniales
**pre-natal injuries** – lesiones prenatales
**pre-notification** *n* – prenotificación
**pre-nuptial** *adj* – antenupcial, prematrimonial
**pre-nuptial agreement** – pacto antenupcial, convenio premarital, capitulaciones matrimoniales
**pre-owned** *adj* – usado
**pre-packaged** *adj* – preempacado
**pre-packed** *adj* – preempacado
**pre-paid** *adj* – prepagado, pagado por adelantado
**pre-paid charges** – cargos prepagados
**pre-paid costs** – costos prepagados, costes prepagados
**pre-paid expenses** – gastos prepagados
**pre-paid fees** – cargos prepagados
**pre-paid freight** – flete prepagado
**pre-paid income** – ingresos prepagados
**pre-paid insurance** – seguro prepagado
**pre-paid interest** – intereses prepagados
**pre-paid legal services** – servicios legales prepagados
**pre-paid postage** – franqueo prepagado
**pre-paid rent** – renta prepagada
**pre-paid taxes** – impuestos prepagados
**pre-pay** *v* – prepagar, pagar por adelantado
**pre-payment** *n* – prepago, pago adelantado
**pre-payment clause** – cláusula de prepago
**pre-payment of charges** – prepago de cargos
**pre-payment of costs** – prepago de costos, prepago de costes
**pre-payment of expenses** – prepago de gastos
**pre-payment of fees** – prepago de cargos
**pre-payment of insurance** – prepago de seguro
**pre-payment of premiums** – prepago de primas
**pre-payment of taxes** – prepago de impuestos
**pre-payment penalty** – penalidad por prepago
**pre-payment privilege** – privilegio de prepago
**pre-qualification** *n* – precalificación, precualificación
**pre-recorded** *adj* – pregrabado
**pre-refunding** *n* – prerrefinanciación
**pre-requisite** *n* – prerrequisito
**pre-sale** *n* – preventa, venta de inmuebles antes de construirse las edificaciones
**pre-screening** *n* – precribado
**pre-sell** *v* – prevender
**pre-sentence report** – informe al juez antes de la determinación de una sentencia
**pre-sentencing** *adj* – antes de la determinación de una sentencia
**pre-sentencing report** – informe al juez antes de la determinación de una sentencia
**pre-set** *adj* – preestablecido, predefinido
**pre-set benefits** – beneficios preestablecidos
**pre-set charges** – cargos preestablecidos
**pre-set commission** – comisión preestablecida
**pre-set conditions** – condiciones preestablecidas
**pre-set costs** – costos preestablecidos, costes preestablecidos
**pre-set credit line** – línea de crédito preestablecida
**pre-set debt** – deuda preestablecida
**pre-set deposit** – depósito preestablecido

**pre-set exchange rate** – tipo de cambio preestablecido
**pre-set expenditures** – gastos preestablecidos
**pre-set expenses** – gastos preestablecidos
**pre-set factors** – factores preestablecidos
**pre-set fees** – cargos preestablecidas
**pre-set income** – ingresos preestablecidos
**pre-set interest rate** – tasa de interés preestablecida
**pre-set obligation** – obligación preestablecida
**pre-set pay** – paga preestablecida
**pre-set payments** – pagos preestablecidos
**pre-set period** – período preestablecido
**pre-set premium** – prima preestablecida
**pre-set price** – precio preestablecido
**pre-set rate** – tasa preestablecida
**pre-set remuneration** – remuneración preestablecida
**pre-set rent** – renta preestablecida
**pre-set return** – rendimiento preestablecido
**pre-set salary** – salario preestablecido
**pre-set terms** – términos preestablecidas
**pre-set wage** – salario preestablecido
**pre-settlement** *adj* – antes del convenio, antes de la liquidación
**pre-shipment** *adj* – preembarque
**pre-sold** *adj* – prevendido
**pre-tax** *adj* – preimpuestos, antes de impuestos
**pre-tax earnings** – ingresos antes de impuestos
**pre-tax income** – ingresos antes de impuestos
**pre-tax profits** – beneficios antes de impuestos, ganancias antes de impuestos
**pre-trial** *adj* – antes de iniciar el juicio
**pre-trial conference** – conferencia antes de iniciar el juicio
**pre-trial discovery** – procedimientos para obtener información o pruebas antes de un juicio
**pre-trial diversion** – sistema en el cual un acusado sirve un período en probatoria y al cumplirse dicho período de forma satisfactoria se podría abandonar la acusación
**pre-trial intervention** – programa mediante el cual se permite que ciertos acusados se rehabiliten en vez de tener que ir a juicio
**pre-trial review** – revisión antes de iniciar el juicio
**preamble** *n* – preámbulo
**preappointed evidence** – prueba preestablecida por ley
**preapproved** *adj* – preaprobado
**preapproved card** – tarjeta preaprobada
**preapproved loan** – préstamo preaprobado
**preapproved mortgage** – hipoteca preaprobada
**preapproved rate** – tasa preaprobada
**prearrange** *v* – arreglar de antemano
**prearranged** *adj* – preestablecido, anteriormente arreglado
**preaudience** *n* – el derecho de ser escuchado antes que otro
**preaudit** *n* – preauditoría
**preauthorised** *adj* – preautorizado
**preauthorized** *adj* – preautorizado
**preauthorized charge** – cargo preautorizado
**preauthorized check** – cheque preautorizado
**preauthorized cheque** – cheque preautorizado
**preauthorized debit** – débito preautorizado
**preauthorized payment** – pago preautorizado
**preauthorized trade** – transacción preautorizada
**preauthorized transaction** – transacción preautorizada
**preauthorized transfer** – transferencia preautorizada
**prebankruptcy** *adj* – prebancarrota, prequiebra
**precarious** *adj* – precario
**precarious loan** – préstamo precario, préstamo de pago dudoso, préstamo sin vencimiento fijo
**precarious possession** – posesión precaria
**precarious right** – derecho precario
**precarious trade** – comercio precario
**precatory trust** – fideicomiso implícito
**precatory words** – palabras de solicitud
**precaution** *n* – precaución, prudencia
**precautionary** *adj* – preventivo
**precautionary measures** – medidas preventivas
**precede** *v* – preceder, tener prioridad
**precedence** *n* – precedencia, prioridad, antelación
**precedent** *n* – precedente, antecedente, jurisprudencia
**precept** *n* – precepto, orden, orden judicial
**precinct** *n* – recinto
**precipitation** *n* – precipitación
**précis** *n* – resumen
**preclude** *v* – prevenir, impedir, evitar
**preclusion** *n* – preclusión, prevención, exclusión
**precoded** *adj* – precodificado
**precompute** *v* – precomputar
**precomputed** *adj* – precomputado
**preconceived malice** – premeditación
**precondition** *n* – precondición
**precontract** *n* – precontrato
**precontractual** *adj* – precontractual
**predate** *v* – prefechar, antedatar
**predated** *adj* – prefechado, antedatado
**predator** *n* – depredador, predador
**predatory** *adj* – predatorio, depredador, predador
**predatory dumping** – dumping predatorio
**predatory pricing** – precios predatorios, precios depredadores, precios bajo el costo para eliminar competidores
**predatory rate** – tasa predatoria, tasa depredadora, tasa bajo la del mercado para eliminar competidores
**predecease** *v* – morir antes que otra persona
**predecessor** *n* – predecesor
**predestined** *adj* – predestinado
**predestined interpretation** – interpretación predestinada
**predetermine** *v* – predeterminar
**predetermined** *adj* – predeterminado
**predetermined benefits** – beneficios predeterminados
**predetermined budget** – presupuesto predeterminado
**predetermined charges** – cargos predeterminados
**predetermined costs** – costos predeterminados, costes predeterminados
**predetermined credit line** – línea de crédito predeterminada
**predetermined debt** – deuda predeterminada
**predetermined exchange rate** – tipo de cambio predeterminado
**predetermined expenditures** – gastos predeterminados
**predetermined expenses** – gastos predeterminados
**predetermined fee** – cargo predeterminado
**predetermined income** – ingreso predeterminado
**predetermined interest** – interés predeterminado

**predetermined interest rate** – tasa de interés predeterminada
**predetermined obligation** – obligación predeterminada
**predetermined payments** – pagos predeterminados, abonos predeterminados
**predetermined period** – período predeterminado
**predetermined premium** – prima predeterminada
**predetermined price** – precio predeterminado
**predetermined procedure** – procedimiento predeterminado
**predetermined rate** – tasa predeterminada
**predetermined rent** – renta predeterminada
**predetermined salary** – salario predeterminado
**predetermined tax** – impuesto predeterminado
**predetermined term** – plazo predeterminado
**predial** *adj* – predial
**predial servitude** – servidumbre predial
**predictable** *adj* – predecible, previsible
**predispose** *v* – predisponer
**predisposition** *n* – predisposición
**predominant** *adj* – predominante
**preemption** *n* – prioridad
**preemptive** *adj* – prioritario
**preemptive rights** – derechos prioritarios
**preexisting** *adj* – preexistente
**preexisting condition** – condición preexistente
**preexisting debt** – deuda preexistente
**preexisting use** – uso preexistente
**prefab** *adj* – prefabricado
**prefab** *n* – algo prefabricado
**prefabricate** *v* – prefabricar
**prefabricated** *adj* – prefabricado
**prefabricated house** – casa prefabricada
**prefer** *v* – dar prioridad, entablar una acción judicial, preferir
**preference** *n* – preferencia, prioridad
**preference dividend** – dividendo preferido, dividendo preferente
**preference item** – artículo de preferencia
**preference rate** – tasa preferente
**preference relative** – pariente con preferencia
**preference shareholder** – accionista preferido
**preference shares** – acciones preferidas, acciones preferentes
**preference stock** – acciones preferidas, acciones preferentes
**preference stockholder** – accionista preferido
**preference tariffs** – tarifas preferidas, tarifas preferentes, aranceles preferidos, aranceles preferentes
**preference tax item** – artículo de preferencia impositiva
**preferential** *adj* – preferencial, preferente
**preferential assignment** – cesión preferencial, cesión con prioridades
**preferential creditor** – acreedor preferencial, acreedor privilegiado
**preferential debts** – deudas preferenciales, deudas privilegiadas
**preferential payment** – pago preferencial
**preferential price** – precio preferencial
**preferential rate** – tasa preferencial
**preferential right** – derecho preferencial, derecho preferente
**preferential shares** – acciones preferidas, acciones preferenciales
**preferential stock** – acciones preferidas, acciones preferenciales
**preferential tariff** – tarifa preferencial
**preferential terms** – términos preferenciales
**preferential trade** – comercio preferencial
**preferential treatment** – trato preferencial
**preferential voting** – votación preferencial
**preferred** *adj* – preferido, privilegiado
**preferred beneficiary** – beneficiario preferido
**preferred creditor** – acreedor privilegiado, acreedor preferente
**preferred debt** – deuda preferida
**preferred dividend** – dividendo preferido
**preferred dockets** – lista de causas con preferencia
**preferred provider organization** – organización de proveedores preferidos
**preferred risk** – riesgo preferido
**preferred shareholder** – accionista preferido
**preferred shares** – acciones preferidas, acciones preferenciales
**preferred stock** – acciones preferidas, acciones preferenciales
**preferred stockholder** – accionista preferido
**prefiling** *adj* – antes de la presentación, antes del registro
**prefinance** *v* – prefinanciar
**prefinancing** *n* – prefinanciación, prefinanciamiento
**pregnancy** *n* – embarazo
**pregnant** *adj* – embarazada
**pregnant affirmative** – afirmación que a su vez implica una negación favorable al adversario
**pregnant negative** – negación la cual además implica una afirmación
**prejudge** *v* – prejuzgar
**prejudgment** *adj* – antes del fallo, antes de la sentencia
**prejudgment interest** – intereses acumulados antes del fallo
**prejudice** *n* – prejuicio, parcialidad
**prejudicial error** – error perjudicial
**prelease** *n* – prearrendamiento, arrendamiento antes de la construcción
**preliminary** *adj* – preliminar
**preliminary act** – acto preliminar
**preliminary agreement** – convenio preliminar, contrato preliminar
**preliminary audit** – auditoría preliminar
**preliminary charges** – cargos preliminares
**preliminary commitment** – compromiso preliminar
**preliminary contract** – contrato preliminar
**preliminary costs** – costos preliminares, costes preliminares
**preliminary estimate** – estimado preliminar
**preliminary evidence** – prueba preliminar
**preliminary examination** – examen preliminar de una causa, examen preliminar
**preliminary expenditures** – gastos preliminares
**preliminary expenses** – gastos preliminares
**preliminary fees** – cargos preliminares
**preliminary hearing** – vista preliminar
**preliminary injunction** – mandamiento judicial preliminar, requerimiento provisional

**preliminary measures** – medidas preliminares
**preliminary negotiations** – negociaciones preliminares
**preliminary notice** – notificación preliminar
**preliminary official statement** – declaración oficial preliminar
**preliminary period** – período preliminar
**preliminary proof** – prueba preliminar
**preliminary prospectus** – prospecto preliminar
**preliminary report** – informe preliminar
**preliminary restraining order** – inhibitoria preliminar
**preliminary statement** – declaración preliminar
**preliminary step** – paso preliminar
**preliminary title report** – informe de título preliminar
**preliminary warrant** – orden de arresto preliminar
**premarital** *adj* – prematrimonial, antenupcial
**premarital agreement** – pacto antenupcial, convenio premarital, capitulaciones matrimoniales
**premature** *adj* – prematuro
**premature birth** – nacimiento prematuro
**premeditate** *v* – premeditar
**premeditated act** – acto premeditado
**premeditated** *adj* – premeditado
**premeditated design** – intención premeditada
**premeditated malice** – malicia premeditada
**premeditated murder** – asesinato premeditado
**premeditation** *n* – premeditación
**premise** *n* – premisa, observaciones preliminares
**premises** *n* – premisas, local, predio, instalaciones, establecimiento
**premises liability** – responsabilidad de local
**premium** *adj* – superior, de calidad superior, más alto
**premium** *n* – prima, premio, recargo
**premium adjustment** – ajuste de prima
**premium adjustment endorsement** – provisión de ajuste de prima
**premium adjustment form** – formulario de ajuste de prima
**premium advance** – adelanto de prima
**premium base** – base de prima
**premium basis** – base de prima
**premium computation** – cómputo de prima
**premium default** – incumplimiento de pago de prima
**premium deposit** – depósito de prima
**premium discount plan** – plan de descuentos de prima
**premium discount** – descuento de prima
**premium loan** – préstamo sobre póliza
**premium mode** – frecuencia de pagos de primas
**premium notice** – aviso de fecha de pago de prima
**premium paid** – prima pagada
**premium pay** – paga adicional por horas o condiciones desfavorables
**premium payment** – pago de prima, abono de prima
**premium rate** – tasa de prima
**premium recapture** – recaptura de prima
**premium receipt** – recibo de pago de prima
**premium received** – prima recibida
**premium refund** – reembolso de prima
**premium return** – devolución de prima
**premium tax** – impuesto sobre las primas obtenidas por un asegurador
**prenatal injuries** – lesiones prenatales
**prenotification** *n* – prenotificación
**prenuptial** *adj* – antenupcial, prematrimonial
**prenuptial agreement** – pacto antenupcial, convenio premarital, capitulaciones matrimoniales
**preowned** *adj* – usado
**prepackaged** *adj* – preempacado
**prepackaged bankruptcy** – bancarrota con un plan de reorganización negociado antes del juicio de quiebra
**prepacked** *adj* – preempacado
**prepaid** *adj* – prepagado, pagado por adelantado
**prepaid charges** – cargos prepagados
**prepaid costs** – costos prepagados, costes prepagados
**prepaid expenses** – gastos prepagados
**prepaid fees** – cargos prepagados
**prepaid freight** – flete prepagado
**prepaid income** – ingresos prepagados
**prepaid insurance** – seguro prepagado
**prepaid interest** – intereses prepagados
**prepaid legal services** – servicios legales prepagados
**prepaid postage** – franqueo prepagado
**prepaid rent** – renta prepagada
**prepaid taxes** – impuestos prepagados
**preparation** *n* – preparación
**prepare** *v* – preparar
**prepared** *adj* – preparado
**prepay** *v* – prepagar, pagar por adelantado
**prepayment** *n* – prepago, pago adelantado
**prepayment clause** – cláusula de prepago
**prepayment of charges** – prepago de cargos
**prepayment of costs** – prepago de costos, prepago de costes
**prepayment of expenses** – prepago de gastos
**prepayment of fees** – prepago de cargos
**prepayment of insurance** – prepago de seguro
**prepayment of premiums** – prepago de primas
**prepayment of taxes** – prepago de impuestos
**prepayment penalty** – penalidad por prepago
**prepayment privilege** – privilegio de prepago
**prepense** *adj* – premeditado
**preponderance of evidence** – preponderancia de la prueba
**prequalification** *n* – precalificación, precualificación
**prerecorded** *adj* – pregrabado
**prerefunding** *n* – prerrefinanciación
**prerequisite** *n* – requisito previo
**prerogative** *n* – prerrogativa
**presale** *n* – preventa, venta de inmuebles antes de construirse las edificaciones
**prescreening** *n* – precribado
**prescribable** *adj* – prescriptible
**prescribe** *v* – prescribir, ordenar, dictar, recetar
**prescribed** *adj* – prescrito
**prescription** *n* – prescripción, receta
**prescriptive easement** – servidumbre adquirida mediante la prescripción
**prescriptive period** – período de prescripción
**preselection of insured** – preselección de asegurados
**presell** *v* – prevender
**presence** *n* – presencia
**presence of an officer** – en presencia de un oficial de la ley
**presence of the court** – en presencia del tribunal
**presence of the testator** – en presencia del testador
**present** *adj* – presente, actual, corriente
**present** *n* – regalo, donación

**present** *v* – presentar, mostrar, plantear, exponer
**present a check** – presentar un cheque
**present a cheque** – presentar un cheque
**present ability** – habilidad actual, posibilidad en el momento
**present account** – cuenta actual
**present age** – edad actual
**present an offer** – presentar una oferta
**present assets** – activo actual
**present consideration** – contraprestación corriente
**present conveyance** – cesión con efecto inmediato
**present debt** – deuda actual
**present enjoyment** – posesión y uso presente
**present evidence** – presentar evidencia
**present facts** – presentar hechos
**present fiscal year** – año fiscal en curso
**present for collection** – presentar al cobro
**present formally** – presentar formalmente
**present heirs** – los herederos de una persona el día de su fallecimiento
**present holdings** – cartera de inversiones actual, propiedades actuales, posesiones actuales
**present information** – presentar información, información actual
**present interest** – interés actual
**present liability** – responsabilidad corriente
**present licence** – licencia actual
**present license** – licencia actual
**present member** – miembro actual
**present membership** – membresía actual
**present obligation** – obligación corriente
**present occupancy** – ocupación actual
**present occupation** – ocupación actual
**present offer** – oferta actual
**present owner** – dueño actual
**present policy** – póliza actual, política actual
**present possession** – posesión actual
**present price** – precio corriente
**present rate** – tasa actual
**present responsibility** – responsabilidad corriente
**present salary** – salario actual, sueldo actual
**present situation** – situación corriente
**present state** – estado actual
**present status** – estado actual
**present terms** – términos actuales
**present value** – valor actual
**present value of annuity** – valor actual de anualidad
**presentation** *n* – presentación
**presentation of documents** – presentación de documentos
**presentation of evidence** – presentación de evidencia
**presentation of testimony** – presentación de testimonio
**presentence investigation** – investigación de los antecedentes de un convicto antes de dictar la sentencia
**presentencing** *adj* – antes de la determinación de una sentencia
**presenter** *n* – quien presenta
**presently** *adv* – presentemente, dentro de poco
**presentment** *n* – presentación
**preservation** *n* – preservación, conservación
**preservation of energy** – conservación de energía
**preservation of natural resources** – conservación de recursos naturales
**preservation of resources** – conservación de recursos
**preserve** *v* – preservar, conservar
**preserved** *adj* – preservado, conservado
**preset** *adj* – preestablecido
**preset benefits** – beneficios preestablecidos
**preset charges** – cargos preestablecidos
**preset commission** – comisión preestablecida
**preset conditions** – condiciones preestablecidas
**preset costs** – costos preestablecidos, costes preestablecidos
**preset credit line** – línea de crédito preestablecida
**preset debt** – deuda preestablecida
**preset deposit** – depósito preestablecido
**preset exchange rate** – tipo de cambio preestablecido
**preset expenditures** – gastos preestablecidos
**preset expenses** – gastos preestablecidos
**preset factors** – factores preestablecidos
**preset fees** – cargos preestablecidas
**preset income** – ingresos preestablecidos
**preset interest rate** – tasa de interés preestablecida
**preset obligation** – obligación preestablecida
**preset pay** – paga preestablecida
**preset payments** – pagos preestablecidos
**preset period** – período preestablecido
**preset premium** – prima preestablecida
**preset price** – precio preestablecido
**preset rate** – tasa preestablecida
**preset remuneration** – remuneración preestablecida
**preset rent** – renta preestablecida
**preset return** – rendimiento preestablecido
**preset salary** – salario preestablecido
**preset terms** – términos preestablecidas
**preset wage** – salario preestablecido
**presettlement** *n* – preconvenio, preliquidación
**preshipment** *adj* – preembarque
**preside** *v* – presidir
**preside over** – presidir
**presidency** *n* – presidencia
**president** *n* – presidente
**president and chief executive** – presidente y director ejecutivo
**president and chief executive officer** – presidente y director ejecutivo
**president and managing director** – presidente y director ejecutivo, presidente y director gerente
**president of the board** – presidente de la junta directiva
**president of the board of directors** – presidente de la junta directiva
**president of the executive board** – presidente de la junta directiva
**president of the executive committee** – presidente de la junta directiva
**president of the management board** – presidente de la junta directiva
**presidential** *adj* – presidencial
**presidential election** – elección presidencial
**presidential electors** – electores presidenciales
**presidential powers** – poderes presidenciales
**presold** *adj* – prevendido
**press** *n* – prensa
**press advertisement** – anuncio de prensa
**press advertising** – publicidad en la prensa, anuncios

de prensa
**press agency** – agencia de prensa
**press agent** – agente de prensa
**press association** – asociación de prensa
**press campaign** – campaña de prensa
**press charges** – acusar formalmente
**press conference** – conferencia de prensa, rueda de prensa
**press coverage** – cobertura de prensa
**press relations** – relaciones con la prensa
**press secretary** – secretario de prensa
**press statement** – declaración de prensa
**pressure** *n* – presión
**pressure** *v* – presionar
**pressure at work** – presión en el trabajo
**pressure group** – grupo de presión
**pressure selling** – ventas bajo presión
**prestige** *n* – prestigio
**presumably** *adv* – presumiblemente
**presume** *v* – presumir, imaginarse
**presume innocence** – presumir inocencia
**presumed** *adj* – presunto
**presumed agency** – agencia presunta
**presumed guilt** – culpabilidad presunta
**presumed innocence** – inocencia presunta
**presumed intent** – intención presunta
**presumption** *n* – presunción, conjetura
**presumption of access** – presunción de acceso carnal
**presumption of authority** – presunción de autoridad
**presumption of death** – presunción de fallecimiento
**presumption of delivery** – presunción de entrega
**presumption of fact** – presunción de hecho
**presumption of guilt** – presunción de culpa
**presumption of innocence** – presunción de inocencia
**presumption of intention** – presunción de intención
**presumption of knowledge** – presunción de conocimiento
**presumption of legitimacy** – presunción de legitimidad
**presumption of marriage** – presunción de matrimonio
**presumption of paternity** – presunción de paternidad
**presumption of payment** – presunción de pago
**presumption of sanity** – presunción de cordura
**presumption of survivorship** – presunción de supervivencia
**presumptions of law** – presunciones de derecho
**presumptive** *adj* – presunto
**presumptive damages** – daños y perjuicios presuntos
**presumptive death** – muerte presunta
**presumptive disability** – discapacidad presunta
**presumptive evidence** – prueba presunta
**presumptive heir** – heredero presunto
**presumptive notice** – notificación presunta
**presumptive ownership** – propiedad presunta
**presumptive possession** – posesión presunta
**presumptive proof** – prueba presunta
**presumptive title** – título presunto
**presumptive trust** – fideicomiso presunto
**pretax** *adj* – preimpuestos, antes de impuestos
**pretax earnings** – ingresos antes de impuestos
**pretax income** – ingresos antes de impuestos
**pretax profits** – beneficios antes de impuestos, ganancias antes de impuestos
**pretend** *v* – fingir, aparentar, afirmar
**pretended** *adj* – supuesto, presunto
**pretense** *n* – pretensión, simulación
**preter legal** – ilegal
**pretermission** *n* – preterición
**pretermit** *v* – omitir, preterir
**pretermitted heir** – heredero omitido
**pretext** *n* – pretexto
**pretium affectionis** – valor afectivo
**pretrial** *adj* – antes de iniciar el juicio
**pretrial conference** – conferencia antes de iniciar el juicio
**pretrial discovery** – procedimientos para obtener información o pruebas antes de un juicio
**pretrial diversion** – sistema en el cual un acusado sirve un período en probatoria y al cumplirse dicho período de forma satisfactoria se podría abandonar la acusación
**pretrial intervention** – programa mediante el cual se permite que ciertos acusados se rehabiliten en vez de tener que ir a juicio
**pretrial review** – revisión antes de iniciar el juicio
**prevail** *v* – prevalecer, estar en vigor
**prevailing** *adj* – prevaleciente, corriente, vigente
**prevailing conditions** – condiciones prevalecientes
**prevailing interest rate** – tasa de interés prevaleciente
**prevailing market conditions** – condiciones del mercado prevalecientes
**prevailing party** – parte vencedora
**prevailing price** – precio prevaleciente
**prevailing rate** – tasa prevaleciente
**prevailing salary** – salario prevaleciente
**prevailing terms** – términos prevalecientes
**prevailing wages** – salarios prevalecientes
**prevarication** *n* – prevaricato, prevaricación
**prevent** *v* – prevenir, impedir, evitar
**preventative** *adj* – preventivo
**prevention** *n* – prevención, impedimento
**preventive** *adj* – preventivo
**preventive action** – acción preventiva
**preventive detention** – detención preventiva
**preventive injunction** – orden judicial preventiva, interdicto preventivo
**preventive justice** – justicia preventiva
**preventive maintenance** – mantenimiento preventivo
**preventive measure** – medida preventiva, medida cautelar
**preview** *n* – preestreno, avance, vista previa
**previous** *adj* – previo, anterior
**previous adjudication** – adjudicación previa
**previous buyer** – comprador previo
**previous conditions** – condiciones previas
**previous convictions** – condenas previas
**previous deposit** – depósito previo
**previous disability** – discapacidad previa
**previous employer** – patrono previo
**previous employment** – empleo previo
**previous endorsement** – endoso anterior
**previous endorser** – endosante previo
**previous history** – historial previo
**previous inconsistent statements** – declaraciones previas de un testigo inconsistentes con sus declaraciones presentes
**previous indorsement** – endoso anterior
**previous indorser** – endosante previo

**previous injury** – lesión previa
**previous job** – empleo previo
**previous marriage** – matrimonio previo
**previous obligation** – obligación previa
**previous order** – orden previa
**previous period** – período previo
**previous terms** – términos previos
**previous testimony** – testimonio anterior
**previous use** – uso previo
**previously owned** – usado
**prey** *v* – explotar, aprovecharse de
**price** *n* – precio, cotización, valor
**price** *v* – poner un precio, fijar un precio, cotizar, valorar
**price adjustment** – ajuste de precio
**price agreement** – acuerdo sobre precios
**price cartel** – cartel de precios
**price change** – cambio de precio
**price component** – componente de precio
**price control** – control de precios
**price cut** – recorte de precios
**price cutting** – recorte de precios
**price deregulation** – desregulación de precios
**price determination** – determinación de precio
**price discount** – descuento de precio
**price discrimination** – discriminación de precios
**price distortion** – distorsión de precios
**price dumping** – dumping de precios
**price fixing** – fijación de precios
**price-fixing agreement** – acuerdo de fijación de precios
**price freeze** – congelación de precios
**price guarantee** – garantía de precio
**price guaranty** – garantía de precio
**price increase** – aumento de precio
**price index** – índice de precios
**price inflation** – inflación de precios
**price leadership** – liderazgo de precios
**price limit** – límite de precio
**price list** – lista de precios
**price maintenance** – mantenimiento de precios
**price markup** – aumento de precio, alza de precio
**price offered** – precio ofrecido
**price on delivery** – precio a la entrega
**price policy** – política de precios
**price protection** – protección de precios
**price quotation** – cotización de precio
**price quote** – cotización de precio
**price regulation** – regulación de precios
**price restraint** – moderación de precios, restricción de precios
**price restrictions** – restricciones de precios
**price review** – revisión de precios
**price rigging** – manipulación de precios
**price rigidity** – rigidez de precios
**price-sensitive** *adj* – sensible al precio
**price sensitivity** – sensibilidad a los precios
**price setting** – fijación de precios
**price skimming** – fijación inicial del precio más alto posible seguido de rebajas con el fin de preservar la demanda
**price stabilisation** – estabilización de precios
**price stability** – estabilidad de precios
**price stabilization** – estabilización de precios
**price structure** – estructura de precios
**price subsidies** – subsidios de precios, subvenciones de precios
**price support program** – programa de apoyo de precios
**price support programme** – programa de apoyo de precios
**price supports** – apoyo de precios, mantenimiento de precios mínimos
**price terms** – términos del precio
**price transparency** – transparencia de precios
**price undercutting** – oferta de precios menores que la competencia
**price war** – guerra de precios
**priceless** *adj* – inestimable, que no tiene precio
**pricing** *n* – fijación de precio, cómputo de precios
**pricing model** – modelo de valoración
**pricing policy** – política de precios
**pricing strategy** – estrategia de precios
**primacy** *n* – primacía
**prima facie** – a primera vista, presumiblemente, prima facie
**prima facie case** – causa la cual prevalecerá a menos que se pruebe lo contrario, elementos suficientes para fundar una acción
**prima facie evidence** – prueba adecuada a primera vista, prueba suficiente a menos que se demuestre lo contrario
**primary** *adj* – primario, fundamental, principal
**primary account** – cuenta principal
**primary action** – acción principal
**primary activity** – actividad principal
**primary allegation** – alegación inicial
**primary beneficiary** – beneficiario principal
**primary boycott** – boicot principal
**primary broker** – corredor principal
**primary business** – negocio principal
**primary channel** – canal principal
**primary commodity** – producto primario, mercancía primaria
**primary contract** – contrato original, contrato principal
**primary contractor** – contratista principal
**primary conveyances** – cesiones originarias
**primary creditor** – acreedor principal
**primary custody** – custodia principal
**primary data** – datos principales
**primary dealer** – corredor primario
**primary defendant** – demandado principal
**primary election** – elección primaria
**primary evidence** – prueba directa
**primary exports** – exportaciones primarias
**primary fact** – hecho principal
**primary imports** – importaciones primarias
**primary industry** – industria primaria
**primary insurance** – seguro primario
**primary insurance amount** – cantidad de seguro primario
**primary insurer** – asegurador primario
**primary jurisdiction** – jurisdicción primaria
**primary lease** – arrendamiento primario
**primary liability** – responsabilidad directa
**primary obligation** – obligación principal
**primary offering** – ofrecimiento primario

**primary physical custody** – custodia física principal
**primary place of business** – oficina central, sede
**primary powers** – poderes principales
**primary purpose** – propósito principal
**primary reserves** – reservas primarias
**primary residence** – residencia principal
**primary rights** – derechos primarios
**primary underwriter** – colocador de emisión principal
**prime** *adj* – primario, de primera calidad, principal, preferencial
**prime contractor** – contratista principal
**prime cost** – precio real en una compra de buena fe
**prime interest rate** – tasa de interés preferencial
**prime land** – tierra de primera
**prime minister** – primer ministro
**prime rate** – tasa de interés preferencial
**primogeniture** *n* – primogenitura
**principal** *adj* – principal, esencial
**principal** *n* – principal, mandante, causante, poderdante, capital
**principal account** – cuenta principal
**principal action** – acción principal
**principal activity** – actividad principal
**principal and interest** – principal e intereses
**principal assets** – activo principal
**principal beneficiary** – beneficiario principal
**principal broker** – corredor principal
**principal business** – negocio principal
**principal commodity** – producto principal, mercancía principal
**principal contract** – contrato principal
**principal contractor** – contratista principal
**principal covenant** – estipulación principal
**principal creditor** – acreedor principal
**principal dealer** – corredor principal
**principal debtor** – deudor principal
**principal defendant** – demandado principal
**principal exports** – exportaciones principales
**principal fact** – hecho principal
**principal imports** – importaciones principales
**principal in the first degree** – autor principal de un crimen
**principal in the second degree** – cómplice
**principal industry** – industria principal
**principal insurance** – seguro principal
**principal insurer** – asegurador principal
**principal, interest, taxes, and insurance** – principal, interés, impuestos, y seguro
**principal lease** – arrendamiento principal
**principal obligation** – obligación principal
**principal office** – sede
**principal only** – sólo principal
**principal officer** – representante principal
**principal organisation** – organización principal
**principal organization** – organización principal
**principal place of business** – sede
**principal powers** – poderes principales
**principal purpose** – propósito principal
**principal register** – registro principal
**principal reserves** – reservas primarias
**principal residence** – residencia principal
**principal shareholder** – accionista principal
**principal stockholder** – accionista principal
**principal trading partner** – socio comercial principal
**principal underwriter** – colocador de emisión principal
**principle** *n* – principio
**principle of legality** – principio de la legalidad
**print** *v* – imprimir, publicar
**printed** *adj* – impreso, publicado
**printed form** – formulario impreso
**prior** *adj* – previo, anterior
**prior acts coverage** – cobertura por actos previos
**prior adjudication** – sentencia anterior
**prior approval** – aprobación previa
**prior art** – conocimientos y patentes previos concernientes al invento en cuestión, arte anterior
**prior condition** – condición previa
**prior conviction** – condena previa
**prior creditor** – acreedor privilegiado
**prior deposit** – depósito previo
**prior disability** – discapacidad previa
**prior employer** – patrono previo
**prior employment** – empleo previo
**prior endorser** – endosante previo
**prior inconsistent statements** – declaraciones previas de un testigo inconsistentes con sus declaraciones presentes
**prior indorser** – endosante previo
**prior injury** – lesión previa
**prior job** – empleo previo
**prior knowledge** – conocimiento previo
**prior lien** – privilegio superior, gravamen superior
**prior mortgage** – hipoteca superior, hipoteca precedente
**prior notice** – notificación previa
**prior obligation** – obligación previa
**prior order** – orden previa
**prior period** – período previo
**prior period adjustment** – ajuste de período previo
**prior registration** – registro previo, inscripción previa
**prior rights** – derechos previos
**prior terms** – términos previos
**prior testimony** – testimonio anterior
**prior use** – uso previo
**prioritise** *v* – priorizar
**prioritize** *v* – priorizar
**priority** *n* – prioridad, precedencia
**priority claim** – reclamo preferencial, reclamación preferencial
**priority debt** – deuda preferencial
**priority mail** – correo preferencial
**priority of liens** – prioridad de privilegios, prioridad de gravámenes
**priority post** – correo preferencial
**prison** *n* – prisión
**prison breach** – fuga de una prisión mediante el uso de la violencia
**prison breaking** – fuga de una prisión mediante el uso de la violencia
**prison escape** – fuga de una prisión
**prison rule** – regla de prisión
**prison sentence** – condena, condena de prisión
**prison term** – término de prisión, plazo de encarcelamiento
**prisoner** *n* – prisionero
**prisoner at the bar** – el acusado ante el tribunal
**privacy** *n* – privacidad, intimidad

**privacy concerns** – preocupaciones sobre la privacidad
**privacy laws** – leyes sobre la privacidad
**privacy, right of** – derecho a la privacidad
**privacy statement** – declaración sobre la privacidad
**privacy violations** – violaciones de la privacidad
**private** *adj* – privado, personal, secreto
**private account** – cuenta privada, cuenta particular
**private accountant** – contable privado, contador privado
**private accounting** – contabilidad privada
**private act** – ley aplicable a determinadas personas o grupos
**private activity** – actividad privada
**private affairs** – asuntos privados
**private agent** – agente privado
**private agreement** – convenio privado, pacto privado
**private annuity** – anualidad privada
**private assistance** – asistencia privada
**private auction** – subasta privada
**private auditor** – auditor privado
**private authority** – autoridad privada
**private automatic branch exchange** – centralita PABX
**private bank** – banco sin incorporar
**private banking** – banca privada
**private bill** – proyecto de ley concerniente a determinadas personas o grupos
**private boundary** – límite artificial
**private branch exchange** – centralita PBX
**private business** – empresa privada
**private capacity** – carácter privado
**private capital** – capital privado
**private carrier** – transportador privado
**private cemetery** – cementerio privado
**private company** – compañía privada, sociedad privada, empresa privada
**private conduit** – conducto privado
**private contract** – contrato privado
**private corporation** – corporación privada, persona jurídica privada
**private credit** – crédito privado
**private debt** – deuda privada
**private deposits** – depósitos privados
**private detective** – detective privado
**private documents** – documentos privados
**private domain** – dominio privado
**private dwelling** – vivienda privada
**private easement** – servidumbre privada, servidumbre particular
**private enterprise** – empresa privada
**private expenditures** – gastos privados
**private expenses** – gastos privados
**private ferry** – transbordador privado
**Private Finance Initiative** – Iniciativa de Financiación Privada
**private gain** – ganancia privada
**private guard** – guardia privado
**private hospital** – hospital privado
**private household** – vivienda privada
**private income** – ingresos privados, ingresos personales
**private individual** – individuo privado, persona privada
**private industry** – industria privada
**private injuries** – daños a los derechos privados
**private institution** – institución privada
**private insurance** – seguro privado
**private interest** – interés privado
**private international law** – derecho internacional privado
**private investigator** – investigador privado
**private investment** – inversión privada
**private investor** – inversionista privado
**private issue** – emisión privada
**private land grant** – concesión de tierras públicas a un individuo
**private lands** – tierras privadas
**private law** – derecho privado
**private lender** – prestador privado
**private liability** – responsabilidad privada
**private limited company** – sociedad limitada privada, compañía limitada privada
**private limited partnership** – sociedad en comandita privada
**private means** – fortuna personal
**private meeting** – reunión privada
**private mortgage insurance** – seguro hipotecario privado
**private nuisance** – estorbo privado, estorbo que interfiere con el uso y goce de un inmueble, estorbo que perjudica a un número limitado de personas
**private offer** – oferta privada
**private offering** – ofrecimiento privado
**private office** – oficina privada
**private ownership** – propiedad privada
**private pension** – pensión privada
**private pension plan** – plan de pensiones privado
**private person** – persona privada
**private place** – lugar privado
**private placement** – la entrega de hijos para adopción sin el uso de organizaciones intermediarias, colocación privada
**private pond** – laguna privada
**private property** – propiedad privada
**private prosecutor** – acusador privado, acusador particular
**private purpose** – propósito privado
**private record** – registro privado
**private rights** – derechos privados, derechos particulares
**private road** – camino privado
**private sale** – venta privada
**private seal** – sello privado
**private school** – escuela privada, colegio privado
**private secretary** – secretario privado, secretario personal
**private sector** – sector privado
**private session** – sesión privada
**private shareholder** – accionista privado, accionista individual
**private statute** – ley aplicable a determinadas personas o grupos, ley particular
**private stockholder** – accionista privado, accionista individual
**private stream** – arroyo privado
**private treaty** – tratado privado
**private trust** – fideicomiso privado

**private use** – uso privado
**private waters** – aguas privadas
**private way** – derecho de paso
**private wharf** – muelle privado
**private wrong** – violación de derechos privados
**privately** *adv* – privadamente
**privation** *n* – privación
**privatisation** *n* – privatización
**privatisation efforts** – esfuerzos para la privatización
**privatisation program** – programa de privatización
**privatisation programme** – programa de privatización
**privatise** *v* – privatizar
**privatised** *adj* – privatizado
**privatization** *n* – privatización
**privatization efforts** – esfuerzos para la privatización
**privatization program** – programa de privatización
**privatization programme** – programa de privatización
**privatize** *v* – privatizar
**privatized** *adj* – privatizado
**privies** *n* – partes con interés común, partes con relación entre si, partes del mismo contrato, partes interesadas, copartícipes
**privilege** *n* – privilegio, inmunidad, exención
**privilege against self-incrimination** – derecho a no autoincriminarse
**privilege from arrest** – inmunidad de arresto
**privilege of jurisdiction** – inmunidad de jurisdicción
**privilege of parliament** – inmunidad parlamentaria
**privilege tax** – impuesto sobre negocios requiriendo licencias o franquicias
**privileged** *adj* – privilegiado, inmune, exento, confidencial
**privileged communications** – comunicaciones privilegiadas, comunicaciones protegidas por ley
**privileged creditor** – acreedor privilegiado
**privileged debts** – deudas privilegiadas
**privileged from arrest** – con inmunidad de arresto
**privileged information** – información privilegiada, información confidencial
**privileged shares** – acciones privilegiadas
**privileged stock** – acciones privilegiadas
**privileged vessel** – nave privilegiada
**privileges and immunities clause** – cláusula constitucional concerniente a los privilegios e inmunidades
**privity** *n* – relación jurídica, relación contractual
**privity of blood** – relación de consanguinidad
**privity of contract** – relación contractual
**privity of estate** – relación jurídica concerniente a un inmueble
**privy** *n* – persona con interés común, parte interesada, copartícipe
**Privy Council** – Consejo Privado, Consejo de la Corona
**privy verdict** – veredicto privado
**prize** *n* – premio, presa
**prize courts** – tribunales de presas
**prize law** – derecho de presas
**prize money** – dinero de presas
**prize of war** – presa de guerra
**PRO (Protected Designation of Origin)** – Denominación de Origen Protegida
**pro and con** – a favor y en contra
**pro bono** – por el bien, para el bienestar, servicios gratuitos, pro bono
**pro bono publico** – por el bien público, para el bienestar público, pro bono publico
**pro confesso** – como confesado, pro confesso
**pro forma** – de mera formalidad, pro forma
**pro hac vice** – para esta ocasión, por esta vez, pro hac vice
**pro rata** – proporcionalmente, prorrata
**pro rata cancellation** – cancelación prorrateada
**pro rata distribution** – distribución prorrateada
**pro rata reinsurance** – reaseguro prorrateado
**pro rate** – prorratear
**pro se** – por uno mismo, pro se
**pro socio** – por un socio, pro socio
**pro tem** – provisoriamente, interino, por el momento, pro tem
**pro tempore** – provisoriamente, interino, por el momento, pro tempore
**proactive** *adj* – proactivo
**probability** *n* – probabilidad
**probable** *adj* – probable
**probable cause** – causa probable
**probable cause hearing** – vista de causa probable, vista para determinar si se justifica continuar una acción penal
**probable consequence** – consecuencia probable
**probable evidence** – prueba presunta
**probable payment** – pago probable
**probable premium** – prima probable
**probable risk** – riesgo probable
**probably** *adv* – probablemente
**probate** *n* – legalización de un testamento, verificación de un testamento, homologación de testamento, verificación de un documento
**probate bond** – fianza requerida como parte de los procedimientos de sucesiones y tutelas, fianza testamentaria
**probate code** – código de sucesiones y tutelas
**probate court** – tribunal de sucesiones y tutelas, tribunal sucesorio, tribunal testamentario
**probate duty** – impuesto de sucesión
**probate homestead** – inmueble reservado por el tribunal el cual servirá de hogar al cónyuge sobreviviente y a sus hijos menores
**probate jurisdiction** – jurisdicción en asuntos de sucesiones y tutelas, jurisdicción en asuntos testamentarios, jurisdicción en asuntos sucesorios
**probate proceeding** – juicio concerniente a una sucesión, juicio concerniente a una tutela, juicio testamentario
**probation** *n* – libertad condicional, período de prueba, prueba
**probation officer** – funcionario el cual supervisa a quienes están bajo libertad condicional
**probation period** – período de prueba
**probationary** *adj* – probatorio
**probationary employee** – empleado probatorio
**probationary period** – período probatorio
**probationer** *n* – quien está en un período de prueba, quien está a prueba, quien está en libertad condicional
**probative** *adj* – probatorio
**probative facts** – hechos probatorios
**probative value** – valor probatorio
**probe** *n* – investigación, interrogatorio, sondeo

**probe** *v* – investigar, interrogar, sondear
**probity** *n* – probidad, rectitud
**problem bank** – banco con alta proporción de préstamos de algún modo en incumplimiento
**problem loan** – préstamo problemático
**problem solving** – resolución de problemas
**problematic** *adj* – problemático, incierto
**procedendo** – auto del tribunal superior con devolución del caso, auto ordenando la continuación de procesos
**procedural** *adj* – procesal
**procedural audit** – auditoría de procedimientos
**procedural law** – derecho procesal
**procedure** *n* – procedimiento, enjuiciamiento
**proceed** *adj* – proceder
**proceed smoothly** – marchar sobre ruedas
**proceeding** *n* – procedimiento, proceso
**proceeds** *n* – productos, resultados, beneficios, ganancias, ingresos
**process** *n* – proceso, procedimiento
**process** *v* – procesar, tramitar
**process of law** – la ley a través de su procedimiento establecido
**process inspection** – inspección de procesos
**process patent** – patente de procedimiento
**process server** – funcionario autorizado a hacer notificaciones de actos procesales, notificador
**processed** *adj* – procesado
**processed food** – alimentos procesados
**processed products** – productos procesados
**processing** *n* – procesamiento, tramitación
**processing charge** – cargo por procesamiento, cargo por tramitación
**processing fee** – cargo por procesamiento, cargo por tramitación
**processing of a loan** – tramitación de un préstamo
**processing of an application** – tramitación de una solicitud
**processing of raw materials** – procesamiento de materias primas
**processing of waste** – procesamiento de desperdicios
**processing plant** – planta procesadora
**prochein ami** – funcionario del tribunal que defiende los intereses de una persona incapaz sin ser su tutor
**proclaim** *v* – proclamar, promulgar
**proclamation** *n* – proclamación, promulgación
**procreation** *n* – procreación
**proctor** *n* – procurador, abogado, apoderado
**procuracy** *n* – procuraduría
**procuration** *n* – procuración, poder, apoderamiento
**procurator** *n* – procurador, apoderado
**procure** *v* – procurar, adquirir, contratar, instigar, causar, persuadir
**procurement** *n* – adquisición, contratación, instigación
**procurement contract** – contrato mediante el cual un gobierno obtiene bienes o servicios, contrato de adquisición
**procurement requirements** – requisitos de compras
**procurer** *n* – alcahuete, procurador
**procuring breach of contract** – instigar al incumplimiento de contrato
**procuring cause** – causa próxima
**prodigal** *adj* – pródigo
**proditor** *n* – traidor
**produce** *n* – productos agrícolas, producto
**produce** *v* – producir, fabricar, exhibir, presentar, originar
**produce a document** – exhibir un documento, presentar un documento
**produce evidence** – producir pruebas
**producer** *n* – productor, fabricante
**producer co-operative** – cooperativa de productores
**producer cooperative** – cooperativa de productores
**producer goods** – bienes de producción
**producer price index** – índice de precios de productores
**producer prices** – precios de productores
**product** *n* – producto, resultado
**product administration** – administración de producto
**product administrator** – administrador de producto
**product advertisement** – anuncio del producto
**product advertising** – publicidad del producto
**product commercial** – anuncio del producto
**product design** – diseño del producto
**product defect** – defecto de producto
**product failure exclusion** – exclusión por falla de producto
**product guarantee** – garantía del producto
**product guaranty** – garantía del producto
**product launch** – lanzamiento del producto
**product liability** – responsabilidad por los productos vendidos en el mercado
**product liability insurance** – seguro de responsabilidad por los productos vendidos en el mercado
**product licence** – licencia del producto
**product license** – licencia del producto
**product management** – administración del producto, gestión del producto
**product manager** – gerente del producto
**product market** – mercado del producto
**product origin** – origen del producto
**product origin certificate** – certificado de origen del producto
**product origin certification** – certificación de origen del producto
**product safety** – seguridad del producto
**product testing** – pruebas del producto
**product warranty** – garantía del producto
**product withdrawal** – retiro del producto
**production** *n* – producción, fabricación, presentación
**production administration** – administración de producción
**production administrator** – administrador de producción
**production capital** – capital de producción
**production center** – centro de producción
**production centre** – centro de producción
**production employee** – trabajador de producción
**production job** – trabajo de producción
**production line** – línea de producción
**production management** – administración de producción, gestión de producción
**production manager** – administrador de producción
**production of documents** – exhibición de documentos, producción de documentos
**production plant** – planta de producción

**production standards** – normas de producción
**production subsidy** – subsidio de producción, subvención de producción
**production tax** – impuesto a la producción
**production work** – trabajo de producción
**production worker** – trabajador de producción
**productive** *adj* – productivo
**productive activity** – actividad productiva
**productive investment** – inversión productiva
**productive land** – tierra productiva
**productiveness** *n* – productividad
**productivity** *n* – productividad
**productivity increase** – aumento de productividad
**productivity of labor** – productividad de la mano de obra
**productivity of labour** – productividad de la mano de obra
**productivity reduction** – reducción de productividad
**products for export** – productos para la exportación
**products for exportation** – productos para la exportación
**products for import** – productos para la importación
**products for importation** – productos para la importación
**products in transit** – productos en tránsito
**profess** *v* – profesar, reconocer, declarar, confesar
**professio juris** – el reconocimiento por las partes de un contrato del derecho de designar la ley que regirá dicho contrato
**profession** *n* – profesión, declaración
**profession-oriented** *adj* – orientado a la profesión
**profession-related** *adj* – relacionado a la profesión
**profession training** – entrenamiento de profesión
**professional** *adj* – profesional
**professional** *n* – profesional
**professional advancement** – progreso profesional
**professional advice** – asesoramiento profesional
**professional adviser** – asesor profesional
**professional advisor** – asesor profesional
**professional association** – asociación profesional, colegio profesional
**professional body** – cuerpo profesional
**professional capacity** – capacidad profesional
**professional change** – cambio profesional
**professional choice** – selección profesional
**professional corporation** – corporación la cual consiste en personas licenciadas quienes ofrecen servicios profesionales, asociación de profesionales
**professional decision** – decisión profesional
**professional enrichment** – enriquecimiento profesional
**professional environment** – ambiente profesional
**professional ethics** – ética profesional
**professional evaluation** – evaluación profesional
**professional expert** – perito profesional
**professional fees** – honorarios profesionales
**professional investor** – inversionista profesional
**professional judgment** – parecer profesional
**professional liability** – responsabilidad profesional
**professional liability insurance** – seguro de responsabilidad profesional
**professional licence** – licencia profesional
**professional license** – licencia profesional
**professional motivation** – motivación profesional
**professional negligence** – negligencia profesional
**professional objective** – objetivo profesional
**professional opinion** – opinión profesional
**professional personnel** – personal profesional
**professional placement** – colocación profesional
**professional planning** – planificación profesional
**professional practice** – práctica profesional
**professional preferences** – preferencias profesionales
**professional relationship** – relación profesional
**professional responsibility** – responsabilidad profesional
**professional rotation** – rotación profesional
**professional satisfaction** – satisfacción profesional
**professional secret** – secreto profesional
**professional services** – servicios profesionales
**professional specification** – especificación profesional
**professional staff** – personal profesional
**professional stress** – estrés profesional
**professional stress management** – manejo del estrés profesional
**professional touch** – toque profesional
**professional training** – entrenamiento profesional
**professionalism** *n* – profesionalismo
**proffer** *v* – ofrecer
**proffer evidence** – ofrecer prueba
**proficiency** *n* – pericia, habilidad, destreza
**profit** *n* – beneficio, ganancia, utilidad, provecho
**profit a prendre** – derecho de tomar de las tierras
**profit after taxes** – beneficio después de impuestos, ganancia después de impuestos
**profit and loss** – pérdidas y ganancias
**profit and loss account** – cuenta de pérdidas y ganancias
**profit and loss statement** – cuenta de pérdidas y ganancias, estado de pérdidas y ganancias
**profit before taxes** – beneficio antes de impuestos, ganancia antes de impuestos
**profit center** – centro de beneficios, centro de ganancias
**profit centre** – centro de beneficios, centro de ganancias
**profit corporation** – corporación con fines de lucro, persona jurídica con fines de lucro
**profit-making** *adj* – que produce beneficios, que produce ganancias, con ánimo de lucro
**profit margin** – margen de beneficio, margen de ganancia
**profit maximisation** – maximización de beneficios, maximización de ganancias
**profit maximization** – maximización de beneficios, maximización de ganancias
**profit motive** – ánimo de lucro
**profit objective** – objetivo de beneficios, objetivo de ganancias, ánimo de lucro
**profit optimisation** – optimización de beneficios, optimización de ganancias
**profit optimization** – optimización de beneficios, optimización de ganancias
**profit planning** – planificación de beneficios, planificación de ganancias
**profit potential** – potencial de beneficios, potencial de ganancias
**profit-related pay** – paga vinculada a los beneficios,

paga vinculada a las ganancias
**profit reserve** – reserva de beneficios, reserva de ganancias
**profit-seeking** *adj* – con fines de lucro
**profit sharing** – participación en los beneficios, participación en las ganancias
**profit-sharing plan** – plan de participación en los beneficios, plan mediante el cual los empleados participan en los beneficios
**profit-sharing scheme** – plan de participación en los beneficios, plan mediante el cual los empleados participan en los beneficios
**profit squeeze** – reducción en los beneficios, reducción en las ganancias
**profit target** – meta de beneficios, meta de ganancias
**profit-taking** *n* – realización de beneficios, ventas tras alzas significativas a corto plazo de valores
**profit tax** – impuesto sobre beneficios, impuesto sobre ganancias
**profitability** *n* – rentabilidad
**profitable** *adj* – rentable, provechoso, lucrativo
**profiteer** *n* – logrero, estraperlista
**profiteering** *n* – logrería, estraperlo
**proforma** *adj* – de mera formalidad, pro forma
**progeny** *n* – prole
**program** *n* – programa
**program administrator** – administrador de programa
**program budget** – presupuesto de programas
**program budgeting** – presupuestación de programas
**program buying** – compras programadas
**program management** – administración de programa, gestión de programa
**program manager** – administrador de programa
**program selling** – ventas programadas
**program trading** – transacciones programadas
**programme** *n* – programa
**programme administration** – administración de programa
**programme budget** – presupuesto de programas
**programme budgeting** – presupuestación de programas
**programme buying** – compras programadas
**programme management** – administración de programa, gestión de programa
**programme manager** – administrador de programa
**programme selling** – ventas programadas
**programme trading** – transacciones programadas
**programmed** *adj* – programado
**programmed decisions** – decisiones programadas
**programmed expenditures** – gastos programados
**programmed expenses** – gastos programados
**programmed fees** – cargos programados
**programmed payments** – pagos programados
**programmed trade** – transacción programada
**progress** *n* – progreso, avance, desarrollo
**progress payments** – pagos por progreso en un proyecto
**progress report** – informe sobre el progreso
**progressive** *adj* – progresivo
**progressive costs** – costos progresivos, costes progresivos
**progressive expenses** – gastos progresivos
**progressive fees** – cargos progresivos
**progressive income tax** – impuesto sobre ingresos progresivo
**progressive rates** – tasas progresivas
**progressive tax** – impuesto progresivo
**progressive taxation** – imposición progresiva
**progressively** *adv* – progresivamente
**prohibit** *v* – prohibir, impedir
**prohibited** *adj* – prohibido
**prohibited degrees** – grados de consanguinidad dentro de los cuales los matrimonios están prohibidos
**prohibited risk** – riesgo prohibido
**prohibition** *n* – prohibición
**prohibition writ** – proceso mediante el cual un tribunal superior impide que uno inferior se exceda de su jurisdicción
**prohibitive** *adj* – prohibitivo
**prohibitive cost** – costo prohibitivo, coste prohibitivo
**prohibitive impediment** – impedimento prohibitivo
**prohibitive price** – precio prohibitivo
**prohibitive tariff** – tarifa prohibitiva
**prohibitory injunction** – mandamiento judicial prohibiendo cierta conducta
**project** *n* – proyecto, plan, complejo de viviendas subsidiadas, complejo de viviendas subvencionadas
**project** *v* – proyectar, pronosticar
**project administrator** – administrador de proyecto
**project approval** – aprobación del proyecto
**project budget** – presupuesto del proyecto
**project budgeting** – presupuestación del proyecto
**project financing** – financiamiento del proyecto, financiación del proyecto
**project loan** – préstamo para el proyecto
**project management** – administración del proyecto, gestión del proyecto
**project manager** – administrador del proyecto, gerente del proyecto
**project supervision** – supervisión de proyecto
**projected** *adj* – proyectado, pronosticado
**projected annuity** – anualidad proyectada
**projected benefit obligation** – obligación de beneficios proyectados
**projected benefits** – beneficios proyectados
**projected costs** – costos proyectados, costes proyectados
**projected expenditures** – gastos proyectados
**projected expenses** – gastos proyectados
**projected financial statement** – estado financiero proyectado
**projected price** – precio proyectado
**projected profit** – beneficio proyectado, ganancia proyectada
**projection** *n* – proyección, pronóstico
**proletarianisation** *n* – proletarización
**proletarianization** *n* – proletarización
**proletariat** *n* – proletariado
**prolicide** *n* – matar la prole
**prolixity** *n* – verbosidad
**prolong** *v* – prolongar
**prolongation** *n* – prolongación
**promise** *n* – promesa, compromiso
**promise of marriage** – promesa de matrimonio
**promise to pay** – promesa de pagar
**promise to pay the debt of another** – promesa de pagar la deuda de un tercero
**promisee** *n* – a quien se promete, tenedor de una

promesa
**promiser** *n* – prometedor
**promisor** *n* – prometedor
**promissory** *adj* – promisorio
**promissory estoppel** – impedimento promisorio, impedimento por promesa propia
**promissory note** – pagaré, nota promisoria
**promissory representation** – representación promisoria
**promissory warranty** – garantía promisoria
**promote** *v* – promover, fomentar, ascender, promocionar
**promoter** *n* – promotor
**promotion** *n* – promoción, fomento, ascenso
**promotion agency** – agencia de promoción
**promotion agent** – agente de promoción
**promotion agreement** – acuerdo de promoción
**promotion from within** – promoción dentro de la misma organización
**promotion gimmick** – truco de promoción
**promotion jingle** – jingle
**promotion management** – administración de promoción, gestión de promoción
**promotion manager** – gerente de promoción, administrador de promoción
**promotion ploy** – estratagema de promoción
**promotion slogan** – slogan, eslogan, lema
**promotion stunt** – truco de promoción
**promotion trick** – truco de promoción
**promotion vehicle** – vehículo de promoción, medio de promoción
**promotional** *adj* – promocional, de promoción
**promotional agency** – agencia de promoción
**promotional agent** – agente de promoción
**promotional agreement** – acuerdo de promoción
**promotional gimmick** – truco de promoción
**promotional jingle** – jingle
**promotional management** – administración de promoción, gestión de promoción
**promotional manager** – gerente de promoción, administrador de promoción
**promotional ploy** – estratagema de promoción
**promotional slogan** – slogan, eslogan, lema
**promotional stunt** – truco de promoción
**promotional trick** – truco de promoción
**promotion vehicle** – vehículo de promoción, medio de promoción
**prompt** *adj* – pronto, rápido, inmediato
**prompt delivery** – entrega inmediata
**prompt payment** – pronto pago
**prompt shipment** – despacho rápido
**promptly** *adv* – rápidamente, prontamente
**promulgate** *v* – promulgar
**promulgation** *n* – promulgación
**pronounce** *v* – dictar, pronunciar, promulgar
**pronounce judgment** – dictar sentencia
**pronunciation** *n* – sentencia
**proof** *n* – prueba, comprobación
**proof and transit** – prueba y tránsito
**proof beyond a reasonable doubt** – prueba más allá de duda razonable
**proof of analysis** – prueba de análisis
**proof of authority** – prueba de autoridad
**proof of claim** – prueba de reclamación
**proof of damages** – prueba de daños
**proof of death** – prueba de muerte
**proof of debt** – prueba de deuda, comprobante de deuda
**proof of delivery** – prueba de entrega
**proof of deposit** – prueba de depósito
**proof of disability** – prueba de discapacidad
**proof of eligibility** – prueba de elegibilidad
**proof of employment** – prueba de empleo
**proof of guilt** – prueba de culpabilidad
**proof of health** – prueba de salud
**proof of identity** – prueba de identidad
**proof of incorporation** – prueba de incorporación
**proof of indebtedness** – prueba de deuda
**proof of injuries** – prueba de lesiones
**proof of innocence** – prueba de inocencia
**proof of insurability** – prueba de asegurabilidad
**proof of insurance** – prueba de seguro
**proof of interest** – prueba de interés asegurable
**proof of loss** – prueba de pérdida
**proof of participation** – prueba de participación
**proof of payment** – prueba de pago
**proof of postage** – prueba de franqueo
**proof of purchase** – prueba de compra
**proof of quality** – prueba de calidad
**proof of sale** – prueba de venta
**proof of service** – prueba de la notificación judicial, prueba de servicio ofrecido
**proof of title** – prueba de dominio
**proof of use** – prueba de uso
**proof of value** – prueba de valor
**proof of weight** – prueba de peso
**proof of will** – validación de un testamento
**propaganda** *n* – propaganda
**propagate** *v* – propagar
**propensity** *n* – propensión
**propensity to consume** – propensión a consumir
**propensity to save** – propensión a ahorrar
**proper** *adj* – apropiado, debido, adecuado, justo
**proper care** – precaución adecuada, prudencia razonable
**proper endorsement** – endoso regular
**proper evidence** – prueba admisible
**proper independent advice** – asesoramiento imparcial apropiado
**proper indorsement** – endoso regular
**proper lookout** – vigilancia adecuada
**proper party** – parte interesada, parte apropiada
**property** *n* – propiedad, derecho de propiedad, inmueble, propiedad inmobiliaria, dominio, posesión, bienes, pertenencia, característica
**property administration** – administración de propiedad
**property administrator** – administrador de propiedad
**property and assets** – bienes y haberes, bienes y activos
**property and liability insurance** – seguro de propiedad y responsabilidad
**property appraisal** – tasación de propiedad
**property assessment** – avalúo catastral
**property catastrophe** – catástrofe de propiedad
**property coverage** – cobertura de seguro de propiedad
**property damage** – daño de propiedad
**property damage insurance** – seguro de daño de

propiedad
**property damage liability insurance** – seguro de responsabilidad por daño de propiedad
**property depreciation** – depreciación de propiedad
**property depreciation insurance** – seguro de depreciación de propiedad
**property developer** – promotor inmobiliario, desarrollador inmobiliario
**property development** – desarrollo inmobiliario, desarrollo de bienes raíces
**property development and management** – desarrollo y administración inmobiliaria, desarrollo y administración de bienes raíces, desarrollo y gestión inmobiliaria, desarrollo y gestión de bienes raíces
**property dividend** – dividendo de propiedad
**property guardian** – tutor en lo que se refiere a un patrimonio
**property insurance** – seguro de propiedad
**property insurance coverage** – cobertura de seguro de propiedad
**property line** – lindero de propiedad
**property loan** – préstamo inmobiliario
**property management** – administración de propiedades, administración de bienes inmuebles, gestión de propiedades, gestión de bienes inmuebles
**property manager** – administrador de propiedad
**property of another** – propiedad ajena
**property register** – registro de la propiedad
**property registry** – registro de la propiedad
**property, right of** – derecho de propiedad
**property rights** – derechos de propiedad
**property settlement** – acuerdo entre cónyuges sobre los bienes
**property tax** – impuesto sobre bienes inmuebles, impuesto sobre la propiedad
**property torts** – daño a la propiedad, daño legal a la propiedad
**propinquity** *n* – propincuidad
**proponent** *n* – proponente
**proportion** *n* – proporción
**proportional** *adj* – proporcional
**proportional allocation** – asignación proporcional
**proportional distribution** – distribución proporcional
**proportional reinsurance** – reaseguro proporcional
**proportional representation** – representación proporcional
**proportional system** – sistema proporcional
**proportional taxation** – imposición proporcional
**proportional taxes** – impuestos proporcionales
**proportionality** *n* – proporcionalidad
**proportionate** *adj* – proporcionado
**proportionately** *adv* – proporcionalmente
**proposal** *n* – propuesta, proposición
**propose** *v* – proponer, proponerse
**proposed** *adj* – propuesto
**proposed resolution** – resolución propuesta
**proposer** *n* – proponente
**proposition** *n* – proposición, propuesta
**proposition of law** – cuestión de derecho
**propositus** *n* – la persona propuesta
**propound** *n* – proponer
**propounder** *n* – proponente
**proprietary** *adj* – de propiedad exclusiva, de propiedad, de marca
**proprietary articles** – artículos exclusivos
**proprietary information** – información de propiedad exclusiva
**proprietary interest** – derecho de propiedad
**proprietary lease** – arrendamiento en una cooperativa
**proprietary network** – red de propiedad exclusiva
**proprietary product** – producto de marca
**proprietary rights** – derechos de propiedad
**proprietor** *n* – propietario
**proprietorship** *n* – derecho de propiedad, negocio propio
**propriety** *adj* – idoneidad, corrección
**prorate** *v* – prorratear
**prorogation** *n* – prórroga
**prorogue** *v* – terminar una sesión
**pros and cons** – pros y contras
**proscribe** *v* – proscribir
**proscribed** *adj* – proscrito
**prosecute** *v* – enjuiciar, encausar, entablar una acción judicial
**prosecuting attorney** – fiscal, abogado acusador
**prosecuting witness** – testigo de la acusación, testigo principal de la acusación
**prosecution** *n* – acción criminal, acción judicial, enjuiciamiento, proceso, prosecución, fiscal, querellante
**prosecutor** *n* – fiscal, acusador público, abogado acusador, abogado del estado, accionante
**prospect** *n* – perspectiva, expectativa, prospecto, posibilidad, cliente en perspectiva
**prospecting** *n* – prospección, búsqueda de nuevos clientes
**prospective** *adj* – prospectivo, eventual, posible
**prospective damages** – daños eventuales, daños anticipados
**prospective reserve** – reserva prospectiva
**prospector** *n* – prospector
**prospectus** *n* – prospecto, folleto de emisión
**prosper** *v* – prosperar
**prosperity** *n* – prosperidad
**prosperous** *adj* – próspero
**prostitute** *n* – prostituta
**prostitution** *n* – prostitución
**protect** *v* – proteger, amparar
**protect interests** – proteger intereses
**protected** *adj* – protegido, amparado
**protected check** – cheque protegido
**protected cheque** – cheque protegido
**Protected Designation of Origin** – Denominación de Origen Protegida
**protected economy** – economía protegida
**Protected Geographical Indication** – Indicación Geográfica Protegida
**protected market** – mercado protegido
**protected person** – persona amparada
**protection** *n* – protección, amparo
**protection order** – orden de protección
**protectionism** *n* – proteccionismo
**protectionist** *adj* – proteccionista
**protectionist** *n* – proteccionista
**protective** *adj* – protector, proteccionista, amparador
**protective committee** – comité protector
**protective custody** – custodia judicial por su propio bien

**protective order** – orden de protección
**protective tariffs** – tarifas proteccionistas
**protective trust** – fideicomiso con la intención de controlar los gastos de una persona que derrocha dinero
**protest** *n* – protesta, protesto, objeción
**protest** *v* – protestar
**protest letter** – carta de protesta
**protest strike** – huelga de protesta
**protestation** *n* – protesta
**protested** *adj* – protestado
**protester** *n* – quien protesta
**prothonotary** *n* – secretario de un tribunal
**protocol** *n* – protocolo, registro
**prototype** *n* – prototipo
**prototyping** *n* – creación de prototipos
**protract** *v* – prolongar
**provable** *adj* – demostrable
**prove** *v* – probar, demostrar, verificar, comprobar
**prove guilt** – probar culpabilidad
**prove identity** – probar identidad
**prove innocence** – probar inocencia
**proven** *adj* – probado, demostrado, verificado, comprobado
**proven record** – historial comprobado
**proven skills** – habilidades comprobadas
**proven track record** – historial comprobado
**provide** *adj* – proveer, suministrar, proporcionar, disponer
**provide a subsidy** – proveer un subsidio, proveer una subvención
**provide against** – tomar precauciones contra, proteger contra, precaver
**provide aid** – proveer asistencia
**provide assistance** – proveer asistencia
**provide for** – mantener, preparase para, prever
**provide funds** – suministrar fondos
**provided** *conj* – siempre que, proveyendo
**provided that** – siempre y cuando
**provided by law** – dispuesto por ley
**provident fund** – fondo de previsión
**province** *n* – provincia
**provider** *n* – proveedor
**provision** *n* – provisión, disposición
**provision for bad debts** – provisión para deudas incobrables
**provision for bad loans** – provisión para préstamos incobrables
**provision for doubtful debts** – provisión para deudas dudosas
**provision for uncollectible accounts** – provisión para cuentas incobrables
**provisional** *adj* – provisional
**provisional acceptance** – aceptación provisional
**provisional account** – cuenta provisional
**provisional agreement** – acuerdo provisional
**provisional application** – solicitud provisional
**provisional certificate** – certificado provisional
**provisional commitment** – compromiso provisional
**provisional committee** – comité provisional
**provisional consent** – consentimiento provisional
**provisional contract** – contrato provisional
**provisional conveyance** – traspaso provisional
**provisional court** – tribunal provisional
**provisional coverage** – cobertura provisional
**provisional credit** – crédito provisional
**provisional delivery** – entrega provisional
**provisional employee** – empleado provisional
**provisional employment** – empleo provisional
**provisional government** – gobierno provisional
**provisional guarantee** – garantía provisional
**provisional guaranty** – garantía provisional
**provisional injunction** – orden judicial provisional
**provisional insurance** – seguro provisional
**provisional insurance coverage** – cobertura de seguro provisional
**provisional invoice** – factura provisional
**provisional judgment** – sentencia provisional
**provisional measure** – medida provisional
**provisional offer** – oferta provisional
**provisional order** – orden provisional
**provisional patent application** – solicitud de patente provisional
**provisional payment** – pago provisional
**provisional permit** – permiso provisional
**provisional policy** – póliza provisional
**provisional premium** – prima provisional
**provisional rate** – tasa provisional
**provisional receipt** – recibo provisional
**provisional remedy** – recurso provisional
**provisional report** – informe provisional, reporte provisional
**provisional transfer** – transferencia provisional
**provisional will** – testamento provisional
**provisionally** *adv* – provisionalmente
**proviso** *n* – condición, restricción, estipulación
**provocation** *n* – provocación
**provoke** *v* – provocar
**provost-marshall** *n* – capitán preboste
**proximate** *adj* – próximo, inmediato
**proximate cause** – causa inmediata
**proximate consequence** – consecuencia natural
**proximate damages** – daños y perjuicios inmediatos
**proximate result** – resultado natural
**proximity** *n* – proximidad, parentela
**proxy** *n* – poder, apoderado, mandatario
**proxy, by** – por poder
**proxy fight** – lucha por control mediante una mayoría de votos por poder
**proxy holder** – apoderado
**proxy marriage** – matrimonio por poder
**proxy statement** – declaración para accionistas antes de que voten por poder
**proxy vote** – voto por poder
**prudence** *n* – prudencia, discreción
**prudent** *adj* – prudente, discreto
**prudent investment** – inversión prudente
**prudent investment decision** – decisión para inversión prudente
**prudent investor** – inversionista prudente
**prudent-man rule** – regla de la persona prudente, normas de inversión las cuales se podrían describir como las de una persona prudente
**prudent person** – persona prudente
**prudent-person rule** – regla de la persona prudente, normas de inversión las cuales se podrían describir como las de una persona prudente
**prudent policy** – política prudente

**PS (postscript)** – posdata
**PSBR (public sector borrowing requirement)** – cantidad que el gobierno necesita tomar prestado para cubrir su déficit por un período dado
**pseudo** *adj* – seudo, supuesto
**pseudonym** *n* – seudónimo
**psychological manipulation** – manipulación psicológica
**puberty** *n* – pubertad
**public** *adj* – público
**public** *n* – público
**public access** – acceso público
**public accountancy** – contabilidad pública
**public accountant** – contador público, contable público
**public accounting** – contabilidad pública
**public accounts** – cuentas públicas
**public act** – acto público, acto registrado, ley pública
**public activity** – actividad pública
**public adjuster** – ajustador público
**public administration** – administración pública
**public administrator** – administrador público
**public affairs** – asuntos públicos, relaciones públicas
**public agency** – agencia pública
**public agent** – funcionario público
**public appointments** – cargos públicos
**public assets** – activo público
**public assistance** – asistencia pública
**public attorney** – abogado
**public auction** – subasta pública
**public audit** – auditoría pública
**public auditor** – auditor público
**public authority** – autoridad pública
**public bank** – banco público
**public banking** – banca pública
**public bidding** – licitación pública
**public bill** – proyecto de ley público
**public body** – organismo público
**public boundary** – límite natural
**public building** – edificio público
**public business** – empresa pública
**public capital** – capital público
**public carrier** – transportista público
**public character** – personalidad pública
**public charge** – indigente mantenido por el gobierno
**public charity** – caridad pública
**public company** – compañía pública
**public contract** – contrato público
**public convenience and necessity** – conveniencia y necesidad pública
**public corporation** – corporación pública, persona jurídica pública, ente municipal
**public credit** – crédito público
**public debt** – deuda pública
**public defender** – defensor público
**public deposits** – depósitos públicos
**public distribution** – distribución pública
**public document** – documento público
**public domain** – dominio público
**public drunkenness** – embriaguez pública
**public easement** – servidumbre pública
**public emergency** – emergencia pública
**public employee** – empleado público
**public employment** – empleo público
**public enemy** – enemigo público
**public enterprise** – empresa pública
**public entity** – entidad pública
**public expenditures** – gastos públicos
**public expenses** – gastos públicos
**public ferry** – transbordador público
**public figure** – figura pública
**public finance** – finanzas públicas
**public financial institution** – institución financiera pública
**public funds** – fondos públicos
**public, go** – emitir acciones por primera vez, revelar públicamente
**public good** – bienestar público
**public goods** – bienes públicos
**public grant** – concesión pública
**public health** – salud pública
**public hearing** – audiencia pública, vista pública
**public highway** – autopista pública, carretera pública
**public holiday** – día feriado oficial
**public housing** – vivienda pública
**public improvement** – mejora pública
**public indecency** – indecencia pública
**public information** – información pública
**public injuries** – lesiones públicas, perjuicios públicos
**public institution** – institución pública
**public interest** – interés público
**public interest accounting** – contabilidad de interés público
**public international law** – derecho internacional público
**public investment** – inversión pública
**public issue** – emisión pública, cuestión pública
**public job** – empleo público
**public knowledge** – de conocimiento público
**public lands** – tierras públicas
**public law** – derecho público, ley pública
**public liability** – responsabilidad pública
**public liability insurance** – seguro de responsabilidad pública
**public liability insurance policy** – póliza de seguro de responsabilidad pública
**public liability policy** – póliza de seguro de responsabilidad pública
**public limited company** – sociedad anónima, compañía pública de responsabilidad limitada, compañía pública
**public limited partnership** – sociedad en comandita pública
**public loan** – préstamo público
**public market** – mercado público
**public meeting** – reunión pública
**public minister** – representante diplomático de alto rango
**public money** – dinero público
**public monopoly** – monopolio público
**public non-commercial use** – uso público no comercial
**public notary** – notario público
**public notice** – aviso público, notificación pública
**public nuisance** – estorbo público, estorbo el cual perjudica al público en general
**public offense** – delito público
**public offer** – oferta pública

**public offering** – ofrecimiento público
**public offering price** – precio de ofrecimiento público
**public office** – cargo público, oficina pública
**public officer** – funcionario público
**public opinion** – opinión pública
**public order** – orden público
**public ownership** – propiedad pública
**public passage** – derecho de paso público
**public peace** – orden público
**public peace and quiet** – orden y tranquilidad pública
**public place** – lugar público
**public placement** – colocación pública
**public policy** – política pública
**Public-Private Partnership** – sociedad entre los sectores públicos y privados
**public property** – propiedad pública, dominio público
**public prosecutor** – fiscal
**public purpose** – propósito público
**public purse** – tesoro nacional
**public record** – registro público
**public relations** – relaciones públicas
**public relations agency** – agencia de relaciones públicas
**public relations consultant** – asesor de relaciones públicas
**public relations department** – departamento de relaciones públicas
**public relations manager** – gerente de relaciones públicas
**public relations officer** – oficial de relaciones públicas
**public relief** – asistencia pública
**public responsibility** – responsabilidad pública
**public revenues** – ingresos públicos
**public river** – río público
**public road** – camino público
**public safety** – seguridad pública
**public sale** – venta pública
**public school** – escuela pública
**public seal** – sello de la autoridad pública
**public sector** – sector público
**public sector accounting** – contabilidad del sector público
**public sector borrowing requirement** – cantidad que el gobierno necesita tomar prestado para cubrir su déficit por un período dado
**public sector company** – compañía pública, empresa pública
**public sector employment** – empleo en el sector público
**public securities** – valores con garantía pública, valores públicos
**public security** – seguridad pública
**public servant** – empleado público
**public service** – servicio público
**public service advertising** – publicidad de servicio público
**public service commission** – comisión gubernamental para supervisar las empresas de servicios públicos
**public service corporation** – empresa de servicios públicos
**public spending** – gastos públicos
**public statute** – ley pública
**public stock offering** – oferta pública de acciones
**public store** – almacén público, depósito estatal
**public tax** – impuesto público
**public tender** – licitación pública
**public transport** – transporte público
**public treasury** – tesoro público, tesorería
**public trial** – juicio público
**public trust** – fideicomiso público, confianza pública
**public trustee** – fideicomisario público
**public use** – uso público
**public utility** – ente que provee un servicio básico tal como agua o electricidad a la comunidad, empresa de servicio público, servicio público
**public verdict** – veredicto público, veredicto en pleno tribunal
**public vessel** – nave pública
**public warehouse** – almacén público
**public warning** – advertencia pública
**public waters** – aguas públicas
**public welfare** – bienestar público, beneficencia pública, asistencia pública, asistencia social
**public wharf** – muelle público
**public works** – obras públicas
**publication** *n* – publicación
**publication for opposition** – publicación para verificar que no hay objeción a una solicitud de marca comercial
**publication of trademark** – publicación en la gaceta oficial de una marca comercial aprobada
**publicise** *v* – hacer público, promocionar
**publicist** *n* – publicista, especialista en derecho público, especialista en derecho internacional
**publicity** *n* – publicidad
**publicity agency** – agencia de publicidad, agencia publicitaria
**publicity agent** – agente de publicidad, agente publicitario
**publicity and promotion** – publicidad y promoción
**publicity gimmick** – truco publicitario, truco de publicidad
**publicity jingle** – jingle de publicidad, jingle publicitario
**publicity literature** – literatura de publicidad, literatura publicitaria
**publicity management** – administración de publicidad, administración publicitaria, gestión de publicidad, gestión publicitaria
**publicity manager** – gerente de publicidad, administrador de publicidad
**publicity materials** – materiales de publicidad, materiales publicitarios
**publicity media** – medios de publicidad, medios publicitarios
**publicity mix** – mezcla de publicidad, mezcla publicitaria
**publicity ploy** – estratagema de publicidad, estratagema publicitaria
**publicity policy** – política de publicidad, política publicitaria
**publicity slogan** – slogan de publicidad, slogan publicitario, eslogan de publicidad, eslogan publicitario, lema de publicidad, lema publicitario
**publicity standards** – normas de publicidad, normas publicitarias

**publicity strategy** – estrategia de publicidad, estrategia publicitaria
**publicity stunt** – truco de publicidad, truco publicitario
**publicity trick** – truco de publicidad, truco publicitario
**publicity vehicle** – vehículo de publicidad, vehículo publicitario, medio de publicidad, medio publicitario
**publicize** *v* – hacer público, promocionar
**publicly** *adv* – públicamente
**publicly funded** – financiado públicamente
**publicly held company** – compañía pública
**publicly held corporation** – corporación pública
**publicly traded company** – compañía pública con acciones
**publicly traded corporation** – corporación pública con acciones
**publicly traded partnership** – sociedad en comandita con unidades que se pueden transaccionar públicamente
**publish** *v* – publicar, anunciar
**published** *adj* – publicado
**published work** – obra publicada, trabajo publicado
**publisher** *n* – editor
**puerility** *n* – puerilidad
**puffer** *n* – postor simulado en una subasta
**puffing** *n* – exageración por parte de quien vende un producto de sus beneficios, hacer ofertas falsas en subastas con el propósito de elevar las demás ofertas
**puisne** *adj* – mas joven, de menor rango
**puisne judge** – juez de menor rango, juez subordinado
**puisne justice** – juez de menor rango, juez subordinado
**pulsator** *n* – demandante
**punch in** – registrar la hora de entrada
**punch out** – registrar la hora de salida
**punctual** *adj* – puntual
**punctuality** *n* – puntualidad
**punish** *v* – penar, castigar
**punishable** *adj* – punible, castigable
**punishment** *n* – pena, castigo
**punitive** *adj* – punitivo, excesivo
**punitive damages** – daños punitivos
**punitive measures** – medidas punitivas
**punitive statute** – ley penal
**punitive tariffs** – tarifas punitivas
**punitory** *n* – punitivo
**pur autre vie** – durante la vida de otro, pur autre vie
**purchase** *n* – compra, adquisición
**purchase** *v* – comprar, adquirir
**purchase agreement** – contrato de compraventa
**purchase and assumption** – adquisición y asunción
**purchase and sale** – compra y venta
**purchase authentication** – certificación de compra
**purchase certificate** – certificado de compra
**purchase certification** – certificación de compra
**purchase commitment** – compromiso de compra
**purchase conditions** – condiciones de compra
**purchase contract** – contrato de compraventa
**purchase cost** – costo de compra, coste de compra
**purchase evidence** – prueba de compra
**purchase financing** – financiación de compra, financiamiento de compra
**purchase group** – grupo de compra
**purchase intention** – intención de compra
**purchase invoice** – factura de compra
**purchase journal** – libro de compras
**purchase ledger** – libro mayor de compras
**purchase method** – método de compra
**purchase money** – pago anticipado, precio de compra
**purchase-money mortgage** – hipoteca otorgada para la compra de una propiedad, hipoteca otorgada por el vendedor para facilitar la compra de una propiedad
**purchase necessary, no** – sin obligación de compra
**purchase of a business** – compra de una empresa
**purchase option** – opción de compra
**purchase order** – orden de compra
**purchase outright** – comprar enteramente, comprar al contado
**purchase price** – precio de compra
**purchase proof** – prueba de compra
**purchase retail** – comprar al por menor
**purchase tax** – impuesto sobre compras
**purchase value** – valor de compra
**purchase verification** – verificación de compra
**purchased funds** – fondos adquiridos
**purchaser** *n* – comprador, adquiridor
**purchaser for value** – comprador con contraprestación
**purchaser in bad faith** – comprador de mala fe
**purchaser in good faith** – comprador de buena fe
**purchasing** *n* – compra
**purchasing agency** – agencia de compras
**purchasing agent** – agente de compras
**purchasing agreement** – convenio de compras
**purchasing co-operative** – cooperativa de compras
**purchasing contract** – contrato de compras
**purchasing cooperative** – cooperativa de compras
**purchasing group** – grupo de compras
**purchasing manager** – gerente de compras
**purchasing office** – oficina de compras
**purchasing power** – poder adquisitivo
**pure** *v* – puro, absoluto
**pure accident** – accidente inevitable
**pure annuity** – anualidad pura
**pure chance** – pura casualidad
**pure competition** – competencia pura
**pure monopoly** – monopolio puro
**pure obligation** – obligación pura
**pure premium** – prima pura
**pure profit** – beneficio puro, ganancia pura
**pure risk** – riesgo puro
**purgation** *n* – purgación
**purge** *v* – purgar
**purification plant** – planta depuradora, planta purificadora
**purification process** – proceso depurador, proceso purificador
**purity** *n* – pureza
**purpart** *n* – una parte
**purport** *v* – implicar, significar
**purpose** *n* – propósito, objeto, intención
**purpose of the statute** – propósito de una ley
**purpose statement** – declaración de propósito
**purposely** *adv* – a propósito, intencionalmente
**purpresture** *n* – intrusión a tierras públicas
**purse** *n* – cantidad de dinero disponible, caudal, premio en dinero, recompensa, cartera
**purser** *n* – contador
**pursuant to** – conforme a

**pursue** *v* – perseguir, seguir, encausar, ejercer
**pursuer** *n* – perseguidor, actor
**pursuit** *n* – persecución, profesión
**pursuit of happiness** – derecho constitucional de tomar las decisiones para vivir de la forma deseada
**purvey** *v* – proveer
**purveyor** *n* – proveedor
**purview** *n* – parte dispositiva de una ley
**push** *v* – empujar, presionar, apretar, promocionar
**push along** – agilizar
**push back** – aplazar, echar para atrás
**push forward** – seguir adelante
**push money** – pagos a vendedores que efectúa un fabricante para que impulsen sus productos
**push on** – continuar
**push strategy** – estrategia del empujón
**push through** – expeditar, obligar aprobación
**pusher** *n* – quien vende drogas ilícitamente, quien fomenta el vicio de las drogas
**put forward** – presentar, exponer, proponer
**put in fear** – atemorizar
**put in issue** – cuestionar
**put into practice** – poner en práctica
**put off** – aplazar, posponer, disuadir
**put to a vote** – someter a votación
**put up** – alojar, aumentar, levantar, ofrecer, aportar
**putative** *adj* – putativo
**putative father** – padre putativo
**putative marriage** – matrimonio putativo
**putative risk** – riesgo putativo
**putative spouse** – cónyuge putativo
**pyramid sales scheme** – sistema generalmente ilegal de ventas en que se le paga al comprador o miembro por cada comprador o miembro nuevo que atraiga, venta en pirámide
**pyramid scheme** – sistema generalmente ilegal de ventas en que se le paga al comprador o miembro por cada comprador o miembro nuevo que atraiga, venta en pirámide
**pyramiding** – método de comprar más acciones al usar como garantía las que ya están en cartera

# Q

**QA (quality assurance)** – comprobación de calidad
**QC (quality control)** – control de calidad
**QDRO (Qualified Domestic Relations Order)** – orden judicial para el uso de fondos de retiro o de participación en ganancias para pagar una pensión alimenticia
**QMCSO (Qualified Medical Child Support Order)** – orden judicial para que bajo ciertas condiciones el padre sin custodia tenga que proveer alimentos para menores
**QTIP (Qualified Terminal Interest Property) Trust** – estilo de fideicomiso que permite posponer impuestos sucesorios
**qtr. (quarter)** – trimestre
**qty. (quantity)** – cantidad
**qua** – como, en capacidad de, qua
**quack** *n* – curandero, matasanos
**quadripartite** *adj* – cuadripartito
**quadruple** *n* – cuádruple
**quadruple indemnity** – indemnización cuádruple
**quadruplicate** *n* – cuadruplicado
**quadruplicate form** – formulario en cuadruplicado
**quadruplicate invoice** – factura en cuadruplicado
**qualification** *n* – calificación, cualificación, condición, requisito, limitación, salvedad, título
**qualification check** – comprobación de calificaciones
**qualification conditions** – condiciones de calificación
**qualification date** – fecha de calificación
**qualification parameters** – parámetros de calificación
**qualification period** – período de calificación
**qualification requirements** – requisitos de calificación
**qualification verification** – verificación de calificaciones
**qualified** *adj* – calificado, cualificado, condicional, competente, limitado, titulado
**qualified acceptance** – aceptación condicional
**qualified accountant** – contable autorizado, contable calificado
**qualified approval** – aprobación condicional
**qualified bank** – banco calificado
**qualified bequest** – legado condicional
**qualified borrower** – prestatario calificado
**qualified candidate** – candidato calificado
**qualified charity** – organización caritativa calificada
**qualified commitment** – compromiso condicional
**qualified consent** – consentimiento condicional
**qualified conveyance** – traspaso condicional
**qualified debt** – deuda calificada
**qualified delivery** – entrega condicional
**qualified devise** – legado contingente
**qualified distribution** – distribución calificada
**Qualified Domestic Relations Order** – orden judicial para el uso de fondos de retiro o de participación en ganancias para pagar una pensión alimenticia
**qualified elector** – elector habilitado
**qualified employee** – empleado calificado
**qualified endorsement** – endoso condicional
**qualified estate** – derecho condicional respecto a un inmueble
**qualified expenses** – gastos calificados
**qualified for aid** – calificado para asistencia
**qualified for assistance** – calificado para asistencia
**qualified for relief** – calificado para alivio
**qualified guarantee** – garantía condicional
**qualified guaranty** – garantía condicional
**qualified indorsement** – endoso condicional
**qualified investment** – inversión calificada
**qualified legacy** – legado condicional
**qualified lender** – prestador calificado
**Qualified Medical Child Support Order** – orden judicial para que bajo ciertas condiciones el padre sin custodia tenga que proveer alimentos para menores
**qualified obligation** – obligación condicional
**qualified offer** – oferta condicional
**qualified opinion** – opinión condicional, opinión calificada, opinión con salvedades

**qualified organisation** – organización calificada
**qualified organization** – organización calificada
**qualified owner** – dueño condicional, dueño calificado
**qualified pension plan** – plan de pensiones calificado
**qualified permit** – permiso condicional
**qualified person** – persona calificada
**qualified personnel** – personal calificado
**qualified plan** – plan calificado, plan de retiro calificado
**qualified privilege** – privilegio condicional
**qualified products** – productos calificados
**qualified property** – derecho condicional a propiedad, propiedad calificada
**qualified prospect** – cliente en perspectiva calificado
**qualified report** – informe calificado
**qualified residence** – residencia calificada
**qualified retirement plan** – plan de retiro calificado
**qualified right** – derecho condicional
**qualified securities** – valores calificados
**qualified shares** – acciones calificadas
**qualified stock option** – opción de compra de acciones calificada
**qualified stock option plan** – plan de opción de compra de acciones calificado
**qualified stocks** – acciones calificadas
**Qualified Terminal Interest Property Trust** – estilo de fideicomiso que permite posponer impuestos sucesorios
**qualified transfer** – transferencia calificada
**qualified trust** – fideicomiso calificado
**qualified voter** – elector habilitado
**qualified warranty** – garantía condicional
**qualified worker** – trabajador calificado
**qualify** *v* – calificar, capacitar, habilitar, limitar
**qualifying annuity** – anualidad calificada
**qualifying clauses** – cláusulas limitantes
**qualifying conditions** – condiciones limitantes
**qualifying criteria** – criterios calificantes
**qualifying pension plan** – plan de pensiones calificado
**qualifying period** – período de calificación
**qualifying person** – persona calificada
**qualifying plan** – plan calificado
**qualifying professional** – profesional calificado
**qualifying property** – propiedad calificada
**qualifying shares** – acciones calificadas
**qualifying stock** – acciones calificadas
**qualitative** *adj* – cualitativo
**qualitative analysis** – análisis cualitativo
**quality** *n* – calidad, cualidad
**quality assessment** – evaluación de calidad
**quality assurance** – comprobación de calidad
**quality audit** – auditoría de calidad
**quality authentication** – certificación de calidad
**quality certificate** – certificado de calidad
**quality certification** – certificación de calidad
**quality check** – revisión de calidad, inspección de calidad
**quality circle** – círculo de calidad
**quality control** – control de calidad
**quality engineer** – ingeniero de calidad
**quality evidence** – prueba de calidad
**quality goods** – bienes de calidad
**quality label** – etiqueta de calidad
**quality management** – administración de calidad, gestión de calidad
**quality manager** – gerente de calidad
**quality market** – mercado de calidad
**quality of estate** – plazo y modo según los cuales se tiene derecho sobre un inmueble
**quality of life** – calidad de vida
**quality of work** – calidad de trabajo
**quality products** – productos de calidad
**quality proof** – prueba de calidad
**quality requirements** – requisitos de calidad
**quality review** – revisión de calidad
**quality standards** – normas de calidad
**quality verification** – verificación de calidad
**quandary** *n* – dilema, apuro
**quantifiable** *adj* – cuantificable
**quantification** *n* – cuantificación
**quantified** *adj* – cuantificado
**quantify** *v* – cuantificar
**quantitative** *adj* – cuantitativo
**quantitative analysis** – análisis cuantitativo
**quantitatively** *adv* – cuantitativamente
**quantity** *n* – cantidad
**quantity discount** – descuento sobre cantidad
**quantum meruit** – la cantidad merecida, quantum meruit
**quarantine** *n* – cuarentena
**quarrel** *v* – altercado, riña
**quarrelsome** *n* – pleitista, pendenciero
**quarter** *n* – trimestre, cuarta parte, cuarto
**quarter section** – una cuarta parte de una milla cuadrada
**quarterly** *adj* – trimestral
**quarterly** *adv* – trimestralmente
**quarterly activity** – actividad trimestral
**quarterly charge** – cargo trimestral
**quarterly fee** – cargo trimestral
**quarterly expenditures** – gastos trimestrales
**quarterly expenses** – gastos trimestrales
**quarterly payment** – pago trimestral, abono trimestral
**quarterly premium** – prima trimestral
**quarterly rate** – tasa trimestral
**quarterly report** – informe trimestral, reporte trimestral
**quarterly review** – revisión trimestral
**quarterly statement** – estado trimestral
**quarterly tax returns** – declaraciones trimestrales de la renta, declaraciones trimestrales de ingresos, declaraciones trimestrales de impuestos
**quartile** *n* – cuartil
**quash** *v* – anular, dominar
**quasi** *adj* – cuasi, casi
**quasi affinity** – cuasiafinidad
**quasi-community property** – bienes que bajo ciertas circunstancias son gananciales
**quasi contract** – cuasicontrato
**quasi contractual liability** – responsabilidad cuasicontractual
**quasi corporation** – cuasicorporación
**quasi crimes** – cuasicrímenes
**quasi deposit** – depósito implícito, depósito involuntario
**quasi easement** – cuasiservidumbre
**quasi estoppel** – cuasiimpedimento

**quasi fee** – propiedad adquirida ilícitamente
**quasi-fiscal** *adj* – cuasifiscal
**quasi judicial** – cuasijudicial
**quasi-money** *n* – cuasidinero
**quasi monopoly** – cuasimonopolio
**quasi partner** – socio aparente
**quasi possession** – cuasiposesión
**quasi-public** *adj* – cuasipúblico
**quasi-public corporation** – corporación cuasipública
**quasi purchase** – cuasicompra
**quasi rent** – cuasirenta
**quasi reorganization** – cuasireorganización
**quasi tort** – responsabilidad indirecta
**quay** *n* – muelle
**quench** *v* – extinguir, dominar
**querulous** *adj* – quejumbroso
**query** *n* – pregunta, consulta, cuestión, duda
**query** *v* – preguntar, consultar
**quest** *n* – indagación
**question** *n* – pregunta, cuestión, duda
**question of fact** – cuestión de hecho
**question of law** – cuestión de derecho
**question quality** – cuestionar la calidad
**questionable** *adj* – cuestionable, discutible
**questionable behavior** – conducta cuestionable
**questionable behaviour** – conducta cuestionable
**questionable ethics** – ética cuestionable
**questionable payment** – pago cuestionable
**questionable quality** – calidad cuestionable
**questioning** *n* – interrogatorio
**questionless** *adj* – incuestionable
**questionnaire** *n* – cuestionario
**quia timet** – porque teme
**quibble** *n* – objeción superficial, objeción verbal, evasiva
**quick decision** – decisión rápida
**quick dispatch** – despacho rápido
**quickly** *adv* – rápidamente
**quickly completed** – rápidamente completado
**quickly executed** – rápidamente ejecutado
**quid pro quo** – algo por algo, quid pro quo
**quiet** *adj* – callado, calmado, quieto, inactivo
**quiet** *adv* – quietamente, calmadamente
**quiet** *n* – quietud, calma, silencio
**quiet** *v* – aquietarse, calmarse
**quiet enjoyment** – goce tranquilo, goce pacífico
**quiet period** – período en que no se permite publicidad
**quiet possession** – posesión pacífica
**quiet title action** – acción para resolver reclamaciones opuestas en propiedad inmueble
**quiet title suit** – acción para resolver reclamaciones opuestas en propiedad inmueble
**quinquepartite** *adj* – dividido en cinco partes
**quintuplicate** *adj* – quintuplicado
**quintuplicate form** – formulario en quintuplicado
**quintuplicate invoice** – factura en quintuplicado
**quit** *v* – abandonar, renunciar, dejar
**quitclaim** *n* – renuncia a un título, renuncia a un derecho, renuncia, finiquito
**quitclaim** *v* – renunciar a un título, renunciar a un derecho, renunciar, finiquitar
**quitclaim deed** – transferencia de propiedad mediante la cual se renuncia a todo derecho sin ofrecer garantías
**quittance** *n* – quitanza, finiquito
**quo animo** – con esa intención
**quorate** *adj* – con quórum
**quorum** *n* – quórum
**quota** *n* – cuota
**quota-based** *adj* – basado en cuotas
**quota restrictions** – restricciones de cuota
**quota system** – sistema de cuotas
**quotation** *n* – cotización, cita
**quote** *n* – cotización, cita
**quote** *v* – cotizar, citar, alegar
**quoted** *adj* – cotizado, citado
**quoted price** – precio cotizado
**quotient verdict** – veredicto en que se promedia lo que los miembros del jurado consideran a lo que deben ascender los daños

# R

**R & D (research and development)** – investigación y desarrollo
**race discrimination** – discriminación racial
**race prejudice** – prejuicio racial
**racial** *adj* – racial
**racial discrimination** – discriminación racial
**racial harassment** – hostigamiento racial
**racial prejudice** – prejuicio racial
**racism** *n* – racismo
**racist** *n* – racista
**rack rent** – alquiler exorbitante
**racket** *n* – actividad ilícita continua con el propósito de ganar dinero, chanchullo, extorsión, alboroto
**racketeer** *n* – quien se dedica a actividades ilícitas continuas con el propósito de ganar dinero, raquetero, extorsionista
**Racketeer Influenced and Corrupt Organizations laws** – leyes federales para combatir el crimen organizado
**racketeering** *n* – actividades ilícitas continuas con el propósito de ganar dinero, crimen organizado, raqueterismo
**radiation** *n* – radiación
**radical** *adj* – radical
**radical** *n* – radical
**radio advertising** – anuncios de radio
**radio broadcast** – emisión de radio
**radioactive** *n* – radioactivo
**raffle** *n* – rifa
**raft** *n* – balsa
**rage** *n* – cólera, exaltación
**raging** *adj* – feroz, violento
**raid** *n* – redada, irrupción, intento de tomar control de una corporación mediante la adquisición de una mayoría sus acciones
**raid** *v* – hacer una redada, intentar tomar control de

una corporación mediante la adquisición de una mayoría sus acciones
**raider** *n* – tiburón, persona o persona jurídica que intenta tomar control de una corporación mediante la adquisición de una mayoría sus acciones
**rail carrier** – transportador ferroviario
**rail crossing** – cruce de ferrocarril
**rail network** – red ferroviaria
**railing** *n* – baranda, barrera
**railroad** *v* – apresurar la legislación, apresurar
**railway carrier** – transportador ferroviario
**railway crossing** – cruce de ferrocarril
**railway network** – red ferroviaria
**rain insurance** – seguro contra contratiempos ocasionados por lluvia
**rainmaker** *n* – abogado que atrae mucha clientela nueva a su bufete, empleado que atrae mucha clientela nueva a su empresa
**raise** *n* – aumento, subida, aumento de salario
**raise** *v* – alzar, subir, aumentar, plantear, reunir, recaudar, criar
**raise a check** – ampliar un cheque
**raise a cheque** – ampliar un cheque
**raise a point** – plantear una cuestión
**raise a presumption** – dar lugar a una presunción
**raise an objection** – presentar una objeción
**raise capital** – recaudar capital
**raise funds** – recaudar fondos
**raise money** – recaudar dinero
**raise pay** – aumentar la paga
**raise prices** – subir precios
**raise revenue** – recaudar contribuciones
**raise salaries** – aumentar salarios
**raise taxes** – aumentar impuestos
**raise wages** – aumentar salarios
**raised check** – cheque al cual se le ha aumentado el valor fraudulentamente
**raised cheque** – cheque al cual se le ha aumentado el valor fraudulentamente
**rake-off** *v* – participar en ganancias obtenidas ilícitamente
**ramble** *v* – vagabundear
**rambler** *n* – vagabundo
**rambling** *adj* – vagueante, divagador
**ramification** *n* – ramificación
**rampant inflation** – inflación galopante
**rancor** *n* – rencor
**rancorous** *adj* – rencoroso
**random** *adj* – aleatorio, al azar, fortuito, casual
**random, at** – al azar
**random check** – revisión aleatoria
**random inspection** – inspección aleatoria
**randomisation** *n* – aleatorización
**randomise** *v* – aleatorizar
**randomised** *adj* – aleatorizado
**randomization** *n* – aleatorización
**randomize** *v* – aleatorizar
**randomized** *adj* – aleatorizado
**randomly** *adv* – aleatoriamente
**range** *n* – margen, intervalo, gama, clase, rango, serie, línea, orden
**ranger** *n* – guardabosques, vigilante
**rank** *n* – rango, grado, orden, posición, clasificación, categoría
**rank and file** – los miembros regulares de una entidad, los empleados regulares de una entidad, miembros de unión
**ranking** *n* – orden, posición, clasificación, categoría
**ranking of claims** – orden de prioridad de las reclamaciones
**ranking of creditors** – orden de prioridad de los acreedores
**ransom** *n* – rescate
**ransom demand** – demanda de dinero de rescate
**ransom money** – dinero de rescate
**rape** *n* – violación, estupro
**rape** *v* – violar, estuprar
**rape shield laws** – leyes cuyo propósito es proteger a víctimas de violación de ser revictimizadas durante el proceso penal
**rapid** *adj* – rápido, pronto
**rapid deterioration** – deterioro rápido
**rapid judgment** – fallo rápido, sentencia rápida
**rapid resolution** – resolución rápida
**rapidity** *n* – rapidez, prontitud
**rapine** *n* – rapiña
**rapist** *n* – violador, estuprador
**rarely** *adv* – raramente
**rasure** *n* – raspadura
**rat race** – ajetreo constante de la vida moderna, competencia feroz por mejorar el estatus económico y/o laboral
**ratable** *adj* – proporcional, tasable, imponible
**ratable distribution** – distribución proporcional
**ratable estate** – propiedad imponible, propiedad tasable
**ratable property** – propiedad imponible, propiedad tasable
**ratable value** – valor catastral, valuación fiscal
**ratably** *adv* – proporcionalmente, a prorrata
**ratchet effect** – efecto trinquete
**rate** *n* – tipo, tasa, tarifa, precio, valor, proporción
**rate** *v* – clasificar, estimar, valorar
**rate base** – base de tasa
**rate basis** – base de tasa
**rate cap** – límite de tasa
**rate ceiling** – tasa tope
**rate cut** – recorte de tasa
**rate cutting** – recorte de tasa
**rate decrease** – disminución de tasa
**rate discrimination** – discriminación de tasas
**rate earned** – tasa devengada
**rate fixing** – fijación de tasa
**rate floor** – tasa mínima
**rate increase** – incremento de tasa
**rate lock** – fijación de tasa
**rate making** – cómputo de primas
**rate of change** – tasa de cambio
**rate of depreciation** – tasa de depreciación, tasa de amortización
**rate of employment** – tasa de empleo
**rate of exchange** – tipo de cambio
**rate of expansion** – tasa de expansión
**rate of growth** – tasa de crecimiento
**rate of increase** – tasa de aumento
**rate of inflation** – tasa de inflación
**rate of interest** – tasa de interés
**rate of return** – tasa de rendimiento

**rate of return on investment** – tasa de rendimiento de inversión
**rate of sales** – ritmo de ventas
**rate of saving** – tasa de ahorro
**rate of tax** – tasa de impuesto
**rate of taxation** – tasa de imposición
**rate of turnover** – tasa de rotación
**rate of unemployment** – tasa de desempleo
**rate regulation** – regulación de tasas
**rate scale** – escala de tasas
**rate schedule** – baremo
**rate-sensitive** *adj* – sensible a tasas
**rate sensitivity** – sensibilidad a tasas
**rate setting** – fijación de tasas
**rate-setting policy** – política de fijación de tasas
**rate structure** – estructura de tasas
**rate table** – baremo
**rate tariff** – tarifa de transporte condicional
**rateable** *adj* – proporcional, tasable, imponible
**rateable property** – propiedad imponible, propiedad tasable
**rateable value** – valor catastral, valuación fiscal
**rateably** *adv* – proporcionalmente, a prorrata
**rather** *n* – más bien, preferiblemente
**ratification** *n* – ratificación
**ratified** *adj* – ratificado
**ratifier** *n* – ratificador
**ratify** *v* – ratificar
**rating** *n* – clasificación, calificación, categoría, valoración, índice de televidentes
**rating agency** – agencia de clasificación
**rating bureau** – negociado de clasificación
**rating service** – servicio de clasificación
**ratio** *n* – ratio, razón, relación, proporción
**ratio decidendi** – la razón de la decisión
**ratio legis** – la razón de la ley
**ration** *v* – racionar
**rational** *adj* – racional
**rational basis** – fundamento razonable
**rational doubt** – duda razonable
**rational expectations** – expectativas racionales
**rationale** *n* – lógica, razones, fundamento, razón fundamental
**rationalisation** *n* – racionalización
**rationalization** *n* – racionalización
**rationalize** *v* – explicar racionalmente
**rationing** *n* – racionamiento
**rationing of goods** – racionamiento de productos
**rationing system** – sistema de racionamiento
**rattening** *n* – práctica de efectuar actos contra la propiedad o materiales de trabajo de un obrero para obligarlo a unirse a un sindicato
**ravish** *v* – violar, arrebatar
**ravisher** *n* – violador, arrebatador
**ravishment** *n* – violación, arrebato
**raw data** – datos sin procesar
**raw land** – terreno sin mejoras
**raw materials** – materias primas, insumos
**rcvd. (received)** – recibido
**Rd. (road)** – carretera
**re. (regarding)** – concerniente a, con referencia a
**re-acquire** *v* – readquirir
**re-acquired** *adj* – readquirido
**re-acquisition** *n* – readquisición
**re-afforestation** *n* – reforestación
**re-allocate** *v* – reasignar
**re-allocated** *adj* – reasignado
**re-allocation** *n* – reasignación
**re-apply** *v* – volver a solicitar
**re-appoint** *v* – volver a nombrar
**re-appraisal** *n* – revaluación
**re-appraise** *v* – revaluar, volver a tasar
**re-assess** *v* – volver a estimar, retasar, volver a amillarar
**re-assessment** *n* – reestimación, retasación, nuevo amillaramiento
**re-assign** *v* – reasignar, volver a repartir
**re-assignment** *n* – reasignación, cesión de parte de un cesionario, nueva repartición
**re-assurance** *n* – reaseguro, seguridad
**re-assure** *v* – reasegurar, tranquilizar
**re-brand** *v* – cambiar la marca de un producto o servicio, actualizar la imagen de un producto o servicio
**re-build** *v* – reconstruir
**re-buy** *v* – recomprar
**re-calculate** *v* – recalcular
**re-cross examination** – segundo contrainterrogatorio
**re-deposit** *v* – volver a depositar, redepositar
**re-design** *v* – rediseñar
**re-develop** *v* – redesarrollar
**re-development** *n* – redesarrollo
**re-docket** *v* – volver a poner en lista de casos a ser juzgados
**re-educate** *v* – reeducar
**re-elect** *v* – reelegir
**re-employ** *v* – reemplear
**re-employment** *n* – reempleo
**re-enact** *v* – revalidar
**re-entry** *n* – reposesión de un inmueble
**re-establish** *v* – restablecer
**re-evaluate** *v* – reevaluar
**re-evaluated** *adj* – reevaluado
**re-evaluation** *n* – reevaluación
**re-examination** *n* – reexaminación, revisión
**re-examine** *v* – reexaminar
**re-exchange** *n* – recambio
**re-export** *v* – reexportar
**re-exportation** *n* – reexportación
**re-exported** *adj* – reexportado
**re-exporter** *n* – reexportador
**re-finance** *v* – refinanciar
**re-financed** *adj* – refinanciado
**re-financing** *n* – refinanciamiento, refinanciación
**re-float** *v* – reflotar
**re-forestation** *n* – reforestación
**re-hire** *v* – volver a emplear
**re-hypothecate** *v* – rehipotecar
**re-hypothecation** *n* – ofrecer como prenda un bien ya ofrecido por otro como prenda, rehipotecación
**re-import** *v* – reimportar
**re-importation** *n* – reimportación
**re-insurance** *n* – reaseguro
**re-insurance activity** – actividad reaseguradora
**re-insurance agent** – agente de reaseguro
**re-insurance business** – negocio de reaseguro
**re-insurance carrier** – compañía de reaseguro
**re-insurance certificate** – certificado de reaseguro

**re-insurance certification** – certificación de reaseguro
**re-insurance clause** – cláusula de reaseguro
**re-insurance company** – compañía de reaseguro
**re-insurance contract** – contrato de reaseguro
**re-insurance coverage** – cobertura de reaseguro
**re-insurance firm** – empresa reaseguradora
**re-insurance limit** – límite de reaseguro
**re-insurance policy** – póliza de reaseguro
**re-insurance premium** – prima de reaseguro
**re-insurance rate** – tasa de reaseguro
**re-insurance regulation** – regulación de la industria del reaseguro
**re-insurance reserve** – reserva para reaseguro
**re-insurance risk** – riesgo de reaseguro
**re-insurance services** – servicios de reaseguro
**re-insurance trust** – fideicomiso que usa los beneficios de una póliza de reaseguro
**re-insure** *v* – reasegurar
**re-insured** *adj* – reasegurado
**re-insurer** *n* – reasegurador
**re-invent** *v* – reinventar
**re-invest** *v* – reinvertir
**re-invested** *adj* – reinvertido
**re-investment** *n* – reinversión
**re-issuance** *n* – reemisión, reimpresión
**re-issue** *v* – reemitir
**re-issued patent** – patente modificada
**re-let** *v* – realquilar
**re-monetisation** *n* – remonetización
**re-monetise** *v* – remonetizar
**re-monetised** *adj* – remonetizado
**re-monetization** *n* – remonetización
**re-monetize** *v* – remonetizar
**re-monetized** *adj* – remonetizado
**re-mortgage** *v* – rehipotecar
**re-name** *v* – renombrar
**re-negotiable** *adj* – renegociable
**re-negotiable terms** – términos renegociables
**re-negotiate** *v* – renegociar
**re-negotiated** *adj* – renegociado
**re-negotiated contract** – contrato renegociado
**re-negotiated terms** – términos renegociados
**re-negotiation** *n* – renegociación
**re-open** *v* – reabrirse, reanudarse
**re-order** *v* – reordenar, volver a pedir
**re-organisation** *n* – reorganización
**re-organise** *v* – reorganizar
**re-organization** *n* – reorganización
**re-organize** *v* – reorganizar
**re-package** *v* – reempacar, volver a empacar, ofrecer con una nueva presentación, actualizar la imagen
**re-packaging** *n* – reempacado, empaquetado nuevo, ofrecimiento con una nueva presentación, actualización de la imagen
**re-present** *v* – volver a presentar
**re-process** *v* – reprocesar
**re-processed** *adj* – reprocesado
**re-processing** *n* – reprocesado
**re-publish** *v* – republicar
**re-purchase** *n* – recompra, readquisición, redención
**re-purchase** *v* – recomprar, readquirir
**re-registration** *n* – reinscripción
**re-schedule** *v* – reprogramar, renegociar, reestructurar
**re-sell** *v* – revender
**re-shuffle** *v* – reorganizar, redistribuir
**re-skill** *v* – entrenar para desempeñar nuevas tareas, entrenar para mejorar destrezas
**re-state** *v* – repetir, volver a declarar, replantear
**re-stock** *v* – reaprovisionar, reabastecer
**re-submit** *v* – volver a presentar
**re-tendering** *n* – reoferta
**re-victimization** *n* – revictimización
**re-zone** *v* – rezonficicar
**re-zoning** *n* – rezonificación
**reach** *n* – alcance, extensión
**reach** *v* – alcanzar, extender, comunicarse con
**reach a decision** – llegar a una decisión, llegar a un acuerdo
**reach a verdict** – llegar a un veredicto
**reacquire** *v* – readquirir
**reacquired** *adj* – readquirido
**reacquisition** *n* – readquisición
**react** *v* – reaccionar
**reaction** *n* – reacción, respuesta
**reactionary** *adj* – reaccionario
**reactionary** *n* – reaccionario
**reactivate** *v* – reactivar
**readable** *adj* – legible
**reader** *n* – lector
**readiness** *n* – estado de preparación, destreza, prontitud
**reading** *n* – lectura
**readjust** *v* – reajustar
**readjusted** *adj* – reajustado
**readjustment** *n* – reajuste
**readmission** *n* – readmisión
**ready** *adj* – listo, dispuesto, disponible, preparado, rápido
**ready and willing** – listo y dispuesto
**ready cash** – dinero en efectivo
**ready-made** *adj* – prefabricado, idóneo, trillado
**ready money** – dinero en efectivo
**reaffirm** *v* – reafirmar, confirmar
**reaffirmation** *n* – reafirmación, confirmación
**reafforestation** *n* – reforestación
**real** *adj* – real, auténtico, verdadero
**real action** – acción real
**real age** – edad real
**real agency** – agencia real
**real amount** – cantidad real, monto real
**real assets** – bienes inmuebles, activo inmobiliario, activo real
**real authorisation** – autorización real, autorización efectiva
**real authority** – autoridad real
**real authorization** – autorización real, autorización efectiva
**real claim** – reclamo justificado
**real contract** – contrato real
**real controversy** – controversia real
**real cost** – costo real, coste real
**real damages** – daños reales
**real debt** – deuda real
**real delivery** – entrega real
**real disbursement** – desembolso real
**real earnings** – ingresos reales
**real economy** – economía real
**real estate** – inmuebles, bienes inmuebles, bienes

raíces, propiedad inmueble
**real estate administration** – administración inmobiliaria
**real estate administrator** – administrador inmobiliario
**real estate agency** – agencia inmobiliaria, inmobiliaria
**real estate agent** – agente inmobiliario, agente de bienes raíces
**real estate appraisal** – tasación inmobiliaria
**real estate assessment** – valuación fiscal inmobiliaria
**real estate broker** – corredor inmobiliario, corredor de bienes raíces
**real estate closing** – cierre, cierre de transacción inmobiliaria
**real estate company** – compañía inmobiliaria, inmobiliaria
**real estate contract** – contrato inmobiliario
**real estate coverage** – cobertura inmobiliaria
**real estate damage** – daño inmobiliario
**real estate depreciation** – depreciación inmobiliaria
**real estate developer** – promotor inmobiliario, desarrollador inmobiliario
**real estate development** – desarrollo inmobiliario
**real estate dividend** – dividendo de bienes raíces
**real estate financing** – financiamiento inmobiliario
**real estate insurance** – seguro inmobiliario
**real estate investment** – inversión inmobiliaria
**real estate investment trust** – compañía formada para la inversión inmobiliaria, fideicomiso para la inversión inmobiliaria
**real estate law** – derecho inmobiliario
**real estate listing** – contrato para una transacción inmobiliaria con un corredor de bienes raíces
**real estate loan** – préstamo inmobiliario
**real estate management** – administración inmobiliaria, gestión inmobiliaria
**real estate manager** – administrador inmobiliario
**real estate market** – mercado inmobiliario
**real estate mortgage investment conduit** – conducto de inversión en valores hipotecarios
**real estate partnership** – sociedad para la compra y venta de inmuebles
**Real Estate Settlement Procedures Act** – ley federal la cual impone que se declaren los gastos de cierre en una transacción inmobiliaria
**real estate taxes** – impuestos inmobiliarios
**real estate transaction** – transacción inmobiliaria
**real estate trust** – fideicomiso inmobiliario
**real evidence** – prueba material
**real expenditures** – gastos reales, desembolsos reales
**real expenses** – gastos reales
**real exports** – exportaciones reales
**real fixture** – instalación fija en un inmueble
**real guarantee** – garantía real
**real guaranty** – garantía real
**real holdings** – propiedades reales, posesiones reales
**real imports** – importaciones reales
**real injury** – perjuicio material, lesión material
**real interest rate** – tasa de interés real
**real issue** – controversia real, cuestión real
**real law** – derecho inmobiliario
**real loss** – pérdida real
**real market** – mercado real
**real meaning** – sentido real
**real money** – moneda en metálico
**real obligation** – obligación real
**real offer** – oferta real
**real overdraft** – sobregiro real
**real owner** – dueño real
**real party in interest** – parte interesada, una parte con un interés legal
**real payments** – pagos reales
**real policy** – política real, póliza real
**real possession** – posesión real
**real price** – precio real
**real property** – inmuebles, bienes inmuebles, bienes raíces, propiedad inmueble
**real property administration** – administración inmobiliaria
**real property administrator** – administrador inmobiliario
**real property agency** – agencia inmobiliario, inmobiliaria
**real property agent** – agente inmobiliario, agente de bienes raíces
**real property appraisal** – tasación inmobiliaria
**real property assessment** – valuación fiscal inmobiliaria
**real property broker** – corredor inmobiliario, corredor de bienes raíces
**real property closing** – cierre, cierre de transacción inmobiliaria
**real property contract** – contrato inmobiliario
**real property coverage** – cobertura inmobiliaria
**real property damage** – daño inmobiliario
**real property depreciation** – depreciación inmobiliaria
**real property dividend** – dividendo inmobiliario
**real property financing** – financiamiento inmobiliario
**real property insurance** – seguro inmobiliario
**real property insurance coverage** – cobertura inmobiliaria
**real property law** – derecho inmobiliario
**real property loan** – préstamo inmobiliario
**real property management** – administración inmobiliaria
**real property manager** – administrador inmobiliario
**real property tax** – impuesto inmobiliario
**real property transaction** – transacción inmobiliaria
**real rate** – tasa real
**real salary** – salario real, sueldo real
**real security** – garantía hipotecaria, garantía real, seguridad real
**real servitude** – servidumbre real
**real statutes** – leyes concernientes a los bienes inmuebles
**real things** – bienes inmuebles
**real-time** *adj* – en tiempo real
**real-time transaction** – transacción en tiempo real
**real-time transmission** – transmisión en tiempo real
**real value** – valor real
**real wages** – salario real, sueldo real
**real yield** – rendimiento real
**realism** *n* – realismo
**realistic** *adj* – realista
**realisable** *adj* – realizable
**realisation** *n* – realización
**realise** *v* – comprender, realizar

**realised gain** – ganancia realizada
**realised loss** – pérdida realizada
**realizable** *adj* – realizable
**realization** *n* – realización
**realize** *v* – comprender, realizar
**realized gain** – ganancia realizada
**realized loss** – pérdida realizada
**reallocate** *v* – reasignar
**reallocated** *adj* – reasignado
**reallocation** *n* – reasignación
**realm** *n* – reino, dominio, región
**realpolitik** *n* – política real
**realtime** *adj* – en tiempo real
**Realtor** *n* – agente inmobiliario, agente de bienes raíces
**realty** *n* – bienes inmuebles, bienes raíces, propiedad inmueble
**reappear** *v* – reaparecer
**reapply** *v* – volver a solicitar
**reappoint** *v* – volver a designar, volver a nombrar
**reapportionment** *n* – redistribución de los distritos legislativos
**reappraisal** *n* – revaluación
**reappraise** *v* – revaluar, volver a tasar
**reargument** *n* – nuevo alegato
**rearraignment** *n* – nuevo procesamiento de un acusado
**rearrest** *v* – volver a arrestar
**reason** *n* – razón, argumento
**reasonable** *adj* – razonable, justo
**reasonable act** – acto razonable
**reasonable amount** – cantidad razonable
**reasonable and customary charge** – cargo razonable y acostumbrado
**reasonable and customary fee** – cargo razonable y acostumbrado
**reasonable and probable cause** – causa razonable y probable
**reasonable belief** – creencia razonable
**reasonable care** – cuidados razonables, prudencia razonable
**reasonable cause** – causa razonable
**reasonable certainty, rule of** – regla de la certeza razonable
**reasonable chance** – posibilidad razonable
**reasonable charge** – cargo razonable
**reasonable comment** – comentario razonable
**reasonable consideration** – contraprestación razonable
**reasonable cost** – costo razonable, coste razonable
**reasonable diligence** – diligencia razonable
**reasonable doubt** – duda razonable
**reasonable excuse** – excusa razonable
**reasonable expectations** – expectativas razonables
**reasonable expenditure** – gasto razonable
**reasonable expense** – gasto razonable
**reasonable fee** – cargo razonable
**reasonable force** – fuerza apropiada
**reasonable grounds** – fundamentos razonables
**reasonable inference** – inferencia razonable
**reasonable investment** – inversión razonable
**reasonable investor** – inversionista razonable
**reasonable length of time** – plazo razonable
**reasonable man doctrine** – doctrina de la persona razonable
**reasonable market price** – precio razonable en el mercado
**reasonable market rent** – renta razonable en el mercado
**reasonable market value** – valor razonable en el mercado
**reasonable notice** – aviso razonable
**reasonable offer** – oferta razonable
**reasonable person** – persona razonable
**reasonable person doctrine** – doctrina de la persona razonable
**reasonable person test** – prueba de persona razonable
**reasonable precaution** – precaución razonable
**reasonable premium** – prima razonable
**reasonable presumption** – presunción razonable
**reasonable price** – precio razonable
**reasonable probability** – probabilidad razonable
**reasonable provocation** – provocación suficiente
**reasonable rate** – tasa razonable
**reasonable rent** – renta razonable
**reasonable return** – rendimiento razonable
**reasonable supposition** – suposición razonable
**reasonable suspicion** – sospecha razonable
**reasonable time** – plazo razonable
**reasonable treatment** – trato razonable
**reasonable use** – uso razonable
**reasonable value** – valor razonable
**reasonable warning** – advertencia razonable
**reasonableness** *n* – racionabilidad
**reasonably** *adv* – razonablemente
**reasoning** *n* – razonamiento, argumentación
**reasonless** *adj* – sin razón
**reassess** *v* – volver a estimar, retasar, volver a amillarar
**reassessment** *n* – reestimación, retasación, nuevo amillaramiento
**reassign** *v* – reasignar, volver a repartir
**reassignment** *n* – reasignación, cesión de parte de un cesionario, nueva repartición
**reassurance** *n* – reaseguro, seguridad
**reassure** *v* – reasegurar, tranquilizar
**rebate** *n* – rebaja, reembolso, descuento, devolución
**rebellion** *n* – rebelión
**rebrand** *v* – cambiar la marca de un producto o servicio, actualizar la imagen de un producto o servicio
**rebuild** *v* – reconstruir
**rebuilding** *n* – reconstrucción
**rebuke** *n* – censurar
**rebut** *n* – refutar, rebatir
**rebuttable** *adj* – refutable, rebatible
**rebuttable presumption** – presunción rebatible
**rebuttal** *n* – refutación, rechazo
**rebuttal evidence** – prueba presentada para refutar aquella ofrecida por la otra parte
**rebutter** *n* – respuesta a la tríplica, refutación
**rebuy** *v* – recomprar
**recalcitrant** *adj* – recalcitrante
**recalculate** *v* – recalcular
**recall** *n* – revocación, retirada, retirada del mercado, procedimiento para informar sobre defectos en productos y corregirlos, recordación
**recall** *v* – revocar, retirar, retirar del mercado,

informar sobre defectos de productos y corregirlos, recordar
**recall a judgment** – revocar una sentencia
**recall a witness** – volver a hacer comparecer a un testigo
**recallable** *adj* – revocable, retirable
**recant** *v* – retractar, revocar
**recapitalisation** *n* – recapitalización
**recapitalise** *v* – recapitalizar
**recapitalization** *n* – recapitalización
**recapitalize** *v* – recapitalizar
**recapitulation** *n* – recapitulación
**recaption** *n* – recuperación, rescate
**recapture** *v* – recobrar, recuperar, recapturar
**recd. (received)** – recibido
**receipt** *n* – recibo, recepción
**receipt book** – libro de recibos
**receipt for payment** – recibo por pago
**receipt for services** – recibo por servicios
**receipt in full** – recibo por la cantidad total, recibo por saldo
**receipt of goods** – recibo de las mercancías
**receipts** *n* – ingresos, entradas, recibos
**receivable** *adj* – por cobrar, exigible
**receivable account** – cuenta por cobrar
**receive** *v* – recibir, aceptar, tomar
**receive against payment** – recibir contra pago
**receive compensation** – recibir compensación
**receive information** – recibir información
**receive money** – recibir dinero
**receive payment** – recibir pago
**receive versus payment** – recibir contra pago
**received** *adj* – recibido
**receiver** *n* – recibidor, administrador judicial, liquidador, síndico, destinatario, receptor
**receiver pendente lite** – administrador judicial durante el litigio
**receiver's certificate** – certificado del administrador judicial, certificado del liquidador
**receivership** *n* – liquidación judicial, nombramiento de un administrador judicial, administración judicial
**receiving bank** – banco receptor
**receiving bank identifier** – código de identificación del banco receptor
**receiving bank name** – nombre de del banco receptor
**recent** *adj* – reciente, novedoso
**reception** *n* – recepción, recibimiento, acogida, admisión
**reception of verdict** – declaración del veredicto
**receptionist** *n* – recepcionista
**receptive** *adj* – receptivo
**recess** *n* – receso, cesación
**recession** *n* – recesión, retroceso
**recidivism** *n* – reincidencia
**recidivist** *n* – reincidente, criminal habitual
**recipient** *n* – recibidor, receptor
**recipient bank** – banco receptor
**recipient country** – país receptor
**reciprocal** *adj* – recíproco
**reciprocal agreement** – acuerdo recíproco
**reciprocal aid** – ayuda recíproca
**reciprocal arrangement** – arreglo recíproco
**reciprocal assistance** – asistencia recíproca
**reciprocal commerce** – comercio recíproco
**reciprocal commitment** – compromiso recíproco
**reciprocal contract** – contrato recíproco, contrato bilateral
**reciprocal covenants** – estipulaciones recíprocas, garantías recíprocas
**reciprocal easement** – servidumbre recíproca
**reciprocal exchange** – intercambio recíproco
**reciprocal insurance** – seguro recíproco, seguro mutuo
**reciprocal insurer** – asegurador recíproco
**reciprocal laws** – leyes recíprocas
**reciprocal legislation** – legislación recíproca
**reciprocal promises** – promesas recíprocas
**reciprocal statutes** – leyes recíprocas
**reciprocal tax treaty** – tratado contributivo recíproco
**reciprocal trade** – comercio recíproco
**reciprocal trade agreement** – acuerdo comercial recíproco
**reciprocal transaction** – transacción recíproca
**reciprocal trusts** – fideicomisos recíprocos
**reciprocal wills** – testamentos recíprocos, testamentos mutuos
**reciprocality** *n* – reciprocidad
**reciprocally** *adv* – recíprocamente
**reciprocity** *n* – reciprocidad
**reciprocity agreement** – acuerdo de reciprocidad
**recital** *n* – preámbulo, recitación
**recite** *v* – recitar, citar
**reckless** *adj* – imprudente, temerario
**reckless behavior** – conducta imprudente
**reckless behaviour** – conducta imprudente
**reckless conduct** – conducta imprudente
**reckless driving** – conducción imprudentemente
**reckless homicide** – homicidio por negligencia
**reckless misconduct** – conducta imprudente
**reckless statement** – declaración irresponsable
**recklessly** *adv* – imprudentemente, temerariamente
**recklessness** *n* – imprudencia, temeridad
**reckon** *v* – calcular, computar, contar
**reckoning** *n* – cálculo, cómputo, cuenta
**reclaim** *v* – reclamar, recuperar
**reclamation** *n* – reclamación, proceso de aumentar el valor de terreno inservible al hacerle mejoras, recuperación
**reclassification** *n* – reclasificación
**reclassify** *v* – reclasificar
**recognisance** *n* – obligación judicial, caución judicial
**recognise** *v* – reconocer, admitir, confesar, distinguir
**recognised** *adj* – reconocido
**recognised gain** – ganancia realizada
**recognised loss** – pérdida realizada
**recognition** *n* – reconocimiento, ratificación, admisión
**recognizance** *n* – obligación judicial, caución judicial
**recognize** *v* – reconocer, admitir, confesar, distinguir
**recognized** *adj* – reconocido
**recognized gain** – ganancia realizada
**recognized loss** – pérdida realizada
**recognizee** *n* – beneficiario de una obligación judicial
**recognizor** *n* – quien asume una obligación judicial
**recollection** *n* – recuerdo
**recommend** *v* – recomendar, proponer
**recommendation** *n* – recomendación, sugerencia
**recommendation letter** – cata de recomendación

**recommendation of mercy** – recomendación de clemencia de parte del jurado tras emitir un veredicto de culpable
**recommendatory** *adj* – recomendatorio
**recommended** *adj* – recomendado
**recommended price** – precio recomendado
**recommended retail price** – precio recomendado, precio al por menor recomendado
**recommit** *v* – volver a encarcelar, volver a cometer
**recompense** *n* – recompensa, compensación
**recomputation** *n* – recómputo
**reconcile** *v* – reconciliar, conciliar, ajustar
**reconcile accounts** – conciliar cuentas
**reconciliation** *n* – reconciliación, conciliación, ajuste
**reconciliation of accounts** – conciliación de cuentas
**recondition** *v* – reacondicionar
**reconditioning of property** – reacondicionamiento de propiedad
**reconduction** *n* – renovación de un arrendamiento anterior, reconducción
**reconfigure** *v* – reconfigurar
**reconsider** *v* – reconsiderar
**reconsideration** *n* – reconsideración
**reconsign** *v* – reconsignar
**reconsignment** *n* – nueva consignación
**reconstruct** *v* – reconstruir
**reconstruction** *n* – reconstrucción
**reconvene** *v* – reanudar una sesión, reunirse de nuevo
**reconvention** *n* – reconvención, contrademanda
**reconventional** *adj* – reconvencional
**reconventional demand** – demanda reconvencional
**reconversion** *n* – reconversión
**reconveyance** *n* – retraspaso
**record** *n* – récord, registro, inscripción, historial, antecedentes, expediente, archivo, fichero
**record** *v* – registrar, inscribir, anotar, grabar
**record a deed** – registrar una escritura
**record a mortgage** – registrar una hipoteca
**record commission** – junta encargada de los registros
**record date** – fecha de registro
**record-keeping system** – sistema de registro, sistema de inscripción, sistema de anotación, sistema de grabación
**record, off-the-** – extraoficial, confidencial
**record, on** – registrado, que consta
**record, on-the-** – oficial, a publicarse
**record owner** – titular registrado
**record title** – título registrado
**recordable** *adj* – registrable, inscribible
**recordation** *n* – registro, inscripción
**recorded** *adj* – registrado, inscrito
**recorded deed** – escritura inscrita
**recorded information** – información inscrita
**recorded mortgage** – hipoteca inscrita
**recorded title** – título inscrito
**recorder** *n* – registrador, magistrado
**recording** *n* – registro, inscripción, anotación, grabación
**recording acts** – leyes concernientes a los registros
**recording fee** – cargo de registro, cargo de inscripción
**recording of a judgment** – registro de una sentencia
**recording of lien** – registro de gravamen
**recording of mortgage** – registro de hipoteca
**recording system** – sistema de registro, sistema de inscripción, sistema de anotación, sistema de grabación
**records administration** – administración de registros
**records administrator** – administrador de registros
**records management** – administración de registros, gestión de registros
**records manager** – administrador de registros
**records of a corporation** – libros corporativos, libros de un ente jurídico
**recoup** *v* – recuperar, reembolsar
**recoupment** *n* – recuperación, reembolso, deducción, reconvención
**recourse** *n* – recurso
**recourse debt** – deuda con recursos
**recourse loan** – préstamo con recursos
**recover** *v* – recuperar, recobrar, obtener una sentencia favorable
**recoverable** *adj* – recuperable
**recoverer** *n* – quien ha obtenido una sentencia favorable para obtener un pago
**recovery** *n* – recuperación, sentencia favorable para obtener un pago
**recovery, right of** – derecho de recuperación
**recovery of judgment** – obtener una sentencia favorable
**recreation** *n* – recreación
**recreational** *adj* – recreativo
**recriminate** *v* – recriminar
**recrimination** *n* – recriminación
**recross examination** – segundo contrainterrogatorio
**recruit** *v* – reclutar, contratar
**recruitment** *n* – reclutamiento, contratación
**rectifiable** *adj* – rectificable
**rectification** *n* – rectificación
**rectification entry** – asiento de rectificación
**rectify** *v* – rectificar
**recuperate** *v* – recuperar
**recuperation** *n* – recuperación
**recurrence** *n* – recurrencia
**recurrent** *adj* – recurrente
**recurrent disability** – discapacidad recurrente
**recurring** *adj* – recurrente
**recurring charge** – cargo recurrente
**recurring cost** – costo recurrente, coste recurrente
**recurring employment** – empleo repetido
**recurring expenditures** – gastos recurrentes
**recurring expenses** – gastos recurrentes
**recurring fee** – cargo recurrente
**recurring payment** – pago recurrente
**recusal** *n* – recusación
**recusation** *n* – recusación
**recuse** *v* – recusar
**recycle** *v* – reciclar
**recycled** *adj* – reciclado
**recycling** *n* – reciclaje
**red handed** – con las manos en la masa, sorprendido mientras está cometiendo un crimen, sorprendido con evidencia clara de que ha cometido un crimen
**red herring** – folleto informativo preliminar de una emisión de valores, pista falsa
**red tape** – trámites burocráticos excesivos, burocratismo, papeleo
**redaction** *n* – redacción
**redeem** *v* – redimir, rescatar, canjear, compensar,

amortizar
**redeemable** *adj* – redimible, rescatable, canjeable, compensable, amortizable
**redeemable rent** – renta redimible
**redeemable rights** – derechos redimibles
**redeemable securities** – valores redimibles
**redeemed** *adj* – redimido, retirado, rescatado, canjeado, compensado, amortizado
**redelivery** *n* – devolución
**redelivery bond** – fianza para la devolución de bienes embargados
**redemption** *n* – redención, rescate, canje, reembolso, amortización, compensación
**redemption agreement** – contrato de redención, acuerdo de redención
**redemption period** – plazo de redención
**redemption, right of** – derecho de redención
**redeposit** *v* – volver a depositar, redepositar
**redesign** *v* – rediseñar
**redetermination** *n* – redeterminación
**redevelop** *v* – redesarrollar
**redevelopment** *n* – redesarrollo
**redhibition** *n* – redhibición
**redhibitory** *adj* – redhibitorio
**redhibitory action** – acción redhibitoria
**redhibitory defect** – vicio redhibitorio
**redhibitory vice** – vicio redhibitorio
**redirect examination** – interrogatorio redirecto, segundo interrogatorio directo
**rediscount** *n* – redescuento
**redistribute** *v* – redistribuir
**redistributed** *adj* – redistribuido
**redistribution** *n* – redistribución
**redlining** *n* – práctica ilegal de negar crédito en ciertas áreas sin tener en cuenta el historial de crédito de los solicitantes de dichas áreas
**redraft** *n* – resaca
**redraft** *v* – volver a redactar
**redress** *v* – reparar, remediar
**redress** *n* – reparación, remedio
**reduce** *v* – reducir, cambiar, someter
**reduce benefits** – reducir beneficios
**reduce costs** – reducir costos, reducir costes
**reduce hazards** – reducir riesgos
**reduce prices** – reducir precios
**reduce rates** – reducir tasas
**reduce tariffs** – reducir tarifas
**reduce taxes** – reducir impuestos
**reduced** *adj* – reducido
**reduced benefits** – beneficios reducidos
**reduced hazard** – riesgo reducido
**reduced price** – precio reducido
**reduce rates** – reducir tasas
**reduced risk** – riesgo reducido
**reduced tariffs** – tarifas reducidas
**reduced taxes** – impuestos reducidos
**reducible felony** – delito grave para el cual la pena podría ser la de un delito menor si lo recomienda el jurado
**reduction** *n* – reducción
**reduction certificate** – certificado de reducción de deuda
**reduction of benefits** – reducción de beneficios
**reduction of capital** – reducción de capital
**reduction of contamination** – reducción de la contaminación
**reduction of price** – reducción de precio
**reduction of rates** – reducción de tasas
**reduction of risk** – reducción de riesgo
**reduction of tariffs** – reducción de tarifas
**reduction of taxes** – reducción de impuestos
**redundancy** *n* – redundancia, despido, despido por eliminación de puestos de trabajo
**redundancy insurance** – seguro de desempleo, seguro de desempleo a corto plazo
**redundancy pay** – compensación por desempleo, compensación por desempleo a corto plazo
**redundancy payment** – compensación por desempleo, compensación por desempleo a corto plazo
**redundant** *adj* – redundante, despedido, despedido por eliminación de un puesto de trabajo
**reeducate** *v* – reeducar
**reelect** *v* – reelegir
**reemploy** *v* – reemplear
**reemployment** *n* – reempleo
**reenact** *v* – reconstruir
**reestablish** *v* – reestablecer
**reevaluate** *v* – reevaluar
**reevaluated** *adj* – reevaluado
**reevaluation** *n* – reevaluación
**reexamination proceeding** – procedimiento de reexaminación
**reexamine** *v* – reexaminar
**reexport** *v* – reexportar
**reexportation** *n* – reexportación
**reexported** *adj* – reexportado
**reexporter** *n* – reexportador
**refection** *n* – reparación
**refer** *v* – referir, remitir, atribuir
**referee** *n* – árbitro, ponente
**reference** *n* – referencia, el someterse a arbitraje, alusión
**reference currency** – moneda de referencia, divisa de referencia
**reference in case of need** – referencia en caso de que se necesite
**reference statutes** – leyes que incorporan otras mediante referencia
**referendum** *n* – referéndum
**referral** *n* – referido, referencia
**referred** *adj* – referido
**refinance** *v* – refinanciar, volver a financiar
**refinanced** *adj* – refinanciado
**refinanced loan** – préstamo refinanciado
**refinancing** *n* – refinanciamiento, refinanciación
**refine** *v* – refinar, pulir
**reflate** *v* – reflacionar
**reflation** *n* – reflación
**reflationary** *adj* – reflacionario
**reforestation** *n* – reforestación
**reform** *v* – reformar, corregir
**reformation** *n* – reforma, corrección
**reformatory** *n* – reformatorio
**reformed** *adj* – reformado
**refresher course** – curso de actualización
**refreshing recollection** – refrescarse la memoria
**refreshing the memory** – refrescarse la memoria
**refuge** *n* – refugio, amparo

**refugee** *n* – refugiado
**refund** *n* – reembolso, reintegro, devolución
**refund** *v* – reembolsar, reintegrar, devolver
**refund annuity** – anualidad en que se paga al pensionado lo que él anteriormente aportó
**refund annuity contract** – contrato de anualidad en que se paga al pensionado lo que él anteriormente aportó
**refund check** – cheque de reembolso
**refund cheque** – cheque de reembolso
**refund of charges** – reembolso de cargos
**refund of costs** – reembolso de costos, reembolso de costes
**refund of expenditures** – reembolso de gastos
**refund of expenses** – reembolso de gastos
**refund of fees** – reembolso de cargos
**refund of payments** – reembolso de pagos
**refund of premium** – reembolso de prima
**refund of taxes** – reintegro contributivo
**refundable** *adj* – reembolsable
**refundable credit** – crédito reembolsable
**refundable deposit** – depósito reembolsable
**refundable fee** – cargo reembolsable
**refundable payment** – pago reembolsable
**refunding** *n* – reintegro, reembolso, refinanciación
**refurbish** *v* – renovar, rejuvenecer
**refurbished** *adj* – renovado, rejuvenecido
**refurbishment** *n* – renovación, rejuvenecimiento
**refusal** *n* – rechazo, denegación, negativa
**refusal by conduct** – rechazo por conducta
**refusal date** – fecha de rechazo
**refusal of a bill** – rechazo de una letra
**refusal of a bribe** – rechazo de un soborno
**refusal of a check** – rechazo de un cheque
**refusal of a cheque** – rechazo de un cheque
**refusal of a contract** – rechazo de un contrato
**refusal of a deposit** – rechazo de un depósito
**refusal of a gift** – rechazo de una donación
**refusal of a proposal** – rechazo de una propuesta
**refusal of agreement** – rechazo de convenio
**refusal of approval** – rechazo de aprobación
**refusal of bail** – rechazo de fianza
**refusal of benefits** – rechazo de beneficios
**refusal of condition** – rechazo de condición
**refusal of credit** – rechazo de crédito
**refusal of goods** – rechazo de bienes, rechazo de mercancías
**refusal of liability** – rechazo de responsabilidad
**refusal of obligation** – rechazo de obligación
**refusal of offer** – rechazo de oferta
**refusal of office** – rechazo de cargo
**refusal of order** – rechazo de orden
**refusal of payment** – rechazo de pago
**refusal of responsibility** – rechazo de responsabilidad
**refusal of risk** – rechazo de riesgo
**refusal of sale** – rechazo de venta
**refusal procedure** – procedimiento de rechazo
**refusal to accept** – rehusarse a aceptar
**refusal to answer** – rehusarse a contestar
**refusal to comply** – rehusarse a cumplir
**refusal to deliver** – rehusarse a entregar
**refusal to furnish** – rehusarse a proveer
**refusal to obey** – rehusarse a obedecer
**refusal to pay** – rehusarse a pagar
**refuse** *n* – desechos, desperdicios, basura
**refuse** *v* – rechazar, denegar, rehusar
**refuse acceptance** – rehusar la aceptación
**refuse approval** – rehusar la aprobación
**refuse payment** – rehusar el pago
**refuse permission** – rehusar el permiso
**refuse to accept** – rehusarse a aceptar
**refuse to acknowledge** – rehusarse a reconocer
**refuse to admit** – rehusarse a admitir
**refuse to allow** – rehusarse a permitir
**refuse to authorize** – rehusarse a autorizar
**refuse to believe** – rehusarse a creer
**refuse to confirm** – rehusarse a confirmar
**refuse to consent** – rehusarse a consentir
**refuse to consider** – rehusarse a considerar
**refuse to corroborate** – rehusarse a corroborar
**refuse to credit** – rehusarse a acreditar
**refuse to disclose** – rehusarse a divulgar
**refuse to give** – rehusarse a dar
**refuse to give permission** – rehusarse a dar permiso
**refuse to honor** – rehusarse a honrar
**refuse to obey** – rehusarse a obedecer
**refuse to permit** – rehusarse a permitir
**refuse to ratify** – rehusarse a ratificar
**refuse to receive** – rehusarse a recibir
**refuse to recognize** – rehusarse a reconocer
**refuse to supply** – rehusarse a proveer
**refuse to yield** – rehusarse a ceder
**refused** *adj* – rehusado
**refused bill** – letra rehusada
**refused bribe** – soborno rehusado
**refused claim** – reclamación rehusada
**refused condition** – condición rehusada
**refused contract** – contrato rehusado
**refused deposit** – depósito rehusado
**refused goods** – mercancías rehusadas, bienes rehusados
**refused liability** – responsabilidad rehusada
**refused obligation** – obligación rehusada
**refused offer** – oferta rehusada
**refused policy** – póliza rehusada
**refused proposal** – propuesta rehusada
**refused responsibility** – responsabilidad rehusada
**refusing to admit** – rehusándose a admitir
**refusing to authorize** – rehusándose a autorizar
**refusing to comply** – rehusándose a cumplir
**refusing to confirm** – rehusándose a confirmar
**refusing to consider** – rehusándose a considerar
**refusing to deliver** – rehusándose a entregar
**refusing to disclose** – rehusándose a divulgar
**refusing to include** – rehusándose a incluir
**refusing to obey** – rehusándose a obedecer
**refusing to receive** – rehusándose a recibir
**refutation** *n* – refutación
**refute** *v* – refutar, impugnar
**reg. (registered)** – registrado
**reg. (registry)** – registro
**reg. (regular)** – regular
**reg. (regulation)** – regulación, reglamento
**regain** *v* – recobrar, recuperar
**regard** *n* – consideración, estima, respeto
**regarding** *prep* – concerniente a, con referencia a
**regency** *n* – regencia
**regent** *n* – regente

**regicide** *n* – regicidio, regicida
**regime** *n* – régimen
**region** *n* – región, lugar
**regional** *adj* – regional
**regional account** – cuenta regional
**regional accreditation** – acreditación regional
**regional agency** – agencia regional
**regional agent** – agente regional
**regional aid** – ayuda regional
**regional assistance** – asistencia regional
**regional auditor** – auditor regional
**regional authority** – autoridad regional
**regional bank** – banco regional
**regional benefit** – beneficio regional
**regional clearinghouse** – casa de liquidación regional
**regional commerce** – comercio regional
**regional commodity** – producto regional
**regional company** – compañía regional
**regional concern** – empresa con intereses regionales
**regional control** – control regional
**regional corporation** – corporación regional
**regional courts** – tribunales regionales
**regional credit** – crédito regional
**regional currency** – moneda regional
**regional customs** – costumbres regionales
**regional debt** – deuda regional
**regional director** – director regional
**regional economy** – economía regional
**regional government** – gobierno regional
**regional holiday** – feriado regional
**regional improvements** – mejoras públicas regionales
**regional inspector** – inspector regional
**regional insurer** – asegurador regional
**regional integration** – integración regional
**regional loan** – préstamo regional
**regional manager** – gerente regional
**regional minimum wage** – salario mínimo regional, paga mínima regional
**regional office** – oficina regional
**regional officer** – funcionario regional
**regional operations** – operaciones regionales
**regional policy** – política regional
**regional representative** – representante regional
**regional rules** – reglas regionales
**regional standards** – normas regionales
**regional subsidiary** – subsidiaria regional
**regional subsidy** – subsidio regional, subvención regional
**regional support** – ayuda regional
**regional taxes** – impuestos regionales
**regional union** – unión regional
**regionally** *adv* – regionalmente
**register** *n* – registro, inscripción, lista, caja registradora, archivo, registrador
**register** *v* – registrar, registrarse, inscribir, matricular, mandar por correo certificado, mandar por correo registrado
**register of companies** – registro de compañías
**register of deeds** – registrador de la propiedad
**register of patents** – registro de patentes
**register of shareholders** – registro de accionistas
**register of ships** – registro de navíos
**register of stockholders** – registro de accionistas
**register of wills** – registrador de testamentos
**register office** – oficina de registros, oficina de inscripciones
**registered** *adj* – registrado, inscrito, inscrito oficialmente, matriculado
**registered address** – domicilio social, dirección registrada
**registered as to principal** – registrado en cuanto al principal
**registered bond** – bono registrado
**registered check** – cheque certificado
**registered cheque** – cheque certificado
**registered company** – compañía registrada, compañía inscrita oficialmente
**registered holder** – tenedor registrado
**registered investment company** – compañía de inversiones registrada
**registered letter** – carta certificada, carta registrada
**registered mail** – correo certificado, correo registrado
**registered mark** – marca registrada
**registered name** – nombre registrado
**registered office** – domicilio social, oficina registrada
**registered owner** – dueño registrado
**registered patent** – patente registrada
**registered pension plan** – plan de pensiones registrado
**registered post** – correo certificado, correo registrado
**registered proprietor** – dueño registrado
**registered qualified elector** – elector elegible e inscrito
**registered representative** – persona autorizada a venderle valores al público, representante registrado
**registered securities** – valores registrados
**registered shareholder** – accionista registrado
**registered shares** – acciones registradas
**registered stock** – acciones registradas
**registered stockholder** – accionista registrado
**registered title** – título registrado
**registered tonnage** – tonelaje registrado
**registered trademark** – marca registrada
**registered unemployed** – desempleados registrados
**registered user** – usuario registrado
**registered voter** – votante empadronado
**registrable** *adj* – registrable
**registrant** *n* – registrante
**registrar** *n* – registrador
**Registrar of Deeds** – registrador de la propiedad, registrador de títulos de propiedad
**registration** *n* – registro, inscripción, matrícula
**registration fee** – cargo por registro, cargo por inscripción
**registration form** – formulario de registro, formulario de inscripción
**registration office** – oficina de registros, oficina de inscripciones
**registration statement** – declaración del propósito de una emisión de valores
**registry** *n* – registro, inscripción
**registry certificate** – certificado de registro
**registry of deeds** – registro de propiedad, registro de títulos de propiedad
**registry of ships** – registro de navíos
**registry office** – oficina de registros, oficina de inscripciones
**regnant** *adj* – reinante

**regrant** *v* – volver a ceder
**regress** *v* – regresar, retroceder
**regression** *n* – regresión
**regressive tax** – impuesto regresivo
**regressive taxation** – imposición regresiva
**regular** *adj* – regular, ordinario, constante, legal, corriente
**regular account** – cuenta regular
**regular activity** – actividad regular
**regular agency** – agencia regular
**regular agent** – agente regular
**regular amount** – cantidad regular
**regular and established place of business** – lugar regular y establecido de negocios
**regular annuity** – anualidad ordinaria
**regular army** – ejército regular
**regular benefits** – beneficios regulares
**regular business expenses** – gastos de negocios regulares
**regular business practices** – prácticas de negocios regulares
**regular care** – cuidado ordinario, cuidado regular
**regular charges** – cargos regulares
**regular client** – cliente regular
**regular conditions** – condiciones regulares
**regular contract** – contrato regular
**regular cost** – costo regular, coste regular
**regular course** – curso regular
**regular course of business** – curso regular de los negocios
**regular creditor** – acreedor regular
**regular customer** – cliente regular
**regular deposit** – depósito regular
**regular diligence** – diligencia ordinaria
**regular election** – elección ordinaria
**regular employment** – empleo fijo, empleo regular
**regular endorsement** – endoso regular
**regular endorser** – endosante regular
**regular expenditures** – gastos regulares
**regular expenses** – gastos regulares
**regular fees** – cargos regulares
**regular gain** – ganancia regular
**regular general meeting** – asamblea general regular
**regular hazards** – riesgos ordinarios
**regular hours** – horas fijas, horas regulares
**regular income** – ingresos ordinarios
**regular indorsement** – endoso regular
**regular indorser** – endosante regular
**regular insurance** – seguro regular
**regular job** – trabajo regular
**regular life insurance** – seguro de vida regular
**regular loss** – pérdida ordinaria
**regular mail** – correo regular
**regular market** – mercado regular
**regular meeting** – asamblea ordinaria
**regular method** – método regular
**regular mode** – modo regular
**regular navigation** – navegación regular
**regular on its face** – aparentemente proveniente de un ente autorizado por ley
**regular partnership** – sociedad regular
**regular payment** – pago regular, abono regular
**regular payroll** – nómina regular
**regular period** – período regular
**regular place of business** – lugar regular de negocios
**regular practice** – práctica regular
**regular premium** – prima regular
**regular price** – precio regular
**regular procedure** – procedimiento regular
**regular proceeding** – procedimiento regular
**regular process** – proceso regular
**regular quality** – calidad regular
**regular rate** – tasa regular
**regular remuneration** – remuneración regular
**regular risks** – riesgos ordinarios
**regular salary** – salario regular
**regular sale** – venta ordinaria
**regular session** – sesión ordinaria
**regular shareholder** – accionista regular
**regular shares** – acciones regulares
**regular spoilage** – deterioro ordinario
**regular stock** – acciones regulares
**regular stockholder** – accionista regular
**regular succession** – sucesión regular
**regular tariff** – tarifa regular
**regular tax** – impuesto regular
**regular term** – plazo ordinario
**regular time** – tiempo regular
**regular use** – uso regular
**regular voting** – votación regular
**regular-way delivery** – entrega en el tiempo acostumbrado
**regular work** – trabajo regular
**regularly** *adv* – regularmente, comúnmente
**regulate** *adj* – regular, reglamentar
**regulated** *adj* – regulado
**regulated commodities** – mercancías reguladas, productos regulados
**regulated currency** – moneda regulada, moneda controlada
**regulated economy** – economía planificada, economía dirigida, economía regulada
**regulated industry** – industria regulada
**regulated inflation** – inflación regulada
**regulated investment company** – compañía de inversiones regulada
**regulated market** – mercado regulado
**regulated prices** – precios regulados
**regulated rate** – tasa regulada, tasa de interés regulada
**regulated securities** – valores regulados
**regulated wages** – salarios regulados
**regulation** *n* – regulación, reglamento, regla, norma
**regulatory** *n* – regulador, reglamentario
**regulatory agency** – agencia reguladora
**regulatory body** – organismo regulador
**regulatory power** – poder regulador
**rehabilitate** *v* – rehabilitar
**rehabilitation** *n* – rehabilitación
**rehabilitation clause** – cláusula de rehabilitación
**rehearing** *n* – nueva audiencia, revisión de una causa
**rehire** *v* – volver a emplear
**rehypothecate** *v* – rehipotecar
**rehypothecation** *n* – rehipotecación, ofrecer como prenda un bien ya ofrecido por otro como prenda
**reimbursable** *adj* – reembolsable, indemnizable, reintegrable
**reimburse** *v* – reembolsar, indemnizar, reintegrar
**reimbursement** *n* – reembolso, indemnización,

reintegro
**reimbursement arrangement** – arreglo de reembolso
**reimbursement method** – método de reembolso
**reimbursement of charges** – reembolso de cargos
**reimbursement of costs** – reembolso de costos, reembolso de costes
**reimbursement of expenditures** – reembolso de gastos
**reimbursement of expenses** – reembolso de gastos
**reimbursement of fees** – reembolso de cargos
**reimbursement of payments** – reembolso de pagos
**reimbursement of premium** – reembolso de prima
**reimbursement of taxes** – reintegro contributivo
**reimport** *v* – reimportar
**reimportation** *n* – reimportación
**reinforce** *v* – reforzar
**reinscription** *n* – reinscripción
**reinstall** *v* – reinstalar
**reinstate** *v* – reinstalar, reintegrar, restablecer
**reinstate a case** – restablecer una causa
**reinstated** *adj* – reinstalado, reestablecido
**reinstatement** *n* – reinstalación
**reinstatement clause** – cláusula de reinstalación
**reinstatement of policy** – reinstalación de una póliza
**reinstatement of service** – reestablecimiento del servicio
**reinstatement premium** – prima por reinstalación
**reinsurance** *n* – reaseguro
**reinsurance activity** – actividad de reaseguro
**reinsurance agent** – agente de reaseguro
**reinsurance agreement** – convenio de reaseguro
**reinsurance association** – asociación para reasegurar
**reinsurance broker** – corredor de reaseguro
**reinsurance business** – negocio de reaseguro
**reinsurance capacity** – capacidad para reasegurar
**reinsurance carrier** – reaseguradora, compañía de reaseguro
**reinsurance certificate** – certificado de reaseguro
**reinsurance certification** – certificación de reaseguro
**reinsurance clause** – cláusula de reaseguro
**reinsurance company** – reaseguradora, compañía reaseguradora
**reinsurance consultant** – consultor de reaseguro
**reinsurance contract** – contrato de reaseguro
**reinsurance coverage** – cobertura de reaseguro
**reinsurance credit** – crédito por reaseguro
**reinsurance department** – departamento de reaseguro
**reinsurance division** – división de reaseguro
**reinsurance firm** – reaseguradora, empresa reaseguradora
**reinsurance form** – formulario de reaseguro
**reinsurance limit** – límite de reaseguro
**reinsurance office** – oficina de reaseguro
**reinsurance policy** – póliza de reaseguro
**reinsurance premium** – prima de reaseguro
**reinsurance rate** – tasa de reaseguro
**reinsurance regulation** – regulación de la industria del reaseguro
**reinsurance reserve** – reserva para reaseguro
**reinsurance risk** – riesgo de reaseguro
**reinsurance services** – servicios de reaseguro
**reinsurance trust** – fideicomiso que usa los beneficios de una póliza de reaseguro
**reinsure** *v* – reasegurar
**reinsured** *adj* – reasegurado
**reinsurer** *n* – reasegurador
**reintegration** *n* – reintegración
**reintermediation** *n* – reintermediación
**reinvent** *v* – reinventar
**reinvest** *v* – reinvertir
**reinvested** *adj* – reinvertido
**reinvestment** *n* – reinversión
**reissuance** *n* – reemisión, reimpresión
**reissue** *v* – reemitir
**reissued patent** – patente modificada
**REIT (real estate investment trust)** – compañía formada para la inversión inmobiliaria
**reject** *n* – algo rechazado, algo descartado
**reject** *v* – rechazar, descartar
**reject a bill** – rechazar una letra
**reject a bribe** – rechazar un soborno
**reject a check** – rechazar un cheque
**reject a cheque** – rechazar un cheque
**reject a claim** – rechazar una reclamación
**reject a condition** – rechazar una condición
**reject a contract** – rechazar un contrato
**reject a deposit** – rechazar un depósito
**reject a policy** – rechazar una póliza
**reject a proposal** – rechazar una propuesta
**reject an obligation** – rechazar una obligación
**reject an offer** – rechazar una oferta
**reject conditionally** – rechazar condicionalmente
**reject goods** – rechazar mercancías
**reject liability** – rechazar responsabilidad
**reject responsibility** – rechazar responsabilidad
**rejected** *adj* – rechazado
**rejected bill** – letra rechazada
**rejected bribe** – soborno rechazado
**rejected claim** – reclamación rechazada
**rejected condition** – condición rechazada
**rejected contract** – contrato rechazado
**rejected deposit** – depósito rechazado
**rejected goods** – mercancías rechazadas
**rejected liability** – responsabilidad rechazada
**rejected obligation** – obligación rechazada
**rejected offer** – oferta rechazada
**rejected policy** – póliza rechazada
**rejected proposal** – propuesta rechazada
**rejected responsibility** – responsabilidad rechazada
**rejection** *n* – rechazo
**rejection letter** – carta de rechazo
**rejection date** – fecha de rechazo
**rejection liability** – responsabilidad de rechazo
**rejection of a bill** – rechazo de una letra
**rejection of a bribe** – rechazo de un soborno
**rejection of a check** – rechazo de un cheque
**rejection of a cheque** – rechazo de un cheque
**rejection of a contract** – rechazo de un contrato
**rejection of a deposit** – rechazo de un depósito
**rejection of a gift** – rechazo de una donación
**rejection of a proposal** – rechazo de una propuesta
**rejection of agreement** – rechazo de convenio
**rejection of an insurance application** – rechazo de una solicitud de seguro
**rejection of bail** – rechazo de fianza
**rejection of benefits** – rechazo de beneficios
**rejection of condition** – rechazo de condición
**rejection of credit** – rechazo de crédito

**rejection of goods** – rechazo de bienes, rechazo de mercancías
**rejection of liability** – rechazo de responsabilidad
**rejection of obligation** – rechazo de obligación
**rejection of offer** – rechazo de oferta
**rejection of office** – rechazo de cargo
**rejection of order** – rechazo de orden
**rejection of payment** – rechazo de pago
**rejection of responsibility** – rechazo de responsabilidad
**rejection of risk** – rechazo de riesgo
**rejection of sale** – rechazo de venta
**rejection procedure** – procedimiento de rechazo
**rejoin** *v* – presentar una dúplica, reingresar
**rejoinder** *n* – dúplica, contrarréplica
**related** *adj* – relacionado, emparentado
**related business** – negocio relacionado, asunto relacionado
**related company** – compañía relacionada
**related corporation** – corporación relacionada
**related enterprise** – empresa relacionada
**related goods** – mercancías relacionadas
**related group** – grupo relacionado
**related parties** – partes relacionadas
**related party transaction** – transacción entre partes relacionadas
**relation** *n* – relación, pariente, parentesco
**relation back** – regla que indica que no se puede presentar una defensa nueva la cual no esté basada en la original
**relational database** – base de datos relacional
**relations degree** – grado de parentela
**relationship** *n* – relación, parentesco
**relaunch** *v* – relanzar
**relative** *adj* – relativo, pertinente
**relative** *n* – pariente
**relative fact** – hecho relativo
**relative impediment** – impedimento relativo
**relative impossibility** – imposibilidad relativa
**relative injuries** – daños relativos
**relative rights** – derechos relativos
**relatively** *adv* – relativamente
**relator** *n* – relator
**release** *n* – liberación, descargo, finiquito, renuncia, quita, lanzamiento
**release** *v* – liberar, relevar, hacer público, descargar, renunciar, finiquitar, volver a arrendar, permitir, lanzar
**release clause** – cláusula de liberación
**release conditionally** – liberar condicionalmente
**release from employment** – despedir
**release from liability** – relevo de responsabilidad, relevar de responsabilidad
**release from obligation** – relevo de obligación, relevar de una obligación
**release from responsibility** – relevo de responsabilidad, relevar de responsabilidad
**release of lien** – liberación de gravamen
**release of mortgage** – liberación de hipoteca
**release of prisoner** – liberación de prisionero
**release on bail** – liberar bajo fianza
**release on own recognizance** – libertad bajo palabra
**releasee** *n* – beneficiario de una renuncia, beneficiario de una liberación
**releaser** *n* – quien renuncia, quien libera
**releasor** *n* – quien renuncia, quien libera
**relending** *n* – represtamo
**relet** *v* – realquilar
**relevance** *n* – relevancia, pertinencia
**relevancy** *n* – relevancia, pertinencia
**relevant** *adj* – relevante, pertinente
**relevant allegation** – alegación relevante
**relevant change** – cambio relevante
**relevant circumstance** – circunstancia relevante
**relevant defect** – defecto relevante
**relevant error** – error relevante
**relevant evidence** – prueba relevante
**relevant fact** – hecho relevante
**relevant misrepresentation** – representación falsa relevante
**relevant mistake** – error relevante
**relevant testimony** – testimonio relevante
**reliability** *n* – confiabilidad, fiabilidad
**reliable** *adj* – confiable, fidedigno
**reliance** *n* – confianza, dependencia, resguardo
**reliance on promise** – confianza en una promesa
**relict** *n* – viuda, viudo
**reliction** *n* – terreno obtenido por el retroceso permanente de aguas
**relief** *n* – alivio, desagravio, ayuda, asistencia, asistencia social, reparación
**relieve** *v* – relevar, reemplazar, exonerar, aliviar
**religious freedom** – libertad religiosa
**religious liberty** – libertad religiosa
**religious organisation** – organización religiosa
**religious organization** – organización religiosa
**relinquish** *v* – abandonar, renunciar a
**relinquishment** *n* – abandono, renuncia
**relocate** *v* – reubicar, trasladar, recolocar
**relocation** *n* – reubicación, recolocación, traslado, cambio de los límites de una pertenencia minera
**rely on** – confiar en
**remain** *v* – permanecer, continuar, quedar
**remainder** *n* – remanente, resto, saldo, interés residual en una propiedad, derecho adquirido sobre un inmueble al extinguirse el derecho de otro sobre dicho inmueble
**remainder interest** – interés residual en una propiedad, derecho adquirido sobre un inmueble al extinguirse el derecho de otro sobre dicho inmueble
**remainderman** *n* – propietario de un interés residual en una propiedad, quien adquiere un derecho sobre un inmueble al extinguirse el derecho de otro sobre dicho inmueble
**remainderperson** *n* – propietario de un interés residual en una propiedad, quien adquiere un derecho sobre un inmueble al extinguirse el derecho de otro sobre dicho inmueble
**remaining balance** – saldo remanente
**remand** *v* – devolver, reenviar
**remanet** *n* – caso remanente
**remarket** *v* – volver a mercadear, volver a colocar en el mercado
**remarry** *v* – volver a casarse
**remedial** *adj* – remediador
**remedial action** – acción de indemnización
**remedial measures** – medidas remediadoras
**remedial statutes** – leyes reparadoras

**remedies for breach of contract** – sanciones por incumplimiento de contrato
**remedies for infringement** – sanciones por infracción
**remedy** *n* – remedio, recurso
**remedy** *v* – remediar
**remember** *n* – recordar, retener
**REMIC (real estate mortgage investment conduit)** – conducto de inversión en valores hipotecarios
**reminder** *n* – recordatorio
**reminder letter** – carta de recordatorio
**remise** *v* – renunciar
**remission** *n* – remisión, perdón
**remissness** *n* – negligencia, morosidad
**remit** *n* – autoridad, autorización, competencia
**remit** *v* – remitir, remesar, perdonar, anular, abandonar
**remitment** *n* – anulación, acto de volver a poner bajo custodia
**remittance** *n* – remesa, envío
**remittance advice** – aviso de remesa, aviso de envío
**remittance letter** – carta de remesa, carta de envío
**remittance receipt** – recibo de remesa, recibo de envío
**remitted** *adj* – remitido
**remittee** *n* – beneficiario de una remesa
**remitter** *n* – remitente, restitución
**remitter identifier** – identificador de remitente
**remitting bank** – banco remitente
**remittitur** *n* – procedimiento mediante el cual se reduce un veredicto excesivo del jurado
**remittor** *n* – remitente
**remnant** *n* – remanente, residuo, resto
**remodel** *v* – remodelar
**remonetisation** *n* – remonetización
**remonetise** *v* – remonetizar
**remonetised** *adj* – remonetizado
**remonetization** *n* – remonetización
**remonetize** *v* – remonetizar
**remonetized** *adj* – remonetizado
**remonstrance** *n* – protesta
**remortgage** *v* – rehipotecar
**remote** *adj* – remoto, apartado
**remote cause** – causa remota
**remote damages** – daños remotos
**remote electronic banking** – banca electrónica remota
**remote payment** – pago remoto
**remote possibility** – posibilidad remota
**remote worker** – teletrabajador
**remote working** – teletrabajo
**remoteness** *n* – lejanía, improbabilidad
**removal** *n* – remoción, destitución, transferencia, eliminación
**removal bond** – fianza para exportación de mercancías almacenadas
**removal from office** – destitución de un cargo
**removal of causes** – la transferencia de una causa a otro tribunal
**remove** *v* – remover, tachar, eliminar, despedir
**remove restrictions** – remover restricciones
**remove tariffs** – remover tarifas
**remunerate** *v* – remunerar
**remunerated** *adj* – remunerado
**remuneration** *n* – remuneración, recompensa
**remuneration package** – paquete de remuneración
**remunerative** *adj* – remunerativo
**rename** *v* – renombrar
**render** *v* – rendir, prestar, ceder, abandonar, pagar
**render a service** – prestar un servicio
**render an account** – rendir una cuenta
**render invalid** – invalidar
**render judgment** – dictar sentencia
**render verdict** – emitir el veredicto
**rendering** *n* – rendición, prestación, pago
**rendering of accounts** – rendición de cuentas
**rendering of services** – prestación de servicios
**rendezvous** *n* – lugar designado para reunirse, reunión
**rendition** *n* – rendición, extradición, pronunciamiento
**rendition of judgment** – pronunciamiento de una sentencia
**rendition warrant** – orden de extradición
**renege** *v* – no cumplir una promesa, no cumplir con un compromiso
**renegociate** *v* – renegociar
**renegociation** *n* – renegociación
**renegotiable** *adj* – renegociable
**renegotiable interest rate** – tasa de interés renegociable
**renegotiable price** – precio renegociable
**renegotiable rate** – tasa renegociable
**renegotiable terms** – términos renegociables
**renegotiate** *v* – renegociar
**renegotiated** *adj* – renegociado
**renegotiated contract** – contrato renegociado
**renegotiated loan** – préstamo renegociado
**renegotiated terms** – términos renegociados
**renegotiation** *n* – renegociación
**renegue** *v* – no cumplir una promesa, no cumplir con un compromiso
**renew** *v* – renovar, reanudar, extender
**renew a bill** – renovar una letra
**renew a contract** – renovar un contrato
**renew a lease** – renovar un arrendamiento
**renew a policy** – renovar una póliza
**renewable** *adj* – renovable
**renewable contract** – contrato renovable
**renewable energy** – energía renovable
**renewable health insurance** – seguro de salud renovable
**renewable insurance** – seguro renovable
**renewable lease** – arrendamiento renovable
**renewable life insurance** – seguro de vida renovable
**renewable natural resource** – recurso natural renovable
**renewable policy** – póliza renovable
**renewable term** – término renovable
**renewable term insurance** – seguro de término renovable
**renewable term life insurance** – seguro de término renovable
**renewal** *n* – renovación
**renewal certificate** – certificado de renovación
**renewal clause** – cláusula de renovación
**renewal notice** – aviso de renovación
**renewal of agreement** – renovación de contrato, renovación de convenio
**renewal of contract** – renovación de un contrato
**renewal of copyright** – renovación de derechos de autor

**renewal of insurance policy** – renovación de póliza de seguro
**renewal of lease** – renovación de arrendamiento
**renewal of licence** – renovación de licencia
**renewal of license** – renovación de licencia
**renewal of patent** – renovación de patente
**renewal of permission** – renovación de permiso
**renewal of permit** – renovación de permiso
**renewal of policy** – renovación de póliza
**renewal of trademark** – renovación de marca comercial
**renewal option** – opción de renovación
**renewal premium** – prima por renovación
**renewal provision** – cláusula de renovación
**renewed** *adj* – renovado
**renounce** *v* – renunciar, repudiar
**renovate** *v* – renovar
**renovated** *adj* – renovado
**renovation** *n* – renovación
**rent** *n* – renta, alquiler, arrendamiento
**rent** *v* – rentar, alquilar, arrendar
**rent control** – control de alquileres, restricciones sobre lo que se puede cobrar de alquiler
**rent day** – día de pago de alquiler
**rent due** – alquiler vencido
**rent, for** – se alquila
**rent-free** *adj* – libre de pagos de alquiler
**rent-free period** – período libre de pagos de alquiler
**rent freeze** – congelación de alquileres
**rent payable** – alquiler a pagar
**rent receipt** – recibo de alquiler
**rent receivable** – alquiler a cobrar
**rent-roll** *n* – registro de propiedades alquiladas, ingresos por propiedades alquiladas
**rent strike** – instancia en la cual los arrendatarios se organizan y no pagan el alquiler hasta que el arrendador cumpla con sus exigencias
**rentable** *adj* – alquilable
**rental** *n* – alquiler, arriendo
**rental agreement** – contrato de alquiler
**rental contract** – contrato de alquiler
**rental costs** – costos de alquiler, costes de alquiler
**rental housing** – viviendas de alquiler
**rental period** – período del alquiler
**rental rate** – tasa de alquiler
**rental term** – período del alquiler
**rented** *adj* – alquilado, arrendado
**renter** *n* – alquilante, arrendatario
**renter's insurance** – seguro de arrendatario
**rentier** *n* – rentista
**rents, issues and profits** – los beneficios provenientes de las propiedades, las ganancias provenientes de las propiedades
**renunciation** *n* – renunciación, renuncia
**renunciation of a claim** – renuncia a un reclamo, renuncia a un derecho
**renunciation of citizenship** – renuncia a la ciudadanía
**renunciation of property** – abandono de propiedad
**renvoi** *n* – reenvío
**reopen** *v* – reabrir, reanudar, reabrirse, reanudarse
**reopen a case** – reabrir un caso, reabrir una causa
**reopening a case** – reabrir un caso, reabrir una causa
**reorder** *v* – reordenar, volver a pedir
**reorganisation** *n* – reorganización
**reorganisation bond** – bono de reorganización
**reorganisation committee** – comité de reorganización
**reorganise** *v* – reorganizar
**reorganization** *n* – reorganización
**reorganization bond** – bono de reorganización
**reorganization committee** – comité de reorganización
**reorganize** *v* – reorganizar
**rep. (representative)** – representante
**repackage** *v* – reempacar, volver a empacar, ofrecer con una nueva presentación, actualizar la imagen
**repackaging** *n* – reempacado, empaquetado nuevo, ofrecimiento con una nueva presentación, actualización de la imagen
**repair** *v* – reparar, remediar
**repairs** *n* – reparaciones
**reparable** *adj* – reparable
**reparable injury** – daños reparables
**reparation** *n* – reparación, indemnización
**repatriate** *v* – repatriar
**repatriate capital** – repatriar capital
**repatriate funds** – repatriar fondos
**repatriation** *n* – repatriación
**repatriation of capital** – repatriación de capital
**repatriation of funds** – repatriación de fondos
**repay** *v* – reembolsar, reintegrar, devolver, pagar, reciprocar
**repayable** *adj* – reembolsable, reintegrable
**repayment** *n* – reembolso, reintegro, pago, devolución
**repeal** *n* – derogación, revocación, anulación, abrogación
**repeal** *v* – derogar, revocar, anular, abrogar
**repeated demands** – demandas repetidas
**repeaters** *n* – reincidentes
**repertory** *n* – libro notarial, repertorio
**repetition** *n* – repetición, reiteración
**repetitive strain injury** – lesión por movimientos repetitivos
**replace** *v* – reemplazar, sustituir, reponer
**replaceable** *adj* – reemplazable, sustituible
**replacement** *n* – reemplazo, sustituto
**replacement cost** – costo de reposición, costo de reemplazo, coste de reposición, coste de reemplazo
**replacement period** – período de reposición, período de reemplazo
**replacement reserve** – reserva para reemplazo
**replacement value** – valor de reemplazo, valor de reposición
**replead** *v* – presentar un nuevo alegato
**repleader** *n* – un nuevo alegato
**repleviable** *adj* – reivindicable
**replevin** *n* – reivindicación
**replevin bond** – fianza en una acción reivindicatoria
**replevisor** *n* – reivindicador, demandante en una acción reivindicatoria
**replevy** *n* – entrega al demandante de los bienes muebles en cuestión ante la posibilidad de una acción reivindicatoria
**repliant** *n* – replicante
**replicant** *n* – replicante
**replication** *n* – réplica
**reply** *n* – respuesta, contestación, réplica
**reply** *v* – responder, contestar, replicar
**reply form** – formulario de respuesta
**report** *n* – informe, relación, reportaje, información

**report** *v* – informar, relatar, reportar, anunciar, denunciar, delatar
**report form** – formulario de informe
**report of condition** – informe de condición
**reportable event** – acontecimiento reportable
**reporter** *n* – relator, reportero, colección de jurisprudencia, estenógrafo del tribunal
**reporting agency** – agencia de informes
**reporting days** – días de informes
**reporting requirements** – requisitos de informes
**reporting standards** – normas de informes
**reports** *n* – colección de jurisprudencia
**reposition** *v* – reposicionar
**repository** *n* – depósito
**repossession** *n* – reposesión, recobro de una posesión, recuperación, embargo
**reprehensible** *adj* – reprensible
**represent** *v* – representar
**representation** *n* – representación, manifestación
**representation by counsel** – representación por abogado
**representation, estoppel by** – impedimento por declaraciones propias
**representation letter** – carta de representación
**representation of mark** – representación de marca
**representation of persons** – representación de personas
**representation, right of** – derecho de representación
**representative** *adj* – representativo
**representative** *n* – representante, delegado
**representative currency** – moneda representativa, divisa representativa
**representative rate** – tasa representativa
**representative sample** – muestra representativa
**repressed inflation** – inflación reprimida
**repressive tax** – impuesto represivo
**repricing opportunities** – oportunidades para cambiar términos, oportunidades para cambiar tasas
**reprieve** *n* – suspensión temporal
**reprimand** *n* – reprimenda, censura
**reprimand** *v* – reprender, censurar
**reprisal** *n* – represalia
**reprivatisation** *n* – reprivatización
**reprivatise** *v* – reprivatizar
**reprivatised** *adj* – reprivatizado
**reprivatization** *n* – reprivatización
**reprivatize** *v* – reprivatizar
**reprivatized** *adj* – reprivatizado
**reproach** *v* – reprochar, censurar
**reprocess** *v* – reprocesar
**reprocessed** *adj* – reprocesado
**reprocessing** *n* – reprocesado
**reproduce** *v* – reproducir, duplicar
**reproducible** *adj* – reproducible
**reproduction** *n* – reproducción
**reproduction cost** – costo de reproducción
**republic** *n* – república
**republican** *n* – republicano
**republican government** – gobierno republicano
**republication** *n* – republicación, revalidación de un testamento
**republish** *v* – republicar
**repudiate** *v* – repudiar, rechazar, negar
**repudiation** *n* – repudio, rechazo, incumplimiento de una obligación contractual
**repugnancy** *n* – incompatibilidad, contradicción, repugnancia
**repugnant** *adj* – incompatible, contradictorio, repugnante
**repugnant clause** – estipulación incompatible con otras dentro de un contrato
**repugnant condition** – condición incompatible con otras dentro de un contrato
**repurchase** *n* – recompra, readquisición, redención
**repurchase** *v* – recomprar, readquirir
**repurchase agreement** – contrato de retroventa, pacto de recompra
**reputable** *adj* – respetable, acreditado, de confianza
**reputable citizen** – ciudadano respetable
**reputation** *n* – reputación
**repute** *n* – reputación
**reputed** *adj* – reputado
**reputed owner** – dueño aparente
**request** *n* – solicitud, petición
**request** *v* – solicitar, peticionar, pedir
**request for admission** – solicitud a la parte contraria de reconocer que algo es cierto
**request for proposals** – solicitud de propuestas, petición de propuestas
**request to admit** – solicitud a la parte contraria de reconocer que algo es cierto
**require** *v* – requerir, exigir, necesitar
**required** *adj* – requerido, exigido, necesario
**required act** – acto requerido
**required agreement** – convenio requerido
**required amount** – cantidad requerida
**required arbitration** – arbitraje requerido
**required automobile liability insurance** – seguro de responsabilidad pública de automóvil requerido
**required balance** – balance requerido
**required by law** – requerido por la ley, exigido por la ley
**required care** – cuidado requerido
**required clause** – cláusula requerida
**required component** – componente requerido
**required condition** – condición requerida
**required coverage** – cobertura requerida
**required deposit** – depósito requerido
**required diligence** – diligencia requerida
**required disclosure** – divulgación requerida
**required distribution** – distribución requerida
**required easement** – servidumbre requerida
**required expenditures** – gastos requeridos, desembolsos requeridos
**required expense** – gasto requerido
**required insurance** – seguro requerido
**required level** – nivel requerido
**required licence** – licencia requerida
**required license** – licencia requerida
**required limit** – límite requerido
**required parties** – partes requeridas
**required pay** – paga requerida
**required payment** – pago requerido
**required purchase** – compra requerida
**required rate** – tasa requerida
**required remuneration** – remuneración requerida
**required repairs** – reparaciones requeridas
**required reserve** – reserva requerida

**required retirement** – retiro forzado
**required return** – rendimiento requerido
**required salary** – salario requerido
**required services** – servicios requeridos
**required servitude** – servidumbre requerida
**required tax** – impuesto requerido, contribución requerida
**required stipulation** – estipulación requerida
**required testimony** – testimonio requerido
**required wages** – salario requerido
**required witness** – testigo requerido
**requirement** *n* – requisito, exigencia, necesidad
**requirement contract** – contrato de suministro
**requisite** *adj* – requerido, exigido, necesario
**requisite** *n* – requisito, exigencia, necesidad
**requisition** *n* – requisición, solicitud, requerimiento, pedido de extradición
**requisitionist** *n* – solicitante
**reregistration** *n* – reinscripción
**res** – cosa, asunto, res
**res communes** – cosas comunes, propiedad común, res communes
**res gestae** – cosas hechas, res gestae
**res integra** – cuestión sin precedente, algo completo, res integra
**res ipsa loquitur** – la cosa habla por sí misma, res ipsa loquitur
**res judicata** – cosa juzgada, res judicata
**res nova** – una nueva cuestión, res nova
**res nullius** – cosa de nadie, propiedad de nadie, res nullius
**res publica** – cosa pública, república, res publica
**resale** *n* – reventa
**resale, not for** – no para reventa
**resale price** – precio de reventa
**resale price maintenance** – control de los precios de reventa
**rescind** *v* – rescindir
**rescission** *n* – rescisión
**rescission of contract** – rescisión de contrato
**rescission, right of** – derecho de rescisión
**rescissory** *adj* – rescisorio
**rescript** *n* – rescripto, decreto
**rescue** *n* – rescate, salvamento
**rescue** *v* – rescatar
**rescue doctrine** – doctrina según la cual una persona quien por su negligencia pone en peligro a otra es responsable por las lesiones sufridas por un tercero ayudando al segundo
**research** *n* – investigación
**research and development** – investigación y desarrollo
**research-intensive** *adj* – de mucha investigación
**research-oriented** *adj* – orientado a la investigación
**resell** *v* – revender
**reseller** *n* – revendedor
**reservable deposits** – depósitos reservables
**reservation** *n* – reservación, reserva
**reservation of rights** – reserva de derechos
**reservation wage** – paga mínima aceptable para un trabajador
**reserve** *n* – reserva, restricción
**reserve** *v* – reservar, retener
**reserve account** – cuenta de reserva
**reserve adjustment** – ajuste de reserva
**reserve banks** – bancos de la Reserva Federal
**reserve clause** – cláusula de reserva
**reserve currency** – moneda de reserva
**reserve deficiency** – deficiencia de reserva
**reserve deposit** – depósito de reserva
**reserve for bad debts** – reserva para deudas incobrables
**reserve for contingencies** – reserva para contingencias
**reserve for depreciation** – reserva para depreciación
**reserve for doubtful accounts** – reserva para cuentas dudosas
**reserve for uncollectible accounts** – reserva para cuentas incobrables
**reserve fund** – fondo de reserva
**reserve increase** – aumento de reserva
**reserve method** – método de reserva
**reserve ratio** – ratio de encaje, razón de encaje, coeficiente de encaje
**reserve requirement** – requisito de reservas
**reserve rights** – reservar derechos
**reserved** *adj* – reservado
**reserved land** – tierras reservadas
**reserved powers** – poderes reservados
**resettlement** *n* – reasentamiento
**reshuffle** *v* – reorganizar, redistribuir
**reside** *v* – residir, vivir
**residence** *n* – residencia
**residence of corporation** – domicilio de una corporación, domicilio de una persona jurídica
**residence permit** – permiso de residencia
**residence visa** – visa de residencia
**residency** *n* – residencia
**residency requirements** – requisitos de residencia
**resident** *adj* – residente
**resident agent** – persona autorizada a recibir notificaciones en una jurisdicción
**resident alien** – extranjero residente
**resident manager** – administrador residente
**resident taxpayer** – contribuyente residente
**residential** *adj* – residencial
**residential construction** – construcción residencial
**residential construction insurance** – seguro de construcción residencial
**residential density** – densidad residencial
**residential district** – distrito residencial
**residential mortgage** – hipoteca residencial
**residential property** – propiedad residencial
**residential schedule** – el tiempo programada para que el padre sin custodia vea su hijo
**residential time** – el tiempo programada para que el padre sin custodia vea su hijo
**residual** *adj* – residual, restante
**residual amount** – cantidad residual
**residual disability** – discapacidad residual
**residual interest** – interés residual
**residual unemployment** – desempleo residual
**residual value** – valor residual
**residuary** *adj* – residual, remanente
**residuary account** – declaración de la sucesión residual
**residuary beneficiary** – beneficiario residual
**residuary bequest** – legado residual, legado de los

bienes muebles residuales de una sucesión
**residuary clause** – cláusula concerniente a la disposición de los bienes residuales de una sucesión
**residuary devise** – legado residual, legado de los bienes inmuebles residuales de una sucesión
**residuary devisee** – legatario residual, legatario a quien le corresponden los bienes inmuebles residuales
**residuary estate** – bienes residuales de una sucesión, sucesión residual
**residuary legacy** – legado residual, legado de los bienes muebles residuales de una sucesión
**residuary legatee** – legatario residual, legatario a quien le corresponden los bienes muebles residuales
**residue** *n* – bienes residuales de una sucesión, sucesión residual, residuo, remanente
**residuum** *n* – residuo, activo neto de la sucesión
**resign** *v* – renunciar, dimitir
**resignation** *n* – resignación, renuncia, dimisión
**resignation letter** – carta de renuncia
**resist** *v* – resistir, tolerar
**resistance** *n* – resistencia
**resisting an officer** – resistirse a la autoridad
**reskill** *v* – entrenar para desempeñar nuevas tareas, entrenar para mejorar destrezas
**resolution** *n* – resolución, decisión
**resolution of company** – resolución corporativa
**resolutory condition** – condición resolutoria
**resolve** *v* – resolver, decidir, acordar
**resort** *n* – recurso
**resort** *v* – recurrir, frecuentar
**resource** *v* – proveer recursos, proveer apoyo
**resource allocation** – asignación de recursos, distribución de recursos
**resource conservation** – conservación de recursos
**resource management** – administración de recursos, gestión de recursos
**resources** *n* – recursos
**resources and expenditures** – recursos y gastos
**RESPA (Real Estate Settlement Procedures Act)** – ley federal la cual impone que se declaren los gastos de cierre en una transacción inmobiliaria
**respect** *n* – respeto
**respect** *v* – respetar
**respectable** *adj* – respetable, considerable
**respective** *adj* – respectivo, individual
**respite** *n* – suspensión, aplazamiento, prórroga
**respite of appeal** – aplazamiento de la apelación
**respond** *v* – responder
**respondeat superior** – doctrina según la cual el patrono es responsable por las acciones de su empleado, doctrina según la cual el mandante es responsable por las acciones de su agente
**respondent** *n* – demandado, apelado
**response** *n* – respuesta, reacción
**response time** – tiempo de respuesta
**responsibility** *n* – responsabilidad
**responsibility accounting** – contabilidad de responsabilidad
**responsibility center** – centro de responsabilidad
**responsibility centre** – centro de responsabilidad
**responsible** *adj* – responsable
**responsible bidder** – postor responsable
**responsible cause** – causa responsable
**responsible government** – gobierno responsable
**responsible person** – persona responsable
**responsive** *adj* – que responde, que responde rápidamente, que responde favorablemente
**responsive pleadings** – alegatos que hace un demandado respondiendo a una querella
**rest** *n* – descanso, residuo
**rest** *v* – terminar la presentación de las pruebas, descansar
**restate** *v* – repetir, volver a declarar, replantear
**resting a case** – terminar la presentación de las pruebas
**restitutio in integrum** – beneficio de restitución, restitución a la condición previa
**restitution** *n* – restitución, restablecimiento
**restitution, right of** – derecho a restitución
**restock** *v* – reaprovisionar, reabastecer
**restocking** *n* – reaprovisionamiento, reabastecimiento, reposición de existencias
**restoration** *n* – restauración, rehabilitación, restitución
**restoration of plan** – restauración de plan
**restoration premium** – prima por restauración
**restorative justice** – justicia restaurativa
**restore** *v* – restaurar, rehabilitar, restituir
**restrain** *v* – restringir, refrenar, limitar, impedir, prohibir
**restraining order** – inhibitoria, orden de restricción
**restraint** *n* – restricción, prohibición, limitación, moderación, compostura
**restraint of marriage** – restricción matrimonial
**restraint of trade** – restricción al comercio, limitación al libre comercio
**restraint on alienation** – restricción en cuanto a la transferencia de propiedad
**restraint on use** – restricción en cuanto al uso
**restrict** *v* – restringir, limitar
**restricted** *adj* – restringido, limitado
**restricted acceptance** – aceptación restringida
**restricted account** – cuenta restringida
**restricted admissibility** – admisibilidad restringida
**restricted agency** – agencia restringida
**restricted agent** – agente restringido
**restricted agreement** – convenio restringido
**restricted appeal** – apelación restringida
**restricted articles** – artículos restringidos
**restricted assets** – activo restringido
**restricted authority** – autoridad restringida
**restricted by law** – restringido por ley
**restricted contract** – contrato restringido
**restricted credit** – crédito restringido
**restricted data** – datos restringidos
**restricted delivery** – entrega restringida
**restricted deposit** – depósito restringido
**restricted distribution** – distribución restringida
**restricted endorsement** – endoso restringido
**restricted funds** – fondos restringidos
**restricted guarantee** – garantía restringida
**restricted guaranty** – garantía restringida
**restricted indorsement** – endoso restringido
**restricted insurance** – seguro restringido
**restricted interpretation** – interpretación restringida
**restricted jurisdiction** – jurisdicción restringida
**restricted liability** – responsabilidad restringida
**restricted list** – lista de valores restringidos

**restricted market** – mercado restringido
**restricted order** – orden restringida
**restricted payment** – pago restringido
**restricted permit** – permiso restringido
**restricted policy** – póliza restringida
**restricted power of appointment** – poder de designación restringido
**restricted review** – revisión restringida
**restricted sale** – venta restringida
**restricted shares** – acciones con restricciones en cuanto a la transferencia
**restricted stock** – acciones con restricciones en cuanto a la transferencia
**restricted transfer** – transferencia restringida
**restricted trust** – fideicomiso restringido
**restricted use** – uso restringido
**restriction** *n* – restricción, limitación
**restriction of competition** – restricción de la competencia
**restrictive** *adj* – restrictivo, limitante
**restrictive business practices** – prácticas comerciales restrictivas
**restrictive condition** – condición restrictiva
**restrictive covenant** – estipulación restrictiva, pacto restrictivo
**restrictive endorsement** – endoso restrictivo
**restrictive indorsement** – endoso restrictivo
**restrictive interpretation** – interpretación restrictiva
**restrictive monetary policy** – política monetaria restrictiva
**restrictive policy** – política restrictiva
**restrictive practices** – prácticas restrictivas
**restrictive trade practices** – prácticas comerciales restrictivas
**restructure** *v* – reestructurar
**restructured** *adj* – reestructurado
**restructured loan** – préstamo reestructurado
**restructuring** *n* – reestructuración
**restructuring of debt** – reestructuración de deuda
**resubmit** *v* – volver a presentar
**result** *n* – resultado, efecto
**result-driven** *adj* – impulsado por resultados
**resulting** *adj* – resultante
**resulting trust** – fideicomiso resultante, fideicomiso inferido por ley
**résumé** *n* – currículum vitae, currículo, resumen
**resume** *v* – reasumir, reanudar
**resume payments** – reanudar pagos
**resummons** *n* – un segundo emplazamiento
**retail** *adj* – minorista, al por menor, al detalle
**retail** *n* – venta minorista, venta al por menor, venta al detalle
**retail** *v* – vender al por menor, vender al detalle
**retail banking** – banca minorista, banca al por menor, banca ofrecida al público en general
**retail business** – comercio minorista, comercio al por menor, negocio minorista
**retail dealer** – comerciante minorista, comerciante al por menor
**retail investor** – inversionista individual
**retail outlet** – tienda minorista, tienda que vende al por menor, punto de venta
**retail price** – precio al por menor
**retail price index** – índice de precios minoristas, índice de precios al por menor
**retail sale** – venta al por menor
**retail sales tax** – impuesto sobre ventas al por menor
**retail store** – tienda minorista, tienda que vende al por menor, punto de venta
**retail trade** – comercio minorista, comercio al por menor
**retailer** *n* – detallista, minorista, quien vende al por menor
**retailing** *n* – venta minorista, venta al por menor, venta al detalle
**retain** *v* – retener, contratar, contratar los servicios de un abogado
**retainage** *n* – cantidad retenida en un contrato de construcción hasta un período acordado
**retained** *adj* – retenido
**retained tax** – impuesto retenido
**retainer** *n* – contrato para los servicios de un abogado, pago por adelantado para contratar los servicios de un abogado, iguala, anticipo, pago por adelantado para servicios profesionales que se esperan utilizar
**retainer, right of** – derecho de retención
**retaining fee** – anticipo al abogado
**retaining lien** – derecho del abogado de retener dinero o bienes de un cliente para obtener honorarios
**retaliation** *n* – represalia
**retaliatory duty** – arancel de represalia
**retaliatory eviction** – evicción como represalia
**retaliatory law** – ley recíproca, ley del talión
**retaliatory tariff** – arancel de represalia
**retendering** *n* – reoferta
**retention** *n* – retención
**retention requirement** – requisito de retención
**retention, right of** – derecho de retención
**retire** *v* – retirar, retirarse, jubilar, redimir
**retired** *adj* – retirado, jubilado
**retired securities** – valores retirados
**retiree** *n* – jubilado
**retirement** *n* – jubilación, retiro
**retirement age** – edad de jubilación, edad de retiro
**retirement allowance** – pensión de jubilación, pensión de retiro
**retirement annuity** – anualidad de jubilación, pensión de jubilación, anualidad de retiro, pensión de retiro
**retirement benefits** – beneficios de jubilación, beneficios de retiro
**retirement fund** – fondo de jubilación, fondo de retiro
**retirement income** – ingresos de jubilación, ingresos de retiro
**retirement income payments** – pagos de ingresos de jubilación, pagos de ingresos de retiro
**retirement income policy** – póliza de ingresos de jubilación, póliza de ingresos de retiro
**retirement of debt** – retiro de deuda
**retirement of jury** – retiro del jurado de la sala para deliberar
**retirement pension** – pensión de jubilación, pensión de retiro
**retirement plan** – plan de jubilación, plan de retiro
**retirement planning** – planificación de jubilación, planificación de retiro
**retirement savings** – ahorros para la jubilación, ahorros para el retiro
**retirement savings plan** – plan de ahorros de

jubilación, plan de ahorros de retiro
**retirement scheme** – plan de jubilación, plan de retiro
**retirement system** – sistema de retiro, sistema de jubilación, sistema jubilatorio
**retorsion** *n* – retorsión
**retract** *v* – retractar
**retractable** *adj* – retractable
**retraction** *n* – retracción
**retrain** *v* – reentrenar, volver a entrenar, recapacitar
**retraining** *n* – reentrenamiento, recapacitación
**retraxit** *n* – él ha desistido, desistimiento de la acción
**retreat** *v* – retroceder
**retreat rule** – regla que indica que una victima de agresión debe primero tratar de escapar antes de recurrir a la violencia si lo puede hacer con toda seguridad
**retreat to the wall** – agotar todos los recursos razonables antes de tener que matar a un agresor en defensa propia
**retrench** *v* – economizar, reducir
**retrial** *n* – nuevo juicio
**retribution** *n* – retribución
**retributive** *adj* – retributivo
**retrieval** *n* – recuperación, rescate
**retrieve** *v* – recuperar, rescatar
**retro** *adj* – anterior
**retroactive** *adj* – retroactivo
**retroactive adjustment** – ajuste retroactivo
**retroactive conversion** – conversión retroactiva
**retroactive decision** – fallo retroactivo
**retroactive extension** – extensión retroactiva
**retroactive insurance** – seguro retroactivo
**retroactive law** – ley retroactiva
**retroactive liability insurance** – seguro de responsabilidad retroactivo
**retroactive pay** – paga retroactiva
**retroactive rate** – tasa retroactiva
**retroactive rate adjustment** – ajuste de tasa retroactivo
**retroactive salary** – salario retroactivo
**retroactive wages** – salario retroactivo
**retroactively** *adv* – retroactivamente
**retroactivity** *n* – retroactividad
**retrocession** *n* – retrocesión
**retrospective** *adj* – retrospectivo
**retrospective analysis** – análisis retrospectivo
**retrospective law** – ley retrospectiva
**return** *n* – retorno, devolución, declaración de la renta, declaración de ingresos, declaración de impuestos, planilla, declaración, rendimiento, respuesta, beneficio, informe del funcionario judicial sobre el trámite a su cargo
**return** *v* – volver, devolver, reciprocar, retornar, rendir
**return a verdict** – emitir un veredicto
**return address** – dirección del remitente
**return day** – día del informe del funcionario judicial sobre el trámite a su cargo
**return mail, by** – a vuelta de correo
**return of premium** – reembolso de la prima
**return of process** – informe del funcionario judicial sobre el trámite a su cargo
**return of service** – confirmación que se ha entregado una notificación judicial debidamente
**return post, by** – a vuelta de correo
**return premium** – prima devuelta
**return to sender** – devolver al remitente
**returnable** *adj* – devolutivo, restituible, contestable
**returned** *adj* – devuelto
**returned check** – cheque devuelto
**returned cheque** – cheque devuelto
**returned goods** – mercancías devueltas
**returned letter** – carta devuelta
**revalorisation** *n* – revalorización
**revalorise** *v* – revalorar
**revalorization** *n* – revalorización
**revalorize** *v* – revalorar
**revaluate** *v* – revaluar, revalorizar, retasar
**revaluation** *n* – revaluación, revalorización, retasación
**revaluation clause** – cláusula de retasación
**revalue** *v* – revaluar, revalorizar, retasar
**revamp** *v* – restaurar, renovar, reparar, mejorar
**revendication** *n* – reivindicación
**revenue** *n* – ingresos, renta, entradas, entradas brutas, recaudación
**revenue agent** – agente fiscal, agente de Hacienda
**revenue bills** – proyectos de ley tributarias
**revenue collection** – recaudación de ingresos
**revenue earner** – quien devenga ingresos
**revenue law** – ley tributaria, ley fiscal
**revenue office** – Hacienda
**revenue officer** – funcionario de Hacienda, funcionario fiscal
**revenue-producing** *adj* – que produce ingresos
**revenue ruling** – decisión tributaria
**revenue stamp** – estampilla fiscal, timbre fiscal
**revenue tariff** – tarifa fiscal, arancel fiscal
**reversal** *n* – revocación, anulación, inversión, contratiempo
**reversal of judgment** – revocación de sentencia
**reverse** *adj* – inverso
**reverse** *n* – dorso, reverso
**reverse** *v* – invertir, revocar, anular, derogar
**reverse annuity mortgage** – hipoteca de anualidad invertida
**reverse discrimination** – discriminación inversa
**reverse engineering** – ingeniería inversa
**reverse mortgage** – hipoteca inversa
**reverse takeover** – adquisición inversa, absorción inversa
**reverse transfer** – transferencia inversa
**reversed** *adj* – revocado, anulado
**reversible** *adj* – reversible
**reversible error** – error que justifica una revocación
**reversing entry** – contraasiento
**reversion** *n* – reversión
**reversionary** *adj* – de reversión
**reversionary interest** – derecho de reversión
**reversionary lease** – arrendamiento a tomar efecto al expirar uno existente
**reversioner** *n* – quien tiene el derecho de reversión
**revert** *v* – revertir
**reverter** *n* – reversión
**revest** *v* – reponer, reinstalar, restablecer
**revictimization** *n* – revictimización
**review** *n* – revisión, examen, reexaminación, estudio, reseña
**review** *v* – revisar, examinar, reexaminar, estudiar,

reseñar
**review and adjustment** – revisión y ajuste
**review board** – junta de revisión
**review body** – cuerpo de revisión
**reviewable** *adj* – apelable, revisable
**revise** *v* – revisar, enmendar, modificar, reexaminar, ajustar
**revised** *adj* – revisado, enmendado, modificado, ajustado
**revised statutes** – estatutos revisados
**revision** *n* – revisión, modificación, enmienda, ajuste
**revision of contract** – revisión de contrato
**revision of statutes** – revisión de estatutos
**revision of terms** – revisión de términos
**revisionism** *n* – revisionismo
**revisionist** *adj* – revisionista
**revisionist** *n* – revisionista
**revitalise** *v* – revitalizar
**revitalize** *v* – revitalizar
**revival** *n* – restablecimiento, renovación
**revival of action** – restablecimiento de la acción
**revival of easement** – restablecimiento de servidumbre
**revival of offer** – restablecimiento de la oferta
**revival of policy** – restablecimiento de la póliza
**revival of will** – restablecimiento del testamento
**revive** *v* – revivir, renovar, restablecer
**revivor, bill of** – recurso de restablecimiento
**revocable** *adj* – revocable, cancelable
**revocable beneficiary** – beneficiario revocable
**revocable credit** – crédito revocable
**revocable letter of credit** – carta de crédito revocable
**revocable living trust** – fideicomiso revocable entre vivos
**revocable transfer** – transferencia revocable
**revocable trust** – fideicomiso revocable
**revocation** *n* – revocación, cancelación
**revocation by order of a court** – revocación por orden judicial
**revocation of agency** – revocación de agencia
**revocation of gift** – revocación de donación
**revocation of offer** – revocación de oferta
**revocation of power of attorney** – revocación de poder, revocación de poder legal, revocación de poder notarial
**revocation of probate** – revocación de la legalización de un testamento
**revocation of will** – revocación de testamento
**revoke** *v* – revocar, cancelar
**revolt** *n* – revuelta
**revolution** *n* – revolución
**revolving account** – cuenta rotatoria
**revolving charge account** – cuenta de crédito rotatoria
**revolving credit** – crédito rotatorio, crédito renovable
**revolving credit line** – línea de crédito rotatoria
**revolving letter of credit** – carta de crédito renovable
**revolving line of credit** – línea de crédito rotatoria
**revolving loan** – préstamo rotatorio
**reward** *n* – recompensa
**reward** *v* – recompensar
**reward system** – sistema de recompensas
**rewarding** *adj* – gratificante
**rewrite** *v* – reescribir
**rezone** *v* – rezonficicar
**rezoning** *n* – rezonificación
**RFID (radio-frequency identification)** – identificación por radiofrecuencia
**rhadamanthine** *adj* – justo de forma desmedida y terca
**RIC (regulated investment company)** – compañía de inversiones regulada
**Richard Roe** – Fulano de Tal
**ricochet** *n* – rebote
**rider** *n* – cláusula adicional, anexo
**rig** *v* – manipular o controlar para beneficio propio, equipar
**right** *adj* – justo, correcto, cierto, legítimo, recto, apropiado
**right** *adv* – correctamente, directamente
**right** *n* – derecho, justicia, título, propiedad, privilegio, derecha
**right** *v* – corregir, hacer justicia
**right against self-incrimination** – derecho de no tener que contestar preguntas o de otro modo hacer declaraciones autoincriminatorias
**right and wrong test** – determinación de si la persona estaba insana al cometer un crimen
**right first time** – bien hecho la primera vez, filosofía de hacer las cosas bien la primera vez
**right heirs** – herederos legítimos
**right in action** – derecho de acción
**right in personam** – derecho de una obligación personal
**right in rem** – derecho real
**right-minded** *adj* – justo, recto
**right of action** – derecho de acción
**right of allocution** – derecho de alocución
**right of appeal** – derecho de recurso, derecho de apelación
**right of approach** – derecho de revisar una nave
**right of assembly** – derecho de reunión, libertad de organización
**right of asylum** – derecho de asilo
**right of audience** – derecho de audiencia
**right of choice** – derecho de selección
**right of conscience** – libertad de conciencia
**right of conversion** – derecho de conversión
**right of drainage** – servidumbre de drenaje
**right of entry** – derecho de ingreso, derecho de entrada
**right of first refusal** – derecho de tener la primera oportunidad de comprar un inmueble al estar disponible, derecho de prelación
**right of fishery** – derecho de pesca
**right of foreclosure** – derecho de ejecución hipotecaria
**right of habitation** – derecho de habitar
**right of local self-government** – derecho a un gobierno autónomo para asuntos locales
**right of ownership** – derecho de posesión
**right of possession** – derecho de posesión
**right of privacy** – derecho a la privacidad
**right of priority** – derecho de prioridad
**right of property** – derecho de propiedad
**right of recovery** – derecho de recuperación
**right of redemption** – derecho de redención
**right of representation** – derecho de representación
**right of reproduction** – derecho de reproducción

**right of rescission** – derecho de rescisión
**right of restitution** – derecho a restitución
**right of retainer** – derecho de retención
**right of retention** – derecho de retención
**right of return** – derecho de devolución
**right of sale** – derecho de venta
**right of search** – derecho de allanar, derecho de registrar naves ajenas
**right of survivorship** – derecho de supervivencia
**right of use** – derecho de uso
**right of way** – derecho de paso, servidumbre de paso
**right of withdrawal** – derecho de retiro
**right to attend** – derecho de asistir
**right to attorney** – derecho a abogado defensor
**right to be heard** – derecho de ser escuchado, derecho de ser escuchado en un tribunal
**right to be informed** – derecho de ser informado, derecho de estar informado
**right to be treated fairly** – derecho de ser tratado justamente
**right to buy** – derecho de compra
**right to cancel** – derecho de cancelar
**right to compensation** – derecho de compensación
**right to counsel** – derecho a abogado defensor
**right to enforcement** – derecho de que se haga cumplir la ley
**right to information** – derecho de información
**right to live decently** – derecho de vivir decentemente
**right to light** – servidumbre de luz
**right to marry** – derecho a contraer matrimonio
**right to notice** – derecho de notificación
**right to privacy** – derecho a la privacidad
**right to protection** – derecho de protección
**right to redeem** – derecho de redención
**right to restitution** – derecho de restitución
**right to retainer** – derecho de retención
**right to return of property** – derecho de devolución de propiedad
**right to sell** – derecho de vender
**right to strike** – derecho de huelga
**right to vote** – derecho al voto
**right to work** – derecho al trabajo
**right-to-work laws** – leyes sobre los derechos al trabajo
**right-winger** *n* – derechista
**rightful** *adj* – justo, apropiado, legítimo
**rightful owner** – dueño legítimo
**rightfully** *adv* – legítimamente, correctamente
**rightfulness** *n* – legalidad, justicia
**rightly** *adv* – justamente, apropiadamente
**rightness** *n* – justicia, rectitud, exactitud
**rights** *n* – derechos de suscripción, derechos
**rights holder** – titular de derechos de suscripción, titular de derechos
**rights issue** – emisión de derechos de suscripción, emisión de derechos
**rights offering** – oferta de derechos de suscripción, oferta de derechos
**rights reserved, all** – todos los derechos reservados, reservados todos los derechos
**rightsizing** *n* – el buscar tener la cantidad idónea de empleados para la empresa, el buscar tener el equipo idóneo para la empresa
**rigor mortis** – rigidez del cadáver
**ring** *n* – camarilla
**ring-fence** *v* – el reservar fondos para un uso específico y prohibir sus uso para otros fines
**ringleader** *n* – cabecilla
**riot** *n* – motín, tumulto
**riot exclusion** – exclusión por motines
**rioter** *n* – amotinador
**rip-off** *n* – estafa
**riparian** *adj* – ribereño
**riparian owner** – propietario ribereño
**riparian rights** – derechos ribereños
**ripe for judgment** – listo para la sentencia
**ripoff** *n* – estafa
**rise** *n* – aumento, subida, alza
**rise** *v* – aumentar, subir, ascender
**rise in prices** – aumento de los precios
**rise in rent** – aumento del alquiler
**rise in salary** – aumento del salario
**rise in wages** – aumento de la paga
**rising** *adj* – creciente, ascendente, alcista
**rising** *n* – alzamiento
**rising prices** – precios crecientes
**rising unemployment** – desempleo creciente
**risk** *n* – riesgo, peligro
**risk** *v* – arriesgar, poner en peligro
**risk-adjusted** *adj* – ajustado por riesgo
**risk adjustment** – ajuste por riesgo
**risk administration** – administración de riesgos
**risk analysis** – análisis del riesgo
**risk appraisal** – evaluación del riesgo
**risk arbitrage** – arbitraje con riesgo
**risk assessment** – evaluación del riesgo
**risk assignment** – transferencia de riesgo, cesión de riesgo
**risk assumed** – riesgo asumido
**risk assumption** – asunción del riesgo
**risk aversion** – aversión al riesgo
**risk avoidance** – evitación de riesgos
**risk avoider** – quien evita riesgos
**risk-based capital** – capital basado en riesgo
**risk capital** – capital de riesgo
**risk category** – categoría de riesgo
**risk classification** – clasificación de riesgo
**risk control** – control de riesgos
**risk disclosure** – divulgación de riesgos
**risk diversification** – diversificación de riesgos
**risk exposure** – exposición al riesgo
**risk factor** – factor de riesgo
**risk financing** – financiamiento de riesgos
**risk-free** *adj* – sin riesgo
**risk identification** – identificación de riesgos
**risk incident to employment** – riesgos los cuales acompañan un oficio
**risk increase** – aumento del riesgo
**risk investments** – inversiones de riesgo
**risk management** – administración de riesgos, gestión de riesgos
**risk measurement** – medición de riesgos
**risk-oriented** *adj* – orientado al riesgo
**risk participation** – participación en riesgos
**risk position** – posición de riesgo
**risk premium** – prima por riesgo, prima adicional por tomar un riesgo mayor que lo normal
**risk reduction** – reducción de riesgos

**risk retention** – retención de riesgos
**risk-reward ratio** – ratio riesgo-recompensa, razón riesgo-recompensa
**risk selection** – selección de riesgos
**risk spreading** – distribución de riesgos
**risk taker** – quien toma riesgos
**risk taking** – toma de riesgos
**risk tolerance** – tolerancia al riesgo
**risk transfer** – transferencia del riesgo
**riskless** *adj* – sin riesgo
**riskless transaction** – transacción sin riesgo
**risks of navigation** – riesgos de la navegación
**risky investment** – inversión arriesgada
**rival** *n* – rival, competidor
**rival interests** – intereses conflictivos
**river banks** – límites del río
**river basin** – cuenca de río
**road** *n* – camino, ruta
**road accident** – accidente en un camino
**road rage** – violencia vial
**road toll** – peaje de autopista
**roadblock** *n* – barricada, obstáculo
**roadside** *n* – orilla de un camino
**roam** *v* – vagar
**roamer** *n* – vagabundo
**rob** *v* – robar, atracar
**robber** *n* – ladrón, atracador
**robbery** *n* – robo, atraco
**robbery insurance** – seguro contra robos
**robot** *n* – robot
**robotics** *n* – robótica
**robotisation** *n* – robotización
**robotise** *v* – robotizar
**robotization** *n* – robotización
**robotize** *v* – robotizar
**rogatory letters** – solicitud rogatoria, carta rogatoria
**rock the market** – sacudir el mercado
**rogue** *n* – bribón, pillo, vago
**roll** *n* – registro, nómina, lista
**roll** *v* – robar, robar con el uso de la fuerza, rodar
**roll back** – reducir, disminuir
**roll out** – lanzar, introducir
**roll over** – transferir, renovar, reinvertir en una inversión similar tras vencimiento
**rollover** *n* – transferencia, renovación, reinversión en una inversión similar tras vencimiento
**roomer** *n* – inquilino
**root of title** – el primer título en un resumen de título
**roster** *n* – registro, nómina
**rotate** *v* – rotar
**rotating shift** – turno rotatorio, turno rotativo
**rotation** *n* – rotación
**rotation of crops** – rotación de cultivos
**Roth Individual Retirement Account** – cuenta de retiro individual Roth
**Roth IRA (Roth Individual Retirement Account)** – cuenta de retiro individual Roth
**rotten** *adj* – podrido, deteriorado, corrompido
**rough copy** – borrador
**rough draft** – borrador
**rough estimate** – aproximación estimada
**round** *n* – ronda, sesión, tiro, bala
**round** *v* – redondear
**round off** – redondear
**round-the-clock** *adj* – día y noche, veinticuatro horas al día, constante
**round trip** – viaje ida y vuelta, compra y venta del mismo valor
**rounding** *n* – redondeo
**rounding error** – error de redondeo
**roundly** *adv* – rotundamente, completamente
**roundup** *n* – resumen, redada
**route** *n* – ruta, itinerario, rumbo
**routine** *adj* – rutinario
**routine** *n* – rutina
**routine notification** – notificación rutinaria
**royal prerogative** – prerrogativa real
**royalty** *n* – regalía, royalty, realeza
**royalty payment** – pago de regalías, pago de royalty
**RPI (retail price index)** – índice de precios minoristas, índice de precios al por menor
**RPP (registered pension plan)** – plan de pensiones registrado
**RRP (recommended retail price)** – precio recomendado, precio al por menor recomendado
**RSI (repetitive strain injury)** – lesión por movimientos repetitivos
**RSVP (*répondez s'il vous plait*)** – se ruega contestación
**Rte. (route)** – ruta
**rubber check** – cheque devuelto, cheque devuelto por insuficiencia de fondos, cheque sin fondos, cheque rebotado
**rubber cheque** – cheque devuelto, cheque devuelto por insuficiencia de fondos, cheque sin fondos, cheque rebotado
**rubber stamp** – visto bueno, sello de goma, quien autoriza sin verificar el mérito o la autenticidad de algo
**rubber-stamp** *v* – autorizar, dar el visto bueno, autorizar sin verificar el mérito o la autenticidad de algo
**rubric** *n* – rúbrica, título de una ley, título
**rudeness** *n* – rudeza, violencia
**ruin** *v* – arruinar
**rule** *n* – regla, norma, costumbre, orden judicial, principio, fallo
**rule** *v* – ordenar, decidir, fallar, gobernar
**rule absolute** – orden judicial absoluta, fallo final
**rule against** – fallar en contra de
**rule against perpetuities** – regla que prohíbe crear un interés futuro si no existe la posibilidad de que se transfiera dentro de los 21 años más período de gestación de haberse creado
**rule nisi** – fallo final tentativo, orden judicial provisional la cual se hará definitiva e imperativa a menos que se puedan dar razones suficientes en su contra
**rule of apportionment** – regla de la distribución
**rule of court** – regla procesal
**rule of doubt** – regla de la duda
**rule of law** – principio de derecho
**rule of lenity** – principio de la clemencia
**rule of presumption** – principio de presunción
**rule of reason** – principio de la razón
**rule of reasonable certainty** – regla de la certeza razonable
**rule of thumb** – regla general

**rule out** – excluir la posibilidad, excluir, impedir
**rules and practices** – reglas y prácticas
**rules and regulations** – reglas y reglamentos
**rules of appellate procedure** – reglas del procedimiento apelativo
**rules of civil procedure** – reglas del procedimiento civil
**rules of court** – reglamento procesal, normas procesales
**rules of criminal procedure** – reglas del procedimiento penal
**rules of descent** – reglas de sucesión
**rules of evidence** – reglas en materia de prueba
**rules of navigation** – código de navegación
**rules of professional conduct** – normas del comportamiento profesional
**ruling** *adj* – predominante, imperante
**ruling** *n* – fallo, decisión
**rumor** *n* – rumor
**rumour** *n* – rumor
**run** *n* – retiro masivo y general de fondos de un banco a causa del pánico, serie, clase
**run** *v* – tener vigencia, tener efecto legal, administrar, dirigir, ejecutar, correr, huir
**run down** – agotar, atropellar, disminuir gradualmente, encontrar tras buscar, criticar
**run-down** *adj* – en mal estado
**run-of-the-mill** *adj* – común y corriente, mediocre
**run on a bank** – retiro masivo y general de fondos de un banco a causa del pánico
**run out** – agotar, agotarse, terminar, vencer
**run up** – acumular, acumular deudas, acumular deudas rápidamente, agrandar
**run-up** *n* – alza, alza en precios, período que precede algo
**runaway inflation** – inflación galopante
**rundown** *n* – resumen, resumen minucioso, disminución gradual
**runner** *n* – mensajero, persona que atrae clientes para abogados de entre las víctimas de accidentes
**running** *adv* – consecutivamente
**running** *n* – administración, gestión, manejo, funcionamiento
**running account** – cuenta corriente
**running costs** – costos de mantener un negocio en marcha, costos de operación, costos de explotación, costes de mantener un negocio en marcha, costes de operación, costes de explotación
**running days** – días corridos
**running expenses** – gastos de mantener un negocio en marcha, gastos de operación, gastos de explotación
**running of the statute of limitations** – expiración del término de prescripción
**running policy** – póliza corriente
**running with the land** – derechos que se transfieren junto al inmueble en cuestión, obligaciones que se transfieren junto al inmueble en cuestión
**rural** *adj* – rural
**rural development** – desarrollo rural
**rural servitude** – servidumbre rural
**rurban** *adj* – que combina aspectos de la vida urbana y rural
**rush** *v* – hacer a la carrera, apurar
**rush hour** – hora pico, hora punta

# S

**S Corporation** – corporación la cual ha elegido que se le impongan contribuciones como personas naturales
**S & L (savings and loan association)** – asociación de ahorro y préstamo, sociedad de ahorro y préstamo
**sabotage** *n* – sabotaje
**sabotage** *v* – sabotear
**SAD (Single Administrative Document)** – Documento Único Administrativo
**sadism** *n* – sadismo
**sadist** *n* – sádico
**SAE (stamped-addressed envelope)** – sobre predirigido con sello
**safe** *adj* – seguro, salvo, prudente, leal
**safe** *n* – caja fuerte
**safe deposit box** – caja de seguridad
**safe deposit company** – compañía que alquila cajas de seguridad
**safe driver plan** – plan de conductores seguros
**safe hands, in** – en buenas manos
**safe harbor** – amparo de quien ha tratado de cumplir en buena fe
**safe harbor rule** – regla que ampara a quien ha tratado de cumplir en buena fe
**safe haven** – inversión segura, lugar seguro
**safe investment** – inversión segura
**safe limit of speed** – velocidad máxima prudente
**safe place to work** – lugar seguro para trabajar
**safeguard** *n* – salvaguardia, salvoconducto, garantía
**safeguard** *v* – salvaguardar, proteger
**safekeeping** *n* – custodia, depósito
**safekeeping certificate** – certificado de depósito, certificado de custodia
**safely** *adv* – sin peligro, sin accidentes
**safety** *n* – seguridad, seguro de arma de fuego
**safety audit** – auditoría de seguridad
**safety belt** – cinturón de seguridad
**safety check** – revisión de seguridad, cheque con medidas especiales de seguridad
**safety cheque** – cheque con medidas especiales de seguridad
**safety commission** – comisión de seguridad
**safety deposit box** – caja de seguridad
**safety factor** – factor de seguridad
**safety hazard** – riesgo de seguridad
**safety management** – administración de seguridad, gestión de seguridad
**safety margin** – margen de seguridad
**safety net** – red de protección, red de protección social
**safety of assets** – seguridad de activos
**safety of principal** – seguridad del principal
**safety paper** – papel de seguridad
**safety precaution** – medida de seguridad, precaución de seguridad
**safety regulations** – reglamentos de seguridad

**safety requirements** – requisitos de seguridad
**safety restrictions** – restricciones de seguridad
**safety rules** – reglas de seguridad
**safety standards** – normas de seguridad
**safety statutes** – leyes concernientes a la seguridad en el trabajo
**sail** *v* – navegar, zarpar
**sailing instructions** – instrucciones de navegación
**salable** *adj* – vendible
**salable value** – valor justo en el mercado
**salaried** *adj* – asalariado
**salary** *n* – salario, sueldo, paga
**salary adjustment** – ajuste salarial, ajuste de salario
**salary administration** – administración salarial, administración de salario
**salary agreement** – convenio salarial, convenio de salarios
**salary arbitration** – arbitraje salarial, arbitraje de salarios
**salary assignment** – cesión de salario, asignación de salario
**salary bargaining** – negociación salarial, negociación de salarios
**salary base** – base salarial, base de salario
**salary bill** – costos salariales, costes salariales
**salary bracket** – escala salarial, escala de salarios
**salary ceiling** – techo salarial, techo de salarios
**salary check** – cheque salarial, cheque de salario
**salary cheque** – cheque salarial, cheque de salario
**salary claim** – reclamación salarial, reclamación de salario
**salary compression** – compresión salarial, compresión de salario
**salary continuation plan** – plan de continuación salarial, plan de continuación de salario
**salary control** – control salarial, control de salarios
**salary cost** – costos salariales, costes salariales
**salary curve** – curva salarial
**salary cut** – recorte salarial, recorte de salario
**salary decrease** – disminución salarial, disminución del salario
**salary deduction** – deducción salarial, deducción del salario
**salary differentials** – diferenciales salariales, diferenciales de salarios
**salary dispute** – disputa salarial
**salary earner** – asalariado, quien devenga ingresos
**salary equalisation** – equiparación salarial, igualación salarial
**salary equalization** – equiparación salarial, igualación salarial
**salary floor** – salario mínimo
**salary freeze** – congelación salarial, congelación de salarios
**salary gap** – diferenciales de salarios
**salary garnishment** – embargo de salario
**salary incentive** – incentivo salarial
**salary increase** – aumento salarial, aumento de salario
**salary increment** – incremento salarial, incremento de salario
**salary index** – índice salarial
**salary inflation** – inflación salarial
**salary level** – nivel salarial, nivel de salarios
**salary minimum** – salario mínimo, mínimo salarial, mínimo de salario
**salary negotiations** – negociaciones salariales
**salary payment** – pago salarial, pago de salario
**salary policy** – política salarial
**salary raise** – aumento salarial, aumento de salario
**salary range** – intervalo salarial, intervalo de salarios
**salary rate** – tasa salarial
**salary receipt** – recibo salarial, recibo de salario
**salary reduction** – reducción salarial, reducción de salarios
**salary reduction plan** – plan de reducción salarial, plan de reducción de salarios
**salary regulation** – regulación salarial, regulación de salarios
**salary restraint** – moderación salarial
**salary review** – revisión salarial, revisión de salario
**salary rise** – alza salarial
**salary round** – ronda de negociaciones salariales
**salary scale** – escala salarial, escala de salarios
**salary settlement** – convenio salarial
**salary stabilisation** – estabilización salarial
**salary stabilization** – estabilización salarial
**salary structure** – estructura salarial, estructura de salarios
**salary subsidy** – subsidio salarial, subvención salarial
**salary tax** – impuesto salarial, impuesto sobre salarios
**sale** *n* – venta, compraventa
**sale and leaseback** – venta de propiedad seguida del arrendamiento de dicha propiedad a quien la vendió
**sale and purchase** – compraventa
**sale and return** – venta con derecho de devolución
**sale at retail** – venta minorista, venta al por menor
**sale by auction** – venta mediante subasta
**sale by sample** – venta mediante muestras
**sale by the court** – venta judicial
**sale, for** – se vende
**sale in gross** – venta en conjunto
**sale-note** *n* – nota de venta
**sale on account** – venta a cuenta
**sale on approval** – venta sujeta a la aprobación
**sale on condition** – venta condicional
**sale on credit** – venta a crédito
**sale or return** – venta con derecho de devolución
**sale price** – precio de venta
**sale proof** – prueba de venta
**sale verification** – verificación de venta
**sale with all faults** – venta en que no se ofrecen garantías
**sale with right of redemption** – venta con derecho de redención
**saleable** *adj* – vendible
**sales account** – cuenta de ventas
**sales administration** – administración de ventas
**sales administrator** – administrador de ventas
**sales agent** – agente de ventas
**sales agreement** – contrato de compraventa, contrato de venta
**sales allowance** – rebaja en ventas
**sales assistant** – asistente de ventas
**sales authentication** – certificación de ventas
**sales book** – libro de ventas
**sales brochure** – folleto de ventas
**sales call** – llamada de ventas, visita de ventas
**sales campaign** – campaña de ventas

**sales certificate** – certificado de ventas
**sales certification** – certificación de ventas
**sales charge** – cargo por ventas de valores, cargos por ventas
**sales check** – recibo de venta
**sales clerk** – dependiente
**sales commission** – comisión de venta
**sales conditions** – condiciones de venta
**sales contract** – contrato de compraventa, contrato de venta
**sales director** – director de ventas
**sales discount** – descuento de venta
**sales evidence** – prueba de ventas
**sales executive** – ejecutivo de ventas
**sales invoice** – factura de venta
**sales journal** – libro de ventas
**sales leaflet** – folleto de ventas
**sales ledger** – libro mayor de ventas
**sales letter** – carta de ventas
**sales literature** – información escrita de ventas
**sales management** – administración de ventas, gestión de ventas
**sales manager** – gerente de ventas
**sales manual** – manual de ventas
**sales markup** – margen de ventas
**sales office** – oficina de ventas
**sales organisation** – organización de ventas
**sales organization** – organización de ventas
**sales personnel** – personal de ventas
**sales pitch** – lo que dice un vendedor quien quiere vender algo
**sales policy** – política de ventas
**sales presentation** – presentación de ventas
**sales price** – precio de venta
**sales promotion** – promoción de ventas
**sales receipt** – recibo de venta
**sales rep (sales representative)** – representante de ventas
**sales representative** – representante de ventas
**sales return** – devolución de venta
**sales revenue** – ingresos de ventas
**sales slip** – recibo de venta
**sales staff** – personal de ventas
**sales talk** – lo que dice un vendedor quien quiere vender algo, charla de ventas
**sales tax** – impuesto sobre las ventas
**sales volume** – volumen de ventas
**salesgirl** *n* – vendedora, dependienta
**saleslady** *n* – vendedora, dependienta
**salesman** *n* – vendedor, dependiente
**salesmanship** *n* – el arte de vender, las técnicas que usa un vendedor quien quiere vender algo
**salesperson** *n* – vendedor, dependiente
**salesroom** *n* – sala de ventas
**saleswoman** *n* – vendedora, dependienta
**salient** *adj* – saliente, sobresaliente
**salvage** *n* – salvamento, rescate, objetos rescatados, compensación por asistir en un salvamento
**salvage charges** – gastos de salvamento
**salvage loss** – diferencia entre el valor de los bienes rescatados menos el valor original de dichos bienes
**salvage service** – servicio de salvamento
**salvage value** – valor residual
**salvor** *n* – quien ayuda en un salvamento sin previo convenio
**same-day** *adj* – el mismo día
**same-day delivery** – entrega el mismo día
**same-day funds** – fondos disponibles el mismo día
**same evidence test** – prueba para determinar si los hechos alegados en la segunda acusación podrían haber resultado en una convicción en la primera acusación si se hubieran presentado como prueba entonces
**same invention** – la misma invención
**same offense** – el mismo delito
**same sex civil union** – unión civil entre personas del mismo sexo
**same sex marriage** – matrimonio entre personas del mismo sexo
**sameness** *n* – igualdad, uniformidad
**sample** *n* – muestra, modelo
**sampler** *n* – muestrario
**sampling** *n* – muestra, muestreo, catadura
**sanction** *n* – sanción, ratificación, autorización
**sanction** *v* – sancionar, ratificar, autorizar
**sanctuary** *n* – asilo
**sandwich lease** – arrendamiento del arrendatario que subarrienda a otro
**sane** *adj* – cuerdo, sensato
**sanitarily** *adv* – sanitariamente
**sanitary** *adj* – sanitario, higiénico
**sanitary certificate** – certificado de sanidad
**sanitary code** – código sanitario
**sanitation** *n* – saneamiento
**sanity** *n* – cordura, sensatez
**sanity hearing** – indagación para determinar si la persona está mentalmente capacitada para ser enjuiciada
**SASE (self-addressed stamped envelope)** – sobre predirigido con sello
**satisfaction** *n* – satisfacción, cumplimiento, liquidación
**satisfaction guaranteed** – satisfacción garantizada
**satisfaction guaranteed or your money back** – si no queda satisfecho le devolvemos su dinero
**satisfaction of judgment** – documento que certifica que se ha cumplido con una sentencia
**satisfaction of lien** – documento mediante el cual se libera un gravamen
**satisfaction of mortgage** – documento que certifica que se ha liquidado una hipoteca
**satisfaction piece** – documento que certifica que se ha liquidado una hipoteca
**satisfactorily** *adv* – satisfactoriamente
**satisfactory** *adj* – satisfactorio
**satisfactory endorser** – endosante satisfactorio
**satisfactory evidence** – prueba suficiente
**satisfactory indorser** – endosante satisfactorio
**satisfactory proof** – prueba suficiente
**satisfactory title** – título satisfactorio
**satisficing** *n* – la búsqueda de un nivel satisfactorio en vez del más alto posible
**satisfied** *adj* – satisfecho, cumplido, liquidado, cancelado
**satisfy** *v* – satisfacer, cumplir, liquidar, cancelar
**saturate** *v* – saturar
**saturated** *adj* – saturado
**saturation** *n* – saturación

**saturation of market** – saturación de mercado
**Saturday night special** – pistola fácil de ocultar frecuentemente usada en robos a mano armada
**savage** *adj* – salvaje, cruel
**savagely** – salvajemente, cruelmente
**save** *v* – salvar, exceptuar, eximir, ahorrar, economizar, guardar, reservar, interrumpir un término de tiempo
**save as you earn** – plan de ahorros con contribuciones mensuales a base de ingresos retenidos
**save harmless clause** – cláusula de indemnidad
**saver** *n* – ahorrista
**saving** *adj* – rescatador, ahorrativo
**saving** *n* – ahorro, reserva, economía
**saving clause** – cláusula restrictiva, cláusula que indica que si se invalida una parte de una ley o de un contrato que no se invalidarán las demás
**savings** *n* – ahorros
**savings account** – cuenta de ahorros
**savings account loan** – préstamo colaterizado con cuenta de ahorros
**savings and loan association** – sociedad de ahorro y préstamo
**savings and loan bank** – banco de ahorro y préstamo
**savings bank** – banco de ahorros
**savings certificate** – certificado de ahorros
**savings institution** – entidad de ahorros
**say about** – más o menos
**SAYE (save as you earn)** – plan de ahorros con contribuciones mensuales a base de ingresos retenidos
**SBA (Small Business Administration)** – administración de empresas pequeñas, administración de negocios pequeños
**SBU (Strategic Business Unit)** – Unidad Estratégica de Negocios
**scab** *n* – rompehuelgas, esquirol
**scalability** *n* – escalabilidad
**scalable** *adj* – escalable
**scale** *n* – escala, tarifa, báscula
**scale down** – reducir, disminuir
**scale of costs** – escala de costos, escala de costes
**scale of fees** – escala de cargos
**scale of salaries** – escala de salarios
**scale of wages** – escala de salarios
**scale tolerance** – las pequeñas diferencias en la medición del peso entre básculas diferentes
**scale up** – ampliar, aumentar
**scalp** *v* – revender taquillas a espectáculos en exceso del valor nominal, especular con cantidades pequeñas
**scalper** *n* – quien revende taquillas a espectáculos en exceso del valor nominal, especulador en cantidades pequeñas
**scalping** *n* – reventa de taquillas a espectáculos en exceso del valor nominal, especulación en cantidades pequeñas
**scam** *n* – chanchullo
**scan** *v* – recorrer con la mirada, escudriñar, explorar, revisar someramente, revisar detenidamente
**scandal** *n* – escándalo, deshonra
**scandalize** *v* – escandalizar
**scandalous** *adj* – escandaloso, ignominioso
**scandalous matter** – asunto escandaloso, asunto ignominioso
**scanner** *n* – escáner
**scar** *n* – cicatriz
**scarce** *adj* – escaso, insuficiente
**scarcity** *n* – escasez, insuficiencia
**scarcity rent** – renta por escasez
**scarcity value** – valor por escasez
**scare** *v* – asustar, intimidar
**scenario** *n* – escenario, panorama
**scenario analysis** – análisis del panorama
**scene** *n* – escena, escándalo
**scent** *n* – olor, indicio, pista
**schedule** *n* – programa, horario, calendario, plan, anejo, lista
**schedule** *v* – programar, planificar
**schedule of charges** – lista de cargos
**schedule of costs** – lista de costos, lista de costes
**schedule of fees** – lista de cargos
**schedule of rates** – lista de tasas
**schedule rating** – método de calcular primas de seguros dependiendo de las características especiales del riesgo
**scheduled** *adj* – programado, previsto, listado
**scheduled coverage** – cobertura de acuerdo a una lista de bienes con sus valores respectivos
**scheduled maintenance** – mantenimiento programado
**scheduled policy** – póliza para cobertura de acuerdo a una lista de bienes con sus valores respectivos
**scheduled property** – lista de bienes asegurados con sus valores respectivos
**scheduling order** – orden judicial que establece las fechas límites para cada paso del caso
**scheme** *n* – plan, proyecto, esquema, idea, estratagema, treta, sistema
**scheme to defraud** – treta para defraudar
**Schengen Agreement** – Acuerdo de Schengen
**scholarship** *n* – beca, erudición
**school age** – edad escolar
**school board** – junta escolar
**school district** – distrito escolar
**scienter** – a sabiendas
**scientific management** – administración científica, gestión científica
**scilicet** *adv* – es decir
**scintilla of evidence** – la menor cantidad de prueba
**scold** *n* – quien es una molestia pública, reñidor, regañón
**scope** *n* – alcance, ámbito, intención
**scope of a patent** – alcance de una patente
**scope of authority** – alcance del poder
**scope of employment** – actividades que lleva a cabo un empleado al cumplir con sus deberes del trabajo
**scorched earth** – tierra quemada
**scorched-earth policy** – política de tierra quemada
**scorn** *n* – desdén, menosprecio
**scorn** *v* – desdeñar, menospreciar
**scot-free** *adj* – impune, ileso
**scrambling possession** – posesión disputada
**scrap** *v* – abandonar, descartar, chatarrear, botar
**scrap plans** – abandonar planes
**scream** *n* – grito
**screen** *n* – pantalla
**screen** *v* – cribar, seleccionar
**screen candidates** – seleccionar candidatos
**screened** *adj* – cribado, seleccionado
**screened candidates** – candidatos seleccionados

**screening** *n* – cribado, selección
**screening candidates** – selección de candidatos
**scrimp** *v* – hacer economías, escatimar
**scrip** *n* – vale, certificado, certificado provisional
**scrip dividend** – dividendo consistente en acciones en sustitución de dinero, dividendo para el cual se entrega un vale
**scrip issue** – dividendo en acciones
**script** *n* – manuscrito, original, escritura
**scroll** *n* – rollo de pergamino
**scruple** *n* – escrúpulo, duda
**scrupulous** *adj* – escrupuloso
**scrutinize** *v* – escudriñar
**scrutiny** *n* – escrutinio
**scurrilous** *adj* – grosero, vulgar
**se defendendo** – en defensa propia
**sea bed** – lecho del mar
**sea carrier** – cargador marítimo
**sea coast** – costa
**sea damage** – daño en alta mar
**sea freight** – flete marítimo
**sea insurance** – seguro marítimo
**sea laws** – leyes marítimas
**sea perils** – riesgos de alta mar
**sea risks** – riesgos de alta mar
**sea trade** – comercio marítimo
**sea transport** – transporte marítimo
**seafront** *n* – costa
**seal** *n* – sello, timbre
**seal** *v* – sellar, concluir, cerrar, determinar
**seal of approval** – sello de aprobación
**seal of corporation** – sello corporativo
**sealed** *adj* – sellado, cerrado, concluido
**sealed and delivered** – sellado y entregado
**sealed bid** – oferta en sobre sellado
**sealed instrument** – instrumento sellado
**sealed verdict** – veredicto en sobre sellado
**sealer** *n* – sellador
**sealing** *n* – el acto de sellar
**seaman** *n* – marinero
**séance** *n* – sesión
**seaport** *n* – puerto marítimo
**search** *n* – búsqueda, allanamiento, registro, investigación
**search** *v* – buscar, registrar, allanar, examinar, investigar
**search and seizure** – allanamiento y secuestro, registros y secuestros
**search engine** – motor de búsqueda
**search of title** – búsqueda de título, estudio de título
**search, right of** – derecho de allanar, derecho de registrar naves ajenas
**search warrant** – orden de allanamiento, auto de registro
**season** *n* – estación, temporada
**seasonal** *adj* – estacional, de temporada
**seasonal employment** – empleo estacional
**seasonal labor** – mano de obra estacional
**seasonal labour** – mano de obra estacional
**seasonal unemployment** – desempleo estacional
**seasonal work** – trabajo estacional
**seasonal worker** – trabajador estacional
**seasonally** *adv* – estacionalmente
**seat** *n* – sede, residencia, asiento, escaño
**seat belt** – cinturón de seguridad
**seat of court** – sede de un tribunal
**seat of government** – sede del gobierno
**seated land** – terreno ocupado o cultivado
**seaworthiness** *n* – navegabilidad
**seaworthy** *adj* – apropiado para la navegación
**SEC (Securities and Exchange Commission)** – Comisión del Mercado de Valores, Comisión de Valores y Bolsa
**sec. (secondary)** – secundario
**sec. (secretary)** – secretario
**secede** *v* – separarse
**secession** *n* – secesión
**second** *adj* – segundo, subordinado, alternado
**second** *v* – secundar, apoyar, ayudar, trasladar temporalmente
**second class** – segunda clase
**second cousin** – primo segundo, prima segunda
**second degree crime** – crimen en el segundo grado
**second degree murder** – asesinato en el segundo grado
**second delivery** – entrega de la escritura por el depositario
**second generation** – segunda generación
**second generation product** – producto de segunda generación
**second-guess** *v* – criticar algo ya sabiéndose el resultado, intentar adivinar las intenciones o acciones de otro, intentar anticiparse a algo
**second-hand** *adj* – de segunda mano
**second-hand evidence** – prueba por referencia
**second home** – segunda residencia
**second lien** – segundo privilegio, segundo gravamen
**second mortgage** – segunda hipoteca
**second offense** – segundo delito
**second-rate** *adj* – de calidad inferior
**second the motion** – secundar la moción
**secondarily** *adv* – secundariamente
**secondary** *adj* – secundario, subordinado
**secondary action** – acción secundaria
**secondary activity** – actividad secundaria
**secondary beneficiary** – beneficiario secundario
**secondary boycott** – boicot secundario
**secondary contract** – contrato que modifica o reemplaza uno anterior, contrato secundario
**secondary conveyances** – cesiones derivadas
**secondary creditor** – acreedor secundario
**secondary data** – datos secundarios
**secondary easement** – servidumbre accesoria
**secondary education** – educación secundaria
**secondary employment** – empleo secundario
**secondary evidence** – prueba secundaria
**secondary financing** – financiamiento secundario
**secondary income** – ingresos secundarios
**secondary industry** – industria secundaria
**secondary labor market** – mercado laboral secundario
**secondary labour market** – mercado laboral secundario
**secondary liability** – responsabilidad secundaria
**secondary market** – mercado secundario
**secondary meaning** – significado secundario
**secondary offering** – ofrecimiento secundario
**secondary parties** – partes secundarias
**secondary reserves** – reservas secundarias

**secondary right** – derecho secundario
**secondary shares** – acciones secundarias
**secondary stocks** – acciones secundarias
**secondary strike** – huelga secundaria
**secondary use** – uso condicional
**secondary victimization** – victimización secundaria, revictimización
**seconder** *n* – quien secunda, quien apoya
**secondhand** *adj* – de segunda mano
**secondment** *n* – traslado temporal
**seconds** *n* – artículos imperfectos o defectuosos
**secrecy** *n* – secreto, encubrimiento, silencio
**secret** *adj* – secreto, oculto, escondido
**secret** *n* – secreto, misterio
**secret agent** – agente secreto
**secret association** – asociación secreta
**secret ballot** – escrutinio secreto, voto secreto
**secret communication** – comunicación secreta
**secret equity** – derecho secreto, reclamo secreto
**secret guarantee** – garantía secreta
**secret guaranty** – garantía secreta
**secret lien** – gravamen secreto
**secret meeting** – reunión secreta
**secret partner** – socio secreto
**secret partnership** – sociedad secreta
**secret payment** – pago secreto
**secret process** – proceso secreto
**secret profit** – beneficio oculto, ganancia oculta
**secret reserve** – reserva oculta
**secret service** – servicio secreto
**secret trust** – fideicomiso secreto
**secret vote** – voto secreto
**secret warranty** – garantía secreta
**secretarial** *adj* – secretarial, de secretario
**secretary** *n* – secretario
**secretary general** – secretario general
**Secretary of Agriculture** – Ministro de Agricultura, Secretario de Agricultura
**Secretary of Commerce** – Ministro de Comercio, Secretario de Comercio
**secretary of corporation** – secretario de una corporación, secretario de una persona jurídica
**Secretary of Embassy** – Secretario de Embajada
**Secretary of Health** – Ministro de Salud, Secretario de Salud
**Secretary of Industry** – Ministro de Industria, Secretario de Industria
**Secretary of Labor** – Ministro de Trabajo, Secretario de Trabajo
**Secretary of Labour** – Ministro de Trabajo, Secretario de Trabajo
**Secretary of State** – Secretario de Estado
**Secretary of the Treasury** – Ministro de Hacienda, Ministro del Tesoro, Secretario de Hacienda, Secretario del Tesoro
**secrete** *v* – ocultar, encubrir, secretar
**secretly** *adv* – secretamente, ocultamente
**section** *n* – sección, sector, párrafo, artículo
**section 8 housing** – vivienda sección 8
**section administration** – administración de sección
**section administrator** – administrador de sección
**section chief** – jefe de sección
**section director** – director de sección
**section head** – jefe de sección
**section management** – administración de sección, gestión de sección
**section manager** – gerente de sección
**section of land** – una milla cuadrada de terreno
**sectional** *adj* – parcial, regional
**sector** *n* – sector
**sector of the economy** – sector de la economía
**sector-specific** *adj* – específico para un sector
**secular** *adj* – secular
**secundum** – de acuerdo a, después de
**secure** *adj* – seguro, cierto
**secure** *v* – asegurar, garantizar, afirmar, obtener
**secure electronic transaction** – transacción electrónica segura
**secure electronic transfer** – transferencia electrónica segura
**secure server** – servidor seguro
**secure transaction** – transacción segura
**secured account** – cuenta garantizada
**secured bond** – bono garantizado
**secured claim** – reclamación garantizada
**secured credit** – crédito garantizado
**secured credit card** – tarjeta de crédito colaterizado con cuenta de ahorros
**secured creditor** – acreedor garantizado
**secured debt** – deuda garantizada
**secured loan** – préstamo garantizado
**secured note** – pagaré garantizado
**secured transaction** – transacción garantizada
**securely** *adv* – seguramente
**secureness** *n* – seguridad, certeza
**securities** *n* – valores
**securities account** – cuenta de valores
**securities act** – ley de inversiones, ley de valores
**securities affiliate** – afiliado de valores
**Securities and Exchange Commission** – Comisión del Mercado de Valores, Comisión de Valores y Bolsa
**securities borrowing** – préstamo de valores, préstamo garantizado por valores
**securities broker** – corredor de valores
**securities commission** – comisión de valores
**securities dealer** – corredor de valores
**securities department** – departamento de valores
**securities exchange** – bolsa de valores
**securities fraud** – fraude de valores
**securities house** – casa de valores
**securities index** – índice de valores
**securities laws** – leyes de valores
**securities lending** – préstamo de valores
**securities listing** – cotización de valores
**securities loan** – préstamo de valores, préstamo garantizado por valores
**securities market** – mercado de valores
**securities offering** – oferta de valores
**securities portfolio** – cartera de valores
**securities rating** – clasificación de valores
**securities taxes** – impuestos sobre valores
**securities underwriting** – colocación de valores, suscripción de valores, aseguramiento de emisión de valores
**securitisation** *n* – conversión a valores
**securitise** *v* – convertir en valores
**securitised** *adj* – convertido en valores
**securitization** *n* – conversión a valores

**securitize** *v* – convertir en valores
**securitized** *adj* – convertido en valores
**security** *n* – garantía, seguridad, fianza
**security agreement** – acuerdo de garantía
**security audit** – auditoría de seguridad
**security certificate** – certificado de seguridad
**security check** – revisión de seguridad, cheque con medidas especiales de seguridad
**security cheque** – cheque con medidas especiales de seguridad
**security council** – consejo de seguridad
**security deposit** – depósito de garantía
**security failure** – falla de seguridad
**security for costs** – fianza para costas, fianza para costos, fianza para costes
**security for good behavior** – fianza para garantizar la buena conducta
**security for good behaviour** – fianza para garantizar la buena conducta
**security hazard** – riesgo de seguridad
**security interest** – derecho de vender un inmueble para satisfacer una deuda
**security leak** – fuga de seguridad
**security management** – administración de seguridad, gestión de seguridad
**security margin** – margen de seguridad
**security measure** – medida de seguridad
**security of assets** – seguridad de activos
**security of principal** – seguridad del principal
**security precaution** – precaución de seguridad
**security rating** – clasificación de seguridad
**security regulations** – reglamentos de seguridad
**security requirements** – requisitos de seguridad
**security restrictions** – restricciones de seguridad
**security risk** – riesgo de seguridad
**security rules** – reglas de seguridad
**security standards** – normas de seguridad
**security valuation** – valuación de valores
**secus** – de otro modo
**sedition** *n* – sedición
**seditious** *adj* – sedicioso
**seditious libel** – libelo sedicioso
**seduce** *v* – seducir
**seducement** *n* – seducción
**seducer** *n* – seductor
**seduction** *n* – seducción
**seed capital** – capital generador
**seed money** – dinero generador
**seek approval** – buscar aprobación
**seek employment** – buscar empleo
**seek work** – buscar trabajo
**segment** *n* – segmento, división
**segmentation** *n* – segmentación
**segmented** *adj* – segmentado
**segregate** *v* – segregar
**segregated** *adj* – segregado
**segregated account** – cuenta segregada
**segregated funds** – fondos segregados
**segregation** *n* – segregación
**segregation of securities** – segregación de valores
**seignorage** *n* – señoreaje, monedaje
**seisin** *n* – posesión
**seisin in fact** – posesión de hecho
**seisin in law** – posesión de derecho
**seize** *v* – asir, tomar, capturar, embargar, confiscar, secuestrar, incautar, decomisar, aprovechar
**seized** *adj* – secuestrado, embargado, confiscado, detenido, tomado, incautado, decomisado, aprovechado
**seizure** *n* – secuestro, embargo, allanamiento, confiscación, detención, incautación, decomisado
**seldom** *adv* – raramente
**select** *adj* – selecto
**select** *v* – seleccionar
**select committee** – comité selecto
**select council** – consejo superior municipal
**selection** *n* – selección
**selection of jurors** – selección de los miembros de un jurado
**selection of risk** – selección de riesgo
**selective** *adj* – selectivo
**selective incapacitation** – incapacitación selectiva
**Selective Service System** – agencia federal encargada del proceso de reclutamiento de soldados
**self-accusation** *n* – autoacusación
**self-accusatory** *adj* – autoacusatorio
**self-actualisation** *n* – autoactualización
**self-actualization** *n* – autoactualización
**self-addressed envelope** – sobre predirigido
**self-addressed stamped envelope** – sobre predirigido con sello
**self-adjusting** *adj* – autoajustable
**self-adjustment** *n* – autoajuste
**self-administered** *adj* – autoadministrado
**self-administered pension** – pensión autoadministrada
**self-administered plan** – plan autoadministrado
**self-amortizing** *adj* – autoamortizable
**self-amortizing mortgage** – hipoteca autoamortizable
**self-appointed** *adj* – autoproclamado, autonombrado
**self-assessment** *n* – autoevaluación, autoevaluación de deberes contributivos
**self-certification** *n* – autocertificación
**self-consistent** *adj* – autoconsistente
**self-consumption** *n* – autoconsumo
**self-contradiction** *n* – autocontradicción
**self-contradictory** *adj* – autocontradictorio
**self-control** *n* – autocontrol
**self-controlled** *adj* – autocontrolado
**self-controlling** *adj* – autocontrolante
**self-dealing** *n* – transacciones en que una persona actúa como fiduciario para su propio beneficio
**self-defence** *n* – defensa propia
**self-defense** *n* – defensa propia
**self-destruction** *n* – suicidio
**self-determination** *n* – autodeterminación
**self-discipline** *n* – autodisciplina
**self-employed** *adj* – autoempleado, quien tiene negocio propio, empleado autónomo
**self-employed worker** – empleado autónomo
**self-employment** *n* – autoempleo, negocio propio
**self-employment income** – ingresos provenientes del autoempleo, ingresos provenientes de un negocio propio
**self-employment retirement plan** – plan de retiro de negocio propio
**self-employment tax** – impuesto al autoempleo, impuesto a los que tienen negocio propio

**self-executing** *adj* – de efecto automático, de implementación automática
**self-financed** *adj* – autofinanciado
**self-financing** *n* – autofinanciamiento, autofinanciación
**self-funded** *adj* – autofinanciado
**self-generated** *adj* – autogenerado
**self-governed** *adj* – autónomo
**self-governing** *adj* – autónomo
**self-government** *n* – autonomía
**self-help** *n* – ayuda propia
**self-imposed** *adj* – autoimpuesto
**self-incrimination** *n* – autoincriminación
**self-inflicted** *adj* – autoinfligido
**self-insurance** *n* – autoseguro
**self-insure** *v* – autoasegurar
**self-insured** *adj* – autoasegurado
**self-insurer** *n* – autoasegurador
**self-interest** *n* – interés propio
**self-liquidating** *adj* – autoliquidante
**self-liquidating loan** – préstamo autoliquidante
**self-management** *n* – autoadministración, autogestión
**self-motivated** *adj* – automotivado
**self-murder** *n* – suicidio
**self-preservation** *n* – autopreservación
**self-proved wills** – testamentos que hacen innecesarias ciertas formalidades de prueba al ejecutarse en cumplimiento con las leyes pertinentes
**self-realisation** *n* – autorealización
**self-realization** *n* – autorealización
**self-regulating** *adj* – autorregulador
**self-regulating organisation** – organización autorreguladora
**self-regulating organization** – organización autorreguladora
**self-regulation** *n* – autorregulación
**self-regulatory** *adj* – autorregulador
**self-regulatory body** – organización autorreguladora
**self-regulatory organisation** – organización autorreguladora
**self-regulatory organization** – organización autorreguladora
**self-reliance** *n* – autosuficiencia
**self-reliant** *adj* – autosuficiente
**self-restraint** *n* – autocontrol
**self-selection** *n* – autoselección
**self-service** *n* – autoservicio
**self-serving declaration** – declaración para beneficio propio
**self-sufficiency** *n* – autosuficiencia
**self-sufficient** *adj* – autosuficiente
**self-supporting** *adj* – autosostenido
**self-sustained** *adj* – autosostenido
**sell** *v* – vender, convencer
**sell at auction** – vender mediante subasta
**sell direct** – vender directamente
**sell on account** – vender a cuenta
**sell on credit** – vender a crédito
**sell out** – venta de valores de un cliente por un corredor para compensar por falta de pago, agotarse, venderse, liquidarse, traicionar
**sell-out** *n* – venta total, agotamiento, liquidación, traición
**sell short** – vender al descubierto, vender valores que no se poseen corrientemente en cartera
**seller** *n* – vendedor
**seller financing** – financiamiento por el vendedor
**seller's lien** – gravamen del vendedor
**seller's market** – mercado del vendedor, mercado que favorece a los que venden
**seller's option** – opción del vendedor
**selling agency** – agencia de ventas
**selling agent** – agente de ventas
**selling broker** – corredor de ventas
**selling campaign** – campaña de ventas
**selling commission** – comisión de ventas
**selling concession** – descuento de ventas
**selling flat** – vendiéndose sin intereses
**selling group** – grupo de ventas
**selling group agreement** – convenio del grupo de ventas
**selling licence** – licencia de venta
**selling license** – licencia de venta
**selling price** – precio de venta
**selling price clause** – cláusula de precio de venta
**selling rights** – derechos de venta
**selling syndicate** – sindicato de ventas
**selloff** *n* – ventas precipitadas, ventas precipitadas que causan reducciones drásticas en cotizaciones
**sellout** *n* – venta total, agotamiento, liquidación, traición
**semaphore** *n* – semáforo
**semblance** *n* – semejanza, apariencia
**semen** *n* – semen
**semester** *n* – semestre
**semi-annual** *adj* – semianual, semestral
**semi-annual adjustment** – ajuste semianual
**semi-annual audit** – auditoría semianual
**semi-annual basis** – base semianual
**semi-annual bonus** – bono semianual
**semi-annual budget** – presupuesto semianual
**semi-annual charge** – cargo semianual
**semi-annual income** – ingresos semianuales
**semi-annual interest** – intereses semianuales
**semi-annual premium** – prima semianual
**semi-annual rate** – tasa semianual
**semi-annual return** – rendimiento semianual
**semi-annual yield** – rendimiento semianual
**semi-detached house** – casa dúplex
**semi-durable** *adj* – semiduradero
**semi-durable goods** – bienes semiduraderos, productos semiduraderos
**semi-finished** *adj* – semiterminado, semielaborado
**semi-finished product** – producto semiterminado, producto semielaborado
**semi-fixed** *adj* – semifijo
**semi-fixed cost** – costo semifijo, coste semifijo
**semi-fixed rate** – tasa semifija
**semi-industrialised** *adj* – semiindustrializado
**semi-industrialized** *adj* – semiindustrializado
**semi-manufactured** *adj* – semimanufacturado, semielaborado
**semi-monthly** *adj* – quincenal
**semi-official** *adj* – semioficial
**semi-private** *adj* – semiprivado
**semi-public** *adj* – semipúblico
**semi-skilled labor** – mano de obra semicalificada, mano de obra semicualificada

**semi-skilled labour** – mano de obra semicalificada, mano de obra semicualificada
**semi-skilled manpower** – mano de obra semicalificada, mano de obra semicualificada, personal semicalificado, personal semicualificado
**semi-skilled worker** – trabajador semicalificado, trabajador semicualificado
**semi-variable** *adj* – semivariable
**semi-variable cost** – costo semivariable, coste semivariable
**semi-variable premium** – prima semivariable
**semi-variable rate** – tasa semivariable
**semiannual** *adj* – semianual, semestral
**semiannual adjustment** – ajuste semianual
**semiannual audit** – auditoría semianual
**semiannual basis** – base semianual
**semiannual bonus** – bono semianual
**semiannual budget** – presupuesto semianual
**semiannual charge** – cargo semianual
**semiannual income** – ingresos semianuales
**semiannual interest** – intereses semianuales
**semiannual premium** – prima semianual
**semiannual rate** – tasa semianual
**semiannual return** – rendimiento semianual
**semiannual yield** – rendimiento semianual
**semidetached house** – casa dúplex
**semidurable** *adj* – semiduradero
**semifinished** *adj* – semiterminado, semielaborado
**semifinished product** – producto semiterminado, producto semielaborado
**semifixed** *adj* – semifijo
**semifixed cost** – costo semifijo, coste semifijo
**semifixed rate** – tasa semifija
**semiindustrialised** *adj* – semiindustrializado
**semiindustrialized** *adj* – semiindustrializado
**semimanufactured** *adj* – semimanufacturado, semielaborado
**semimonthly** *adj* – quincenal
**seminar** *n* – seminario
**semiofficial** *adj* – semioficial
**semiprivate** *adj* – semiprivado
**semipublic** *adj* – semipúblico
**semiskilled labor** – mano de obra semicalificada, mano de obra semicualificada
**semiskilled labour** – mano de obra semicalificada, mano de obra semicualificada
**semiskilled manpower** – mano de obra semicalificada, mano de obra semicualificada, personal semicalificado, personal semicualificado
**semiskilled worker** – trabajador semicalificado, trabajador semicualificado
**semivariable** *adj* – semivariable
**semivariable cost** – costo semivariable, coste semivariable
**semivariable premium** – prima semivariable
**semivariable rate** – tasa semivariable
**senate** *n* – senado
**senator** *n* – senador
**senatorial** *adj* – senatorial
**send** *v* – mandar, enviar, transmitir
**send back** – devolver
**send by courier** – enviar por mensajero
**send by email** – enviar por email, enviar por correo electrónico
**send by fax** – enviar por fax
**send by mail** – enviar por correo, enviar por email, enviar por correo electrónico
**send by messenger** – enviar por mensajero
**send by post** – enviar por correo
**send for** – encargar, hacer llamar
**send in** – enviar, hacer pasar
**send off** – enviar, hacer irse
**send out** – enviar, hacer irse
**sender** *n* – remitente
**sending bank** – banco que envía
**senile** *adj* – senil
**senility** *n* – senilidad
**sending bank identifier** – código de identificación del banco remitente
**sending bank name** – nombre del banco remitente
**senior** *adj* – superior, mayor, principal, de rango superior, padre
**senior auditor** – auditor principal
**senior citizen** – persona de edad avanzada
**senior counsel** – abogado principal
**senior creditor** – acreedor de rango superior
**senior debt** – deuda de rango superior
**senior employees** – empleados de rango superior
**senior executive** – alto ejecutivo
**senior interest** – derecho de rango superior
**senior judge** – juez decano
**senior lien** – gravamen de rango superior, privilegio de rango superior
**senior loan** – préstamo de rango superior
**senior management** – alta gerencia
**senior manager** – gerente de rango superior
**senior mortgage** – hipoteca de rango superior
**senior officer** – funcionario de rango superior
**senior official** – funcionario de rango superior
**senior partner** – socio principal
**senior personnel** – empleados de rango superior
**senior secretary** – secretario de rango superior
**senior securities** – valores de rango superior
**senior staff** – empleados de rango superior
**senior vice-president** – vicepresidente principal
**senior VP (senior vice-president)** – vicepresidente principal
**seniority** *n* – antigüedad, prioridad
**seniority system** – sistema basado en la antigüedad
**sense** *n* – sentido, significado
**senseless** *adj* – sin sentido, insensato
**sensible** *adj* – sensible, susceptible
**sensitive** *adj* – sensible, delicado, confidencial
**sensitive information** – información confidencial
**sensitivity** *n* – sensibilidad
**sensitivity analysis** – análisis de sensibilidad
**sensitivity training** – entrenamiento de sensibilidad
**sentence** *n* – sentencia, fallo, condena
**sentence in absentia** – sentencia en ausencia
**sentence of death** – sentencia de muerte, pena de muerte
**sentence report** – informe al juez antes de la determinación de una sentencia
**sentencing** *n* – determinación de una sentencia
**sentencing guidelines** – normas para usarse al determinar una sentencia
**sentimental value** – valor sentimental
**separability** *n* – separabilidad

**separability clause** – cláusula de separabilidad, cláusula que indica que si se invalida una cláusula en un contrato no se invalidarán las demás
**separable** *adj* – separable, divisible
**separable contract** – contrato divisible
**separable controversy** – controversia separable
**separate** *adj* – separado, distinto
**separate** *v* – separar, dividir
**separate account** – cuenta separada
**separate accounting** – contabilidad separada
**separate action** – acción separada
**separate agreement** – convenio separado
**separate billing** – facturación separada
**separate bookkeeping** – contabilidad separada
**separate contract** – contrato separado
**separate covenant** – estipulación que obliga a cada parte individualmente
**separate estate** – bienes privativos
**separate examination** – interrogatorio por separado
**separate line of business** – línea de negocios separada
**separate maintenance** – pensión para una esposa que no vive con su esposo
**separate offenses** – delitos separados
**separate opinion** – opinión separada
**separate property** – bienes privativos
**separate return** – declaración de la renta separada, declaración de ingresos separada, declaración de impuestos separada
**separate tax return** – declaración de la renta separada, declaración de ingresos separada, declaración de impuestos separada
**separate trial** – juicio separado
**separately** *adv* – separadamente, por separado
**separateness** *n* – estado de separación
**separation** *n* – separación, clasificación, separación matrimonial
**separation agreement** – convenio de separación matrimonial
**separation from bed and board** – separación sin disolución matrimonial
**separation of husband and wife** – separación matrimonial
**separation of jury** – separación de los miembros de un jurado
**separation of patrimony** – separación del patrimonio
**separation of powers** – separación de poderes
**separation of spouses** – separación matrimonial
**separation of witnesses** – aislamiento de los testigos
**separation order** – orden de separación matrimonial
**separatism** *n* – separatismo
**separatist** *adj* – separatista
**separatist** *n* – separatista
**sequel** *n* – secuela, consecuencia
**sequence** *n* – secuencia
**sequential** *adj* – secuencial
**sequester** *v* – secuestrar, confiscar, embargar, aislar
**sequestered account** – cuenta confiscada, cuenta congelada
**sequestration** *n* – secuestro, confiscación, embargo, aislamiento
**sequestration of jury** – aislamiento del jurado
**sequestrator** *n* – secuestrador, embargador
**sergeant-at-arms** *n* – ujier
**serial** *adj* – serial, de serie, consecutivo
**serial number** – número de serie
**serial right** – derecho de publicar en serie
**serially** *adv* – en serie
**seriatim** *adv* – en serie
**series** *n* – serie, colección
**serious** *adj* – serio, grave
**serious accident** – accidente grave
**serious and willful misconduct** – conducta con la intención de ocasionar lesiones graves
**serious bodily harm** – daño corporal grave, lesiones corporales graves
**serious bodily injury** – daño corporal grave, lesiones corporales graves
**serious breach of contract** – incumplimiento grave de contrato
**serious crime** – delito grave
**serious damage** – daños graves
**serious illness** – enfermedad grave
**serious injury** – lesión seria
**serjeant-at-arms** *n* – ujier
**servant** *n* – sirviente, empleado
**serve** *v* – servir, entregar, notificar, desempeñar, atender
**serve a sentence** – cumplir una condena
**serve a summons** – presentar un emplazamiento, presentar una citación
**server** *n* – servidor
**service** *n* – servicio, notificación judicial, notificación de actos procesales, emplazamiento, ayuda
**service adjustment** – ajuste de servicio
**service agreement** – contrato de servicios
**service bureau** – empresa de servicios
**service business** – negocio de servicios
**service by mail** – notificación mediante el correo
**service by publication** – notificación mediante publicaciones
**service center** – centro de servicio
**service centre** – centro de servicios
**service charge** – cargo por servicios
**service company** – compañía de servicio
**service contract** – contrato de servicios
**service corporation** – corporación de servicio
**service cost** – costo del servicio, coste del servicio
**service department** – departamento de servicio
**service director** – director de servicios
**service economy** – economía de servicios
**service establishment** – establecimiento donde se prestan servicios
**service fee** – cargo por servicios
**service, in** – en servicio
**service, in-** – durante el empleo
**service industry** – industria de servicios
**service job** – trabajo de servicio
**service level** – nivel de servicio
**service level agreement** – acuerdo de nivel de servicio
**service life** – vida útil
**service manager** – gerente de servicios
**service mark** – marca de servicios
**service not included** – servicio no incluido
**service occupation** – ocupación de servicio
**service of a loan** – servicio de un préstamo
**service of notice** – notificación judicial

**service of process** – notificación de actos procesales, notificación judicial, emplazamiento
**service, out of** – fuera de servicio
**service plan** – plan de servicios
**service provider** – proveedor de servicios
**service real** – servidumbre real
**service sector** – sector de servicios, sector terciario
**services rendered** – servicios prestados
**servicing** *n* – servicio, mantenimiento
**servicing agreement** – contrato de servicio
**servient** *v* – sirviente
**servient estate** – predio sirviente
**servient tenement** – predio sirviente
**serving sentence** – cumpliendo una sentencia
**servitude** *n* – servidumbre
**session** *n* – sesión
**session laws** – leyes aprobadas durante una sesión legislativa
**session of court** – sesión de un tribunal
**set** *adj* – establecido, fijo
**set** *n* – conjunto, serie, tendencia
**set** *v* – poner, establecer, fijar, ajustar
**SET (secure electronic transaction)** – transacción electrónica segura
**set-amount annuity** – anualidad de cantidad fija
**set annuity** – anualidad fija
**set apart** – apartar
**set aside** – reservar, guardar, apartar, revocar, cancelar, anular
**set bail** – fianza fijada, fijar la fianza
**set benefits** – beneficios fijos
**set budget** – presupuesto fijo
**set charges** – cargos fijos
**set commission** – comisión fija
**set conditions** – condiciones fijas
**set cost contract** – contrato de costo fijo, contrato de coste fijo
**set costs** – costos fijos, costes fijos, costas fijas
**set credit line** – línea de crédito fija
**set debt** – deuda fija
**set deposit** – depósito a plazo fijo
**set depreciation** – amortización fija
**set-dollar annuity** – anualidad de cantidad fija
**set down** – inscribir una causa en la lista de casos a ser juzgados, poner por escrito, establecer
**set exchange rate** – tipo de cambio fijo
**set expenditures** – gastos fijos
**set expenses** – gastos fijos
**set factors** – factores fijos
**set fee** – cargo fijo
**set forth** – presentar
**set income** – ingresos fijos
**set interest** – interés fijo, interés fijado
**set obligation** – obligación fija
**set of accounts** – conjunto de cuentas
**set off** – desencadenar, comenzar, causar
**set-off** *n* – compensación, contrarreclamación
**set out** – exponer, alegar
**set pay** – paga fija
**set payments** – pagos fijos
**set period** – período fijo
**set premium** – prima fija
**set price** – precio fijo
**set-price contract** – contrato a precio fijo
**set prices** – fijar precios
**set procedure** – procedimiento fijo
**set rate** – tasa fija
**set-rate loan** – préstamo de tasa de interés fija
**set-rate mortgage** – hipoteca de tasa de interés fija
**set remuneration** – remuneración fija
**set rent** – renta fija
**set residence** – residencia fija
**set salary** – salario fijo
**set selling price** – precio de venta fijo
**set tax** – impuesto fijo
**set term** – plazo fijo
**set trust** – fideicomiso fijo
**set-up** *v* – establecer, convocar, preparar, proponer, alegar, tramar, intentar incriminar a otros
**set-up costs** – costos de establecimiento, costes de establecimiento
**set wage** – salario fijo
**setback** *n* – la distancia mínima de un linde dentro de la cual se puede edificar, contratiempo
**settle** *v* – transar, acordar, convenir, establecer, establecerse, liquidar, decidir, pagar, ajustar
**settle accounts** – ajustar cuentas
**settle out-of-court** – transar extrajudicialmente
**settle on** – acordar, escoger
**settle up** – liquidar, ajustar cuentas
**settle upon** – acordar, escoger
**settled** *adj* – transado, convenido, decidido, liquidado, pagado, ajustado
**settled account** – cuenta liquidada
**settlement** *n* – transacción, acuerdo, convenio, decisión, cierre, liquidación, pago, ajuste, residencia, establecimiento
**settlement account** – cuenta de liquidación
**settlement agreement** – contrato documentando lo que se ha transado entre las partes
**settlement conference** – conferencia antes del juicio con un juez donde se busca que las partes transen, conferencia antes del juicio con un magistrado u otro funcionario imparcial donde se busca que las partes transen
**settlement costs** – gastos de cierre, costos de cierre, costes de cierre
**settlement currency** – moneda de liquidación
**settlement date** – fecha de pago, fecha de entrega, fecha del cierre
**settlement in full** – pago completo
**settlement of accounts** – liquidación de cuentas
**settlement options** – opciones de liquidación
**settlement statement** – declaración del cierre, estado del cierre
**settlement terms** – términos de liquidación
**settler** *n* – residente en un terreno
**settlor** *n* – fideicomitente
**setup** *v* – establecer, convocar, preparar, proponer, alegar, tramar, intentar incriminar a otros
**setup costs** – costos de establecimiento, costes de establecimiento
**sever** *v* – cortar, separar, dividir
**severability** *adv* – divisibilidad
**severability clause** – cláusula que indica que si se invalida una parte en una ley o contrato no se invalidarán las demás
**severable** *adj* – separable, divisible

**severable contract** – contrato divisible
**several** *adj* – separado, independiente, varios
**several actions** – acciones separadas
**several counts** – combinación de causas
**several covenants** – estipulaciones que obligan a cada parte individualmente
**several inheritance** – herencia transmitida separadamente
**several liability** – responsabilidad independiente
**several obligation** – obligación independiente
**several ownership** – propiedad independiente
**severally** *adv* – separadamente, independientemente
**severally liable** – responsable independientemente
**severalty** *n* – propiedad individual
**severance** *n* – separación, división, indemnización por despido, cesantía
**severance benefit** – beneficio por despido, indemnización por despido, cesantía
**severance indemnity** – indemnización por despido, cesantía
**severance of actions** – separación de acciones
**severance of diplomatic relations** – rompimiento de relaciones diplomáticas
**severance of issues** – separación de cuestiones
**severance package** – indemnización por despido, cesantía
**severance pay** – indemnización por despido, cesantía
**severance tax** – impuesto sobre la explotación de recursos naturales
**severe** *n* – severo, riguroso
**severely indebted** – altamente endeudado, sobreendeudado
**sewage** *n* – aguas residuales, aguas sucias
**sewage pollution** – contaminación por aguas residuales
**sewage treatment** – tratamiento de aguas residuales
**sewer** *n* – alcantarilla
**sex** *n* – sexo, acto sexual
**sex bias** – prejuicios sexistas
**sex crimes** – crímenes sexuales
**sex discrimination** – discriminación sexual
**sex discrimination act** – ley contra la discriminación sexual
**sex offender** – delincuente sexual
**sex offender registration** – registro de delincuentes sexuales
**sex offender registry** – registro de delincuentes sexuales
**sexism** *n* – sexismo
**sexist** *adj* – sexista
**sexist** *n* – sexista
**sexual abuse** – abuso sexual
**sexual assault** – asalto sexual
**sexual bias** – prejuicios sexistas
**sexual conduct** – conducta sexual
**sexual discrimination** – discriminación sexual
**sexual favoritism** – favoritismo sexual
**sexual favouritism** – favoritismo sexual
**sexual harassment** – hostigamiento sexual, acoso sexual
**sexual intercourse** – relaciones sexuales
**sexual offender** – delincuente sexual
**sexual offender registration** – registro de delincuentes sexuales
**sexual offender registry** – registro de delincuentes sexuales
**sexual organs** – órganos sexuales
**sexual relations** – relaciones sexuales
**sexy ad** – anuncio sexy
**sexy advertisement** – anuncio sexy
**sexy advertising** – publicidad sexy
**shadow economy** – economía sombra
**shady dealings** – transacciones dudosas, negocios dudosos
**shake-out** *n* – reorganización drástica
**shake-up** *n* – reorganización drástica
**shakeout** *n* – reorganización drástica
**shakeup** *n* – reorganización drástica
**shaky currency** – moneda tambaleante
**shaky economy** – economía tambaleante
**shall** *v* – deberá, podrá
**sham** *adj* – falso, ficticio, fingido, engañoso, disimulado
**sham** *n* – imitación, falsificación, engaño
**sham answer** – respuesta falsa
**sham defence** – defensa falsa, defensa de mala fe, defensa no pertinente
**sham defense** – defensa falsa, defensa de mala fe, defensa no pertinente
**sham plea** – defensa con la intención de ocasionar demoras, alegación falsa
**sham transaction** – transacción falsa
**shape** *n* – condición, forma, apariencia
**shape** *v* – formar, determinar
**share** *n* – acción, parte, porción, participación
**share** *v* – compartir, partir
**share and share alike** – por partes iguales
**share capital** – capital accionario, capital en acciones
**share certificate** – certificado de acciones
**share split** – split, cambio proporcional en la cantidad de acciones de una corporación, división de acciones
**sharecropper** *n* – aparcero
**sharecropping** *n* – aparcería
**shared** *adj* – compartido
**shared account** – cuenta compartida
**shared action** – acción compartida
**shared agreement** – convenio compartido
**shared benefits** – beneficios combinados
**shared capital** – capital compartido
**shared contract** – contrato compartido
**shared control** – control compartido
**shared cost** – costo compartido, coste compartido
**shared custody** – custodia compartida
**shared debts** – deudas compartidas
**shared enterprise** – empresa compartida
**shared equity mortgage** – hipoteca en que el acreedor hipotecario participa en las ganancias al venderse la propiedad
**shared expenditures** – gastos compartidos
**shared expenses** – gastos compartidos
**shared exports** – exportaciones compartidas
**shared guarantee** – garantía compartida
**shared guaranty** – garantía compartida
**shared imports** – importaciones compartidas
**shared income** – ingresos compartidos
**shared insurance** – seguro compartido
**shared interest** – interés compartido
**shared investment** – inversión compartida

**shared lease** – arrendamiento compartido
**shared liability** – responsabilidad compartida
**shared management** – administración compartida, gestión compartida
**shared monopoly** – monopolio compartido
**shared network** – red compartida
**shared obligation** – obligación compartida
**shared owners** – copropietarios, condueños
**shared ownership** – posesión compartida, propiedad compartida
**shared patent** – patente compartida
**shared payment** – pago compartido
**shared physical custody** – custodia física compartida
**shared policy** – póliza compartida, política compartida
**shared possession** – coposesión, posesión compartida
**shared reserves** – reservas compartidas
**shared responsibility** – responsabilidad compartida
**shared risk** – riesgo compartido
**shared sales** – ventas compartidas
**shared tenancy** – tenencia compartida, tenencia mancomunada, arrendamiento compartido, arrendamiento mancomunado
**shared undertaking** – empresa compartida
**shareholder** *n* – accionista
**shareholder of record** – accionista registrado
**shareholder's agreement** – contrato de accionistas
**shareholder's derivative action** – acción entablada por un accionista para hacer cumplir una causa corporativa
**shareholder's equity** – capital accionario, capital social, porcentaje del accionista en una corporación
**shareholder's liability** – responsabilidad del accionista
**shareholders' meeting** – asamblea de accionistas, reunión de accionistas, junta de accionistas
**shareholders' register** – registro de accionistas
**shareholding** *n* – tenencia de acciones, posesión de acciones
**shares authorised** – acciones autorizadas
**shares authorized** – acciones autorizadas
**shares certificate** – certificado de acciones
**shares dividend** – dividendo en acciones
**shares issue** – emisión de acciones
**shares issued** – acciones emitidas
**shares loan** – préstamo de acciones
**shares of stock** – acciones
**shares offer** – oferta de acciones
**shares option** – opción de compra de acciones
**shares ownership** – titularidad de acciones
**shares purchase plan** – plan de compra de acciones
**shares record** – registro de acciones
**shares register** – registro de acciones
**shares split** – split, cambio proporcional en la cantidad de acciones de una corporación, división de acciones
**shares transfer** – transferencia de acciones
**shares transfer agent** – agente de transferencia de acciones
**shares transfer tax** – impuesto sobre la transferencia de acciones
**shares warrant** – derecho generalmente vigente por varios años para la compra de acciones a un precio específico
**shark watcher** – entidad que se especializa en la detección temprana de posibles intentos de tomas de control
**sharp** *n* – cláusula que le permite al acreedor entablar una acción rápida y sumaria en caso de incumplimiento
**sheet** *n* – hoja
**shelf company** – compañía sin actividades ni nada que sólo existe con la expectativa de ser comprada para obtener su fecha de establecimiento
**shelf corporation** – corporación sin actividades ni nada que sólo existe con la expectativa de ser comprada para obtener su fecha de establecimiento
**shelf registration** – registro de acciones que no se emitirán de inmediato
**shell company** – compañía sin actividades o activos significativos
**shell corporation** – corporación sin actividades o activos significativos
**shell out** – desembolsar, repartir
**shelter** *n* – refugio, amparo, abrigo tributario, amparo contributivo, estratagema para reducir o aplazar la carga impositiva
**sheltered** *adj* – refugiado, amparado, protegido, protegido contra impuestos
**shelterer** *n* – amparador, protector
**sheriff** *n* – alguacil
**sheriff's sale** – venta o subasta judicial
**Sherman Antitrust Act** – ley federal antimonopolio
**shield laws** – leyes que le permiten a los periodistas mantener en secreto cierta información y las fuentes de dicha información
**shift** *n* – turno, jornada, movimiento, desplazamiento, cambio
**shift** *v* – mover, desplazar, cambiar, trasladar
**shift differential** – paga adicional por jornada irregular
**shift employees** – empleados de turno
**shift personnel** – personal de turno
**shift staff** – personal de turno
**shift work** – trabajo por turnos
**shift workers** – trabajadores por turnos
**shifting** *n* – traslado, variación
**shifting the burden of proof** – trasladar la carga de la prueba
**shifting trust** – fideicomiso en el cual los beneficiarios pueden variar condicionalmente
**shifting use** – transferencia de uso condicional
**shiftwork** *n* – trabajo por turnos
**shiftworkers** *n* – trabajadores por turnos
**ship** *n* – nave, embarcación
**ship** *v* – enviar, embarcar
**ship broker** – corredor naviero, consignatario
**ship-master** *n* – capitán mercante
**ship-owner** *n* – naviero
**ship's papers** – documentación de la nave
**ship's registry** – registro naval
**shipbroker** *n* – corredor naviero, consignatario
**shipmaster** *n* – capitán mercante
**shipment** *n* – cargamento, embarque, envío
**shipowner** *n* – naviero
**shipper** *n* – cargador
**shipping** *n* – envío, embarque
**shipping agency** – agencia naviera
**shipping agent** – agente naviero
**shipping articles** – contrato de tripulación

**shipping charges** – gastos de embarque
**shipping company** – compañía naviera
**shipping costs** – costos de embarque, costes de embarque
**shipping date** – fecha de embarque
**shipping documents** – documentos de embarque
**shipping expenditures** – gastos de embarque
**shipping expenses** – gastos de embarque
**shipping fees** – cargos de embarque
**shipping industry** – industria naviera
**shipping instructions** – instrucciones de embarque
**shipping line** – línea naviera
**shipping notice** – aviso de embarque
**shipping order** – copia del conocimiento de embarque con detalles adicionales sobre la entrega, conocimiento de embarque
**shipping papers** – documentos de embarque
**shipping terms** – condiciones de embarque
**shipping time** – tiempo de embarque
**shipwreck** *n* – naufragio
**shire** *n* – condado
**shock** *n* – choque, sacudida
**shock incarceration** – período corto de encarcelación donde se intenta sacudir a los reos con la expectativa de reducir la reincidencia
**shock probation** – libertad condicional otorgada antes de lo esperado con la expectativa de reducir la reincidencia
**shocking** *adj* – chocante, espantoso
**shoot** *v* – disparar, disparar y lesionar o matar a una persona
**shop** *n* – oficio, tienda, taller
**shop** *v* – comprar, ir de compras, buscar hacer compras
**shop around** – comparar precios de diferentes vendedores, comparar diferentes ofertas
**shop assistant** – dependiente
**shop-books** *n* – libros de cuentas
**shop owner** – dueño de tienda, tendero
**shop right rule** – derecho de un patrono de usar una invención de un empleado sin pagarle regalías
**shop steward** – representante sindical
**shopaholic** *n* – adicto a las compras
**shopaholism** *n* – adicción a las compras
**shopkeeper** *n* – tendero
**shoplifter** *n* – quien hurta mercancías en una tienda o negocio
**shoplifting** *n* – hurto de mercancías en una tienda o negocio
**shopoholic** *n* – adicto a las compras
**shopoholism** *n* – adicción a las compras
**shopowner** *n* – dueño de tienda, tendero
**shopper** *n* – comprador, pequeño periódico local con fines publicitarios
**shopper agreement** – convenio del comprador
**shopper credit** – crédito del comprador
**shopper debt** – deuda del comprador
**shopper education** – educación del comprador
**shopper ignorance** – ignorancia del comprador
**shopper information** – información para el comprador, información sobre los compradores
**shopper loan** – préstamo al comprador
**shopper organisation** – organización de compradores
**shopper organization** – organización de compradores
**shopper-oriented** *adj* – orientado al comprador
**shopper pressure** – presión al comprador, presión del comprador
**shopping center** – centro comercial
**shopper rights** – derechos del comprador
**shopper risk** – riesgo del comprador
**shopper satisfaction** – satisfacción del comprador
**shopper service** – servicio al comprador
**shoppers' association** – asociación de compradores
**shoppers' records** – registros de compradores
**shopping** *n* – compras, ir de compras
**shopsoiled** *adj* – deteriorado por estar demasiado tiempo en una tienda
**shopworn** *adj* – deteriorado por estar demasiado tiempo en una tienda
**shore** *n* – costa, litoral
**short** *adj* – corto, al descubierto
**short** *v* – vender valores que no se poseen corrientemente en cartera
**short account** – cuenta en descubierto, cuenta para la venta de valores que no se poseen en cartera
**short cause** – causa breve
**short-change** *v* – dar menos cambio que el debido, dar menos de lo debido, estafar
**short-dated** *adj* – a corto plazo, con poco tiempo antes de su redención o vencimiento
**short delivery** – entrega incompleta
**short form** – forma corta, forma simplificada
**short-form report** – informe resumido
**short-handed** *adj* – corto de trabajadores, corto del personal y/o recursos usuales
**short interest** – cantidad de acciones en circulación vendidas al descubierto
**short lease** – arrendamiento a corto plazo
**short message service** – servicio de mensajes cortos, SMS
**short notice** – poco aviso
**short option position** – posición de opciones descubierta, posición de opciones corta
**short position** – posición descubierta, posición corta
**short sale** – venta al descubierto, venta de valores que no se poseen corrientemente en cartera
**short selling** – ventas al descubierto
**short summons** – notificación de comparecer en un plazo corto de tiempo
**short supply** – escasez, escasez de oferta
**short-term** *adj* – a corto plazo
**short-term assets** – activo a corto plazo
**short-term capital** – capital a corto plazo
**short-term capital gain** – ganancia de capital a corto plazo
**short-term capital loss** – pérdida de capital a corto plazo
**short-term care** – cuidado a corto plazo
**short-term contract** – contrato a corto plazo
**short-term credit** – crédito a corto plazo
**short-term creditor** – acreedor a corto plazo
**short-term debt** – deuda a corto plazo
**short-term disability** – discapacidad a corto plazo
**short-term disability insurance** – seguro de discapacidad a corto plazo
**short-term employee** – empleado a corto plazo
**short-term employment** – empleo a corto plazo
**short-term financing** – financiamiento a corto plazo

**short-term gain** – ganancia a corto plazo
**short-term investment** – inversión a corto plazo
**short-term job** – trabajo a corto plazo
**short-term lease** – arrendamiento a corto plazo
**short-term liability** – responsabilidad a corto plazo, obligación a corto plazo
**short-term loan** – préstamo a corto plazo
**short-term loss** – pérdida a corto plazo
**short-term mortgage** – hipoteca a corto plazo
**short-term policy** – póliza a corto plazo, política a corto plazo
**short-term rate** – tasa a corto plazo
**short-term securities** – valores a corto plazo
**short-term unemployment** – desempleo a corto plazo
**short-term work** – trabajo a corto plazo
**short-term worker** – trabajador a corto plazo
**short-terminism** *n* – la búsqueda de maximizar las resultados a corto plazo a expensas del éxito a largo plazo
**short time** – jornada reducida por falta de trabajo
**short ton** – tonelada corta
**short year** – año de menos de doce meses
**shortage** *n* – escasez, déficit
**shortchange** *v* – dar menos cambio que el debido, dar menos de lo debido, estafar
**shorten** *v* – acortar, reducir
**shortfall** *n* – déficit, insuficiencia
**shorthand** *n* – taquigrafía
**shorthanded** *adj* – corto de trabajadores, corto del personal y/o recursos usuales
**shorting** *n* – venta de valores que no se poseen corrientemente en cartera
**shortlist** *n* – lista con los mejores candidatos, lista con las opciones más atractivas
**shortly** *adv* – en breve, brevemente
**shot** *adj* – disparado
**shot** *n* – disparo, bala
**shoulder responsibility** – cargar con la responsabilidad
**shout** *v* – gritar
**shove** *v* – empujar
**show** *n* – indicación, demostración, apariencia
**show** *v* – mostrar, demostrar, marcar, exponer, revelar
**show cause order** – citación para demostrar por qué el tribunal no debe tomar cierta medida
**show, for** – para impresionar
**show of hands** – votación a mano alzada
**show room** – sala de exposición
**show-up** *n* – confrontación entre un sospechoso y el testigo de un crimen, confrontación entre un sospechoso y la víctima de un crimen
**showroom** *n* – sala de exposición
**shower** *n* – quien le señala al jurado objetos relevantes en el lugar de los hechos, mostrador
**showing** *n* – exposición, demostración
**shr. (share)** – acción
**shred** *v* – triturar papeles, destruir documentos
**shredder** *n* – trituradora de papeles, trituradora, destructora de documentos
**shrinkage** *n* – disminución, disminución esperada, reducción
**shut** *v* – cerrar, encerrar
**shut down** – cesar operaciones
**shutdown** *n* – cese de operaciones
**shuttle trade** – comercio transfronterizo
**shyster** *n* – leguleyo, picapleitos
**SIC (Standard Industrial Classification)** – Clasificación Industrial Uniforme
**sic** *adv* – así, de este modo
**sick** *adj* – enfermo
**sick benefits** – beneficios por enfermedad
**sick leave** – licencia por enfermedad
**sick-out** *n* – protesta laboral en la cual los empleados se declaran enfermos y no van al trabajo
**sick pay** – paga durante enfermedad
**sickly** *adj* – enfermizo
**sickness** *n* – enfermedad
**sickness benefit** – beneficio por enfermedad
**sickness coverage** – cobertura por enfermedad
**sickness insurance** – seguro de enfermedad
**sickness leave** – licencia por enfermedad
**sickness pay** – paga durante enfermedad
**side business** – negocio secundario
**side collateral** – colateral parcial
**side reports** – colección de precedentes judiciales extraoficial
**sidebar** *n* – conferencia entre la juez y los abogados, conferencia entre la juez y los abogados y las partes del litigio
**sidebar conference** – conferencia entre la juez y los abogados, conferencia entre la juez y los abogados y las partes del litigio
**sideline** *n* – línea de productos secundaria, línea secundaria de negocios, línea lateral en una pertenencia minera
**sidewalk** *n* – acera, vereda
**siege** *n* – sitio, asedio
**SIG (special interest group)** – grupo de interés, grupo de presión
**sight, at** – a la vista
**sight credit** – crédito a la vista
**sight draft** – letra a la vista
**sight liabilities** – obligaciones a la vista
**sight loan** – préstamo a la vista
**sight, on** – a la vista
**sight unseen** – sin verse
**sign** *n* – signo, señal, indicación, rótulo
**sign** *v* – firmar, hacer señas
**sign a check** – firmar un cheque
**sign a cheque** – firmar un cheque
**sign a contract** – firmar un contrato
**sign a document** – firmar un documento
**sign a lease** – firmar un arrendamiento
**sign a receipt** – firmar un recibo
**sign an agreement** – firmar un convenio, firmar un contrato
**sign in** – matricularse, firmar para confirmar la llegada
**sign language** – lenguaje de señas
**sign off** – despedirse, terminar una transmisión, dar la aprobación
**sign on** – contratar, firmar un contrato, unirse a, registrarse como desempleado
**sign out** – darse de alta, firmar para confirmar que se retira algo
**sign up** – matricularse, contratar
**signal** *n* – señal, aviso
**signal** *v* – señalar
**signatory** *n* – signatario, firmante

**signature** *n* – firma, rúbrica
**signature authentication** – certificación de firma
**signature by mark** – firma mediante una marca
**signature by proxy** – firma por un apoderado
**signature card** – tarjeta de firmas
**signature check** – comprobación de firma
**signature loan** – préstamo sin colateral
**signature on file** – la firma está en los expedientes
**signature verification** – verificación de firma
**signed** *adj* – firmado
**signed agreement** – contrato firmado
**signed check** – cheque firmado
**signed contract** – contrato firmado
**signed document** – documento firmado
**signed lease** – arrendamiento firmado
**signer** *n* – firmante
**significance** *n* – significación, significado, importancia
**significant** *adj* – significativo, considerable
**signify** *v* – significar, manifestar, importar
**signing bonus** – bono por firmar, bono al firmar, bonificación por firmar, bonificación al firmar
**silence, estoppel by** – impedimento por silencio
**silence** *n* – silencio
**silence of the accused** – silencio del acusado
**silencer** *n* – silenciador
**silent** *adj* – silencioso
**silent partner** – socio oculto
**silver standard** – patrón plata
**SIM (subscriber identity module)** – módulo de identidad de usuario, tarjeta SIM
**SIM card (subscriber identity module card)** – tarjeta SIM
**similar** *adj* – similar
**similar offer** – oferta similar
**similar price** – precio similar
**similarity** *n* – similitud
**similarity of marks** – similitud de marcas, similitud de marcas comerciales
**similarly** *adv* – similarmente
**similiter** – de la misma forma
**similitude** *n* – similitud
**simple** *adj* – simple, puro, sencillo
**simple assault** – asalto simple, acometimiento simple
**simple average** – promedio simple, avería simple
**simple battery** – agresión simple
**simple bond** – obligación de pagar sin pena por incumplimiento
**simple capital structure** – estructura de capital simple
**simple confession** – confesión simple
**simple contract** – contrato simple
**simple interest** – interés simple
**simple kidnapping** – secuestro sin agravantes
**simple larceny** – hurto simple
**simple licence** – licencia simple
**simple license** – licencia simple
**simple majority** – mayoría simple
**simple negligence** – negligencia simple
**simple obligation** – obligación simple
**simple trust** – fideicomiso simple
**simpliciter** – sencillamente
**simplification** *n* – simplificación
**simplified earnings form** – formulario de ingresos simplificado
**simplified employee pension plan** – plan de pensiones de empleados simplificado
**simulate** *v* – simular, fingir, falsificar
**simulated** *adj* – simulado, fingido, falsificado
**simulated contract** – contrato simulado
**simulated disease** – enfermedad simulada
**simulated dispute** – disputa simulada
**simulated fact** – hecho simulado
**simulated illness** – enfermedad simulada
**simulated injury** – lesión simulada
**simulated judgment** – sentencia simulada
**simulated sale** – venta simulada
**simulation** *n* – simulación, imitación
**simultaneous** *adj* – simultáneo
**simultaneous death** – conmoriencia, fallecimiento simultáneo
**simultaneous death clause** – cláusula de conmoriencia, cláusula de fallecimiento simultáneo
**simultaneous sentences** – sentencias simultáneas
**simultaneously** *adv* – simultáneamente
**simultaneousness** *n* – simultaneidad
**sin tax** – impuesto sobre vicios como el tabaco o alcohol
**sincere** *adj* – sincero
**sincerely** *adv* – sinceramente
**Sincerely Yours** – Atentamente
**sine die** – sin día
**sine qua non** – sin la cual no, indispensable, sine qua non
**sinecure** *n* – sinecura
**single** *adj* – único, solo, soltero
**single bond** – garantía de pago incondicional en una fecha determinada
**Single Administrative Document** – Documento Único Administrativo
**single commission** – comisión única
**single condition** – condición única
**single creditor** – acreedor único, acreedor de privilegio único
**single-crop economy** – economía de cultivo único
**single currency** – moneda única, divisa única
**single entry** – partida única, partida simple
**single-entry accounting** – contabilidad por partida única
**single-entry bookkeeping** – contabilidad por partida única
**Single European Act** – Acta Única Europea
**single European currency** – moneda europea única, divisa europea única
**single-exchange rate** – tipo de cambio único
**single-family dwelling** – vivienda de familia única
**single-family home** – hogar de familia única
**single-family housing** – vivienda de familia única
**single-handed** *adj* – sólo, hecho sin ayuda
**single-handedly** *adv* – a solas, sin ayuda
**single interest insurance** – seguro que sólo protege al prestador
**single market** – mercado único
**single obligation** – obligación sin pena por incumplimiento
**single original** – original único
**single payment** – pago único
**single-payment loan** – préstamo de pago único
**single premium** – prima única

**single-premium annuity** – anualidad de prima única
**single-premium deferred annuity** – anualidad diferida de prima única
**single-premium insurance** – seguro de prima única
**single-premium life** – seguro de vida de prima única
**single-premium life insurance** – seguro de vida de prima única
**single proprietorship** – negocio propio
**single rate** – tasa única, tarifa única
**single subject** – tema único
**single tax** – impuesto único
**single taxpayer** – persona no casada para efectos contributivos
**single undertaking** – requisito de aceptar o rechazar todo lo negociado en vez de hacerlo por partes
**single-use** *adj* – con un solo uso, para usarse solo una vez, desechable
**singular** *adj* – singular, individual, solo
**singular title** – título singular
**singularity** *n* – singularidad, individualidad
**singularly** *adv* – singularmente
**sinister** *adj* – siniestro, malo
**sink** *v* – hundirse, bajar
**sinking fund** – fondo de amortización
**sinking fund reserve** – reserva para un fondo de amortización
**sister companies** – compañías filiales, empresas afiliadas, empresas hermanas
**sister corporations** – corporaciones filiales, empresas afiliadas, empresas hermanas
**sister-in-law** *n* – cuñada
**sit** *v* – celebrar sesión, reunirse, sentar
**sit-down strike** – huelga de brazos caídos, protesta laboral en la cual los trabajadores se rehúsan a irse de su lugar de empleo
**sit-in strike** – huelga de brazos caídos, protesta laboral en la cual los trabajadores se rehúsan a irse de su lugar de empleo
**site** *n* – sitio, local, emplazamiento, lote, solar
**site audit** – auditoría in situ
**site licence** – licencia del local
**site license** – licencia del local
**sitting** *n* – sesión
**sitting tenant** – arrendatario que permanece tras cambio de dueño
**situate** *v* – situar
**situation** *n* – situación, ubicación
**situational management** – administración situacional, gestión situacional
**situation of danger** – situación de peligro
**situations vacant** – puestos vacantes
**situs** *n* – ubicación
**six-monthly** *adj* – semestral
**size** *n* – tamaño, importancia
**skeleton bill** – documento en blanco
**skeleton staff** – personal mínimo, personal reducido
**sketch** *n* – esbozo, bosquejo
**skid** *v* – patinar, resbalar
**skill** *n* – destreza, habilidad, pericia
**skill-intensive** *adj* – intensivo en habilidad
**skill obsolescence** – obsolescencia de habilidades
**skilled** *adj* – diestro, hábil, calificado, cualificado, perito
**skilled labor** – mano de obra calificada, mano de obra cualificada
**skilled labour** – mano de obra calificada, mano de obra cualificada
**skilled manpower** – mano de obra calificada, mano de obra cualificada, personal calificado, personal cualificado
**skilled witness** – perito
**skilled worker** – trabajador calificado, trabajador cualificado, trabajador diestro
**skim** *v* – leer someramente, remover lo mejor, ocultar ingresos o ganancias para pagar menos impuestos
**skip-payment privilege** – privilegio de omitir pagos, privilegio de aplazar pagos
**skyrocketing costs** – costos que suben precipitadamente, costes que suben precipitadamente
**skyrocketing inflation** – inflación que sube precipitadamente
**skyrocketing prices** – precios que suben precipitadamente
**skyrocketing unemployment** – desempleo que sube precipitadamente
**SLA (service level agreement)** – acuerdo de nivel de servicio
**slack** *adj* – inactivo, lento, muerto, flojo, negligente, perezoso
**slack** *n* – período inactivo
**slack off** – tomarlo suave, holgazanear en el trabajo, disminución de actividad
**slack period** – período inactivo
**slander** *n* – calumnia, difamación oral
**slander** *v* – calumniar, difamar oralmente
**slander of title** – declaración falsa concerniente al título de propiedad de otro
**slanderer** *n* – difamador, calumniador
**slanderous** *adj* – difamatorio, calumnioso
**slanderous per quod** – expresiones difamatorias al haber hechos adicionales que le dan ese sentido
**slanderous per se** – palabras difamatorias en sí mismas
**slant** *n* – sesgo, enfoque
**SLAPP (Strategic Lawsuit Against Public Participation)** – litigio estratégico contra la participación pública
**SLAPP Suit** – litigio estratégico contra la participación pública
**slash taxes** – rebajar impuestos drásticamente
**slate** *n* – lista de candidatos
**slaughter** *n* – matanza, masacre
**slay** *v* – matar
**sleeping partner** – socio oculto
**slick salesman** – vendedor marrullero
**slick salesperson** – vendedor marrullero
**slick saleswoman** – vendedora marrullera
**slick seller** – vendedor marrullero
**slide** *v* – deslizarse, resbalarse
**slide in rates** – baja en tasas
**slight** *adj* – leve, remoto, insuficiente
**slight alteration** – alteración leve
**slight change** – cambio leve
**slight defect** – defecto leve
**slight error** – error leve
**slight evidence** – prueba insuficiente
**slight modification** – modificación leve
**slight negligence** – negligencia leve

**slip** *n* – hoja, comprobante
**slip law** – ley la cual se publica en seguida en forma de panfleto
**slippery** *adj* – resbaladizo
**slogan** *n* – eslogan
**slot** *n* – puesto, espacio
**slowdown** *n* – ralentización, acuerdo entre trabajadores para reducir la producción con el propósito de obligar al patrono a ceder a ciertas exigencias, retraso
**sluggish** *adj* – lento, inactivo, vago
**slum** *n* – sección pobre y superpoblada de una ciudad
**slush fund** – fondo para usos ilícitos
**small and medium size enterprises** – pequeñas y medianas empresas
**small arms** – armas portátiles
**small business** – pequeña empresa, pequeño negocio
**Small Business Administration** – administración de pequeñas empresas, administración de pequeños negocios
**small business concern** – pequeña empresa, pequeño negocio
**small-capitalisation company** – compañía cuya capitalización de mercado es pequeña
**small-capitalization company** – compañía cuya capitalización de mercado es pequeña
**small change** – cambio, menudo, calderilla, vuelta, pequeño cambio, cambio menor
**small claims court** – tribunal con jurisdicción sobre controversias de cuantía menor
**small company** – pequeña compañía
**small corporation** – pequeña corporación
**small employer** – pequeño patrono
**small enterprise** – pequeña empresa
**small entity** – pequeña entidad
**small farmer** – pequeño agricultor
**small firm** – pequeña empresa
**small investor** – pequeño inversionista
**small loan acts** – leyes las cuales establecen ciertos términos de los préstamos envolviendo pequeñas cantidades
**small office/home office** – pequeña oficina/oficina en el hogar
**small print** – letra pequeña, cláusulas de un contrato escritas con letras pequeñas y ubicadas de modo que no se noten fácilmente
**small-scale** *adj* – a pequeña escala
**smart card** – tarjeta inteligente, tarjeta con chip
**smart money** – inversiones hechas por gente bien informada y con vasta experiencia
**smart-money** *n* – daños punitivos
**smash** *v* – destrozar, destruir
**SMEs (small and medium size enterprises)** – pequeñas y medianas empresas
**smoke clause** – cláusula de humo
**smoking** *n* – fumar
**smooth-running** *adj* – sobre ruedas
**smoothly** *adv* – sin contratiempos
**SMS (short message service)** – SMS
**SMS message** – SMS, mensaje SMS
**smuggle** *v* – contrabandear
**smuggled** *adj* – de contrabando
**smuggled goods** – artículos de contrabando
**smuggler** *n* – contrabandista
**smuggling** *n* – contrabando
**smut** *n* – obscenidad, lenguaje grosero
**snail mail** – correo regular, correo caracol
**snap decision** – decisión instantánea, decisión espontánea
**snapshot statement** – estado interino
**soaring inflation** – inflación galopante
**soaring prices** – precios galopantes
**sobriety check** – prueba de alcoholemia
**sobriety checkpoint** – punto de control donde se hacen pruebas de alcoholemia
**social** *adj* – social
**social accountability** – responsabilidad social
**social accounting** – contabilidad social
**social aid** – asistencia social
**social audit** – auditoría social
**social benefit** – beneficio social
**social capital** – capital social
**Social Charter** – Carta Social
**Social Contract** – Contrato Social
**social cost** – costo social, coste social
**social credit** – crédito social
**social debt** – deuda social
**social dumping** – dumping social
**social economics** – economía social
**social engineering** – ingeniería social
**social good** – bien social
**social impact statement** – declaración del impacto social
**social indifference** – indiferencia social
**social infrastructure** – infraestructura social
**social insurance** – seguro social
**social-insurance benefits** – beneficios del seguro social
**social marketing** – marketing social, mercadeo social
**social policy** – política social
**social responsibility** – responsabilidad social
**social safety net** – red de protección social
**social security** – seguridad social, seguro social
**social security administration** – administración de la seguridad social, administración del seguro social
**social security benefits** – beneficios de la seguridad social, beneficios del seguro social
**social security card** – tarjeta de la seguridad social, tarjeta del seguro social
**social security contributions** – contribuciones a la seguridad social, contribuciones al seguro social
**social security funds** – fondos de la seguridad social, fondos del seguro social
**social security number** – número de seguridad social, número de seguro social
**social security payment** – pago de la seguridad social, pago del seguro social
**social security scheme** – sistema de la seguridad social, sistema del seguro social
**social security system** – sistema de la seguridad social, sistema del seguro social
**social security taxes** – impuestos de la seguridad social, impuestos del seguro social
**social services** – servicios sociales
**social welfare** – bienestar social, asistencia social
**socialism** *n* – socialismo
**socialist** *adj* – socialista
**socialist** *n* – socialista

**socially responsible investment** – inversión socialmente responsable
**Society for Worldwide Interbank Financial Telecommunications** – SWIFT
**Society for Worldwide Interbank Financial Telecommunications Code** – Código SWIFT
**sociocultural** *adj* – sociocultural
**socioeconomic** *adj* – socioeconómico
**society** *n* – sociedad, asociación
**sodomize** *v* – sodomizar
**sodomy** *n* – sodomía
**soft currency** – moneda débil
**soft loan** – préstamo con términos muy favorables para países en desarrollo económico
**soft money** – papel moneda, moneda débil, donaciones políticas efectuadas de modo que se eviten ciertos reglamentos o límites
**software** *n* – software, programas
**SoHo (small office/home office)** – pequeña oficina/oficina en el hogar
**sojourn** *n* – estadía
**solar day** – día solar, día
**solar energy** – energía solar
**solar month** – mes
**solar power** – energía solar
**solar year** – año
**solatium** *n* – compensación por daños morales, compensación
**sold** *adj* – vendido
**sold out** – agotado, vendido, liquidado, traicionado
**sole** *adj* – único, individual, exclusivo
**sole agency** – agencia exclusiva
**sole agent** – agente exclusivo
**sole and unconditional owner** – dueño único y absoluto
**sole cause** – causa única
**sole copy** – copia única
**sole corporation** – corporación con sólo un miembro
**sole custody** – custodia única
**sole exporter** – exportador único
**sole heir** – heredero único
**sole importer** – importador único
**sole legal custody** – custodia legal única
**sole owner** – dueño único
**sole ownership** – propiedad exclusiva
**sole proprietor** – dueño único
**sole proprietorship** – sociedad unipersonal, negocio propio
**sole tenant** – dueño exclusivo
**solely** *adv* – solamente, exclusivamente
**solemn** *adj* – solemne, formal
**solemn declaration** – declaración solemne
**solemn oath** – juramento solemne
**solemn occasion** – ocasión solemne
**solemn promise** – promesa solemne
**solemn war** – guerra declarada
**solemnity** *n* – solemnidad, formalidad
**solemnize** *v* – solemnizar, formalizar
**solicit** *v* – solicitar, peticionar
**solicit bids** – abrir la licitación
**solicitation** *n* – solicitación, petición
**solicitation of bribes** – inducir a sobornar
**solicited** *adj* – solicitado
**soliciting prostitution** – ofrecimiento de servicios de prostitución
**solicitor** *n* – abogado, solicitador
**solicitor general** – procurador general
**solid** *adj* – sólido, firme, continuo, unánime
**solid business** – negocio sólido
**solid offer** – oferta firme
**solid support** – apoyo firme, apoyo unánime
**solidarity** *n* – solidaridad
**solitary confinement** – confinamiento solitario
**solve** *v* – resolver, solucionar, esclarecer
**solvency** *n* – solvencia
**solvent** *adj* – solvente
**solvent business** – negocio solvente
**solvent company** – compañía solvente
**solvent corporation** – corporación solvente
**solvent debt** – deuda cobrable
**solvent enterprise** – empresa solvente
**solvent entity** – entidad solvente
**son-in-law** *n* – yerno
**SOP (standard operating procedure)** – procedimiento de operación normal
**sororicide** *n* – sororicidio, sororicida
**sort** *n* – clase, tipo, índole
**sort** *v* – clasificar, ordenar, organizar
**sound** *adj* – sano, ileso, íntegro, sólido, sensato
**sound** *n* – sonido, estrecho
**sound** *v* – concernir a, expresar
**sound and disposing mind and memory** – capacidad testamentaria
**sound business practice** – práctica comercial sana
**sound financial management** – administración financiera sana, gestión financiera sana
**sound footing** – base sólida
**sound health** – buena salud
**sound insulation** – aislamiento sonoro
**sound mind** – mente sana
**sound pollution** – contaminación sonora
**sound title** – título de propiedad transferible sin gravámenes u otras restricciones
**sounding in damages** – acción mediante la cual se busca sólo la compensación por daños y perjuicios
**soundness** *adj* – buena salud, solidez, solvencia
**source** *n* – fuente, origen
**source and application of funds** – origen y aplicación de fondos
**source country** – país de origen
**source document** – documento fuente
**source of income** – fuente de ingresos
**source of information** – fuente de información
**sources of capital** – fuentes de capital
**sources of funds** – fuentes de fondos
**sources of the law** – fuentes del derecho
**sovereign** *adj* – soberano
**sovereign immunity** – inmunidad soberana
**sovereign people** – pueblo soberano
**sovereign power** – poder soberano
**sovereign prerogative** – prerrogativa soberana
**sovereign right** – derecho soberano
**sovereign risk** – riesgo por país
**sovereign states** – estados soberanos
**sovereignty** *n* – soberanía
**spam** *n* – spam, correo basura
**spam mail** – spam, correo basura
**spammer** *n* – spammer, quien envía correo basura

**spamming** *n* – spamming, envío de correo basura
**spare no expense** – no reparar en gastos, no escatimar en gastos
**spare time** – tiempo libre
**speaker** *n* – portavoz, interlocutor, conferenciante, presidente de un cuerpo legislativo
**speaking demurrer** – excepción en la cual se presentan alegaciones que no aparecen en la petición
**speaking order** – orden judicial que incluye información ilustrativa
**special** *adj* – especial, específico
**special acceptance** – aceptación especial, aceptación condicional
**special account** – cuenta especial
**special act** – ley especial
**special administration** – administración especial
**special administrator** – administrador especial
**special agency** – agencia especial
**special agent** – agente especial
**special allocation** – asignación especial
**special assessment** – contribución especial
**special assumpsit** – acción por incumplimiento de un contrato expreso, acción por incumplimiento de una promesa expresa
**special attention** – atención especial
**special attorney** – abogado designado por el estado el cual se emplea para un caso específico
**special audit** – auditoría especial
**special authority** – autorización especial, autoridad especial
**special bail** – fianza especial
**special bailiff** – alguacil ayudante que se encarga de un asunto específico
**special benefits** – beneficios especiales
**special budget** – presupuesto especial
**special budgeting** – presupuestación especial
**special calendar** – calendario de casos especiales
**special case** – caso especial
**special charge** – cargo especial
**special commission** – comisión especial
**special contract** – contrato especial, contrato sellado, contrato expreso
**special cost** – costo especial, coste especial
**special counsel** – abogado designado por el estado el cual se emplea para un caso específico
**special count** – alegación especial
**special coverage** – cobertura especial
**special credit** – crédito especial
**special damages** – daños y perjuicios especiales, daños especiales
**special delivery** – entrega especial
**special demurrer** – excepción especial
**special deposit** – depósito especial
**special diligence** – diligencia especial
**special disability** – discapacidad específica
**special dividend** – dividendo especial
**special election** – elección extraordinaria
**special endorsement** – endoso específico
**special exception** – excepción especial
**special execution** – embargo de bienes específicos
**special executor** – albacea con facultades limitadas
**special expenditures** – gastos especiales
**special expenses** – gastos especiales
**special extended coverage** – cobertura extendida especial
**special facts rule** – regla que indica que un director de una corporación tiene que divulgar ciertos hechos, regla que indica que un director de una sociedad tiene que divulgar ciertos hechos
**special fee** – cargo especial
**special finding** – descubrimiento especial
**special form** – formulario especial
**special franchise** – franquicia especial
**special guarantee** – garantía especial, garantía específica
**special guaranty** – garantía especial, garantía específica
**special guardian** – tutor especial
**special indorsement** – endoso específico
**special insurance** – seguro especial
**special insurance policy** – póliza de seguro especial
**special interest group** – grupo de interés, grupo de presión
**special journal** – libro especial
**special judge** – juez alterno
**special judgment** – sentencia contra la cosa
**special jurisdiction** – jurisdicción especial
**special jury** – jurado especial
**special law** – ley especial
**special leave** – permiso especial
**special legacy** – legado específico
**special legislation** – legislación especial, ley especial
**special licence** – licencia especial
**special license** – licencia especial
**special lien** – privilegio especial, gravamen especial
**special malice** – malicia dirigida hacia un individuo
**special meeting** – asamblea extraordinaria
**special miscellaneous account** – cuenta miscelánea especial
**special multiperil insurance** – seguro de riesgos múltiples especial
**special occupant** – ocupante especial
**special offer** – oferta especial
**special offering** – ofrecimiento especial
**special order** – orden especial
**special owner** – dueño especial
**special partner** – socio comanditario
**special partnership** – sociedad en comandita
**special payment** – pago especial
**special permit** – permiso especial
**special plea** – excepción perentoria especial
**special policy** – póliza especial
**special power of attorney** – poder especial, poder legal especial, poder notarial especial
**special powers** – poderes especiales
**special privilege** – privilegio especial
**special proceeding** – procedimiento especial
**special property** – derecho de propiedad condicional
**special prosecutor** – fiscal especial
**special purpose** – propósito especial
**special purpose financial statement** – estado financiero de propósitos especiales
**special rate** – tarifa especial
**special report** – informe especial
**special reprisals** – represalias específicas
**special reserve** – reserva especial
**special resolution** – resolución especial
**special risk** – riesgo especial

**special risk insurance** – seguro de riesgo especial
**special rule** – regla especial
**special seal** – sello especial
**special services** – servicios especiales
**special session** – sesión extraordinaria
**special situation** – situación especial
**special statute** – ley especial
**special tax** – impuesto especial
**special traverse** – negación especial
**special trust** – fideicomiso especial
**special use** – uso especial
**special-use permit** – permiso de uso especial
**special verdict** – veredicto emitido basado en ciertos hechos
**special warranty** – garantía especial
**specialisation** *n* – especialización
**specialise** *v* – especializarse
**specialised** *adj* – especializado
**specialised agency** – agencia especializada
**specialised work** – trabajo especializado
**specialist** *n* – especialista
**speciality** *n* – especialidad
**specialization** *n* – especialización
**specialize** *v* – especializarse
**specialized** *adj* – especializado
**specialized agency** – agencia especializada
**specialized work** – trabajo especializado
**specially** *adv* – especialmente
**specialty** *n* – especialidad, contrato sellado, edificio destinado a usos específicos
**specie** *n* – moneda sonante
**specific** *adj* – específico, explícito
**specific amount** – cantidad específica
**specific bequest** – legado específico
**specific claim** – reclamación específica
**specific covenant** – estipulación específica
**specific coverage** – cobertura específica
**specific denial** – negación específica
**specific deposit** – depósito específico
**specific deterrence** – disuasión específica
**specific devise** – legado de inmuebles específicos
**specific duty** – arancel específico, derecho aduanero específico, deber específico
**specific identification** – identificación específica
**specific insurance** – seguro específico
**specific intent** – intención específica
**specific interest rate** – tasa de interés específica
**specific legacy** – legado específico
**specific lien** – gravamen específico
**specific limit** – límite específico
**specific offer** – oferta específica
**specific payment** – pago específico
**specific performance** – ejecución de lo estipulado en un contrato
**specific price** – precio específico
**specific rate** – tasa específica
**specific subsidy** – subsidio específico, subvención específica
**specific tariff** – arancel específico
**specific tax** – tasa de imposición fija, impuesto específico
**specification** *n* – especificación, descripción
**specification of services** – especificación de servicios
**specified** *adj* – especificado
**specified amount** – cantidad especificada
**specified benefits** – beneficios especificados
**specified bequest** – legado especificado
**specified capital** – capital especificado
**specified charges** – cargos especificados
**specified costs** – costos especificados, costes especificados
**specified covenant** – estipulación especificada
**specified coverage** – cobertura especificada
**specified credit line** – línea de crédito especificada
**specified denial** – negación especificada
**specified deposit** – depósito especificado
**specified duty** – arancel especificado, derecho aduanero especificado, deber especificado
**specified exchange rate** – tipo de cambio especificado
**specified expenditures** – gastos especificados
**specified expenses** – gastos especificados
**specified fees** – cargos especificados
**specified identification** – identificación especificada
**specified insurance** – seguro especificado
**specified intent** – intención especificada
**specified interest rate** – tasa de interés especificada
**specified legacy** – legado especificado
**specified limit** – límite especificado
**specified payment** – pago especificado
**specified performance** – ejecución de lo estipulado en un contrato
**specified peril insurance** – seguro de peligro especificado
**specified period** – período especificado
**specified price** – precio especificado
**specified purpose** – propósito especificado
**specified rate** – tasa especificada
**specified salary** – salario especificado
**specified subsidy** – subsidio especificado, subvención especificada
**specified tariff** – arancel especificado
**specified tax** – impuesto especificado
**specify** *v* – especificar
**specimen** *n* – espécimen, muestra, ejemplar
**specimen signature** – firma de muestra
**specs (specifications)** – especificaciones
**spectrogram** *n* – espectrograma, gráfica que muestra las características de la voz
**spectrograph** *n* – espectrógrafo, máquina que produce gráficas que muestran las características de la voz
**speculate** *v* – especular
**speculation** *n* – especulación
**speculative** *adj* – especulativo
**speculative approach** – enfoque especulativo
**speculative bubble** – burbuja especulativa
**speculative builder** – constructor especulativo
**speculative buying** – compras especulativas
**speculative damages** – daños y perjuicios especulativos
**speculative investment** – inversión especulativa
**speculative investor** – inversionista especulativo
**speculative market** – mercado especulativo
**speculative operations** – operaciones especulativas
**speculative risk** – riesgo especulativo
**speculative securities** – valores especulativos
**speculative selling** – ventas especulativas

**speculative transaction** – transacción especulativa
**speculator** *n* – especulador
**speech** *n* – habla, discurso, palabra
**speech impairment** – limitación del habla
**speech recognition** – reconocimiento de voz
**speech-recognition software** – software de reconocimiento de voz, programas de reconocimiento de voz
**speed** *n* – velocidad, prontitud
**speed limit** – límite de velocidad
**speed-up** *n* – esfuerzo de aumentar la producción sin aumentar la paga
**speed-up** *v* – acelerar, apresurar
**speed-up production** – aumentar la producción, acelerar la producción
**speed-up work** – acelerar el trabajo, apresurar el trabajo
**speeding** *n* – exceso de velocidad
**speedy** *adj* – pronto, rápido, veloz
**speedy remedy** – recurso rápido
**speedy trial** – juicio sin demoras injustas
**spend** *v* – gastar, consumir
**spending** *n* – gastos, gasto
**spending limit** – límite de gastos
**spendthrift** *n* – pródigo, derrochador
**spendthrift trust** – fideicomiso para un pródigo
**sphere of activity** – esfera de actividad
**sphere of expertise** – esfera de pericia
**sphere of influence** – esfera de influencia
**sphere of knowledge** – esfera de conocimientos
**spike in price** – aumento repentino de precios
**spin** *v* – girar, contar algo sesgadamente
**spin doctor** – quien busca influenciar la opinión pública al ponerle el giro deseado a alguna información o acontecimiento
**spin-off** *n* – escisión, separación de una subsidiaria o división de una corporación para formar un ente independiente, producto o concepto derivado de otro
**spin-off product** – producto derivado de otro
**spinoff** *n* – escisión, separación de una subsidiaria o división de una corporación para formar un ente independiente, producto o concepto derivado de otro
**spinoff product** – producto derivado de otro
**spiraling demand** – demanda galopante
**spiraling inflation** – inflación galopante
**spiraling prices** – precios galopantes
**spite** *n* – despecho, mala voluntad
**spite fence** – cerca cuyo propósito es molestar al vecino
**split** *adj* – dividido
**split** *n* – split, cambio proporcional en la cantidad de acciones de una corporación, división de acciones, división, escisión
**split** *v* – cambiar proporcionalmente la cantidad de acciones de una corporación, dividir, escindir
**split custody** – custodia dividida
**split deductible** – deducible dividido
**split deposit** – depósito dividido
**split dollar insurance** – seguro cuyos beneficios se pagan al patrono y un beneficiario escogido por el empleado, seguro en que parte de las primas se usa para seguro de vida y lo demás para inversión
**split dollar life insurance** – seguro de vida cuyos beneficios se pagan al patrono y un beneficiario escogido por el empleado, seguro de vida en que parte de las primas se usa para seguro de vida y lo demás para inversión
**split-down** *n* – reducción proporcional en la cantidad de acciones de una corporación
**split fee** – honorario dividido, cuota dividida, cargo dividido
**split income** – ingresos divididos
**split limit** – límite dividido
**split-off** *n* – escisión, división
**split sentence** – sentencia en la cual se hace cumplir la parte de la multa y en que se perdona parte o todo el tiempo de prisión
**split shift** – jornada dividida, turno dividido
**split-up** *n* – escisión, disolución de una corporación al dividirse en dos o más entes corporativos, aumento proporcional en la cantidad de acciones de una corporación
**splitting cause of action** – división de una causa judicial para formar varias acciones
**spoil** *v* – arruinar, averiar
**spoiled ballot** – papeleta arruinada
**spoiled check** – cheque arruinado
**spoiled cheque** – cheque arruinado
**spoils system** – sistema de colocar a amistades y miembros del mismo partido en cargos públicos
**spokesman** *n* – portavoz, representante
**spokesperson** *n* – portavoz, representante
**spokeswoman** *n* – portavoz, representante
**spoliation** *n* – destrucción o alteración de material probatorio
**sponsions** *n* – convenios hechos por funcionarios en nombre de su gobierno mas allá del alcance del poder de dichos funcionarios
**sponsor** *n* – garante, patrocinador, proponente
**sponsor** *v* – garantizar, patrocinar, auspiciar, respaldar, financiar, proponer
**sponsorship** *n* – patrocinio, respaldo, auspicio
**spontaneous** *adj* – espontáneo, voluntario
**spontaneous combustion** – combustión espontánea
**spontaneous declaration** – declaración espontánea
**spontaneous exclamation** – exclamación espontánea
**spontaneously** *adv* – espontáneamente
**sporadic activity** – actividad esporádica
**spot** *adj* – al contado, con entrega inmediata, para entrega inmediata
**spot check** – revisión al azar
**spot commodity** – mercancía de la cual se espera entrega física, mercancía al contado, producto al contado
**spot credit** – crédito inmediato
**spot goods** – mercadería disponible, productos disponibles
**spot price** – precio spot, precio de entrega inmediata, precio al contado
**spot trading** – ventas en efectivo y con entrega inmediata
**spot zoning** – otorgamiento de una clasificación de zonificación que no corresponde al de los terrenos en el área inmediata y que no imparte un beneficio público
**spousal maintenance** – pensión alimenticia, pensión alimentaria, pensión compensatoria
**spousal support** – pensión alimenticia, pensión

alimentaria, pensión compensatoria
**spouse** *n* – cónyuge
**spouse allowance** – deducción por cónyuge
**spouse deduction** – deducción por cónyuge
**spread** *n* – margen, extensión, gama, diferencia entre los precios de oferta de compra y oferta de venta, combinación de opciones de compra y venta
**spread** *v* – extender, espaciar, propagar, difundir
**spread costs** – repartir costos, repartir costes
**spread payments** – espaciar pagos
**spread rumors** – hacer correr rumores, regar rumores
**spread rumours** – hacer correr rumores, regar rumores
**spreading of risks** – distribución de riesgos
**spreadsheet** *n* – hoja de cálculo
**springing use** – derecho de uso condicional
**spurious** *adj* – espurio, falso, falsificado
**spurious allegations** – alegaciones falsas, alegato falsos
**spurious bank-bill** – papel moneda falsificado
**spurious statements** – declaraciones falsas
**spy** *n* – espía
**spy** *v* – espiar, divisar
**spyware** *n* – spyware, programas espía
**squander money** – derrochar dinero
**squander resources** – despilfarrar recursos
**squander time** – desperdiciar tiempo
**square** *adj* – justo, directo, cuadrado
**square** *adv* – honestamente, firmemente
**square** *n* – cuadra, manzana, cuadrado, cuadro
**square** *v* – igualar, cuadrar
**square accounts** – conciliar cuentas, saldar cuentas
**square block** – cuadra, manzana
**square feet** – pies cuadrados
**square footage** – área en pies cuadrados
**square kilometers** – kilómetros cuadrados
**square meters** – metros cuadrados
**Square Mile** – centro financiero de Londres
**square miles** – millas cuadradas
**square position** – posición balanceada
**squatter** *n* – ocupante ilegal, intruso, invasor, okupa
**squatter's right** – derecho al título ajeno adquirido al mantener la posesión y transcurrir la prescripción adquisitiva
**squeeze** *v* – restringir, apretar
**squeeze credit** – restringir crédito
**squeeze out** *v* – eliminar un interés minoritario en una corporación, eliminar un interés minoritario en una sociedad, forzar a otro a irse, lograr con gran dificultad
**squeeze prices** – restringir precios
**SRO (self-regulatory organization, self-regulatory organisation, self-regulating organization, self-regulating organisation)** – organización autorreguladora
**SRP (suggested retail price)** – precio al por menor sugerido, precio sugerido
**SSI (Supplemental Security Income)** – Seguridad de Ingreso Suplementario
**SSP (statutory sick pay)** – paga por enfermedad requerida
**St. (street)** – calle
**stabile** *adj* – estable, fijo
**stabilisation** *n* – estabilización
**stabilisation measures** – medidas de estabilización
**stabilisation policy** – política de estabilización
**stabilise** *v* – estabilizar
**stabilise prices** – estabilizar precios
**stabilised** *adj* – estabilizado
**stabilised rate** – tasa estabilizada
**stabiliser** *n* – estabilizador
**stability** *n* – estabilidad, firmeza, resolución
**stability measures** – medidas de estabilidad
**stability policy** – política de estabilidad
**stabilization** *n* – estabilización
**stabilization measures** – medidas de estabilización
**stabilization policy** – política de estabilización
**stabilize** *v* – estabilizar
**stabilize prices** – estabilizar precios
**stabilized** *adj* – estabilizado
**stabilized rate** – tasa estabilizada
**stabilizer** *n* – estabilizador
**stable** *adj* – estable, firme, permanente
**stable costs** – costos estables, costes estables
**stable currency** – moneda estable
**stable economy** – economía estable
**stable exchange rate** – tipo de cambio estable
**stable income** – ingresos estables
**stable interest rate** – tasa de interés estable
**stable price** – precio estable
**stable rate** – tasa estable
**staff** *n* – personal, empleados
**staff** *v* – proveer de personal
**staff administration** – administración de personal
**staff administrator** – administrador de personal
**staff agency** – agencia de personal, agencia de empleos
**staff audit** – auditoría de personal
**staff cuts** – recortes de personal
**staff development** – desarrollo del personal
**staff director** – director de personal
**staff increase** – aumento de personal
**staff management** – administración de personal, gestión de personal
**staff manager** – administrador de personal
**staff member** – miembro del personal
**staff office** – oficina de personal
**staff planning** – planificación del personal
**staff policy** – política de personal
**staff psychology** – psicología del personal
**staff reductions** – reducciones de personal
**staff representative** – representante de personal
**staff selection** – selección de personal
**staff training** – entrenamiento del personal
**staff turnover** – movimiento de personal, giro de personal, rotación de personal
**stag** *n* – especulador con emisiones de acciones
**stage** *n* – etapa
**stagflation** *n* – estanflación
**stagger** *v* – tambalear, titubear, escalonar
**stagnation** *n* – estancamiento
**stake** *n* – participación, interés, apuesta, depósito, estaca
**stake, at** – en juego
**stake in the company** – participación en la compañía
**stake-out** *n* – vigilancia con la intención de detectar actividad criminal
**stakeholder** *n* – accionista, interesado, depositario, quien retiene lo apostado hasta saberse el resultado

**staking** *n* – la identificación de los linderos de un terreno mediante el uso de estacas
**stale check** – cheque presentado más allá del tiempo razonable, cheque vencido
**stale cheque** – cheque presentado más allá del tiempo razonable, cheque vencido
**stale-dated** *adj* – presentado más allá del tiempo razonable, vencido
**stale-dated check** – cheque presentado más allá del tiempo razonable, cheque vencido
**stale-dated cheque** – cheque presentado más allá del tiempo razonable, cheque vencido
**stale demand** – demanda presentada mas allá del tiempo razonable
**stalemate** *n* – atascadero, estancamiento, punto muerto
**stalk** *v* – acosar
**stalker** *n* – acosador
**stalking** *n* – acoso
**stamp** *n* – sello, estampilla, timbre, estampado
**stamp** *v* – sellar, franquear, ponerle sellos, ponerle estampillas
**stamp duty** – impuesto de sellos
**stamp tax** – impuesto de sellos
**stamped-addressed envelope** – sobre predirigido con sello
**stand** *n* – posición, opinión, stand, puesto, expositor, estrado, alto
**stand** *v* – permanecer, seguir vigente, mantenerse, comparecer, someterse, sufrir, pararse
**stand-alone** *adj* – independiente, autónomo
**stand by** – estar de reserva, estar en espera, estar listo para entrar en acción o funcionamiento, mantenerse firme
**stand-by commitment** – compromiso de reserva
**stand-by credit** – crédito de reserva
**stand-by list** – lista de reserva
**stand firm** – mantenerse firme, no vacilar
**standard** *adj* – estándar, normal, habitual, oficial, de serie
**standard** *n* – estandarte, patrón, criterio, nivel, norma, tipo
**standard account** – cuenta estándar
**standard activity** – actividad estándar
**standard agency** – agencia estándar
**standard agreement** – convenio estándar, contrato estándar
**standard amortization** – amortización estándar
**standard amount** – cantidad estándar
**standard and reasonable** – habitual y razonable
**standard and use** – norma y uso
**standard asset** – activo estándar
**standard benefits** – beneficios habituales
**standard budget** – presupuesto estándar
**standard budgeting** – presupuestación estándar
**standard business expenses** – gastos habituales de negocios
**standard business practices** – prácticas habituales de negocios
**standard charges** – cargos habituales
**standard commercial practice** – práctica comercial habitual
**standard commodity** – producto estándar, mercancía estándar
**standard contract** – contrato estándar
**standard cost** – costo estándar, coste estándar
**standard course of business** – curso habitual de los negocios
**standard covenants** – cláusulas estándares, garantías estándares
**standard creditor** – acreedor estándar
**standard customer** – cliente estándar
**standard deduction** – deducción estándar, deducción fija
**standard deposit** – depósito estándar
**standard depreciation** – depreciación estándar
**standard deviation** – desviación estándar
**standard discount** – descuento habitual
**standard distribution** – distribución estándar
**standard dividend** – dividendo regular
**standard employment** – empleo habitual
**standard established by law** – norma establecida por ley
**standard expenditures** – gastos habituales
**standard expenses** – gastos habituales
**standard fees** – cargos habituales
**standard form** – forma estándar, política en cuanto al trato de ciertos riesgos
**standard grade** – grado estándar, categoría estándar
**standard hours** – horas habituales
**standard income** – ingresos habituales
**Standard Industrial Classification** – Clasificación Industrial Uniforme
**standard insurance** – seguro habitual
**standard interest** – interés estándar
**standard interest rate** – tasa de interés estándar
**standard inventory** – inventario habitual
**standard investment practice** – práctica de inversión habitual
**standard job** – trabajo estándar
**standard labor rate** – tasa laboral combinada
**standard labour rate** – tasa laboral combinada
**standard limit** – límite estándar
**standard loss** – pérdida estándar
**standard market** – mercado habitual
**standard meeting** – asamblea ordinaria
**standard of care** – el grado de cuidado que usaría una persona prudente bajo circunstancias similares
**standard of comparison** – patrón de comparación
**standard of living** – nivel de vida
**standard of proof** – estándar de la prueba
**standard of value** – patrón de valor
**standard operating procedure** – procedimiento de operación normal
**standard partnership** – sociedad estándar
**standard pay** – paga habitual, salario habitual
**standard payment** – pago habitual, abono habitual
**standard payroll** – nómina estándar
**standard period** – período habitual
**standard place of business** – lugar habitual de negocios
**standard policy** – póliza estándar
**standard practice** – práctica habitual
**standard practise** – práctica habitual
**standard premium** – prima habitual
**standard price** – precio habitual
**standard procedure** – procedimiento normal
**standard production** – producción estándar

**standard productivity** – productividad estándar
**standard profit** – beneficio habitual, ganancia habitual
**standard provisions** – cláusulas habituales
**standard quality** – calidad estándar
**standard rate** – tasa estándar
**standard rate of interest** – tasa estándar de interés
**standard remuneration** – remuneración habitual
**standard rent** – renta habitual
**standard resources** – recursos habituales
**standard risk** – riesgo aceptable, riesgo habitual
**standard salary** – salario habitual, sueldo habitual
**standard sale** – venta estándar
**standard selling price** – precio estándar de venta
**standard services** – servicios habituales
**standard session** – asamblea estándar, sesión estándar
**standard spoilage** – deterioro estándar
**standard tariff** – tarifa estándar
**standard tax** – impuesto estándar
**standard time** – tiempo estándar, hora estándar
**standard value** – valor estándar
**standard voting** – votación habitual
**standard wage** – salario habitual, sueldo habitual
**standard wear and tear** – deterioro estándar
**standard work** – trabajo habitual
**standard yield** – rendimiento estándar
**standardisation** *n* – estandarización, normalización
**standardise** *v* – estandarizar, normalizar
**standardised** *adj* – estandarizado, normalizado
**standardised production** – producción estandarizada
**standardization** *n* – estandarización, normalización
**standardize** *v* – estandarizar, normalizar
**standardized** *adj* – estandarizado, normalizado
**standardized production** – producción estandarizada
**standby** *adj* – de reserva, de emergencia, en espera
**standby commitment** – compromiso de reserva
**standby credit** – crédito de reserva
**standby list** – lista de reserva
**standing agreement** – acuerdo vigente, pacto vigente, contrato vigente
**standing by** – silencio o falta de acción cuando se debería hablar o actuar, estar en espera para actuar cuando sea necesario
**standing charge** – cargo mínimo periódico por un servicio tal como teléfono o electricidad, cargo a repetirse hasta nuevo aviso
**standing committee** – comité permanente
**standing contract** – contrato vigente
**standing mortgage** – hipoteca en que sólo se pagan intereses hasta el vencimiento
**standing mute** – no responder a una acusación
**standing order** – orden mantenida, orden a repetirse hasta nuevo aviso
**standing orders** – reglamentos de tribunales particulares
**standing to be sued** – capacidad de ser demandado
**standing to sue** – capacidad para accionar
**standoff** *n* – atascadero, estancamiento, punto muerto
**standstill** *n* – detención
**staple** *n* – artículo de primera necesidad, materia prima, producto principal
**staple foods** – alimentos básicos
**staple product** – producto principal, producto esencial, producto de primera necesidad
**stare decisis** – acatarse a los precedentes judiciales, stare decisis
**start** *n* – inicio, comienzo, principio, ventaja
**start of month** – inicio del mes
**start of period** – inicio del período
**start of the month** – inicio del mes
**start of the period** – inicio del período
**start of the year** – inicio del año
**start of year** – inicio del año
**start-up** *n* – establecimiento de negocio, puesta en marcha
**start-up** *v* – establecer un negocio, poner en marcha
**start-up business** – negocio recién establecido
**start-up capital** – capital para establecer un negocio
**start-up company** – compañía recién establecida
**start-up corporation** – corporación recién establecida
**start-up costs** – costos de establecer un negocio, costes de establecer un negocio
**start-up financing** – financiamiento para establecer un negocio
**starter home** – vivienda apropiada para quien compra por primera vez, primera vivienda comprada
**starting expenses** – gastos iniciales, gastos de organización
**starting interest rate** – tasa de interés inicial
**starting offer** – oferta inicial
**starting pay** – paga inicial
**starting point** – punto de partida
**starting price** – precio inicial
**starting rate** – tasa inicial
**starting salary** – salario inicial
**starting wage** – salario inicial
**startup** *n* – establecimiento de negocio, puesta en marcha
**startup** *v* – establecer un negocio, poner en marcha
**startup business** – negocio recién establecido
**startup capital** – capital para establecer un negocio
**startup company** – compañía recién establecida
**startup corporation** – corporación recién establecida
**startup costs** – costos de establecer un negocio, costes de establecer un negocio
**startup financing** – financiamiento para establecer un negocio
**stash** *v* – esconder
**state** *adj* – estatal
**state** *n* – estado, condición
**state** *v* – declarar, exponer, formular
**state account** – cuenta estatal
**state act** – ley estatal, acto estatal
**state action** – acción estatal
**state advertising** – publicidad estatal
**state affairs** – asuntos estatales
**state agency** – agencia estatal
**state agent** – agente estatal
**state agreement** – convenio estatal
**state aid** – ayuda estatal
**state assets** – activo estatal
**state assistance** – asistencia estatal
**state association** – asociación estatal
**state auditor** – auditor estatal
**state authority** – autoridad estatal
**state bank** – banco estatal
**state bank examination** – examinación de bancos estatales

**state bank examiner** – examinador de bancos estatales
**state banking** – banca estatal
**state bar** – colegio de abogados estatal
**state benefit** – beneficio estatal
**state borrowing** – préstamos estatales
**state brand** – marca estatal
**state budget** – presupuesto estatal
**state budgeting** – presupuestación estatal
**state capital** – capital estatal
**state capitalism** – capitalismo estatal
**state co-operation** – cooperación estatal
**state commerce** – comercio estatal
**state commodity** – producto estatal
**state company** – compañía estatal
**state competition** – competencia estatal
**state conference** – conferencia estatal
**state content** – contenido estatal
**state contract** – contrato estatal
**state control** – control estatal
**state-controlled** *adj* – controlado estatalmente
**state cooperation** – cooperación estatal
**state corporation** – corporación estatal
**state courts** – tribunales estatales
**state debt** – deuda estatal
**state department** – departamento de estado
**state domicile** – domicilio estatal
**state emergency** – emergencia estatal
**state enterprise** – empresa estatal
**state expenditures** – gastos estatales
**state expenses** – gastos estatales
**state falsely** – declarar falsamente
**state firm** – empresa estatal
**state funds** – fondos estatales
**state goods** – productos estatales
**state government** – gobierno estatal
**state holiday** – fiesta estatal
**state improvements** – mejoras públicas estatales
**state income** – ingresos estatales
**state income taxes** – impuestos estatales sobre la renta
**state incorrectly** – declarar incorrectamente
**state industry** – industria estatal
**state inspector** – inspector estatal
**state insurance** – seguro estatal, seguro social
**state insurer** – asegurador estatal
**state interests** – intereses estatales
**state intervention** – intervención estatal
**state investor** – inversionista estatal
**state issue** – emisión estatal, asunto estatal
**state lands** – tierras públicas
**state laws** – leyes estatales
**state liquidity** – liquidez estatal
**state loan** – préstamo estatal
**state market** – mercado estatal
**state minimum wage** – salario mínimo estatal, paga mínima estatal
**state misleadingly** – declarar engañosamente
**state monopoly** – monopolio estatal
**state of affairs** – estado de cosas
**state of emergency** – estado de emergencia
**state of facts** – versión propia de los hechos
**state of mind** – estado mental
**state-of-the-art** *adj* – puntero, lo más reciente y avanzado
**state-of-the-art technology** – tecnología puntera, lo más reciente y tecnológicamente avanzado
**state of the case** – estado de la causa
**state of war** – estado de guerra
**state office** – cargo estatal, oficina estatal
**state officers** – funcionarios estatales
**state origin** – origen estatal
**state-owned** *adj* – estatal, del estado
**state paper** – documento oficial, boletín oficial
**state partnership** – sociedad estatal
**state pension** – pensión estatal
**state police** – policía estatal
**state police power** – poder de policía estatal
**state policy** – política estatal, póliza estatal
**state prison** – prisión estatal
**state product** – producto estatal
**state property** – propiedad estatal
**state rate** – tasa estatal
**state regulation** – reglamento estatal
**state representative** – representante estatal
**state resources** – recursos estatales
**state revenue** – ingreso estatal
**state rules** – reglas estatales
**state-run** *adj* – estatal, operado por el estado
**state seal** – sello oficial
**state secret** – secreto de estado
**state securities** – valores estatales
**state standards** – normas estatales
**state statute** – estatuto estatal
**state subsidiary** – subsidiaria estatal
**state subsidy** – subsidio estatal, subvención estatal
**state support** – ayuda estatal
**state taxes** – impuestos estatales
**state trade** – comercio estatal
**state treasury** – tesorería estatal
**state union** – unión estatal
**state's attorney** – fiscal
**state's evidence** – prueba que incrimina a cómplices a cambio de inmunidad o una sentencia reducida
**state's rights** – derechos estatales
**stated** *adj* – dicho, declarado, admitido, indicado, establecido, fijado, señalado
**stated account** – acuerdo de balance para cancelación
**stated amount** – cantidad declarada
**stated amount endorsement** – anejo de cantidad declarada
**stated capital** – capital declarado
**stated interest rate** – tasa de interés declarada, tasa de interés nominal
**stated meeting** – asamblea ordinaria, junta ordinaria
**stated rate** – tasa declarada, tasa nominal
**stated term** – sesión ordinaria, término establecido
**stated times** – intervalos establecidos
**stateless** *adj* – sin estado, sin nacionalidad
**statement** *n* – declaración, estado de cuenta, extracto de cuenta, extracto, alegato
**statement of account** – estado de cuenta, extracto de cuenta
**statement of affairs** – informe sobre el estado financiero
**statement of changes** – informe sobre cambios
**statement of changes in financial position** – estado de cambios de posición financiera
**statement of claim** – declaración de la causa

**statement of condition** – declaración de condición
**statement of defence** – declaración de la defensa
**statement of defense** – declaración de la defensa
**statement of expenditures** – estado de gastos
**statement of expenses** – estado de gastos
**statement of financial condition** – estado de posición financiera
**statement of financial position** – estado de posición financiera
**statement of income** – declaración de ingresos
**statement of income and expenses** – estado de ingresos y gastos
**statement of objectives** – declaración de objetivos
**statement of opinion** – declaración de opinión
**statement of principles** – declaración de principios
**statement of terms and conditions** – declaración de términos y condiciones
**statement of use** – declaración del uso
**statement of value** – declaración del valor
**statement stuffer** – material publicitario incluido con un estado
**static** *adj* – estático
**static budget** – presupuesto estático
**static economics** – economía estática
**station** *n* – estación, puesto, posición
**station house** – estación de policía
**statism** *n* – estatismo
**statist** *n* – estatista
**statistical** *adj* – estadístico
**statistics** *n* – estadística
**status** *n* – estatus, estado, condición, situación, estado civil, posición social
**status adjustment** – ajuste de estado, ajuste de estatus
**status crime** – crimen que proviene del estado de una persona y no por sus acciones
**status quo** – statu quo, el estado de las cosas en un momento dado
**status report** – informe de situación
**status symbol** – símbolo de estatus
**statutable** *adj* – estatutario
**statute** *n* – estatuto, ley
**statute of frauds** – ley indicando que ciertos contratos orales no son válidos
**statute of limitations** – ley de prescripción
**statutes of distribution** – leyes sobre la distribución de los bienes de un intestado
**statutory** *adj* – estatutario
**statutory accounting** – contabilidad estatutaria
**statutory actions** – acciones basadas en una ley
**statutory audit** – auditoría estatutaria
**statutory bond** – fianza estatutaria
**statutory construction** – interpretación de las leyes
**statutory copyright** – derechos de autor estatuarios
**statutory crimes** – crímenes estatuarios
**statutory damages** – indemnización estatutaria
**statutory declaration** – declaración estatutaria
**statutory dedication** – dedicación de un terreno al uso público mediante una ley
**statutory exemption** – exención estatutaria
**statutory exposition** – ley que incluye una interpretación de una ley anterior
**statutory extortion** – extorsión estatutaria
**statutory foreclosure** – ejecución hipotecaria estatutaria, ejecución hipotecaria extrajudicial conforme a las leyes pertinentes
**statutory guardian** – tutor asignado por testamento conforme a las leyes pertinentes
**statutory holidays** – días feriados por ley
**statutory instruments** – normas administrativas
**statutory law** – derecho estatutario, ley escrita
**statutory liability** – responsabilidad estatutaria
**statutory lien** – privilegio estatutario, gravamen estatutario
**statutory limit** – límite establecido por ley
**statutory meeting** – asamblea estatutaria, junta estatuaria
**statutory minimum wage** – salario mínimo establecido por ley
**statutory notice** – notificación exigida por ley
**statutory obligation** – obligación estatutaria
**statutory penalty** – penalidad estatutaria
**statutory presumption** – presunción estatutaria
**statutory provisions** – estipulaciones estatutarias
**statutory rape** – relaciones sexuales con una joven menor de la edad del consentimiento, estupro
**statutory regulations** – reglamentos estatutarios
**statutory requirements** – requisitos estatutarios
**statutory reserves** – reservas estatutarias
**statutory restriction** – restricción estatutaria
**statutory rights** – derechos estatutarios
**statutory share** – parte estatutaria
**statutory sick pay** – paga por enfermedad requerida
**statutory successor** – sucesor estatutario
**statutory voting** – regla de un voto por una acción
**stay** *n* – suspensión, aplazamiento, apoyo, estancia
**stay** *v* – suspender, aplazar, sostener, permanecer
**stay-away order** – orden judicial prohibiendo contacto y/o comunicación directa o indirecta con alguien
**stay-in strike** – huelga de brazos caídos
**stay laws** – leyes concernientes a la suspensión de procesos
**stay of action** – suspensión de una acción
**stay of arbitration** – suspensión de arbitraje
**stay of execution** – suspensión de una ejecución
**stay of proceedings** – suspensión de los procedimientos
**Std. (standard)** – estándar, normal, habitual, oficial, de serie
**steady interest rate** – tasa de interés sostenida
**steady rate** – tasa sostenida
**steady-state economy** – economía en estado estacionario
**steal** *v* – hurtar, robar
**stealing** *n* – hurto, robo
**stealing children** – secuestro de niños
**stealth** *n* – sigilo
**steep interest rate** – tasa de interés excesiva
**steep price** – precio excesivo
**steep rate** – tasa excesiva
**steer** *v* – guiar, dirigir, encaminar
**steering** *n* – dirección, práctica ilegal de mostrar propiedades sólo a ciertos grupos étnicos, práctica ilegal de mostrar ciertas propiedades a ciertos grupos étnicos
**steering committee** – comité de dirección
**stellionate** *n* – estelionato
**stenographer** *n* – estenógrafo
**stenography** *n* – estenografía

**step** *n* – paso, medida, huella, etapa
**step-by-step** *adj* – paso a paso
**step in** – intervenir
**step-rate premium insurance** – seguro con primas variables
**step up** – aumentar, incrementar
**stepbrother** *n* – hermanastro
**stepchild** *n* – alnado, alnada, hijastro, hijastra
**stepdaughter** *n* – alnada, hijastra
**stepfather** *n* – padrastro
**stepmother** *n* – madrastra
**stepparent** *n* – padrastro, madrastra
**stepparent adoption** – adopción por padrastro, adopción por madrastra
**stepped-up basis** – base impositiva ajustada al valor del mercado al pasarse propiedad a un heredero
**stepping-stone** *n* – trampolín
**stepsister** *n* – hermanastra
**stepson** *n* – alnado, hijastro
**stereotype** *n* – estereotipo
**stereotyped** *adj* – estereotipado
**stereotypic** *adj* – estereotípico
**sterilisation** *n* – esterilización
**sterility** *n* – esterilidad
**sterilization** *n* – esterilización
**stevedore** *n* – estibador
**steward** *n* – sustituto, representante sindical
**stick up** – robo a mano armada
**sticker price** – precio de lista, precio de etiqueta
**sticking point** – punto de contención
**stickler** *n* – árbitro, rigorista
**stiff penalty** – penalidad severa
**stifle** *v* – sofocar, reprimir
**stifling a prosecution** – acuerdo de no accionar penalmente a cambio de un beneficio para el demandante en casos donde no hay recursos civiles
**stifling bids** – comportamientos o acuerdos los cuales impiden una subasta justa
**still** *adj* – quieto, inmóvil
**still** *adv* – todavía
**still** *n* – quietud, destilador
**stillbirth** *n* – parto de un niño muerto
**stillborn child** – nacido sin vida, nacido sin la capacidad de continuar viviendo
**stimulant** *n* – estimulante
**stimulate** *v* – estimular
**stimulate the economy** – estimular la economía
**stimulation** *n* – estímulo
**stipend** *n* – estipendio, salario
**stipendiary magistrate** – magistrado asalariado
**stipendium** *n* – estipendio
**stipital** *n* – por estirpe
**stipulate** *v* – estipular, convenir
**stipulated** *adj* – estipulado
**stipulated agreement** – acuerdo estipulado
**stipulated benefits** – beneficios estipulados
**stipulated budget** – presupuesto estipulado
**stipulated capital** – capital estipulado
**stipulated charge** – cargo estipulado
**stipulated commission** – comisión estipulada
**stipulated conditions** – condiciones estipuladas
**stipulated cost** – costo estipulado, coste estipulado
**stipulated damages** – pena convencional, daños convencionales, daños y perjuicios fijados
**stipulated deposit** – depósito estipulado
**stipulated expenditures** – gastos estipulados
**stipulated expenses** – gastos estipulados
**stipulated fee** – cargo estipulado
**stipulated insurance** – seguro estipulado
**stipulated interest rate** – tasa de interés estipulada
**stipulated liability** – responsabilidad estipulada
**stipulated obligation** – obligación estipulada
**stipulated pay** – paga estipulada
**stipulated payment** – pago estipulado
**stipulated period** – período estipulado
**stipulated premium** – prima estipulada
**stipulated premium insurance** – seguro de prima estipulada
**stipulated price** – precio estipulado
**stipulated rate** – tasa estipulada
**stipulated remuneration** – remuneración estipulada
**stipulated rent** – renta estipulada
**stipulated salary** – salario estipulado
**stipulated selling price** – precio de venta estipulado
**stipulated terms** – términos estipulados
**stipulated wages** – salarios estipulados
**stipulation** *n* – estipulación, convenio, acuerdo de aceptación de hechos sin necesidad de pruebas
**stipulator** *n* – estipulante
**stipulatory** *adj* – estipulante
**stirpes** *n* – estirpe
**stk. (stock)** – acciones, acción, capital comercial, inventario, existencias, reserva, ganado
**stochastic** *adj* – estocástico
**stock** *n* – acciones, acción, capital comercial, inventario, existencias, stock, reserva, ganado, linaje
**stock** *v* – abastecer, almacenar
**stock account** – cuenta de inventario, cuenta de acciones
**stock accumulation** – acumulación de acciones, acumulación de inventario
**stock association** – empresa sin incorporar pero con acciones
**stock broker** – corredor de bolsa, agente de bolsa, corredor bursátil, agente bursátil
**stock brokerage** – corretaje de bolsa, corretaje bursátil
**stock brokerage firm** – firma de corretaje de bolsa, casa de corretaje de bolsa, firma de corretaje bursátil, casa de corretaje bursátil
**stock brokerage house** – casa de corretaje de bolsa, casa de corretaje bursátil
**stock buyback** – recompra de acciones por la compañía que las emitió, recompra de acciones
**stock capital** – capital en acciones
**stock certificate** – certificado de acciones, certificado de inventario
**stock company** – compañía por acciones, sociedad por acciones, sociedad anónima
**stock compensation** – compensación mediante acciones
**stock corporation** – corporación por acciones, ente jurídico por acciones, sociedad por acciones, sociedad anónima
**stock dividend** – dividendo en acciones
**stock exchange** – bolsa de valores
**stock farming** – ganadería
**stock financing** – financiamiento mediante acciones, financiamiento basado en inventario

**stock fund** – fondo mutuo que invierte solo en acciones
**stock holder** – accionista
**stock holding** – tenencia de acciones, posesión de acciones
**stock in trade** – inventario
**stock index** – índice de acciones
**stock insurance company** – compañía de seguros por acciones
**stock insurer** – compañía de seguros por acciones
**stock issue** – emisión de acciones
**stock issued** – acciones emitidas
**stock jobber** – intermediario de bolsa, corredor de bolsa, corredor de bolsa inescrupuloso, especulador
**stock ledger** – libro de accionistas, libro de acciones y accionistas
**stock list** – lista de inventario, lista de acciones
**stock loan** – préstamo de acciones, préstamo basado en inventario
**stock market** – mercado de valores, bolsa de valores, bolsa
**stock market collapse** – colapso del mercado de valores, colapso de la bolsa de valores
**stock market crash** – colapso del mercado de valores, colapso de la bolsa de valores
**stock option** – opción de compra de acciones
**stock outstanding** – acciones en circulación
**stock ownership** – titularidad de acciones, posesión de acciones
**stock ownership plan** – plan de compra de acciones de empleados
**stock portfolio** – cartera de acciones
**stock power** – poder para transferir acciones
**stock-purchase plan** – plan de compra de acciones
**stock-purchase warrant** – derecho generalmente vigente por varios años para la compra de acciones a un precio específico
**stock quotation** – cotización de acciones
**stock quote** – cotización de acciones
**stock record** – registro de acciones
**stock-redemption plan** – plan de redención de acciones
**stock register** – registro de acciones
**stock rights** – derecho de suscripción
**stock split** – split, cambio proporcional en la cantidad de acciones de una corporación, división de acciones
**stock split down** – reducción proporcional en la cantidad de acciones de una corporación
**stock split up** – aumento proporcional en la cantidad de acciones de una corporación
**stock subscription** – suscripción de acciones
**stock swap** – intercambio de acciones
**stock trading** – transacciones de acciones
**stock transfer** – transferencia de acciones
**stock-transfer agent** – agente de transferencia de acciones
**stock-transfer tax** – impuesto sobre la transferencia de acciones
**stock warrant** – derecho generalmente vigente por varios años para la compra de acciones a un precio específico
**stockbreeding** *n* – ganadería
**stockbroker** *n* – corredor de bolsa, agente de bolsa, corredor bursátil, agente bursátil
**stockholder** *n* – accionista, accionario
**stockholder of record** – accionista registrado
**stockholder's derivative action** – acción entablada por un accionista para hacer cumplir una causa corporativa
**stockholder's equity** – capital accionario, capital social, porcentaje del accionista en una corporación
**stockholder's liability** – responsabilidad del accionista
**stockholder's representative action** – acción entablada de parte propia en representación de otros por un accionista para hacer cumplir una causa corporativa
**stockholders' meeting** – asamblea de accionistas, reunión de accionistas, junta de accionistas
**stockholders' register** – registro de accionistas
**stockholding** *n* – tenencia de acciones, posesión de acciones
**stockist** *n* – proveedor, distribuidor
**stockjobber** *n* – intermediario de bolsa, corredor de bolsa, corredor de bolsa inescrupuloso, especulador
**stockjobbing** *n* – especulación
**stockpile** *n* – reservas, reserva
**stocktaking** *n* – toma de inventario, evaluación de la situación corriente
**stolen** *adj* – hurtado
**stolen card** – tarjeta hurtada
**stolen goods** – bienes hurtados
**stop** *n* – detención, suspensión, cesación
**stop** *v* – parar, detener, detenerse, suspender, cancelar, paralizar, amarrar
**stop a cheque** – detener el pago de un cheque
**stop and frisk** – detener y cachear
**stop at nothing** – perseguir despiadadamente un objetivo
**stop-gap measure** – medida de emergencia, medida provisional
**stop-loss reinsurance** – reaseguro para limitar las pérdidas por varias reclamaciones combinadas que excedan un cierto porcentaje de ingresos por primas
**stop payment** – detener el pago, detener el pago de un cheque
**stop payment order** – orden de detener el pago, orden de no hacer el pago de un cheque
**stop work** – detener el trabajo, dejar de trabajar
**stoppage** *n* – parada, huelga, cesación, interrupción, suspensión, impedimento
**stoppage in transit** – embargo por el vendedor de mercancías en tránsito
**stoppage in transitu** – embargo por el vendedor de mercancías en tránsito
**stoppage of work** – paro de trabajo, paro de trabajo y operaciones
**stopped payment** – pago detenido
**storage** *n* – almacenamiento, almacenaje, almacén
**storage area** – área de almacenamiento
**store** *n* – tienda, negocio, almacén, reserva
**store** *v* – almacenar
**store card** – tarjeta de crédito de una tienda
**store credit card** – tarjeta de crédito de una tienda
**store label** – marca propia, marca de la tienda, marca del lugar de compra
**storehouse** *n* – almacén
**storekeeper** *n* – tendero
**storeowner** *n* – dueño de tienda, tendero

**stow** *v* – almacenar, estibar
**stowage** *n* – almacenamiento, estiba
**stowaway** *n* – polizón
**straight** *adj* – derecho, honesto, recto, directo, exacto, fidedigno
**straight bill of lading** – conocimiento de embarque no negociable
**straight debt** – deuda regular, deuda ordinaria
**straight-line depreciation** – depreciación lineal
**straight time** – número de horas acostumbrado por un período de trabajo
**straightforward contract** – contrato con lenguaje y condiciones claras
**straightforward explanation** – explicación honesta y clara
**strand** *v* – encallar, abandonar
**stranger** *n* – extraño, quien no es una parte de una transacción, quien no tiene interés en una transacción
**stranger in blood** – persona quien no tiene vínculo de parentesco
**strangle** *v* – estrangular, sofocar
**strangulation** *n* – estrangulación
**stratagem** *n* – estratagema
**strategic** *adj* – estratégico
**strategic adjustment** – ajuste estratégico
**strategic alliance** – alianza estratégica
**strategic analysis** – análisis estratégico
**strategic asset allocation** – asignación estratégica de activos, asignación estratégica de inversiones
**Strategic Business Unit** – Unidad Estratégica de Negocios
**strategic industry** – industria estratégica
**Strategic Lawsuit Against Public Participation** – litigio estratégico contra la participación pública
**Strategic Management Accounting** – Contabilidad de Dirección Estratégica
**strategic marketing** – marketing estratégico, mercadeo estratégico
**strategic partner** – socio estratégico
**strategic partnership** – sociedad estratégica
**strategic plan** – plan estratégico
**strategic planning** – planificación estratégica
**strategy** *n* – estrategia
**stratification** *n* – estratificación
**stratified** *adj* – estratificado
**stratocracy** *n* – gobierno militar
**straw bail** – fianza nominal, fianza sin valor
**straw man** – prestanombre
**straw party** – prestanombre
**straw person** – prestanombre
**stray** *n* – niño extraviado, animal extraviado
**stray** *v* – perderse, desviarse
**stream** *n* – arroyo, corriente, chorro
**stream of commerce** – bienes en movimiento comercial
**streamline** *v* – hacer algo más eficiente y/o sencillo, racionalizar
**street name** – valores de una persona que están a nombre del corredor
**street vendor** – vendedor callejero, buhonero, vendedor ambulante
**strength** *n* – fuerza, solidez, punto fuerte, número
**stress** *n* – estrés, énfasis
**stress** *v* – estresar, enfatizar
**stress-related** *adj* – relacionado al estrés, provocado por el estrés
**stress-related illness** – enfermedad relacionada al estrés, enfermedad provocada por el estrés
**stressful** *adj* – estresante
**stressful job** – trabajo estresante
**stressful work environment** – ambiente de trabajo estresante
**strict** *adj* – estricto, severo, exacto, preciso
**strict construction** – interpretación estricta
**strict foreclosure** – sentencia que indica que tras incumplimiento de pago la propiedad se transfiere al acreedor hipotecario sin venta ni derecho de rescate
**strict instructions** – instrucciones precisas
**strict law** – derecho estricto
**strict liability** – responsabilidad objetiva
**strict terms** – términos precisos
**strictest confidentiality** – máxima confidencialidad
**stricti juris** – del derecho estricto
**strictly** *adv* – estrictamente, exactamente
**strictly construed** – interpretado estrictamente
**strictly ministerial duty** – obligación estrictamente ministerial
**strike** *n* – huelga, paro, golpe, descubrimiento
**strike** *v* – hacer huelga, declarar huelga, alcanzar, cerrar, golpear, atacar, herir
**strike a deal** – llegar a un acuerdo
**strike action** – acción de huelga
**strike a jury** – seleccionar un jurado mediante la eliminación de candidatos por las partes hasta que quede el número requerido
**strike ballot** – voto de huelga
**strike benefits** – beneficios por huelga
**strike-bound** *adj* – obstaculizado o imposibilitado por huelga
**strike-breaker** *n* – rompehuelgas
**strike-breaking** *n* – romper huelgas
**strike clause** – cláusula de huelga
**strike committee** – comité de huelga
**strike fund** – fondo de huelga
**strike insurance** – seguro contra huelgas
**strike notice** – aviso de huelga
**strike off** – remover un caso de la lista de casos a ser juzgados por falta de jurisdicción, señal de adjudicación en subasta
**strike pay** – paga durante huelga
**strike price** – precio de ejecución
**strike suit** – acción entablada por accionistas sin intención de que se beneficie la corporación, acción entablada por accionistas sin intención de que se beneficie la sociedad
**strike threat** – amenaza de huelga
**strike vote** – voto de huelga
**strikebound** *adj* – obstaculizado o imposibilitado por huelga
**strikebreaker** *n* – rompehuelgas
**strikebreaking** *n* – romper huelgas
**striker** *n* – huelguista
**striking evidence** – eliminación de pruebas inadmisibles
**striking off the roll** – suspensión de la licencia de un abogado
**stringent conditions** – condiciones estrictas
**strings attached, no** – sin cortapisas

**strip** *v* – tomar de o dañar ilegalmente una propiedad de la cual no se es dueño absoluto, desnudar, desnudarse
**strong** *adj* – fuerte, resistente
**strong-arm tactics** – tácticas empleando coerción y/o violencia
**strong box** – caja fuerte
**strong currency** – moneda fuerte
**strong economy** – economía fuerte
**strong hand** – fuerza criminal, fuerza o violencia
**strong money** – moneda fuerte
**strong room** – cámara acorazada
**strongbox** *n* – caja fuerte
**strongly corroborated** – corroborado convincentemente
**strongroom** *n* – cámara acorazada
**struck jury** – jurado seleccionado mediante la eliminación de candidatos por las partes hasta que quedó el número requerido
**structural** *adj* – estructural
**structural alteration** – alteración estructural
**structural alteration or change** – alteración estructural
**structural change** – alteración estructural
**structural damage** – daño estructural
**structural defect** – vicio estructural
**structural inflation** – inflación estructural
**structural reform** – reforma estructural
**structural unemployment** – desempleo estructural
**structure** *n* – estructura
**structure** *v* – estructurar
**structured settlement** – transacción judicial en la cual se hacen pagos periódicos
**struggle** *v* – forcejear, luchar
**stub** *n* – talón
**stultify** *v* – alegar insania, probar insania
**stumbling block** – obstáculo
**stunt** *n* – algo hecho solo para llamar la atención o hacer propaganda
**sua sponte** – voluntariamente, sua sponte
**sub-administrator** *n* – subadministrador
**sub-agency** *n* – subagencia
**sub-agent** *n* – subagente
**Sub-Chapter S Corporation** – corporación la cual ha elegido que se le impongan contribuciones como personas naturales
**sub-committee** *n* – subcomité
**sub-contract** *n* – subcontrato
**sub-contract** *v* – subcontratar
**sub-contracting** *n* – subcontratación
**sub-contractor** *n* – subcontratista
**sub-director** *n* – subdirector
**sub-divide** *v* – subdividir
**sub-dividing** *n* – subdivisión
**sub-division** *n* – subdivisión
**sub-employed** *adj* – subempleado
**sub-employment** *n* – subempleo
**sub judice** – ante el tribunal, sub judice
**sub-lease** *n* – subarriendo
**sub-lease** *v* – subarrendar
**sub-lessee** *n* – subarrendatario
**sub-lessor** *n* – subarrendador
**sub-let** *n* – subarriendo
**sub-let** *v* – subarrendar
**sub-letter** *n* – subarrendador
**sub-letting** *n* – subarrendamiento
**sub-licence** *n* – sublicencia
**sub-license** *n* – sublicencia
**sub-manager** *n* – subgerente
**sub modo** – sujeto a una restricción
**sub nomine** – bajo el nombre, a nombre de
**sub-optimisation** *n* – suboptimización
**sub-optimise** *v* – suboptimizar
**sub-optimization** *n* – suboptimización
**sub-optimize** *v* – suboptimizar
**sub-par** *adj* – inferior, bajo la par
**sub-partner** *n* – subsocio
**sub-partnership** *n* – subsociedad
**sub-prime borrower** – prestatario subprime, prestatario de préstamo con una tasa mayor que la preferencial
**sub-prime borrowing** – préstamos subprime, préstamos con una tasa mayor que la preferencial
**sub-prime crisis** – crisis subprime, crisis de préstamos con una tasa mayor que la preferencial
**sub-prime lender** – prestamista subprime, prestamista de préstamos con una tasa mayor que la preferencial
**sub-prime lending** – concesión de préstamos con una tasa mayor que la preferencial
**sub-prime loan** – préstamo subprime, préstamo con una tasa mayor que la preferencial
**sub-prime loan market** – mercado de préstamos subprime, mercado de préstamos con una tasa mayor que la preferencial
**sub-prime market** – mercado subprime, mercado de préstamos con una tasa mayor que la preferencial
**sub-prime mortgage** – hipoteca subprime, hipoteca con una tasa mayor que la preferencial
**sub-prime mortgage lender** – prestamista de hipotecas subprime, prestamista de hipotecas con una tasa mayor que la preferencial
**sub rosa** – de forma secreta, sub rosa
**Sub S Corporation** – corporación la cual ha elegido que se le impongan contribuciones como personas naturales
**sub-section** *n* – subsección
**sub-sector** *n* – subsector
**sub silentio** – silenciosamente
**sub-system** *n* – subsistema
**sub-tenancy** *n* – subarriendo
**sub-tenant** *n* – subinquilino, subarrendatario
**suable** *adj* – demandable
**subadministrator** *n* – subadministrador
**subagency** *n* – subagencia
**subagent** *n* – subagente
**subaltern** *n* – subalterno
**Subchapter S Corporation** – corporación pequeña la cual ha elegido que se le impongan contribuciones como personas naturales
**subcommittee** *n* – subcomité
**subcontract** *n* – subcontrato
**subcontract** *v* – subcontratar
**subcontracting** *n* – subcontratación
**subcontractor** *n* – subcontratista
**subdirector** *n* – subdirector
**subdivide** *v* – subdividir
**subdividing** *n* – subdivisión
**subdivision** *n* – subdivisión

**subemployed** *adj* – subempleado
**subemployment** *n* – subempleo
**subjacent support** – derecho del apoyo subterráneo de las tierras
**subject** *n* – asunto, materia, objeto, sujeto, súbdito
**subject matter** – asunto a considerar, cuestión en controversia
**subject matter jurisdiction** – jurisdicción sobre el asunto
**subject matter of contract** – asunto del contrato
**subject matter of statute** – propósito de una ley
**subject to analysis** – sujeto a análisis
**subject to approval** – sujeto a aprobación
**subject to argument** – sujeto a argumento
**subject to being annulled** – sujeto a ser anulado
**subject to being cancelled** – sujeto a ser cancelado
**subject to being invalidated** – sujeto a ser invalidado
**subject to being revoked** – sujeto a ser revocado
**subject to being withdrawn** – sujeto a ser retirado
**subject to cancellation** – sujeto a cancelación
**subject to change** – sujeto a cambio
**subject to check** – sujeto a comprobación
**subject to collection** – sujeto a cobro
**subject to controversy** – sujeto a controversia
**subject to examination** – sujeto a examinación
**subject to investigation** – sujeto a investigación
**subject to mortgage** – sujeto a hipoteca
**subject to opinion** – sujeto a opinión
**subject to penalty** – sujeto a penalidad
**subject to price change** – precio sujeto a cambio
**subject to quota** – sujeto a cuota
**subject to redemption** – sujeto a redención
**subject to repurchase** – sujeto a recompra
**subject to restriction** – sujeto a restricción
**subject to revision** – sujeto a revisión
**subject to sale** – sujeto a venta previa
**subject to scrutiny** – sujeto a escrutinio
**subject to tax** – imponible
**subject to termination** – sujeto a terminación
**subject to verification** – sujeto a verificación
**subjection** *n* – sujeción, dependencia
**subjective** *adj* – subjetivo
**subjective risk** – riesgo subjetivo
**subjectively** *adv* – subjetivamente
**subjectivity** *n* – subjetividad
**subjugate** *v* – subyugar
**sublease** *n* – subarriendo
**sublease** *v* – subarrendar
**subleased** *adj* – subarrendado
**sublessee** *n* – subarrendatario
**sublessor** *n* – subarrendador
**sublet** *n* – subarriendo
**sublet** *v* – subarrendar
**subletter** *n* – subarrendador
**subletting** *n* – subarrendamiento
**sublicence** *n* – sublicencia
**sublicense** *n* – sublicencia
**subliminal advertising** – propaganda subliminal
**submanager** *n* – subgerente
**submerged lands** – tierras sumergidas
**submergence** *n* – hundimiento de tierras bajo agua
**submission** *n* – sumisión, presentación, sometimiento, convenio de someterse a arbitraje
**submission bond** – garantía de un convenio de someterse a arbitraje
**submission of bids** – presentación de ofertas
**submission to a vote** – sometimiento a voto
**submission to arbitration** – sometimiento a arbitraje
**submission to jury** – sometimiento al jurado
**submit** *v* – someter, someterse, proponer
**submit an offer** – someter una oferta
**submit to arbitration** – someterse a arbitraje, someter a arbitraje
**submitted** *adj* – sometido, presentado
**submortgage** *n* – subhipoteca
**suboptimisation** *n* – suboptimización
**suboptimise** *v* – suboptimizar
**suboptimization** *n* – suboptimización
**suboptimize** *v* – suboptimizar
**subordinate** *adj* – subordinado
**subordinate** *n* – subordinado
**subordinate** *v* – subordinar
**subordinate officer** – funcionario subordinado
**subordinated** *adj* – subordinado
**subordinated debt** – deuda subordinada
**subordinated loan** – préstamo subordinado
**subordinated note** – nota subordinada
**subordination** *n* – subordinación
**suborn** *v* – sobornar, instigar
**subornation** *n* – soborno, instigación
**subornation of perjury** – sobornar para instigar a cometer perjurio
**suborner** *n* – sobornador, instigador
**subpar** *adj* – inferior, bajo la par
**subpartner** *n* – subsocio
**subpartnership** *n* – subsociedad
**subpena** *n* – citación, carta de citación, carta de emplazamiento, orden judicial de comparecencia, cita, comparendo
**subpoena** *n* – citación, carta de citación, carta de emplazamiento, orden judicial de comparecencia, cita, comparendo
**subpoena ad testificandum** – orden judicial para testificar, citación para testificar, subpoena ad testificandum
**subpoena duces tecum** – orden judicial de presentar documentación, subpoena duces tecum
**subprime borrower** – prestatario subprime, prestatario de préstamo con una tasa mayor que la preferencial
**subprime borrowing** – préstamos subprime, préstamos con una tasa mayor que la preferencial
**subprime crisis** – crisis subprime, crisis de préstamos con una tasa mayor que la preferencial
**subprime lender** – prestamista subprime, prestamista de préstamos con una tasa mayor que la preferencial
**subprime lending** – concesión de préstamos con una tasa mayor que la preferencial
**subprime loan** – préstamo subprime, préstamo con una tasa mayor que la preferencial
**subprime loan market** – mercado de préstamos subprime, mercado de préstamos con una tasa mayor que la preferencial
**subprime market** – mercado subprime, mercado de préstamos con una tasa mayor que la preferencial
**subprime mortgage** – hipoteca subprime, hipoteca con una tasa mayor que la preferencial
**subprime mortgage lender** – prestamista de hipotecas subprime, prestamista de hipotecas con una tasa

mayor que la preferencial
**subreption** *n* – subrepción
**subrogate** *v* – subrogar
**subrogation** *n* – subrogación
**subrogation clause** – cláusula de subrogación
**subrogee** *n* – subrogatario
**subrogor** *n* – subrogante
**subscribe** *v* – suscribir, suscribirse, firmar, adherirse
**subscribed** *adj* – suscrito
**subscribed shares** – acciones suscritas
**subscribed stock** – acciones suscritas
**subscriber** *n* – suscriptor, abonado, firmante
**subscribing witness** – testigo firmante
**subscription** *n* – suscripción, firma
**subscription agreement** – convenio de suscripción
**subscription certificate** – certificado de suscripción
**subscription contract** – contrato de suscripción, contrato de compra
**subscription list** – lista de firmantes
**subscription price** – precio de suscripción
**subscription privilege** – privilegio de suscripción
**subscription right** – derecho de suscripción
**subscription warrant** – derecho generalmente vigente por varios años para la compra de acciones a un precio específico
**subsection** *n* – subsección
**subsector** *n* – subsector
**subsequent** *adj* – subsiguiente
**subsequent buyer** – comprador subsiguiente
**subsequent creditor** – acreedor subsiguiente
**subsequent designation** – designación subsiguiente
**subsequent endorsement** – endoso subsiguiente
**subsequent endorser** – endosante subsiguiente
**subsequent event** – evento subsiguiente
**subsequent indorsement** – endoso subsiguiente
**subsequent indorser** – endosante subsiguiente
**subsequent negligence** – negligencia subsiguiente
**subsequent purchase** – compra subsiguiente
**subsequent purchaser** – comprador subsiguiente
**subsequent sale** – venta subsiguiente
**subsequent transaction** – transacción subsiguiente
**subsidiarity** *n* – subsidiaridad
**subsidiary** *adj* – subsidiario, auxiliar
**subsidiary** *n* – filial, sucursal
**subsidiary company** – compañía subsidiaria
**subsidiary company accounting** – contabilidad de compañía subsidiaria
**subsidiary corporation** – corporación subsidiaria
**subsidiary enterprise** – empresa subsidiaria
**subsidiary fact** – hecho secundario
**subsidiary ledger** – libro mayor auxiliar
**subsidiary trust** – fideicomiso auxiliar
**subsidisation** *n* – subvención, subsidiación
**subsidise** *v* – subsidiar, subvencionar
**subsidised** *adj* – subsidiado, subvencionado
**subsidised company** – compañía subsidiada, compañía subvencionada
**subsidised goods** – productos subsidiados, bienes subsidiados, productos subvencionados, bienes subvencionados
**subsidised housing** – vivienda subsidiada, vivienda subvencionada
**subsidised interest rate** – tasa de interés subsidiada, tasa de interés subvencionada
**subsidised loan** – préstamo subsidiado, préstamo subvencionado
**subsidised mortgage** – hipoteca subsidiada, hipoteca subvencionada
**subsidised payment** – pago subsidiado, pago subvencionado
**subsidised price** – precio subsidiado, precio subvencionado
**subsidised rate** – tasa subsidiada, tasa subvencionada
**subsidised rent** – renta subsidiada, renta subvencionada
**subsidization** *n* – subvención, subsidiación
**subsidize** *v* – subsidiar, subvencionar
**subsidized** *adj* – subsidiado, subvencionado
**subsidized company** – compañía subsidiada, compañía subvencionada
**subsidized goods** – productos subsidiados, bienes subsidiados, productos subvencionados, bienes subvencionados
**subsidized housing** – vivienda subsidiada, vivienda subvencionada
**subsidized interest rate** – tasa de interés subsidiada, tasa de interés subvencionada
**subsidized loan** – préstamo subsidiado, préstamo subvencionado
**subsidized mortgage** – hipoteca subsidiada, hipoteca subvencionada
**subsidized payment** – pago subsidiado, pago subvencionado
**subsidized price** – precio subsidiado, precio subvencionado
**subsidized rate** – tasa subsidiada, tasa subvencionada
**subsidized rent** – renta subsidiada, renta subvencionada
**subsidy** *n* – subsidio, subvención
**subsist** *v* – subsistir, mantener
**subsistence** *n* – subsistencia
**subsistence agriculture** – agricultura de subsistencia
**subsistence allowance** – reembolso de gastos de subsistencia, pago de gastos de subsistencia, adelanto salarial
**subsistence crop** – cultivo de subsistencia
**subsistence economy** – economía de subsistencia
**subsistence income** – ingresos de subsistencia
**subsistence minimum** – mínimo de subsistencia
**subsistence pay** – paga de subsistencia, salario de subsistencia
**subsistence salary** – salario de subsistencia, paga de subsistencia
**subsistence wage** – paga de subsistencia, salario de subsistencia
**subsoil** *n* – subsuelo
**substance** *n* – sustancia, naturaleza, esencia
**substandard** *adj* – de calidad inferior
**substandard risk** – riesgo más allá de lo usualmente aceptable
**substantial** *adj* – substancial, importante, real
**substantial capacity test** – prueba para determinar la capacidad de entender que una conducta fue criminal
**substantial compliance** – cumplimiento con lo esencial
**substantial damages** – daños substanciales, indemnización substancial
**substantial destruction** – destrucción substancial

**substantial equivalent** – equivalente substancial
**substantial equivalent of patented device** – equivalencia substancial a un dispositivo patentado
**substantial error** – error substancial
**substantial evidence** – prueba suficiente
**substantial income** – ingresos considerables
**substantial justice** – justicia substancial
**substantial loan** – préstamo considerable
**substantial performance** – cumplimiento con lo esencial
**substantial possession** – posesión efectiva
**substantial risk** – riesgo considerable
**substantially** *adv* – substancialmente, sustancialmente, considerablemente
**substantially equivalent** – sustancialmente equivalente, substancialmente equivalente
**substantiate** *v* – substanciar, corroborar, probar, justificar, verificar
**substantive** *adj* – sustantivo, substantivo, esencial
**substantive change** – cambio sustantivo
**substantive compliance** – cumplimiento sustantivo
**substantive criminal law** – derecho penal sustantivo
**substantive due process** – garantía constitucional de que la legislación será justa y razonable, debido proceso sustantivo
**substantive evidence** – prueba con el propósito de probar un hecho
**substantive felony** – delito grave independiente
**substantive law** – derecho sustantivo
**substantive laws** – leyes sustantivas
**substantive offense** – delito independiente
**substantive reasons** – razones sustantivas
**substantive rights** – derechos sustantivos
**substitute** *adj* – sustituto, substituto
**substitute** *n* – sustituto, substituto
**substitute** *v* – sustituir, substituir
**substitute application** – solicitud sustituta
**substitute defendant** – demandado sustituto
**substitute judge** – juez alterno
**substitute trustee** – fideicomisario sustituto
**substituted executor** – albacea substituto
**substituted service** – notificación judicial distinta a la personal
**substitution** *n* – sustitución, substitución, subrogación
**substitution by will** – sustitución testamentaria
**substitution effect** – efecto de sustitución
**substitution of parties** – sustitución de las partes
**substraction** *n* – sustracción
**subsystem** *n* – subsistema
**subtenancy** *n* – subarriendo
**subtenant** *n* – subinquilino, subarrendatario
**subterfuge** *n* – subterfugio
**subterranean** *adj* – subterráneo
**subterranean waters** – aguas subterráneas
**subtotal** *n* – subtotal
**subtraction** *n* – defraudación
**subvention** *n* – subvención, subsidio
**subversion** *n* – subversión
**subversive** *adj* – subversivo
**successful bidder** – postor ganador
**succession** *n* – sucesión, serie
**succession duty** – impuesto sucesorio
**succession tax** – impuesto sucesorio
**successive** *adj* – sucesivo
**successive actions** – acciones sucesivas
**successive assignees** – cesionarios sucesivos
**successor** *n* – sucesor, causahabiente
**successor in interest** – dueño de propiedad quien sigue a otro
**successor trustee** – fideicomisario quien sigue a otro
**successors and assigns** – sucesores y cesionarios
**succinct** *adj* – sucinto
**such** *adj* – tal, de tal tipo
**sudden** *adj* – repentino, precipitado
**sudden emergency** – emergencia repentina
**sudden heat of passion** – ataque repentino de emoción violenta
**sudden injury** – lesión inesperada y repentina
**sudden passion** – ataque repentino de emoción violenta
**sue** *v* – demandar, accionar, pleitear, procesar
**sue for damages** – accionar por daños y perjuicios, demandar por daños y perjuicios
**suffer** *v* – sufrir, permitir, tolerar
**suffer consequences** – sufrir consecuencias
**suffer damages** – sufrir daños
**suffer losses** – sufrir pérdidas
**sufferance** *n* – consentimiento, tolerancia
**suffering** *n* – sufrimiento
**sufficiency** *n* – suficiencia
**sufficiency of coverage** – suficiencia de cobertura
**sufficiency of evidence** – suficiencia de la prueba
**sufficiency of financing** – suficiencia de financiación, suficiencia de financiamiento
**sufficiency of insurance** – suficiencia de cobertura
**sufficiency of reserves** – suficiencia de reservas
**sufficient** *adj* – suficiente
**sufficient amount** – cantidad suficiente
**sufficient care** – cuidado suficiente
**sufficient cause** – causa suficiente
**sufficient consideration** – contraprestación suficiente, causa suficiente
**sufficient evidence** – prueba suficiente
**sufficient coverage** – cobertura suficiente
**sufficient disclosure** – divulgación suficiente
**sufficient funds** – fondos suficientes
**sufficient income** – ingresos suficientes
**sufficient notice** – notificación suficiente
**sufficient pay** – paga suficiente
**sufficient preparation** – preparación suficiente
**sufficient protection** – protección suficiente
**sufficient provocation** – provocación suficiente
**sufficient quality** – calidad suficiente
**sufficient remuneration** – remuneración suficiente
**sufficient salary** – salario suficiente
**suffrage** *n* – sufragio, voto
**suggest** *v* – sugerir, indicar
**suggested price** – precio sugerido
**suggested retail price** – precio al por menor sugerido, precio sugerido
**suggestion** *n* – sugerencia, sugestión
**suggestive mark** – marca sugestiva, marca comercial sugestiva
**suggestive question** – pregunta sugestiva
**sui generis** – único, sui generis
**sui juris** – persona completamente capaz, sui juris
**suicide** *n* – suicidio

**suicide clause** – cláusula de suicidio
**suit** *n* – acción, juicio, pleito, procedimiento
**suit filed** – acción entablada
**suit for damages** – acción por daños y perjuicios
**suit for libel** – acción por libelo
**suit in equity** – acción en el régimen de equidad
**suit money** – honorarios legales otorgados a una parte por el tribunal, alimentos provisionales durante un juicio matrimonial
**suit of a civil nature** – acción civil
**suitability** *n* – idoneidad
**suitability rules** – reglas concernientes a lo apropiado que pueden ser ciertos valores para ciertas personas
**suitable** *adj* – apropiado, adecuado, idóneo
**suitor** *n* – actor, demandante
**sum** *n* – suma de dinero, suma, total, monto, importe, resumen, compendio
**sum at risk** – suma en riesgo, capital bajo riesgo, suma máxima por la cual un asegurador es responsable en una póliza
**sum certain** – suma cierta
**sum charged** – suma cargada
**sum collected** – suma cobrada
**sum contributed** – suma contribuida
**sum covered** – suma asegurada
**sum credited** – suma acreditada
**sum due** – suma debida
**sum financed** – suma financiada
**sum insured** – suma asegurada
**sum of credit** – suma de crédito
**sum of damage** – suma del daño
**sum of loss** – suma de la pérdida
**sum of subsidy** – suma del subsidio, suma de la subvención
**sum outstanding** – suma pendiente, saldo
**sum overdue** – suma vencida
**sum overpaid** – suma pagada en exceso
**sum paid** – suma pagada
**sum payable** – suma pagadera
**sum up** – resumir
**sum withheld** – suma retenida
**summarily** *adv* – sumariamente
**summarise** *v* – resumir
**summarize** *v* – resumir
**summary** *adj* – conciso, breve
**summary** *n* – sumario, resumen
**summary assessment** – determinación de las costas tras una audiencia o juicio
**summary adjudication of issues** – decisión parcial de parte de un juez sobre ciertas cuestiones
**summary conviction** – condena sin jurado
**summary judgment** – sentencia sumaria
**summary jurisdiction** – jurisdicción sumaria
**summary offence** – delito menor, delito menor enjuiciable sin jurado, falta
**summary possessory proceeding** – procedimiento sumario de desalojo
**summary proceeding** – procedimiento sumario
**summary process** – proceso sumario, proceso de desalojo
**summary statement** – estado resumido
**summary trial** – juicio sumario
**summation** *n* – resumen de los puntos sobresalientes de un juicio de parte de uno de los abogados, resumen de los puntos sobresalientes e instrucciones al jurado de parte del juez, total
**summing up** – resumen, resumen de los puntos sobresalientes de un juicio de parte de uno de los abogados, resumen de los puntos sobresalientes e instrucciones al jurado de parte del juez
**summit** *n* – cumbre
**summit conference** – conferencia cumbre
**summon** *n* – citar, citar a comparecer, emplazar, convocar
**summoner** *n* – emplazador, oficial notificador
**summoning** *n* – citación, convocatoria, emplazamiento
**summons** *n* – citación, auto de comparecencia, emplazamiento, aviso emplazatorio, notificación, carta de citación, convocatoria, cita, comparendo
**sumptuary** *adj* – suntuario
**sumptuary goods** – artículos suntuarios, productos suntuarios
**sumptuary laws** – leyes sobre productos suntuarios
**Sunday closing laws** – leyes que prohíben las operaciones comerciales los domingos
**sundries** *n* – artículos diversos, artículos varios
**sundry** *adj* – diversos, varios
**sundry expenses** – gastos diversos, gastos varios
**sunk costs** – desembolsos que no tienen forma de recuperarse
**sunrise industry** – industria naciente que crece aceleradamente
**sunset act** – ley que expira a menos que se renueve formalmente, ley en vías de retiro
**sunset clause** – cláusula que estipula que una ley expirará a menos que se renueve formalmente
**sunset industry** – industria ya en sus postrimerías
**sunset law** – ley que expira a menos que se renueve formalmente, ley en vías de retiro
**sunshine laws** – leyes para la transparencia de gestiones gubernamentales, leyes que requieren que las reuniones de las agencias gubernamentales sean públicas
**sunset legislation** – leyes que incorporan cláusulas estipulando que expirarán a menos que se renueven formalmente
**sunset provision** – cláusula que estipula que una ley expirará a menos que se renueve formalmente
**superannuate** *v* – retirar, hacer retirar, descartar por obsoleto
**superannuated** *adj* – retirado, jubilado, obsoleto
**superannuation** *n* – retiro, retiro forzado, aportaciones a un plan de retiro
**superficial** *adj* – superficial
**superfluous** *adj* – superfluo
**superintend** *v* – vigilar, dirigir
**superintendent** *n* – superintendente
**superior** *adj* – superior
**superior** *n* – superior
**superior courts** – tribunales superiores
**superior fellow servant** – empleado con autoridad sobre otro
**superior force** – fuerza mayor
**superior lien** – privilegio de rango superior, gravamen de rango superior
**superior quality** – calidad superior
**superior title** – título superior

**superior use** – uso superior
**superiority** *n* – superioridad
**supermajority** *n* – mayoría cualificada, mayoría calificada
**superpower** *n* – superpoder
**supersede** *v* – reemplazar, anular
**supersedeas** *n* – auto de suspensión
**superseding cause** – causa que altera los resultados de una cadena de acontecimientos
**superstore** *n* – hipermercado
**superstructure** *n* – superestructura
**supertax** *n* – impuesto adicional
**supervening** *adj* – sobreviniente
**supervening cause** – causa sobreviniente
**supervening negligence** – negligencia sobreviniente
**supervise** *v* – supervisar, vigilar
**supervised** *adj* – supervisado
**supervision** *n* – supervisión
**supervisor** *n* – supervisor, miembro de la junta del condado
**supervisory** *adj* – supervisor
**supervisory board** – junta supervisora
**supervisory control** – control ejercido por los tribunales superiores sobre los inferiores
**supervisory employee** – empleado supervisor
**supplement** *n* – suplemento, recargo
**supplement** *v* – suplementar
**supplemental** *adj* – suplementario, suplemental
**supplemental act** – ley suplementaria
**supplemental affidavit** – affidávit suplementario
**supplemental agreement** – convenio suplementario
**supplemental answer** – contestación suplementaria
**supplemental beneficiary** – beneficiario suplementario
**supplemental benefits** – beneficios suplementarios
**supplemental bill** – escrito suplementario
**supplemental budget** – presupuesto suplementario
**supplemental clause** – cláusula suplementaria
**supplemental collateral** – colateral suplementario
**supplemental compensation** – compensación suplementaria
**supplemental complaint** – demanda suplementaria
**supplemental consideration** – contraprestación suplementaria
**supplemental contract** – contrato suplementario
**supplemental costs** – costos suplementarios, costes suplementarios
**supplemental coverage** – cobertura suplementaria
**supplemental credit** – crédito suplementario
**supplemental deed** – escritura suplementaria
**supplemental duties** – deberes suplementarios
**supplemental expenditures** – gastos suplementarios
**supplemental expenses** – gastos suplementarios
**supplemental financing** – financiamiento suplementario
**supplemental income** – ingresos suplementarios
**supplemental information** – información suplementaria
**supplemental instructions** – instrucciones suplementarias
**supplemental liability insurance** – seguro de responsabilidad suplementario
**supplemental medical insurance** – seguro médico suplementario
**supplemental pay** – paga suplementaria
**supplemental payments** – pagos suplementarios
**supplemental pension** – pensión suplementaria
**supplemental pleading** – alegato suplementario
**supplemental policy** – póliza suplementaria
**Supplemental Register** – registro suplementario
**supplemental salary** – salario suplementario
**Supplemental Security Income** – Seguridad de Ingreso Suplementario
**supplemental statement** – estado suplementario
**supplemental tax** – impuesto suplementario
**supplemental wages** – salario suplementario
**supplemental work** – trabajo suplementario
**supplementary** *adj* – suplementario
**supplementary agreement** – convenio suplementario
**supplementary beneficiary** – beneficiario suplementario
**supplementary benefits** – beneficios suplementarios
**supplementary budget** – presupuesto suplementario
**supplementary clause** – cláusula suplementaria
**supplementary collateral** – colateral suplementario
**supplementary compensation** – compensación suplementaria
**supplementary consideration** – contraprestación suplementaria
**supplementary contract** – contrato suplementario
**supplementary costs** – costos suplementarios, costes suplementarios
**supplementary coverage** – cobertura suplementaria
**supplementary credit** – crédito suplementario
**supplementary deed** – escritura suplementaria
**supplementary estimate** – estimado suplementario
**supplementary expenditures** – gastos suplementarios
**supplementary expenses** – gastos suplementarios
**supplementary financing** – financiamiento suplementario
**supplementary income** – ingresos suplementarios
**supplementary information** – información suplementaria
**supplementary instructions** – instrucciones suplementarias
**supplementary liability insurance** – seguro de responsabilidad suplementario
**supplementary medical insurance** – seguro médico suplementario
**supplementary pay** – paga suplementaria
**supplementary payments** – pagos suplementarios
**supplementary pension** – pensión suplementaria
**supplementary policy** – póliza suplementaria
**supplementary proceedings** – procedimientos suplementarios
**supplementary salary** – salario suplementario
**supplementary statement** – estado suplementario
**supplementary tax** – impuesto suplementario
**supplementary wages** – salario suplementario
**supplementary work** – trabajo suplementario
**supplier** *n* – proveedor
**supplies** *n* – suministros, existencias
**supplies and equipment** – materiales y equipos
**supply** *n* – oferta, abastecimiento, abasto, existencias
**supply** *v* – proveer, abastecer, suministrar, suplir, proporcionar, ofrecer
**supply and demand** – oferta y demanda
**supply goods** – proveer productos, proveer

mercancías, proveer bienes
**supply goods and services** – proveer bienes y servicios
**supply of money** – agregado monetario, masa monetaria, oferta monetaria
**support** *n* – mantenimiento, ayuda, sostén, apoyo, nivel de apoyo
**support** *v* – mantener, ayudar, sostener, apoyar
**support growth** – sostener el crecimiento
**support hotline** – línea de apoyo
**support level** – nivel de apoyo
**support of child** – mantenimiento de un niño, mantenimiento de un menor
**support of family** – mantenimiento de una familia
**support personnel** – personal de apoyo
**support price** – precio de apoyo
**support prices** – sostener precios
**support services** – servicios de apoyo
**support staff** – personal de apoyo
**support system** – sistema de apoyo
**support trust** – fideicomiso en que se le da al beneficiario sólo lo necesario para mantenerse
**supported** *adj* – con servicio de apoyo, mantenido, sostenido, apoyado
**supposition** *n* – suposición
**suppress** *v* – suprimir, reprimir, ocultar, prohibir
**suppressed** *adj* – suprimido, reprimido, ocultado
**suppressed inflation** – inflación reprimida, inflación suprimida
**suppressio veri** – supresión de la verdad
**suppression** *n* – supresión, represión, ocultación
**suppression of evidence** – exclusión de prueba, negarse a testificar o a suministrar pruebas
**suppression of the competition** – represión de la competencia, supresión de la competencia
**suppression of will** – ocultación de testamento
**supra** *adv* – sobre
**supranational** *adj* – supranacional
**supraprotest** *n* – supraprotesto
**supremacy** *n* – supremacía
**supremacy clause** – cláusula de la supremacía de la constitución
**Supreme Court** – Tribunal Supremo
**Supreme Court of Judicature** – Tribunal Supremo de Judicatura
**supreme power** – poder supremo
**surcharge** *n* – recargo, sobreprecio, impuesto abusivo, hipoteca adicional a la primera
**surcharge** *v* – recargar, imponer un impuesto adicional, señalar un error en una cuenta saldada, imponer responsabilidad personal a un fiduciario quien administra mal
**surety** *n* – fiador, fianza, garante, garantía, seguridad, certeza
**surety bond** – fianza
**surety company** – compañía que otorga fianzas
**surety contract** – contrato de fianza
**surety insurance** – seguro de fidelidad
**suretyship** *n* – fianza, garantía
**suretyship bond** – fianza
**surface** *n* – superficie, aspecto superficial
**surface waters** – aguas superficiales
**surge in inflation** – aumento repentino en la inflación
**surge in unemployment** – aumento repentino en el desempleo
**surgeon** *n* – cirujano
**surgery** *n* – cirugía
**surmise** *v* – conjeturar
**surname** *n* – apellido
**surpass expectations** – exceder expectativas
**surplus** *n* – superávit, excedente, sobrante
**surplus account** – cuenta de superávit, cuenta de excedente
**surplus reinsurance** – reaseguro con participación de todo riesgo que exceda cierto límite
**surplus reserve** – reserva del superávit, reserva del excedente
**surplus waters** – aguas excedentes
**surplusage** *n* – alegato innecesario o no pertinente, materia innecesaria o no pertinente, excedente
**surprise** *n* – sorpresa
**surrejoinder** *n* – tríplica
**surrender** *n* – renuncia, abandono, cesión, entrega
**surrender** *v* – renunciar, abandonar, ceder, entregar
**surrender by bail** – entrega de quien estaba libre bajo fianza
**surrender by operation of law** – conducta de parte del arrendador y arrendatario que implica que ya no existe un arrendamiento
**surrender of a preference** – renuncia a una preferencia
**surrender of criminals** – extradición
**surrender of property** – entrega de propiedad, cesión de bienes
**surrender value** – valor de rescate, valor de rescate de una póliza
**surrenderee** *n* – a quien se renuncia
**surrenderor** *n* – renunciante
**surreptitious** *adj* – subrepticio
**surrogate** *adj* – sustituto
**surrogate** *n* – sustituto, oficial judicial con jurisdicción sobre asuntos de sucesiones y tutelas
**surrogate court** – tribunal de sucesiones y tutelas
**surrogate parent** – padre de hecho, madre de hecho, padre sustituto, madre sustituta
**surrogate parent agreement** – convenio mediante el cual una mujer acuerda ser inseminada artificialmente y tras dar a luz cede todos sus derechos de progenitor al padre y su pareja
**surround** *v* – rodear
**surrounding circumstances** – circunstancias las cuales rodean un hecho
**surtax** *n* – impuesto adicional, sobretasa
**surtax** *v* – imponer impuestos adicionales, imponer sobretasas
**surveillance** *n* – vigilancia, superintendencia
**survey** *n* – agrimensura, apeo, encuesta, investigación, examen, inspección, peritaje, vista de conjunto
**survey** *v* – encuestar, investigar, examinar, medir, peritar, contemplar, inspeccionar
**survey of a vessel** – declaración de la condición de una nave
**surveyor** *n* – agrimensor, investigador, medidor, perito, inspector, encuestador
**survival** *n* – supervivencia
**survival actions** – acciones las cuales sobreviven a la persona lesionada
**survival statutes** – leyes concernientes a la

supervivencia de acciones
**survive** *v* – sobrevivir
**surviving** *adj* – sobreviviente, superviviente
**surviving children** – hijos sobrevivientes
**surviving company** – compañía sobreviviente
**surviving partner** – socio sobreviviente, pareja sobreviviente
**surviving spouse** – cónyuge sobreviviente
**survivor** *n* – sobreviviente, superviviente
**survivor benefits** – beneficios para sobrevivientes
**survivorship** *n* – supervivencia
**survivorship annuity** – anualidad con pagos a los beneficiarios sobrevivientes
**survivorship clause** – cláusula de supervivencia
**susceptible** *adj* – susceptible
**suspect** *n* – sospechoso
**suspect** *v* – sospechar
**suspend** *v* – suspender
**suspended** *adj* – suspendido
**suspended coverage** – cobertura suspendida
**suspended payment** – pago suspendido
**suspended policy** – póliza suspendida
**suspended sentence** – condena condicional, condena suspendida
**suspended work** – trabajo suspendido
**suspense** *n* – suspensión, interrupción
**suspense account** – cuenta transitoria
**suspension** *n* – suspensión
**suspension letter** – carta de suspensión
**suspension of a right** – suspensión de un derecho
**suspension of a statute** – suspensión de una ley
**suspension of action** – suspensión de una acción
**suspension of arms** – suspensión de hostilidades
**suspension of business** – suspensión de las operaciones de negocios
**suspension of coverage** – suspensión de cobertura
**suspension of payment** – suspensión de pago
**suspension of performance** – suspensión del cumplimiento
**suspension of policy** – suspensión de póliza
**suspension of sentence** – suspensión de la pena
**suspension of statute of limitations** – suspensión del término de prescripción
**suspension of work** – suspensión de trabajo
**suspensive condition** – condición suspensiva
**suspicion** *n* – sospecha, desconfianza
**suspicious character** – persona sospechosa
**sustain** *v* – sostener, mantener, sufrir
**sustain damages** – sufrir daños
**sustain injuries** – sufrir lesiones
**sustain losses** – sufrir pérdidas
**sustainability** *n* – sostenibilidad
**sustainable** *adj* – sostenible
**sustainable agriculture** – agricultura sostenible
**sustainable debt** – deuda sostenible
**sustainable development** – desarrollo sostenible
**sustainable growth** – crecimiento sostenible
**sustained** *adj* – sostenido
**sustained decline** – bajada sostenida
**sustained decrease** – disminución sostenida, reducción sostenida
**sustained growth** – crecimiento sostenido
**sustained increase** – aumento sostenido
**sustained inflation** – inflación sostenida
**sustained non-inflationary growth** – crecimiento sostenido sin inflación
**sustained rise** – aumento sostenido
**sustenance** *n* – sustento, subsistencia, apoyo
**swamp** *n* – pantano
**swap** *n* – intercambio, swap
**swap** *v* – intercambiar
**swear** *v* – jurar, prestar juramento, usar lenguaje ofensivo
**swearing in** – administrar juramento
**sweat equity** – equidad obtenida a través del trabajo del dueño en la propiedad
**sweatshop** *n* – lugar de trabajo donde se explota excesivamente a los empleados
**sweating** *n* – interrogatorio forzado o bajo amenazas
**sweatshop-free** *adj* – sin uso de lugares de trabajo donde se explota excesivamente a los empleados
**sweeping changes** – cambios drásticos
**sweeping reorganisation** – reorganización drástica
**sweeping reorganization** – reorganización drástica
**sweeten the offer** – mejorar la oferta
**sweetener** *n* – algo que mejora una oferta
**sweetheart agreement** – convenio colectivo que favorece al patrono y al sindicado a expensas de los empleados
**sweetheart contract** – convenio colectivo que favorece al patrono y al sindicado a expensas de los empleados
**sweetheart deal** – transacción colusoria que favorece a unos pocos a expensas de los demás, convenio colectivo que favorece al patrono y al sindicado a expensas de los empleados
**SWIFT (Society for Worldwide Interbank Financial Telecommunications)** – SWIFT
**SWIFT Code (Society for Worldwide Interbank Financial Telecommunications Code)** – Código SWIFT
**swift witness** – testigo parcial
**swindle** *n* – estafa
**swindle** *v* – estafar
**swindler** *n* – estafador
**swindling** *n* – estafa
**swing shift** – turno de tarde
**swipe a card** – pasar una tarjeta por un lector o sensor
**swipe card** – tarjeta que se pasa por un lector o sensor
**switch** *n* – cambio, intercambio
**switch** *v* – cambiar, intercambiar
**switchboard** *n* – centralita
**sworn** *adj* – jurado
**sworn affidavit** – declaración jurada escrita
**sworn copy** – copia certificada bajo juramento
**sworn evidence** – ofrecimiento de prueba bajo juramento
**sworn statement** – declaración jurada
**syllabus** *n* – resumen, compendio
**syllogism** *n* – silogismo
**symbol** *n* – símbolo
**symbolic** *adj* – simbólico
**symbolic delivery** – entrega simbólica
**symbolic possession** – posesión simbólica
**sympathetic strike** – huelga de solidaridad
**sympathy strike** – huelga de solidaridad
**synallagmatic contract** – contrato sinalagmático
**syndic** *n* – síndico

**syndical** *adj* – sindical
**syndicalism** *n* – sindicalismo
**syndicalist** *adj* – sindicalista
**syndicalist** *n* – sindicalista
**syndicate** *n* – sindicato, consorcio, agencia que vende material de prensa, consorcio criminal
**syndicate** *v* – sindicar, distribuir, vender material de prensa
**syndicated** *adj* – sindicado, distribuido
**syndication** *n* – sindicación
**syndicator** *n* – sindicador
**synopsis** *n* – sinopsis
**synergism** *n* – sinergismo
**synergy** *n* – sinergia
**synopsis** *n* – sinopsis
**synthetic** *adj* – sintético
**synthetic lease** – arrendamiento sintético
**synthetic securities** – valores sintéticos
**system** *n* – sistema
**system administration** – administración del sistema
**system administrator** – administrador del sistema
**system management** – administración del sistema, gestión del sistema
**system manager** – administrador del sistema
**systematic** *adj* – sistemático
**systematise** *v* – sistematizar
**systematize** *v* – sistematizar
**systemic risk** – riesgo sistémico
**systems analysis** – análisis de sistemas
**systems analyst** – analista de sistemas

# T

**T-bill (treasury bill)** – letra del Tesoro, obligación del Tesoro a corto plazo
**T-bond (treasury bond)** – bono del tesoro, obligación del Tesoro a largo plazo
**T-note (treasury note)** – nota del Tesoro, obligación del Tesoro a mediano plazo
**tab** *n* – cuenta
**table** *n* – tabla, diagrama, lista, índice, mesa
**table** *v* – presentar, proponer, posponer, postergar
**table of cases** – lista alfabética de casos juzgados que aparecen en un texto legal
**tabloid** *n* – tabloide
**tabular** *adj* – tabular
**tabular form** – forma tabular
**tabulate** *v* – tabular
**tabulation** *n* – tabulación
**tacit** *adj* – tácito, implícito
**tacit abandonment** – abandono tácito, desistimiento tácito
**tacit acceptance** – aceptación tácita
**tacit acknowledgment** – reconocimiento tácito
**tacit admission** – reconocimiento tácito, admisión tácita
**tacit agency** – agencia tácita
**tacit agent** – agente tácito
**tacit agreement** – convenio tácito, contrato tácito
**tacit authorisation** – autorización tácita
**tacit authority** – autorización tácita
**tacit authorization** – autorización tácita
**tacit collusion** – colusión tácita
**tacit command** – orden tácita
**tacit condition** – condición tácita
**tacit confession** – confesión tácita
**tacit consent** – consentimiento tácito
**tacit consideration** – contraprestación tácita
**tacit contract** – contrato tácito
**tacit cost** – costo tácito, coste tácito
**tacit covenant** – cláusula tácita
**tacit dedication** – dedicación tácita
**tacit easement** – servidumbre tácita
**tacit guarantee** – garantía tácita
**tacit guaranty** – garantía tácita
**tacit hypothecation** – hipoteca por operación de ley
**tacit intent** – intención tácita
**tacit knowledge** – conocimiento tácito
**tacit law** – ley tácita
**tacit licence** – autorización tácita
**tacit license** – autorización tácita
**tacit malice** – malicia tácita
**tacit mortgage** – hipoteca por operación de ley
**tacit notice** – notificación tácita
**tacit obligation** – obligación tácita
**tacit partnership** – sociedad tácita
**tacit permission** – permiso tácito
**tacit powers** – poderes tácitos
**tacit price** – precio tácito
**tacit procuration** – procuración tácita
**tacit promise** – promesa tácita
**tacit ratification** – ratificación tácita
**tacit rejection** – rechazo tácito
**tacit release** – liberación tácita
**tacit relocation** – tácita reconducción
**tacit renewal** – renovación tácita
**tacit rent** – renta tácita
**tacit repeal** – derogación tácita
**tacit trust** – fideicomiso tácito
**tacit warranty** – garantía tácita
**tacitly** *adv* – tácitamente, implícitamente
**tacitness** *n* – carácter tácito
**tack** *v* – unir un gravamen de rango inferior con el de primer rango para obtener prioridad sobre uno intermedio
**tacking** *n* – la combinación de los períodos de posesión de diferentes personas para adquirir título mediante la prescripción adquisitiva, el unir un gravamen de rango inferior con el de primer rango para obtener prioridad sobre uno intermedio
**tact** *n* – tacto, discreción
**tactful** *adj* – discreto
**tactical asset allocation** – asignación táctica de inversiones, asignación táctica de activos
**tactics** *n* – tácticas
**tactless** *adj* – indiscreto, falto de tacto
**tactlessness** *n* – indiscreción, falta de tacto
**tag** *n* – etiqueta
**tag** *v* – etiquetar
**tag line** – eslogan

**tag reader** – lector de etiquetas
**tagline** *n* – eslogan
**tail** *adj* – limitado, reducido
**tail, estate in** – sucesión de bienes a descendientes directos
**tail female** – dominio heredable limitado a la persona y sus descendientes directos del género femenino
**tail general, estate in** – sucesión de bienes a descendientes directos sin limitación de la cantidad de matrimonios
**tail male** – dominio heredable limitado a la persona y sus descendientes directos del género masculino
**tail special, estate in** – sucesión de bienes a herederos determinados
**tailor-made** *adj* – hecho a la medida
**tailspin** *n* – caída en picado
**taint** *v* – corromper, contaminar
**tainted food** – comida contaminada
**tainted water** – agua contaminada
**take** *n* – ingresos, comisión, ventas durante un intervalo dado, toma, perspectiva
**take** *v* – tomar, apropiar, arrestar, robar, hurtar, cobrar, asumir, llevar, llevar a cabo, ocupar, ganar, alquilar, comprar
**take aim** – apuntar
**take an inventory** – llevar a cabo un inventario
**take away** – llevarse, llevarse con propósitos de prostitución
**take back** – retractar, retomar, retirar, recibir devuelto, devolver, recuperar
**take bids** – recibir ofertas
**take by force** – tomar a la fuerza
**take by stealth** – hurtar
**take care of** – mantener, cuidar, atender
**take charge** – hacerse cargo
**take control** – tomar el control
**take delivery** – aceptar entrega
**take effect** – entrar en vigencia, surtir efecto
**take exception** – oponerse a
**take-home pay** – paga neta, salario neto
**take legal action** – tomar acción legal
**take note** – tomar nota, tomar razón
**take oath** – prestar juramento
**take off** – arranque, partida
**take office** – asumir un cargo
**take on** – encargarse de, asumir, contratar, enfrentarse a
**take-or-pay contract** – contrato firme de compra
**take out** – sacar, retirar, obtener
**take-out financing** – financiamiento permanente tras la construcción
**take out insurance** – asegurar, asegurarse
**take-out loan** – financiamiento permanente tras la construcción
**take over** – tomar control, asumir, absorber
**take possession** – tomar posesión
**take profits** – realizar beneficios, realizar ganancias
**take stock** – hacer inventario, estimar
**take testimony** – recibir testimonio
**take title** – adquirir título
**take up** – aceptar, ocupar, continuar con, emprender
**takedown** *n* – el precio al cual los colocadores de una emisión obtienen los valores que luego ofrecerán al público
**takeover** *n* – toma del control, adquisición, absorción
**takeover arbitrage** – arbitraje envolviendo corporaciones en situaciones de toma del control
**takeover bid** – oferta pública de adquisición, oferta de toma del control
**takeover candidate** – corporación candidata a una oferta pública de adquisición
**takeover laws** – leyes sobre las adquisiciones corporativas
**takeover offer** – oferta pública de adquisición, oferta de toma del control
**takeover regulations** – reglamentos sobre las adquisiciones corporativas
**taker** *n* – tomador, adquiriente
**taking** *n* – toma, captura, detención
**taking delivery** – aceptación de entrega
**taking inventory** – toma de inventario
**taking of property** – hurto de propiedad, expropiación
**taking stock** – toma de inventario, estimación
**taking the fifth** – ampararse bajo la quinta enmienda constitucional
**taking unconscionable advantage** – aprovecharse de las circunstancias para llegar a un acuerdo abusivo
**takings** *n* – entradas, ingresos, ventas
**tales** *n* – personas seleccionadas para completar un jurado
**talk** *n* – conversación, conferencia
**talk** *v* – hablar, decir, conversar
**talk business** – hablar de negocios
**talks** *n* – charlas, negociaciones
**tally** *n* – cuenta, anotación contable, etiqueta
**tally** *v* – contar, cuadrar, etiquetar
**tally trade** – venta a plazos
**talon** *n* – talón
**tame** *adj* – manso, domesticado, sumiso
**tamper** *v* – alterar, interferir, falsificar, sobornar
**tamper-evident** *adj* – que evidencia cualquier alteración, que evidencia cualquier adulteración
**tamper-proof** *adj* – a prueba de alteración, a prueba de adulteración
**tamper with** – interferir, alterar, falsificar, manipular, sobornar
**tampering with jury** – intento criminal de sobornar a un jurado
**tangible** *adj* – tangible
**tangible assets** – activo tangible
**tangible cost** – costo tangible, coste tangible
**tangible evidence** – prueba tangible
**tangible fixed assets** – inmovilizado material
**tangible goods** – bienes tangibles
**tangible movable property** – bienes muebles tangibles
**tangible personal property** – propiedad personal tangible
**tangible property** – propiedad tangible
**tangible value** – valor tangible
**tangible wealth** – riqueza tangible
**tangibleness** *n* – tangibilidad
**tangibles** *n* – activo tangible
**tank** *n* – tanque, depósito
**tantalize** *v* – tentar, provocar
**tantamount** *adj* – equivalente
**tap** *v* – explotar, utilizar, desviar, pinchar, interceptar señales telefónicas, interceptar señales de telecomunicaciones

**tap issue** – emisión privada de valores de tesorería, emisión de valores de tesorería a otras entidades gubernamentales
**tape** *n* – cinta, cinta magnética
**tape** *v* – grabar en cinta, pegar con cinta
**tape-record** *v* – grabar en cinta
**tape recorder** – grabadora
**tape recording** – grabación en cinta
**taper off** – disminuir gradualmente, reducir gradualmente
**tapping** *n* – intercepción de señales telefónicas, intercepción de señales de telecomunicaciones
**tardily** *adv* – tardíamente, morosamente
**tardy** *adj* – tardío, moroso
**tare** *n* – tara
**tare weight** – tara
**target** *n* – objetivo, objeto, diana
**target** *v* – dirigir a
**target audience** – audiencia objetivo, audiencia objeto
**target buyer** – comprador objetivo
**target client** – cliente objetivo
**target company** – compañía objeto, compañía sobre la cual se quiere adquirir control
**target customer** – cliente objetivo
**target date** – fecha fijada
**target firm** – empresa objeto, empresa sobre la cual se quiere adquirir control
**target group** – grupo objetivo
**target market** – mercado objetivo
**target offense** – el delito que se conspira cometer
**target price** – precio objetivo, precio mínimo establecido por el gobierno
**target range** – intervalo objetivo
**target rate** – tasa objetivo
**target risk** – riesgo objeto
**target witness** – testigo clave
**target zone** – zona objetivo
**tariff** *n* – tarifa, arancel, derecho de importación, lista de precios
**tariff agreement** – acuerdo arancelario, acuerdo aduanero
**tariff barrier** – barrera arancelaria
**tariff elimination** – eliminación arancelaria
**tariff escalation** – escalonamiento arancelario
**tariff exemption** – exención arancelaria
**tariff increase** – aumento arancelario
**tariff negotiation** – negociación arancelaria
**tariff preferences** – preferencias arancelarias
**tariff protection** – protección arancelaria
**tariff quota** – cuota arancelaria
**tariff rate** – tasa arancelaria, tasa de tarifas
**tariff reduction** – reducción arancelaria
**tariff regulation** – reglamentación arancelaria
**tariff schedule** – arancel
**tariff structure** – estructura arancelaria
**tariff suspension** – suspensión arancelaria
**tariff system** – sistema arancelario
**tariff wall** – barrera arancelaria
**tariff war** – guerra arancelaria
**task** *n* – tarea, deber
**task force** – fuerza de tareas, grupo temporal para ejecutar una o más tareas
**task group** – grupo de tareas
**task management** – administración de tareas, gestión de tareas
**task scheduling** – programación de tareas
**tattoo** *n* – tatuaje
**taunt** *n* – burla, befa
**taunt** *v* – provocar, befar
**tautological** *adj* – tautológico
**tautologous** *adj* – tautológico
**tautology** *n* – tautología
**tax** *n* – impuesto, contribución, tributo, gravamen
**tax** *v* – imponer, gravar
**tax abatement** – desgravación fiscal
**tax accountancy** – contabilidad fiscal
**tax accounting** – contabilidad fiscal
**tax adjustment** – ajuste impositivo
**tax administration** – administración tributaria
**tax advance** – adelanto impositivo
**tax adviser** – asesor fiscal
**tax advisor** – asesor fiscal
**tax agency** – agencia fiscal
**tax agreement** – acuerdo fiscal
**tax allocation** – repartición de impuestos
**tax allowance** – desgravación fiscal
**tax amnesty** – amnistía fiscal
**tax and spend** – imponer y gastar
**tax anticipation bill** – obligación a corto plazo en anticipación a impuestos
**tax anticipation bond** – bono en anticipación a impuestos
**tax anticipation note** – nota en anticipación a impuestos
**tax assessment** – valuación fiscal
**tax assessor** – tasador fiscal
**tax attorney** – abogado fiscal
**tax audit** – auditoría fiscal, intervención fiscal
**tax auditor** – auditor fiscal
**tax authorities** – autoridades fiscales
**tax avoidance** – elusión de impuestos, evitación de impuestos, reducción de la carga impositiva mediante el uso de deducciones legales
**tax band** – clasificación contributiva, clasificación impositiva
**tax barrier** – barrera impositiva
**tax base** – base imponible, base gravable
**tax basis** – base imponible, base gravable
**tax benefit** – beneficio fiscal
**tax benefit rule** – regla de beneficios fiscales
**tax bite** – cantidad de impuestos a pagar, proporción de los ingresos que se requieren para pagar impuestos
**tax bond** – bono fiscal
**tax bracket** – categoría contributiva, clasificación impositiva, clasificación contributiva, clasificación tributaria
**tax break** – desgravación fiscal, beneficio impositivo
**tax burden** – carga tributaria, carga impositiva
**tax calendar** – calendario fiscal
**tax carryback** – pérdidas netas que se incluyen al volver a computar los impuestos de años anteriores
**tax carryforward** – pérdidas que se pueden incluir en la planilla tributaria para años subsiguientes
**tax carryover** – pérdidas que se pueden incluir en la planilla tributaria para años subsiguientes
**tax certificate** – certificado impositivo, certificado de la adquisición de un inmueble resultando de una venta por incumplimiento de los deberes impositivos

**tax claim** – reclamación impositiva
**tax code** – código impositivo
**tax collection** – recaudación fiscal, recaudación de impuestos, cobro de impuestos
**tax collector** – recaudador fiscal, recaudador de impuestos
**tax commission** – comisión fiscal
**tax compliance** – cumplimiento fiscal
**tax computation** – cómputo impositivo, cómputo de impuestos
**tax concession** – beneficio impositivo, concesión impositiva
**tax consultant** – consultor fiscal
**tax court** – tribunal fiscal
**tax credit** – crédito fiscal, crédito impositivo
**tax crime** – crimen fiscal
**tax data** – datos fiscales
**tax debt** – deuda impositiva
**tax declaration** – declaración impositiva, declaración de la renta
**tax deductible** – deducible para efectos contributivos, desgravable
**tax-deductible interest** – intereses deducibles para efectos contributivos
**tax deduction** – desgravación fiscal, deducción fiscal, deducción impositiva
**tax deed** – escritura del comprador de un inmueble mediante una venta por incumplimiento de los deberes impositivos
**tax deferral** – aplazamiento de impuestos
**tax-deferred** *adj* – de impuestos diferidos
**tax-deferred annuity** – anualidad de impuestos diferidos
**tax-deferred exchange** – intercambio de impuesto diferido
**tax-deferred savings** – ahorros de impuestos diferidos
**tax department** – oficina de impuestos, oficina de contribuciones
**tax deposit** – depósito de contribuciones
**tax district** – distrito fiscal
**tax doctrine** – doctrina fiscal
**tax dodging** – evasión fiscal, evasión de impuestos
**tax domicile** – domicilio fiscal
**tax due** – impuesto debido
**tax duty** – obligación fiscal, obligación impositiva
**tax effect** – efecto impositivo
**tax-efficient** *adj* – eficiente desde la perspectiva impositiva
**tax election** – elección de trato impositivo
**tax equalisation** – equiparación fiscal, igualación fiscal
**tax equalization** – equiparación fiscal, igualación fiscal
**tax equity** – equidad fiscal
**tax equivalent** – equivalente impositivo
**tax evader** – evasor de impuestos, evasor fiscal
**tax evasion** – evasión fiscal, evasión de impuestos
**tax examination** – auditoría fiscal, inspección impositiva
**tax exclusion** – exclusión fiscal
**tax exempt** – exento de impuestos, libre de impuestos
**tax-exempt bond** – bono exento de impuestos
**tax-exempt corporation** – corporación exenta de impuestos
**tax-exempt income** – ingresos exentos de impuestos
**tax-exempt organisation** – organización exenta de impuestos
**tax-exempt organization** – organización exenta de impuestos
**tax-exempt property** – propiedad exenta de impuestos
**tax-exempt securities** – valores exentos de impuestos
**tax exemption** – exención fiscal, exención impositiva
**tax exile** – quien vive en otro país para pagar menos impuestos
**tax expenses** – gastos fiscales
**tax expenditures** – gastos fiscales
**tax expert** – experto fiscal
**tax fairness** – equidad fiscal
**tax foreclosure** – ejecución fiscal
**tax forms** – formularios fiscales
**tax fraud** – fraude fiscal, fraude impositivo
**tax-free** *adj* – libre de impuestos, exento de impuestos
**tax-free exchange** – intercambio libre de impuestos
**tax-free income** – ingresos libres de impuestos
**tax-free rollover** – transferencia libre de impuestos
**tax gain** – ganancia contributiva, ganancia fiscal
**tax guidelines** – directrices fiscales
**tax harmonisation** – armonización fiscal
**tax harmonization** – armonización fiscal
**tax haven** – paraíso fiscal, paraíso impositivo
**tax holiday** – exoneración temporal de impuestos, exención temporal de impuestos
**tax impact** – impacto fiscal
**tax incentive** – incentivo fiscal, incentivo impositivo
**tax incentive system** – sistema de incentivos impositivos
**tax incidence** – incidencia impositiva
**tax increase** – aumento impositivo
**tax inspection** – auditoría fiscal, inspección impositiva
**tax inspector** – inspector de impuestos, inspector de Hacienda
**tax installment** – pago de impuestos
**tax instalment** – pago de impuestos
**tax investigation** – investigación fiscal
**tax invoice** – factura de impuestos
**tax jurisdiction** – jurisdicción fiscal
**tax law** – ley impositiva, derecho fiscal
**tax lease** – instrumento que se otorga en una venta por incumplimiento de los deberes impositivos cuando lo que se vende es el derecho de posesión por un tiempo determinado
**tax legislation** – legislación fiscal
**tax levy** – imposición fiscal
**tax liability** – obligación fiscal, obligación contributiva
**tax lien** – privilegio fiscal, gravamen por impuestos no pagados
**tax limit** – límite impositivo, límite fiscal
**tax list** – lista de contribuyentes
**tax loophole** – laguna fiscal, laguna impositiva
**tax loss** – pérdida contributiva, pérdida fiscal
**tax-loss carryback** – pérdidas netas que se incluyen al volver a computar los impuestos de años anteriores
**tax-loss carryforward** – pérdidas que se pueden incluir en la planilla tributaria para años subsiguientes
**tax-loss carryover** – pérdidas que se pueden incluir en la planilla tributaria para años subsiguientes
**tax map** – mapa fiscal

**tax notice** – aviso de imposición
**tax obligation** – obligación fiscal, obligación contributiva
**tax offense** – delito fiscal, infracción fiscal
**tax office** – oficina fiscal, oficina de impuestos
**tax on capital gains** – impuesto sobre ganancias de capital
**tax on consumption** – impuesto sobre el consumo
**tax on dividends** – impuesto sobre los dividendos
**tax on luxury** – impuesto sobre los lujos
**tax on profits** – impuesto sobre los beneficios, impuesto sobre las ganancias
**tax opinion** – opinión sobre la calidad de exento de una emisión de bonos
**tax overdue** – impuesto vencido, impuesto pagadero
**tax paid** – impuesto pagado
**tax payment** – pago de impuestos
**tax penalty** – penalidad impositiva
**tax planning** – planificación impositiva
**tax policy** – política fiscal
**tax preference** – preferencia impositiva
**tax preference items** – ítems de preferencia impositiva
**tax privilege** – privilegio fiscal
**tax proposal** – propuesta fiscal
**tax provision** – provisión impositiva
**tax purchaser** – quien adquiere en una venta por incumplimiento de los deberes impositivos
**tax rate** – tasa impositiva, tipo impositivo
**tax-rate schedule** – tabla de tasas impositivas
**tax ratio** – ratio impositivo, razón impositiva
**tax receipts** – ingresos fiscales, ingresos impositivos
**tax record** – registro fiscal
**tax reduction** – reducción impositiva
**tax reform** – reforma fiscal, reforma contributiva
**tax refund** – devolución de impuestos, reintegro de impuestos
**tax regulations** – regulaciones fiscales
**tax relief** – alivio fiscal, alivio impositivo
**tax return** – declaración de la renta, declaración de ingresos, declaración de impuestos, planilla
**tax return preparer** – preparador de declaraciones de la renta, preparador de declaraciones de ingresos
**tax revenue** – ingresos fiscales, ingresos impositivos
**tax roll** – registro fiscal, registro de contribuyentes
**tax rules** – reglas fiscales
**tax sale** – venta de propiedad por incumplimiento de los deberes impositivos
**tax saving** – ahorro impositivo, ahorro fiscal
**tax settlement** – liquidación fiscal, liquidación impositiva
**tax shelter** – refugio fiscal, abrigo tributario, estratagema para reducir o aplazar la carga impositiva
**tax shield** – escudo tributario
**tax stamp** – timbre fiscal
**tax structure** – estructura fiscal, estructura tributaria
**tax system** – sistema fiscal
**tax tables** – tablas impositivas
**tax take** – la cantidad que se recauda en impuestos
**tax threshold** – umbral fiscal
**tax title** – título de quien compra en una venta por incumplimiento de los deberes impositivos
**tax treatment** – tratamiento fiscal
**tax treaty** – tratado fiscal
**tax valuation** – valuación fiscal, valuación impositiva
**tax withholding** – retención fiscal, retención impositiva
**tax year** – año fiscal, ejercicio fiscal, año impositivo
**tax yield** – recaudación fiscal, ingreso neto fiscal
**taxability** *n* – imponibilidad
**taxable** *adj* – imponible, tributable, gravable
**taxable act** – acto imponible, acto tributable
**taxable base** – base imponible
**taxable bond** – bono imponible
**taxable capital** – capital imponible
**taxable capital gains** – ganancias de capital imponibles
**taxable estate** – patrimonio imponible, patrimonio gravable
**taxable funds** – fondos imponibles, fondos gravables
**taxable gift** – donación imponible, donación gravable
**taxable income** – ingresos imponibles, ingresos gravables
**taxable investment** – inversión imponible
**taxable operations** – operaciones imponibles, operaciones gravables
**taxable profits** – ganancias imponibles
**taxable property** – propiedad imponible, propiedad gravable
**taxable return** – rendimiento imponible
**taxable securities** – valores imponibles
**taxable transaction** – transacción imponible
**taxable valuation** – valuación imponible, valuación gravable, valuación fiscal
**taxable value** – valor imponible, valor gravable, valor fiscal
**taxable year** – año fiscal, ejercicio fiscal, año impositivo
**taxable yield** – rendimiento imponible
**taxation** *n* – tributación, imposición, impuestos
**taxation policy** – política fiscal
**taxation system** – sistema fiscal
**taxing power** – poder fiscal
**taxman** *n* – entidad o persona que cobra impuestos
**taxpayer** *n* – contribuyente
**taxpayer identification number** – número de identificación de contribuyente
**taxpayer number** – número de identificación de contribuyente, número de contribuyente
**taxpayer rights** – derechos de contribuyentes
**TBA (to be announced)** – a ser anunciado
**team** *n* – equipo, grupo
**teamwork** *n* – trabajo en equipo
**teamster** *n* – camionero
**tear** *v* – arrancar, desgarrar
**tear gas** – gas lacrimógeno
**teardown** *n* – demolición
**tearing of will** – rotura de un testamento con la intención de anularlo
**teaser** *n* – anuncio cuyo objetivo es crear curiosidad sobre algún producto o servicio
**teaser rate** – tasa introductoria baja en busca de engatusar, tasa introductoria baja
**technical** *adj* – técnico
**technical administrator** – administrador técnico
**technical adviser** – asesor técnico
**technical advisor** – asesor técnico
**technical assistance** – asistencia técnica

**technical bankruptcy** – bancarrota técnica
**technical barriers to trade** – barreras técnicas al comercio
**technical consultant** – asesor técnico
**technical errors** – errores técnicos
**technical interpretation** – interpretación técnica
**technical manager** – gerente técnico
**technical mortgage** – hipoteca formal
**technical overdraft** – sobregiro técnico
**technical progress** – progreso técnico
**technical service** – servicio técnico
**technical support** – apoyo técnico
**technicality** *n* – tecnicismo
**technique** *n* – técnica
**technocracy** *n* – tecnocracia
**technocrat** *adj* – tecnócrata
**technocrat** *n* – tecnócrata
**technological** *adj* – tecnológico
**technological assessment** – evaluación tecnológica
**technological center** – centro tecnológico
**technological centre** – centro tecnológico
**technological gap** – brecha tecnológica
**technological innovation** – innovación tecnológica
**technological obsolescence** – obsolescencia tecnológica
**technological progress** – progreso tecnológico
**technological transfer** – transferencia tecnológica
**technological unemployment** – desempleo tecnológico
**technology** *n* – tecnología
**technology transfer** – transferencia de tecnología
**tedious** *adj* – tedioso
**tel. (telephone)** – teléfono
**tel. num. (telephone number)** – número telefónico
**telebank** *n* – telebanco
**telebanking** *n* – telebanca
**telecast** *n* – teledifusión
**telecom (telecommunications)** – telecomunicaciones
**telecom** *n* – empresa de telecomunicaciones
**telecommunications** *n* – telecomunicaciones
**telecommunications network** – red de telecomunicaciones
**telecommunications services** – servicios de telecomunicaciones
**telecommute** *v* – teletrabajar
**telecommuter** *n* – teletrabajador
**telecommuting** *n* – teletrabajo
**teleconference** *n* – teleconferencia
**teleconference** *v* – teleconferenciar
**teleconferencing** *n* – teleconferencia
**telecottage** *n* – estructura rural incorporando equipos de telecomunicación
**telegram** *n* – telegrama
**telemarketing** *n* – telemarketing, telemercadeo
**telematics** *n* – telemática
**teleordering** *n* – telepedido
**telepayment** *n* – telepago
**telephone account** – cuenta telefónica
**telephone banking** – banca telefónica
**telephone bill payment** – pago de cuentas telefónico
**telephone book** – guía telefónica
**telephone extension** – extensión telefónica
**telephone line** – línea telefónica
**telephone message** – mensaje telefónico
**telephone number** – número telefónico
**telephone order** – orden telefónica
**telephone sales** – ventas telefónicas
**telephone selling** – ventas telefónicas
**telephone support** – apoyo por teléfono
**telephone switchboard** – centralita
**telephone tapping** – intercepción de señales telefónicas
**telephone transaction** – transacción telefónica
**telephonic** *adj* – telefónico
**telephony** *n* – telefonía
**teleprocessing** *n* – teleproceso
**telesales** *n* – televentas
**teleshopping** *n* – telecompras
**teletext** *n* – teletexto
**televise** *v* – televisar
**televised** *adj* – televisado
**television ad** – anuncio de televisión
**television advertisement** – anuncio de televisión
**television advertising** – publicidad de televisión
**television commercial** – comercial de televisión
**television network** – red de televisión
**telework** *v* – teletrabajo
**teleworker** *n* – teletrabajador
**teleworking** *n* – teletrabajo
**telex** *n* – télex
**tell** *v* – decir, revelar
**teller** *n* – cajero, cajero de banco, escrutador de votos, relator
**teller terminal** – terminal de cajero
**teller's check** – cheque de caja
**teller's cheque** – cheque de caja
**teller's stamp** – sello de cajero
**temp** *n* – empleado temporal
**temp** *v* – trabajar como empleado temporal
**temper** *n* – genio, disposición
**temperament** *n* – temperamento, disposición
**temperamental** *adj* – temperamental, emocional
**temperance** *n* – temperancia, moderación
**temping** *n* – trabajo como empleado temporal
**temporal** *adj* – temporal
**temporarily** *adv* – temporalmente
**temporary** *adj* – temporal, temporero, temporario, provisional
**temporary** *n* – empleado temporal
**temporary acceptance** – aceptación temporal
**temporary account** – cuenta temporal
**temporary administrator** – administrador temporal
**temporary agreement** – acuerdo temporal
**temporary alimony** – pensión alimenticia temporal, pensión alimentaria temporal
**temporary annuity** – anualidad temporal
**temporary arrangement** – arreglo temporal
**temporary balance sheet** – balance temporal
**temporary capital** – capital temporal
**temporary commitment** – compromiso temporal
**temporary committee** – comité temporal
**temporary consent** – consentimiento temporal
**temporary consumption** – consumo temporal
**temporary contract** – contrato temporal
**temporary conveyance** – traspaso temporal
**temporary coverage** – cobertura temporal
**temporary credit** – crédito temporal
**temporary custody** – custodia provisional, custodia

temporal
**temporary detention** – detención temporal
**temporary difference** – diferencia temporal
**temporary disability** – discapacidad temporal
**temporary disability benefits** – beneficios por discapacidad temporal
**temporary employee** – empleado temporal
**temporary employment** – empleo temporal
**temporary export** – exportación temporal
**temporary exportation** – exportación temporal
**temporary financing** – financiamiento temporal
**temporary guarantee** – garantía temporal
**temporary guaranty** – garantía temporal
**temporary help** – ayuda temporal, empleados temporeros
**temporary home** – residencia temporal
**temporary import** – importación temporal
**temporary importation** – importación temporal
**temporary income** – ingresos temporales
**temporary injunction** – mandamiento judicial provisional
**temporary insanity** – insania temporal
**temporary insurance** – seguro temporal
**temporary insurance coverage** – cobertura de seguro temporal
**temporary interruption** – interrupción temporal
**temporary investment** – inversión temporal
**temporary job** – trabajo temporal
**temporary judge** – juez sustituto
**temporary loan** – préstamo temporal
**temporary location** – lugar temporal, ubicación temporal
**temporary measure** – medida temporal
**temporary monopoly** – monopolio temporal
**temporary offer** – oferta temporal
**temporary order** – orden provisional
**temporary permit** – permiso temporal
**temporary personnel** – personal temporal
**temporary possession** – posesión temporal
**temporary premium** – prima temporal
**temporary rate** – tasa temporal
**temporary remedy** – recurso temporal
**temporary residence** – residencia temporal
**temporary resident** – residente temporal
**temporary restraining order** – orden de restricción temporal, inhibitoria provisional
**temporary staff** – personal temporal
**temporary statute** – ley temporal
**temporary total disability** – discapacidad total temporal
**temporary total disability benefits** – beneficios por discapacidad total temporal
**temporary transfer** – transferencia temporal
**temporary unemployment** – desempleo temporal
**temporary work** – trabajo temporal
**temporary worker** – trabajador temporal, empleado temporal
**tempt** *v* – tentar, instigar
**temptable** *adj* – susceptible a la tentación
**temptation** *n* – tentación
**tempting** *adj* – tentador
**tenacious** *adj* – tenaz, persistente
**tenacity** *n* – tenacidad
**tenancy** *n* – tenencia, arrendamiento
**tenancy agreement** – contrato de arrendamiento
**tenancy at sufferance** – posesión de un inmueble tras la expiración del arrendamiento
**tenancy at will** – arrendamiento por un período indeterminado
**tenancy by the entirety** – tenencia conjunta entre cónyuges
**tenancy contract** – contrato de arrendamiento
**tenancy for life** – arrendamiento de un inmueble por vida, arrendamiento de un inmueble durante la vida de un tercero
**tenancy for years** – arrendamiento de un inmueble por un número determinado de años
**tenancy from month to month** – arrendamiento renovable de mes a mes
**tenancy from year to year** – arrendamiento renovable de año a año
**tenancy in common** – tenencia en conjunto
**tenancy in partnership** – tenencia en sociedad
**tenant** *n* – tenedor de un inmueble, arrendatario, inquilino, ocupante
**tenant at sufferance** – quien mantiene posesión tras la expiración del arrendamiento
**tenant at will** – arrendatario por un período indeterminado
**tenant farmer** – agricultor arrendatario
**tenant for life** – tenedor de un inmueble por vida, tenedor de un inmueble durante la vida de un tercero
**tenant for years** – tenedor de un inmueble por un número determinado de años
**tenant from month to month** – arrendatario en un arrendamiento renovable de mes a mes
**tenant from year to year** – arrendatario en un arrendamiento renovable de año a año
**tenant in common** – tenedor en conjunto, coinquilino, coarrendatario
**tenant in fee simple** – propietario absoluto
**tenant in severalty** – tenedor exclusivo
**tenant in tail** – quien tiene derechos sobre un inmueble que sólo se pueden transmitir a herederos determinados
**tenant's fixtures** – instalaciones fijas en un inmueble las cuales el tenedor tiene derecho a remover
**tenantable repairs** – reparaciones necesarias para que un inmueble se pueda habitar
**tend** *v* – atender, cuidar
**tendency** *n* – tendencia, inclinación
**tender** *adj* – tierno, inmaduro, frágil
**tender** *n* – oferta, oferta de pago, oferta de cumplir, moneda de curso legal
**tender** *v* – ofrecer, ofrecer pagar, proponer
**tender of delivery** – oferta de entrega
**tender of issue** – palabras mediante las cuales se somete la cuestión a decisión
**tender of performance** – oferta de cumplimiento
**tender offer** – oferta pública para la adquisición de acciones
**tendering** *n* – licitación
**tenement** *n* – edificio de alquiler de poca calidad y renta baja, edificio de alquiler, edificio con viviendas
**tenement house** – edificio de alquiler de poca calidad y renta baja
**tenements** *n* – bienes inmuebles
**tenor** *n* – las palabras exactas de un documento, copia

exacta, significado, vencimiento de un préstamo, tiempo restante de un préstamo
**tentative** *adj* – tentativo, provisorio
**tentative offer** – oferta tentativa
**tentative trust** – fideicomiso en que una persona hace un depósito en un banco en nombre propio como fiduciario para otro
**tenure** *n* – posesión, tenencia, ejercicio de un cargo, empleo por un tiempo indefinido
**tenured** *adj* – permanente
**tergiversate** *v* – tergiversar
**tergiversation** *n* – tergiversación
**term** *n* – término, palabra, frase, expresión, plazo, plazo fijo, condición, sesión
**term assurance** – seguro de vida por un término fijo
**term credit** – crédito a plazo fijo
**term delivery** – entrega a plazo fijo
**term deposit** – depósito a plazo fijo
**term for deliberating** – plazo dentro del cual un heredero deberá aceptar o rechazar una herencia
**term for years** – derecho de posesión por un tiempo determinado
**term insurance** – seguro de vida por un término fijo
**term investment** – inversión a plazo fijo
**term life insurance** – seguro de vida por un término fijo
**term loan** – préstamo por un término fijo
**term mortgage** – hipoteca no amortizante
**term of court** – sesión de un tribunal
**term of lease** – término del arrendamiento
**term policy** – seguro de vida por un término fijo
**terminability** *n* – terminabilidad
**terminable** *adj* – terminable
**terminable interest** – interés en un inmueble el cual termina bajo las condiciones estipuladas
**terminal** *adj* – terminal, último, final
**terminal price** – precio final
**terminate** *v* – terminar, finalizar, despedir, limitar, rescindir
**termination** *n* – terminación, conclusión, expiración, limitación, despido, rescisión
**termination allowance** – indemnización por despido, cesantía
**termination benefits** – beneficios por despido
**termination notice** – aviso de terminación, aviso de despido
**termination of agreement** – terminación de acuerdo
**termination of conditional contract** – terminación de contrato condicional
**termination of contract** – terminación de contrato, rescisión de contrato
**termination of copyright** – terminación de derechos de autor
**termination of employment** – despido de empleo, terminación de empleo
**termination of instrument** – terminación de instrumento
**termination of lease** – terminación de arrendamiento
**termination of licence** – terminación de licencia
**termination of license** – terminación de licencia
**termination of mortgage** – terminación de hipoteca
**termination of patent** – terminación de patente
**termination of permission** – terminación de permiso
**termination of permit** – terminación de permiso
**termination of policy** – terminación de póliza
**termination of sentence** – terminación de sentencia
**termination of trademark** – terminación de marca comercial
**termination pay** – indemnización por despido, cesantía
**termination statement** – declaración de terminación
**terminology** *n* – terminología
**terminus** *n* – término, límite, fin
**terminus a quo** – punto de partida
**terminus ad quem** – punto de llegada
**termite clause** – cláusula de termitas
**termor** *n* – ocupante por un plazo fijo
**terms** *n* – términos, condiciones
**terms and conditions** – términos y condiciones
**terms and conditions of acceptance** – términos y condiciones de aceptación
**terms and conditions of credit** – términos y condiciones de crédito
**terms and conditions of delivery** – términos y condiciones de entrega
**terms and conditions of loan** – términos y condiciones de préstamo
**terms and conditions of payment** – términos y condiciones de pago
**terms and conditions of purchase** – términos y condiciones de compra
**terms and conditions of sale** – términos y condiciones de venta
**terms and conditions of shipment** – términos y condiciones de transporte, términos y condiciones de embarque
**terms and conditions of trade** – términos y condiciones de comercio
**terms and conditions of use** – términos y condiciones de uso
**terms net cash** – estipulación en un contrato de venta de pago en efectivo
**terms of acceptance** – condiciones de aceptación
**terms of approval** – condiciones de aprobación
**terms of credit** – condiciones de crédito
**terms of delivery** – condiciones de entrega
**terms of employment** – condiciones de empleo
**terms of loan** – condiciones de préstamo
**terms of payment** – condiciones de pago
**terms of purchase** – condiciones de compra
**terms of sale** – condiciones de venta
**terms of shipment** – condiciones de transporte, condiciones de embarque
**terms of trade** – condiciones de comercio
**terms of use** – condiciones de uso
**terrible** *adj* – terrible
**terrify** *v* – aterrorizar
**territorial** *adj* – territorial
**territorial courts** – tribunales territoriales
**territorial jurisdiction** – jurisdicción territorial
**territorial monopoly** – monopolio territorial
**territorial property** – tierras y aguas territoriales
**territorial sea** – mar territorial
**territorial waters** – aguas territoriales, aguas jurisdiccionales
**territoriality** *n* – territorialidad
**territory** *n* – territorio
**territory of a judge** – jurisdicción territorial de un juez
**terror** *n* – terror, pánico

**terrorism** *n* – terrorismo
**terrorist** *n* – terrorista
**terrorist act** – acto terrorista
**terrorist alert** – alerta terrorista
**terrorist attack** – ataque terrorista
**terrorist group** – grupo terrorista
**terrorist network** – red terrorista
**terrorist organisation** – organización terrorista
**terrorist organization** – organización terrorista
**terrorist plot** – complot terrorista
**terrorist scare** – susto terrorista
**terrorist threat** – amenaza terrorista
**terrorist warning** – advertencia terrorista
**terroristic** *adj* – terrorista
**terrorize** *adj* – aterrorizar
**tertiary** *adj* – terciario
**tertiary economy** – sector terciario, sector de servicios
**tertiary sector** – sector terciario, sector de servicios
**test** *n* – examen, prueba, experimento
**test** *v* – examinar, probar
**test action** – acción determinativa, acción de prueba
**test audit** – auditoría de prueba
**test case** – caso determinativo, caso de prueba
**test market** – mercado de prueba
**test-market** *v* – mercadear de prueba
**test marketing** – marketing de prueba, mercadeo de prueba
**test oath** – juramento de fidelidad
**test on animals** – efectuar pruebas utilizando animales
**test tube baby** – bebé probeta, bebé nacido tras la inseminación in vitro y luego colocado en el útero
**testable** *adj* – con capacidad testamentaria, verificable
**testacy** *n* – el estado de ser testado
**testament** *n* – testamento
**testamentary** *adj* – testamentario
**testamentary arbitrator** – árbitro testamentario
**testamentary capacity** – capacidad testamentaria
**testamentary cause** – causa testamentaria
**testamentary character** – carácter testamentario
**testamentary disposition** – disposición testamentaria
**testamentary executor** – albacea testamentario
**testamentary guardian** – tutor designado mediante testamento
**testamentary heir** – heredero testamentario
**testamentary instrument** – instrumento de carácter testamentario
**testamentary paper** – documento de carácter testamentario
**testamentary power** – capacidad testamentaria
**testamentary power of appointment** – facultad de nombramiento sólo mediante testamento
**testamentary succession** – sucesión testamentaria
**testamentary trust** – fideicomiso testamentario
**testamentary trustee** – fiduciario testamentario
**testamentum** *n* – testamento
**testate** *adj* – testado, habiendo muerto testado
**testate succession** – sucesión testamentaria
**testation** *n* – el transferir propiedad mediante testamento
**testator** *n* – testador
**tester** *n* – probador, examinador, muestra
**testify** *v* – testificar, atestiguar, declarar
**testimonial** *adj* – testimonial
**testimonial evidence** – prueba testimonial
**testimonium clause** – cláusula de certificación
**testimony** *n* – testimonio, declaración
**testing** *n* – pruebas
**testing and inspection** – pruebas e inspección
**testing procedure** – procedimiento de pruebas
**text message** – mensaje de texto, enviar mensajes de texto
**textbook** *n* – libro de texto, libro cubriendo un aspecto o tema del derecho
**thank-you letter** – carta de agradecimiento
**thank-you note** – nota de agradecimiento
**the customer is always right** – el cliente siempre tiene la razón
**theft** *n* – hurto, robo, sustracción
**theft insurance** – seguro contra hurtos y robos
**theft loss** – pérdidas debido a hurtos o robos
**theme** *n* – tema, materia
**then and there** – en el lugar y en el momento
**thence** *adv* – de allí, por lo tanto
**thenceforth** *adv* – desde entonces, de allí en adelante
**thenceforward** *adv* – desde entonces, de allí en adelante
**theocracy** *n* – teocracia
**theocrat** *adj* – teócrata
**theocrat** *n* – teócrata
**theoretical** *adj* – teórico
**theoretical value** – valor teorético
**theoretically** *adv* – teóricamente
**theorize** *v* – teorizar, especular
**theory, in** – en teoría
**theory of case** – el fundamento de una acción
**theory of law** – el fundamento legal de una acción
**therapy** *n* – terapia
**thereabout** *adv* – por ahí, aproximadamente
**thereafter** *adv* – en adelante, después de
**thereat** *adv* – ahí, luego, por eso
**thereby** *adv* – en consecuencia, por medio de, con lo cual
**therefor** *adv* – por eso, para eso
**therefore** *adv* – por lo tanto, en consecuencia
**therefrom** *adv* – de allí, de eso
**therein** *adv* – adentro, en eso
**thereinafter** *adv* – posteriormente, después
**thereinbefore** *adv* – anteriormente, antes
**thereinto** *adv* – dentro de eso
**thereof** *adv* – de eso, de esto
**thereon** *adv* – encima
**thereto** *adv* – a eso
**theretofore** *adv* – hasta entonces
**thereunder** *adv* – bajo eso, debajo
**thereupon** *adv* – sin demora, encima de eso, por consiguiente
**therewith** *adv* – con esto, con eso
**therewithal** *adv* – con esto, con eso
**thermal energy** – energía termal
**thief** *n* – hurtador, ladrón
**thin capitalisation** – capitalización escasa, capitalización basada en préstamos
**thin capitalization** – capitalización escasa, capitalización basada en préstamos
**thin corporation** – corporación con capitalización escasa, corporación con capitalización basada en préstamos
**thing** *n* – cosa, objeto, bien, cuestión

**thing appendant** – cosa accesoria
**things in action** – derecho de acción
**things of value** – objetos de valor
**things personal** – bienes muebles
**things real** – bienes inmuebles
**think tank** – grupo de expertos reunido para resolver problemas complejos y/o generar nuevas ideas
**third conviction** – tercera condena
**third currency** – tercera divisa, tercera moneda
**third degree** – interrogatorio abusivo, el obtener una confesión mediante un interrogatorio abusivo
**third market** – tercer mercado
**third mortgage** – tercera hipoteca
**third party** – tercero
**third party action** – proceso de envolver a un tercero en una demanda
**third party beneficiary** – tercero beneficiario
**third party check** – cheque de un tercero
**third party cheque** – cheque de un tercero
**third party complaint** – demanda dirigida a un tercero
**third party credit** – crédito de un tercero
**third party guarantee** – garantía por un tercero
**third party guaranty** – garantía por un tercero
**third party insurance** – seguro a terceros
**third party payment** – pago por un tercero
**third party practice** – demanda contra un tercero
**third party summons** – citación de un tercero, emplazamiento de un tercero
**third party transfer** – transferencia por un tercero
**third person** – tercero
**third possessor** – quien compra una propiedad hipotecada sin asumir una hipoteca existente
**third rail** – tercer riel
**third-rate** *adj* – de calidad inferior
**third shift** – tercer turno
**Third World** – Tercer Mundo
**Third World Country** – país del Tercer Mundo
**thither** *adv* – allá, mas allá
**thorough** *adj* – minucioso, cabal, completo, cuidadoso
**thoroughfare** *n* – vía pública, carretera
**thoroughgoing** *adj* – esmerado, cabal, minucioso, muy cuidadoso
**thoroughly** *adv* – minuciosamente, cabalmente, completamente
**thoroughness** *n* – minuciosidad, cumplimiento
**thought** *n* – pensamiento, noción, reflexión
**thoughtful** *adj* – atento, cuidadoso, pensativo
**thoughtlessly** *adv* – imprudentemente, descuidadamente, negligentemente
**thousand-year lease** – arrendamiento a mil años
**thrashing** *n* – paliza
**thread** *n* – línea divisoria, línea medianera
**threat** *n* – amenaza
**threat by mail** – amenazas a través del sistema postal
**threaten** *v* – amenazar
**threatened cloud** – imperfección de título anticipada
**threatening** *adj* – amenazador
**threatening letters** – cartas conteniendo amenazas
**threateningly** *adv* – amenazantemente
**three-judge court** – tribunal con tres jueces
**three-mile limit** – límite de tres millas
**three-strikes legislation** – legislación mediante la cual se imponen penas significativamente más severas a quienes son condenados una tercera vez por delitos graves
**threshold** *n* – umbral, comienzo
**thrift** *n* – economía, ahorro, institución de ahorros
**thrift account** – cuenta de ahorros
**thrift company** – institución de ahorros
**thrift institution** – institución de ahorros
**thriving business** – negocio próspero
**throng** *n* – multitud
**through bill of lading** – estilo de conocimiento de embarque usado cuando hay más de un transportador
**through lot** – lote el cual tiene una calle en cada extremo, solar el cual tiene una calle en cada extremo
**throughout** *adj* – a lo largo de, por todo
**throughput** *n* – producción, capacidad, cantidad
**throughway** *n* – autopista
**throw away** – botar, desperdiciar, malgastar, desaprovechar, mencionar casualmente
**throw good money after bad** – arriesgar perder aun más dinero en busca de recuperar pérdidas sufridas
**throw money around** – despilfarrar dinero
**throw money away** – botar dinero
**throw out** – botar, rechazar, expulsar, expeler, desbaratar, mencionar casualmente
**throwaway** *adj* – desechable
**throwaway society** – sociedad orientada alrededor de los productos desechables y de la generación de desperdicios en general
**thrust** *n* – embestida, empujón
**thus** *adv* – así, de este modo, por esto
**thwart** *adj* – frustrar, impedir
**tick** *n* – marca en una casilla, marca, movimiento mínimo del precio de un valor, movimiento del precio de un valor
**tick** *v* – marcar en una casilla, marcar
**tick off** – marcar en una casilla, marcar, enojar
**ticket** *n* – billete, boleto, pasaje, entrada, multa, boleto por infracción de tránsito, lista de candidatos
**ticket scalper** – quien revende taquillas a espectáculos en exceso del valor nominal
**ticket scalping** – reventa de taquillas a espectáculos en exceso del valor nominal
**ticket tout** – quien revende taquillas a espectáculos en exceso del valor nominal
**ticket touting** – reventa de taquillas a espectáculos en exceso del valor nominal
**tickler file** – archivo utilizado para recordatorios de lo pendiente
**tidal** *adj* – concerniente al flujo de la marea
**tidal current** – corriente de la marea
**tide** *n* – marea
**tide over** – sacar de un apuro, ayudar a superar una dificultad
**tie** *n* – empate, vínculo, unión
**tie** *v* – empatar, atar, unir
**tie-in promotion** – promoción vinculada
**tie-in sale** – venta vinculada
**tie up** – atar, obstaculizar, inmovilizar, entretener, vincular estrechamente, finalizar exitosamente, invertir en valores de menor liquidez
**tie vote** – voto empatado
**tied** *adj* – atado, vinculado, empatado
**tied aid** – ayuda vinculada
**tied product** – producto que se puede comprar siempre

y cuando el cliente acuerde comprar otro determinado
**tier** *n* – nivel
**tiger economy** – economía emergente
**tight** *adj* – apretado, difícil
**tight budget** – presupuesto restringido
**tight credit** – situación económica en que es difícil obtener crédito
**tight monetary policy** – política de dificultar la obtención de crédito
**tight money** – situación económica en que es difícil obtener crédito
**tight money policy** – política de dificultar la obtención de crédito
**tight schedule** – horario apretado, programa apretado
**tight security** – seguridad cuidadosamente controlada
**tighten credit** – dificultar la obtención de crédito
**TILA (Truth-in-Lending Act)** – ley federal que dispone que se divulgue la información pertinente al otorgar crédito
**till-tapping** *n* – hurto de dinero de una caja registradora
**tillage** *n* – tierra cultivada, tierra bajo cultivo, cultivo
**time** *n* – tiempo, período, ocasión, instante
**time adjustment** – ajuste de tiempo
**time-and-a-half** – tiempo y medio, paga por tiempo y medio
**time-and-a-half pay** – paga por tiempo y medio
**time-and-one-half** – tiempo y medio, paga por tiempo y medio
**time-and-one-half pay** – paga por tiempo y medio
**time bar** – prohibir por haber expirado el tiempo límite
**time barring** – prohibición por haber expirado el tiempo límite
**time bill** – letra de cambio a fecha cierta, letra de cambio a término
**time card** – ficha, tarjeta para registrar las horas de entrada y salida de trabajo
**time charter** – contrato de fletamento por un término determinado
**time clock** – reloj registrador, reloj que indica las horas de entrada y salida de trabajo
**time deposit** – depósito a plazo
**time draft** – letra de cambio a fecha cierta, letra de cambio a término
**time for appealing** – plazo dentro del cual apelar
**time frame** – intervalo de tiempo, intervalo de tiempo dentro del cual algo debe ocurrir
**time immemorial** – tiempo inmemorial
**time is of the essence** – estipulación contractual que fija un plazo dentro del cual se tiene que cumplir con lo acordado
**time limit** – límite de tiempo
**time limitations** – limitaciones de tiempo
**time loan** – préstamo por un término determinado
**time management** – administración del tiempo, gestión del tiempo
**time note** – pagaré pagadero en un término determinado
**time off** – tiempo libre
**time, on** – a tiempo
**time out of memory** – tiempo inmemorial
**time payment** – pago a plazo
**time policy** – póliza por un término determinado
**time rate** – pago por horas, pago por un plazo dado de tiempo
**time-saving** *adj* – que ahorra tiempo
**time-share** *n* – multipropiedad, copropiedad en la cual los diversos dueños tienen derecho a usar la propiedad durante un período específico cada año
**time-sharing** *n* – multipropiedad, copropiedad en la cual los diversos dueños tienen derecho a usar la propiedad durante un período específico cada año, el compartir tiempo
**time sheet** – ficha, hoja para registrar las horas de entrada y salida de trabajo, hoja para registrar las horas de trabajo
**time span** – intervalo de tiempo
**time value of money** – valor de tiempo del dinero
**time wage** – paga por hora, salario por hora
**time work** – trabajo remunerado por hora, trabajo remunerado por día, trabajo remunerado por jornada
**time zone** – huso horario, zona de tiempo
**timeframe** *n* – intervalo de tiempo, intervalo de tiempo dentro del cual algo debe ocurrir
**timely** *adv* – puntual, oportuno
**timescale** *n* – escala de tiempo
**timeshare** *n* – multipropiedad, copropiedad en la cual los diversos dueños tienen derecho a usar la propiedad durante un período específico cada año
**timesharing** *n* – multipropiedad, copropiedad en la cual los diversos dueños tienen derecho a usar la propiedad durante un período específico cada año, el compartir tiempo
**timetable** *n* – horario, programa, calendario
**tip** *n* – comunicación de información sobre una corporación la cual no es del conocimiento público, indicio, propina, consejo, basurero
**tippees** *n* – quienes obtienen información sobre una corporación la cual no es del conocimiento público, quienes obtienen propinas, quienes obtienen consejos
**tipper** *n* – quien divulga información sobre una corporación la cual no es del conocimiento público, quien da un propina, quien da consejos
**tipstaff** *n* – alguacil
**title** *n* – título
**title abstract** – resumen de título
**title authentication** – certificación de título
**title bond** – garantía de título
**title by accretion** – título obtenido mediante la adquisición gradual de tierra por causas de la naturaleza
**title by adverse possession** – título adquirido al mantener la posesión y transcurrir la prescripción adquisitiva
**title by descent** – título adquirido como heredero
**title by limitation** – título adquirido mediante la prescripción
**title by prescription** – título adquirido al mantener la posesión y transcurrir la prescripción adquisitiva
**title by purchase** – título obtenido por cualquier método menos herencia
**title certificate** – certificado de título
**title certification** – certificación de título
**title company** – compañía de títulos
**title covenants** – cláusulas concernientes a las garantías del título en un traspaso
**title deeds** – escrituras evidenciando título de propiedad

**title defect** – defecto de título
**title defective in form** – título con defectos formales
**title documents** – documentos de título
**title evidence** – prueba de título, prueba de dominio
**title guarantee** – garantía de título
**title guaranty** – garantía de título
**title guaranty company** – compañía que garantiza títulos
**title in fee simple** – propiedad absoluta
**title insurance** – seguro de título
**title of a cause** – nombre de una causa
**title of an act** – encabezamiento de una ley, título de una ley
**title of entry** – derecho de ingreso a un inmueble
**title of record** – título registrado
**title proof** – prueba de dominio
**title report** – informe de título
**title retention** – privilegio de retención de título
**title search** – estudio de título
**title standards** – normas para evaluar el título de propiedad
**title verification** – verificación de título, verificación de dominio
**titular** *adj* – titular, nominal
**TM (trademark)** – marca, marca comercial
**to be announced** – a ser anunciado
**to close the books** – cerrar los libros
**to have and to hold** – tener y retener, tener y poseer
**to let** – se alquila, alquilar
**to the best of my knowledge and belief** – según mi leal saber y entender
**to whom it may concern** – a quien corresponda, a quien pueda interesar
**to wit** – es decir, a saber
**toehold** *n* – punto de apoyo
**together** *adv* – juntos, a la vez, conjuntamente
**token** *adj* – nominal, simbólico
**token** *n* – signo, señal, indicación, símbolo, ficha, vale
**token money** – moneda fiduciaria
**token of gratitude** – muestra de agradecimiento
**token payment** – pago parcial, abono parcial, pago nominal
**tolerable** *adj* – tolerable, sufrible, aceptable
**tolerance** *n* – tolerancia
**tolerant** *adj* – tolerante
**tolerate** *v* – tolerar
**toleration** *n* – tolerancia
**toll** *n* – peaje, tarifa por llamadas a larga distancia, número de víctimas
**toll** *v* – suspender, impedir
**toll call** – llamada con cargos, llamada a larga distancia
**toll-free call** – llamada sin cargos, llamada sin cargos de larga distancia
**toll-free number** – número de teléfono gratuito
**tollage** *n* – peaje
**tolling of the statute of limitations** – suspensión de la prescripción
**tomb** *n* – tumba
**tombstone** *n* – lápida, anuncio en periódicos de un ofrecimiento público
**tombstone ad** – anuncio en periódicos de un ofrecimiento público
**tome** *n* – tomo
**ton** *n* – tonelada
**tonnage** *n* – tonelaje
**tonnage-duty** *n* – impuesto sobre el tonelaje
**tonnage tax** – impuesto sobre el tonelaje
**tonne** *n* – tonelada métrica
**tontine** *n* – tontina
**took and carried away** – se tomó y llevó
**tools of the trade** – herramientas del oficio
**top** *n* – tope, límite superior
**top brass** – alta gerencia
**top drawer** – de la más alta calidad, de la mayor importancia
**top-end** *adj* – teniendo el precio más caro en su categoría, siendo del nivel más alto en su categoría
**top executive** – alto ejecutivo
**top-heavy** *adj* – con demasiados altos ejecutivos
**top lease** – arrendamiento que se establece antes de expirar uno anterior
**top-level discussions** – discusiones entre funcionarios del más alto nivel
**top-level talks** – conversaciones entre funcionarios del más alto nivel
**top management** – alta gerencia
**top of the list** – encabezando la lista
**top of the range** – teniendo el precio más caro en su categoría, siendo del nivel más alto en su categoría
**top price** – precio tope, precio más alto
**top quality** – la más alta calidad
**top rate of tax** – clasificación contributiva más alta
**top-rated** *adj* – de la más alta clasificación
**top-secret** *adj* – de alto secreto, altamente confidencial
**top-up insurance** – seguro suplementario
**top tax rate** – clasificación contributiva más alta
**topic** *n* – tópico, asunto, tema
**topography** *n* – topografía
**torment** *v* – atormentar, hostigar
**torpedo doctrine** – doctrina que responsabiliza a quien mantiene un peligro atrayente en su propiedad
**Torrens System** – Sistema Torrens
**tort** *n* – ilícito civil, daño legal, daño legal extracontractual, agravio, tuerto, entuerto, perjuicio, lesión jurídica
**tort-feasor** *n* – autor de un ilícito civil, autor de un daño legal, autor de un agravio
**tortfeasor** *n* – autor de un ilícito civil, autor de un daño legal, autor de un agravio
**tortious act** – acto dañoso, acto ilícito
**tortious interference** – interferencia ilícita para evitar que otro cumpla con un contrato u otra obligación legal
**torture** *n* – tortura
**total** *adj* – total, entero, rotundo
**total abandonment** – abandono total
**total acceptance** – aceptación total
**total actual loss** – pérdida total real
**total amount** – cantidad total, monto total
**total annual deductible** – deducible anual total
**total assets** – activos totales
**total assignment** – cesión total
**total audit** – auditoría total
**total balance** – saldo total
**total breach** – incumplimiento total
**total capitalisation** – capitalización total
**total capitalization** – capitalización total

**total consideration** – contraprestación total
**total contract** – contrato total
**total control** – control total
**total cost** – costo total, coste total
**total cost of ownership** – costo total de propiedad, coste total de propiedad
**total coverage** – cobertura total
**total debt** – deuda total
**total delivery** – entrega total
**total dependency** – dependencia total
**total disability** – discapacidad total
**total disbursement** – desembolso total
**total disclosure** – divulgación total
**total enterprise value** – valor total de la empresa
**total eviction** – desalojo total
**total expenditures** – gastos totales
**total expenses** – gastos totales
**total exports** – exportaciones totales
**total failure of evidence** – falta total de prueba
**total imports** – importaciones totales
**total incapacity** – incapacidad total
**total income** – ingresos totales
**total insurance** – seguro total
**total investment** – inversión total
**total liability** – responsabilidad total, pasivo total
**total limit** – límite total
**total limit of liability** – límite de responsabilidad total
**total liquidation** – liquidación total
**total loss** – pérdida total
**total mental disability** – discapacidad mental total
**total ownership** – propiedad total
**total payment** – pago total
**total performance** – cumplimiento total
**total physical disability** – discapacidad física total
**total price** – precio total
**total public debt** – deuda pública total
**total public expenditure** – gasto público total
**total public spending** – gasto público total
**Total Quality Management** – administración de calidad total, gestión de calidad total
**total record** – registro total
**total report** – informe total
**total reserves** – reservas totales
**total risk** – riesgo total
**total value** – valor total
**total wage bill** – costos salariales, costes salariales
**totalise** *v* – totalizar
**totality** *n* – totalidad
**totalize** *v* – totalizar
**totally** *adv* – totalmente, enteramente
**toties quoties** – tantas veces como ocurra
**Totten trust** – fideicomiso en que una persona hace un depósito en un banco en nombre propio como fiduciario para otro
**touch** *v* – tocar, tocar un puerto
**touch-activated** *adj* – activado por el tacto
**touch and stay** – tocar y permanecer por un término en un puerto
**touch screen** – pantalla táctil
**tough policy** – política dura
**tough terms** – términos duros
**tout** *v* – promocionar energéticamente, persuadir insistentemente, intentar vender de la forma que sea
**tow** *n* – remolque, remolcador
**tow** *v* – remolcar
**towage** *n* – remolque
**towage service** – servicio de remolque
**toward** *prep* – hacia, con respecto a, cerca de
**towboat** *n* – remolcador
**town** *n* – pueblo, población
**town-clerk** *n* – secretario municipal
**town collector** – recaudador municipal
**town commissioner** – miembro de la junta municipal
**town council** – consejo municipal
**town hall** – ayuntamiento
**town order** – orden de pago dirigida a un tesorero municipal
**town planning** – urbanismo
**town purposes** – propósitos municipales
**town tax** – impuesto municipal
**town treasurer** – tesorero municipal
**town warrant** – orden de pago dirigida a un tesorero municipal
**township** *n* – medida de terreno en forma de cuadrado conteniendo 36 millas cuadradas, municipio
**township trustee** – miembro de la junta municipal
**toxic** *adj* – tóxico
**toxic tort** – daño legal por exposición a agentes químicos tóxicos, perjuicio por exposición a agentes químicos tóxicos
**toxic waste** – desperdicios tóxicos
**toxical** *adj* – tóxico
**toxicant** *n* – agente tóxico, intoxicante
**toxicate** *v* – intoxicar, envenenar
**toxicity** *n* – toxicidad
**toxicology** *n* – toxicología
**toxin** *n* – toxina
**TQM (Total Quality Management)** – administración de calidad total, gestión de calidad total
**trace** *n* – rastro, pista, indicio
**tracing** *n* – rastreo, calco
**track** *n* – huella, pisada, curso, riel
**track progress** – seguir el progreso
**track record** – historial
**tracking of progress** – seguimiento del progreso
**tract** *n* – parcela, lote, trecho, zona, región
**tract house** – una de múltiples casas similares construidas en el mismo lote
**tradability** *n* – comerciabilidad
**tradable** *adj* – comerciable
**trade** *n* – comercio, industria, negocio, oficio, cambio
**trade** *v* – comerciar, cambiar
**trade acceptance** – aceptación comercial, documento cambiario aceptado
**trade account** – cuenta comercial
**trade agreement** – acuerdo comercial, convenio comercial
**trade allowance** – descuento comercial
**trade and commerce** – actividad comercial
**trade association** – asociación comercial
**trade balance** – balanza comercial
**trade barrier** – barrera comercial
**trade bill** – efecto comercial, letra comercial
**trade bloc** – bloc comercial
**trade brand** – marca comercial
**trade, by** – de oficio
**trade conditions** – condiciones de comercio
**trade contract** – contrato comercial

**trade credit** – crédito comercial
**trade data** – datos comerciales
**trade date** – fecha de la transacción
**trade debt** – deuda comercial
**trade debtor** – deudor comercial
**trade deficit** – déficit comercial
**trade discount** – descuento comercial
**trade dispute** – disputa laboral, disputa comercial
**trade dress** – presentación distintiva utilizada como marca comercial
**trade embargo** – embargo comercial
**trade financing** – financiamiento comercial, financiación comercial
**trade fixtures** – instalaciones fijas comerciales
**trade imbalance** – desequilibrio comercial, desbalance comercial
**trade impediment** – impedimento comercial
**trade-in** *n* – algo usado que se entrega para reducir el costo de algo similar que se esta comprando nuevo, algo que se intercambia por otra cosa
**trade law** – derecho comercial
**trade libel** – declaraciones escritas comercialmente difamantes
**trade literature** – literatura comercial, folletos comerciales
**trade-mark** *n* – marca, marca comercial
**trade-mark counterfeiting** – falsificación de marca comercial
**trade-mark licence** – licencia de marca comercial
**trade-mark license** – licencia de marca comercial
**trade-mark office** – oficina de marcas comerciales
**trade-mark ownership** – propiedad de marca comercial
**trade-mark protection** – protección de marca comercial
**trade-mark registration** – registro de marcas comerciales
**trade-mark registry** – registro de marcas comerciales
**trade mission** – misión comercial
**trade monopoly** – monopolio comercial
**trade name** – nombre comercial, razón social
**trade off** – intercambiar una cosa por otra, intercambiar una cosa por otra como parte de un compromiso
**trade organisation** – organización comercial
**trade organization** – organización comercial
**trade policy** – política comercial
**trade practice** – práctica comercial
**trade practise** – práctica comercial
**trade rate** – tasa comercial
**trade reference** – referencia comercial
**trade register** – registro comercial
**trade regulations** – reglamentos comerciales
**trade-related** *adj* – relacionado al comercio
**trade report** – informe comercial
**trade representative** – representante comercial
**trade restriction** – restricción comercial
**trade sanctions** – sanciones comerciales
**trade secret** – secreto comercial, secreto industrial
**trade surplus** – superávit comercial
**trade talks** – conversaciones comerciales
**trade terms** – términos comerciales
**trade union** – sindicato, unión obrera, gremio laboral
**trade union membership** – afiliación sindical
**trade unionism** – sindicalismo
**trade war** – guerra comercial
**tradeability** *n* – comerciabilidad
**tradeable** *adj* – comerciable
**traded securities** – valores cotizados
**trademark** *n* – marca, marca comercial
**trademark counterfeiting** – falsificación de marca comercial
**trademark licence** – licencia de marca comercial
**trademark license** – licencia de marca comercial
**trademark office** – oficina de marcas comerciales
**trademark ownership** – propiedad de marca comercial
**trademark protection** – protección de marca comercial
**trademark registration** – registro de marcas comerciales
**trademark registry** – registro de marcas comerciales
**trader** *n* – comerciante, negociante, intermediario, corredor
**tradesman** *n* – comerciante, detallista, negociante, intermediario, trabajador cualificado, trabajador diestro
**trading** *n* – comercio, transacciones, operaciones
**trading account** – cuenta para transacciones
**trading activity** – actividad comercial, actividad bursátil
**trading authorisation** – autorización para transacciones
**trading authorization** – autorización para transacciones
**trading bloc** – bloc comercial
**trading capital** – capital de explotación
**trading company** – compañía comercial
**trading contract** – contrato comercial
**trading corporation** – corporación comercial
**trading estate** – parque comercial
**trading gains** – ganancias por transacciones
**trading halt** – parada de transacciones
**trading hours** – horario de transacciones
**trading limit** – límite de transacciones
**trading losses** – pérdidas bursátiles
**trading name** – nombre comercial
**trading operation** – operación comercial, transacción
**trading partner** – socio comercial
**trading partnership** – sociedad comercial
**trading policies** – políticas comerciales, políticas de transacciones
**trading stamps** – estampillas obtenidas mediante compras las cuales se combinan para obtener premios
**trading voyage** – viaje marítimo comercial
**trading with the enemy** – comercio con el enemigo
**tradition** *n* – entrega, tradición
**traditional** *adj* – tradicional
**traditional corporation** – corporación tradicional
**traditionalism** *n* – tradicionalismo
**traditionalist** *adj* – tradicionalista
**traditionalist** *n* – tradicionalista
**traditionary evidence** – prueba de un difunto que se usa al no haber otra forma de obtener dicha prueba
**traffic** *n* – tráfico, tránsito, movimiento, circulación, comercio, negocio, transporte comercial
**traffic** *v* – traficar, comerciar
**traffic accident** – accidente de tránsito
**traffic court** – juzgado de tránsito
**traffic mishap** – percance de tránsito

**traffic offense** – infracción de tránsito
**traffic regulations** – reglamentos de tránsito
**traffic sign** – señal de tránsito, semáforo
**traffic violation** – infracción de tránsito
**trafficker** *n* – traficante, comerciante
**trafficking** *n* – tráfico de drogas ilícitas, tráfico
**tragedy of the commons** – tragedia de los comunes
**train** *v* – entrenar, capacitar, formar
**trainee** *n* – aprendiz
**trainer** *n* – entrenador, capacitador
**training** *n* – entrenamiento, capacitación, formación, aprendizaje, instrucción
**training agency** – agencia de entrenamiento, agencia de capacitación, agencia de formación
**training center** – centro de entrenamiento, centro de capacitación, centro de formación
**training centre** – centro de entrenamiento, centro de capacitación, centro de formación
**training department** – departamento de entrenamiento, departamento de capacitación, departamento de formación
**training director** – director de entrenamiento, director de capacitación, director de formación
**training management** – administración de entrenamiento, administración de capacitación, administración de formación, gestión de entrenamiento, gestión de capacitación, gestión de formación
**training manager** – gerente de entrenamiento, gerente de capacitación, gerente de formación
**training program** – programa de entrenamiento, programa de capacitación, programa de formación
**training programme** – programa de entrenamiento, programa de capacitación, programa de formación
**training scheme** – plan de entrenamiento, plan de capacitación, plan de formación
**trait** *n* – rasgo
**traitor** *n* – traidor
**traitorously** *adv* – traicioneramente
**tramp** *n* – vagabundo
**tramp corporation** – corporación o ente jurídico el cual se constituye en un estado sin intenciones de comerciar en dicho estado
**trans-ship** *v* – transbordar, trasbordar
**trans-shipment** *n* – transbordo, trasbordo
**transact** *v* – tramitar, negociar, gestionar, comerciar
**transacting business** – llevando a cabo operaciones comerciales
**transaction** *n* – transacción, negocio, operación, gestión
**transaction account** – cuenta de transacciones
**transaction amount** – cantidad de la transacción
**transaction card** – tarjeta de transacciones
**transaction code** – código de transacción
**transaction cost** – costo de la transacción, coste de la transacción
**transaction currency** – moneda de transacción
**transaction date** – fecha de transacción
**transaction document** – documento de transacción
**transaction expenditures** – gastos de la transacción
**transaction expenses** – gastos de la transacción
**transaction fees** – cargos por transacción
**transaction management** – administración de transacciones, gestión de transacciones
**transaction processing** – procesamiento de transacciones
**transaction report** – informe de transacción
**transaction risk** – riesgo de transacción
**transaction tax** – impuesto sobre transacciones
**transactional** *adj* – transaccional
**transactor** *n* – tramitador, negociante
**transcribe** *v* – transcribir
**transcript** *n* – transcripción, copia
**transcript of record** – transcripción de los procesos judiciales
**transcription** *n* – transcripción
**transeuropean** *adj* – transeuropeo
**transfer** *n* – transferencia, traspaso, cesión, traslado
**transfer** *v* – transferir, traspasar, ceder, trasladar
**transfer account** – cuenta de la transferencia
**transfer agent** – agente de transferencias
**transfer agreement** – acuerdo de cesión
**transfer charge** – cargo de transferencia
**transfer control** – transferir control
**transfer cost** – costo de transferencia
**transfer deed** – escritura de traspaso
**transfer electronically** – transferir electrónicamente
**transfer entry** – asiento de la transferencia
**transfer expenditure** – gasto de transferencia
**transfer expense** – gasto de transferencia
**transfer fee** – cargo de transferencia
**transfer in contemplation of death** – transferencia en contemplación de muerte
**transfer income** – ingresos de transferencias, transferir ingresos
**transfer of a cause** – transferencia de una causa
**transfer of assets** – transferencia de activo
**transfer of employees** – traslado de empleados
**transfer of funds** – transferencia de fondos
**transfer of jurisdiction** – traslado de jurisdicción
**transfer of mortgage** – transferencia de hipoteca
**transfer of ownership** – transferencia de propiedad
**transfer of property** – transferencia de propiedad
**transfer of risk** – transferencia de riesgo
**transfer of technology** – transferencia de tecnología
**transfer of title** – transferencia de título
**transfer order** – orden de transferencia
**transfer ownership** – transferir posesión
**transfer payments** – pagos del gobierno a individuos los cuales no envuelven la prestación de servicios
**transfer possession** – transferir posesión
**transfer price** – precio de transferencia
**transfer property** – transferir propiedad
**transfer tax** – impuesto a las transferencias
**transfer ticket** – boleto de transferencia
**transfer title** – transferir título
**transferability** *n* – transferibilidad
**transferable** *adj* – transferible
**transferable card** – tarjeta transferible
**transferable letter of credit** – carta de crédito transferible
**transferable loan** – préstamo transferible
**transferable securities** – valores transferibles
**transferee** *n* – cesionario
**transference** *n* – transferencia, cesión
**transferer** *n* – cedente, transferidor
**transferor** *n* – cedente, transferidor
**transferred** *adj* – transferido

**transferred account** – cuenta transferida
**transferred amount** – cantidad transferida, monto transferido
**transferred funds** – fondos transferidos
**transferred intent** – intención transferida
**transferred ownership** – propiedad transferida
**transferred property** – propiedad transferida
**transferred shares** – acciones transferidas
**transferred stock** – acciones transferidas
**transform** *v* – transformar
**transformation** *n* – transformación
**transgress** *v* – transgredir, infringir
**transgression** *n* – transgresión, infracción
**transgressive trust** – fideicomiso que viola la regla prohibiendo crear un interés futuro si no existe la posibilidad de que se transfiera dentro de los 21 años más período de gestación de haberse creado
**transgressor** *n* – transgresor, infractor
**tranship** *v* – transbordar, trasbordar
**transhipment** *n* – transbordo, trasbordo
**transient** *adj* – transeúnte, pasajero, efímero
**transient** *n* – transeúnte
**transient foreigner** – extranjero transeúnte
**transient jurisdiction** – jurisdicción transeúnte
**transient merchant** – comerciante ambulante
**transient person** – transeúnte
**transient worker** – trabajador transitorio, trabajador ambulante
**transit** *n* – tránsito, transporte
**transit account** – cuenta de tránsito
**transit agent** – agente de tránsito
**transit bill** – pase
**transit duties** – derechos de tránsito
**transit, in** – en tránsito
**transit items** – artículos de tránsito
**transit letter** – carta de tránsito
**transit number** – número de tránsito
**transition** *n* – transición
**transition government** – gobierno de transición
**transition period** – período de transición
**transitional** *adj* – de transición
**transitional government** – gobierno de transición
**transitional period** – período de transición
**transitive** *adj* – transitivo
**transitive covenant** – convenio transferible
**transitorily** *adv* – transitoriamente
**transitory** *adj* – transitorio
**transitory action** – acción transitoria, acción que se puede entablar en distintas jurisdicciones, acción contra la persona
**translate** *v* – traducir
**translated** *adj* – traducido
**translation** *n* – traducción
**translator** *n* – traductor, intérprete
**transmissible** *adj* – transmisible
**transmission** *n* – transmisión, sucesión
**transmit** *v* – transmitir
**transmittal letter** – carta de transmisión, carta de remisión, carta de envío
**transmitted** *adj* – transmitido
**transmitter** *n* – transmisor
**transnational** *adj* – transnacional
**transnational company** – compañía transnacional
**transnational contract** – contrato transnacional
**transnational corporation** – corporación transnacional
**transnational enterprise** – empresa transnacional
**transnational law** – derecho transnacional
**transparency** *n* – transparencia
**transparent** *adj* – transparente
**transparent price** – precio transparente
**transport** *n* – transporte
**transport** *v* – transportar
**transport agency** – agencia de transporte
**transport agent** – agente de transporte
**transport charge** – cargo de transporte
**transport company** – compañía de transporte
**transport costs** – costos de transporte, costes de transporte
**transport date** – fecha de transporte
**transport documents** – documentos de transporte
**transport expenditures** – gastos de transporte
**transport expenses** – gastos de transporte
**transport fees** – cargos de transporte
**transport industry** – industria del transporte
**transport instructions** – instrucciones de transporte
**transport insurance** – seguro de transporte
**transport line** – línea de transporte
**transport notice** – aviso de transporte
**transport papers** – documentos de transporte
**transport service** – servicio de transporte
**transport system** – sistema de transporte
**transport terms** – condiciones de transporte
**transport time** – tiempo de transporte
**transport weight** – peso de transporte
**transportation** *n* – transportación, transporte
**transportation agency** – agencia de transporte
**transportation agent** – agente de transporte
**transportation charge** – cargo de transporte
**transportation company** – compañía de transporte
**transportation costs** – costos de transporte, costes de transporte
**transportation date** – fecha de transporte
**transportation documents** – documentos de transporte
**transportation expenditures** – gastos de transporte
**transportation expenses** – gastos de transporte
**transportation fees** – cargos de transporte
**transportation industry** – industria del transporte
**transportation instructions** – instrucciones de transporte
**transportation insurance** – seguro de transporte
**transportation line** – línea de transporte
**transportation notice** – aviso de transporte
**transportation papers** – documentos de transporte
**transportation service** – servicio de transporte
**transportation system** – sistema de transporte
**transportation terms** – condiciones de transporte
**transportation time** – tiempo de transporte
**transportation weight** – peso de transporte
**transporter** *n* – transportador, transportista
**transship** *v* – transbordar, trasbordar
**transshipment** *n* – transbordo, trasbordo
**trap** *n* – trampa, artimaña
**trashy** *adj* – de bajísima calidad, sin valor alguno
**trauma** *n* – trauma
**traumatic** *adj* – traumático
**traumatize** *v* – traumatizar
**travel** *n* – viaje, movimiento

**travel allowance** – reembolso de gastos de viaje, pago de gastos de viaje
**travel and entertainment expenses** – gastos de viaje y entretenimiento
**travel documentation** – documentación de viaje
**travel expenditure** – gastos de viaje
**travel expenses** – gastos de viaje
**travel insurance** – seguro de viaje
**travel restrictions** – restricciones de viaje
**travel time** – tiempo de viaje
**traveler** *n* – viajero
**traveler's check** – cheque de viajero
**traveler's cheque** – cheque de viajero
**traveler's letter of credit** – carta de crédito de viajero, carta de crédito dirigida a un banco corresponsal
**traveling allowance** – reembolso de gastos de viaje, pago de gastos de viaje
**traveling documentation** – documentación de viaje
**traveling expenditures** – gastos de viaje
**traveling expenses** – gastos de viaje
**traveling insurance** – seguro de viaje
**traveling restrictions** – restricciones de viaje
**traveling sales representative** – representante de ventas viajero
**traveller's check** – cheque de viajero
**traveller's cheque** – cheque de viajero
**traveller's letter of credit** – carta de crédito de viajero, carta de crédito dirigida a un banco corresponsal
**travelling allowance** – reembolso de gastos de viaje, pago de gastos de viaje
**travelling documentation** – documentación de viaje
**travelling expenditures** – gastos de viaje
**travelling expenses** – gastos de viaje
**travelling insurance** – seguro de viaje
**travelling restrictions** – restricciones de viaje
**travelling sales representative** – representante de ventas viajero
**traversable** *adj* – negable, impugnable, atravesable
**traverse** *n* – negación, contradicción, impugnación, pasaje
**traverse** *v* – negar, contradecir, impugnar, impedir, atravesar
**traverse jury** – jurado de juicio
**traverse of indictment** – contestación a la acusación
**traverser** *n* – quien niega, quien impugna
**treachery** *n* – traición
**treason** *n* – traición
**treasure-trove** *n* – tesoro encontrado
**treasurer** *n* – tesorero
**treasurer's check** – cheque de caja, cheque de cajero, cheque de tesorería
**treasurer's cheque** – cheque de caja, cheque de cajero, cheque de tesorería
**treasuries** *n* – valores de tesorería
**treasury** *n* – tesorería, fisco, Tesoro, Departamento del Tesoro, Departamento de Hacienda, Ministerio de Hacienda, Hacienda
**treasury bill** – letra del Tesoro, obligación del Tesoro a corto plazo
**treasury bond** – bono del Tesoro, obligación del Tesoro a largo plazo, bono emitido y readquirido por la misma corporación
**Treasury Budget** – presupuesto de tesorería
**Treasury Department** – Departamento del Tesoro, Departamento de Hacienda, Ministerio de Hacienda, Hacienda
**treasury note** – nota del Tesoro, obligación del Tesoro a mediano plazo
**treasury offering** – ofrecimiento del Tesoro
**treasury officer** – funcionario de Hacienda
**treasury securities** – valores de tesorería, valores emitidos y readquiridos por la misma corporación
**treasury shares** – acciones de tesorería, autocartera
**treasury stock** – acciones de tesorería, autocartera
**treat** *v* – tratar, invitar
**treat sewage** – tratar aguas residuales
**treat wastewater** – tratar aguas residuales
**treatise** *n* – tratado
**treatment** *n* – tratamiento
**treatment of sewage** – tratamiento de aguas residuales
**treatment of wastewater** – tratamiento de aguas residuales
**treaty** *n* – tratado, convenio
**treaty of peace** – tratado de paz
**treble** *adj* – triple
**treble damages** – daños y perjuicios triplicados
**treble penalty** – pena triplicada
**tree diagram** – diagrama de árbol
**trend** *n* – dirección, tendencia
**trendsetter** *n* – quien ayuda a establecer nuevas modas, quien ayuda a establecer nuevas tendencias
**trespass** *n* – transgresión, violación de propiedad, violación de derechos ajenos
**trespass** *v* – transgredir, entrar o permanecer ilegalmente o sin autorización en una propiedad, violar derechos ajenos
**trespass ab initio** – transgresión desde el principio
**trespass de bonis asportatis** – acción por daños y perjuicios por una violación de propiedad en la cual se sustrajeron bienes
**trespass for mense profits** – acción suplementaria a un desalojo en la cual se intenta recuperar las ganancias obtenidas durante la ocupación
**trespass quare clausum fregit** – acción por daños y perjuicios por una violación de propiedad
**trespass to chattels** – violación grave de los derechos de posesión de bienes muebles de otra persona
**trespass to land** – entrada sin autorización a un bien inmueble
**trespass to try title** – juicio de desahucio de tierras habitadas ilegalmente
**trespass vi et armis** – transgresión con fuerza y armas
**trespasser** *n* – transgresor, quien entra ilícitamente a una propiedad ajena, quien viola los derechos ajenos
**trespasser ab initio** – transgresor desde el principio
**trespassing, no** – prohibido el paso
**triable** *adj* – enjuiciable
**trial** *n* – juicio, proceso, prueba, ensayo
**trial balance** – balance de comprobación
**trial brief** – notas del abogado con los datos pertinentes de un caso
**trial by court** – juicio ante un juez sin jurado
**trial by judge** – juicio ante un juez sin jurado
**trial by jury** – juicio por jurado
**trial by news media** – situación en la cual los medios de prensa informan de modo que los lectores juzgan la inocencia o culpabilidad
**trial by the country** – juicio con jurado

**trial court** – tribunal de primera instancia
**trial de novo** – un nuevo juicio
**trial jury** – jurado en un juicio
**trial list** – lista de causas
**trial period** – período de prueba
**trial purchase** – compra de prueba
**tribal lands** – propiedad de tribu indígena
**tribunal** *n* – tribunal
**tributary** *n* – tributario, subordinado
**tribute** *n* – tributo, imposición
**trick** *n* – truco, ardid, trampa
**trick** *v* – engañar, embaucar
**trickle-down economics** – economía de la filtración
**trickle-down theory** – teoría de la filtración
**trifurcated trial** – juicio trifurcado
**trigger** *n* – gatillo
**trimestral** *adj* – trimestral
**trip** *n* – viaje, traspié
**tripartite** *adj* – tripartito
**tripartition** *n* – tripartición
**triple** *adj* – triple
**triple indemnity** – triple indemnización
**triple-net lease** – arrendamiento en que el arrendatario paga todos los gastos de la propiedad
**triple protection** – triple protección
**triplicate** *n* – triplicado, triple
**trite** *adj* – trivial
**triumph** *n* – triunfo
**trivia** *n* – trivialidades
**trivial** *adj* – trivial, insignificante
**triviality** *n* – trivialidad
**trivially** *adv* – trivialmente
**triweekly** *adj* – trisemanal
**TRO (temporary restraining order)** – orden de restricción temporal, inhibitoria provisional
**trophy** *n* – trofeo
**trouble** *n* – problemas, problema, líos, molestia, dificultad, estorbo, preocupación, perturbación, conflicto
**trouble** *v* – molestar, preocupar, perturbar, agitar
**trouble-free** *adj* – sin problemas, sin contratiempos
**troubled** *adj* – preocupado, agitado
**troubled bank** – banco con problemas
**troublemaker** *n* – perturbador, camorrista
**troubleshoot** *v* – buscar averías y arreglarlas, investigar problemas e intentar arreglarlos
**trough** *n* – canal, canalón
**trover** *n* – acción para la recuperación de bienes muebles tomados ilícitamente
**troy ounce** – onza troy
**troy weight** – peso troy
**truancy** *n* – ausencia sin justificación del trabajo, ausencia sin justificación de la escuela
**truce** *n* – tregua
**truck** *n* – camión, cambio, comercio
**truculence** *n* – truculencia
**truculent** *adj* – truculento
**truculently** *adv* – truculentamente
**true** *adj* – cierto, verdadero, genuino, real, legítimo
**true** *adv* – verídicamente, con exactitud
**true admission** – reconocimiento de un hecho presentado por la parte contraria como cierto
**true and fair** – verdadero y equitativo
**true bill** – aprobación de una acusación por un gran jurado, acusación formal de un delito
**true controversy** – controversia real
**true copy** – copia exacta, copia fiel, copia suficientemente fiel
**true meaning** – sentido real
**true owner** – dueño verdadero, propietario legítimo
**true value** – valor real, valor justo en el mercado
**true verdict** – veredicto voluntario
**truly** *adv* – verdaderamente, genuinamente, honestamente, fielmente
**trumped-up** *adj* – fraudulentamente concebido
**truncation** *n* – truncamiento, retención de cheques cancelados
**trust** *n* – fideicomiso, fundación, trust, confianza, expectación
**trust account** – cuenta fiduciaria
**trust agreement** – acuerdo de fideicomiso
**trust certificate** – certificado de fideicomiso de equipo
**trust company** – compañía fiduciaria
**trust corpus** – la propiedad que se transfiere en un fideicomiso
**trust deed** – escritura fiduciaria
**trust department** – departamento de fideicomisos, departamento de administración de bienes
**trust deposit** – depósito en un fideicomiso
**trust estate** – los bienes en fideicomiso
**trust fund** – fondos en fideicomiso, fondos destinados a formar parte de un fideicomiso
**trust fund doctrine** – doctrina según la cual los bienes de una empresa se deben usar para pagar sus deudas antes de repartirse entre los accionistas
**trust indenture** – escritura de fideicomiso, documento que contiene los términos y las condiciones de un fideicomiso
**trust instrument** – instrumento formal mediante el cual se crea un fideicomiso
**trust legacy** – legado a través de un fideicomiso
**trust officer** – funcionario de una compañía fiduciaria encargado de los fondos de los fideicomisos
**trust property** – la propiedad objeto del fideicomiso
**trust receipt** – recibo fiduciario
**trust territory** – territorio en fideicomiso
**trusted third party** – tercero de confianza
**trustee** *n* – fiduciario, fideicomisario, persona en una capacidad fiduciaria, síndico
**trustee in bankruptcy** – síndico concursal
**trustee powers** – poderes del fiduciario, poderes del fideicomisario
**trusteeship** *n* – fideicomiso, cargo fiduciario
**trustful** *adj* – confiado
**trustor** *n* – fiduciante, quien crea un fideicomiso
**trustworthiness** *n* – confiabilidad, honradez
**trustworthy** *adj* – confiable, digno de confianza, fidedigno
**truth** *n* – verdad, veracidad, fidelidad, realidad, exactitud
**Truth-in-Lending Act** – ley federal que dispone que se divulgue la información pertinente al otorgar crédito
**truth-in-lending laws** – leyes para que se divulgue la información pertinente al otorgar crédito
**truth-in-savings laws** – leyes para que se divulgue la información pertinente en relación a cuentas que producen intereses
**truth-in-sentencing laws** – leyes que disponen que el

tiempo en prisión se acerque lo más posible a la sentencia
**truthful** *adj* – veraz
**truthfully** *adv* – verazmente
**try** *v* – juzgar, probar, tratar, exasperar
**try out** – probar
**tug** *v* – remolcar, halar
**turf war** – guerra territorial
**tugboat** *n* – remolcador
**tuition** *n* – matrícula, instrucción
**tumult** *n* – tumulto
**tumultuous** *adj* – tumultuoso
**tunnel** *n* – túnel
**turbulence** *n* – turbulencia
**turn** *n* – turno, vuelta, cambio
**turn** *v* – virar, revolver, cambiar
**turn a profit** – producir un beneficio, producir una ganancia, sacar una ganancia
**turn away** – rechazar
**turn down** – rechazar
**turn in** – entregar, realizar
**turn inventory** – mover el inventario, reemplazar el inventario
**turn-key contract** – contrato llave en mano
**turn over** – entregar, transferir, invertir
**turnabout** *n* – inversión completa de situación o circunstancias
**turnaround** *n* – inversión completa de situación o circunstancias, el terminar completamente y entregar un trabajo tras recibir la orden, el tiempo que transcurre en terminar completamente y entregar un trabajo tras recibir la orden
**turnaround time** – el tiempo que transcurre en terminar completamente y entregar un trabajo tras recibir la orden
**turncoat witness** – testigo que ofrece testimonio perjudicial a la parte quien lo presentó
**turndown** *n* – rechazo
**turning point** – punto crítico
**turning state's evidence** – rendir prueba que incrimina a cómplices a cambio de inmunidad o una sentencia reducida
**turnkey** *n* – carcelero, llavero de cárcel
**turnkey contract** – contrato llave en mano
**turnover** *n* – movimiento, movimiento de mercancías, producción, facturación, cambio de personal, giro, rotación, nivel de ventas
**turnpike** *n* – autopista de peaje
**turpis causa** – contraprestación inmoral
**turpitude** *n* – vileza, ruindad
**tutelage** *n* – tutela
**tutor** *n* – tutor
**tutorage** *n* – tutoría
**tutorship** *n* – tutela
**tutorship by nature** – tutela natural
**tutorship by will** – tutela testamentaria
**TV (television)** – televisión, TV
**twelve-man jury** – jurado de doce integrantes
**twelve-person jury** – jurado de doce integrantes
**twenty-four hour service** – servicio las veinticuatro horas
**twice in jeopardy** – doble exposición por el mismo delito
**twilight** *n* – crepúsculo
**twilight shift** – turno vespertino
**twin** *n* – gemelo, doble
**twin brother** – hermano gemelo
**twin sister** – hermana gemela
**twist** *v* – torcer, viciar
**twisting** *n* – tergiversación, búsqueda de parte de un corredor de valores deshonesto que un cliente efectúe transacciones excesivas y/o innecesarias
**two-witness rule** – regla que indica que en ciertos casos se requieren dos testigos o uno al haber circunstancias corroborantes
**tying arrangement** – arreglo mediante el cual se puede obtener un producto siempre que se compre otro determinado
**tying contract** – contrato mediante el cual se puede obtener un producto siempre que se compre otro determinado
**type** *n* – tipo, clase, distintivo
**typical** *adj* – típico, característico, ordinario
**typical agency** – agencia típica
**typical annuity** – anualidad típica
**typical asset** – activo típico
**typical charges** – cargos típicos
**typical company** – compañía típica, sociedad típica
**typical corporation** – corporación típica
**typical cost** – costo típico, coste típico
**typical creditor** – acreedor típico
**typical depreciation** – depreciación típica
**typical expenditures** – gastos típicos
**typical expenses** – gastos típicos
**typical fees** – cargos típicos
**typical fixed costs** – costos fijos típicos, costes fijos típicos
**typical income** – ingresos típicos
**typical insurance** – seguro típico
**typical life** – vida típica, seguro de vida típico
**typical life insurance** – seguro de vida típico
**typical life span** – promedio típico de vida
**typical loss** – pérdida típica
**typical market** – mercado típico
**typical partnership** – sociedad típica
**typical payment** – pago típico, abono típico
**typical payroll** – nómina típica
**typical price** – precio típico
**typical quality** – calidad típica
**typical rate** – tasa típica
**typical remuneration** – remuneración típica
**typical rent** – renta típica
**typical return** – rendimiento típico
**typical revenue** – ingresos típicos
**typical risks** – riesgos típicos
**typical salary** – salario típico
**typical services** – servicios típicos
**typical tariff** – tarifa típica
**typical tax** – impuesto típico, contribución típica
**typical voting** – votación típica
**typical wage** – salario típico, sueldo típico
**typical workweek** – semana laboral típica, semana de trabajo típica
**typically** *adv* – típicamente
**typify** *v* – tipificar, simbolizar
**typing error** – error mecanográfico
**typo (typographical error)** – error tipográfico
**typographical error** – error tipográfico

**tyrannic** *adj* – tiránico
**tyrannous** *adj* – tirano
**tyranny** *n* – tiranía
**tyrant** *n* – tirano

# U

**uberrima fides** – buena fe absoluta, ubérrima fides
**ubiquitous** *adj* – ubicuo
**ubiquity** *n* – ubicuidad
**UBR (Uniform Business Rate)** – impuesto empresarial uniforme
**UCC (Uniform Commercial Code)** – Código Empresarial Uniforme
**UGMA (Uniform Gifts to Minors Act)** – ley uniforme de regalos a menores
**ulterior** *adj* – ulterior, oculto
**ulterior motive** – motivo ulterior, motivación oculta, segunda intención
**ulterior purpose** – propósito ulterior
**ulteriorly** *adv* – ulteriormente
**ultima ratio** – último recurso, recurso final
**ultimate** *adj* – último, final, máximo
**ultimate beneficiary** – beneficiario final
**ultimate consumer** – consumidor final
**ultimate destination** – destino final
**ultimate facts** – hechos esenciales controvertidos, hechos decisivos
**ultimate issue** – cuestión decisiva
**ultimate payment** – pago final, abono final
**ultimate result** – resultado final
**ultimately** *adv* – últimamente
**ultimatum** *n* – ultimátum
**ultra** *adj* – mas allá de, ultra
**ultra vires** – ultra vires, actos más allá de los poderes autorizados
**umbrella fund** – fondo colectivo reuniendo varios fondos diferentes
**umbrella liability** – seguro de responsabilidad suplementario para aumentar la cobertura
**umbrella liability insurance** – seguro de responsabilidad suplementario para aumentar la cobertura
**umbrella policy** – póliza suplementaria para aumentar la cobertura
**umpirage** *n* – arbitraje, laudo arbitral
**umpire** *n* – árbitro
**umpire** *v* – arbitrar
**unabated** *adj* – no disminuido
**unable** *adj* – incapaz, imposibilitado
**unable to be altered** – incapaz de ser alterado
**unable to be confirmed** – incapaz de ser confirmado
**unable to be corrected** – incapaz de ser corregido
**unable to be investigated** – incapaz de ser investigado
**unable to be seen** – incapaz de ser visto
**unable to be shown** – incapaz de ser demostrado
**unable to earn** – incapaz de obtener ingresos
**unable to endure** – incapaz de tolerar
**unable to improve** – incapaz de mejorar
**unable to pay** – incapaz de pagar
**unable to purchase** – incapaz de comprar
**unable to recognize** – incapaz de reconocer
**unable to remedy** – incapaz de remediar
**unable to withstand** – incapaz de tolerar
**unable to work** – incapaz de trabajar
**unabridged** *adj* – completo, íntegro, no resumido
**unacceptable** *adj* – inaceptable, inadmisible
**unacceptable bid** – oferta inaceptable, puja inaceptable
**unacceptable conditions** – condiciones inaceptables
**unacceptable price** – precio inaceptable
**unacceptable quality** – calidad inaceptable
**unacceptable terms** – términos inaceptables
**unaccessible** *adj* – inaccesible
**unaccompanied** *adj* – desacompañado
**unaccounted** *adj* – faltando, inexplicado
**unaccustomed** *adj* – desacostumbrado, no usual
**unacknowledged** *adj* – no reconocido
**unadaptability** *n* – inadaptabilidad
**unadapted** *adj* – inadaptado
**unadjusted** *adj* – no ajustado, inadaptado
**unadjusted data** – datos no ajustados
**unadjusted rate** – tasa no ajustada
**unadmitted** *adj* – no admitido
**unadmitted assets** – activo no admitido
**unadoptable** *adj* – inadoptable
**unadopted** *adj* – no adoptado
**unadulterated** *adj* – no adulterado, natural
**unadvertised** *adj* – no anunciado
**unadvised** *adj* – imprudente, indiscreto
**unadvisedly** *adv* – imprudentemente, indiscretamente
**unaffiliated** *adj* – no afiliado
**unaffiliated union** – unión no afiliada
**unaided** *adj* – sin ayuda
**unalienable** *adj* – inalienable
**unallocated** *adj* – no asignado, no destinado
**unallotted** *adj* – no asignado, no destinado
**unallowable** *adj* – inadmisible
**unambiguous** *adj* – inequívoco
**unamortised** *adj* – no amortizado
**unamortized debt** – deuda no amortizada
**unamortized loan** – préstamo no amortizado
**unamortized mortgage** – hipoteca no amortizada
**unamortized premium** – prima no amortizada
**unamortized** *adj* – no amortizado
**unamortized debt** – deuda no amortizada
**unamortized loan** – préstamo no amortizado
**unamortized mortgage** – hipoteca no amortizada
**unamortized premium** – prima no amortizada
**unanimity** *n* – unanimidad
**unanimous** *adj* – unánime
**unanimous decision** – decisión unánime
**unanimously** *adv* – unánimemente
**unannounced** *adj* – no anunciado
**unanswerable** *adj* – incontestable
**unanswered** *adj* – no contestado
**unanticipated** *adj* – no anticipado
**unappealable** *adj* – inapelable
**unapplied** *adj* – no aplicado

**unappropriated** *adj* – no apropiado, no asignado
**unappropriated funds** – fondos no asignados
**unapproved** *adj* – no aprobado
**unapt** *adj* – inadecuado, inepto
**unarmed** *adj* – desarmado
**unarranged** *adj* – no convenido
**unascertainable** *adj* – indeterminable
**unascertained** *adj* – indeterminado
**unassignable** *adj* – intransferible
**unassisted** *adj* – sin ayuda
**unassociated** *adj* – no asociado
**unassured** *adj* – no asegurado
**unattached** *adj* – no embargado
**unattainable** *adj* – inalcanzable, irrealizable
**unaudited** *adj* – no auditado
**unauthenticated** *adj* – no autenticado
**unauthorised** *adj* – no autorizado, desautorizado
**unauthorised agent** – agente no autorizado
**unauthorised amount** – cantidad no autorizada
**unauthorised auditor** – auditor no autorizado
**unauthorised bank** – banco no autorizado
**unauthorised charge** – cargo no autorizado
**unauthorised cost** – costo no autorizado, coste no autorizado
**unauthorised dealer** – comerciante no autorizado
**unauthorised endorsement** – endoso no autorizado
**unauthorised expenditures** – gastos no autorizados
**unauthorised expenses** – gastos no autorizados
**unauthorised fee** – cargo no autorizado
**unauthorised indorsement** – endoso no autorizado
**unauthorised insurer** – asegurador no autorizado
**unauthorised investment** – inversión no autorizada
**unauthorised issue** – emisión no autorizada
**unauthorised leave of absence** – licencia no autorizada
**unauthorised payment** – pago no autorizado
**unauthorised practice of law** – práctica de la abogacía sin autorización
**unauthorised remuneration** – remuneración no autorizada
**unauthorised representative** – representante no autorizado
**unauthorised signature** – firma no autorizada
**unauthorised strike** – huelga no autorizada
**unauthorised terms** – términos no autorizados
**unauthorised transfer** – transferencia no autorizada
**unauthorised use** – uso no autorizado
**unauthorized** *adj* – no autorizado, desautorizado
**unauthorized agent** – agente no autorizado
**unauthorized amount** – cantidad no autorizada
**unauthorized auditor** – auditor no autorizado
**unauthorized bank** – banco no autorizado
**unauthorized charge** – cargo no autorizado
**unauthorized cost** – costo no autorizado, coste no autorizado
**unauthorized dealer** – comerciante no autorizado
**unauthorized endorsement** – endoso no autorizado
**unauthorized expenditures** – gastos no autorizados
**unauthorized expenses** – gastos no autorizados
**unauthorized fee** – cargo no autorizado
**unauthorized indorsement** – endoso no autorizado
**unauthorized insurer** – asegurador no autorizado
**unauthorized investment** – inversión no autorizada
**unauthorized issue** – emisión no autorizada
**unauthorized leave of absence** – licencia no autorizada
**unauthorized payment** – pago no autorizado
**unauthorized practice of law** – práctica de la abogacía sin autorización
**unauthorized remuneration** – remuneración no autorizada
**unauthorized representative** – representante no autorizado
**unauthorized signature** – firma no autorizada
**unauthorized strike** – huelga no autorizada
**unauthorized terms** – términos no autorizados
**unauthorized transfer** – transferencia no autorizada
**unauthorized use** – uso no autorizado
**unavailability** *n* – indisponibilidad
**unavailable** *adj* – no disponible, inaccesible
**unavailing** *adj* – inútil, ineficaz
**unavoidable** *adj* – inevitable
**unavoidable accident** – accidente inevitable
**unavoidable casualty** – accidente inevitable
**unavoidable cause** – causa inevitable
**unavoidable charges** – cargos inevitables
**unavoidable costs** – costos inevitables, costes inevitables
**unavoidable dangers** – peligros inevitables
**unavoidable delay** – demora inevitable
**unavoidable expenditures** – gastos inevitables
**unavoidable expenses** – gastos inevitables
**unavoidable fees** – cargos inevitables
**unavoidable occurrence** – incidente inevitable
**unavoidably** *adv* – inevitablemente
**unaware** *adj* – ignorante, ajeno
**unbacked** *adj* – no respaldado
**unbalanced** *adj* – desbalanceado, no cuadrado
**unbalanced budget** – presupuesto desbalanceado
**unbalanced budgeting** – presupuestación desbalanceada
**unbalanced growth** – crecimiento desbalanceado
**unbearable** *adj* – inaguantable, insoportable
**unbeknown** *adj* – desconocido, ignorado
**unbending** *adj* – inflexible, riguroso
**unbiased** *adj* – imparcial, no sesgado
**unbilled** *adj* – no facturado
**unblock** *v* – desbloquear, descongelar
**unblocking** *adj* – desbloqueo, descongelación
**unborn beneficiaries** – beneficiarios aún sin nacer
**unborn child** – niño no nacido, niña no nacida
**unbranded** *adj* – sin marca
**unbridled competition** – competencia desenfrenada
**unbroken** *adj* – continuo, intacto
**unbusinesslike** *adj* – poco profesional, informal, sin instintos de negocios
**uncallable** *adj* – no retirable, no redimible
**uncanceled** *adj* – no cancelado
**uncancelled** *adj* – no cancelado
**uncashed** *adj* – no cobrado, no canjeado
**unceasingly** *adv* – incesantemente
**uncertain** *adj* – incierto, dudoso, indeterminado, indeciso
**uncertain rate** – tasa incierta
**uncertainty** *n* – incertidumbre, indecisión
**unchanged** *adj* – sin cambios, sin modificaciones, igual
**unchecked inflation** – inflación descontrolada

**unclaimed** *adj* – no reclamado
**unclaimed goods** – bienes no reclamados
**unclean** *adj* – impuro
**unclean hands doctrine** – doctrina que le niega reparaciones a la parte demandante si ésta es culpable de conducta injusta en la materia del litigo
**uncleared** *adj* – no compensado, sin haber cumplido los requisitos de aduana
**uncognizant** *adj* – sin conocimiento de
**uncollectable** *adj* – incobrable
**uncollectable account** – cuenta incobrable
**uncollectable debt** – deuda incobrable
**uncollectable loan** – préstamo incobrable
**uncollected** *adj* – no cobrado
**uncollectible** *adj* – incobrable
**uncollectible account** – cuenta incobrable
**uncollectible debt** – deuda incobrable
**uncollectible loan** – préstamo incobrable
**uncommitted** *adj* – no comprometido, disponible, imparcial
**uncommitted resources** – recursos disponibles
**uncommon** *adj* – no usual, poco común
**uncompensable** *adj* – incompensable
**unconditional** *adj* – incondicional
**unconditional acceptance** – aceptación incondicional
**unconditional agreement** – convenio incondicional
**unconditional annuity** – anualidad incondicional
**unconditional bequest** – legado incondicional
**unconditional binding receipt** – recibo obligante incondicional
**unconditional commitment** – compromiso incondicional
**unconditional consent** – consentimiento incondicional
**unconditional contract** – contrato incondicional
**unconditional conveyance** – traspaso incondicional
**unconditional credit** – crédito incondicional
**unconditional creditor** – acreedor incondicional
**unconditional delivery** – entrega incondicional
**unconditional devise** – legado incondicional
**unconditional discharge** – libertad incondicional
**unconditional endorsement** – endoso incondicional
**unconditional gift** – donación incondicional
**unconditional guaranee** – garantía incondicional
**unconditional guaranty** – garantía incondicional
**unconditional health insurance** – seguro de salud incondicional
**unconditional indorsement** – endoso incondicional
**unconditional insurance** – seguro incondicional
**unconditional legacy** – legado incondicional
**unconditional obligation** – obligación incondicional
**unconditional offer** – oferta incondicional
**unconditional offer to purchase** – oferta de compra incondicional
**unconditional order** – orden incondicional
**unconditional ownership** – propiedad incondicional
**unconditional pardon** – perdón incondicional
**unconditional payment** – pago incondicional
**unconditional permit** – permiso incondicional
**unconditional promise** – promesa incondicional
**unconditional purchase** – compra incondicional
**unconditional receipt** – recibo incondicional
**unconditional sale** – venta incondicional
**unconditional sales contract** – contrato de venta incondicional
**unconditional transfer** – transferencia incondicional
**unconditionally** *adv* – incondicionalmente
**unconfirmed** *adj* – no confirmado
**unconfirmed letter of credit** – carta de crédito no confirmada
**unconformity** *n* – inconformidad
**unconscionable** *adj* – desmedido, abusivo, falto de escrúpulos
**unconscionable bargain** – negocio abusivo, contrato abusivo
**unconscionable clause** – cláusula abusiva
**unconscionable contract** – contrato abusivo
**unconscious** *adj* – inconsciente
**unconsciousness** *n* – inconsciencia
**unconsolidated** *adj* – no consolidado
**unconsolidated financial statement** – estado financiero no consolidado
**unconsolidated statement** – estado no consolidado
**unconsolidated tax return** – declaración no consolidada de la renta, declaración no consolidada de ingresos, declaración no consolidada de impuestos
**unconstitutional** *adj* – inconstitucional
**unconstitutionality** *n* – inconstitucionalidad
**unconstitutionally** *adv* – inconstitucionalmente
**uncontemplated** *adj* – impensado, no contemplado
**uncontested** *adj* – incontestado
**uncontested divorce** – divorcio incontestado, divorcio sin oposición
**uncontrollable** *adj* – incontrolable
**uncontrollable costs** – costos incontrolables, costes incontrolables
**uncontrollable expenditures** – gastos incontrolables
**uncontrollable expenses** – gastos incontrolables
**uncontrollable factors** – factores incontrolables
**uncontrollable impulse** – impulso incontrolable
**uncontrollable variables** – variables incontrolables
**uncontrolled** *adj* – no controlado
**unconvertible** *adj* – no convertible
**uncorrected** *adj* – sin corregir
**uncorroborated** *adj* – no corroborado
**uncover** *v* – revelar, descubrir
**uncovered** *adj* – descubierto
**undated** *adj* – sin fecha
**undecided** *adj* – irresoluto, indeciso
**undecisive** *adj* – no decisivo
**undeclared** *adj* – no declarado
**undeclared value** – valor no declarado
**undefended** *adj* – sin defensa, indefenso
**undeferrable** *adj* – inaplazable
**undefined** *adj* – indefinido
**undeliberate** *adj* – indeliberado
**undeliverable** *adj* – no entregable
**undelivered** *adj* – sin entregar
**undeniable** *adj* – indisputable
**under** *prep* – bajo, bajo de, subordinado a, conforme a
**under-achiever** *n* – quien no alcanza las expectativas esperadas
**under advisement** – bajo consideración
**under arrest** – bajo arresto
**under-bid** *v* – hacer una oferta más baja
**under bond** – bajo fianza, bajo garantía
**under-capitalisation** *n* – subcapitalización
**under-capitalise** *v* – subcapitalizar

**under-capitalised** *adj* – subcapitalizado
**under-capitalization** *n* – subcapitalización
**under-capitalize** *v* – subcapitalizar
**under-capitalized** *adj* – subcapitalizado
**under-charge** *v* – cobrar de menos
**under-charged** *adj* – cobrado de menos
**under color of law** – so color de la ley
**under construction** – bajo construcción
**under-consumption** *n* – subconsumo
**under consideration** – bajo consideración
**under contract** – bajo contrato, contratado
**under control** – bajo control
**under-cover** *adj* – secreto, confidencial
**under-cut** *v* – vender a un precio más bajo que un competidor, socavar
**under-developed** *adj* – subdesarrollado
**under-developed country** – país subdesarrollado
**under-development** *n* – subdesarrollo
**under-employed** *adj* – subempleado
**under-employed** *n* – subempleado
**under-employment** *n* – subempleo
**under-estimate** *v* – subestimar, infravalorar
**under-estimation** *n* – subestimación, infravaloración
**under-financed** *adj* – subfinanciado
**under-funded** *adj* – subfinanciado
**under-insurance** *n* – infraseguro
**under-insured** *adj* – infraasegurado
**under-lease** *n* – subarriendo
**under-lessee** *n* – subarrendatario
**under-lessor** *n* – subarrendador
**under-manned** *adj* – escaso de personal
**under-margined account** – cuenta de margen que está por debajo del mínimo de mantenimiento
**under new management** – bajo nueva administración
**under oath** – bajo juramento
**under-paid** *adj* – pagado insuficientemente
**under par** – bajo la par
**under-pay** *v* – pagar insuficientemente
**under-payment** *n* – pago insuficiente, abono insuficiente
**under-payment penalty** – penalidad por insuficiencia de pagos
**under penalty of** – so pena de
**under-perform** *v* – tener rendimiento menor del esperado, tener rendimiento menor que otro
**under-price** *v* – poner precios muy bajos, poner precios más bajos que otros
**under-priced** *adj* – con un precio muy bajo, con un precio más bajo que otros
**under-production** *n* – subproducción
**under protest** – bajo protesto
**under-rate** *v* – subestimar, infravalorar
**under-rated** *adj* – subestimado, infravalorado
**under-report** *v* – informar menos de lo devengado, informar menos de lo debido
**under-represent** *v* – representar menos de lo debido, representar insuficientemente
**under-represented** *adj* – representado menos de lo debido, insuficientemente representado
**under seal** – bajo sello
**under-sell** *v* – vender por menos que competidores, vender por menos que lo usual, vender por menos del valor real, representar como menos de lo que realmente se es
**under-signed** *adj* – abajo firmado, infrascrito
**under-signed, the** – el abajo firmante, el infrascrito
**under-spend** *v* – gastar menos de lo debido, gastar menos de lo previsto, gastar menos que otros
**under-staff** *v* – tener menos personal que lo necesario, tener menos personal que lo debido
**under-staffed** *adj* – con menos personal que lo necesario, con menos personal que lo debido
**under-tax** *v* – imponer de menos
**under-tenant** *n* – subarrendatario
**under-the-counter** *adj* – vendido o traspasado ilegalmente, comprado u obtenido ilegalmente
**under the influence** – bajo la influencia de, ebrio
**under the influence of an intoxicant** – bajo la influencia de una sustancia intoxicante, ebrio
**under the influence of intoxicating liquor** – bajo la influencia del alcohol, ebrio
**under-the-table** *adj* – vendido o traspasado ilegalmente, comprado u obtenido ilegalmente
**under-utilisation** *n* – subutilización
**under-utilization** *n* – subutilización
**under-valuation** *n* – subvaloración
**under-value** *v* – subvalorar
**under-valued** *adj* – infravalorado, subvalorado
**under wraps** – secreto, oculto
**underachiever** *n* – quien no alcanza las expectativas esperadas
**underbid** *v* – hacer una oferta más baja
**undercapitalisation** *n* – subcapitalización
**undercapitalise** *v* – subcapitalizar
**undercapitalised** *adj* – subcapitalizado
**undercapitalization** *n* – subcapitalización
**undercapitalize** *v* – subcapitalizar
**undercapitalized** *adj* – subcapitalizado
**undercharge** *v* – cobrar de menos
**undercharged** *adj* – cobrado de menos
**underclothing** *n* – ropa interior
**underconsumption** *n* – subconsumo
**undercover** *adj* – secreto, confidencial
**undercover agent** – agente encubierto
**undercut** *v* – vender a un precio más bajo que un competidor, socavar
**underdeveloped** *adj* – subdesarrollado
**underdeveloped country** – país subdesarrollado
**underdevelopment** *n* – subdesarrollo
**underemployed** *adj* – subempleado
**underemployed** *n* – subempleado
**underemployment** *n* – subempleo
**underestimate** *v* – subestimar, infravalorar
**underestimation** *n* – subestimación, infravaloración
**underfinanced** *adj* – subfinanciado
**underfunded** *adj* – subfinanciado
**undergo** *v* – sufrir, experimentar, someterse a
**undergo changes** – sufrir cambios
**underground** *adj* – subterráneo, clandestino
**underground economy** – economía clandestina
**underground water** – aguas subterráneas
**underhand** *adj* – traicionero, solapado, deshonesto, clandestino, fraudulento
**underhanded** *adj* – traicionero, solapado, deshonesto, clandestino, fraudulento, escaso de personal
**underinsurance** *n* – infraseguro
**underinsured** *adj* – infraasegurado
**underlease** *n* – subarriendo

**underlessee** *n* – subarrendatario
**underlessor** *n* – subarrendador
**underlying** *adj* – fundamental, implícito, subyacente
**underlying assets** – activo subyacente
**underlying cause** – causa subyacente
**underlying company** – compañía subsidiaria
**underlying inflation** – inflación subyacente
**underlying lien** – gravamen subyacente
**underlying mortgage** – hipoteca subyacente
**underlying rate** – tasa subyacente
**underlying securities** – valores subyacentes
**undermanned** *adj* – escaso de personal
**undermargined account** – cuenta de margen que está por debajo del mínimo de mantenimiento
**undermost** *adj* – último
**underpaid** *adj* – pagado insuficientemente
**underpay** *v* – pagar insuficientemente
**underpayment** *n* – pago insuficiente, abono insuficiente
**underpayment penalty** – penalidad por insuficiencia de pagos
**underperform** *v* – tener rendimiento menor del esperado, tener rendimiento menor que otro
**underprice** *v* – poner precios muy bajos, poner precios más bajos que otros
**underpriced** *adj* – con un precio muy bajo, con un precio más bajo que otros
**underproduction** *n* – subproducción
**underrate** *v* – subestimar, infravalorar
**underrated** *adj* – subestimado, infravalorado
**underreport** *v* – informar menos de lo devengado
**underrepresent** *v* – representar menos de lo debido, representar insuficientemente
**underrepresented** *adj* – representado menos de lo debido, insuficientemente representado
**undersecretary** *n* – subsecretario
**undersell** *v* – vender por menos que competidores, vender por menos que lo usual, vender por menos del valor real, representar como menos de lo que realmente se es
**undersigned** *adj* – abajo firmado, infrascrito
**undersigned, the** – el abajo firmante, el infrascrito
**understaff** *v* – tener menos personal que lo necesario, tener menos personal que lo debido
**understaffed** *adj* – con menos personal que lo necesario, con menos personal que lo debido
**understand** *v* – entender, saber, sobrentender
**understandable** *adj* – comprensible
**understanding** *n* – entendimiento, interpretación, convenio
**understate** *v* – subestimar, subdeclarar
**understated** *adj* – subestimado, subdeclarado
**understatement** *n* – subestimación, declaración incompleta
**understood** *adj* – entendido, convenido, sobrentendido
**undertake** *v* – emprender, garantizar, intentar, comprometerse, contraer, asumir
**undertake an obligation** – asumir una obligación
**undertaker** *n* – empresario, funerario
**undertaking** *n* – empresa, promesa, compromiso
**undertax** *v* – imponer de menos
**underutilisation** *n* – subutilización
**underutilization** *n* – subutilización
**undervaluation** *n* – subvaloración
**undervalue** *v* – subvalorar
**undervalued** *adj* – infravalorado, subvalorado
**underway** *adj* – en marcha
**underwrite** *v* – suscribir, asegurar, financiar, garantizar la venta completa de una emisión, escribir abajo de
**underwrite a risk** – asegurar un riesgo
**underwrite shares** – suscribir acciones, garantizar la venta completa de una emisión de acciones
**underwrite stock** – suscribir acciones, garantizar la venta completa de una emisión de acciones
**underwriter** *n* – suscriptor, asegurador, colocador de emisión
**underwriting** *n* – suscripción, aseguramiento, financiación, aseguramiento de emisión
**underwriting agreement** – contrato de colocación de emisión
**underwriting commission** – comisión de colocación de emisión
**underwriting contract** – contrato de colocación de emisión
**underwriting costs** – costos de colocación de emisión, costes de colocación de emisión
**underwriting fee** – cargo de colocación de emisión
**underwriting group** – grupo de colocación de emisión
**underwriting manager** – administrador de colocación de emisión
**underwriting syndicate** – consorcio de emisión
**undescribable** *adj* – indescriptible
**undeserved** *adj* – inmerecido
**undeservedly** *adv* – inmerecidamente
**undeterminable** *adj* – indeterminable
**undetermined** *adj* – indeterminado
**undeveloped** *adj* – no desarrollado, menos desarrollado que otros
**undisbursed** *adj* – sin desembolsar
**undischarged** *adj* – no pagado, no cumplido
**undisclosed** *adj* – oculto
**undisclosed agency** – agencia oculta, representación oculta
**undisclosed agent** – agente oculto, quien no revela su estado de representante
**undisclosed defects** – vicios ocultos
**undisclosed information** – información oculta
**undisclosed partner** – socio oculto
**undisclosed principal** – mandante oculto
**undisputed** *adj* – indisputable, indiscutible
**undisputed fact** – hecho indisputable
**undistributed** *adj* – no distribuido
**undistributed profits** – beneficios no distribuidos, ganancias no distribuidas
**undivided** *adj* – indiviso, completo
**undivided account** – cuenta indivisa
**undivided interest** – interés indiviso
**undivided profits** – ganancias no distribuidas
**undivided right** – derecho indiviso
**undo** *v* – deshacer, anular, enmendar
**undocumented** *adj* – indocumentado, sin documentación
**undone** *adj* – sin hacer, desligado
**undue** *adj* – indebido, ilegal, abusivo, no pagadero, no vencido
**undue hardship** – dificultades u obstáculos enormes,

grandes apuros
**undue influence** – coacción, influencia abusiva
**undue means** – medios abusivos
**unduly** *adv* – indebidamente, excesivamente
**unearned** *adj* – no ganado, no devengado
**unearned income** – ingresos no devengados
**unearned premium** – prima no devengada
**uneasy** *adj* – intranquilo, preocupado
**uneconomical** *adj* – no económico, ineconómico
**uneducated** *adj* – no educado
**unemployable** *adj* – quien no puede ser empleado, incapacitado para trabajar
**unemployed** *adj* – desempleado, sin utilizar
**unemployment** *n* – desempleo, paro
**unemployment benefit** – compensación por desempleo
**unemployment compensation** – compensación por desempleo
**unemployment insurance** – seguro de desempleo
**unemployment pay** – paga por desempleo
**unemployment pension** – pensión por desempleo
**unemployment rate** – tasa de desempleo
**unenclosed place** – lugar al descubierto
**unencumbered** *adj* – libre de gravámenes
**unencumbered property** – propiedad libre de gravámenes
**unending** *adj* – interminable
**unendorsed** *adj* – no endosado, no apoyado, no promovido
**unenforceable** *adj* – lo cual no se puede hacer cumplir, inexigible, no ejecutable
**unequal** *adj* – desigual, injusto, discriminatorio
**unequal relationship** – relación desigual
**unequal treatment** – trato desigual
**unequivocal** *adj* – inequívoco
**unerring** *adj* – infalible
**unessential** *adj* – no esencial
**unessential act** – acto no esencial
**unessential activity** – actividad no esencial
**unessential beneficiary** – beneficiario no esencial
**unessential business** – negocio no esencial
**unessential care** – cuidado no esencial
**unessential clause** – cláusula no esencial
**unessential component** – componente no esencial
**unessential condition** – condición no esencial
**unessential covenant** – estipulación no esencial
**unessential diligence** – diligencia no esencial
**unessential easement** – servidumbre no esencial
**unessential element** – elemento no esencial
**unessential evidence** – prueba no esencial
**unessential fact** – hecho no esencial
**unessential information** – información no esencial
**unessential obligation** – obligación no esencial
**unessential part** – parte no esencial
**unessential party** – parte no esencial
**unessential repairs** – reparaciones no esenciales
**unessential servitude** – servidumbre no esencial
**unessential stipulation** – estipulación no esencial
**unessential testimony** – testimonio no esencial
**unessential witness** – testigo no esencial
**unethical** *adj* – no ético
**unethical conduct** – conducta no ética
**uneven** *adj* – desigual
**uneventful** *adj* – sin acontecimientos
**unexampled** *adj* – sin ejemplo, sin precedente
**unexceptionable** *adj* – irrecusable
**unexecuted** *adj* – sin ejecutar
**unexpected** *adj* – inesperado
**unexpected charges** – cargos inesperados
**unexpected costs** – costos inesperados, costes inesperados
**unexpected expenditures** – gastos inesperados
**unexpected expenses** – gastos inesperados
**unexpected fees** – cargos inesperados
**unexpected interest rate** – tasa de interés inesperada
**unexpected loss** – pérdida inesperada
**unexpected payment** – pago inesperado, abono inesperado
**unexpected premium** – prima inesperada
**unexpected price** – precio inesperado
**unexpected quality** – calidad inesperada
**unexpected rate** – tasa inesperada
**unexpected rent** – renta inesperada
**unexpected risks** – riesgos inesperados
**unexpected salary** – salario inesperado
**unexpected tariff** – tarifa inesperada
**unexpected tax** – impuesto inesperado
**unexpected work** – trabajo inesperado
**unexpired** *adj* – no vencido
**unexpired account** – cuenta no expirada
**unexpired card** – tarjeta no expirada
**unexpired credit card** – tarjeta de crédito no expirada
**unexpired insurance** – seguro no expirado
**unexpired insurance policy** – póliza de seguro no expirada
**unexpired policy** – póliza no expirada
**unexpired term** – plazo no vencido
**unexplainable** *adj* – inexplicable
**unfair** *adj* – injusto, desleal
**unfair advantage** – ventaja injusta, ventaja desleal
**unfair competition** – competencia desleal
**unfair competitive advantage** – ventaja competitiva desleal
**unfair dismissal** – despido injustificado
**unfair hearing** – audiencia en que no se usó el procedimiento de ley establecido
**unfair labor practice** – práctica laboral desleal
**unfair labour practice** – práctica laboral desleal
**unfair methods of competition** – métodos de competencia desleales
**unfair practices** – prácticas desleales
**unfair trade** – competencia desleal
**unfair trade practices** – prácticas de competencia desleales
**unfair treatment** – trato injusto
**unfaithful** *adj* – infiel, desleal, inexacto
**unfaithful employee** – empleado desleal
**unfaithful partner** – pareja infiel
**unfaithful spouse** – cónyuge infiel
**unfaithfulness** *n* – infidelidad, deslealtad
**unfamiliarity** *n* – desconocimiento
**unfavorable** *adj* – desfavorable, contrario
**unfavorable balance of trade** – balanza comercial desfavorable
**unfavorable decision** – decisión desfavorable
**unfavorable judgment** – fallo desfavorable
**unfavorable opinion** – opinión desfavorable
**unfavorable position** – posición desfavorable

**unfavorable sentence** – sentencia desfavorable
**unfavorable verdict** – veredicto desfavorable
**unfavourable** *adj* – desfavorable, contrario
**unfavourable balance of trade** – balanza comercial desfavorable
**unfavourable decision** – decisión desfavorable
**unfavourable judgment** – fallo desfavorable
**unfavourable opinion** – opinión desfavorable
**unfavourable position** – posición desfavorable
**unfavourable sentence** – sentencia desfavorable
**unfavourable verdict** – veredicto desfavorable
**unfinished** *adj* – incompleto, imperfecto
**unfinished business** – asuntos pendientes
**unfinished goods** – productos semiacabados
**unfinished products** – productos semiacabados
**unfit** *adj* – inadecuado, incapaz, incompetente, incapacitado
**unforced** *adj* – no forzado, voluntario
**unforeseeable** *adj* – imprevisible
**unforeseen** *adj* – imprevisto
**unfortunate** *adj* – desafortunado, malaventurado
**unfounded** *adj* – infundado
**unfreeze** *v* – descongelar, desbloquear
**unfriendly** *adj* – hostil, enemigo
**unfriendly takeover** – toma de control hostil
**unfulfilled** *adj* – incumplido, insatisfecho, no despachado
**unfunded** *adj* – sin fondos, flotante
**unfunded benefits** – beneficios sin fondos asignados
**unfunded liabilities** – pasivos sin fondos asignados
**unfunded pension plan** – plan de pensiones sin fondos asignados
**ungrounded** *adj* – infundado
**unharmed** *adj* – ileso, intacto
**unhealthy** *adj* – insalubre, enfermo
**unhedged** *adj* – sin cobertura, sin protección
**unhurt** *adj* – ileso
**unification** *n* – unificación
**unified** *adj* – unificado
**unified credit** – crédito unificado
**uniform** *adj* – uniforme
**uniform accounting** – contabilidad uniforme
**uniform accountancy** – contabilidad uniforme
**uniform accounting system** – sistema de contabilidad uniforme
**uniform acts** – leyes uniformes
**Uniform Business Rate** – impuesto empresarial uniforme
**uniform capitalization rules** – reglas de capitalización uniformes
**uniform cash flow** – flujo de fondos uniforme
**uniform code** – código uniforme
**Uniform Commercial Code** – Código Uniforme de Comercio
**uniform custom** – costumbre uniforme
**uniform forms** – formularios uniformes
**Uniform Gifts to Minors Act** – ley uniforme de regalos a menores
**uniform laws** – leyes uniformes
**uniform state laws** – leyes estatales uniformes
**uniform statement** – declaración uniforme, declaración del cierre uniforme, estado uniforme
**Uniform Transfers to Minors Act** – ley uniforme de transferencias a menores
**uniformity** *n* – uniformidad
**uniformly** *adv* – uniformemente
**unify** *v* – unificar, unir
**unigeniture** *n* – unigenitura
**unilateral** *adj* – unilateral
**unilateral agreement** – convenio unilateral, contrato unilateral
**unilateral contract** – contrato unilateral
**unilateral free trade** – libre comercio unilateral
**unilateral mistake** – error unilateral
**unilateral record** – registro unilateral
**unilateral strategy** – estrategia unilateral
**unilateralism** *n* – unilateralismo
**unilateralist** *adj* – unilateralista
**unilateralist** *n* – unilateralista
**unilaterally** *adv* – unilateralmente
**unimpeachable** *adj* – intachable, irrecusable
**unimportance** *n* – insignificancia
**unimportant** *adj* – insignificante
**unimproved** *adj* – no mejorado
**unimproved land** – tierras sin mejoras
**unimproved property** – propiedad sin mejoras
**unincorporated** *adj* – no incorporado
**unincorporated association** – asociación no incorporada
**unincorporated business** – negocio no incorporado
**unincorporated enterprise** – empresa no incorporada
**uninfected** *adj* – sin infectar, sin contaminar
**uninhabitable** *adj* – inhabitable
**uninheritable** *adj* – inheredable
**uninjured** *adj* – ileso
**uninsurable** *adj* – no asegurable
**uninsurable interest** – interés no asegurable
**uninsurable property** – propiedad no asegurable
**uninsurable risk** – riesgo no asegurable
**uninsurable title** – título no asegurable
**uninsurable value** – valor no asegurable
**uninsured** *adj* – sin seguro, no asegurado
**uninsured account** – cuenta no asegurada
**uninsured bank** – banco no asegurado
**uninsured deposit** – depósito no asegurado
**uninsured depositor** – depositante no asegurado
**uninsured financial institution** – institución financiera no asegurada
**uninsured loan** – préstamo no asegurado
**uninsured mail** – correo no asegurado
**uninsured mortgage** – hipoteca no asegurada
**uninsured mortgage loan** – préstamo hipotecario no asegurado
**uninsured motorist** – conductor no asegurado
**uninsured motorist coverage** – cobertura de conductores no asegurados
**uninsured peril** – peligro no asegurado
**uninsured premises** – propiedad no asegurada
**uninsured property** – propiedad no asegurada
**uninsured risk** – riesgo no asegurado
**uninsured title** – título no garantizado
**unintelligible** *adj* – incomprensible
**unintentional** *adj* – no intencionado
**uninterested** *adj* – desinteresado, indiferente
**uninterruptable** *adj* – ininterrumpible
**uninterrupted** *adj* – ininterrumpido
**uninterruptible** *adj* – ininterrumpible
**uninvested** *adj* – no invertido

**union** *n* – unión, asociación, gremio laboral, sindicato
**union affiliation** – afiliación sindical
**union agreement** – convenio sindical, contrato sindical
**union card** – tarjeta sindical
**union certification** – certificación de un sindicato
**union contract** – contrato sindical, convenio colectivo
**union delegate** – delegado sindical
**union dues** – cuotas sindicales
**union member** – sindicalista, miembro de unión
**union membership** – afiliación sindical
**union mortgage clause** – cláusula en una póliza de seguro de propiedad para proteger al acreedor hipotecario
**union official** – oficial sindical
**union rate** – salario mínimo postulado por un sindicato
**union representative** – representante sindical
**union security clause** – cláusula sindical en un contrato laboral
**union shop** – taller agremiado
**unionisation** *n* – sindicalización
**unionise** *v* – sindicalizar, agremiar
**unionised** *adj* – sindicalizado, agremiado
**unionization** *n* – sindicalización
**unionize** *v* – sindicalizar, agremiar
**unionized** *adj* – sindicalizado, agremiado
**unissued** *adj* – no emitido
**unissued capital** – capital no emitido
**unissued shares** – acciones no emitidas
**unissued stock** – acciones no emitidas
**unit** *n* – unidad
**unit bank** – banco sin sucursales
**unit banking** – banca sin sucursales
**unit benefit plan** – plan de beneficios de unidades
**unit investment trust** – fondo mutuo de inversiones de ingreso fijo
**unit labor cost** – costo unitario del trabajo, coste unitario del trabajo
**unit labour cost** – costo unitario del trabajo, coste unitario del trabajo
**unit of account** – unidad de cuenta
**unit of production** – unidad de producción
**unit ownership acts** – leyes concernientes a la propiedad horizontal
**unit teller** – cajero de pagos y cobros
**unitary** *adj* – unitario
**unite** *v* – unir
**united** *adj* – unido
**united in interest** – partes con el mismo interés
**unitrust** *n* – fideicomiso en que se le paga anualmente a los beneficiarios un porcentaje fijo del valor justo en el mercado del activo
**unity** *n* – unidad, concordia
**unity of command** – unidad de mando
**unity of interest** – unidad de intereses
**unity of possession** – unidad de posesión
**unity of spouses** – unidad jurídica de cónyuges
**unity of time** – unidad de tiempo
**unity of title** – unidad de título
**universal** *adj* – universal
**universal agency** – agencia general, representación general, poder general
**universal agent** – agente general, representante general, apoderado general
**universal banking** – banca universal
**universal legacy** – legado universal
**universal life** – seguro de vida universal
**universal life insurance** – seguro de vida universal
**universal malice** – malicia en general hacia aquellos con quien se encuentra una persona
**universal partnership** – sociedad universal
**Universal Product Code** – Código Universal de Productos
**universal succession** – sucesión universal
**universal variable** – seguro de vida variable universal
**universal variable life insurance** – seguro de vida variable universal
**unjoin** *v* – dividir
**unjust** *adj* – injusto
**unjust enrichment** – enriquecimiento injusto
**unjust dismissal** – despido injusto
**unjust firing** – despido injusto
**unjust enrichment doctrine** – doctrina concerniente al enriquecimiento injusto
**unjustifiable** *adj* – injustificable
**unjustified** *adj* – injustificado
**unknown** *adj* – desconocido, ignorado
**unknown persons** – personas desconocidas
**unlawful** *adj* – ilegal, ilícito
**unlawful ab initio** – ilegal desde el principio
**unlawful act** – acto ilegal
**unlawful action** – acción ilegal
**unlawful agreement** – acuerdo ilegal
**unlawful arrest** – arresto ilegal
**unlawful assembly** – reunión ilegal
**unlawful auction** – subasta ilegal
**unlawful authority** – autoridad ilegal
**unlawful belligerents** – beligerantes que violan las normas de las leyes de guerra
**unlawful beneficiary** – beneficiario ilegal
**unlawful business** – negocio ilegal
**unlawful cause** – causa ilegal
**unlawful command** – orden ilegal
**unlawful condition** – condición ilegal
**unlawful conduct** – conducta ilegal
**unlawful consideration** – contraprestación ilegal
**unlawful conspiracy** – conspiración para llevar a cabo un acto ilegal
**unlawful contract** – contrato ilegal
**unlawful custody** – custodia ilegal
**unlawful detainer** – detención ilegal
**unlawful detention** – detención ilegal
**unlawful discharge** – despido ilegal
**unlawful discrimination** – discriminación ilegal
**unlawful dismissal** – despido ilegal
**unlawful dividend** – dividendo ilegal
**unlawful donation** – donación ilegal
**unlawful duty** – obligación ilegal
**unlawful entity** – entidad ilegal
**unlawful entry** – entrada ilegal
**unlawful evasion** – evasión ilegal
**unlawful exaction** – exacción ilegal
**unlawful firing** – despido ilegal
**unlawful force** – fuerza ilegal
**unlawful gain** – ganancia ilegal, beneficio ilegal, ventaja ilegal
**unlawful gift** – donación ilegal

**unlawful incentive** – incentivo ilegal
**unlawful incitation** – incitación ilegal
**unlawful income** – ingresos ilegales
**unlawful inducement** – motivación ilegal
**unlawful interest** – usura, interés ilegal
**unlawful interest rate** – usura, interés ilegal
**unlawful loan** – préstamo ilegal
**unlawful measures** – medios ilegales
**unlawful monopoly** – monopolio ilegal
**unlawful motivation** – motivación ilegal
**unlawful notice** – notificación ilegal
**unlawful obligation** – obligación ilegal
**unlawful offer** – oferta ilegal
**unlawful operation** – operación ilegal
**unlawful order** – orden ilegal
**unlawful pact** – pacto ilegal, convenio ilegal
**unlawful picketing** – piquete ilegal
**unlawful possession** – posesión ilegal
**unlawful practice** – práctica ilegal
**unlawful present** – regalo ilegal
**unlawful process** – proceso ilegal
**unlawful profit** – ganancia ilegal
**unlawful property** – propiedad ilegal
**unlawful purpose** – propósito ilegal
**unlawful rate** – usura, interés ilegal
**unlawful reward** – recompensa ilegal
**unlawful sale** – venta ilegal
**unlawful search** – allanamiento ilegal
**unlawful strike** – huelga ilegal
**unlawful tax** – impuesto ilegal
**unlawful trade** – comercio ilegal
**unlawful traffic** – tráfico ilegal
**unlawful transaction** – transacción ilegal
**unlawful transfer** – transferencia ilegal
**unlawful use** – uso ilegal
**unlawfully** *adv* – ilegalmente, ilícitamente
**unlawfully adopted** – adoptado ilegalmente
**unlawfully agreed upon** – acordado ilegalmente
**unlawfully arrested** – arrestado ilegalmente
**unlawfully assembled** – reunido ilegalmente
**unlawfully auctioned** – subastado ilegalmente
**unlawfully authorized** – autorizado ilegalmente
**unlawfully combined** – combinado ilegalmente
**unlawfully constituted** – constituido ilegalmente
**unlawfully contracted** – contratado ilegalmente
**unlawfully detained** – detenido ilegalmente
**unlawfully donated** – donado ilegalmente
**unlawfully done** – hecho ilegalmente
**unlawfully entered** – ingresado ilegalmente
**unlawfully established** – establecido ilegalmente
**unlawfully evaded** – evadido ilegalmente
**unlawfully exported** – exportado ilegalmente
**unlawfully immigrated** – inmigrado ilegalmente
**unlawfully imported** – importado ilegalmente
**unlawfully incited** – incitado ilegalmente
**unlawfully incorporated** – incorporado ilegalmente
**unlawfully loaned** – prestado ilegalmente
**unlawfully monopolized** – monopolizado ilegalmente
**unlawfully motivated** – motivado ilegalmente
**unlawfully obligated** – obligado ilegalmente
**unlawfully obtained** – obtenido ilegalmente
**unlawfully offered** – ofrecido ilegalmente
**unlawfully operated** – operado ilegalmente
**unlawfully ordered** – ordenado ilegalmente
**unlawfully pacted** – pactado ilegalmente
**unlawfully possessed** – poseído ilegalmente
**unlawfully practiced** – practicado ilegalmente
**unlawfully searched** – allanado ilegalmente
**unlawfully sold** – vendido ilegalmente
**unlawfully taxed** – impuesto ilegalmente
**unlawfully traded** – comerciado ilegalmente
**unlawfully trafficked** – traficado ilegalmente
**unlawfully transferred** – transferido ilegalmente
**unlawfully used** – usado ilegalmente
**unless** *conj* – a no ser que, a menos que
**unless otherwise agreed** – salvo que se acuerde lo contrario, a menos que se acuerde lo contrario
**unless otherwise indicated** – salvo que se indique lo contrario, a menos que se indique lo contrario
**unless otherwise provided** – salvo que se disponga lo contrario, a menos que se disponga lo contrario
**unless otherwise specified** – salvo que se especifique lo contrario, a menos que se especifique lo contrario
**unleveraged** *adj* – no apalancado
**unlicenced** *adj* – sin licencia, sin autorizar
**unlicensed** *adj* – sin licencia, sin autorizar
**unlimited** *adj* – ilimitado
**unlimited acceptance** – aceptación ilimitada
**unlimited account** – cuenta ilimitada
**unlimited authority** – autorización ilimitada
**unlimited company** – sociedad de responsabilidad ilimitada, compañía de responsabilidad ilimitada
**unlimited credit** – crédito ilimitado
**unlimited guarantee** – garantía ilimitada
**unlimited guaranty** – garantía ilimitada
**unlimited insurance** – seguro ilimitado
**unlimited liability** – responsabilidad ilimitada
**unlimited mortgage** – hipoteca ilimitada
**unlimited policy** – póliza ilimitada
**unlimited risk** – riesgo ilimitado
**unlimited tax bond** – bono con respaldo de imposición ilimitada
**unlimited time** – tiempo ilimitado
**unlimited warranty** – garantía ilimitada
**unliquidated** *adj* – no liquidado, sin determinar
**unliquidated damages** – daños y perjuicios sin determinar
**unlisted** *adj* – no cotizado, no cotizado en una bolsa, no inscrito, no listado
**unlisted securities** – valores no cotizados
**unlisted shares** – acciones no cotizadas
**unlisted stock** – acciones no cotizadas
**unlivery** *n* – descarga del cargamento en el puerto señalado
**unload** *v* – descargar, salir de
**unloading** *n* – descarga
**unmailable** *adj* – no apto para enviarse por correo
**unmanageable** *adj* – inmanejable
**unmarginable** *adj* – no elegible para cuentas de margen
**unmarked** *adj* – sin marcar
**unmarketable** *adj* – incomerciable, invendible, innegociable
**unmarketable title** – título incierto
**unmarried** *adj* – soltero, no casado
**unmeant** *adj* – sin intención, no intencionado
**unmistakable** *adj* – inconfundible, evidente
**unmortgaged** *adj* – no hipotecado, sin hipoteca

**unnamed** *adj* – sin nombre, sin nombrar
**unnecessary** *adj* – innecesario
**unnecessary act** – acto innecesario
**unnecessary care** – cuidado innecesario
**unnecessary charges** – cargos innecesarios
**unnecessary clause** – cláusula innecesaria
**unnecessary component** – componente innecesario
**unnecessary condition** – condición innecesaria
**unnecessary costs** – costos innecesarios, costes innecesarios
**unnecessary cruelty** – crueldad innecesaria
**unnecessary deposit** – depósito innecesario
**unnecessary diligence** – diligencia innecesaria
**unnecessary domicile** – domicilio innecesario
**unnecessary easement** – servidumbre innecesaria
**unnecessary expenditures** – gastos innecesarios
**unnecessary expenses** – gastos innecesarios
**unnecessary fees** – cargos innecesarios
**unnecessary hardship** – penuria innecesaria
**unnecessary inference** – inferencia innecesaria
**unnecessary insurance** – seguro innecesario
**unnecessary litigation** – litigio innecesario
**unnecessary parties** – partes innecesarias
**unnecessary repairs** – reparaciones innecesarias
**unnecessary services** – servicios innecesarios
**unnecessary servitude** – servidumbre innecesaria
**unnecessary stipulation** – estipulación innecesaria
**unnecessary tax** – impuesto innecesario, contribución innecesaria
**unnecessary testimony** – testimonio innecesario
**unnecessary witness** – testigo innecesario
**unnegotiable** *adj* – innegociable, no negociable
**unobservant** *adj* – distraído, descuidado
**unoccupied** *adj* – vacante, no ocupado
**unofficial** *adj* – no oficial, extraoficial, no autorizado
**unofficial opinion** – opinión extraoficial
**unofficial strike** – huelga sin la autorización del sindicato
**unofficially** *adv* – extraoficialmente
**unowned** *adj* – mostrenco, sin dueño
**unpaid** *adj* – no pagado, impago, sin paga, no remunerado
**unpaid balance** – saldo deudor
**unpaid bill** – cuenta no pagada
**unpaid charges** – cargos no pagados
**unpaid check** – cheque no pagado
**unpaid cheque** – cheque no pagado
**unpaid debt** – deuda no pagada
**unpaid dividend** – dividendo no pagado
**unpaid holiday** – día festivo no pagado
**unpaid invoice** – factura no pagada
**unpaid leave** – licencia no pagada
**unpaid loan** – préstamo no pagado
**unpaid time** – tiempo no pagado
**unpaid work** – trabajo no pagado
**unpardonable** *adj* – imperdonable
**unpatented** *adj* – no patentado
**unpayable** *adj* – impagable
**unpayable debt** – deuda impagable
**unplanned** *adj* – no planificado, no premeditado, no intencional
**unprecedented** *adj* – sin precedente
**unprecise** *adj* – impreciso, indefinido
**unprejudiced** *adj* – sin prejuicios, imparcial
**unpremeditated** *adj* – impremeditado
**unprepared** *adj* – desprevenido, sin preparar, improvisado
**unproductive** *adj* – improductivo, infructuoso
**unprofessional** *adj* – no profesional, no ético
**unprofessional conduct** – conducta no profesional
**unprofitable** *adj* – no provechoso, no lucrativo
**unproved** *adj* – no probado
**unpunctual** *adj* – impuntual
**unqualified** *adj* – incondicional, sin reservas, sin calificaciones, absoluto, incompetente, incapaz, no cualificado
**unqualified opinion** – opinión sin reservas
**unquestionable** *adj* – incuestionable
**unquoted** *adj* – no cotizado, sin cotizar, sin cotización en una bolsa
**unread** *adj* – sin leer, sin leer todavía
**unrealised** *adj* – no realizado
**unrealistic goal** – meta poco realista
**unrealized** *adj* – no realizado
**unreasonable** *adj* – irrazonable, absurdo, arbitrario, injusto, inapropiado, excesivo
**unreasonable act** – acto irrazonable
**unreasonable belief** – creencia arbitraria
**unreasonable care** – cuidados excesivos
**unreasonable cause** – causa arbitraria
**unreasonable charge** – cargo excesivo
**unreasonable compensation** – compensación injusta
**unreasonable conditions** – condiciones injustas
**unreasonable cost** – costo excesivo, coste excesivo
**unreasonable diligence** – diligencia excesiva
**unreasonable doubt** – duda arbitraria
**unreasonable excuse** – excusa inapropiada
**unreasonable expenditure** – gasto excesivo
**unreasonable expense** – gasto excesivo
**unreasonable fee** – cargo excesivo
**unreasonable force** – fuerza inapropiada
**unreasonable grounds** – fundamentos injustos
**unreasonable inference** – inferencia arbitraria
**unreasonable investment** – inversión inapropiada
**unreasonable notice** – aviso insuficiente
**unreasonable person** – persona irrazonable
**unreasonable precaution** – precaución excesiva
**unreasonable premium** – prima excesiva
**unreasonable presumption** – presunción arbitraria
**unreasonable price** – precio excesivo
**unreasonable rate** – tasa excesiva
**unreasonable remuneration** – remuneración injusta
**unreasonable restraint of trade** – restricción arbitraria del comercio
**unreasonable restraint on alienation** – restricción arbitraria sobre la enajenación
**unreasonable search** – allanamiento arbitrario, registro arbitrario
**unreasonable search and seizure** – registro y secuestro arbitrario
**unreasonable seizure** – secuestro arbitrario
**unreasonable supposition** – suposición arbitraria
**unreasonable suspicion** – sospecha arbitraria
**unreasonable time** – plazo arbitrario
**unreasonable value** – valor arbitrario
**unreceipted** *adj* – sin recibo, sin acuse de recibo
**unrecorded** *adj* – sin registrar, no registrado, no inscrito

**unrecorded deed** – escritura sin registrar
**unrecoverable** *adj* – irrecuperable
**unredeemable** *adj* – irredimible, no redimible
**unredeemed** *adj* – no redimido
**unregistered** *adj* – no registrado
**unregistered exporter** – exportador no registrado
**unregistered exports** – exportaciones no registradas
**unregistered importer** – importador no registrado
**unregistered imports** – importaciones no registradas
**unregistered securities** – valores no registrados
**unregistered shares** – acciones no registradas
**unregistered stock** – acciones no registradas
**unrelated** *adj* – no relacionado
**unrelated offenses** – delitos no relacionados
**unreliable** *adj* – no confiable, no fidedigno
**unrepealed** *adj* – no derogado, no revocado
**unreported** *adj* – sin informar
**unreported income** – ingresos sin informar
**unresolved** *adj* – no resuelto, no aclarado
**unrestricted** *adj* – sin restricción, no restringido, ilimitado
**unrestricted acceptance** – aceptación sin restricciones
**unrestricted admissibility** – admisibilidad sin restricciones
**unrestricted agency** – agencia sin restricciones
**unrestricted agent** – agente sin restricciones
**unrestricted appeal** – apelación sin restricciones
**unrestricted articles** – artículos sin restricciones
**unrestricted authority** – autoridad sin restricciones
**unrestricted by law** – sin restricciones por ley
**unrestricted credit** – crédito sin restricciones
**unrestricted data** – datos sin restricciones
**unrestricted funds** – fondos sin restricciones
**unrestricted guarantee** – garantía sin restricciones
**unrestricted guaranty** – garantía sin restricciones
**unrestricted insurance** – seguro sin restricciones
**unrestricted interpretation** – interpretación libre, interpretación no restrictiva
**unrestricted liability** – responsabilidad sin restricciones
**unrestricted list** – lista de valores sin restricciones
**unrestricted market** – mercado sin restricciones
**unrestricted policy** – póliza sin restricciones
**unrestricted power of appointment** – poder de designación sin restricciones
**unrestricted shares** – acciones sin restricciones, acciones sin restricciones en cuanto a la transferencia
**unrestricted stock** – acciones sin restricciones, acciones sin restricciones en cuanto a la transferencia
**unrestricted stock option** – opción de compra de acciones sin restricciones
**unrestricted trust** – fideicomiso sin restricciones
**unrestricted use** – uso sin restricciones
**unrewarding** *adj* – no gratificante
**unsafe** *adj* – inseguro, peligroso
**unsalable** *adj* – invendible
**unsaleable** *adj* – invendible
**unsatisfactory** *adj* – insatisfactorio
**unsatisfied** *adj* – insatisfecho
**unscheduled** *adj* – no programado, imprevisto, no listado
**unscheduled property** – propiedad que no está en una lista de bienes asegurados con sus valores respectivos
**unscrupulous** *adj* – inescrupuloso
**unscrupulously** *adv* – inescrupulosamente
**unscrupulousness** *n* – inescrupulosidad
**unseaworthy** *adj* – no apto para navegar
**unsecured** *adj* – sin garantía
**unsecured account** – cuenta sin garantía
**unsecured bond** – bono sin garantía
**unsecured credit** – crédito sin garantía
**unsecured credit card** – tarjeta de crédito que no requiere depósito u otra garantía
**unsecured creditor** – acreedor sin garantía
**unsecured debt** – deuda sin garantía
**unsecured loan** – préstamo sin garantía
**unsecured note** – pagaré quirografario
**unsecured transaction** – transacción sin garantía
**unseen** *adj* – no visto
**unsegregated** *adj* – no segregado
**unsettled** *adj* – agitado, sin resolver, sin saldar, variable
**unsigned** *adj* – sin firmar
**unskilled** *adj* – no diestro, no hábil, no calificado, no especializado
**unskilled labor** – mano de obra no calificada, mano de obra no especializada
**unskilled labour** – mano de obra no calificada, mano de obra no especializada
**unskilled worker** – trabajador no calificado, trabajador no especializado
**unsold** *adj* – no vendido
**unsolemn will** – testamento informal
**unsolicited** *adj* – no solicitado
**unsolicited e-mail** – spam, correo basura, email no solicitado, correo electrónico no solicitado
**unsolicited mail** – correo no solicitado, correo basura, spam, email no solicitado, correo electrónico no solicitado
**unsolicited offer** – oferta no solicitada
**unsolicited spam** – spam, correo basura
**unsolved** *adj* – sin resolver
**unsound mind** – insano
**unspeakable** *adj* – inexpresable, atroz
**unspecified** *adj* – no especificado
**unspecified amount** – cantidad no especificada
**unspecified benefits** – beneficios no especificados
**unspecified bequest** – legado no especificado
**unspecified capital** – capital no especificado
**unspecified charges** – cargos no especificados
**unspecified claim** – reclamación no especificada
**unspecified costs** – costos no especificados, costes no especificados
**unspecified covenant** – estipulación no especificada
**unspecified coverage** – cobertura no especificada
**unspecified credit line** – línea de crédito no especificada
**unspecified denial** – negación no especificada
**unspecified deposit** – depósito no especificado
**unspecified duty** – arancel no especificado, derecho aduanero no especificado, deber no especificado
**unspecified exchange rate** – tipo de cambio no especificado
**unspecified expenditures** – gastos no especificados
**unspecified expenses** – gastos no especificados
**unspecified fees** – cargos no especificados
**unspecified insurance** – seguro no especificado

**unspecified intent** – intención no especificada
**unspecified interest rate** – tasa de interés no especificada
**unspecified legacy** – legado no especificado
**unspecified limit** – límite no especificado
**unspecified payment** – pago no especificado
**unspecified period** – período no especificado
**unspecified price** – precio no especificado
**unspecified purpose** – propósito no especificado
**unspecified rate** – tasa no especificada
**unspecified salary** – salario no especificado
**unspecified subsidy** – subsidio no especificado, subvención no especificada
**unspecified tariff** – arancel no especificado
**unspecified tax** – impuesto no especificado
**unspent** *adj* – sin gastar, sin agotar
**unstable** *adj* – inestable, fluctuante
**unstable government** – gobierno inestable
**unstable market** – mercado inestable
**unstamped** *adj* – sin sellar
**unsubordinated debt** – deuda no subordinada
**unsubsidised** *adj* – no subsidiado, no subvencionado
**unsubsidized** *adj* – no subsidiado, no subvencionado
**unsuccessful bid** – oferta infructuosa
**unsuitable** *adj* – inapropiado, no adecuado
**unsupported** *adj* – sin servicio de apoyo, no mantenido, no sostenido, no apoyado
**unsustainable** *adj* – insostenible
**unsustainable growth** – crecimiento insostenible
**unsystematic** *adj* – no sistemático
**unsystematic risk** – riesgo no sistemático
**untapped** *adj* – sin explotar
**untapped resources** – recursos sin explotar
**untargeted** *adj* – indiscriminado, no intencionado
**untaxed** *adj* – sin impuestos
**untenantable conditions** – condiciones no aptas para la ocupación
**untested** *adj* – sin probar, sin comprobar
**untick** *v* – quitar la marca de una casilla, quitar una marca
**untied aid** – ayuda no vinculada
**untimely** *adv* – inoportuno
**untrained** *adj* – sin entrenar, sin capacitación
**untransferable** *adj* – intransferible
**untrue** *adj* – falso, infiel, impreciso
**untruth** *n* – mentira
**unused** *adj* – sin usar, no utilizado
**unused assets** – activo no utilizado
**unused capital** – capital no utilizado
**unused cash** – efectivo no utilizado
**unused credit** – crédito no utilizado
**unused funds** – fondos no utilizados
**unused resources** – recursos no utilizados
**unusual** *adj* – inusual, atípico, insólito
**unusual activity** – actividad inusual
**unusual agency** – agencia inusual
**unusual agent** – agente inusual
**unusual care** – diligencia inusual
**unusual case** – caso inusual
**unusual conditions** – condiciones inusuales
**unusual course** – curso inusual
**unusual covenants** – cláusulas inusuales
**unusual dangers** – peligros inusuales
**unusual diligence** – diligencia inusual
**unusual duty** – deber inusual
**unusual expenditures** – gastos inusuales
**unusual expenses** – gastos inusuales
**unusual hazards** – riesgos inusuales
**unusual insurance** – seguro inusual
**unusual interpretation** – interpretación inusual
**unusual items** – partidas inusuales
**unusual loss** – pérdida inusual
**unusual meaning** – sentido inusual
**unusual method** – método inusual
**unusual mode** – modo inusual
**unusual practice** – práctica inusual
**unusual procedure** – procedimiento inusual
**unusual process** – proceso inusual
**unusual punishment** – castigo inusual
**unusual rent** – renta inusual
**unusual repairs** – reparaciones inusuales
**unusual risks** – riesgos inusuales
**unusual services** – servicios inusuales
**unusual session** – sesión inusual
**unusual spoilage** – deterioro inusual
**unusual tax** – impuesto inusual
**unusual term** – plazo inusual
**unusual time** – tiempo inusual
**unusual use** – uso inusual
**unvalued policy** – póliza en que no se establece el valor de los bienes asegurados
**unverifiable** *adj* – inverificable
**unverified** *adj* – sin verificar
**unvoiced** *adj* – no expresado
**unwaged** *adj* – sin paga, sin salario, desempleado
**unwarned** *adj* – sin aviso
**unwarrantable** *adj* – injustificable, insostenible
**unwarranted** *adj* – injustificado, no garantizado
**unwholesome** *adj* – insalubre
**unwholesome food** – comida insalubre
**unwilling** *adj* – reacio, maldispuesto
**unwillingly** *adv* – de mala gana
**unwise** *adj* – imprudente, indiscreto
**unworthy** *adj* – desmerecedor, indigno
**unwritten** *adj* – no escrito, verbal
**unwritten contract** – contrato no escrito, contrato verbal
**unwritten law** – derecho natural, ley no escrita
**unwritten rule** – regla no escrita
**up-and-coming** *adj* – prometedor, empresarial, ambicioso
**up front** – por adelantado, pagado por adelantado, honestamente, abiertamente
**up to** – hasta
**up to and including** – hasta e incluyendo
**up-to-date** *adj* – al día, actualizado
**up-to-the-minute** *adj* – de última hora
**UPC (Universal Product Code)** – Código Universal de Productos
**upcoming** *adj* – venidero, próximo
**update** *n* – actualización, puesta al día
**update** *v* – actualizar, poner al día
**updated** *adj* – actualizado, puesto al día
**updating** *n* – actualización, puesta al día
**uphold** *v* – sostener, defender
**upgrade** *n* – ascenso, subida de categoría, mejora, actualización
**upgrade** *v* – ascender, subir de categoría, mejorar,

actualizar
**upkeep** *n* – mantenimiento
**upkeep costs** – costos de mantenimiento, costes de mantenimiento
**upkeep expenditures** – gastos de mantenimiento
**upkeep expenses** – gastos de mantenimiento
**uplands** *n* – tierras elevadas
**upload** *v* – cargar, hacer un upload
**upmarket** *adj* – dirigido hacia consumidores de altos ingresos
**upon condition** – bajo condición
**ups and downs** – altibajos
**upselling** *n* – venta de algo más caro que lo que pidió o intencionó un cliente, venta de mejoras y/u opciones innecesarias de algo
**upset price** – precio mínimo en subasta
**upsizing** *n* – aumento en busca de mayor eficiencia, aumento de personal
**upswing** *n* – aumento en la actividad económica, aumento en la actividad empresarial
**uptime** *n* – tiempo de funcionamiento normal, tiempo de operación normal
**upward** *adj* – ascendiente, al alza
**upwardly mobile** – moviéndose hacia una posición más alta social o económica
**urban** *adj* – urbano
**urban development** – desarrollo urbano
**urban easement** – servidumbre urbana
**urban economy** – economía urbana
**urban planning** – planificación urbana
**urban property** – propiedad urbana
**urban renewal** – renovación urbana
**urban servitude** – servidumbre urbana
**urbanisation** *n* – urbanización
**urbanise** *v* – urbanizar
**urbanised** *adj* – urbanizado
**urbanization** *n* – urbanización
**urbanize** *v* – urbanizar
**urbanized** *adj* – urbanizado
**urge** *v* – exhortar, incitar
**urgency** *n* – urgencia
**urgent** *adj* – urgente
**urgent delivery** – entrega urgente
**urgent letter** – carta urgente
**urine** *n* – orina
**usable** *adj* – usable, servible
**usable funds** – fondos utilizables
**usage** *n* – uso, costumbre
**usage of trade** – modo acostumbrado de llevar a cabo transacciones
**usance** *n* – usanza, uso, vencimiento, plazo, costumbre
**use** *n* – uso, goce, costumbre, utilidad, empleo, consumo
**use** *v* – usar, emplear, consumir
**use certificate** – certificado de uso
**use certification** – certificación de uso
**use conditions** – condiciones de uso
**use evidence** – prueba de uso
**use tax** – impuesto sobre bienes comprados en otro estado
**use value** – valor de uso
**use verification** – verificación de uso
**used** *adj* – usado, empleado, consumido
**useful** *adj* – útil
**useful economic life** – vida útil económica
**useful life** – vida útil
**usefulness** *n* – utilidad
**user** *n* – usuario, consumidor
**user charge** – cargo al usuario
**user cost** – costo al usuario, coste al usuario
**user fee** – cargo al usuario
**user-friendly** *adj* – amigable con el usuario, fácil de usar y/o manejar, diseñado para uso y/o manejo fácil aun por aquellos de poca sofisticación técnica
**user guide** – guía para usuarios
**user instructions** – instrucciones para usuarios
**user name** – nombre del usuario
**user network** – red de usuarios
**user-oriented** *adj* – orientado al usuario
**user-unfriendly** *adj* – difícil de usar y/o manejar
**username** *n* – nombre de usuario
**usual** *adj* – usual, habitual, acostumbrado
**usual activity** – actividad usual
**usual agency** – agencia usual
**usual agent** – agente usual
**usual amount** – cantidad usual
**usual and reasonable** – usual y razonable
**usual asset** – activo usual
**usual benefits** – beneficios usuales
**usual budget** – presupuesto usual
**usual budgeting** – presupuestación usual
**usual care** – diligencia usual
**usual charges** – cargos usuales
**usual commercial practice** – práctica comercial usual
**usual conditions** – condiciones usuales
**usual contract** – contrato usual
**usual cost** – costo usual, coste usual
**usual course** – curso usual
**usual course of business** – curso usual de los negocios
**usual covenants** – cláusulas usuales, garantías usuales
**usual creditor** – acreedor usual
**usual dangers** – peligros usuales
**usual deposit** – depósito usual
**usual depreciation** – depreciación usual
**usual diligence** – diligencia usual
**usual discount** – descuento usual
**usual dividend** – dividendo usual
**usual duty** – deber usual
**usual employment** – empleo usual
**usual expenditures** – gastos usuales
**usual expenses** – gastos usuales
**usual fees** – cargos usuales
**usual hazards** – riesgos usuales
**usual income** – ingresos usuales
**usual insurance** – seguro usual
**usual interest** – intereses usuales
**usual interest rate** – tasa de interés usual
**usual interpretation** – interpretación usual
**usual investment practice** – práctica de inversión usual
**usual job** – trabajo usual
**usual loss** – pérdida usual
**usual meaning** – sentido usual
**usual meeting** – asamblea usual
**usual method** – método usual
**usual mode** – modo usual

**usual partnership** – sociedad usual
**usual pay** – paga usual, salario usual
**usual payment** – pago usual, abono usual
**usual period** – período usual
**usual place of abode** – lugar habitual de residencia
**usual place of business** – lugar usual de negocios
**usual place of residence** – lugar habitual de residencia
**usual practice** – práctica usual
**usual premium** – prima usual
**usual price** – precio usual
**usual procedure** – procedimiento usual
**usual process** – proceso usual
**usual quality** – calidad usual
**usual rate** – tasa usual
**usual remuneration** – remuneración usual
**usual rent** – renta usual
**usual repairs** – reparaciones usuales
**usual resources** – recursos usuales
**usual risks** – riesgos usuales
**usual salary** – salario usual, sueldo usual
**usual sale** – venta usual
**usual services** – servicios usuales
**usual session** – asamblea usual, sesión usual
**usual spoilage** – deterioro usual
**usual tariff** – tarifa usual
**usual tax** – impuesto usual
**usual term** – plazo usual
**usual time** – tiempo usual
**usual use** – uso usual
**usual value** – valor usual
**usual voting** – votación usual
**usual wage** – salario usual, sueldo usual
**usual wear and tear** – deterioro usual
**usual work** – trabajo usual
**usufruct** *n* – usufructo
**usufructuary** *n* – usufructuario
**usurer** *n* – usurero
**usurious** *adj* – usurario
**usurious contract** – contrato usurario
**usurious interest rate** – tasa de interés usuraria
**usurious rate** – tasa usuraria
**usurious rate of interest** – tasa de interés usuraria
**usurp** *v* – usurpar
**usurpation** *n* – usurpación
**usurpation of office** – usurpación de un cargo
**usurped** *adj* – usurpado
**usurped power** – poder usurpado
**usurper** *n* – usurpador
**usury** *n* – usura
**usury laws** – leyes concernientes a la usura
**usury rate** – tasa usuraria
**uterine** *adj* – uterino
**utilisation** *n* – utilización, empleo
**utilise** *v* – utilizar, emplear
**utilised** *adj* – utilizado, empleado
**utilitarianism** *n* – utilitarismo
**utilitarianist** *adj* – utilitarista
**utilitarianist** *n* – utilitarista
**utility** *n* – utilidad, empresa que provee un servicio básico tal como agua o electricidad a la comunidad
**utility company** – empresa que provee un servicio básico tal como agua o electricidad a la comunidad
**utility easement** – servidumbre de compañías de servicio público
**utility patent** – patente de utilidad
**utility services** – servicios públicos
**utilization** *n* – utilización, empleo
**utilize** *v* – utilizar, emplear
**utilized** *adj* – utilizado, empleado
**UTMA (Uniform Transfers to Minors Act)** – ley uniforme de transferencias a menores
**utmost** *adj* – máximo, extremo
**utmost care** – cuidados extremos, cuidado máximo
**utmost resistance** – resistencia máxima
**utter** *v* – decir, emitir, ofrecer un documento falsificado o sin valor con intención de defraudar
**utterance** *n* – declaración, pronunciación
**uttering a forged instrument** – ofrecer un instrumento falsificado o sin valor con intención de defraudar
**uxor** – esposa, mujer casada
**uxoricide** *n* – uxoricidio, uxoricida

# V

**v-mail (video e-mail)** – videocorreo
**vacancy** *n* – vacancia, vacante, alojamiento vacante
**vacancy position** – puesto vacante
**vacant** *adj* – vacante, desocupado
**vacant land** – tierra vacante
**vacant lot** – solar vacante
**vacant possession** – posesión vacante
**vacant succession** – sucesión vacante
**vacate** *v* – dejar vacante, anular, revocar
**vacation** *n* – vacación, suspensión, receso
**vacation of court** – receso judicial
**vacation of judgment** – revocación de sentencia
**vacation, on** – de vacaciones
**vacation pay** – paga durante vacaciones
**vacillant** *adj* – vacilante
**vacillate** *v* – vacilar, titubear
**vacillating** *adj* – vacilante, irresoluto
**vacillation** *n* – vacilación, titubeo
**vacuity** *n* – vacuidad, vacancia
**vacuous** *adj* – vacuo, vacío
**vadium** *n* – prenda
**vagabond** *n* – vagabundo
**vagabondage** *n* – vagabundaje
**vagabondize** *v* – vagabundear
**vagrancy** *n* – vagabundeo
**vagrancy laws** – leyes concernientes al vagabundeo
**vagrant** *n* – vagabundo
**vague** *adj* – vago, impreciso
**vaguely** *adv* – vagamente, imprecisamente
**vagueness** *n* – vaguedad, imprecisión
**vagueness doctrine** – doctrina según la cual es inconstitucional cualquier ley que no indique claramente lo que se ordena o prohíbe
**vainly** *adv* – vanamente, en vano
**valid** *adj* – válido, vigente, fundado

**valid agreement** – contrato válido
**valid claim** – reclamación válida
**valid contract** – contrato válido
**valid date** – fecha de validez
**valid defence** – defensa válida
**valid defense** – defensa válida
**valid reason** – razón válida
**valid title** – título válido
**validate** *v* – validar, confirmar, convalidar
**validated** *adj* – validado, confirmado, convalidado
**validating statute** – ley de convalidación
**validation** *n* – validación, confirmación, convalidación
**validation of statute** – convalidación de ley
**validation period** – período de validación
**validity** *n* – validez
**validity of a will** – validez de un testamento
**validness** *n* – validez
**valorisation** *n* – valorización
**valorise** *v* – valorar
**valorization** *n* – valorización
**valorize** *v* – valorar
**valuable** *adj* – valioso, apreciable
**valuable consideration** – contraprestación suficiente, contraprestación válida
**valuable improvements** – mejoras de valor
**valuables** *n* – posesiones de valor
**valuate** *v* – valuar, tasar
**valuation** *n* – valuación, valoración, evaluación, tasación, apreciación
**valuation base** – base de valuación
**valuation basis** – base de valuación
**valuation change** – cambio de valuación
**valuation criterion** – criterio de valuación
**valuation method** – método de valuación
**valuation of loss** – valuación de la pérdida
**valuation of policy** – valuación de la póliza
**valuation procedure** – procedimiento de valuación
**valuation report** – informe de valuación
**valuation premium** – prima de valuación
**valuation reserve** – reserva de valuación
**valuator** *n* – evaluador, tasador
**value** *n* – valor, contraprestación, precio, mérito
**value** *v* – valorar, tasar, preciar
**value added** – valor agregado, valor añadido
**value-added service** – servicio de valor agregado, servicio de valor añadido
**value-added tax** – impuesto al valor agregado, impuesto sobre el valor agregado, impuesto de plusvalía, contribución al valor agregado, contribución de plusvalía
**value at risk** – valor en riesgo
**value authentication** – certificación de valor
**value certificate** – certificado de valor
**value certification** – certificación de valor
**value declared** – valor declarado
**value decrease** – disminución de valor
**value evidence** – prueba de valor
**value increase** – aumento de valor
**value proof** – prueba de valor
**value received** – valor recibido
**value verification** – verificación de valor
**valued** *adj* – valorado, tasado, preciado
**valued contract** – contrato valorado
**valued policy** – póliza valorada, póliza en que se establece el valor de los bienes asegurados
**valueless** *adj* – sin valor, inservible
**valuer** *n* – tasador
**vandal** *n* – vándalo
**vandalic** *adj* – vandálico
**vandalism** *n* – vandalismo
**vandalistic** *adj* – vandálico
**vanguard** *n* – vanguardia
**vanish** *v* – desaparecer
**vantage** *n* – ventaja
**VAR (value at risk)** – valor en riesgo
**variability** *n* – variabilidad
**variable** *adj* – variable, inconstante
**variable amount** – cantidad variable
**variable-amount annuity** – anualidad de cantidad variable
**variable annuity** – anualidad variable
**variable-benefit plan** – plan de beneficios variables
**variable benefits** – beneficios variables
**variable budget** – presupuesto variable
**variable budgeting** – presupuestación variable
**variable capital** – capital variable
**variable charges** – cargos variables
**variable costs** – costos variables, costes variables
**variable credit line** – línea de crédito variable
**variable debt** – deuda variable
**variable deposit** – depósito variable
**variable depreciation** – depreciación variable, amortización variable
**variable-dollar annuity** – anualidad de cantidad variable
**variable exchange rate** – tipo de cambio variable
**variable expenditures** – gastos variables
**variable expenses** – gastos variables
**variable fee** – cargo variable
**variable income** – ingresos variables
**variable interest** – interés variable
**variable interest rate** – tasa de interés variable
**variable life insurance** – seguro de vida variable
**variable limit** – límite variable
**variable mortgage rate** – tasa variable de hipoteca
**variable obligation** – obligación variable
**variable-payment plan** – plan de pagos variables
**variable payments** – pagos variables
**variable period** – período variable
**variable premium** – prima variable
**variable-premium life insurance** – seguro de vida de primas variables
**variable price** – precio variable
**variable rate** – tasa variable
**variable-rate loan** – préstamo con tasa de interés variable
**variable-rate mortgage** – hipoteca con tasa de interés variable
**variable rent** – renta variable
**variable salary** – salario variable
**variable tax** – impuesto variable
**variable term** – plazo variable
**variable trust** – fideicomiso variable
**variable wage** – salario variable
**variably** *adv* – variablemente
**variance** *n* – varianza, variación, diferencia, discrepancia, disputa, desviación, permiso especial

para una desviación de los reglamentos de zonificación
**variant** *n* – variante
**variation** *n* – variación
**variety** *n* – variedad
**various** *adj* – varios, diverso
**vary** *v* – variar, cambiar, discrepar
**varying** *n* – variable
**varyingly** *adv* – variablemente
**vast** *adj* – vasto
**VAT (value-added tax)** – impuesto al valor agregado, impuesto sobre el valor agregado, impuesto de plusvalía, contribución al valor agregado, contribución de plusvalía
**vault** *n* – bóveda, caja fuerte, cámara acorazada, subterráneo
**vault cash** – efectivo en bóveda
**vault receipt** – recibo de bóveda
**veer** *v* – desviarse, virar
**vehemence** *n* – vehemencia
**vehement** *adj* – vehemente
**vehicle** *n* – vehículo, medio
**vehicle coverage** – cobertura de vehículo
**vehicular** *adj* – vehicular, de vehículos
**vehicular crimes** – crímenes vehiculares
**vehicular homicide** – homicidio vehicular
**venal** *adj* – venal
**venality** *n* – venalidad
**vend** *v* – vender, divulgar
**vendee** *n* – comprador
**vender** *n* – vendedor
**vendetta** *n* – vendetta
**vendibility** *n* – posibilidad de venderse, vendibilidad
**vendible** *adj* – vendible
**vending machine** – máquina expendedora, máquina vendedora
**vendition** *n* – venta
**venditor** – vendedor
**vendor** *n* – vendedor
**vendor's lien** – privilegio del vendedor
**venereal disease** – enfermedad venérea
**vengeance** *n* – venganza
**vengeful** *adj* – vengativo
**vengefully** *adv* – vengativamente, vindicativamente
**venire** *n* – panel del cual se escogerá un jurado
**venire facias** – orden judicial para convocar un jurado, venire facias
**venireman** *n* – miembro de jurado en perspectiva
**venireperson** *n* – miembro de jurado en perspectiva
**venomous** *adj* – venenoso
**ventilate** *v* – ventilar, divulgar
**ventilation** *n* – ventilación
**ventilator** *n* – ventilador
**venture** *n* – empresa, negocio, negocio arriesgado, aventura
**venture** *v* – arriesgar, aventurar
**venture capital** – capital riesgo, capital arriesgado en una empresa, capital aventurado
**venue** *n* – jurisdicción, competencia
**venue jurisdiction** – jurisdicción territorial de un tribunal
**VER (voluntary export restraints)** – restricciones de exportación voluntarias
**veracious** *adj* – veraz
**veraciousness** *n* – veracidad
**veracity** *n* – veracidad
**verbal** *adj* – verbal
**verbal abuse** – abuso verbal
**verbal act** – acto verbal
**verbal agreement** – acuerdo verbal
**verbal assault** – amenaza verbal
**verbal attack** – ataque verbal
**verbal contract** – contrato verbal
**verbal note** – memorándum sin firmar
**verbal offer** – oferta verbal
**verbalize** *v* – verbalizar
**verbally** *adv* – verbalmente
**verbatim** *adj* – palabra por palabra, textualmente, usando las mismas palabras, al pié de la letra
**verbose** *adj* – verboso
**verbosely** *adv* – verbosamente
**verbosity** *n* – verbosidad
**verdict** *n* – veredicto
**verdict contrary to law** – veredicto contrario a la ley
**verdict, estoppel by** – impedimento por veredicto
**verdict of guilty** – veredicto de culpabilidad
**verdict of not-guilty** – veredicto de inocencia, veredicto absolutorio
**veridical** *adj* – verídico
**verifiable** *adj* – verificable
**verification** *n* – verificación
**verification of account** – verificación de cuenta
**verification of analysis** – verificación de análisis
**verification of audit** – verificación de auditoría
**verification of authority** – verificación de autoridad
**verification of cancellation** – verificación de cancelación
**verification of claim** – verificación de reclamación
**verification of credit** – verificación de crédito
**verification of damage** – verificación de daños
**verification of eligibility** – verificación de elegibilidad
**verification of employment** – verificación de empleo
**verification of health** – verificación de salud
**verification of identity** – verificación de identidad
**verification of incorporation** – verificación de incorporación
**verification of insurance** – verificación de seguro
**verification of participation** – verificación de participación
**verification of purchase** – verificación de compra
**verification of quality** – verificación de calidad
**verification of sale** – verificación de venta
**verification of signature** – verificación de firma
**verification of title** – verificación de título, verificación de dominio
**verification of use** – verificación de uso
**verification of value** – verificación de valor
**verification of weight** – verificación de peso
**verificative** *adj* – verificativo
**verified** *adj* – verificado
**verified copy** – copia autenticada
**verified names** – nombres verificados
**verify** *v* – verificar, confirmar bajo juramento
**verily** *adv* – verdaderamente, realmente
**verity** *n* – verdad
**vermin** *n* – sabandija
**versatile** *adj* – versátil, polifacético
**version** *n* – versión

**versus** *prep* – contra
**vertical** *n* – vertical
**vertical consolidation** – consolidación vertical
**vertical expansion** – expansión vertical
**vertical integration** – integración vertical
**vertical management** – administración vertical, gestión vertical
**vertical merger** – fusión vertical
**vertical mobility** – movilidad vertical
**vertical organisation** – organización vertical
**vertical organization** – organización vertical
**vertical promotion** – promoción vertical
**vertical union** – sindicato vertical
**very high degree of care** – grado de cuidado que usaría una persona muy prudente en circunstancias similares
**very important person** – persona muy importante
**vest** *v* – investir, dar posesión, transferir un derecho, conferir
**vested** *adj* – efectivo, absoluto, incondicional, fijado, transferido, conferido
**vested estate** – propiedad en dominio pleno
**vested gift** – donación incondicional
**vested in interest** – con derecho de goce futuro incondicional
**vested in possession** – con derecho de goce presente
**vested interest** – interés adquirido
**vested legacy** – legado incondicional
**vested pension** – derecho de pensión adquirido
**vested remainder** – derecho sobre un inmueble el cual se adquirirá al extinguirse el derecho de otro sobre dicho inmueble
**vested rights** – derechos adquiridos
**vestigial words** – palabras superfluas
**vesting** *n* – adquisición de derechos de pensión
**veteran** *n* – veterano, experto
**veto** *n* – veto
**veto** *v* – vetar
**veto power** – poder de veto
**vex** *v* – hostigar, irritar, vejar
**vexatious proceeding** – procedimiento malicioso
**vexatious refusal to pay** – negación injustificada de pago
**vexed question** – cuestión sin resolver
**vi et armis** – con fuerza y armas
**viability** *n* – viabilidad, capacidad para sobrevivir
**viable** *adj* – viable, capaz de vivir
**viable child** – niño aun sin nacer el cual es capaz de sobrevivir
**vicarious** *n* – vicario, indirecto, sustituto
**vicarious liability** – responsabilidad indirecta, responsabilidad vicaria
**vice** *n* – vicio, defecto
**vice-chair** *n* – vicepresidente
**vice-chairman** *n* – vicepresidente
**vice-chairperson** *n* – vicepresidente
**vice-chairwoman** *n* – vicepresidenta
**vice-consul** *n* – vicecónsul
**vice-consulate** *n* – viceconsulado
**vice crimes** – crímenes relacionados con vicios
**vice-governor** *n* – vicegobernador
**vice-president** *n* – vicepresidente
**vice-principal** *n* – empleado a quien se le delegan varias responsabilidades de supervisión y control sobre empleados
**vice-secretary** *n* – vicesecretario
**vice versa** – viceversa
**vicinage** *n* – vecindad, vecindario
**vicinal** *adj* – vecinal, adyacente
**vicinity** *n* – vecindad, proximidad
**vicious** *adj* – atroz, fiero, inmoral, malicioso, vicioso, defectuoso
**vicious animal** – animal agresivo
**vicious circle** – círculo vicioso
**vicious cycle** – círculo vicioso
**vicious propensity** – tendencia de un animal a atacar o poner en peligro a las personas sin provocación, propensión hacia la agresión
**viciously** *adv* – atrozmente, brutalmente, inmoralmente, maliciosamente, viciosamente
**victim** *n* – víctima
**victim impact statement** – declaración de los efectos del crimen sobre la víctima y/o su familia
**victim's abuse** – abuso de la víctima
**victim's agony** – agonía de la víctima
**victim's aid** – ayuda de la víctima
**victim's anguish** – angustia de la víctima
**victim's anxiety** – ansiedad de la víctima
**victim's assistance** – asistencia de la víctima
**victim's care** – cuido de la víctima
**victim's compensation** – compensación de la víctima
**victim's confidence** – confianza de la víctima
**victim's death** – muerte de la víctima
**victim's defence** – defensa de la víctima
**victim's defense** – defensa de la víctima
**victim's degradation** – degradación de la víctima
**victim's dishonor** – deshonra de la víctima
**victim's domination** – dominación de la víctima
**victim's embarrassment** – vergüenza de la víctima
**victim's exploitation** – explotación de la víctima
**victim's fear** – miedo de la víctima
**victim's help** – ayuda de la víctima
**victim's helplessness** – impotencia de la víctima
**victim's horror** – horror de la víctima
**victim's humiliation** – humillación de la víctima
**victim's injuries** – lesiones de la víctima
**victim's losses** – pérdidas de la víctima
**victim's mistreatment** – maltrato de la víctima
**victim's oppression** – opresión de la víctima
**victim's pain** – dolor de la víctima
**victim's panic** – pánico de la víctima
**victim's rehabilitation** – rehabilitación de la víctima
**victim's restitution** – restitución de la víctima
**victim's rights** – derechos de la víctima
**victim's safety** – seguridad de la víctima
**victim's security** – seguridad de la víctima
**victim's shame** – deshonra de la víctima, vergüenza de la víctima
**victim's suffering** – sufrimiento de la víctima
**victim's support** – apoyo de la víctima
**victim's terror** – terror de la víctima
**victim's therapy** – terapia de la víctima
**victim's treatment** – tratamiento de la víctima
**victim's trust** – confianza de la víctima
**victim's vulnerability** – vulnerabilidad de la víctima
**victimisation** *n* – victimización
**victimise** *v* – victimizar
**victimised** *adj* – victimizado

**victimization** *n* – victimización
**victimize** *v* – victimizar
**victimized** *adj* – victimizado
**victimless** *adj* – sin víctimas
**victimless crimes** – crímenes sin víctimas
**victimologist** *n* – victimólogo
**victimology** *n* – victimología
**videlicet** *adv* – es decir, a saber
**video** *n* – video
**video banking** – banca por video
**video camera** *n* – videocámara, cámara de video
**video conference** – videoconferencia
**video e-mail** – videocorreo
**video mail** – videocorreo
**video phone** – videoteléfono
**video tape** – cinta de video, videocinta
**video telephone** – videoteléfono
**video terminal** – terminal de video
**videocamera** *n* – videocámara, cámara de video
**videoconference** *n* – videoconferencia
**videophone** *n* – videoteléfono
**videotape** *n* – cinta de video, videocinta
**viduity** *n* – viudez
**view** *n* – vista, inspección, perspectiva
**view ordinances** – leyes para proteger paisajes
**viewers** *n* – inspectores
**vigilance** *n* – vigilancia, cuidado
**vigilant** *adj* – vigilante, atento
**vigilante** *n* – vigilante
**vile** *adj* – vil, detestable
**vileness** *n* – vileza, bajeza
**village** *n* – aldea
**villain** *n* – villano, maleante
**vindicate** *v* – vindicar
**vindictive** *adj* – vengativo
**vindictive damages** – daños y perjuicios punitivos
**vindictively** *adv* – vindicativamente
**violate** *v* – violar, infringir
**violation** *n* – violación, infracción
**violence** *n* – violencia
**violent** *adj* – violento
**violent behavior** – conducta violenta
**violent behaviour** – conducta violenta
**violent conduct** – conducta violenta
**violent death** – muerte violenta
**violent means** – medios violentos
**violent offenses** – delitos en los cuales se usa la violencia
**violent presumption** – presunción violenta
**violently** *adv* – violentamente
**VIP (very important person)** – persona muy importante
**viral marketing** – marketing viral, mercadeo viral
**vires** – poderes
**virtual** *adj* – virtual
**virtual bank** – banco virtual
**virtual office** – oficina virtual
**virtual reality** – realidad virtual
**virtual representation doctrine** – doctrina que permite entablar litigio en representación de un grupo con un interés común
**virtual store** – tienda virtual
**virtue** *n* – virtud
**virtue of office, act by** – acto que está dentro de los poderes de un funcionario pero que al ejecutarlo lo hace de forma impropia o abusiva
**virus** *n* – virus
**virus-free** *adj* – sin virus
**vis a vis** – cara a cara, vis a vis
**vis major** – fuerza mayor
**visa** *n* – visa, visado
**visa exemption** – exención de visado
**visa waiver** – exención de visado
**visa waiver program** – programa de exención de visados
**visibility** *n* – visibilidad
**visible** *adj* – visible, manifiesto
**visible means of support** – medios aparentes de mantenimiento
**visibly** *adv* – visiblemente
**visit** *n* – visita, derecho de verificar la bandera de una nave
**visitation** *n* – inspección, visita, derecho del padre sin custodia de ver a su hijo
**visitation rights** – derechos del padre sin custodia de ver a su hijo
**visiting card** – tarjeta de visita
**visitor** *n* – visitante, inspector
**visitor tax** – impuesto de visitante
**visual acuity** – agudeza visual
**visual aids** – ayudas visuales
**visual impairment** – limitación visual, minusvalía visual
**visualize** *v* – imaginarse, planear
**visually-impaired** *adj* – de visión deteriorada, con poca visión
**vital** *adj* – vital, mortal
**vital statistics** – estadística demográfica
**vitiate** *v* – viciar, anular
**vitiated** *adj* – viciado
**viva voce** – de forma verbal, viva voce
**vivid** *adj* – vívido, claro, gráfico
**vividly** *adv* – claramente, gráficamente
**viz** *adv* – es decir, a saber
**vmail (video e-mail)** – videocorreo
**vocation** *n* – vocación, profesión
**vocational** *adj* – vocacional, profesional
**vocational guidance** – orientación vocacional
**vocational rehabilitation** – rehabilitación vocacional
**vocational training** – entrenamiento vocacional
**vogue, in** – en boga, de moda
**voice** *n* – voz
**voice-activated** *adj* – activado por voz
**voice an opinion** – expresar una opinión
**voice exemplars** – comparación de voces
**voice identification** – identificación de voz
**voice mail** – correo de voz
**voice mailbox** – buzón de correo de voz
**voice message** – mensaje de voz
**voice recognition** – reconocimiento de voz
**voiceprint** *n* – gráfica que muestra características de la voz
**void** *adj* – nulo, sin fuerza legal, inválido, vacante
**void** *v* – anular, invalidar, dejar sin fuerza legal
**void ab initio** – nulo desde el principio
**void contract** – contrato nulo
**void judgment** – sentencia nula
**void marriage** – matrimonio nulo

**void transaction** – transacción nula
**voidable** *adj* – anulable
**voidable contract** – contrato anulable
**voidable marriage** – matrimonio anulable
**voidable preference** – preferencia anulable
**voidance** *n* – anulación, estado de desocupación
**voided** *adj* – anulado
**voided check** – cheque anulado
**voided cheque** – cheque anulado
**voir dire** – decir la verdad
**vol. (volume)** – volumen, tomo
**volatile** *adj* – volátil
**volatile market** – mercado volátil
**volatility** *n* – volatilidad
**volenti non fit injuria** – doctrina que establece que quien se pone voluntariamente en una situación peligrosa no puede luego reclamar lesiones y/o daños, volenti non fit injuria
**volition** *n* – volición, voluntad
**volume** *n* – volumen, tomo
**voluntarily** *adv* – voluntariamente
**voluntarism** *n* – voluntarismo
**voluntary** *adj* – voluntario
**voluntary abandonment** – abandono voluntario
**voluntary accumulation plan** – plan de acumulación voluntario
**voluntary acknowledgment** – reconocimiento voluntario
**voluntary admission** – admisión voluntaria
**voluntary appearance** – comparecencia voluntaria
**voluntary arbitration** – arbitraje voluntario
**voluntary assignment** – cesión voluntaria
**voluntary association** – asociación voluntaria
**voluntary bankruptcy** – quiebra voluntaria
**voluntary compliance** – cumplimiento voluntario
**voluntary confession** – confesión voluntaria
**voluntary contribution** – contribución voluntaria
**voluntary controls** – controles voluntarios
**voluntary conversion** – conversión voluntaria
**voluntary conveyance** – transferencia voluntaria, transferencia a título gratuito
**voluntary courtesy** – acto bondadoso
**voluntary deposit** – depósito voluntario
**voluntary discontinuance** – desistimiento voluntario
**voluntary exchange** – intercambio voluntario
**voluntary export quotas** – cuotas de exportación voluntarias
**voluntary export restraints** – restricciones de exportación voluntarias
**voluntary ignorance** – ignorancia voluntaria
**voluntary insurance** – seguro voluntario
**voluntary intoxication** – intoxicación voluntaria
**voluntary lien** – gravamen voluntario
**voluntary liquidation** – liquidación voluntaria
**voluntary manslaughter** – homicidio impremeditado cometido voluntariamente
**voluntary oath** – juramento voluntario
**voluntary payment** – pago voluntario
**voluntary plan termination** – terminación de plan voluntaria
**voluntary redundancy** – baja voluntaria
**voluntary repayment** – repago voluntario
**voluntary reserve** – reserva voluntaria
**voluntary retirement** – retiro voluntario
**voluntary sale** – venta voluntaria
**voluntary separation** – separación voluntaria
**voluntary statement** – declaración voluntaria
**voluntary termination** – terminación voluntaria
**voluntary trust** – fideicomiso voluntario
**voluntary unemployment** – desempleo voluntario
**voluntary work** – trabajo voluntario
**voluntary worker** – trabajador voluntario
**volunteer** *n* – voluntario
**vostro account** – cuenta vostro
**vote** *n* – voto, sufragio
**vote** *v* – votar
**vote against** – votar en contra
**vote by proxy** – voto por poder, voto mediante apoderado
**vote in favor** – votar a favor
**vote in favour** – votar a favor
**vote of confidence** – voto de confianza
**voter** *n* – votante, elector
**voting** *n* – votación
**voting ballot** – papeleta electoral
**voting booth** – cabina electoral
**voting machine** – máquina de votación
**voting power** – poder electoral
**voting rights** – derechos de voto
**voting shares** – acciones con derecho de voto
**voting slip** – papeleta electoral
**voting stock** – acciones con derecho de voto
**voting trust** – fideicomiso para votación
**voting trust certificate** – certificado de fideicomiso para votación
**vouch** *v* – responder por, comprobar, afirmar, citar para defender un título
**vouchee** *n* – por quien se responde, quien defiende un título
**voucher** *n* – comprobante, vale, recibo, quien responde por algo o alguien
**voucher check** – cheque con comprobante
**voucher system** – sistema de comprobantes
**voyage** *n* – viaje
**voyage policy** – póliza de seguro marítimo para viajes determinados
**VP (vice-president)** – vicepresidente
**vulgar** *adj* – vulgar
**vulgarly** *adv* – vulgarmente
**vulnerable** *adj* – vulnerable
**vulture fund** – fondo buitre

**wage** *n* – salario, sueldo, remuneración, paga
**wage adjustment** – ajuste salarial
**wage agreement** – convenio salarial
**wage and hours laws** – leyes concernientes al máximo de horas de trabajo y al salario mínimo
**wage arbitration** – arbitraje salarial
**wage assignment** – cesión de salario, asignación de

salario
**wage bracket** – escala salarial
**wage ceiling** – techo salarial
**wage control** – control salarial
**wage differentials** – diferenciales de salarios
**wage dispute** – disputa salarial
**wage earner** – asalariado, trabajador
**wage earner plan** – convenio para el pago de deudas por un deudor asalariado bajo la ley de quiebras
**wage equalisation** – equiparación salarial, igualación salarial
**wage equalization** – equiparación salarial, igualación salarial
**wage floor** – salario mínimo
**wage freeze** – congelación salarial
**wage gap** – diferenciales de salarios
**wage garnishment** – embargo de salario
**wage incentive** – incentivo salarial
**wage increase** – aumento salarial
**wage increment** – incremento salarial
**wage index** – índice salarial
**wage inflation** – inflación de salarios
**wage level** – nivel salarial
**wage minimum** – salario mínimo, mínimo salarial, mínimo de salario
**wage moderation** – moderación salarial
**wage negotiations** – negociaciones salariales
**wage payment** – pago salarial, pago de salario
**wage policy** – política salarial
**wage-price spiral** – espiral salarios-precios
**wage-push inflation** – inflación impulsada por salarios ascendentes
**wage rate** – tasa salarial
**wage regulation** – regulación salarial
**wage restraint** – moderación salarial
**wage rise** – alza salarial
**wage round** – ronda de negociaciones salariales
**wage scale** – escala salarial
**wage settlement** – convenio salarial
**wage stabilisation** – estabilización salarial
**wage stabilization** – estabilización salarial
**wage structure** – estructura salarial
**wage subsidy** – subsidio salarial, subvención salarial
**wage tax** – impuesto sobre salarios
**waged** *adj* – asalariado, remunerado
**wageless** *adj* – no pagado
**wager** *n* – apuesta
**wager policy** – póliza de seguro en la que el asegurado no tiene un interés asegurable
**wagering contract** – contrato de apuesta
**wages** *n* – salario, sueldo, remuneración, paga, comisiones
**wages and salaries** – sueldos y salarios
**wageworker** *n* – asalariado, trabajador
**waif** *n* – niño abandonado, persona sin hogar, bien mostrenco
**waif property** – bienes mostrencos
**wait** *n* – espera, demora
– regla que permite la consideración de eventos posteriores a la creación de un instrumento para determinar la validez de un interés futuro
**wait list** – lista de espera
**waiting** *n* – espera, período de espera
**waiting list** – lista de espera
**waiting period** – período de espera
**waive** *v* – renunciar a, abandonar, descartar, eximir
**waiver** *n* – renuncia, abandono, exención
**waiver clause** – cláusula de renuncia
**waiver of exemption** – renuncia de exención
**waiver of immunity** – renuncia de inmunidad
**waiver of notice** – renuncia a la notificación
**waiver of premium clause** – cláusula de cesación de pagos por parte del asegurado al incapacitarse
**waiver of premiums** – cancelación de primas
**waiver of protest** – renuncia al protesto
**waiver of rights** – renuncia de derechos
**waiver of tort** – elección de no accionar por ilícito civil sino por incumplimiento de contrato, elección de no accionar por daño legal sino por incumplimiento de contrato
**walkie-talkie** *n* – walkie-talkie
**walking possession** – posesión temporal de bienes embargados que luego serán vendidos judicialmente
**walkout** *n* – huelga laboral, huelga en que los trabajadores se ponen de acuerdo y abandonan su lugar de empleo por causa de conflictos laborales
**walkway** *n* – pasillo, pasarela
**Wall Street** – Wall Street, calle en Nueva York donde hay bolsas de valores y firmas de inversiones, actividad bursátil en general en Nueva York
**wallet** *n* – cartera
**WAN (wide-area network)** – red de área extendida, red extendida, WAN
**wander** *v* – vagar, disparatar
**wanderer** *n* – vagabundo
**wane** *n* – mengua, disminución
**wane** *v* – menguar, declinar
**want** *n* – falta, necesidad
**want** *v* – necesitar, requerir, querer, faltar
**want ad** – anuncio clasificado
**want of ability** – falta de habilidad
**want of activity** – falta de actividad
**want of attention** – falta de atención
**want of authority** – falta de autoridad
**want of capacity** – falta de capacidad
**want of care** – falta de cuidado
**want of caution** – falta de precaución
**want of certainty** – falta de certidumbre
**want of clarity** – falta de claridad
**want of competence** – falta de competencia
**want of consideration** – falta de contraprestación
**want of control** – falta de control
**want of doubt** – falta de duda
**want of due care** – falta del debido cuidado
**want of due process** – falta del debido proceso
**want of evidence** – falta de prueba
**want of honesty** – falta de honestidad
**want of incentive** – falta de incentivo
**want of integrity** – falta de integridad
**want of intent** – falta de intención
**want of interest** – falta de interés
**want of issue** – falta de descendencia
**want of jurisdiction** – falta de jurisdicción
**want of knowledge** – falta de conocimiento
**want of maintenance** – falta de mantenimiento
**want of motive** – falta de motivo
**want of precedent** – falta de precedentes
**want of probable cause** – falta de causa probable

**want of protection** – falta de protección
**want of safety** – falta de seguridad
**want of warning** – falta de advertencia
**wantage** *n* – deficiencia
**wanted** *adj* – buscado, se busca, se solicita
**wanted ad** – anuncio clasificado
**wanting** *n* – falto, deficiente
**wanton** *adj* – perverso, gravemente negligente, malicioso, imperdonable, lascivo
**wanton act** – acto perverso, acto gravemente negligente
**wanton and reckless misconduct** – conducta que una persona debería entender que es peligrosa aunque no tenga intenciones de hacer daño
**wanton injury** – lesión ocasionada por conducta gravemente negligente
**wanton negligence** – negligencia grave intencional, imprudencia temeraria
**wantonly** *adv* – perversamente, maliciosamente, cruelmente, lascivamente
**wantonness** *n* – perversidad, crueldad, lascivia
**WAP (Wireless Application Protocol)** – Protocolo de Aplicación Inalámbrica, WAP
**war** *n* – guerra
**war clauses** – cláusulas concernientes a las guerras
**war crimes** – crímenes de guerra
**war criminal** – criminal de guerra
**war damages** – daños de guerra
**war department** – departamento de guerra
**war economy** – economía de guerra
**war exclusion clauses** – cláusulas concernientes a los efectos de las guerras sobre los beneficios de pólizas de seguros
**war power** – poderes gubernamentales concernientes a las guerras
**war risks** – riesgos de guerra
**war risks insurance** – seguro contra los riesgos de guerra
**ward** *n* – tutela, protección, pupilo, distrito, pabellón
**ward of court** – menor bajo la tutela del tribunal
**warden** *n* – tutor, guardián, alcaide
**wardship** *n* – tutela, pupilaje
**warehouse** *n* – almacén, depósito
**warehouse book** – libro para mantener el inventario de un almacén
**warehouse receipt** – recibo de almacenaje
**warehouse rent** – almacenaje
**warehouseman** *n* – almacenero, almacenista
**warehouseman's lien** – privilegio del almacenero
**warehouser** *n* – almacenero, almacenista
**warehouser's lien** – privilegio del almacenero
**wares** *n* – mercancías, bienes
**warfare** *n* – guerra, contienda
**warily** *adv* – cautelosamente
**wariness** *n* – cautela
**warn** *v* – avisar, advertir
**warning** *n* – aviso, advertencia
**warning bulletin** – boletín de aviso
**warning sign** – señal de advertencia
**warning signal** – señal de advertencia
**warrant** *n* – orden, orden judicial, auto, mandamiento, certificado, garantía, comprobante, libramiento, autorización, justificación, warrant, derecho generalmente vigente por varios años para la compra de acciones a un precio específico
**warrant** *v* – garantizar, certificar, autorizar, justificar
**warrant of arrest** – orden de arresto
**warrant of attorney** – poder
**warrant of commitment** – orden de confinamiento
**warrant of delivery** – orden de entrega
**warrant of execution** – orden de ejecución, orden de ejecución de pago
**warrant of possession** – orden de recobrar la posesión de un inmueble
**warrantable** *adj* – garantizable, justificable
**warrantably** *adv* – justificadamente
**warranted** *adj* – garantizado, justificado
**warrantee** *n* – beneficiario de una garantía, garantizado
**warranter** *n* – garante
**warrantless arrest** – arresto sin orden judicial
**warrantor** *n* – garante
**warranty** *n* – garantía, justificación
**warranty deed** – escritura con garantías de título
**warranty of fitness** – garantía de aptitud, garantía de aptitud para un fin determinado
**warranty of habitability** – garantía de habitabilidad
**warranty of merchantability** – garantía de comerciabilidad
**warranty of title** – garantía de título
**warship** *n* – buque de guerra
**wary** *adj* – cauteloso
**wash sale** – venta con pérdida del mismo valor comprado dentro de un plazo máximo de días, venta ficticia
**wastage** *n* – despilfarro, pérdida
**waste** *n* – desperdicios, residuos, derroche, daños negligentes a la propiedad, uso abusivo de la propiedad
**waste** *v* – derrochar, despilfarrar, desperdiciar, malgastar
**waste management** – administración de residuos, gestión de residuos
**waste of money** – pérdida de dinero
**waste of time** – pérdida de tiempo
**waste prevention** – prevención de residuos
**waste recycling** – reciclaje de residuos
**waste reduction** – reducción de residuos
**waste treatment** – tratamiento de residuos
**wasteful** *adj* – derrochador, despilfarrador, pródigo, ruinoso, no rentable
**wastefully** *adv* – pródigamente
**wastefulness** *n* – prodigalidad
**wasting asset** – activo consumible, recurso natural agotable
**wasting property** – propiedad agotable
**wasting trust** – fideicomiso agotable
**watch** *n* – vigilancia, guardia, reloj
**watch** *v* – vigilar, velar, observar, mirar, custodiar
**watch list** – lista de acciones bajo vigilancia especial
**watchdog** *n* – vigilante, organismo de control, perro guardián
**watchful** *adj* – vigilante, atento
**watchfulness** *n* – vigilancia
**watchlist** *n* – lista de acciones bajo vigilancia especial
**watchman** *n* – vigilante
**water conservation** – conservación del agua
**water control** – control del agua

**water damage insurance** – seguro contra daño por agua
**water district** – distrito de repartición de aguas
**water energy** – energía hidráulica, fuerza del agua
**water level** – nivel del agua
**water-logged** *adj* – inundado
**water-mark** *n* – marca del nivel del agua
**water pipe** – tubería de agua
**water pollution** – contaminación del agua
**water power** – energía hidráulica, fuerza del agua
**water purification** – purificación del agua
**water resources** – recursos hidráulicos
**water rights** – derechos del uso de aguas
**water shares** – diluir acciones
**water stock** – diluir acciones
**water supply** – abastecimiento de agua, suministro de agua
**water system** – sistema fluvial
**water transportation** – transporte por agua
**water treatment** – tratamiento del agua
**watercourse** *n* – curso de agua
**watercraft** *n* – embarcación
**watered shares** – acciones diluidas, acciones ofrecidas con precio inflado comparado con el valor contable
**watered stock** – acciones diluidas, acciones ofrecidas con precio inflado comparado con el valor contable
**waterfront** *n* – terrenos que están frente al agua, zona portuaria
**waterline** *n* – línea de flotación
**waterlog** *v* – inundar
**waterlogged** *adj* – inundado, saturado de agua
**watermark** *n* – filigrana
**watermarked** *adj* – filigranado
**waterproof** *adj* – impermeable
**watertight contract** – contrato hermético
**waterway** *n* – vía de agua, canal navegable
**way** *n* – vía, rumbo, modo, costumbre
**way-going crop** – cosecha tras la expiración del arrendamiento
**way of necessity** – servidumbre de paso por necesidad
**waybill** *n* – hoja de ruta, guía, carta de porte
**wayleave** *n* – servidumbre a cambio de contraprestación, servidumbre minera
**ways and means** – medios y arbitrios
**ways and means committee** – comisión de medios y arbitrios
**weak** *adj* – débil, enfermizo
**weak currency** – moneda débil, divisa débil
**wealth** *n* – riqueza, abundancia
**wealth creation** – creación de riqueza
**wealth distribution** – distribución de la riqueza
**wealth effect** – efecto de la riqueza
**wealth management** – administración de la riqueza, gestión de la riqueza
**wealth tax** – impuesto sobre bienes que exceden cierto valor
**wealthy** *adj* – rico, adinerado
**weapon** *n* – arma
**weaponless** *adj* – desarmado
**wear** *v* – gastar, desgastar
**wear and tear** – deterioro, deterioro esperado, desgaste natural
**wear and tear exclusion** – exclusión de deterioro, exclusión de deterioro esperado
**weather a crisis** – sobrellevar una crisis
**Web** *n* – Web, red
**Web address** – dirección en la Web, dirección de Internet
**Web ads** – publicidad en la Web, anuncios en la Web, publicidad online, anuncios online, publicidad en línea, anuncios en línea
**Web advertisement** – anuncio en la Web, anuncio online, anuncio en línea
**Web advertising** – publicidad en la Web, anuncios en la Web, publicidad online, anuncios online, publicidad en línea, anuncios en línea
**Web bank** – banco en la Web, banco online, banco en línea
**Web banking** – banca en la Web, banca online, banca en línea
**Web-based** *adj* – basado en la Web
**Web business** – negocio en la Web, empresa en la Web, negocio online, empresa online, negocio en línea, empresa en línea
**Web database** – base de datos en la Web, base de datos online, base de datos en línea
**Web document** – documento en la Web, documento online, documento en línea
**Web economics** – infonomía
**Web-enabled** *adj* – listo para la Web
**Web help** – ayuda en la Web, ayuda online, ayuda en línea
**Web journal** – revista en la Web, boletín en la Web, revista online, boletín online, revista en línea, boletín en línea
**Web magazine** – revista en la Web, boletín en la Web, revista online, boletín online, revista en línea, boletín en línea
**Web order** – orden por la Web, orden online, orden en línea
**Web page** – página Web, sitio Web
**Web payment** – pago por la Web, pago online, pago en línea
**Web phone** – teléfono Web
**Web publicity** – publicidad en la Web, anuncios en la Web, publicidad online, anuncios online, publicidad en línea, anuncios en línea
**Web purchase** – compra por la Web, compra online, compra en línea
**Web sale** – venta en la Web, venta online, venta en línea
**Web search** – búsqueda en la Web, búsqueda online, búsqueda en línea
**Web shopping** – compras por la Web, compras online, compras en línea
**Web site** – página Web, sitio Web
**Web telephone** – teléfono Web
**Web telephony** – telefonía Web
**webcam** *n* – cámara web, webcam
**Webcast** *n* – transmisión por la Web
**Webcast** *v* – transmitir por la Web
**Webcasting** *n* – transmisión por la Web
**Webinar** *n* – seminario por la Web
**Webmaster** *n* – administrador de Web
**Webonomics** *n* – infonomía
**Website** *n* – página Web, sitio Web
**Webzine** *n* – revista en la Web, boletín en la Web,

revista online, boletín online, revista en línea, boletín en línea
**wed** *v* – casarse con, unir
**wedlock** *n* – estado matrimonial, matrimonio
**weed-out** *v* – cribar, seleccionar, descartar
**weekday** *n* – día de semana, día laborable
**weekend** *n* – fin de semana
**weekly** *adj* – semanal
**weekly** *adv* – semanalmente
**weekly charges** – cargos semanales
**weekly costs** – costos semanales, costes semanales
**weekly fee** – cargo semanal
**weekly income** – ingresos semanales
**weekly installment** – pago semanal
**weekly interest** – intereses semanales
**weekly pay** – paga semanal
**weekly payment** – pago semanal, abono semanal
**weekly rent** – alquiler semanal
**weekly report** – informe semanal
**weekly salary** – salario semanal
**weekly wage** – salario semanal
**weep** *v* – llorar
**WEF (World Economic Forum)** – Foro Económico Mundial
**weigh** *v* – pesar, considerar
**weigh the pros and cons** – evaluar los pros y contras
**weigh up** – considerar, evaluar, ponderar
**weight** *n* – peso, importancia
**weight of evidence** – preponderancia de la prueba
**weight certificate** – certificado de peso
**weight certification** – certificación de peso
**weight verification** – verificación de peso
**weighted** *adj* – ponderado
**weights and measures** – pesos y medidas
**welfare** *n* – bienestar, asistencia social, prestaciones sociales, bienestar social
**welfare agency** – agencia de asistencia social
**welfare benefits** – beneficios de asistencia social
**welfare costs** – costos de la asistencia social, costes de la asistencia social
**welfare department** – departamento de asistencia social
**welfare economics** – economía del bienestar
**welfare economy** – economía del bienestar
**welfare office** – oficina de asistencia social
**welfare payment** – pago de asistencia social
**welfare program** – programa de asistencia social
**welfare programme** – programa de asistencia social
**welfare recipient** – beneficiario de la asistencia social
**welfare services** – servicios de asistencia social
**welfare society** – sociedad del bienestar
**welfare state** – estado del bienestar
**well** *adj* – bueno, adecuado, apropiado
**well** *adv* – bien, razonablemente
**well** *n* – pozo
**well-balanced** *adj* – bien equilibrado
**well-established** *adj* – bien establecido
**well-informed** *adj* – bien informado
**well-off** *adj* – acomodado
**well-positioned** *adj* – bien colocado
**welsh** *v* – no cumplir con una promesa de pago, estafar en una apuesta
**welshing** *n* – el hacer apuestas sin intención de pagar
**westernisation** *n* – occidentalización
**westernised** *adj* – occidentalizado
**westernization** *n* – occidentalización
**westernized** *adj* – occidentalizado
**wharf** *n* – muelle
**wharfage** *n* – derechos de muelle
**wharfinger** *n* – administrador o dueño de un muelle
**what-if scenario** – escenario hipotético
**wheel and deal** – trapichear
**wheelage** *n* – peaje
**wheeler-dealer** *n* – trapichero
**when and where** – cuando y donde
**whenever** *adv* – cuando quiera que, tan pronto como
**whensoever** *adv* – cuando quiera que
**whereabouts** *adv* – donde, por donde
**whereabouts** *n* – paradero
**whereas** *conj* – por cuanto, en tanto que
**whereas** *n* – preámbulo
**whereat** *adv* – a lo cual
**whereby** *adv* – por medio del cual, según el cual
**wherefore** *adv* – por lo cual
**wherefrom** *conj* – desde donde
**wherein** *adv* – en qué, en donde
**whereinto** *conj* – en donde, en que
**whereof** *adv* – de lo que, de que
**whereon** *adv* – en que, sobre que
**wheresoever** *adv* – dondequiera que
**wherethrough** *conj* – a través de lo cual
**whereto** *adv* – adonde
**whereunto** *adv* – adonde
**whereupon** *adv* – después de lo cual, sobre que
**wherever** *conj* – dondequiera que
**wherewith** *conj* – con lo cual
**wherewithal** *conj* – con lo cual
**whether** *conj* – si
**whichever** ***pron*** – cualquiera
**whichsoever** ***pron*** – cualquiera
**while** *conj* – mientras
**whim** *n* – capricho
**whimsical** *adj* – caprichoso
**whimsically** *adv* – caprichosamente
**whiplash injury** – lesión ocasionada por un movimiento brusco del cuello
**whisper** *n* – susurro
**whistle blower** – empleado que se rehúsa a participar en actividades ilícitas en su empresa, empleado que informa sobre actividades ilícitas en su empresa
**white-collar crime** – crimen de cuello blanco
**white-collar job** – trabajo de oficina
**white-collar work** – trabajo de oficina
**white-collar worker** – empleado de oficina
**white elephant** – elefante blanco, algo costoso e inútil, algo costoso y difícil de mantener
**white knight** – caballero blanco
**whither** *adv* – adonde
**whithersoever** *adv* – adondequiera
**whitherward** *adv* – hacia donde
**whittle away** – reducir lentamente, deteriorar lentamente, destruir lentamente
**WHO (World Health Organization, World Health Organisation)** – Organización Mundial de la Salud, OMS
**whole** *adj* – entero, intacto, sano
**whole blood** – personas nacidas de los mismos padres
**whole life** – seguro de vida entera

**whole life annuity** – anualidad de vida entera
**whole life insurance** – seguro de vida entera
**wholehearted** *adj* – sincero
**wholesale** *adj* – al por mayor, mayorista
**wholesale** *v* – vender al por mayor
**wholesale business** – comercio mayorista, negocio mayorista, comercio al por mayor, negocio al por mayor
**wholesale dealer** – comerciante mayorista, comerciante al por mayor
**wholesale distributor** – distribuidor mayorista, distribuidor al por mayor
**wholesale goods** – productos al por mayor, mercancías al por mayor
**wholesale house** – casa mayorista
**wholesale price** – precio mayorista, precio al por mayor
**wholesale store** – tienda mayorista, tienda al por mayor
**wholesale trade** – comercio mayorista, comercio al por mayor
**wholesaler** *n* – mayorista
**wholesaling** *n* – venta al por mayor, mayoreo
**wholesome** *adj* – salubre
**wholly** *adv* – enteramente, totalmente
**wholly and permanently disabled** – total y permanentemente discapacitado
**wholly dependent** – totalmente dependiente
**wholly destroyed** – totalmente destruido
**wholly disabled** – totalmente discapacitado
**wholly-owned subsidiary** – subsidiaria integral
**whom** ***pron*** – a quien, al cual
**whom it may concern, to** – a quien corresponda, a quien pueda interesar
**whomever** ***pron*** – a quienquiera, a cualquiera
**whomsoever** ***pron*** – a quienquiera, a cualquiera
**whose** *adj* – cuyo, cuyos
**whosesoever** ***pron*** – de quienquiera
**whosoever** ***pron*** – quien, quienquiera que
**Wi-Fi (Wireless Fidelity)** – Wi-Fi
**wide-area network** – red de área extendida, red extendida, WAN
**wide range** – amplia gama, amplio alcance
**wide-ranging** *adj* – de amplio alcance, de amplia gama, muy diverso
**widely available** – disponible por todas partes, de fácil obtención
**widely recognised** – muy reconocido
**widely recognized** – muy reconocido
**widespread** *adj* – difundido, extenso
**widow** *n* – viuda
**widow-and-orphan stock** – acción muy segura que generalmente paga dividendos altos
**widow's allowance** – asignación de la viuda
**widow's election** – elección de la viuda
**widowed** *adj* – viudo, viuda
**widower** *n* – viudo
**widowhood** *n* – viudez
**wife de facto** – esposa de hecho
**wife de jure** – esposa legal
**wife's part** – legítima de la esposa
**wild** *adj* – salvaje, bravo
**wild animals** – animales salvajes
**wild lands** – tierras sin cultivo o mejoras, tierras salvajes
**wildcat** *adj* – ilícito, no autorizado
**wildcat strike** – huelga salvaje, huelga no autorizada por el sindicato
**wildly** *adv* – violentamente, alocadamente
**wilful** *adj* – intencional, voluntario, premeditado, malicioso, terco
**wilful act** – acto intencional
**wilful and malicious injury** – lesión intencionada y maliciosa, daño intencionado y malicioso
**wilful and wanton act** – acto intencionadamente perverso
**wilful and wanton injury** – lesión ocasionada por conducta intencionadamente perversa
**wilful and wanton misconduct** – conducta intencionadamente perversa
**wilful default** – incumplimiento intencional
**wilful injury** – lesión intencional, daño intencional
**wilful misconduct** – mala conducta intencional, comportamiento ilícito intencional
**wilful misstatement** – declaración falsa intencional
**wilful murder** – asesinato intencional
**wilful neglect** – negligencia intencional
**wilful negligence** – negligencia intencional
**wilful tort** – ilícito civil intencional, daño intencional, daño legal intencional
**wilfully** *adv* – intencionalmente, voluntariamente, premeditadamente, tercamente
**wilfulness** *n* – intención, premeditación, voluntariedad
**will** *n* – testamento, voluntad, intención
**will contest** – impugnación de testamento
**willful** *adj* – intencional, voluntario, premeditado, malicioso, terco
**willful act** – acto intencional
**willful and malicious injury** – lesión intencionada y maliciosa, daño intencionado y malicioso
**willful and wanton act** – acto intencionadamente perverso
**willful and wanton injury** – lesión ocasionada por conducta intencionadamente perversa
**willful and wanton misconduct** – conducta intencionadamente perversa
**willful default** – incumplimiento intencional
**willful injury** – lesión intencional, daño intencional
**willful misconduct** – mala conducta intencional, comportamiento ilícito intencional
**willful misstatement** – declaración falsa intencional
**willful murder** – asesinato intencional
**willful neglect** – negligencia intencional
**willful negligence** – negligencia intencional
**willful tort** – ilícito civil intencional, daño intencional, daño legal intencional
**willfully** *adv* – intencionalmente, voluntariamente, premeditadamente, tercamente
**willfulness** *n* – intención, premeditación, voluntariedad
**willing** *adj* – dispuesto, voluntario
**willingly** *adv* – voluntariamente
**win a contract** – ganarse un contrato
**win over** – convencer
**win support** – ganarse apoyo
**win-win situation** – situación en que de igual forma se sale ganando, situación donde todos salen ganando

**wind down** – ir terminando, terminar gradualmente, reducir gradualmente
**wind energy** – energía eólica, fuerza del viento
**wind power** – energía eólica, fuerza del viento
**wind up** – terminar, concluir, liquidar, cesar operaciones
**windfall profits** – beneficios inesperados, ganancias inesperadas
**windfall profits tax** – impuesto sobre los beneficios inesperados, impuesto sobre las ganancias inesperadas
**windfall tax** – impuesto sobre los beneficios inesperados, impuesto sobre las ganancias inesperadas
**winding-up** *n* – disolución, liquidación, finalización, cese de operaciones
**window of opportunity** – ventana de oportunidad
**windup** *n* – conclusión, final
**winning bid** – oferta ganadora
**winning tender** – oferta ganadora
**wipe out** – eliminar, liquidar, borrar
**wire** *v* – mandar por transferencia electrónica
**wire house** – casa de corretaje con sucursales
**wire transfer** – transferencia electrónica
**wireless** *adj* – inalámbrico
**Wireless Application Protocol** – Protocolo de Aplicación Inalámbrica
**wireless communications** – comunicaciones inalámbricas
**wireless Internet** – Internet inalámbrico
**wireless Web** – la Web inalámbrica
**wiretapping** *n* – escucha, escucha telefónica, intercepción de señales telefónicas, intercepción de señales de telecomunicaciones
**wiring** *n* – instalación alámbrica
**with all faults** – en el estado en que está
**with authority** – con autoridad
**with benefit of survivorship** – con beneficio de supervivencia
**with compensation** – con compensación
**with compliments** – como obsequio
**with consent** – con consentimiento
**with interest** – con intereses
**with malice aforethought** – con malicia premeditada
**with prejudice** – sin la oportunidad de iniciar una nueva acción
**with premeditation** – con premeditación
**with recourse** – con recurso
**with right of survivorship** – con derecho de supervivencia
**with strong hand** – con fuerza criminal, con fuerza o violencia
**withal** *adv* – además, también, sin embargo
**withdraw** *v* – retirar, retractar, cancelar
**withdraw a bid** – retirar una propuesta
**withdraw a motion** – retirar una moción
**withdraw an application** – retirar una solicitud
**withdraw an offer** – retirar una oferta
**withdraw charges** – retirar las acusaciones
**withdraw funds** – retirar fondos
**withdraw money** – retirar dinero
**withdraw support** – retirar apoyo
**withdrawal** *n* – retiro
**withdrawal notice** – aviso de retiro
**withdrawal of a bid** – retiro de una propuesta
**withdrawal of a motion** – retiro de una moción
**withdrawal of an application** – retiro de una solicitud
**withdrawal of an offer** – retiro de una oferta
**withdrawal of charges** – retiro de las acusaciones
**withdrawal of funds** – retiro de fondos
**withdrawal of money** – retiro de dinero
**withdrawal of support** – retiro de apoyo
**withdrawal penalty** – penalidad por retiro
**withdrawal plan** – plan de retiros
**withdrawing a juror** – retiro de un miembro del jurado
**withdrawn claim** – reclamación retirada
**withdrawn patent** – patente retirada
**withhold** *v* – retener, rehusar
**withholding** *n* – retención, retención de impuestos, impuesto retenido
**withholding agent** – agente de retención, retenedor, retentor
**withholding of evidence** – suprimir pruebas, destruir pruebas
**withholding tax** – retención de impuestos, impuesto retenido
**within** *adv* – dentro, dentro de
**without** *adv* – sin, fuera
**without authority** – sin autoridad
**without blame** – sin culpa
**without cause** – sin causa
**without caution** – sin precaución
**without charge** – sin costo, sin coste, gratis
**without compensation** – sin compensación
**without consent** – sin consentimiento
**without day** – sin día designado para continuar
**without delay** – sin demora
**without dividend** – sin dividendo
**without due process** – sin el procedimiento establecido por ley
**without expense** – sin gastos
**without jurisdiction** – sin jurisdicción
**without justification** – sin justificación
**without legal recourse** – sin recurso legal
**without liability** – sin responsabilidad
**without notice** – sin notificación, sin aviso
**without obligation** – sin obligación
**without prejudice** – sin perjuicio, permitiendo iniciar una nueva acción
**without prior notice** – sin previo aviso
**without protest** – sin protesta
**without recourse** – sin recurso
**without reserve** – sin reserva
**without stint** – sin límite, sin restricción
**without warning** – sin advertencia, sin aviso
**withstand** *v* – resistir, sufrir
**witness** *n* – testigo, testigo de algo firmado, testigo firmante
**witness** *v* – testificar, atestiguar, presenciar, atestiguar una firma, firmar como testigo
**witness against himself** – testigo contra sí mismo
**witness for the defence** – testigo de la defensa
**witness for the defense** – testigo de la defensa
**witness for the prosecution** – testigo de la acusación
**witness list** – lista de testigos
**witness to will** – testigo testamentario
**witness whereof, in** – en testimonio de lo cual, en fe de lo cual
**witnesseth** – conste, se hace constar
**wittingly** *adv* – a sabiendas

**wk. (week)** – semana
**wk. (work)** – trabajo
**women's abuse** – abuso de mujeres
**women's exploitation** – explotación de mujeres
**women's lib** – liberación de mujeres, liberación femenina
**women's liberation** – liberación de mujeres, liberación femenina
**women's needs** – necesidades de mujeres
**women's oppression** – opresión de mujeres
**women's rights** – derechos de mujeres
**women's subjugation** – subyugación de mujeres
**women's victimisation** – victimización de mujeres
**women's victimization** – victimización de mujeres
**woodland** *n* – tierra forestada, zona forestada
**word** *n* – palabra, promesa, aviso, mandato
**word mark** – marca comercial compuesta sólo de palabras
**word-of-mouth** *adj* – de boca en boca
**wording** *n* – formulación, términos usados
**words of art** – términos o expresiones técnicas
**words of limitation** – palabras que limitan los derechos sobre lo que se traspasa
**words of procreation** – palabras que limitan lo que se traspasa a ciertos descendientes
**words of purchase** – palabras que indican quien adquirirá los derechos otorgados
**work** *n* – trabajo, empleo, ocupación, obra
**work** *v* – trabajar, funcionar
**work accident** – accidente laboral, accidente en el trabajo
**work advancement** – progreso en el trabajo
**work area** – área de trabajo
**work bank** – banco de trabajos
**work change** – cambio de trabajo
**work choice** – selección de trabajo
**work classification** – clasificación de trabajo
**work crew** – equipo de trabajo, grupo de trabajo, cuadrilla
**work cycle** – ciclo de trabajo
**work day** – día laborable, jornada
**work decision** – decisión de trabajo
**work definition** – definición de trabajo
**work description** – descripción de trabajo
**work enrichment** – enriquecimiento de trabajo
**work environment** – ambiente de trabajo
**work evaluation** – evaluación de trabajo
**work expectations** – expectativas de trabajo
**work experience** – experiencia de trabajo
**work flow** – flujo de trabajo
**work for a living** – trabajar para ganarse la vida
**work for hire** – trabajo por encargo, obra por encargo
**work for hire, to** – trabajar por cuenta propia
**work force** – fuerza laboral, personal
**work full time** – trabajar a tiempo completo
**work group** – grupo de trabajo, cuadrilla
**work history** – historial de trabajo
**work in progress** – trabajo en curso
**work in shifts** – trabajar por turnos
**work-life balance** – equilibrio entre el trabajo y la vida
**work load** – carga de trabajo
**work made for hire** – trabajo por encargo, obra por encargo
**work motivation** – motivación en el trabajo
**work objective** – objetivo del trabajo
**work of national importance** – trabajo de importancia nacional
**work of necessity** – trabajo de necesidad
**work off** – pagar mediante trabajo, amortizar
**work order** – orden de trabajo
**work-oriented** *adj* – orientado al trabajo
**work out** – resolver, formular, lograr mediante esfuerzos, funcionar, calcular
**work overtime** – trabajar horas extras
**work part time** – trabajar a tiempo parcial
**work permit** – permiso de trabajo, permiso oficial de trabajo de extranjero
**work place** – lugar de trabajo
**work placement** – colocación de trabajo
**work plan** – plan de trabajo
**work planning** – planificación del trabajo
**work preferences** – preferencias de trabajo
**work rate** – tasa por trabajo
**work-related** *adj* – relacionado al trabajo
**work-related accident** – accidente relacionado al trabajo
**work-related death** – muerte relacionada al trabajo
**work-related injury** – lesión relacionada al trabajo
**work rotation** – rotación de trabajo
**work satisfaction** – satisfacción en el trabajo
**work schedule** – horario de trabajo
**work security** – seguridad de trabajo
**work selection** – selección de trabajo
**work sheet** – hoja de trabajo
**work shift** – turno de trabajo
**work specification** – especificación de trabajo
**work station** – estación de trabajo
**work stoppage** – paro laboral
**work stress** – estrés del trabajo
**work team** – equipo de trabajo, cuadrilla
**work ticket** – ficha, tarjeta para registrar las horas de trabajo
**work-to-rule** *n* – huelga de celo
**work-to-rule strike** – huelga de celo
**work training** – entrenamiento de trabajo
**work unit** – unidad de trabajo, cuadrilla
**work week** – semana laboral
**workaholic** *n* – adicto al trabajo
**workaholism** *n* – adicción al trabajo
**workday** *n* – día laborable, jornada
**worker** *n* – trabajador, obrero, empleado
**workers' compensation** – compensación por accidentes y enfermedades del trabajo
**workers' compensation acts** – leyes sobre la compensación por accidentes y enfermedades del trabajo
**workers' compensation insurance** – seguro de accidentes y enfermedades del trabajo
**workers' compensation laws** – leyes sobre la compensación por accidentes y enfermedades del trabajo
**workers' union** – unión de trabajadores, sindicato de trabajadores, gremio laboral
**workfare** *n* – programa que exige trabajo de alguna índole para poder recibir asistencia social
**workforce** *n* – fuerza laboral, personal
**workhouse** *n* – correccional
**working** *adj* – que trabaja, trabajador, obrero, que

funciona, utilizable, adecuado
**working age** – en edad para trabajar
**working area** – área de trabajo
**working capital** – capital circulante, capital de explotación
**working class** – clase obrera, clase trabajadora
**working conditions** – condiciones de trabajo
**working day** – día laborable, jornada
**working documents** – documentos de trabajo
**working environment** – ambiente de trabajo
**working group** – grupo de trabajo, cuadrilla
**working holiday** – vacaciones incorporando trabajo
**working hours** – horas de trabajo
**working life** – parte de la vida que se ocupa trabajando
**working papers** – permiso oficial de trabajo, documentos de trabajo
**working partner** – socio activo
**working place** – lugar de trabajo
**working vacation** – vacaciones incorporando trabajo
**working week** – semana laboral
**workload** *n* – carga de trabajo
**workman** *n* – obrero, trabajador
**workout** *n* – plan diseñado para resolver problemas de deudas sin recurrir a medios tales como la bancarrota o ejecución hipotecaria
**workplace** *n* – lugar de trabajo
**worksheet** *n* – hoja de trabajo
**workshop** *n* – taller
**workstation** *n* – estación de trabajo
**workweek** *n* – semana laboral
**workwoman** *n* – obrera, trabajadora
**world agency** – agencia mundial
**world agent** – agente mundial
**world agreement** – convenio mundial, pacto mundial
**world aid** – ayuda mundial
**world assets** – activo mundial
**world assistance** – asistencia mundial
**world association** – asociación mundial
**World Bank** – Banco Mundial
**world banking** – banca mundial
**world body** – cuerpo mundial, institución mundial
**world brand** – marca mundial
**world cartel** – cartel mundial
**world-class** *adj* – de clase mundial
**world co-operation** – cooperación mundial
**world commerce** – comercio mundial
**world commodity** – producto mundial, mercancía mundial
**world communications** – comunicación mundial
**world company** – compañía mundial
**world competition** – competencia mundial
**world conference** – conferencia mundial
**world consumption** – consumo mundial
**world contract** – contrato mundial
**world cooperation** – cooperación mundial
**world corporation** – corporación mundial
**world coverage** – cobertura mundial
**world credit** – crédito mundial
**world currency** – moneda mundial
**world debt** – deuda mundial
**World Economic Forum** – Foro Económico Mundial
**world economy** – economía mundial
**world enterprise** – empresa mundial
**world entity** – entidad mundial
**world exports** – exportaciones mundiales
**world-famous** *adj* – mundialmente famoso
**world firm** – empresa mundial
**world food aid** – ayuda alimentaria mundial
**world goods** – productos mundiales, bienes mundiales
**world harmonisation** – armonización mundial
**world harmonization** – armonización mundial
**World Health Organisation** – Organización Mundial de la Salud
**World Health Organization** – Organización Mundial de la Salud
**world holiday** – feriado mundial
**world imports** – importaciones mundiales
**world industry** – industria mundial
**world inflation** – inflación mundial
**world insurance** – seguro mundial
**world insurer** – asegurador mundial
**World Intellectual Property Organisation** – Organización Mundial de la Propiedad Intelectual
**World Intellectual Property Organization** – Organización Mundial de la Propiedad Intelectual
**world interests** – intereses mundiales
**world leader** – líder mundial
**world lending** – préstamos mundiales
**world liability** – responsabilidad mundial
**world liquidity** – liquidez mundial
**world loans** – préstamos mundiales
**world market** – mercado mundial
**world organisation** – organización mundial
**world organization** – organización mundial
**world partnership** – sociedad mundial
**world policy** – política mundial, póliza mundial
**world pollution** – contaminación mundial
**world price** – precio mundial
**world product** – producto mundial
**world reserves** – reservas mundiales
**world resources** – recursos mundiales
**world sales** – ventas mundiales
**world securities** – valores mundiales
**world standardisation** – normalización mundial
**world standardization** – normalización mundial
**world standards** – normas mundiales
**world supply** – oferta mundial
**world support** – ayuda mundial, apoyo mundial
**world system** – sistema mundial
**world taxes** – impuestos mundiales
**world trade** – comercio mundial
**World Trade Organisation** – Organización Mundial del Comercio
**World Trade Organization** – Organización Mundial del Comercio
**world trade policy** – política de comercio mundial
**world transport** – transporte mundial
**world union** – unión mundial
**world wealth** – riqueza mundial
**World Wide Web** – la Web, Telaraña Mundial
**worldly** *adv* – terrenal, mundano
**worldwide** *adj* – mundial
**worldwide agency** – agencia mundial
**worldwide agent** – agente mundial
**worldwide agreement** – convenio mundial, pacto mundial
**worldwide aid** – ayuda mundial
**worldwide assets** – activo mundial

**worldwide assistance** – asistencia mundial
**worldwide association** – asociación mundial
**worldwide bank** – banco mundial
**worldwide banking** – banca mundial
**worldwide brand** – marca mundial
**worldwide body** – cuerpo mundial, institución mundial
**worldwide cartel** – cartel mundial
**worldwide-class** *adj* – de clase mundial
**worldwide co-operation** – cooperación mundial
**worldwide commerce** – comercio mundial
**worldwide commodity** – producto mundial, mercancía mundial
**worldwide communications** – comunicación mundial
**worldwide company** – compañía mundial
**worldwide competition** – competencia mundial
**worldwide conference** – conferencia mundial
**worldwide consumption** – consumo mundial
**worldwide contract** – contrato mundial
**worldwide cooperation** – cooperación mundial
**worldwide corporation** – corporación mundial
**worldwide coverage** – cobertura mundial
**worldwide credit** – crédito mundial
**worldwide currency** – moneda mundial
**worldwide debt** – deuda mundial
**worldwide economy** – economía mundial
**worldwide enterprise** – empresa mundial
**worldwide entity** – entidad mundial
**worldwide exports** – exportaciones mundiales
**worldwide-famous** *adj* – mundialmente famoso
**worldwide firm** – empresa mundial
**worldwide food aid** – ayuda alimentaria mundial
**worldwide goods** – productos mundiales, bienes mundiales
**worldwide harmonisation** – armonización mundial
**worldwide harmonization** – armonización mundial
**worldwide holiday** – feriado mundial
**worldwide imports** – importaciones mundiales
**worldwide industry** – industria mundial
**worldwide inflation** – inflación mundial
**worldwide insurance** – seguro mundial
**worldwide insurance coverage** – cobertura de seguro mundial
**worldwide insurer** – asegurador mundial
**worldwide interests** – intereses mundiales
**worldwide leader** – líder mundial
**worldwide lending** – préstamos mundiales
**worldwide liability** – responsabilidad mundial
**worldwide liquidity** – liquidez mundial
**worldwide loans** – préstamos mundiales
**worldwide market** – mercado mundial
**worldwide marketing** – marketing mundial, mercadeo mundial
**worldwide organisation** – organización mundial
**worldwide organization** – organización mundial
**worldwide partnership** – sociedad mundial
**worldwide policy** – política mundial, póliza mundial
**worldwide pollution** – contaminación mundial
**worldwide price** – precio mundial
**worldwide product** – producto mundial
**worldwide reserves** – reservas mundiales
**worldwide resources** – recursos mundiales
**worldwide sales** – ventas mundiales
**worldwide securities** – valores mundiales
**worldwide standardisation** – normalización mundial
**worldwide standardization** – normalización mundial
**worldwide standards** – normas mundiales
**worldwide supply** – oferta mundial
**worldwide support** – ayuda mundial, apoyo mundial
**worldwide system** – sistema mundial
**worldwide taxes** – impuestos mundiales
**worldwide trade** – comercio mundial
**worldwide trade policy** – política de comercio mundial
**worldwide transport** – transporte mundial
**worldwide union** – unión mundial
**worldwide wealth** – riqueza mundial
**worse** *adj* – peor
**worsen** *v* – empeorar
**worst-case scenario** – escenario más desfavorable
**worth** *n* – valor, mérito
**worthily** *adv* – merecidamente
**worthless** *adj* – sin valor
**worthless account** – cuenta sin valor
**worthless check** – cheque sin fondos, cheque girado contra una cuenta no existente
**worthless cheque** – cheque sin fondos, cheque girado contra una cuenta no existente
**worthless securities** – valores sin valor
**worthlessness** *n* – inutilidad
**worthwhile** *adj* – que vale la pena
**worthy** *adj* – digno, meritorio
**wound** *n* – lesión, herida
**wounded feelings** – sentimientos heridos
**wounded victim** – víctima herida
**wounding** *adj* – hiriente
**woundless** *adj* – ileso
**wrap up** – concluir, concluir con éxito, envolver
**wrap-up** *n* – resumen, resumen informativo
**wraparound mortgage** – hipoteca que incorpora otra hipoteca existente
**wrath** *n* – ira
**wreck** *n* – naufragio, restos de un naufragio, siniestrado, fracaso
**wreck** *v* – destruir, dañar
**writ** *n* – orden judicial, orden, auto, mandamiento judicial, mandamiento, decreto, despacho, providencia
**writ of assistance** – auto de posesión
**writ of attachment** – mandamiento de embargo
**writ of certiorari** – auto de certiorari, auto de avocación
**writ of covenant** – auto por incumplimiento de contrato
**writ of delivery** – ejecutoria para la entrega de bienes muebles
**writ of ejectment** – mandamiento de desalojo
**writ of entry** – acción posesoria
**writ of error** – auto de casación
**writ of execution** – ejecutoria, mandamiento de ejecución
**writ of habeas corpus** – auto de comparecencia, auto de hábeas corpus
**writ of inquiry** – auto de indagación
**writ of mandamus** – orden judicial, mandamus
**writ of possession** – auto de posesión
**writ of prevention** – providencia preventiva
**writ of process** – auto de comparecencia
**writ of prohibition** – inhibitoria

**writ of replevin** – auto de reivindicación
**writ of restitution** – auto de restitución
**writ of review** – auto de revisión
**writ of summons** – emplazamiento
**writ of supersedeas** – auto de suspensión
**write down** – reducir el valor contable, amortizar parcialmente, apuntar
**write-off** *n* – cancelación, pérdida total, eliminación, anulación, deuda incobrable
**write off** *v* – reducir el valor contable a cero, eliminar, amortizar completamente, cancelar una partida contable, cancelar, dar por perdido
**write up** – aumentar el valor contable, escribir sobre algo, escribir favorablemente sobre algo
**writer** *n* – girador, quien vende opciones
**writing** *n* – escrito, escritura
**writing, in** – por escrito
**writing obligatory** – fianza
**written** *adj* – escrito
**written agreement** – convenio escrito, acuerdo escrito, contrato escrito
**written consent** – consentimiento escrito
**written contract** – contrato escrito
**written down** – con el valor contable reducido, parcialmente amortizado, escrito
**written evidence** – prueba documental
**written guarantee** – garantía escrita
**written guaranty** – garantía escrita
**written instrument** – instrumento
**written law** – derecho escrito, ley escrita
**written notice** – notificación por escrito, aviso por escrito
**written off** – eliminado, cancelado, amortizado completamente, con el valor contable reducido a cero, dado por perdido
**written offer** – oferta escrita
**written warning** – aviso escrito, advertencia escrita
**written warranty** – garantía escrita
**wrong** *adj* – incorrecto, impropio, malo
**wrong** *adv* – equivocadamente, mal, injustamente
**wrong** *n* – daño, daño legal, perjuicio, agravio, injusticia
**wrong** *v* – hacerle daño a, causar perjuicio a, agraviar, ofender
**wrong entry** – asiento equivocado
**wrongdoer** *n* – malhechor, autor de un daño legal, criminal
**wrongdoing** *n* – acto malévolo, acto criminal, conducta malévola, conducta criminal
**wrongful** *adj* – ilegal, ilícito, indebido, perjudicial, injusto
**wrongful abuse of process** – abuso procesal perjudicial
**wrongful act** – acto ilícito
**wrongful arrest** – arresto ilegal
**wrongful attachment** – embargo ilegal
**wrongful birth** – acción en la cual se reclama que el nacimiento de un niño con discapacidades mentales o físicas se pudo haber evitado por consejos o tratamientos del médico
**wrongful conception** – acción en la cual se reclama que un embarazo se debió de haber evitado por tratamientos del médico
**wrongful death** – homicidio culposo
**wrongful death action** – acción por homicidio culposo
**wrongful detention** – detención ilegal
**wrongful dishonor** – rehúso indebido de pago
**wrongful imprisonment** – encarcelamiento ilegal
**wrongful life** – acción en la cual se reclama que el nacimiento de un niño con discapacidades mentales o físicas se pudo haber evitado por consejos o tratamientos del médico
**wrongful pregnancy** – acción en la cual se reclama que un embarazo se debió de haber evitado por tratamientos del médico
**wrongfully** *adv* – ilegalmente, ilícitamente, perjudicialmente
**wrongly** *adv* – equivocadamente, injustamente
**wt. (weight)** – peso
**WTO (World Trade Organization, World Trade Organisation)** – Organización Mundial del Comercio
**WWW (World Wide Web)** – la Web, Telaraña Mundial

**x (ex dividend)** – sin dividendo
**x (extension)** – extensión, extensión telefónica
**X (ex)** – ex
**X** *n* – lugar donde se firma, firma utilizada por quien no sabe escribir, cantidad desconocida
**x rays** – rayos x
**XD (ex dividend)** – sin dividendo
**xenocurrency** *n* – xenomoneda
**xenodochy** *n* – hospitalidad
**xenophobe** *n* – xenófobo
**xenophobia** *n* – xenofobia
**xenophobic** *adj* – xenófobo
**XR (ex rights)** – sin derechos de suscripción

**yardstick** *n* – norma para comparar, norma para medir
**yea** *n* – voto afirmativo, sí
**year-end** *adj* – fin de año, fin de ejercicio
**year-end adjustment** – ajuste de fin de año
**year-end audit** – auditoría de fin de año
**year of issue** – año de emisión
**year-to-date** *adj* – año hasta la fecha, ejercicio hasta la fecha
**year-to-year** *adj* – interanual
**yearly** *adj* – anual

**yearly** *adv* – anualmente
**yearly adjustment** – ajuste anual
**yearly aggregate limit** – límite total anual
**yearly amortisation** – amortización anual
**yearly amortization** – amortización anual
**yearly audit** – auditoría anual
**yearly basis** – base anual
**yearly bonus** – bono anual, bonificación anual
**yearly budget** – presupuesto anual
**yearly budgeting** – presupuestación anual
**yearly cap** – límite anual
**yearly charge** – cargo anual
**yearly closing** – cierre anual
**yearly charge** – cargo anual
**yearly cost** – costo anual, coste anual
**yearly depreciation** – depreciación anual
**yearly dividend** – dividendo anual
**yearly earnings** – ingresos anuales
**yearly exclusion** – exclusión anual
**yearly fee** – cargo anual
**yearly financial statement** – estado financiero anual
**yearly growth** – crecimiento anual
**yearly income** – ingresos anuales
**yearly interest** – interés anual
**yearly limit** – límite anual
**yearly meeting** – reunión anual, asamblea anual, junta anual, sesión anual
**yearly payment** – pago anual, abono anual
**yearly percentage rate** – tasa porcentual anual
**yearly policy** – póliza anual
**yearly premium** – prima anual
**yearly profit** – beneficio anual, ganancia anual
**yearly rate** – tasa anual, tipo anual
**yearly rate increase** – incremento de tasa anual
**yearly remuneration** – remuneración anual
**yearly renewable term insurance** – seguro de término renovable anualmente
**yearly rent** – renta anual
**yearly report** – informe anual, reporte anual, memoria anual
**yearly return** – rendimiento anual
**yearly salary** – salario anual, sueldo anual
**yearly statement** – estado anual
**yearly value** – valor anual
**yearly wage** – salario anual, sueldo anual
**years of service** – años de servicio
**yeas and nays** – votos afirmativos y negativos
**yell** *v* – gritar
**yellow-dog contract** – contrato mediante el cual el empleado pierde su trabajo si se une a un sindicato
**yellow journalism** – periodismo amarillo
**yield** *n* – rendimiento, cosecha
**yield** *v* – ceder, rendir, rendirse, renunciar, admitir
**yield interest** – devengar intereses
**yielding** *adj* – productivo, complaciente
**young offenders** – delincuentes juveniles
**young person** – menor
**Yours Sincerely** – Atentamente
**youthful offenders** – delincuentes juveniles
**yr. (year)** – año
**yrs. (years)** – años

# Z

**zealous witness** – testigo parcial
**zero balance** – balance cero, saldo cero
**zero defects** – cero defectos
**zero economic growth** – crecimiento económico cero
**zero growth** – crecimiento cero
**zero inflation** – inflación cero
**zero rate** – tasa cero, tipo cero
**zip code** – código postal
**zonal** *adj* – zonal
**zone** *n* – zona
**zone** *v* – dividir en zonas
**zone of employment** – zona de empleo
**zoning** *n* – zonificación
**zoning exception** – excepción de zonificación
**zoning laws** – leyes de zonificación
**zoning map** – mapa de zonificación
**zoning ordinance** – ordenanza de zonificación
**zoning regulations** – reglamentos de zonificación
**zoning restrictions** – restricciones de zonificación
**zoning rules** – reglamentos de zonificación
**zoning statutes** – leyes de zonificación, estatutos de zonificación

## Español a Inglés

---

## Spanish to English

# A

**a beneficio de inventario** – benefit of inventory
**a bocajarro** – pointblank
**a cargo de** – in charge of, payable by
**a ciegas** – blindly
**a cobrar** – receivable
**a condición** – upon the condition that
**a condición que** – provided that
**a contrario sensu** – in the other sense, a contrario sensu
**a corto plazo** – short-term, in the short term
**a crédito** – on credit
**a cuenta** – on account
**a cuenta de** – for the account of, on behalf of
**a destajo** – by the job
**a día fijo** – on a set date
**a discreción** – left to the discretion
**a distancia** – at a distance
**a escondidas** – in a secret manner, privately
**a favor de** – in favor of
**a fondo** – in depth
**a fortiori** – much more so, a fortiori
**a jornal** – by the day
**a la entrega** – on delivery
**a la fuerza** – by force, with violence
**a la gruesa** – bottomry
**a la letra** – to the letter, literally
**a la orden de** – to the order of
**a la par** – at par, simultaneously
**a la presentación** – at sight
**a la vez** – at the same time
**a la vista** – at sight, in sight
**a largo plazo** – long-term, in the long-term, in the long run
**a mano** – by hand
**a mano armada** – armed
**a mansalva** – without risk, without danger
**a medias** – partially
**a mediano plazo** – medium-term, in the medium-term
**a medio plazo** – medium-term, in the medium-term
**a mensa et thoro** – separation by law as opposed to dissolution of marriage, a mensa et thoro
**a mi leal saber y entender** – to the best of my knowledge and belief
**a muerte** – to death
**a pagar** – payable, outstanding
**a pedimento** – on request
**a plazo corto** – short-term, in the short-term
**a plazo fijo** – fixed-term
**a plazo intermedio** – intermediate-term, in the intermediate-term
**a plazo largo** – long-term, in the long-term, in the long run
**a plazos** – in installments
**a posteriori** – from the effect to the cause, a posteriori
**a presentación** – on presentation
**a primera vista** – at first glance, prima facie
**a priori** – from the cause to the effect, a priori
**a propósito** – on purpose, deliberately, by the way
**a prorrata** – proportionately
**a prueba** – on approval
**a puerta cerrada** – behind closed doors
**a quemarropa** – pointblank
**a quien corresponda** – to whom it may concern
**a quo** – from which, a quo
**a regañadientes** – grudgingly
**a riesgo** – at risk
**a sabiendas** – knowingly
**a salvamano** – safely
**a salvo** – safe
**a su presentación** – on presentation
**a su propia orden** – to his own order, to her own order
**a tiempo** – on time
**a tiempo completo** – full-time
**a tiempo parcial** – part-time
**a título gratuito** – gratuitous
**a título informativo** – for information purposes only, by way of information
**a título oneroso** – based on valuable consideration
**a título precario** – for temporary use and enjoyment
**a traición** – traitorously
**a trechos** – at intervals
**a un día fijo** – on a set date
**a vista de** – in the presence of, in view of, in consideration of
**a voluntad** – voluntarily
**ab ante** – in advance, ab ante
**ab antecedente** – beforehand, ab antecedente
**ab initio** – from the beginning, ab initio
**ab intestat** – intestate, ab intestat
**ab intestato** – from an intestate, ab intestato
**ab irato** – by one who is angry, ab irato
**abacorar** *v* – to attack, to harass
**abajo firmado** – undersigned
**abajo firmante** – undersigned
**abajo mencionado** – undermentioned, mentioned below
**abajofirmante** *m/f* – undersigned
**abaldonar** *v* – to insult, to affront
**abalear** *v* – to shoot
**abanderamiento** *m* – registration of a ship
**abanderar** *v* – to register a vessel
**abandonado** *adj* – abandoned, neglected, careless, negligent
**abandonamiento** *m* – abandonment, carelessness, negligence
**abandonar** *v* – to abandon, to waive, to abort
**abandonar al asegurador** – to abandon to the insurer
**abandonar géneros** – abandon goods
**abandonar propiedad** – to abandon property
**abandonar tierra** – to abandon land
**abandonar un crimen** – to abandon a crime
**abandonar un hijo** – to abandon a child
**abandonar un niño** – to abandon a child
**abandonar una reclamación** – to abandon a claim
**abandono** *m* – abandonment, waiver, desertion, carelessness

**abandono completo** – complete abandonment
**abandono constructivo** – constructive desertion
**abandono de acción** – abandonment of action
**abandono de activo** – abandonment of assets
**abandono de animales** – abandonment of animals
**abandono de apelación** – abandonment of appeal
**abandono de bienes** – abandonment of goods
**abandono de buque** – abandonment of ship
**abandono de carga** – abandonment of cargo, abandonment of freight
**abandono de cargamento** – abandonment of cargo, abandonment of freight
**abandono de cargo** – abandonment of office
**abandono de contrato** – abandonment of contract
**abandono de cónyuge** – abandonment of spouse
**abandono de cosas aseguradas** – abandonment of insured property
**abandono de deberes** – dereliction of duties, abandonment of duties
**abandono de derechos** – abandonment of rights
**abandono de domicilio** – abandonment of domicile
**abandono de esposa** – abandonment of wife
**abandono de esposo** – abandonment of husband
**abandono de familia** – abandonment of family
**abandono de fideicomiso** – abandonment of trust
**abandono de flete** – abandonment of freight, abandonment of cargo
**abandono de hijos** – abandonment of children
**abandono de hogar** – abandonment of domicile
**abandono de la acción** – abandonment of action
**abandono de la instancia** – abandonment of action
**abandono de menores** – abandonment of minors
**abandono de mercancías** – abandonment of goods
**abandono de nave** – abandonment of ship
**abandono de niños** – abandonment of children
**abandono de patentes** – abandonment of patents
**abandono de propiedad** – abandonment of property
**abandono de querella** – abandonment of the complaint
**abandono de recurso** – abandonment of appeal
**abandono de servidumbre** – abandonment of easement
**abandono de tierra** – abandonment of land
**abandono de un alegato** – abandonment of a pleading
**abandono de un contrato** – abandonment of a contract
**abandono de un crimen** – abandonment of a crime
**abandono de un reclamo** – abandonment of a claim
**abandono del hogar conyugal** – desertion
**abandono del servicio** – dereliction of duty
**abandono entero** – entire abandonment
**abandono implícito** – implied abandonment
**abandono incompleto** – incomplete abandonment
**abandono inferido** – inferred abandonment
**abandono involuntario** – involuntary abandonment
**abandono obstinado** – abandonment without intention of returning
**abandono parcial** – partial abandonment
**abandono tácito** – tacit abandonment
**abandono total** – total abandonment
**abandono voluntario** – voluntary abandonment
**abandono y deserción** – abandonment and desertion
**abanico salarial** – salary range, wage scale
**abaratamiento** *m* – cheapening, reduction, price cut
**abaratar** *v* – to cheapen, to reduce, to cut prices
**abaratarse** *v* – to become cheaper, to be reduced, to come down in price
**abarcador** *m* – monopolizer, embracer
**abarcador** *adj* – comprehensive
**abarcar** *v* – to embrace, to contain, to monopolize, to undertake many things
**abarraganamiento** *m* – concubinage
**abarrajar** *v* – to overwhelm, to throw with force and violence
**abarrar** *v* – to throw, to shake hard, to strike
**abarrotado** *adj* – saturated, completely full, monopolized, completely stocked
**abarrotar** *v* – to stock completely, to monopolize, to bar up, to saturate
**abastecedor** *m* – purveyor, supplier
**abastecer** *v* – to supply
**abastecer el mercado** – to supply the market
**abastecimiento** *m* – supply, supplying
**abastecimiento de energía** – energy supply
**abastecimiento electrónico** – electronic sourcing, e-sourcing
**abasto** *m* – supply, supplying
**abasto de energía** – energy supply
**abastos** *m* – supplies
**abatatado** *adj* – intimidated
**abatatar** *v* – to intimidate
**abatido** *adj* – dejected, contemptible
**abatir** *v* – to demolish, to humiliate
**abdicación** *f* – abdication
**abdicar** *v* – to abdicate, to relinquish
**abducción** *f* – abduction
**aberración** *f* – aberration, error
**aberrante** *adj* – aberrant
**abertura** *f* – openness, opening
**abiertamente** *adv* – openly
**abierto** *adj* – open, evident, unobstructed, sincere
**abierto a discusión** – open to discussion
**abierto a ofertas** – open to offers
**abierto al público** – open to the public
**abierto las 24 horas** – open 24 hours
**abierto y notorio** – open and notorious
**abismar** *v* – to overwhelm, to confuse, to ruin, to humble
**abjuración** *f* – abjuration, recantation
**abjurar** *v* – to abjure, to recant, to renounce
**abnegación** *f* – abnegation
**abnegar** *v* – to abnegate
**abogable** *adj* – pleadable
**abogacía** *f* – law, the legal profession, legal staff
**abogadear** *v* – to practice law unethically, to practice law without a license
**abogado** *m* – attorney, lawyer, advocate, barrister
**abogado acusador** – prosecutor, counsel for the plaintiff
**abogado asociado** – associate counsel
**abogado auxiliar** – junior counsel
**abogado civilista** – civil attorney
**abogado consultor** – consulting attorney, legal adviser
**abogado criminalista** – criminal attorney
**abogado de empresa** – corporate attorney, in-house attorney, corporate lawyer, in-house lawyer
**abogado de oficio** – court-appointed counsel, state-

appointed counsel, assigned counsel
**abogado de patentes** – patent attorney, patent lawyer
**abogado de secano** – pettifogger, shyster attorney
**abogado de sociedad** – corporate attorney, corporate lawyer
**abogado defensor** – defense attorney
**abogado del estado** – public prosecutor, government attorney, state attorney, government lawyer, state lawyer
**abogado del gobierno** – government attorney, government lawyer
**abogado designado** – assigned counsel
**abogado desprestigiado** – attorney with a bad reputation
**abogado director** – lead counsel
**abogado en ejercicio** – practicing attorney
**abogado fiscal** – prosecutor
**abogado laboral** – labor attorney, labor lawyer
**abogado laboralista** – labor attorney, labor lawyer
**abogado laborista** – labor attorney, labor lawyer
**abogado litigante** – trial attorney, litigating attorney
**abogado mercantilista** – corporate attorney, corporate lawyer, commercial attorney, commercial lawyer
**abogado notario** – attorney who is also a notary public, lawyer who is also a notary public
**abogado penal** – criminal attorney
**abogado penalista** – criminal attorney
**abogado picapleitos** – pettifogger, ambulance chaser
**abogado principal** – lead counsel
**abogado privado** – private attorney
**abogado procesalista** – litigation attorney
**abogado que consta** – attorney of record
**abogado secundario** – junior counsel
**abogado tributarista** – tax attorney, tax lawyer
**abogar** *v* – to defend, to advocate, to plead
**abolengo** *m* – ancestry, inheritance from grandparents, inheritance
**abolición** *f* – abolition, repeal, abrogation
**abolicionismo** *m* – abolitionism
**abolir** *v* – to abolish, to repeal, to revoke
**abominación** *f* – abomination
**abonable** *adj* – payable
**abonado** *m* – subscriber, customer
**abonado** *adj* – trustworthy, paid, credited
**abonado al contado** – paid in cash
**abonado en cuenta** – credited to account
**abonado en efectivo** – paid in cash
**abonado por adelantado** – paid in advance
**abonado totalmente** – paid in full
**abonador** *m* – surety, guarantor
**abonamiento** *m* – surety, guarantee, guaranty, guaranteeing, security, bail
**abonar** *v* – to pay, to guarantee, to bail, to credit
**abonar a una cuenta** – to credit an account
**abonar al contado** – to pay cash
**abonar de mas** – to overcredit
**abonar en cuenta** – to credit an account
**abonar en exceso** – to overcredit
**abonaré** *m* – promissory note, due bill
**abono** *m* – payment, credit, guarantee, guaranty, allowance
**abono a cuenta** – payment on account
**abono a plazos** – payment in installments
**abono acordado** – agreed-upon payment
**abono acostumbrado** – customary payment
**abono adelantado** – advance payment, prepayment
**abono adicional** – additional payment
**abono al contado** – cash payment
**abono antes de entrega** – cash before delivery
**abono antes del vencimiento** – payment before maturity, prepayment
**abono anticipado** – prepayment, advance payment, advance cash
**abono anual** – annual payment
**abono aplazado** – deferred payment, installment payment
**abono atrasado** – late payment, overdue payment, payment in arrears
**abono automático** – automatic payment
**abono bisemanal** – biweekly payment
**abono calculado** – calculated payment
**abono compensatorio** – compensating payment
**abono compulsorio** – compulsory payment
**abono con la orden** – cash with order
**abono con tarjeta** – credit card payment, debit card payment
**abono condicional** – conditional payment
**abono conjunto** – copayment
**abono constante** – constant payment
**abono contingente** – contingent payment
**abono contra entrega** – cash on delivery
**abono contractual** – contractual payment
**abono contratado** – contracted payment
**abono convenido** – agreed-upon payment
**abono de alquiler** – rent payment
**abono de amortización** – amortization payment
**abono de anualidad** – annuity payment
**abono de arrendamiento** – lease payment
**abono de banquero** – banker's payment
**abono de compensación** – compensating payment
**abono de contribuciones** – tax payment
**abono de dividendo** – dividend payment
**abono de entrada** – down payment
**abono de facturas** – bill payment
**abono de impuestos** – tax payment
**abono de incentivo** – incentive pay, incentive fee
**abono de intereses** – interest payment
**abono de la deuda** – debt payment
**abono de la pensión** – pension payment
**abono de la reclamación** – claim payment
**abono de las obligaciones** – payment of obligations
**abono de mantenimiento** – maintenance payment
**abono de prima** – premium payment
**abono de servicios** – payment of services
**abono de vacaciones** – vacation pay
**abono del IVA** – payment of the value-added tax
**abono del tiempo de prisión** – credit for time already spent in jail
**abono demorado** – delayed payment
**abono detenido** – stopped payment
**abono diferido** – deferred payment, late payment
**abono directo** – direct payment
**abono electrónico** – electronic payment
**abono en cuotas** – payment in installments
**abono en efectivo** – cash payment
**abono en especie** – payment in kind
**abono en exceso** – overpayment
**abono en línea** – online payment

**abono en moneda extranjera** – payment in foreign currency
**abono en mora** – overdue payment
**abono especial** – special payment
**abono especificado** – specified payment
**abono estimado** – estimated payment
**abono estipulado** – stipulated payment
**abono extraviado** – missing payment
**abono fijo** – fixed payment
**abono final** – final payment, final installment
**abono forzado** – forced payment
**abono forzoso** – forced payment
**abono fraccionado** – partial payment
**abono garantizado** – guaranteed payment
**abono global** – lump-sum payment
**abono hipotecario** – mortgage payment
**abono inicial** – down payment
**abono inicial mínimo** – minimum down payment
**abono inmediato** – immediate payment
**abono insuficiente** – underpayment
**abono íntegro** – full payment
**abono interino** – interim payment
**abono internacional** – international payment
**abono máximo** – maximum payment
**abono mensual** – monthly payment
**abono mínimo** – minimum payment
**abono necesario** – necessary payment
**abono negociado** – negotiated payment
**abono neto** – net payment
**abono nominal** – nominal payment
**abono normal** – normal payment
**abono obligado** – obligatory payment, mandatory payment
**abono obligatorio** – obligatory payment, mandatory payment
**abono online** – online payment
**abono ordinario** – ordinary payment
**abono pactado** – agreed-upon payment
**abono parcial** – partial payment, payment on account
**abono pendiente** – outstanding payment
**abono perdido** – missing payment
**abono periódico** – periodic payment
**abono por adelantado** – payment in advance, cash in advance
**abono por cheque** – payment by check, payment by cheque
**abono por error** – wrongful payment
**abono por horas** – payment per hour, hourly rate
**abono por otro** – payment of the debts of another
**abono preautorizado** – preauthorized payment
**abono preestablecido** – preset payment
**abono preferencial** – preferential payment
**abono puntual** – timely payment, prompt payment
**abono recibido** – payment received
**abono recurrente** – recurring payment
**abono reembolsable** – refundable payment
**abono regular** – regular payment
**abono requerido** – required payment
**abono restringido** – restricted payment
**abono seguro** – secure payment
**abono subsidiado** – subsidized payment
**abono subvencionado** – subsidized payment
**abono tardío** – late payment
**abono típico** – typical payment
**abono total** – full payment
**abono trimestral** – quarterly payment
**abono único** – single payment
**abono vencido** – overdue payment
**abono voluntario** – voluntary payment
**abonos consecutivos** – consecutive payments
**abonos corrientes** – current payments
**abonos escalonados** – graduated payments
**abonos parejos** – level payments
**abonos programados** – programmed payments
**abonos suplementarios** – supplemental payments
**abonos variables** – variable payments
**abordado** *adj* – boarded
**abordaje** *m* – collision of vessels, naval attack, boarding
**abordaje casual** – unavoidable collision of vessels
**abordaje culpable** – collision of vessels due to negligence
**abordaje fortuito** – unavoidable collision of vessels
**abordaje recíproco** – collision of vessels where both are at fault
**abordar** *v* – to collide vessels, to board
**abordar un tema** – to deal with a topic
**abordo** *m* – collision of vessels, naval attack, boarding
**aborrecer** *v* – to abhor, to detest
**abortar** *v* – to abort, to abandon, to fail, to suspend
**abortista** *m/f* – abortionist
**aborto** *m* – abortion
**abrasar** *v* – to burn, to consume
**abreviación** *f* – abbreviation, abridgment
**abreviadamente** *adv* – briefly, succinctly
**abreviado** *adj* – abbreviated, concise
**abreviar** *v* – to abbreviate
**abrigar** *v* – to protect, to harbor
**abrigo contributivo** – tax shelter
**abrigo impositivo** – tax shelter
**abrigo tributario** – tax shelter
**abrir** *v* – to open, to begin
**abrir a pruebas** – to begin taking testimony
**abrir crédito** – open credit
**abrir el juicio** – to open the case
**abrir fuego** – to open fire
**abrir la asamblea** – to call the meeting to order
**abrir la junta** – to call the meeting to order
**abrir la licitación** – to open the bidding
**abrir la reunión** – to call the meeting to order
**abrir la sesión** – to call the meeting to order
**abrir las negociaciones** – to open negotiations
**abrir los libros** – to open the books
**abrir propuestas** – to open bids
**abrir un crédito** – to open a line of credit
**abrir un negocio** – to open a business
**abrir una cuenta** – to open an account
**abrogable** *adj* – annullable, repealable
**abrogación** *f* – abrogation, annulment, repeal
**abrogación expresa** – express abrogation
**abrogar** *v* – to abrogate, to annul, to repeal
**abrogatorio** *adj* – abrogative
**abrumar** *v* – to overwhelm, to annoy
**absentismo** *m* – absenteeism
**absentismo laboral** – employee absenteeism
**absentista** *m/f* – absentee
**absolución** *f* – acquittal, absolution, pardon, dismissal

**absolución con reserva** – dismissal without prejudice
**absolución condicionada** – conditional pardon
**absolución de derecho** – acquittal in law
**absolución de hecho** – acquittal in fact
**absolución de la demanda** – dismissal of the complaint, finding for the defendant
**absolución de la instancia** – dismissal of the case, acquittal
**absolución de posiciones** – reply to interrogatories
**absolución del juicio** – dismissal of the action
**absolución judicial** – dismissal, acquittal
**absolución libre** – acquittal, verdict of not guilty
**absolución perentoria** – summary dismissal
**absolución sin reserva** – dismissal with prejudice
**absoluta e incondicionalmente** – absolutely and unconditionally
**absolutamente** *adv* – absolutely
**absolutamente e incondicionalmente** – absolutely and unconditionally
**absolutamente necesario** – absolutely necessary
**absolutamente nulo** – absolutely void
**absolutamente privilegiado** – absolutely privileged
**absolutismo** *m* – absolutism
**absolutista** *m/f* – absolutist
**absolutista** *adj* – absolutist
**absoluto** *adj* – absolute, unconditional, unlimited
**absolutorio** *adj* – absolving, acquitting
**absolvente** *m/f* – the person who replies to interrogatories
**absolvente** *adj* – absolving
**absolver** *v* – to acquit, to absolve, to release
**absolver de la instancia** – to acquit due to a lack of evidence
**absolver las posiciones** – to reply to interrogatories
**absolver las preguntas** – to answer questions
**absorber** *v* – to absorb, to take over
**absorber costes** – to absorb costs
**absorber costos** – to absorb costs
**absorber gastos** – to absorb expenses
**absorber la pérdida** – to absorb the loss
**absorbido** *adj* – absorbed, taken over
**absorción** *f* – absorption, takeover
**absorción corporativa** – corporate takeover
**absorción de corporación** – corporate takeover
**absorción de costes** – absorption of costs, cost absorption
**absorción de costos** – absorption of costs, cost absorption
**absorción de empresa** – corporate takeover
**absorción de liquidez** – absorption of liquidity
**absorción inversa** – reverse takeover
**absque** – without, absque
**absque hoc** – without this, absque hoc
**abstemio** *m* – abstainer
**abstemio** *adj* – abstemious
**abstención** *f* – abstention
**abstencionismo electoral** – refusal to vote
**abstencionista** *m/f* – abstainer
**abstenerse** *v* – to abstain
**abstinencia** *f* – abstinence
**abstracto** *m* – abstract
**abstruso** *adj* – abstruse
**absuelto** *adj* – absolved, acquitted
**absurdidad** *f* – absurdity
**absurdo** *adj* – absurd
**abuelastra** *f* – stepgrandmother
**abuelastro** *m* – stepgrandfather
**abundancia** *f* – abundance
**abusado** *adj* – abused
**abusado y descuidado** – abused and neglected
**abusar** *v* – to abuse, to abuse sexually, to rape, to misuse, to take advantage, to impose upon
**abusar de un cónyuge** – to abuse a spouse
**abusar de un hijo** – to abuse a child
**abusar de un niño** – to abuse a child
**abusión** *f* – abuse, absurdity
**abusivamente** *adv* – abusively, illegally
**abusivo** *adj* – abusive, misapplied
**abuso** *m* – abuse, misuse, imposition
**abuso carnal** – carnal abuse
**abuso de autoridad** – abuse of authority
**abuso de cargo** – misuse of office
**abuso de confianza** – breach of trust
**abuso de crédito** – misuse of credit
**abuso de derecho** – abuse of right, abuse of process
**abuso de discreción** – abuse of discretion
**abuso de drogas** – abuse of drugs
**abuso de esposa** – abuse of wife
**abuso de esposo** – abuse of husband
**abuso de hija** – abuse of daughter
**abuso de hijo** – abuse of son
**abuso de la víctima** – abuse of victim
**abuso de menores** – abuse of minors
**abuso de poder** – abuse of authority
**abuso de privilegio** – abuse of privilege
**abuso del proceso** – abuse of process
**abuso del proceso legal** – abuse of legal process
**abuso físico** – physical abuse
**abuso sexual** – sexual abuse
**abuso verbal** – verbal abuse
**abusos deshonestos** – indecent assault
**acabado** *adj* – completed, finished, exhausted
**acabar** *v* – to complete, to finish, to exhaust
**acabildar** *v* – to call together, to unite
**academia** *f* – academy
**acaloradamente** *adv* – heatedly, vehemently, angrily
**acanalado** *adj* – channeled
**acanalar** *v* – to channel
**acantilar** *v* – to run a ship aground, to run a ship on the rocks
**acaparado** *adj* – monopolized, hoarded, cornered
**acaparador** *adj* – monopolizing, hoarding, cornering
**acaparador** *m* – monopolizer, hoarder, cornerer
**acaparamiento** *m* – monopolization, hoarding, cornering
**acaparamiento de bienes** – hoarding of goods
**acaparamiento de mercancías** – hoarding of goods, hoarding of commodities, coemption
**acaparar** *v* – to monopolize, to hoard, to corner
**acaparar el mercado** – to corner the market
**acaparrarse** *v* – to reach an agreement, to close a transaction
**acápite** *m* – separate paragraph
**acarrear** *v* – to carry, to transport, to cause
**acarreo** *m* – carriage, transport
**acarreto** *m* – carriage, transport
**acaso** *m* – chance, accident
**acaso** *adv* – perhaps, by chance

**acatamiento** *m* – compliance, respect, observance, acknowledgment, acceptance
**acatamiento voluntario** – voluntary compliance
**acatar** *v* – to comply with, to observe, to obey, to respect
**accedente** *adj* – acceding
**acceder** *v* – to accede, to agree, to gain access to
**acceder a un mercado** – to gain access to a market
**accesibilidad** *f* – accessibility
**accesible** *adj* – accessible, attainable, approachable, available
**accesible a todos** – available to all
**accesión** *f* – accession, access
**acceso** *m* – access, admittance
**acceso a Internet** – Internet access
**acceso a mercados** – market access
**acceso al crédito** – credit access
**acceso carnal** – carnal access
**acceso directo** – direct access
**acceso efectivo** – effective access
**acceso efectivo al mercado** – effective market access
**acceso equivalente** – equivalent access
**acceso forzoso** – forcible entry, rape
**acceso libre** – free access, open access
**acceso público** – public access
**acceso violento** – forcible entry, rape
**accesoria** *f* – annex
**accesorias legales** – secondary claims
**accesorio** *m* – accessory, fixture
**accesorio** *adj* – accessory, secondary
**accesorios e instalaciones** – fixtures and fittings
**accidentado** *m* – the victim of an accident
**accidental** *adj* – accidental, incidental, temporary
**accidentalmente** *adv* – accidentally
**accidente** *m* – accident
**accidente corporal** – accident resulting in a personal injury
**accidente de circulación** – traffic accident
**accidente de empleo** – occupational accident
**accidente de trabajo** – occupational accident
**accidente de tráfico** – traffic accident
**accidente de tránsito** – traffic accident
**accidente en el empleo** – on-the-job accident
**accidente en el trabajo** – on-the-job accident
**accidente inculpable** – non-negligent accident
**accidente industrial** – industrial accident
**accidente inevitable** – unavoidable accident
**accidente laboral** – occupational accident
**accidente mortal** – fatal accident
**accidente no de trabajo** – non-occupational accident
**accidente no laboral** – non-occupational accident
**accidente ocupacional** – occupational accident
**accidente operativo** – industrial accident
**accidente profesional** – occupational accident
**accidente relacionado al empleo** – job-related accident
**accidente relacionado al trabajo** – job-related accident
**accidentes del mar** – marine risk, accidents at sea
**acción** *f* – action, act, lawsuit, right of action, stock share, stock, share, stock certificate
**acción a que hubiere lugar** – action which may lie
**acción abandonada** – abandoned action
**acción accesoria** – accessory action
**acción administrativa** – administrative action
**acción amigable** – friendly suit
**acción antidumping** – antidumping action
**acción arbitraria** – arbitrary action
**acción bajo derecho común** – common law action
**acción cambiaría** – action for the collection of a bill of exchange
**acción cambiaría de regreso** – action against secondary endorsers
**acción caucionable** – bailable action
**acción caucional** – to put up a bond
**acción cautelar** – action for a provisional remedy
**acción civil** – civil action
**acción colateral** – collateral action
**acción colectiva** – collective action
**acción colusoria** – collusive action
**acción comenzada** – action commenced
**acción con lugar** – action which lies
**acción concertada** – concerted action
**acción confesoria** – action to enforce an easement, ejectment action
**acción conjunta** – joint action
**acción constitutiva** – test action
**acción contra la cosa** – action in rem
**acción contra la persona** – action in personam
**acción contractual** – action of contract
**acción contradictoria** – incompatible action
**acción contraria** – action by the debtor against the creditor
**acción criminal** – criminal prosecution, criminal act
**acción de aumentos** – action for sustenance, action for alimony
**acción de apremio** – summary process for the collection of taxes, action of debt
**acción de clase** – class action
**acción de cobro de dinero** – action of debt
**acción de condena** – prosecution
**acción de conducción** – action by a tenant to maintain possession
**acción de daños y perjuicios** – suit for damages, tort action
**acción de desahucio** – action of ejectment, ejectment action, eviction proceeding
**acción de desalojo** – action of ejectment, ejectment action, eviction proceeding
**acción de desconocimiento de la paternidad** – paternity suit
**acción de deslinde** – action to establish property lines
**acción de despojo** – ejectment action
**acción de difamación** – libel suit, slander suit
**acción de divorcio** – divorce action
**acción de enriquecimiento indebido** – action for restitution after unjust enrichment
**acción de estado civil** – action to determine marital status
**acción de filiación** – filiation action
**acción de indemnización** – remedial action
**acción de jactancia** – action of jactitation
**acción de libelo** – libel suit
**acción de locación** – action to collect rent
**acción de mandamiento** – mandamus action
**acción de nulidad** – action to declare void
**acción de nulidad de matrimonio** – action to annul a marriage

**acción de paternidad** – paternity suit
**acción de petición de herencia** – legal claim to part of an estate
**acción de posesión** – possessory action
**acción de prueba** – test action
**acción de quiebra** – act of bankruptcy
**acción de regreso** – action of debt
**acción de revisión** – action for reconsideration
**acción de transgresión** – action of trespass
**acción declarativa** – declaratory action
**acción declaratoria** – declaratory action
**acción del enemigo** – acts of public enemies
**acción determinativa** – test action
**acción directa** – direct action
**acción disciplinaria** – disciplinary action
**acción dispositiva** – test action
**acción divisoria** – action for partition
**acción ejecutiva** – executive action, action of debt
**acción ejercitoria** – action against the owner of a ship for goods and services supplied
**acción en cobro de dinero** – action of debt
**acción enemiga** – acts of public enemies
**acción especial** – special action, extraordinary action
**acción estatal** – state action
**acción estatuaria** – statutory action
**acción estimatoria** – action by the buyer against the seller to obtain a reduction in price due to defects, quanti minoris
**acción exhibitoria** – discovery action
**acción falsa** – false action
**acción ficticia** – fictitious action
**acción hipotecaria** – foreclosure proceedings
**acción ilegal** – illegal action
**acción ilícita** – illicit action
**acción imprescriptible** – action which has no statute of limitations
**acción impropia** – improper action
**acción in rem** – action in rem
**acción in solidum** – joint and several action
**acción inapropiada** – inappropriate action
**acción incidental** – accessory action
**acción incompatible** – incompatible action
**acción indirecta** – indirect action
**acción industrial** – industrial action
**acción inmobiliaria** – action concerning real estate
**acción intraestatal** – intrastate action
**acción judicial** – lawsuit, legal action
**acción jurídica** – lawsuit, legal action
**acción laboral** – labor action, action based on labor law
**acción legal** – legal action, lawsuit
**acción lícita** – licit action
**acción litigiosa** – lawsuit, legal action
**acción local** – local action
**acción mancomunada** – joint action
**acción mixta** – mixed action
**acción mobiliaria** – action concerning personal property
**acción multilateral** – multilateral action
**acción negatoria** – action to remove an easement
**acción oblicua** – subrogation action
**acción ordinaria** – ordinary proceeding, common share
**acción original** – original action
**acción para cuenta y razón** – action for accounting
**acción particular** – personal action
**acción para el cobro** – recovery action, cost recovery action
**acción pauliana** – action by a creditor to nullify a fraudulent act by a debtor
**acción penal** – criminal proceeding
**acción pendiente** – pending action
**acción personal** – personal action
**acción personal y real** – mixed action
**acción petitoria** – petitory action
**acción pignoraticia** – action of pledge
**acción plenaria** – ordinary proceeding
**acción plenaria de posesión** – action to acquire property through prescription
**acción policial** – police action
**acción por daños y perjuicios** – suit for damages, tort action
**acción por difamación** – action for defamation
**acción por fraude** – action for fraud
**acción por incumplimiento de contrato** – action of contract, action of assumpsit
**acción por lesión corporal** – action for bodily injury
**acción por libelo** – action for libel
**acción posesoria** – possessory action
**acción prejudicial** – preliminary proceeding
**acción prendaria** – action of pledge
**acción prescriptible** – action which has a statute of limitations
**acción preservativa** – action for a provisional remedy
**acción preventiva** – action for a provisional remedy, preventive action
**acción principal** – main action
**acción privada** – private action
**acción procedente** – action which lies
**acción procesal** – lawsuit, legal action
**acción prohibitoria** – action to enforce an easement, ejectment action
**acción pública** – public action, criminal proceeding
**acción publiciana** – action to acquire property through prescription
**acción real** – real action
**acción redhibitoria** – redhibitory action
**acción reivindicatoría** – action for recovery, ejectment
**acción revocatoria** – action by a creditor against a debtor to nullify fraudulent acts
**acción separada** – separate action
**acción sin lugar** – action which does not lie
**acción sindical** – union activity
**acción solidaria** – joint and several action
**acción sostenible** – action which lies
**acción subrogatoria** – subrogation action
**acción sumaria** – summary proceeding
**acción temporal** – action which has a statute of limitations
**acción transitoria** – transitory action
**acción útil** – equitable action
**accionable** *adj* – actionable
**accionante** *m/f* – plaintiff, prosecutor
**accionar** *v* – to litigate, to bring suit, to activate
**accionariado** *m* – shareholders
**accionario** *m* – shareholder
**acciones** *f* – shares, stocks, stock shares, stock certificates, actions

**acciones a la par** – par-value stock, par stock
**acciones a valor par** – par-value stock, par stock
**acciones acumulativas** – cumulative stock
**acciones administradas** – managed shares, managed stock
**acciones al contado** – cash stock, cash shares
**acciones al portador** – bearer stock, bearer shares
**acciones amortizables** – redeemable shares, redeemable stock
**acciones ancestrales** – ancestral actions
**acciones asignadas** – allocated shares, allocated stock
**acciones autorizadas** – authorized shares, authorized capital shares
**acciones bancarias** – bank shares, bank stock
**acciones barométricas** – barometer stocks
**acciones calificadas** – qualifying shares
**acciones canjeables** – convertible shares
**acciones clasificadas** – classified stock, classified shares
**acciones compatibles** – compatible actions
**acciones comunes** – common stock
**acciones con derecho a dividendos** – dividend stock
**acciones con derecho a voto** – voting stock
**acciones con dividendos** – dividend stock
**acciones con participación** – participating stock
**acciones con valor a la par** – par-value stock
**acciones con voto** – voting stock
**acciones congeladas** – frozen shares, frozen stock
**acciones controladas** – controlled shares, controlled stock
**acciones convertibles** – convertible stock
**acciones corporativas** – corporate stock
**acciones cotizadas** – listed stock, listed shares
**acciones cotizadas en bolsa** – listed stock, listed shares
**acciones cubiertas** – paid-up stock
**acciones de alto riesgo** – high-risk stocks
**acciones de banco** – bank stocks, bank shares
**acciones de banquero** – banker's stock, banker's shares
**acciones de capital** – capital stock
**acciones de clase A** – class A stock
**acciones de clase B** – class B stock
**acciones de compañías** – corporate shares
**acciones de control** – control stock
**acciones de fundación** – founders' shares
**acciones de fundador** – founders' shares
**acciones de garantía** – guarantee stock
**acciones de industria** – stock given in exchange of services
**acciones de la compañía** – company shares
**acciones de la directiva** – directors' shares
**acciones de los empleados** – employee shares, employee stock
**acciones de los fundadores** – founders' shares
**acciones de los promotores** – founders' shares
**acciones de preferencia** – preferred stock
**acciones de sociedad anónima** – corporate stock
**acciones de tesorería** – treasury stock
**acciones de trabajo** – stock issued for services
**acciones diferidas** – deferred stock
**acciones diluidas** – diluted shares
**acciones donadas** – donated stock
**acciones emitidas** – emitted stock, issued stock
**acciones en caja** – treasury stock
**acciones en cartera** – stocks in portfolio
**acciones en circulación** – outstanding stock
**acciones en tesorería** – treasury stock
**acciones enteramente pagadas** – paid-up stock
**acciones exhibidas** – paid-up stock
**acciones federales** – federal actions
**acciones gravables** – assessable stock, assessable shares
**acciones liberadas** – paid-up stock
**acciones manipuladas** – manipulated shares, manipulated stock
**acciones mixtas** – mixed actions
**acciones morales** – moral actions
**acciones municipales** – municipal actions
**acciones negociables** – negotiable shares
**acciones no cotizadas** – unlisted shares
**acciones no emitidas** – unissued stock
**acciones no gravables** – non-assessable stock
**acciones no imponibles** – non-assessable stock
**acciones no liberadas** – stock that is not paid-up
**acciones no registradas** – unregistered stock
**acciones nominales** – registered stock
**acciones nominativas** – registered stock
**acciones normales** – normal stock, normal shares, ordinary stock, ordinary shares
**acciones ordinarias** – ordinary stock, ordinary shares
**acciones pagadas** – paid-up shares
**acciones pignoradas** – pledged shares
**acciones preferenciales** – preferred stock
**acciones preferenciales acumulativas** – cumulative preferred stock
**acciones preferenciales con participación** – participating preferred stock
**acciones preferenciales convertibles** – convertible preferred stock
**acciones preferenciales no acumulativas** – noncumulative preferred stock
**acciones preferenciales redimibles** – redeemable preferred stock
**acciones preferentes** – preferred stock
**acciones preferentes acumulativas** – cumulative preferred stock
**acciones preferentes con participación** – participating preferred stock
**acciones preferentes convertibles** – convertible preferred stock
**acciones preferentes no acumulativas** – noncumulative preferred stock
**acciones preferentes redimibles** – callable preferred stock
**acciones preferidas** – preferred stock
**acciones preferidas acumulativas** – cumulative preferred stock
**acciones preferidas con participación** – participating preferred stock
**acciones preferidas convertibles** – convertible preferred stock
**acciones preferidas no acumulativas** – noncumulative preferred stock
**acciones preferidas redimibles** – callable preferred stock
**acciones prestadas** – borrowed stock, loaned stock

**acciones privilegiadas** – preferred stock
**acciones privilegiadas acumulativas** – cumulative preferred stock
**acciones privilegiadas con participación** – participating preferred stock
**acciones privilegiadas convertibles** – convertible preferred stock
**acciones privilegiadas no acumulativas** – noncumulative preferred stock
**acciones privilegiadas redimibles** – callable preferred stock
**acciones readquiridas** – reacquired stock
**acciones recuperables** – callable stock, redeemable stock
**acciones redimibles** – callable stock, redeemable stock
**acciones redimidas** – called stock, called shares
**acciones regulares** – regular stock, regular shares, ordinary stock, ordinary shares
**acciones rescatables** – callable stock, redeemable stock
**acciones seguras** – defensive stocks
**acciones sin derecho a voto** – non-voting stock
**acciones sin valor nominal** – no par stock
**acciones sin voto** – non-voting stock
**acciones sucesivas** – successive actions
**acciones votantes** – voting stock
**accionista** *m/f* – stockholder, shareholder
**accionista constituyente** – founding stockholder
**accionista fundador** – founding stockholder
**accionista mayoritario** – majority stockholder
**accionista minoritario** – minority stockholder
**accionista ordinario** – common stockholder, ordinary stockholder
**accionista preferido** – preferred stockholder
**accionista principal** – principal stockholder
**accionista privado** – private stockholder
**accionista registrado** – stockholder of record
**accionistas disidentes** – dissenting stockholders
**accisa** *f* – excise tax
**acechadera** *f* – ambush, lookout post
**acechador** *m* – ambusher, lookout
**acechar** *v* – to lie in ambush, to observe, to spy
**acecho** *m* – lying in ambush, observation
**acefalía** *f* – lack of a ruling leader
**aceleración** *f* – acceleration
**aceleración de pago** – acceleration of payment
**acelerar** *v* – to accelerate
**acensar** *v* – to tax, to take a census, to establish an annuity contract which runs with the land
**acensuar** *v* – to tax, to take a census, to establish an annuity contract which runs with the land
**acentuar** *v* – to emphasize
**acepción** *f* – meaning
**aceptabilidad** *f* – acceptability
**aceptable** *adj* – acceptable
**aceptablemente** *adv* – acceptably
**aceptación** *f* – acceptance, approbation, success
**aceptación absoluta** – absolute acceptance
**aceptación anticipada** – anticipated acceptance
**aceptación bancaria** – banker's acceptance, bank acceptance
**aceptación cambiaría** – accepted bill of exchange
**aceptación comercial** – trade acceptance
**aceptación como finiquito** – accord and satisfaction
**aceptación como miembro** – acceptance of membership
**aceptación condicionada** – conditional acceptance
**aceptación condicional** – conditional acceptance
**aceptación contractual** – acceptance of contract
**aceptación de beneficios** – acceptance of benefits
**aceptación de bienes** – acceptance of goods
**aceptación de cargo** – acceptance of office
**aceptación de colateral** – collateral acceptance
**aceptación de complacencia** – accommodation acceptance
**aceptación de condición** – acceptance of condition
**aceptación de crédito** – credit acceptance
**aceptación de depósitos** – acceptance of deposits
**aceptación de favor** – accommodation acceptance
**aceptación de la donación** – acceptance of the gift
**aceptación de la herencia** – acceptance of the inheritance
**aceptación de la letra de cambio** – acceptance of the bill of exchange
**aceptación de oferta** – acceptance of offer, acceptance of bid
**aceptación de orden** – acceptance of order
**aceptación de pedido** – acceptance of order
**aceptación de poder** – acceptance of power of attorney
**aceptación de propuesta** – acceptance of proposal, acceptance of bid
**aceptación de un cheque** – acceptance of a check, acceptance of a cheque
**aceptación de un contrato** – acceptance of a contract
**aceptación de un soborno** – acceptance of a bribe
**aceptación de una donación** – acceptance of a gift
**aceptación de venta** – acceptance of sale
**aceptación del legado** – acceptance of the legacy
**aceptación del mandato** – acceptance to represent a principal
**aceptación del riesgo** – acceptance of risk
**aceptación en blanco** – blank acceptance
**aceptación entera** – entire acceptance
**aceptación especial** – special acceptance
**aceptación expresa** – express acceptance
**aceptación final** – final acceptance
**aceptación formal** – formal acceptance
**aceptación general** – general acceptance, clean acceptance
**aceptación ilimitada** – unlimited acceptance
**aceptación implícita** – implied acceptance
**aceptación incondicional** – unconditional acceptance, absolute acceptance, clean acceptance
**aceptación inferida** – inferred acceptance
**aceptación legal** – legal acceptance
**aceptación libre** – general acceptance, clean acceptance
**aceptación limitada** – limited acceptance
**aceptación mercantil** – trade acceptance
**aceptación parcial** – partial acceptance
**aceptación por acomodamiento** – accommodation acceptance
**aceptación por conducta** – acceptance by conduct
**aceptación provisional** – provisional acceptance
**aceptación pura y simple** – unconditional acceptance
**aceptación restringida** – restricted acceptance

**aceptación sin restricciones** – unrestricted acceptance
**aceptación tácita** – implied acceptance
**aceptación temporal** – temporary acceptance
**aceptación total** – total acceptance
**aceptado** *adj* – accepted, honored
**aceptador** *m* – acceptor, accepter
**aceptador** *adj* – accepting
**aceptamos devoluciones, no** – we do not accept returns, no returns
**aceptante** *m/f* – acceptor, accepter
**aceptante** *adj* – accepting
**aceptante de un efecto** – acceptor of a bill
**aceptar** *v* – to accept, to approve
**aceptar a beneficio de inventario** – to accept subject to the benefit of inventory
**aceptar con reserva** – to accept conditionally
**aceptar condicionalmente** – to accept conditionally
**aceptar depósitos** – to accept deposits
**aceptar efectivo** – to accept cash
**aceptar entrega** – to accept delivery
**aceptar formalmente** – to formally accept
**aceptar mercancías** – to accept goods
**aceptar por cuenta de** – to accept for the account of, to accept on behalf of
**aceptar responsabilidad** – to accept responsibility, to accept liability
**aceptar tarjetas** – to accept credit cards, to accept debit cards, to accept cards
**aceptar un cheque** – to accept a check, to accept a cheque
**aceptar un contrato** – to accept a contract
**aceptar un depósito** – to accept a deposit
**aceptar un empleo** – to accept a job
**aceptar un pago** – to accept a payment
**aceptar un soborno** – to accept a bribe
**aceptar un trabajo** – to accept a job
**aceptar una condición** – to accept a condition
**aceptar una letra** – to accept a bill
**aceptar una obligación** – to accept an obligation
**aceptar una oferta** – to accept an offer
**aceptar una propuesta** – to accept a proposal
**aceptilación** *f* – acceptilation
**acepto** *m* – acceptance
**acepto** *adj* – acceptable, accepted
**acera** *f* – sidewalk
**acerbamente** *adv* – cruelly, severely
**acercamiento** *m* – approach
**acercamiento colaborativo** – collaborative approach
**acercamiento económico** – economic approach
**acercamiento integrado** – integrated approach
**acertadamente** *adv* – correctly, accurately
**acertado** *adj* – correct, accurate, on target, appropriate
**acertamiento incidental** – ruling which serves as a model for others
**acertar** *v* – to determine a question of law, to hit the mark, to be correct
**acervo** *m* – undivided assets, undivided estate, common property, heap
**acervo comunitario** – the evolving rights and obligations which bind and govern the member states of the European Union
**acervo hereditario** – assets of an estate
**acervo social** – assets of a company
**aclamación** *f* – acclamation
**aclamatorio** *adj* – acclamatory
**aclaración** *f* – clarification, illustration, explanation, inquiry
**aclaración de sentencia** – clarification of a decision
**aclarador** *adj* – clarifying
**aclarar** *v* – to clarify, to explain
**acobardar** *v* – to intimidate, to daunt
**acoger** *v* – to accept, to harbor, to receive, to resort to
**acogerse** *v* – to take refuge, to resort to
**acogida** *f* – acceptance, reception, asylum
**acometedor** *m* – assailant, aggressor, enterpriser
**acometedor** *adj* – assaulting, attacking, aggressive, enterprising
**acometer** *v* – to assault, to attack, to undertake, to tackle
**acometida** *f* – assault, attack
**acometiente** *adj* – assaulting, attacking, enterprising
**acometimiento** *m* – assault, attack
**acometimiento inmoral** – indecent assault
**acometimiento simple** – simple assault
**acometimiento y agresión** – assault and battery
**acometimiento y agresión grave** – aggravated assault and battery
**acometimiento y agresión simple** – assault and battery
**acomodación** *f* – accommodation, adjustment, arrangement
**acomodamiento** *m* – accommodation
**acomodar** *v* – to accommodate, to arrange
**acompañado** *adj* – accompanied, frequented
**acompañante** *m/f* – companion
**acompañante** *adj* – accompanying
**acompañar** *v* – to accompany, to enclose
**aconfesional** *adj* – non-denominational
**acongojar** *v* – to anguish, to distress
**aconsejable** *adj* – advisable, sensible
**aconsejado** *m* – advisee
**aconsejado** *adj* – advised, prudent
**aconsejador** *m* – adviser, counselor
**aconsejar** *v* – to advise, to counsel, to recommend, to suggest
**acontecer** *v* – to come about, to happen
**acontecimiento** *m* – incident, happening, event
**acopiador** *adj* – hoarding, gathering
**acopiador** *m* – hoarder, gatherer
**acopiar** *v* – hoard, gather
**acopio** *m* – hoarding, gathering
**acoquinar** *v* – to intimidate
**acordada** *f* – resolution, decision, order
**acordado** *adj* – agreed, decided, settled, resolved
**acordado ilegalmente** – illegally agreed upon
**acordado ilícitamente** – illicitly agreed upon
**acordar** *v* – to agree, to decide, to settle, to resolve, to pass a resolution
**acordar un dividendo** – to declare a dividend
**acordar una dilación** – to grant a delay
**acordar una patente** – to grant a patent
**acordarse** *v* – to remember, to agree to
**acorde** *adj* – in agreement, agreed
**acortar** *v* – to shorten, to reduce, to abbreviate
**acosar** *v* – to harass, to pursue
**acoso** *m* – harassment
**acoso sexual** – sexual harassment

**acostumbradamente** *adv* – customarily
**acostumbrado** *adj* – accustomed, usual
**acotación** *f* – annotation
**acotado** *adj* – annotated
**acotamiento** *m* – delimitation, boundary
**acotar** *v* – to annotate, to mark the boundaries of, to observe, to accept
**acracia** *f* – anarchy
**ácrata** *f* – anarchist
**acre** *m* – acre
**acrecencia** *f* – accretion, increase
**acrecentador** *adj* – accretive
**acrecentamiento** *m* – increase, accrual
**acrecentar** *v* – to increase, to accrue
**acrecer** *v* – to increase, to accrue
**acrecimiento** *m* – increase, accrual
**acreción** *f* – accretion, increase
**acreditación** *f* – accreditation, crediting
**acreditación y aprobación** – accreditation and approval
**acreditado** *adj* – accredited, credited
**acreditante** *m/f* – creditor
**acreditar** *v* – to credit, to accredit, to prove, to authorize, to guarantee
**acreditar a una cuenta** – credit an account
**acreditar en exceso** – to overcredit
**acreedor** *m* – creditor
**acreedor a corto plazo** – short-term creditor
**acreedor a largo plazo** – long-term creditor
**acreedor alimentario** – the recipient of alimony
**acreedor anticresista** – antichresis creditor
**acreedor asegurado** – secured creditor
**acreedor ausente** – absent creditor
**acreedor bilateral** – bilateral creditor
**acreedor comercial** – commercial creditor, trade creditor
**acreedor común** – general creditor, unsecured creditor
**acreedor con garantía** – secured creditor
**acreedor concursal** – creditor in an insolvency proceeding
**acreedor condicional** – conditional creditor
**acreedor de dominio** – creditor of a bankrupt who claims title
**acreedor de la sucesión** – decedent's creditor
**acreedor de negocios** – business creditor
**acreedor de quiebra** – bankruptcy creditor
**acreedor de regreso** – creditor who demands payment of a dishonored bill
**acreedor del fallido** – creditor of a bankrupt
**acreedor del quebrado** – creditor of a bankrupt
**acreedor ejecutante** – execution creditor
**acreedor embargante** – lien creditor
**acreedor empresarial** – business creditor
**acreedor escriturario** – creditor with a notarized loan
**acreedor extranjero** – foreign creditor
**acreedor garantizado** – secured creditor
**acreedor hereditario** – decedent's creditor
**acreedor hipotecario** – mortgage creditor, mortgagee
**acreedor incondicional** – unconditional creditor
**acreedor inferior** – junior creditor
**acreedor mancomunado** – joint creditor
**acreedor mercantil** – commercial creditor, mercantile creditor
**acreedor no asegurado** – unsecured creditor
**acreedor no garantizado** – unsecured creditor
**acreedor normal** – normal creditor
**acreedor ordinario** – ordinary creditor, general creditor
**acreedor peticionario** – petitioning creditor
**acreedor pignoraticio** – pledgee
**acreedor por fallo** – judgment creditor
**acreedor por juicio** – judgment creditor
**acreedor por sentencia** – judgment creditor
**acreedor preferencial** – preferred creditor
**acreedor preferente** – preferred creditor
**acreedor preferido** – preferred creditor
**acreedor prendario** – pledgee
**acreedor principal** – principal creditor
**acreedor privilegiado** – preferred creditor
**acreedor quirografario** – general creditor
**acreedor real** – secured creditor
**acreedor recurrente** – petitioning creditor
**acreedor refaccionario** – creditor who advances money for construction
**acreedor regular** – regular creditor
**acreedor secundario** – secondary creditor
**acreedor sencillo** – general creditor
**acreedor simple** – general creditor
**acreedor sin garantía** – unsecured creditor
**acreedor sin privilegio** – general creditor
**acreedor social** – partnership creditor, corporate creditor
**acreedor solidario** – joint and several creditor
**acreedor subsecuente** – subsequent creditor
**acreedor subsiguiente** – subsequent creditor
**acreedor superior** – senior creditor
**acreedor único** – single creditor
**acreencia** *f* – amount due, credit balance
**acriminación** *f* – incrimination, accusation
**acriminado** *m* – the person accused
**acriminador** *m* – accuser
**acriminador** *adj* – incriminating
**acriminar** *v* – to accuse, to incriminate
**acrónimo** *m* – acronym
**acta** *f* – record, minutes, document, memorandum, legislative act, law, act
**acta auténtica** – authentic act
**acta autorizada** – authorized act, authentic act
**acta certificada** – certified act, authentic act
**acta constitutiva** – articles of incorporation, certificate of incorporation, act of incorporation
**acta consular** – consular act
**acta de asamblea** – minutes
**acta de audiencia** – record of a hearing
**acta de avenimiento** – memorandum of an agreement
**acta de cesión** – conveyance, transfer
**acta de constitución** – articles of incorporation, certificate of incorporation, act of incorporation
**acta de defunción** – death certificate
**acta de depósito** – document certifying that which has been deposited with a notary pubic
**acta de deslinde** – certificate stating a boundary line, description of a boundary line
**acta de disolución** – articles of dissolution
**acta de fundación** – articles of association
**acta de incorporación** – articles of incorporation, certificate of incorporation, act of incorporation
**acta de organización** – articles of incorporation,

certificate of incorporation, act of incorporation
**acta de matrimonio** – marriage certificate
**acta de nacimiento** – birth certificate
**acta de organización** – articles of incorporation
**acta de posesión** – certificate of possession, certificate of office
**acta de protesto** – protest of a commercial document
**acta de protocolización** – document certifying that which has been recorded in the formal registry of a notary public
**acta de referencia** – document certifying statements which have been made before a notary public
**acta de sesión** – minutes
**acta de última voluntad** – last will and testament
**acta de una reunión** – minutes
**acta electoral** – election certificate
**acta judicial** – court record
**acta legalizada** – authentic act
**acta legislativa** – legislative act
**acta notarial** – notarial certificate, notarial act
**Acta Única Europea** – Single European Act
**actas** *f* – minutes, proceedings, docket, papers
**actas de juicios** – court records
**actio bonae fidei** – act of good faith
**actio civilis** – civil action
**actio criminalis** – criminal action
**actio ex contractu** – action for breach of contract, actio ex contractu
**actio ex delicto** – tort action, actio ex delicto
**actio in personam** – personal action, actio in personam
**actio in rem** – action against the thing, actio in rem
**actio personalis** – personal action, actio personalis
**actitar** *v* – to perform notarial functions, to file a suit
**actitud** *f* – attitude, frame of mind
**actitud cooperativa** – cooperative attitude
**actitud despectiva** – disparaging attitude
**activado** *adj* – activated
**activado por voz** – voice-activated
**activador** *m* – activator
**activar** *v* – to activate
**actividad** *f* – activity
**actividad agraria** – agrarian activity
**actividad agrícola** – agricultural activity
**actividad aseguradora** – insurance activity
**actividad bancaria** – banking activity
**actividad comercial** – commercial activity, business activity
**actividad continua** – continuous activity
**actividad corporativa** – corporate activity
**actividad de auditoría** – audit activity
**actividad de bancos** – banking activity
**actividad de cobros** – collection activity
**actividad de comercio** – commerce activity
**actividad de comercio electrónico** – e-commerce activity, e-business activity
**actividad de construcción** – building activity
**actividad de cuenta** – account activity
**actividad de empresas** – business activity
**actividad de espionaje** – espionage activity
**actividad de la compañía** – company activity
**actividad de negocios** – business activity
**actividad de reaseguro** – reinsurance activity
**actividad económica** – economic activity
**actividad empresarial** – business activity
**actividad esencial** – essential activity
**actividad financiera** – financial activity
**actividad habitual** – habitual activity
**actividad industrial** – industrial activity
**actividad inusual** – unusual activity
**actividad irregular** – irregular activity
**actividad lucrativa** – lucrative activity, gainful activity
**actividad mercantil** – commercial activity
**actividad normal** – normal activity
**actividad ordinaria** – ordinary activity
**actividad principal** – principal activity
**actividad privada** – private activity
**actividad productiva** – productive activity
**actividad profesional** – professional activity
**actividad pública** – public activity
**actividad reaseguradora** – reinsurance activity
**actividad regular** – regular activity
**actividad remunerada** – remunerated activity, paid activity
**actividad usual** – usual activity
**activismo** *m* – activism
**activismo judicial** – judicial activism
**activista** *m/f* – activist
**activo** *m* – assets
**activo** *adj* – active
**activo a corto plazo** – short-term assets
**activo a largo plazo** – long-term assets
**activo a mano** – cash assets
**activo abandonado** – abandoned assets
**activo aceptable** – admissible assets
**activo acostumbrado** – customary assets
**activo actual** – present assets
**activo acumulado** – accrued assets
**activo admisible** – admissible assets
**activo admitido** – admitted assets
**activo agotable** – depletable assets
**activo amortizable** – amortizable assets, depreciable assets
**activo aprobado** – admitted assets
**activo bloqueado** – blocked assets, frozen assets
**activo circulante** – working assets, current assets, floating assets
**activo comercial** – business assets
**activo computable** – admitted assets
**activo común** – common assets
**activo confirmado** – admitted assets
**activo congelado** – frozen assets
**activo consumible** – wasting assets
**activo contingente** – contingent assets
**activo corporativo** – corporate assets
**activo corriente** – liquid assets
**activo de capital** – capital assets
**activo de comercio** – commerce assets, business assets
**activo de comercio electrónico** – e-commerce assets, e-business assets
**activo de explotación** – working assets, operating assets
**activo de la compañía** – company assets
**activo de la quiebra** – bankrupt's assets
**activo de orden** – memoranda accounts
**activo de negocios** – business assets
**activo de reserva** – reserve assets

**activo de trabajo** – working assets
**activo demorado** – deferred assets
**activo depreciable** – depreciable assets
**activo diferido** – deferred assets
**activo disponible** – liquid assets, available assets, cash assets
**activo efectivo** – cash assets
**activo en cartera** – portfolio assets
**activo en circulación** – working assets
**activo en divisas** – foreign exchange assets
**activo en efectivo** – cash assets
**activo eventual** – contingent assets
**activo establecido** – established assets
**activo eventual** – contingent assets
**activo exigible** – bills receivable, receivable assets, receivables
**activo exterior** – foreign assets
**activo ficticio** – fictitious assets
**activo fijo** – fixed assets
**activo financiero** – financial assets
**activo físico** – tangible assets, physical assets
**activo flotante** – floating assets, current assets
**activo hipotecado** – mortgaged assets
**activo ilíquido** – illiquid assets
**activo imponible** – taxable assets
**activo improductivo** – dead assets, unproductive assets
**activo inactivo** – inactive assets
**activo incorpóreo** – intangible assets
**activo inexistente** – nonexistent assets
**activo inmaterial** – intangible assets
**activo inmobiliario** – real assets
**activo inmovilizado** – fixed assets
**activo intangible** – intangible assets
**activo internacional** – international assets
**activo invisible** – concealed assets, goodwill, invisible assets
**activo liquido** – liquid assets
**activo material** – material assets
**activo mercantil** – commercial assets
**activo monetario** – monetary assets
**activo neto** – net assets, net worth
**activo no aceptado** – unadmitted assets
**activo no admitido** – unadmitted assets
**activo no circulante** – non-current assets
**activo no corriente** – non-current assets
**activo no monetario** – non-monetary assets
**activo nominal** – nominal assets
**activo oculto** – hidden assets
**activo original** – original assets
**activo permanente** – fixed assets
**activo personal** – personal assets
**activo pignorado** – pledged assets
**activo real** – real assets, actual assets
**activo regular** – regular assets
**activo restringido** – restricted assets
**activo sin restricción** – unrestricted assets
**activo social** – partnership assets, corporate assets
**activo subyacente** – underlying assets
**activo tangible** – tangible assets
**activo y pasivo** – assets and liabilities
**acto** *m* – act, action
**acto a título gratuito** – gratuitous act
**acto a título oneroso** – act based upon valuable consideration
**acto administrativo** – administrative act
**acto antidumping** – antidumping act
**acto anulable** – voidable act
**acto anulativo** – nullifying act
**acto arbitrario** – arbitrary act
**acto atributivo** – act of transferring
**acto bélico** – act of war
**acto conciliatorio** – conciliatory action
**acto concursal** – bankruptcy proceedings
**acto consciente** – conscious act
**acto conservatorio** – act to preserve
**acto continuo** – act occurring immediately after
**acto corporativo** – corporate act
**acto de administración** – act of administration
**acto de agresión** – act of aggression
**acto de buena fe** – act in good faith
**acto de cesión** – act of cession, act of transfer, transfer
**acto de comercio** – commercial transaction
**acto de comisión** – act of commission
**acto de conciliación** – conciliatory action
**acto de crueldad** – act of cruelty
**acto de desfalco** – act of embezzlement
**acto de disposición** – act of disposing
**acto de documentación** – court records
**acto de ejecución** – execution proceeding
**acto de emulación** – abuse of right
**acto de espionaje** – espionage act
**acto de estado** – act of state, act of government
**acto de gobierno** – act of government, act of state
**acto de guerra** – act of war
**acto de honor** – act of honor
**acto de insolvencia** – act of insolvency
**acto de la naturaleza** – act of nature
**acto de las partes** – act of the parties
**acto de mala fe** – act in bad faith
**acto de necesidad** – act of necessity
**acto de omisión** – act of omission
**acto de otorgamiento** – execution
**acto de posesión** – possessory action
**acto de presencia** – presence, token appearance
**acto de quiebra** – act of bankruptcy
**acto de última voluntad** – will
**acto del congreso** – act of congress
**acto depravado** – depraved act
**acto deshonesto** – dishonest act
**acto diplomático** – diplomatic act
**acto disimulado** – sly act
**acto ejecutivo** – executive action
**acto equivalente** – equivalent act
**acto esencial** – essential act
**acto evidente** – overt act
**acto extrajudicial** – extrajudicial act
**acto facultativo** – voluntary act
**acto ficticio** – apparent act
**acto formal** – formal act
**acto fraudulento** – fraudulent act
**acto gravable** – taxable act
**acto gravado** – taxed act
**acto ilegal** – illegal act
**acto ilícito** – illicit act
**acto imperfecto** – imperfect act
**acto imponible** – taxable act

**acto impropio** – improper act
**acto inapropiado** – inappropriate act
**acto indispensable** – indispensable act
**acto inmoral** – immoral act
**acto innecesario** – unnecessary act
**acto intencional** – intentional act
**acto interno** – internal act
**acto irrazonable** – unreasonable act
**acto judicial** – judicial act
**acto jurídico** – legal act, legal proceeding
**acto legal** – legal act
**acto legislativo** – legislative act
**acto lícito** – licit act
**acto malicioso** – malicious act
**acto modificativo** – modifying act
**acto negligente** – negligent act
**acto notarial** – notarized document, notarial act
**acto nulo** – void act
**acto obligatorio** – obligatory act
**acto oficial** – official act
**acto omisivo** – act of omission
**acto original** – original act
**acto particular** – private act
**acto posesorio** – possessory action
**acto preliminar** – preliminary act
**acto premeditado** – premeditated act
**acto procesal** – lawsuit, legal action, court action, court act
**acto público** – public act
**acto razonable** – reasonable act
**acto reglamentario** – regulatory act
**acto seguido** – immediately after
**acto sexual** – sexual act
**acto solemne** – formal act
**acto traslativo** – transfer
**acto tributable** – taxable act
**acto verbal** – verbal act
**actor** *m* – plaintiff, complainant, actor
**actor civil** – plaintiff
**actor criminal** – prosecutor
**actos** *m* – acts, actions
**actos accesorios** – secondary acts
**actos administrativos** – administrative acts
**actos anulables** – voidable acts
**actos bilaterales** – bilateral acts
**actos comerciales** – commercial transactions
**actos concurrentes** – concurrent acts
**actos conservatorios** – acts to preserve rights
**actos constitutivos** – acts that create an obligation
**actos de arbitraje** – arbitration acts
**actos de comercio** – commercial transactions
**actos de disposición** – acts to dispose of property
**actos de gestión** – acts of agency
**actos de gobierno** – government acts
**actos declarativos** – declaratory acts
**actos discrecionales** – discretionary acts
**actos entre vivos** – acts between living persons
**actos extintivos** – acts that extinguish
**actos gratuitos** – gratuitous acts
**actos ilícitos** – illegal acts
**actos inamistosos** – unfriendly acts
**actos individuales** – individual acts
**actos inexistentes** – void acts
**actos lícitos** – legal acts
**actos lucrativos** – lucrative acts
**actos nulos** – void acts
**actos onerosos** – acts based on valuable consideration
**actos prejudiciales** – pre-trial acts
**actos principales** – primary acts
**actos propios** – voluntary acts
**actos solemnes** – formal acts
**actos unilaterales** – unilateral acts
**actuable** *adj* – actionable
**actuación** *f* – proceeding, performance, behavior
**actuaciones judiciales** – judicial proceedings
**actuaciones tribunalicias** – court proceedings
**actual** *adj* – actual, current, present
**actualidad** *f* – present time, present situation
**actualizable** *adj* – updateable
**actualización** *f* – updating, update
**actualizar** *v* – to update, to bring up to date, to revise
**actualizar un archivo** – update a file
**actualizar una cuenta** – update an account
**actuar** *v* – to act, to litigate, to discharge a duty, to perform judicial acts
**actuar conjuntamente** – to act jointly
**actuar deshonestamente** – to act dishonestly
**actuar eficientemente** – to act efficiently
**actuar ilegalmente** – to act illegally
**actuar impropiamente** – act improperly
**actuarial** *adj* – actuarial
**actuario** *m* – actuary, clerk of court
**actuario de seguros** – insurance actuary
**actus reus** – criminal act, guilty act, prohibited act, prohibited omission, actus reus
**acuciosidad** *f* – meticulousness, diligence
**acucioso** *adj* – meticulous, diligent
**acuchillado** *adj* – stabbed, slashed
**acuchillar** *v* – to stab
**acudir** *v* – to appear, to attend, to help, to respond
**acudir a la ley** – to resort to the law
**acuerdo** *m* – agreement, understanding, decree, decision, settlement
**acuerdo administrativo** – management agreement, administrative agreement
**acuerdo aduanero** – tariff agreement
**acuerdo agrícola** – agricultural agreement
**acuerdo antidumping** – antidumping agreement
**acuerdo arancelario** – tariff agreement
**acuerdo arbitral** – arbitral agreement
**acuerdo base** – base agreement
**acuerdo básico** – basic agreement
**acuerdo bilateral** – bilateral agreement
**acuerdo colectivo** – collective agreement
**acuerdo colectivo de trabajo** – collective bargaining agreement
**acuerdo comercial** – trade agreement, business agreement, commercial agreement
**acuerdo comercial bilateral** – bilateral trade agreement
**acuerdo comercial recíproco** – reciprocal trade agreement
**acuerdo conciliatorio** – settlement
**acuerdo concursal** – creditors' agreement
**acuerdo condicionado** – conditional agreement
**acuerdo condicional** – conditional agreement
**acuerdo conjunto** – joint agreement

**acuerdo contractual** – contractual agreement
**acuerdo contratado** – contracted agreement
**acuerdo contributivo** – tax agreement
**acuerdo criminal** – criminal conspiracy
**acuerdo de administración** – management agreement
**acuerdo de agencia** – agency agreement
**acuerdo de alquiler** – rental agreement, rental contract
**acuerdo de arrendamiento** – lease agreement, lease contract
**acuerdo de asociación** – association agreement
**acuerdo de caballeros** – an unenforceable agreement in which the parties are bound by honor, gentlemen's agreement
**acuerdo de cartel** – cartel agreement
**acuerdo de cesión** – transfer agreement
**acuerdo de comerciante** – merchant agreement
**acuerdo de compensación** – compensation agreement
**acuerdo de compras** – purchasing agreement
**acuerdo de compraventa** – sale agreement, bargain and sale agreement
**acuerdo de confidencialidad** – confidentiality agreement
**acuerdo de cooperación** – cooperation agreement
**acuerdo de crédito** – credit agreement
**acuerdo de cuenta** – account agreement
**acuerdo de extensión** – extension agreement
**acuerdo de fideicomiso** – trust agreement
**acuerdo de fijación de precios** – price-fixing agreement
**acuerdo de franquicia** – franchise agreement
**acuerdo de garantía** – security agreement
**acuerdo de gestión** – management agreement
**acuerdo de indemnización** – indemnity agreement
**acuerdo de intercambio** – trade agreement
**acuerdo de inversiones** – investment agreement
**acuerdo de la mayoría** – decision of a majority
**Acuerdo de Libre Comercio** – Free Trade Agreement
**acuerdo de licencia** – licensing agreement
**acuerdo de marketing** – marketing agreement
**acuerdo de mercadeo** – marketing agreement
**acuerdo de ministros** – cabinet meeting
**acuerdo de modificación** – modification agreement
**acuerdo de negocios** – business agreement
**acuerdo de no competencia** – non-competition agreement, covenant not to compete
**acuerdo de no competir** – non-competition agreement, covenant not to compete
**acuerdo de participación** – participation agreement
**acuerdo de precios** – price-fixing, price-fixing agreement
**acuerdo de productividad** – productivity agreement
**acuerdo de prórroga** – extension agreement
**acuerdo de reciprocidad** – reciprocity agreement
**acuerdo de recompra** – repurchase agreement, buyback agreement
**acuerdo de renovar** – covenant to renew
**acuerdo de voluntades** – meeting of minds
**acuerdo del cliente** – customer's agreement
**acuerdo del contrato** – contract agreement
**acuerdo delictivo** – criminal conspiracy
**acuerdo económico** – economic agreement
**acuerdo empresarial** – business agreement
**acuerdo en la quiebra** – agreement between debtor and creditors
**acuerdo entre deudor y acreedores** – agreement between debtor and creditors
**acuerdo escrito** – written agreement
**acuerdo estándar** – standard agreement
**acuerdo estipulado** – stipulated agreement
**acuerdo exclusivo** – exclusive agreement
**acuerdo expreso** – express agreement
**acuerdo extrajudicial** – out-of-court settlement
**acuerdo fiscal** – tax agreement
**acuerdo formal** – formal agreement
**acuerdo general** – general agreement
**Acuerdo General Sobre Aranceles Aduaneros y Comercio** – General Agreement on Tariffs and Trade
**Acuerdo General Sobre el Comercio de Servicios** – General Agreement on Trade in Services
**acuerdo global** – global agreement, comprehensive agreement
**acuerdo ilegal** – illegal agreement
**acuerdo ilícito** – illicit agreement
**acuerdo implícito** – implied agreement
**acuerdo impositivo** – tax agreement
**acuerdo inapropiado** – inappropriate agreement
**acuerdo incondicional** – unconditional agreement
**acuerdo internacional** – international agreement
**acuerdo laboral** – labor agreement
**acuerdo lícito** – licit agreement
**acuerdo maestro** – master agreement
**acuerdo marco** – framework agreement
**acuerdo mercantil** – commercial agreement
**acuerdo modelo** – model agreement
**acuerdo monetario** – monetary agreement
**acuerdo multilateral** – multilateral agreement
**acuerdo mutuo** – mutual agreement
**acuerdo negociado** – negotiated agreement
**acuerdo no sellado** – parol agreement
**acuerdo obligatorio** – binding agreement
**acuerdo oral** – oral agreement
**acuerdo para fijar precios** – price-fixing agreement
**acuerdo patrón** – master agreement
**acuerdo por contrato** – contract agreement
**acuerdo pecuniario** – pecuniary agreement
**acuerdo por escrito** – agreement in writing
**acuerdo preferencial** – preferential agreement
**acuerdo prematrimonial** – prenuptial agreement
**acuerdo prenupcial** – prenuptial agreement
**acuerdo privado** – private agreement
**acuerdo provisional** – provisional agreement
**acuerdo recíproco** – reciprocal agreement
**acuerdo regional** – regional agreement
**acuerdo salarial** – wage agreement
**acuerdo separado** – separate agreement
**acuerdo simplificado** – simplified agreement
**acuerdo sindical** – union agreement
**acuerdo sobre precios** – price agreement, price-fixing agreement
**acuerdo suplementario** – supplemental agreement
**acuerdo tácito** – tacit agreement, implied agreement
**acuerdo temporal** – temporary agreement
**acuerdo tributario** – tax agreement
**acuerdo unánime** – unanimous agreement
**acuerdo unilateral** – unilateral agreement
**acuerdo verbal** – verbal agreement, parol agreement
**acuerdo vinculante** – binding agreement

**acuerdos fiscales internacionales** – international tax agreements
**acuerdos sobre mercancías** – commodities agreements
**acuerdos sobre productos** – commodities agreements
**acuicultura** *f* – aquaculture
**acuidad** *f* – acuity
**acumulable** *adj* – accumulative, cumulative
**acumulación** *f* – accumulation, accrual, backlog, joinder
**acumulación de capital** – capital accumulation
**acumulación de acciones** – joinder of actions
**acumulación de autos** – joinder of actions to be decided by a single decree
**acumulación de delitos** – joinder of crimes
**acumulación de existencias** – stockpiling
**acumulación de funciones** – combination of functions
**acumulación de penas** – cumulative sentences
**acumulación de proceso** – joinder of actions to be decided by a single decree
**acumulación de trabajo** – work backlog
**acumulado** *adj* – accumulated, accrued, backlogged
**acumulador** *adj* – accumulative, accruing
**acumular** *v* – to accumulate, to try jointly, to accrue
**acumular impuestos** – to accumulate taxes
**acumular ingresos** – to accumulate income
**acumular reservas** – to accumulate reserves
**acumulativamente** *adv* – jointly, accumulatively
**acumulativo** *adj* – accumulative, cumulative
**acuñación** *f* – mintage, coinage
**acuñar** *v* – to mint, to coin, to affix a seal
**acuñar moneda** – to mint money
**acusable** *adj* – accusable, indictable, impeachable
**acusación** *f* – accusation, indictment, arraignment, impeachment
**acusación falsa** – false accusation
**acusación fiscal** – criminal indictment
**acusación formal** – formal accusation
**acusación maliciosa** – malicious accusation
**acusación por gran jurado** – indictment
**acusado** *m* – defendant, accused
**acusado ausente** – absent defendant
**acusador** *m* – accuser, prosecutor, complainant
**acusante** *adj* – accusing, prosecuting
**acusar** *v* – to accuse, to indict, to arraign, to impeach
**acusar a muerte** – to accuse of a crime punishable by death
**acusar falsamente** – to accuse falsely
**acusar formalmente** – to formally accuse
**acusar injustamente** – to accuse unjustly
**acusar la rebeldía** – to point out the omission of a party
**acusar recibo** – to acknowledge receipt
**acusar recibo de pago** – to acknowledge receipt of payment
**acusar recibo de un pedido** – to acknowledge receipt of an order
**acusar una ganancia** – to show a profit
**acusar una pérdida** – to show a loss
**acusativo** *adj* – accusatory, incriminating
**acusatorio** *adj* – accusatory, incriminating
**acuse** *m* – acknowledgment
**acuse de recibo** – acknowledgment of receipt
**acuse de recibo de pago** – acknowledgment of receipt of payment, acknowledgment of payment
**acuse de recibo de un pedido** – acknowledgement of receipt of an order, acknowledgement of an order
**acuse de recibo de una orden** – acknowledgement of receipt of an order, acknowledgement of an order
**achaque** *m* – indisposition, excuse
**achocar** *v* – to stun, to strike, to throw against a wall
**ad effectum** – to the effect, ad effectum
**ad hoc** – for this, ad hoc
**ad hominem** – to the person, ad hominem
**ad infinitum** – without limit, ad infinitum
**ad interim** – in the meantime, ad interim
**ad judicium** – to the judgment, ad judicium
**ad libitum** – extemporaneously, ad lib, ad libitum
**ad litem** – for the suit, ad litem
**ad perpetuam** – perpetually, ad perpetuam
**ad quem** – to which, ad quem
**ad referéndum** – to refer to, ad referendum
**ad rem** – to the thing, ad rem
**ad respondendum** – to respond, ad respondendum
**ad valorem** – according to value, ad valorem
**ad vitam** – for life, ad vitam
**ad voluntatem** – at will, ad voluntatem
**adaptabilidad** *f* – adaptability
**adaptable** *adj* – adaptable
**adaptación** *f* – adaptation
**adaptado** *adj* – adapted
**adaptar** *v* – adapt
**adaptarse** *v* – adapt
**adaptivo** *adj* – adaptive
**adatar** *v* – to date, to credit
**adecuadamente** *adv* – adequately, properly
**adecuado** *adj* – adequate, proper, appropriate
**adecuado legalmente** – legally adequate
**adecuado lícitamente** – licitly adequate
**adehala** *f* – extra, gratuity
**adelantadamente** *adv* – in advance
**adelantado** *adj* – advanced, early
**adelantador** *adj* – advancing, improving
**adelantar** *v* – to advance, to pay in advance, to speed up, to make progress, to move up
**adelantar dinero** – to advance money
**adelante** *adv* – ahead, forward
**adelanto** *m* – advance, advance of money, progress
**adelanto contributivo** – tax advance
**adelanto de dinero** – advance of money, advance
**adelanto de efectivo** – cash advance
**adelanto de fondos** – advance payment, advance
**adelanto de herencia** – inter vivos gift
**adelanto de prima** – premium advance
**adelanto de salario** – salary advance
**adelanto impositivo** – tax advance
**adelanto salarial** – salary advance
**adelanto sobre póliza** – advance on policy
**adelanto tributario** – tax advance
**además** *adv* – furthermore, moreover, besides
**adención** *f* – ademption
**adentro** *adv* – within, inside
**adeu** – without day
**adeudado** *adj* – indebted
**adeudamiento** *m* – indebtedness
**adeudar** *v* – to owe, to debit
**adeudar una cuenta** – to debit an account

**adeudarse** *v* – to become indebted
**adeudo** *m* – debt, obligation, indebtedness, debit, customs duty
**adherencia** *f* – adherence
**adherente** *adj* – adherent
**adherir** *v* – to adhere, to affix, to support, to concur
**adherirse a** – to adhere to, to join, to support
**adherirse a la apelación** – to join in the appeal
**adhesión** *f* – adhesion, adherence, support, membership, agreement
**adiado** *m* – appointed day
**adiar** *v* – to set a day
**adicción a las compras** – shopaholism, shopoholism
**adicción al trabajo** – workaholism
**adición** *f* – addition, marginal note
**adición de capital** – capital addition
**adición de la herencia** – acceptance of the inheritance
**adición de nombre** – addition of name
**adicional** *adj* – additional, add-on
**adicionalmente** *adv* – additionally
**adicto** *m* – addict, supporter
**adicto a drogas** – addicted to drugs
**adicto a las compras** – shopaholic, shopoholic
**adicto al alcohol** – addicted to alcohol
**adicto al trabajo** – workaholic
**adiestramiento** *m* – training
**adinerado** *adj* – wealthy, rich
**adir** *v* – to accept an inheritance
**adir la herencia** – to accept the inheritance
**aditamento** *m* – addition
**adjetivo** *adj* – adjective
**adjudicación** *f* – award, adjudication, sale
**adjudicación al mejor postor** – award to the best bidder
**adjudicación anterior** – previous adjudication
**adjudicación de contrato** – award of contract
**adjudicación de herencia** – adjudication of inheritance
**adjudicación de quiebra** – adjudication of bankruptcy
**adjudicación de responsabilidad** – adjudication of liability
**adjudicación en pago** – payment in lieu of that accorded
**adjudicación exorbitante** – exorbitant award
**adjudicación final** – final adjudication
**adjudicación previa** – previous adjudication
**adjudicación procesal** – decision
**adjudicador** *m* – awarder, adjudicator, seller
**adjudicar** *v* – to award, to adjudicate, to sell
**adjudicar al mejor postor** – to award to the best bidder
**adjudicar el contrato** – to award the contract
**adjudicatario** *m* – awardee, grantee, successful bidder
**adjudicativo** *adj* – adjudicative
**adjudicatura** *f* – legal action
**adjunción** *f* – adjunction
**adjuntar** *v* – to enclose, to attach
**adjunto** *m* – adjunct, one of the judges in a court
**adjunto** *adj* – enclosed, attached, assistant
**adminicular** *v* – to corroborate
**adminículo** *m* – corroboration, support
**administración** *f* – administration, management, administration office, management office
**administración accesoria** – ancillary administration
**administración activa** – active management, active administration
**administración adaptativa** – adaptive administration, adaptive management
**administración adaptiva** – adaptive administration, adaptive management
**administración aduanera** – customs administration
**administración ambiental** – environmental management
**administración bancaria** – bank management, bank administration
**administración central** – central management, central administration
**administración centralizada** – centralized management, centralized administration
**administración científica** – scientific management
**administración clásica** – classical management
**administración comercial** – business administration, business management
**administración consultiva** – body of advisers
**administración corporativa** – corporate administration, corporate management
**administración de activos** – asset management, asset administration
**administración de aduanas** – customs administration
**administración de banco** – bank administration, bank management
**administración de bienes del ausente** – administration of property of an absentee
**administración de bienes inmuebles** – real property management
**administración de bienes raíces** – real estate management
**administración de calidad** – quality administration
**administración de cartera** – portfolio administration, money management
**administración de cartera de valores** – portfolio administration, money management
**administración de comercio** – commerce administration, commerce management, business administration, business management
**administración de comercio electrónico** – e-commerce administration, e-commerce management, e-business administration, e-business management
**administración de comunicaciones** – communications management
**administración de compañía** – company administration, company management
**administración de crisis** – crisis management
**administración de cuenta** – account management, account administration
**administración de departamento** – department management, department administration
**administración de efectivo** – cash management, cash administration
**administración de empresas** – business administration, business management
**administración de energía** – energy management, energy administration
**administración de fondos** – money management, funds management, cash management, cash administration
**administración de gastos** – administration of expenses

**Administración de Hacienda** – tax administration, tax authorities
**administración de impuestos** – tax administration
**administración de inversiones** – investment management
**administración de justicia** – administration of justice
**administración de la calidad** – quality management
**administración de la carrera** – career management
**administración de la compañía** – company administration, company management
**administración de la corporación** – corporate administration, corporate management
**administración de la cosa común** – administration of something owned jointly
**administración de la deuda** – debt administration
**administración de la deuda pública** – public debt administration, national debt administration
**administración de la empresa** – company administration, enterprise administration
**administración de la herencia** – estate administration
**administración de la información** – information administration, information management
**administración de la quiebra** – administration of a bankrupt's estate
**administración de la sociedad** – administration of a partnership, administration of a corporation
**administración de la sucesión** – administration of an estate
**administración de marketing** – marketing management
**administración de materiales** – materials management
**administración de mercadeo** – marketing management
**administración de mercancías** – commodities management, merchandise management
**administración de negocios** – business administration, business management
**administración de oficina** – office management
**administración de operaciones** – operations management
**administración de personal** – personnel administration
**administración de plan** – plan administration
**administración de producción** – production management
**administración de productos** – commodities management, products management
**administración de programa** – program management
**administración de propiedades** – property management
**administración de recursos** – resource management
**administración de recursos humanos** – human resources management
**administración de recursos naturales** – natural resources management
**administración de red** – network management
**administración de registros** – records management
**administración de relaciones con clientes** – customer relationship management
**administración de residuos** – waste management
**administración de riesgos** – risk management
**administración de salario** – salary administration
**administración de tierras** – land management
**administración de ventas** – sales management
**administración del desarrollo** – development management
**administración del mercado** – market administration
**administración del pasivo** – liability management
**administración del proyecto** – project management
**administración departamental** – departmental administration
**administración descentralizada** – decentralized administration
**administración dinámica** – dynamic administration
**administración ecológica** – eco-management, ecological management
**administración efectiva** – effective management
**administración electrónica** – electronic administration, e-administration
**administración empresarial** – business administration, business management
**administración especial** – special administration
**administración financiera** – financial management
**administración fiscal** – fiscal management
**administración funcional** – functional management
**administración general** – general management
**administración hipotecaria** – mortgage administration
**administración judicial** – judicial administration, receivership
**administración laboral** – labor administration, labour administration
**administración legal** – legal administration
**administración licita** – licit administration
**administración mercantil** – commercial administration, commercial management
**administración monetaria** – money management, money administration, monetary management
**administración múltiple** – multiple management, multiple administration
**administración nuclear** – core management
**administración operativa** – operating administration
**administración por crisis** – management by crisis, administration by crisis
**administración por excepciones** – management by exception, administration by exception
**administración por objetivos** – management by objectives, administration by objectives
**administración presupuestaria** – budget management
**administración pública** – public administration
**administración salarial** – salary administration
**administración tributaria** – tax administration
**administración vertical** – vertical management
**administrado** *adj* – administered, managed
**administrado legalmente** – legally administered
**administrado lícitamente** – licitly administered
**administrador** *m* – administrator, manager, guardian
**administrador** *adj* – administrating, administering
**administrador activo** – active manager, active administrator
**administrador adaptivo** – adaptive manager, adaptive administrator
**administrador adjunto** – deputy manager
**administrador aduanero** – customs administrator
**administrador asociado** – associate administrator
**administrador comercial** – commercial administrator
**administrador concursal** – trustee in bankruptcy
**administrador corporativo** – corporate administrator

**administrador de activos** – asset manager, asset administrator
**administrador de aduanas** – customs administrator, customs officer
**administrador de auditoría** – audit manager
**administrador de bienes** – estate manager
**administrador de bienes raíces** – real estate administrator
**administrador de cartera** – portfolio manager, money manager
**administrador de cartera de valores** – portfolio manager, money manager
**administrador de cobros** – collection manager
**administrador de comercio** – commerce administrator, commerce manager, business administrator, business manager
**administrador de comercio electrónico** – e-commerce administrator, e-commerce manager, e-business administrator, e-business manager
**administrador de comunicaciones** – communications manager
**administrador de contratos** – contract manager
**administrador de contribuciones** – tax collector
**administrador de crédito** – credit manager
**administrador de cuenta** – account manager
**administrador de departamento** – department manager
**administrador de empresa** – business administrator
**administrador de fondos** – funds manager, money manager, cash administrator, cash manager
**administrador de impuestos** – tax collector
**administrador de la compañía** – company manager, company administrator
**administrador de la corporación** – corporate administrator
**administrador de la deuda** – debt administrator
**administrador de la empresa** – company administrator, enterprise administrator
**administrador de línea** – line manager
**administrador de marketing** – marketing manager
**administrador de mercadeo** – marketing manager
**administrador de mercancías** – merchandise manager
**administrador de operaciones** – operations manager
**administrador de pasivos** – liability manager
**administrador de personal** – personnel manager
**administrador de plan** – plan administrator
**administrador de producción** – production manager
**administrador de programa** – program manager
**administrador de propiedad** – property manager
**administrador de proyecto** – project manager
**administrador de publicidad** – advertising manager
**administrador de reclamaciones** – claims manager
**administrador de recursos humanos** – human resources manager
**administrador de red** – network manager
**administrador de registros** – records manager
**administrador de relaciones con clientes** – client relations manager, customer relations manager
**administrador de sucursal** – branch office administrator
**administrador de turno** – manager on duty
**administrador de ventas** – sales administrator
**administrador del sistema** – systems administrator
**administrador departamental** – departmental administrator
**administrador empresarial** – company administrator, enterprise administrator
**administrador extranjero** – foreign administrator
**administrador fiduciario** – trustee
**administrador financiero** – financial manager
**administrador general** – general manager
**administrador intermedio** – middle manager
**administrador internacional** – international administrator
**administrador judicial** – judicial administrator, receiver
**administrador mercantil** – commercial administrator
**administrador monetario** – money manager, money administrator, monetary manager
**administrador presupuestario** – budget manager
**administrador regional** – regional manager, area manager
**administrador temporal** – temporary administrator
**administrar** *v* – to administer, to manage, to care for
**administrar bienes inmuebles** – to manage real estate
**administrar cuentas** – to manage accounts
**administrar datos** – to manage data
**administrar deudas** – to manage debt
**administrar dinero** – to manage money
**administrar el comercio** – to manage commerce, to manage trade
**administrar el crecimiento** – to manage growth
**administrar el crédito** – to manage credit
**administrar el marketing** – to manage marketing
**administrar el mercadeo** – to manage marketing
**administrar el mercado** – to manage the market
**administrar el pasivo** – to manage liabilities
**administrar el personal** – to manage personnel
**administrar el programa** – to manage the program
**administrar el proyecto** – to manage the project
**administrar empresas** – to manage businesses
**administrar en nombre de** – to act in the name of
**administrar fondos** – to manage money, to manage funds
**administrar inversiones** – to manage investments
**administrar justicia** – to administer justice
**administrar la calidad** – to manage quality
**administrar la cartera** – to manage the portfolio
**administrar la compañía** – to manage the company
**administrar la demanda** – to manage demand
**administrar la deuda** – to manage debt
**administrar la economía** – to manage the economy
**administrar la herencia** – to manage the estate
**administrar la inflación** – to manage inflation
**administrar la línea** – to manage the line
**administrar la producción** – to manage production
**administrar la red** – to manage the network
**administrar la sociedad** – to manage a partnership, to manage a corporation
**administrar las acciones** – to manage shares, to manage stock
**administrar las tasas** – to manage rates
**administrar las tasas de cambio** – to manage exchange rates
**administrar los costes** – to manage costs
**administrar los costos** – to manage costs
**administrar los fondos** – to manage funds
**administrar los gastos** – to manage expenses, to

manage expenditures
**administrar los precios** – to manage prices
**administrar los recursos** – to manage resources
**administrar los riesgos** – to manage risks
**administrar mal** – to mismanage
**administrar operaciones** – to manage operations
**administrar sistemas** – to manage systems
**administrar tareas** – to manage tasks
**administrar tierras** – to manage lands
**administrar un juramento** – to administer an oath
**administrar ventas** – to manage sales
**administrativamente** *adv* – administratively
**administrativo** *adj* – administrative
**administrativo** *m* – administrator
**admisibilidad** *f* – admissibility
**admisibilidad restringida** – restricted admissibility
**admisibilidad sin restricciones** – unrestricted admissibility
**admisible** *adj* – admissible, acceptable
**admisión** *f* – admission, confession, acceptance
**admisión absoluta** – absolute admission
**admisión completa** – full admission
**admisión conclusiva** – conclusive admission
**admisión concomitante** – incidental admission
**admisión de culpabilidad** – admission of guilt
**admisión de deuda** – admission of debt
**admisión de parte** – admission by a party
**admisión de responsabilidad** – admission of liability
**admisión de sentencia** – confession of judgment
**admisión desventajosa** – admission against interest
**admisión directa** – direct admission
**admisión expresa** – express admission
**admisión gratis** – free admission
**admisión gratuita** – free admission
**admisión implícita** – implied admission
**admisión incidental** – incidental admission
**admisión incriminatoria** – incriminating admission
**admisión inferida** – inferred admission
**admisión involuntaria** – involuntary admission
**admisión judicial** – judicial admission
**admisión libre** – free admission
**admisión plenaria** – full admission
**admisión por conducta** – admission by conduct
**admisión por fuga** – admission by flight
**admisión procesal** – judicial admission
**admisión voluntaria** – voluntary admission
**admitido** *adj* – admitted, accepted, acknowledged
**admitir** *v* – to admit, to accept, to acknowledge, to allow
**admitir culpabilidad** – to admit guilt
**admitir responsabilidad** – to admit liability
**admitir un reclamo** – to allow a claim
**admitir una deuda** – to admit a debt
**admitir una reclamación** – to admit a claim
**admonición** *f* – admonition, warning
**adolescencia** *f* – adolescence
**adolescente** *m/f* – adolescent
**adolescente** *adj* – adolescent
**adonde** *adv* – where
**adondequiera** *adv* – wherever, anywhere
**adopción** *f* – adoption
**adopción de contrato** – adoption of contract
**adopción de hecho** – adoption in fact
**adopción de niños** – adoption of children
**adopción de propuesta** – adoption of proposal
**adopción plena** – full adoption
**adoptable** *adj* – adoptable
**adoptación** *f* – adoption
**adoptado** *adj* – adopted
**adoptado ilegalmente** – illegally adopted
**adoptado ilícitamente** – illicitly adopted
**adoptado legalmente** – legally adopted
**adoptado lícitamente** – illicitly adopted
**adoptador** *m* – adopter
**adoptante** *m/f* – adopter
**adoptar** *v* – to adopt
**adoptar un acuerdo** – to pass a resolution, to adopt a resolution
**adoptar un niño** – to adopt a child
**adoptar una ley** – to adopt a law
**adoptar una medida** – to adopt a measure
**adoptar una resolución** – to pass a resolution, to adopt a resolution
**adoptivo** *adj* – adopted
**adquirible** *adj* – acquirable
**adquirido** *adj* – acquired
**adquirido por** – acquired by
**adquiridor** *m* – acquirer, purchaser
**adquiriente** *m/f* – acquirer, purchaser
**adquiriente a título gratuito** – recipient of a gift
**adquiriente a título oneroso** – purchaser for value
**adquiriente de buena fe** – purchaser in good faith, bona fide purchaser
**adquirir** *v* – to acquire, to take over
**adquirir acciones** – to acquire shares, to acquire stock
**adquirir mediante fraude** – to acquire by fraud
**adquirir mediante herencia** – to acquire by inheritance
**adquirir mediante testamento** – to acquire by will
**adquirir una participación** – to acquire an interest
**adquisición** *f* – acquisition, procurement, takeover
**adquisición a título gratuito** – acquisition by gift
**adquisición a título oneroso** – purchase for value
**adquisición apalancada** – leveraged buyout, leveraged acquisition
**adquisición compulsoria** – compulsory acquisition
**adquisición corporativa** – corporate acquisition
**adquisición de buena fe** – purchase in good faith
**adquisición de cosas** – acquisition of chattels
**adquisición de derechos** – acquisition of rights
**adquisición de la compañía** – company acquisition
**adquisición de la herencia** – acquisition of the inheritance
**adquisición de nombre** – obtaining of a name
**adquisición derivada** – derivative acquisition
**adquisición derivativa** – derivative acquisition
**adquisición electrónica** – electronic procurement, e-procurement, electronic acquisition
**adquisición esencial** – essential acquisition
**adquisición forzada** – forced acquisition
**adquisición forzosa** – forced acquisition
**adquisición indispensable** – indispensable acquisition
**adquisición mediante compra** – acquisition by purchase
**adquisición necesaria** – necessary acquisition
**adquisición obligada** – obligatory acquisition, mandatory acquisition

**adquisición obligatoria** – obligatory acquisition, mandatory acquisition
**adquisición original** – original acquisition
**adquisición procesal** – benefits to third parties through judicial acts
**adquisición requerida** – required acquisition
**adquisitivo** *adj* – acquisitive
**adrede** *adv* – on purpose, premeditated
**adrollero** *m* – cheat, fraud
**adscribir** *v* – to appoint, to attach, to assign
**aduana** *f* – customs, customhouse
**aduana de destino** – destination customs
**aduana de entrada** – entry customs
**aduana de salida** – departure customs
**aduanal** *adj* – pertaining to a customhouse
**aduanar** *v* – to pay customs, to clear customs
**aduanero** *m* – customs official
**aducción de pruebas** – production of evidence
**aducir** *v* – to adduce, to produce
**aducir pruebas** – to adduce evidence
**adueñarse** *v* – to become owner, to take possession
**adulta** *f* – female adult
**adúltera** *f* – adulteress
**adulteración** *f* – adulteration, falsification, tampering
**adulteración de documentos** – falsification of documents
**adulterado** *adj* – adulterated
**adulterar** *v* – to adulterate, to falsify, to commit adultery
**adulterino** *adj* – adulterine, falsified
**adulterio** *m* – adultery
**adúltero** *m* – adulterer
**adúltero** *adj* – adulterous
**adulto** *m* – adult
**advenimiento del plazo** – maturity
**adventicio** *adj* – adventitious
**adventitius** – fortuitous, incidental
**adveración** *f* – attestation, certification, confirmation
**adverado** *adj* – attested, certified
**adverar** *v* – to attest, to certify, to confirm
**adversa fortuna** – bad fortune
**adversario** *m* – adversary
**adversario** *adj* – adversarial
**adversidad** *f* – adversity
**adverso** *adj* – adverse
**adversus** – against
**advertencia** *f* – warning, notice
**advertencia escrita** – written warning
**advertencia final** – final warning
**advertencia pública** – public warning
**advertencia razonable** – reasonable warning
**advertencia verbal** – verbal warning
**advertir** *v* – to warn, to give notice, to observe
**adyacente** *adj* – adjacent
**aequitas** – equity
**aeropuerto aduanero** – customs airport
**aeropuerto de destino** – airport of delivery, destination airport
**aeropuerto de entrega** – airport of delivery
**aeropuerto franco** – customs-free airport
**afección** *f* – pledging, mortgaging, charge
**afección de bienes** – pledging of goods, mortgaging
**afectable** *adj* – able to be encumbered, able to be mortgaged
**afectación** *f* – encumbrance, appropriation, charge, allocation
**afectado** *adj* – affected, encumbered, appropriated, charged, allocated
**afectado adversamente** – adversely affected
**afectar** *v* – to affect, to encumber, to appropriate, to charge, to allocate
**afectar adversamente** – to affect adversely
**afectar negativamente** – to affect negatively
**afecto** *m* – affection, emotion
**afecto** *adj* – pledged, encumbered, allocated
**aferrar** *v* – to anchor, to moor, to seize
**affidávit** *m* – affidavit
**affidávit de notificación** – affidavit of notice
**afianzado** *adj* – bonded, on bail, guaranteed
**afianzador** *m* – surety, guarantor
**afianzamiento** *m* – bonding, bond, guarantee, reinforcement
**afianzar** *v* – to bond, to bail, to guarantee, to reinforce
**afidávit** *m* – affidavit
**afidávit de notificación** – affidavit of notice
**afiliación** *f* – affiliation, association, membership
**afiliación sindical** – union affiliation
**afiliado** *adj* – affiliated
**afiliado** *m* – member
**afiliado activo** – active member
**afiliado afectado** – affected member
**afiliado aliado** – allied member
**afiliado asociado** – associate member
**afiliado corporativo** – corporate member, corporate affiliate
**afiliado de la unión** – union member
**afiliado del gremio** – union member
**afiliado del sindicato** – union member
**afiliado fundador** – founding member, charter member
**afiliado principal** – principal member
**afiliado regular** – regular member
**afiliado titular** – regular member
**afiliar** *v* – to affiliate, to join
**afín** *adj* – related, similar, adjacent
**afinidad** *f* – affinity, kinship, similarity
**afinidad colateral** – collateral affinity
**afinidad directa** – direct affinity
**afirmación** *f* – affirmation
**afirmación bajo juramento** – affirmation under oath
**afirmación de la verdad** – affirmation of truth
**afirmador** *m* – affirmer
**afirmante** *m/f* – affirmant
**afirmante** *adj* – asserting
**afirmar** *v* – to affirm, to ratify
**afirmar bajo juramento** – to state under oath
**afirmar explícitamente** – to affirm explicitly
**afirmar una decisión** – to affirm a decision
**afirmarse** *v* – to ratify, to firm up
**afirmativo** *adj* – affirmative
**aflicción** *f* – affliction
**aflictivo** *adj* – afflictive
**afligir** *v* – to afflict
**aflorar** *v* – to declare what was formerly hidden
**afluencia** *f* – affluence, abundance
**aforado** *adj* – appraised, leased, privileged
**aforador** *m* – appraiser
**aforamiento** *m* – appraising, measuring
**aforar** *v* – to appraise, to estimate

**aforo** *m* – appraisal, measurement
**aforo de buques** – appraisal of ships
**afrenta** *f* – affront, dishonor
**afrontar** *v* – to confront, to defy
**agarrar** *v* – to grab, to capture
**agarrotar** *v* – to choke, to execute by garrote
**agencia** *f* – agency, bureau, branch
**agencia acostumbrada** – customary agency
**agencia activa** – active agency
**agencia administradora** – administrative agency
**agencia administrativa** – administrative agency
**agencia aduanera** – customs agency
**agencia afiliada** – affiliated agency
**agencia agrícola** – agricultural agency, farm agency
**agencia aliada** – allied agency
**agencia aparente** – apparent agency
**agencia aseguradora** – insurance agency
**agencia asociada** – associated agency
**agencia autorizada** – authorized agency
**agencia bancaria** – banking agency
**agencia centralizada** – centralized agency
**agencia clandestina** – clandestine agency
**agencia comercial** – commercial agency
**agencia competidora** – competing agency
**agencia común** – common agency
**agencia conjunta** – joint venture
**agencia constructora** – construction agency
**agencia consultiva** – consulting agency
**agencia consultora** – consulting agency
**agencia controlada** – controlled agency
**agencia cooperativa** – cooperative
**agencia corporativa** – corporate agency
**agencia de administración** – administration agency
**agencia de aduanas** – customs agency
**agencia de arrendamiento** – leasing agency
**agencia de bienes raíces** – real estate agency, estate agency
**agencia de calificación crediticia** – credit rating agency
**agencia de coaseguro** – coinsurance agency
**agencia de cobro de deudas** – debt collection agency
**agencia de cobros** – collection agency
**agencia de colocaciones** – employment agency
**agencia de comercio** – commerce agency, trade agency
**agencia de comercio electrónico** – e-commerce agency, e-business agency
**agencia de comercio exterior** – foreign trade agency
**agencia de compensación** – clearing agency
**agencia de compras** – purchasing agency
**agencia de construcción** – construction agency
**agencia de consultores** – consulting agency
**agencia de control** – controlling agency
**agencia de crédito** – credit agency, credit bureau
**agencia de desarrollo** – development agency
**agencia de embarques** – shipping agency
**agencia de empleos** – employment agency
**agencia de exportación** – export agency
**agencia de facilitación** – facilitating agency
**agencia de financiamiento** – financing agency
**agencia de importación** – import agency
**agencia de informes de crédito** – credit reporting agency
**agencia de inversión** – investment agency
**agencia de marketing** – marketing agency
**agencia de mercadeo** – marketing agency
**agencia de negocios** – business agency
**agencia de noticias** – news agency
**agencia de personal** – employment agency, personnel agency
**agencia de prensa** – press agency
**agencia de préstamos** – loan agency
**Agencia de Protección Ambiental** – Environmental Protection Agency, EPA
**Agencia de Protección de Datos** – Data Protection Agency
**agencia de publicidad** – advertising agency
**agencia de reaseguro** – reinsurance agency
**agencia de relaciones públicas** – public relations agency
**agencia de seguros** – insurance agency
**agencia de seguros de vida** – life insurance agency
**agencia de servicios** – services agency
**agencia de servicios completos** – full-service agency
**agencia de trabajos** – employment agency
**agencia de transportes** – transport agency
**agencia de ultramar** – overseas agency
**agencia de valores** – securities agency
**agencia de ventas** – sales agency
**agencia del estado** – government agency, state agency
**agencia del gobierno** – government agency
**agencia departamental** – departmental agency
**agencia descentralizada** – decentralized agency
**agencia difunta** – defunct agency
**agencia distribuidora** – distributing agency
**agencia disuelta** – dissolved agency
**agencia diversificada** – diversified agency
**agencia doméstica** – domestic agency
**agencia empresarial** – business agency
**agencia esencial** – essential agency
**agencia especial** – special agency
**agencia especializada** – specialized agency
**agencia establecida** – established agency
**agencia estacional** – seasonal agency
**agencia estatal** – government agency, state agency
**agencia ética** – ethical agency
**agencia evidente** – evident agency
**agencia exclusiva** – exclusive agency
**agencia exenta** – exempt agency
**agencia explícita** – explicit agency
**agencia exportadora** – export agency
**agencia exterior** – foreign agency
**agencia extranjera** – foreign agency
**agencia familiar** – family agency
**agencia federal** – federal agency
**agencia filial** – affiliated agency
**agencia financiera** – financial agency
**agencia fiscal** – fiscal agency
**agencia fronteriza** – border agency
**agencia general** – general agency
**agencia global** – global agency
**agencia gubernamental** – government agency
**agencia habitual** – habitual agency
**agencia hipotecaria** – mortgage agency
**agencia ilegal** – illegal agency
**agencia ilícita** – illicit agency
**agencia implícita** – implied agency
**agencia importadora** – import agency

**agencia inapropiada** – inappropriate agency
**agencia independiente** – independent agency
**agencia industrial** – industrial agency
**agencia inferida** – inferred agency
**agencia inmobiliaria** – real estate agency, estate agency
**agencia insolvente** – insolvent agency
**agencia integrada** – integrated agency
**agencia interestatal** – interstate agency
**Agencia Internacional de Energía** – International Energy Agency
**agencia internacional** – international agency
**agencia intraestatal** – intrastate agency
**agencia inusual** – unusual agency
**agencia inversionista** – investment agency
**agencia legal** – legal agency
**agencia limitada** – limited agency
**agencia local** – local agency
**agencia lucrativa** – lucrative agency
**agencia marítima** – maritime agency
**agencia mayorista** – wholesale agency
**agencia mercantil** – commercial agency, mercantile agency
**agencia minorista** – retail agency
**agencia mixta** – mixed agency
**agencia multinacional** – multinational agency
**agencia mundial** – world agency
**agencia municipal** – municipal agency
**agencia nacional** – national agency
**agencia no afiliada** – unaffiliated agency
**agencia normal** – normal agency
**agencia noticiosa** – news agency
**agencia obvia** – obvious agency
**agencia oficial** – official agency
**agencia ordinaria** – ordinary agency
**agencia ostensible** – ostensible agency
**agencia pagadora** – paying agency
**agencia presunta** – presumed agency
**agencia privada** – private agency
**agencia pública** – public agency
**agencia publicitaria** – advertising agency
**agencia quebrada** – bankrupt agency
**agencia real** – actual agency
**agencia reaseguradora** – reinsurance agency
**agencia regional** – regional agency
**agencia registrada** – registered agency
**agencia regulada** – regulated agency
**agencia reguladora** – regulatory agency
**agencia regular** – regular agency
**agencia restringida** – restricted agency
**agencia sin restricciones** – unrestricted agency
**agencia tácita** – tacit agency
**agencia tributaria** – tax agency, tax office, internal revenue office
**agencia única** – exclusive agency
**agencia usual** – usual agency
**agenciar** *v* – to obtain, to negotiate
**agenciarse** *v* – to obtain
**agenda** *f* – agenda, organizer
**agenda electrónica** – electronic organizer, personal organizer
**agenda oculta** – hidden agenda
**agente** *m* – agent, broker, police officer
**agente administrador** – managing agent
**agente aduanal** – customs agent, customhouse broker, customs broker
**agente aduanero** – customs agent, customhouse broker, customs broker
**agente aparente** – apparent agent
**agente autorizado** – authorized agent
**agente cautivo** – captive agent
**agente comercial** – commercial agent, business agent, broker
**agente comprador** – buying agent, buyer
**agente consular** – consular agent
**agente corporativo** – corporate agent
**agente de adquisiciones** – purchasing agent, acquisition agent
**agente de aduanas** – customs agent, customhouse broker, customs broker
**agente de bienes raíces** – real estate agent, estate agent
**agente de bolsa** – stockbroker
**agente de cambio** – exchange broker
**agente de cambio y bolsa** – stockbroker
**agente de campo** – field agent
**agente de circulación** – traffic officer
**agente de centro de llamadas** – call center agent, call centre agent
**agente de cobros** – collection agent
**agente de comercio** – commercial agent, commerce agent, broker
**agente de comercio electrónico** – e-commerce agent, e-business agent
**agente de compensación** – clearing agent
**agente de compras** – purchasing agent, acquisition agent
**agente de contratación** – contract broker
**agente de distribución** – distribution agent
**agente de exportación** – export broker, export agent
**agente de fletamento** – charter agent
**agente de importación** – import broker, import agent
**agente de la administración** – government official
**agente de la autoridad** – police officer
**agente de la propiedad inmobiliaria** – real estate agent, estate agent
**agente de negociaciones** – bargaining agent
**agente de negocios** – business agent
**agente de patentes** – patent agent
**agente de plaza** – local representative
**agente de plica** – escrow agent
**agente de policía** – police officer
**agente de prensa** – press agent
**agente de publicidad** – publicity agent, advertising agent
**agente de reaseguro** – reinsurance agent
**agente de reclamaciones** – claims agent
**agente de retención** – withholding agent
**agente de seguros** – insurance agent
**agente de seguros independiente** – independent insurance agent
**agente de transferencia** – transfer agent
**agente de tránsito** – transit agent
**agente de ventas** – sales agent
**agente debidamente autorizado** – duly authorized agent
**agente del fabricante** – manufacturer's agent
**agente del gobierno** – government agent

**agente del naviero** – shipping agent
**agente designado** – designated agent
**agente diplomático** – diplomatic agent
**agente económico** – economic agent
**agente encubierto** – undercover agent
**agente especial** – special agent
**agente estatal** – state agent
**agente evidente** – evident agent
**agente exclusivo** – exclusive agent
**agente explícito** – explicit agent
**agente exportador** – export broker, export agent
**agente exterior** – overseas agent
**agente extranjero** – foreign agent
**agente federal** – federal agent
**agente fiduciario** – fiduciary agent
**agente financiero** – financial agent
**agente fiscal** – tax agent, fiscal agent, revenue agent
**agente general** – general agent
**agente habitual** – habitual agent
**agente implícito** – implicit agent
**agente importador** – import broker, import agent
**agente inculpable** – innocent agent
**agente independiente** – independent agent
**agente inmobiliario** – real estate agent, estate agent
**agente inocente** – innocent agent
**agente interestatal** – interstate agent
**agente internacional** – international agent
**agente intraestatal** – intrastate agent
**agente inusual** – unusual agent
**agente limitado** – limited agent
**agente local** – local agent
**agente marítimo** – shipping agent
**agente mercantil** – commercial agent, mercantile agent
**agente municipal** – municipal agent
**agente nacional** – national agent
**agente naviero** – shipping agent
**agente no autorizado** – unauthorized agent
**agente obvio** – obvious agent
**agente oficial** – official agent
**agente ordinario** – ordinary agent
**agente ostensible** – ostensible agent
**agente pagador** – paying agent
**agente privado** – private agent
**agente publicitario** – publicity agent, advertising agent
**agente regional** – regional agent
**agente restringido** – restricted agent
**agente retenedor** – withholding agent
**agente secreto** – secret agent
**agente sin restricciones** – unrestricted agent
**agente tácito** – tacit agent
**agente tributario** – tax agent, revenue agent
**agente único** – sole agent
**agente usual** – usual agent
**agente vendedor** – sales agent
**agente viajero** – traveling agent
**agio** *m* – agio, usury, speculation, profit margin
**agiotaje** *m* – agiotage, usury, speculation, insurance speculation
**agiotista** *m* – usurer, profiteer, speculator, speculator in insurance
**agitación** *f* – agitation, disturbance
**agitador** *m* – agitator
**agitar** *v* – to agitate, to disturb
**aglomeración** *f* – agglomeration
**agnación** *f* – agnation
**agnado** *m* – agnate
**agnaticio** *adj* – agnatic
**agnatio** – agnates
**agnóstico** *adj* – agnostic
**agnóstico** *m* – agnostic
**agobiar** *v* – harass, stress
**agonía** *f* – agony
**agonía de la víctima** – victim's agony
**agotable** *adj* – depletable, exhaustible
**agotado** *adj* – sold out, out of stock, depleted, exhausted
**agotamiento** *m* – depletion, exhaustion
**agotamiento ambiental** – environmental depletion
**agotamiento ecológico** – eco-depletion, ecological depletion
**agotamiento de recursos** – exhaustion of resources, exhaustion of remedies
**agotar** *v* – to deplete, to exhaust, to sell out
**agrario** *adj* – agrarian
**agravación** *f* – aggravation
**agravación de la pena** – increase in the penalty
**agravador** *adj* – aggravating
**agravante** *m* – aggravation, aggravating circumstance
**agravante** *adj* – aggravating
**agravante calificada** – an increase in the punishment for a habitual criminal
**agravar** *v* – to aggravate, to increase, to impose a tax
**agravatorio** *adj* – aggravating, compulsory, requiring compliance with a prior order
**agraviado** *m* – aggrieved party
**agraviado** *adj* – aggrieved
**agraviador** *m* – offender, injurer, tort-feasor
**agraviante** *m/f* – offender, injurer, tort-feasor
**agraviante** *adj* – offending, injuring
**agraviar** *v* – to injure, to wrong, to overtax
**agravio** *m* – injury, tort, offense
**agravio a la persona** – personal tort
**agravio civil** – civil injury
**agravio malicioso** – malicious mischief
**agravio marítimo** – maritime tort
**agravio material** – material damage
**agravio moral** – emotional injury
**agravio procesable** – actionable tort
**agravioso** *adj* – injurious, tortuous
**agredir** *v* – to attack, to assault
**agregación** *f* – aggregation
**agregado** *m* – attaché
**agregado** *adj* – aggregated, added, additional
**agregado comercial** – commercial attaché
**agregado diplomático** – diplomatic attaché
**agregado militar** – military attaché
**agregar** *v* – to add, to incorporate
**agregativo** *adj* – aggregative
**agremiación** *f* – unionization, union
**agremiado** *m* – union member
**agremiar** *v* – to unionize
**agresión** *f* – aggression, battery
**agresión física** – physical aggression
**agresión mutua** – bilateral aggression
**agresión sexual** – sexual assault, sexual attack, sexual aggression

**agresión simple** – simple battery
**agresivo** *adj* – aggressive
**agresor** *m* – aggressor, assailant
**agrícola** *adj* – agricultural
**agricultor** *m* – farmer
**agricultura** *f* – agriculture, farming
**agricultura de subsistencia** – subsistence agriculture
**agricultura mixta** – mixed farming
**agricultura orgánica** – organic farming, organic agriculture
**agricultura sostenible** – sustainable agriculture, sustainable farming
**agrimensor** *m* – surveyor
**agroalimentario** *adj* – agrofood
**agroeconómico** *adj* – agroeconomic
**agroforestal** *adj* – agroforest
**agroindustria** *f* – agribusiness, agrobusiness, agroindustry
**agronomía** *f* – agronomy
**agropecuario** *adj* – related to agriculture and/or stockbreeding
**agroquímico** *adj* – agrochemical
**agroquímicos** *m* – agrochemicals
**agrosilvicultura** *f* – agroforestry
**agroturismo** *m* – agrotourism
**agrupación** *f* – group, grouping, bunching
**agrupación de fincas** – merging of properties
**agrupación de hipotecas** – mortgage pool
**agrupación horizontal** – horizontal combination
**agrupación temporal de empresas** – joint venture of corporations
**agrupación vertical** – vertical combination
**agrupamiento** *m* – group
**agrupamiento de costes** – cost pool
**agrupamiento de costos** – cost pool
**agrupar** *v* – to group, to bunch
**aguantar** *v* – to endure, to contain oneself
**aguar acciones** – water stock
**aguas de propiedad nacional** – domestic waters
**aguas interiores** – inland waters
**aguas internacionales** – international waters
**aguas jurisdiccionales** – jurisdictional waters
**aguas privadas** – private waters
**aguas residuales** – wastewater, sewage
**aguas subterráneas** – subterranean waters
**aguas territoriales** – territorial waters
**aguinaldo** *m* – bonus, Christmas bonus
**aguinaldo de navidad** – Christmas bonus
**ahogar** *v* – to drown, to choke, to oppress
**ahorcadura** *f* – a hanging
**ahorcamiento** *m* – a hanging
**ahorcar** *v* – to hang
**ahorcarse** *v* – to hang oneself
**ahorrar** *v* – to save
**ahorrista** *m/f* – saver
**ahorro** *m* – saving
**ahorros compulsorios** – compulsory savings
**ahorros domésticos** – household savings, domestic savings
**ahorros exteriores** – foreign savings
**ahorros fiscales** – tax savings, fiscal savings
**ahorros forzados** – forced savings
**ahorros forzosos** – forced savings
**ahorros impositivos** – tax savings
**ahorros líquidos** – liquid savings
**ahorros netos** – net savings
**ahorros personales** – personal savings
**ahorros privados** – private savings
**aislacionismo** *m* – isolationism
**aislacionista** *m/f* – isolationist
**aislacionista** *adj* – isolationist
**aislado** *adj* – isolated
**aislamiento** *m* – isolation
**aislamiento acústico** – sound insulation
**aislamiento sonoro** – sound insulation
**ajeno** *adj* – foreign, belonging to another, remote
**ajeno a la voluntad** – beyond the control
**ajuar** *m* – household goods, dowry
**ajetreo** *m* – hustle and bustle, drudgery
**ajustable** *adj* – adjustable
**ajustado** *adj* – adjusted
**ajustado a la baja** – adjusted downward
**ajustado al alza** – adjusted upward
**ajustado cíclicamente** – cyclically adjusted
**ajustado estacionalmente** – seasonally adjusted
**ajustado hacia abajo** – adjusted downward
**ajustado hacia arriba** – adjusted upward
**ajustado por riesgo** – risk-adjusted
**ajustador** *m* – adjuster, claims adjuster
**ajustador de averías** – average adjuster
**ajustador de derechos** – liquidator
**ajustador de pérdidas** – loss adjuster
**ajustador de reclamaciones** – claims adjuster
**ajustador de seguros** – insurance claims adjuster
**ajustador independiente** – independent adjuster
**ajustador público** – public adjuster
**ajustar** *v* – to adjust, to reconcile, to settle
**ajustar cuentas** – to settle accounts, to get even
**ajustar precios** – to adjust prices
**ajuste** *m* – adjustment, agreement, settlement, reconciliation
**ajuste a la baja** – downward adjustment
**ajuste actuarial** – actuarial adjustment
**ajuste anual** – annual adjustment
**ajuste automático** – automatic adjustment
**ajuste cambiario** – exchange adjustment
**ajuste compensatorio** – compensatory adjustment
**ajuste contable** – accounting adjustment
**ajuste contributivo** – tax adjustment
**ajuste de auditoría** – audit adjustment
**ajuste de contrato** – adjustment of contract
**ajuste de crédito** – credit adjustment
**ajuste de cuentas** – account adjustment, an instance of getting even
**ajuste de débito** – debit adjustment
**ajuste de inventario** – inventory adjustment
**ajuste de pérdidas** – loss adjustment
**ajuste de precio** – price adjustment
**ajuste de prima** – premium adjustment
**ajuste de reserva** – reserve adjustment
**ajuste de servicio** – service adjustment
**ajuste de tasa** – rate adjustment
**ajuste de tasa de interés** – interest rate adjustment
**ajuste de tiempo** – time adjustment
**ajuste de tipo** – rate adjustment
**ajuste de tipo de interés** – interest rate adjustment
**ajuste estacional** – seasonal adjustment
**ajuste estructural** – structural adjustment

**ajuste financiero** – financial adjustment
**ajuste fiscal** – tax adjustment, fiscal adjustment
**ajuste impositivo** – tax adjustment
**ajuste inflacionario** – inflation adjustment
**ajuste monetario** – monetary adjustment, currency adjustment
**ajuste por coste de vida** – cost of living adjustment
**ajuste por costo de vida** – cost of living adjustment
**ajuste por inflación** – inflation adjustment
**ajuste por mortalidad** – mortality adjustment
**ajuste por periodificación** – accruals and prepayments
**ajuste por riesgo** – risk adjustment
**ajuste retroactivo** – retroactive adjustment
**ajuste salarial** – salary adjustment, wage adjustment
**ajuste semianual** – semiannual adjustment
**ajuste tributario** – tax adjustment
**ajusticiado** *m* – executed criminal
**ajusticiamiento** *m* – execution
**ajusticiar** *v* – to execute
**al año** – per year
**al azar** – at random
**al contado** – cash
**al contrario** – on the contrary
**al corriente** – up to date, current
**al coste** – at cost
**al costo** – at cost
**al descubierto** – short
**al detal** – retail
**al detalle** – retail
**al día** – up to date, current
**al fiado** – on credit
**al oído** – whispered in another's ear
**al mejor postor** – to the best bidder
**al menudeo** – retail
**al pie de la letra** – to the letter, literally, verbatim, exactly as indicated
**al pie de la obra** – at the work site
**al por mayor** – wholesale
**al por menor** – retail
**al portador** – bearer
**al precio del mercado** – at market, at the market
**al proviso** – immediately
**al respecto** – in regard to the matter
**al tanteo** – approximately
**al tanto de algo** – informed
**al unísono** – unanimously, in unison
**al usado** – as accustomed
**al uso** – as accustomed
**al valor** – according to value, ad valorem
**alarde** *m* – ostentation, review, inspection
**alargar** *v* – to extend, to stretch
**alargar el plazo** – to extend a time period
**alarma de incendios** – fire alarm
**alba** *f* – daybreak
**albacea** *m/f* – executor
**albacea auxiliar** – subexecutor
**albacea consular** – consular executor
**albacea dativo** – court-appointed executor
**albacea definitivo** – permanent executor
**albacea designado** – designated executor
**albacea especial** – special executor
**albacea interino** – acting executor
**albacea mancomunado** – joint executor
**albacea provisional** – provisional executor
**albacea substituto** – substitute executor
**albacea sucesivo** – substituted executor
**albacea testamentario** – testamentary executor
**albacea universal** – universal executor
**albaceazgo** *m* – executorship
**albarán** *f* – delivery slip, packing slip
**albedrío** *m* – free will
**albergar** *v* – to lodge, to harbor
**alborotador** *m* – agitator, rioter
**alborotar** *v* – to agitate, to riot
**alborotarse** *v* – to agitate, to riot
**alboroto** *m* – disturbance, riot
**alborotos populares** – civil commotion
**alcabalero** *m* – tax collector
**alcahuete** *m* – pimp
**alcahuetear** *v* – to pimp
**alcaide** *m* – warden
**alcaidía** *f* – wardenship
**alcalde** *m* – mayor, magistrate
**alcalde de barrio** – district mayor
**alcalde letrado** – magistrate who is also an attorney
**alcalde mayor** – mayor
**alcalde municipal** – mayor
**alcaldesa** *f* – mayor, mayoress
**alcaldía** *f* – city hall, mayoralty
**alcance** *m* – scope, reach, capacity, significance
**alcance de auditoría** – audit scope
**alcance de la publicidad** – advertising reach
**alcance publicitario** – advertising reach
**alcantarilla** *f* – sewer
**alcantarillado** *m* – sewer system
**alcanzar** *v* – to reach, to attain, to achieve
**alcanzar un acuerdo** – to reach an agreement
**alcanzar un objetivo** – to reach an objective
**alcohol** *m* – alcohol
**alcohólico** *m* – alcoholic
**alcohólico** *adj* – alcoholic
**alcoholismo** *m* – alcoholism
**alcurnia** *f* – lineage
**aldea** *f* – village
**aleatorio** *adj* – aleatory, random, contingent
**alegable** *adj* – pleadable
**alegación** *f* – allegation, plea, affirmation
**alegación de culpabilidad** – plea of guilty
**alegación de inocencia** – plea of not guilty
**alegación falsa** – false plea
**alegación ficticia** – false plea
**alegación material** – material allegation
**alegación pertinente** – pertinent allegation
**alegación privilegiada** – privileged plea
**alegación relevante** – relevant allegation
**alegaciones** *f* – pleadings
**alegado** *adj* – alleged
**alegar** *v* – to allege, to plead, to affirm
**alegar agravios** – to claim damages
**alegato** *m* – allegation, pleading, affirmation, summing up, brief
**alegato de bien probado** – summing up
**alegato de réplica** – reply brief
**alegato suplemental** – supplemental plea, supplemental brief
**alegatos** *m* – pleadings, briefs
**alegatos de instancia** – pleadings
**alerta** *f* – alert, warning

**alertar** *v* – to alert, to warn
**aleve** *adj* – treacherous
**alevosía** *f* – treachery
**alevoso** *adj* – treacherous
**alfabetización** *f* – teaching literacy, literacy
**alfabetización ambiental** – environmental literacy
**alfabetización ecológica** – ecological literacy
**alguacil** *m* – bailiff
**alguacil mayor** – sheriff
**aliado** *m* – ally
**aliado** *adj* – allied
**alianza** *f* – alliance, pact, alliance through marriage
**alianza competitiva** – competitive alliance
**alianza estratégica** – strategic alliance
**aliar** *v* – to ally, to agree
**aliarse** *v* – to form an alliance
**alias** *m* – alias
**alicate** *m* – accomplice
**aliciente** *m* – incentive
**aliciente fiscal** – tax incentive
**alícuota** *f* – aliquot
**alienable** *adj* – alienable
**alienación** *f* – alienation
**alienado** *m* – an insane person
**alienado** *adj* – insane, transferred
**alienar** *v* – to alienate
**alieni juris** – under the control of another
**aligerar** *v* – to accelerate, to alleviate, to lighten
**alijar** *v* – to jettison, to unload
**alijo** *m* – unloading
**alijo forzoso** – jettison
**alimentador** *m* – provider, a person who pays alimony
**alimentante** *m/f* – provider, a person who pays alimony
**alimentar** *v* – to provide for, to pay alimony to, to feed, to fuel
**alimentario** *m* – recipient of alimony
**alimentista** *m/f* – recipient of alimony
**alimentos** *m* – food, alimony, support
**alimentos básicos** – staple foods
**alimentos modificados genéticamente** – genetically modified foods, genetically engineered foods
**alimentos naturales** – natural foods
**alimentos orgánicos** – organic foods
**alimentos procesados** – processed foods
**alimentos provisionales** – alimony pendente lite
**alimentos transgénicos** – genetically modified foods, genetically engineered foods
**alindar** *v* – to mark the boundaries of
**alistamiento** *m* – registration, enlistment
**alistarse** *v* – to sign-up, to enroll, to register, to prepare
**aliviar la carga** – to alleviate the burden
**alivio** *m* – relief
**alivio contributivo** – tax relief
**alivio de la deuda** – debt relief
**alivio fiscal** – tax relief, fiscal relief
**alivio impositivo** – tax relief
**alivio tributario** – tax relief
**alma del testador** – the implied intent of the testator
**almacén** *m* – warehouse, storehouse, store, storage
**almacén aduanal** – customs warehouse
**almacén aduanero** – customs warehouse
**almacén afianzado** – bonded warehouse
**almacén de datos** – data warehouse
**almacén de uso público** – public warehouse
**almacén general de depósito** – public warehouse
**almacén particular** – private warehouse
**almacén privado** – private warehouse
**almacén público** – public warehouse
**almacenador** *m* – warehouser
**almacenaje** *m* – storage
**almacenamiento** *m* – storage, warehousing
**almacenamiento de datos** – data storage
**almacenamiento de información** – information storage
**almacenar** *v* – to store, to stock
**almacenero** *m* – warehouser
**almacenista** *m/f* – warehouser
**almirantazgo** *m* – admiralty, admiralty court
**almoneda** *f* – public auction, auction
**almonedar** *v* – to auction, to auction off
**almonedear** *v* – to auction, to auction off
**alnada** *f* – stepdaughter
**alnado** *m* – stepson, stepchild
**alocución** *f* – allocution, address
**alodial** *adj* – allodial
**alodio** *m* – allodium
**alojamiento** *m* – lodging, hosting
**alojar** *v* – to lodge, to host
**alongar** *v* – to lengthen, to extend
**alquilable** *adj* – rentable, leasable, hirable
**alquilado** *adj* – rented, leased, hired
**alquilador** *m* – lessor, lessee, renter, rentee, hirer
**alquilante** *m/f* – lessor, lessee, renter, rentee, hirer
**alquilar** *v* – to rent, to lease, to hire
**alquiler** *m* – rent, rental, lease, hire, rent payment, lease payment
**alquiler acordado** – agreed-upon rent
**alquiler acostumbrado** – customary rent
**alquiler acumulado** – accrued rent
**alquiler ajustado** – adjusted rent
**alquiler anticipado** – advance rent, anticipated rent
**alquiler anual** – annual rent, annual rental
**alquiler atrasado** – back rent
**alquiler bajo** – low rent
**alquiler base** – base rent
**alquiler comercial** – commercial rent, commercial rental
**alquiler con opción de compra** – rent with option to buy, lease with option to buy
**alquiler contingente** – contingent rental
**alquiler contratado** – contracted rent, contracted rental
**alquiler convenido** – agreed-upon rent
**alquiler corporativo** – corporate rental
**alquiler de equipo** – equipment rental
**alquiler del terreno** – ground rent
**alquiler estipulado** – stipulated rent
**alquiler fijo** – fixed rent
**alquiler implícito** – implicit rent
**alquiler mensual** – monthly rent, monthly rental
**alquiler negociado** – negotiated rent
**alquiler neto** – net rent
**alquiler nominal** – nominal rent
**alquiler pactado** – agreed-upon rent
**alquiler percibido** – earned rent
**alquiler permanente** – permanent rental

**alquiler preestablecido** – preset rent
**alquiler prepagado** – prepaid rent
**alquiler razonable** – reasonable rent
**alquiler regular** – regular rent
**alquiler semanal** – weekly rent, weekly rental
**alquiler semianual** – semiannual rent, semiannual rental
**alquiler subsidiado** – subsidized rent, subsidized rental
**alquiler subvencionado** – subsidized rent, subsidized rental
**alquiler suplementario** – supplemental rent
**alquiler temporal** – temporary rental
**alquiler total** – total rent
**alquiler trimestral** – quarterly rent, quarterly rental
**alta** *f* – membership, registration, registration with tax authorities, form for registration with tax authorities, discharge, certificate of discharge, admittance to an organization
**alta calidad** – high quality
**alta corte de justicia** – high court of justice
**alta dirección** – top management, brass
**alta gerencia** – top management, brass
**alta mar** – high seas
**alta tecnología** – high technology
**alta traición** – high treason
**altamente calificado** – highly qualified
**altamente competitivo** – highly competitive
**altamente cualificado** – highly qualified
**altamente remunerado** – highly paid
**altas finanzas** – high finance
**álter ego** – alter ego
**alterable** *adj* – alterable
**alteración** *f* – alteration, adulteration, commotion
**alteración de contrato** – alteration of contract
**alteración de fideicomiso** – alteration of trust
**alteración de instrumento** – alteration of instrument
**alteración de la paz** – breach of the peace, disturbance of the peace
**alteración de los libros** – alteration of the books
**alteración de un cheque** – alteration of a check, alteration of a cheque
**alteración del orden** – breach of the peace, disturbance of the peace
**alteración del orden público** – breach of the peace, disturbance of the peace
**alteración leve** – slight alteration
**alteración sustancial** – material alteration
**alterado** *adj* – altered
**alterador** *adj* – altering
**alterar** *v* – to alter, to adulterate, to change, to modify, to disturb the peace
**alterar los libros** – to alter the books
**altercación** *f* – altercation
**altercado** *m* – altercation
**alternar** *v* – to alternate
**alternativa** *f* – alternative, option
**alternativo** *adj* – alternating, alternative, alternate
**alterno** *adj* – alternate, alternating
**alto apalancamiento** – high leverage
**alto coste** – high cost
**alto coste de la vida** – high cost of living
**alto costo** – high cost
**alto costo de la vida** – high cost of living
**alto nivel de la vida** – high standard of living
**alto rendimiento** – high-yield, high-return
**alto riesgo** – high-risk
**alto secreto** – top secret
**alucinación** *f* – hallucination
**alucinar** *v* – to hallucinate
**alumbramiento** *m* – childbirth
**aluvión** *m* – alluvion
**alza** *f* – rise, upturn
**alza de alquiler** – rise in rent
**alza de precios** – rise in prices, price appreciation
**alza de salario** – salary raise, wage rise
**alza salarial** – salary raise, wage rise
**alzada** *f* – appeal
**alzado** *m* – fraudulent bankrupt
**alzado** *adj* – fraudulently bankrupt
**alzamiento** *m* – uprising, higher bid, fraudulent bankruptcy, hiding of assets by a bankrupt
**alzamiento de bienes** – fraudulent bankruptcy, hiding of assets by a bankrupt
**alzar** *v* – to appeal, to raise, to fraudulently enter bankruptcy
**alzar el precio** – to raise the price
**alzarse** *v* – to appeal, to fraudulently enter bankruptcy, to rebel
**allanado ilegalmente** – illegally searched
**allanado ilícitamente** – illicitly searched
**allanamiento** *m* – search with a court order, search, unlawful entry, trespass, acceptance
**allanamiento a la demanda** – acceptance of the other party's claim
**allanamiento a la sentencia** – acceptance of a judicial decision
**allanamiento de domicilio** – unlawful entry, trespass
**allanamiento de morada** – unlawful entry, trespass
**allanamiento impropio** – improper search
**allanar** *v* – to enter and search, to raid, to break and enter, to trespass, to settle
**allanarse** *v* – to abide by, to yield to
**allegado** *m* – relative, a close person
**allegado** *adj* – close, related
**amagar** *v* – to feign, to make threatening gestures
**amago** *m* – threat
**amalgama** *f* – amalgam
**amalgamación** *f* – amalgamation
**amalgamar** *v* – to amalgamate, to merge
**amancebado** *m* – paramour
**amancebamiento** *m* – concubinage
**amante** *m/f* – paramour
**amanuense** *m* – notary's clerk, clerk
**amañar** *v* – to fix, to tamper with, to become accustomed
**amarradero** *m* – mooring post
**amartillar** *v* – to cock a gun
**amasar** *v* – to amass
**ambición** *f* – ambition
**ambicioso** *adj* – ambitious
**ambiental** *adj* – environmental, ambient
**ambientalismo** *m* – environmentalism
**ambientalista** *adj* – environmentalist
**ambientalista** *m/f* – environmentalist
**ambientalmente** *adv* – environmentally
**ambientalmente amistoso** – environmentally friendly
**ambientalmente protegido** – environmentally

protected
**ambientalmente prudente** – environmentally sound
**ambientalmente responsable** – environmentally responsible
**ambientalmente sostenible** – environmentally sustainable
**ambiente** *m* – environment, atmosphere
**ambiente comercial** – commercial environment, business environment
**ambiente corporativo** – corporate environment
**ambiente de comercio** – commerce environment, business environment
**ambiente de comercio electrónico** – e-commerce environment, e-business environment
**ambiente de empleo** – job environment
**ambiente de negocios** – business environment
**ambiente de profesión** – profession environment
**ambiente de trabajo** – job environment, work environment
**ambiente empresarial** – business environment
**ambiente inflacionario** – inflationary environment
**ambiente laboral** – job environment
**ambiente mercantil** – commercial environment
**ambiente profesional** – professional environment
**ambiguamente** *adv* – ambiguously
**ambigüedad** *f* – ambiguity
**ambigüedad latente** – latent ambiguity
**ambigüedad patente** – patent ambiguity
**ambiguo** *adj* – ambiguous
**ámbito** *m* – domain, field, scope
**ambos efectos** – both purposes
**ambulancia** *f* – ambulance
**ambulante** *adj* – ambulant
**ambulatorio** *adj* – ambulatory
**amedrantar** *v* – to scare, to intimidate
**amedrentar** *v* – to scare, to intimidate
**amenaza** *f* – threat, menace
**amenaza de huelga** – strike threat
**amenazador** *m* – threatener
**amenazador** *adj* – threatening, menacing
**amenazar** *v* – to threaten
**amenidades** *f* – amenities
**amicus curiae** – friend of the court, amicus curiae
**amigable** *adj* – friendly, amicable
**amigable componedor** – friendly mediator
**amigable composición** – settlement through a friendly mediator
**amiguismo** *m* – cronyism
**amillarado** *adj* – assessed
**amillaramiento** *m* – tax assessment
**amillarar** *v* – to assess a tax, to assess
**amnesia** *f* – amnesia
**amnistía** *f* – amnesty, pardon
**amnistía contributiva** – tax amnesty
**amnistía fiscal** – tax amnesty
**amnistía impositiva** – tax amnesty
**amnistía incondicional** – unconditional pardon
**amnistiar** *v* – to grant amnesty, to pardon
**amo** *m* – head of household, proprietor
**amodorrecer** *v* – to make drowsy
**amojonamiento** *m* – delimitation, demarcation
**amojonar** *v* – to delimit, to mark the boundaries of
**amonedación** *f* – minting
**amonedar** *v* – to mint
**amonestación** *f* – admonition, order
**amonestaciones matrimoniales** – banns of marriage
**amonestador** *adj* – admonishing, ordering
**amonestar** *v* – to admonish, to order
**amoratado** *adj* – black and blue
**amortizable** *adj* – amortizable, depreciable, redeemable, repayable
**amortización** *f* – amortization, depreciation, redemption, repayment
**amortización acelerada** – accelerated depreciation, accelerated amortization
**amortización acumulada** – accrued depreciation
**amortización anticipada** – early redemption
**amortización anual** – annual depreciation, annual amortization
**amortización combinada** – combined depreciation
**amortización compensatoria** – compensating depreciation
**amortización constante** – straight-line depreciation, constant amortization
**amortización creciente** – increasing amortization
**amortización curable** – curable depreciation
**amortización de capital** – capital depreciation, capital amortization
**amortización de componentes** – component depreciation
**amortización de descuento** – amortization of discount
**amortización de deuda** – amortization of debt
**amortización de divisa** – exchange depreciation
**amortización de la moneda** – currency depreciation
**amortización de obligación** – amortization of obligation
**amortización de pagos parejos** – level-payment amortization
**amortización de préstamo** – amortization of loan
**amortización de prima** – amortization of premium
**amortización de principal** – amortization of principal
**amortización de propiedad** – property depreciation
**amortización decreciente** – decreasing amortization
**amortización económica** – economic depreciation
**amortización en libros** – book depreciation
**amortización excesiva** – overdepreciation
**amortización extraordinaria** – extraordinary depreciation
**amortización fija** – fixed depreciation, fixed amortization
**amortización física** – physical depreciation
**amortización futura** – future depreciation
**amortización incurable** – incurable depreciation
**amortización lineal** – straight-line depreciation
**amortización negativa** – negative amortization
**amortización no realizada** – unrealized depreciation
**amortización ordinaria** – ordinary depreciation
**amortización permitida** – allowed depreciation
**amortización rápida** – rapid amortization
**amortización real** – real depreciation
**amortización regular** – regular amortization
**amortización residual** – residual amortization
**amortización variable** – variable depreciation, variable amortization
**amortizado** *adj* – amortized, depreciated, redeemed, repayed
**amortizar** *v* – to amortize, to depreciate, to redeem, to

repay
**amortizar una deuda** – to amortize a debt
**amotinado** *m* – rioter, rebel
**amotinado** *adj* – riotous, mutinous
**amotinador** *m* – rioter, agitator
**amotinar** *v* – to riot, to mutiny
**amotinarse** *v* – to riot, to mutiny
**amovible** *adj* – movable, transferable
**amovilidad** *f* – removability, transferability
**ampara** *f* – attachment
**amparar** *v* – to protect, to support, to attach, to pardon, to guarantee
**ampararse** *v* – to obtain protection, to protect oneself
**amparo** *m* – protection, support, shelter, pardon, exemption, defense
**amparo contributivo** – tax shelter
**amparo fiscal** – tax shelter
**amparo impositivo** – tax shelter
**amparo social** – social security
**amparo tributario** – tax shelter
**ampliación** *f* – extension, enlargement, increase
**ampliación de capital** – increase of capital
**ampliación de cobertura** – extension of coverage
**ampliación de la base imponible** – broadening the tax base
**ampliación de la base impositiva** – broadening the tax base
**ampliación de la demanda** – additional complaint
**ampliación del crédito** – increase of the loan
**ampliación del plazo** – extension of the time period
**ampliamente reconocido** – widely recognized
**ampliar** *v* – to develop, to enlarge, to extend, to expand
**ampliar el plazo** – extend the term
**ampliar el riesgo** – to extend the risk
**ampliar un cheque** – to raise a check, to raise a cheque
**amplificación** *f* – enlargement, extension, development
**amplificar** *v* – to enlarge, to extend, to develop
**amplitud de la cobertura** – extent of the coverage
**amugamiento** *m* – delimitation
**añadir** *v* – to add, to add up, to append
**analfabetismo** *m* – illiteracy
**analfabeto** *m* – illiterate
**analfabeto** *adj* – illiterate
**análisis** *m* – analysis
**análisis a fondo** – in-depth analysis
**análisis comercial** – commercial analysis
**análisis competitivo** – competitive analysis
**análisis contable** – accounting analysis
**análisis cualitativo** – qualitative analysis
**análisis cuantitativo** – quantitative analysis
**análisis de actividad** – activity analysis
**análisis de crédito** – credit analysis
**análisis de cuenta** – account analysis
**análisis de decisiones** – decision analysis
**análisis de estados financieros** – financial statement analysis
**análisis de empleo** – job analysis
**análisis de factores** – factor analysis
**análisis de flujo de fondos** – funds-flow analysis
**análisis de gastos** – expenditures analysis
**análisis de inversiones** – investment analysis
**análisis de la ejecución** – performance analysis
**análisis de mercado** – market analysis
**análisis de operaciones** – operations analysis
**análisis de procesos** – process analysis
**análisis de producto** – product analysis
**análisis de profesión** – profession analysis
**análisis de proyecto** – project analysis
**análisis de riesgo** – risk analysis
**análisis de sistemas** – systems analysis
**análisis de tendencias** – trend analysis
**análisis de trabajo** – job analysis
**análisis de transacción** – transaction analysis
**análisis de valor** – value analysis
**análisis económico** – economic analysis
**análisis estadístico** – statistical analysis
**análisis financiero** – financial analysis
**análisis monetario** – monetary analysis
**análisis operacional** – operational analysis
**análisis operativo** – operational analysis
**análisis organizacional** – organizational analysis
**análisis organizativo** – organizational analysis
**análisis periódico** – period analysis
**análisis presupuestario** – budget analysis
**análisis profesional** – professional analysis
**analista** *m/f* – analyst
**analista de crédito** – credit analyst
**analista de inversiones** – securities analyst
**analista de mercado** – market analyst
**analista de sistemas** – systems analyst
**analista de valores** – securities analyst
**analista de ventas** – sales analyst
**analista económico** – economic analyst
**analista financiero** – financial analyst
**analítico** *adj* – analytical
**analizar** *v* – to analyze
**analizar cuentas** – analyze accounts
**analizar una cuenta** – analyze an account
**análogamente** *adv* – analogously
**analogía** *f* – analogy, similarity, resolution of a case based on the guidelines used in analogous matters
**analogía jurídica** – resolution of a case based on the guidelines used in analogous matters
**analógico** *adj* – analogical
**análogo** *adj* – analogous, similar
**anarquía** *f* – anarchy
**anarquismo** *m* – anarchism
**anarquista** *adj* – anarchist
**anarquista** *m/f* – anarchist
**anata** *f* – yearly income
**anatocismo** *m* – anatocism
**ancestral** *adj* – ancestral
**ancianidad** *f* – old age
**anciano** *adj* – aged, elderly
**anejar** *v* – to annex, to attach
**anejo** *m* – annex, attached document, enclosure
**anejo** *adj* – attached, annexed, dependent
**anexar** *v* – to annex, to attach, to append
**anexidades** *f* – accessories, adjuncts, incidental rights or things
**anexión** *f* – annexation
**anexionar** *v* – to annex
**anexo** *m* – annex, attached document, enclosure
**anexo** *adj* – attached, annexed, dependent
**anexo para endosos** – allonge

**angaria** *f* – angary
**angustia** *f* – anguish, anxiety
**angustia de la víctima** – victim's anguish
**angustias mentales** – mental anguish
**animal peligroso** – dangerous animal
**animar** *v* – to encourage, to stimulate
**ánimo** *m* – intent, intention, encouragement
**ánimo criminal** – criminal intent
**ánimo de lucro** – intention to profit
**ánimo de revocar** – intent to revoke
**animosidad** *f* – animosity
**animus** – mind, intention, animus
**animus furandi** – intention to steal, animus furandi
**animus lucrandi** – intention to profit, animus lucrandi
**aniquilación** *f* – annihilation
**aniquilador** *m* – annihilator
**aniquilar** *v* – to annihilate
**aniversario** *m* – anniversary
**aniversario de la póliza** – policy anniversary
**anomalía** *f* – anomaly
**anómalo** *adj* – anomalous, abnormal, irregular
**anonadar** *v* – to annihilate, to dishearten completely
**anonimato** *f* – anonymity
**anónimo** *m* – anonymous
**anormal** *adj* – abnormal, irregular
**anotación** *f* – annotation, note, filing, entry
**anotación al margen** – marginal note
**anotación contable** – accounting entry
**anotación de embargo** – filing a writ of attachment
**anotación de secuestro** – filing a writ of attachment
**anotación en cuenta** – account entry
**anotación en la cuenta** – annotation in the account
**anotación en registro público** – filing in a public registry
**anotación preventiva** – provisional filing in a registry of property to protect an interest
**anotar** *v* – to annotate, to note, to file, to enter, to register
**anotar en los libros** – to enter in the books
**ansiedad de la víctima** – victim's anxiety
**antagonismo** *m* – antagonism
**antagonista** *m/f* – antagonist
**ante** *prep* – before, in the presence of
**ante la sala** – in open court
**ante litem** – before the suit, ante litem
**ante mi** – before me
**ante todo** – before all, above all
**antecedente** *adj* – antecedent, preceding
**antecedentemente** *adv* – previously
**antecedentes** *m* – record, precedent, history
**antecedentes crediticios** – credit history, credit record
**antecedentes criminales** – criminal record, criminal history
**antecedentes laborales** – employment history, employment record
**antecedentes penales** – criminal record, criminal history
**antecedentes policiales** – police history, arrest record
**antecesor** *m* – predecessor
**antecesor** *adj* – previous, preceding
**antecontrato** *m* – preliminary agreement
**antedata** *f* – antedate, backdate
**antedatado** *adj* – antedated, backdated
**antedatar** *v* – to antedate, to backdate
**antedicho** *adj* – aforesaid, aforenamed, aforementioned, aforedescribed, aforestated
**antefechar** *v* – to predate
**antefirma** *f* – title of the person signing
**antejuicio** *m* – pre-trial conference
**antelación** *f* – previousness, precedence
**antelación, con** – beforehand
**antemano** *adv* – beforehand
**antemano, de** – beforehand
**antemencionado** *adj* – aforesaid, aforementioned
**antenacido** *adj* – prematurely born
**antenada** *f* – stepdaughter
**antenado** *m* – stepson
**antenupcial** *adj* – antenuptial
**antepagar** *v* – to prepay, to pay beforehand
**antepasado** *m* – ancestor
**antepasado** *adj* – prior in time
**antepasado común** – common ancestor
**antepasados colaterales** – collateral ancestors
**anteponer** *v* – to give priority to, to place ahead of
**anteposición** *f* – anteposition
**anteprocesal** *adj* – pre-trial
**anteproyecto** *m* – preliminary draft, blueprint
**anteproyecto de contrato** – preliminary draft of a contract
**anteproyecto de ley** – draft bill
**anterior al impuesto** – pretax, before-tax
**anterioridad** *f* – anteriority, priority
**anteriormente** *adv* – previously, heretofore
**antes citado** – aforementioned, before-cited
**antes de contribuciones** – pretax, before-tax
**antes de impuestos** – pretax, before-tax
**antes de tributos** – pretax, before-tax
**antes del juicio** – before trial
**antes escrito** – above-written
**antes mencionado** – above-mentioned, above-named
**anticipación** *f* – anticipation, prepayment
**anticipación del vencimiento** – acceleration of maturity
**anticipadamente** *adv* – in advance
**anticipado** *adj* – in advance, anticipated, early
**anticipado, por** – in advance, anticipated, early
**anticipar** *v* – to anticipate, to advance, to prepay
**anticipar dinero** – to advance money
**anticipatorio** *adj* – anticipatory
**anticipo** *m* – advance payment, advance, anticipation, bargain money, earnest money, preview
**anticipo bancario** – bank advance
**anticipo contributivo** – tax advance
**anticipo de dinero** – advance of money, advance payment, advance
**anticipo de efectivo** – cash advance
**anticipo de fondos** – advance of money, advance payment, advance
**anticipo de herencia** – inter vivos gift
**anticipo de prima** – premium advance
**anticipo de salario** – salary advance
**anticipo en efectivo** – cash advance
**anticipo impositivo** – tax advance
**anticipo salarial** – salary advance
**anticipo sobre póliza** – advance on policy
**anticompetitivo** *adj* – anticompetitive
**anticonstitucional** *adj* – anticonstitutional

**anticontaminación** *adj* – antipollution
**anticresis** *f* – antichresis
**anticresista** *m* – antichresis creditor
**anticrético** *adj* – antichretic
**anticuado** *adj* – old-fashioned
**antidisturbios** *adj* – anti-riot
**antidroga** *adj* – anti-drug
**antidumping** *adj* – antidumping
**antieconómico** *adj* – uneconomic
**antifernales** *m* – property transferred to a wife in a marriage contract
**antigubernamental** *adj* – antigovernment
**antigüedad** *f* – seniority, antiquity, bumping
**antigüedad en la empresa** – seniority
**antiguo** *adj* – former, ancient, old
**antihigiénico** *adj* – unhygienic
**antiinflacionario** *adj* – anti-inflationary
**antiinflacionista** *adj* – anti-inflationary
**antijuridicidad** *f* – unlawfulness
**antijurídico** *adj* – unlawful
**antilegal** *adj* – unlawful
**antilogía** *f* – antilogy
**antilógico** *adj* – antilogical
**antimonopólico** *adj* – antitrust, antimonopoly
**antimonopolio** *adj* – antitrust, antimonopoly
**antimonopolista** *adj* – antitrust, antimonopoly
**antimoral** *adj* – immoral
**antinomia** *f* – antinomy
**antinuclear** *adj* – antinuclear
**antipoca** *f* – deed acknowledging a lease, deed acknowledging an annuity contract that runs with the land
**antipocar** *v* – to acknowledge a lease in writing, to acknowledge an annuity contract that runs with the land in writing
**antiprofesional** *adj* – unprofessional
**antirreglamentario** *adj* – against the rules, against regulations
**antirrobo** *adj* – anti-theft
**antisexista** *adj* – anti-sexist
**antisocial** *adj* – antisocial
**antitabaco** *adj* – anti-tobacco, anti-smoking
**antiterrorista** *adj* – anti-terrorist
**antor** *m* – seller of stolen goods
**antoría** *f* – right of recovery against the seller of stolen goods
**antropología criminal** – criminal anthropology
**antropometría** *f* – anthropometry
**anual** *adj* – annual, yearly
**anualidad** *f* – annuity, annual charge, annual occurrence
**anualidad acumulada** – accumulated annuity
**anualidad anticipada** – anticipated annuity
**anualidad aplazada** – deferred annuity
**anualidad cierta** – annuity certain
**anualidad colectiva** – group annuity
**anualidad con participación** – participating annuity
**anualidad condicional** – conditional annuity
**anualidad conjunta** – joint annuity
**anualidad contingente** – contingent annuity
**anualidad de discapacidad** – disability annuity
**anualidad de grupo** – group annuity
**anualidad de impuestos diferidos** – tax-deferred annuity
**anualidad de jubilación** – retirement annuity
**anualidad de pago inmediato** – immediate-payment annuity
**anualidad de pagos diferidos** – deferred-payment annuity
**anualidad de pagos parejos** – level-payment annuity
**anualidad de prima única** – single-premium annuity
**anualidad de primas flexibles** – flexible-premium annuity
**anualidad de retiro** – retirement annuity
**anualidad de supervivencia** – survivorship annuity
**anualidad diferida** – deferred annuity
**anualidad diferida grupal** – group deferred annuity
**anualidad fija** – fixed annuity
**anualidad grupal** – group annuity
**anualidad grupal diferida** – deferred group annuity
**anualidad híbrida** – hybrid annuity
**anualidad incondicional** – annuity certain, unconditional annuity
**anualidad inmediata** – immediate annuity
**anualidad normal** – normal annuity
**anualidad ordinaria** – ordinary annuity
**anualidad perpetua** – perpetual annuity
**anualidad pura** – pure annuity
**anualidad regular** – regular annuity
**anualidad temporal** – temporary annuity
**anualidad típica** – typical annuity
**anualidad variable** – variable annuity
**anualidad vitalicia** – life annuity
**anualizado** *adj* – annualized
**anualizar** *v* – to annualize
**anualmente** *adv* – annually
**anuencia** *f* – consent
**anuente** *adj* – consenting
**anulabilidad** *f* – voidability, annullability
**anulable** *adj* – voidable, cancelable, annullable
**anulación** *f* – annulment, nullification, cancellation, defeasance
**anulación de contrato** – nullification of contract
**anulación de convenio** – nullification of agreement
**anulación de deuda** – cancellation of debt
**anulación de la instancia** – dismissal
**anulación de matrimonio** – annulment of marriage
**anulación de orden** – cancellation of order
**anulación de pedido** – cancellation of order
**anulación de póliza** – cancellation of policy
**anulado** *adj* – voided, annulled, cancelled, defeated
**anulador** *adj* – annulling, canceling
**anular** *v* – to void, to cancel, to annul, to defeat, to reverse, to abrogate
**anular un matrimonio** – to annul a marriage
**anular un pedido** – to cancel an order
**anular una orden** – to cancel an order
**anulativo** *adj* – nullifying, annulling, voiding
**anunciado** *adj* – advertised, announced
**anunciante** *m/f* – advertiser, announcer
**anunciar** *v* – to advertise, to announce
**anunciar un cambio** – to announce a change
**anuncio** *m* – announcement, notice, advertisement, ad, commercial
**anuncio agresivo** – aggressive advertisement
**anuncio anticipado** – advance advertisement, advance announcement
**anuncio clasificado** – classified advertisement

**anuncio comercial** – commercial advertisement, trade advertisement
**anuncio cooperativo** – cooperative advertisement
**anuncio corporativo** – corporate advertisement
**anuncio de dividendo** – dividend announcement
**anuncio de empleo** – job advertisement
**anuncio de imagen** – image advertisement
**anuncio de oferta** – invitation to bid
**anuncio de servicio público** – public service advertisement
**anuncio de trabajo** – job advertisement
**anuncio del producto** – product advertisement
**anuncio directo** – direct advertisement
**anuncio electrónico** – electronic advertisement, Internet advertisement
**anuncio en el Internet** – Internet advertisement
**anuncio en línea** – online advertisement
**anuncio en prensa** – press advertisement, press announcement
**anuncio engañoso** – false advertisement, deceptive advertisement
**anuncio financiero** – financial advertisement
**anuncio indecente** – indecent advertisement
**anuncio institucional** – institutional advertisement
**anuncio judicial** – public notice
**anuncio nacional** – national advertisement
**anuncio online** – online advertisement
**anuncio por correo** – mail advertisement, postal advertisement
**anuncio por Internet** – Internet advertisement
**anuncio por palabras** – classified advertisement
**anuncio radial** – radio advertisement
**anuncio selectivo** – selective advertisement
**anuncio subliminal** – subliminal advertisement
**anuncio televisivo** – television advertisement, television announcement
**anverso** *m* – obverse, front, face of a document
**añadido** *m* – allonge, addition
**añadir** *v* – to add, to increase
**añagaza** *f* – trick, bait
**año** *m* – year
**año agrícola** – crop year
**año anterior** – previous year, last year
**año base** – base year
**año bisiesto** – leap year
**año calendario** – calendar year
**año civil** – civil year, calendar year
**año comercial** – commercial year, business year
**año comercial natural** – natural business year
**año común** – common year
**año contable** – accounting year
**año continuo** – calendar year
**año contributivo** – tax year
**año contributivo fiscal** – fiscal tax year
**año de adquisición** – year of acquisition, year of purchase
**año de auditoría** – auditing year
**año de beneficios** – benefit year
**año de calendario** – calendar year
**año de emisión** – year of issue
**año de negocios** – business year
**año de referencia** – reference year
**año económico** – fiscal year
**año empresarial** – business year
**año en curso** – current year
**año financiero** – fiscal year
**año fiscal** – fiscal year
**año gravable** – tax year
**año hasta la fecha** – year to date
**año impositivo** – tax year
**año impositivo fiscal** – fiscal tax year
**año judicial** – judicial year
**año jurídico** – legal year
**año muerto** – year of grace
**año natural** – calendar year, natural year
**año nuevo** – new year
**año pasado** – last year, previous year
**año presupuestario** – budget year
**año social** – corporate year
**año tributario** – tax year
**año tributario fiscal** – fiscal tax year
**años de servicio** – years of service
**apalabrar** *v* – to agree to verbally, to contract verbally, to discuss beforehand
**apalancamiento** *m* – leverage
**apalancamiento de capital** – capital leverage
**apalancamiento financiero** – financial leverage
**apalancamiento operativo** – operating leverage
**apalancar** *v* – to leverage
**apando** *m* – solitary confinement
**aparcería** *f* – sharecropping, partnership
**aparcero** *m* – sharecropper, partner
**aparecer** *v* – to appear
**aparente** *adj* – apparent, fitting
**apariencia** *f* – appearance, probability
**apariencia común** – common appearance
**apariencia de título** – color of title
**apartado** *m* – paragraph, section, Post Office Box
**Apartado de Correos** – Post Office Box
**apartado postal** – Post Office Box
**apartamento** *m* – apartment, flat
**apartamiento** *m* – separation, withdrawal, apartment
**apartar** *v* – to separate, to sort
**apartarse** *v* – to desist, to withdraw
**apátrida** *adj* – stateless
**Apdo. de Correos (Apartado de Correos)** – Post Office Box
**apear** *v* – to survey
**apelable** *adj* – appealable
**apelación** *f* – appeal
**apelación abandonada** – abandoned appeal
**apelación accesoria** – appeal filed by the losing party with the consent of the winning party
**apelación adhesiva** – appeal filed by the losing party with the consent of the winning party
**apelación con efecto devolutivo** – appeal which does not suspend execution of judgment
**apelación con efecto suspensivo** – appeal which suspends execution of judgment
**apelación conjunta** – joint appeal
**apelación del interdicto** – appeal of an injunction
**apelación desierta** – appeal withdrawn
**apelación extraordinaria** – appeal for annulment
**apelación incidental** – appeal filed by the losing party with the consent of the winning party
**apelación limitada** – limited appeal
**apelación parcial** – limited appeal
**apelación restringida** – restricted appeal

**apelación sin restricciones** – unrestricted appeal
**apelado** *m* – appellee, decision subject to appeal
**apelado** *adj* – appealed
**apelador** *m* – appellant
**apelante** *m/f* – appellant
**apelar** *v* – to appeal
**apelar recursos** – to file an appeal
**apellido** *m* – surname
**apellido de soltera** – maiden name
**apeo** *m* – survey
**apercibido** *adj* – warned, cautioned
**apercibimiento** *m* – warning, caution, notification
**apercibir** *v* – to warn, to caution, to provide, to receive
**apersonado** *m* – a party to an action
**apersonamiento** *m* – appearance
**apersonarse** *v* – to appear, to become a party to an action
**apertura** *f* – opening
**apertura de asamblea** – opening of a meeting
**apertura de audiencia** – opening of trial
**apertura de crédito** – opening of a line of credit, granting of a loan
**apertura de cuentas** – opening of accounts
**apertura de las licitaciones** – opening of bids
**apertura de las propuestas** – opening of bids
**apertura de libros** – opening of the books
**apertura de negociaciones** – opening of negotiations
**apertura de negocio** – opening of a business
**apertura de propuestas** – opening of bids
**apertura del testamento** – reading of a will
**API (agente de la propiedad inmobiliaria)** – real estate agent, estate agent
**apiadarse** *v* – to take pity on, to grant amnesty, to pardon
**aplazable** *adj* – postponable
**aplazada** *f* – extension of time
**aplazado** *adj* – deferred, subject to a term
**aplazamiento** *m* – deferment, postponement, adjournment, summons
**aplazamiento automático** – automatic stay
**aplazamiento de contribuciones** – tax deferral
**aplazamiento de impuestos** – tax deferral
**aplazamiento de pago** – deferment of payment
**aplazamiento del pago de contribuciones** – deferment of payment of taxes
**aplazamiento del pago de impuestos** – deferment of payment of taxes
**aplazar** *v* – to defer, to postpone, to adjourn, to summon
**aplicable** *adj* – applicable
**aplicación** *f* – application, enforcement, implementation
**aplicación de fondos** – funds application
**aplicación de impuestos** – tax allocation, tax imposition
**aplicación de recursos** – application of resources
**aplicación de una ley** – enforcement of a law, application of a law
**aplicación del derecho** – enforcement of a law, application of a law
**aplicado** *adj* – applied
**aplicar** *v* – to apply, to impose, to impose a penalty, to enforce a law, to award
**aplicarse** *v* – to apply, to work hard, to be applicable
**aplicar el código** – to enforce the law
**aplicar un impuesto** – to impose a tax
**ápoca** *f* – receipt
**apócrifo** *adj* – apocryphal
**apoderado** *m* – representative, agent, attorney, proxy
**apoderado** *adj* – empowered, authorized
**apoderado especial** – special agent
**apoderado general** – general agent, managing partner
**apoderado judicial** – attorney
**apoderado singular** – special agent
**apoderamiento** *m* – empowerment, power of attorney, appropriation, authorization
**apoderar** *v* – to empower, to grant power of attorney, to give possession
**apoderarse** *v* – to take possession
**apodo** *m* – nickname
**apógrafo** *m* – copy, transcript
**apolítico** *adj* – apolitical
**apolítico** *m* – apolitical person
**apologia** *f* – justification, apology
**apologia del delito** – to advocate the commission of a crime, to justify the commission of a crime
**aportación** *m* – contribution, dowry
**aportación adicional** – additional contribution
**aportación de capital** – capital contribution
**aportación máxima** – maximum contribution
**aportación mínima** – minimum contribution
**aportación neta** – net contribution
**aportar** *v* – to contribute, to arrive into port, to bring a dowry
**aportar fondos** – to finance, to contribute funds
**aporte** *m* – contribution, payment
**aporte jubilatorio** – payment to a retirement fund
**apostador** *m* – bettor
**apostar** *v* – to bet, to post
**apostilla** *f* – annotation, footnote
**apoyado por el estado** – government-supported, state-supported
**apoyado por el gobierno** – government-supported
**apoyar** *v* – to support, to confirm, to help, to aid, to back, to second
**apoyar la moción** – to second the motion
**apoyo** *m* – support, backup
**apoyo condicionado** – conditional support
**apoyo condicional** – conditional support
**apoyo de la víctima** – victim's support
**apoyo de precios** – price support
**apoyo del estado** – government support, state support
**apoyo del gobierno** – government support
**apoyo del mercado** – market support
**apoyo económico** – economic support, financial support
**apoyo estatal** – government support, state support
**apoyo financiero** – financial support
**apoyo gubernamental** – government support
**apoyo incondicional** – unconditional support
**apoyo lateral** – lateral support
**apoyo técnico** – technical support
**apreciable** *adj* – appreciable, considerable
**apreciación** *f* – appreciation, appraisal
**apreciación de capital** – capital appreciation
**apreciación de las pruebas** – weighing of the evidence

**apreciador** *m* – appraiser
**apreciar** *v* – to appraise, to appreciate
**aprehender** *v* – to apprehend, to arrest, to conceive, to seize
**aprehensión** *f* – apprehension, arrest, seizure
**aprehensor** *m* – apprehender
**apremiar** *v* – to urge, to compel
**apremiar el pago** – to compel payment
**apremio** *m* – court order, decree, legal proceedings for debt collection, undue pressure to obtain a confession, pressure
**apremio ilegal** – illegal use of pressure to obtain a confession
**apremio personal** – legal proceedings for debt collection involving personal property
**apremio real** – sale of attached real property
**aprendiz** *m/f* – apprentice, trainee
**aprendizaje** *m* – learning, apprenticeship
**aprendizaje electrónico** – electronic learning, e-learning
**apresamiento** *m* – capture, arrest, imprisonment
**apresar** *v* – to capture, to arrest, to imprison
**aprieto** *m* – difficulty, distress
**aprisionar** *v* – to imprison, to capture
**aprobación** *f* – approval, ratification, approbation
**aprobación anticipada** – anticipated approval
**aprobación bancaria** – bank approval
**aprobación como miembro** – membership approval
**aprobación condicionada** – conditional approval
**aprobación condicional** – conditional approval
**aprobación contractual** – contract approval
**aprobación de beneficios** – approval of benefits
**aprobación de bienes** – approval of goods
**aprobación de colateral** – approval of collateral
**aprobación de condición** – approval of condition
**aprobación de crédito** – approval of credit
**aprobación de depósitos** – approval of deposits
**aprobación de oferta** – approval of offer, approval of bid
**aprobación de orden** – approval of order
**aprobación de pedido** – approval of order
**aprobación de préstamo** – approval of loan
**aprobación de propuesta** – approval of proposal, approval of bid
**aprobación de un cheque** – approval of a check, approval of a cheque
**aprobación de un contrato** – approval of a contract
**aprobación de venta** – approval of sale
**aprobación del legado** – approval of the legacy
**aprobación del mandato** – approval to represent a principal
**aprobación del riesgo** – approval of risk
**aprobación especial** – special approval
**aprobación expresa** – express approval
**aprobación final** – final approval
**aprobación formal** – formal approval
**aprobación general** – general approval
**aprobación ilimitada** – unlimited approval
**aprobación implícita** – implied approval
**aprobación incondicional** – unconditional approval
**aprobación inferida** – inferred approval
**aprobación legal** – legal approval
**aprobación limitada** – limited approval
**aprobación mercantil** – trade approval
**aprobación parcial** – partial approval
**aprobación previa** – prior approval
**aprobación provisional** – provisional approval
**aprobación restringida** – restricted approval
**aprobación sin restricciones** – unrestricted approval
**aprobación tácita** – implied approval
**aprobación temporal** – temporary approval
**aprobación total** – total approval
**aprobado** *adj* – approved
**aprobar** *v* – to approve, to ratify, to pass
**aprobar el presupuesto** – to approve the budget
**aprobar la moción** – to carry the motion
**aprontar** *v* – to comply with an obligation promptly, to pay immediately, to prepare
**apropiación** *f* – appropriation
**apropiación fraudulenta** – fraudulent conversion
**apropiación ilícita** – conversion
**apropiación implícita** – constructive conversion
**apropiación indebida** – misappropriation
**apropiación presupuestaria** – budget appropriation
**apropiación virtual** – constructive conversion
**apropiado** *adj* – appropriate, appropriated
**apropiador** *m* – appropriator
**apropiar** *v* – to appropriate
**apropiarse de** – to appropriate, to take possession of
**aprovechamiento** *m* – utilization, enjoyment
**aprovechamiento de agua** – right of use of public waters
**aprovechamiento de tierras** – land improvement
**aprovechamiento del suelo** – land improvement, land use
**aprovechamiento del terreno** – land improvement, land use
**aprovechar un derecho** – to exercise a right
**aprovecharse de** – to take advantage of
**aprovisionamiento** *m* – supply
**aprovisionar** *v* – to supply
**aproximación** *f* – approximation
**aproximadamente** *adv* – approximately
**aproximado** *adj* – approximate
**aproximar** *v* – to approximate
**aptitud** *f* – aptitude, competency, capability
**aptitud legal** – legal competency
**apto** *adj* – apt, capable
**apud acta** – among the recorded laws, apud acta
**apuesta** *f* – bet
**apuntamiento** *m* – annotation, summary
**apuntar** *v* – to aim, to note
**apuntar un arma** – to aim a weapon
**apunte** *m* – note, entry
**apunte contable** – accounting entry
**apunte de anulación** – canceling entry
**apunte de cancelación** – canceling entry
**apuñalado** *adj* – stabbed
**apuñalar** *v* – to stab
**apuro** *m* – legal proceedings for collection, difficult situation, haste
**aquí dentro** – herein
**aquiescencia** *f* – acquiescence, consent
**aquiescente** *adj* – acquiescent
**aquiescer** *v* – to acquiesce
**arancel** *m* – tariff, tariff schedule, duty, schedule of fees
**arancel ad valorem** – ad valorem tariff, ad valorem

duty
**arancel adicional** – additional tariff, additional duty
**arancel aduanero** – customs tariff, tariff, schedule of customs duties
**arancel agrícola** – agricultural tariff
**arancel al valor** – ad valorem tariff, ad valorem duty
**arancel alternativo** – alternative tariff
**arancel antidumping** – antidumping tariff, antidumping duty
**arancel autónomo** – autonomous tariff
**arancel compensatorio** – compensatory tariff, countervailing duty, compensating tariff
**arancel compuesto** – compound tariff, compound duty
**arancel común** – common tariff
**arancel consular** – schedule of consular fees
**arancel convencional** – conventional tariff
**arancel de aduanas** – customs tariff, tariff, schedule of customs duties
**arancel de avalúo** – tariff
**arancel de entrada** – import tariff, import duty
**arancel de exportación** – export tariff, export duty
**arancel de honorarios** – fee schedule
**arancel de importación** – import tariff, import duty
**arancel de procuradores** – schedule of attorney's fees
**arancel de protección** – protective tariff
**arancel de renta** – revenue tariff
**arancel de represalia** – retaliatory duty
**arancel de salida** – export tariff, export duty
**arancel diferencial** – differential duty
**arancel discriminatorio** – discriminating tariff
**arancel específico** – specific tariff
**arancel fijo** – fixed tariff
**arancel fiscal** – revenue tariff, fiscal tariff
**arancel flexible** – flexible tariff
**arancel general** – general tariff
**arancel judicial** – schedule of court fees
**arancel medio** – average tariff
**arancel mínimo** – minimum tariff
**arancel mixto** – mixed tariff
**arancel múltiple** – multiple tariff
**arancel normal** – normal tariff
**arancel notarial** – schedule of notary's fees
**arancel ordinario** – ordinary tariff
**arancel portuario** – dock duties
**arancel preferencial** – preferential tariff
**arancel preferente** – preferential tariff
**arancel prohibitivo** – prohibitive tariff
**arancel promedio** – average tariff
**arancel proteccionista** – protective tariff
**arancel reducido** – reduced tariff
**arancel regular** – regular tariff
**arancel según el valor** – ad valorem tariff, ad valorem duty
**arancel típico** – typical tariff
**arancel variable** – variable tariff
**arancelario** *adj* – tariff, pertaining to tariffs
**arbitrable** *adj* – arbitrable
**arbitración** *f* – arbitration
**arbitración obligante** – binding arbitration
**arbitrador** *m* – arbitrator, arbiter
**arbitraje** *m* – arbitration, arbitrage
**arbitraje comercial** – commercial arbitration
**arbitraje compulsivo** – compulsory arbitration
**arbitraje compulsorio** – compulsory arbitration
**arbitraje convencional** – voluntary arbitration
**arbitraje de cambio** – arbitrage
**arbitraje de derecho** – arbitration
**arbitraje de fusiones** – merger arbitrage
**arbitraje entre compañías** – intercompany arbitration
**arbitraje extrajudicial** – out-of-court arbitration
**arbitraje forzado** – compulsory arbitration
**arbitraje forzoso** – compulsory arbitration
**arbitraje industrial** – labor arbitration
**arbitraje internacional** – international arbitration
**arbitraje involuntario** – involuntary arbitration
**arbitraje judicial** – arbitration which follows rules of court procedure
**arbitraje laboral** – labor arbitration
**arbitraje necesario** – compulsory arbitration
**arbitraje obligatorio** – compulsory arbitration
**arbitraje pendiente** – pending arbitration
**arbitraje requerido** – required arbitration
**arbitraje salarial** – salary arbitration
**arbitraje simple** – simple arbitrage
**arbitraje vinculante** – binding arbitration
**arbitraje voluntario** – voluntary arbitration
**arbitrajista** *m/f* – arbitrageur
**arbitral** *adj* – arbitral
**arbitramento** *m* – arbitration, arbitration award
**arbitramiento** *m* – arbitration, arbitration award
**arbitrar** *v* – to arbitrate
**arbitrar fondos** – to raise money
**arbitrariamente** *adv* – arbitrarily, through arbitration
**arbitrariedad** *f* – arbitrariness
**arbitrario** *adj* – arbitrary, arbitral
**arbitrario y caprichoso** – arbitrary and capricious
**arbitrativo** *adj* – arbitrative
**arbitrio** *m* – arbitrament, decision, tax, free will, discretion
**arbitrio judicial** – judicial decision
**arbitrios** *m* – taxes, resources
**arbitrista** *m/f* – crank politician, a person who promotes economically unsound schemes
**arbitrium** – decision, award
**arbitro** *m* – arbitrator, arbiter, arbitration judge
**arbitro de derecho** – arbitrator, a person who acts in the capacity of an arbitrator
**arbitro extrajudicial** – out-of-court arbitrator
**arbitro profesional** – professional arbitrator
**arbitro propietario** – regular arbitrator
**arbitro reemplazante** – alternate arbitrator
**árbol genealógico** – genealogical tree
**archivado** *adj* – filed, archived
**archivador** *m* – archivist, file clerk
**archivar** *v* – to file, to archive
**archivero** *m* – archivist, file clerk
**archivista** *m/f* – archivist, file clerk
**archivista general** – archivist in charge of the documents of notaries who are no longer active
**archivo** *m* – file, archive, archives, record
**archivo activo** – active file
**archivo adjunto** – attached file, attachment
**archivo anexado** – attached file, attachment
**archivo anexo** – attached file, attachment
**archivo central de información** – central information file
**archivo confidencial** – confidential file

**archivo contable** – accounting file
**archivo de auditoría** – audit file
**archivo de computadora** – computer file
**archivo de contabilidad** – accounting file
**archivo de crédito** – credit file
**archivo de datos** – data file
**archivo de firma** – signature file
**archivo de información del cliente** – customer-information file
**archivo de ordenador** – computer file
**archivo maestro** – master file
**archivo permanente** – permanent file
**archivo temporal** – temporary file
**archivos de cheques** – check files, cheque files
**ardid** *f* – scheme, ruse, plot, stratagem
**área aduanera** – customs area
**área alquilable** – rentable area
**área arrendable** – leasable area
**área comercial** – commercial area
**área común** – common area
**área de aduanas** – customs area
**área de comercio** – commercial area
**área de desarrollo** – development area
**área de desastre** – disaster area
**área de libre comercio** – free-trade area
**área de mercado** – market area
**área de moneda común** – common currency area
**área de monedas** – currency area
**área de pericia** – area of expertise
**área de recepción** – reception area
**área de trabajo** – work area
**área de ventas** – sales area
**área deprimida** – depressed area
**área edificada** – built-up area
**área estadística metropolitana** – metropolitan statistical area
**área euro** – Euro area
**área impactada** – impacted area
**área industrial** – industrial area
**área mercantil** – commercial area
**área metropolitana** – metropolitan area
**área monetaria** – common currency area
**área restringida** – restricted area
**área rural** – rural area
**área urbana** – urban area
**áreas de cultivo** – crop areas
**argucia** *f* – ruse
**argüir** *v* – to argue, to reason, to allege
**argumentación** *f* – argumentation, reasoning
**argumentador** *m* – arguer
**argumentador** *adj* – arguing
**argumentar** *v* – to argue
**argumentativo** *adj* – argumentative
**argumento** *m* – argument, reasoning, summary
**argumento persuasivo** – persuasive argument
**aristocracia** *f* – aristocracy
**aristócrata** *m/f* – aristocrat
**aristodemocracia** *f* – aristo-democracy
**arma** *m* – weapon
**arma asesina** – murder weapon
**arma blanca** – cold steel
**arma de fuego** – firearm
**arma homicida** – murder weapon
**arma mortal** – lethal weapon
**arma mortífera** – lethal weapon
**arma publicitaria** – publicity weapon
**armada** *f* – navy
**armado** *adj* – armed
**armador** *m* – ship owner
**armamento** *m* – armaments
**armar** *v* – to arm, to cock, to supply
**armisticio** *m* – armistice
**armisticio parcial** – partial armistice
**armonía** *f* – harmony
**armonización** *f* – harmonization
**armonización contable** – accounting harmonization
**armonización contributiva** – tax harmonization
**armonización de impuestos** – tax harmonization
**armonización fiscal** – tax harmonization, fiscal harmonization
**armonización global** – global harmonization
**armonización impositiva** – tax harmonization
**armonización mundial** – global harmonization
**armonización tributaria** – tax harmonization
**armonizar** *v* – to harmonize
**arquear** *v* – to audit, to measure a ship's capacity
**arqueo** *m* – audit, a ship's capacity, capacity, tonnage
**arqueo bruto** – gross tonnage
**arqueo de buques** – tonnage, capacity
**arqueo de fondos** – audit of the public treasury
**arqueo neto** – net tonnage
**arquero** *m* – teller
**arquetipo** *m* – archetype
**arraigado** *m* – a person released on bail
**arraigado** *adj* – released on bail, settled
**arraigar** *v* – to put up a bond, to purchase real estate, to establish firmly
**arraigo** *m* – bailment, bail, real estate
**arras** *f* – security, earnest money, down payment, dowry
**arrebato** *m* – fury, heat of passion
**arreglado** *adj* – settled, agreed upon, orderly
**arreglador** *m* – adjuster
**arreglador de avería** – average adjuster
**arreglar** *v* – to arrange, to fix, to settle, to adjust
**arreglar una causa** – to settle a case
**arreglar una cuenta** – to settle an account
**arreglar una reclamación** – to adjust a claim
**arreglarse** *v* – to settle, to compromise
**arreglarse con** – to agree with, to conform to
**arreglo** *m* – arrangement, settlement, agreement, compromise, adjustment
**arreglo bilateral** – bilateral arrangement
**arreglo con acreedores** – arrangement with creditors
**arreglo cooperativo** – cooperative arrangement
**arreglo de avería** – average adjustment
**arreglo de crédito** – credit arrangement
**arreglo de reembolso** – reimbursement arrangement
**arreglo extrajudicial** – out-of-court settlement
**arreglo financiero** – financial arrangement
**arreglo monetario** – monetary arrangement
**arreglo recíproco** – reciprocal arrangement
**arreglo temporal** – temporary arrangement
**arremeter** *v* – to attack, to assault
**arremetida** *f* – attack, assault
**arrendable** *adj* – leasable
**arrendación** *f* – lease
**arrendación a corto plazo** – short-term lease

**arrendación a largo plazo** – long-term lease
**arrendado** *adj* – leased
**arrendador** *m* – lessor, lessee, landlord
**arrendador a la parte** – sharecropper
**arrendador ausente** – absentee lessor, absentee landlord
**arrendamiento** *m* – lease, leasing, lease contract, renting, hiring
**arrendamiento a corto plazo** – short-term lease
**arrendamiento a largo plazo** – long-term lease
**arrendamiento apalancado** – leveraged lease
**arrendamiento asignable** – assignable lease
**arrendamiento cerrado** – closed-end lease
**arrendamiento con opción de compra** – lease with option to buy
**arrendamiento concurrente** – concurrent lease
**arrendamiento condicional** – conditional lease
**arrendamiento corporativo** – corporate lease
**arrendamiento de capital** – capital lease
**arrendamiento de consumo** – consumer lease
**arrendamiento de equipo** – equipment lease
**arrendamiento de explotación** – operating lease
**arrendamiento de negocio** – business lease
**arrendamiento de servicio** – employment
**arrendamiento empresarial** – business lease
**arrendamiento escalonado** – graduated lease
**arrendamiento expirado** – expired lease
**arrendamiento extendido** – extended lease
**arrendamiento fijo** – fixed lease
**arrendamiento financiero** – financial lease
**arrendamiento firmado** – signed lease
**arrendamiento marítimo** – maritime lease
**arrendamiento mercantil** – commercial lease
**arrendamiento neto** – net lease
**arrendamiento operativo** – operating lease
**arrendamiento oral** – parol lease
**arrendamiento perpetuo** – perpetual lease
**arrendamiento primario** – primary lease
**arrendamiento renovable** – renewable lease
**arrendamiento reversionario** – reversionary lease
**arrendamiento transferible** – assignable lease
**arrendante** *m/f* – lessor, lessee
**arrendar** *v* – to lease, to let, to hire
**arrendatario** *m/f* – lessee, tenant
**arrendaticio** *adj* – pertaining to a lease
**arrepentimiento** *m* – repentance
**arrepentimiento activo** – spontaneous repentance, spontaneous confession
**arrepentimiento espontáneo** – spontaneous repentance, spontaneous confession
**arrepentirse** *v* – to repent, to reconsider, to revoke
**arrestado** *m* – arrestee, an arrested person
**arrestado ilegalmente** – illegally arrested
**arrestado ilícitamente** – illicitly arrested
**arrestado legalmente** – legally arrested
**arrestado lícitamente** – licitly arrested
**arrestar** *v* – to arrest, to imprison, to detain
**arresto** *m* – arrest, imprisonment, detention
**arresto civil** – civil arrest
**arresto correccional** – imprisonment
**arresto domiciliario** – house arrest
**arresto ilegal** – illegal arrest
**arresto ilícito** – illicit arrest
**arresto legal** – legal arrest
**arresto lícito** – licit arrest
**arriba mencionado** – abovementioned, mentioned above
**arribada** *f* – arrival of a vessel to port, arrival
**arribada forzosa** – forced arrival of a vessel to port
**arriendo** *m* – lease, hire
**arriendo a corto plazo** – short-term lease
**arriendo a largo plazo** – long-term lease
**arriendo marítimo** – maritime lease
**arriendo neto** – net lease
**arriendo oral** – parol lease
**arriendo perpetuo** – perpetual lease
**arriendo transferible** – assignable lease
**arriesgado** *adj* – risky, hazardous
**arriesgar** *adj* – to risk
**arroba (@)** *f* – at sign, @
**arrogación** *f* – arrogation
**arrogar** *v* – to arrogate
**arrogarse** *v* – to usurp
**arrojar** *v* – to throw, to expel
**arrollar** *v* – to run over, to defeat, to ignore
**arruinado** *adj* – ruined, bankrupt
**arruinarse** *v* – to go bankrupt, to become ruined
**arsenal** *m* – arsenal, shipyard
**arte** *m/f* – art, profession, skill
**arte anterior** – prior art
**articulación** *f* – articulation, question
**articulado** *m* – sections of a statute, series of articles, series of clauses
**articular** *v* – to articulate, to formulate, to divide into articles
**artículo** *m* – article, item, clause, section, a question during an interrogatory
**artículo adicional** – addendum
**artículo básico** – staple
**artículo de comercio** – commodity, article of commerce
**artículo de excepción** – exception item
**artículo de exportación** – export article
**artículo de importación** – import article
**artículo de marca** – trademarked article
**artículo de muerte** – at the moment of death
**artículo de preferencia** – preference item
**artículo de previo pronunciamiento** – dilatory exception
**artículo de primera necesidad** – staple, basic commodity
**artículo defectuoso** – defective item
**artículo del contrato** – contract clause
**artículo descontinuado** – discontinued item
**artículo devuelto** – returned item
**artículo inhibitorio** – peremptory exception
**artículo manufacturado** – manufactured article
**artículo patentado** – patented article
**artículo propietario** – patented article, trademarked article
**artículos coleccionables** – collectibles
**artículos consolidados** – consolidated items
**artículos de asociación** – articles of association
**artículos de cobro** – collection items
**artículos de consumo** – consumer goods
**artículos de contrabando** – smuggled goods
**artículos de conveniencia** – convenience goods
**artículos de incorporación** – articles of incorporation

**artículos de lujo** – luxury goods
**artículos de marca** – branded goods, branded items
**artículos de moda** – fashion goods
**artículos de valor** – valuables
**artículos de venta** – items for sale, goods for sale
**artículos diversos** – sundries
**artículos especializados** – specialized goods
**artículos gravables** – taxable items
**artículos imponibles** – taxable items
**artículos personales** – personal articles
**artículos restringidos** – restricted articles
**artículos sin restricciones** – unrestricted articles
**artículos suntuarios** – luxury goods
**artículos tributables** – taxable items
**artículos y servicios** – goods and services
**artificial** *adj* – artificial
**artificio** *m* – artifice
**artimaña** *f* – stratagem
**artimañas legales** – legal stratagems
**asalariado** *m* – salaried worker, wage earner
**asalariado** *adj* – salaried
**asalariar** *v* – to pay a salary, to pay wages
**asaltador** *m* – assailant, attacker
**asaltante** *m/f* – assailant, attacker
**asaltante** *adj* – assaulting, attacking
**asaltar** *v* – to assail, to assault, to attack, to rob
**asalto** *m* – assault, attack, robbery
**asalto a mano armada** – assault with a deadly weapon
**asalto con arma mortífera** – assault with a deadly weapon
**asalto simple** – simple assault
**asalto y agresión** – assault and battery
**asamblea** *f* – assembly, meeting
**asamblea anual** – annual meeting
**asamblea anual de accionistas** – annual shareholders' meeting, annual stockholders' meeting
**asamblea comercial** – business assembly, commercial assembly
**asamblea constitutiva** – organizational meeting
**asamblea constituyente** – constitutional convention
**asamblea consultiva** – advisory body
**asamblea de accionistas** – shareholders' meeting
**asamblea de accionistas general** – general shareholders' meeting, general stockholders' meeting
**asamblea de acreedores** – creditors' meeting
**asamblea de negocios** – business assembly
**asamblea empresarial** – business assembly
**asamblea extraordinaria** – special meeting
**asamblea general** – general meeting
**asamblea general anual** – annual general meeting
**asamblea general de accionistas** – general meeting of shareholders, general meeting of stockholders
**asamblea general extraordinaria** – extraordinary general meeting
**asamblea legislativa** – legislature
**asamblea mercantil** – commercial assembly
**asamblea municipal** – municipal council
**asamblea nacional** – congress, national assembly
**asamblea normal** – normal meeting
**asamblea ordinaria** – ordinary meeting
**asamblea plenaria** – plenary meeting
**asamblea usual** – usual meeting
**asambleísta** *m/f* – member of an assembly
**ascendencia** *f* – ancestry, authority
**ascender** *v* – to promote, to rise
**ascendiente** *m/f* – ascendant, ancestor
**ascendiente** *adj* – ascendant, ascending
**ascenso** *m* – promotion, rise
**asechanza** *f* – entrapment
**asegurabilidad** *f* – insurability
**asegurabilidad garantizada** – guaranteed insurability
**asegurable** *adj* – insurable, assurable
**aseguración** *f* – insurance
**asegurado** *m* – insured, insured person
**asegurado** *adj* – insured, assured
**asegurado adicional** – additional insured
**asegurador** *m* – insurer, underwriter, assurer
**asegurador** *adj* – insuring, safeguarding
**asegurador autorizado** – authorized insurer
**asegurador cooperativo** – cooperative insurer
**asegurador de vida** – life insurer
**asegurador directo** – direct insurer
**asegurador extranjero** – alien insurer
**asegurador independiente** – independent insurer
**asegurador líder** – lead insurer
**asegurador marítimo** – marine insurer, assecurator
**asegurador no autorizado** – unauthorized insurer
**asegurador primario** – primary insurer
**aseguradora** *f* – insurer, insurance company, underwriter
**aseguradora contra incendios** – fire underwriters
**aseguradora de crédito** – credit underwriters
**aseguradores contra incendios** – fire underwriters
**aseguradores de crédito** – credit underwriters
**aseguramiento** *m* – assurance, insuring, insurance, securing
**aseguramiento de bienes litigiosos** – embargo on property in litigation
**aseguramiento de calidad** – quality assurance
**aseguramiento de la prueba** – deposition
**aseguranza** *f* – insurance
**asegurar** *v* – to insure, to underwrite, to assure, to affirm, to secure, to reassure, to tighten
**asegurar contra todos los riesgos** – to insure against all risks
**asegurar un riesgo** – to underwrite a risk
**asegurarse** *v* – to obtain insurance, to become certain
**aseguro** *m* – insurance, assurance
**asentamiento** *m* – recording, settlement, establishment, attachment
**asentamiento judicial** – attachment
**asentar** *v* – to make an entry, to record, to enter, to post, to write down, to set firmly, to affirm, to attach, to establish
**asentar una partida** – to make an entry
**asentimiento** *m* – assent
**asentir** *v* – to assent, to acquiesce
**aserción** *f* – assertion
**asertorio** *adj* – assertory
**asesinar** *v* – to assassinate, to murder
**asesinato** *m* – assassination, murder
**asesinato a sangre fría** – cold-blooded murder
**asesinato en primer grado** – murder in the first degree
**asesinato en segundo grado** – murder in the second degree
**asesino** *m* – assassin, murderer
**asesino** *adj* – murderous

**asesor** *m* – adviser, legal adviser, counselor, consultant
**asesor** *adj* – advising, counseling
**asesor administrativo** – administrative consultant
**asesor comercial** – commercial advisor
**asesor corporativo** – corporate advisor
**asesor de carreras** – career adviser
**asesor de comercio** – commerce advisor, business advisor
**asesor de comercio electrónico** – e-commerce advisor, e-business advisor
**asesor de crédito** – credit counselor, credit advisor
**asesor de finanzas** – financial adviser
**asesor de imagen** – image adviser
**asesor de inversiones** – investment adviser
**asesor de marketing** – marketing consultant
**asesor de menores** – legal adviser in matters concerning minors
**asesor de mercadeo** – marketing consultant
**asesor de negocios** – business adviser
**asesor de seguros** – insurance consultant
**asesor económico** – economic advisor
**asesor empresarial** – business adviser
**asesor en colocaciones** – investment adviser
**asesor financiero** – financial adviser
**asesor fiscal** – tax adviser
**asesor impositivo** – tax adviser
**asesor jurídico** – legal advisor
**asesor legal** – legal advisor
**asesor letrado** – legal adviser
**asesor mercantil** – commercial advisor
**asesor político** – political advisor, spin doctor
**asesor técnico** – technical adviser
**asesorado** *adj* – well informed, advised
**asesorado jurídicamente** – legally advised
**asesorado legalmente** – legally advised
**asesoramiento** *m* – advice, counsel, counseling
**asesoramiento bancario** – banking counseling
**asesoramiento continuo** – continuous counseling
**asesoramiento de crédito** – credit counseling
**asesoramiento financiero** – financial counseling
**asesoramiento jurídico** – legal counseling
**asesoramiento legal** – legal counseling
**asesoramiento monetario** – monetary counseling
**asesoramiento profesional** – professional counseling
**asesorar** *v* – to advise, to counsel
**asesorarse** *v* – to receive advice, to seek advice
**asesoría** *f* – advice, counseling, consultant, consultant's office, consultant's fee
**asesoría bancaria** – banking counseling
**asesoría de crédito** – credit counseling
**asesoría financiera** – financial counseling
**asesoría jurídica** – legal counseling
**asesoría legal** – legal counseling
**asesoría profesional** – professional counseling
**aseveración** *m* – asseveration, affirmation, averment
**aseveración falsa** – false affirmation
**aseveración negativa** – negative averment
**aseveración superflua** – superfluous averment
**aseverar** *v* – to asseverate, to affirm
**aseverativo** *adj* – affirmative
**asiento** *m* – seat, entry, posting
**asiento ciego** – blind entry
**asiento compensatorio** – offsetting entry
**asiento complementario** – complementing entry
**asiento compuesto** – compound entry
**asiento contable** – accounting entry, book entry
**asiento de abono** – credit entry
**asiento de ajuste** – adjusting entry
**asiento de apertura** – opening entry
**asiento de caja** – cash entry
**asiento de cargo** – debit entry
**asiento de cierre** – closing entry
**asiento de complemento** – complementing entry
**asiento de corrección** – correction entry
**asiento de crédito** – credit entry
**asiento de débito** – debit entry
**asiento de diario** – journal entry
**asiento de presentación** – registration of a mortgage in a property registry
**asiento de reclasificación** – reclassification entry
**asiento de rectificación** – rectification entry
**asiento de transferencia** – transfer entry
**asiento de traspaso** – transfer entry
**asiento del juzgado** – judge's bench
**asiento del mayor** – ledger entry
**asiento equivocado** – wrong entry
**asiento falsificado** – falsified entry, false entry
**asiento global** – global entry
**asiento original** – original entry
**asiento principal de negocios** – principal place of business
**asignable** *adj* – assignable, allocable
**asignación** *f* – assignment, allotment, assignation, allowance, allocation, appropriation, payment
**asignación absoluta** – absolute assignment
**asignación de acciones** – allocation of shares, allocation of stock
**asignación de activos** – asset allocation
**asignación de beneficios** – allocation of benefits, allocation of profits
**asignación de colateral** – collateral assignment
**asignación de contratos** – allocation of contracts
**asignación de costas** – allocation of court costs
**asignación de costes** – allocation of costs
**asignación de costos** – allocation of costs
**asignación de cuotas** – allocation of quotas
**asignación de dinero** – allocation of money
**asignación de empleo** – job assignment
**asignación de fondos** – allocation of funds
**asignación de ganancias** – allocation of profits
**asignación de gastos** – allocation of expenses
**asignación de ingresos** – allocation of income, allocation of earnings, income assignment
**asignación de pérdidas** – allocation of losses
**asignación de producción** – allocation of production
**asignación de recursos** – allocation of resources
**asignación de reservas** – allocation of reserves
**asignación de responsabilidades** – allocation of responsibilities
**asignación de salario** – assignment of wages
**asignación directa** – direct allocation
**asignación familiar** – family allowance
**asignación incondicional** – absolute assignment
**asignación óptima de recursos** – optimal allocation of resources
**asignación para vivienda** – housing allowance
**asignación prenatal** – additional remuneration during

pregnancy
**asignación presupuestaria** – budget allocation, budget assignment
**asignación proporcional** – proportional allocation
**asignación salarial** – assignment of wages
**asignación testamentaria** – legacy
**asignación y distribución** – allocation and distribution
**asignado** *adj* – assigned, allocated, allotted
**asignado** *m* – allottee
**asignar** *v* – to assign, to allocate, to allot, to establish, to designate
**asignar acciones** – to allocate shares, to allocate stock
**asignar beneficios** – to allocate benefits, to allocate profits
**asignar contratos** – to allocate contracts
**asignar costas** – to allocate court costs
**asignar costes** – to allocate costs
**asignar costos** – to allocate costs
**asignar cuotas** – to allocate quotas
**asignar dinero** – to allocate money
**asignar fondos** – to allocate funds
**asignar ganancias** – to allocate profits
**asignar ingresos** – to allocate income
**asignar pérdidas** – to allocate losses
**asignar recursos** – to allocate resources
**asignar reservas** – to allocate reserves
**asignatario** *m* – beneficiary, legatee
**asilado** *m* – a person who has been given asylum
**asilamiento** *m* – granting of asylum
**asilar** *v* – to grant asylum
**asilo** *m* – asylum, home
**asilo diplomático** – diplomatic asylum
**asilo familiar** – homestead right
**asilo político** – political asylum
**asimilación** *f* – assimilation
**asistencia** *f* – assistance, attendance, aid
**asistencia a la vejez** – social security benefits for the elderly
**asistencia bilateral** – bilateral assistance
**asistencia compulsiva** – compulsory attendance
**asistencia compulsoria** – compulsory attendance
**asistencia conyugal** – marital assistance
**asistencia de la víctima** – victim's assistance
**asistencia del estado** – government assistance, state assistance
**asistencia del gobierno** – government assistance
**asistencia económica** – economic assistance
**asistencia en financiamiento** – financing assistance
**asistencia estatal** – state assistance, government assistance
**asistencia exterior** – foreign assistance
**asistencia familiar** – family support
**asistencia federal** – federal assistance
**asistencia financiera** – financial assistance
**asistencia forzada** – compulsory attendance
**asistencia forzosa** – compulsory attendance
**asistencia gubernamental** – government assistance
**asistencia incidental** – incidental assistance
**asistencia interestatal** – interstate assistance
**asistencia internacional** – international assistance
**asistencia intraestatal** – intrastate assistance
**asistencia jurídica** – legal aid, legal services, legal assistance
**asistencia legal** – legal aid, legal services, legal assistance
**asistencia local** – local assistance
**asistencia marítima** – assistance at sea
**asistencia médica** – medical assistance
**asistencia monetaria** – monetary assistance
**asistencia municipal** – municipal assistance
**asistencia mutua** – mutual assistance
**asistencia multilateral** – multilateral assistance
**asistencia nacional** – national assistance
**asistencia obligatoria** – compulsory attendance
**asistencia pecuniaria** – pecuniary assistance
**asistencia pública** – public assistance, welfare
**asistencia recíproca** – mutual aid
**asistencia social** – public assistance, welfare
**asistencia técnica** – technical assistance
**asistencial** *adj* – pertaining to public assistance, pertaining to assistance
**asistencias** *f* – allowance, alimony
**asistente** *m/f* – attendee, assistant
**asistente administrativo** – administrative assistant
**asistente del director** – assistant to the director
**asistente digital personal** – personal digital assistant
**asistente ejecutivo** – executive assistant, executive secretary
**asistente judicial** – judicial assistant
**asistente personal** – personal assistant
**asistente técnico** – technical assistant
**asistido** *adj* – assisted, aided
**asistido jurídicamente** – legally assisted
**asistido legalmente** – legally assisted
**asistido por computadora** – computer-aided
**asistido por ordenador** – computer-aided
**asistir** *v* – to attend, to assist, to aid
**asistir a una asamblea** – to attend a meeting
**asistir a una junta** – to attend a meeting
**asistir a una reunión** – to attend a meeting
**asistir a una sesión** – to attend a meeting
**asociación** *f* – association, organization, collaboration
**asociación afiliada** – affiliated association
**asociación agrícola** – farmers' association
**asociación anónima** – corporation
**asociación benéfica** – charitable association
**asociación caritativa** – charitable association
**asociación comercial** – commercial association, commercial league, trade association
**asociación cooperativa** – cooperative association
**asociación corporativa** – corporate association
**asociación de abogados** – bar association
**asociación de ahorro y préstamos** – savings and loan association
**asociación de beneficencia** – charitable association
**asociación de comerciantes** – trade association
**asociación de comercio** – commerce association, commerce league, business association, business league
**asociación de comercios electrónicos** – e-commerce association, e-commerce league, e-business association, e-business league
**asociación de compensación** – clearing association
**asociación de condominio** – condominium association
**asociación de consumidores** – consumer association
**asociación de crédito** – credit union

**asociación de dueños de hogar** – homeowners' association
**asociación de empleados** – employee association
**asociación de empresas** – business league
**asociación de fabricantes** – manufacturers' association
**asociación de marca** – brand association
**asociación de negocios** – business league
**asociación de prensa** – press association
**asociación de préstamos** – loan association
**asociación de propietarios** – homeowners' association
**asociación de vecinos** – neighborhood association, community association
**asociación del renglón** – trade association
**asociación delictiva** – criminal conspiracy
**asociación denunciable** – partnership at will
**asociación empresarial** – business league
**asociación en participación** – joint venture
**asociación estatal** – state association
**asociación extranjera** – foreign association
**asociación gremial** – trade association, labor union, labour union
**asociación ilegal** – illegal association, criminal conspiracy
**asociación ilícita** – illicit association, criminal conspiracy
**asociación impersonal** – corporation
**asociación interestatal** – interstate association
**asociación internacional** – international association
**asociación intraestatal** – intrastate association
**asociación mercantil** – commercial association, commercial league, trade association
**asociación momentánea** – joint venture
**asociación mutua** – mutual association
**asociación nacional** – national association
**asociación no pecuniaria** – nonprofit organization
**asociación obrera** – trade union, labor union, labour union
**asociación patronal** – employers' association
**asociación personal** – partnership
**asociación profesional** – professional association
**asociación profesional obrera** – trade union
**asociación secreta** – secret association
**asociación sin fines de lucro** – nonprofit organization
**asociación sindical** – labor union, labour union
**asociación voluntaria** – voluntary association
**asociado** *m* – associate, partner
**asociado** *adj* – associated
**asociarse** *v* – to join, to become associated, to incorporate, to form a partnership
**asocio** *m* – association, corporation
**asonada** *m* – disturbance, riot
**aspirante** *m/f* – applicant, candidate
**astucia** *f* – astuteness, cunning, shrewdness
**asueto** *m* – time off, day off, half-day off
**asumible** *adj* – assumable
**asumido** *adj* – assumed
**asumir** *v* – to assume, to take
**asumir control** – to assume control, to take over
**asumir responsabilidad** – to assume responsibility
**asumir un arrendamiento** – to assume a lease
**asumir un empréstito** – to assume a loan
**asumir un préstamo** – to assume a loan
**asumir un riesgo** – to assume a risk
**asumir una deuda** – to assume a debt
**asumir una hipoteca** – to assume a mortgage
**asumir una obligación** – to assume an obligation
**asumir una pérdida** – to take a loss, to suffer a loss
**asunción** *f* – assumption
**asunción de deuda** – assumption of debt
**asunción de hipoteca** – assumption of mortgage
**asunción de obligación** – assumption of obligation
**asunción de préstamo** – assumption of loan
**asunción de responsabilidad** – assumption of liability
**asunción de riesgo** – assumption of risk
**asunción hipotecaria** – mortgage assumption
**asuntar** *v* – to litigate
**asunto** *m* – matter, issue, lawsuit
**asunto administrativo** – administrative matter
**asunto aduanero** – customs matter
**asunto ajeno** – another's matter
**asunto autorizado** – authorized matter
**asunto bancario** – banking matter
**asunto básico** – core matter
**asunto clandestino** – clandestine business
**asunto comercial** – business matter, commercial matter
**asunto común** – joint matter
**asunto conjunto** – joint matter
**asunto contable** – accounting matter
**asunto contencioso** – matter in dispute, matter of litigation
**asunto corporativo** – corporate matter
**asunto criminal** – criminal intent, criminal matter
**asunto de alto riesgo** – high-risk matter
**asunto de cobro** – collection matter
**asunto de comercio** – commerce matter
**asunto de contabilidad** – accounting matter
**asunto de crédito** – credit matter
**asunto de exportación** – export matter
**asunto de financiamiento** – financing matter
**asunto de importación** – import matter
**asunto de inversión** – investment matter
**asunto de seguros** – insurance matter
**asunto de ultramar** – overseas matter
**asunto designado** – designated matter
**asunto doméstico** – domestic matter
**asunto empresarial** – business matter, enterprise matter
**asunto esencial** – essential matter
**asunto especial** – special matter
**asunto especulativo** – speculative matter
**asunto estatal** – state matter
**asunto ético** – ethical matter
**asunto exterior** – foreign matter
**asunto extranjero** – foreign matter
**asunto extraordinario** – extraordinary matter
**asunto familiar** – family matter
**asunto federal** – federal matter
**asunto fiduciario** – fiduciary matter
**asunto financiero** – financial matter
**asunto fiscal** – fiscal matter
**asunto global** – global matter
**asunto ilegal** – illegal matter
**asunto ilícito** – illicit matter

**asunto impropio** – improper matter
**asunto inapropiado** – inappropriate matter
**asunto incidental** – incidental issue, incidental matter
**asunto individual** – individual matter, private matter
**asunto industrial** – industrial matter
**asunto inmobiliario** – real estate matter
**asunto importante** – important matter
**asunto intencionado** – intended matter
**asunto interestatal** – interstate matter
**asunto interior** – domestic matter
**asunto internacional** – international matter
**asunto interno** – internal matter
**asunto legal** – legal matter
**asunto lícito** – licit matter
**asunto local** – local matter
**asunto mercantil** – commercial matter
**asunto multinacional** – multinational matter
**asunto mundial** – world matter
**asunto nacional** – national matter
**asunto peligroso** – dangerous matter
**asunto pendiente** – pending business
**asunto político** – political issue, political matter
**asunto pequeño** – small matter
**asunto principal** – main matter
**asunto privado** – private matter
**asunto público** – public matter
**asunto secundario** – secondary matter
**asuntos económicos** – economic affairs
**asuntos de la agenda** – agenda items
**asustar** *v* – to scare
**atacable** *adj* – refutable
**atacante** *m/f* – assailant, attacker
**atacar** *v* – to attack, to assault, to challenge, to contest
**ataque** *m* – attack, assault
**ataque a mano armada** – assault with deadly weapon
**ataque colateral** – collateral attack
**ataque directo** – direct attack
**ataque mortal** – deadly attack
**ataque verbal** – verbal attack
**atascadero** *m* – impasse
**atasco** *m* – impasse
**ateísmo** *m* – atheism
**atemorizar** *v* – to terrify, to frighten
**atención** *f* – attention, courtesy, service, interest
**atención especial** – special attention
**atenciones** *f* – obligations, affairs, courtesies
**atención al cliente** – customer service
**atender** *v* – to attend to, to pay attention to, to deal with, to be aware of
**atender a un cliente** – to serve a customer
**atender el compromiso** – to meet an obligation
**atender la deuda** – to meet a debt
**atender la obligación** – to meet an obligation
**atender una queja** – to deal with a complaint
**atender una reclamación** – to meet a claim
**atenerse a** – to comply with, to abide by
**atentado** *m* – attempt, attack, threat, abuse of authority
**atentado a la vida** – attempt to kill
**atentado al pudor** – indecent assault, indecency
**atentado contra el pudor** – indecent assault, indecency
**atentado contra la vida** – attempt to kill
**atentamente** *adv* – with care, sincerely
**atentar** *v* – to attempt, to attempt a criminal action
**atentatorio** *adj* – which constitutes an attempt, illegal
**atenuación** *f* – extenuation, mitigation
**atenuado** *adj* – extenuated, mitigated
**atenuante** *f* – extenuating circumstance, mitigating circumstance
**atenuante** *adj* – extenuating, mitigating
**atenuar** *v* – to extenuate, to mitigate
**ateo** *adj* – atheistic
**ateo** *m* – atheist
**atesorar** *v* – to hoard, to collect valuables, to save money
**atestación** *f* – attestation, testimony, affidavit
**atestación por notario público** – notarization
**atestado** *m* – affidavit, certification, statement
**atestado** *adj* – witnessed, certified
**atestar** *v* – to attest, to testify, to witness, to vouch for, to depose, to certify
**atestar la firma** *v* – to witness the signature
**atestiguación** *f* – testimony, affidavit, attestation, deposition
**atestiguamiento** *m* – testimony, affidavit, attestation, deposition
**atestiguar** *v* – to attest, to testify, to witness, to depose, to certify
**atinado** *adj* – relevant, correct
**atinente** *adj* – relevant, pertinent
**atípico** *adj* – atypical
**atmósfera tensa** – tense atmosphere
**atolladero** *m* – impasse
**atolondrado** *adj* – reckless
**atormentador** *m* – tormentor
**atormentar** *v* – to torment
**atracador** *m* – stickup person, robber, assailant
**atracar** *v* – to stickup, to rob, to assault, to moor
**atraco** *m* – stickup, robbery, assault
**atraer consumidores** – to attract consumers
**atrasado** *adj* – in arrears, behind, back, late, delinquent
**atrasado de pago** – in arrears, in default
**atrasar** *v* – to delay, to postpone
**atrasarse** *v* – to become delayed, to fall into arrears
**atraso** *m* – delay, arrearage
**atraso, en** – in arrears
**atrasos** *m* – arrears, back pay
**atribución** *f* – attribution, obligation, function
**atribuir** *v* – to attribute, to confer
**atribuir jurisdicción** – to establish the jurisdiction of a judge, to extend the jurisdiction of a judge
**atrocidad** *f* – atrocity
**atropellar** *v* – to violate, to run over, to abuse, to disregard
**atropello** *m* – violation, running down, abuse, outrage
**audición** *f* – audition, hearing
**audición de alegatos** – interlocutory proceeding
**audición de avenimiento** – conciliation proceeding
**audición de juzgamiento** – hearing where a judgment is issued
**audiencia** *f* – hearing, trial, court, day of hearing, audience
**audiencia administrativa** – administrative hearing
**audiencia cautiva** – captive audience
**audiencia de lo criminal** – criminal court
**audioconferencia** *f* – audio conference

**audiovisual** *adj* – audiovisual
**auditabilidad** *f* – auditability
**auditable** *adj* – auditable
**auditado** *adj* – audited
**auditar** *v* – to audit
**auditar una cuenta** – to audit an account
**auditor** *m* – auditor, judge, judge advocate
**auditor autorizado** – authorized auditor
**auditor bancario** – bank auditor
**auditor de banco** – bank auditor
**auditor de campo** – field auditor
**auditor estatal** – state auditor
**auditor externo** – external auditor
**auditor federal** – federal auditor
**auditor fiscal** – tax auditor
**auditor independiente** – independent auditor
**auditor interno** – internal auditor
**auditor local** – local auditor
**auditor municipal** – municipal auditor
**auditor no autorizado** – unauthorized auditor
**auditor privado** – private auditor
**auditor público** – public auditor
**auditoría** *f* – audit, auditing, auditing firm, office of judge advocate
**auditoría administrativa** – administrative audit
**auditoría ambiental** – environmental audit
**auditoría anual** – annual audit
**auditoría completa** – complete audit
**auditoría contable** – accounting audit
**auditoría continua** – continuous audit
**auditoría de acatamiento** – compliance audit
**auditoría de administración** – administration audit
**auditoría de caja** – cash audit
**auditoría de calidad** – quality audit
**auditoría de campo** – field audit
**auditoría de cuenta** – audit of account
**auditoría de cuentas** – auditing of accounts
**auditoría de cumplimiento** – compliance audit
**auditoría de dividendos** – dividend audit
**auditoría de eficiencia** – efficiency audit
**auditoría de estado financiero** – financial statement audit
**auditoría de la ejecución** – performance audit
**auditoría de los libros** – book audit
**auditoría de mercado** – market audit
**auditoría de nómina** – payroll audit
**auditoría de operaciones** – operations audit
**auditoría de personal** – personnel audit
**auditoría de rendimiento** – performance audit
**auditoría de segundad** – safety audit
**auditoría del balance** – balance sheet audit
**auditoría del rendimiento** – performance audit
**auditoría detallada** – detailed audit
**auditoría entera** – entire audit
**auditoría ecológica** – eco-audit, ecological audit
**auditoría especial** – special audit
**auditoría estatutaria** – statutory audit
**auditoría externa** – external audit
**auditoría fiscal** – tax audit, fiscal audit
**auditoría general** – general audit
**auditoría horizontal** – horizontal audit
**auditoría independiente** – independent audit
**auditoría interina** – interim audit
**auditoría intermedia** – intermediate audit
**auditoría interna** – internal audit
**auditoría limitada** – limited audit
**auditoría medioambiental** – environmental audit
**auditoría operacional** – operational audit
**auditoría parcial** – partial audit
**auditoría periódica** – periodic audit
**auditoría preliminar** – preliminary audit
**auditoría pública** – public audit
**auditoría semianual** – semiannual audit
**auditoría total** – total audit
**auge** *m* – boom
**auge económico** – economic boom
**auge inflacionario** – inflationary boom
**aumentado** *adj* – increased
**aumentar** *v* – to increase
**aumentar comercio** – to increase commerce, to increase trade
**aumentar el tipo** – to increase the rate
**aumentar el tipo de interés** – to increase the interest rate
**aumentar impuestos** – to increase taxes
**aumentar la tasa** – to increase the rate
**aumentar la tasa de interés** – to increase the interest rate
**aumentar precios** – to increase prices
**aumentar tarifas** – to increase tariffs
**aumento** *m* – increase, gain
**aumento arancelario** – tariff increase
**aumento contributivo** – tax increase
**aumento de capital** – capital increase
**aumento de paga** – salary increase, pay increase
**aumento de precio** – price increase
**aumento de productividad** – productivity increase
**aumento de reserva** – reserve increase
**aumento de salario** – salary increase, wage increase
**aumento de sueldo** – salary increase, wage increase
**aumento de tarifa** – tariff increase
**aumento de tasa** – rate increase
**aumento de tasa de interés** – interest rate increase
**aumento de tipo** – rate increase
**aumento de tipo de interés** – interest rate increase
**aumento del riesgo** – risk increase
**aumento impositivo** – tax increase
**aumento salarial** – salary increase, wage increase
**aumento tributario** – tax increase
**aunar** *v* – join, unify, pool, harmonize
**ausencia** *f* – absence
**ausencia con presunción de fallecimiento** – absence which leads to the presumption of death
**ausencia continua** – continuous absence
**ausencia de autoridad** – absence of authority
**ausencia de aviso** – absence of notice
**ausencia de cambio** – absence of change
**ausencia de ceremonia** – absence of ceremony
**ausencia de culpabilidad** – absence of guilt
**ausencia de descendencia** – absence of issue
**ausencia de duda** – absence of doubt
**ausencia de fondos** – absence of funds
**ausencia de fraude** – absence of fraud
**ausencia de herederos** – absence of heirs
**ausencia de negligencia** – absence of negligence
**ausencia de notificación** – absence of notice
**ausencia del estado** – absence from the state
**ausencia por enfermedad** – sick leave

**ausentado** *adj* – absent
**ausentado** *m* – absentee
**ausente** *m* – absentee, missing person
**ausente** *adj* – absent
**ausentismo** *m* – absenteeism
**auspiciar** *v* – to sponsor
**auspicio** *m* – sponsorship
**austeridad económica** – economic austerity
**autarquía** *f* – autarchy
**autárquico** *adj* – autarchic, autarchical
**auténtica** *f* – attestation, certification
**autenticación** *f* – authentication, attestation
**autenticación de firma** – authentication of signature
**autenticado** *adj* – authenticated, attested
**autenticar** *v* – to authenticate, to attest
**autenticidad** *f* – authenticity
**auténtico** *adj* – authentic, certified
**autentificación** *f* – authentication, attestation
**autentificar** *v* – to authenticate, to attest
**auto** *m* – decree, writ, court order, order, decision, car
**auto-abastecimiento** *m* – self-sufficiency
**auto acordado** – a supreme court decision where all justices or branches participate
**auto-acusación** *f* – self-accusation, confession
**auto-acusatorio** *adj* – self-accusatory
**auto-administrado** *adj* – self-administered
**auto alternativo** – alternative writ
**auto apelable** – appealable decision
**auto-asegurador** *m* – self-insurer
**auto-ayuda** *f* – self-help
**auto bomba** – car bomb
**auto de avocación** – writ of certiorari
**auto de casación** – writ of error
**auto de certiorari** – writ of certiorari
**auto de comparecencia** – summons
**auto de deficiencia** – deficiency order
**auto de detención** – warrant of arrest
**auto de ejecución** – writ of execution
**auto de embargo** – writ of attachment
**auto de enjuiciamiento** – decision
**auto de expropiación** – writ of expropriation
**auto de indagación** – writ of inquiry
**auto de mandamus** – writ of mandamus
**auto de pago** – official demand for payment
**auto de posesión** – writ of possession
**auto de prisión** – order for incarceration, warrant of arrest
**auto de proceder** – order to proceed
**auto de procesamiento** – indictment
**auto de prueba** – order to produce evidence
**auto de quiebra** – declaration of bankruptcy
**auto de reivindicación** – writ of replevin
**auto de restitución** – writ of restitution
**auto de revisión** – writ of review
**auto de sobreseimiento** – stay of proceedings
**auto de sustanciación** – order to proceed
**auto-defensa** *f* – self-defense, self-representation
**auto definitivo** – final decision
**auto-despido** *m* – resignation
**auto-determinación** *f* – self-determination
**auto-dirección** *f* – self-management
**auto-ejecutable** *adj* – self-executing
**auto ejecutivo** – writ of execution
**auto-empleo** *m* – self-employment
**auto-evaluación** *f* – self-evaluation
**auto-financiación** *f* – self-financing, autofinancing
**auto-financiamiento** *m* – self-financing, autofinancing
**auto-gestión** *f* – self-management
**auto-gobernado** *adj* – self-governed
**auto-gobierno** *m* – self-government
**auto-incriminación** *f* – self-incrimination
**auto-infligido** *adj* – self-inflicted
**auto inhibitorio** – writ of prohibition
**auto interlocutorio** – interlocutory order
**auto-liquidación** *f* – self-liquidation, self-assessment
**auto-liquidante** *adj* – self-liquidating
**auto-mutilación** *f* – self-mutilation
**auto-notificación** *f* – service by an interested party
**auto perentorio** – peremptory writ
**auto preparatorio** – writ issued prior to a decision
**auto-preservación** *f* – self-preservation
**auto-protección** *f* – self-protection
**auto provisional** – provisional writ
**auto-seguro** *m* – self-insurance
**autoabastecimiento** *m* – self-sufficiency
**autoacusación** *f* – self-accusation, confession
**autoacusatorio** *adj* – self-accusatory
**autoadministrado** *adj* – self-administered
**autoasegurador** *m* – self-insurer
**autoayuda** *f* – self-help
**autocartera** *f* – treasury shares, shares held by the issuing company
**autocomposicion** *f* – out-of-court settlement
**autoconsistente** *adj* – self-consistent
**autoconsumo** *m* – consumption or utilization of that which the same person or entity produces or provides
**autocontradicción** *f* – self-contradiction
**autocontradictorio** *adj* – self-contradictory
**autocontrato** *m* – contract where one party acts on behalf of both parties
**autocontrol** *m* – self-control
**autocontrolado** *adj* – self-controlled
**autocontrolante** *adj* – self-controlling
**autocopiar** *v* – to copy
**autocracia** *f* – autocracy
**autócrata** *m/f* – autocrat
**autodefensa** *f* – self-defense, self-representation
**autodespido** *m* – resignation
**autodeterminación** *f* – self-determination
**autodirección** *f* – self-management
**autodisciplina** *f* – self-discipline
**autoejecutable** *adj* – self-executing
**autoempleo** *m* – self-employment
**autoevaluación** *f* – self-evaluation
**autofinanciación** *f* – self-financing, autofinancing
**autofinanciamiento** *m* – self-financing, autofinancing
**autogenerado** *adj* – self-generated
**autogestión** *f* – self-management
**autogobernado** *adj* – self-governed
**autogobierno** *m* – self-government
**autógrafo** *m* – autograph
**autoincriminación** *f* – self-incrimination
**autoinfligido** *adj* – self-inflicted
**autolesión** *f* – self-inflicted injury
**autoliquidación** *f* – self-liquidation, self-assessment
**autoliquidante** *adj* – self-liquidating
**automatización** *f* – automation

**automatización de oficinas** – office automation
**automatizado** *adj* – automated
**automatizar** *v* – automate
**automóvil de la compañía** – company car
**automóvil de la empresa** – company car
**automutilación** *f* – self-mutilation
**autonomía** *f* – autonomy
**autonomía de la voluntad** – free will
**autónomo** *adj* – autonomous
**autonotificación** *f* – service by an interested party
**autopreservación** *f* – self-preservation
**autoprotección** *f* – self-protection
**autopsia** *f* – autopsy
**autor** *m* – author, perpetrator
**autor de la herencia** – testator
**autoridad** *f* – authority
**autoridad absoluta** – absolute authority
**autoridad administradora** – administrative authority
**autoridad administrativa** – administrative authority
**autoridad amplia** – full authority
**autoridad aparente** – apparent authority
**autoridad competente** – competent authority
**autoridad completa** – full authority
**autoridad constructiva** – constructive authority
**autoridad de disposición** – power of disposition
**autoridad de revocación** – power of revocation
**autoridad discrecional** – discretionary authority
**autoridad estatal** – state authority
**autoridad evidente** – evident authority
**autoridad explícita** – explicit authority
**autoridad federal** – federal authority
**autoridad fiscal** – fiscal authority, tax authority
**autoridad gubernamental** – governmental authority
**autoridad ilegal** – illegal authority
**autoridad ilícita** – illicit authority
**autoridad incidental** – incidental authority
**autoridad inferida** – inferred authority
**autoridad judicial** – judicial authority
**autoridad legal** – legal authority
**autoridad lícita** – licit authority
**autoridad limitada** – limited authority
**autoridad local** – local authority
**autoridad manifiesta** – manifest authority
**autoridad monetaria** – monetary authority
**autoridad obvia** – obvious authority
**autoridad para contratar** – contracting authority
**autoridad para firmar** – signing authority
**autoridad portuaria** – port authority
**autoridad privada** – private authority
**autoridad real** – real authority
**autoridad regional** – regional authority
**autoridad restringida** – restricted authority
**autoridad sin restricciones** – unrestricted authority
**autoridades** *f* – authorities
**autoridades aduaneras** – customs authorities
**autoridades bancarias** – banking authorities
**autoridades civiles** – civil authorities
**autoridades constituidas** – established authorities
**autoridades de aduanas** – customs authorities
**autoridades de bancos** – banking authorities
**autoridades de la banca** – banking authorities
**autoridades de sanidad** – health authorities
**autoridades edilicias** – municipal authorities
**autoridades financieras** – financial authorities
**autoridades fiscales** – fiscal authorities, tax authorities
**autoridades jurídicas** – legal authorities
**autoridades lícitas** – licit authorities
**autoridades monetarias** – monetary authorities
**autoridades municipales** – municipal authorities
**autoridades policiales** – police authorities
**autoridades reguladoras** – regulatory authorities
**autoritativo** *adj* – authoritative
**autorización** *f* – authorization, authority
**autorización amplia** – full authority
**autorización aparente** – apparent authority
**autorización de compra** – authorization to buy
**autorización de contrato** – contract authorization
**autorización de crédito** – credit authorization
**autorización de cheque** – check authorization, cheque authorization
**autorización de exportación** – export license, export licence
**autorización de importación** – import license, import licence
**autorización de libros** – authorization of a new set of books by public authority
**autorización de pago** – payment authorization, authority to pay
**autorización de préstamo** – loan approval
**autorización efectiva** – actual authority, effective authority
**autorización especial** – special authority
**autorización expresa** – express authority
**autorización general** – general authority, general authorization
**autorización implícita** – implied authorization, implied authority
**autorización inferida** – inferred authorization, inferred authority
**autorización judicial** – judicial authority, judicial authorization
**autorización legal** – legal authorization
**autorización legislativa** – legislative authority
**autorización lícita** – licit authorization
**autorización limitada** – limited authority
**autorización negativa** – negative authorization
**autorización no limitada** – unlimited authority
**autorización ostensible** – apparent authority
**autorización para contratar** – authority to contract
**autorización para negociar** – authority to negotiate
**autorización para operar** – authority to operate
**autorización para operar un banco** – bank charter
**autorización para pagar** – authority to pay
**autorización para vender** – agency to sell
**autorización por impedimento** – authority by estoppel
**autorización positiva** – positive authorization
**autorización presupuestaria** – budget authorization
**autorización real** – actual authority
**autorización tácita** – tacit authorization
**autorización unilateral** – unilateral authority
**autorizado** *adj* – authorized, official
**autorizado ilegalmente** – illegally authorized
**autorizado ilícitamente** – illicitly authorized
**autorizado legalmente** – legally authorized
**autorizado lícitamente** – licitly authorized
**autorizado por ley** – authorized by law

**autorizar** *v* – to authorize, to certify, to witness, to legalize
**autorregulación** *f* – self-regulation
**autorregulado** *adj* – self-regulated
**autorregulador** *adj* – self-regulatory
**autos** *f* – court proceedings
**autoseguro** *m* – self-insurance
**autosuficiencia** *f* – self-sufficiency
**autosuficiente** *adj* – self-sufficient
**auxiliar** *adj* – assistant, auxiliary
**auxiliar** *m/f* – assistant, auxiliary
**auxiliatorio** *m* – an order by a superior court to compel compliance with another court's decree
**auxilio marítimo** – assistance at sea
**aval** *m* – aval, guarantee, endorsement
**aval absoluto** – full guarantee
**aval bancario** – bank guarantee
**aval limitado** – limited guarantee
**avalado** *m* – guarantee, endorsee
**avalar** *v* – to guarantee, to support, to endorse
**avalista** *m/f* – guarantor, endorser, backer
**avalorar** *v* – to value, to appraise
**avaluación** *f* – appraisal, valuation
**avaluador** *m* – appraiser
**avaluar** *v* – to value, to appraise
**avalúo** *m* – appraisal, valuation, assessment
**avalúo catastral** – real estate appraisal, property assessment
**avalúo certificado** – certified appraisal
**avalúo fiscal** – appraisal for taxation purposes
**avalúo preventivo** – expert appraisal for possible use in court
**avalúo sucesorio** – appraisal of a decedent's estate
**avecinar** *v* – to domicile, to approach
**avecindar** *v* – to domicile
**avenencia** *f* – agreement, settlement
**avenidor** *m* – mediator, arbitrator
**avenimiento** *m* – agreement, mediation, conciliation
**avenir** *v* – to reconcile, to arbitrate
**avenirse** *v* – to agree, to settle
**aventura** *f* – adventure, risk
**aventurero** *m* – adventurer
**avería** *f* – damage, failure, average
**avería común** – general average
**avería extraordinaria** – extraordinary average
**avería gruesa** – general average
**avería menor** – petty average
**avería ordinaria** – petty average
**avería parcial** – partial average
**avería particular** – particular average
**avería pequeña** – petty average
**avería simple** – simple average, particular average, common average
**averiado** *adj* – out of order, broken, damaged
**averiar** *v* – to damage
**averiguación** *f* – ascertainment, inquiry
**averiguación del delincuente** – interrogation of the accused
**averiguamiento** *m* – ascertainment, inquiry
**averiguar** *v* – to ascertain, to inquire
**aversión al riesgo** – risk aversion
**aviar** *v* – to finance, to supply, to prepare
**avisar** *v* – to notify, to give notice, to announce, to warn, to counsel
**aviso** *m* – notice, announcement, note, formal notice, warning, advertisement
**aviso a acreedores** – notice to creditors
**aviso adecuado** – adequate notice
**aviso anticipado** – advance notice
**aviso clasificado** – classified advertisement
**aviso de aceptación** – notice of acceptance
**aviso de asamblea** – notice of meeting
**aviso de asignación** – assignment notice
**aviso de caducidad** – expiration notice
**aviso de cambio** – notice of change
**aviso de cancelación** – notice of cancellation
**aviso de comparecencia** – notice of appearance
**aviso de confirmación** – confirmation notice
**aviso de deficiencia** – notice of deficiency
**aviso de defunción** – announcement of death
**aviso de demora** – notice of delay
**aviso de derechos de autor** – copyright notice
**aviso de despido** – notice, dismissal notice, pink slip
**aviso de ejecución** – exercise notice
**aviso de embarque** – notice of shipment
**aviso de entrega** – delivery notice
**aviso de envío** – dispatch notice, advice note
**aviso de expiración** – expiration notice
**aviso de huelga** – strike notice
**aviso de imposición** – tax notice, assessment notice
**aviso de incumplimiento** – notice of default
**aviso de junta** – notice of meeting
**aviso de llegada** – notice of arrival
**aviso de matrimonio** – marriage announcement
**aviso de mora** – notice of arrears
**aviso de no aceptación** – notice of non-acceptance
**aviso de protesto** – notice of protest
**aviso de quiebra** – bankruptcy notice
**aviso de rechazo** – notice of dishonor
**aviso de redención** – call notice
**aviso de renovación** – notice of renewal
**aviso de retiro** – withdrawal notice
**aviso de retraso** – notice of delay
**aviso de reunión** – notice of meeting
**aviso de terminación** – termination notice
**aviso de vencimiento** – notice of due date, notice of deadline, notice of date of maturity, expiration notice
**aviso emplazatorio** – summons
**aviso escrito** – written notice
**aviso explícito** – explicit notice
**aviso formal** – formal notice
**aviso implícito** – constructive notice
**aviso irrazonable** – unreasonable notice
**aviso judicial** – judicial notice
**aviso legal** – legal notice
**aviso oportuno** – fair warning
**aviso por escrito** – written notice
**aviso previo** – prior notice
**aviso público** – public notice
**aviso razonable** – reasonable notice
**avisos comerciales** – trademark
**avocación** *f* – removal of a case from a lower to a superior court
**avulsión** *f* – avulsion
**ayuda** *f* – help, aid, assistance
**ayuda a la inversión** – investment aid
**ayuda al desarrollo** – development aid
**ayuda alimentaria** – food aid

**ayuda alimenticia** – food aid
**ayuda bilateral** – bilateral aid
**ayuda condicionada** – conditional aid
**ayuda condicional** – conditional aid
**ayuda de capital** – capital aid
**ayuda de emergencia** – emergency aid
**ayuda de la víctima** – victim's help, victim's aid
**ayuda del estado** – government assistance, state assistance, government aid, state aid
**ayuda del gobierno** – government assistance, government aid
**ayuda directa** – direct aid
**ayuda económica** – economic aid
**ayuda en línea** – online help
**ayuda estatal** – government assistance, state assistance, government aid, state aid
**ayuda exterior** – foreign aid
**ayuda federal** – federal aid
**ayuda financiera** – financial aid
**ayuda fiscal** – tax assistance
**ayuda gubernamental** – government assistance, government aid
**ayuda incondicional** – unconditional aid
**ayuda indirecta** – indirect aid
**ayuda interestatal** – interstate aid
**ayuda internacional** – international aid
**ayuda intraestatal** – intrastate aid
**ayuda local** – local aid
**ayuda monetaria** – monetary aid
**ayuda mutua** – mutual aid
**ayuda nacional** – national aid
**ayuda online** – online help
**ayuda técnica** – technical assistance
**ayuda vinculada** – tied aid
**ayudante** *m/f* – helper, assistant
**ayudar** *v* – to help, to assist, to aid
**ayudas audiovisuales** – audiovisual aids
**ayuntamiento** *m* – municipal council, city hall, sexual intercourse
**azar** *m* – chance, misfortune
**azar, al** – at random
**bache económico** – economic slump
**back office** – back office

# B

**baja** *f* – drop, decrease, downturn, slump, withdrawal, discharge, casualty, leave, deregistration with tax authorities
**baja calidad** – low quality, bad quality
**baja categoría** – low category, demeaning
**baja incentivada** – voluntary redundancy
**baja por enfermedad** – sick leave
**baja por maternidad** – maternity leave
**baja por paternidad** – paternity leave
**baja repentina** – sharp decline, slump
**baja voluntaria** – voluntary redundancy
**bajada** *f* – drop, decrease, downturn
**bajada de salario** – drop in salary
**bajada en picado** – sharp fall
**bajada salarial** – drop in salary
**bajeza** *f* – baseness
**bajar intereses** – lower interest rates
**bajar las tasas de interés** – lower interest rates
**bajo amenaza** – under threat
**bajo apercibimiento** – under penalty
**bajo arresto** – under arrest
**bajo consideración** – under consideration
**bajo contrato** – under contract
**bajo fianza** – on bail
**bajo juramento** – under oath
**bajo las circunstancias** – under the circumstances
**bajo mano** – clandestinely
**bajo nueva administración** – under new management
**bajo obligación** – under obligation
**bajo observación** – under observation
**bajo palabra** – on one's recognizance, on parole
**bajo pena de** – under penalty of
**bajo protesta** – under protest
**bajo protesto** – under protest
**bajo sello** – under seal
**bala** *f* – bullet
**balacera** *f* – shooting, shootout, shots, exchange of gunfire
**balance** *m* – balance, balance sheet, asset and liability statement
**balance adeudado** – balance due
**balance anterior** – previous balance
**balance bancario** – bank balance
**balance calculado** – calculated balance sheet, calculated balance
**balance certificado** – certified balance sheet
**balance clasificado** – classified balance sheet
**balance cobrado** – collected balance
**balance combinado** – combined balance sheet, combined balance
**balance comercial** – trade balance
**balance comparativo** – comparative balance sheet
**balance compensatorio** – compensating balance
**balance condensado** – condensed balance sheet
**balance consolidado** – consolidated balance sheet
**balance corriente** – current balance
**balance de apertura** – opening balance, starting balance
**balance de beneficios** – balance of benefits
**balance de bienes** – balance of goods
**balance de cierre** – closing balance, ending balance
**balance de comercio** – trade balance
**balance de comprobación** – trial balance
**balance de consolidación** – consolidated balance sheet
**balance de contabilidad** – balance sheet
**balance de cuenta** – balance of account
**balance de ejercicio** – balance sheet
**balance de fusión** – consolidated balance sheet
**balance de la cartera** – portfolio balance
**balance de liquidación** – liquidation balance sheet
**balance de mercancías** – merchandise balance
**balance de poder** – balance of power
**balance de principal** – principal balance

**balance de prueba** – trial balance sheet
**balance de resultado** – profit and loss statement
**balance de situación** – balance sheet
**balance de situación consolidado** – consolidated balance sheet
**balance de sumas y saldos** – trial balance
**balance descubierto** – overdraft
**balance dinámico** – dynamic balance sheet
**balance estimado** – estimated balance sheet
**balance final** – final balance, ending balance
**balance fiscal** – tax balance sheet, balance sheet for tax purposes, fiscal balance
**balance general** – general balance sheet, balance sheet
**balance general certificado** – certified balance sheet
**balance general comparativo** – comparative balance sheet
**balance general consolidado** – consolidated balance sheet
**balance global** – overall balance
**balance impositivo** – tax balance sheet, balance sheet for tax purposes
**balance inactivo** – unclaimed balance
**balance inicial** – beginning balance
**balance mínimo** – minimum balance
**balance necesario** – necessary balance
**balance negativo** – negative balance
**balance no reclamado** – unclaimed balance
**balance previo** – previous balance
**balance provisional** – interim balance sheet
**balance provisorio** – interim balance sheet
**balance requerido** – required balance
**balance temporal** – temporary balance sheet
**balance tentativo** – tentative balance sheet
**balance total** – total balance
**balance transferido** – transferred balance
**balanceado** *adj* – balanced
**balancear** *v* – to balance
**balancete** *m* – tentative balance sheet
**balanza** *f* – balance, comparison
**balanza cambista** – balance of payments
**balanza comercial** – trade balance
**balanza de comercio** – trade balance
**balanza de comercio exterior** – foreign trade balance
**balanza de divisas** – balance of foreign exchange
**balanza de endeudamiento** – balance of indebtedness
**balanza de intercambio** – trade balance
**balanza de mercancías** – trade balance
**balanza de pagos** – balance of payments
**balanza de pagos internacionales** – balance of international payments
**balanza mercantil** – trade balance
**balazo** *m* – shot, bullet wound
**balcón** *m* – balcony
**baldío** *adj* – unimproved, uncultivated, idle, vacant, unfounded
**balear** *v* – to shoot at, to shoot down
**balística** *f* – ballistics
**balota** *f* – ballot
**balotaje** *m* – voting
**banalidad** *f* – banality
**banc** – bench, banc
**banca** *f* – banking, bench
**banca al por mayor** – wholesale banking
**banca al por menor** – retail banking
**banca automática** – automatic banking
**banca central** – central banking
**banca comercial** – commercial banking
**banca computerizada** – computerized banking
**banca con servicios completos** – full-service banking
**banca con sucursales** – branch banking
**banca cooperativa** – cooperative banking
**banca corporativa** – corporate banking
**banca de concentración** – concentration banking
**banca de depósitos** – deposit banking
**banca de empresas** – enterprise banking, business banking
**banca de inversión** – investment banking
**banca de inversiones** – investment banking
**banca de inversionistas** – investment banking
**banca de negocios** – business banking
**banca de sucursales** – branch banking
**banca directa** – direct banking
**banca electrónica** – electronic banking, e-banking
**banca empresarial** – enterprise banking, business banking
**banca en línea** – online banking, electronic banking, e-banking
**banca encadenada** – chain banking
**banca estatal** – state banking
**banca extranjera** – foreign banking
**banca grupal** – group banking
**banca hipotecaria** – mortgage banking
**banca individual** – individual banking, private banking
**banca industrial** – industrial banking
**banca institucional** – institutional banking
**banca interestatal** – interstate banking
**banca internacional** – international banking
**banca intraestatal** – intrastate banking
**banca inversionista** – investment banking
**banca mayorista** – wholesale banking
**banca mercantil** – merchant banking, commercial banking
**banca minorista** – retail banking
**banca mixta** – mixed banking
**banca múltiple** – multiple banking
**banca nacional** – national banking
**banca online** – online banking, electronic banking, e-banking
**banca personal** – personal banking
**banca por correo** – bank by mail
**banca por Internet** – Internet banking
**banca por teléfono** – bank by phone
**banca privada** – private banking
**banca pública** – public banking
**banca sin cheques** – checkless banking
**banca telefónica** – telephone banking
**banca universal** – universal banking
**bancable** *adj* – bankable, negotiable
**bancario** *adj* – banking, financial
**bancarización** *f* – extent to which the inhabitants of a given country or area have access to bank services
**bancarrota** *f* – bankruptcy
**bancarrota bancaria** – bank failure
**bancarrota comercial** – business bankruptcy, business failure, commercial bankruptcy, commercial failure
**bancarrota corporativa** – corporate bankruptcy,

corporate failure
**bancarrota empresarial** – business bankruptcy, business failure
**bancarrota, en** – in bankruptcy
**bancarrota fraudulenta** – fraudulent bankruptcy
**bancarrota involuntaria** – involuntary bankruptcy
**bancarrota mercantil** – commercial bankruptcy, commercial failure
**bancarrota voluntaria** – voluntary bankruptcy
**banco** *m* – bank, bench
**banco aceptante** – accepting bank
**banco acreedor** – creditor bank
**banco afiliado** – affiliated bank
**banco agente** – agent bank
**banco agrario** – land bank
**banco agrícola** – agricultural bank
**banco asegurado** – insured bank
**banco asociado** – associate bank, member bank
**banco autorizado** – authorized bank
**banco capitalizador** – bank for capitalization of savings
**Banco Central Europeo** – European Central Bank
**banco central** – central bank
**banco comercial** – commercial bank
**banco comunitario** – community bank
**banco confirmante** – confirming bank
**banco cooperativo** – cooperative bank
**banco corresponsal** – correspondent bank
**banco de ahorros** – savings bank
**banco de bancos** – central bank, banker's bank
**banco de banqueros** – bankers' bank
**banco de cobranzas** – collecting bank
**banco de cobro** – collecting bank
**banco de cobros** – collection bank
**banco de comercio** – commercial bank
**banco de comercio exterior** – foreign trade bank
**banco de compensación** – clearing bank
**banco de concentración** – concentration bank
**banco de crédito inmobiliario** – mortgage bank
**banco de crédito** – credit bank
**banco de datos** – data bank
**banco de depósito** – deposit bank
**banco de desarrollo** – development bank
**banco de emisión** – bank of issue
**banco de empleos** – job bank
**banco de fomento** – development bank
**banco de inversión** – investment bank
**Banco de la Reserva Federal** – Federal Reserve Bank
**banco de liquidación** – clearinghouse
**banco de los acusados** – defendant's seat
**Banco de Pagos Internacionales** – Bank for International Settlements
**banco de préstamos** – loan bank
**banco de reserva** – reserve bank
**banco de servicios completos** – full-service bank
**banco de servicios múltiples** – all-purpose bank
**banco de trabajos** – job bank
**banco del beneficiario** – beneficiary's bank
**banco del desarrollo** – development bank
**banco del estado** – government bank, state bank
**banco del gobierno** – government bank
**banco depositario** – depository bank
**banco deudor** – debtor bank
**banco doméstico** – domestic bank
**banco electrónico** – electronic bank, e-bank
**banco emisor** – bank of issue
**banco en línea** – online bank
**banco estatal** – government bank, state bank
**Banco Europeo de Inversiones** – European Investment Bank
**Banco Europeo para la Reconstrucción y el Desarrollo** – European Bank for Reconstruction and Development
**banco extranjero** – foreign bank, overseas bank
**banco extraterritorial** – off-shore bank
**banco federal** – federal bank
**banco fiduciario** – trust company, trust bank
**banco gubernamental** – government bank
**banco hipotecario** – mortgage bank
**banco independiente** – independent bank
**banco industrial** – industrial bank
**Banco Interamericano de Desarrollo** – Inter-American Development Bank
**banco interestatal** – interstate bank
**banco intermediario** – intermediary bank
**Banco Internacional de Reconstrucción y Fomento** – International Bank for Reconstruction and Development
**banco internacional** – international bank
**banco intraestatal** – intrastate bank
**banco líder** – lead bank
**banco local** – local bank
**banco mercantil** – commercial bank, merchant bank
**banco miembro** – member bank
**banco multinacional** – multinational bank
**banco múltiple** – all-purpose bank
**Banco Mundial** – World Bank
**banco municipal** – municipal bank
**banco mutualista de ahorro** – mutual savings bank
**banco mutuario** – borrowing bank
**banco nacional** – national bank, government bank
**banco no asegurado** – uninsured bank
**banco no autorizado** – unauthorized bank
**banco no miembro** – nonmember bank
**banco notificador** – advising bank, notifying bank
**banco oficial** – official bank, government bank
**banco online** – online bank
**banco ordenante** – advising bank
**banco pagador** – payer bank
**banco prestatario** – borrowing bank
**banco principal** – main bank
**banco privado** – private bank
**banco público** – public bank
**banco puente** – bridge bank
**banco que recibe** – receiving bank
**banco quebrado** – failed bank
**banco receptor** – receiving bank
**banco regional** – regional bank
**banco registrado** – chartered bank
**banco remitente** – remitting bank
**banda** *f* – gang, band, faction
**bandeja de entrada** – inbox
**bandeja de salida** – outbox
**bandera** *f* – flag
**bandera de conveniencia** – flag of convenience
**bandera nacional** – national flag
**bandidaje** *m* – banditry
**bandido** *m* – bandit, outlaw

**bando** *m* – faction, proclamation
**bandolero** *m* – bandit, outlaw
**banner** *m* – banner
**banner publicitario** – banner advertisement
**banquero** *m* – banker
**banquero comercial** – commercial banker
**banquero hipotecario** – mortgage banker
**banquero mercantil** – commercial banker
**banquero personal** – personal banker
**banquero privado** – private banker
**banquillo** *m* – defendant's seat, gallows
**banquillo de los testigos** – witness stand
**banquillo del acusado** – defendant's seat
**baratería** *f* – barratry, fraud
**baratero** *m* – barrator, grafter
**barato** *adj* – inexpensive, cheap
**barbárico** *adj* – barbaric
**barbaridad** *f* – barbarity
**barbecho** *m* – fallow
**barcaje** *m* – transport by vessel, fee for transport by vessel
**barco de carga** – cargo ship, cargo vessel
**barco mercante** – merchant ship, merchant vessel
**baremo** *m* – rate table, rate schedule
**barómetro económico** – economic barometer
**barquero** *m* – boater
**barraca** *f* – warehouse, cabin, hut, worker's hut
**barraquero** *m* – warehouser
**barrera** *f* – barrier
**barreras a la entrada** – entry barriers
**barreras aduaneras** – customs barriers
**barreras al comercio** – trade barriers
**barreras arancelarias** – tariff barriers
**barreras artificiales** – artificial barriers
**barreras comerciales** – trade barriers
**barreras de aduanas** – customs barriers
**barreras de comunicación** – communication barriers
**barreras fiscales** – tax barriers, fiscal barriers
**barreras lingüísticas** – language barriers
**barril de petróleo** – barrel of oil
**barrio** *m* – district, quarter
**barruntar** *v* – to guess, to conjecture
**basado en** – based upon
**basado en activos** – asset-based
**basado en computadoras** – computer-based
**basado en ordenadores** – computer-based
**basar** *v* – to base, to build
**basarse en** – to rely on, to be based on
**base** *f* – base, basis, foundation
**base actuarial** – actuarial basis
**base ajustada** – adjusted basis
**base amortizable** – depreciable basis
**base anual** – annual basis
**base de acumulación** – accrual basis
**base de amortización** – depreciation base
**base de cálculo** – calculation base
**base de capital** – capital base
**base de clientes** – client base
**base de comerciantes** – merchant base
**base de cómputo** – computation base
**base de contabilidad** – basis of accounting
**base de crédito** – credit basis
**base de datos** – database
**base de datos corporativa** – corporate database
**base de datos en línea** – online database
**base de datos online** – online database
**base de datos relacional** – relational database
**base de depreciación** – depreciation base
**base de efectivo** – cash basis
**base de imposición** – basis of assessment
**base de ingresos** – income basis
**base de inversión** – investment base, investment basis
**base de la renta** – income basis
**base de prima** – premium basis
**base de tasa** – rate base
**base de tipo** – rate base
**base de valoración** – valuation basis
**base de valuación** – valuation basis
**base del acuerdo** – basis of the agreement
**base del contrato** – basis of the contract
**base del convenio** – basis of the agreement
**base del coste** – cost basis, cost base
**base del costo** – cost basis, cost base
**base del índice** – index basis
**base del mercado** – market base
**base depreciable** – depreciable basis
**base económica** – economic base
**base imponible** – tax basis, assessment basis
**base impositiva** – tax basis, tax base
**base impositiva ajustada** – adjusted tax basis
**base impositiva neta** – net tax basis
**base industrial** – industrial base
**base monetaria** – monetary base
**base naval** – naval base
**base no ajustada** – unadjusted basis
**base salarial** – salary base
**base semianual** – semiannual basis
**base sólida** – solid base, solid ground
**base sustituida** – substituted basis
**base tributaria** – tax basis
**base trimestral** – quarterly basis
**base variable** – variable base
**bases** *f* – terms and conditions, bases, fundamentals
**bases constitutivas** – articles of incorporation
**bases de la acción** – grounds of action
**básicamente** *adj* – basically
**básico** *adj* – basic
**bastantear** *v* – to officially accept the credentials of an attorney
**bastanteo** *m* – the official acceptance of the credentials of an attorney
**bastantero** *m* – the official who verifies the credentials of an attorney
**bastardear** *v* – to falsify, to adulterate
**BCE (Banco Central Europeo)** – European Central Bank
**bebidas alcohólicas** – alcoholic beverages
**beca** *f* – grant, scholarship
**BEI (Banco Europeo de Inversiones)** – European Investment Bank
**belicismo** *m* – bellicosity
**beligerancia** *f* – belligerence
**beligerante** *adj* – belligerent
**bene** – well, bene
**benefactor** *m* – benefactor
**beneficencia** *f* – beneficence, charity organization, social welfare
**beneficencia social** – social welfare

**beneficiado** *m* – beneficiary
**beneficiar** *v* – to benefit, to develop
**beneficiario** *m* – beneficiary, payee
**beneficiario absoluto** – absolute beneficiary
**beneficiario adicional** – additional beneficiary
**beneficiario alternativo** – alternative beneficiary, alternative payee
**beneficiario condicional** – conditional beneficiary
**beneficiario contingente** – contingent beneficiary
**beneficiario de ingresos** – income beneficiary
**beneficiario de preferencia** – preference beneficiary
**beneficiario de una póliza** – beneficiary of a policy
**beneficiario de una póliza de seguros** – beneficiary of an insurance policy
**beneficiario del fideicomiso** – beneficiary of trust
**beneficiario designado** – designated beneficiary
**beneficiario en expectativa** – expectant beneficiary
**beneficiario esencial** – essential beneficiary
**beneficiario eventual** – contingent beneficiary
**beneficiario ilegal** – illegal beneficiary
**beneficiario ilícito** – illicit beneficiary
**beneficiario incidental** – incidental beneficiary
**beneficiario inexistente** – nonexistent payee
**beneficiario inmediato** – immediate beneficiary
**beneficiario irrevocable** – irrevocable beneficiary
**beneficiario legal** – lawful beneficiary
**beneficiario lícito** – licit beneficiary
**beneficiario preferido** – preferred beneficiary
**beneficiario principal** – principal beneficiary
**beneficiario revocable** – revocable beneficiary
**beneficiario secundario** – secondary beneficiary
**beneficiario suplementario** – supplemental beneficiary
**beneficiarios conjuntos** – joint beneficiaries
**beneficiencia** *f* – beneficence, charity organization, social welfare
**beneficiencia social** – social welfare
**beneficio** *m* – benefit, profit, gain, return
**beneficio aceptado** – accepted benefit
**beneficio a corto plazo** – short-term profit, short-term gain
**beneficio a largo plazo** – long-term profit, long-term gain
**beneficio acumulado** – accumulated profit
**beneficio adicional** – additional benefit
**beneficio adicional por muerte** – additional death benefit
**beneficio antes de impuestos** – profit before taxes
**beneficio anticipado** – anticipated profit
**beneficio asignado** – allocated profit
**beneficio bruto** – gross profit
**beneficio contributivo** – tax benefit
**beneficio de competencia** – privilege of competency
**beneficio de deliberación** – privilege of considering whether to accept an inheritance
**beneficio de deliberar** – privilege of considering whether to accept an inheritance
**beneficio de discusión** – benefit of discussion
**beneficio de división** – benefit of division
**beneficio de excarcelación** – right to be release on bail
**beneficio de excusión** – benefit of discussion, priority
**beneficio de explotación** – operating profit, operating income
**beneficio de inventario** – benefit of inventory
**beneficio de la duda** – benefit of the doubt
**beneficio de orden** – benefit of discussion, benefit of order
**beneficio de pobreza** – right of an indigent to appear in court without paying expenses or fees
**beneficio de restitución** – right of restitution
**beneficio declarado** – declared profit
**beneficio después de contribuciones** – after-tax profit
**beneficio después de impuestos** – after-tax profit
**beneficio directo** – direct benefit
**beneficio distribuido** – allocated profit
**beneficio económico** – economic benefit
**beneficio en efectivo** – cash benefit
**beneficio en libros** – book profit
**beneficio estatal** – state benefit
**beneficio excesivo** – excessive profit
**beneficio federal** – federal benefit
**beneficio financiero** – financial profit, financial benefit
**beneficio fiscal** – taxable profit, taxable benefit
**beneficio gravable** – taxable profit, taxable benefit
**beneficio imponible** – taxable profit, taxable benefit
**beneficio impositivo** – taxable profit, taxable benefit
**beneficio incidental** – incidental benefit
**beneficio indirecto** – indirect benefit
**beneficio local** – local benefit
**beneficio máximo** – maximum benefit
**beneficio mínimo** – minimum benefit
**beneficio monetario** – monetary benefit
**beneficio municipal** – municipal benefit
**beneficio neto** – net income, net profit, clear profit
**beneficio nominal** – nominal profit
**beneficio normal** – normal profit
**beneficio operativo** – operating profit
**beneficio por acción** – earnings per share
**beneficio por discapacidad** – disability benefit
**beneficio por muerte accidental** – accidental death benefit
**beneficio realizado** – realized profit
**beneficio regional** – regional benefit
**beneficio retenido** – retained profit
**beneficio social** – social benefit
**beneficio tributable** – taxable profit, taxable benefit
**beneficios acordados** – agreed-upon benefits
**beneficios acumulados** – earned surplus
**beneficios adicionales** – perquisites
**beneficios adicionales ejecutivos** – executive perquisites
**beneficios antes de contribuciones** – pretax profits, before-tax profits, pretax earnings, before-tax earnings
**beneficios antes de impuestos** – pretax profits, before-tax profits, pretax earnings, before-tax earnings
**beneficios anticipados** – anticipated benefits, anticipated profits
**beneficios asignados** – assigned benefits, allocated benefits
**beneficios contractuales** – contractual benefits
**beneficios contratados** – contracted benefits
**beneficios convenidos** – agreed-upon benefits
**beneficios corporativos** – corporate benefits
**beneficios de acumulación** – accumulation benefits
**beneficios de comercio** – commerce benefits,

business benefits, commerce profits, business profits
**beneficios de indemnización** – indemnity benefits
**beneficios de jubilación** – retirement benefits
**beneficios de la compañía** – company benefits
**beneficios de la corporación** – corporate benefits
**beneficios de la empresa** – company benefits, enterprise benefits
**beneficios de la sociedad** – company benefits
**beneficios de los empleados** – employee benefits
**beneficios de retiro** – retirement benefits
**beneficios de salud** – health benefits
**beneficios de salud de empleados** – employee health benefits
**beneficios definidos** – defined benefits
**beneficios del seguro social** – social security benefits
**beneficios diferidos** – deferred benefits
**beneficios económicos** – economic benefits
**beneficios empresariales** – company benefits, enterprise benefits
**beneficios especificados** – specified benefits
**beneficios estipulados** – stipulated benefits
**beneficios fijos** – fixed benefits
**beneficios gravables** – taxable profits, taxable benefits
**beneficios identificados** – identified benefits
**beneficios imponibles** – taxable profits, taxable benefits
**beneficios indicados** – indicated benefits
**beneficios jubilatorios** – retirement benefits
**beneficios marginales** – fringe benefits, marginal profits
**beneficios médicos** – medical benefits
**beneficios negociados** – negotiated benefits
**beneficios netos** – net earnings
**beneficios no distribuidos** – undistributed earnings
**beneficios no realizados** – unrealized profits
**beneficios opcionales** – optional benefits
**beneficios pactados** – agreed-upon benefits
**beneficios pecuniarios** – pecuniary benefits
**beneficios por accidente** – accident benefits
**beneficios por discapacidad** – disability benefits
**beneficios por discapacidad permanente** – permanent disability benefits
**beneficios por discapacidad temporal** – temporary disability benefits
**beneficios por discapacidad total** – total disability benefits
**beneficios por edad** – age benefits
**beneficios por enfermedad** – sick benefits
**beneficios por huelga** – strike benefits
**beneficios por incapacidad** – disability benefits
**beneficios por maternidad** – maternity benefits
**beneficios por muerte** – death benefits
**beneficios preestablecidos** – preset benefits
**beneficios proyectados** – projected benefits
**beneficios regulares** – regular benefits
**beneficios retenidos** – retained profits, retained earnings
**beneficios suplementarios** – supplemental benefits
**beneficios totales** – aggregate benefits, total benefits, total profits
**beneficios tributables** – taxable profits, taxable benefits
**beneficios variables** – variable benefits
**beneficioso** *adj* – beneficial, profitable
**benéfico** *adj* – benevolent
**benevolencia** *f* – benevolence
**benevolente** *adj* – benevolent
**benévolo** *adj* – benevolent
**beodez** *f* – drunkenness
**beodo** *m* – drunkard
**beodo** *adj* – drunk
**BERD (Banco Europeo para la Reconstrucción y el Desarrollo)** – European Bank for Reconstruction and Development
**bestia** *m/f* – beast
**bianual** *adj* – biannual
**bicameral** *adj* – bicameral
**bidireccional** *adj* – bidirectional
**bien** *m* – thing, good
**bien** *adv* – well, properly, okay
**bien común** – common good
**bien de familia** – homestead
**bien informado** – well-informed
**bien preparado** – well-prepared
**bien público** – public good
**bienal** *adj* – biennial
**bienalmente** *adv* – biennially
**bienes** *m* – property, assets, estate, goods, commodities
**bienes abandonados** – abandoned property
**bienes accesorios** – accessions, fixtures
**bienes aceptados** – accepted goods
**bienes alodiales** – allodial property
**bienes aportados al matrimonio** – property of each spouse prior to marriage
**bienes arrendados** – leased goods
**bienes colacionables** – property that must be returned to an estate since it was transferred in violation of the applicable laws
**bienes comunales** – community property
**bienes comunes** – public property, community property
**bienes consumibles** – consumable goods
**bienes corporales** – corporeal goods
**bienes de abolengo** – property inherited from grandparents, inherited property
**bienes de aprovechamiento común** – public property
**bienes de baja calidad** – low-quality goods
**bienes de cada uno de los cónyuges** – separate property of each spouse
**bienes de calidad** – quality goods
**bienes de capital** – capital assets
**bienes de consumo** – consumer goods
**bienes de consumo duraderos** – durable goods, hard goods
**bienes de consumo no duraderos** – non-durable goods
**bienes de dominio privado** – private property
**bienes de dominio público** – public property
**bienes de equipo** – capital goods
**bienes de exportación** – export goods
**bienes de familia** – homestead
**bienes de importación** – import goods
**bienes de inversión** – capital goods, capital assets
**bienes de la sociedad conyugal** – community property
**bienes de la sucesión** – estate of a decedent

**bienes de lujo** – luxury goods
**bienes de mala calidad** – bad-quality goods
**bienes de menores** – property of minors
**bienes de producción** – production goods
**bienes de propiedad privada** – private property
**bienes de servicio público** – local government property
**bienes de uso común** – public property
**bienes de uso público** – public property
**bienes del estado** – state property
**bienes del fideicomiso** – trust property
**bienes del quebrado** – bankrupt's property
**bienes divisibles** – divisible property
**bienes dótales** – dowry
**bienes durables** – durable goods
**bienes duraderos** – durable goods
**bienes embargables** – attachable property
**bienes embargados** – embargoed goods, attached property
**bienes en tránsito** – goods in transit
**bienes enajenables** – alienable property
**bienes exportados** – exported goods
**bienes exportados ilegalmente** – illegally exported goods
**bienes extradotales** – paraphernal property
**bienes falsificados** – counterfeit goods
**bienes fiscales** – public property
**bienes forales** – leasehold
**bienes fungibles** – fungible goods
**bienes futuros** – future goods
**bienes gananciales** – community property
**bienes gravados** – goods subject to a lien, taxed goods
**bienes hereditarios** – inherited property, decedent's estate
**bienes herenciales** – inherited property, decedent's estate
**bienes hipotecables** – mortgageable property
**bienes hipotecados** – mortgaged property
**bienes ignorados** – overlooked property
**bienes importados** – imported goods
**bienes importados ilegalmente** – illegally imported goods
**bienes inalienables** – inalienable property
**bienes incorporales** – intangible assets
**bienes incorpóreos** – intangible assets
**bienes indivisibles** – indivisible goods
**bienes industriales** – industrial goods
**bienes inembargables** – property that can not be attached
**bienes inferiores** – inferior goods
**bienes inmateriales** – immaterial goods
**bienes inmovilizados** – fixed assets
**bienes inmuebles** – real estate, real property
**bienes intangibles** – intangible assets
**bienes libres** – unencumbered property
**bienes lícitos** – licit goods
**bienes litigiosos** – the subject property in litigation
**bienes mancomunados** – joint property
**bienes manufacturados** – manufactured goods
**bienes materiales** – material goods
**bienes mobiliarios** – personal property
**bienes mostrencos** – waifs
**bienes muebles** – personal property
**bienes no duraderos** – nondurable goods
**bienes no esenciales** – nonessential goods
**bienes no fungibles** – nonfungible goods
**bienes no hipotecables** – nonmortgageable property
**bienes nullíus** – property with no owner
**bienes para la exportación** – goods for export
**bienes para la importación** – goods for import
**bienes parafernales** – paraphernal property
**bienes particulares** – private property, private goods
**bienes patrimoniales** – state property, public property
**bienes perecederos** – perishable goods
**bienes personales** – personal goods, personal estate
**bienes por heredar** – hereditaments
**bienes presentes** – property in possession, present assets
**bienes primarios** – primary commodities, primary goods
**bienes principales** – principal goods
**bienes privados** – private property, private goods
**bienes privativos** – separate property of each spouse
**bienes propios** – separate property of each spouse, unencumbered property
**bienes públicos** – public property
**bienes raíces** – real estate, real property
**bienes reales** – real estate, real property
**bienes rechazados** – rejected goods
**bienes relictos** – inherited property
**bienes reservables** – inalienable property
**bienes sociales** – partnership property, corporate property
**bienes sucesorios** – estate of a decedent
**bienes suntuarios** – luxury goods
**bienes tangibles** – tangible goods
**bienes vacantes** – real estate with no known owner
**bienes vinculados** – property that must remain in the family
**bienes y activos** – property and assets, goods and assets
**bienes y servicios** – goods and services
**bienestar** *m* – welfare, well-being
**bienestar de un menor** – welfare of a minor
**bienestar económico** – economic welfare
**bienestar general** – general welfare
**bienestar público** – public welfare
**bienestar social** – social welfare
**bienhechuría** *f* – improvements
**bienquerencia** *f* – goodwill
**bifurcación** *f* – bifurcation
**bifurcar** *v* – to bifurcate
**bigamia** *f* – bigamy
**bígamo** *m* – bigamist
**bígamo** *adj* – bigamous
**bilateral** *adj* – bilateral
**bilateralismo** *m* – bilateralism
**bilateralmente** *adv* – bilaterally
**bilingüe** *adj* – bilingual
**billete** *m* – bill, note, ticket
**billete bancario** – bank bill, bank note, bank currency, bill
**billete de banco** – bank bill, bank note, bank currency, bill
**billete del tesoro** – treasury note
**billetera** *f* – wallet
**billetera electrónica** – electronic wallet, e-wallet

**billetero** *f* – wallet
**billetes moneda** – currency notes
**billón** *m* – billion, trillion
**bimensual** *adj* – bimonthly
**bimestral** *adj* – bimestrial, bimonthly
**bimestre** *m* – bimester
**bimestre** *adj* – bimestrial, bimonthly
**bínubo** *m* – a person who has married a second time
**bínubo** *adj* – pertaining to a second marriage, pertaining to a person married a second time
**bioagricultura** *f* – bioagriculture
**biodiversidad** *f* – biodiversity
**bioeconomía** *f* – bioeconomics
**biométrica** *f* – biometrics
**biotecnología** *f* – biotechnology
**biotopo** *m* – biotope
**bipartidario** *adj* – bipartisan
**bipartidismo** *m* – two party system
**bipartito** *adj* – bipartite
**BIRF (Banco Internacional de Reconstrucción y Fomento)** – International Bank for Reconstruction and Development
**bisabuela** *f* – great-grandmother
**bisabuelo** *m* – great-grandfather
**bisemanal** *adj* – biweekly
**bisexual** *adj* – bisexual
**bisexual** *m/f* – bisexual
**bisiesto** *m* – leap year
**bisnieta** *f* – great-granddaughter
**bisnieto** *m* – great-grandson, great-grandchild
**blanco, en** – blank
**blanquear** *v* – launder
**blanqueo** *m* – laundering
**blanqueo de capitales** – capital laundering
**blanqueo de dinero** – money laundering
**bloque** *m* – block, bloc
**bloque comercial** – trading bloc
**bloque monetario** – monetary bloc
**bloqueado** *adj* – blocked, frozen
**bloqueador** *adj* – blockading, obstructing
**bloquear** *v* – to block, to freeze, to blockade, to obstruct
**bloquear fondos** – to freeze assets
**bloqueo** *m* – blockade, freezing
**bloqueo económico** – economic blockade
**bloqueo efectivo** – effective blockade
**Bluetooth** *m* – Bluetooth
**BM (Banco Mundial)** – World Bank
**boca de expendio** – retail outlet, point of sale
**bochinche** *m* – riot, tumult
**bochinchero** *m* – troublemaker, rioter
**boda** *f* – wedding
**bocajarro, a** – pointblank
**bodega** *f* – cellar, storehouse, hold, barroom
**boicot** *m* – boycott
**boicot del comprador** – buyer's boycott
**boicot económico** – economic boycott
**boicot primario** – primary boycott
**boicot principal** – primary boycott
**boicot secundario** – secondary boycott
**boicotear** *v* – to boycott
**boicoteo** *m* – boycott, boycotting
**boleta** *f* – ticket, ballot, certificate, permit
**boleta bancaria** – certificate of deposit
**boleta de citación** – summons
**boleta de comparendo** – summons
**boleta de consignación** – certificate of deposit
**boleta de depósito** – deposit slip, certificate of deposit
**boleta de ingreso** – deposit slip, certificate of deposit
**boleta de registro** – certificate of registry
**boleta de retiro** – withdrawal slip
**boletín** *m* – bulletin, ticket, voucher, journal, magazine, gazette, newsletter
**boletín comercial** – business magazine, business journal, commercial magazine, commercial journal
**boletín corporativo** – corporate magazine, corporate bulletin
**boletín de comercio** – commerce journal, commerce magazine
**boletín de empresas** – business magazine, business journal
**boletín de la compañía** – company magazine, company bulletin
**boletín de negocios** – business magazine, business journal
**boletín de prensa** – press release
**boletín del consumidor** – consumer magazine, consumer bulletin
**boletín electrónico** – electronic magazine, electronic journal, e-zine, e-magazine, e-journal
**boletín empresarial** – business magazine, business journal
**boletín en línea** – online magazine, online journal
**boletín mercantil** – commercial magazine, commercial journal
**boletín judicial** – law journal, law reporter
**boletín oficial** – official magazine, official journal, official gazette
**boletín online** – online magazine, online journal
**boleto** *m* – ticket, bill, preliminary contract
**boleto de carga** – bill of lading
**boleto de compraventa** – preliminary contract, bill of sale
**boleto de empeño** – pawn ticket
**bolsa** *f* – stock exchange, exchange, purse
**bolsa de colocaciones** – employment exchange, employment office, labor pool, labor exchange, labour pool, labour exchange
**bolsa de comercio** – commodities exchange, stock exchange
**bolsa de contratación** – commodities exchange
**bolsa de divisas** – foreign currency exchange
**bolsa de empleos** – employment exchange, employment office, labor pool, labor exchange, labour pool, labour exchange
**bolsa de productos** – commodities exchange
**bolsa de trabajo** – employment exchange, employment office, labor pool, labor exchange, labour pool, labour exchange
**bolsa de valores** – securities exchange, stock exchange
**bolsista** *m/f* – market investor, market speculator
**bomba** *f* – bomb, pump
**bona fide** – in good faith, bona fide
**bona fides** – good faith, bona fides
**bonificación** *f* – bonus, allowance, rebate, discount
**bonificación al firmar** – signing bonus

**bonificación anual** – annual bonus, yearly bonus
**bonificación de contribuciones** – tax rebate
**bonificación de impuestos** – tax rebate
**bonificación de incentivo** – incentive bonus
**bonificación en efectivo** – cash bonus
**bonificación fiscal** – tax rebate
**bonificación grupal** – group bonus
**bonificación por actividad** – activity bonus
**bonificación por eficiencia** – efficiency bonus
**bonificación por firmar** – signing bonus
**bonificación por producción** – production bonus
**bonificación por riesgo** – hazard bonus
**bonificación semianual** – semiannual bonus, biannual bonus
**bonificación tributaria** – tax rebate
**bonificar** *v* – to give a bonus, to grant an allowance, to rebate, to discount
**bonista** *m/f* – bondholder
**bono** *m* – bond, bonus, voucher
**bono a perpetuidad** – perpetual bond
**bono ajustable** – adjustable bond
**bono al firmar** – signing bonus
**bono al portador** – bearer bond
**bono anual** – annual bonus
**bono bancario** – bank bond
**bono basura** – junk bond
**bono colateral** – collateral trust bond
**bono comerciable** – marketable bond
**bono con cupones** – coupon bond
**bono con garantía** – secured bond
**bono convertible** – convertible bond
**bono corporativo** – corporate bond
**bono cupón cero** – zero-coupon bond
**bono de ahorro** – savings bond
**bono de alto rendimiento** – high-yield bond
**bono de banco** – bank bond
**bono de caja** – short-term government debt instrument
**bono de consolidación** – funding bond
**bono de contribuciones** – tax rebate
**bono de conversión** – refunding bond
**bono de fomento** – development bond
**bono de garantía** – guarantee bond
**bono de hipoteca general** – general mortgage bond
**bono de impuestos** – tax rebate
**bono de incentivo** – incentive bonus
**bono de navidad** – Christmas bonus
**bono de obligación general** – general obligation bond
**bono de prenda** – note issued against warehoused property
**bono de primera hipoteca** – first mortgage bond
**bono de reintegración** – refunding bond
**bono de rendimientos** – income bond
**bono de renta** – income bond
**bono de renta perpetua** – perpetual bond
**bono de tesorería** – government bond, treasury bond
**bono del estado** – government bond, state bond
**bono del gobierno** – government bond
**bono del gobierno federal** – federal government bond
**bono del tesoro** – treasury bond
**bono en efectivo** – cash bonus
**bono estatal** – government bond, state bond
**bono exento de contribuciones** – tax-exempt bond
**bono exento de impuestos** – tax-exempt bond
**bono extranjero** – foreign bond
**bono fiscal** – government bond, tax bond
**bono garantizado** – guaranteed bond, guaranteed bonus
**bono grupal** – group bonus
**bono gubernamental** – government bond
**bono hipotecario** – mortgage bond
**bono imponible** – taxable bond
**bono industrial** – industrial bond
**bono inmobiliario** – real estate bond
**bono irredimible** – irredeemable bond
**bono municipal** – municipal bond
**bono negociable** – negotiable bond, marketable bond
**bono no negociable** – non-marketable bond
**bono no retirable** – non-callable bond
**bono nominativo** – registered bond
**bono pasivo** – passive bond
**bono perpetuo** – perpetual bond
**bono por actividad** – activity bonus
**bono por eficiencia** – efficiency bonus
**bono por firmar** – signing bonus
**bono por producción** – production bonus
**bono por riesgo** – hazard bonus
**bono privilegiado** – privileged bond
**bono redimible** – callable bond
**bono redimido** – called bond
**bono registrado** – registered bond
**bono rescatable** – callable bond
**bono respaldado por hipotecas** – mortgage-backed bond
**bono retirable** – callable bond
**bono retirado** – called bond
**bono sin certificado** – certificateless bond
**bono sin garantía** – unsecured bond
**bono sin vencimiento** – perpetual bond
**bono sobre equipo** – equipment trust certificate
**bono talonario** – coupon bond
**bono tributable** – taxable bond
**bono tributario** – tax rebate
**bonos de fundador** – bonds issued to promoters
**bonos diferidos** – deferred bonds
**bonos emitidos** – bonds issued
**bonos en serie** – serial bonds
**bonos extranjeros** – foreign bonds
**boom económico** – economic boom
**borrachera** *f* – drunkenness
**borrachez** *f* – drunkenness
**borracho** *m* – drunkard, habitual drunkard
**borracho** *adj* – drunk
**borracho habitual** – habitual drunkard
**borrador** *m* – rough draft, draft, daybook
**borrador de acuerdo** – rough draft of agreement
**borrador de contrato** – rough draft of contract
**borradura** *f* – erasure, deletion
**borrar** *v* – to erase, to delete
**borrón** *m* – blot, erasure, rough draft
**botín** *m* – booty
**bóveda** *f* – vault
**bracero** *m* – laborer, day laborer
**braceros contratados** – contract labor
**brazo** *m* – branch, arm
**brazos** *m* – laborers, backers
**brecha** *f* – gap, divide
**brecha cambiaria** – exchange gap
**brecha comercial** – trade gap

**brecha de credibilidad** – credibility gap
**brecha de financiamiento** – funding gap, financing gap
**brecha de inflación** – inflationary gap
**brecha digital** – digital divide
**brecha inflacionaria** – inflationary gap
**brecha tecnológica** – technological gap
**breve, en** – very soon, momentarily
**brigada** *f* – brigade, squad
**broker** *m* – broker
**browser** *m* – browser
**brutalidad** *f* – brutality, savagery
**brutalidad policíaca** – police brutality
**brutalidad policial** – police brutality
**brutalmente** *adv* – brutally, savagely
**bruto** *adj* – gross, stupid
**buen comportamiento** – good behavior
**buen nombre** – goodwill, good reputation
**buena calidad** – good quality
**buena conducta** – good behavior
**buena fama** – good reputation
**buena fe** – good faith
**buena guarda** – safekeeping
**buena inversión** – good investment
**buena paga** – good credit risk, good pay
**buenas prácticas de administración** – good management practices
**buenas prácticas de manufactura** – good manufacturing practices
**bueno y válido** – good and valid
**buenos oficios** – mediation
**bufete** *m* – law firm, law office, clientele of a law firm
**buhonería** *f* – peddling
**buhonero** *m* – peddler
**buque** *m* – ship, vessel, hull
**buque carguero** – freighter
**buque de carga** – freighter
**buque de guerra** – warship
**buque mercante** – merchant ship
**burbuja de precios** – price bubble
**burdel** *m* – brothel
**burocracia** *f* – bureaucracy
**burócrata** *m/f* – bureaucrat
**burocrático** *adj* – bureaucratic
**burocratización** *f* – bureaucratization
**burocratizar** *v* – to bureaucratize
**bursátil** *adj* – pertaining to stock exchange transactions, pertaining to a stock exchange
**busca** *f* – search, pursuit
**buscador** *m* – search engine
**buscapersonas** *m* – pager
**buscar empleo** – seek employment
**buscar trabajo** – seek employment
**búsqueda** *f* – search, research
**búsqueda de frontera** – border search
**búsqueda ejecutiva** – executive search
**búsqueda electrónica** – online search, Internet search, electronic search
**búsqueda en el Internet** – Internet search, online search
**búsqueda en línea** – online search, Internet search, electronic search
**búsqueda ilegal** – illegal search
**búsqueda ilícita** – illicit search
**búsqueda inapropiada** – inappropriate search
**búsqueda lícita** – licit search
**búsqueda online** – online search, Internet search, electronic search
**butrón** *m* – hole made by robbers in a ceiling or wall
**buzón** *m* – mailbox
**buzón de entrada** – inbox
**buzón de salida** – outbox
**buzón de voz** – voice mailbox
**buzonear** *v* – to send junk mail, to send advertisements to private homes

# C

**cabal** *adj* – right, complete, exact
**caballero blanco** – white knight
**caballero negro** – black knight
**cabalmente** *adv* – completely, exactly
**cabecera** *f* – capital, heading, header, headline
**cabecera del condado** – county seat
**cabecero** *m* – lessee, head of household
**cabecilla** *m/f* – leader, ringleader, spokesperson
**caber recurso** – to carry the right of appeal
**cabeza** *f* – head, seat of local government, leader of a locality, cattle head, judgment
**cabeza de casa** – head of household
**cabeza de familia** – head of household
**cabeza de proceso** – court order to begin a criminal investigation
**cabeza de sentencia** – preamble to a judicial decision
**cabeza de testamento** – preamble to a will
**cabezalero** *m* – executor
**cabida** *f* – expanse
**cabildante** *m/f* – member of a city council
**cabildear** *v* – to lobby
**cabildeo** *m* – lobbying
**cabildero** *m* – lobbyist
**cabildo** *m* – city council, city hall, meeting, meeting of a city council
**cabildo municipal** – city council
**cabina electoral** – election booth
**cabotaje** *m* – cabotage, coasting trade, coastal trading, coastal sailing, tax upon a vessel traveling along a coast
**cacicada** *f* – abuse of authority, abuse of power
**cacique** *m* – local person wielding excessive power, local political boss, despot, autocrat
**caco** *m* – thief, robber
**cachear** *v* – to frisk, to search
**cacheo** *m* – frisking, search
**cachiporra** *f* – bludgeon
**cadáver** *m* – corpse
**cadena** *f* – chain
**cadena afiliada** – affiliated chain
**cadena bancaria** – banking chain
**cadena comercial** – commercial chain

**cadena corporativa** – corporate chain
**cadena de bancos** – bank chain
**cadena de circunstancias** – chain of circumstances
**cadena de comercio** – commerce chain
**cadena de custodia** – chain of custody
**cadena de distribución** – chain of distribution
**cadena de ensamblaje** – assembly line
**cadena de mando** – chain of command
**cadena de montaje** – assembly line
**cadena de negocios** – business chain
**cadena de posesión** – chain of possession
**cadena de radio** – radio network
**cadena de suministro** – supply chain
**cadena de televisión** – television network
**cadena de tiendas** – chain of stores
**cadena de titularidad** – chain of title
**cadena de título** – chain of title
**cadena empresarial** – business chain
**cadena mercantil** – commercial chain, mercantile chain
**cadena perpetua** – life imprisonment
**cadena radial** – radio network
**cadena televisiva** – television network
**caducable** *adj* – forfeitable, lapsable
**caducado** *adj* – forfeited, expired, lapsed
**caducar** *v* – to expire, to lapse, to be forfeited, to become void
**caducidad** *f* – caducity, expiration, lapse, forfeiture, invalidity
**caducidad de la fianza** – forfeiture of a bond
**caducidad de la instancia** – nonsuit
**caducidad de las leyes** – expiration of laws
**caducidad de los testamentos** – invalidity of a will
**caducidad de marcas** – lapse of trademark registration
**caducidad de patentes** – lapse of patent registration
**caduco** *adj* – expired, lapsed, void
**caer** *adj* – to fall, to drop, to lose, to decline, to diminish, to lose value, to understand
**caer en comiso** – to be forfeited
**caer en manos de alguien** – to be under another's control, to be kidnapped
**caer en mora** – to fall in arrears, to become delinquent on a debt
**caer en picado** – to fall sharply
**caída** *f* – fall, drop
**caída de costes** – drop in costs
**caída de costos** – drop in costs
**caída de deuda** – drop in debt
**caída de divisa** – currency fall
**caída de gastos** – drop in expenses
**caída de impuestos** – tax drop
**caída de la contaminación** – drop in contamination
**caída de precios** – drop in prices
**caída de producción** – drop in production
**caída de salario** – salary drop
**caída de tasas** – rate fall
**caída de tipo** – rate fall
**caída de valor** – drop in value
**caída del déficit** – deficit drop
**caída en picado** – sharp fall
**caída en precios** – drop in prices
**caída impositiva** – tax drop
**caída salarial** – salary drop
**caída tributaria** – tax drop
**caído** *adj* – due, fallen
**caídos** *m* – arrears, perquisites
**caja** *f* – box, safe, cash, cash desk, checkout, cash register, window, fund
**caja ámbar** – amber box
**caja azul** – blue box
**caja chica** – petty cash
**caja de ahorros** – savings bank
**caja de amortización** – sinking fund
**caja de caudales** – safe, safety deposit box
**caja de compensación** – clearinghouse
**caja de conversión** – governmental foreign exchange
**caja de crédito hipotecario** – mortgage bank
**caja de gastos menores** – petty cash
**caja de jubilación** – pension fund
**caja de maternidad** – maternity leave fund
**caja de pensión** – pension fund
**caja de previsión** – pension fund
**caja de seguridad** – safety deposit box
**caja de seguro** – safe
**caja dotal** – pension fund
**caja fiscal** – national treasury
**caja fuerte** – safe
**caja mutua de ahorros** – mutual savings bank
**caja para gastos menores** – petty cash
**caja pequeña** – petty cash
**caja postal** – post office savings bank
**caja postal de ahorros** – post office savings bank
**caja recaudadora** – office of the tax collector
**caja registradora** – cash register
**caja registradora electrónica** – electronic cash register
**caja roja** – red box
**caja verde** – green box
**cajear** *v* – to take on a debt knowing that it can not be paid
**cajero** *m* – teller, cashier, peddler
**cajero asistente** – assistant cashier
**cajero automático** – automatic teller machine, automated teller machine, cash dispenser, cashpoint
**cajero bancario** – bank cashier
**cajero comercial** – commercial teller
**cajero de banco** – bank cashier
**cajero de certificación** – certification teller
**cajero de cobros** – collection teller
**cajero de cupones** – coupon teller
**cajero principal** – head teller
**cajero que recibe** – receiving teller
**cajero receptor** – receiving teller
**cajero recibidor** – receiving teller
**cajilla de seguridad** – safety deposit box
**calabozo** *m* – jail, cell
**calabozo judicial** – jail
**calamidad** *f* – calamity
**calamitoso** *adj* – calamitous
**calculadamente** *adj* – calculatedly, deliberately
**calculable** *adj* – calculable
**calculado** *adj* – calculated
**calculador** *adj* – calculating
**calculadora** *f* – calculator
**calcular** *v* – to calculate, to compute
**cálculo** *m* – calculation, computation
**cálculo aproximado** – approximate calculation

**cálculo contributivo** – tax calculation
**cálculo de contribuciones** – calculation of taxes
**cálculo de costas** – calculation of court costs
**cálculo de costes** – calculation of costs
**cálculo de costos** – calculation of costs
**cálculo de gastos** – calculation of expenses
**cálculo de impuestos** – calculation of taxes
**cálculo de ingresos** – calculation of earnings
**cálculo de intereses** – calculation of interest
**cálculo de pagos** – calculation of payments
**cálculo de precios** – calculation of prices
**cálculo de prima** – calculation of premium
**cálculo de subsidio** – calculation of subsidy
**cálculo de subvención** – calculation of subsidy
**cálculo de valor final** – calculation of final value
**cálculo del valor** – calculation of value
**cálculo fiscal** – tax calculation
**cálculo impositivo** – tax calculation
**cálculo presupuestario** – budget calculation
**cálculo suplementario** – supplemental calculation
**cálculo tributario** – tax calculation
**calendario** *m* – calendar, docket, schedule, agenda
**calendario de señalamientos** – docket
**calendario fiscal** – fiscal calendar, tax calendar
**calendario judicial** – court calendar
**calendario oficial** – days in which a court is open
**calentamiento global** – global warming
**calibre** *m* – caliber
**calidad** *f* – quality, condition, nature, manner
**calidad aceptable** – acceptable quality
**calidad acostumbrada** – customary quality
**calidad adecuada** – adequate quality
**calidad ambiental** – environmental quality
**calidad comercial** – commercial quality
**calidad cuestionable** – questionable quality
**calidad de activos** – asset quality
**calidad de banco** – bank quality
**calidad de crédito** – credit quality
**calidad de la pena** – degree of punishment
**calidad de primera** – top quality
**calidad de trabajo** – quality of work
**calidad de vida** – quality of life
**calidad decreciente** – declining quality
**calidad del delito** – degree of the crime
**calidad ecológica** – ecological quality
**calidad inferior** – inferior quality
**calidad media** – average quality
**calidad mínima** – minimum quality
**calidad normal** – normal quality
**calidad regular** – regular quality
**calidad típica** – typical quality
**calificación** *f* – qualification, assessment, judgment, evaluation, rating
**calificación crediticia** – credit rating
**calificación del delito** – classification of the crime to determine the penalty
**calificación registral** – verification of suitability for filing in public registry
**calificaciones profesionales** – professional qualifications
**calificado** *adj* – qualified, skilled, conditional
**calificar** *v* – to classify, to qualify, to rate, to evaluate, to judge, to certify
**caligrafía** *f* – handwriting
**calígrafo perito** – handwriting expert
**calumnia** *f* – calumny, slander
**calumniador** *m* – calumniator, slanderer
**calumniador** *adj* – calumnious, slanderous
**calumniar** *v* – to calumniate, to slander, to defame
**calumnioso** *adj* – calumnious, slanderous
**callar** *v* – to silence, to remain silent, to conceal
**cámara** *f* – chamber, legislative body, room, camera
**cámara alta** – upper house, senate
**cámara arbitral** – board of arbitration
**cámara baja** – lower house, house of representatives
**cámara compensadora** – clearinghouse
**cámara de apelación** – court of appeals
**cámara de circuito cerrado** – closed-circuit camera
**cámara de comercio** – chamber of commerce
**cámara de comercio e industria** – chamber of commerce and industry
**cámara de compensación** – clearinghouse
**cámara de diputados** – house of representatives
**cámara de gas** – gas chamber
**cámara de la industria** – chamber of industry
**cámara de representantes** – house of representatives
**cámara de senadores** – senate
**cámara del juez** – judge's chambers
**cámara industrial** – chamber of industry
**cámara letal** – death chamber
**cámara municipal** – municipal council
**cámaras legislativas** – legislative bodies
**camarilla** *f* – lobby, power group, entourage
**camarista** *m/f* – appellate judge, council member
**cambalache** *m* – bartering
**cambiable** *adj* – changeable, exchangeable
**cambiador** *m* – barterer
**cambial** *m* – bill of exchange
**cambiar** *v* – to change, to exchange, to negotiate
**cambiar de dueño** – to change owner, to change hands
**cambiar de empleo** – to change jobs
**cambiar de manos** – to change hands, to change owner
**cambiar de trabajo** – to change jobs
**cambiar una letra** – to negotiate a bill
**cambiario** *adj* – pertaining to a bill of exchange, pertaining to exchange
**cambio** *m* – change, exchange, exchange rate, barter
**cambio a corto plazo** – short-term exchange
**cambio a la vista** – exchange at sight
**cambio contable** – accounting change
**cambio de base** – change of base
**cambio de beneficiario** – change of beneficiary
**cambio de carrera** – career change
**cambio de circunstancias** – change of circumstances
**cambio de contabilidad** – accounting change
**cambio de deberes** – change of duties
**cambio de dinero** – money exchange, currency exchange
**cambio de dirección** – change of address, change of management, change of direction
**cambio de domicilio** – change of domicile
**cambio de empleo** – employment change
**cambio de nombre** – change of name
**cambio de parecer** – change of heart
**cambio de partes** – change of parties
**cambio de posesión** – change of possession

**cambio de precio** – price change
**cambio de profesión** – profession change
**cambio de propiedad** – change of ownership
**cambio de propietario** – change of ownership
**cambio de residencia** – change of residence
**cambio de tasa** – change of rate
**cambio de tasa de interés** – change of interest rate
**cambio de tipo** – change of rate
**cambio de tipo de interés** – change of interest rate
**cambio de trabajo** – job change
**cambio de turno** – shift change
**cambio de valoración** – valuation change
**cambio de valuación** – valuation change
**cambio directo** – direct exchange
**cambio dirigido** – controlled exchange
**cambio en condiciones** – change in conditions
**cambio en circunstancias** – change of circumstances
**cambio en el riesgo** – change in the risk
**cambio en la clasificación arancelaria** – change in tariff classification
**cambio exterior** – foreign trade, foreign exchange
**cambio extranjero** – foreign trade, foreign exchange
**cambio fijo** – fixed exchange
**cambio flotante** – floating exchange
**cambio fundamental** – fundamental change
**cambio leve** – slight change
**cambio libre** – free exchange, exchange in a free market
**cambio mercantil** – mercantile exchange
**cambio negro** – exchange in the black market
**cambio oficial** – official exchange rate
**cambio organizacional** – organizational change
**cambio organizativo** – organizational change
**cambio periódico** – periodic change
**cambio pertinente** – pertinent change
**cambio político** – political change
**cambio profesional** – professional change
**cambio relevante** – relevant change
**cambio social** – amendment to the articles of incorporation, social change
**cambista** *m/f* – cambist
**camino** *m* – road, route
**camino crítico** – critical path
**camino de servidumbre** – right of way
**camino privado** – private road
**camino público** – public road
**campaña** *f* – campaign, period of employment
**campaña agrícola** – crop year
**campaña corporativa** – corporate campaign
**campaña de marketing** – marketing campaign
**campaña de mercadeo** – marketing campaign
**campaña de prensa** – press campaign
**campaña de publicidad** – advertising campaign
**campaña de saturación** – saturation campaign
**campaña de ventas** – selling campaign
**campaña nacional** – national campaign
**campaña promocional** – promotional campaign
**campaña publicitaria** – advertising campaign
**campo** *m* – field, land, country, faction
**campo de actividad** – field of activity
**campo de concentración** – concentration camp
**campo petrolero** – oil field
**campo petrolífero** – oil field
**campo visual** – field of vision
**camuflaje** *m* – camouflage
**canal** *m* – canal, waterway, channel
**canal comercial** – commercial channel, trade channel
**canal principal** – main channel
**canales de comercialización** – marketing channels
**canales de comercio** – channels of commerce, channels of trade
**canales de comunicación** – communication channels
**canales de marketing** – marketing channels
**canales de mercadeo** – marketing channels
**canales de ventas** – sales channels
**canalización** *f* – canalization
**canalizar** *v* – to channel
**canalizar fondos** – to channel funds
**canalla** *m/f* – despicable person, gangster
**canasta de monedas** – basket of currencies
**canasta familiar** – average family monthly expenditures for a given list of items including food and health expenses, typical monthly expenditures for a family of a specified socioeconomic level for a given list of items including food and health expenses
**cancelable** *adj* – cancelable, annullable
**cancelación** *f* – cancellation, annulment, charge-off
**cancelación anticipada** – early cancellation
**cancelación de antecedentes penales** – cancellation of a criminal record
**cancelación de arrendamiento** – cancellation of lease
**cancelación de contrato** – cancellation of contract
**cancelación de convenio** – cancellation of agreement
**cancelación de deuda** – debt cancellation
**cancelación de gravamen** – discharge of lien
**cancelación de hipoteca** – cancellation of mortgage
**cancelación de instrumento** – cancellation of instrument
**cancelación de orden** – cancellation of order
**cancelación de pagaré** – cancellation of promissory note
**cancelación de pedido** – cancellation of order
**cancelación de póliza** – cancellation of policy
**cancelación de préstamo** – cancellation of loan, loan write-off
**cancelación parcial** – partial cancellation
**cancelado** *adj* – cancelled, annulled, paid off, written off
**cancelar** *v* – to cancel, to annul, to revoke, to pay off, to write off
**cancelar un contrato** – to cancel a contract
**cancelar un cheque** – to cancel a check, to cancel a cheque
**cancelar un crédito** – to cancel a credit
**cancelar un pedido** – to cancel an order
**cancelar un instrumento** – to cancel an instrument
**cancelar una deuda** – to cancel a debt
**cancelar una factura** – to cancel a bill
**cancelar una orden** – to cancel an order
**cancerígeno** *adj* – carcinogenic
**canciller** *m* – chancellor, secretary of state
**cancillería** *f* – chancellorship, department of state
**candidamente** *adv* – candidly
**candidato** *m* – candidate
**candidato calificado** – qualified candidate
**candidatura** *f* – candidature, list of candidates
**candor** *m* – candor
**canje** *m* – exchange, conversion, barter, clearing of

checks, clearing of cheques, redemption
**canjeabilidad** *f* – exchangeability, convertibility, redeemability
**canjeable** *adj* – exchangeable, convertible, redeemable
**canjear** *v* – to exchange, to convert, to clear checks, to redeem
**canon** *m* – canon, rate, rent, royalty
**canon de arrendamiento** – rent payment
**cánones de ética profesional** – canons of professional responsibility
**cantidad** *f* – quantity, sum, amount, figure
**cantidad a abonar** – amount payable, amount due
**cantidad a pagar** – amount payable, amount due
**cantidad acreditada** – amount credited
**cantidad actual** – present amount
**cantidad acumulada** – accumulated amount
**cantidad adeudada** – amount owed, amount due
**cantidad alzada** – agreed sum
**cantidad amortizable** – amortizable amount, depreciable amount
**cantidad amortizada** – amortized amount, depreciated amount
**cantidad aplazada** – deferred amount
**cantidad asegurada** – amount covered, amount insured
**cantidad base** – base amount
**cantidad cargada** – charged amount
**cantidad cobrada** – amount collected
**cantidad compuesta** – compound amount
**cantidad constante** – constant amount
**cantidad contribuida** – amount contributed
**cantidad convenida** – agreed-upon amount
**cantidad de crédito** – amount of credit
**cantidad de la pérdida** – amount of loss
**cantidad de la reclamación** – claim amount
**cantidad de la subvención** – amount of subsidy
**cantidad de seguro** – insurance amount
**cantidad de transacción** – transaction amount
**cantidad debida** – amount due
**cantidad declarada** – stated amount
**cantidad deducida** – amount deducted
**cantidad del daño** – amount of damage
**cantidad del pedido** – order quantity
**cantidad del subsidio** – amount of subsidy
**cantidad depreciada** – depreciated amount
**cantidad desembolsada** – disbursed amount
**cantidad determinada** – determined amount
**cantidad en descubierto** – overdrawn amount
**cantidad en exceso** – excess amount
**cantidad en riesgo** – amount at risk
**cantidad entera** – entire amount
**cantidad específica** – specific amount
**cantidad especificada** – specified amount
**cantidad excesiva** – excessive amount
**cantidad exenta** – exempt amount
**cantidad exorbitante** – exorbitant amount
**cantidad exportada** – amount exported
**cantidad fija** – fixed amount
**cantidad financiada** – amount financed
**cantidad garantizada** – guaranteed amount
**cantidad identificada** – identified amount
**cantidad importada** – amount imported
**cantidad indeterminada** – sum uncertain
**cantidad indicada** – indicated amount
**cantidad inicial** – initial amount
**cantidad líquida** – liquid assets
**cantidad máxima** – maximum amount
**cantidad media** – average amount
**cantidad mínima** – minimum amount
**cantidad necesaria** – necessary amount
**cantidad neta** – net amount
**cantidad obligada** – obligatory amount
**cantidad obligatoria** – obligatory amount
**cantidad pagada en exceso** – amount overpaid
**cantidad pagada** – amount paid
**cantidad pagadera** – amount to be paid, amount payable
**cantidad pendiente** – amount outstanding
**cantidad perdida** – amount lost
**cantidad predeterminada** – predetermined amount
**cantidad producida** – produced amount
**cantidad promedia** – average amount
**cantidad real** – actual amount
**cantidad realizada** – amount realized
**cantidad regular** – regular amount
**cantidad requerida** – required amount
**cantidad residual** – residual amount
**cantidad retenida** – amount withheld
**cantidad suficiente** – sufficient amount
**cantidad transferida** – transferred amount
**cantidad variable** – variable amount
**cantidad vencida** – amount overdue
**cantón** *m* – canton
**cantonalismo** *m* – cantonalism
**caótico** *adj* – chaotic
**capacidad** *f* – capacity, ability, capability, legal capacity, opportunity, competency
**capacidad administrativa** – administrative capacity, executive capacity
**capacidad adquisitiva** – purchasing power, purchasing capacity
**capacidad civil** – legal capacity
**capacidad competitiva** – competitive capacity
**capacidad consultiva** – consultative capacity, consulting capacity
**capacidad consultora** – consultative capacity, consulting capacity
**capacidad contributiva** – taxpaying capacity
**capacidad crediticia** – creditworthiness
**capacidad criminal** – criminal capacity
**capacidad de absorción** – absorptive capacity
**capacidad de actuar** – capacity to act
**capacidad de carga** – cargo capacity
**capacidad de competir** – capacity to compete
**capacidad de comprar y vender** – capacity to buy and sell
**capacidad de contratar** – ability to contract
**capacidad de crédito** – credit capacity
**capacidad de derecho** – legal capacity
**capacidad de ejercicio** – capacity to act
**capacidad de endeudamiento** – borrowing capacity
**capacidad de exportación** – export capacity
**capacidad de ganar dinero** – earning capacity
**capacidad de importación** – import capacity
**capacidad de las partes** – capacity of parties
**capacidad de pago** – capacity to pay, ability to pay, credit rating

**capacidad de pago de contribuciones** – ability to pay taxes
**capacidad de pago de deudas** – ability to pay debts
**capacidad de pago de impuestos** – ability to pay taxes
**capacidad de producción** – production capacity
**capacidad de producir ingresos** – earning capacity
**capacidad de tomar prestado** – borrowing capacity
**capacidad de trabajo** – working capacity
**capacidad del menor** – legal capacity of a minor
**capacidad disponible** – capacity available
**capacidad económica** – economic capacity
**capacidad en exceso** – excess capacity
**capacidad excedente** – excess capacity
**capacidad exportadora** – exporting capacity
**capacidad fiduciaria** – fiduciary capacity
**capacidad financiera** – financial capacity, credit rating
**capacidad ideal** – ideal capacity
**capacidad importadora** – importing capacity
**capacidad jurídica** – legal capacity
**capacidad legal** – legal capacity
**capacidad máxima** – maximum capacity, peak capacity
**capacidad mental** – mental capacity
**capacidad normal** – normal capacity
**capacidad ociosa** – idle capacity, excess capacity
**capacidad operativa** – operating capacity
**capacidad óptima** – optimum capacity
**capacidad para contraer matrimonio** – capacity to marry
**capacidad para contratar** – capacity to contract
**capacidad para demandar** – capacity to sue
**capacidad para ganar** – ability to earn
**capacidad para hipotecar** – capacity to mortgage
**capacidad para pagar** – ability to pay
**capacidad para pagar contribuciones** – ability to pay taxes
**capacidad para pagar deudas** – ability to pay debts
**capacidad para pagar impuestos** – ability to pay taxes
**capacidad para reasegurar** – reinsurance capacity
**capacidad para ser parte** – capacity to be a party to an action
**capacidad para suceder** – capacity to inherit
**capacidad para testar** – capacity to make a will
**capacidad para trabajar** – capacity to work
**capacidad penal** – criminal capacity
**capacidad plena** – full authority
**capacidad práctica** – practical capacity
**capacidad procesal** – capacity to be a party to an action
**capacidad profesional** – professional capacity
**capacidad testifical** – capacity to serve as a witness
**capacitación** *f* – capacitation, training, qualification
**capacitación del personal** – personnel training, staff training
**capacitación dentro de la empresa** – in-house training
**capacitación en el empleo** – on-the-job training
**capacitación en el trabajo** – on-the-job training
**capacitación interna** – in-house training
**capacitación ocupacional** – job training, occupational training
**capacitación profesional** – professional training
**capacitado** *adj* – capable, trained, qualified
**capacitado jurídicamente** – legally capable
**capacitado legalmente** – legally capable
**capacitar** *v* – to capacitate, to train, to qualify, to empower
**caparra** *f* – earnest money, down payment, partial payment, bargain money
**capataz** *m* – foreperson, foreman, overseer
**capaz** *adj* – able, capable
**capaz de comprar** – able to purchase
**capaz de obtener ingresos** – able to earn
**capaz de reconocer** – able to recognize
**capaz de ser alterado** – able to be altered
**capaz de ser confirmado** – able to be confirmed
**capaz de trabajar** – able to work
**capaz y dispuesto** – willing and able
**capciosamente** *adv* – trickily
**capcioso** *adj* – tricky
**capita** – heads, persons, capita
**capitación** *f* – capitation
**capital** *m* – capital, principal
**capital** *adj* – capital, principal, fundamental
**capital a corto plazo** – short-term capital
**capital a la vista** – callable capital
**capital a largo plazo** – long-term capital
**capital a mediano plazo** – medium-term capital
**capital a medio plazo** – medium-term capital
**capital accionario** – capital stock
**capital adeudado** – loan capital
**capital ajustado** – adjusted capital
**capital amortizado** – amortized capital
**capital antecedente** – original capital
**capital aportado** – contributed capital
**capital asegurado** – insured capital
**capital aumentado** – increased capital
**capital autorizado** – authorized capital
**capital base** – base capital
**capital bloqueado** – blocked capital
**capital circulante** – working capital, circulating capital, floating capital
**capital computable** – accountable capital
**capital congelado** – frozen capital
**capital contable** – shareholders' equity
**capital contribuido** – contributed capital
**capital convenido** – agreed-upon capital
**capital corporativo** – corporate capital
**capital cubierto** – paid-up capital
**capital de arranque** – startup capital
**capital de explotación** – operating capital
**capital de inversión** – investment capital
**capital de la compañía** – company capital, company assets
**capital de la corporación** – corporate capital, corporate assets
**capital de la empresa** – company capital, company assets, enterprise capital
**capital de riesgo** – risk capital, venture capital
**capital declarado** – stated capital, declared capital
**capital desembolsado** – paid-up capital
**capital disponible** – available capital
**capital e intereses** – capital and interest
**capital emitido** – issued capital
**capital empresarial** – company capital, enterprise

capital
**capital en acciones** – stock capital, issued stock
**capital en giro** – working capital
**capital en préstamos** – loan capital
**capital escriturado** – stated capital
**capital especializado** – specialized capital
**capital especificado** – specified capital
**capital establecido** – established capital
**capital estipulado** – stipulated capital
**capital extranjero** – foreign capital
**capital fijo** – fixed capital, fixed assets
**capital financiero** – financial capital
**capital fundacional** – original capital
**capital humano** – human capital
**capital improductivo** – non-producing capital
**capital individual** – individual capital
**capital inicial** – original capital
**capital inmobiliario** – real-estate capital
**capital integrado** – paid-up capital
**capital invertido** – invested capital
**capital legal** – legal capital
**capital lícito** – licit capital
**capital líquido** – liquid assets, net worth
**capital negociado** – negotiated capital
**capital neto** – net worth, net capital
**capital nominal** – nominal capital, face capital
**capital pagado** – paid-in capital
**capital permanente** – permanent capital
**capital preestablecido** – preset capital
**capital prestado** – borrowed capital
**capital principal** – primary capital
**capital privado** – private capital
**capital productivo** – working capital
**capital propio** – equity capital
**capital público** – public capital
**capital real** – real capital
**capital riesgo** – risk capital, venture capital
**capital semilla** – seed capital
**capital social** – capital stock, corporate capital, shareholders' equity, partnership's capital, equity
**capital subscrito** – subscribed capital
**capital suscrito** – subscribed capital
**capital variable** – variable capital
**capital y reservas** – capital and reserves
**capitalismo** *m* – capitalism
**capitalismo de camarilla** – crony capitalism
**capitalista** *adj* – capitalist
**capitalista** *m/f* – capitalist
**capitalización** *f* – capitalization, compounding
**capitalización bursátil** – market capitalization
**capitalización de contribuciones** – capitalization of taxes
**capitalización de impuestos** – capitalization of taxes
**capitalización directa** – direct capitalization
**capitalización entera** – entire capitalization
**capitalización total** – total capitalization
**capitalizado** *adj* – capitalized
**capitalizar** *v* – to capitalize, to compound, to convert
**capitán** *m* – captain, leader, ringleader
**capitán de buque** – captain of a vessel
**capitán preboste** – provost-marshal
**capitulación** *f* – capitulation, agreement, settlement
**capitulaciones matrimoniales** – prenuptial agreement, antenuptial agreement, marriage articles
**capitulante** *adj* – capitulating
**capitular** *v* – to capitulate, to settle, to impeach
**capitulear** *v* – to lobby
**capituleo** *m* – lobbying
**capitulero** *m* – lobbyist
**capítulo** *m* – chapter, title, subject, assembly, charge
**caprichoso** *adj* – capricious
**captación** *m* – captation, understanding, reception
**captura** *f* – capture, apprehension, arrest
**capturar** *v* – to capture, to apprehend, to arrest
**carácter** *m* – character, disposition, type
**carácter moral** – moral character
**carácter testamentario** – testamentary character
**características** *f* – characteristics, features
**características corporativas** – corporate characteristics
**características generales** – general characteristics
**caracterización** *f* – characterization
**cárcel** *f* – jail, prison
**cárcel del condado** – county jail
**cárcel estatal** – state prison
**cárcel federal** – federal prison
**carcelaje** *m* – imprisonment, detention
**carcelario** *adj* – pertaining to a jail
**carcelería** *f* – imprisonment, forced imprisonment, detention
**carcelero** *m* – jailer
**carear** *v* – to confront, to compare
**carencia** *f* – lack, absence, shortage
**careo** *m* – confrontation, comparison
**careo de testigos** – confrontation of witnesses
**carestía** *f* – shortage, high cost of staples
**carestía de la vida** – high cost of living
**carga** *m* – cargo, charge, encumbrance, burden, tax, obligation
**carga abandonada** – abandoned cargo
**carga adicional** – additional cargo, additional charge
**carga ambiental** – environmental load
**carga contributiva** – tax burden
**carga de buques** – ship's cargo
**carga de deuda** – debt burden
**carga de la afirmación** – burden of proof
**carga de la herencia** – expense payable by a decedent's estate
**carga de la prueba** – burden of proof
**carga de trabajo** – workload
**carga del fiduciario** – trustee's duties
**carga del seguro** – obligation to insure
**carga ecológica** – ecological load
**carga económica** – economic burden
**carga financiera** – financial burden
**carga fiscal** – tax burden
**carga general** – general cargo
**carga impositiva** – tax burden
**carga procesal** – obligations of the parties to a suit
**carga real** – real property tax
**carga tributaria** – tax burden
**cargador** *m* – loader, carrier
**cargamento** *m* – cargo, load, freight
**cargamento a granel** – bulk shipment
**cargar** *v* – to load, to impose, to charge, to encumber, to burden, to obligate
**cargar con la responsabilidad** – shoulder the responsibility

**cargareme** *m* – receipt
**cargas de familia** – family expenses
**cargas de la herencia** – expenses payable by a decedent's estate
**cargas de la sociedad conyugal** – marital expenses
**cargas del matrimonio** – marital expenses
**cargo** *m* – charge, fee, post, position, duty, debit, count, load, cargo
**cargo accesorio** – accessory charge, accessory fee
**cargo acordado** – agreed-upon charge, agreed-upon fee
**cargo acostumbrado** – customary charge, customary fee
**cargo acostumbrado y razonable** – customary and reasonable charge, customary and reasonable fee
**cargo adicional** – additional charge, additional fee
**cargo administrador** – management fee, management charge, administrative charge, administrative fee
**cargo administrativo** – management fee, management charge, administrative charge, administrative fee
**cargo anual** – annual charge, annual fee
**cargo bancario** – bank charge, bank fee
**cargo consolidado** – omnibus count
**cargo constante** – constant charge, constant fee
**cargo contractual** – contractual charge, contractual fee
**cargo contratado** – contracted charge, contracted fee
**cargo convenido** – agreed-upon charge, agreed-upon fee
**cargo de, a** – in charge of, payable by
**cargo de administración** – administration fee
**cargo de asunción** – assumption charge, assumption fee
**cargo de compromiso** – commitment charge, commitment fee
**cargo de confianza** – fiduciary position
**cargo de conversión** – conversion charge, conversion fee
**cargo de corredor** – broker charge, broker fee
**cargo de corretaje** – brokerage charge, brokerage fee
**cargo de mantenimiento** – maintenance charge, maintenance fee
**cargo de tasación** – appraisal fee, appraisal charge
**cargo de transferencia** – transfer charge, transfer fee
**cargo de transporte** – transportation fee, transportation charge
**cargo de, a** – in charge of, payable by
**cargo diferido** – deferred charge, deferred fee
**cargo directo** – direct charge
**cargo ejecutivo** – executive position
**cargo equitativo** – equitable charge, equitable fee
**cargo especial** – special charge, special fee
**cargo establecido** – established fee
**cargo estipulado** – stipulated charge, stipulated fee
**cargo extra** – extra charge, extra fee
**cargo falso** – false charge
**cargo fiduciario** – fiduciary position
**cargo fijo** – fixed fee, flat fee, fixed charge, flat charge
**cargo financiero** – financial charge, financial fee
**cargo irrazonable** – unreasonable charge
**cargo máximo** – maximum charge, maximum fee
**cargo mínimo** – minimum charge, minimum fee
**cargo negociado** – negotiated charge, negotiated fee
**cargo no recurrente** – nonrecurring charge, nonrecurring fee
**cargo no reembolsable** – nonrefundable fee, nonrefundable charge
**cargo pactado** – agreed-upon charge, agreed-upon fee
**cargo periódico** – periodic charge, periodic fee
**cargo por actividad** – activity charge, activity fee
**cargo por adelanto de efectivo** – cash advance fee, cash advance charge
**cargo por administración** – management fee, management charge
**cargo por agrupar** – pooling charge, pooling fee
**cargo por amortización** – amortization charge, amortization fee
**cargo por aplazamiento** – deferment fee, deferment charge
**cargo por cancelación** – cancellation charge, cancellation fee
**cargo por cobros** – collection fee, collection charge
**cargo por compromiso** – commitment fee
**cargo por depreciación** – depreciation charge
**cargo por extensión** – extension fee
**cargo por financiación** – finance charge
**cargo por financiamiento** – finance charge
**cargo por liquidación** – liquidation charge
**cargo por originación** – origination fee
**cargo por préstamo** – loan fee
**cargo por redención** – redemption fee
**cargo por servicios** – service charge
**cargo por solicitud** – application fee
**cargo preautorizado** – preauthorized charge
**cargo predeterminado** – predetermined charge
**cargo público** – public office
**cargo razonable** – reasonable charge
**cargo recurrente** – recurring charge
**cargo reembolsable** – refundable fee
**cargo semianual** – semiannual charge
**cargo trimestral** – quarterly charge
**cargo variable** – variable fee
**cargos acumulados** – accrued charges
**cargos aduaneros** – customs charges
**cargos atrasados** – back charges
**cargos cobrados** – collected fees
**cargos consulares** – consular charges
**cargos de aduanas** – customs charges
**cargos de capital** – capital charges
**cargos de financiamiento** – financing charges
**cargos de flete** – carriage charges
**cargos de la directiva** – directors' fees
**cargos de porte** – carriage charges
**cargos de transporte** – carriage charges
**cargos especificados** – specified charges
**cargos estimados** – estimated charges
**cargos incidentales** – incidental charges
**cargos inevitables** – unavoidable charges
**cargos judiciales** – judicial offices, accusations, charges
**cargos mensuales** – monthly charges
**cargos misceláneos** – miscellaneous charges, miscellaneous fees
**cargos normales** – normal charges, normal fees
**cargos operacionales** – operational charges
**cargos ordinarios** – ordinary charges, ordinary fees
**cargos por inspección** – inspection charges
**cargos por intereses** – interest charges

**cargos por recibir** – charges receivable
**cargos por servicios** – service charges
**cargos por tramitación** – handling charges
**cargos preestablecidos** – preset charges, preset fees
**cargos preliminares** – preliminary fees
**cargos prepagados** – prepaid fees, charges prepaid
**cargos programados** – programmed charges
**cargos progresivos** – progressive fees
**cargos públicos** – public offices
**cargos regulares** – regular charges, regular fees
**cargos típicos** – typical charges, typical fees
**cargos varios** – miscellaneous charges, miscellaneous fees
**caritativo** *adj* – charitable
**carnal** *adj* – carnal, related by blood
**carnalidad** *f* – carnality
**carné** *m* – identity card, card, identification document
**carné de conducir** – driver's license, driver's licence
**carné de identidad** – identity card, identification document
**carné de identificación** – identity card, identification document
**carnet** *m* – identity card, card, identification document
**carnet de conducir** – driver's license, driver's licence
**carnet de identidad** – identity card, identification document
**carnet de identificación** – identity card, identification document
**carnicería** *f* – carnage
**carpeta** *f* – folder
**carrera** *f* – career, race
**carrera de armamentos** – arms race
**carro bomba** – car bomb
**carro corporativo** – corporate car
**carta** *f* – letter, document, charter
**carta abierta** – open letter
**carta abusiva** – abusive letter
**carta acompañante** – cover letter
**carta adjunta** – cover letter
**carta amenazadora** – threatening letter
**carta blanca** – unlimited authority, carte blanche
**carta certificada** – certified letter, registered letter
**carta comercial** – business letter
**carta con acuse de recibo** – letter with return receipt requested
**carta confidencial** – confidential letter
**carta confirmatoria** – confirming letter
**carta constitucional** – charter, articles of incorporation
**carta constitutiva** – corporate charter
**carta credencial** – credentials
**carta de aceptación** – letter of acceptance
**carta de agradecimiento** – thank you letter
**carta de asignación** – allotment letter
**carta de autorización** – letter of authorization
**carta de citación** – summons, subpoena
**carta de ciudadanía** – naturalization papers
**carta de cobro** – collection letter
**carta de comercio** – commerce letter
**carta de comisión** – letter of commission
**carta de compromiso** – letter of undertaking, letter of commitment
**carta de confirmación** – confirmation letter
**carta de crédito** – letter of credit, bill of credit
**carta de crédito a la vista** – sight letter of credit
**carta de crédito a plazo** – time letter of credit
**carta de crédito abierta** – open letter of credit
**carta de crédito comercial** – commercial letter of credit
**carta de crédito garantizada** – guaranteed letter of credit
**carta de crédito irrevocable** – irrevocable letter of credit
**carta de deficiencia** – deficiency letter
**carta de depósito** – letter of deposit
**carta de derechos** – bill of rights
**carta de despido** – letter of dismissal, pink slip
**carta de dote** – dowry letter
**carta de embarque** – bill of lading
**carta de emplazamiento** – summons, subpoena
**carta de envío** – remittance letter, cover letter
**carta de espera** – extension letter
**carta de fletamento** – charter party
**carta de garantía** – letter of guaranty
**carta de intención** – letter of intent
**carta de inversión** – investment letter
**carta de mar** – ship's papers
**carta de naturaleza** – naturalization papers
**carta de naturalización** – naturalization papers
**carta de negocios** – business letter
**carta de nombramiento** – appointment letter
**carta de orden** – order letter
**carta de pago** – receipt
**carta de pedido** – order letter
**carta de pobreza** – certificate of indigence
**carta de porte** – bill of lading, bill of freight, waybill
**carta de porte aéreo** – air bill of lading
**carta de privilegio** – franchise
**carta de procuración** – power of attorney
**carta de queja** – complaint letter
**carta de recomendación** – letter of recommendation
**carta de rechazo** – denial letter
**carta de reclamación** – complaint letter
**carta de remesa** – remittance letter
**carta de remisión** – cover letter
**carta de renuncia** – resignation letter
**carta de representación** – letter of representation
**carta de seguimiento** – follow-up letter
**carta de solicitud** – application letter
**carta de tránsito** – transit letter
**carta de transmisión** – cover letter
**carta de transporte aéreo** – air bill of lading
**carta de tutoría** – letter of guardianship
**carta de vecindad** – certificate of residence
**carta de venta** – bill of sale
**carta devuelta** – returned letter
**carta ejecutoria** – document containing a final judgment
**carta empresarial** – business letter
**carta entregada** – delivered letter
**carta fianza** – letter of guaranty
**carta franqueada** – postage-paid letter
**carta fundamental** – constitution
**carta mercantil** – business letter, commercial letter
**carta muerta** – dead letter
**carta orden** – order from a superior court to a lower one

**carta orden de crédito** – letter of credit
**carta orgánica** – corporate franchise
**carta poder** – power of attorney, proxy
**carta registrada** – registered letter
**carta rogatoria** – letters rogatory
**carta señuelo** – decoy letter
**Carta Social** – Social Charter
**carta testamentaria** – letters testamentary
**carte blanche** – unlimited authority, carte blanche
**cartel** *m* – cartel, poster
**cartel de asignación** – allocation cartel
**cartel de compra** – cartel to purchase as a group
**cartel de condiciones** – cartel to set the terms of sales
**cartel de limitación** – cartel to limit production
**cartel de mercancías** – commodities cartel
**cartel de precios** – cartel for price fixing
**cartel de productos** – commodities cartel
**cartel exportador** – export cartel
**cartel internacional** – international cartel
**cartelera** *f* – billboard, hoarding
**cartelización** *f* – cartelization
**cartera** *f* – portfolio, office of a cabinet minister, briefcase, purse, wallet
**cartera activa** – active portfolio
**cartera comercial** – commercial portfolio, trading portfolio
**cartera dactilar** – record of fingerprints
**cartera de acciones** – stock portfolio
**cartera de hacienda** – ministry of the treasury
**cartera de inversiones** – investment portfolio
**cartera de pedidos** – order book
**cartera de valores** – investment portfolio
**cartera electrónica** – electronic wallet, e-wallet, electronic portfolio
**carterista** *m* – purse snatcher, cutpurse, pickpocket
**cartular** *adj* – of record
**cartulario** *m* – notary public, registry
**casa** *f* – house, home, firm, company, family
**casa bancaria** – banking house, bank
**casa cambiaría** – money-exchange
**casa central** – home office, head office, headquarters
**casa consistorial** – city hall
**casa cuna** – foundling hospital
**casa de aceptaciones** – acceptance house, accepting house
**casa de amonedación** – mint
**casa de apartamentos** – apartment house
**casa de arbitraje** – arbitrage house
**casa de ayuntamiento** – city hall
**casa de banca** – banking house, bank
**casa de cambio** – exchange house
**casa de comercio** – commercial firm
**casa de contratación** – exchange
**casa de corrección** – reformatory
**casa de correos** – post office
**casa de corretaje** – brokerage house, brokerage firm
**casa de custodia** – detention center
**casa de depósito** – warehouse
**casa de descuento** – discount house
**casa de detención** – detention center
**casa de empeños** – pawnshop
**casa de expósitos** – foundling hospital
**casa de juego** – gambling establishment
**casa de la moneda** – mint
**casa de liquidación** – clearinghouse
**casa de préstamos** – loan office
**casa de prostitución** – house of prostitution
**casa de renta** – rental property
**casa de subastas** – auction house
**casa de valores** – investment house
**casa emisora** – issuing house
**casa en común** – condominium
**casa filial** – affiliated firm
**casa habitada** – inhabited house
**casa matriz** – home office, head office, headquarters
**casa modelo** – model house
**casa prefabricada** – prefabricated house
**casa solariega** – homestead
**casación** *f* – cassation, repeal, annulment
**casada** *f* – married woman
**casado** *m* – married man
**casado** *adj* – married
**casamiento** *m* – wedding, marriage
**casar** *v* – to marry, to repeal, to annul
**casco urbano** – built-up area of a city or urban area
**casi completo** – nearly complete
**casi correcto** – nearly correct
**casicontrato** *m* – quasi contract
**casilla de correos** – post-office box
**casilla postal** – post-office box
**casillero** *m* – pigeonhole
**caso** *m* – case, action, suit, event, question
**caso civil** – civil case
**caso de la ley** – contingency covered by the law
**caso de prueba** – test case
**caso determinativo** – test case
**caso especial** – special case
**caso extremo** – extreme case
**caso fortuito** – superior force, act of nature
**caso hipotético** – hypothetical case
**caso incierto** – contingency
**caso omiso** – contingency not covered by the law
**caso pendiente** – pending case
**caso pensado** – premeditated action
**caso perdido** – hopeless case
**caso real** – actual case
**castidad** *f* – chastity, fidelity
**castigable** *adj* – punishable
**castigador** *adj* – punishing, punitive
**castigar** *v* – to punish, to penalize, to write off
**castigo** *m* – punishment, penalty, write off
**castigo corporal** – corporal punishment
**castigo ejemplar** – punishment to serve as an example
**castigo mayor** – severe punishment
**casual** *adj* – casual, accidental, unpremeditated
**casualidad** *f* – coincidence, accident, casualty
**casualmente** *adv* – casually, by chance, accidentally
**cataclismo** *m* – cataclysm
**catalogar** *v* – to catalog, to categorize
**catálogo** *m* – catalog, catalogue
**catastral** *adj* – cadastral, pertaining to a cadastre
**catastro** *m* – cadastre
**catástrofe** *f* – catastrophe
**catástrofe de propiedad** – property catastrophe
**catastrófico** *adj* – catastrophic
**categoría** *f* – category, class, bracket
**categoría contributiva** – tax bracket
**categoría de acciones** – class of stock

**categoría de riesgo** – risk category
**categoría impositiva** – tax bracket
**categoría salarial** – wage category
**categoría tributaria** – tax bracket
**categórico** *adj* – categorical
**categorización** *f* – classification, categorization
**categorización aduanera** – customs classification
**categorización crediticia** – credit rating
**categorización de activos** – categorization of assets, classification of assets
**categorización de cuentas** – categorization of accounts, classification of accounts
**categorización de empleo** – job classification
**categorización de gastos** – categorization of expenses, classification of expenses
**categorización de riesgo** – risk classification
**categorización del empleo** – job classification
**categorización del trabajo** – job classification
**categorización industrial** – industrial classification
**categorización oficial** – official classification
**categorizado** *adj* – categorized
**categorizar** *v* – to categorize
**cateo** *m* – search
**caución** *f* – bond, surety, guarantee, bail, security deposit, pledge, caution
**caución absoluta** – bail absolute
**caución de aduanas** – customs bond
**caución de almacén** – warehouse bond
**caución de arraigo** – bond to cover court costs
**caución de averías** – average bond
**caución de construcción** – construction bond
**caución de contratista** – contract bond
**caución de cumplimiento** – performance bond
**caución de depósito** – warehouse bond
**caución de desembarque** – landing bond
**caución de embargo** – attachment bond
**caución de exportación** – export bond
**caución de fidelidad** – fidelity bond
**caución de garantía** – surety bond, guarantee bond
**caución de incumplimiento** – performance bond
**caución de indemnidad** – indemnity bond
**caución de indemnización** – indemnity bond
**caución de licencia** – license bond, licence bond
**caución de licitación** – bid bond
**caución de licitador** – bid bond
**caución de mantenimiento** – maintenance bond
**caución de oferta** – bid bond
**caución de pago** – payment bond
**caución de postura** – bid bond
**caución de propiedad** – title bond
**caución de rato** – bond of plaintiff's attorney, bond of plaintiff
**caución de seguridad** – surety bond
**caución de terminación** – completion bond
**caución estatutaria** – statutory bond
**caución juratoria** – release on own recognizance
**caución para costas** – bond to cover court costs, bond to cover costs
**caución personal** – personal guaranty
**caucionable** *adj* – bailable
**caucionado** *adj* – bonded, secured, guaranteed, pledged
**caucionar** *v* – to bond, to secure, to guarantee, to bail, to pledge
**caudal** *m* – estate, capital, wealth, bankroll
**caudal hereditario** – a decedent's estate
**caudal relicto** – a decedent's estate
**caudal social** – the assets of a partnership, the assets of a corporation
**caudales públicos** – public assets
**caudillo** *m* – chief, leader
**causa** *f* – cause, consideration, case, action, suit, prosecution, purpose of entering a contract
**causa a título gratuito** – gratuitous consideration
**causa accidental** – accidental cause
**causa actual** – instant case, present case
**causa adecuada** – adequate consideration
**causa ajustada** – settled case
**causa anterior** – past consideration
**causa aparente** – apparent cause
**causa apelada** – appealed case
**causa arreglada** – settled case
**causa civil** – civil lawsuit, civil case
**causa concurrente** – concurrent case, concurrent consideration
**causa continua** – continuing consideration
**causa continuada** – continued lawsuit
**causa contribuyente** – contributing cause
**causa criminal** – criminal prosecution
**causa de acción** – cause of action
**causa de divorcio** – divorce case, grounds for divorce
**causa de insolvencia** – act of bankruptcy, bankruptcy proceedings
**causa de justificación** – justification of a crime
**causa de la demanda** – cause of action
**causa de la lesión** – cause of injury
**causa de la muerte** – cause of death
**causa de la obligación** – purpose of entering a contract, consideration
**causa debida** – due consideration
**causa del contrato** – purpose of entering a contract, consideration
**causa determinante** – decisive cause, test case
**causa directa** – direct cause
**causa efectuada** – executed consideration
**causa eficiente** – efficient cause
**causa ejecutada** – executed consideration
**causa enjuiciada** – case on trial
**causa equitativa** – equitable consideration
**causa evidente** – evident cause
**causa explícita** – explicit cause
**causa expresa** – express consideration
**causa fin** – end purpose
**causa final** – end purpose
**causa gratuita** – gratuitous consideration
**causa ilegal** – illegal consideration, illegal cause
**causa ilícita** – illegal consideration, illicit cause
**causa implícita** – implied consideration
**causa impracticable** – impossible consideration
**causa impulsiva** – motivation
**causa inadecuada** – inadequate consideration
**causa independiente** – independent cause
**causa indirecta** – indirect cause, remote cause
**causa inmediata** – proximate cause
**causa inmoral** – immoral consideration
**causa instrumental** – test case
**causa insuficiente** – inadequate consideration
**causa interventora** – intervening cause

**causa irrazonable** – unreasonable cause
**causa justa** – fair consideration, just cause
**causa justa y razonable** – fair and reasonable consideration, just and reasonable cause
**causa justificable** – justifiable cause
**causa justificada** – just cause
**causa legal** – legal consideration, legal cause
**causa lícita** – licit consideration, licit cause
**causa moral** – moral consideration
**causa mortis** – in contemplation of death, causa mortis
**causa nominal** – nominal consideration
**causa obvia** – obvious cause
**causa onerosa** – good consideration, valuable consideration
**causa pasada** – past consideration
**causa pecuniaria** – pecuniary consideration
**causa por efectuarse** – executory consideration
**causa presente** – instant case
**causa probable** – probable cause
**causa próxima** – immediate cause, proximate cause
**causa razonable** – reasonable consideration, reasonable cause, justified cause
**causa remota** – remote cause
**causa responsable** – responsible cause
**causa simulada** – sham purpose
**causa suficiente** – sufficient consideration, sufficient cause
**causa tácita** – implied consideration
**causa testamentaria** – testamentary cause
**causa única** – sole cause
**causa valiosa** – valuable consideration
**causa y efecto** – cause and effect
**casualidad** *f* – causation
**casualidad de hecho** – causation in fact
**causahabiente** *m/f* – assignee, successor
**causal** *f* – cause, motive, grounds
**causal** *adj* – causal
**causal de despido** – grounds for dismissal
**causal de divorcio** – grounds for divorce
**causal de recusación** – grounds for challenge
**causales de casación** – grounds for annulment
**causante** *m/f* – assignor, predecessor, originator, constituent
**causar** *v* – to cause, to sue
**causar estado** – to definitely end a case
**causar impuesto** – to be subject to tax
**causar intereses** – to bear interest
**causas aplazadas** – adjourned cases
**causas concurrentes** – concurrent causes
**causas de agravación** – aggravating circumstances
**causas de atenuación** – extenuating circumstances
**causas de inimputabilidad** – circumstances which relieve from responsibility
**causas de irresponsabilidad** – circumstances which relieve from responsibility
**causas de justificación** – justifying circumstances
**causas matrimoniales** – matrimonial causes
**causativo** *adj* – causative
**causídico** *adj* – pertaining to litigation
**cautela** *f* – caution, care, guaranty
**cautelar** *adj* – protecting, precautionary
**cautelar** *v* – to protect, to prevent
**cautelosamente** *adv* – cautiously
**cauteloso** *adj* – cautious
**cautivo** *adj* – captive, imprisoned
**cauto** *adj* – cautious, wise, prudent
**caveat emptor** – let the buyer beware, caveat emptor
**caveat venditor** – let the seller beware, caveat venditor
**cazarrecompensas** *m/f* – bounty hunter
**cazatalentos** *m/f* – headhunter
**CD (compact disc)** – CD
**CD-ROM** *m* – CD-ROM
**CE (Comunidad Europea)** – European Community
**cedente** *m/f* – assignor, transferor, cedent, grantor, endorser
**ceder** *v* – to assign, to transfer, to cede, to leave, to relinquish
**ceder jurisdicción** – to cede jurisdiction
**cedible** *adj* – assignable, transferable
**cedido** *adj* – assigned, transferred
**cédula** *f* – identification document, document, order, certificate, official document, scrip, bond, warrant
**cédula catastral** – cadastral document which describes a property
**cédula de aduanas** – customs permit
**cédula de cambio** – bill of exchange
**cédula de capitalización** – certificate issued by a bank for capitalization of savings
**cédula de citación** – subpoena, summons
**cédula de ciudadanía** – citizenship papers
**cédula de empadronamiento** – registration certificate
**cédula de emplazamiento** – subpoena, summons
**cédula de identidad** – identification document, identity card
**cédula de notificación** – official notice of a cause of action
**cédula de requerimiento** – judicial order
**cédula de suscripción** – subscription warrant
**cédula de tesorería** – treasury debt instrument
**cédula fiscal** – taxpayer identification document
**cédula hipotecaria** – mortgage bond
**cédula inmobiliaria** – mortgage certificate
**cédula personal** – identification document
**cedulación** *f* – registration, publication
**cedular** *v* – to register, to enroll
**cédulas de inversión** – securities
**cedulón** *m* – edict, public notice
**CEE (Comunidad Económica Europea)** – European Economic Community
**celda** *f* – cell
**celebración** *f* – celebration, formalization, execution
**celebración del matrimonio** – marriage ceremony
**celebrar** *v* – to celebrate, to formalize, to execute, to hold
**celebrar actos** – to act
**celebrar asamblea** – to hold a meeting
**celebrar elecciones** – to hold an election
**celebrar negocios** – to transact business
**celebrar un acuerdo** – to make an agreement
**celebrar un contrato** – to enter into a contract
**celebrar un juicio** – to hold a trial
**celebrar un matrimonio** – to solemnize a wedding
**celebrar un referendo** – to hold a referendum
**celebrar una audiencia** – to hold a hearing
**celebrar una conferencia** – to hold a conference
**celebrar una elección** – to hold an election
**celebrar una entrevista** – to hold an interview

**celebrar una junta** – to hold a meeting
**celebrar una reunión** – to hold a meeting
**celebrar una subasta** – to hold an auction
**celebrar una vista** – to hold a hearing
**celibato** *m* – celibacy
**celoso** *adj* – jealous, zealous
**cementerio** *m* – cemetery
**censalista** *m/f* – annuitant, lessor, recipient of an annuity contract which runs with the land
**censar** *v* – to take a census, to prepare a taxpayer list
**censario** *m* – payer of an annuity contract which runs with the land, payer of ground rent
**censatario** *m* – payer of an annuity contract which runs with the land
**censo** *m* – census, lease, tax, annuity contract which runs with the land
**censo agrícola** – agricultural census
**censo al quitar** – redeemable annuity contract which runs with the land
**censo consignativo** – annuity contract which runs with the land, ground rent
**censo de bienes** – inventory
**censo de contribuyentes** – taxpayer list
**censo de negocios** – census of business
**censo de población** – population census
**censo de por vida** – life annuity, annuity contract which runs with the land for life
**censo demográfico** – population census
**censo electora** – voting list
**censo enfitéutico** – emphyteusis
**censo federal** – federal census
**censo irredimible** – irredeemable annuity contract which runs with the land
**censo perpetuo** – perpetual annuity, perpetual annuity contract which runs with the land
**censo personal** – annuity contract which runs with the person
**censo poblacional** – population census
**censo real** – annuity contract which runs with the land
**censo redimible** – redeemable annuity contract which runs with the land
**censo reservativo** – transfer of full ownership reserving the right to receive an annuity
**censo temporal** – annuity contract which runs with the land for a determined period
**censo vitalicio** – life annuity, annuity contract which runs with the land for life
**censor** *m* – censor
**censual** *adj* – pertaining to an annuity contract which runs with the land, censual
**censualista** *m/f* – annuitant, lessor, recipient of an annuity contract which runs with the land
**censuario** *m* – payer of an annuity contract which runs with the land
**censura** *f* – censure
**censurar** *v* – to censure
**censurable** *adj* – censurable
**céntimo** *m* – cent, one hundredth part
**central** *adj* – central, main, head, principal
**central** *f* – central office, head office, power station
**central de datos** – data center
**central de llamadas** – call center
**central de servicio** – service center
**central eléctrica** – power station
**central hidroeléctrica** – hydroelectric power station
**centralismo** *m* – centralism
**centralista** *m/f* – centralist
**centralista** *adj* – centralist
**centralita** *f* – switchboard
**centralización** *f* – centralization
**centralización administrativa** – administrative centralization
**centralización de la administración** – centralization of administration
**centralización del control** – centralization of control
**centralización del gobierno** – centralization of government
**centralización política** – political centralization
**centralizado** *adj* – centralized
**centralizar** *v* – to centralize
**centrar** *v* – to center
**centrismo** *m* – centrism
**centrista** *adj* – centrist
**centrista** *m/f* – centrist
**centro administrativo** – administrative center, administrative centre
**centro bancario** – banking center, banking centre
**centro comercial** – shopping center, commercial center, shopping centre, commercial centre
**centro de actividad** – activity center, activity centre
**centro de autorizaciones** – authorization center, authorization centre
**centro de cálculo** – computing center, computing centre
**centro de capacitación** – training center, training centre
**centro de comercio** – commerce center, commerce centre
**centro de compensación** – clearing center, clearing centre
**centro de compras** – shopping center, commercial center, shopping centre, commercial centre
**centro de computación** – computing center, computing centre
**centro de computadoras** – computing center, computing centre
**centro de cómputos** – computing center, computing centre
**centro de contacto** – contact center, contact centre
**centro de costes** – cost center, cost centre
**centro de costos** – cost center, cost centre
**centro de cuido de niños** – child care center, child care centre
**centro de distribución** – distribution center, distribution centre
**centro de educación a distancia** – distance learning center, distance learning centre
**centro de empresas** – business center, business centre
**centro de exhibiciones** – exhibition center, exhibition centre
**centro de exposición** – exhibition center, exhibition centre
**centro de formación** – training center, training centre
**centro de ganancias** – profit center, profit centre
**centro de gastos** – expense center, expense centre
**centro de ingresos** – revenue center, revenue centre
**centro de internamiento** – detention center, confinement center, detention centre, confinement

centre
**centro de inversiones** – investment center, investment centre
**centro de la ciudad** – city center, city centre
**centro de llamadas** – call center, call centre
**centro de negocios** – business center, business centre
**centro de ocio** – leisure center, leisure centre
**centro de procesamiento** – processing center, processing centre
**centro de producción** – production center, production centre
**centro de responsabilidad** – responsibility center, responsibility centre
**centro de salud** – health center, health centre
**centro de servicio** – service center, service centre
**centro financiero** – financial center, financial centre
**centro industrial** – industrial center, industrial centre
**centro mercantil** – commercial center, commercial centre
**centro neurálgico** – nerve center, nerve centre
**centro penitenciario** – penitentiary
**centro tecnológico** – technological center, technological centre
**centro urbano** – urban center, urban centre
**cercanías** *f* – commuter belt
**ceremonia** *f* – ceremony, formalization
**ceremonia civil** – civil ceremony
**ceremonia matrimonial** – marriage ceremony
**ceremonial** *adj* – ceremonial
**cerrado** *adj* – closed, obscure, restricted, hidden
**cerrado al público** – closed to the public
**cerrar** *v* – to close, to close down, to conclude, to lock, to surround
**cerrar los libros** – to close the books
**cerrar un acuerdo** – to close a deal
**cerrar un banco** – to close a bank
**cerrar un caso** – to close a case
**cerrar un contrato** – to close a deal
**cerrar un negocio** – to close a deal, to close a business, to close down
**cerrar una cuenta** – to close an account
**cerrar una transacción** – to close a transaction
**cerrar una venta** – to close a sale
**cerrojo** *m* – bolt
**certeza** *f* – certainty
**certeza absoluta** – absolute certainty
**certeza legal** – legal certainty
**certeza moral** – moral certainty
**certidumbre** *f* – certainty
**certidumbre absoluta** – absolute certainty
**certificable** *adj* – certifiable
**certificación** *f* – certification, attestation, sworn declaration
**certificación de análisis** – certification of analysis
**certificación de autoridad** – certification of authority
**certificación de calidad** – certification of quality
**certificación de compra** – certification of purchase
**certificación de conformidad** – conformity certificate
**certificación de cuenta** – account certification
**certificación de cheque** – certification of check, certification of cheque
**certificación de daños** – certification of damage
**certificación de dominio** – certification of title, title papers, title
**certificación de elegibilidad** – certification of eligibility
**certificación de empleo** – certification of employment
**certificación de firma** – certification of signature, signature verification
**certificación de gremio** – union certification
**certificación de identidad** – certification of identity
**certificación de incorporación** – certification of incorporation
**certificación de manufacturero** – certification of manufacturer
**certificación de origen** – certification of origin
**certificación de participación** – certification of participation
**certificación de peso** – certification of weight
**certificación de propiedad** – certification of ownership
**certificación de reaseguro** – reinsurance certification
**certificación de reclamación** – certification of claim
**certificación de reconocimiento** – certification of acknowledgement
**certificación de saldo** – certification of balance
**certificación de salud** – certification of health
**certificación de seguro** – certification of insurance
**certificación de sindicato** – union certification
**certificación de título** – certification of title, title papers, title
**certificación de unión** – union certification
**certificación de uso** – certification of use
**certificación de valor** – certification of value
**certificación de venta** – certification of sale
**certificación del registro de la propiedad** – certificate of title
**certificado** *m* – certificate, certified mail, attestation, warrant
**certificado** *adj* – certified, registered
**certificado aduanero** – customs certificate
**certificado bancario** – bank certificate
**certificado catastral** – catastral certificate
**certificado contributivo** – tax certificate
**certificado de acciones** – stock certificate
**certificado de aceptación** – acceptance certificate
**certificado de adeudo** – certificate of indebtedness
**certificado de adición** – certificate of a patent improvement
**certificado de aduanas** – customs certificate
**certificado de análisis** – certificate of analysis
**certificado de auditoría** – audit certificate
**certificado de autoridad** – certificate of authority
**certificado de avalúo** – appraisal certificate
**certificado de averías** – average statement
**certificado de bono** – bond certificate
**certificado de buena conducta** – certificate of good conduct
**certificado de calidad** – certificate of quality
**certificado de cambio** – exchange certificate
**certificado de ciudadanía** – citizenship papers
**certificado de cobertura** – coverage certificate
**certificado de competencia** – competency certificate
**certificado de compra** – certificate of purchase
**certificado de conformidad** – conformity certificate
**certificado de constitución** – certificate of incorporation
**certificado de cumplimiento** – compliance certificate

**certificado de daños** – certificate of damage
**certificado de defunción** – death certificate
**certificado de depósito** – certificate of deposit, deposit slip, warehouse warrant
**certificado de desahucio** – certificate of eviction
**certificado de deuda** – certificate of indebtedness, debt certificate
**certificado de disolución** – certificate of dissolution
**certificado de divisas** – foreign exchange certificate
**certificado de elegibilidad** – certificate of eligibility
**certificado de empleo** – certificate of employment
**certificado de enmienda** – certificate of amendment
**certificado de exención** – exemption certificate
**certificado de exportación** – export certificate
**certificado de fábrica** – factory certificate
**certificado de fideicomiso** – trust certificate
**certificado de garantía de préstamo** – loan guarantee certificate
**certificado de identidad** – certificate of identity
**certificado de importación** – import certificate
**certificado de impuestos** – tax certificate
**certificado de incorporación** – certificate of incorporation
**certificado de inspección** – inspection certificate
**certificado de invención** – patent certificate
**certificado de inventario** – inventory certificate
**certificado de manufactura** – certificate of manufacture
**certificado de manufacturero** – certificate of manufacturer
**certificado de matrimonio** – marriage certificate
**certificado de muerte** – death certificate
**certificado de nacimiento** – birth certificate
**certificado de necesidad** – certificate of necessity
**certificado de origen** – certificate of origin
**certificado de origen del producto** – certificate of product origin
**certificado de participación** – certificate of participation
**certificado de patente** – patent certificate
**certificado de préstamo** – loan certificate
**certificado de propiedad** – ownership certificate
**certificado de protesto** – certificate of protest
**certificado de reaseguro** – reinsurance certificate
**certificado de reclamación** – certificate of claim
**certificado de reconocimiento** – certificate of acknowledgment
**certificado de registro** – certificate of registry
**certificado de renovación** – renewal certificate
**certificado de saldo** – certificate of balance
**certificado de salud** – certificate of health, bill of health
**certificado de sanidad** – certificate of health, bill of health
**certificado de seguridad** – security certificate
**certificado de seguro** – certificate of insurance
**certificado de título** – certificate of title
**certificado de trabajo** – work certificate, certificate of services rendered
**certificado de uso** – certificate of use
**certificado de utilidad pública** – certificate of public use
**certificado de valor** – certificate of value
**certificado de venta** – certificate of sale
**certificado definitivo** – definitive certificate
**certificado del contable** – accountant's certificate
**certificado del contador** – accountant's certificate
**certificado del liquidador** – receiver's certificate
**certificado del tesoro** – treasury note
**certificado digital** – digital certificate
**certificado electrónico** – electronic certificate
**certificado grupal** – group certificate
**certificado hipotecario** – mortgage certificate
**certificado impositivo** – tax certificate
**certificado médico** – medical certificate
**certificado prenupcial** – certificate of a pre-marital medical examination
**certificado provisional** – provisional certificate, interim certificate
**certificado sanitario** – certificate of health, bill of health
**certificado tributario** – tax certificate
**certificador** *m* – certifier
**certificar** *v* – to certify, to attest, to warrant
**certificar una firma** – to certify a signature, to witness a signature
**certificatorio** *adj* – certifying
**cesación** *f* – cessation, discontinuance, suspension, abandonment
**cesación de hostilidades** – cessation of hostilities
**cesación de la acción** – discontinuance of the action
**cesación de negocios** – cessation of business
**cesación de ocupación** – cessation of occupation
**cesación de pagos** – suspension of payments
**cesación de posesión** – cessation of possession
**cesación de trabajo** – cessation of work
**cesación del procedimiento** – discontinuance of the proceedings
**cesamiento** *m* – cessation, discontinuance, suspension, abandonment
**cesante** *m/f* – unemployed person, dismissed person, laid off person
**cesante** *adj* – unemployed, dismissed, laid off
**cesantía** *f* – unemployment, dismissal, severance pay
**cesar** *v* – to cease, to stop, to suspend, to resign
**cesar de trabajar** – to cease work
**cesar, sin** – nonstop
**cese** *m* – ceasing, discontinuance, suspension, abandonment, stoppage, resignation
**cese de operaciones** – winding up
**cesibilidad** *f* – transferability, assignability
**cesible** *adj* – transferable, assignable
**cesión** *f* – cession, transfer, conveyance, assignment, grant
**cesión absoluta** – absolute assignment
**cesión activa** – transfer of a right
**cesión de arrendamiento** – assignment of lease
**cesión de bienes** – assignment of goods
**cesión de contrato** – assignment of contract
**cesión de créditos** – assignment of claims, extension of credit
**cesión de cuenta** – assignment of account
**cesión de derechos** – assignment of rights
**cesión de derechos y acciones** – assignment of rights and actions
**cesión de deudas** – novation
**cesión de fondos** – assignment of funds
**cesión de hipoteca** – assignment of mortgage

**cesión de ingresos** – assignment of income
**cesión de la clientela** – transfer of the clients of a business
**cesión de rentas** – assignment of rents
**cesión de riesgos** – assignment of risks
**cesión de salario** – assignment of salary, assignment of wages
**cesión general** – general assignment
**cesión hereditaria** – assignment of inheritance
**cesión incompleta** – incomplete assignment
**cesión incondicional** – absolute assignment
**cesión involuntaria** – involuntary assignment
**cesión judicial de bienes** – assignment of property by court order
**cesión libre** – absolute conveyance
**cesión preferencial** – assignment with preferences
**cesión salarial** – assignment of salary, assignment of wages
**cesión secundaría** – secondary conveyance
**cesión sin condiciones** – absolute conveyance
**cesión total** – total assignment
**cesión voluntaria** – voluntary assignment
**cesionario** *m* – cessionary, assignee, transferee, grantee
**cesionario conjunto** – co-assignee
**cesionario de derecho** – assignee in law
**cesionario de hecho** – assignee in fact
**cesionario mancomunado** – co-assignee
**cesionista** *m/f* – assignor, transferor, grantor
**cesta de compras** – shopping basket
**cesta de la compra** – shopping basket
**cesta de monedas** – currency basket
**cesta monetaria** – currency basket
**chanchullo** *m* – swindle, scam, racket, political corruption
**chanciller** *m* – chancellor
**chantaje** *m* – blackmail
**chantajear** *v* – to blackmail
**chantajista** *m/f* – blackmailer
**charlatán** *m* – charlatan
**charlatanismo** *m* – charlatanism
**chasco** *m* – trick, ruse
**chatarra** *f* – trash, junk
**chauvinismo** *m* – chauvinism
**chauvinista** *adj* – chauvinist
**chauvinista** *m/f* – chauvinist
**cheque** *m* – check, cheque, bank check, bank cheque
**cheque a favor de** – check payable to, cheque payable to
**cheque a la orden** – order check, order cheque
**cheque a la orden de** – check to the order of, cheque to the order of
**cheque abierto** – open check, open cheque
**cheque aceptado** – accepted check, accepted cheque
**cheque al portador** – bearer check, bearer cheque
**cheque alterado** – altered check, altered cheque
**cheque antedatado** – antedated check, antedated cheque
**cheque anulado** – cancelled check, cancelled cheque
**cheque bancario** – bank check, banker's check, bank cheque, banker's cheque
**cheque cancelado** – cancelled check, cancelled cheque
**cheque certificado** – certified check, certified cheque
**cheque circular** – cashier's check, cashier's cheque
**cheque cobrado** – cashed check, collected check, cashed cheque, collected cheque
**cheque compensado** – cleared check, cleared cheque
**cheque conformado** – certified check, certified cheque
**cheque corporativo** – corporate check, corporate cheque
**cheque cruzado** – check for deposit only, crossed check, cheque for deposit only, crossed cheque
**cheque de banco** – bank check, bank cheque
**cheque de caja** – cashier's check, bank check, cashier's cheque, bank cheque
**cheque de cajero** – cashier's check, cashier's cheque
**cheque de dividendo** – dividend check, dividend cheque
**cheque de gerencia** – cashier's check, cashier's cheque
**cheque de gerencia bancaria** – cashier's check, cashier's cheque
**cheque de gerente** – cashier's check, cashier's cheque
**cheque de la compañía** – company check, company cheque
**cheque de la corporación** – corporate check, corporate cheque
**cheque de la empresa** – company check, enterprise check, company cheque, enterprise cheque
**cheque de reembolso** – refund check, refund cheque
**cheque de salario** – pay check, salary check, pay cheque, salary cheque
**cheque de sueldo** – pay check, salary check, pay cheque, salary cheque
**cheque de tesorería** – treasury check, treasury cheque
**cheque de ventanilla** – counter check, counter cheque
**cheque de viajero** – traveler's check, traveller's cheque
**cheque devuelto** – returned check, bad check, returned cheque, bad cheque
**cheque empresarial** – company check, enterprise check, company cheque, enterprise cheque
**cheque en blanco** – blank check, blank cheque
**cheque en garantía** – memorandum check, memorandum cheque
**cheque endosado** – endorsed check, endorsed cheque
**cheque falsificado** – forged check, forged cheque
**cheque falso** – false check, bogus check, false cheque, bogus cheque
**cheque firmado** – signed check, signed cheque
**cheque librado** – drawn check, drawn cheque
**cheque limitado** – limited check, limited cheque
**cheque local** – local check, local cheque
**cheque mutilado** – mutilated check, mutilated cheque
**cheque negociable** – negotiable check, negotiable cheque
**cheque no negociable** – nonnegotiable check, nonnegotiable cheque
**cheque no pagado** – unpaid check, dishonored check, unpaid cheque, dishonoured cheque
**cheque nominativo** – check made out to a specific person or entity, cheque made out to a specific person or entity
**cheque pagadero a** – check payable to, cheque payable to
**cheque pagado** – paid check, paid cheque

**cheque para abono en cuenta** – check for deposit only, cheque for deposit only
**cheque para acreditar en cuenta** – check for deposit only, cheque for deposit only
**cheque personal** – personal check, personal cheque
**cheque por la cantidad de** – check in the amount of, cheque in the amount of
**cheque posdatado** – post-dated check, post-dated cheque
**cheque posfechado** – post-dated check, post-dated cheque
**cheque postal** – postal money order, post money order, postal check, postal cheque
**cheque preautorizado** – preauthorized check, preauthorized cheque
**cheque protegido** – protected check, protected cheque
**cheque rayado** – check for deposit only, cheque for deposit only
**cheque rechazado** – dishonored check, bounced check, dishonoured cheque, bounced cheque
**cheque regalo** – gift certificate
**cheque registrado** – registered check, registered cheque
**cheque rehusado** – dishonored check, bounced check, dishonoured cheque, bounced cheque
**cheque salarial** – salary check, pay check, salary cheque, pay cheque
**cheque sin fondos** – bad check, bad cheque
**cheque sin valor** – worthless check, worthless cheque
**cheque vencido** – stale check, stale cheque
**cheque visado** – certified check, certified cheque
**chequear** *v* – to check, to inspect
**chequera** *f* – checkbook, chequebook
**chicanero** *m* – shyster attorney
**chicanero** *adj* – cunning, tricky
**chillar** *v* – to scream, to shriek
**chip** *m* – chip, microprocessor
**chivo expiatorio** – scapegoat
**chocar** *v* – to crash, to collide, to clash, to provoke
**choque** *m* – crash, collision, shock, clash, conflict
**choque cultural** – culture shock
**chovinismo** *m* – chauvinism
**chovinista** *adj* – chauvinist
**chovinista** *m/f* – chauvinist
**chozna** *f* – great-great-great granddaughter
**chozno** *m* – great-great-great grandson
**Cía. (compañía)** – company
**cicatriz** *f* – scar
**cibercrimen** *m* – cybercrime
**ciberespacio** *m* – cyberspace
**ciclo** *m* – cycle
**ciclo administrativo** – management cycle, administrative cycle
**ciclo contable** – accounting cycle, bookkeeping cycle
**ciclo de auditoría** – audit cycle
**ciclo de cobros** – collection cycle
**ciclo de contabilidad** – accounting cycle, bookkeeping cycle
**ciclo de empleo** – employment cycle
**ciclo de negocios** – business cycle
**ciclo de trabajo** – work cycle, job cycle
**ciclo económico** – economic cycle, business cycle
**ciclo mercantil** – commercial cycle
**ciclo monetario** – monetary cycle
**ciclo presupuestario** – budget cycle
**ciegas, a** – blindly
**ciego** *adj* – blind, blinded
**ciencia ambiental** – environmental science
**ciencia ecológica** – ecological science
**ciencias administrativas** – administrative sciences
**ciencias empresariales** – management sciences
**ciencias jurídicas** – jurisprudence
**cierre** *m* – closure, closing, shut-down, lock-out
**cierre anual** – annual closing
**cierre comercial** – commercial closure
**cierre contable** – accounting closing
**cierre de cuentas** – closing of accounts
**cierre de la bolsa** – close of the exchange, close of the stock exchange
**cierre de licitación** – bid closing
**cierre de los libros** – closing of the books
**cierre de negocio** – business closure, closing of a deal
**cierre de un préstamo** – closing of a loan
**cierre del ejercicio** – year's end, end of fiscal year, end of tax year
**cierre empresarial** – lockout
**cierre fiscal** – end of fiscal year, end of tax year
**cierre mercantil** – commercial closure
**cierre patronal** – lockout
**cierto** *adj* – certain, true
**cifra** *f* – figure, cipher
**cifrado** *adj* – encrypted, encoded
**cifrar** *v* – to encrypt, to encode
**cifras ajustadas** – adjusted figures
**cifras ajustadas estacionalmente** – seasonally adjusted figures
**cifras comerciales** – commercial figures, trade figures
**cifras consolidadas** – consolidated figures
**cifras de desempleo** – unemployment figures
**cifras de empleo** – employment figures
**cifras de ventas** – sales figures
**cifras desestacionalizadas** – seasonally adjusted figures
**cifras reales** – real figures
**cifras redondas** – round figures
**cinta de video** – videotape
**cinta magnética** – magnetic tape
**cinturón de seguridad** – safety belt
**circuito** *m* – circuit
**circuito judicial** – judicial circuit
**circulación** *f* – circulation, traffic
**circulación de bienes** – circulation of goods
**circulación de dinero** – circulation of money
**circulación de mercancías** – circulation of goods
**circulación general** – general circulation
**circulado** *adj* – circulated
**circulante** *adj* – circulating
**circular** *f* – circular, notice, communication
**circular** *v* – to circulate
**círculo vicioso** – vicious circle
**círculos bancarios** – banking circles
**círculos comerciales** – business circles, commercial circles
**círculos de comercio** – commerce circles
**círculos de negocios** – business circles
**círculos económicos** – economic circles
**círculos empresariales** – business circles
**círculos financieros** – financial circles

**círculos mercantiles** – commercial circles
**circunscribir** *v* – to circumscribe
**circunscripción** *f* – circumscription, district, limitation
**circunscripción judicial** – judicial district
**circunspección** *f* – circumspection
**circunspecto** *adj* – circumspect
**circunstancia** *f* – circumstance
**circunstancia material** – material circumstance
**circunstancia pertinente** – pertinent circumstance
**circunstancia relevante** – relevant circumstance
**circunstancial** *adj* – circumstantial
**circunstancialmente** *adv* – circumstantially
**circunstancias agravantes** – aggravating circumstances
**circunstancias atenuantes** – extenuating circumstances
**circunstancias corroborantes** – corroborating circumstances
**circunstancias críticas** – critical circumstances
**circunstancias económicas** – economic circumstances
**circunstancias especiales** – special circumstances
**circunstancias excepcionales** – exceptional circumstances
**circunstancias eximentes** – exculpatory circumstances
**circunstancias extraordinarias** – extraordinary circumstances
**circunstancias financieras** – financial condition
**circunstancias mitigantes** – mitigating circumstances
**circunstancias modificantes** – modifying circumstances
**circunstancias modificativas** – modifying circumstances
**cirujano** *m* – surgeon
**cisma** *f* – schism, dissension
**cita** *f* – meeting, appointment, engagement, summons, subpoena, reference
**citación** *f* – citation, summons, subpoena, reference, notification of a meeting
**citación a comparecer** – summons, subpoena
**citación a juicio** – summons
**citación a licitadores** – call for bids, call for tenders
**citación de evicción** – notice of eviction
**citación de remate** – notice of a public auction
**citación para sentencia** – summons to hear the judgment
**citación por edicto** – service by publication
**citación y emplazamiento** – summons
**citar** *v* – to cite, to summon, to subpoena, to give notice, to arrange a meeting
**citar a asamblea** – to call a meeting
**citar a comparendo** – to summon
**citar a junta** – to call a meeting
**citar a reunión** – to call a meeting
**citar a sesión** – to call a meeting
**citar un caso** – to cite a case
**citatorio** *m* – summons, subpoena
**citatorio** *adj* – citatory
**ciudad natal** – birthplace
**ciudadanía** *f* – citizenship, citizens
**ciudadanía corporativa** – corporate citizenship
**ciudadanía federal** – federal citizenship
**ciudadanía nacional** – national citizenship
**ciudadano** *m* – citizen
**ciudadano de segunda clase** – second-class citizen
**ciudadano nativo** – native citizen
**ciudadano naturalizado** – naturalized citizen
**ciudadano por nacimiento** – native citizen
**ciudadano por naturalización** – naturalized citizen
**ciudadano por opción** – person born abroad who chooses to be a citizen of the country of his or her parents
**cívico** *adj* – civic
**civil** *adj* – civil
**civilista** *m/f* – an attorney specializing in civil law
**civilista** *adj* – pertaining to civil law, specialized in civil law
**civilización** *f* – civilization
**civismo** *m* – civism
**clandestinamente** *adv* – clandestinely
**clandestinidad** *f* – clandestinity
**clandestino** *adj* – clandestine
**claridad** *f* – clarity
**clarificación** *f* – clarification
**clarificación de condiciones** – clarification of conditions
**clarificación de términos** – clarification of terms
**clarificar** *v* – to clarify
**claro** *adj* – clear, evident, intelligible, straightforward
**claro y expedito** – free and clear
**claro y puro** – free and clear
**clase** *f* – class, type, grade
**clase alta** – upper class
**clase baja** – lower class
**clase capitalista** – capitalist class
**clase de acciones** – class of stock, class of shares
**clase de empleo** – class of employment
**clase de negocio** – type of business
**clase de seguro** – type of insurance
**clase dominante** – ruling class
**clase media** – middle class
**clase obrera** – working class
**clase social** – social class
**clase trabajadora** – working class
**clases pasivas** – pensioners, retirees
**clasificable** *adj* – classifiable
**clasificación** *f* – classification, categorization, rating
**clasificación aduanera** – customs classification
**clasificación arbitraria** – arbitrary classification
**clasificación contributiva** – tax bracket
**clasificación crediticia** – credit rating
**clasificación de activos** – classification of assets
**clasificación de aduanas** – customs classification
**clasificación de bono** – bond rating
**clasificación de buques** – classification of vessels
**clasificación de calidad** – quality rating
**clasificación de costes** – classification of costs
**clasificación de costos** – classification of costs
**clasificación de cuentas** – classification of accounts
**clasificación de empleo** – job classification
**clasificación de gastos** – classification of expenses
**clasificación de producto** – product classification
**clasificación de riesgo** – risk classification
**clasificación de trabajo** – job classification
**clasificación de valores** – securities rating
**clasificación del pasivo** – classification of liabilities

**clasificación industrial** – industrial classification
**clasificación laboral** – labor classification, labour classification
**clasificación necesaria** – necessary rating
**clasificación oficial** – official classification
**clasificación requerida** – required rating
**clasificado** *adj* – classified, categorized
**clasificar** *v* – to classify, to grade
**clasismo** *m* – classism
**clasista** *adj* – classist
**clasista** *m/f* – classist
**cláusula** *f* – clause, article
**cláusula accesoria** – secondary clause
**cláusula adicional** – additional clause, rider
**cláusula amarilla** – yellow dog clause
**cláusula ambigua** – ambiguous clause
**cláusula antihuelga** – no-strike clause
**cláusula arbitral** – arbitration clause
**cláusula arbitraria** – arbitrary clause
**cláusula auxiliar** – auxiliary clause, auxiliary covenant
**cláusula compromisoria** – arbitration clause
**cláusula conminatoria** – penalty clause, warning clause
**cláusula condicional** – conditional clause
**cláusula conspicua** – conspicuous clause
**cláusula de abandono** – abandonment clause
**cláusula de aceleración** – acceleration clause
**cláusula de ajuste** – adjustment clause
**cláusula de arbitraje** – arbitration clause
**cláusula de arrepentimiento** – rescission clause
**cláusula de asunción** – assumption clause
**cláusula de beneficiario** – beneficiary clause
**cláusula de caducidad** – expiration clause
**cláusula de cancelación** – cancellation clause
**cláusula de certificación** – attestation clause
**cláusula de coaseguro** – coinsurance clause
**cláusula de contingencias** – contingency clause
**cláusula de contrato** – contract clause
**cláusula de contribución** – contribution clause
**cláusula de demora** – delay clause
**cláusula de desastre** – disaster clause
**cláusula de desastre común** – common disaster clause
**cláusula de destino** – destination clause
**cláusula de disponibilidad** – availability clause
**cláusula de distribución** – distribution clause, apportionment clause
**cláusula de encadenamiento** – tying clause
**cláusula de escape** – escape clause
**cláusula de estilo** – standard clause
**cláusula de excepción** – saving clause
**cláusula de exclusión** – exclusion clause
**cláusula de exención** – exemption clause
**cláusula de exoneración** – exoneration clause
**cláusula de extensión** – extension clause
**cláusula de franquicia** – franchise clause
**cláusula de garantía** – guarantee clause
**cláusula de humo** – smoke clause
**cláusula de inalienabilidad** – non-transferability clause
**cláusula de incontestabilidad** – incontestability clause
**cláusula de indivisión** – non-divisibility clause
**cláusula de inmunidad** – immunity clause
**cláusula de insolvencia** – insolvency clause
**cláusula de liberación** – release clause
**cláusula de mejor comprador** – clause which allows the cancellation of the contract if a better price is obtained
**cláusula de monedas** – currency clause
**cláusula de muerte accidental** – accidental death clause
**cláusula de nación mas favorecida** – most-favored nation clause
**cláusula de negligencia** – negligence clause
**cláusula de no competencia** – noncompetition clause
**cláusula de pago demorado** – delayed payment clause
**cláusula de penalización** – penalty clause
**cláusula de permiso otorgado** – permission granted clause
**cláusula de precio de venta** – selling price clause
**cláusula de prepago** – prepayment clause
**cláusula de reaseguro** – reinsurance clause
**cláusula de reclamaciones** – claim provision
**cláusula de rehabilitación** – rehabilitation clause
**cláusula de reinstalación** – reinstatement clause
**cláusula de reinstalación automática** – automatic reinstatement clause
**cláusula de renovación** – renewal provision
**cláusula de renuncia** – waiver clause
**cláusula de reposesión** – repossession clause
**cláusula de rescisión** – rescission clause
**cláusula de reserva** – reserve clause
**cláusula de responsabilidad financiera** – financial responsibility clause
**cláusula de salvaguardia** – safeguard clause
**cláusula de salvedad** – saving clause
**cláusula de subrogación** – subrogation clause
**cláusula de suicidio** – suicide clause
**cláusula de tasación** – appraisal clause
**cláusula de valor recibido** – value received clause
**cláusula disputable** – contestable clause
**cláusula escapatoria** – escape clause
**cláusula esencial** – essential clause
**cláusula facultativa** – facultative clause
**cláusula hipotecaria** – mortgage clause
**cláusula indispensable** – indispensable clause
**cláusula inferida** – inferred covenant
**cláusula innecesaria** – unnecessary clause
**cláusula inusual** – unusual covenants
**cláusula laboral** – labor clause, labour clause
**cláusula liberatoria** – release clause
**cláusula modelo** – model clause
**cláusula monetaria** – monetary clause, currency clause
**cláusula necesaria** – necessary clause
**cláusula neutra** – neutral clause
**cláusula no esencial** – unessential clause
**cláusula obligada** – mandatory clause
**cláusula obligatoria** – mandatory clause
**cláusula oculta** – hidden clause
**cláusula opcional** – optional clause
**cláusula operativa** – operative clause
**cláusula oro** – gold payment clause
**cláusula penal** – penalty clause
**cláusula principal** – principal clause
**cláusula prohibitiva** – prohibitive clause

**cláusula rescisoria** – rescission clause
**cláusula resolutiva** – defeasance clause
**cláusula resolutoria** – defeasance clause
**cláusula salarial** – salary clause
**cláusula suplementaria** – supplemental clause
**cláusula tácita** – tacit covenant
**cláusula usual** – standard clause
**clausulado** *m* – series of clauses, series of articles
**cláusulas de estilo** – standard clauses
**cláusulas de póliza** – policy clauses
**cláusulas de un contrato** – contractual clauses, articles of agreement
**clausura** *f* – closing, closure, adjournment
**clausura de sesiones** – adjournment
**clausura mercantil** – business closure
**clave** *f* – key, code, cipher
**clave de acceso** – access code, password
**clemencia** *f* – clemency
**clemencia ejecutiva** – executive clemency
**clemente** *adj* – clement
**cleptomanía** *f* – kleptomania
**cleptómano** *m* – kleptomaniac
**cleptocracia** *f* – kleptocracy
**clerical** *adj* – clerical
**cliente** *m* – client, customer
**cliente activo** – active client
**cliente corporativo** – corporate client, corporate customer
**cliente fijo** – regular customer
**cliente habitual** – regular customer
**clientela** *f* – clientele, protection
**clima económico** – economic climate
**clima económico desfavorable** – unfavorable economic climate
**clima económico favorable** – favorable economic climate
**clima financiero** – financial climate
**clima organizacional** – organizational climate
**clima organizativo** – organizational climate
**clima político** – political climate
**coacción** *f* – coaction, coercion, duress
**coacción en el matrimonio** – coercion to marry
**coacción en los contratos** – coercion to contract
**coaccionar** *v* – to coerce, to compel
**coacreedor** *m* – joint creditor, co-creditor
**coactar** *v* – to coerce, to compel
**coactivo** *adj* – coactive, coercive, compelling
**coactor** *m* – joint plaintiff
**coacusado** *m* – joint defendant, co-defendant
**coacusar** *v* – to accuse jointly
**coadjutor** *m* – coadjutor
**coadministración** *f* – co-administration
**coadministrador** *m* – co-administrator
**coadministrar** *v* – to co-administrate
**coadquisición** *f* – joint acquisition
**coadyuvante** *m* – third party to an action
**coadyuvar** *v* – to contribute, to join
**coafianzamiento** *m* – co-bonding
**coagente** *m* – co-agent, joint agent
**coalbacea** *m/f* – co-executor
**coalición** *f* – coalition
**coarrendador** *m* – co-lessor, joint lessor
**coarrendatario** *m* – co-lessee, joint lessee, joint tenant
**coartación** *f* – limitation, restriction
**coartada** *f* – alibi
**coasegurado** *adj* – coinsured
**coasegurador** *m* – coinsurer
**coasegurar** *v* – to coinsure
**coaseguro** *m* – coinsurance
**coasociado** *m* – partner, associate
**coasociar** *v* – to associate
**coautor** *m* – co-author, accomplice
**coavalista** *m/f* – co-guarantor
**cobardía** *f* – cowardice
**cobeligerante** *adj* – cobelligerent
**cobertura** *f* – coverage
**cobertura adecuada** – adequate coverage
**cobertura adicional** – additional coverage
**cobertura amplia** – wide coverage
**cobertura ampliada** – expanded coverage
**cobertura automática** – automatic coverage
**cobertura completa** – complete coverage
**cobertura compulsoria** – compulsory coverage
**cobertura contra todo riesgo** – all-risks coverage
**cobertura de coaseguro** – coinsurance coverage
**cobertura de colisión** – collision insurance
**cobertura de dependiente** – dependent coverage
**cobertura de país** – country coverage
**cobertura de publicidad** – advertising coverage
**cobertura de reaseguro** – reinsurance coverage
**cobertura de seguro de propiedad** – property insurance coverage
**cobertura de seguro de vivienda** – dwelling insurance coverage
**cobertura de seguro provisional** – provisional insurance coverage
**cobertura de seguros** – insurance coverage
**cobertura de todo riesgo** – all-risks coverage
**cobertura de vehículo** – vehicle coverage
**cobertura de vivienda** – dwelling coverage
**cobertura del peligro** – coverage of hazard
**cobertura del riesgo** – coverage of risk
**cobertura del seguro** – insurance coverage
**cobertura en exceso** – excess coverage
**cobertura entera** – entire coverage
**cobertura esencial** – essential coverage
**cobertura especial** – special coverage
**cobertura específica** – specific coverage
**cobertura especificada** – specified coverage
**cobertura excesiva** – excess coverage
**cobertura extendida** – extended coverage
**cobertura familiar** – family coverage
**cobertura forzada** – forced coverage
**cobertura forzosa** – forced coverage
**cobertura global** – overall coverage
**cobertura identificada** – identified coverage
**cobertura indicada** – indicated coverage
**cobertura indispensable** – indispensable coverage
**cobertura múltiple** – blanket coverage
**cobertura necesaria** – necessary coverage
**cobertura negativa** – negative coverage
**cobertura obligada** – obligatory coverage, mandatory coverage
**cobertura obligatoria** – obligatory coverage, mandatory coverage
**cobertura parcial** – partial coverage
**cobertura provisional** – provisional coverage
**cobertura publicitaria** – advertising coverage

**cobertura requerida** – required coverage
**cobertura suplementaria** – supplemental coverage
**cobertura suspendida** – suspended coverage
**cobertura temporal** – temporary coverage
**cobertura total** – total coverage
**cobrabilidad** *f* – collectibility
**cobrable** *adj* – collectible, cashable
**cobradero** *adj* – collectible, cashable
**cobrado** *adj* – collected, cashed
**cobrador** *m* – collector, payee, collection agent
**cobrador de deudas** – debt collector
**cobrador de impuestos** – tax collector
**cobranza** *f* – collection
**cobranza de deudas** – collection of debts, debt collection
**cobranza de impuestos** – collection of taxes
**cobrar** *v* – to collect, to charge, to cash, to earn, to recuperate
**cobrar, a** – receivable
**cobrar al contado** – charge cash
**cobrar al entregar** – to collect on delivery
**cobrar alquiler** – to collect rent
**cobrar cargos** – to collect fees
**cobrar de más** – to overcharge
**cobrar impuestos** – to collect taxes
**cobrar intereses** – to collect interest
**cobrar un cheque** – to cash a check, to cash a cheque
**cobrar un pago** – to collect a payment
**cobrar una deuda** – to collect a debt
**cobrar una factura** – to collect a bill
**cobrar una prima** – to collect a premium
**cobro** *m* – collection, charge, charging, cashing, earning
**cobro adelantado** – collection in advance
**cobro al entregar** – collection on delivery
**cobro anticipado** – collection in advance
**cobro automático** – automatic collection
**cobro coactivo** – aggressive collection
**cobro contra entrega** – collection on delivery
**cobro de alquiler** – collection of rent
**cobro de cheques** – collection of checks, collection of cheques
**cobro de contribuciones** – collection of taxes
**cobro de cuentas** – collection of accounts
**cobro de derechos** – collection of duties
**cobro de derechos aduaneros** – collection of customs duties
**cobro de derechos de aduanas** – collection of customs duties
**cobro de deudas** – collection of debts, debt collection
**cobro de impuestos** – collection of taxes
**cobro de intereses** – collection of interest
**cobro de lo indebido** – unjust enrichment
**cobro de primas** – collection of premiums
**cobro excesivo** – overcharge
**cobro por adelantado** – collection in advance
**cobros acordados** – agreed-upon charges
**cobros acostumbrados** – customary charges
**cobros acumulados** – accrued charges
**cobros adicionales** – additional charges
**cobros administrativos** – management charges, administrative charges
**cobros anuales** – annual charges
**cobros atrasados** – back charges
**cobros bancarios** – bank charges, banking charges
**cobros diferidos** – deferred charges
**cobros directos** – direct charges
**cobros equitativos** – equitable charges
**cobros especiales** – special charges
**cobros estimados** – estimated charges
**cobros fijos** – fixed charges
**cobros incidentales** – incidental charges
**cobros inevitables** – unavoidable charges
**cobros mensuales** – monthly charges
**cobros misceláneos** – miscellaneous charges
**cobros normales** – normal charges
**cobros ordinarios** – ordinary charges
**cobros periódicos** – periodic charges
**cobros por intereses** – interest charges
**cobros por servicios** – service charges
**cobros por tramitación** – handling charges
**cobros preestablecidos** – preset charges
**cobros prepagados** – charges prepaid
**cobros programados** – programmed charges
**cobros razonables** – reasonable charges
**cobros regulares** – regular charges
**cobros típicos** – typical charges
**cobros varios** – miscellaneous charges
**cocesionario** *m* – co-assignee
**coche** *m* – car, coach
**coche bomba** – car bomb
**codelincuencia** *f* – complicity
**codelincuente** *m/f* – accomplice, accessory
**codemandado** *m* – joint defendant, co-defendant
**codeterminación** *f* – codetermination
**codeudor** *m* – joint debtor, co-debtor
**codeudor hipotecario** – comortgagor
**codex** – code, codex
**codicilio** *m* – codicil
**codicilo** *m* – codicil
**codicioso** *adj* – greedy
**codificación** *f* – coding, encoding, codification, encryption
**codificado** *adj* – encoded
**codificador** *m* – codifier, encoder
**codificador arancelario** – schedule of customs duties
**codificar** *v* – to codify, to encode
**código** *m* – code, digest
**código aduanero** – customs code
**código aeronáutico** – aviation code
**código antidumping** – antidumping code
**código bancario** – bank code
**código civil** – civil code
**código comercial** – commercial code
**código contributivo** – tax code
**código de acceso** – access code
**código de aduanas** – customs code
**código de arbitración** – code of arbitration
**código de autorización** – authorization code
**código de banco** – bank code
**código de barras** – bar code
**código de buena conducta** – code of good conduct
**código de circulación** – traffic laws
**código de comercio** – commercial code, code of commerce
**código de competencia leal** – code of fair competition
**código de conducta judicial** – code of judicial

conduct
**código de construcciones** – building code
**código de control** – control code
**código de edificación** – building code
**código de enjuiciamiento** – code of trial procedure
**código de ética** – code of ethics
**código de ética profesional** – code of professional responsibility
**código de la familia** – code of domestic relations
**código de las quiebras** – bankruptcy code
**código de policía** – police regulations
**código de prácticas** – code of practice, code of procedure
**código de procedimiento civil** – code of civil procedure
**código de procedimiento penal** – code of criminal procedure
**código de procedimientos** – code of procedure, code of practice
**código de pruebas** – laws of evidence
**código de quiebras** – bankruptcy code
**código de transacción** – transaction code
**código de tránsito** – traffic laws
**código del trabajo** – labor code, labour code
**código en lo civil** – code of civil procedure
**código en lo penal** – code of criminal procedure
**código fiscal** – tax code
**código fundamental** – constitution
**código impositivo** – tax code
**código judicial** – judicial code
**código laboral** – labor code, labour code
**código marítimo** – admiralty code
**código mercantil** – commercial code
**código militar** – military code
**código modelo** – model code
**código municipal** – municipal code
**código penal** – penal code
**código postal** – postal code, zip code
**código procesal civil** – code of civil procedure
**código procesal penal** – code of criminal procedure
**código tributario** – tax code
**código uniforme** – uniform code
**codirección** *f* – co-management
**codirector** *m* – co-director, joint director, co-manager
**codirigir** *v* – to co-direct, to co-manage
**codueño** *m* – co-owner, joint owner
**coeficiente de cobertura** – coverage ratio
**coemitente** *m/f* – co-issuer, co-drawer
**coencausado** *m* – joint defendant
**coercer** *v* – to coerce
**coercible** *adj* – coercible, restrainable
**coerción** *f* – coercion, restriction
**coercitivo** *adj* – coercive, restrictive
**coetáneo** *adj* – contemporary
**cofiador** *m* – co-surety
**cofiduciarios** *m* – joint trustees
**cofinanciación** *f* – cofinancing
**cofinanciamiento** *m* – cofinancing
**cofinanciar** *v* – to cofinance
**cofirmante** *m/f* – co-signer
**cofirmar** *v* – to cosign
**cogarante** *m* – joint guarantor
**cogerente** *m/f* – co-manager
**cogestión** *f* – co-management, participation of employee representatives in management
**cogirador** *m* – co-drawer, co-maker
**cognación** *f* – cognation
**cognación mixta** – mixed cognation
**cognado** *m* – cognate
**cognati** – relatives on the mother's side
**cognaticio** *adj* – cognatic
**cognición** *f* – cognition, knowledge
**cognición judicial** – judicial notice
**cognición limitada** – limited jurisdiction
**cognomen** *m* – surname
**cohabitación** *f* – cohabitation
**cohabitación habitual** – habitual cohabitation
**cohabitación matrimonial** – matrimonial cohabitation
**cohabitar** *v* – to cohabit
**cohechador** *m* – briber
**cohechar** *v* – to bribe
**cohecho** *m* – bribe, bribery, graft
**coheredar** *v* – to inherit jointly
**coheredero** *m* – co-heir, joint heir
**coherencia** *f* – coherence
**coherente** *adj* – coherent
**coherentemente** *adv* – coherently
**cohesión** *f* – cohesion
**cohesivo** *adj* – cohesive
**cohipotecante** *m/f* – co-mortgagor
**coima** *f* – graft, bribe, bribery, concubine
**coimear** *v* – to bribe
**coincidencia** *f* – coincidence
**coincidencia de la voluntad** – meeting of minds
**coincidentalmente** *adv* – coincidentally
**coincidente** *adj* – coincident
**coincidir** *v* – to coincide
**coinquilino** *m* – co-lessee, joint tenant
**cointeresado** *adj* – jointly interested
**coinversión** *f* – joint venture, joint investment
**coito** *m* – coitus
**colaboración** *f* – collaboration
**colaboración** *f* – collaboration
**colaborador** *m* – collaborator
**colaborar** *v* – to collaborate
**colaborativo** *adj* – collaborative
**colación** *f* – collation, comparison
**colación de bienes** – hotchpotch
**colacionar** *v* – to collate, to compare
**colateral** *adj* – collateral
**colateral** *m* – collateral
**colateral adicional** – additional collateral
**colateral mixto** – mixed collateral
**colateral suplementario** – supplemental collateral
**colateralizado** *adj* – collateralized
**colateralizar** *v* – to collateralize
**colateralmente** *adv* – collaterally
**colección** *f* – collection, gathering
**coleccionable** *adj* – collectible
**colecta** *f* – collection, tax collection
**colectar** *v* – to collect
**colectiva e individualmente** – joint and several
**colectivamente** *adv* – collectively, jointly
**colectividad** *f* – collectivity, community
**colectivismo** *m* – collectivism
**colectivista** *adj* – collectivist
**colectivista** *m/f* – collectivist
**colectivización** *f* – collectivization

**colectivo** *adj* – collective, joint
**colector** *m* – collector
**colector de contribuciones** – tax collector
**colector de derechos aduaneros** – collector of customs duties
**colector de impuestos** – tax collector
**colector de rentas internas** – collector of internal revenue
**colector fiscal** – tax collector
**colecturía** *f* – tax office
**colega** *m/f* – colleague
**colegatario** *m* – joint legatee
**colegiación** *f* – professional association, joining a professional association
**colegiado** *m* – member of a professional association, member of the bar
**colegiarse** *v* – to join a professional association, to become a member of the bar
**colegio** *m* – professional association, bar, college, school
**colegio de abogados** – bar association
**colegio de leyes** – law school
**colegio de procuradores** – bar association
**colegio de profesionales** – professional association
**colegio electoral** – electoral college
**colegislador** *adj* – colegislative
**cólera** *f* – rage, anger
**coléricamente** *adv* – angrily
**coligación** *f* – colligation, alliance, link
**coligarse** *v* – to unite, to associate
**colindante** *adj* – adjoining, abutting
**colindante** *m* – adjoining property, adjoining owner
**colindante** *adj* – adjoining, abutting
**colindar** *v* – to adjoin, to abut
**colisión** *f* – collision, conflict
**colitigante** *m/f* – co-litigant
**colocación** *f* – placing, placement, post, employment, job
**colocación de empleo** – job placement
**colocación de trabajo** – job placement
**colocar** *v* – to place, to employ
**colonialismo** *m* – colonialism
**colonialista** *adj* – colonialist
**colonialista** *m/f* – colonialist
**colonización** *f* – colonization
**colonizado** *adj* – colonized
**colonizador** *m* – colonizer
**colonizar** *v* – to colonize
**color** *m* – color, pretext, faction
**coludir** *v* – to collude
**colusión** *f* – collusion
**colusión implícita** – implicit collusion
**colusión inferida** – inferred collusion
**colusión tácita** – tacit collusion
**colusor** *m* – colluder
**colusoriamente** *adv* – collusively
**colusorio** *adj* – collusive
**comandancia** *f* – headquarters, position of a commander
**comandante** *m* – commander
**comandante de barco** – captain
**comandatario** *m* – co-agent
**comandita** *f* – special partnership, limited partnership
**comandita simple** – limited partnership
**comanditado** *m* – general partner
**comanditario** *m* – special partner, limited partner
**comarca** *f* – region, province
**combinación** *f* – combination, cartel
**combinación de negocios** – business combination
**combinación ilícita** – illicit combination
**combinación inapropiada** – inappropriate combination
**combinación lícita** – licit combination
**combinado** *adj* – combined
**combinado ilegalmente** – illegally combined
**combinado ilícitamente** – illicitly combined
**combinar** *v* – to combine
**combinar recursos** – to pool resources
**comentario** *m* – comment, commentary, annotation
**comentario de auditoría** – audit comment
**comentario despectivo** – disparaging comment, disparaging remark
**comentario explicativo** – explanatory comment
**comentario explícito** – explicit comment
**comentario irrelevante** – irrelevant comment
**comentario judicial** – judicial remark
**comentario razonable** – reasonable comment
**comenzar** *v* – to commence
**comenzar una acción** – to commence an action
**comerciabilidad** *f* – marketability
**comerciable** *adj* – marketable
**comerciado ilegalmente** – illegally traded
**comerciado ilícitamente** – illicitly traded
**comercial** *adj* – commercial, advertisement
**comercialidad** *f* – commerciality
**comercialismo** *m* – commercialism
**comercializable** *adj* – merchantable, marketable, saleable
**comercialización** *f* – commercialization, marketing
**comercialización agresiva** – aggressive marketing
**comercialización anticipada** – advance marketing
**comercialización boca a boca** – word-of-mouth marketing
**comercialización comercial** – commercial marketing, trade marketing
**comercialización concentrada** – concentrated marketing
**comercialización convergente** – convergent marketing
**comercialización cooperativa** – cooperative marketing
**comercialización corporativa** – corporate marketing
**comercialización de consumo** – consumer marketing
**comercialización de exportación** – export marketing
**comercialización de marca** – brand marketing, brand advertising
**comercialización de nicho** – niche marketing
**comercialización de prueba** – test marketing
**comercialización del producto** – product marketing
**comercialización diferenciada** – differentiated marketing
**comercialización directa** – direct marketing
**comercialización ecológica** – ecomarketing
**comercialización electrónica** – electronic marketing, e-marketing, online marketing, Internet marketing
**comercialización en el Internet** – Internet marketing
**comercialización en línea** – online marketing, Internet marketing

**comercialización engañosa** – deceptive marketing
**comercialización geodemográfica** – geodemographic marketing
**comercialización global** – global marketing
**comercialización industrial** – industrial marketing
**comercialización interactiva** – interactive marketing
**comercialización internacional** – international marketing
**comercialización online** – online marketing, Internet marketing, electronic marketing, e-marketing
**comercialización por Internet** – Internet marketing
**comercialización radial** – radio marketing
**comercialización selectiva** – selective marketing
**comercialización telefónica** – telemarketing
**comercialización televisiva** – TV marketing
**comercialización vertical** – vertical marketing
**comercialización vinculada** – tie-in marketing
**comercialización viral** – viral marketing
**comercialización y mercadeo** – merchandising and marketing
**comercializador** *m* – merchant
**comercializar** *v* – to commercialize, to market
**comercialmente** *adv* – commercially
**comerciante** *m/f* – merchant, businessperson, trader, dealer
**comerciante almacenista** – wholesaler, jobber
**comerciante autorizado** – authorized dealer
**comerciante individual** – sole proprietor
**comerciante no autorizado** – unauthorized dealer
**comerciar** *v* – to trade, to market, to do business, to deal
**comercio** *m* – commerce, trade, business, business establishment, store
**comercio activo** – brisk commerce, busy business
**comercio administrado** – managed trade, managed commerce
**comercio agrícola** – agricultural trade, agricultural commerce
**comercio al detal** – retail business
**comercio al detalle** – retail business
**comercio al menudeo** – retail business
**comercio al por mayor** – wholesale business
**comercio al por menor** – retail business
**comercio bilateral** – bilateral trade
**comercio clandestino** – clandestine trade, illegal trade
**comercio colaborativo** – collaborative commerce
**comercio controlado** – managed trade, administered trade, controlled trade
**comercio de cabotaje** – coastal trade
**comercio de comisión** – commission business
**comercio de exportación** – export business, export trade
**comercio de importación** – import business, import trade
**comercio de mercancías** – commodities trading
**comercio de permuta** – barter trade
**comercio de productos** – commodities trading
**comercio de trueque** – barter trade
**comercio de ultramar** – overseas trade
**comercio detallista** – retail business
**comercio doméstico** – domestic trade
**comercio electrónico** – electronic commerce, e-commerce, electronic business, e-business
**comercio en línea** – online business, online commerce, Web commerce
**comercio equitativo** – fair trade
**comercio estatal** – state commerce
**comercio exportador** – export business, export trade
**comercio exterior** – foreign trade
**comercio franco** – duty-free trade
**comercio fronterizo** – border trade
**comercio ilegal** – illegal trade
**comercio ilícito** – illicit trade
**comercio importador** – import business, import trade
**comercio interestatal** – interstate commerce
**comercio interindustrial** – inter-industrial trade
**comercio interior** – domestic trade
**comercio internacional** – international trade, international commerce
**comercio interno** – internal commerce
**comercio intraestatal** – intrastate commerce
**comercio intraindustrial** – intra-industrial trade
**comercio invisible** – invisible commerce
**comercio justo** – fair trade, fair commerce
**comercio legal** – legal trade
**comercio libre** – free trade
**comercio lícito** – licit trade
**comercio manipulado** – manipulated trade
**comercio marítimo** – maritime trade
**comercio mayorista** – wholesale trade
**comercio minorista** – retail trade
**comercio móvil** – m-business, m-commerce
**comercio multilateral** – multilateral trade
**comercio mundial** – world trade
**comercio nacional** – domestic trade, national commerce
**comercio online** – online business, online commerce, Web commerce
**comercio por Internet** – Internet business, e-business
**comercio preferencial** – preferential trade
**comercio recíproco** – reciprocal trade
**comercio transfronterizo** – cross-border trade, shuttle trade
**comestible** *adj* – edible
**comestibles** *m* – food
**cometer** *v* – to commit, to commission, to entrust
**cometer asesinato** – to commit murder
**cometer perjurio** – to commit perjury
**cometer suicidio** – to commit suicide
**cometer un crimen** – to commit a crime
**cometido** *m* – commission, duty
**comicios** *m* – elections
**comicios generales** – general elections
**comienzo** *m* – commencement, beginning
**comienzo de la cobertura** – beginning of coverage
**comienzo del año** – beginning of the year
**comienzo del ejercicio** – beginning of the year
**comienzo del mes** – beginning of the month
**comienzo del período** – beginning of the period
**comienzo del seguro** – beginning of insurance
**comisar** *v* – to forfeit, to confiscate
**comisaría** *f* – station, police station, office of a commissioner
**comisaría de policía** – police station
**comisario** *m* – commissioner, commissary, shareholders' representative
**comisario de averías** – average surveyor
**comisario de comercio** – trade commissioner

**comisario de patentes** – commissioner of patents
**comisario de policía** – police commissioner
**comisario testamentario** – testamentary trustee
**comisión** *f* – commission, committee, order
**comisión acordada** – agreed-upon commission
**comisión administradora** – administrative commission
**comisión administrativa** – administrative commission
**comisión asesora** – advisory committee
**comisión bancaria** – banking commission, bank commission, banking fee
**comisión central** – central commission
**comisión conjunta** – joint commission
**comisión contratada** – contracted commission
**comisión contributiva** – tax commission
**comisión convenida** – agreed-upon commission
**comisión de apertura** – origination fee
**comisión de banca** – banking commission, bank commission
**comisión de bienes raíces** – real estate commission
**comisión de cobro** – collection fee
**comisión de compromiso** – commitment fee
**comisión de corredor** – broker commission
**comisión de corretaje** – brokerage commission
**comisión de delito** – commission of a crime
**comisión de encuesta** – fact-finding board
**comisión de gestión** – management fee, management committee, agency fee
**comisión de higiene** – board of health
**Comisión de Igualdad de Oportunidades** – Equal Opportunities Commission
**comisión de indagación** – fact-finding board
**comisión de intermediario** – finder's fee
**comisión de medios y arbitrios** – ways and means committee
**comisión de planificación** – planning commission
**comisión de seguridad** – safety commission
**comisión de servicio público** – public service commission
**comisión de ventas** – sales commission, selling commission
**comisión de vigilancia** – control committee
**comisión directiva** – executive committee, steering committee
**comisión ejecutiva** – executive committee
**comisión especial** – special commission
**comisión estipulada** – stipulated commission
**Comisión Europea** – European Commission
**comisión fija** – set commission, flat commission
**comisión fiscal** – tax commission
**comisión gestora** – management committee
**comisión impositiva** – tax commission
**comisión mercantil** – commercial commission
**comisión monetaria** – monetary commission
**comisión negociada** – negotiated commission
**comisión pactada** – agreed-upon commission
**comisión pecuniaria** – pecuniary commission
**comisión permanente** – permanent committee
**comisión preestablecida** – preset commission
**comisión principal** – main commission
**comisión rogatoria** – letters rogatory
**comisión tributaria** – tax commission
**comisionado** *m* – commissioner, agent
**comisionado de la banca** – bank commissioner
**comisionado de seguros** – insurance commissioner
**comisionar** *v* – to commission, to empower
**comisionista** *m/f* – agent, commission agent, a person working on a commission basis
**comiso** *m* – confiscation, forfeiture
**comisorio** *adj* – valid for a specified time
**comité** *m* – committee, commission, board
**comité administrador** – administrative committee, executive committee, managing committee
**comité administrativo** – administrative committee, executive committee, managing committee
**comité arbitral** – arbitration board
**comité asesor** – advisory committee, consulting board, advisory board
**comité bancario** – bank board
**comité conjunto** – joint committee
**comité consultivo** – consulting committee, consulting board
**comité consultor** – consulting committee, consulting board
**comité de acción** – action committee
**comité de accionistas** – shareholders' meeting
**comité de acreedores** – creditors' committee, creditors' meeting
**comité de administración** – administrative committee, executive committee, managing committee
**comité de aforos** – board of appraisers
**comité de agravios** – grievance committee
**Comité de Agricultura** – Committee on Agriculture
**comité de arbitraje** – board of arbitration, arbitration committee
**comité de aseguradores** – board of underwriters
**comité de auditoría** – audit committee, board of audit
**comité de comercio** – board of trade
**comité de dirección** – board of directors, administrative board, executive committee, steering committee, board of governors
**comité de directores** – board of directors, administrative board, executive committee, steering committee
**comité de fiduciarios** – board of trustees
**comité de gerencia** – board of directors, administrative board, executive committee, steering committee
**comité de inspección** – inspection committee
**comité de planificación** – planning board
**comité de préstamos** – loan committee
**comité de reorganización** – reorganization committee
**comité de retiro** – pension board
**comité de revisión** – board of review, board of audit
**comité de síndicos** – board of trustees
**comité del banco** – bank board
**comité directivo** – board of directors, administrative board, executive committee, steering committee, board of governors
**comité ejecutivo** – executive committee
**comité especial** – special committee
**comité ordinario** – ordinary committee
**comité planeador** – planning board
**comité planificador** – planning board
**comité protector** – protective committee
**comité provisional** – provisional committee
**comité temporal** – temporary committee
**comitente** *m* – principal, shipper

**commoriencia** *f* – simultaneous death
**comodante** *m/f* – gratuitous lender, gratuitous bailer
**comodar** *v* – to lend gratuitously, to bail gratuitously
**comodatario** *m* – gratuitous borrower, gratuitous bailee
**comodato** *m* – gratuitous loan, gratuitous bailment
**comodidades** *f* – amenities
**compañero** *m* – companion, partner
**compañero de trabajo** – co-worker
**compañía** *f* – company, corporation
**compañía absorbente** – absorbing company
**compañía accionista** – corporate shareholder
**compañía activa** – active company
**compañía administrada** – managed company
**compañía administradora** – management company, administrative company
**compañía administrativa** – management company, administrative company
**compañía adquirida** – acquired company
**compañía adquiriente** – acquiring company
**compañía afiliada** – affiliated company
**compañía agrícola** – farm company, farming company
**compañía aliada** – allied company
**compañía anónima** – stock company
**compañía apalancada** – leveraged company
**compañía armadora** – shipping company
**compañía aseguradora** – insurance company
**compañía asociada** – associated company, affiliated company
**compañía autorizada** – authorized company, admitted company
**compañía bancaria** – banking company
**compañía capitalizadora** – company for the capitalization of savings
**compañía caritativa** – charitable company
**compañía centralizada** – centralized company
**compañía cerrada** – close corporation, closed company
**compañía civil** – civil corporation
**compañía colectiva** – partnership
**compañía comanditaria** – special partnership, limited partnership
**compañía comercial** – business association, commercial company
**compañía competidora** – competing company
**compañía componente** – constituent company
**compañía con fines de lucro** – for-profit company
**compañía constructora** – construction company
**compañía consultiva** – consulting company
**compañía consultora** – consulting company
**compañía contable** – accounting company
**compañía controlada** – controlled company, subsidiary
**compañía controladora** – controlling company, holding company
**compañía controlante** – controlling company
**compañía cooperativa** – cooperative
**compañía cotizada** – listed company
**compañía de administración** – administration company
**compañía de afianzamiento** – bonding company
**compañía de ahorro y préstamo** – savings and loan association
**compañía de arrendamiento** – leasing company
**compañía de banca hipotecaria** – mortgage banking company
**compañía de capitalización** – company for the capitalization of savings
**compañía de cartera** – investment trust
**compañía de coaseguro** – coinsurance company, coinsurance carrier
**compañía de cobro** – collection company
**compañía de comercio** – commerce company, business association
**compañía de comercio electrónico** – e-commerce company, e-business company
**compañía de construcción** – building company
**compañía de consultores** – consulting company
**compañía de control** – controlling company, holding company
**compañía de crédito** – credit company, credit union
**compañía de derecho** – company created fulfilling all legal requirements
**compañía de explotación** – operating company
**compañía de fianzas** – bonding company
**compañía de fideicomiso** – trust company
**compañía de finanzas** – finance company
**compañía de hecho** – company in fact
**compañía de inversiones** – investment company
**compañía de negocios** – business company
**compañía de petróleo** – oil company
**compañía de préstamos** – loan company
**compañía de reaseguro** – reinsurance company, reinsurance carrier
**compañía de responsabilidad limitada** – limited liability company, limited company
**compañía de seguros** – insurance company
**compañía de seguros mutuos** – mutual insurance company
**compañía de servicio** – service company
**compañía de servicios públicos** – utility, public services company
**compañía de telecomunicaciones** – telecommunications company
**compañía de trabajo temporal** – temporary employment agency
**compañía de transportes** – transport company, shipping company, carrier
**compañía de utilidad pública** – utility, public services company
**compañía de ventas por correo** – mail order company
**compañía de ventas por correspondencia** – mail order company
**compañía descentralizada** – decentralized company
**compañía difunta** – defunct company
**compañía distribuidora** – distributing company
**compañía disuelta** – dissolved company
**compañía diversificada** – diversified company
**compañía doméstica** – domestic company
**compañía dominada** – controlled company
**compañía dominante** – dominant company
**compañía emisora** – issuing company
**compañía en funcionamiento** – going concern
**compañía en línea** – online company
**compañía en marcha** – going concern
**compañía en nombre colectivo** – general partnership
**compañía especulativa** – speculative company,

commercial company
**compañía establecida** – established company
**compañía estatal** – government company, state company
**compañía ética** – ethical company
**compañía exenta** – exempt company
**compañía explotadora** – operating company
**compañía exportadora** – exporting company
**compañía extranjera** – alien company, foreign company
**compañía extranjera** – foreign company
**compañía familiar** – family company
**compañía fiadora** – bonding company
**compañía ficticia** – fictitious company
**compañía fiduciaria** – trust company
**compañía filial** – affiliated company, sister company, subsidiary
**compañía financiera** – finance company, financial company
**compañía fusionada** – merged company
**compañía global** – global company
**compañía hipotecaria** – mortgage company
**compañía ilícita** – company organized for illegal purposes
**compañía importadora** – importing company
**compañía inactiva** – dormant company
**compañía individual** – individual company, sole proprietorship
**compañía industrial** – industrial company
**compañía inexistente** – nonexistent company
**compañía inmobiliaria** – real estate company, property company
**compañía insolvente** – insolvent company
**compañía integrada** – integrated company
**compañía interestatal** – interstate company
**compañía internacional** – international company
**compañía intraestatal** – intrastate company
**compañía inversionista** – investment company
**compañía local** – local company
**compañía lucrativa** – commercial company
**compañía manipulada** – manipulated company
**compañía manufacturera** – manufacturing company
**compañía marítima** – maritime company
**compañía matriz** – parent company
**compañía mercantil** – commercial company
**compañía miembro** – member company
**compañía mixta** – mixed company
**compañía multinacional** – multinational company
**compañía mutuaria** – borrowing company
**compañía nacional** – national company, domestic company
**compañía naviera** – shipping company
**compañía no afinada** – unaffiliated company
**compañía no apalancada** – unleveraged company
**compañía no lucrativa** – nonprofit company
**compañía no pública** – nonpublic company
**compañía online** – online company
**compañía operadora** – operating company
**compañía por acciones** – stock company
**compañía porteadora** – carrier
**compañía prestataria** – borrowing company
**compañía privada** – private company
**compañía privada de transporte** – private carrier
**compañía privatizada** – privatized company
**compañía propietaria** – close company
**compañía pública** – publicly held company, public company
**compañía pública de transporte** – public carrier
**compañía puesta en marcha** – business startup
**compañía quebrada** – bankrupt company
**compañía reaseguradora** – reinsurance company
**compañía registrada** – registered company
**compañía regulada** – regulated company
**compañía retenedora** – holding company
**compañía sin acciones** – non-stock company
**compañía sin fines de lucro** – nonprofit company
**compañía sobreviviente** – surviving company
**compañía subsidiaria** – subsidiary company
**compañía tenedora** – holding company
**compañía transferidora** – ceding company
**compañía transnacional** – transnational company
**compañías vinculadas** – related companies
**comparabilidad** *f* – comparability
**comparable** *adj* – comparable
**comparablemente** *adv* – comparably
**comparación** *f* – comparison
**comparación de escritura** – comparison of handwriting
**comparación de negligencia** – comparison of negligence
**comparación equitativa** – fair comparison
**comparado** *adj* – comparative
**comparar** *v* – to compare
**comparativamente** *adv* – comparatively
**comparativo** *adj* – comparative
**comparecencia** *f* – appearance in court, appearance
**comparecencia compulsiva** – compulsory appearance
**comparecencia compulsoria** – compulsory appearance
**comparecencia condicionada** – conditional appearance
**comparecencia en general** – general appearance
**comparecencia en juicio** – court appearance
**comparecencia especial** – special appearance
**comparecencia facultativa** – optional appearance
**comparecencia forzada** – compulsory appearance
**comparecencia forzosa** – compulsory appearance
**comparecencia involuntaria** – involuntary appearance
**comparecencia obligatoria** – compulsory appearance
**comparecencia opcional** – optional appearance
**comparecencia voluntaria** – voluntary appearance
**comparecer** *v* – to appear in court, to appear
**comparecer sin limitaciones** – to make a general appearance
**compareciente** *m* – a person who appears, a person who appears in court
**compareciente** *adj* – appearing, appearing in court
**comparendo** *m* – summons, subpoena
**comparte** *m/f* – joint party, accomplice
**compartimiento** *m* – compartment
**compasión** *f* – compassion
**compatibilidad** *f* – compatibility
**compatible** *adj* – compatible, consistent
**compatrono** *m* – joint employer
**compeler** *v* – to compel, to constrain
**compendiar** *v* – to condense, to summarize
**compendio** *m* – condensation, summary, extract, digest

**compensable** *adj* – compensable
**compensación** *f* – compensation, reparation, indemnification, remuneration, clearing, offset
**compensación acordada** – agreed-upon compensation
**compensación acostumbrada** – customary remuneration
**compensación acumulada** – accrued compensation
**compensación adecuada** – adequate compensation
**compensación adicional** – additional compensation
**compensación anual** – annual compensation, annual remuneration, annual salary, annual wage
**compensación bancaria** – bank clearing
**compensación base** – base compensation
**compensación básica** – basic compensation
**compensación bilateral** – bilateral clearing
**compensación bruta** – gross compensation
**compensación competitiva** – competitive compensation
**compensación compulsoria** – compulsory compensation
**compensación contractual** – contractual compensation
**compensación contratada** – contracted compensation
**compensación convenida** – agreed-upon compensation
**compensación de costas** – payment of court costs
**compensación de crédito** – credit clearing
**compensación de cheques** – check clearing, cheque clearing
**compensación de la víctima** – victim's compensation
**compensación de pérdidas** – loss compensation
**compensación debida** – due compensation
**compensación diaria** – daily compensation
**compensación diferida** – deferred compensation
**compensación efectiva** – net compensation
**compensación ejecutiva** – executive compensation
**compensación esencial** – essential compensation
**compensación especificada** – specified compensation
**compensación estipulada** – stipulated compensation
**compensación extra** – extra compensation, bonus
**compensación extraordinaria** – extra compensation, bonus, overtime compensation, overtime pay
**compensación facultativa** – optional compensation
**compensación fija** – fixed compensation, set compensation
**compensación financiera** – financial compensation
**compensación forzada** – forced compensation
**compensación forzosa** – forced compensation
**compensación garantizada** – guaranteed compensation
**compensación igual** – equal compensation
**compensación indebida** – wrongful compensation
**compensación indispensable** – indispensable compensation
**compensación inicial** – initial compensation
**compensación justa** – just compensation
**compensación máxima** – maximum compensation
**compensación media** – average compensation
**compensación mensual** – monthly compensation, monthly salary, monthly wage
**compensación mercantil** – clearing
**compensación mínima** – minimum wage
**compensación monetaria** – monetary compensation
**compensación multilateral** – multilateral compensation
**compensación necesaria** – necessary compensation
**compensación negociada** – negotiated compensation
**compensación neta** – net compensation
**compensación no financiera** – non-financial compensation
**compensación nominal** – nominal compensation
**compensación normal** – normal compensation
**compensación obligada** – obligatory compensation, mandatory compensation
**compensación obligatoria** – obligatory compensation, mandatory compensation
**compensación pactada** – agreed-upon compensation
**compensación por accidentes de trabajo** – workers' compensation
**compensación por cesantía** – severance compensation
**compensación por daños** – compensation for damages
**compensación por desempleo** – unemployment compensation
**compensación por despido** – dismissal compensation
**compensación por días festivos** – holiday compensation
**compensación por discapacidad** – disability compensation
**compensación por enfermedad** – sick compensation
**compensación por incentivos** – incentive compensation
**compensación por lesiones** – compensation for injuries
**compensación por maternidad** – maternity compensation
**compensación preestablecida** – preset compensation
**compensación real** – real compensation
**compensación regular** – regular compensation
**compensación requerida** – required compensation
**compensación retenida** – retained wages
**compensación retroactiva** – retroactive compensation
**compensación semanal** – weekly compensation, weekly salary, weekly wage
**compensación suplementaria** – supplemental compensation
**compensación típica** – typical compensation
**compensación viciosa** – inappropriate compensation
**compensación y beneficios** – compensation and benefits
**compensaciones** *f* – clearings
**compensaciones bancarias** – bank clearings
**compensado** *adj* – compensated, cleared, offset
**compensador** *adj* – compensating
**compensar** *v* – to compensate, to repair, to clear, to indemnify, to offset
**compensativo** *adj* – compensative, offsetting
**compensatorio** *adj* – compensatory, offsetting
**competencia** *f* – competency, jurisdiction, competition, authority, field
**competencia abierta** – open competition
**competencia amistosa** – friendly competition
**competencia atomística** – atomistic competition
**competencia de jurisdicción** – conflict of jurisdictions

**competencia desenfrenada** – unbridled competition
**competencia desleal** – unfair competition
**competencia destructiva** – destructive competition
**competencia estatal** – state competition
**competencia excepcional** – special jurisdiction
**competencia exclusiva** – exclusive jurisdiction
**competencia externa** – foreign competition, external competition
**competencia extranjera** – foreign competition
**competencia feroz** – fierce competition
**competencia funcional** – functional jurisdiction
**competencia ilícita** – illegal competition
**competencia imperfecta** – imperfect competition
**competencia injusta** – unfair competition
**competencia interestatal** – interstate competition
**competencia interna** – domestic competition, internal competition
**competencia internacional** – international competition
**competencia intraestatal** – intrastate competition
**competencia justa** – fair competition
**competencia leal** – fair competition
**competencia legal** – legal competence
**competencia lícita** – fair competition
**competencia material** – jurisdiction of the subject matter
**competencia monopolista** – monopolistic competition
**competencia monopolística** – monopolistic competition
**competencia nacional** – national competition
**competencia necesaria** – compulsory jurisdiction
**competencia oligopolística** – oligopolistic competition
**competencia originaria** – original jurisdiction
**competencia perfecta** – perfect competition
**competencia por territorio** – territorial jurisdiction
**competencia positiva** – conflict of jurisdictions
**competencia principal** – general jurisdiction
**competencia pura** – pure competition
**competencia sana** – healthy competition
**competente** *adj* – competent, capable, appropriate, competitive, authoritative
**competentemente** *adv* – competently
**competer** *v* – to pertain to, to have jurisdiction over
**competición** *f* – competition
**competidor** *m* – competitor
**competir** *v* – to compete
**competitividad** *f* – competitiveness
**competitivo** *adj* – competitive
**compilación** *f* – compilation, compilation of laws
**compilación de datos** – data compilation
**compilador** *m* – compiler, reporter
**compilar** *v* – to compile
**complacencia** *f* – complacency
**complaciente** *adj* – complacent
**complejidad** *f* – complexity
**complejo** *adj* – complex
**complejo** *m* – complex
**complejo industrial** – industrial complex
**complejo residencial** – residential complex
**complementario** *adj* – complementary, supplementary
**complemento** *m* – complement
**complemento salarial** – perquisite
**completamente** *adj* – completely, fully, absolutely
**completamente amortizado** – fully amortized
**completamente distribuido** – fully distributed
**completamente pagado** – fully paid
**completamente pago** – fully paid
**completamente registrado** – fully registered
**completar** *v* – to complete, to fill-in
**completar una transacción** – complete a transaction
**completo** *adj* – complete, comprehensive
**complicación** *f* – complication
**complicado** *adj* – complicated
**complicar** *v* – to complicate
**cómplice** *m/f* – accomplice, accessory
**cómplice de los hechos** – accomplice
**cómplice en la quiebra** – accomplice to fraud in a bankruptcy
**cómplice encubridor** – accessory after the fact
**cómplice instigador** – accessory before the fact
**cómplice necesario** – principal accomplice
**cómplice presente** – accomplice
**cómplice secundario** – secondary accomplice
**complicidad** *f* – complicity
**complot** *m* – conspiracy, scheme
**complotado** *m* – conspirator
**complotar** *v* – to conspire
**componedor** *m* – mediator, arbitrator
**componenda** *f* – arbitration, settlement
**componente** *m* – component
**componente esencial** – essential component
**componente indispensable** – indispensable component
**componente innecesario** – unnecessary component
**componente necesario** – necessary component
**componente obligatorio** – obligatory component
**componer** *v* – to mediate, to arbitrate, to settle, to compose
**componible** *adj* – arbitrable, reconcilable
**comportamiento** *m* – behavior
**comportamiento de rebaño** – bandwagon effect, herd behavior
**comportamiento gregario** – bandwagon effect, herd behavior
**comportamiento indecente** – indecent behavior
**compos mentis** – of sound mind, compos mentis
**composición** *f* – composition, settlement, agreement
**composición amigable** – friendly settlement
**composición procesal** – out-of-court settlement
**compostura** *f* – repair, settlement, composure, agreement
**compra** *f* – purchase, purchasing, buy, buying
**compra a crédito** – credit purchase
**compra a plazos** – installment purchase
**compra absoluta** – absolute purchase
**compra al contado** – cash purchase
**compra apalancada** – leveraged purchase, leveraged buyout
**compra compulsiva** – compulsory purchase, compulsive buying
**compra compulsoria** – compulsory purchase
**compra condicional** – conditional purchase
**compra corporativa** – corporate purchase
**compra en efectivo** – cash purchase
**compra en línea** – online purchase
**compra especial** – special purchase

**compra forzada** – compulsory purchase
**compra forzosa** – compulsory purchase
**compra incondicional** – unconditional purchase
**compra negociada** – negotiated purchase
**compra obligada** – mandatory purchase
**compra obligatoria** – mandatory purchase
**compra online** – online purchase
**compra requerida** – required purchase
**compra restringida** – restricted purchase
**compra subsiguiente** – subsequent purchase
**compra y venta** – sale, bargain and sale, buying and selling
**comprable** *adj* – purchasable, bribable
**comprado** *adj* – bought
**comprador** *m* – purchaser, buyer, shopper, bargainee
**comprador de buena fe** – buyer in good faith
**comprador de mala fe** – buyer in bad faith
**comprador inocente** – buyer in good faith
**comprador en efectivo** – cash buyer
**comprador en firme** – firm buyer
**comprador final** – final buyer
**comprador firme** – firm buyer
**comprador inocente** – buyer in good faith
**comprador marginal** – marginal buyer
**comprador previo** – previous buyer
**comprador subsiguiente** – subsequent purchaser
**comprar** *v* – to buy, to purchase, to bribe
**comprar a crédito** – to buy on credit
**comprar al contado** – to buy outright, to buy in cash
**comprar para revender** – to buy for resale
**compraventa** *f* – buying and selling, sale, purchase, bargain and sale, sales contract
**compraventa a crédito** – credit sale
**compraventa a ensayo** – purchase on approval
**compraventa a plazos** – credit sale
**compraventa a prueba** – purchase on approval
**compraventa al contado** – cash purchase
**compraventa de herencia** – sale of inheritance
**compraventa en abonos** – installment sale
**compraventa forzosa** – judicial sale, compulsory sale
**compraventa mercantil** – purchase for resale
**compraventa sobre muestras** – sale by sample
**compraventa solemne** – formalized sale
**comprendido** *adj* – understood, included
**comprensibilidad** *f* – comprehensibility
**comprensible** *adj* – comprehensible
**comprensión** *f* – comprehension
**comprensivamente** *adv* – comprehensively
**comprensivo** *adv* – comprehensive
**compresión** *f* – compression
**compresión de datos** – data compression
**compresión de salario** – salary compression
**compresión salarial** – salary compression
**comprobable** *adj* – provable, demonstrable
**comprobación** *f* – verification, check, proof, audit
**comprobación al azar** – random check, spot check
**comprobación de análisis** – analysis verification
**comprobación de auditoría** – audit verification
**comprobación de autoridad** – authority verification
**comprobación de calidad** – quality check, quality assurance
**comprobación de cancelación** – cancellation verification
**comprobación de compra** – purchase verification
**comprobación de crédito** – credit verification
**comprobación de cuenta** – account verification
**comprobación de cheque** – check verification, cheque verification
**comprobación de daños** – damage verification
**comprobación de dominio** – title verification
**comprobación de elegibilidad** – eligibility verification
**comprobación de empleo** – employment verification
**comprobación de firma** – signature verification, signature check
**comprobación de identidad** – identity verification
**comprobación de incorporación** – incorporation verification
**comprobación de ingresos** – income verification
**comprobación de la deuda** – proof of debt
**comprobación de participación** – participation verification
**comprobación de reclamación** – claim verification
**comprobación de salud** – health verification
**comprobación de seguro** – insurance verification
**comprobación de trasfondo** – background check
**comprobación de uso** – use verification
**comprobación de valor** – value verification
**comprobación de venta** – sale verification
**comprobación interna** – internal check
**comprobante** *m* – voucher, proof, receipt
**comprobante** *adj* – verifying, proving
**comprobante de adeudo** – proof of debt
**comprobante de caja** – cash voucher
**comprobante de compra** – proof of purchase
**comprobante de crédito** – credit voucher
**comprobante de depósito** – deposit slip, deposit certificate
**comprobante de deuda** – proof of debt
**comprobante de diario** – journal voucher
**comprobante de gasto** – expense voucher
**comprobante de pago** – proof of payment
**comprobante de retiro** – withdrawal slip
**comprobante de venta** – sales slip, bill of sale
**comprobar** *v* – to verify, to check, to prove, to audit
**comprobatorio** *adj* – verifying, proving
**comprometedor** *adj* – compromising
**comprometer** *v* – to obligate, to commit, to bind, to compromise, to submit to arbitration
**comprometerse** *v* – to obligate oneself, to become engaged
**comprometido** *adj* – obligated, engaged, committed, compromised, bound
**compromisario** *m* – arbitrator, mediator
**compromiso** *m* – commitment, obligation, arbitration, agreement, engagement
**compromiso a corto plazo** – short-term commitment
**compromiso a largo plazo** – long-term commitment
**compromiso a mediano plazo** – medium-term commitment
**compromiso a medio plazo** – medium-term commitment
**compromiso a plazo** – commitment which must be fulfilled within a certain period
**compromiso absoluto** – absolute commitment
**compromiso accesorio** – accessory commitment
**compromiso acordado** – agreed-upon commitment
**compromiso ambiental** – environmental commitment

**compromiso anticipado** – advance commitment
**compromiso arbitral** – agreement to submit to arbitration
**compromiso bancario** – bank commitment
**compromiso bilateral** – bilateral commitment
**compromiso colateral** – collateral engagement
**compromiso colectivo** – collective commitment, joint commitment
**compromiso comercial** – commercial commitment
**compromiso condicionado** – conditional commitment
**compromiso condicional** – conditional commitment
**compromiso conjunto** – joint commitment
**compromiso consensual** – consensual commitment
**compromiso contingente** – contingent commitment
**compromiso contractual** – contractual commitment
**compromiso contratado** – contracted commitment
**compromiso contributivo** – tax commitment
**compromiso convenido** – agreed-upon commitment
**compromiso crediticio** – debt commitment
**compromiso de arrendamiento** – lease commitment
**compromiso de comercio** – commercial commitment
**compromiso de compartir** – commitment to share
**compromiso de compra** – purchase commitment, commitment to buy
**compromiso de confidencialidad** – confidentiality commitment
**compromiso de crédito** – credit commitment
**compromiso de entrega** – commitment to deliver
**compromiso de fondos** – funds commitment
**compromiso de hacer** – commitment to do
**compromiso de pagar** – commitment to pay
**compromiso de pago** – payment commitment
**compromiso de préstamo** – loan commitment
**compromiso de préstamo hipotecario** – mortgage loan commitment
**compromiso de recursos** – resources commitment
**compromiso de reparación** – commitment to repair
**compromiso de venta** – commitment to sell
**compromiso del estado** – government commitment, state commitment
**compromiso del gobierno** – government commitment
**compromiso determinado** – determinate commitment
**compromiso directo** – direct commitment
**compromiso divisible** – divisible commitment
**compromiso ecológico** – ecological commitment
**compromiso en firme** – firm commitment
**compromiso específico** – specific commitment
**compromiso estatal** – government commitment, state commitment
**compromiso estatutario** – statutory commitment
**compromiso estipulado** – stipulated commitment
**compromiso ético** – moral commitment
**compromiso eventual** – contingent liability
**compromiso expreso** – express commitment
**compromiso fijo** – fixed commitment
**compromiso financiero** – financial commitment
**compromiso firme** – firm commitment
**compromiso fiscal** – tax commitment, tax duty
**compromiso garantizado** – secured commitment
**compromiso gubernamental** – government commitment
**compromiso hipotecario** – mortgage commitment
**compromiso ilícito** – illegal commitment
**compromiso implícito** – implied commitment
**compromiso impositivo** – tax commitment
**compromiso incondicional** – unconditional commitment, absolute commitment
**compromiso incumplido** – unfulfilled commitment
**compromiso indeterminado** – indeterminate commitment
**compromiso indirecto** – indirect commitment
**compromiso legal** – legal commitment
**compromiso mancomunado** – joint commitment
**compromiso matrimonial** – engagement
**compromiso mercantil** – commercial commitment
**compromiso moral** – moral commitment
**compromiso negociado** – negotiated commitment
**compromiso pactado** – agreed-upon commitment
**compromiso pecuniario** – monetary commitment
**compromiso pendiente** – outstanding commitment
**compromiso personal** – personal commitment
**compromiso preestablecido** – preset commitment
**compromiso preliminar** – preliminary commitment
**compromiso primario** – primary commitment
**compromiso principal** – principal commitment
**compromiso procesal** – agreement to submit to arbitration
**compromiso profesional** – professional commitment
**compromiso puro** – pure commitment
**compromiso real** – real commitment
**compromiso recíproco** – reciprocal commitment
**compromiso restringido** – restricted commitment
**compromiso simple** – simple commitment
**compromiso solidario** – joint and several commitment
**compromiso subordinado** – subordinated commitment
**compromiso subsidiario** – accessory commitment
**compromiso temporal** – temporary commitment
**compromiso tributario** – tax commitment
**compromiso unilateral** – unilateral commitment
**compromisorio** *adj* – pertaining to arbitration, pertaining to a commitment
**comprometientes** *m* – parties to an arbitration
**compulsa** *f* – authenticated copy, compared document, audit, comparison
**compulsación** *f* – comparison
**compulsar** *v* – to compare, to make authenticated copies, to compel
**compulsión** *f* – compulsion
**compulsión de comprar** – buying compulsion
**compulsivamente** *adv* – compulsively
**compulsivo** *m* – writ
**compulsivo** *adj* – compulsive, compelling
**compulsorio** *m* – court order for the copying of a document
**computable** *adj* – computable
**computación** *f* – computing
**computación comercial** – commerce computing, commercial computing
**computación de comercio** – commerce computing, commercial computing
**computación de negocios** – business computing
**computación empresarial** – business computing
**computación mercantil** – commerce computing, commercial computing
**computador** *m* – computer

**computadora** *f* – computer
**computadora central** – central computer
**computadora de bolsillo** – pocket computer
**computadora de escritorio** – desktop computer
**computadora de mano** – handheld computer
**computadora de mesa** – desktop computer
**computadora de red** – network computer
**computadora doméstica** – home computer
**computadora personal** – personal computer
**computadora portátil** – portable computer
**computadorizado** *adj* – computerized
**computar** *v* – to compute, to calculate
**computarizado** *adj* – computerized
**computarizar** *v* – to computerize
**computerización** *f* – computerization
**computerizado** *adj* – computerized
**computerizar** *v* – to computerize
**cómputo** *m* – computation
**cómputo aproximado** – approximate computation
**cómputo contributivo** – tax computation
**cómputo de contribuciones** – tax computation
**cómputo de costes** – computation of costs
**cómputo de costos** – computation of costs
**cómputo de gastos** – computation of expenses
**cómputo de impuestos** – tax computation
**cómputo de ingresos** – computation of earnings
**cómputo de intereses** – computation of interest
**cómputo de pagos** – computation of payments
**cómputo de precios** – computation of prices
**cómputo de prima** – premium computation
**cómputo de subsidio** – computation of subsidy
**cómputo de subvención** – computation of subsidy
**cómputo de ventas** – sales computation
**cómputo del valor** – computation of value
**cómputo fiscal** – tax computation
**cómputo impositivo** – tax computation
**cómputo presupuestario** – budget computation
**cómputo suplementario** – supplemental computation
**cómputo tributario** – tax computation
**común** *adj* – common, held in common, public
**común, en** – in common
**comuna** *f* – municipality
**comunal** *adj* – communal
**comunero** *m* – joint tenant
**comunicabilidad** *f* – communicability
**comunicable** *adj* – communicable
**comunicación** *f* – communication, disclosure
**comunicación confidencial** – confidential communication
**comunicación de confianza** – privileged communication
**comunicación de datos** – data communication
**comunicación de masas** – mass communication
**comunicación diagonal** – diagonal communication
**comunicación formal** – formal communication
**comunicación global** – global communications
**comunicación judicial** – judicial communication
**comunicación lateral** – lateral communication
**comunicación privilegiada** – privileged communication
**comunicación reservada** – confidential communication
**comunicación secreta** – secret communication
**comunicaciones móviles** – mobile communications
**comunicado** *m* – communiqué, official announcement
**comunicar** *v* – to communicate, to announce, to inform
**comunicar formalmente** – to formally communicate
**comunicatividad** *f* – communicativeness
**comunicativo** *adj* – communicative
**comunicatorio** *adj* – communicatory
**comunidad** *f* – community, association
**comunidad bancaria** – banking community
**comunidad comercial** – commercial community
**comunidad de bienes** – community property, joint ownership
**comunidad de bienes gananciales** – community property
**comunidad de bienes matrimoniales** – community property
**comunidad de comercio** – commerce community
**comunidad de interés** – community of interest
**comunidad de negocios** – business community
**comunidad de pastos** – common pasture, common of pasture
**comunidad de propietarios** – homeowners' association, residents' association
**Comunidad Económica Europea** – European Economic Community
**comunidad empresarial** – business community
**comunidad en mancomún** – joint tenancy
**Comunidad Europea** – European Community
**comunidad hereditaria** – community of heirs
**comunidad legal** – legal community
**comunidad mercantil** – commercial community
**comunidad proindiviso** – joint tenancy
**comuníquese** – let it be known
**comunismo** *m* – communism
**comunista** *adj* – communist
**comunista** *m/f* – communist
**con ánimo de lucro** – for-profit, profit-seeking
**con antelación** – beforehand
**con autoridad** – with authority
**con compensación** – with compensation
**con consentimiento** – with consent
**con fines de lucro** – for-profit, profit-seeking
**con franca mano** – freely
**con las manos en la masa** – red-handed
**con lugar** – accepted
**con malicia premeditada** – with malice aforethought
**con perjuicio** – with prejudice
**con premeditación** – with premeditation
**con recurso** – with recourse
**con respecto a** – with regard to
**con sujeción a** – in accordance with
**con tal que** – provided that
**con todo incluido** – all-inclusive
**con todos los defectos** – with all faults
**conación** *f* – conation
**conativo** *adj* – conative
**conato** *m* – attempt, attempted crime
**concatenación** *f* – concatenation
**concausa** *f* – joint cause
**concebible** *adj* – conceivable
**concebido** *adj* – conceived, born
**concebir** *v* – to conceive
**concedente** *m* – grantor, conceder
**conceder** *v* – to concede, to grant, to admit, to award

**conceder amnistía** – to grant amnesty
**conceder crédito** – to grant credit
**conceder un préstamo** – to grant a loan
**conceder una patente** – to grant a patent
**concejal** *m* – council member
**concejalía** *f* – position of a council member
**concejo** *m* – city council, city hall
**concejo municipal** – city council
**concentración** *f* – concentration, consolidation
**concentración de empresas** – consolidation of corporations
**concentración horizontal** – horizontal consolidation
**concentración industrial** – industrial consolidation
**concentración vertical** – vertical consolidation
**concentrar** *v* – to concentrate
**concepción** *f* – conception
**concepto** *m* – concept
**concepto contable** – accounting concept
**concepto de contabilidad** – accounting concept
**conceptual** *adj* – conceptual
**concertado** *adj* – concerted, agreed
**concertar** *v* – to agree, to settle, to contract, to close, to coordinate, to concert, to reach
**concertar un contrato** – to make a contract
**concertar un préstamo** – to negotiate a loan
**concertar una cita** – to make an appointment
**concesible** *adj* – grantable, concedable
**concesión** *f* – concession, grant, franchise, authorization, allowance
**concesión administrativa** – management concession, government franchise
**concesión arancelaria** – tariff concession
**concesión de crédito** – extension of credit
**concesionario** *m* – concessionaire, franchisee, licensee, authorized dealer, grantee
**concesionario de la patente** – patentee
**concesionario exclusivo** – sole licensee
**concesionario único** – sole licensee
**concesiones económicas** – economic concessions
**concesivo** *adj* – concessible, grantable
**conciencia** *f* – conscience, awareness, equity, justice
**conciencia ecológica** – ecological awareness
**conciencia social** – social awareness
**concierto** *m* – agreement, settlement, accord, contract, plot
**concierto de voluntades** – meeting of minds
**conciliación** *f* – conciliation, reconciliation, settlement
**conciliación bancaria** – bank reconciliation
**conciliación de cuentas** – account reconciliation
**conciliación laboral** – labor arbitration, labour arbitration
**conciliador** *m* – conciliator
**conciliador** *adj* – conciliatory
**conciliar** *m* – council member
**conciliar** *v* – to conciliate, to reconcile, to settle
**conciliar cuentas** – to reconcile accounts
**conciliativo** *adj* – conciliative
**conciliatorio** *adj* – conciliatory
**concilio** *m* – council
**concisamente** *adv* – concisely
**conciso** *adj* – concise
**conciudadano** *m* – fellow citizen
**cónclave** *m* – conclave
**concluir** *v* – to conclude, to complete
**concluir un juicio** – to conclude a trial
**concluir una vista** – to conclude a hearing
**conclusión** *f* – conclusion
**conclusión definitiva** – final statement, final decision
**conclusión ilógica** – illogical conclusion
**conclusión irracional** – irrational conclusion
**conclusión judicial** – judicial conclusion
**conclusión provisoria** – provisional decision
**conclusiones** *f* – conclusions, findings submitted by the prosecutor, findings submitted by the plaintiff's attorney, findings submitted by the defendant's attorney
**conclusiones de derecho** – conclusions of law
**conclusiones de hecho** – conclusions of fact
**conclusivo** *adj* – conclusive
**concluso** *adj* – closed
**concluyente** *adj* – conclusive, convincing
**concluyentemente** *adv* – conclusively
**concomitancia** *f* – concomitance
**concomitante** *adj* – concomitant
**concordancia** *f* – agreement, conformity
**concordar** *v* – to conciliate, to agree, to tally
**concordato** *m* – agreement between debtor and creditors, concordat
**concordato preventivo** – agreement between the creditors and a debtor to avoid bankruptcy
**concretar** *v* – to concretize, to set, to specify, to agree
**concubina** *f* – concubine
**concubinario** *m* – he who lives with a concubine
**concubinato** *m* – concubinage
**concúbito** *m* – sexual intercourse
**conculcador** *m* – infringer, violator
**conculcar** *v* – to infringe, to violate
**concupiscencia** *f* – concupiscence
**concupiscente** *adj* – concupiscent
**concurrencia** *f* – concurrence, gathering, assistance, attendance, equality
**concurrencia de acciones** – joinder of lawsuits
**concurrencia desleal** – unfair competition
**concurrente** *m* – attendee
**concurrente** *adj* – concurrent
**concurrentemente** *adv* – concurrently
**concurrir** *v* – to concur, to attend, to meet
**concurrir a una asamblea** – to attend a meeting
**concurrir a una junta** – to attend a meeting
**concurrir a una licitación** – to bid
**concurrir a una reunión** – to attend a meeting
**concurrir a una sesión** – to attend a meeting
**concursado** *m* – bankrupt
**concursal** *adj* – pertaining to bankruptcy
**concursante** *m/f* – bidder, competitor
**concursar** *v* – to declare bankruptcy, to compete
**concurso** *m* – competition, contest, tender, meeting, assembly, concurrence, bankruptcy proceedings
**concurso civil** – bankruptcy proceedings
**concurso civil de acreedores** – bankruptcy proceedings
**concurso de acreedores** – creditors' meeting, bankruptcy proceedings
**concurso de circunstancias** – simultaneity of criminal acts
**concurso de competencia** – competitive bidding
**concurso de delincuentes** – joint criminality

**concurso de delitos** – simultaneity of criminal acts
**concurso de leyes** – conflict of laws
**concurso de precios** – competitive bidding
**concurso necesario** – involuntary bankruptcy
**concurso público** – public bidding
**concurso punible** – criminal bankruptcy
**concurso y consentimiento** – advice and consent
**concusión** *f* – extortion, graft, concussion
**concusionario** *m* – extortioner
**condado** *m* – county
**condena** *f* – sentence, punishment, prison term, conviction
**condena a muerte** – death sentence
**condena a perpetuidad** – life sentence
**condena accesoria** – accessory punishment
**condena condicional** – suspended sentence, a sentence which may be suspended
**condena de futuro** – judgment with a stay of execution
**condena de prisión** – prison sentence
**condena en costas** – order to pay court costs
**condena en suspenso** – suspended sentence
**condena judicial** – judicial sentence
**condena perpetua** – life sentence
**condena vitalicia** – life sentence
**condenable** – condemnable
**condenación** *f* – condemnation, sentence, punishment
**condenado** *m* – convict
**condenado** *adj* – condemned, sentenced, convicted
**condenar** *v* – to condemn, to sentence, to convict
**condenar en corte** – to convict
**condenar en costas** – to order to pay court costs
**condenarse** *v* – to incriminate oneself
**condenas acumulativas** – accumulative sentences
**condenas simultáneas** – concurrent sentences
**condenatorio** *adj* – condemnatory
**condensación** *f* – condensation
**condensar** *v* – to condense
**condescender** *v* – to accommodate, to acquiesce
**condición** *f* – condition
**condición, a** – upon the condition that
**condición aceptada** – accepted condition
**condición afirmativa** – affirmative condition
**condición callada** – implied condition
**condición casual** – casual condition
**condición compatible** – consistent condition
**condición compulsiva** – compulsory condition
**condición compulsoria** – compulsory condition
**condición concurrente** – condition concurrent
**condición confinante** – confining condition
**condición conjunta** – copulative condition
**condición consistente** – consistent condition
**condición constitutiva** – essential condition
**condición convenible** – consistent condition
**condición copulativa** – copulative condition
**condición cumplida** – fulfilled condition
**condición de derecho** – implied condition
**condición de hecho** – express condition
**condición de plazo** – temporary condition
**condición de póliza** – policy condition
**condición de trabajo** – condition of employment
**condición dependiente** – dependent condition
**condición desconvenible** – repugnant condition
**condición deshonesta** – immoral condition
**condición disyuntiva** – disjunctive condition
**condición económica** – economic condition
**condición en la herencia** – testamentary condition
**condición esencial** – essential condition
**condición existente** – existing condition
**condición expresa** – express condition
**condición extintiva** – extinguishing condition
**condición financiera** – financial condition
**condición física** – physical condition
**condición forzada** – compulsory condition
**condición forzosa** – compulsory condition
**condición ilegal** – illegal condition
**condición ilícita** – illicit condition
**condición implícita** – implied condition
**condición imposible** – impossible condition
**condición incierta** – uncertain condition
**condición incompatible** – repugnant condition
**condición independiente** – independent condition
**condición indispensable** – indispensable condition
**condición inferida** – inferred condition
**condición inherente** – inherent condition
**condición inmoral** – immoral condition
**condición innecesaria** – unnecessary condition
**condición legal** – lawful condition
**condición legítima** – lawful condition
**condición licita** – licit condition
**condición médica confinante** – confining medical condition
**condición mixta** – mixed condition
**condición mutua** – mutual condition
**condición necesaria** – necessary condition
**condición negativa** – negative condition
**condición negociada** – negotiated condition
**condición no esencial** – unessential condition
**condición normal** – normal condition
**condición obligatoria** – obligatory condition
**condición peligrosa** – dangerous condition
**condición posible** – possible condition
**condición positiva** – positive condition
**condición potestativa** – potestative condition
**condición precedente** – condition precedent
**condición precisa** – express condition
**condición preexistente** – preexisting condition
**condición previa** – prior condition
**condición prohibida** – forbidden condition
**condición que, a** – provided that
**condición rechazada** – rejected condition
**condición rehusada** – refused condition
**condición resolutiva** – condition subsequent
**condición resolutoria** – condition subsequent
**condición restrictiva** – restrictive condition
**condición retroactiva** – retroactive condition
**condición sine qua non** – indispensable condition
**condición subsecuente** – condition subsequent
**condición sucesiva** – successive condition
**condición superflua** – superfluous condition
**condición supuesta** – implied condition
**condición suspensiva** – suspensive condition
**condición tácita** – tacit condition
**condición testamentaria** – testamentary condition
**condición única** – sole condition
**condición voluntaria** – voluntary condition
**condicionado** *adj* – conditioned, conditional
**condicional** *adj* – conditional

**condicionalmente** *adv* – conditionally
**condicionar** *v* – to condition, to qualify
**condiciones acordadas** – agreed-upon conditions
**condiciones adversas** – adverse conditions
**condiciones ambientales** – environmental conditions
**condiciones anteriores** – former conditions
**condiciones atractivas** – attractive conditions, attractive terms
**condiciones comerciales** – business conditions, commercial conditions
**condiciones concesionarias** – concessional terms
**condiciones concurrentes** – concurrent conditions
**condiciones contractuales** – contractual conditions
**condiciones contratadas** – contracted conditions
**condiciones convenidas** – agreed-upon conditions
**condiciones corporativas** – corporate conditions
**condiciones corrientes** – current conditions
**condiciones crediticias** – terms of credit
**condiciones de aceptación** – terms of acceptance
**condiciones de aprobación** – conditions of approval
**condiciones de calificación** – qualification conditions
**condiciones de comercio** – commerce conditions
**condiciones de compra** – terms of purchase
**condiciones de contratación** – terms of contracting, terms of hiring
**condiciones de crédito** – terms of credit
**condiciones de elegibilidad** – eligibility conditions
**condiciones de empleo** – employment conditions
**condiciones de entrega** – terms of delivery
**condiciones de licitación** – bidding conditions
**condiciones de negocios** – business conditions
**condiciones de pago** – terms of payment
**condiciones de préstamo** – terms of loan
**condiciones de trabajo** – work conditions
**condiciones de uso** – terms of use
**condiciones de venta** – terms of sale
**condiciones de vida** – living conditions
**condiciones del contrato** – contract conditions
**condiciones del mercado** – market conditions
**condiciones dependientes** – dependent conditions
**condiciones desfavorables** – unfavorable conditions
**condiciones ecológicas** – eco-conditions, ecological conditions
**condiciones económicas** – economic conditions
**condiciones empresariales** – business conditions
**condiciones esenciales** – essential conditions
**condiciones estipuladas** – stipulated conditions
**condiciones favorables** – favorable conditions
**condiciones fijas** – set conditions
**condiciones habituales** – habitual conditions
**condiciones inusuales** – unusual conditions
**condiciones irregulares** – irregular conditions
**condiciones laborales** – working conditions
**condiciones limitantes** – qualifying conditions
**condiciones mercantiles** – commercial conditions
**condiciones negociadas** – negotiated conditions
**condiciones ordinarias** – ordinary conditions
**condiciones pactadas** – agreed-upon conditions
**condiciones preestablecidas** – preset conditions
**condiciones prevalecientes** – prevailing conditions
**condiciones previas** – previous conditions
**condiciones regulares** – regular conditions
**condiciones usuales** – usual conditions
**condiciones y calificaciones** – conditions and qualifications
**condiciones y salvedades** – conditions and qualifications
**conditio sine qua non** – indispensable condition, conditio sine qua non
**condómine** *m* – joint owner
**condominio** *m* – condominium, joint ownership, common ownership
**condómino** *m* – joint owner
**condonación** *f* – condoning, pardoning, remission
**condonación de la deuda** – debt forgiveness
**condonación expresa** – conventional remission
**condonación tácita** – tacit remission
**condonante** *adj* – condoning, pardoning, remitting
**condonar** *v* – to condone, to pardon, to forgive, to cancel, to remit
**condonar una deuda** – to forgive a debt
**conducción** *f* – conveyance, running, behavior, driving
**conducción imprudentemente** – reckless driving
**conducente** *adj* – conductive, relevant
**conducta** *f* – behavior, conduct, conveyance, direction
**conducta atroz** – outrageous behavior
**conducta criminal** – criminal behavior
**conducta cuestionable** – questionable behavior
**conducta desordenada** – disorderly behavior
**conducta ética** – ethical behavior
**conducta ilegal** – illegal behavior
**conducta ilícita** – illicit behavior
**conducta impropia** – improper behavior, misconduct
**conducta imprudente** – reckless behavior
**conducta inapropiada** – inappropriate behavior
**conducta indebida** – improper behavior, misconduct
**conducta inmoral** – immoral behavior
**conducta irregular** – irregular behavior
**conducta lícita** – licit behavior
**conducta moral** – moral behavior
**conducta negligente** – negligent behavior
**conducta objetable** – objectionable behavior
**conducta ofensiva** – offensive behavior
**conducta peligrosa** – dangerous behavior
**conducta permitida** – allowed behavior
**conducta sospechosa** – suspicious behavior
**conducta violenta** – violent behavior
**conducto** *m* – conduit, channel
**conductor** *m* – conductor, driver
**conductos oficiales** – official channels
**condueño** *m* – joint owner
**conectado** *adj* – connected
**conectar** *v* – to connect
**conectividad** *f* – connectivity
**conexidades** *f* – incidental rights, appurtenances
**conexión** *f* – connection
**conexión causal** – causal connection
**conexión comercial** – commercial connection, business connection
**conexión de causas** – joinder of actions
**conexo** *adj* – related
**confabulación** *f* – confabulation, conspiracy, collusion
**confabulador** *m* – conspirator
**confabular** *v* – to confabulate, to conspire, to discuss
**confederación** *f* – confederation, alliance
**confederación de sindicatos** – labor union, labour

union
**conferencia** *f* – conference, lecture, assembly, long-distance telephone call
**conferencia audiovisual** – audiovisual conference
**conferencia comercial** – business conference
**conferencia corporativa** – corporate conference
**conferencia de comercio** – commerce conference
**conferencia de marketing** – marketing conference
**conferencia de mercadeo** – marketing conference
**conferencia de negocios** – business conference
**conferencia de prensa** – press conference, news conference
**conferencia de ventas** – sales conference
**conferencia del comité** – committee conference
**conferencia electrónica** – online conference, Internet conference, electronic conference
**conferencia empresarial** – business conference
**conferencia en línea** – online conference, Internet conference
**conferencia estatal** – state conference
**conferencia extranjera** – foreign conference
**conferencia interestatal** – interstate conference
**conferencia internacional** – international conference
**conferencia intraestatal** – intrastate conference
**conferencia mercantil** – commercial conference
**conferencia nacional** – national conference
**conferencia online** – online conference, Internet conference
**conferencia por computadora** – computer conference, computer conferencing
**conferencia por Internet** – Internet conference, Internet conferencing
**conferencia por ordenador** – computer conference, computer conferencing
**conferencia telefónica** – telephone conference
**conferenciar** *v* – to confer, to consult
**conferido** *m* – conferee
**conferir** *v* – to confer, to award, to bestow
**conferir derechos** – to confer rights
**conferir poderes** – to confer powers upon
**confesado** *adj* – confessed, admitted
**confesante** *m/f* – confessor
**confesar** *v* – to confess, to acknowledge
**confesar de plano** – to make a full confession
**confesión** *f* – confession, admission, acknowledgment
**confesión calificada** – qualified confession
**confesión civil** – civil confession
**confesión condicional** – qualified confession
**confesión de la deuda** – acknowledgment of indebtedness
**confesión del delito** – confession of the crime, judicial confession
**confesión dividida** – qualified confession
**confesión en juicio** – deposition
**confesión espontánea** – voluntary confession
**confesión expresa** – express admission
**confesión extrajudicial** – extrajudicial confession
**confesión fleta** – implied confession
**confesión implícita** – implied confession
**confesión indirecta** – indirect confession
**confesión individua** – qualified confession
**confesión inferida** – inferred confession
**confesión involuntaria** – involuntary confession
**confesión judicial** – judicial confession, deposition, responses to interrogatories
**confesión oral** – oral confession
**confesión por escrito** – confession in writing
**confesión provocada** – involuntary confession
**confesión simple** – simple confession
**confesión tácita** – tacit confession, implied confession
**confesión verbal** – verbal confession
**confesión voluntaria** – voluntary confession
**confesión y anulación** – confession and avoidance
**confesional** *adj* – pertaining to confessions, pertaining to depositions
**confeso** *m* – confessor, person who admits
**confesor** *m* – confessor
**confiable** *adj* – trustworthy, reliable
**confiador** *m* – joint surety, trusting person
**confianza** *f* – trust, confidence, reliance
**confianza de la víctima** – victim's confidence, victim's trust
**confiar** *v* – to confide, to trust, to entrust, to rely upon
**confidencial** *adj* – confidential
**confidencialmente** *adv* – confidentially
**confidente** *adj* – trustworthy, faithful
**configuración** *f* – configuration
**configuración administrativa** – management configuration
**configuración contributiva** – tax configuration
**configuración corporativa** – corporate configuration
**configuración de la administración** – management configuration
**configuración de la compañía** – company configuration
**configuración de la corporación** – corporate configuration
**configuración de la empresa** – enterprise configuration
**configuración de la gestión** – management configuration
**configuración de la inversión** – investment configuration
**configuración de la organización** – organization configuration
**configuración directiva** – management configuration
**configuración económica** – economic configuration
**configuración empresarial** – enterprise configuration
**configuración financiera** – financial configuration
**configuración fiscal** – tax configuration
**configuración impositiva** – tax configuration
**configuración orgánica** – organizational configuration
**configuración organizativa** – organizational configuration
**configuración salarial** – wage configuration
**configuración sindical** – union configuration
**configuración tributaria** – tax configuration
**configurar** *v* – to configure
**configurativo** *adj* – configurative
**confín** *m* – boundary, limit, abutment
**confinación** *f* – confinement
**confinado** *m* – prisoner
**confinado** *adj* – confined
**confinamiento** *m* – confinement, contiguousness
**confinamiento solitario** – solitary confinement
**confinar** *v* – to confine
**confirmación** *f* – confirmation, acknowledgment

**confirmación bancaria** – bank confirmation
**confirmación de la sentencia** – affirmance of judgment
**confirmación de orden** – confirmation of order
**confirmación de pedido** – order confirmation
**confirmado** *adj* – confirmed
**confirmante** *adj* – confirming
**confirmar** *v* – to confirm, to affirm, to acknowledge
**confirmar crédito** – to confirm credit
**confirmar un pedido** – to confirm an order
**confirmar una orden** – confirm an order
**confirmativamente** *adv* – confirmatively
**confirmativo** *adj* – confirmative
**confirmatorio** *adj* – confirmatory, affirming
**confiscable** *adj* – confiscable
**confiscación** *f* – confiscation, expropriation
**confiscado** *adj* – confiscated
**confiscador** *m* – confiscator
**confiscar** *v* – to confiscate, to expropriate
**confiscatorio** *adj* – confiscatory
**conflictivo** *adj* – conflictive
**conflicto** *m* – conflict, dispute
**conflicto de atribuciones** – conflict of venue
**conflicto de competencia** – conflict of jurisdiction
**conflicto de derechos** – conflict of rights
**conflicto de derechos y deberes** – conflict of rights and duties
**conflicto de evidencia** – conflict of evidence
**conflicto de intereses** – conflict of interest
**conflicto de jurisdicción** – conflict of jurisdiction
**conflicto de leyes** – conflict of laws
**conflicto de poderes** – conflict of powers
**conflicto de trabajo** – labor dispute, labour dispute
**conflicto industrial** – industrial conflict
**conflicto irreconciliable** – irreconcilable conflict
**conflicto jurisdiccional** – conflict of jurisdiction
**conflicto jurisprudencial** – conflict of precedent
**conflicto laboral** – labor dispute, labour dispute
**confluencia** *f* – confluence
**conformabilidad** *f* – conformability
**conformar** *v* – to conform, to comply, to correlate, to verify, to authorize, to agree, to shape, to constitute
**conformarse** *v* – to settle for
**conforme** *m* – approval, acknowledgment
**conforme** *adj* – agreed, adequate, in order, in compliance
**conforme a** – according to
**conforme a derecho** – according to law
**conformidad** *f* – conformity, acceptance, agreement, approval, similarity
**conformidad con, en** – in conformity with
**confronta** *f* – comparison
**confrontación** *f* – confrontation, comparison
**confrontar** *v* – to confront, to compare
**confundir** *v* – to confuse, to mix
**confusamente** *adv* – confusedly
**confusión** *f* – confusion, commingling, intermingling
**confusión de bienes** – confusion of goods
**confusión de cosas** – confusion of goods
**confusión de derechos** – confusion of rights
**confusión de deudas** – confusion of debts
**confusión de lindes** – confusion of boundaries
**confusión de servidumbres** – confusion of easements
**confusión de títulos** – confusion of titles
**confutación** *f* – confutation
**confutar** *v* – to confute
**congelación** *f* – freezing, blocking
**congelación de activos** – freezing of assets, asset freeze
**congelación de alquileres** – rent control
**congelación de capital** – freezing of capital, capital freeze
**congelación de crédito** – freezing of credit, credit freeze
**congelación de depósitos** – deposits freeze
**congelación de empleos** – jobs freeze
**congelación de fondos** – freezing of funds, funds freeze
**congelación de precios** – price freeze
**congelación de rentas** – rent control
**congelación de salarios** – wage freeze
**congelación salarial** – wage freeze
**congelado** *adj* – frozen, blocked
**congelamiento** *f* – freezing, blocking
**congelamiento de activos** – freezing of assets, asset freeze
**congelamiento de alquileres** – rent control
**congelamiento de capital** – freezing of capital, capital freeze
**congelamiento de crédito** – freezing of credit, credit freeze
**congelamiento de depósitos** – deposits freeze
**congelamiento de empleos** – jobs freeze
**congelamiento de fondos** – freezing of funds, funds freeze
**congelamiento de precios** – price freeze
**congelamiento de rentas** – rent control
**congelamiento de salarios** – wage freeze
**congelamiento salarial** – wage freeze
**congelar** *v* – to freeze, to block
**congelar activos** – freeze assets
**congelar capital** – freeze capital
**congelar crédito** – freeze credit
**congelar fondos** – freeze funds
**congelar salarios** – freeze salaries
**congenial** *adj* – congenial
**congénito** *adj* – congenital
**congestión** *f* – congestion
**conglomeración** *f* – conglomeration
**conglomerado** *m* – conglomerate
**conglomerado financiero** – financial conglomerate
**congregación** *f* – congregation
**congregar** *v* – to congregate
**congresista** *m/f* – congressmember, a person who attends a convention
**congreso** *m* – congress, convention, conference
**congruencia** *f* – congruity, coherence
**congruente** *adj* – congruent
**congruentemente** *adv* – congruently
**congruidad** *f* – congruity
**conjetura** *f* – conjecture, circumstantial evidence
**conjeturable** *adj* – conjecturable
**conjetural** *adj* – conjectural
**conjuez** *m* – alternate judge, associate judge
**conjunción** *f* – conjunction
**conjunción de voluntades** – meeting of minds
**conjuntamente** *adv* – jointly
**conjuntivo** *adj* – conjunctive

**conjunto** *adj* – joint, common, mixed
**conjunto** *m* – set, group, body
**conjunto de medidas** – set of measures
**conjunto de reglamentos** – body of regulations
**conjunto de reglas** – body of rules
**conjura** *f* – conspiracy
**conjuración** *f* – conjuration
**conjurador** *m* – conspirator
**conjuramentar** *v* – to administer an oath
**conjuramentarse** *v* – to take an oath
**conjurar** *v* – to conjure, to conspire
**conmemoración** *f* – commemoration
**conmemorar** *v* – to commemorate
**conmemorativo** *adj* – commemorative
**conminación** *f* – commination, admonition, threat
**conminador** *m* – admonisher, threatener
**conminar** *v* – to admonish, to threaten
**conminatorio** *m* – admonishment, threat
**conminatorio** *adj* – admonishing, threatening
**conmoción** *f* – commotion
**conmoción civil** – civil commotion
**conmutable** *adj* – commutable, exchangeable
**conmutación** *f* – commutation, exchange
**conmutación de la pena** – commutation
**conmutación de la sentencia** – commutation
**conmutación impositiva** – commutation of taxes
**conmutar** *v* – to commute, to exchange
**connatural** *adj* – connatural
**connivencia** *f* – connivance
**connotación** *f* – connotation
**connotar** *v* – to connote
**connotativo** *adj* – connotative
**connubial** *adj* – connubial
**conocedor** *adj* – expert, knowing
**conocer** *v* – to know, to be familiar with, to understand
**conocer de** – to take cognizance of
**conocer de la apelación** – to hear the appeal
**conocer de nuevo** – to retry
**conocer de un pleito** – to be a judge in an action
**conocer de una causa** – to try a case
**conocer en arbitraje** – to arbitrate
**conocimiento** *m* – knowledge, understanding, notice, bill of lading, ocean bill of lading, bill
**conocimiento a la orden** – order bill of lading
**conocimiento aéreo** – air bill of lading, air waybill, airbill
**conocimiento al portador** – negotiable bill of lading
**conocimiento constructivo** – constructive knowledge
**conocimiento de almacén** – warehouse receipt
**conocimiento de carga** – bill of lading
**conocimiento de causa** – understanding of the basic facts
**conocimiento de embarque** – bill of lading
**conocimiento de embarque aéreo** – air bill of lading, air waybill, airbill
**conocimiento de embarque certificado** – certified bill of lading
**conocimiento de embarque directo** – through bill of lading
**conocimiento de embarque limpio** – clean bill of lading
**conocimiento de favor** – accommodation bill of lading
**conocimiento de primera mano** – personal knowledge
**conocimiento derivado** – constructive knowledge
**conocimiento directo** – direct knowledge
**conocimiento especializado** – specialized knowledge
**conocimiento experto** – expert knowledge
**conocimiento implícito** – implied knowledge
**conocimiento imputado** – imputed knowledge
**conocimiento indirecto** – indirect knowledge
**conocimiento inferido** – inferred knowledge
**conocimiento judicial** – judicial knowledge
**conocimiento limpio** – clean bill of lading
**conocimiento oculto** – hidden knowledge
**conocimiento original** – original bill of lading
**conocimiento personal** – personal knowledge
**conocimiento público** – public knowledge
**conocimiento real** – actual knowledge
**conocimiento sucio** – foul bill of lading
**conocimiento tácito** – tacit knowledge
**conocimiento tachado** – foul bill of lading
**conocimiento y creencia** – knowledge and belief
**consanguíneo** *adj* – consanguineous
**consanguinidad** *f* – consanguinity
**consanguinidad colateral** – collateral consanguinity
**consanguinidad lineal** – lineal consanguinity
**consciente del ambiente** – green-conscious
**conscripción** *f* – conscription
**consecuencias** *f* – consequences, repercussions
**consecuencias ambientales** – environmental consequences
**consecuencias ecológicas** – eco-consequences, ecological consequences
**consecuencias graves** – serious consequences
**consecuencias incidentales** – incidental consequences
**consecuencias inmediatas** – immediate consequences
**consecuencias probables** – probable consequences
**consecuencias previsibles** – foreseeable consequences
**consecuente** *adj* – consequent, consistent
**consecutivamente** *adv* – consecutively
**consecutivo** *adj* – consecutive
**conseil d'etat** – council of state, conseil d'etat
**consejero** *m* – advisor, consultant, director, counselor, attorney, member of a board
**consejero administrador** – administrative advisor, management advisor
**consejero administrativo** – administrative advisor, management advisor
**consejero comercial** – commercial advisor
**consejero corporativo** – corporate advisor
**consejero de administración** – director, administration advisor
**consejero de comercio** – commerce advisor
**consejero de marketing** – marketing advisor
**consejero de mercadeo** – marketing advisor
**consejero de negocios** – business advisor
**consejero de publicidad** – advertising advisor, publicity advisor
**consejero de seguros** – insurance advisor
**consejero delegado** – managing director
**consejero empresarial** – business advisor
**consejero financiero** – financial advisor

**consejero fiscal** – tax advisor, fiscal advisor
**consejero impositivo** – tax advisor
**consejero jurídico** – legal advisor, attorney
**consejero laboral** – labor advisor, labour advisor
**consejero legal** – legal advisor, attorney
**consejero mercantil** – commercial advisor
**consejero técnico** – technical advisor
**consejeros directores** – board of directors
**consejo** *m* – council, counsel, board, advice
**consejo administrador** – administrative council, board of directors
**consejo administrativo** – administrative council, board of directors
**consejo asesor** – advisory council
**consejo consultativo** – advisory board
**consejo consultivo** – advisory board
**consejo de administración** – board of directors
**consejo de arbitraje** – council of arbitration
**consejo de auditoría** – advisory board
**consejo de conferencias** – conference board
**consejo de dirección** – board of directors
**consejo de directores** – board of directors
**Consejo de Europa** – Council of Europe
**consejo de gabinete** – cabinet
**consejo de gobierno** – council of state
**consejo de la cuidad** – city council
**consejo de ministros** – cabinet
**Consejo de Ministros** – Council of Ministers
**consejo de seguridad** – security council
**consejo de supervisión** – supervisory board
**consejo directivo** – board of directors
**consejo ejecutivo** – executive board
**Consejo Europeo** – European Council
**consejo judicial** – judicial council
**consejo jurídico** – legal advice
**consejo legal** – legal advice
**consejo legislativo** – legislative council
**consejo municipal** – city council
**consejo y aprobación** – advice and consent
**consenso** *m* – consensus, agreement
**consensual** *adj* – consensual
**consentido** *adj* – consented
**consentimiento** *m* – consent, acquiescence
**consentimiento condicional** – conditional consent
**consentimiento constructivo** – constructive consent
**consentimiento de la víctima** – victim's consent
**consentimiento del paciente** – patient's consent
**consentimiento escrito** – written consent
**consentimiento expreso** – express consent
**consentimiento formal** – formal consent
**consentimiento implícito** – implied consent
**consentimiento imputado** – imputed consent
**consentimiento incondicional** – unconditional consent
**consentimiento inferido** – inferred consent
**consentimiento matrimonial** – marital consent
**consentimiento mutuo** – mutual consent
**consentimiento por escrito** – consent in writing
**consentimiento presunto** – constructive consent
**consentimiento provisional** – provisional consent
**consentimiento tácito** – implied consent
**consentimiento temporal** – temporary consent
**consentir** *v* – to consent, to acquiesce
**consentir formalmente** – to formally consent
**consentir la sentencia** – to accept the sentence
**conservación** *f* – conservation, preservation, custodianship
**conservación de la energía** – conservation of energy
**conservación de la naturaleza** – nature conservation
**conservación de los recursos** – conservation of resources
**conservación de los recursos naturales** – conservation of natural resources
**conservación de propiedad** – conservation of property
**conservación del agua** – water conservation
**conservacionista** *m/f* – conservationist
**conservador** *m* – conservative, conservator, custodian
**conservador** *adj* – conservative, conserving
**conservadurismo** *m* – conservatism
**conservar** *v* – to conserve
**conservar agua** – to conserve water
**conservar energía** – to conserve energy
**conservar recursos** – to conserve resources
**conservar recursos naturales** – to conserve natural resources
**considerable** *adj* – considerable
**consideración** *f* – consideration, motive
**consideraciones ambientales** – environmental considerations
**consideraciones comerciales** – commercial considerations
**consideraciones de comercio** – commerce considerations
**consideraciones de negocios** – business considerations
**consideraciones ecológicas** – eco-considerations, ecological considerations
**consideraciones empresariales** – business considerations
**consideraciones mercantiles** – commercial considerations, mercantile considerations
**considerandos** *m* – whereas clauses, legal foundations
**considerar** *v* – to consider
**consignación** *f* – consignment, deposit, destination, payment, allotment
**consignación en pago** – deposit for the payment of debt
**consignación judicial** – judicial deposit
**consignado** *adj* – consigned
**consignador** *m* – consignor
**consignar** *v* – to consign, to earmark, to deposit, to remand
**consignatario** *m* – consignee, depositary, trustee
**consiliario** *m* – counselor
**consistencia** *f* – consistency
**consistente** *adj* – consistent
**consistentemente** *adv* – consistently
**consistir en** – to consist of
**consocio** *m* – partner, copartner, associate
**consolación** *f* – consolation
**consolidación** *f* – consolidation, funding
**consolidación de acciones** – consolidation of actions
**consolidación de casos** – consolidation of cases
**consolidación de compañías** – consolidation of companies
**consolidación de corporaciones** – consolidation of

corporations
**consolidación de deudas** – consolidation of debts
**consolidación de fincas** – consolidation of two or more properties
**consolidación de fondos** – consolidation of funds
**consolidación de sociedades** – consolidation of corporations
**consolidación horizontal** – horizontal consolidation
**consolidación vertical** – vertical consolidation
**consolidado** *adj* – consolidated
**consolidador** *m* – consolidator
**consolidar** *v* – to consolidate, to combine, to fund
**consonancia** *f* – consonance
**consorciado** *adj* – pooled
**consorcio** *m* – consortium, cartel, syndicate, pool
**consorcio bancario** – bank syndicate
**consorcio de bancos** – bank syndicate
**consorcio de reaseguro** – reinsurance pool
**consorte** *m/f* – consort, spouse, partner
**consortes** *m* – co-litigants, joint defendants
**conspicuo** *adj* – conspicuous
**conspiración** *f* – conspiracy
**conspirador** *m* – conspirator
**conspirar** *v* – to conspire
**constancia** *f* – record, evidence, certainty
**constancia de deuda** – evidence of indebtedness
**constancia escrita** – written evidence, written record
**constancia notarial** – notary's attestation
**constancias** *f* – records, vouchers
**constancias judiciales** – judicial records
**constantemente** *adv* – constantly
**constar** *v* – to be recorded, to be evident, to consist of, to demonstrate
**constatar** *v* – to confirm, to prove, to affirm
**conste por el presente documento** – know all men by these presents, know all people by these presents
**constitución** *f* – constitution, establishing
**constitución consuetudinaria** – unwritten constitution
**constitucional** *adj* – constitutional
**constitucionalidad** *f* – constitutionality
**constitucionalmente** *adv* – constitutionally
**constituido** *adj* – constituted
**constituido ilegalmente** – illegally constituted
**constituido ilícitamente** – illicitly constituted
**constituido legalmente** – legally constituted
**constituido lícitamente** – licitly constituted
**constituir** *v* – to constitute, to establish
**constituir quórum** – to constitute a quorum
**constituir una sociedad** – to form a company, to form a partnership
**constituirse fiador** – to make oneself liable
**constitutivo** *adj* – constitutive
**constituyente** *m/f* – constituent
**constreñido** *adj* – constrained
**constreñimiento** *m* – constraint
**constreñir** *v* – to constrain
**construcción** *f* – construction
**construcción defectuosa** – defective construction
**constructivo** *adj* – constructive
**constructor** *m* – builder, contractor
**constructor a la orden** – custom builder
**construir** *v* – to construct
**consuetudinario** *adj* – common, customary, consuetudinary
**cónsul** *m* – consul
**consulado** *m* – consulate, consulship
**consulaje** *m* – consular fee
**consular** *adj* – consular
**consulta** *f* – consultation, opinion, legal opinion, legal advice
**consulta y consentimiento** – advice and consent
**consultación** *f* – consultation
**consultar** *v* – to consult, to consider, to advise
**consultaría** *f* – consultancy
**consultativo** *adj* – consultative, consulting
**consultivo** *adj* – consultative
**consultor** *m* – consultant
**consultor administrador** – administrative consultant, management consultant
**consultor administrativo** – administrative consultant, management consultant
**consultor comercial** – commercial consultant
**consultor corporativo** – corporate consultant
**consultor de administración** – administration consultant
**consultor de comercio** – commerce consultant
**consultor de marketing** – marketing consultant
**consultor de mercadeo** – marketing consultant
**consultor de negocios** – business consultant
**consultor de publicidad** – advertising consultant
**consultor de reaseguro** – reinsurance consultant
**consultor de seguros** – insurance consultant
**consultor empresarial** – business consultant
**consultor financiero** – financial consultant
**consultor fiscal** – tax consultant
**consultor impositivo** – tax consultant
**consultor jurídico** – legal consultant
**consultor laboral** – labor consultant, labour consultant
**consultor mercantil** – commercial consultant
**consultorio** *m* – the office of a professional
**consumación** *f* – consummation, completion
**consumación del delito** – consummation of a crime
**consumación del matrimonio** – consummation of a marriage
**consumado** *adj* – consummate
**consumar** *v* – to consummate, to commit
**consumar el matrimonio** – to consummate the marriage
**consumible** *adj* – consumable
**consumidor** *m* – consumer
**consumidor corporativo** – corporate consumer
**consumidor final** – final consumer, end consumer
**consumidor industrial** – industrial consumer
**consumidor racional** – rational consumer
**consumir** *v* – to consume, to expend
**consumismo** *m* – consumerism
**consumista** *adj* – consumeristic
**consumista** *m/f* – consumerist
**consumo** *m* – consumption
**consumo personal** – personal consumption
**contabilidad** *f* – accounting, accountancy, bookkeeping
**contabilidad acumulativa** – accrual accounting
**contabilidad administrativa** – administrative accounting
**contabilidad agresiva** – aggressive accounting
**contabilidad ambiental** – environmental accounting,

green accounting
**contabilidad analítica** – analytical accounting
**contabilidad bancaria** – bank bookkeeping, bank accounting
**contabilidad comercial** – commercial accounting
**contabilidad computarizada** – computer accounting, computerized accounting
**contabilidad con doble registro** – double-entry accounting
**contabilidad corporativa** – corporate accounting
**contabilidad creativa** – creative accounting
**contabilidad de acumulación** – accrual accounting
**contabilidad de adquisiciones** – acquisition accounting
**contabilidad de caja** – cash accounting
**contabilidad de compañía** – company accounting
**contabilidad de costes** – cost accounting
**contabilidad de costos** – cost accounting
**contabilidad de depreciación** – depreciation accounting
**contabilidad de efectivo** – cash accounting
**contabilidad de empresas** – business accounting
**contabilidad de existencias** – inventory accounting
**contabilidad de fusiones** – merger accounting
**contabilidad de gastos** – expense accounting
**contabilidad de gestión** – managerial accounting
**contabilidad de la compañía** – company accounting
**contabilidad de la corporación** – corporate accounting
**contabilidad de la empresa** – company accounting, enterprise accounting
**contabilidad de la sociedad** – corporate accounting
**contabilidad de negocios** – business accounting
**contabilidad de nivel de precios** – price level accounting
**contabilidad de rentabilidad** – profitability accounting
**contabilidad de sector público** – public sector accounting
**contabilidad del crecimiento** – growth accounting
**contabilidad del gobierno** – government accounting
**contabilidad directiva** – managerial accounting
**contabilidad ecológica** – eco-accounting, ecological accounting, green accounting
**contabilidad ejecutiva** – managerial accounting
**contabilidad electrónica** – electronic accounting
**contabilidad empresarial** – company accounting, enterprise accounting
**contabilidad en valores de caja** – cash-based accounting
**contabilidad estatal** – state accounting
**contabilidad estatutaria** – statutory accounting
**contabilidad fiduciaria** – fiduciary accounting
**contabilidad final** – final accounting
**contabilidad financiera** – financial accounting
**contabilidad fiscal** – tax accounting, fiscal accounting
**contabilidad funcional** – functional accounting
**contabilidad gerencial** – managerial accounting
**contabilidad gubernamental** – government accounting
**contabilidad impositiva** – tax accounting
**contabilidad industrial** – industrial accounting
**contabilidad informatizada** – computer accounting, computerized accounting
**contabilidad internacional** – international accounting
**contabilidad medioambiental** – environmental accounting, green accounting
**contabilidad mercantil** – commercial accounting
**contabilidad nacional** – national accounting
**contabilidad por actividades** – activity accounting
**contabilidad por partida doble** – double-entry accounting
**contabilidad por partida simple** – single-entry accounting
**contabilidad por partida única** – single-entry accounting
**contabilidad por ramas** – branch accounting
**contabilidad privada** – private accounting
**contabilidad pública** – public accounting
**contabilidad separada** – separate accounting
**contabilidad social** – social accounting
**contabilidad verde** – green accounting
**contabilizable** *adj* – accountable
**contabilización** *f* – accounting
**contabilizar** *v* – to enter, to post, to record
**contable** *adj* – pertaining to accounting, countable
**contable** *m* – accountant, bookkeeper
**contable administrativo** – management accountant
**contable autorizado** – Certified Accountant, Certified Public Accountant, qualified accountant
**contable certificante** – certifying accountant
**contable corporativo** – corporate accountant
**contable de costes** – cost accountant
**contable de costos** – cost accountant
**contable diplomado** – Certified Accountant, Certified Public Accountant, qualified accountant
**contable financiero** – financial accountant
**contable forense** – forensic accountant
**contable independiente** – independent accountant
**contable jefe** – chief accountant, accounting chief
**contable perito** – expert accountant
**contable privado** – private accountant
**contable público autorizado** – Certified Public Accountant
**contable público diplomado** – Certified Public Accountant
**contable público titulado** – Certified Public Accountant
**contable público** – public accountant, Certified Accountant, Certified Public Accountant
**contable responsable** – accountant in charge
**contacto** *m* – contact
**contacto corporal** – bodily contact
**contactos mínimos** – minimum contacts
**contado, al** – cash
**contador** *m* – accountant, bookkeeper
**contador administrativo** – management accountant
**contador autorizado** – Certified Accountant, Certified Public Accountant, qualified accountant
**contador certificante** – certifying accountant
**contador corporativo** – corporate accountant
**contador de costes** – cost accountant
**contador de costos** – cost accountant
**contador diplomado** – Certified Accountant, Certified Public Accountant, qualified accountant
**contador financiero** – financial accountant
**contador forense** – forensic accountant
**contador independiente** – independent accountant

**contador jefe** – chief accountant, accounting chief
**contador partidor** – accountant who partitions
**contador perito** – expert accountant
**contador privado** – private accountant
**contador público autorizado** – Certified Public Accountant
**contador público diplomado** – Certified Public Accountant
**contador público titulado** – Certified Public Accountant
**contador público** – public accountant, Certified Accountant, Certified Public Accountant
**contador responsable** – accountant in charge
**contaduría** *f* – accounting, accountancy, accountant's office, accounting office, bookkeeping, bookkeeping office
**contaminación** *f* – contamination, pollution
**contaminación ambiental** – environmental pollution, pollution, environmental contamination
**contaminación del agua** – water pollution, water contamination
**contaminación del aire** – air pollution, air contamination
**contaminación ecológica** – eco-pollution, ecological pollution, pollution, eco-contamination, ecological contamination
**contaminación marítima** – marine pollution, marine contamination
**contaminación sonora** – noise pollution
**contaminado** *adj* – contaminated, polluted
**contaminador** *adj* – contaminating, polluting
**contaminante** *adj* – contaminating, polluting
**contaminante** *m* – contaminant, pollutant
**contaminar** *v* – to contaminate, to pollute
**contango** *m* – contango
**contante y sonante** – cash
**contemplación** *f* – contemplation
**contemplación de insolvencia** – contemplation of insolvency
**contemplación de matrimonio** – contemplation of marriage
**contemplación de muerte** – contemplation of death
**contemplación de quiebra** – contemplation of bankruptcy
**contemplar** *v* – to contemplate
**contemplativo** *adj* – contemplative
**contemporáneo** *adj* – contemporary
**contención** *f* – contention, lawsuit
**contencioso** *adj* – contentious, litigious
**contencioso administrativo** – pertaining to administrative litigation
**contender** *v* – to contend, to litigate
**contenedor** *m* – litigant, opponent
**contenedor** *adj* – containing, restraining
**contenido** *m* – contents, content
**contenido** *adj* – contained
**contenido desconocido** – contents unknown
**contenido extranjero** – foreign content
**contenta** *f* – endorsement, receipt
**contérmino** *adj* – conterminous
**contestabilidad** *f* – contestability
**contestable** *adj* – contestable, litigable
**contestación** *f* – answer, contention
**contestación a la demanda** – plea, answer to the complaint
**contestador** *m* – answering machine
**contestar** *v* – to answer, to contest, to corroborate
**contestar la demanda** – to answer the complaint
**contestar por correo** – to answer by mail, to answer by post
**contestar por teléfono** – to answer by phone
**conteste** *m/f* – witness whose testimony confirms another's
**conteste** *adj* – confirming
**contexto** *m* – context
**contextual** *adj* – contextual
**contienda** *f* – lawsuit, litigation, dispute
**contienda judicial** – litigation
**contigüidad** *f* – contiguity, contiguousness
**contiguo** *adj* – contiguous
**continencia de la causa** – unity of the proceedings
**contingencia** *f* – contingency
**contingencia monetaria** – monetary contingency
**contingente** *adj* – contingent, incidental
**continuación** *f* – continuation
**continuación de beneficios** – continuation of benefits
**continuación de ingresos** – income continuation
**continuamente** *adj* – continuously
**continuar** *v* – to continue
**continuar una acción** – to continue an action
**continuidad** *f* – continuity
**continuismo** *m* – preservation of the current political and/or social system
**continuo** *adj* – continuous
**contra documentos** – against documents
**contra el libre comercio** – against free trade
**contra el orden público** – against the peace
**contra entrega de documentos** – against documents
**contra la ley** – against the law
**contra la voluntad** – against the will
**contra ley** – against the law
**contra pago** – against payment
**contra todo riesgo** – against all risks
**contra todos los riesgos** – against all risks
**contraapelación** *f* – cross appeal
**contraapelar** *v* – to cross-appeal
**contraasiento** *m* – correcting entry, reversing entry, contra entry
**contraatacar** *v* – to fight back, to counterattack
**contrabandear** *v* – to smuggle
**contrabandeo** *m* – smuggling
**contrabandista** *m/f* – smuggler
**contrabando** *m* – smuggling, contraband
**contrabando peligroso** – dangerous contraband
**contracambio** *m* – re-exchange
**contracción** *f* – contraction
**contracción de la economía** – contraction of the economy
**contractual** *adj* – contractual
**contradecir** *v* – to contradict
**contradeclaración** *f* – counterdeclaration
**contrademanda** *f* – counterclaim, cross-demand
**contrademandante** *m/f* – counterclaimant
**contrademandar** *v* – to counterclaim
**contradenuncia** *f* – counterclaim
**contradicción** *f* – contradiction
**contradictoriamente** *adv* – contradictorily
**contradictorio** *adj* – contradictory

**contradocumento** *m* – document which contradicts another, defeasance
**contraendosar** *v* – to re-endorse
**contraendoso** *m* – re-endorsement
**contraer** *v* – to contract, to incur, to assume an obligation, to join
**contraer matrimonio** – to marry
**contraer un empréstito** – to contract a loan
**contraer un préstamo** – to contract a loan
**contraer una deuda** – to incur a debt
**contraer una obligación** – to assume an obligation
**contraescritura** *f* – public document which contradicts another
**contraespionaje** *m* – counterespionage
**contraestipulación** *f* – clause added secretly to an existing contract
**contrafianza** *f* – indemnity bond
**contrafiador** *m* – indemnitor
**contrafianza** *f* – backbond
**contrafirma** *f* – countersignature
**contrafuero** *m* – infringement
**contragarantía** *f* – counterguaranty
**contragiro** *m* – redraft
**contrahacer** *v* – to forge, to counterfeit
**contrahecho** *adj* – forged, counterfeit
**contrainstrumento** *m* – document which contradicts another
**contrainterrogar** *v* – to cross-examine
**contrainterrogatorio** *m* – cross-examination
**contralor** *m* – comptroller, controller, auditor
**contralor financiero** – financial controller
**contralor general** – general controller
**contraloria** *f* – comptrollership, controllership
**contramandato** *m* – countermand
**contramedida** *f* – countermeasure
**contraoferta** *f* – counteroffer, counterbid
**contraorden** *f* – countermand
**contraparte** *f* – counterpart, opposing party
**contrapartida** *f* – balancing entry, balancing item, contra entry
**contrapetición** *f* – counterclaim
**contraposición** *f* – contraposition, opposition
**contraprestación** *f* – consideration
**contraprestación a título gratuito** – gratuitous consideration
**contraprestación adecuada** – adequate consideration
**contraprestación adicional** – additional consideration
**contraprestación anterior** – past consideration
**contraprestación concurrente** – concurrent consideration
**contraprestación continua** – continuing consideration
**contraprestación contractual** – contractual consideration
**contraprestación debida** – due consideration
**contraprestación entera** – entire consideration
**contraprestación expresa** – express consideration
**contraprestación ilícita** – illicit consideration
**contraprestación implícita** – implied consideration
**contraprestación impropia** – improper consideration
**contraprestación inadecuada** – inadequate consideration
**contraprestación inapropiada** – inappropriate consideration
**contraprestación inferida** – inferred consideration
**contraprestación inmoral** – immoral consideration
**contraprestación insuficiente** – inadequate consideration
**contraprestación justa** – fair consideration
**contraprestación justa y adecuada** – fair and valuable consideration
**contraprestación justa y razonable** – fair and reasonable consideration
**contraprestación legal** – legal consideration
**contraprestación lícita** – licit consideration
**contraprestación monetaria** – monetary consideration, pecuniary consideration
**contraprestación moral** – moral consideration
**contraprestación nominal** – nominal consideration
**contraprestación pecuniaria** – pecuniary consideration
**contraprestación razonable** – reasonable consideration
**contraprestación suficiente** – sufficient consideration
**contraprestación suplementaria** – supplemental consideration
**contraprestación tácita** – tacit consideration
**contraprobanza** *f* – counterproof
**contraprobar** *v* – to refute
**contraproducente** *adj* – counter-productive
**contraproposición** *f* – counteroffer, counterproposal
**contrapropuesta** *f* – counteroffer, counterproposal
**contraprotesto** *m* – defense claiming that a dishonored bill was paid
**contraprueba** *f* – counterevidence
**contraquerella** *f* – counterclaim
**contrariar** *v* – to contradict, to oppose
**contrario** *m* – opposing party
**contrario** *adj* – contrary, adverse
**contrario a la ley** – contrary to law
**contrario a la prueba** – against the preponderance of the evidence
**contrario a las provisiones** – contrary to the provisions
**contrario sensu, a** – in the other sense, a contrario sensu
**contrarreclamación** *f* – counterclaim, counter-complaint
**contrarréplica** *f* – rejoinder
**contrarrestar** *v* – to counteract, to oppose
**contraseguro** *m* – reinsurance
**contrasellar** *v* – to counterseal
**contrasello** *m* – counterseal
**contrasentido** *m* – opposite meaning, contradiction, nonsense
**contraseña** *f* – password, countersign
**contraste** *m* – contrast, opposition
**contrata** *f* – contract made with a government, contract, agreement
**contratable** *adj* – contractable
**contratación** *f* – contracting, hiring, preparation of a contract, procurement
**contratación colectiva** – collective bargaining
**contratación de servicios externos** – outsourcing
**contratación externa** – outsourcing
**contratación interna** – insourcing
**contratado** *adj* – contracted, agreed
**contratado ilegalmente** – illegally contracted
**contratado ilícitamente** – illicitly contracted

**contratado legalmente** – legally contracted
**contratado lícitamente** – licitly contracted
**contratante** *adj* – contracting
**contratante** *m/f* – contractor, contracting party
**contratar** *v* – to contract, to hire
**contratar formalmente** – to formally contract
**contratar y despedir** – to hire and fire
**contratista** *m/f* – contractor
**contratista de construcción** – building contractor
**contratista general** – general contractor
**contratista independiente** – independent contractor
**contratista principal** – principal contractor
**contrato** *m* – contract, agreement
**contrato a corto plazo** – short-term contract
**contrato a la gruesa** – bottomry
**contrato a largo plazo** – long-term contract
**contrato a plazo** – forward contract
**contrato a plazo fijo** – fixed-term contract
**contrato a precio global** – lump-sum contract
**contrato a precios unitarios** – unit-price contract
**contrato a suma alzada** – lump-sum contract
**contrato a tanto alzado** – lump-sum contract
**contrato a término** – forward contract
**contrato a tiempo completo** – full-time contract
**contrato a tiempo parcial** – part-time contract
**contrato a título gratuito** – gratuitous contract
**contrato a título oneroso** – onerous contract
**contrato abandonado** – abandoned contract
**contrato abierto** – open contract, non-exclusive contract
**contrato accesorio** – accessory contract
**contrato aceptado** – accepted contract
**contrato administrativo** – management contract, administrative contract, contract made with a government
**contrato al mejor postor** – contract to the highest bidder
**contrato aleatorio** – aleatory contract
**contrato antenupcial** – antenuptial agreement, prenuptial agreement
**contrato anulable** – voidable contract
**contrato atípico** – innominate contract
**contrato bancario de inversión** – bank investment contract
**contrato bilateral** – bilateral contract
**contrato blindado** – ironclad contract
**contrato cerrado** – closed contract
**contrato cierto** – certain contract
**contrato civil** – civil contract
**contrato colateral** – collateral contract
**contrato colectivo** – collective contract
**contrato colectivo de trabajo** – collective bargaining agreement
**contrato comercial** – commercial contract, trade contract
**contrato complejo** – mixed contract
**contrato completo** – complete contract
**contrato con alternativas** – alternative contract
**contrato con cláusula penal** – contract with a penalty clause
**contrato con el gobierno** – government contract
**contrato con incentivos** – incentive contract
**contrato condicional** – conditional contract
**contrato conjunto** – joint contract
**contrato conmutativo** – commutative contract
**contrato consensual** – consensual contract
**contrato contingente** – contingent contract
**contrato corporativo** – corporate contract
**contrato de accionistas** – shareholder's agreement
**contrato de adhesión** – adhesion contract
**contrato de administración** – management contract
**contrato de agencia** – agency contract, agency agreement
**contrato de ajuste** – employment contract
**contrato de alquiler** – rental contract
**contrato de anualidad** – annuity contract
**contrato de aparcería** – sharecropping contract
**contrato de arrendamiento** – lease, lease contract
**contrato de arrendamiento de servicios** – service contract
**contrato de arriendo** – lease
**contrato de asociación** – association contract, partnership contract
**contrato de bienes raíces** – real estate contract
**contrato de cambio** – exchange contract, commutative contract, foreign exchange contract
**contrato de coaseguro** – coinsurance contract
**contrato de comercio** – commerce contract, trade contract
**contrato de comercio electrónico** – e-commerce contract, e-business contract
**contrato de comisión** – commission contract
**contrato de comodato** – gratuitous bailment contract
**contrato de compra y venta** – sales contract, bargain and sale contract
**contrato de compras** – purchasing contract
**contrato de compraventa** – sales contract, bargain and sale contract
**contrato de compromiso** – arbitration agreement
**contrato de conchabo** – employment contract
**contrato de consignación** – consignment contract
**contrato de construcción** – construction contract, building contract
**contrato de corredor** – broker contract
**contrato de corretaje** – brokerage contract
**contrato de coste fijo** – fixed cost contract
**contrato de costo fijo** – fixed cost contract
**contrato de crédito** – credit contract
**contrato de custodia** – bailment contract
**contrato de depósito** – bailment contract
**contrato de doble** – repurchase contract
**contrato de embarco** – sailor's employment contract
**contrato de embarque** – sailor's employment contract
**contrato de empeño** – contract to pawn
**contrato de empleo** – employment contract
**contrato de empresa** – contract with an independent contractor
**contrato de empréstito** – loan contract
**contrato de encadenamiento** – exclusive contract, tying arrangement
**contrato de enfiteusis** – emphyteusis contract
**contrato de enganche** – employment contract
**contrato de enrolamiento** – employment contract
**contrato de estabilidad** – agreement to stabilize prices
**contrato de exclusividad** – exclusive contract
**contrato de fianza** – contract of surety
**contrato de fideicomiso** – trust agreement
**contrato de fiducia** – trust agreement

**contrato de fletamento** – charter party, charter agreement
**contrato de futuros** – futures contract
**contrato de futuros financieros** – financial futures contract
**contrato de garantía** – guarantor agreement
**contrato de gestión** – management contract
**contrato de hipoteca** – mortgage agreement
**contrato de incorporación** – incorporation agreement
**contrato de indemnidad** – contract of indemnity
**contrato de indemnización** – contract of indemnity
**contrato de ingreso garantizado** – guaranteed income contract
**contrato de intención** – letter of intent
**contrato de intermediación bursátil** – authorization for a discretionary securities account
**contrato de inversión garantizada** – guaranteed investment contract
**contrato de inversiones** – investment contract
**contrato de juego** – wagering contract
**contrato de leasing** – lease, lease contract
**contrato de locación** – lease, contract of hire
**contrato de locación de obra** – construction contract
**contrato de locación de servicios** – service contract
**contrato de mandato** – contract of mandate
**contrato de mantenimiento** – maintenance contract
**contrato de mercancías** – commodity contract
**contrato de mutuo** – loan for consumption
**contrato de negocios** – business contract
**contrato de obras** – contract for public works
**contrato de opción** – option
**contrato de organización** – incorporation agreement
**contrato de palabra** – oral contract, verbal agreement
**contrato de permuta** – barter agreement
**contrato de plazo fijo** – fixed-term contract
**contrato de prenda** – pledge contract
**contrato de préstamo** – loan contract
**contrato de préstamo de uso** – bailment contract
**contrato de productos** – commodity contract
**contrato de prueba** – contract for an employment trial
**contrato de reaseguro** – reinsurance contract
**contrato de renta vitalicia** – life annuity contract
**contrato de representación** – agency agreement
**contrato de reserva** – backup contract
**contrato de retroventa** – repurchase agreement
**contrato de seguro** – insurance contract
**contrato de seguro médico** – health insurance contract
**contrato de seguro múltiple** – blanket insurance contract
**contrato de servicios** – service contract
**contrato de servicios personales** – personal service contract
**contrato de sociedad** – partnership agreement, incorporation agreement
**contrato de suministro** – supply contract
**contrato de tarea** – contract work
**contrato de temporada** – seasonal contract
**contrato de trabajo** – employment contract, labor contract, labour contract
**contrato de transporte** – shipping agreement
**contrato de trueque** – barter agreement
**contrato de venta** – contract of sale
**contrato de venta condicional** – conditional sales contract
**contrato de venta incondicional** – unconditional sales contract
**contrato dependiente** – dependent contract
**contrato derivado** – subcontract
**contrato divisible** – divisible contract
**contrato ejecutado** – executed contract
**contrato empresarial** – business contract
**contrato en exclusiva** – exclusive contract
**contrato enfitéutico** – emphyteusis contract
**contrato escrito** – written contract
**contrato espurio** – spurious contract
**contrato estatal** – state contract
**contrato estimatorio** – consignment sales contract
**contrato exclusivo** – exclusive contract
**contrato expirado** – expired contract
**contrato expreso** – express contract
**contrato extendido** – extended contract
**contrato extintivo** – nullifying contract
**contrato extranjero** – foreign contract
**contrato falso** – simulated contract
**contrato fiduciario** – fiduciary contract, trust agreement, trust indenture
**contrato fingido** – simulated contract
**contrato firmado** – signed contract
**contrato formal** – formal contract
**contrato futuro** – future contract
**contrato garantizado** – guaranteed contract
**contrato gratuito** – gratuitous contract
**contrato grupal** – group contract
**contrato ilegal** – illegal contract
**contrato ilícito** – illegal contract
**contrato imperfecto** – imperfect contract
**contrato implícito** – implied contract
**contrato inapropiado** – inappropriate contract
**contrato incompleto** – incomplete contract
**contrato incondicional** – unconditional contract
**contrato individual de trabajo** – individual employment contract
**contrato indivisible** – indivisible contract
**contrato informal** – informal contract
**contrato inmoral** – immoral contract
**contrato innominado** – innominate contract
**contrato internacional** – international contract
**contrato inválido** – void contract
**contrato laboral** – labor contract, labour contract
**contrato legal** – legal contract
**contrato leonino** – unconscionable contract
**contrato-ley** *m* – union contract covering an entire industry made official by the government
**contrato lícito** – legal contract
**contrato literal** – written contract
**contrato lucrativo** – onerous contract
**contrato llave en mano** – turnkey contract
**contrato maestro** – master contract
**contrato marco** – framework contract
**contrato marítimo** – marine contract
**contrato matrimonial** – prenuptial agreement, antenuptial agreement, marriage contract
**contrato mercantil** – mercantile contract, commercial contract, business contract
**contrato mixto** – mixed contract
**contrato modelo** – model contract
**contrato multilateral** – multilateral contract

**contrato nacional** – national contract
**contrato negociable** – negotiable contract
**contrato no escrito** – unwritten contract
**contrato no solemne** – simple contract
**contrato nominado** – nominate contract
**contrato notarial** – notarized contract
**contrato notarizado** – notarized contract
**contrato nulo** – void contract
**contrato nupcial** – prenuptial agreement, antenuptial agreement, marriage contract
**contrato oneroso** – onerous contract
**contrato oral** – oral contract
**contrato parcial** – partial contract
**contrato partible** – divisible contract
**contrato permanente** – permanent contract
**contrato perpetuo** – perpetual contract
**contrato personal** – personal contract
**contrato pignoraticio** – pledge contract
**contrato plurilateral** – multilateral contract
**contrato por acuerdo mutuo** – contract by mutual agreement
**contrato por adhesión** – adhesion contract
**contrato por correo** – mail contract
**contrato por correspondencia** – mail contract
**contrato por escrito** – written contract
**contrato preliminar** – preliminary contract
**contrato preparatorio** – preliminary contract
**contrato presunto** – implied contract
**contrato principal** – principal contract
**contrato privado** – private contract
**contrato provisional** – provisional contract
**contrato público** – public contract
**contrato real** – real contract
**contrato recíproco** – reciprocal contract
**contrato rechazado** – rejected contract
**contrato renovable** – renewable contract
**contrato renovable garantizado** – guaranteed renewable contract
**contrato restringido** – restricted contract
**contrato revocativo** – nullifying contract
**contrato roto** – broken contract
**contrato sellado** – contract under seal
**contrato separado** – separate contract
**contrato simple** – simple contract
**contrato simulado** – simulated contract
**contrato sinalagmático** – synallagmatic contract
**contrato sindical** – collective bargaining agreement
**contrato sobreentendido** – implied contract
**contrato social** – partnership agreement, incorporation agreement
**Contrato Social** – Social Contract
**contrato solemne** – special contract
**contrato solidario** – joint and several contract
**contrato sucesivo** – installment contract
**contrato suplementario** – supplemental contract
**contrato tácito** – implied contract
**contrato temporal** – temporary contract
**contrato típico** – nominate contract
**contrato total** – total contract
**contrato transnacional** – transnational contract
**contrato unilateral** – unilateral contract
**contrato usurario** – usurious contract
**contrato válido** – valid contract
**contrato verbal** – parol contract, oral contract
**contrato verdadero** – express contract
**contrato vinculante** – binding contract
**contratos asignados** – allocated contracts
**contratos concurrentes** – concurrent contracts
**contratos independientes** – independent contracts
**contravalor** *m* – collateral, counter-value
**contravención** *f* – contravention, infringement, violation, breach
**contravenir** *v* – to contravene, to infringe, to violate, to breach
**contraventa** *f* – repurchase
**contraventor** *m* – infringer, violator, breacher
**contrayente** *m/f* – contracting party, a person engaged to be married
**contribución** *f* – contribution, tax, tax assessment
**contribución a la exportación** – export tax
**contribución a la herencia** – inheritance tax
**contribución a la importación** – import tax
**contribución a las ganancias** – income tax
**contribución a las rentas** – income tax
**contribución a las transacciones** – excise tax
**contribución a las utilidades** – income tax
**contribución a las ventas** – sales tax
**contribución a los capitales** – capital stock tax
**contribución a los predios** – property tax
**contribución a los réditos** – income tax
**contribución a ocupaciones** – occupational tax
**contribución acumulativa** – cumulative tax
**contribución ad valorem** – ad valorem tax
**contribución adelantada** – advance tax
**contribución adicional** – surtax, additional tax, additional contribution
**contribución aduanal** – customs duty
**contribución al capital** – contribution to capital
**contribución al consumo** – consumption tax
**contribución al valor agregado** – value added tax
**contribución alternativa mínima** – alternative minimum tax
**contribución anticipada** – advance tax
**contribución arancelaria** – customs duty
**contribución base** – base tax
**contribución básica** – basic tax
**contribución compensatoria** – compensatory tax
**contribución complementaria** – complementary tax, surtax
**contribución compulsoria** – compulsory tax
**contribución comunitaria** – community tax
**contribución corporativa** – corporate tax
**contribución de avería** – average contribution
**contribución de ausentismo** – absentee tax
**contribución de base amplia** – broad-base tax
**contribución de capitación** – capitation tax, poll-tax
**contribución de capital** – capital contribution
**contribución de compensación** – compensation tax
**contribución de consumo** – excise tax, consumption tax
**contribución de emergencia** – emergency tax
**contribución de estampillado** – stamp tax
**contribución de exportación** – export tax
**contribución de fabricación** – manufacturing tax
**contribución de herencias** – inheritance tax
**contribución de igualación** – equalization tax
**contribución de importación** – import tax
**contribución de inmuebles** – real estate tax, property

tax
**contribución de internación** – import duty
**contribución de legado** – inheritance tax
**contribución de lujo** – luxury tax
**contribución de manufactura** – manufacturing tax
**contribución de mejoras** – special assessment, tax assessment
**contribución de mercancía** – commodity tax
**contribución de plusvalía** – capital gains tax
**contribución de privilegio** – franchise tax
**contribución de productos** – commodity tax
**contribución de salida** – departure tax
**contribución de seguro social** – social security tax
**contribución de sellos** – stamp tax
**contribución de soltería** – tax on unmarried persons
**contribución de sucesión** – inheritance tax
**contribución de superposición** – surtax
**contribución de testamentaría** – inheritance tax
**contribución de timbres** – stamp tax
**contribución de tonelaje** – tonnage-duty
**contribución de transferencia** – transfer tax
**contribución de valorización** – special assessment
**contribución debida** – tax due
**contribución degresiva** – degressive tax
**contribución directa** – direct tax
**contribución doble** – double taxation
**contribución electoral** – poll-tax
**contribución en la frontera** – border tax
**contribución escalonada** – progressive tax
**contribución especial** – extraordinary tax, special tax
**contribución específica** – specific tax
**contribución estatal** – state tax
**contribución estimada** – estimated tax
**contribución excesiva** – excessive tax
**contribución extranjera** – foreign tax
**contribución extraordinaria** – surtax
**contribución fija** – fixed tax
**contribución fiscal** – government tax
**contribución general** – general tax
**contribución hereditaria** – inheritance tax
**contribución hipotecaria** – mortgage tax
**contribución ilegal** – illegal tax
**contribución indirecta** – indirect tax
**contribución individual sobre la renta** – individual's income tax
**contribución industrial** – professional services tax
**contribución inmobiliaria** – real estate tax
**contribución innecesaria** – unnecessary tax
**contribución interna** – internal tax
**contribución local** – local tax
**contribución máxima** – maximum contribution, maximum tax
**contribución máxima deducible** – maximum deductible contribution
**contribución media** – average tax
**contribución mínima** – minimum contribution, minimum tax
**contribución múltiple** – multiple taxation
**contribución municipal** – municipal tax
**contribución necesaria** – necessary tax
**contribución negativa** – negative tax
**contribución neta** – net contribution
**contribución no deducible** – nondeductible tax
**contribución normal** – tax, normal tax
**contribución notarial** – notary's fees
**contribución oculta** – hidden tax
**contribución opcional** – optional tax
**contribución ordinaria** – tax, ordinary tax
**contribución pagada** – tax paid
**contribución para mejoras** – contribution for improvements
**contribución para previsión social** – social security tax
**contribución patrimonial** – capital tax
**contribución patronal** – employers' contribution
**contribución per capita** – per capita tax
**contribución personal** – personal tax
**contribución política** – political contribution
**contribución por cabeza** – poll-tax
**contribución portuaria** – port charges
**contribución predial** – ad valorem tax
**contribución profesional** – occupational tax
**contribución progresiva** – progressive tax
**contribución proporcional** – proportional tax
**contribución pública** – public tax
**contribución real** – real property tax
**contribución regresiva** – regressive tax
**contribución regular** – regular tax
**contribución represiva** – repressive tax
**contribución requerida** – required tax
**contribución retenida** – retained tax
**contribución según el valor** – ad valorem tax
**contribución sobre beneficios** – profits tax
**contribución sobre bienes** – property tax
**contribución sobre compras** – purchase tax
**contribución sobre concesiones** – franchise tax
**contribución sobre dividendos** – dividend tax
**contribución sobre donaciones** – gift tax
**contribución sobre el capital** – capital tax
**contribución sobre el consumo** – excise tax
**contribución sobre el ingreso** – income tax
**contribución sobre el juego** – gambling tax
**contribución sobre el lujo** – luxury tax
**contribución sobre el patrimonio** – property tax, capital tax, net worth tax
**contribución sobre el valor agregado** – value-added tax
**contribución sobre el valor añadido** – value-added tax
**contribución sobre empleo** – employment tax
**contribución sobre entradas** – admissions tax
**contribución sobre franquicias** – franchise tax
**contribución sobre ganancias** – profit tax
**contribución sobre ganancias de capital** – capital gains tax
**contribución sobre herencias** – inheritance tax
**contribución sobre ingresos** – income tax
**contribución sobre inmuebles** – real property tax
**contribución sobre la nómina** – payroll tax
**contribución sobre la producción** – production tax
**contribución sobre la propiedad** – property tax
**contribución sobre la renta** – income tax
**contribución sobre las importaciones** – import tax
**contribución sobre las sociedades** – corporate tax
**contribución sobre las ventas** – sales tax
**contribución sobre los beneficios** – profit tax
**contribución sobre los bienes** – property tax
**contribución sobre los ingresos** – income tax

**contribución sobre mercancías** – commodities tax
**contribución sobre producción** – production tax
**contribución sobre productos** – commodities tax
**contribución sobre salarios** – salary tax
**contribución sobre transferencias** – transfer tax
**contribución sobre transmisiones** – transfer tax
**contribución sobre ventas** – sales tax
**contribución sucesoria** – inheritance tax
**contribución suplementaria** – supplemental tax
**contribución terrestre** – land tax
**contribución territorial** – land tax
**contribución típica** – typical tax
**contribución única** – nonrecurrent tax, single tax
**contribuciones acumuladas** – accrued taxes
**contribuciones acumulativas** – cumulative taxes
**contribuciones aduaneras** – customs duties
**contribuciones atrasadas** – back taxes
**contribuciones aumentadas** – increased taxes, increased contributions
**contribuciones calculadas** – estimated taxes, calculated taxes
**contribuciones caritativas** – charitable contributions
**contribuciones cobradas** – collected taxes
**contribuciones combinadas** – combined taxes
**contribuciones comerciales** – business taxes, commercial taxes
**contribuciones corporativas** – corporate taxes
**contribuciones de aduanas** – customs duties
**contribuciones de campaña** – campaign contributions
**contribuciones de empleados** – employee contributions
**contribuciones de la compañía** – company taxes
**contribuciones de la corporación** – corporate taxes
**contribuciones de la empresa** – enterprise taxes
**contribuciones de negocios** – business taxes
**contribuciones de rentas internas** – internal revenue taxes
**contribuciones definidas** – defined contributions, defined taxes
**contribuciones del comercio electrónico** – e-commerce taxes, e-business taxes
**contribuciones diferidas** – deferred taxes
**contribuciones empresariales** – business taxes, enterprise taxes
**contribuciones en exceso** – excess contributions, excess taxes
**contribuciones en mora** – overdue contributions, overdue taxes
**contribuciones federales** – federal taxes
**contribuciones ilegales** – illegal taxes
**contribuciones locales** – local taxes
**contribuciones mercantiles** – commercial taxes
**contribuciones morosas** – delinquent taxes
**contribuciones nacionales** – national taxes
**contribuciones por pagar** – taxes due, taxes to be paid, contributions due
**contribuciones por recibir** – taxes due, taxes to be collected, contributions receivable
**contribuciones prepagadas** – prepaid taxes
**contribuciones proporcionales** – proportional taxes
**contribuciones prorrateadas** – apportioned taxes
**contribuciones retenidas** – withheld taxes
**contribuciones vencidas** – overdue contributions, overdue taxes
**contribuciones voluntarias adicionales** – additional voluntary contributions
**contribuido** *adj* – contributed
**contribuir** *v* – to contribute, to pay taxes
**contributario** *m* – contributor, taxpayer
**contributivo** *adj* – pertaining to taxes
**contribuyente** *m* – contributor, taxpayer
**contribuyente** *adj* – contributory
**contrición** *f* – contrition
**contrito** *adj* – contrite
**control** *m* – control
**control absoluto** – absolute control
**control administrativo** – administrative control, management control
**control aduanero** – customs control
**control aleatorio** – random check
**control ambiental** – environmental control
**control centralizado** – centralized control
**control conjunto** – joint control
**control contable** – accounting control
**control de acceso** – access control
**control de aduanas** – customs control
**control de caja** – cash control
**control de calidad** – quality control
**control de cambio** – exchange control
**control de capital** – capital control
**control de contabilidad** – accounting control
**control de costes** – cost control
**control de costos** – cost control
**control de crédito** – credit control
**control de daños** – damage control
**control de dividendos** – dividend control
**control de divisas** – foreign exchange control
**control de errores** – error control
**control de existencias** – stock control
**control de fronteras** – border control
**control de gastos** – expense control
**control de inmigración** – immigration control
**control de inventario** – inventory control
**control de inventario perpetuo** – perpetual inventory control
**control de la contaminación** – pollution control, pollution monitoring
**control de la junta** – board control
**control de límites** – limits control
**control de materiales** – materials control
**control de mercancías** – merchandise control
**control de negociación** – bargaining control, negotiation control
**control de pérdidas** – loss control
**control de precios** – price control
**control de procesos** – process control
**control de producción** – production control
**control de riesgos** – risk control
**control de salarios** – wage control, salary control
**control de ventas** – sales control
**control del consejo** – board control
**control del consumo** – consumption control
**control del efectivo** – cash control
**control del gasto público** – control of public expenditures
**control del trabajo** – job control
**control directo** – direct control

**control ecológico** – eco-control, ecological control
**control ejecutivo** – managerial control
**control entero** – entire control
**control estadístico** – statistical control
**control exclusivo** – exclusive control
**control externo** – external control
**control financiero** – financial control
**control fronterizo** – border control
**control indirecto** – indirect control
**control inmediato** – immediate control
**control interno** – internal control
**control judicial** – judicial control
**control legislativo** – legislative control
**control mayoritario** – majority control
**control monetario** – monetary control
**control operacional** – operational control
**control pecuniario** – pecuniary control
**control presupuestario** – budget control
**control salarial** – wage control, salary control
**controlable** *adj* – controllable
**controlado** *adj* – controlled
**controlado por computadora** – computer-controlled
**controlado por el gobierno** – government-controlled
**controlado por ordenador** – computer-controlled
**controlador** *m* – controller
**controlar** *v* – control, check
**controlar el comercio** – control commerce, control trade
**controlar el crecimiento** – control growth
**controlar el inventario** – control inventory
**controlar el mercado** – control the market
**controlar la demanda** – control demand
**controlar la economía** – control the economy
**controlar la inflación** – control inflation
**controlar las acciones** – control shares, control stock
**controlar las tasas** – control rates
**controlar los costes** – control costs
**controlar los costos** – control costs
**controlar los fondos** – control funds
**controlar los gastos** – control expenses
**controlar los precios** – control prices
**controlar los salarios** – control wages, control salaries
**controles a la exportación** – export controls
**controles a la importación** – import controls
**controles de exportación** – export controls
**controles de importación** – import controls
**controles financieros** – financial controls
**controversia** *f* – controversy, litigation
**controversia hipotética** – hypothetical controversy
**controversia legal** – legal controversy
**controversia separable** – separable controversy
**controvertible** *adj* – controvertible, actionable
**controvertir** *v* – to controvert, to litigate
**contubernio** *m* – cohabitation, concubinage, collusion
**contumacia** *f* – contumacy, contempt of court, default
**contumacia indirecta** – constructive contempt
**contumaz** *adj* – contumacious
**contumazmente** *adv* – contumaciously
**convalidación** *f* – confirmation, validation
**convalidar** *v* – to confirm, to validate
**convencer** *v* – to convince
**convencimiento** *m* – conviction, proof
**convención** *f* – convention, agreement, assembly
**convención colectiva de trabajo** – collective bargaining agreement
**convención constituyente** – constitutional convention
**Convención de Berna** – Berne Convention
**convención de trabajo** – labor agreement, labour agreement
**convención internacional** – international agreement
**convención matrimonial** – prenuptial agreement, antenuptial agreement
**convencional** *adj* – conventional, contractual
**convencionista** *m/f* – delegate
**convenido** *m* – defendant
**convenido** *adj* – agreed
**conveniencia** *f* – convenience
**convenido** *adj* – agreed, convened
**conveniente** *adj* – convenient, appropriate
**convenio** *m* – agreement, contract, settlement, deal, bargain
**convenio administrativo** – management agreement, administrative agreement
**convenio aduanero** – tariff agreement
**convenio agrícola** – agricultural agreement
**convenio antidumping** – antidumping agreement
**convenio arancelario** – tariff agreement
**convenio arbitral** – arbitral agreement
**convenio auxiliar** – ancillary agreement
**convenio base** – base agreement
**convenio básico** – basic agreement
**convenio bilateral** – bilateral agreement
**convenio clandestino** – clandestine agreement
**convenio colectivo** – collective agreement
**convenio colectivo de trabajo** – collective bargaining agreement
**convenio comercial** – trade agreement, business agreement, commercial agreement
**convenio compulsorio** – compulsory agreement
**convenio concursal** – creditors' agreement
**convenio condicionado** – conditional agreement
**convenio condicional** – conditional agreement
**convenio conjunto** – joint agreement
**convenio contributivo** – tax agreement
**convenio de agencia** – agency agreement
**convenio de arbitraje** – arbitration agreement
**convenio de asociación** – association agreement
**Convenio de Berna** – Berne Convention
**convenio de cartel** – cartel agreement
**convenio de cesión** – transfer agreement
**convenio de coaseguro** – coinsurance agreement
**convenio de comercio** – commerce agreement
**convenio de compensación** – clearing agreement, compensation agreement
**convenio de compras** – purchasing agreement
**convenio de confidencialidad** – confidentiality agreement
**convenio de cooperación** – cooperation agreement
**convenio de crédito** – credit agreement
**convenio de cuenta** – account agreement
**convenio de cuenta conjunta** – joint account agreement
**convenio de cuenta de margen** – margin agreement
**convenio de extensión** – extension agreement
**convenio de fideicomiso** – trust agreement
**convenio de garantía** – guarantee agreement, security agreement

**convenio de indemnización** – indemnity agreement
**convenio de intercambio** – trade agreement
**convenio de inversiones** – investment agreement
**convenio de marketing** – marketing agreement
**convenio de mercadeo** – marketing agreement
**convenio de modificación** – modification agreement
**convenio de negociación colectiva** – collective bargaining agreement
**convenio de negocios** – business agreement
**convenio de no competir** – covenant not to compete
**convenio de participación** – participation agreement
**convenio de precios** – price-fixing
**convenio de prórroga** – extension agreement
**convenio de reaseguro** – reinsurance agreement
**convenio de reciprocidad** – reciprocity agreement
**convenio de renovar** – covenant to renew
**convenio del cliente** – customer's agreement
**convenio económico** – economic agreement
**convenio empresarial** – business agreement
**convenio en la quiebra** – agreement between debtor and creditors
**convenio escrito** – written agreement
**convenio estatal** – state agreement
**convenio expreso** – express agreement
**convenio extranjero** – foreign agreement
**convenio financiero** – financial agreement
**convenio fiscal** – tax agreement
**convenio forzado** – forced agreement
**convenio forzoso** – forced agreement
**convenio general** – general agreement
**convenio implícito** – implied agreement
**convenio impositivo** – tax agreement
**convenio incondicional** – unconditional agreement
**convenio inferido** – inferred agreement
**convenio interestatal** – interstate agreement
**convenio internacional** – international agreement
**convenio intraestatal** – intrastate agreement
**convenio laboral** – labor agreement, labour agreement
**convenio maestro** – master agreement
**convenio marco** – framework agreement
**convenio mercantil** – commercial agreement
**convenio monetario** – monetary agreement
**convenio multilateral** – multilateral agreement
**convenio mutuo** – mutual agreement
**convenio necesario** – necessary agreement
**convenio obligado** – binding agreement, mandatory agreement, obligatory agreement
**convenio obligatorio** – binding agreement, mandatory agreement, obligatory agreement
**convenio oral** – oral agreement
**convenio para fijar precios** – agreement to fix prices
**convenio patrón** – master agreement
**convenio por escrito** – agreement in writing
**convenio preliminar** – preliminary agreement
**convenio provisional** – provisional agreement
**convenio requerido** – required agreement
**convenio restringido** – restricted agreement
**convenio salarial** – wage agreement
**convenio separado** – separate agreement
**convenio sobre precios** – price agreement
**convenio suplementario** – supplemental agreement
**convenio tácito** – tacit agreement, implied agreement
**convenio tributario** – tax agreement
**convenio verbal** – oral agreement, parol agreement
**convenir** *v* – to agree, to be advisable, to convene, to correspond, to bargain
**convenirse** *v* – to reach an agreement, to convene
**convergencia** *f* – convergence
**converger** *v* – to converge
**convergir** *v* – to converge
**conversable** *adj* – conversable
**conversación** *f* – conversation, illicit dealings
**conversión** *f* – conversion
**conversión de bono** – bond conversion
**conversión de condominio** – condominium conversion
**conversión de deuda** – debt conversion
**conversión de moneda** – currency conversion
**conversión de póliza** – conversion of policy
**conversión de propiedad** – conversion of property
**conversión equitativa** – equitable conversion
**conversión forzada** – forced conversion
**conversión forzosa** – forced conversion
**conversión involuntaria** – involuntary conversion
**conversión voluntaria** – voluntary conversion
**convertibilidad** *f* – convertibility
**convertible** *adj* – convertible
**convertido** *adj* – converted
**convertir** *v* – to convert
**convicción** *f* – conviction, certainty
**convicción final** – final conviction
**convicción sumaria** – summary conviction
**convicto** *m* – convict
**convicto** *adj* – convicted
**convincente** *adj* – convincing
**convincentemente** *adv* – convincingly
**convocación** *f* – convocation
**convocador** *m* – convener
**convocante** *m/f* – convener
**convocar** *v* – to convoke, to call together, to summon
**convocar a licitación** – to call for bids, to call for tenders
**convocar de nuevo** – to reconvene
**convocar una asamblea** – to call a meeting
**convocar una asamblea de accionistas** – to call a meeting of stockholders
**convocar una junta** – to call a meeting
**convocar una junta de accionistas** – to call a meeting of shareholders
**convocar una reunión** – to call a meeting
**convocar una sesión** – to call a meeting
**convocatoria** *f* – summons, notice of a meeting, announcement
**convocatoria de acreedores** – creditors' meeting
**convocatoria para propuestas** – call for bids, call for tenders
**conyúdice** *m* – alternate judge, associate judge
**conyugal** *adj* – conjugal
**conyugalmente** *adv* – conjugally
**cónyuge** *m/f* – spouse
**cónyuge abandonado** – abandoned spouse
**cónyuge culpable** – culpable spouse
**cónyuge inocente** – innocent spouse
**cónyuge putativo** – putative spouse
**cónyuge sobreviviente** – surviving spouse
**cónyuge supérstite** – surviving spouse
**conyugicida** *m/f* – a spouse who murders the other
**conyugicidio** *m* – murder of a spouse by the other

**coobligación** *f* – co-obligation
**coobligado** *m* – co-obligor
**cooperación** *f* – cooperation
**cooperación criminal** – aiding and abetting
**cooperación estatal** – state cooperation
**cooperación extranjera** – foreign cooperation
**cooperación financiera** – financial cooperation
**cooperación interestatal** – interstate cooperation
**cooperación internacional** – international cooperation
**cooperación intraestatal** – intrastate cooperation
**cooperación monetaria** – monetary cooperation
**cooperación nacional** – national cooperation
**cooperación política** – political cooperation
**cooperador** *adj* – cooperating, cooperative
**cooperador** *m* – cooperator
**cooperador necesario** – accessory
**cooperar** *v* – to cooperate
**cooperativa** *f* – cooperative, co-op
**cooperativa agrícola** – agricultural cooperative, farmer's cooperative
**cooperativa de arrendamiento** – leasing cooperative
**cooperativa de consumidores** – consumers' cooperative
**cooperativa de consumo** – consumers' cooperative
**cooperativa de crédito** – credit union, credit cooperative
**cooperativa de productores** – producers' cooperative
**cooperativa de seguros** – insurance cooperative
**cooperativa de trabajadores** – workers' cooperative
**cooperativa de vivienda** – housing cooperative
**cooperativista** *adj* – cooperative
**cooperativo** *adj* – cooperative, cooperating
**cooptación** *f* – co-optation
**coordinación** *f* – coordination
**coordinado** *adj* – coordinated
**coordinador** *m* – coordinator
**coordinar** *v* – to coordinate
**coordinar esfuerzos** – coordinate efforts
**copar** *v* – to monopolize
**coparticipación** *f* – partnership
**copartícipe** *m/f* – accomplice, partner
**copartícipe** *adj* – joint
**copia** *f* – copy, transcript
**copia adjunta** – attached copy
**copia anexa** – attached copy
**copia anexada** – attached copy
**copia anticipada** – advance copy
**copia auténtica** – true copy
**copia auténtica certificada** – certified true copy
**copia autenticada** – certified copy, authenticated copy
**copia autorizada** – certified copy
**copia carbón** – carbon copy
**copia carbón ciega** – blind carbon copy
**copia carbón oculta** – blind carbon copy
**copia certificada** – certified copy
**copia ciega** – blind carbon copy
**copia conformada** – conformed copy
**copia de archivo** – file copy
**copia de seguridad** – backup copy, backup
**copia en limpio** – clean copy
**copia exacta** – exact copy
**copia falsificada** – falsified copy
**copia fiel** – true copy
**copia legalizada** – certified copy
**copia limpia** – clean copy
**copia oculta** – blind carbon copy
**copia original** – original copy
**copia única** – sole copy
**copiadora** *f* – copier, photocopier
**copiar** *v* – to copy, to photocopy
**copiosamente** *adv* – copiously
**copioso** *adj* – copious
**coposeedor** *m* – joint owner, joint possessor
**coposesión** *f* – joint ownership, joint possession
**coposesor** *f* – joint owner, joint possessor
**copresidente** *m* – co-chairperson
**copropiedad** *f* – joint tenancy, joint ownership, co-ownership
**copropietario** *m* – joint owner, joint tenant, co-owner
**cópula** *f* – union, sexual intercourse
**copulación** *f* – copulation
**copyright** *m* – copyright
**coram nobis** – before us, coram nobis
**coram vobis** – before you, coram vobis
**corazonada** *f* – hunch, impulse
**corolario** *m* – corollary
**corporación** *f* – corporation, company, legal entity, entity
**corporación absorbente** – absorbing corporation
**corporación accionista** – corporate shareholder
**corporación activa** – active corporation
**corporación administrada** – managed corporation
**corporación administradora** – management corporation, administrative corporation
**corporación administrativa** – management corporation, administrative corporation
**corporación adquirida** – acquired corporation
**corporación adquiriente** – acquiring corporation
**corporación afiliada** – affiliated corporation
**corporación agrícola** – farming corporation
**corporación aliada** – allied corporation
**corporación apalancada** – leveraged corporation
**corporación armadora** – shipping corporation
**corporación aseguradora** – insurance corporation
**corporación asociada** – associated corporation, affiliated corporation
**corporación autorizada** – authorized corporation, admitted corporation
**corporación bancaria** – banking corporation
**corporación caritativa** – charitable corporation
**corporación centralizada** – centralized corporation
**corporación cerrada** – close corporation
**corporación civil** – civil corporation
**corporación comercial** – commercial corporation
**corporación competidora** – competing corporation
**corporación componente** – constituent corporation
**corporación con fines de lucro** – for-profit corporation
**corporación constructora** – construction corporation
**corporación consultiva** – consulting corporation
**corporación consultora** – consulting corporation
**corporación contable** – accounting corporation
**corporación controlada** – controlled corporation, subsidiary
**corporación controladora** – controlling corporation, holding corporation
**corporación controlante** – controlling corporation, holding corporation

**corporación cooperativa** – cooperative
**corporación cotizada** – listed corporation
**corporación de administración** – administration corporation
**corporación de arrendamiento** – leasing corporation
**corporación de comercio** – commerce corporation
**corporación de construcción** – building corporation
**corporación de consultores** – consulting corporation
**corporación de control** – controlling corporation, holding corporation
**corporación de crédito** – credit corporation
**corporación de derecho** – corporation created fulfilling all legal requirements
**corporación de fideicomiso** – trust corporation
**corporación de hecho** – corporation in fact
**corporación de inversión** – investment corporation
**corporación de negocios** – business corporation
**corporación de petróleo** – oil corporation
**corporación de préstamos** – loan corporation
**corporación de reaseguro** – reinsurance corporation, reinsurance carrier
**corporación de responsabilidad limitada** – limited liability corporation, limited corporation
**corporación de seguros** – insurance corporation
**corporación de seguros de vida** – life insurance corporation
**corporación de seguros mutuos** – mutual insurance corporation
**corporación de servicio** – service corporation
**corporación de servicios personales** – personal service corporation
**corporación de servicios públicos** – utility, public services corporation
**corporación de telecomunicaciones** – telecommunications corporation
**corporación de transportes** – transport corporation, shipping corporation, carrier
**corporación de utilidad pública** – utility, public services corporation
**corporación descentralizada** – decentralized corporation
**corporación difunta** – defunct corporation
**corporación distribuidora** – distributing corporation
**corporación disuelta** – dissolved corporation
**corporación diversificada** – diversified corporation
**corporación doméstica** – domestic corporation
**corporación dominante** – dominant corporation
**corporación emisora** – issuing corporation
**corporación en funcionamiento** – going concern
**corporación en línea** – online corporation
**corporación en marcha** – going concern
**corporación especulativa** – speculative corporation, commercial corporation
**corporación establecida** – established corporation
**corporación estatal** – government corporation, state corporation
**corporación ética** – ethical corporation
**corporación exenta** – exempt corporation
**corporación exenta de contribuciones** – tax-exempt corporation
**corporación exenta de impuestos** – tax-exempt corporation
**corporación explotadora** – operating corporation
**corporación exportadora** – exporting corporation
**corporación extranjera** – alien corporation, foreign corporation
**corporación familiar** – family corporation
**corporación ficticia** – fictitious corporation
**corporación fiduciaria** – trust corporation
**corporación filial** – affiliated corporation, sister corporation, subsidiary
**corporación financiera** – finance corporation, financial corporation
**corporación fusionada** – merged corporation
**corporación global** – global corporation
**corporación hipotecaria** – mortgage corporation
**corporación ilícita** – corporation organized for illegal purposes
**corporación importadora** – importing corporation
**corporación inactiva** – dormant corporation
**corporación individual** – individual corporation, sole proprietorship
**corporación industrial** – industrial corporation
**corporación inexistente** – nonexistent corporation
**corporación inmobiliaria** – real estate corporation, property corporation
**corporación insolvente** – insolvent corporation
**corporación integrada** – integrated corporation
**corporación interestatal** – interstate corporation
**corporación internacional** – international corporation
**corporación intraestatal** – intrastate corporation
**corporación inversionista** – investment corporation
**corporación local** – local corporation
**corporación lucrativa** – commercial corporation
**corporación manipulada** – manipulated corporation
**corporación manufacturera** – manufacturing corporation
**corporación marítima** – maritime corporation
**corporación matriz** – parent corporation
**corporación mercantil** – commercial corporation
**corporación miembro** – member corporation
**corporación mixta** – mixed corporation
**corporación multinacional** – multinational corporation
**corporación municipal** – municipal corporation
**corporación nacional** – domestic corporation
**corporación naviera** – shipping corporation
**corporación no afiliada** – unaffiliated corporation
**corporación no apalancada** – unleveraged corporation
**corporación no especulativa** – nonprofit corporation
**corporación no lucrativa** – nonprofit corporation
**corporación no pública** – nonpublic corporation
**corporación online** – online corporation
**corporación operadora** – operating corporation
**corporación por acciones** – stock corporation
**corporación porteadora** – carrier
**corporación privada** – private corporation
**corporación privada de transporte** – private carrier
**corporación propietaria** – close corporation
**corporación pública** – public corporation
**corporación pública de transporte** – public carrier
**corporación quebrada** – bankrupt corporation
**corporación reaseguradora** – reinsurance corporation
**corporación registrada** – registered corporation
**corporación regulada** – regulated corporation
**corporación retenedora** – holding corporation
**corporación sin acciones** – nonstock corporation

**corporación sin fines de lucro** – nonprofit corporation, benevolent corporation
**corporación sobreviviente** – surviving corporation
**corporación subsidiaria** – subsidiary corporation
**corporación tenedora** – holding corporation
**corporación transnacional** – transnational corporation
**corporal** *adj* – corporal, corporeal
**corporalidad** *f* – corporeality
**corporativismo** *m* – corporatism
**corporativista** *adj* – corporatist
**corporativo** *adj* – corporate
**corpóreo** *adj* – corporeal
**corpus delicti** – the body of the crime, corpus delicti
**corpus juris** – the body of the law, corpus juris
**corrección** *f* – correction, adjustment, amendment, punishment
**corrección política** – political correctness
**correccional** *f* – correctional institution
**correccional** *adj* – correctional, corrective
**correcciones disciplinarias** – sanctions for civil contempt of court, sanctions for misbehavior by an officer of the court in an official matter
**correctamente** *adv* – correctly
**correctivo** *adv* – corrective
**correcto políticamente** – politically correct
**corredor** *m* – broker, commercial broker, trader
**corredor aduanero** – customs broker
**corredor asociado** – associated broker
**corredor comercial** – commercial broker
**corredor conjunto** – co-broker
**corredor cooperador** – cooperating broker
**corredor de aceptaciones** – acceptance dealer
**corredor de aduanas** – customs broker, customhouse broker
**corredor de apuestas** – bookmaker
**corredor de bienes raíces** – real estate broker
**corredor de bolsa** – broker, trader, stockbroker
**corredor de cambio** – foreign exchange broker
**corredor de cargo fijo** – flat-fee broker
**corredor de comercio** – merchandise broker, merchandise broker who also performs the services of a notary public, commerce broker, business broker
**corredor de contratación** – contract broker
**corredor de descuento** – discount broker
**corredor de divisas** – foreign exchange broker, foreign exchange trader
**corredor de empresas** – business broker
**corredor de fletamento** – charter broker
**corredor de hipotecas** – mortgage broker
**corredor de importación** – import broker
**corredor de letras** – bill broker
**corredor de mercancías** – merchandise broker, commodities broker
**corredor de negocios** – business broker
**corredor de préstamos** – loan broker
**corredor de productos** – commodities broker
**corredor de propiedades** – real estate broker
**corredor de reaseguro** – reinsurance broker
**corredor de seguros** – insurance broker
**corredor de valores** – securities broker
**corredor de ventas** – sales broker, selling broker
**corredor hipotecario** – mortgage broker
**corredor independiente** – independent broker
**corredor inmobiliario** – real estate broker
**corredor institucional** – institutional broker
**corredor mercantil** – commercial broker
**corredor principal** – principal broker
**corredor registrado** – registered broker
**corredor residencial** – residential broker
**correduría** *f* – brokerage
**correduría de seguros** – insurance brokerage
**corregido** *adj* – corrected
**corregidor** *m* – magistrate
**corregidor de policía** – police commissioner
**corregir** *v* – to correct
**correlación** *f* – correlation
**correlacionar** *v* – to correlate
**correlativo** *adj* – correlative
**correo** *m* – mail, correspondence, post office, courier
**correo aéreo** – airmail
**correo asegurado** – insured mail
**correo basura** – junk mail
**correo caracol** – snail mail
**correo certificado** – certified mail, registered mail
**correo comercial** – business mail, commercial mail
**correo corporativo** – corporate mail
**correo de comercio** – business mail, commercial mail, commerce mail
**correo de negocios** – business email
**correo de primera clase** – first class mail
**correo directo** – direct mail
**correo electrónico** – email, e-mail, electronic mail
**correo electrónico entregado** – delivered email
**correo empresarial** – business mail
**correo entrante** – incoming mail
**correo entregado** – delivered mail
**correo expreso** – express mail
**correo mercantil** – commercial mail
**correo no asegurado** – uninsured mail
**correo registrado** – registered mail
**correo saliente** – outgoing mail
**correo simple** – ordinary mail
**correo urgente** – urgent mail, special delivery mail
**correr** *v* – to run, to run out
**correr obligación** – to have an obligation
**correspondencia** *f* – correspondence, mail, reciprocity
**correspondencia certificada** – certified mail, registered mail
**correspondencia comercial** – business correspondence, commercial correspondence
**correspondencia corporativa** – corporate correspondence
**correspondencia de comercio** – commerce correspondence
**correspondencia de la compañía** – company correspondence
**correspondencia de negocios** – business correspondence
**correspondencia electrónica** – electronic correspondence
**correspondencia empresarial** – business correspondence
**correspondencia mercantil** – commercial correspondence
**correspondencia registrada** – registered mail
**corresponder** *v* – to correspond

**correspondiente** *adj* – corresponding
**corresponsal** *m/f* – correspondent
**corresponsal extranjero** – foreign correspondent
**corretaje** *m* – brokerage
**corretaje general** – general brokerage
**corrida bancaria** – bank run
**corriente** *adj* – current, running, standard
**corriente** *f* – trend, stream
**corriente de ingresos** – income stream
**corrientemente** *adv* – currently, ordinarily
**corrientemente asegurado** – currently insured
**corrientemente cubierto** – currently covered
**corroboración** *f* – corroboration, ratification
**corroborante** *adj* – corroborating, ratifying
**corroborar** *v* – to corroborate, to ratify
**corroborativo** *adj* – corroborative
**corromper** *v* – to corrupt, to seduce, to bribe
**corrompido** *adj* – corrupt, crooked
**corrupción** *f* – corruption, bribery
**corrupción de menores** – corruption of minors
**corrupción política** – political corruption
**corruptamente** *adv* – corruptly
**corruptela** *f* – corruption, malpractice, abuse of power
**corruptibilidad** *f* – corruptibility, perishability
**corruptible** *adj* – corruptible, bribable, perishable
**corrupto** *adj* – corrupt
**corruptor** *m* – corrupter, seducer, briber
**cortabolsas** *m/f* – pickpocket, cutpurse
**cortar costes** – cut costs
**cortar costos** – cut costs
**corte** *f* – court
**corte administrativa** – administrative court
**corte aduanal** – customs court
**corte aduanera** – customs court
**corte ambulante** – ambulatory court
**corte arbitral** – court of arbitration
**corte civil** – civil court
**corte colegiada** – court having three or more judges
**corte constitucional** – constitutional court
**corte consular** – consular court
**corte correccional** – correctional court
**corte criminal** – criminal court
**corte de aduanas** – customs court
**corte de almirantazgo** – admiralty court
**corte de alzadas** – court of appeals
**corte de apelación** – court of appeals
**corte de apelaciones penales** – court of criminal appeals
**corte de arbitraje** – court of arbitration
**corte de autos** – court of record
**corte de casación** – court of cassation, court of appeals
**corte de circuito** – circuit court
**corte de comercio** – commercial court
**corte de conciliación** – court of conciliation
**corte de derecho** – court of law
**corte de derecho marítimo** – admiralty court
**corte de distrito** – district court
**corte de equidad** – court of equity
**corte de garantías constitucionales** – constitutional court
**corte de justicia** – court of justice
**corte de lo criminal** – criminal court
**corte de menores** – juvenile court
**corte de policía** – police court
**corte de primera instancia** – court of first instance
**corte de quiebras** – bankruptcy court
**corte de registro** – court of record
**corte de segunda instancia** – court of appeals
**corte de sucesiones** – probate court
**corte de trabajo** – labor court, labour court
**corte de última instancia** – court of last resort
**corte doméstica** – domestic court
**corte electoral** – electoral court
**corte en lo civil** – civil court
**corte en lo criminal** – criminal court
**corte estatal** – state court
**corte extranjera** – foreign court
**corte federal** – federal court
**corte inferior** – lower court
**corte intermedia** – intermediate court
**corte internacional** – international court
**corte laboral** – labor court, labour court
**corte local** – local court
**corte marcial** – military court
**corte marítima** – admiralty court
**corte militar** – military court
**corte municipal** – municipal court
**corte nacional** – national court
**corte nocturna** – night court
**corte penal** – criminal court
**corte plena** – full court
**corte policial** – police court
**corte provisional** – provisional court
**corte superior** – superior court
**corte suprema** – supreme court
**corte suprema de justicia** – supreme court
**corte territorial** – territorial court
**corte testamentaria** – probate court
**corte unipersonal** – court having one judge
**cortesía** *f* – courtesy, grace period
**cortesía internacional** – comity of nations
**corto plazo** – short-term
**corto plazo, a** – short-term, in the short term
**cosa** *f* – thing, something, matter
**cosa abandonada** – abandoned property
**cosa abstracta** – abstract thing
**cosa accesoria** – accessory
**cosa ajena** – property of another
**cosa corporal** – corporeal thing
**cosa de nadie** – property of nobody
**cosa determinada** – determined thing
**cosa divisible** – divisible thing
**cosa en posesión** – thing in possession
**cosa específica** – specific thing
**cosa fungible** – fungible good
**cosa genérica** – generic thing
**cosa gravada** – encumbered thing
**cosa hipotecada** – mortgaged thing
**cosa hurtada** – stolen thing
**cosa ilícita** – illegal thing, illegal act
**cosa imposible** – impossible thing, impossible act
**cosa incierta** – uncertain thing
**cosa incorporal** – incorporeal thing
**cosa indeterminada** – undetermined thing
**cosa indivisible** – indivisible thing
**cosa inmueble** – real property
**cosa juzgada** – matter decided, res judicata

**cosa lícita** – legal thing, legal act
**cosa litigiosa** – subject of litigation
**cosa mueble** – movable thing
**cosa perdida** – lost thing
**cosa principal** – principal thing
**cosa privada** – private property
**cosa pública** – public property
**cosa robada** – stolen thing
**cosecha** *f* – harvest
**cosecha del arrendatario** – away-going crop
**coseguro** *m* – coinsurance
**cosignatario** *m* – cosigner
**cosolicitante** *m/f* – co-applicant
**costa** *f* – cost, price, coast
**costas** *f* – court costs, court fees
**costas procesales** – court costs
**coste** *m* – cost, price
**coste absorbido** – absorbed cost
**coste acordado** – agreed-upon cost
**coste acostumbrado** – customary cost
**coste actual** – present cost
**coste adicional** – additional cost, aftercost
**coste administrativo** – administrative cost
**coste alternativo** – alternative cost
**coste amortizable** – amortizable cost
**coste amortizado** – amortized cost
**coste anticipado** – anticipated cost
**coste anual** – annual cost
**coste aplicado** – applied cost
**coste base** – base cost
**coste básico** – basic cost
**coste-beneficio** *m* – cost-benefit
**coste calculado** – calculated cost
**coste capitalizado** – capitalized cost
**coste comparativo** – comparative cost
**coste común** – common cost
**coste conjunto** – joint cost
**coste constante** – constant cost
**coste contingente** – contingent cost
**coste continuo** – continuing cost
**coste contratado** – contracted cost
**coste controlable** – controllable cost
**coste convenido** – agreed-upon cost
**coste corriente** – current cost
**coste de administración** – administration cost
**coste de adquisición** – acquisition cost
**coste de amortización** – amortization expense
**coste de capital** – cost of capital
**coste de comercialización** – commercialization cost, merchandising cost, marketing cost
**coste de compra** – cost of purchase
**coste de compromiso** – commitment cost
**coste de constitución** – organization cost
**coste de conversión** – conversion cost
**coste de distribución** – distribution cost
**coste de elaboración** – manufacturing cost
**coste de emisión** – issue cost
**coste de entrega** – cost of delivery
**coste de explotación** – operating cost
**coste de fabricación** – manufacturing cost
**coste de factores** – factor cost
**coste de financiación** – financing cost
**coste de financiamiento** – financing cost
**coste de inventario** – inventory cost
**coste de la mano de obra** – cost of labor, cost of labour
**coste de mantenimiento** – maintenance cost
**coste de manufactura** – manufacturing cost
**coste de materiales** – materials cost
**coste de mercado** – market cost
**coste de mercancías** – cost of goods
**coste de negocios directo** – direct business cost
**coste de operación** – operating cost
**coste de oportunidad** – opportunity cost
**coste de organización** – organization cost
**coste de personal** – personnel cost, labor cost, labour cost
**coste de personal directo** – direct labor cost, direct labour cost
**coste de personal indirecto** – indirect labor cost, indirect labour cost
**coste de posesión** – carrying cost, cost of possession
**coste de producción** – production cost
**coste de publicidad** – advertising cost
**coste de reemplazo** – replacement cost
**coste de reposición** – replacement cost
**coste de reproducción** – reproduction cost, cost of reproduction, replacement cost
**coste de servicio** – service cost
**coste de sustitución** – substitution cost
**coste de tomar prestado** – borrowing cost
**coste de transferencia** – transfer cost
**coste de transporte** – transportation cost
**coste de vida** – cost of living
**coste del producto** – product cost
**coste depreciable** – depreciable cost
**coste depreciado** – depreciated cost
**coste diferencial** – differential cost
**coste diferido** – deferred cost
**coste directo** – direct cost
**coste discrecional** – discretionary cost
**coste económico** – economic cost
**coste efectivo** – effective cost
**coste-eficiente** *adj* – cost-efficient
**coste entero** – entire cost
**coste entregado** – delivered cost
**coste esencial** – essential cost
**coste especial** – special cost
**coste específico** – specific cost
**coste estándar** – standard cost
**coste estimado** – estimated cost
**coste estipulado** – stipulated cost
**coste evitable** – avoidable cost
**coste fijo** – fixed cost, overhead
**coste financiero** – financial cost
**coste general** – general cost, overhead
**coste histórico** – historical cost
**coste implícito** – implied cost
**coste imputado** – imputed cost
**coste incidental** – incidental cost
**coste incontrolable** – uncontrollable cost
**coste incremental** – incremental cost
**coste indirecto** – indirect cost
**coste inevitable** – inevitable cost
**coste inicial** – initial cost
**coste laboral** – labor cost, labour cost
**coste marginal** – marginal cost
**coste máximo** – maximum cost

**coste medio** – average cost
**coste mínimo** – minimum cost
**coste mixto** – mixed cost
**coste necesario** – necessary cost
**coste negociado** – negotiated cost
**coste neto** – net cost
**coste neto medio** – average net cost
**coste no controlable** – non-controllable cost
**coste no recuperado** – unrecovered cost
**coste nominal** – nominal cost
**coste normal** – normal cost
**coste objeto** – target cost
**coste obligado** – obligatory cost
**coste obligatorio** – obligatory cost
**coste operativo** – operating cost
**coste ordinario** – ordinary cost
**coste original** – original cost
**coste pactado** – agreed-upon cost
**coste periódico** – periodic cost
**coste por empleado** – cost per employee
**coste por financiamiento** – finance cost
**coste por pieza** – cost per piece
**coste predeterminado** – predetermined cost
**coste prevaleciente** – prevailing cost
**coste privado** – private cost
**coste prohibitivo** – prohibitive cost
**coste promedio** – average cost
**coste publicitario** – advertising cost
**coste razonable** – reasonable cost
**coste real** – real cost, actual cost
**coste recuperable** – recoverable cost
**coste recurrente** – recurring cost
**coste reducido** – reduced cost
**coste regular** – regular cost
**coste relacionado** – related cost
**coste repetitivo** – repetitive cost
**coste requerido** – required cost
**coste residual** – residual cost
**coste salarial** – wage cost
**coste, seguro y flete** – cost, insurance, and freight
**coste semivariable** – semivariable cost
**coste tangible** – tangible cost
**coste típico** – typical cost
**coste total** – total cost, full cost, all-in cost
**coste unitario** – unit cost
**coste variable** – variable cost
**coste y flete** – cost and freight
**coste y seguro** – cost and insurance
**costear** *v* – to finance, to pay for
**costeo** *m* – costing
**costeo directo** – direct costing
**costeo total** – full costing
**costero** *adj* – coastal
**costes adicionales** – extra costs
**costes administrados** – managed costs
**costes administrativos** – administrative costs
**costes asignados** – allocated costs
**costes aumentados** – increased costs
**costes comprometidos** – committed costs
**costes constantes** – constant costs
**costes contables** – accounting costs
**costes contractuales** – contractual costs
**costes controlables** – controllable costs
**costes controlados** – controlled costs
**costes crecientes** – increasing costs
**costes de administración** – administration costs
**costes de agencia** – agency costs
**costes de capacidad** – capacity costs
**costes de construcción** – building costs
**costes de contabilidad** – accounting costs
**costes de distribución** – distribution costs
**costes de embarque** – shipping costs
**costes de explotación** – operating costs
**costes de fábrica** – factory costs
**costes de marketing** – marketing costs
**costes de mercadeo** – marketing costs
**costes de personal** – personnel costs
**costes de promoción** – promotional costs
**costes de puesta en marcha** – front-end costs, startup costs
**costes de quiebra** – bankruptcy costs
**costes de ventas** – sales costs, selling costs
**costes decrecientes** – decreasing costs
**costes del desarrollo** – development costs
**costes especificados** – specified costs
**costes esperados** – expected costs
**costes estables** – stable costs
**costes excepcionales** – exceptional costs
**costes explícitos** – explicit costs
**costes externos** – external costs
**costes fijos** – fixed costs, overhead
**costes fijos netos** – average fixed costs, average overhead
**costes fijos totales** – total fixed costs, total overhead
**costes financieros** – financial costs
**costes generales** – overhead
**costes generales fijos** – overhead
**costes incontrolables** – uncontrollable costs
**costes indeterminados** – undetermined costs
**costes inevitables** – unavoidable costs
**costes legales** – legal costs
**costes manipulados** – manipulated costs
**costes mensuales** – monthly costs
**costes misceláneos** – miscellaneous costs
**costes no asignados** – unallocated costs
**costes normales** – normal costs
**costes ocultos** – hidden costs
**costes operacionales** – operational costs
**costes operativos** – operating costs
**costes preestablecidos** – preset costs
**costes preliminares** – preliminary costs
**costes prepagados** – prepaid costs
**costes progresivos** – progressive costs
**costes prorrateados** – prorated costs, apportioned costs
**costes relevantes** – relevant costs
**costes suplementarios** – supplemental costs
**costes varios** – miscellaneous costs
**costes y cargos** – costs and charges
**costo** *m* – cost, price
**costo absorbido** – absorbed cost
**costo acordado** – agreed-upon cost
**costo acostumbrado** – customary cost
**costo actual** – present cost
**costo adicional** – additional cost, aftercost
**costo administrativo** – administrative cost
**costo alternativo** – alternative cost
**costo amortizable** – amortizable cost

**costo amortizado** – amortized cost
**costo anticipado** – anticipated cost
**costo anual** – annual cost
**costo aplicado** – applied cost
**costo base** – base cost
**costo básico** – basic cost
**costo-beneficio** *m* – cost-benefit
**costo calculado** – calculated cost
**costo capitalizado** – capitalized cost
**costo comparativo** – comparative cost
**costo común** – common cost
**costo conjunto** – joint cost
**costo constante** – constant cost
**costo contingente** – contingent cost
**costo continuo** – continuing cost
**costo contratado** – contracted cost
**costo controlable** – controllable cost
**costo convenido** – agreed-upon cost
**costo corriente** – current cost
**costo de administración** – administration cost
**costo de adquisición** – acquisition cost
**costo de amortización** – amortization expense
**costo de capital** – cost of capital
**costo de comercialización** – commercialization cost, merchandising cost, marketing cost
**costo de compra** – cost of purchase
**costo de compromiso** – commitment cost
**costo de constitución** – organization cost
**costo de conversión** – conversion cost
**costo de distribución** – distribution cost
**costo de elaboración** – manufacturing cost
**costo de emisión** – issue cost
**costo de entrega** – cost of delivery
**costo de explotación** – operating cost
**costo de fabricación** – manufacturing cost
**costo de factores** – factor cost
**costo de financiación** – financing cost
**costo de financiamiento** – financing cost
**costo de inventario** – inventory cost
**costo de la mano de obra** – cost of labor, cost of labour
**costo de mantenimiento** – maintenance cost
**costo de manufactura** – manufacturing cost
**costo de materiales** – materials cost
**costo de mercado** – market cost
**costo de mercancías** – cost of goods
**costo de negocios directo** – direct business cost
**costo de operación** – operating cost
**costo de oportunidad** – opportunity cost
**costo de organización** – organization cost
**costo de personal** – personnel cost, labor cost, labour cost
**costo de personal directo** – direct labor cost, direct labour cost
**costo de personal indirecto** – indirect labor cost, indirect labour cost
**costo de posesión** – carrying cost, cost of possession
**costo de producción** – production cost
**costo de publicidad** – advertising cost
**costo de reemplazo** – replacement cost
**costo de reposición** – replacement cost
**costo de reproducción** – reproduction cost, cost of reproduction, replacement cost
**costo de servicio** – service cost
**costo de sustitución** – substitution cost
**costo de tomar prestado** – borrowing cost
**costo de transferencia** – transfer cost
**costo de transporte** – transportation cost
**costo de vida** – cost of living
**costo del producto** – product cost
**costo depreciable** – depreciable cost
**costo depreciado** – depreciated cost
**costo diferencial** – differential cost
**costo diferido** – deferred cost
**costo directo** – direct cost
**costo discrecional** – discretionary cost
**costo económico** – economic cost
**costo efectivo** – effective cost
**coste-eficiente** *adj* – cost-efficient
**costo entero** – entire cost
**costo entregado** – delivered cost
**costo esencial** – essential cost
**costo especial** – special cost
**costo específico** – specific cost
**costo estándar** – standard cost
**costo estimado** – estimated cost
**costo estipulado** – stipulated cost
**costo evitable** – avoidable cost
**costo fijo** – fixed cost, overhead
**costo financiero** – financial cost
**costo general** – general cost, overhead
**costo histórico** – historical cost
**costo implícito** – implied cost
**costo imputado** – imputed cost
**costo incidental** – incidental cost
**costo incontrolable** – uncontrollable cost
**costo incremental** – incremental cost
**costo indirecto** – indirect cost
**costo inevitable** – inevitable cost
**costo inicial** – initial cost
**costo laboral** – labor cost, labour cost
**costo marginal** – marginal cost
**costo máximo** – maximum cost
**costo medio** – average cost
**costo mínimo** – minimum cost
**costo mixto** – mixed cost
**costo necesario** – necessary cost
**costo negociado** – negotiated cost
**costo neto** – net cost
**costo neto medio** – average net cost
**costo no controlable** – non-controllable cost
**costo no recuperado** – unrecovered cost
**costo nominal** – nominal cost
**costo normal** – normal cost
**costo objeto** – target cost
**costo obligado** – obligatory cost
**costo obligatorio** – obligatory cost
**costo operativo** – operating cost
**costo ordinario** – ordinary cost
**costo original** – original cost
**costo pactado** – agreed-upon cost
**costo periódico** – periodic cost
**costo por empleado** – cost per employee
**costo por financiamiento** – finance cost
**costo por pieza** – cost per piece
**costo predeterminado** – predetermined cost
**costo prevaleciente** – prevailing cost
**costo privado** – private cost

**costo prohibitivo** – prohibitive cost
**costo promedio** – average cost
**costo publicitario** – advertising cost
**costo razonable** – reasonable cost
**costo real** – real cost, actual cost
**costo recuperable** – recoverable cost
**costo recurrente** – recurring cost
**costo reducido** – reduced cost
**costo regular** – regular cost
**costo relacionado** – related cost
**costo repetitivo** – repetitive cost
**costo requerido** – required cost
**costo residual** – residual cost
**costo salarial** – wage cost
**costo, seguro y flete** – cost, insurance, and freight
**costo semivariable** – semivariable cost
**costo tangible** – tangible cost
**costo típico** – typical cost
**costo total** – total cost, full cost, all-in cost
**costo unitario** – unit cost
**costo variable** – variable cost
**costo y flete** – cost and freight
**costo y seguro** – cost and insurance
**costos adicionales** – extra costs
**costos administrados** – managed costs
**costos administrativos** – administrative costs
**costos asignados** – allocated costs
**costos aumentados** – increased costs
**costos comprometidos** – committed costs
**costos constantes** – constant costs
**costos contables** – accounting costs
**costos contractuales** – contractual costs
**costos controlables** – controllable costs
**costos controlados** – controlled costs
**costos crecientes** – increasing costs
**costos de administración** – administration costs
**costos de agencia** – agency costs
**costos de capacidad** – capacity costs
**costos de construcción** – building costs
**costos de contabilidad** – accounting costs
**costos de distribución** – distribution costs
**costos de embarque** – shipping costs
**costos de explotación** – operating costs
**costos de fábrica** – factory costs
**costos de marketing** – marketing costs
**costos de mercadeo** – marketing costs
**costos de personal** – personnel costs
**costos de promoción** – promotional costs
**costos de puesta en marcha** – front-end costs, startup costs
**costos de quiebra** – bankruptcy costs
**costos de ventas** – sales costs, selling costs
**costos decrecientes** – decreasing costs
**costos del desarrollo** – development costs
**costos especificados** – specified costs
**costos esperados** – expected costs
**costos estables** – stable costs
**costos excepcionales** – exceptional costs
**costos explícitos** – explicit costs
**costos externos** – external costs
**costos fijos** – fixed costs, overhead
**costos fijos netos** – average fixed costs, average overhead
**costos fijos totales** – total fixed costs, total overhead
**costos financieros** – financial costs
**costos generales** – overhead
**costos generales fijos** – overhead
**costos incontrolables** – uncontrollable costs
**costos indeterminados** – undetermined costs
**costos inevitables** – unavoidable costs
**costos legales** – legal costs
**costos manipulados** – manipulated costs
**costos mensuales** – monthly costs
**costos misceláneos** – miscellaneous costs
**costos no asignados** – unallocated costs
**costos normales** – normal costs
**costos ocultos** – hidden costs
**costos operacionales** – operational costs
**costos operativos** – operating costs
**costos preestablecidos** – preset costs
**costos preliminares** – preliminary costs
**costos prepagados** – prepaid costs
**costos progresivos** – progressive costs
**costos prorrateados** – prorated costs, apportioned costs
**costos relevantes** – relevant costs
**costos suplementarios** – supplemental costs
**costos varios** – miscellaneous costs
**costos y cargos** – costs and charges
**costoso** *adj* – costly, expensive
**costumbre** *f* – custom, routine
**costumbres comerciales** – business customs, commercial customs
**costumbres comunitarias** – community customs
**costumbres corporativas** – corporate customs
**costumbres de comercio** – commerce customs
**costumbres de contabilidad** – accounting customs
**costumbres de industria** – industry customs
**costumbres de negocios** – business customs
**costumbres de trabajo** – labor customs, labour customs, work customs
**costumbres del comercio** – customs of the trade, commerce practices, business practices
**costumbres empresariales** – business customs
**costumbres establecidas** – established customs
**costumbres extranjeras** – foreign customs
**costumbres financieras** – financial customs
**costumbres generales** – general customs
**costumbres industriales** – industrial customs
**costumbres inmemoriales** – immemorial customs
**costumbres internacionales** – international customs
**costumbres laborales** – labor customs, labour customs
**costumbres locales** – local customs
**costumbres mercantiles** – business customs, commercial customs
**costumbres nacionales** – national customs
**costumbres particulares** – particular customs
**costumbres regionales** – regional customs
**costumbres sanitarias** – health customs, sanitary customs
**costumbres vigentes** – current customs
**costumbres y prácticas** – customs and practices
**cota de referencia** – benchmark
**cotejar** *v* – to collate, to compare
**cotejo** *m* – comparison, comparison of documents, contrast
**cotejo de letras** – comparison of handwriting

**cotización** *f* – quotation
**cotización de precio** – price quote, price quotation
**cotización en firme** – firm quote
**cotización firme** – firm quote
**cotizado** *adj* – quoted, listed
**cotizar** *v* – to quote, to list
**cotutor** *m* – co-guardian
**coyuntura económica** – economic situation, economic circumstances
**crasamente** *adv* – crassly
**crash** *m* – crash
**craso** *adj* – crass
**creación de empleos** – job creation
**creado por ley** – created by law
**crear** *v* – to create
**crear un gravamen** – to create a lien
**crear una deuda** – to create a debt
**crear una responsabilidad** – to create a liability
**crecimiento** *m* – growth, increase
**crecimiento administrado** – managed growth
**crecimiento anticipado** – anticipated growth
**crecimiento cero** – zero growth
**crecimiento controlado** – controlled growth
**crecimiento corporativo** – corporate growth
**crecimiento de capital** – capital growth
**crecimiento económico** – economic growth
**crecimiento económico cero** – zero economic growth
**crecimiento económico equilibrado** – balanced economic growth
**crecimiento equilibrado** – balanced growth
**crecimiento estable** – stable growth
**crecimiento global** – overall growth, global growth
**crecimiento manipulado** – manipulated growth
**crecimiento rápido** – fast growth
**crecimiento sostenible** – sustainable growth
**crecimiento sostenido** – sustained growth
**credencial** *f* – credential, identification
**credenciales** *f* – credentials
**credibilidad** *f* – credibility
**crédito** *m* – credit, debt, loan, installment, solvency, reputation, credit rating, claim
**crédito, a** – on credit
**crédito a corto plazo** – short-term credit, short-term loan
**crédito a la exportación** – export credit, export loan
**crédito a largo plazo** – long-term credit, long-term loan
**crédito a mediano plazo** – medium-term credit, medium-term loan
**crédito a medio plazo** – medium-term credit, medium-term loan
**crédito a sola firma** – unsecured credit, unsecured loan
**crédito abierto** – open credit, open loan
**crédito adicional** – additional credit
**crédito agrícola** – farm credit, agricultural credit, farm loan, agricultural loan
**crédito al consumo** – consumer credit, consumer loan
**crédito al descubierto** – unsecured credit, unsecured loan
**crédito al por menor** – retail credit
**crédito ampliado** – extended credit
**crédito autorizado** – authorized credit
**crédito bancario** – bank credit, bank loan
**crédito cierto** – documented debt
**crédito clasificado** – classified credit
**crédito comercial** – commercial credit, business credit, commercial loan, business loan, trade credit, goodwill
**crédito confirmado** – confirmed credit
**crédito congelado** – frozen credit
**crédito contributivo** – tax credit
**crédito corporativo** – corporate credit, corporate loan
**crédito cubierto** – secured credit, secured loan
**crédito de aceptación** – acceptance credit
**crédito de avío** – loan for a specific business purpose
**crédito de comercio** – commerce credit, commerce loan
**crédito de consumo** – consumer credit, consumer loan
**crédito de cheques** – check credit, cheque credit
**crédito de descuento** – discount credit
**crédito de habilitación** – loan for a specific business purpose
**crédito de importación** – import credit, import loan
**crédito de negocios** – business credit, business loan
**crédito de tercera parte** – third party credit
**crédito de vivienda** – housing credit, mortgage
**crédito del comprador** – buyer's credit
**crédito del consumidor** – consumer credit
**crédito descubierto** – unsecured credit, unsecured loan
**crédito deteriorado** – impaired credit
**crédito diferido** – deferred credit
**crédito dirigido** – directed credit
**crédito disponible** – available credit
**crédito divisible** – divisible credit
**crédito documentado** – documentary credit
**crédito documentario** – documentary credit
**crédito empresarial** – business credit, business loan
**crédito en blanco** – open credit
**crédito en efectivo** – cash credit
**crédito especial** – special credit
**crédito estacional** – seasonal credit
**crédito extendido** – extended credit
**crédito ficticio** – fictitious credit
**crédito fiscal** – tax credit
**crédito garantizado** – guaranteed credit, secured credit, guaranteed loan
**crédito hipotecario** – mortgage credit, mortgage
**crédito ilimitado** – unlimited credit
**crédito impositivo** – tax credit
**crédito impositivo extranjero** – foreign tax credit
**crédito incobrable** – uncollectible debt, bad debt, uncollectible loan, bad loan
**crédito incondicional** – unconditional credit
**crédito inexistente** – nonexistent credit
**crédito inmediato** – immediate credit
**crédito instantáneo** – immediate credit
**crédito interino** – interim credit
**crédito interior** – domestic credit
**crédito irrevocable** – irrevocable credit
**crédito libre** – open credit
**crédito limitado** – limited credit
**crédito litigioso** – debt in litigation
**crédito mercantil** – commercial credit, commercial loan
**crédito mixto** – mixed credit

**crédito mobiliario** – chattel mortgage
**crédito no confirmado** – unconfirmed credit
**crédito no utilizado** – unused credit
**crédito opcional** – optional credit
**crédito ordinario** – ordinary credit, ordinary loan
**crédito pendiente** – outstanding credit
**crédito personal** – personal credit, personal loan
**crédito pignoraticio** – secured credit
**crédito por inversión** – investment credit
**crédito por reaseguro** – reinsurance credit
**crédito preferencial** – preferential credit, preferential loan, preferential debt
**crédito prendario** – chattel credit
**crédito privado** – private credit, private loan
**crédito privilegiado** – privileged credit, privileged loan, privileged debt
**crédito provisional** – provisional credit, provisional loan
**crédito público** – public credit, public loan, public debt
**crédito puente** – bridge credit, bridge loan
**crédito quirografario** – unsecured credit, unsecured loan
**crédito reembolsable** – refundable credit
**crédito refaccionario** – agricultural loan, commercial loan
**crédito renovable** – renewable credit, renewable loan
**crédito restringido** – restricted credit
**crédito revocable** – revocable credit
**crédito rotatorio** – revolving credit
**crédito simple** – simple credit, simple loan
**crédito sin garantía** – unsecured credit, unsecured loan
**crédito sin restricción** – unrestricted credit
**crédito suplementario** – supplemental credit
**crédito temporal** – temporary credit
**crédito transferible** – transferable credit
**crédito tributario** – tax credit
**crédito tributario extranjero** – foreign tax credit
**crédito unificado** – unified credit
**creencia irrazonable** – unreasonable belief
**creencia razonable** – reasonable belief
**creer** *v* – to believe
**creíble** *adj* – credible
**cremación** *f* – cremation
**crematística** *f* – pecuniary interest
**crepúsculo** *m* – dusk
**crimen** *m* – crime, felony
**crimen abandonado** – abandoned crime
**crimen administrativo** – administrative crime
**crimen capital** – capital crime
**crimen continuo** – continuous crime
**crimen corporativo** – corporate crime
**crimen de guerra** – war crime
**crimen de omisión** – crime of omission
**crimen estatuario** – statutory crime
**crimen falsi** – crime which contains the element of deceit, crimen falsi
**crimen flagrante** – flagrant crime
**crimen instantáneo** – instantaneous crime
**crimen oculto** – concealed crime
**crimen organizado** – organized crime
**crimen pasional** – crime of passion
**crimen político** – political crime
**crimen preterintencional** – crime which exceeds the intended consequences
**crímenes sin víctimas** – victimless crimes
**criminación** *f* – incrimination, accusation, charge
**criminal** *m/f* – criminal, felon, delinquent, offender
**criminal** *adj* – criminal, felonious, delinquent
**criminal de guerra** – war criminal
**criminal habitual** – habitual criminal
**criminal peligroso** – dangerous criminal
**criminal reincidente** – habitual criminal
**criminalidad** *f* – criminality
**criminalista** *m/f* – criminalist, criminologist
**criminalística** *f* – criminology
**criminalización** *f* – criminalization
**criminalmente** *adv* – criminally
**criminar** *v* – to incriminate, to accuse, to charge
**criminología** *f* – criminology
**criminológico** *adj* – criminological
**crisis** *f* – crisis
**crisis bancaria** – banking crisis
**crisis de liquidez** – liquidity crisis
**crisis de petróleo** – oil crisis
**crisis económica** – economic crisis
**crisis financiera** – financial crisis
**crisis laboral** – labor crisis, labour crisis
**crisis monetaria** – monetary crisis
**criterio** *m* – criterion, judgment, opinion
**criterios económicos** – economic criteria
**crítica** *f* – criticism
**críticamente** *adv* – critically
**crítico** *adj* – critical
**crónicamente** *adv* – chronically
**cronología** *f* – chronology
**cronológico** *adj* – chronological
**cruce** *m* – crossing, crossroad
**crucial** *adj* – crucial
**cruel** *adj* – cruel
**crueldad** *f* – cruelty
**crueldad contra animales** – cruelty to animals
**crueldad contra niños** – cruelty to children
**crueldad extrema** – extreme cruelty
**crueldad física** – physical cruelty
**crueldad intolerable** – intolerable cruelty
**crueldad mental** – mental cruelty
**cta. (cuenta)** – account
**cuaderno de bitácora** – logbook
**cuadrante** *m* – quadrant, quarter of an inheritance
**cuadrar** *v* – to square, to balance, to tally
**cuadrilla** *f* – work group, work team, work unit, gang, squad
**cuadrinieta** *f* – great-great-granddaughter
**cuadrinieto** *m* – great-great-grandson
**cuadripartito** *adj* – quadripartite
**cuadro** *m* – chart, table, schedule, panel
**cuadro directivo** – board of directors
**cuádruple** *adj* – quadruple
**cuadruplicado** *adj* – quadruplicate
**cualificado** *adj* – qualified, skilled, conditional
**cualificar** *v* – to classify, to rate, to qualify
**cualitativamente** *adv* – qualitatively
**cualitativo** *adj* – qualitative
**cuantía** *f* – quantity, amount, importance, extent
**cuantía de la subvención** – amount of the subsidy
**cuantía del préstamo** – amount of the loan

**cuantía del subsidio** – amount of the subsidy
**cuantificación** *f* – quantification
**cuantitativamente** *adv* – quantitatively
**cuantitativo** *adj* – quantitative
**cuarentena** *f* – quarantine
**cuartel** *m* – quarter, zone, lot
**cuartel de policía** – police station
**cuarto mundo** – fourth world
**cuasicontractual** *adj* – quasi contractual
**cuasicontrato** *m* – quasi contract
**cuasicorporación** *f* – quasi corporation
**cuasicrimen** *m* – quasi crime
**cuasidelito** *m* – quasi crime
**cuasidinero** *m* – quasi-money
**cuasijudicial** *adj* – quasi judicial
**cuasimonopolio** *m* – quasi monopoly
**cuasimunicipal** *adj* – quasi municipal
**cuasiposesión** *f* – quasi possession
**cuasipúblico** *adj* – quasi public
**cuasirenta** *f* – quasi rent
**cuasiservidumbre** *f* – quasi easement
**cuasiusufructo** *m* – quasi usufruct
**cuatrero** *m* – cattle rustler
**cuatrimestre** *m* – a four month period
**cubierta** *f* – coverage, cover
**cubierto** *adj* – covered
**cubierto por seguro** – covered by insurance
**cubrir** *v* – to cover, to cover up, to pay
**cubrir costes** – to cover costs
**cubrir costos** – to cover costs
**cuchillada** *f* – slash, stab
**cuello de botella** – bottleneck
**cuenta** *f* – account, bill, report, accounting, calculation
**cuenta, a** – on account
**cuenta a cobrar** – account receivable, bill receivable
**cuenta a comisión** – commission account
**cuenta a crédito** – charge account
**cuenta a la vista** – demand account
**cuenta a pagar** – bill payable
**cuenta abierta** – open account, account open
**cuenta activa** – active account
**cuenta adjunta** – adjunct account
**cuenta administrada** – managed account, administered account
**cuenta ajena** – the account of another
**cuenta al descubierto** – short account, overdrawn account
**cuenta asegurada** – insured account
**cuenta asignada** – assigned account
**cuenta atrasada** – delinquent account, past due account, account past due, account overdue
**cuenta auxiliar** – subsidiary account
**cuenta bancaria** – bank account
**cuenta básica** – basic account
**cuenta bloqueada** – blocked account, frozen account
**cuenta cancelada** – cancelled account
**cuenta cedida** – assigned account
**cuenta cerrada** – closed account, account closed
**cuenta clave** – key account
**cuenta comercial** – commercial account, business account
**cuenta compuesta** – compound account
**cuenta congelada** – frozen account, blocked account
**cuenta conjunta** – joint account
**cuenta continua** – continuing account
**cuenta controlada** – controlled account
**cuenta controladora** – controlling account
**cuenta convenida** – account stated
**cuenta corporativa** – corporate account
**cuenta corriente** – commercial account, current account, checking account
**cuenta corriente bancaria** – checking account
**cuenta custodial** – custodial account
**cuenta de, a** – for the account of, on behalf of
**cuenta de aceptación** – acceptance account
**cuenta de actividad** – activity account
**cuenta de agencia** – agency account
**cuenta de ahorros** – savings account
**cuenta de ajuste** – adjustment account
**cuenta de anticipos** – advance account
**cuenta de apropiación** – appropriation account
**cuenta de banco** – bank account
**cuenta de banco conjunta** – joint bank account
**cuenta de caja** – cash account
**cuenta de capital** – capital account
**cuenta de cargo** – charge account
**cuenta de certificado** – certificate account
**cuenta de cliente** – client account
**cuenta de club** – club account
**cuenta de comercio** – commercial account, commerce account
**cuenta de compensación** – offset account
**cuenta de compras** – purchase account
**cuenta de concentración** – concentration account
**cuenta de consignación** – consignment account
**cuenta de consumo** – consumption account
**cuenta de control** – control account
**cuenta de corporación** – corporation account
**cuenta de corredor** – broker account
**cuenta de corretaje** – brokerage account
**cuenta de costas** – account of court costs
**cuenta de costes** – account of costs
**cuenta de costos** – account of costs
**cuenta de crédito** – credit account, charge account
**cuenta de custodia** – custody account, custodian account
**cuenta de cheques** – checking account
**cuenta de depósito** – deposit account
**cuenta de efectivo** – cash account
**cuenta de empresa** – corporate account
**cuenta de excedentes** – surplus account
**cuenta de explotación** – working account, operating account
**cuenta de fideicomiso** – trust account
**cuenta de ganancias y pérdidas** – profit-and-loss account
**cuenta de gastos** – expense account
**cuenta de gestión** – management account
**cuenta de igualación** – equalization account
**cuenta de ingresos** – income account
**cuenta de inventario** – inventory account
**cuenta de inversiones** – investment account
**cuenta de jubilación individual** – individual retirement account
**cuenta de la compañía** – company account
**cuenta de liquidación** – settlement account
**cuenta de liquidez** – liquidity account

**cuenta de margen** – margin account
**cuenta de mercado abierto** – open market account
**cuenta de negocios** – business account
**cuenta de no residente** – nonresident account
**cuenta de nómina** – payroll account
**cuenta de opciones** – option account
**cuenta de operaciones** – operations account
**cuenta de participación** – participation account
**cuenta de pérdidas y ganancias** – profit and loss account
**cuenta de préstamos** – loan account
**cuenta de producción** – production account
**cuenta de regreso** – protest charges
**cuenta de resaca** – protest charges
**cuenta de reserva** – reserve account
**cuenta de residente** – resident account
**cuenta de resultados** – profit and loss account
**cuenta de retiro individual** – individual retirement account
**cuenta de superávit** – surplus account
**cuenta de titular de tarjeta** – cardholder account
**cuenta de tutela** – trust account
**cuenta de valoración** – valuation account
**cuenta de valores** – securities account
**cuenta de ventas** – sales account
**cuenta del balance** – balance sheet account
**cuenta del cierre** – closing account
**cuenta del cliente** – client account
**cuenta del difunto** – deceased account
**cuenta del mayor** – ledger account
**cuenta detallada** – itemized account
**cuenta deudora** – debit account, account payable
**cuenta diferida** – deferred account
**cuenta discrecional** – discretionary account
**cuenta dividida** – divided account
**cuenta dudosa** – doubtful account
**cuenta embargada** – attached account
**cuenta en descubierto** – overdrawn account, short account
**cuenta en divisas** – currency account
**cuenta en efectivo** – cash account
**cuenta en fideicomiso** – account in trust
**cuenta en moneda extranjera** – foreign currency account
**cuenta en mora** – delinquent account, past due account, account past due, account overdue
**cuenta en plica** – escrow account
**cuenta entre compañías** – intercompany account
**cuenta especial** – special account
**cuenta expirada** – expired account
**cuenta exterior** – foreign account
**cuenta externa** – external account
**cuenta fiduciaria** – trust account
**cuenta final** – final account
**cuenta financiera** – financial account
**cuenta flexible** – flexible account
**cuenta garantizada** – secured account
**cuenta general** – general account
**cuenta global** – aggregate account, global account
**cuenta grupal** – group account
**cuenta inactiva** – inactive account, dormant account
**cuenta incobrable** – uncollectible account, bad account
**cuenta individual** – individual account
**cuenta indivisa** – undivided account
**cuenta interestatal** – interstate account
**cuenta internacional** – international account
**cuenta intraestatal** – intrastate account
**cuenta liquidada** – liquidated account
**cuenta mala** – uncollectible account, bad account
**cuenta mancomunada** – joint account
**cuenta manipulada** – manipulated account
**cuenta mercantil** – commercial account
**cuenta mixta** – mixed account
**cuenta morosa** – delinquent account, past due account, account past due, account overdue
**cuenta nacional** – national account
**cuenta no asegurada** – uninsured account
**cuenta no expirada** – unexpired account
**cuenta nominal** – nominal account
**cuenta nueva** – new account
**cuenta numerada** – numbered account
**cuenta ordinaria** – ordinary account
**cuenta para gastos** – expense account
**cuenta particular** – private account
**cuenta pendiente** – outstanding account
**cuenta permanente** – permanent account
**cuenta personal** – personal account
**cuenta pignorada** – pledged account
**cuenta por cobrar** – account receivable
**cuenta por contrato** – contract account
**cuenta por pagar** – account payable
**cuenta presupuestaria** – budget account
**cuenta primaria** – primary account
**cuenta principal** – main account, primary account
**cuenta privada** – private account
**cuenta propia** – own account
**cuenta provisional** – provisional account
**cuenta pública** – public account
**cuenta puente** – bridge account
**cuenta regional** – regional account
**cuenta reservada** – reserved account
**cuenta rotatoria** – revolving account
**cuenta saldada** – account settled
**cuenta secundaria** – secondary account
**cuenta segregada** – segregated account
**cuenta separada** – separate account
**cuenta sin garantía** – unsecured account
**cuenta sin valor** – worthless account
**cuenta sobregirada** – overdrawn account
**cuenta telefónica** – telephone account
**cuenta temporal** – temporary account
**cuenta transferida** – transferred account
**cuenta vencida** – past due account, account past due, account overdue, aged account
**cuentacorrentista** *m/f* – account holder
**cuentahabiente** *m/f* – account holder
**cuentas administrativas** – management accounts
**cuentas anuales** – annual accounts
**cuentas consolidadas** – consolidated accounts
**cuentas de activo** – asset accounts
**cuentas de orden** – memoranda accounts
**cuentas de pasivo** – liability accounts
**cuentas mezcladas** – commingled accounts
**cuentas no consolidadas** – unconsolidated accounts
**cuentas por cobrar** – accounts receivable
**cuentas por pagar** – accounts payable
**cuerda floja** – papers in a file that are not part of the

official record
**cuerdo** *adj* – sane, prudent
**cuerpo** *m* – body, corpse, corps, volume
**cuerpo administrativo** – administrative body
**cuerpo arbitral** – arbitral body
**cuerpo consular** – consular staff
**cuerpo consultivo** – consultative body, consulting body
**cuerpo consultor** – consultative body, consulting body
**cuerpo de bienes** – total assets
**cuerpo de la herencia** – amount of the decedent's estate
**cuerpo de leyes** – body of laws
**cuerpo del delito** – body of the crime
**cuerpo del derecho** – body of laws
**cuerpo diplomático** – diplomatic corps
**cuerpo electoral** – electoral body
**cuerpo legal** – body of laws
**cuerpo legislativo** – legislative body
**cuerpo municipal** – municipal entity
**cuerpo policiaco** – police force
**cuerpo profesional** – professional body
**cuestión** *f* – question, matter, issue, controversy
**cuestión administrativa** – administrative matter
**cuestión aduanera** – customs matter
**cuestión aislada** – isolated matter
**cuestión artificial** – feigned issue
**cuestión autónoma** – autonomous matter
**cuestión autorizada** – authorized matter
**cuestión bancaria** – banking matter
**cuestión básica** – basic matter
**cuestión clandestina** – clandestine matter
**cuestión colateral** – collateral issue
**cuestión comercial** – business matter, commercial matter
**cuestión completada** – completed matter
**cuestión común** – joint matter
**cuestión conjunta** – joint matter
**cuestión contable** – accounting matter
**cuestión corporativa** – corporate matter
**cuestión criminal** – criminal matter
**cuestión de administración** – administration matter
**cuestión de agencia** – agency matter
**cuestión de capital** – capital matter
**cuestión de cobro** – collection matter
**cuestión de comercio** – commerce matter
**cuestión de competencia** – conflict of venue
**cuestión de contabilidad** – accounting matter
**cuestión de crédito** – credit matter
**cuestión de cuenta** – account matter
**cuestión de derecho** – question of law, issue of law
**cuestión de exportación** – export matter
**cuestión de financiación** – financing matter
**cuestión de financiamiento** – financing matter
**cuestión de hecho** – question of fact, issue of fact
**cuestión de importación** – import matter
**cuestión de inversión** – investment matter
**cuestión de jurisdicción** – conflict of jurisdiction
**cuestión de negocios** – business matter
**cuestión de préstamo** – loan matter
**cuestión de procedimiento** – question of procedure
**cuestión de puro derecho** – question of law
**cuestión de seguros** – insurance matter
**cuestión de ultramar** – overseas matter
**cuestión designada** – designated matter
**cuestión doméstica** – domestic matter
**cuestión empresarial** – business matter, enterprise matter
**cuestión en controversia** – matter in controversy
**cuestión en disputa** – matter in controversy
**cuestión esencial** – essential matter
**cuestión especial** – special matter
**cuestión especulativa** – speculative matter
**cuestión estatal** – state matter
**cuestión ética** – ethical matter
**cuestión exterior** – foreign matter
**cuestión extranjera** – foreign matter
**cuestión extraordinaria** – extraordinary matter
**cuestión fabricada** – sham issue
**cuestión federal** – federal matter
**cuestión ficticia** – dummy matter
**cuestión fiduciaria** – fiduciary matter
**cuestión financiera** – financial matter
**cuestión fiscal** – fiscal matter
**cuestión general** – general issue
**cuestión global** – global matter
**cuestión habitual** – habitual matter
**cuestión idéntica** – identical issue
**cuestión ilegal** – illegal matter
**cuestión ilícita** – illicit matter
**cuestión inmaterial** – immaterial issue
**cuestión imponible** – taxable matter
**cuestión importante** – important matter
**cuestión impropia** – improper matter
**cuestión inapropiada** – inappropriate matter
**cuestión incidental** – incidental matter
**cuestión indispensable** – indispensable matter
**cuestión individual** – individual matter
**cuestión industrial** – industrial matter
**cuestión inmobiliaria** – real estate matter
**cuestión intencionada** – intended matter
**cuestión interestatal** – interstate matter
**cuestión interior** – domestic matter
**cuestión interna** – internal matter
**cuestión internacional** – international matter
**cuestión inusual** – unusual matter
**cuestión legal** – legal matter, legal issue
**cuestión lícita** – licit matter
**cuestión local** – local matter
**cuestión mercantil** – commercial matter
**cuestión monetaria** – monetary matter
**cuestión multinacional** – multinational matter
**cuestión mundial** – world matter
**cuestión nacional** – national matter
**cuestión necesaria** – necessary matter
**cuestión pecuniaria** – pecuniary matter
**cuestión peligrosa** – dangerous matter
**cuestión pendiente** – pending matter
**cuestión pequeña** – small matter
**cuestión prejudicial** – questions which must be resolved prior to hearing the case
**cuestión previa** – previous matter
**cuestión principal** – main matter
**cuestión privada** – private matter
**cuestión pública** – public matter
**cuestión razonable** – reasonable matter
**cuestión recíproca** – reciprocal matter

**cuestión secundaria** – secondary matter
**cuestión simple** – simple matter
**cuestión subsiguiente** – subsequent matter
**cuestión sustancial** – substantial issue
**cuestionable** *adj* – questionable
**cuestionar** *v* – to question, to interrogate, to debate
**cuestionario** *m* – questionnaire, interrogatory
**cuestiones ambientales** – environmental issues
**cuestiones ecológicas** – eco-issues, ecological issues
**cuidado** *m* – care, caution, charge
**cuidado a corto plazo** – short-term care
**cuidado a largo plazo** – long-term care
**cuidado de salud** – health care
**cuidado debido** – due care
**cuidado esencial** – essential care
**cuidado indispensable** – indispensable care
**cuidado innecesario** – unnecessary care
**cuidado médico** – medical care
**cuidado necesario** – necessary care
**cuidado obligatorio** – obligatory care
**cuidado paliativo** – palliative care
**cuidado suficiente** – sufficient care
**cuidados irrazonables** – unreasonable care
**cuidadosamente** *adv* – carefully
**cuidadoso** *adj* – careful, attentive
**cuido de la víctima** – victim's care
**culminación** *f* – culmination
**culpa** *f* – fault, guilt, negligence
**culpa civil** – noncriminal negligence
**culpa concurrente** – comparative negligence
**culpa consciente** – foreseen fault
**culpa contractual** – breach of contract
**culpa de la víctima** – comparative negligence
**culpa extracontractual** – tortious negligence
**culpa grave** – gross negligence
**culpa lata** – gross negligence
**culpa leve** – ordinary negligence
**culpa levísima** – slight negligence
**culpa objetiva** – strict liability
**culpa penal** – criminal negligence
**culpa profesional** – professional negligence
**culpabilidad** *f* – guilt, culpability
**culpabilidad imputada** – imputed guilt
**culpable** *m/f* – culprit
**culpable** *adj* – guilty, culpable
**culpablemente** *adv* – guiltily, culpably
**culpar** *v* – to blame, to accuse, to find guilty, to censure
**culparse** *v* – to confess
**culposo** *adj* – guilty, culpable
**cultivo** *m* – cultivation, crop
**cultivo alimentario** – food crop
**cultivo comercial** – cash crop, commercial crop
**cultivo de explotación** – cash crop, commercial crop
**cultivo industrial** – industrial farming, factory farming
**cultivo orgánico** – organic farming
**cultivos esenciales** – staple crops
**cultura** *f* – culture
**cultura corporativa** – corporate culture
**cultura de la compañía** – company culture
**cultura de la organización** – organization culture
**cultura popular** – popular culture
**cumbre** *f* – summit
**cumbre comercial** – business summit, commerce summit
**cumbre de comercio** – business summit, commerce summit
**cumbre de negocios** – business summit
**cumbre económica** – economic summit
**cumbre empresarial** – business summit
**cumplido** *adj* – complete, reliable, courteous, abundant
**cumplidor** *adj* – reliable, trustworthy
**cumplimentación** *f* – fulfillment
**cumplimiento** *m* – fulfillment, completion, performance, compliance, observance, expiration date
**cumplimiento contributivo** – tax compliance
**cumplimiento de la condena** – service of the sentence
**cumplimiento de la ley** – compliance with the law
**cumplimiento de la obligación** – performance of an obligation
**cumplimiento de un deber** – fulfillment of a duty
**cumplimiento del contrato** – fulfillment of the contract
**cumplimiento entero** – entire performance
**cumplimiento específico** – specific performance
**cumplimiento fiscal** – tax compliance
**cumplimiento impositivo** – tax compliance
**cumplimiento involuntario** – involuntary compliance
**cumplimiento parcial** – partial performance
**cumplimiento procesal** – compliance with the rules of procedure
**cumplimiento total** – total performance
**cumplimiento tributario** – tax compliance
**cumplimiento voluntario** – voluntary compliance
**cumplir** *v* – to fulfill, to carry out, to perform, to comply, to observe
**cumplir con** – to abide by
**cumplir con las especificaciones** – to meet the specifications
**cumplir el pedido** – to fill the order
**cumplir la palabra** – to keep one's word
**cumplir un contrato** – to fulfill a contract
**cumplir un requisito** – to fulfill a requirement
**cumplir una condición** – to fulfill a condition
**cumplir una promesa** – to fulfill a promise, keep a promise
**cumplir una sentencia** – to serve a sentence
**cumulativo** *adj* – cumulative
**cundir** *v* – to spread, to increase
**cunnilingus** *m* – cunnilingus
**cuñada** *f* – sister-in-law
**cuñado** *m* – brother-in-law
**cuota** *f* – quota, share, payment, installment, fee, allocation, allotment
**cuota arancelaria** – tariff quota
**cuota contributiva** – tax rate, tax assessment
**cuota de exportación** – export quota
**cuota de importación** – import quota
**cuota de impuesto** – tax rate
**cuota de la herencia** – portion of a decedent's estate
**cuota del país** – country quota
**cuota gravable** – taxable value
**cuota imponible** – taxable value
**cuota inicial** – initial payment, down payment
**cuota litis** – contingent fee
**cuota mortuoria** – death benefit
**cuota patronal** – employer's share

**cuota tributable** – taxable value
**cuota viudal** – usufructuary portion of the surviving spouse
**cuotas anuales** – annual dues, annual installments
**cuotas asignadas** – allocated quotas
**cuotas, en** – in installments
**cuotas sindicales** – union dues
**cupo** *m* – quota, share, tax share
**cupo de exportación** – export quota
**cupo de importación** – import quota
**cupón** *m* – coupon
**cupón de acción** – dividend coupon
**cupón de deuda** – bond coupon
**cupón de dividendo** – dividend coupon
**cupón de pago** – payment coupon
**cúpula** *f* – leadership
**curador** *m* – curator, guardian, conservator, administrator
**curador ad litem** – guardian for the suit, guardian ad litem
**curador de bienes** – guardian of goods
**curador de la herencia** – administrator
**curador natural** – natural guardian
**curador para el caso** – guardian for a particular matter, special guardian
**curaduría** *f* – guardianship, curatorship
**curaduría legítima** – legal guardianship
**curandero** *m* – quack doctor
**curatela** *f* – guardianship, curatorship
**curatela legítima** – legal guardianship
**curia** *f* – bar, court
**curial** *m* – attorney, court clerk
**currículo** *m* – curriculum vitae, curriculum
**currículum vitae** – curriculum vitae
**curso** *m* – course, flow, circulation, trend
**curso de acción** – course of action
**curso de agua artificial** – artificial water course
**curso de cambio** – rate of exchange
**curso de capacitación** – training course
**curso de formación** – training course
**curso de habilitación** – qualification course
**curso de los negocios** – course of business
**curso de orientación** – orientation course
**curso del empleo** – course of employment
**curso forzoso** – monetary system in which the currency is not convertible into a precious metal such as gold or silver
**curso habitual** – habitual course
**curso intensivo** – crash course
**curso inusual** – unusual course
**curso irregular** – irregular course
**curso legal** – legal tender
**curso normal** – normal course
**curso normal de los negocios** – normal course of business
**curso ordinario** – ordinary course
**curso ordinario de los negocios** – ordinary course of business
**curso regular** – regular course
**curso regular de los negocios** – regular course of business
**curso usual** – usual course
**curva salarial** – wage curve
**custodia** *f* – custody, custodianship, guard, guardianship
**custodia conjunta** – joint custody
**custodia de hijos** – custody of children
**custodia de menores** – custody of children, custody of minors
**custodia de niños** – custody of children
**custodia de propiedad** – custody of property
**custodia dividida** – divided custody
**custodia ilegal** – illegal custody
**custodia legal** – legal custody
**custodia legis** – legal custody, custodia legis
**custodia temporal** – temporary custody
**custodia y control** – custody and control
**custodia y visitación** – custody and visitation
**custodial** *adj* – custodial
**custodiar** *v* – to have custody of, to guard, to protect, to watch
**custodio** *m* – custodian, guardian

# D

**D. (Don)** – Mr.
**dación** *f* – dation, delivery, giving, surrender
**dación de arras** – payment of earnest money
**dación en pago** – dation in payment, payment in lieu of that accorded
**dactilar** *adj* – digital
**dactilograma** *m* – fingerprint, dactylogram
**dactiloscopia** *f* – dactyloscopy
**dactiloscópico** *adj* – dactyloscopic
**dactiloscopista** *m/f* – dactylographer
**dádiva** *f* – gift, donation, grant
**dádivas a funcionarios públicos** – inappropriate gifts to public officials, bribery of public officials
**dador** *m* – giver, donor, grantor, drawer
**dador de empleo** – employer
**dador de préstamo** – lender
**dador de trabajo** – employer
**damnificado** *m* – injured party, victim
**damnificado** *adj* – injured, damaged
**danmificador** *m* – injurer
**damnificar** *v* – to injure, to damage
**damnum absque injuria** – damage without legal remedy, damnum absque injuria
**dañado** *adj* – injured, damaged, spoiled, corrupt
**dañador** *m* – injurer, damager
**dañador** *adj* – injurious, damaging
**dañar** *v* – to injure, to damage, to spoil
**dañino** *adj* – injurious, damaging
**daño** *m* – damage, injury, loss, nuisance
**daño a la persona** – damage to person
**daño a la propiedad** – damage to property
**daño a la reputación** – injury to reputation
**daño accidental** – accidental damage
**daño ambiental** – environmental damage, environmental harm

**daño civil** – civil damage
**daño considerable** – considerable damage
**daño corporal** – bodily harm
**daño de propiedad** – property damage
**daño directo** – direct damages
**daño ecológico** – eco-damage, ecological damage, eco-harm, ecological harm
**daño extensivo** – extensive damage
**daño físico** – physical harm
**daño fortuito** – damages due to uncontrollable circumstances
**daño inmediato** – immediate damage
**daño intencionado** – intentional damage
**daño intencional** – intentional damage
**daño irreparable** – irreparable damage, irreparable harm
**daño irreversible** – irreversible damage
**daño legal extracontractual** – tort
**daño marítimo** – average
**daño material** – physical damage
**daño moral** – pain and suffering, injury of reputation
**daño oculto** – concealed damage
**daño personal** – bodily injury, personal harm
**daño previsible** – foreseeable damage
**daños acumulados** – accumulated damages
**daños anticipados** – prospective damages
**daños apreciables** – appreciable damages
**daños causados por animales** – injuries caused by animals, damages caused by animals
**daños compensatorios** – compensatory damages
**daños condicionales** – conditional damages
**daños consecuentes** – consequent damages
**daños contingentes** – contingent damages
**daños continuos** – continuing damages
**daños convencionales** – stipulated damages
**daños corporales** – bodily injuries, bodily harm
**daños directos** – direct damages
**daños e intereses** – damages plus interest
**daños efectivos** – actual damages
**daños ejemplares** – punitive damages
**daños especiales** – special damages
**daños especulativos** – speculative damages
**daños eventuales** – contingent damages
**daños generales** – general damages
**daños ilíquidos** – unliquidated damages
**daños incidentales** – incidental damages
**daños indirectos** – indirect damages
**daños individuales** – individual damages
**daños inmediatos** – proximate damages
**daños inmoderados** – excessive damages
**daños morales** – moral damages
**daños no determinados** – unliquidated damages
**daños no liquidados** – unliquidated damages
**daños nominales** – nominal damages
**daños pecuniarios** – pecuniary damages
**daños personales** – bodily injuries, personal harm
**daños punitivos** – punitive damages
**daños reales** – real damages, actual damages
**daños remotos** – remote damages
**daños sobrevenidos** – subsequent damages
**daños y perjuicios** – damages
**daños y perjuicios pecuniarios** – pecuniary damages
**dañosamente** *adv* – injuriously
**dañoso** *adj* – injurious, damaging, prejudicial
**dar** *v* – to give, to grant, to convey, to provide, to donate, to furnish, to offer, to extend, to bestow, to yield
**dar a conocer** – to make known
**dar a crédito** – to lend
**dar audiencia** – to give a hearing
**dar aviso** – to give notice
**dar carpetazo** – to shelve
**dar conocimiento** – to make known, to report, to serve notice
**dar crédito** – to grant credit, to give credence to
**dar cuenta** – to render an account, to report
**dar de alta** – to register a person, to incorporate into inventory
**dar de baja** – to remove a person from a register, to discharge
**dar el sí** – to approve
**dar en arriendo** – to lease
**dar en prenda** – to pledge
**dar fe** – to attest, to swear to, to certify
**dar fianza** – to post bail
**dar la palabra** – to promise
**dar la razón a** – to agree with
**dar lectura** – to read, to have read
**dar lugar** – to approve
**dar muerte** – to kill, to put to death
**dar órdenes** – to order
**dar parte** – to notify, to report
**dar poder** – to empower, to give a power of attorney
**dar por concluso** – to deem concluded
**dar por nulo** – to nullify
**dar por perdido** – to consider lost
**dar por recibido** – to acknowledge receipt
**dar por terminado** – to adjourn
**dar por vencido** – to cause to become due and payable, to give up
**dar prestado** – to lend
**dar prórroga** – to grant a time extension
**dar un veredicto** – to return a verdict
**dar vista** – to give a hearing
**darse** *v* – to give to another, to give in, to concentrate on
**darse a merced** – to surrender
**darse de alta** – to join, to register
**darse de baja** – to resign, to leave a given line of work or industry
**darse por citado** – to accept a summons
**darse por notificado** – to accept service
**data** *f* – data, item, date and place, date
**datar** *v* – to date, to enter
**datar de** – to date from
**dativo** *m* – dative
**dato** *m* – datum, fact
**datos** *m* – data, facts
**datos básicos** – basic data
**datos contables** – accounting data
**datos contributivos** – tax data
**datos corporativos** – corporate data
**datos de contabilidad** – accounting data
**datos del censo** – census data
**datos desagregados** – disaggregated data
**datos digitales** – digital data
**datos fiscales** – tax data, fiscal data
**datos impositivos** – tax data

**datos internos** – internal data
**datos personales** – personal data
**datos privados** – private data
**datos procesados** – processed data
**datos públicos** – public data
**datos restringidos** – restricted data
**datos sin procesar** – raw data
**datos sin restricciones** – unrestricted data
**datos tributarios** – tax data
**de acuerdo a** – as per
**de acuerdo a lo convenido** – as per agreement
**de acuerdo a nuestros registros** – according to our records
**de acuerdo al contrato** – as per contract
**de antemano** – beforehand
**de bene esse** – conditionally, de bene esse
**de cabal juicio** – of sound mind
**de derecho** – of right, lawful, de jure
**de esencia** – of the essence
**de fácil manejo** – easy to use, user-friendly
**de facto** – in fact, de facto
**de fuero** – of right, lawful
**de gracia** – free, by favor
**de hecho** – in fact, de facto
**de jure** – by right, valid in law, de jure
**de mancomún** – jointly
**de marras** – mentioned before, in question
**de mayor cuantía** – involving a large amount, of great importance
**de menor cuantía** – involving a small amount, of small importance
**de muerte** – fatal
**de novo** – anew, de novo
**de oídas** – by hearsay
**de persona a persona** – personally
**de por vida** – for life
**de primera mano** – first-hand
**de pronto** – suddenly
**de propósito** – deliberately
**de público y notorio** – public knowledge
**de repente** – suddenly
**de rigor** – prescribed by the rules
**de sana mente** – of sound mind
**de sano juicio** – of sound mind
**de seguida** – continuously
**de segunda mano** – second-hand
**de siempre** – usual
**de súbito** – suddenly, unexpectedly
**de tapadillo** – stealthily
**de turno** – on duty
**de tránsito** – in transit
**de turno** – on duty
**de uso fácil** – easy to use, user-friendly
**de vista** – observed
**deambular** *v* – to wander aimlessly
**debacle** *f* – debacle, catastrophe
**debate** *m* – debate, controversy
**debatir** *v* – to debate, to discuss
**debe** *m* – debit side, debit
**debe y haber** – debit and credit
**debenture** *m* – debenture
**debenturista** *m/f* – holder of a debenture
**deber** *m* – duty, obligation, debt
**deber** *v* – to owe
**deber a corto plazo** – short-term obligation
**deber a largo plazo** – long-term obligation
**deber absoluto** – absolute obligation
**deber accesorio** – accessory obligation
**deber bancario** – bank obligation
**deber bilateral** – bilateral obligation
**deber colateral** – collateral engagement
**deber colectivo** – collective obligation, joint obligation
**deber comercial** – commercial obligation
**deber condicionado** – conditional obligation
**deber condicional** – conditional obligation
**deber conjunto** – joint obligation
**deber consensual** – consensual obligation
**deber contingente** – contingent obligation
**deber contractual** – contractual obligation
**deber contratado** – contracted obligation
**deber contributivo** – tax obligation
**deber convenido** – agreed-upon obligation
**deber crediticio** – debt obligation
**deber de asistencia** – duty of assistance
**deber de compartir** – obligation to share
**deber de compra** – obligation to buy
**deber de confidencialidad** – confidentiality obligation
**deber de entrega** – obligation to deliver
**deber de hacer** – obligation to do
**deber de pagar** – obligation to pay
**deber de pago** – payment obligation
**deber de reparación** – obligation to repair
**deber de socorro** – duty of assistance
**deber de venta** – obligation to sell
**deber del estado** – government obligation, state obligation
**deber del gobierno** – government obligation
**deber determinado** – determinate obligation
**deber directo** – direct obligation
**deber específico** – specific obligation
**deber estatal** – government obligation, state obligation
**deber estatutario** – statutory obligation
**deber estipulado** – stipulated obligation
**deber ético** – ethical obligation, moral obligation
**deber expreso** – express obligation
**deber financiero** – financial obligation
**deber firme** – firm obligation
**deber fiscal** – tax obligation
**deber gubernamental** – government obligation
**deber habitual** – habitual duty
**deber identificado** – identified duty
**deber implícito** – implied obligation
**deber impositivo** – tax obligation
**deber incondicional** – unconditional obligation, absolute obligation
**deber incumplido** – unfulfilled obligation
**deber independiente** – independent duty
**deber indicado** – indicated duty
**deber indirecto** – indirect obligation
**deber inusual** – unusual duty
**deber judicial** – judicial duty
**deber jurídico** – legal duty, legal obligation
**deber legal** – legal duty, legal obligation
**deber mercantil** – commercial obligation
**deber moral** – moral obligation, moral duty
**deber normal** – normal duty

**deber ordinario** – ordinary duty
**deber personal** – personal obligation
**deber primario** – primary obligation
**deber principal** – principal obligation
**deber profesional** – professional obligation
**deber simple** – simple obligation
**deber solidario** – joint and several obligation
**deber subordinado** – subordinated obligation
**deber subsidiario** – accessory obligation
**deber tributario** – tax obligation
**deber unilateral** – unilateral obligation
**deber usual** – usual duty
**deberes contributivos** – tax obligations
**deberes ejecutivos** – executive duties
**deberes fiscales** – tax obligations
**deberes impositivos** – tax obligations
**deberes procesales** – rules of procedure
**deberes tributarios** – tax obligations
**debida deliberación** – due consideration
**debida diligencia** – due diligence
**debidamente** *adv* – duly
**debidamente asignado** – duly assigned
**debidamente autorizado** – duly authorized
**debidamente calificado** – duly qualified
**debidamente certificado** – duly certified
**debidamente comenzado** – duly commenced
**debidamente completado** – duly completed
**debidamente cualificado** – duly qualified
**debidamente designado** – duly designated
**debidamente ejecutado** – duly executed
**debidamente establecido** – duly established
**debidamente juramentado** – duly sworn
**debidamente nombrado** – duly named
**debidamente organizado** – duly organized
**debidamente permitido** – duly allowed
**debidamente presentado** – duly presented
**debidamente registrado** – duly registered
**debidamente verificado** – duly verified
**debido** *adj* – due, owed, proper
**debido a** – due to
**debido aviso** – due notice
**debido procedimiento de ley** – due process of law
**debido procedimiento legal** – due process of law
**debido proceso** – due process
**debiente** *adj* – owing
**debilidad mental** – mental deficiency
**debilitar** *v* – to debilitate
**debitar** *v* – to debit
**debitar de mas** – to overdebit
**débito** *m* – debit, debit entry
**decadencia** *f* – decadence, lapsing
**decaer** *v* – to decline, to diminish, to wane
**decano** *m* – dean, president of an organization, senior member of an organization
**decapitación** *f* – decapitation
**decapitar** *v* – to decapitate
**decencia** *f* – decency, honesty, rectitude, dignity
**decencia humana** – human decency
**decenio** *m* – decade
**decente** *adj* – decent
**decepción** *f* – deception, disappointment
**decepción intencional** – intentional deception
**deceso** *m* – death
**decidido** *adj* – decided
**decidido legalmente** – legally decided
**decidido lícitamente** – licitly decided
**decidir** *v* – to decide, to settle, to determine
**decir** *v* – to say, to testify
**decisión** *f* – decision, judgment, verdict, finding, determination
**decisión acelerada** – accelerated decision
**decisión ambiental** – environmental decision
**decisión comercial** – business decision, commercial decision
**decisión corporativa** – corporate decision
**decisión de alto nivel** – high-level decision
**decisión de carrera** – career decision
**decisión de comercio** – commerce decision
**decisión de compra** – purchase decision
**decisión de empleo** – employment decision
**decisión de negocios** – business decision
**decisión de trabajo** – job decision
**decisión desfavorable** – unfavorable decision
**decisión ecológica** – ecological decision
**decisión empresarial** – business decision
**decisión errónea** – erroneous decision
**decisión favorable** – favorable decision
**decisión final** – final decision
**decisión financiera** – financial decision
**decisión fiscal** – fiscal decision
**decisión general** – general finding
**decisión informada** – informed decision
**decisión judicial** – judicial decision
**decisión legal** – legal decision
**decisión lícita** – licit decision
**decisión mayoritaria** – majority decision
**decisión mercantil** – commercial decision
**decisión monetaria** – monetary decision
**decisión rápida** – quick decision
**decisiones consistentes** – consistent decisions
**decisivo** *adj* – decisive
**decisorio** *adj* – decisive
**declamación** *f* – declamation
**declamar** *v* – to declaim
**declamatorio** *adj* – declamatory
**declarable** *adj* – declarable
**declaración** *f* – declaration, statement, deposition, determination, report, tax return
**declaración abreviada** – abbreviated tax return
**declaración aduanera** – customs declaration
**declaración arancelaria** – customs declaration
**declaración bajo pena de perjurio** – declaration under penalty of perjury
**declaración confidencial** – confidential statement
**declaración conjunta** – joint statement, joint tax return
**declaración contradictoria** – contradictory statement
**declaración contributiva** – tax return
**declaración de abandono** – abandonment declaration
**declaración de aduanas** – customs declaration
**declaración de ausencia** – judicial determination of absence
**declaración de bancarrota** – declaration of bankruptcy
**declaración de bienes** – statement of property owned, declaration of assets
**declaración de concurso** – declaration of bankruptcy
**declaración de condición** – statement of condition

**declaración de condominio** – condominium declaration
**declaración de contribuciones** – tax return
**declaración de culpabilidad** – guilty plea, confession
**declaración de derechos** – bill of rights
**declaración de dividendo** – dividend declaration
**declaración de entrada** – customs declaration, declaration of entry
**declaración de exportación** – export declaration
**declaración de fallecimiento** – judicial certification of presumed death
**declaración de fideicomiso** – declaration of trust
**declaración de ganancias** – declaration of earnings
**declaración de guerra** – declaration of war
**declaración de herederos** – acknowledgment of heirs
**declaración de impacto** – impact statement
**declaración de impacto ambiental** – environmental impact statement
**declaración de impacto ecológico** – ecological impact statement
**declaración de importación** – import declaration
**declaración de impuestos** – tax return
**declaración de impuestos sobre ingresos** – income tax return
**declaración de impuestos sobre la renta** – income tax return
**declaración de incapacidad** – judicial determination of incapacity
**declaración de inconstitucionalidad** – declaration of unconstitutionality
**declaración de independencia** – declaration of independence
**declaración de ingresos** – income statement, earnings statement
**declaración de inocencia** – plea of not guilty
**declaración de insolvencia** – declaration of insolvency, declaration of bankruptcy
**declaración de intención** – declaration of intention
**declaración de la misión** – mission statement
**declaración de la renta** – income statement, income tax return
**declaración de muerte del ausente** – judicial certification of presumed death
**declaración de necesidad pública** – declaration of public necessity
**declaración de nulidad** – annulment
**declaración de origen** – declaration of origin
**declaración de póliza** – policy declaration
**declaración de quiebra** – declaration of bankruptcy
**declaración de rebeldía** – finding of contempt of court, declaration of default
**declaración de rechazo** – notice of dishonor
**declaración de renta** – income tax return
**declaración de solvencia** – declaration of solvency
**declaración de testigos** – witnesses' testimony
**declaración de un moribundo** – dying statement
**declaración de voluntad** – expression of consent, expression of will
**declaración del cierre** – closing statement
**declaración del impacto social** – social impact statement
**declaración en interés propio** – self-serving declaration
**declaración electrónica** – electronic tax return
**declaración engañosa** – deceptive statement
**declaración ética** – ethical statement
**declaración exagerada** – exaggerated statement
**declaración exculpatoria** – exculpatory statement
**declaración expresa** – expression of consent
**declaración extrajudicial** – extrajudicial declaration
**declaración falsa** – false statement, false tax return
**declaración fiscal** – tax return
**declaración formal** – formal statement
**declaración fraudulenta** – fraudulent representation
**declaración general** – general statement
**declaración ilógica** – illogical statement
**declaración implícita** – implied declaration
**declaración impositiva** – tax return
**declaración inadmisible** – inadmissible statement
**declaración incompleta** – incomplete statement, incomplete tax return
**declaración inconsistente** – inconsistent statement
**declaración incorrecta** – incorrect statement
**declaración increíble** – incredible statement
**declaración incriminante** – incriminatory statement
**declaración indagatoria** – statement by a criminal defendant
**declaración individual** – individual statement, individual tax return
**declaración involuntaria** – involuntary statement
**declaración judicial** – court order, decree
**declaración jurada** – sworn statement, affidavit, deposition
**declaración morosa** – late tax return
**declaración oficial** – official statement
**declaración oral** – oral statement
**declaración patrimonial** – statement of assets
**declaración personal** – personal statement
**declaración por computadora** – electronic tax return
**declaración por escrito** – statement in writing
**declaración por ordenador** – electronic tax return
**declaración preliminar** – preliminary statement
**declaración preparatoria** – statement by a criminal defendant
**declaración separada** – separate statement, separate tax return
**declaración solemne** – solemn declaration
**declaración tácita** – implied declaration
**declaración testimonial** – testimony
**declaración tributaria** – tax return
**declaración verbal** – verbal statement
**declaración voluntaria** – voluntary statement
**declarado** *adj* – declared, stated, manifested
**declarado de más** – overstated
**declarado de menos** – understated
**declarador** *m* – declarant, deponent, witness, filer
**declarante** *m/f* – declarant, deponent, witness, filer
**declarar** *v* – to declare, to depose, to state, to testify, to determine, to file a tax return
**declarar bajo juramento** – to declare under oath
**declarar con lugar** – to allow, to uphold
**declarar culpable** – to find guilty
**declarar formalmente** – to formally state
**declarar huelga** – to declare a strike
**declarar inocente** – to acquit
**declarar la bancarrota** – to declare bankruptcy
**declarar la quiebra** – to declare bankruptcy
**declarar sin lugar** – to dismiss, to overrule

**declarar un dividendo** – to declare a dividend
**declarar una huelga** – to declare a strike
**declararse culpable** – to plead guilty
**declararse inocente** – to plead not guilty
**declarativo** *adj* – declaratory
**declaratoria** *f* – declaration
**declaratoria de herederos** – declaration of heirs
**declaratoria de pobreza** – declaration of indigence
**declaratoria de quiebra** – declaration of bankruptcy
**declaratorio** *adj* – declaratory
**declinación de responsabilidad** – disclaimer, disclaimer of responsibility
**declinar** *v* – to decline, to refuse
**declinatoria** *f* – refusal of jurisdiction, jurisdictional plea
**declinatoria de jurisdicción** – refusal of jurisdiction, jurisdictional plea
**decodificación** *f* – decoding, deciphering
**decodificado** *adj* – decoded, deciphered
**decodificador** *m* – decoder, decipherer
**decodificar** *v* – to decode, to decipher
**decomisable** *adj* – confiscable, forfeitable
**decomisar** *v* – to confiscate, to forfeit
**decomiso** *m* – confiscation, forfeit
**decoro** *m* – decorum, honor
**decremento** *m* – decrement, decrease, fall
**decretar** *v* – to decree, to decide
**decretar una ley** – to enact a law
**decrétase** – be it enacted
**decreto** *m* – decree, order, writ
**decreto-ley** *m* – executive order having the force of law
**decreto interlocutorio** – interlocutory decree
**decreto judicial** – judicial decree, judicial order
**decreto original** – original decree
**decreto reglamentario** – regulatory order
**dedicación** *f* – dedication
**dedicación consensual** – common-law dedication
**dedicación estatuaria** – statutory dedication
**dedicación expresa** – express dedication
**dedicación implícita** – implied dedication
**dedicación inferida** – inferred dedication
**dedicación irrevocable** – irrevocable dedication
**dedicación tácita** – tacit dedication
**dedicado** *adj* – dedicated
**dedicar** *v* – to dedicate
**deducción** *f* – deduction, allowance, inference
**deducción admisible** – admissible deduction
**deducción contributiva** – tax deduction
**deducción de gastos** – deduction of expenses
**deducción de ingresos** – deduction from income
**deducción familiar** – family allowance
**deducción fiscal** – tax deduction
**deducción ilógica** – illogical deduction
**deducción impositiva** – tax deduction
**deducción matrimonial** – marital deduction
**deducción máxima** – maximum deduction
**deducción médica** – medical deduction
**deducción permisible** – allowable deduction
**deducción permitida** – allowed deduction
**deducción personal** – personal exemption, personal allowance
**deducción por agotamiento** – depletion allowance
**deducción por dependiente** – dependent deduction
**deducción por depreciación** – depreciation deduction, allowance for depreciation
**deducción por gastos de negocios** – business expense deduction
**deducción por gastos de representación** – entertainment expense deduction
**deducción por gastos educativos** – education expense deduction
**deducción por gastos médicos** – medical expense deduction
**deducción por inversiones** – investment deduction
**deducción tributaria** – tax deduction
**deducciones de nómina** – payroll deductions
**deducciones detalladas** – itemized deductions
**deducciones detalladas misceláneas** – miscellaneous itemized deductions
**deducciones en exceso** – excess deductions
**deducibilidad** *f* – deductibility
**deducible** *adj* – deductible, inferable
**deducible** *m* – deductible
**deducir** *v* – to deduce, to deduct
**deducir contribuciones** – to deduct taxes
**deducir del salario** – to deduct from wages
**deducir impuestos** – to deduct taxes
**deducir oposición** – to object
**deducir un derecho** – to claim a right
**deductivamente** *adv* – deductively
**deductivo** *adj* – deductive
**defalcar** *v* – to defalcate, to embezzle, to default
**defección** *f* – defection
**defecto** *m* – defect, absence, insufficiency
**defecto constitutivo** – inherent defect
**defecto de fábrica** – manufacturing detect
**defecto de forma** – defect of form
**defecto de manufactura** – manufacturing detect
**defecto de pago** – default
**defecto de producto** – product defect
**defecto de título** – title detect
**defecto formal** – defect of form
**defecto inherente** – inherent defect
**defecto insubsanable** – nullifying defect
**defecto latente** – latent defect
**defecto legal** – legal defect
**defecto leve** – slight defect
**defecto material** – material defect
**defecto menor** – minor defect
**defecto oculto** – hidden defect
**defecto patente** – patent defect
**defecto peligroso** – dangerous defect
**defecto pertinente** – pertinent defect
**defecto redhibitorio** – redhibitory defect
**defecto relevante** – relevant defect
**defecto subsanable** – non-nullifying defect
**defectos aparentes** – apparent defects
**defectos evidentes** – evident defects
**defectos explícitos** – explicit defects
**defectos manifiestos** – manifest defects
**defectuoso** *adj* – defective
**defendedero** *adj* – defensible
**defendedor** *m* – defense attorney, defender
**defender** *v* – to defend, to prohibit, to impede
**defenderse** *v* – to defend oneself
**defendible** *adj* – defensible
**defendido** *m* – defendant

**defendido** *adj* – defended
**defensa** *f* – defense, defence, answer, plea, aid, protection
**defensa afirmativa** – affirmative defense
**defensa anticipada** – anticipated defense
**defensa civil** – civil defense
**defensa conjunta** – joint defense
**defensa de hecho** – self-defense
**defensa de la víctima** – victim's defense
**defensa de oficio** – public defense
**defensa dilatoria** – dilatory plea
**defensa ficticia** – sham defense
**defensa incompleta** – incomplete defense
**defensa inválida** – invalid defense
**defensa legítima** – legal defense, legitimate defense
**defensa letrada** – legal defense, legal assistance
**defensa nacional** – national defense
**defensa parcial** – partial defense
**defensa perentoria** – peremptory defense
**defensa personal** – self-defense
**defensa por pobre** – indigent's right to counsel
**defensa propia** – self-defense
**defensa putativa** – putative self-defense
**defensa válida** – valid defense
**defensas consistentes** – consistent defenses
**defensión** *f* – defense
**defensivo** *adj* – defensive
**defensor** *m* – defense attorney, defender
**defensor de oficio** – public defender
**defensor del pueblo** – ombudsman
**defensor judicial** – public defender, trial attorney
**defensor público** – public defender
**defensoría** *f* – function of a defender
**defensoría de oficio** – legal aid
**deferencia** *f* – deference
**deferir** *v* – to submit to
**deficiencia** *f* – deficiency, fault
**deficiente** *adj* – deficient, faulty
**déficit** *m* – deficit
**déficit comercial** – trade deficit
**déficit de caja** – cash deficit
**déficit de la balanza** – trade deficit
**déficit de la balanza comercial** – trade deficit
**déficit de pagos** – payments deficit
**déficit de tesorería** – treasury deficit
**déficit en la balanza de pagos** – balance of payments deficit
**déficit enorme** – huge deficit
**déficit exterior** – external deficit
**déficit federal** – federal deficit
**déficit fiscal** – fiscal deficit
**déficit global** – overall deficit
**déficit monetario** – monetary deficit
**déficit por cuenta corriente** – capital balance deficit
**déficit presupuestario** – budgetary deficit
**déficit público** – public deficit
**deficitario** *adj* – that which creates or increases a deficit
**definición** *f* – definition, decision
**definición de empleo** – job definition
**definición de trabajo** – job definition
**definición judicial** – judicial definition
**definido por ley** – defined by law
**definimiento** *m* – judgment, decision
**definir** *v* – to define, to decide
**definitivamente** *adv* – definitely, decisively
**definitivo** *adj* – definite, final, decisive, unappealable
**deflación** *f* – deflation
**deflacionario** *adj* – deflationary
**deflacionista** *adj* – deflationary
**defraudación** *f* – fraud, defraudation, defrauding, swindle
**defraudación fiscal** – tax evasion
**defraudador** *m* – defrauder, swindler
**defraudar** *v* – to defraud, to cheat
**defunción** *f* – death
**degeneración** *f* – degeneration
**degollación** *f* – decapitation
**degradación** *f* – degradation, humiliation
**degradación ambiental** – environmental degradation
**degradación de la víctima** – victim's humiliation
**degradación ecológica** – ecological degradation
**degradante** *adj* – degrading
**degradar** *v* – to degrade, to humiliate
**dejación** *f* – abandonment, renunciation, assignment
**dejadez** *f* – abandonment, neglect
**dejamiento** *m* – abandonment, negligence, indifference
**dejar** *v* – to leave, to bequeath, to allow, to designate
**dejar a salvo** – to hold harmless
**dejar de** – to cease
**dejar de cumplir** – to fail to fulfill
**dejar de ser válido** – to cease to be valid
**dejar de tener efecto** – to cease to have effect
**dejar de tener vigencia** – to cease to have effect
**dejar en prenda** – to pledge, to pawn
**dejar sin efecto** – to annul
**dejar un empleo** – to leave a job
**dejar un trabajo** – to leave a job
**delación** *f* – accusation
**delatante** *m/f* – informer, accuser
**delatante** *adj* – accusing
**delatar** *v* – to inform on, to accuse, to denounce
**delator** *m* – informer, accuser
**delator** *adj* – informing, accusing
**delegable** *adj* – delegable
**delegación** *f* – delegation, agency, authorization
**delegación comercial** – commercial delegation
**delegación de autoridad** – delegation of authority
**delegación de crédito** – novation
**delegación de deuda** – novation
**Delegación de Hacienda** – tax office
**delegación de poder** – delegation of power
**delegación del deber** – delegation of duty
**delegación perfecta** – perfect delegation
**delegado** *m* – delegate, agent, representative, assignee, deputy
**delegado** *adj* – delegated, assigned
**delegado gremial** – union representative, union delegate
**delegado sindical** – union representative, union delegate
**delegante** *m* – principal, assignor
**delegar** *v* – to delegate, to assign, to authorize, to depute
**delegar autoridad** – to delegate authority
**delegatorio** *adj* – delegatory
**deliberación** *f* – deliberation

**deliberadamente** *adv* – deliberately, premeditatedly
**deliberado** *adj* – deliberately, aforethought
**deliberante** *m/f* – deliberator
**deliberar** *v* – to deliberate, to confer
**delictivo** *adj* – criminal, delinquent
**delimitación** *f* – delimitation
**delimitar** *v* – to delimit
**delincuencia** *f* – delinquency, criminality
**delincuencia de menores** – juvenile delinquency
**delincuencia juvenil** – juvenile delinquency
**delincuente** *adj* – delinquent
**delincuente** *m/f* – delinquent, criminal
**delincuente habitual** – habitual criminal
**delincuente juvenil** – juvenile delinquent
**delincuentemente** *adv* – delinquency
**delinear** *v* – to delineate
**delinquir** *v* – to commit a crime, to break a law
**delito** *m* – offense, crime, felony
**delito agotado** – crime whose effects have been completed
**delito calificado** – aggravated crime
**delito casual** – unpremeditated crime
**delito caucionable** – bailable offense
**delito civil** – civil injury
**delito complejo** – crime which includes other crimes, inchoate crime
**delito común** – common-law crime
**delito concurrente** – concurrent crime
**delito conexo** – related crime
**delito consumado** – completed crime
**delito continuado** – continuous crime
**delito continuo** – continuous crime
**delito contra el honor** – crime against honor
**delito contra el orden público** – crime against public order
**delito contra la honestidad** – sex crime
**delito contra la propiedad** – property crime
**delito contra la salud pública** – crime against public health
**delito culposo** – crime committed through negligence
**delito de asalto** – assault
**delito de comisión** – crime of commission
**delito de guante blanco** – white collar crime
**delito de imprudencia** – crime committed through negligence
**delito de incendiar** – arson
**delito de incendio** – arson
**delito de omisión** – crime of omission
**delito doloso** – deceitful crime, intentional crime
**delito electoral** – electoral crime
**delito especial** – statutory crime
**delito fiscal** – tax crime
**delito flagrante** – crime discovered while in progress
**delito formal** – offense which is a crime even without actual harm
**delito frustrado** – frustrated crime
**delito grave** – felony, serious crime
**delito imposible** – impossible crime
**delito infamante** – infamous crime
**delito instantáneo** – instantaneous crime
**delito intencional** – intentional crime
**delito intentado** – attempted crime
**delito involuntario** – involuntary crime
**delito material** – offense which must harm to be a crime
**delito mayor** – felony
**delito menor** – misdemeanor, minor crime
**delito menos grave** – misdemeanor, minor crime
**delito militar** – military crime
**delito no intencional** – crime committed through negligence
**delito nominado** – nominate crime
**delito organizado** – organized crime
**delito penal** – criminal offense
**delito permanente** – continuing crime
**delito político** – political crime
**delito por imprudencia** – crime committed through negligence
**delito preterintencional** – crime which exceeds the intended consequences
**delito putativo** – putative crime
**delito reiterado** – repeated crime
**delito simple** – single crime
**delito sucesivo** – continuing crime
**delito tentado** – attempted crime
**demagogia** *f* – demagogy
**demagogo** *m* – demagogue
**demanda** *f* – claim, complaint, lawsuit, action, demand, request, order
**demanda administrada** – managed demand
**demanda colectiva** – class action
**demanda controlada** – controlled demand
**demanda alternativa** – complaint based on several legal grounds that are inconsistent, complaint for alternative relief
**demanda analítica** – complaint based on several legal grounds that are inconsistent, complaint for alternative relief
**demanda articulada** – articulated complaint
**demanda condicionada** – conditioned complaint
**demanda de apelación** – bill of appeal
**demanda de daños y perjuicios** – claim for damages, tort claim
**demanda de impugnación** – exception, objection
**demanda de nulidad** – complaint for a nullification
**demanda de pobreza** – request to file a suit without having to pay costs
**demanda declarativa** – petition for declaratory judgment
**demanda, en** – in demand
**demanda en equidad** – bill in equity
**demanda graduada** – complaint based on several legal grounds that are inconsistent, complaint for alternative relief
**demanda incidental** – incidental complaint
**demanda judicial** – judicial complaint
**demanda laboral** – labor demand, labour demand, labor suit, labour suit
**demanda manipulada** – manipulated demand
**demanda plural** – complaint on several grounds
**demanda por daños y perjuicios** – claim for damages, tort claim
**demanda principal** – principal complaint
**demanda reconvencional** – reconventional demand
**demanda salarial** – wage demand
**demanda sucesiva** – subsequent complaint
**demanda suplementaria** – supplementary complaint
**demandable** *adj* – demandable

**demandado** *m* – defendant, respondent
**demandado ausente** – absent defendant
**demandado nominal** – nominal defendant
**demandado principal** – principal defendant
**demandado substituto** – substitute defendant
**demandador** *m* – complainant, claimant, demandant, plaintiff
**demandante** *m/f* – complainant, claimant, demandant, plaintiff
**demandante nominal** – nominal plaintiff
**demandar** *v* – to claim, to complain, to sue, to demand, to petition
**demandar en juicio** – to sue
**demarcación** *f* – demarcation
**demasía** *f* – excess, audacity
**demencia** *f* – dementia, insanity
**demente** *adj* – demented, insane
**demo** *m* – demo
**democracia** *f* – democracy
**democracia industrial** – industrial democracy
**demócrata** *m/f* – democrat
**democrático** *adj* – democratic
**demografía** *f* – demography
**demográfico** *adj* – demographic
**demoler** *v* – to demolish
**demolición** *f* – demolition
**demora** *f* – delay, demurrage, arrearage
**demora de entrega** – delivery delay
**demora de pago** – payment delay
**demora en el pago** – payment delay
**demora en la entrega** – delivery delay
**demora evitable** – avoidable delay
**demora inevitable** – unavoidable delay
**demorado** *adj* – delayed
**demorar** *v* – to delay, to hold
**demoroso** *adj* – overdue, in default
**demostrabilidad** *f* – demonstrability
**demostrable** *adj* – demonstrable
**demostración** *f* – demonstration
**demostración masiva** – massive demonstration
**demostrar** *v* – to demonstrate
**demostrativo** *adj* – demonstrative
**denegación** *f* – denial, refusal
**denegación completa** – general denial, complete refusal
**denegación de auxilio** – refusal to aid
**denegación de crédito** – credit denial
**denegación de justicia** – denial of justice
**denegación de responsabilidad** – disclaimer of liability
**denegación general** – general denial
**denegar** *v* – to deny, to refuse, to overrule
**denegatorio** *adj* – denying, negatory, rejecting
**denigración** *f* – denigration
**denigrar** *v* – to denigrate, to defame, to slander
**denigrativo** *adj* – denigratory, defamatory, slanderous
**denominación** *f* – denomination, title
**denominación comercial** – trade name, commercial name, business name
**Denominación de Origen** – Designation of Origin
**Denominación de Origen Protegida** – Protected Designation of Origin
**denominación del puesto** – job title
**denominación social** – firm name, company name
**densidad de población** – population density
**densidad poblacional** – population density
**dentro del tiempo establecido** – within the established time
**denuncia** *f* – denunciation, accusation, presentment, report, announcement, termination
**denuncia calumniosa** – malicious accusation
**denuncia de accidente** – accident report
**denuncia de extravío** – notice of loss
**denuncia del contribuyente** – income tax return
**denuncia falsa** – false accusation
**denunciable** *adj* – terminable, that may be denounced
**denunciación** *f* – denunciation, accusation, presentment, report, announcement, termination
**denunciado** *m* – accused person
**denunciado** *adj* – accused
**denunciador** *m* – denouncer, accuser, informer, person who files a report, claimant
**denunciante** *m/f* – denouncer, accuser, informer, person who files a report, claimant
**denunciar** *v* – to denounce, to accuse, to arraign, to report, to announce, to give notice of termination, to file a mining claim
**denunciar datos** – to provide information
**denunciar un convenio** – to denounce an agreement
**denunciar un saldo** – to show a balance
**denunciar una mina** – to file a mining claim
**denuncio** *m* – denouncement
**deontología jurídica** – legal ethics
**departamentalización** *f* – departmentalization
**departamento** *m* – department, branch, district, bureau, apartment
**departamento administrativo** – administrative department
**departamento bancario** – banking department
**departamento comercial** – commercial department
**departamento contable** – accounting department, bookkeeping department
**departamento corporativo** – corporate department
**departamento de administración** – administration department
**departamento de agricultura** – agriculture department
**departamento de apoyo** – support department
**departamento de asuntos exteriores** – state department
**departamento de auditoría** – audit department
**departamento de autorizaciones** – authorization department
**departamento de bienestar social** – social welfare department
**departamento de certificación** – certification department
**departamento de cobranza** – collections department
**departamento de cobros** – collections department
**departamento de colocaciones** – employment department
**departamento de comercio** – commerce department, trade department
**departamento de compras** – purchasing department
**departamento de comunicaciones** – communications department
**departamento de contabilidad** – accounting department, bookkeeping department
**departamento de contribuciones** – tax department

**departamento de crédito** – credit department
**departamento de cumplimiento** – compliance department
**departamento de distribución** – distribution department
**departamento de educación** – department of education
**departamento de empleos** – employment department
**departamento de estado** – state department
**departamento de exportación** – export department
**departamento de facturación** – billing department
**departamento de gobernación** – department of the interior
**departamento de gobierno** – government department
**departamento de guerra** – war department, department of defense
**departamento de hacienda** – department of the treasury
**departamento de importación** – import department
**departamento de impuestos** – tax department
**departamento de información** – information department
**departamento de justicia** – department of justice
**departamento de marina** – department of the navy
**departamento de negocios** – business department
**departamento de negocios extranjeros** – department of state
**departamento de nómina** – payroll department
**departamento de operaciones** – operations department
**departamento de órdenes** – order department
**departamento de patentes** – patent department
**departamento de personal** – personnel department, personnel
**departamento de préstamos** – loan department
**departamento de producción** – production department
**departamento de publicidad** – advertising department
**departamento de reclamaciones** – claims department
**departamento de recursos humanos** – human resources department
**departamento de relaciones exteriores** – department of state
**departamento de relaciones industriales** – industrial relations department
**departamento de relaciones públicas** – public relations department
**departamento de salud** – health department
**departamento de salud pública** – health department
**departamento de sanidad** – health department
**Departamento de Seguridad Nacional** – Department of Homeland Security
**departamento de seguro social** – social security department
**departamento de seguros** – insurance department
**departamento de servicio** – service department
**departamento de trabajo** – department of labor
**departamento de tránsito** – transit department
**departamento de ventas** – sales department
**Departamento del Interior** – Department of the Interior
**Departamento del Tesoro** – Treasury Department
**departamento empresarial** – enterprise department
**departamento extranjera** – foreign department
**departamento financiera** – finance department
**departamento fiscal** – tax department
**departamento gubernamental** – governmental department
**departamento hipotecario** – mortgage department
**departamento jurídico** – legal department
**departamento legal** – legal department
**departamento mercantil** – commercial department
**departamento principal** – main department
**departamento privada** – private department
**departamento publicitario** – advertising department
**departamento público** – public department
**departamento regional** – regional department
**dependencia** *f* – dependence, dependency, branch, agency
**dependencia gubernamental** – governmental agency
**dependencia pública** – governmental agency, public agency
**depender de** – depend on
**dependiente** *m/f* – dependent, agent, employee, clerk
**dependiente** *adj* – dependent, subordinate
**dependiente legal** – legal dependent
**deponente** *m/f* – deponent, witness, declarant, depositor, bailor
**deponer** *v* – to depose, to testify, to declare, to put aside
**deportación** *f* – deportation
**deportado** *m* – deportee
**deportado** *adj* – deported
**deportar** *v* – to deport
**deposición** *f* – deposition, testimony, affirmation, removal from office
**depositante** *m/f* – depositor, bailor
**depositante asegurado** – insured depositor
**depositante no asegurado** – uninsured depositor
**depositar** *v* – to deposit, to entrust
**depositaría** *f* – depository
**depositaría del estado** – government depository, state depository
**depositaría del gobierno** – government depository
**depositaría designada** – designated depository
**depositaría gubernamental** – government depository
**depositaría nocturna** – night depository
**depositario** *m* – depositary, depository, trustee, bailee
**depositario de plica** – escrow agent
**depositario judicial** – receiver
**depósito** *m* – deposit, warehouse, trust agreement, bailment, down payment, bargain money
**depósito a la vista** – demand deposit
**depósito a plazo** – time deposit
**depósito a plazo fijo** – fixed-term deposit
**depósito a término** – time deposit, term deposit
**depósito a título gratuito** – gratuitous deposit
**depósito a título oneroso** – bailment for hire
**depósito accidental** – involuntary bailment
**depósito aceptado** – accepted deposit
**depósito acordado** – agreed-upon deposit
**depósito adicional** – additional deposit
**depósito aduanero** – customs deposit
**depósito afianzado** – bonded warehouse
**depósito anterior** – former deposit
**depósito anticipado** – advance deposit
**depósito asegurado** – insured deposit
**depósito automático** – automatic deposit

**depósito bancario** – bank deposit, bank money
**depósito bloqueado** – blocked deposit
**depósito civil** – gratuitous bailment
**depósito comercial** – business deposit, commercial deposit, bailment
**depósito congelado** – blocked deposit
**depósito conjunto** – joint deposit
**depósito convencional** – voluntary deposit
**depósito convenido** – agreed-upon deposit
**depósito corporativo** – corporate deposit
**depósito de ahorro** – savings deposit
**depósito de cadáveres** – morgue
**depósito de garantía** – guarantee deposit
**depósito de giro** – demand deposit
**depósito de la compañía** – company deposit
**depósito de personas** – custody of individuals for their own protection
**depósito de plica** – escrow deposit
**depósito de prima** – premium deposit
**depósito de prima de seguros** – insurance premium deposit
**depósito de reserva** – reserve deposit
**depósito de títulos de propiedad** – deposit of title deeds
**depósito de ventanilla** – counter deposit
**depósito del estado** – government deposit, state deposit
**depósito del gobierno** – government deposit
**depósito derivado** – derivative deposit
**depósito directo** – direct deposit
**depósito disponible** – demand deposit
**depósito efectivo** – actual bailment
**depósito en buena fe** – good faith deposit
**depósito en garantía** – guarantee deposit
**depósito en mutuo** – loan for consumption
**depósito especial** – special deposit
**depósito especificado** – specified deposit
**depósito específico** – specific deposit
**depósito estatal** – government deposit, state deposit
**depósito estipulado** – stipulated deposit
**depósito exigible** – demand deposit
**depósito extranjero** – foreign deposit
**depósito fiscal** – tax deposit
**depósito franco** – customs deposit
**depósito garantizado** – guaranteed deposit
**depósito general** – general deposit
**depósito gratuito** – gratuitous deposit, gratuitous bailment
**depósito gubernamental** – government deposit
**depósito identificado** – identified deposit
**depósito indicado** – indicated deposit
**depósito indispensable** – indispensable deposit
**depósito innecesario** – unnecessary deposit
**depósito interbancario** – interbank deposit
**depósito involuntario** – involuntary deposit
**depósito irregular** – irregular deposit
**depósito judicial** – judicial deposit
**depósito legal** – legal deposit
**depósito mercantil** – commercial deposit, bailment
**depósito mínimo** – minimum deposit
**depósito necesario** – necessary deposit, legal deposit
**depósito negociado** – negotiated deposit
**depósito no asegurado** – uninsured deposit
**depósito no reembolsable** – nonrefundable deposit
**depósito nocturno** – night deposit
**depósito obligado** – mandatory deposit
**depósito obligatorio** – mandatory deposit
**depósito ordinario** – ordinary deposit
**depósito pactado** – agreed-upon deposit
**depósito por correspondencia** – mail deposit
**depósito preestablecido** – preset deposit
**depósito previo** – prior deposit
**depósito privado** – private deposit
**depósito rechazado** – rejected deposit
**depósito reembolsable** – refundable deposit
**depósito regular** – regular deposit
**depósito rehusado** – refused deposit
**depósito requerido** – required deposit
**depósito variable** – variable deposit
**depósito voluntario** – voluntary deposit
**depósitos brutos** – gross deposits
**depósitos en tránsito** – deposits in transit
**depósitos nucleares** – core deposits
**depósitos primarios** – primary deposits
**depósitos públicos** – public deposits
**depósitos reservables** – reservable deposits
**depravación** *f* – depravation
**depravado** *adj* – depraved, corrupted
**depreciable** *adj* – depreciable
**depreciación** *f* – depreciation
**depreciación acelerada** – accelerated depreciation
**depreciación acumulada** – accumulated depreciation, accrued depreciation
**depreciación anual** – annual depreciation
**depreciación combinada** – combined depreciation
**depreciación de activos** – depreciation of assets
**depreciación de capital** – capital depreciation
**depreciación de divisa** – exchange depreciation
**depreciación de moneda** – depreciation of money
**depreciación de propiedad** – property depreciation
**depreciación económica** – economic depreciation
**depreciación efectiva** – real depreciation, actual depreciation
**depreciación en libros** – book depreciation
**depreciación excesiva** – overdepreciation
**depreciación extraordinaria** – extraordinary depreciation
**depreciación física** – physical depreciation
**depreciación futura** – future depreciation
**depreciación lineal** – straight-line depreciation
**depreciación monetaria** – currency depreciation, monetary depreciation
**depreciación normal** – normal depreciation
**depreciación ordinaria** – ordinary depreciation
**depreciación permitida** – allowed depreciation
**depreciación real** – real depreciation, actual depreciation
**depreciación regular** – regular depreciation
**depreciación típica** – typical depreciation
**depreciación variable** – variable depreciation
**depreciado** *adj* – depreciated
**depreciar** *v* – to depreciate
**depredación** *f* – depredation, embezzlement
**depredador** *m* – predator
**depresión** *f* – depression
**depresión económica** – depression, economic depression
**deprimido** *adj* – depressed

**depuración de aguas residuales** – sewage treatment, waste-water treatment
**derechismo** *m* – rightism
**derechista** *adj* – rightist
**derechista** *m/f* – rightist
**derecho** *m* – right, law, franchise
**derecho a abogado** – right to counsel, right to attorney
**derecho a abogado defensor** – right to counsel, right to attorney
**derecho a desempeñar cargos públicos** – right to hold office
**derecho a la asistencia letrada** – right to counsel, right to legal assistance
**derecho a la huelga** – right to strike
**derecho a la intimidad** – right to privacy
**derecho a la privacidad** – right to privacy
**derecho a la propiedad** – property rights
**derecho a no autoincriminarse** – privilege against self-incrimination
**derecho a no declarar** – right to remain silent
**derecho a no declarar contra si mismo** – privilege against self-incrimination
**derecho a restitución** – right of restitution
**derecho a sufragio** – right to vote
**derecho a trabajar** – right to work
**derecho absoluto** – absolute right
**derecho accesorio** – secondary right
**derecho adjetivo** – adjective law
**derecho administrativo** – administrative law
**derecho adquirido** – vested right
**derecho aeronáutico** – air law
**derecho agrario** – agriculture law
**derecho ajeno** – the right of another
**derecho al honor** – right to one's honor
**derecho al trabajo** – right to work
**derecho al voto** – right to vote
**derecho ambiental** – environmental law
**derecho antecedente** – antecedent right
**derecho aparente** – apparent right
**derecho bancario** – banking law
**derecho cambiario** – rights pertaining to a bill of exchange
**derecho civil** – civil law
**derecho comercial** – commercial law, business law
**derecho como votante** – right to vote
**derecho comparado** – comparative law
**derecho comparativo** – comparative law
**derecho común** – common law, general law
**derecho condicional** – conditional right
**derecho constitucional** – constitutional right
**derecho consuetudinario** – common law, unwritten law, consuetudinary law
**derecho consular** – consular fee
**derecho contingente** – contingent right
**derecho contractual** – contractual right
**derecho conyugal** – marital right
**derecho corporativo** – corporate law
**derecho criminal** – criminal law
**derecho criminal internacional** – international criminal law
**derecho de abstención** – right to abstain
**derecho de acceso** – access right
**derecho de acción** – right in action, right of action
**derecho de accionar** – right in action
**derecho de acrecer** – right of accession
**derecho de admisión** – right to admission, right to refuse admission
**derecho de alocución** – right of allocution
**derecho de angaria** – right of angary
**derecho de apelación** – right of appeal
**derecho de arrendamiento** – leasehold
**derecho de asilo** – right of asylum
**derecho de asistencia** – right to assistance
**derecho de asistencia legal** – right to legal assistance
**derecho de asistir** – right to attend
**derecho de asociación** – right of association
**derecho de audiencia** – right of audience
**derecho de autor** – copyright
**derecho de cancelar** – right to cancel
**derecho de capitación** – poll tax
**derecho de clientela** – goodwill
**derecho de cobro** – right to collect
**derecho de comercio** – commercial law, business law
**derecho de comercio electrónico** – e-commerce law, e-business law
**derecho de compensación** – right to compensation
**derecho de compra** – right to buy
**derecho de conversión** – right of conversion
**derecho de crédito** – creditor's right
**derecho de defensa** – right of self-defense
**derecho de deliberar** – right to deliberate
**derecho de despido** – right to discharge
**derecho de devolución** – right to return
**derecho de dirección** – right to control
**derecho de disfrute** – right of enjoyment
**derecho de disponer** – right to dispose of
**derecho de dominio** – right of fee simple ownership
**derecho de enfiteusis** – emphyteusis
**derecho de estar informado** – right to be informed
**derecho de entrada** – right of entry, import duty
**derecho de exportación** – export duty
**derecho de familia** – family law
**derecho de federación** – right to organize
**derecho de forma** – adjective law
**derecho de gentes** – international law
**derecho de guerra** – war law
**derecho de habitación** – right of habitation
**derecho de habitar** – right of habitation
**derecho de hogar seguro** – homestead right
**derecho de huelga** – right to strike
**derecho de importación** – import duty
**derecho de imposición** – taxing power
**derecho de impresión** – copyright
**derecho de inmunidad** – right to immunity
**derecho de información** – right to information
**derecho de ingreso** – right of entry
**derecho de insolvencia** – bankruptcy law
**derecho de las sucesiones** – law of successions
**derecho de legítima defensa** – right of self-defense
**derecho de los negocios** – commercial law
**derecho de los riesgos del trabajo** – workers' compensation law
**derecho de minas** – mining law, mining right
**derecho de navegación** – admiralty law
**derecho de no responder** – right to silence
**derecho de notificación** – right to notice
**derecho de paso** – right of way, easement of access

**derecho de pastos** – right to pasture
**derecho de patente** – patent right
**derecho de permanencia** – right of continued occupancy
**derecho de pesca** – right to fish, right of fishery
**derecho de petición** – right to petition
**derecho de posesión** – right of possession, right of ownership
**derecho de prelación** – right of first refusal
**derecho de prioridad** – right of priority, right of pre-emption
**derecho de privacidad** – right to privacy
**derecho de propiedad** – property rights, real estate law
**derecho de propiedad intelectual** – intellectual property law
**derecho de propiedad literaria** – copyright
**derecho de protección** – right to protection
**derecho de recuperación** – right of recovery
**derecho de recurso** – right of appeal
**derecho de recusación** – right to challenge
**derecho de redención** – right of redemption
**derecho de repetición** – right of repetition
**derecho de representación** – right of representation
**derecho de reproducción** – copyright, right of reproduction
**derecho de rescate** – right of redemption
**derecho de rescisión** – right of rescission
**derecho de resolución** – right of termination
**derecho de restitución** – right to restitution
**derecho de retención** – lien, right of retention, right of retainer
**derecho de retiro** – right of withdrawal
**derecho de retracto** – right of revocation
**derecho de reunión** – right of assembly
**derecho de selección** – right of choice
**derecho de ser escuchado** – right to be heard
**derecho de ser informado** – right to be informed
**derecho de servidumbre** – right of easement
**derecho de sindicalización** – right to unionize
**derecho de sociedades** – corporate law, company law
**derecho de sufragio** – right to vote
**derecho de superficie** – surface rights
**derecho de supervivencia** – right of survivorship
**derecho de suscripción** – subscription rights
**derecho de tanteo** – right of first refusal
**derecho de trabajo** – labor law
**derecho de tránsito** – freedom of passage
**derecho de uso** – right of use
**derecho de vender** – right to sell
**derecho de venta** – right of sale
**derecho de vía** – right of way
**derecho de visita** – right to visit
**derecho de votar** – right to vote
**derecho de voto** – right to vote
**derecho del contrato** – contract law
**derecho del tanto** – right of first refusal
**derecho del trabajo** – labor law
**derecho diplomático** – law of diplomacy
**derecho ecológico** – ecological law
**derecho económico** – economic law
**derecho electoral** – right to vote
**derecho empresarial** – business law
**derecho escrito** – written law
**derecho espacial** – law of space
**derecho estatutario** – statute law
**derecho estricto** – strict law
**derecho exclusivo** – exclusive right
**derecho exclusivo para vender** – exclusive right to sell
**derecho expreso** – written law
**derecho extranjero** – foreign law
**derecho facultativo** – elective right
**derecho federal** – federal law
**derecho fijo** – fixed tax
**derecho financiero** – financial law
**derecho fiscal** – tax law
**derecho foral** – local law
**derecho formal** – adjective law
**derecho fundamental** – constitutional law, fundamental right
**derecho futuro** – future interest
**derecho hereditario** – law of successions
**derecho hipotecario** – mortgage law
**derecho imperfecto** – imperfect right
**derecho impugnatorio** – right of objection
**derecho indemnizatorio** – right to indemnity
**derecho indiviso** – undivided right
**derecho industrial** – labor law, labour law
**derecho inherente** – inherent right
**derecho inmobiliario** – real estate law
**derecho intelectual** – copyright
**derecho internacional** – international law
**derecho internacional del trabajo** – international labor law, international labour law
**derecho internacional privado** – international private law
**derecho internacional público** – international public law
**derecho interno** – national law
**derecho judicial** – laws governing the judiciary
**derecho jurisprudencial** – case law
**derecho justicial** – law of procedure
**derecho laboral** – labor law, labour law
**derecho lato** – equity
**derecho legal** – legal right, statutory law
**derecho litigioso** – litigious right
**derecho local** – local law
**derecho marcario** – trademark law, trademark right
**derecho marítimo** – admiralty law
**derecho material** – substantive law
**derecho matrimonial** – marital law
**derecho mercantil** – commercial law, business law, mercantile law
**derecho militar** – military law
**derecho minero** – mining law
**derecho mobiliario** – personal property law
**derecho municipal** – municipal law
**derecho nacional** – national law
**derecho natural** – natural law, natural right
**derecho no escrito** – unwritten law
**derecho nominal** – nominal right
**derecho notarial** – laws pertaining to notaries public
**derecho obrero** – labor law, labour law
**derecho orgánico** – organic law
**derecho parlamentario** – parliamentary law
**derecho particular** – franchise
**derecho patentarlo** – patent law

**derecho patrimonial** – property law
**derecho patrio** – law of a country
**derecho penal** – criminal law
**derecho penal internacional** – international criminal law
**derecho penal sustantivo** – substantive criminal law
**derecho personal** – personal law
**derecho político** – political science, political right
**derecho positivo** – positive law
**derecho potestativo** – elective right
**derecho preferente** – prior claim
**derecho primario** – antecedent right
**derecho privado** – private law
**derecho procesal** – procedural law
**derecho procesal civil** – law of civil procedure, rules of civil procedure
**derecho procesal internacional** – international procedural law
**derecho procesal penal** – law of criminal procedure, rules of criminal procedure
**derecho público** – public law
**derecho real** – real right, right in rem
**derecho rituario** – law of procedure
**derecho romano** – Roman law
**derecho soberano** – sovereign right
**derecho societario** – corporate law, company law
**derecho substancial** – substantive law
**derecho sustantivo** – substantive law
**derecho sucesorio** – law of successions
**derecho superior** – prior claim
**derecho supletorio** – law applied where there is no fitting legislation
**derecho tributario** – tax law
**derecho usual** – customary law
**derecho vigente** – law in effect
**derechohabiente** *m/f* – holder of a right, successor
**derechos** *m* – taxes, duties, tariffs, rights, fees, laws
**derechos a negociaciones** – bargaining rights
**derechos abandonados** – abandoned rights
**derechos absolutos** – absolute rights
**derechos ad valorem** – ad valorem tariffs, ad valorem duties
**derechos adicionales** – additional tariffs, additional duties
**derechos administrativos** – management rights, administrative rights
**derechos adquiridos** – acquired rights
**derechos aduaneros** – customs duties, customs tariffs, tariffs, schedule of customs duties
**derechos aéreos** – air rights
**derechos agrícolas** – agricultural tariffs
**derechos ajustables** – adjustable tariffs
**derechos al valor** – ad valorem tariffs, ad valorem duties
**derechos alternativos** – alternative tariffs
**derechos antidumping** – antidumping tariffs, antidumping duties
**derechos arancelarios** – customs duties
**derechos autónomos** – autonomous tariffs
**derechos civiles** – civil rights
**derechos compensatorios** – compensatory tariffs, countervailing duties, compensating tariffs
**derechos compuestos** – compound tariffs, compound duties
**derechos consulares** – consular fees
**derechos convencionales** – conventional tariffs
**derechos correlativos** – correlative rights
**derechos de aduana** – customs duties, customs tariffs, tariffs, schedule of customs duties
**derechos de autor** – copyright
**derechos de autor internacionales** – international copyright
**derechos de autor nacionales** – national copyright
**derechos de autor y derechos conexos** – copyright and related rights
**derechos de avalúos** – tariffs
**derechos de contrato** – contract rights
**derechos de conversión** – conversion rights
**derechos de entrada** – import duties, entry rights
**derechos de exclusividad** – exclusive rights
**derechos de exportación** – export duties, export tariffs
**derechos de fábrica** – manufacturing royalties
**derechos de guarda** – custodian's fees
**derechos de importación** – import duties, import tariffs
**derechos de inspección** – inspection rights
**derechos de la víctima** – victim's rights
**derechos de licencia** – license fees, licence fees
**derechos de patente** – patent rights, patent royalties
**derechos de propiedad intelectual** – intellectual property rights
**derechos de protección** – protective tariffs
**derechos de puerto** – keelage
**derechos de quilla** – keelage
**derechos de renta** – revenue tariffs
**derechos de represalia** – retaliatory tariffs
**derechos de salida** – export duties
**derechos de salvamento** – salvage money
**derechos de secretaría** – court clerk's fees
**derechos de sello** – stamp taxes
**derechos de subscripción** – stock rights
**derechos de sucesión** – inheritance taxes, estate duties
**derechos de superficie** – surface rights
**derechos de suscripción** – stock rights
**derechos de terceros** – rights of third parties
**derechos de timbre** – stamp taxes
**derechos de tránsito** – transit duties
**derechos de venta** – selling rights
**derechos de vuelos** – air rights
**derechos del arrendatario** – renter's rights
**derechos del consumidor** – consumer rights
**derechos del empleado** – workers' rights
**derechos del trabajador** – workers' rights
**derechos diferenciales** – differential duties
**derechos discriminatorios** – discriminating tariffs
**derechos equitativos** – equitable rights
**derechos esenciales** – basic rights
**derechos específicos** – specific tariffs
**derechos estatales** – government taxes, government fees, state taxes, state fees
**derechos expectativos** – expectant rights
**derechos fijos** – fixed tariffs
**derechos fiscales** – revenue tariffs, fiscal tariffs
**derechos flexibles** – flexible tariffs
**derechos generales** – general tariffs
**derechos gubernamentales** – government taxes,

government fees
**derechos humanos** – human rights
**derechos impositivos** – taxes, duties
**derechos imprescriptibles** – imprescriptible rights
**derechos inalienables** – inalienable rights
**derechos individuales** – individual rights
**derechos innatos** – natural rights
**derechos jubilatorios** – retirement rights
**derechos judiciales** – court fees
**derechos mínimos** – minimum tariffs
**derechos mixtos** – mixed tariffs
**derechos múltiples** – multiple tariffs
**derechos normales** – normal tariffs
**derechos ordinarios** – ordinary tariffs
**derechos patronales** – employer rights
**derechos personales** – personal rights
**derechos políticos** – political rights
**derechos portuarios** – port duties, dock duties
**derechos preferenciales** – preferential tariffs
**derechos preferentes** – preferential tariffs
**derechos prohibitivos** – prohibitive tariffs
**derechos proteccionistas** – protective tariffs
**derechos protectores** – protective duties
**derechos redimibles** – redeemable rights
**derechos reducidos** – reduced tariffs, reduced rights
**derechos regulares** – regular tariffs
**derechos relativos** – relative rights
**derechos reparadores** – restitutory rights, remedial rights
**derechos reservados** – reserved rights
**derechos restitutorios** – restitutory rights, remedial rights
**derechos ribereños** – riparian rights
**derechos secundarios** – secondary rights
**derechos según el valor** – ad valorem duties
**derechos sucesorios** – inheritance taxes
**derechos típicos** – typical tariffs
**derechos variables** – adjustable tariffs, variable tariffs
**derechos y acciones** – rights and actions
**derivación** *f* – derivation
**derivado** *adj* – derived
**derivados** *m* – derivatives
**derivar** *v* – to derive
**derogable** *adj* – repealable, annullable
**derogación** *f* – repeal, annulment, derogation
**derogación inferida** – inferred repeal
**derogación tácita** – tacit repeal
**derogado** *adj* – repealed, annulled
**derogar** *v* – to repeal, to annul
**derogatorio** *adj* – repealing, annulling
**derrama** *f* – apportionment
**derramar** *v* – to apportion
**derrelicto** *m* – derelict, abandoned ship
**derribar** *v* – to knock down, to overthrow
**derrocamiento** *m* – coup, overthrow
**derrocar** *v* – to overthrow, to knock down
**derroche** *m* – waste, squandering
**desacato** *m* – contempt, disrespect
**desacato a la corte** – contempt of court
**desacato al tribunal** – contempt of court
**desacato civil** – civil contempt
**desacato constructivo** – constructive contempt
**desacato criminal** – criminal contempt
**desacato directo** – direct contempt
**desacato indirecto** – indirect contempt
**desaconsejar** *v* – to dissuade, to advise against
**desacreditado** *adj* – discredited
**desacreditar** *v* – to discredit
**desacreditar un testigo** – to discredit a witness
**desacuerdo** *m* – disagreement, discrepancy, error
**desadeudar** *v* – to free from debt
**desadeudarse** *v* – to pay debts
**desafianzar** *v* – to release a bond
**desafiar** *v* – to challenge
**desafío** *m* – challenge, defiance, competition
**desaforadamente** *adv* – excessively, lawlessly, imprudently
**desaforado** *adj* – excessive, lawless, imprudent
**desaforar** *v* – to deprive of a right, to disbar
**desaforo** *m* – disbarment, rage
**desafuero** *m* – violation, deprivation of rights, excess, illegal act, lawlessness
**desagraviar** *v* – to indemnify, to redress
**desagravio** *m* – indemnity, redress
**desagravio por mandato judicial** – injunctive relief
**desagüe industrial** – industrial discharge
**desaguisado** *m* – offense, injury, outrage
**desaguisado** *adj* – illegal, unjust, outrageous
**desahogado** *adj* – unencumbered
**desahorro** *m* – dissaving
**desahuciador** *m* – evictor, dispossessor
**desahuciar** *v* – to evict, to dispossess
**desahucio** *m* – eviction, dispossession, severance pay, notice of termination of lease
**desahucio como represalia** – retaliatory eviction
**desahucio constructivo** – constructive eviction
**desahucio efectivo** – actual eviction
**desahucio implícito** – constructive eviction
**desairar** *v* – to dishonor, to refuse
**desalojamiento** *m* – eviction, dispossession
**desalojar** *v* – to evict, to dispossess, to move out
**desalojo** *m* – eviction, dispossession
**desalojo como represalia** – retaliatory eviction
**desalojo constructivo** – constructive eviction
**desalojo entero** – entire eviction
**desalojo físico** – actual eviction
**desalojo implícito** – constructive eviction
**desalojo incompleto** – incomplete eviction
**desalojo parcial** – partial eviction
**desalojo sobreentendido** – constructive eviction
**desalojo virtual** – constructive eviction
**desalquilar** *v* – to vacate, to evict
**desamortizar** *v* – to disentail
**desamparar** *v* – to abandon, to relinquish
**desamparo** *m* – abandonment
**desaparecer** *v* – to disappear
**desaparecido** *adj* – disappeared
**desaparición** *f* – disappearance
**desapoderar** *v* – to cancel a power of attorney, to dispossess, to remove from office
**desaposesionar** *v* – to dispossess
**desapoyar** *v* – to withdraw support from
**desaprisionar** *v* – to release
**desaprobar** *v* – to disapprove, to disallow
**desapropiamiento** *m* – transfer of property, surrender of property
**desapropiar** *v* – to transfer property
**desapropio** *m* – transfer of property, surrender of

property
**desarmar** *v* – to disarm
**desarmarse** *v* – to disarm oneself
**desarrendar** *v* – to terminate a lease
**desarrollado** *adj* – developed
**desarrollador** *m* – developer
**desarrollador inmobiliario** – property developer, real estate developer
**desarrollar** *v* – to develop, to promote
**desarrollar un mercado** – to develop a market
**desarrollarse** *v* – to develop, to grow
**desarrollo** *m* – development, growth
**desarrollo administrativo** – administrative development
**desarrollo agrario** – agrarian development
**desarrollo comercial** – business development, commercial development
**desarrollo de comercio** – commerce development
**desarrollo de la carrera** – career development
**desarrollo de marca** – brand development
**desarrollo de mercado** – market development
**desarrollo de negocios** – business development
**desarrollo de productos** – product development
**desarrollo de recursos humanos** – human resources development
**desarrollo del comercio electrónico** – e-commerce development, e-business development
**desarrollo del personal** – personnel development
**desarrollo económico** – economic development
**desarrollo educativo** – educational development
**desarrollo empresarial** – business development
**desarrollo financiero** – financial development
**desarrollo gerencial** – managerial development
**desarrollo industrial** – industrial development
**desarrollo inmobiliario** – property development, real estate development
**desarrollo insostenible** – unsustainable development
**desarrollo mercantil** – commercial development
**desarrollo organizacional** – organizational development
**desarrollo organizativo** – organizational development
**desarrollo personal** – personal growth
**desarrollo planificado** – planned development
**desarrollo regional** – regional development
**desarrollo rural** – rural development
**desarrollo sostenible** – sustainable development
**desarrollo urbano** – urban development
**desasegurar** *v* – to cancel insurance
**desasociar** *v* – to dissociate
**desastre** *m* – disaster
**desastre ambiental** – environmental disaster
**desastre ecológico** – eco-disaster, ecological disaster
**desastre económico** – economic disaster
**desastre financiero** – financial disaster
**desastroso** *adj* – disastrous
**desatender** *adj* – to neglect, to disregard, to dishonor
**desatendido** *adj* – unattended
**desautorización** *f* – privation of authority, disallowance
**desautorizado** *adj* – unauthorized
**desautorizar** *v* – to deprive of authority, to disallow
**desavenencia** *m* – discord
**desaventajado** *adj* – disadvantaged
**desbalanceado** *adj* – unbalanced
**desbloquear** *v* – to unblock, to lift a blockade, to unfreeze, to release
**desbloqueo** *m* – unblocking, unfreezing, releasing
**descalificar** *v* – to disqualify
**descanso** *m* – rest, relief
**descapitalización** *f* – decapitalization
**descapitalizado** *adj* – decapitalized
**descapitalizar** *v* – to decapitalize
**descarga** *f* – unloading, discharge
**descargar** *v* – to unload, to fire, to discharge, to download
**descargar la responsabilidad** – to transfer responsibility
**descargarse** *v* – to resign, to free oneself of responsibility, to answer an accusation
**descargo** *m* – unloading, release, answer, acquittal
**descargo en quiebra** – discharge in bankruptcy
**descartar** *v* – to discard, to reject
**descendencia** *f* – descent, descendants
**descendencia colateral** – collateral descent
**descendencia inmediata** – immediate descent
**descendencia legítima** – legal descendants
**descendencia lineal** – lineal descent
**descendiente** *m/f* – descendant
**descendiente directo** – lineal descendant
**descendientes directos** – direct descendants
**descentralización** *f* – decentralization
**descentralizado** *adj* – decentralized
**descentralizar** *v* – to decentralize
**descifrado** *adj* – decoded, deciphered
**descifrar** *v* – to decode, to decipher
**descodificación** *f* – decoding, deciphering
**descodificado** *adj* – decoded, deciphered
**descodificador** *m* – decoder, decipherer
**descodificar** *v* – to decode, to decipher
**descolonización** *f* – decolonization, decolonisation
**descolonizar** *v* – to decolonize, to decolonise
**desconcertar** *v* – to disconcert
**desconectado** *adj* – disconnected
**desconectar** *v* – to disconnect
**desconexión** *f* – disconnection
**desconfianza** *f* – lack of confidence, suspicion, distrust
**desconfiar** *v* – to distrust, to suspect
**desconformar** *v* – to object, to disagree
**desconforme** *adj* – disagreeing, objecting
**desconformidad** *f* – disagreement, dissent
**descongelación** *f* – unfreezing
**descongelado** *adj* – unfrozen
**descongelar** *v* – to unfreeze
**desconglomeración** *f* – deconglomeration
**desconocer** *v* – to disavow, to disclaim, to ignore
**desconocimiento** *m* – ignorance, disregard
**desconsolidar** *v* – to deconsolidate
**descontable*adj*** – discountable
**descontado** *adj* – discounted
**descontador** *m* – payee of a discounted bill
**descontante** *m/f* – payee of a discounted bill
**descontar** *v* – to discount, to deduct, to disregard
**descontar una letra** – to discount a bill
**descontento** *adj* – discontented
**descontento** *m* – discontent
**descontinuación** *f* – discontinuance
**descontinuado** *adj* – discontinued

**descontinuar** *v* – to discontinue, to suspend
**descontinuo** *adj* – discontinuous
**descorrer el velo corporativo** – to pierce the corporate veil
**descrédito** *m* – discredit
**describir** *v* – to describe
**descriminalización** *f* – decriminalization
**descripción** *f* – description, inventory
**descripción de empleo** – job description
**descripción de persona** – description of person
**descripción de propiedad** – description of property
**descripción de trabajo** – job description, work description
**descripción definitiva** – definite description
**descripción detallada** – detailed description
**descripción legal** – legal description
**descriptivo** *adj* – descriptive
**descrito** *adj* – described
**descrito legalmente** – legally described
**descrito lícitamente** – licitly described
**descuadre** *m* – imbalance
**descubierto** *m* – overdraft, shortage
**descubierto** *adj* – uncovered, unprotected
**descubierto bancario** – bank overdraft
**descubierto, en** – overdrawn, uncovered
**descubierto en cuenta** – overdraft
**descubrimiento** *m* – discovery
**descubrir** *v* – to discover
**descuento** *m* – discount
**descuento de prima** – premium discount
**descuento permitido** – allowed discount
**descuidadamente** *adj* – carelessly
**descuidado** *adj* – careless, negligent, abandoned
**descuidar** *v* – to neglect, to abandon
**descuido culpable** – culpable neglect
**descuido doloso** – intentional neglect
**descuido** *m* – carelessness, neglect, inadvertence, mistake
**desdecir** *v* – to deny
**desdecirse** *v* – to retract a statement
**desechable** *adj* – disposable
**desechar** *v* – to discard, to dismiss, to reject
**desechos industriales** – industrial waste
**deseconomías** *f* – diseconomies
**desegregación** *f* – desegregation
**desembarcar** *v* – to disembark, to unload
**desembargar** *v* – to lift an embargo, to remove a lien
**desembargo** *m* – lifting of an embargo, removal of a lien
**desembolsable** *adj* – disbursable, payable
**desembolsar** *v* – to disburse, to pay
**desembolso** *m* – expenditure, disbursement, outlay, payment
**desembolso acumulado** – accumulated expenditure
**desembolso adicional** – additional expenditure
**desembolso administrado** – managed expenditure
**desembolso básico** – basic expenditure
**desembolso capitalizado** – capitalized expenditure
**desembolso compulsorio** – compulsory expenditure
**desembolso controlado** – controlled expenditure
**desembolso corriente** – current expenditure
**desembolso de capital** – capital outlay
**desembolso de constitución** – organization expenditure
**desembolso de desarrollo** – development expenditure
**desembolso de efectivo** – cash expenditure
**desembolso de fabricación** – manufacturing expenditure
**desembolso de intereses** – interest expenditure
**desembolso de inversión** – investment expenditure
**desembolso de mantenimiento** – maintenance expenditure
**desembolso de manufactura** – manufacturing expenditure
**desembolso de producción** – production expenditure
**desembolso demorado** – delayed expenditure
**desembolso diferido** – deferred expenditure
**desembolso directo** – direct expenditure
**desembolso discrecional** – discretionary expenditure
**desembolso entero** – entire expenditure
**desembolso esencial** – essential expenditure
**desembolso especial** – special expenditure
**desembolso estimado** – estimated expenditure
**desembolso federal** – federal expenditure
**desembolso financiero** – financial expenditure
**desembolso flotante** – floating charge
**desembolso forzado** – forced expenditure
**desembolso forzoso** – forced expenditure
**desembolso general** – general expenditure
**desembolso incidental** – incidental expenditure
**desembolso incurrido** – expenditure incurred
**desembolso indirecto** – indirect expenditure
**desembolso indispensable** – indispensable expenditure
**desembolso inicial** – initial expenditure
**desembolso necesario** – necessary expenditure
**desembolso no controlable** – non-controllable expenditure
**desembolso no recurrente** – non-recurring expenditure
**desembolso no reembolsable** – non-refundable expenditure
**desembolso no repetitivo** – non-recurring expenditure
**desembolso obligado** – obligatory expenditure
**desembolso obligatorio** – obligatory expenditure
**desembolso periódico** – periodic expenditure
**desembolso por financiamiento** – finance expenditure
**desembolso presupuestario** – budget expenditure
**desembolso razonable** – reasonable expenditure
**desembolso real** – real expenditure, actual expenditure
**desembolso recurrente** – recurring expenditure
**desembolso requerido** – required expenditure
**desembolso total** – total expenditure
**desembolsos varios** – miscellaneous expenditures
**desemejanza** *f* – dissimilarity
**desemejanza de alegatos** – multifariousness
**desempeñar** *v* – to carry out, to perform, to comply with, to redeem
**desempeño** *m* – carrying out, performance, fulfillment, compliance with
**desempleado** *adj* – unemployed
**desempleado** *m* – unemployed person
**desempleo** *m* – unemployment
**desempleo a largo plazo** – long-term unemployment

**desempleo abierto** – open unemployment
**desempleo cíclico** – cyclical unemployment
**desempleo creciente** – growing unemployment
**desempleo crónico** – chronic unemployment
**desempleo de larga duración** – long-term unemployment
**desempleo disfrazado** – disguised unemployment
**desempleo encubierto** – hidden unemployment
**desempleo estacional** – seasonal unemployment
**desempleo estructural** – structural unemployment
**desempleo fluctuante** – fluctuating unemployment
**desempleo friccional** – frictional unemployment
**desempleo involuntario** – involuntary unemployment
**desempleo masivo** – massive unemployment
**desempleo oculto** – hidden unemployment
**desempleo permanente** – permanent unemployment
**desempleo por temporada** – seasonal unemployment
**desempleo regional** – regional unemployment
**desempleo técnico** – technological unemployment
**desempleo tecnológico** – technological unemployment
**desempleo temporal** – temporary unemployment
**desempleo voluntario** – voluntary unemployment
**desencarcelar** *v* – to free
**desequilibrado** *adj* – imbalanced, unbalanced
**desequilibrio** *m* – imbalance
**desequilibrio comercial** – trade imbalance
**desequilibrio económico** – economic imbalance
**desequilibrio monetario** – monetary imbalance
**deserción** *f* – desertion, abandonment
**deserción de recursos** – abandonment of appeal
**desertar** *v* – to desert, to abandon
**desertar la apelación** – to abandon the appeal
**desertificación** *f* – desertification
**desertificar** *v* – to desertify
**desertor** *m* – deserter
**desesperación** *f* – despair
**desesperado** *adj* – desperate
**desestabilización** *f* – destabilization
**desestabilizado** *adj* – destabilized
**desestabilizar** *v* – to destabilize
**desestimación** *f* – denial of a motion, disrespect
**desestimación de la personalidad societaria** – piercing the corporate veil
**desestimar** *v* – to dismiss, to overrule, to reject, to underestimate
**desestimatorio** *adj* – rejecting, denying
**desestructurado** *adj* – unstructured
**desfalcador** *m* – embezzler, defaulter
**desfalcar** *adj* – to defalcate, to embezzle, to default
**desfalco** *m* – defalcation, embezzlement
**desfavorable** *adj* – unfavorable
**desfiguración** *f* – disfigurement
**desfigurar** *v* – to disfigure, to distort
**desforestación** *f* – deforestation
**desgaste** *m* – wear and tear, wear
**desgaste por uso** – wear and tear, wear
**desglosar** *v* – to remove, to remove from a court file, to itemize, to break down
**desglose** *m* – removal, removal from a court file, itemization, breakdown
**desglose de cargos** – breakdown of charges, breakdown of fees
**desglose de costes** – breakdown of costs
**desglose de costos** – breakdown of costs
**desglose de gastos** – breakdown of expenses
**desgobierno** *m* – misgovernment
**desgracia** *f* – disgrace, mishap
**desgravación** *f* – tax reduction, deduction
**desgravar** *v* – to reduce taxes, to deduct, to disencumber, to remove a lien
**deshabitado** *adj* – uninhabited
**deshacer** *v* – to undo, to violate, to destroy, to annul
**deshacer el contrato** – to rescind the contract
**desheredación** *f* – disinheritance
**desheredado** *adj* – disinherited
**desheredamiento** *m* – disinheritance
**desheredar** *v* – to disinherit
**deshipotecar** *v* – to pay off a mortgage, to cancel a mortgage
**deshonestamente** *adv* – dishonestly
**deshonestidad** *f* – dishonesty, indecency
**deshonesto** *adj* – dishonest, indecent
**deshonor** *m* – dishonor
**deshonrar** *v* – to dishonor, to disgrace
**deshonroso** *adj* – dishonorable
**desidia** *f* – carelessness, negligence
**desierto** *adj* – deserted
**designación** *f* – designation, appointment, specification
**designación de abogado** – assignment of counsel
**designación de agente** – designation of agent
**designación de albacea** – designation of executor
**designación de beneficiario** – designation of beneficiary
**designación de fiduciario** – appointment of trustee
**designado** *adj* – designated, appointed, specified
**designar** *v* – to designate, to appoint, to specify, to indicate, to nominate
**designar como agente** – to designate as an agent
**designar como albacea** – to designate as an executor
**designar como beneficiario** – to designate as a beneficiary
**desigual** *adj* – unequal
**desigualdad** *f* – inequality
**desincentivo** *m* – disincentive
**desincorporar** *v* – to dissolve a corporation, to divide
**desindustrialización** *f* – deindustrialization
**desinflación** *f* – disinflation
**desinflacionario** *adj* – disinflationary
**desinformación** *f* – disinformation
**desinteresadamente** *adv* – disinterestedly
**desintermediación** *f* – disintermediation
**desinversión** *f* – disinvestment
**desinvertido** *adj* – disinvested
**desinvertir** *v* – to disinvest
**desinvestidura** *f* – disqualification
**desistimiento** *m* – abandonment, desistance, waiver
**desistimiento de la acción** – abandonment of action
**desistimiento de la demanda** – abandonment of action
**desistimiento de la instancia** – abandonment of action
**desistimiento del recurso** – abandonment of appeal
**desistimiento expreso** – express abandonment
**desistimiento tácito** – implied abandonment
**desistir** *v* – to desist, to abandon, to waive
**desistir de la demanda** – to abandon the action

**desistirse de la demanda** – to abandon the action
**desleal** *adj* – disloyal, unfair, false
**desligar** *v* – to free, to separate, to excuse
**deslindar** *v* – to delimit
**deslinde** *m* – survey, delimitation
**deslinde y amojonamiento** – survey and demarcation
**deslocalización** *f* – distribution of corporate facilities throughout various regions to minimize expenses
**desmandar** *v* – to revoke, to revoke a power of attorney, to countermand
**desmedro** *m* – injury, prejudice, deterioration
**desmembrar** *v* – to dismember, to dissolve
**desmembrarse** *v* – to dissolve, to dissolve a partnership
**desmentir** *v* – to contradict, to disprove, to conceal
**desmonetización** *f* – demonetization
**desmonetizado** *adj* – demonetized
**desmonetizar** *v* – to demonetize
**desmoralizar** *v* – to demoralize
**desmotivación** *f* – demotivation
**desmotivar** *v* – to demotivate
**desnacionalización** *f* – denationalization
**desnacionalizado** *adj* – denationalized
**desnacionalizar** *v* – to denationalize, to corrupt
**desnaturalizar** *v* – to denaturalize, to vitiate
**desobedecer** *v* – to disobey
**desobediencia** *f* – disobedience, noncompliance
**desobediencia civil** – civil disobedience
**desobediencia de la autoridad** – disobedience of authority
**desobediente** *adj* – disobedient
**desobligar** *v* – to release from an obligation
**desocupación** *f* – unemployment, idleness, unoccupancy, eviction
**desocupación a largo plazo** – long-term unemployment
**desocupación abierta** – open unemployment
**desocupación cíclica** – cyclical unemployment
**desocupación creciente** – growing unemployment
**desocupación crónica** – chronic unemployment
**desocupación de larga duración** – long-term unemployment
**desocupación disfrazada** – disguised unemployment
**desocupación encubierta** – hidden unemployment
**desocupación estacional** – seasonal unemployment
**desocupación estructural** – structural unemployment
**desocupación fluctuante** – fluctuating unemployment
**desocupación friccional** – frictional unemployment
**desocupación involuntaria** – involuntary unemployment
**desocupación masiva** – massive unemployment
**desocupación oculta** – hidden unemployment
**desocupación permanente** – permanent unemployment
**desocupación por temporada** – seasonal unemployment
**desocupación técnica** – technological unemployment
**desocupación tecnológica** – technological unemployment
**desocupación temporal** – temporary unemployment
**desocupado** *adj* – unoccupied, idle, unemployed
**desocupar** *v* – to vacate, to evict
**desocupar judicialmente** – to evict
**desocuparse** *v* – to quit a job, to become available after completion of a task
**desolación** *f* – desolation
**desolado** *adj* – desolate
**desorden** *m* – disorder
**desorden público** – disorderly conduct
**desordenado** *adj* – disorderly
**desorganización** *f* – disorganization
**desorganizado** *adj* – disorganized
**desorientación** *f* – disorientation
**despachante de aduanas** – customs agent
**despachar** *v* – to dispatch, to settle, to take care of quickly, to send, to ship
**despacho** *m* – office, court order, writ, judge's chambers, shipment, dispatch, clearance
**despacho administrativo** – administrative office
**despacho aduanal** – customs clearance, customhouse clearance
**despacho aduanero** – customs clearance, customhouse clearance
**despacho bancario** – banking office
**despacho central** – headquarters, head office, central office, central dispatch
**despacho comercial** – commercial office, business office
**despacho contable** – accounting office
**despacho corporativo** – corporate office, head office
**despacho de administración** – administration office
**despacho de aduanas** – customs clearance, customhouse clearance
**despacho de apoyo** – support office, back office
**despacho de auditoría** – audit office
**despacho de autorizaciones** – authorization office
**despacho de bienestar** – welfare office
**despacho de cobranza** – collection office
**despacho de cobros** – collection office
**despacho de colocaciones** – employment office
**despacho de comercio** – commerce office
**despacho de compras** – purchasing office, buying office, shipment of purchases
**despacho de contabilidad** – accounting office
**despacho de contribuciones** – tax office
**despacho de correos** – post office
**despacho de crédito** – credit office
**despacho de empleos** – employment office
**despacho de exportación** – export office
**despacho de facturación** – billing office
**despacho de gobierno** – government office
**Despacho de Hacienda** – tax office
**despacho de importación** – import office
**despacho de impuestos** – tax office
**despacho de información** – information office
**despacho de marcas** – trademark office
**despacho de negocios** – business office
**despacho de nómina** – payroll office
**despacho de operaciones** – operations office
**despacho de órdenes** – order office, shipment of orders
**despacho de patentes** – patent office
**despacho de personal** – personnel office
**despacho de préstamos** – loan office
**despacho de publicidad** – advertising office
**despacho de reclamaciones** – claims office
**despacho de relaciones públicas** – public relations office

**despacho de seguros** – insurance office
**despacho de servicio** – service office
**despacho de tránsito** – transit office
**despacho de ventas** – sales office
**despacho del administrador** – manager office
**despacho del auditor** – auditor's office
**despacho del director** – director's office, manager's office
**despacho del gerente** – manager's office
**despacho electrónico** – electronic office, electronic delivery
**despacho empresarial** – business office
**despacho financiero** – finance office
**despacho general** – general office
**despacho matriz** – headquarters, head office, main office
**despacho mercantil** – commercial office
**despacho ordinario** – ordinary proceeding
**despacho principal** – main office, head office
**despacho privado** – private office
**despacho público** – public office, government office
**despacho regional** – regional office
**despacho virtual** – virtual office
**despedido** *adj* – fired, dismissed
**despedir** *v* – to dismiss, to fire, to hurl
**despedirse** *v* – to quit
**despejar la sala** – to clear the courtroom
**desperdicio activo** – commissive waste
**desperdicio de energía** – energy waste
**desperdicios industriales** – industrial waste
**desperdicios peligrosos** – dangerous waste
**desperdicios tóxicos** – toxic waste
**despiadadamente** *adv* – ruthlessly, mercilessly
**despiadado** *adj* – ruthless, merciless
**despido** *m* – dismissal, firing, layoff
**despido colectivo** – mass dismissal
**despido constructivo** – constructive dismissal
**despido de empleado** – discharge of employee
**despido forzado** – forced resignation
**despido forzoso** – forced resignation
**despido improcedente** – dismissal without cause
**despido injustificado** – dismissal without cause
**despido justificado** – dismissal with cause
**despido masivo** – mass dismissal
**despido procedente** – dismissal with cause
**despido sumario** – summary dismissal
**despido voluntario** – voluntary redundancy
**despignorar** *v* – to release a pledge
**despilfarro** *m* – waste, wastefulness
**desplazado** *adj* – displaced, moved
**desplazamiento** *m* – displacement, movement, shift
**desplazar** *v* – to displace, to move
**desplome bursátil** – market crash
**despoblación** *f* – depopulation
**despoblado** *adj* – unpopulated, desert
**despoblar** *v* – to depopulate
**despojante** *m/f* – despoiler
**despojar** *v* – to despoil, to evict, to dispossess, to dismiss
**despojo** *m* – plundering, plunder, dispossession, forceful eviction
**desposado** *m* – recently married, handcuffed
**desposarse** *v* – to wed
**desposeedor** *m* – dispossessor
**desposeer** *v* – to dispossess, to evict, to divest
**desposeerse** *v* – to disown
**desposeimiento** *m* – dispossession, divestiture
**desposorios** *m* – marriage vows
**déspota** *m/f* – despot
**despotismo** *m* – despotism, autocracy
**despreciar** *v* – to reject, to despise, to slight
**desprestigio** *m* – discredit, loss of prestige
**desproporción** *f* – disproportion
**desproporcionadamente** *adv* – disproportionately
**desproporcionado** *adj* – disproportionate
**desproveer** *v* – to deprive of necessities
**después de contribuciones** – after-taxes
**después de horas hábiles** – after-hours
**después de horas laborables** – after-hours
**después de impuestos** – after-taxes
**después del hecho** – after the fact
**desquite** *m* – revenge, retaliation, compensation
**desreconocimiento** *m* – derecognition
**desreglamentación** *f* – deregulation
**desreglamentación bancaria** – bank deregulation
**desregulación** *f* – deregulation
**desregulación bancaria** – bank deregulation
**desregulación de precios** – price deregulation
**desregulado** *adj* – deregulated
**desregular** *v* – to deregulate
**desregulatorio** *adj* – deregulatory
**destajista** *m/f* – pieceworker
**destajo** *m* – piecework
**destajo, a** – by the job
**desterrar** *v* – to deport, to exile
**destierro** *m* – exile, deportation
**destilería ilícita** – illicit distillery
**destinación** *f* – destination, assignment
**destinado** *adj* – destined, designated, allocated, allotted
**destinar** *v* – to destine, to designate, to allocate, to allot
**destinatario** *m* – addressee, consignee, recipient
**destino** *m* – destination, post
**destitución** *f* – destitution, dismissal from office, abandonment, deprivation
**destituir** *v* – to deprive, to dismiss
**destrezas administrativas** – administrative skills
**destrozo** *m* – damage, destruction
**destrucción** *f* – destruction, damage, deterioration
**destrucción ambiental** – environmental destruction
**destrucción de registros** – destruction of records
**destrucción del ambiente** – environmental destruction
**destrucción del medioambiente** – environmental destruction
**destrucción ecológica** – ecological destruction
**destrucción substancial** – substantial destruction
**destructora de documentos** – paper shredder
**destructibilidad** *f* – destructibility
**destruir** *v* – to destroy, to waste
**destruir un contrato** – to destroy a contract
**destruir un documento** – to destroy a document
**destruir un testamento** – to destroy a will
**desuso** *m* – disuse, obsolescence
**desutilidad** *f* – disutility
**desvalijar** *v* – to rob, to swindle
**desvalijo** *m* – robbery

**desvalijamiento** *m* – robbery
**desvalorar** *v* – devalue
**desvalorización** *f* – devaluation
**desvalorizar** *v* – to devalue
**desvaluación** *f* – devaluation
**desvaluación monetaria** – currency devaluation
**desventaja** *f* – disadvantage
**desventaja competitiva** – competitive disadvantage
**desventajado** *adj* – disadvantaged
**desventajoso** *adj* – disadvantageous
**desviación** *f* – deviation, diversion
**desviación de poder** – color of law
**desviar fondos** – divert funds
**desvincular** *v* – to disentail, to separate
**desvío** *m* – detour, diversion
**detal, al** – retail
**detallado** *adj* – detailed
**detallar** *v* – to itemize, to specify in detail
**detalle** *m* – detail, particular, item
**detalle, al** – retail
**detalles de pago** – details of payment
**detallista** *adj* – meticulous, retail
**detallista** *m/f* – retailer
**detallista independiente** – independent retailer
**detección** *f* – detection
**detectar** *v* – to detect
**detective** *m/f* – detective
**detectivismo** *m* – detective service
**detector de mentiras** – lie detector
**detención** *f* – detention, arrest, restraint, distraint, deadlock
**detención ilegal** – illegal detention
**detención ilícita** – illicit detention
**detención impropia** – improper detention
**detención inapropiada** – inappropriate detention
**detención lícita** – licit detention
**detención maliciosa** – malicious arrest
**detención preventiva** – preventive detention
**detención temporal** – temporary detention
**detención violenta** – forcible detainer
**detener** *v* – to detain, to arrest, to retain, to delay, to distrain
**detener el pago** – to stop payment
**detener y cachear** – to stop and frisk
**detenidamente** *adv* – thoroughly, cautiously
**detenido** *adj* – detained, arrested, retained, delayed
**detenido** *m* – detained person, arrested person
**detenido ilegalmente** – illegally detained
**detentación** *f* – deforcement
**detentador** *m* – deforciant
**detentar** *v* – to detain, to deforce
**deteriorarse** *v* – to deteriorate
**deterioro** *m* – deterioration, spoilage, damage, impairment
**deterioro anormal** – abnormal spoilage, abnormal deterioration
**deterioro físico** – physical deterioration
**deterioro habitual** – habitual spoilage
**deterioro inusual** – unusual spoilage
**deterioro normal** – normal wear and tear, normal wear, normal spoilage
**deterioro ordinario** – ordinary spoilage
**deterioro usual** – usual spoilage
**determinable** *adj* – determinable
**determinación** *f* – determination, decision, assessment
**determinación arbitraria** – arbitrary determination
**determinación de impuestos** – determination of taxes
**determinación de intereses** – determination of interest
**determinación de la filiación** – affiliation
**determinación de la prima** – determination of premium
**determinación de la subvención** – determination of subsidy
**determinación de las contribuciones** – determination of taxes
**determinación de las costas** – determination of court costs
**determinación de los costes** – determination of costs
**determinación de los costos** – determination of costs
**determinación de los daños** – determination of damages
**determinación de los gastos** – determination of expenses
**determinación de los hechos** – determination of the facts
**determinación de los pagos** – determination of payments
**determinación de los precios** – determination of prices
**determinación del riesgo** – risk assessment
**determinación del subsidio** – determination of subsidy
**determinación judicial** – judicial determination
**determinado** *adj* – determinate, determined
**determinado legalmente** – legally determined
**determinado lícitamente** – licitly determined
**determinar** *v* – to determine, to fix
**detrimento** *m* – detriment, damage, loss, injury
**detrimento legal** – legal detriment
**deuda** *f* – debt, indebtedness, obligation, liability
**deuda a corto plazo** – short-term debt
**deuda a la vista** – demand debt
**deuda a largo plazo** – long-term debt
**deuda a mediano plazo** – medium-term debt
**deuda a medio plazo** – medium-term debt
**deuda a plazo breve** – short-term debt
**deuda activa** – active debt
**deuda acumulada** – accrued debt
**deuda alimenticia** – obligation to support
**deuda amortizable** – amortizable debt
**deuda ancestral** – ancestral debt
**deuda anulada** – cancelled debt
**deuda atrasada** – debt in arrears
**deuda aumentaría** – obligation to support
**deuda bancaria** – bank debt
**deuda bruta** – gross debt
**deuda cancelada** – cancelled debt
**deuda cobrable** – collectible debt
**deuda comercial** – commercial debt, trade debt
**deuda condicional** – contingent debt
**deuda conjunta** – joint debt
**deuda consolidada** – consolidated debt
**deuda contingente** – contingent debt
**deuda contraída anteriormente** – antecedent debt
**deuda contributiva** – tax debt
**deuda convertible** – convertible debt
**deuda corporativa** – corporate debt

**deuda corriente** – current debt
**deuda de comercio** – commerce debt
**deuda de negocios** – business debt
**deuda de rango superior** – senior debt
**deuda del consumidor** – consumer debt
**deuda del estado** – government debt, state debt
**deuda del gobierno** – government debt
**deuda del tesoro** – treasury debt
**deuda directa** – direct debt
**deuda documentaria** – documented debt
**deuda doméstica** – domestic debt
**deuda dudosa** – doubtful debt
**deuda efectiva** – effective debt
**deuda empresarial** – business debt
**deuda en gestión** – debt in the process of collection through legal means
**deuda en libros** – book debt
**deuda en moneda extranjera** – foreign currency debt
**deuda en mora** – delinquent debt
**deuda entera** – entire debt
**deuda escriturada** – specialty debt
**deuda estatal** – government debt, state debt
**deuda exigible** – debt due
**deuda existente** – existing debt
**deuda exterior** – foreign debt
**deuda externa** – foreign debt
**deuda extranjera** – foreign debt
**deuda federal** – federal debt
**deuda federal bruta** – gross federal debt
**deuda ficticia** – fictitious debt
**deuda fiduciaria** – fiduciary debt
**deuda fija** – fixed debt
**deuda fiscal** – tax debt, fiscal debt
**deuda flotante** – floating debt
**deuda fraudulenta** – fraudulent debt
**deuda garantizada** – guaranteed debt, secured debt
**deuda general** – general debt
**deuda gubernamental** – government debt
**deuda hipotecaria** – mortgage debt
**deuda ilícita** – illegal debt
**deuda ilíquida** – unliquidated debt
**deuda impositiva** – tax liability, tax debt
**deuda incobrable** – uncollectible debt
**deuda inexistente** – nonexistent debt
**deuda interior** – internal debt, domestic debt
**deuda interna** – internal debt, domestic debt
**deuda internacional** – international debt
**deuda legítima** – legitimate debt
**deuda lícita** – legal debt
**deuda líquida** – liquidated debt
**deuda mala** – uncollectible debt
**deuda mancomunada** – joint debt
**deuda mancomunada y solidaria** – joint and several debt
**deuda mercantil** – commercial debt, mercantile debt
**deuda morosa** – delinquent debt
**deuda nacional** – national debt
**deuda nacional bruta** – gross national debt
**deuda nacional neta** – net national debt
**deuda neta** – net debt
**deuda no amortizada** – unamortized debt
**deuda no consolidada** – unconsolidated debt
**deuda no pagada** – unpaid debt
**deuda oficial** – official debt
**deuda pasiva** – passive debt
**deuda pendiente** – outstanding debt
**deuda per cápita** – per capita debt
**deuda perpetua** – perpetual debt
**deuda por juicio** – judgment debt
**deuda preestablecida** – preset debt
**deuda preexistente** – preexisting debt
**deuda preferida** – preferred debt
**deuda prendaria** – chattel debt
**deuda privada** – private debt
**deuda privilegiada** – preferred debt
**deuda pública** – public debt
**deuda pública neta** – net public debt
**deuda quirografaria** – unsecured debt
**deuda registrada** – registered debt
**deuda sin garantía** – unsecured debt
**deuda social** – partnership debt, company debt, debt with society
**deuda solidaria** – joint and several debt
**deuda subordinada** – subordinated debt
**deuda total** – total debt
**deuda tributaria** – tax debt
**deuda variable** – variable debt
**deuda vencida** – matured debt
**deudas cobradas** – collected debts
**deudas hereditarias** – decedent's debts
**deudas individuales** – individual debts
**deudas privilegiadas** – privileged debts
**deudor** *m* – debtor, obligor
**deudor** *adj* – indebted
**deudor alimentario** – payer of alimony
**deudor alimenticio** – payer of alimony
**deudor ausente** – absent debtor
**deudor ausente y prófugo** – absent and absconding debtor
**deudor concordatario** – bankrupt who has an agreement with his creditors
**deudor en mora** – delinquent debtor
**deudor hipotecario** – mortgage debtor, mortgagor
**deudor insolvente** – insolvent debtor
**deudor mancomunado** – joint debtor
**deudor moroso** – delinquent debtor
**deudor por fallo** – judgment debtor
**deudor por juicio** – judgment debtor
**deudor principal** – main debtor
**deudor prófugo** – absconding debtor
**deudor solidario** – joint and several debtor
**deudos** *m* – relatives
**deuterogamia** *f* – deuterogamy
**devaluación** *f* – devaluation
**devaluación monetaria** – currency devaluation
**devaluado** *adj* – devaluated
**devaluar** *v* – to devalue
**devengado** *adj* – accrued, earned, due
**devengamiento** *m* – accrual, earning
**devengar** *v* – to accrue, to draw, to earn
**devengar intereses** – to bear interest
**devengo** *m* – accrual
**devolución** *f* – devolution, return, refund, rebate, restitution
**devolución contributiva** – tax refund
**devolución de impuesto** – tax refund
**devolución de prima** – premium return
**devolución de venta** – sales return

**devolución fiscal** – tax refund
**devolución impositiva** – tax refund
**devolución tributaria** – tax refund
**devolutivo** *adj* – returnable
**devolver** *v* – to return, to refund, to remand
**día** *m* – day, daylight
**día a día** – day-to-day, day-by-day
**día abierto** – open date
**día ante el tribunal** – day in court
**día artificial** – artificial day
**día base** – base date
**día calendario** – calendar day
**día cierto** – day certain
**día civil** – civil day
**día dado** – day certain
**día de aceptación** – acceptance date
**día de acumulación** – accrual date
**día de anuncio** – announcement date
**día de asueto** – day off
**día de caducidad** – expiration date
**día de cierre** – closing date, final date
**día de comparecencia** – appearance day
**día de compensación** – clearing date
**día de compra** – date of purchase, date of acquisition
**día de conversión** – conversion date
**día de declaración** – declaration date
**día de depósito** – deposit date
**día de desembolso** – payout date
**día de disponibilidad** – availability date
**día de distribución** – distribution date
**día de efectividad** – effective date
**día de ejecución** – date of exercise
**día de elegibilidad** – eligibility date
**día de embarque** – shipping date
**día de emisión** – date of issue
**día de endoso** – endorsement date
**día de entrada** – posting date
**día de entrada en vigor** – effective date
**día de entrega** – delivery date
**día de expiración** – expiration date
**día de factura** – invoice date
**día de facturación** – billing date
**día de fiesta nacional** – national holiday, official holiday, legal holiday
**día de fiesta** – holiday
**día de fiesta oficial** – national holiday, official holiday, legal holiday
**día de gracia** – day of grace
**día de hacienda** – working day
**día de indulto** – day of pardon
**día de liquidación** – settlement date
**día de mercado** – market day
**día de negocios** – business day, working day
**día de oferta** – offering date
**día de ofrecimiento** – offering date
**día de pago** – payment date, payday
**día de póliza** – policy date
**día de presentación** – filing date, presentation date
**día de publicación** – publication date
**día de redención** – call date
**día de registro** – date of record, date of registration, filing date
**día de semana** – weekday
**día de tasación** – appraisal date
**día de terminación** – termination date
**día de trabajo** – working day
**día de transacción** – transaction date
**día de vacancia** – nonjudicial day
**día de vencimiento** – expiration date, due date, deadline, final date, maturity date
**día de venta** – sales date
**día de vigencia** – effective date
**día designado** – designated day
**día efectivo** – effective date
**día en blanco** – open date
**día en corte** – day in court
**día feriado** – holiday
**día feriado bancario** – bank holiday
**día feriado nacional** – national holiday, official holiday, legal holiday
**día feriado oficial** – national holiday, official holiday, legal holiday
**día festivo** – holiday
**día festivo bancario** – bank holiday
**día festivo nacional** – national holiday, official holiday, legal holiday
**día festivo oficial** – national holiday, official holiday, legal holiday
**día fijo** – day certain
**día fijo, a** – on a set date
**día hábil** – working day, business day
**día hábil judicial** – juridical day
**día incierto** – day uncertain
**día inhábil** – non-working day, non-business day, holiday
**día judicial** – judicial day
**día laborable** – working day, business day
**día libre** – day off
**día límite** – final date, deadline
**día natural** – natural day
**día no laborable** – non-working day, non-business day
**día opcional** – optional date
**día posterior** – later date
**día solar** – solar day
**día útil** – working day
**diagnóstico ambiental** – environmental assessment
**diagrama** *m* – diagram, chart
**diagrama circular** – pie diagram, pie chart
**diagrama de actividad** – activity diagram, activity chart
**diagrama de barras** – bar diagram, bar chart
**diagrama de flujo** – flow diagram, flow chart
**diálogo** *m* – dialog
**diariamente** *adv* – daily
**diario** *m* – daily, journal, newspaper
**diario** *adj* – daily
**diario comercial** – trade journal
**diario de caja** – cash journal
**diario de compras** – purchase journal
**diario de navegación** – logbook
**diario de ventas** – sales journal
**diario económico** – economic journal, economic newspaper
**diarquía** *f* – diarchy
**días consecutivos** – consecutive days
**días de cobertura** – days of coverage
**días de gracia** – days of grace
**días de transacciones** – trading days

**dicente** *m/f* – sayer, deponent
**dicotomía** *f* – dichotomy
**dicótomo** *adj* – dichotomous
**dictado** *m* – dictation
**dictador** *m* – dictator
**dictadura** *f* – dictatorship
**dictamen** *m* – opinion, judgment, decision, ruling, advice
**dictamen de auditoría** – auditor's certificate, auditor's opinion
**dictamen del auditor** – auditor's certificate, auditor's opinion
**dictamen judicial** – judicial decision
**dictamen pericial** – expert opinion
**dictaminar** *v* – to pass judgment, to express an opinion, to rule
**dictar** *v* – to dictate, to issue, to issue a verdict, to sentence, to pronounce
**dictar fallo** – to sentence, to pronounce judgment
**dictar providencia** – to sentence, to pronounce judgment
**dictar sentencia** – to sentence, to pronounce judgment
**dictar un auto** – to issue a writ
**dictar un decreto** – to issue a decree
**dictar una opinión** – to issue an opinion
**dictógrafo** *m* – dictograph
**dicho** *m* – declaration, statement
**dieta** *f* – allowance, daily allowance, daily stipend, legislative assembly, diet
**dieta de testigo** – daily stipend for a witness
**difamación** *f* – defamation, libel, slander
**difamación criminal** – criminal libel
**difamación escrita** – libel
**difamación oral** – slander
**difamación verbal** – slander
**difamado** *adj* – defamed
**difamador** *m* – defamer
**difamar** *v* – to defame, to libel, to slander
**difamatorio** *adj* – defamatory, calumnious, libelous, slanderous
**diferencia** *f* – difference, gap
**diferencia de cambio** – exchange difference
**diferencia de precios** – price difference
**diferencia de tasas** – rate difference
**diferencia salarial** – salary difference, wage gap
**diferenciable** *adj* – differentiable
**diferenciación** *f* – differentiation
**diferenciado** *adj* – differentiated
**diferencial** *f* – differential
**diferencial de inflación** – inflation differential
**diferencial de precios** – price differential
**diferenciar** *v* – to differentiate
**diferencias culturales** – cultural differences
**diferencias irreconciliables** – irreconcilable differences
**diferente** *adj* – different
**diferido** *adj* – deferred
**diferimiento** *m* – deferral
**diferir** *v* – to defer, to adjourn, to delay, to differ
**difunto** *m* – deceased, decedent
**difunto** *adj* – deceased, dead
**digesto** *m* – digest
**digital** *adj* – digital
**digitales** *f* – fingerprints
**digitalizado** *adj* – digitized
**digitalizar** *v* – to digitize
**dígito** *m* – digit
**dígito de comprobación** – check digit
**dignatario** *m* – dignitary
**dignidad** *f* – dignity, decorum
**dignidad de la víctima** – victim's dignity
**dignidad del ofendido** – victim's dignity
**digno** *adj* – deserving, meritorious
**digno de confianza** – trustworthy
**digresión** *f* – digression
**digresivo** *adj* – digressive
**dilación** *f* – dilation, delay, procrastination
**dilación probatoria** – period allowed for answering a complaint
**dilapidación** *f* – dilapidation, squandering
**dilapidado** *adj* – dilapidated
**dilatar** *v* – to delay, to defer, to extend
**dilatorio** *adj* – dilatory
**diligencia** *f* – diligence, task, care, measure, proceeding, promptness
**diligencia administrativa** – administrative task
**diligencia aduanera** – customs task
**diligencia ajena** – another's task
**diligencia autorizada** – authorized task
**diligencia bancaria** – banking task
**diligencia básica** – core task
**diligencia clandestina** – clandestine task, illegal task
**diligencia comercial** – business task, commercial task
**diligencia común** – joint task
**diligencia conjunta** – joint task
**diligencia contable** – accounting task
**diligencia corporativa** – corporate task
**diligencia criminal** – criminal task
**diligencia de administración** – administration task
**diligencia de alto riesgo** – high-risk task
**diligencia de cobro** – collection task
**diligencia de comercio** – commerce task
**diligencia de contabilidad** – accounting task
**diligencia de crédito** – credit task
**diligencia de embargo** – attachment proceedings
**diligencia de emplazamiento** – service of summons
**diligencia de exportación** – export task
**diligencia de financiación** – financing task
**diligencia de financiamiento** – financing task
**diligencia de importación** – import task
**diligencia de inversión** – investment task
**diligencia de lanzamiento** – ejectment
**diligencia de prueba** – taking of evidence
**diligencia de seguros** – insurance task
**diligencia de ultramar** – overseas task
**diligencia debida** – due diligence, proper task
**diligencia designada** – designated task
**diligencia doméstica** – domestic task
**diligencia empresarial** – business task
**diligencia esencial** – essential diligence, essential task
**diligencia especial** – special diligence, special task
**diligencia especulativa** – speculative task
**diligencia estatal** – state task
**diligencia ética** – ethical task
**diligencia exterior** – foreign task
**diligencia extranjera** – foreign task
**diligencia extraordinaria** – great diligence, extraordinary diligence, extraordinary task

**diligencia familiar** – family task
**diligencia federal** – federal task
**diligencia fiduciaria** – fiduciary task
**diligencia financiera** – financial task
**diligencia fiscal** – fiscal task
**diligencia global** – global task
**diligencia habitual** – habitual diligence, habitual task
**diligencia ilegal** – illegal task
**diligencia ilícita** – illicit task
**diligencia importante** – important task
**diligencia impropia** – improper task
**diligencia inapropiada** – inappropriate task
**diligencia incidental** – incidental task
**diligencia indispensable** – indispensable diligence, indispensable task
**diligencia individual** – individual task, private task
**diligencia industrial** – industrial task
**diligencia inmobiliaria** – real estate task
**diligencia innecesaria** – unnecessary diligence, unnecessary task
**diligencia intencionada** – intended task
**diligencia interestatal** – interstate task
**diligencia interna** – internal task
**diligencia internacional** – international task
**diligencia inusual** – unusual diligence, unusual task
**diligencia irrazonable** – unreasonable diligence, unreasonable task
**diligencia legal** – legal task
**diligencia lícita** – licit task
**diligencia local** – local task
**diligencia mercantil** – commercial task
**diligencia multinacional** – multinational task
**diligencia mundial** – world task
**diligencia nacional** – national task
**diligencia necesaria** – necessary diligence, necessary task
**diligencia normal** – ordinary diligence, normal task
**diligencia obligatoria** – obligatory diligence
**diligencia ordinaria** – ordinary diligence, ordinary task
**diligencia peligrosa** – dangerous task
**diligencia pendiente** – pending task
**diligencia pequeña** – small task
**diligencia principal** – main task
**diligencia privada** – private task
**diligencia procesal** – court proceeding
**diligencia propia** – due diligence
**diligencia pública** – public task
**diligencia razonable** – reasonable diligence, reasonable task
**diligencia requerida** – required diligence, required task
**diligencia secundaria** – secondary task
**diligencia simple** – ordinary diligence, simple task
**diligencia sumaria** – summary proceeding
**diligencia usual** – usual diligence, usual task
**diligenciador** *m* – agent, negotiator
**diligenciar** *v* – to conduct, to deal with, to take care of, to serve process, to prosecute
**diligencias del protesto** – measures taken to protest a note, measures taken to protest a draft
**diligencias judiciales** – judicial proceedings
**diligencias para mejor proveer** – proceedings to obtain more evidence
**diligencias preliminares** – pre-trial proceedings
**diligencias preparatorias del juicio** – pre-trial proceedings
**diligenciero** *m* – agent, representative
**diligente** *adj* – diligent, careful, prompt, industrious
**diligentemente** *adv* – diligently
**dilogía** *f* – ambiguity
**dilucidación** *f* – elucidation, explanation
**dilución** *f* – dilution, watering
**dilución de capital** – capital dilution
**diluir** *v* – to dilute, to water
**dimisión** *f* – resignation, waiver
**dimitir** *v* – to resign, to waive
**dinámica** *f* – dynamics
**dinámica económica** – economic dynamics
**dinámico** *adj* – dynamic
**dinamismo** *m* – dynamism
**dinerario** *adj* – monetary
**dinero** *m* – money, currency, cash
**dinero asignado** – allocated money
**dinero bancario** – bank money
**dinero barato** – cheap money
**dinero base** – base money
**dinero caliente** – hot money
**dinero circulante** – circulating money
**dinero constante** – constant money
**dinero contante** – cash
**dinero contante y sonante** – cash
**dinero de plástico** – credit card, debit card
**dinero del banco central** – central bank money
**dinero depositado** – deposited money
**dinero electrónico** – electronic cash, electronic money, e-cash, e-money
**dinero en circulación** – money in circulation, circulating money
**dinero en depósito** – deposit money
**dinero en efectivo** – cash
**dinero en mano** – cash in hand
**dinero en metálico** – cash
**dinero en tabla** – cash
**dinero extranjero** – foreign money
**dinero falso** – counterfeit money
**dinero fiduciario** – fiduciary money
**dinero fresco** – fresh money
**dinero inactivo** – inactive money, idle money
**dinero inconvertible** – inconvertible money
**dinero inicial** – up-front money
**dinero lavado** – laundered money
**dinero marcado** – marked money
**dinero mercancía** – commodity currency
**dinero negro** – illegally obtained money, undeclared money
**dinero pagado** – money paid
**dinero para silencio** – hush money
**dinero personal** – personal money
**dinero prestado** – borrowed money
**dinero privado** – private money
**dinero público** – public money
**dinero recibido** – money received
**dinero sucio** – dirty money
**dinero suelto** – change
**diplomacia** *f* – diplomacy
**diplomacia abierta** – open diplomacy
**diplomático** *adj* – diplomatic

**diplomado** *m* – professional
**diplomado** *adj* – licensed
**diplomático** *m* – diplomat
**diplomático** *adj* – diplomatic
**dipsomanía** *f* – dipsomania, alcoholism
**dipsomaníaco** *m* – dipsomaniac, alcoholic
**dipsómano** *m* – dipsomaniac, alcoholic
**diputación** *f* – delegation, post of a congressmember, post of a member of parliament
**diputado** *m* – delegate, representative, deputy, congressmember, Member of Congress, Member of Parliament
**diputado propietario** – regular member of a board
**diputado suplente** – alternate member of a board
**diputar** *v* – to delegate, to deputize, to designate
**dirección** *f* – direction, address, domicile, guidance, management
**dirección centralizada** – centralized management
**dirección comercial** – commercial address, business address
**dirección corporativa** – corporate address, corporate management
**dirección de correo electrónico** – email address, e-mail address
**dirección de empresas** – business administration
**dirección de Internet** – Internet address, email address
**dirección de la oficina** – office management, office address
**dirección de operaciones** – operations management
**dirección de proyectos** – project management
**dirección de recursos humanos** – human resource management
**dirección de relaciones institucionales** – institutional relations management
**dirección de riesgos** – risk management
**dirección de sistemas** – systems management
**dirección de ventas** – sales management
**dirección del comercio electrónico** – e-commerce address, e-business address, e-commerce management, e-business management
**dirección del mercado** – market management, market direction
**dirección del proceso** – management of a trial
**dirección electrónica** – email address, Internet address
**dirección ficticia** – fictitious address
**dirección financiera** – financial management
**dirección general** – headquarters, general management
**dirección inexistente** – nonexistent address
**dirección IP** – IP address, Internet Protocol address
**dirección mercantil** – commercial address
**dirección permanente** – permanent address
**dirección por crisis** – management by crisis
**dirección por excepciones** – management by exception
**dirección por objetivos** – management by objectives
**dirección por resultados** – management by results
**dirección postal** – mailing address
**dirección profesional** – professional address
**directamente** *adv* – directly
**directamente responsable** – directly responsible
**directiva** *f* – directorate, management, board of directors, guideline
**directivo** *adj* – directive, executive, managing
**directo** *adj* – direct
**director** *m* – director, executive, manager, representative
**director adjunto** – assistant director
**director administrativo** – administrative director
**director asociado** – associate director
**director comercial** – commercial director
**director contable** – accounting director
**director corporativo** – corporate director
**director de administración** – administrative director
**director de área** – area director
**director de auditoría** – audit director
**director de capacitación** – training director
**director de comercialización** – marketing director
**director de comercio** – commerce director
**director de compras** – purchasing manager
**director de comunicaciones** – communications manager
**director de contabilidad** – chief accounting officer, accounting director
**director de crédito** – credit director
**director de cuenta** – account manager, account director
**director de departamento** – department manager
**director de desarrollo** – development director
**director de desarrollo de negocios** – business development director
**director de distribución** – distribution manager
**director de división** – division manager
**director de empresa** – company director
**director de entrenamiento** – training director
**director de fábrica** – factory manager
**director de finanzas** – chief financial officer, finance director, financial director
**director de habilitación** – training director
**director de información** – chief information officer
**director de la compañía** – company director
**director de la corporación** – corporate director
**director de la empresa** – company director, enterprise director
**director de la sociedad** – corporate director
**director de marketing** – marketing director
**director de mercadeo** – marketing director
**director de negocios** – business director
**director de oficina** – office manager, branch manager
**director de operaciones** – operations manager, chief operations officer
**director de personal** – personnel manager
**director de planta** – plant manager
**director de producción** – production manager
**director de proyecto** – project manager
**director de publicidad** – advertising director, publicity manager
**director de recursos humanos** – human resources director
**director de relaciones institucionales** – institutional relations director
**director de servicios** – service manager
**director de sistemas** – systems manager
**director de sucursal** – branch manager
**director de ventas** – sales director
**director del banco** – bank director, bank manager
**director ejecutivo** – executive director, chief executive

officer, chief executive
**director ejecutivo adjunto** – deputy executive director, deputy chief executive, deputy chief executive officer
**director empresarial** – business director, company director, enterprise director
**director externo** – outside director
**director ficticio** – dummy director
**director financiero** – chief financial officer, finance director, financial director
**director general** – director general, chief executive officer, chief operating officer
**director general adjunto** – assistant director general
**director gerente** – managing director
**director gerente adjunto** – deputy managing director
**director independiente** – independent director
**director interino** – acting director
**director mercantil** – commercial director, mercantile director
**director nombrado** – appointed director
**director principal** – senior director, senior manager
**director publicitario** – advertising director, publicity manager
**director regional** – regional director, regional manager
**director técnico** – chief technical officer
**directorio** *m* – directorate, directory
**directorio** *adj* – directory
**directorio comercial** – commercial directory, trade directory
**directorio electrónico** – electronic directory
**directorios encadenados** – interlocking directorates
**directorios entrelazados** – interlocking directorates
**directrices de calidad** – quality guidelines
**directrices de calidad ambiental** – environmental quality guidelines
**directrices de comercio** – commerce guidelines
**directrices de contabilidad** – accounting guidelines
**directrices de cumplimiento** – performance guidelines, compliance guidelines, fulfillment guidelines
**directrices de ética profesional** – guidelines of professional ethics
**directrices de fabricación** – manufacturing guidelines
**directrices de industria** – industry guidelines
**directrices de la compañía** – company guidelines
**directrices de negocios** – business guidelines
**directrices de producción** – production guidelines
**directrices de publicidad** – advertising guidelines
**directrices de rendimiento** – performance guidelines
**directrices de seguridad** – security guidelines, safety guidelines
**directrices del trabajo** – work guidelines, labor guidelines, labour guidelines
**directrices empresariales** – business guidelines
**directrices establecidas** – established guidelines
**directrices financieras** – financial guidelines
**directrices industriales** – industrial guidelines
**directrices internacionales** – international guidelines
**directrices medioambientales** – environmental guidelines
**directrices mercantiles** – commercial guidelines
**directrices publicitarias** – advertising guidelines
**directrices sanitarias** – health guidelines, sanitary guidelines
**directrices vigentes** – current guidelines
**directriz** *f* – guideline
**dirigente** *m/f* – leader, manager, director
**dirigente obrero** – labor leader, labour leader
**dirigido** *adj* – directed, managed, targeted
**dirigir** *v* – to direct, to manage, to run, to target
**dirigirse al banquillo** – to take the stand
**dirigirse al tribunal** – to address the court
**dirigir el comercio** – to direct commerce, to direct trade
**dirigir el crecimiento** – to direct growth
**dirigir la demanda** – to direct demand
**dirigir la economía** – to direct the economy
**dirigir la inflación** – to direct inflation
**dirigir las acciones** – to direct shares, to direct stock
**dirigir las tasas** – to direct rates
**dirigir los costes** – to direct costs
**dirigir los costos** – to direct costs
**dirigir los fondos** – to direct funds
**dirigir los gastos** – to direct expenses
**dirigir los precios** – to direct prices
**dirigismo** *m* – government intervention
**dirigismo estatal** – government intervention
**dirigismo oficial** – government intervention
**dirimente** *m* – circumstance which annuls a marriage, impediment to marriage
**dirimir** *v* – to settle, to annul
**disagio** *m* – disagio
**discapacidad** *f* – disability
**discapacidad a corto plazo** – short-term disability
**discapacidad a largo plazo** – long-term disability
**discapacidad absoluta** – total disability
**discapacidad absoluta permanente** – permanent total disability
**discapacidad absoluta temporal** – temporary total disability
**discapacidad anterior** – former disability
**discapacidad continua** – continuous disability
**discapacidad entera** – entire disability
**discapacidad física** – physical disability
**discapacidad laboral** – work disability
**discapacidad laboral transitoria** – temporary work disability
**discapacidad no ocupacional** – non-occupational disability
**discapacidad para trabajar** – work disability
**discapacidad parcial** – partial disability
**discapacidad parcial permanente** – permanent partial disability
**discapacidad permanente** – permanent disability
**discapacidad permanente total** – permanent total disability
**discapacidad perpetua** – permanent disability
**discapacidad personal** – personal disability
**discapacidad presunta** – presumptive disability
**discapacidad previa** – previous disability
**discapacidad recurrente** – recurrent disability
**discapacidad relativa** – partial disability
**discapacidad residual** – residual disability
**discapacidad temporal** – temporary disability
**discapacidad temporaria** – temporary disability
**discapacidad temporaria total** – temporary total disability
**discapacidad total** – total disability

**discapacidad total permanente** – permanent total disability
**discapacidad total temporal** – temporary total disability
**discapacidad transitoria** – transitory disability
**discapacitado** *adj* – disabled
**discernible** *adj* – discernible
**discernimiento** *m* – appointment, judicial appointment, discernment
**discernir** *v* – to appoint, to swear in, to discern
**disciplina** *f* – discipline
**disciplinario** *adj* – disciplinary
**disco** *m* – disc, disk
**disco compacto** – compact disc
**disco óptico** – optical disc
**disconforme** *adj* – disagreeing, objecting
**disconformidad** *f* – disagreement, dissent
**discontinuación** *f* – discontinuance
**discontinuado** *adj* – discontinued
**discontinuar** *v* – to discontinue, to suspend
**discontinuo** *adj* – discontinuous
**discordancia** *f* – difference, dissent
**discordante** *adj* – discordant
**discordia** *f* – discord, dissension
**discreción** *f* – discretion, prudence
**discreción, a** – left to the discretion
**discreción absoluta** – absolute discretion
**discreción administrativa** – administrative discretion
**discreción judicial** – judicial discretion
**discreción limitada** – limited discretion
**discrecional** *adj* – discretionary
**discrepancia** *f* – discrepancy, dissent
**discretamente** *adv* – discreetly
**discreto** *adj* – discreet
**discrimen** *m* – discrimination
**discrimen ambiental** – environmental discrimination
**discrimen de precios** – price discrimination
**discrimen directo** – direct discrimination
**discrimen ecológico** – ecological discrimination
**discrimen económico** – economic discrimination
**discrimen ilegal** – illegal discrimination
**discrimen ilícito** – illicit discrimination
**discrimen impropio** – improper discrimination
**discrimen inapropiado** – inappropriate discrimination
**discrimen indirecto** – indirect discrimination
**discrimen inverso** – reverse discrimination
**discrimen laboral** – labor discrimination, labour discrimination
**discrimen por edad** – age discrimination, ageism
**discrimen positivo** – positive discrimination
**discrimen racial** – race discrimination
**discrimen religioso** – religious discrimination
**discrimen sexual** – sex discrimination, gender discrimination
**discriminación** *f* – discrimination
**discriminación ambiental** – environmental discrimination
**discriminación de precios** – price discrimination
**discriminación directa** – direct discrimination
**discriminación ecológica** – ecological discrimination
**discriminación económica** – economic discrimination
**discriminación ilegal** – illegal discrimination
**discriminación ilícita** – illicit discrimination
**discriminación impropia** – improper discrimination
**discriminación inapropiada** – inappropriate discrimination
**discriminación indirecta** – indirect discrimination
**discriminación inversa** – reverse discrimination
**discriminación laboral** – labor discrimination, labour discrimination
**discriminación por edad** – age discrimination, ageism
**discriminación positiva** – positive discrimination
**discriminación racial** – race discrimination
**discriminación religiosa** – religious discrimination
**discriminación sexual** – sex discrimination, gender discrimination
**discriminador** *adj* – discriminating
**discriminador** *m* – discriminator
**discriminar** *v* – to discriminate
**discriminatorio** *adj* – discriminatory
**disculpa** *f* – apology, excuse
**disculpar** *v* – to apologize, to excuse, to exonerate
**discurso** *m* – speech, presentation, conversation, statement
**discurso al jurado** – statement to the jury
**discurso de informe** – summing up
**discusión** *f* – discussion, dispute
**discusión comercial** – business discussion, commercial discussion
**discusión de la pretensión** – defendant's denial of the claim
**discusión de negocios** – business discussion
**discusión empresarial** – business discussion
**discusión mercantil** – commercial discussion
**discutible** *adj* – debatable, moot
**discutir** *v* – to discuss, to debate
**diseminación** *f* – dissemination
**diseminar** *v* – to disseminate
**disenso** *m* – dissent, waiver
**disentir** *v* – to dissent
**diseñado ergonómicamente** – ergonomically designed
**diseñar** *v* – to design
**diseño** *m* – design
**diseño ergonómico** – ergonomic design
**diseño industrial** – industrial design
**disfamación** *f* – defamation, libel, slander
**disfrute** *m* – enjoyment, use, benefit, possession
**disidencia** *f* – dissidence, disagreement
**disidente** *adj* – dissident, dissenting
**disidente** *m/f* – dissident
**disimulación** *f* – dissimulation, pretense
**disimulo** *m* – dissimulation, pretense
**dislocación** *f* – dislocation
**disminución** *f* – diminution, reduction
**disminución contributiva** – tax reduction
**disminución de contribuciones** – reduction of taxes
**disminución de impuestos** – tax reduction
**disminución de personal** – personnel reduction, personnel downsizing
**disminución de riesgos** – risk reduction
**disminución de salario** – salary reduction
**disminución de tasa** – rate reduction
**disminución impositiva** – tax reduction
**disminución presupuestaria** – budgetary reduction
**disminución salarial** – salary reduction
**disminución tributaria** – tax reduction
**disminuido** *adj* – diminished

**disminuir** *v* – to diminish, to decrease, to reduce
**disminuir gradualmente** – to reduce gradually, to taper off
**disminuir tarifas** – to decrease tariffs
**disociación** *f* – dissociation
**disolución** *f* – dissolution, liquidation, breakup, termination, conclusion
**disolución de sociedad** – dissolution of corporation, dissolution of partnership
**disolución de la sociedad conyugal** – separation of marital property
**disolución de las personas jurídicas** – dissolution of legal entities
**disolución de sociedad** – dissolution of corporation, dissolution of partnership
**disolución del matrimonio** – dissolution of marriage
**disolver** *v* – to dissolve, to break up, to adjourn, to terminate, to settle
**disolver la asamblea** – to adjourn the meeting
**disolver la junta** – to adjourn the meeting
**disolver la reunión** – to adjourn the meeting
**disolver la sesión** – to adjourn the meeting
**disolver una compañía** – to dissolve a company
**disolver una corporación** – to dissolve a corporation
**disolver una sociedad** – to dissolve a corporation, to dissolve a partnership
**disparar** *v* – to shoot, to discharge
**disparidad** *f* – disparity
**disparo** *m* – shot, discharge
**disparo de arma de fuego** – discharge of a firearm
**dispendio** *m* – waste
**dispensa** *f* – dispensation, exemption
**dispensable** *adj* – dispensable, excusable, pardonable
**dispensación** *f* – dispensation, exemption
**dispensador** *m* – dispenser
**dispensar** *v* – to dispense, to exempt, to pardon, to confer
**disponer** *v* – to dispose, to order, to prepare, to arrange
**disponibilidad** *f* – availability
**disponibilidad de crédito** – credit availability
**disponibilidad de fondos** – funds availability
**disponibilidad descontinuada** – discontinued availability
**disponibilidad diferida** – deferred availability
**disponibilidades en efectivo** – cash holdings
**disponibilidades líquidas** – liquid holdings
**disponible** *adj* – available, liquid, disposable
**disponible comercialmente** – commercially available
**disponible para empleo** – available for employment
**disponible para trabajo** – available for work
**disponiéndose** *adv* – provided that
**disposición** *f* – disposition, requirement, order, provision, decision, clause, disposal, specification, arrangement, layout
**disposición judicial** – judicial disposition
**disposición de última voluntad** – last will
**disposición testamentaria** – testamentary disposition
**disposiciones** *f* – requirements, provisions, clauses
**disposiciones discrecionales** – discretionary provisions
**disposiciones generales** – blanket provisions
**disposiciones legales** – statutory clauses
**disposiciones procesales** – rules of procedure
**disposiciones sustantivas** – substantive law
**disposiciones transitorias** – temporary provisions
**disposiciones tributarias** – tax laws
**disposiciones vinculadas** – non-discretionary provisions
**dispositivo** *adj* – dispositive
**dispositivo de acceso** – access device
**dispositivo explosivo** – explosive device
**dispositivo policial** – police operation
**disputa** *f* – dispute, contest
**disputa extranjera** – foreign dispute
**disputa fingida** – feigned dispute
**disputa internacional** – international dispute
**disputa legal** – legal dispute
**disputa obrera** – labor dispute, labour dispute
**disputa salarial** – salary dispute
**disputa simulada** – simulated dispute
**disputabilidad** *f* – disputability, contestability
**disputable** *adj* – disputable, contestable, moot
**disputar** *v* – to dispute, to contest, to discuss
**distancia** *f* – distance, discrepancy
**distancia, a** – at a distance
**distinción** *f* – distinction
**distinguir** *v* – to distinguish
**distintivo** *adj* – distinctive
**distorsión de precios** – price distortion
**distorsión del mercado** – market distortion
**distorsionar** *v* – to distort
**distorsionar la verdad** – to distort the truth
**distracción** *f* – distraction, misappropriation
**distracción de fondos** – misappropriation
**distracto** *m* – annulment of contract by mutual consent
**distraer** *v* – to distract, to divert, to misappropriate
**distribución** *f* – distribution, allocation, allotment
**distribución abierta** – open distribution
**distribución de beneficios** – profits distribution, benefits distribution
**distribución de capital** – capital distribution
**distribución de costes** – cost distribution
**distribución de costos** – cost distribution
**distribución de dividendo** – dividend distribution
**distribución de fondos** – funds distribution
**distribución de ganancias** – earnings distribution, profits distribution
**distribución de ganancias de capital** – capital gains distribution
**distribución de gastos** – distribution of expenses
**distribución de ingresos** – income distribution
**distribución de la renta** – income distribution
**distribución de la responsabilidad** – apportionment of liability
**distribución de los daños** – apportionment of damages
**distribución de muestreo** – sampling distribution
**distribución de plusvalías** – capital gains distribution
**distribución de probabilidad** – probability distribution
**distribución de producción** – production distribution
**distribución de recursos** – resource distribution
**distribución de utilidades** – profits distribution
**distribución del riesgo** – risk distribution
**distribución del trabajo** – work distribution
**distribución desproporcionada** – disproportionate

distribution
**distribución en especie** – in-kind distribution
**distribución en exclusiva** – exclusive distribution
**distribución equitativa** – equitable distribution
**distribución exclusiva** – exclusive distribution
**distribución física** – physical distribution
**distribución funcional** – functional distribution
**distribución global** – lump-sum distribution, global distribution
**distribución limitada** – limited distribution
**distribución mayorista** – wholesale distribution
**distribución minorista** – retail distribution
**distribución normal** – normal distribution
**distribución parcial** – partial distribution
**distribución presupuestaria** – budget distribution
**distribución proporcional** – proportional distribution
**distribución prorrateada** – pro rata distribution
**distribución pública** – public distribution
**distribución restringida** – restricted distribution
**distribución secundaria** – secondary distribution
**distribución selectiva** – selective distribution
**distribución sin restricciones** – unrestricted distribution
**distribuible** *adj* – distributable
**distribuido** *adj* – distributed, allocated, allotted
**distribuido legalmente** – legally distributed
**distribuido lícitamente** – licitly distributed
**distribuidor** *m* – distributor
**distribuidor en exclusiva** – exclusive distributor
**distribuidor exclusivo** – exclusive distributor
**distribuidor mayorista** – wholesale distributor
**distribuidor minorista** – retail distributor
**distribuir** *v* – to distribute, to allocate, to allot
**distributivo** *adj* – distributive
**distrito** *m* – district, region
**distrito aduanero** – customs district
**distrito comercial** – commercial district, business district
**distrito contributivo** – tax district
**distrito de comercio** – commerce district
**distrito de negocios** – business district
**distrito electoral** – electoral district
**distrito federal** – federal district
**distrito financiero** – financial district
**distrito fiscal** – tax district, assessment district
**distrito impositivo** – tax district
**distrito industrial** – industrial district
**distrito judicial** – judicial district
**distrito mercantil** – commercial district
**distrito metropolitano** – metropolitan district
**distrito postal** – postal district, postal zone
**distrito residencial** – residential district
**distrito tributario** – tax district
**disturbio** *m* – disturbance
**disuadir** *v* – to dissuade
**disuasivo** *adj* – dissuasive
**disyunción** *f* – disjunction
**disyuntivo** *adj* – disjunctive
**dita** *f* – guarantee, debt, guarantor
**diurno** *adj* – diurnal
**divagación** *f* – divagation
**divergencia** *f* – divergence
**divergencia de opinión** – divergence of opinion
**diversidad** *f* – diversity
**diversificable** *adj* – diversifiable
**diversificación** *f* – diversification
**diversificación del riesgo** – risk diversification
**diversificado** *adj* – diversified
**diversificar** *v* – to diversify
**dividendo** *m* – dividend
**dividendo a pagar** – dividend payable
**dividendo acostumbrado** – customary dividend
**dividendo activo** – dividend
**dividendo acumulado** – accumulated dividend
**dividendo acumulativo** – accumulative dividend
**dividendo adicional** – extra dividend
**dividendo anual** – annual dividend
**dividendo atrasado** – late dividend
**dividendo bruto** – gross dividend
**dividendo casual** – irregular dividend
**dividendo de bienes** – property dividend
**dividendo de capital** – capital dividend
**dividendo de liquidación** – liquidation dividend
**dividendo de póliza** – policy dividend
**dividendo de propiedad** – property dividend
**dividendo declarado** – declared dividend
**dividendo diferido** – deferred dividend
**dividendo en acciones** – stock dividend
**dividendo en efectivo** – cash dividend
**dividendo en especie** – property dividend
**dividendo en pagarés** – scrip dividend
**dividendo extra** – extra dividend
**dividendo extraordinario** – extraordinary dividend
**dividendo final** – final dividend
**dividendo fiscal** – fiscal dividend
**dividendo garantizado** – guaranteed dividend
**dividendo ilegal** – illegal dividend
**dividendo ilícito** – illicit dividend
**dividendo implícito** – constructive dividend
**dividendo imponible** – taxable dividend
**dividendo interino** – interim dividend
**dividendo neto** – net dividend
**dividendo no gravable** – nontaxable dividend
**dividendo no imponible** – nontaxable dividend
**dividendo no tributable** – nontaxable dividend
**dividendo normal** – normal dividend
**dividendo ocasional** – irregular dividend
**dividendo omitido** – omitted dividend
**dividendo opcional** – optional dividend
**dividendo ordinario** – ordinary dividend
**dividendo por acción** – dividend per share
**dividendo preferencial** – preferred dividend
**dividendo preferente** – preferred dividend
**dividendo preferido** – preferred dividend
**dividendo privilegiado** – preferred dividend
**dividendo provisional** – interim dividend
**dividendo provisorio** – interim dividend
**dividendo regular** – regular dividend
**dividendo típico** – typical dividend
**dividendo tributable** – taxable dividend
**dividendo trimestral** – quarterly dividend
**dividendos de acciones comunes** – common stock dividends
**dividido** *adj* – divided
**dividir** *v* – to divide
**dividuo** *adj* – divisible
**divisa** *f* – emblem, slogan, foreign currency
**divisas** *f* – foreign currency, foreign exchange

**divisas de referencia** – reference currencies
**divisas de reservas** – reserve currencies
**divisas débiles** – soft currencies
**divisas estables** – stable currencies
**divisas extranjeras** – foreign currencies
**divisas fuertes** – hard currencies
**divisibilidad** *f* – divisibility
**divisible** *adj* – divisible
**división** *f* – division, partition
**división administrativa** – administrative division
**división arrendada** – leased division
**división bancaria** – banking division
**división comercial** – commercial division
**división contable** – accounting division, bookkeeping division
**división corporativa** – corporate division
**división de administración** – administration division
**división de agricultura** – agriculture division
**división de apoyo** – support division
**división de aprobación de crédito** – credit-approval division
**división de auditoría** – audit division
**división de autorizaciones** – authorization division
**división de bienestar social** – social welfare division
**división de capacitación** – training division
**división de certificación** – certification division
**división de cobranza** – collection division
**división de cobros** – collections division
**división de colocaciones** – employment division
**división de comercialización** – marketing division
**división de comercio** – commerce division, trade division
**división de compras** – purchasing division
**división de comunicaciones** – communications division
**división de contabilidad** – accounting division, bookkeeping division
**división de contribuciones** – tax division
**división de corretaje** – brokerage division
**división de costas** – division of court costs
**división de costes** – division of costs
**división de costos** – division of costs
**división de crédito** – credit division
**división de cumplimiento** – compliance division
**división de daños** – division of damages
**división de declaraciones** – declarations section
**división de distribución** – distribution division
**división de educación** – division of education
**división de empleos** – employment division
**división de exportación** – export division
**división de facturación** – billing division
**división de formación** – training division
**división de habilitación** – training division
**división de hipotecas** – mortgage division
**división de importación** – import division
**división de impuestos** – tax division
**división de información** – information division
**división de ingresos** – income splitting
**división de la herencia** – partition of an inheritance
**división de la renta** – income splitting
**división de liquidaciones** – settlement division
**división de marketing** – marketing division
**división de mercadeo** – marketing division
**división de negocios** – business division
**división de nómina** – payroll division
**división de operaciones** – operations division
**división de órdenes** – order division
**división de patentes** – patent division
**división de personal** – personnel division
**división de planificación** – planning division
**división de poderes** – separation of powers
**división de préstamos** – loan division
**división de producción** – production division
**división de propiedad** – division of property
**división de publicidad** – advertising division
**división de reclamaciones** – claims division
**división de recursos humanos** – human resources division
**división de relaciones exteriores** – state department
**división de relaciones industriales** – industrial relations division
**división de relaciones públicas** – public relations division
**división de salud** – health division
**división de salud pública** – health division
**división de sanidad** – health division
**división de seguro social** – social security division
**división de seguros** – insurance division
**división de servicio** – service division
**división de servicio al cliente** – customer service division
**división de ventas** – sales division
**división del trabajo** – division of labor, division of labour
**división empresarial** – business division
**división exportadora** – export division
**división extranjera** – foreign division
**división fiduciaria** – trust division
**división financiera** – finance division
**división fiscal** – tax division
**división general** – general division
**división gubernamental** – governmental division
**división hipotecaria** – mortgage division
**división importadora** – import division
**división jurídica** – legal division
**división legal** – legal division
**división mercantil** – commercial division, mercantile division
**división política** – political division
**división principal** – main division
**división privada** – private division
**división pública** – public division
**división publicitaria** – advertising division
**división regional** – regional division
**divisional** *adj* – divisional
**divorciar** *v* – to divorce, to separate
**divorcio** *m* – divorce, separation
**divorcio absoluto** – absolute divorce
**divorcio contencioso** – contested divorce
**divorcio divisible** – divisible divorce
**divorcio en rebeldía** – divorce granted with one of the parties absent
**divorcio internacional** – international divorce
**divorcio limitado** – limited divorce, qualified divorce
**divorcio por causa** – divorce for cause
**divorcio por consentimiento mutuo** – divorce by consent
**divulgación** *f* – disclosure, publication

**divulgación adecuada** – adequate disclosure
**divulgación completa** – full disclosure
**divulgación compulsiva** – compulsory disclosure
**divulgación compulsoria** – compulsory disclosure
**divulgación de interés** – disclosure of interest
**divulgación entera** – entire disclosure
**divulgación financiera** – financial disclosure
**divulgación forzada** – compulsory disclosure
**divulgación forzosa** – compulsory disclosure
**divulgación necesaria** – necessary disclosure
**divulgación obligatoria** – obligatory disclosure, mandatory disclosure
**divulgación requerida** – required disclosure
**divulgado** *adj* – disclosed, published
**divulgar** *v* – to divulge, to disclose
**divulgar información** – to disclose information
**Dña. (Doña)** – Ms., Mrs., Miss
**DNI (Documento Nacional de Identidad)** – National Identity Card
**doble** *adj* – double, dual
**doble agencia** – dual agency
**doble asiento** – double posting
**doble cargo** – double charge
**doble contabilidad** – double accounting, double counting
**doble contabilización** – double accounting, double counting
**doble contrato** – dual contract
**doble control** – dual control
**doble distribución** – dual distribution
**doble economía** – dual economy
**doble empleo** – double employment, moonlighting
**doble endoso** – double endorsement
**doble entrada** – double entry
**doble exención** – double exemption
**doble exposición** – double jeopardy
**doble financiación** – double financing
**doble financiamiento** – double financing
**doble imposición** – double taxation
**doble indemnización** – double indemnity
**doble ingreso** – double income
**doble nacionalidad** – dual citizenship
**doble opción** – double option
**doble paga** – double pay
**doble recuperación** – double recovery
**doble responsabilidad** – double liability
**doble supervisión** – dual supervision
**doble tributación** – double taxation
**doble vínculo** – dual relationship
**docente** *adj* – pertaining to education
**doctor** *m* – doctor, physician
**doctor en derecho** – attorney, doctor of jurisprudence, doctor of laws
**doctorado** *m* – doctorate
**doctrina** *f* – doctrine
**doctrina Calvo** – Calvo doctrine
**doctrina contributiva** – tax doctrine
**doctrina del álter ego** – alter ego doctrine
**doctrina fiscal** – tax doctrine, fiscal doctrine
**doctrina impositiva** – tax doctrine
**doctrina legal** – legal doctrine
**doctrina tributaria** – tax doctrine
**doctrinal** *adj* – doctrinal
**documentación** *f* – documentation, document, documents, identification
**documentación aduanera** – customs documentation
**documentación comprobatoria** – supporting documents
**documentación contable** – accounting documentation
**documentación de aduanas** – customs documentation
**documentación de exportación** – export documentation
**documentación de importación** – import documentation
**documentación de préstamo** – loan documentation
**documentación de reclamación** – claim documentation
**documentación del buque** – ship's papers
**documentación justificativa** – supporting documents
**documentado legalmente** – legally documented
**documentado lícitamente** – licitly documented
**documentador** *m* – court clerk
**documentador público** – notary public
**documental** *adj* – documentary
**documentar** *v* – to document, to provide documentation, to furnish documents
**documentar una deuda** – to provide evidence of indebtedness
**documentario** *adj* – documentary
**documento** *m* – document, bill
**documento a la orden** – order paper
**documento adjunto** – affixed document, attachment
**documento al portador** – bearer paper
**documento anexado** – affixed document, attachment
**documento anexo** – affixed document, attachment
**documento anónimo** – unsigned document, anonymous document
**documento auténtico** – authentic document, notarized document
**documento autógrafo** – signed document
**documento cambiario** – bill of exchange
**documento certificado** – certified document
**documento comercial** – commercial paper, commercial document
**documento constitutivo** – incorporation papers
**documento corporativo** – corporate document
**documento de antecedentes** – background document, background paper
**documento de aventura** – bill of adventure
**documento de comercio** – commercial paper, commerce document
**documento de constitución** – incorporation papers
**documento de crédito** – credit instrument
**documento de favor** – accommodation bill, accommodation paper
**documento de giro** – draft
**documento de pago** – document certifying payment
**documento de transacción** – transaction document
**documento de tránsito** – bill of lading
**documento de transmisión** – bill of sale
**documento de venta** – bill of sale
**documento dispositivo** – dispositive document
**documento extranjero** – foreign document
**documento falsificado** – forged document
**documento falso** – false document
**documento formal** – formal document
**documento fuente** – source document

**documento internacional** – international document
**documento judicial** – judicial document
**documento justificativo** – supporting document
**documento legal** – legal document
**documento mercantil** – commercial document
**Documento Nacional de Identidad** – National Identity Card
**documento negociable** – negotiable instrument
**documento nominado** – document bearing the name of the preparer
**documento notarial** – notarial document
**documento oficial** – official document
**documento original** – original document
**documento otorgado en el extranjero** – document issued abroad
**documento por cobrar** – note receivable
**documento por pagar** – note payable
**documento privado** – private document
**documento probatorio** – document which serves as evidence
**documento público** – public document
**documento secreto** – secret document
**documento simple** – non-registered document
**documento solemne** – formal document
**documento transmisible** – negotiable instrument
**documentos** *m* – documents, papers
**documentos aduaneros** – customs documents
**documentos comerciales** – commercial documents, business documents
**documentos contables** – accounting documents
**documentos contra aceptación** – documents against acceptance
**documentos contra pago** – documents against payment
**documentos de aduanas** – customs documents
**documentos de cobros** – collection documents
**documentos de contabilidad** – accounting documents
**documentos de embarque** – shipping documents
**documentos de empleo** – working papers
**documentos de exportación** – export documents
**documentos de importación** – import documents
**documentos de negocios** – business documents
**documentos de título** – title documents
**documentos de trabajo** – working papers
**documentos empresariales** – business documents
**documentos externos** – external documents
**documentos internos** – internal documents
**documentos legales** – legal documents
**dogma** *m* – dogma
**dogmático** *adj* – dogmatic
**dolarización** *f* – dollarization
**dolo** *m* – deceit, fraud, lie
**dolo causante** – deceit used in securing a contract
**dolo civil** – intent to deceive
**dolo incidental** – immaterial deceit
**dolo negativo** – deceitful omissions
**dolo penal** – criminal intent
**dolo positivo** – active deceit
**dolo principal** – deceit used in securing a contract
**dolor de la víctima** – victim's pain
**dolor y sufrimiento** – pain and suffering
**dolosamente** *adv* – fraudulently, deceitfully
**doloso** *adj* – fraudulent, deceitful
**domesticado** *adj* – domesticated
**doméstico** *adj* – domestic, internal
**domiciliación** *f* – direct debit, automatic payment, domiciliation
**domiciliado** *adj* – domiciled
**domiciliado legalmente** – legally resided
**domiciliado lícitamente** – licitly resided
**domiciliar** *v* – to domicile
**domiciliario** *adj* – domiciliary
**domiciliarse** *v* – to domicile
**domicilio** *m* – domicile, residence, address
**domicilio accidental** – temporary domicile
**domicilio bancario** – bank address
**domicilio comercial** – commercial domicile, business address
**domicilio constituido** – legal residence
**domicilio convencional** – domicile of choice
**domicilio conyugal** – matrimonial domicile
**domicilio corporativo** – corporate address, corporate domicile
**domicilio de elección** – domicile of choice
**domicilio de hecho** – actual domicile
**domicilio de la compañía** – company address, company domicile
**domicilio de las personas morales** – corporate domicile
**domicilio de origen** – domicile of origin
**domicilio extranjero** – foreign domicile
**domicilio fijo** – fixed residence
**domicilio fijo, sin** – without a fixed residence
**domicilio fiscal** – tax domicile
**domicilio ilegal** – illegal residence
**domicilio internacional** – international domicile
**domicilio legal** – legal residence, legal domicile, necessary domicile
**domicilio matrimonial** – matrimonial domicile
**domicilio mercantil** – commercial domicile
**domicilio municipal** – municipal domicile
**domicilio nacional** – national domicile
**domicilio necesario** – necessary domicile
**domicilio obligatorio** – obligatory domicile
**domicilio postal** – mailing address
**domicilio real** – actual domicile
**domicilio social** – corporate address, corporate domicile, partnership address
**domicilio verdadero** – domicile of choice, real domicile
**dominante** *adj* – dominant, domineering
**dominación** *f* – domination
**dominante** *adj* – dominant
**dominar** *v* – to dominate, to influence
**dominar un mercado** – to dominate a market
**dominical** *adj* – proprietary
**dominio** *m* – dominion, ownership, control, domain, mastery
**dominio absoluto** – fee simple
**dominio aéreo** – air rights
**dominio del estado** – state property
**dominio del mercado** – market dominance
**dominio directo** – legal ownership
**dominio durante la vida** – life estate
**dominio eminente** – eminent domain
**dominio fiduciario** – possession in trust
**dominio fiscal** – government ownership
**dominio fluvial** – riparian ownership

**dominio imperfecto** – imperfect ownership
**dominio perfecto** – perfect ownership
**dominio pleno** – fee simple
**dominio por tiempo fijo** – estate for years
**dominio privado** – private domain
**dominio público** – public domain, public property
**dominio simple** – fee simple
**dominio supremo** – eminent domain
**dominio útil** – useful ownership, usufruct
**dominio vitalicio** – life estate
**don** *m* – donation, gift, ability
**don** *m* – Mr.
**doña** *f* – Ms., Mrs., Miss
**donación** *f* – donation, gift, bestowal
**donación aceptada** – accepted gift
**donación antenupcial** – antenuptial gift
**donación condicional** – conditional gift
**donación contingente** – contingent gift
**donación de padres a hijos** – parental gift to their children
**donación en vida** – gift between living persons
**donación entre vivos** – gift between living persons
**donación ilícita** – illicit gift
**donación impropia** – improper gift
**donación inapropiada** – inappropriate gift
**donación incondicional** – unconditional gift
**donación irrevocable** – irrevocable gift
**donación lícita** – licit gift
**donación por causa de muerte** – gift in contemplation of death
**donación pura** – absolute gift
**donaciones mutuas** – mutual gifts
**donado** *adj* – donated, given
**donado ilegalmente** – illegally donated
**donado ilícitamente** – illicitly donated
**donador** *m* – donor, giver
**donador anónimo** – anonymous donor
**donante** *m/f* – donor, giver
**donar** *v* – to donate, to give
**donatario** *m* – donee, recipient
**donatio inter vivos** – gift between living persons, donatio inter vivos
**donatio mortis causa** – gift in anticipation of death, donatio mortis causa
**donativo** *m* – donation, gift, contribution
**donativo** *adj* – donative
**dopar** *v* – to dope, to drug
**doparse** *v* – to take performance-enhancing drugs, to take drugs
**dorso** *m* – back, back of a document
**dossier** *m* – dossier
**dotación** *f* – dowry, dotation, endowment, personnel
**dotación de personal** – staffing
**dotación pura** – pure endowment
**dotal** *adj* – pertaining to a dowry, dotal
**dotante** *m* – donor, endower
**dotante** *adj* – donating, endowing
**dotar** *v* – to provide, to endow, to staff
**dote** *f* – dowry, endowment, talent
**doy fe** – I attest to, I certify
**dpto. (departamento)** – department
**draconiano** *adj* – Draconian
**drástico** *adj* – drastic
**droga** *f* – drug
**drogadicción** *f* – drug addiction
**drogadicto** *m* – drug addict
**drogar** *v* – to drug
**drogarse** *v* – to drug oneself
**drogodependencia** *f* – drug addiction
**dto. (descuento)** – discount
**dubio** *m* – doubt
**duda** *f* – doubt
**duda irrazonable** – unreasonable doubt
**duda racional** – rational doubt
**duda razonable** – reasonable doubt
**dudable** *adj* – doubtful
**dudosamente** *adv* – doubtfully
**dudoso** *adj* – dubious
**duelo** *m* – sorrow, mourning, duel
**dueño** *m* – owner, property owner, head of household
**dueño absoluto** – absolute owner
**dueño actual** – present owner
**dueño adyacente** – adjacent owner
**dueño aparente** – apparent owner
**dueño ausente** – absentee owner
**dueño corporativo** – corporate owner
**dueño de hogar** – home owner
**dueño de la compañía** – company owner
**dueño de negocio** – business owner
**dueño en derecho** – legal owner
**dueño en equidad** – equitable owner
**dueño matriculado** – registered owner
**dueño sin restricciones** – absolute owner
**dueño único** – sole owner
**dueños de propiedades colindantes** – adjoining landowners
**dumping** *m* – dumping
**dumping social** – social dumping
**duopolio** *m* – duopoly
**dúplica** *f* – rejoinder
**duplicación** *f* – duplication
**duplicación de beneficios** – duplication of benefits
**duplicado** *adj* – duplicate
**duplicado** *m* – duplicate, copy
**duplicar** *v* – to duplicate
**duplicidad** *f* – duplicity
**duración** *f* – duration, life
**duración de contrato** – duration of contract
**duración de la garantía** – duration of the warranty
**duración de la obligación** – duration of obligation
**duración de la patente** – term of the patent
**duración de la responsabilidad** – duration of liability
**duración de los beneficios** – duration of the benefits
**duración del convenio** – duration of the agreement
**duración del servicio** – duration of the service
**duradero** *adj* – durable
**durante** *prep* – during
**durante ausencia** – during the absence

# E

**e-mail** *m* – e-mail
**ebriedad** *f* – ebriety, inebriation
**ebrio** *m* – drunkard
**ebrio** *adj* – inebriated
**ebrio habitual** – habitual drunkard
**echarse atrás** – to go back on one's word, to go back
**eco-amistoso** *adj* – eco-friendly
**ecoauditoría** *f* – environmental audit
**ecocéntrico** *adj* – eco-centric
**ecoetiquetado** *m* – eco-labelling
**ecofeminismo** *m* – eco-feminism
**ecofeminista** *adj* – eco-feminist
**ecofeminista** *m/f* – eco-feminist
**ecoindustria** *f* – eco-industry
**ecología** *f* – ecology
**ecológicamente** *adv* – ecologically
**ecológicamente amistoso** – ecologically friendly
**ecológico** *adj* – ecological, ecologic
**ecologismo** *m* – environmentalism
**ecologista** *m/f* – ecologist, environmentalist
**ecólogo** *m* – ecologist
**economato** *m* – trusteeship, guardianship
**econometría** *f* – econometrics
**econométrico** *adj* – econometric
**economía** *f* – economy, economics
**economía abierta** – open economy
**economía administrada** – managed economy
**economía agraria** – agricultural economics
**economía agrícola** – agricultural economy, agricultural economics
**economía ambiental** – environmental economics
**economía aplicada** – applied economics
**economía avanzada** – advanced economy, advanced economics
**economía capitalista** – capitalist economy
**economía centralmente planificada** – centrally planned economy
**economía cerrada** – closed economy
**economía clandestina** – black economy
**economía clásica** – classical economics
**economía colectiva** – collective economy
**economía comercial** – business economics, commercial economics
**economía competitiva** – competitive economy
**economía controlada** – controlled economy
**economía de comercio electrónico** – e-commerce economics, e-business economics
**economía de consumo** – consumption economy
**economía de costes** – cost economy
**economía de costos** – cost economy
**economía de empresas** – business economics
**economía de escala** – economy of scale
**economía de guerra** – war economy
**economía de información** – information economy
**economía de la tierra** – land economy
**economía de libre mercado** – free-market economy
**economía de mercado** – market economy
**economía de negocios** – business economics
**economía de permutas** – barter economy
**economía de planificación centralizada** – centrally planned economy
**economía de servicios** – service economy
**economía de trueque** – barter economy
**economía del bienestar** – welfare economics
**economía del conocimiento** – knowledge economy
**economía del consumo** – consumer economics, consumer economy
**economía del desarrollo** – development economics
**economía dependiente** – dependent economy
**economía deprimida** – depressed economy
**economía digital** – digital economy
**economía dinámica** – dynamic economy
**economía dirigida** – directed economy, managed economy
**economía doméstica** – domestic economy
**economía dual** – dual economy
**economía ecológica** – eco-economics, ecological economics
**economía emergente** – emerging economy
**economía empresarial** – business economics
**economía equilibrada** – balanced economy
**economía estática** – static economics
**economía falsa** – false economy
**economía financiera** – financial economy
**economía formal** – formal economy
**economía global** – global economy, overall economy
**economía informal** – informal economy
**economía institucional** – institutional economics
**economía interna** – internal economy
**economía intervenida** – directed economy, managed economy
**economía libre** – free economy
**economía local** – local economy
**economía madura** – mature economy
**economía manipulada** – manipulated economy
**economía matemática** – mathematical economics
**economía mercantil** – commercial economics
**economía mixta** – mixed economy
**economía monetaria** – cash economy, monetary economics
**economía mundial** – world economy
**economía nacional** – national economy, domestic economy
**economía negra** – black economy
**economía normativa** – normative economics
**economía nueva** – new economy
**economía paralela** – parallel economy
**economía planificada** – planned economy, centrally planned economy, managed economy
**economía política** – political economy
**economía procesal** – procedural economy
**economía protegida** – protected economy
**economía recalentada** – overheated economy
**economía regional** – regional economy
**economía rural** – rural economy
**economía sana** – healthy economy
**economía sobrecalentada** – overheated economy

**economía sumergida** – black economy
**economía urbana** – urban economy
**economías de escala** – economies of scale
**económicamente** *adv* – economically
**económicamente viable** – economically viable
**económico** *adj* – economic, economical
**economismo** *m* – economism
**economista** *m/f* – economist
**economizar** *v* – to economize, to save
**ecónomo** *m* – trustee, guardian, curator
**ecosistema** *m* – ecosystem
**ecotasa** *f* – ecotax
**ecotóxico** *adj* – ecotoxic
**ecotoxicológico** *adj* – ecotoxicological
**ecuanimidad** *f* – equanimity
**echar** *v* – to expel, to throw out, to dismiss
**echar al mar** – to jettison
**echar bando** – to publish an edict, to publish a decree
**echar suertes** – to draw lots
**echazón** *f* – jettison, jettisoning
**edad** *f* – age, span
**edad actual** – present age
**edad alcanzada** – attained age
**edad de consentimiento** – age of consent
**edad de jubilación** – retirement age
**edad de jubilación forzada** – compulsory retirement age
**edad de jubilación forzosa** – compulsory retirement age
**edad de retiro** – retirement age
**edad de retiro forzado** – compulsory retirement age
**edad de retiro forzoso** – compulsory retirement age
**edad efectiva** – effective age
**edad legítima** – legal age
**edad límite** – age limit
**edad madura** – maturity
**edad máxima** – maximum age
**edad máxima de empleo** – maximum employment age
**edad mínima** – minimum age
**edad mínima de empleo** – minimum employment age
**edad original** – original age
**edades de jubilación múltiples** – multiple retirement ages
**edades de retiro múltiples** – multiple retirement ages
**edición** *f* – edition, publication
**edición oficial** – official edition
**edicto** *m* – edict, decree, proclamation
**edicto emplazatorio** – summons
**edictos judiciales** – notification of a judicial summons through publication
**edictos matrimoniales** – banns of matrimony
**edificación** *f* – edification, building
**edificación auxiliar** – accessory building
**edificado** *adj* – built upon, built
**edificar** *v* – to build
**edificio auxiliar** – accessory building
**edificio de los tribunales** – courthouse
**edificio público** – public building
**edil** *m* – municipal officer
**edilicio** *adj* – municipal
**editor** *m* – editor, publisher
**editorial** *f* – publisher
**educación** *f* – education
**educación del consumidor** – consumer education
**educación legal** – legal education
**educación obligatoria** – compulsory education
**educación profesional** – professional education
**educación profesional continua** – continuing professional education
**educacional** *adj* – educational
**educir** *v* – to educe, to deduce
**EEE (Espacio Económico Europeo)** – European Economic Area
**efectivamente** *adv* – effectively, really
**efectivar** *v* – to cash, to negotiate, to collect
**efectividad** *f* – effectiveness
**efectividad administrativa** – management effectiveness, managerial effectiveness
**efectivo** *m* – cash
**efectivo** *adj* – effective, actual
**efectivo, en** – in cash
**efecto** *m* – effect, bill, objective, negotiable instrument, article, article of merchandise
**efecto aceptado** – accepted bill
**efecto acumulativo** – cumulative effect
**efecto al portador** – bearer bill
**efecto bancario** – bank bill
**efecto cambiado** – bill of exchange
**efecto comercial** – trade bill
**efecto completo** – full effect
**efecto contributivo** – tax effect
**efecto de complacencia** – accommodation bill
**efecto de ingreso** – income effect
**efecto de invernadero** – greenhouse effect
**efecto de la renta** – income effect
**efecto declaratorio** – declaratory effect
**efecto devolutivo** – appeal during which there is no stay of execution
**efecto directo** – direct effect
**efecto dominó** – domino effect
**efecto financiero** – financial effect
**efecto impositivo** – tax effect
**efecto indirecto** – indirect effect
**efecto inmediato** – immediate effect
**efecto jurídico** – legal effect
**efecto legal** – legal effect
**efecto mercantil** – commercial bill
**efecto neto** – net effect
**efecto retroactivo** – retroactive effect
**efecto suspensivo** – appeal during which there is a stay of execution
**efecto tributario** – tax effect
**efectos** *m* – effects, chattels, merchandise, goods, negotiable instruments, bills
**efectos al portador** – bearer paper
**efectos civiles** – civil consequences
**efectos contables** – accounting effects
**efectos de comercio** – negotiable instruments, commercial paper, merchandise
**efectos de cortesía** – accommodation paper
**efectos de difícil cobro** – negotiable instruments which are hard to collect
**efectos de favor** – accommodation paper
**efectos de la contaminación** – pollution effects
**efectos de la demanda** – effects of the complaint
**efectos de las obligaciones** – effects of the obligations
**efectos de los contratos** – effects of the contracts

**efectos del delito** – effects of the offense
**efectos desatendidos** – dishonored bills
**efectos extranjeros** – foreign negotiable instruments
**efectos financieros** – finance bills
**efectos jurídicos** – legal effects, legal purposes
**efectos negociables** – negotiable instruments
**efectos pasivos** – bills payable
**efectos personales** – personal property, personal effects
**efectos públicos** – government securities
**efectos timbrados** – stamped documents
**efectuar** *v* – to effectuate, to make, to carry out, to comply with
**efectuar cobros** – to collect
**efectuar seguro** – to obtain insurance
**efectuar un asiento** – to make an entry
**efectuar un cambio** – to effect a change
**efectuar un contrato** – to make a contract
**efectuar un pago** – to make a payment
**efectuar una asamblea** – to hold a meeting
**efectuar una compra** – to effect a purchase
**efectuar una disolución** – to effect a dissolution
**efectuar una garantía** – to provide a guaranty
**efectuar una junta** – to hold a meeting
**efectuar una reunión** – to hold a meeting
**efectuar una sesión** – to hold a meeting
**efectuar una transacción** – to effect a transaction
**efectuar una venta** – to effect a sale
**efeméride** *f* – important event, anniversary of an important event
**eficacia** *f* – efficiency, effectiveness, force
**eficacia administrativa** – administrative effectiveness
**eficacia probatoria** – probative value
**eficacia en el uso de la energía** – energy efficiency
**eficaz** *adj* – efficient, effective
**eficazmente** *adv* – efficiently, effectively
**eficiencia** *f* – efficiency
**eficiencia administrativa** – administrative efficiency
**eficiencia económica** – economic efficiency
**eficiencia en el uso de la energía** – energy efficiency
**eficiencia laboral** – labor efficiency, labour efficiency
**eficiente** *adj* – efficient
**eficientemente** *adv* – efficiently
**efímero** *adj* – ephemeral
**efluencia** *f* – effluence
**efracción** *f* – effraction
**efugio** *m* – evasion
**efusivo** *adj* – effusive
**egreso** *m* – departure, expenditure
**ejecución** *f* – execution, enforcement, performance, fulfillment, carrying-out, compliance with, attachment, foreclosure, judgment
**ejecución capital** – capital punishment
**ejecución coactiva** – foreclosure
**ejecución colectiva** – joint action
**ejecución concursal** – bankruptcy proceedings
**ejecución de hipoteca** – mortgage foreclosure
**ejecución de la ley** – enforcement of the law
**ejecución de la pena capital** – carrying out the death penalty
**ejecución de las costas** – payment of the court costs
**ejecución de muerte** – carrying out the death penalty
**ejecución de sentencia** – execution of sentence, execution of judgment
**ejecución definitiva** – final process
**ejecución del trabajo** – job performance
**ejecución estatuaria** – statutory foreclosure
**ejecución general** – bankruptcy proceedings
**ejecución hipotecaria** – mortgage foreclosure
**ejecución individual** – foreclosure by a single creditor
**ejecución inferior** – junior execution
**ejecución inmediata** – immediate execution
**ejecución procesal** – execution of judgment
**ejecución procesal penal** – execution of a criminal sentence
**ejecución universal** – bankruptcy proceedings
**ejecución voluntaria** – voluntary execution, voluntary compliance
**ejecutable** *adj* – executable, enforceable, workable
**ejecutado** *m* – a debtor whose property is attached, an executed person
**ejecutado** *adj* – executed, carried out, complied with, perfect
**ejecutante** *m/f* – executant, performer
**ejecutar** *v* – to execute, to perform, to carry out, to foreclose
**ejecutar bienes** – to attach property
**ejecutar un ajuste** – to make an adjustment, to work out a settlement
**ejecutar un contrato** – to perform a contract
**ejecutar un pedido** – to fill an order
**ejecutar una hipoteca** – to foreclose a mortgage
**ejecutar una orden** – to execute an order
**ejecutivamente** *adv* – promptly, efficiently, summarily, executively
**ejecutividad** *f* – right of foreclosure, right of execution
**ejecutivo** *m* – executive
**ejecutivo** *adj* – executive, executory, prompt
**ejecutivo asistente** – assistant executive
**ejecutivo corporativo** – corporate executive
**ejecutivo de cuentas** – account executive
**ejecutivo de la compañía** – company executive
**ejecutivo de la corporación** – corporate executive
**ejecutivo de la empresa** – company executive, enterprise executive
**ejecutivo de ventas** – sales executive
**ejecutivo empresarial** – company executive, enterprise executive
**ejecutivo en jefe** – chief executive
**ejecutor** *m* – executor, performer
**ejecutor testamentario** – executor
**ejecutoria** *f* – writ of execution, final judgment
**ejecutorio** *adj* – executory, executable, final, enforceable
**ejemplar** *m* – sample, copy, precedent
**ejemplar de firma** – specimen signature
**ejemplar de muestra** – sample copy
**ejemplar duplicado** – duplicate copy
**ejemplo** *m* – example
**ejercer** *v* – to practice, to practice law, to exercise
**ejercer el comercio** – to engage in commerce
**ejercer la abogacía** – to practice law
**ejercer un derecho** – to exercise a right
**ejercer una acción** – to bring an action
**ejercer una profesión** – to practice a profession
**ejercicio** *m* – exercise, practice, fiscal year, tax year, year, test

**ejercicio abusivo de funciones** – misuse of public office
**ejercicio anual** – business year
**ejercicio comercial** – business year, trading year
**ejercicio contable** – accounting year, accounting period
**ejercicio de acciones** – prosecution of actions
**ejercicio de derechos** – exercise of rights
**ejercicio de una opción** – exercise of an option
**ejercicio económico** – fiscal year, financial year
**ejercicio financiero** – fiscal year, financial year
**ejercicio fiscal** – fiscal year, financial year
**ejercicio gravable** – tax year, fiscal year
**ejercicio impositivo** – tax year, fiscal year
**ejercicio presupuestario** – budget year
**ejercicio profesional** – practice of a profession
**ejercicio social** – fiscal year, corporate year
**ejercitable** *adj* – enforceable
**ejercitar** *v* – to exercise, to practice
**ejercitar un derecho** – to exercise a right
**ejercitar un juicio** – to bring suit
**ejercitar una acción** – to bring an action
**ejército** *m* – army, armed forces
**ejido** *m* – common grazing land, common land
**el cliente siempre tiene la razón** – the customer is always right
**el pro y el contra** – pros and cons
**elaboración** *f* – manufacture
**elaborado comercialmente** – commercially manufactured
**elaborar** *v* – to manufacture, to elaborate
**elasticidad** *f* – elasticity
**elástico** *adj* – elastic
**elección** *f* – election, choice
**elección especial** – special election
**elección general** – general election
**elección municipal** – municipal election
**elección ordinaria** – ordinary election
**elección parcial** – special election
**elecciones** *f* – elections
**elecciones libres e iguales** – free and equal elections
**electivo** *adj* – elective
**electo** *adj* – elect
**elector** *m* – elector, voter
**electorado** *m* – electorate
**electoral** *adj* – electoral
**electrizar** *v* – to electrify
**electrocución** *f* – electrocution
**electrocutar** *v* – to electrocute
**electrodomésticos** *m* – household appliances, appliances
**elegibilidad** *f* – eligibility
**elegible** *adj* – eligible
**elegible para asistencia** – eligible for assistance, eligible for aid
**elegir** *v* – to elect, to select
**elegir un jurado** – to select a jury
**elemento** *m* – element, aspect
**elemento de prueba** – element of proof
**elemento de riesgo** – element of risk
**elemento esencial** – essential element
**elemento indispensable** – indispensable element
**elemento no esencial** – unessential element
**elemento probatorio** – element of proof
**elementos comunes** – common elements
**elevar** *v* – to elevate, to increase
**elevar a escritura pública** – to convert into a public document
**elevar a instrumento público** – to convert into a public document
**elevar a ley** – to enact a law
**elevar al tribunal** – to take to court
**elevar el proceso** – to refer to a higher court
**elevar el recurso** – to appeal
**elevar parte** – to make a report
**elevar precios** – to raise prices
**elevar una memoria** – to submit a report
**elevar una reclamación** – to make a claim
**eliminación** *f* – elimination, exclusion
**eliminación arancelaria** – tariff elimination
**eliminación de aranceles** – tariff elimination
**eliminación de deuda** – debt elimination
**eliminación de tarifas** – tariff elimination
**eliminar** *v* – to eliminate
**eliminar la competencia** – to eliminate competition
**eliminar restricciones** – to remove restrictions
**elocuencia** *f* – eloquence
**elucidación** *f* – elucidation
**eludir** *v* – to evade, to avoid
**eludir impuestos** – to evade taxes, to avoid taxes
**elusión** *f* – avoidance, evasion
**elusión de impuestos** – tax avoidance, tax evasion
**email** *m* – e-mail
**emancipación** *f* – emancipation
**emancipado** *m* – emancipated person
**emancipado** *adj* – emancipated
**emancipador** *m* – emancipator
**emancipar** *v* – to emancipate
**embajada** *f* – embassy, ambassadorship
**embajador** *m* – ambassador, emissary
**embalaje** *m* – packing, package
**embalar** *v* – to pack, to package
**embarazada** *adj* – pregnant
**embarazo** *m* – pregnancy, difficulty
**embarcación** *f* – vessel, ship
**embarcación de cabotaje** – coaster
**embarcación fletada** – chartered ship, chartered vessel
**embarcación perdida** – vessel lost at sea
**embarcadero** *m* – dock
**embargable** *adj* – attachable
**embargado** *m* – garnishee, lienee
**embargado** *adj* – embargoed, attached, garnished
**embargador** *m* – garnishor, lienor
**embargante** *m/f* – garnishor, lienor
**embargar** *v* – to embargo, to attach, to garnish, to impede
**embargar propiedad** – to attach property
**embargo** *m* – embargo, attachment, garnishment, impediment
**embargo comercial** – trade embargo
**embargo de bienes** – attachment of assets, attachment of goods
**embargo de buques** – embargo of vessels
**embargo de ingresos** – attachment of earnings
**embargo de mercancías** – attachment of goods
**embargo de propiedad** – attachment of property
**embargo precautorio** – attachment of property to ensure the satisfaction of a judgment

**embargo preventivo** – attachment of property to ensure the satisfaction of a judgment
**embargo provisional** – temporary attachment
**embargo provisorio** – temporary attachment
**embargo salarial** – salary garnishment
**embarque** *m* – shipment, embarkation
**embaucador** *m* – swindler, cheat
**embaucar** *v* – to swindle, to cheat
**embeleco** *m* – fraud, trick
**embestida** *f* – attack, assault
**embestir** *v* – to attack, to assault
**emblema** *m* – emblem
**emboscada** *f* – ambush, trap
**embotellamiento** *m* – bottleneck
**embrazar** *v* – to commit embracery
**embriagar** *v* – to intoxicate
**embriaguez** *f* – drunkenness
**embuste** *m* – lie, fraud
**embustero** *m* – liar, trickster
**emergencia** *f* – emergency
**emergencia estatal** – state emergency
**emergencia extranjera** – foreign emergency
**emergencia interestatal** – interstate emergency
**emergencia internacional** – international emergency
**emergencia intraestatal** – intrastate emergency
**emergencia nacional** – national emergency
**emergencia pública** – public emergency
**emergente** *adj* – emergent
**emigración** *f* – emigration, migration
**emigrado** *m* – emigrant
**emigrante** *m/f* – emigrant, migrant
**emigrante económico** – economic migrant
**emigrar** *v* – to emigrate
**eminente** *adj* – eminent
**emisario** *m* – emissary
**emisible** *adj* – issuable
**emisión** *f* – emission, issuance, broadcast, transmission
**emisión autorizada** – authorized issue, authorized shares, authorized capital shares
**emisión bancaria** – bank issue
**emisión colocada** – pre-sold issue
**emisión consolidada** – consolidated bond issuance
**emisión corporativa** – corporate issue
**emisión de acciones** – stock issue, share issue
**emisión de billetes bancarios** – bank note issue
**emisión de billetes de banco** – bank note issue
**emisión de bonos** – bond issuance, bond issue
**emisión de cheque** – check issue, cheque issue
**emisión de derechos** – rights issue
**emisión de moneda** – currency issue, monetary issue
**emisión de tarjeta** – card issue
**emisión de títulos** – issuance of securities
**emisión de valores** – issuance of securities
**emisión monetaria** – currency issue, monetary issue
**emisión no autorizada** – unauthorized issue
**emisión pública** – public issue
**emisor** *m* – issuer, broadcaster, transmitter
**emisor de tarjetas** – card issuer
**emitente** *m/f* – drawer of a check, drawer of a bill
**emitido** *adj* – emitted, issued, broadcasted, transmitted
**emitir** *v* – to issue, to emit, to broadcast, to transmit
**emitir acciones** – to issue shares
**emitir el fallo** – to pronounce the judgment
**emitir un cheque** – to issue a check, to issue a cheque
**emitir una opinión** – to express an opinion
**emitir una póliza** – to issue a policy
**emoción violenta** – heat of passion, hot blood, violent emotion
**emocional** *adj* – emotional
**emolumento** *m* – emolument
**empadronamiento** *m* – census, census-taking, tax list, voting list
**empadronar** *v* – to register
**empaque** *m* – packaging
**empaque engañoso** – deceptive packaging
**empaquetado** *adj* – packaged, bundled
**empaquetamiento** *m* – packaging, bundling
**empaquetar** *v* – to package, to bundle
**emparejado** *adj* – coupled
**emparentar** *v* – to join a family through marriage
**empatar** *v* – to tie, to be equal
**empecer** *v* – to damage, to injure, to obstruct
**empeñado** *adj* – pledged, pawned
**empeñar** *v* – to pledge, to pawn, to undertake
**empeño** *m* – pledge, pawn, commitment, pledge contract, pawnshop
**empeoramiento** *m* – worsening
**empeorar** *v* – to worsen
**empero** *conj* – but, yet
**empezar** *v* – to begin
**empezar a regir** – to take effect
**empezar desde cero** – to start from scratch
**empezar trabajo** – to begin work
**empírico** *adj* – empirical
**emplazador** *m* – summoner
**emplazamiento** *m* – summons, subpoena, citation, service of process, location
**emplazamiento a huelga** – strike call
**emplazamiento constructivo** – constructive service of process
**emplazamiento personal** – personal service
**emplazamiento por edicto** – service by publication
**emplazamiento sustituto** – substituted service
**emplazar** *v* – to summons, to subpoena, to locate
**empleable** *adj* – employable
**empleado** *m* – employee, clerk
**empleado** *adj* – employed
**empleado a corto plazo** – short-term employee
**empleado a largo plazo** – long-term employee
**empleado a sueldo** – salaried employee
**empleado a tiempo completo** – full-time employee
**empleado a tiempo parcial** – part-time employee
**empleado activo** – active employee
**empleado administrativo** – administrative employee
**empleado agrícola** – farm employee
**empleado asalariado** – salaried employee
**empleado autónomo** – self-employed employee
**empleado bancario** – bank employee, bank clerk
**empleado calificado** – qualified employee, skilled employee
**empleado clave** – key employee
**empleado contratado** – contracted employee
**empleado cualificado** – qualified employee, skilled employee
**empleado de administración** – administration employee
**empleado de banco** – bank employee, bank clerk

**empleado de campo** – field employee
**empleado de contabilidad** – accounting employee, accounting clerk
**empleado de mostrador** – counter employee, clerk
**empleado de oficina** – office employee
**empleado de producción** – production employee
**empleado de temporada** – seasonal employee
**empleado de ventas** – sales employee
**empleado del estado** – government employee, state employee
**empleado del gobierno** – government employee
**empleado del hogar** – domestic employee, domestic worker
**empleado discapacitado** – disabled employee
**empleado diurno** – day employee
**empleado doméstico** – domestic employee
**empleado ejecutivo** – executive employee
**empleado especializado** – specialized employee
**empleado estacional** – seasonal employee
**empleado eventual** – temporary employee, casual employee
**empleado exento** – exempt employee
**empleado extranjero** – foreign employee
**empleado ficticio** – dummy employee
**empleado fijo** – permanent employee
**empleado incapacitado** – disabled employee
**empleado independiente** – independent contractor
**empleado industrial** – industrial employee
**empleado itinerante** – itinerant employee
**empleado migratorio** – migrant employee
**empleado nocturno** – night employee
**empleado permanente** – permanent employee
**empleado por cuenta ajena** – person employed by someone else
**empleado por cuenta propia** – self-employed person
**empleado por horas** – hourly employee
**empleado por turnos** – shift employee
**empleado prestado** – borrowed employee
**empleado probatorio** – probationary employee
**empleado provisional** – provisional employee
**empleado público** – public employee
**empleado sindicalizado** – unionized employee
**empleado temporal** – temporary employee, casual employee
**empleado temporario** – temporary employee, casual employee
**empleado temporero** – temporary employee, casual employee
**empleador** *m* – employer
**empleados despedidos** – dismissed employees
**emplear** *v* – to employ, to utilize
**empleo** *m* – employment, job, occupation, position, use
**empleo a corto plazo** – short-term employment, short-term job
**empleo a distancia** – telework, teleworking
**empleo a largo plazo** – long-term employment, long-term job
**empleo a tiempo completo** – full-time employment, full-time job
**empleo a tiempo parcial** – part-time employment, part-time job
**empleo activo** – active employment, active job
**empleo administrativo** – administrative employment, administrative job
**empleo agrícola** – agricultural employment
**empleo anterior** – former job
**empleo bajo contrato** – contract employment
**empleo bancario** – bank employment, bank job
**empleo calificado** – qualified employment, skilled work
**empleo casual** – casual work, casual employment, temporary employment, temporary work
**empleo clave** – key job
**empleo continuo** – continuous employment
**empleo contratado** – contract employment
**empleo cualificado** – qualified employment, skilled work
**empleo de administración** – administration job
**empleo de banco** – bank job
**empleo de campo** – field job
**empleo de construcción** – construction job
**empleo de medio tiempo** – part-time employment
**empleo de menores** – child labor
**empleo de necesidad** – work of necessity
**empleo de oficina** – office work, clerical job
**empleo de producción** – production job
**empleo diurno** – day employment
**empleo doméstico** – domestic employment
**empleo en el sector privado** – private sector employment, private sector job
**empleo en el sector público** – public sector employment, public sector job
**empleo especializado** – specialized job, specialized employment
**empleo estacional** – seasonal job
**empleo eventual** – temporary employment, temporary work, casual employment, casual work
**empleo fijo** – steady employment, steady job
**empleo forzado** – forced labor, forced labour
**empleo forzoso** – forced labor, forced labour
**empleo justo** – fair employment
**empleo nocturno** – night employment
**empleo pagado** – paid employment
**empleo peligroso** – hazardous employment, hazardous job, dangerous job
**empleo permanente** – permanent employment, permanent job
**empleo por cuenta propia** – self-employment, independent work
**empleo por temporada** – seasonal employment
**empleo por turnos** – shift work
**empleo previo** – previous job
**empleo profesional** – professional employment
**empleo provechoso** – gainful employment
**empleo provisional** – provisional employment
**empleo público** – public employment
**empleo remunerado** – paid employment
**empleo seguro** – secure employment, steady employment
**empleo sumergido** – underground employment
**empleo temporal** – temporary employment, temporary work, casual employment, casual work
**empleo temporario** – temporary employment, temporary work, casual employment, casual work
**empleo temporero** – temporary employment, temporary work, casual employment, casual work
**empleo vitalicio** – lifetime employment, lifetime job

**empleo y vivienda justa** – fair employment and housing
**empobrecer** *v* – impoverish
**empobrecimiento** *m* – impoverishment
**emporio** *m* – emporium
**empozar** *v* – to shelve
**emprendedor** *adj* – enterprising
**emprender** *v* – to undertake, to embark on
**empresa** *f* – enterprise, business, company, firm, concern, undertaking, intention
**empresa a consumidor** – business-to-consumer
**empresa a empleado** – business-to-employee
**empresa a empresa** – business-to-business
**empresa a gobierno** – business-to-government
**empresa absorbente** – absorbing company
**empresa accionista** – corporate shareholder
**empresa activa** – active enterprise
**empresa administrada** – managed enterprise, managed company
**empresa administradora** – management enterprise, management company
**empresa administrativa** – management enterprise, management company
**empresa adquirida** – acquired company
**empresa adquiriente** – acquiring company
**empresa afiliada** – affiliated enterprise, affiliated company
**empresa agrícola** – farm enterprise, farming enterprise
**empresa aliada** – allied enterprise, allied company
**empresa armadora** – shipping enterprise, shipping company
**empresa aseguradora** – insurance firm, insurance company
**empresa asociada** – associated enterprise, associated company
**empresa autorizada** – authorized enterprise, authorized company
**empresa bancaria** – banking enterprise
**empresa caritativa** – charitable company
**empresa centralizada** – centralized company
**empresa colectiva** – joint venture, partnership
**empresa comercial** – business enterprise, business concern, business venture, commercial firm, commercial enterprise
**empresa competidora** – competing company
**empresa componente** – constituent company
**empresa común** – joint venture
**empresa con fines de lucro** – for-profit company, for-profit enterprise
**empresa conductora** – common carrier
**empresa conjunta** – joint venture, adventure
**empresa constructora** – construction firm
**empresa consultiva** – consulting company
**empresa consultora** – consulting company
**empresa controlada** – controlled company, subsidiary
**empresa controladora** – controlling company, holding company
**empresa cooperativa** – cooperative, corporate enterprise
**empresa cotizada** – listed company
**empresa de administración** – administration company
**empresa de ahorro y préstamo** – savings and loan association
**empresa de alto crecimiento** – high-growth venture
**empresa de alto riesgo** – high-risk venture
**empresa de arrendamiento** – leasing company
**empresa de banca hipotecaria** – mortgage banking company
**empresa de capitalización** – company for capitalization of savings
**empresa de cartera** – investment trust
**empresa de cobro** – collection company
**empresa de comercio electrónico** – e-commerce enterprise, e-commerce entity, e-commerce firm, e-business enterprise, e-business entity, e-business firm
**empresa de comercio** – commerce enterprise, commerce concern
**empresa de construcción** – building firm
**empresa de consultores** – consulting company
**empresa de control** – controlling company, holding company
**empresa de crédito** – credit company, credit union
**empresa de derecho** – company created fulfilling all legal requirements
**empresa de explotación** – operating company
**empresa de fianzas** – bonding company
**empresa de fideicomiso** – trust company
**empresa de hecho** – de facto company
**empresa de inversión** – investment company
**empresa de negocios** – business enterprise, business concern, business venture
**empresa de petróleo** – oil company
**empresa de préstamos** – loan company
**empresa de reaseguros** – reinsurance firm
**empresa de responsabilidad limitada** – limited liability company, limited company
**empresa de seguros** – insurance firm
**empresa de seguros comercial** – commercial insurance company
**empresa de seguros de vida** – life insurance company
**empresa de seguros mutuos** – mutual insurance company
**empresa de servicios** – services company
**empresa de servicios públicos** – public utility company
**empresa de telecomunicaciones** – telecommunications enterprise, telecommunications company
**empresa de trabajo temporal** – temporary employment agency
**empresa de transporte particular** – private carrier
**empresa de transporte privado** – private carrier
**empresa de transporte público** – public carrier
**empresa de transportes** – transport company, shipping company, carrier
**empresa de utilidad pública** – public utility company
**empresa del estado** – government enterprise, state enterprise
**empresa del gobierno** – government enterprise
**empresa dependiente** – dependent enterprise
**empresa descentralizada** – decentralized company
**empresa difunta** – defunct company
**empresa distribuidora** – distributing company
**empresa disuelta** – dissolved company
**empresa diversificada** – diversified firm

**empresa doméstica** – domestic enterprise, domestic company
**empresa dominante** – dominant firm
**empresa en funcionamiento** – going concern
**empresa en línea** – online firm
**empresa en marcha** – going concern
**empresa especulativa** – speculative enterprise
**empresa establecida** – established enterprise, established company
**empresa estatal** – government enterprise, state enterprise
**empresa ética** – ethical enterprise, ethical company
**empresa exenta** – exempt company
**empresa explotadora** – operating company
**empresa exportadora** – exporting company
**empresa extranjera** – foreign enterprise
**empresa familiar** – family enterprise
**empresa fiadora** – bonding company
**empresa fiduciaria** – trust company
**empresa filial** – affiliated company, subsidiary company
**empresa financiera** – financial company
**empresa fiscal** – government enterprise
**empresa fusionada** – merged enterprise, merged company
**empresa global** – global firm
**empresa gubernamental** – government enterprise
**empresa hipotecaria** – mortgage company
**empresa ilícita** – company organized for illegal purposes
**empresa importadora** – importing company
**empresa individual** – individual enterprise, sole proprietorship
**empresa industrial** – industrial enterprise
**empresa inmobiliaria** – real estate company
**empresa insolvente** – insolvent company, insolvent enterprise
**empresa integrada** – integrated enterprise
**empresa interestatal** – interstate firm
**empresa internacional** – international enterprise, international company
**empresa intraestatal** – intrastate firm
**empresa inversionista** – investment company
**empresa local** – local enterprise, local company
**empresa lucrativa** – commercial enterprise
**empresa manufacturera** – manufacturing company
**empresa marginal** – marginal enterprise
**empresa marítima** – maritime enterprise
**empresa matriz** – parent company
**empresa mercantil** – commercial firm, commercial enterprise, business enterprise
**empresa mixta** – mixed enterprise
**empresa multinacional** – multinational enterprise
**empresa municipal** – municipal utility, municipal enterprise
**empresa nacional** – national enterprise, national company, domestic enterprise, domestic company
**empresa naviera** – shipping company
**empresa no afiliada** – unaffiliated enterprise
**empresa no lucrativa** – nonprofit organization
**empresa no miembro** – nonmember firm
**empresa objetivo** – target company
**empresa online** – online firm
**empresa operadora** – operating company
**empresa pequeña** – small enterprise
**empresa porteadora** – carrier
**empresa privada** – private enterprise
**empresa pública** – public enterprise
**empresa puesta en marcha** – business startup
**empresa quebrada** – bankrupt firm
**empresa reaseguradora** – reinsurance firm
**empresa registrada** – registered enterprise
**empresa regulada** – regulated company, regulated firm
**empresa retenedora** – holding company
**empresa sin fines de lucro** – nonprofit enterprise, nonprofit company
**empresa subsidiaria** – subsidiary company
**empresa tenedora** – holding company
**empresa transnacional** – transnational company
**empresa vertical** – vertical enterprise
**empresariado** *m* – enterprise group, entrepreneur group
**empresarial** *adj* – entrepreneurial
**empresas vinculadas** – related enterprises
**empresario** *m* – entrepreneur, contractor, businessperson, employer
**emprestar** *v* – to loan
**empréstito** *m* – loan, loan contract
**empréstito a corto plazo** – short-term loan
**empréstito a la vista** – demand loan
**empréstito a largo plazo** – long-term loan
**empréstito a mediano plazo** – medium-term loan
**empréstito a medio plazo** – medium-term loan
**empréstito a plazo fijo** – time loan
**empréstito agrícola** – agricultural loan
**empréstito amortizable** – amortizable loan
**empréstito amortizado** – amortized loan
**empréstito asegurado** – insured loan
**empréstito bancario** – bank loan
**empréstito colectivo** – blanket loan
**empréstito comercial** – commercial loan
**empréstito con garantía** – guaranteed loan
**empréstito dudoso** – doubtful loan
**empréstito fiduciario** – fiduciary loan
**empréstito forzado** – forced loan
**empréstito forzoso** – forced loan
**empréstito garantizado** – guaranteed loan
**empréstito hipotecario** – mortgage loan
**empréstito ilegal** – unlawful loan
**empréstito internacional** – international loan
**empréstito público** – public loan
**emulación** *f* – emulation
**emular** *v* – to emulate
**en alta mar** – at sea
**en atraso** – in arrears
**en ausencia** – in absence
**en bancarrota** – bankrupt
**en blanco** – blank
**en breve** – very soon, momentarily
**en común** – in common
**en conformidad con** – in conformity with
**en consignación** – on consignment
**en contemplación de la muerte** – in contemplation of death
**en cualquier momento** – at any time
**en cuanto ha lugar** – pursuant to law
**en cuestión** – in issue

**en cuotas** – in installments
**en custodia** – in custody
**en demanda** – in demand
**en desacato** – in contempt
**en descubierto** – overdrawn, uncovered
**en efectivo** – in cash
**en especie** – in kind
**en espera** – in abeyance
**en exceso** – in excess
**en expectativa** – in expectation
**en fe de lo cual** – in witness whereof
**en fianza** – on bail
**en fideicomiso** – in trust
**en funciones** – acting, serving
**en gestión** – in process
**en huelga** – on strike
**en la fuente** – at the source
**en línea** – online
**en lo venidero** – hereafter
**en llamas** – ablaze
**en marcha** – in operation
**en metálico** – in cash
**en mora** – in arrears, delinquent
**en negociación** – in negotiation, under negotiation
**en negro sobre blanco** – in black and white
**en nombre de** – on behalf of
**en números negros** – in the black
**en números rojos** – in the red
**en oculto** – secretly
**en parte** – in part
**en particular** – particularly
**en perpetuidad** – in perpetuity
**en persona** – in person
**en plena vigencia** – in full effect
**en posesión** – in possession
**en pro de** – for
**en profundidad** – in depth
**en proyecto** – projected
**en punto** – exactly
**en quiebra** – in bankruptcy
**en rebeldía** – in default, in contempt
**en regla** – in order
**en rigor** – strictly
**en seguida** – immediately
**en seguro** – in safety
**en suma** – briefly
**en suspenso** – in abeyance
**en testimonio de lo cual** – in witness whereof
**en todo momento** – at all times
**en tránsito** – in transit
**en vago** – unsteady, without support, in vain
**en vigencia** – in force
**en vilo** – in the air
**en virtud de** – by virtue of
**en vista de** – in view of
**enajenable** *adj* – alienable
**enajenación** *f* – alienation
**enajenación de afectos** – alienation of affections
**enajenación forzosa** – expropriation, condemnation, forced transfer
**enajenación fraudulenta** – fraudulent alienation
**enajenación mental** – insanity
**enajenado** *adj* – alienated, insane
**enajenador** *m* – alienor
**enajenante** *m/f* – alienor
**enajenar** *v* – to alienate, to sell, to drive insane
**encabezamiento** *m* – header, headline
**encabezamiento de mensaje** – message header
**encabezar** *v* – to draw up a list, to register, to agree
**encadenamiento** *m* – connection, chain of events, nexus
**encadenar** *v* – to link
**encaje** *m* – cash reserve, reserve
**encaje bancario** – bank reserves
**encaje excedente** – excess reserves
**encaje legal** – legal reserve
**encalladura** *f* – running aground of a vessel
**encallar** *v* – to run aground
**encanallar** *v* – to corrupt
**encante** *m* – auction
**encañonado** – at gun point
**encarcelación** *f* – imprisonment, confinement
**encarcelación ilegal** – false imprisonment
**encarcelado** *adj* – imprisoned, confined
**encarcelamiento** *m* – imprisonment, confinement
**encarcelar** *v* – to imprison, to confine
**encargado** *m* – manager, person in charge, representative
**encargado activo** – active manager
**encargado adjunto** – deputy manager
**encargado administrativo** – administrative manager
**encargado asociado** – associate manager
**encargado bancario** – bank manager
**encargado comercial** – business manager, commercial manager
**encargado contable** – accounting manager
**encargado corporativo** – corporate manager
**encargado de administración** – administration manager
**encargado de área** – area manager
**encargado de auditoría** – audit manager
**encargado de banco** – bank manager
**encargado de capacitación** – training manager
**encargado de comercialización** – marketing manager
**encargado de compras** – purchasing manager
**encargado de comunicaciones** – communications manager
**encargado de contabilidad** – accounting manager
**encargado de contratos** – contract manager
**encargado de crédito** – credit manager
**encargado de cuentas** – account manager
**encargado de departamento** – department manager
**encargado de desarrollo** – development manager
**encargado de distribución** – distribution manager
**encargado de distrito** – district manager
**encargado de división** – division manager
**encargado de empresa** – business manager
**encargado de entrenamiento** – training manager
**encargado de exportación** – export manager
**encargado de fábrica** – factory manager
**encargado de fabricación** – manufacturing manager
**encargado de finanzas** – finance manager
**encargado de fondos** – money manager, funds manager
**encargado de formación** – training manager
**encargado de importación** – import manager
**encargado de la compañía** – company manager
**encargado de la corporación** – corporate manager

**encargado de la empresa** – company manager, enterprise manager
**encargado de línea** – line manager
**encargado de marca** – brand manager
**encargado de marketing** – marketing manager
**encargado de mercadeo** – marketing manager
**encargado de mercancías** – merchandise manager
**encargado de negocios** – business manager
**encargado de oficina** – office manager
**encargado de operaciones** – operations manager
**encargado de personal** – personnel manager
**encargado de planta** – plant manager
**encargado de producción** – production manager
**encargado de publicidad** – advertising manager
**encargado de reclamaciones** – claims manager
**encargado de recursos humanos** – human resources manager
**encargado de servicios** – service manager
**encargado de sistemas** – systems manager
**encargado de sucursal** – branch manager
**encargado de turno** – manager on duty
**encargado de ventas** – sales manager
**encargado de zona** – zone manager
**encargado del producto** – product manager
**encargado del sindicato** – syndicate manager
**encargado departamental** – departmental manager
**encargado ejecutivo** – executive manager
**encargado empresarial** – company manager, enterprise manager
**encargado en funciones** – acting manager
**encargado financiero** – finance manager
**encargado general** – general manager
**encargado intermedio** – middle manager
**encargado mercantil** – commercial manager
**encargado propietario** – owner manager
**encargado regional** – regional manager, area manager
**encargado técnico** – technical manager
**encargar** *v* – to entrust, to order
**encargo** *m* – post, entrustment, assignment, order, errand
**encargo administrativo** – administrative assignment
**encargo ajeno** – another's assignment
**encargo autorizado** – authorized assignment
**encargo bancario** – banking assignment
**encargo clandestino** – clandestine assignment
**encargo comercial** – business assignment, commercial assignment
**encargo común** – joint assignment
**encargo conjunto** – joint assignment
**encargo corporativo** – corporate assignment
**encargo criminal** – criminal assignment
**encargo de administración** – administration assignment
**encargo de cobro** – collection assignment
**encargo de comercio** – commerce assignment
**encargo de confianza** – confidential assignment
**encargo de contabilidad** – accounting assignment
**encargo de ultramar** – overseas assignment
**encargo doméstico** – domestic assignment
**encargo empresarial** – business assignment
**encargo esencial** – essential assignment
**encargo especial** – special assignment
**encargo estatal** – government assignment, state assignment
**encargo ético** – ethical assignment
**encargo exterior** – foreign assignment
**encargo extranjero** – foreign assignment
**encargo extraordinario** – extraordinary assignment
**encargo familiar** – family assignment
**encargo federal** – federal assignment
**encargo fiduciario** – fiduciary assignment
**encargo financiero** – financial assignment
**encargo fiscal** – fiscal assignment
**encargo habitual** – habitual assignment
**encargo ilegal** – illegal assignment
**encargo ilícito** – illicit assignment
**encargo impropio** – improper assignment
**encargo inapropiado** – inappropriate assignment
**encargo incidental** – incidental assignment
**encargo indispensable** – indispensable assignment
**encargo industrial** – industrial assignment
**encargo importante** – important assignment
**encargo intencionado** – intended assignment
**encargo interestatal** – interstate assignment
**encargo internacional** – international assignment
**encargo inusual** – unusual assignment
**encargo legal** – legal assignment
**encargo lícito** – licit assignment
**encargo local** – local assignment
**encargo mercantil** – commercial assignment
**encargo multinacional** – multinational assignment
**encargo nacional** – national assignment
**encargo necesario** – necessary assignment
**encargo peligroso** – dangerous assignment
**encargo pendiente** – pending assignment
**encargo pequeño** – small assignment
**encargo principal** – main assignment
**encargo privado** – private assignment
**encargo público** – public assignment
**encargo razonable** – reasonable assignment
**encargo secundario** – secondary assignment
**encargo simple** – simple assignment
**encarnizar** *v* – to infuriate
**encarpetar** *v* – to defer, to file
**encartar** *v* – to summon, to register
**encarte** *m* – insert
**encausable** *adj* – indictable
**encausado** *m* – defendant
**encausar** *v* – to prosecute
**encierro** *m* – confinement, solitary confinement, enclosure
**encinta** *adj* – pregnant
**enclave** *m* – enclave
**enclave industrial** – industrial territory, industrial site
**encomendar** *v* – to entrust, to commission, to recommend
**encomendero** *m* – agent
**encomienda** *f* – commission, protection
**encomienda postal** – parcel post
**encontronazo** *m* – crash
**encriptación** *f* – encryption
**encriptado** *adj* – encrypted
**encriptar** *v* – to encrypt
**encubierta** *f* – fraud, deceit
**encubiertamente** *adv* – clandestinely, fraudulently
**encubierto** *adj* – concealed, secret
**encubridor** *m* – accessory after the fact, concealer
**encubrimiento** *m* – concealment, cover-up, harboring

**encubrimiento activo** – active concealment
**encubrir** *v* – to conceal, to harbor
**encuentro de negocios** – business meeting
**encuentro hostil** – hostile encounter
**encuentro previsible** – foreseeable encounter
**encuesta** *f* – inquiry, inquest, survey, poll
**enderezar** *v* – to rectify, to put in order
**endeudado** *adj* – indebted
**endeudamiento** *m* – indebtedness
**endeudarse** *v* – to become indebted
**endorsar** *v* – to endorse, to indorse
**endorso** *m* – endorsement, indorsement
**endosable** *adj* – endorsable, indorsable
**endosado** *adj* – endorsed, indorsed
**endosado** *m* – endorsee, indorsee
**endosador** *m* – endorser, indorser
**endosante** *m/f* – endorser, indorser
**endosante anterior** – former endorser
**endosante de favor** – accommodation endorser
**endosante irregular** – irregular endorser
**endosante previo** – prior endorser
**endosante satisfactorio** – satisfactory endorser
**endosante subsiguiente** – subsequent endorser
**endosar** *v* – to endorse, to back
**endosatario** *m* – endorsee
**endosatario para cobro** – endorsee for collection
**endose** *m* – endorsement, indorsement
**endoso** *m* – endorsement, indorsement
**endoso a la orden** – full endorsement
**endoso absoluto** – absolute endorsement
**endoso al portador** – blank endorsement
**endoso antedatado** – antedated endorsement
**endoso anterior** – prior endorsement
**endoso bancario** – bank endorsement
**endoso calificado** – qualified endorsement
**endoso completo** – full endorsement
**endoso condicional** – conditional endorsement, qualified endorsement
**endoso conjunto** – joint endorsement
**endoso cualificado** – qualified endorsement
**endoso de cobertura extendida** – extended coverage endorsement
**endoso de favor** – accommodation endorsement
**endoso de regreso** – endorsement to a prior party
**endoso en blanco** – blank endorsement
**endoso en garantía** – endorsement pledging as collateral
**endoso en prenda** – endorsement pledging as collateral
**endoso en procuración** – endorsement granting power of attorney
**endoso en propiedad** – endorsement transferring title
**endoso especial** – special endorsement
**endoso falsificado** – forged endorsement
**endoso incondicional** – unconditional endorsement
**endoso irregular** – irregular endorsement, anomalous endorsement
**endoso limitado** – qualified endorsement
**endoso para cobro** – endorsement for collection
**endoso pignoraticio** – endorsement pledging as collateral
**endoso pleno** – full endorsement
**endoso por acomodamiento** – accommodation endorsement
**endoso regular** – full endorsement
**endoso restrictivo** – restrictive endorsement
**endoso restringido** – restricted endorsement
**endoso subsiguiente** – subsequent endorsement
**enemigo** *m* – enemy
**enemigo público** – public enemy
**energético** *adj* – energetic
**energía** *f* – energy, power
**energía alternativa** – alternative energy
**energía atómica** – atomic energy, nuclear energy
**energía convencional** – conventional energy
**energía ecológica** – green energy
**energía hidroeléctrica** – hydroelectric power
**energía nuclear** – nuclear energy, atomic energy
**energía renovable** – renewable energy
**energía solar** – solar energy
**energía térmica** – thermal energy
**energía verde** – green energy
**énfasis** *m* – emphasis
**enfáticamente** *adv* – emphatically
**enfatizar** *v* – to emphasize
**enfermedad** *f* – illness, disease
**enfermedad contagiosa** – contagious disease
**enfermedad de trabajo** – occupational disease
**enfermedad inculpable** – disease not caused deliberately by an employee
**enfermedad industrial** – industrial disease
**enfermedad laboral** – occupational disease
**enfermedad mental** – mental illness
**enfermedad ocupacional** – occupational disease
**enfermedad profesional** – occupational disease
**enfermedad simulada** – simulated illness
**enfiteusis** *f* – emphyteusis
**enfiteuta** *m/f* – beneficiary of an emphyteusis
**enfitéutico** *adj* – pertaining to an emphyteusis
**enfrentamiento** *m* – confrontation
**enfrentar** *v* – to confront
**enfriar** *v* – to cool down, to cool
**enganche de trabajadores** – contracting of laborers to work elsewhere
**engañar** *v* – to deceive, to defraud
**enganche de trabajadores** – contracting of laborers to work elsewhere
**engaño** *m* – deception, fraud
**engañosamente** *adv* – deceptively, misleadingly, fraudulently
**engañoso** *adj* – deceptive, misleading, fraudulent
**engendrar** *v* – to produce, to cause
**enigma** *m* – enigma
**enjuague** *m* – plot, stratagem
**enjuiciable** *adj* – indictable, chargeable
**enjuiciado** *m* – defendant, accused
**enjuiciado** *adj* – on trial
**enjuiciamiento** *m* – legal procedure, procedure, trial, prosecution, judgment
**enjuiciamiento civil** – civil procedure
**enjuiciamiento criminal** – criminal procedure
**enjuiciamiento malicioso** – malicious prosecution
**enjuiciamiento penal** – criminal procedure
**enjuiciar** *v* – to prosecute, to bring an action, to try, to pass judgment
**enjurar** *v* – to transfer a right
**enlace** *m* – link, nexus, union, marriage
**enmendable** *adj* – amendable, revisable, correctable

**enmendado** *adj* – amended, revised, corrected
**enmendadura** *f* – amendment, revision, correction, compensation, indemnification
**enmendar** *v* – to amend, to revise, to correct, to compensate, to indemnify
**enmendar un testamento** – to amend a will
**enmendar una ley** – to amend a law
**enmendatura** *f* – amendment, revision, correction, compensation, indemnification
**enmienda** *f* – amendment, revision, correction, compensation, indemnification
**enmienda a un testamento** – amendment to a will
**enmienda a una ley** – amendment to a law
**enmienda material** – material amendment
**enriquecimiento** *m* – enrichment
**enriquecimiento de empleo** – employment enrichment
**enriquecimiento de trabajo** – job enrichment
**enriquecimiento injusto** – unjust enrichment
**enriquecimiento profesional** – professional enrichment
**enriquecimiento sin causa** – unjust enrichment
**ensañamiento** *m* – brutality, aggravation
**ensañar** *v* – to be brutal, to enrage
**ensayo** *m* – trial, assay, test
**enseres** *m* – chattels, fixtures, appliances
**entablar** *v* – to initiate, to begin, to start, to bring
**entablar acción** – to bring suit
**entablar demanda** – to bring suit
**entablar denuncia** – to accuse
**entablar juicio** – to bring suit
**entablar juicio hipotecario** – to initiate a foreclosure
**entablar negociaciones** – to begin negotiations
**entablar pleito** – to file suit
**entablar querella** – to file a complaint
**entablar reclamación** – to file a claim
**entablar un protesto** – to protest
**ente** *m* – entity, body, being
**ente absorbente** – absorbing entity
**ente activo** – active entity
**ente administrado** – managed entity
**ente administrador** – management entity, managing entity
**ente administrativo** – management entity
**ente adquirido** – acquired entity
**ente adquiriente** – acquiring entity
**ente afiliado** – affiliated entity
**ente agrícola** – farm entity, farming entity
**ente aliado** – allied entity
**ente apalancado** – leveraged entity
**ente asegurador** – insurance entity
**ente asociado** – associated entity
**ente autónomo** – autonomous entity
**ente autorizado** – authorized entity, admitted entity
**ente autorregulador** – self-regulatory entity
**ente bancario** – bank, banking entity
**ente calificado** – qualified entity
**ente capitalizador** – entity for the capitalization of savings
**ente caritativo** – charitable entity
**ente centralizado** – centralized entity
**ente comercial** – business entity, business concern, commercial concern
**ente competidor** – competing entity
**ente componente** – constituent entity
**ente con fines de lucro** – for-profit entity
**ente constructor** – construction entity
**ente consultivo** – consulting entity
**ente consultor** – consulting entity
**ente contable** – accounting entity
**ente controlado** – controlled entity
**ente controlador** – holding entity
**ente controlante** – controlling entity
**ente corporativo** – corporate entity
**ente de administración** – administration entity
**ente de afianzamiento** – bonding entity
**ente de capitalización** – entity for capitalization of savings
**ente de cobro** – collection entity
**ente de comercio** – business entity, commerce entity
**ente de construcción** – building entity
**ente de consultores** – consulting entity
**ente de contabilidad** – accounting entity
**ente de control** – controlling entity
**ente de crédito** – credit entity
**ente de derecho privado** – private corporation
**ente de derecho público** – public company
**ente de existencia jurídica** – legal entity
**ente de fianzas** – bonding entity
**ente de fideicomiso** – trust entity
**ente de inversiones** – investment entity
**ente de negocios** – business entity, business concern
**ente de préstamos** – loan entity
**ente de reaseguro** – reinsurance entity, reinsurance carrier
**ente de seguros** – insurance entity
**ente de servicio** – service entity
**ente de servicios públicos** – utility, public services entity
**ente de telecomunicaciones** – telecommunications entity
**ente de transporte** – transport entity, shipping entity
**ente de utilidad pública** – utility, public service entity
**ente descentralizado** – decentralized entity
**ente difunto** – defunct entity
**ente distribuidor** – distributing entity
**ente disuelto** – dissolved entity
**ente diversificado** – diversified entity
**ente doméstico** – domestic entity
**ente dominado** – controlled entity
**ente dominante** – dominant entity
**ente económico** – economic entity
**ente en funcionamiento** – going concern
**ente en marcha** – going concern
**ente establecido** – established entity
**ente estatal** – government entity, state entity
**ente ético** – ethical entity
**ente exento** – exempt entity
**ente explotador** – operating entity
**ente exportador** – exporting entity
**ente extranjero** – alien entity, foreign entity
**ente fiador** – bonding entity
**ente ficticio** – fictitious entity
**ente fiduciario** – trust entity
**ente filial** – affiliated entity, sister entity, subsidiary
**ente financiero** – finance entity
**ente fusionado** – merged entity
**ente global** – global entity

**ente gubernamental** – governmental entity, governmental agency
**ente hipotecario** – mortgage entity
**ente ilegal** – illegal entity
**ente ilícito** – illicit entity
**ente importador** – importing entity
**ente inactivo** – dormant entity
**ente industrial** – industrial entity
**ente inexistente** – nonexistent entity
**ente insolvente** – insolvent entity
**ente integrado** – integrated entity
**ente interestatal** – interstate entity
**ente internacional** – international entity
**ente intraestatal** – intrastate entity
**ente inversionista** – investment entity
**ente jurídico** – legal entity
**ente legal** – legal entity
**ente lícito** – licit entity
**ente local** – local entity
**ente lucrativo** – lucrative entity, commercial entity
**ente manufacturero** – manufacturing entity
**ente marítimo** – maritime entity
**ente matriz** – parent entity
**ente mercantil** – commercial entity, commercial concern
**ente miembro** – member entity
**ente mixto** – mixed entity
**ente multinacional** – multinational entity
**ente nacional** – national entity, domestic entity
**ente no afiliado** – unaffiliated entity
**ente no lucrativo** – nonprofit entity
**ente no público** – nonpublic entity
**ente operador** – operating entity
**ente político** – political entity
**ente prestatario** – borrowing entity
**ente privado** – private entity
**ente privatizado** – privatized entity
**ente público** – public entity
**ente quebrado** – bankrupt entity
**ente reasegurador** – reinsurance entity
**ente registrado** – registered entity
**ente regulado** – regulated entity
**ente retenedor** – holding entity
**ente sin fines de lucro** – nonprofit entity
**ente sindical** – labor union, labour union
**ente sobreviviente** – surviving entity
**ente social** – partnership
**ente subsidiario** – subsidiary entity
**ente tenedor** – holding entity
**ente transnacional** – transnational entity
**entenada** *f* – stepdaughter
**entenado** *m* – stepson
**entendimiento mutuo** – mutual understanding
**enterado** *adj* – informed
**enteramente** *adv* – entirely
**enterar** *v* – to inform, to pay, to satisfy
**entero** *m* – payment, point
**entero** *adj* – whole, honest
**enterrar** *v* – to bury, to shelve
**entidad** *f* – entity, institution, agency, company, corporation, being
**entidad absorbente** – absorbing entity
**entidad activa** – active entity
**entidad administrada** – managed entity
**entidad administradora** – management entity, managing entity
**entidad administrativa** – management entity, managing entity
**entidad adquirida** – acquired entity
**entidad adquiriente** – acquiring entity
**entidad afiliada** – affiliated entity
**entidad agrícola** – farm entity, farming entity
**entidad aliada** – allied entity
**entidad anónima** – stock entity
**entidad apalancada** – leveraged entity
**entidad armadora** – shipping entity
**entidad aseguradora** – insurance entity
**entidad asociada** – associated entity
**entidad autorizada** – authorized entity, admitted entity
**entidad bancaria** – bank, banking entity
**entidad capitalizadora** – entity for the capitalization of savings
**entidad caritativa** – charitable entity
**entidad centralizada** – centralized entity
**entidad comercial** – business entity, business concern, commercial concern
**entidad competidora** – competing entity
**entidad componente** – constituent entity
**entidad con fines de lucro** – for-profit entity
**entidad constructora** – construction entity
**entidad consultiva** – consulting entity
**entidad consultora** – consulting entity
**entidad contable** – accounting entity
**entidad controlada** – controlled entity
**entidad controladora** – holding entity
**entidad controlante** – controlling entity
**entidad corporativa** – corporate entity
**entidad de administración** – administration entity
**entidad de afianzamiento** – bonding entity
**entidad de ahorro y préstamo** – savings and loan association
**entidad de banca hipotecaria** – mortgage banking entity
**entidad de capitalización** – entity for capitalization of savings
**entidad de cobro** – collection entity
**entidad de comercio** – business entity, commerce entity
**entidad de construcción** – building entity
**entidad de consultores** – consulting entity
**entidad de contabilidad** – accounting entity
**entidad de control** – controlling entity
**entidad de crédito** – credit entity
**entidad de derecho privado** – private company
**entidad de derecho público** – public company
**entidad de fianzas** – bonding entity
**entidad de fideicomiso** – trust entity
**entidad de inversiones** – investment entity
**entidad de negocios** – business entity, business concern
**entidad de préstamos** – loan entity
**entidad de reaseguro** – reinsurance entity, reinsurance carrier
**entidad de responsabilidad limitada** – limited liability entity
**entidad de seguros** – insurance entity
**entidad de seguros de vida** – life insurance entity
**entidad de seguros mutuales** – mutual insurance

entity
**entidad de seguros mutuos** – mutual insurance entity
**entidad de servicio** – service entity
**entidad de servicios públicos** – utility, public services entity
**entidad de telecomunicaciones** – telecommunications entity
**entidad de transporte** – transport entity, shipping entity
**entidad de utilidad pública** – utility, public services entity
**entidad descentralizada** – decentralized entity
**entidad difunta** – defunct entity
**entidad distribuidora** – distributing entity
**entidad disuelta** – dissolved entity
**entidad diversificada** – diversified entity
**entidad doméstica** – domestic entity
**entidad dominada** – controlled entity
**entidad dominante** – dominant entity
**entidad económica** – economic entity
**entidad en funcionamiento** – going concern
**entidad en línea** – online entity
**entidad en marcha** – going concern
**entidad especulativa** – speculative entity, commercial entity
**entidad establecida** – established entity
**entidad estatal** – government entity, state entity
**entidad ética** – ethical entity
**entidad exenta** – exempt entity
**entidad explotadora** – operating entity
**entidad exportadora** – exporting entity
**entidad extranjera** – alien entity, foreign entity
**entidad fiadora** – bonding entity
**entidad ficticia** – fictitious entity
**entidad fiduciaria** – trust entity
**entidad filial** – affiliated entity, sister entity, subsidiary
**entidad financiera** – finance entity
**entidad fusionada** – merged entity
**entidad global** – global entity
**entidad gubernamental** – governmental entity, governmental agency
**entidad hipotecaria** – mortgage entity
**entidad ilegal** – illegal entity
**entidad ilícita** – illicit entity
**entidad importadora** – importing entity
**entidad inactiva** – dormant entity
**entidad industrial** – industrial entity
**entidad inexistente** – nonexistent entity
**entidad inmobiliaria** – real estate entity, property entity
**entidad insolvente** – insolvent entity
**entidad integrada** – integrated entity
**entidad interestatal** – interstate entity
**entidad internacional** – international entity
**entidad intraestatal** – intrastate entity
**entidad inversionista** – investment entity
**entidad jurídica** – legal entity
**entidad legal** – legal entity
**entidad lícita** – licit entity
**entidad local** – local entity
**entidad lucrativa** – lucrative entity, commercial entity
**entidad manufacturera** – manufacturing entity
**entidad marítima** – maritime entity
**entidad matriz** – parent entity
**entidad mercantil** – commercial entity, commercial concern
**entidad miembro** – member entity
**entidad mixta** – mixed entity
**entidad multinacional** – multinational entity
**entidad mutuaria** – borrowing entity
**entidad nacional** – domestic entity, national entity
**entidad naviera** – shipping entity
**entidad no afiliada** – unaffiliated entity
**entidad no apalancada** – unleveraged entity
**entidad no lucrativa** – nonprofit entity
**entidad no pública** – nonpublic entity
**entidad online** – online entity
**entidad operadora** – operating entity
**entidad política** – political entity
**entidad por acciones** – stock entity
**entidad porteadora** – common carrier
**entidad prestataria** – borrowing entity
**entidad privada** – private entity
**entidad privada de transporte** – private carrier
**entidad privatizada** – privatized entity
**entidad pública** – public entity
**entidad pública de transporte** – public carrier
**entidad puesta en marcha** – business startup
**entidad quebrada** – bankrupt entity
**entidad reaseguradora** – reinsurance entity
**entidad registrada** – registered entity
**entidad regulada** – regulated entity
**entidad retenedora** – holding entity
**entidad sin acciones** – nonstock entity
**entidad sin fines de lucro** – nonprofit entity
**entidad sindical** – labor union, labour union
**entidad sobreviviente** – surviving entity
**entidad social** – partnership
**entidad subsidiaria** – subsidiary entity
**entidad tenedora** – holding entity
**entidad transnacional** – transnational entity
**entierro** *m* – burial, funeral
**entorno** *m* – environment
**entorno de trabajo** – work environment
**entorno económico** – economic environment
**entorno laboral** – work environment, labor environment, labour environment
**entrada** *f* – entry, entrance, admittance, down payment, deposit, cash receipts, input, admission, ticket, opportunity
**entrada a caja** – cash receipts
**entrada de datos** – data entry
**entrada de fondos** – inflow of funds
**entrada en efectivo** – cash inflow
**entrada libre** – free admission
**entradas** *f* – income, revenue, entries
**entradas brutas** – gross revenue
**entradas de operación** – operating revenue
**entradas en caja** – cash receipts
**entradas netas** – net income
**entradas totales** – total receipts
**entradas y salidas** – income and expenditure
**entrampar** *v* – to entrap
**entrar** *v* – to enter, to begin, to attack
**entrar a trabajar** – to start work
**entrar en negociaciones** – to initiate negotiations
**entrar en vigor** – to take effect
**entrar ilegalmente** – to enter illegally

**entre compañías** – intercompany
**entre industrias** – interindustry
**entre sí** – between themselves
**entre tanto** – in the interim
**entre vivos** – between living persons
**entredecir** – to prohibit
**entredicho** *m* – injunction, prohibition
**entrega** *f* – delivery, dedication, payment, surrender
**entrega a domicilio** – home delivery
**entrega, a la** – on delivery
**entrega a mano** – hand delivery
**entrega completa** – complete delivery
**entrega condicional** – conditional delivery
**entrega constructiva** – constructive delivery
**entrega contra reembolso** – cash on delivery
**entrega corriente** – current delivery
**entrega demorada** – delayed delivery
**entrega diferida** – deferred delivery
**entrega efectiva** – actual delivery
**entrega en mano** – hand delivery
**entrega en persona** – hand delivery
**entrega entera** – entire delivery
**entrega especial** – special delivery
**entrega futura** – future delivery, forward delivery
**entrega incondicional** – unconditional delivery, absolute delivery
**entrega inmediata** – immediate delivery, cash settlement
**entrega material** – actual delivery
**entrega parcial** – partial delivery
**entrega provisional** – provisional delivery
**entrega real** – actual delivery
**entrega restringida** – restricted delivery
**entrega simbólica** – symbolical delivery
**entrega total** – total delivery
**entregable** *adj* – deliverable
**entregadero** *adj* – deliverable
**entregado** *adj* – delivered
**entregado en la frontera** – delivered at frontier
**entregador** *m* – deliverer
**entregamiento** *m* – delivery
**entregar** *v* – to deliver, to surrender, to pay
**entregar a mano** – to hand deliver
**entregar mercancías** – to deliver goods
**entregarse** *v* – to surrender, to surrender oneself sexually
**entrelinear** *v* – to interline
**entrelineas** *f* – interlineation
**entrenamiento** *m* – training
**entrenamiento administrativo** – management training
**entrenamiento de empleo** – job training
**entrenamiento de grupo** – group training
**entrenamiento de profesión** – profession training
**entrenamiento de trabajo** – job training
**entrenamiento grupal** – group training
**entrenamiento profesional** – professional training
**entrenamiento vocacional** – vocational training
**entrerrenglonadura** *f* – interlineation
**entretener** *v* – to entertain
**entretenimiento** *m* – entertainment, upkeep, conservation
**entrevista** *f* – interview
**entuerto** *m* – wrong, injury, injustice
**enumeración** *f* – enumeration
**enumerado** *adj* – enumerated
**enumerar** *v* – to enumerate
**enunciación** *f* – enunciation, declaration
**enunciar** *v* – to enunciate, to declare
**envenenado** *adj* – poisoned
**envenenamiento** *m* – poisoning
**envenenar** *v* – to poison
**enviado** *m* – envoy
**enviado diplomático** – diplomatic envoy
**enviar** *v* – to send, to ship, to deliver, to remit
**enviar por correo** – to send by mail, to send by post
**enviar por correo electrónico** – to send by email
**enviar por email** – to send by email
**enviar por fax** – to send by fax
**enviar por mail** – to send by email
**enviciar** *v* – to vitiate
**envío** *m* – sending, shipping, delivery, remittance
**envío urgente** – urgent delivery
**enviudar** *v* – to survive the spouse
**epidemia** *f* – epidemic
**epígrafe** *f* – epigraph, heading, caption
**epiqueya** *f* – equity
**episodio** *m* – episode
**epístola** *f* – epistle
**época** *f* – epoch, period, date
**época de pago** – date due
**equidad** *f* – equity, justice, equality
**equidad contributiva** – tax equity
**equidad fiscal** – tax equity
**equidad impositiva** – tax equity
**equidad tributaria** – tax equity
**equilibrado** *adj* – balanced
**equilibrio** *m* – equilibrium, balance
**equilibrio cooperativo** – cooperative equilibrium
**equilibrio de mercado** – market equilibrium
**equilibrio de poderes** – balance of powers
**equilibrio económico** – economic equilibrium
**equilibrio financiero** – financial equilibrium
**equilibrio fiscal** – fiscal balance
**equilibrio general** – general equilibrium
**equilibrio mental** – mental equilibrium
**equiparable** *adj* – comparable
**equiparar** *v* – to compare
**equipo** *m* – equipment, team
**equipo administrativo** – administrative team
**equipo agrícola** – agricultural equipment, farm equipment
**equipo auxiliar** – auxiliary equipment
**equipo de administración** – management team, administrative team
**equipo de auditoría** – audit team
**equipo de capital** – capital equipment
**equipo de computadora** – computer hardware, computer equipment
**equipo de dirección** – management team
**equipo de gestión** – management team
**equipo de marketing** – marketing team
**equipo de mercadeo** – marketing team
**equipo de negocios** – business equipment
**equipo de oficina** – office equipment
**equipo de ordenador** – computer hardware, computer equipment
**equipo de trabajo** – work team
**equipo de ventas** – sales team

**equipo físico** – hardware, equipment
**equipo mercantil** – commercial equipment
**equitativamente** *adv* – equitably, justly
**equitativo** *adj* – equitable, just
**equivalencia** *f* – equivalence
**equivalente** *adj* – equivalent
**equivalente contributivo** – tax equivalent
**equivalente de certidumbre** – certainty equivalent
**equivalente fiscal** – tax equivalent
**equivalente impositivo** – tax equivalent
**equivalente substancial** – substantial equivalent
**equivalente tributario** – tax equivalent
**equivocación** *f* – mistake
**equivocación bilateral** – bilateral mistake
**equivocar** *v* – to mistake
**equívoco** *adj* – equivocal
**erario** *m* – treasury, exchequer
**ergonomía** *f* – ergonomics
**ergonómicamente** *adv* – ergonomically
**ergonómico** *adj* – ergonomic
**erogación** *f* – distribution
**erogar** *v* – to distribute
**erradicar** *v* – to eradicate
**errata** *f* – misprint
**erróneo** *adj* – erroneous
**error** *m* – error
**error accidental** – accidental error
**error aparente** – apparent error
**error circunstancial** – circumstantial error
**error compensatorio** – compensating error, offsetting error
**error común** – common error
**error contable** – accounting error
**error de cálculo** – calculation error
**error de contabilidad** – accounting error
**error de derecho** – error of law
**error de facturación** – billing error
**error de hecho** – error of fact
**error de muestreo** – sampling error
**error de pluma** – clerical error
**error determinante** – fundamental error
**error en buena fe** – bona fide error
**error esencial** – fundamental error
**error evidente** – evident error
**error excusable** – harmless error
**error explícito** – explicit error
**error fatal** – fatal error
**error fundamental** – fundamental error
**error grosero** – gross error
**error humano** – human error
**error inadvertido** – inadvertent error
**error inexcusable** – inexcusable error
**error judicial** – judicial error
**error leve** – slight error
**error manifiesto** – manifest error
**error material** – material error
**error menor** – minor error
**error obvio** – obvious error
**error perjudicial** – harmful error
**error pertinente** – pertinent error
**error relevante** – relevant error
**error reponible** – reversible error
**error sistemático** – systematic error
**error substancial** – substantial error
**error técnico** – technical error
**error tipográfico** – typographical error
**errores y omisiones** – errors and omissions
**es decir** – namely, that is to say
**escala** *f* – scale, port of call, stopover
**escala de cargos** – scale of charges
**escala de costes** – scale of costs
**escala de costos** – scale of costs
**escala de precios** – price scale
**escala de salarios** – salary scale, pay scale
**escala de tasas** – rate scale
**escala fija** – flat scale
**escala mundial** – worldwide scale
**escala salarial** – salary scale, pay scale
**escalabilidad** *f* – scalability
**escalable** *adj* – scalable
**escalador** *m* – burglar
**escalafón** *m* – rank within a company, promotion ladder, wage scale, seniority, classification of the personnel of an entity
**escalamiento** *m* – breaking and entering, housebreaking, burglary
**escalar** *v* – to break and enter, to burglarize
**escalera profesional** – career ladder
**escalo** *m* – breaking and entering, housebreaking, burglary
**escamotar** *v* – to swindle, to steal
**escamoteador** *m* – swindler, pickpocket
**escamotear** *v* – to swindle, to steal
**escamoteo** *m* – swindling, stealing
**escandallo** *m* – document detailing how a price was arrived at, pricing, sampling, sample
**escándalo** *m* – scandal, commotion
**escándalo público** – public scandal
**escaño** *m* – seat
**escapar** *v* – to escape, to evade
**escaparate** *m* – window display, store window, shop window, storefront
**escasez** *f* – scarcity, shortage
**escasez crítica** – critical shortage
**escasez de capital** – capital shortage
**escasez de crédito** – credit crunch, credit squeeze
**escasez de dinero** – money shortage
**escasez de liquidez** – liquidity shortage, liquidity squeeze
**escasez de mano de obra** – labor shortage, labour shortage
**escasez de personal** – personnel shortage
**escasez de petróleo** – oil shortage
**escasez de viviendas** – housing shortage
**escasez laboral** – labor shortage, labour shortage
**escenario** *m* – scenario, scene
**escenario ambiental** – environmental scenario
**escenario ecológico** – ecological scenario
**escenario hipotético** – hypothetical scenario
**escenario más desfavorable** – worst-case scenario
**escenario más favorable** – best-case scenario
**esciente** *adj* – knowing
**escisión** *f* – split
**escisión procesal** – splitting cause of action
**esclarecer** *v* – to clarify
**esclarecimiento** *m* – clarification
**escoger** *v* – to choose
**escolaridad obligatoria** – compulsory education

**escoliar** *v* – to annotate
**escolio** *m* – succinct treatise, annotation
**escondidas, a** – in a secret manner, privately
**escopeta** *f* – shotgun
**escribanía** *f* – notary public's office, court clerk's office
**escribanil** *adj* – notarial
**escribano** *m* – notary public, court clerk
**escribano de registro** – notary public
**escribano público** – notary public
**escribano secretario** – court clerk
**escribiente** *m/f* – clerk
**escribiente notarial** – notary's clerk
**escrito** *m* – document, bill, writ, brief
**escrito** *adj* – written
**escrito de acusación** – bill of indictment
**escrito de agravios** – bill of appeal
**escrito de ampliación** – supplemental complaint
**escrito de apelación** – bill of complaint
**escrito de calificación** – indictment
**escrito de conclusión** – final brief
**escrito de contestación a la demanda** – reply to a complaint
**escrito de demanda** – complaint
**escrito de presentación** – initial brief
**escrito de promoción** – trial brief
**escrito de recusaciones** – bill of exception
**escrito de reposición** – request for reconsideration
**escrito privado** – private document
**escritorio** *m* – office, desk
**escritos de conclusión** – final pleadings
**escritura** *f* – deed, contract, document, instrument, legal instrument, writing, handwriting
**escritura a título gratuito** – gratuitous deed
**escritura adicional** – additional instrument
**escritura con garantía general** – general warranty deed
**escritura constitutiva** – articles of incorporation, charter, articles of association, act of incorporation
**escritura corrida** – longhand
**escritura de arrendamiento** – lease
**escritura de cancelación** – document evidencing the cancellation of a debt
**escritura de cesión** – deed of assignment
**escritura de compraventa** – bill of sale, deed, act of sale, bargain and sale deed
**escritura de concordato** – creditors' agreement with the bankrupt
**escritura de constitución** – articles of incorporation, charter, articles of association, act of incorporation
**escritura de constitución de hipoteca** – mortgage deed
**escritura de constitución de sociedad** – articles of incorporation, charter, articles of association, act of incorporation
**escritura de convenio** – specialty contract
**escritura de donación** – deed of gift
**escritura de emisión de bonos** – bond indenture
**escritura de enajenación** – deed
**escritura de fideicomiso** – trust indenture
**escritura de fundación** – articles of incorporation, charter, articles of association, act of incorporation, deed of foundation
**escritura de hipoteca** – mortgage deed
**escritura de nacimiento** – birth certificate
**escritura de organización** – articles of incorporation, charter, articles of association, act of incorporation
**escritura de partición** – deed of partition
**escritura de pleno dominio** – deed in fee
**escritura de propiedad** – title deed
**escritura de reforma** – amendment
**escritura de satisfacción** – document evidencing the cancellation of a debt
**escritura de seguros** – insurance policy
**escritura de sociedad** – partnership agreement, articles of incorporation, act of incorporation
**escritura de traspaso** – deed
**escritura de venta** – bill of sale, deed
**escritura fiduciaria** – trust deed
**escritura hipotecaria** – mortgage deed
**escritura inscrita** – recorded deed
**escritura maestra** – master deed
**escritura matriz** – original document which remains in the notary's formal registry
**escritura notarial** – notarized document
**escritura privada** – private document
**escritura pública** – public document, notarized document
**escritura sellada** – sealed instrument
**escritura sin registrar** – unrecorded deed
**escritura social** – partnership agreement, articles of incorporation, act of incorporation
**escritura suplementaria** – supplemental deed
**escritura traslativa de dominio** – deed
**escriturar** *v* – to register a deed, to register publicly
**escriturario** *adj* – notarial
**escrutar** *v* – to scrutinize, to tally votes
**escrutinio** *m* – scrutiny, vote count
**escucha** *f* – wiretapping
**escucha telefónica** – wiretapping
**escudriñable** *adj* – investigable
**escudriñar** *v* – to scrutinize
**escuela correccional** – reform school
**escuela de derecho** – law school
**esencia** *f* – essence
**esencial** *adj* – essential
**esencialmente** *adv* – essentially
**esfera de influencia** – sphere of influence
**esfuerzo colaborativo** – collaborative effort
**esfuerzo concertado** – concerted effort
**eslabón** *f* – link
**espacio abierto** – open space
**espacio aéreo** – air space
**espacio ambiental** – environmental space
**especialidad** *f* – specialty, special contract
**especialista** *m/f* – specialist
**especialización** *f* – specialization
**especializado** *adj* – specialized
**especializar** *v* – to specialize
**especialmente** *adv* – specially
**especie** *f* – sort, kind, event
**especie, en** – in kind
**especies valoradas** – revenue stamps
**especificación** *f* – specification
**especificación de empleo** – job specification
**especificación de trabajo** – job specification
**especificación profesional** – professional specification

**especificado** *adj* – specified
**especificar** *v* – to specify
**específico** *adj* – specific
**espécimen** *m* – specimen
**espectrógrafo** *m* – spectrograph
**espectrograma** *m* – spectrogram
**especulación** *f* – speculation, adventure
**especulación bursátil** – stock speculation
**especulación inmobiliaria** – real estate speculation
**especulador** *m* – speculator
**especular** *v* – to speculate
**especulativo** *adj* – speculative
**espera** *f* – wait, stay, recess, term, grace period
**espera, en** – in abeyance
**esperanza** *f* – hope, expectancy
**esperanza de vida** – life expectancy
**espía** *f* – spy
**espía doble** – double agent
**espiar** *v* – to spy
**espión** *m* – spy
**espionaje** *m* – espionage
**espionaje comercial** – commercial espionage, trade espionage
**espionaje corporativo** – corporate espionage
**espionaje industrial** – industrial espionage
**espiral inflacionaria** – inflationary spiral
**espiral inflacionista** – inflationary spiral
**espíritu de una ley** – spirit of a law
**espíritu empresarial** – entrepreneurial spirit
**esponsales** *m* – engagement
**espontáneamente** *adv* – spontaneously
**espontáneo** *adj* – spontaneous
**esposa abandonada** – abandoned wife
**esposado** *adj* – handcuffed, newly wed
**esposar** *v* – to handcuff
**esposas** *f* – handcuffs
**esposo abandonado** – abandoned husband
**espurio** *adj* – spurious
**esquela** *f* – note, notice, short letter
**esquela de defunción** – death notice
**esquela mortuoria** – death notice
**esquema** *m* – scheme, diagram, outline
**esquema calificado** – qualified scheme
**esquema comercial** – business scheme, commercial scheme, commerce scheme
**esquema contable** – accounting scheme
**esquema contractual** – contractual scheme
**esquema corporativo** – corporate scheme
**esquema de amortización** – amortization scheme, repayment scheme
**esquema de apoyo** – aid scheme
**esquema de apoyo económico** – financial aid scheme
**esquema de apoyo financiero** – financial aid scheme
**esquema de asistencia** – aid scheme
**esquema de asistencia económica** – financial aid scheme
**esquema de asistencia financiera** – financial aid scheme
**esquema de auditoría** – audit scheme
**esquema de ayuda** – aid scheme
**esquema de ayuda económica** – financial aid scheme
**esquema de ayuda financiera** – financial aid scheme
**esquema de beneficios** – benefit scheme
**esquema de bonificaciones** – bonus scheme
**esquema de capacitación** – training scheme
**esquema de comercio** – business scheme, commercial scheme, commerce scheme
**esquema de conservación** – conservation scheme
**esquema de contabilidad** – accounting scheme
**esquema de contribuciones** – contribution scheme, tax scheme
**esquema de desarrollo** – development scheme
**esquema de entrenamiento** – training scheme
**esquema de financiación** – financing scheme
**esquema de financiamiento** – financing scheme
**esquema de formación** – training scheme
**esquema de habilitación** – training scheme
**esquema de incentivos** – incentive scheme
**esquema de inversiones** – investment scheme
**esquema de jubilación** – retirement scheme
**esquema de marketing** – marketing scheme
**esquema de mercadeo** – marketing scheme
**esquema de negocios** – business scheme
**esquema de pagos** – payment scheme
**esquema de pensiones** – pension scheme
**esquema de privatización** – privatization scheme
**esquema de producción** – production scheme
**esquema de publicidad** – advertising scheme
**esquema de reajuste** – readjustment scheme
**esquema de reaseguro** – reinsurance scheme
**esquema de retiro** – retirement scheme
**esquema de seguros** – insurance scheme
**esquema de servicios** – service scheme
**esquema económico** – economic scheme
**esquema empresarial** – business scheme
**esquema financiero** – financial scheme
**esquema mercantil** – commercial scheme
**esquema operacional** – operational scheme
**esquema publicitario** – advertising scheme
**esquema salarial** – salary scheme, pay scheme
**esquema social** – social scheme
**esquilmar** *v* – to exhaust, to milk, to exploit
**esquina ciega** – blind corner
**esquirol** *m* – scab
**esquizofrenia** *f* – schizophrenia
**estabilidad** *f* – stability, permanence
**estabilidad absoluta** – permanent job security
**estabilidad de precios** – price stability
**estabilidad económica** – economic stability
**estabilidad en el empleo** – job security
**estabilidad financiera** – financial stability
**estabilidad política** – political stability
**estabilidad relativa** – temporary job security
**estabilidad social** – social stability
**estabilización** *f* – stabilization
**estabilización de empleo** – employment stabilization
**estabilización de moneda** – currency stabilization
**estabilización de precios** – price stabilization
**estabilización económica** – economic stabilization
**estabilización fiscal** – fiscal stabilization
**estabilización monetaria** – monetary stabilization, currency stabilization
**estabilización política** – political stabilization
**estabilización salarial** – wage stabilization
**estabilización social** – social stabilization
**estabilizado** *adj* – stabilized
**estabilizador** *m* – stabilizer
**estabilizar** *v* – to stabilize

**estabilizar precios** – to stabilize prices
**estable** *adj* – stable
**establecer** *v* – to establish, to set up, to set, to enact
**establecer impuestos** – to impose taxes
**establecer juicio** – to bring suit
**establecer la sede** – to set up headquarters
**establecer límites** – to establish boundaries, to establish limits
**establecer mediante acuerdo** – to establish by agreement
**establecer parámetros** – to establish parameters
**establecer pautas** – to establish guidelines
**establecer una apelación** – to file an appeal
**establecido** *adj* – established, set, set up, enacted
**establecido ilegalmente** – illegally established
**establecido ilícitamente** – illicitly established
**establecido legalmente** – legally established
**establecido lícitamente** – licitly established
**establecimiento** *m* – establishment, enterprise, foundation
**establecimiento afiliado** – affiliated enterprise
**establecimiento agrícola** – farm enterprise, farming enterprise
**establecimiento autorizado** – authorized enterprise
**establecimiento bancario** – banking enterprise
**establecimiento comercial** – business enterprise, business concern, commercial enterprise
**establecimiento corporativo** – corporate enterprise
**establecimiento de comercio** – commerce enterprise
**establecimiento de comercio electrónico** – e-commerce enterprise, e-business enterprise
**establecimiento de metas** – establishment of goals
**establecimiento de negocios** – business enterprise, business concern
**establecimiento de objetivos** – establishment of objectives
**establecimiento de servicios** – services enterprise
**establecimiento de servicios públicos** – public services enterprise
**establecimiento del estado** – government enterprise, state enterprise
**establecimiento del gobierno** – government enterprise
**establecimiento doméstico** – domestic enterprise
**establecimiento en marcha** – going concern
**establecimiento especulativo** – speculative enterprise
**establecimiento estatal** – government enterprise, state enterprise
**establecimiento exportador** – exporting enterprise
**establecimiento extranjero** – foreign enterprise
**establecimiento familiar** – family enterprise
**establecimiento filial** – affiliated enterprise
**establecimiento financiero** – financial enterprise
**establecimiento global** – global enterprise
**establecimiento gubernamental** – government enterprise
**establecimiento importador** – importing enterprise
**establecimiento industrial** – industrial enterprise
**establecimiento integrado** – integrated enterprise
**establecimiento internacional** – international enterprise
**establecimiento local** – local enterprise
**establecimiento lucrativo** – commercial enterprise
**establecimiento manufacturero** – manufacturing enterprise
**establecimiento marginal** – marginal enterprise
**establecimiento mercantil** – commercial enterprise, business enterprise
**establecimiento mixto** – mixed enterprise
**establecimiento multinacional** – multinational enterprise
**establecimiento nacional** – domestic enterprise, national enterprise
**establecimiento no afiliado** – unaffiliated enterprise
**establecimiento no lucrativo** – nonprofit enterprise
**establecimiento no miembro** – nonmember enterprise
**establecimiento online** – online enterprise
**establecimiento penal** – penal institution
**establecimiento pequeño** – small enterprise
**establecimiento privado** – private enterprise
**establecimiento público** – public enterprise
**establecimiento puesta en marcha** – business startup
**establecimiento registrado** – registered enterprise
**estaca** *f* – stake
**estación** *f* – station, season
**estación aduanera** – customs station
**estación de aduanas** – customs station
**estación de policía** – police station
**estación de trabajo** – workstation
**estadía** *f* – stay, time in port beyond that necessary
**estadidad** *f* – statehood
**estadística** *f* – statistics
**estadística demográfica** – demographic statistics
**estadísticas criminales** – crime statistics
**estadísticas de empleo** – employment statistics
**estadísticas del desempleo** – unemployment statistics
**estadísticas laborales** – labor statistics, labour statistics
**estado** *m* – state, condition, government, statement, report
**estado anual** – annual statement
**estado auditado** – audited statement
**estado bancario** – bank statement
**estado benefactor** – welfare state
**estado certificado** – certified statement
**estado civil** – marital status
**estado combinado** – combined statement
**estado comparativo** – comparative statement
**estado condensado** – condensed statement
**estado consolidado** – consolidated statement
**estado contable** – accounting statement
**estado corporativo** – corporate state
**estado corriente** – current state, current status
**estado de actividad** – activity state
**estado de ánimo** – state of mind
**estado de banco** – bank statement
**estado de bienestar** – welfare state
**estado de caja** – cash statement
**estado de concurso** – state of bankruptcy
**estado de contabilidad** – balance sheet, accounting statement
**estado de continuación** – continuation statement
**estado de cosas** – state of affairs
**estado de cuenta** – statement, account statement, account status
**estado de derecho** – rule of law
**estado de emergencia** – state of emergency

**estado de excepción** – state of emergency
**estado de flujos de caja** – cash flow statement
**estado de ganancias** – profit statement, statement of earnings
**estado de ganancias y pérdidas** – profit and loss statement
**estado de guerra** – state of war
**estado de indivisión** – undivided state
**estado de ingresos** – earnings statement, income statement
**estado de ingresos retenidos** – statement of retained earnings
**estado de ingresos y gastos** – statement of income and expenses
**estado de la economía** – state of the economy
**estado de liquidación** – liquidation statement
**estado de necesidad** – extenuating circumstances
**estado de origen y aplicación de fondos** – statement of source and application of funds
**estado de paz** – state of peace
**estado de pérdidas y ganancias** – profit and loss statement
**estado de posición financiera** – statement of financial condition
**estado de producción** – production statement
**estado de quiebra** – state of bankruptcy
**estado de reconciliación** – reconciliation statement
**estado de resultados** – operating statement
**estado de sitio** – state of siege
**estado de situación** – general balance sheet, balance sheet
**estado de superávit** – surplus statement
**estado del bienestar** – welfare state
**estado del cierre** – closing statement
**estado descriptivo** – descriptive statement
**estado diario** – daily statement
**estado exento** – exempt status
**estado falsificado** – falsified statement
**estado final** – final statement, final state
**estado financiero** – financial statement
**estado financiero anual** – annual financial statement
**estado financiero certificado** – certified financial statement
**estado financiero combinado** – combined financial statement
**estado financiero comparativo** – comparative financial statement
**estado financiero condensado** – condensed financial statement
**estado financiero consolidado** – consolidated financial statement
**estado financiero grupal** – group financial statement
**estado financiero no consolidado** – unconsolidated financial statement
**estado financiero personal** – personal financial statement
**estado financiero proyectado** – projected financial statement
**estado interino** – interim statement
**estado legal** – legal status, marital status
**estado mensual** – monthly statement
**estado miembro** – member state
**estado no consolidado** – unconsolidated statement
**estado periódico** – periodic statement
**estado pro forma** – pro forma statement
**estado revisado** – revised statement, audited statement
**estado soberano** – sovereign state
**estado suplementario** – supplemental statement
**estafa** *f* – scam, swindle, fraud
**estafa comercial** – business swindle, business scam
**estafa corporativa** – corporate scam, corporate swindle
**estafa de comercio electrónico** – e-commerce scam, e-business scam
**estafa empresarial** – business swindle, business scam
**estafa mercantil** – business swindle, business scam
**estafador** *m* – scammer, swindler, defrauder
**estafar** *v* – to scam, to swindle, to defraud
**estagnación** *f* – stagnation
**estallar** *v* – to explode, to break out
**estampar** *v* – to stamp, to rubber stamp, to affix
**estampilla** *f* – stamp, rubber stamp
**estampilla de timbre nacional** – documentary stamp
**estampilla fiscal** – revenue stamp
**estampillado** *adj* – stamped, rubber stamped
**estancamiento** *m* – deadlock, stagnation
**estancamiento económico** – economic stagnation
**estanco** *m* – monopoly, state monopoly
**estándar** *adj* – standard
**estándar** *m* – standard
**estandarización** *f* – standardization
**estandarizado** *adj* – standardized
**estandarizar** *v* – to standardize
**estanflación** *f* – stagflation
**estanquero** *m* – retailer of goods under state monopoly
**estante** *adj* – extant
**estar a derecho** – to appear in court, to be involved in an action
**estar en sesión** – to be in session
**estatal** *adj* – state, pertaining to a state, government, pertaining to a government
**estatismo** *m* – statism
**estatista** *adj* – statist
**estatista** *m/f* – statist
**estatuido** *adj* – enacted, provided
**estatuir** *v* – to enact, to provide
**estatutario** *adj* – statutory
**estatuto** *m* – statute, law, ordinance, by-law, rule
**estatuto de limitaciones** – statute of limitations
**estatuto declaratorio** – declaratory statute
**estatuto estatal** – state statute
**estatuto expositivo** – expository statute
**estatuto formal** – law of procedure
**estatuto local** – local statute
**estatuto municipal** – municipal statute
**estatuto orgánico** – organic law
**estatuto real** – real law
**estatuto retroactivo** – retroactive law
**estatuto sobre fraudes** – statute of frauds
**estatutos de sociedades** – by-laws
**estatutos revisados** – revised statutes
**estatutos sociales** – by-laws
**estelionato** *m* – stellionate
**estenografía** *f* – stenography
**estenógrafo** *m* – stenographer
**estereotipación** *f* – stereotyping

**estereotipado** *adj* – stereotyped
**estereotípico** *adj* – stereotypic
**estereotipo** *m* – stereotype
**esterilidad** *f* – sterility
**esterilización** *f* – sterilization
**estilar** *v* – to draft
**estilo** *m* – style, method
**estilo administrativo** – management style
**estilo caligráfico** – handwriting
**estilo de administración** – management style
**estilo de dirección** – management style
**estilo de gerencia** – management style
**estilo de gestión** – management style
**estilo de vida** – lifestyle
**estimación** *f* – estimation, estimate, appraisal, assessment
**estimación aproximada** – approximate estimate
**estimación conservadora** – conservative estimate
**estimación de contribuciones** – estimate of taxes
**estimación de costes** – estimate of costs
**estimación de costos** – estimate of costs
**estimación de gastos** – estimate of expenses
**estimación de impuestos** – estimate of taxes
**estimación de ingresos** – estimate of earnings
**estimación de intereses** – estimate of interest
**estimación de pagos** – estimate of payments
**estimación de prima** – estimate of premium
**estimación de subsidio** – estimate of subsidy
**estimación de subvención** – estimate of subsidy
**estimación de ventas** – estimate of sales
**estimación del valor** – estimate of value
**estimación presupuestaria** – budget estimate
**estimación suplementaria** – supplemental estimate
**estimado** *m* – estimate
**estimado aproximado** – approximate estimate
**estimado conservador** – conservative estimate
**estimado de contribuciones** – estimate of taxes
**estimado de costes** – estimate of costs
**estimado de costos** – estimate of costs
**estimado de gastos** – estimate of expenses
**estimado de impuestos** – estimate of taxes
**estimado de ingresos** – estimate of earnings
**estimado de intereses** – estimate of interest
**estimado de pagos** – estimate of payments
**estimado de precios** – estimate of prices
**estimado de prima** – estimate of premium
**estimado de subsidio** – estimate of subsidy
**estimado de subvención** – estimate of subsidy
**estimado de ventas** – estimate of sales
**estimado del valor** – estimate of value
**estimado presupuestario** – budget estimate
**estimado suplementario** – supplemental estimate
**estimador** *m* – estimator, appraiser
**estimar** *v* – to estimate, to appraise, to hold in esteem
**estimatoria** *f* – action by the buyer against the seller to obtain a reduction in price due to defects
**estimular** *v* – to stimulate
**estimular la economía** – to stimulate the economy
**estímulo** *m* – stimulation, stimulus, incentive
**estímulo fiscal** – fiscal stimulus
**estipendio** *m* – stipend, compensation
**estipulación** *f* – stipulation, provision, specification, covenant
**estipulación adicional** – additional stipulation
**estipulación condicionada** – conditional stipulation
**estipulación de póliza** – policy stipulation
**estipulación esencial** – essential stipulation
**estipulación especificada** – specified covenant
**estipulación incondicional** – absolute covenant
**estipulación indispensable** – indispensable stipulation
**estipulación innecesaria** – unnecessary stipulation
**estipulación necesaria** – necessary stipulation
**estipulación obligatoria** – obligatory stipulation
**estipulaciones concurrentes** – concurrent stipulations
**estipulaciones estatutarias** – statutory provisions
**estipulaciones generales** – general provisions
**estipulado** *adj* – stipulated
**estipulante** *m/f* – stipulator
**estipulante** *adj* – stipulating
**estipular** *v* – to stipulate, to specify, to agree
**estirpe** *f* – descendants, lineage, stirpes
**estorbo** *m* – nuisance, obstacle
**estorbo civil** – civil nuisance
**estorbo común** – common nuisance
**estorbo continuo** – continuing nuisance
**estorbo legal** – legalized nuisance
**estorbo mixto** – mixed nuisance
**estorbo privado** – private nuisance
**estorbo público** – common nuisance
**estrado** *m* – stand, platform
**estrado de testigos** – witness stand
**estrados** *m* – courtrooms
**estragos** *m* – devastation
**estrangulación** *f* – strangulation
**estrangular** *v* – to strangle
**estraperlo** *m* – black market
**estratagema** *f* – stratagem, ploy
**estratagema publicitaria** – advertising ploy
**estrategia** *f* – strategy
**estrategia comercial** – business strategy, commercial strategy
**estrategia competitiva** – competitive strategy
**estrategia corporativa** – corporate strategy
**estrategia de comercio** – commerce strategy, business strategy
**estrategia de crecimiento** – growth strategy
**estrategia de desarrollo** – development strategy
**estrategia de diferenciación** – differentiation strategy
**estrategia de diversificación** – diversification strategy
**estrategia de expansión** – expansion strategy
**estrategia de inversiones** – investment strategy
**estrategia de la compañía** – company strategy
**estrategia de la empresa** – enterprise strategy, company strategy
**estrategia de marca** – brand strategy
**estrategia de marketing** – marketing strategy
**estrategia de mercadeo** – marketing strategy
**estrategia de mercado** – market strategy
**estrategia de negocios** – business strategy
**estrategia de precios** – pricing strategy, price strategy
**estrategia de publicidad** – advertising strategy
**estrategia de ventas** – sales strategy
**estrategia del producto** – product strategy
**estrategia económica** – economic strategy
**estrategia empresarial** – business strategy
**estrategia financiera** – financial strategy

**estrategia global** – global strategy
**estrategia mercantil** – commercial strategy
**estrategia publicitaria** – advertising strategy
**estratégico** *adj* – strategic
**estratificación** *f* – stratification
**estratificación social** – social stratification
**estrés** *m* – stress
**estrés del trabajo** – work-related stress
**estrés en el empleo** – work-related stress
**estrés laboral** – work-related stress
**estrés profesional** – professional stress, work-related stress
**estrictamente** *adv* – strictly
**estricto** *adj* – strict, stringent
**estructura** *f* – structure
**estructura administrativa** – management structure
**estructura anexa** – appurtenant structure
**estructura capital** – capital structure
**estructura cerrada** – closed structure
**estructura contributiva** – tax structure
**estructura corporativa** – corporate structure
**estructura de capital** – capital structure
**estructura de control** – control structure
**estructura de costes** – cost structure
**estructura de costos** – cost structure
**estructura de datos** – data structure
**estructura de la administración** – management structure
**estructura de la compañía** – company structure
**estructura de la corporación** – corporate structure
**estructura de la empresa** – company structure, enterprise structure
**estructura de la gestión** – management structure
**estructura de la inversión** – investment structure
**estructura de la organización** – organization structure
**estructura de precios** – price structure
**estructura del mercado** – market structure
**estructura directiva** – management structure
**estructura económica** – economic structure
**estructura empresarial** – company structure, enterprise structure
**estructura financiera** – financial structure
**estructura fiscal** – fiscal structure, tax structure
**estructura histórica** – historical structure
**estructura impositiva** – tax structure
**estructura monetaria** – monetary structure
**estructura orgánica** – organizational structure
**estructura organizativa** – organizational structure
**estructura peligrosa** – dangerous structure
**estructura salarial** – wage structure
**estructura sindical** – union structure
**estructura tributaria** – tax structure
**estructuración** *f* – structuring
**estructurado** *adj* – structured
**estructurar** *v* – to structure
**estudio** *m* – study, studio, office, law office
**estudio de caso** – case study
**estudio de consumidores** – consumer study
**estudio de factibilidad** – feasibility study
**estudio de gerencia** – management study
**estudio de impacto** – impact study
**estudio de impacto ambiental** – environmental impact study
**estudio de impacto ecológico** – ecological impact study
**estudio de mercado** – market study
**estudio de rentabilidad** – profitability study
**estudio de título** – title search
**estudio de viabilidad** – viability study
**estudio exhaustivo** – exhaustive study
**estudio piloto** – pilot study
**estudios comerciales** – business studies
**estudios de negocios** – business studies
**estudios empresariales** – business studies
**estupefaciente** *adj* – stupefacient
**estuprador** *m* – statutory rapist, rapist
**estuprar** *v* – to commit statutory rape, to rape
**estupro** *m* – statutory rape, rape
**et al.** – and others, et al.
**et alii** – and others, et al., et alii
**et alius** – and another, et alius
**etapa** *f* – stage
**etapa crítica** – critical stage
**etapa de la carrera** – career stage
**etapa inicial** – initial stage
**Eternet** *m* – Ethernet
**Ethernet** *m* – Ethernet
**ética** *f* – ethics
**ética ambiental** – environmental ethics
**ética comercial** – business ethics
**ética corporativa** – corporate ethics
**ética cuestionable** – questionable ethics
**ética de los negocios** – business ethics
**ética del trabajo** – work ethic
**ética ecológica** – ecological ethics
**ética empresarial** – business ethics
**ética en el comercio** – commerce ethics, business ethics
**ética en los negocios** – business ethics
**ética legal** – legal ethics
**ética mercantil** – business ethics
**ética profesional** – professional ethics
**éticamente** *adv* – ethically
**ético** *adj* – ethical
**etiqueta** *m* – label, tag, etiquette
**etiqueta comercial** – commercial etiquette, business etiquette
**etiqueta corporativa** – corporate etiquette
**etiqueta de dirección** – address label
**etiqueta en el comercio** – commerce etiquette, business etiquette
**etiqueta en los negocios** – business etiquette
**etiquetado** *m* – labeling
**etiquetado ambiental** – green labeling, environmental labeling
**etiquetado ecológico** – green labeling, ecological labeling
**etiquetado verde** – green labeling
**étnico** *adj* – ethnic
**EURATOM** – EURATOM
**euro** *m* – euro
**eurobanca** *f* – Eurobanking
**eurobono** *m* – Eurobond
**eurocéntrico** *m* – Eurocentric
**eurocheque** *m* – Eurocheck, Eurocheque
**eurocrédito** *m* – Eurocredit
**eurodepósito** *m* – Eurodeposit
**eurodinero** *m* – Eurocurrency, Euromoney

**eurodivisa** *f* – Eurocurrency, Euromoney
**eurodólares** *m* – Eurodollars
**euromercado** *m* – Euromarket
**europeísmo** *m* – Europeanism
**europeísta** *adj* – pro-European
**europeísta** *m/f* – pro-European
**euroescéptico** *adj* – Euro-sceptic
**euroescéptico** *m* – Euro-sceptic
**eutanasia** *f* – euthanasia
**evacuado** *m* – evacuee
**evacuado** *adj* – evacuated
**evacuar** *v* – to evacuate, to carry out, to conclude, to fulfill, to transact
**evacuar prueba** – to furnish proof
**evacuar un informe** – to make a report
**evacuar una consulta** – to provide a legal opinion
**evadido ilegalmente** – illegally evaded
**evadido ilícitamente** – illicitly evaded
**evadir** *v* – to evade
**evadir impuestos** – to evade taxes
**evadir la ley** – to evade the law
**evadirse** *v* – to abscond
**evaluación** *f* – evaluation, assessment, appraisal
**evaluación actuarial** – actuarial evaluation
**evaluación acumulativa** – cumulative assessment
**evaluación ambiental** – environmental appraisal
**evaluación bancaria** – bank assessment
**evaluación continua** – continuous assessment
**evaluación de banco** – bank assessment
**evaluación de calidad** – quality assessment
**evaluación de costes** – cost evaluation
**evaluación de costos** – cost evaluation
**evaluación de empleo** – employment evaluation
**evaluación de inversiones** – investment evaluation
**evaluación de la conformidad** – conformity assessment
**evaluación de la demanda** – demand assessment
**evaluación de la ejecución** – performance evaluation
**evaluación de la prueba** – evaluation of evidence
**evaluación de los daños** – assessment of the damages
**evaluación de proyecto** – project evaluation
**evaluación de recursos** – assessment of resources
**evaluación de riesgos ambientales** – environmental risk assessment
**evaluación de riesgos ecológicos** – ecological risk assessment
**evaluación de tareas** – task analysis
**evaluación de trabajo** – job evaluation
**evaluación del control interno** – evaluation of internal control
**evaluación del daño** – damage assessment
**evaluación del desempeño** – performance evaluation
**evaluación del impacto** – impact assessment
**evaluación del impacto ambiental** – environmental impact assessment
**evaluación del mercado** – market assessment, market evaluation
**evaluación del personal** – personnel evaluation
**evaluación del producto** – product evaluation
**evaluación del rendimiento** – performance evaluation
**evaluación del riesgo** – risk assessment
**evaluación del riesgo del país** – country risk assessment
**evaluación ecológica** – ecological appraisal
**evaluación económica** – economic assessment
**evaluación final** – final evaluation
**evaluación financiera** – financial evaluation, financial assessment
**evaluación fiscal** – fiscal assessment, tax assessment
**evaluación profesional** – professional evaluation
**evaluación tecnológica** – technological assessment
**evaluador** *m* – evaluator, assessor, appraiser
**evaluar** *v* – to evaluate, to assess, to appraise
**evaluar la prueba** – to evaluate the evidence
**evaluar rendimiento** – to evaluate performance, to assess performance
**evasión** *f* – evasion
**evasión contributiva** – tax evasion
**evasión de contribuciones** – tax evasion
**evasión de imposición** – tax evasion
**evasión de impuestos** – tax evasion
**evasión de obligación** – evasion of obligation
**evasión de responsabilidad** – evasion of liability, evasion of responsibility
**evasión del impuesto** – tax evasion
**evasión fiscal** – tax evasion
**evasión ilícita** – illicit evasion
**evasión impositiva** – tax evasion
**evasión inapropiada** – inappropriate evasion
**evasión lícita** – licit evasion
**evasión tributaría** – tax evasion
**evasiva** *f* – evasion
**evasivo** *adj* – evasive
**evasor** *m* – evader
**evasor de impuestos** – tax evader
**evento** *m* – event, contingency, accident
**evento contable** – accounting event
**evento contingente** – contingent event
**evento de contabilidad** – accounting event
**evento fortuito** – fortuitous event
**evento subsiguiente** – subsequent event
**eventos independientes** – independent events
**eventual** *adj* – eventual, contingent, temporary, incidental
**eventualmente** *adv* – eventually
**evicción** *f* – eviction, dispossession
**evicción como represalia** – retaliatory eviction
**evicción efectiva** – actual eviction
**evidencia** *f* – evidence, proof
**evidencia absoluta** – full proof
**evidencia acumulativa** – cumulative evidence
**evidencia admisible** – admissible evidence
**evidencia afirmativa** – affirmative proof
**evidencia anticipada** – pre-trial evidence
**evidencia circunstancial** – circumstantial evidence
**evidencia común** – ordinary evidence
**evidencia concluyente** – conclusive evidence
**evidencia concurrente** – corroborating evidence
**evidencia conjetural** – presumptive evidence
**evidencia contable** – accounting evidence
**evidencia contradictoria** – contradictory evidence
**evidencia contraría** – conflicting evidence
**evidencia contundente** – conclusive evidence
**evidencia convencional** – agreed-upon evidence
**evidencia convincente** – convincing proof
**evidencia corroborante** – corroborating evidence
**evidencia corroborativa** – corroborating evidence
**evidencia cumulativa** – cumulative evidence

**evidencia de análisis** – evidence of analysis
**evidencia de asegurabilidad** – evidence of insurability
**evidencia de auditoría** – evidence of auditing
**evidencia de autoridad** – evidence of authority
**evidencia de calidad** – evidence of quality
**evidencia de cancelación** – evidence of cancellation
**evidencia de cargo** – evidence for the prosecution
**evidencia de compra** – evidence of purchase
**evidencia de contabilidad** – accounting evidence
**evidencia de cuenta** – evidence of an account
**evidencia de culpabilidad** – proof of guilt
**evidencia de cumplimiento** – evidence of compliance, evidence of performance, evidence of fulfillment
**evidencia de daños** – evidence of damage
**evidencia de depósito** – evidence of deposit
**evidencia de descargo** – evidence for the defense
**evidencia de deuda** – evidence of debt
**evidencia de discapacidad** – proof of disability
**evidencia de dominio** – evidence of title, title papers, title
**evidencia de elegibilidad** – evidence of eligibility
**evidencia de empleo** – evidence of employment
**evidencia de entrega** – evidence of delivery
**evidencia de identidad** – evidence of identity
**evidencia de incorporación** – evidence of incorporation
**evidencia de indicios** – circumstantial evidence
**evidencia de inocencia** – proof of innocence
**evidencia de muerte** – proof of death
**evidencia de oídas** – hearsay evidence
**evidencia de opinión** – opinion evidence, opinion testimony
**evidencia de pago** – proof of payment
**evidencia de participación** – evidence of participation
**evidencia de pérdida** – evidence of loss
**evidencia de peritos** – expert evidence
**evidencia de peso** – evidence of weight
**evidencia de reclamación** – evidence of claim
**evidencia de referencia** – hearsay evidence
**evidencia de responsabilidad** – evidence of responsibility
**evidencia de salud** – evidence of health
**evidencia de sangre** – blood test
**evidencia de seguro** – evidence of insurance
**evidencia de transacción** – evidence of transaction
**evidencia de uso** – evidence of use
**evidencia de valor** – evidence of value
**evidencia de venta** – evidence of sale
**evidencia decisiva** – conclusive evidence
**evidencia del estado** – state's evidence
**evidencia demostrativa** – demonstrative evidence
**evidencia derivada** – secondary evidence
**evidencia directa** – direct evidence
**evidencia documental** – documentary evidence
**evidencia en contrario** – conflicting evidence
**evidencia en substitución** – substitutionary evidence
**evidencia escrita** – documentary evidence
**evidencia esencial** – essential evidence
**evidencia experimental** – experimental evidence
**evidencia extrajudicial** – extrajudicial evidence
**evidencia fabricada** – fabricated evidence
**evidencia falsificada** – falsified evidence
**evidencia impertinente** – irrelevant evidence
**evidencia impracticable** – inadmissible evidence
**evidencia inadmisible** – inadmissible evidence
**evidencia incompetente** – incompetent evidence
**evidencia inconsistente** – inconsistent evidence
**evidencia incontrovertible** – incontrovertible proof
**evidencia incriminante** – incriminating evidence
**evidencia indicativa** – indicative evidence
**evidencia indiciaria** – circumstantial evidence
**evidencia indirecta** – indirect evidence
**evidencia indiscutible** – conclusive evidence
**evidencia indispensable** – indispensable evidence
**evidencia indisputable** – conclusive evidence
**evidencia indubitable** – indubitable proof
**evidencia ineficaz** – inconclusive evidence
**evidencia inmaterial** – immaterial evidence
**evidencia inmediata** – direct evidence
**evidencia instrumental** – documentary evidence
**evidencia insuficiente** – insufficient evidence
**evidencia intrínseca** – intrinsic evidence
**evidencia inútil** – inconclusive evidence
**evidencia judicial** – judicial evidence
**evidencia legal** – legal evidence
**evidencia literal** – documentary evidence
**evidencia matemática** – mathematical evidence
**evidencia material** – material evidence
**evidencia mediata** – indirect evidence
**evidencia moral** – moral evidence
**evidencia negativa** – negative evidence, negative proof
**evidencia no esencial** – unessential evidence
**evidencia oral** – oral evidence, parol evidence
**evidencia original** – original evidence
**evidencia parcial** – partial evidence
**evidencia pericial** – expert evidence
**evidencia personal** – oral evidence
**evidencia pertinente** – pertinent evidence
**evidencia plena** – full proof
**evidencia por escrito** – documentary evidence
**evidencia por indicios** – circumstantial evidence
**evidencia por peritos** – expert evidence
**evidencia por presunciones** – presumptive evidence
**evidencia por testigos** – testimonial evidence
**evidencia positiva** – direct evidence, positive proof
**evidencia preconstituida** – pre-trial evidence
**evidencia preliminar** – preliminary evidence
**evidencia presunta** – presumptive evidence
**evidencia prima facie** – evidence sufficient on its face, prima facie evidence
**evidencia primaria** – primary evidence
**evidencia privilegiada** – evidence which is admissible only in certain cases, privileged evidence
**evidencia procesal** – evidence presented during a trial
**evidencia razonable** – reasonable evidence
**evidencia real** – real evidence
**evidencia satisfactoria** – satisfactory evidence
**evidencia secundaria** – secondary evidence
**evidencia suficiente** – sufficient evidence, satisfactory evidence
**evidencia tangible** – tangible evidence
**evidencia tasada** – legal evidence
**evidencia testifical** – testimonial evidence
**evidencia testimonial** – testimonial evidence
**evidencia verbal** – oral evidence
**evidencia vocal** – oral evidence

**evidencial** *adj* – evidentiary
**evidenciar** *v* – to evidence, to prove
**evidente** *adj* – evident, proven
**evidentemente** *adv* – evidently
**evitable** *adj* – avoidable
**evitación** *f* – avoidance
**evitación de contrato** – avoidance of contract
**evitación de impuestos** – avoidance of taxes
**evitación de pérdidas** – loss avoidance
**evitación de reclamaciones** – claims avoidance
**evitar** *v* – to avoid, to evade
**ex adverso** – on the other side, ex adverso
**ex contractu** – arising from a contract, ex contractu
**ex cupón** – ex coupon
**ex curia** – out of court, ex curia
**ex dividendo** – ex dividend
**ex-empleado** *m* – ex-employee
**ex gratia** – out of grace, ex gratia
**ex lege** – according to law, ex lege
**ex officio** – by virtue of office, ex officio
**ex parte** – of one part, ex parte
**ex post facto** – after the act, ex post facto
**exacción** *f* – exaction, levy
**exacción ilegal** – illegal exaction, illegal levy
**exactitud** *f* – accuracy
**exactor** *m* – tax collector
**exageración** *f* – exaggeration
**exageración intencional** – intentional exaggeration
**exagerado** *adj* – exaggerated
**exagerar** *v* – to exaggerate
**examen** *m* – examination, exam, test, investigation, interrogatory
**examen de auditoría** – audit examination
**examen de ingreso** – entrance exam
**examen de testigos** – examination of witnesses
**examen médico** – medical examination
**examinación** *f* – examination
**examinación bancaria** – bank examination
**examinación de auditoría** – audit examination
**examinación de banco** – bank examination
**examinación de cumplimiento** – compliance examination
**examinación general** – general examination
**examinador** *m* – examiner
**examinador bancario** – bank examiner
**examinador de bancos** – bank examiner
**examinador de seguros** – insurance examiner
**examinando** *m* – examinee
**examinar** *v* – to examine, to investigate
**examinar cuentas** – to audit
**excarcelación** *f* – release from jail
**excarcelar** *v* – to release from jail
**excedente** *m* – excess, surplus
**excedente comercial** – trade surplus
**excedente de capital** – capital surplus
**excedente de explotación** – operating surplus
**excedente de exportación** – export surplus
**excedente de importación** – import surplus
**exceder** *v* – to exceed
**excepción** *f* – exception, demurrer, defense, plea
**excepción coherente** – personal defense
**excepción de arraigo** – motion for the plaintiff to place a bond to cover the costs
**excepción de cosa juzgada** – defense based on a previous decision
**excepción de defecto legal** – defense based on a legal defect
**excepción de derecho** – demurrer
**excepción de excusión** – benefit of discussion
**excepción de falta de acción** – demurrer
**excepción de falta de cumplimiento** – defense based on nonperformance
**excepción de hecho** – defense based on fact
**excepción de incompetencia** – defense based on a lack of jurisdiction
**excepción de jurisdicción** – defense based on a lack of jurisdiction
**excepción de litispendencia** – defense based on that the claims are already under litigation
**excepción de nulidad** – defense based on the voidness of an instrument, peremptory defense
**excepción de obscuridad** – defense based on the vagueness of the pleadings
**excepción de oscuridad** – defense based on the vagueness of the pleadings
**excepción de prescripción** – defense based on the statute of limitations having run
**excepción declarativa** – declaratory exception
**excepción declinatoria** – defense based on a lack of jurisdiction
**excepción dilatoria** – dilatory defense, dilatory exception
**excepción especial** – special exception
**excepción general** – general demurrer
**excepción perentoria** – peremptory exception, peremptory defense
**excepción personal** – personal defense
**excepción procesal** – defense based on defect of procedure
**excepción real** – real defense
**excepción superveniente** – motion to dismiss once a trial has commenced
**excepción sustancial** – demurrer
**excepción temporal** – dilatory defense, dilatory exception
**excepcionable** *adj* – demurrable, defensible
**excepcional** *adj* – exceptional
**excepcionante** *m* – party that files an exception, party that files an objection, party that files a motion to dismiss
**excepcionar** *v* – to except, to demur, to defend
**excepcionarse** *v* – to except, to demur, to defend
**excepto** *prep* – except
**exceptuar** *v* – to except
**excesivamente** *adv* – excessively
**excesivo** *adj* – excessive
**exceso** *m* – excess, overage, offense
**exceso de deducciones** – excess deductions
**exceso de información** – excess information
**exceso de pérdida** – excess loss
**exceso de seguro** – overinsurance
**exceso de siniestralidad** – excess loss
**exceso de velocidad** – speeding
**exceso, en** – in excess
**excitación a la rebelión** – incitement to rebel
**exclamación espontánea** – spontaneous exclamation
**excluible** *adj* – excludable
**excluido** *adj* – excluded

**excluir** *v* – to exclude
**exclusión** *f* – exclusion, prohibition, estoppel
**exclusión acordada** – agreed exclusion
**exclusión anual** – annual exclusion
**exclusión contributiva** – tax exclusion
**exclusión de ingresos** – income exclusion
**exclusión del foro** – disbarment
**exclusión fiscal** – tax exclusion
**exclusión general** – general exclusion
**exclusión impositiva** – tax exclusion
**exclusión por contaminación** – pollution exclusion
**exclusión tributaria** – tax exclusion
**exclusiones de la póliza** – exclusions of policy
**exclusiva** *f* – exclusive, exclusive right, sole right
**exclusivamente** *adv* – exclusively
**exclusividad** *f* – exclusivity
**exclusividad laboral** – exclusive employment
**exclusivismo** *m* – exclusivism
**exclusivista** *adj* – exclusivist
**exclusivista** *m/f* – exclusivist
**exclusivo** *adj* – exclusive
**excluyente** *adj* – excluding, justifying
**exculpar** *v* – to exculpate
**exculpatorio** *adj* – exculpatory
**excusa** *f* – excuse, exception
**excusa absolutoria** – absolving excuse
**excusa barata** – lame excuse
**excusa irrazonable** – unreasonable excuse
**excusa legal** – legal excuse
**excusa razonable** – reasonable excuse
**excusable** *adj* – excusable
**excusación** *f* – excuse, self-disqualification by a judge
**excusado** *adj* – excused, exempt
**excusar** *v* – to excuse, to exempt
**excusarse** *v* – to disqualify oneself
**excusas absolutorias** – justifying circumstances
**excusión** *f* – discussion
**excusión de bienes** – benefit of discussion
**exégesis** *f* – interpretation, interpretation of law
**exención** *f* – exemption, immunity, waiver
**exención absoluta** – absolute exemption
**exención arancelaria** – exemption from customs duties
**exención aduanera** – customs exemption
**exención contributiva** – tax exemption
**exención de derechos aduaneros** – exemption from customs duties
**exención de responsabilidad** – exemption from liability
**exención de visado** – visa waiver, visa exemption
**exención estatutaria** – statutory exemption
**exención fiscal** – tax exemption
**exención impositiva** – tax exemption
**exención incondicional** – absolute exemption
**exención personal** – personal exemption
**exención por edad** – age exemption
**exención total** – full exemption, total exemption
**exención tributaria** – tax exemption
**exencionar** *v* – to exempt, to excuse
**exentar** *v* – to exempt, to excuse
**exento** *adj* – exempt, immune
**exento de contribuciones** – tax exempt
**exento de derechos** – duty-free
**exento de impuestos** – tax exempt
**exequátur** *m* – exequatur
**exhaustivo** *adj* – exhaustive
**exheredación** *f* – disinheritance
**exheredar** *v* – to disinherit
**exhibición** *f* – exhibition, exhibit, production, discovery, partial payment
**exhibición comercial** – commercial exhibit
**exhibición corporativa** – corporate exhibit
**exhibición de comercio** – commerce exhibit
**exhibición de documentos** – production of documents
**exhibición de la compañía** – company exhibit
**exhibición de negocios** – business exhibit
**exhibición empresarial** – business exhibit
**exhibición indecente** – indecent exhibition
**exhibición íntegra** – full payment
**exhibición mercantil** – commercial exhibit, mercantile exhibit
**exhibiciones deshonestas** – indecent exposure
**exhibicionista** *m/f* – exhibitionist
**exhibidor** *m* – exhibitor
**exhibir** *v* – to exhibit, to demonstrate, to make a partial payment
**exhortar** *v* – to exhort, to issue letters rogatory
**exhorto** *m* – letters rogatory, request
**exhumación** *f* – exhumation
**exhumar** *v* – to exhume
**exigencia** *f* – exigency, demand, requirement
**exigencia de capital** – capital requirement
**exigible** *adj* – exigible, demandable, due
**exigido por la ley** – required by law
**exigir** *v* – to demand, to require, to charge, to levy
**exiliado** *adj* – exiled
**exiliar** *v* – to exile
**exilio** *m* – exile
**eximente** *adj* – exempting, justifying, excusing
**eximir** *v* – to exempt, to excuse
**eximir de derechos** – to exempt from duties
**existencia corporativa** – corporate existence
**existencias** *f* – inventory, stock, actuals
**existencias al cierre** – closing stock, closing inventory
**existencias base** – base stock
**existencias disponibles** – available stock
**existencias en inventario** – available stock
**existencias finales** – closing stock, closing inventory, final stock, final inventory
**existencias físicas** – physical stock
**existencias reales** – actual stock
**éxito** *m* – success
**exoneración** *f* – exoneration, acquittal, exemption, release
**exonerar** *v* – to exonerate, to acquit, to exempt, to release
**exonerar de impuestos** – to exempt from taxes
**exonerar de responsabilidad** – to release from liability
**exorbitante** *adj* – exorbitant
**exordio** *m* – exordium
**expandir** *v* – to expand
**expansión** *f* – expansion
**expansión comercial** – commercial expansion
**expansión de crédito** – credit expansion
**expansión de depósitos** – deposit expansion

**expansión de inversiones** – investment expansion
**expansión de la demanda** – demand expansion
**expansión del mercado** – market expansion
**expansión del negocio** – business expansion
**expansión diagonal** – diagonal expansion
**expansión económica** – economic expansion
**expansión horizontal** – horizontal expansion
**expansión industrial** – industrial expansion
**expansión interna** – internal expansion
**expansión monetaria** – monetary expansion
**expansionismo** *m* – expansionism
**expansionista** *adj* – expansionist
**expansionista** *m/f* – expansionist
**expatriación** *f* – expatriation
**expectación** *f* – expectation
**expectante** *adj* – expectant
**expectativa** *f* – expectation, expectancy
**expectativa de pérdida** – expectation of loss
**expectativa de vida** – expectancy of life
**expectativas de carrera** – career expectations
**expectativas de empleo** – employment expectations
**expectativas de trabajo** – job expectations
**expectativas del consumidor** – consumer expectations
**expectativas profesionales** – professional expectations, job expectations
**expedición** *f* – expedition, remittance, shipment, issuance
**expedición de aduanas** – customhouse clearance
**expedición de moneda falsa** – circulation of counterfeit money
**expedición de pesca** – fishing trip
**expedido** *adj* – sent, issued
**expedidor** *m* – shipper, drawer
**expediente** *m* – file, record, recourse, proceeding, motive
**expediente de apremio** – proceeding for collection
**expediente de arrestos** – arrest record
**expediente de construcción** – file pertaining to a request for a building permit
**expediente de regulación de empleo** – workforce adjustment plan
**expediente de reintegro** – replevin
**expediente en apelación** – record on appeal
**expediente judicial** – court file
**expedientes comerciales** – commercial records
**expedientes corporativos** – corporate records
**expedientes de comercio** – commerce records
**expedientes de la compañía** – company records
**expedientes de negocio** – business records
**expedientes empresariales** – business records
**expedientes mercantiles** – commercial records
**expedientes personales** – personal records
**expedientes profesionales** – professional records
**expedir** *v* – to ship, to send, to issue
**expedir disposiciones** – to issue decisions
**expedir sentencia** – to pronounce judgment
**expedir un auto** – to issue a writ
**expedir un cheque** – to issue a check, to issue a cheque
**expedir una factura** – to send out a bill
**expedir una orden judicial** – to issue a judicial order
**expedir una patente** – to issue a patent
**expedir una resolución** – to issue a decision
**expedito y claro** – free and clear
**expendedor** *m* – dealer, vendor
**expender** *v* – to expend, to sell, to circulate counterfeit money
**expendio** *m* – expense, retail selling
**expensas** *f* – costs, expenses
**experiencia** *f* – experience
**experiencia comercial** – business experience, commercial experience
**experiencia de comercio** – commerce experience, business experience
**experiencia de empleo** – work experience
**experiencia empresarial** – business experience
**experiencia en negocios** – business experience
**experiencia laboral** – work experience
**experiencia limitada** – limited experience
**experiencia mercantil** – commercial experience
**experimentar** *v* – to experiment, to experience, to try out, to suffer
**experticia** *f* – expertise, expert testimony, expert advice, expert appraisal
**experto** *m* – expert
**experto tributario** – tax expert
**expiración** *f* – expiration
**expiración de acuerdo** – expiration of agreement
**expiración de arrendamiento** – expiration of lease
**expiración de contrato** – expiration of contract
**expiración de derechos de autor** – expiration of copyright
**expiración de licencia** – expiration of license, expiration of licence
**expiración de marca comercial** – expiration of trademark
**expiración de patente** – expiration of patent
**expiración de permiso** – expiration of permit
**expiración de póliza** – expiration of policy
**expiración de sentencia** – expiration of sentence
**expirado** *adj* – expired
**expirar** *v* – to expire, to die
**explicable** *adj* – explainable
**explicación** *f* – explanation
**explícitamente** *adv* – explicitly
**explícito** *adj* – explicit
**explotación** *f* – exploitation, use, operation
**explotación agrícola** – agricultural exploitation
**explotación de empleados** – exploitation of workers
**explotación de la víctima** – victim's exploitation
**explotación de trabajadores** – exploitation of workers
**explotación de una patente** – use of a patent
**explotación económica** – economic exploitation
**explotación ganadera** – stock farm
**explotación sexual** – sexual exploitation
**explotador** *m* – exploiter, user
**explotar** *v* – to exploit, to use, to explode
**expoliación** *f* – spoliation, violent dispossession
**expolio** *m* – spoliation, violent dispossession
**exponente** *m/f* – explainer, deponent
**exponente** *adj* – explanatory
**exponer** *v* – to expose, to declare, to explain, to exhibit, to put forward, to risk
**exponer a peligro** – to expose to danger
**exponer a riesgo** – to expose to risk
**exportación** *f* – exportation, export
**exportación clandestina** – clandestine export

**exportación directa** – direct export
**exportación indirecta** – indirect export
**exportación paralela** – parallel export
**exportación temporal** – temporary export
**exportación temporaria** – temporary export
**exportaciones actuales** – present exports
**exportaciones agrícolas** – agricultural exports
**exportaciones de capital** – capital exports
**exportaciones de petróleo** – oil exports
**exportaciones nacionales** – national exports
**exportaciones netas** – net exports
**exportaciones paralelas** – parallel exports
**exportaciones reales** – real exports
**exportaciones totales** – aggregate exports
**exportado** *adj* – exported
**exportado ilegalmente** – illegally exported
**exportador** *adj* – exporting
**exportador** *m* – exporter
**exportadores cooperativos** – cooperative exporters
**exportar** *v* – to export
**exposición** *f* – exposition, exhibition, show, display, clarification, statement
**exposición a pérdida** – loss exposure
**exposición agrícola** – agricultural show
**exposición comercial** – trade show, trade exhibit
**exposición de motivos** – preliminary recitals
**exposición de niños** – abandonment of children
**exposición deshonesta** – indecent exposure
**exposición económica** – economic exposure
**exposición industrial** – industrial show, industrial exhibit
**expositivo** *adj* – expositive
**expósito** *m* – foundling
**expósito** *adj* – abandoned
**expositor** *m* – exhibitor
**expresamente** *adv* – expressly
**expresar** *v* – to express, to show
**expresar agravios** – to plead
**expreso** *adj* – express, evident, specific, intentional
**expreso aéreo** – air express
**expromisión** *f* – novation
**expropiable** *adj* – expropriable
**expropiación** *f* – expropriation, appropriation of land, condemnation
**expropiación forzosa** – condemnation
**expropiación ilegal** – illegal expropriation
**expropiación judicial** – judicial condemnation
**expropiado** *m* – condemnee
**expropiado** *adj* – expropriated
**expropiador** *m* – expropriator, condemner
**expropiante** *m/f* – expropriator, condemner
**expropiar** *v* – to expropriate, to condemn
**expuesto a riesgo** – exposed to risk
**expulsar** *v* – to expel, to evict
**expulsión** *f* – expulsion, eviction, deportation, dismissal
**expulsión de extranjeros** – deportation of foreigners
**expurgación** *f* – expurgation
**expurgador** *m* – expurgator
**extender** *v* – to extend, to make out, to issue
**extender el contrato** – to extend the contract
**extender el convenio** – to extend the agreement
**extender el plazo** – to extend the term, to extend the deadline
**extender la garantía** – to extend the warranty
**extender las actas** – to write up the minutes
**extender los asientos** – to make the entries
**extender un contrato** – to prepare a contract
**extender un cheque** – to draw a check, to draw a cheque
**extender una patente** – to issue a patent
**extender una póliza** – to issue a policy
**extendido** *adj* – extended
**extensión** *f* – extension, scope, length
**extensión agrícola** – agricultural extension
**extensión de contrato** – extension of contract
**extensión de licencia** – extension of license
**extensión de permiso** – extension of permit
**extensión de póliza** – extension of policy
**extensión del plazo** – extension of the term
**extensión retroactiva** – retroactive extension
**extensión telefónica** – telephone extension, extension
**extensivo** *adj* – extensive
**exterior** *adj* – foreign, exterior
**externalización** *f* – outsourcing
**externalización de procesos de negocios** – business process outsourcing
**externalizar** *v* – outsource
**externo** *adj* – external, foreign
**extinción** *f* – extinguishment, termination, liquidation, paying off
**extinción de derechos** – termination of legal rights
**extinción de deudas** – extinguishment of debts
**extinción de las penas** – termination of punishments
**extinción de los contratos** – termination of contracts
**extinguir** *v* – to extinguish, to terminate, to pay off
**extinguirse** *v* – to expire, to lapse
**extintivo** *adj* – extinguishing
**extorno** *m* – refund, drawback
**extorsión** *f* – extortion, blackmail
**extorsión estatutaria** – statutory extortion
**extorsionador** *m* – extortioner
**extorsionar** *v* – to extort, to blackmail
**extorsionista** *m/f* – extortioner, profiteer
**extorsivo** *adj* – extortionate
**extra judicium** – out of court, extra judicium
**extra legem** – out of the law, out of the protection of the law, extra legem
**extra vires** – beyond the powers, extra vires
**extrabursátil** *adj* – outside of a stock exchange, outside of an exchange
**extracartular** *adj* – unofficial
**extracción** *f* – withdrawal, extraction
**extracontable** – not in the books
**extracontractual** *adj* – not in the contract
**extracta** *f* – true copy
**extracto** *m* – excerpt, abstract, summary, statement, extract
**extracto bancario** – bank statement
**extracto de balance** – condensed balance sheet
**extracto de cuenta** – statement of account, account statement
**extradición** *f* – extradition
**extradición interestatal** – interstate extradition
**extraditar** *v* – to extradite
**extraer** *v* – to withdraw, to extract
**extrajudicial** *adj* – extrajudicial
**extrajudicialmente** *adv* – extrajudicially

**extrajurídico** *adj* – extralegal
**extralimitación** *f* – breach of trust
**extramatrimonial** *adj* – extramarital
**extranet** *m* – extranet
**extranjería** *f* – alienage
**extranjero** *adj* – foreign, overseas
**extranjero** *m* – foreigner, alien, foreign countries
**extranjero elegible** – eligible alien
**extranjero enemigo** – alien enemy
**extranjero residente** – resident alien
**extraño** *m* – alien, stranger
**extraño** *adj* – alien, foreign, strange
**extraoficial** *adj* – unofficial, off-the-record, extra-official
**extraordinario** *adj* – extraordinary
**extrapetición** *f* – petition for a ruling on a matter not in the case
**extrapresupuestario** *adj* – extrabudgetary
**extraprocesal** *adj* – out of court
**extraterritorial** *adj* – extraterritorial
**extraterritorialidad** *f* – extraterritoriality
**extratributario** *adj* – not for taxation
**extravío** *m* – loss
**extremadamente** *adv* – extremely
**extremista** *adj* – extremist
**extremista** *m/f* – extremist
**extremo** *adj* – extreme, last
**extremo de la demanda** – amount demanded
**extremos de la acción** – grounds of action
**extremos de la excepción** – grounds of objection, grounds of defense
**extrínseco** *adj* – extrinsic

# F

**fábrica** *f* – factory
**fabricación** *f* – fabrication, manufacture
**fabricación en serie** – mass production
**fabricado** *adj* – fabricated, manufactured
**fabricante** *m/f* – manufacturer
**fabricar** *v* – to fabricate, to manufacture
**fabril** *adj* – manufacturing
**facción** *f* – faction, gang
**faceta** *f* – facet
**fácil manejo, de** – easy to use, user-friendly
**facilidad de uso** – ease of use, user-friendliness
**facilidades** *f* – facilities
**facilidades de crédito** – credit facilities
**facilidades de pago** – credit terms, payment options
**facilitación** *f* – facilitation
**facilitador** *m* – facilitator
**facilitar** *v* – to facilitate, to furnish, to accommodate
**facilitar informes** – to furnish information
**fácilmente accesible** – easily accessible
**fácilmente convencido** – easily convinced
**fácilmente engañado** – easily fooled
**fácilmente entendido** – easily understood
**fácilmente influenciado** – easily influenced
**fácilmente visto** – easily seen
**facineroso** *m* – criminal, habitual criminal, wicked person
**facineroso** *adj* – criminal, wicked
**facistol** *m* – lectern
**facsímil** *m* – facsimile, fax
**factibilidad** *f* – feasibility
**factible** *adj* – feasible
**fáctico** *adj* – factual
**factor** *m* – factor, agent
**factor ambiental** – environmental factor
**factor de riesgo** – risk factor
**factor de seguridad** – safety factor, security factor
**factor decisivo** – decisive factor, determining factor
**factor determinante** – determining factor, decisive factor
**factor ecológico** – eco-factor, ecological factor
**factor negativo** – negative factor
**factoraje** *m* – factorage, agency
**factores económicos** – economic factors
**factores humanos** – human factors
**factores incontrolables** – uncontrollable factors
**factores preestablecidos** – preset factors
**factoría** *f* – factory, agency, factorage
**factoring** *m* – factoring
**factótum** *m* – agent
**factual** *adj* – factual
**factum probandum** – the fact to be proved, factum probandum
**factura** *f* – invoice, bill, account
**factura a cobrar** – invoice receivable
**factura a pagar** – invoice payable
**factura aduanera** – customs invoice
**factura anticipada** – advance invoice
**factura certificada** – certified invoice
**factura comercial** – commercial invoice
**factura común** – invoice
**factura consular** – consular invoice
**factura corregida** – corrected invoice
**factura de aduanas** – customs invoice
**factura de compra** – purchase invoice
**factura de consignación** – consignment invoice
**factura de embarque** – shipping invoice
**factura de venta** – sales invoice, bill of sale
**factura detallada** – itemized invoice
**factura duplicada** – duplicate invoice
**factura electrónica** – electronic bill, e-bill, electronic invoice
**factura en cuadruplicado** – quadruplicate invoice
**factura en línea** – online invoice
**factura final** – final invoice
**factura impaga** – unpaid invoice
**factura impagada** – unpaid invoice
**factura online** – online invoice
**factura original** – original invoice
**factura pendiente** – pending invoice, outstanding invoice
**factura pro forma** – pro forma invoice
**factura provisional** – provisional invoice
**factura rectificada** – corrected invoice
**facturación** *f* – billing, invoicing
**facturación anticipada** – advance billing

**facturación de clientes** – client billing, customer billing
**facturación descriptiva** – descriptive billing
**facturación diferida** – deferred billing
**facturación electrónica** – electronic billing, e-billing, Internet billing
**facturación en línea** – online billing, Internet billing
**facturación online** – online billing, Internet billing
**facturación por Internet** – Internet billing
**facturación separada** – separate billing
**facturado** *adj* – billed
**facturador** *m* – biller
**facturar** *v* – to invoice, to bill, to check-in
**facturero** *m* – invoice book
**facultad** *f* – faculty, authority, power, right, department
**facultad de derecho** – law school
**facultad de disponer** – right of disposal
**facultad de juzgar** – power to decide
**facultad de nombrar** – power of appointment
**facultad de optar** – right to decide
**facultad de testar** – testamentary capacity
**facultad de vender** – authority to sell
**facultad discrecional** – discretionary power
**facultad policial** – police power
**facultad procesal** – right of action
**facultar** *v* – to empower, to authorize
**facultativo** *adj* – facultative, optional, concerning a power
**falacia** *f* – deceit, deceitfulness, fallacy
**falaz** *adj* – fallacious, deceiving
**falencia** *f* – deceit, bankruptcy
**falsa alarma** – false alarm
**falsa denuncia** – false accusation
**falsa prueba** – false evidence
**falsa representación** – false representation
**falsamente** *adv* – falsely
**falsario** *m* – falsifier, liar
**falsas apariencias** – false pretenses
**falsas representaciones** – false representations
**falseamiento** *m* – falsification
**falseamiento de datos** – data falsification
**falsear** *v* – to falsify
**falsear datos** – to falsify data
**falsedad** *f* – falsehood, misrepresentation, forgery
**falsedad de documentos** – forgery, forged documents
**falsedad fraudulenta** – false representation
**falsedad importante** – material misrepresentation
**falsedad inculpable** – innocent misrepresentation
**falsedad inocente** – innocent misrepresentation
**falsedad justiciable** – actionable misrepresentation
**falsedad maliciosa** – malicious falsehood
**falsedad material** – forgery, material misrepresentation
**falsedad negligente** – negligent misrepresentation
**falsía** *f* – falseness, duplicity
**falsificación** *f* – forgery, falsification, counterfeiting
**falsificación comercial** – commercial counterfeiting
**falsificación de cheques** – check forgery, cheque forgery
**falsificación de documentos** – forgery
**falsificación de libros** – falsification of books
**falsificación de moneda** – counterfeiting
**falsificado** *adj* – forged, falsified, counterfeited
**falsificador** *m* – forger, falsifier, counterfeiter
**falsificador de moneda** – counterfeiter
**falsificar** *v* – to forge, to falsify, to counterfeit
**falsificar documentos** – falsify documents
**falsificar pruebas** – falsify evidence
**falsificar registros** – falsify records
**falso** *adj* – false, forged, counterfeit
**falso testimonio** – false testimony, perjury
**falso y fraudulento** – false and fraudulent
**falsos pretextos** – false pretenses
**falta** *f* – fault, failure, lack, defect, absence, shortage, breach, infraction, misdemeanor
**falta de aceptación** – non-acceptance
**falta de actividad** – lack of activity
**falta de advertencia** – lack of warning
**falta de asistencia** – absenteeism, lack of help
**falta de atención** – want of attention
**falta de autoridad** – lack of authority
**falta de aviso** – failure to notify
**falta de caja** – cash shortage
**falta de capacidad** – lack of capacity
**falta de causa** – want of consideration
**falta de causa probable** – lack of probable cause
**falta de certidumbre** – lack of certainty
**falta de claridad** – lack of clarity
**falta de competencia** – want of competence, improper venue, lack of competition
**falta de contraprestación** – want of consideration
**falta de control** – lack of control
**falta de credibilidad** – lack of credibility
**falta de cuidado** – lack of care
**falta de cumplimiento** – failure of consideration, nonperformance, noncompliance, nonfeasance
**falta de descendencia** – lack of issue
**falta de disciplina** – lack of discipline
**falta de duda** – lack of doubt
**falta de efectivo** – cash shortage
**falta de ejecución** – failure of consideration, nonperformance, noncompliance, nonfeasance
**falta de entrega** – non-delivery
**falta de ética** – lack of ethics
**falta de fondos** – lack of funds
**falta de habilidad** – lack of ability
**falta de honestidad** – lack of honesty
**falta de incentivo** – lack of incentive
**falta de integridad** – lack of integrity
**falta de intención** – lack of intent
**falta de interés** – lack of interest
**falta de jurisdicción** – lack of jurisdiction
**falta de justificación** – lack of justification
**falta de mantenimiento** – lack of maintenance
**falta de manutención** – lack of support
**falta de motivo** – lack of motive
**falta de pago** – nonpayment, dishonor
**falta de partes** – defect of parties
**falta de preaviso** – lack of prior notice
**falta de precaución** – lack of caution
**falta de precedentes** – lack of precedent
**falta de protección** – lack of protection
**falta de provocación** – lack of provocation
**falta de prueba** – lack of evidence
**falta de seguridad** – lack of safety
**falta de trabajo** – unemployment
**falta de uso** – nonuse

**falta de vigilancia** – lack of due care
**falta del cuidado debido** – lack of due care
**falta del debido proceso** – lack of due process
**falta grave** – major offense, felony
**falta leve** – minor offense, misdemeanor
**faltante** *m* – non-appearing party
**faltante** *adj* – lacking
**faltante de caja** – cash shortage
**faltante de efectivo** – cash shortage
**faltar** *v* – to fail, to default, to breach, to be short, to be lacking
**faltas** *f* – minor offenses, misdemeanors
**faltas en el procedimiento** – procedural errors
**faltista** *adj* – habitually defaulting
**faltista** *m/f* – habitual defaulter
**falto** *adj* – lacking, scarce
**falla** *f* – fault, failure, defect
**falla de causa** – failure of consideration
**falla de seguridad** – security breach
**falla en caja** – cash shortage
**fallar** *v* – to render judgment, to rule, to sentence, to fail, to be lacking, to err
**fallar sin lugar** – to dismiss
**fallecimiento** *m* – death
**fallido** *m* – bankrupt
**fallido** *adj* – bankrupt, frustrated
**fallido culpable** – bankrupt due to negligence
**fallido fraudulento** – fraudulent bankrupt
**fallido rehabilitado** – discharged bankrupt
**fallir** *v* – to fail
**fallo** *m* – judgment, finding, verdict, decision, ruling, arbitration award, failure, shortcoming
**fallo acumulado** – accumulated judgment
**fallo acumulativo** – accumulative judgment
**fallo administrativo** – administrative ruling
**fallo arbitral** – arbitration award
**fallo condenatorio** – conviction
**fallo condicionado** – conditional judgment
**fallo de culpabilidad** – conviction
**fallo de deficiencia** – deficiency judgment
**fallo definitivo** – final judgment, final sentence
**fallo del jurado** – jury verdict
**fallo desfavorable** – unfavorable judgment
**fallo fabricado** – simulated judgment
**fallo favorable** – favorable judgment
**fallo judicial** – judicial decision
**fallo plenario** – plenary decision
**fallo simulado** – simulated judgment
**fama pública** – reputation
**familia** *f* – family, household
**familia adoptiva** – adoptive family
**familia inmediata** – immediate family
**familia monoparental** – single-parent family
**familiar** *m* – relative
**familiar** *adj* – pertaining to a family, familiar
**familiaridad** *f* – familiarity
**fanático** *m* – fanatic
**faro** *m* – lighthouse
**farsa** *f* – farce, sham
**fascismo** *m* – fascism
**fascista** *adj* – fascist
**fascista** *m/f* – fascist
**fase** *f* – phase
**fatal** *adj* – fatal, obligatory, final
**fatalmente** *adv* – fatally
**fatiga industrial** – industrial fatigue
**fatiga laboral** – industrial fatigue
**fautor** *m* – abettor, helper
**favor** *m* – favor, favour, accommodation, assistance
**favor de, a** – in favor of, in favour of
**favorable** *adj* – favorable, favourable
**favorablemente** *adv* – favorably, favourably
**favorecedor** *m* – endorser of an accommodation bill, client
**favorecido** *adj* – favored, favoured
**favoritismo** *m* – favoritism, favouritism
**favoritismo sexual** – sexual favoritism, sexual favouritism
**fax** *m* – fax
**fdo. (firmado)** – signed
**fe** *f* – testimony, certification, affirmation, credence
**fe de conocimiento** – verification of the identity of a person
**fe de lo cual, en** – in witness whereof
**fe de vida** – official certificate attesting to a person being alive
**fe notarial** – the authority of a notary's certification
**fe pública** – authority to attest documents
**fecundación artificial** – artificial insemination
**fecha** *f* – date, moment
**fecha abierta** – open date
**fecha base** – base date
**fecha cierta** – date certain
**fecha contable** – accounting date
**fecha de aceptación** – acceptance date
**fecha de acumulación** – accrual date
**fecha de adquisición** – acquisition date
**fecha de ajuste** – adjustment date
**fecha de amortización** – amortization date, redemption date, repayment date
**fecha de anuncio** – announcement date
**fecha de apertura** – opening date
**fecha de asiento** – posting date
**fecha de aviso** – date of notification
**fecha de caducidad** – expiration date
**fecha de calificación** – qualification date
**fecha de cierre** – closing date, final date
**fecha de compra** – date of purchase, data of acquisition
**fecha de conversión** – conversion date
**fecha de corte** – cut-off date
**fecha de declaración** – declaration date
**fecha de defunción** – date of death
**fecha de depósito** – deposit date
**fecha de desembolso** – payout date
**fecha de disponibilidad** – availability date
**fecha de distribución** – distribution date
**fecha de efectividad** – effective date
**fecha de ejecución** – date of execution
**fecha de elegibilidad** – eligibility date
**fecha de embarque** – shipping date
**fecha de emisión** – date of issue
**fecha de endoso** – endorsement date
**fecha de entrada** – posting date
**fecha de entrada en vigor** – effective date
**fecha de entrega** – delivery date
**fecha de expiración** – expiration date
**fecha de expiración de contrato** – contract expiration

date
**fecha de expiración de póliza** – policy expiration date
**fecha de factura** – invoice date
**fecha de facturación** – billing date
**fecha de fallecimiento** – date of death
**fecha de letra** – draft date
**fecha de liquidación** – settlement date
**fecha de muerte** – date of death
**fecha de nacimiento** – date of birth
**fecha de oferta** – offering date
**fecha de ofrecimiento** – offering date
**fecha de pago** – payment date
**fecha de póliza** – policy date
**fecha de presentación** – filing date, presentation date
**fecha de publicación** – publication date
**fecha de rechazo** – refusal date
**fecha de redención** – call date
**fecha de registro** – date of record, date of registration, filing date
**fecha de solicitud** – date of application
**fecha de tasación** – appraisal date
**fecha de terminación** – termination date
**fecha de terminación de plan** – termination date of plan
**fecha de transacción** – transaction date
**fecha de valor** – effective date
**fecha de valoración** – valuation date
**fecha de vencimiento** – expiration date, due date, deadline, final date, maturity date
**fecha de venta** – sales date
**fecha de vigencia** – effective date
**fecha del fallo** – date of judgment
**fecha efectiva** – effective date
**fecha en blanco** – open date
**fecha límite** – final date, deadline
**fecha opcional** – optional date
**fecha posterior** – later date
**fechado** *adj* – dated
**fechar** *v* – to date
**fecho** *adj* – executed, issued
**fechoría** *f* – malfeasance, misdeed
**fedatario** *m* – notary public, one who attests, one who certifies
**federación** *f* – federation, association
**federal** *adj* – federal
**federalismo** *m* – federalism
**federalista** *adj* – federalist
**federalista** *m/f* – federalist
**federalmente** *adv* – federally
**federarse** *v* – to form a federation, to form an association
**fehaciente** *adj* – evidencing, certifying, attesting, authentic, credible
**felación** *f* – fellatio
**felón** *m* – felon, villain
**felón** *adj* – felonious, treacherous
**felonía** *f* – treachery, disloyalty
**feminismo** *m* – feminism
**feminista** *adj* – feminist
**feminista** *m/f* – feminist
**fenecer** *v* – to finish, to die
**fenecimiento** *m* – finishing, death
**feria** *f* – holiday, legal holiday, fair
**feria comercial** – trade fair
**feria industrial** – industrial fair
**feria judicial** – legal holiday, nonjudicial day
**feriado** *m* – holiday, nonjudicial day
**feriado bancario** – bank holiday
**feriado nacional** – national holiday
**feriado oficial** – national holiday
**feticida** *m/f* – feticide
**feticidio** *m* – feticide
**feto** *m* – fetus
**feudal** *adj* – feudal
**feudalismo** *m* – feudalism
**feudalista** *adj* – feudalist
**feudalista** *m/f* – feudalist
**fiabilidad** *f* – reliability, trustworthiness
**fiable** *adj* – reliable, responsible, trustworthy
**fiado** *m* – person under bond
**fiado** *adj* – purchased on credit
**fiador** *m* – surety, bailor, guarantor
**fiador judicial** – judgment surety
**fiador mancomunado** – co-surety
**fiador solidario** – joint and several surety
**fianza** *f* – bail, bond, guarantee, deposit
**fianza absoluta** – bail absolute
**fianza aduanera** – customs bond
**fianza carcelaria** – bail
**fianza conforme a la ley** – statutory bond
**fianza conjunta** – joint bond
**fianza de aduanas** – customs bond
**fianza de almacén** – warehouse bond
**fianza de apelación** – appeal bond
**fianza de arraigo** – special bail
**fianza de averías** – average bond
**fianza de caución** – surety bond
**fianza de comparecencia** – appearance bond
**fianza de conservación** – conservation bond
**fianza de contratista** – contract bond
**fianza de cumplimiento** – performance bond
**fianza de demandado** – defendant's bond
**fianza de depósito** – warehouse bond
**fianza de desembarque** – landing bond
**fianza de embargo** – attachment bond
**fianza de entredicho** – injunction bond
**fianza de exportación** – export bond
**fianza de fidelidad** – fidelity bond
**fianza de garantía** – surety bond, guarantee bond
**fianza de importación** – import bond
**fianza de incumplimiento** – performance bond
**fianza de indemnización** – indemnity bond
**fianza de licencia** – license bond, licence bond
**fianza de licitación** – bid bond
**fianza de licitador** – bid bond
**fianza de litigante** – court bond
**fianza de mantenimiento** – maintenance bond
**fianza de manutención** – maintenance bond
**fianza de neutralidad** – neutrality bond
**fianza de oferta** – bid bond
**fianza de pago** – payment bond
**fianza de postura** – bid bond
**fianza de propiedad** – title bond
**fianza de seguridad** – surety bond
**fianza de sometimiento** – submission bond
**fianza de terminación** – completion bond
**fianza de título** – title bond
**fianza, en** – on bail

**fianza especial** – special bail
**fianza establecida** – established bail
**fianza estatutaria** – statutory bond
**fianza excesiva** – excessive bail
**fianza exorbitante** – exorbitant bail
**fianza general** – blanket bond
**fianza hipotecaria** – mortgage bond
**fianza judicial** – judicial bond
**fianza mancomunada** – joint bond
**fianza mercantil** – performance bond
**fianza particular** – personal surety
**fianza personal** – personal surety
**fianza pignoraticia** – pledge
**fianza prendaría** – pledge
**fianza simple** – bail common
**fiar** *v* – to grant credit, to bond for, to bail for, to guarantee
**ficción** *f* – fiction
**ficción de derecho** – fiction of law
**ficción jurídica** – fiction of law
**ficción legal** – fiction of law
**ficticio** *adj* – fictitious
**ficto** *adj* – fictitious, implied
**ficha dactiloscópica** – record of fingerprints
**ficha de cuenta** – account card
**ficha de datos** – data card
**fichar** *v* – to prepare a record with personal particulars, to prepare a dossier on, to size up, to file
**fichero** *m* – file, filing cabinet, card index
**fichero activo** – active file
**fichero adjunto** – attached file, attachment
**fichero anexado** – attached file, attachment
**fichero anexo** – attached file, attachment
**fichero confidencial** – confidential file
**fichero contable** – accounting file
**fichero de auditoría** – audit file
**fichero de computadora** – computer file
**fichero de crédito** – credit file
**fichero de datos** – data file
**fichero de ordenador** – computer file
**fichero maestro** – master file
**fichero permanente** – permanent file
**fichero principal** – main file
**ficticio** *adj* – fictitious
**fidedigno** *adj* – trustworthy, reliable
**fideicomisario** *m* – trustee, beneficiary of a trust, legal representative of debenture holders
**fideicomisario en la quiebra** – trustee in bankruptcy
**fideicomisario judicial** – judicial trustee
**fideicomisario público** – public trustee
**fideicomisario substituto** – substitute trustee
**fideicomiso** *m* – trust
**fideicomiso abandonado** – abandoned trust
**fideicomiso activo** – active trust
**fideicomiso caritativo** – charitable trust
**fideicomiso ciego** – blind trust
**fideicomiso comercial** – business trust, commercial trust
**fideicomiso complejo** – complex trust
**fideicomiso condicional** – contingent trust
**fideicomiso conservatorio** – testamentary trust
**fideicomiso constructivo** – constructive trust
**fideicomiso contingente** – contingent trust
**fideicomiso convencional** – conventional trust
**fideicomiso corporativo** – corporate trust
**fideicomiso de acumulación** – accumulation trust
**fideicomiso de beneficencia** – charitable trust
**fideicomiso de pensiones** – pension trust
**fideicomiso de seguro de vida** – life insurance trust
**fideicomiso de sociedad anónima** – corporate trust
**fideicomiso de tierras** – land trust
**fideicomiso definido** – express trust
**fideicomiso directivo** – directory trust
**fideicomiso directo** – direct trust
**fideicomiso discrecional** – discretionary trust
**fideicomiso, en** – in trust
**fideicomiso especial** – special trust
**fideicomiso expreso** – express trust
**fideicomiso familiar** – testamentary trust
**fideicomiso fijo** – fixed trust
**fideicomiso formalizado** – executed trust
**fideicomiso forzoso** – constructive trust
**fideicomiso imperfecto** – imperfect trust
**fideicomiso implícito** – implied trust
**fideicomiso impuesto** – constructive trust
**fideicomiso inactivo** – inactive trust
**fideicomiso indestructible** – indestructible trust
**fideicomiso inferido** – inferred trust
**fideicomiso involuntario** – involuntary trust
**fideicomiso irrevocable** – irrevocable trust
**fideicomiso limitado** – limited trust
**fideicomiso matrimonial** – marital trust
**fideicomiso múltiple** – multiple trust
**fideicomiso nominal** – nominal trust
**fideicomiso para votación** – voting trust
**fideicomiso particular** – private trust
**fideicomiso pasivo** – passive trust
**fideicomiso perfecto** – perfect trust
**fideicomiso perpetuo** – perpetual trust
**fideicomiso personal** – personal trust
**fideicomiso por formalizar** – executory trust
**fideicomiso presunto** – resulting trust
**fideicomiso privado** – private trust
**fideicomiso público** – public trust
**fideicomiso puro** – simple trust
**fideicomiso restringido** – restricted trust
**fideicomiso resultante** – resulting trust
**fideicomiso revocable** – revocable trust
**fideicomiso secreto** – secret trust
**fideicomiso sencillo** – simple trust
**fideicomiso simple** – simple trust
**fideicomiso sin restricciones** – unrestricted trust
**fideicomiso singular** – private trust
**fideicomiso sobrentendido** – implied trust
**fideicomiso sucesivo** – testamentary trust
**fideicomiso tácito** – tacit trust
**fideicomiso testamentario** – testamentary trust
**fideicomiso universal** – trust encompassing an entire estate
**fideicomiso variable** – variable trust
**fideicomiso voluntario** – voluntary trust
**fideicomisor** *m* – trustee
**fideicomisos recíprocos** – reciprocal trusts
**fideicomitente** *m/f* – trustor
**fidelidad** *f* – fidelity, loyalty
**fidelización** *f* – promotion of customer loyalty
**fidelizar** *v* – to promote customer loyalty
**fiduciante** *m/f* – trustor

**fiduciario** *m* – trustee
**fiduciario** *adj* – fiduciary
**fiduciario condicional** – contingent trustee
**fiduciario corporativo** – corporate trustee
**fiduciario interino** – acting trustee
**fiduciario judicial** – judicial trustee
**fiduciario testamentario** – testamentary trustee
**fiel** *m* – public inspector
**fiel** *adj* – faithful, accurate
**fiel copia** – true copy
**fiel cumplimiento** – faithful performance, faithful observance
**fielato** *m* – position of a public inspector
**fieldad** *f* – surety, guaranty
**fiesta estatal** – state holiday
**fiesta extranjera** – foreign holiday
**fiesta internacional** – international holiday
**fiesta nacional** – national holiday, public holiday
**fiesta oficial** – official holiday, public holiday
**figurar** *v* – to appear
**fijación** *f* – fixing, setting
**fijación de precios** – price-fixing, price setting
**fijación de precios de mercancías** – commodity pricing
**fijación de precios de productos** – commodity pricing, pricing of products
**fijación de tarifa** – rate setting, rate fixing
**fijación de tasa** – rate lock
**fijación de tasas** – rate setting, rate fixing
**fijación de tipo** – rate lock
**fijación de tipos** – rate setting, rate fixing
**fijar** *v* – to determine, to fix, to set
**fijar los daños y perjuicios** – to assess damages
**fijar precios** – to fix prices, to set prices
**fijar una fecha** – to set a date
**fijo** *adj* – fixed, certain, set, determined
**filiación** *f* – filiation
**filial** *adj* – filial, affiliated, subordinated, subsidiary
**filial** *f* – affiliated entity, affiliated company, agency, subsidiary, branch
**filicida** *m/f* – filicide
**filicidio** *m* – filicide
**filigrana** *f* – watermark
**filigranado** *v* – watermarked
**filosofía corporativa** – corporate philosophy
**filosofía de la compañía** – company philosophy
**filosofía de la corporación** – corporate philosophy
**filosofía de la empresa** – company philosophy, enterprise philosophy
**filosofía del derecho** – jurisprudence, philosophy of law
**filosofía empresarial** – company philosophy, enterprise philosophy
**filtrar información** – leak information
**fin** *m* – end, objective, goal, aim
**fin de año** – end of year
**fin de la existencia de las personas jurídicas** – termination of artificial persons
**fin de la existencia de las personas naturales** – death of natural persons
**fin de mes** – end of month
**fin de trimestre** – end of quarter
**fin del proceso** – end of the proceedings, objective of the proceedings
**finado** *m* – deceased
**finalidad** *f* – finality, objective, goal
**finalidad de pago** – finality of payment
**finalizar** *v* – to finalize
**finalizar un contrato** – to finalize a contract
**financiable** *adj* – financeable, that can be financed
**financiación** *f* – financing, funding
**financiación a corto plazo** – short-term financing
**financiación a interés fijo** – fixed-rate financing
**financiación a largo plazo** – long term financing
**financiación a mediano plazo** – medium-term financing
**financiación a medio plazo** – medium-term financing
**financiación a tasa fija** – fixed-rate financing
**financiación a tipo fijo** – fixed-rate financing
**financiación bancaria** – bank financing
**financiación básica** – core financing, core funding
**financiación combinada** – combined financing
**financiación comercial** – commercial financing, business financing
**financiación compensatoria** – compensatory financing
**financiación conjunta** – joint financing
**financiación corporativa** – corporate financing
**financiación creativa** – creative financing
**financiación de adquisición** – purchase financing, acquisition financing
**financiación de arrendamientos** – lease financing
**financiación de bienes inmuebles** – real estate financing
**financiación de bienes raíces** – real estate financing
**financiación de capital** – capital financing, capital funding
**financiación de comercio** – commerce financing, business financing
**financiación de compra** – purchase financing, acquisition financing
**financiación de contingencia** – contingent financing
**financiación de inversiones** – investment financing
**financiación de la deuda** – debt financing
**financiación de la exportación** – export financing
**financiación de negocios** – business financing
**financiación de riesgos** – risk financing
**financiación del consumo** – consumer finance
**financiación del crédito** – credit financing
**financiación del déficit** – deficit financing
**financiación del proyecto** – project financing
**financiación directa** – direct financing
**financiación empresarial** – business financing
**financiación hipotecaria** – mortgage financing
**financiación innovadora** – creative financing
**financiación interina** – interim financing
**financiación interna** – internal financing
**financiación mediante acciones** – stock financing
**financiación mediante bonos** – bond financing
**financiación mediante déficit** – deficit financing
**financiación mediante deuda** – debt financing
**financiación mercantil** – commercial financing
**financiación mixta** – mixed financing
**financiación paralela** – parallel financing
**financiación permanente** – permanent financing
**financiación provisional** – provisional financing
**financiación puente** – bridge financing
**financiación retroactiva** – retroactive financing

**financiación secundaria** – secondary financing
**financiación subordinada** – supplemental financing
**financiación suplementaria** – supplemental financing
**financiación temporal** – temporary financing
**financiado** *adj* – financed, funded
**financiado por el estado** – government-financed, state-financed
**financiado por el gobierno** – government-financed
**financiamiento** *m* – financing, funding
**financiamiento a corto plazo** – short-term financing
**financiamiento a interés fijo** – fixed-rate financing
**financiamiento a largo plazo** – long term financing
**financiamiento a mediano plazo** – medium-term financing
**financiamiento a medio plazo** – medium-term financing
**financiamiento a tasa fija** – fixed-rate financing
**financiamiento a tipo fijo** – fixed-rate financing
**financiamiento bancario** – bank financing
**financiamiento basado en inventario** – inventory financing
**financiamiento básico** – core financing, core funding
**financiamiento combinado** – combined financing
**financiamiento comercial** – commercial financing, business financing
**financiamiento compensatorio** – compensatory financing
**financiamiento conjunto** – joint financing
**financiamiento creativo** – creative financing
**financiamiento de adquisición** – purchase financing, acquisition financing
**financiamiento de arrendamientos** – lease financing
**financiamiento de bienes inmuebles** – real estate financing
**financiamiento de bienes raíces** – real estate financing
**financiamiento de capital** – capital financing, capital funding
**financiamiento de comercio** – commerce financing, business financing
**financiamiento de compra** – purchase financing, acquisition financing
**financiamiento de contingencia** – contingent financing
**financiamiento de inversiones** – investment financing
**financiamiento de la deuda** – debt financing
**financiamiento de la exportación** – export financing
**financiamiento de negocios** – business financing
**financiamiento de riesgos** – risk financing
**financiamiento del consumo** – consumer finance
**financiamiento del crédito** – credit financing
**financiamiento del déficit** – deficit financing
**financiamiento del proyecto** – project financing
**financiamiento directo** – direct financing
**financiamiento empresarial** – business financing
**financiamiento hipotecario** – mortgage financing
**financiamiento innovador** – creative financing
**financiamiento interino** – interim financing
**financiamiento interno** – internal financing
**financiamiento mediante acciones** – stock financing
**financiamiento mediante bonos** – bond financing
**financiamiento mediante déficit** – deficit financing
**financiamiento mediante deuda** – debt financing
**financiamiento mixto** – mixed financing
**financiamiento paralelo** – parallel financing
**financiamiento permanente** – permanent financing
**financiamiento provisional** – provisional financing
**financiamiento puente** – bridge financing
**financiamiento retroactivo** – retroactive financing
**financiamiento secundario** – secondary financing
**financiamiento subordinado** – supplemental financing
**financiamiento suplementario** – supplemental financing
**financiamiento temporal** – temporary financing
**financiar** *v* – to finance, to fund, to back, to bankroll
**financiera** *f* – finance company
**financiero** *m* – financier
**financiero** *adj* – financial
**financista** *m/f* – financier
**finanzas** *f* – finance, finances
**finanzas comerciales** – business finance, commercial finance
**finanzas corporativas** – corporate finance
**finanzas de comercio** – commerce finance, business finance
**finanzas de negocios** – business finance
**finanzas del estado** – government finance, state finance
**finanzas del gobierno** – government finance
**finanzas empresariales** – business finance
**finanzas mercantiles** – commercial finance
**finanzas públicas** – public finances
**finar** *v* – to die
**finca** *f* – plot, farm, property, real estate, estate
**finca colindante** – adjoining property
**finca de ganado** – cattle farm
**finca raíz** – real estate
**finca rústica** – rural property
**finca urbana** – urban property
**fincar** *v* – to purchase real estate
**fines caritativos** – charitable purposes
**fines comerciales** – business ends, commercial ends
**fines de contabilidad** – accounting purposes
**fines de lucro** – profit-seeking
**fines de negocios** – business ends
**fines empresariales** – business ends
**fines fiscales** – tax purposes
**fines mercantiles** – commercial ends
**fingir** *v* – to fake, to pretend
**finiquitar** *v* – to extinguish, to close an account, to settle, to end
**finiquito** *m* – extinction, release, closing of an account, quitclaim, settlement
**firma** *f* – signature, firm, company, company name
**firma afiliada** – affiliated firm
**firma autenticada** – authenticated signature
**firma autógrafa** – autograph signature
**firma autorizada** – authorized signature
**firma certificada** – certified signature, attested signature
**firma cliente** – client firm
**firma comercial** – company, company name, business firm, commercial firm
**firma conjunta** – cosignature, joint signature
**firma consultiva** – consulting firm
**firma consultora** – consulting firm

**firma corresponsal** – correspondent firm
**firma de comercio electrónico** – e-commerce firm, e-business firm
**firma de comercio** – commerce firm
**firma de consultores** – consulting firm
**firma de contables** – accounting firm
**firma de contadores** – accounting firm
**firma de corretaje** – brokerage firm
**firma de favor** – accommodation endorsement
**firma de inversiones** – investment firm
**firma de letrado** – attorney's signature
**firma de negocios** – business firm
**firma del cliente** – client's signature
**firma digital** – digital signature
**firma electrónica** – electronic signature
**firma en blanco** – blank signature
**firma entera** – signature of the full name
**firma facsimilar** – facsimile signature
**firma falsificada** – forged signature, falsified signature
**firma financiera** – financial firm
**firma mayorista** – wholesale firm
**firma media** – partial signature
**firma mercantil** – commercial firm
**firma miembro** – member firm
**firma minorista** – retail firm
**firma no autorizada** – non-authorized signature
**firma obligante** – binding signature
**firma sancionada** – authorized signature
**firma social** – company signature, company name
**firma y sello** – hand and seal
**firmado** *adj* – signed
**firmado de propio puño** – signed personally
**firmado de puño y letra** – signed personally
**firmado y sellado por** – signed and sealed by
**firmante** *m/f* – signer, signatory, maker of a document
**firmante conjunto** – cosigner
**firmante de cheques** – check signer, cheque signer
**firmante por acomodación** – accommodation maker
**firmar** *v* – to sign, to execute
**firmar en blanco** – to sign a document with blank portions, to sign a blank document, to sign anything without prior review
**firmar por poder** – to sign by proxy
**firmar un contrato** – to sign a contract
**firmar y sellar** – to sign and seal
**firme** *adj* – final, firm
**firmón** *m* – signer of documents drafted by others, professional who will sign anything
**fiscal** *m* – prosecutor, prosecuting attorney, state attorney, auditor
**fiscal** *adj* – fiscal, tax
**fiscal de cuentas** – auditor
**fiscal de distrito** – district attorney
**fiscal de estado** – government attorney, state attorney
**fiscal especial** – special prosecutor
**Fiscal General** – Attorney General
**Fiscal General del Estado** – Attorney General
**fiscalía** *f* – prosecutor's office, government attorney's office, inspector's office, auditor's office
**fiscalidad** *f* – tax system, tax code
**fiscalista** *adj* – fiscal, tax
**fiscalización** *f* – control, supervision, monitoring, investigation, inspection
**fiscalización administrativa** – administrative supervision
**fiscalización aduanera** – customs supervision
**fiscalización ambiental** – environmental supervision
**fiscalización bancaria** – bank supervision
**fiscalización centralizada** – centralized supervision
**fiscalización contable** – accounting supervision
**fiscalización de acceso** – access supervision
**fiscalización de aduanas** – customs supervision
**fiscalización de caja** – cash supervision
**fiscalización de calidad** – quality supervision
**fiscalización de costes** – cost supervision
**fiscalización de costos** – cost supervision
**fiscalización de crédito** – credit supervision
**fiscalización de existencias** – stock supervision
**fiscalización de fronteras** – border supervision
**fiscalización de gastos** – expense supervision
**fiscalización de inventario** – inventory supervision
**fiscalización de la contaminación** – pollution monitoring
**fiscalización de la ejecución** – performance supervision
**fiscalización de la junta** – board supervision
**fiscalización de precios** – price supervision
**fiscalización de procesos** – process supervision
**fiscalización de producción** – production supervision
**fiscalización de riesgos** – risk supervision
**fiscalización de salarios** – wage supervision, salary supervision
**fiscalización de ventas** – sales supervision
**fiscalización del consejo** – board supervision
**fiscalización del consumo** – consumption supervision
**fiscalización del efectivo** – cash supervision
**fiscalización del proyecto** – project supervision
**fiscalización del rendimiento** – performance supervision
**fiscalización del trabajo** – job supervision
**fiscalización directa** – direct supervision
**fiscalización ejecutiva** – executive supervision
**fiscalización externa** – external supervision
**fiscalización financiera** – financial supervision
**fiscalización indirecta** – indirect supervision
**fiscalización interna** – internal supervision
**fiscalización operacional** – operational supervision
**fiscalización presupuestaria** – budget supervision
**fiscalización salarial** – wage supervision
**fiscalizador** *m* – inspector
**fiscalizador** *adj* – inspecting
**fiscalizar** *v* – to control, to inspect
**fiscalmente** *adv* – fiscally
**fisco** *m* – fisc, exchequer, treasury
**fisco municipal** – municipal treasury, municipal government
**físico** *adj* – physical
**flagicioso** *adj* – flagitious
**flagrante** *adj* – flagrant
**flagrante delito** – crime detected while being perpetrated
**flamante** *adj* – new, newly introduced, brilliant
**flecos** *m* – loose ends
**fletador** *m* – charterer, owner of a means of transport for hire
**fletamento** *m* – chartering, charter party, affreightment
**fletamento a plazo** – time charter

**fletamento por tiempo** – time charter
**fletamento por viaje** – trip charter
**fletamiento** *m* – chartering, charter party, affreightment
**fletamiento a plazo** – time charter
**fletamiento por tiempo** – time charter
**fletamiento por viaje** – trip charter
**fletante** *m* – charterer, owner of a means of transport for hire
**fletar** *v* – to charter, to freight, to hire
**flete** *m* – freight, carriage
**flete abandonado** – abandoned freight
**flete adicional** – additional freight
**flete aéreo** – air cargo, air freight
**flete anticipado** – advance freight
**flete base** – base freight
**flete bruto** – gross freight
**flete en exceso** – excess freight
**flete eventual** – freight contingency
**flete marítimo** – ocean freight, sea freight
**flete neto** – net freight
**flete pagado hasta** – carriage paid to
**flete terrestre** – land freight
**flete y seguro pagado** – carriage and insurance paid
**fletear** *v* – to charter, to freight, to hire
**fletero** *m* – freighter, freight carrier
**flexibilidad** *f* – flexibility
**flexibilidad de horario** – flexitime
**flexibilidad del empleo** – job flexibility
**flexibilidad del trabajo** – job flexibility
**flexibilidad laboral** – labor flexibility, labour flexibility
**flota** *f* – navy, fleet
**flotante** *adj* – floating
**flotar un empréstito** – to float a loan
**flotilla** *f* – fleet
**fluctuación** *f* – fluctuation
**fluctuación económica** – economic fluctuation
**fluctuación máxima** – maximum fluctuation
**fluctuación mínima** – minimum fluctuation
**fluctuante** *adj* – fluctuating
**fluctuar** *v* – to fluctuate
**flujo** *m* – flow
**flujo bilateral** – bilateral flow
**flujo de apoyo** – aid flow
**flujo de apoyo financiero** – financial aid flow
**flujo de asistencia** – aid flow
**flujo de asistencia financiera** – financial aid flow
**flujo de ayuda** – aid flow
**flujo de ayuda financiera** – financial aid flow
**flujo de caja** – cash flow
**flujo de capital** – capital flow
**flujo de consumo** – consumption flow
**flujo de costes** – flow of costs
**flujo de costos** – flow of costs
**flujo de datos** – data flow
**flujo de dinero** – money flow
**flujo de divisas** – currency flow
**flujo de efectivo** – cash flow
**flujo de fondos** – cash flow, flow of funds
**flujo de ingresos** – income flow
**flujo del trabajo** – work flow
**flujo financiero** – financial flow
**flujo monetario** – monetary flow, money flow
**flujo unilateral** – unilateral flow
**flujograma** *m* – flowchart
**FMI (Fondo Monetario Internacional)** – International Monetary Fund
**foja** *f* – page, folio, sheet
**foliar** *v* – to number pages
**folio** *m* – folio
**folleto** *m* – brochure, leaflet, pamphlet
**folleto de emisión** – prospectus
**folleto de instrucciones** – instruction leaflet
**folleto electrónico** – electronic brochure, e-brochure
**folleto informativo** – brochure
**folleto publicitario** – brochure
**fomentador** *m* – encourager, promoter, developer
**fomentar** *v* – to encourage, to promote, to develop
**fomentar crecimiento** – to promote growth
**fomento** *m* – development, encouragement, promotion
**fondo** *m* – fund, background, essence, bottom
**fondo, a** – in depth
**fondo acumulativo** – sinking fund
**fondo amortizante** – sinking fund
**fondo central** – central fund
**fondo común** – general fund
**fondo común de inversión** – mutual fund
**fondo consolidado** – consolidated fund
**fondo de acciones** – common stock fund
**fondo de amortización** – amortization fund, sinking fund
**fondo de anualidad** – annuity fund
**fondo de beneficencia** – endowment fund
**fondo de bienestar** – welfare fund
**fondo de bonos** – bond fund
**fondo de caja chica** – petty cash fund
**fondo de capital** – capital fund
**fondo de capitalización** – capitalization fund
**fondo de comercio** – goodwill
**fondo de compensación** – compensation fund
**fondo de contingencia** – contingency fund
**fondo de contrapartida** – counterpart fund
**fondo de crecimiento** – growth fund
**fondo de depreciación** – depreciation fund
**fondo de doble propósito** – dual purpose fund
**fondo de estabilización** – stabilization fund
**fondo de fideicomiso** – trust fund
**fondo de garantía** – guarantee fund
**fondo de gastos finales** – final expense fund
**fondo de huelga** – strike fund
**fondo de igualación** – equalization fund
**fondo de indemnización** – indemnity fund
**fondo de insolvencia** – insolvency fund
**fondo de inversión** – investment fund, mutual fund
**fondo de inversión a corto plazo** – short-term investment fund
**fondo de inversión a largo plazo** – long-term investment fund
**fondo de inversión colectivo** – collective investment fund
**fondo de inversión con comisión** – load fund
**fondo de inversión de bonos** – bond mutual fund
**fondo de inversión de sector** – sector fund
**fondo de inversión del mercado monetario** – money market fund
**fondo de inversión equilibrado** – balanced mutual fund

**fondo de inversión especializado** – specialized mutual fund
**fondo de inversión inmobiliaria** – real estate investment fund
**fondo de inversión sin comisión** – no-load fund
**fondo de jubilación** – retirement fund
**fondo de la cuestión** – heart of the matter
**fondo de pensión** – retirement fund
**fondo de pérdidas central** – central loss fund
**fondo de previsión** – reserve fund, pension fund
**fondo de previsión social** – social security fund
**fondo de reptiles** – slush fund
**fondo de reserva** – reserve fund
**fondo de retiro** – retirement fund
**fondo de servicio de la deuda** – debt service fund
**fondo del estado** – government fund, state fund
**fondo del gobierno** – government fund
**fondo discrecional** – discretionary fund
**fondo educativo** – educational fund
**fondo equilibrado** – balanced fund
**fondo especial** – special fund
**fondo especulativo** – speculative fund, hedge fund
**fondo estatal** – government fund, state fund
**fondo fiduciario** – trust fund
**fondo fiduciario irrevocable** – irrevocable trust fund
**fondo fijo** – fixed fund
**fondo garantizado por banco** – bank-guaranteed fund
**fondo general** – general fund
**fondo gubernamental** – government fund
**fondo indexado** – index fund
**fondo inmobiliario** – real estate fund
**fondo jubilatorio** – pension fund
**Fondo Monetario Internacional** – International Monetary Fund
**fondo mutualista** – mutual fund
**fondo mutuo** – mutual fund
**fondo mutuo de acciones** – stock mutual fund
**fondo mutuo de bonos** – bond mutual fund
**fondo mutuo equilibrado** – balanced mutual fund
**fondo mutuo especializado** – specialized mutual fund
**fondo no asegurado** – noninsured fund
**fondo para contingencias** – contingency fund
**fondo para emergencias** – emergency fund
**fondo para gastos** – expense fund
**fondo para la educación** – educational fund
**fondo para préstamos** – loan fund
**fondo poluto** – slush fund
**fondo renovable** – revolving fund
**fondo reservado** – reserved fund
**fondo restringido** – restricted fund
**fondo rotatorio** – revolving fund
**Fondo Social Europeo** – European Social Fund
**fondo social** – capital stock, partnership's capital
**fondos** *m* – funds
**fondos administrados** – managed funds, administered funds
**fondos ajenos** – another's funds
**fondos asignados** – allocated funds
**fondos bancarios** – bank funds
**fondos bloqueados** – blocked funds, frozen funds
**fondos cobrados** – collected funds
**fondos comprometidos** – committed funds
**fondos congelados** – frozen funds, blocked funds
**fondos controlados** – controlled funds
**fondos de ahorros** – savings funds
**fondos de campaña** – campaign funds
**fondos de construcción** – building funds
**fondos de depósitos** – deposit funds
**fondos de fideicomiso** – trust funds
**fondos de renta fija** – fixed-income funds
**fondos de renta variable** – variable-income funds
**fondos disponibles** – available funds
**fondos en efectivo** – cash funds
**fondos en exceso** – excess funds
**fondos en plica** – escrow funds
**fondos estatales** – state funds
**fondos externos** – external funds
**fondos federales** – federal funds
**fondos fiduciarios** – trust funds
**fondos frescos** – fresh funds
**fondos garantizados** – guaranteed funds
**fondos gravables** – taxable funds
**fondos ilíquidos** – illiquid funds
**fondos imponibles** – taxable funds
**fondos inactivos** – inactive funds
**fondos insuficientes** – insufficient funds
**fondos interestatales** – interstate funds
**fondos intraestatales** – intrastate funds
**fondos invertidos** – invested funds
**fondos líquidos** – liquid funds
**fondos locales** – local funds
**fondos manipulados** – manipulated funds
**fondos mezclados** – commingled funds
**fondos mixtos** – mixed funds
**fondos municipales** – municipal funds
**fondos no asignados** – unappropriated funds
**fondos no cobrados** – uncollected funds
**fondos prestados** – borrowed funds
**fondos presupuestados** – budgeted funds
**fondos privados** – private funds
**fondos productivos** – productive funds
**fondos propios** – own funds, personal funds
**fondos públicos** – public funds
**fondos restringidos** – restricted funds
**fondos sin restricciones** – unrestricted funds
**forajido** *m* – fugitive from justice
**foral** *adj* – statutory, jurisdictional, legal
**foralmente** *adv* – judicially
**forense** *adj* – forensic
**forero** *adj* – jurisdictional, statutory, legal
**forjador** *m* – forger
**forjar** *v* – to forge, to shape
**forma** *f* – form, manner, method, shape
**forma administrativa** – administrative method
**forma comparativa** – comparative method
**forma contable** – accounting method, bookkeeping method
**forma de bonificación** – bonus method
**forma de categorización** – categorization method
**forma de clasificación** – classification method
**forma de codificación** – coding method
**forma de comparación** – comparison method
**forma de compra** – purchase method
**forma de consolidación** – consolidation method
**forma de contabilidad** – accounting method, bookkeeping method
**forma de costes** – cost method
**forma de costos** – cost method

**forma de depreciación** – depreciation method
**forma de financiación** – financing method
**forma de financiamiento** – financing method
**forma de los actos jurídicos** – legal formalities
**forma de mantenimiento** – maintenance method
**forma de muestreo** – sampling method
**forma de organización** – organization method
**forma de pago** – payment method
**forma de reembolso** – reimbursement method
**forma de reserva** – reserve method
**forma de tasación** – appraisal method
**forma de valoración** – valuation method
**forma de valuación** – valuation method
**forma directa** – direct manner
**forma económica** – economic method
**forma establecida** – established method
**forma estándar** – standard form
**forma gráfica** – graphical form
**forma habitual** – habitual method
**forma indirecta** – indirect method
**forma interpretativa** – interpretative method
**forma inusual** – unusual method
**forma irregular** – irregular method
**forma judicial** – judicial method
**forma legal** – legal form
**forma libre** – procedure lacking legal formalities, free form
**forma ordinaria** – ordinary method
**forma regular** – regular method
**forma usual** – usual method
**formación** *f* – formation, training
**formación de empresa** – company formation, enterprise formation
**formación de fideicomiso** – formation of trust
**formación de las leyes** – enactment
**formación en la empresa** – in-house training, internal training, on-the-job training
**formación gerencial** – management training
**formación interna** – in-house training, internal training, on-the-job training
**formación profesional** – professional training, vocational training
**formación vocacional** – vocational training
**formal** *adj* – formal, procedural, serious, responsible, dependable
**formalidad** *f* – formality, dependability, excessive bureaucracy
**formalidades** *f* – formalities
**formalismo** *m* – formalism
**formalizar** *v* – to formalize
**formalizar protesto** – to protest
**formalizar un contrato** – to formalize a contract
**formalmente** *adv* – formally, seriously, responsibly, dependably
**formar** *v* – to form
**formar proceso** – to bring suit
**formas de acción** – forms of action
**formas de los contratos** – contractual formalities
**formas legales** – legal formalities
**formas procesales** – procedure
**formato** *m* – format
**fórmula** *f* – formula, settlement agreement
**fórmula de beneficios** – benefit formula
**fórmula de coaseguro** – coinsurance formula
**fórmula de propuesta** – proposal
**formular** *v* – to formulate, to form
**formular cargos** – to bring charges
**formular denuncia** – to make an accusation, to make a complaint
**formular oposición** – to object
**formular un reparo** – to file an objection
**formular una reclamación** – to file a claim
**formulario** *m* – questionnaire, blank form, form, formulary
**formulario abierto** – open form
**formulario de coaseguro** – coinsurance form
**formulario de contrato** – contract form
**formulario de crédito** – credit form
**formulario de cuenta** – account form
**formulario de ingresos** – earnings form
**formulario de orden** – order form
**formulario de pedido** – order form
**formulario de propuesta** – proposal form
**formulario de reaseguro** – reinsurance form
**formulario de respuesta** – reply form
**formulario de seguros** – insurance form
**formulario de solicitud** – application form
**formulario electrónico** – electronic form
**formulario en blanco** – blank form
**formulario en cuadruplicado** – quadruplicate form
**formulario en quintuplicado** – quintuplicate form
**formulario especial** – special form
**formulario impreso** – printed form
**formulario timbrado** – stamped form
**formulario valorado** – stamped form
**formularios comerciales** – commercial forms
**formularios mercantiles** – commercial forms
**formulismo** *m* – formalism, excessive bureaucracy
**fornicación** *f* – fornication
**foro** *m* – forum, bar, lease, leasehold
**Foro Económico Mundial** – World Economic Forum
**fortiori, a** – much more so, a fortiori
**fortuitamente** *adv* – fortuitously
**fortuito** *adj* – fortuitous
**fortuna** *f* – fortune
**fórum** *m* – forum
**forum contractus** – the forum of the contract, forum contractus
**forzadamente** *adv* – forcibly
**forzado** *adj* – forced, compulsory, unavoidable
**forzoso** *adj* – forced, compulsory, unavoidable
**forzador** *m* – forcer, rapist
**forzar** *v* – to force, to rape
**forzoso** *adj* – compulsory, unavoidable
**fotocopia** *f* – photocopy
**fotocopiar** *v* – to photocopy
**fotostático** *adj* – photostatic
**fracasar** *v* – to fail, to break down
**fracaso** *m* – failure
**fracción** *f* – fraction
**fraccionar** *v* – to break up, to divide
**fragante** *adj* – flagrant
**fragmentado** *adj* – fragmented
**fraguar** *v* – to falsify, to forge, to plot
**fraguar una firma** – to forge a signature
**franco** *adj* – free, duty-free, exempt, frank, honest
**franco a bordo** – free on board
**franco al costado** – free alongside

**franco de derechos** – duty-free
**franco en el muelle** – free on dock
**franco transportista** – free carrier
**francotirador** *m* – sniper, sharpshooter
**franja magnética** – magnetic stripe
**franquear** *v* – to prepay, to pay postage, to frank, to clear, to exempt
**franqueo** *m* – postage, prepayment, franking, clearance
**franqueo incluido** – postage included
**franqueo pagado** – postage paid
**franquicia** *f* – franchise, exemption
**franquicia aduanera** – exemption from customs duties
**franquicia arancelaria** – exemption from customs duties
**franquicia de voto** – right to vote
**franquicia especial** – special franchise
**franquicia fiscal** – tax exemption
**franquicia impositiva** – tax exemption
**franquicia tributaria** – tax exemption
**franquiciado** *m* – franchisee
**franquiciador** *m* – franchiser
**fratricida** *m/f* – fratricide
**fratricidio** *m* – fratricide
**fraude** *m* – fraud, deceit
**fraude colateral** – collateral fraud
**fraude comercial** – business fraud, commercial fraud
**fraude constructivo** – constructive fraud
**fraude contributivo** – tax fraud
**fraude corporativo** – corporate fraud
**fraude de acreedores** – fraud committed against creditors
**fraude de comerciante** – merchant fraud
**fraude de comercio electrónico** – e-commerce fraud, e-business fraud
**fraude de hecho** – fraud in fact
**fraude efectivo** – actual fraud
**fraude electoral** – electoral fraud
**fraude empresarial** – business fraud
**fraude en los negocios** – business fraud
**fraude en materia civil** – civil fraud
**fraude extrínseco** – extrinsic fraud
**fraude fiscal** – tax fraud
**fraude implícito** – constructive fraud
**fraude impositivo** – tax fraud
**fraude informático** – computer fraud
**fraude intrínseco** – intrinsic fraud
**fraude justiciable** – actionable fraud
**fraude legal** – legal fraud
**fraude mercantil** – commercial fraud
**fraude positivo** – positive fraud
**fraude presunto** – constructive fraud
**fraude procesable** – actionable fraud
**fraude procesal** – procedural fraud
**fraude tributario** – tax fraud
**fraudulencia** *f* – fraudulence
**fraudulentamente** *adv* – fraudulently
**fraudulento** *adj* – fraudulent
**frenesí de compras** – buying frenzy
**frente** *m* – front, face of a document
**frente obrero** – labor association, labour association
**frívolo** *adj* – frivolous
**frontera** *f* – frontier, border
**frontera artificial** – artificial border
**frontera convencional** – border established by treaty
**frontera natural** – natural border
**fructuoso** *adj* – successful, productive
**frustración** *f* – frustration
**frustración de contrato** – frustration of contract
**frustración de propósito** – frustration of purpose
**frustrado** *adj* – frustrated
**frutos** *m* – fruits, benefits, products, results
**frutos del delito** – fruits of crime
**frutos del pais** – national products
**frutos e intereses** – fruits and interest
**frutos industriales** – industrial products, emblements
**frutos naturales** – natural fruits
**FSE (Fondo Social Europeo)** – European Social Fund
**fuego** *m* – fire
**fuego accidental** – accidental fire
**fuego perjudicial** – hostile fire
**fuego útil** – friendly fire
**fuente** *f* – source
**fuente confiable** – reliable source
**fuente de ganancia** – source of profit
**fuente de información** – source of information
**fuente de ingresos** – source of income
**fuente fidedigna** – reliable source
**fuente informativa** – source of information
**fuente productora** – source of supply
**fuente rentística** – source of revenue
**fuentes de fondos** – sources of funds
**fuentes de la ley** – sources of the law
**fuentes de las obligaciones** – sources of obligations
**fuentes del derecho** – sources of the law
**fuentes jurídicas** – sources of the law
**fuera de audiencia** – out of court
**fuera de beneficio** – out of benefit
**fuera de duda razonable** – beyond a reasonable doubt
**fuera de fecha** – out of time
**fuera de horario** – after-hours
**fuera de horas** – after-hours
**fuera de horas de oficina** – outside office hours
**fuera de horas laborables** – outside work hours
**fuera de juicio** – extrajudicial, insane
**fuera de la ley** – outside of the law, illegal
**fuera de litigio** – extrajudicial
**fuera de lugar** – irrelevant, inappropriate, out of place
**fuera de matrimonio** – out of wedlock
**fuera de orden** – out of order
**fuera de peligro** – out of danger
**fuera de plazo** – after the deadline
**fuera de razón** – unreasonable
**fuera de término** – late
**fuera de tiempo** – late
**fuera del alcance** – out of reach
**fuero** *m* – jurisdiction, venue, court, privilege, code of laws, common law
**fuero administrativo** – administrative jurisdiction
**fuero auxiliar** – ancillary jurisdiction
**fuero civil** – civil jurisdiction
**fuero comercial** – commercial code
**fuero competente** – jurisdiction
**fuero común** – general jurisdiction
**fuero concurrente** – concurrent jurisdiction
**fuero criminal** – criminal jurisdiction
**fuero de apelaciones** – appellate jurisdiction
**fuero de atracción** – ancillary jurisdiction

**fuero de elección** – selected jurisdiction
**fuero de las sucesiones** – probate jurisdiction
**fuero de los concursos** – bankruptcy court
**fuero del contrato** – selection of jurisdiction in a contract
**fuero del trabajo** – jurisdiction in labor cases
**fuero especial** – special jurisdiction
**fuero exclusivo** – exclusive jurisdiction
**fuero extranjero** – foreign jurisdiction
**fuero extraordinario** – special jurisdiction
**fuero extraterritorial** – extraterritorial jurisdiction
**fuero forzoso** – forced jurisdiction
**fuero general** – general jurisdiction
**fuero internacional** – international jurisdiction
**fuero laboral** – labor jurisdiction, labour jurisdiction
**fuero marítimo** – admiralty jurisdiction
**fuero militar** – military jurisdiction
**fuero municipal** – municipal code
**fuero normal** – normal jurisdiction
**fuero ordinario** – jurisdiction
**fuero penal** – criminal jurisdiction
**fuero por conexión** – ancillary jurisdiction
**fuero propio** – jurisdiction
**fuero territorial** – territorial jurisdiction
**fuerza** *f* – force, strength, power
**fuerza, a la** – by force, with violence
**fuerza artificial** – artificial force
**fuerza cancelatoria** – legal tender
**fuerza coercitiva** – coercion
**fuerza de cosa juzgada** – force and effect of a decision
**fuerza de ley** – force of law
**fuerza de negociación** – bargaining strength
**fuerza de trabajo** – work force, labor force, labour force
**fuerza de ventas** – sales force
**fuerza e intimidación** – force and fear
**fuerza financiera** – financial force
**fuerza física** – physical force
**fuerza ilegal** – illegal force
**fuerza ilícita** – illicit force
**fuerza impropia** – improper force
**fuerza inapropiada** – inappropriate force
**fuerza irresistible** – irresistible force
**fuerza laboral** – work force, labor force, labour force
**fuerza legal** – legal force, force of law
**fuerza liberatoria** – legal tender, power to release
**fuerza lícita** – licit force
**fuerza mayor** – force majeure, act of God
**fuerza mortal** – deadly force
**fuerza motivadora** – motivating force
**fuerza probatoria** – evidentiary weight
**fuerza pública** – police power
**fuerza razonable** – reasonable force
**fuerzas armadas** – armed forces
**fuerzas del mercado** – forces of the market
**fuga** *f* – escape
**fuga constructiva** – constructive flight
**fuga de capitales** – capital flight
**fuga de cerebros** – brain drain
**fuga de divisas** – currency flight
**fuga por negligencia** – negligent escape
**fugarse** *v* – to escape, to jump bail, to abscond
**fugarse bajo fianza** – to abscond on bail
**fugitivo** *m* – fugitive
**fugitivo** *adj* – fugitive
**Fulana de Tal** – Jane Doe
**Fulano de Tal** – John Doe
**fullería** *f* – swindling
**fullero** *m* – swindler
**función** *f* – function, performance
**función administrativa** – administrative function
**función de auditoría** – audit function
**función gubernamental** – governmental function
**función judicial** – judicial function
**función legislativa** – legislative power
**función municipal** – municipal function
**funcional** *adj* – functional
**funcionamiento** *m* – function, performance
**funcionario** *m* – officer, functionary
**funcionario administrativo** – administrative officer
**funcionario aduanero** – customs officer
**funcionario asistente** – assistant officer
**funcionario bancario** – bank officer
**funcionario contable** – accounting officer
**funcionario corporativo** – corporate officer
**funcionario de administración** – administration officer
**funcionario de aduanas** – customs officer, customhouse officer
**funcionario de auditoría** – audit officer
**funcionario de banco** – bank officer
**funcionario de conciliación** – conciliation officer
**funcionario de contabilidad** – accounting officer
**funcionario de coordinación** – coordination officer
**funcionario de cumplimiento** – compliance officer
**funcionario de facto** – officer de facto
**funcionario de Hacienda** – revenue officer, treasury officer
**funcionario de inmigración** – immigration officer
**funcionario de jure** – officer de jure
**funcionario de justicia** – judicial officer
**funcionario de operaciones principal** – chief operating officer
**funcionario de plica** – escrow officer
**funcionario de préstamos** – loan officer
**funcionario ejecutivo** – executive officer
**funcionario ejecutivo principal** – chief executive officer
**funcionario federal** – federal officer
**funcionario financiero** – financial officer
**funcionario financiero principal** – chief financial officer
**funcionario fiscal** – fiscal officer, financial officer
**funcionario interino** – acting officer
**funcionario judicial** – judicial officer
**funcionario local** – local officer
**funcionario municipal** – municipal officer
**funcionario principal** – chief officer
**funcionario público** – government employee, civil servant, public officer, public servant
**funcionario regional** – regional officer
**funcionario responsable** – accountable official
**funcionarios de la compañía** – company officers
**funcionarios diplomáticos extranjeros** – foreign diplomatic officers
**funcionarismo** *m* – bureaucracy
**funciones administrativas** – managerial functions

**funciones públicas** – public duties
**funciones, en** – acting, serving
**fundabilidad** *f* – admissibility
**fundación** *f* – foundation, endowment, establishment
**fundación afiliada** – affiliated foundation
**fundación aliada** – allied foundation
**fundación asociada** – affiliated foundation
**fundación benéfica** – charitable foundation
**fundación caritativa** – charitable foundation
**fundación difunta** – defunct foundation
**fundación inexistente** – nonexistent foundation
**fundación ilegal** – illegal foundation
**fundación ilícita** – illicit foundation
**fundación insolvente** – insolvent foundation
**fundación jurídica** – legal foundation
**fundación lícita** – licit foundation
**fundación privada** – private foundation
**fundación pública** – public foundation
**fundación quebrada** – bankrupt foundation
**fundadamente** *adv* – with good reason
**fundado** *adj* – founded, well-founded
**fundador** *m* – founder
**fundamental** *adj* – fundamental
**fundamentalmente** *adv* – fundamentally
**fundamentar** *v* – to establish, to lay the foundations of
**fundamento** *m* – foundation, reason
**fundamento jurídico** – legal grounds, legal foundation
**fundamentos de derecho** – legal grounds, legal foundation
**fundamentos irrazonables** – unreasonable grounds
**fundar** *v* – to found, to endow, to establish
**fundar recurso** – to file an appeal
**fundar un agravio** – to make a complaint
**fundir** *v* – to merge, to unite
**fundirse** *v* – to go bankrupt, to fail, to merge, to unite
**fundo** *m* – rural property
**fundo dominante** – dominant tenement
**fundo maderero** – timberland
**fundo minero** – mining property
**fundo sirviente** – servient tenement
**fungibilidad** *adj* – fungibility
**fungible** *adj* – fungible
**fungir** *v* – to substitute
**furgoneta de reparto** – delivery van
**furtivamente** *adj* – furtively
**furtivo** *adj* – furtive
**fusilamiento** *m* – execution by firing squad
**fusilar** *v* – to execute by firing squad
**fusión** *f* – merger, amalgamation
**fusión bancaria** – bank merger
**fusión conglomerada** – conglomerate merger
**fusión corporativa** – corporate merger
**fusión de bancos** – bank merger
**fusión de conglomerados** – conglomerate merger
**fusión de contratos** – merger of contracts
**fusión de corporaciones** – corporate merger
**fusión de delitos** – merger of crimes
**fusión de derechos** – merger of rights
**fusión de títulos** – confusion of titles
**fusión horizontal** – horizontal merger
**fusión parcial** – partial merger
**fusión por absorción** – absorption merger
**fusión transfronteriza** – cross-border merger
**fusión vertical** – vertical merger
**fusionar** *v* – to merge, to unite, to amalgamate
**fusiones y adquisiciones** – mergers and acquisitions
**futuros de divisas** – foreign currency futures
**futuros de índices de acciones** – stock index futures
**futuros de monedas** – currency futures
**futuros de tasas de intereses** – interest rate futures
**futuros de tipos de intereses** – interest rate futures
**futuros financieros** – financial futures
**futuros sobre divisas** – currency futures
**futuros sobre índices** – index futures

# G

**gabarro** *m* – mistake, nuisance
**gabela** *f* – tax
**gabela de consumo** – excise tax
**gabinete** *m* – cabinet, office, department
**gabinete de prensa** – press office
**gabinete jurídico** – law office
**gaceta** *f* – gazette, official publication of laws and affairs of state
**gaje** *m* – remuneration, additional remuneration, perquisites
**gajes del empleo** – hazards of the trade
**gajes del oficio** – hazards of the trade
**galería de malhechores** – mug book
**galería de sospechosos** – lineup
**gama** *f* – range, scale, line
**ganadería** *f* – stockbreeding, livestock
**ganado** *m* – livestock
**ganado** *adj* – earned, won
**ganancia** *f* – profit, gain, earnings, benefit
**ganancia a corto plazo** – short-term gain, short-term profit
**ganancia a largo plazo** – long-term gain, long-term profit
**ganancia acumulada** – accumulated profits
**ganancia antes de impuestos** – before-tax profits
**ganancia anticipada** – anticipated profit
**ganancia bruta** – gross profit
**ganancia contable** – accounting profit
**ganancia de explotación** – operating profits
**ganancia de inventario** – inventory profit
**ganancia de ventas** – sales profits
**ganancia declarada** – declared profits
**ganancia después de contribuciones** – after-tax profits
**ganancia después de impuestos** – after-tax profits
**ganancia diferida** – deferred gain
**ganancia en bruto** – gross profit
**ganancia financiera** – financial profit, financial gain
**ganancia fiscal** – taxable profit
**ganancia futura** – future profit
**ganancia gravable** – taxable profit
**ganancia ilícita** – illicit gain

**ganancia imponible** – taxable profit
**ganancia impositiva** – taxable profit
**ganancia imprevista** – windfall profit
**ganancia impropia** – improper profit
**ganancia inapropiada** – inappropriate profit
**ganancia inesperada** – windfall profit
**ganancia lícita** – licit profit
**ganancia neta** – net profit, clear profit
**ganancia no recurrente** – nonrecurring gain
**ganancia no repetitiva** – nonrecurring gain
**ganancia normal** – normal gain, normal profit
**ganancia operativa** – operating profit
**ganancia ordinaria** – ordinary gain
**ganancia pecuniaria** – pecuniary gain
**ganancia privada** – private gain
**ganancia realizable** – realizable gain
**ganancia realizada** – realized gain
**ganancia regular** – regular gain
**ganancia sobre el papel** – paper profit
**ganancia total** – total profit
**ganancial** *adj* – pertaining to community property, pertaining to profit
**gananciales** *m* – community property
**ganancias acumuladas** – accumulated profits
**ganancias anticipadas** – anticipated profits
**ganancias anuales** – annual profits
**ganancias asignadas** – allocated profits
**ganancias comerciales** – business gains, business profits, commercial gains, commercial profits
**ganancias corporativas** – corporate profits
**ganancias corrientes** – current profits
**ganancias de capital** – capital gains
**ganancias de capital a corto plazo** – short-term capital gains
**ganancias de capital a largo plazo** – long-term capital gains
**ganancias de comercio** – commerce gains, commerce profits
**ganancias de empresas** – business gains, business profits
**ganancias de negocios** – business gains, business profits
**ganancias diferidas** – deferred profits
**ganancias empresariales** – business gains, business profits
**ganancias en libros** – book profits
**ganancias excesivas** – excessive profits
**ganancias exentas** – exempt profits
**ganancias extraordinarias** – extraordinary profits
**ganancias gravables** – taxable profits
**ganancias imponibles** – taxable profits
**ganancias marginales** – marginal profits
**ganancias mercantiles** – commercial gains, commercial profits
**ganancias no realizadas** – unrealized profits
**ganancias por acción** – earnings per share
**ganancias retenidas** – retained profits
**ganancias tributables** – taxable profits
**ganancias y pérdidas** – profit and loss
**ganancioso** *adj* – profitable
**ganar** *v* – to earn, to gain, to win, to make
**ganar dinero** – to earn money
**ganar interés** – to earn interest
**ganar un pleito** – to win a suit
**ganar vecindad** – to establish residence
**ganarse la vida** – to earn a living
**ganga** *f* – gang, bargain
**gangsterismo** *m* – gangsterism
**garante** *m* – guarantor, backer, surety, guarantee
**garantía** *f* – guarantee, guaranty, warranty, security, backing, collateral, bond, assurance
**garantía absoluta** – absolute guarantee, absolute guaranty, absolute warranty
**garantía adicional** – additional warranty, additional security, additional collateral
**garantía afirmativa** – affirmative warranty
**garantía automática** – automatic guarantee, automatic warranty
**garantía bancaria** – bank guarantee
**garantía colateral** – collateral warranty
**garantía completa** – full warranty
**garantía condicional** – conditional guarantee
**garantía continua** – continuing guarantee
**garantía contractual** – contractual guarantee
**garantía de banco** – bank guarantee
**garantía de calidad** – quality guarantee
**garantía de cheque** – check guarantee, cheque guarantee
**garantía de conformidad** – assurance of conformity
**garantía de crédito** – credit guarantee, guarantee of a loan
**garantía de depósitos** – deposit guarantee
**garantía de devolución del dinero** – money-back guarantee
**garantía de empréstito** – loan guarantee
**garantía de firma** – guaranty of a signature
**garantía de inversión** – investment guarantee
**garantía de pago** – payment guarantee
**garantía de persona** – positive identification
**garantía de petición** – right to petition
**garantía de por vida** – lifetime warranty, lifetime guarantee
**garantía de precio** – price guarantee
**garantía de préstamo** – loan guarantee
**garantía de título** – title guarantee
**garantía del constructor** – builder's warranty
**garantía del producto** – product guarantee, product warranty
**garantía divisible** – divisible guarantee
**garantía en efectivo** – cash guarantee
**garantía escrita** – written warranty, written guarantee
**garantía especial** – special warranty
**garantía eventual** – conditional guarantee
**garantía explícita** – express warranty
**garantía expresa** – express warranty
**garantía financiera** – financial guarantee
**garantía flotante** – floating collateral
**garantía formal** – collateral
**garantía general** – general warranty
**garantía hipotecaria** – mortgage security, mortgage
**garantía ilimitada** – unlimited warranty
**garantía implícita** – implied warranty
**garantía incondicional** – unconditional guarantee, absolute guarantee, absolute warranty
**garantía inferida** – inferred guarantee
**garantía limitada** – limited guarantee, limited warranty
**garantía mancomunada** – joint guarantee
**garantía monetaria** – monetary guarantee

**garantía particular** – special guarantee
**garantía personal** – personal guarantee
**garantía pignoraticia** – pledge
**garantía por escrito** – written warranty, written guarantee
**garantía prendaria** – pledge, collateral
**garantía procesal** – bond for court costs
**garantía prolongada** – extended warranty
**garantía promisoria** – promissory warranty
**garantía provisional** – provisional guarantee, binder
**garantía real** – collateral, real guarantee
**garantía restringida** – restricted guarantee
**garantía sin restricciones** – unrestricted guarantee
**garantía solidaria** – joint and several guarantee
**garantía tácita** – tacit warranty
**garantía temporal** – temporary guarantee
**garantías concurrentes** – concurrent guarantees
**garantías constitucionales** – constitutional rights
**garantías del acusado** – constitutional rights of the accused
**garantías escritas** – written warranties
**garantías implícitas** – implied warranties
**garantías individuales** – constitutional rights
**garantías procesales** – procedural due process
**garantir** *v* – to guarantee
**garantizado** *adj* – guaranteed, warranted, assured
**garantizado por banco** – bank-guaranteed
**garantizador** *m* – guarantor, surety
**garantizar** *v* – to guarantee, to warrant, to assure
**garita** *f* – sentry box
**garito** *m* – gambling house
**garrote** *m* – garrote
**gas lacrimógeno** – tear gas
**gas tóxico** – toxic gas
**gastar** *v* – to expend, to spend
**gasto** *m* – expense, expenditure, charge, cost
**gasto básico** – basic expense
**gasto comunitario** – community expense, community expenditure
**gasto corriente** – current expenditure
**gasto de mantenimiento** – maintenance expense
**gasto diferido** – deferred expense
**gasto directo** – direct expense
**gasto discrecional** – discretionary expense
**gasto doméstico bruto** – gross domestic expenditure
**gasto especial** – special expense
**gasto estimado** – estimated expense
**gasto federal** – federal expenditure
**gasto financiero** – financial expense
**gasto fiscal** – fiscal expenditure
**gasto flotante** – floating charge
**gasto general** – general expense
**gasto incidental** – incidental expense
**gasto incurrido** – expense incurred
**gasto indirecto** – indirect expense
**gasto innecesario** – unnecessary expense
**gasto interior bruto** – gross domestic expenditure
**gasto irrazonable** – unreasonable expense
**gasto nacional bruto** – gross national expenditure
**gasto necesario** – necessary expense
**gasto no controlable** – noncontrollable expense
**gasto no deducible** – nondeductible expense
**gasto no recurrente** – nonrecurring expense
**gasto no reembolsable** – nonrefundable expense
**gasto no repetitivo** – nonrecurring expense
**gasto obligatorio** – obligatory expense
**gasto periódico** – periodic expense
**gasto por financiamiento** – finance expense
**gasto presupuestario** – budget expenditure
**gasto razonable** – reasonable expense
**gasto real** – real expense, actual expense, real expenditure, actual expenditure
**gasto recurrente** – recurring expense
**gasto trimestral** – quarterly expense
**gasto único** – one-time expense
**gastos** *m* – expenses, expenditures, charges, costs
**gastos a repartir** – undistributed expenses
**gastos accesorios** – accessory expenses, accessory expenditures
**gastos acordados** – agreed-upon expenses, agreed-upon expenditures
**gastos acostumbrados** – customary expenses, customary expenditures
**gastos acumulados** – accrued expenses, accrued expenditures
**gastos adicionales** – additional expenses
**gastos administrados** – managed expenses, managed expenditures
**gastos administrativos** – administrative expenses
**gastos administrativos generales** – general administrative expenses
**gastos aduanales** – customs expenses
**gastos anticipados** – anticipated expenses
**gastos anuales** – annual expenses
**gastos autorizados** – authorized expenses
**gastos bancarios** – bank expenses
**gastos calculados** – calculated expenses, calculated expenditures
**gastos causídicos** – litigation expenses
**gastos comerciales** – commercial expenses, commercial expenditures
**gastos compensatorios** – compensating expenses
**gastos compulsorios** – compulsory expenses, compulsory expenditures
**gastos comunes** – ordinary expenses, ordinary expenditures
**gastos constantes** – constant expenses
**gastos contenciosos** – litigation expenses
**gastos contingentes** – contingent costs
**gastos contractuales** – contractual expenses, contractual expenditures
**gastos contratados** – contracted expenses, contractual expenditures
**gastos controlables** – controllable expenses
**gastos controlados** – controlled expenses, controlled expenditures
**gastos convenidos** – agreed-upon expenses, agreed-upon expenditures
**gastos corporativos** – corporate expenses, corporate expenditures, corporate spending
**gastos crecientes** – increasing expenses
**gastos cubiertos** – covered expenses
**gastos de administración** – administration expenses
**gastos de adquisición** – acquisition expenses
**gastos de aduanas** – customs expenses
**gastos de agencia** – agency expenses
**gastos de amortización** – amortization expenses
**gastos de bolsillo** – out-of-pocket expenses

**gastos de capital** – capital expenses
**gastos de cierre** – closing costs
**gastos de cobranza** – collection expenses
**gastos de cobros** – collection expenses
**gastos de comercio** – commerce expenses, commerce expenditures
**gastos de compensación** – compensating expenses
**gastos de conservación** – maintenance expenses, conservation expenses
**gastos de constitución** – organization expenses, incorporation expenses
**gastos de consumo** – consumer spending, consumer expenditures
**gastos de correo** – postage expenses
**gastos de depreciación** – depreciation expenses
**gastos de desarrollo** – development expenses
**gastos de dirección** – administration expenses
**gastos de distribución** – distribution expenses
**gastos de embarque** – shipping expenses
**gastos de emisión** – issuance expenses
**gastos de empleo** – employment expenses
**gastos de entrega** – delivery expenses
**gastos de envío** – shipping expenses
**gastos de escribanía** – notary's fees
**gastos de explotación** – operating expenses
**gastos de fábrica** – factory expenses
**gastos de fabricación** – manufacturing expenses
**gastos de financiación** – financing expenses
**gastos de financiamiento** – financing expenses
**gastos de fomento** – development costs
**gastos de funcionamiento** – operating expenses
**gastos de funeral** – funeral expenses
**gastos de fusión** – merger expenses
**gastos de gerencia** – management expenses
**gastos de hospitalización** – hospital expenses
**gastos de iniciación** – organization expenses
**gastos de inversión** – investment expenses
**gastos de justicia** – legal expenses
**gastos de la deuda** – debt expenses
**gastos de manipulación** – handling expenses
**gastos de mantenimiento** – maintenance expenses
**gastos de manufactura** – manufacturing expenses
**gastos de manutención** – living expenses
**gastos de marketing** – marketing expenses
**gastos de mercadeo** – marketing expenses
**gastos de negocios** – business expenses, business expenditures
**gastos de oficina** – office expenses
**gastos de operación** – operating costs
**gastos de organización** – organization expenses
**gastos de personal** – personnel expenses
**gastos de producción** – production expenses
**gastos de promoción** – promotion expenses
**gastos de protesto** – protest charges
**gastos de publicidad** – advertising expenses, advertising expenditures
**gastos de puro lujo** – sumptuary expenses
**gastos de rehabilitación** – rehabilitation expenditures
**gastos de representación** – representation expenses, entertainment expenses
**gastos de transacción** – transaction expenses
**gastos de transferencia** – transfer expenses
**gastos de transporte** – transportation expenses
**gastos de ventas** – selling expenses
**gastos de viaje** – travel expenses
**gastos deducibles** – deductible expenses
**gastos del consumidor** – consumer spending, consumer expenditures
**gastos del estado** – government expenditures, state expenditures
**gastos del gobierno** – government expenditures
**gastos diferidos** – deferred expenses
**gastos directos** – direct expenses
**gastos educativos** – education expenses
**gastos elegibles** – eligible expenses
**gastos empresariales** – business expenses, business expenditures
**gastos en efectivo** – cash expenses, out-of-pocket expenses
**gastos esenciales** – essential expenses, essential expenditures
**gastos especificados** – specified expenses
**gastos esperados** – expected expenses
**gastos establecidos** – established expenses
**gastos estatales** – government expenditures, state expenditures
**gastos estimados** – estimated expenses
**gastos estipulados** – stipulated expenses, stipulated expenditures
**gastos excepcionales** – exceptional expenses
**gastos extraordinarios** – extraordinary expenses
**gastos familiares** – family expenses
**gastos fijos** – fixed expenses, fixed charges, overhead
**gastos fijos de fábrica** – factory overhead
**gastos finales** – final costs
**gastos financieros** – finance charges
**gastos forzados** – forced expenses, forced expenditures
**gastos forzosos** – forced expenses, forced expenditures
**gastos funerales** – funeral expenses
**gastos funerarios** – funeral expenses
**gastos generales** – overhead, general expenses
**gastos generales comerciales** – commercial overhead
**gastos generales de fabricación** – manufacturing overhead
**gastos generales de manufactura** – manufacturing overhead
**gastos generales directos** – direct overhead
**gastos generales fijos** – fixed overhead
**gastos generales indirectos** – indirect overhead
**gastos generales reducidos** – reduced overhead
**gastos generales variables** – variable overhead
**gastos gubernamentales** – government expenditures
**gastos habituales** – habitual expenses
**gastos hospitalarios** – hospital expenses
**gastos incontrolables** – uncontrollable expenses
**gastos incurridos** – incurred expenses
**gastos indirectos** – indirect costs, indirect expenses
**gastos indispensables** – indispensable expenses, indispensable expenditures
**gastos inesperados** – unexpected expenses
**gastos inevitables** – unavoidable expenses
**gastos iniciales** – initial expenses
**gastos inusuales** – unusual expenses
**gastos judiciales** – legal expenses
**gastos jurídicos** – legal expenses

**gastos legales** – legal expenses
**gastos médicos** – medical expenses
**gastos mensuales** – monthly expenses
**gastos mercantiles** – commercial expenses, commercial expenditures
**gastos misceláneos** – miscellaneous expenses
**gastos necesarios** – necessary expenses, necessary expenditures
**gastos negociados** – negotiated expenses, negotiated expenditures
**gastos netos** – net expenses
**gastos no deducibles** – non-deductible expenses
**gastos no distribuidos** – undistributed expenses
**gastos normales** – normal expenses, normal expenditures
**gastos obligados** – obligatory expenses, obligatory expenditures
**gastos obligatorios** – obligatory expenses, obligatory expenditures
**gastos operacionales** – operating expenses
**gastos operativos** – operating expenses
**gastos operativos generales** – general operating expenses
**gastos ordinarios** – ordinary expenses
**gastos ordinarios y necesarios** – ordinary and necessary expenses
**gastos pactados** – agreed-upon expenses, agreed-upon expenditures
**gastos pagados** – expenses paid
**gastos pendientes de pago** – outstanding expenses
**gastos personales** – personal expenses
**gastos por deudas incobrables** – bad debt expenditures, bad debt expenses
**gastos preestablecidos** – preset expenses, preset expenditures
**gastos preliminares** – preliminary expenses
**gastos prepagados** – prepaid expenses, charges prepaid
**gastos presupuestados** – budgeted expenses
**gastos privados** – private spending
**gastos profesionales** – professional expenses, business expenses
**gastos programados** – programmed expenses
**gastos progresivos** – progressive expenses
**gastos publicitarios** – advertising expenses, advertising expenditures
**gastos públicos** – public spending
**gastos reducidos** – reduced expenses
**gastos regulares** – regular expenses, regular expenditures
**gastos requeridos** – required expenses, required expenditures
**gastos suntuarios** – sumptuary expenses
**gastos suplementarios** – supplemental expenses
**gastos típicos** – typical expenses, typical expenditures
**gastos totales** – total expenses
**gastos usuales** – usual expenses
**gastos variables** – variable expenses
**gastos varios** – miscellaneous expenses, sundry expenses
**GATT** – GATT
**gemelo** *m* – twin
**genealogía** *f* – genealogy
**genealógico** *adj* – genealogical
**generación** *f* – generation
**general** *adj* – general, usual
**generales de la ley** – standard questions for witnesses which include asking their name and age and so on
**generalidad** *f* – generality
**generalmente aceptado** – generally accepted
**generalmente conocido** – generally known
**generar** *v* – to generate
**generar empleos** – to generate jobs
**generar ingresos** – to generate income
**generar trabajos** – to generate jobs
**genérico** *adj* – generic
**género** *m* – kind, manner
**géneros** *m* – goods, merchandise
**genitales** *m* – genitals
**genocidio** *m* – genocide
**gente** *f* – people, nation, crew
**genuino** *adj* – genuine
**genuino y válido** – genuine and valid
**geodemográfico** *adj* – geodemographic
**geografía económica** – economic geography
**geopolítica** *f* – geopolitics
**geopolítico** *adj* – geopolitical
**gerencia** *f* – management, management office
**gerencia activa** – active management
**gerencia adaptiva** – adaptive management
**gerencia bancaria** – bank management
**gerencia centralizada** – centralized management
**gerencia científica** – scientific management
**gerencia clásica** – classical management
**gerencia comercial** – business management
**gerencia corporativa** – corporate management
**gerencia de activos** – asset management
**gerencia de activos y pasivos** – asset/liability management
**gerencia de aduanas** – customs administration
**gerencia de banco** – bank management, bank administration
**gerencia de bienes inmuebles** – real estate management, property management
**gerencia de bienes raíces** – real estate management, property management
**gerencia de caja** – cash management
**gerencia de capacitación** – training department
**gerencia de comercialización** – marketing management
**gerencia de comercio** – commerce management
**gerencia de compras** – purchasing management
**gerencia de comunicaciones** – communications management
**gerencia de crisis** – crisis management
**gerencia de cuenta** – account management
**gerencia de datos** – data management
**gerencia de departamento** – department management
**gerencia de distribución** – distribution management
**gerencia de división** – division management
**gerencia de efectivo** – cash management
**gerencia de empresas** – business administration, business management
**gerencia de entrenamiento** – training department
**gerencia de fondos** – money management, funds management, cash management
**gerencia de formación** – training department
**gerencia de impuestos** – tax management

**gerencia de inversiones** – investment management
**gerencia de la cadena de suministros** – supply-chain management
**gerencia de la calidad** – quality management
**gerencia de la cartera** – portfolio administration, money management
**gerencia de la compañía** – company management
**gerencia de la deuda** – debt management, debt administration
**gerencia de la herencia** – estate management
**gerencia de la quiebra** – management of a bankrupt's estate
**gerencia de la red** – network management
**gerencia de la sociedad** – management of a partnership, management of a corporation
**gerencia de marca** – brand management
**gerencia de marketing** – marketing management
**gerencia de materiales** – materials management
**gerencia de mercadeo** – marketing management
**gerencia de mercancías** – commodities management, merchandise management
**gerencia de negocios** – business management
**gerencia de oficina** – office management
**gerencia de operaciones** – operations management
**gerencia de personal** – personnel management
**gerencia de plan** – plan management
**gerencia de producción** – production management
**gerencia de productos** – commodities management, products management
**gerencia de programa** – program management
**gerencia de proyecto** – project management
**gerencia de recursos humanos** – human resources management
**gerencia de recursos naturales** – natural resources management
**gerencia de recursos** – resource management
**gerencia de registros** – records management
**gerencia de relaciones con clientes** – customer relationship management
**gerencia de riesgos** – risk management
**gerencia de sistemas** – systems management
**gerencia de tareas** – task management
**gerencia de tierras** – land management
**gerencia de ventas** – sales management
**gerencia del crédito** – credit management
**gerencia del desempeño** – performance management
**gerencia del dinero** – money management, funds management
**gerencia del mercado** – market management
**gerencia del personal** – personnel management
**gerencia del proyecto** – project management
**gerencia departamental** – departmental management
**gerencia efectiva** – effective management
**gerencia empresarial** – business management, enterprise management
**gerencia financiera** – financial management
**gerencia fiscal** – fiscal management, tax management, tax planning
**gerencia general** – general management, general manager's office
**gerencia inmobiliaria** – property management, real estate management
**gerencia intermedia** – middle management
**gerencia laboral** – labor management, labour management
**gerencia monetaria** – monetary management
**gerencia operativa** – operating management
**gerencia por objetivos** – management by objectives
**gerencia presupuestaria** – budgetary management
**gerencia tributaria** – tax management
**gerencia vertical** – vertical management
**gerencial** *adj* – managerial
**gerente** *m* – manager
**gerente activo** – active manager
**gerente adaptivo** – adaptive manager
**gerente adjunto** – deputy manager
**gerente administrativo** – administrative manager
**gerente asociado** – associate manager
**gerente bancario** – bank manager
**gerente comercial** – business manager, commercial manager
**gerente contable** – accounting manager
**gerente corporativo** – corporate manager
**gerente de administración** – administration manager
**gerente de área** – area manager
**gerente de auditoría** – audit manager
**gerente de banco** – bank manager
**gerente de capacitación** – training manager
**gerente de cobros** – collections manager
**gerente de comercialización** – marketing manager
**gerente de comercio** – commerce manager
**gerente de comercio electrónico** – e-commerce manager, e-business manager
**gerente de compras** – purchasing manager
**gerente de comunicaciones** – communications manager
**gerente de contabilidad** – accounting manager
**gerente de contratos** – contract manager
**gerente de crédito** – credit manager
**gerente de cuentas** – account manager
**gerente de departamento** – department manager
**gerente de desarrollo** – development manager
**gerente de distribución** – distribution manager
**gerente de distrito** – district manager
**gerente de división** – division manager
**gerente de empresa** – business manager, enterprise manager
**gerente de entrenamiento** – training manager
**gerente de exportación** – export manager
**gerente de fábrica** – factory manager
**gerente de fabricación** – manufacturing manager
**gerente de finanzas** – finance manager
**gerente de fondos** – money manager, funds manager
**gerente de formación** – training manager
**gerente de importación** – import manager
**gerente de la compañía** – company manager
**gerente de la corporación** – corporate manager
**gerente de la empresa** – company manager, enterprise manager
**gerente de marca** – brand manager
**gerente de marketing** – marketing manager
**gerente de mercadeo** – marketing manager
**gerente de mercancías** – merchandise manager
**gerente de oficina** – office manager
**gerente de operaciones** – operations manager
**gerente de personal** – personnel manager
**gerente de planta** – plant manager
**gerente de producción** – production manager

**gerente de proyecto** – project manager
**gerente de publicidad** – advertising manager
**gerente de reclamaciones** – claims manager
**gerente de recursos humanos** – human resources manager
**gerente de relaciones con clientes** – client relations manager, customer relations manager
**gerente de servicios** – service manager
**gerente de sistemas** – systems manager
**gerente de sucursal** – branch manager
**gerente de turno** – manager on duty
**gerente de unidad** – unit manager
**gerente de ventas** – sales manager
**gerente de zona** – zone manager
**gerente del producto** – product manager
**gerente del sindicato** – syndicate manager
**gerente departamental** – departmental manager
**gerente ejecutivo** – executive manager
**gerente empresarial** – company manager, enterprise manager
**gerente en funciones** – acting manager
**gerente financiero** – finance manager
**gerente general** – general manager
**gerente intermedio** – middle manager
**gerente mercantil** – commercial manager
**gerente presupuestario** – budgeting manager
**gerente propietario** – owner manager
**gerente regional** – regional manager, area manager
**gerente técnico** – technical manager
**gestación** *f* – gestation
**gestión** *f* – management, administration, handling, dealing, action, effort, step, negotiation
**gestión activa** – active management
**gestión adaptiva** – adaptive management
**gestión ambiental** – environmental management
**gestión bancaria** – bank management
**gestión centralizada** – centralized management
**gestión científica** – scientific management
**gestión clásica** – classical management
**gestión comercial** – business management
**gestión corporativa** – corporate management
**gestión de activos** – asset management
**gestión de activos y pasivos** – asset/liability management
**gestión de aduanas** – customs administration
**gestión de banco** – bank management, bank administration
**gestión de bienes inmuebles** – real estate management, property management
**gestión de caja** – cash management
**gestión de capacitación** – training management
**gestión de comercialización** – marketing management
**gestión de compras** – purchasing management
**gestión de comunicaciones** – communications management
**gestión de crisis** – crisis management
**gestión de cuenta** – account management
**gestión de datos** – data management
**gestión de departamento** – department management
**gestión de distribución** – distribution management
**gestión de división** – division management
**gestión de efectivo** – cash management
**gestión de empresas** – business administration, business management
**gestión de entrenamiento** – training management
**gestión de fondos** – money management, funds management, cash management
**gestión de formación** – training management
**gestión de impuestos** – tax management
**gestión de inversiones** – investment management
**gestión de la cadena de suministros** – supply-chain management
**gestión de la calidad** – quality management
**gestión de la cartera** – portfolio administration, money management
**gestión de la cartera de valores** – portfolio administration, money management
**gestión de la compañía** – company management
**gestión de la cosa común** – administration of something owned jointly
**gestión de la deuda** – debt management, debt administration
**gestión de la herencia** – estate management
**gestión de la línea** – line management
**gestión de la quiebra** – management of a bankrupt's estate
**gestión de la red** – network management
**gestión de la sociedad** – management of a partnership, management of a corporation
**gestión de marca** – brand management
**gestión de marketing** – marketing management
**gestión de materiales** – materials management
**gestión de mercadeo** – marketing management
**gestión de mercancías** – commodities management, merchandise management
**gestión de negocios** – business management
**gestión de negocios ajenos** – handling of another's business affairs without a written contract, handling of another's business affairs
**gestión de oficina** – office management
**gestión de operaciones** – operations management
**gestión de personal** – personnel management
**gestión de plan** – plan management
**gestión de producción** – production management
**gestión de productos** – commodities management, products management
**gestión de programa** – program management
**gestión de proyecto** – project management
**gestión de recursos** – resource management
**gestión de recursos humanos** – human resources management
**gestión de recursos naturales** – natural resources management
**gestión de registros** – records management
**gestión de relaciones con clientes** – customer relationship management
**gestión de residuos** – waste management
**gestión de riesgos** – risk management
**gestión de salario** – salary management
**gestión de sistemas** – systems management
**gestión de tareas** – task management
**gestión de tierras** – land management
**gestión de ventas** – sales management
**gestión del conocimiento** – knowledge management
**gestión del crédito** – credit management
**gestión del desempeño** – performance management
**gestión del dinero** – money management

**gestión del mercado** – market management
**gestión del pasivo** – liabilities management
**gestión del personal** – personnel management
**gestión del proyecto** – project management
**gestión departamental** – departmental management
**gestión ecológica** – eco-management, ecomanagement
**gestión efectiva** – effective management
**gestión empresarial** – business management
**gestión, en** – in process
**gestión financiera** – financial management
**gestión fiscal** – fiscal management, tax management
**gestión general** – general management, general manager's office
**gestión inmobiliaria** – property management
**gestión intermedia** – middle management
**gestión judicial** – judicial proceeding
**gestión laboral** – labor management, labour management
**gestión monetaria** – monetary management
**gestión operativa** – operating management
**gestión pasiva** – passive portfolio management
**gestión por objetivos** – management by objectives
**gestión presupuestaria** – budgetary management
**gestión procesal** – court proceeding
**gestión salarial** – salary management
**gestión tributaria** – tax administration
**gestionar** *v* – to manage, to administrate, to negotiate, to handle, to deal with, to take measures, to arrange
**gestionar bienes inmuebles** – to manage real estate
**gestionar cuentas** – to manage accounts
**gestionar datos** – to manage data
**gestionar deudas** – to manage debt
**gestionar dinero** – to manage money
**gestionar el crédito** – to manage credit
**gestionar el mercado** – to manage the market
**gestionar el pago** – to demand payment
**gestionar el personal** – to manage personnel
**gestionar el proyecto** – to manage the project
**gestionar empresas** – to manage businesses
**gestionar en juicio** – to litigate
**gestionar en nombre de** – to act in the name of
**gestionar fondos** – to manage money, to manage funds
**gestionar inversiones** – to manage investments
**gestionar la calidad** – to manage quality
**gestionar la cartera** – to manage the portfolio
**gestionar la compañía** – to manage the company
**gestionar la deuda** – to manage debt
**gestionar la herencia** – to manage the estate
**gestionar la producción** – to manage production
**gestionar la sociedad** – to manage a partnership, to manage a corporation
**gestionar los recursos** – to manage resources
**gestionar los riesgos** – to manage risks
**gestionar operaciones** – to manage operations
**gestionar sistemas** – to manage systems
**gestionar tareas** – to manage tasks
**gestionar tierras** – to manage lands
**gestionar un empréstito** – to arrange a loan
**gestionar un préstamo** – to arrange a loan
**gestionar una patente** – to apply for a patent
**gestionar ventas** – to manage sales
**gestor** *adj* – managing, administrating, negotiating, promoting
**gestor** *m* – manager, administrator, negotiator, promoter, agent
**gestor activo** – active manager
**gestor adaptivo** – adaptive manager
**gestor adjunto** – deputy manager
**gestor administrativo** – administrative manager
**gestor asociado** – associate manager
**gestor bancario** – bank manager
**gestor comercial** – business manager, commercial manager
**gestor contable** – accounting manager
**gestor corporativo** – corporate manager
**gestor de administración** – administration manager
**gestor de área** – area manager
**gestor de auditoría** – audit manager
**gestor de banco** – bank manager
**gestor de capacitación** – training manager
**gestor de comercialización** – marketing manager
**gestor de compras** – purchasing manager
**gestor de comunicaciones** – communications manager
**gestor de contabilidad** – accounting manager
**gestor de contratos** – contract manager
**gestor de crédito** – credit manager
**gestor de cuentas** – account manager
**gestor de departamento** – department manager
**gestor de desarrollo** – development manager
**gestor de distribución** – distribution manager
**gestor de división** – division manager
**gestor de entrenamiento** – training manager
**gestor de exportación** – export manager
**gestor de finanzas** – finance manager
**gestor de fondos** – money manager, funds manager
**gestor de formación** – training manager
**gestor de importación** – import manager
**gestor de la compañía** – company manager
**gestor de la corporación** – corporate manager
**gestor de la empresa** – company manager, enterprise manager, business manager
**gestor de marca** – brand manager
**gestor de marketing** – marketing manager
**gestor de mercadeo** – marketing manager
**gestor de mercancías** – merchandise manager
**gestor de negocios ajenos** – handler of another's business affairs without a written contract, handler of another's business affairs
**gestor de nuevos productos** – new products manager
**gestor de oficina** – office manager
**gestor de operaciones** – operations manager
**gestor de personal** – personnel manager
**gestor de planta** – plant manager
**gestor de producción** – production manager
**gestor de publicidad** – advertising manager
**gestor de reclamaciones** – claims manager
**gestor de recursos humanos** – human resources manager
**gestor de relaciones con clientes** – client relations manager, customer relations manager
**gestor de servicios** – service manager
**gestor de sistemas** – systems manager
**gestor de sucursal** – branch manager
**gestor de turno** – manager on duty
**gestor de ventas** – sales manager

**gestor de zona** – zone manager
**gestor del producto** – product manager
**gestor del sindicato** – syndicate manager
**gestor departamental** – departmental manager
**gestor ejecutivo** – executive manager
**gestor empresarial** – company manager, enterprise manager
**gestor en funciones** – acting manager
**gestor financiero** – finance manager
**gestor general** – general manager
**gestor intermedio** – middle manager
**gestor judicial** – judicial representative
**gestor mercantil** – commercial manager
**gestor oficioso** – one who acts for another without authority
**gestor presupuestario** – budgeting manager
**gestor propietario** – owner manager
**gestor regional** – regional manager, area manager
**gestor técnico** – technical manager
**gestoría** *f* – office that handles administrative tasks
**ginecocracia** *f* – gynecocracy
**girado** *m* – drawee
**girado** *adj* – drawn
**girador** *m* – drawer, maker
**girante** *m/f* – drawer, maker
**girar** *v* – to draw, to write, to remit, to do business
**girar a cargo de** – to draw against
**girar dinero** – to withdraw cash
**girar en descubierto** – to overdraw
**girar un cheque** – to draw a check, to write a check, to draw a cheque, to write a cheque
**giro** *m* – draft, money order, turnover, line of business, turn
**giro a la vista** – sight draft
**giro a plazo** – time draft
**giro aceptado** – accepted draft
**giro bancario** – bank giro, bank money order, bank draft
**giro comercial** – commercial draft
**giro de cortesía** – accommodation paper
**giro de favor** – accommodation paper
**giro de inventario** – inventory turnover
**giro de inversiones** – investment turnover
**giro de mercancías** – merchandise turnover
**giro documentario** – documentary draft
**giro en descubierto** – overdraft
**giro laboral** – labor turnover, labour turnover
**giro postal** – money order
**giro simple** – clean draft
**giro telegráfico** – wire transfer
**global** *adj* – global, blanket, comprehensive
**globalización** *f* – globalization
**globalización de la economía mundial** – globalization of the world economy
**globalizado** *adj* – globalized
**globalizar** *v* – to globalize
**glocalización** *f* – glocalization
**glosa** *f* – gloss
**glosador** *m* – glossator, legal commentator
**glosar** *v* – to gloss
**gnoseología jurídica** – jurisprudence
**gobernación** *f* – government, governor's office, governor's jurisdiction, management
**gobernador** *m* – governor
**gobernante** *m/f* – governor
**gobernante** *adj* – governing
**gobernantes** *m* – governing body
**gobernar** *v* – to govern, to manage
**gobierno** *m* – government, direction
**gobierno a empresas** – government-to-business
**gobierno a gobierno** – government-to-government
**gobierno abierto** – open government
**gobierno central** – central government
**gobierno centralizado** – centralized government
**gobierno de derecho** – de jure government
**gobierno de facto** – de facto government
**gobierno de hecho** – de facto government
**gobierno de jure** – de jure government
**gobierno descentralizado** – decentralized government
**gobierno electrónico** – electronic government, e-government
**gobierno en funciones** – interim government
**gobierno estable** – stable government
**gobierno estatal** – state government
**gobierno federal** – federal government
**gobierno general** – general government
**gobierno inestable** – unstable government
**gobierno local** – local government
**gobierno mixto** – mixed government
**gobierno municipal** – municipal government
**gobierno nacional** – national government
**gobierno provisional** – provisional government
**gobierno regional** – regional government
**gobierno responsable** – responsible government
**gobierno títere** – puppet government
**goce** *m* – enjoyment, possession
**golpe** *m* – blow, attempt to overthrow a government through force, coup d'état, coup
**golpe de estado** – attempt to overthrow a government through force, coup d'état, coup
**golpear** *v* – to strike
**golpista** *adj* – pro-coup, involved with a coup, related to a coup, in favor of a coup
**golpista** *m/f* – person involved in a coup, person in favor of a coup
**golpiza** *f* – beating
**gozar** *v* – to enjoy, to have possession
**gozar de un derecho** – to have a right
**gozar de un voto** – to have a right to vote
**gozar de una renta** – to receive an income
**gozar intereses** – to draw interest
**grabación** *f* – recording
**grabación digital** – digital recording
**grabadora** *f* – recorder
**gracia** *f* – pardon, grace period, favor, gift, remission
**gracioso** *adj* – gratuitous, liberal
**gradación** *f* – classification, marshalling assets
**grado** *m* – degree, grade, step
**grado de afinidad** – degree of relationship by affinity
**grado de certidumbre** – degree of certainty
**grado de consanguinidad** – degree of relationship by consanguinity
**grado de cuidado** – degree of care
**grado de discapacidad** – degree of disability
**grado de la culpa** – degree of negligence
**grado de monopolio** – degree of monopoly
**grado de negligencia** – degree of negligence
**grado de pena** – degree of punishment

**grado de riesgo** – degree of risk
**graduación** *f* – classification, graduation
**graduación de acreedores** – ordering of creditors' priority
**graduación de créditos** – marshalling assets
**graduación de la pena** – determination of the punishment
**graduado** *adj* – graded, graduated
**gradual** *adj* – gradual
**gradualismo** *m* – gradualism
**gradualista** *adj* – gradualist
**gradualista** *m/f* – gradualist
**gráfico** *m* – graph, chart, graphic
**gráfico circular** – pie chart
**gráfico de barras** – bar graph
**gráficos comerciales** – commercial graphics, business graphics
**grafología** *f* – graphology
**gran almacén** – department store
**gran jurado** – grand jury
**granel, a** – in bulk
**granja industrial** – factory farm
**gratificación** *f* – gratification, bonus, perquisite
**gratificante** *adj* – gratifying, rewarding
**gratis** *adj* – free, gratuitous, gratis
**gratuito** *adj* – free, gratuitous, gratis
**gravable** *adj* – taxable, assessable, liable
**gravado** *adj* – taxed, assessed, encumbered
**gravamen** *m* – encumbrance, lien, tax
**gravamen bancario** – banker's lien
**gravamen cancelado** – satisfied lien
**gravamen convencional** – conventional lien
**gravamen de aduanas** – customs duty
**gravamen de valorización** – special assessment
**gravamen del abogado** – attorney's lien
**gravamen del agente** – agent's lien
**gravamen del arrendador** – landlord's lien
**gravamen del constructor** – mechanic's lien
**gravamen del factor** – factor's lien
**gravamen del timbre** – stamp tax
**gravamen del transportador** – carrier's lien
**gravamen del transportista** – carrier's lien
**gravamen del vendedor** – vendor's lien
**gravamen equitativo** – equitable lien
**gravamen específico** – specific lien
**gravamen estatutario** – statutory lien
**gravamen fiscal** – tax
**gravamen fiscal general** – general tax lien
**gravamen general** – general lien
**gravamen hipotecario** – mortgage
**gravamen involuntario** – involuntary lien
**gravamen judicial** – judicial lien
**gravamen liquidado** – satisfied lien
**gravamen perfeccionado** – perfected lien
**gravamen perpetuo** – perpetual lien
**gravamen por fallo** – judgment lien
**gravamen por fallo judicial** – judgment lien
**gravamen previo** – prior lien
**gravamen subyacente** – underlying lien
**gravamen sucesorio** – inheritance tax, estate tax
**gravamen voluntario** – voluntary lien
**gravámenes concurrentes** – concurrent liens
**gravar** *v* – to tax, to levy, to encumber, to assess, to pledge
**gravar con impuestos** – to burden with taxes
**grave** *adj* – serious, grave
**gravedad de las penas** – seriousness of the punishment
**gravoso** *adj* – onerous, expensive
**gremial** *adj* – pertaining to labor unions, pertaining to labour unions, pertaining to guilds
**gremializar** *v* – to unionize
**gremio** *m* – union, labor union, labour union, trade union, guild
**gremio abierto** – open union
**gremio afiliado** – affiliated union
**gremio cerrado** – closed union
**gremio de empleados** – employees' union
**gremio de industria** – industrial union
**gremio de trabajadores** – workers' union
**gremio estatal** – state union
**gremio independiente** – independent union
**gremio industrial** – industrial union
**gremio internacional** – international union
**gremio laboral** – labor union, labour union
**gremio local** – local union
**gremio nacional** – national union
**gremio no afiliado** – unaffiliated union
**gremio obrero** – trade union, labor union, labour union
**grilletes** *m* – shackles
**groseramente** *adj* – grossly, coarsely
**groupware** *m* – groupware
**gruesa, a la** – bottomry
**grupo** *m* – group, unit
**grupo afiliado** – affiliated group
**grupo asesor** – advisory group
**grupo bancario** – banking group
**grupo consultor** – consultant group
**grupo controlado** – controlled group
**grupo corporativo** – corporate group
**grupo creativo** – creative group
**grupo de acción** – action group
**grupo de asociación** – association group
**grupo de auditoría** – audit group
**grupo de bancos** – banking group
**grupo de cabilderos** – lobby
**grupo de compañías** – group of companies
**grupo de compras** – purchasing group
**grupo de consumidores** – consumer group
**grupo de control** – control group
**grupo de cuentas** – account group, group of accounts
**grupo de dirección** – management group
**grupo de edades** – age group
**grupo de empresas** – group of enterprises, group of companies
**grupo de fondos** – fund group
**grupo de ingresos** – income group, income bracket
**grupos de intereses** – special interest groups
**grupo de los 5** – group of 5
**grupo de los 7** – group of 7
**grupo de los 8** – group of 8
**grupo de los 10** – group of 10
**grupo de los cinco** – group of five
**grupo de los diez** – group of ten
**grupo de los ocho** – group of eight
**grupo de los siete** – group of seven
**grupo de presión** – pressure group, lobby

**grupo de riesgo** – risk group
**grupo de trabajo** – workgroup
**grupo de ventas** – selling group
**grupo económico** – conglomerate, economic group
**grupo equilibrado** – balanced group
**grupo estándar** – standard group
**grupo ficticio** – fictitious group
**grupo industrial** – conglomerate, industrial group
**grupo manipulado** – manipulated group
**grupo mínimo** – minimum group
**grupo objeto** – target group
**grupo paritario** – peer group
**grupo socioeconómico** – socioeconomic group
**guarda** *f* – guardianship, guardian, custodianship, custodian, observance
**guardacostas** *m* – coast guard
**guardador** *m* – guardian, observer
**guardaespaldas** *m/f* – bodyguard
**guardar** *v* – to comply with, to serve as a guardian, to care for, to conserve
**guardar decisión** – to reserve decision
**guardia** *f* – guard, custody, protection, police force
**guardián** *m* – guardian, custodian, police officer
**guarecer** *v* – to shelter, to hide
**gubernamental** *adj* – governmental
**gubernativo** *adj* – governmental
**guerra** *f* – war
**guerra arancelaria** – tariff war
**guerra bacteriológica** – biological warfare
**guerra civil** – civil war
**guerra comercial** – trade war
**guerra de clases** – class war
**guerra de precios** – price war
**guerra de tarifas** – tariff war
**guerra de tasas** – rate war
**guerra de tipos** – rate war
**guerra económica** – economic war
**guerra fría** – cold war
**guerrilla** *f* – guerrilla, band of guerrillas
**guerrillero** *m* – guerrilla
**guía** *f* – guide, customs permit, directory, waybill
**guía** *m/f* – guide, adviser
**guía administrativa** – management guide
**guía aérea** – air bill of lading, air waybill, airbill
**guía de carga** – waybill
**guía de carga aérea** – air bill of lading, air waybill, airbill
**guía de depósito** – warehouse receipt
**guía de embarque** – ship's bill of lading, bill of lading
**guía de exportación** – export guide
**guía de importación** – import guide
**guía de servicios** – service guide
**guía de transporte** – waybill
**guiar** *v* – to guide, to drive, to advise
**guiar sin licencia** – to drive without a license
**guiar un pleito** – to conduct a lawsuit
**guindar** *v* – to hang

# H

**habeas corpus** – habeas corpus
**habeas corpus ad subjiciendum** – habeas corpus ad subjiciendum
**haber** *m* – property, credit, credit side, estate, salary
**haber** *v* – to possess
**haber conyugal** – community property
**haber hereditario** – decedent's estate
**haber jubilatorio** – pension
**haber lugar** – to lie, to be admissible
**haber social** – corporate capital, partnership's assets
**haberes** *m* – property, assets, wages
**habiente** *adj* – possessing
**hábil** *adj* – competent, skillful
**habilidad** *f* – ability, skill
**habilidad aparente** – apparent ability
**habilidad evidente** – evident ability
**habilidad manifiesta** – manifest ability
**habilidades administrativas** – management skills
**habilidades interpersonales** – interpersonal skills
**habilitación** *f* – authorization, qualification, training, profit sharing
**habilitación de edad** – partial emancipation
**habilitación para comparecer en juicio** – authorization to be legally competent
**habilitado** *m* – official who handles money, employee sharing in the profits, representative
**habilitado** *adj* – enabled, authorized, trained, legally competent
**habilitar** *v* – to habilitate, to authorize, to enable, to emancipate, to train, to validate, to equip, to share in the profits
**habilitar los libros** – to affix the required revenue stamps to the books
**habitabilidad** *f* – habitability
**habitable** *adj* – habitable
**habitación** *f* – habitation
**habitante** *m* – inhabitant
**habitar** *v* – to inhabit
**habituación** *f* – habituation
**habitualidad penal** – habitual criminality
**habitualmente** *adv* – habitually
**hablar de negocios** – talk business
**hacedero** *adj* – feasible, practicable
**hacendado** *m* – landowner
**hacendístico** *adj* – fiscal
**hacer** *v* – to do, to make, to provide
**hacer acto de presencia** – to attend
**hacer balance** – to balance
**hacer bancarrota** – to go into bankruptcy
**hacer capaz** – to qualify, to enable
**hacer cesión** – to assign
**hacer constar** – to put on record, to demonstrate
**hacer contrabando** – to smuggle

**hacer cumplir** – to enforce
**hacer diligencia** – to take measures
**hacer dinero** – to make money, to earn money
**hacer efectivo** – to cash, to collect
**hacer empeño** – to pawn
**hacer fe** – to certify
**hacer hincapié** – to emphasize
**hacer ilegal** – to make illegal
**hacer imposible** – to make impossible
**hacer inevitable** – to make inevitable
**hacer juramento** – to take an oath
**hacer la guerra** – to make war
**hacer las partes** – to distribute
**hacer lugar** – to approve, to justify
**hacer mejoras** – to make improvements
**hacer negocios** – to do business
**hacer notificar** – to notify
**hacer pago** – to pay
**hacer partes** – to divide
**hacer posible** – to make possible
**hacer presente** – to attend
**hacer protestar** – to protest
**hacer quiebra** – to go into bankruptcy
**hacer responsable** – to hold responsible
**hacer saber** – to notify, to make known
**hacer trance** – to seize legally
**hacer un empréstito** – to make a loan
**hacer un préstamo** – to make a loan
**hacer una comparación** – to make a comparison
**hacer una compra** – to make a purchase
**hacer una confesión** – to make a confession
**hacer una declaración** – to make a statement
**hacer una distinción** – to make a distinction
**hacer una excepción** – to make an exception
**hacer una oferta** – to make an offer, to make a bid
**hacer una promesa** – to make a promise
**hacer una transferencia** – to make a transfer
**hacer una venta** – to make a sale
**hacer uso de la palabra** – to take the floor
**hacer valer** – to enforce, to put into effect
**hacerse garante de** – to become surety for
**hacienda** *f* – treasury, finance, estate, property, rural property, livestock, hacienda
**Hacienda** *f* – Internal Revenue Service, Inland Revenue, Inland Revenue Office, Exchequer
**hacienda de ganado** – cattle farm
**hacienda particular** – private property
**Hacienda Pública** – treasury, Government Finance, public revenues, public funds, public assets
**hacienda social** – corporate property, partnership's property
**hágase saber** – let it be known
**hallador** *m* – finder
**hallar** *v* – to find
**hallar culpable** – to find guilty
**hallazgo** *m* – finding
**hampa** *f* – underworld, gangland
**hampón** *m* – gangster, criminal
**hasta nuevo aviso** – until further notice
**hectárea** *f* – hectare
**hecho** *m* – fact, deed, act, event
**hecho** *adj* – done, made
**hecho ajeno** – act of another
**hecho contrario a la ley** – illegal act
**hecho de guerra** – act of war
**hecho de los animales** – act of an animal
**hecho esencial** – essential fact
**hecho fabricado** – fabricated fact
**hecho falso** – false fact
**hecho fortuito** – fortuitous event
**hecho hipotético** – hypothetical fact
**hecho ilícitamente** – illicitly done
**hecho imponible** – taxable event
**hecho imposible** – impossible act
**hecho incontrovertible** – incontrovertible fact
**hecho indispensable** – indispensable fact
**hecho influyente** – material fact
**hecho jurídico** – juristic act
**hecho material** – material fact
**hecho no esencial** – unessential fact
**hecho notorio** – notorious act
**hecho nuevo** – new fact
**hecho operante** – principal fact
**hecho pertinente** – pertinent fact
**hecho principal** – principal fact
**hecho probado** – proved fact
**hecho saber** – made known
**hecho simulado** – simulated fact
**hecho tangible** – physical fact
**hechos administrativos** – administrative acts
**hechos colaterales** – collateral facts
**hechos encontrados** – findings
**hechos esenciales** – essential facts
**hechos inmateriales** – immaterial facts
**hechos justificativos** – justifying facts
**hechos litigiosos** – facts in issue
**hechos ocultos** – concealed facts
**hechos presuntos** – assumed facts
**hechos probados** – proven facts
**hechos procesales** – procedural acts, juristic acts
**hechos sobrevenidos** – events occurring once the litigation is commenced
**hegemonía** *f* – hegemony
**heredad** *f* – estate, plot, property, rural property
**heredad ajena** – rural property belonging to another
**heredad cerrada** – enclosed property
**heredad dominante** – dominant tenement
**heredad materna** – maternal estate
**heredad paterna** – paternal estate
**heredad sirviente** – servient tenement
**heredado** *m* – heir, property owner
**heredado** *adj* – inherited, owning property
**heredamiento** *m* – tenement, bequest
**heredar** *v* – to inherit
**heredero** *m* – heir, legatee, owner of rural property
**heredero ab intestato** – legal heir
**heredero absoluto** – heir unconditional
**heredero adoptivo** – heir by adoption
**heredero anómalo** – irregular heir
**heredero aparente** – apparent heir
**heredero beneficiario** – heir beneficiary
**heredero colateral** – heir collateral
**heredero condicional** – conditional heir
**heredero convencional** – heir conventional
**heredero del remanente** – residuary legatee
**heredero en expectativa** – heir expectant
**heredero en línea recta** – lineal heir
**heredero fideicomisario** – fidei-commissary heir

**heredero fiduciario** – fiduciary heir
**heredero forzado** – forced heir
**heredero forzoso** – forced heir
**heredero incierto** – heir uncertain
**heredero instituido** – heir testamentary
**heredero irregular** – irregular heir
**heredero legal** – legal heir
**heredero legitimario** – legal heir
**heredero legítimo** – legal heir
**heredero libre** – heir unconditional
**heredero necesario** – forced heir
**heredero particular** – legatee
**heredero por consanguinidad** – heir of the blood
**heredero por estirpe** – heir per stripes
**heredero póstumo** – posthumous heir
**heredero presunto** – heir presumptive
**heredero preterido** – legal heir removed from a will
**heredero puro y simple** – heir who does not take the benefit of inventory
**heredero putativo** – apparent heir
**heredero substituto** – substitute heir
**heredero testamentario** – heir testamentary
**heredero único** – sole heir
**heredero universal** – universal heir
**heredero voluntario** – heir testamentary
**herederos legítimos** – licit heirs
**herederos y cesionarios** – heirs and assigns
**hereditable** *adj* – inheritable
**hereditario** *adj* – hereditary
**herencia** *f* – inheritance, estate, hereditaments, legacy
**herencia conjunta** – parcenary
**herencia futura** – future estate
**herencia vacante** – unclaimed inheritance, inheritance without heirs
**herencia yacente** – inheritance which has not been taken over by the heirs
**herida** *f* – wound, injury
**herido** *m* – wounded person, injured person
**herido** *adj* – wounded, injured
**herir** *v* – to wound, to injure, to strike
**hermana política** – sister-in-law
**hermanastra** *f* – stepsister
**hermanastro** *m* – stepbrother
**hermano político** – brother-in-law
**hermenéutica legal** – legal hermeneutics, legal interpretation
**heterogéneo** *adj* – heterogeneous
**heurística** *f* – heuristics
**heurístico** *adj* – heuristic
**higiene industrial** – industrial hygiene
**higiene pública** – public hygiene
**higiénico** *adj* – hygienic
**hija política** – daughter-in-law
**hijastra** *f* – stepdaughter
**hijastro** *m* – stepson
**hijo abandonado** – abandoned child, abandoned son
**hijo adoptivo** – adopted child, adopted son
**hijo de crianza** – adopted child, adopted son
**hijo de la cuna** – foundling
**hijo dependiente** – dependent child
**hijo emancipado** – emancipated child, emancipated son
**hijo ilegítimo** – illegitimate child, illegitimate son
**hijo legitimado** – legitimated child, legitimated son
**hijo político** – son-in-law
**hijo póstumo** – posthumous child, posthumous son
**hijuela** *f* – portion of an estate, inventory of the portion due to each heir
**hijuelar** *v* – to divide an estate
**hiperinflación** *f* – hyperinflation
**hipoteca** *f* – mortgage, hypothecation
**hipoteca a corto plazo** – short-term mortgage
**hipoteca a la vista** – demand mortgage
**hipoteca a largo plazo** – long-term mortgage
**hipoteca abierta** – open mortgage
**hipoteca ajustable** – adjustable mortgage
**hipoteca alternativa** – alternative mortgage
**hipoteca amortizada** – amortized mortgage
**hipoteca ampliable** – open mortgage
**hipoteca asegurada** – insured mortgage
**hipoteca asumible** – assumable mortgage
**hipoteca bisemanal** – biweekly mortgage
**hipoteca cerrada** – closed-end mortgage, closed mortgage
**hipoteca colectiva** – blanket mortgage
**hipoteca comercial** – commercial mortgage
**hipoteca conforme** – conforming mortgage
**hipoteca convencional** – conventional mortgage
**hipoteca convertible** – convertible mortgage
**hipoteca de ajuste** – adjustment mortgage
**hipoteca de anualidad invertida** – reverse annuity mortgage
**hipoteca de bienes muebles** – chattel mortgage
**hipoteca de construcción** – construction mortgage
**hipoteca de hogar** – home mortgage
**hipoteca de inquilinato** – leasehold mortgage
**hipoteca de interés fijo** – fixed-rate mortgage
**hipoteca de pagos constantes** – constant-payment mortgage
**hipoteca de pagos fijos** – fixed-payment mortgage
**hipoteca de pagos flexibles** – flexible-payment mortgage
**hipoteca de pagos parejos** – level-payment mortgage
**hipoteca de pagos progresivos** – graduated-payment mortgage
**hipoteca de participación** – participation mortgage
**hipoteca de tasa ajustable** – adjustable-rate mortgage
**hipoteca de tasa constante** – constant-rate mortgage
**hipoteca de tasa flexible** – flexible-rate mortgage
**hipoteca de tasa flotante** – floating-rate mortgage
**hipoteca de tasa fluctuante** – fluctuating rate mortgage
**hipoteca de tasa renegociable** – renegotiable-rate mortgage
**hipoteca de tasa variable** – variable-rate mortgage
**hipoteca de tipo ajustable** – adjustable-rate mortgage
**hipoteca de tipo constante** – constant rate mortgage
**hipoteca de tipo flexible** – flexible-rate mortgage
**hipoteca de tipo flotante** – floating-rate mortgage
**hipoteca de tipo fluctuante** – fluctuating rate mortgage
**hipoteca de tipo renegociable** – renegotiable-rate mortgage
**hipoteca de tipo variable** – variable-rate mortgage
**hipoteca de treinta años** – thirty-year mortgage
**hipoteca en primer grado** – first mortgage
**hipoteca en primer lugar** – first mortgage
**hipoteca en segundo grado** – second mortgage

**hipoteca especial** – special mortgage
**hipoteca fija** – closed-end mortgage
**hipoteca flexible** – flexible mortgage
**hipoteca garantizada** – guaranteed mortgage
**hipoteca general** – general mortgage
**hipoteca ilimitada** – unlimited mortgage
**hipoteca indeterminada** – open-end mortgage
**hipoteca inscrita** – recorded mortgage
**hipoteca inversa** – reverse mortgage
**hipoteca legal** – legal mortgage
**hipoteca marítima** – maritime mortgage
**hipoteca mercantil** – commercial mortgage
**hipoteca naval** – ship mortgage
**hipoteca no amortizada** – unamortized mortgage
**hipoteca no asegurada** – uninsured mortgage
**hipoteca permanente** – permanent mortgage
**hipoteca por operación de ley** – inferred mortgage
**hipoteca posterior** – junior mortgage, second mortgage
**hipoteca preaprobada** – pre-approved mortgage
**hipoteca precedente** – prior mortgage, first mortgage
**hipoteca prendaria** – chattel mortgage
**hipoteca principal** – first mortgage
**hipoteca residencial** – residential mortgage
**hipoteca secundaria** – junior mortgage, second mortgage
**hipoteca subordinada** – subordinated mortgage
**hipoteca subsidiada** – subsidized mortgage
**hipoteca subvencionada** – subsidized mortgage
**hipoteca superior** – prior mortgage, first mortgage
**hipoteca tácita** – legal mortgage
**hipoteca voluntaria** – conventional mortgage
**hipotecable** *adj* – mortgageable
**hipotecado** *adj* – mortgaged
**hipotecado legalmente** – legally mortgaged
**hipotecado lícitamente** – licitly mortgaged
**hipotecante** *m/f* – mortgagor
**hipotecar** *v* – to mortgage, to jeopardize
**hipotecario** *m* – mortgagee
**hipotecario** *adj* – pertaining to mortgages
**hipotecas consolidadas** – consolidated mortgages
**hipotecas no consolidadas** – unconsolidated mortgages
**hipótesis** *f* – hypothesis
**hipotético** *adj* – hypothetical
**histograma** *m* – histogram, bar chart
**historial** *m* – history, record
**historia crediticia** – credit history
**historia criminal** – criminal record, criminal history
**historia de crédito** – credit history
**historia de cuenta** – account history
**historia de empleo** – employment history, employment record
**historia financiera** – financial history
**historial crediticio** – credit history
**historial criminal** – criminal record, criminal history
**historial de arrestos** – arrest record
**historial de crédito** – credit history
**historial de cuenta** – account history
**historial de empleo** – employment history, employment record
**historial de inversiones** – investment history
**historial de posesión** – chain of possession
**historial financiero** – financial history
**historial médico** – medical history
**historial personal** – personal history
**hito** *m* – landmark, milestone
**Hnos (hermanos)** – Bros, Brothers
**hogar** *m* – home, homestead
**hoja** *f* – leaf, page
**hoja de asistencia** – time sheet
**hoja de balance** – balance sheet
**hoja de cálculo** – spreadsheet
**hoja de confirmación** – confirmation slip
**hoja de costes** – cost sheet
**hoja de costos** – cost sheet
**hoja de crédito** – credit slip
**hoja de delincuencia** – criminal record
**hoja de depósito** – deposit slip
**hoja de embarque** – consignment note
**hoja de gastos** – expense sheet
**hoja de orden** – order sheet, order form
**hoja de paga** – pay slip, pay sheet
**hoja de pedido** – order sheet, order form
**hoja de ruta** – waybill
**hoja de solicitud** – application form
**hoja de trabajo** – worksheet
**hoja electrónica** – spreadsheet, electronic sheet
**hoja electrónica de cálculo** – spreadsheet
**hoja sellada** – stamped sheet
**hoja timbrada** – stamped sheet
**holding** *m* – holding company
**hológrafo** *m* – holograph
**hombre bueno** – arbitrator, citizen in good standing
**hombre de paja** – person of straw
**homicida** *m/f* – murderer, killer
**homicida** *adj* – homicidal
**homicidio** *m* – homicide, murder
**homicidio accidental** – accidental homicide, involuntary manslaughter, accidental killing
**homicidio calificado** – aggravated homicide
**homicidio casual** – involuntary manslaughter, accidental killing
**homicidio cualificado** – aggravated homicide
**homicidio culpable** – felonious homicide, manslaughter
**homicidio culposo** – felonious homicide, manslaughter
**homicidio doloso** – murder
**homicidio frustrado** – attempted murder
**homicidio imperfecto** – attempted murder
**homicidio impremeditado** – manslaughter, second degree murder
**homicidio inculpable** – justifiable homicide
**homicidio intencional** – intentional homicide
**homicidio intentado** – attempted murder
**homicidio involuntario** – involuntary manslaughter, accidental killing
**homicidio justificado** – justifiable homicide
**homicidio necesario** – homicide by necessity
**homicidio negligente** – negligent homicide, manslaughter
**homicidio piadoso** – euthanasia
**homicidio por culpa** – felonious homicide
**homicidio por necesidad** – homicide by necessity
**homicidio por negligencia** – negligent homicide
**homicidio premeditado** – premeditated murder, first degree murder

**homicidio preterintencional** – manslaughter
**homicidio sin premeditación** – manslaughter, second degree murder
**homicidio vehicular** – vehicular homicide
**homogéneo** *adj* – homogeneous
**homologación** *f* – homologation
**homologar** *v* – to homologate
**honestamente** *adv* – honestly
**honestidad** *f* – honesty, decency
**honesto** *adj* – honest, decent
**honor** *m* – honor
**honorabilidad** *f* – good repute, honesty
**honorable** *adj* – honorable
**honorario** *m* – honorarium, fee
**honorario condicional** – contingent fee
**honorario de agencia** – agency fee
**honorario de agente** – agent's fee
**honorario definido** – fixed fee
**honorario fijo** – fixed fee
**honorarios** *m* – fees, honorariums
**honorarios compartidos** – shared fees
**honorarios consulares** – consular fees
**honorarios contingentes** – contingent fees
**honorarios de abogado** – attorney's fees
**honorarios de los directores** – directors' fees, directors' honorariums
**honorarios profesionales** – professional fees
**honra** *f* – honor
**honradez** *f* – honesty, integrity, decency
**honrado** *adj* – honest, reputable, decent
**honrar** *v* – to honor, to meet, to pay
**hora de apertura** – opening time
**hora de cierre** – closing time
**hora de expiración** – expiration time
**hora de salida** – departure time
**hora fijada** – set time
**hora final** – final time, final hour
**hora-hombre** *f* – man-hour
**hora local** – local time
**horario** *m* – schedule, timetable
**horario bancario** – banking hours
**horario compartido** – shared schedule, shared hours
**horario de apertura** – opening hours, business hours
**horario de atención** – business hours, opening hours
**horario de entrega** – delivery time
**horario de oficina** – office hours, business hours
**horario de recogida** – pickup time
**horario de trabajo** – work schedule, working hours
**horario de verano** – daylight saving time
**horario del mercado** – market hours
**horario flexible** – flexitime, flexible hours
**horario laboral** – work schedule, working hours
**horario regular** – regular hours, regular schedule
**horas bancarias** – banking hours
**horas comerciales** – commercial hours
**horas de atención al público** – opening hours, business hours
**horas de cierre** – closing hours
**horas de comercio** – business hours
**horas de oficina** – office hours, business hours
**horas de trabajo** – working hours, business hours
**horas de transacciones** – trading hours
**horas extraordinarias** – overtime
**horas extras** – overtime
**horas hábiles** – working hours
**horas laborables** – working hours
**horas pico** – peak hours
**horas punta** – peak hours
**horca** *f* – gallows
**horrorizar** *v* – to horrify
**horticultura** *f* – horticulture
**hospital privado** – private hospital
**hospital público** – public hospital
**hospitalización** *f* – hospitalization
**hospitalizar** *v* – to hospitalize
**hostigador** *adj* – harassing
**hostigador** *m* – harasser
**hostigamiento** *m* – harassment
**hostigamiento sexual** – sexual harassment
**hostigar** *v* – to harass
**hostil** *adj* – hostile
**hostilidad** *f* – hostility
**hostilidades** *f* – hostilities
**huelga** *f* – strike
**huelga autorizada** – authorized strike
**huelga de brazos caídos** – sit-down strike, go-slow
**huelga de brazos cruzados** – sit-down strike, go-slow
**huelga de celo** – work-to-rule, work-to-rule strike
**huelga de hambre** – hunger strike
**huelga de protesta** – protest strike
**huelga de solidaridad** – sympathy strike
**huelga del comprador** – buyer's strike
**huelga directa** – direct strike
**huelga, en** – on strike
**huelga general** – general strike
**huelga ilegal** – illegal strike
**huelga ilícita** – illicit strike
**huelga impropia** – improper strike
**huelga inapropiada** – inappropriate strike
**huelga indefinida** – indefinite strike
**huelga legal** – legal strike
**huelga lícita** – licit strike
**huelga no autorizada** – unauthorized strike
**huelga oficial** – official strike
**huelga organizada** – organized strike
**huelga pasiva** – sit-down strike
**huelga patronal** – lockout
**huelga política** – political strike
**huelga relámpago** – lightning strike
**huelga salvaje** – wildcat strike
**huelga secundaria** – secondary strike
**huelguista** *m/f* – striker
**huella** *f* – footprint
**huella ambiental** – environmental footprint
**huella dactilar** – fingerprint
**huella digital** – fingerprint
**huella ecológica** – eco-footprint, ecological footprint
**huérfano** *m* – orphan
**huésped** *m* – guest
**huida** *f* – escape
**huida de capitales** – capital flight
**huidero** *adj* – fugitive
**huir** *v* – to escape
**humillación de la víctima** – victim's humiliation
**hundimiento del mercado** – market crash
**hurtado** *adj* – stolen, robbed
**hurtador** *m* – thief, robber
**hurtar** *v* – to steal, to rob

**hurtarse** *v* – to abscond
**hurto** *m* – larceny
**hurto agravado** – aggravated larceny
**hurto calificado** – aggravated larceny
**hurto complicado** – compound larceny
**hurto constructivo** – constructive larceny
**hurto cualificado** – aggravated larceny
**hurto implícito** – constructive larceny
**hurto mayor** – grand larceny
**hurto menor** – petty larceny
**hurto mixto** – compound larceny
**hurto sencillo** – simple larceny

# I

**ibídem** *adv* – in the same place
**idear** *v* – to think up, to design, to plan, to conceive
**idem** – the same, idem
**idéntico** *adj* – identical
**identidad** *f* – identity
**identidad contable** – accounting identity
**identidad corporativa** – corporate identity
**identidad cultural** – cultural identity
**identidad de acción** – identity of the cause of action
**identidad de causa** – identity of the cause of action
**identidad de partes** – identity of parties
**identidad de persona** – personal identity
**identidad del imputado** – identity of the accused
**identidad del litigio** – identity of the cause of action
**identidad personal** – personal identity
**identificable** *adj* – identifiable
**identificación** *f* – identification
**identificación bancaria** – bank identification
**identificación de acusados** – identification of the accused
**identificación de bienes** – identification of goods
**identificación de delincuentes** – identification of the offenders
**identificación de riesgos** – risk identification
**identificación del cadáver** – identification of the corpse
**identificación específica** – specific identification
**identificación especificada** – specified identification
**identificación extrajudicial** – extrajudicial identification
**identificación genérica** – generic identification
**identificación por radiofrecuencia** – radio-frequency identification, RFID
**identificación positiva** – positive identification
**identificado** *adj* – identified
**identificador de beneficiario** – beneficiary identifier
**identificador del remitente** – sender identifier, shipper identifier
**identificar** *v* – to identify
**identificar incorrectamente** – to identify incorrectly
**identificar un sospechoso** – to identify a suspect
**ideología** *f* – ideology
**idoneidad** *f* – suitability, competence
**idóneo** *adj* – suitable, competent
**ignorado** *adj* – ignored
**ignorancia** *f* – ignorance
**ignorancia culpable** – culpable ignorance
**ignorancia de derecho** – ignorance of law
**ignorancia de hecho** – ignorance of fact
**ignorancia de la ley** – ignorance of the law
**ignorancia del consumidor** – consumer ignorance
**ignorancia esencial** – essential ignorance
**ignorancia inexcusable** – inexcusable ignorance
**ignorancia involuntaria** – involuntary ignorance
**ignorancia no esencial** – nonessential ignorance
**ignorancia voluntaria** – voluntary ignorance
**ignorante** *adj* – ignorant
**ignorar** *v* – to ignore
**igual ante la ley** – equal before the law
**igual salario por igual trabajo** – equal pay for equal work
**igual protección ante la ley** – equal protection of the law
**iguala** *f* – retainer, fee, contract for services, agreement, settlement
**igualación** *f* – equalization
**igualación contributiva** – tax equalization
**igualación fiscal** – tax equalization
**igualación impositiva** – tax equalization
**igualación tributaria** – tax equalization
**igualar** *v* – to equalize, to adjust, to agree, to settle
**igualdad** *f* – equality
**igualdad ante la ley** – equal protection of the law
**igualdad de condiciones** – equal conditions
**igualdad de oportunidades** – equal opportunity
**igualdad de oportunidades de empleo** – equal employment opportunity
**igualdad de oportunidades en el empleo** – equal employment opportunity
**igualdad de protección** – equal protection
**igualdad de salario** – equal pay for equal work
**igualdad frente a la ley** – equal protection of the law
**igualdad salarial** – equal pay for equal work
**igualitario** *adj* – egalitarian
**igualitario** *m* – egalitarian
**igualitarismo** *m* – egalitarianism
**igualmente** *adv* – equally
**ilegal** *adj* – illegal
**ilegal de por sí** – illegal per se
**ilegalidad** *f* – illegality
**ilegalizar** *v* – to make illegal, to outlaw
**ilegalmente** *adv* – illegally, unlawfully
**ilegalmente adoptado** – unlawfully adopted
**ilegalmente constituido** – unlawfully constituted
**ilegalmente establecido** – unlawfully established
**ilegalmente incorporado** – unlawfully incorporated
**ilegislable** *adj* – that which cannot be legislated
**ilegitimar** *v* – to make illegitimate, to make illegal
**ilegitimidad** *f* – illegitimacy, illegality
**ilegítimo** *adj* – illegitimate, illegal
**ileso** *adj* – unharmed
**ilícito** *adj* – illicit
**ilícito civil** – tort
**ilícito de por sí** – illicit per se
**ilicitud** *f* – illicitness

**ilimitado** *adj* – unlimited
**iliquidez** *f* – illiquidity
**ilíquido** *adj* – illiquid, unliquidated
**ilógico** *adj* – illogical
**ilusión** *f* – illusion
**ilusión del dinero** – money illusion
**ilusión monetaria** – monetary illusion
**ilusorio** *adj* – illusory
**ilustrativo** *adj* – illustrative
**imagen** *f* – appearance, image
**imagen corporativa** – corporate image
**imagen de marca** – brand image
**imagen del producto** – product image
**imagen fiel** – true representation
**imagen global** – global image
**imagen mental** – mental image
**imbele** *adj* – defenseless
**imitación** *f* – imitation
**imitación de marca** – imitation of a trademark
**imitación de nombre comercial** – imitation of a trade name
**imitado** *adj* – imitated
**imitar** *v* – to imitate
**impacto ambiental** – environmental impact
**impacto contributivo** – tax impact
**impacto ecológico** – ecological impact
**impacto sobre el ambiente** – impact on the environment
**impagable** *adj* – unpayable
**impagado** *adj* – unpaid
**impago** *adj* – unpaid
**imparcial** *adj* – impartial
**imparcialidad** *f* – impartiality
**imparcialmente** *adv* – impartially
**impedido** *m* – disabled person
**impedido** *adj* – disabled
**impedimento** *m* – impediment, estoppel, disability
**impedimento absoluto** – absolute impediment
**impedimento colateral** – collateral estoppel
**impedimento de escritura** – estoppel by deed
**impedimento dirimente** – diriment impediment
**impedimento impediente** – prohibitive impediment
**impedimento judicial** – judicial estoppel
**impedimento legal** – legal impediment
**impedimento para el matrimonio** – impediment to marriage
**impedimento por actos propios** – estoppel
**impedimento por aquiescencia** – estoppel by acquiescence
**impedimento por escritura** – estoppel by deed
**impedimento por negligencia** – estoppel by negligence
**impedimento relativo** – relative impediment
**impedimento técnico** – legal estoppel
**impedir** *v* – to impede, to estop
**impedir negociaciones** – to impede negotiations
**impeditivo** *adj* – impeding
**impensa** *f* – expense
**imperativo** *adj* – imperative
**imperativo legal** – legal requirement
**imperdonable** *adj* – unpardonable
**imperfecto** *adj* – imperfect
**imperialismo** *m* – imperialism
**imperialista** *adj* – imperialist
**imperialista** *m/f* – imperialist
**impericia** *f* – lack of expertise, inexperience
**imperio** *m* – jurisdiction, imperium, empire
**imperio de comercio** – commerce empire, business empire
**impermutable** *adj* – unchangeable
**impertinencia** *f* – impertinence
**impertinente** *adj* – impertinent, irrelevant
**ímpetu** *m* – impulse, impetus
**ímpetu de ira** – heat of passion
**impignorable** *adj* – that which cannot be pledged
**implantar** *v* – to implant, to impose, to install, to introduce
**implementación** *f* – implementation
**implementado** *adj* – implemented
**implementar** *v* – to implement
**implicación** *f* – implication
**implicación de los empleados** – employee participation
**implicar** *v* – to implicate, to imply
**implicar un cómplice** – to implicate an accomplice
**implícito** *adj* – implicit
**imponedor** *m* – assessor
**imponente** *m* – depositor, investor
**imponente** *adj* – imposing, obligating
**imponer** *v* – to impose, to tax, to obligate, to levy, to invest, to deposit
**imponer condiciones** – to impose conditions
**imponer contribuciones** – to impose taxes, to levy taxes
**imponer impuestos** – to impose taxes, to levy taxes
**imponer restricciones** – to impose restrictions
**imponer una multa** – to impose a fine
**imponer una penalidad** – to impose a penalty
**imponibilidad** *f* – taxability
**imponible** *adj* – taxable, assessable, dutiable
**importable** *adj* – importable
**importación** *f* – importation, importing, import
**importación clandestina** – clandestine importing
**importación directa** – direct importing
**importación libre de derechos** – duty-free importing, duty-free import
**importación paralela** – parallel importing
**importación temporal** – temporary importing
**importación temporaria** – temporary importation
**importación y exportación** – import-export
**importaciones actuales** – present imports
**importaciones agrícolas** – agricultural imports
**importaciones de capital** – capital imports
**importaciones de petróleo** – oil imports
**importaciones nacionales** – national imports
**importaciones netas** – net imports
**importaciones paralelas** – parallel imports
**importaciones reales** – real imports, actual imports
**importaciones totales** – aggregate imports
**importado** *adj* – imported
**importado ilegalmente** – illegally imported
**importador** *m* – importer
**importador** *adj* – importing
**importadores cooperativos** – cooperative importers
**importancia** *f* – importance
**importancia aparente** – evident importance
**importancia comercial** – business importance
**importancia común** – common importance

**importancia habitual** – habitual importance
**importancia inusual** – unusual importance
**importancia legal** – legal importance
**importancia normal** – normal importance
**importancia obvia** – obvious importance
**importancia usual** – usual importance
**importante** *adj* – important, material
**importar** *v* – to import, to be important, to matter
**importe** *m* – amount, total, price, value
**importe a abonar** – amount payable, amount due
**importe a cobrar** – amount receivable
**importe a pagar** – amount payable, amount due
**importe a riesgo** – amount at risk
**importe acreditado** – amount credited
**importe actual** – present amount
**importe acumulado** – accumulated amount
**importe adeudado** – amount owed, amount due
**importe amortizable** – amortizable amount, depreciable amount
**importe amortizado** – amortized amount, depreciated amount
**importe aplazado** – deferred amount
**importe asegurado** – amount covered, amount insured
**importe base** – base amount
**importe bruto** – gross amount
**importe cargado** – amount charged
**importe cobrado** – amount collected
**importe constante** – constant amount
**importe contribuido** – amount contributed
**importe convenido** – agreed-upon amount
**importe de crédito** – amount of credit
**importe de la factura** – invoice amount
**importe de la pérdida** – amount of loss
**importe de la reclamación** – claim amount
**importe de la subvención** – amount of subsidy
**importe de la transacción** – transaction amount
**importe debido** – amount due
**importe declarado** – stated amount
**importe deducido** – amount deducted
**importe del daño** – amount of damage
**importe del subsidio** – amount of subsidy
**importe depreciado** – depreciated amount
**importe desembolsado** – disbursed amount
**importe determinado** – determined amount
**importe en descubierto** – overdrawn amount
**importe en exceso** – excess amount
**importe en riesgo** – amount at risk
**importe específico** – specific amount
**importe exento** – exempt amount
**importe facturado** – amount invoiced
**importe fijo** – fixed amount
**importe financiado** – amount financed
**importe garantizado** – guaranteed amount
**importe inicial** – initial amount
**importe medio** – average amount
**importe mínimo** – minimum amount
**importe necesario** – necessary amount
**importe neto** – net amount
**importe nominal** – nominal amount
**importe obligado** – obligatory amount
**importe obligatorio** – obligatory amount
**importe pagadero** – amount to be paid, amount payable
**importe pagado** – amount paid
**importe pagado en exceso** – amount overpaid
**importe pendiente** – amount outstanding
**importe perdido** – amount lost
**importe predeterminado** – predetermined amount
**importe promedio** – average amount
**importe real** – actual amount
**importe realizado** – amount realized
**importe regular** – regular amount
**importe requerido** – required amount
**importe residual** – residual amount
**importe retenido** – amount withheld
**importe transferido** – transferred amount
**importe variable** – variable amount
**importe vencido** – amount overdue
**importunar** *v* – to harass, to demand payment
**imposibilidad** *f* – impossibility, disability
**imposibilidad de pago** – impossibility of payment
**imposibilidad física** – physical impossibility
**imposibilidad legal** – legal impossibility
**imposibilidad material** – physical impossibility
**imposibilidad moral** – relative impossibility
**imposibilidad práctica** – practical impossibility
**imposibilidad relativa** – relative impossibility
**imposibilitado** *adj* – disabled
**imposibilitar** *v* – to make impossible, to prohibit, to disable
**imposible de alterar** – impossible to alter
**imposible legalmente** – legally impossible
**imposible lícitamente** – licitly impossible
**imposición** *f* – taxation, assessment, imposition, deposit
**imposición a la renta** – income tax
**imposición arbitraria** – arbitrary taxation
**imposición clasificada** – classified taxation
**imposición comercial** – business taxation, commercial taxation
**imposición corporativa** – corporate taxation
**imposición de impuestos** – taxation, assessment of taxes
**imposición de permuta** – barter taxation
**imposición del comercio** – business taxation, commercial taxation
**imposición del comercio electrónico** – e-commerce taxation, e-business taxation
**imposición directa** – direct taxation
**imposición discriminatoria** – discriminatory taxation
**imposición empresarial** – business taxation
**imposición excesiva** – excessive taxation
**imposición federal** – federal taxation
**imposición fiscal** – taxation, national taxation
**imposición indirecta** – indirect taxation
**imposición mercantil** – commercial taxation
**imposición múltiple** – multiple taxation
**imposición progresiva** – progressive taxation
**imposición proporcional** – proportional taxation
**imposición real** – property tax
**imposición regresiva** – regressive taxation
**imposición sobre capital** – capital tax
**impositivas** *f* – taxes
**impositivo** *adj* – pertaining to taxation, tax, fiscal
**impostergable** *adj* – not postponable
**impostor** *m* – impostor, calumniator
**impostura** *f* – imposture, calumny
**impotencia** *f* – impotence, helplessness

**impotencia de la víctima** – victim's helplessness
**impracticabilidad** *f* – impracticability
**impracticable** *adj* – impracticable
**impremeditación** *f* – unpremeditation
**impremeditado** *adj* – unpremeditated
**imprescindible** *adj* – indispensable
**imprescriptibilidad** *f* – imprescriptibility
**imprescriptible** *adj* – imprescriptible
**impresión** *f* – impression, fingerprint
**impresión digital** – fingerprint
**impresiones dactilares** – fingerprints
**impresiones digitales** – fingerprints
**impreso** *adj* – printed
**impreso de solicitud** – application form
**imprevisibilidad** *f* – unforeseeableness
**imprevisible** *adj* – unforeseeable
**imprevisión** *f* – improvidence
**imprevisto** *adj* – unforeseen
**imprevistos** *m* – incidental expenses
**improbable** *adj* – improbable
**improbación** *f* – disapproval
**improbar** *v* – to disapprove
**improbidad** *f* – improbity
**ímprobo** *adj* – dishonest
**improcedencia** *f* – lack of foundation, illegality
**improcedente** *adj* – unfounded, illegal
**improductivo** *adj* – nonproductive, unproductive
**impropio** *adj* – improper, inappropriate
**improrrogable** *adj* – unpostponable, not extendible
**imprudencia** *f* – imprudence, negligence
**imprudencia activa** – active negligence
**imprudencia colateral** – collateral negligence
**imprudencia comparada** – comparative negligence
**imprudencia comparativa** – comparative negligence
**imprudencia concurrente** – contributory negligence, concurrent negligence
**imprudencia conjunta** – joint negligence
**imprudencia contribuyente** – contributory negligence
**imprudencia crasa** – gross negligence
**imprudencia criminal** – criminal negligence
**imprudencia culpable** – culpable negligence
**imprudencia derivada** – imputed negligence
**imprudencia evidente** – legal negligence, evident negligence
**imprudencia excusable** – excusable negligence
**imprudencia grave** – gross negligence
**imprudencia imputada** – imputed negligence
**imprudencia incidental** – collateral negligence
**imprudencia independiente** – independent negligence
**imprudencia inexcusable** – inexcusable negligence
**imprudencia leve** – slight negligence
**imprudencia ordinaria** – ordinary negligence
**imprudencia procesable** – actionable negligence
**imprudencia profesional** – malpractice
**imprudencia simple** – simple negligence
**imprudencia subsecuente** – subsequent negligence
**imprudencia temeraria** – gross negligence
**imprudente** *m/f* – imprudent person, negligent person
**imprudente** *adj* – imprudent, negligent
**impúber** *adj* – below the age of puberty
**impuesto** *adj* – taxed, assessed
**impuesto** *m* – tax, assessment
**impuesto a la exportación** – export tax
**impuesto a la herencia** – inheritance tax
**impuesto a la propiedad** – property tax, real estate tax
**impuesto a la renta** – income tax
**impuesto a las donaciones** – gift tax
**impuesto a las ganancias** – income tax, profits tax
**impuesto a las rentas** – income tax
**impuesto a las sociedades** – corporate tax
**impuesto a las transferencias** – transfer tax
**impuesto a las utilidades** – income tax
**impuesto a las ventas** – sales tax
**impuesto a los bienes inmuebles** – property tax, real estate tax
**impuesto a los capitales** – capital stock tax, capital tax
**impuesto a los ingresos** – income tax
**impuesto a los inmuebles** – property tax, real estate tax
**impuesto a los predios** – property tax, real estate tax
**impuesto a los réditos** – income tax
**impuesto ad valorem** – ad valorem tax
**impuesto adelantado** – advance tax
**impuesto adicional** – surtax, additional tax, additional duty
**impuesto aduanal** – customs duty
**impuesto al capital** – capital stock tax, capital tax
**impuesto al consumidor** – consumer tax
**impuesto al consumo** – consumption tax, excise tax
**impuesto al valor agregado** – value-added tax
**impuesto al valor añadido** – value-added tax
**impuesto ambiental** – environmental tax
**impuesto anticipado** – advance tax
**impuesto antidumping** – antidumping tax, antidumping tariff, antidumping duty
**impuesto arancelario** – customs duty
**impuesto base** – base tax, basic tax
**impuesto básico** – basic tax, base tax
**impuesto compensatorio** – compensatory tax
**impuesto complementario** – complementary tax, surtax
**impuesto compulsorio** – compulsory tax
**impuesto comunitario** – community tax
**impuesto corporativo** – corporate tax
**impuesto de ausentismo** – absentee tax
**impuesto de base amplia** – broad-based tax
**impuesto de capitación** – capitation tax, poll-tax, head tax
**impuesto de circulación** – circulation tax, automobile tax
**impuesto de compensación** – compensation tax
**impuesto de consumo** – excise tax, consumption tax
**impuesto de derechos reales** – tax on real estate transfers
**impuesto de emergencia** – emergency tax
**impuesto de estampillado** – stamp tax
**impuesto de exportación** – export tax
**impuesto de fabricación** – manufacturing tax
**impuesto de herencias** – inheritance tax
**impuesto de igualación** – equalization tax
**impuesto de importación** – import tax
**impuesto de inmuebles** – property tax, real estate tax
**impuesto de internación** – import duty
**impuesto de legado** – inheritance tax
**impuesto de lujo** – luxury tax
**impuesto de manufactura** – manufacturing tax
**impuesto de mejora** – special assessment

**impuesto de mercancía** – commodity tax
**impuesto de no residentes** – nonresident tax
**impuesto de patrimonio** – capital tax
**impuesto de plusvalía** – capital gains tax, added-value tax
**impuesto de privilegio** – franchise tax
**impuesto de productos** – commodity tax
**impuesto de retención** – withholding tax
**impuesto de salida** – departure tax
**impuesto de seguro social** – social security tax
**impuesto de sellos** – stamp tax
**impuesto de sociedades** – corporate tax
**impuesto de soltería** – tax on unmarried persons
**impuesto de sucesión** – inheritance tax
**impuesto de superposición** – surtax
**impuesto de timbres** – stamp tax
**impuesto de tonelaje** – tonnage-duty
**impuesto de transferencia** – transfer tax
**impuesto de valorización** – special assessment
**impuesto debido** – tax due
**impuesto degresivo** – degressive tax
**impuesto devengado** – accrued tax
**impuesto diferido** – deferred tax
**impuesto directo** – direct tax
**impuesto doble** – double taxation
**impuesto ecológico** – eco-tax, ecological tax
**impuesto electoral** – poll-tax
**impuesto en la frontera** – border tax
**impuesto escalonado** – graduated tax, progressive tax
**impuesto especial** – special tax
**impuesto específico** – specific tax
**impuesto estatal** – state tax, government tax
**impuesto estimado** – estimated tax
**impuesto excesivo** – excessive tax
**impuesto extranjero** – foreign tax
**impuesto extraordinario** – surtax
**impuesto federal** – federal tax
**impuesto fijo** – fixed tax, flat tax
**impuesto fiscal** – tax, national tax
**impuesto general** – general tax
**impuesto gubernamental** – government tax
**impuesto hereditario** – inheritance tax
**impuesto hipotecario** – mortgage tax
**impuesto ilegal** – illegal tax
**impuesto impago** – unpaid tax
**impuesto indirecto** – indirect tax, excise tax
**impuesto individual sobre la renta** – individual's income tax
**impuesto industrial** – professional services tax
**impuesto inflacionario** – inflation tax
**impuesto inmobiliario** – property tax, real estate tax
**impuesto innecesario** – unnecessary tax
**impuesto interno** – internal tax
**impuesto local** – local tax
**impuesto máximo** – maximum tax
**impuesto medio** – average tax
**impuesto mínimo** – minimum tax
**impuesto mínimo alternativo** – alternative minimum tax
**impuesto municipal** – municipal tax
**impuesto nacional** – national tax
**impuesto necesario** – necessary tax
**impuesto negativo** – negative tax
**impuesto negativo sobre la renta** – negative income tax
**impuesto no deducible** – nondeductible tax
**impuesto normal** – tax, normal tax
**impuesto oculto** – hidden tax
**impuesto opcional** – optional tax
**impuesto ordinario** – tax
**impuesto pagado** – tax paid
**impuesto para previsión social** – social security tax
**impuesto patrimonial** – capital tax
**impuesto per cápita** – per capita tax, poll tax
**impuesto personal** – personal tax
**impuesto por cabeza** – per capita tax, poll tax
**impuesto por persona** – per capita tax, poll tax
**impuesto portuario** – port charges
**impuesto predial** – property tax, real estate tax
**impuesto profesional** – occupational tax
**impuesto progresivo** – progressive tax
**impuesto proporcional** – proportional tax
**impuesto público** – public tax
**impuesto real** – property tax, real estate tax
**impuesto regresivo** – regressive tax
**impuesto regular** – regular tax
**impuesto represivo** – repressive tax
**impuesto requerido** – required tax
**impuesto retenido** – retained tax
**impuesto revolucionario** – a tribute exacted by certain non-government entities
**impuesto según el valor** – ad valorem tax
**Impuesto Sobre Actividades Económicas** – economic activity tax
**impuesto sobre bienes** – property tax, real estate tax
**impuesto sobre compras** – purchase tax
**impuesto sobre ganancias** – profit tax
**impuesto sobre inmuebles** – property tax, real estate tax
**impuesto sobre plusvalías** – capital gains tax
**impuesto sucesorio** – inheritance tax
**impuesto suntuario** – luxury tax
**impuesto suplementario** – supplemental tax
**impuesto terrestre** – land tax, property tax, real estate tax
**impuesto territorial** – land tax, property tax
**impuesto típico** – typical tax
**impuesto único** – nonrecurrent tax, single tax
**impuestos acumulados** – accrued taxes
**impuestos acumulativos** – cumulative taxes
**impuestos aduaneros** – customs duties
**impuestos atrasados** – back taxes
**impuestos aumentados** – increased taxes
**impuestos calculados** – estimated taxes, calculated taxes
**impuestos cobrados** – collected taxes
**impuestos combinados** – combined taxes
**impuestos comerciales** – business taxes, commercial taxes
**impuestos corporativos** – corporate taxes
**impuestos de aduana** – customs duties
**impuestos de aeropuerto** – airport taxes
**impuestos de la compañía** – company taxes
**impuestos de la corporación** – corporate taxes
**impuestos de la empresa** – enterprise taxes
**impuestos de negocios** – business taxes
**impuestos de rentas internas** – internal revenue taxes
**impuestos del comercio electrónico** – e-commerce

taxes, e-business taxes
**impuestos diferidos** – deferred taxes
**impuestos empresariales** – business taxes, enterprise taxes
**impuestos en mora** – overdue taxes
**impuestos federales** – federal taxes
**impuestos ilegales** – illegal taxes
**impuestos incluidos** – including taxes, inclusive of taxes
**impuestos locales** – local taxes
**impuestos mercantiles** – commercial taxes
**impuestos morosos** – delinquent taxes
**impuestos nacionales** – national taxes
**impuestos prepagados** – prepaid taxes
**impuestos proporcionales** – proportional taxes
**impuestos prorrateados** – prorated taxes
**impuestos retenidos** – withheld taxes
**impuestos sobre automóviles** – car taxes
**impuestos sobre autos** – car taxes
**impuestos sobre carros** – car taxes
**impuestos sobre coches** – car taxes
**impuestos sobre ingresos corporativos** – corporate income tax
**impuestos sobre ingresos federales** – federal income taxes
**impuestos vencidos** – overdue taxes
**impugnable** *adj* – impugnable, impeachable, challengeable
**impugnación** *f* – impugnation, impeachment, challenge
**impugnador** *m* – impugner
**impugnante** *adj* – impugning
**impugnar** *v* – to impugn, to challenge
**impugnar por nulidad** – to make a peremptory exception
**impugnar un testamento** – to contest a will
**impugnativo** *adj* – impugning
**impugnatorio** *adj* – impugning
**impulsar** *v* – to drive
**impulsión** *f* – impulsion
**impulsivo** *adj* – impulsive
**impulso** *m* – impulse
**impulso de ira** – heat of passion
**impulso incontrolable** – uncontrollable impulse
**impulso irresistible** – irresistible impulse
**impulso procesal** – burden to advance the legal proceedings
**impune** *adj* – unpunished
**impunemente** *adv* – without punishment
**impunidad** *f* – impunity
**imputabilidad** *f* – imputability
**imputable** *adj* – imputable, chargeable, allocable
**imputación** *f* – imputation, charge, allocation
**imputación del pago** – debtor's choice of which debt a payment should be credited to
**imputado** *adj* – imputed
**imputador** *m* – accuser
**imputado** *adj* – imputed, charged, allocated
**imputar** *v* – to impute, to charge, to allocate
**in absentia** – in the absence, in absentia
**in articulo mortis** – at the moment of death, in articulo mortis
**in curia** – in court, in curia
**in extremis** – just before the death, in extremis
**in fraganti** – red-handed, in fraganti
**in loco parentis** – in the place of a parent, in loco parentis
**in solidum** – for the whole, in solidum
**in toto** – completely, in toto
**in vita** – in life, in vita
**inabrogable** *adj* – indefeasible
**inacción** *f* – inaction
**inaceptable** *adj* – unacceptable
**inaceptado** *adj* – unaccepted
**inactivo** *adj* – inactive, idle
**inactuable** *adj* – not actionable
**inacumulativo** *adj* – noncumulative
**inadecuado** *adj* – inadequate
**inadmisibilidad** *f* – inadmissibility
**inadmisible** *adj* – inadmissible
**inadmisión** *f* – nonadmission
**inadoptable** *adj* – unadoptable
**inadvertencia** *f* – inadvertence, negligence
**inadvertidamente** *adv* – inadvertently
**inajenable** *adj* – inalienable
**inalienabilidad** *f* – inalienability
**inalienable** *adj* – inalienable
**inamovible** *adj* – unremovable, irremovable
**inamovilidad** *f* – unremovability, irremovability
**inapelabilidad** *f* – unappealableness
**inapelable** *adj* – unappealable
**inaplazable** *adj* – not postponable
**inaplicabilidad** *f* – inapplicability
**inaplicable** *adj* – inapplicable
**inapreciable** *adj* – invaluable, imperceptible
**inasistencia** *f* – absence
**inasistente** *m/f* – absentee
**inasistente** *adj* – absent
**inatacable** *adj* – incontestable
**inatención** *f* – inattention
**inauguración** *f* – inauguration
**incaducable** *adj* – unforfeitable, not voidable
**incapacidad** *f* – incapacity, inability, disability, lack of qualification
**incapacidad a corto plazo** – short-term disability
**incapacidad a largo plazo** – long-term disability
**incapacidad absoluta** – total disability
**incapacidad absoluta permanente** – permanent total disability
**incapacidad absoluta temporal** – temporary total disability
**incapacidad civil** – civil disability
**incapacidad definitiva** – permanent disability
**incapacidad física** – physical disability
**incapacidad jurídica** – legal disability
**incapacidad laboral** – work disability
**incapacidad laboral transitoria** – temporary work disability
**incapacidad legal** – legal disability
**incapacidad mental** – mental disability
**incapacidad no ocupacional** – non-occupational disability
**incapacidad para casarse** – lack of capacity for marriage
**incapacidad para contratar** – lack of capacity to contract
**incapacidad para pagar** – inability to pay
**incapacidad para suceder** – lack of capacity to inherit

**incapacidad para trabajar** – work disability
**incapacidad parcial** – partial disability
**incapacidad parcial permanente** – permanent partial disability
**incapacidad particular** – personal disability
**incapacidad permanente** – permanent disability
**incapacidad permanente total** – permanent total disability
**incapacidad perpetua** – permanent disability
**incapacidad personal** – personal disability
**incapacidad presunta** – presumptive disability
**incapacidad provisional** – temporary disability
**incapacidad recurrente** – recurrent disability
**incapacidad relativa** – partial disability
**incapacidad residual** – residual disability
**incapacidad temporal** – temporary disability
**incapacidad temporaria** – temporary disability
**incapacidad temporaria total** – temporary total disability
**incapacidad total** – total disability
**incapacidad total permanente** – permanent total disability
**incapacidad total temporal** – temporary total disability
**incapacidad transitoria** – transitory disability
**incapacitado** *adj* – incapacitated, disabled, unqualified
**incapacitar** *v* – to incapacitate, to disable
**incapacitarse** *v* – to become disabled
**incapaz** *adj* – incapable, not qualified
**incapaz de mejorar** – unable to improve
**incapaz de obtener ingresos** – unable to earn
**incapaz de pagar** – unable to pay
**incapaz de reconocer** – unable to recognize
**incapaz de remediar** – unable to remedy
**incapaz de ser alterado** – unable to be altered
**incapaz de ser confirmado** – unable to be confirmed
**incapaz de ser corregido** – unable to be corrected
**incapaz de ser demostrado** – unable to be shown
**incapaz de ser investigado** – unable to be investigated
**incapaz de ser visto** – unable to be seen
**incapaz de tolerar** – unable to endure
**incapaz de trabajar** – unable to work
**incautación** *f* – attachment, expropriation, seizure, impoundment, confiscation
**incautación de bienes** – attachment of property, attachment of goods, seizure of property, seizure of goods
**incautamente** *adv* – without caution
**incautar** *v* – to attach, to expropriate, to seize, to impound, to confiscate
**incendiar** *v* – to set fire to
**incendiario** *m* – arsonist
**incendiario** *adj* – incendiary
**incendiarismo** *m* – arson
**incendio** *m* – fire
**incendio doloso** – arson
**incendio intencional** – arson
**incendio malicioso** – arson
**incendio perjudicial** – hostile fire
**incendio premeditado** – arson
**incendio provocado** – arson
**incendio útil** – friendly fire
**incentivación** *f* – incentivation, creation of incentives
**incentivo** *m* – incentive
**incentivo contributivo** – tax incentive
**incentivo de ventas** – sales incentive
**incentivo económico** – economic incentive
**incentivo financiero** – financial incentive
**incentivo fiscal** – tax incentive
**incentivo ilegal** – illegal incentive
**incentivo ilícito** – illicit incentive
**incentivo impositivo** – tax incentive
**incentivo impropio** – improper incentive
**incentivo inapropiado** – inappropriate incentive
**incentivo lícito** – licit incentive
**incentivo no financiero** – non-financial incentive
**incentivo salarial** – wage incentive
**incentivo tributario** – tax incentive
**incentivos de producción** – production incentives
**incentivos para la exportación** – export incentives
**incentivos para la inversión** – investment incentives
**incentivos por bonificaciones** – bonus incentives
**incertidumbre financiera** – financial uncertainty
**incesible** *adj* – inalienable
**incesto** *m* – incest
**incestuoso** *adj* – incestuous
**incidencia** *f* – incidence
**incidencia contributiva** – tax incidence
**incidencia de contribuciones** – tax incidence
**incidencia de impuestos** – tax incidence
**incidencia impositiva** – tax incidence
**incidencia tributaria** – tax incidence
**incidental** *adj* – incidental
**incidentalmente** *adv* – incidentally
**incidente** *m* – incident, event
**incidente** *adj* – incidental
**incidente de nulidad** – motion for dismissal
**incidente de oposición** – exception
**incidente náutico** – nautical incident
**incierto** *adj* – uncertain, untrue
**incineración** *f* – incineration
**incinerar** *v* – to incinerate
**incipiente** *adj* – incipient
**inciso** *m* – paragraph, clause, section
**incitación** *f* – incitation, provocation
**incitación ilegal** – illegal incitation
**incitación ilícita** – illicit incitation
**incitación impropia** – improper incitation
**incitación inapropiada** – inappropriate incitation
**incitación lícita** – licit incitation
**incitado ilegalmente** – illegally incited
**incitado ilícitamente** – illicitly incited
**incitador** *m* – instigator, provoker
**incitamiento** *m* – incitation, provocation
**incitar** *v* – to incite, to provoke
**incluido** *adj* – included, enclosed, attached
**incluir** *v* – to include
**inclusión** *f* – inclusion
**inclusión por referencia** – incorporation by reference
**inclusive** *adj* – inclusive
**inclusivo** *adj* – inclusive
**incluso** *adj* – including
**incoación** *f* – initiation
**incoar** *v* – to initiate, to start
**incoar pleito** – to bring suit
**incobrable** *adj* – uncollectible

**incoercible** *adj* – incoercible
**incógnito** *adj* – incognito
**incoherencia** *f* – incoherence
**incoherente** *adj* – incoherent
**incomerciable** *adj* – unmarketable
**incomparecencia** *f* – nonappearance
**incomparecencia del acusado** – nonappearance of the accused
**incompatibilidad** *f* – incompatibility
**incompatible** *adj* – incompatible
**incompensable** *adj* – unindemnifiable
**incompetencia** *f* – incompetence, lack of jurisdiction
**incompetencia absoluta** – absolute lack of jurisdiction
**incompetente** *adj* – incompetent
**incompleto** *adj* – incomplete
**incomunicación** *f* – isolation, lack of communication
**incomunicado** *adj* – incommunicado
**incomunicar** *v* – to isolate
**inconcluso** *adj* – inconclusive
**inconcluyente** *adj* – inconclusive
**inconcuso** *adj* – incontestable
**incondicionado** *adj* – unconditional
**incondicional** *adj* – unconditional, absolute
**incondicionalmente** *adv* – unconditionally, absolutely
**inconducente** *adj* – useless
**inconductivo** *adj* – irrelevant
**inconexo** *adj* – unrelated
**inconfirmado** *adj* – unconfirmed
**inconforme** *adj* – dissenting
**incongruencia** *f* – incongruence
**incongruente** *adj* – incongruent
**inconmutable** *adj* – incommutable
**inconsciencia** *f* – unawareness, unconsciousness
**inconsciente** *adj* – unaware, unconscious
**inconsecuencia** *f* – inconsequence, inconsistency
**inconsecuente** *adj* – inconsequent, inconsistent
**inconsistente** *adj* – inconsistent
**inconstitucional** *adj* – unconstitutional
**inconstitucionalidad** *f* – unconstitutionality
**incontestabilidad** *f* – incontestability
**incontestable** *adj* – incontestable
**incontestación** *f* – failure to answer
**incontestado** *adj* – unanswered, uncontested
**incontinuo** *adj* – discontinuous
**incontrolable** *adj* – uncontrollable
**incontrovertible** *adj* – incontrovertible
**inconveniencia** *f* – inconvenience
**inconveniente** *adj* – inconvenient, unsuitable
**inconveniente** *m* – inconvenience, drawback, objection
**inconvertible** *adj* – inconvertible
**incorporable** *adj* – that which can be incorporated
**incorporación** *f* – incorporation, joining
**incorporación por referencia** – incorporation by reference, annexation by reference, adoption by reference
**incorporado** *adj* – incorporated, joined, built-in
**incorporado a** – built-in
**incorporado ilegalmente** – illegally incorporated
**incorporado ilícitamente** – illicitly incorporated
**incorporado legalmente** – legally incorporated
**incorporado lícitamente** – licitly incorporated
**incorporal** *adj* – incorporeal
**incorporar** *v* – to incorporate, to join
**incorpóreo** *adj* – incorporeal
**incorrecto** *adj* – incorrect
**incorregibilidad** *f* – incorrigibility
**incorregible** *adj* – incorrigible
**incorrupción** *f* – incorruptness
**incorruptibilidad** *f* – incorruptibility
**incorruptible** *adj* – incorruptible
**incorrupto** *adj* – uncorrupted
**incosteable** *adj* – that which is too expensive
**incremental** *adj* – incremental
**incrementar** *v* – to increase, to increment
**incremento** *m* – increase, increment
**incremento arancelario** – tariff increase
**incremento de capital** – capital increase
**incremento de la productividad** – increase in productivity
**incremento de los costes** – increase in costs
**incremento de los costos** – increase in costs
**incremento de los ingresos** – increase in earnings
**incremento de precio** – price increase
**incremento de reserva** – reserve increase
**incremento de salario** – salary increase, wage increase
**incremento de sueldo** – salary increase, wage increase
**incremento de tarifa** – tariff increase
**incremento de tasa** – rate increase
**incremento de tasa de interés** – interest rate increase
**incremento de tipo** – rate increase
**incremento de tipo de interés** – interest rate increase
**incremento del crédito** – credit increase
**incremento del patrimonio** – increase in wealth, increase in net assets, capital gains
**incremento del rendimiento** – yield increase
**incremento del riesgo** – risk increase
**incremento del valor** – value increase
**incremento general** – general increase
**incremento impositivo** – tax increase
**incremento neto** – net increase
**incremento salarial** – salary increase, wage increase
**incremento tributario** – tax increase
**incriminación** *f* – incrimination
**incriminar** *v* – to incriminate
**inculpabilidad** *f* – innocence
**inculpable** *adj* – innocent
**inculpación** *f* – inculpation, accusation
**inculpado** *m* – accused person, defendant
**inculpar** *v* – to inculpate, to accuse
**inculpatorio** *adj* – inculpatory, accusatory
**incumbencia** *f* – duty, concern
**incumbir a** – to be the duty of
**incumplido** *adj* – unfulfilled
**incumplimiento** *m* – breach, breach of contract, nonfulfillment, noncompliance, default
**incumplimiento con anticipación** – anticipatory breach of contract
**incumplimiento cruzado** – cross default
**incumplimiento de condición** – breach of condition
**incumplimiento de contrato** – breach of contract
**incumplimiento de deberes** – breach of duty
**incumplimiento de garantía** – breach of warranty
**incumplimiento de la palabra** – breach of promise

**incumplimiento de pago** – default of payment
**incumplimiento de pago de prima** – premium default
**incumplimiento de promesa matrimonial** – breach of promise of marriage
**incumplimiento de representación** – breach of representation
**incumplimiento del deber** – breach of duty
**incumplimiento en el pago de contribuciones** – failure to pay taxes
**incumplimiento en el pago de impuestos** – failure to pay taxes
**incumplimiento entero** – entire breach
**incumplimiento implícito** – constructive breach
**incumplimiento inmaterial** – immaterial breach
**incumplimiento menor** – minor breach
**incumplimiento parcial** – partial breach
**incumplimiento reiterado de contrato** – continuing breach of contract
**incumplimiento total** – total breach
**incumplir** *v* – to breach, to fail to comply, to default
**incurable** *adj* – incurable
**incuria** *f* – negligence
**incurrido** *adj* – incurred
**incurrir** *v* – to incur
**incurrir en gastos** – to incur expenses
**incurrir en mora** – to be late in a payment, to become delinquent on a loan
**incurrir en pérdidas** – to incur losses
**incurrir en responsabilidad** – to become responsible
**incurrir en una deuda** – to incur a debt
**incurrir en una multa** – to be subject to a fine
**incurrir una pérdida** – to incur a loss
**incurso** *adj* – liable
**indagación** *f* – investigation
**indagación de crédito** – credit inquiry
**indagación judicial** – judicial inquiry
**indagación oficial** – official inquiry
**indagado** *m* – person under investigation
**indagado** *adj* – investigated
**indagador** *m* – investigator
**indagar** *v* – to investigate, to question
**indagatoria** *f* – investigation, questioning
**indagatorio** *adj* – investigatory
**indebidamente** *adv* – improperly, illegally
**indebido** *adj* – improper, illegal
**indecencia** *f* – indecency
**indecencia pública** – public indecency
**indecente** *adj* – indecent
**indecisión** *f* – indecision
**indeciso** *adj* – undecided
**indeclinable** *adj* – undeclinable
**indefendible** *adj* – indefensible
**indefensamente** *adv* – defenselessly
**indefensible** *adj* – indefensible
**indefensión** *f* – defenselessness
**indefenso** *adj* – defenseless
**indefinido** *adj* – undefined
**indelegable** *adj* – unable to be delegated
**indeliberación** *f* – lack of premeditation
**indeliberadamente** *adv* – unpremeditatedly
**indeliberado** *adj* – unpremeditated
**indemne** *adj* – indemnified, unharmed
**indemnidad** *f* – indemnity, state of being unharmed
**indemnizable** *adj* – indemnifiable
**indemnización** *f* – indemnity, indemnification, damages, compensation, benefit, allowance
**indemnización compensatoria** – compensatory damages
**indemnización de daños y perjuicios** – damages
**indemnización de perjuicios** – damages
**indemnización de preaviso** – indemnity for dismissal without advance notice
**indemnización diaria** – daily indemnity, daily benefit
**indemnización doble** – double indemnity, double damages
**indemnización global** – lump-sum settlement
**indemnización insignificante** – nominal damages
**indemnización justa** – fair compensation, adequate damages
**indemnización monetaria** – monetary indemnity
**indemnización múltiple** – multiple indemnity
**indemnización obrera** – workers' compensation
**indemnización pecuniaria** – pecuniary indemnity
**indemnización por accidente** – accident benefits
**indemnización por cesantía** – severance pay
**indemnización por daños y perjuicios** – damages
**indemnización por desahucio** – severance pay
**indemnización por desempleo** – unemployment benefits
**indemnización por despido** – severance pay
**indemnización por enfermedad** – sick benefits
**indemnización por falta de preaviso** – indemnity for dismissal without advance notice
**indemnización por fallecimiento** – death benefits
**indemnización por invalidez** – disability indemnity, disability benefit
**indemnización por muerte** – death benefits
**indemnización razonable** – adequate damages
**indemnizado** *m* – indemnitee
**indemnizado** *adj* – indemnified, compensated
**indemnizador** *m* – indemnitor
**indemnizar** *v* – to indemnify, to compensate
**indemnizatorio** *adj* – indemnifying
**independencia** *f* – independence
**independencia económica** – economic independence
**independencia judicial** – judicial independence
**independiente** *adj* – independent
**independientemente** *adv* – independently
**independista** *adj* – independent
**independista** *m/f* – independent
**independizarse** *v* – to become independent
**inderogable** *adj* – unrepealable
**indeterminable** *adj* – indeterminable
**indeterminadamente** *adv* – indeterminately
**indeterminado** *adj* – indeterminate
**indicación** *f* – indication
**indicación de interés** – indication of interest
**Indicación Geográfica Protegida** – Protected Geographical Indication
**indicado** *adj* – indicated, suitable
**indicador** *m* – indicator, gage
**indicadores ambientales** – environmental indicators
**indicadores básicos** – fundamental indicators
**indicadores coincidentes** – coincident indicators
**indicadores de comercio** – business indicators, commercial indicators
**indicadores de empresas** – business indicators
**indicadores de negocios** – business indicators

**indicadores de pobreza** – poverty indicators
**indicadores de tendencias** – bellwethers
**indicadores del mercado** – market indicators
**indicadores ecológicos** – ecological indicators
**indicadores económicos** – economic indicators
**indicadores empresariales** – business indicators
**indicadores mercantiles** – commercial indicators
**indicadores monetarios** – monetary indicators
**indicar** *adj* – to indicate
**indicativo** *adj* – indicative
**índice** *m* – index, rate, ratio
**índice de absentismo** – absenteeism rate
**índice de ausentismo** – absenteeism rate
**índice de cobertura** – index of coverage
**índice de costo de vida** – cost-of-living index
**índice de criminalidad** – crime rate
**índice de desempleo** – unemployment index
**índice de desocupación** – unemployment index
**índice de empleo** – employment index
**índice de endeudamiento** – borrowing ratio, leverage ratio
**índice de indicadores adelantados** – index of leading indicators
**índice de inflación** – inflation index
**índice de mercado** – market index
**índice de morosidad** – delinquency index
**índice de ocupación** – occupancy rate, employment rate
**índice de precios** – price index
**índice de precios al consumidor** – consumer price index
**índice de precios al consumo** – consumer price index
**índice de precios al por mayor** – wholesale price index
**índice de precios al por menor** – retail price index
**índice de precios de mercancías** – commodity index, commodity price index
**índice de precios de productores** – producer price index
**índice de precios de productos** – commodity index, commodity price index
**índice de precios mayoristas** – wholesale price index
**índice de precios minoristas** – retail price index
**índice de producción** – production index
**índice de producción industrial** – industrial production index
**índice de referencia** – reference index
**índice de rotación** – turnover ratio
**índice de solvencia** – solvency index
**índice del coste de vida** – cost of living index
**índice del costo de vida** – cost of living index
**índice financiero** – financial index, financial ratio
**índice general** – general index
**índice inflacionario** – inflation index
**índice salarial** – wage index
**indiciado** *m* – suspect
**indiciado** *adj* – suspect
**indiciar** *v* – to suspect, to suggest
**indicio** *m* – indication, presumption, circumstantial evidence
**indicio claro** – conclusive presumption
**indicio de prueba** – scintilla of evidence
**indicio dudoso** – rebuttable presumption
**indicio grave** – conclusive presumption
**indicio indudable** – conclusive presumption
**indicio remoto** – rebuttable presumption
**indicio vehemente** – violent presumption
**indicio violento** – violent presumption
**indiferencia consciente** – conscious indifference
**indiferente** *adj* – indifferent
**indigencia** *f* – indigence
**indigente** *adj* – indigent
**indigente** *m/f* – indigent
**indignidad** *f* – indignity
**indigno** *adj* – undignified, unqualified
**indiligencia** *f* – carelessness, negligence
**indirectamente** *adv* – indirectly
**indirecto** *adj* – indirect
**indisciplina** *f* – lack of discipline
**indisciplinado** *adj* – undisciplined
**indiscreto** *adj* – indiscreet
**indisculpable** *adj* – inexcusable
**indiscutible** *adj* – indisputable
**indisolubilidad** *f* – indissolubility
**indisolubilidad del matrimonio** – indissolubility of the marriage
**indisoluble** *adj* – indissoluble
**indispensable** *adj* – indispensable
**indisponible** *adj* – unavailable
**indisputabilidad** *f* – indisputability
**indisputable** *adj* – indisputable
**individual** *adj* – individual
**individualismo** *m* – individualism
**individualista** *adj* – individualist, individualistic
**individualista** *m/f* – individualist
**individualmente** *adv* – individually
**individuo** *m* – individual
**individuo** *adj* – individual, indivisible
**individuo aprobado** – approved individual
**indivisibilidad** *f* – indivisibility
**indivisible** *adj* – indivisible
**indivisiblemente** *adv* – indivisibly
**indivisión** *f* – indivision
**indiviso** *adj* – undivided
**indocumentado** *adj* – undocumented
**indubitable** *adj* – indubitable
**inducción** *f* – induction
**inducido** *adj* – induced
**inducir** *v* – to induce
**inductor** *m* – inducer
**indulgencia** *f* – indulgence, leniency
**indultado** *adj* – pardoned
**indultar** *v* – to pardon, to grant amnesty
**indulto** *m* – pardon, amnesty
**indulto general** – general pardon, general amnesty
**indulto parcial** – partial pardon
**industria** *f* – industry
**industria aérea** – air industry
**industria agrícola** – agricultural industry
**industria agropecuaria** – agribusiness
**industria alimentaria** – food industry
**industria alimenticia** – food industry
**industria automotriz** – automotive industry
**industria bancaria** – banking industry
**industria bélica** – war industry
**industria casera** – cottage industry
**industria cíclica** – cyclical industry
**industria clave** – key industry

**industria de la carne** – meat industry
**industria de la construcción** – building industry
**industria de seguros** – insurance industry
**industria de servicios** – service industry
**industria de servicios financieros** – financial services industry
**industria de telecomunicaciones** – telecommunications industry
**industria del ocio** – leisure industry
**industria del petróleo** – oil industry, petroleum industry
**industria del plástico** – plastics industry
**industria electrónica** – electronics industry
**industria en crecimiento** – growth industry
**industria en desarrollo** – growth industry
**industria esencial** – essential industry
**industria especializada** – specialized industry
**industria estacional** – seasonal industry
**industria estratégica** – strategic industry
**industria exportadora** – export industry
**industria familiar** – cottage industry
**industria farmacéutica** – pharmaceutical industry
**industria financiera** – financial industry
**industria impactada** – impacted industry
**industria importadora** – import industry
**industria intensiva en capital** – capital-intensive industry
**industria ligera** – light industry
**industria liviana** – light industry
**industria local** – local industry
**industria manufacturera** – manufacturing industry
**industria militar** – military industry
**industria naciente** – infant industry
**industria nacional** – national industry, domestic industry
**industria naviera** – shipping industry
**industria pesada** – heavy industry
**industria pesquera** – fishing industry
**industria petrolera** – oil industry, petroleum industry
**industria primaria** – primary industry
**industria privada** – private industry
**industria pública** – public industry
**industria regional** – regional industry
**industria regulada** – regulated industry
**industrial** *adj* – industrial
**industrialismo** *m* – industrialism
**industrialista** *adj* – industrialist
**industrialista** *m/f* – industrialist
**industrialización** *f* – industrialization
**industrializado** *adj* – industrialized
**industrializar** *v* – to industrialize
**industrias aliadas** – allied industries
**ineficacia** *f* – inefficiency
**ineficacia jurídica** – nullity
**ineficaz** *adj* – ineffective
**ineficiencia** *f* – inefficiency
**ineficiente** *adj* – inefficient
**inejecución** *f* – nonperformance
**inelasticidad** *f* – inelasticity
**inelástico** *adj* – inelastic
**inelegibilidad** *f* – ineligibility
**inelegible** *adj* – ineligible
**inembargabilidad** *f* – unattachability
**inembargable** *adj* – that which can not be attached
**inenajenabilidad** *f* – inalienability
**inenajenable** *adj* – inalienable
**ineptitud** *f* – ineptitude
**inepto** *adj* – inept
**inequitativo** *adj* – inequitable
**inequívoco** *adj* – unequivocal
**inerme** *adj* – unarmed, defenseless
**inescrupuloso** *adj* – unscrupulous
**inestabilidad** *f* – instability
**inestable** *adj* – unstable
**inevitable** *adj* – inevitable
**inexactitud** *f* – inexactitude, inaccuracy
**inexacto** *adj* – inexact, inaccurate
**inexcusable** *adj* – inexcusable, mandatory
**inexigible** *adj* – inexigible
**inexistencia** *f* – inexistence
**inexistencia jurídica** – nullity
**inexistente** *adj* – nonexistent
**infalibilidad** *f* – infallibility
**infamación** *f* – calumny
**infamador** *m* – calumniator
**infamante** *adj* – calumnious
**infamar** *v* – to calumniate
**infamativo** *adj* – calumnious
**infamatorio** *adj* – calumnious
**infame** *adj* – infamous
**infamia** *f* – infamy
**infancia** *f* – infancy
**infante abandonado** – abandoned infant
**infanticida** *m/f* – infanticide
**infanticidio** *m* – infanticide
**infecundidad** *f* – sterility
**inferencia** *f* – inference
**inferencia circunstancial** – circumstantial inference
**inferencia innecesaria** – unnecessary inference
**inferencia irrazonable** – unreasonable inference
**inferencia legal** – legal inference
**inferencia lógica** – logical inference
**inferencia necesaria** – necessary inference
**inferencia obligatoria** – obligatory inference
**inferencia razonable** – reasonable inference
**inferencia retroactiva** – retroactive inference
**inferido** *adj* – inferred
**inferido por ley** – inferred by law
**inferior** *adj* – inferior
**inferir** *v* – to infer
**infidelidad** *f* – infidelity
**infidelidad conyugal** – marital infidelity
**infidelidad matrimonial** – marital infidelity
**infidencia** *f* – disloyalty, breach of trust
**infidente** *adj* – disloyal
**infiel** *m/f* – unfaithful person
**infiel** *adj* – unfaithful
**infirmación** *f* – invalidation
**infirmar** *v* – to invalidate
**inflación** *f* – inflation
**inflación abierta** – open inflation
**inflación administrada** – managed inflation
**inflación básica** – core inflation
**inflación cíclica** – cyclical inflation
**inflación contenida** – contained inflation
**inflación continua** – continuous inflation
**inflación controlada** – controlled inflation
**inflación creciente** – growing inflation

**inflación de costes** – cost inflation
**inflación de costos** – cost inflation
**inflación de moneda** – currency inflation
**inflación de precios** – price inflation
**inflación de salarios** – wage inflation, salary inflation
**inflación disfrazada** – disguised inflation
**inflación estructural** – structural inflation
**inflación galopante** – galloping inflation, runaway inflation
**inflación importada** – imported inflation
**inflación interanual** – year-to-year inflation
**inflación moderada** – moderate inflation
**inflación monetaria** – monetary inflation, currency inflation
**inflación mundial** – world inflation
**inflación oculta** – hidden inflation
**inflación salarial** – salary inflation
**inflación subyacente** – underlying inflation
**inflacionario** *adj* – inflationary
**inflacionista** *adj* – inflationist
**inflar** *v* – to inflate
**inflar precios** – to inflate prices
**inflar un cheque** – to raise a check, to raise a cheque
**infligir** *v* – to inflict, to impose
**infligir una multa** – to impose a fine
**influencia** *f* – influence
**influencia indebida** – undue influence
**influencia política** – political influence
**influenciar** *v* – to influence
**influenciar el comercio** – to influence commerce, to influence trade
**influenciar el crecimiento** – to influence growth
**influenciar la demanda** – to influence demand
**influenciar la economía** – to influence the economy
**influenciar la inflación** – to influence inflation
**influenciar las acciones** – to influence shares, to influence stocks
**influenciar las tasas** – to influence rates
**influenciar los precios** – to influence prices
**influenciar los salarios** – to influence wages
**influir** *v* – to influence
**influir el comercio** – to influence commerce, to influence trade
**influir el crecimiento** – to influence growth
**influir la demanda** – to influence demand
**influir la economía** – to influence the economy
**influir la inflación** – to influence inflation
**influir las acciones** – to influence shares, to influence stocks
**influir las tasas** – to influence rates
**influir los precios** – to influence prices
**influir los salarios** – to influence wages
**influyente** *adj* – influential
**infonomía** *f* – Webonomics, Web economics
**información** *f* – information, investigation, report
**información actualizada** – up-to-date information, current information
**información asimétrica** – asymmetric information
**información confidencial** – confidential information, privileged information
**información de abono** – supporting testimony
**información de crédito** – credit report, credit information
**información de dominio** – petitory action
**información de trabajo** – occupational information
**información del cliente** – client information, customer information
**información despectiva** – derogatory information
**información errónea** – erroneous information
**información esencial** – essential information
**información falsa** – false information
**información financiera** – financial information
**información fiscal** – fiscal information
**información general** – general information
**información indispensable** – indispensable information
**información inscrita** – recorded information
**información monetaria** – monetary information
**información no esencial** – unessential information
**información no pública** – nonpublic information
**información oculta** – concealed information
**información ocupacional** – occupational information
**información parlamentaria** – congressional inquiry, parliamentary inquiry
**información personal** – personal information
**información posesoria** – possessory action
**información privada** – private information
**información privilegiada** – privileged information, confidential information
**información pública** – public information
**información sumaria** – summary proceeding
**informado** *adj* – informed, advised
**informador** *m* – informer
**informal** *adj* – informal
**informalidad** *f* – informality
**informalmente** *adv* – informally
**informante** *m/f* – informer, adviser
**informante común** – common informer
**informar** *v* – to inform, to advise
**informática** *f* – informatics, computing, information technology
**informativo** *adj* – informative
**informatización** *f* – computerization
**informatizado** *adj* – computerized, computer-based
**informatizar** *v* – to computerize
**informe** *m* – report, opinion, information
**informe al jurado** – address to the jury
**informe anual** – annual report
**informe anual a los accionistas** – annual report to stockholders, annual report to shareholders
**informe bancario** – bank report
**informe comercial** – business report, commercial report
**informe completo** – complete report
**informe confidencial** – confidential report
**informe consolidado** – consolidated report
**informe contable** – accounting report
**informe corporativo** – corporate report
**informe crediticio** – credit report
**informe de accidente** – accident report
**informe de asesoría** – advisory report
**informe de auditoría** – audit report
**informe de caja** – cash report
**informe de comercio** – business report, commerce report
**informe de contabilidad** – accounting report
**informe de crédito** – credit report
**informe de cuenta** – account report

**informe de cumplimiento** – compliance report
**informe de excepción** – exception report
**informe de gastos** – expense report
**informe de gestión** – management report
**informe de ingresos** – earnings report
**informe de inspección** – inspection report
**informe de la compañía** – company report
**informe de la conferencia** – conference report
**informe de la directiva** – directors' report
**informe de la ejecución** – performance report
**informe de la situación** – situation report
**informe de mercado** – market report
**informe de negocios** – business report
**informe de pérdidas** – loss report
**informe de reclamación** – claim report
**informe de tasación** – appraisal report
**informe de título** – title report
**informe de transacción** – transaction report
**informe del auditor** – auditor's report
**informe del balance** – balance sheet report
**informe del contable** – accountant's report
**informe del contador** – accountant's report
**informe del rendimiento** – performance report
**informe diario** – daily report
**informe empresarial** – business report, commercial report
**informe entero** – entire report
**informe especial** – special report
**informe externo** – external report
**informe falsificado** – falsified report
**informe falso** – false report
**informe final** – final report
**informe financiero** – financial report
**informe fiscal** – fiscal report
**informe interino** – interim report
**informe intermedio** – interim report
**informe interno** – internal report
**informe mensual** – monthly report
**informe mercantil** – commercial report
**informe monetario** – monetary report
**informe pericial** – expert's opinion
**informe provisional** – provisional report, interim report
**informe resumido** – summarized report
**informe semanal** – weekly report
**informe sobre accidente** – accident report
**informe sobre actividad** – activity report
**informe trimestral** – quarterly report
**informes comparativos** – comparative reports
**infortunio** *m* – misfortune
**infraasegurado** *adj* – underinsured
**infracción** *f* – infraction
**infracción de ley** – violation of law
**infracción de patente** – patent infringement
**infracción de reglamentos** – violation of regulations
**infracción grave** – serious violation
**infracción penal** – criminal violation
**infracción tributaria** – tax law violation
**infractor** *m* – infringer, transgressor
**infractorio** *adj* – infringing
**infraestructura** *f* – infrastructure
**infrascripto** *m* – undersigned, subscriber
**infrascrito** *m* – undersigned, subscriber
**infraseguro** *m* – underinsurance
**infrautilización** *f* – underutilization
**infravaloración** *f* – undervaluation
**infravalorado** *adj* – undervalued
**infravalorar** *v* – to undervalue
**infringir** *v* – to infringe
**infringir la ley** – to break the law
**infructuoso** *adj* – fruitless, useless, unprofitable
**ingeniería administrativa** – management engineering
**ingeniería agrícola** – agricultural engineering
**ingeniería financiera** – financial engineering
**ingeniería industrial** – industrial engineering
**ingerencia** *f* – interference
**ingresado ilegalmente** – illegally entered
**ingresado ilícitamente** – illicitly entered
**ingresar** *v* – to enter, to admit, to input, to deposit, to pay, to join
**ingreso** *m* – income, revenue, entry, admission, deposit, payment
**ingreso acostumbrado** – customary income
**ingreso activo** – active income
**ingreso actual** – actual income, present income
**ingreso acumulativo** – cumulative income
**ingreso ajustado** – adjusted income
**ingreso anual** – annual income
**ingreso básico** – basic income, base income
**ingreso bruto** – gross income, gross revenue
**ingreso contable** – accounting income
**ingreso corporativo** – corporate income
**ingreso de ajuste** – adjustment income
**ingreso después de contribuciones** – income after taxes
**ingreso después de impuestos** – income after taxes
**ingreso devengado** – earned income
**ingreso diferido** – deferred income
**ingreso disponible** – income available
**ingreso en prisión** – imprisonment
**ingreso doméstico bruto** – gross domestic income
**ingreso exento de contribuciones** – tax-exempt income
**ingreso exento de impuestos** – tax-exempt income
**ingreso fijo** – fixed income
**ingreso garantizado** – guaranteed income
**ingreso global** – comprehensive income, global income
**ingreso gravable** – taxable income
**ingreso ilegal** – illegal income
**ingreso imponible** – taxable income
**ingreso imputado** – imputed income
**ingreso individual** – individual income
**ingreso interior bruto** – gross domestic income
**ingreso libre de contribuciones** – tax-free income
**ingreso libre de impuestos** – tax-free income
**ingreso marginal** – marginal revenue
**ingreso medio** – average income
**ingreso monetario** – money income
**ingreso nacional** – national income
**ingreso nacional bruto** – gross national income
**ingreso nacional neto** – net national income
**ingreso nacional real** – real national income
**ingreso neto** – net income, bottom line
**ingreso no gravable** – nontaxable income
**ingreso no imponible** – nontaxable income
**ingreso no tributable** – nontaxable income
**ingreso nominal** – nominal income

**ingreso normal** – normal income
**ingreso ordinario** – ordinary income
**ingreso pasivo** – passive income
**ingreso per cápita** – per capita income
**ingreso percibido** – earned income
**ingreso periódico** – periodic income
**ingreso personal** – personal income
**ingreso personal disponible** – personal disposable income
**ingreso por cabeza** – income per head
**ingreso por dividendos** – dividend income
**ingreso preestablecido** – preset income
**ingreso regular** – regular income
**ingreso residual** – residual income
**ingreso semianual** – semiannual income
**ingreso suplementario** – supplemental income
**ingreso temporal** – temporary income
**ingreso típico** – typical income
**ingreso total** – total income
**ingreso tras contribuciones** – income after taxes
**ingreso tras impuestos** – income after taxes
**ingreso tributable** – taxable income
**ingreso variable** – variable income
**ingresos** *m* – receipts, income, earnings, revenue
**ingresos acostumbrados** – customary revenue
**ingresos acumulados** – accrued revenue, accumulated earnings
**ingresos adecuados** – adequate income
**ingresos administrativos** – administrative revenues
**ingresos agrícolas** – farm income
**ingresos antes de contribuciones** – pretax earnings, pretax income, before-tax earnings, before-tax income
**ingresos antes de impuestos** – pretax earnings, pretax income, before-tax earnings, before-tax income
**ingresos anticipados** – anticipated earnings, anticipated income
**ingresos anuales** – annual earnings, annual income
**ingresos asignados** – allocated income
**ingresos aumentados** – increased earnings
**ingresos bancarios** – bank income, bank earnings
**ingresos comerciales** – business income, business earnings, commercial income, commercial earnings
**ingresos comunitarios** – community income
**ingresos constantes** – constant income, constant revenue
**ingresos contributivos** – tax receipts
**ingresos corporativos** – corporate income, corporate earnings
**ingresos corregidos** – corrected earnings
**ingresos corrientes** – current earnings, current revenues
**ingresos de capital** – capital income, capital revenues
**ingresos de comercio** – commerce income, commerce earnings, business income, business earnings
**ingresos de empresas** – business income
**ingresos de explotación** – operating income
**ingresos de exportación** – export earnings
**ingresos de jubilación** – retirement income
**ingresos de la compañía** – company income, company earnings
**ingresos de la corporación** – corporate income
**ingresos de la empresa** – company income, enterprise income
**ingresos de negocios** – business income, business earnings
**ingresos de operación** – operating income
**ingresos de reajuste** – readjustment income
**ingresos de retiro** – retirement income
**ingresos declarados** – declared income
**ingresos del estado** – government revenues, state revenues
**ingresos del gobierno** – government revenues
**ingresos del trabajo** – work income, earned income
**ingresos devengados** – earned income
**ingresos discrecionales** – discretionary income
**ingresos disponibles** – disposable income
**ingresos divididos** – split income
**ingresos efectivos** – effective income
**ingresos empresariales** – business income, business earnings, company income, enterprise income
**ingresos en efectivo** – cash earnings, cash income
**ingresos estables** – stable income
**ingresos estatales** – government revenues, state revenues
**ingresos estatutarios** – statutory earnings
**ingresos exentos** – exempt income
**ingresos extranjeros** – foreign income
**ingresos extraordinarios** – extraordinary income
**ingresos familiares** – family income
**ingresos federales** – federal revenue
**ingresos fijos** – fixed revenue, fixed income
**ingresos financieros** – financial income
**ingresos fiscales** – fiscal revenues, tax revenues
**ingresos futuros** – future revenue, future income
**ingresos generales** – general revenue
**ingresos gubernamentales** – government revenues
**ingresos imponibles** – taxable income
**ingresos impositivos** – tax receipts
**ingresos interiores** – internal revenue
**ingresos laborales** – occupational earnings
**ingresos mensuales** – monthly earnings, monthly income
**ingresos mercantiles** – commercial income, commercial earnings
**ingresos netos** – net earnings
**ingresos no distribuidos** – undistributed earnings
**ingresos normales** – normal revenue
**ingresos ocupacionales** – occupational earnings
**ingresos operacionales** – operational income
**ingresos operativos** – operating income
**ingresos patrimoniales** – estate income
**ingresos percibidos** – earned income
**ingresos permanentes** – permanent income
**ingresos personales** – personal earnings
**ingresos personales disponibles** – disposable personal income
**ingresos por acción** – earnings per share
**ingresos por honorarios** – fee income
**ingresos por intereses** – interest income
**ingresos por inversiones** – investment income
**ingresos por pensión alimentaria** – alimony income
**ingresos por pensión alimenticia** – alimony income
**ingresos por ventas** – sales income
**ingresos prepagados** – prepaid income
**ingresos públicos** – public revenue
**ingresos reales** – real earnings, real income, actual income
**ingresos regulares** – regular revenue, regular earnings

**ingresos retenidos** – retained income, retained earnings
**ingresos típicos** – typical revenue, typical earnings
**ingresos totales** – total income, total revenue, aggregate income
**ingresos tras discapacidad** – disability income
**ingresos tributarios** – tax receipts
**ingresos y egresos** – income and expenditure, ingress and egress
**ingresos y gastos** – income and expenses, receipts and expenditures
**inhábil** *adj* – unable, unqualified, nonworking
**inhabilidad** *f* – inability, incompetence, disability
**inhabilidad a corto plazo** – short-term disability
**inhabilidad a largo plazo** – long-term disability
**inhabilidad absoluta** – total disability
**inhabilidad absoluta permanente** – permanent total disability
**inhabilidad absoluta temporal** – temporary total disability
**inhabilidad definitiva** – permanent disability
**inhabilidad física** – physical disability
**inhabilidad laboral** – work disability
**inhabilidad laboral transitoria** – temporary work disability
**inhabilidad mental** – mental disability
**inhabilidad no ocupacional** – non-occupational disability
**inhabilidad para trabajar** – work disability, inability to work
**inhabilidad parcial** – partial disability
**inhabilidad parcial permanente** – permanent partial disability
**inhabilidad permanente** – permanent disability
**inhabilidad permanente total** – permanent total disability
**inhabilidad perpetua** – permanent disability
**inhabilidad personal** – personal disability
**inhabilidad presunta** – presumptive disability
**inhabilidad provisional** – temporary disability
**inhabilidad recurrente** – recurrent disability
**inhabilidad relativa** – partial disability
**inhabilidad residual** – residual disability
**inhabilidad temporal** – temporary disability
**inhabilidad temporaria** – temporary disability
**inhabilidad temporaria total** – temporary total disability
**inhabilidad total** – total disability
**inhabilidad total permanente** – permanent total disability
**inhabilidad total temporal** – temporary total disability
**inhabilidad transitoria** – transitory disability
**inhabilitación** *f* – disablement, disability, disqualification, disbarment
**inhabilitación a corto plazo** – short-term disability
**inhabilitación a largo plazo** – long-term disability
**inhabilitación absoluta** – absolute disqualification, disbarment, total disability
**inhabilitación absoluta permanente** – permanent total disability
**inhabilitación absoluta temporal** – temporary total disability
**inhabilitación definitiva** – permanent disability
**inhabilitación especial** – suspension
**inhabilitación física** – physical disability
**inhabilitación laboral** – work disability
**inhabilitación laboral transitoria** – temporary work disability
**inhabilitación mental** – mental disability
**inhabilitación no ocupacional** – non-occupational disability
**inhabilitación para trabajar** – work disability, inability to work
**inhabilitación parcial** – partial disability
**inhabilitación parcial permanente** – permanent partial disability
**inhabilitación permanente** – permanent disability
**inhabilitación permanente total** – permanent total disability
**inhabilitación perpetua** – permanent disability
**inhabilitación personal** – personal disability
**inhabilitación presunta** – presumptive disability
**inhabilitación provisional** – temporary disability
**inhabilitación recurrente** – recurrent disability
**inhabilitación relativa** – partial disability
**inhabilitación residual** – residual disability
**inhabilitación temporal** – temporary disability
**inhabilitación temporaria** – temporary disability
**inhabilitación temporaria total** – temporary total disability
**inhabilitación total** – total disability
**inhabilitación total permanente** – permanent total disability
**inhabilitación total temporal** – temporary total disability
**inhabilitación transitoria** – transitory disability
**inhabilitar** *v* – to disqualify, to disbar
**inhabitable** *adj* – uninhabitable
**inhabitado** *adj* – uninhabited
**inherente** *adj* – inherent
**inherentemente peligroso** – inherently dangerous
**inhibición** *f* – inhibition, prohibition
**inhibir** *v* – to inhibit, to prohibit
**inhibirse** *v* – to inhibit oneself, to disqualify oneself
**inhibitoria** *f* – restraining order, motion to dismiss for lack of jurisdiction
**inhibitoria de jurisdicción** – motion to dismiss for lack of jurisdiction
**inhibitorio** *adj* – inhibitory
**inhonesto** *adj* – dishonest
**inhumanamente** *adv* – inhumanely
**inhumanidad** *f* – inhumanity
**iniciación** *f* – initiation
**inicial** *adj* – initial
**iniciar** *v* – to initiate, to start, to enter
**iniciar el juicio** – to open the case
**iniciar la sesión** – to open court
**iniciar las negociaciones** – to enter negotiations
**iniciar una acción** – to bring an action
**iniciativa** *f* – initiative
**iniciativa conjunta** – joint initiative
**iniciativa de ley** – proposed law
**iniciativa popular** – initiative
**iniciativa privada** – private enterprise
**inicio** *m* – beginning, commencement
**inicio de la cobertura** – commencement of coverage
**inicio del año** – beginning of the year
**inicio del ejercicio** – beginning of the year

**inicio del mes** – beginning of the month
**inicio del período** – beginning of the period
**inicio del seguro** – commencement of insurance
**inicuo** *adj* – inequitable
**inimpugnable** *adj* – not exceptionable
**ininteligible** *adj* – unintelligible
**ininterrumpido** *adj* – uninterrupted
**injuria** *f* – injury, wrong, defamation
**injuria civil** – actionable defamation
**injuria criminal** – criminal defamation
**injuriador** *m* – injurer, offender
**injuriador** *adj* – injurious, offensive
**injuriar** *v* – to injure, to wrong, to defame
**injurias graves** – serious injuries, serious defamation
**injurias por escrito** – libel
**injurias verbales** – slander
**injurídico** *adj* – illegal
**injurioso** *adj* – injurious, defamatory
**injustamente** *adv* – unjustly, illegally
**injusticia** *f* – injustice
**injusticia ambiental** – environmental injustice
**injusticia ecológica** – ecological injustice
**injusticia notoria** – notorious injustice
**injustificable** *adj* – unjustifiable
**injustificadamente** *adv* – unjustifiably
**injustificado** *adj* – unjustified
**injusto** *adj* – unjust, unfair
**inmadurez** *f* – immaturity
**inmaterial** *adj* – immaterial, incorporeal
**inmaterialidad** *f* – immateriality
**inmatriculación** *f* – registration
**inmediación** *f* – immediacy
**inmediatamente** *adv* – immediately
**inmediato** *adj* – immediate
**inmemorial** *adj* – immemorial
**inmigración** *f* – immigration
**inmigrado** *adj* – immigrated
**inmigrado ilegalmente** – illegally immigrated
**inmigrado ilícitamente** – illicitly immigrated
**inmigrado legalmente** – legally immigrated
**inmigrado lícitamente** – licitly immigrated
**inmigrante** *adj* – immigrant
**inmigrante** *m/f* – immigrant
**inmigrante ilegal** – illegal immigrant
**inmigrante ilícito** – illicit immigrant
**inmigrante legal** – legal immigrant
**inmigrante lícito** – licit immigrant
**inmigrar** *v* – to immigrate
**inmigratorio** *adj* – pertaining to immigration
**inminencia** *f* – imminence
**inminente** *adj* – imminent
**inmobiliaria** *f* – real estate agency, real estate firm, real estate company
**inmobiliario** *adj* – real-estate, property
**inmoderado** *adj* – immoderate
**inmoral** *adj* – immoral
**inmoralidad** *f* – immorality
**inmotivado** *adj* – unmotivated
**inmovilismo** *m* – resistance to change, ultraconservatism
**inmovilista** *adj* – resistant to change, ultraconservative
**inmovilista** *m/f* – person that resists change, ultraconservative
**inmovilizado** *adj* – immobilized, frozen
**inmovilizado** *m* – fixed assets
**inmovilizado inmaterial** – intangible fixed assets
**inmovilizado material** – tangible fixed assets
**inmovilizar** *v* – to immobilize, to freeze
**inmovilizar activos** – to freeze assets
**inmovilizar capital** – to freeze capital
**inmovilizar crédito** – to freeze credit
**inmovilizar fondos** – to freeze funds
**inmovilizar salarios** – to freeze salaries
**inmueble** *m* – property, real estate, building
**inmueble abandonado** – abandoned property
**inmueble adyacente** – adjacent property
**inmueble alquilado** – rented property, leased property
**inmueble arrendado** – leased property, rented property
**inmueble asegurado** – insured property
**inmueble colindante** – abutting property
**inmueble comercial** – commercial property, business property
**inmueble compartido** – shared property
**inmueble común** – common property, public property
**inmueble corporativo** – corporate property
**inmueble cubierto** – covered property
**inmueble de negocio** – business property
**inmueble de renta** – income property
**inmueble de uso común** – public property
**inmueble de uso privado** – private property
**inmueble de uso público** – public property
**inmueble divisible** – divisible property
**inmueble embargado** – attached property
**inmueble empresarial** – business property
**inmueble enajenable** – alienable property
**inmueble estatal** – government property, state property
**inmueble excluido** – excluded property
**inmueble exento** – exempt property
**inmueble gravado** – property subject to a lien, taxed property
**inmueble gubernamental** – government property
**inmueble hipotecable** – mortgageable property
**inmueble hipotecado** – mortgaged property
**inmueble indivisible** – indivisible property
**inmueble industrial** – industrial property
**inmueble mercantil** – commercial property
**inmueble mixto** – mixed property
**inmueble particular** – private property
**inmueble privado** – private property
**inmueble público** – public property
**inmueble residencial** – residential property
**inmueble rural** – rural property
**inmueble rústico** – rural property
**inmueble sin mejoras** – unimproved property
**inmueble urbano** – urban property
**inmueble vacante** – vacant property
**inmune** *adj* – immune
**inmunidad** *f* – immunity
**inmunidad completa** – absolute immunity
**inmunidad diplomática** – diplomatic immunity
**inmunidad exclusiva** – exclusive immunity
**inmunidad extranjera** – foreign immunity
**inmunidad fiscal** – tax exemption
**inmunidad judicial** – judicial immunity
**inmunidad legislativa** – legislative immunity

**inmunidad parlamentaria** – congressional immunity, parliamentary immunity
**inmunidad soberana** – sovereign immunity
**inmunidad total** – absolute immunity
**inmunidades consulares** – consular immunity
**inmunidades y privilegios diplomáticos** – diplomatic immunities and privileges
**inmunización** *f* – immunization
**innato** *adj* – innate
**innavegabilidad** *f* – unseaworthiness
**innavegable** *adj* – unseaworthy, unnavigable
**innecesario** *adj* – unnecessary
**innegable** *adj* – undeniable
**innegociable** *adj* – nonnegotiable
**innominado** *adj* – unnamed
**innovación** *f* – innovation
**innovar** *v* – to innovate
**inobservancia** *f* – nonobservance
**inobservancia justificable** – justifiable nonobservance
**inocencia** *f* – innocence
**inocencia presunta** – presumed innocence
**inocente** *adj* – innocent
**inoficioso** *adj* – inofficious
**inoponible** *adj* – not opposable
**inquilinato** *m* – tenancy, lease, leasehold
**inquilino** *m* – tenant, lessee, sharecropper
**inquiridor** *m* – investigator, interrogator
**inquirir** *v* – to question, to investigate
**inquisición** *f* – inquisition
**inquisidor** *m* – investigator, interrogator
**inquisitivo** *adj* – inquisitive
**insaculación** *f* – balloting
**insacular** *v* – to ballot
**insalubridad** *f* – insalubrity, unsanitariness
**insanable** *adj* – incurable
**insania** *f* – insanity
**insano** *adj* – insane
**insatisfecho** *adj* – unsatisfied
**inscribible** *adj* – registrable, recordable
**inscribir** *v* – to inscribe, to register, to record
**inscripción** *f* – inscription, registration, recording
**inscripción de buques** – registration of vessels
**inscripción de hipoteca** – recording of mortgage
**inscripción de la posesión** – registration of possession
**inscripción de nacimiento** – birth record
**inscripto** *adj* – registered, recorded
**inscrito** *adj* – registered, recorded
**insecuestrable** *adj* – not attachable
**inseguridad** *f* – insecurity
**inseguro** *adj* – insecure
**inseminación** *f* – insemination
**inseminación artificial** – artificial insemination
**inseparabilidad** *f* – inseparability
**inseparable** *adj* – inseparable
**inserción** *f* – insertion
**insignia** *f* – insignia
**insignificante** *adj* – insignificant
**insinuación** *f* – insinuation, petition
**insinuar** *v* – to insinuate, to petition
**insistencia** *f* – insistence, pressuring
**ínsito** *adj* – inherent
**insoluto** *adj* – unpaid
**insolvencia** *f* – insolvency, bankruptcy
**insolvencia bancaria** – bank insolvency
**insolvencia comercial** – commercial insolvency
**insolvencia culpable** – negligent bankruptcy
**insolvencia fraudulenta** – fraudulent bankruptcy
**insolvencia notoria** – notorious insolvency
**insolvente** *adj* – insolvent
**insostenible** *adj* – unsustainable, indefensible
**inspección** *f* – inspection, examination, survey
**inspección aduanera** – customs inspection
**inspección catastral** – cadastral survey
**inspección de aceptación** – acceptance inspection
**inspección de aduanas** – customs inspection
**inspección de calidad** – quality inspection, quality control
**inspección de cumplimiento** – compliance inspection
**inspección de fábrica** – factory inspection
**inspección de procesos** – process inspection
**inspección de registros** – inspection of records
**inspección de seguridad** – security inspection
**inspección fiscal** – fiscal inspection, tax inspection
**inspección física** – physical inspection
**inspección judicial** – judicial inspection
**inspección ocular** – visual inspection, visual inspection by the judge
**inspección por aduanas** – inspection by customs
**inspeccionar** *v* – to inspect, to examine, to survey
**inspector** *m* – inspector, examiner, surveyor
**inspector aduanero** – customs inspector
**inspector de aduana** – customs inspector
**inspector de fábrica** – factory inspector
**inspector de Hacienda** – tax inspector
**inspector de hogares** – home inspector
**inspector de impuestos** – tax inspector
**inspector de policía** – police inspector
**inspector de salud** – health inspector
**inspector de sanidad** – health inspector
**inspector de trabajo** – work inspector
**inspector de trabajo y seguridad** – work and safety inspector
**inspector general** – inspector general
**inspector gubernamental** – government inspector
**instalación** *f* – installation, fixture, plant
**instalaciones permanentes** – permanent fixtures
**instalar** *v* – to install, to set up
**instancia** *f* – instance, stage of a judicial process, the complete judicial process, petition
**instancia de arbitraje** – arbitration proceedings
**instancia de parte agraviada** – petition of the injured party
**instancia dilatoria** – dilatory plea
**instancia perentoria** – peremptory plea
**instantáneo** *adj* – instantaneous
**instante** *m* – instant, petitioner
**instar** *v* – to petition, to prosecute, to instigate, to urge
**instigación** *f* – instigation, abetment
**instigación a cometer delitos** – instigation to commit crimes
**instigador** *m* – instigator, abettor
**instigar** *v* – to instigate, to abet
**instinto para los negocios** – business sense
**institor** *m* – factor
**institución** *f* – institution
**institución absorbente** – absorbing institution
**institución activa** – active institution

**institución administrada** – managed institution
**institución administradora** – management institution, managing institution
**institución administrativa** – management institution
**institución adquirida** – acquired institution
**institución adquiriente** – acquiring institution
**institución afiliada** – affiliated institution
**institución agrícola** – farm institution, farming institution
**institución aliada** – allied institution
**institución armadora** – shipping institution
**institución aseguradora** – insurance company
**institución asociada** – associated institution
**institución autorizada** – authorized institution, admitted institution
**institución bancaria** – banking institution
**institución caritativa** – charitable institution
**institución centralizada** – centralized institution
**institución comercial** – business institution, business concern, commercial concern
**institución competidora** – competing institution
**institución componente** – constituent institution
**institución con fines de lucro** – for-profit institution
**institución constructora** – construction institution
**institución consultiva** – consulting institution
**institución consultora** – consulting institution
**institución contable** – accounting institution
**institución controlada** – controlled institution
**institución controladora** – holding institution, controlling institution
**institución corporativa** – corporate institution
**institución de administración** – administration institution
**institución de ahorro y préstamo** – savings and loan association
**institución de banca hipotecaria** – mortgage banking institution
**institución de beneficencia** – charitable institution
**institución de capitalización** – institution for capitalization of savings
**institución de cobro** – collection institution
**institución de comercio** – business institution, commerce institution
**institución de construcción** – building institution
**institución de consultores** – consulting institution
**institución de contabilidad** – accounting institution
**institución de control** – controlling institution
**institución de crédito** – credit institution
**institución de depósito** – deposit institution
**institución de derecho privado** – private company
**institución de derecho público** – public company
**institución de fianzas** – bonding institution
**institución de fideicomiso** – trust institution, trust company
**institución de herederos** – designation of heirs
**institución de inversiones** – investment institution
**institución de negocios** – business institution, business concern
**institución de préstamos** – lending institution, loan institution
**institución de reaseguro** – reinsurance institution, reinsurance carrier
**institución de seguros** – insurance company
**institución de servicio** – service institution
**institución de telecomunicaciones** – telecommunications institution
**institución de transporte** – transport institution
**institución de utilidad pública** – public service institution
**institución descentralizada** – decentralized institution
**institución difunta** – defunct institution
**institución distribuidora** – distributing institution
**institución disuelta** – dissolved institution
**institución diversificada** – diversified institution
**institución doméstica** – domestic institution
**institución dominada** – controlled institution
**institución dominante** – dominant institution
**institución económica** – economic institution
**institución en funcionamiento** – going concern
**institución en línea** – online institution
**institución en marcha** – going concern
**institución especulativa** – speculative institution, commercial institution
**institución establecida** – established institution
**institución estatal** – government institution, state institution
**institución ética** – ethical institution
**institución exenta** – exempt institution
**institución explotadora** – operating institution
**institución exportadora** – exporting institution
**institución extranjera** – alien institution, foreign institution
**institución fiadora** – bonding institution
**institución ficticia** – fictitious institution
**institución fiduciaria** – trust institution, trust company
**institución filial** – affiliated institution
**institución financiera** – finance institution
**institución financiera asegurada** – insured financial institution
**institución financiera no asegurada** – uninsured financial institution
**institución financiera privada** – private financial institution
**institución financiera pública** – public financial institution
**institución fusionada** – merged institution
**institución global** – global institution
**institución gubernamental** – governmental institution
**institución hipotecaria** – mortgage institution, mortgage company
**institución ilegal** – illegal institution
**institución ilícita** – illicit institution
**institución importadora** – importing institution
**institución inactiva** – dormant institution
**institución industrial** – industrial institution
**institución inexistente** – nonexistent institution
**institución inmobiliaria** – real estate institution, property institution
**institución insolvente** – insolvent institution
**institución integrada** – integrated institution
**institución interestatal** – interstate institution
**institución internacional** – international institution
**institución intraestatal** – intrastate institution
**institución inversionista** – investment institution
**institución jurídica** – legal institution
**institución legal** – legal institution
**institución lícita** – licit institution
**institución local** – local institution

**institución lucrativa** – lucrative institution, commercial institution
**institución manufacturera** – manufacturing institution
**institución marítima** – maritime institution
**institución matriz** – parent institution
**institución mercantil** – commercial institution, commercial concern
**institución miembro** – member institution
**institución mixta** – mixed institution
**institución monetaria central** – central monetary institution
**institución multinacional** – multinational institution
**institución nacional** – national institution, domestic institution
**institución naviera** – shipping institution
**institución no afiliada** – unaffiliated institution
**institución no apalancada** – unleveraged institution
**institución no lucrativa** – nonprofit institution
**institución no pública** – nonpublic institution
**institución online** – online institution
**institución operadora** – operating institution
**institución penal** – penal institution
**institución política** – political institution
**institución prestataria** – borrowing institution
**institución privada** – private institution
**institución privatizada** – privatized institution
**institución pública** – public institution
**institución puesta en marcha** – business startup
**institución quebrada** – bankrupt institution
**institución reaseguradora** – reinsurance institution
**institución registrada** – registered institution
**institución regulada** – regulated institution
**institución retenedora** – holding institution
**institución sin acciones** – non-stock institution
**institución sin fines de lucro** – nonprofit institution
**institución sindical** – labor union, labour union
**institución sobreviviente** – surviving institution
**institución subsidiaria** – subsidiary institution
**institución tenedora** – holding institution
**institución transnacional** – transnational institution
**institucional** *adj* – institutional
**instituido** *adj* – instituted
**instituir** *v* – to institute
**instituto** *m* – institution, institute
**instituto administrador** – management institution
**instituto administrativo** – management institution
**instituto afiliado** – affiliated institution
**instituto aliado** – allied institution
**instituto asociado** – affiliated institution
**instituto bancario** – banking institution
**instituto caritativo** – charitable institution
**instituto comercial** – business institution, commerce institution
**instituto componente** – constituent institution
**instituto contable** – accounting institution
**instituto controlado** – controlled institution
**instituto controlador** – holding institution, controlling institution
**instituto de control** – controlling institution
**instituto de comercio** – business institution
**instituto de crédito** – credit institution
**instituto de emisión** – bank of issue
**instituto de fianzas** – bonding institution
**instituto de fideicomiso** – trust institution
**instituto de inversiones** – investment institution
**instituto de préstamos** – lending institution
**instituto de negocios** – business institution
**instituto de seguros** – insurance institution
**instituto de servicio** – service institution
**instituto de utilidad pública** – public service institution
**instituto difunto** – defunct institution
**instituto diversificado** – diversified institution
**instituto dominado** – controlled institution
**instituto estatal** – government institution, state institution
**instituto exento** – exempt institution
**instituto extranjero** – foreign institution
**instituto fiador** – bonding institution
**instituto ficticio** – fictitious institution
**instituto fiduciario** – trust institution
**instituto financiero** – finance institution
**instituto fusionado** – merged institution
**instituto gubernamental** – government institution
**instituto hipotecario** – mortgage institution
**instituto inexistente** – nonexistent institution
**instituto ilegal** – illegal institution
**instituto ilícito** – illicit institution
**instituto insolvente** – insolvent institution
**instituto interestatal** – interstate institution
**instituto internacional** – international institution
**instituto intraestatal** – intrastate institution
**instituto inversionista** – investment institution
**instituto jurídico** – legal institution
**instituto lícito** – licit institution
**instituto manufacturero** – manufacturing institution
**instituto matriz** – parent institution
**instituto miembro** – member institution
**Instituto Monetario Europeo** – European Monetary Institute
**instituto multinacional** – multinational institution
**instituto nacional** – national institution
**instituto no afiliado** – unaffiliated institution
**instituto no apalancado** – unleveraged institution
**instituto penal** – penal institution
**instituto privado** – private institution
**instituto público** – public institution
**instituto quebrado** – bankrupt institution
**instituto registrado** – registered institution
**instituto sin fines de lucro** – nonprofit institution
**instituto sindical** – labor union, labour union
**instituto sobreviviente** – surviving institution
**instituto subsidiario** – subsidiary institution
**instituto tenedor** – holding institution
**instrucción** *f* – instruction, education, training, proceeding, order
**instrucción criminal** – criminal proceeding
**instrucción de causa** – preparation of the case
**instrucción perentoria** – peremptory instruction
**instrucción privada** – private education
**instrucción pública** – public education
**instrucciones adicionales** – additional instructions
**instrucciones al jurado** – jury instructions
**instrucciones claras** – clear instructions
**instrucciones contradictorias** – contradictory instructions
**instrucciones de embarque** – shipping instructions
**instrucciones de empaque** – packing instructions

**instrucciones suplementarias** – supplemental instructions
**instructivo** *m* – court order
**instructor** *m* – instructor, prosecutor
**instruir** *v* – to instruct, to educate, to train, to inform
**instruir de cargos** – to arraign
**instruir un expediente** – to prepare a file
**instrumental** *adj* – instrumental
**instrumento** *m* – instrument, document
**instrumento acusatorio** – accusatory instrument
**instrumento al portador** – bearer instrument
**instrumento constitutivo** – articles of incorporation, partnership's agreement
**instrumento de crédito** – credit instrument
**instrumento de deuda** – debt instrument
**instrumento de título** – document of title
**instrumento de venta** – bill of sale
**instrumento derivado** – derivative instrument
**instrumento falsificado** – falsified instrument
**instrumento financiero** – financial instrument
**instrumento legal** – legal instrument
**instrumento negociable** – negotiable instrument
**instrumento no negociable** – nonnegotiable instrument
**instrumento por escrito** – instrument in writing
**instrumento privado** – private document
**instrumento público** – public document
**instrumento sellado** – sealed instrument
**instrumentos de crédito** – credit instruments
**instrumentos de trabajo** – tools of the trade
**instrumentos del delito** – instruments of the crime
**instrumentos negociables** – commercial paper, negotiable instruments
**insubordinación** *f* – insubordination
**insubordinado** *adj* – insubordinate
**insubordinado** *m* – insubordinate
**insubsanable** *adj* – irreparable
**insubsistencia** *f* – groundlessness, nullity
**insubsistente** *adj* – groundless, null
**insubstituible** *adj* – irreplaceable
**insuficiencia** *f* – insufficiency, shortage
**insuficiencia de activos** – asset insufficiency
**insuficiencia de la prueba** – insufficiency of evidence
**insuficiencia de las leyes** – area not covered adequately by laws
**insuficiencia de personal** – personnel shortage
**insuficiente** *adj* – insufficient
**insular** *adj* – insular
**insultar** *v* – to insult
**insulto** *m* – insult, offense
**insumiso** *adj* – rebellious, disobedient
**insumiso** *m* – rebellious person, disobedient person
**insumo** *m* – raw material
**insurgente** *adj* – insurgent
**insurgente** *m/f* – insurgent
**insurrección** *f* – insurrection
**insurrecto** *m* – insurgent
**intachable** *adj* – unimpeachable
**intangible** *adj* – intangible
**intangibles** *m* – intangibles
**integración** *f* – integration, payment
**integración económica** – economic integration
**integración total** – total integration
**integrado** *adj* – integrated
**integrantes** *m* – members, partners
**integrar** *v* – to integrate, to pay, to reimburse
**integridad** *f* – integrity, wholeness
**integridad ambiental** – environmental integrity
**integridad ecológica** – eco-integrity, ecological integrity
**íntegro** *adj* – complete
**inteligencia artificial** – artificial intelligence
**inteligencia comercial** – business intelligence, commerce intelligence
**inteligencia de comercio** – business intelligence, commerce intelligence
**inteligencia económica** – economic intelligence
**inteligencia empresarial** – business intelligence
**inteligibilidad** *f* – intelligibility
**inteligible** *adj* – intelligible
**intemperancia** *f* – intemperance
**intempestivamente** *adv* – without proper notice, without due process, inopportunely
**intención** *f* – intention
**intención común** – common intent
**intención constructiva** – constructive intent
**intención criminal** – criminal intent
**intención de los contratantes** – intent of the contracting parties
**intención específica** – specific intent
**intención especificada** – specified intent
**intención establecida** – established intention
**intención explícita** – explicit intent
**intención fraudulenta** – fraudulent intent
**intención general** – general intent
**intención hostil** – hostile intention
**intención identificada** – identified intent
**intención implícita** – implied intent
**intención imputada** – imputed intent
**intención indicada** – indicated intent
**intención inferida** – inferred intent
**intención legislativa** – legislative intent
**intención real** – actual intent
**intención tácita** – tacit intent
**intencionadamente** *adv* – intentionally
**intencionado** *adj* – intended
**intencional** *adj* – intentional
**intencional y premeditado** – deliberate and premeditated
**intencionalidad** *f* – premeditation
**intencionalmente** *adv* – intentionally
**intendencia** *f* – intendance, intendancy
**intendencia municipal** – city hall
**intendente** *m* – intendant
**intendente de policía** – chief of police
**intensidad de utilización de tierras** – land-use intensity
**intensificar** *v* – to intensify
**intensivo** *adj* – intensive
**intensivo en capital** – capital-intensive
**intensivo en trabajo** – labor-intensive, labour-intensive
**intentar** *v* – to attempt
**intentar demanda** – to bring suit
**intento** *m* – attempt, intention
**intento de asesinar** – attempt to murder
**intento de difamar** – attempt to defame, attempt to libel, attempt to slander

**intento de monopolizar** – attempt to monopolize
**intento de matar** – attempt to kill
**intento de robar** – attempt to rob
**intento de violar** – attempt to rape
**intento fracasado** – failed attempt, frustrated attempt
**intentona golpista** – coup attempt
**inter alia** – among other things, inter alia
**inter se** – among themselves, inter se
**inter vivos** – between the living, inter vivos
**interacción** *f* – interaction
**interactividad** *f* – interactivity
**interactivo** *adj* – interactive
**interanual** *adj* – year-to-year
**interbancario** *adj* – interbank
**intercalación** *f* – intercalation
**intercalar** *v* – to intercalate
**intercambiable** *adj* – interchangeable
**intercambiar** *v* – to interchange, to exchange, to swap, to trade
**intercambio** *m* – interchange, exchange, swap, trade
**intercambio bilateral** – bilateral trade
**intercambio comercial** – commerce, trade, trading
**intercambio de crédito** – credit interchange
**intercambio de deuda** – debt swap
**intercambio de divisas** – currency exchange, foreign currency swap
**intercambio de información** – information exchange
**intercambio de monedas** – currency swap
**intercambio de propiedad** – exchange of property
**intercambio de tasas de interés** – interest rate swap
**intercambio de tipos de interés** – interest rate swap
**intercambio doméstico** – domestic exchange
**Intercambio Electrónico de Datos** – Electronic Data Interchange
**intercambio hipotecario** – mortgage swap
**intercambio involuntario** – involuntary exchange
**intercambio libre de contribuciones** – tax-free exchange
**intercambio libre de impuestos** – tax-free exchange
**intercambio monetario** – monetary exchange, currency swap
**intercambio no monetario** – non-monetary exchange
**intercambio pecuniario** – pecuniary exchange
**intercambio recíproco** – reciprocal exchange
**intercambio voluntario** – voluntary exchange
**interceder** *v* – to intercede, to intervene
**intercepción de comunicaciones** – interception of communications
**interceptación** *f* – interception
**interceptación de la correspondencia** – interception of correspondence
**interceptar** *v* – to intercept
**interconectado** *adj* – interconnected
**interconectar** *v* – to interconnect
**interconexión** *f* – interconnection
**intercontinental** *adj* – intercontinental
**interdepartamental** *adj* – interdepartmental
**interdependencia** *f* – interdependence
**interdependiente** *adj* – interdependent
**interdicción** *f* – interdiction, prohibition
**interdicto** *m* – interdict, interdiction, writ, injunction, restraining order
**interdicto de obra nueva** – action against further construction
**interdicto de obra ruinosa** – action against maintaining a dangerous structure
**interdicto de posesión** – writ of possession
**interdicto de recobrar** – writ of possession
**interdicto de recuperar** – writ of possession
**interdicto de restitución** – writ of restitution
**interdicto de retener** – restraining order
**interdicto definitivo** – final injunction
**interdicto permanente** – permanent injunction
**interdicto preventivo** – preventive injunction
**interdicto prohibitorio** – prohibitory injunction
**interdicto provisional** – provisional writ, provisional injunction
**interdicto provisorio** – temporary injunction
**interempresarial** *adj* – intercompany
**interés** *m* – interest
**interés absoluto** – absolute interest
**interés acumulado** – accrued interest
**interés adverso** – adverse interest
**interés anual** – annual interest
**interés apelable** – appealable interest
**interés asegurable** – insurable interest
**interés bancario** – bank interest
**interés básico** – basic interest
**interés beneficioso** – beneficial interest
**interés comercial** – business interest, commercial interest
**interés compuesto** – compound interest
**interés común** – common interest, joint interest
**interés condicional** – contingent interest
**interés constante** – constant interest
**interés contingente** – contingent interest
**interés convencional** – conventional interest
**interés corporativo** – corporate interest
**interés corriente** – current interest
**interés creado** – vested interest
**interés de bono** – bond interest
**interés de clase** – class interest
**interés de demora** – interest charged for late payment, delinquency interest
**interés de gracia** – interest charged for late payment, delinquency interest
**interés de mercado** – market interest rate
**interés de mora** – interest charged for late payment, delinquency interest
**interés de plaza** – going interest rate
**interés definitivo** – definite interest
**interés del crédito** – credit interest
**interés demorado** – interest charged for late payment, delinquency interest
**interés deudor** – debit interest
**interés dominante** – controlling interest
**interés efectivo** – effective interest rate
**interés empresarial** – business interest
**interés en la causa** – interest in a litigation
**interés establecido** – established interest
**interés fijo** – fixed interest
**interés financiero** – financial interest
**interés futuro** – future interest
**interés garantizado** – guaranteed interest
**interés hipotecario** – mortgage interest
**interés ilegal** – illegal interest
**interés ilícito** – illicit interest
**interés imputado** – imputed interest

**interés inalienable** – inalienable interest
**interés incompleto** – incomplete interest
**interés indirecto** – indirect interest
**interés indiviso** – undivided interest
**interés legal** – legal interest
**interés lícito** – licit interest
**interés mayoritario** – majority interest, majority stake
**interés mercantil** – commercial interest
**interés minoritario** – minority interest, minority stake
**interés monetario** – monetary interest
**interés mutuo** – mutual interest
**interés neto** – net interest
**interés no asegurable** – uninsurable interest
**interés nominal** – nominal interest
**interés ordinario** – ordinary interest
**interés pagado** – paid interest
**interés parcial** – partial interest
**interés percibido** – earned interest
**interés por mora** – interest charged for late payment, delinquency interest
**interés predominante** – majority interest
**interés preestablecido** – preset interest
**interés preferencial** – preferential interest
**interés privado** – private interest
**interés procesal** – interest in a litigation
**interés propietario** – ownership interest
**interés público** – public interest
**interés real** – real interest
**interés residual** – residual interest
**interés simple** – simple interest
**interés social** – social interest, social good
**interés usurario** – usury
**interés variable** – variable interest
**interesado** *m* – party, interested party, contracting party
**interesado legalmente** – legally interested
**interesado lícitamente** – licitly interested
**intereses acostumbrados** – customary interest
**intereses acumulados** – accrued interest
**intereses anticipados** – anticipated interest
**intereses atrasados** – belated interest
**intereses bancarios** – bank interest
**intereses cobrados** – collected interest
**intereses concurrentes** – concurrent interests
**intereses conflictivos** – competing interests, conflicting interests
**intereses creados** – vested interests
**intereses de consumo** – consumer interest
**intereses de empréstito** – loan interest
**intereses de préstamo** – loan interest
**intereses devengados** – earned interest, accrued interest
**intereses diarios** – daily interest
**intereses diferidos** – deferred interest
**intereses en exceso** – excess interest
**intereses exactos** – exact interest
**intereses explícitos** – explicit interest
**intereses hipotecarios** – mortgage interest
**intereses mensuales** – monthly interest
**intereses no gravables** – nontaxable interest
**intereses no imponibles** – nontaxable interest
**intereses no tributables** – nontaxable interest
**intereses normales** – normal interest
**intereses ordinarios** – ordinary interest
**intereses pagados** – interest paid
**intereses prepagados** – prepaid interest
**intereses puros** – pure interest
**intereses recibidos** – interest received
**intereses reembolsables** – refundable interest
**intereses regulares** – regular interest
**intereses típicos** – typical interest
**interestadual** *adj* – interstate
**interestatal** *adj* – interstate
**interfaz** *f* – interface
**interfaz de usuario** – user interface
**interfecto** *m* – murder victim
**interfecto** *adj* – murdered
**interferencia** *f* – interference
**interferencia patronal** – employer interference
**interferir** *v* – to interfere
**intergubernamental** *adj* – intergovernmental
**ínterin** *m* – interim
**interinamente** *adv* – provisionally
**interinario** *adj* – provisional
**interindustrial** *adj* – interindustry
**interinidad** *f* – temporariness
**interino** *adj* – interim, provisional, temporary, acting
**interior** *adj* – internal, domestic, inland
**interiormente** *adv* – internally, domestically
**interlineación** *f* – interlineation
**interlinear** *v* – to interlineate
**interlocutoriamente** *adv* – interlocutorily
**interlocutorio** *adj* – interlocutory
**intérlope** *adj* – interloping
**intermediación** *f* – intermediation
**intermediación de valores** – securities brokerage
**intermediación en el mercado de valores** – securities brokerage
**intermediación financiera** – financial intermediation
**intermediar** *v* – to intermediate, to mediate
**intermediario** *m* – intermediary, middleman, mediator, broker, dealer
**intermediario autorizado** – authorized dealer
**intermediario financiero** – financial intermediary
**intermediarios de marketing** – marketing intermediaries
**intermediarios de mercadeo** – marketing intermediaries
**intermedio** *adj* – intermediate
**intermitente** *adj* – intermittent
**internación** *f* – interment, imprisonment, commitment, detention
**internacional** *adj* – international
**internacionalismo** *m* – internationalism
**internacionalización** *f* – internationalization
**internacionalización económica** – economic internationalization
**internacionalizar** *v* – to internationalize
**internacionalmente** *adv* – internationally
**internado** *adj* – committed, hospitalized
**internamente** *adj* – internally, domestically
**internamiento** *m* – interment, imprisonment, commitment, detention
**internar** *v* – to intern, to imprison, to commit, to detain
**internauta** *m/f* – netizen
**Internet** *m/f* – Internet
**Internet móvil** – mobile Internet

**Internet sin cables** – wireless Internet
**interno** *adj* – internal, domestic, in-house
**internuncio** *m* – envoy
**interpelación** *f* – interpellation, order to pay a debt, writ, summons, citation, request
**interpelado** *m* – recipient of an order to pay a debt, recipient of a summons, recipient of a request
**interpelador** *m* – interpellator, the person who orders the payment of a debt, requester
**interpelante** *m/f* – interpellator, the person who orders the payment of a debt, requester
**interpelar** *v* – to interpellate, to order to pay a debt, to summon, to request
**interperíodo** *adj* – interperiod
**interpolación** *f* – interpolation
**interpolar** *v* – to interpolate
**interponer** *v* – to interpose, to intervene, to file, to present
**interponer demanda contenciosa** – to bring suit
**interponer excepción** – to file an exception
**interponer recurso de apelación** – to file an appeal
**interposición** *f* – interposition, intervention, interference, mediation
**interpósita persona** – agent, apparent agent
**interpretación** *f* – interpretation, construction
**interpretación administrativa** – administrative interpretation
**interpretación amplia** – extensive interpretation
**interpretación auténtica** – authentic interpretation
**interpretación comparativa** – comparative interpretation
**interpretación consistente** – consistent interpretation
**interpretación de las leyes** – interpretation of the law
**interpretación de los hechos** – interpretation of the facts
**interpretación de los testamentos** – interpretation of wills
**interpretación declarativa** – clarification
**interpretación del contrato** – interpretation of the contract
**interpretación del derecho** – interpretation of the law
**interpretación doctrinal** – doctrinal interpretation
**interpretación estricta** – strict interpretation, strict construction
**interpretación extensiva** – extensive interpretation
**interpretación gramatical** – grammatical interpretation
**interpretación habitual** – habitual interpretation
**interpretación inusual** – unusual interpretation
**interpretación judicial** – judicial interpretation
**interpretación legislativa** – legislative interpretation
**interpretación liberal** – liberal interpretation
**interpretación libre** – free interpretation
**interpretación literal** – literal interpretation
**interpretación lógica** – logical interpretation
**interpretación popular** – popular interpretation
**interpretación por comparación** – comparative interpretation
**interpretación razonable** – reasonable interpretation
**interpretación restrictiva** – restrictive interpretation
**interpretación restringida** – restricted interpretation
**interpretación técnica** – technical interpretation
**interpretación usual** – usual interpretation
**interpretador** *m* – interpreter
**interpretar** *v* – to interpret
**intérprete** *m/f* – interpreter
**interpuesta persona** – agent, intermediary
**interregno** *m* – interregnum
**interrogación** *f* – interrogation, inquiry
**interrogación de testigo** – interrogation of witness
**interrogado** *m* – person being interrogated
**interrogador** *m* – interrogator
**interrogante** *m/f* – interrogator, uncertainty
**interrogante** *adj* – interrogating
**interrogar** *v* – to interrogate
**interrogativo** *adj* – questioning
**interrogatorio** *m* – interrogatory
**interrogatorio cruzado** – cross-examination
**interrogatorio directo** – direct examination
**interrogatorio formal** – formal questioning
**interrumpir** *v* – to interrupt
**interrumpir posesión** – to interrupt possession
**interrumpir un intervalo** – to interrupt an interval
**interrumpir una separación** – to interrupt a separation
**interrupción** *f* – interruption
**interrupción comercial** – business interruption, commerce interruption
**interrupción de comercio** – business interruption, commerce interruption
**interrupción de la carrera** – career break
**interrupción de la prescripción** – interrupting the statute of limitations
**interrupción de negocios** – business interruption
**interrupción de posesión** – interruption of possession
**interrupción del proceso** – stay of proceedings
**interrupción del trabajo** – work interruption, work stoppage
**interrupción empresarial** – business interruption
**interrupción en servicio** – break in service
**interrupción temporal** – temporary interruption
**interruptivo** *adj* – interrupting
**intervalo** *m* – interval
**intervalo de ingresos** – income interval
**intervalo de precios** – price range
**intervalo lúcido** – lucid interval
**intervención** *f* – intervention, participation, mediation, audit, auditing
**intervención de tercero** – intervention
**intervención del banco central** – central bank intervention
**intervención del estado** – government intervention, state intervention
**intervención del gobierno** – government intervention
**intervención diplomática** – diplomatic intervention
**intervención económica** – economic intervention
**intervención estatal** – government intervention, state intervention
**intervención federal** – federal intervention
**intervención fiscal** – tax audit
**intervención forzosa** – compulsory intervention
**intervención gubernamental** – government intervention, state intervention
**intervención judicial** – judicial intervention
**intervención militar** – military intervention
**intervención monetaria** – monetary intervention
**intervención necesaria** – compulsory intervention
**intervención pacífica** – mediation
**intervención policial** – police intervention

**intervención voluntaria** – voluntary intervention, discretionary intervention
**intervenidor** *m* – intervener, auditor, supervisor
**intervenir** *v* – to intervene, to mediate, to audit, to supervise
**intervenir el pago** – to stop payment
**intervenir en juicio** – to join in an action
**intervensionismo** *m* – interventionism
**intervensionista** *adj* – interventionist
**intervensionista** *m/f* – interventionist
**interventor** *m* – intervener, auditor, inspector, supervisor
**intestado** *m* – intestate, intestate's estate
**intestado** *adj* – intestate
**intimación** *f* – intimation, notification, warning
**intimación a la persona** – personal demand
**intimación de pago** – demand for payment
**intimación judicial de pago** – court order to pay
**intimar** *v* – to intimate, to notify, to warn
**intimatorio** *adj* – notifying, cautioning
**intimidación** *f* – intimidation
**intimidad** *f* – intimacy
**intimidar** *v* – to intimidate
**íntimo** *adj* – intimate
**intolerable** *adj* – intolerable
**intolerante** *adj* – intolerant
**intolerante** *m/f* – intolerant, intolerant person
**intoxicación** *f* – intoxication
**intoxicación habitual** – habitual intoxication
**intoxicado** *adj* – intoxicated
**intra vires** – within the powers, intra vires
**intracomunitario** *adj* – intracommunity
**intradepartamental** *adj* – intradepartmental
**intraestatal** *adj* – intrastate
**Intranet** *m/f* – intranet
**intransferible** *adj* – nontransferable
**intransmisible** *adj* – non-transmissible
**intraperíodo** *adj* – intraperiod
**intrasmisible** *adj* – non-transmissible
**intraspasable** *adj* – nontransferable
**intrínseco** *adj* – intrinsic
**introducción** *f* – introduction
**introducción de datos** – data input
**introductorio** *adj* – introductory
**intromisión** *f* – intromission
**intrusarse** *v* – to encroach
**intrusión** *f* – intrusion
**intrusismo** *m* – professional activity by an unauthorized person
**intruso** *m* – intruder
**inútil** *adj* – useless
**inutilidad** *f* – uselessness
**inutilizable** *adj* – unusable
**invalidación** *f* – invalidation
**invalidado** *adj* – invalidated
**invalidar** *v* – to invalidate, to quash
**invalidar un testamento** – to invalidate a will
**invalidar una elección** – to invalidate an election
**invalidez** *f* – invalidity, disability
**invalidez a corto plazo** – short-term disability
**invalidez a largo plazo** – long-term disability
**invalidez absoluta** – total disability
**invalidez absoluta permanente** – permanent total disability
**invalidez absoluta temporal** – temporary total disability
**invalidez definitiva** – permanent disability
**invalidez física** – physical disability
**invalidez laboral** – work disability
**invalidez laboral transitoria** – temporary work disability
**invalidez mental** – mental disability
**invalidez no ocupacional** – non-occupational disability
**invalidez para trabajar** – work disability, inability to work
**invalidez parcial** – partial disability
**invalidez parcial permanente** – permanent partial disability
**invalidez permanente** – permanent disability
**invalidez permanente total** – permanent total disability
**invalidez perpetua** – permanent disability
**invalidez personal** – personal disability
**invalidez presunta** – presumptive disability
**invalidez provisional** – temporary disability
**invalidez recurrente** – recurrent disability
**invalidez relativa** – partial disability
**invalidez residual** – residual disability
**invalidez temporal** – temporary disability
**invalidez temporaria** – temporary disability
**invalidez temporaria total** – temporary total disability
**invalidez total** – total disability
**invalidez total permanente** – permanent total disability
**invalidez total temporal** – temporary total disability
**invalidez transitoria** – temporary disability
**inválido** *adj* – invalid
**invariable** *adj* – fixed, steady, constant
**invasión** *f* – invasion
**invasión de derechos** – infringement of rights
**invasión de privacidad** – invasion of privacy
**invención** *f* – invention
**invendible** *adj* – unsalable
**inventar** *v* – to invent
**inventario** *m* – inventory
**inventario de existencias** – stock inventory
**inventario físico** – physical inventory
**invento** *m* – invention
**inventor** *m* – inventor
**inventor original** – original inventor
**inversión** *f* – investment, inversion
**inversión a corto plazo** – short-term investment
**inversión a largo plazo** – long-term investment
**inversión a mediano plazo** – medium-term investment
**inversión a medio plazo** – medium-term investment
**inversión activa** – active investment
**inversión agresiva** – aggressive investment
**inversión amortizable** – amortizable investment
**inversión autónoma** – autonomous investment
**inversión autorizada** – authorized investment
**inversión bruta** – gross investment
**inversión colectiva** – collective investment
**inversión comercial** – business investment, commercial investment
**inversión continua** – continuing investment
**inversión corporativa** – corporate investment

**inversión corriente** – current investment
**inversión cruzada** – cross-investment
**inversión cubierta** – covered investment
**inversión de capital** – capital investment
**inversión de cartera** – portfolio investment
**inversión de fondos** – investment of funds
**inversión de ingreso fijo** – fixed-income investment
**inversión de la prueba** – transfer of the burden of proof
**inversión del estado** – government investment, state investment
**inversión del gobierno** – government investment
**inversión derivada** – derivative investment
**inversión deseada** – desired investment
**inversión directa** – direct investment
**inversión doméstica** – domestic investment
**inversión dominante** – controlling interest
**inversión elegible** – eligible investment
**inversión empresarial** – business investment
**inversión en bonos** – bond investment
**inversión en el extranjero** – foreign investment
**inversión en negocios** – business investment
**inversión estatal** – state investment
**inversión ética** – ethical investment
**inversión exterior** – investment abroad
**inversión extranjera** – foreign investment
**inversión financiera** – financial investment
**inversión gubernamental** – government investment
**inversión indexada** – indexed investment
**inversión indizada** – indexed investment
**inversión inicial** – initial investment
**inversión internacional** – international investment
**inversión irrazonable** – unreasonable investment
**inversión legal** – legal investment
**inversión mercantil** – commercial investment
**inversión monetaria** – monetary investment
**inversión nacional** – national investment
**inversión nacional bruta** – gross national investment
**inversión negativa** – negative investment
**inversión neta** – net investment
**inversión no autorizada** – unauthorized investment
**inversión no negociable** – non-marketable investment
**inversión no tributable** – nontaxable investment
**inversión original** – original investment
**inversión pasiva** – passive investment
**inversión permanente** – permanent investment
**inversión planificada** – planned investment
**inversión privada** – private investment
**inversión productiva** – productive investment
**inversión prudente** – prudent investment
**inversión pública** – public investment
**inversión razonable** – reasonable investment
**inversión real** – real investment
**inversión realizada** – realized investment
**inversión regulada** – regulated investment
**inversión respaldada por hipotecas** – mortgage-backed investment
**inversión segura** – defensive investment, safe investment
**inversión temporal** – temporary investment
**inversión total** – total investment, aggregate investment
**inversiones inactivas** – inactive investments
**inversiones negociables** – marketable investments
**inversiones no negociables** – non-marketable investments
**inversiones sin certificado** – certificateless investments
**inversionista** *m/f* – investor
**inversionista acreditado** – accredited investor
**inversionista activo** – active investor, active trader
**inversionista corporativo** – corporate investor
**inversionista extranjero** – foreign investor
**inversionista individual** – individual investor
**inversionista institucional** – institutional investor
**inversionista potencial** – potential investor
**inversionista privado** – private investor
**inversionista prudente** – prudent investor
**inversionista público** – public investor
**inversionista razonable** – reasonable investor
**inverso** *adj* – inverse
**inversor** *m* – investor
**inversor acreditado** – accredited investor
**inversor activo** – active investor, active trader
**inversor corporativo** – corporate investor
**inversor extranjero** – foreign investor
**inversor individual** – individual investor
**inversor institucional** – institutional investor
**inversor privado** – private investor
**inversor prudente** – prudent investor
**inversor público** – public investor
**inversor razonable** – reasonable investor
**invertido** *adj* – invested, inverted
**invertir** *v* – to invest, to reverse
**invertir capital** – to invest capital
**invertir dinero** – to invest money
**invertir en propiedades** – to invest in properties
**invertir fondos** – to invest funds
**investidura** *f* – investiture
**investigable** *adj* – investigable
**investigación** *f* – investigation, research
**investigación de campo** – field research
**investigación de clientes** – client research, customer research
**investigación de consumidores** – consumer research, consumer survey
**investigación de crédito** – credit investigation
**investigación de operaciones** – operations research
**investigación de registros** – examination of records
**investigación de título** – title search
**investigación de trasfondo** – background investigation
**investigación exhaustiva** – exhaustive investigation
**investigación judicial** – judicial investigation
**investigación jurídica** – legal research, legal investigation
**investigación legal** – legal research, legal investigation
**investigación oficial** – official investigation
**investigado legalmente** – legally investigated
**investigado lícitamente** – licitly investigated
**investigador** *m* – investigator
**investigador privado** – private investigator
**investigar** *v* – to investigate
**investigar un crimen** – to investigate a crime
**investir** *v* – to vest, to confer
**inviolabilidad** *f* – inviolability
**inviolabilidad de la propiedad** – inviolability of

property
**inviolabilidad del domicilio** – inviolability of domicile
**inviolable** *adj* – inviolable
**inviolado** *adj* – inviolate
**invitación** *f* – invitation
**invitado gratuito** – gratuitous guest
**invitar** *v* – to invite
**invocar** *v* – to invoke
**involucrar** *v* – to involve, to implicate
**involuntariamente** *adv* – involuntarily
**involuntario** *adj* – involuntary
**inyección de capital** – capital injection
**inyección de dinero** – injection of money, injection of funds
**inyección de fondos** – injection of funds, injection of money
**inyectar capital** – to inject capital
**inyectar fondos** – to inject funds
**IPC (índice de precios al consumidor)** – consumer price index
**ipso facto** – by the fact itself, ipso facto
**ipso jure** – by the law itself, ipso jure
**ir a la bancarrota** – to go into bankruptcy
**ir a la quiebra** – to go into bankruptcy
**ira** *f* – ire, wrath, anger
**irracional** *adj* – irrational
**irrazonable** *adj* – unreasonable
**irreconciliable** *adj* – irreconcilable
**irrecuperable** *adj* – irrecoverable
**irrecurrible** *adj* – not appealable
**irrecusable** *adj* – irrecusable, unchallengeable, unimpeachable
**irredimible** *adj* – irredeemable
**irreemplazable** *adj* – irreplaceable
**irreformable** *adj* – unchangeable
**irrefutable** *adj* – irrefutable
**irregular** *adj* – irregular
**irregularidad** *f* – irregularity
**irregularidad administrativa** – administrative irregularity, administration deviation
**irreivindicable** *adj* – irrecoverable
**irrelevancia** *f* – irrelevancy
**irrelevante** *adj* – irrelevant
**irremediable** *adj* – irremediable
**irremisible** *adj* – irremissible
**irremplazable** *adj* – irreplaceable
**irremunerado** *adj* – unremunerated
**irrenunciable** *adj* – unavoidable
**irreparable** *adj* – irreparable
**irrescindible** *adj* – non-rescindable
**irresistible** *adj* – irresistible
**irresoluble** *adj* – unsolvable
**irresolución** *f* – irresolution
**irrespetuoso** *adj* – disrespectful
**irresponsabilidad** *f* – irresponsibility
**irresponsable** *adj* – irresponsible
**irretroactividad** *f* – non-retroactivity
**irretroactivo** *adj* – not retroactive
**irreversible** *adj* – irreversible
**irrevisable** *adj* – not revisable
**irrevocabilidad** *f* – irrevocability
**irrevocable** *adj* – irrevocable
**irritable** *adj* – voidable, irritable
**irritar** *v* – to void, to irritate
**írrito** *adj* – void
**irrogación** *f* – causing, causing of damage
**irrogar** *v* – to cause, to cause damage
**irrogar gastos** – to incur expenses
**irrogar perjuicio** – to cause damage
**irrumpir** *v* – to break into
**irrupción** *f* – irruption
**ítem** *m* – item, article
**itemizar** *v* – to itemize
**iteración** *f* – iteration
**itinerario** *m* – itinerary
**IVA (impuesto al valor agregado, impuesto sobre el valor añadido)** – value-added tax
**izquierdismo** *m* – leftism
**izquierdista** *adj* – leftist
**izquierdista** *m/f* – leftist

# J

**jactancia** *f* – jactitation
**jefatura** *f* – headquarters, division, directorship
**jefatura de policía** – police headquarters
**jefa** *f* – boss, chief, head, manager, leader
**jefe** *m* – boss, chief, head, manager, leader
**jefe activo** – active manager
**jefe administrativo** – administrative manager, administrative officer
**jefe asociado** – associate manager
**jefe comercial** – commercial manager
**jefe contable** – chief accountant, accounting chief
**jefe contador** – chief accountant, accounting chief
**jefe corporativo** – corporate manager
**jefe de administración** – administration manager
**jefe de área** – area manager
**jefe de auditoría** – audit manager
**jefe de banco** – bank manager
**jefe de capacitación** – training manager
**jefe de cobros** – collections manager
**jefe de comunicaciones** – communications manager
**jefe de contabilidad** – chief accountant, accounting chief
**jefe de contaduría** – chief accountant, accounting chief
**jefe de contratación** – chief recruitment officer
**jefe de crédito** – credit manager
**jefe de cuentas** – accounts manager
**jefe de departamento** – departmental head
**jefe de desarrollo** – development manager
**jefe de distribución** – distribution manager
**jefe de distrito** – district manager
**jefe de división** – division head
**jefe de entrenamiento** – training manager
**jefe de equipo** – team leader
**jefe de estado** – head of state
**jefe de exportación** – export manager
**jefe de fábrica** – factory manager

**jefe de fabricación** – manufacturing manager
**jefe de familia** – head of household
**jefe de finanzas** – finance manager
**jefe de flota** – fleet manager
**jefe de formación** – training manager
**jefe de grupo** – group manager
**jefe de importación** – import manager
**jefe de información** – chief information officer
**jefe de la compañía** – company manager
**jefe de la corporación** – corporate manager
**jefe de la empresa** – company manager, enterprise manager
**jefe de marketing** – marketing manager
**jefe de mercadeo** – marketing manager
**jefe de oficina** – office manager
**jefe de operaciones** – chief operating officer
**jefe de personal** – personnel manager, head of personnel
**jefe de planta** – plant manager
**jefe de producción** – production manager
**jefe de proyecto** – project manager
**jefe de publicidad** – advertising manager, publicity manager
**jefe de reclamaciones** – claims manager
**jefe de recursos humanos** – human resources manager
**jefe de sección** – chief of section
**jefe de servicio** – service manager
**jefe de servicio al cliente** – customer service manager
**jefe de sistemas** – systems manager
**jefe de sucursal** – branch manager
**jefe de turno** – manager on duty
**jefe de unidad** – head of unit
**jefe de ventas** – head of sales
**jefe de zona** – zone manager
**jefe del sindicato** – syndicate manager
**jefe departamental** – departmental head
**jefe ejecutivo** – chief executive officer, chief executive
**jefe empresarial** – company manager, enterprise manager
**jefe en funciones** – acting manager
**jefe financiero** – finance manager
**jefe general** – general manager
**jefe intermedio** – middle manager
**jefe militar** – military chief
**jefe regional** – regional manager, area manager
**jefe técnico** – technical manager
**jerarquía** *f* – hierarchy
**jerárquico** *adj* – hierarchical
**jerga** *f* – jargon
**jingle publicitario** – advertising jingle
**joint venture** – joint venture
**jornada** *f* – work period, work shift, work day, day, journey
**jornada completa** – full-time
**jornada continua** – continuous shift
**jornada de trabajo** – work period, work day, work shift
**jornada discontinua** – split shift
**jornada diurna** – day shift
**jornada intensiva** – shift during which there are no breaks, shift during which there are very short breaks
**jornada laboral** – work period, work day, work shift
**jornada nocturna** – night shift
**jornada parcial** – part-time
**jornada partida** – split shift
**jornal** *m* – daily pay, daily wage, wages, daily work
**jornal, a** – by the day
**jornalero** *m* – day laborer, day labourer, laborer, labourer
**jubilación** *f* – retirement, pension
**jubilación anticipada** – early retirement
**jubilación aplazada** – deferred retirement
**jubilación diferida** – deferred retirement
**jubilación máxima** – maximum pension
**jubilación mínima** – minimum pension
**jubilación obligatoria** – mandatory retirement
**jubilación por discapacidad** – disability retirement, disability pension
**jubilación por invalidez** – disability retirement, disability pension
**jubilación por vejez** – old-age pension
**jubilación temprana** – early retirement
**jubilación voluntaria** – voluntary retirement
**jubilado** *m* – retiree, pensioner
**jubilado** *adj* – retired
**jubilar** *v* – to retire, to pension
**jubilarse** *v* – to retire, to retire with a pension
**jubilatorio** *adj* – pertaining to retirement
**judicatura** *f* – judicature, judgeship
**judicial** *adj* – judicial
**judicialmente** *adv* – judicially
**judiciario** *adj* – judicial
**juego** *m* – game, gambling, play
**juego administrativo** – management game
**juego de azar** – game of chance
**juego de suerte** – game of chance
**juego limpio** – fair play
**juegos comerciales** – business games
**juegos de negocios** – business games
**juegos del rol** – role-playing
**juegos empresariales** – business games
**juez** *m* – judge, justice
**juez a quo** – judge from whom an appeal is taken
**juez ad quem** – judge to whom an appeal is taken
**juez administrativo** – administrative judge
**juez arbitrador** – arbitrator
**juez arbitro** – arbitrator
**juez asociado** – associate judge
**juez avenidor** – arbitrator
**juez cantonal** – district court judge
**juez civil** – civil court judge
**juez competente** – competent judge
**juez compromisario** – arbitrator
**juez conciliador** – mediator
**juez criminal** – criminal court judge
**juez de aduanas** – customs court judge
**juez de alzadas** – appeals court judge
**juez de apelaciones** – appeals court judge
**juez de avenencia** – arbitrator
**juez de carrera** – active judge
**juez de circuito** – circuit judge
**juez de comercio** – judge with jurisdiction over matters pertaining to commercial law
**juez de comisión** – judge appointed for a specific case
**juez de competencia** – judge who decides jurisdictional conflicts
**juez de derecho** – judge who only considers questions

of law
**juez de distrito** – district judge
**juez de fondo** – trial judge
**juez de hecho** – judge who only considers questions of fact
**juez de instrucción** – trial judge
**juez de la causa** – trial judge
**juez de letras** – judge who is an attorney
**juez de lo civil** – civil court judge
**juez de lo criminal** – criminal court judge
**juez de menores** – juvenile court judge
**juez de paz** – justice of the peace
**juez de policía** – police magistrate
**juez de primera instancia** – judge of the first instance
**juez de quiebras** – bankruptcy court judge
**juez de sala** – trial judge
**juez de segunda instancia** – judge to whom an appeal is taken
**juez de turno** – judge whose turn it is
**juez del conocimiento** – presiding judge
**juez del crimen** – criminal court judge
**juez del trabajo** – labor court judge, labour court judge
**juez disidente** – dissenting judge
**juez especial** – special judge
**juez exhortado** – judge receiving letters rogatory
**juez exhortante** – judge issuing letters rogatory
**juez extraordinario** – special judge
**juez federal** – federal judge
**juez incompetente** – judge without jurisdiction, incompetent judge
**juez inferior** – lower court judge
**juez instructor** – trial judge
**juez interino** – judge pro tempore, acting judge
**juez lego** – lay judge
**juez letrado** – judge who is an attorney
**juez menor** – justice of the peace
**juez mixto** – judge who tries both civil and criminal matters
**juez municipal** – municipal court judge
**juez nocturno** – night court judge
**juez penal** – criminal court judge
**juez popular** – lay judge
**juez presidente** – presiding judge, chief judge, chief justice
**juez primero** – chief justice
**juez provincial** – provincial court judge
**juez sobornado** – bribed judge
**juez subordinado** – lower court judge
**juez substituto** – substitute judge
**juez superior** – superior court judge, appellate court judge, supreme court justice
**juez suplente** – judge pro tempore
**juez tercero** – arbitrator
**juez único** – single judge
**juez unipersonal** – single judge
**juez y parte** – judge and party
**jugador** *m* – player, gambler
**jugar a la bolsa** – stock market speculation
**jugar en bolsa** – speculate in the stock market
**jugárselo todo** – risk it all
**juicio** *m* – trial, judgment, litigation, proceeding, opinion
**juicio administrativo** – administrative trial
**juicio adversario** – litigation
**juicio ante un jurado** – jury trial
**juicio arbitral** – arbitration proceedings
**juicio cautelar** – proceeding for provisional remedy
**juicio civil** – civil trial
**juicio civil ordinario** – ordinary civil trial
**juicio coactivo** – compulsory proceeding
**juicio colectivo** – joint suit
**juicio comercial** – trial pertaining to commercial law
**juicio conjunto** – joint trial
**juicio contencioso** – litigation
**juicio contradictorio** – contested case
**juicio convenido** – amicable action
**juicio criminal** – criminal trial
**juicio de ab intestado** – intestacy proceedings
**juicio de alimentos** – suit for alimony
**juicio de amigables componedores** – arbitration
**juicio de amparo** – proceeding pertaining to constitutional protections
**juicio de apelación** – appellate proceeding
**juicio de apremio** – suit for debt collection, suit for collection of a judgment
**juicio de árbitros** – arbitration proceedings
**juicio de avenencia** – arbitration proceedings
**juicio de conciliación** – settlement hearing
**juicio de concurso** – bankruptcy proceedings
**juicio de consignación** – action to place money in escrow
**juicio de convocatoria** – action to have a creditors' meeting
**juicio de convocatoria de acreedores** – action to have a creditors' meeting
**juicio de derecho** – trial in which matters of law are addressed
**juicio de desahucio** – eviction proceedings, dispossess proceedings
**juicio de desalojo** – eviction proceedings, dispossess proceedings
**juicio de divorcio** – divorce proceedings
**juicio de ejecución** – executory process
**juicio de embargo** – attachment proceedings
**juicio de exequátur** – proceeding to challenge a foreign judgment
**juicio de faltas** – proceeding in a police court for a minor offense
**juicio de garantías** – proceeding pertaining to constitutional protections
**juicio de herencia vacante** – intestacy proceedings
**juicio de inquisición** – inquest
**juicio de insania** – insanity hearing
**juicio de insolvencia** – bankruptcy proceedings
**juicio de jactancia** – action of jactitation
**juicio de lanzamiento** – dispossess proceedings, eviction proceedings
**juicio de mayor cuantía** – proceeding concerning a large claim
**juicio de menor cuantía** – proceeding concerning a small claim
**juicio de mensura, deslinde, y amojonamiento** – action to determine boundaries
**juicio de novo** – new trial
**juicio de nulidad** – proceeding for annulment
**juicio de primera instancia** – trial court proceeding
**juicio de puro derecho** – trial in which only matters of

law are addressed
**juicio de quiebra** – bankruptcy proceedings
**juicio de rehabilitación** – discharge proceedings
**juicio de responsabilidad** – suit for damages
**juicio de segunda instancia** – appellate trial
**juicio de sucesión** – probate proceeding
**juicio de testamentaría** – probate proceeding
**juicio de trabajo** – labor law proceeding, labour law proceeding
**juicio declarativo** – declaratory judgment
**juicio declaratorio** – declaratory judgment
**juicio divisorio** – suit for partition
**juicio ejecutivo** – executory process
**juicio en los méritos** – trial on merits
**juicio en rebeldía** – proceeding in absentia
**juicio escrito** – proceeding based only on documentary evidence
**juicio extraordinario** – summary proceeding
**juicio fenecido** – dismissed case
**juicio general** – proceeding in which an entire estate is at stake
**juicio hipotecario** – foreclosure on a mortgage
**juicio imparcial** – impartial trial
**juicio intestado** – intestacy proceeding
**juicio militar** – court-martial
**juicio nulo** – mistrial
**juicio oral** – oral proceedings
**juicio ordinario** – plenary action
**juicio penal** – criminal trial
**juicio petitorio** – petitory action
**juicio plenario** – plenary action
**juicio político** – impeachment proceedings
**juicio por jurado** – jury trial
**juicio posesorio** – possessory action
**juicio reivindicatorio** – replevin
**juicio secundario** – ancillary suit
**juicio sin jurado** – bench trial
**juicio sobre los méritos** – trial on merits
**juicio sucesorio** – probate proceeding
**juicio sumario** – summary proceeding
**juicio testamentario** – testamentary proceeding
**juicio universal** – proceeding in which an entire estate is at stake
**juicio verbal** – proceeding concerning a small claim which is handled mostly orally
**juicios acumulados** – consolidated actions
**junta** *f* – board, meeting, assembly, committee
**junta administradora** – management board, administrative board
**junta administrativa** – management board, administrative board
**junta anual** – annual meeting
**junta anual de accionistas** – annual shareholders' meeting
**junta arbitral** – arbitration board
**junta asesora** – consulting board, advisory board
**junta bancaria** – bank board
**junta constitutiva** – organizational meeting
**junta consultiva** – consulting board
**junta consultora** – consulting board
**junta de accionistas** – stockholders' meeting
**junta de accionistas anual** – annual shareholders' meeting
**junta de accionistas general** – general shareholders' meeting
**junta de acreedores** – creditors' meeting
**junta de administración** – administration board, board of management
**junta de amnistías** – board of pardons
**junta de apelación de impuestos** – board of tax appeals
**junta de apelaciones** – board of appeals
**junta de arbitraje** – board of arbitration
**junta de árbitros** – board of arbitrators
**junta de aseguradores** – board of underwriters
**junta de auditoría** – board of audit
**junta de comercio** – board of trade
**junta de conciliación** – conciliation board
**junta de conferencias** – conference board
**junta de dirección** – board of governors
**junta de directores** – board of directors
**junta de educación** – board of education
**junta de elecciones** – board of elections
**junta de fiduciarios** – board of trustees
**junta de gobernadores** – board of governors
**junta de gobierno** – board of governors
**junta de igualamiento** – equalization board
**junta de planificación** – planning board
**junta de planificación económica** – economic planning board
**junta de retiro** – pension board
**junta de revisión** – board of review, board of audit
**junta de síndicos** – board of trustees
**junta del banco** – bank board
**junta directiva** – board of directors, administrative board
**junta electoral** – board of elections
**junta especial** – special meeting
**junta examinadora** – examining board
**junta extraordinaria** – special meeting
**junta general** – general meeting
**junta general anual** – annual general meeting
**junta general de accionistas** – shareholders' meeting
**junta general extraordinaria** – extraordinary general meeting
**junta general ordinaria** – shareholders' meeting
**junta investigadora de hechos** – fact finding board
**junta monetaria** – monetary board, currency board
**junta ordinaria** – regular meeting
**junta planificadora** – planning board
**junto** *adj* – together
**jura** *f* – oath, act of taking oath
**jurado** *m* – jury, juror
**jurado** *adj* – sworn
**jurado de acusación** – grand jury
**jurado de juicio** – trial jury
**jurado designado** – juror designate
**jurado especial** – special jury
**jurado imparcial** – impartial jury
**jurado internacional** – international jury
**jurado justo e imparcial** – fair and impartial jury
**jurado mixto** – mixed jury
**jurado obligado** – special jury
**jurado ordinario** – common jury
**jurado suplente** – alternate juror
**juraduría** *f* – jury service
**juramentar** *v* – to swear in, to be sworn in
**juramentarse** *v* – to take an oath

**juramento** *m* – oath
**juramento afirmativo** – assertory oath
**juramento asertorio** – assertory oath
**juramento condicional** – qualified oath
**juramento de cargo** – oath of office
**juramento de decir la verdad** – oath to tell the truth
**juramento de fidelidad** – oath of allegiance
**juramento de los testigos** – witnesses' oath
**juramento decisivo** – decisive oath
**juramento decisorio** – decisory oath
**juramento deferido** – decisory oath
**juramento del abogado** – attorney's oath
**juramento estimatorio** – sworn appraisal
**juramento extrajudicial** – extrajudicial oath
**juramento falso** – false oath
**juramento indecisorio** – sworn statements which are decisive only if they harm the swearer
**juramento judicial** – judicial oath
**juramento legal** – judicial oath
**juramento oficial** – official oath
**juramento político** – oath of office
**juramento profesional** – oath of a professional
**juramento promisorio** – promissory oath
**juramento solemne** – solemn oath
**juramento voluntario** – voluntary oath
**jurar** *v* – to swear, to take an oath
**jurar el cargo** – to take an oath of office
**jurar en falso** – to commit perjury
**juratorio** *adj* – juratory
**juricidad** *f* – legality
**jurídicamente** *adv* – juridically
**juridicidad** *f* – legality
**jurídico** *adj* – juridical
**jurídico-laboral** *adj* – pertaining to labor law, pertaining to labour law
**jurisconsulto** *m* – jurisconsult
**jurisdicción** *f* – jurisdiction, venue
**jurisdicción acumulativa** – concurrent jurisdiction
**jurisdicción administrativa** – administrative jurisdiction
**jurisdicción apelativa** – appellate jurisdiction
**jurisdicción auxiliar** – ancillary jurisdiction
**jurisdicción civil** – civil jurisdiction
**jurisdicción comercial** – jurisdiction over matters concerning commercial law
**jurisdicción competente** – jurisdiction, competent jurisdiction
**jurisdicción completa** – complete jurisdiction
**jurisdicción común** – common jurisdiction
**jurisdicción concurrente** – concurrent jurisdiction
**jurisdicción contenciosa** – contentious jurisdiction
**jurisdicción contencioso-administrativa** – administrative jurisdiction
**jurisdicción convencional** – jurisdiction that has been agreed upon
**jurisdicción coordinada** – concurrent jurisdiction
**jurisdicción correccional** – jurisdiction over minor offenses
**jurisdicción criminal** – criminal jurisdiction
**jurisdicción de apelaciones** – appellate jurisdiction
**jurisdicción de atracción** – ancillary jurisdiction
**jurisdicción de elección** – selected jurisdiction
**jurisdicción de la equidad** – equity jurisdiction
**jurisdicción de las sucesiones** – probate jurisdiction
**jurisdicción de los concursos** – bankruptcy court
**jurisdicción de primera instancia** – original jurisdiction
**jurisdicción del contrato** – selection of jurisdiction in a contract
**jurisdicción del trabajo** – jurisdiction in labor cases
**jurisdicción delegada** – delegated jurisdiction
**jurisdicción en apelación** – appellate jurisdiction
**jurisdicción en equidad** – equity jurisdiction
**jurisdicción en primer grado** – original jurisdiction
**jurisdicción especial** – special jurisdiction
**jurisdicción exclusiva** – exclusive jurisdiction
**jurisdicción exorbitante** – exorbitant jurisdiction
**jurisdicción extranjera** – foreign jurisdiction
**jurisdicción extraordinaria** – special jurisdiction
**jurisdicción extraterritorial** – extraterritorial jurisdiction
**jurisdicción federal** – federal jurisdiction
**jurisdicción forzosa** – forced jurisdiction
**jurisdicción general** – general jurisdiction
**jurisdicción incidental** – incidental jurisdiction
**jurisdicción internacional** – international jurisdiction
**jurisdicción judicial** – court jurisdiction
**jurisdicción laboral** – labor jurisdiction, labour jurisdiction, jurisdiction over matters concerning labor law, jurisdiction over matters concerning labour law
**jurisdicción limitada** – limited jurisdiction
**jurisdicción marítima** – admiralty jurisdiction
**jurisdicción mercantil** – jurisdiction over matters concerning commercial law
**jurisdicción militar** – military jurisdiction
**jurisdicción normal** – normal jurisdiction
**jurisdicción ordinaria** – ordinary jurisdiction
**jurisdicción original** – original jurisdiction
**jurisdicción penal** – criminal jurisdiction
**jurisdicción plena** – plenary jurisdiction
**jurisdicción plenaria** – plenary jurisdiction
**jurisdicción por conexión** – ancillary jurisdiction
**jurisdicción primaria** – primary jurisdiction
**jurisdicción privativa** – exclusive jurisdiction
**jurisdicción privilegiada** – special jurisdiction
**jurisdicción propia** – jurisdiction
**jurisdicción prorrogada** – jurisdiction that has been agreed upon
**jurisdicción restringida** – restricted jurisdiction
**jurisdicción sobre la sucesión** – probate jurisdiction
**jurisdicción sumaria** – summary jurisdiction
**jurisdicción superior** – appellate jurisdiction
**jurisdicción territorial** – territorial jurisdiction
**jurisdicción voluntaria** – jurisdiction that has been agreed upon
**jurisdiccional** *adj* – jurisdictional
**jurispericia** *f* – jurisprudence
**jurisperito** *m* – legal expert
**jurisprudencia** *f* – jurisprudence, case law
**jurisprudencia analítica** – analytical jurisprudence
**jurisprudencia comparativa** – comparative jurisprudence
**jurisprudencia consuetudinaria** – common law
**jurisprudencia de la equidad** – equity jurisprudence
**jurisprudencia interpretativa** – analytical jurisprudence
**jurisprudencia judicial** – judge-made law
**jurisprudencia médica** – medical jurisprudence

**jurisprudencia procesal** – procedural law
**jurisprudencia sentada** – established legal precedent
**jurisprudencial** *adj* – jurisprudential
**jurista** *m* – jurist
**juro** *m* – right to permanent ownership
**jus civile** – civil law, jus civile
**jus commune** – common law, jus commune
**jus gentium** – law of nations, jus gentium
**jus naturale** – natural law, jus naturale
**justa causa** – just cause
**justa compensación** – just compensation
**justicia** *f* – justice, judiciary, court, equity, death penalty, jurisdiction
**justicia** *m* – judge
**justicia ambiental** – environmental justice
**justicia civil** – civil court, civil jurisdiction
**justicia conmutativa** – commutative justice
**justicia criminal** – criminal court, criminal jurisdiction
**justicia de paz** – small claims court, justice of the peace
**justicia distributiva** – distributive justice
**justicia ecológica** – eco-justice, ecological justice
**justicia federal** – federal court, federal jurisdiction
**justicia natural** – natural justice
**justicia preventiva** – preventive justice
**justicia restaurativa** – restorative justice
**justicia social** – social justice
**justicia substancial** – substantial justice
**justiciable** *adj* – justiciable, actionable
**justicial** *adj* – pertaining to justice
**justiciar** *v* – to convict
**justiciazgo** *m* – judgeship
**justiciero** *adj* – just, equitable, righteous, vengeful
**justificable** *adj* – justifiable
**justificación** *f* – justification
**justificadamente** *adv* – justifiably
**justificado** *adj* – justified
**justificador** *m* – justifier
**justificante** *m* – justifier, receipt, written proof, voucher
**justificante** *adj* – justifying
**justificante de pago** – receipt for payment
**justificar** *v* – to justify
**justificarse** *v* – to justify one's actions
**justificativo** *m* – voucher
**justificativo** *adj* – justifying
**justipreciación** *f* – appraisal, estimation
**justipreciador** *m* – appraiser
**justipreciar** *v* – to appraise, to value
**justiprecio** *m* – appraisal, valuation
**justo** *adj* – just
**justo precio** – fair price
**justo título** – just title
**justo valor** – just value
**juvenil** *adj* – juvenile
**juzgado** *m* – court, courtroom, judiciary, court of one judge
**juzgado** *adj* – adjudged
**juzgado administrativo** – administrative court
**juzgado aduanal** – customs court
**juzgado civil** – civil court
**juzgado constitucional** – constitutional court
**juzgado consular** – consular court
**juzgado correccional** – correctional court
**juzgado criminal** – criminal court
**juzgado de aduanas** – customs court
**juzgado de almirantazgo** – admiralty court
**juzgado de alzadas** – court of appeals
**juzgado de apelación** – court of appeals
**juzgado de apelaciones penales** – court of criminal appeals
**juzgado de autos** – court of record
**juzgado de circuito** – circuit court
**juzgado de circulación** – traffic court
**juzgado de comercio** – commercial court
**juzgado de conciencia** – court of equity
**juzgado de derecho** – court of law
**juzgado de derecho marítimo** – admiralty court
**juzgado de distrito** – district court
**juzgado de guardia** – police court
**juzgado de instrucción** – trial court
**juzgado de jurisdicción original** – court of original jurisdiction
**juzgado de justicia** – court of justice
**juzgado de letras** – court of first instance
**juzgado de lo civil** – civil court
**juzgado de lo criminal** – criminal court
**juzgado de lo penal** – criminal court
**juzgado de menores** – juvenile court
**juzgado de noche** – night court
**juzgado de paz** – magistrates' court
**juzgado de policía** – police court
**juzgado de primera instancia** – court of first instance, lower court
**juzgado de quiebras** – bankruptcy court
**juzgado de registro** – court of record
**juzgado de segunda instancia** – court of appeals
**juzgado de sucesiones** – probate court
**juzgado de sustanciación** – trial court
**juzgado de trabajo** – labor court, labour court
**juzgado de última instancia** – court of last resort
**juzgado doméstico** – domestic court
**juzgado electoral** – electoral court
**juzgado en lo civil** – civil court
**juzgado en lo criminal** – criminal court
**juzgado estatal** – state court
**juzgado federal** – federal court
**juzgado inferior** – lower court
**juzgado instructor** – trial court
**juzgado intermedio** – intermediate court
**juzgado local** – local court
**juzgado marcial** – military court
**juzgado mayor** – higher court
**juzgado menor** – lower court
**juzgado municipal** – municipal court
**juzgado nacional** – national court
**juzgado penal** – criminal court
**juzgado promiscuo** – court of general jurisdiction
**juzgado provisional** – provisional court
**juzgado superior** – superior court
**juzgado territorial** – territorial court
**juzgador** *m* – judge
**juzgamiento** *m* – judgment
**juzgar** *v* – to adjudge, to try a case

# K

**kilometraje** *m* – mileage, allowance per kilometer, distance in kilometers
**kiosco** *m* – kiosk

# L

**labor** *f* – labor, labour, work
**laborable** *adj* – workable, working, work
**laboral** *adj* – labor, labour, working
**laboralista** *m/f* – labor lawyer, labour lawyer
**laborante** *adj* – laboring, labouring
**laborar** *v* – to labor, to labour, to work
**laboratorio** *m* – laboratory
**laboratorio forense** – forensic laboratory
**laborío** *m* – labor, labour, work
**laborioso** *adj* – laborious, hardworking
**laborismo** *m* – laborism, labourism
**laborista** *adj* – labor, labour
**labrar** *v* – to farm, to work, to cause
**labrar un acta** – to draw up a document
**laceración** *f* – laceration
**lacerado** *adj* – lacerated
**lacerar** *v* – to lacerate
**lacrar** *v* – to seal with wax
**lacre** *m* – sealing wax
**lactancia** *f* – lactation
**ladrón** *m* – robber, thief
**ladrón de banco** – bank robber
**ladronamente** *adv* – stealthily
**ladronería** *f* – robbery, larceny
**ladronicio** *m* – robbery, larceny
**laguna** *f* – matter not covered by a statute, loophole, important omission, blank space
**laguna contributiva** – tax loophole
**laguna fiscal** – tax loophole
**laguna impositiva** – tax loophole
**laguna tributaria** – tax loophole
**lagunas de la ley** – matters not covered by statutes
**lagunas del derecho** – matters not covered by statutes
**lagunas legales** – matters not covered by statutes
**laissez faire** – laissez-faire, political philosophy of not interfering
**lance** *m* – throw, impasse, incident, quarrel
**lanchada** *f* – full load of a vessel
**lanchaje** *m* – lighterage
**lanzamiento** *m* – eviction, ouster, launch, launching
**lanzamiento de un nuevo producto** – launching of a new product
**lanzar** *v* – to evict, to oust, to launch, to throw
**lanzar al mercado** – to market, to launch
**lapso** *m* – lapse
**lapso de espera** – waiting period
**lapso de tiempo** – time period
**larga distancia** – long-distance
**largamente** *adv* – liberally, at length
**largo plazo** – long-term
**largo plazo, a** – long-term, in the long term, in the long run
**lascivia** *f* – lasciviousness
**lascivo** *adj* – lascivious
**lastar** *v* – to pay for another
**lastimado** *adj* – hurt
**lastimadura** *f* – injury
**lastimar** *v* – to injure
**lasto** *m* – receipt given to the person who pays for another
**lastre** *m* – ballast
**lata culpa** – gross negligence
**latamente** *adv* – liberally
**latente** *adj* – latent
**lateral** *adj* – lateral
**latifundio** *m* – very large property, latifundium
**latifundismo** *m* – ownership of a very large property
**latifundista** *m/f* – owner of a very large property
**lato** *adj* – liberal, lengthy
**latrocinante** *m* – robber
**latrocinio** *m* – robbery
**laudar** *v* – to award, to render a decision
**laudo** *m* – award, decision
**laudo arbitral** – arbitration award, arbitration decision
**laudo homologado** – court approved arbitration award
**lavado de dinero** – money laundering
**lavar dinero** – to launder money
**lazareto** *m* – quarantine station
**Ldo. (licenciado)** – attorney
**leal saber y entender, a mi** – to the best of my knowledge and belief
**lealtad** *f* – loyalty, allegiance
**lealtad del consumidor** – consumer loyalty
**lealtad natural** – natural allegiance
**lealtad por nacimiento** – natural allegiance
**lealtad por naturalización** – acquired allegiance
**lealtad por residencia** – actual allegiance
**leasing** *m* – leasing
**leasing financiero** – financial leasing
**leasing operativo** – operational leasing
**lector** *m* – reader, scanner
**lector de caracteres en relieve** – embossed character reader
**lector de código de barras** – bar-code reader, bar-code scanner
**lector de documentos** – document reader, document scanner
**lector de etiquetas** – tag scanner, label scanner
**lector de tarjetas** – card reader, card swipe
**lector digital** – digital scanner, digital reader
**lector láser** – laser scanner, laser reader
**lector magnético** – magnetic scanner, magnetic reader
**lector óptico** – optical scanner, optical reader

**lector óptico de caracteres** – optical character reader
**lectura** *f* – reading
**lectura de acusación** – arraignment
**lectura de las leyes penales** – reading of the criminal laws
**lectura del testamento** – reading of the will
**lecho conyugal** – marital bed
**lecho de muerte** – deathbed
**legación** *f* – legation
**legado** *m* – legacy, devise, bequeathment, bequest, chief foreign minister
**legado a los pobres** – legacy to the poor, devise to the poor
**legado a título singular** – specific legacy, specific devise
**legado a título universal** – general legacy, general devise
**legado absoluto** – absolute legacy
**legado acumulado** – accumulated legacy
**legado acumulativo** – accumulative legacy
**legado adicional** – additional legacy
**legado alternativo** – alternate legacy, alternate devise
**legado caritativo** – charitable bequest
**legado condicional** – conditional legacy, conditional devise
**legado de beneficencia** – charitable legacy, charitable devise
**legado de bienes personales** – bequest
**legado de bienes raíces** – devise
**legado de cantidad** – pecuniary legacy
**legado de cosa ajena** – legacy of another's property, devise of another's property
**legado de cosa cierta** – specific legacy, specific devise
**legado de cosa determinada** – specific legacy, specific devise
**legado de cosa especificada** – specific legacy, specific devise
**legado de cosa indeterminada** – indefinite legacy, indefinite devise
**legado de cosas alternas** – alternate legacy, alternate devise
**legado de toda la herencia** – universal legacy, universal devise
**legado de un predio** – devise
**legado demostrativo** – demonstrative legacy, demonstrative devise
**legado especificado** – specified legacy, specified bequest
**legado específico** – specific legacy, specific devise
**legado general** – general legacy, general devise
**legado incondicional** – unconditional legacy, unconditional bequest, unconditional devise
**legado indicado** – indicated bequest
**legado legal** – legacy required by law, devise required by law
**legado modal** – modal legacy, modal devise
**legado puro** – absolute legacy, absolute devise
**legado remanente** – residuary legacy, residuary devise
**legado singular** – specific legacy, specific devise
**legado universal** – universal legacy, universal devise
**legajo** *m* – file, bundle of papers
**legajo de sentencia** – judgment docket, civil docket, criminal docket
**legal** *adj* – legal, lawful
**legalidad** *f* – legality
**legalismo** *m* – legality, legal technicality
**legalista** *adj* – legalistic
**legalización** *f* – legalization, authentication, certification
**legalización de testamento** – probate
**legalizar** *v* – to legalize, to authenticate, to certify
**legalmente** *adv* – legally
**legalmente adecuado** – legally adequate
**legalmente cualificado** – legally qualified
**legalmente establecido** – legally established
**legalmente incorporado** – legally incorporated
**legalmente obligado** – legally obligated
**legalmente responsable** – legally liable
**legar** *v* – to bequeath, to devise, to delegate
**legatario** *m* – legatee, devisee, beneficiary
**legatario de bienes personales** – legatee
**legatario de bienes raíces** – devisee
**legibilidad** *f* – legibility
**legible** *adj* – legible, readable
**legible por máquina** – machine readable
**legislable** *adj* – subject to legislation
**legislación** *f* – legislation
**legislación antidumping** – antidumping legislation
**legislación antimonopolio** – antitrust legislation
**legislación comparada** – comparative law
**legislación concurrente** – concurrent legislation
**legislación de emergencia** – emergency legislation
**legislación de fondo** – substantive law
**legislación declaratoria** – declaratory legislation
**legislación del trabajo** – labor legislation, labour legislation
**legislación económica** – economic legislation
**legislación fiscal** – fiscal legislation, tax legislation
**legislación impositiva** – tax legislation
**legislación judicial** – judge-made law
**legislación laboral** – labor legislation, labour legislation
**legislación obrera** – labor legislation, labour legislation
**legislación recíproca** – reciprocal legislation
**legislación tributaria** – tax legislation
**legislador** *m* – legislator
**legislador** *adj* – legislative
**legislar** *v* – to legislate
**legislativo** *adj* – legislative
**legislatura** *f* – legislature, legislative term
**legislatura extraordinaria** – special session
**legisperito** *m* – legal expert, legisperitus
**legista** *m/f* – legalist, law student
**legítima** *f* – legitime
**legítima defensa** – self-defense, defense of others
**legítima defensa propia** – self-defense
**legítima del cónyuge viudo** – legitime of the surviving spouse
**legitimación** *f* – legitimation
**legitimación en el proceso** – legal capacity
**legitimación en la causa** – legal capacity
**legitimación para obrar** – legal capacity
**legitimación procesal** – legal capacity
**legitimado** *adj* – legitimated
**legítimamente** *adv* – legitimately
**legitimar** *v* – to legitimize

**legitimario** *m* – forced heir
**legitimidad** *f* – legitimacy, genuineness
**legitimismo** *m* – legitimism
**legítimo** *adj* – legitimate
**lego** *m* – layperson
**leguleyo** *m* – shyster
**lenguaje abusivo** – abusive language
**lenguaje de señas** – sign language
**lenguaje ambiguo** – ambiguous language
**lenguaje ofensivo** – offensive language
**lema** *m* – slogan
**lema publicitario** – advertising slogan
**lenguaje corporal** – body language
**lenidad** *f* – leniency
**lenitivo** *adj* – lenient
**leonino** *adj* – leonine
**lesa majestad** – high treason
**lesión** *f* – injury, damage
**lesión accidental** – accidental injury
**lesión anterior** – former injury
**lesión corporal** – bodily injury
**lesión corporal accidental** – accidental bodily injury
**lesión de trabajo** – occupational injury
**lesión directa** – direct injury
**lesión en el trabajo** – injury on the job
**lesión fatal** – fatal injury
**lesión fingida** – feigned injury
**lesión física** – physical injury
**lesión indirecta** – indirect injury
**lesión inmediata** – immediate injury
**lesión intencional** – intentional injury
**lesión jurídica** – tort
**lesión laboral** – occupational injury
**lesión latente** – latent injury
**lesión maliciosa** – malicious injury
**lesión mortal** – fatal injury
**lesión no mortal** – nonfatal injury
**lesión ocupacional** – occupational injury
**lesión personal** – personal injury
**lesión previa** – previous injury
**lesión previsible** – foreseeable injury
**lesión psicológica** – psychological injury
**lesión psíquica** – psychological injury
**lesión relacionada al empleo** – job-related injury
**lesión relacionada al trabajo** – job-related injury
**lesión simulada** – simulated injury
**lesionado** *m* – injured person
**lesionado** *adj* – injured
**lesionador** *m* – injurer, damager
**lesionador** *adj* – injuring, damaging
**lesionar** *v* – to injure, to damage
**lesiones** *f* – injuries, damage
**lesiones de la víctima** – victim's injuries
**lesiones en riña** – injuries resulting from an affray
**lesiones graves** – serious injuries
**lesiones leves** – slight injuries
**lesiones prenatales** – prenatal injuries
**lesiones súbitas** – unexpected injuries
**lesivo** *adj* – injurious, damaging
**leso** *adj* – injured, damaged
**letal** *adj* – lethal
**letra** *f* – draft, bill, letter, handwriting
**letra a cobrar** – bill receivable
**letra a día fijo** – time bill
**letra, a la** – to the letter, literally
**letra a la vista** – sight draft
**letra a pagar** – bill payable
**letra a plazo** – time bill
**letra a presentación** – sight draft
**letra a término** – time bill
**letra abierta** – open letter of credit, open letter
**letra aceptada** – accepted bill, accepted draft
**letra al cobro** – bill for collection
**letra al portador** – blank bill
**letra avalada** – guaranteed bill
**letra bancaria** – bank draft
**letra cambiaria** – bill of exchange
**letra chica** – fine print, small print
**letra comercial** – trade bill, commercial bill
**letra de acomodación** – accommodation letter
**letra de banco** – bank draft
**letra de cambio** – bill of exchange, bill, draft
**letra de cambio a la vista** – sight draft
**letra de cambio a plazo fijo** – time bill
**letra de cambio aceptada** – accepted bill of exchange
**letra de cambio al portador** – bearer bill of exchange
**letra de cambio comercial** – commercial bill
**letra de cambio documentada** – documentary bill of exchange, documentary draft
**letra de cambio documentaria** – documentary bill of exchange, documentary draft
**letra de cambio doméstica** – domestic bill of exchange
**letra de cambio domiciliada** – domiciled bill of exchange
**letra de cambio endosada** – endorsed bill of exchange
**letra de cambio extranjera** – foreign bill of exchange
**letra de cambio negociable** – negotiable bill of exchange
**letra de cambio no domiciliada** – non-domiciled bill of exchange
**letra de cambio protestada** – protested bill of exchange
**letra de cambio vencida** – due draft
**letra de crédito** – letter of credit, credit bill
**letra de favor** – accommodation bill
**letra de la ley** – letter of the law
**letra de mano** – handwriting
**letra de recambio** – redraft
**letra de resaca** – redraft
**letra del tesoro** – treasury bill
**letra descontable** – discountable bill
**letra descontada** – discounted bill
**letra documentaría** – documentary bill
**letra doméstica** – domestic bill
**letra domiciliada** – domiciled draft
**letra en blanco** – blank bill
**letra financiera** – finance bill
**letra limpia** – clean bill of exchange, clean bill
**letra menuda** – fine print, small print
**letra mercantil** – commercial bill
**letra muerta** – dead letter
**letra negociable** – negotiable bill
**letra no atendida** – dishonored bill
**letra pequeña** – fine print, small print
**letra protestada** – protested bill
**letra rechazada** – dishonored bill

**letra rehusada** – refused bill
**letras patentes** – letters patent
**letrado** *m* – attorney
**letrado asesor** – legal adviser
**letrado consultor** – legal adviser
**letrado criminalista** – criminal lawyer
**letras patentes** – letters patent
**letrero** *m* – sign, notice
**levantado** *adj* – lifted, rebellious
**levantador** *adj* – rebellious
**levantamiento** *m* – lifting, rebellion, raising, survey
**levantamiento de restricciones** – lifting of restrictions
**levantamiento del cadáver** – removal of the body
**levantar** *v* – to lift, to raise, to adjourn, to build, to boost, to rebel
**levantar acta** – to take minutes, to put in writing
**levantar capital** – to raise capital
**levantar el embargo** – to release the attachment, to lift the embargo
**levantar la garantía** – to release the guaranty
**levantar la sesión** – to adjourn
**levantar un pagaré** – to pay a note
**levantar un protesto** – to prepare a notice of protest
**leve** *adj* – slight
**levemente** *adv* – slightly
**lex non scripta** – unwritten law, lex non scripta
**lex scripta** – written law, lex scripta
**ley** *f* – law, statute, act, code
**ley adjetiva** – adjective law
**ley administrativa** – administrative law, administrative statute
**ley agraria** – agricultural law, agricultural statute
**ley anterior** – previous law
**ley antidumping** – antidumping law
**ley arancelaria** – tariff law
**ley básica** – constitutional law
**ley cambiaria** – law pertaining to negotiable instruments
**ley civil** – civil law, civil statute, civil code
**ley comercial** – commercial law, commercial statute, commercial code
**ley común** – common law
**ley constitucional** – constitutional law
**ley contributiva** – tax law
**ley de competencia** – competition act
**ley de contabilidad** – accounting law
**Ley de Derechos Civiles** – Civil Rights Act
**ley de derechos de autor** – copyright law
**ley de edificación** – building code
**ley de emergencia** – emergency law
**ley de empleo** – employment law
**ley de enjuiciamiento civil** – law of civil procedure, rules of civil procedure
**ley de enjuiciamiento criminal** – law of criminal procedure, rules of criminal procedure
**ley de extranjería** – immigration law
**Ley de Finanzas** – Finance Act
**ley de fraudes** – statute of frauds
**ley de inmigración** – immigration law
**ley de la legislatura** – legislative act
**ley de la oferta y demanda** – law of supply and demand
**ley de la selva** – law of the jungle
**ley de patentes** – patent law, patent statute
**ley de prescripción** – statute of limitations
**ley de procedimiento** – procedural law
**Ley de Protección Ambiental** – Environmental Protection Act
**Ley de Protección del Empleo** – Employment Protection Act
**ley de quiebras** – bankruptcy law, bankruptcy code
**ley de refrendación** – countersignature law
**ley de sociedades** – corporate law, partnership law
**ley declaratoria** – declaratory statute
**ley-decreto** – executive order having the force of law
**ley del caso** – law of the case
**ley del congreso** – congressional act
**ley del embudo** – unequal treatment under the law
**ley del encaje** – arbitrary court ruling
**ley del foro** – law of the forum
**ley del hogar seguro** – homestead exemption law
**ley del lugar** – law of the place
**ley del lugar del contrato** – law of the place the contract was made
**ley del precedente** – common law
**ley del talión** – law of retaliation, talio
**ley del timbre** – stamp-tax law
**ley del trabajo** – labor law, labor statute, labour law, labour statute
**ley del tribunal** – law of the forum
**ley derogada** – repealed statute
**ley electoral** – electoral statute
**ley escrita** – written law
**ley especial** – special law, special statute
**ley estadual** – state law, state statute
**ley estatal** – state law, state statute
**ley ex post facto** – ex post facto law
**ley explicativa** – expository statute
**ley extranjera** – foreign law
**ley extraterritorial** – extraterritorial law
**ley federal** – federal law, federal statute
**ley fiscal** – tax law, tax statute
**ley formal** – statute
**ley fundamental** – constitutional law
**ley general** – general law
**ley hipotecaria** – law of mortgages
**ley imperativa** – mandatory statute
**ley impositiva** – tax law, tax statute
**ley inconstitucional** – unconstitutional statute
**ley injusta** – unjust law
**ley interestatal** – interstate act
**ley internacional** – international law
**ley interpretativa** – expository statute
**ley judicial** – judge-made law, judiciary law
**ley laboral** – labor law, labour law
**ley local** – local law
**ley marcial** – martial law
**ley mercantil** – commercial law, commercial statute, commercial code
**ley modelo** – model law, model code
**ley modificativa** – amendatory statute
**ley municipal** – municipal statute, municipal law, municipal code
**ley nacional** – national law
**ley natural** – natural law
**ley negativa** – negative statute
**ley no escrita** – unwritten law

**ley notarial** – notarial law
**ley ómnibus** – omnibus statute
**ley orgánica** – organic law
**ley particular** – special law, special statute
**ley penal** – criminal law, criminal statute, criminal code
**ley permanente** – perpetual statute
**ley perpetua** – perpetual statute
**ley personal** – personal law, special law
**ley positiva** – positive law
**ley privada** – special law, special statute
**ley procesal** – procedural law
**ley prohibitiva** – prohibitive law, prohibitive statute
**ley provincial** – provincial law, provincial statute
**ley punitiva** – punitive statute
**ley remunerativa** – remunerative statute
**ley reparadora** – remedial statute
**ley retroactiva** – retroactive law
**ley singular** – special law, special statute
**ley substantiva** – substantive law
**ley suntuaria** – sumptuary law
**ley supletoria** – expository statute
**ley suprema** – supreme law
**ley tácita** – tacit law
**ley territorial** – territorial law
**ley tributaria** – tax law, tax statute
**ley uniforme** – uniform law
**ley vigente** – law in effect
**leyes agrarias** – agrarian laws
**leyes antimonopólicas** – antitrust laws
**leyes antimonopolio** – antitrust laws
**leyes bancarias** – banking laws
**leyes de compañías de inversiones** – investment company laws
**leyes de crédito justo** – fair credit acts
**leyes de etiquetado** – labeling laws
**leyes de extranjería** – alien laws
**leyes de guerra** – laws of war
**leyes de impuestos** – internal revenue laws
**leyes de previsión** – social security laws
**leyes de quiebra** – bankruptcy laws
**leyes de referencia** – laws which make reference to others
**leyes de rentas internas** – internal revenue laws
**leyes de valores** – securities laws
**leyes de ventas a granel** – bulk sales laws
**leyes de zonificación** – zoning laws
**leyes del país** – laws of the land
**leyes draconianas** – Draconian laws
**leyes electorales** – election laws
**leyes establecidas** – established laws
**leyes impositivas** – tax laws
**leyes interestatales** – interstate laws
**leyes laborales** – labor laws, labour laws
**leyes mixtas** – mixed laws
**leyes obreras** – labor laws, labour laws
**leyes recíprocas** – reciprocal laws
**leyes refundidas** – revised statutes
**leyes revisadas** – revised statutes
**leyes tributarias** – tax laws
**leyes uniformes** – uniform laws
**libelar** *v* – to libel, to bring suit, to file a complaint
**libelista** *m/f* – libelist
**libelo** *m* – libel, petition, complaint
**libelo sedicioso** – seditious libel
**liberación** *f* – liberation, release, exemption, exoneration, discharge
**liberación aduanera** – customs release
**liberación condicional** – parole, conditional release, conditional discharge
**liberación de aduana** – customs release
**liberación de gravamen** – release of lien
**liberación de obligaciones** – discharge of obligations
**liberación de prisioneros** – liberation of prisoners
**liberación implícita** – implied release
**liberación inferida** – inferred release
**liberación tácita** – tacit release
**liberado** *adj* – liberated, released, exempt, exonerated, discharged, deregulated
**liberador** *m* – liberator
**liberador** *adj* – liberating, deregulating
**liberal** *adj* – liberal
**liberalidad** *f* – liberality
**liberalismo** *m* – liberalism
**liberalismo económico** – economic liberalism
**liberalista** *adj* – liberalist
**liberalista** *m/f* – liberalist
**liberalización** *f* – liberation, deregulation
**liberalizar** *v* – to liberalize, to deregulate
**liberalmente** *adv* – liberally
**liberar** *v* – to free, to exempt, to issue
**liberar acciones** – to issue stock
**liberar condicionalmente** – to release conditionally
**liberar de derechos** – to exempt from duties
**liberar de responsabilidad** – to free from liability
**liberatorio** *adj* – releasing, exempting
**libertad** *f* – liberty, freedom, right, license
**libertad a prueba** – probation
**libertad bajo caución** – release on bail
**libertad bajo fianza** – release on bail
**libertad bajo palabra** – parole
**libertad caucional** – release on bail
**libertad civil** – civil liberty
**libertad condicional** – parole, probation
**libertad contractual** – freedom of contract
**libertad de acción** – freedom of action
**libertad de asociación** – freedom of association
**libertad de circulación** – freedom of movement
**libertad de coalición** – freedom of association
**libertad de comercio** – freedom of trade
**libertad de competencia** – free competition
**libertad de conciencia** – liberty of conscience
**libertad de contratación** – freedom of contract
**libertad de contratar** – freedom of contract
**libertad de culto** – freedom of religion
**libertad de elección** – freedom of choice
**libertad de establecimiento** – freedom of establishment
**libertad de expresión** – freedom of expression
**libertad de imprenta** – freedom of press
**libertad de industria** – right to work
**libertad de información** – freedom of information
**libertad de la propiedad** – right to own property
**libertad de los mares** – freedom of the seas
**libertad de mercado** – market freedom
**libertad de movimiento** – freedom of movement
**libertad de navegación** – freedom of navigation
**libertad de opinión** – freedom of speech

**libertad de organización** – right of assembly
**libertad de pactar** – freedom of contract
**libertad de palabra** – freedom of speech
**libertad de prensa** – freedom of press
**libertad de precios** – free-market pricing
**libertad de reunión** – freedom of association
**libertad de testar** – freedom to convey by will
**libertad de trabajar** – right to work
**libertad de trabajo** – right to work
**libertad de tránsito** – freedom of movement
**libertad económica** – economic freedom
**libertad individual** – civil liberty
**libertad industrial** – right to work
**libertad natural** – natural liberty
**libertad personal** – civil liberty
**libertad política** – political liberty
**libertad provisional** – parole, release on bail
**libertad religiosa** – freedom of religion
**libertad sin fianza** – release without bail
**libertad vigilada** – parole
**libertades civiles** – civil liberties
**libertar** *v* – to liberate, to exonerate, to exempt
**LIBOR** *f* – LIBOR, London Interbank Offered Rate
**librado** *adj* – drawn
**librado** *m* – drawee
**librado alternativo** – alternative drawee
**librador** *m* – drawer
**libramiento** *m* – order of payment, draft
**librancista** *m/f* – issuer of an order of payment
**librante** *m/f* – drawer
**libranza** *f* – order of payment, draft
**librar** *v* – to liberate, to free, to draw, to issue
**librar sentencia** – to pronounce judgment
**libre** *adj* – free, absolved, exempt
**libre a bordo** – free on board
**libre acceso** – free access
**libre al costado** – free alongside ship
**libre albedrío** – free will
**libre amortización** – free depreciation
**libre arbitrio** – free will
**libre cambio** – free trade
**libre circulación de bienes** – free movement of goods
**libre circulación de capitales** – free movement of capital
**libre circulación de mano de obra** – free movement of labor, free movement of labour
**libre circulación de mercancías** – free movement of goods, free movement of commodities
**libre circulación de productos** – free movement of goods, free movement of commodities
**libre circulación de trabajadores** – free movement of labor, free movement of labour
**libre comercio** – free trade
**libre competencia** – free competition
**libre de contribuciones** – tax-free
**libre de culpa** – innocent
**libre de derechos** – duty-free
**libre de deudas** – free of debts
**libre de gastos** – free of charges
**libre de gastos a bordo** – free on board
**libre de gravamen** – free and clear
**libre de hipotecas** – mortgage-free
**libre de impuestos** – tax-free
**libre de impuestos aduaneros** – free of customs
**libre depreciación** – free depreciation
**libre economía** – free economy
**libre empresa** – free enterprise
**libre movimiento de mano de obra** – free movement of labor, free movement of labour
**libre movimiento de trabajadores** – free movement of labor, free movement of labour
**libre plática** – pratique
**librecambio** *m* – free trade
**librecambismo** *m* – free trade
**librecambista** *adj* – free trading
**librecambista** *m/f* – free trader
**libreta** *f* – notebook, bank book, agenda
**libreta de ahorros** – bank book, bank passbook
**libreta de banco** – bank book, bank passbook
**libreta de cheques** – checkbook, chequebook
**libreta de depósitos** – deposit book
**libreta de direcciones** – address book
**libreta de facturas** – invoice book
**libreta de recibos** – receipt book
**libro** *m* – book
**libro comercial** – trade book
**libro contable** – accounting book
**libro de acciones** – stock ledger
**libro de accionistas** – stock ledger
**libro de actas** – minutes book
**libro de asiento** – memorandum book, account book
**libro de asiento original** – book containing the original entry
**libro de balances** – balance book
**libro de caja** – cashbook, cash journal
**libro de cobros** – collection book
**libro de contabilidad** – account book
**libro de cuenta y razón** – account book
**libro de cuentas** – account book
**libro de cupones** – coupon book
**libro de cheques** – checkbook, chequebook
**libro de derecho** – law book
**libro de direcciones** – address book
**libro de entradas en caja** – cash receipts journal
**libro de facturas** – invoice book, bill book
**libro de filiación** – register of births
**libro de inventario** – inventory book
**libro de inventarios y balances** – inventory and balance book
**libro de letras** – bill book, bill diary
**libro de minutas** – minute book
**libro de navegación** – ship's logbook
**libro de órdenes** – order book
**libro de pagos al contado** – cash payment journal
**libro de pedidos** – order book
**libro de primera entrada** – book containing the original entry
**libro de quejas** – complaint book
**libro de recibos** – receipt book
**libro de sentencias** – judgment docket, judgment book
**libro de ventas** – sales book
**libro del cajero** – cashier's book
**libro diario** – day book, journal
**libro electrónico** – electronic book, e-book
**libro general** – general journal
**libro maestro** – ledger
**libro mayor** – ledger, bank ledger

**libro mayor auxiliar** – subsidiary ledger
**libro mayor de costes** – cost ledger
**libro mayor de costos** – cost ledger
**libro mayor de ventas** – sales ledger
**libro mayor general** – general ledger
**libro talonario** – stub book
**libros contables** – books of account, accounting books
**libros corporativos** – corporate books
**libros de a bordo** – ship's papers
**libros de comercio** – corporate books
**libros de contabilidad** – books of account, accounting books
**libros de la sociedad** – corporate books
**libros del registro de la propiedad** – register of real estate, register of deeds
**libros facultativos** – books not required by law
**libros obligatorios** – books required by law
**libros y registros contables** – accounting books and records
**libros y registros de contabilidad** – accounting books and records
**licencia** *f* – license, licence, permit, leave of absence
**licencia autorizada** – authorized leave of absence
**licencia comercial** – commercial license, commercial licence
**licencia corporativa** – corporate license, corporate licence
**licencia corriente** – current license, current licence
**licencia de agente** – agent license, agent licence
**licencia de apertura** – opening permit
**licencia de armas** – gun license, gun licence
**licencia de cambio** – exchange permit
**licencia de comercio** – commerce license, commerce licence
**licencia de comercio electrónico** – e-commerce license, e-commerce licence, e-business license, e-business licence
**licencia de conductor** – driver's license
**licencia de construcción** – building permit
**licencia de exportación** – export license, export licence
**licencia de fabricación** – manufacturing license, manufacturing licence, manufacturing rights
**licencia de guiar** – driver's license
**licencia de importación** – import license, import licence
**licencia de manufactura** – manufacturing license, manufacturing licence
**licencia de marca** – brand license, brand licence
**licencia de negocios** – business license, business licence
**licencia de obras** – planning permission
**licencia de patente** – patent license, patent licence
**licencia de venta** – selling license, selling licence
**licencia empresarial** – business license, business licence
**licencia en exclusiva** – exclusive license, exclusive licence
**licencia especial** – special license, special licence
**licencia exclusiva** – exclusive license, exclusive licence
**licencia expirada** – expired license, expired licence
**licencia expresa** – express license, express licence
**licencia fiscal** – business license, business licence
**licencia gratuita** – gratuitous license, gratuitous licence
**licencia irrevocable** – irrevocable license, irrevocable licence
**licencia matrimonial** – marriage license, marriage licence
**licencia mercantil** – commercial license, commercial licence
**licencia necesaria** – necessary license, necessary licence
**licencia obligada** – obligatory license, required licence
**licencia obligatoria** – obligatory license, required licence
**licencia para casarse** – marriage license
**licencia para comercio** – commerce license, commerce licence
**licencia para edificar** – building permit
**licencia para operar** – license to operate, licence to operate
**licencia por maternidad** – maternity leave
**licencia por paternidad** – paternity leave
**licencia profesional** – professional license, professional licence
**licencia requerida** – required license, required licence
**licencia simple** – simple license, simple licence
**licenciado** *adj* – licensed, licenced
**licenciado** *m* – attorney, licentiate, licensee, released person, graduate, esquire
**Licenciado en Administración de Empresas** – Bachelor of Business Administration, Bachelor of Business Management
**Licenciado en Ciencias Económicas** – Bachelor of Science in Economics
**Licenciado en Derecho** – attorney
**Licenciado en Economía** – Bachelor of Economics
**licenciamiento** *m* – licensing
**licenciamiento automático** – automatic licensing
**licenciamiento cruzado** – cross-licensing
**licenciante** *m/f* – licensor
**licenciarse** *v* – to become licensed, to become licenced, to graduate
**licenciatario** *m* – licensee
**licenciatario en exclusiva** – exclusive licensee
**licenciatario exclusivo** – exclusive licensee
**licitación** *f* – bidding, licitation, bid, tender
**licitación abierta** – open bidding
**licitación colusoria** – collusive bidding
**licitación competitiva** – competitive bidding
**licitación ficticia** – fictitious bidding
**licitación publica** – public bidding
**licitador** *m* – bidder
**lícitamente** *adv* – legally
**licitante** *m/f* – bidder
**licitar** *v* – to bid, to tender, to auction, to auction off
**lícito** *adj* – legal
**licitud** *f* – lawfulness, legality
**licitud de contraprestación** – legality of consideration
**licitud de contrato** – legality of contract
**licitud de obligación** – legality of obligation
**licitud de propósito** – legality of purpose
**licurgo** *m* – legislator
**lid** *f* – fight, dispute

**líder** *m* – leader
**líder en pérdida** – loss leader
**liderazgo** *m* – leadership
**liderazgo de precios** – price leadership
**lidia** *f* – battle, litigation
**lidiador** *m* – combatant, litigant
**lidiar** *v* – to battle, to litigate
**liga** *f* – league, relationship
**ligamen** *m* – diriment impediment
**ligar** *v* – to link, to commit
**limitable** *adj* – limitable
**limitación** *f* – limitation, district
**limitación colateral** – collateral limitation
**limitación contingente** – contingent limitation
**limitación de gastos** – expense limitation
**limitación de los daños y perjuicios** – limitation of damages
**limitación monetaria** – monetary limitation
**limitación de responsabilidad** – limitation of liability
**limitación parcial** – partial limitation
**limitaciones constitucionales** – constitutional limitations
**limitaciones de deuda** – debt limitations
**limitadamente** *adv* – limitedly
**limitado** *adj* – limited
**limitado legalmente** – legally limited
**limitado lícitamente** – licitly limited
**limitar** *v* – to limit
**limitar la competencia** – to limit competition
**limitativo** *adj* – limiting
**límite** *m* – limit, cap, end, boundary
**límite anual** – annual limit, annual cap
**límite básico** – basic limit
**límite básico de responsabilidad** – basic limit of liability
**límite combinado** – combined limit
**límite contributivo** – tax limit
**límite convenido** – agreed limit
**límite de acceso** – access limit
**límite de aceptación** – acceptance limit
**límite de autorización** – authorization limit
**límite de coaseguro** – coinsurance limit
**límite de crédito** – credit limit
**límite de deuda** – debt limit
**límite de deuda federal** – federal debt limit
**límite de edad** – age limit
**límite de fluctuación** – fluctuation limit
**límite de gastos** – expense limit
**límite de ingresos** – income limit
**límite de póliza** – policy limit
**límite de precio** – price limit
**límite de préstamos** – loan limit
**límite de préstamos legal** – legal lending limit
**límite de préstamos lícito** – licit lending limit
**límite de reaseguro** – reinsurance limit
**límite de responsabilidad** – limit of liability
**límite de responsabilidad total** – aggregate limit of liability
**límite de seguros** – insurance limit
**límite de tasa** – rate limit
**límite de tasa de interés** – interest rate limit
**límite de tiempo** – time limit
**límite de tipo** – rate limit
**límite de tipo de interés** – interest rate limit
**límite de velocidad** – speed limit
**límite del país** – country limit
**límite especificado** – specified limit
**límite específico** – specific limit
**límite identificado** – identified limit
**límite impositivo** – tax limit
**límite indicado** – indicated limit
**límite inferior** – lower limit
**límite legal** – legal limit
**límite lícito** – licit limit
**límite necesario** – necessary limit
**límite obligado** – mandatory limit
**límite obligatorio** – mandatory limit
**límite por accidente** – per accident limit
**límite por persona** – per person limit
**límite requerido** – required limit
**límite superior** – upper limit
**límite superior convenido** – agreed higher limit
**límite total** – aggregate limit
**límite total anual** – annual aggregate limit
**límite tributario** – tax limit
**límite variable** – variable limit
**límites controlados** – controlled limits
**límites de control** – control limits
**limítrofe** *adj* – bordering
**limpiar** *v* – to clean, to exonerate
**limpieza de título** – clearing title
**limpio** *adj* – clean, clear, net
**linaje** *m* – lineage
**linajista** *m* – genealogist
**linchamiento** *m* – lynching
**linchar** *v* – to lynch
**lindar** *v* – to adjoin, to abut
**linde** *m* – boundary, abutment, landmark
**lindero** *adj* – adjoining
**lindero** *m* – boundary, abutment, landmark
**línea** *f* – line, boundary
**línea aérea** – airline
**línea ascendente** – ascending line
**línea colateral** – collateral line
**línea de ayuda** – helpline
**línea de carga** – load line
**línea de consulta** – helpline
**línea de crédito** – credit line
**línea de crédito acordada** – agreed-upon credit line
**línea de crédito bancaria** – bank line
**línea de crédito contingente** – contingent credit line
**línea de crédito convenida** – agreed-upon credit line
**línea de crédito de apoyo** – backup line
**línea de crédito de banco** – bank line
**línea de crédito especificada** – specified credit line
**línea de crédito estipulada** – stipulated credit line
**línea de crédito fija** – fixed credit line
**línea de crédito negociada** – negotiated credit line
**línea de crédito pactada** – agreed-upon credit line
**línea de crédito preestablecida** – preset credit line
**línea de crédito renovable** – revolving line of credit
**línea de crédito rotatoria** – revolving credit line
**línea de crédito variable** – variable credit line
**línea de descuento** – line of discount
**línea de edificación** – building line
**línea de montaje** – assembly line
**línea de navegación** – navigation route, shipping company

**línea de negocios** – line of business
**línea de pobreza** – poverty line
**línea de producción** – production line
**línea de productos** – product line
**línea descendiente** – descending line
**línea directa** – direct line
**línea dura** – hard line
**línea femenina** – female line
**línea férrea** – railroad line, railroad company
**línea fluvial** – navigation route
**línea jerárquica** – line of command
**línea masculina** – male line
**línea materna** – maternal line
**línea naviera** – shipping line
**línea paterna** – paternal line
**línea recta** – direct line
**línea telefónica** – telephone line
**lineal** *adj* – lineal
**líneas comerciales** – commercial lines
**líneas de comunicaciones** – lines of communication
**lingote** *m* – ingot
**lipidia** *f* – indigence, impertinence
**liquidable** *adj* – liquefiable
**liquidación** *f* – liquidation, settlement, distribution, winding-up, clearance, killing
**liquidación completa** – complete liquidation
**liquidación de activos** – asset liquidation
**liquidación de averías** – liquidation of ship's average
**liquidación de corporación** – dissolution of corporation
**liquidación de cuentas** – settlement of accounts, adjustment of accounts
**liquidación de existencias** – clearance sale
**liquidación de impuestos** – tax payment
**liquidación de la herencia** – distribution of the estate
**liquidación de siniestro** – claim settlement
**liquidación de sociedad** – liquidation of partnership, liquidation of corporation, dissolution of corporation
**liquidación de una reclamación** – adjustment of a claim
**liquidación en efectivo** – cash settlement
**liquidación entera** – entire liquidation
**liquidación forzosa** – forced liquidation
**liquidación involuntaria** – involuntary liquidation
**liquidación neta** – net settlement
**liquidación obligatoria** – forced liquidation
**liquidación parcial** – partial liquidation
**liquidación por cierre** – fire sale, liquidation sale
**liquidación total** – total liquidation
**liquidación tributaria** – tax payment
**liquidado** *adj* – liquidated, settled, cleared, killed
**liquidador** *m* – liquidator
**liquidador de averías** – average adjuster, claims adjuster
**liquidador judicial** – judicial liquidator
**liquidar** *v* – to liquidate, to sell off, to settle, to clear, to wind up, to kill
**liquidar un giro** – to honor a draft
**liquidar un negocio** – to liquidate a business
**liquidar una cuenta** – to settle an account
**liquidez** *f* – liquidity
**liquidez bancaria** – bank liquidity
**liquidez corriente** – current liquidity
**liquidez de mercado** – market liquidity
**liquidez en exceso** – excess liquidity
**liquidez internacional** – international liquidity
**liquidez nacional** – national liquidity
**líquido** *adj* – liquid, net
**líquido gravable** – taxable income
**líquido imponible** – taxable income
**líquido tributable** – taxable income
**lis alibi pendens** – a suit pending elsewhere, lis alibi pendens
**lis pendens** – a pending suit, lis pendens
**lisiado** *adj* – disabled, injured
**lisiar** *v* – to disable, to injure
**lista** *f* – list
**lista aprobada** – approved list
**lista de acreedores** – list of creditors
**lista de asistencia** – attendance list
**lista de contribuyentes** – tax list, assessment list
**lista de correos** – mailing list
**lista de cotejo** – checklist
**lista de cuentas** – chart of accounts, account list
**lista de espera** – waiting list
**lista de jurados** – jury-list
**lista de litigios** – docket
**lista de materiales** – bill of materials
**lista de morosos** – delinquent list
**lista de testigos** – witness list
**lista de pleitos** – docket
**lista de precios** – price list
**lista final** – final list
**lista legal** – legal list
**lista legal modificada** – modified legal list
**lista negra** – black list
**listado** *adj* – listed
**listado** *m* – listing, list
**listado aprobado** – approved list
**listado de acreedores** – list of creditors
**listado de asistencia** – attendance list
**listado de contribuyentes** – tax list, assessment list
**listado de correos** – mailing list
**listado de cotejo** – checklist
**listado de cuentas** – chart of accounts, account list
**listado de espera** – waiting list
**listado de materiales** – bill of materials
**listado de morosos** – delinquent list
**listado de precios** – price list
**listado final** – final list
**listado legal** – legal list
**listado negro** – black list
**listar** *v* – to list
**listín** *m* – small list, newspaper
**lite pendente** – pending the suit, lite pendente
**literal** *adj* – literal
**literalidad** *f* – literality
**literalmente** *adv* – literally
**literatura comercial** – commercial literature
**literatura corporativa** – corporate literature
**literatura de comercio** – commerce literature
**literatura de la compañía** – company literature
**literatura de negocios** – business literature
**literatura empresarial** – business literature
**literatura jurídica** – legal literature
**literatura mercantil** – commercial literature, mercantile literature
**literatura publicitaria** – advertising literature, publicity

literature
**litigación** *f* – litigation
**litigador** *m* – litigant, litigator
**litigante** *m/f* – litigant, litigator
**litigante vencedor** – prevailing party
**litigante vencido** – losing party
**litigar** *v* – to litigate
**litigio** *m* – litigation, lawsuit
**litigio innecesario** – unnecessary litigation
**litigio necesario** – necessary litigation
**litigiosidad** *f* – litigiosity
**litigioso** *adj* – litigious, under litigation
**litis** *f* – lawsuit
**litisconsorcio** *m* – joinder
**litisconsorte** *m/f* – joint litigant
**litiscontestación** *f* – contestation of suit
**litisexpensas** *f* – costs of litigation
**litispendencia** *f* – a pending suit, same cause of action pending in another court
**litoral** *adj* – littoral
**llama** *f* – flame
**llamada** *f* – call, signal
**llamada a licitación** – call for bids, call for tenders
**llamada a propuestas** – call for bids, call for tenders
**llamada comercial** – business call
**llamada de comercio** – commerce call
**llamada de larga distancia** – long-distance call
**llamada de negocios** – business call
**llamada de socorro** – distress call
**llamada directa** – direct call
**llamada en conferencia** – conference call
**llamada internacional** – international call
**llamada telefónica** – telephone call
**llamado en garantía** – notification to a third party of possible liability
**llamamiento** *m* – call, summons
**llamamiento a juicio** – summons, indictment
**llamamiento a licitación** – call for bids, call for tenders
**llamar** *v* – to call, to summon
**llamar a asamblea** – to call a meeting
**llamar a concurso** – to call for bids
**llamar a juicio** – to summon, to bring to trial
**llamar a junta** – to call a meeting
**llamar a sesión** – to call a meeting
**llamar al orden** – to call to order
**llamar autos** – to subpoena records
**llamar el caso** – to call the case
**llamativo** *adj* – attention-getting, eye-catching
**llave** *f* – goodwill, key
**llave en mano** – turnkey
**llave maestra** – master key
**llegada** *f* – arrival
**llegar** *v* – to arrive
**llegar a un acuerdo** – to reach an agreement
**llegar a un entendimiento** – to reach an understanding
**llenar** *v* – to fill, to fill in, to comply with
**llenar los requisitos** – to fulfill the requirements
**llenar una vacante** – to fill a vacancy
**llenero** *adj* – complete
**llevado a cabo** – carried out, completed
**llevanza** *f* – leasing
**llevar** *v* – to carry, to transfer, to care for, to manage, to run, to tolerate, to lease
**llevar a cabo** – to carry out, to complete
**llevar a cabo negocios** – to conduct business
**llevar a cabo una transacción** – to complete a transaction
**llevar a efecto** – to put into effect
**llevar a la bancarrota** – to bankrupt
**llevar a la quiebra** – to bankrupt
**llevar a protesto** – to protest
**llevar a remate** – to put up for auction
**llevar a término** – to complete
**llevar intereses** – to bear interest
**llevar un pleito** – to conduct a lawsuit
**llevar un registro** – to keep a record
**lo mejor de lo mejor** – cream of the crop, best of the best
**lo último en entrenamiento** – cutting-edge training
**lo último en marketing** – cutting-edge marketing
**lo último en mercadeo** – cutting-edge marketing
**lo último en tecnología** – cutting-edge technology
**lobby** *m* – lobby
**locación** *f* – lease, employment
**locación concurrente** – concurrent lease
**locación de cosas** – lease of goods
**locación de fincas rústicas** – lease of rural property
**locación de fincas urbanas** – lease of urban property
**locación de servicios** – employment
**locación informal** – parol lease
**locación-venta** *f* – lease with option to buy
**locador** *m* – lessor, employer
**locador de servicios** – employer
**local** *m* – locale, premises
**local** *adj* – local
**local alquilado** – rented premises
**local arrendado** – leased premises
**local autorizado** – authorized premises
**local comercial** – commercial premises, business premises, commercial locale
**local corporativo** – corporate premises
**local de empleo** – place of employment
**local de negocios** – business premises
**local de trabajo** – worksite
**local empresarial** – business premises
**local mercantil** – commercial premises, commercial locale
**local peligroso** – dangerous premises
**local privado** – private premises
**local público** – public premises
**localidad** *f* – locality
**localización** *f* – location
**localización cubierta** – covered location
**localizador** *m* – locator
**localizar** *v* – to locate
**locatario** *m* – lessee
**locativo** *adj* – pertaining to leasing, pertaining to employment
**loco** *m* – insane person
**loco** *adj* – insane
**locuaz** *adj* – loquacious
**locura** *f* – insanity
**locura criminal** – criminal insanity
**locus delicti** – the place of the offense, locus delicti
**lógica** *f* – logic
**lógicamente** *adv* – logically
**lógico** *adj* – logical

**logística** *f* – logistics
**logístico** *adj* – logistic
**logo** *m* – logo
**logo corporativo** – corporate logo
**logo de la compañía** – company logo
**logo de la corporación** – corporate logo
**logo de la empresa** – enterprise logo
**logo empresarial** – enterprise logo
**logotipo** *m* – logo
**logotipo corporativo** – corporate logo
**logotipo de la compañía** – company logo
**logotipo de la corporación** – corporate logo
**logotipo de la empresa** – enterprise logo
**logotipo empresarial** – enterprise logo
**lograr** *v* – to achieve, to possess, to enjoy
**logrear** *v* – to profiteer, to lend money
**logrería** *f* – profiteering, usury, moneylending
**logrero** *m* – profiteer, usurer, moneylender
**longevidad** *f* – longevity
**logro** *m* – achievement
**logro profesional** – professional achievement
**longuería** *f* – dilatoriness
**lonja** *f* – market, exchange, commodities exchange
**los pro y los contra** – pros and cons
**lote** *m* – lot
**lotear** *v* – to parcel
**loteo** *m* – parceling, parcelling
**lotería** *f* – lottery
**luces de situación** – anchor lights
**lucha de clases** – class war
**lúcidamente** *adv* – lucidly
**lucidez** *f* – lucidity
**lucidez mental** – lucidity
**lúcido** *adj* – lucid
**lucrar** *v* – to profit
**lucrarse** *v* – to profit
**lucrativo** *adj* – lucrative, profitable
**lucro** *m* – profit
**lucro cesante** – lost profits
**lucro esperado** – anticipated profits
**lucro naciente** – profit on borrowed funds
**lucros y daños** – profit and loss
**luego del hecho** – after the fact
**luego que** – as soon as, after
**lugar** *m* – place, position, post, reason, occasion
**lugar de constitución** – place of incorporation
**lugar de cumplimiento** – place of performance
**lugar de ejecución** – place of performance
**lugar de empleo** – place of employment
**lugar de entrega** – place of delivery
**lugar de incorporación** – place of incorporation
**lugar de la conferencia** – conference venue
**lugar de los hechos** – place of the events, place of the offense
**lugar de pago** – place of payment
**lugar de partida** – place of departure
**lugar de registro** – place of registration
**lugar de residencia** – place of residence
**lugar de salida** – place of departure
**lugar de trabajo** – workplace
**lugar del contrato** – place of the contract
**lugar del delito** – place of the offense
**lugar del sello** – place of the seal
**lugar en los contratos** – place of the contract
**lugar habitado** – inhabited place
**lugar no habitado** – uninhabited place
**lugar peligroso** – dangerous place
**lugar público** – public place
**lugar y fecha** – place and date
**luir** *v* – to pay off
**luz de tránsito** – traffic light

# M

**machismo** *m* – machismo, male chauvinism
**machista** *adj* – male chauvinistic
**machista** *m/f* – male chauvinist
**macroeconomía** *f* – macroeconomics
**macroeconómico** *adj* – macroeconomic
**macular** *v* – to defame
**machucho** *adj* – judicious
**madrastra** *f* – step-mother
**madre abusiva** – abusive mother
**madre adoptiva** – adoptive mother
**madre biológica** – biologic mother
**madre de crianza** – adoptive mother
**madre de familia** – householder
**madre política** – mother-in-law
**madre soltera** – single mother
**madrugada** *f* – dawn
**madurar** *v* – to mature
**maestranza** *f* – arsenal
**Maestría en Administración de Empresas** – Master of Business Administration, Master of Business Management, Master of Science in Business Administration
**Maestría en Ciencias Económicas** – Master of Science in Economics
**Maestría en Comercio** – Master of Commerce
**Maestría en Derecho** – Master of Law
**Maestría en Economía** – Master of Economics
**Maestría en Leyes** – Master of Law
**maestro** *adj* – master, main
**maestro de obras** – foreperson
**magancería** *f* – trickery
**magancia** *f* – trick
**magistrado** *m* – magistrate, justice
**magistrado ponente** – judge who writes the opinion of the court where there is more than one justice
**magistrado revisor** – judge who writes the opinion of the court where there is more than one justice
**magistrado suplente** – judge pro tempore
**magistratura** *f* – magistracy
**magistratura sentada** – the judiciary
**magna culpa** – gross negligence
**magnate** *m/f* – magnate
**magnicida** *m/f* – assassin of a head of state, assassin of a public figure, assassin
**magnicidio** *m* – assassination of a head of state, assassination of a public figure, assassination

**magnificar** *v* – to magnify
**magnitud** *f* – magnitude
**magullar** *v* – to batter and bruise
**mailing** *m* – mailing
**mal** *m* – evil, illegality, damage, harm, wrong, illness
**mal** *adj* – bad, wrong
**mal** *adv* – badly, wrongly
**mal carácter** – bad character
**mal codificado** – misencoded
**mal innecesario** – unnecessary harm
**mal mayor** – greater harm
**mal menor** – lesser harm
**mal negocio** – bad deal
**mal nombre** – bad reputation
**mal pagado** – badly paid, badly remunerated
**mal riesgo** – bad risk
**mala administración** – bad administration
**mala conducta** – bad behavior
**mala declaración** – false statement
**mala fama** – bad reputation
**mala fe** – bad faith
**mala fides** – bad faith, mala fides
**mala firma** – illegible signature
**mala gerencia** – bad management
**mala paga** – credit risk
**mala reputación** – bad reputation
**mala voluntad** – bad intention
**maladanza** *f* – calamity
**malamente** *adv* – badly, wrongly
**malaventura** *f* – misfortune
**malaventurado** *adj* – unfortunate
**malaventuranza** *f* – misfortune
**malbaratador** *m* – spendthrift, underseller
**malbaratar** *v* – to squander, to dump, to undersell
**malbarato** *m* – squandering, dumping, underselling
**malcaso** *m* – treachery
**maldad** *f* – malice
**maldadoso** *adj* – malicious
**maldecir** *v* – to defame, to curse
**maldiciente** *m* – defamer, curser
**maldispuesto** *adj* – indisposed, reluctant
**maleador** *m* – hoodlum
**maleante** *m* – hoodlum
**malear** *v* – to harm, to corrupt
**maledicencia** *f* – defamation, verbal abuse
**maleficiar** *v* – to damage, to injure
**maléfico** *adj* – malicious
**malentendido** *m* – misunderstanding
**malévolamente** *adv* – malevolently
**malevolencia** *f* – malevolence
**malévolo** *adj* – malevolent
**malformación** *f* – malformation
**malfuncionamiento** *m* – malfunction
**malgastador** *m* – spendthrift
**malgastar** *v* – to squander
**malhecho** *m* – misdeed
**malhechor** *m* – malefactor
**malherido** *adj* – badly injured
**malherir** *v* – to injure seriously
**malicia** *f* – malice
**malicia constructiva** – constructive malice
**malicia de hecho** – actual malice
**malicia expresa** – express malice
**malicia implícita** – implied malice
**malicia inferida** – inferred malice
**malicia particular** – particular malice
**malicia premeditada** – premeditated malice, malice aforethought
**malicia tácita** – tacit malice
**maliciar** *v* – to suspect, to ruin
**maliciosamente** *adv* – maliciously
**malicioso** *adj* – malicious
**malignidad** *f* – malice
**maligno** *adj* – malignant
**malintencionado** *adj* – with bad intentions
**malo** *adj* – bad, damaging
**malogramiento** *m* – failure, frustration
**malograr** *v* – to waste, to spoil
**malograrse** *v* – to fail, to be frustrated
**malogro** *m* – failure, frustration
**malos antecedentes** – criminal records
**malos tratos** – mistreatment, abuse
**malos tratos a animales** – animal abuse
**malos tratos a ancianos** – elderly abuse
**malos tratos a menores** – child abuse
**malos tratos a mujeres** – women abuse
**malparar** *v* – to harm
**malparir** *v* – to abort
**malparto** *m* – abortion
**malrotador** *m* – squanderer
**malrotar** *v* – to squander
**malsano** *adj* – noxious
**maltratamiento** *m* – maltreatment
**maltratar** *v* – to maltreat
**maltrato** *m* – maltreatment, abuse
**maltrato de animales** – animal abuse
**maltrato de ancianos** – elderly abuse
**maltrato de la víctima** – victim's mistreatment
**maltrato de menores** – child abuse
**maltrato de mujeres** – women abuse
**malum in se** – wrong in itself, malum in se
**malvadamente** *adv* – maliciously
**malvado** *adj* – wicked
**malversación** *f* – misappropriation, embezzlement, peculation
**malversación de caudales públicos** – peculation
**malversador** *m* – embezzler, peculator
**malversar** *v* – to misappropriate, to embezzle, to peculate
**mallete** *m* – mallet
**mamandurria** *f* – sinecure
**mánager** *m* – manager
**mancamiento** *m* – maiming, lack
**manceba** *f* – concubine
**mancebía** *f* – brothel
**mancipación** *f* – conveyance, transfer
**mancomunada y solidariamente** – joint and severally
**mancomunadamente** *adv* – jointly
**mancomunado** *adj* – joint
**mancomunar** *v* – to compel joint obligation, to join
**mancomunarse** *v* – to become jointly obligated, to join
**mancomunidad** *f* – joint liability, association
**mancomunidad a prorrata** – joint liability on a proportional basis
**mancomunidad simple** – joint liability on a proportional basis
**mancomunidad solidaria** – joint and several liability

**mancomunidad total** – joint and several liability
**manda** *f* – legacy
**mandado** *m* – mandate
**mandamiento** *m* – mandate, mandamus, writ, injunction, command
**mandamiento afirmativo** – mandatory injunction
**mandamiento alternativo** – alternative writ
**mandamiento de arresto** – arrest warrant
**mandamiento de desalojo** – writ of ejectment
**mandamiento de detención** – arrest warrant
**mandamiento de ejecución** – writ of execution
**mandamiento de embargo** – writ of attachment
**mandamiento de prisión** – arrest warrant
**mandamiento de registro** – search warrant
**mandamiento final** – permanent injunction
**mandamiento judicial** – writ, court order
**mandamiento perpetuo** – permanent injunction
**mandamiento preceptivo** – mandatory injunction
**mandamiento provisional** – preliminary injunction
**mandamus** – mandamus
**mandante** *m/f* – mandator
**mandar** *v* – to order, to bequeath, to offer, to govern, to send
**mandar pagar** – to order payment
**mandar protestar** – to order protest
**mandatario** *m* – mandatary, agent, representative, attorney, proxy, leader
**mandatario en la compraventa** – agent for a party in a sale
**mandatario general** – general agent
**mandatario judicial** – judicial representative, attorney
**mandatario singular** – special agent
**mandato** *m* – mandate, writ, order, agency, power of attorney, term, charge
**mandato acostumbrado** – customary agency
**mandato activo** – active agency
**mandato administrativo** – administrative agency, administrative order
**mandato anterior** – former agency
**mandato aparente** – apparent agency
**mandato autorizado** – authorized agency
**mandato clandestino** – clandestine agency
**mandato común** – common agency
**mandato condicional** – conditional agency, conditional order
**mandato de allanamiento** – search warrant
**mandato de arresto** – arrest warrant
**mandato de cambio** – change order
**mandato de cancelación** – cancellation order
**mandato de comparecencia** – subpoena, summons
**mandato de comparecer** – subpoena, summons
**mandato de desahucio** – eviction order
**mandato de detención** – arrest warrant
**mandato de embargo** – seizure order
**mandato de hecho** – actual agency
**mandato de pago** – payment order
**mandato de protección** – protective order
**mandato delegable** – delegable agency
**mandato discrecional** – discretionary order
**mandato ejecutivo** – executive order
**mandato escrito** – written agency, written order
**mandato especial** – special agency, special order
**mandato especializado** – specialized agency
**mandato establecido** – established agency
**mandato evidente** – evident agency
**mandato exclusivo** – exclusive agency
**mandato expreso** – express agency
**mandato extrajudicial** – out-of-court agency
**mandato futuro** – future agency
**mandato general** – general agency
**mandato gratuito** – gratuitous agency
**mandato habitual** – habitual agency
**mandato ilegal** – illegal agency, illegal order
**mandato ilícito** – illicit agency, illicit order
**mandato implícito** – implied agency
**mandato inapropiado** – inappropriate agency
**mandato inferido** – inferred agency
**mandato interlocutorio** – interlocutory order, temporary injunction
**mandato inusual** – unusual agency
**mandato irrevocable** – irrevocable agency
**mandato judicial** – judicial order, court order, writ
**mandato jurídico** – judicial order, court order, writ
**mandato legal** – legal agency, legal order
**mandato lícito** – licit agency, licit order
**mandato limitado** – limited agency
**mandato mancomunado** – joint agency
**mandato normal** – normal agency
**mandato obvio** – obvious agency
**mandato oficial** – official agency
**mandato oneroso** – paid agency
**mandato oral** – oral order
**mandato ordinario** – ordinary agency
**mandato original** – original order
**mandato ostensible** – ostensible agency
**mandato particular** – special agency
**mandato personal** – personal agency
**mandato por escrito** – written agency, written order
**mandato presunto** – implied agency
**mandato previo** – previous order
**mandato privado** – private agency
**mandato público** – public agency
**mandato regular** – regular agency
**mandato restringido** – restricted agency
**mandato retribuido** – paid agency
**mandato revocable** – revocable agency
**mandato tácito** – implied agency
**mandato verbal** – oral agency, verbal order
**mandatorio** *adj* – mandatory
**mando** *m* – command, control, authority
**mando y jurisdicción** – authority and jurisdiction
**mandrache** *m* – gambling house
**mandracho** *m* – gambling house
**manejar** *v* – to manage, to direct, to handle, to drive, to use
**manejar el comercio** – manage commerce, manage trade
**manejar el crecimiento** – manage growth
**manejar la demanda** – manage demand
**manejar la economía** – manage the economy
**manejar la inflación** – manage inflation
**manejar las acciones** – manage shares, manage stock
**manejar las tasas** – manage rates
**manejar los costes** – manage costs
**manejar los costos** – manage costs
**manejar los fondos** – manage funds
**manejar los gastos** – manage expenses, manage expenditures

**manejar los precios** – manage prices
**manejar los salarios** – manage wages
**manejo** *m* – management, direction, handling, driving
**manejo activo** – active management
**manejo adaptativo** – adaptive management
**manejo adaptivo** – adaptive management
**manejo aduanero** – customs management
**manejo ambiental** – environmental management
**manejo bancario** – bank management
**manejo central** – central management
**manejo centralizado** – centralized management
**manejo científico** – scientific management
**manejo clásico** – classical management
**manejo comercial** – business management
**manejo corporativo** – corporate management
**manejo de activos** – asset management
**manejo de aduanas** – customs management
**manejo de banco** – bank management
**manejo de bienes inmuebles** – real estate management
**manejo de bienes raíces** – real estate management
**manejo de calidad** – quality management
**manejo de cartera** – portfolio management, money management
**manejo de cartera de valores** – portfolio management, money management
**manejo de comercio** – commerce management, business management
**manejo de comercio electrónico** – e-commerce management, e-business management
**manejo de compañía** – company management
**manejo de comunicaciones** – communications management
**manejo de crisis** – crisis management
**manejo de cuenta** – account management
**manejo de departamento** – department management
**manejo de efectivo** – cash management
**manejo de empresas** – business management
**manejo de energía** – energy management
**manejo de fondos** – money management, funds management, cash management
**manejo de gastos** – management of expenses
**manejo de impuestos** – tax management
**manejo de inventario** – inventory management
**manejo de inversiones** – investment management
**manejo de la calidad** – quality management
**manejo de la carrera** – career management
**manejo de la compañía** – company management
**manejo de la corporación** – corporate management
**manejo de la cosa común** – management of something owned jointly
**manejo de la deuda** – debt management
**manejo de la deuda pública** – public debt management, national debt management
**manejo de la empresa** – company management, enterprise management
**manejo de la herencia** – estate management
**manejo de la información** – information management
**manejo de la quiebra** – management of a bankrupt's estate
**manejo de la sociedad** – management of a corporation, management of a partnership
**manejo de la sucesión** – management of an estate
**manejo de marketing** – marketing management
**manejo de materiales** – materials management
**manejo de mercadeo** – marketing management
**manejo de mercancías** – commodities management, merchandise management
**manejo de negocios** – business management
**manejo de oficina** – office management
**manejo de operaciones** – operations management
**manejo de personal** – personnel management
**manejo de plan** – plan management
**manejo de producción** – production management
**manejo de productos** – commodities management, products management
**manejo de propiedades** – property management
**manejo de quejas** – complaints management
**manejo de recursos** – resource management
**manejo de recursos humanos** – human resources management
**manejo de recursos naturales** – natural resources management
**manejo de red** – network management
**manejo de registros** – records management
**manejo de relaciones con clientes** – customer relationship management
**manejo de residuos** – waste management
**manejo de riesgos** – risk management
**manejo de salario** – salary management
**manejo de tierras** – land management
**manejo de ventas** – sales management
**manejo del desarrollo** – development management
**manejo del estrés profesional** – professional stress management
**manejo del mercado** – market management
**manejo del pasivo** – liability management
**manejo del proyecto** – project management
**manejo departamental** – departmental management
**manejo descentralizado** – decentralized management
**manejo dinámico** – dynamic management
**manejo ecológico** – eco-management, ecological management
**manejo efectivo** – effective management
**manejo empresarial** – business management, enterprise management
**manejo especial** – special handling
**manejo financiero** – financial management
**manejo fiscal** – fiscal management
**manejo funcional** – functional management
**manejo general** – general management
**manejo laboral** – labor management, labour management
**manejo mercantil** – commercial management
**manejo monetario** – money management, monetary management
**manejo operativo** – operating management
**manejo presupuestario** – budget management
**manejo público** – public management
**manejo salarial** – salary management
**manejo tributario** – tax management
**manera** *f* – manner, type
**manferir** *v* – to assay weights and measures
**manganilla** *f* – ruse, stratagem
**mangonear** *v* – to graft
**mangoneo** *m* – graft
**manía** *f* – mania
**maníaco** *m* – maniac

**maniatar** *v* – to handcuff
**maniático** *m* – maniac
**manifacero** *m* – troublemaker, meddler
**manifestación** *f* – manifestation, demonstration, declaration
**manifestación de bienes** – declaration of assets
**manifestación de impuestos** – tax return
**manifestación de ingresos** – declaration of income
**manifestación de intención** – manifestation of intention
**manifestación de la voluntad** – manifestation of intention
**manifestación de quiebra** – declaration of bankruptcy
**manifestación incriminatoria** – incriminating statement
**manifestación original** – original manifestation
**manifestación política** – political manifestation
**manifestador** *adj* – manifesting
**manifestante** *m/f* – demonstrator
**manifestar** *v* – to manifest, to express, to declare, to show, to demonstrate
**manifiestamente** *adv* – manifestly
**manifiesto** *m* – manifest, manifesto
**manifiesto** *adj* – manifest, obvious
**manifiesto de embarque** – ship's manifest
**manilla** *f* – handcuff
**maniobra** *f* – maneuver
**maniobra publicitaria** – advertising ploy
**maniobrar** *v* – to maneuver
**manipulación** *f* – manipulation, handling
**manipulación de la bolsa** – manipulation
**manipulado** *adj* – manipulated, handled
**manipulador** *m* – manipulator, handler
**manipulante** *m/f* – manipulator, handler
**manipular** *v* – to manipulate, to handle
**manipular el comercio** – to manipulate commerce, to manipulate trade
**manipular el crecimiento** – to manipulate growth
**manipular la bolsa** – to manipulate the market
**manipular la demanda** – to manipulate demand
**manipular la economía** – to manipulate the economy
**manipular la inflación** – to manipulate inflation
**manipular las acciones** – to manipulate shares, to manipulate stock
**manipular las cuentas** – to manipulate accounts
**manipular las tasas** – to manipulate rates
**manipular los costes** – to manipulate costs
**manipular los costos** – to manipulate costs
**manipular los fondos** – to manipulate funds
**manipular los gastos** – to manipulate expenses
**manipular los mercados** – to manipulate markets
**manipular los precios** – to manipulate prices
**manipular los salarios** – to manipulate wages
**manipuleo** *m* – manipulation
**manirroto** *adj* – spendthrift, wasteful
**mano, a** – by hand
**mano armada, a** – armed
**mano de obra** – labor, labour, work force
**mano de obra calificada** – skilled labor, skilled labour
**mano de obra contratada** – contract labor, contract labour
**mano de obra cualificada** – skilled labor, skilled labour
**mano de obra directa** – direct labor, direct labour
**mano de obra especializada** – specialized labor, specialized labour
**mano de obra indirecta** – indirect labor, indirect labour
**mano de obra migratoria** – migrant labor, migrant labour
**mano de obra no calificada** – unskilled labor, unskilled labour
**mano de obra no cualificada** – unskilled labor, unskilled labour
**mano derecha** – right hand
**manopla** *f* – brass knuckles
**manos limpias** – clean hands, integrity
**manos muertas** – mortmain
**manoteo** *m* – larceny, gesticulation with the hands
**mansalva, a** – without risk, without danger
**mantención** *f* – maintenance
**mantención básica** – basic maintenance
**mantención centralizada** – centralized maintenance
**mantención conjunta** – joint maintenance
**mantención correctiva** – corrective maintenance
**mantención de calidad** – quality control
**mantención de cuenta** – account maintenance
**mantención de familia** – family support
**mantención de inventario** – maintenance of inventory
**mantención de materiales** – maintenance of materials
**mantención del orden público** – preservation of public order
**mantención del ambiente** – maintenance of the environment
**mantención del valor** – maintenance of value
**mantención diferida** – deferred maintenance
**mantención ecológica** – ecological maintenance
**mantención económica** – economic maintenance
**mantención esencial** – essential maintenance
**mantención externa** – external maintenance
**mantención fundamental** – fundamental maintenance
**mantención indispensable** – indispensable maintenance
**mantención innecesaria** – unnecessary maintenance
**mantención interna** – internal maintenance
**mantención mínima** – minimum maintenance
**mantención obligatoria** – obligatory maintenance
**mantención necesaria** – necessary maintenance
**mantención preventiva** – preventive maintenance
**mantención regular** – regular maintenance
**mantención suficiente** – sufficient maintenance
**mantenedor** *m* – provider, defender
**mantenencia** *f* – maintenance
**mantener** *v* – to maintain, to sustain
**mantener a raya** – to hold in check
**mantener continuidad** – to maintain continuity
**mantener los precios** – to hold the prices, to maintain the prices
**mantenerse** *v* – to keep, to support oneself
**mantenerse a flote** – to keep afloat
**mantenerse al corriente** – to keep current
**mantenerse en comunicación** – to keep in touch
**mantenerse en contacto** – to keep in touch
**mantenerse firme** – to stand firm
**mantenido** *m* – dependent
**mantenimiento** *m* – maintenance
**mantenimiento básico** – basic maintenance
**mantenimiento centralizado** – centralized

maintenance
**mantenimiento conjunto** – joint maintenance
**mantenimiento correctivo** – corrective maintenance
**mantenimiento de calidad** – quality control
**mantenimiento de cuenta** – account maintenance
**mantenimiento de familia** – family support
**mantenimiento de inventario** – maintenance of inventory
**mantenimiento de materiales** – maintenance of materials
**mantenimiento del orden público** – preservation of public order
**mantenimiento del ambiente** – maintenance of the environment
**mantenimiento del valor** – maintenance of value
**mantenimiento diferido** – deferred maintenance
**mantenimiento ecológico** – ecological maintenance
**mantenimiento económico** – economic maintenance
**mantenimiento esencial** – essential maintenance
**mantenimiento externo** – external maintenance
**mantenimiento fundamental** – fundamental maintenance
**mantenimiento indispensable** – indispensable maintenance
**mantenimiento innecesario** – unnecessary maintenance
**mantenimiento interno** – internal maintenance
**mantenimiento mínimo** – minimum maintenance
**mantenimiento obligatorio** – obligatory maintenance
**mantenimiento necesario** – necessary maintenance
**mantenimiento preventivo** – preventive maintenance
**mantenimiento regular** – regular maintenance
**mantenimiento suficiente** – sufficient maintenance
**manual** *m* – manual
**manual de auditoría** – auditing manual
**manual de contabilidad** – accounting manual
**manual de instrucciones** – instruction manual
**manual de ventas** – sales manual
**manufactura** *f* – manufacture, manufactured article
**manufactura ágil** – agile manufacturing
**manufactura flexible** – flexible manufacturing
**manufactura repetitiva** – repetitive manufacturing
**manufacturación** *f* – manufacturing
**manufacturado** *adj* – manufactured
**manufacturar** *v* – to manufacture
**manufacturero** *m* – manufacturer
**manufacturero** *adj* – manufacturing
**manuscribir** *v* – to write by hand
**manuscrito** *m* – manuscript
**manuscrito** *adj* – written by hand
**manutención** *f* – maintenance, support
**manutención básica** – basic maintenance
**manutención centralizada** – centralized maintenance
**manutención conjunta** – joint maintenance
**manutención correctiva** – corrective maintenance
**manutención de calidad** – quality control
**manutención de cuenta** – account maintenance
**manutención de familia** – family support
**manutención de inventario** – maintenance of inventory
**manutención de materiales** – maintenance of materials
**manutención del orden público** – preservation of public order
**manutención del ambiente** – maintenance of the environment
**manutención del valor** – maintenance of value
**manutención diferida** – deferred maintenance
**manutención económica** – economic maintenance
**manutención ecológica** – ecological maintenance
**manutención esencial** – essential maintenance
**manutención externa** – external maintenance
**manutención fundamental** – fundamental maintenance
**manutención indispensable** – indispensable maintenance
**manutención innecesaria** – unnecessary maintenance
**manutención interna** – internal maintenance
**manutención mínima** – minimum maintenance
**manutención obligatoria** – obligatory maintenance
**manutención necesaria** – necessary maintenance
**manutención preventiva** – preventive maintenance
**manutención regular** – regular maintenance
**manutención suficiente** – sufficient maintenance
**manutener** *v* – to maintain, to support
**manzana** *f* – block
**maña** *f* – cunning, custom
**mañero** *adj* – cunning
**mañosamente** *adv* – cunningly
**mañoso** *adj* – cunning
**mapa** *m* – map
**mapa de cobertura** – coverage map
**mapa de zonificación** – zoning map
**mapa oficial** – official map
**maquila** *f* – maquila, factory for export
**maquiladora** *f* – maquiladora, factory for export
**máquina** *f* – machine, apparatus
**maquinación** *f* – machination
**maquinador** *m* – machinator
**maquinalmente** *adv* – mechanically
**maquinar** *v* – to scheme
**maquinaria** *f* – machinery
**maquinaria ligera** – light machinery
**maquinaria liviana** – light machinery
**maquinaria peligrosa** – dangerous machinery
**maquinaria pesada** – heavy machinery
**mar** *m* – sea, ocean
**mar jurisdiccional** – jurisdictional waters
**mar larga** – high seas
**mar libre** – high seas
**mar territorial** – territorial waters
**maraña** *f* – trick, scheme
**marañero** *m* – trickster, schemer
**marbete** *m* – tag, label, sticker
**marca** *f* – mark, brand, make
**marca blanca** – house brand
**marca colectiva** – collective mark
**marca comercial** – trademark, trade brand
**marca conocida** – well-known brand
**marca corporativa** – corporate brand
**marca de agua** – watermark
**marca de aprobación** – approval mark
**marca de certificación** – certification mark
**marca de comercio** – trademark
**marca de consumo** – consumer brand
**marca de fábrica** – trademark, brand name
**marca de identificación** – identification mark
**marca de la casa** – house brand

**marca de timbre** – official stamp
**marca del fabricante** – manufacturer's mark
**marca descriptiva** – descriptive mark
**marca establecida** – established brand
**marca exclusiva** – exclusive brand, proprietary brand
**marca figurativa** – logo
**marca genérica** – generic brand
**marca industrial** – trademark
**marca líder** – brand leader
**marca local** – local brand
**marca nacional** – national brand
**marca no registrada** – unregistered trademark
**marca privada** – private brand, private label
**marca registrada** – registered trademark
**marcación** *f* – marking
**marcado** *adj* – marked
**marcador** *m* – marker
**marcar** *v* – to mark, to dial, to check, to tick
**marcario** *adj* – pertaining to trademarks
**marcial** *adj* – martial
**marco de referencia** – frame of reference
**marcha** *f* – velocity, progress, operation
**marcha atrás** – reverse
**marcha, en** – in operation
**marchamar** *v* – to stamp
**marchamero** *m* – customs official who stamps
**marchamo** *m* – customs stamp, stamp
**marchante** *m* – merchant, customer
**marchante** *adj* – mercantile
**marchar** *v* – to march, to leave, to proceed
**marcharse** *v* – to leave
**marea** *f* – tide, sea shore
**marea alta** – high tide
**marea baja** – low tide
**marea muerta** – neap tide
**mareaje** *m* – ship's route
**mareante** *adj* – skilled in navigation
**marear** *v* – to navigate, to sell, to confuse, to vex
**marfuz** *adj* – deceiving
**margen** *m* – margin, spread, range, border, annotation
**margen bruto** – gross margin
**margen comercial** – commercial margin
**margen cubierto** – covered margin
**margen de beneficio** – profit margin
**margen de caja** – cash margin
**margen de cierre** – closing range
**margen de comercialización** – markup
**margen de error** – margin of error
**margen de explotación** – operating margin
**margen de ganancia** – profit margin, markup
**margen de intereses** – interest margin, interest spread
**margen de mantenimiento** – maintenance margin
**margen de préstamos** – lending margin
**margen de renta neta** – net profit margin
**margen de seguridad** – safety margin
**margen de solvencia** – solvency margin
**margen de utilidad** – profit margin
**margen de venta** – markup, sales markup
**margen en exceso** – excess margin
**margen financiero** – financial margin
**margen inicial** – initial margin
**margen mínimo** – minimum margin
**margen necesario** – necessary margin
**margen obligatorio** – required margin
**margen operacional** – operational margin
**margen operativo** – operating margin
**margen ordinario** – ordinary margin
**margen original** – original margin
**margen requerido** – required margin
**margen total** – total margin
**marginal** *adj* – marginal
**marginalismo** *m* – marginalism
**marginalista** *adj* – marginalist
**marginalista** *m/f* – marginalist
**marginalizar** *v* – to marginalize
**marginar** *v* – to write marginal notes, to relegate
**maridaje** *m* – union, marital bond
**maridar** *v* – to unite, to marry
**marido** *m* – husband
**marina** *f* – navy, art of navigation
**marina de guerra** – navy
**marinaje** *m* – ship's crew
**marinería** *f* – art of navigation, ship's crew
**marinero** *m* – mariner
**marinero** *adj* – seaworthy
**marino** *adj* – marine
**marital** *adj* – marital
**marítimo** *adj* – maritime
**marketing** *m* – marketing, advertising
**marketing agresivo** – aggressive marketing
**marketing anticipado** – advance marketing
**marketing boca a boca** – word-of-mouth marketing
**marketing comercial** – commercial marketing, trade marketing
**marketing concentrado** – concentrated marketing
**marketing cooperativo** – cooperative marketing
**marketing corporativo** – corporate marketing
**marketing de consumo** – consumer marketing
**marketing de exportación** – export marketing
**marketing de imagen** – image marketing
**marketing de marca** – brand marketing, brand advertising
**marketing de prueba** – test marketing
**marketing de respuesta directa** – direct-response marketing
**marketing de ventas** – sales marketing
**marketing del producto** – product marketing
**marketing diferenciado** – differentiated marketing
**marketing directo** – direct marketing
**marketing ecológico** – ecomarketing
**marketing electrónico** – electronic marketing, e-marketing, online marketing, Internet marketing
**marketing en línea** – online marketing, electronic marketing, e-marketing, Internet marketing
**marketing en masa** – mass marketing
**marketing engañoso** – deceptive marketing
**marketing geodemográfico** – geodemographic marketing
**marketing global** – global marketing
**marketing industrial** – industrial marketing
**marketing interactivo** – interactive marketing
**marketing internacional** – international marketing
**marketing online** – online marketing, Internet marketing, electronic marketing, e-marketing
**marketing por Internet** – Internet marketing
**marketing radial** – radio marketing
**marketing selectivo** – selective marketing
**marketing telefónico** – telemarketing

**marketing televisivo** – TV marketing
**marketing vertical** – vertical marketing
**marketing vinculado** – tie-in marketing
**marketing viral** – viral marketing
**maromero** *m* – political opportunist
**marro** *m* – error
**martillar** *v* – to hammer, to auction off, to oppress
**martillero** *m* – auctioneer
**martillo** *m* – hammer, auction house, oppressor
**martingala** *f* – stratagem
**marxismo** *m* – Marxism
**marxista** *adj* – Marxist
**marxista** *m/f* – Marxist
**más adelante** – later, further
**más allá de duda razonable** – beyond a reasonable doubt
**más allá de la jurisdicción** – beyond the jurisdiction
**más que** – except, though, more than
**masa** *f* – mass, estate, assets
**masa de acreedores** – creditors
**masa de bienes** – estate
**masa de la herencia** – decedent's estate
**masa de la quiebra** – bankrupt's estate
**masa de las pruebas** – totality of the evidence
**masa fallida** – bankrupt's estate
**masa gravable** – total taxable value
**masa hereditaria** – decedent's estate
**masa imponible** – total taxable value
**masa social** – corporate assets, partnership assets
**masa tributable** – total taxable value
**masacrar** *v* – to massacre
**masacre** *f* – massacre
**masoquismo** *m* – masochism
**masoquista** *adj* – masochistic
**masoquista** *m/f* – masochist
**Master en Administración de Empresas** – Master of Business Administration, Master of Business Management, Master of Science in Business Administration
**Master en Ciencias Económicas** – Master of Science in Economics
**Master en Comercio** – Master of Commerce
**Master en Economía** – Master of Economics
**Master en Leyes** – Master of Law
**matador** *m* – killer
**matanza** *f* – slaughter, slaughtering
**matar** *v* – to kill, to murder, to slaughter, to cancel
**matarse** *v* – to commit suicide
**matasanos** *m* – quack
**matasellos** *m* – postmark
**materia** *f* – matter
**materia administrativa** – administrative matter
**materia aduanera** – customs matter
**materia aislada** – isolated matter
**materia autónoma** – autonomous matter
**materia autorizada** – authorized matter
**materia bancaria** – banking matter
**materia básica** – basic matter
**materia clandestina** – clandestine matter
**materia colateral** – collateral matter
**materia comercial** – business matter, commercial matter
**materia completada** – completed matter
**materia común** – joint matter
**materia conjunta** – joint matter
**materia contable** – accounting matter
**materia corporativa** – corporate matter
**materia criminal** – criminal matter
**materia de administración** – administration matter
**materia de agencia** – agency matter
**materia de autos** – matter of record
**materia de capital** – capital matter
**materia de cobro** – collection matter
**materia de comercio** – commerce matter
**materia de contabilidad** – accounting matter
**materia de crédito** – credit matter
**materia de estado** – matter of state
**materia de exportación** – export matter
**materia de financiación** – financing matter
**materia de financiamiento** – financing matter
**materia de importación** – import matter
**materia de inversión** – investment matter
**materia de negocios** – business matter
**materia de préstamo** – loan matter
**materia de registro** – matter of record
**materia de seguros** – insurance matter
**materia de ultramar** – overseas matter
**materia del litigio** – litigation matter
**materia designada** – designated matter
**materia doméstica** – domestic matter
**materia empresarial** – business matter, enterprise matter
**materia en controversia** – matter in controversy, matter in dispute
**materia en disputa** – matter in dispute, matter in controversy
**materia esencial** – essential matter
**materia especial** – special matter
**materia especulativa** – speculative matter
**materia estatal** – state matter
**materia ética** – ethical matter
**materia exterior** – foreign matter
**materia extranjera** – foreign matter
**materia extraordinaria** – extraordinary matter
**materia federal** – federal matter
**materia fiduciaria** – fiduciary matter
**materia financiera** – financial matter
**materia fiscal** – fiscal matter
**materia general** – general matter
**materia global** – global matter
**materia habitual** – habitual matter
**materia idéntica** – identical matter
**materia ilegal** – illegal matter
**materia ilícita** – illicit matter
**materia inmaterial** – immaterial matter
**materia imponible** – taxable matter
**materia importante** – important matter
**materia impositiva** – tax matter
**materia impropia** – improper matter
**materia inapropiada** – inappropriate matter
**materia incidental** – incidental matter
**materia indispensable** – indispensable matter
**materia individual** – individual matter
**materia industrial** – industrial matter
**materia inmobiliaria** – real estate matter
**materia intencionada** – intended matter
**materia interestatal** – interstate matter
**materia internacional** – international matter

**materia legal** – legal matter
**materia lícita** – licit matter
**materia local** – local matter
**materia mercantil** – commercial matter
**materia monetaria** – monetary matter
**materia multinacional** – multinational matter
**materia mundial** – world matter
**materia nacional** – national matter
**materia necesaria** – necessary matter
**materia nueva** – new matter
**materia pecuniaria** – pecuniary matter
**materia peligrosa** – dangerous matter
**materia pendiente** – pending matter
**materia pequeña** – small matter
**materia previa** – previous matter
**materia prima** – raw material
**materia principal** – main matter
**materia privada** – private matter
**materia pública** – public matter
**materia razonable** – reasonable matter
**materia secundaria** – secondary matter
**materia simple** – simple matter
**material** *adj* – material
**material** *m* – material
**material inflamable** – flammable substance
**material nuclear** – nuclear substance
**material pornográfico** – pornographic material
**material procesal** – subject of a suit
**materiales de construcción** – construction materials
**materiales de oficina** – office supplies
**materiales de promoción** – promotional materials, promotional literature
**materiales de publicidad** – advertising materials, advertising literature
**materiales directos** – direct materials
**materiales impresos** – printed materials, literature
**materiales publicitarios** – advertising materials, advertising literature
**materialidad** *f* – materiality
**materialismo** *m* – materialism
**materialismo histórico** – historical materialism
**materialista** *adj* – materialist
**materialista** *m/f* – materialist
**materializar** *v* – to materialize
**materialmente** *adv* – materially
**maternal** *adj* – maternal
**maternidad** *f* – maternity
**materno** *adj* – maternal
**matón** *m* – thug
**matricida** *m/f* – matricide
**matricidio** *m* – matricide
**matrícula** *f* – matriculation, registration, register, license plate, licence plate, number plate
**matrícula de automóviles** – automobile registration
**matrícula de buques** – ship registration
**matrícula de mar** – mariners' register
**matriculación** *f* – matriculation
**matriculado** *adj* – matriculated, registered
**matriculador** *m* – matriculator, registrar
**matricular** *v* – to matriculate, to register
**matricularse** *v* – to matriculate oneself, to register oneself
**matrimonial** *adj* – matrimonial
**matrimonialmente** *adv* – matrimonially
**matrimoniar** *v* – to marry
**matrimonio** *m* – marriage
**matrimonio abierto** – open marriage
**matrimonio civil** – civil marriage
**matrimonio clandestino** – clandestine marriage, elopement
**matrimonio con separación de bienes** – marriage in which the estates are held separately
**matrimonio consensual** – consensual marriage
**matrimonio consumado** – consummated marriage
**matrimonio de conveniencia** – marriage of convenience
**matrimonio de hecho** – common-law marriage
**matrimonio de uso** – concubinage
**matrimonio en el extranjero** – foreign marriage
**matrimonio entre personas del mismo sexo** – same sex marriage
**matrimonio ilegal** – illegal marriage
**matrimonio in articulo mortis** – marriage at the point of death
**matrimonio informal** – informal marriage
**matrimonio legítimo** – legal marriage
**matrimonio natural** – common-law marriage
**matrimonio no consumado** – unconsummated marriage
**matrimonio nulo** – null marriage
**matrimonio polígamo** – plural marriage
**matrimonio por poder** – proxy marriage
**matrimonio previo** – previous marriage
**matrimonio putativo** – putative marriage
**matrimonio rato** – unconsummated marriage
**matriz** *adj* – principal, original
**matriz de decisión** – decision matrix
**matute** *m* – smuggling, smuggled goods
**matutear** *v* – to smuggle
**matutero** *m* – smuggler
**máxima** *f* – maxim
**máximamente** *adv* – chiefly
**máxime** *adv* – chiefly
**maximización** *f* – maximization
**maximización de beneficios** – profit maximization
**maximización de ganancias** – profit maximization
**maximizar** *v* – to maximize
**maximizar eficiencia** – to maximize efficiency
**maximizar producción** – to maximize production
**maximizar rendimiento** – to maximize yield
**máximo** *adj* – maximum
**máximo** *m* – maximum, limit, cap
**máximo anual** – annual limit
**máximo combinado** – combined limit
**máximo convenido** – agreed limit
**máximo de crédito** – credit limit
**máximo de deuda** – debt limit
**máximo de edad** – age limit
**máximo de endeudamiento** – borrowing limit
**máximo de fluctuación** – fluctuation limit
**máximo de gastos** – expense limit
**máximo de ingresos** – income limit
**máximo de póliza** – policy limit
**máximo de precio** – price limit
**máximo de préstamos** – loan limit
**máximo de producción** – production limit
**máximo de reaseguro** – reinsurance limit
**máximo de responsabilidad** – liability limit

**máximo de tasa** – rate limit
**máximo de tasa de interés** – interest rate limit
**máximo de tiempo** – time limit
**máximo de tipo** – rate limit
**máximo de tipo de interés** – interest rate limit
**máximo dividido** – split limit
**máximo en exceso** – excess limit
**máximo específico** – specific limit
**máximo estándar** – standard limit
**máximo impositivo** – tax limit
**máximo inferior** – lower limit
**máximo legal** – legal limit
**máximo necesario** – necessary limit
**máximo obligado** – mandatory limit
**máximo obligatorio** – mandatory limit
**máximo por accidente** – per accident limit
**máximo por persona** – per person limit
**máximo presupuestario** – budget limit
**máximo requerido** – required limit
**máximo superior** – upper limit
**máximo total** – aggregate limit
**máximo total anual** – annual aggregate limit
**máximo variable** – variable limit
**mayor** *m* – ledger
**mayor** *adj* – greater, bigger, older, eldest, adult, principal
**mayor, al por** – wholesale
**mayor cuantía** – involving a large amount, of great importance
**mayor de edad** – major
**mayor edad** – majority
**mayor valía** – appreciation
**mayorazga** *f* – eldest daughter, primogeniture
**mayorazgo** *m* – eldest son, primogeniture
**mayordomear** *v* – to administer
**mayordomo** *m* – administrator, overseer, butler
**mayoreo** *m* – wholesaling
**mayores** *m* – ancestors
**mayoría** *f* – majority
**mayoría absoluta** – absolute majority
**mayoría calificada** – supermajority, qualified majority
**mayoría cualificada** – supermajority, qualified majority
**mayoría de edad** – majority
**mayoría relativa** – relative majority
**mayoridad** *f* – majority
**mayorista** *m/f* – wholesaler
**mayorista** *adj* – wholesale
**mayoritario** *adj* – pertaining to a majority
**mayormente** *adv* – mainly
**mazmorra** *f* – dungeon
**mazorca** *f* – tyranny
**mecánico** *adj* – mechanical
**mecanismo** *m* – mechanism
**mecanismo de crédito** – credit mechanism
**mecanismo de precios** – price mechanism
**mecanismo del mercado** – market mechanism
**mecanización** *f* – mechanization
**mecanizado** *adj* – mechanized
**mechero** *m* – shoplifter
**media** *f* – mean, average
**media firma** – signature of the surname only
**media hermana** – half sister
**media jornada** – half-day, part time
**mediación** *f* – mediation
**mediación internacional** – international mediation
**mediación laboral** – labor mediation, labour mediation
**mediación y arbitraje** – mediation and arbitration
**mediador** *m* – mediator, intermediary
**mediana** *f* – median
**medianería** *f* – party wall, dividing fence, dividing hedge
**medianero** *m* – one of the owners of a party wall, one of the owners of adjoining properties, one of the owners of a dividing fence or hedge, mediator
**mediano plazo** – medium-term
**mediano plazo, a** – medium-term, in the medium-term
**medianoche** *f* – midnight
**mediante** *adj* – intervening
**mediante** *adv* – by means of
**mediante escritura** – by deed
**mediar** *v* – to mediate, to intervene, to be halfway
**medias, a** – partially
**mediatamente** *adv* – mediately
**mediato** *adj* – mediate
**medible** *adj* – measurable, appraisable
**medicación** *f* – medication
**medicamento** *m* – medicine
**medicastro** *m* – quack
**medicina alternativa** – alternative medicine
**medicina forense** – medical jurisprudence
**medicina legal** – medical jurisprudence
**medicina preventiva** – preventive medicine
**medicinal** *adj* – medicinal
**medicinante** *m* – quack
**medición** *f* – measurement
**médico** *m* – doctor
**médico forense** – coroner
**médico legista** – expert in medical jurisprudence
**medicucho** *m* – quack
**medida** *f* – measure, measurement
**medida de los daños** – measure of the damages
**medidamente** *adv* – moderately
**medidas antidumping** – antidumping measures
**medidas cautelares** – precautionary measures
**medidas compensatorias** – compensatory measures
**medidas conservativas** – precautionary measures
**medidas correctivas** – corrective measures
**medidas de control** – control measures
**medidas de estabilidad** – stability measures
**medidas de fuerza** – means of force
**medidas de previsión** – precautionary measures
**medidas de reducción de costes** – cost-reduction measures
**medidas de reducción de costos** – cost-reduction measures
**medidas de reducción de gastos** – expense-reduction measures
**medidas de represalia** – retaliatory measures
**medidas de seguridad** – safety measures, security measures
**medidas drásticas** – drastic measures
**medidas en las fronteras** – border measures
**medidas extremas** – extreme measures
**medidas fiscales** – fiscal measures, tax measures
**medidas jurídicas** – legal measures
**medidas legales** – legal measures

**medidas preventivas** – preventive measures
**medidas provisionales** – provisional measures
**medidas reguladoras** – regulatory measures
**medidas temporales** – temporary measures
**medidas transfronterizas** – cross-border measures
**medidor de tierras** – surveyor
**mediería** *f* – sharecropping
**medio** *m* – middle, half, means, medium
**medio** *adj* – half, middle, average, mean
**medio** *adv* – half, partly
**medio ambiente** – environment
**medio de cambio** – medium of exchange, medium of change
**medio de intercambio** – medium of exchange, medium of change
**medio hermano** – half brother
**medio plazo** – medium-term
**medio plazo, a** – medium-term, in the medium-term
**medioambiental** *adj* – environmental
**mediocre** *adj* – mediocre
**medios** *m* – means, mediums, resources, circles
**medios comerciales** – commercial circles
**medios compulsorios** – compulsory legal steps
**medios de comunicación** – means of communication, mass media, communications media
**medios de comunicación masiva** – mass media
**medios de comunicación social** – mass media
**medios de derecho** – legal steps
**medios de masas** – mass media
**medios de negocios** – business circles
**medios de pago** – means of payment
**medios de prueba** – means of proof
**medios de publicidad** – advertising media, advertising vehicles
**medios de sostén** – means of support
**medios de transporte** – means of transportation
**medios de vida** – means of livelihood
**medios económicos** – economic means, financial resources
**medios electrónicos** – electronic media
**medios empresariales** – business circles
**medios financieros** – financial means, financial resources
**medios fraudulentos** – false pretenses
**medios ilegales** – illegal measures
**medios ilícitos** – illicit measures
**medios legales** – legal means, legal steps
**medios lícitos** – licit measures
**medios mercantiles** – commercial circles
**medios políticos** – political circles, political means
**medios publicitarios** – advertising media, advertising vehicles
**medios violentos** – violent means
**medios y arbitrios** – ways and means
**mediquillo** *m* – quack
**medir** *v* – to measure, to consider
**medra** *f* – increase, improvement
**medrar** *v* – to thrive
**medro** *m* – increase, improvement
**medroso** *adj* – frightening
**megacorporación** *f* – megacorporation
**megaempresa** *f* – megacorporation
**megalomania** *f* – megalomania
**mejor** *adj* – better, best
**mejor esfuerzo** – best effort
**mejor estimado** – best estimate
**mejor información disponible** – best information available
**mejor oferta** – best offer, best bid
**mejor postor** – best bidder, highest bidder
**mejor precio** – best price
**mejor uso** – best use
**mejora** *f* – improvement, betterment, better bid, additional bequest
**mejora continua** – continuous improvement
**mejora hereditaria** – additional bequest
**mejora permanente** – permanent improvement
**mejorable** *adj* – improvable
**mejorado** *adj* – improved, increased
**mejorador** *m* – improver
**mejoramiento** *m* – improvement, betterment, enhancement
**mejoramiento continuo** – continuous improvement
**mejoramiento de la calidad** – enhancement of quality
**mejoramiento del servicio** – enhancement of service
**mejorante** *m/f* – improver
**mejorar** *v* – to improve, to increase, to enhance
**mejoras internas** – internal improvements
**mejoras públicas estatales** – state improvements
**mejoras públicas federales** – federal improvements
**mejoras públicas locales** – local improvements
**mejoras públicas municipales** – municipal improvements
**mejoras públicas regionales** – regional improvements
**mejores intereses** – best interests
**mejoría** *f* – improvement
**mella** *f* – injury
**mellar** *v* – to injure
**mellizo** *m* – twin
**membresía** *f* – membership
**membrete** *m* – letterhead, heading, memo
**memorando** *m* – memorandum, memo, memo book
**memorando descriptivo** – descriptive memorandum
**memorándum** *m* – memorandum, memo, memo book
**memorar** *v* – to remember
**memoria** *f* – memory, report
**memoria anual** – annual report
**memoria de accidente** – accident report
**memorial** *m* – memorial, memo book
**menaje** *m* – furniture
**mención** *f* – mention
**mencionar** *v* – to mention
**mendacidad** *f* – mendacity
**mendaz** *adj* – mendacious
**mendazmente** *adv* – mendaciously
**mendigar** *v* – to beg
**mendigo** *m* – beggar
**mendosamente** *adv* – lyingly, wrongly
**mendoso** *adj* – lying, wrong
**menester** *m* – necessity, occupation
**menesteroso** *m* – indigent
**mengua** *f* – decrease, decay, discredit, need
**menguante** *m* – decrease, decay, low tide
**menguante** *adj* – decreasing, decaying, discrediting
**menguar** *v* – to decrease, to decay, to discredit
**menor** *m* – minor
**menor** *adj* – less, lesser, least, lower, lowest, smaller,

smallest, younger, youngest, minor
**menor abandonado** – abandoned minor
**menor, al por** – retail
**menor cuantía, de** – involving a small amount, of small importance
**menor de edad** – minor
**menor edad** – minority
**menor emancipado** – emancipated minor
**menor no emancipado** – non-emancipated minor
**menoría** *f* – minority, subordination
**menorista** *m* – retailer
**menorista** *adj* – retail
**menoscabador** *adj* – damaging, reducing, discrediting
**menoscabar** *v* – to damage, to reduce, to discredit
**menoscabo** *m* – damage, reduction, discredit
**menoscuenta** *f* – partial payment
**menospreciable** *adj* – contemptible
**menospreciar** *v* – to undervalue, to underestimate, to disparage, to despise
**menospreciar un producto** – to disparage a product
**menosprecio** *m* – contempt, disparagement, underestimation, undervaluation
**menosprecio de mercancías** – disparagement of goods
**mens rea** – a guilty mind, mens rea
**mensaje** *m* – message, communication
**mensaje cifrado** – encrypted message, encoded message
**mensaje de correo electrónico** – email message
**mensaje electrónico** – electronic message
**mensaje instantáneo** – instant message
**mensaje publicitario** – advertising message
**mensaje telefónico** – telephone message
**mensajería** *f* – messaging
**mensajería electrónica** – electronic messaging
**mensajería instantánea** – instant messaging
**mensajero** *m* – messenger, carrier
**mensual** *adj* – monthly
**mensualidad** *f* – monthly installment, monthly salary
**mensualmente** *adv* – monthly
**mensura** *f* – measurement
**mensurable** *adj* – measurable
**mensurador** *m* – surveyor, measurer
**mensurar** *v* – to measure, to survey
**mentar** *v* – to mention
**mente sana** – sound mind
**mente y memoria** – mind and memory
**mentidero** *m* – place where people go to gossip for a lack of anything better to do
**mentido** *adj* – false, deceiving
**mentir** *v* – to lie, to falsify
**mentira** *f* – lie, falsification
**mentirosamente** *adv* – lyingly, falsely
**mentiroso** *m* – liar
**mentiroso** *adj* – lying, deceptive
**mentís** *m* – complete refutation
**menudamente** *adv* – minutely
**menudear** *v* – to retail, to go into detail
**menudencia** *f* – minuteness, trifle
**menudeo** *m* – detailed account, retail
**menudero** *m* – retailer
**menudo** *adj* – minute, meticulous
**mera posesión** – naked possession
**meramente** *adv* – merely
**mercachifle** *m* – peddler
**mercadear** *v* – to market, to do business
**mercadeo** *m* – marketing, advertising, business
**mercadeo agresivo** – aggressive marketing
**mercadeo anticipado** – advance marketing
**mercadeo boca a boca** – word-of-mouth marketing
**mercadeo comercial** – commercial marketing, trade marketing
**mercadeo concentrado** – concentrated marketing
**mercadeo convergente** – convergent marketing
**mercadeo cooperativo** – cooperative marketing
**mercadeo corporativo** – corporate marketing
**mercadeo de consumo** – consumer marketing
**mercadeo de exportación** – export marketing
**mercadeo de marca** – brand marketing, brand advertising
**mercadeo de nicho** – niche marketing
**mercadeo de prueba** – test marketing
**mercadeo del producto** – product marketing
**mercadeo diferenciado** – differentiated marketing
**mercadeo directo** – direct marketing
**mercadeo ecológico** – ecomarketing
**mercadeo electrónico** – electronic marketing, e-marketing, online marketing, Internet marketing
**mercadeo en el Internet** – Internet marketing
**mercadeo en línea** – online marketing, Internet marketing
**mercadeo engañoso** – deceptive marketing
**mercadeo geodemográfico** – geodemographic marketing
**mercadeo global** – global marketing
**mercadeo industrial** – industrial marketing
**mercadeo interactivo** – interactive marketing
**mercadeo internacional** – international marketing
**mercadeo online** – online marketing, Internet marketing, electronic marketing, e-marketing
**mercadeo por Internet** – Internet marketing
**mercadeo radial** – radio marketing
**mercadeo selectivo** – selective marketing
**mercadeo telefónico** – telemarketing
**mercadeo televisivo** – TV marketing
**mercadeo vertical** – vertical marketing
**mercadeo vinculado** – tie-in marketing
**mercadeo viral** – viral marketing
**mercader** *m* – merchant, dealer
**mercader de calle** – street vendor
**mercadería** *f* – merchandise, commodity, goods, commerce
**mercaderías a granel** – bulk commodities, bulk goods
**mercaderías a prueba** – goods on approval
**mercaderías administradas** – managed commodities
**mercaderías al contado** – cash commodities
**mercaderías al por mayor** – wholesale goods
**mercaderías al por menor** – retail goods
**mercaderías básicas** – basic commodities
**mercaderías consignadas** – goods on consignment
**mercaderías controladas** – controlled commodities
**mercaderías de importación** – import goods
**mercaderías duraderas** – durable merchandise
**mercaderías empaquetadas** – packaged goods
**mercaderías en tránsito** – goods in transit
**mercaderías exentas** – exempt commodities
**mercaderías exportadas** – exported goods, exported

merchandise
**mercaderías falsificadas** – counterfeit goods
**mercaderías físicas** – physical commodities
**mercaderías imponibles** – taxable goods, taxable commodities
**mercaderías importadas** – imported goods, imported merchandise
**mercaderías industriales** – industrial goods
**mercaderías manipuladas** – manipulated commodities
**mercaderías peligrosas** – dangerous goods
**mercaderías perecederas** – perishable goods
**mercaderías prohibidas** – prohibited goods
**mercaderías reguladas** – regulated commodities
**mercaderías y servicios** – goods and services
**mercado** *m* – market
**mercado a plazo** – forward market, futures market
**mercado a término** – forward market, futures market
**mercado abierto** – open market
**mercado acaparado** – cornered market
**mercado administrado** – managed market
**mercado agrícola** – agricultural market
**mercado al por mayor** – wholesale market
**mercado al por menor** – retail market
**mercado bursátil** – stock market
**mercado cambiario** – foreign exchange market
**mercado cautivo** – captive market
**mercado central** – central market
**mercado comercial** – commercial market
**mercado competitivo** – competitive market
**mercado común** – common market
**mercado controlado** – controlled market
**mercado crediticio** – credit market
**mercado de bienes inmuebles** – real estate market
**mercado de bienes raíces** – real estate market
**mercado de calidad** – quality market
**mercado de capitales** – capital market
**mercado de consumo** – consumer market
**mercado de crédito** – credit market
**mercado de derivados** – derivatives market
**mercado de dinero** – money market
**mercado de divisas** – foreign exchange market
**mercado de empleos** – job market
**mercado de exportación** – export market
**mercado de futuros** – futures market
**mercado de hipotecas** – mortgage market
**mercado de importación** – import market
**mercado de libre empresa** – free enterprise market
**mercado de los consumidores** – consumer market
**mercado de masas** – mass market
**mercado de materias primas** – raw materials market
**mercado de mercancías** – commodities exchange
**mercado de préstamos** – loan market
**mercado de productos** – commodities exchange
**mercado de propiedades** – property market, real estate market
**mercado de prueba** – test market
**mercado de seguros** – insurance market
**mercado de trabajos** – job market, labor market, labour market
**mercado de valores** – stock market, securities market
**mercado de viviendas** – housing market
**mercado desarrollado** – developed market
**mercado doméstico** – domestic market
**mercado eficiente** – efficient market
**mercado electrónico** – electronic marketplace, e-marketplace
**mercado emergente** – emerging market
**mercado especulativo** – speculative market
**mercado estable** – stable market
**mercado estatal** – government market, state market
**mercado exportador** – export market
**mercado exterior** – foreign market
**mercado extranjero** – foreign market
**mercado financiero** – financial market
**mercado global** – global market
**mercado gris** – gray market
**mercado hipotecario** – mortgage market
**mercado impactado** – impacted market
**mercado inmobiliario** – property market, real estate market
**mercado interbancario** – interbank market
**mercado interestatal** – interstate market
**mercado interior** – internal market
**mercado internacional** – international market
**mercado interno** – internal market, domestic market
**mercado intraestatal** – intrastate market
**mercado laboral** – job market, labor market, labour market
**mercado libre** – free market
**mercado libre y abierto** – free and open market
**mercado limitado** – limited market
**mercado local** – local market
**mercado manipulado** – manipulated market, rigged market
**mercado mayorista** – wholesale market
**mercado minorista** – retail market
**mercado monetario** – money market
**mercado monopolizado** – monopolized market
**mercado mundial** – world market
**mercado nacional** – national market
**mercado negro** – black market
**mercado real** – real market, actual market
**mercado regulado** – regulated market
**mercado regular** – regular market
**mercado restringido** – restricted market
**mercado saturado** – saturated market
**mercado secundario** – secondary market, after-market
**mercado sin intervenciones** – free market
**mercado sin restricciones** – unrestricted market
**mercado socialista** – socialist market
**mercado típico** – typical market
**mercado único** – single market
**Mercado Único Europeo** – European Single Market
**mercado virtual** – virtual market
**mercadotecnia** *f* – marketing, advertising
**mercadotecnia agresiva** – aggressive marketing
**mercadotecnia anticipada** – advance marketing
**mercadotecnia boca a boca** – word-of-mouth marketing
**mercadotecnia comercial** – commercial marketing, trade marketing
**mercadotecnia concentrada** – concentrated marketing
**mercadotecnia convergente** – convergent marketing
**mercadotecnia cooperativa** – cooperative marketing
**mercadotecnia corporativa** – corporate marketing
**mercadotecnia de consumo** – consumer marketing

**mercadotecnia de exportación** – export marketing
**mercadotecnia de marca** – brand marketing, brand advertising
**mercadotecnia de nicho** – niche marketing
**mercadotecnia de prueba** – test marketing
**mercadotecnia del producto** – product marketing
**mercadotecnia diferenciada** – differentiated marketing
**mercadotecnia directa** – direct marketing
**mercadotecnia ecológica** – ecomarketing
**mercadotecnia electrónica** – electronic marketing, e-marketing, online marketing, Internet marketing
**mercadotecnia en el Internet** – Internet marketing
**mercadotecnia en línea** – online marketing, Internet marketing
**mercadotecnia engañosa** – deceptive marketing
**mercadotecnia geodemográfica** – geodemographic marketing
**mercadotecnia global** – global marketing
**mercadotecnia industrial** – industrial marketing
**mercadotecnia interactiva** – interactive marketing
**mercadotecnia internacional** – international marketing
**mercadotecnia online** – online marketing, Internet marketing, electronic marketing, e-marketing
**mercadotecnia por Internet** – Internet marketing
**mercadotecnia radial** – radio marketing
**mercadotecnia selectiva** – selective marketing
**mercadotecnia telefónica** – telemarketing
**mercadotecnia televisiva** – TV marketing
**mercadotecnia vertical** – vertical marketing
**mercadotecnia vinculada** – tie-in marketing
**mercadotecnia viral** – viral marketing
**mercancía** *f* – merchandise, commodity, goods, commerce
**mercancías a granel** – bulk commodities, bulk goods
**mercancías a prueba** – goods on approval
**mercancías administradas** – managed commodities
**mercancías al por mayor** – wholesale goods
**mercancías al por menor** – retail goods
**mercancías básicas** – basic commodities
**mercancías controladas** – controlled commodities
**mercancías de importación** – import goods
**mercancías del mercado gris** – gray market goods
**mercancías duraderas** – durable merchandise
**mercancías empaquetadas** – packaged goods
**mercancías en depósito** – goods on deposit
**mercancías en tránsito** – goods in transit
**mercancías exentas** – exempt commodities
**mercancías exportadas** – exported goods, exported merchandise
**mercancías falsificadas** – counterfeit goods
**mercancías físicas** – physical commodities
**mercancías imponibles** – taxable goods, taxable commodities
**mercancías importadas** – imported goods, imported merchandise
**mercancías industriales** – industrial goods
**mercancías manipuladas** – manipulated commodities
**mercancías peligrosas** – dangerous goods
**mercancías perecederas** – perishable goods
**mercancías prohibidas** – prohibited goods
**mercancías reguladas** – regulated commodities
**mercancías y servicios** – goods and services
**mercante** *m* – merchant
**mercante** *adj* – mercantile
**mercantil** *adj* – mercantile
**mercantilismo** *m* – mercantilism
**mercantilista** *adj* – mercantilist
**mercantilista** *m/f* – mercantilist
**mercantilización** *f* – mercantilism
**mercantilizar** *v* – to commercialize
**mercantilmente** *adv* – commercially
**mercantivo** *adj* – mercantile
**mercar** *v* – to purchase, to trade
**merced** *f* – mercy, grace, gift
**merced de tierras** – land grant
**mercenario** *m* – mercenary, hired worker
**mercenario** *adj* – mercenary
**merchandising** *m* – merchandising
**merchante** *m* – merchant, jobber
**Mercosur (Mercado Común del Sur)** – Mercosur
**merecer** *v* – to deserve, to obtain
**merecidamente** *adv* – deservedly, justly
**merecimiento** *m* – merit
**meretricio** *adj* – meretricious
**mérito** *m* – merit
**mérito ejecutivo** – right of execution
**mérito probatorio** – probative value
**mérito procesal** – ground of action
**meritocracia** *f* – meritocracy
**meritócrata** *adj* – meritocratic
**meritócrata** *m/f* – meritocrat
**meritorio** *adj* – meritorious
**méritos de la causa** – merits of the case
**méritos del pleito** – merits of the case
**méritos del proceso** – merits of the case
**merma** *f* – diminution
**merma de calidad** – erosion of quality
**merma de confianza** – erosion of trust, erosion of confidence
**merma de derechos** – erosion of rights
**merma de ingresos** – erosion of income
**mermar** *v* – to diminish, to erode
**mero** *adj* – mere
**mero** *adv* – soon, almost
**merodeador** *m* – marauder, prowler
**merodear** *v* – to maraud, to prowl
**merodeo** *m* – marauding, prowling
**merodista** *m/f* – marauder, prowler
**mes** *m* – month, month's pay
**mes a mes** – month-to-month
**mes calendario** – calendar month
**mes corriente** – current month
**mes de vencimiento** – expiration month
**mes del contrato** – contract month
**mes en curso** – current month
**mes natural** – natural month
**mesa** *f* – table, desk, board
**mesa de conferencias** – conference table
**mesa de entradas** – office within a governmental department which receives correspondence and documents
**mesa de jurados** – jury panel
**mesa de negociaciones** – bargaining table
**mesa de votación** – polling place
**mesa directiva** – board of directors
**mesa ejecutiva** – board of directors

**mesa electoral** – polling place, board of elections
**mesa escrutadora** – polling place, board of elections
**mesa receptora** – polling place
**mesa redonda** – round table
**mesada** *f* – monthly payment
**mesocracia** *f* – mesocracy
**mesuradamente** *adv* – with restraint, prudently
**mesurado** *adj* – restrained, prudent
**mesurarse** *v* – to control oneself
**meta** *f* – goal, target, objective
**meta comercial** – business goal, commercial goal
**meta corporativa** – corporate goal
**meta de comercio** – business goal, commercial goal
**meta de la carrera** – career goal
**meta de negocios** – business goal
**meta de ventas** – sales goal
**meta del empleo** – employment objective
**meta del trabajo** – job objective, work objective
**meta empresarial** – business goal
**meta mercantil** – commercial goal
**meta profesional** – professional goal, career goal
**metacronismo** *m* – metachronism
**metal precioso** – precious metal
**metálico, en** – in cash
**metas a corto plazo** – short-term goals
**metas a largo plazo** – long-term goals
**metas a mediano plazo** – medium-term goals
**metas a medio plazo** – medium-term goals
**metedor** *m* – smuggler
**meteduría** *f* – smuggling
**meter** *m* – to put into, to invest, to smuggle
**meticuloso** *adj* – meticulous
**método** *m* – method
**método administrativo** – administrative method
**método comparativo** – comparative method
**método contable** – accounting method, bookkeeping method
**método cuantitativo** – quantitative method
**método de acumulación** – accrual method
**método de amortización lineal** – straight-line method of depreciation
**método de amortización** – depreciation method
**método de asignación directa** – direct allocation method
**método de beneficio bruto** – gross profit method
**método de bonificación** – bonus method
**método de caja** – cash method
**método de categorización** – categorization method
**método de clasificación** – classification method
**método de codificación** – coding method
**método de comparación** – comparison method
**método de comparación de factores** – factor comparison method
**método de compra** – purchase method
**método de consolidación** – consolidation method
**método de contabilidad** – accounting method, bookkeeping method
**método de contabilidad híbrido** – hybrid accounting method
**método de coste inverso** – reverse cost method
**método de coste neto** – net cost method
**método de coste total** – full cost method
**método de costes** – cost method
**método de costo inverso** – reverse cost method
**método de costo neto** – net cost method
**método de costo total** – full cost method
**método de costos** – cost method
**método de cuadrados mínimos** – least-squares method
**método de depreciación** – depreciation method
**método de depreciación lineal** – straight-line method of depreciation
**método de efectivo** – cash method
**método de financiación** – financing method
**método de financiamiento** – financing method
**método de flujo de efectivo descontado** – discounted cash flow method
**método de ganancia bruta** – gross profit method
**método de intereses** – interest method
**método de inventario periódico** – periodic inventory method
**método de línea recta** – straight-line method
**método de mantenimiento** – maintenance method
**método de Monte Carlo** – Monte Carlo method
**método de muestreo** – sampling method
**método de organización** – organization method
**método de pago** – payment method
**método de partida doble** – double-entry method
**método de precio bruto** – gross price method
**método de precio neto** – net price method
**método de ratio de pérdidas** – loss ratio method
**método de razón de pérdidas** – loss ratio method
**método de recuperación de costes** – cost-recovery method
**método de recuperación de costos** – cost-recovery method
**método de reembolso** – reimbursement method
**método de reserva** – reserve method
**método de saldo previo** – previous balance method
**método de saldos decrecientes** – declining-balance method
**método de tasación** – appraisal method
**método de valor en el mercado** – market value method
**método de valor presente neto** – net present value method
**método de valoración** – valuation method
**método de valuación** – valuation method
**método de ventas comparativas** – comparative sales method
**método deductivo** – deductive method
**método del camino crítico** – critical path method
**método del valor actual** – present value method
**método directo** – direct method
**método económico** – economic method
**método establecido** – established method
**método estadístico** – statistical method
**método gráfico** – graphical method
**método habitual** – habitual method
**método indirecto** – indirect method
**método interpretativo** – interpretative method
**método inusual** – unusual method
**método irregular** – irregular method
**método judicial** – judicial method
**método lineal** – straight-line method
**método ordinario** – ordinary method
**método regular** – regular method
**método símplex** – simplex method

**método usual** – usual method
**metodología** *f* – methodology
**metodología cualitativa** – qualitative methodology
**metodología cuantitativa** – quantitative methodology
**métodos administrativos** – administrative methods
**metrópoli** *f* – metropolis
**metrópolis** *f* – metropolis
**metropolitano** *adj* – metropolitan
**mezcla** *f* – mixture
**mezclado** *adj* – commingled
**mezclar** *v* – to mix, to commingle
**mezclar fondos** – commingling of funds
**mi leal saber y entender, a** – to the best of my knowledge and belief
**microbiológico** *adj* – microbiological
**microcrédito** *m* – microcredit
**microeconomía** *f* – microeconomics
**microeconómico** *adj* – microeconomic
**micrófono** *m* – microphone
**micrófono oculto** – hidden microphone, bug
**microfilm** *f* – microfilm
**micromarketing** *m* – micromarketing
**micropago** *m* – micropayment
**micropelícula** *f* – microfilm
**microtransacción** *m* – microtransaction
**miedo** *m* – fear
**miedo cerval** – dreadful fear
**miedo de la víctima** – victim's fear
**miembro** *m* – member
**miembro activo** – active member
**miembro afiliado** – affiliated member
**miembro aliado** – allied member
**miembro asociado** – associate member
**miembro constituyente** – founding member, charter member
**miembro corporativo** – corporate member
**miembro de gremio** – union member
**miembro de la conferencia** – conference member
**miembro de la firma** – member of the firm
**miembro de sindicato** – union member
**miembro de una corporación** – corporator
**miembro de una sociedad** – corporator
**miembro de unión** – union member
**miembro del comité** – committee member
**miembro del congreso** – congressmember
**Miembro del Congreso** – Member of Congress
**miembro del jurado** – juror, jury member
**miembro del directorio** – boardmember
**Miembro del Parlamento** – Member of Parliament
**miembro en propiedad** – regular member
**miembro fundador** – founding member, charter member
**miembro nato** – member by virtue of office
**miembro originario** – founding member, charter member
**miembro principal** – principal member
**miembro propietario** – permanent member, owning member
**miembro regular** – regular member
**miembro subrogante** – alternate member
**miembro suplente** – alternate member
**miembro titular** – regular member
**miembro viril** – penis
**miembro vitalicio** – life member
**migración** *f* – migration
**milicia** *f* – militia
**militante** *adj* – militant
**militante** *m/f* – militant
**militar** *adj* – military
**militarismo** *m* – militarism
**militarista** *adj* – militaristic
**militarista** *m/f* – militarist
**militarizar** *v* – to militarize
**millaje** *m* – mileage
**millar** *m* – one thousand units, large indeterminate number
**millardo** *m* – billion
**millón** *m* – million
**mina** *f* – mine, underground passage, concubine
**mineraje** *m* – mining
**minería** *f* – mining
**minería de datos** – data mining
**minero** *m* – miner
**minifundio** *m* – small farmstead
**minimización** *f* – minimization
**minimización de daños** – minimization of damages
**minimización de gastos** – minimization of expenses
**minimización de riesgos** – minimization of risks
**minimizar** *v* – to minimize
**minimizar daños** – to minimize damages
**minimizar gastos** – to minimize expenses
**minimizar riesgos** – to minimize risks
**mínimo** *adj* – minimum
**mínimo de mantenimiento** – maintenance minimum
**mínimo legal** – legal minimum
**mínimo lícito** – licit minimum
**mínimo salarial** – salary minimum
**mínimum** *m* – minimum
**ministerial** *adj* – ministerial
**ministerio** *m* – ministry, post
**Ministerio de Agricultura** – Department of Agriculture, Ministry of Agriculture
**Ministerio de Asuntos Exteriores** – Department of State
**Ministerio de Comercio** – Department of Commerce, Ministry of Commerce
**Ministerio de Economía** – Treasury Department, Exchequer
**Ministerio de Economía y Hacienda** – Treasury Department, Exchequer
**Ministerio de Educación** – Department of Education
**Ministerio de Estado** – Department of State
**Ministerio de Gobernación** – Department of the Interior
**Ministerio de Guerra** – Department of Defense, Department of War
**Ministerio de Hacienda** – Treasury Department, Exchequer
**Ministerio de Justicia** – Department of Justice
**Ministerio de Marina** – Department of the Navy
**Ministerio de Negocios Extranjeros** – Department of State
**Ministerio de Relaciones Exteriores** – Department of State
**Ministerio de Salud** – Department of Health, Department of Health and Human Services, Ministry of Health
**Ministerio de Salud Pública** – Department of Public

Health, Ministry of Public Health
**Ministerio de Sanidad** – Department of Health, Department of Health and Human Services, Ministry of Health
**Ministerio de Trabajo** – Department of Labor, Ministry of Labour
**Ministerio del Interior** – Department of the Interior
**Ministerio Fiscal** – Office of the Attorney General, Prosecutors' Office
**ministración** *f* – ministration, post
**ministrador** *m* – professional
**ministrante** *adj* – ministrant
**ministrar** *v* – to administer, to hold office, to practice a profession, to provide
**ministril** *m* – petty court officer
**ministro** *m* – minister, diplomat, cabinet minister, judge
**Ministro de Agricultura** – Secretary of Agriculture, Minister of Agriculture
**Ministro de Comercio** – Secretary of Commerce, Minister of Commerce
**Ministro de Economía** – Secretary of Treasury, Chancellor of the Exchequer
**Ministro de Economía y Hacienda** – Secretary of Treasury, Chancellor of the Exchequer
**Ministro de Educación** – Secretary of Education
**Ministro de Estado** – Secretary of State
**Ministro de Hacienda** – Secretary of Treasury, Chancellor of the Exchequer
**Ministro de Labor** – Secretary of Labor, Minister of Labour
**Ministro de Salud** – Secretary of Health, Secretary of Health and Human Services, Minister of Health
**Ministro de Salud Pública** – Secretary of Public Health, Minister of Public Health
**Ministro de Trabajo** – Secretary of Labor, Minister of Labour
**Ministro del Despacho** – Cabinet Minister
**Ministro del Tribunal** – judge
**Ministro Delegado** – Deputy Minister
**Ministro Exterior** – Foreign Minister
**Ministro Plenipotenciario** – Minister Plenipotentiary
**Ministro Secretario** – Cabinet Minister
**Ministro sin Cartera** – Minister without Portfolio
**minoración** *f* – diminution
**minorar** *v* – to diminish
**minorativo** *adj* – diminishing
**minoría** *f* – minority
**minoría de edad** – minority
**minoridad** *f* – minority
**minorista** *m/f* – retailer
**minorista** *adj* – retail
**minorista afiliado** – affiliated retailer
**minorista independiente** – independent retailer
**minoritario** *adj* – minority
**minuciosamente** *adv* – meticulously
**minucioso** *m* – meticulous
**minusvalía** *f* – disability, depreciation, reduction in value
**minusvalía a corto plazo** – short-term disability
**minusvalía a largo plazo** – long-term disability
**minusvalía absoluta** – total disability
**minusvalía definitiva** – permanent disability
**minusvalía física** – physical disability
**minusvalía laboral** – work disability
**minusvalía mental** – mental disability
**minusvalía parcial** – partial disability
**minusvalía parcial permanente** – permanent partial disability
**minusvalía permanente** – permanent disability
**minusvalía permanente total** – permanent total disability
**minusvalía perpetua** – permanent disability
**minusvalía personal** – personal disability
**minusvalía presunta** – presumptive disability
**minusvalía provisional** – temporary disability
**minusvalía recurrente** – recurrent disability
**minusvalía relativa** – partial disability
**minusvalía residual** – residual disability
**minusvalía temporal** – temporary disability
**minusvalía temporaria** – temporary disability
**minusvalía total** – total disability
**minusvalía total permanente** – permanent total disability
**minusvalía total temporal** – temporary total disability
**minusvalía transitoria** – transitory disability
**minusválido** *adj* – disabled
**minusválido** *m/f* – disabled person
**minuta** *f* – minute, note, rough draft, summary, attorney's bill
**minutar** *v* – to take the minutes of, to make a rough draft of, to summarize
**minutario** *m* – minutes book
**minutas** *f* – minutes
**minutas del juez** – judge's minutes
**mira** *f* – sight, aim, watchtower
**miradero** *m* – watchtower, lookout
**mirar** *v* – to look, to consider
**misceláneo** *adj* – miscellaneous
**miseria** *f* – misery, poverty
**miseria absoluta** – absolute poverty
**miseria total** – absolute poverty
**misión** *f* – mission
**misión corporativa** – corporate mission
**misión diplomática** – diplomatic mission
**misión económica** – economic mission
**misiva** *f* – missive
**misoginia** *f* – misogyny
**misógino** *adj* – misogynistic
**misógino** *m* – misogynist
**mitad** *f* – half
**mitigación** *f* – mitigation
**mitigación de la pena** – mitigation of punishment
**mitigadamente** *adv* – less rigorously
**mitigador** *m* – mitigator
**mitigador** *adj* – mitigating
**mitigante** *adj* – mitigating
**mitigar** *v* – to mitigate
**mitigativo** *adj* – mitigating
**mitigatorio** *adj* – mitigating
**mitin** *m* – political meeting, rally
**mixto** *adj* – mixed
**mobiliario** *m* – furniture, chattel
**mobiliario** *adj* – movable
**mobiliario y equipo** – furniture and fixtures
**mobiliario y útiles** – furniture and fixtures
**moblaje** *m* – furniture and fixtures
**moción** *f* – motion, tendency

**moción de censura** – motion of no confidence
**moción de nuevo juicio** – motion for new trial
**mocionante** *m/f* – person who presents a motion
**mocionar** *v* – to present a motion
**modal** *adj* – modal
**modalidades** *f* – types, formalities
**modelo** *m* – model, blank form
**modelo clásico** – classic model
**modelo comercial** – business model
**modelo contable** – accounting model
**modelo corporativo** – corporate model
**modelo de comercio** – commerce model
**modelo de consumo** – consumption model, consumption pattern
**modelo de contabilidad** – accounting model
**modelo de costes** – cost model
**modelo de costos** – cost model
**modelo de decisiones** – decision model
**modelo de la compañía** – company model
**modelo de la corporación** – corporate model
**modelo de la empresa** – company model, enterprise model
**modelo de la firma** – specimen signature, company model
**modelo de marketing** – marketing model
**modelo de mercadeo** – marketing model
**modelo de negocios** – business model
**modelo de proposición** – bidding form
**modelo de simulación** – simulation model
**modelo de valoración** – valuation model
**modelo econométrico** – econometric model
**modelo económico** – economic model
**modelo empresarial** – business model, company model, enterprise model
**modelo financiero** – financial model
**modelo impreso** – blank form
**modelo industrial** – industrial model
**modelo matemático** – mathematical model
**modelo multilateral** – multilateral model
**modelos de asignación** – allocation models
**modelos de utilidad** – utility models
**módem** *m* – modem
**moderación** *f* – moderation
**moderación salarial** – wage moderation, salary moderation
**moderadamente** *adv* – moderately
**moderado** *adj* – moderate
**moderador** *adj* – moderating
**moderar** *v* – to moderate
**moderativo** *adj* – moderating
**modernización** *f* – modernization
**modernizado** *adj* – modernized
**modernizar** *v* – to modernize
**modificable** *adj* – modifiable, amendable
**modificación** *f* – modification, amendment
**modificación de contabilidad** – accounting modification
**modificación de contrato** – contract modification
**modificación de convenio** – agreement modification
**modificación de deberes** – modification of duties
**modificación de empleo** – employment modification
**modificación de propiedad** – property modification
**modificación de términos** – terms modification
**modificación de trabajo** – job modification
**modificación fundamental** – fundamental modification
**modificación leve** – slight modification
**modificación genética** – genetic modification
**modificación leve** – slight modification
**modificaciones y mejoras** – modifications and improvements, alterations and improvements
**modificado** *adj* – modified
**modificado genéticamente** – genetically modified, genetically engineered
**modificar** *v* – to modify, to amend
**modificativo** *adj* – modifying, amending
**modificatorio** *adj* – modifying, amending
**modo** *m* – manner, mode
**modo de comunicación** – mode of communication
**modo de expresión** – mode of expression
**modo de operación** – mode of operation
**modo de pago** – mode of payment
**modo de transporte** – mode of transport
**modo de vivir** – mode of living
**modo establecido** – established mode
**modo habitual** – habitual mode
**modo inusual** – unusual mode
**modo irregular** – irregular mode
**modo ordinario** – ordinary mode
**modo regular** – regular mode
**modo usual** – usual mode
**modos de adquirir** – means of acquisition
**modularidad** *f* – modularity
**módulo** *m* – module
**modus operandi** – method of operation, modus operandi
**modus vivendi** – mode of living, modus vivendi
**mohatra** *f* – fraud
**mohatrar** *v* – to defraud
**mohatrero** *m* – defrauder
**mojón** *m* – landmark
**mojona** *f* – surveying
**mojonación** *f* – delimitation, demarcation
**mojonar** *v* – to delimit, to mark the boundaries of
**mojonera** *f* – landmark site
**molestar** *v* – to bother
**molestia** *f* – bother, nuisance
**molestia pública** – public nuisance
**momentáneo** *adj* – momentary
**monarquía** *f* – monarchy
**moneda** *f* – coin, currency
**moneda administrada** – managed currency, administered currency
**moneda ajustable** – adjustable currency
**moneda artificial** – artificial currency
**moneda bloqueada** – blocked currency
**moneda circulante** – circulating currency, currency
**moneda clave** – key currency
**moneda común** – common currency
**moneda contante y sonante** – cash
**moneda controlada** – managed currency, administered currency
**moneda convertible** – convertible currency
**moneda corriente** – current money, currency
**moneda de curso legal** – legal tender
**moneda de fuerza liberatoria** – legal tender
**moneda de liquidación** – settlement currency
**moneda de poder liberatorio** – legal tender

**moneda de referencia** – reference currency
**moneda de reserva** – reserve currency
**moneda débil** – soft currency
**moneda depreciada** – depreciated currency
**moneda devaluada** – devaluated currency
**moneda dirigida** – managed currency, administered currency
**moneda dura** – hard currency
**moneda elástica** – elastic currency
**moneda en circulación** – currency in circulation
**moneda escasa** – scarce currency
**moneda estable** – stable currency
**moneda extranjera** – foreign currency
**moneda falsa** – counterfeit money
**moneda fiduciaria** – fiduciary currency
**moneda firme** – hard currency
**moneda flotante** – floating currency
**moneda fraccionada** – fractional currency
**moneda fuerte** – hard currency
**moneda funcional** – functional currency
**moneda inconvertible** – inconvertible currency
**moneda inelástica** – inelastic currency
**moneda internacional** – international currency
**moneda legal** – legal tender
**moneda legítima** – legal tender
**moneda local** – local currency
**moneda metálica** – specie, coinage
**moneda mixta** – mixed currency
**moneda nacional** – national currency, domestic currency
**moneda sonante** – specie
**moneda única** – single currency
**monedaje** *m* – coinage
**monedería** *f* – mintage
**monedero falso** – counterfeiter
**monetario** *adj* – monetary
**monetarismo** *m* – monetarism
**monetarista** *adj* – monetarist
**monetarista** *m/f* – monetarist
**monetización** *f* – monetization
**monetizar** *v* – to mint
**monición** *f* – admonition
**monipodio** *m* – illegal agreement
**monitor** *m* – monitor, supervisor
**monitoreo** *m* – monitoring, supervision
**monitoreo administrativo** – administrative monitoring
**monitoreo ambiental** – environmental monitoring
**monitoreo bancario** – bank monitoring
**monitoreo centralizado** – centralized monitoring
**monitoreo contable** – accounting monitoring
**monitoreo de acceso** – access monitoring
**monitoreo de calidad** – quality monitoring
**monitoreo de costes** – cost monitoring
**monitoreo de costos** – cost monitoring
**monitoreo de crédito** – credit monitoring
**monitoreo de fronteras** – border monitoring
**monitoreo de gastos** – expense monitoring
**monitoreo de la contaminación** – pollution monitoring
**monitoreo de la ejecución** – performance monitoring
**monitoreo de la negociación** – bargaining monitoring, negotiation monitoring
**monitoreo de precios** – price monitoring
**monitoreo de procesos** – process monitoring
**monitoreo de riesgos** – risk monitoring
**monitoreo de ventas** – sales monitoring
**monitoreo del consejo** – board monitoring
**monitoreo del consumo** – consumption monitoring
**monitoreo del efectivo** – cash monitoring
**monitoreo del proyecto** – project monitoring
**monitoreo del rendimiento** – performance monitoring
**monitoreo del trabajo** – job monitoring
**monitoreo directo** – direct monitoring
**monitoreo ecológico** – ecological monitoring
**monitoreo ejecutivo** – executive monitoring
**monitoreo externo** – external monitoring
**monitoreo financiero** – financial monitoring
**monitoreo interno** – internal monitoring
**monitoreo operacional** – operational monitoring
**monitoreo presupuestario** – budget monitoring
**monitorio** *adj* – monitory
**monocracia** *f* – monocracy
**monócrata** *m/f* – monocrat
**monogamia** *f* – monogamy
**monógamo** *adj* – monogamous
**monopólico** *adj* – monopolistic
**monopolio** *m* – monopoly
**monopolio absoluto** – absolute monopoly
**monopolio bilateral** – bilateral monopoly
**monopolio comercial** – commercial monopoly
**monopolio compartido** – shared monopoly
**monopolio completo** – complete monopoly
**monopolio del comprador** – buyer's monopoly
**monopolio del estado** – government monopoly, state monopoly
**monopolio del gobierno** – government monopoly
**monopolio discriminador** – discriminating monopoly
**monopolio estatal** – government monopoly, state monopoly
**monopolio exclusivo** – exclusive monopoly
**monopolio fiscal** – government monopoly
**monopolio gubernamental** – government monopoly
**monopolio ilegal** – illegal monopoly
**monopolio ilícito** – illicit monopoly
**monopolio incompleto** – incomplete monopoly
**monopolio laboral** – labor monopoly, labour monopoly
**monopolio legal** – legal monopoly
**monopolio lícito** – licit monopoly
**monopolio natural** – natural monopoly
**monopolio parcial** – partial monopoly
**monopolio perfecto** – perfect monopoly
**monopolio público** – public monopoly
**monopolio puro** – pure monopoly
**monopolio temporal** – temporary monopoly
**monopolista** *m/f* – monopolist
**monopolista** *adj* – monopolistic
**monopolístico** *adj* – monopolistic
**monopolización** *f* – monopolization
**monopolizado** *adj* – monopolized
**monopolizador** *m* – monopolizer
**monopolizador** *adj* – monopolizing
**monopolizar** *v* – to monopolize
**monopsónico** *adj* – monopsonic
**monopsonio** *m* – monopsony
**monta** *f* – importance, sum, total
**montante** *m* – amount, sum, total
**montante a abonar** – amount payable, amount due

**montante a pagar** – amount payable, amount due
**montante acreditado** – amount credited
**montante actual** – present amount
**montante acumulado** – accumulated amount
**montante adeudado** – amount owed, amount due
**montante aplazado** – deferred amount
**montante asegurado** – amount covered, amount insured
**montante cargado** – charged amount
**montante cobrado** – amount collected
**montante constante** – constant amount
**montante contribuido** – amount contributed
**montante convenido** – agreed-upon amount
**montante de crédito** – amount of credit
**montante de la pérdida** – amount of loss
**montante de la reclamación** – claim amount
**montante de la subvención** – amount of subsidy
**montante de la transacción** – transaction amount
**montante debido** – amount due
**montante declarado** – stated amount
**montante deducido** – amount deducted
**montante del daño** – amount of damage
**montante del subsidio** – amount of subsidy
**montante desembolsado** – disbursed amount
**montante determinado** – determined amount
**montante en exceso** – excess amount
**montante en riesgo** – amount at risk
**montante envuelto** – amount involved
**montante específico** – specific amount
**montante fijo** – fixed amount
**montante financiado** – amount financed
**montante garantizado** – guaranteed amount
**montante importado** – amount imported
**montante indeterminado** – uncertain amount
**montante inicial** – initial amount
**montante líquido** – liquid assets
**montante mínimo** – minimum amount
**montante necesario** – necessary amount
**montante neto** – net amount
**montante obligado** – obligatory amount
**montante obligatorio** – obligatory amount
**montante pagadero** – amount to be paid, amount payable
**montante pagado** – amount paid
**montante pendiente** – amount outstanding
**montante perdido** – amount lost
**montante promedio** – average amount
**montante real** – actual amount
**montante realizado** – amount realized
**montante regular** – regular amount
**montante requerido** – amount required
**montante residual** – residual amount
**montante retenido** – amount withheld
**montante total** – total amount, aggregate amount
**montante transferido** – transferred amount
**montante variable** – variable amount
**montante vencido** – amount overdue
**monte de piedad** – pawnshop
**montepío** *m* – public assistance office, widows' and orphans' fund, widows' and orphans' fund payment, pawnshop
**monto** *m* – amount, sum, total, quantity
**monto a abonar** – amount payable, amount due
**monto a pagar** – amount payable, amount due
**monto acreditado** – amount credited
**monto actual** – present amount
**monto acumulado** – accumulated amount
**monto adeudado** – amount owed, amount due
**monto alzado** – agreed amount
**monto amortizable** – amortizable amount, depreciable amount
**monto amortizado** – amortized amount, depreciated amount
**monto aplazado** – deferred amount
**monto asegurado** – amount covered, amount insured
**monto base** – base amount
**monto cargado** – charged amount
**monto cierto** – sum certain
**monto cobrado** – amount collected
**monto compuesto** – compound amount
**monto constante** – constant amount
**monto contribuido** – amount contributed
**monto convenido** – agreed-upon amount
**monto de crédito** – amount of credit
**monto de la pérdida** – amount of loss
**monto de la reclamación** – claim amount
**monto de la subvención** – amount of subsidy
**monto de la transacción** – transaction amount
**monto debido** – amount due
**monto declarado** – stated amount
**monto deducido** – amount deducted
**monto del daño** – amount of damage
**monto del subsidio** – amount of subsidy
**monto depreciado** – depreciated amount
**monto desembolsado** – disbursed amount
**monto determinado** – determined amount
**monto en controversia** – amount in controversy
**monto en descubierto** – overdrawn amount
**monto en exceso** – excess amount
**monto en riesgo** – amount at risk
**monto envuelto** – amount involved
**monto específico** – specific amount
**monto exento** – exempt amount
**monto exportado** – amount exported
**monto fijo** – fixed amount
**monto financiado** – amount financed
**monto garantizado** – guaranteed amount
**monto importado** – amount imported
**monto indeterminado** – uncertain amount
**monto inicial** – initial amount
**monto líquido** – liquid assets
**monto medio** – average amount
**monto mínimo** – minimum amount
**monto necesario** – necessary amount
**monto neto** – net amount
**monto obligado** – obligatory amount
**monto obligatorio** – obligatory amount
**monto pagadero** – amount to be paid, amount payable
**monto pagado** – amount paid
**monto pagado en exceso** – amount overpaid
**monto pendiente** – amount outstanding
**monto perdido** – amount lost
**monto predeterminado** – predetermined amount
**monto promedio** – average amount
**monto real** – actual amount
**monto realizado** – amount realized
**monto regular** – regular amount
**monto requerido** – amount required

**monto residual** – residual amount
**monto retenido** – amount withheld
**monto total** – total amount, aggregate amount
**monto transferido** – transferred amount
**monto variable** – variable amount
**monto vencido** – amount overdue
**montonero** *m* – troublemaker, person who only fights when surrounded by cronies
**monumento** *m* – monument
**moquete** *m* – punch in the nose
**mora** *f* – delay, default
**mora, en** – in arrears, delinquent
**mora procesal** – procedural delay
**morada** *f* – dwelling, sojourn
**morador** *m* – dweller, sojourner
**moral** *f* – morals
**moral** *adj* – moral
**moralidad** *f* – morality
**morar** *v* – to dwell, to sojourn
**moratoria** *f* – moratorium
**moratoria de la deuda** – debt moratorium
**morbosidad** *f* – morbidity
**mordaza** *f* – gag
**morder** *v* – to bite, to wear away
**mordida** *f* – bribe, bite
**moreteado** *adj* – bruised
**moretón** *m* – bruise
**morgue** *f* – morgue
**moribundo** *m* – dying person
**moribundo** *adj* – dying
**morir** *v* – to die, to end
**morirse** *v* – to die
**morosamente** *adv* – tardily
**morosidad** *f* – delay, delinquency
**moroso** *adj* – tardy, delinquent
**mort civile** – civil death, mort civile
**mortal** *adj* – mortal, dying
**mortalidad** *f* – mortality
**mortalmente** *adv* – mortally
**mortandad** *f* – death toll
**mortífero** *adj* – deadly
**mortificación** *f* – mortification
**mortificar** *v* – to mortify
**mortis causa** – in contemplation of death, mortis causa
**mostrar** *v* – to exhibit, to explain
**mostrar causa** – to show cause
**mostrenco** *adj* – ownerless, without a known owner
**mote** *m* – alias, error
**motete** *m* – parcel, nickname
**motín** *m* – mutiny, riot
**motivación** *f* – motivation
**motivación en el empleo** – job motivation, employment motivation
**motivación en el trabajo** – job motivation, work motivation
**motivación financiera** – financial motivation
**motivación ilegal** – illegal motivation
**motivación ilícita** – illicit motivation
**motivación impropia** – improper motivation
**motivación inapropiada** – inappropriate motivation
**motivación lícita** – licit motivation
**motivación profesional** – professional motivation
**motivado** *adj* – motivated, justified
**motivado ilegalmente** – illegally motivated
**motivado ilícitamente** – illicitly motivated
**motivador** *adj* – motivating
**motivar** *v* – to motivate, to explain
**motivo** *m* – motive, cause, reason
**motivo de despido** – grounds for dismissal
**motivo de ganancia** – profit motive
**motivo fundado** – probable cause
**motivo indirecto** – remote cause
**motivo malicioso** – malicious motive
**motivo ulterior** – ulterior motive
**motor de búsqueda** – search engine
**motorista** *m/f* – motorist
**mover** *v* – to move, to induce
**móvil** *m* – motive, inducement, mobile phone, cell phone
**móvil** *adj* – mobile, changeable
**movilidad** *f* – mobility, changeableness
**movilidad de la mano de obra** – labor mobility, labour mobility
**movilidad horizontal** – horizontal mobility
**movilidad laboral** – labor mobility, labour mobility
**movilidad vertical** – vertical mobility
**movilización** *f* – mobilization
**movilizar** *v* – to mobilize
**movimiento** *m* – movement, change
**movimiento ambiental** – environmental movement
**movimiento de activos** – asset turnover
**movimiento de caja** – cash movement
**movimiento de capital** – capital movement
**movimiento de cuenta** – account movement
**movimiento de fondos** – flow of funds
**movimiento de inversiones** – investment turnover
**movimiento de mano de obra** – labor mobility, labour mobility
**movimiento de precios** – price movement
**movimiento ecológico** – ecological movement
**movimiento laboral** – labor movement, labour movement
**movimiento obrero** – labor movement, labour movement
**movimiento sindical** – union movement
**movimiento subversivo** – subversive movement
**muchedumbre** *f* – multitude
**mudanza** *f* – moving, changeableness
**mudar** *v* – to move, to change
**mudez** *f* – muteness, stubborn silence
**mudo** *adj* – mute, silent
**mudo voluntario** – a person who stubbornly refuses to speak
**mueblaje** *m* – furniture, moveables
**muebles** *m* – furniture, moveables
**muebles corporales** – personal property
**muebles y enseres** – furniture and fixtures
**muebles y instalaciones** – furniture and fixtures
**muebles y útiles** – furniture and fixtures
**muellaje** *m* – wharfage
**muelle** *m* – pier
**muerte** *f* – death, end
**muerte, a** – to death
**muerte a mano airada** – violent death
**muerte accidental** – accidental death
**muerte asistida** – assisted death
**muerte cerebral** – brain death

**muerte civil** – civil death
**muerte de la víctima** – victim's death
**muerte inmediata** – immediate death
**muerte instantánea** – instantaneous death
**muerte legal** – legal death
**muerte natural** – natural death
**muerte piadosa** – euthanasia
**muerte presunta** – presumptive death
**muerte relacionada al empleo** – job-related death, work-related death
**muerte relacionada al trabajo** – job-related death, work-related death
**muerte simultánea** – simultaneous death
**muerte violenta** – violent death
**muerto** *m* – dead person, buoy
**muerto** *adj* – dead
**muestra** *f* – sample, model, sign
**muestra aletoria** – random sample
**muestra comercial** – commercial sample
**muestra de promoción** – promotional sample
**muestra de referencia** – reference sample
**muestra de venta** – sales sample
**muestra gratis** – free sample
**muestra gratuita** – free sample
**muestra representativa** – representative sample
**muestrario** *m* – sample book, sample collection
**muestreo** *m* – sampling
**mujer abusada** – abused woman
**mujer casada** – married woman
**mujer de negocios** – businesswoman
**mujer encinta** – pregnant woman
**mujer explotada** – exploited woman
**mujer soltera** – single woman
**mujer victimizada** – victimized woman
**multa** *f* – fine, mulct
**multa aduanera** – customs fine
**multa conjunta** – joint fine
**multa de aduana** – customs fine
**multa excesiva** – excessive fine
**multa exorbitante** – exorbitant fine
**multa fiscal** – tax penalty
**multa penal** – criminal penalty
**multable** *adj* – finable
**multar** *v* – to fine, to mulct
**multianual** *adj* – multiyear
**multicentro** *m* – shopping mall
**multidivisa** *adj* – multicurrency
**multigrupo** *adj* – multigroup
**multilateral** *adj* – multilateral
**multilateralismo** *m* – multilateralism
**multimedia** *adj* – multimedia
**multimedios** *adj* – multimedia
**multimillonario** *adj* – multimillion
**multimillonario** *m* – multimillionaire
**multinacional** *adj* – multinational
**multinacional** *f* – multinational, multinational company
**multinacionalmente** *adv* – multinationally
**múltiple** *adj* – multiple, complex
**multiplicidad** *f* – multiplicity
**multiplicidad de acciones** – multiplicity of actions
**multiplicidad de pleitos** – multiplicity of actions
**multipropiedad** *f* – timeshare, timesharing
**multiusuario** *adj* – multiuser
**mundialización** *f* – globalization
**mundo comercial** – business world, commerce world
**mundo de las finanzas** – financial world
**mundo de los negocios** – business world
**mundo del comercio** – business world, commerce world
**mundo del comercio electrónico** – e-commerce world, e-business world
**mundo empresarial** – business world
**municiones** *f* – munitions
**municipal** *m* – city police officer
**municipal** *adj* – municipal
**municipalidad** *f* – municipality, city hall
**municipalizar** *v* – to municipalize
**munícipe** *m* – city councilperson, citizen
**municipio** *m* – municipality, city hall
**murcio** *m* – robber
**murmuración** *f* – slander, malicious gossip, backbiting
**murmurador** *m* – slanderer, gossiper, backbiter
**murmurar** *v* – to slander, to gossip, to backbite
**muro** *m* – wall
**muro medianero** – party wall
**mutabilidad** *f* – mutability
**mutable** *adj* – mutable
**mutación** *f* – mutation, transfer
**mutatis mutandis** – with the necessary changes, mutatis mutandis
**mutilación** *f* – mutilation
**mutilación criminal** – mayhem
**mutilado** *adj* – mutilated
**mutilador** *m* – mutilator
**mutilar** *v* – to mutilate
**mutilo** *adj* – mutilated
**mutismo** *m* – mutism, silence
**mutua** *f* – mutual company, mutual benefit association
**mutua de seguros** – mutual insurance company
**mutual** *f* – mutual company, mutual benefit association
**mutual** *adj* – mutual
**mutualidad** *f* – mutuality, mutual company, mutual benefit association
**mutualista** *m/f* – member of a mutual company, member of a mutual benefit association
**mutuamente** *adv* – mutually
**mutuante** *m/f* – mutuant, lender
**mutuario** *m* – mutuary, borrower
**mutuatario** *m* – mutuary, borrower
**mutuo** *m* – loan for consumption, mutuum
**mutuo** *adj* – mutual
**mutuo acuerdo** – mutual agreement
**mutuo consentimiento** – mutual consent
**mutuo disenso** – mutual rescission

# N

**nacer** *v* – to be born, to appear, to originate from
**nacido** *adj* – born, natural
**nacimiento** *m* – birth, descent, origin
**nación** *f* – nation, race, ethnic group
**nación acreedora** – creditor nation
**nación dependiente** – dependent nation
**nación deudora** – debtor nation
**nación en armas** – nation at war
**nación exportadora** – exporting nation
**nación importadora** – importing nation
**nación industrializada** – industrialized nation
**nación más favorecida** – most favored nation
**nación miembro** – member nation
**nación neutral** – neutral nation
**nación participante** – participating nation
**nación subdesarrollada** – underdeveloped nation
**nacional** *adj* – national, domestic
**nacionalidad** *f* – nationality, citizenship
**nacionalidad del buque** – nationality of the ship
**nacionalidad por nacimiento** – nationality by birth
**nacionalismo** *m* – nationalism
**nacionalismo económico** – economic nationalism
**nacionalista** *adj* – nationalist
**nacionalista** *m/f* – nationalist
**nacionalización** *f* – nationalization, naturalization
**nacionalizar** *v* – to nationalize, to naturalize, to import paying duties
**nacionalizarse** *v* – to be nationalized, to be naturalized
**nacionalmente** *adv* – nationally
**nada jurídica** – nullity
**nadería** *f* – triviality
**nanotecnología** *f* – nanotechnology
**naonato** *adj* – born on a ship
**narcoanálisis** *f* – narcoanalysis
**narcótico** *m* – narcotic
**narcotráfico** *m* – drug trafficking
**narración** *f* – narration, account
**narrador** *m* – narrator
**narrar** *v* – to narrate, to tell
**natal** *adj* – natal, native
**natalicio** *m* – birthday
**natalicio** *adj* – natal
**natalidad** *f* – natality
**natalidad dirigida** – planned parenthood
**nativo** *adj* – native, natural
**nato** *adj* – born, by virtue of office
**natura** *f* – nature
**natural** *adj* – natural, native
**naturaleza** *f* – nature, nationality, citizenship
**naturaleza de las obligaciones** – nature of the obligations
**naturaleza humana** – human nature
**naturalidad** *f* – naturalness, nationality, citizenship
**naturalización** *f* – naturalization
**naturalizar** *v* – to naturalize
**naturalizarse** *v* – to become naturalized
**naturalmente** *adv* – naturally
**naufragante** *adj* – shipwrecked, sinking
**naufragar** *v* – to be shipwrecked, to be wrecked
**naufragio** *m* – shipwreck, wreck
**náufrago** *m* – shipwrecked person
**náufrago** *adj* – shipwrecked, wrecked
**nauta** *m* – sailor
**náutica** *f* – art of navigation
**náutico** *adj* – nautical
**navaja** *f* – razor, knife
**navajada** *f* – slash
**navajazo** *m* – slash
**naval** *adj* – naval
**nave** *f* – ship, vessel
**nave de carga** – cargo ship
**navegabilidad** *f* – navigability
**navegable** *adj* – navigable
**navegación** *f* – navigation, art of navigation, browsing
**navegación aérea** – air navigation
**navegación costanera** – cabotage
**navegación de alta mar** – navigation on the open seas
**navegación de cabotaje** – cabotage
**navegador de Internet** – browser
**navegador de Web** – browser
**navegación fluvial** – river navigation
**navegación ordinaria** – ordinary navigation
**navegación submarina** – submarine navigation
**navegador** *m* – navigator
**navegador** *adj* – navigating
**navegante** *m/f* – navigator
**navegar** *v* – to navigate, to steer, to browse
**naviero** *m* – shipowner
**naviero** *adj* – pertaining to shipping
**navío** *m* – ship, vessel
**navío de carga** – freighter
**navío de guerra** – warship
**navío de transporte** – transport ship
**navío mercante** – merchant ship
**navío mercantil** – merchant ship
**neblina** *f* – fog
**nebulosidad** *f* – nebulousness
**nebuloso** *adj* – nebulous
**necesariamente** *adv* – necessarily
**necesario** *adj* – necessary
**necesidad** *f* – necessity, want
**necesidad absoluta** – absolute necessity
**necesidad adicional** – additional necessity
**necesidad comercial** – commercial necessity
**necesidad común** – common necessity
**necesidad concurrente** – concurrent necessity
**necesidad condicional** – conditional necessity
**necesidad conjunta** – conjunctive necessity
**necesidad de hacer** – necessity to do
**necesidad de no hacer** – necessity not to do
**necesidad de pagar** – necessity to pay
**necesidad de probar** – burden of proof
**necesidad de reparación** – necessity of reparation
**necesidad determinada** – determinate necessity
**necesidad directa** – direct necessity

**necesidad económica** – economic necessity
**necesidad esencial** – essential necessity
**necesidad específica** – specific necessity
**necesidad estipulada** – stipulated necessity
**necesidad ética** – ethical necessity
**necesidad existente** – existing necessity
**necesidad explícita** – explicit necessity
**necesidad expresa** – express necessity
**necesidad extrema** – extreme need
**necesidad física** – physical necessity
**necesidad flagrante** – flagrant necessity
**necesidad general** – general necessity
**necesidad gubernamental** – government necessity
**necesidad incondicional** – unconditional necessity, absolute necessity
**necesidad indeterminada** – indeterminate necessity
**necesidad indirecta** – indirect necessity
**necesidad inmediata** – immediate necessity
**necesidad legal** – legal necessity
**necesidad monetaria** – monetary necessity
**necesidad moral** – moral necessity
**necesidad natural** – natural necessity
**necesidad obvia** – obvious necessity
**necesidad personal** – personal necessity
**necesidad primaria** – primary necessity
**necesidad principal** – principal necessity
**necesidad profesional** – professional necessity
**necesidad pública** – public necessity
**necesidad real** – real necessity
**necesidad simple** – simple necessity
**necesidades básicas** – basic needs
**necesidades financieras** – financial needs
**necesitar** *v* – to need, to want
**necrocomio** *m* – morgue
**necrología** *f* – necrology
**necropsia** *f* – necropsy, autopsy
**necroscopia** *f* – necropsy, autopsy
**nefandario** *adj* – abominable
**nefando** *adj* – abominable
**nefariamente** *adv* – nefariously
**nefario** *adj* – nefarious
**negable** *adj* – deniable
**negación** *f* – negation, denial
**negación de derecho** – denial of a question of law
**negación de hecho** – denial of a question of fact
**negación específica** – specific denial
**negación especificada** – specified denial
**negador** *m* – denier, disclaimer
**negante** *m/f* – denier
**negar** *v* – to negate, to deny, to disclaim, to prohibit
**negarse** *v* – to decline to do, to refuse, to deny oneself
**negarse a aceptar** – to refuse to accept
**negarse a acreditar** – to refuse to credit
**negarse a admitir** – to refuse to admit
**negarse a autorizar** – to refuse to authorize
**negarse a ceder** – to refuse to yield
**negarse a confirmar** – to refuse to confirm
**negarse a consentir** – to refuse to consent
**negarse a considerar** – to refuse to consider
**negarse a contestar** – to refuse to answer
**negarse a corroborar** – to refuse to corroborate
**negarse a creer** – to refuse to believe
**negarse a cumplir** – to refuse to comply
**negarse a dar** – to refuse to give
**negarse a dar permiso** – to refuse to give permission
**negarse a divulgar** – to refuse to disclose
**negarse a entregar** – to refuse to deliver
**negarse a honrar** – to refuse to honor
**negarse a obedecer** – to refuse to obey
**negarse a pagar** – to refuse to pay
**negarse a permitir** – to refuse to permit
**negarse a proveer** – to refuse to supply
**negarse a ratificar** – to refuse to ratify
**negarse a recibir** – to refuse to receive
**negarse a reconocer** – to refuse to acknowledge
**negativa** *f* – refusal, denial
**negativa a aceptar** – refusal to accept
**negativa a acreditar** – refusal to credit
**negativa a admitir** – refusal to admit
**negativa a autorizar** – refusal to authorize
**negativa a ceder** – refusal to yield
**negativa a confirmar** – refusal to confirm
**negativa a consentir** – refusal to consent
**negativa a considerar** – refusal to consider
**negativa a contestar** – refusal to answer
**negativa a corroborar** – refusal to corroborate
**negativa a creer** – refusal to believe
**negativa a cumplir** – refusal to comply
**negativa a dar** – refusal to give
**negativa a dar permiso** – refusal to give permission
**negativa a declarar** – refusal to give testimony
**negativa a divulgar** – refusal to disclose
**negativa a entregar** – refusal to deliver
**negativa a firmar** – refusal to sign
**negativa a honrar** – refusal to honor
**negativa a obedecer** – refusal to obey
**negativa a pagar** – refusal to pay
**negativa a permitir** – refusal to permit
**negativa a proveer** – refusal to supply
**negativa a ratificar** – refusal to ratify
**negativa a recibir** – refusal to receive
**negativa a reconocer** – refusal to acknowledge
**negativa de derecho** – denial of legality
**negativa de hecho** – denial of fact
**negativa indefinida** – general denial
**negativo** *adj* – negative
**negatoria** *f* – action to quiet title
**negligencia** *f* – negligence, neglect, carelessness
**negligencia activa** – active negligence
**negligencia colateral** – collateral negligence
**negligencia comparada** – comparative negligence
**negligencia comparativa** – comparative negligence
**negligencia concurrente** – contributory negligence, concurrent negligence
**negligencia conjunta** – joint negligence
**negligencia contribuyente** – contributory negligence
**negligencia crasa** – gross negligence
**negligencia criminal** – criminal negligence
**negligencia culpable** – culpable negligence
**negligencia derivada** – imputed negligence
**negligencia en el abordaje** – collision of ships caused by negligence
**negligencia evidente** – evident negligence, legal negligence
**negligencia excusable** – excusable negligence
**negligencia grave** – gross negligence
**negligencia imputada** – imputed negligence
**negligencia incidental** – collateral negligence

**negligencia independiente** – independent negligence
**negligencia inexcusable** – inexcusable negligence
**negligencia leve** – slight negligence
**negligencia ordinaria** – ordinary negligence
**negligencia procesable** – actionable negligence
**negligencia profesional** – malpractice
**negligencia simple** – simple negligence
**negligencia sobreviviente** – supervening negligence
**negligencia subordinada** – collateral negligence
**negligencia subsecuente** – subsequent negligence
**negligencia temeraria** – gross negligence
**negligente** *m* – neglecter
**negligente** *adj* – negligent, careless
**negligentemente** *adv* – negligently, carelessly
**negociabilidad** *f* – negotiability
**negociable** *adj* – negotiable
**negociación** *f* – negotiation, bargaining, transaction, clearance
**negociación de contratos** – contract negotiation, contract bargaining
**negociación, en** – in negotiation, under negotiation
**negociación individual** – individual bargaining
**negociaciones colectivas** – collective bargaining
**negociaciones conjuntas** – joint negotiations
**negociaciones en buena fe** – good faith bargaining
**negociaciones preliminares** – preliminary negotiations
**negociaciones salariales** – pay negotiations
**negociado** *m* – bureau, department, office, transaction, illegal transaction
**negociado administrativo** – administrative office
**negociado aduanero** – bureau of customs
**negociado de aduanas** – bureau of customs
**negociado de cobranza** – collection office
**negociado de contribuciones** – tax office
**negociado de impuestos** – tax office
**negociado de patentes** – patent office
**negociado de personal** – personnel office
**negociador** *m* – negotiator, bargainer
**negociante** *m/f* – negotiator, bargainer
**negociar** *v* – to negotiate, to bargain
**negociar colectivamente** – to bargain collectively
**negociar documentos** – to discount negotiable instruments
**negociar en buena fe** – to bargain in good faith
**negociar en mala fe** – to bargain in bad faith
**negociar un empréstito** – to negotiate a loan
**negociar un préstamo** – to negotiate a loan
**negocio** *m* – business, occupation, trade, transaction, bargain
**negocio a consumidor** – business-to-consumer
**negocio a empleado** – business-to-employee
**negocio a gobierno** – business-to-government
**negocio a negocio** – business-to-business
**negocio activo** – active business
**negocio administrado** – managed business
**negocio administrador** – management business
**negocio administrativo** – management business
**negocio adquirido** – acquired business
**negocio afiliado** – affiliated business
**negocio agrícola** – agricultural business, farm business
**negocio ajeno** – another's business
**negocio al detal** – retail business
**negocio al menudeo** – retail business
**negocio al por mayor** – wholesale business
**negocio al por menor** – retail business
**negocio aliado** – allied business
**negocio asegurador** – insurance business
**negocio asociado** – associated business
**negocio autorizado** – authorized business
**negocio bancario** – banking business
**negocio básico** – core business
**negocio centralizado** – centralized business
**negocio clandestino** – clandestine business, illegal business
**negocio colaborativo** – collaborative business
**negocio comercial** – business concern, commercial business
**negocio competidor** – competing business
**negocio común** – joint venture
**negocio con el extranjero** – foreign business
**negocio con fines de lucro** – for-profit business
**negocio conjunto** – joint venture
**negocio constructor** – construction business
**negocio consultivo** – consulting business
**negocio consultor** – consulting business
**negocio controlado** – controlled business, subsidiary
**negocio cooperativo** – cooperative
**negocio corporativo** – corporate business
**negocio de administración** – administration business
**negocio de alto crecimiento** – high-growth venture
**negocio de alto riesgo** – high-risk venture
**negocio de arrendamiento** – leasing business
**negocio de cabotaje** – coastal business
**negocio de coaseguro** – coinsurance business
**negocio de cobro** – collection business
**negocio de comercio** – commerce business, commerce concern
**negocio de comisión** – commission business
**negocio de construcción** – construction business
**negocio de consultores** – consulting business
**negocio de control** – controlling business, holding business
**negocio de corredor** – broker business
**negocio de corretaje** – brokerage business
**negocio de crédito** – credit business
**negocio de explotación** – operating business
**negocio de exportación** – export business
**negocio de financiamiento** – financing business
**negocio de importación** – import business
**negocio de inversión** – investment business
**negocio de petróleo** – oil business
**negocio de préstamos** – loan business
**negocio de reaseguro** – reinsurance business
**negocio de seguros** – insurance business
**negocio de seguros de vida** – life insurance business
**negocio de servicios** – services business
**negocio de telecomunicaciones** – telecommunications business
**negocio de transportes** – transport business, shipping business
**negocio de ultramar** – overseas business
**negocio de ventas por correo** – mail order business
**negocio descentralizado** – decentralized business
**negocio detallista** – retail business
**negocio difunto** – defunct business
**negocio distribuidor** – distributing business

**negocio disuelto** – dissolved business
**negocio diversificado** – diversified business
**negocio doméstico** – domestic business
**negocio dominante** – dominant business
**negocio electrónico** – electronic business, e-business, online business, Internet business
**negocio en funcionamiento** – going concern
**negocio en línea** – online business, electronic business, e-business, Internet business
**negocio en marcha** – going concern
**negocio esencial** – essential business
**negocio especulativo** – speculative business
**negocio establecido** – established business
**negocio estacional** – seasonal business
**negocio ético** – ethical business
**negocio exento** – exempt business
**negocio explotador** – operating business
**negocio exportador** – export business
**negocio exterior** – foreign business
**negocio extranjero** – foreign business
**negocio familiar** – family business
**negocio fiduciario** – fiduciary transaction, trust business
**negocio filial** – affiliated business
**negocio financiero** – financial business
**negocio franco** – duty free business
**negocio fronterizo** – border business
**negocio global** – global business
**negocio hipotecario** – mortgage business
**negocio ilegal** – illegal business, business organized for illegal purposes
**negocio ilícito** – illicit business, business organized for illegal purposes
**negocio importador** – import business
**negocio inapropiado** – inappropriate business
**negocio individual** – individual business, sole proprietorship
**negocio industrial** – industrial business
**negocio inmobiliario** – real estate business
**negocio insolvente** – insolvent business
**negocio integrado** – integrated business
**negocio interestatal** – interstate business
**negocio interindustrial** – inter-industrial business
**negocio interior** – domestic business
**negocio internacional** – international business
**negocio interno** – internal business
**negocio intraestatal** – intrastate business
**negocio inversionista** – investment business
**negocio jurídico** – juristic act
**negocio legal** – legal business
**negocio lícito** – legal business
**negocio local** – local business
**negocio lucrativo** – commercial business, lucrative business
**negocio manufacturero** – manufacturing business
**negocio marítimo** – maritime business
**negocio matriz** – parent business
**negocio mayorista** – wholesale business
**negocio mercantil** – commercial business
**negocio minorista** – retail business
**negocio mixto** – mixed business
**negocio móvil** – m-business
**negocio multinacional** – multinational business
**negocio mundial** – world business
**negocio nacional** – domestic business
**negocio no afiliado** – unaffiliated business
**negocio no lucrativo** – nonprofit business
**negocio no miembro** – nonmember business
**negocio online** – online business, electronic business, e-business, Internet business
**negocio peligroso** – dangerous business
**negocio pequeño** – small business
**negocio por Internet** – Internet business, online business, electronic business, e-business
**negocio principal** – main business, core business
**negocio privado** – private business
**negocio propio** – sole proprietorship, personal business
**negocio público** – public business
**negocio puesto en marcha** – business startup
**negocio quebrado** – bankrupt business
**negocio reasegurador** – reinsurance business
**negocio registrado** – registered business
**negocio regulado** – regulated business
**negocio secundario** – secondary business, sideline
**negocio sin fines de lucro** – nonprofit business
**negocio subsidiario** – subsidiary business
**negocio sucio** – dirty business
**negocio transfronterizo** – cross-border business
**negocio transnacional** – transnational business
**negocio u ocupación** – business or occupation
**negocios pendientes** – pending business
**negocios procesales** – procedural acts
**nema** *f* – seal
**neocorporativismo** *m* – neocorporatism
**neocorporativista** *adj* – neocorporatist
**neocorporativista** *m/f* – neocorporatist
**nepotismo** *m* – nepotism
**nepotista** *m/f* – nepotist
**netiqueta** *f* – netiquette
**nervioso** *adj* – nervous, excitable
**neto** *adj* – net, genuine
**neto patrimonial** – net worth
**neuma** *m* – body language
**neurólogo** *m* – neurologist
**neurótico** *adj* – neurotic
**neutral** *adj* – neutral
**neutralidad** *f* – neutrality
**neutralidad absoluta** – absolute neutrality
**neutralidad armada** – armed neutrality
**neutralidad fiscal** – tax neutrality, fiscal neutrality
**neutralidad impositiva** – tax neutrality
**neutralidad tributaria** – tax neutrality
**neutralidad voluntaria** – voluntary neutrality
**neutralismo** *m* – neutralism
**neutralista** *adj* – neutralist
**neutralista** *m/f* – neutralist
**neutralización** *f* – neutralization
**neutralizado** *adj* – neutralized
**neutralizar** *v* – to neutralize
**neutralizarse** *v* – to be neutralized
**neutralmente** *adv* – neutrally
**neutro** *adj* – neutral
**nexo** *m* – nexus
**ni sin** – not without
**niebla** *f* – fog
**nieta** *f* – granddaughter
**nietastra** *f* – step granddaughter

**nietastro** *m* – step grandson, step grandchild
**nieto** *m* – grandson, grandchild
**nihilismo** *m* – nihilism
**nihilista** *m/f* – nihilist
**nimiedad** *f* – excessive care, excessive detail
**niñera** *f* – baby sitter
**niñez** *f* – childhood
**niño abandonado** – abandoned child
**niño abusado** – abused child
**niño dependiente** – dependent child
**niño explotado** – exploited child
**niño póstumo** – posthumous child
**nitidez** *f* – clarity
**nítido** *adj* – clear
**nivel** *m* – level, standard
**nivel arancelario** – tariff level, duty level
**nivel de alcohol en la sangre** – blood alcohol count
**nivel base** – base level
**nivel básico** – basic level
**nivel de apoyo** – support level
**nivel de aprobación** – approval level
**nivel de ausentismo** – level of absenteeism
**nivel de calidad aceptable** – acceptable quality level
**nivel de centralización** – level of centralization
**nivel de cobertura** – coverage level
**nivel de confianza** – confidence level
**nivel de costes** – cost level
**nivel de costos** – cost level
**nivel de desempleo** – level of unemployment
**nivel de deuda** – debt level
**nivel de empleo** – level of employment
**nivel de gastos** – expense level
**nivel de ingresos** – income level
**nivel de inventario base** – base inventory level
**nivel de inversiones** – investment level
**nivel de pleno empleo** – full employment level
**nivel de precios** – price level
**nivel de producción** – production level
**nivel de resistencia** – resistance level
**nivel de salario** – salary level, wage level
**nivel de servicio** – service level
**nivel de subsistencia** – sustenance level
**nivel de vida** – standard of living
**nivel indispensable** – indispensable level
**nivel necesario** – necessary level
**nivel neto** – net level
**nivel obligado** – obligatory level, mandatory level
**nivel obligatorio** – obligatory level, mandatory level
**nivel organizacional** – organizational level
**nivel organizativo** – organizational level
**nivel periódico** – periodic level
**nivel requerido** – required level
**nivel salarial** – salary level, wage level
**nivelar** *v* – to level
**no aceptamos devoluciones** – we do not accept returns, no returns
**no acumulativo** – non-cumulative
**no adherencia** – non-adherence
**no adherente** – non-adhering
**no admitido** – non-admitted
**no agresivo** – non-aggressive
**no ajustado** – unadjusted
**no amortizado** – unamortized
**no anulable** – non-annullable
**no aparente** – non-apparent
**no apto** – not apt
**no asegurable** – non-insurable
**no asegurado** – uninsured, non-insured
**no asignado** – unassigned, unallocated
**no asumible** – non-assumable
**no autorizado** – unauthorized
**no calificado** – non-qualified
**no cancelable** – non-cancellable
**no ciudadano** – non-citizen
**no cobrado** – uncollected
**no combatiente** – non-combatant
**no comercial** – non-commercial
**no comparecencia** – non-appearance
**no confirmado** – unconfirmed
**no conforme** – non-conforming
**no consolidado** – unconsolidated
**no consumible** – non-consumable
**no corporativo** – non-corporate
**no cotizado** – unlisted
**no cruzado** – uncrossed
**no culpable** – not guilty
**no de producción** – non-production
**no de reserva** – non-reserve
**no decir palabra** – to remain silent
**no declarado** – undeclared
**no deducible** – non-deductible
**no distribuido** – undistributed
**no duradero** – non-durable
**no emitido** – unissued
**no escrito** – not written
**no esencial** – unessential
**no específico** – non-specific
**no estocástico** – non-stochastic
**no exclusivo** – non-exclusive
**no exigible** – not due
**no expirado** – unexpired
**no facturado** – unbilled
**no financiero** – non-financial
**no fungible** – non-fungible
**no gravable** – non-taxable
**no gravado** – untaxed
**no ha lugar** – case dismissed, petition denied, overruled
**no imponible** – non-taxable
**no incluido en otra parte** – not included elsewhere
**no incorporado** – unincorporated
**no inflacionario** – non-inflationary
**no innovar** – to not innovate
**no inscrito** – unrecorded
**no intervención** – non-intervention
**no líquido** – illiquid
**no lucrativo** – non-profit
**no menos** – not less
**no monetario** – non-monetary
**no negociable** – non-negotiable, non-marketable, unnegotiable
**no obstante** – nevertheless, notwithstanding
**no obstante el veredicto** – notwithstanding the verdict
**no ocupacional** – non-occupational
**no oficial** – non-official
**no participante** – non-participating
**no prestado** – non-borrowed

**no proporcional** – non-proportional
**no público** – non-public
**no realizado** – unrealized
**no recíproco** – non-reciprocal
**no reclamado** – unclaimed
**no recurrente** – non-recurring
**no reembolsable** – non-refundable, irredeemable
**no registrado** – unregistered, unrecorded
**no renovable** – non-renewable
**no residencial** – non-residential
**no residente** – non-resident
**no restringido** – unrestricted
**no retirable** – non-callable
**no sea que** – lest
**no solemne** – non-solemn
**no solicitado** – unsolicited
**no suscrito** – unsubscribed
**no tener precio** – to not have a price
**no tóxico** – non-toxic
**no transferible** – non-transferable
**no tributable** – non-taxable
**no valorado** – non-valued
**nocente** *adj* – noxious
**nocible** *adj* – noxious
**nocividad** *f* – noxiousness
**noción** *f* – notion
**nocividad** *f* – noxiousness
**nocivo** *adj* – noxious
**nocturnal** *adj* – nocturnal
**nocturnidad** *f* – aggravation of an offense for perpetration at night
**nocturno** *adj* – nocturnal
**noche** *f* – night, darkness
**nolens volens** – whether willing or unwilling, nolens volens
**nolición** *f* – nolition, unwillingness
**nolo contendere** – I will not contest it, nolo contendere
**noluntad** *f* – nolition, unwillingness
**nómada** *m/f* – nomad
**nombradamente** *adv* – expressly
**nombrado** *m* – appointee
**nombrado** *adj* – named, appointed, renowned
**nombrado legalmente** – legally named
**nombrado lícitamente** – licitly named
**nombramiento** *m* – appointment, naming
**nombramiento expreso** – express appointment
**nombramiento ilegal** – illegal appointment
**nombrar** *v* – to name, to elect, to appoint
**nombrar nuevamente** – to reappoint
**nombrar un agente** – to appoint an agent
**nombrar un albacea** – to appoint an executor
**nombre** *m* – name, renown
**nombre comercial** – trade name
**nombre completo** – full name
**nombre corporativo** – corporate name
**nombre de comercio** – trade name
**nombre de cuenta** – account name
**nombre de, en** – on behalf of
**nombre de fábrica** – trade name
**nombre de familia** – surname, last name, family name
**nombre de la compañía** – company name
**nombre de marca** – brand name, trade name
**nombre de pila** – first name
**nombre de soltera** – maiden name
**nombre del producto** – product name
**nombre distintivo** – distinctive name
**nombre falso** – false name
**nombre ficticio** – fictitious name
**nombre genérico** – generic name
**nombre inexistente** – nonexistent name
**nombre legal** – legal name
**nombre postizo** – fictitious name
**nombre registrado** – registered name
**nombre social** – firm name, company name
**nombre supuesto** – fictitious name
**nombre y apellidos** – full name, full name including mother's maiden name
**nomenclador** *m* – technical glossary, list
**nomenclatura** *f* – nomenclature, list
**nómina** *f* – payroll, payslip, pay, salary, list
**nómina acostumbrada** – customary payroll
**nómina acumulada** – accrued payroll
**nómina de empleados** – payroll
**nómina de pagos** – payroll
**nómina normal** – normal payroll
**nómina ordinaria** – ordinary payroll
**nómina regular** – regular payroll
**nominación** *f* – nomination, election
**nominado** *adj* – named
**nominador** *m* – nominator
**nominal** *adj* – nominal, face
**nominalmente** *adv* – nominally
**nominar** *v* – to name, to elect
**nominativo** *adj* – nominative, registered
**nominilla** *f* – voucher
**nómino** *m* – nominee
**nomografía** *f* – nomography
**nomógrafo** *m* – nomographer
**nomología** *f* – nomology
**nomólogo** *m* – nomologist
**non compos mentis** – not sound of mind, non compos mentis
**non prosequitur** – judgment in favor of the defendant due to the lack of follow-up on the part of the plaintiff, non prosequitur
**nonato** *adj* – unborn, nonexistent, born though a Cesarean section
**norma** *f* – norm, regulation, rule, standard, model
**norma corriente** – current norm, current regulation, current practice
**norma de valor** – measure of value
**norma legal** – legal rule
**norma procesal** – procedural rule
**normal** *adj* – normal
**normalidad** *f* – normality
**normalización** *f* – normalization, standardization
**normalizado** *adj* – normalized, standardized
**normalizar** *v* – to normalize, to standardize
**normalmente** *adv* – normally
**normas aceptadas** – accepted standards
**normas ambientales** – environmental standards, environmental regulations
**normas comerciales** – business standards, business regulations, commercial standards
**normas contables** – accounting standards, accounting policies
**normas corporativas** – corporate standards, corporate

policies
**normas corrientes** – current standards, current practices
**normas de aceptación** – acceptance standards
**normas de auditoría** – auditing standards
**normas de auditoría generalmente aceptadas** – Generally Accepted Auditing Standards
**normas de calidad** – quality standards, quality regulations
**normas de calidad ambiental** – environmental quality standards, environmental quality regulations
**normas de comercio** – commerce regulations, commerce standards
**normas de comercio electrónico** – e-commerce regulations, e-commerce standards, e-business regulations, e-business standards
**normas de contabilidad** – accounting standards, accounting policies
**normas de contabilidad generalmente aceptadas** – Generally Accepted Accounting Principles
**normas de costes** – cost standards
**normas de costos** – cost standards
**normas de cumplimiento** – performance standards, compliance standards, fulfillment standards
**normas de ética profesional** – canons of professional ethics
**normas de fabricación** – manufacturing standards, manufacturing regulations
**normas de industria** – industry standards
**normas de integración** – rules of construction
**normas de la compañía** – company regulations
**normas de negocios** – business standards, business regulations
**normas de producción** – production standards
**normas de publicidad** – advertising standards
**normas de rendimiento** – performance standards
**normas de seguridad** – security standards, security requirements, security regulations, safety standards, safety requirements, safety regulations
**normas de sucesión** – rules of descent
**normas de trabajo** – labor standards, labour standards
**normas de valor** – measures of value
**normas del procedimiento** – rules of procedure
**normas deontológicas** – standards of professional conduct
**normas empresariales** – business standards, business regulations
**normas establecidas** – established standards
**normas financieras** – financial standards
**normas fiscales** – tax regulations
**normas fundamentales del trabajo** – core labor standards, core labour standards
**normas industriales** – industrial standards, industrial regulations
**normas internacionales** – international standards, international regulations
**normas ISO** – ISO standards
**normas medioambientales** – environmental standards, environmental regulations
**normas mercantiles** – commercial standards
**normas procesales** – rules of procedure
**normas profesionales** – professional standards, professional regulations
**normas publicitarias** – advertising standards
**normas sanitarias** – health regulations, health standards, sanitary standards
**normas vigentes** – current regulations, current standards
**normas y reglamentos** – rules and regulations
**normativa** *f* – rules, regulations
**normativa aduanera** – customs rules
**normativa ambiental** – environmental rules
**normativa antidumping** – antidumping rules
**normativa comercial** – business rules, commercial rules
**normativa comunitaria** – community rules
**normativa corporativa** – corporate rules
**normativa de aduanas** – customs rules
**normativa de calidad** – quality rules
**normativa de calidad ambiental** – environmental quality rules
**normativa de calidad medioambiental** – environmental quality rules
**normativa de capitalización** – capitalization rules
**normativa de comercio** – commerce rules
**normativa de contabilidad** – accounting rules
**normativa de cumplimiento** – performance rules, compliance rules, fulfillment rules
**normativa de edificación** – building code
**normativa de elegibilidad** – eligibility rules
**normativa de exportación** – export rules
**normativa de fabricación** – manufacturing rules
**normativa de importación** – import rules
**normativa de industria** – industry rules
**normativa de la compañía** – company rules
**normativa de negocios** – business rules
**normativa de producción** – production rules
**normativa de publicidad** – advertising rules
**normativa de seguridad** – security rules, safety rules
**normativa de trabajo** – labor rules, labour rules, work rules
**normativa de zonificación** – zoning rules
**normativa empresarial** – business rules
**normativa establecida** – established rules
**normativa estatal** – state rules
**normativa federal** – federal rules
**normativa financiera** – financial rules
**normativa industrial** – industrial rules
**normativa interestatal** – interstate rules
**normativa internacional** – international rules
**normativa laboral** – labor rules, labour rules
**normativa local** – local rules
**normativa medioambiental** – environmental rules
**normativa mercantil** – commercial rules
**normativa municipal** – municipal rules
**normativa procesal** – rules of procedure
**normativa publicitaria** – advertising rules
**normativa regional** – regional rules
**normativa sanitaria** – health rules, sanitary rules
**normativa vigente** – current rules
**normativo** *adj* – normative
**nota** *f* – note, bill
**nota al calce** – footnote
**nota bancaria** – bank note, bank bill
**nota bene** – observe, nota bene
**nota de abono** – credit note
**nota de antecedentes** – background note
**nota de capital** – capital note

**nota de cargo** – debit note
**nota de crédito** – credit note
**nota de débito** – debit note
**nota de entrega** – delivery note
**nota de envío** – dispatch note
**nota de excepciones** – bill of exceptions
**nota de pago** – promissory note, note
**nota de pedido** – order invoice
**nota de protesto** – note of protest
**nota diplomática** – diplomatic note
**nota explicativa** – explanatory note
**nota marginal** – marginal note
**nota oficiosa** – official communication
**nota promisoria** – promissory note, note
**nota registral** – registration note
**notable** *adj* – notable
**notablemente** *adv* – notably
**notación** *f* – annotation
**notar** *v* – to note, to discredit
**notaría** *f* – office of a notary public, profession of a notary public
**notariado** *m* – profession of a notary public, body of notaries
**notariado** *adj* – notarized
**notarial** *adj* – notarial
**notariato** *m* – certificate of a notary public, practice of a notary public
**notario** *m* – notary public
**notario autorizante** – attesting notary
**notario fedante** – attesting notary
**notario público** – notary public
**notario que subscribe** – signing notary
**notarizado** *adj* – notarized
**notarizar** *v* – to notarize
**notas** *f* – notes, records of a notary public
**notas del juez** – judge's notes
**noticia** *f* – news, notice, notion
**noticia de rechazo** – notice of dishonor
**noticia falsa** – false news
**noticiar** *v* – to notify
**noticiero** *m* – newscast, news reporter
**notificación** *f* – notification, notice, service of process
**notificación a acreedores** – notice to creditors
**notificación adecuada** – adequate notice
**notificación anticipada** – advance notice
**notificación constructiva** – constructive notice
**notificación de abandono** – notice of abandonment
**notificación de aceptación** – notice of acceptance
**notificación de apelación** – notice of appeal
**notificación de asamblea** – notice of meeting
**notificación de asignación** – assignment notice
**notificación de caducidad** – expiration notice
**notificación de cambio** – notice of change
**notificación de cancelación** – notice of cancellation
**notificación de comparecencia** – notice of appearance
**notificación de confirmación** – confirmation notice
**notificación de deficiencia** – notice of deficiency
**notificación de demanda de pago** – call notice
**notificación de demora** – notice of delay
**notificación de derechos de autor** – notice of copyright
**notificación de despido** – notice, dismissal notice, pink slip
**notificación de ejecución** – exercise notice
**notificación de embarque** – notice of shipment
**notificación de entrega** – delivery notice, advice notice
**notificación de envío** – dispatch notice, advice note
**notificación de expiración** – expiration notice
**notificación de huelga** – notice of strike
**notificación de imposición** – tax notice, assessment notice
**notificación de incumplimiento** – notice of default
**notificación de junta** – notice of meeting
**notificación de la demanda** – service of the complaint
**notificación de llegada** – notice of arrival
**notificación de mora** – notice of arrears
**notificación de no aceptación** – notice of non-acceptance
**notificación de protesto** – notice of protest
**notificación de publicación** – notice of publication
**notificación de quiebra** – notice of bankruptcy
**notificación de rechazo** – notice of dishonor
**notificación de redención** – call notice
**notificación de renovación** – notice of renewal
**notificación de retiro** – notice of withdrawal
**notificación de retraso** – notice of delay
**notificación de reunión** – notice of meeting
**notificación de sentencia** – notice of judgment
**notificación de terminación** – termination notice
**notificación de vencimiento** – notice of due date, notice of deadline, notice of date of maturity, expiration notice
**notificación escrita** – written notice
**notificación expresa** – express notice
**notificación final** – final notice
**notificación formal** – formal notice
**notificación ilegal** – illegal notice
**notificación ilícita** – illicit notice
**notificación implícita** – implied notice, constructive notice
**notificación inferida** – inferred notice
**notificación inmediata** – immediate notice
**notificación judicial** – judicial notice
**notificación legal** – legal notice
**notificación lícita** – licit notice
**notificación oficial** – official notice
**notificación perentoria** – peremptory notice
**notificación personal** – personal notice
**notificación por cédula** – substituted service
**notificación por edictos** – service by publication
**notificación por escrito** – written notice
**notificación preliminar** – preliminary notice
**notificación presunta** – implied notice
**notificación preventiva** – service of notice of intention
**notificación previa** – prior notice
**notificación pública** – public notice
**notificación razonable** – reasonable notice, fair notice
**notificación sobrentendida** – constructive notice, constructive service of process
**notificación suficiente** – adequate notice
**notificación tácita** – tacit notice
**notificado** *adj* – notified
**notificado legalmente** – legally notified
**notificador** *m* – notifier, process server
**notificante** *adj* – notifying

**notificar** *v* – to notify, to serve
**notificar un auto** – to serve a writ
**notificar una citación** – to serve a subpoena
**notificativo** *adj* – notifying
**noto** *adj* – widely known
**notoriamente** *adv* – notoriously
**notoriedad** *f* – notoriety
**notorio** *adj* – notorious
**novación** *f* – novation
**novación tácita** – implied novation
**novador** *m* – innovator
**novar** *v* – to novate
**novato** *m* – novice
**novator** *m* – innovator
**novatorio** *adj* – novative
**novedad** *f* – novelty, news item
**novelar** *v* – to lie
**novia** *f* – fiancée
**noviazgo** *m* – engagement
**novio** *m* – fiancé
**nube sobre título** – cloud on title
**nubil** *adj* – nubile
**nubilidad** *f* – nubility
**nuca** *f* – nape
**nuda propiedad** – bare legal title
**nudo pacto** – nude pact
**nudo propietario** – bare owner
**nuera** *f* – daughter-in-law
**nueva acción** – new action
**nueva adquisición** – new acquisition
**nueva audiencia** – rehearing
**nueva emisión** – new issue
**nueva empresa** – new enterprise
**nueva generación** – new generation, next generation
**nueva orden** – new order
**nueva promesa** – new promise
**nueva tecnología** – new technology
**nuevo comienzo** – fresh start
**nuevo contrato** – new contract
**nuevo juicio** – new trial
**nuevo pedido** – new order
**nuevo saldo** – new balance
**nuevo y útil** – new and useful
**nuevos negocios** – new business
**nuevos productos** – new products
**nugatorio** *adj* – nugatory
**nulamente** *adv* – invalidly
**nulidad** *f* – nullity
**nulidad ab initio** – nullity from the beginning
**nulidad absoluta** – absolute nullity
**nulidad completa** – complete nullity
**nulidad de fondo** – fundamental nullity
**nulidad de la compraventa** – nullity of the sale
**nulidad de los contratos** – nullity of the contracts
**nulidad de los procedimientos** – nullity of the proceedings
**nulidad de los testamentos** – nullity of the wills
**nulidad de pleno derecho** – absolute nullity
**nulidad del matrimonio** – nullity of the marriage
**nulidad derivada** – derivative nullity
**nulidad implícita** – implied nullity
**nulidad intrínseca** – intrinsic nullity
**nulidad legal** – legal nullity
**nulidad manifiesta** – manifest nullity
**nulidad matrimonial** – nullity of the marriage
**nulidad parcial** – partial nullity
**nulidad procesal** – procedural nullity
**nulidad relativa** – relative nullity
**nulidad sustantiva** – nullity of substance
**nulidad total** – absolute nullity
**nulidad virtual** – implied nullity
**nulificar** *v* – to nullify
**nulo** *adj* – null
**nulo de derecho** – without legal force
**nulo y sin valor** – null and void
**numerar** *v* – to number, to express in numbers
**numerario** *adj* – long-standing, pertaining to numbers
**numerario** *m* – minted money, currency, long-standing employee or member
**numérico** *adj* – numerical
**número de asociación** – association number
**número de autorización** – authorization number
**número de certificado** – certificate number
**número de cesión** – cession number
**número de comerciante** – merchant number
**número de cuenta** – account number
**número de cuenta principal** – primary account number
**número de cheque** – check number, cheque number
**número de factura** – invoice number
**número de identificación** – identification number
**número de identificación bancaria** – bank identification number
**número de identificación de contribuyente** – taxpayer identification number
**número de identificación fiscal** – tax identification number, taxpayer identification number
**número de identificación patronal** – employer identification number
**número de identificación personal** – personal identification number
**número de orden** – order number
**número de pedido** – order number
**número de póliza** – policy number
**número de referencia** – reference number
**número de registro** – registration number
**número de seguridad de tarjeta** – card security number
**número de serie** – serial number
**número de teléfono** – telephone number
**número de tránsito** – transit number
**número redondo** – round number
**números negros, en** – in the black
**números rojos, en** – in the red
**numo** *m* – money
**nuncupativo** *adj* – pertaining to a nuncupative will
**nupcial** *adj* – nuptial
**nupcias** *f* – nuptials
**nutrimento** *m* – nutriment
**nutrimiento** *m* – nutriment

**ñapa** *f* – bonus, tip

# O

**obcecación** *f* – obsession
**obcecar** *v* – to obfuscate, to obsess
**obedecer** *v* – to obey
**obedecer condiciones** – to obey conditions
**obedecer reglamentos** – to obey regulations
**obedecer reglas** – to obey rules
**obedecimiento** *m* – obedience
**obediencia** *f* – obedience
**obediencia debida** – due obedience
**obediente** *adj* – obedient
**obedientemente** *adv* – obediently
**obiter dictum** – an opinion by a judge which is unnecessary in deciding the case, obiter dictum
**óbito** *m* – death
**obitorio** *m* – morgue
**obituario** *m* – obituary
**objeción** *f* – objection
**objeción a todo el jurado** – challenge to jury array
**objeción denegada** – objection overruled
**objeción general** – general objection
**objeción ha lugar** – objection upheld
**objeción no ha lugar** – objection overruled
**objetable** *adj* – objectionable
**objetante** *m/f* – objector
**objetante** *adj* – objecting
**objetante de conciencia** – conscientious objector
**objetar** *v* – to object
**objetivamente** *adv* – objectively
**objetivar** *adj* – objectivize
**objetividad** *f* – objectivity
**objetivo** *adj* – objective, impartial
**objetivo** *m* – objective, target
**objetivo comercial** – business objective, commercial objective
**objetivo corporativo** – corporate objective
**objetivo de comercio** – commerce objective
**objetivo de inversiones** – investment objective
**objetivo de la carrera** – career objective
**objetivo de negocios** – business objective, company objective
**objetivo de ventas** – sales target
**objetivo del empleo** – employment objective
**objetivo del trabajo** – job objective, work objective
**objetivo empresarial** – business objective
**objetivo mercantil** – commercial objective
**objetivo profesional** – professional objective
**objetivos a corto plazo** – short-term objectives
**objetivos a largo plazo** – long-term objectives
**objetivos a mediano plazo** – medium-term objectives
**objetivos a medio plazo** – medium-term objectives
**objetivos operacionales** – operational objectives
**objeto** *m* – object, subject matter, aim
**objeto cierto** – concrete object
**objeto de la acción** – object of the action
**objeto del acto jurídico** – subject matter of a legal act
**objeto del contrato** – subject matter of the contract
**objeto del proceso** – object of the action
**objeto material del delito** – subject matter of the offense
**objeto social** – corporate purpose, partnership purpose
**objetor de conciencia** – conscientious objector
**oblación** *f* – payment
**oblar** *v* – to pay off
**obligación** *f* – obligation, liability, bond, debenture
**obligación a día** – obligation which must be fulfilled within a certain period
**obligación a plazo** – obligation which must be fulfilled within a certain period
**obligación absoluta** – absolute obligation
**obligación accesoria** – accessory obligation
**obligación aceptada** – accepted obligation
**obligación acordada** – agreed-upon obligation
**obligación adicional** – additional obligation
**obligación alimentaria** – obligation to provide support
**obligación alimenticia** – obligation to provide support
**obligación alternativa** – alternative obligation
**obligación amortizable** – amortizable obligation
**obligación anterior** – former obligation
**obligación autónoma** – autonomous obligation
**obligación bajo condición resolutoria** – obligation with a resolutory condition
**obligación bajo condición suspensiva** – obligation with a suspensive condition
**obligación bilateral** – bilateral obligation
**obligación civil** – civil obligation
**obligación colectiva** – joint obligation
**obligación comercial** – commercial obligation
**obligación con cláusula penal** – obligation with a penalty clause
**obligación concurrente** – concurrent obligation
**obligación condicional** – conditional obligation
**obligación conjunta** – joint obligation
**obligación conjuntiva** – conjunctive obligation
**obligación consensual** – consensual obligation
**obligación contingente** – contingent obligation
**obligación contractual** – contractual obligation
**obligación contratada** – contracted obligation
**obligación contributiva** – tax liability
**obligación convencional** – conventional obligation, contractual obligation
**obligación convenida** – agreed-upon obligation
**obligación copulativa** – conjunctive obligation
**obligación crediticia** – debt obligation
**obligación cuasicontractual** – quasi contractual obligation
**obligación de buena fe** – obligation of good faith
**obligación de comercio** – commercial obligation
**obligación de compartir** – mandatory sharing
**obligación de compra** – obligation to buy
**obligación de confidencialidad** – confidentiality obligation
**obligación de dar** – obligation to turn over
**obligación de dar cosa cierta** – determinate obligation
**obligación de dar cosa incierta** – indeterminate obligation
**obligación de entrega** – obligation to deliver

**obligación de fideicomiso** – trust bond
**obligación de hacer** – obligation to do
**obligación de no dar** – obligation not to turn over
**obligación de no decir** – obligation not to say
**obligación de no hacer** – obligation not to do
**obligación de pagar** – obligation to pay
**obligación de probar** – burden of proof
**obligación de reparación** – obligation of reparation
**obligación de tracto sucesivo** – obligation which is fulfilled in installments
**obligación de tracto único** – obligation which is fulfilled all at once
**obligación determinada** – determinate obligation
**obligación disminuida** – diminished obligation
**obligación directa** – direct obligation
**obligación divisible** – divisible obligation
**obligación económica** – economic obligation
**obligación esencial** – essential obligation
**obligación específica** – specific obligation
**obligación estatal** – government obligation, state obligation
**obligación estatutaria** – statutory obligation
**obligación estipulada** – stipulated obligation
**obligación ética** – moral obligation
**obligación existente** – existing obligation
**obligación expresa** – express obligation
**obligación extracontractual** – non-contractual obligation
**obligación facultativa** – alternative obligation
**obligación fija** – fixed obligation
**obligación financiera** – financial obligation
**obligación fiscal** – tax duty
**obligación garantizada** – secured obligation
**obligación general** – general obligation
**obligación genérica** – indeterminate obligation
**obligación gubernamental** – government obligation
**obligación hipotecaria** – mortgage obligation
**obligación ilegal** – illegal obligation
**obligación ilícita** – illicit obligation
**obligación implícita** – implied obligation
**obligación impositiva** – tax liability
**obligación incondicional** – unconditional obligation, absolute obligation
**obligación incumplida** – unfulfilled obligation
**obligación indefinida** – indefinite obligation
**obligación indeterminada** – indeterminate obligation
**obligación indirecta** – indirect obligation
**obligación individual** – individual obligation
**obligación indivisible** – indivisible obligation
**obligación inferida** – inferred obligation
**obligación legal** – legal obligation
**obligación lícita** – licit obligation
**obligación mancomunada** – joint obligation
**obligación mercantil** – commercial obligation
**obligación mixta** – mixed obligation
**obligación monetaria** – monetary obligation
**obligación moral** – moral obligation
**obligación natural** – natural obligation
**obligación negativa** – negative obligation
**obligación negociada** – negotiated obligation
**obligación obediencial** – obediential obligation
**obligación original** – original obligation
**obligación pactada** – agreed-upon obligation
**obligación pecuniaria** – monetary obligation
**obligación penal** – penal obligation
**obligación pendiente** – outstanding obligation
**obligación perfecta** – perfect obligation
**obligación personal** – personal obligation
**obligación positiva** – positive obligation
**obligación previa** – prior obligation
**obligación preestablecida** – preset obligation
**obligación primaria** – primary obligation
**obligación principal** – principal obligation
**obligación privilegiada** – preferred obligation
**obligación profesional** – professional obligation
**obligación pura** – pure obligation
**obligación putativa** – putative obligation
**obligación real** – real obligation
**obligación rechazada** – rejected obligation
**obligación rehusada** – refused obligation
**obligación restringida** – restricted obligation
**obligación simple** – simple obligation
**obligación sin garantía** – unsecured obligation
**obligación sinalagmática** – synallagmatic obligation
**obligación solidaria** – joint and several obligation, solidary obligation
**obligación subsidiaria** – accessory obligation
**obligación tácita** – tacit obligation
**obligación tributaria** – tax liability
**obligación unilateral** – unilateral obligation
**obligación variable** – variable obligation
**obligacional** *adj* – obligational
**obligaciones** *f* – bonds, debentures, obligations, liabilities
**obligaciones a corto plazo** – short-term bonds
**obligaciones a la par** – par bonds
**obligaciones a la vista** – sight liabilities
**obligaciones a largo plazo** – long term bonds
**obligaciones a mediano plazo** – medium-term bonds
**obligaciones a medio plazo** – medium-term bonds
**obligaciones a perpetuidad** – perpetual bonds
**obligaciones activas** – active bonds
**obligaciones ajustables** – adjustable bonds
**obligaciones al portador** – bearer bonds, bearer instruments
**obligaciones amortizables** – redeemable bonds
**obligaciones amortizadas** – redeemed bonds
**obligaciones bancarias** – bank bonds, bank obligations
**obligaciones basura** – junk bonds
**obligaciones colateralizadas** – collaterized bonds, collateralized obligations
**obligaciones comerciables** – marketable bonds
**obligaciones con cupones** – coupon bonds
**obligaciones con garantías** – secured bonds
**obligaciones con primas** – premium bonds
**obligaciones conexas** – related obligations
**obligaciones consolidadas** – consolidated bonds
**obligaciones contingentes** – contingent liabilities
**obligaciones convertibles** – convertible bonds
**obligaciones corporativas** – corporate bonds
**obligaciones de ahorros** – savings bonds
**obligaciones de alto rendimiento** – high-yield bonds
**obligaciones de amortización** – amortization bonds
**obligaciones de arbitraje** – arbitrage bonds
**obligaciones de bancos** – bank bonds, bank obligations
**obligaciones de capital** – capital liabilities

**obligaciones de consolidación** – funding bonds
**obligaciones de conversión** – refunding bonds
**obligaciones de deudas** – debt obligations
**obligaciones de fomento** – development bonds
**obligaciones de hipotecas** – mortgage bonds
**obligaciones de reintegración** – refunding bonds
**obligaciones de rendimiento** – income bonds
**obligaciones de renta** – income bonds, fixed-income securities
**obligaciones de tesorería** – government bonds, treasury bonds
**obligaciones del estado** – government bonds, state bonds, government obligations, state obligations
**obligaciones del gobierno** – government bonds, government obligations
**obligaciones del gobierno federal** – federal government bonds
**obligaciones del tesoro** – treasury debt instruments, treasury bonds
**obligaciones descontadas** – discount bonds
**obligaciones diferidas** – deferred bonds
**obligaciones emitidas** – bonds issued
**obligaciones en circulación** – outstanding bonds
**obligaciones estatales** – government bonds, state bonds, government obligations, state obligations
**obligaciones exentas de contribuciones** – tax-exempt bonds
**obligaciones exentas de impuestos** – tax-exempt bonds
**obligaciones extranjeras** – foreign bonds
**obligaciones fiscales** – government bonds, tax bonds
**obligaciones garantizadas** – guaranteed bonds
**obligaciones gubernamentales** – government bonds, government obligations
**obligaciones hipotecarias** – mortgage bonds
**obligaciones imponibles** – taxable bonds
**obligaciones inactivas** – inactive bonds
**obligaciones indexadas** – indexed bonds
**obligaciones indizadas** – indexed bonds
**obligaciones industriales** – industrial bonds
**obligaciones inmobiliarias** – real estate bonds
**obligaciones intercambiables** – interchangeable bonds
**obligaciones irredimibles** – irredeemable bonds
**obligaciones municipales** – municipal bonds, municipal obligations
**obligaciones negociables** – negotiable bonds, marketable bonds
**obligaciones no negociables** – non-negotiable bonds, non-marketable bonds
**obligaciones no retirables** – non-callable bonds
**obligaciones nominativas** – registered bonds, registered debt instruments
**obligaciones perpetuas** – perpetual bonds, annuity bonds
**obligaciones privilegiadas** – privileged bonds
**obligaciones puente** – bridge bonds
**obligaciones redimibles** – redeemable bonds, callable bonds
**obligaciones redimidas** – called bonds
**obligaciones registradas** – registered bonds
**obligaciones rescatables** – callable bonds
**obligaciones respaldadas por hipotecas** – mortgage-backed bonds
**obligaciones retirables** – callable bonds
**obligaciones retiradas** – called bonds
**obligaciones sin certificados** – certificateless bonds
**obligaciones sin garantías** – unsecured bonds
**obligaciones sin vencimientos** – perpetual bonds
**obligaciones talonarias** – coupon bonds
**obligaciones tributables** – taxable bonds
**obligaciones vencidas** – expired bonds, expired obligations
**obligacionista** *m/f* – bondholder
**obligado** *m* – obligor, debtor
**obligado** *adj* – obligated
**obligado ilegalmente** – illegally obligated
**obligado ilícitamente** – illicitly obligated
**obligado legalmente** – legally obligated
**obligado lícitamente** – licitly obligated
**obligador** *m* – binder
**obligante** *adj* – obligating
**obligante legalmente** – legally binding
**obligante lícitamente** – licitly binding
**obligar** *v* – to oblige, to obligate, to force, to bind
**obligar a pagar** – to force to pay
**obligarse** *v* – to oblige oneself, to undertake
**obligativo** *adj* – obligatory
**obligatoriamente** *adv* – obligatorily
**obligatoriedad** *f* – obligatoriness
**obligatorio** *adj* – obligatory, compulsory, binding
**obliterar** *v* – to obliterate
**obra** *f* – work, construction, building site, deed
**obra colectiva** – combined work, composite work, joint work
**obra conjunta** – combined work, composite work, joint work
**obra de beneficencia** – welfare work
**obra derivada** – derivative work
**obra en curso** – work in progress
**obra nueva** – new work, new construction
**obra por piezas** – piecework
**obra publicada** – published work
**obra social** – social work, social welfare, health insurance
**obrador** *m* – worker
**obraje** *m* – manufacturing
**obrar** *v* – to work, to construct
**obrar en juicio** – to be a party to a suit
**obras públicas** – public works
**obrepción** *f* – obreption
**obrerismo** *m* – labor, laborism, labour, labourism
**obrero** *adj* – working
**obrero** *m* – worker, laborer, labourer
**obrero a destajo** – pieceworker
**obrero a sueldo** – salaried worker
**obrero a tiempo completo** – full-time worker
**obrero a tiempo parcial** – part-time worker
**obrero agrícola** – agricultural laborer, farm laborer
**obrero ambulante** – transient laborer
**obrero asalariado** – salaried worker
**obrero autónomo** – self-employed worker
**obrero calificado** – qualified worker, skilled worker
**obrero clave** – key worker
**obrero cualificado** – qualified worker, skilled worker
**obrero de producción** – production laborer
**obrero de temporada** – seasonal worker
**obrero del estado** – government worker, state worker

**obrero del gobierno** – government worker
**obrero discapacitado** – disabled worker
**obrero emigrante** – emigrating worker
**obrero especializado** – specialized worker
**obrero estacional** – seasonal worker
**obrero eventual** – temporary worker
**obrero extranjero** – foreign worker
**obrero fronterizo** – cross-border worker, border worker
**obrero incapacitado** – disabled worker
**obrero independiente** – independent contractor
**obrero industrial** – industrial worker
**obrero inmigrante** – immigrant worker
**obrero itinerante** – itinerant worker
**obrero manual** – manual laborer, blue-collar worker
**obrero migratorio** – migrant worker
**obrero no calificado** – unskilled worker
**obrero no cualificado** – unskilled worker
**obrero nocturno** – night worker
**obrero permanente** – permanent worker
**obrero por horas** – hourly worker
**obrero por pieza** – pieceworker
**obrero por turnos** – shift worker
**obrero probatorio** – probationary worker
**obrero público** – public worker
**obrero sindicalizado** – unionized worker
**obrero temporal** – temporary worker, casual worker
**obrero temporario** – temporary worker, casual worker
**obrero temporero** – temporary worker, casual worker
**obscenamente** *adv* – obscenely
**obscenidad** *f* – obscenity
**obsceno** *adj* – obscene
**obscurecer** *v* – to obscure, to darken
**obscuridad** *f* – obscurity, darkness
**obscuro** *adj* – obscure, dark
**obsecuencia** *f* – obedience
**obsecuente** *adj* – obedient
**obsequiador** *m* – giver
**obsequiar** *v* – to give
**obsequio** *m* – gift
**obsequios comerciales** – business gifts
**obsequios de negocios** – business gifts
**obsequios empresariales** – business gifts
**observable** *adj* – observable
**observación** *f* – observation, monitoring, comment
**observado** *adj* – observed
**observador** *m* – observer, monitor
**observador** *adj* – observant
**observancia** *f* – observance
**observar** *v* – to observe
**obsesión** *f* – obsession
**obsesivo** *adj* – obsessive
**obseso** *adj* – obsessed
**obsolescencia** *f* – obsolescence
**obsolescencia del producto** – product obsolescence
**obsolescencia económica** – economic obsolescence
**obsolescencia incorporada** – built-in obsolescence
**obsolescencia planificada** – planned obsolescence, built-in obsolescence
**obsolescencia tecnológica** – technological obsolescence
**obsolescente** *adj* – obsolescent
**obsoleto** *adj* – obsolete
**obstaculizar** *v* – to obstruct
**obstáculo** *m* – obstacle
**obstar** *v* – to obstruct
**obstrucción** *f* – obstruction, blockade
**obstrucción de la justicia** – obstructing justice
**obstruccionismo** *m* – obstructionism
**obstructor** *adj* – obstructing, blockading
**obstruir** *v* – to obstruct, to blockade
**obstruir una investigación** – to obstruct an investigation
**obtemperar** *v* – to obey
**obtención** *f* – obtaining, procurement
**obtener** *v* – to obtain
**obtener crédito** – to obtain credit
**obtener ilegalmente** – to obtain illegally
**obtener legalmente** – to obtain legally
**obtener seguro** – to obtain insurance
**obtenido** *adj* – obtained
**obtenido ilegalmente** – illegally obtained
**obtenido legalmente** – legally obtained
**obvención** *f* – perquisite
**obviar** *v* – to obviate
**obvio** *adj* – obvious
**obyecto** *m* – objection
**ocasión** *f* – occasion, opportunity, risk
**ocasión próxima** – proximate cause
**ocasión remota** – remote cause
**ocasionado** *adj* – occasioned, risky
**ocasional** *adj* – occasional, accidental
**ocasionalmente** *adv* – occasionally, accidentally
**ocasionar** *v* – to occasion, to endanger
**occidentalizado** *adj* – occidentalized, westernized
**occidentalizar** *v* – to occidentalize, to westernize
**occidentalizarse** *v* – to become westernized, to become occidentalized
**occisión** *f* – violent death
**occiso** *m* – person who has died by violent means, murdered person
**occiso** *adj* – killed by violent means, murdered
**OCDE (Organización para la Cooperación y el Desarrollo Económico)** – Organization for Economic Cooperation and Development
**ocio** *m* – inactivity, leisure
**oclocracia** *f* – ochlocracy
**octavilla** *f* – flyer, pamphlet
**ocular** *adj* – ocular
**ocularmente** *adv* – ocularly
**ocultación** *f* – concealment
**ocultación activa** – active concealment
**ocultación de bienes** – concealment of property
**ocultación de daños** – concealment of damages
**ocultación de hechos** – concealment of facts
**ocultación de identidad** – concealment of identity
**ocultación de información** – concealment of information
**ocultación de pruebas** – concealment of evidence
**ocultación de testamento** – concealment of will
**ocultación fraudulenta** – fraudulent concealment
**ocultador** *m* – concealer
**ocultamente** *adv* – stealthily
**ocultar** *v* – to conceal
**ocultar daños** – to conceal damages
**ocultar hechos** – to conceal facts
**ocultar información** – to conceal information
**ocultar un crimen** – to conceal a crime

**oculto** *adj* – hidden
**ocupa** *m/f* – squatter
**ocupable** *adj* – occupiable, employable
**ocupación** *f* – occupation, employment, occupancy
**ocupación a corto plazo** – short-term occupation
**ocupación a largo plazo** – long-term occupation
**ocupación a tiempo completo** – full-time occupation
**ocupación a tiempo parcial** – part-time occupation
**ocupación actual** – present occupation
**ocupación administrativa** – administrative occupation
**ocupación agrícola** – agricultural occupation
**ocupación bancaria** – bank occupation
**ocupación calificada** – qualified occupation, skilled occupation
**ocupación casual** – casual occupation, temporary occupation
**ocupación clave** – key occupation
**ocupación conjunta** – joint occupancy
**ocupación continua** – continuous occupation
**ocupación de administración** – administrative occupation
**ocupación de banca** – bank occupation
**ocupación de campo** – field occupation
**ocupación de construcción** – construction occupation
**ocupación de medio tiempo** – part-time occupation
**ocupación de menores** – child labor
**ocupación de necesidad** – occupation of necessity
**ocupación de oficina** – office occupation, clerical occupation
**ocupación de producción** – production occupation
**ocupación diurna** – day occupation
**ocupación efectiva** – actual occupancy
**ocupación en el sector privado** – private sector occupation
**ocupación en el sector público** – public sector occupation
**ocupación especializada** – specialized occupation
**ocupación estacional** – seasonal occupation
**ocupación eventual** – temporary occupation, casual occupation
**ocupación fija** – steady occupation
**ocupación lucrativa** – lucrative occupation, gainful employment
**ocupación militar** – military occupation
**ocupación nocturna** – night occupation
**ocupación pagada** – paid occupation
**ocupación peligrosa** – hazardous occupation, dangerous occupation
**ocupación permanente** – permanent occupation
**ocupación por cuenta propia** – self-occupation, independent occupation
**ocupación profesional** – professional occupation
**ocupación provechosa** – gainful occupation
**ocupación pública** – public occupation
**ocupación remunerada** – paid occupation, gainful employment
**ocupación segura** – secure occupation, steady occupation
**ocupación temporal** – temporary occupation, casual occupation
**ocupación temporaria** – temporary occupation, casual occupation
**ocupación temporera** – temporary occupation, casual occupation
**ocupacional** *adj* – occupational
**ocupado** *adj* – occupied, in use, busy, engaged, working
**ocupador** *m* – occupier, occupant
**ocupante** *m/f* – occupier, occupant
**ocupar** *v* – to occupy, to use, to employ, to annoy, to engage
**ocuparse de** – take care of
**ocurrencia** *f* – occurrence
**ocurrencia de acreedores** – creditors' meeting
**ocurrir** *v* – to occur, to appear
**ocurso** *m* – petition, demand
**odiar** *v* – to hate
**odio** *m* – hate
**odiosamente** *adv* – hatefully
**odioso** *adj* – hateful
**ofendedor** *m* – offender
**ofendedor** *adj* – offending
**ofender** *v* – to offend, to infringe
**ofendido** *m* – offended person
**ofendido** *adj* – offended
**ofensa** *f* – offense
**ofensa grave** – serious offense
**ofensa leve** – minor offense
**ofensivamente** *adv* – offensively
**ofensiva comercial** – commercial offensive, sales offensive
**ofensivo** *adj* – offensive
**ofensor** *m* – offender
**oferente** *m/f* – offerer, bidder, tenderer
**oferta** *f* – offer, proposal, bid, tender, supply, special offer
**oferta atractiva** – attractive offer
**oferta combinada** – composite supply, package deal
**oferta comercial** – business offer, commercial offer
**oferta comparable** – comparable offer
**oferta competidora** – competing offer
**oferta competitiva** – competitive bid, competitive offer
**oferta conjunta** – joint offer
**oferta continua** – continuous offer
**oferta corriente** – current offer
**oferta de adquisición** – takeover bid
**oferta de apertura** – opening offer, opening bid
**oferta de buena fe** – good faith offer, bona fide offer
**oferta de comercio** – commercial offer
**oferta de compra** – offer to purchase
**oferta de compra condicional** – conditional offer to purchase
**oferta de compra incondicional** – unconditional offer to purchase
**oferta de dinero** – money supply, money offer
**oferta de empleo** – employment offer
**oferta de lanzamiento** – special launch offer
**oferta de mercado** – market supply, market offer
**oferta de negocio** – business offer
**oferta de petróleo** – oil supply
**oferta de prueba** – trial offer
**oferta de trabajo** – job offer, employment offer
**oferta de transacción** – offer of compromise
**oferta de valores** – securities offering
**oferta efectiva** – effective supply
**oferta elástica** – elastic supply

**oferta en efectivo** – cash offer
**oferta en exceso** – excess supply
**oferta empresarial** – business offer
**oferta en firme** – firm offer
**oferta especial** – special offer
**oferta estacional** – seasonal supply, seasonal offer
**oferta final** – final offer, final bid
**oferta firme** – firm offer
**oferta formal** – formal offer
**oferta global** – overall supply
**oferta ilegal** – illegal offer
**oferta ilícita** – illicit offer
**oferta impropia** – improper offer
**oferta inapropiada** – inappropriate offer
**oferta incondicional** – unconditional offer
**oferta inelástica** – inelastic supply
**oferta introductoria** – introductory offer
**oferta irrevocable** – irrevocable offer
**oferta laboral** – labor supply, labour supply
**oferta lícita** – licit offer
**oferta más alta** – highest offer, highest bid
**oferta más baja** – lowest offer, lowest bid
**oferta monetaria** – money supply
**oferta no competitiva** – noncompetitive bid
**oferta oculta** – hidden offer
**oferta oral** – oral offer
**oferta por escrito** – offer in writing
**oferta privada** – private offering, private offer
**oferta provisional** – provisional offer
**oferta pública** – public offering, public offer
**oferta pública de acciones** – public stock offering
**oferta pública de adquisición** – takeover bid
**oferta pública de valores** – public offering of securities
**oferta pública de venta** – public stock offering, public offer for sale
**oferta pública inicial** – initial public offering
**oferta razonable** – reasonable offer, fair offer
**oferta rechazada** – rejected offer
**oferta rehusada** – refused offer
**oferta restringida** – restricted offer
**oferta temporal** – temporary offer
**oferta total** – aggregate supply
**oferta verbal** – verbal offer
**oferta vinculada** – tied offer
**oferta y aceptación** – offer and acceptance
**oferta y demanda** – supply and demand
**ofertado** *adj* – offered, bid, tendered
**ofertante** *adj* – offering, bidding, tendering
**ofertante** *m/f* – offerer, bidder, tenderer
**ofertar** *v* – to offer at a reduced price, to offer, to bid, to tender
**oficial** *m* – official, officer, clerk
**oficial** *adj* – official
**oficial administrativo** – administrative officer, executive officer
**oficial aduanero** – customs officer
**oficial asistente** – assistant officer
**oficial bancario** – bank officer, bank official, banking official
**oficial contable** – accounting officer
**oficial corporativo** – corporate officer
**oficial de administración** – administration officer
**oficial de aduanas** – customs officer, customhouse officer
**oficial de auditoría** – audit officer
**oficial de banco** – bank officer, bank official
**oficial de conciliación** – conciliation officer
**oficial de contabilidad** – accounting officer
**oficial de coordinación** – coordination officer
**oficial de cumplimiento** – compliance officer
**oficial de facto** – officer de facto
**oficial de inmigración** – immigration officer
**oficial de jure** – officer de jure
**oficial de justicia** – judicial officer
**oficial de plica** – escrow officer
**oficial de préstamos** – loan officer
**oficial del juzgado** – clerk of the court
**oficial ejecutivo** – executive officer
**oficial ejecutivo principal** – chief executive officer
**oficial federal** – federal officer
**oficial financiero** – financial officer
**oficial financiero principal** – chief financial officer
**oficial fiscal** – financial officer
**oficial interino** – acting officer
**oficial local** – local officer
**oficial municipal** – municipal officer
**oficial público** – public officer, public servant, government employee, civil servant
**oficial regional** – regional officer
**oficial responsable** – accountable official
**oficialía** *f* – clerkship
**oficialidad** *f* – body of officers
**oficializar** *v* – to make official
**oficialmente** *adv* – officially
**oficiar** *v* – to officiate, to communicate officially
**oficina** *f* – office
**oficina administrativa** – administrative office
**oficina arrendada** – leased office
**oficina bancaria** – banking office
**oficina central** – headquarters, head office, central office
**oficina centralizada** – centralized office
**oficina comercial** – commercial office, business office
**oficina contable** – accounting office
**oficina corporativa** – corporate office, head office
**oficina de administración** – administration office
**oficina de apoyo** – support office, back office
**oficina de aprobación de crédito** – credit-approval office
**oficina de área** – area office
**oficina de auditoría** – audit office
**oficina de autorizaciones** – authorization office
**oficina de bienestar** – welfare office
**oficina de caja** – cash office
**oficina de cambio** – exchange office
**oficina de certificación** – certification office
**oficina de cobranza** – collection office
**oficina de cobros** – collection office
**oficina de colocación obrera** – employment office
**oficina de colocaciones** – employment office
**oficina de comercio** – commerce office
**oficina de compensaciones** – clearinghouse
**oficina de compras** – purchasing office, buying office
**oficina de contabilidad** – accounting office
**oficina de contribuciones** – tax office
**oficina de correos** – post office
**oficina de crédito** – credit office

**oficina de cumplimiento** – compliance office
**oficina de distribución** – distribution office
**oficina de empleos** – employment office
**oficina de exportación** – export office
**oficina de facturación** – billing office
**oficina de gobierno** – government office
**Oficina de Hacienda** – tax office
**oficina de hipotecas** – mortgage office
**oficina de importación** – import office
**oficina de impuestos** – tax office
**oficina de información** – information office
**oficina de marcas** – trademark office
**oficina de negocios** – business office
**oficina de nómina** – payroll office
**oficina de operaciones** – operations office
**oficina de órdenes** – order office
**oficina de patentes** – patent office
**oficina de personal** – personnel office
**oficina de préstamos** – loan office
**oficina de producción** – production office
**oficina de publicidad** – advertising office
**oficina de reaseguro** – reinsurance office
**oficina de reclamaciones** – claims office
**oficina de relaciones públicas** – public relations office
**oficina de seguros** – insurance office
**oficina de servicio** – service office
**oficina de tránsito** – transit office
**oficina de ventas** – sales office
**oficina del administrador** – manager office
**oficina del auditor** – auditor's office
**oficina del director** – director's office, manager's office
**oficina del gerente** – manager's office
**oficina descentralizada** – decentralized office
**oficina electrónica** – electronic office
**oficina empresarial** – business office
**oficina extranjera** – foreign office
**oficina fiduciaria** – trust office
**oficina fiduciaria de banco** – bank trust office
**oficina financiera** – finance office
**oficina general** – general office
**Oficina General de Contabilidad** – General Accounting Office
**oficina hipotecaria** – mortgage office
**oficina matriz** – headquarters, head office, main office
**oficina mercantil** – commercial office
**oficina postal** – post office
**oficina principal** – main office, head office
**oficina privada** – private office
**oficina pública** – public office, government office
**oficina regional** – regional office
**oficina sin papel** – paperless office
**oficina virtual** – virtual office
**oficinista** *m/f* – office worker, clerk
**oficinista de contabilidad** – accounting clerk
**oficio** *m* – occupation, profession, office, trade, written communication
**oficio público** – public office
**oficiosamente** *adv* – officiously, diligently
**oficiosidad** *f* – officiousness, diligence
**oficioso** *adj* – officious, diligent, unofficial
**ofimática** *f* – office automation
**ofrecedor** *m* – offerer, bidder, presenter
**ofrecer** *v* – to offer, to bid, to present
**ofrecer un trabajo** – to offer a job
**ofrecer una explicación** – to offer an explanation
**ofrecer una opinión** – to offer an opinion
**ofrecerse** *v* – to offer oneself
**ofrecido** *m* – offeree
**ofrecido ilegalmente** – illegally offered
**ofrecido ilícitamente** – illicitly offered
**ofreciente** *m/f* – offerer
**ofreciente** *adj* – offering
**ofrecimiento** *m* – offer, offering, bid, proposal
**ofrecimiento de bonos** – bond offering
**ofrecimiento de compra** – purchase offer
**ofrecimiento de dinero** – money offer
**ofrecimiento de empleo** – employment offer
**ofrecimiento de pago** – payment offer
**ofrecimiento de trabajo** – job offer, employment offer
**ofrecimiento de valores** – securities offering
**ofrecimiento especial** – special offering
**ofrecimiento incondicional** – unconditional offer
**ofrecimiento monetario** – money offer
**ofrecimiento privado** – private offering
**ofrecimiento público** – public offering
**ofrecimiento secundario** – secondary offering
**ofuscación** *f* – obfuscation
**ofuscador** *adj* – obfuscating
**ofuscamiento** *m* – obfuscation
**ofuscar** *v* – to obfuscate
**oída** *f* – hearing
**oído** *adj* – heard
**oír** *v* – to listen to, to pay attention to, to understand
**OIT (Organización Internacional del Trabajo)** – International Labor Organization, International Labour Organization
**ojeada** *f* – glimpse
**okupa** *m/f* – squatter
**oleada** *f* – wave, surge
**oleoducto** *m* – oil pipeline
**oligarca** *m/f* – oligarch
**oligarquía** *f* – oligarchy
**oligárquico** *adj* – oligarchic
**oligopolio** *m* – oligopoly
**oligopsonio** *m* – oligopsony
**oliscar** *v* – to investigate
**ológrafo** *m* – holograph
**ológrafo** *adj* – holographic
**olvidado** *adj* – forgotten, forgetful
**olvido** *m* – oblivion, forgetfulness, negligence
**ombudsman** *m* – ombudsman
**OMC (Organización Mundial del Comercio)** – World Trade Organization
**ominoso** *adj* – ominous
**omisible** *adj* – omissible
**omisión** *f* – omission, neglect
**omisión de deberes** – failure to perform duties
**omisión de denuncia** – failure to report a crime
**omisión dolosa** – culpable neglect
**omisión en lo civil** – civil omission
**omisión en lo penal** – criminal omission
**omiso** *adj* – neglectful, careless
**omitido** *adj* – omitted
**omitir** *v* – to omit
**omnímodo** *adj* – all-embracing
**OMPI (Organización Mundial de la Propiedad**

**Intelectual)** – World Intellectual Property Organization
**OMS (Organización Mundial de la Salud)** – World Health Organization, WHO
**onerosidad** *f* – onerousness
**oneroso** *adj* – onerous
**ONG (organización no gubernamental)** – non-governmental organization, NGO
**onomástico** *adj* – onomastic
**OPA (oferta pública de acciones)** – public stock offering
**onus probandi** – burden of proof, onus probandi
**opción** *f* – option
**opción bilateral** – bilateral option
**opción caducada** – expired option
**opción convencional** – conventional option
**opción cubierta** – covered option
**opción de arrendar** – option to lease
**opción de bonos** – bond option
**opción de compra** – option to purchase, call option
**opción de futuros** – futures option
**opción de recompra** – repurchase option
**opción de renovación** – renewal option
**opción de renovar** – option to renew
**opción de venta** – option to sell, put option
**opción del comprador** – buyer's option
**opción del heredero** – heir's choice
**opción del vendedor** – seller's option
**opción descubierta** – uncovered option
**opción no cubierta** – naked option
**opción sobre acciones** – option, stock option
**opcional** *adj* – optional
**opciones de compra y venta** – calls and puts
**opciones de divisas** – currency options
**opciones de monedas** – currency options
**OPEP (Organización de Países Exportadores de Petróleo)** – Organization of Petroleum Exporting Countries, OPEC
**operación** *f* – operation, transaction
**operación activa** – active operation
**operación administrada** – managed operation
**operación administrativa** – management operation
**operación autorizada** – authorized operation
**operación bancaria** – banking operation
**operación centralizada** – centralized operation
**operación cesárea** – Cesarean section
**operación clandestina** – clandestine operation
**operación comercial** – business operation, commercial operation
**operación común** – common operation, joint operation
**operación conjunta** – joint operation
**operación controlada** – controlled operation
**operación cooperativa** – cooperative operation
**operación corporativa** – corporate operation
**operación de comercio** – commerce operation
**operación de crédito** – credit operation
**operación descentralizada** – decentralized operation
**operación descontinuada** – discontinued operation
**operación diversificada** – diversified operation
**operación doméstica** – domestic operation
**operación empresarial** – business operation
**operación esencial** – essential operation
**operación establecida** – established operation
**operación ética** – ethical operation
**operación exportador** – export operation
**operación exterior** – foreign operation
**operación extranjera** – foreign operation
**operación fiduciaria** – fiduciary operation
**operación filial** – affiliated operation
**operación financiera** – financial operation
**operación fiscal** – fiscal operation
**operación global** – global operation
**operación hipotecaria** – mortgage operation
**operación ilegal** – illegal operation
**operación ilícita** – illicit operation
**operación importadora** – import operation
**operación impropia** – improper operation
**operación inapropiada** – inappropriate operation
**operación industrial** – industrial operation
**operación inmobiliaria** – real estate operation
**operación insolvente** – insolvent operation
**operación integrada** – integrated operation
**operación internacional** – international operation
**operación inversionista** – investment operation
**operación legal** – legal operation
**operación lícita** – licit operation
**operación local** – local operation
**operación lucrativa** – lucrative operation
**operación manufacturera** – manufacturing operation
**operación mayorista** – wholesale operation
**operación mercantil** – commercial operation
**operación minorista** – retail operation
**operación mixta** – mixed operation
**operación monetaria** – monetary operation
**operación multinacional** – multinational operation
**operación mundial** – world operation
**operación nacional** – domestic operation, national operation
**operación peligrosa** – dangerous operation
**operación pendiente** – pending operation
**operación pequeña** – small operation
**operación principal** – main operation, core operation
**operación privada** – private operation
**operación pública** – public operation
**operación quirúrgica** – surgery
**operación regulada** – regulated operation
**operación sucia** – dirty operation
**operacional** *adj* – operational
**operaciones de mercado abierto** – open market operations
**operaciones en curso** – current operations
**operaciones especulativas** – speculative operations
**operaciones gravables** – taxable operations
**operaciones imponibles** – taxable operations
**operado ilegalmente** – illegally operated
**operado ilícitamente** – illicitly operated
**operado por computadora** – computer-operated
**operado por ordenador** – computer-operated
**operador** *m* – operator
**operador aéreo** – aircraft operator
**operar** *v* – to operate, to deal
**operario** *m* – operator, worker, laborer, labourer
**operario de fábrica** – factory worker
**operativo** *adj* – operative
**opiato** *m* – opiate
**opinable** *adj* – debatable
**opinar** *v* – to opine, to believe

**opinión** *f* – opinion
**opinión adversa** – adverse opinion
**opinión asesora** – advisory opinion
**opinión con salvedades** – qualified opinion
**opinión concurrente** – concurrent opinion
**opinión conjunta** – joint opinion
**opinión consultiva** – advisory opinion
**opinión de título** – opinion of title
**opinión del auditor** – auditor's opinion
**opinión del contable** – accountant's opinion
**opinión del contador** – accountant's opinion
**opinión desfavorable** – unfavorable opinion
**opinión disidente** – dissenting opinion
**opinión en disconforme** – dissenting opinion
**opinión favorable** – favorable opinion
**opinión informada** – informed opinion
**opinión judicial** – judicial opinion
**opinión jurídica** – legal opinion
**opinión legal** – legal opinion
**opinión mayoritaria** – majority opinion
**opinión oficial** – official opinion
**opinión per curiam** – opinion by the court
**opinión popular** – popular opinion
**opinión profesional** – professional opinion
**opinión pública** – public opinion
**opinión separada** – separate opinion
**oponente** *m* – opponent
**oponer** *v* – to oppose, to object
**oponer excepción** – to file an exception
**oponerse** *v* – to oppose, to object
**oponibilidad** *f* – opposability
**oponible** *adj* – opposable
**oportunamente** *adv* – opportunely
**oportunidad** *f* – opportunity
**oportunidad comercial** – business opportunity, commercial opportunity
**oportunidad corporativa** – corporate opportunity
**oportunidad de comercio** – commerce opportunity, business opportunity
**oportunidad de empleo** – employment opportunity
**oportunidad de empleo sin discrimen** – equal employment opportunity
**oportunidad de mercado** – market opportunity
**oportunidad de negocios** – business opportunity
**oportunidad de trabajo** – work opportunity
**oportunidad de ventas** – sales opportunity
**oportunidad económica** – economic opportunity
**oportunidad empresarial** – business opportunity
**oportunidad financiera** – financial opportunity
**oportunidad mercantil** – commercial opportunity
**oportunismo** *m* – opportunism
**oportunista** *m/f* – opportunist
**oportunista** *adj* – opportunistic
**oportuno** *adj* – opportune, timely, appropriate
**oposición** *f* – opposition, objection, juxtaposition
**opositor** *m* – opponent, objector
**opositor por conciencia** – conscientious objector
**opresión** *f* – oppression
**opresivamente** *adv* – oppressively
**opresivo** *adj* – oppressive
**opresor** *m* – oppressor
**opresor** *adj* – oppressive
**oprimir** *v* – to oppress
**oprobiar** *v* – to defame
**oprobio** *m* – opprobrium
**oprobiosamente** *adv* – opprobriously
**oprobioso** *adj* – opprobrious
**optante** *m/f* – chooser
**optar** *v* – to choose, to opt
**optativo** *adj* – optional
**óptimas condiciones** – optimal conditions
**optimismo** *m* – optimism
**optimista** *adj* – optimist
**optimista** *m/f* – optimist
**optimización** *f* – optimization
**optimizar** *v* – to optimize
**óptimo** *adj* – optimal, optimum
**opuestamente** *adv* – oppositely
**opuesto** *adj* – opposite
**opugnación** *f* – oppugnancy
**opugnador** *m* – oppugner
**opugnante** *m/f* – oppugner
**opugnar** *v* – to oppugn
**OPV (oferta pública de venta)** – public stock offering
**orador** *m* – orator, speaker
**oral** *adj* – oral
**oralidad** *f* – orality
**oralmente** *adv* – orally
**orden** *f* – order, command
**orden** *m* – order, sequence
**orden a crédito** – credit order
**orden a granel** – bulk order
**orden abierta** – open order
**orden administrativa** – administrative order
**orden al contado** – cash order
**orden al mercado** – market order
**orden anterior** – former order
**orden apelable** – appealable order
**orden bancaria** – bank order
**orden compulsoria** – compulsory order
**orden con combinaciones** – combination order
**orden condicional** – conditional order, contingent order
**orden de, a la** – to the order of
**orden de acreedores** – order of creditors
**orden de allanamiento** – search warrant
**orden de arresto** – arrest warrant
**orden de audiencias** – schedule of hearings
**orden de bloqueo** – stop order
**orden de cambio** – change order
**orden de cancelación** – cancellation order
**orden de cesar y desistir** – cease and desist order
**orden de citación** – subpoena, summons
**orden de comparecencia** – subpoena, summons
**orden de comparecer** – subpoena, summons
**orden de compra** – purchase order, buy order
**orden de desahucio** – certificate of eviction, eviction order
**orden de detención** – arrest warrant
**orden de ejecución** – death warrant
**orden de embargo** – seizure order
**orden de entredicho** – injunction
**orden de entrega** – delivery order
**orden de estafeta** – money order
**orden de fabricación** – manufacturing order
**orden de filiación** – order of filiation
**orden de liberación** – release order
**orden de manufactura** – manufacturing order

**orden de pago** – payment order
**orden de precio limitado** – limited price order
**orden de prisión** – order for imprisonment
**orden de producción** – production order
**orden de protección** – protective order
**orden de protección de emergencia** – emergency protective order
**orden de prueba** – trial order
**orden de registro** – search warrant
**orden de suceder** – order of descent
**orden de trabajo** – work order, job order
**orden de transferencia** – transfer order
**orden del día** – agenda
**orden designado** – designated order
**orden discrecional** – discretionary order
**orden dividida** – split order
**orden ejecutiva** – executive order
**orden electrónica** – electronic order
**orden en espera** – back order
**orden en firme** – firm order
**orden en línea** – online order
**orden escrita** – written order
**orden especial** – special order
**orden establecido** – established order
**orden firme** – firm order
**orden futuro** – future order
**orden ilegal** – illegal order
**orden ilícita** – illicit order
**orden implícita** – implicit command
**orden incondicional** – unconditional order
**orden inferida** – inferred command
**orden inmediata** – immediate order
**orden interlocutoria** – interlocutory order
**orden jerárquico** – hierarchical order
**orden judicial** – judicial order, court order
**orden jurídico** – sources of the law
**orden legal** – lawful order
**orden lícita** – licit order
**orden limitada** – limited order
**orden mantenida** – standing order
**orden obligatoria** – obligatory order
**orden online** – online order
**orden oral** – oral order
**orden original** – original order
**orden para mostrar causa** – show cause order
**orden pendiente** – pending order, back order
**orden perentoria** – peremptory order
**orden permanente** – permanent order, standing order
**orden por correo** – mail order
**orden por correspondencia** – mail order
**orden por escrito** – order in writing
**orden por fax** – fax order
**orden por Internet** – Internet order
**orden por teléfono** – telephone order
**orden previa** – previous order
**orden provisional** – provisional order
**orden público** – public order
**orden público internacional** – international public order
**orden regular** – regular order
**orden restringida** – restricted order
**orden sucesorio** – order of descent
**orden telefónica** – telephone order
**orden urgente** – urgent order, rush order
**orden verbal** – verbal order
**ordenación** *f* – order, arrangement
**ordenación territorial** – zoning, land distribution
**ordenadamente** *adv* – in an orderly fashion
**ordenado** *adj* – orderly
**ordenador** *m* – computer, controller, arranger
**ordenador central** – central computer
**ordenador de red** – network computer
**ordenador portátil** – portable computer
**ordenamiento** *m* – ordering, order, legislation, body of laws, code of laws, law
**ordenamiento de leyes** – code of laws
**ordenanza** *f* – ordinance, order, method
**ordenanza** *m/f* – clerk
**ordenanza local** – local ordinance
**ordenanza municipal** – municipal ordinance
**ordenanzas de circulación** – traffic regulations
**ordenanzas de construcción** – building code
**ordenanzas de tráfico** – traffic regulations
**ordenar** *v* – to order, to regulate, to arrange
**ordenar bienes** – to marshal assets
**ordenar por correo** – to order by mail
**ordinariamente** *adv* – ordinarily, uncouthly
**ordinario** *m* – ordinary judge, regular mail
**ordinario** *adj* – ordinary, uncouth
**orfandad** *f* – orphanhood, neglect
**orgánico** *adv* – organic
**organigrama** *m* – organizational chart, flowchart
**organismo** *m* – organization, entity, body
**organismo administrado** – managed organization
**organismo administrador** – management organization, managing organization
**organismo administrativo** – management organization, managing organization
**organismo afiliado** – affiliated organization
**organismo agrícola** – farm organization, farming organization
**organismo aliado** – allied organization
**organismo apalancado** – leveraged organization
**organismo asegurador** – insurance organization
**organismo asociado** – affiliated organization
**organismo autónomo** – autonomous entity
**organismo autorizado** – authorized organization
**organismo autorregulador** – self-regulatory organization
**organismo bancario** – banking organization
**organismo calificado** – qualified organization
**organismo caritativo** – charitable organization
**organismo centralizado** – centralized organization
**organismo comercial** – business organization, commercial organization
**organismo competidor** – competing organization
**organismo componente** – constituent organization
**organismo con fines de lucro** – for-profit organization
**organismo consultivo** – consulting organization
**organismo consultor** – consulting organization
**organismo contable** – accounting organization
**organismo controlado** – controlled organization
**organismo controlador** – controlling organization
**organismo controlante** – controlling organization
**organismo corporativo** – corporate organization
**organismo cuasijudicial** – quasi judicial entity
**organismo de administración** – administration

organization
**organismo de afianzamiento** – bonding organization
**organismo de capitalización** – organization for capitalization of savings
**organismo de cobro** – collection organization
**organismo de comercio** – business organization, commerce organization
**organismo de construcción** – building organization
**organismo de consultores** – consulting organization
**organismo de contabilidad** – accounting organization
**organismo de control** – controlling organization
**organismo de crédito** – credit organization
**organismo de fianzas** – bonding organization
**organismo de fideicomiso** – trust organization
**organismo de inversiones** – investment organization
**organismo de negocios** – business organization
**organismo de préstamos** – loan organization
**organismo de seguros** – insurance organization
**organismo de servicios** – service organization
**organismo de telecomunicaciones** – telecommunications organization
**organismo de transporte** – transport organization, shipping organization
**organismo de utilidad pública** – public service organization
**organismo del sector privado** – private sector organization
**organismo del sector público** – public sector organization
**organismo descentralizado** – decentralized organization
**organismo difunto** – defunct organization
**organismo distribuidor** – distributing organization
**organismo disuelto** – dissolved organization
**organismo diversificado** – diversified organization
**organismo doméstico** – domestic organization
**organismo dominado** – controlled organization
**organismo dominante** – dominant organization
**organismo económico** – economic organization
**organismo establecido** – established organization
**organismo estatal** – government organization, state organization
**organismo ético** – ethical organization
**organismo exento** – exempt organization
**organismo exento de contribuciones** – tax-exempt organization
**organismo explotador** – operating organization
**organismo exportador** – export organization
**organismo extranjero** – alien organization, foreign organization
**organismo fiador** – bonding organization
**organismo ficticio** – fictitious organization
**organismo fiduciario** – trust organization
**organismo filial** – affiliated organization
**organismo financiero** – finance organization
**organismo fusionado** – merged organization
**organismo global** – global organization
**organismo gubernamental** – government organization, government agency
**organismo hipotecario** – mortgage organization
**organismo ilegal** – illegal organization
**organismo ilícito** – illicit organization
**organismo importador** – import organization
**organismo industrial** – industrial organization
**organismo inexistente** – nonexistent organization
**organismo insolvente** – insolvent organization
**organismo integrado** – integrated organization
**organismo interestatal** – interstate organization
**organismo internacional** – international organization
**organismo intraestatal** – intrastate organization
**organismo inversionista** – investment organization
**organismo jurídico** – legal organization
**organismo legal** – legal organization
**organismo lícito** – licit organization
**organismo local** – local organization
**organismo lucrativo** – lucrative organization, commercial organization
**organismo manufacturero** – manufacturing organization
**organismo marítimo** – maritime organization
**organismo matriz** – parent organization
**organismo mercantil** – commercial organization
**organismo miembro** – member organization
**organismo mixto** – mixed organization
**organismo multinacional** – multinational organization
**organismo nacional** – national organization
**organismo no afiliado** – unaffiliated organization
**organismo no apalancado** – unleveraged organization
**organismo no lucrativo** – nonprofit organization
**organismo no público** – nonpublic organization
**organismo operador** – operating organization
**organismo político** – political organization
**organismo prestatario** – borrowing organization
**organismo privado** – private organization
**organismo privatizado** – privatized organization
**organismo profesional** – professional organization
**organismo público** – public organization
**organismo quebrado** – bankrupt organization
**organismo reasegurador** – reinsurance organization
**organismo rector** – board of directors
**organismo registrado** – registered organization
**organismo regulado** – regulated organization
**organismo retenedor** – holding organization
**organismo sin acciones** – non-stock organization
**organismo sin fines de lucro** – nonprofit organization
**organismo sindical** – labor union, labour union
**organismo sobreviviente** – surviving organization
**organismo subsidiario** – subsidiary organization
**organismo tenedor** – holding organization
**organismo transnacional** – transnational organization
**organización** *f* – organization
**organización administradora** – management organization
**organización administrativa** – management organization
**organización afiliada** – affiliated organization
**organización aliada** – allied organization
**organización apalancada** – leveraged organization
**organización armadora** – shipping organization
**organización aseguradora** – insurance organization
**organización asociada** – affiliated organization
**organización autorreguladora** – self-regulatory organization
**organización bancaria** – banking organization
**organización benéfica** – charitable organization
**organización calificada** – qualified organization
**organización caritativa** – charitable organization

**organización comercial** – business organization, commercial organization, trade organization
**organización componente** – constituent organization
**organización contable** – accounting organization
**organización controlada** – controlled organization
**organización controladora** – holding organization
**organización corporativa** – corporate organization
**organización de activos** – organization of assets
**organización de comercio** – commerce organization
**organización de consumidores** – consumer organization
**organización de control** – controlling organization
**organización de costes** – organization of costs
**organización de costos** – organization of costs
**organización de crédito** – credit organization
**organización de cuentas** – organization of accounts
**organización de fianzas** – bonding organization
**organización de fideicomiso** – trust organization
**organización de gastos** – organization of expenses
**organización de inversiones** – investment organization
**organización de la compañía** – company organization
**organización de la corporación** – corporate organization
**organización de la empresa** – enterprise organization
**organización de mantenimiento de salud** – health maintenance organization
**organización de negocios** – business organization
**Organización de Países Exportadores de Petróleo** – Organization of Petroleum Exporting Countries, OPEC
**organización de proveedores preferidos** – preferred provider organization
**organización de seguros** – insurance organization
**organización de servicios** – service organization
**organización de transporte** – transport organization, shipping organization
**organización de utilidad pública** – public service organization
**organización de ventas** – sales organization
**organización del negocio** – business organization
**organización del pasivo** – organization of liabilities
**organización difunta** – defunct organization
**organización diversificada** – diversified organization
**organización dominada** – controlled organization
**organización económica** – economic organization
**organización empresarial** – enterprise organization
**organización estatal** – government organization, state organization
**organización exenta** – exempt organization
**organización exenta de contribuciones** – tax-exempt organization
**organización exenta de impuestos** – tax-exempt organization
**organización extranjera** – foreign organization
**organización fiadora** – bonding organization
**organización ficticia** – fictitious organization
**organización fiduciaria** – trust organization
**organización financiera** – finance organization
**organización formal** – formal organization
**organización funcional** – functional organization
**organización fusionada** – merged organization
**organización gubernamental** – government organization
**organización hipotecaria** – mortgage organization
**organización horizontal** – horizontal organization
**organización ilegal** – illegal organization
**organización ilícita** – illicit organization
**organización industrial** – industrial organization
**organización inexistente** – nonexistent organization
**organización insolvente** – insolvent organization
**organización interestatal** – interstate organization
**organización internacional** – international organization
**Organización Internacional de Normalización** – International Standards Organization, ISO
**Organización Internacional del Trabajo** – International Labor Organization, International Labour Organization, ILO
**organización intraestatal** – intrastate organization
**organización inversionista** – investment organization
**organización jurídica** – legal organization
**organización lícita** – licit organization
**organización lineal** – line organization
**organización manufacturera** – manufacturing organization
**organización matricial** – matrix organization
**organización matriz** – parent organization
**organización mercantil** – commercial organization
**organización miembro** – member organization
**organización multinacional** – multinational organization
**Organización Mundial de la Propiedad Intelectual** – World Intellectual Property Organization, WIPO
**Organización Mundial de la Salud** – World Health Organization, WHO
**Organización Mundial del Comercio** – World Trade Organization, WTO
**organización nacional** – national organization
**organización no afiliada** – unaffiliated organization
**organización no apalancada** – unleveraged organization
**organización no gubernamental** – non-governmental organization, NGO
**organización no pública** – nonpublic organization
**organización operadora** – operating organization
**Organización para la Cooperación y el Desarrollo Económico** – Organization for Economic Cooperation and Development, OECD
**organización patronal** – employers' organization
**organización política** – political body
**organización privada** – private organization
**organización pública** – public organization
**organización quebrada** – bankrupt organization
**organización regional** – regional organization
**organización registrada** – registered organization
**organización religiosa** – religious organization
**organización retenedora** – holding organization
**organización sin ánimo de lucro** – nonprofit organization
**organización sin fines de lucro** – nonprofit organization
**organización sindical** – labor organization, labor union, labour organization, labour union
**organización sobreviviente** – surviving organization
**organización subsidiaria** – subsidiary organization
**organización tenedora** – holding organization
**organización vertical** – vertical organization

**organizacional** *adj* – organizational
**organizado** *adj* – organized
**organizador** *m* – organizer
**organizador electrónico** – electronic organizer
**organizador personal** – personal organizer
**organizar** *v* – to organize
**organizarse** *v* – to be organized, to organize oneself
**organizativo** *adj* – organizational
**órgano** *m* – organ, body, committee, agency
**órgano administrativo** – administrative committee
**órgano arbitral** – arbitral body
**órgano de apelación** – appellate body
**órgano de dirección** – executive committee
**órgano directivo** – executive committee
**órgano ejecutivo** – executive committee
**órgano estatal** – government body, government agency, state body, state agency
**órgano gubernamental** – government body, government agency
**orientación** *f* – orientation
**orientación al cliente** – client orientation, customer orientation
**orientación al consumidor** – consumer orientation
**orientación profesional** – professional orientation
**orientado** *adj* – oriented
**orientado a la profesión** – profession-oriented
**orientado a las empresas** – business-oriented
**orientado a lo comercial** – commercial-oriented
**orientado a los negocios** – business-oriented
**orientado al cliente** – client-oriented, customer-oriented
**orientado al comercio** – commerce oriented
**orientado al consumidor** – consumer-oriented
**orientado al empleo** – employment-oriented
**orientado al mercado** – market-oriented
**orientado al trabajo** – job-oriented, work-oriented
**orientado al usuario** – user-oriented
**orientado hacia el cliente** – client-oriented, customer-oriented
**orientado hacia el comercio** – commerce oriented
**orientado hacia el consumidor** – consumer-oriented
**orientado hacia el empleo** – employment-oriented
**orientado hacia el mercado** – market-oriented
**orientado hacia el trabajo** – job-oriented, work-oriented
**orientado hacia el usuario** – user-oriented
**orientado hacia la profesión** – profession-oriented
**orientado hacia las empresas** – business-oriented
**orientado hacia lo comercial** – commercial-oriented
**orientado hacia los negocios** – business-oriented
**orientar** *v* – to orient, to advise, to direct, to position
**origen** *m* – origin, source
**origen de fondos** – source of funds
**origen estatal** – state origin
**origen extranjero** – foreign origin
**origen interestatal** – interstate origin
**origen intraestatal** – intrastate origin
**origen nacional** – national origin
**origen y aplicación de fondos** – source and application of funds
**originación** *f* – origination
**originación de préstamo** – loan origination
**originación hipotecaria** – mortgage origination
**originador** *m* – originator
**original** *adj* – original, authentic
**original** *m* – original
**originalmente** *adv* – originally
**originar** *v* – to originate
**originar un préstamo** – to originate a loan
**originario** *adj* – originating
**orillar** *v* – to settle, to skirt
**oriundez** *f* – origin
**oriundo** *adj* – originating
**osadía** *f* – audacity
**osado** *adj* – audacious
**oscitancia** *f* – negligence, carelessness
**oscuridad** *f* – obscurity, darkness
**oscuridad de las leyes** – statutory vagueness
**oscuridad de los contratos** – contractual vagueness
**oscuro** *adj* – obscure, dark
**ostensible** *adj* – ostensible
**ostensiblemente** *adj* – ostensibly
**ostentación** *f* – ostentation
**ostentar** *v* – to display, to flaunt
**otear** *v* – to scan, to watch
**otorgador** *m* – grantor
**otorgador** *adj* – granting
**otorgamiento** *m* – granting, bestowal, authorization, will
**otorgamiento de capital** – granting of capital
**otorgamiento de contrato** – contract awarding
**otorgamiento de crédito** – extension of credit
**otorgamiento notarial** – notarial authorization
**otorgante** *m/f* – grantor
**otorgante** *adj* – granting
**otorgar** *v* – to grant, to award, to agree to, to execute
**otorgar ante notario** – to execute before a notary
**otorgar asilo** – to grant asylum
**otorgar crédito** – to grant credit
**otorgar fianza** – to furnish bail
**otorgar inmunidad** – to grant immunity
**otorgar un contrato** – to award a contract
**otorgar una patente** – to grant a patent
**otros activos** – other assets
**otros beneficiarios** – other beneficiaries
**otros cargos** – other charges
**otros costes** – other costs
**otros costos** – other costs
**otros ítems** – other items
**otrosí** *m* – petition after the original one
**otrosí** *adv* – furthermore
**outplacement** *m* – outplacement
**outsourcing** *m* – outsourcing

# P

**p. ej. (por ejemplo)** – for example
**pabellón** *m* – national flag, protection
**PAC (Política Agrícola Común, Política Agraria Común)** – Common Agricultural Policy, CAP
**pacificación** *f* – pacification, peace
**pacificador** *m* – peacemaker
**pacificador** *adj* – pacifying

**pacíficamente** *adv* – peacefully
**pacificar** *v* – to pacify
**pacífico** *adj* – pacific
**pacifismo** *m* – pacifism
**pacifista** *m/f* – pacifist
**pacifista** *adj* – pacifist
**pactado** *adj* – agreed to
**pactante** *m/f* – contracting party
**pactar** *v* – to make a pact, to agree to, to contract
**pacto** *m* – pact, agreement, contract
**pacto accesorio** – accessory agreement
**pacto administrativo** – administrative agreement
**pacto aduanero** – tariff agreement
**pacto agrícola** – agricultural agreement
**pacto ambiguo** – ambiguous agreement
**pacto antenupcial** – prenuptial agreement
**pacto anticrético** – antichresis
**pacto arancelario** – tariff agreement
**pacto arbitral** – arbitral agreement
**pacto bilateral** – bilateral agreement
**pacto colectivo** – collective agreement
**pacto colectivo de trabajo** – collective bargaining agreement
**pacto comercial** – trade agreement, business agreement, commercial agreement
**pacto comisorio** – agreement that may be rescinded under certain conditions
**pacto condicionado** – conditional agreement
**pacto condicional** – conditional agreement
**pacto conjunto** – joint agreement
**pacto contractual** – contractual agreement
**pacto contributivo** – tax agreement
**pacto criminal** – criminal conspiracy
**pacto de adición** – sale in which the seller may rescind the agreement if there is a better offer
**pacto de administración** – management agreement
**pacto de agencia** – agency agreement
**pacto de alquiler** – rental agreement
**pacto de arrendamiento** – lease agreement
**pacto de asociación** – association agreement
**pacto de ayuda mutua** – mutual assistance pact
**pacto de caballeros** – gentlemen's agreement, an unenforceable agreement in which the parties are bound by honor
**pacto de cartel** – cartel agreement
**pacto de cesión** – transfer agreement
**pacto de comercio** – commerce treaty
**pacto de compraventa** – sale agreement, bargain and sale agreement
**pacto de cooperación** – cooperation agreement
**pacto de cuota litis** – attorney's contingent fee agreement
**pacto de extensión** – extension agreement
**pacto de fijación de precios** – price-fixing agreement
**pacto de franquicia** – franchise agreement
**pacto de garantía** – security agreement
**pacto de gestión** – management agreement
**pacto de indemnización** – indemnity agreement
**pacto de intercambio** – trade agreement
**pacto de marketing** – marketing agreement
**pacto de mejor comprador** – sale in which the seller may rescind the agreement if there is a better offer
**pacto de mercadeo** – marketing agreement
**pacto de modificación** – modification agreement
**pacto de negocios** – business agreement
**pacto de no agresión** – non-aggression treaty
**pacto de no competencia** – non-competition agreement, covenant not to compete
**pacto de no competir** – non-competition agreement, covenant not to compete
**pacto de no enajenar** – agreement not to alienate
**pacto de no hacer algo** – negative covenant
**pacto de participación** – participation agreement
**pacto de precios** – price-fixing, price-fixing agreement
**pacto de preferencia** – agreement to grant a right of first refusal
**pacto de reciprocidad** – reciprocity agreement
**pacto de recompra** – repurchase agreement
**pacto de retraer** – repurchase agreement
**pacto de retro** – repurchase agreement
**pacto de retroventa** – repurchase agreement
**pacto de reventa** – repurchase agreement
**pacto de trabajo** – employment contract
**pacto delictivo** – criminal conspiracy
**pacto económico** – economic agreement
**pacto empresarial** – business agreement
**pacto en contrario** – agreement to the contrary
**pacto entre caballeros** – gentlemen's agreement, an unenforceable agreement in which the parties are bound by honor
**pacto escrito** – written agreement
**pacto estándar** – standard agreement
**pacto estipulado** – stipulated agreement
**pacto exclusivo** – exclusive agreement
**pacto expreso** – express agreement
**pacto fiscal** – tax agreement
**pacto formal** – formal agreement
**pacto general** – general agreement
**pacto global** – global agreement
**pacto ilegal** – illegal agreement
**pacto ilícito** – illicit agreement
**pacto implícito** – implied agreement
**pacto impositivo** – tax agreement
**pacto impropio** – improper agreement
**pacto inapropiado** – inappropriate agreement
**pacto incondicional** – unconditional agreement
**pacto internacional** – international agreement
**pacto laboral** – labor agreement, labour agreement
**pacto legal** – legal agreement
**pacto legítimo** – legal agreement
**pacto leonino** – unconscionable agreement
**pacto lícito** – licit agreement
**pacto mercantil** – commercial agreement
**pacto modelo** – model agreement
**pacto monetario** – monetary agreement
**pacto multilateral** – multilateral agreement
**pacto mutuo** – mutual agreement
**pacto negociado** – negotiated agreement
**pacto obligatorio** – binding agreement
**pacto oral** – oral agreement
**pacto por escrito** – agreement in writing
**pacto preferencial** – preferential agreement
**pacto prematrimonial** – prenuptial agreement
**pacto prenupcial** – prenuptial agreement
**pacto privado** – private agreement
**pacto prohibido** – prohibited agreement
**pacto provisional** – provisional agreement

**pacto recíproco** – reciprocal agreement
**pacto restrictivo** – restrictive covenant
**pacto salarial** – wage agreement
**pacto separado** – separate agreement
**pacto simplificado** – simplified agreement
**pacto sindical** – union agreement
**pacto sobre precios** – price agreement, price-fixing agreement
**pacto social** – partnership agreement
**pacto suplementario** – supplemental agreement
**pacto tácito** – tacit agreement, implied agreement
**pacto temporal** – temporary agreement
**pacto tributario** – tax agreement
**pacto verbal** – verbal agreement
**pacto vinculante** – binding agreement
**padrastro** *m* – stepfather, obstacle
**padre abusivo** – abusive father, abusive parent
**padre adoptivo** – adoptive father, adoptive parent
**padre biológica** – biologic father, biologic parent
**padre de crianza** – adoptive father, adoptive parent
**padre de familia** – head of household
**padre político** – father-in-law
**padre putativo** – putative father
**padre soltero** – single father
**padrón** *m* – census register, voters list, model, blemish on a reputation
**pág. (página)** – page
**paga** *f* – pay, salary, wages, payment, compensation
**paga acordada** – agreed-upon pay
**paga adecuada** – adequate pay
**paga adicional** – additional pay
**paga anual** – annual salary, annual pay, annual wages
**paga base** – base pay
**paga básica** – basic pay
**paga bruta** – gross pay
**paga competitiva** – competitive pay
**paga compulsoria** – compulsory pay
**paga contractual** – contractual pay
**paga contratada** – contracted pay
**paga convenida** – agreed-upon pay
**paga de horas extras** – overtime pay
**paga de vacaciones** – vacation pay
**paga diaria** – daily pay
**paga diferida** – deferred pay
**paga efectiva** – net pay
**paga esencial** – essential pay
**paga especificada** – specified pay
**paga estipulada** – stipulated pay
**paga extra** – extra pay, bonus
**paga extraordinaria** – extra pay, bonus
**paga extraordinaria de navidad** – Christmas bonus
**paga fija** – fixed pay, set pay
**paga forzada** – forced pay
**paga forzosa** – forced pay
**paga garantizada** – guaranteed pay
**paga igual** – equal pay
**paga indebida** – wrongful payment
**paga indispensable** – indispensable pay
**paga inicial** – initial pay
**paga justa** – just pay
**paga máxima** – maximum pay
**paga media** – average pay
**paga mensual** – monthly salary, monthly pay, monthly wage
**paga mínima** – minimum wage
**paga necesaria** – necessary pay
**paga negociada** – negotiated pay
**paga neta** – net pay
**paga nominal** – nominal pay
**paga normal** – normal pay
**paga obligada** – obligatory pay, mandatory pay
**paga obligatoria** – obligatory pay, mandatory pay
**paga pactada** – agreed-upon pay
**paga por cesantía** – severance pay
**paga por días festivos** – holiday pay
**paga por enfermedad** – sick pay
**paga por incentivos** – incentive pay
**paga por maternidad** – maternity pay
**paga por tiempo y medio** – time-and-a-half pay
**paga preestablecida** – preset pay
**paga real** – real pay
**paga regular** – regular pay
**paga requerida** – required pay
**paga retenida** – retained wages
**paga retenida condicionalmente** – holdback pay
**paga retroactiva** – retroactive pay
**paga semanal** – weekly salary, weekly pay, weekly wage
**paga suplementaria** – supplemental pay
**paga típica** – typical pay
**paga y señal** – initial payment, binder
**pagable** *adj* – payable, owing
**pagadero** *adj* – payable, owing
**pagadero a la demanda** – payable on demand
**pagadero a la entrega** – payable on delivery
**pagadero a la orden** – payable on order
**pagadero a la vista** – payable on sight
**pagadero a plazos** – payable in installments
**pagadero a presentación** – payable on sight
**pagadero al portador** – payable to bearer
**pagadero al vencimiento** – payable at maturity
**pagadero anticipadamente** – payable in advance
**pagadero por adelantado** – payable in advance
**pagado** *m* – stamp indicating payment
**pagado** *adj* – paid
**pagado al contado** – paid in cash
**pagado en efectivo** – paid in cash
**pagado por adelantado** – paid in advance
**pagado por hora** – paid by the hour
**pagado totalmente** – paid in full
**pagador** *m* – payer
**pagador de impuestos** – taxpayer
**pagaduría** *f* – disbursement office
**pagamento** *m* – payment
**pagamiento** *m* – payment
**pagar** *v* – to pay, to pay back, to repay, to return
**pagar, a** – payable, outstanding
**pagar a cuenta** – to pay on account
**pagar a la vista** – to pay at sight
**pagar a plazos** – to pay in installments
**pagar al contado** – to pay cash
**pagar anualmente** – to pay annually
**pagar bajo protesta** – to pay under protest
**pagar bien** – to pay well
**pagar con tarjeta** – to pay by credit card, to pay by debit card
**pagar daños** – to pay damages
**pagar en efectivo** – to pay cash

**pagar en especie** – to pay in kind
**pagar en metálico** – to pay cash
**pagar los costes** – to pay costs
**pagar los costos** – to pay costs
**pagar los gastos** – to pay expenses
**pagar mensualmente** – to pay monthly
**pagar por adelantado** – to pay in advance
**pagar por completo** – to pay in full
**pagar por hora** – to pay by the hour
**pagar semanalmente** – to pay weekly
**pagar totalmente** – to pay in full
**pagar trimestralmente** – to pay quarterly
**pagar un cheque** – to pay a check, to pay a cheque
**pagar un plazo** – to pay an installment
**pagar un salario** – to pay a salary
**pagar una cuota** – to pay an installment
**pagaré** *m* – promissory note, note, bill of debt, IOU
**pagaré a la vista** – demand note
**pagaré al portador** – bearer note
**pagaré bancario** – bank note, bank bill
**pagaré conjunto** – joint promissory note
**pagaré de favor** – accommodation note
**pagaré del tesoro** – treasury note
**pagaré fiscal** – short term government debt instrument
**pagaré garantizado** – secured note
**pagaré hipotecario** – mortgage note
**pagaré mancomunado** – joint note
**pagaré negociable** – negotiable note
**pagaré no negociable** – nonnegotiable note
**pagaré nominativo** – nominative note
**pagaré pasivo** – passive note
**pagaré prendario** – collateral note
**pagaré quirografario** – unsecured note
**pagaré sin garantía** – unsecured note
**pagaré solidario** – joint and several note
**pagarés a cobrar** – notes receivable
**pagarés a pagar** – notes payable
**página de Internet** – Web page, Internet page
**página hogar** – home page
**página principal** – home page
**página Web** – Web page
**página Web personal** – personal Web page
**páginas amarillas** – yellow pages
**pago** *adj* – paid
**pago** *m* – payment
**pago a cuenta** – payment on account
**pago a la entrega** – paid on delivery
**pago a plazos** – payment in installments
**pago acelerado** – accelerated payment
**pago acordado** – agreed-upon payment
**pago acostumbrado** – customary payment
**pago adelantado** – advance payment, prepayment
**pago adicional** – additional payment
**pago adicional garantizado** – guaranteed additional payment
**pago adicional por despido** – dismissal pay
**pago al contado** – cash payment
**pago antes de entrega** – cash before delivery
**pago antes del vencimiento** – payment before maturity
**pago anticipado de impuestos** – advance tax payment
**pago anticipado** – prepayment, advance payment, advance cash
**pago anual** – annual payment
**pago aplazado** – installment payment, deferred payment
**pago atrasado** – late payment, overdue payment, payment in arrears
**pago automático** – automatic payment
**pago automático de facturas** – automatic bill payment
**pago bajo protesta** – payment under protest
**pago bisemanal** – biweekly payment
**pago calculado** – calculated payment
**pago compensatorio** – compensating payment
**pago completo** – complete payment
**pago compulsivo** – compulsory payment
**pago compulsorio** – compulsory payment
**pago con la orden** – cash with order
**pago con subrogación** – subrogation payment
**pago con tarjeta** – credit card payment, debit card payment
**pago con tarjeta de crédito** – credit card payment
**pago con tarjeta de débito** – debit card payment
**pago condicional** – conditional payment
**pago conjunto** – copayment
**pago constante** – constant payment
**pago contado** – cash payment
**pago contingente** – contingent payment
**pago contra documentos** – payment against documents, cash against documents
**pago contra entrega** – cash on delivery
**pago contractual** – contractual payment
**pago contratado** – contracted payment
**pago convenido** – agreed-upon payment
**pago cuestionable** – questionable payment
**pago de alquiler** – rent payment
**pago de alquiler mínimo** – minimum rent payment
**pago de amortización** – amortization payment
**pago de anualidad** – annuity payment
**pago de arrendamiento** – lease payment
**pago de arrendamiento mínimo** – minimum lease payment
**pago de banquero** – banker's payment
**pago de bonificación** – bonus payment
**pago de compensación** – compensating payment
**pago de contribuciones** – tax payment
**pago de deuda** – debt payment
**pago de deudas ajenas** – payment of the debts of another
**pago de dividendo** – dividend payment
**pago de entrada** – down payment
**pago de facturas** – bill payment
**pago de impuestos** – tax payment
**pago de impuestos anticipado** – advance tax payment
**pago de incentivo** – incentive pay, incentive fee
**pago de intereses** – interest payment
**pago de la deuda** – debt payment
**pago de la pensión** – pension payment
**pago de la reclamación** – claim payment
**pago de las obligaciones** – payment of obligations
**pago de lo indebido** – wrongful payment
**pago de mantenimiento** – maintenance payment
**pago de prima** – premium payment
**pago de servicios** – payment of services
**pago de vacaciones** – vacation pay

**pago del arrendamiento** – rent payment
**pago del IVA** – payment of the value-added tax
**pago demorado** – delayed payment
**pago detenido** – stopped payment
**pago diferido** – deferred payment, late payment
**pago directo** – direct payment
**pago electrónico** – electronic payment
**pago en cuotas** – payment in installments
**pago en efectivo** – cash payment
**pago en el arrendamiento** – rent payment
**pago en especie** – payment in kind
**pago en exceso** – overpayment
**pago en línea** – online payment
**pago en moneda extranjera** – payment in foreign currency
**pago en mora** – overdue payment
**pago entero** – entire payment
**pago especial** – special payment
**pago especificado** – specified payment
**pago estimado** – estimated payment
**pago estipulado** – stipulated payment
**pago extranjero** – foreign payment
**pago extraviado** – missing payment
**pago ficticio** – fictitious payment
**pago final** – final payment, final installment
**pago final mayor** – balloon
**pago forzado** – forced payment, compulsory payment
**pago forzoso** – forced payment, compulsory payment
**pago fraccionado** – partial payment
**pago garantizado** – guaranteed payment
**pago global** – lump-sum payment
**pago hipotecario** – mortgage payment
**pago identificado** – identified payment
**pago igual** – equal pay
**pago imposible** – impossible payment
**pago incondicional** – unconditional payment
**pago indebido** – wrongful payment
**pago indicado** – indicated payment
**pago inexistente** – nonexistent payment
**pago inicial** – down payment
**pago inicial mínimo** – minimum down payment
**pago inmediato** – immediate payment
**pago insuficiente** – underpayment
**pago íntegro** – full payment
**pago interino** – interim payment
**pago internacional** – international payment
**pago involuntario** – involuntary payment
**pago judicial** – forced payment
**pago liberatorio** – liberating payment
**pago máximo** – maximum payment
**pago mensual** – monthly payment
**pago mínimo** – minimum payment
**pago móvil** – mobile payment
**pago necesario** – necessary payment
**pago negociado** – negotiated payment
**pago nominal** – nominal payment
**pago normal** – normal payment
**pago obligado** – obligatory payment, mandatory payment
**pago obligatorio** – obligatory payment, mandatory payment
**pago online** – online payment
**pago ordinario** – ordinary payment
**pago pactado** – agreed-upon payment
**pago parcial** – partial payment
**pago pendiente** – outstanding payment
**pago perdido** – missing payment
**pago periódico** – periodic payment
**pago por adelantado** – payment in advance, cash in advance
**pago por comparecencia** – call pay
**pago por consignación** – payment into court
**pago por cuenta ajena** – payment on behalf of another
**pago por cheque** – payment by check, payment by cheque
**pago por entrega de bienes** – payment in kind
**pago por error** – wrongful payment
**pago por horas** – payment per hour, hourly rate
**pago por otro** – payment of the debts of another
**pago por tercera parte** – third party payment
**pago preautorizado** – preauthorized payment
**pago preestablecido** – preset payment
**pago preferencial** – preferential payment
**pago provisional** – provisional payment
**pago puntual** – timely payment, prompt payment
**pago recibido** – payment received
**pago recurrente** – recurring payment
**pago reembolsable** – refundable payment
**pago regular** – regular payment
**pago requerido** – required payment
**pago restringido** – restricted payment
**pago seguro** – secure payment
**pago subsidiado** – subsidized payment
**pago subvencionado** – subsidized payment
**pago suspendido** – suspended payment, stopped payment
**pago tardío** – late payment
**pago típico** – typical payment
**pago total** – full payment
**pago trimestral** – quarterly payment
**pago único** – single payment
**pago vencido** – overdue payment
**pago voluntario** – voluntary payment
**pagos anticipados** – anticipated payments
**pagos consecutivos** – consecutive payments
**pagos corrientes** – current payments
**pagos escalonados** – graduated payments
**pagos fijos** – fixed payments
**pagos internacionales corrientes** – current international payments
**pagos netos** – net payments
**pagos parejos** – level payments
**pagos programados** – programmed payments
**pagos progresivos** – graduated payments
**pagos suplementarios** – supplemental payments
**pagos variables** – variable payments
**pagote** *m* – scapegoat
**páguese a la orden de** – pay to the order of
**país** *m* – country, nation, region
**país acreedor** – creditor country
**país anfitrión** – host country
**país de consignación** – country of consignment
**país de destino** – country of destination
**país de manufactura** – country of manufacture
**país de origen** – country of origin, country of birth
**país de registro** – country of registration
**país de residencia** – country of residence

**país deficitario** – deficit country
**país del tercer mundo** – third-world country
**país desarrollado** – developed country
**país deudor** – debtor country
**país donante** – donor country
**país en proceso de adhesión** – acceding country
**país enemigo** – enemy country
**país exportador** – exporting country
**país exportador de petróleo** – oil-exporting country
**país hegemónico** – hegemonic country
**país imperialista** – imperialist country
**país importador** – importing country
**país industrializado** – industrialized country
**país insolvente** – insolvent country
**país menos adelantado** – least-developed country, less-developed country
**país menos desarrollado** – least-developed country, less-developed country
**país miembro** – member country
**país mutuario** – borrowing country
**país neutral** – neutral country
**país participante** – participating country
**país prestatario** – borrowing country
**país subdesarrollado** – underdeveloped country
**países en desarrollo** – developing countries
**países en vías de desarrollo** – developing countries
**países recientemente industrializados** – newly industrialized countries
**paisanaje** *m* – civilians
**paisano** *m* – civilian, compatriot
**paisano** *adj* – of the same country, of the same region
**pajarear** *v* – to loiter
**palabra** *f* – word
**palabra clave** – keyword
**palabra de honor** – word of honor
**palabra de matrimonio** – promise of marriage
**palabra por palabra** – word for word
**palabrada** *f* – swearword
**palabras aptas** – apt words
**palabras comprometedoras** – compromising words
**palabras de duelo** – fighting words
**palabras gruesas** – strong words
**palabras mayores** – offensive words
**palabras negociables** – negotiable words
**palacio** *m* – palace, courthouse
**palacio de justicia** – courthouse
**palacio de los tribunales** – courthouse
**palacio municipal** – city hall
**paladinamente** *adv* – publicly, clearly
**paladino** *adj* – public, clear
**palanca financiera** – leverage
**paliar** *v* – to palliate
**palinodia** *f* – palinode
**paliza** *f* – beating
**palmar** *adj* – evident
**palmar** *v* – to die
**palmariamente** *adv* – evidently
**palmario** *adj* – evident
**palpable** *adj* – palpable
**palpar de armas** – body search
**palpito** *m* – hunch
**panacea** *f* – panacea
**pancarta** *f* – banner, sign, billboard, hoarding
**pandemonio** *m* – pandemonium
**pandilla** *f* – gang
**pandillero** *m* – gangster
**pandillista** *m/f* – gangster
**panel** *m* – panel
**panel de expertos** – panel of experts
**panfleto** *m* – pamphlet, lampoon, libel
**pánico** *m* – panic
**pánico colectivo** – collective panic
**panorama** *m* – panorama, outlook
**panorama económico favorable** – favorable economic outlook
**papá estado** – nanny state
**papel** *m* – paper, document
**papel al portador** – bearer paper
**papel bancario** – bank paper
**papel comercial** – commercial paper, business paper
**papel de comercio** – commercial paper
**papel de crédito** – credit instrument
**papel de renta** – securities
**papel de seguridad** – safety paper
**papel del estado** – government paper, government debt instrument
**papel del gobierno** – government paper, government debt instrument
**papel financiero** – financial paper
**papel gubernamental** – government paper, government debt instrument
**papel mojado** – worthless document
**papel moneda** – paper money
**papel reciclado** – recycled paper
**papel sellado** – stamped paper
**papel simple** – unstamped paper
**papel timbrado** – stamped paper
**papeleo** *m* – red tape, paperwork
**papeles contables** – accounting papers
**papeles de cobros** – collection papers
**papeles de trabajo** – working papers
**papeles del buque** – ship's papers
**papeleta** *f* – ticket, ballot, ballot paper, form, slip of paper
**papeleta de empeño** – pawn ticket
**papelista** *m/f* – archivist
**papelote** *m* – worthless document
**papelucho** *m* – worthless document
**paquete** *m* – package, parcel, packet, lie
**paquete comercial** – commercial package, business package
**paquete de financiación** – financing package
**paquete de financiamiento** – financing package
**paquete de remuneración** – remuneration package
**paquete financiero** – financial package
**paquete postal** – postal package
**par** *f* – par
**par** *m* – pair, peer
**par, a la** – at par, simultaneously
**para su información** – for your information
**paracaídas dorado** – golden parachute
**paracronismo** *m* – parachronism
**parada** *f* – stop, shutdown, pause, end, stake, rebuff
**paradero** *m* – whereabouts, stopping place, end
**paradigma** *f* – paradigm
**paradigmático** *adj* – paradigmatic
**parado** *adj* – unemployed, arrested, idle
**parado** *m* – unemployed person

**paradoja** *f* – paradox
**paradójico** *adj* – paradoxical
**paraestatal** *adj* – semi-state
**parafernales** *m* – paraphernal property
**parafraseador** *adj* – paraphrasing, annotating
**paráfrasis** *f* – paraphrase, annotation
**parafuego** *m* – firewall
**paraíso contributivo** – tax haven
**paraíso fiscal** – tax haven
**paraíso impositivo** – tax haven
**paraíso tributario** – tax haven
**paralización** *f* – paralyzation, blockage
**paralización del proceso** – paralyzation of the legal proceeding
**paralizado** *adj* – paralyzed, stopped
**paralizar** *v* – to paralyze, to stop
**paralogismo** *m* – paralogism
**paralogizar** *v* – to attempt to convince with specious arguments
**parámetro** *m* – parameter
**parámetros de calificación** – qualification parameters
**parámetros de elegibilidad** – eligibility parameters
**paramilitar** *adj* – paramilitary
**paranoia** *f* – paranoia
**paranoico** *adj* – paranoid
**paraprofesional** *m/f* – paraprofessional
**parar** *v* – to stop, to detain, to arrest, to strike, to end, to bet, to prepare, to alter
**parásito social** – social parasite
**parcela** *f* – parcel
**parcelación** *f* – parceling
**parcelar** *v* – to parcel
**parcial** *adj* – partial, biased
**parcialidad** *f* – partiality, bias, friendship, faction
**parcialmente** *adv* – partially
**parcionero** *m* – partner
**parecencia** *f* – resemblance
**parecer** *m* – opinion, looks
**parecer** *v* – to appear, to opine
**parecer en juicio** – to appear in court
**parecido** *adj* – similar
**pareciente** *adj* – resembling
**pared ajena** – neighboring wall
**pared común** – party wall
**pared divisoria** – division wall
**pared medianera** – patty wall
**pareja** *f* – couple
**pareja de hecho** – common-law couple
**parejo** *adj* – even, alike
**parénesis** *f* – admonition, exhortation
**parenético** *adj* – admonitory, exhortative
**parentela** *f* – relations
**parentesco** *m* – relationship, tie
**parentesco civil** – civil relationship
**parentesco colateral** – collateral relationship
**parentesco consanguíneo** – blood relationship
**parentesco de afinidad** – in-law relationship
**parentesco de doble vínculo** – whole blood relationship
**parentesco de simple vínculo** – half-blood relationship
**parentesco directo** – direct relationship
**parentesco legal** – legal relationship
**parentesco materno** – maternal relationship
**parentesco natural** – blood relationship
**parentesco oblicuo** – collateral relationship
**parentesco paterno** – paternal relationship
**parentesco político** – in-law relationship
**parentesco por afinidad** – in-law relationship
**parentesco por consanguinidad** – blood relationship
**pari delicto** – with equal guilt, pari delicto
**paridad** *f* – parity
**paridad cambiaría** – par of exchange
**paridad de casos** – similarity of cases
**pariente** *m* – relative
**pariente consanguíneo** – blood relative
**parientes del testador** – relatives of the testator
**parientes más próximos** – next of kin
**parientes por afinidad** – in-laws
**parificación** *f* – exemplification
**parificar** *v* – to exemplify
**parigual** *adj* – very similar
**parir** *v* – to give birth to, to originate
**parlamentario** *m* – member of parliament, congressmember
**parlamentario** *adj* – parliamentary
**parlamentarismo** *m* – parliamentarianism
**parlamento** *m* – parliament, congress, legislative body, speech
**paro** *m* – stop, strike, lockout, unemployment, unemployment compensation
**paro cíclico** – cyclic unemployment
**paro de brazos caídos** – sit-down strike
**paro de larga duración** – long-term unemployment
**paro encubierto** – hidden unemployment
**paro estacional** – seasonal unemployment
**paro estructural** – structural unemployment
**paro forzoso** – layoff, lockout
**paro general** – general strike
**paro laboral** – work stoppage
**paro obrero** – strike
**paro oculto** – hidden unemployment
**paro patronal** – lockout
**paro técnico** – unemployment resulting from technology replacing workers
**paroxismo** *m* – paroxysm
**parque** *m* – park, station
**parqué** *m* – trading floor, floor
**parque comercial** – business park, commercial park
**parque corporativo** – corporate park
**parque de comercio** – commerce park
**parque de negocios** – business park
**parque empresarial** – business park
**parque industrial** – industrial park
**parque mercantil** – commercial park
**párrafo** *m* – paragraph
**parricida** *m/f* – parricide
**parricidio** *m* – parricide
**parte** *f* – part, party, share, side
**parte** *m* – urgent notice, note, report, notification of marriage
**parte acomodada** – accommodated party
**parte acomodante** – accommodating party
**parte actora** – plaintiff
**parte agraviada** – aggrieved party
**parte beneficiada** – accommodated party
**parte capaz** – legally competent party
**parte compareciente** – appearing party

**parte contendiente** – opposing party
**parte contraria** – opposing party
**parte de interés adverso** – opposing party
**parte del accidente** – accident report
**parte del crédito** – credit party
**parte del león** – lion's share
**parte demandada** – defendant
**parte demandante** – plaintiff
**parte diario** – daily report
**parte dispositiva** – dispositive part
**parte en un contrato** – party to a contract
**parte en un proceso** – party to a suit
**parte esencial** – essential party, essential part
**parte ficticia** – fictitious party
**parte hostil** – hostile party
**parte inculpable** – innocent party
**parte incumplidora** – delinquent party
**parte indispensable** – indispensable party, indispensable part
**parte inexistente** – nonexistent party
**parte inocente** – innocent party
**parte integrante** – integral part
**parte interesada** – interested party
**parte interviniente** – intervening party
**parte médico** – health report, médical report
**parte no esencial** – unessential part
**parte nominal** – nominal party
**parte obligatoria** – obligatory party
**parte perjudicada** – aggrieved party
**parte policíaco** – police report
**parte por acomodación** – accommodation party
**parte principal** – main part
**parte querellada** – defendant
**parte rebelde** – party who fails to appear in court
**parte relacionada** – related party
**partes competentes** – competent parties
**partes contratantes** – contracting parties
**partible** *adj* – divisible
**partición** *f* – partition, division
**partición anticipada** – advancement
**partición de ascendiente** – advancement to a child, advancement to a grandchild
**partición de la herencia** – partition of the succession, distribution of the decedent's estate
**partición judicial** – judicial partition
**partición por el testador** – advancement
**partición por juez** – judicial partition
**partición por testamento** – distribution by will
**partición provisional** – provisional partition
**participación** *f* – participation, share, communication
**participación accionaria** – shareholding
**participación activa** – active participation
**participación controladora** – controlling interest
**participación criminal** – criminal participation
**participación cruzada** – reciprocal participation
**participación de control** – controlling interest
**participación de los empleados** – employee participation
**participación del prestador** – lender participation
**participación del prestamista** – lender participation
**participación directa** – direct participation
**participación en el capital** – equity stake
**participación en la gestión de las empresas** – employee participation in management
**participación en las adquisiciones** – community property
**participación en las ganancias** – profit sharing
**participación en las utilidades** – profit sharing
**participación en los beneficios** – profit sharing
**participación en los gananciales** – community property
**participación en préstamo** – loan participation
**participación financiera** – financial participation
**participación hipotecaria** – mortgage participation
**participación material** – material participation
**participación mayoritaria** – majority interest
**participación minoritaria** – minority interest
**participación monetaria** – monetary participation
**participación recíproca** – reciprocal participation
**participante** *adj* – participating
**participante** *m/f* – participant
**participante activo** – active participant
**participantes de plan** – plan participants
**participar** *v* – to participate, to inform, to share
**participar en un crimen** – to participate in a crime
**participar en una conspiración** – to participate in a conspiracy
**participativo** *adj* – participative
**partícipe** *adj* – participating
**partícipe** *m/f* – participant, partner
**particular** *adj* – particular, private, personal, individual, peculiar
**particular** *m* – individual, matter
**particularidad** *f* – particularity
**particularizar** *v* – to particularize, to pay special attention to
**particularmente** *adv* – particularly, privately
**partida** *f* – departure, entry, item, shipment, consignment, certificate, band, death
**partida compensatoria** – compensating entry, offsetting entry
**partida de defunción** – death certificate
**partida de gastos** – expense item
**partida de matrimonio** – marriage certifícate
**partida de nacimiento** – birth certificate
**partida del activo** – asset item
**partida del balance** – balance sheet item
**partida del pasivo** – liability item
**partida doble** – double entry
**partida extraordinaria** – extraordinary item
**partida monetaria** – monetary item
**partida no monetaria** – non-monetary item
**partida simple** – single entry
**partida única** – single entry
**partidamente** *adv* – separately
**partidario** *m* – follower, supporter, guerrilla member
**partidismo** *m* – partisanship
**partidista** *adj* – partisan
**partido** *m* – party, advantage, means, backing, pact, contract
**partido** *adj* – divided
**partido judicial** – judicial district
**partido político** – political party
**Partido Socialista** – Socialist party
**Partido Verde** – Green party
**partidor** *m* – executor, partitioner
**partija** *f* – partition, division
**partimiento** *m* – partition, division

**partir** *v* – to divide, to depart
**parto** *m* – parturition, product
**parto prematuro** – premature birth
**parturición** *f* – parturition
**parturienta** *adj* – parturient
**parvifundio** *m* – small farmstead
**pasador** *m* – smuggler
**pasaje** *m* – passage, fare
**pasajero** *m* – passenger
**pasajero** *adj* – passing
**pasajero gratuito** – gratuitous passenger
**pasamiento** *m* – passage
**pasante** *m/f* – law clerk
**pasante de pluma** – law clerk
**pasantía** *f* – law clerkship, apprenticeship
**pasaporte** *m* – passport
**pasaporte colectivo** – collective passport
**pasaporte común** – passport
**pasaporte del buque** – ship's passport
**pasaporte diplomático** – diplomatic passport
**pasar** *v* – to pass
**pasar a disposición judicial** – to be brought before a court
**pasar aduanas** – clear customs
**pasar de largo** – to skim through, to overlook, to disregard
**pasar la lista** – to call the roll
**pasar por alto** – to overlook, to disregard
**pasavante** *m* – safe-conduct
**pase** *m* – pass
**pasión** *f* – passion
**pasivo** *m* – liability, liabilities
**pasivo** *adj* – passive, retirement
**pasivo a corto plazo** – short-term liability
**pasivo a largo plazo** – long-term liability
**pasivo a mediano plazo** – medium-term liability
**pasivo a medio plazo** – medium-term liability
**pasivo a plazo** – time deposits
**pasivo actual** – present liabilities
**pasivo acumulado** – accrued liability
**pasivo administrado** – managed liabilities, administered liabilities
**pasivo circulante** – current liabilities
**pasivo consolidado** – funded debt
**pasivo contingente** – contingent liability
**pasivo corriente** – current liabilities, liquid liabilities
**pasivo de apertura** – opening liabilities
**pasivo de capital** – capital liabilities
**pasivo de contingencia** – contingent liability
**pasivo devengado** – accrued liability
**pasivo diferido** – deferred liabilities
**pasivo eventual** – contingent liability
**pasivo exigible** – current liabilities
**pasivo exterior** – foreign liabilities
**pasivo fijo** – fixed liabilities, capital liabilities
**pasivo financiero** – financial liabilities
**pasivo futuro** – future liability
**pasivo garantizado** – secured liability
**pasivo líquido** – liquid liabilities, current liabilities
**pasivo no exigible** – deferred liabilities
**pasivo real** – actual liabilities
**pasivo social** – partnership liabilities, corporate liabilities
**pasivo total** – total liabilities
**pasivos monetarios** – monetary liabilities, currency liabilities
**paso** *m* – step, passage, access
**paso a nivel** – grade crossing
**paso judicial** – legal step
**paso preliminar** – preliminary step
**paso subterráneo** – underground passage
**pasto** *m* – pasture, pasturing
**pastos comunes** – common pasture lands
**patentable** *adj* – patentable
**patentado** *m* – patentee
**patentado** *adj* – patented
**patentar** *v* – to patent
**patentario** *adj* – pertaining to patents
**patente** *f* – patent, license, licence, permit
**patente** *adj* – patent
**patente abandonada** – abandoned patent
**patente acordada** – patent granted
**patente básica** – basic patent
**patente concedida** – patent granted
**patente conjunta** – joint patent
**patente de diseño** – design patent
**patente de ejercicio profesional** – professional license
**patente de invención** – patent, letters patent
**patente de mejora** – patent on an improvement
**patente de navegación** – ship's papers
**patente de salud** – bill of health
**patente de sanidad** – bill of health
**patente de vehículo** – vehicle license
**patente en tramitación** – patent pending
**patente expirada** – expired patent
**patente extranjera** – foreign patent
**patente industrial** – professional license
**patente internacional** – international patent
**patente nacional** – national patent
**patente original** – basic patent
**patente pendiente** – patent pending
**patente pionera** – pioneer patent
**patente precaucional** – provisional patent
**patente primitiva** – basic patent
**patente solicitada** – patent pending
**patentemente** *adv* – patently
**patentes y marcas** – patents and trademarks
**patentizar** *v* – to patent
**paternal** *adj* – paternal
**paterno** *adj* – paternal
**patíbulo** *m* – gallows
**patota** *f* – gang
**patria** *f* – native land, country
**patria potestad** – parental authority
**patria potestas** – parental authority, patria potestas
**patrimonial** *adj* – patrimonial
**patrimonio** *m* – patrimony, estate, inheritance, wealth, net assets, net worth
**patrimonio bruto** – gross estate, gross assets
**patrimonio cultural** – cultural heritage
**patrimonio de la explotación** – working capital
**patrimonio del difunto** – decedent's estate
**patrimonio del estado** – national wealth, state wealth
**patrimonio económico** – net worth
**patrimonio empresarial** – corporate assets, enterprise assets
**patrimonio familiar** – family estate, family assets

**patrimonio fideicomisario** – trust estate
**patrimonio líquido** – net assets
**patrimonio nacional** – national wealth
**patrimonio neto** – net assets, net worth, equity
**patrimonio personal** – personal wealth, personal assets
**patrimonio privado** – private property
**patrimonio público** – public property
**patrimonio social** – corporate assets
**patriotismo** *m* – patriotism
**patriota** *m/f* – patriot
**patrocinador** *m* – sponsor, backer
**patrocinador corporativo** – corporate sponsor, corporate backer
**patrocinar** *v* – to sponsor, to back
**patrocinio** *m* – sponsorship, backing
**patrocinio corporativo** – corporate sponsorship, corporate backing
**patrón** *m* – patron, pattern, employer, boss, lessor, standard
**patrón de buque** – captain
**patrón de la carrera** – career pattern
**patrón económico** – economic pattern
**patrón laboral** – labor standard, labour standard
**patrón monetario** – monetary standard, currency standard
**patrón paralelo** – parallel standard
**patronal** *adj* – pertaining to employers
**patronato** *m* – trusteeship, trust, employers' association, association
**patronazgo** *m* – trusteeship, trust, employers' association, association
**patrono** *m* – patron, employer, lessor
**patrono anterior** – former employer
**patrulla** *f* – squad, police squad, squad car, gang
**patrullar** *v* – to patrol
**patrullero** *adj* – patrolling
**pauperismo** *m* – pauperism
**pauta** *f* – rule, guideline
**pautar** *v* – to rule, to give guiding principles for
**pautas aceptadas** – accepted guidelines
**pautas ambientales** – environmental guidelines
**pautas comerciales** – business guidelines, commercial guidelines
**pautas contables** – accounting guidelines
**pautas corporativas** – corporate guidelines
**pautas corrientes** – current guidelines
**pautas de aceptación** – acceptance guidelines
**pautas de auditoría** – auditing guidelines
**pautas de calidad** – quality guidelines
**pautas de calidad ambiental** – environmental quality guidelines
**pautas de comercio** – commerce guidelines
**pautas de comercio electrónico** – e-commerce guidelines, e-business guidelines
**pautas de contabilidad** – accounting guidelines
**pautas de costes** – cost guidelines
**pautas de costos** – cost guidelines
**pautas de cumplimiento** – performance guidelines, compliance guidelines, fulfillment guidelines
**pautas de ética profesional** – canons of professional ethics
**pautas de fabricación** – manufacturing guidelines
**pautas de industria** – industry guidelines
**pautas de la compañía** – company regulations
**pautas de negocios** – business guidelines
**pautas de producción** – production guidelines
**pautas de publicidad** – advertising guidelines
**pautas de rendimiento** – performance guidelines
**pautas de seguridad** – security guidelines, safety guidelines
**pautas de trabajo** – labor guidelines, labour guidelines
**pautas deontológicas** – guidelines of professional conduct
**pautas empresariales** – business guidelines, enterprise guidelines
**pautas establecidas** – established guidelines
**pautas financieras** – financial guidelines
**pautas fundamentales** – fundamental guidelines
**pautas industriales** – industrial guidelines
**pautas internacionales** – international guidelines
**pautas medioambientales** – environmental guidelines
**pautas mercantiles** – commercial guidelines
**pautas profesionales** – professional guidelines
**pautas publicitarias** – advertising guidelines
**pautas sanitarias** – health guidelines, sanitary guidelines
**pautas vigentes** – current guidelines
**pavoroso** *adj* – frightful
**pavura** *f* – fright
**paz** *f* – peace
**paz armada** – armed peace
**paz pública** – public peace
**PBI (producto bruto interno)** – gross national product, GNP
**PBN (producto bruto nacional)** – gross national product, GNP
**PCGA (principios de contabilidad generalmente aceptados)** – Generally Accepted Accounting Principles, GAAP
**PDB (producto doméstico bruto)** – gross domestic product, GDP
**peaje** *m* – toll
**peatón** *m* – pedestrian
**pecorea** *f* – marauding
**pecorear** *v* – to maraud
**peculado** *m* – peculation, embezzlement, graft
**peculiar** *adj* – peculiar
**peculiaridad** *f* – peculiarity
**peculiarismo** *m* – peculiarity
**peculio** *m* – private money, private property, peculium
**pecuniariamente** *adv* – pecuniarily
**pecuniario** *adj* – pecuniary
**pechar** *v* – to pay a tax, to assume a responsibility, to put up with
**pecho** *m* – tax, spirit
**pederasta** *m* – pederast
**pederastía** *f* – pederasty
**pedido** *m* – order, purchase, petition
**pedido a crédito** – credit order
**pedido a granel** – bulk order
**pedido abierto** – open order
**pedido al contado** – cash order
**pedido condicional** – conditional order, contingent order
**pedido de anulación** – petition for annulment

**pedido de cambio** – change order
**pedido de compra** – purchase order, buy order
**pedido de entrega** – delivery order
**pedido de estafeta** – money order
**pedido de fabricación** – manufacturing order
**pedido de manufactura** – manufacturing order
**pedido de pago** – payment order
**pedido de prueba** – trial order
**pedido de trabajo** – work order, job order
**pedido de transferencia** – transfer order
**pedido del día** – agenda
**pedido designado** – designated order
**pedido discrecional** – discretionary order
**pedido en espera** – back order
**pedido en firme** – firm order
**pedido en línea** – online order
**pedido especial** – special order
**pedido firme** – firm order
**pedido futuro** – future order
**pedido incondicional** – unconditional order
**pedido online** – online order, Internet order
**pedido oral** – oral order
**pedido original** – original order
**pedido por correo** – mail order
**pedido por correspondencia** – mail order
**pedido por escrito** – order in writing
**pedido por fax** – fax order
**pedido por Internet** – Internet order, online order
**pedido por teléfono** – telephone order
**pedido regular** – regular order
**pedido telefónico** – telephone order
**pedido urgente** – urgent order, rush order
**pedimento** *m* – petition, request, motion, bill, claim
**pedimento, a** – on request
**pedimento de aduanas** – customs declaration
**pedimento de avocación** – bill of certiorari
**pedimento de importación** – customs declaration
**pedir** *v* – to ask, to request, to order, to demand
**pedir licitaciones** – to call for bids
**pedir prestado** – to borrow
**pedir propuestas** – to call for bids, to call for tenders
**pegar** *v* – to strike, to stick, to fasten, to pass on, to fire
**pegar un tiro** – to fire a shot
**pegujal** *m* – peculium
**pelea** *f* – fight
**pelear** *v* – to fight
**pelearse** *v* – to fight
**peligrar** *v* – to be in danger
**peligro** *m* – danger, hazard
**peligro aparente** – apparent danger
**peligro asegurado** – insured peril
**peligro atrayente** – attractive nuisance
**peligro catastrófico** – catastrophic hazard
**peligro común** – common peril
**peligro de catástrofe** – catastrophe hazard
**peligro de explosión** – explosion hazard
**peligro de incendio** – fire hazard
**peligro de muerte** – mortal danger
**peligro evidente** – evident danger
**peligro excluido** – excluded peril
**peligro explícito** – explicit danger
**peligro extraordinario** – extraordinary danger
**peligro grave** – serious danger
**peligro inminente** – imminent danger
**peligro intencional** – intentionally provoked danger
**peligro latente** – latent danger
**peligro manifiesto** – manifest danger
**peligro no asegurado** – uninsured peril
**peligro oculto** – hidden danger
**peligro para la salud** – health hazard, health risk
**peligro personal** – personal danger
**peligro previsible** – foreseeable danger
**peligros de la navegación** – dangers of navigation
**peligros del mar** – dangers of the sea
**peligros habituales** – habitual dangers
**peligros inusuales** – unusual dangers
**peligros mixtos** – mixed perils
**peligros normales** – normal dangers
**peligros usuales** – usual dangers
**peligrosamente** *adv* – dangerously
**peligrosidad** *f* – dangerousness
**peligroso** *adj* – dangerous
**pelotón de fusilamiento** – firing squad
**pena** *f* – penalty, punishment, pain, grief
**pena accesoria** – cumulative punishment
**pena administrativa** – administrative punishment
**pena aflictiva** – afflictive punishment
**pena alternativa** – alternative punishment
**pena arbitraria** – arbitrary punishment
**pena capital** – capital punishment
**pena civil** – civil penalty
**pena complementaria** – additional punishment
**pena común** – ordinary punishment
**pena conjunta** – cumulative punishment
**pena contractual** – contractual penalty
**pena convencional** – contractual penalty
**pena corporal** – corporal punishment
**pena correccional** – jail, corrective punishment
**pena criminal** – criminal punishment
**pena cruel** – cruel punishment
**pena de la vida** – capital punishment
**pena de multa** – fine
**pena de muerte** – capital punishment
**pena disciplinaria** – disciplinary punishment
**pena exorbitante** – exorbitant punishment
**pena indeterminada** – indeterminate penalty
**pena infamante** – infamous punishment
**pena leve** – slight punishment
**pena máxima** – maximum penalty
**pena mínima** – minimum penalty
**pena pecuniaria** – fine
**pena principal** – main punishment
**pena privativa de libertad** – punishment which restricts freedom
**pena restrictiva de libertad** – punishment which restricts freedom
**penable** *adj* – punishable
**penado** *m* – convict, prisoner
**penado** *adj* – grieved, arduous
**penal** *m* – prison
**penal** *adj* – penal
**penalidad** *f* – penalty, suffering
**penalidad civil** – civil penalty, civil sanction
**penalidad contributiva** – tax penalty
**penalidad estatutaria** – statutory penalty
**penalidad impositiva** – tax penalty
**penalidad pecuniaria** – pecuniary penalty

**penalidad por pago anticipado** – prepayment penalty
**penalidad por pago tardío** – late payment penalty
**penalidad por prepago** – prepayment penalty
**penalidad por presentación tardía** – late filing penalty
**penalidad por retiro** – withdrawal penalty
**penalidad por retiro temprano** – penalty for early withdrawal
**penalidad tributaria** – tax penalty
**penalista** *m/f* – criminal attorney
**penalizable** *adj* – penalizable
**penalizador** *adj* – penalizing
**penalización** *f* – penalty
**penalización civil** – civil penalty, civil sanction
**penalización contributiva** – tax penalty
**penalización estatutaria** – statutory penalty
**penalización impositiva** – tax penalty
**penalización pecuniaria** – pecuniary penalty
**penalización por pago anticipado** – prepayment penalty
**penalización por pago tardío** – late payment penalty
**penalización por prepago** – prepayment penalty
**penalización por presentación tardía** – late filing penalty
**penalización por retiro** – withdrawal penalty
**penalización por retiro temprano** – penalty for early withdrawal
**penalización tributaria** – tax penalty
**penalizar** *v* – to penalize, to punish
**penar** *v* – to penalize, to punish, to suffer
**pendencia** *f* – quarrel, pending suit
**pendenciar** *v* – to quarrel
**pendenciero** *m* – troublemaker
**pendenciero** *adj* – quarrelsome
**pendente lite** – pending the litigation, during the litigation, pendente lite
**pendiente** *adj* – pending, outstanding
**pendiente de amortizar** – unamortized, undepreciated
**pendiente de aprobación** – not yet approved
**pendiente de cobro** – uncollected, outstanding
**pendiente de pago** – unpaid, outstanding
**penetración** *f* – penetration
**penitenciaría** *f* – penitentiary
**penitenciario** *adj* – penitentiary
**penología** *f* – penology
**pensado** *adj* – premeditated
**pensamiento creativo** – creative thinking
**pensamiento criminal** – criminal intent
**pensar antes de actuar** – think before acting
**pensión** *f* – pension, annuity, support, board
**pensión a la vejez** – old-age pension
**pensión acumulada** – accumulated annuity
**pensión alimentaria** – alimony, support
**pensión alimenticia** – alimony, support
**pensión anticipada** – anticipated annuity
**pensión aplazada** – deferred pension, deferred annuity
**pensión cierta** – annuity certain
**pensión colectiva** – group pension, group annuity
**pensión compensatoria** – alimony, support
**pensión condicional** – conditional annuity
**pensión conjunta** – joint annuity
**pensión contingente** – contingent annuity
**pensión de alimentos** – alimony, maintenance
**pensión de arrendamiento** – rent
**pensión de discapacidad** – disability pension, disability annuity
**pensión de grupo** – group pension, group annuity
**pensión de invalidez** – disability benefits, disability pension
**pensión de jubilación** – pension, retirement annuity, old-age pension
**pensión de retiro** – pension, retirement annuity
**pensión de supervivencia** – survivorship annuity
**pensión de vejez** – old-age pension
**pensión del estado** – government pension, state pension
**pensión del gobierno** – government pension
**pensión diferida** – deferred pension, deferred annuity
**pensión fija** – fixed annuity
**pensión grupal** – group pension, group annuity
**pensión incondicional** – annuity certain, unconditional annuity
**pensión inmediata** – immediate annuity
**pensión normal** – normal pension, normal annuity
**pensión ordinaria** – ordinary pension, ordinary annuity
**pensión para hijos menores** – child support
**pensión perpetua** – permanent pension, perpetual annuity
**pensión por desempleo** – unemployment pension
**pensión por discapacidad** – disability pension
**pensión por incapacidad** – disability pension
**pensión por invalidez** – disability pension
**pensión pura** – pure annuity
**pensión regular** – regular pension, regular annuity
**pensión temporal** – temporary annuity
**pensión típica** – typical pension, typical annuity
**pensión tras divorcio** – alimony
**pensión variable** – variable pension, variable annuity
**pensión vitalicia** – life pension, life annuity, annuity
**pensiones de empleados** – employees' pension
**pensionado** *m* – pensioner, annuitant, boarder
**pensionado** *adj* – pensioned
**pensionado contingente** – contingent annuitant
**pensionar** *v* – to pension
**pensionario** *m* – payer of a pension, attorney
**pensionista** *m/f* – pensioner, annuitant, boarder
**peño** *m* – foundling
**peón** *m* – hired hand, laborer, unskilled laborer, labourer, unskilled labourer
**peonada** *f* – day's work of a laborer
**pequeña empresa** – small business
**pequeñas y medianas empresas** – small and medium size enterprises
**pequeño agricultor** – small farmer
**pequeño inversionista** – small investor
**pequeño inversor** – small investor
**pequeño jurado** – ordinary jury, petit jury
**per annum** – per year, per annum
**per cápita** – per capita, by the head
**per curiam** – by the court, per curiam
**per diem** – per day, per diem
**per quod** – whereby, per quod
**per se** – in itself, per se
**percance** *m* – mishap
**percance corporal** – mishap resulting in a personal injury

**percance de circulación** – traffic mishap
**percance de empleo** – occupational mishap
**percance de trabajo** – occupational mishap
**percance de tráfico** – traffic mishap
**percance de tránsito** – traffic mishap
**percance en el empleo** – on-the-job mishap
**percance en el trabajo** – on-the-job mishap
**percance inculpable** – non-negligent mishap
**percance industrial** – industrial mishap
**percance inevitable** – unavoidable mishap
**percance laboral** – occupational mishap
**percance mortal** – fatal mishap
**percance no de trabajo** – non-occupational mishap
**percance no laboral** – non-occupational mishap
**percance ocupacional** – occupational mishap
**percance operativo** – industrial mishap
**percance profesional** – occupational mishap
**percance relacionado al empleo** – job-related mishap
**percance relacionado al trabajo** – job-related mishap
**percatarse** *v* – to notice
**percepción** *f* – perception, collection
**percepción de alquiler** – collection of rent
**percepción de contribuciones** – collection of taxes
**percepción de derechos** – collection of duties
**percepción de derechos aduaneros** – collection of customs duties
**percepción de deudas** – collection of debts
**percepción de impuestos** – collection of taxes
**percepción de intereses** – collection of interest
**percepción de lo indebido** – unjust enrichment
**percepción de primas** – collection of premiums
**percepción del salario** – receipt of salary
**perceptible** *adj* – perceptible, collectible
**perceptor** *m* – perceiver, collector
**percibir** *v* – to perceive, to collect
**percibo** *m* – collecting
**percusor** *m* – striker
**percutir** *v* – to strike
**perdedor** *m* – loser
**perder** *v* – to lose, to spoil
**perder el empleo** – to lose one's job
**perder el juicio** – to lose one's reason
**perder la vida** – to lose one's life
**perderse** *v* – to lose, to get lost, to be spoiled
**pérdida** *f* – loss, waste, damage
**pérdida a corto plazo** – short-term loss
**pérdida a largo plazo** – long-term loss
**pérdida abstracta** – abstract loss
**pérdida accidental** – accidental loss
**pérdida acostumbrada** – customary loss
**pérdida actual** – present loss
**pérdida actuarial** – actuarial loss
**pérdida averiguable** – ascertainable loss
**pérdida consecuente** – consequential loss
**pérdida consiguiente** – consequential loss
**pérdida constructiva** – constructive loss
**pérdida contable** – book loss
**pérdida de aeronave** – loss of an aircraft
**pérdida de afecto** – loss of affection
**pérdida de beneficios** – loss of benefits, loss of profits
**pérdida de buque** – loss of a vessel
**pérdida de capital** – capital loss
**pérdida de capital a corto plazo** – short-term capital loss
**pérdida de capital a largo plazo** – long-term capital loss
**pérdida de clientela** – loss of clientele
**pérdida de credibilidad** – loss of credibility
**pérdida de dinero** – loss of money, waste of money
**pérdida de empleo** – loss of employment
**pérdida de explotación** – operating loss
**pérdida de ganancias** – loss of profits
**pérdida de identidad** – loss of identity
**pérdida de ingresos** – loss of income
**pérdida de la nacionalidad** – loss of nationality
**pérdida de la posesión** – loss of possession
**pérdida de negocio** – business loss
**pérdida de operaciones** – operating loss
**pérdida de paga** – loss of pay
**pérdida de remuneración** – loss of pay, loss of remuneration
**pérdida de respeto** – loss of respect
**pérdida de salario** – loss of salary, loss of pay
**pérdida de tiempo** – waste of time
**pérdida de utilidad** – loss of utility
**pérdida definitiva** – definite loss
**pérdida directa** – direct loss
**pérdida económica** – economic loss
**pérdida efectiva** – actual loss, effective loss
**pérdida en libros** – book loss
**pérdida entera** – entire loss
**pérdida entera real** – entire actual loss
**pérdida esperada** – expected loss
**pérdida extraordinaria** – extraordinary loss
**pérdida fiscal** – tax loss, fiscal loss
**pérdida fortuita** – fortuitous loss
**pérdida habitual** – habitual loss
**pérdida implícita** – constructive loss
**pérdida indirecta** – indirect loss
**pérdida inicial** – initial loss
**pérdida inusual** – unusual loss
**pérdida máxima** – maximum loss
**pérdida mínima** – minimum loss
**pérdida monetaria** – monetary loss
**pérdida neta** – net loss, bottom line
**pérdida normal** – normal loss
**pérdida operativa neta** – net operating loss
**pérdida ordinaria** – ordinary loss
**pérdida parcial** – partial loss, particular average
**pérdida pasiva** – passive loss
**pérdida pecuniaria** – pecuniary loss
**pérdida personal** – personal loss
**pérdida por accidente** – casualty loss
**pérdida por catástrofe** – catastrophe loss
**pérdida por desastre** – disaster loss
**pérdida por siniestro** – casualty loss
**pérdida real** – actual loss
**pérdida regular** – regular loss
**pérdida según libros** – book loss
**pérdida típica** – typical loss
**pérdida total** – total loss, dead loss
**pérdida total absoluta** – absolute total loss
**pérdida total constructiva** – constructive total loss
**pérdida total efectiva** – actual total loss
**pérdida total implícita** – constructive total loss
**pérdida usual** – usual loss
**pérdidas actuariales** – actuarial losses

**pérdidas asignadas** – allocated losses
**pérdidas comerciales** – business losses, commercial losses
**pérdidas corporativas** – corporate losses
**pérdidas cubiertas** – covered losses
**pérdidas de comercio** – commerce losses, business losses
**pérdidas de crédito** – credit losses
**pérdidas de explotación** – operating losses
**pérdidas de la víctima** – victim's losses
**pérdidas de negocios** – business losses
**pérdidas deducibles** – deductible losses
**pérdidas e intereses** – damages plus interest
**pérdidas empresariales** – business losses
**pérdidas financieras** – financial loss
**pérdidas incurridas** – incurred losses
**pérdidas mercantiles** – commercial losses
**pérdidas naturales** – natural losses
**pérdidas no realizadas** – unrealized losses
**pérdidas ocultas** – hidden losses
**pérdidas operativas** – operating losses
**pérdidas pagadas** – losses paid
**pérdidas pendientes de pagar** – losses outstanding
**pérdidas permisibles** – permissible losses, allowable losses
**pérdidas por deudas incobrables** – bad debt losses
**pérdidas y ganancias** – profit and loss
**perdido** *adj* – lost, wasted, stray
**perdido durante el tránsito** – lost in transit
**perdido o no perdido** – lost or not lost
**perdón** *m* – pardon, amnesty, remission
**perdón condicional** – conditional pardon
**perdón de la deuda** – forgiveness of the debt
**perdón estatutario** – statutory pardon
**perdón incondicional** – unconditional pardon
**perdón judicial** – judicial pardon
**perdonable** *adj* – pardonable
**perdonador** *m* – pardoner
**perdonador** *adj* – pardoning
**perdonante** *adj* – pardoning
**perdonar** *v* – to pardon, to forgive, to grant amnesty, to exempt
**perdonar una deuda** – to forgive a debt
**perdulario** *adj* – sloppy, debauched
**perdurable** *adj* – perdurable, lasting
**perdurar** *v* – to perdure, to last
**perecedero** *adj* – perishable, needy
**perecer** *v* – to perish, to end
**perecimiento** *m* – perishing, end
**perención** *f* – prescription
**perención de la instancia** – lapsing of the legal action
**perenne** *adj* – perennial
**perennidad** *f* – perpetuity
**perentoriamente** *adv* – peremptorily
**perentoriedad** *f* – peremptoriness
**perentorio** *adj* – peremptory
**perfección** *adj* – perfection, completion
**perfección del contrato** – perfection of contract
**perfeccionado** *adj* – perfected, completed
**perfeccionar** *v* – to perfect, to complete
**perfecto** *adj* – perfect, complete
**perfidia** *f* – perfidy
**perfil** *m* – profile
**perfil de cliente** – client profile, customer profile
**perfil de la empresa** – company profile, enterprise profile
**perfil de mercado** – market profile
**perfil del consumidor** – consumer profile
**perfil del empleado** – employee profile
**perfil del producto** – product profile
**perfil del puesto** – job profile
**perfil del riesgo** – risk profile
**perfil del usuario** – user profile
**pergamino** *m* – parchment, document
**pericia** *f* – expertness, skill
**pericial** *adj* – expert
**pericialmente** *adv* – expertly
**periódicamente** *adv* – periodically
**periodicidad** *f* – periodicity
**periódico** *m* – periodical, newspaper
**periódico** *adj* – periodic
**periodificación** *f* – allocation by period
**período** *m* – period
**período acordado** – agreed-upon period
**período anterior** – previous period
**período base** – base period
**período contable** – accounting period
**período contractual** – contractual period
**período contratado** – contracted period
**período convenido** – agreed-upon period
**período de acumulación** – accumulation period
**período de alquiler** – rental period
**período de amortización** – amortization period, depreciation period
**período de auditoría** – audit period
**período de aviso** – notice period, warning period
**período de beneficios** – benefits period
**período de calificación** – qualification period
**período de cobro** – collection period
**período de compensación** – compensation period
**período de compromiso** – commitment period
**período de consolidación** – consolidation period
**período de contabilidad** – accounting period
**período de crédito** – credit period
**período de cuenta** – account period
**período de desarrollo** – development period
**período de descuento** – discount period
**período de detención** – period of detention
**período de elegibilidad** – eligibility period
**período de eliminación** – elimination period
**período de enfriamiento** – cooling time
**período de entrega** – period of delivery
**período de espera** – waiting period
**período de facturación** – billing period
**período de garantía** – guarantee period
**período de gracia** – grace period
**período de ingresos** – earnings period
**período de liquidación** – liquidation period
**período de maduración** – maturity period
**período de nómina** – payroll period
**período de notificación** – notice period, notification period
**período de opción** – option period
**período de pago** – pay period
**período de póliza** – policy period
**período de prescripción** – prescription period
**período de producción** – production period
**período de prueba** – trial period

**período de recesión** – recession period, recession
**período de redención** – redemption period
**período de reembolso** – repayment period, refund period
**período de reinversión** – reinvestment period
**período de repago** – payback period
**período de reposición** – replacement period
**período de rescate** – redemption period
**período de retorno** – return period, payback period
**período de suscripción** – subscription period
**período de tenencia** – holding period
**período de transición** – transition period
**período de vacaciones** – vacation period, vacation
**período de validación** – validation period
**período del ciclo** – cycle period
**período económico** – accounting period
**período especificado** – specified period
**período estipulado** – stipulated period
**período excluido** – excluded period
**período fijo** – fixed period
**período financiero** – financial period
**período fiscal** – fiscal period, taxation period
**período identificado** – identified period
**período impositivo** – taxation period
**período indicado** – indicated period
**período inflacionario** – inflationary period
**período medio de cobro** – average collection period, average collection time
**período negociado** – negotiated period
**período pactado** – agreed-upon period
**período pico** – peak period
**período preestablecido** – preset period
**período preliminar** – preliminary period
**período presidencial** – presidential term
**período presupuestario** – budget period
**período probatorio** – probationary period
**período punta** – peak period
**período regular** – regular period
**período variable** – variable period
**perista** *m/f* – fence
**peritación** *f* – work of an expert, expert testimony
**peritaje** *m* – work of an expert, expert testimony
**peritar** *v* – to work as an expert
**peritazgo** *m* – work of an expert, expert testimony
**perito** *m* – expert, appraiser
**perito** *adj* – expert
**perito caligráfico** – handwriting expert
**perito tasador** – expert appraiser
**perito testigo** – expert witness
**perito valuador** – expert appraiser
**perjudicado** *m* – prejudiced party, injured party, wronged party
**perjudicado** *adj* – prejudiced, injured, damaged, wronged
**perjudicar** *v* – to prejudice, to injure, to damage, to wrong
**perjudicial** *adj* – prejudicial, harmful, injurious, damaging
**perjudicialmente** *adv* – prejudicially, harmfully, injuriously, damagingly
**perjuicio** *m* – injury, damage, wrong, loss
**perjuicio corporal** – bodily injury
**perjuicio de propiedad** – property damage
**perjuicio económico** – monetary loss
**perjuicio eventual** – prospective damage
**perjuicio indirecto** – indirect damage
**perjuicio material** – physical damage
**perjuicioso** *adj* – prejudicing, injurious, damaging
**perjurador** *m* – perjurer
**perjurador** *adj* – perjurious
**perjurar** *v* – to perjure
**perjurarse** *v* – to perjure oneself
**perjurio** *m* – perjury
**perjuro** *m* – perjurer
**perjuro** *adj* – perjured
**permanecer** *v* – to remain
**permanencia** *f* – permanence, stay
**permanente** *adj* – permanent
**permanentemente** *adv* – permanently
**permisible** *adj* – permissible, allowable
**permisión** *f* – permission, permit, license, licence, leave
**permisionario** *m* – licensee, licencee
**permisivamente** *adv* – permissively
**permisivo** *adj* – permissive
**permiso** *m* – permission, permit, license, licence, leave
**permiso condicional** – conditional permit
**permiso de apertura** – opening permit
**permiso de armas** – gun license
**permiso de comercio** – commerce permit
**permiso de conducción** – driver's license, driver's licence
**permiso de conducir** – driver's license, driver's licence
**permiso de construcción** – building permit
**permiso de edificación** – building permit
**permiso de entrada** – entry permit
**permiso de exportación** – export permit
**permiso de guiar** – driver's license, driver's licence
**permiso de importación** – import permit
**permiso de negocios** – business permit
**permiso de paso** – right of way
**permiso de residencia** – residence permit
**permiso de salida** – departure permit
**permiso de trabajo** – work permit
**permiso de uso condicional** – conditional-use permit
**permiso de uso especial** – special-use permit
**permiso de venta** – sales permit
**permiso especial** – special permit
**permiso exclusivo** – exclusive permit
**permiso expirado** – expired permit
**permiso expreso** – express permission
**permiso implícito** – implied permission
**permiso incondicional** – unconditional permit
**permiso inferido** – inferred permission
**permiso irrevocable** – irrevocable permit
**permiso mercantil** – commercial permit
**permiso necesario** – necessary permit
**permiso obligado** – obligatory permit
**permiso obligatorio** – obligatory permit
**permiso para edificar** – building permit
**permiso para operar** – permit to operate
**permiso provisional** – provisional permit
**permiso requerido** – required permit
**permiso restringido** – restricted permit
**permiso tácito** – tacit permission
**permiso temporal** – temporary permit

**permitido** *adj* – permitted, allowed
**permitido por ley** – allowed by law
**permitir** *v* – to permit, to allow, to tolerate
**permuta** *f* – exchange, swap, permutation
**permutable** *adj* – permutable
**permutación** *f* – permutation
**permutar** *v* – to permute, to barter, to swap
**perniciosamente** *adv* – perniciously
**pernicioso** *adj* – pernicious
**peroración** *f* – peroration
**perorar** *v* – to perorate
**perpetración** *f* – perpetration
**perpetrador** *m* – perpetrator
**perpetrar** *v* – to perpetrate
**perpetrar un crimen** – to perpetrate a crime
**perpetrar un delito** – to perpetrate a crime
**perpetuación** *f* – perpetuation
**perpetuar** *v* – to perpetuate
**perpetuarse** *v* – to be perpetuated
**perpetuidad** *f* – perpetuity
**perpetuidad, en** – in perpetuity
**perpetuo** *adj* – perpetual
**persecución** *f* – persecution, pursuit
**persecutorio** *adj* – persecuting, pursuing
**perseguido** *adj* – pursued, persecuted
**perseguidor** *m* – pursuer, persecutor
**perseguimiento** *m* – pursuit, persecution
**perseguir** *v* – to pursue, to persecute
**perseverancia** *f* – perseverance
**perseverar** *v* – to persevere
**persistencia** *f* – persistence
**persistente** *adj* – persistent
**persistir** *v* – to persist
**persona a cargo** – person in charge, dependent
**persona abstracta** – artificial person
**persona afiliada** – affiliated person
**persona agraviada** – aggrieved person
**persona artificial** – artificial person
**persona asociada** – associated person
**persona ausente** – missing person
**persona autorizada** – authorized person
**persona calificada** – qualified person
**persona capaz** – competent person
**persona clave** – key person
**persona corporal** – natural person
**persona cubierta** – covered person
**persona de control** – control person
**persona de existencia ideal** – artificial person
**persona de existencia real** – natural person
**persona de negocios** – businessperson
**persona dependiente** – dependent person
**persona desaparecida** – missing person
**persona designada** – designated person
**persona ficticia** – fictitious person, artificial person
**persona física** – natural person
**persona hostil** – hostile person
**persona incapacitada** – incapacitated person
**persona incapaz** – incompetent person
**persona incompetente** – incompetent person
**persona incorporal** – artificial person
**persona individual** – natural person
**persona inexistente** – nonexistent person
**persona inhábil** – incompetent person
**persona interesada** – interested person
**persona interpuesta** – intermediary
**persona irrazonable** – unreasonable person
**persona jurídica** – artificial person
**persona legal** – artificial person
**persona moral** – artificial person
**persona natural** – natural person
**persona no física** – artificial person
**persona non grata** – a person not wanted
**persona ordinaria** – ordinary person
**persona privada** – private person
**persona prudente** – prudent person
**persona pública** – public entity
**persona razonable** – reasonable person
**persona responsable** – accountable person
**personal** *m* – personnel, staff
**personal** *adj* – personal, private
**personal a corto plazo** – short-term personnel
**personal a largo plazo** – long-term personnel
**personal a sueldo** – salaried personnel
**personal a tiempo completo** – full-time personnel
**personal a tiempo parcial** – part-time personnel
**personal activo** – active personnel
**personal administrativo** – administrative personnel, administrative staff
**personal agrícola** – farm personnel
**personal asalariado** – salaried personnel
**personal bancario** – bank personnel
**personal calificado** – qualified personnel, skilled personnel
**personal clave** – key personnel
**personal consular** – consular personnel
**personal contratado** – contracted personnel
**personal cualificado** – qualified personnel, skilled personnel
**personal de administración** – administration personnel, administration staff
**personal de alta dirección** – top management
**personal de auditoría** – audit staff
**personal de banco** – bank personnel
**personal de campo** – field staff
**personal de contabilidad** – accounting personnel
**personal de mostrador** – counter personnel
**personal de oficina** – office personnel, office staff
**personal de producción** – production personnel
**personal de temporada** – seasonal personnel
**personal del estado** – government personnel, state personnel
**personal del gobierno** – government personnel
**personal directivo** – management, management staff
**personal discapacitado** – disabled personnel
**personal diurno** – day personnel
**personal ejecutivo** – executive staff
**personal especializado** – specialized personnel
**personal estacional** – seasonal personnel
**personal eventual** – temporary personnel, temporary staff
**personal exento** – exempt personnel
**personal extranjero** – foreign personnel
**personal fijo** – permanent personnel
**personal incapacitado** – disabled personnel
**personal industrial** – industrial personnel
**personal itinerante** – itinerant personnel
**personal jerárquico** – senior staff, senior personnel
**personal migratorio** – migrant personnel

**personal nocturno** – night personnel
**personal obrero** – workforce
**personal operativo** – operating personnel, operating staff
**personal permanente** – permanent personnel, permanent staff
**personal por cuenta ajena** – employed personnel
**personal por cuenta propia** – self-employed personnel
**personal por horas** – hourly personnel
**personal por turnos** – shift personnel
**personal probatorio** – probationary personnel
**personal profesional** – professional personnel, professional staff
**personal público** – public personnel
**personal sindicalizado** – unionized personnel
**personal superior** – senior personnel, senior staff
**personal temporal** – temporary personnel, temporary staff
**personal temporario** – temporary personnel, temporary staff
**personal temporero** – temporary personnel, temporary staff
**personalidad** *f* – personality, capacity
**personalidad procesal** – legal capacity to sue
**personalizado** *adj* – personalized
**personalmente** *adv* – personally
**personalmente responsable** – personally responsible
**personarse** *v* – to appear, to appear in court
**personería** *f* – representation, personality, capacity
**personería gremial** – recognition of a union by the proper authorities
**personería jurídica** – legal capacity to sue
**personero** *m* – representative
**perspectiva** *f* – perspective, outlook, prospect
**perspectiva comercial** – commercial outlook, commercial perspective, trade outlook, trade perspective
**perspectiva económica** – economic outlook, economic perspective
**perspectiva financiera** – financial outlook, financial perspective
**perspectivas de empleo** – job prospects, job outlook
**perspectivas de trabajo** – job prospects, job outlook
**persuadir** *v* – to persuade
**persuasión** *f* – persuasion
**persuasión moral** – moral persuasion
**persuasivo** *adj* – persuasive
**pertenencia** *f* – property, ownership, mining claim, accessory, membership, belonging
**pertinencia** *f* – pertinence, relevancy
**pertinente** *adj* – pertinent, relevant, admissible
**perturbación** *f* – disturbance, perturbance, perturbation, mental illness
**perturbación la paz** – breach of the peace, disturbance of the peace
**perturbación de mercado** – market disruption
**perturbación del orden** – breach of the peace, disturbance of the peace
**perturbación del orden público** – breach of the peace, disturbance of the peace
**perturbación mental** – mental illness
**perturbador** *m* – perturber
**perturbador** *adj* – perturbing
**perturbar** *v* – to disturb, to perturb, to breach the peace
**perversidad** *f* – perversity
**perversión** *f* – perversion
**perverso** *adj* – perverse
**pervertidor** *m* – perverter
**pervertir** *adj* – to pervert, to breach public order
**pesadumbre** *f* – grief, trouble, injury, harm
**pesas y medidas** – weights and measures
**pesca** *f* – fishing, fishing industry
**peso** *m* – weight, influence
**peso bruto** – gross weight
**peso de la prueba** – burden of proof
**peso estimado** – estimated weight
**peso máximo** – maximum weight
**peso neto** – net weight
**peso real** – real weight, actual weight
**pesquisa** *f* – inquiry
**pesquisa** *m* – detective
**pesquisar** *v* – to inquire into, to inquire
**pesquisidor** *m* – inquirer
**pesquisidor** *adj* – inquiring
**peste** *f* – plague, epidemic, corruption, stench
**pestilencia** *f* – pestilence
**pestilente** *adj* – pestilent
**petición** *f* – petition, claim, complaint
**petición de adopción** – adoption petition
**petición de autorización** – authorization request
**petición de cuenta** – account inquiry
**petición de herencia** – petition to be declared an heir, petition for probate
**petición de patente** – patent application
**petición de propuestas** – call for bids, call for tenders
**petición de quiebra** – bankruptcy petition
**peticionante** *m/f* – petitioner
**peticionario** *m* – petitioner
**petitorio** *adj* – petitionary
**petrodólares** *m* – petrodollars
**petróleo crudo** – crude oil
**petrolero** *m* – oil tanker
**pez gordo** – fat cat, big fish
**phishing** *m* – phishing
**PIB (producto interno bruto, producto interior bruto)** – gross domestic product, GDP
**picapleitos** *m* – pettifogger, ambulance chaser, barrator, troublemaker
**picardía** *f* – mischievousness, knavery, ruse
**pie** *m* – foot, basis, cause, partial payment
**pie de la fábrica, al** – at the place manufactured
**pie de la letra, al** – to the letter, literally, verbatim
**pie de la obra, al** – at the work site
**pie de escrito** – bottom of a document
**piedad** *f* – mercy, pity
**pieza** *f* – piece, part, room, period, plot
**pieza de autos** – record of a court case
**pieza de convicción** – material evidence
**pieza de prueba** – piece of evidence
**pieza separada** – separate part of a case, separate part
**pignoración** *f* – pignoration, pawning
**pignoración inmobiliaria** – antichresis
**pignoración mobiliaria** – pledge
**pignorar** *v* – to pignorate, to hypothecate, to pledge
**pignoraticio** *adj* – pignorative, secured
**pigre** *adj* – lazy, negligent

**pigricia** *f* – laziness, negligence
**píldora venenosa** – poison pill
**pilotaje** *m* – piloting, pilotage
**pilotar** *v* – to pilot
**pilotear** *v* – to pilot
**piloto** *m* – pilot, driver, navigator
**piloto de aeronave** – airline pilot
**piloto de puerto** – harbor pilot
**pillaje** *m* – theft, pillaging
**pillar** *v* – to pillage, to steal
**pillo** *m* – thief, rouge
**piquete** *m* – picket
**piquete de huelga** – picket
**piquete ilegal** – illegal picketing
**piquete ilícito** – illicit picketing
**piquete impropio** – improper picketing
**piquete inapropiado** – inappropriate picketing
**piramidación** *f* – pyramiding
**pirámide** *f* – pyramid
**pirámide financiera** – financial pyramid
**pirata** *m* – pirate, brute
**pirateado** *adj* – pirated
**piratear** *v* – to pirate
**piratería** *f* – piracy, robbery
**piratería aérea** – hijacking
**piratería laboral** – labor piracy, labour piracy
**piratería lesiva del derecho de autor** – copyright piracy
**piromanía** *f* – pyromania
**pirómano** *m* – pyromaniac
**piscicultura** *f* – fish farming
**piscifactoría** *f* – fish farm
**piso** *m* – floor, apartment, flat
**pista** *f* – trail, track, clue, runway
**pista de aterrizaje** – runway
**pistola** *f* – pistol
**pistolera** *f* – holster
**pistoletazo** *m* – pistol shot
**pizarra blanca** – whiteboard
**placa** *f* – badge, license plate, licence plate, number plate
**placa de automóvil** – license plate, licence plate, number plate
**plagiar** *v* – to plagiarize
**plagiario** *m* – plagiarist
**plagio** *m* – plagiarism
**plan** *m* – plan, project, diagram
**plan autoadministrado** – self-administered plan
**plan calificado** – qualified plan
**plan comercial** – business plan, commercial plan
**plan concertado** – concerted plan
**plan contable** – accounting plan
**plan contractual** – contractual plan
**plan corporativo** – corporate plan
**plan de acumulación** – accumulation plan
**plan de ahorros** – savings plan
**plan de ahorros de empleados** – employee savings plan
**plan de amortización** – amortization schedule, repayment schedule
**plan de auditoría** – audit plan
**plan de beneficios** – benefit plan
**plan de beneficios flexible** – flexible-benefit plan
**plan de beneficios variables** – variable-benefit plan
**plan de bonificaciones** – bonus plan, bonus scheme
**plan de capacitación** – training plan
**plan de comercio** – commerce plan
**plan de compensación diferida** – deferred compensation plan
**plan de compra de acciones** – stock purchase plan
**plan de contabilidad** – accounting plan
**plan de contingencia** – contingency plan
**plan de continuación salarial** – salary continuation plan
**plan de contribuciones** – contribution plan
**plan de contribuciones definidas** – defined-contribution plan
**plan de contribuciones diferidas** – deferred contribution plan
**plan de depósitos automático** – automatic deposit plan
**plan de desarrollo** – development plan
**plan de descuentos de prima** – premium discount plan
**plan de entrenamiento** – training plan
**plan de estabilización** – stabilization plan
**plan de financiación** – financing plan
**plan de financiamiento** – financing plan
**plan de formación** – training plan
**plan de habilitación** – training plan
**plan de hospitalización** – hospitalization plan
**plan de incentivos** – incentive plan
**plan de incentivos grupal** – group incentive plan
**plan de inversiones** – investment plan
**plan de jubilación** – retirement plan
**plan de marketing** – marketing plan
**plan de mercadeo** – marketing plan
**plan de mercado** – market plan
**plan de negocios** – business plan
**plan de pagos** – payment plan
**plan de pagos parejos** – level-payment plan
**plan de pagos periódicos** – periodic payment plan
**plan de pagos variables** – variable-payment plan
**plan de participación en las ganancias** – profit-sharing plan
**plan de pensiones** – pension plan
**plan de pensiones asociado** – associated pension plan
**plan de pensiones calificado** – qualified pension plan
**plan de pensiones de aportación definida** – defined-contribution pension plan
**plan de pensiones de beneficios definidos** – defined-benefit pension plan
**plan de pensiones de contribución definida** – defined-contribution pension plan
**plan de pensiones de empleo** – employee pension plan
**plan de pensiones de prestación definida** – defined-benefit pension plan
**plan de pensiones individual** – individual pension plan
**plan de pensiones no calificado** – nonqualified pension plan
**plan de pensiones para empleados** – employee pension plan
**plan de pensiones privado** – private pension plan
**plan de publicidad** – advertising plan
**plan de reajuste** – readjustment plan

**plan de reaseguro** – reinsurance plan
**plan de recompra de acciones** – share repurchase plan
**plan de redención de acciones** – stock-redemption plan
**plan de reducción salarial** – salary reduction plan
**plan de reinversión de dividendos** – dividend reinvestment plan
**plan de retiro** – retirement plan
**plan de retiro de negocio propio** – self-employment retirement plan
**plan de retiro patronal** – employer retirement plan
**plan de salud** – health insurance plan
**plan de seguros** – insurance plan
**plan de servicios** – service plan
**plan del negocio** – business plan
**plan económico internacional** – international economic plan
**plan económico nacional** – national economic plan
**plan empresarial** – business plan
**plan estratégico** – strategic plan
**plan financiero** – financial plan
**Plan General Contable** – general accounting plan
**Plan General de Contabilidad** – general accounting plan
**plan maestro** – master plan
**plan médico** – health insurance plan
**plan mercantil** – commercial plan
**plan operacional** – operational plan
**plan para catástrofes** – catastrophe plan
**plan para contingencias** – contingency plan
**plan primario** – primary plan
**plan publicitario** – advertising plan
**plan salarial** – salary scheme, pay scheme
**plan social** – social plan
**plana** *f* – side, page, roster
**planes de pensión** – pension plans
**planeamiento** *m* – planning
**planificación** *f* – planning
**planificación a corto plazo** – short-range planning, short-term planning
**planificación a largo plazo** – long-range planning, long-term planning
**planificación a mediano plazo** – medium-range planning, medium-term planning
**planificación a medio plazo** – medium-range planning, medium-term planning
**planificación administrativa** – administrative planning
**planificación central** – central planning
**planificación centralizada** – centralized planning
**planificación comercial** – business planning, commercial planning
**planificación contributiva** – tax planning
**planificación corporativa** – corporate planning
**planificación de administración** – administration planning
**planificación de comercio** – commerce planning
**planificación de jubilación** – retirement planning
**planificación de la carrera** – career planning
**planificación de la compañía** – company planning
**planificación de la corporación** – corporate planning
**planificación de la empresa** – company planning, enterprise planning
**planificación de marketing** – marketing planning
**planificación de mercadeo** – marketing planning
**planificación de negocios** – business planning
**planificación de personal** – personnel planning
**planificación de producción** – production planning
**planificación de productos** – product planning
**planificación de proyecto** – project planning
**planificación de recursos humanos** – human resource planning
**planificación de retiro** – retirement planning
**planificación de sistemas** – systems planning
**planificación de tierras** – land use planning
**planificación de ventas** – sales planning
**planificación del desarrollo** – development planning
**planificación del empleo** – employment planning
**planificación del inventario** – inventory planning
**planificación del mercado** – market planning
**planificación del presupuesto** – budget planning
**planificación del trabajo** – job planning
**planificación económica** – economic planning
**planificación económica centralizada** – centralized economic planning
**planificación empresarial** – business planning, company planning, enterprise planning
**planificación estratégica** – strategic planning
**planificación estratégica corporativa** – corporate strategic planning
**planificación financiera** – financial planning
**planificación financiera personal** – personal financial planning
**planificación fiscal** – tax planning, fiscal planning
**planificación global** – global planning, comprehensive planning
**planificación impositiva** – tax planning
**planificación mercantil** – commercial planning
**planificación operacional** – operational planning
**planificación organizativa** – organizational planning
**planificación para contingencias** – contingency planning
**planificación presupuestaria** – budgetary planning
**planificación profesional** – professional planning
**planificación rural** – rural planning
**planificación tributaria** – tax planning
**planificación urbana** – urban planning
**planificación urbanística** – urban planning
**planificación y control** – planning and control
**planificado** *adj* – planned
**planificador** *m* – planner
**planificador financiero** – financial planner
**planificar** *v* – to plan
**planilla** *f* – tax return, payroll, list, ballot
**planilla conjunta** – joint tax return
**planilla consolidada** – consolidated tax return
**planilla contributiva** – tax return
**planilla contributiva falsa** – false tax return
**planilla contributiva frívola** – frivolous tax return
**planilla de contribuciones** – tax return
**planilla de contribuciones sobre ingresos** – income tax return
**planilla de contribuciones sobre la renta** – income tax return
**planilla de impuestos** – tax return
**planilla de impuestos sobre ingresos** – income tax return

**planilla de impuestos sobre la renta** – income tax return
**planilla de sueldos** – payroll
**planilla electrónica** – electronic tax return
**planilla enmendada** – amended tax return
**planilla falsa** – false tax return
**planilla frívola** – frivolous tax return
**planilla impositiva** – tax return
**planilla incompleta** – incomplete tax return
**planilla individual** – individual income tax return
**planilla morosa** – delinquent tax return, late tax return
**planilla no consolidada** – unconsolidated tax return
**planilla por computadora** – electronic tax return
**planilla por ordenador** – electronic tax return
**planilla tributaria** – tax return
**planillas trimestrales** – quarterly tax returns
**plano** *m* – plan, plane, diagram, map
**planta** *f* – plant, floor, power plant
**planta atómica** – atomic power plant, nuclear power plant
**planta de electricidad** – power plant
**planta de fabricación** – manufacturing plant
**planta de manufactura** – manufacturing plant
**planta de montaje** – assembly plant
**planta de producción** – production plant
**planta depuradora** – purification plant
**planta eléctrica** – power plant
**planta hidroeléctrica** – hydroelectric power plant
**planta industrial** – industrial plant
**planta nuclear** – nuclear power plant, atomic power plant
**planta piloto** – pilot plant
**planta procesadora** – processing plant
**plantar** *v* – to plant, to establish, to place
**plantarse** *v* – to take a stand, to arrive
**planteamiento** *m* – outlining, setting up, argument
**plantear** *v* – to set forth, to set up
**plantear dudas** – to raise doubts
**plantear excepción** – to file an exception
**plantear un caso** – to present a case
**plantear una apelación** – to file an appeal
**plantear una demanda** – to bring suit
**planteo** *m* – layout, outlining, setting up
**plantificar** *v* – to establish, to place
**plantilla** *f* – staff, personnel
**plantilla a corto plazo** – short-term staff
**plantilla a largo plazo** – long-term staff
**plantilla a sueldo** – salaried staff
**plantilla a tiempo completo** – full-time staff
**plantilla a tiempo parcial** – part-time staff
**plantilla activa** – active staff
**plantilla administrativa** – administrative staff
**plantilla asalariada** – salaried staff
**plantilla calificada** – qualified staff, skilled staff
**plantilla clave** – key staff
**plantilla contratada** – contracted staff
**plantilla cualificada** – qualified staff, skilled staff
**plantilla de administración** – administration staff
**plantilla de alta dirección** – top management
**plantilla de auditoría** – audit staff
**plantilla de banco** – bank staff
**plantilla de campo** – field staff
**plantilla de contabilidad** – accounting staff
**plantilla de dirección** – management staff, management
**plantilla de oficina** – office staff
**plantilla de personal** – staff, employees
**plantilla de producción** – production staff
**plantilla de temporada** – seasonal staff
**plantilla del estado** – government staff, state staff
**plantilla del gobierno** – government staff
**plantilla directiva** – management staff, management
**plantilla discapacitada** – disabled staff
**plantilla ejecutiva** – executive staff
**plantilla especializada** – specialized staff
**plantilla eventual** – temporary staff
**plantilla exenta** – exempt staff
**plantilla extranjera** – foreign staff
**plantilla fija** – permanent staff
**plantilla incapacitada** – disabled staff
**plantilla industrial** – industrial staff
**plantilla itinerante** – itinerant staff
**plantilla migratoria** – migrant staff
**plantilla obrera** – workforce
**plantilla operativa** – operating staff
**plantilla permanente** – permanent staff
**plantilla profesional** – professional staff
**plantilla sindicalizada** – unionized staff
**plantilla temporal** – temporary staff
**plantilla temporaria** – temporary staff
**plantilla temporera** – temporary staff
**plata** *f* – silver, money
**plataforma** *f* – platform
**plataforma de ventas** – sales platform
**plataforma electoral** – political platform
**playa de estacionamiento** – parking lot
**plaza** *f* – plaza, market, stronghold, place, post, vacancy
**plaza comercial** – marketplace, shopping center, shopping centre
**plazo** *m* – period, term, installment, deadline
**plazo acordado** – agreed-upon period
**plazo anterior** – previous period
**plazo anual** – yearly payment, yearly installment
**plazo base** – base period
**plazo cierto** – established period
**plazo citatorio** – term within which to appear in court
**plazo conminatorio** – term within which to something without penalty
**plazo contable** – accounting period
**plazo continuo** – continuous time period
**plazo contractual** – contractual period, contract period
**plazo contratado** – contracted period
**plazo convencional** – conventional time
**plazo convenido** – agreed-upon period
**plazo corto** – short-term
**plazo corto, a** – short-term, in the short-term
**plazo de alquiler** – rental period
**plazo de amortización** – amortization period, depreciation period
**plazo de auditoría** – audit period
**plazo de aviso** – notice period, warning period
**plazo de beneficios** – benefits period
**plazo de carencia** – waiting period
**plazo de cobro** – collection period
**plazo de compensación** – compensation period
**plazo de compromiso** – commitment period
**plazo de consolidación** – consolidation period

**plazo de contabilidad** – accounting period
**plazo de crédito** – credit period
**plazo de cuenta** – account period
**plazo de elegibilidad** – eligibility period
**plazo de eliminación** – elimination period
**plazo de entrega** – period of delivery
**plazo de espera** – waiting period
**plazo de facturación** – billing period
**plazo de favor** – grace period
**plazo de garantía** – guarantee period
**plazo de gracia** – grace period
**plazo de ingresos** – earnings period
**plazo de las obligaciones** – period within which to fulfill an obligation
**plazo de liquidación** – liquidation period
**plazo de nómina** – payroll period
**plazo de notificación** – notice period, notification period
**plazo de opción** – option period
**plazo de pago** – pay period, repayment period
**plazo de patente** – patent term
**plazo de póliza** – policy period
**plazo de preaviso** – period between a notice and the subsequent action
**plazo de prescripción** – limitation, prescription period
**plazo de producción** – production period
**plazo de prueba** – trial period
**plazo de recesión** – recession period, recession
**plazo de redención** – redemption period
**plazo de reembolso** – repayment period, refund period
**plazo de reinversión** – reinvestment period
**plazo de repago** – payback period
**plazo de reposición** – replacement period
**plazo de rescate** – redemption period
**plazo de retorno** – return period, payback period
**plazo de suscripción** – subscription period
**plazo de tenencia** – holding period
**plazo de vacaciones** – vacation period, vacation
**plazo de validación** – validation period
**plazo de vencimiento** – term to maturity
**plazo del ciclo** – cycle period
**plazo del contrato** – contract term
**plazo deliberatorio** – deliberation period
**plazo determinado** – established term
**plazo especificado** – specified period
**plazo estipulado** – stipulated period
**plazo excluido** – excluded period
**plazo extendido** – extended term
**plazo fatal** – deadline
**plazo fijo** – fixed period, fixed term, established term
**plazo final** – deadline, final payment, final installment
**plazo financiero** – financial period
**plazo fiscal** – fiscal period, taxation period
**plazo habitual** – habitual term
**plazo improrrogable** – deadline
**plazo incierto** – uncertain term
**plazo indefinido** – uncertain term
**plazo indeterminado** – uncertain term
**plazo inflacionario** – inflationary period
**plazo intermedio, a** – intermediate term
**plazo inusual** – unusual term
**plazo irrazonable** – unreasonable time
**plazo largo** – long-term
**plazo largo, a** – long-term, in the long-term, in the long run
**plazo legal** – legal term
**plazo límite** – deadline
**plazo medio** – intermediate-term
**plazo mensual** – monthly payment, monthly installment
**plazo negociado** – negotiated period
**plazo ordinario** – ordinary term
**plazo pactado** – agreed-upon period
**plazo perentorio** – deadline
**plazo preestablecido** – preset period
**plazo preliminar** – preliminary period
**plazo presupuestario** – budget period
**plazo probatorio** – probationary period, trial period
**plazo prorrogable** – extendible deadline
**plazo prudencial** – reasonable time
**plazo regular** – regular period
**plazo semanal** – weekly payment, weekly installment
**plazo suplementario** – extension
**plazo usual** – usual term
**plazo útil** – term which only includes working periods
**plazo variable** – variable term
**plazos, a** – in installments
**plazos y condiciones** – terms and conditions
**plazos y términos** – terms and conditions
**plebiscitario** *adj* – pertaining to a plebiscite
**plebiscito** *m* – plebiscite
**pleiteador** *m* – litigious person, litigator, barrator, attorney who will litigate under any pretense
**pleiteador** *adj* – litigious, troublemaking
**pleiteante** *adj* – litigating
**pleitear** *v* – to litigate, to sue
**pleitista** *m* – litigious person, litigator, barrator, attorney who will litigate under any pretense
**pleitista** *adj* – litigious, troublemaking
**pleito** *m* – suit, lawsuit, action, litigation, fight
**pleito abandonado** – abandoned action
**pleito accesorio** – accessory action
**pleito administrativo** – administrative action
**pleito civil** – civil action
**pleito colateral** – collateral action
**pleito colusorio** – collusive action
**pleito comenzado** – action commenced
**pleito concertado** – concerted action
**pleito conjunto** – joint action
**pleito contractual** – action of contract
**pleito criminal** – criminal prosecution
**pleito de alimentos** – action for sustenance, action for alimony
**pleito de clase** – class action
**pleito de cobro de dinero** – action of debt
**pleito de daños y perjuicios** – suit for damages, tort action
**pleito de desahucio** – eviction proceeding
**pleito de desalojo** – ejectment action
**pleito de deslinde** – action to establish property lines
**pleito de despojo** – ejectment action
**pleito de difamación** – libel suit, slander suit
**pleito de divorcio** – divorce action
**pleito de indemnización** – remedial action
**pleito de jactancia** – action of jactitation
**pleito de libelo** – libel suit

**pleito de locación** – action to collect rent
**pleito de mandamiento** – mandamus action
**pleito de nulidad** – action to declare void
**pleito de posesión** – possessory action
**pleito de transgresión** – action of trespass
**pleito directo** – direct action
**pleito divisorio** – action for partition
**pleito ejecutivo** – executive action, executory process
**pleito en cobro de dinero** – action of debt
**pleito estatal** – state action
**pleito falso** – false action
**pleito ficticio** – fictitious action
**pleito hipotecario** – foreclosure proceedings
**pleito ilícito** – illicit action
**pleito impropio** – improper action
**pleito inapropiado** – inappropriate action
**pleito incidental** – accessory action
**pleito incompatible** – incompatible action
**pleito indirecto** – indirect action
**pleito inmobiliario** – action concerning real estate
**pleito judicial** – lawsuit, legal action
**pleito jurídico** – lawsuit, legal action
**pleito laboral** – action based on labor law
**pleito lícito** – licit action
**pleito local** – local action
**pleito mancomunado** – joint action
**pleito mixto** – mixed action
**pleito mobiliario** – action concerning personal property
**pleito ordinario** – plenary action
**pleito original** – original action
**pleito penal** – criminal proceeding
**pleito pendiente** – pending action
**pleito personal** – personal action
**pleito personal y real** – mixed action
**pleito petitorio** – petitory action
**pleito por daños y perjuicios** – suit for damages, tort action
**pleito por fraude** – action for fraud
**pleito por incumplimiento de contrato** – action of contract, action of assumpsit
**pleito por lesión corporal** – action for bodily injury
**pleito por libelo** – action for libel
**pleito posesorio** – possessory action
**pleito principal** – main action
**pleito privado** – private action
**pleito público** – public action, criminal proceeding
**pleito real** – real action
**pleito redhibitorio** – redhibitory action
**pleito separado** – separate action
**pleito solidario** – joint and several action
**pleito sostenible** – action which lies
**pleito sumario** – summary proceeding
**pleito viciado** – mistrial
**plena capacidad** – full capacity
**plena vigencia, en** – in full effect
**plenariamente** *adv* – plenarily
**plenario** *adj* – plenary
**plenipotencia** *f* – full powers
**plenipotenciario** *m* – plenipotentiary
**pleno** *adj* – complete, full, absolute, plenary
**pleno dominio** – fee simple
**pleno empleo** – full employment
**plenos poderes** – full powers
**plica** *f* – escrow, sealed document to be opened at a specified time and under certain conditions
**pliego** *m* – sheet, sealed document
**pliego de aduanas** – bill of entry
**pliego de cargos** – list of charges
**pliego de condiciones** – specifications, bid specifications, list of conditions
**pliego de excepciones** – bill of exceptions
**pliego de licitación** – bid form
**pliego de posiciones** – question sheet
**pliego de propuestas** – bid form, proposal
**pluralidad** *f* – plurality, majority
**pluralidad absoluta** – majority
**pluralidad relativa** – plurality
**pluralismo** *m* – pluralism
**pluralista** *adj* – pluralistic
**pluralista** *m/f* – pluralist
**pluriempleo** *m* – moonlighting
**plurilateral** *adj* – plurilateral
**plus** *m* – bonus, extra pay
**plus de peligrosidad** – hazard pay
**pluspetición** *f* – excessive demand for damages
**plusvalía** *f* – increased value, goodwill, capital gain, added value
**plutocracia** *f* – plutocracy
**plutócrata** *m/f* – plutocrat
**PNB (producto nacional bruto)** – gross national product, GNP
**PNN (producto nacional neto)** – net national product, net domestic product
**población** *f* – population, city, village
**población activa** – active population
**población civil** – civilian population
**población de derecho** – legal population
**población de hecho** – actual population
**población trabajadora** – working population
**poblador** *m* – settler, inhabitant
**poblador** *adj* – settling, establishing
**poblar** *v* – to populate, to settle
**pobre** *m/f* – poor person, indigent
**pobre** *adj* – poor, indigent
**pobreza** *f* – poverty, indigence
**pobreza absoluta** – abject poverty, absolute poverty
**pobreza total** – abject poverty, total poverty
**poder** *m* – power, power of attorney, authority, proxy, possession
**poder** *v* – to be able
**poder a bordo** – captain's authority
**poder absoluto** – absolute power
**poder adjudicativo** – adjudicative power
**poder administrativo** – administrative power, administrative branch
**poder adquisitivo** – buying power, purchasing power
**poder al portador** – bearer proxy
**poder aparente** – apparent authority
**poder arbitrario** – arbitrary power
**poder bancario** – banking power
**poder beneficioso** – beneficial power
**poder colateral** – collateral power
**poder constituyente** – constitutional power
**poder de compra** – buying power, purchasing power
**poder de imposición** – taxing power
**poder de mercado** – market power
**poder de monopolio** – monopoly power

**poder de negociación** – bargaining power
**poder de nombramiento** – appointing power
**poder de policía** – police power
**poder de tomar prestado** – borrowing power
**poder del veto** – veto power
**poder disciplinario** – disciplinary power
**poder discrecional** – discretionary power
**poder económico** – economic power
**poder ejecutivo** – executive branch, executive power
**poder especial** – special power of attorney
**poder general** – general power of attorney
**poder general para pleitos** – general power of attorney to litigate
**poder implícito** – implied power
**poder impositivo** – taxing power
**poder judicial** – judiciary branch, judicial power
**poder legal** – legal power, legal capacity
**poder legislativo** – legislative branch, legislative power
**poder monopolístico** – monopolistic power
**poder obrero** – labor power, labour power
**poder para compras** – buying power
**poder para testar** – capacity to testify
**poder público** – sovereign power, police power
**poder regulador** – regulating power
**poder regulatorio** – regulating power
**poder soberano** – sovereign power
**poder unilateral** – naked power
**poderdante** *m/f* – constituent
**poderes concomitantes** – incidental powers
**poderes concurrentes** – concurrent powers
**poderes del estado** – powers of the state
**poderes inferidos** – inferred powers
**poderes tácitos** – tacit powers
**poderhabiente** *m/f* – proxy holder
**poderío** *m* – power
**polémica** *f* – polemic
**polemizar** *v* – to argue
**poliandria** *f* – polyandry
**poliarquía** *f* – polyarchy
**poliárquico** *adj* – polyarchic
**policentrismo** *m* – polycentrism
**policentrista** *adj* – polycentric
**policía** *f* – police, police organization
**policía** *m* – police officer
**policía aduanera** – customs police
**policía aérea** – air patrol
**policía antidisturbios** – riot police
**policía de circulación** – traffic police
**policía de navegación** – sea patrol
**policía estatal** – state police
**policía federal** – federal police
**policía interna** – internal police
**policía internacional** – international police
**policía judicial** – judiciary police
**policía local** – local police
**policía marítima** – maritime police
**policía militar** – military police
**policía municipal** – municipal police
**policía nacional** – national police
**policía sanitaria** – health inspectors
**policía secreta** – secret police
**policía vial** – highway police
**policiaco** *adj* – pertaining to police
**policial** *adj* – pertaining to police
**policitación** *f* – policitation
**policultivo** *m* – mixed farming
**poligamia** *f* – polygamy
**polígamo** *m* – polygamist
**polígamo** *adj* – polygamous
**poliginia** *f* – polygyny
**polígono industrial** – industrial zone
**poligrafía** *f* – polygraphy
**polígrafo** *m* – polygraph
**polipolio** *m* – polypoly
**política** *f* – politics, policy, politeness
**política a corto plazo** – short-term policy
**política a largo plazo** – long-term policy
**política aduanera** – tariff policy
**política agraria** – agricultural policy
**Política Agraria Común** – Common Agricultural Policy
**política agrícola** – agricultural policy, farm policy
**Política Agrícola Común** – Common Agricultural Policy
**política ambiental** – environmental policy
**política arancelaria** – tariff policy
**política cambiaria** – foreign exchange policy
**política comercial** – trade policy, business policy, commercial policy
**política contable** – accounting policy
**política contraccionista** – contractionary policy
**política contributiva** – tax policy
**política corporativa** – corporate policy
**política corriente** – current policy
**política crediticia** – credit policy
**política de comercio** – commerce policy, trade policy
**política de comercio exterior** – foreign trade policy
**política de contracción** – contractionary policy
**política de desarrollo** – development policy
**política de devoluciones** – return policy
**política de dinero barato** – cheap money policy
**política de distribución** – distribution policy
**política de dividendos** – dividend policy
**política de empobrecer al vecino** – beggar-thy-neighbor policy, beggar-my-neighbor policy
**política de estabilidad** – stability policy
**política de estabilización** – stabilization policy
**política de explotación** – exploitation policy
**política de igualdad de oportunidades** – Equal Opportunities Policy
**política de imposición** – taxation policy
**política de intervención** – intervention policy
**política de inversión** – investment policy
**política de la compañía** – company policy
**política de la corporación** – corporate policy
**política de la empresa** – company policy, enterprise policy
**política de la guerra** – war policy
**política de la sociedad** – corporate policy, societal policy
**política de marketing** – marketing policy
**política de mercadeo** – marketing policy
**política de mercado abierto** – open market policy
**política de negocios** – business policy
**política de no intervención** – non-intervention policy
**política de paga** – pay policy, wage policy, salary policy

**política de personal** – personnel policy
**política de precio único** – single-price policy
**política de precios** – pricing policy
**política de préstamos** – loan policy, lending policy
**política de promoción** – promotional policy, promotion policy
**política de publicidad** – advertising policy
**política de puerta abierta** – open door policy
**política de rentas** – incomes policy
**política de represión** – repression policy
**política de salarios** – wage policy, salary policy, pay policy
**política de sueldos** – wage policy, salary policy, pay policy
**política de tierra quemada** – scorched-earth policy
**política de tributación** – taxation policy
**política de uso aceptable** – Acceptable Use Policy
**política de ventas** – sales policy
**política del poder** – power politics
**política discrecional** – discretionary policy
**política doméstica** – domestic policy
**política ecológica** – eco-policy, ecopolicy
**política económica** – economic policy
**política empresarial** – business policy, company policy, enterprise policy
**política expansionista** – expansionist policy, expansionary policy
**política exterior** – foreign policy
**política financiera** – financial policy
**política fiscal** – fiscal policy, tax policy
**política hegemónica** – hegemonic policy
**política imperialista** – imperialist policy
**política impositiva** – tax policy
**política interior** – domestic policy
**política interna** – national policy
**política internacional** – foreign policy
**política intervensionista** – interventionist policy
**política inversionista** – investment policy
**política inversora** – investment policy
**política laboral** – labor policy, labour policy
**política macroeconómica** – macroeconomic policy
**política medioambiental** – environmental policy
**política mercantil** – commercial policy
**política militar** – military policy
**política monetaria** – monetary policy
**política presupuestaria** – budget policy
**política pública** – public policy
**política publicitaria** – advertising policy
**política regional** – regional policy
**política salarial** – wage policy, salary policy
**política social** – social policy
**política social y económica** – economic and social policy
**política tributaria** – tax policy
**políticamente** *adv* – politically, politely
**políticamente correcto** – politically correct
**políticas correctivas** – corrective policies
**politicastro** *m* – politicaster
**político** *m* – politician
**político** *adj* – political, in-law, polite
**póliza** *f* – policy, customs clearance certificate, tax stamp, contract, draft
**póliza a corto plazo** – short-term policy
**póliza a largo plazo** – long-term policy
**póliza a todo riesgo** – comprehensive policy
**póliza abierta** – floater policy, open policy
**póliza al portador** – bearer policy
**póliza anual** – annual policy
**póliza avaluada** – valued policy
**póliza base** – base policy, master policy
**póliza caducada** – lapsed policy
**póliza combinada** – combined policy, comprehensive policy
**póliza comercial** – commercial policy, business policy
**póliza completamente pagada** – fully paid policy
**póliza con combinación** – combination policy
**póliza con cupones** – coupon policy
**póliza con participación** – participating policy
**póliza conjunta** – joint policy
**póliza contra accidentes** – accident policy
**póliza contra todo riesgo** – comprehensive policy
**póliza corriente** – current policy
**póliza de anualidad** – annuity policy
**póliza de automóvil comercial** – business automobile policy
**póliza de automóvil personal** – personal automobile policy
**póliza de carga** – cargo policy
**póliza de coaseguro** – coinsurance policy
**póliza de cobertura múltiple** – blanket policy
**póliza de comercio** – commerce policy
**póliza de crédito** – credit policy
**póliza de doble protección** – double-protection policy
**póliza de dueño de negocio** – business owner's policy
**póliza de fianza** – surety bond
**póliza de fletamento** – charter party
**póliza de ingresos** – income policy
**póliza de negocios** – business policy
**póliza de propiedad comercial** – commercial property policy
**póliza de reaseguro** – reinsurance policy
**póliza de seguro** – insurance policy
**póliza de seguro abierta** – open insurance policy
**póliza de seguro comercial** – business insurance policy, commercial insurance policy
**póliza de seguro conjunta** – joint insurance policy
**póliza de seguro de empresa** – business insurance policy
**póliza de seguro de ingresos** – income insurance policy
**póliza de seguro de vida** – life insurance policy
**póliza de seguro de vivienda** – dwelling insurance policy, home insurance policy
**póliza de seguro empresarial** – business insurance policy
**póliza de seguro especial** – special insurance policy
**póliza de seguro expirada** – expired insurance policy
**póliza de seguro hipotecario** – mortgage insurance policy
**póliza de seguro marítimo** – marine insurance policy
**póliza de seguro mercantil** – commercial insurance policy
**póliza de seguro múltiple** – blanket insurance policy
**póliza de valor declarado** – valued policy
**póliza dotal** – endowment policy
**póliza empresarial** – business policy
**póliza especial** – special policy

**póliza estándar** – standard policy
**póliza expirada** – expired policy
**póliza familiar** – family policy
**póliza flotante** – floater policy
**póliza global** – comprehensive policy
**póliza graduada** – graded policy
**póliza incontestable** – incontestable policy
**póliza individual** – individual policy
**póliza limitada** – limited policy
**póliza mercantil** – commercial policy
**póliza mixta** – mixed policy
**póliza no expirada** – unexpired policy
**póliza no transferible** – non-assignable policy
**póliza perdida** – lost policy
**póliza renovable** – renewable policy
**póliza sin participación** – nonparticipating policy
**póliza suplementaria** – supplemental policy
**póliza valorada** – valued policy
**póliza vencida** – expired policy, lapsed policy
**polizón** *m* – stowaway, vagabond
**polución** *f* – pollution, contamination
**polución ambiental** – environmental pollution, pollution, contamination
**polución del agua** – water pollution, water contamination
**polución del aire** – air pollution, air contamination
**poluto** *adj* – polluted
**pólvora** *f* – gunpowder, bad temper
**ponderado** *adj* – weighted, considered
**ponderación** *f* – consideration, balance, exaggeration
**ponderar** *v* – to ponder, to weigh, to consider, to balance, to exaggerate
**ponencia** *f* – report, post of a reporter, opinion, proposal, judgment, post of a chairperson
**ponente** *m* – proposer, reporter, justice who submits an opinion, arbitrator, chairperson
**poner** *v* – to put, to suppose
**poner a disposición judicial** – to be brought before a court
**poner en claro** – to clarify
**poner en conocimiento** – to make known
**poner en cuenta** – to deposit into account
**poner en libertad** – to liberate
**poner en la lista negra** – to blacklist
**poner en orden** – to put in order
**poner la firma** – to sign
**poner pleito** – to sue
**poner por escrito** – to put in writing
**poner término** – to conclude
**poner una demanda** – to file a claim
**poner una objeción** – to object
**poner una orden** – to place an order
**ponerse de acuerdo** – to come to an agreement
**popular** *adj* – popular
**popularmente** *adv* – popularly
**populista** *adj* – populist
**populista** *m/f* – populist
**por adelantado** – in advance, anticipated, early
**por anticipado** – in advance, anticipated, early
**por avalúo** – according to value
**por cabeza** – by the head, per capita
**por ciento** – percent
**por consentimiento mutuo** – by mutual consent
**por consiguiente** – consequently
**por contrato** – by contract
**por cuanto** – whereas
**por cuenta de alguien** – in someone's name
**por cuenta y riesgo de** – for account and risk of
**por el libro** – by the book
**por encargo** – by authority
**por estirpe** – by representation, per class, per stripes
**por forma** – as a matter of form, pro forma
**por gracia** – by favor
**por hora** – hourly, by hour
**por la presente** – hereby
**por lo tanto** – therefore
**por mayor** – wholesale
**por menor** – retail
**por ministerio de la ley** – by operation of law
**por oídas** – hearsay
**por poder** – by proxy, by power of attorney
**por procuración** – by proxy, by power of attorney
**por separado** – separately
**por si** – in case
**por ultimo** – finally
**por unanimidad** – unanimously
**porcentaje** *m* – percentage
**porcentaje anual constante** – constant annual percentage
**porcentaje anual fijo** – fixed annual percentage
**porcentaje de agotamiento** – percentage depletion
**porcentaje de alcohol** – percentage of alcohol
**porcentaje de coaseguro** – coinsurance percentage
**porcentaje de morosidad** – delinquency percentage
**porcentaje de ocupación** – occupancy rate
**porcentaje de participación** – percentage participation
**porcentual** *adj* – percentage
**porciento** *m* – percentage
**porción** *f* – portion, share
**porción disponible** – disposable portion
**porción legítima** – legitime
**porcionero** *m* – participant
**porcionero** *adj* – participating
**porcionista** *m/f* – shareholder
**pormenor** *m* – detail
**pormenorizar** *v* – to itemize, to go into detail
**pornografía** *f* – pornography
**pornográfico** *adj* – pornographic
**portadocumentos** *m* – briefcase
**portador** *m* – bearer, carrier
**portador de contrato** – contract holder
**portador de destino** – destination carrier
**portador por contrato** – contract carrier
**portafolio** *m* – portfolio, briefcase
**portafolio activo** – active portfolio
**portafolio comercial** – business portfolio, commercial portfolio
**portafolio corporativo** – corporate portfolio
**portafolio de acciones** – stock portfolio
**portafolio de activos** – asset portfolio
**portafolio de bonos** – bond portfolio
**portafolio de créditos** – credit portfolio
**portafolio de marcas** – brand portfolio
**portafolio de negocios** – business portfolio
**portafolio de valores** – investment portfolio
**portafolio diversificado** – diversified portfolio
**portafolio empresarial** – business portfolio

**portafolio mercantil** – commercial portfolio
**portal** *m* – portal
**portal comercial** – business portal, commercial portal
**portal corporativo** – corporate portal
**portal de comercio** – e-commerce portal, e-business portal, commerce portal, business portal
**portal de comercio electrónico** – e-commerce portal, e-business portal
**portal de la compañía** – company portal
**portal de negocios** – business portal
**portal empresarial** – business portal
**portal mercantil** – commercial portal
**portar** *v* – to bear
**portar armas** – to bear arms
**portar un arma** – to carry a weapon
**portar un arma oculta** – to carry a concealed weapon
**portavoz** *m/f* – speaker
**portavoz del jurado** – jury foreperson, jury foreman
**portazgar** *v* – to charge a toll
**portazgo** *m* – toll, tollhouse
**portazguero** *m* – toll collector
**porte** *m* – behavior, bearing, transporting, transport charge, capacity, postage
**porte bruto** – tonnage
**porte debido** – freight owing
**porte pagado** – freight prepaid, freight paid
**porte pagado hasta** – carriage paid to
**porte total** – tonnage
**porte y seguro pagado** – carriage and insurance paid
**porteador** *m* – carrier
**porteador inicial** – initial carrier
**porteador marítimo** – marine carrier
**porteador público** – common carrier
**portear** *v* – to carry, to transport
**porteo** *m* – carrying
**portero** *m* – porter, janitor
**portero de estrados** – bailiff
**portfolio** *m* – portfolio
**portuario** *adj* – pertaining to a port
**posdata** *f* – postscript
**posdatar** *v* – to postdate
**poseedor** *m* – possessor
**poseedor de acciones** – stockholder, shareholder
**poseedor de bonos** – bondholder
**poseedor de buena fe** – holder in good faith, holder in due course, bona fide holder for value
**poseedor de contrato** – contract holder
**poseedor de letra** – bill holder
**poseedor de libros** – bookkeeper
**poseedor de mala fe** – holder in bad faith
**poseedor de opción** – option holder
**poseedor de pagaré** – noteholder
**poseedor de patente** – patent holder, patentee
**poseedor de póliza** – policyholder
**poseedor de seguros** – insurance holder
**poseedor inscrito** – registered holder
**poseedor lícito** – licit possessor
**poseedor registrado** – holder of record
**poseer** *v* – to possess, to hold
**poseer seguro** – to have insurance, to carry insurance
**poseerse** *v* – to control oneself
**poseído** *adj* – possessed
**poseído ilegalmente** – illegally possessed
**poseído ilícitamente** – illicitly possessed
**poseído legalmente** – legally possessed
**poseído lícitamente** – licitly possessed
**posesión** *f* – possession, property, enjoyment, taking office
**posesión actual** – actual possession
**posesión adversa** – adverse possession
**posesión aparente** – apparent possession
**posesión artificial** – constructive possession
**posesión artificiosa** – constructive possession
**posesión civil** – civil possession
**posesión conjunta** – joint possession
**posesión constructiva** – constructive possession
**posesión continua** – continuous possession
**posesión de buena fe** – possession in good faith
**posesión de cosas muebles** – possession of personal property
**posesión de derecho** – constructive possession
**posesión de hecho** – actual possession
**posesión de mala fe** – possession in bad faith
**posesión derivada** – derivative possession
**posesión directa** – direct possession
**posesión efectiva** – actual possession
**posesión, en** – in possession
**posesión en común** – joint possession
**posesión en exclusiva** – exclusive possession
**posesión evidente** – evident possession
**posesión exclusiva** – exclusive possession
**posesión explícita** – explicit possession
**posesión fingida** – constructive possession
**posesión hostil** – hostile possession
**posesión ilegal** – illegal possession
**posesión ilegítima** – unlawful possession
**posesión ilícita** – illicit possession
**posesión imaginaria** – constructive possession
**posesión implícita** – constructive possession
**posesión impropia** – improper possession
**posesión inapropiada** – inappropriate possession
**posesión incompleta** – incomplete possession
**posesión indirecta** – indirect possession
**posesión inmemorial** – immemorial possession
**posesión judicial** – possession obtained through a court order
**posesión jurídica** – constructive possession
**posesión justa** – rightful possession
**posesión legal** – legal possession
**posesión legítima** – rightful possession
**posesión lícita** – licit possession
**posesión manifiesta** – manifest possession
**posesión natural** – natural possession
**posesión no interrumpida** – continuous possession
**posesión notoria** – notorious possession
**posesión nuda** – naked possession
**posesión obvia** – obvious possession
**posesión pacífica** – peaceable possession
**posesión parcial** – partial possession
**posesión patente** – open possession
**posesión por tolerancia** – tenancy at sufferance
**posesión precaria** – precarious possession
**posesión presunta** – presumptive possession
**posesión pública** – open and notorious possession
**posesión real** – actual possession
**posesión simbólica** – constructive possession
**posesión temporal** – temporary possession
**posesión vacante** – vacant possession

**posesión viciosa** – illegal possession
**posesión violenta** – violent possession
**posesional** *adj* – possessional
**posesionar** *v* – to give possession to, to install
**posesionarse** *v* – to take possession of, to take office
**posesor** *m* – possessor
**posesorio** *adj* – possessory
**posfecha** *f* – postdate
**posfechado** *v* – postdated
**posfechar** *v* – to postdate
**posibilidad** *f* – possibility, chance, capacity
**posibilidad de pérdida** – chance of loss
**posibilidad remota** – remote possibility
**posibilidades de pago** – payment options
**posibilitar** *v* – to make possible
**posible** *adj* – possible
**posición** *f* – position, interrogatory, supposition
**posición competitiva** – competitive position
**posición de caja** – cash position
**posición de negociación** – bargaining position
**posición de riesgo** – risk position
**posición desfavorable** – unfavorable position
**posición dominante** – dominant position
**posición económica** – economic position
**posición favorable** – favorable position
**posición financiera** – financial position
**posición negociadora** – bargaining position
**posicionamiento** *m* – positioning, position
**posiciones** *f* – interrogatory
**positivamente** *adv* – positively
**positivista** *m/f* – positivist
**positivista** *adj* – positivist
**positivo** *adj* – positive
**posliminio** *m* – postliminy
**posponer** *v* – to postpone, to place after
**posponer un caso** – to postpone a case
**posposición** *f* – postponement, subordination
**post** – after, post
**post-auditoría** *adj* – post-audit
**post-bancarrota** *adj* – post-bankruptcy
**post-consumidor** *adj* – post-consumer
**post facto** – after the fact, post facto
**post hoc** – after this, post hoc
**post mortem** – after death, post mortem
**post-venta** *adj* – post-sales
**postal** *adj* – postal
**postdata** *f* – postscript
**postdatar** *v* – to postdate
**postergación** *f* – postponement, passing over, holding back
**postergado** *adj* – postponed, passed over, held back
**postergar** *v* – to postpone, to pass over, to hold back
**posteridad** *f* – posterity
**posterior** *adj* – posterior
**posteriori, a** – from the effect to the cause, a posteriori
**posterioridad** *f* – posteriority
**posteriormente** *adv* – subsequently
**postliminio** *m* – postliminy
**postor** *m* – bidder
**postor favorecido** – successful bidder
**postor más alto** – highest bidder
**postor mayor** – highest bidder
**postor responsable** – responsible bidder
**postrar** *v* – to prostrate, to overthrow, to debilitate
**postremo** *adj* – last
**postrero** *adj* – last
**póstula** *f* – request, application, nomination
**postulación** *f* – request, application, nomination
**postulante** *m/f* – requester, applicant, nominee
**postular** *v* – to request, to apply, to nominate
**póstumo** *adj* – posthumous
**postura** *f* – posture, stance, bid, stake
**postura fiscal** – fiscal stance
**posventa** *adj* – after-sales
**potencia económica** – economic power
**potencia militar** – military power
**potencia nuclear** – nuclear power
**potencial** *m* – potential
**potencialidad** *f* – potentiality
**potencialmente** *adv* – potentially
**potente** *adj* – potent
**potestad** *f* – authority, jurisdiction
**potestad absoluta** – absolute authority
**potestad administrativa** – administrative authority
**potestad aparente** – apparent authority
**potestad discrecional** – discretionary authority
**potestad fiscal** – fiscal authority, tax authority
**potestad gubernamental** – governmental authority
**potestad inferida** – inferred authority
**potestad libre** – unlimited authority
**potestad local** – local authority
**potestad monetaria** – monetary authority
**potestad para contratar** – contracting authority
**potestad para firmar** – signing authority
**potestad paterna** – paternal authority
**potestad pública** – public authority
**potestativo** *adj* – facultative
**práctica** *f* – practice, custom, method, apprenticeship
**práctica acostumbrada** – accustomed practice
**práctica comercial** – trade practice
**práctica deshonesta** – dishonest practice
**práctica desleal** – unfair competition
**práctica engañosa** – deceptive practice
**práctica forense** – practice of law, clerkship
**práctica fraudulenta** – fraudulent practice
**práctica habitual** – habitual practice
**práctica ilícita** – illicit practice
**práctica inapropiada** – inappropriate practice
**práctica indebida** – improper practice
**práctica inusual** – unusual practice
**práctica irregular** – irregular practice
**práctica laboral injusta** – unfair labor practice
**práctica legal** – legal practice
**práctica lícita** – licit practice
**práctica profesional** – professional practice
**práctica regular** – regular practice
**práctica usual** – usual practice
**practicable** *adj* – practicable
**practicado ilegalmente** – illegally practiced
**practicado ilícitamente** – illicitly practiced
**prácticamente** *adv* – practically
**practicante** *m/f* – apprentice
**practicante** *adj* – practicing
**practicar** *v* – to practice, to carry out
**practicar una autopsia** – to perform an autopsy
**practicar una liquidación** – to settle
**practicar una necropsia** – to perform an autopsy
**practicar una tasación** – to appraise

**prácticas aceptadas** – accepted practices
**prácticas administrativas** – administrative practices
**prácticas ambientales** – environmental practices
**prácticas anticompetitivas** – anticompetitive practices
**prácticas antidumping** – antidumping practices
**prácticas colusorias** – collusive practices
**prácticas comerciales** – trade practices, business practices, commercial practices
**prácticas comerciales restrictivas** – restrictive trade practices
**prácticas contables** – accounting practices, accounting conventions
**prácticas corporativas** – corporate practices
**prácticas corrientes** – current practices
**prácticas de aceptación** – acceptance practices
**prácticas de administración** – administration practices
**prácticas de auditoría** – auditing practices
**prácticas de calidad** – quality practices
**prácticas de calidad ambiental** – environmental quality practices
**prácticas de comercio** – commerce practices
**prácticas de competencia injusta** – unfair trade practices
**prácticas de contabilidad** – accounting practices, accounting conventions
**prácticas de costes** – cost practices
**prácticas de costos** – cost practices
**prácticas de cumplimiento** – performance practices, compliance practices, fulfillment practices
**prácticas de fabricación** – manufacturing practices
**prácticas de industria** – industry practices
**prácticas de inversión** – investment practices
**prácticas de la compañía** – company practices
**prácticas de negocios** – business practices
**prácticas de producción** – production practices
**prácticas de publicidad** – advertising practices
**prácticas de rendimiento** – performance practices
**prácticas de seguridad** – security practices, safety practices
**prácticas de trabajo** – labor practices, labour practices
**prácticas delictivas** – criminal activity, criminal practices
**prácticas desleales** – unfair competition
**prácticas empresariales** – business practices
**prácticas engañosas** – deceptive practices
**prácticas establecidas** – established practices
**prácticas éticas** – ethical practices
**prácticas financieras** – financial practices
**prácticas ilegales** – illegal practices
**prácticas industriales** – industrial practices
**prácticas injustas** – unfair practices
**prácticas internacionales** – international practices
**prácticas laborales** – labor practices, labour practices
**prácticas laborales injustas** – unfair labor practices, unfair labour practices
**prácticas medioambientales** – environmental practices
**prácticas mercantiles** – business practices, commercial practices
**prácticas profesionales** – professional practices
**prácticas publicitarias** – advertising practices
**prácticas sanitarias** – health practices, sanitary practices
**prácticas vigentes** – current practices
**práctico** *m* – pilot
**práctico** *adj* – practical, expert
**práctico de puerto** – harbor pilot
**pragmática** *f* – decree, law
**pragmático** *m* – interpreter of laws
**pragmático** *adj* – pragmatic
**pragmatismo** *m* – pragmatism
**pragmatismo jurídico** – legal pragmatism
**pragmatista** *m/f* – pragmatist
**preacuerdo** *m* – agreement awaiting execution
**preámbulo** *m* – preamble, digression
**preaprobado** *adj* – pre-approved
**prearrendamiento** *m* – pre-lease
**prearrendar** *v* – to pre-lease
**preauditoría** *f* – pre-audit
**preautorizado** *adj* – preauthorized
**preavisar** *v* – to give notice
**preaviso** *m* – advance notice, notice
**precariamente** *adv* – precariously
**precario** *adj* – precarious
**precaución** *f* – precaution
**precaución adecuada** – adequate precaution
**precaución irrazonable** – unreasonable precaution
**precaución necesaria** – necessary precaution
**precaución obligatoria** – obligatory precaution
**precaución razonable** – reasonable precaution
**precaución requerida** – required precaution
**precaución suficiente** – sufficient precaution
**precaucionarse** *v* – to take precautions
**precautelar** *v* – to take precautions against
**precautorio** *adj* – precautionary
**precaver** *v* – to provide against, to prevent
**precavidamente** *adv* – cautiously
**precavido** *adj* – cautious
**precedencia** *f* – precedence
**precedente** *m* – precedent
**precedente** *adj* – preceding
**precedente judicial** – judicial precedent
**precedente legal** – legal precedent
**preceder** *v* – to precede
**preceptivo** *adj* – preceptive, mandatory
**precepto** *m* – precept, rule
**precepto de ley** – legal precept
**precepto legal** – legal precept
**preceptor** *m* – preceptor
**preceptuar** *v* – to issue as a precept, to command
**preciado** *adj* – esteemed, valuable
**preciador** *m* – appraiser
**preciar** *v* – to appraise, to price
**precinta** *f* – revenue stamp
**precintar** *v* – to seal
**precinto** *m* – seal, sealing
**precio** *m* – price, worth, consideration
**precio a plazo** – forward price
**precio a término** – forward price
**precio abierto** – open price
**precio abusivo** – abusive price
**precio aceptable** – acceptable price
**precio acordado** – agreed-upon price
**precio acostumbrado** – customary price
**precio actual** – present price
**precio administrado** – administered price

**precio afectivo** – sentimental value
**precio ajustado** – adjusted value
**precio al consumidor** – consumer price
**precio al contado** – cash price
**precio al por mayor** – wholesale price
**precio al por menor** – retail price
**precio alto** – high price
**precio alzado** – fixed price
**precio anticipado** – anticipated price
**precio ascendente** – ascending price
**precio asequible** – affordable price
**precio base** – base price
**precio básico** – basic price
**precio bruto** – gross price
**precio calculado** – calculated price
**precio callejero** – street price, fair market value
**precio cierto** – set price
**precio comparable** – comparable price
**precio competidor** – competing price
**precio competitivo** – competitive price
**precio completo** – full price
**precio con descuento** – discount price
**precio congelado** – frozen price
**precio constante** – constant price
**precio construido** – constructed price
**precio contractual** – contract price
**precio contratado** – contracted price
**precio convenido** – agreed-upon price
**precio corriente** – current price, actual price
**precio corriente de mercado** – current market price
**precio cotizado** – quoted price
**precio de aceptación** – acceptance price
**precio de adquisición** – purchase price, acquisition price
**precio de avalúo** – assessed price
**precio de catálogo** – catalog price, list price
**precio de cierre** – closing price
**precio de clase** – class price
**precio de compra** – purchase price
**precio de compraventa** – purchase price
**precio de contado** – cash price
**precio de contrato** – contract price
**precio de conversión** – conversion price
**precio de coste** – cost price
**precio de costo** – cost price
**precio de cotización** – quoted price
**precio de demanda** – demand price
**precio de ejecución** – execution price
**precio de ejercicio** – exercise price
**precio de emisión** – issue price
**precio de entrega** – delivery price
**precio de equilibrio** – equilibrium price, break-even price
**precio de exportación** – export price
**precio de fábrica** – factory price
**precio de factura** – invoice price
**precio de ganga** – bargain price
**precio de importación** – import price
**precio de incentivo** – incentive price
**precio de intervención** – intervention price
**precio de introducción** – introduction price
**precio de lanzamiento** – launch price, introduction price
**precio de liquidación** – liquidation price
**precio de lista** – list price
**precio de mercado** – market price, fair market value
**precio de mercancía** – commodity price
**precio de monopolio** – monopoly price
**precio de oferta** – bid price, offering price, offer price
**precio de ofrecimiento público** – public offering price
**precio de oligopolio** – oligopoly price
**precio de opción** – option price
**precio de paridad** – parity price
**precio de plaza** – fair market value
**precio de recuperación** – redemption price, call price
**precio de redención** – redemption price, call price
**precio de reposición** – replacement price
**precio de rescate** – redemption price, call price
**precio de reventa** – resale price
**precio de saldo** – sale price
**precio de salida** – exit price, offering price
**precio de subasta** – auction price
**precio de suscripción** – subscription price
**precio de transferencia** – transfer price
**precio de unidad** – unit price
**precio de venta** – sales price
**precio de venta negociado** – negotiated sales price
**precio de venta recomendado** – recommended sales price
**precio del dinero** – cost of money
**precio del mercado mundial** – world market price
**precio del petróleo** – oil price
**precio del producto** – commodity price
**precio demorado** – delayed price
**precio deprimido** – depressed price
**precio discriminatorio** – discriminatory price
**precio económico** – economical price
**precio efectivo** – effective price
**precio elevado** – elevated price
**precio en el mercado** – fair market value
**precio en el mercado negro** – black market price
**precio en firme** – firm price
**precio en la frontera** – border price
**precio entero** – entire price
**precio entregado** – delivered price
**precio especial** – special price
**precio especificado** – specified price
**precio específico** – specific price
**precio estable** – stable price
**precio estándar** – standard price
**precio estimado** – estimated price
**precio estipulado** – stipulated price
**precio ex cupón** – ex coupon price
**precio ex dividendo** – ex dividend price
**precio facturado** – invoiced price
**precio favorable** – favorable price
**precio fijo** – set price, fixed price
**precio final** – final price
**precio fraudulento** – fraudulent price
**precio futuro** – future price
**precio garantizado** – guaranteed price
**precio global** – lump sum price
**precio guía** – guide price
**precio identificado** – identified price
**precio implícito** – implicit price
**precio inadecuado** – inadequate price
**precio incierto** – indeterminate price

**precio indicado** – indicated price, guide price
**precio índice** – index price
**precio inferido** – inferred price
**precio inicial** – beginning price, asking price
**precio introductorio** – introductory price
**precio irrazonable** – unreasonable price
**precio justificado** – justified price
**precio justo** – fair price
**precio justo de venta** – fair sales price, actual cash value
**precio justo en el mercado** – fair market price
**precio justo y razonable** – fair and reasonable value
**precio legal** – price set by law
**precio líder** – price leader
**precio líquido** – net price, cash price
**precio máximo** – maximum price, ceiling price
**precio mayorista** – wholesale price
**precio medio** – average price
**precio mínimo** – minimum price, upset price, bottom price, bottom
**precio mínimo fijado** – upset price
**precio minorista** – retail price
**precio necesario** – necessary price
**precio negociado** – negotiated price
**precio neto** – net price
**precio no flexible** – nonflexible price
**precio nominal** – nominal price, par value
**precio normal** – normal price
**precio objeto** – target price
**precio oficial** – official price
**precio ordinario** – fair market value, regular price
**precio pactado** – agreed-upon price
**precio pagado** – purchase price
**precio político** – political price
**precio popular** – popular price
**precio por pieza** – piece price, unit price
**precio predeterminado** – predetermined price
**precio preestablecido** – preset price
**precio prevaleciente** – prevailing price
**precio prohibitivo** – prohibitive price
**precio promocional** – promotional price
**precio publicado** – published price
**precio público** – public price
**precio razonable** – reasonable price
**precio razonable en el mercado** – reasonable market price
**precio real** – real price, actual price
**precio rebajado** – reduced price
**precio recomendado** – recommended price
**precio recomendado por el fabricante** – manufacturer's recommended price
**precio reducido** – reduced price
**precio regular** – regular price
**precio relativo** – relative price
**precio renegociable** – renegotiable price
**precio sentimental** – sentimental value
**precio sin descuento** – non-discounted price
**precio sombra** – shadow price
**precio sostén** – support price
**precio sostenido** – support price
**precio spot** – spot price
**precio subsidiado** – subsidized price
**precio subvencionado** – subsidized price
**precio sugerido** – suggested price
**precio sugerido por el fabricante** – manufacturer's suggested price
**precio tácito** – tacit price
**precio techo** – ceiling price
**precio típico** – typical price
**precio todo incluido** – all-inclusive price
**precio tope** – ceiling price
**precio total** – full price
**precio umbral** – threshold price
**precio único** – single price
**precio unitario** – unit price
**precio variable** – variable price
**precio vil** – dumping price
**precios administrados** – managed prices
**precios aumentados** – increased prices
**precios controlados** – controlled prices
**precios diferenciales** – differential pricing
**precios flexibles** – flexible prices
**precios intervenidos** – controlled prices
**precios manipulados** – manipulated prices
**precios múltiples** – multiple prices
**precipitación** *f* – precipitation
**precipitadamente** *adv* – precipitately
**precipuamente** *adv* – principally
**precisamente** *adj* – precisely
**precisar** *v* – to state precisely, to compel
**precisión** *f* – precision, necessity
**precisión del ajuste** – goodness of fit
**preciso** *adj* – precise, indispensable, distinct
**precitado** *adj* – above-mentioned
**preclusion** *f* – preclusion, estoppel
**preclusivo** *adj* – preclusive
**precocidad** *f* – precocity
**precomputado** *adj* – precomputed
**precomputar** *v* – to precompute
**preconcebir** *v* – to preconceive
**precondición** *f* – precondition
**precontractual** *adj* – precontractual
**precontrato** *m* – precontract, letter of intent
**precontribuciones** *adj* – pretax
**precoz** *adj* – precocious
**precursor** *m* – precursor
**predador** *m* – predator
**predecesor** *m* – predecessor
**predefinido** *adj* – predefined
**predefinir** *v* – predefine
**predestinado** *adj* – predestined
**predeterminado** *adj* – predetermined
**predeterminar** *v* – to predetermine
**predial** *adj* – predial
**predicción** *f* – prediction
**predicción de quiebra** – bankruptcy prediction
**predilecto** *adj* – preferred
**predio** *m* – real estate, property, estate, lot
**predio ajeno** – another's real estate
**predio dominante** – dominant tenement
**predio edificado** – improved property
**predio enclavado** – landlocked property
**predio rural** – rural property
**predio rústico** – rural property
**predio sirviente** – servient tenement
**predio suburbano** – suburban property
**predio superior** – dominant tenement
**predio urbano** – urban property

**predisponer** *v* – to predispose, to prearrange
**predisposición** *f* – predisposition
**predispuesto** *adj* – predisposed
**predominación** *f* – predominance
**predominancia** *f* – predominance
**predominante** *adj* – predominant
**predominar** *v* – to predominate, to prevail
**predominio** *m* – predominance
**preelegir** *v* – to elect beforehand
**preeminencia** *f* – preeminence, privilege
**preeminente** *adj* – preeminent, privileged
**preestablecido** *adj* – preestablished, preset
**preexistencia** *f* – preexistence
**preexistente** *adj* – preexistent
**prefabricado** *adj* – prefabricated
**prefabricar** *v* – to prefabricate
**prefecto** *m* – prefect
**prefectura** *f* – prefecture
**prefectura de policía** – police headquarters
**preferencia** *f* – preference, priority
**preferencia anulable** – voidable preference
**preferencia contributiva** – tax preference
**preferencia de liquidez** – liquidity preference
**preferencia del consumidor** – consumer preference
**preferencia en el paso** – right of way
**preferencia fiscal** – tax preference
**preferencia impositiva** – tax preference
**preferencia tributaria** – tax preference
**preferencial** *adj* – preferential
**preferencias de carrera** – career preferences
**preferencias de empleo** – employment preferences
**preferencias de trabajo** – job preferences, work preferences
**preferencias profesionales** – professional preferences
**preferente** *adj* – preferred, preferential
**preferentemente** *adj* – preferably
**preferir** *v* – to prefer
**prefijar** *v* – to prearrange
**prefinanciación** *f* – prefinancing
**prefinanciamiento** *m* – prefinancing
**prefinir** *v* – to set a term for
**pregón** *m* – public proclamation
**pregonar** *v* – to proclaim, to proclaim publicly, to peddle, to prohibit
**pregonero** *m* – street vendor, town-crier
**pregunta** *f* – question
**pregunta académica** – academic question
**pregunta capciosa** – captious question
**pregunta categórica** – categorical question
**pregunta hipotética** – hypothetical question
**pregunta impertinente** – impertinent question, irrelevant question
**pregunta incidental** – incidental question
**pregunta objetable** – objectionable question
**pregunta sugestiva** – leading question
**preguntar** *v* – to ask, to interrogate
**preguntas a testigos** – interrogation of witnesses
**preguntas generales de la ley** – standard questions for witnesses which include asking their name and age and so on
**preguntas más frecuentes** – frequently asked questions
**preimpuestos** *adj* – pretax
**preinserto** *adj* – previously inserted
**prejubilación** *f* – early retirement
**prejudicial** *adj* – pre-judicial, requiring a preliminary decision, requesting a preliminary decision
**prejuicio** *m* – prejudice, bias, prejudgment
**prejuicios raciales** – racial prejudice, racial discrimination, racial bias
**prejuicios sexistas** – sexual prejudice, gender prejudice, sexual discrimination, gender discrimination, sexual bias, gender bias
**prejuzgamiento** *m* – prejudice, prejudgment
**prejuzgar** *v* – to prejudge
**prelación** *f* – priority, marshaling
**prelación de créditos** – marshaling assets
**preliminar** *adj* – preliminary
**preliminarmente** *adv* – preliminarily
**prelusión** *f* – preface
**premarital** *adj* – premarital
**prematuro** – premature
**premeditación** *f* – premeditation, malice aforethought
**premeditadamente** *adj* – premeditatedly, with malice aforethought
**premeditado** *adj* – premeditated
**premeditar** *v* – to premeditate
**premiar** *v* – to award
**premio** *m* – prize, award, premium, bonus
**premio de promoción** – promotional gift
**premio del seguro** – insurance premium
**premisa** *f* – premise, indication
**premiso** *adj* – preceding
**premoriencia** *f* – predecease
**premoriente** *adj* – predeceasing
**premorir** *v* – to predecease
**premostrar** *v* – to preview
**premuerto** *adj* – predeceased
**prenatal** *adj* – prenatal
**prenda** *f* – pledge, pledge agreement, security, guarantee, chattel mortgage, household article, garment, jewel
**prenda agraria** – pledge of agricultural equipment
**prenda agrícola** – pledge of agricultural equipment
**prenda de acciones** – pledge of stock
**prenda fija** – pledge
**prenda sobre valores** – pledge of securities
**prendado** *adj* – pledged
**prendador** *m* – pledger
**prendamiento** *m* – pledging
**prendar** *v* – to pledge, to give as security
**prendario** *adj* – pertaining to a pledge
**prender** *v* – to detain, to arrest, to secure
**prendimiento** *m* – detention, arrest
**prenombrado** *adj* – above-mentioned
**prenotificación** *f* – prenotification
**prensa** *f* – the press
**prensa amarilla** – yellow press
**prensa internacional** – international press
**prensa local** – local press
**prensa nacional** – national press
**prensa regional** – regional press
**prenupcial** *adj* – prenuptial
**preñar** *v* – to impregnate
**preñada** *adj* – pregnant
**preñado** *m* – pregnancy
**preñez** *f* – pregnancy, impending trouble, confusion
**preocupación** *f* – preoccupation

**preocupar** *v* – to preoccupy
**prepagado** *adj* – prepaid
**prepagar** *v* – to prepay
**prepago** *m* – prepayment
**prepago de cargos** – prepayment of fees
**prepago de contribuciones** – prepayment of taxes
**prepago de impuestos** – prepayment of taxes
**prepago de intereses** – prepayment of interest
**prepago de primas** – prepayment of premiums
**prepago de principal** – prepayment of principal
**prepago de seguro** – prepayment of insurance
**preparación** *f* – preparation, qualifications
**preparación adecuada** – adequate preparation
**preparación suficiente** – sufficient preparation
**preparado** *adj* – prepared
**preparado para Internet** – Internet-ready, Internet-enabled
**preparar** *v* – to prepare
**preparar una propuesta** – prepare a proposal
**preparativo** *adj* – preparative
**preponderancia** *f* – preponderance
**preponderante** *adj* – preponderant
**preponderar** *v* – to preponderate
**prerrequisito** *m* – prerequisite
**prerrogativa** *f* – prerogative
**prerrogativa soberana** – sovereign prerogative
**prerrogativas administrativas** – management prerogatives, administrative prerogatives
**presa** *f* – capture, booty, dam, sluice
**presagio** *m* – presage
**prescindencia** *f* – omission
**prescindible** *adj* – dispensable
**prescindir** *v* – to omit, to dispense with, to do without
**prescribir** *v* – to prescribe, to acquire by prescription, to acquire by adverse possession, to lapse
**prescripción** *f* – prescription, extinguishment, adverse possession, limitation, lapsing
**prescripción adquisitiva** – adverse possession, prescription
**prescripción criminal** – criminal statute of limitations
**prescripción de la acción** – limitation of action
**prescripción del dominio** – adverse possession, prescription
**prescripción en las obligaciones** – lapse of obligations
**prescripción extintiva** – extinction of an obligation through prescription
**prescripción liberatoria** – limitation of action
**prescripción negativa** – negative prescription
**prescripción ordinaria** – adverse possession, prescription
**prescripción penal** – criminal statute of limitations
**prescripción positiva** – positive prescription
**prescriptible** *adj* – prescriptible, lapsable
**prescriptivo** *adj* – prescriptive
**prescripto** *adj* – prescribed, lapsed, barred by statute of limitations
**prescrito** *adj* – prescribed, lapsed, barred by statute of limitations
**presencia** *f* – presence
**presencia comercial** – commercial presence
**presencia electrónica** – online presence, Internet presence, electronic presence
**presencia en el Internet** – Internet presence
**presencia en línea** – online presence
**presencia en un mercado** – market presence
**presencia mercantil** – commercial presence
**presencia online** – online presence
**presencialmente** *adv* – in person
**presenciar** *v* – to attend, to witness
**presentable** *adj* – presentable
**presentación** *f* – presentation, petition, filing, layout
**presentación, a** – on presentation
**presentación, a la** – at sight, on presentation
**presentación, a su** – on presentation
**presentación comercial** – commercial presentation, commerce presentation, business presentation
**presentación corporativa** – corporate presentation
**presentación de comercio** – commercial presentation, commerce presentation, business presentation
**presentación de credenciales** – presentation of credentials
**presentación de documentos** – presentation of documents
**presentación de evidencia** – presentation of evidence
**presentación de negocios** – business presentation
**presentación de testimonio** – presentation of testimony
**presentación empresarial** – business presentation
**presentación mercantil** – commercial presentation, mercantile presentation
**presentación por computadora** – computer presentation
**presentación por ordenador** – computer presentation
**presentador** *m* – presenter
**presentar** *v* – to present, to introduce, to submit, to hand in, to file, to propose, to show
**presentar al cobro** – to present for collection
**presentar evidencia** – to present evidence
**presentar formalmente** – to present formally
**presentar prueba** – to produce proof, to produce evidence
**presentar un recurso** – to file an appeal
**presentar una moción** – to present a motion
**presentar una oferta** – to present an offer
**presentar una propuesta** – to submit a proposal
**presentarse** *v* – to appear, to appear in court, to introduce oneself, to arise, to come up, to apply for, to stand for, to take
**presente** *adj* – present, current, by hand
**presentemente** *adv* – presently, currently
**preservación** *f* – preservation, conservation, custody
**preservación de la energía** – preservation of energy
**preservación de la naturaleza** – nature preservation
**preservación de los recursos** – preservation of resources
**preservación de los recursos naturales** – preservation of natural resources
**preservación del agua** – water preservation
**preservar** *v* – to preserve
**presidencia** *f* – presidency, presidential term, office of a chairperson
**presidencial** *adj* – presidential
**presidenta** *f* – president, chair, chairperson, chairwoman, presiding officer, speaker
**presidenta actuante** – acting president
**presidenta adjunta** – deputy president, deputy chair, deputy chairperson, deputy chairwoman

**presidenta de la junta** – presiding officer, chairperson of the board, chairwoman of the board
**presidenta de la junta directiva** – chair of the board, chairperson of the board, chairwoman of the board, chairperson of the board of directors, chairwoman of the board of directors, chairperson of the executive board, chairwoman of the executive board, chairwoman of the executive committee, chairwoman of the management board
**presidenta de la nación** – president of the nation
**presidenta de la república** – president of the nation
**presidenta de mesa** – presiding officer
**presidenta del consejo** – presiding officer, chairperson of the board, chairwoman of the board
**presidenta del jurado** – president of the jury
**presidenta interina** – interim president, acting president, interim chair, interim chairwoman, acting chair, acting chairwoman
**presidenta y directora ejecutiva** – chairperson and chief executive, chairwoman and chief executive, chairperson and managing director, chairwoman and managing director
**presidente** *m* – president, chair, chairperson, chairman, presiding officer, speaker, presiding judge
**presidente actuante** – acting president
**presidente adjunto** – deputy president, deputy chair, deputy chairperson, deputy chairman
**presidente de facto** – president in fact, de facto president
**presidente de la corte suprema** – chief justice
**presidente de la junta** – presiding officer, chairperson of the board, chairman of the board
**presidente de la junta directiva** – chair of the board, chairperson of the board, chairman of the board, chairperson of the board of directors, chairman of the board of directors, chairperson of the executive board, chairman of the executive board, chairman of the executive committee, chairman of the management board
**presidente de la nación** – president of the nation
**presidente de la república** – president of the nation
**presidente de mesa** – presiding officer
**presidente del consejo** – presiding officer, chairperson of the board, chairman of the board
**presidente del jurado** – president of the jury
**presidente del tribunal supremo** – chief justice
**presidente electo** – president-elect
**presidente interino** – interim president, acting president, interim chair, interim chairman, acting chair, acting chairman
**presidente y director ejecutivo** – chairperson and chief executive, chairman and chief executive, chairperson and managing director, chairman and managing director
**presidiable** *adj* – imprisonable
**presidiario** *m* – convict
**presidio** *m* – presidio, prison, imprisonment, convicts collectively
**presidio perpetuo** – life imprisonment
**presidir** *v* – to preside, to chair
**presión** *f* – pressure
**presión al consumidor** – consumer pressure
**presión competitiva** – competitive pressure
**presión del consumidor** – consumer pressure
**presión demográfica** – demographic pressure
**presión fiscal** – fiscal pressure, tax pressure
**presión inflacionaria** – inflationary pressure
**presionar** *v* – to pressure
**preso** *m* – prisoner, convict
**preso** *adj* – imprisoned, arrested
**prestación** *f* – lending, consideration, provision, aid, service, rendering, benefit, loan, payment
**prestación a título gratuito** – gratuitous consideration
**prestación adecuada** – adequate consideration
**prestación anterior** – past consideration
**prestación concurrente** – concurrent consideration
**prestación continua** – continuing consideration
**prestación de servicios** – rendering of services
**prestación debida** – due consideration
**prestación específica** – specific performance
**prestación expresa** – express consideration
**prestación ilegal** – illegal consideration
**prestación implícita** – implied consideration
**prestación inadecuada** – inadequate consideration
**prestación inmoral** – immoral consideration
**prestación insuficiente** – inadequate consideration
**prestación justa** – fair consideration
**prestación justa y adecuada** – fair and valuable consideration
**prestación justa y razonable** – fair and reasonable consideration
**prestación legal** – legal consideration
**prestación moral** – moral consideration
**prestación nominal** – nominal consideration
**prestación pecuniaria** – pecuniary consideration
**prestación razonable** – adequate consideration
**prestación social** – social service
**prestación suficiente** – sufficient consideration
**prestaciones sanitarias** – health services
**prestado** *adj* – borrowed, loaned
**prestado ilegalmente** – illegally loaned
**prestado ilícitamente** – illicitly loaned
**prestado sin intereses** – loaned flat
**prestador** *m* – lender
**prestador** *adj* – lending
**prestador a la gruesa** – lender on bottomry
**prestador autorizado** – licensed lender, licenced lender
**prestador comercial** – commercial lender
**prestador de última instancia** – lender of last resort
**prestador de último recurso** – lender of last resort
**prestador elegible** – eligible lender
**prestador empresarial** – business lender
**prestador hipotecario** – mortgage lender
**prestador marginal** – marginal lender
**prestador mercantil** – commercial lender, mercantile lender
**prestador privado** – private lender
**prestamente** *adv* – promptly
**prestamista** *m/f* – lender
**prestamista autorizado** – licensed lender, licenced lender
**prestamista de última instancia** – lender of last resort
**prestamista de último recurso** – lender of last resort
**prestamista elegible** – eligible lender
**prestamista hipotecario** – mortgage lender
**prestamista marginal** – marginal lender
**préstamo** *m* – loan, loan contract, lending

**préstamo a corto plazo** – short-term loan
**préstamo a la demanda** – demand loan, call loan
**préstamo a la gruesa** – bottomry
**préstamo a la vista** – demand loan, call loan
**préstamo a largo plazo** – long-term loan
**préstamo a mediano plazo** – medium-term loan
**préstamo a medio plazo** – medium-term loan
**préstamo a plazo fijo** – time loan, fixed-term loan
**préstamo a riesgo marítimo** – bottomry
**préstamo a tasa fija** – fixed-rate loan
**préstamo a tasa variable** – variable-rate loan
**préstamo a tipo fijo** – fixed-rate loan
**préstamo a tipo variable** – variable-rate loan
**préstamo agrícola** – agricultural loan
**préstamo ajustable** – adjustable loan
**préstamo al consumidor** – consumer loan
**préstamo amortizable** – amortizable loan
**préstamo amortizado** – amortized loan
**préstamo asegurado** – insured loan
**préstamo asumible** – assumable loan
**préstamo bancario** – bank loan
**préstamo bilateral** – bilateral loan
**préstamo bisemanal** – biweekly loan
**préstamo clasificado** – classified loan
**préstamo colateralizado** – collateralized loan
**préstamo colectivo** – blanket loan
**préstamo comercial** – commercial loan, business loan
**préstamo comercial e industrial** – commercial and industrial loan
**préstamo completamente amortizado** – fully amortized loan
**préstamo con garantía** – guaranteed loan, secured loan
**préstamo con interés** – loan with interest
**préstamo con participación** – participation loan
**préstamo concesionario** – concessional loan
**préstamo conforme** – conforming loan
**préstamo consolidado** – consolidated loan
**préstamo contingente** – contingent loan
**préstamo convencional** – conventional loan
**préstamo convertible** – convertible loan
**préstamo corporativo** – corporate loan
**préstamo de acciones** – stock loan
**préstamo de auto** – car loan
**préstamo de automóvil** – car loan
**préstamo de banco** – bank loan
**préstamo de carro** – car loan
**préstamo de coche** – car loan
**préstamo de comercio** – commerce loan, business loan
**préstamo de consolidación** – consolidation loan
**préstamo de construcción** – construction loan
**préstamo de consumo** – consumer loan, consumption loan
**préstamo de corredor** – broker loan
**préstamo de depósito** – deposit loan
**préstamo de desarrollo** – development loan
**préstamo de día a día** – day-to-day loan
**préstamo de dinero** – monetary loan
**préstamo de estudiante** – student loan
**préstamo de interés fijo** – fixed-rate loan
**préstamo de inversión** – investment loan
**préstamo de pago único** – single-payment loan
**préstamo de tasa ajustable** – adjustable-rate loan
**préstamo de tasa constante** – constant rate loan
**préstamo de tasa fija** – fixed-rate loan
**préstamo de tasa flexible** – flexible-rate loan
**préstamo de tasa flotante** – floating-rate loan
**préstamo de tasa fluctuante** – fluctuating-rate loan
**préstamo de tipo ajustable** – adjustable-rate loan
**préstamo de tipo constante** – constant-rate loan
**préstamo de tipo flexible** – flexible-rate loan
**préstamo de tipo flotante** – floating-rate loan
**préstamo de tipo fluctuante** – fluctuating-rate loan
**préstamo de uso** – loan for use
**préstamo de valores** – securities loan
**préstamo del estado** – government loan, state loan
**préstamo del gobierno** – government loan
**préstamo descontado** – discounted loan
**préstamo diario** – day loan
**préstamo directo** – direct loan
**préstamo dudoso** – doubtful loan
**préstamo en divisa** – foreign currency loan
**préstamo en efectivo** – cash loan
**préstamo en moneda extranjera** – foreign currency loan
**préstamo estatal** – government loan, state loan
**préstamo estudiantil** – student loan
**préstamo externo** – foreign loan, external loan
**préstamo extranjero** – foreign loan
**préstamo fiduciario** – fiduciary loan
**préstamo forzado** – forced loan
**préstamo forzoso** – forced loan
**préstamo garantizado** – guaranteed loan
**préstamo gubernamental** – government loan
**préstamo hipotecario** – mortgage loan
**préstamo hipotecario ajustable** – adjustable mortgage loan
**préstamo hipotecario asegurado** – insured mortgage loan
**préstamo hipotecario conforme** – conforming mortgage loan
**préstamo hipotecario garantizado** – guaranteed mortgage loan
**préstamo hipotecario preaprobado** – preapproved mortgage loan
**préstamo ilegal** – illegal loan
**préstamo ilícito** – illicit loan
**préstamo improductivo** – nonproductive loan
**préstamo incobrable** – uncollectible loan, bad loan
**préstamo indexado** – indexed loan
**préstamo indirecto** – indirect loan
**préstamo indizado** – indexed loan
**préstamo institucional** – institutional loan
**préstamo interbancario** – interbank loan
**préstamo interino** – interim loan, bridge loan
**préstamo internacional** – international loan
**préstamo interno** – domestic loan, internal loan
**préstamo libre de intereses** – interest-free loan
**préstamo local** – local loan
**préstamo mancomunado** – joint loan
**préstamo marítimo** – maritime loan
**préstamo mercantil** – commercial loan
**préstamo mínimo** – floor loan
**préstamo necesario** – necessary loan
**préstamo no amortizado** – unamortized loan
**préstamo no asegurado** – uninsured loan
**préstamo no hipotecario** – non-mortgage loan

**préstamo no pagado** – unpaid loan
**préstamo pagadero a la demanda** – callable loan
**préstamo para adquisición** – acquisition loan
**préstamo para consumo** – loan for consumption
**préstamo para edificación** – building loan
**préstamo para mejoras al hogar** – home improvement loan
**préstamo para proyecto** – project loan
**préstamo para viviendas** – housing loan
**préstamo paralelo** – parallel loan
**préstamo pendiente** – outstanding loan
**préstamo personal** – personal loan
**préstamo preaprobado** – preapproved loan
**préstamo precario** – precarious loan
**préstamo prendario** – pledge loan
**préstamo público** – public loan
**préstamo puente** – bridge loan, bridging loan
**préstamo quirografario** – unsecured loan
**préstamo reestructurado** – restructured loan
**préstamo refinanciado** – refinanced loan
**préstamo renegociado** – renegotiated loan
**préstamo respaldado** – backed loan
**préstamo rotatorio** – revolving loan
**préstamo simple** – loan for consumption
**préstamo sin amortización** – non-amortizing loan
**préstamo sin garantía** – unsecured loan
**préstamo sin intereses** – interest-free loan
**préstamo sindicado** – syndicated loan
**préstamo sobre póliza** – policy loan
**préstamo subsidiado** – subsidized loan
**préstamo subvencionado** – subsidized loan
**préstamo temporal** – temporary loan
**préstamo usurario** – usurious loan
**préstamos al consumo** – consumer lending
**préstamos de empresas** – business loans, business lending
**préstamos de negocios** – business loans, business lending
**préstamos empresariales** – business loans, business lending
**préstamos en divisas** – currency lending
**préstamos en exceso** – excess lending
**préstamos mercantiles** – mercantile lending
**préstamos transfronterizos** – cross-border lending
**prestanombre** *m* – straw party
**prestar** *v* – to loan, to render, to assist, to borrow, to give
**prestar fianza** – to furnish bail
**prestar garantía** – to offer a guarantee
**prestar juramento** – to take oath
**prestar valores** – to lend securities
**prestatario** *m* – borrower
**prestatario** *adj* – borrowing
**prestatario conjunto** – joint borrower
**prestatario elegible** – eligible borrower
**prestatario marginal** – marginal borrower
**prestigio** *m* – prestige, cachet, deception
**prestigioso** *adj* – prestigious, deceptive
**presto** *adj* – quick, ready
**presto** *adv* – immediately
**presumible** *adj* – presumable
**presumir** *v* – to presume
**presumir inocencia** – to presume innocence
**presunción** *f* – presumption
**presunción absoluta** – conclusive presumption
**presunción concluyente** – conclusive presumption
**presunción de ausencia** – presumption of absence
**presunción de autoridad** – presumption of authority
**presunción de culpa** – presumption of guilt
**presunción de culpabilidad** – presumption of guilt
**presunción de derecho** – presumption of law
**presunción de entrega** – presumption of delivery
**presunción de fallecimiento** – presumption of death
**presunción de hecho** – presumption of fact
**presunción de inculpabilidad** – presumption of innocence
**presunción de inocencia** – presumption of innocence
**presunción de intención** – presumption of intention
**presunción de ley** – presumption of law
**presunción de matrimonio** – presumption of marriage
**presunción de muerte** – presumption of death
**presunción de pago** – presumption of payment
**presunción de paternidad** – presumption of paternity
**presunción de supervivencia** – presumption of survivorship
**presunción de veracidad** – presumption of veracity
**presunción dudosa** – rebuttable presumption
**presunción estatutaria** – statutory presumption
**presunción inconsistente** – inconsistent presumption
**presunción irrazonable** – unreasonable presumption
**presunción judicial** – judicial presumption
**presunción jurídica** – judicial presumption
**presunción juris et de jure** – conclusive presumption
**presunción juris tantum** – rebuttable presumption
**presunción legal** – presumption of law
**presunción mixta** – mixed presumption
**presunción razonable** – reasonable presumption
**presunción rebatible** – rebuttable presumption
**presunción refutable** – rebuttable presumption
**presunción relativa** – rebuttable presumption
**presunción vehemente** – violent presumption
**presunción violenta** – violent presumption
**presuntamente** *adv* – presumably
**presuntivamente** *adv* – conjecturally
**presuntivo** *adj* – presumed
**presunto** *adj* – presumed
**presunto heredero** – heir presumptive
**presuponer** *v* – to presuppose, to budget
**presuposición** *f* – presupposition
**presupuestación** *f* – budgeting
**presupuestación anual** – annual budgeting
**presupuestación completa** – full budgeting
**presupuestación comunitaria** – community budgeting
**presupuestación de capital** – capital budgeting
**presupuestación de operaciones** – operations budgeting
**presupuestación de producción** – production budgeting
**presupuestación de proyecto** – project budgeting
**presupuestación de recursos** – resource budgeting
**presupuestación estratégica** – strategic budgeting
**presupuestación financiera** – financial budgeting
**presupuestación flexible** – flexible budgeting
**presupuestación global** – comprehensive budgeting
**presupuestación normal** – normal budgeting
**presupuestación regular** – regular budgeting
**presupuestación variable** – variable budgeting

**presupuestado** *adj* – budgeted
**presupuestar** *v* – to budget
**presupuestario** *adj* – budgetary
**presupuesto** *m* – budget, estimate, quote, supposition, motive
**presupuesto** *adj* – presupposed, estimated
**presupuesto acordado** – agreed-upon budget
**presupuesto acostumbrado** – customary budget
**presupuesto administrativo** – administrative budget
**presupuesto ajustado** – tight budget
**presupuesto anual** – annual budget
**presupuesto apretado** – tight budget
**presupuesto aprobado** – approved budget
**presupuesto comunitario** – community budget
**presupuesto contingente** – contingent budget
**presupuesto continuo** – continuous budget
**presupuesto contratado** – contracted budget
**presupuesto convenido** – agreed-upon budget
**presupuesto corriente** – current budget
**presupuesto de caja** – cash budget
**presupuesto de capital** – capital budget
**presupuesto de explotación** – operating budget
**presupuesto de gastos** – expense budget
**presupuesto de gastos de capital** – capital-expenditure budget
**presupuesto de ingresos** – revenue budget
**presupuesto de inversiones** – investment budget
**presupuesto de investigación** – research budget
**presupuesto de marketing** – marketing budget
**presupuesto de mercadeo** – marketing budget
**presupuesto de producción** – production budget
**presupuesto de promoción** – promotional budget
**presupuesto de proyecto** – project budget
**presupuesto de publicidad** – advertising budget
**presupuesto de recursos** – resource budget
**presupuesto de tesorería** – Treasury Budget
**presupuesto de ventas** – sales budget
**presupuesto discrecional** – discretionary budget
**presupuesto doméstico** – household budget, domestic budget
**presupuesto económico** – economic budget
**presupuesto equilibrado** – balanced budget
**presupuesto estatal** – government budget, state budget
**presupuesto estático** – static budget
**presupuesto estipulado** – stipulated budget
**presupuesto extraordinario** – extraordinary budget
**presupuesto familiar** – family budget
**presupuesto federal** – federal budget
**presupuesto fijo** – fixed budget
**presupuesto financiero** – financial budget
**presupuesto flexible** – flexible budget
**presupuesto general** – general budget
**presupuesto global** – overall budget
**presupuesto gubernamental** – government budget
**presupuesto interino** – interim budget
**presupuesto maestro** – master budget
**presupuesto múltiple** – multiple budget
**presupuesto nacional** – national budget
**presupuesto negociado** – negotiated budget
**presupuesto normal** – normal budget
**presupuesto operacional** – operational budget
**presupuesto operativo** – operating budget
**presupuesto ordinario** – ordinary budget
**presupuesto pactado** – agreed-upon budget
**presupuesto para gastos** – expense budget
**presupuesto para publicidad** – advertising budget
**presupuesto predeterminado** – predetermined budget
**presupuesto preestablecido** – preset budget
**presupuesto promocional** – promotional budget
**presupuesto publicitario** – advertising budget
**presupuesto reducido** – reduced budget
**presupuesto regular** – regular budget
**presupuesto restringido** – tight budget
**presupuesto suplementario** – supplemental budget
**presupuesto típico** – typical budget
**presupuesto variable** – variable budget
**presupuestos procesales** – rules of procedure
**pretender** *v* – to try, to claim
**pretendiente** *m* – claimant, candidate
**pretensión** *f* – pretension, cause of action, intention
**preterición** *f* – pretermission
**preterintencional** *adj* – unintentional, unpremeditated
**preterintencionalidad** *f* – result of a crime which exceeds the intentions of the perpetrator
**preterir** *v* – to pretermit
**pretérito** *adj* – pretermitted
**pretermisión** *f* – pretermission
**pretermitir** *v* – to pretermit
**pretexto** *m* – pretext
**prevalecer** *v* – to prevail
**prevaleciente** *adj* – prevailing
**prevaler** *v* – to prevail
**prevalerse de** – to take advantage of
**prevaricación** *f* – prevarication, breach of duty, breach of trust
**prevaricador** *m* – prevaricator, person who commits a breach of duty, person who commits a breach of trust
**prevaricar** *v* – to prevaricate, to commit a breach of duty, to commit a breach of trust
**prevaricato** *m* – prevarication, breach of duty, breach of trust
**prevención** *f* – prevention, warning, prejudice, police jail, preliminary hearing
**prevención de accidentes** – accident prevention
**prevención de pérdidas** – loss prevention
**prevención de residuos** – waste prevention
**prevención de riesgos** – risk prevention
**prevención social** – social security
**prevender** *v* – presell
**prevenido** *adj* – warned, prepared, cautious
**prevenidamente** *adv* – with preparation, with prevention, previously
**prevenido** *adj* – warned, prepared, cautious
**prevenir** *v* – to warn, to prevent, to prejudice, to conduct a preliminary hearing
**prevenirse** *v* – to take precautions, to get ready
**preventa** *f* – presale
**preventiva** *f* – preventive detention, temporary detention
**preventivamente** *adv* – preventively
**preventivo** *adj* – preventive
**prever** *v* – to forecast, to project, to anticipate, to plan
**previa inscripción** – prior registration
**previamente** *adv* – previously
**previo** *adj* – previous, subject to
**previo acuerdo** – previous agreement, subject to agreement

**previo aviso** – prior warning, prior notice
**previo aviso, sin** – without prior warning, without prior notice
**previo pago** – prior payment, against payment
**previsibilidad** *f* – foreseeability
**previsible** *adj* – foreseeable
**previsión** *f* – prevision, foresight, forecast, forecasting, precaution
**previsión a corto plazo** – short-term forecasting, short-term forecast
**previsión a largo plazo** – long-term forecasting, long-term forecast
**previsión a mediano plazo** – medium-term forecasting, medium-term forecast
**previsión a medio plazo** – medium-term forecasting, medium-term forecast
**previsión comercial** – business forecasting, business forecast, commercial forecasting, commercial forecast
**previsión de beneficios** – profits forecasting, profits forecast, benefits forecasting, benefits forecast
**previsión de comercio** – business forecasting, business forecast, commercial forecasting, commercial forecast
**previsión de cosechas** – crop forecasting, crop forecast
**previsión de costes** – cost forecasting, cost forecast
**previsión de costos** – cost forecasting, cost forecast
**previsión de gastos** – expense forecasting, expense forecast
**previsión de ingresos** – income forecasting, income forecast, revenue forecasting, revenue forecast
**previsión de negocios** – business forecasting, business forecast
**previsión del mercado** – market forecasting, market forecast
**previsión económica** – economic forecasting, economic forecast
**previsión empresarial** – business forecasting, business forecast
**previsión mercantil** – commercial forecasting, commercial forecast
**previsión social** – social security
**previsor** *adj* – foresighted, prudent
**previsto** *adj* – foreseen
**prima** *f* – premium, bonus, female cousin
**prima a la producción** – productivity bonus
**prima a plazo** – forward premium
**prima a término** – forward premium
**prima acordada** – agreed-upon premium
**prima adicional** – extra premium
**prima ajustable** – adjustable premium
**prima al firmar** – signing bonus
**prima amortizada** – amortized premium
**prima anticipada** – advance premium
**prima anual** – annual premium, yearly premium, annual bonus, yearly bonus
**prima aumentada** – increased premium
**prima base** – base premium
**prima básica** – basic premium
**prima bruta** – gross premium
**prima calculada** – calculated premium
**prima cobrada** – collected premium
**prima constante** – constant premium
**prima convenida** – agreed-upon premium
**prima de asistencia** – attendance bonus
**prima de bono** – bond premium
**prima de cancelación** – cancellation premium
**prima de coaseguro** – coinsurance premium
**prima de cobertura múltiple** – blanket rate
**prima de conversión** – conversion premium
**prima de depósito** – deposit premium
**prima de emisión** – issue premium
**prima de incentivo** – incentive bonus
**prima de inversión** – investment premium
**prima de reaseguro** – reinsurance premium
**prima de redención** – redemption premium
**prima de rescate** – redemption premium
**prima de seguro** – insurance premium
**prima de seguro hipotecario** – mortgage insurance premium
**prima de valoración** – valuation premium
**prima del riesgo** – risk premium
**prima del seguro** – insurance premium
**prima devengada** – earned premium
**prima diferida** – deferred premium
**prima en efectivo** – cash bonus
**prima estimada** – estimated premium
**prima estipulada** – stipulated premium
**prima extra** – extra premium
**prima facie** – at first sight, presumably, prima facie
**prima fija** – fixed premium
**prima financiada** – financed premium
**prima flexible** – flexible premium
**prima graduada** – graded premium
**prima grupal** – group premium, group bonus
**prima hipotecaria** – mortgage premium
**prima inicial** – initial premium
**prima irrazonable** – unreasonable premium
**prima máxima** – maximum premium
**prima mínima** – minimum premium
**prima natural** – natural premium
**prima negativa** – negative premium
**prima negociada** – negotiated premium
**prima neta** – net premium
**prima pactada** – agreed-upon premium
**prima pendiente** – outstanding premium
**prima pendiente de pago** – outstanding premium
**prima por aceleración** – acceleration premium
**prima por actividad** – activity bonus
**prima por aplazamiento** – contango
**prima por eficiencia** – efficiency bonus
**prima por firmar** – signing bonus
**prima por inflación** – inflation premium
**prima por producción** – production bonus
**prima por reinstalación** – reinstatement premium
**prima por renovación** – renewal premium
**prima por riesgo** – risk premium, hazard bonus
**prima preestablecida** – preset premium
**prima provisional** – provisional premium
**prima pura** – pure premium
**prima razonable** – reasonable premium
**prima regular** – regular premium
**prima semianual** – semiannual premium, biannual premium, semiannual bonus, biannual bonus
**prima temporal** – temporary premium
**prima trimestral** – quarterly premium
**prima única** – single premium
**prima variable** – variable premium

**primacía** *f* – primacy
**primariamente** *adv* – primarily
**primario** *adj* – primary, first
**primas cobradas** – collected premiums
**primas diferidas** – deferred premiums
**primas indeterminadas** – indeterminate premiums
**primas parejas** – level premiums
**primazgo** *m* – cousinship
**primer** *adj* – first
**primer acto criminal** – first criminal act
**primer aviso** – first notification
**primer cargo** – first charge
**primer gravamen** – first lien, first encumbrance
**primer mundo** – first world
**primer pago** – first payment
**primera clase** – first class
**primera condena** – first conviction
**primera condena criminal** – first criminal conviction
**primera delincuencia** – first offense
**primera etapa** – first stage
**primera fecha de redención** – first call date
**primera hipoteca** – first mortgage
**primera impresión** – first impression
**primera instancia** – first instance
**primera opción** – first option
**primera orden** – first order
**primera prima** – first premium
**primera vista, a** – at first glance, prima facie
**primeramente** *adv* – firstly, before
**primero** *adj* – first, foremost, original
**primero en entrar-primero en salir** – first-in-first-out, FIFO
**primero en entrar-último en salir** – first-in-last-out, FILO
**primo** *m* – cousin, male cousin
**primo carnal** – first cousin
**primo hermano** – first cousin
**primo segundo** – second cousin
**primogénito** *m* – first born, eldest
**primordial** *adj* – primordial
**principada** *f* – abuse of authority
**principal** *m* – principal, capital, chief
**principal** *adj* – principal, main, foremost
**principalidad** *f* – preeminence
**principalmente** *adv* – principally
**principio** *m* – principle, beginning
**principio de aceleración** – acceleration principle
**principio de acumulación** – accrual principle
**principio de beneficios** – benefit principle
**principio de exclusión** – exclusion principle
**principio de la conformidad** – conformity principle
**principio de la legalidad** – principle of legality, legality principle
**principio de no discriminación** – non-discrimination principle
**principio de uniformidad** – uniformity principle
**principio del esfuerzo mínimo** – least-effort principle
**principio legal** – legal principle
**principios contables** – accounting principles
**principios de contabilidad** – accounting principles
**principios de contabilidad generalmente aceptados** – Generally Accepted Accounting Principles
**principios generales del derecho** – general principles of law
**priori, a** – from the cause to the effect, a priori
**prioridad** *f* – priority, seniority
**prioridad de gravámenes** – priority of liens
**prioridad de paso** – right of way
**prioridades corporativas** – corporate priorities
**priorizar** *v* – to prioritize
**prisa** *f* – haste, promptness, wild fight
**prisión** *f* – prison, imprisonment, capture, arrest
**prisión de estado** – state prison
**prisión estatal** – state prison
**prisión federal** – federal prison
**prisión ilegal** – false imprisonment
**prisión incomunicada** – solitary confinement
**prisión local** – local prison
**prisión mayor** – long-term imprisonment
**prisión menor** – short-term imprisonment
**prisión militar** – military imprisonment, military prison
**prisión perpetua** – life imprisonment
**prisión preventiva** – preventive detention, temporary detention
**prisión vitalicia** – life imprisonment
**prisionero** *m* – prisoner
**prisionero de guerra** – prisoner of war
**privacidad** *f* – privacy
**privacidad de datos** – data privacy
**privacidad financiera** – financial privacy
**privación** *f* – privation, deprivation, want, dispossession
**privación de derechos** – deprivation of rights
**privación de libertad** – deprivation of freedom
**privadamente** *adv* – privately
**privado** *adj* – private, personal, unconscious
**privar** *v* – to deprive, to prohibit, to impede, to dispossess, to knock unconscious
**privar de derechos** – to deprive of rights
**privar de empleo** – to deprive of employment
**privar de vida** – to deprive of life
**privarse** *v* – to deprive oneself, to abstain, to lose consciousness
**privatista** *m* – expert in private law
**privativamente** *adv* – privately, exclusively, personally
**privativo** *adj* – privative, exclusive, personal
**privatización** *f* – privatization
**privatizado** *adj* – privatized
**privatizar** *v* – to privatize
**privilegiado** *adj* – privileged, patented
**privilegiar** *v* – to privilege, to grant a privilege to, to grant a patent, to create a lien
**privilegio** *m* – privilege, lien, patent, copyright
**privilegio absoluto** – absolute privilege
**privilegio bancario** – banker's lien
**privilegio cancelado** – satisfied lien
**privilegio civil** – creditor's privilege over others
**privilegio condicional** – conditional privilege
**privilegio convencional** – conventional privilege
**privilegio de acreedores** – creditors' privilege
**privilegio de cambio** – exchange privilege
**privilegio de industria** – professional license, professional licence
**privilegio de introducción** – rights on a foreign product
**privilegio de invención** – patent

**privilegio de prepago** – prepayment privilege
**privilegio de reinversión** – reinvestment privilege
**privilegio de suscripción** – subscription privilege
**privilegio del abogado** – attorney's privilege, attorney's lien
**privilegio del agente** – agent's lien
**privilegio del arrendador** – landlord's lien
**privilegio del constructor** – mechanic's lien
**privilegio del factor** – factor's lien
**privilegio del transportador** – carrier's lien
**privilegio del transportista** – carrier's lien
**privilegio del vendedor** – vendor's lien
**privilegio equitativo** – equitable lien
**privilegio especial** – special privilege
**privilegio específico** – specific lien, specific privilege
**privilegio estatutario** – statutory lien
**privilegio fiscal** – fiscal privilege, tax privilege
**privilegio general** – general lien, general privilege
**privilegio involuntario** – involuntary lien
**privilegio judicial** – judicial lien
**privilegio liquidado** – satisfied lien
**privilegio negativo** – exemption
**privilegio perfeccionado** – perfected lien
**privilegio perpetuo** – perpetual lien, perpetual privilege
**privilegio personal** – personal privilege
**privilegio por fallo** – judgment lien
**privilegio previo** – prior lien
**privilegio subyacente** – underlying lien
**privilegio voluntario** – voluntary lien
**privilegios concurrentes** – concurrent liens
**privilegios e inmunidades** – privileges and immunities
**privilegios sobre bienes inmuebles** – creditors' privileges concerning real property
**privilegios sobre bienes muebles** – creditors' privileges concerning personal property
**pro** *m/f* – profit, benefit
**pro bono** – for the good, services rendered for free, pro bono
**pro bono publico** – for the public good, pro bono publico, pro bono
**pro forma** – as a matter of form, pro forma
**pro fórmula** – as a matter of form, pro forma
**pro indiviso** – undivided, in common, pro indiviso
**pro rata** – proportionately, pro rata
**pro se** – for one's self, pro se
**pro tempore** – temporarily, pro tempore
**proactivo** *adj* – proactive
**probabilidad** *f* – probability, provability
**probabilidad clásica** – classical probability
**probabilidad de pérdida** – probability of loss
**probabilidad empírica** – empirical probability
**probabilidad objetiva** – objective probability
**probabilidad razonable** – reasonable probability
**probable** *adj* – probable, provable
**probablemente** *adv* – probably
**probado legalmente** – legally evidenced
**probado lícitamente** – licitly evidenced
**probanza** *f* – proof, proving, evidence
**probar** *v* – to prove, to test
**probar culpabilidad** – to prove guilt
**probar inocencia** – to prove innocence
**probar una coartada** – to establish an alibi
**probatoria** *f* – probative period
**probatorio** *adj* – probative, probatory
**probidad** *f* – probity
**problema** *m* – problem
**problema de agencia** – agency problem
**problema de credibilidad** – credibility problem
**problema de la acción colectiva** – collective action problem
**problema urgente** – urgent problem, immediate problem
**problemas ambientales** – environmental problems
**problemas de liquidez** – liquidity problems, cash flow problems
**problemas económicos** – economic problems
**problemas medioambientales** – environmental problems
**problemático** *adj* – problematic
**probo** *adj* – upright
**procacidad** *f* – impudence
**procaz** *adj* – impudent
**procedencia** *f* – origin, legal basis, justification
**procedente** *adj* – originating, lawful, justified, according to custom
**proceder** *m* – behavior, procedure
**proceder** *v* – to proceed, to be lawful, to be proper
**procedimental** *adj* – procedural
**procedimiento** *m* – procedure, process, proceeding
**procedimiento administrativo** – administrative proceeding
**procedimiento anómalo** – anomalous proceeding
**procedimiento arbitral** – arbitration proceeding
**procedimiento civil** – civil proceeding, civil procedure
**procedimiento colateral** – collateral proceeding
**procedimiento contencioso administrativo** – administrative proceeding
**procedimiento criminal** – criminal proceeding, criminal procedure
**procedimiento de aceptación** – acceptance procedure
**procedimiento de certificación** – certification procedure
**procedimiento de conciliación** – conciliation procedure
**procedimiento de despido** – dismissal procedure
**procedimiento de distribución** – distribution procedure
**procedimiento de evaluación de la conformidad** – conformity assessment procedure
**procedimiento de oficio** – court-initiated proceedings
**procedimiento de reclamación** – claims procedure
**procedimiento de rechazo** – refusal procedure
**procedimiento de solicitud** – application procedure
**procedimiento disciplinario** – disciplinary procedure
**procedimiento ejecutivo** – executory process
**procedimiento escrito** – written proceedings
**procedimiento especial** – special proceeding
**procedimiento establecido** – established procedure
**procedimiento extraordinario** – special proceeding
**procedimiento fijo** – fixed procedure
**procedimiento habitual** – habitual procedure
**procedimiento informal** – informal proceeding
**procedimiento inquisitivo** – inquisition
**procedimiento inusual** – unusual procedure
**procedimiento irregular** – irregular procedure
**procedimiento judicial** – judicial procedure, judicial

proceeding, court procedure
**procedimiento legal** – legal procedure
**procedimiento legislativo** – legislative proceeding
**procedimiento normal** – normal procedure
**procedimiento oficial** – official proceeding
**procedimiento oral** – oral proceedings
**procedimiento ordinario** – ordinary proceeding
**procedimiento para quejas** – complaints procedure
**procedimiento parlamentario** – parliamentary proceeding
**procedimiento penal** – criminal proceeding, criminal procedure
**procedimiento pendiente** – pending proceeding
**procedimiento periódico** – periodic procedure
**procedimiento regular** – regular procedure
**procedimiento sumario** – summary proceeding, summary procedure
**procedimiento usual** – usual procedure
**procedimientos administrativos** – administrative procedures
**procedimientos aduaneros** – customs procedures
**procedimientos contables** – accounting procedures
**procedimientos de administración** – administration procedures
**procedimientos de aduanas** – customs procedures
**procedimientos de auditoría** – auditing procedures
**procedimientos de contabilidad** – accounting procedures
**procedimientos de la conferencia** – conference proceedings
**procesado** *m* – accused, defendant
**procesado** *adj* – processed, accused, indicted, prosecuted, arraigned
**procesado legalmente** – legally processed
**procesado lícitamente** – licitly processed
**procesal** *adj* – procedural
**procesalista** *m/f* – attorney specializing in procedural law
**procesamiento** *m* – processing, indictment, prosecution, arraignment
**procesamiento automático de datos** – automated data processing
**procesamiento de alimentos** – food processing
**procesamiento de cheques** – check processing, cheque processing
**procesamiento de datos** – data processing
**procesamiento de datos electrónico** – electronic data processing
**procesamiento de desperdicios** – waste processing
**procesamiento de información** – information processing
**procesamiento de materias primas** – raw materials processing
**procesamiento de pago** – payment processing
**procesamiento de préstamos** – loan processing
**procesamiento electrónico de datos** – electronic data processing
**procesar** *v* – to process, to indict, to prosecute, to sue, to arraign
**proceso** *m* – process, proceedings, course, processing, trial, suit, action, criminal action, litigation, lapse of time
**proceso accesorio** – collateral action
**proceso acumulativo** – joinder
**proceso acusatorio** – accusatory process
**proceso adjudicatorio** – adjudicatory process
**proceso administrativo** – administrative process, administrative action
**proceso anormal** – irregular process
**proceso arbitral** – arbitration proceedings
**proceso automático de datos** – automated data processing
**proceso auxiliar** – ancillary proceedings
**proceso caucionable** – bailable process
**proceso cautelar** – provisional remedy
**proceso civil** – civil action, civil proceedings
**proceso cognoscitivo** – test action
**proceso colectivo** – joint action
**proceso comercial** – commercial action
**proceso conjunto** – joint proceeding
**proceso concursal** – bankruptcy proceedings
**proceso constitutivo** – test action
**proceso contable** – accounting process
**proceso contencioso** – contested proceedings
**proceso continuo** – continuous process
**proceso criminal** – criminal action, criminal proceedings
**proceso de ajuste** – adjustment process
**proceso de apelación** – appellate proceedings
**proceso de aprobación** – approval process
**proceso de árbitros** – arbitration process
**proceso de armonización** – harmonization process
**proceso de auditoría** – auditing process
**proceso de avenencia** – arbitration process
**proceso de cambio** – change process
**proceso de cognición** – test action
**proceso de compra** – purchase process
**proceso de conciliación** – conciliation process
**proceso de concurso** – bankruptcy proceedings
**proceso de condena** – criminal action
**proceso de consolidación** – consolidation process
**proceso de contabilidad** – accounting process
**proceso de contratación** – contracting process
**proceso de cheques** – check processing, cheque processing
**proceso de datos** – data processing
**proceso de datos electrónico** – electronic data processing
**proceso de decisión** – decision-making process
**proceso de desahucio** – eviction proceedings, dispossess proceedings
**proceso de desalojo** – eviction proceedings, dispossess proceedings
**proceso de despido** – dismissal process
**proceso de divorcio** – divorce proceedings
**proceso de ejecución** – executory proceedings
**proceso de embargo** – attachment proceedings
**proceso de enajenación forzosa** – condemnation proceedings
**proceso de fabricación** – manufacturing process
**proceso de información** – information processing
**proceso de insolvencia** – bankruptcy proceedings
**proceso de lanzamiento** – dispossess proceedings, eviction proceedings
**proceso de mayor cuantía** – proceeding concerning a large claim
**proceso de menor cuantía** – proceeding concerning a small claim

**proceso de negociación** – negotiation process
**proceso de préstamos** – loan processing
**proceso de producción** – production process
**proceso de quiebra** – bankruptcy proceedings
**proceso de rehabilitación** – discharge proceedings
**proceso de sucesión** – probate proceedings
**proceso de testamentaría** – probate proceedings
**proceso declarativo** – declaratory action
**proceso dispositivo** – test action
**proceso ejecutivo** – executory proceedings
**proceso electoral** – electoral process
**proceso en rebeldía** – process in absentia
**proceso especial** – special proceedings
**proceso extraordinario** – summary proceedings
**proceso final** – final process
**proceso habitual** – habitual process
**proceso hipotecario** – foreclosure proceedings, foreclosure process
**proceso ilegal** – illegal process
**proceso ilícito** – illicit process
**proceso imparcial** – impartial proceedings
**proceso incidental** – collateral action
**proceso inicial** – original process
**proceso intestado** – intestacy proceedings
**proceso inusual** – unusual process
**proceso irregular** – irregular process
**proceso judicial** – judicial process
**proceso jurisdiccional** – jurisdictional process
**proceso laboral** – action based on labor law, action based on labour law
**proceso legal** – lawful process
**proceso lícito** – licit process
**proceso lógico** – logical process
**proceso mixto** – mixed action
**proceso normal** – normal process
**proceso ordinario** – ordinary process
**proceso patentado** – patented process
**proceso penal** – criminal action, criminal process
**proceso principal** – principal action
**proceso regular** – regular process
**proceso simple** – ordinary proceedings
**proceso simulado** – simulated action
**proceso sucesorio** – probate proceedings
**proceso sumario** – summary proceedings
**proceso testamentario** – probate, testamentary proceedings
**proceso usual** – usual process
**proclama** *f* – proclamation
**proclamación** *f* – proclamation, public acclaim
**proclamar** *v* – to proclaim, to acclaim
**proclamarse** *v* – to proclaim oneself
**proclamas de matrimonio** – banns of matrimony
**proclamas matrimoniales** – banns of matrimony
**proclividad** *f* – proclivity
**procomún** *m* – public welfare
**procreación** *f* – procreation
**procuración** *f* – procuration, proxy, power of attorney, law office, attorneyship, diligent management
**procuración expresa** – express procuration
**procuración implícita** – implied procuration
**procuración inferida** – inferred procuration
**procuración tácita** – tacit procuration
**procurador** *m* – procurator, attorney, barrister, agent, town-clerk, town treasurer
**procurador de tribunales** – attorney, barrister, attorney at law, legal representative
**procurador en juicio** – trial attorney
**procurador fiscal** – prosecutor, prosecuting attorney
**procurador general** – attorney general
**procurador judicial** – attorney, barrister, attorney at law, legal representative
**procuraduría** *f* – law office, attorneyship
**procuraduría general** – office of an attorney general
**procurar** *v* – to procure, to endeavor, to represent, to manage for another, to produce
**prodición** *f* – betrayal, treason
**prodigalidad** *f* – prodigality, lavishness
**pródigamente** *adv* – prodigally, lavishly
**prodigar** *v* – to squander, to lavish
**pródigo** *adj* – prodigal, lavish
**producción** *f* – production, output, throughput
**producción a gran escala** – large-scale production
**producción agrícola** – agricultural production
**producción anual** – annual production
**producción aumentada** – increased production
**producción bruta** – gross output
**producción constante** – constant production
**producción continua** – continuous production
**producción corriente** – current production
**producción de documentos** – production of documents
**producción directa** – direct production
**producción en gran escala** – large-scale production
**producción en masa** – mass production
**producción en serie** – line production, mass production
**producción exterior** – foreign production, foreign output
**producción fija** – fixed production
**producción indirecta** – indirect production
**producción industrial** – industrial production, industrial output
**producción interior** – domestic production, domestic output
**producción intermitente** – intermittent production
**producción máxima** – maximum production, maximum output
**producción media** – average production
**producción normal** – normal production
**producción óptima** – optimum production
**producción per cápita** – production per capita, production per head
**producción piloto** – pilot production
**producción por cabeza** – production per head, production per capita
**producción predeterminada** – predetermined production
**producción preestablecida** – preset production
**producción regular** – regular production
**producción típica** – typical production
**producción total** – total output
**producente** *adj* – producing
**producido** *adj* – produced
**producido comercialmente** – commercially produced
**producidor** *adj* – producing
**producir** *v* – to produce, to yield
**producir interés** – to bear interest

**producir prueba** – to produce evidence, to produce proof
**producir un beneficio** – to yield a profit
**productividad** *f* – productivity
**productividad acostumbrada** – customary productivity
**productividad aumentada** – increased productivity
**productividad creciente** – increasing productivity
**productividad de capital** – capital productivity
**productividad decreciente** – diminishing productivity
**productividad laboral** – labor productivity, labour productivity
**productividad marginal** – marginal productivity
**productividad media** – average productivity
**productividad normal** – normal productivity
**productividad regular** – regular productivity
**productividad típica** – typical productivity
**productivo** *adj* – productive
**producto** *m* – product, result, commodity, yield
**producto acabado** – finished product
**producto agrícola** – agricultural product
**producto artificial** – artificial product
**producto básico** – basic product, commodity
**producto bruto interno** – gross national product, GNP
**producto bruto nacional** – gross national product, GNP
**producto competidor** – competing product
**producto de consumo** – consumer product
**producto de marca** – branded product
**producto defectuoso** – defective product
**producto del país** – domestic product, domestic commodity
**producto descontinuado** – discontinued product
**producto desechable** – disposable product
**producto doméstico** – domestic product
**producto doméstico bruto** – gross domestic product
**producto duradero** – durable product
**producto elaborado** – manufactured product
**producto emulador** – emulative product
**producto equitativo** – fair return
**producto exento** – exempt commodity
**producto fabricado** – manufactured product
**producto final** – final product
**producto físico** – physical product
**producto genérico** – generic product
**producto industrial** – industrial product
**producto inferior** – inferior product
**producto interior bruto** – gross domestic product, GDP
**producto manufacturado** – manufactured product
**producto marginal** – marginal product
**producto nacional** – national product, domestic product
**producto nacional bruto** – gross national product
**producto nacional neto** – net national product, net domestic product
**producto neto nacional** – net national product
**producto primario** – primary product
**producto principal** – main product, core product
**producto regional** – regional product
**productor** *m* – producer
**productor** *adj* – producing
**productor primario** – primary producer
**productos administrados** – managed commodities
**productos agrícolas** – agricultural products, agricultural produce, farm products, agricultural commodities
**productos aliados** – allied products
**productos básicos** – basic commodities, basic products
**productos complementarios** – complementary products
**productos controlados** – controlled commodities
**productos de calidad** – quality products
**productos de conveniencia** – convenience products
**productos de primera necesidad** – essential commodities, essential products
**productos esenciales** – essential commodities, essential products
**productos extranjeros** – foreign goods
**productos financieros** – financial products
**productos importados** – imported goods
**productos indispensables** – indispensable commodities, indispensable products
**productos industriales** – industrial goods
**productos intermedios** – intermediate goods
**productos manipulados** – manipulated commodities
**productos necesarios** – essential commodities, necessary products
**productos perecederos** – perishable goods
**productos regulados** – regulated commodities
**productos semiacabados** – unfinished products, unfinished goods
**productos semiterminados** – unfinished products, unfinished goods
**productos terminados** – finished goods
**profecticio** *adj* – profectitious
**proferir** *v* – to express
**proferir una decisión** – to announce a decision
**profesar** *v* – to profess
**profesión** *f* – profession, occupation, declaration
**profesión a corto plazo** – short-term profession
**profesión a largo plazo** – long-term profession
**profesión a tiempo completo** – full-time profession
**profesión a tiempo parcial** – part-time profession
**profesión actual** – present profession
**profesión administrativa** – administrative profession
**profesión agrícola** – agricultural profession
**profesión bancaria** – bank profession
**profesión calificada** – qualified profession, skilled profession
**profesión casual** – casual profession, temporary profession
**profesión clave** – key profession
**profesión continua** – continuous profession
**profesión cualificada** – qualified profession, skilled profession
**profesión de administración** – administrative profession
**profesión de banca** – bank profession
**profesión diurna** – day profession
**profesión en el sector privado** – private sector profession
**profesión en el sector público** – public sector profession
**profesión especializada** – specialized profession
**profesión fija** – steady profession
**profesión lucrativa** – lucrative profession

**profesión militar** – military profession
**profesión nocturna** – night profession
**profesión peligrosa** – hazardous profession, dangerous profession
**profesión permanente** – permanent profession
**profesión pública** – public profession
**profesión temporal** – temporary profession, casual profession
**profesión temporaria** – temporary profession, casual profession
**profesión temporera** – temporary profession, casual profession
**profesional** *adj* – professional
**profesional** *m/f* – professional
**profesional calificado** – qualified professional, qualifying professional
**profesional cualificado** – qualified professional, qualifying professional
**profesional en derecho** – attorney
**profesionalidad** *f* – professionalism
**profesionalidad delictiva** – professional criminality, illegal exercise of a profession
**profesionalismo** *m* – professionalism
**profiláctico** *m* – prophylactic
**prófugo** *m* – fugitive, escapee
**profundidad, en** – in depth
**profundizar** *v* – to delve deeply, to deepen
**profundo** *adj* – deep, profound, obscure
**profusamente** *adv* – profusely
**profusión** *f* – profusion
**progenie** *f* – progeny
**progenitor** *m* – progenitor
**progenitura** *f* – progeny
**programa** *m* – program, programme, scheme, schedule, platform, proclamation
**programa ambiental** – environmental program, environmental scheme
**programa autoadministrado** – self-administered program, self-administered scheme
**programa calificado** – qualified program, qualified scheme
**programa comercial** – business program, commercial program, business scheme, commercial scheme
**programa comunitario** – community program, community scheme
**programa contable** – accounting program, accounting scheme
**programa contractual** – contractual program, contractual scheme
**programa corporativo** – corporate program, corporate scheme
**programa cualificado** – qualified program, qualified scheme
**programa de amortización** – amortization program, repayment program, amortization scheme, repayment scheme
**programa de apoyo** – aid program, aid scheme
**programa de apoyo económico** – financial aid program, financial aid scheme
**programa de apoyo financiero** – financial aid program, financial aid scheme
**programa de asistencia** – assistance program, assistance scheme
**programa de asistencia económica** – financial assistance program, financial assistance scheme
**programa de asistencia financiera** – financial assistance program, financial assistance scheme
**programa de auditoría** – audit program, audit programme
**programa de ayuda** – aid program, aid scheme
**programa de ayuda económica** – financial aid program, financial aid scheme
**programa de ayuda financiera** – financial aid program, financial aid scheme
**programa de beneficios** – benefit program, benefit scheme
**programa de bonificaciones** – bonus program, bonus scheme
**programa de capacitación** – training program, training programme
**programa de choque** – crash program, crash programme
**programa de comercialización** – marketing program, commercialization program, marketing scheme, commercialization scheme
**programa de comercio** – commerce program, commerce scheme
**programa de compensación diferida** – deferred compensation program, deferred compensation scheme
**programa de conservación** – conservation program, conservation scheme
**programa de contabilidad** – accounting program, accounting programme
**programa de contribuciones** – contribution program, contribution scheme
**programa de desarrollo** – development program, development scheme
**programa de entrenamiento** – training program, training programme
**programa de estabilidad** – stabilization program, stabilization scheme
**programa de estabilización** – stabilization program, stabilization scheme
**programa de financiación** – financing program, financing scheme
**programa de financiamiento** – financing program, financing scheme
**programa de formación** – training program, training programme
**programa de habilitación** – training program, training programme
**programa de hospitalización** – hospitalization program, hospitalization programme
**programa de incentivos** – incentive program, incentive scheme
**programa de inversiones** – investment program, investment scheme
**programa de investigación** – research program, research programme
**programa de jubilación** – retirement program, retirement scheme
**programa de la conferencia** – conference program, conference programme
**programa de mantenimiento de precios** – price support program, price support scheme
**programa de marketing** – marketing program, marketing scheme

**programa de mejoras de capital** – capital improvement program, capital improvement programme
**programa de mercadeo** – marketing program, marketing programme
**programa de mercado** – market program, market programme
**programa de negocios** – business program, business scheme
**programa de pagos** – payment program, payment scheme
**programa de participación directa** – direct participation program, direct participation scheme
**programa de participación en las ganancias** – profit-sharing program, profit-sharing scheme
**programa de pensiones** – pension program, pension scheme
**programa de pensiones privado** – private pension program, private pension scheme
**programa de privatización** – privatization program, privatization scheme
**programa de producción** – production schedule
**programa de publicidad** – advertising program, advertising scheme
**programa de reajuste** – readjustment program, readjustment programme
**programa de reaseguro** – reinsurance program, reinsurance programme
**programa de reducción de costes** – cost-reduction program, cost-reduction scheme
**programa de reducción de costos** – cost-reduction program, cost-reduction scheme
**programa de reinversión de dividendos** – dividend reinvestment program, dividend reinvestment scheme
**programa de retiro** – retirement program, retirement scheme
**programa de salud** – health insurance program, health insurance scheme
**programa de seguros** – insurance program, insurance scheme
**programa de servicios** – service program, service programme
**programa de trabajo** – work program, work programme, work schedule
**programa del negocio** – business program, business scheme
**programa ecológico** – eco-program, ecological programme, eco-scheme, ecological programme
**programa económico** – economic program, economic scheme
**programa económico nacional** – national economic program, national economic scheme
**programa empresarial** – business program, business scheme
**programa estratégico** – strategic program, strategic scheme
**programa financiero** – financial program, financial scheme
**programa médico** – health insurance program, health insurance scheme
**programa mercantil** – commercial program, commercial scheme
**programa operacional** – operational program, operational programme
**programa para catástrofes** – catastrophe program, catastrophe programme
**programa para contingencias** – contingency program, contingency programme
**programa publicitario** – advertising program, advertising scheme
**programa social** – social program, social programme
**programación** *f* – programming, scheduling
**programado** *adj* – programmed, planned, scheduled
**programar** *v* – to program, to plan, to schedule
**programas de computadora** – computer software
**programas de contabilidad** – accounting software
**programas de ordenador** – computer software
**programas espía** – spyware
**progresar** *v* – to progress
**progresismo** *m* – progressivism
**progresista** *m/f* – progressive
**progresista** *adj* – progressive
**progresividad en frío** – fiscal drag
**progresivo** *adj* – progressive
**progreso** *m* – progress, advancement
**progreso económico** – economic progress, economic advancement
**progreso en el empleo** – employment advancement
**progreso en el trabajo** – work advancement
**progreso en la carrera** – career advancement
**progreso profesional** – professional advancement
**progreso social** – social progress
**progreso tecnológico** – technological progress, technological advancement
**prohibición** *f* – prohibition, ban
**prohibición de comerciar** – prohibition against trading
**prohibición de enajenar** – prohibition against transferring
**prohibición judicial** – judicial prohibition, injunction
**prohibiciones matrimoniales** – marriage impediments
**prohibicionismo** *m* – prohibitionism
**prohibicionista** *m/f* – prohibitionist
**prohibicionista** *adj* – prohibitionist
**prohibida la entrada** – no admittance
**prohibido** *adj* – prohibited, banned
**prohibido el paso** – no thoroughfare, no entry
**prohibido entrar** – no admittance
**prohibido estacionar** – no parking
**prohibido fumar** – no smoking
**prohibido por ley** – forbidden by law
**prohibir** *v* – to prohibit, to ban, to impede
**prohibitivo** *adj* – prohibitive
**prohibitorio** *adj* – prohibitory
**prohijación** *f* – adoption
**prohijador** *m* – adopter
**prohijador** *adj* – adopting
**prohijamiento** *m* – adoption
**prohijar** *v* – to adopt
**proindivisión** *f* – state of being undivided
**prole** *f* – progeny
**proletariado** *m* – proletariat
**proletarización** *f* – proletarianization
**proliferación** *f* – proliferation
**prolífico** *adj* – prolific
**prólogo** *m* – prologue
**prolongación** *f* – prolongation
**prolongado** *adj* – prolonged

**prolongamiento** *m* – prolongation
**prolongar** *v* – to prolong
**promediación** *f* – averaging
**promediar** *v* – to average, to mediate, to divide equally
**promedio** *m* – average
**promedio de ingresos anuales** – annual average earnings
**promedio de vida** – average life span
**promesa** *f* – promise, offer, assurance
**promesa aleatoria** – aleatory promise
**promesa colateral** – collateral promise
**promesa condicional** – conditional promise
**promesa de compra** – promise to purchase
**promesa de compra y venta** – purchase agreement
**promesa de compraventa** – purchase agreement
**promesa de contrato** – letter of intent
**promesa de matrimonio** – promise of marriage
**promesa de pagar** – promise to pay
**promesa de pago** – promise to pay
**promesa de venta** – promise to sell
**promesa dependiente** – dependent promise
**promesa ficticia** – fictitious promise
**promesa formal** – formal promise
**promesa implícita** – implied promise
**promesa incondicional** – unconditional promise
**promesa inferida** – inferred promise
**promesa pura** – simple promise
**promesa simple** – simple promise
**promesa sin causa** – naked promise
**promesa solemne** – solemn promise
**promesa tácita** – tacit promise
**promesa unilateral** – unilateral contract
**promesas recíprocas** – reciprocal promises
**prometer** *v* – to promise, to offer, to assure
**prometer formalmente** – to formally promise
**prometerse** *v* – to become engaged
**prometida** *f* – fiancée
**prometido** *m* – fiancé
**prometido** *adj* – promised, offered, assured
**prometiente** *m/f* – promisor, offeror
**prometiente** *adj* – promising, offering
**prometimiento** *m* – promise, offer
**prominencia** *f* – prominence
**prominente** *adj* – prominent
**promiscuidad** *f* – promiscuity
**promiscuo** *adj* – promiscuous
**promisorio** *adj* – promissory
**promitente** *m/f* – promisor, offeror
**promoción** *f* – promotion, special offer
**promoción agresiva** – aggressive promotion
**promoción anticipada** – advance promotion
**promoción boca a boca** – word-of-mouth promotion
**promoción comercial** – commercial promotion, trade promotion
**promoción concentrada** – concentrated promotion
**promoción cooperativa** – cooperative promotion
**promoción corporativa** – corporate promotion
**promoción de consumo** – consumer promotion
**promoción de empleado** – employee promotion
**promoción de exportación** – export promotion
**promoción de imagen** – image promotion
**promoción de marca** – brand promotion
**promoción de prueba** – test promotion
**promoción de ventas** – sales promotion
**promoción del producto** – product promotion
**promoción diferenciada** – differentiated promotion
**promoción directa** – direct promotion
**promoción electrónica** – electronic promotion, e-promotion, online promotion, Internet promotion
**promoción en línea** – online promotion, electronic promotion, e-promotion, Internet promotion
**promoción en masa** – mass promotion
**promoción engañosa** – deceptive promotion
**promoción global** – global promotion
**promoción industrial** – industrial promotion
**promoción interactiva** – interactive promotion
**promoción internacional** – international promotion
**promoción online** – online promotion, Internet promotion, electronic promotion, e-promotion
**promoción por Internet** – Internet promotion, online promotion, electronic promotion, e-promotion
**promoción radial** – radio promotion
**promoción selectiva** – selective promotion
**promoción telefónica** – telepromotion
**promoción televisiva** – TV promotion
**promoción vertical** – vertical promotion
**promoción vinculada** – tie-in promotion
**promoción viral** – viral promotion
**promocional** *adj* – promotional
**promocionar** *v* – to promote
**promotor** *m* – promoter, developer
**promotor comercial** – commercial developer
**promotor financiero** – financial backer
**promotor inmobiliario** – property developer, real estate developer
**promovedor** *m* – promoter
**promover** *v* – to promote, to develop, to instigate
**promover juicio** – to bring suit
**promover una acción** – to bring suit
**promulgación** *f* – promulgation
**promulgador** *m* – promulgator
**promulgar** *v* – to promulgate
**pronosticación** *f* – forecasting
**pronosticación a corto plazo** – short-term forecasting
**pronosticación a largo plazo** – long-term forecasting
**pronosticación a mediano plazo** – medium-term forecasting
**pronosticación a medio plazo** – medium-term forecasting
**pronosticación comercial** – business forecasting, commercial forecasting
**pronosticación corporativa** – corporate forecasting
**pronosticación de comercio** – commerce forecasting
**pronosticación de cosechas** – crop forecasting
**pronosticación de costes** – cost forecasting
**pronosticación de costos** – cost forecasting
**pronosticación de ganancias** – profit forecasting
**pronosticación de gastos** – expense forecasting
**pronosticación de negocios** – business forecasting
**pronosticación de precios** – price forecasting
**pronosticación de producción** – production forecasting
**pronosticación de ventas** – sales forecasting
**pronosticación del mercado** – market forecasting
**pronosticación económica** – economic forecasting
**pronosticación empresarial** – business forecasting
**pronosticación mercantil** – commercial forecasting

**pronóstico** *m* – forecast, prognostication
**pronóstico a corto plazo** – short-term forecast
**pronóstico a largo plazo** – long-term forecast
**pronóstico a mediano plazo** – medium-term forecast
**pronóstico a medio plazo** – medium-term forecast
**pronóstico comercial** – business forecast, commercial forecast
**pronóstico corporativo** – corporate forecast
**pronóstico de comercio** – commerce forecast
**pronóstico de cosechas** – crop forecast
**pronóstico de costes** – cost forecast
**pronóstico de costos** – cost forecast
**pronóstico de ganancias** – profit forecast
**pronóstico de gastos** – expense forecast
**pronóstico de negocios** – business forecast
**pronóstico de precios** – price forecast
**pronóstico de producción** – production forecast
**pronóstico de ventas** – sales forecast
**pronóstico del mercado** – market forecast
**pronóstico económico** – economic forecast
**pronóstico empresarial** – business forecast
**pronóstico mercantil** – commercial forecast
**prontamente** *adv* – promptly
**pronto pago** – down payment, prompt payment
**prontuario** *m* – manual, summary, dossier
**pronunciamiento** *m* – pronouncement, rebellion
**pronunciar** *v* – to pronounce, to deliver, to rebel
**pronunciar sentencia** – to pronounce judgment
**pronunciar un auto** – to issue a writ
**pronunciar veredicto** – to return a verdict
**pronunciarse** *v* – to rebel, to go on record with an opinion
**propaganda** *f* – propaganda, advertising, publicity
**propaganda agresiva** – aggressive advertising
**propaganda anticipada** – advance advertising
**propaganda comercial** – commercial advertising, trade advertising
**propaganda comparativa** – comparative advertising
**propaganda cooperativa** – cooperative advertising
**propaganda corporativa** – corporate advertising
**propaganda de imagen** – image advertising
**propaganda de servicio público** – public service advertising
**propaganda del producto** – product advertising
**propaganda directa** – direct advertising
**propaganda electrónica** – electronic advertising, Internet advertising
**propaganda en el Internet** – Internet advertising
**propaganda en línea** – online advertising
**propaganda en prensa** – press advertising
**propaganda engañosa** – false advertising, deceptive advertising
**propaganda financiera** – financial advertising
**propaganda industrial** – industrial advertising
**propaganda informativa** – informative advertising
**propaganda institucional** – institutional advertising
**propaganda nacional** – national advertising
**propaganda online** – online advertising
**propaganda por correo** – mail advertising, postal advertising
**propaganda por Internet** – Internet advertising
**propaganda radial** – radio advertising
**propaganda selectiva** – selective advertising
**propaganda subliminal** – subliminal advertising
**propaganda televisiva** – television advertising
**propagar** *v* – to propagate
**propasar** *v* – to go beyond the limits
**propasarse** *v* – to go too far, to exceed one's authority
**propender a** – to tend towards
**propensión** *f* – propensity
**propensión a consumir** – propensity to consume
**propensión a gastar** – propensity to spend
**propensión al delito** – criminal propensity
**propensión delictual** – criminal propensity
**propenso a** – prone to
**propia orden, a su** – to his own order, to her own order
**propiamente** *adv* – properly
**propiciar** *v* – to propitiate, to propose
**propicio** *adj* – propitious
**propiedad** *f* – property, ownership, proprietorship, estate, propriety
**propiedad abandonada** – abandoned property
**propiedad absoluta** – absolute ownership, absolute property, freehold
**propiedad adventicia** – adventitious property
**propiedad adyacente** – adjacent property
**propiedad alodial** – allodial property
**propiedad alquilada** – rented property, leased property
**propiedad amortizable** – depreciable property
**propiedad aparente** – ostensible ownership
**propiedad apreciada** – appreciated property
**propiedad arrendada** – leased property, rented property
**propiedad asegurada** – insured property
**propiedad calificada** – qualifying property
**propiedad colectiva** – collective ownership
**propiedad colindante** – abutting property
**propiedad comercial** – commercial property, business property
**propiedad compartida** – shared property, time share
**propiedad común** – common property, public property, community property
**propiedad comunal** – common property, public property, community property, joint ownership
**propiedad condicional** – conditional ownership, qualified estate
**propiedad conjunta** – joint property
**propiedad contigua** – contiguous property
**propiedad contingente** – contingent estate
**propiedad convencional** – conventional estate
**propiedad corporativa** – corporate property
**propiedad cruzada** – cross-ownership
**propiedad cubierta** – covered property
**propiedad de comercio** – commerce property
**propiedad de dominio privado** – private property
**propiedad de dominio público** – public property
**propiedad de familia** – homestead
**propiedad de la sociedad conyugal** – community property
**propiedad de menores** – property of minors
**propiedad de negocio** – business property
**propiedad de renta** – income property
**propiedad de uso común** – public property
**propiedad de uso público** – public property
**propiedad del quebrado** – bankrupt's property

**propiedad depreciable** – depreciable property
**propiedad divisible** – divisible property
**propiedad dominante** – dominant tenement
**propiedad embargable** – attachable property
**propiedad embargado** – attached property
**propiedad empresarial** – business property
**propiedad en condominio** – condominium property, condominium ownership
**propiedad en expectativa** – expectant estate
**propiedad en juicio hipotecario** – distressed property
**propiedad en usufructo** – beneficial ownership
**propiedad enajenable** – alienable property
**propiedad estatal** – government property, state property
**propiedad evidente** – evident ownership
**propiedad excluida** – excluded property
**propiedad exclusiva** – exclusive ownership
**propiedad exenta** – exempt property
**propiedad exenta de contribuciones** – tax-exempt property
**propiedad exenta de impuestos** – tax-exempt property
**propiedad federal** – federal property
**propiedad foral** – leasehold
**propiedad ganancial** – community property
**propiedad gravada** – property subject to a lien, taxed property
**propiedad hipotecable** – mortgageable property
**propiedad hipotecada** – mortgaged property
**propiedad horizontal** – condominium property, condominium ownership, horizontal property
**propiedad ilegal** – illegal property
**propiedad ilícita** – illicit property
**propiedad imperfecta** – imperfect ownership
**propiedad inalienable** – inalienable property
**propiedad incompleta** – incomplete ownership
**propiedad incorporal** – intangible property, incorporeal property
**propiedad incorpórea** – intangible property, incorporeal property
**propiedad individual** – individual ownership
**propiedad indivisible** – indivisible property
**propiedad industrial** – industrial property
**propiedad inembargable** – property that can not be attached
**propiedad inmaterial** – intangible property
**propiedad inmobiliaria** – real estate, real property, real estate ownership
**propiedad inmueble** – real estate, real property, real estate ownership
**propiedad intangible** – intangible property
**propiedad intelectual** – intellectual property, copyright
**propiedad libre** – unencumbered property
**propiedad lícita** – licit property
**propiedad limítrofe** – abutting property
**propiedad literaria** – literary property, copyright
**propiedad mancomunada** – joint ownership, joint property, common property
**propiedad marginal** – marginal property
**propiedad matrimonial** – matrimonial property
**propiedad mayoritaria** – majority ownership
**propiedad mercantil** – commercial property
**propiedad mixta** – mixed property
**propiedad mobiliaria** – personal property
**propiedad mueble** – personal property
**propiedad no asegurable** – uninsurable property
**propiedad no asegurada** – uninsured property
**propiedad no hipotecable** – non-mortgageable property
**propiedad obvia** – obvious ownership
**propiedad para alquiler** – rental property
**propiedad parcial** – partial ownership
**propiedad particular** – private property
**propiedad personal** – personal property, personal estate
**propiedad personal tangible** – tangible personal property
**propiedad presente** – property in possession
**propiedad privada** – private property, private ownership
**propiedad privativa** – separate property of each spouse
**propiedad propia** – separate property of each spouse, unencumbered property
**propiedad pública** – public property
**propiedad raíz** – real estate, real property, real estate ownership
**propiedad real** – real estate, real property, real estate ownership
**propiedad residencial** – residential property
**propiedad rural** – rural property, rural ownership
**propiedad rústica** – rural property, rural ownership
**propiedad sin mejoras** – unimproved property
**propiedad sirviente** – servient tenement
**propiedad social** – partnership property, corporate property
**propiedad tangible** – tangible property
**propiedad total** – total ownership
**propiedad urbana** – urban property, urban ownership
**propiedad vacante** – vacant property
**propiedad vitalicia** – life estate
**propiedades comparables** – comparable properties
**propietario** *m* – proprietor, owner, homeowner
**propietario** *adj* – proprietary
**propietario absoluto** – absolute owner
**propietario aparente** – reputed owner, apparent owner
**propietario ausente** – absentee owner
**propietario beneficioso** – beneficial owner
**propietario conjunto** – joint owner
**propietario de hogar** – home owner
**propietario de la compañía** – company owner
**propietario de negocio** – business owner
**propietario de patente** – patent owner
**propietario en derecho** – legal owner
**propietario equitativo** – equitable owner
**propietario inscrito** – record owner
**propietario lícito** – licit owner
**propietario matriculado** – registered owner, record owner
**propietario registrado** – registered owner, record owner
**propietario sin restricciones** – absolute owner
**propietario único** – sole owner
**propina** *f* – tip
**propincuidad** *f* – propinquity
**propio** *m* – courier
**propio** *adj* – one's own, genuine, proper, typical

**proponedor** *m* – proponent
**proponedor** *adj* – proposing
**proponente** *m/f* – proponent
**proponente** *adj* – proposing
**proponer** *v* – to propose, to offer, to nominate
**proponer una moción** – to offer a motion
**proporción** *f* – proportion, ratio, occasion
**proporción clave** – key ratio
**proporción contributiva** – tax ratio
**proporción corriente** – current ratio
**proporción de capital** – capital ratio
**proporción de capitalización** – capitalization ratio
**proporción de cobertura** – coverage ratio
**proporción de efectivo** – cash ratio
**proporción de encaje** – bank cash ratio
**proporción de liquidez** – liquidity ratio
**proporción de morosidad** – delinquency ratio
**proporción financiera** – financial ratio
**proporción impositiva** – tax ratio
**proporcionablemente** *adv* – proportionally
**proporcionadamente** *adv* – proportionally
**proporcionado** *adj* – proportioned, suitable
**proporcional** *adj* – proportional
**proporcionalidad** *f* – proportionality
**proporcionalmente** *adv* – proportionally
**proporcionar** *v* – to provide, to supply, to apportion, to make proportionate
**proposición** *f* – proposition, proposal, offer, motion
**proposición comercial** – business proposal
**proposición de delito** – criminal proposition
**proposición de ley** – bill
**proposición de negocio** – business proposal
**proposición delictiva** – criminal proposition
**proposición empresarial** – business proposal
**proposición presupuestaria** – budget proposal
**propósito** *m* – purpose, intention, aim
**propósito, a** – on purpose, deliberately, by the way
**propósito comercial** – business purpose, commercial purpose
**propósito corporativo** – corporate purpose
**propósito criminal** – criminal intent
**propósito de comercio** – commerce purpose
**propósito designado** – designated purpose
**propósito doméstico** – domestic purpose
**propósito empresarial** – business purpose
**propósito especial** – special purpose
**propósito extraordinario** – extraordinary purpose
**propósito ilegal** – illegal purpose
**propósito ilícito** – illicit purpose
**propósito impropio** – improper purpose
**propósito inapropiado** – inappropriate purpose
**propósito intencionado** – intended purpose
**propósito legal** – legal purpose
**propósito lícito** – licit purpose
**propósito mercantil** – commercial purpose
**propósito principal** – main purpose
**propósito privado** – private purpose
**propósito público** – public purpose
**propósito ulterior** – ulterior purpose
**propósitos caritativos** – charitable purposes
**propósitos contables** – accounting purposes
**propósitos de contabilidad** – accounting purposes
**propósitos municipales** – municipal purposes
**propuesta** *f* – proposal, offer, nomination
**propuesta atractiva** – attractive proposal
**propuesta comercial** – business proposal, commercial proposal
**propuesta comparable** – comparable proposal
**propuesta competidora** – competing proposal
**propuesta competitiva** – competitive proposal
**propuesta conjunta** – joint proposal
**propuesta corriente** – current proposal
**propuesta de adquisición** – takeover bid
**propuesta de comercio** – commerce proposal
**propuesta de compra** – offer to purchase
**propuesta de empleo** – employment offer
**propuesta de negocio** – business proposal
**propuesta de trabajo** – job offer, employment offer
**propuesta empresarial** – business proposal
**propuesta en firme** – firm proposal
**propuesta especial** – special proposal
**propuesta final** – final proposal
**propuesta firme** – firm proposal
**propuesta formal** – formal proposal
**propuesta ilegal** – illegal proposal
**propuesta ilícita** – illicit proposal
**propuesta impropia** – improper proposal
**propuesta inapropiada** – inappropriate proposal
**propuesta incondicional** – unconditional proposal
**propuesta irrevocable** – irrevocable proposal
**propuesta lícita** – licit proposal
**propuesta mercantil** – commercial proposal
**propuesta monetaria** – monetary proposal
**propuesta oculta** – hidden proposal
**propuesta oral** – verbal proposal
**propuesta por escrito** – written proposal
**propuesta presupuestaria** – budget proposal
**propuesta razonable** – reasonable proposal, fair proposal
**propuesta rechazada** – rejected proposal
**propuesta rehusada** – refused proposal
**propuesta verbal** – verbal proposal
**propuesta y aceptación** – offer and acceptance
**propuestas selladas** – sealed bids
**propuesto** *adj* – proposed
**propugnar** *v* – to defend
**propulsar** *v* – to propel
**propulsión** *f* – propulsion
**propulsor** *adj* – propelling
**prorrata, a** – proportionately
**prorrateado** *adj* – prorated, apportioned
**prorratear** *v* – to prorate, to apportion
**prorrateo** *m* – proration, apportionment
**prórroga** *f* – extension, deferment, prorogation
**prórroga de jurisdicción** – extension of jurisdiction
**prórroga de plazo** – extension of time
**prorrogable** *adj* – that can be extended, that can be deferred
**prorrogación** *f* – prorogation, extension, deferment
**prorrogar** *v* – to extend, to defer, to postpone, to prorogue
**prosapia** *f* – lineage
**proscribir** *v* – to proscribe, to ban, to banish, to annul
**proscripción** *f* – proscription, banishment, annulment
**proscripción y confiscación** – attainder
**proscripto** *m* – proscript, exile
**proscripto** *adj* – proscribed, banished, annulled
**proscriptor** *m* – proscriber, banisher, annuller

**proscriptor** *adj* – proscribing, banishing, annulling
**proscrito** *adj* – proscribed, banned, annulled
**prosecución** *f* – prosecution, pursuit, continuation
**proseguible** *adj* – pursuable
**proseguir** *v* – to prosecute, to continue
**prosélito** *m* – proselyte
**proselitismo** *m* – proselytism
**prospección** *f* – prospecting, survey
**prospección de mercado** – market research, market survey
**prospectivo** *adj* – prospective
**prospecto** *m* – prospectus, booklet, leaflet
**prospecto final** – final prospectus
**prospecto preliminar** – preliminary prospectus
**prosperar** *v* – to prosper
**prosperidad** *f* – prosperity
**prostíbulo** *m* – brothel
**prostitución** *f* – prostitution
**prostituir** *v* – to prostitute
**prostituta** *f* – prostitute
**protagonista** *m/f* – protagonist
**protección** *f* – protection, hedge
**protección adecuada** – adequate protection
**protección administrativa** – administrative protection
**protección al consumidor** – consumer protection
**protección ambiental** – environmental protection
**protección arancelaria** – tariff protection
**protección civil** – civil defense
**protección contra redención** – call protection
**protección de archivos** – file protection
**protección de datos** – data protection
**protección de empleo** – employment protection
**protección de ficheros** – file protection
**protección de la frontera** – border protection
**protección de los derechos de autor** – copyright protection
**protección de patente** – patent protection
**protección de precios** – price protection
**protección del ambiente** – environmental protection
**protección del consumidor** – consumer protection
**protección del crédito de consumidor** – consumer credit protection
**protección del medioambiente** – environmental protection
**protección ecológica** – eco-protection, ecological protection
**protección en frontera** – border protection
**protección judicial** – judicial protection
**protección medioambiental** – environmental protection
**protección suficiente** – sufficient protection
**proteccionismo** *m* – protectionism
**proteccionista** *m/f* – protectionist
**proteccionista** *adj* – protectionist
**protector** *m* – protector, patron
**protector** *adj* – protecting, protective
**protector de cheques** – check protector, cheque protector
**protectorado** *m* – protectorate
**protectoría** *f* – protectorate, protectorship
**protectorio** *adj* – protective
**proteger** *v* – to protect, to secure, to hedge
**protegido** *adj* – protected, secured, hedged
**protesta** *f* – protest, complaint, declaration
**protesta de mar** – captain's protest
**protesta del capitán** – captain's protest
**protesta diplomática** – diplomatic protest
**protesta masiva** – massive protest
**protesta pacífica** – peaceful protest
**protestable** *adj* – protestable
**protestado** *adj* – protested
**protestante** *m/f* – protester
**protestante** *adj* – protesting
**protestar** *v* – to protest, to complain, to declare
**protestar contra** – to protest against, to object to
**protestar de** – to declare
**protestar un giro** – to protest a draft
**protestar una letra** – to protest a draft
**protesto** *m* – protest
**protocolar** *adj* – protocolar, formal
**protocolar** *v* – to protocolize, to register formally, to notarize
**protocolario** *adj* – protocolar, formal
**protocolización** *f* – protocolization, formal registration, notarization
**protocolizar** *v* – to protocolize, to register formally, to notarize
**protocolo** *m* – protocol, formal registry, formal registry of a notary public
**protocolo notarial** – formal registry of a notary public
**protonotario** *m* – chief notary public
**prototipo** *m* – prototype
**protutela** *f* – guardianship
**protutor** *m* – guardian
**provecho** *m* – benefit, profit
**provechosamente** *adv* – beneficially, profitably
**provechoso** *adj* – beneficial, profitable
**proveedor** *m* – provider, supplier, dealer
**proveedor de acceso** – access provider
**proveedor de contenido** – content provider
**proveedor de fondos** – financial backer
**proveeduría** *f* – post of a provider, warehouse
**proveer** *v* – to provide, to supply, to grant, to decide, to settle, to appoint, to accommodate
**proveído** *m* – decision, writ
**proveído** *adj* – provided, decided
**proveniencia** *f* – origin
**proveniente** *adj* – proceeding
**provenir** *v* – to proceed from
**providencia** *f* – providence, decision, order, writ
**providencia de lanzamiento** – writ of ejectment
**providencia de secuestro** – writ of attachment
**providencia ejecutoria** – writ of execution
**providencia judicial** – judicial decision
**providenciar** *v* – to decide, to take measures
**providencias para mejor proveer** – proceedings to obtain more evidence
**provincia** *f* – province
**provincial** *adj* – provincial
**provinciano** *adj* – provincial
**provisión** *f* – provision, supplying, reserve, precautionary measure, measure, warehouse
**provisión contractual** – contractual provision
**provisión de fondos** – provision of funds
**provisión para cuentas dudosas** – bad debt reserve
**provisión para cuentas incobrables** – bad debt reserve
**provisión para depreciación** – depreciation reserve

**provisión para impuestos** – tax provision
**provisión para incobrables** – bad debt reserve
**provisión para insolvencias** – provision for insolvencies
**provisión para pérdidas** – loss provision
**provisión para riesgos** – risk provision
**provisional** *adj* – provisional
**provisionalmente** *adv* – provisionally
**provisor** *m* – provider
**provisorio** *adj* – provisional
**provisto** *adj* – provided
**provocación** *f* – provocation, challenge
**provocación adecuada** – adequate provocation
**provocación considerable** – considerable provocation
**provocación del ofendido** – provocation of the victim
**provocación justificante** – adequate provocation
**provocación legal** – legal provocation
**provocación razonable** – reasonable provocation
**provocación suficiente** – sufficient provocation
**provocado** *adj* – provoked
**provocador** *m* – provoker, challenger
**provocador** *adj* – provoking
**provocar** *v* – to provoke, to challenge
**provocativo** *adj* – provocative
**proxeneta** *m/f* – procurer
**proxenetismo** *m* – procuring
**próximamente** *adv* – soon
**proximidad** *f* – proximity
**próximo** *adj* – proximate, near, next
**proyección** *f* – projection
**proyección a corto plazo** – short-term projection
**proyección a largo plazo** – long-term projection
**proyección a mediano plazo** – medium-term projection
**proyección a medio plazo** – medium-term projection
**proyección comercial** – business projection, commercial projection
**proyección corporativa** – corporate projection
**proyección de beneficios** – profit projection, benefits projection
**proyección de comercio** – commerce projection
**proyección de cosechas** – crop projection
**proyección de costes** – cost projection
**proyección de costos** – cost projection
**proyección de ganancias** – profit projection
**proyección de gastos** – expense projection
**proyección de negocios** – business projection
**proyección de producción** – production projection
**proyección de tendencia** – trend projection
**proyección de ventas** – sales projection
**proyección del mercado** – market projection
**proyección económica** – economic projection
**proyección empresarial** – business projection
**proyección financiera** – financial projection
**proyección mercantil** – commercial projection
**proyectado** *adj* – projected
**proyectar** *v* – to project, to plan
**proyectil** *m* – projectile
**proyecto** *m* – project, plan
**proyecto agrícola** – agricultural project
**proyecto calificado** – qualified project
**proyecto comercial** – business project, commercial project
**proyecto comunitario** – community project
**proyecto contable** – accounting project
**proyecto contractual** – contractual project
**proyecto corporativo** – corporate project
**proyecto cualificado** – qualified project
**proyecto de apoyo** – aid project
**proyecto de apoyo económico** – financial aid project
**proyecto de apoyo financiero** – financial aid project
**proyecto de asistencia** – aid project
**proyecto de asistencia económica** – financial aid project
**proyecto de asistencia financiera** – financial aid project
**proyecto de auditoría** – audit project
**proyecto de ayuda** – aid project
**proyecto de ayuda económica** – financial aid project
**proyecto de ayuda financiera** – financial aid project
**proyecto de beneficios** – benefit project
**proyecto de bonificaciones** – bonus project
**proyecto de capacitación** – training project
**proyecto de capital** – capital project
**proyecto de comercialización** – marketing project, commercialization project
**proyecto de comercio** – commerce project
**proyecto de conservación** – conservation project
**proyecto de construcción** – building project
**proyecto de contabilidad** – accounting project
**proyecto de contrato** – draft of a contract
**proyecto de contribuciones** – contribution project
**proyecto de desarrollo** – development project
**proyecto de entrenamiento** – training project
**proyecto de financiación** – financing project
**proyecto de financiamiento** – financing project
**proyecto de formación** – training project
**proyecto de habilitación** – training project
**proyecto de incentivos** – incentive project
**proyecto de inversión** – capital project, investment project
**proyecto de investigación** – research project
**proyecto de jubilación** – retirement project
**proyecto de ley** – bill
**proyecto de ley presupuestario** – budget bill
**proyecto de marketing** – marketing project
**proyecto de mejoras** – improvement project
**proyecto de mercadeo** – marketing project
**proyecto de mercado** – market project
**proyecto de negocios** – business project
**proyecto de pagos** – payment project
**proyecto de pensiones** – pension project
**proyecto de privatización** – privatization project
**proyecto de producción** – production project
**proyecto de publicidad** – advertising project
**proyecto de reajuste** – readjustment project
**proyecto de reaseguro** – reinsurance project
**proyecto de reducción de costes** – cost-reduction project
**proyecto de reducción de costos** – cost-reduction project
**proyecto de retiro** – retirement project
**proyecto de seguros** – insurance project
**proyecto de servicios** – service project
**proyecto económico** – economic project
**proyecto económico nacional** – national economic project
**proyecto empresarial** – business project

**proyecto, en** – projected
**proyecto estratégico** – strategic project
**proyecto financiero** – financial project
**proyecto mercantil** – commercial project
**proyecto operacional** – operational project
**proyecto publicitario** – advertising project
**proyecto social** – social project
**proyector de video** – video projector
**prudencia** *f* – prudence, care
**prudencia razonable** – reasonable care
**prudencial** *adj* – prudential, careful
**prudencialmente** *adv* – prudentially, carefully
**prudente** *adj* – prudent, careful
**prudente ecológicamente** – ecologically sound
**prudentemente** *adv* – prudently, carefully
**prueba** *f* – proof, evidence, test, trial, sample
**prueba, a** – on approval
**prueba absoluta** – full proof
**prueba acumulativa** – cumulative evidence
**prueba admisible** – admissible evidence
**prueba afirmativa** – affirmative evidence
**prueba anticipada** – pre-trial evidence
**prueba circunstancial** – circumstantial evidence
**prueba común** – ordinary evidence
**prueba concluyente** – conclusive evidence
**prueba concurrente** – corroborating evidence
**prueba conjetural** – presumptive evidence
**prueba contable** – accounting evidence
**prueba contradictoria** – contradictory evidence
**prueba contraria** – conflicting evidence
**prueba convencional** – agreed-upon evidence
**prueba convincente** – convincing evidence
**prueba corroborante** – corroborating evidence
**prueba corroborativa** – corroborating evidence
**prueba creíble** – credible evidence
**prueba cumulativa** – cumulative evidence
**prueba de alcoholemia** – sobriety check
**prueba de análisis** – proof of analysis
**prueba de antes y después** – before-and-after test
**prueba de asegurabilidad** – proof of insurability
**prueba de autoridad** – proof of authority
**prueba de calidad** – proof of quality, quality test
**prueba de cancelación** – proof of cancellation
**prueba de cargo** – evidence for the prosecution
**prueba de coaseguro** – proof of coinsurance
**prueba de compra** – proof of purchase
**prueba de consumidores** – consumer test
**prueba de contabilidad** – accounting evidence
**prueba de cuenta** – evidence of an account
**prueba de culpabilidad** – proof of guilt
**prueba de cumplimiento** – compliance test
**prueba de daños** – proof of damage
**prueba de depósito** – proof of deposit
**prueba de descargo** – evidence for the defense
**prueba de deuda** – proof of debt
**prueba de discapacidad** – proof of disability
**prueba de dominio** – evidence of title, proof of title, title papers, title
**prueba de elegibilidad** – proof of eligibility, eligibility test
**prueba de empleo** – proof of employment, employment test
**prueba de entrega** – proof of delivery
**prueba de fuego** – acid test
**prueba de identidad** – proof of identity
**prueba de incorporación** – proof of incorporation
**prueba de indicios** – circumstantial evidence
**prueba de inocencia** – proof of innocence
**prueba de mercado** – market test
**prueba de muerte** – proof of death
**prueba de oídas** – hearsay evidence
**prueba de opinión** – opinion evidence, opinion testimony
**prueba de pago** – proof of payment
**prueba de participación** – proof of participation
**prueba de pérdida** – proof of loss
**prueba de peritos** – expert evidence
**prueba de peso** – proof of weight
**prueba de reclamación** – proof of claim
**prueba de referencia** – hearsay evidence, benchmark test
**prueba de responsabilidad** – proof of responsibility
**prueba de salud** – proof of health
**prueba de sangre** – blood test
**prueba de seguro** – proof of insurance
**prueba de transacción** – test of transaction
**prueba de uso** – evidence of use
**prueba de validez** – validity test
**prueba de valor** – proof of value
**prueba de venta** – proof of sale
**prueba decisiva** – conclusive evidence
**prueba del estado** – state's evidence
**prueba demostrativa** – demonstrative evidence
**prueba derivada** – secondary evidence
**prueba directa** – direct evidence
**prueba documental** – documentary evidence
**prueba en contrario** – conflicting evidence
**prueba en substitución** – substitutionary evidence
**prueba escrita** – documentary evidence
**prueba esencial** – essential evidence
**prueba experimental** – experimental evidence
**prueba extrajudicial** – extrajudicial evidence
**prueba fabricada** – fabricated evidence
**prueba falsificada** – falsified evidence
**prueba impertinente** – irrelevant evidence
**prueba impracticable** – inadmissible evidence
**prueba inadmisible** – inadmissible evidence
**prueba incompetente** – incompetent evidence
**prueba inconsistente** – inconsistent evidence
**prueba incontrovertible** – incontrovertible evidence
**prueba incriminante** – incriminating evidence
**prueba indicativa** – indicative evidence
**prueba indiciaría** – circumstantial evidence
**prueba indirecta** – indirect evidence
**prueba indiscutible** – conclusive evidence
**prueba indispensable** – indispensable evidence
**prueba indisputable** – conclusive evidence
**prueba indubitable** – indubitable evidence
**prueba ineficaz** – inconclusive evidence
**prueba inmaterial** – immaterial evidence
**prueba inmediata** – direct evidence
**prueba instrumental** – documentary evidence
**prueba insuficiente** – insufficient evidence
**prueba intrínseca** – intrinsic evidence
**prueba inútil** – inconclusive evidence
**prueba judicial** – judicial evidence
**prueba legal** – legal evidence
**prueba literal** – documentary evidence

**prueba matemática** – mathematical evidence
**prueba material** – material evidence
**prueba mediata** – indirect evidence
**prueba moral** – moral evidence
**prueba negativa** – negative evidence
**prueba no esencial** – unessential evidence
**prueba oral** – oral evidence, parol evidence
**prueba original** – original evidence
**prueba para colocación** – placement test
**prueba parcial** – partial evidence
**prueba pericial** – expert evidence
**prueba personal** – oral evidence
**prueba pertinente** – pertinent evidence
**prueba plena** – full proof
**prueba por escrito** – documentary evidence
**prueba por indicios** – circumstantial evidence
**prueba por peritos** – expert evidence
**prueba por presunciones** – presumptive evidence
**prueba por referencia** – hearsay evidence
**prueba por testigos** – testimonial evidence
**prueba positiva** – direct evidence, positive proof
**prueba preconstituida** – pre-trial evidence
**prueba preliminar** – preliminary evidence
**prueba presunta** – presumptive evidence
**prueba prima facie** – evidence sufficient on its face, prima facie evidence
**prueba primaria** – primary evidence
**prueba privilegiada** – evidence which is admissible only in certain cases, privileged evidence
**prueba procesal** – evidence presented during a trial
**prueba razonable de pérdida** – due proof of loss
**prueba real** – real evidence
**prueba satisfactoria** – satisfactory evidence
**prueba secundaria** – secondary evidence
**prueba suficiente** – sufficient evidence, satisfactory evidence
**prueba tangible** – tangible evidence
**prueba tasada** – legal evidence
**prueba testifical** – testimonial evidence
**prueba testimonial** – testimonial evidence
**prueba verbal** – oral evidence
**prueba vocal** – oral evidence
**psicográficos** *m* – psychographics
**psicología del mercado** – market psychology
**psicología industrial** – industrial psychology
**psicología organizativa** – organizational psychology
**psicólogo** *m* – psychologist
**psicosis** *m* – psychosis
**psiquiatra** *m/f* – psychiatrist
**púber** *adj* – pubescent
**púbero** *adj* – pubescent
**pubertad** *f* – puberty
**pública voz y fama** – common knowledge
**publicación** *f* – publication, proclamation
**publicación comercial** – trade publication
**publicación electrónica** – electronic publication
**publicación obscena** – obscene publication
**publicación oficial** – official publication
**publicador** *m* – publisher
**publicador** *adj* – publishing
**públicamente** *adv* – publicly
**publicar** *v* – to publish, to proclaim
**publicidad** *f* – publicity, advertising
**publicidad agresiva** – aggressive advertising
**publicidad comercial** – commercial advertising, trade advertising
**publicidad comparativa** – comparative advertising
**publicidad cooperativa** – cooperative advertising
**publicidad corporativa** – corporate advertising
**publicidad de imagen** – image advertising
**publicidad de respuesta directa** – direct-response advertising
**publicidad de servicio público** – public service advertising
**publicidad del producto** – product advertising
**publicidad desleal** – deceptive advertising, disparaging advertising, advertising in bad faith
**publicidad directa** – direct advertising
**publicidad electrónica** – electronic advertising, Internet advertising
**publicidad en el Internet** – Internet advertising
**publicidad en línea** – online advertising
**publicidad en prensa** – press advertising
**publicidad en punto de compra** – point-of-purchase advertising
**publicidad en punto de venta** – point-of-sale advertising
**publicidad encubierta** – product placement
**publicidad engañosa** – false advertising, deceptive advertising
**publicidad estatal** – state advertising
**publicidad extranjera** – foreign advertising
**publicidad financiera** – financial advertising
**publicidad industrial** – industrial advertising
**publicidad informativa** – informative advertising
**publicidad institucional** – institutional advertising
**publicidad interestatal** – interstate advertising
**publicidad internacional** – international advertising
**publicidad nacional** – national advertising
**publicidad online** – online advertising
**publicidad por correo** – mail advertising, postal advertising
**publicidad por Internet** – Internet advertising
**publicidad radial** – radio advertising
**publicidad registral** – the public and transparent qualities that registries should have
**publicidad selectiva** – selective advertising
**publicidad subliminal** – subliminal advertising
**publicidad televisiva** – television advertising
**publicista** *m/f* – publicist
**publicitario** *adj* – advertising
**público** *adj* – public, open
**público cautivo** – captive audience
**público objetivo** – target audience
**público y notorio, de** – public knowledge
**publíquese** – be it known
**publireportaje** *m* – advertorial
**pucherazo** *m* – ballot rigging
**pueblo** *m* – town, nation, people
**puente** *m* – bridge, long weekend, extended weekend
**puericia** *f* – childhood
**puerta** *f* – door, access
**puerta abierta** – open door, free trade
**puerta cerrada, a** – behind closed doors
**puerto** *m* – port, harbor, harbour, asylum
**puerto a puerto** – port-to-port
**puerto abierto** – open port
**puerto aduanero** – port of entry

**puerto aéreo** – airport
**puerto de aduanas** – port of entry
**puerto de amarre** – home port
**puerto de descarga** – port of discharge
**puerto de destino** – port of destination
**puerto de embarque** – port of departure
**puerto de entrada** – port of entry
**puerto de entrega** – port of delivery
**puerto de escala** – port of call
**puerto de matrícula** – home port
**puerto de origen** – port of departure
**puerto de partida** – port of departure
**puerto de refugio** – port of refuge
**puerto de salida** – port of departure
**puerto de tránsito** – port of transit
**puerto extranjero** – foreign port
**puerto final** – port of delivery
**puerto fluvial** – river port
**puerto franco** – free port
**puerto internacional** – international port
**puerto libre** – free port
**puerto terminal** – port of delivery
**puesta** *f* – higher bid, putting, stake
**puesta al día** – updating
**puesta en marcha** – startup
**puesto** *adj* – put
**puesto** *m* – post, position, job, place
**puesto a corto plazo** – short-term position, short-term job
**puesto a largo plazo** – long-term position, long-term job
**puesto a tiempo completo** – full-time position, full-time job
**puesto a tiempo parcial** – part-time position, part-time job
**puesto administrativo** – administrative position, administrative job
**puesto agrícola** – agricultural job
**puesto bajo contrato** – contract position, contract job
**puesto bancario** – bank position, bank job
**puesto calificado** – qualified position, qualified job
**puesto casual** – temporary position, temporary job
**puesto clave** – key position, key job
**puesto cualificado** – qualified position, qualified job
**puesto de administración** – administration position, administration job
**puesto de banco** – bank position, bank job
**puesto de campo** – field job
**puesto de construcción** – construction job
**puesto de medio tiempo** – part-time position, part-time job
**puesto de oficina** – office position, clerical job
**puesto de producción** – production job
**puesto de tiempo completo** – full-time position, full-time job
**puesto de tiempo parcial** – part-time position, part-time job
**puesto de trabajo** – job post
**puesto directivo** – management position, management job
**puesto diurno** – day shift
**puesto en el sector privado** – private sector position, private sector job
**puesto en el sector público** – public sector position, public sector job
**puesto especializado** – specialized position, specialized job
**puesto estacional** – seasonal job
**puesto eventual** – temporary position, temporary job
**puesto fijo** – steady position, steady job
**puesto gerencial** – management position, management job
**puesto nocturno** – night shift
**puesto pagado** – paid position, paid job
**puesto permanente** – permanent position, permanent job
**puesto profesional** – professional position, professional job
**puesto público** – public job
**puesto que** – inasmuch as
**puesto remunerado** – paid job
**puesto seguro** – secure job, steady job
**puesto temporal** – temporary position, temporary job
**puesto temporario** – temporary position, temporary job
**puesto temporero** – temporary position, temporary job
**puesto vacante** – job vacancy
**puesto vitalicio** – lifetime position, lifetime job
**pugna** *f* – fight, conflict
**pugnante** *adj* – fighting, opposing
**pugnar** *v* – to fight, to conflict with
**puja** *f* – bid, higher bid
**pujador** *m* – bidder, outbidder
**pujar** *v* – to struggle, to hesitate, to bid, to outbid
**punguista** *m/f* – pickpocket
**punibilidad** *f* – punishability
**punible** *adj* – punishable
**punición** *f* – punishment
**punidor** *m* – punisher
**punir** *v* – to punish
**punitivo** *adj* – punitive
**punta** *adj* – leading edge, state-of-the-art
**puntero** *adj* – leading edge, state-of-the-art
**punto** *m* – point, matter, issue, integrity
**punto com** – dotcom
**punto común** – common point
**punto crítico** – break-even point, critical point
**punto de concentración** – concentration point
**punto de contacto** – contact point
**punto de conversión** – conversion point
**punto de corte** – cut-off point
**punto de derecho** – legal issue
**punto de entrada** – point of entry
**punto de equilibrio** – point of equilibrium, break-even point
**punto de exportación** – point of export
**punto de hecho** – factual issue
**punto de importación** – point of import
**punto de inspección** – checkpoint
**punto de nivelación** – break-even point, point of equilibrium
**punto de orden** – order point
**punto de origen** – point of origin
**punto de presencia** – point of presence
**punto de referencia** – reference point
**punto de salida** – point of departure
**punto de saturación** – saturation point

**punto de venta** – point of sale, retail outlet
**punto de venta electrónico** – electronic point of sale
**punto de vista** – point of view
**punto muerto** – deadlock, impasse
**punto porcentual** – percentage point
**puntos de descuento** – discount points
**puntuación de crédito** – credit scoring, credit score
**puntual** *adj* – punctual, exact
**puntualidad** *f* – punctuality, exactness
**puntualizar** *v* – to detail, to stamp, to finish
**puntualmente** *adv* – punctually, exactly
**puñal** *m* – dagger
**puñalada** *f* – stab
**puñetazo** *m* – punch
**puño** *m* – punch, fist, handle
**pupilaje** *m* – pupilage, boarding house
**pupilar** *adj* – pupillary
**pupilo** *m* – pupil, boarder
**puramente** *adv* – purely, unqualifiedly
**pureza** *f* – purity, genuineness
**purgar** *v* – to clear of guilt, to clear of a criminal charge, to exonerate
**puro y claro** – free and clear
**putativo** *adj* – putative

# Q

**quaestio facti** – a question of fact, quaestio facti
**quaestio juris** – a question of law, quaestio juris
**quebrada** *f* – ravine, stream
**quebradizo** *adj* – fragile
**quebrado** *m* – bankrupt person
**quebrado** *adj* – bankrupt, broken, weakened
**quebrado culpable** – bankrupt due to negligence
**quebrado fraudulento** – fraudulent bankrupt
**quebrador** *m* – breaker, violator
**quebrador** *adj* – breaking
**quebrantable** *adj* – fragile
**quebrantado** *v* – broken, violated
**quebrantador** *m* – breaker, violator
**quebrantadura** *f* – breaking, violation, breach
**quebrantamiento** *m* – breaking, violation, breach
**quebrantamiento de forma** – breach of procedural rules
**quebrantar** *v* – to break, to break out of, to breach, to violate, to annul, to weaken
**quebranto** *m* – breaking, violation, breach, damage, weakness
**quebrar** *v* – to go bankrupt, to bankrupt, to break, to interrupt
**queda** *f* – curfew
**quedada** *f* – stay
**quedar** *v* – to remain, to get, to end, to agree, to arrange, to become
**quedar obsoleto** – to become obsolete
**quedo** *adj* – quiet
**quehacer** *m* – work, occupation, chore
**queja** *f* – complaint, accusation, protest, appeal
**quejarse** *v* – to complain
**quejoso** *adj* – complaining
**quema** *f* – fire
**quemadura** *f* – burn
**quemar** *v* – to burn, to sell cheaply
**quemarropa, a** – pointblank
**quemazón** *f* – burning, bargain sale
**querella** *f* – complaint, accusation, charge, quarrel, dispute
**querella calumniosa** – malicious prosecution
**querella criminal** – criminal charge
**querella formal** – formal complaint
**querella penal** – criminal charge
**querellado** *m* – accused, defendant
**querellador** *m* – complainant, accuser, plaintiff
**querellante** *m/f* – complainant, accuser, plaintiff
**querellarse** *v* – to accuse, to file a complaint, to bewail
**quid pro quo** – something for something, quid pro quo
**quiebra** *f* – bankruptcy, failure, break, damage
**quiebra bancaria** – bank failure
**quiebra comercial** – business bankruptcy, business failure, commercial bankruptcy, commercial failure
**quiebra corporativa** – corporate bankruptcy
**quiebra culpable** – bankruptcy due to negligence
**quiebra culposa** – bankruptcy due to negligence
**quiebra de banco** – bank failure
**quiebra de la compañía** – company bankruptcy
**quiebra de negocio** – business bankruptcy, business failure
**quiebra empresarial** – business bankruptcy, business failure
**quiebra, en** – in bankruptcy
**quiebra forzada** – forced bankruptcy
**quiebra forzosa** – forced bankruptcy
**quiebra fraudulenta** – fraudulent bankruptcy
**quiebra involuntaria** – involuntary bankruptcy
**quiebra mercantil** – commercial bankruptcy, commercial failure
**quiebra voluntaria** – voluntary bankruptcy
**quien corresponda, a** – to whom it may concern
**quien toma las decisiones** – decision maker
**quienquiera** ***pron*** – whoever, whomever, anyone
**quietud** *f* – tranquility
**quilla** *f* – keel
**quillaje** *m* – keelage
**quimérico** *adj* – chimerical
**químico** *adj* – chemical
**quincena** *f* – fifteen days, pay for fifteen days of work, half-month, half-month's pay
**quincenal** *adj* – every fifteen days, biweekly
**quinquenio** *m* – five year period, increase in salary each fifth anniversary on a job
**quintuplicado** *adj* – quintuplicate
**quiñón** *m* – share, plot of land
**quiosco** *m* – kiosk
**quirografario** *m* – unsecured debt, general creditor
**quirografario** *adj* – unsecured, handwritten
**quirógrafo** *m* – chirograph, promissory note, acknowledgment of debt
**quirógrafo** *adj* – unsecured, handwritten
**quita** *f* – release, acquittance, reduction of a debt,

cancellation of a debt
**quita y espera** – arrangement with creditors
**quitación** *f* – release, acquittance, quitclaim, income
**quitamiento** *m* – release, acquittance, reduction of a debt
**quitanza** *f* – release, acquittance
**quitar** *v* – to remove, to steal, to abrogate, to exempt
**quitarse** *v* – to withdraw, to remove
**quitarse la vida** *v* – to commit suicide
**quito** *adj* – free, exempt
**quod vide** – which see, quod vide
**quórum** *m* – quorum

# R

**rabia** *f* – rage, rabies
**rábula** *m* – shyster, pettifogger
**racial** *adj* – racial
**raciocinar** *v* – to reason
**raciocinio** *m* – reason, reasoning
**ración** *f* – ration, share
**racionabilidad** *f* – reason, judgment
**racional** *adj* – rational
**racionalidad** *f* – rationality
**racionalismo** *m* – rationalism
**racionalización** *f* – rationalization
**racionalmente** *adv* – rationally
**racionamiento** *m* – rationing
**racionamiento de capital** – capital rationing
**racionamiento de crédito** – credit rationing
**racionar** *v* – to ration
**racismo** *m* – racism
**racismo ecológico** – ecological racism
**racista** *m/f* – racist
**racista** *adj* – racist
**radiación** *f* – radiation, radio broadcast
**radiactividad** *f* – radioactivity
**radiactivo** *adj* – radioactive
**radiado** *adj* – radiated, broadcast
**radiar** *v* – to broadcast
**radicación** *f* – settling, location, filing
**radical** *adj* – radical
**radicalismo** *m* – radicalism
**radicalmente** *adv* – radically
**radicar** *v* – to live, to settle, to be located, to file
**radicarse** *v* – to settle, to settle down
**radio comercial** – commercial radio
**radio de negocios** – business radio
**radio empresarial** – business radio
**radioactividad** *f* – radioactivity
**radioactivo** *adj* – radioactive
**raíz del problema** – root of the problem
**ralentización** *f* – slowdown
**ralentización económica** – economic slowdown
**ralentizar** *v* – to slow down
**rama** *f* – branch
**rama ejecutiva** – executive branch
**rama industrial** – industrial sector
**rama judicial** – judicial branch
**ramera** *f* – prostitute
**ramería** *f* – brothel, prostitution
**ramificación** *f* – ramification
**ramo de seguro** – insurance type, insurance class
**ramplón** *adj* – vulgar
**ramplonería** *f* – vulgarity
**rango** *m* – rank, class, level, standing
**rango hipotecario** – mortgage rank
**ranking** *m* – ranking
**rapacidad** *f* – rapacity
**rapaz** *m* – rapacious person, thief, robber, youngster
**rapaz** *adj* – rapacious, thievish
**rápidamente** *adv* – rapidly
**rápidamente completado** – quickly completed
**rápidamente ejecutado** – quickly executed
**rapidez** *f* – rapidity
**rapiña** *f* – pillage
**rapiñador** *m* – pillager
**rapiñador** *adj* – pillaging
**rapiñar** *v* – to pillage
**raptar** *v* – to kidnap, to abduct, to rape
**rapto** *m* – kidnapping, abduction, rape, rapture
**rapto de niños** – kidnapping of a minor, child-stealing
**raptor** *m* – kidnapper, abductor, rapist, robber
**raqueterismo** *m* – racketeering
**raquetero** *m* – racketeer
**raramente** *adv* – rarely, oddly
**rareza** *f* – rarity, oddity
**rasgadura** *f* – rip, ripping
**rasgar** *v* – to rip
**rasgo** *m* – trait, characteristic, feature, deed, flourish
**rasguñar** *v* – to scratch
**rasguño** *m* – scratch
**raspadura** *f* – scraping, erasure
**raspar** *v* – to scrape, to erase, to steal
**rastra** *f* – vestige, trail, outcome
**rastrear** *v* – to trace, to investigate, to drag
**rastreo de auditoría** – audit trail
**rastro** *m* – vestige, trail
**rastro de auditoría** – audit trail
**ratear** *v* – to distribute proportionally, to reduce proportionally, to steal
**rateo** *m* – proration, apportionment
**ratería** *f* – petty theft, dishonesty
**ratería de tiendas** – shoplifting
**ratero** *m* – petty thief, pickpocket
**ratificación** *f* – ratification, confirmation
**ratificación de contratos** – ratification of contracts
**ratificación de tratados** – ratification of treaties
**ratificación implícita** – implied ratification
**ratificación inferida** – inferred ratification
**ratificación tácita** – tacit ratification
**ratificado** *adj* – ratified
**ratificar** *v* – to ratify, to confirm
**ratificatorio** *adj* – ratifying, confirming
**ratihabición** *f* – ratification, confirmation
**rating** *m* – rating
**ratio** *m* – ratio
**ratio clave** – key ratio
**ratio contributivo** – tax ratio
**ratio corriente** – current ratio

**ratio de capital** – capital ratio
**ratio de capitalización** – capitalization ratio
**ratio de cobertura** – coverage ratio
**ratio de efectivo** – cash ratio
**ratio de encaje** – bank cash ratio
**ratio de liquidez** – liquidity ratio
**ratio de morosidad** – delinquency ratio
**ratio financiero** – financial ratio
**ratio impositivo** – tax ratio
**rato** *m* – while
**rato** *adj* – unconsummated
**raza** *f* – race, lineage
**razón** *f* – reason, reasonableness, ratio, information
**razón clave** – key ratio
**razón comercial** – firm name, trade name
**razón contributiva** – tax ratio
**razón corriente** – current ratio
**razón de capital** – capital ratio
**razón de cobertura** – coverage ratio
**razón de efectivo** – cash ratio
**razón de encaje** – bank cash ratio
**razón de estado** – reason of state
**razón de liquidez** – liquidity ratio
**razón de mercado** – market ratio
**razón financiera** – financial ratio
**razón impositiva** – tax ratio
**razón inválida** – invalid reason
**razón social** – firm name, company name, business name, trade name, corporate name
**razón suficiente** – sufficient reason
**razón válida** – valid reason
**razonable** *adj* – reasonable, affordable, equitable
**razonablemente** *adv* – reasonably, equitably
**razonadamente** *adv* – in a reasoned manner
**razonado** *adj* – reasoned
**razonador** *adj* – reasoning, explaining
**razonamiento** *m* – reasoning
**razonante** *adj* – reasoning
**razonar** *v* – to reason, to explain, to justify
**razones económicas** – economic ratios, economic reasons
**razones médicas** – medical reasons
**razones personales** – personal reasons
**razzia** *f* – razzia, police raid
**reabrir** *v* – to reopen
**reabrir un caso** – to reopen a case
**reacción** *f* – reaction
**reaccionar** *v* – to react
**reaccionario** *adj* – reactionary
**reaccionario** *m* – reactionary
**reaceptación** *f* – reacceptance
**reacio** *adj* – reluctant
**reacondicionado** *adj* – reconditioned, refurbished
**reacondicionamiento** *m* – reconditioning, refurbishing
**reacondicionar** *v* – to recondition, to refurbish
**reactivación** *f* – reactivation, recovery, revival
**reactivar** *v* – to reactivate
**reactor atómico** – atomic reactor, nuclear reactor
**reactor nuclear** – nuclear reactor, atomic reactor
**readaptación** *f* – readaptation
**readaptar** *v* – to readapt
**readmisión** *f* – readmission
**readmitir** *v* – to readmit
**readquirido** *adj* – reacquired
**readquirir** *v* – to reacquire
**readquisición** *f* – reacquisition
**reafirmación** *f* – reaffirmation
**reafirmar** *v* – to reaffirm
**reagravar** *v* – to make worse
**reagrupar** *v* – to regroup
**reajustar** *v* – to readjust
**reajuste** *m* – readjustment, adjustment, reorganization
**reajuste salarial** – salary adjustment, wage adjustment
**real** *adj* – real, actual, royal, splendid
**real decreto** – royal decree
**realengo** *adj* – ownerless, owned by the state, lazy
**realidad** *f* – reality, truth
**realidad virtual** – virtual reality
**realimentación** *f* – feedback
**realismo** *m* – realism, royalism
**realista** *adj* – realistic, royalist
**realista** *m/f* – realist
**realizable** *adj* – realizable, feasible, salable
**realización** *f* – realization, carrying out, performance, sale, achievement, fulfillment
**realización personal** – personal fulfillment
**realizado** *adj* – realized, carried out, performed, sold, achieved, fulfilled
**realizar** *v* – to realize, to carry out, to perform, to sell, to achieve, to fulfill
**realmente** *adv* – really
**realquilar** *v* – to sublease
**realzar** *v* – to enhance, to highlight
**reanudación** *f* – renewal, resumption
**reanudar** *v* – to renew, to resume
**reanudar pagos** – to resume payments
**reaparecer** *v* – to reappear
**reapertura** *f* – reopening
**reapertura de la causa** – reopening of the case
**reaprovisionar** *v* – to restock
**reargüir** *v* – to reargue
**rearmar** *v* – to rearm
**rearmarse** *v* – to rearm oneself
**rearme** *m* – rearmament
**reasegurado** *adj* – reinsured
**reasegurador** *m* – reinsurer
**reasegurar** *v* – to reinsure
**reaseguro** *m* – reinsurance
**reaseguro automático** – automatic reinsurance
**reaseguro con participación** – participating reinsurance
**reaseguro de catástrofe** – catastrophe reinsurance
**reaseguro en exceso** – excess reinsurance
**reaseguro facultativo** – facultative reinsurance
**reaseguro no proporcional** – non-proportional reinsurance
**reaseguro no tradicional** – nontraditional reinsurance
**reaseguro obligatorio** – obligatory reinsurance
**reaseguro proporcional** – proportional reinsurance
**reaseguro prorrateado** – pro rata reinsurance
**reasignación** *f* – reassignment, reallocation
**reasumir** *v* – to resume
**reasunción** *f* – resumption
**reavivar** *v* – to revive, to renew
**rebaja** *f* – reduction, discount, decrease, cut, rebate
**rebaja contributiva** – tax reduction
**rebaja de capital** – capital reduction

**rebaja de contribuciones** – tax reduction
**rebaja de costes** – cost reduction
**rebaja de costos** – cost reduction
**rebaja de deuda** – debt reduction
**rebaja de dividendo** – dividend reduction
**rebaja de gastos** – expense reduction
**rebaja de impuestos** – tax reduction
**rebaja de la contaminación** – contamination reduction
**rebaja de la tasa bancaria** – bank rate reduction
**rebaja de pérdidas** – loss reduction
**rebaja de personal** – personnel reduction, personnel downsizing
**rebaja de precio** – price reduction
**rebaja de presupuesto** – budget reduction
**rebaja de riesgos** – risk reduction
**rebaja de salario** – salary reduction
**rebaja de tasa** – rate reduction
**rebaja de tipo** – rate reduction
**rebaja de valor** – value reduction
**rebaja del déficit** – deficit reduction
**rebaja general** – general reduction
**rebaja impositiva** – tax reduction
**rebaja neta** – net reduction
**rebaja presupuestaria** – budgetary reduction
**rebaja salarial** – salary reduction
**rebaja tributaria** – tax reduction
**rebajado** *adj* – reduced
**rebajamiento** *m* – reduction, humiliation
**rebajar** *v* – to reduce, to discount, to rebate, to humiliate
**rebaño** *m* – flock
**rebasar** *v* – to exceed, to overflow
**rebate** *m* – fight, dispute, encounter
**rebatible** *adj* – disputable
**rebatimiento** *m* – refutation
**rebatir** *v* – to refute, to ward off, to reinforce, to deduct
**rebelarse** *v* – to rebel, to resist, to disobey
**rebelde** *m* – rebel, disobedient person, defaulter, person in contempt of court
**rebelde** *adj* – rebellious, disobedient, defaulting, stubborn, in contempt
**rebeldía** *f* – rebelliousness, disobedience, default, stubbornness, contempt of court
**rebeldía civil** – civil contempt
**rebeldía, en** – in default, in contempt
**rebeldía penal** – criminal contempt
**rebelión** *f* – rebellion
**rebisabuela** *f* – great-great-grandmother
**rebisabuelo** *m* – great-great-grandfather, great-great-grandparent
**rebisnieta** *f* – great-great-granddaughter
**rebisnieto** *m* – great-great-grandson, great-great-grandchild
**rebusca** *f* – careful search
**rebuscador** *m* – searcher
**rebuscar** *v* – to search carefully
**recabar** *v* – to request, to obtain
**recadero** *m* – messenger
**recado** *m* – message, errand, gift
**recaer** *v* – to fall again, to relapse
**recaída** *f* – relapse
**recalcar** *v* – to emphasize, to emphasize repeatedly, to cram
**recalcitrante** *adj* – recalcitrant
**recalcular** *v* – to recalculate
**recambiar** *v* – to change again, to redraw
**recambio** *m* – reexchange, redraft
**recapacitar** *v* – to reconsider
**recapitalización** *f* – recapitalization
**recapitalizar** *v* – to recapitalize
**recapitulación** *f* – recapitulation, consolidated statement
**recapitular** *v* – to recapitulate
**recaptura** *f* – recapture
**recaptura de amortización** – depreciation recapture
**recaptura de depreciación** – depreciation recapture
**recapturar** *v* – to recapture
**recargar** *v* – to reload, to overload, to load, to surcharge, to overcharge, to mark up, to increase, to charge again
**recargo** *m* – surcharge, increase, additional load, surtax, overcharge, markup
**recargo a la importación** – import surcharge
**recargo contributivo** – surtax, surcharge for late tax payment
**recargo fiscal** – surtax, surcharge for late tax payment
**recargo impositivo** – surtax, surcharge for late tax payment
**recargo tributario** – surtax, surcharge for late tax payment
**recatar** *v* – to conceal
**recatarse** *v* – to act prudently, to act indecisively
**recato** *m* – prudence, discretion
**recatón** *m* – retailer
**recatón** *adj* – retail
**recaudación** *f* – collection, earnings, receipts, amount collected, office of a collector
**recaudación de contribuciones** – collection of taxes
**recaudación de fondos** – fundraising
**recaudación de impuestos** – collection of taxes
**recaudaciones fiscales** – tax collections
**recaudador** *m* – collector, tax collector
**recaudador de contribuciones** – tax collector
**recaudador de impuestos** – tax collector
**recaudador de rentas internas** – collector of internal revenue
**recaudamiento** *m* – collection, earnings, receipts, post of a collector, office of a collector
**recaudar** *v* – to collect, to collect taxes, to raise, to look after
**recaudar fondos** – to raise funds
**recaudar impuestos** – to collect taxes
**recaudatorio** *adj* – pertaining to collections
**recaudo** *m* – collection, care, custody, bail, bond
**recelamiento** *m* – mistrust, suspicion, fear
**recelar** *v* – to mistrust, to suspect, to fear
**recelo** *m* – mistrust, suspicion, fear
**receloso** *adj* – mistrustful, suspicious, fearful
**recepción** *f* – reception, receipt, admission, examination of witnesses, greeting
**recepción de mercaderías** – receipt of merchandise
**recepción de testigos** – examination of witnesses
**recepcionista** *m/f* – receptionist
**receptación** *f* – concealment, aiding and abetting, harboring a criminal
**receptador** *m* – accessory after the fact, aider and

abettor, person who harbors a criminal
**receptar** *v* – to conceal, to aid and abet, to harbor a criminal
**receptividad** *f* – receptivity
**receptivo** *adj* – receptive
**recepto** *m* – refuge
**receptor** *m* – receiver, recipient
**receptor de rentas** – tax collector
**receptor telefónico** – telephone receiver
**receptoría** *f* – receiver's office, collector's office, receivership
**recesar** *v* – to recess, to adjourn, to withdraw
**recesión** *f* – recession
**recesión comercial** – business recession, commercial recession
**recesión económica** – economic recession, recession
**recesión empresarial** – business recession
**recesión mercantil** – commercial recession
**receso** *m* – recess, adjournment, withdrawal
**recetoría** *f* – receiver's office, collector's office
**recibí** *m* – payment received
**recibido** *adj* – received
**recibidor** *m* – receiver, receiving teller
**recibimiento** *m* – receipt, reception, acceptance
**recibir** *v* – to receive, to accept, to admit, to welcome, to obtain
**recibir compensación** – to receive compensation
**recibir condicionalmente** – to receive conditionally
**recibir depósitos** – to receive deposits
**recibir dinero** – to receive money
**recibir efectivo** – to receive cash
**recibir entrega** – to receive delivery
**recibir información** – to receive information
**recibir mercancías** – to receive goods
**recibir pago** – to receive payment
**recibir por cuenta de** – to receive for the account of, to receive on behalf of
**recibir tarjetas** – to accept credit cards, to accept debit cards, to accept cards
**recibir un pago** – to receive a payment
**recibir una letra** – to receive a bill
**recibir una oferta** – to receive an offer
**recibirse de abogado** – to be admitted to the bar, to graduate from law school
**recibo** *m* – receipt, bill, receiving
**recibo bancario** – bank receipt
**recibo condicional** – conditional receipt
**recibo de almacén** – warehouse receipt
**recibo de carga** – freight receipt
**recibo de depósito** – deposit receipt
**recibo de entrega** – delivery receipt
**recibo de inspección** – inspection receipt
**recibo de muelle** – dock receipt
**recibo de paga** – pay slip, salary slip, salary receipt
**recibo de pago** – payment receipt
**recibo de pago de prima** – premium receipt
**recibo de préstamo** – loan receipt
**recibo de salario** – salary receipt, pay slip, salary slip
**recibo de ventas** – sales receipt, sales slip
**recibo ficticio** – fictitious receipt
**recibo incondicional** – unconditional receipt
**recibo obligante** – binding receipt
**recibo obligatorio** – binder
**recibo provisional** – provisional receipt
**reciclable** *adj* – recyclable
**reciclado** *adj* – recycled, retrained
**reciclado** *m* – recycling, retraining
**reciclado de residuos** – waste recycling
**reciclaje** *m* – recycling, retraining
**reciclaje de residuos** – waste recycling
**reciclar** *v* – to recycle, to retrain
**recidivista** *m/f* – recidivist
**recién nacido** – newborn
**reciente** *adj* – recent
**recientemente** *adv* – recently
**recíprocamente** *adv* – reciprocally
**reciprocidad** *f* – reciprocity
**reciprocidad legislativa** – legislative reciprocity
**recíproco** *adj* – reciprocal
**reclamable** *adj* – claimable
**reclamación** *f* – claim, complaint, remonstrance
**reclamación aceptada** – accepted claim
**reclamación admitida** – admitted claim
**reclamación contingente** – contingent claim
**reclamación del acreedor** – creditor's claim
**reclamación exagerada** – exaggerated claim
**reclamación ficticia** – fictitious claim
**reclamación fraudulenta** – fraudulent claim
**reclamación garantizada** – guaranteed claim, secured claim
**reclamación inicial** – initial claim
**reclamación judicial** – judicial claim
**reclamación legal** – legal claim
**reclamación pagada** – paid claim
**reclamación permitida** – allowed claim
**reclamación rechazada** – rejected claim
**reclamación rehusada** – refused claim
**reclamación salarial** – salary claim, wage claim
**reclamación tardía** – late claim, belated claim
**reclamaciones sometidas** – claims made
**reclamado** *adj* – claimed
**reclamado legalmente** – legally claimed
**reclamado lícitamente** – licitly claimed
**reclamador** *m* – claimer, claimant, complainer
**reclamante** ***m /f*** – claimer, claimant, complainer
**reclamar** *v* – to reclaim, to claim, to demand, to object, to seek a fugitive
**reclamar daños y perjuicios** – to claim damages
**reclamar perjuicios** – to claim damages
**reclamar por daños** – to claim damages
**reclamo** *m* – claim, complaint, advertisement
**reclamo de beneficios** – benefits claim
**reclamo de derecho** – claim of right
**reclamo de título** – claim of title
**reclamo legal** – legal claim
**reclamo lícito** – licit claim
**reclamo pendiente** – pending claim
**reclamo por muerte** – death claim
**reclamo publicitario** – advertising gimmick
**reclasificación** *f* – reclassification
**reclasificación de acciones** – reclassification of stock
**recluir** *v* – to confine, to imprison
**reclusión** *f* – reclusión, imprisonment
**reclusión aislada** – solitary confinement
**reclusión mayor** – long-term imprisonment
**reclusión menor** – short-term imprisonment
**reclusión perpetua** – life imprisonment
**reclusión solitaria** – solitary confinement

**recluso** *m* – inmate
**recluso** *adj* – confined, imprisoned
**reclusorio** *m* – place of confinement, prison
**recluta** *m* – recruit
**reclutador** *m* – recruiter
**reclutamiento** *m* – recruitment, conscription
**reclutamiento de personal** – personnel recruitment
**reclutamiento de soldados** – soldier recruitment
**reclutar** *v* – to recruit, to draft
**reclutar personal** – to recruit personnel
**reclutar soldados** – to recruit soldiers
**recobrable** *adj* – recoverable
**recobrar** *v* – to recover
**recobrarse** *v* – to recover
**recobro** *m* – recovery
**recogedor** *m* – collector
**recoger** *v* – to retrieve, to collect, to withdraw, to shelter, to suspend
**recogida** *f* – collecting, withdrawal, retrieval
**recolección** *f* – collection, summary
**recolectar** *v* – to collect, to summarize
**recolector** *m* – collector
**recolocación** *f* – relocation
**recomendación** *f* – recommendation, reference, request
**recomendación colectiva** – blanket recommendation
**recomendante** *m/f* – recommender
**recomendar** *v* – to recommend, to advise, to request
**recomendatorio** *adj* – recommendatory
**recompensa** *f* – reward, recompense, remuneration, award
**recompensa ilegal** – illegal reward
**recompensa ilícita** – illicit reward
**recompensa impropia** – improper reward
**recompensa inapropiada** – inappropriate reward
**recompensa lícita** – licit reward
**recompensable** *adj* – recompensable
**recompensación** *f* – recompense, remuneration, award
**recompensas financieras** – financial rewards
**recompensas monetarias** – monetary rewards
**recomponer** *v* – to repair again
**recompra** *f* – repurchase, buyback
**recompra anticipada** – advance repurchase, advance repo
**recompra de acciones** – stock buyback
**recompra de bonos** – bond buyback
**recompra de deuda** – debt buyback
**recomprar** *v* – to repurchase
**recómputo** *m* – recomputation
**reconciliable** *adj* – reconcilable
**reconciliación** *f* – reconciliation
**reconciliación matrimonial** – marital reconciliation
**reconciliar** *v* – to reconcile
**reconciliarse** *v* – to be reconciled
**recondenar** *v* – to reconvict, to resentence
**reconducción** *f* – reconduction, extension, renewal
**reconducir** *v* – to extend, to renew
**reconocedor** *m* – recognizer, admitter, inspector
**reconocer** *v* – to recognize, to acknowledge, to admit, to inspect
**reconocer pago** – to acknowledge payment
**reconocer una deuda** – to acknowledge a debt
**reconocer una firma** – to acknowledge a signature
**reconocer una orden** – to acknowledge an order
**reconocerse** *v* – to be apparent, to admit
**reconocible** *adj* – recognizable
**reconocido** *adj* – recognized, acknowledged, admitted, inspected
**reconocimiento** *m* – recognition, acknowledgment, admission, inspection
**reconocimiento acusatorio** – identification of a suspect
**reconocimiento aduanal** – customs inspection
**reconocimiento de cuentas** – audit of accounts
**reconocimiento de culpabilidad** – acknowledgment of guilt
**reconocimiento de deuda** – acknowledgment of debt
**reconocimiento de firma** – authentication of signature
**reconocimiento de ingresos** – revenue recognition
**reconocimiento de las obligaciones** – acknowledgment of the obligations
**reconocimiento de letra** – recognition of handwriting
**reconocimiento de orden** – acknowledgment of order
**reconocimiento de pago** – acknowledgment of payment
**reconocimiento de voz** – voice recognition
**reconocimiento diplomático** – diplomatic recognition
**reconocimiento directo** – direct recognition
**reconocimiento implícito** – implied acknowledgment
**reconocimiento inferido** – inferred acknowledgment
**reconocimiento judicial** – judicial examination
**reconocimiento óptico de caracteres** – optical character recognition
**reconocimiento tácito** – tacit acknowledgment
**reconsideración** *f* – reconsideration
**reconsideración judicial** – judicial reconsideration
**reconsiderar** *v* – to reconsider
**reconstitución** *f* – reconstitution, reorganization
**reconstituir** *v* – to reconstitute, to reorganize
**reconstrucción** *f* – reconstruction
**reconstrucción de los hechos** – reconstruction of the facts
**reconstrucción del delito** – reconstruction of the crime
**reconstruir** *v* – to reconstruct
**recontar** *v* – to recount
**reconvención** *f* – reconvention, counterclaim, cross-claim, remonstrance
**reconvencional** *adj* – reconventional, pertaining to a counterclaim, pertaining to a cross-claim
**reconvenir** *v* – to counterclaim, to cross-claim, to remonstrate
**reconversión** *f* – reconversion, restructuring
**reconversión industrial** – industrial restructuring
**recopilación** *f* – compilation, collection, digest, summary
**recopilador** *m* – compiler, writer of a digest, summarizer
**recopilación de datos** – data collection
**recopilar** *v* – to compile, to collect, to write a digest, to summarize
**récord** *m* – record
**récord delictivo** – criminal record
**récord penal** – criminal record
**recordación** *f* – recollection, commemoration
**recordar** *v* – to recollect, to remind, to commemorate
**recordatorio** *m* – reminder

**recortar** *v* – to cut, to cut back, to reduce
**recortar beneficios** – to reduce benefits, to cut benefits
**recortar precios** – to reduce prices, to cut prices
**recortar tasas** – to reduce rates, to cut rates
**recorte** *m* – cut, cutback, reduction
**recorte contributivo** – tax cut
**recorte de capital** – capital cut
**recorte de contribuciones** – tax cut
**recorte de costes** – cost cut
**recorte de costos** – cost cut
**recorte de deuda** – debt cut
**recorte de dividendo** – dividend cut
**recorte de impuestos** – tax cut
**recorte de pérdidas** – loss cut
**recorte de precio** – price cut
**recorte de presupuesto** – budget cut
**recorte de riesgos** – risk cut
**recorte de salario** – salary cut
**recorte de tasa** – rate cut
**recorte de tipo** – rate cut
**recorte general** – general cut
**recorte impositivo** – tax cut
**recorte neto** – net cut
**recorte presupuestario** – budget cut
**recorte salarial** – salary cut
**recorte tributario** – tax cut
**recortes de personal** – personnel cuts
**recriminación** *f* – recrimination
**recriminador** *m* – recriminator
**recriminador** *adj* – recriminating
**recriminar** *v* – to recriminate
**recriminarse** *v* – to exchange recriminations
**recrudecimiento** *m* – recrudescence
**rectamente** *adv* – honestly
**rectificable** *adj* – rectifiable, amendable
**rectificación** *f* – rectification, correction, amendment
**rectificado** *adj* – rectified, corrected, amended
**rectificador** *m* – rectifier
**rectificar** *v* – to rectify, to amend
**rectificativo** *adj* – rectifying
**rectitud** *f* – rectitude
**rectitud comparada** – comparative rectitude
**recto** *adj* – straight, honest
**recuento** *m* – recount, count, inventory
**recuerdo** *m* – remembrance, memory
**recuesta** *f* – request, demand, warning
**recuestar** *v* – to request, to demand, to warn
**recuperable** *adj* – recoverable
**recuperación** *f* – recuperation, recovery, retrieval
**recuperación comercial** – business recovery, commercial recovery
**recuperación corporativa** – corporate recovery
**recuperación de costes** – cost recovery
**recuperación de costos** – cost recovery
**recuperación de datos** – data recovery, data retrieval
**recuperación de desastre** – disaster recovery
**recuperación de deudas** – debt recovery
**recuperación de energía** – energy recovery
**recuperación de gastos** – expense recovery
**recuperación de negocios** – business recovery
**recuperación económica** – economic recovery
**recuperación empresarial** – business recovery
**recuperación mercantil** – commercial recovery
**recuperador** *m* – recuperator
**recuperar** *v* – to recuperate, to recoup, to retrieve
**recurrente** *m/f* – appellant, petitioner
**recurrente** *adj* – recurring
**recurrible** *adj* – appealable
**recurrido** *m* – appellee, respondent
**recurrido** *adj* – appealed
**recurrir** *adj* – to appeal, to petition, to resort to
**recurso** *m* – recourse, resource, remedy, means, appeal, petition, motion
**recurso administrativo** – administrative recourse
**recurso civil** – civil remedy
**recurso contencioso administrativo** – appeal against an administrative act
**recurso de aclaración** – petition for clarification
**recurso de aclaratoria** – petition for clarification
**recurso de alzada** – appeal
**recurso de amparo** – petition pertaining to constitutional protections
**recurso de anulación** – appeal for annulment
**recurso de apelación** – appeal
**recurso de casación** – appeal to a supreme court for violations of procedural law
**recurso de habeas corpus** – appeal for habeas corpus
**recurso de homologación** – appeal to a court against an arbitral award
**recurso de nulidad** – appeal for annulment
**recurso de queja** – appeal where the lower court delays an appeal unfairly
**recurso de reconsideración** – petition for the court to reconsider its own decision
**recurso de reforma** – petition for the court to reconsider its own decision
**recurso de reposición** – petition for the court to reconsider its own decision
**recurso de rescisión** – appeal for annulment
**recurso de revisión** – petition for review
**recurso de revocación** – petition for the court to reconsider its own decision
**recurso de revocatoria** – petition for the court to reconsider its own decision
**recurso de súplica** – petition for the court to reconsider its own decision
**recurso de tercera instancia** – second appeal
**recurso extraordinario** – extraordinary appeal
**recurso interino** – provisional remedy
**recurso judicial** – judicial remedy
**recurso lícito** – licit remedy
**recurso preventivo** – preventive remedy
**recurso provisional** – provisional remedy
**recurso temporal** – temporary remedy
**recursos agotables** – exhaustible resources, depletable resources
**recursos agrícolas** – agricultural resources
**recursos asignados** – allocated resources
**recursos comprometidos** – committed resources
**recursos de caja** – cash resources
**recursos de capital** – capital resources
**recursos disponibles** – available resources
**recursos económicos** – economic resources
**recursos en efectivo** – cash resources
**recursos energéticos** – energy resources
**recursos escasos** – scarce resources
**recursos explotados** – exploited resources

**recursos externos** – external resources
**recursos financieros** – financial resources
**recursos generales** – general resources
**recursos humanos** – human resources
**recursos internos** – internal resources
**recursos legales** – legal remedies
**recursos minerales** – mineral resources
**recursos mineros** – mineral resources
**recursos monetarios** – monetary resources
**recursos naturales** – natural resources
**recursos naturales no renovables** – nonrenewable natural resources
**recursos naturales renovables** – renewable natural resources
**recursos no renovables** – nonrenewable resources
**recursos no utilizados** – idle resources
**recursos permanentes** – permanent resources
**recursos prestados** – borrowed resources
**recursos productivos** – productive resources
**recursos propios** – own resources
**recursos renovables** – renewable resources
**recusable** *adj* – recusable
**recusación** *f* – recusation, challenge, rejection, objection
**recusación con causa** – challenge for cause
**recusación de un juez** – objection to a judge
**recusación perentoria** – peremptory challenge
**recusación sin causa** – peremptory challenge
**recusado** *adj* – recused, rejected, objected to
**recusante** *adj* – recusing, challenging, rejecting, objecting
**recusante** *m/f* – challenger, rejector, objector
**recusar** *v* – to recuse, to challenge, to reject, to object to
**rechazable** *adj* – rejectable, deniable
**rechazado** *adj* – rejected, dishonored
**rechazamiento** *m* – rejection, denial, non-acceptance
**rechazar** *v* – to reject, to dishonor, to deny
**rechazar condicionalmente** – to reject conditionally
**rechazar mercancías** – to reject goods
**rechazar responsabilidad** – to reject liability
**rechazar un contrato** – to reject a contract
**rechazar un cheque** – to reject a check, to reject a cheque
**rechazar un depósito** – to reject a deposit
**rechazar un soborno** – to reject a bribe
**rechazar una condición** – to reject a condition
**rechazar una letra** – to reject a bill
**rechazar una obligación** – to reject an obligation
**rechazar una oferta** – to reject an offer
**rechazar una propuesta** – to reject a proposal
**rechazar una reclamación** – to reject a claim
**rechazo** *m* – rejection, denial
**rechazo de aprobación** – refusal of approval
**rechazo de beneficios** – refusal of benefits
**rechazo de bienes** – refusal of goods
**rechazo de cargo** – refusal of office
**rechazo de condición** – refusal of condition
**rechazo de convenio** – refusal of agreement
**rechazo de crédito** – refusal of credit
**rechazo de fianza** – refusal of bail
**rechazo de mercancías** – refusal of goods
**rechazo de obligación** – refusal of obligation
**rechazo de oferta** – refusal of offer
**rechazo de orden** – refusal of order
**rechazo de pago** – refusal of payment
**rechazo de responsabilidad** – refusal of liability
**rechazo de riesgo** – refusal of risk
**rechazo de un cheque** – refusal of a check, refusal of a cheque
**rechazo de un contrato** – refusal of a contract
**rechazo de un depósito** – refusal of a deposit
**rechazo de un soborno** – refusal of a bribe
**rechazo de una donación** – refusal of a gift
**rechazo de una letra** – refusal of a bill
**rechazo de una propuesta** – refusal of a proposal
**rechazo de venta** – refusal of sale
**rechazo implícito** – implied rejection
**rechazo inferido** – inferred rejection
**rechazo por conducta** – refusal by conduct
**rechazo tácito** – tacit rejection
**red** *f* – net, network, Internet, chain
**red bancaria** – banking network
**red comercial** – sales network, commercial network
**red compartida** – shared network
**red comunitaria** – community network
**red corporativa** – corporate chain, corporate network
**red de área extendida** – wide-area network
**red de área local** – local-area network
**red de banda ancha** – broadband network
**red de computadoras** – computer network
**red de comunicaciones** – communications network
**red de datos** – data network
**red de espionaje** – spy ring, spy network
**red de intercambio** – swap network
**red de narcotráfico** – drug ring
**red de ordenadores** – computer network
**red de sucursales** – branch network
**red de telecomunicaciones** – telecommunications network
**red de ventas** – sales network
**red inalámbrica** – wireless network
**red informática** – computer network
**red local** – local-area network
**red nacional** – national chain, national network
**redacción** *f* – redacting, writing, editing, editors
**redaccional** *adj* – in writing
**redactar** *v* – to redact, to write, to edit, to draw up
**redactar un contrato** – to draw up a contract
**redactor** *m* – redactor, writer, editor
**redada** *f* – police raid, gang
**redada policíaca** – police raid
**redada policial** – police raid
**redargución** *f* – impugnment, refutation
**redargüir** *v* – to impugn, to refute
**redención** *f* – redemption, restitution, repayment
**redención anticipada** – advance redemption
**redención de bonos** – bond redemption, bond call
**redención de deuda** – debt redemption
**redención de la deuda** – retirement of debt
**redención de servidumbres** – lifting of easements
**redención especial** – special redemption
**redención temprana** – early redemption
**redenominación** *f* – redenomination
**redentor** *adj* – redeeming
**redepositar** *v* – to redeposit
**redesarrollar** *v* – to redevelop
**redesarrollo** *m* – redevelopment

**redescuento** *m* – rediscount
**redespachar** *v* – to resend
**redhibición** *f* – redhibition
**redhibir** *v* – to rescind by right of redhibition
**redhibitorio** *adj* – redhibitory
**redimensionamiento** *m* – downsizing, rightsizing
**redimible** *adj* – redeemable, callable
**redimir** *v* – to redeem, to free, to exempt, to call in, to pay off
**redimir un bono** – to call a bond, to refund a bond
**rediseñado** *adj* – redesigned
**rediseñar** *v* – to redesign
**redistribución** *f* – redistribution
**redistribución de ingresos** – income redistribution
**redistribuido** *adj* – redistributed
**redistribuir** *v* – to redistribute
**rédito** *m* – revenue, income, return, profit, interest
**rédito gravable** – taxable income
**rédito imponible** – taxable income
**rédito tributable** – taxable income
**redituable** *adj* – revenue-yielding, profitable, interest bearing
**reditual** *adj* – revenue-yielding, profitable, interest bearing
**redituar** *v* – to yield, to draw
**redonda** *f* – region, pasture
**redondear** *v* – to round off, to complete
**redondearse** *v* – to clear oneself of all debts
**redondeo** *m* – rounding
**reducción** *f* – reduction, rebate, downsizing
**reducción contributiva** – tax reduction
**reducción de capital** – capital reduction
**reducción de contribuciones** – tax reduction
**reducción de costes** – cost reduction
**reducción de costos** – cost reduction
**reducción de deuda** – debt reduction
**reducción de dividendo** – dividend reduction
**reducción de gastos** – expense reduction
**reducción de impuestos** – tax reduction
**reducción de la contaminación** – contamination reduction
**reducción de la pena** – reduction of the sentence
**reducción de pérdidas** – loss reduction
**reducción de personal** – personnel reduction, personnel downsizing, layoffs
**reducción de plantilla** – personnel reduction, personnel downsizing, layoffs
**reducción de precio** – price reduction
**reducción de presupuesto** – budget reduction
**reducción de residuos** – waste reduction
**reducción de riesgos** – risk reduction
**reducción de salario** – salary reduction
**reducción de tarifas** – reduction of tariffs
**reducción de tasa** – rate decrease
**reducción de tipo** – rate decrease
**reducción del déficit** – deficit reduction
**reducción general** – general reduction
**reducción impositiva** – tax reduction
**reducción neta** – net reduction
**reducción presupuestaria** – budgetary reduction
**reducción salarial** – salary reduction
**reducción tributaria** – tax reduction
**reducible** *adj* – reducible
**reducido** *adj* – reduced, downsized
**reducir** *v* – to reduce, to lower, to subdue
**reducir beneficios** – to reduce benefits, to lower benefits
**reducir contribuciones** – to reduce taxes
**reducir costes** – to reduce costs
**reducir costos** – to reduce costs
**reducir el personal** – to reduce personnel
**reducir gastos** – to reduce expenses
**reducir gastos generales** – to reduce overhead
**reducir impuestos** – to reduce taxes
**reducir la producción** – to cut back production
**reducir precios** – to reduce prices, to lower prices
**reducir tasas** – to reduce rates
**reducir tipos** – to reduce rates
**reductible** *adj* – reducible
**redundancia** *f* – redundancy
**redundante** *adj* – redundant
**redundantemente** *adv* – redundantly
**reedición** *f* – republication
**reedificación** *f* – rebuilding
**reedificar** *v* – to rebuild
**reeditar** *v* – to republish
**reeducación** *f* – reeducation
**reeducar** *v* – to reeducate, to retrain
**reelección** *f* – reelection
**reelecto** *adj* – reelected
**reelegir** *v* – to reelect
**reembarcar** *v* – to reembark
**reembargar** *v* – to reattach
**reembargo** *m* – reattachment
**reembarque** *m* – reembarkation
**reembolsable** *adj* – reimbursable, redeemable, refundable
**reembolsar** *v* – to reimburse, to redeem, to refund
**reembolso** *m* – reimbursement, redemption, refund, drawback
**reembolso anticipado** – advance redemption, advance repayment
**reembolso completo** – complete refund
**reembolso contributivo** – tax refund
**reembolso de contribuciones** – tax refund
**reembolso de gastos** – expense reimbursement
**reembolso de impuestos** – tax refund
**reembolso de ingresos** – income reimbursement
**reembolso de prima** – premium refund
**reembolso en efectivo** – cash refund
**reembolso impositivo** – tax refund
**reembolso previo** – prior redemption
**reembolso tributario** – tax refund
**reemplazable** *adj* – replaceable
**reemplazante** *m/f* – replacement
**reemplazar** *v* – to replace
**reemplazo** *m* – replacement
**reemplazo de ingresos** – income replacement
**reemplear** *v* – to reemploy
**reempleo** *m* – reemployment
**reendosar** *v* – to reendorse
**reendoso** *m* – reendorsement
**reentrenamiento** *m* – retraining
**reenviar** *v* – to return, to resend, to forward, to remand
**reenvío** *m* – return, forwarding, remand
**reestructuración** *f* – restructuring
**reestructuración administrativa** – administrative

restructuring
**reestructuración bancaria** – banking restructuring
**reestructuración comercial** – business restructuring, commercial restructuring, trade restructuring
**reestructuración contable** – accounting restructuring
**reestructuración corporativa** – corporate restructuring
**reestructuración de deuda** – debt restructuring
**reestructuración de la compañía** – company restructuring
**reestructuración de la corporación** – corporate restructuring
**reestructuración de la empresa** – enterprise restructuring
**reestructuración de negocios** – business restructuring
**reestructuración de servicios** – service restructuring
**reestructuración del negocio** – business restructuring
**reestructuración económica** – economic restructuring
**reestructuración empresarial** – company restructuring, enterprise restructuring
**reestructuración estatal** – government restructuring, state restructuring
**reestructuración formal** – formal restructuring
**reestructuración gubernamental** – government restructuring
**reestructuración industrial** – industrial restructuring
**reestructuración internacional** – international restructuring
**reestructuración mercantil** – commercial restructuring
**reestructuración política** – political restructuring
**reestructuración regional** – regional restructuring
**reestructurado** *adj* – restructured
**reestructurar** *v* – to restructure
**reevaluación** *f* – reevaluation
**reevaluar** *v* – to reevaluate
**reexaminación** *f* – reexamination
**reexaminar** *v* – to reexamine
**reexpedición** *f* – reshipment, forwarding
**reexpedir** *v* – to reship, to forward
**reexportación** *f* – reexportation
**reexportar** *v* – to reexport
**reextradición** *f* – re-extradition
**refacción** *f* – bonus, repair, maintenance expense
**refaccionador** *m* – financial backer
**refaccionar** *v* – to renovate, to repair, to maintain, to finance
**referencia** *f* – reference, report, narration
**referencia bancaria** – bank reference
**referencia comercial** – trade reference
**referencia de crédito** – credit reference
**referéndum** *m* – referendum
**referente** *adj* – referring
**referido** *adj* – referred, said
**referir** *v* – to refer, to relate, to report, to narrate
**referirse a** – to refer to, to refer oneself to
**refinanciación** *f* – refinancing
**refinanciado** *adj* – refinanced
**refinanciamiento** *m* – refinancing
**refinanciamiento de deuda** – debt refinancing
**refinanciar** *v* – to refinance
**refinar** *v* – to refine
**refirmar** *v* – to support, to ratify
**reflación** *f* – reflation
**reforestación** *f* – reforestation
**reforestar** *v* – to reforest
**reforma** *f* – reform, amendment, revision, innovation
**reforma agraria** – agrarian reform
**reforma constitucional** – constitutional reform
**reforma contributiva** – tax reform
**reforma estructural** – structural reform
**reforma fiscal** – tax reform
**reforma impositiva** – tax reform
**reforma monetaria** – monetary reform
**reforma social** – social reform
**reforma tributaria** – tax reform
**reformable** *adj* – reformable
**reformación** *f* – reformation
**reformado** *adj* – reformed, amended
**reformar** *v* – to reform, to amend, to revise, to innovate, to repair
**reformatorio** *m* – reformatory
**reformatorio** *adj* – reforming, amending
**reformismo** *m* – reformism
**reformista** *adj* – reforming
**reformista** *m/f* – reformer
**reforzar** *v* – to reinforce, to boost
**refractario** – refractory, unwilling
**refrenar** *v* – to curb
**refrenarse** *v* – to curb oneself
**refrendación** *f* – countersignature, authentication, legalization, stamping
**refrendar** *v* – to countersign, to authenticate, to legalize, to stamp
**refrendario** *m* – countersigner, authenticator
**refrendata** *f* – countersignature, authentication, legalization
**refrendo** *m* – countersignature, authentication, legalization, stamp
**refrescar la memoria** – refresh the memory
**refriega** *f* – affray
**refuerzo** *m* – reinforcement, aid
**refugiado** *m* – refugee
**refugiar** *v* – to give refuge
**refugiarse** *v* – to take refuge
**refugio** *m* – shelter, haven, refuge, bomb shelter
**refugio contributivo** – tax haven
**refugio fiscal** – tax haven
**refugio impositivo** – tax haven
**refugio tributario** – tax haven
**refutable** *adj* – refutable
**refutación** *f* – refutation, rebuttal
**refutar** *v* – to refute, to rebut
**regalador** *m* – giver
**regalador** *adj* – giving
**regalar** *v* – to give, to sell cheaply
**regalía** *f* – royalty, privilege, exemption, perquisite, goodwill, gift
**regalo** *m* – gift, luxury
**regalo antenupcial** – antenuptial gift
**regalo entre cónyuges** – interspousal gift
**regalo ilegal** – illegal gift
**regalo ilícito** – illicit gift
**regalo inapropiado** – inappropriate gift
**regalo lícito** – licit gift
**regalo prenupcial** – antenuptial gift
**regalos comerciales** – business gifts, commercial gifts

**regalos corporativos** – corporate gifts
**regalos de negocios** – business gifts
**regalos empresariales** – business gifts
**regañadientes, a** – grudgingly
**regatear** *v* – to haggle, to bargain, to be sparing, to deny
**regateo** *m* – haggling, bargaining
**regencia** *f* – regency, management
**regentar** *v* – to rule, to manage
**regente** *m/f* – regent
**regente** *m* – manager, foreperson, magistrate
**regente** *adj* – ruling
**regentear** *v* – to rule, to manage
**regicida** *m/f* – regicide
**regicidio** *m* – regicide
**regidor** *m* – ruler, city council member
**régimen** *m* – regime, system
**régimen administrador** – management system, administrative system
**régimen administrativo** – management system, administrative system
**régimen arancelario** – tariff system
**régimen bancario** – banking system
**régimen carcelario** – prison system
**régimen contable** – accounting system
**régimen contributivo** – tax system
**régimen de acumulación** – accrual system
**régimen de administración** – administration system
**régimen de amortización** – depreciation system
**régimen de apoyo** – support system
**régimen de auditoría** – auditing system
**régimen de bienestar social** – welfare system
**régimen de bonificaciones** – bonus system
**régimen de categorización** – categorization system
**régimen de clasificación** – classification system
**régimen de codificación** – coding system
**régimen de comisiones** – commission system
**régimen de compensación** – compensation system
**régimen de comunidad limitada** – limited community property system
**régimen de comunidad universal** – universal community property system
**régimen de contabilidad** – accounting system
**régimen de crédito** – credit system
**régimen de depreciación** – depreciation system
**régimen de distribución** – distribution system
**régimen de gestión ambiental** – environmental management system
**régimen de gestión financiera** – financial management system
**régimen de imposición** – tax system
**régimen de jubilación** – retirement system
**régimen de organización** – organization system
**régimen de precios** – price system
**régimen de retiro** – retirement system
**régimen de separación de bienes** – common-law marital property system
**régimen de subsidios** – subsidy system
**régimen de subvenciones** – subsidy system
**régimen de tributación** – tax system
**régimen de vida** – lifestyle
**régimen del seguro social** – social security system
**régimen económico** – economic system
**régimen federal** – federal system
**régimen financiero** – financial system
**régimen fiscal** – fiscal system, tax system
**régimen global** – global system
**régimen impositivo** – tax system
**régimen monetario** – monetary system, coinage, coinage system
**régimen organizacional** – organizational system
**régimen organizativo** – organizational system
**régimen penal** – prison system
**régimen penitenciario** – prison system
**régimen político** – political system
**régimen sin comunidad** – common-law marital property system
**régimen tributario** – tax system
**regimentar** *v* – to regiment
**regimiento** *m* – regiment, government, office of a city council member, city council members
**región** *f* – region
**región deprimida** – depressed region
**región desarrollada** – developed region
**regional** *adj* – regional
**regionalismo** *m* – regionalism
**regir** *v* – to rule, to govern, to manage, to be in force
**registrable** *adj* – registrable
**registración** *f* – registration
**registrado** *adj* – registered
**registrador** *m* – register, registrar, inspector
**registrador de la propiedad** – register of real estate, register of deeds
**registrador de testamentos** – register of wills
**registral** *adj* – pertaining to registry
**registrante** *m/f* – registrant
**registrar** *v* – to register, to record, to file, to inspect, to search, to enter
**registrar un gravamen** – to file a lien
**registrar una escritura** – to record a deed
**registrar una hipoteca** – to record a mortgage
**registrar una sentencia** – to enter a judgment
**registrarse** *v* – to register, to check in, to sign in
**registro** *m* – registry, register, registration, record, search, docket, inspection, entry, tonnage
**registro bruto** – gross tonnage
**registro catastral** – land registry
**registro civil** – civil registry
**registro completo** – complete record
**registro consular** – consular registry
**registro contable** – book entry, accounting record
**registro de acciones** – stock register
**registro de aceptaciones** – acceptance register
**registro de actas** – minute book
**registro de actos de última voluntad** – registry of wills
**registro de bonos** – bond register
**registro de buques** – registry of ships
**registro de clientes** – client register
**registro de comercio** – trade register
**registro de contabilidad** – accounting records
**registro de crédito** – credit record
**registro de cheques** – check register, cheque register
**registro de defunciones** – registry of deaths
**registro de empleo** – employment record
**registro de gastos** – expense record
**registro de gravamen** – recording of lien
**registro de hipoteca** – recording of mortgage

**registro de hipotecas** – mortgage registry
**registro de inventario** – inventory register
**registro de jurados** – jury list
**registro de la propiedad** – land registry, registry of real estate
**registro de la propiedad industrial** – registry of industrial property
**registro de la propiedad intelectual** – registry of intellectual property
**registro de la sentencia** – entry of judgment
**registro de letras** – bill register
**registro de marcas** – trademark registry
**Registro de Marcas y Patentes** – Patent and Trademark Office
**registro de matrimonios** – registry of marriages
**registro de nacimientos** – registry of births
**registro de navíos** – register of ships
**registro de nómina** – payroll register
**registro de pago** – payment record
**registro de papeles** – registration of documents
**registro de patentes** – register of patents
**registro de préstamos** – loan register
**registro de sentencia** – entry of judgment
**registro de sufragio** – voting list
**registro de testamentos** – registry of wills
**registro de transacciones** – book of original entries
**registro de tutelas** – registry of guardianships
**registro de ventas** – sales records
**registro demográfico** – registry of vital statistics
**registro e incautación** – search and seizure
**registro electoral** – electoral register
**registro entero** – entire record
**registro falsificado** – falsified record
**registro ficticio** – fictitious registration
**registro fiscal** – tax registry
**registro incompleto** – incomplete record
**registro inexistente** – nonexistent registration
**registro judicial** – judicial record
**registro mercantil** – commercial registry
**registro múltiple** – multiple recording
**registro múltiple de transacciones** – multiple recording of transactions
**registro oficial** – official record
**registro parcial** – partial record
**registro privado** – private record, private registry
**registro público** – public record
**registro total** – total record
**registro tributario** – tax roll
**registros corporativos** – corporate records
**registros de clientes** – client records, customer records
**registros de contabilidad** – accounting records
**registros de costes** – cost records
**registros de costos** – cost records
**registros financieros** – financial records
**registros municipales** – municipal records
**regla** *f* – rule, principle, law, moderation
**regla, en** – in order
**regla especial** – special rule
**regla jurídica** – legal rule
**Regla Miranda** – Miranda Rule
**regla perentoria** – peremptory rule
**regladamente** *adv* – moderately
**reglado** *adj* – moderate, ruled
**reglamentación** *f* – regulation, regulations
**reglamentación bancaria** – bank regulation
**reglamentación de tránsito** – traffic rules
**reglamentación urbanística** – zoning rules
**reglamentaciones de trabajo** – work guidelines, labor laws, labour laws
**reglamentado** *adj* – regulated
**reglamentado por el estado** – government-regulated, state-regulated
**reglamentado por el gobierno** – government-regulated
**reglamentar** *v* – to regulate, to rule, to establish rules
**reglamentario** *adj* – regulatory, regulation
**reglamento** *m* – regulation, regulations, rules, by-laws
**reglamento administrativo** – administrative regulation
**reglamento aduanero** – customs regulations
**reglamento de edificación** – building code
**reglamento de trabajo** – work guidelines, labor laws, labour laws
**reglamento estatal** – state regulation
**reglamento federal** – federal regulation
**reglamento interestatal** – interstate regulation
**reglamento intraestatal** – intrastate regulation
**reglamento local** – local regulation
**reglamento municipal** – municipal regulation
**reglamento procesal** – rules of procedure
**reglamentos aduaneros** – customs regulations
**reglamentos ambientales** – environmental regulations
**reglamentos antidumping** – antidumping regulations
**reglamentos comerciales** – commercial regulations
**reglamentos corporativos** – corporate regulations
**reglamentos de aduanas** – customs regulations
**reglamentos de calidad** – quality regulations
**reglamentos de calidad ambiental** – environmental quality regulations
**reglamentos de calidad medioambiental** – environmental quality regulations
**reglamentos de comercio** – commerce regulations
**reglamentos de contabilidad** – accounting regulations
**reglamentos de cumplimiento** – performance regulations, compliance regulations, fulfillment regulations
**reglamentos de edificación** – building code
**reglamentos de ética profesional** – canons of professional ethics
**reglamentos de exportación** – export regulations
**reglamentos de fabricación** – manufacturing regulations
**reglamentos de importación** – import regulations
**reglamentos de industria** – industry regulations
**reglamentos de la compañía** – company regulations
**reglamentos de negocios** – business regulations
**reglamentos de producción** – production regulations
**reglamentos de publicidad** – advertising regulations
**reglamentos de seguridad** – security regulations, security requirements, safety regulations, safety requirements
**reglamentos de trabajo** – labor regulations, labour regulations, work guidelines, labor laws, labour laws
**reglamentos de zonificación** – zoning regulations
**reglamentos empresariales** – business regulations
**reglamentos establecidos** – established regulations
**reglamentos financieros** – financial regulations

**reglamentos industriales** – industrial regulations
**reglamentos interiores** – by-laws
**reglamentos internacionales** – international regulations
**reglamentos laborales** – labor regulations, labour regulations
**reglamentos medioambientales** – environmental regulations
**reglamentos mercantiles** – commercial regulations
**reglamentos publicitarios** – advertising regulations
**reglamentos sanitarios** – health regulations, sanitary regulations
**reglamentos vigentes** – current regulations
**reglar** *v* – to regulate
**reglas aduaneras** – customs rules
**reglas ambientales** – environmental rules
**reglas antidumping** – antidumping rules
**reglas comerciales** – business rules, commercial rules
**reglas comunitarias** – community rules
**reglas corporativas** – corporate rules
**reglas de aduanas** – customs rules
**reglas de calidad** – quality rules
**reglas de calidad ambiental** – environmental quality rules
**reglas de calidad medioambiental** – environmental quality rules
**reglas de capitalización** – capitalization rules
**reglas de comercio** – commerce rules
**reglas de contabilidad** – accounting rules
**reglas de cumplimiento** – performance rules, compliance rules, fulfillment rules
**reglas de edificación** – building code
**reglas de elegibilidad** – eligibility rules
**reglas de ética profesional** – canons of professional ethics
**reglas de evidencia** – rules of evidence
**reglas de exportación** – export rules
**reglas de fabricación** – manufacturing rules
**reglas de importación** – import rules
**reglas de industria** – industry rules
**reglas de la compañía** – company rules
**reglas de negocios** – business rules
**reglas de producción** – production rules
**reglas de publicidad** – advertising rules
**reglas de seguridad** – security rules, safety rules
**reglas de suficiencia de capital** – capital adequacy rules
**reglas de trabajo** – labor rules, labour rules, work rules
**reglas de zonificación** – zoning rules
**reglas del debe y haber** – debit and credit conventions
**reglas del tráfico aéreo** – air traffic rules
**reglas empresariales** – business rules
**reglas establecidas** – established rules
**reglas estatales** – state rules
**reglas federales** – federal rules
**reglas financieras** – financial rules
**reglas industriales** – industrial rules
**reglas interestatales** – interstate rules
**reglas internacionales** – international rules
**reglas intraestatales** – intrastate rules
**reglas laborales** – labor rules, labour rules
**reglas locales** – local rules
**reglas medioambientales** – environmental rules
**reglas mercantiles** – commercial rules
**reglas municipales** – municipal rules
**reglas procesales** – rules of procedure
**reglas publicitarias** – advertising rules
**reglas regionales** – regional rules
**reglas sanitarias** – health rules, sanitary rules
**reglas vigentes** – current rules
**regresar** *v* – to return
**regresión** *f* – regression
**regresivo** *adj* – regressive
**regreso** *m* – return
**regulable** *adj* – regulable, regulatable, adjustable
**regulación** *f* – regulation, control, adjustment
**regulación administrativa** – administrative regulation, management regulation
**regulación aduanera** – customs regulation
**regulación ambiental** – environmental regulation
**regulación centralizada** – centralized regulation
**regulación conjunta** – joint regulation
**regulación contable** – accounting regulation
**regulación de acceso** – access regulation
**regulación de aduanas** – customs regulation
**regulación de calidad** – quality regulation
**regulación de cambio** – exchange regulation
**regulación de capital** – capital regulation
**regulación de contabilidad** – accounting regulation
**regulación de costes** – cost regulation
**regulación de costos** – cost regulation
**regulación de crédito** – credit regulation
**regulación de daños** – damage regulation
**regulación de divisas** – foreign exchange regulation
**regulación de empleo** – workforce adjustment
**regulación de existencias** – stock regulation
**regulación de fronteras** – border regulation
**regulación de gastos** – expense regulation
**regulación de inmigración** – immigration regulation
**regulación de inventario** – inventory regulation
**regulación de la contaminación** – pollution regulation
**regulación de la junta** – board regulation
**regulación de mercancías** – merchandise regulation
**regulación de precios** – price regulation
**regulación de procesos** – process regulation
**regulación de producción** – production regulation
**regulación de riesgos** – risk regulation
**regulación de salarios** – wage regulation, salary regulation
**regulación de tasas** – rate regulation
**regulación de tipos** – rate regulation
**regulación de ventas** – sales regulation
**regulación del consejo** – board regulation
**regulación del consumo** – consumption regulation
**regulación del trabajo** – job regulation
**regulación directa** – direct regulation
**regulación ejecutiva** – executive regulation
**regulación estadística** – statistical regulation
**regulación exclusiva** – exclusive regulation
**regulación externa** – external regulation
**regulación fronteriza** – border regulation
**regulación interna** – internal regulation
**regulación medioambiental** – environmental regulation
**regulación monetaria** – monetary regulation

**regulación operacional** – operational regulation
**regulación presupuestaria** – budgetary regulation
**regulación salarial** – wage regulation, salary regulation
**regulaciones a la exportación** – export regulations
**regulaciones a la importación** – import regulations
**regulaciones contributivas** – tax regulations
**regulaciones de exportación** – export regulations
**regulaciones de importación** – import regulations
**regulaciones financieras** – financial regulations
**regulaciones fiscales** – tax regulations
**regulaciones impositivas** – tax regulations
**regulaciones tributarias** – tax regulations
**regulado** *adj* – regulated, adjusted
**regulado por el estado** – government-regulated, state-regulated
**regulado por el gobierno** – government-regulated
**regulador** *m* – regulator
**regulador** *adj* – regulating
**regular** *adj* – regular, average
**regular** *v* – to regulate, to control, to adjust
**regularidad** *f* – regularity
**regularización** *f* – regularization
**regularizar** *v* – to regulate, to regularize
**regularmente** *adv* – regularly
**regulativo** *adj* – regulative
**rehabilitación** *f* – rehabilitation, restoration, discharge
**rehabilitación de la víctima** – victim's rehabilitation
**rehabilitación del fallido** – discharge of a bankrupt
**rehabilitación del penado** – rehabilitation of a prisoner
**rehabilitación del quebrado** – discharge of a bankrupt
**rehabilitación vocacional** – vocational rehabilitation
**rehabilitado** *adj* – rehabilitated, restored, discharged
**rehabilitar** *v* – to rehabilitate, to restore, to discharge
**rehabilitarse** *v* – to rehabilitate oneself
**rehacer** *v* – to redo, to repair
**rehén** *m/f* – hostage
**reherir** *v* – to repulse
**rehipotecar** *v* – to rehypothecate
**rehuida** *f* – flight, avoidance, denial
**rehuir** *v* – to flee, to avoid, to deny
**rehusándose a admitir** – refusing to admit
**rehusándose a autorizar** – refusing to authorize
**rehusándose a confirmar** – refusing to confirm
**rehusándose a considerar** – refusing to consider
**rehusándose a cumplir** – refusing to comply
**rehusándose a divulgar** – refusing to disclose
**rehusándose a entregar** – refusing to deliver
**rehusándose a incluir** – refusing to include
**rehusándose a obedecer** – refusing to obey
**rehusándose a recibir** – refusing to receive
**rehusar** *v* – to refuse
**rehusar el pago** – to refuse payment
**rehusar el permiso** – to refuse permission
**rehusar la aprobación** – to refuse approval
**rehusar pago de un cheque** – to dishonor a check, to dishonour a cheque
**rehusar un cheque** – to dishonor a check, to dishonour a cheque
**rehusarse a aceptar** – to refuse to accept
**rehusarse a acreditar** – to refuse to credit
**rehusarse a admitir** – to refuse to admit
**rehusarse a autorizar** – to refuse to authorize
**rehusarse a ceder** – to refuse to yield
**rehusarse a confirmar** – to refuse to confirm
**rehusarse a consentir** – to refuse to consent
**rehusarse a considerar** – to refuse to consider
**rehusarse a contestar** – to refusal to answer
**rehusarse a corroborar** – to refuse to corroborate
**rehusarse a creer** – to refuse to believe
**rehusarse a cumplir** – to refusal to comply
**rehusarse a dar** – to refuse to give
**rehusarse a dar permiso** – to refuse to give permission
**rehusarse a divulgar** – to refuse to disclose
**rehusarse a entregar** – to refusal to deliver
**rehusarse a honrar** – to refuse to honor
**rehusarse a obedecer** – to refuse to obey
**rehusarse a pagar** – to refuse to pay
**rehusarse a permitir** – to refuse to permit
**rehusarse a proveer** – to refuse to supply
**rehusarse a ratificar** – to refuse to ratify
**rehusarse a recibir** – to refuse to receive
**rehusarse a reconocer** – to refuse to acknowledge
**reimportación** *f* – reimportation
**reimportar** *v* – to reimport
**reimpresión** *f* – reprint, reprinting
**reimprimir** *v* – to reprint
**reinado** *f* – reign
**reinador** *m* – ruler
**reinante** *adj* – reigning
**reinar** *v* – to reign, to predominate
**reincidencia** *f* – recidivism, relapse
**reincidente** *m/f* – repeat offender
**reincidir** *v* – to repeat an offense, to relapse
**reincorporación** *f* – reincorporation
**reincorporado** *adj* – reincorporated
**reincorporar** *v* – to reincorporate
**reincorporarse** *v* – to become reincorporated
**reingresar** *v* – to re-enter
**reingreso** *m* – reentering
**reiniciar** *v* – to reopen
**reino** *m* – realm
**reinstalación** *f* – reinstallation, reinstatement
**reinstalación automática** – automatic reinstallation
**reinstalación de una póliza** – reinstatement of policy
**reinstalar** *v* – to reinstall
**reintegrable** *adj* – refundable, repayable, restorable
**reintegración** *f* – refund, repayment, restoration
**reintegrar** *v* – to reintegrate, to refund, to repay, to restore
**reintegrarse** *v* – to return, to recover
**reintegro** *m* – reintegration, refund, restitution, repayment, restoration
**reintegro contributivo** – tax refund
**reintegro de contribuciones** – tax refund
**reintegro de impuestos** – tax refund
**reintegro en efectivo** – cash refund
**reintegro fiscal** – tax refund
**reintegro impositivo** – tax refund
**reintegro tributario** – tax refund
**reintermediación** *f* – reintermediation
**reintroducción** *f* – reintroduction
**reinversión** *f* – reinvestment
**reinversión comunitaria** – community reinvestment
**reinvertir** *v* – to reinvest
**reiteración** *f* – reiteration

**reiteradamente** *adv* – repeatedly
**reiterante** *m/f* – repeat offender
**reiterar** *v* – to reiterate, to repeat
**reiterativo** *adj* – reiterative, repeatable
**reivindicable** *adj* – repleviable, recoverable
**reivindicación** *f* – replevin, recovery, claim
**reivindicador** *m* – replevisor, claimer
**reivindicante** *m/f* – replevisor, claimer
**reivindicar** *v* – to replevy, to recover, to claim
**reivindicativo** *adj* – pertaining to replevin, pertaining to recovery
**reivindicatorio** *adj* – replevying, recovering
**rejas** *f* – bars
**relación** *f* – relation, relationship, ratio, report, narration
**relación causal** – causal relation
**relación clave** – key ratio
**relación contractual** – contractual relation
**relación contributiva** – tax ratio
**relación corriente** – current ratio
**relación de agencia** – agency relationship
**relación de capital** – capital ratio
**relación de capitalización** – capitalization ratio
**relación de cobertura** – coverage ratio
**relación de confianza** – fiduciary relation
**relación de efectivo** – cash ratio
**relación de encaje** – bank cash ratio
**relación de liquidez** – liquidity ratio
**relación de morosidad** – delinquency ratio
**relación de reserva** – reserve ratio
**relación de trabajo** – work relation
**relación familiar** – family relationship
**relación fiduciaria** – fiduciary relation
**relación financiera** – financial ratio
**relación impositiva** – tax ratio
**relación jurada** – sworn statement
**relación jurídica** – legal relationship
**relación matrimonial** – marital relationship
**relacionado** *adj* – related
**relacionado a la profesión** – profession-related
**relacionado al comercio** – commerce-related, trade-related
**relacionado al empleo** – job-related
**relacionado al trabajo** – job-related
**relacionar** *v* – to relate, to report
**relacionarse** *v* – to become related
**relaciones comerciales** – business relations, commercial relations, trade relations
**relaciones con clientes** – client relations, customer relations
**relaciones con el personal** – employee relations
**relaciones con los empleados** – employee relations
**relaciones consulares** – consular relations
**relaciones corporativas** – corporate relations
**relaciones de comercio** – commerce relations
**relaciones de negocios** – business relations
**relaciones diplomáticas** – diplomatic relations
**relaciones domésticas** – domestic relations
**relaciones empresariales** – business relations
**relaciones humanas** – human relations
**relaciones industriales** – industrial relations
**relaciones institucionales** – institutional relations
**relaciones laborales** – labor relations, labour relations
**relaciones mercantiles** – commercial relations
**relaciones profesionales** – professional relations
**relaciones públicas** – public relations
**relaciones sexuales** – sexual intercourse
**relajación** *f* – relaxation, mitigation
**relajar** *v* – to relax, to release, to jeer
**relajarse** *v* – to become relaxed, to relax
**relanzamiento** *m* – re-launching
**relanzar** *v* – to re-launch
**relapso** *m* – relapse
**relatar** *v* – to relate, to report
**relativamente** *adv* – relatively
**relatividad** *f* – relativity
**relativo** *adj* – relative
**relato** *m* – report, narration
**relator** *m* – reporter, narrator, court reporter
**relatoria** *f* – post of a court reporter
**relegación** *f* – relegation, exile
**relegar** *v* – to relegate, to exile
**relevación** *f* – release, exemption, pardon
**relevancia** *f* – relevance
**relevante** *adj* – relevant, outstanding
**relevante legalmente** – legally relevant
**relevar** *v* – to relieve, to exempt, to pardon
**relicto** *adj* – left at death
**relictos** *m* – decedent's estate
**rellenar** *v* – to fill-in
**relocalización** *f* – relocation
**reloj registrador** – time clock
**relucir** *v* – to shed light on
**remandar** *v* – to send repeatedly, to remand
**remanente** *m* – remainder, residue, surplus
**remanente** *adj* – residuary
**remanente de la herencia** – residuary estate
**rematadamente** *adv* – absolutely
**rematado** *adj* – auctioned
**rematador** *m* – auctioneer
**rematante** *m/f* – successful bidder
**rematar** *v* – to auction, to auction off, to terminate
**remate** *m* – auction, termination
**remate judicial** – judicial auction
**remediable** *adj* – remediable
**remediado** *adj* – remedied, helped
**remediar** *v* – to remedy, to help, to prevent
**remedio** *m* – remedy, help, appeal
**remedio adecuado** – adequate remedy
**remedio administrativo** – administrative remedy
**remedio apropiado** – appropriate remedy
**remedio completo** – complete remedy
**remedio drástico** – drastic remedy
**remedio en derecho** – remedy at law
**remedio equitativo** – equitable remedy
**remedio exclusivo** – exclusive remedy
**rememorar** *v* – to remember
**rememorativo** *adj* – reminding
**remesa** *f* – remittance
**remesa bancaria** – bank remittance
**remesas de emigrantes** – migrants' remittances
**remesar** *v* – to remit
**remirar** *v* – to view again, to view carefully
**remisible** *adj* – remissible
**remisión** *f* – remission, remittance, reference
**remisión de deuda** – cancellation of debt
**remisión legal** – legal reference
**remisivo** *adj* – reference

**remiso** *adj* – remiss
**remisor** *m* – remitter
**remisor** *adj* – remitting
**remisoria** *f* – remand
**remisorio** *adj* – remissory, remitting
**remite** *m* – return address
**remitente** *m/f* – remitter, sender, addresser
**remitido** *adj* – remitted
**remitir** *v* – to remit, to refer, to send
**remoción** *f* – removal, dismissal
**remodelado** *adj* – remodeled, reorganized
**remodelar** *v* – to remodel, to reorganize
**remonetización** *f* – remonetization
**remorderse** *v* – to show remorse, to show anguish
**remordimiento** *m* – remorse
**remoto** *adj* – remote
**remover** *v* – to remove, to disturb
**remover restricciones** – to remove restrictions
**remover tarifas** – to remove tariffs
**removimiento** *m* – removal
**remuneración** *f* – remuneration, pay
**remuneración acordada** – agreed-upon remuneration
**remuneración acostumbrada** – customary remuneration
**remuneración acumulada** – accrued remuneration, accumulated remuneration
**remuneración adecuada** – adequate remuneration
**remuneración adicional** – additional remuneration
**remuneración anual** – annual remuneration, annual salary, annual wage
**remuneración anual garantizada** – guaranteed annual remuneration
**remuneración base** – base remuneration
**remuneración básica** – base remuneration
**remuneración bruta** – gross remuneration
**remuneración competitiva** – competitive remuneration
**remuneración compulsoria** – compulsory remuneration
**remuneración contractual** – contractual remuneration
**remuneración contratada** – contracted remuneration
**remuneración convenida** – agreed-upon remuneration
**remuneración de vacaciones** – vacation remuneration
**remuneración debida** – due remuneration
**remuneración diaria** – daily remuneration
**remuneración diferida** – deferred remuneration
**remuneración efectiva** – net remuneration, remuneration paid in cash
**remuneración ejecutiva** – executive remuneration
**remuneración esencial** – essential remuneration
**remuneración especificada** – specified remuneration
**remuneración estipulada** – stipulated remuneration
**remuneración extra** – extra remuneration, bonus, overtime remuneration
**remuneración extraordinaria** – extra remuneration, bonus, overtime remuneration
**remuneración fija** – fixed remuneration, set remuneration
**remuneración financiera** – financial remuneration
**remuneración financiera directa** – direct financial remuneration
**remuneración forzada** – forced remuneration
**remuneración forzosa** – forced remuneration
**remuneración garantizada** – guaranteed remuneration
**remuneración igual** – equal remuneration
**remuneración indebida** – wrongful remuneration
**remuneración indispensable** – indispensable remuneration
**remuneración inicial** – initial remuneration
**remuneración justa** – just compensation
**remuneración máxima** – maximum remuneration
**remuneración media** – average remuneration
**remuneración mensual** – monthly remuneration, monthly salary, monthly wage
**remuneración mínima** – minimum wage, minimum remuneration
**remuneración multilateral** – multilateral remuneration
**remuneración necesaria** – necessary remuneration
**remuneración negociada** – negotiated remuneration
**remuneración neta** – net remuneration
**remuneración nominal** – nominal remuneration
**remuneración normal** – normal remuneration
**remuneración obligada** – obligatory remuneration, mandatory remuneration
**remuneración obligatoria** – obligatory remuneration, mandatory remuneration
**remuneración pactada** – agreed-upon remuneration
**remuneración pecuniaria** – pecuniary remuneration
**remuneración por cesantía** – severance remuneration
**remuneración por desempleo** – unemployment remuneration
**remuneración por despido** – severance remuneration, dismissal remuneration
**remuneración por días festivos** – holiday remuneration
**remuneración por discapacidad** – disability remuneration
**remuneración por enfermedad** – sick remuneration
**remuneración por incentivos** – incentive remuneration
**remuneración por maternidad** – maternity remuneration
**remuneración preestablecida** – preset remuneration
**remuneración real** – real remuneration
**remuneración regular** – regular remuneration
**remuneración requerida** – required remuneration
**remuneración retenida** – retained wages
**remuneración retroactiva** – retroactive remuneration
**remuneración semanal** – weekly remuneration, weekly salary, weekly wage
**remuneración suplementaria** – supplemental remuneration
**remuneración típica** – typical remuneration
**remuneración viciosa** – inappropriate remuneration
**remunerado** *adj* – remunerated
**remunerador** *adj* – remunerating, paying
**remunerar** *v* – to remunerate, to pay
**remunerativo** *adj* – remunerative, paying
**remuneratorio** *adj* – remunerative, paying
**rencilla** *f* – quarrel, squabble
**rencillas** *f* – bickering, quarreling
**rencor** *m* – rancor
**rendición** *f* – rendition, surrender, rendering, yield
**rendición de cuentas** – rendering of accounts
**rendición de gastos** – expense report
**rendición incondicional** – unconditional surrender
**rendimiento** *m* – yield, return, earnings, performance,

output, submission, exhaustion
**rendimiento acostumbrado** – customary return
**rendimiento actual** – current return, current yield
**rendimiento alto** – high return, high yield
**rendimiento antes de contribuciones** – pretax yield, before-tax yield
**rendimiento antes de impuestos** – pretax yield, before-tax yield
**rendimiento anticipado** – anticipated yield, anticipated return
**rendimiento anual** – annual yield
**rendimiento anual efectivo** – effective annual yield
**rendimiento anualizado** – annualized return
**rendimiento bajo** – low return, low yield
**rendimiento básico** – basic yield
**rendimiento bruto** – gross yield
**rendimiento constante** – constant yield, constant return
**rendimiento contable** – accounting return
**rendimiento contratado** – contracted return
**rendimiento convenido** – agreed-upon return
**rendimiento creciente** – increasing returns
**rendimiento de activos** – asset yield
**rendimiento de bono** – bond yield
**rendimiento de capital** – return on capital
**rendimiento de dividendos** – dividend yield
**rendimiento de explotación** – operating income
**rendimiento de la inversión** – investment yield
**rendimiento de los activos** – return on assets
**rendimiento de ventas** – return on sales
**rendimiento decreciente** – diminishing returns
**rendimiento del capital** – return on capital, capital yield
**rendimiento del cupón** – coupon rate
**rendimiento del mercado** – market yield
**rendimiento directo** – direct return
**rendimiento efectivo** – effective yield
**rendimiento equivalente** – equivalent yield
**rendimiento especificado** – specified yield
**rendimiento esperado** – expected return
**rendimiento estipulado** – stipulated return
**rendimiento fijo** – fixed return, fixed yield
**rendimiento histórico** – historical return
**rendimiento imponible** – taxable yield
**rendimiento indicado** – indicated yield
**rendimiento marginal** – marginal yield
**rendimiento máximo** – maximum yield
**rendimiento mínimo** – minimum yield
**rendimiento negociado** – negotiated return
**rendimiento neto** – net yield
**rendimiento nominal** – nominal yield
**rendimiento normal** – normal return
**rendimiento predeterminado** – predetermined yield
**rendimiento preestablecido** – preset return
**rendimiento prevaleciente** – prevailing yield
**rendimiento razonable** – reasonable return, fair return
**rendimiento realizado** – realized yield
**rendimiento regular** – regular return, regular yield
**rendimiento requerido** – required yield, required return
**rendimiento simple** – simple yield
**rendimiento sin riesgo** – risk-free yield
**rendimiento típico** – typical return, typical yield
**rendimiento total** – total return
**rendimiento variable** – variable yield
**rendir** *v* – to render, to yield, to surrender, to return, to exhaust, to perform, to earn
**rendir confesión** – to confess
**rendir cuentas** – to render accounts, to explain accounts
**rendir interés** – to bear interest
**rendir pruebas** – to adduce evidence
**rendir un fallo** – to render a decision
**rendir un informe** – to submit a report
**rendir veredicto** – to return a verdict
**rendirse** *v* – to surrender, to become exhausted
**renegociable** *adj* – renegotiable
**renegociación** *f* – renegotiation
**renegociación de la deuda** – renegotiation of debt
**renegociado** *adj* – renegotiated
**renegociar** *v* – to renegotiate
**renglón** *m* – line of products, line of business, line, department, area
**renitencia** *f* – renitency
**renitente** *adj* – renitent
**renombrado** *adj* – renowned
**renombrar** *v* – to rename
**renombre** *m* – surname, fame
**renovabilidad** *f* – renewability
**renovable** *adj* – renewable
**renovación** *f* – renovation, renewal, updating, upgrading, replacement
**renovación automática** – automatic renewal
**renovación de arrendamiento** – renewal of lease
**renovación de contrato** – renewal of contract
**renovación de derechos de autor** – renewal of copyright
**renovación de licencia** – renewal of license, renewal of licence
**renovación de marca comercial** – renewal of trademark
**renovación de patente** – renewal of patent
**renovación de permiso** – renewal of permit
**renovación de póliza** – renewal of policy
**renovación de un pagaré** – renewal of a note
**renovación del préstamo** – loan renewal
**renovación urbana** – urban renewal
**renovado** *adj* – renovated, renewed, updated, upgraded, replaced
**renovar** *v* – to renovate, to renew, to update, to upgrade, to replace
**renovar un arrendamiento** – to renew a lease
**renovar un contrato** – to renew a contract
**renovar una letra** – to renew a bill
**renovar una póliza** – to renew a policy
**renta** *f* – rent, income, annuity, public debt, government debt obligation
**renta acordada** – agreed-upon rent
**renta acostumbrada** – customary rent
**renta acumulada** – accrued income
**renta aduanera** – customs receipts
**renta ajustada** – adjusted income
**renta anticipada** – advance rent
**renta anual** – annual rent
**renta baja** – low rent
**renta bruta** – gross rent, gross income, gross earnings
**renta comercial** – commercial rent
**renta contratada** – contracted rent

**renta convenida** – agreed-upon rent
**renta corporativa** – corporate income
**renta de aduanas** – customs receipts
**renta de contrato** – contract rent
**renta de inversiones** – investment income
**renta de jubilación** – retirement income
**renta de la tierra** – ground rent
**renta de reajuste** – readjustment income
**renta de retiro** – retirement income
**renta decreciente** – diminishing returns
**renta después de contribuciones** – after-tax income
**renta después de impuestos** – after-tax income
**renta devengada** – earned income
**renta diferida** – deferred income
**renta disponible** – available income, disposable income
**renta disponible personal** – personal disposable income
**renta doméstica bruta** – gross domestic income
**renta económica** – economic rent
**renta en exceso** – excess rent
**renta estable** – stable income, stable rent
**renta estancada** – income from a government monopoly
**renta estipulada** – stipulated rent
**renta exenta de contribuciones** – tax-exempt income
**renta exenta de impuestos** – tax-exempt income
**renta familiar** – family income
**renta fija** – fixed income, fixed rent
**renta fiscal** – tax revenue
**renta ganada** – earned income
**renta garantizada** – guaranteed income
**renta global** – comprehensive income
**renta gravable** – taxable income
**renta habitual** – habitual rent
**renta ilegal** – illegal income
**renta imponible** – taxable income
**renta imputada** – imputed income
**renta individual** – individual income
**renta inferida** – inferred rent
**renta inusual** – unusual rent
**renta justa de mercado** – market rent
**renta libre de contribuciones** – tax-free income
**renta libre de impuestos** – tax-free income
**renta líquida** – net income
**renta marginal** – marginal revenue
**renta media** – average income
**renta mensual** – monthly rent, monthly income
**renta monetaria** – money income
**renta nacional** – national revenue, national income
**renta nacional bruta** – gross national income
**renta nacional neta** – net national income
**renta nacional real** – real national income
**renta negociada** – negotiated rent
**renta neta** – net income, net rent
**renta no gravable** – nontaxable income
**renta no imponible** – nontaxable income
**renta no tributable** – nontaxable income
**renta nominal** – nominal income
**renta normal** – normal rent
**renta operativa neta** – net operating income
**renta ordinaria** – ordinary income
**renta pactada** – agreed-upon rent
**renta pasiva** – passive income
**renta per cápita** – per capita income
**renta percibida** – earned income
**renta periódica** – periodic income
**renta permanente** – permanent income, permanent rent
**renta por dividendos** – dividend income
**renta por intereses** – interest income
**renta por inversiones** – investment income
**renta por ventas** – income from sales
**renta preestablecida** – preset rent
**renta prepagada** – prepaid rent
**renta razonable** – reasonable rent, fair rent
**renta regular** – regular rent
**renta residual** – residual income
**renta semanal** – weekly rent, weekly income
**renta semianual** – semiannual income
**renta subsidiada** – subsidized rent
**renta subvencionada** – subsidized rent
**renta suplementaria** – supplemental income
**renta tácita** – tacit rent
**renta temporal** – temporary income
**renta típica** – typical rent
**renta total** – total rent
**renta tributable** – taxable income
**renta trimestral** – quarterly rent, quarterly income
**renta usual** – usual rent
**renta variable** – variable income, variable rent
**renta vitalicia** – life annuity
**rentabilidad** *f* – rentability, profitability, cost-effectiveness, capability of producing an income
**rentabilidad por dividendo** – dividend yield
**rentable** *adj* – rentable, profitable, cost-effective income-producing
**rentar** *v* – to rent, to yield, to produce a profit
**rentas** *f* – receipts, income, revenue, revenues, earnings
**rentas administrativas** – administrative revenue
**rentas agrícolas** – farm income
**rentas antes de contribuciones** – pretax earnings, pretax income
**rentas antes de impuestos** – pretax earnings, pretax income
**rentas atrasadas** – back rent
**rentas comerciales** – business income, commercial income
**rentas contributivas** – tax receipts
**rentas corporativas** – corporate income
**rentas corrientes** – current earnings, current revenue
**rentas de aduanas** – customs receipts
**rentas de bono** – bond income
**rentas de capital** – capital income, capital revenue
**rentas de empresas** – business income
**rentas de exportación** – export earnings
**rentas de jubilación** – retirement income
**rentas de la compañía** – company income
**rentas de la corporación** – corporate income
**rentas de la empresa** – company income, enterprise income
**rentas de negocios** – business income
**rentas de operación** – operating income
**rentas de reajuste** – readjustment income
**rentas de retiro** – retirement income
**rentas del estado** – government revenue, state revenue

**rentas del gobierno** – government revenue
**rentas del trabajo** – earned income
**rentas después de impuestos** – after-tax income
**rentas devengadas** – earned income
**rentas discrecionales** – discretionary income
**rentas disponibles** – disposable income
**rentas divididas** – split income
**rentas empresariales** – business income, company income, enterprise income
**rentas en efectivo** – cash earnings
**rentas estables** – stable income
**rentas estatales** – government revenue, state revenue
**rentas exentas** – exempt income
**rentas extranjeras** – foreign income
**rentas federales** – federal revenue
**rentas financieras** – financial income
**rentas fiscales** – fiscal revenue
**rentas generales** – general revenue
**rentas gubernamentales** – government revenue
**rentas imponibles** – taxable income
**rentas impositivas** – tax receipts
**rentas interiores** – internal revenue, domestic revenue
**rentas internas** – internal revenue, domestic revenue
**rentas laborales** – occupational earnings
**rentas mercantiles** – commercial income
**rentas netas** – net earnings
**rentas no distribuidas** – undistributed earnings
**rentas ocupacionales** – occupational earnings
**rentas operacionales** – operational income
**rentas permanentes** – permanent income
**rentas personales** – personal earnings, personal income
**rentas por acción** – earnings per share
**rentas prepagadas** – prepaid income
**rentas públicas** – public revenue
**rentas reales** – real earnings, real income
**rentas retenidas** – retained income, retained earnings
**rentas totales** – total income, total revenue
**rentas tributarias** – tax receipts
**rentero** *m* – lessee, farm lessee
**rentero** *adj* – taxpaying
**renting** *m* – renting, leasing
**rentista** *m/f* – bondholder, annuitant, person who lives off personal investments, renter, financier
**rentista contingente** – contingent annuitant
**rentístico** *adj* – pertaining to revenues, financial
**rentoso** *adj* – income-producing
**renuencia** *f* – reluctance
**renuente** *adj* – reluctant
**renuncia** *f* – renunciation, resignation, waiver, disclaimer, abandonment
**renuncia a la ciudadanía** – renunciation of citizenship
**renuncia al protesto** – waiver of protest
**renuncia de agravio** – waiver of tort
**renuncia de citación** – waiver of notice
**renuncia de derechos** – waiver of rights
**renuncia de exención** – waiver of exemption
**renuncia de inmunidad** – waiver of immunity
**renuncia expresa** – express waiver
**renuncia tácita** – implied waiver
**renuncia voluntaria** – express waiver
**renunciable** *adj* – renounceable, that can be waived, that can be disclaimed, that can be abandoned
**renunciación** *f* – renunciation, resignation, waiver, disclaimer, abandonment
**renunciamiento** *m* – renunciation, resignation, waiver, disclaimer, abandonment
**renunciante** *m/f* – renouncer, resigner, waiver, disclaimer, abandoner
**renunciar** *v* – to renounce, to resign, to waive, to disclaim, to abandon
**renunciatario** *m* – beneficiary of something that is renounced
**reo** *m* – convict, prisoner, defendant, criminal
**reo** *adj* – guilty
**reo ausente** – fugitive
**reorganización** *f* – reorganization
**reorganización administrativa** – administrative reorganization
**reorganización bancaria** – banking reorganization
**reorganización comercial** – business reorganization, commercial reorganization, trade reorganization
**reorganización contable** – accounting reorganization
**reorganización corporativa** – corporate reorganization
**reorganización de la compañía** – company reorganization
**reorganización de la corporación** – corporate reorganization
**reorganización de la empresa** – enterprise reorganization
**reorganización de negocios** – business reorganization
**reorganización de servicios** – service reorganization
**reorganización del negocio** – business reorganization
**reorganización económica** – economic reorganization
**reorganización empresarial** – company reorganization, enterprise reorganization
**reorganización estatal** – government reorganization, state reorganization
**reorganización formal** – formal reorganization
**reorganización gubernamental** – government reorganization
**reorganización industrial** – industrial reorganization
**reorganización internacional** – international reorganization
**reorganización mercantil** – commercial reorganization
**reorganización política** – political reorganization
**reorganización regional** – regional reorganization
**reorganizado** *adj* – reorganized
**reorganizar** *v* – to reorganize
**reorientación** *f* – reorientation
**repagable** *adj* – repayable
**repagar** *v* – to repay
**reparable** *adj* – repairable, indemnifiable
**reparación** *f* – repair, indemnity
**reparación del daño** – indemnity
**reparaciones esenciales** – essential repairs
**reparaciones habituales** – habitual repairs
**reparaciones indispensables** – indispensable repairs
**reparaciones innecesarias** – unnecessary repairs
**reparaciones inusuales** – unusual repairs
**reparaciones necesarias** – necessary repairs
**reparaciones normales** – normal repairs
**reparaciones obligadas** – obligatory repairs
**reparaciones obligatorias** – obligatory repairs
**reparaciones ordinarias** – maintenance

**reparaciones requeridas** – required repairs
**reparaciones usuales** – usual repairs
**reparado** *adj* – repaired, indemnified
**reparador** *m* – repairer, indemnifier
**reparamiento** *m* – repair, indemnity, objection, observation
**reparar** *v* – to repair, to indemnify
**reparativo** *adj* – reparative, indemnifying
**reparo** *m* – objection, observation, repair
**repartición** *f* – distribution, partition, delivery
**repartición abierta** – open distribution
**repartición de beneficios** – profits distribution
**repartición de capital** – capital distribution
**repartición de costes** – cost distribution
**repartición de costos** – cost distribution
**repartición de dividendos** – dividend distribution
**repartición de fondos** – funds distribution
**repartición de ganancias** – earnings distribution, profits distribution
**repartición de gastos** – expenses distribution
**repartición de ingresos** – income distribution
**repartición de producción** – production distribution
**repartición de recursos** – resource distribution
**repartición de utilidades** – profits distribution
**repartición del riesgo** – risk distribution
**repartición del trabajo** – work distribution
**repartición desproporcionada** – disproportionate distribution
**repartición equitativa** – equitable distribution
**repartición limitada** – limited distribution
**repartición normal** – normal distribution
**repartición parcial** – partial distribution
**repartición presupuestaria** – budget distribution
**repartición proporcional** – proportional distribution
**repartición pública** – public distribution
**repartición restringida** – restricted distribution
**repartición selectiva** – selective distribution
**repartido** *adj* – distributed, partitioned, delivered
**repartidor** *m* – distributor, partitioner, deliverer
**repartimiento** *m* – distribution, partition, delivery
**repartir** *v* – to distribute, to partition, to deliver
**reparto** *m* – distribution, partition, delivery
**reparto a domicilio** – home delivery
**reparto de beneficios** – profits distribution
**reparto de capital** – capital distribution
**reparto de costes** – cost distribution
**reparto de costos** – cost distribution
**reparto de dividendos** – dividend distribution
**reparto de fondos** – funds distribution
**reparto de ganancias** – earnings distribution, profits distribution
**reparto de gastos** – expenses distribution
**reparto de ingresos** – income distribution
**reparto de producción** – production distribution
**reparto de recursos** – resource distribution
**reparto de utilidades** – profits distribution
**reparto del riesgo** – risk distribution
**reparto del trabajo** – work distribution
**reparto desproporcionado** – disproportionate distribution
**reparto equitativo** – equitable distribution
**reparto limitado** – limited distribution
**reparto normal** – normal distribution
**reparto parcial** – partial distribution
**reparto presupuestario** – budget distribution
**reparto proporcional** – proportional distribution
**reparto público** – public distribution
**reparto restringido** – restricted distribution
**reparto selectivo** – selective distribution
**repasar** *v* – to repass, to review, to peruse
**repaso** *m* – review
**repatriación** *f* – repatriation
**repatriación de fondos** – repatriation of funds
**repatriar** *v* – to repatriate
**repeler** *v* – to repel, to refute
**repensar** *v* – to rethink
**repentino** *adj* – sudden
**repercusión** *f* – repercussion
**repercutir en** – to have repercussions on
**repertorio** *m* – repertory, digest
**repertorio de legislación** – legislative digest
**repetición** *f* – repetition, action for unjust enrichment, action for recovery
**repetido** *adj* – repeated
**repetir** *v* – to repeat, to start again, to bring an action for unjust enrichment, to bring an action for recovery
**repetitivo** *adj* – repetitive
**réplica** *f* – reply, replication, rejoinder
**replicación** *f* – reply, replication
**replicador** *m* – replier, argumentative person
**replicante** *m/f* – replier, argumentative person
**replicar** *v* – to reply, to answer, to contradict, to object
**repoblación forestal** – reforestation
**reponer** *v* – to replace, to replenish, to reinstate, to reply, to object
**reponer una causa** – to reinstate a case
**reponerse** *v* – to recover, to calm down
**reportar** *v* – to report, to curb, to achieve, to produce, to yield
**reporte** *m* – report, news
**reporte anual** – annual report
**reporte anual a los accionistas** – annual report to stockholders
**reporte bancario** – bank report
**reporte comercial** – business report, commercial report
**reporte completo** – complete report
**reporte contable** – accounting report
**reporte corporativo** – corporate report
**reporte crediticio** – credit report
**reporte de accidente** – accident report
**reporte de auditoría** – audit report
**reporte de caja** – cash report
**reporte de comercio** – commerce report
**reporte de contabilidad** – accounting report
**reporte de crédito** – credit report
**reporte de cuenta nueva** – new account report
**reporte de cumplimiento** – compliance report
**reporte de excepción** – exception report
**reporte de gastos** – expense report
**reporte de ingresos** – earnings report
**reporte de inspección** – inspection report
**reporte de la compañía** – company report
**reporte de la conferencia** – conference report
**reporte de la directiva** – directors' report
**reporte de la ejecución** – performance report
**reporte de mercado** – market report
**reporte de negocios** – business report

**reporte de pérdidas** – loss report
**reporte de reclamación** – claim report
**reporte de título** – title report
**reporte de transacción** – transaction report
**reporte del contador** – accountant's report
**reporte del estado** – government report, state report
**reporte del gobierno** – government report
**reporte del rendimiento** – performance report
**reporte diario** – daily report
**reporte empresarial** – business report
**reporte especial** – special report
**reporte externo** – external report
**reporte final** – final report
**reporte financiero** – financial report
**reporte interino** – interim report
**reporte interno** – internal report
**reporte mensual** – monthly report
**reporte mercantil** – commercial report
**reporte provisional** – provisional report
**reporte semanal** – weekly report
**reporte sobre actividad** – activity report
**reporte trimestral** – quarterly report
**reporto** *m* – repurchase agreement
**reposesión** *f* – repossession
**reposición** *f* – replacement, recovery, reinstatement
**reposición de activos** – replacement of assets
**repositorio** *m* – repository
**repregunta** *f* – cross-examination
**repreguntar** *v* – to cross-examine
**reprender** *v* – to reprehend, to caution
**reprendido** *adj* – reprehended, cautioned
**reprensible** *adj* – reprehensible
**reprensión** *f* – reprehension, caution
**reprensión grave** – public reprehension
**reprensión leve** – private reprehension
**reprensión privada** – private reprehension
**reprensión pública** – public reprehension
**reprensor** *m* – reprehender
**represa** *f* – dam, recapture
**represalia** *f* – reprisal
**represar** *v* – to dam up, to recapture, to repress
**representación** *f* – representation
**representación acostumbrada** – customary representation
**representación activa** – active representation
**representación administradora** – administrative representation
**representación administrativa** – administrative representation
**representación aduanera** – customs representation
**representación afiliada** – affiliated representation
**representación agrícola** – agricultural representation
**representación aparente** – apparent representation
**representación asociada** – associated representation
**representación autorizada** – authorized representation
**representación bancaria** – banking representation
**representación centralizada** – centralized representation
**representación clandestina** – clandestine representation
**representación comercial** – commercial representation, trade representation
**representación competidora** – competing representation
**representación consultiva** – consulting representation
**representación consultora** – consulting representation
**representación corporativa** – corporate representation
**representación de administración** – administration representation
**representación de bienes raíces** – real estate representation, estate representation
**representación de comercio** – commerce representation, trade representation
**representación de comercio exterior** – foreign trade representation
**representación de crédito** – credit representation
**representación de desarrollo** – development representation
**representación de embarques** – shipping representation
**representación de inversión** – investment representation
**representación de negocios** – business representation
**representación de personal** – personnel representation
**representación de personas** – representation of persons
**representación de relaciones públicas** – public relations representation
**representación de seguros** – insurance representation
**representación de servicios** – services representation
**representación de trabajos** – employment representation
**representación de transportes** – transport representation
**representación de ventas** – sales representation
**representación del estado** – government representation, state representation
**representación del gobierno** – government representation
**representación departamental** – departmental representation
**representación difunta** – defunct representation
**representación disuelta** – dissolved representation
**representación diversificada** – diversified representation
**representación doméstica** – domestic representation
**representación empresarial** – business representation
**representación especial** – special representation
**representación especializada** – specialized representation
**representación establecida** – established representation
**representación estacional** – seasonal representation
**representación ética** – ethical representation
**representación evidente** – evident representation
**representación exclusiva** – exclusive representation
**representación explícita** – explicit representation
**representación extranjera** – foreign representation
**representación falsa** – false representation
**representación familiar** – family representation
**representación federal** – federal representation
**representación financiera** – financial representation
**representación fiscal** – fiscal representation
**representación general** – general representation
**representación global** – global representation

**representación gubernamental** – government representation
**representación habitual** – habitual representation
**representación ilegal** – illegal representation
**representación ilícita** – illicit representation
**representación implícita** – implied representation
**representación inapropiada** – inappropriate representation
**representación independiente** – independent representation
**representación industrial** – industrial representation
**representación inferida** – inferred representation
**representación inmobiliaria** – real estate representation, estate representation
**representación importante** – material representation
**representación integrada** – integrated representation
**representación interestatal** – interstate representation
**representación internacional** – international representation
**representación inusual** – unusual representation
**representación legal** – legal representation
**representación limitada** – limited representation
**representación local** – local representation
**representación lucrativa** – lucrative representation
**representación material** – material representation
**representación mercantil** – commercial representation, mercantile representation
**representación mixta** – mixed representation
**representación multinacional** – multinational representation
**representación mundial** – world representation
**representación municipal** – municipal representation
**representación nacional** – national representation
**representación normal** – normal representation
**representación obvia** – obvious representation
**representación oficial** – official representation
**representación ordinaria** – ordinary representation
**representación presunta** – presumed representation
**representación privada** – private representation
**representación proporcional** – proportional representation
**representación pública** – public representation
**representación publicitaria** – advertising representation
**representación regional** – regional representation
**representación regular** – regular representation
**representación restringida** – restricted representation
**representación sin restricciones** – unrestricted representation
**representación tácita** – tacit representation
**representación tributaria** – tax representation, tax office, internal revenue office
**representación única** – exclusive representation
**representación usual** – usual representation
**representado** *m* – principal
**representado** *adj* – represented
**representado legalmente** – legally represented
**representado lícitamente** – licitly represented
**representador** *adj* – representing
**representante** *m/f* – representative, agent
**representante** *adj* – representing
**representante administrador** – managing representative
**representante aduanal** – customhouse representative
**representante aparente** – apparent representative
**representante autorizado** – authorized representative
**representante comercial** – commercial representative
**representante consular** – consular representative
**representante corporativo** – corporate representative
**representante de aduanas** – customs representative
**representante de área** – area representative
**representante de bienes raíces** – real estate representative, estate representative
**representante de campo** – field representative
**representante de centro de llamadas** – call center representative
**representante de clientes** – client representative, customer representative
**representante de cobros** – collection representative
**representante de comercio** – commercial representative
**representante de compras** – purchasing representative, acquisition representative
**representante de distribución** – distribution representative
**representante de exportación** – export representative
**representante de importación** – import representative
**representante de mercado** – market representative
**representante de negociaciones** – bargaining representative
**representante de negocios** – business representative
**representante de personal** – personnel representative
**representante de prensa** – press representative
**representante de publicidad** – advertising representative
**representante de reclamaciones** – claims representative
**representante de seguros** – insurance representative
**representante de servicio al cliente** – customer service representative
**representante de transferencia** – transfer representative
**representante de tránsito** – transit representative
**representante de ventas** – sales representative
**representante de zona** – zone representative
**representante debidamente autorizado** – duly authorized representative
**representante del fabricante** – manufacturer's representative
**representante del gobierno** – government representative
**representante del naviero** – shipping representative
**representante designado** – designated representative
**representante diplomático** – diplomatic representative
**representante económico** – economic representative
**representante en exclusiva** – exclusive representative
**representante especial** – special representative
**representante estatal** – state representative
**representante exclusivo** – exclusive representative, sole representative
**representante exportador** – export representative
**representante exterior** – overseas representative
**representante extranjero** – foreign representative
**representante federal** – federal representative
**representante fiduciario** – fiduciary representative
**representante financiero** – financial representative
**representante fiscal** – fiscal representative, revenue

representative
**representante general** – general representative
**representante habitual** – habitual representative
**representante implícito** – implicit representative
**representante importador** – import representative
**representante independiente** – independent representative
**representante inmobiliario** – real estate representative, estate representative
**representante interestatal** – interstate representative
**representante internacional** – international representative
**representante legal** – legal representative
**representante local** – local representative
**representante marítimo** – shipping representative
**representante mercantil** – commercial representative, mercantile representative
**representante municipal** – municipal representative
**representante nacional** – national representative
**representante naviero** – shipping representative
**representante no autorizado** – unauthorized representative
**representante oficial** – official representative
**representante pagador** – paying representative
**representante privado** – private representative
**representante publicitario** – advertising representative
**representante regional** – regional representative
**representante sindical** – union representative
**representante tributario** – tax representative, revenue representative
**representante único** – sole representative
**representante vendedor** – sales representative
**representante viajero** – traveling representative
**representar** *v* – to represent, to declare, to appear tobe
**representativo** *adj* – representative
**represión** *f* – repression
**represión económica** – economic repression
**represión financiera** – financial repression
**represión institucionalizada** – institutionalized repression
**represión policial** – police repression
**represión política** – political repression
**represión racial** – racial repression
**represión sexual** – sexual repression
**represivo** *adj* – repressive
**reprimenda** *f* – reprimand
**reprimir** *v* – to repress
**reprimirse** *v* – to repress oneself
**reprivatización** *f* – reprivatization
**reprivatizado** *adj* – reprivatized
**reprivatizar** *v* – to reprivatize
**reprobable** *adj* – reprehensible
**reprobar** *v* – to reprove
**reprobatorio** *adj* – reprobative
**reprochabilidad** *f* – reproachableness
**reprochable** *adj* – reproachable
**reprochar** *v* – to reproach
**reproducción** *f* – reproduction
**reproducir** *v* – to reproduce
**reproductivo** *adj* – reproductive
**reproductor** *m* – reproducer
**reprogramación** *f* – reprogramming, rescheduling
**reprogramación de la deuda** – debt rescheduling
**reprogramar** *v* – to reprogram, to reschedule
**repromisión** *f* – renewed promise
**república** *f* – republic
**república federal** – federal republic
**republicanismo** *m* – republicanism
**republicano** *m* – republican
**repúblico** *m* – patriot, leading citizen
**repudiación** *f* – repudiation
**repudiar** *v* – to repudiate
**repudio** *m* – repudiation
**repudio anticipado** – anticipatory repudiation
**repudio de la deuda** – repudiation of public debt
**repuesto** *adj* – replaced, recovered
**repugnancia** *f* – repugnance, inconsistency
**repugnante** *adj* – repugnant, inconsistent
**repulsa** *f* – repulse, refusal
**repulsar** *v* – to repulse, to refuse
**repulsión** *f* – repulsion, refusal
**reputación establecida** – established reputation
**reputar** *v* – to repute
**requerido** *adj* – required
**requerido por la ley** – required by law
**requeridor** *m* – requirer, summoner
**requeridor** *adj* – requiring
**requerimiento** *m* – requirement, injunction, summons, demand, request
**requerimiento de confidencialidad** – confidentiality requirement
**requerimiento de efectivo** – cash requirement
**requerimiento de pago** – demand for payment
**requerimiento de póliza** – policy requirement
**requerimiento de reservas** – reserve requirement
**requerimiento de retención** – retention requirement
**requerimiento imperativo** – mandatory injunction
**requerimiento interlocutorio** – interlocutory injunction
**requerimiento judicial** – mandatory injunction
**requerimiento lícito** – licit demand
**requerimiento permanente** – permanent injunction
**requerimiento precautorio** – preventive injunction
**requerimiento preliminar** – preliminary injunction
**requerimiento prohibitivo** – prohibitive injunction
**requerimiento provisional** – preliminary injunction
**requerimientos ambientales** – environmental requirements
**requerimientos de calificación** – qualification requirements
**requerimientos de capital** – capital requirements
**requerimientos de crédito** – credit requirements
**requerimientos de cualificación** – qualification requirements
**requerimientos de divulgación** – disclosure requirements
**requerimientos de elegibilidad** – eligibility requirements
**requerimientos de empleo** – job requirements
**requerimientos de higiene** – hygiene requirements
**requerimientos de licitación** – bid requirements
**requerimientos de mantenimiento** – maintenance requirements
**requerimientos de préstamos** – lending requirements, loan requirements
**requerimientos de residencia** – residency requirements

**requerimientos de seguridad** – safety requirements, security requirements
**requerimientos del trabajo** – job requirements
**requerimientos ecológicos** – eco-requirements, ecological requirements
**requerimientos estatutarios** – statutory requirements
**requerimientos financieros** – financial requirements
**requerimientos legales** – legal requirements
**requerimientos medioambientales** – environmental requirements
**requerimientos para afiliación** – affiliation requirements
**requerimientos previos** – prerequisites
**requerir** *v* – to require, to enjoin, to summon, to notify, to demand, to investigate, to persuade
**requirente** *m/f* – requirer, summoner
**requirente** *adj* – requiring
**requisa** *f* – requisition, inspection
**requisar** *v* – to requisition, to inspect
**requisición** *f* – requisition, inspection
**requisito** *m* – requirement
**requisito de coaseguro** – coinsurance requirement
**requisito de confidencialidad** – confidentiality requirement
**requisito de póliza** – policy requirement
**requisito de reservas** – reserve requirement
**requisito de retención** – retention requirement
**requisito jurisdiccional** – jurisdictional requirement
**requisitoria** *f* – arrest warrant
**requisitorio** *m* – requisition
**requisitos ambientales** – environmental requirements
**requisitos de calificación** – qualification requirements
**requisitos de capital** – capital requirements
**requisitos de crédito** – credit requirements
**requisitos de cualificación** – qualification requirements
**requisitos de divulgación** – disclosure requirements
**requisitos de elegibilidad** – eligibility requirements
**requisitos de empleo** – job requirements
**requisitos de higiene** – hygiene requirements
**requisitos de licitación** – bid requirements
**requisitos de mantenimiento** – maintenance requirements
**requisitos de préstamos** – lending requirements, loan requirements
**requisitos de residencia** – residency requirements
**requisitos de seguridad** – safety requirements, security requirements
**requisitos del trabajo** – job requirements
**requisitos ecológicos** – eco-requirements, ecological requirements
**requisitos estatutarios** – statutory requirements
**requisitos financieros** – financial requirements
**requisitos legales** – legal requirements
**requisitos medioambientales** – environmental requirements
**requisitos para afiliación** – affiliation requirements
**requisitos previos** – prerequisites
**res** – thing, subject matter, res
**res communes** – common property, res communes
**res corporales** – corporeal things, res corporales
**res gestae** – things done, res gestae
**res incorporales** – incorporeal things, res incorporales
**res ipsa loquitur** – the thing speaks for itself, res ipsa loquitur
**res judicata** – the thing has been decided, res judicata
**res nova** – a new matter, res nova
**res nullius** – the property of nobody, res nullius
**res privatae** – private things, res privatae
**res publicae** – public things, res publicae
**resaca** *f* – redraft, hangover
**resacar** *v* – to redraw
**resarcible** *adj* – indemnifiable, compensable
**resarcimiento** *m* – indemnification, compensation
**resarcir** *v* – to indemnify, to compensate
**resbaladizo** *adj* – slippery
**rescatable** *adj* – exchangeable, redeemable, callable
**rescatar** *v* – to rescue, to ransom, to free, to exchange, to redeem, to call
**rescate** *m* – rescue, ransom, release, exchange, redemption, call, bailout
**rescate anticipado** – advance redemption
**rescate de bonos** – bond call
**rescindible** *adj* – rescindable, cancelable
**rescindir** *v* – to rescind, to cancel
**rescisión** *f* – rescission, cancellation
**rescisión de contrato** – rescission of contract
**rescisión de convenio** – rescission of agreement
**rescisión de deuda** – cancellation of debt
**rescisión de los contratos** – rescission of contracts
**rescisión de orden** – cancellation of order
**rescisión de pedido** – cancellation of order
**rescisión de póliza** – cancellation of policy
**rescisión legal** – legal rescission
**rescisorio** *adj* – rescissory, canceling
**rescontrar** *v* – to offset
**rescripto** *m* – rescript
**rescuentro** *m* – offset
**resellar** *v* – to reseal, to restamp
**resello** *m* – resealing, restamping
**resentimiento** *m* – resentment
**reseña** *f* – description, description of the scene of a crime, review, account, brief account, noting of distinguishing marks
**reseñar** *v* – to describe, to describe the scene of a crime, to give an account of, to review, to note distinguishing marks
**reserva** *f* – reserve, reservation, prudence, exception, allowance
**reserva actuarial** – actuarial reserve
**reserva anticipada** – advance reservation
**reserva central** – central reserve
**reserva compulsoria** – compulsory reserve
**reserva contingente** – contingent reserve
**reserva de amortización** – depreciation allowance
**reserva de caja** – cash reserve
**reserva de capital** – capital reserve
**reserva de contingencia** – contingency reserve
**reserva de contingencia general** – general contingency reserve
**reserva de depreciación** – depreciation allowance
**reserva de derechos** – reservation of rights
**reserva de divisas** – foreign currency reserves, foreign exchange reserves, currency holdings
**reserva de dominio** – reservation of ownership, retention of ownership by the seller until all installments have been paid

**reserva de efectivo** – cash reserve
**reserva de ganancias** – profit reserve, earnings reserve
**reserva de garantía** – guarantee reserve
**reserva de igualación** – equalization reserve
**reserva de inventario** – inventory reserve
**reserva de moneda extranjera** – foreign currency reserve
**reserva de oro** – gold reserve
**reserva de póliza** – policy reserve
**reserva de revaloración** – revaluation reserve
**reserva de seguro de vida** – life insurance reserve
**reserva de valuación** – valuation reserve
**reserva del derecho de admisión** – reservation of the right to deny admission
**reserva diaria** – daily reserve
**reserva disponible** – available reserve
**reserva energética** – energy reserve
**reserva especial** – special reserve
**reserva estatutaria** – reserve required by law
**reserva facultativa** – reserve not required by law
**Reserva Federal** – Federal Reserve, Federal Reserve System
**reserva indisponible** – unavailable reserve
**reserva inicial** – initial reserve
**reserva involuntaria** – involuntary reserve
**reserva legal** – legal reserve, reserve required by law
**reserva líquida** – liquid reserve
**reserva media** – mean reserve
**reserva mental** – mental reservation
**reserva metálica** – bullion reserve
**reserva modificada** – modified reserve
**reserva monetaria** – monetary reserve
**reserva necesaria** – necessary reserve
**reserva obligada** – obligatory reserve, mandatory reserve
**reserva obligatoria** – obligatory reserve, mandatory reserve
**reserva oculta** – hidden reserve
**reserva oficial** – official reserve
**reserva para amortización** – reserve for depreciation, reserve for amortization
**reserva para catástrofes** – catastrophe reserve
**reserva para contingencias** – reserve for contingencies, allowance for contingencies
**reserva para cuentas dudosas** – allowance for doubtful accounts
**reserva para deficiencias** – deficiency reserve
**reserva para depreciación** – reserve for depreciation, allowance for depreciation
**reserva para deudas incobrables** – bad debt reserve, allowance for bad debts
**reserva para deudas incobrables** – bad debt reserve
**reserva para gastos** – expense reserve, allowance for expenses
**reserva para incobrables** – bad debt reserve, allowance for bad debts
**reserva para pérdidas de préstamos** – loan loss reserve
**reserva para reaseguro** – reinsurance reserve
**reserva para reclamaciones** – claims reserve, allowance for claims
**reserva parcial** – fractional reserve
**reserva prestada** – borrowed reserve
**reserva principal** – main reserve
**reserva prospectiva** – prospective reserve
**reserva reglamentaria** – legal reserve
**reserva requerida** – required reserve
**reserva restringida** – restricted reserve
**reserva voluntaria** – voluntary reserve
**reservación** *f* – reservation
**reservadamente** *adv* – reservedly, cautiously
**reservado** *adj* – reserved, cautious, booked
**reservados todos los derechos** – all rights reserved
**reservar** *v* – to reserve, to postpone, to exempt, to conceal, to book
**reservar derechos** – to reserve rights
**reservas acumuladas** – accumulated reserves
**reservas asignadas** – allocated reserves, earmarked reserves
**reservas bancarias** – bank reserves
**reservas contemporáneas** – contemporaneous reserves
**reservas corporativas** – corporate reserves
**reservas de banco** – bank reserves
**reservas de capital** – capital reserves
**reservas de crédito** – credit reserves
**reservas de la compañía** – company reserves
**reservas de la corporación** – corporate reserves
**reservas de la empresa** – company reserves, enterprise reserves
**reservas del balance** – balance sheet reserves
**reservas empresariales** – company reserves, enterprise reserves
**reservas en exceso** – excess reserves
**reservas energéticas** – energy reserves
**reservas enteras** – entire reserves
**reservas extranjeras** – foreign reserves
**reservas fraccionarias** – fractional reserves
**reservas generales** – general reserves
**reservas internacionales** – international reserves
**reservas nacionales** – national reserves
**reservas no prestadas** – non-borrowed reserves
**reservas prestadas netas** – net borrowed reserves
**reservas primarias** – primary reserves
**reservas secundarias** – secondary reserves
**reservas totales** – total reserves
**reservativo** *adj* – reservative
**resguardar** *v* – to defend, to shelter
**resguardarse de** – to guard against
**resguardo** *m* – protection, security, guarantee, frontier guard, receipt
**resguardo de almacén** – warehouse receipt
**resguardo de depósito** – certificate of deposit
**resguardo de ingreso** – certificate of deposit, deposit slip
**resguardo fronterizo** – frontier customhouse including personnel
**resguardo provisional** – binder
**residencia** *f* – residence, residency, inquiry
**residencia continua** – continuous residence
**residencia establecida** – established residence
**residencia ficticia** – fictitious residence
**residencia fija** – fixed residence
**residencia habitual** – habitual residence
**residencia inexistente** – nonexistent residence
**residencia permanente** – permanent residence, permanent residency

**residencia personal** – personal residence
**residencia principal** – principal residence, main residence
**residencia temporal** – temporary home, temporary residency
**residencial** *adj* – residential
**residenciar** *v* – to inquire
**residente** *m/f* – resident
**residente** *adj* – residing
**residente permanente** – permanent resident
**residente temporal** – temporary resident
**residir** *v* – to reside, to lie
**residual** *adj* – residual
**residuo** *m* – residue
**residuos** *m* – waste
**residuos industriales** – industrial waste
**residuos tóxicos** – toxic waste
**resignación** *f* – resignation, relinquishment
**resignar** *v* – to resign, to relinquish
**resignarse** *v* – to resign oneself
**resistencia** *f* – resistance
**resistencia a la autoridad** – resisting an officer, resistance to authority
**resistente** *adj* – resistant, resisting
**resistidor** *adj* – resistant
**resistir** *v* – to resist
**resobrina** *f* – grandniece
**resobrino** *m* – grandnephew
**resoluble** *adj* – resolvable
**resolución** *f* – resolution, decision, annulment, cancellation, termination
**resolución concurrente** – concurrent resolution
**resolución conjunta** – joint resolution
**resolución constitutiva** – decision establishing a legal principle
**resolución corporativa** – corporate resolution
**resolución de disputas** – dispute resolution
**resolución de error** – error resolution
**resolución de los contratos** – rescission of contracts
**resolución definitiva** – final decision
**resolución judicial** – judicial decision
**resolución rápida** – rapid resolution
**resolutivamente** *adv* – resolutely
**resolutivo** *adj* – resolutive
**resoluto** *adj* – resolute, succinct, expert
**resolutorio** *adj* – resolutory
**resolver** *v* – to resolve, to solve, to decide, to settle, to annul, to analyze
**respaldado del estado** – government backing, state backing
**respaldado por activos** – asset-backed, asset-based
**respaldado por el estado** – government-backed, state-backed
**respaldado por el gobierno** – government-backed
**respaldado por hipotecas** – mortgage-backed
**respaldar** *v* – to endorse, to support, to back
**respaldo** *m* – backing, endorsement, support, backup
**respaldo de la moneda** – backing of currency
**respaldo del gobierno** – government backing
**respaldo financiero** – financial backing
**respectivamente** *adv* – respectively
**respectivo** *adj* – respective
**respecto a** – with regard to, regarding
**respecto de** – with regard to, regarding
**respetabilidad** *f* – respectability
**respetable** *adj* – respectable, considerable
**respetar** *v* – to respect, to observe, to obey
**respeto** *m* – respect
**respeto de personas** – respect toward others
**respetuosamente** *adv* – respectfully
**respetuoso** *adj* – respectful
**respiro** *m* – extension of time, respite, breather, respiration
**responder** *v* – to respond, to answer, to correspond, to be responsible
**responder a una obligación** – to meet an obligation
**responder por** – to be responsible for
**responder por otro** – to be responsible for another
**respondiente** *m/f* – responder
**respondiente** *adj* – responding
**responsabilidad** *f* – responsibility, liability
**responsabilidad a corto plazo** – short-term liability
**responsabilidad a largo plazo** – long-term liability
**responsabilidad absoluta** – absolute liability
**responsabilidad aceptada** – accepted responsibility
**responsabilidad acordada** – agreed-upon liability
**responsabilidad acumulativa** – cumulative liability
**responsabilidad adicional** – additional responsibility
**responsabilidad administrativa** – administrative liability
**responsabilidad ambiental** – environmental responsibility, environmental liability
**responsabilidad aparente** – apparent liability
**responsabilidad asumida** – assumed liability
**responsabilidad central** – central liability
**responsabilidad civil** – civil liability, public liability
**responsabilidad comercial** – business liability, commercial liability
**responsabilidad concurrente** – concurrent liability
**responsabilidad condicional** – conditional liability
**responsabilidad conjunta** – joint liability
**responsabilidad contingente** – contingent liability
**responsabilidad contractual** – contractual liability
**responsabilidad contratada** – contracted liability
**responsabilidad contributiva** – tax liability
**responsabilidad convenida** – agreed-upon liability
**responsabilidad corporativa** – corporate liability, corporate responsibility
**responsabilidad criminal** – criminal responsibility, criminal liability
**responsabilidad cruzada** – cross-liability
**responsabilidad cuasicontractual** – quasi-contractual liability
**responsabilidad de depósitos** – deposit liability
**responsabilidad de operaciones** – operations liability
**responsabilidad de rechazo** – refusal liability
**responsabilidad definida** – direct liability, defined responsibility
**responsabilidad del almacenero** – warehouser's liability
**responsabilidad del cargador** – carrier's liability
**responsabilidad del contable** – accountant's liability
**responsabilidad del contador** – accountant's liability
**responsabilidad del naviero** – shipowner's liability
**responsabilidad del prestador** – lender's liability
**responsabilidad del prestamista** – lender's liability
**responsabilidad del transportista** – carrier's liability
**responsabilidad diferida** – deferred liability

**responsabilidad directa** – direct liability, direct responsibility
**responsabilidad disminuida** – diminished responsibility
**responsabilidad ecológica** – ecological responsibility, ecological liability
**responsabilidad económica** – economic responsibility
**responsabilidad empresarial** – business liability
**responsabilidad estatutaria** – statutory liability
**responsabilidad estimada** – estimated liability
**responsabilidad estipulada** – stipulated liability
**responsabilidad eventual** – contingent liability
**responsabilidad evidente** – evident liability
**responsabilidad exclusiva** – exclusive liability
**responsabilidad existente** – existing liability
**responsabilidad explícita** – explicit liability
**responsabilidad extranjera** – foreign liability
**responsabilidad financiera** – financial liability
**responsabilidad fiscal** – tax liability
**responsabilidad hipotecaria** – mortgage liability
**responsabilidad ilimitada** – unlimited liability
**responsabilidad impositiva** – tax liability
**responsabilidad imputada** – imputed liability
**responsabilidad indefinida** – indefinite liability
**responsabilidad indirecta** – indirect liability
**responsabilidad individual** – individual liability
**responsabilidad internacional** – international liability
**responsabilidad judicial** – judicial liability
**responsabilidad latente** – latent liability
**responsabilidad legal** – legal responsibility, legal liability
**responsabilidad limitada** – limited liability
**responsabilidad mancomunada** – joint liability
**responsabilidad manifiesta** – manifest liability
**responsabilidad mercantil** – commercial liability
**responsabilidad monetaria** – monetary responsibility, monetary liability
**responsabilidad moral** – moral obligation
**responsabilidad negociada** – negotiated liability
**responsabilidad objetiva** – strict liability
**responsabilidad obvia** – obvious liability
**responsabilidad pactada** – agreed-upon liability
**responsabilidad patronal** – employer's liability
**responsabilidad pecuniaria** – pecuniary liability
**responsabilidad penal** – criminal liability
**responsabilidad personal** – personal liability
**responsabilidad por hecho ajeno** – liability for the acts of another
**responsabilidad profesional** – professional responsibility, professional liability
**responsabilidad pública** – public liability, public responsibility
**responsabilidad rechazada** – rejected liability
**responsabilidad rehusada** – refused liability
**responsabilidad restringida** – restricted liability
**responsabilidad sin culpa** – strict liability
**responsabilidad sin límite** – unlimited liability
**responsabilidad sin restricciones** – unrestricted liability
**responsabilidad social** – social responsibility
**responsabilidad solidaria** – joint and several liability
**responsabilidad subsidiaria** – accessory liability, secondary liability
**responsabilidad total** – aggregate liability, total liability
**responsabilidad tributaria** – tax liability
**responsabilidad vicaria** – vicarious liability
**responsabilizarse** *v* – to take the responsibility
**responsable** *m/f* – person responsible, person liable
**responsable** *adj* – responsible, liable
**responsable ecológicamente** – ecologically responsible
**responsable legalmente** – legally liable
**responsivo** *adj* – pertaining to an answer
**respuesta** *f* – answer, response, reply
**respuesta comercial** – business reply, business reply mail, commercial reply
**respuesta empresarial** – business reply
**respuesta evasiva** – evasive answer
**respuesta falsa** – false answer
**respuesta frívola** – frivolous answer
**respuesta inmediata** – immediate reply
**respuesta negativa** – negative response
**respuesta positiva** – positive response
**restablecer** *v* – to reestablish, to reinstate
**restablecimiento** *m* – reestablishment, reinstatement
**restante** *m* – remainder
**restante** *adj* – remaining
**restauración** *f* – restoration, reinstatement
**restauración de plan** – restoration of plan
**restaurado** *adj* – restored, reinstated
**restaurar** *v* – to restore, to reinstate
**restitución** *f* – restitution, return
**restitución de depósito** – return of deposit, return of bailed goods
**restitución de la víctima** – victim's restitution
**restitución in integrum** – restoration to the previous state
**restituible** *adj* – restorable, returnable
**restituidor** *m* – restorer, returner
**restituidor** *adj* – restoring, returning
**restituir** *v* – to restore, to return
**restitutorio** *adj* – restitutive
**resto** *m* – rest, residue
**restos** *m* – remains
**restos mortales** – mortal remains
**restricción** *f* – restriction
**restricción crediticia** – credit restriction
**restricción de escritura** – deed restriction
**restricción estatutaria** – statutory restriction
**restricción monetaria** – monetary restriction
**restricción obsoleta** – obsolete restriction
**restricciones al comercio** – restraint of trade
**restricciones comerciales** – business restrictions, commerce restrictions, trade restrictions
**restricciones cuantitativas** – quantitative restrictions
**restricciones de cantidad** – quantity restrictions
**restricciones de crédito** – credit restrictions
**restricciones de divisas** – foreign exchange restrictions, currency restrictions
**restricciones de edificación** – building restrictions
**restricciones de exportación** – export restrictions
**restricciones de importación** – import restrictions
**restricciones presupuestarias** – budgetary restrictions
**restricciones residuales** – residual restrictions
**restricciones y limitaciones** – restrictions and

limitations
**restrictivo** *adj* – restrictive
**restringido** *adj* – restricted
**restringido por ley** – restricted by law
**restringir** *v* – to restrict
**resuelto** *adj* – determined, prompt, solved
**resuélvase** – be it resolved
**resulta** *f* – result, final decision, vacancy
**resultado** *m* – result, match, bottom line, profits, earnings
**resultado antes de contribuciones** – pretax profits, before-tax profits
**resultado antes de impuestos** – pretax profits, before-tax profits
**resultado anticipado** – anticipated profits
**resultado asignado** – allocated profits
**resultado bruto** – gross profits
**resultado contable** – book profits, accounting profits
**resultado de explotación** – operating profits
**resultado de operaciones** – operating profits
**resultado declarado** – declared profits
**resultado después de impuestos** – after-tax profits
**resultado directo** – direct result
**resultado distribuido** – allocated profits
**resultado económico** – bottom line, economic result
**resultado en libros** – book profits
**resultado excesivo** – excessive profits
**resultado financiero** – financial profits
**resultado fiscal** – taxable profits
**resultado gravable** – taxable profits
**resultado ilógico** – illogical result
**resultado imponible** – taxable profits
**resultado impositivo** – taxable profits
**resultado indirecto** – indirect result
**resultado neto** – net profits, net result
**resultado nominal** – nominal profits
**resultado normal** – normal profits
**resultado operativo** – operating profits
**resultado previsible** – foreseeable result
**resultado realizado** – realized profits
**resultado retenido** – retained profits
**resultado sobre el papel** – paper profits
**resultado tributable** – taxable profits
**resultados acumulados** – accumulated profits
**resultados anticipados** – anticipated profits
**resultados consolidados** – consolidated profits
**resultados corporativos** – corporate profits
**resultados decepcionantes** – disappointing results
**resultados desastrosos** – disastrous results
**resultados esperados** – expected results, expected profits
**resultados extraordinarios** – extraordinary results, extraordinary profits
**resultados marginales** – marginal profits
**resultados no realizados** – unrealized profits
**resultados ordinarios** – ordinary results, ordinary profits
**resultados presupuestarios** – budget results
**resultados proyectados** – projected profits
**resultados totales** – total profits
**resultando** *m* – clause, whereas clause
**resultante** *adj* – resulting
**resultar** *v* – to result, to be successful
**resumen** *m* – summary, abstract, digest
**resumen de cuenta** – account summary, abstract of account
**resumen de ingresos** – income summary
**resumen de título** – abstract of title, brief of title
**resumen ejecutivo** – executive summary
**resumen financiero** – financial summary
**resumen histórico** – historical summary
**resumir** *v* – to summarize, to abstract
**resurgimiento económico** – economic revival
**retardante** *adj* – retarding
**retardar** *v* – to retard
**retasa** *f* – reappraisal
**retasación** *f* – reappraisal
**retasar** *v* – to reappraise, to reduce the price of items not auctioned
**retazo** *m* – remnant, fragment
**retención** *f* – retention, detention, withholding, holdback
**retención a cuenta** – tax withholding
**retención de cheque** – check hold, check retention, cheque hold, cheque retention
**retención de clientes** – client retention, customer retention
**retención de contribuciones** – tax withholding
**retención de impuestos** – tax withholding
**retención de reserva** – backup withholding
**retención en cuenta** – account hold
**retención fiscal** – tax withholding
**retención impositiva** – tax withholding
**retención neta** – net retention
**retenedor** *m* – retainer, detainer, withholder
**retener** *v* – to retain, to detain, to withhold, to hold back
**retenido** *adj* – retained, detained, withheld
**retentor** *m* – withholding agent
**reticencia** *f* – insinuation, reticence
**retirable** *adj* – callable
**retirada** *f* – withdrawal, retreat, shelter
**retiradamente** *adv* – secretly
**retirado** *m* – retiree
**retirado** *adj* – retired, pensioned, remote
**retiramiento** *m* – withdrawal, retreat, retirement, pension
**retirar** *v* – to retire, to withdraw, to draw, to retreat, to call
**retirar acusaciones** – to withdraw charges
**retirar del mercado** – to withdraw from the market
**retirar un producto** – to withdraw a product
**retirar una oferta** – to withdraw an offer
**retirarse** *v* – to retire, to leave, to withdraw
**retiro** *m* – retirement, withdrawal, retreat, pension
**retiro automático** – automatic withdrawal
**retiro compensatorio** – compensatory withdrawal
**retiro de bonos** – bond retirement
**retiro de cargos** – withdrawal of charges
**retiro de deuda** – debt retirement
**retiro de efectivo** – cash withdrawal
**retiro diferido** – deferred retirement
**retiro forzado** – compulsory retirement
**retiro forzoso** – forced retirement
**retiro obligado** – mandatory retirement
**retiro obligatorio** – mandatory retirement
**retiro temprano** – early withdrawal, early retirement
**retiro voluntario** – voluntary retirement

**reto** *m* – challenge, threat
**retorcer** *v* – to twist, to distort
**retornar** *v* – to return
**retorno** *m* – return, reward, exchange
**retorno al lugar de los hechos** – return to the scene of the crime, return to the scene of the events
**retorsión** *f* – retorsion, twisting
**retracción** *f* – retraction
**retractable** *adj* – retractable
**retractación** *f* – retraction
**retractación de la confesión** – retraction of the confession
**retractación pública** – public retraction
**retractación testamentaria** – will revocation
**retractar** *v* – to retract, to redeem
**retractarse** *v* – to retract oneself
**retracto** *m* – right of repurchase
**retracto de autorización** – withdrawal of authorization
**retracto legal** – constructive revocation
**retraer** *v* – to bring back, to repurchase, to exercise the right of repurchase, to dissuade
**retransferir** *v* – to retransfer
**retransmisión** *f* – retransfer, rebroadcast
**retrasado** *adj* – delayed, in arrears
**retrasar** *v* – to delay, to lag
**retraso** *m* – delay, lag
**retrato** *m* – photograph, description, right of repurchase
**retrayente** *m/f* – exerciser of the right of repurchase
**retribución** *f* – remuneration, pay, reward
**retribución acordada** – agreed-upon remuneration, agreed-upon pay
**retribución acostumbrada** – customary remuneration, customary pay
**retribución acumulada** – accrued remuneration, accrued pay
**retribución adecuada** – adequate remuneration, adequate pay
**retribución adicional** – additional remuneration, additional pay
**retribución anual** – annual remuneration, annual pay
**retribución anual garantizada** – guaranteed annual remuneration, guaranteed annual pay
**retribución base** – base remuneration, base pay
**retribución básica** – base remuneration, base pay
**retribución bruta** – gross remuneration, gross pay
**retribución competitiva** – competitive remuneration, competitive pay
**retribución compulsoria** – compulsory remuneration, compulsory pay
**retribución contractual** – contractual remuneration, contractual pay
**retribución contratada** – contracted remuneration, contracted pay
**retribución convenida** – agreed-upon remuneration, agreed-upon pay
**retribución de vacaciones** – vacation remuneration, vacation pay
**retribución debida** – remuneration due, pay due
**retribución diaria** – daily remuneration, daily pay
**retribución diferida** – deferred remuneration, deferred pay
**retribución efectiva** – net remuneration, remuneration paid in cash
**retribución ejecutiva** – executive remuneration, executive pay
**retribución en especie** – remuneration in kind, payment in kind
**retribución esencial** – essential remuneration, essential pay
**retribución especificada** – specified remuneration, specified pay
**retribución estipulada** – stipulated remuneration, stipulated pay
**retribución extra** – extra remuneration, extra pay, overtime pay, bonus
**retribución extraordinaria** – extra remuneration, extra pay, overtime pay, bonus
**retribución fija** – fixed remuneration, fixed pay
**retribución financiera** – financial remuneration, financial pay
**retribución financiera directa** – direct financial remuneration, direct financial pay
**retribución forzada** – forced remuneration, forced pay
**retribución forzosa** – forced remuneration, forced pay
**retribución garantizada** – guaranteed remuneration, guaranteed pay
**retribución igual** – equal remuneration, equal pay
**retribución indebida** – wrongful remuneration, wrongful pay
**retribución indispensable** – indispensable remuneration, indispensable pay
**retribución inicial** – initial remuneration, initial pay
**retribución máxima** – maximum remuneration, maximum pay
**retribución media** – average remuneration, average pay
**retribución mensual** – monthly remuneration, monthly pay
**retribución mínima** – minimum wage, minimum remuneration, minimum pay
**retribución necesaria** – necessary remuneration, necessary pay
**retribución negociada** – negotiated remuneration, negotiated pay
**retribución neta** – net remuneration, net pay
**retribución nominal** – nominal remuneration, nominal pay
**retribución normal** – normal remuneration, normal pay
**retribución obligada** – obligatory remuneration, mandatory pay
**retribución obligatoria** – obligatory remuneration, mandatory pay
**retribución pactada** – agreed-upon remuneration, agreed-upon pay
**retribución por cesantía** – severance pay
**retribución por desempleo** – unemployment pay
**retribución por despido** – severance pay
**retribución por discapacidad** – disability pay
**retribución por enfermedad** – sick pay
**retribución por incentivos** – incentive remuneration, incentive pay
**retribución por maternidad** – maternity pay
**retribución preestablecida** – preset remuneration, preset pay
**retribución real** – real remuneration, real pay

**retribución regular** – regular remuneration, regular pay
**retribución requerida** – required remuneration, required pay
**retribución retroactiva** – retroactive remuneration, retroactive pay
**retribución semanal** – weekly remuneration, weekly pay
**retribución suplementaria** – supplemental remuneration, supplemental pay
**retribución típica** – typical remuneration, typical pay
**retribuir** *v* – to remunerate, to pay, to reward
**retributivo** *adj* – retributory, rewarding
**retroacción** *f* – retroaction
**retroactivamente** *adv* – retroactively
**retroactividad** *f* – retroactivity
**retroactividad de la ley** – retroactivity of the law
**retroactivo** *adj* – retroactive
**retroalimentación** *f* – feedback
**retroarriendo** *m* – leaseback
**retroceder** *v* – to retrocede
**retrocesión** *f* – retrocession
**retrospección** *f* – retrospection
**retrospectivo** *adj* – retrospective
**retroproyector** *m* – overhead projector
**retrotracción** *f* – antedating
**retrotraer** *v* – to antedate
**retrovender** *v* – to sell back to the original vendor
**retrovendición** *f* – repurchase by the original seller
**retroventa** *f* – repurchase by the original seller
**reubicación** *f* – relocation
**reubicar** *v* – to relocate
**reunido ilegalmente** – illegally assembled
**reunido ilícitamente** – illicitly assembled
**reunido legalmente** – legally assembled
**reunido lícitamente** – licitly assembled
**reunión** *f* – reunion, meeting, assembly
**reunión anual** – annual meeting
**reunión anual de accionistas** – annual shareholders' meeting
**reunión clandestina** – clandestine meeting
**reunión comercial** – business meeting, commercial meeting
**reunión constitutiva** – organizational meeting
**reunión convocada** – called meeting
**reunión corporativa** – corporate meeting
**reunión cumbre** – summit meeting, summit
**reunión de accionistas** – shareholders' meeting
**reunión de acreedores** – creditors' meeting
**reunión de comercio** – commerce meeting
**reunión de diligencia debida** – due diligence meeting
**reunión de gabinete** – cabinet meeting
**reunión de información** – briefing, briefing meeting
**reunión de la directiva** – directors' meeting
**reunión de negocios** – business meeting
**reunión del comité** – committee meeting, committee assembly
**reunión del directorio** – directors' meeting
**reunión empresarial** – business meeting
**reunión especial** – special meeting
**reunión extraordinaria** – special meeting
**reunión general** – general meeting
**reunión general anual** – annual general meeting
**reunión general de accionistas** – general shareholders' meeting, shareholders' meeting
**reunión general ordinaria** – shareholders' meeting
**reunión ilegal** – illegal assembly
**reunión ilícita** – illicit assembly
**reunión informativa** – briefing, briefing meeting
**reunión legal** – legal assembly
**reunión lícita** – licit assembly
**reunión mercantil** – commercial meeting
**reunión ordinaria** – regular meeting
**reunión privada** – private meeting
**reunión pública** – public meeting
**reunión secreta** – secret meeting
**reunir** *v* – to unite, to reunite, to gather
**reunir los requisitos** – to meet the requirements
**reutilizable** *adj* – reusable
**reutilizar** *v* – to reuse
**reválida** *f* – revalidation, bar exam, exam required to obtain a professional license
**revalidación** *f* – revalidation, confirmation
**revalidar** *v* – to revalidate, to pass a bar exam, to pass an exam required to obtain a professional license
**revaloración** *f* – revalorization, revaluation, reappraisal
**revaloración de divisas** – currency revaluation
**revalorar** *v* – to revalue, to reappraise
**revalorización** *f* – revalorization, revaluation, reappraisal
**revalorización de divisas** – currency revaluation
**revalorizar** *v* – to revalue, to reappraise
**revaluación** *f* – revaluation, reappraisal
**revaluar** *v* – to revalue, to reappraise
**revalúo** *m* – reappraisal
**reveedor** *m* – revisor, inspector
**revelable** *adj* – revealable
**revelación** *f* – revelation, disclosure
**revelador** *adj* – revealing
**revelar** *v* – to reveal, to develop
**revendedor** *m* – reseller, retailer
**revender** *v* – to resell, to retail
**revenir** *v* – to return
**reventa** *f* – resale, retail
**rever** *v* – to review, to retry
**reversibilidad** *f* – reversibility
**reversible** *adj* – reversible, reversionary
**reversión** *f* – reversion
**reversión al estado** – escheat
**reverso** *m* – reverse, reverse of a sheet
**revertir** *v* – to revert
**revés** *m* – reverse, reversal
**revictimización** *f* – revictimization
**revisable** *adj* – revisable, reviewable, auditable
**revisado** *adj* – revised, reviewed, audited, inspected, checked
**revisar** *v* – to revise, to audit, to inspect, to check
**revisar el crédito** – to check credit
**revisar las cuentas** – to audit accounts
**revisión** *f* – revision, review, audit, inspection, check
**revisión administrativa** – administrative review
**revisión aduanera** – customs review
**revisión contable** – audit, accounting audit
**revisión de aduanas** – customs review
**revisión de calidad** – quality review
**revisión de contrato** – revision of contract
**revisión de crédito** – credit review

**revisión de cuentas** – accounts review, accounts audit
**revisión de cuota** – quota review
**revisión de deuda** – debt review
**revisión de estatutos** – revision of statutes
**revisión de libros** – review of the books, audit of the books
**revisión de precios** – price review
**revisión de préstamo** – loan review
**revisión de proyecto** – project review
**revisión de términos** – revision of terms
**revisión de título** – examination of title, title search
**revisión de ventas** – sales review
**revisión del mercado** – market review
**revisión judicial** – judicial review
**revisión limitada** – limited review
**revisión médica** – medical examination
**revisión restringida** – restricted review
**revisión salarial** – salary review, pay review
**revisionismo** *m* – revisionism
**revisionista** *adj* – revisionist
**revisionista** *m/f* – revisionist
**revisor** *m* – revisor, auditor, inspector
**revisor** *adj* – revising, auditing, inspecting
**revisor de cuentas** – auditor of accounts, auditor, inspector of accounts
**revisoría** *f* – inspector's office, auditor's office
**revista** *f* – review, inspection, rehearing, magazine, journal
**revista comercial** – business magazine, business journal, commercial magazine, commercial journal
**revista corporativa** – corporate magazine
**revista de comercio** – commerce magazine, commerce journal
**revista de empresa** – in-house magazine, in-house journal, house magazine, house journal
**revista de empresas** – business magazine, business journal
**revista de la compañía** – company magazine
**revista de negocios** – business magazine, business journal
**revista del consumidor** – consumer magazine, consumer bulletin
**revista económica** – economic journal
**revista electrónica** – electronic magazine, electronic journal, e-zine, e-magazine, e-journal
**revista empresarial** – business magazine, business journal
**revista en línea** – online magazine, online journal
**revista jurídica** – law journal
**revista mercantil** – commercial magazine, commercial journal
**revista online** – online magazine, online journal
**revivir** *v* – to revive
**revocabilidad** *f* – revocability
**revocable** *adj* – revocable, abrogable, reversible
**revocablemente** *adv* – revocably
**revocación** *f* – revocation, abrogation, reversal
**revocación de agencia** – revocation of agency
**revocación de contratos** – rescission of contracts
**revocación de los legados** – revocation of a legacy, revocation of a devise
**revocación de oferta** – revocation of offer
**revocación de testamento** – revocation of a will
**revocación de una sentencia** – reversal of a decision
**revocación del matrimonio** – revocation of a marriage
**revocador** *m* – revoker, abrogator, reverser
**revocador** *adj* – revoking, abrogating, reversing
**revocante** *adj* – revoking, abrogating, reversing
**revocar** *v* – to revoke, to abrogate, to reverse
**revocar la sentencia** – to vacate the judgment
**revocatorio** *adj* – revocatory, abrogating, reversing
**revolución** *f* – revolution
**revolución ambiental** – environmental revolution
**revolución ecológica** – ecological revolution
**revolución industrial** – industrial revolution
**revolución verde** – green revolution
**revolucionar** *v* – to revolt, to revolutionize
**revolucionario** *adj* – revolutionary
**revolver** *v* – to mix, to upset, to ponder
**revólver** *m* – revolver
**revuelta** *f* – revolt, fight, disturbance, change
**reyerta** *f* – quarrel, row
**rezonificar** *v* – to rezone
**rezonificación** *f* – rezoning
**ribereño** *adj* – riparian
**riesgo** *m* – risk, hazard
**riesgo, a** – at risk
**riesgo aceptado** – accepted risk
**riesgo anormal** – abnormal risk
**riesgo aparente** – apparent risk
**riesgo asegurable** – insurable risk
**riesgo asegurado** – insured risk
**riesgo asignado** – assigned risk
**riesgo asumido** – assumed risk
**riesgo aumentado** – increased risk
**riesgo bilateral** – bilateral risk
**riesgo calculado** – calculated risk
**riesgo catastrófico** – catastrophic risk
**riesgo clasificado** – classified risk
**riesgo comercial** – business risk, commercial risk
**riesgo corporativo** – corporate risk
**riesgo crediticio** – credit risk
**riesgo cubierto** – covered risk
**riesgo de accidentes** – accident risk
**riesgo de auditoría** – audit risk
**riesgo de cambio** – exchange risk
**riesgo de capital** – capital risk
**riesgo de coaseguro** – coinsurance risk
**riesgo de comercio** – commerce risk
**riesgo de crédito** – credit risk
**riesgo de divisas** – foreign exchange risk
**riesgo de entrega** – delivery risk
**riesgo de iliquidez** – illiquidity risk
**riesgo de incumplimiento** – default risk
**riesgo de insolvencia** – insolvency risk
**riesgo de interés** – interest rate risk
**riesgo de liquidez** – liquidity risk
**riesgo de mercado** – market risk
**riesgo de negocio** – business risk
**riesgo de reaseguro** – reinsurance risk
**riesgo de reinversión** – reinvestment risk
**riesgo de seguridad** – safety hazard, security risk
**riesgo de seguros** – insurance risk
**riesgo de tasa** – rate risk
**riesgo de tasa de cambio** – exchange rate risk
**riesgo de tasa de interés** – interest rate risk
**riesgo de tipo** – rate risk
**riesgo de tipo de cambio** – exchange rate risk

**riesgo de tipo de interés** – interest rate risk
**riesgo de trabajo** – occupational risk
**riesgo de transacción** – transaction risk
**riesgo del comprador** – buyer's risk
**riesgo del consumidor** – consumer risk
**riesgo del país** – country risk
**riesgo del vendedor** – vendor's risk
**riesgo deteriorado** – impaired risk
**riesgo diversificable** – diversifiable risk
**riesgo empresarial** – business risk
**riesgo especial** – special risk
**riesgo específico** – specific risk
**riesgo especulativo** – speculative risk
**riesgo estacional** – seasonal risk
**riesgo estático** – static risk
**riesgo estimado** – estimated risk
**riesgo excluido** – excluded risk
**riesgo existente** – existing risk
**riesgo explícito** – explicit risk
**riesgo extraordinario** – extraordinary risk
**riesgo financiero** – financial risk
**riesgo físico** – physical hazard
**riesgo hipotecario** – mortgage risk
**riesgo ilimitado** – unlimited risk
**riesgo inherente** – inherent risk
**riesgo irregular** – abnormal risk
**riesgo laboral** – occupational hazard, occupational risk
**riesgo limitado** – limited risk
**riesgo marginal** – marginal risk
**riesgo marítimo** – marine risk
**riesgo mercantil** – commercial risk
**riesgo monetario** – monetary risk
**riesgo moral** – moral hazard
**riesgo no asegurable** – uninsurable risk
**riesgo no asegurado** – uninsured risk
**riesgo no controlable** – non-controllable risk
**riesgo no diversificable** – non-diversifiable risk
**riesgo no sistemático** – non-systematic risk
**riesgo normal** – normal risk
**riesgo objeto** – target risk
**riesgo oculto** – hidden risk
**riesgo ocupacional** – occupational hazard, occupational risk
**riesgo operativo** – operating risk
**riesgo para la salud** – health hazard, health risk
**riesgo político** – political risk
**riesgo preferido** – preferred risk
**riesgo previsible** – foreseeable risk
**riesgo profesional** – occupational hazard
**riesgo prohibido** – prohibited risk
**riesgo puro** – pure risk
**riesgo reducido** – reduced risk
**riesgo regular** – regular risk
**riesgo sistemático** – systematic risk
**riesgo sistémico** – systemic risk
**riesgo subjetivo** – subjective risk
**riesgo total** – aggregate risk
**riesgo transfronterizo** – cross-border risk
**riesgos ambientales** – environmental risks
**riesgos del mar** – perils of the sea
**riesgos ecológicos** – ecological risks
**riesgos habituales** – habitual risks
**riesgos inusuales** – unusual risks
**riesgos normales** – normal risks
**riesgos ordinarios** – ordinary risks
**riesgos típicos** – typical risks
**riesgos usuales** – usual risks
**rifa** *f* – raffle
**rigidez** *f* – rigidity
**rigidez cadavérica** – rigor mortis
**rígido** *adj* – rigid
**rigor** *m* – rigor, exactness
**rigor, en** – strictly
**rigor mortis** – rigor mortis
**rigorismo** *m* – rigorism
**rigorista** *adj* – rigoristic
**rigorista** *m/f* – rigorist
**riguroso** *adj* – rigorous, exact
**riña** *f* – quarrel
**riqueza** *f* – wealth
**riqueza nacional** – national wealth
**ritmo de trabajo** – work rate
**ritmo de vida** – lifestyle
**ritualidad** *f* – formality
**rival** *m* – rival
**robado** *adj* – robbed, stolen
**robador** *m* – robber, thief
**robador** *adj* – robbing, thieving
**robar** *v* – to rob, to steal
**robo** *m* – robbery, theft
**robo a mano armada** – armed robbery
**robo agravado** – aggravated robbery, theft with aggravating circumstances
**robo con escalo** – burglary, housebreaking
**robot** *m* – robot
**robotizar** *v* – robotize
**rodada** *f* – wheel track
**rodeado** *adj* – surrounded
**rodear** *v* – to surround, to beat around the bush
**rogación** *f* – request
**rogatorio** *adj* – rogatory
**rol** *m* – role, roll
**rompehuelgas** *m* – strikebreaker
**romper** *v* – to break, to break off
**romper el contrato** – to breach the contract, to break the contract
**romper un contrato** – to breach a contract, to break a contract
**romper una huelga** – to break a strike
**rompimiento** *m* – breaking, quarrel
**ronda** *f* – round, session, night patrol
**ronda de negociaciones** – round of negotiations
**rondar** *v* – to patrol, to prowl
**rostro** *m* – face
**rotación** *f* – rotation, turnover, shift
**rotación de activos** – asset turnover
**rotación de cultivos** – crop rotation
**rotación de empleos** – job rotation, employment rotation
**rotación de inversiones** – investment turnover
**rotación de personal** – personnel rotation
**rotación de puestos** – job rotation
**rotación de trabajos** – job rotation, work rotation
**rotación laboral** – labor turnover, labour turnover
**rotación profesional** – professional turnover
**roto** *adj* – broken, debauched
**rotular** *v* – to label

**rotular erróneamente** – to label incorrectly
**rótulo** *m* – sign, title
**rotura** *f* – breakage, breakup, breaking
**rotura del contrato** – breach of contract
**royalty** *m* – royalty
**RRHH (recursos humanos)** – human resources
**rúbrica** *f* – flourish, rubric, signature
**rubricar** *v* – to sign and seal, to sign, to initial, to attest
**rubro** *m* – title, heading
**rudo** *adj* – rude, crude
**rueda de prensa** – press conference, news conference
**rueda de presos** – line-up
**rueda de sospechosos** – line-up
**ruego** *m* – request, plea
**ruegos y preguntas** – any other business
**rufián** *m* – ruffian, pimp
**ruido** *m* – noise, row
**ruido ambiental** – environmental noise
**ruido excesivo** – excessive noise
**ruin** *adj* – despicable, petty
**ruina** *f* – ruin
**rumbo** *m* – direction
**rumor** *m* – rumor
**rumor falso** – false rumor
**rumorear** *v* – to rumor
**ruptura** *f* – rupture, break
**ruptura de negociaciones** – rupture of negotiations
**rural** *adj* – rural
**ruralmente** *adv* – rurally
**rústico** *adj* – rustic, rural
**ruta** *f* – route
**ruta comercial** – commercial route, trade route
**ruta de la carrera** – career path
**rutina** *f* – routine
**rutinario** *adj* – routine

# S

**SA (sociedad anónima)** – company, limited company, public limited company, stock company, incorporated company, corporation, stock corporation
**saber** *m* – knowledge
**saber** *v* – to know, to learn
**saber y entender** – knowledge and belief
**saber y entender, a mi leal** – to the best of my knowledge and belief
**sabiamente** *adv* – wisely
**sabido** *m* – fixed salary
**sabido** *adj* – known, well-informed, learned
**sabiduría** *f* – wisdom
**sabiendas, a** – knowingly
**sabiente** *adj* – knowing
**sabio** *adj* – wise
**sabotaje** *m* – sabotage
**saboteador** *m* – saboteur
**sabotear** *v* – to sabotage
**sabueso** *m* – bloodhound, sleuth
**saca** *f* – removal, exportation, certified copy, notarized copy
**sacada** *f* – separated territory, removal
**sacador** *m* – remover
**sacar** *v* – to take out, to release, to get, to draw, to make
**sacar** *v* – to remove, to take out, to release, to deduce, to get, to draw, to make, to cite, to choose, to win
**sacar adelante** – to execute
**sacar patente** – to take out a patent
**sacudimiento** *m* – jolt
**sacudir** *v* – to jolt
**sádico** *m* – sadist
**sádico** *adj* – sadistic
**sadismo** *m* – sadism
**sadomasochismo** *m* – sadomasochism
**sagaz** *adj* – sagacious
**sala** *f* – court, room, meeting room, auditorium
**sala civil** – civil court
**sala de apelaciones** – appellate court, court of appeals
**sala de audiencia** – courtroom
**sala de conferencias** – conference room
**sala de control** – control room
**sala de descanso** – break room
**sala de exposiciones** – exhibition hall, showroom
**sala de juntas** – boardroom
**sala de justicia** – court, courtroom
**sala de lo civil** – civil court
**sala de lo criminal** – criminal court
**sala de reuniones** – meeting room, conference room
**sala de sesiones** – board room
**sala de ventas** – salesroom
**sala del tribunal** – courtroom
**sala nocturna** – night court
**sala penal** – criminal court
**salariado** *adj* – salaried
**salarial** *adj* – pertaining to a salary, salary-related
**salariar** *v* – to pay a salary, to assign a salary
**salario** *m* – salary, wage, pay
**salario a destajo** – piece wage
**salario acostumbrado** – customary salary, customary wage
**salario actual** – present salary
**salario acumulado** – accrued salary, accrued wages
**salario adecuado** – adequate salary
**salario anual** – annual salary, annual wage
**salario anual garantizado** – guaranteed annual wage
**salario atrasado** – back pay
**salario bajo** – low salary, low wage
**salario base** – base salary, base wage
**salario básico** – base salary, base wage
**salario bruto** – gross salary, gross wage, gross pay
**salario competitivo** – competitive salary, competitive wage
**salario contractual** – contractual salary
**salario contratado** – contracted salary
**salario de bolsillo** – take-home pay, net pay
**salario de subsistencia** – living wage, subsistence wage
**salario diario** – daily salary
**salario diferido** – deferred compensation

**salario disponible** – available salary
**salario efectivo** – net salary, salary paid in cash, actual salary
**salario en especie** – payment in kind
**salario esencial** – essential salary
**salario especificado** – specified salary
**salario estipulado** – stipulated salary
**salario fijo** – fixed salary, set wage
**salario garantizado** – guaranteed wage
**salario identificado** – identified salary
**salario igual** – equal salary
**salario indicado** – indicated salary
**salario indispensable** – indispensable salary
**salario inicial** – initial salary, starting salary
**salario legal** – salary established by law
**salario máximo** – maximum salary
**salario medio** – average wage, average salary
**salario mensual** – monthly salary, monthly wage
**salario mínimo** – minimum wage
**salario mínimo de subsistencia** – minimum living wage
**salario mínimo garantizado** – guaranteed minimum wage
**salario mínimo interprofesional** – minimum wage, minimum wage for a given profession
**salario monetario** – money wage
**salario necesario** – necessary salary
**salario negociado** – negotiated salary
**salario neto** – net salary, net pay, take-home pay
**salario nominal** – nominal salary
**salario normal** – normal salary, normal wage
**salario obligatorio** – obligatory salary, mandatory salary
**salario por hora** – hourly salary, hourly wage
**salario por pieza** – piece rate, piece wage
**salario preestablecido** – preset salary, preset wage
**salario prevaleciente** – prevailing salary
**salario real** – real salary, actual salary
**salario regular** – regular salary, regular wage
**salario requerido** – required salary
**salario retroactivo** – retroactive wages
**salario semanal** – weekly salary, weekly wage
**salario suplementario** – supplemental salary
**salario típico** – typical salary, typical wage
**salario variable** – variable salary
**salario vital** – living wage
**salario y condiciones** – pay and conditions
**salarios acordados** – agreed-upon wages
**salarios administrados** – managed wages
**salarios congelados** – frozen wages
**salarios controlados** – controlled wages
**salarios convenidos** – agreed-upon wages
**salarios escalonados** – graduated wages
**salarios estipulados** – stipulated salaries, stipulated wages
**salarios negociados** – negotiated salaries, negotiated wages
**salarios pactados** – agreed-upon wages
**saldado** *adj* – paid, settled
**saldar** *v* – to pay off, to sell off, to settle
**saldar cuentas** – to settle accounts
**saldar una cuenta** – to balance an account, to settle an account
**saldista** *m/f* – remnant seller
**saldo** *m* – balance, settlement, payment, amount outstanding, remainder, remnant, clearance sale
**saldo acreedor** – credit balance
**saldo ajustado** – adjusted balance
**saldo anterior** – carry-over
**saldo anticipado** – anticipated balance
**saldo bancario** – bank balance
**saldo básico** – basic balance
**saldo cambista** – balance of payments
**saldo comercial** – trade balance
**saldo de apertura** – opening balance
**saldo de bienes** – balance of goods
**saldo de caja** – cash balance
**saldo de cierre** – closing balance
**saldo de comercio** – trade balance
**saldo de comercio exterior** – foreign trade balance
**saldo de cuenta** – account balance
**saldo de divisas** – balance of foreign exchange
**saldo de endeudamiento** – balance of indebtedness
**saldo de intercambio** – trade balance
**saldo de pagos** – balance of payments
**saldo de principal** – principal balance
**saldo del mayor** – ledger balance
**saldo deudor** – debit balance, balance due
**saldo disponible** – available balance, balance on hand
**saldo en cuenta corriente** – current account balance
**saldo en efectivo** – cash balance
**saldo entero** – entire balance
**saldo externo** – external balance
**saldo final** – final balance
**saldo global** – overall balance
**saldo inactivo** – idle balance, unclaimed balance
**saldo inicial** – original balance
**saldo mercantil** – trade balance
**saldo mínimo en efectivo** – minimum cash balance
**saldo negativo** – negative balance, minus balance
**saldo neto** – net balance
**saldo no reclamado** – unclaimed balance
**saldo pendiente** – outstanding balance, balance due
**saldo positivo** – positive balance
**saldo previo** – previous balance
**saldo sin pagar** – unpaid balance
**saldo total** – total balance, aggregate balance
**saldo vencido** – balance outstanding
**saldos bloqueados** – blocked balances
**saldo sin pagar** – unpaid balance
**salida** *f* – exit, output, outflow, expenditure, market, publication, departure, conclusion
**salida a bolsa** – initial public offering, going public
**salida de capital** – capital outflow
**salida de datos** – data output
**salida total** – total output, aggregate output
**salidizo** *m* – projection
**saliente** *adj* – salient, outgoing
**salir** *v* – to exit, to go out, to come out, to appear, to occur, to dispose of, to project, to depart, to appear
**salir a bolsa** – to go public
**salir en las noticias** – to appear in the news
**salir en televisión** – to appear on television
**salón** *m* – room, hall, salon
**salón de audiencia** – courtroom
**salón de sesiones** – board room
**salón de ventas** – salesroom
**salón del jurado** – jury room

**saltar** *v* – to jump, to jump over
**salteador** *m* – highway robber, robber
**salteamiento** *m* – highway robbery, robbery
**saltear** *v* – to rob, to rob on highways, to assault, to take by surprise, to do in fits and starts
**salteo** *m* – highway robbery, robbery
**salto** *m* – jump, attack, omission
**salto en los precios** – price jump
**salubre** *adj* – salubrious
**salubridad** *f* – salubrity
**salubridad pública** – public health
**salud** *f* – health, welfare
**salud ambiental** – environmental health
**salud ecológica** – eco-health, ecological health
**salud medioambiental** – environmental health
**salud ocupacional** – occupational health
**salud pública** – public health
**salud y seguridad** – health and safety
**salud y seguridad en el trabajo** – health and safety at work
**saludable** *adj* – healthy
**saludador** *m* – quack, greeter
**salva** *f* – oath, greeting
**salvable** *adj* – savable
**salvaguarda** *f* – safeguard, safe-conduct, security, protection
**salvaguarda** *m* – guard
**salvaguardar** *v* – to safeguard
**salvaguardia** *f* – safeguard, safe-conduct, security, protection
**salvaguardia** *m* – guard
**salvajada** *f* – savagery
**salvaje** *adj* – savage, wild
**salvaje** *m/f* – savage
**salvajemente** *adv* – savagely
**salvajez** *f* – savagery
**salvajismo** *m* – savagery
**salvamano, a** – safely
**salvamente** *adv* – safely
**salvamento** *m* – rescue, harbor
**salvamento marítimo** – maritime rescue
**salvamiento** *m* – rescue, harbor
**salvamiento marítimo** – maritime rescue
**salvante** *adj* – saving
**salvar** *v* – to save, to rescue, to overcome, to certify corrections, to prove innocence
**salvarse** *v* – to save oneself, to be saved
**salvavidas** *m* – lifesaver, lifeguard
**salvedad** *f* – proviso, exception, reservation
**salvo** *adj* – safe, excepted
**salvo** *prep* – except
**salvo contraorden** – unless countermanded
**salvo error u omisión** – errors and omissions excepted
**salvoconducto** *m* – safe-conduct
**sana crítica** – methodology for the appreciation of evidence, healthy criticism
**sana mente, de** – of sound mind
**sanción** *f* – sanction, statute, punishment, approval
**sanción administrativa** – administrative sanction
**sanción arbitraria** – arbitrary penalty
**sanción de las leyes** – legislation
**sanción disciplinaria** – disciplinary sanction
**sanción penal** – criminal sanction
**sanción procesal** – sanction for the breach of rules of procedure
**sanción punitiva** – penalty
**sancionable** *adj* – sanctionable
**sancionado** *adj* – sanctioned
**sancionador** *m* – sanctioner
**sancionador** *adj* – sanctioning
**sancionar** *v* – to sanction, to legislate, to punish, to approve
**sanciones comerciales** – commercial sanctions, trade sanctions
**sanciones económicas** – economic sanctions
**sanciones internacionales** – international sanctions
**sanciones tributarias** – penalties for tax law violations
**saneado** *adj* – unencumbered, cured
**saneamiento** *m* – disencumbrance, clearing of title, indemnification, reparation, restructuring, guarantee, warranty, cleaning up
**saneamiento de título** – clearing title
**saneamiento económico** – economic restructuring
**sanear** *v* – to disencumber, to clear title, to indemnify, to repair, to guarantee, to warrant, to restructure, to clean up
**sangrar** *v* – to bleed, to drain
**sangre** *f* – blood
**sangre caliente** – hot blood
**sangre completa** – full blood
**sangre fría** – cold blood
**sangrientamente** *adv* – bloodily
**sangriento** *adj* – bloody
**sanguinariamente** *adv* – sanguinarily
**sanguinario** *adj* – sanguinary
**sanidad** *f* – health
**sanidad pública** – public health
**sanitario** *adj* – sanitary
**sano** *adj* – healthy, sound, honest, discreet
**sano juicio, de** – of sound mind
**sano y salvo** – safe and sound
**saña** *f* – rage, cruelty
**saqueador** *m* – plunderer
**saqueamiento** *m* – plundering
**saquear** *v* – to plunder
**saqueo** *m* – plundering
**sargento de armas** – sergeant-at-arms
**sarracina** *f* – wild fight, fight resulting in injuries
**satélite** *m* – satellite
**satisdación** *f* – bail, bond, guarantee
**satisfacción** *f* – satisfaction, amends, excuse
**satisfacción del consumidor** – consumer satisfaction
**satisfacción en el empleo** – employment satisfaction
**satisfacción en el trabajo** – work satisfaction
**satisfacción profesional** – professional satisfaction
**satisfacer** *v* – to satisfy, to pay off, to settle, to make amends for, to indemnify, to explain
**satisfacerse** *v* – to be satisfied, to convince oneself
**satisfaciente** *adj* – satisfactory
**satisfactoriamente** *adv* – satisfactorily
**satisfactorio** *adj* – satisfactory
**satisfecho** *adj* – satisfied
**saturación** *f* – saturation
**saturación del mercado** – market saturation
**saturación ilegal** – dumping
**saturado** *adj* – saturated
**saturar** *v* – to saturate

**se acuerda** – resolved
**se defendendo** – in self-defense, se defendendo
**se prohíbe el paso** – no thoroughfare, no entry
**se prohíbe fumar** – no smoking
**se prohíbe la entrada** – no admittance
**se reservan todos los derechos** – all rights reserved
**se vende** – for sale
**sección** *f* – section, division
**sección administrativa** – administrative division
**sección arrendada** – leased division
**sección bancaria** – banking division
**sección comercial** – commercial division
**sección contable** – accounting division, bookkeeping division
**sección corporativa** – corporate division
**sección de administración** – administration division
**sección de agricultura** – agriculture division
**sección de apoyo** – support division
**sección de auditoría** – audit division
**sección de autorizaciones** – authorization division
**sección de bienestar social** – social welfare division
**sección de capacitación** – training division
**sección de certificación** – certification division
**sección de cobranza** – collections division
**sección de cobros** – collections division
**sección de colocaciones** – employment division
**sección de comercio** – commerce division, trade division
**sección de compras** – purchasing division
**sección de comunicaciones** – communications division
**sección de contabilidad** – accounting division, bookkeeping division
**sección de contribuciones** – tax division
**sección de corretaje** – brokerage division
**sección de crédito** – credit division
**sección de cumplimiento** – compliance division
**sección de declaraciones** – declarations section
**sección de distribución** – distribution division
**sección de educación** – division of education
**sección de empleos** – employment division
**sección de exportación** – export division
**sección de facturación** – billing division
**sección de importación** – import division
**sección de impuestos** – tax division
**sección de información** – information division
**sección de negocios** – business division
**sección de nómina** – payroll division
**sección de operaciones** – operations division
**sección de órdenes** – order division
**sección de patentes** – patent division
**sección de personal** – personnel division, personnel
**sección de préstamos** – loan division
**sección de producción** – production division
**sección de publicidad** – advertising division
**sección de reclamaciones** – claims division
**sección de recursos humanos** – human resources division
**sección de relaciones industriales** – industrial relations division
**sección de relaciones públicas** – public relations division
**sección de salud** – health division
**sección de salud pública** – health division, public health division
**sección de sanidad** – health division
**sección de seguro social** – social security division
**sección de seguros** – insurance division
**sección de servicio** – service division
**sección de ventas** – sales division
**sección empresarial** – enterprise division
**sección exportadora** – export division
**sección extranjera** – foreign division
**sección fiduciaria** – trust division
**sección financiera** – finance division
**sección fiscal** – tax division
**sección gubernamental** – governmental division
**sección hipotecaria** – mortgage division
**sección importadora** – import division
**sección jurídica** – legal division
**sección legal** – legal division
**sección mercantil** – commercial division, mercantile division
**sección principal** – main division
**sección privada** – private division
**sección pública** – public division
**sección publicitaria** – advertising division
**sección regional** – regional division
**sección transversal** – cross-section
**seccionar** *v* – to section
**secesión** *f* – secession
**secesionista** *m/f* – secessionist
**secesionista** *adj* – secessionist
**secreta** *f* – secret investigation
**secretamente** *adv* – secretly
**secretaría** *f* – secretaryship, secretary's office, government department, administrative division
**Secretaría de Agricultura** – Department of Agriculture, Ministry of Agriculture
**Secretaría de Comercio** – Department of Commerce, Ministry of Commerce
**Secretaría de Economía** – Treasury Department, Exchequer
**Secretaría de Economía y Hacienda** – Treasury Department, Exchequer
**Secretaría de Estado** – State Department, Ministry of State
**Secretaría de Hacienda** – Treasury Department, Exchequer
**Secretaría de Salud** – Department of Health, Department of Health and Human Services, Ministry of Health
**Secretaría de Salud Pública** – Department of Public Health, Ministry of Public Health
**Secretaría de Trabajo** – Department of Labor, Ministry of Labour
**secretarial** *adj* – secretarial
**secretario** *m* – secretary, assistant, clerk
**secretario actuario** – clerk
**Secretario de Agricultura** – Secretary of Agriculture, Minister of Agriculture
**Secretario de Comercio** – Secretary of Commerce, Minister of Commerce
**Secretario de Economía** – Secretary of Treasury, Chancellor of the Exchequer
**Secretario de Economía y Hacienda** – Secretary of Treasury, Chancellor of the Exchequer
**Secretario de Embajada** – Secretary of Embassy

**Secretario de Estado** – Secretary of State
**Secretario de Hacienda** – Secretary of Treasury, Chancellor of the Exchequer
**secretario de sala** – clerk
**Secretario de Salud** – Secretary of Health, Secretary of Health and Human Services, Minister of Health
**Secretario de Salud Pública** – Secretary of Public Health, Minister of Public Health
**Secretario de Trabajo** – Secretary of Labor, Minister of Labour
**secretario ejecutivo** – executive secretary, executive assistant
**secretario interino** – acting secretary
**secretario judicial** – clerk
**secretario particular** – private secretary
**secretario personal** – personal secretary
**secretario privado** – private secretary, personal secretary
**secreto** *m* – secret, secrecy
**secreto** *adj* – secret, covert
**secreto bancario** – bank secrecy
**secreto comercial** – trade secret
**secreto de estado** – state secret
**secreto industrial** – industrial secret
**secreto militar** – military secret
**secreto profesional** – professional secret, trade secret, professional secrecy
**sector** *m* – sector
**sector agrario** – agrarian sector
**sector agrícola** – agricultural sector
**sector bancario** – banking sector
**sector comercial** – business sector, commercial sector
**sector contable** – accountancy sector
**sector corporativo** – corporate sector
**sector de exportación** – export sector
**sector de importación** – import sector
**sector de la economía** – sector of the economy
**sector de la salud** – health sector
**sector de negocios** – business sector
**sector de servicios** – service sector, tertiary sector
**sector del comercio** – commerce sector, business sector
**sector del mercado** – market sector
**sector empresarial** – business sector
**sector exportador** – export sector
**sector exterior** – foreign sector
**sector financiero** – financial sector
**sector importador** – import sector
**sector industrial** – industrial sector
**sector manufacturero** – manufacturing sector
**sector primario** – primary sector
**sector privado** – private sector
**sector público** – public sector
**sector secundario** – secondary sector
**sector terciario** – tertiary sector, service sector
**secuela** *f* – sequel, consequence
**secuelas físicas** – physical after-effects
**secuencia** *f* – sequence
**secuencia lógica** – logical sequence
**secuestrable** *adj* – sequestrable, attachable
**secuestración** *f* – sequestration, attachment, kidnapping, abduction
**secuestrador** *m* – sequestrator, kidnapper, abductor
**secuestrar** *v* – to sequester, to attach, to kidnap, to abduct
**secuestro** *f* – sequestration, attachment, kidnapping, abduction
**secuestro de bienes** – sequestration of goods, attachment of goods
**secuestro de personas** – kidnapping, abduction
**secuestro judicial** – judicial sequestration, attachment
**secundar** *v* – to second, to aid
**secundar la moción** – to second the motion
**secundariamente** *adv* – secondarily
**secundario** *adj* – secondary
**securitización** *f* – securitization
**sede** *f* – seat, headquarters, principal office
**sede central** – headquarters
**sede de gobierno** – seat of government
**sede principal** – headquarters
**sede provisional** – temporary headquarters
**sede social** – headquarters, corporate domicile, partnership domicile
**sedición** *f* – sedition
**sedicioso** *adj* – seditious
**seducción** *f* – seduction
**seducir** *v* – to seduce
**seductor** *m* – seducer
**segmentación** *f* – segmentation
**segmentar** *v* – to segment
**segmento** *m* – segment
**segregación** *f* – segregation
**segregación de valores** – segregation of securities
**segregación económica** – economic segregation
**segregación laboral** – occupational segregation
**segregación racial** – racial segregation
**segregado** *adj* – segregated
**segregar** *v* – to segregate
**seguida, en** – immediately
**seguimiento** *m* – follow-up
**seguir** *v* – to follow, to continue, to track
**según convenido** – as agreed
**según derecho** – according to law
**según el programa** – according to schedule
**según el valor** – ad valorem
**según enmendado** – as amended
**según mi leal saber y entender** – to the best of my knowledge and belief
**según nuestros registros** – according to our records
**según y como** – exactly as
**según y conforme** – exactly as
**segunda hipoteca** – second mortgage
**segunda instancia** – first appeal
**segunda repregunta** – recross examination
**segunda ronda** – second round
**segundariamente** *adv* – secondarily
**segundario** *adj* – secondary
**segundo gravamen** – second lien
**segundo interrogatorio directo** – redirect examination
**segundo mundo** – second world
**seguramente** *adv* – surely, securely
**seguridad** *f* – security, safety, certainty, confidence, guarantee, warranty
**seguridad a largo plazo** – long-term security
**seguridad adecuada** – adequate security
**seguridad ciudadana** – public security, public safety
**seguridad de activos** – safety of assets

**seguridad de archivos** – file security
**seguridad de computadoras** – computer security
**seguridad de datos** – data security
**seguridad de empleo** – job security, employment security
**seguridad de ficheros** – file security
**seguridad de la víctima** – victim's safety, victim's security
**seguridad de ordenadores** – computer security
**seguridad de tarjeta** – card security
**seguridad de trabajo** – job security, work security
**seguridad del principal** – safety of principal
**seguridad del producto** – product safety
**seguridad e higiene** – health and safety
**seguridad e higiene en el trabajo** – health and safety at work
**seguridad económica** – economic security
**seguridad electrónica** – electronic security, online security, Internet security
**seguridad en el Internet** – Internet security
**seguridad en el trabajo** – occupational safety, safety on the job
**seguridad en línea** – online security, Internet security, electronic security
**seguridad industrial** – industrial safety, industrial security
**seguridad interna** – internal security
**seguridad jurídica** – legal certainty
**seguridad laboral** – occupational safety, employment security
**seguridad ocupacional** – occupational safety
**seguridad online** – online security, Internet security, electronic security
**seguridad personal** – personal security
**seguridad pública** – public safety
**seguridad social** – social security
**Seguridad Social** – Social Security, National Health Service
**seguro** *m* – insurance, insurance policy, assurance, security, safety catch
**seguro** *adj* – safe, certain, sure, reliable
**seguro a terceros** – third party insurance
**seguro a todo riesgo** – all-risk insurance, comprehensive insurance
**seguro abierto** – open insurance
**seguro acostumbrado** – customary insurance
**seguro aéreo** – flight insurance, air insurance
**seguro ajustable** – adjustable insurance
**seguro catastrófico** – catastrophic insurance
**seguro clasificado** – classified insurance
**seguro colectivo** – collective insurance
**seguro comercial** – business insurance, commercial insurance
**seguro compulsivo** – compulsory insurance, mandatory insurance
**seguro compulsorio** – compulsory insurance, mandatory insurance
**seguro con participación** – participating insurance
**seguro con primas parejas** – level-premium insurance
**seguro con todo incluido** – all-inclusive insurance
**seguro condicional** – conditional insurance
**seguro conjunto** – joint insurance
**seguro contra accidentes** – accident insurance, casualty insurance
**seguro contra accidentes y enfermedades** – accident and health insurance
**seguro contra casualidades** – casualty insurance
**seguro contra catástrofes** – catastrophe insurance
**seguro contra crímenes** – crime insurance
**seguro contra demolición** – demolition insurance
**seguro contra desempleo** – unemployment insurance
**seguro contra enfermedad** – health insurance
**seguro contra explosiones** – explosion insurance
**seguro contra falsificación** – forgery insurance
**seguro contra granizo** – hail insurance
**seguro contra huracanes** – hurricane insurance
**seguro contra incendios** – fire insurance
**seguro contra inundaciones** – flood insurance
**seguro contra peligros múltiples** – multiple peril insurance
**seguro contra pérdida de ingresos** – loss of income insurance
**seguro contra riesgos** – hazard insurance
**seguro contra robo** – insurance against theft, insurance against robbery, burglary insurance
**seguro contra terremotos** – earthquake insurance
**seguro contra todo riesgo** – all-risk insurance, comprehensive insurance
**seguro contra todos los riesgos** – all-risk insurance, comprehensive insurance
**seguro convertible** – convertible insurance
**seguro cooperativo** – cooperative insurance
**seguro corporativo** – corporate insurance
**seguro de accidentes** – accident insurance, casualty insurance
**seguro de accidentes de trabajo** – work accident insurance, occupational hazard insurance
**seguro de auto** – automobile insurance
**seguro de automóvil** – automobile insurance
**seguro de aviación** – aviation insurance
**seguro de bienes raíces** – real estate insurance
**seguro de cambio** – exchange rate insurance
**seguro de carga** – cargo insurance
**seguro de carro** – automobile insurance
**seguro de cartera** – portfolio insurance
**seguro de catástrofe** – catastrophe insurance
**seguro de cobertura total** – fully comprehensive insurance, full-coverage insurance
**seguro de coche** – automobile insurance
**seguro de colisión** – collision insurance
**seguro de comerciante** – dealer's insurance
**seguro de comercio** – commerce insurance
**seguro de condominio** – condominium insurance
**seguro de construcción** – construction insurance
**seguro de contingencia** – casualty insurance
**seguro de cosecha** – crop insurance
**seguro de crédito** – credit insurance
**seguro de crédito comercial** – commercial credit insurance
**seguro de cuota-parte** – assessment insurance
**seguro de daño de propiedad** – property damage insurance
**seguro de desempleo** – unemployment insurance
**seguro de discapacidad** – disability insurance
**seguro de discapacidad a corto plazo** – short-term disability insurance
**seguro de discapacidad a largo plazo** – long-term

disability insurance
**seguro de discapacidad grupal** – group disability insurance
**seguro de empresas** – business insurance
**seguro de enfermedad** – health insurance
**seguro de equipaje** – baggage insurance
**seguro de exportación** – export insurance
**seguro de fabricación** – manufacturing insurance
**seguro de fidelidad** – fidelity insurance
**seguro de flete** – freight insurance
**seguro de gastos familiares** – family expense insurance
**seguro de gastos generales** – overhead insurance
**seguro de gastos hospitalarios** – hospital expense insurance
**seguro de gastos legales** – legal expense insurance
**seguro de gastos médicos** – medical expense insurance
**seguro de hipoteca** – mortgage insurance
**seguro de hospitalización** – hospitalization insurance
**seguro de importación** – import insurance
**seguro de incendios** – fire insurance
**seguro de indemnización** – indemnity insurance
**seguro de ingresos** – income insurance
**seguro de invalidez** – disability insurance
**seguro de lucro cesante** – lost profits insurance
**seguro de manufactura** – manufacturing insurance
**seguro de muerte** – life insurance
**seguro de muerte accidental** – accidental death insurance
**seguro de negocios** – business insurance
**seguro de pagos médicos** – medical payments insurance
**seguro de paro** – unemployment insurance
**seguro de peligro especificado** – specified peril insurance
**seguro de préstamo** – loan insurance
**seguro de procesamiento de datos** – data processing insurance
**seguro de propiedad** – property insurance
**seguro de propiedad y responsabilidad** – property and liability insurance
**seguro de responsabilidad** – liability insurance
**seguro de responsabilidad civil** – liability insurance
**seguro de responsabilidad comercial** – commercial liability insurance
**seguro de responsabilidad general** – general liability insurance
**seguro de responsabilidad patronal** – employers' liability insurance
**seguro de responsabilidad personal** – personal liability insurance
**seguro de responsabilidad profesional** – professional liability insurance
**seguro de responsabilidad pública** – public liability insurance, casualty insurance
**seguro de riesgo especial** – special risk insurance
**seguro de salud** – health insurance
**seguro de salud comercial** – business health insurance
**seguro de salud condicional** – conditional health insurance
**seguro de salud de empleados** – employee health insurance
**seguro de salud global** – comprehensive health insurance
**seguro de salud grupal** – group health insurance
**seguro de salud incondicional** – unconditional health insurance
**seguro de salud mental** – mental health insurance
**seguro de salud no cancelable** – noncancellable health insurance
**seguro de salud renovable** – renewable health insurance
**seguro de tarjeta de crédito** – credit card insurance
**seguro de término** – term insurance
**seguro de término convertible** – convertible term insurance
**seguro de término decreciente** – decreasing term life insurance
**seguro de término extendido** – extended term insurance
**seguro de término renovable** – renewable term insurance
**seguro de título** – title insurance
**seguro de transporte** – transportation insurance
**seguro de viaje** – travel insurance
**seguro de vida** – life insurance
**seguro de vida ajustable** – adjustable life insurance
**seguro de vida comercial** – business life insurance
**seguro de vida con valor en efectivo** – cash-value life insurance, cash-value life
**seguro de vida convertible** – convertible life insurance
**seguro de vida creciente** – increasing life insurance
**seguro de vida de prima única** – single-premium life insurance
**seguro de vida empresarial** – business life insurance
**seguro de vida en vigor** – life insurance in force
**seguro de vida grupal** – group life insurance
**seguro de vida hipotecario** – mortgage life insurance
**seguro de vida individual** – individual life insurance
**seguro de vida industrial** – industrial life insurance, debit life insurance
**seguro de vida modificado** – modified life insurance
**seguro de vida no cancelable** – noncancellable life insurance
**seguro de vida normal** – normal life insurance
**seguro de vida ordinario** – ordinary life insurance
**seguro de vida permanente** – permanent life insurance
**seguro de vida renovable** – renewable life insurance
**seguro de vida universal** – universal life insurance
**seguro de vida variable** – variable life insurance
**seguro de vida y salud** – life and health insurance
**seguro de vivienda** – dwelling insurance
**seguro del estado** – government insurance, state insurance
**seguro del gobierno** – government insurance
**seguro dental** – dental insurance
**seguro doble** – double insurance
**seguro dotal** – endowment insurance
**seguro empresarial** – business insurance
**seguro, en** – in safety
**seguro en exceso** – excess insurance
**seguro esencial** – essential insurance
**seguro especial** – special insurance
**seguro especificado** – specified insurance

**seguro específico** – specific insurance
**seguro estatal** – government insurance, state insurance
**seguro expirado** – expired insurance
**seguro extranjero** – foreign insurance
**seguro facultativo** – facultative insurance
**seguro forzado** – compulsory insurance
**seguro forzoso** – compulsory insurance
**seguro general** – general insurance
**seguro global** – blanket insurance, comprehensive insurance
**seguro grupal** – group insurance
**seguro gubernamental** – government insurance
**seguro habitual** – habitual insurance
**seguro hipotecario** – mortgage insurance
**seguro hipotecario privado** – private mortgage insurance
**seguro identificado** – identified insurance
**seguro ilimitado** – unlimited insurance
**seguro incompleto** – incomplete insurance
**seguro incondicional** – unconditional insurance
**seguro indicado** – indicated insurance
**seguro indispensable** – indispensable insurance
**seguro individual** – individual insurance
**seguro industrial** – industrial insurance, debit insurance
**seguro inmobiliario** – property insurance
**seguro innecesario** – unnecessary insurance
**seguro internacional** – international insurance
**seguro inusual** – unusual insurance
**seguro limitado** – limited insurance
**seguro marítimo** – maritime insurance, marine insurance, assecuration
**seguro médico** – medical insurance, health insurance
**seguro médico de hospital** – hospital medical insurance
**seguro médico global** – comprehensive medical insurance
**seguro médico suplementario** – supplemental medical insurance
**seguro mercantil** – commercial insurance
**seguro mixto** – endowment assurance
**seguro múltiple** – blanket insurance
**seguro municipal** – municipal insurance
**seguro mutuo** – mutual insurance
**seguro nacional** – national insurance
**seguro necesario** – necessary insurance
**seguro no cancelable** – noncancellable insurance
**seguro no expirado** – unexpired insurance
**seguro normal** – normal insurance
**seguro obligado** – obligatory insurance
**seguro obligatorio** – obligatory insurance
**seguro ordinario** – ordinary insurance
**seguro original** – original insurance
**seguro parcial** – partial insurance
**seguro patronal** – employers' insurance
**seguro permanente** – permanent insurance
**seguro perpetuo** – perpetual insurance
**seguro personal** – personal insurance
**seguro prepagado** – prepaid insurance
**seguro primario** – primary insurance
**seguro privado** – private insurance
**seguro provisional** – provisional insurance
**seguro puente** – bridge insurance
**seguro recíproco** – reciprocal insurance
**seguro regular** – regular insurance
**seguro renovable** – renewable insurance
**seguro requerido** – required insurance
**seguro restringido** – restricted insurance
**seguro retroactivo** – retroactive insurance
**seguro sin restricciones** – unrestricted insurance
**seguro sobre la vida** – life insurance
**seguro social** – social security, social insurance
**seguro temporal** – temporary insurance
**seguro típico** – typical insurance
**seguro usual** – usual insurance
**seguro voluntario** – voluntary insurance
**selección** *f* – selection, choice
**selección de empleo** – employment choice, employment selection
**selección de la carrera** – career choice, career selection
**selección de personal** – personnel selection
**selección de profesión** – profession choice
**selección de riesgos** – risk selection
**selección de trabajo** – job selection, work choice, work selection
**selección profesional** – professional choice
**seleccionar** *v* – to select
**selectivo** *adj* – selective
**sellado** *m* – stamping, sealing
**sellado** *adj* – sealed, stamped
**sellado y entregado** – sealed and delivered
**sellado y firmado por mi** – under my hand and seal
**sellador** *m* – sealer, stamper
**sellar** *v* – to seal, to stamp
**sello** *m* – stamp, seal
**sello aduanero** – customs seal
**sello bancario** – bank stamp
**sello corporativo** – corporate seal
**sello de aduanas** – customs seal
**sello de aprobación** – seal of approval
**sello de banco** – bank stamp
**sello de cajero** – teller's stamp
**sello de calidad** – quality seal
**sello de certificación** – certification stamp
**sello de correos** – postage stamp
**sello de entrada** – entry stamp
**sello de goma** – rubber stamp
**sello de la compañía** – company seal
**sello de la corporación** – corporate seal
**sello de la empresa** – corporate seal
**sello de la sociedad** – corporate seal
**sello de recibo** – receipt stamp
**sello de rentas internas** – internal revenue stamp
**sello de timbre** – internal revenue stamp
**sello especial** – special seal
**sello fiscal** – revenue stamp, fiscal stamp, tax stamp
**sello notarial** – notarial seal
**sello oficial** – official stamp
**sello postal** – postage stamp
**sello social** – corporate seal
**selvicultura** *f* – forestry
**semáforo** *m* – semaphore, traffic light
**semana** *f* – week, work week, a week's pay
**semana calendario** – calendar week
**semana civil** – civil week
**semana de trabajo** – workweek

**semana de trabajo comprimido** – compressed workweek
**semana de trabajo promedio** – average workweek
**semana inglesa** – work week from Monday to Saturday at noon
**semana laboral** – workweek
**semana laboral promedio** – average workweek
**semana típica de trabajo** – typical workweek
**semanal** *adj* – weekly
**semanalmente** *adj* – weekly
**semanario** *m* – weekly publication
**semanario** *adj* – weekly
**semanería** *f* – work by the week
**semanero** *m* – worker on a weekly basis
**semblante** *m* – countenance, face
**semejante** *adj* – similar
**semejanza** *f* – similarity
**semen** *m* – semen
**semestral** *adj* – semestral, semiannual, biannual
**semestralmente** *adv* – semiannually, biannually, biyearly
**semestre** *m* – semester, semester's pay
**semianual** *adj* – semiannual, biannual
**semifijo** *adj* – semi-fixed
**semiindustrializado** *adj* – semi-industrialized
**seminario** *m* – seminar
**semioficial** *adj* – semiofficial
**semiplena prueba** – half proof
**semivariable** *adj* – semi-variable
**senatorial** *adj* – senatorial
**senil** *adj* – senile
**senilidad** *f* – senility
**sensacionalista** *adj* – sensationalist
**sensatez** *f* – good sense
**sensato** *adj* – sensible
**sensibilidad cultural** – cultural sensitivity
**sentada** *f* – sit-in, sit-down
**sentar** *v* – to seat, to set, to assert
**sentencia** *f* – sentence, judgment, verdict, opinion, award, maxim
**sentencia absolutoria** – acquittal
**sentencia acordada** – consent judgment
**sentencia acumulada** – accumulated sentence
**sentencia acumulativa** – cumulative sentence
**sentencia alternativa** – alternative judgment
**sentencia apelable** – appealable judgment
**sentencia arbitral** – arbitral judgment
**sentencia cerrada** – sealed verdict
**sentencia complementaria** – clarifying judgment
**sentencia concurrente** – concurrent sentence
**sentencia condenatoria** – verdict of guilty
**sentencia condicional** – conditional judgment
**sentencia confirmatoria** – affirming judgment
**sentencia conjunta** – joint sentence
**sentencia consecutiva** – cumulative sentence
**sentencia consentida** – consent judgment
**sentencia constitutiva** – judgment establishing or modifying a legal right
**sentencia contra la cosa** – judgment in rem
**sentencia contra la persona** – judgment in personam
**sentencia contradictoria** – contradictory judgment
**sentencia de alzada** – appellate court judgment
**sentencia de condena** – verdict of guilty
**sentencia de divorcio** – decree of divorce
**sentencia de fondo** – judgment on the merits
**sentencia de mérito** – judgment on the merits
**sentencia de muerte** – death sentence
**sentencia de primera instancia** – lower court judgment
**sentencia de prisión vitalicia** – life sentence
**sentencia de segunda instancia** – appellate court judgment
**sentencia de tribunal extranjero** – foreign court judgment
**sentencia decisoria** – final judgment
**sentencia declarativa** – declaratory judgment
**sentencia declaratoria** – declaratory judgment
**sentencia definitiva** – definite sentence, final judgment
**sentencia desestimatoria** – dismissal
**sentencia desfavorable** – unfavorable sentence
**sentencia dispositiva** – dispositive judgment
**sentencia ejecutoriada** – final judgment, nonappealed judgment, nonappealable judgment
**sentencia en ausencia** – judgment in absence
**sentencia en contumacia** – default judgment
**sentencia en rebeldía** – default judgment
**sentencia errónea** – erroneous judgment
**sentencia especial** – special verdict
**sentencia excesiva** – excessive sentence
**sentencia exorbitante** – exorbitant sentence
**sentencia extranjera** – foreign judgment
**sentencia favorable** – favorable sentence
**sentencia final** – final judgment
**sentencia firme** – final judgment, nonappealed judgment, nonappealable judgment
**sentencia general** – general verdict
**sentencia in personam** – judgment against the person
**sentencia in rem** – judgment against the thing
**sentencia incidental** – interlocutory judgment
**sentencia indeterminada** – indeterminate sentence
**sentencia interlocutoria** – interlocutory judgment
**sentencia irregular** – irregular judgment
**sentencia leve** – light sentence
**sentencia máxima** – maximum sentence
**sentencia nula** – void judgment
**sentencia obligatoria** – obligatory sentence
**sentencia parcial** – partial verdict
**sentencia provisional** – interlocutory judgment
**sentencia provisoria** – interlocutory judgment
**sentencia registrada** – judgment filed
**sentencia simulada** – simulated judgment
**sentencia sumaria** – summary judgment
**sentencia suspendida** – suspended sentence
**sentenciado** *adj* – sentenced
**sentenciador** *adj* – sentencing
**sentenciar** *v* – to sentence, to pass judgment on, to issue a verdict
**sentencias simultáneas** – simultaneous sentences
**sentido** *m* – sense, meaning
**sentido aparente** – evident sense
**sentido comercial** – business sense
**sentido común** – common sense
**sentido explícito** – explicit sense
**sentido habitual** – habitual meaning
**sentido inusual** – unusual meaning
**sentido legal** – legal sense
**sentido literal** – literal meaning

**sentido manifiesto** – manifest sense
**sentido normal** – normal meaning
**sentido obvio** – obvious sense
**sentido ordinario** – ordinary meaning
**sentido popular** – popular sense
**sentido usual** – usual meaning
**senado** *m* – senate
**senador** *m* – senator
**senaduría** *f* – senatorship
**seña** *f* – sign, mark, watchword
**señal** *f* – signal, mark, landmark, earnest money, down payment, scar
**señal de peligro** – danger signal
**señaladamente** *adv* – particularly
**señalamiento** *m* – designation, summons
**señalar** *v* – to point out, to designate, to fix, to mark, to summon
**señales de fraude** – badges of fraud
**señales de tráfico** – traffic signals
**señas** *f* – address
**señas particulares** – personal description
**señas personales** – personal description
**separable** *adj* – separable
**separación** *f* – separation, division, removal
**separación conyugal** – marital separation
**separación de bienes** – separation of marital property
**separación de bienes entre cónyuges** – separation of marital property
**separación de hecho** – separation in fact
**separación de la tutela** – removal of a guardian
**separación de poderes** – separation of powers
**separación de puesto** – resignation
**separación del cargo** – removal
**separación involuntaria** – involuntary separation
**separación judicial** – judicial separation
**separación legal** – legal separation
**separación voluntaria** – voluntary separation
**separadamente** *adv* – separately
**separado** *adj* – separated
**separado legalmente** – legally separated
**separante** *adj* – separating
**separar** *v* – to separate, to divide, to remove
**separarse** *v* – to separate, to withdraw, to waive
**separatismo** *m* – separatism
**separatista** *adj* – separatist
**separatista** *m/f* – separatist
**separativo** *adj* – separative
**sépase** – be it known
**sépase por la presente** – know all men by these presents
**sepelio** *m* – burial
**sepulcro** *m* – tomb
**sepultar** *v* – to bury, to conceal
**sepultura** *f* – tomb, burial
**ser** *m* – being, essence
**serie** *f* – series
**seriedad** *f* – seriousness, reliability, severity
**serio** *adj* – serious, reliable, severe
**serventía** *f* – public road passing through private property
**servicarro** *m* – drive-in
**servicio** *m* – service
**servicio a domicilio** – home-delivery service, service at home
**servicio aduanero** – customs service
**servicio al cliente** – customer service
**servicio civil** – civil service
**servicio de aduanas** – customs service
**servicio de apoyo** – support service
**servicio de atención al cliente** – customer service
**servicio de banca electrónica** – electronic banking service, e-banking service
**servicio de búsqueda** – search service, pick-up service
**servicio de centro de llamadas** – call center service, call centre service
**servicio de cobros** – collection service
**servicio de compras** – shopping service
**servicio de consulta** – consultation service, consultancy service
**servicio de consultaría** – consultation service, consultancy service
**servicio de consultoría** – consultation service, consultancy service
**servicio de correos** – postal service
**servicio de deuda parejo** – level debt service
**servicio de distribución** – distribution service
**servicio de emergencia** – emergency service
**servicio de empleo** – employment service
**servicio de entrega** – delivery service
**servicio de inteligencia** – intelligence service
**servicio de Internet** – Internet service
**servicio de inversiones** – investment service
**servicio de mantenimiento** – maintenance service
**servicio de mensajería** – courier service
**servicio de posventa** – after-sales service
**Servicio de Propiedad Intelectual** – Intellectual Property Service
**servicio de puerta a puerta** – door-to-door service
**servicio de recogida** – pick-up service
**Servicio de Rentas Internas** – Internal Revenue Service
**servicio de reparto** – delivery service
**servicio de seguridad** – security service
**servicio de utilidad pública** – public utility service
**servicio de valor agregado** – value-added service
**servicio de ventas** – sales service
**servicio defectuoso** – defective service
**servicio deficiente** – deficient service
**servicio del préstamo** – loan service
**servicio descontinuado** – discontinued service
**servicio después de la venta** – after-sales service
**servicio doméstico** – domestic service
**servicio eficiente** – efficient service
**servicio exterior** – foreign service
**servicio extraordinario** – extraordinary service
**servicio fiduciario** – fiduciary service
**servicio financiero** – financial service
**servicio hipotecario** – mortgage service
**servicio inmediato** – immediate service
**servicio las 24 horas** – 24-hour service
**servicio liviano** – light duty
**servicio militar** – military service
**servicio permanente** – permanent service, 24-hour service
**servicio personal** – personal service
**servicio personalizado** – personalized service
**servicio pesado** – heavy duty

**servicio postal** – postal service
**servicio posventa** – after-sales service
**servicio programado** – scheduled service, programmed service
**servicio público** – public service, public utility
**servicio regular** – regular service
**servicio secreto** – secret service
**servicio social** – social service
**servicio técnico** – technical service
**servicio telefónico** – telephone service
**servicios acostumbrados** – customary services
**servicios administrativos** – administrative services
**servicios al cliente** – client services, customer services
**servicios al consumidor** – consumer services
**servicios ambientales** – environmental services
**servicios auxiliares** – auxiliary services
**servicios bancarios** – banking services
**servicios básicos** – basic services
**servicios comerciales** – business services, commercial services
**servicios contables** – accounting services
**servicios corporativos** – corporate services
**servicios culturales** – cultural services
**servicios de administración** – administration services
**servicios de apoyo** – support services
**servicios de auditoría** – audit services
**servicios de campo** – field services
**servicios de coaseguro** – coinsurance services
**servicios de comercio** – commerce services
**servicios de contabilidad** – accounting services
**servicios de contratista** – contractor services
**servicios de despacho aduanero** – customs clearance services
**servicios de despacho de aduanas** – customs clearance services
**servicios de empresa a consumidor** – business-to-consumer services
**servicios de empresa a empresa** – business-to-business services
**servicios de informática** – computer services, information technology services
**servicios de marketing** – marketing services
**servicios de mercadeo** – marketing services
**servicios de negocio a consumidor** – business-to-consumer services
**servicios de negocio a negocio** – business-to-business services
**servicios de negocios** – business services
**servicios de reaseguro** – reinsurance services
**servicios de seguros** – insurance services
**servicios ecológicos** – eco-services, ecological services
**servicios empresariales** – business services
**servicios esenciales** – essential services
**servicios financieros auxiliares** – auxiliary financial services
**servicios financieros** – financial services
**servicios gratuitos** – gratuitous services
**servicios habituales** – habitual services
**servicios indispensables** – indispensable services
**servicios innecesarios** – unnecessary services
**servicios inusuales** – unusual services
**servicios legales** – legal services
**servicios mercantiles** – commercial services
**servicios necesarios** – necessary services
**servicios normales** – normal services
**servicios ordinarios** – ordinary services
**servicios personales** – personal services
**servicios prestados** – rendered services
**servicios profesionales** – professional services
**servicios regulares** – regular services
**servicios requeridos** – required services
**servicios sociales** – social services
**servicios típicos** – typical services
**servicios usuales** – usual services
**servidero** *adj* – serviceable
**servidor** *m* – server, servant
**servidor seguro** – secure server
**servidumbre** *f* – servitude, easement, right of way
**servidumbre abandonada** – abandoned easement
**servidumbre accesoria** – appurtenant easement
**servidumbre activa** – positive servitude
**servidumbre adicional** – additional servitude
**servidumbre aérea** – air easement
**servidumbre afirmativa** – positive servitude, affirmative easement
**servidumbre anexa** – appurtenant easement
**servidumbre aparente** – apparent easement
**servidumbre continua** – continuous easement
**servidumbre convencional** – easement by agreement
**servidumbre de acceso** – easement of access
**servidumbre de aguas** – water rights
**servidumbre de camino** – right of way
**servidumbre de conveniencia** – easement of convenience
**servidumbre de drenaje** – drainage rights
**servidumbre de desagüe** – drainage rights
**servidumbre de luces** – light and air easement
**servidumbre de luces y vistas** – light and air easement
**servidumbre de paso** – right of way, access easement
**servidumbre de pastos** – common of pasture
**servidumbre de sacar agua** – easement to draw water
**servidumbre de tránsito** – right of way
**servidumbre de utilidad pública** – easement prescribed by law, public easement
**servidumbre de vía** – right of way
**servidumbre de vistas** – light and air easement
**servidumbre discontinua** – discontinuous easement
**servidumbre esencial** – essential easement
**servidumbre implícita** – implied easement
**servidumbre indispensable** – indispensable easement
**servidumbre inferida** – inferred easement
**servidumbre innecesaria** – unnecessary easement
**servidumbre intermitente** – intermittent easement
**servidumbre necesaria** – necessary easement
**servidumbre negativa** – negative easement, negative servitude
**servidumbre notoria** – notorious easement
**servidumbre obligatoria** – obligatory easement
**servidumbre perpetua** – perpetual easement
**servidumbre personal** – easement in gross, personal servitude
**servidumbre por necesidad** – easement of necessity
**servidumbre por prescripción** – easement by prescription
**servidumbre positiva** – affirmative easement, positive

servitude
**servidumbre predial** – appurtenant easement, real servitude
**servidumbre privada** – private easement
**servidumbre pública** – public easement
**servidumbre real** – appurtenant easement, real servitude
**servidumbre recíproca** – reciprocal easement
**servidumbre rural** – rural servitude
**servidumbre rústica** – rural servitude
**servidumbre tácita** – tacit easement
**servidumbre urbana** – urban servitude
**servidumbre visible** – apparent easement
**servidumbre voluntaria** – easement by agreement
**servir** *v* – to serve, to be suitable
**sesgo** *m* – bias
**sesgo personal** – personal bias
**sesión** *f* – session, meeting
**sesión a puerta cerrada** – closed session, closed meeting
**sesión anual** – annual meeting
**sesión anual de accionistas** – annual shareholders' meeting
**sesión conjunta** – joint session
**sesión constitutiva** – organizational meeting
**sesión de accionistas** – shareholders' meeting
**sesión de acreedores** – creditors' meeting
**sesión de diligencia debida** – due diligence meeting
**sesión de información** – briefing, briefing session
**sesión de la directiva** – board meeting
**sesión de la junta** – board meeting
**sesión ejecutiva** – executive session, executive meeting
**sesión especial** – special session, special meeting
**sesión extraordinaria** – special session, special meeting
**sesión general** – general session, general meeting
**sesión general de accionistas** – shareholders' meeting
**sesión general ordinaria** – shareholders' meeting
**sesión habitual** – habitual session
**sesión informativa** – briefing, briefing session
**sesión inusual** – unusual session
**sesión ordinaria** – regular session, regular meeting
**sesión plenaria** – full session, full meeting
**sesión privada** – private session
**sesión pública** – public session, public meeting
**sesión usual** – usual session
**seto** *m* – fence, hedge
**seudo** *adj* – pseudo
**seudónimo** *m* – pseudonym
**severamente** *adv* – severely
**severidad** *f* – severity
**severo** *adj* – severe
**sevicia** *f* – extreme cruelty
**sexismo** *m* – sexism
**sexista** *adj* – sexist
**sexista** *m/f* – sexist
**sexo** *m* – sex
**sexual** *adj* – sexual
**sicario** *m* – hired assassin, hired killer
**SIDA (síndrome de inmunodeficiencia adquirida)** – AIDS
**siempre que** – provided that, whenever
**siempre y cuando** – so long as
**sigilación** *f* – concealment, sealing, stamping, seal, stamp
**sigilar** *v* – to conceal, to seal, to stamp
**sigilo** *m* – stealth, secrecy, concealment, prudence, seal
**sigilo profesional** – professional secrecy
**sigiloso** *adj* – secretive, silent, prudent
**sigla** *f* – acronym
**siglo** *m* – century
**signar** *v* – to sign
**signatario** *m/f* – signatory, signer
**signatario** *adj* – signatory
**signatura** *f* – signature
**significación** *f* – significance
**significado** *adj* – prominent
**significado** *m* – meaning
**significado aparente** – evident meaning
**significado comercial** – business meaning, commercial meaning
**significado común** – common meaning
**significado explícito** – explicit meaning
**significado habitual** – habitual meaning
**significado inusual** – unusual meaning
**significado legal** – legal meaning
**significado literal** – literal meaning
**significado normal** – normal meaning
**significado obvio** – obvious meaning
**significado ordinario** – ordinary meaning
**significado popular** – popular meaning
**significado secundario** – secondary meaning
**significado usual** – usual meaning
**significante** *adj* – significant
**significar** *v* – to signify, to mean, to indicate
**significativamente** *adv* – significantly
**significativo** *adj* – significant
**signo** *m* – sign, flourish
**signo notarial** – notary's mark
**signos de vida** – signs of life
**siguiente** *adj* – next
**sílabo** *m* – syllabus, index
**silenciador** *m* – silencer
**silenciar** *v* – to silence, to be silent about
**silencio** *m* – silence
**silencio del acusado** – silence of the accused
**silencioso** *adj* – silent
**silla de los testigos** – witness stand
**silla eléctrica** – electric chair
**silvicultura** *f* – forestry
**simbólico** *adj* – symbolic
**simbolizar** *v* – to symbolize
**símbolo** *m* – symbol
**símbolo corporativo** – corporate symbol
**símil** *adj* – similar
**similar** *adj* – similar
**similarmente** *adv* – similarly
**simple** *adj* – simple, absolute, single
**simple tenedor** – sole holder
**simple tenencia** – simple holding
**simplemente** *adv* – simply, absolutely
**simplificación** *f* – simplification
**simulación** *f* – simulation
**simulación de denuncia** – false accusation
**simulación delictiva** – misrepresentation, feigned act

**simulación por computadora** – computer simulation
**simulación por ordenador** – computer simulation
**simulacro** *m* – simulacrum, semblance
**simulado** *adj* – simulated
**simulador** *m* – simulator
**simulador** *adj* – simulative
**simular** *v* – to simulate
**simultáneamente** *adv* – simultaneously
**simultanear** *v* – to carry out simultaneously
**simultaneidad** *f* – simultaneity
**simultáneo** *adj* – simultaneous
**sin autoridad** – without authority
**sin aviso** – without notice
**sin barreras** – barrier-free
**sin causa** – without cause, without consideration
**sin certificado** – certificateless
**sin cesar** – nonstop
**sin compensación** – without compensation
**sin compromiso** – without obligation
**sin consentimiento** – without consent
**sin coste** – cost-free
**sin costo** – cost-free
**sin culpa** – without blame
**sin cheques** – checkless, chequeless
**sin demora** – without delay
**sin derechos de suscripción** – ex rights
**sin descuento** – without a discount
**sin dividendo** – without dividend, ex dividend
**sin domicilio fijo** – without a fixed residence
**sin efecto ni valor** – null and void
**sin embargo** – nevertheless
**sin entrada** – no money down, no income
**sin fines de lucro** – nonprofit
**sin fundamento** – baseless
**sin justa causa** – without just cause
**sin justificación** – without justification
**sin lugar** – case dismissed, petition denied, overruled, rejected
**sin notificación** – without notice
**sin obligación** – without obligation
**sin obligación de compra** – no purchase necessary
**sin pagar** – unpaid, without paying
**sin pago inicial** – no money down
**sin participación** – nonparticipating
**sin perjuicio** – without prejudice
**sin perjuicio a terceros** – without prejudice to third parties
**sin precaución** – without caution
**sin previo aviso** – without prior warning, without prior notice
**sin prole** – without issue
**sin pronto pago** – no money down
**sin protesto** – without protest
**sin recurso** – without recourse, without appeal, without remedy
**sin recurso legal** – without legal recourse
**sin remedio** – inevitably, without remedy
**sin reserva** – without reserve, openly
**sin restricción** – unrestricted
**sin riesgo** – riskless
**sin salvedades** – without exceptions
**sin sellar** – unsealed, unstamped
**sin solución de continuidad** – uninterruptedly, without interruption, smoothly
**sin tacha** – flawless
**sin testamento** – intestate
**sin víctimas** – victimless
**sinalagmático** *adj* – synallagmatic
**sinceramente** *adv* – sincerely
**sincero** *adj* – sincere
**sindéresis** *f* – good judgment
**sindicación** *f* – syndication, unionization, accusation
**sindicación obligatoria** – obligatory unionization
**sindicado** *m* – syndicate, accused person
**sindicado** *adj* – syndicated, unionized, accused
**sindicador** *m* – syndicator
**sindical** *adj* – syndical
**sindicalismo** *m* – syndicalism, unionism
**sindicalista** *adj* – syndicalist, unionist
**sindicalista** *m/f* – syndicalist, unionist
**sindicalización** *f* – syndication, unionization
**sindicalizar** *v* – to syndicate, to unionize
**sindicar** *v* – to syndicate, to unionize
**sindicar** *v* – to syndicate, to unionize, to accuse
**sindicato** *m* – syndicate, union, labor union, trade union, labor organization, labour union, labour organization
**sindicato abierto** – open union
**sindicato afiliado** – affiliated union
**sindicato bancario** – banking syndicate
**sindicato de bancos** – bank syndicate
**sindicato de distribución** – distributing syndicate
**sindicato de empleados** – employees' union
**sindicato de industria** – industrial union
**sindicato de la empresa** – company union
**sindicato de oficio** – trade union
**sindicato de patronos** – employers' association
**sindicato de suscripción** – underwriting syndicate
**sindicato de trabajadores** – workers' union
**sindicato de ventas** – selling syndicate
**sindicato gremial** – trade union
**sindicato horizontal** – horizontal union
**sindicato independiente** – independent union
**sindicato industrial** – industrial union
**sindicato internacional** – international union
**sindicato laboral** – labor union, labour union
**sindicato local** – local union
**sindicato nacional** – national union
**sindicato no afiliado** – unaffiliated union
**sindicato obrero** – trade union, labor union, labour union
**sindicato patronal** – employers' association
**sindicato vertical** – vertical union
**sindicatura** *f* – trusteeship, receivership, post of a syndic
**síndico** *m* – trustee, receiver, shareholders' representative, comptroller, syndic
**sindico auxiliar** – ancillary receiver
**síndico de quiebra** – receiver
**síndico en la quiebra** – receiver
**síndrome de inmunodeficiencia adquirida** – acquired immunodeficiency syndrome, AIDS
**sine die** – without day, sine die
**sine prole** – without issue, sine prole
**sine qua non** – without which not, indispensable condition, sine qua non
**sinecura** *f* – sinecure
**sinergía** *f* – synergy

**sinergismo** *m* – synergy
**singular** *adj* – singular
**singularidad** *f* – singularity
**singularmente** *adv* – singularly
**siniestrado** *m* – accident victim
**siniestrado** *adj* – injured in an accident
**siniestro** *m* – loss, disaster, accident, perversity
**siniestro** *adj* – sinister, unlucky
**siniestro mayor** – total loss
**siniestro menor** – partial loss
**siniestro por incendio** – fire loss
**siniestro total** – total loss
**sinjusticia** *f* – injustice
**sinnúmero** *m* – vast number
**sinopsis** *f* – synopsis
**sinrazón** *f* – injustice, wrong, illogical statement
**síntesis** *f* – synthesis
**sintético** *adj* – synthetic, artificial
**sirviente** *adj* – servient
**sisa** *f* – petty theft
**sistema** *m* – system
**sistema abierto** – open system
**sistema acusatorio** – accusatory system
**sistema administrador** – management system, administrative system
**sistema administrativo** – management system, administrative system
**sistema arancelario** – tariff system
**sistema automatizado** – automated system
**sistema bancario** – banking system
**sistema contable** – accounting system
**sistema contributivo** – tax system
**sistema correccional** – correctional system
**sistema de acumulación** – accrual system
**sistema de administración** – administration system
**sistema de agencia general** – general agency system
**sistema de amortización** – depreciation system
**sistema de apoyo** – support system
**sistema de auditoría** – auditing system
**sistema de bienestar social** – welfare system
**sistema de bonificaciones** – bonus system
**sistema de búsqueda** – search system
**sistema de categorización** – categorization system, rating system
**sistema de clasificación** – classification system
**sistema de clasificación contributiva** – bracket system
**sistema de clasificación numérica** – numerical rating system
**sistema de codificación** – coding system
**sistema de comisiones** – commission system
**sistema de compensación** – clearing system, compensation system
**sistema de compras** – purchasing system
**sistema de computación** – computer system
**sistema de comunicaciones** – communications system
**sistema de contabilidad** – accounting system
**sistema de contabilidad uniforme** – uniform accounting system
**sistema de control administrativo** – management control system, administrative control system
**sistema de costes** – cost system
**sistema de costos** – cost system
**sistema de crédito** – credit system
**sistema de depreciación** – depreciation system
**sistema de distribución** – distribution system
**sistema de facturación** – billing system
**sistema de gabinete** – cabinet system
**sistema de gestión ambiental** – environmental management system
**sistema de gestión de base de datos** – database management system
**sistema de gestión financiera** – financial management system
**sistema de imposición** – taxation system
**sistema de información** – information system
**sistema de jubilación** – retirement system
**sistema de justicia** – justice system
**Sistema de la Reserva Federal** – Federal Reserve System
**sistema de libre empresa** – free-enterprise system
**sistema de libre mercado** – free-market system
**sistema de organización** – organization system
**sistema de pagos** – payment system
**sistema de precios** – price system
**sistema de recuperación de información** – information-retrieval system
**sistema de respaldo** – backup system
**sistema de retiro** – retirement system
**sistema de retiro general** – general retirement system
**sistema de transporte** – transport system
**sistema de tributación** – taxation system
**sistema de ventas directas** – direct selling system
**sistema del seguro social** – social security system
**sistema económico** – economic system
**sistema económico mixto** – mixed economic system
**sistema electoral** – electoral system
**sistema electrónico** – electronic system
**sistema electrónico de transferencia de fondos** – electronic funds transfer system
**sistema en línea** – online system
**sistema experto** – expert system
**sistema financiero** – financial system
**sistema fiscal** – fiscal system, tax system
**sistema global** – global system
**sistema impositivo** – tax system
**sistema informático** – computer system
**sistema interactivo** – interactive system
**sistema judicial** – judicial system
**sistema legal** – legal system
**sistema monetario** – monetary system, coinage, coinage system
**Sistema Monetario Europeo** – European Monetary System
**sistema numérico universal** – universal numerical system
**sistema online** – online system
**sistema organizacional** – organizational system
**sistema organizativo** – organizational system
**sistema parlamentario** – parliamentary system
**sistema penitenciario** – prison system
**sistema político** – political system
**sistema propietario** – proprietary system
**Sistema Torrens** – Torrens System
**sistema tributario** – tax system
**Sistemas de Información Gerencial** – Management Information Systems

**sistemáticamente** *adv* – systematically
**sistemático** *adj* – systematic
**sistematización** *f* – systematization
**sistematizar** *v* – to systematize
**sitiado** *adj* – surrounded, besieged
**sitial** *m* – seat of honor, seat
**sitiar** *v* – to surround, to besiege
**sitio** *m* – place, site, siege, country estate
**sito** *adj* – situated
**sitio alquilado** – rented site
**sitio arrendado** – leased site
**sitio autorizado** – authorized site
**sitio comercial** – commercial site, business site, commercial locale
**sitio corporativo** – corporate site
**sitio de empleo** – place of employment
**sitio de negocios** – business site
**sitio de trabajo** – worksite
**sitio empresarial** – business site
**sitio en el Internet** – Internet site, Website
**sitio en línea** – online site, Website, Internet site
**sitio Internet** – Internet site, Website
**sitio mercantil** – commercial site, commercial locale
**sitio online** – online site, Website, Internet site
**sitio peligroso** – dangerous place
**sitio privado** – private site, private place
**sitio público** – public site, public place
**sitio Web** – Website
**situación** *f* – situation, condition, circumstances, assignment of funds, fixed income
**situación actual** – actual situation, current situation
**situación corriente** – current situation
**situación de empleo** – employment situation, job situation
**situación económica** – economic situation
**situación especial** – special situation
**situación financiera** – financial situation, financial position
**situación hipotética** – hypothetical situation
**situación laboral** – labor situation, labour situation, employment situation
**situación peligrosa** – dangerous condition
**situación política** – political situation
**situaciones comerciales** – business situations
**situaciones de negocios** – business situations
**situaciones empresariales** – business situations
**situado** *m* – fixed income
**situado** *adj* – situated
**situar** *v* – to situate, to assign funds
**SL (sociedad limitada)** – limited company
**slogan** *m* – slogan
**slogan publicitario** – advertising slogan
**SME (Sistema Monetario Europeo)** – European Monetary System
**SMI (salario mínimo interprofesional)** – minimum wage, minimum wage for a given profession
**SMS** *m* – SMS
**so pena de** – under penalty of
**soberanía** *f* – sovereignty
**soberanía monetaria** – monetary sovereignty
**soberano** *adj* – sovereign
**sobordo** *m* – comparison of a ship's cargo with the freight list, freight list, bonus
**sobornable** *adj* – able to be suborned, bribable
**sobornado** *adj* – suborned, bribed
**sobornador** *m* – suborner, briber
**sobornador** *adj* – suborning, bribing
**sobornar** *v* – to suborn, to bribe
**sobornar un jurado** – to bribe a juror, to bribe a jury
**sobornar un testigo** – to bribe a witness
**soborno** *m* – bribe, suborning, bribing, subornation, bribery
**soborno aceptado** – accepted bribe
**soborno de jurados** – bribing of jurors
**soborno rechazado** – rejected bribe
**soborno rehusado** – refused bribe
**sobrancero** *adj* – unemployed, surplus
**sobrante** *adj* – surplus, excess, remaining
**sobrante** *m* – surplus, excess, remainder
**sobrante acumulado** – accumulated surplus
**sobrante capitalizado** – capitalized surplus
**sobrante comercial** – trade surplus
**sobrante contribuido** – contributed surplus
**sobrante corporativo** – corporate surplus
**sobrante de capital** – capital surplus
**sobrante de contingencia** – contingency surplus
**sobrante de efectivo** – cash surplus, cash overage
**sobrante de explotación** – operating surplus
**sobrante de exportación** – export surplus
**sobrante de inversión** – investment surplus
**sobrante de operación** – operating surplus, earned surplus
**sobrante de pagos** – payments surplus
**sobrante disponible** – available surplus
**sobrante divisible** – divisible surplus
**sobrante donado** – donated surplus
**sobrante exterior** – external surplus
**sobrante externo** – external surplus
**sobrante ganado** – earned surplus
**sobrante neto** – net surplus
**sobrante pagado** – paid-in surplus
**sobrante restringido** – restricted surplus
**sobrar** *v* – to be surplus, to remain, to exceed
**sobre** *m* – envelope
**sobre la cuota** – above quota
**sobre la línea** – above the line
**sobre la par** – above par
**sobreabsorción** *f* – overabsorption
**sobreamortización** *f* – overdepreciation
**sobreasegurado** *adj* – overinsured
**sobrecapacidad** *f* – overcapacity
**sobrecapitalizacion** *f* – overcapitalization
**sobrecapitalizado** *adj* – overcapitalized
**sobrecapitalizar** *v* – to overcapitalize
**sobrecarga** *f* – overload, extra load, overcharge, extra charge
**sobrecargar** *v* – to overload, to overcharge
**sobrecarta** *f* – envelope
**sobrecertificación** *f* – overcertification
**sobrecoger** *v* – to surprise
**sobrecogerse** *v* – to be surprised
**sobreconsumo** *m* – overconsumption
**sobrecoste** *m* – cost overrun
**sobrecosto** *m* – cost overrun
**sobredepreciación** *f* – overdepreciation
**sobredicho** *adj* – above-mentioned
**sobredosis** *f* – overdose
**sobreemisión** *f* – overissue

**sobreempleo** *m* – overemployment
**sobreendeudamiento** *m* – overindebtedness, debt overhang
**sobreentender** *v* – to understand something implied
**sobreestadía** *f* – demurrage
**sobreestimar** *v* – to overestimate
**sobreexplotación** *f* – overexploitation
**sobreextensión** *f* – overextension
**sobrefacturación** *f* – overinvoicing
**sobrefinanciación** *f* – overfinancing
**sobrefinanciamiento** *m* – overfinancing
**sobregirado** *adj* – overdrawn
**sobregirar** *v* – to overdraw
**sobregiro** *m* – overdraft
**sobregiro aparente** – technical overdraft
**sobregiro bancario** – bank overdraft
**sobregiro de cuenta** – account overdraft
**sobregiro diurno** – daylight overdraft
**sobregiro real** – actual overdraft
**sobregiro técnico** – technical overdraft
**sobreherido** *adj* – slightly injured
**sobreimposición** *f* – surtax
**sobreimpuesto** *m* – surtax
**sobrenombre** *m* – nickname, name added to distinguish from those with the same surname
**sobrentender** *v* – to understand something implied
**sobreoferta** *f* – oversupply
**sobrepaga** *f* – increased pay, extra pay
**sobrepasar** *v* – to surpass
**sobreplazo** *m* – extension of time
**sobreprecio** *m* – surcharge, overcharge
**sobreprima** *f* – extra premium
**sobreproducción** *f* – overproduction
**sobreproducir** *v* – to overproduce
**sobrepujar** *v* – to surpass, to outbid
**sobrerrepresentar** *v* – to overrepresent
**sobresaliente** *adj* – outstanding, conspicuous, projecting
**sobresaturación** *f* – oversaturation
**sobrescrito** *m* – address
**sobreseer** *v* – to supersede, to acquit, to dismiss, to abandon, to desist, to yield
**sobreseguro** *m* – overinsurance
**sobreseimiento** *m* – stay of proceedings, acquittal, dismissal, abandonment, discontinuance, nonsuit
**sobreseimiento definitivo** – dismissal with prejudice
**sobreseimiento involuntario** – involuntary nonsuit
**sobreseimiento provisional** – dismissal without prejudice, temporary stay
**sobreseimiento temporal** – dismissal without prejudice, temporary stay
**sobreseimiento voluntario** – voluntary nonsuit
**sobresello** *m* – second seal
**sobrestadía** *f* – demurrage
**sobrestante** *m* – supervisor
**sobresueldo** *m* – extra pay, allowance
**sobresuscrito** *adj* – oversubscribed
**sobretasa** *f* – surtax, surcharge
**sobrevaloración** *f* – overvaluation
**sobrevalorado** *adj* – overvalued
**sobrevalorar** *v* – to overvalue
**sobrevaluación** *f* – overvaluation
**sobrevaluar** *v* – to overvalue
**sobrevencido** *adj* – overdue
**sobrevenir** *v* – to supervene, to occur suddenly
**sobreviniente** *adj* – supervening
**sobrevivencia** *f* – survival
**sobreviviente** *m/f* – survivor
**sobreviviente** *adj* – surviving
**sobrevivir** *v* – to survive
**sobrina** *f* – niece
**sobrinazgo** *m* – nepotism, relationship of nephew, relationship of niece
**sobrino** *m* – nephew
**socaliña** *f* – trick
**socaliñero** *m* – trickster
**social** *adj* – social, pertaining to a partnership, corporate, pertaining to a company, pertaining to a corporation
**socialdemocracia** *f* – social democracy
**socialdemócrata** *m/f* – social democrat
**socialismo** *m* – socialism
**socialista** *m/f* – socialist
**socialista** *adj* – socialist
**sociedad** *f* – society, company, partnership, firm, corporation
**sociedad absorbente** – absorbing company
**sociedad accidental** – joint venture
**sociedad accionista** – corporate shareholder
**sociedad activa** – active company
**sociedad administrada** – managed company
**sociedad administrativa** – management company, administrative company
**sociedad adquirida** – acquired company
**sociedad adquiriente** – acquiring company
**sociedad afiliada** – affiliated company
**sociedad agrícola** – farm company, farming company
**sociedad aliada** – allied company
**sociedad anónima** – company, limited company, public limited company, stock company, incorporated company, corporation, stock corporation
**sociedad apalancada** – leveraged company
**sociedad armadora** – shipping company
**sociedad arrendataria** – leasing company
**sociedad aseguradora** – insurance company
**sociedad asociada** – associated company, affiliated company
**sociedad autorizada** – authorized company, admitted company
**sociedad bancaria** – banking company
**sociedad capitalizadora** – company for the capitalization of savings
**sociedad caritativa** – charitable company, charitable organization
**sociedad centralizada** – centralized company
**sociedad cerrada** – close corporation, closed company
**sociedad civil** – civil partnership, civil corporation
**sociedad colectiva** – general partnership
**sociedad comanditaria** – limited partnership
**sociedad comanditaria especial** – special partnership
**sociedad comanditaria simple** – limited partnership
**sociedad comercial** – business association, commercial company, trading company
**sociedad competidora** – competing company
**sociedad componente** – constituent company
**sociedad con fines de lucro** – for-profit company
**sociedad constructora** – construction company

**sociedad consultiva** – consulting company
**sociedad consultora** – consulting company
**sociedad controlada** – controlled company, subsidiary
**sociedad controladora** – holding company, controlling company
**sociedad controlante** – holding company, controlling company
**sociedad conyugal** – community property
**sociedad cooperativa** – cooperative
**sociedad cotizada** – listed company
**sociedad de administración** – administration company
**sociedad de ahorro y préstamo** – savings and loan association
**sociedad de arrendamiento** – leasing partnership, leasing company
**sociedad de beneficencia** – benefit society, beneficial association, benevolent association, charitable organization
**sociedad de bienes gananciales** – community property
**sociedad de capital e industria** – partnership where some parties provide services while others furnish funds
**sociedad de capital riesgo** – venture capital company
**sociedad de capitalización** – company for the capitalization of savings
**sociedad de cartera** – holding company, investment trust
**sociedad de comercio** – business association, commerce company
**sociedad de comercio electrónico** – e-commerce company, e-commerce partnership, e-business company, e-business partnership
**sociedad de construcción** – building company
**sociedad de consultores** – consulting company
**sociedad de consumo** – consumer society
**sociedad de control** – holding company
**sociedad de crédito** – credit union
**sociedad de derecho** – corporation created fulfilling all legal requirements, corporation de jure
**sociedad de explotación** – operating company
**sociedad de fideicomiso** – trust company
**sociedad de gananciales** – community property
**sociedad de habilitación** – partnership where some parties provide services while others furnish funds
**sociedad de hecho** – corporation in fact, corporation de facto
**sociedad de inversión** – investment company
**sociedad de negocios** – business company
**sociedad de préstamos** – loan company
**sociedad de reaseguro** – reinsurance company, reinsurance carrier
**sociedad de responsabilidad limitada** – limited liability company, limited company
**sociedad de seguros** – insurance company
**sociedad de seguros de vida** – life insurance company
**sociedad de seguros mutuos** – mutual insurance company
**sociedad de servicios públicos** – public service company, public utility
**sociedad de socorros mutuos** – mutual benefit association
**sociedad de telecomunicaciones** – telecommunications company
**sociedad de trabajo temporal** – temporary employment agency
**sociedad de transportes** – transport company, shipping company, carrier
**sociedad de utilidad pública** – public service company, public utility
**sociedad del bienestar** – welfare society
**sociedad descentralizada** – decentralized company
**sociedad distribuidora** – distributing company
**sociedad disuelta** – dissolved company, dissolved partnership
**sociedad diversificada** – diversified company
**sociedad doméstica** – domestic company
**sociedad dominante** – dominant company
**sociedad en comandita** – limited partnership
**sociedad en comandita por acciones** – joint-stock association
**sociedad en comandita simple** – limited partnership, partnership where some parties provide services while others furnish funds
**sociedad en funcionamiento** – going concern
**sociedad en marcha** – going concern
**sociedad en participación** – joint venture, joint adventure
**sociedad establecida** – established company, established partnership
**sociedad estatal** – government company, state company
**sociedad evidente** – evident partnership
**sociedad exenta** – exempt company
**sociedad exportadora** – export company
**sociedad extranjera** – alien corporation, foreign company
**sociedad familiar** – family corporation, family partnership
**sociedad fiduciaria** – trust company
**sociedad filial** – affiliated company, sister company, subsidiary
**sociedad financiera** – finance company
**sociedad fusionada** – merged company
**sociedad global** – global company
**sociedad gremial** – trade union, labor organization, labour organization
**sociedad hipotecaria** – mortgage company
**sociedad holding** – holding company
**sociedad ilícita** – company organized for illegal purposes
**sociedad implícita** – implied partnership
**sociedad importadora** – import company
**sociedad inactiva** – dormant corporation
**sociedad individual** – individual company, sole proprietorship
**sociedad industrial** – industrial company
**sociedad inferida** – inferred partnership
**sociedad inmobiliaria** – real estate company, property company
**sociedad insolvente** – insolvent company
**sociedad internacional** – international company
**sociedad inversionista** – investment company
**sociedad irregular** – joint venture
**sociedad leonina** – leonine partnership

**sociedad limitada** – limited company
**sociedad local** – domestic partnership
**sociedad lucrativa** – lucrative company
**sociedad manifiesta** – manifest partnership
**sociedad manufacturera** – manufacturing company
**sociedad marítima** – maritime company
**sociedad matriz** – parent company
**sociedad mercantil** – business association, commercial company, trading company
**sociedad miembro** – member company
**sociedad mixta** – mixed company
**sociedad multinacional** – multinational corporation
**sociedad mutua** – mutual association
**sociedad nacional** – domestic company
**sociedad naviera** – shipping company
**sociedad no afiliada** – unaffiliated company
**sociedad no cotizada** – unlisted company
**sociedad no especulativa** – nonprofit company
**sociedad no lucrativa** – nonprofit company
**sociedad no pública** – nonpublic company
**sociedad normal** – normal company, normal partnership
**sociedad obvia** – obvious partnership
**sociedad operadora** – operating company
**sociedad por acciones** – stock company
**sociedad porteadora** – carrier
**sociedad prestataria** – borrowing company
**sociedad privada** – private corporation, private company
**sociedad privatizada** – privatized company
**sociedad propietaria** – close corporation
**sociedad pública** – publicly held company, public company
**sociedad puesta en marcha** – business startup
**sociedad quebrada** – bankrupt corporation
**sociedad reaseguradora** – reinsurance company
**sociedad registrada** – registered company
**sociedad regulada** – regulated company
**sociedad regular** – regular company, regular partnership
**sociedad retenedora** – holding company
**sociedad sin acciones** – non-stock company
**sociedad sin cheques** – checkless society, chequeless society
**sociedad sin dinero** – cashless society
**sociedad sin efectivo** – cashless society
**sociedad sin fines de lucro** – nonprofit company
**sociedad subsidiaria** – subsidiary corporation
**sociedad tácita** – tacit partnership
**sociedad tenedora** – holding company
**sociedad típica** – typical company, typical partnership
**sociedad transnacional** – transnational company
**sociedad unipersonal** – sole proprietorship, corporation sole
**sociedad vinculada** – affiliate
**socio** *m* – partner, member
**socio accionista** – shareholder
**socio activo** – active partner
**socio administrador** – general partner
**socio aparente** – ostensible partner
**socio capitalista** – capital partner
**socio colectivo** – general partner
**socio comanditado** – general partner
**socio comanditario** – limited partner
**socio comercial** – commercial partner, trading partner
**socio de industria** – partner who provides services
**socio general** – general partner
**socio gerente** – managing partner, general partner
**socio gestor** – managing partner, general partner
**socio inactivo** – dormant partner
**socio industrial** – partner who provides services, industrial partner
**socio limitado** – limited partner
**socio liquidador** – liquidating partner
**socio mayoritario** – senior partner
**socio menor** – junior partner
**socio minoritario** – junior partner
**socio no gestor** – limited partner
**socio nominal** – nominal partner
**socio oculto** – silent partner, sleeping partner
**socio ostensible** – ostensible partner
**socio principal** – senior partner
**socio quebrado** – bankrupt partner
**socio regular** – general partner
**socio responsable** – general partner
**socio secreto** – secret partner, silent partner
**socio vitalicio** – life member
**socioeconómico** *adj* – socioeconomic
**sociología** *f* – sociology
**socios bilaterales** – bilateral partners
**socolor** *m* – pretense, under color
**socolor de** – under the pretense of, under color of
**socorredor** *m* – helper
**socorredor** *adj* – helping
**socorrer** *v* – to help, to pay on account
**socorro** *m* – help
**socorros mutuos** – mutual help
**sodomía** *f* – sodomy
**sodomita** *m/f* – sodomite
**sodomizar** *v* – to sodomize
**soez** *adj* – crude, indecent
**sofisma** *m* – sophism
**sofistería** *f* – sophistry
**sofocación** *f* – suffocation
**sofocar** *v* – to suffocate, to harass, to extinguish
**software** *m* – software, programs
**software de auditoría** – audit software
**software de computadora** – computer software
**software de contabilidad** – accounting software
**software de ordenador** – computer software
**software de presentación** – presentation software
**software libre** – free software, freeware
**solamente** *adv* – only
**solamente que** – provided that
**solapadamente** *adv* – deceitfully
**solapado** *adj* – deceitful
**solapar** *v* – to overlap, to conceal
**solar** *m* – lot, building lot, plot, tenement, lineage, ancestral home
**solariego** *adj* – held in fee simple, ancestral, old
**soldada** *f* – salary
**soldado** *m* – soldier
**solemne** *adj* – solemn
**solemnemente** *adv* – solemnly
**solemnidad** *f* – solemnity
**solemnizar** *v* – to solemnize
**soler** *v* – to usually do
**solercia** *f* – shrewdness

**solerte** *adj* – shrewd
**solicitación** *f* – solicitation
**solicitado** *adj* – solicited
**solicitador** *m* – petitioner, applicant
**solicitante** *m/f* – petitioner, applicant
**solicitante de préstamo** – loan applicant
**solicitante elegible** – eligible applicant
**solicitar** *v* – to petition, to apply, to request
**solicitar ofertas** – to request offers, to invite tenders
**solicitar un empleo** – to apply for a job
**solicitar un empréstito** – to apply for a loan
**solicitar un préstamo** – to apply for a loan
**solicitar un trabajo** – to apply for a job
**solicitar una patente** – to apply for a patent
**solicitud** *f* – solicitude, application, petition, request
**solicitud de comerciante** – merchant application
**solicitud de compra** – purchase order
**solicitud de confirmación** – confirmation request
**solicitud de cotización** – quote request
**solicitud de crédito** – credit application
**solicitud de empleo** – job application
**solicitud de empréstito** – loan application
**solicitud de fondos** – funds application
**solicitud de membresía** – application for membership
**solicitud de patente** – patent application
**solicitud de préstamo** – loan application
**solicitud de registro** – application for registration
**solicitud de retiro** – application for withdrawal
**solicitud de subsidio** – application for subsidy
**solicitud de subvención** – application for subsidy
**solicitud de trabajo** – job application
**solicitud fraudulenta** – fraudulent application
**solidaria y mancomunadamente** – jointly and severally
**solidariamente** *adv* – jointly and severally, with solidarity
**solidaridad** *f* – solidarity
**solidario** *adj* – solidary, jointly, jointly and severally
**solidarismo** *m* – solidarism, solidarity
**solidarizar** *v* – to make jointly liable, to make jointly and severally liable
**solidez** *f* – soundness
**solidez bancaria** – bank soundness
**sólo de nombre** – in name only
**soltar** *v* – to free, to pardon, to solve
**soltero** *adj* – unmarried
**soltura** *f* – release, release from prison, ease
**solución** *f* – solution, satisfaction
**solución alternativa** – alternative solution
**solución de continuidad** – interruption, lack of continuity
**solución extrajudicial** – out-of-court settlement, extrajudicial resolution
**solución óptima** – optimum solution
**solución permanente** – permanent solution
**solución temporal** – temporary solution
**solvencia** *f* – solvency, creditworthiness, reliability, soundness, payment, settlement
**solvencia financiera** – financial solvency
**solventar** *v* – to satisfy, to settle, to pay, to solve
**solvente** *adj* – solvent, creditworthy, reliable, sound
**somero** *adj* – superficial, brief
**someter** *v* – to subject, to quell, to submit
**someter a arbitraje** – to submit to arbitration
**someter a votación** – to put to a vote
**someter una oferta** – to submit an offer
**someterse** *v* – to submit oneself to, to surrender
**someterse a arbitraje** – to submit to arbitration
**sometido** *adj* – submitted
**sondear** *v* – to sound, to poll, to canvass
**sondeo** *m* – sounding, polling, canvassing
**soplo** *m* – instant, tipping off, informer, breath
**soplón** *m* – informer
**soplonear** *v* – to inform on
**soplonería** *f* – informing
**soporte** *m* – support, medium
**sordera** *f* – deafness
**sordez** *f* – deafness
**sórdido** *adj* – sordid
**sordo** *m* – deaf person
**sordo** *adj* – deaf
**sordomudez** *f* – deaf-muteness
**sordomudo** *m* – deaf-mute
**sororicida** *m/f* – sororicide
**sororicidio** *m* – sororicide
**sorprender** *v* – to surprise, to discover, to catch
**sorprendido** *adj* – surprised, discovered, caught
**sorteo** *m* – drawing, evasion
**sorteo de jurados** – impanelment of a jury
**soslayar** *v* – to evade, to incline
**sospecha** *f* – suspicion
**sospecha fundada** – well-founded suspicion
**sospecha infundada** – unfounded suspicion
**sospecha irrazonable** – unreasonable suspicion
**sospecha razonable** – reasonable suspicion
**sospechable** *adj* – suspicious
**sospechar** *v* – to suspect
**sospechoso** *m* – suspect
**sospechoso** *adj* – suspicious
**sostén** *m* – support
**sostener** *v* – to support, to sustain, to hold, to maintain
**sostener la objeción** – to sustain the objection
**sostenibilidad** *f* – sustainability
**sostenibilidad de la deuda** – debt sustainability
**sostenible** *adj* – sustainable
**sostenible ecológicamente** – ecologically sustainable
**sostenimiento** *m* – support
**sótano** *m* – basement
**spam** *m* – spam
**spammer** *m* – spammer
**Sr. (señor)** – Mr.
**Sra. (señora)** – Mrs.
**Sres. (señores)** – Sirs, gentlemen, Mr. and Mrs., Messrs
**SRL (sociedad de responsabilidad limitada)** – limited liability company, limited company
**Srs. (señores)** – Sirs, gentlemen, Mr. and Mrs., Messrs
**Srta. (señorita)** – Miss
**status quo** – the existing state, status quo
**stock** *m* – stock, inventory
**sua sponte** – voluntarily, sua sponte
**sub judice** – before the court, sub judice
**subadministrador** *m* – assistant administrator, subadministrator
**subagente** *m* – subagent
**subalquilar** *v* – to sublease

**subalquiler** *m* – sublease
**subalterno** *adj* – subordinate
**subalterno** *m/f* – subordinate
**subarrendador** *m* – sublessor
**subarrendamiento** *m* – sublease, under-lease
**subarrendar** *v* – to sublease
**subarrendatario** *m* – sublessee, subtenant
**subarriendo** *m* – sublease, subleasing, under-lease, underleasing
**subasta** *f* – auction
**subasta a la baja** – dutch auction
**subasta absoluta** – absolute auction
**subasta extrajudicial** – extrajudicial auction
**subasta ilegal** – illegal auction
**subasta ilícita** – illicit auction
**subasta judicial** – judicial auction
**subasta legal** – legal auction
**subasta lícita** – licit auction
**subasta privada** – private auction
**subasta pública** – public auction
**subastación** *f* – auction
**subastado** *adj* – auctioned
**subastador** *m* – auctioneer
**subastar** *v* – to auction, to auction off
**subcapitalización** *f* – undercapitalization
**subcapitalizado** *adj* – undercapitalized
**subcapitalizar** *v* – to undercapitalize
**subclase** *f* – subclass
**subcomisaria** *f* – office of a subcommissioner, post of a subcommissioner
**subcomisario** *m* – subcommissioner
**subcomisión** *f* – subcommission
**subcomisionado** *m* – assistant commissioner
**subcomité** *m* – subcommittee
**subconsumo** *m* – underconsumption
**subcontralor** *m* – assistant controller
**subcontratación** *f* – subcontracting, contracting out
**subcontratar** *v* – to subcontract, to contract out
**subcontratista** *m/f* – subcontractor
**subcontrato** *m* – subcontract
**subcuenta** *f* – subaccount
**subdelegado** *m* – subdelegate
**subdelegar** *v* – to subdelegate
**subdesarrollado** *adj* – underdeveloped
**subdesarrollo** *m* – underdevelopment
**subdirector** *m* – assistant director, subdirector
**súbdito** *m* – subject
**subdividir** *v* – to subdivide
**subdivisión** *f* – subdivision
**subejecutor** *m* – assistant executor, subagent
**subempleado** *adj* – underemployed
**subempleo** *m* – underemployment
**subempleo importado** – imported underemployment
**subentender** *v* – to understand something implied
**subestimar** *v* – to underestimate
**subfiador** *m* – sub-guarantor
**subfianza** *f* – sub-guaranty
**subfletamento** *m* – subcharter
**subfletar** *v* – to subcharter
**subgerente** *m/f* – assistant manager
**subgobernador** *m* – lieutenant governor
**subhipoteca** *f* – submortgage
**subida** *f* – rise
**subinciso** *m* – subparagraph
**subinquilino** *m* – subtenant
**subinspector** *m* – subinspector
**subinversión** *f* – underinvestment
**subir** *v* – to rise, to raise, to increase
**subir las tasas** – to raise rates
**subir los precios** – to raise prices
**súbitamente** *adv* – suddenly, unexpectedly
**súbito, de** – suddenly, unexpectedly
**subjefe** *m/f* – second in command
**subjetivamente** *adv* – subjectively
**subjetividad** *f* – subjectivity
**subjetivismo** *m* – subjectivism
**subjetivo** *adj* – subjective
**sublevación** *f* – rebellion
**sublevar** *v* – to rebel
**sublicencia** *f* – sublicense
**subticenciar** *v* – to sublicense
**sublocación** *f* – sublease
**sublocador** *m* – sublessor
**sublocatario** *m* – sublessee
**suboptimización** *f* – suboptimization
**suboptimizar** *v* – to suboptimize
**subordinación** *f* – subordination
**subordinado** *adj* – subordinated
**subproducto** *m* – by-product
**subred** *f* – subnet
**subregistrador** *m* – deputy registrar
**subrepción** *f* – subreption
**subrepticiamente** *adv* – surreptitiously
**subrepticio** *adj* – surreptitious
**subrogación** *f* – subrogation
**subrogación convencional** – conventional subrogation
**subrogación legal** – legal subrogation
**subrogación parcial** – partial subrogation
**subrogación personal** – substitution of a person
**subrogación real** – substitution of a thing
**subrogación total** – total subrogation
**subrogado** *adj* – subrogated
**subrogante** *m/f* – subrogor
**subrogar** *v* – to subrogate
**subrogatario** *m* – subrogee
**subrogatorio** *adj* – pertaining to subrogation
**subsanable** *adj* – repairable, excusable
**subsanación** *f* – reparation, exculpation
**subsanar** *v* – to repair, to excuse
**subscribir** *v* – to subscribe
**subscribirse** *v* – to subscribe
**subscripción** *f* – subscription
**subscriptor** *m* – subscriber, underwriter
**subscrito, el** – the undersigned
**subsección** *f* – subsection
**subsecretaría** *f* – post of an assistant secretary, office of an assistant secretary
**subsecretario** *m* – subsecretary, assistant secretary, undersecretary
**subsecuente** *adj* – subsequent
**subsidiado** *adj* – subsidized
**subsidiar** *v* – to subsidize
**subsidiaria** *f* – subsidiary
**subsidiaria bancaria** – bank subsidiary
**subsidiariamente** *adv* – subsidiarily
**subsidiario** *adj* – subsidiary
**subsidio** *m* – subsidy, allowance, benefit

**subsidio a la exportación** – export subsidy
**subsidio agrario** – agricultural subsidy, farm subsidy
**subsidio agrícola** – agricultural subsidy, farm subsidy
**subsidio calculado** – calculated subsidy
**subsidio cruzado** – cross-subsidy
**subsidio de capital** – capital subsidy
**subsidio de compensación** – countervailable subsidy
**subsidio de desempleo** – unemployment benefits
**subsidio directo** – direct subsidy
**subsidio especificado** – specified subsidy
**subsidio específico** – specific subsidy
**subsidio estatal** – government subsidy, state subsidy
**subsidio estimado** – estimated subsidy
**subsidio familiar** – family subsidy, family allowance
**subsidio gubernamental** – government subsidy
**subsidio identificado** – identified subsidy
**subsidio indicado** – indicated subsidy
**subsidio oculto** – concealed subsidy
**subsidio para vivienda** – housing subsidy
**subsidio por desempleo** – unemployment benefits
**subsidio por enfermedad** – sickness benefits
**subsidio por maternidad** – maternity benefits
**subsidios de explotación** – operating subsidies
**subsidios de exportación** – export subsidies
**subsiguiente** *adj* – subsequent
**subsistencia** *f* – subsistence
**subsistir** *v* – to subsist
**substancia** *f* – substance
**substancia narcótica** – narcotic substance
**substancia toxica** – toxic substance
**substanciación** *f* – substantiation, proceedings of a case
**substancial** *adj* – substantial
**substancialmente** *adv* – substantially
**substanciar** *v* – to substantiate, to abridge, to try a case
**substantivo** *adj* – substantive
**substitución** *f* – substitution
**substitución de heredero** – substitution of an heir
**substitución de las partes** – substitution of parties
**substituible** *adj* – substitutable
**substituidor** *adj* – substitute
**substituidor** *m/f* – substitute
**substituir** *v* – to substitute
**substitutivo** *adj* – substitutive
**substituto** *m* – substitute
**substracción** *f* – subtraction, removal, theft, robbery, misappropriation
**substracción de menores** – child-stealing
**substraer** *v* – to subtract, to remove, to steal, to rob, to misappropriate
**subsuelo** *m* – subsoil
**subterfugio** *m* – subterfuge, excuse
**subterráneo** *adj* – subterranean
**subtesorero** *m* – assistant treasurer
**subtítulo** *m* – subtitle
**subtotal** *m* – subtotal
**suburbano** *adj* – suburban
**suburbio** *m* – suburb
**subutilización** *f* – underutilization
**subvaloración** *f* – undervaluation
**subvalorado** *adj* – undervalued
**subvalorar** *v* – to undervalue
**subvaluación** *f* – undervaluation
**subvaluar** *v* – to undervalue
**subvención** *f* – subsidy, subvention
**subvención a la exportación** – export subsidy
**subvención agrícola** – agricultural subsidy, farm subsidy
**subvención calculada** – calculated subsidy
**subvención cruzada** – cross-subsidy
**subvención de capital** – capital subsidy
**subvención de compensación** – countervailable subsidy
**subvención directa** – direct subsidy
**subvención específica** – specific subsidy
**subvención estatal** – government subsidy, state subsidy
**subvención estimada** – estimated subsidy
**subvención familiar** – family subsidy
**subvención gubernamental** – government subsidy
**subvención oculta** – concealed subsidy
**subvención para vivienda** – housing subsidy
**subvencionado** *adj* – subsidized
**subvencionar** *v* – to subsidize
**subvenciones de explotación** – operating subsidies
**subvenciones de exportación** – export subsidies
**subversión** *f* – subversion
**subversivo** *adj* – subversive
**subversivo** *m/f* – subversive
**subvertir** *v* – to subvert
**subyacente** *adj* – underlying
**subyugar** *v* – to subjugate
**sucedáneo** *adj* – succedaneous
**suceder** *v* – to succeed, to inherit, to occur
**sucediente** *adj* – succeeding
**sucesible** *adj* – inheritable
**sucesión** *f* – succession, inheritance, issue
**sucesión ab intestato** – intestate succession
**sucesión de los colaterales** – succession of the collateral heirs
**sucesión del cónyuge supérstite** – succession of the surviving spouse
**sucesión del estado** – escheat
**sucesión forzosa** – forced succession
**sucesión futura** – future succession
**sucesión hereditaria** – hereditary succession
**sucesión inter vivos** – transfer between living persons, inter vivos transfer
**sucesión intestada** – intestate succession
**sucesión irregular** – irregular succession
**sucesión legal** – legal succession
**sucesión legítima** – legal succession
**sucesión mortis causa** – transfer in contemplation of death, causa mortis transfer
**sucesión natural** – natural succession
**sucesión necesaria** – forced succession
**sucesión por cabeza** – succession per capita
**sucesión por estirpe** – succession per stirpes
**sucesión regular** – regular succession
**sucesión testada** – testate succession
**sucesión testamentaria** – testamentary succession
**sucesión universal** – universal succession
**sucesión vacante** – vacant succession
**sucesivamente** *adv* – successively
**sucesivo** *adj* – successive
**suceso** *m* – event, outcome, lapse
**sucesor** *m* – successor

**sucesor** *adj* – succeeding
**sucesor estatutario** – statutory successor
**sucesor irregular** – irregular successor
**sucesor particular** – singular successor
**sucesor singular** – singular successor
**sucesor universal** – universal successor
**sucesores y cesionarios** – successors and assigns
**sucesorio** *adj* – successional
**sucintamente** *adv* – succinctly
**sucinto** *adj* – succinct
**sucumbir** *v* – to succumb, to lose a suit
**sucursal** *f* – subsidiary, branch, branch office
**sucursal** *adj* – subsidiary
**sucursal bancaria** – bank branch
**sucursal de banco** – bank branch
**sucursal en el extranjero** – foreign branch
**sucursal extranjera** – foreign branch
**sucursal internacional** – international branch
**sucursal principal** – main branch
**suegra** *f* – mother-in-law
**suegro** *m* – father-in-law
**sueldo** *m* – salary, wage, pay
**sueldo acostumbrado** – usual salary
**sueldo actual** – present salary
**sueldo acumulado** – accrued salary
**sueldo anual** – annual salary
**sueldo anual garantizado** – guaranteed annual wage
**sueldo básico** – base salary
**sueldo bruto** – gross salary
**sueldo contractual** – contractual salary
**sueldo contratado** – contracted salary
**sueldo de base** – base pay
**sueldo diario** – daily salary
**sueldo diferido** – deferred compensation
**sueldo efectivo** – net salary, salary paid in cash
**sueldo especificado** – specified salary
**sueldo estipulado** – stipulated salary
**sueldo fijo** – fixed salary, set wage
**sueldo garantizado** – guaranteed wage
**sueldo igual** – equal salary
**sueldo inicial** – initial salary
**sueldo legal** – salary established by law
**sueldo máximo** – maximum salary
**sueldo medio** – average wage
**sueldo mensual** – monthly salary
**sueldo mínimo** – minimum wage
**sueldo monetario** – money wage
**sueldo neto** – net salary, net wage
**sueldo nominal** – nominal wage
**sueldo normal** – normal salary, normal wage
**sueldo por pieza** – piece rate
**sueldo preestablecido** – preset salary, preset wage
**sueldo prevaleciente** – prevailing salary
**sueldo real** – real salary
**sueldo retroactivo** – retroactive wages
**sueldo suplementario** – supplemental salary
**sueldo típico** – typical wage
**sueldo vital** – living wage
**sueldo y condiciones** – pay and conditions
**sueldos acordados** – agreed-upon wages
**sueldos atrasados** – back pay
**sueldos convenidos** – agreed-upon wages
**sueldos devengados** – back pay
**sueldos estipulados** – stipulated salaries, stipulated wages
**sueldos negociados** – negotiated salaries, negotiated wages
**sueldos pactados** – agreed-upon wages
**sueldos y salarios** – wages and salaries
**suelo** *m* – ground, soil, base, earth
**suelto** *adj* – loose, free
**suerte** *f* – luck, chance, lot
**suficiencia** *f* – sufficiency, adequacy
**suficiencia de activos** – asset sufficiency
**suficiencia de capital** – capital adequacy
**suficiencia de cobertura** – adequacy of coverage
**suficiencia de financiación** – adequacy of financing
**suficiencia de financiamiento** – adequacy of financing
**suficiencia de reservas** – adequacy of reserves
**suficiencia del financiamiento** – adequacy of financing
**suficiente** *adj* – sufficient
**suficientemente** *adv* – sufficiently
**sufragar** *v* – to pay, to defray, to help, to vote
**sufragio** *m* – suffrage, help
**sufrible** *adj* – sufferable
**sufrimiento** *m* – suffering, tolerance
**sufrimiento de la víctima** – victim's suffering
**sufrimiento físico** – physical suffering
**sufrimiento mental** – mental suffering
**sufrir** *v* – to suffer, to tolerate, to allow
**sugestión** *f* – suggestion
**sui generis** – unique, sui generis
**suicida** *m/f* – suicide
**suicida** *adj* – suicidal
**suicidarse** *v* – to commit suicide
**suicidio** *m* – suicide
**sujeción** *f* – subjection, submission
**sujetar** *v* – to subject, to secure
**sujetarse** *v* – to subject oneself, to conform to
**sujeto** *m* – subject, individual
**sujeto a** – subject to
**sujeto a análisis** – subject to analysis
**sujeto a cambio** – subject to change
**sujeto a cancelación** – subject to cancellation
**sujeto a comprobación** – subject to check
**sujeto a controversia** – subject to controversy
**sujeto a escrutinio** – subject to scrutiny
**sujeto a examinación** – subject to examination
**sujeto a impuesto** – subject to tax
**sujeto a investigación** – subject to investigation
**sujeto a penalidad** – subject to penalty
**sujeto a recompra** – subject to repurchase
**sujeto a recurso** – appealable
**sujeto a redención** – subject to redemption
**sujeto a restricción** – subject to restriction
**sujeto a revisión** – subject to revision
**sujeto a terminación** – subject to termination
**sujeto a verificación** – subject to verification
**sujeto del derecho** – legal person
**sujeto del litigio** – litigant
**sujeto económico** – homo economicus, economic man
**sujeto pasivo** – taxpayer, obligated party
**suma** *f* – sum, amount, addition, essence
**suma a abonar** – amount payable, amount due
**suma a cobrar** – amount receivable

**suma a pagar** – amount payable, amount due
**suma a riesgo** – amount at risk
**suma acreditada** – amount credited
**suma actual** – present amount
**suma adeudada** – amount owed, amount due
**suma amortizable** – amortizable amount, depreciable amount
**suma amortizada** – amortized amount, depreciated amount
**suma aplazada** – deferred amount
**suma asegurada** – amount covered, amount insured
**suma base** – base amount
**suma bruta** – gross amount
**suma cargada** – amount charged
**suma cobrada** – amount collected
**suma contribuida** – amount contributed
**suma convenida** – agreed-upon amount
**suma de capital** – capital amount
**suma de crédito** – amount of credit
**suma de la factura** – invoice amount
**suma de la pérdida** – amount of loss
**suma de la reclamación** – claim amount
**suma de la subvención** – amount of subsidy
**suma de la transacción** – transaction amount
**suma debida** – amount due
**suma declarada** – stated amount
**suma deducida** – amount deducted
**suma del daño** – amount of damage
**suma del subsidio** – amount of subsidy
**suma depreciada** – depreciated amount
**suma desembolsada** – disbursed amount
**suma determinada** – determined amount
**suma, en** – briefly
**suma en descubierto** – overdrawn amount
**suma en exceso** – excess amount
**suma en riesgo** – amount at risk
**suma específica** – specific amount
**suma exenta** – exempt amount
**suma facturada** – amount invoiced
**suma fija** – fixed amount
**suma financiada** – amount financed
**suma garantizada** – guaranteed amount
**suma global** – lump sum
**suma inicial** – initial amount
**suma mínima** – minimum amount
**suma necesaria** – necessary amount
**suma neta** – net amount
**suma nominal** – nominal amount
**suma obligada** – obligatory amount
**suma obligatoria** – obligatory amount
**suma pagada** – amount paid
**suma pagada en exceso** – amount overpaid
**suma pagadera** – amount to be paid, amount payable
**suma pendiente** – amount outstanding
**suma perdida** – amount lost
**suma predeterminada** – predetermined amount
**suma realizada** – amount realized
**suma regular** – regular amount
**suma requerida** – required amount
**suma retenida** – amount withheld
**suma transferida** – transferred amount
**suma vencida** – amount overdue
**sumar** *v* – to add, to amount to, to summarize
**sumaria** *f* – preliminary proceedings, written proceedings
**sumariamente** *adv* – summarily
**sumariar** *v* – to conduct a preliminary proceeding
**sumario** *m* – summary, summary proceeding, preliminary proceeding, abstract
**sumario** *adj* – summary
**sumario ejecutivo** – executive summary
**sumario del fallo** – abstract of judgment
**sumarísimo** *m* – accelerated summary proceeding
**suministración** *f* – supply
**suministrador** *m* – supplier
**suministrar** *v* – to supply
**suministrar prueba** – to furnish evidence
**suministro** *m* – supply
**sumisión** *f* – submission, obedience
**sumiso** *adj* – submissive, obedient
**suntuario** *adj* – luxury
**supeditación** *f* – subjection
**supeditar** *v* – to subject
**superabundancia** *f* – overabundance
**superar** *v* – overcome, exceed
**superar expectativas** – exceed expectations
**superávit** *m* – surplus
**superávit acumulado** – accumulated surplus
**superávit capitalizado** – capitalized surplus
**superávit comercial** – trade surplus
**superávit corporativo** – corporate surplus
**superávit de caja** – cash surplus
**superávit de capital** – capital surplus
**superávit de contingencia** – contingency surplus
**superávit de explotación** – operating surplus
**superávit de exportación** – export surplus
**superávit de inversión** – investment surplus
**superávit de la balanza** – trade surplus
**superávit de operación** – operating surplus, earned surplus
**superávit de pagos** – payments surplus
**superávit disponible** – available surplus
**superávit exterior** – external surplus
**superávit externo** – external surplus
**superávit neto** – net surplus
**superávit operativo** – operating surplus, earned surplus
**superávit pagado** – paid-in surplus
**superávit presupuestario** – budgetary surplus
**superávit restringido** – restricted surplus
**supercapacidad** *f* – overcapacity
**superchería** *f* – fraud, trickery
**superchero** *m* – deceiver, trickster
**superentender** *v* – to superintend
**supererogación** *f* – supererogation
**superestructura** *f* – superstructure
**superficial** *adj* – superficial
**superficialmente** *adv* – superficially
**superficiario** *m* – superficiary
**superficie** *f* – surface, area
**superfluo** *adj* – superfluous
**superintendencia** *f* – superintendence, jurisdiction
**superintendente** *m* – superintendent
**superior** *adj* – superior, upper
**superioridad** *f* – superiority, higher court
**superpoblación** *f* – overpopulation
**superpotencia** *f* – superpower
**superproducción** *f* – overproduction

**supérstite** *m/f* – survivor
**supérstite** *adj* – surviving
**supervención** *f* – supervention
**superveniencia** *f* – supervention
**superveniente** *adj* – supervening
**supervenir** *v* – to supervene
**supervisar** *v* – to supervise
**supervisión** *f* – supervision, monitoring
**supervisión activa** – active supervision
**supervisión administrativa** – administrative supervision
**supervisión aduanera** – customs supervision
**supervisión ambiental** – environmental supervision
**supervisión bancaria** – bank supervision
**supervisión central** – central supervision
**supervisión centralizada** – centralized supervision
**supervisión comercial** – business supervision, commerce supervision
**supervisión corporativa** – corporate supervision
**supervisión contable** – accounting supervision
**supervisión de acceso** – access supervision
**supervisión de activos** – asset supervision
**supervisión de aduanas** – customs supervision
**supervisión de bienes inmuebles** – real estate supervision
**supervisión de caja** – cash supervision
**supervisión de calidad** – quality supervision
**supervisión de costes** – cost supervision
**supervisión de costos** – cost supervision
**supervisión de crédito** – credit supervision
**supervisión de cuenta** – account supervision
**supervisión de departamento** – department supervision
**supervisión de fondos** – money supervision, funds supervision, cash supervision
**supervisión de fronteras** – border supervision
**supervisión de gastos** – expense supervision
**supervisión de inventario** – inventory supervision
**supervisión de inversiones** – investment supervision
**supervisión de la calidad** – quality supervision
**supervisión de la carrera** – career supervision
**supervisión de la compañía** – company supervision
**supervisión de la contaminación** – pollution supervision, pollution monitoring
**supervisión de la corporación** – corporate supervision
**supervisión de la deuda** – debt supervision
**supervisión de la deuda pública** – public debt supervision, national debt supervision
**supervisión de la ejecución** – performance supervision
**supervisión de la empresa** – enterprise supervision
**supervisión de la junta** – board supervision
**supervisión de la sociedad** – supervision of a corporation, supervision of a partnership
**supervisión de marketing** – marketing supervision
**supervisión de mercadeo** – marketing supervision
**supervisión de negociación** – bargaining supervision, negotiation supervision
**supervisión de negocios** – business supervision
**supervisión de oficina** – office supervision
**supervisión de operaciones** – operations supervision
**supervisión de personal** – personnel supervision
**supervisión de plan** – plan supervision
**supervisión de precios** – price supervision
**supervisión de procesos** – process supervision
**supervisión de producción** – production supervision
**supervisión de productos** – commodities supervision, products supervision
**supervisión de propiedades** – property supervision
**supervisión de recursos** – resource supervision
**supervisión de recursos humanos** – human resources supervision
**supervisión de recursos naturales** – natural resources supervision
**supervisión de riesgos** – risk supervision
**supervisión de salarios** – wage supervision, salary supervision
**supervisión de ventas** – sales supervision
**supervisión del consejo** – board supervision
**supervisión del consumo** – consumption supervision
**supervisión del desarrollo** – development supervision
**supervisión del efectivo** – cash supervision
**supervisión del proyecto** – project supervision
**supervisión del rendimiento** – performance supervision
**supervisión del trabajo** – job supervision
**supervisión departamental** – departmental supervision
**supervisión descentralizada** – decentralized supervision
**supervisión dinámica** – dynamic supervision
**supervisión directa** – direct supervision
**supervisión ejecutiva** – executive supervision
**supervisión empresarial** – enterprise supervision
**supervisión externa** – external supervision
**supervisión financiera** – financial supervision
**supervisión fiscal** – fiscal supervision
**supervisión funcional** – functional supervision
**supervisión general** – general supervision
**supervisión interna** – internal supervision
**supervisión laboral** – labor supervision, labour supervision
**supervisión medioambiental** – environmental supervision
**supervisión mercantil** – commercial supervision
**supervisión monetaria** – money supervision, monetary supervision
**supervisión operacional** – operational supervision
**supervisión presupuestaria** – budget supervision
**supervisión pública** – public supervision
**supervisión salarial** – wage supervision
**supervisor** *m* – supervisor
**supervisor** *adj* – supervising
**supervisor activo** – active supervisor
**supervisor adjunto** – deputy supervisor
**supervisor aduanero** – customs supervisor
**supervisor asistente** – assistant supervisor
**supervisor asociado** – associate supervisor
**supervisor bancario** – bank supervisor
**supervisor comercial** – commercial supervisor
**supervisor corporativo** – corporate supervisor
**supervisor de activos** – asset supervisor
**supervisor de aduanas** – customs supervisor
**supervisor de auditoría** – audit supervisor
**supervisor de bancos** – bank supervisor
**supervisor de bienes** – estate supervisor
**supervisor de cartera** – portfolio supervisor

**supervisor de cobros** – collection supervisor
**supervisor de comunicaciones** – communications supervisor
**supervisor de contratos** – contract supervisor
**supervisor de crédito** – credit supervisor
**supervisor de cuenta** – account supervisor
**supervisor de departamento** – department supervisor
**supervisor de empresa** – enterprise supervisor
**supervisor de fondos** – funds supervisor, money supervisor, cash supervisor
**supervisor de la compañía** – company supervisor
**supervisor de la corporación** – corporate supervisor
**supervisor de la empresa** – company supervisor, enterprise supervisor
**supervisor de línea** – line supervisor
**supervisor de marketing** – marketing supervisor
**supervisor de mercadeo** – marketing supervisor
**supervisor de mercancías** – merchandise supervisor
**supervisor de operaciones** – operations supervisor
**supervisor de personal** – personnel supervisor
**supervisor de plan** – plan supervisor
**supervisor de producción** – production supervisor
**supervisor de programa** – program supervisor
**supervisor de proyecto** – project supervisor
**supervisor de publicidad** – advertising supervisor
**supervisor de reclamaciones** – claims supervisor
**supervisor de recursos humanos** – human resources supervisor
**supervisor de red** – network supervisor
**supervisor de registros** – records supervisor
**supervisor de sistemas** – systems supervisor
**supervisor de sucursal** – branch office supervisor
**supervisor de turno** – supervisor on duty
**supervisor de ventas** – sales supervisor
**supervisor departamental** – departmental supervisor
**supervisor empresarial** – enterprise supervisor
**supervisor financiero** – financial supervisor
**supervisor general** – general supervisor
**supervisor intermedio** – middle supervisor
**supervisor mercantil** – commercial supervisor
**supervisor monetario** – money supervisor, monetary supervisor
**supervisor presupuestario** – budget supervisor
**supervisor regional** – regional supervisor
**supervivencia** *f* – survivorship, survival
**superviviente** *m/f* – survivor
**superviviente** *adj* – surviving
**suplantable** *adj* – supplantable, falsifiable
**suplantación** *f* – supplantation, falsification
**suplantador** *m* – supplanter, falsifier
**suplantador** *adj* – supplanting, falsifying
**suplantar** *v* – to supplant, to falsify
**suplemental** *adj* – supplemental
**suplementar** *v* – to supplement
**suplementario** *adj* – supplementary
**suplemento** *m* – supplement, addendum
**suplencia** *f* – substitution
**suplente** *m/f* – substitute, replacement
**suplente** *adj* – substituting
**supletorio** *adj* – supplementary, additional
**súplica** *f* – petition, plea
**suplicación** *f* – petition, plea
**suplicar** *v* – to petition, to appeal, to plead
**suplicatoria** *f* – formal communication from a court to a higher one, letters rogatory
**suplicatorio** *m* – petition to initiate legal proceedings against a member of the same legislative body, letters rogatory
**suplicatorio** *adj* – petitioning, pleading
**suplicio** *m* – torture, execution, place of execution, agony
**suplir** *v* – replace, substitute, make up for
**suplir** *v* – to fulfill, to supplement, to substitute, to overlook, to replace, to make up for, to supply
**suponedor** *m* – supposer
**suponedor** *adj* – supposing
**suponer** *v* – to suppose
**suposición** *f* – supposition, falsehood, authority
**suposición irrazonable** – unreasonable supposition
**suposición razonable** – reasonable supposition
**supradicho** *adj* – above-mentioned
**supranacional** *adj* – supranational
**supraprotesto** *m* – supraprotest
**suprema corte** – supreme court
**suprema corte de justicia** – supreme court of justice
**supremamente** *adv* – supremely
**supremo** *adj* – supreme, last
**supresión** *f* – suppression, omission, abolition
**suprimible** *adj* – suppressible
**suprimir** *v* – to suppress, to omit, to abolish
**supuesto** *m* – supposition
**supuesto** *adj* – supposed
**supuesto dumping** – alleged dumping
**supuesto incumplimiento** – alleged noncompliance, alleged breach, alleged default
**supuesto subsidio** – alleged subsidy
**supuesta subvención** – alleged subsidy
**surtido** *m* – assortment, selection, range
**surtir** *v* – to supply
**surtir efecto** – to take effect, to have the desired effect
**susceptible** *adj* – susceptible
**suscitar** *v* – to cause
**suscribir** *v* – to subscribe, to subscribe to, to sign, to underwrite
**suscribir acciones** – underwrite stock
**suscripción** *f* – subscription, signing, underwriting
**suscripción de acciones** – stock subscription, stock underwriting
**suscripción de bonos** – bond underwriting
**suscripción negociada** – negotiated underwriting
**suscripción preferente** – preferred underwriting
**suscripto** *adj* – subscribed, signed, underwritten
**suscriptor** *m* – subscriber, signer, underwriter
**suscriptor administrador** – managing underwriter
**suscriptor principal** – principal underwriter
**suscrito** *adj* – subscribed, signed, underwritten
**suscrito, el** – the undersigned
**suscritor** *m* – subscriber, signer, underwriter
**susodicho** *adj* – aforementioned, aforedescribed, aforenamed, aforestated
**suspender** *v* – to suspend, to adjourn, to astound
**suspender pago** – to stop payment
**suspendido** *adj* – suspended, adjourned
**suspensión** *f* – suspension, adjournment, abeyance
**suspensión arancelaria** – tariff suspension
**suspensión compensatoria** – compensatory suspension
**suspensión de abogacía** – temporary disbarment

**suspensión de armas** – truce
**suspensión de cargo público** – suspension from public office
**suspensión de cobertura** – suspension of coverage
**suspensión de condena** – suspension of sentence
**suspensión de empleo y sueldo** – suspension without pay
**suspensión de garantías constitucionales** – suspension of constitutional rights
**suspensión de hostilidades** – truce
**suspensión de la instancia** – stay of proceedings
**suspensión de la prescripción** – tolling of the statute of limitations
**suspensión de la sentencia** – suspension of the sentence
**suspensión de operaciones** – suspension of operations
**suspensión de pagos** – suspension of payments
**suspensión de póliza** – suspension of policy
**suspensión de tarifa** – tariff suspension
**suspensión de un derecho** – suspension of a right
**suspensión de una acción** – suspension of an action
**suspensión del trabajo** – suspension from work
**suspensión en el trabajo** – suspension from work
**suspensión procesal** – stay of proceedings
**suspensión y restablecimiento** – abatement and revival
**suspensivo** *adj* – suspensive
**suspenso** *adj* – suspended, astounded
**suspenso, en** – in abeyance
**suspicacia** *f* – suspiciousness, distrust
**suspicaz** *adj* – suspicious, distrustful
**sustancia** *f* – substance
**sustancia controlada** – controlled substance
**sustancia toxica** – toxic substance
**sustanciación** *f* – substantiation, proceedings of a case
**sustancial** *adj* – substantial
**sustancialmente** *adv* – substantially
**sustanciar** *v* – to substantiate, to abridge, to try a case
**sustancias peligrosas** – hazardous substances
**sustancias químicas peligrosas** – hazardous chemicals
**sustantivo** *adj* – substantive
**sustentable** *adj* – sustainable, defensible
**sustentación** *f* – sustenance, support
**sustentador** *m* – sustainer, supporter
**sustentador** *adj* – sustaining, supporting
**sustentar** *v* – to sustain, to support
**sustento** *m* – sustenance, support
**sustitución** *f* – substitution
**sustituible** *adj* – substitutable
**sustituidor** *adj* – substitute
**sustituir** *v* – to substitute
**sustitutivo** *adj* – substitutive
**sustituto** *m* – substitute
**sustracción** *f* – subtraction, removal, theft, robbery, misappropriation
**sustraer** *v* – to subtract, to remove, to steal, to rob, to misappropriate
**sutileza** *f* – subtlety, cunning
**SWIFT** *m* – SWIFT

# T

**tabique** *m* – partition wall, partition
**tabla** *f* – table, schedule, list
**tabla actuarial** – actuarial table
**tabla de amortización** – amortization schedule, depreciation schedule
**tabla de casos** – table of cases
**tabla de desembolsos** – disbursement schedule
**tabla de morbilidad** – morbidity table
**tabla de mortalidad** – mortality table
**tabla de pagos** – payment schedule
**tabla de salarios** – salary table
**tabla de tasas impositivas** – tax-rate schedule
**tabla de tipos impositivos** – tax-rate schedule
**tablas de mortalidad** – mortality tables
**tablas de vida** – life expectancy tables
**tablas financieras** – financial tables
**tablas fiscales** – tax tables
**tablero** *m* – board, panel
**tablilla** *f* – license plate
**tablón de anuncios** – bulletin board, notice board
**tabular** *adj* – tabular
**tabular** *v* – to tabulate
**tachón** *m* – crossing out
**tácita reconducción** – tacit relocation
**tácitamente** *adv* – tacitly
**tácito** *adj* – tacit
**tácticas** *f* – tactics
**tácticas dilatorias** – delaying tactics
**tacha** *f* – flaw, disqualification, challenge
**tacha de testigos** – disqualification of witnesses
**tachable** *adj* – exceptionable, that may be crossed out
**tachador** *m* – challenger
**tachadura** *f* – erasure, crossing out
**tachón** *m* – crossing out
**tachar** *v* – to cross out, to challenge, to object to
**tagarote** *m* – notary's clerk
**taha** *f* – district, jurisdiction
**tahúr** *m* – gambler
**tahúr** *adj* – gambling
**tahurería** *f* – gambling, gambling house
**tajante** *adj* – definitive, cutting
**tajo** *m* – slash, cut
**tal y como está** – as is
**tala** *f* – destruction, felling of trees
**talador** *m* – destroyer, feller
**talador** *adj* – destroying, felling
**tálamo** *m* – conjugal bed
**talante** *m* – countenance, manner, disposition, appearance
**talar** *v* – to destroy, to fell trees
**talión** *m* – talion
**talionar** *v* – to retaliate against
**talmente** *adv* – in this manner

**talón** *m* – check, cheque, receipt, coupon, stub
**talón de cheque** – check stub, cheque stub, counterfoil
**talón de venta** – sales slip
**talonario** *m* – checkbook, chequebook
**talonario de cheques** – checkbook, chequebook
**talla** *f* – height, size, stature, intellectual and/or moral worth, reward
**taller** *m* – workshop, factory, shop
**taller abierto** – open shop
**taller agremiado** – union shop
**taller cerrado** – closed shop
**taller unionado** – union shop
**tambaleante** *adv* – staggering
**tambalear** *v* – to stagger
**tambaleo** *m* – staggering
**también conocido como** – also known as
**tan pronto como sea posible** – as soon as possible
**tan pronto como sea razonablemente posible** – as soon as practicable
**tanda** *f* – shift, task, lot
**tangente** *f* – tangent
**tangibilidad** *f* – tangibleness
**tangible** *adj* – tangible
**tantear** *v* – to size up, to compare, to estimate
**tanteo** *m* – sizing up, comparison, estimate
**tanto** *m* – little, certain amount, copy
**tanto** *adj* – as much, so much
**tanto** *adv* – so much, so long, just as much as
**tapadillo, de** – stealthily
**tapado** *adj* – concealed
**tapador** *adj* – concealing
**tapadura** *f* – concealing, obstruction
**tapar** *v* – to cover, to conceal, to obstruct
**tapiar** *v* – to wall up
**taquilla** *f* – ticket, ticket office, ticket receipts
**tara** *f* – tare, defect
**tarar** *v* – to tare
**tardanza** *f* – tardiness, dalliance
**tardar** *v* – to be tardy, to be slow
**tarde** *f* – afternoon, evening
**tarde** *adv* – late
**tardecer** *v* – to grow late
**tardíamente** *adv* – tardily, belatedly
**tardío** *adj* – tardy, late, slow
**tardo** *adj* – tardy, late, slow
**tarea** *f* – task, employment
**tarea activa** – active task
**tarea adicional** – additional task
**tarea administrativa** – administrative task
**tarea bancaria** – bank task
**tarea clave** – key task
**tarea compartida** – joint task, shared task
**tarea continua** – continuous task
**tarea contratada** – contracted task
**tarea de grupo** – group task
**tarea de oficina** – office task, clerical task
**tarea en equipo** – team task
**tarea especializada** – specialized task
**tarea grupal** – group task
**tarea imposible** – impossible task
**tarea pagada** – paid task
**tarea peligrosa** – dangerous task, hazardous task
**tarea permanente** – permanent task
**tarea profesional** – professional task
**tarea remunerada** – paid task
**tarea suplementaria** – supplemental task
**tarea voluntaria** – voluntary task
**tarifa** *f* – tariff, duty, rate schedule, fare, toll
**tarifa ad valorem** – ad valorem tariff
**tarifa adicional** – additional tariff, additional duty
**tarifa aduanera** – customs tariff, tariff
**tarifa aérea** – air fare, air tariff, air rate
**tarifa agrícola** – agricultural tariff
**tarifa al valor** – ad valorem tariff
**tarifa alternativa** – alternative tariff
**tarifa antidumping** – antidumping tariff, antidumping duty
**tarifa autónoma** – autonomous tariff
**tarifa compensatoria** – compensatory tariff, countervailing duty, compensating tariff
**tarifa compuesta** – compound tariff, compound duty
**tarifa común** – common tariff
**tarifa conjunta** – joint fare
**tarifa convencional** – conventional tariff
**tarifa de aduanas** – customs tariff, tariff, schedule of customs duties
**tarifa de avalúo** – tariff
**tarifa de entrada** – import tariff, import duty
**tarifa de exportación** – export tariff, export duty
**tarifa de importación** – import tariff, import duty
**tarifa de represalia** – retaliatory duty
**tarifa de salida** – export tariff, export duty
**tarifa diferencial** – differential duty
**tarifa discriminadora** – discriminating tariff
**tarifa específica** – specific tariff
**tarifa fija** – fixed tariff, fixed rate
**tarifa flexible** – flexible tariff
**tarifa general** – general tariff
**tarifa media** – average tariff
**tarifa mínima** – minimum tariff, minimum fare
**tarifa mixta** – mixed tariff
**tarifa múltiple** – multiple tariff
**tarifa normal** – normal tariff
**tarifa ordinaria** – ordinary tariff
**tarifa plana** – flat rate
**tarifa por día** – day rate
**tarifa por hora** – hourly rate
**tarifa preferencial** – preferential tariff
**tarifa preferente** – preferential tariff
**tarifa prohibitiva** – prohibitive tariff
**tarifa promedio** – average tariff
**tarifa reducida** – reduced tariff, reduced fare
**tarifa regular** – regular tariff, regular fare
**tarifa según el valor** – ad valorem tariff
**tarifa típica** – typical tariff
**tarifa única** – single rate
**tarifa variable** – variable tariff
**tarifar** *v* – to set a tariff, to fall out
**tarifas aplicadas** – applied tariffs
**tarifas aumentadas** – increased tariffs
**tarjeta** *f* – card
**tarjeta bancaria** – bank card
**tarjeta comercial** – business card, commercial card
**tarjeta con chip** – chip card, smart card
**tarjeta corporativa** – corporate card
**tarjeta de banco** – bank card
**tarjeta de compras** – purchasing card

**tarjeta de control** – control card
**tarjeta de crédito** – credit card, charge card
**tarjeta de crédito bancaria** – bank credit card
**tarjeta de crédito corporativa** – corporate credit card
**tarjeta de crédito empresarial** – company credit card
**tarjeta de cuenta** – account card
**tarjeta de cheque** – check card, cheque card
**tarjeta de débito** – debit card
**tarjeta de efectivo** – cash card
**tarjeta de firmas** – signature card
**tarjeta de identidad** – identity card
**tarjeta de identificación** – identification card
**tarjeta de lealtad** – loyalty card, rewards card
**tarjeta de negocios** – business card
**tarjeta de transacciones** – transaction card
**tarjeta de visitas** – business card
**tarjeta del cliente** – client card, customer card
**tarjeta electrónica** – electronic card, e-card
**tarjeta expirada** – expired card
**tarjeta falsificada** – counterfeit card
**tarjeta inteligente** – smart card, chip card
**tarjeta magnética** – magnetic card
**tarjeta mal codificada** – misencoded card
**tarjeta mercantil** – commercial card
**tarjeta no expirada** – unexpired card
**tarjeta no transferible** – nontransferable card
**tarjeta perdida** – lost card
**tarjeta personal** – personal card
**tarjeta postal** – postcard
**tarjeta prepagada** – prepaid card
**tarjeta profesional** – business card
**tarjeta registradora** – time clock
**tarjeta SIM** – SIM card
**tarjeta sindical** – union card
**tarjeta transferible** – transferable card
**tarjeta verde** – green card
**tasa** *f* – rate, measure, assessment, tax, fee
**tasa a corto plazo** – short-term rate
**tasa a largo plazo** – long-term rate
**tasa a mediano plazo** – medium-term rate
**tasa a medio plazo** – medium-term rate
**tasa a plazo** – forward rate
**tasa a término** – forward rate
**tasa abierta** – open rate
**tasa acordada** – agreed-upon rate
**tasa acostumbrada** – customary rate
**tasa actual** – actual rate, present rate
**tasa actuarial** – actuarial rate
**tasa ad valorem** – ad valorem rate
**tasa aduanera** – customs rate
**tasa ajustable** – adjustable rate
**tasa ajustada** – adjusted rate
**tasa al contado** – spot rate
**tasa alternativa** – alternative rate
**tasa anual** – annual rate
**tasa anual compuesta** – compound annual rate
**tasa anual constante** – constant annual rate
**tasa anual equivalente** – annual percentage rate, annual equivalent rate
**tasa anual fija** – fixed annual rate
**tasa anualizada** – annualized rate
**tasa arancelaria** – tariff rate
**tasa aumentada** – increased rate
**tasa bancaria** – bank rate
**tasa base** – base rate
**tasa básica** – basic rate
**tasa bisemanal** – biweekly rate
**tasa calculada** – calculated rate
**tasa central** – central rate
**tasa cero** – zero rate
**tasa clave** – key rate
**tasa combinada** – combined rate
**tasa comercial** – commercial rate
**tasa competitiva** – competitive rate
**tasa compuesta** – compound rate
**tasa conjunta** – joint rate
**tasa constante** – constant rate
**tasa contable** – accounting rate
**tasa contratada** – contracted rate
**tasa contributiva** – tax rate
**tasa contributiva efectiva** – effective tax rate
**tasa contributiva marginal** – marginal tax rate
**tasa contributiva máxima** – maximum tax rate
**tasa contributiva mínima** – minimum tax rate
**tasa convenida** – agreed-upon rate
**tasa corriente** – current rate
**tasa cruzada** – cross-rate
**tasa de absentismo** – absenteeism rate
**tasa de accidentes** – accident rate
**tasa de actividad** – activity rate
**tasa de aduanas** – customs rate
**tasa de agotamiento** – attrition rate
**tasa de alquiler** – rental rate
**tasa de amortización** – depreciation rate, amortization rate
**tasa de apreciación** – appreciation rate
**tasa de ausencias** – absence rate
**tasa de ausentismo** – absenteeism rate
**tasa de cambio** – exchange rate
**tasa de cambio administrada** – managed exchange rate
**tasa de cambio constante** – constant exchange rate
**tasa de cambio contable** – accounting exchange rate
**tasa de cambio de divisas** – foreign exchange rate
**tasa de cambio efectiva** – effective exchange rate
**tasa de cambio especificada** – specified exchange rate
**tasa de cambio estable** – stable exchange rate
**tasa de cambio fija** – fixed exchange rate
**tasa de cambio flexible** – flexible exchange rate
**tasa de cambio flotante** – floating exchange rate
**tasa de cambio múltiple** – multiple exchange rate
**tasa de cambio nominal** – nominal exchange rate
**tasa de cambio oficial** – official exchange rate
**tasa de cambio preestablecida** – preset exchange rate
**tasa de cambio única** – single exchange rate
**tasa de cambio variable** – variable exchange rate
**tasa de capitalización** – capitalization rate
**tasa de clase** – class rate
**tasa de coaseguro** – coinsurance rate
**tasa de cobros** – collection rate
**tasa de combinación** – combination rate
**tasa de comisión** – commission rate
**tasa de concesión** – concession rate
**tasa de contrato** – contract rate
**tasa de conversión** – conversion rate
**tasa de crecimiento** – growth rate
**tasa de demanda** – demand rate

**tasa de depósito** – deposit rate
**tasa de depreciación** – depreciation rate
**tasa de descuento** – discount rate
**tasa de descuento bancaria** – bank discount rate
**tasa de desempleo** – unemployment rate
**tasa de desempleo natural** – natural unemployment rate
**tasa de desgaste** – attrition rate
**tasa de dividendos** – dividend rate
**tasa de empleo** – employment rate
**tasa de empréstito** – loan rate
**tasa de expansión** – expansion rate
**tasa de exportación** – export rate
**tasa de financiación** – financing rate
**tasa de financiamiento** – financing rate
**tasa de fondos federales** – federal funds rate
**tasa de hipoteca** – mortgage rate
**tasa de imposición** – tax rate
**tasa de impuesto** – tax rate
**tasa de impuestos sobre la renta** – income tax rate
**tasa de inflación** – inflation rate
**tasa de inflación básica** – core inflation rate
**tasa de intercambio** – interchange rate
**tasa de interés** – interest rate
**tasa de interés a corto plazo** – short-term interest rate
**tasa de interés a largo plazo** – long-term interest rate
**tasa de interés a mediano plazo** – medium-term interest rate
**tasa de interés a medio plazo** – medium-term interest rate
**tasa de interés a plazo** – forward interest rate
**tasa de interés a término** – forward interest rate
**tasa de interés acordada** – agreed-upon interest rate
**tasa de interés anual constante** – constant annual interest rate
**tasa de interés anual fija** – fixed annual interest rate
**tasa de interés base** – base interest rate
**tasa de interés calculada** – calculated interest rate
**tasa de interés compuesta** – compound interest rate, compound rate
**tasa de interés constante** – constant interest rate
**tasa de interés contratada** – contracted interest rate
**tasa de interés corriente** – current interest rate
**tasa de interés de bono** – bond interest rate
**tasa de interés de contrato** – contract interest rate
**tasa de interés de depósitos** – deposit interest rate
**tasa de interés de mercado** – market interest rate
**tasa de interés de préstamo** – loan interest rate
**tasa de interés de referencia** – reference interest rate, benchmark interest rate
**tasa de interés de tarjeta de crédito** – credit card interest rate
**tasa de interés del crédito** – credit interest rate
**tasa de interés diaria** – daily interest rate
**tasa de interés efectiva** – effective interest rate, annual percentage rate
**tasa de interés específica** – specific interest rate
**tasa de interés especificada** – specified interest rate
**tasa de interés estable** – stable interest rate
**tasa de interés estimada** – estimated interest rate
**tasa de interés estipulada** – stipulated interest rate
**tasa de interés fija** – fixed interest rate
**tasa de interés flexible** – flexible interest rate
**tasa de interés flotante** – floating interest rate
**tasa de interés fluctuante** – fluctuating interest rate
**tasa de interés hipotecaria** – mortgage interest rate
**tasa de interés inicial** – initial interest rate
**tasa de interés legal** – legal interest rate
**tasa de interés lícita** – licit interest rate
**tasa de interés máxima** – maximum interest rate
**tasa de interés mínima** – minimum interest rate
**tasa de interés natural** – natural interest rate
**tasa de interés negociada** – negotiated interest rate
**tasa de interés nominal** – nominal interest rate, face interest rate
**tasa de interés periódica** – periodic interest rate
**tasa de interés preestablecida** – preset interest rate
**tasa de interés preferencial** – prime rate
**tasa de interés prevaleciente** – prevailing interest rate
**tasa de interés razonable** – reasonable interest rate
**tasa de interés real** – real interest rate
**tasa de interés regular** – regular interest rate
**tasa de interés tope** – ceiling interest rate
**tasa de interés usuraria** – usurious interest rate
**tasa de interés variable** – variable interest rate
**tasa de inversión** – investment rate
**tasa de mercado** – market rate
**tasa de mercado abierto** – open market rate
**tasa de miembro** – member's rate
**tasa de morbilidad** – morbidity rate
**tasa de morosidad** – delinquency rate
**tasa de mortalidad** – mortality rate
**tasa de nación más favorecida** – most-favored nation rate
**tasa de natalidad** – birth rate
**tasa de ocupación** – occupation rate
**tasa de paro** – unemployment rate
**tasa de pérdidas** – loss rate
**tasa de préstamo** – loan rate
**tasa de porcentaje anual** – annual percentage rate
**tasa de préstamo comercial** – commercial loan rate
**tasa de préstamo hipotecario** – mortgage loan rate
**tasa de préstamo máxima** – maximum loan rate
**tasa de préstamo mínima** – minimum loan rate
**tasa de préstamo nominal** – nominal loan rate
**tasa de préstamo puente** – bridge loan rate
**tasa de préstamo variable** – variable loan rate
**tasa de préstamos** – lending rate
**tasa de prima** – premium rate
**tasa de producción** – production rate
**tasa de reaseguro** – reinsurance rate
**tasa de redescuento** – rediscount rate
**tasa de referencia** – reference rate, benchmark rate
**tasa de reinversión** – reinvestment rate
**tasa de rendimiento** – rate of return
**tasa de rendimiento real** – real rate of return, actual rate of return
**tasa de rentabilidad** – rate of return
**tasa de retención** – retention rate
**tasa de retorno** – rate of return
**tasa de seguros** – insurance rate
**tasa de sueldo base** – base pay rate
**tasa de tarifas** – tariff rate
**tasa de tarjeta de crédito** – credit card rate
**tasa de tránsito** – transit rate
**tasa de utilización** – utilization rate
**tasa de vacantes** – vacancy rate
**tasa decreciente** – falling rate

**tasa del cupón** – coupon rate
**tasa del mercado monetario** – money market rate
**tasa departamental** – departmental rate
**tasa desestacionalizada** – seasonally adjusted rate
**tasa devengada** – rate earned
**tasa diaria** – daily rate
**tasa diferencial** – differential rate
**tasa efectiva** – effective rate
**tasa especial** – special rate
**tasa específica** – specific rate
**tasa especificada** – specified rate
**tasa estabilizada** – stabilized rate
**tasa estable** – stable rate
**tasa establecida** – established rate
**tasa estándar** – standard rate
**tasa estatal** – state rate
**tasa estipulada** – stipulated rate
**tasa excesiva** – excessive rate
**tasa exorbitante** – exorbitant rate
**tasa fija** – fixed rate
**tasa fiscal** – tax rate
**tasa flexible** – flexible rate
**tasa flotante** – floating rate
**tasa fluctuante** – fluctuating rate
**tasa garantizada** – guaranteed rate
**tasa hipotecaria** – mortgage rate
**tasa hipotecaria ajustable** – adjustable mortgage rate
**tasa histórica** – historical rate
**tasa identificada** – identified rate
**tasa impositiva** – tax rate
**tasa impositiva combinada** – composite tax rate
**tasa impositiva efectiva** – effective tax rate
**tasa impositiva marginal** – marginal tax rate
**tasa impositiva máxima** – maximum tax rate
**tasa impositiva mínima** – minimum tax rate
**tasa incierta** – uncertain rate
**tasa incremental** – incremental rate
**tasa indexada** – indexed rate
**tasa indicada** – indicated rate
**tasa indizada** – indexed rate
**tasa inflacionaria** – inflation rate
**tasa inicial** – initial rate
**tasa interbancaria** – interbank rate
**tasa intermedia** – middle rate
**tasa interna de rendimiento** – internal rate of return
**tasa interna de rentabilidad** – internal rate of return
**tasa interna de retorno** – internal rate of return
**tasa introductoria** – introductory rate
**tasa irrazonable** – unreasonable rate
**tasa legal** – legal rate
**tasa Libor** – LIBOR, London Interbank Offered Rate
**tasa libre** – free rate
**tasa lícita** – licit rate
**tasa límite** – rate cap
**tasa límite de interés** – interest rate cap
**tasa máxima** – maximum rate
**tasa media** – average rate
**tasa mínima** – minimum rate, floor rate
**tasa natural** – natural rate
**tasa natural de desempleo** – natural unemployment rate
**tasa negociada** – negotiated rate
**tasa neta** – net rate
**tasa no ajustada** – unadjusted rate
**tasa nominal** – nominal rate
**tasa normal** – normal rate
**tasa normal de rendimiento** – normal rate of return
**tasa objeto** – target rate
**tasa oficial** – official rate
**tasa pactada** – agreed-upon rate
**tasa periódica** – periodic rate
**tasa por debajo del mercado** – below-market rate
**tasa por trabajo** – job rate, work rate
**tasa porcentual anual** – annual percentage rate
**tasa preaprobada** – preapproved rate
**tasa predeterminada** – predetermined rate
**tasa preestablecida** – preset rate
**tasa preferencial** – preferential rate
**tasa prevaleciente** – prevailing rate
**tasa promedia** – blended rate
**tasa proporcional** – proportional rate
**tasa provisional** – provisional rate
**tasa puente** – bridge rate
**tasa razonable** – reasonable rate
**tasa real** – real rate, actual rate
**tasa reducida** – reduced rate
**tasa regulada** – regulated rate
**tasa regular** – regular rate
**tasa renegociable** – renegotiable rate
**tasa representativa** – representative rate
**tasa requerida** – required rate
**tasa retroactiva** – retroactive rate
**tasa salarial** – wage rate
**tasa según el valor** – ad valorem rate
**tasa semianual** – semiannual rate
**tasa semivariable** – semivariable rate
**tasa subsidiada** – subsidized rate
**tasa subvencionada** – subsidized rate
**tasa temporal** – temporary rate
**tasa típica** – typical rate
**tasa tope** – ceiling rate
**tasa tributaria** – tax rate
**tasa tributaria combinada** – composite tax rate
**tasa tributaria efectiva** – effective tax rate
**tasa tributaria máxima** – maximum tax rate
**tasa tributaria mínima** – minimum tax rate
**tasa trimestral** – quarterly rate
**tasa usuraria** – usurious rate
**tasa variable** – variable rate
**tasa vigente** – going rate
**tasable** *adj* – appraisable, taxable
**tasación** *f* – appraisal, price regulation
**tasación certificada** – certified appraisal
**tasación de bienes raíces** – real estate appraisal
**tasación de costas** – assessment of litigation costs
**tasación de propiedad** – property appraisal
**tasación excesiva** – excessive appraisal
**tasación exorbitante** – exorbitant appraisal
**tasación final** – final appraisal, final assessment
**tasación incorrecta** – incorrect appraisal
**tasación independiente** – independent appraisal
**tasación pericial** – expert appraisal
**tasado** *adj* – appraised, assessed
**tasador** *m* – appraiser, assessor
**tasador** *adj* – appraising
**tasador certificado** – certified appraiser
**tasador de bienes raíces** – real estate appraiser
**tasador de Hacienda** – tax assessor, tax appraiser

**tasar** *v* – to appraise, to value, to assess, to regulate, to tax
**tasas administradas** – managed rates
**tasas consulares** – consular fees
**tasas contributivas progresivas** – progressive tax rates
**tasas controladas** – controlled rates
**tasas convencionales** – conventional rates
**tasas crecientes** – rising rates
**tasas de cambio controladas** – controlled exchange rates
**tasas de cambio manipuladas** – manipulated exchange rates
**tasas decrecientes** – declining rates
**tasas impositivas progresivas** – progressive tax rates
**tasas manipuladas** – manipulated rates
**tasas progresivas** – progressive rates
**tasas tributarias progresivas** – progressive tax rates
**tatarabuela** *f* – great-great-grandmother
**tatarabuelo** *m* – great-great-grandfather, great-great-grandparent
**tataranieta** *f* – great-great-granddaughter
**tataranieto** *m* – great-great-grandson, great-great-grandchild
**tatuaje** *m* – tattoo
**tautología** *f* – tautology
**tautológico** *adj* – tautological
**taxativamente** *adv* – restrictively
**taxativo** *adj* – restrictive
**teatral** *adj* – theatrical
**teatralmente** *adv* – theatrically
**tecla** *f* – key, delicate matter
**teclado** *m* – keyboard
**técnica** *f* – technique, technology
**técnicamente** *adv* – technically
**técnicas de auditoría** – audit techniques
**técnicas de venta** – sales techniques
**tecnicidad** *f* – technicality
**tecnicismo** *m* – technicality, technical term
**técnico** *m* – expert
**técnico** *adj* – technical
**tecnocracia** *f* – technocracy
**tecnócrata** *adj* – technocrat
**tecnócrata** *m/f* – technocrat
**tecnoestructura** *f* – technostructure
**tecnología** *f* – technology
**tecnología adaptiva** – adaptive technology
**tecnología agraria** – agrarian technology
**tecnología asistiva** – assistive technology
**tecnología avanzada** – advanced technology, state-of-the-art technology, cutting-edge technology, leading-edge technology
**tecnología de alimentos** – food technology
**tecnología de información** – information technology
**tecnología de oficina** – office technology
**tecnología de producción** – production technology
**tecnología de punta** – state-of-the-art technology, cutting-edge technology, leading-edge technology, advanced technology
**tecnología de vanguardia** – state-of-the-art technology, cutting-edge technology, leading-edge technology, advanced technology
**tecnología informática** – information technology
**tecnología limpia** – clean technology
**tecnología nueva** – new technology
**tecnología puntera** – state-of-the-art technology, cutting-edge technology, leading-edge technology, advanced technology
**tecnológico** *adj* – technological
**techo** *m* – ceiling, cap
**techo anual** – annual ceiling
**techo combinado** – combined ceiling
**techo contributivo** – tax ceiling
**techo de crédito** – credit ceiling
**techo de deuda** – debt ceiling
**techo de endeudamiento** – borrowing ceiling
**techo de gastos** – expense ceiling
**techo de ingresos** – income ceiling
**techo de póliza** – policy ceiling
**techo de precio** – price ceiling
**techo de préstamos** – loan ceiling
**techo de responsabilidad** – ceiling of liability
**techo de seguros** – insurance ceiling
**techo de tasa** – rate ceiling
**techo de tipo** – rate ceiling
**techo diario** – daily ceiling
**techo estándar** – standard ceiling
**techo impositivo** – tax ceiling
**techo legal** – legal ceiling
**techo necesario** – necessary ceiling
**techo obligado** – mandatory ceiling
**techo obligatorio** – mandatory ceiling
**techo presupuestario** – budget ceiling
**techo salarial** – salary ceiling
**techo superior** – upper ceiling
**techo tributario** – tax ceiling
**tedioso** *adj* – tedious
**tela** *f* – lie, trick, subject matter
**telebanca** *f* – telebanking
**telecomunicación** *f* – telecommunication
**telecomunicaciones** *f* – telecommunications
**teleconferencia** *f* – teleconference
**telef. (teléfono)** – telephone, phone
**telefonía** *f* – telephony
**telefonía celular** – cellular telephony
**telefonía móvil** – mobile telephony
**telefonía por Internet** – Internet telephony
**telefónicamente** *v* – telephonically
**telefónico** *adj* – telephonic
**teléfono celular** – cellular phone, mobile phone
**teléfono Internet** – Internet phone
**teléfono móvil** – mobile phone, cellular phone
**telefotografía** *f* – telephotography, telephotograph
**teleinformática** *f* – computer communications, computer telecommunications
**telemarketing** *m* – telemarketing
**telemática** *f* – telematics
**telemercadeo** *m* – telemarketing
**telepago** *m* – remote payment, payment by phone
**telespectador** *m* – television viewer
**teletexto** *m* – teletext
**teletrabajador** *m* – telecommuter
**teletrabajar** *v* – to telecommute
**teletrabajo** *m* – telecommuting
**televentas** *f* – telesales
**televisar** *v* – to televise
**televisión** *f* – television, TV
**televisión comercial** – commercial television

**televisión corporativa** – corporate television
**televisión de circuito cerrado** – Closed-Circuit Television
**televisión de negocios** – business television
**televisión empresarial** – business television
**televisión interactiva** – interactive television
**télex** *m* – telex
**tema** *f* – obstinacy, obsession, grudge
**tema** *m* – subject
**temario** *m* – agenda
**temedero** *adj* – fearful
**temer** *v* – to fear, to suspect
**temerario** *adj* – temerarious
**temeridad** *f* – temerity
**temor** *m* – fear, suspicion
**temor extremo** – extreme fear
**temorizar** *v* – to terrorize
**temperación** *f* – tempering
**temperamental** *adj* – temperamental
**temperamento** *m* – temperament, compromise
**temperancia** *f* – temperance
**temperar** *v* – to temper
**tempestividad** *f* – timeliness
**tempestivo** *adj* – timely
**templadamente** *adv* – temperately
**templado** *adj* – temperate, severe, able
**templanza** *f* – temperance
**templar** *v* – to temper, to thrash, to kill
**temporada** *f* – season, period
**temporal** *adj* – temporary, temporal
**temporalmente** *adv* – temporarily, temporally
**temporáneo** *adj* – temporary, temporal
**temporero** *adj* – temporary, seasonal
**temporero** *m* – temporary worker, seasonal worker
**tendencia** *f* – tendency, trend
**tendencias comerciales** – business trends, commercial trends
**tendencias corporativas** – corporate trends
**tendencias económicas** – economic trends
**tendencias empresariales** – business trends
**tendencias mercantiles** – commercial trends
**tendencias naturales** – natural tendencies
**tendencias políticas** – political trends
**tendencias viciosas** – vicious propensities
**tendencioso** *adj* – tendentious
**tendero** *m* – shopkeeper
**tendiente** *adj* – tending to
**tenedor** *m* – holder, possessor, bearer, owner, tenant
**tenedor de acciones** – stockholder
**tenedor de bonos** – bondholder
**tenedor de buena fe** – holder in good faith, holder in due course, bona fide holder for value
**tenedor de contrato** – contract holder
**tenedor de letra** – bill holder
**tenedor de libros** – bookkeeper
**tenedor de mala fe** – holder in bad faith
**tenedor de pagaré** – noteholder
**tenedor de patente** – patent holder, patentee
**tenedor de póliza** – policyholder
**tenedor de prenda** – pledgee
**tenedor de seguros** – insurance holder
**tenedor de tarjeta** – cardholder
**tenedor de un pagaré** – noteholder
**tenedor de valor** – holder for value
**tenedor en debido curso** – holder in due course
**tenedor inscrito** – registered holder
**tenedor registrado** – registered holder, holder of record
**teneduría de libros** – bookkeeping
**tenencia** *f* – tenancy, holding, possession, tenure
**tenencia conjunta** – joint tenancy, cotenancy
**tenencia de armas** – possession of arms
**tenencia de valores** – holding of securities
**tenencia en común** – tenancy in common
**tenencia en conjunto** – tenancy in common
**tenencia ilícita** – illegal possession
**tenencia ilícita de armas** – illegal possession of arms
**tener** *v* – to have, to possess, to own, to take, to consider
**tener autoridad** – to have authority
**tener bajo control** – to have under control
**tener conocimiento** – to have knowledge
**tener control** – to have control
**tener derecho a** – to have the right to
**tener dudas** – to have doubts
**tener efecto** – to have effect
**tener en cuenta** – to keep in mind
**tener influencia** – to have influence
**tener lugar** – to be accepted, to lie, to occur
**tener poder** – to have power
**tener posesión** – to have possession
**tener relaciones** – to have intercourse
**tener responsabilidad** – to have liability
**tener responsable** – to hold responsible
**tener sospechas** – to have suspicions
**tener vigencia** – to be in force
**tener y poseer** – to have and to hold
**tenido en fideicomiso** – held in trust
**teniente** *m/f* – deputy
**teniente** *adj* – possessing, holding, owning
**tenor** *m* – literal meaning
**tenso** *adj* – tense, strained
**tentación** *f* – temptation
**tentar** *v* – to touch, to attempt, to tempt, to examine
**tentativa** *f* – attempt, experiment
**tentativa de asesinato** – murder attempt
**tentativa de delito** – crime attempt
**tentativa de fuga** – escape attempt
**tentativa de robo** – robbery attempt
**tentativa de violación** – rape attempt
**tentativo** *adj* – tentative
**teocracia** *f* – theocracy
**teócrata** *adj* – theocrat
**teócrata** *m/f* – theocrat
**teorético** *adj* – theoretical
**teoría** *f* – theory
**teoría administrativa** – management theory
**teoría de beneficios** – benefit theory
**teoría de decisiones** – decision theory
**teoría de juegos** – game theory
**teoría de la agencia** – agency theory
**teoría de la probabilidad** – probability theory
**teoría del caso** – theory of the case
**teoría económica** – economic theory
**teoría jurídica** – legal theory
**teóricamente** *adv* – theoretically
**teórico** *adj* – theoretic
**teorizar** *v* – to theorize

**terapia** *f* – therapy
**terapia de la víctima** – victim's therapy
**tercena** *f* – state monopoly store
**tercer mercado** – third market
**tercer mundo** – third world
**tercer poseedor** – third possessor
**tercer turno** – third shift
**tercera hipoteca** – third mortgage
**tercera instancia** – second appeal
**tercera persona** – third party, arbitrator
**tercerear** *v* – to mediate, to arbitrate
**tercería** *f* – mediation, arbitration, intervention
**tercería de dominio** – intervention in a suit by a third party claiming ownership
**tercería de mejor derecho** – intervention in a suit by a third party claiming a preferred right
**tercerista** *m/f* – intervenor
**tercermundista** *adj* – pertaining to the third world
**tercero** *m* – third party, mediator, arbitrator, intervenor
**tercero en discordia** – mediator, arbitrator
**tercero interviniente** – intervenor
**terceros en el proceso** – intervenors
**terciador** *m* – mediator, arbitrator
**terciador** *adj* – mediating, arbitrating
**terciar** *v* – to mediate, to arbitrate, to intervene
**tercio** *adj* – third
**tergiversable** *adj* – that can be misrepresented, that can be twisted
**tergiversación** *f* – misrepresentation, twisting
**tergiversar** *v* – to misrepresent, to twist
**terminabilidad** *f* – terminability
**terminable** *adj* – terminable
**terminación** *f* – termination
**terminación de arrendamiento** – termination of lease
**terminación de contrato** – termination of contract
**terminación de hipoteca** – termination of mortgage
**terminación de instrumento** – termination of instrument
**terminación de póliza** – termination of policy
**terminación del sindicato** – breaking the syndicate, syndicate termination
**terminación ilegal** – illegal termination
**terminación involuntaria** – involuntary termination
**terminación legal** – legal termination
**terminal** *adj* – terminal
**terminal** *m/f* – terminal
**terminal activado por cliente** – customer-activated terminal
**terminal de cajero** – teller terminal
**terminal de carga** – cargo terminal
**terminal de computadora** – computer terminal
**terminal de ordenador** – computer terminal
**terminal de pasajeros** – passenger terminal
**terminal de punto de venta** – point-of-sale terminal
**terminante** *adj* – definite
**terminantemente** *adv* – definitely
**terminar** *v* – to terminate
**término** *m* – term, period, duration, deadline, conclusion, boundary, condition, state, position, object
**término acordado** – agreed-upon period
**término acuñado** – coined term
**término anterior** – previous period
**término cierto** – fixed period
**término contable** – accounting period
**término contractual** – contractual period
**término contratado** – contracted period
**término convencional** – agreed-upon period
**término convenido** – agreed-upon period
**término de acumulación** – accumulation period
**término de alquiler** – rental term
**término de amortización** – amortization period, depreciation period
**término de arrendamiento** – lease term
**término de auditoría** – audit period
**término de aviso** – notice period, warning period
**término de beneficios** – benefits period
**término de cobro** – collection period
**término de compensación** – compensation period
**término de compromiso** – commitment period
**término de consolidación** – consolidation period
**término de contabilidad** – accounting period
**término de crédito** – credit period
**término de desarrollo** – development period
**término de descuento** – discount period
**término de elegibilidad** – eligibility period
**término de eliminación** – elimination period
**término de encarcelamiento** – imprisonment term
**término de espera** – waiting period
**término de facturación** – billing period
**término de garantía** – guarantee period
**término de gracia** – grace period
**término de ingresos** – earnings period
**término de liquidación** – liquidation period
**término de nómina** – payroll period
**término de notificación** – notice period, notification period
**término de opción** – option period
**término de pago** – payment period
**término de póliza** – policy period
**término de prescripción** – prescription period
**término de prisión** – prison term
**término de producción** – production period
**término de prueba** – term for producing evidence, trial period
**término de recesión** – recession period, recession
**término de redención** – redemption period
**término de reembolso** – repayment period, refund period
**término de reinversión** – reinvestment period
**término de repago** – payback period
**término de reposición** – replacement period
**término de rescate** – redemption period
**término de retorno** – return period, payback period
**término de tenencia** – holding period
**término de vacaciones** – vacation period, vacation
**término de validación** – validation period
**término del ciclo** – cycle period
**término del préstamo** – loan term
**término especificado** – specified period
**término estipulado** – stipulated period
**término excluido** – excluded period
**término extintivo** – expiration date
**término extraordinario** – extraordinary term for producing evidence
**término fatal** – deadline
**término fijo** – fixed period

**término financiero** – financial period
**término fiscal** – fiscal period, taxation period
**término improrrogable** – deadline
**término incierto** – uncertain period
**término inflacionario** – inflationary period
**término judicial** – judicial term
**término legal** – legal term
**término medio** – compromise
**término negociado** – negotiated period
**término ordinario** – ordinary term for producing evidence
**término pactado** – agreed-upon period
**término perentorio** – deadline
**término pico** – peak period
**término preestablecido** – preset period
**término preliminar** – preliminary period
**término presupuestario** – budget period
**término probatorio** – term for producing evidence, probationary period
**término procesal** – procedural term
**término prorrogable** – extendible period
**término regular** – regular period
**término renovable** – renewable period
**término tácito** – implied period
**terminología** *f* – terminology
**terminología especializada** – specialized terminology
**terminología jurídica** – legal terminology
**términos absolutos** – absolute terms
**términos acordados** – agreed-upon terms
**términos amistosos** – friendly terms
**términos anteriores** – former terms
**términos atractivos** – attractive terms
**términos comerciales** – commercial terms
**términos concesionarios** – concessional terms
**términos contratados** – contracted terms
**términos convencionales** – conventional terms
**términos corrientes** – current terms
**términos de aceptación** – terms of acceptance
**términos de comercio** – terms of trade
**términos de consignación** – consignment terms
**términos de crédito** – terms of credit
**términos de embarque** – terms of shipment
**términos de entrega** – terms of delivery
**términos de la póliza** – policy terms
**términos de pago** – terms of payment
**términos de préstamo** – terms of loan
**términos de transporte** – terms of shipment
**términos de venta** – terms of sale
**términos del arrendamiento** – lease terms
**términos del contrato** – contract terms
**términos del préstamo** – loan terms
**términos estipulados** – stipulated terms
**términos expresos** – express terms
**términos generales** – general terms
**términos mercantiles** – commercial terms
**términos negociados** – negotiated terms
**términos preestablecidos** – preset terms
**términos prevalecientes** – prevailing terms
**términos previos** – previous terms
**términos renegociables** – renegotiable terms
**términos renegociados** – renegotiated terms
**términos y condiciones** – terms and conditions
**términos y condiciones de aceptación** – terms and conditions of acceptance
**términos y condiciones de comercio** – terms and conditions of trade
**términos y condiciones de compra** – terms and conditions of purchase
**términos y condiciones de crédito** – terms and conditions of credit
**términos y condiciones de entrega** – terms and conditions of delivery
**términos y condiciones de pago** – terms and conditions of payment
**términos y condiciones de préstamo** – terms and conditions of loan
**términos y condiciones de transporte** – terms and conditions of shipment
**términos y condiciones de uso** – terms and conditions of use
**términos y condiciones de venta** – terms and conditions of sale
**terminus a quo** – starting point, terminus a quo
**terminus ad quem** – ending point, terminus ad quem
**terrateniente** *m/f* – landowner
**terreno** *m* – land, plot, lot, field
**terreno abierto** – open space
**terreno agrícola** – agricultural land
**terreno cerrado** – enclosed space
**terreno de cultivo** – farmland
**terreno edificado** – developed plot
**terreno lindante** – abutting land
**terreno yermo** – wasteland, uninhabited land
**terrestre** *adj* – terrestrial, land
**territorial** *adj* – territorial
**territorialidad** *f* – territoriality
**territorio** *m* – territory, zone
**territorio contiguo** – contiguous territory
**territorio extranjero** – foreign territory
**territorio nacional** – national territory
**terror** *m* – terror
**terrorismo** *m* – terrorism
**terrorista** *m/f* – terrorist
**terrorista** *adj* – terrorist
**tesis** *f* – thesis, theory, proposition
**tesón** *m* – tenacity, firmness
**tesorería** *f* – treasury, public treasury, post of a treasurer, bursary
**tesorería estatal** – government treasury, state treasury
**tesorería gubernamental** – government treasury
**tesorería nacional** – national treasury
**tesorero** *m* – treasurer, bursar
**tesorero corporativo** – corporate treasurer
**tesoro** *m* – treasure, treasury
**Tesoro** *m* – Treasury, Exchequer
**tesoro nacional** – national treasury
**Tesoro Público** – Treasury, Exchequer
**testado** *adj* – testate
**testador** *m* – testator
**testaferro** *m* – straw man, straw party, front, front man, figurehead
**testamentaría** *f* – testamentary proceeding, testamentary execution, decedent's estate, testamentary documents, meeting of executors
**testamentario** *m* – executor
**testamentario** *adj* – testamentary
**testamento** *m* – testament, will
**testamento abierto** – nuncupative will

**testamento antenupcial** – antenuptial will
**testamento cerrado** – sealed will, mystic will
**testamento común** – common will
**testamento condicional** – conditional will
**testamento en el extranjero** – will made abroad
**testamento escrito** – written will
**testamento especial** – special will
**testamento inoficioso** – inofficious will
**testamento inválido** – invalid will
**testamento legal** – legal will
**testamento mancomunado** – joint will
**testamento marítimo** – sailor's will
**testamento místico** – mystic will
**testamento mutuo** – mutual will
**testamento notarial** – notarial will
**testamento nuncupativo** – nuncupative will
**testamento ológrafo** – holographic will
**testamento oral** – oral will
**testamento ordinario** – ordinary will
**testamento perdido** – lost will
**testamento prenupcial** – antenuptial will
**testamento provisional** – provisional will
**testamento recíproco** – reciprocal will
**testamento solemne** – solemn will
**testamento vital** – living will, advance directive, advance health care directive
**testar** *v* – to make a will, to erase, to cancel
**testificación** *f* – testification, attestation
**testificador** *m* – witness
**testifical** *adj* – pertaining to a witness
**testificante** *adj* – testifying, witnessing, attesting
**testificar** *v* – to testify, to witness, to attest
**testificata** *f* – affidavit
**testificativo** *adj* – witnessing, attesting
**testigo** *m/f* – witness, attestor, evidence, testimony
**testigo abonado** – competent witness
**testigo auricular** – earwitness
**testigo certificador** – attesting witness
**testigo competente** – competent witness
**testigo cómplice** – accomplice witness
**testigo contra si mismo** – witness against oneself
**testigo corroborante** – corroborating witness
**testigo de cargo** – witness for the prosecution
**testigo de conocimiento** – attestor of identity
**testigo de descargo** – witness for the defense
**testigo de la parte actora** – witness for the plaintiff
**testigo de oídas** – earwitness
**testigo de vista** – eyewitness
**testigo del matrimonio** – witness to marriage
**testigo desacreditado** – discredited witness
**testigo desinteresado** – disinterested witness
**testigo esencial** – essential witness
**testigo falso** – false witness
**testigo hábil** – competent witness
**testigo hostil** – hostile witness
**testigo idóneo** – competent witness
**testigo imparcial** – impartial witness
**testigo incompetente** – incompetent witness
**testigo indispensable** – indispensable witness
**testigo inhábil** – incompetent witness
**testigo innecesario** – unnecessary witness
**testigo instrumental** – attesting witness
**testigo interesado** – interested witness
**testigo judicial** – witness during a trial
**testigo necesario** – necessary witness
**testigo no esencial** – unessential witness
**testigo ocular** – eyewitness
**testigo perito** – expert witness
**testigo persuasivo** – persuasive witness
**testigo presencial** – eyewitness
**testigo privilegiado** – privileged witness
**testigo testamentario** – witness to a will
**testimonial** *adj* – testimonial
**testimoniales** *m* – documentary evidence
**testimoniar** *v* – to testify, to bear witness to, to attest
**testimoniero** *m* – false witness
**testimonio** *m* – testimony, attestation, evidence, affidavit
**testimonio absurdo** – absurd testimony
**testimonio anterior** – former testimony
**testimonio corroborante** – corroborating testimony
**testimonio de lo cual, en** – in witness whereof
**testimonio de oídas** – hearsay evidence, hearsay
**testimonio de referencia** – hearsay evidence, hearsay
**testimonio directo** – direct testimony
**testimonio esencial** – essential testimony
**testimonio falso** – false testimony
**testimonio ilógico** – illogical testimony
**testimonio inadmisible** – inadmissible testimony
**testimonio inconsistente** – inconsistent testimony
**testimonio increíble** – incredible testimony
**testimonio incriminante** – incriminating testimony
**testimonio indispensable** – indispensable testimony
**testimonio inmaterial** – immaterial testimony
**testimonio innecesario** – unnecessary testimony
**testimonio irracional** – irrational testimony
**testimonio lógico** – logical testimony
**testimonio necesario** – necessary testimony
**testimonio no esencial** – unessential testimony
**testimonio obligatorio** – obligatory testimony
**testimonio oral** – oral testimony
**testimonio pericial** – expert testimony
**testimonio persuasivo** – persuasive testimony
**testimonio pertinente** – pertinent testimony
**testimoñero** *m* – false witness
**texto** *m* – text
**texto legal** – collection of laws, legal text
**texto publicitario** – advertising copy
**textual** *adj* – textual
**textualmente** *adv* – textually
**tía abuela** – great-aunt
**tiburón** *m* – raider, corporate raider
**tiempo** *m* – time, weather
**tiempo, a** – on time
**tiempo adicional** – additional time
**tiempo base** – base time
**tiempo compartido** – time-sharing
**tiempo compensatorio** – compensatory time
**tiempo completo, a** – full-time
**tiempo considerable** – considerable time
**tiempo continuo** – continuous period
**tiempo de efectividad** – effective period
**tiempo de ejecución** – execution time
**tiempo de entrega** – delivery time
**tiempo de espera** – waiting time
**tiempo de guerra** – time of war
**tiempo de inactividad** – downtime
**tiempo de paz** – time of peace

**tiempo de reposición** – replacement time
**tiempo de viaje** – travel time
**tiempo disponible** – available time
**tiempo doble** – double time
**tiempo en antena** – airtime
**tiempo en el aire** – airtime
**tiempo extra** – overtime
**tiempo habitual** – habitual time
**tiempo ilimitado** – unlimited time
**tiempo inactivo** – downtime
**tiempo inmemorial** – time immemorial
**tiempo inusual** – unusual time
**tiempo libre** – free time
**tiempo limitado** – limited time
**tiempo muerto** – dead time, idle time
**tiempo normal** – normal time
**tiempo ocioso** – idle time
**tiempo ordinario** – ordinary time
**tiempo parcial, a** – part-time
**tiempo permitido** – allowed time
**tiempo razonable** – reasonable time
**tiempo real** – real-time
**tiempo regular** – regular time
**tiempo suficiente** – sufficient time
**tiempo usual** – usual time
**tienda** *f* – store, shop
**tienda administrada** – managed store
**tienda adquirida** – acquired store
**tienda afiliada** – affiliated store
**tienda al detal** – retail store
**tienda al menudeo** – retail store
**tienda al por mayor** – wholesale store
**tienda al por menor** – retail store
**tienda autorizada** – authorized store
**tienda clandestina** – clandestine store, illegal store
**tienda corporativa** – corporate store
**tienda de autoservicio** – self-service store
**tienda de conveniencia** – convenience store
**tienda de la compañía** – company store
**tienda de la corporación** – corporate store
**tienda de una cadena** – chain store
**tienda detallista** – retail store
**tienda electrónica** – electronic store, e-store, Internet store, online store
**tienda en línea** – online store, Internet store, electronic store, e-store
**tienda establecida** – established store
**tienda familiar** – family store
**tienda ilegal** – illegal store, store organized for illegal purposes
**tienda ilícita** – illicit store, store organized for illegal purposes
**tienda independiente** – independent store
**tienda insignia** – flagship store
**tienda legal** – legal store
**tienda libre de impuestos** – duty-free shop
**tienda lícita** – legal store
**tienda local** – local store
**tienda mayorista** – wholesale store
**tienda minorista** – retail store
**tienda no afiliada** – unaffiliated store
**tienda online** – online store, Internet store, electronic store, e-store
**tienda pequeña** – small store
**tienda por departamentos** – department store
**tienda por Internet** – Internet store, online store, electronic store, e-store
**tienda principal** – main store
**tienda privada** – private store
**tienda propia** – sole proprietorship, personal store
**tienda pública** – public store
**tienda virtual** – virtual store
**tierra** *f* – earth, land, ground
**tierra abandonada** – abandoned land
**tierra adyacente** – adjacent land
**tierra alquilada** – rented land
**tierra arable** – arable land
**tierra arrendada** – leased land
**tierra colindante** – abutting land
**tierra común** – common land
**tierra cultivable** – arable land
**tierra de cultivo** – farmland
**tierra desarrollada** – developed land
**tierra explotada** – exploited land
**tierra hipotecada** – mortgaged land
**tierra marginal** – marginal land
**tierra productiva** – productive land
**tierra quemada** – scorched earth
**tierra rural** – rural land
**tierra urbana** – urban land
**tierra vacante** – vacant land
**tierras agrícolas** – agricultural lands
**tierras contiguas** – contiguous lands
**tierras mejoradas** – improved land
**tierras privadas** – private lands
**tierras públicas** – public lands
**tierras sumergidas** – submerged lands
**timador** *m* – swindler
**timar** *v* – to swindle
**timbrado** *adj* – stamped, sealed
**timbrado** *m* – stamped paper
**timbrar** *v* – to stamp, to seal
**timbre** *m* – stamp, tax stamp, tax stamp revenue, seal, buzzer
**timbre de correo** – postage stamp
**timbre de impuesto** – revenue stamp
**timbre fiscal** – revenue stamp
**timo** *m* – swindle, scam
**timo comercial** – business swindle, business scam
**timo corporativo** – corporate swindle, corporate scam
**timo empresarial** – business swindle, business scam
**timo mercantil** – business swindle, business scam
**timocracia** *f* – timocracy
**tinglado** *m* – shed, ruse
**tino** *m* – common sense, ability
**tío abuelo** – great-uncle
**típico** *adj* – typical
**tipo** *m* – type, kind, rate, standard, appearance
**tipo a corto plazo** – short-term rate
**tipo a largo plazo** – long-term rate
**tipo a plazo** – forward rate
**tipo a término** – forward rate
**tipo abierto** – open rate
**tipo acordado** – agreed-upon rate
**tipo actual** – actual rate, current rate
**tipo aduanero** – customs rate
**tipo ajustable** – adjustable rate
**tipo ajustado** – adjusted rate

**tipo al contado** – spot rate
**tipo alternativo** – alternative rate
**tipo anual** – annual rate
**tipo anual compuesto** – compound annual rate
**tipo anual constante** – constant annual rate
**tipo anual fijo** – fixed annual rate
**tipo anualizado** – annualized rate
**tipo arancelario** – tariff rate
**tipo bancario** – bank rate
**tipo base** – base rate
**tipo básico** – basic rate
**tipo bisemanal** – biweekly rate
**tipo calculado** – calculated rate
**tipo central** – central rate
**tipo cero** – zero rate
**tipo clave** – key rate
**tipo combinado** – combined rate
**tipo comercial** – commercial rate
**tipo competitivo** – competitive rate
**tipo compuesto** – compound rate
**tipo conjunto** – joint rate
**tipo constante** – constant rate
**tipo contable** – accounting rate
**tipo contratado** – contracted rate
**tipo contributivo efectivo** – effective tax rate
**tipo contributivo marginal** – marginal tax rate
**tipo contributivo máximo** – maximum tax rate
**tipo contributivo mínimo** – minimum tax rate
**tipo convenido** – agreed-upon rate
**tipo corriente** – current rate
**tipo cruzado** – cross-rate
**tipo de alquiler** – rental rate
**tipo de amortización** – rate of depreciation
**tipo de apreciación** – appreciation rate
**tipo de cambio** – exchange rate
**tipo de cambio administrado** – managed exchange rate, administered exchange rate
**tipo de cambio constante** – constant exchange rate
**tipo de cambio contable** – accounting exchange rate
**tipo de cambio de divisas** – foreign exchange rate
**tipo de cambio efectivo** – effective exchange rate
**tipo de cambio especificado** – specified exchange rate
**tipo de cambio estable** – stable exchange rate
**tipo de cambio fijo** – fixed exchange rate
**tipo de cambio flexible** – flexible exchange rate
**tipo de cambio flotante** – floating exchange rate
**tipo de cambio libre** – free exchange rate
**tipo de cambio múltiple** – multiple exchange rate
**tipo de cambio nominal** – nominal exchange rate
**tipo de cambio oficial** – official exchange rate
**tipo de cambio preestablecido** – preset exchange rate
**tipo de cambio único** – single exchange rate
**tipo de cambio variable** – variable exchange rate
**tipo de capitalización** – capitalization rate
**tipo de clase** – class rate
**tipo de cobros** – collection rate
**tipo de combinación** – combination rate
**tipo de contrato** – contract rate, type of contract
**tipo de conversión** – conversion rate
**tipo de depreciación** – rate of depreciation, type of depreciation
**tipo de descuento** – discount rate
**tipo de descuento bancario** – bank discount rate
**tipo de dividendos** – dividend rate
**tipo de empréstito** – loan rate
**tipo de exportación** – export rate
**tipo de fondos federales** – federal funds rate
**tipo de hipoteca** – mortgage rate, type of mortgage
**tipo de imposición** – tax rate, type of taxation
**tipo de impuesto** – tax rate, type of tax
**tipo de impuestos sobre la renta** – income tax rate
**tipo de inflación** – inflation rate
**tipo de intercambio** – interchange rate
**tipo de interés** – interest rate
**tipo de interés a corto plazo** – short-term interest rate
**tipo de interés a largo plazo** – long-term interest rate
**tipo de interés acordado** – agreed-upon interest rate
**tipo de interés ajustado** – adjusted interest rate
**tipo de interés anual** – annual interest rate
**tipo de interés bancario** – bank interest rate
**tipo de interés base** – base interest rate
**tipo de interés calculado** – calculated interest rate
**tipo de interés constante** – constant interest rate
**tipo de interés contratado** – contracted interest rate
**tipo de interés corriente** – current interest rate
**tipo de interés de préstamo** – loan interest rate
**tipo de interés de referencia** – reference interest rate, benchmark interest rate
**tipo de interés efectivo** – effective interest rate, annual percentage rate
**tipo de interés especificado** – specified interest rate
**tipo de interés específico** – specific interest rate
**tipo de interés estable** – stable interest rate
**tipo de interés estimado** – estimated interest rate
**tipo de interés estipulado** – stipulated interest rate
**tipo de interés fijo** – fixed interest rate
**tipo de interés financiero** – financial interest rate
**tipo de interés flexible** – flexible interest rate
**tipo de interés flotante** – floating interest rate
**tipo de interés fluctuante** – fluctuating interest rate
**tipo de interés hipotecario** – mortgage interest rate
**tipo de interés inicial** – initial interest rate
**tipo de interés legal** – legal interest rate
**tipo de interés máximo** – maximum interest rate
**tipo de interés mínimo** – minimum interest rate
**tipo de interés natural** – natural interest rate
**tipo de interés nominal** – nominal interest rate, face interest rate
**tipo de interés periódico** – periodic interest rate
**tipo de interés preferencial** – prime rate
**tipo de interés prevaleciente** – prevailing interest rate
**tipo de interés razonable** – reasonable interest rate
**tipo de interés real** – real interest rate
**tipo de interés regulado** – regulated interest rate
**tipo de interés regular** – regular interest rate
**tipo de interés renegociable** – renegotiable interest rate
**tipo de interés tope** – ceiling interest rate
**tipo de interés usurario** – usurious rate of interest
**tipo de interés variable** – variable interest rate
**tipo de mercado** – market rate, type of market
**tipo de mercado abierto** – open market rate
**tipo de miembro** – member's rate
**tipo de nación más favorecida** – most-favored nation rate
**tipo de préstamo** – loan rate, type of loan
**tipo de préstamo bancario** – bank loan rate

**tipo de préstamo comercial** – commercial loan rate
**tipo de préstamo hipotecario** – mortgage loan rate
**tipo de préstamo máximo** – maximum loan rate
**tipo de préstamo mínimo** – minimum loan rate
**tipo de préstamo nominal** – nominal loan rate
**tipo de préstamo puente** – bridge loan rate
**tipo de préstamos** – lending rate
**tipo de prima** – premium rate, type of premium
**tipo de redescuento** – rediscount rate
**tipo de referencia** – reference rate, benchmark rate
**tipo de reinversión** – reinvestment rate
**tipo de rendimiento** – rate of return
**tipo de rendimiento real** – real rate of return
**tipo de retención** – retention rate
**tipo de seguro** – type of insurance
**tipo de seguros** – insurance rate
**tipo de sueldo base** – base pay rate
**tipo de tarifas** – tariff rate
**tipo de tarjeta de crédito** – credit card rate
**tipo de tránsito** – transit rate
**tipo decreciente** – falling rate
**tipo del cupón** – coupon rate
**tipo devengado** – rate earned
**tipo diferencial** – differential rate
**tipo efectivo** – effective rate
**tipo especial** – special rate
**tipo especificado** – specified rate
**tipo específico** – specific rate
**tipo estabilizado** – stabilized rate
**tipo estable** – stable rate
**tipo estándar** – standard rate
**tipo estatal** – state rate
**tipo estipulado** – stipulated rate
**tipo fijo** – fixed rate
**tipo fiscal** – tax rate
**tipo flexible** – flexible rate
**tipo flotante** – floating rate
**tipo fluctuante** – fluctuating rate
**tipo garantizado** – guaranteed rate
**tipo hipotecario** – mortgage rate
**tipo impositivo** – tax rate
**tipo impositivo combinado** – composite tax rate
**tipo impositivo efectivo** – effective tax rate
**tipo impositivo marginal** – marginal tax rate
**tipo impositivo máximo** – maximum tax rate
**tipo impositivo mínimo** – minimum tax rate
**tipo incierto** – uncertain rate
**tipo incremental** – incremental rate
**tipo indexado** – indexed rate
**tipo indizado** – indexed rate
**tipo inflacionario** – inflation rate
**tipo inicial** – initial rate
**tipo interbancario** – interbank rate
**tipo intermedio** – middle rate
**tipo introductorio** – introductory rate
**tipo legal** – legal rate
**tipo límite** – rate cap
**tipo máximo** – maximum rate
**tipo mínimo** – minimum rate
**tipo natural** – natural rate
**tipo negociado** – negotiated rate
**tipo neto** – net rate
**tipo no ajustado** – unadjusted rate
**tipo nominal** – nominal rate
**tipo objeto** – target rate
**tipo oficial** – official rate
**tipo pactado** – agreed-upon rate
**tipo periódico** – periodic rate
**tipo por trabajo** – job rate
**tipo porcentual anual** – annual percentage rate
**tipo preaprobado** – preapproved rate
**tipo predeterminado** – predetermined rate
**tipo preestablecido** – preset rate
**tipo preferencial** – preferred rate
**tipo prevaleciente** – prevailing rate
**tipo promedio** – blended rate
**tipo proporcional** – proportional rate
**tipo provisional** – provisional rate
**tipo puente** – bridge rate
**tipo razonable** – reasonable rate
**tipo real** – real rate, actual rate
**tipo reducido** – reduced rate
**tipo regulado** – regulated rate
**tipo renegociable** – renegotiable rate
**tipo representativo** – representative rate
**tipo requerido** – required rate
**tipo retroactivo** – retroactive rate
**tipo salarial** – wage rate
**tipo semianual** – semiannual rate
**tipo semivariable** – semivariable rate
**tipo subsidiado** – subsidized rate
**tipo subvencionado** – subsidized rate
**tipo tope** – ceiling rate
**tipo tributario** – tax rate
**tipo tributario efectivo** – effective tax rate
**tipo tributario máximo** – maximum tax rate
**tipo tributario mínimo** – minimum tax rate
**tipo trimestral** – quarterly rate
**tipo usurario** – usurious rate
**tipo variable** – variable rate
**tipo vigente** – going rate
**tipos controlados** – controlled rates
**tipos crecientes** – rising rates
**tipos de cambio controlados** – controlled exchange rates
**tipos de cambio manipulados** – manipulated exchange rates
**tipos de interés crecientes** – rising interest rates
**tipos de interés decrecientes** – declining interest rates
**tipos decrecientes** – declining rates
**tipos impositivos progresivos** – progressive tax rates
**tipos manipulados** – manipulated rates
**tipos progresivos** – progressive rates
**TIR (tasa interna de retorno, tasa interna de rendimiento, tasa interna de rentabilidad)** – internal rate of return, IRR
**tirada** *f* – distance, period, throw
**tiranamente** *adv* – tyrannically
**tiranía** *f* – tyranny
**tiranicida** *m/f* – tyrannicide
**tiránico** *adj* – tyrannical
**tirano** *m* – tyrant
**tirante** *adj* – tense
**tirantez** *f* – tenseness
**tirar** *v* – to throw, to fire, to waste, to transport
**tiro** *m* – shot, throw, injury, theft, robbery
**tiro al aire** – shot in the air

**tiro de gracia** – coup de grâce
**tirotear** *v* – to fire at
**tiroteo** *m* – exchange of shots, shootout, shooting, skirmish
**titubeante** *adj* – hesitant, staggering
**titubear** *v* – to hesitate, to stagger
**titubeo** *m* – hesitation, staggering
**titulación** *f* – title documents
**titulado** *m* – titled person
**titular** *m* – headline
**titular** *m/f* – owner of record, owner, holder, holder of title
**titular** *adj* – titular, regular
**titular** *v* – to title
**titular de cuenta** – account holder
**titular de derechos** – rights holder
**titular de marca** – brand holder
**titular de préstamo** – loan holder
**titular de tarjeta** – cardholder
**titularidad** *f* – ownership
**titulización** *f* – securitization
**título** *m* – title, certificate of title, deed, certificate, qualification, heading, bond, license, licence, reason, degree
**título absoluto** – absolute title, absolute fee simple
**título al portador** – bearer instrument, bearer security, bearer bond
**título aparente** – apparent title
**título asegurable** – insurable title
**título auténtico** – authentic title
**título colorado** – color of title
**título completo** – complete title
**título de acciones** – stock certificate
**título de adquisición** – bill of sale
**título de crédito** – credit instrument
**título de cuenta** – account title
**título de deuda** – debt instrument, evidence of indebtedness
**título de dominio** – title, title deed
**título de la deuda pública** – public bond
**título de patente** – letters patent
**título de propiedad** – title, title deed
**título defectuoso** – defective title
**título dudoso** – doubtful title
**título ejecutivo** – document which grants a right of execution
**título en equidad** – equitable title
**título endosable** – endorsable instrument
**título equitativo** – equitable title
**título evidente** – evident title
**título gratuito** – gratuitous title
**título gratuito, a** – gratuitous
**título hábil** – perfect title
**título hipotecario** – mortgage bond
**título imperfecto** – imperfect title, bad title
**título impugnable** – exceptionable title
**título incondicional** – absolute fee simple, absolute deed
**título informativo, a** – for information purposes, by way of information
**título inscribible** – registrable title
**título inscrito** – recorded title
**título inválido** – invalid title
**título justo** – just title
**título legal** – legal title
**título limpio** – clear title
**título lucrativo** – lucrative title
**título manifiesto** – manifest title
**título no asegurable** – uninsurable title
**título no garantizado** – uninsured title
**título no traslativo de dominio** – unmarketable title
**título nominativo** – registered instrument, registered bond
**título nulo** – void title
**título oneroso** – onerous title
**título oneroso, a** – based on valuable consideration
**título originario** – original title
**título perfecto** – perfect title
**título por prescripción** – title by prescription
**título posesorio** – possessory title
**título precario, a** – for temporary use and enjoyment
**título presunto** – presumptive title
**título primordial** – original title
**título profesional** – professional license, professional licence, professional title
**título putativo** – presumptive title
**título registrado** – title of record
**título satisfactorio** – satisfactory title
**título seguro** – marketable title
**título singular** – singular title
**título superior** – superior title
**título translativo de dominio** – marketable title
**título válido** – valid title
**título valor** – credit instrument
**título viciado** – defective title, imperfect title
**título vicioso** – defective title, imperfect title
**títulos negociables** – negotiable paper
**TLCAN (Tratado de Libre Comercio de América del Norte)** – North American Free Trade Agreement, NAFTA
**tocamiento** *m* – touching, unwanted physical contact of a sexual nature, unwanted physical contact
**tocar** *v* – to touch, to touch upon
**tocayo** *m* – namesake
**toda pérdida** – all loss
**todas las costas** – all court costs
**todas los costes** – all costs
**todas los costos** – all costs
**todavía** *adv* – still, nevertheless, even
**todo incluido** – all-inclusive
**todo riesgo** – all risks
**todos los defectos** – all faults
**todos los derechos reservados** – all rights reserved, copyright reserved
**todos y cada uno** – all and singular
**tolerable** *adj* – tolerable
**tolerancia** *f* – tolerance
**tolerante** *adj* – tolerant
**tolerar** *v* – to tolerate, to overlook
**toma** *f* – taking, receiving
**toma de datos** – data capture
**toma de decisiones** – decision making
**toma de posesión** – taking of possession
**toma de riesgos** – risk taking
**tomador** *m* – taker, drawee, payee, drinker, pickpocket
**tomador de crédito** – borrower
**tomar** *v* – to take, to take on, to drink

**tomar acciones prestadas** – to borrow shares, to borrow stock
**tomar capital prestado** – to borrow capital
**tomar control** – to take control
**tomar dinero prestado** – to borrow money
**tomar el acuerdo** – to decide
**tomar el juramento** – to administer an oath, to take an oath
**tomar en cuenta** – to take into account
**tomar fondos prestados** – to borrow funds
**tomar forma** – to take shape
**tomar inventario** – to take inventory
**tomar medidas** – to take measures
**tomar posesión** – to take possession
**tomar prestado** – to borrow
**tomar una decisión** – to make a decision
**tomar una resolución** – to make a resolution
**tomo** *m* – tome, importance
**tonelada** *f* – ton
**tonelada corta** – short ton
**tonelada de arqueo** – register ton
**tonelada de registro** – register ton
**tonelada larga** – long ton
**tonelada métrica** – metric ton
**tonelaje** *m* – tonnage, tonnage dues
**tonelaje bruto** – gross tonnage
**tonelaje neto** – net tonnage
**tonelaje registrado** – registered tonnage
**tontina** *f* – tontine
**tope** *m* – cap, ceiling, limit
**tope anual** – annual cap
**tope básico** – basic cap
**tope combinado** – combined cap
**tope contributivo** – tax cap
**tope controlado** – controlled cap
**tope convenido** – agreed-upon cap
**tope de aceptación** – acceptance cap
**tope de coaseguro** – coinsurance cap
**tope de crédito** – credit cap
**tope de deuda** – debt cap
**tope de edad** – age cap
**tope de endeudamiento** – borrowing cap
**tope de fluctuación** – fluctuation cap
**tope de gastos** – expense cap
**tope de ingresos** – income cap
**tope de póliza** – policy cap
**tope de precio** – price cap
**tope de préstamos** – loan cap
**tope de producción** – production cap
**tope de reaseguro** – reinsurance cap
**tope de responsabilidad** – liability cap
**tope de seguros** – insurance cap
**tope de tasa** – rate cap
**tope de tasa de interés** – interest rate cap
**tope de tipo** – rate cap
**tope de tipo de interés** – interest rate cap
**tope del país** – country cap
**tope diario** – daily cap
**tope dividido** – split cap
**tope en exceso** – excess cap
**tope específico** – specific cap
**tope impositivo** – tax cap
**tope legal** – legal cap
**tope necesario** – necessary cap
**tope obligado** – mandatory cap
**tope obligatorio** – mandatory cap
**tope por accidente** – per accident cap
**tope por persona** – per person cap
**tope presupuestario** – budget cap
**tope requerido** – required cap
**tope superior** – upper cap
**tope total** – aggregate cap
**tope tributario** – tax cap
**tope variable** – variable cap
**tópico** *m* – topic
**topografía** *f* – topography
**toque** *m* – touch, essence
**toque de queda** – curfew
**torcer** *v* – to twist, to corrupt
**tormento** *m* – torment
**tornadura** *f* – return
**torno** *m* – turn, granting of auctioned property to the second highest bidder upon the first failing to meet the stipulated conditions
**torpeza moral** – moral turpitude
**torsión** *f* – twisting
**torticeramente** *adv* – unjustly, illegally
**torticero** *adj* – unjust, illegal
**tortuguismo** *m* – slowdown
**tortuosamente** *adv* – tortuously
**tortura** *f* – torture
**torturador** *m* – torturer
**torturador** *adj* – torturous
**torturar** *v* – to torture, to torment
**total** *m* – total, total number
**total a abonar** – total payable, total due
**total a cobrar** – total receivable
**total a pagar** – total payable, total due
**total a riesgo** – total at risk
**total acreditado** – total credited
**total actual** – present total
**total acumulado** – accumulated total
**total adeudado** – total owed, total due
**total amortizable** – amortizable total, depreciable total
**total amortizado** – amortized total, depreciated total
**total aplazado** – deferred total
**total asegurado** – total covered, total insured
**total base** – base total
**total bruto** – gross total
**total cargado** – total charged
**total cobrado** – total collected
**total constante** – constant total
**total contribuido** – total contributed
**total convenido** – agreed-upon total
**total de crédito** – total of credit
**total de la factura** – invoice total
**total de la pérdida** – total of loss
**total de la reclamación** – claim total
**total de la subvención** – total of subsidy
**total de la transacción** – transaction total
**total debido** – total due, total payable
**total declarado** – stated total, declared total
**total deducido** – total deducted
**total del daño** – total of damage
**total del subsidio** – total of subsidy
**total depreciado** – depreciated total
**total desembolsado** – disbursed total
**total determinado** – determined total

**total en descubierto** – overdrawn total
**total en exceso** – excess total
**total en riesgo** – total at risk
**total específico** – specific total
**total exento** – exempt total
**total facturado** – total invoiced
**total fijo** – fixed total
**total financiado** – total financed
**total garantizado** – guaranteed total
**total inicial** – initial total
**total medio** – average total
**total mínimo** – minimum total
**total necesario** – necessary total
**total neto** – net total
**total nominal** – nominal total
**total obligado** – obligatory total
**total obligatorio** – obligatory total
**total pagadero** – total to be paid, total payable, total due
**total pagado** – total paid
**total pagado en exceso** – total overpaid
**total pendiente** – total outstanding
**total perdido** – total lost
**total predeterminado** – predetermined total
**total promedio** – average total
**total real** – actual total
**total realizado** – total realized
**total requerido** – required total
**total retenido** – total withheld
**total transferido** – transferred total
**total vencido** – total overdue
**totalidad** *f* – totality
**totalidad del acuerdo** – entirety of agreement, entirety of contract
**totalidad del contrato** – entirety of contract
**totalidad del convenio** – entirety of agreement, entirety of contract
**totalitario** *adj* – totalitarian
**totalitarismo** *m* – totalitarianism
**totalizar** *v* – to total, to add up
**totalmente** *adv* – totally, fully
**totalmente nulo** – absolutely void
**totalmente pagado** – fully paid
**totalmente pago** – fully paid
**toxicidad** *f* – toxicity
**tóxico** *adj* – toxic
**toxicología ambiental** – environmental toxicology
**toxicómano** *m* – drug addict
**traba** *f* – tie, obstacle, seizure, attachment
**trabacuenta** *f* – error in an account, dispute
**trabajador** *adj* – working, laborious, labourious
**trabajador** *m* – worker, laborer, labourer, employee
**trabajador a corto plazo** – short-term worker
**trabajador a destajo** – pieceworker
**trabajador a distancia** – teleworker
**trabajador a largo plazo** – long-term worker
**trabajador a sueldo** – salaried worker
**trabajador a tiempo completo** – full-time worker
**trabajador a tiempo parcial** – part-time worker
**trabajador agrícola** – farm worker
**trabajador ambulante** – transient worker
**trabajador asalariado** – salaried employee
**trabajador asociado** – co-worker
**trabajador autónomo** – self-employed worker
**trabajador bancario** – bank worker, bank clerk
**trabajador calificado** – qualified worker, skilled worker
**trabajador clave** – key worker
**trabajador cualificado** – qualified worker, skilled worker
**trabajador de oficina** – office worker, clerk
**trabajador de producción** – production worker
**trabajador de temporada** – seasonal worker
**trabajador del estado** – government employee, state employee
**trabajador del gobierno** – government employee
**trabajador dependiente** – employee
**trabajador discapacitado** – disabled worker
**trabajador diurno** – day worker
**trabajador emigrante** – emigrant worker
**trabajador especializado** – specialized worker
**trabajador estacional** – seasonal worker
**trabajador eventual** – temporary worker
**trabajador extranjero** – foreign worker
**trabajador fronterizo** – cross-border worker, border worker
**trabajador incapacitado** – disabled worker
**trabajador independiente** – independent contractor
**trabajador industrial** – industrial worker
**trabajador inmigrante** – immigrant worker
**trabajador invitado** – guest worker
**trabajador itinerante** – itinerant worker
**trabajador manual** – manual worker, blue-collar worker
**trabajador migratorio** – migrant worker
**trabajador nocturno** – night worker
**trabajador permanente** – permanent worker
**trabajador por cuenta ajena** – employed worker, salaried worker
**trabajador por cuenta propia** – self-employed worker
**trabajador por horas** – hourly worker
**trabajador por pieza** – pieceworker
**trabajador por turnos** – shift worker
**trabajador probatorio** – probationary worker
**trabajador público** – public worker
**trabajador sindicalizado** – unionized worker
**trabajador temporal** – temporary worker, casual worker
**trabajador temporario** – temporary worker, casual worker
**trabajador temporero** – temporary worker, casual worker
**trabajador transfronterizo** – cross-border worker
**trabajar** *v* – to work, to be employed, to labor, to labour, to handle, to carry, to disturb
**trabajar a destajo** – to do piecework
**trabajar a tiempo completo** – to work full-time
**trabajar a tiempo parcial** – to work part-time
**trabajar horas extraordinarias** – to work overtime
**trabajar horas extras** – to work overtime
**trabajar por cuenta ajena** – to be employed
**trabajar por cuenta propia** – to be self-employed, to work independently
**trabajar por turnos** – to work in shifts
**trabajar un jurado** – to labor a jury
**trabajo** *m* – work, job, labor, labour, employment, task, effort, report, bother
**trabajo a corto plazo** – short-term job, short-term

work
**trabajo a destajo** – piecework
**trabajo a distancia** – telework, teleworking
**trabajo a largo plazo** – long-term job, long-term work
**trabajo a tiempo completo** – full-time job, full-time work
**trabajo a tiempo parcial** – part-time job, part-time work
**trabajo activo** – active work
**trabajo adicional** – additional work
**trabajo administrativo** – administrative work
**trabajo agrícola** – agricultural work
**trabajo bajo contrato** – contract labor, contract labour, contract work
**trabajo bancario** – bank job, bank work
**trabajo calificado** – qualified work, skilled work
**trabajo casual** – casual labor, casual labour, temporary work
**trabajo clave** – key job, key work
**trabajo colaborativo** – collaborative work
**trabajo compartido** – joint work, shared work
**trabajo continuo** – continuous work
**trabajo contratado** – contract labor, contract labour, contract work
**trabajo cualificado** – qualified work, skilled work
**trabajo de administración** – administration work
**trabajo de baja categoría** – menial work
**trabajo de banco** – bank job, bank work
**trabajo de campo** – field work
**trabajo de construcción** – construction work
**trabajo de grupo** – group work
**trabajo de medio tiempo** – part-time work
**trabajo de menores** – child labor, child labour
**trabajo de necesidad** – work of necessity
**trabajo de oficina** – office work, clerical work
**trabajo de producción** – production work
**trabajo diurno** – day work
**trabajo en el sector privado** – private-sector work
**trabajo en el sector público** – public-sector work
**trabajo en equipo** – team work
**trabajo especializado** – specialized work
**trabajo estacional** – seasonal work
**trabajo eventual** – temporary job, casual work
**trabajo extra** – overtime work, overtime, extra work
**trabajo fijo** – steady job, secure job
**trabajo forzado** – forced labor, forced labour, indentured labor, indentured labour, slave labor, slave labour
**trabajo forzoso** – forced labor, forced labour, indentured labor, indentured labour, slave labor, slave labour
**trabajo grupal** – group work
**trabajo justo** – fair work
**trabajo liviano** – light work
**trabajo manual** – manual labor, manual labour
**trabajo nocturno** – night work
**trabajo pagado** – paid work
**trabajo peligroso** – dangerous work, hazardous work
**trabajo permanente** – permanent work
**trabajo pesado** – heavy work
**trabajo por cuenta ajena** – work as an employee
**trabajo por cuenta propia** – self-employment, independent work
**trabajo por pieza** – piecework
**trabajo por turnos** – shift work
**trabajo profesional** – professional work
**trabajo provechoso** – gainful work
**trabajo publicado** – published work
**trabajo remunerado** – paid work
**trabajo seguro** – secure job, steady job
**trabajo sumergido** – underground work
**trabajo suplementario** – supplemental work
**trabajo temporal** – temporary job, temporary work, casual work, casual labor, casual labour
**trabajo temporario** – temporary job, temporary work, casual work, casual labor, casual labour
**trabajo temporero** – temporary job, temporary work, casual work, casual labor, casual labour
**trabajo vitalicio** – lifetime job, lifetime work
**trabajo voluntario** – voluntary work
**trabajoso** *adj* – laborious, labourious, labored, laboured
**trabar** *v* – to join, to seize, to initiate
**trabazón** *f* – connection
**trabucación** *f* – confusion, mistake
**trabucar** *v* – to confuse, to upset
**tracto** *m* – space, interval
**tradición** *f* – tradition, delivery, transfer
**tradición absoluta** – absolute delivery
**tradición condicional** – conditional delivery
**tradición corporal** – actual delivery
**tradición de derechos** – transfer of rights
**tradición de inmuebles** – transfer of real property
**tradición de la posesión** – transfer of possession
**tradición de la propiedad** – transfer of property
**tradición de muebles** – transfer of personal property
**tradición efectiva** – actual delivery
**tradición ficticia** – feigned delivery
**tradición fingida** – feigned delivery
**tradición jurídica** – legal tradition
**tradición real** – actual delivery
**tradición simbólica** – symbolic delivery
**tradicional** *adj* – traditional
**tradicionalismo** *m* – traditionalism
**tradicionalista** *adj* – traditionalist
**tradicionalista** *m/f* – traditionalist
**traducción** *f* – translation
**traducción simultanea** – simultaneous translation
**traducir** *v* – to translate
**traductor** *m* – translator
**traer** *v* – to bring, to bring about, to compel
**traficado ilegalmente** – illegally trafficked
**traficado ilícitamente** – illicitly trafficked
**traficante** *m/f* – trafficker
**traficar** *v* – to traffic, to travel
**tráfico** *m* – traffic
**tráfico de drogas** – drug traffic
**tráfico de influencias** – influence peddling
**tráfico ilegal** – illegal traffic
**tráfico impropio** – improper traffic
**tragedia** *f* – tragedy
**trago** *m* – drink
**traición** *f* – treason, treachery
**traición, a** – traitorously
**traición constructiva** – constructive treason
**traicionar** *v* – to betray
**traicionero** *m* – traitor
**traicionero** *adj* – traitorous, treacherous

**traidor** *m* – traitor
**trajín** *m* – hectic activity, chore, transport
**trama** *f* – plot
**tramar** *v* – to plot
**tramitación** *f* – processing, procedure, transaction, negotiation
**tramitación de un préstamo** – processing of a loan
**tramitación de una solicitud** – processing of an application
**tramitación sumaria** – summary proceeding
**tramitador** *m* – transactor, negotiator
**tramitar** *v* – to transact, to negotiate, to process, to proceed with
**trámite** *m* – step, procedure, proceeding, negotiation
**trámite autorizado** – authorized procedure
**trámite bancario** – banking procedure
**trámite básico** – basic procedure
**trámite comercial** – business procedure, commercial procedure
**trámite común** – joint procedure
**trámite conjunto** – joint procedure
**trámite corporativo** – corporate procedure
**trámite de alto riesgo** – high-risk procedure
**trámite de cobro** – collection procedure
**trámite de comercio** – commerce procedure
**trámite de crédito** – credit procedure
**trámite de exportación** – export procedure
**trámite de financiamiento** – financing procedure
**trámite de importación** – import procedure
**trámite de inversión** – investment procedure
**trámite de seguros** – insurance procedure
**trámite de ultramar** – overseas procedure
**trámite designado** – designated procedure
**trámite doméstico** – domestic procedure
**trámite empresarial** – enterprise procedure
**trámite esencial** – essential procedure
**trámite especial** – special procedure
**trámite estatal** – state procedure
**trámite ético** – ethical procedure
**trámite exterior** – foreign procedure
**trámite extranjero** – foreign procedure
**trámite extraordinario** – extraordinary procedure
**trámite familiar** – family procedure
**trámite federal** – federal procedure
**trámite fiduciario** – fiduciary procedure
**trámite fiscal** – fiscal procedure
**trámite financiero** – financial procedure
**trámite global** – global procedure
**trámite ilegal** – illegal procedure
**trámite ilícito** – illicit procedure
**trámite impropio** – improper procedure
**trámite inapropiado** – inappropriate procedure
**trámite incidental** – incidental procedure
**trámite individual** – individual procedure
**trámite industrial** – industrial procedure
**trámite importante** – important procedure
**trámite intencionado** – intended procedure
**trámite interestatal** – interstate procedure
**trámite internacional** – international procedure
**trámite interno** – internal procedure
**trámite legal** – legal procedure
**trámite lícito** – licit procedure
**trámite local** – local procedure
**trámite mercantil** – commercial procedure
**trámite multinacional** – multinational procedure
**trámite nacional** – national procedure
**trámite peligroso** – dangerous procedure
**trámite pendiente** – pending procedure
**trámite pequeño** – small procedure
**trámite principal** – main procedure
**trámite privado** – private procedure
**trámite público** – public procedure
**trámite secundario** – secondary procedure
**trámites administrativos** – administrative procedures
**trámites aduaneros** – customs procedures
**trámites arbitrales** – arbitration procedures
**trámites contables** – accounting procedures
**trámites de aceptación** – acceptance procedures
**trámites de administración** – administration procedures
**trámites de aduanas** – customs procedures
**trámites de auditoría** – auditing procedures
**trámites de certificación** – certification procedures
**trámites de conciliación** – conciliation procedures
**trámites de contabilidad** – accounting procedures
**trámites de despido** – dismissal procedures
**trámites de reclamación** – claims procedures
**trámites de solicitud** – application procedures
**trámites disciplinarios** – disciplinary procedures
**trámites establecidos** – established procedures
**trámites judiciales** – judicial proceedings, judicial procedures, court procedures
**trámites para quejas** – complaints procedures
**trámites penales** – criminal proceedings
**trámites periódicos** – periodic procedures
**tramo** *m* – section, passage, bracket
**tramo de renta** – income bracket
**trampa** *f* – trap, cheating
**trampa de liquidez** – liquidity trap
**trampa de pobreza** – poverty trap
**trampear** *v* – to cheat
**trampería** *f* – cheating
**tramposo** *m* – cheat
**tramposo** *adj* – cheating
**trance** *m* – crucial moment, trance
**tranquilamente** *adv* – calmly
**tranquilidad** *f* – tranquility
**tranquilidad pública** – public tranquility
**transacción** *f* – transaction, settlement
**transacción administrativa** – administrative transaction
**transacción aduanera** – customs transaction
**transacción aislada** – isolated transaction
**transacción al contado** – cash transaction, cash trade
**transacción aleatoria** – random transaction
**transacción autónoma** – autonomous transaction
**transacción autorizada** – authorized transaction
**transacción bancaria** – banking transaction
**transacción básica** – basic transaction
**transacción clandestina** – clandestine transaction
**transacción comercial** – business transaction, business deal, commercial transaction, commercial deal
**transacción completada** – completed transaction
**transacción común** – joint transaction
**transacción conjunta** – joint transaction
**transacción contable** – accounting transaction
**transacción corporativa** – corporate transaction

**transacción criminal** – criminal transaction
**transacción de administración** – administration transaction
**transacción de agencia** – agency transaction
**transacción de alto riesgo** – high-risk transaction
**transacción de capital** – capital transaction
**transacción de cobro** – collection transaction
**transacción de comercio** – commerce transaction
**transacción de compra** – buy transaction
**transacción de contabilidad** – accounting transaction
**transacción de crédito** – credit transaction
**transacción de cuenta** – account transaction
**transacción de divisas** – foreign currency transaction
**transacción de exportación** – export transaction
**transacción de financiación** – financing transaction
**transacción de financiamiento** – financing transaction
**transacción de importación** – import transaction
**transacción de inversión** – investment transaction
**transacción de mercancía** – commodity transaction
**transacción de negocios** – business deal
**transacción de permuta** – barter transaction
**transacción de préstamo** – loan transaction
**transacción de seguros** – insurance transaction
**transacción de ultramar** – overseas transaction
**transacción designada** – designated transaction
**transacción doméstica** – domestic transaction
**transacción electrónica** – electronic transaction, online transaction, Internet transaction
**transacción electrónica segura** – secure electronic transaction
**transacción empresarial** – business deal, enterprise transaction
**transacción en divisa** – foreign currency transaction
**transacción en efectivo** – cash transaction, cash trade
**transacción en el Internet** – Internet transaction, online transaction, electronic transaction
**transacción en línea** – online transaction, electronic transaction, Internet transaction
**transacción en línea segura** – secure online transaction
**transacción en oro** – gold transaction
**transacción esencial** – essential transaction
**transacción especial** – special transaction
**transacción especulativa** – speculative transaction
**transacción estatal** – state transaction
**transacción ética** – ethical transaction
**transacción exterior** – foreign transaction
**transacción extranjera** – foreign transaction
**transacción extraordinaria** – extraordinary transaction
**transacción federal** – federal transaction
**transacción ficticia** – dummy transaction
**transacción fiduciaria** – fiduciary transaction
**transacción final** – final transaction, final trade
**transacción financiera** – financial transaction
**transacción fiscal** – fiscal transaction
**transacción global** – global transaction
**transacción habitual** – habitual transaction
**transacción ilegal** – illegal transaction
**transacción ilícita** – illicit traffic, illicit transaction
**transacción imponible** – taxable transaction
**transacción importante** – important transaction
**transacción impropia** – improper transaction
**transacción inapropiada** – inappropriate traffic, inappropriate transaction
**transacción incidental** – incidental transaction
**transacción indispensable** – indispensable transaction
**transacción individual** – individual transaction
**transacción industrial** – industrial transaction
**transacción inmobiliaria** – real estate transaction
**transacción intencionada** – intended transaction
**transacción interestatal** – interstate transaction
**transacción interior** – domestic transaction
**transacción interna** – internal transaction
**transacción internacional** – international transaction
**transacción inusual** – unusual transaction
**transacción legal** – legal transaction
**transacción lícita** – licit transaction
**transacción local** – local transaction
**transacción lucrativa** – lucrative transaction, lucrative deal
**transacción mercantil** – commercial transaction, commercial deal
**transacción monetaria** – monetary transaction
**transacción multinacional** – multinational transaction
**transacción mundial** – world transaction
**transacción nacional** – national transaction
**transacción necesaria** – necessary transaction
**transacción neta** – net transaction
**transacción no comercial** – noncommercial transaction
**transacción no gravable** – nontaxable transaction
**transacción no imponible** – nontaxable transaction
**transacción no monetaria** – nonmonetary transaction
**transacción no tributable** – nontaxable transaction
**transacción nula** – void transaction
**transacción obligante** – binding transaction
**transacción ocasional** – occasional transaction
**transacción omitida** – omitted transaction
**transacción online** – online transaction, electronic transaction, Internet transaction
**transacción pecuniaria** – pecuniary transaction
**transacción peligrosa** – dangerous transaction
**transacción pendiente** – pending transaction
**transacción pequeña** – small transaction
**transacción periódica** – periodic transaction
**transacción por Internet** – Internet transaction, online transaction, electronic transaction
**transacción preautorizada** – preauthorized transaction
**transacción principal** – main transaction
**transacción privada** – private transaction
**transacción pública** – public transaction
**transacción razonable** – reasonable transaction
**transacción recíproca** – reciprocal transaction
**transacción secundaria** – secondary transaction
**transacción simple** – simple transaction
**transacción sin garantía** – unsecured transaction
**transacción sin riesgo** – riskless transaction
**transacción subsiguiente** – subsequent transaction
**transacción telefónica** – telephone transaction
**transacción transfronteriza** – cross-border transaction
**transaccional** *adj* – transactional
**transacciones de mercancías** – commodities trading, commodities transactions
**transacciones de productos** – commodities trading,

commodities transactions
**transacciones permitidas** – allowed transactions, permitted transactions
**transactional** *adj* – transactional
**transar** *v* – to settle
**transbordar** *v* – to transfer, to transship, to switch
**transbordo** *m* – transfer, transshipment, switch
**transcendencia** *f* – transcendence
**transcribir** *v* – to transcribe
**transcripción** *f* – transcription
**transcripción estenográfica** – stenographic record
**transcrito** *adj* – transcribed
**transcurrir** *v* – to elapse
**transcurso** *m* – passage
**transeúnte** *m/f* – pedestrian, transient
**transeúnte** *adj* – transient
**transeuropeo** *adj* – transeuropean
**transferencia** *f* – transfer, transference, assignment, assignation
**transferencia absoluta** – absolute transfer
**transferencia automática** – automatic transfer
**transferencia automática de fondos** – automatic transfer of funds
**transferencia autorizada** – authorized transfer
**transferencia bancaria** – banking transfer
**transferencia cablegráfica** – cable transfer
**transferencia condicional** – conditional transfer
**transferencia de acciones** – stock transfer
**transferencia de arrendamiento** – assignment of lease
**transferencia de bienes** – transfer of goods
**transferencia de capital** – capital transfer
**transferencia de cartera** – transfer of portfolio
**transferencia de contrato** – transfer of contract, assignment of contract
**transferencia de crédito** – credit transfer
**transferencia de cuenta** – transfer of account, assignment of account
**transferencia de datos** – data transfer
**transferencia de débito** – debit transfer
**transferencia de derechos** – assignment of rights
**transferencia de deudas** – novation, transfer of debts, assignment of debts
**transferencia de dinero** – money transfer
**transferencia de dote** – assignment of dower
**transferencia de efectivo** – cash transfer
**transferencia de fondos** – transfer of funds, assignment of funds
**transferencia de fondos electrónica** – electronic funds transfer
**transferencia de hipoteca** – transfer of mortgage, assignment of mortgage
**transferencia de ingresos** – transfer of income, assignment of income, income shifting
**transferencia de jurisdicción** – transfer of jurisdiction
**transferencia de mercancías** – merchandise transfer, commodities transfer
**transferencia de poderes** – transfer of authority
**transferencia de propiedad** – transfer of property
**transferencia de rentas** – assignment of rents
**transferencia de riesgo** – risk transfer, assignment of risk
**transferencia de salario** – assignment of wages, assignment of salary
**transferencia de tecnología** – transfer of technology
**transferencia de título** – transfer of title
**transferencia de una causa** – transfer of a cause
**transferencia del dominio** – transfer of ownership
**transferencia electrónica** – electronic transfer
**transferencia electrónica de beneficios** – electronic benefits transfer
**transferencia electrónica de fondos** – electronic funds transfer
**transferencia electrónica preautorizada** – preauthorized electronic transfer
**transferencia electrónica segura** – secure electronic transfer
**transferencia en efectivo** – cash transfer
**transferencia en los contratos** – assignment of contracts
**transferencia fraudulenta** – fraudulent transfer
**transferencia general** – general transfer
**transferencia ilegal** – illegal transfer
**transferencia ilícita** – illicit transfer
**transferencia incompleta** – incomplete transfer
**transferencia incondicional** – absolute transfer, unconditional transfer
**transferencia inválida** – invalid transfer
**transferencia inversa** – reverse transfer
**transferencia irrevocable** – irrevocable transfer
**transferencia legal** – legal transfer
**transferencia libre** – absolute transfer
**transferencia lícita** – licit transfer
**transferencia monetaria** – money transfer
**transferencia no autorizada** – unauthorized transfer
**transferencia no recíproca** – nonreciprocal transfer
**transferencia parcial** – partial transfer
**transferencia por tercera parte** – third party transfer
**transferencia preautorizada** – preauthorized transfer
**transferencia preferencial** – assignment with preferences
**transferencia provisional** – provisional transfer
**transferencia restringida** – restricted transfer
**transferencia revocable** – revocable transfer
**transferencia salarial** – assignment of wages, assignment of salary
**transferencia secundaria** – secondary transfer
**transferencia sin condiciones** – absolute transfer
**transferencia telegráfica** – telegraphic transfer
**transferencia temporal** – temporary transfer
**transferencia total** – total transfer
**transferencia voluntaria** – voluntary transfer, voluntary conveyance
**transferibilidad** *f* – transferability
**transferible** *adj* – transferable, alienable
**transferido** *adj* – transferred, assigned
**transferido electrónicamente** – electronically transferred
**transferido ilegalmente** – illegally transferred
**transferido ilícitamente** – illicitly transferred
**transferido legalmente** – legally transferred
**transferido lícitamente** – licitly transferred
**transferidor** *m* – transferor, transferrer, assignor, cedent
**transferidor** *adj* – transferring
**transferir** *v* – to transfer, to cede, to postpone
**transferir control** – to transfer control
**transferir posesión** – to transfer possession
**transferir propiedad** – to transfer property

**transferir título** – to transfer title
**transformación** *f* – transformation
**transformación agraria** – agrarian transformation
**transformar** *v* – to transform
**transfronterizo** *adj* – cross-border
**tránsfuga** *m/f* – fugitive
**transfundir** *v* – to transmit
**transgénico** *adj* – genetically modified, genetically engineered
**transgresión** *f* – transgression
**transgredir** *v* – to transgress, to trespass
**transgresión** *f* – transgression, trespass
**transgresor** *m* – transgressor, trespasser
**transición** *f* – transition
**transigencia** *f* – compromise, tolerance
**transigente** *adj* – compromising, tolerant
**transigir** *v* – to compromise, to settle
**transitar** *v* – to transit
**transitivo** *adj* – transitive
**tránsito** *m* – transit, traffic, way, transition
**tránsito aéreo** – air traffic
**tránsito, en** – in transit
**transitoriamente** *adv* – transitorily
**transitoriedad** *f* – transitoriness
**transitorio** *adj* – transitory, temporary
**translación** *f* – transfer, translation, transcription
**translimitación** *f* – trespass
**translimitar** *v* – to trespass
**translinear** *v* – to pass from one line of heirs to another
**transmigración** *f* – transmigration
**transmigrar** *v* – to transmigrate
**transmisibilidad** *f* – transmissibility, transferability
**transmisible** *adj* – transmissible, transferable
**transmisión** *f* – transmission, transfer, communication, broadcast
**transmisión automática** – automatic transfer
**transmisión automática de fondos** – automatic funds transfer
**transmisión autorizada** – authorized transfer
**transmisión bancaria** – banking transfer, bank transfer
**transmisión cablegráfica** – cable transfer
**transmisión condicional** – conditional transfer
**transmisión de acciones** – stock transfer
**transmisión de capital** – capital transfer
**transmisión de datos** – data transfer, data transmission
**transmisión de derechos** – assignment of rights
**transmisión de deudas** – assignment of debts
**transmisión de dinero** – money transfer
**transmisión de efectivo** – cash transfer
**transmisión de fondos** – transfer of funds
**transmisión de hipoteca** – transfer of mortgage
**transmisión de ingresos** – assignment of income
**transmisión de mercancías** – merchandise transfer, commodities transfer
**transmisión de propiedad** – transfer of property, transfer of ownership
**transmisión de rentas** – assignment of rents
**transmisión de riesgo** – risk transfer
**transmisión de salario** – assignment of wages, assignment of salary
**transmisión de título** – transfer of title
**transmisión del dominio** – transfer of ownership
**transmisión electrónica** – electronic transfer
**transmisión electrónica de datos** – electronic data transmission
**transmisión electrónica de fondos** – electronic funds transfer
**transmisión electrónica preautorizada** – preauthorized electronic transfer
**transmisión electrónica segura** – secure electronic transfer
**transmisión en tiempo real** – real-time transmission
**transmisión fraudulenta** – fraudulent transfer
**transmisión hereditaria** – inheritance
**transmisión incompleta** – incomplete transfer
**transmisión incondicional** – unconditional transfer
**transmisión monetaria** – money transfer
**transmisión no autorizada** – unauthorized transfer
**transmisión por facsímil** – fax transmission, facsimile transmission
**transmisión por fax** – fax transmission, facsimile transmission
**transmisión por telefacsímil** – fax transmission, facsimile transmission
**transmisión por tercera parte** – third party transfer
**transmisión preautorizada** – preauthorized transfer
**transmisión telegráfica** – telegraphic transfer
**transmisión voluntaria** – voluntary conveyance
**transmisor** *m* – transmitter
**transmitir** *v* – to transmit, to transfer, to communicate, to broadcast
**transmudar** *v* – to transmute, to transfer, to persuade
**transmutación** *f* – transmutation
**transmutar** *v* – to transmute
**transnacional** *adj* – transnational
**transparencia** *f* – transparency
**transparencia del estado** – government transparency, state transparency
**transparencia del gobierno** – government transparency
**transparencia fiscal** – fiscal transparency
**transparente** *adj* – transparent
**transponer** *v* – to transfer
**transportable** *adj* – transportable
**transportación** *f* – transportation
**transportador** *m* – transporter
**transportador aéreo** – air carrier
**transportador intermedio** – intermediate carrier
**transportador privado** – private carrier
**transportador público** – public carrier
**transportar** *v* – to transport, to carry, to ship
**transporte** *m* – transport, transportation
**transporte aéreo** – air transport, air transportation
**transporte comercial** – commercial transportation
**transporte de cabotaje** – cabotage transport
**transporte de personas** – transportation of people
**transporte de puerta a puerta** – door-to-door delivery
**transporte fluvial** – river transportation
**transporte interior** – inland transport
**transporte marítimo** – maritime transportation
**transporte mercantil** – commercial transportation
**transporte pagado hasta** – carriage paid to
**transporte por agua** – water transportation
**transporte público** – public transportation, public transport

**transporte rápido** – express delivery, rapid transport
**transporte terrestre** – ground transportation, land transportation
**transporte urgente** – express delivery
**transporte y seguro pagado** – carriage and insurance paid
**transportista** *m/f* – carrier, transporter
**transportista de destino** – destination carrier
**transportista privado** – private carrier
**transportista público** – public carrier
**transposición** *f* – transposition
**transversal** *f* – cross street
**transversal** *m/f* – collateral relative
**transversal** *adj* – transversal, cross, collateral
**tranza** *f* – attachment
**trapaza** *f* – trick, fraud
**traquido** *m* – crack of a firearm
**tras impuestos** – after-taxes
**tras ventas** – after-sales
**trasbordar** *v* – to transfer, to transship, to switch
**trasbordo** *m* – transfer, transshipment, switch
**trascendencia** *f* – transcendence
**trascendental** *adj* – transcendent
**trascendente** *adj* – transcendent
**trascender** *v* – to transcend, to become known
**trascribir** *v* – to transcribe
**trascripción** *f* – transcription
**trascrito** *adj* – transcribed
**trascurrir** *v* – to elapse
**trascurso** *m* – passage
**trasferencia** *f* – transference, transfer
**trasferible** *adj* – transferable
**trasferir** *v* – to transfer, to assign
**trasfondo** *f* – background
**trasformación** *f* – transformation
**trásfuga** *m/f* – fugitive
**trasfundir** *v* – to transmit
**trasgredir** *v* – to transgress
**trasgresor** *m* – transgressor
**traslación** *f* – transfer, translation, transcription
**traslación de dominio** – transfer of ownership
**trasladar** *v* – to transfer, to translate, to transcribe
**traslado** *m* – transfer, move, change, communication, notification, transcript
**traslado absoluto** – absolute transfer
**traslado automático** – automatic transfer
**traslado autorizado** – authorized transfer
**traslado bancario** – banking transfer
**traslado condicional** – conditional transfer
**traslado de acciones** – stock transfer
**traslado de bienes** – goods transfer
**traslado de capital** – capital transfer
**traslado de cartera** – portfolio transfer
**traslado de contrato** – contract transfer
**traslado de crédito** – credit transfer
**traslado de cuenta** – account transfer
**traslado de débito** – debit transfer
**traslado de derechos** – rights transfer
**traslado de deudas** – novation, debts transfer
**traslado de fondos** – funds transfer
**traslado de hipoteca** – mortgage transfer
**traslado de ingresos** – income transfer
**traslado de jurisdicción** – jurisdiction change
**traslado de mercancías** – merchandise transfer
**traslado de propiedad** – property transfer
**traslado de riesgos** – risks transfer
**traslado electrónico** – electronic transfer
**traslado fraudulento** – fraudulent transfer
**traslado general** – general transfer
**traslado incondicional** – absolute transfer
**traslado legal** – legal transfer
**traslado monetario** – money transfer
**traslado no autorizado** – unauthorized transfer
**traslado preautorizado** – preauthorized transfer
**traslado total** – total transfer
**traslado voluntario** – voluntary transfer
**traslativo** *adj* – translative, transferring
**traslucir** *v* – to deduce
**traslucirse** *v* – to be transparent, to be revealed, to be deduced
**trasmigración** *f* – transmigration
**trasmigrar** *v* – to transmigrate
**trasmisible** *adj* – transmissible, transferable
**trasmisión** *f* – transmission, transfer, communication
**trasmitir** *v* – to transmit, to transfer, to communicate
**trasmudación** *f* – transmutation
**trasmudar** *v* – to transmute, to transfer, to persuade
**trasmutación** *f* – transmutation
**trasnombrar** *v* – to confuse names, to change names
**trasoír** *v* – to mishear
**traspapelar** *v* – to misplace among papers
**traspapelarse** *v* – to get misplaced among papers
**trasparencia** *f* – transparency
**traspasable** *adj* – transferable, transportable, passable
**traspasador** *m* – transgressor
**traspasador** *adj* – transgressing
**traspasar** *v* – to transfer, to move, to convey, to transgress, to go beyond limits
**traspasar propiedad** – to transfer property, to transfer ownership, to convey property, to convey ownership
**traspaso** *m* – transfer, move, conveyance, transgression, trick, anguish
**traspaso absoluto** – absolute transfer, absolute conveyance
**traspaso automático** – automatic transfer
**traspaso automático de fondos** – automatic transfer of funds
**traspaso autorizado** – authorized transfer
**traspaso bancario** – banking transfer
**traspaso condicional** – conditional transfer
**traspaso de acciones** – stock transfer
**traspaso de arrendamiento** – lease assignment
**traspaso de capital** – capital transfer
**traspaso de contrato** – contract assignment
**traspaso de crédito** – credit transfer
**traspaso de cuenta** – account assignment
**traspaso de dinero** – money transfer
**traspaso de deudas** – novation, debts assignment
**traspaso de fondos** – funds transfer
**traspaso de hipoteca** – mortgage transfer
**traspaso de ingresos** – income transfer, income shifting
**traspaso de mercancías** – merchandise transfer, commodities transfer
**traspaso de propiedad** – ownership transfer, property transfer, conveyance of ownership, conveyance of property
**traspaso de rentas** – rents assignment

**traspaso de riesgo** – risk transfer
**traspaso de salario** – wages assignment, salary assignment
**traspaso de título** – title transfer
**traspaso del dominio** – ownership transfer
**traspaso electrónico** – electronic transfer
**traspaso electrónico de fondos** – electronic funds transfer
**traspaso electrónico preautorizado** – preauthorized electronic transfer
**traspaso fraudulento** – fraudulent transfer
**traspaso incompleto** – incomplete transfer
**traspaso incondicional** – absolute transfer, absolute conveyance
**traspaso legal** – legal transfer
**traspaso monetario** – money transfer
**traspaso no autorizado** – unauthorized transfer
**traspaso no recíproco** – nonreciprocal transfer
**traspaso por tercera parte** – third party transfer
**traspaso preautorizado** – preauthorized transfer
**traspaso provisional** – provisional conveyance
**traspaso revocable** – revocable transfer
**traspaso temporal** – temporary conveyance
**traspaso voluntario** – voluntary conveyance
**trasplantar** *v* – to transplant
**trasplantarse** *v* – to migrate
**trasplante** *m* – transplantation
**trasponer** *v* – to transfer
**trasportable** *adj* – transportable
**trasportación** *f* – transportation
**trasportador** *m* – transporter
**trasportar** *v* – to transport
**trasporte** *m* – transport, transportation
**trasposición** *f* – transposition
**trastienda** *f* – back office
**trastornador** *m* – upsetter
**trastornador** *adj* – upsetting
**trastornar** *v* – to upset, to derange
**trastorno** *m* – upset, derangement
**trastorno mental** – mental derangement, insanity
**trastorno mental permanente** – permanent insanity
**trastorno mental transitorio** – temporary insanity
**trastrocar** *v* – to alter
**trasuntar** *v* – to transcribe, to abridge
**trasunto** *m* – transcription, imitation
**trata de esclavos** – slave trade
**tratado** *m* – treaty, agreement, treatise
**tratado comercial** – commercial treaty, trade agreement
**tratado contributivo bilateral** – bilateral tax treaty
**tratado-contrato** – treaty
**tratado contributivo** – tax treaty
**tratado de comercio** – commerce treaty, trade agreement
**tratado de extradición** – extradition treaty
**Tratado de Libre Comercio** – Free Trade Agreement
**Tratado de Libre Comercio de América del Norte** – North American Free Trade Agreement, NAFTA
**tratado de negocios** – business treaty
**tratado de paz** – peace treaty
**tratado de permuta** – barter agreement
**tratado económico** – economic treaty
**tratado empresarial** – business treaty
**tratado fiscal** – tax treaty
**tratado impositivo** – tax treaty
**tratado internacional** – treaty
**tratado-ley** – treaty-law
**tratado mercantil** – commercial treaty, mercantile treaty
**tratado multilateral** – multilateral treaty
**tratado multilátero** – multilateral treaty
**tratado político** – political treaty
**tratado tributario** – tax treaty
**tratamiento** *m* – treatment, processing, style
**tratamiento contable** – accounting treatment
**tratamiento contributivo** – tax treatment
**tratamiento de aguas** – water treatment
**tratamiento de la víctima** – victim's treatment
**tratamiento de residuos** – waste treatment
**tratamiento fiscal** – tax treatment
**tratamiento impositivo** – tax treatment
**tratamiento tributario** – tax treatment
**tratante** *m/f* – dealer
**tratar** *v* – to treat, to address as, to deal, to deal with, to try
**trato** *m* – treatment, agreement, deal, contract, trade, treaty, form of address, manner
**trato colectivo** – collective bargaining
**trato comercial** – commercial deal, business deal, trade treaty
**trato cruel** – cruel treatment
**trato de nación más favorecida** – most-favored nation treatment
**trato de negocios** – business deal, business treatment
**trato desigual** – unequal treatment
**trato doble** – double-dealing
**trato equitativo** – equitable treatment, equitable dealing, equitable deal
**trato hecho** – done deal, we have a deal
**trato inhumano** – inhuman treatment
**trato preferencial** – preferential treatment
**trato razonable** – reasonable treatment
**trauma** *m* – trauma
**travesía** *f* – voyage, distance between points, crossroad
**travesura** *f* – antic
**trayecto** *m* – journey, distance, road
**trayectoria** *f* – trajectory
**trayectoria profesional** – career
**traza** *f* – appearance, sign, plan
**trazar** *v* – to plan, to describe, to sketch
**trecho** *m* – stretch, period
**trechos, a** – at intervals
**tregua** *f* – truce, rest
**treintañal** *adj* – of thirty years
**tren de carga** – cargo train
**tren de cercanías** – commuter train
**tren de pasajeros** – passenger train
**tresdoblar** *v* – to triple
**tresdoble** *adj* – triple
**treta** *f* – trick
**tribulación** *f* – tribulation
**tribuna** *f* – tribune, stand
**tribuna del jurado** – jury box
**tribunal** *m* – tribunal, court, courthouse, courtroom, board
**tribunal a quo** – lower court, court a quo
**tribunal ad quem** – court of appeals, court ad quem

**tribunal administrativo** – administrative court
**tribunal aduanal** – customs court
**tribunal aduanero** – customs court
**tribunal ambulante** – ambulatory court
**tribunal arbitral** – arbitration court, arbitration board
**tribunal civil** – civil court
**tribunal colegiado** – court having three or more judges
**tribunal constitucional** – constitutional court
**tribunal consular** – consular court
**tribunal correccional** – correctional court
**tribunal criminal** – criminal court
**tribunal de aduanas** – customs court
**tribunal de almirantazgo** – admiralty court
**tribunal de alzadas** – court of appeals
**tribunal de apelación** – court of appeals
**tribunal de apelaciones penales** – court of criminal appeals
**tribunal de arbitraje** – arbitration court, arbitration board
**tribunal de autos** – court of record
**tribunal de casación** – court of cassation
**tribunal de circuito** – circuit court
**tribunal de comercio** – commercial court
**Tribunal de Comercio Internacional** – Court of International Trade
**tribunal de conciliación** – court of conciliation
**Tribunal de Cuentas** – Court of Auditors, Court of Accounts, General Accounting Office
**tribunal de derecho** – court of law
**tribunal de distrito** – district court
**tribunal de elecciones** – board of elections
**tribunal de equidad** – court of equity
**tribunal de examen** – board of examiners
**tribunal de garantías constitucionales** – constitutional court
**tribunal de jurados** – jury
**tribunal de justicia** – court of justice
**tribunal de lo criminal** – criminal court
**tribunal de menores** – juvenile court
**tribunal de policía** – police court
**tribunal de primera instancia** – court of first instance
**tribunal de quiebras** – bankruptcy court
**tribunal de registro** – court of record
**tribunal de segunda instancia** – court of appeals
**tribunal de sucesiones** – probate court
**tribunal de trabajo** – labor court, labour court
**tribunal de última instancia** – court of last resort
**tribunal doméstico** – domestic court
**tribunal electoral** – electoral court
**tribunal estatal** – state court
**tribunal extranjero** – foreign court
**tribunal federal** – federal court
**tribunal inferior** – lower court
**tribunal intermedio** – intermediate court
**tribunal internacional** – international court
**tribunal laboral** – labor court, labour court
**tribunal local** – local court
**tribunal marítimo** – admiralty court
**tribunal militar** – military court
**tribunal municipal** – municipal court
**tribunal nacional** – national court
**tribunal nocturno** – night court
**tribunal penal** – criminal court
**tribunal policial** – police court
**tribunal provisional** – provisional court
**tribunal regional** – regional court
**tribunal superior** – superior court
**tribunal supremo** – supreme court
**tribunal territorial** – territorial court
**tribunal testamentario** – probate court
**tribunal unipersonal** – court having one judge
**tributable** *adj* – taxable
**tributación** *f* – tax, taxation, tax payment, tax system
**tributación a la exportación** – export tax
**tributación a las ganancias** – income tax
**tributación a las rentas** – income tax
**tributación a las transacciones** – excise tax
**tributación a las utilidades** – income tax
**tributación a las ventas** – sales tax
**tributación a los capitales** – capital stock tax
**tributación a los réditos** – income tax
**tributación a ocupaciones** – occupational tax
**tributación acumulativa** – cumulative tax
**tributación ad valorem** – ad valorem tax
**tributación adelantada** – advance tax
**tributación adicional** – surtax
**tributación aduanal** – customs duty
**tributación al capital** – capital tax
**tributación al consumo** – consumption tax, excise tax
**tributación al valor agregado** – value-added tax
**tributación anticipada** – advance tax
**tributación antidumping** – antidumping tax
**tributación arancelaria** – customs duty
**tributación básica** – basic tax
**tributación compensatoria** – compensatory tax
**tributación complementaria** – complementary tax, surtax
**tributación comunitaria** – community tax
**tributación corporativa** – corporate tax
**tributación de base amplia** – broad-base tax
**tributación de capitación** – capitation tax, poll-tax
**tributación de capitación** – poll-tax
**tributación de consumo** – consumption tax, excise tax
**tributación de emergencia** – emergency tax
**tributación de estampillado** – stamp tax
**tributación de exportación** – export tax
**tributación de fabricación** – manufacturing tax
**tributación de herencias** – inheritance tax
**tributación de igualación** – equalization tax
**tributación de importación** – import tax
**tributación de inmuebles** – property tax, real estate tax
**tributación de internación** – import duty
**tributación de lujo** – luxury tax
**tributación de manufactura** – manufacturing tax
**tributación de mejoras** – special assessment, tax assessment
**tributación de mercancía** – commodity tax
**tributación de no residentes** – nonresident tax
**tributación de patrimonio** – capital tax
**tributación de plusvalía** – capital gains tax
**tributación de privilegio** – franchise tax
**tributación de productos** – commodity tax
**tributación de seguro social** – social security tax
**tributación de sellos** – stamp tax
**tributación de sucesión** – inheritance tax

**tributación de timbres** – stamp tax
**tributación de transferencia** – transfer tax
**tributación de valorización** – special assessment
**tributación debida** – tax due
**tributación directa** – direct tax
**tributación doble** – double taxation
**tributación electoral** – poll-tax
**tributación en la frontera** – border tax
**tributación escalonada** – graduated tax, progressive tax
**tributación especial** – special tax, extraordinary tax
**tributación específica** – specific tax
**tributación especificada** – specified tax
**tributación estatal** – state tax
**tributación estimada** – estimated tax
**tributación excesiva** – excessive tax
**tributación exorbitante** – exorbitant tax
**tributación extranjera** – foreign tax
**tributación extraordinaria** – surtax
**tributación federal** – federal tax
**tributación fija** – fixed tax, flat tax
**tributación fiscal** – tax, national tax
**tributación general** – general tax
**tributación habitual** – habitual tax
**tributación hereditaria** – inheritance tax
**tributación hipotecaria** – mortgage tax
**tributación ilegal** – illegal tax
**tributación impropia** – improper tax
**tributación inapropiada** – inappropriate tax
**tributación indicada** – indicated tax
**tributación indirecta** – indirect tax
**tributación industrial** – professional services tax
**tributación inmobiliaria** – property tax, real estate tax
**tributación innecesaria** – unnecessary tax
**tributación interestatal** – interstate tax
**tributación interna** – internal tax
**tributación internacional** – international tax
**tributación lícita** – licit tax
**tributación local** – local tax
**tributación máxima** – maximum tax
**tributación media** – average tax
**tributación mínima** – minimum tax
**tributación múltiple** – multiple taxation
**tributación municipal** – municipal tax
**tributación nacional** – national tax
**tributación negativa** – negative tax
**tributación normal** – tax, normal tax
**tributación oculta** – hidden tax
**tributación opcional** – optional tax
**tributación ordinaria** – tax
**tributación pagada** – tax paid
**tributación patrimonial** – capital tax
**tributación per cápita** – per capita tax
**tributación personal** – personal tax
**tributación por cabeza** – poll-tax
**tributación portuaria** – port charges
**tributación predial** – property tax, real estate tax
**tributación profesional** – occupational tax
**tributación progresiva** – progressive tax
**tributación proporcional** – proportional tax
**tributación pública** – public tax
**tributación real** – property tax, real estate tax
**tributación regresiva** – regressive tax
**tributación regular** – regular tax
**tributación represiva** – repressive tax
**tributación retenida** – retained tax
**tributación salarial** – salary tax
**tributación según el valor** – ad valorem tax
**tributación sobre beneficios** – profits tax
**tributación sobre bienes** – property tax, real estate tax, personal property tax
**tributación sobre bienes inmuebles** – property tax, real estate tax
**tributación sobre bienes muebles** – personal property tax
**tributación sobre compras** – purchase tax
**tributación sobre compraventa** – sales tax
**tributación sobre concesiones** – franchise tax
**tributación sobre diversiones** – amusement tax
**tributación sobre dividendos** – dividend tax
**tributación sobre donaciones** – gift tax
**tributación sobre el consumo** – excise tax
**tributación sobre el ingreso** – income tax
**tributación sobre el juego** – gambling tax
**tributación sobre el lujo** – luxury tax
**tributación sobre el patrimonio** – property tax, capital tax, net worth tax
**tributación sobre el valor agregado** – value-added tax
**tributación sobre el valor añadido** – value-added tax
**tributación sobre empleo** – employment tax
**tributación sobre entradas** – admissions tax
**tributación sobre franquicias** – franchise tax
**tributación sobre ganancias** – profit tax
**tributación sobre ganancias de capital** – capital gains tax
**tributación sobre herencias** – inheritance tax
**tributación sobre ingresos** – income tax
**tributación sobre inmuebles** – property tax, real estate tax
**tributación sobre juegos** – gambling tax
**tributación sobre la nómina** – payroll tax
**tributación sobre la producción** – production tax
**tributación sobre la propiedad** – property tax, real estate tax
**tributación sobre la renta** – income tax
**tributación sobre las sociedades** – corporate tax
**tributación sobre las ventas** – sales tax
**tributación sobre los beneficios** – profit tax
**tributación sobre producción** – production tax
**tributación sobre salarios** – salary tax
**tributación sobre transferencias** – transfer tax
**tributación sobre transmisiones** – transfer tax
**tributación sobre ventas** – sales tax
**tributación sucesoria** – inheritance tax
**tributación suntuaria** – luxury tax
**tributación suplementaria** – supplemental tax
**tributación terrestre** – land tax, property tax, real estate tax
**tributación territorial** – land tax
**tributación única** – nonrecurrent tax, single tax
**tributación usual** – usual tax
**tributación variable** – variable tax
**tributaciones acumuladas** – accrued taxes
**tributaciones acumulativas** – cumulative taxes
**tributaciones atrasadas** – back taxes
**tributaciones comerciales** – business taxes
**tributaciones corporativas** – corporate taxes

**tributaciones de aduanas** – customs duties
**tributaciones de compañía** – company taxes
**tributaciones de empleados** – employee contributions
**tributaciones de rentas internas** – internal revenue taxes
**tributaciones diferidas** – deferred taxes
**tributaciones federales** – federal taxes
**tributaciones ilegales** – illegal taxes
**tributaciones locales** – local taxes
**tributaciones morosas** – delinquent taxes
**tributaciones municipales** – municipal taxes
**tributaciones nacionales** – national taxes
**tributaciones prepagadas** – prepaid taxes
**tributaciones proporcionales** – proportional taxes
**tributaciones prorrateadas** – apportioned taxes
**tributaciones retenidas** – withheld taxes
**tributante** *m/f* – taxpayer
**tributante** *adj* – taxpaying
**tributar** *v* – to pay taxes, to pay
**tributario** *adj* – tax, tributary, fiscal
**tributo** *m* – tribute, tax
**tributo a la exportación** – export tax
**tributo a la herencia** – inheritance tax
**tributo a las ganancias** – income tax
**tributo a las rentas** – income tax
**tributo a las sociedades** – corporate tax
**tributo a las transacciones** – excise tax
**tributo a las transferencias** – transfer tax
**tributo a las utilidades** – income tax
**tributo a los bienes inmuebles** – property tax, real estate tax
**tributo a las ventas** – sales tax
**tributo a los capitales** – capital stock tax, capital tax
**tributo a los ingresos** – income tax
**tributo a los inmuebles** – property tax, real estate tax
**tributo a los réditos** – income tax
**tributo ad valorem** – ad valorem tax
**tributo adicional** – surtax
**tributo aduanal** – customs duty
**tributo al capital** – capital stock tax, capital tax
**tributo al consumo** – consumption tax, excise tax
**tributo al valor agregado** – value-added tax
**tributo anticipado** – advance tax
**tributo antidumping** – antidumping tax, antidumping tariff, antidumping duty
**tributo arancelario** – customs duty
**tributo base** – base tax, basic tax
**tributo básico** – basic tax
**tributo compensatorio** – compensatory tax
**tributo complementario** – complementary tax, surtax
**tributo comunitario** – community tax
**tributo corporativo** – corporate tax
**tributo de base amplia** – broad-base tax
**tributo de capitación** – capitation tax, poll-tax
**tributo de consumo** – excise tax, consumption tax
**tributo de emergencia** – emergency tax
**tributo de estampillado** – stamp tax
**tributo de exportación** – export tax
**tributo de fabricación** – manufacturing tax
**tributo de herencias** – inheritance tax
**tributo de igualación** – equalization tax
**tributo de importación** – import tax
**tributo de inmuebles** – property tax, real estate tax
**tributo de legado** – inheritance tax
**tributo de lujo** – luxury tax
**tributo de manufactura** – manufacturing tax
**tributo de mejoras** – special assessment, tax assessment
**tributo de mercancía** – commodity tax
**tributo de patrimonio** – capital tax
**tributo de plusvalía** – capital gains tax
**tributo de privilegio** – franchise tax
**tributo de seguro social** – social security tax
**tributo de sellos** – stamp tax
**tributo de sucesión** – inheritance tax
**tributo de testamentaría** – inheritance tax
**tributo de timbres** – stamp tax
**tributo de transferencia** – transfer tax
**tributo de valorización** – special assessment
**tributo debido** – tax due
**tributo directo** – direct tax
**tributo doble** – double taxation
**tributo electoral** – poll-tax
**tributo en la frontera** – border tax
**tributo escalonado** – progressive tax
**tributo especial** – special tax, extraordinary tax
**tributo estatal** – state tax
**tributo estimado** – estimated tax
**tributo excesivo** – excessive tax
**tributo extraordinario** – surtax
**tributo fijo** – fixed tax
**tributo fiscal** – tax, national tax
**tributo general** – general tax
**tributo hereditario** – inheritance tax
**tributo hipotecario** – mortgage tax
**tributo ilegal** – illegal tax
**tributo impago** – unpaid tax
**tributo indirecto** – indirect tax
**tributo industrial** – professional services tax
**tributo inmobiliario** – property tax, real estate tax
**tributo local** – local tax
**tributo máximo** – maximum tax
**tributo mínimo** – minimum tax
**tributo múltiple** – multiple taxation
**tributo municipal** – municipal tax
**tributo nacional** – national tax
**tributo negativo** – negative tax
**tributo no deducible** – nondeductible tax
**tributo normal** – tax, normal tax
**tributo oculto** – hidden tax
**tributo opcional** – optional tax
**tributo ordinario** – tax
**tributo pagado** – tax paid
**tributo patrimonial** – capital tax
**tributo per cápita** – per capita tax
**tributo personal** – personal tax
**tributo por cabeza** – poll-tax
**tributo predial** – property tax, real estate tax
**tributo progresivo** – progressive tax
**tributo proporcional** – proportional tax
**tributo público** – public tax
**tributo real** – property tax, real estate tax
**tributo regular** – regular tax
**tributo regresivo** – regressive tax
**tributo represivo** – repressive tax
**tributo retenido** – retained tax
**tributo según el valor** – ad valorem tax

**tributo sobre bienes** – property tax, real estate tax
**tributo sobre ganancias** – profit tax
**tributo sobre la propiedad** – property tax, real estate tax
**tributo sobre la renta** – income tax
**tributo sobre las sociedades** – corporate tax
**tributo sobre las ventas** – sales tax
**tributo sucesorio** – inheritance tax
**tributo suntuario** – luxury tax
**tributo suplementario** – supplemental tax
**tributo terrestre** – property tax, real estate tax
**tributo territorial** – land tax
**tributo único** – nonrecurrent tax, single tax
**tributos acumulados** – accrued taxes
**tributos acumulativos** – cumulative taxes
**tributos atrasados** – back taxes
**tributos calculados** – estimated taxes, calculated taxes
**tributos comerciales** – business taxes
**tributos corporativos** – corporate taxes
**tributos de aduanas** – customs duties
**tributos diferidos** – deferred taxes
**tributos federales** – federal taxes
**tributos ilegales** – illegal taxes
**tributos locales** – local taxes
**tributos morosos** – delinquent taxes
**tributos nacionales** – national taxes
**tributos prepagados** – prepaid taxes
**tributos prorrateados** – apportioned taxes
**tributos retenidos** – withheld taxes
**trimestral** *adj* – trimestrial, quarterly
**trimestralmente** *adv* – trimestrially, quarterly
**trimestre** *adj* – trimestrial, quarterly
**trimestre** *m* – trimester, quarter, quarterly payment
**trimestre fiscal** – fiscal quarter
**tripartición** *f* – tripartition
**tripartito** *adj* – tripartite
**triple indemnización** – triple indemnity
**tríplica** *f* – surrejoinder
**triplicación** *f* – triplication
**triplicado** *adj* – triplicate
**triplicar** *v* – to triple, to answer a rejoinder
**tripulación** *f* – crew
**tripulante** *m/f* – crew member
**trisemanal** *adj* – triweekly
**triste** *adj* – sad, sorry, insignificant
**triunfador** *m* – triumpher
**triunfador** *adj* – triumphant
**triunfal** *adj* – triumphant
**triunfar** *v* – to triumph
**triunfo** *m* – triumph
**trivial** *adj* – trivial
**trivialidad** *f* – triviality
**trocable** *adj* – exchangeable
**trocado** *adj* – distorted, changed
**trocador** *m* – exchanger, changer
**trocamiento** *m* – exchange, change, distortion
**trocante** *adj* – exchanging, changing
**trocar** *v* – to exchange, to change, to confuse
**trocarse** *v* – to change one's habits, to become changed
**troncalidad** *f* – passing of an estate to the ascendants
**trono** *m* – throne
**tropa** *f* – troop, troops
**tropas de policía** – police force
**truco** *m* – trick, gimmick
**truco de publicidad** – advertising gimmick, advertising trick
**truco publicitario** – advertising gimmick, advertising trick
**truculencia** *f* – truculence
**truculentamente** *adv* – truculently
**truculento** *adj* – truculent
**trueque** *m* – barter, exchange
**truhán** *m* – cheat, knave
**truhán** *adj* – cheating, knavish
**truhanamente** *adv* – deceitfully, knavishly
**truhanear** *v* – to cheat, to clown about
**truhanería** *f* – cheating, clowning, gang of cheats
**truncado** *adj* – truncated
**truncamiento** *m* – truncation
**truncar** *v* – to truncate
**trust** *m* – trust
**tuerto** *m* – wrong
**tuición** *f* – protection, defense
**tuitivo** *adj* – protective, defensive
**tullir** *v* – to disable, to maim
**tumba** *f* – tomb
**tumulto** *m* – tumult, mob
**tumultuante** *adj* – agitating
**tumultuar** *v* – to agitate
**tumultuosamente** *adv* – tumultuously
**tumultuoso** *adj* – tumultuous
**túnel** *m* – tunnel
**turba** *f* – mob
**turbación** *f* – disturbance, confusion
**turbante** *adj* – disturbing, confusing
**turbar** *v* – to disturb, to confuse
**turbulencia** *f* – turbulence
**turbulento** *adj* – turbulent
**turnar** *v* – to alternate
**turno** *m* – turn, shift
**turno continuo** – continuous shift
**turno de día** – day shift
**turno de media noche** – graveyard shift
**turno de noche** – night shift
**turno de tarde** – swing shift
**turno de trabajo** – work shift
**turno discontinuo** – split shift
**turno diurno** – day shift
**turno dividido** – split shift
**turno nocturno** – night shift
**turno rotativo** – rotating shift
**turno rotatorio** – rotating shift
**turno vespertino** – evening shift, twilight shift
**tutela** *f* – tutelage, guardianship, protection
**tutela dativa** – court-appointed guardianship
**tutela de hecho** – guardianship in fact, de facto guardianship
**tutela de los menores** – guardianship of minors
**tutela especial** – special guardianship
**tutela plena** – full guardianship
**tutela restringida** – restricted guardianship
**tutela testamentaria** – testamentary guardianship
**tutelar** *adj* – tutelary
**tutor** *m* – tutor, guardian, protector
**tutor ad hoc** – guardian for a special purpose, ad hoc guardian
**tutor ad litem** – guardian during the litigation,

guardian ad litem
**tutor dativo** – court-appointed guardian
**tutor de hecho** – guardian in fact, de facto guardian
**tutor especial** – special guardian
**tutor general** – general guardian
**tutor legítimo** – guardian appointed by law
**tutor testamentario** – testamentary guardian
**tutoría** *f* – guardianship, tutorage
**TV (televisión)** – TV

# U

**ubicación** *f* – location
**ubicación permanente** – permanent location
**ubicación temporal** – temporary location
**ubicar** *v* – to locate
**ubicarse** *v* – to be located, to orient oneself, to become employed
**ubicuidad** *f* – ubiquity
**ubicuo** *adj* – ubiquitous
**ucase** *m* – arbitrary proclamation
**UE (Unión Europea)** – European Union
**UEM (Unión Económica y Monetaria)** – Economic and Monetary Union
**ujier** *m* – usher
**ulterior** *adj* – ulterior, subsequent
**ulteriormente** *adv* – ulteriorly
**última advertencia** – final warning
**última instancia** – last resort
**última orden** – last order
**última palabra** – last word
**última pena** – capital punishment
**última residencia** – last residence
**última voluntad** – last will
**ultimación** *f* – conclusion
**ultimador** *adj* – concluding
**últimamente** *adv* – lately, lastly
**ultimar** *v* – to conclude, to kill
**últimas palabras** – last words
**ultimátum** *m* – ultimatum
**ultimidad** *f* – ultimateness
**último** *adj* – last, latest, best, farthest, final
**último domicilio conocido** – last known domicile
**último aviso** – final notification
**último pago** – last payment
**último precio** – last price
**ultra mare** – beyond seas
**ultra vires** – beyond the powers, ultra vires
**ultraderecha** *adj* – extreme right
**ultraderechista** *adj* – extreme right wing
**ultraderechista** *m/f* – extreme right winger
**ultraizquierda** *adj* – extreme left
**ultraizquierdista** *adj* – extreme left wing
**ultraizquierdista** *m/f* – extreme left winger
**ultrajador** *m* – rapist, injurer, offender
**ultrajar** *v* – to rape, to injure, to offend
**ultraje** *m* – rape, injury, offense
**ultraje al pudor** – sexual abuse
**ultrajoso** *adj* – offensive, injurious
**ultramar** *m* – overseas
**umbral** *m* – threshold
**umbral de pobreza** – poverty line, poverty threshold
**umbral de rentabilidad** – break-even point
**UME (Unión Monetaria Europea)** – European Monetary Union
**unánime** *adj* – unanimous
**unánimemente** *adv* – unanimously
**unanimidad** *f* – unanimity
**únicamente** *adv* – only, solely
**unicameral** *adj* – unicameral
**unicidad** *f* – uniqueness
**único crimen** – only crime
**único delito** – only crime, only offense
**único dueño** – sole proprietor
**único propietario** – sole proprietor
**unidad** *f* – unity, unit
**unidad administrativa** – administrative unit
**unidad arrendada** – leased unit
**unidad bancaria** – banking unit
**unidad comercial** – commercial unit
**unidad contable** – accounting unit
**unidad corporativa** – corporate unit
**unidad de acumulación** – accumulation unit
**unidad de apoyo** – support unit
**unidad de atención al cliente** – customer service unit
**unidad de auditoría** – audit unit
**unidad de autorizaciones** – authorization unit
**unidad de bienestar social** – social welfare unit
**unidad de capacitación** – training unit
**unidad de certificación** – certification unit
**unidad de cobranza** – collection unit
**unidad de cobros** – collection unit
**unidad de comercialización** – marketing unit
**unidad de comercio** – commerce unit, trade unit
**unidad de comercio exterior** – foreign trade unit
**unidad de compras** – purchasing unit
**unidad de comunicaciones** – communications unit
**unidad de contabilidad** – accounting unit
**unidad de contribuciones** – tax unit
**unidad de corretaje** – brokerage unit
**unidad de coste** – cost unit
**unidad de costo** – cost unit
**unidad de crédito** – credit unit
**unidad de cuenta** – account unit
**unidad de cumplimiento** – compliance unit
**unidad de desarrollo** – development unit
**unidad de distribución** – distribution unit
**unidad de exportación** – export unit
**unidad de facturación** – billing unit
**unidad de formación** – training unit
**unidad de habilitación** – training unit
**unidad de hipotecas** – mortgage unit
**unidad de importación** – import unit
**unidad de impuestos** – tax unit
**unidad de intereses** – unity of interest
**unidad de liquidaciones** – settlement unit
**unidad de mantenimiento** – maintenance unit
**unidad de marketing** – marketing unit
**unidad de medida** – measurement unit
**unidad de mercadeo** – marketing unit

**unidad de moneda** – monetary unit
**unidad de muestra** – sample unit
**unidad de muestreo** – sampling unit
**unidad de negociaciones** – bargaining unit
**unidad de negocios** – business unit
**unidad de nóminas** – payroll unit
**unidad de operaciones** – operations unit
**unidad de órdenes** – order unit
**unidad de personal** – personnel unit
**unidad de planificación** – planning unit
**unidad de posesión** – unity of possession
**unidad de préstamos** – loan unit
**unidad de producción** – production unit
**unidad de publicidad** – advertising unit
**unidad de reaseguro** – reinsurance unit
**unidad de reclamaciones** – claims unit
**unidad de recursos humanos** – human resources unit
**unidad de relaciones industriales** – industrial relations unit
**unidad de relaciones públicas** – public relations unit
**unidad de salud** – health unit
**unidad de sanidad** – health unit
**unidad de seguros** – insurance unit
**unidad de servicio al cliente** – customer service unit
**unidad de servicio** – service unit
**unidad de tiempo** – unity of time, time unit
**unidad de título** – unity of title
**unidad de trabajo** – work unit
**unidad de tránsito** – transit unit
**unidad de valor** – value unit
**unidad de ventas** – sales unit
**unidad del acto** – unity of the act
**unidad derivada** – derivative unit
**unidad económica** – economic unity
**unidad empresarial** – business unit
**unidad estatal** – governmental unit, state unit
**unidad exportadora** – export unit
**unidad extranjera** – foreign unit
**unidad familiar** – family unit
**unidad fiduciaria** – trust unit
**unidad financiera** – finance unit
**unidad fiscal** – tax unit
**unidad general** – general unit
**unidad gubernamental** – governmental unit
**unidad hipotecaria** – mortgage unit
**unidad importadora** – import unit
**unidad mercantil** – commercial unit, mercantile unit
**unidad monetaria** – monetary unit, currency unit
**unidad política** – political unit
**unidad principal** – main unit
**unidad publicitaria** – advertising unit
**unidad regional** – regional unit
**unido** *adj* – united, in accord
**unifamiliar** *adj* – single-family
**unificación** *f* – unification
**unificado** *adj* – unified
**unificar** *v* – to unify
**unificarse** *v* – to become unified
**uniformar** *v* – to standardize
**uniforme** *adj* – uniform
**uniformemente** *adv* – uniformly
**uniformidad** *f* – uniformity
**unigénito** *m* – only child
**unilateral** *adj* – unilateral
**unilateralmente** *adv* – unilaterally
**unión** *f* – union, merger, unity
**unión abierta** – open union
**unión aduanera** – customs union
**unión afiliada** – affiliated union
**unión arancelaria** – customs union
**unión bancaria** – banking syndicate
**unión cerrada** – closed union
**unión civil** – civil union
**unión civil entre personas del mismo sexo** – same sex civil union
**unión crediticia** – credit union
**unión de acciones** – joinder of actions
**unión de crédito** – credit union
**unión de empleados** – employees' union
**unión de industria** – industrial union
**unión de las partes** – joinder of parties
**unión de oficio** – trade union
**unión de trabajadores** – workers' union
**Unión Económica y Monetaria** – Economic and Monetary Union
**unión económica** – economic union, economic community
**unión errónea** – misjoinder
**unión estatal** – state union
**Unión Europea** – European Union
**unión gremial** – labor union, labour union, trade union
**unión horizontal** – horizontal union
**unión independiente** – independent union
**unión industrial** – industrial union
**unión interestatal** – interstate union
**unión internacional** – international union
**unión intraestatal** – intrastate union
**unión laboral** – labor union, labour union
**unión local** – local union
**unión monetaria** – monetary union
**Unión Monetaria Europea** – European Monetary Union
**unión nacional** – national union
**unión no afiliada** – unaffiliated union
**unión obrera** – trade union, labor union, labour union
**unión política** – political union
**unión profesional** – professional organization
**unión sindical** – labor union, labour union
**unión vertical** – vertical union
**unipersonal** *adj* – unipersonal
**unir** *v* – to unite, to confuse
**unirse** *v* – to unite, to merge, to wed
**unitarismo** *m* – unitarianism
**universal** *adj* – universal
**universalidad** *f* – universality, all of the property and obligations of an estate
**universalidad de derecho** – nondivisible group of property and obligations of an estate
**universalidad de hecho** – divisible group of property of an estate
**universalidad jurídica** – nondivisible group of property and obligations of an estate
**universalmente** *adv* – universally
**unívoco** *adj* – univocal
**untar** *v* – to bribe
**urbanamente** *adv* – urbanely
**urbanidad** *f* – urbanity
**urbanismo** *m* – urban development, city planning

**urbanización** *f* – urbanization, development, city planning
**urbanizar** *v* – to urbanize, to develop
**urbano** *adj* – urban, urbane
**urbe** *f* – metropolis
**urdiembre** *f* – scheme
**urdimbre** *f* – scheme
**urdir** *v* – to scheme, to plan
**urgencia** *f* – urgency
**urgente** *adj* – urgent, express
**urgentemente** *adj* – urgently
**urna** *f* – ballot box
**urna electoral** – ballot box
**usado** *adj* – used, customary
**usado ilícitamente** – illicitly used
**usado ilegalmente** – illegally used
**usado legalmente** – legally used
**usado lícitamente** – licitly used
**usanza** *f* – custom
**usar** *v* – to use, to be accustomed
**uso** *m* – use, usage, custom
**uso acostumbrado** – accustomed use
**uso anterior** – former use, previous use
**uso aparente** – apparent use
**uso autorizado** – authorized use
**uso auxiliar** – accessory use
**uso beneficioso** – beneficial use
**uso caritativo** – charitable use
**uso comercial** – business use, commercial use
**uso compartido** – shared use
**uso corporativo** – corporate usage
**uso de la fuerza** – use of force
**uso de razón** – use of reason
**uso designado** – designated use
**uso doméstico** – domestic use
**uso educativo** – educational use
**uso empresarial** – business usage
**uso especial** – special use
**uso estatal** – government use
**uso evidente** – evident use
**uso explícito** – explicit use
**uso fácil, de** – user-friendly
**uso habitual** – habitual use
**uso ilegal** – illegal use
**uso ilícito** – illicit use
**uso incompatible** – incompatible use
**uso indebido** – improper use, unauthorized use
**uso inusual** – unusual use
**uso irregular** – irregular use
**uso judicial** – judicial custom
**uso legal** – lawful use
**uso lícito** – licit use
**uso mercantil** – commercial usage
**uso no autorizado** – unauthorized use
**uso normal** – normal use
**uso notorio** – notorious use
**uso obvio** – obvious use
**uso oficial** – official use
**uso ordinario** – ordinary use
**uso preexistente** – preexisting use
**uso privado** – private use
**uso provechoso** – beneficial use
**uso público** – public use
**uso razonable** – fair use
**uso regular** – regular use
**uso restringido** – restricted use
**uso usual** – usual use
**uso y desgaste** – wear and tear
**uso y ocupación** – use and occupation
**uso y habitación** – use and occupation
**usos comerciales** – commercial customs
**usos convencionales** – customs
**usos forenses** – rules of court
**usos locales** – local customs
**usos técnicos** – technical uses
**usos y costumbres** – customs and practices
**usual** *adj* – usual
**usualmente** *adv* – usually
**usuario** *m* – user, usufructuary
**usuario actual** – actual user, present user
**usuario final** – final user
**usuario real** – real user, actual user
**usuario registrado** – registered user
**usucapión** *f* – usucapion
**usucapir** *v* – to acquire by usucapion
**usufructo** *m* – usufruct, use
**usufructo convencional** – contractual usufruct
**usufructo imperfecto** – imperfect usufruct
**usufructo legal** – legal usufruct
**usufructo perfecto** – perfect usufruct
**usufructo restringido** – restricted usufruct
**usufructo temporal** – temporary usufruct
**usufructo vitalicio** – usufruct for life
**usufructuante** *m/f* – usufructuary
**usufructuar** *v* – to usufruct, to be profitable
**usufructuario** *m* – usufructuary
**usura** *f* – usury, profiteering, interest, profit
**usurar** *v* – to practice usury, to profiteer, to charge interest, to profit
**usurariamente** *adv* – usuriously
**usurario** *adj* – usurious
**usurear** *v* – to practice usury, to profiteer, to charge interest, to profit
**usurero** *m* – usurer, profiteer, moneylender, pawnbroker
**usurpación** *f* – usurpation, encroachment
**usurpación de autoridad** – usurpation of authority
**usurpación de funciones públicas** – impersonation of a government official, impersonation of a public servant
**usurpación de inmuebles** – usurpation of real estate
**usurpador** *m* – usurper, person that misappropriates, encroacher
**usurpador** *adj* – usurping
**usurpar** *v* – to usurp, to misappropriate, to encroach
**útil** *adj* – useful, working, interest-bearing, legal
**utilidad** *f* – utility, usefulness, benefit, profit, interest
**utilidad acumulada** – accumulated profit
**utilidad bruta** – gross profit
**utilidad capitalizada** – capitalized profit
**utilidad contable** – book profit, accounting profit
**utilidad de explotación** – operating profit
**utilidad de operaciones** – operating profit
**utilidad decreciente** – diminishing returns
**utilidad financiera** – financial profit
**utilidad líquida** – net profit, clear profit
**utilidad marginal** – marginal utility
**utilidad neta** – net profit, clear profit

**utilidad no realizada** – unrealized profit
**utilidad operativa** – operating profit
**utilidad pública** – public benefit
**utilidad realizada** – realized profit
**utilidad retenida** – retained profit
**utilidad tributable** – taxable profit
**utilidades** *f* – profits, earnings, returns
**utilidades a distribuir** – undivided profits
**utilidades anticipadas** – anticipated profits
**utilidades de capital** – capital gains
**utilidades esperadas** – anticipated profits
**utilidades gravables** – taxable profits
**utilidades imponibles** – taxable profits
**utilidades impositivas** – taxable profits
**utilidades tributables** – taxable profits
**utilitarismo** *m* – utilitarianism
**utilitarista** *adj* – utilitarian
**utilitarista** *m/f* – utilitarian
**utilizable** *adj* – utilizable, available
**utilización** *f* – utilization
**utilización de la capacidad** – capacity utilization
**utilizado** *adj* – utilized, used
**utilizar** *v* – to utilize, to use
**útilmente** *adv* – usefully, profitably
**uxoricida** *m* – uxoricide
**uxoricida** *adj* – uxoricidal
**uxoricidio** *m* – uxoricide

**VB (visto bueno)** – approval
**vacación** *f* – vacation, holiday
**vacaciones anuales** – annual vacation
**vacaciones anuales pagadas** – paid annual vacation
**vacaciones anuales retribuidas** – paid annual vacation
**vacaciones pagadas** – paid vacation
**vacaciones retribuidas** – paid vacation
**vacancia** *f* – vacancy
**vacante** *adj* – vacant, available
**vacante** *f* – vacancy, opening
**vacar** *v* – to become vacant, to be unoccupied, to be unemployed
**vaciar** *v* – to empty, to excavate, to explain at length, to transcribe
**vaciedad** *f* – emptiness
**vacilación** *f* – vacillation
**vacilante** *adj* – vacillating
**vacilar** *v* – to vacillate, to hesitate
**vacío** *adj* – empty, vacant, uninhabited, useless, idle
**vacío** *m* – vacuum, gap
**vacío legal** – legal vacuum, loophole
**vaco** *adj* – vacant
**vacuidad** *f* – vacuity
**vacuo** *adj* – vacuous
**vagabundaje** *m* – vagabondage, vagrancy
**vagabundear** *v* – to roam, to loiter, to be a vagrant
**vagabundo** *m* – vagabond, vagrant
**vagamente** *adv* – vaguely
**vagancia** *f* – vagrancy, idleness
**vagante** *adj* – vagrant, idle
**vagar** *v* – to roam, to be idle
**vago** *m* – vagrant, idler
**vago** *adj* – vague, vagrant, idle
**vago, en** – unsteady, without support, in vain
**vagón** *m* – car, wagon
**vaguear** *v* – to roam, to be idle
**vaguedad** *f* – vagueness, vague comment
**vaivén** *m* – fluctuation, changeableness, risk
**vale** *m* – promissory note, scrip, IOU, voucher, receipt, token, certificate of good behavior
**vale al portador** – bearer scrip
**valedero** *adj* – valid, binding
**valedor** *m* – protector, companion
**valentía** *f* – valor, heroic deed, boast
**valentón** *m* – boaster
**valer** *v* – to be worth, to be of value, to cost, to be valid, to have authority, to get, to protect, to be useful
**valeroso** *adj* – valiant, valuable, efficient
**valía** *f* – value, worth, influence, faction
**validación** *f* – validation, validity
**válidamente** *adv* – validly
**validar** *v* – to validate
**validar un testamento** – to probate a will
**validez** *f* – validity
**validez aparente** – apparent validity
**validez de los actos jurídicos** – validity of legal acts
**validez de los contratos** – validity of contracts
**validez de los testamentos** – validity of wills
**validez evidente** – evident validity
**validez explícita** – explicit validity
**validez legal** – legal validity
**validez obvia** – obvious validity
**válido** *adj* – valid, favored, esteemed, influential
**válido legalmente** – legally valid
**valiente** *m* – valiant, fine, strong, boasting
**valija** *f* – valise, mailbag, mail
**valija diplomática** – diplomatic pouch
**valijero** *m* – mail carrier
**valioso** *adj* – valuable
**valor** *m* – value, valor, nerve, importance, effectiveness, yield
**valor a la par** – par value
**valor activo** – asset
**valor actual** – actual value, present value
**valor actual neto** – net present value
**valor acumulado** – accumulated value
**valor adquisitivo** – purchasing power
**valor aduanero** – customs value
**valor agregado** – value added, added value
**valor ajustado** – adjusted value
**valor al vencimiento** – maturity value
**valor amortizado** – amortized value, depreciated value
**valor añadido** – value added, added value
**valor aparente** – apparent value
**valor aproximado** – approximate value
**valor asegurable** – insurable value
**valor aumentado** – increased value
**valor base** – base value
**valor básico** – basic value

**valor bruto** – gross value
**valor bursátil** – market value
**valor calculado** – calculated value
**valor capital** – capital value
**valor capitalizado** – capitalized value
**valor catastral** – cadastral value, assessed valuation
**valor cierto** – fixed value
**valor cívico** – civic-mindedness
**valor comercial** – fair market value, commercial value
**valor comparable** – comparable worth
**valor comparativo** – comparative value
**valor computado** – computed value
**valor condicional** – conditional value
**valor construido** – constructed value
**valor contable** – book value, accounting value
**valor contractual** – contract value
**valor convenido** – agreed value
**valor corriente** – current value
**valor corriente de mercado** – current market value
**valor cotizado** – quoted value
**valor de activos** – asset value
**valor de adquisición** – purchase value, acquisition value
**valor de aduanas** – customs value
**valor de afección** – sentimental value
**valor de alquiler** – rental value
**valor de cambio** – exchange value
**valor de compra** – purchase value, acquisition value
**valor de conversión** – conversion value
**valor de coste** – cost value
**valor de costo** – cost value
**valor de denominación** – denomination value
**valor de disolución** – breakup value
**valor de emisión** – issue price
**valor de empresa en marcha** – going concern value
**valor de factura** – invoice value
**valor de inversión** – investment value
**valor de la empresa** – enterprise value
**valor de libros** – book value
**valor de liquidación** – liquidation value
**valor de mercado** – market value, fair market value
**valor de negocio en marcha** – going concern value
**valor de paridad** – par value
**valor de posesión** – carrying value
**valor de préstamo** – loan value
**valor de realización** – liquidation value
**valor de redención** – redemption value
**valor de reemplazo** – replacement value
**valor de reposición** – replacement cost
**valor de reproducción** – reproduction value
**valor de rescate** – surrender value
**valor de rescate en efectivo** – cash surrender value
**valor de reventa** – resale value
**valor de salida** – exit value
**valor de tasación** – appraisal value
**valor de transacción** – transaction value
**valor de venta** – sale value
**valor declarado** – declared value
**valor decreciente** – decreasing value
**valor del capital** – capital value
**valor del colateral** – collateral value
**valor del contrato** – contract value
**valor del dinero** – value of money
**valor del mercado** – fair market value
**valor depreciado** – depreciated value
**valor descontado** – discounted value
**valor económico** – economic value
**valor efectivo** – cash value
**valor en cuenta** – value in account
**valor en efectivo** – cash value
**valor en el mercado** – market value, fair market value
**valor en libros** – book value
**valor en plaza** – market value, fair market value
**valor en prenda** – pledged security
**valor en uso** – value in use
**valor entero** – entire value
**valor equitativo** – equitable value, fair value
**valor esperado** – expected value
**valor estimado** – estimated value
**valor extrínseco** – extrinsic value
**valor facial** – face value
**valor fiscal** – assessed value, fiscal value, taxable value
**valor gravable** – taxable value
**valor idéntico** – identical value
**valor imponible** – taxable value
**valor impositivo** – taxable value
**valor imputado** – imputed value
**valor inmobiliario** – real estate value, property value
**valor intangible** – intangible value
**valor intrínseco** – intrinsic value
**valor justo** – fair value
**valor justo en el mercado** – fair market value
**valor justo y razonable** – fair and reasonable value
**valor liquidativo** – liquidating value
**valor llave** – goodwill
**valor locativo** – rental value
**valor marginal** – marginal value
**valor medio** – mean value
**valor monetario** – monetary value
**valor necesario** – necessary value
**valor negativo** – negative value
**valor negociable** – negotiable value
**valor neto** – net value, net worth
**valor no amortizado** – unamortized value
**valor no asegurable** – uninsurable value
**valor no cotizado** – unlisted security
**valor no declarado** – undeclared value
**valor nominal** – nominal value, face amount, face value
**valor normal** – normal value
**valor numérico** – numerical value
**valor objetivo** – objective value
**valor oficial** – official value
**valor pasivo** – liability
**valor pecuniario** – pecuniary value
**valor por escasez** – scarcity value
**valor presente** – present value
**valor probatorio** – probative value
**valor promedio** – blended value
**valor razonable** – reasonable value
**valor real** – real value, actual value
**valor realizable** – realizable value
**valor recibido** – value received
**valor reconstruido** – reconstructed value, constructed value
**valor requerido** – required value
**valor residual** – residual value, salvage value

**valor según libros** – book value
**valor sentimental** – sentimental value
**valor sobre la par** – above par value
**valor tangible** – tangible value
**valor tasado** – appraised value
**valor teorético** – theoretical value
**valor total** – aggregate value, total value
**valor tributable** – taxable value
**valor unitario** – unit value
**valor venal** – sales price
**valoración** *f* – valuation, appraisal, assessment, increase in value
**valoración actual** – actual valuation, present valuation
**valoración actuarial** – actuarial valuation
**valoración aduanera** – customs valuation
**valoración ajustada** – adjusted valuation
**valoración aproximada** – approximate valuation
**valoración bursátil** – market valuation
**valoración calculada** – calculated valuation
**valoración catastral** – assessed valuation, cadastral valuation
**valoración computada** – computed valuation
**valoración contable** – book valuation, accounting valuation
**valoración corriente** – current valuation
**valoración cotizada** – quoted valuation
**valoración de activos** – valuation of assets
**valoración de daños** – assessment of damages
**valoración de existencias** – valuation of stock, valuation of inventory
**valoración de la pérdida** – valuation of loss
**valoración de la póliza** – valuation of policy
**valoración de propiedad** – property appraisal
**valoración del mercado** – market valuation
**valoración en el mercado** – market valuation
**valoración en libros** – book valuation
**valoración entera** – entire valuation
**valoración equitativa** – equitable valuation, fair valuation
**valoración estimada** – estimated valuation
**valoración excesiva** – overvaluation
**valoración fiscal** – assessed valuation, fiscal valuation, taxable valuation
**valoración justa** – fair valuation
**valoración negociable** – negotiable valuation
**valoración normal** – normal valuation
**valoración oficial** – official valuation
**valoración presente** – present valuation
**valoración razonable** – reasonable valuation
**valoración tasada** – appraised valuation
**valoración total** – aggregate valuation, total valuation
**valorado** *adj* – valued, assessed
**valorar** *v* – to value, to appraise, to assess, to increase the value of, to mark-up
**valorear** *v* – to value, to appraise, to assess, to increase the value of, to mark-up
**valores** *m* – securities, valuables, assets, values
**valores a corto plazo** – short-term securities
**valores a largo plazo** – long-term securities
**valores a mediano plazo** – medium-term securities
**valores a medio plazo** – medium-term securities
**valores activos** – active securities
**valores al portador** – bearer securities
**valores ambientales** – environmental values
**valores bancarios** – bank securities
**valores barométricos** – barometer securities
**valores convertibles** – convertible securities
**valores cotizados** – listed securities, quoted securities
**valores de agencia** – agency securities
**valores de banco** – bank securities
**valores de bolsa** – listed securities
**valores de ingreso fijo** – fixed-income securities
**valores de renta fija** – fixed-income securities
**valores del estado** – government securities, state securities
**valores del gobierno** – government securities
**valores del gobierno federal** – federal government securities
**valores del mercado monetario** – money market securities
**valores derivados** – derivative securities
**valores disponibles** – available securities
**valores ecológicos** – ecological values
**valores elegibles** – eligible securities
**valores en cartera** – portfolio
**valores en custodia** – securities in custody
**valores especulativos** – speculative securities
**valores exentos** – exempt securities
**valores exentos de contribuciones** – tax-exempt securities
**valores exentos de impuestos** – tax-exempt securities
**valores extranjeros** – foreign securities
**valores garantizados** – guaranteed securities
**valores gubernamentales** – government securities
**valores hipotecarios** – mortgage securities
**valores inactivos** – inactive securities
**valores internacionales** – international securities
**valores líquidos** – liquid securities
**valores mutilados** – mutilated securities
**valores negociables** – negotiable securities
**valores no cotizados** – unlisted securities, unquoted securities
**valores no gravables** – nontaxable securities
**valores no imponibles** – nontaxable securities
**valores no tributables** – nontaxable securities
**valores pignorados** – pledged securities
**valores preferidos** – preferred securities
**valores prestados** – loaned securities
**valores punteros** – blue-chip securities, gilt-edge securities
**valores realizables** – liquid assets
**valores redimibles** – redeemable securities
**valores registrados** – registered securities
**valores regulados** – regulated securities
**valores respaldados por hipotecas** – mortgage-backed securities
**valores retirados** – retired securities
**valores sin certificado** – certificateless securities
**valores subordinados** – junior securities
**valores transferibles** – transferable securities
**valores transmisibles** – negotiable securities
**valoría** *f* – value, appraised value
**valorización** *f* – valuation, appraisal, assessment, increase in value
**valorización independiente** – independent appraisal
**valorizar** *v* – to value, to appraise, to increase the value of, to mark-up

**valuación** *f* – valuation, appraisal, assessment, increase in value
**valuación actuarial** – actuarial valuation
**valuación aduanera** – customs valuation
**valuación alterna** – alternate valuation
**valuación catastral** – assessed valuation, cadastral valuation
**valuación contable** – accounting valuation
**valuación de activos** – valuation of assets
**valuación de aduanas** – customs valuation
**valuación de existencias** – inventory valuation
**valuación de inventario** – inventory valuation
**valuación de la póliza** – valuation of policy
**valuación exorbitante** – exorbitant assessment
**valuación fiscal** – fiscal valuation, tax valuation
**valuación negociada** – agreed-upon valuation
**valuador** *m* – valuator, appraiser, assessor
**valuar** *v* – to value, to appraise
**valla** *f* – fence, obstacle
**valla publicitaria** – billboard, hoarding
**valladar** *m* – fence, obstacle
**vallar** *v* – to fence, to fence in
**VAN (valor actual neto)** – net present value
**vanamente** *adv* – vainly
**vandálico** *adj* – vandalistic
**vandalismo** *m* – vandalism
**vándalo** *m* – vandal
**vano** *adj* – vain, frivolous
**vapulación** *f* – thrashing
**vapulamiento** *m* – thrashing
**vapular** *v* – to thrash
**vapulear** *v* – to thrash
**vapuleo** *m* – thrashing
**varadero** *m* – dry dock
**varar** *v* – to run aground, to get stuck
**variabilidad** *f* – variability
**variable** *adj* – variable
**variable** *f* – variable
**variablemente** *adv* – variably
**variables incontrolables** – uncontrollable variables
**variación** *f* – variation, variance
**variación de precios** – price variation, price variance
**variaciones aletorias** – random variances
**variante** *adj* – variant
**variante** *f* – variant
**varianza** *f* – variance
**varianza laboral** – labor variance, labor variance
**variar** *v* – to vary
**variar de opinión** – to change one's opinion
**variedad** *f* – variety, variation
**vario** *adj* – varied, variable
**varonía** *f* – male issue
**vástago** *m* – offspring
**vasto** *adj* – vast
**véase** – see
**vecinal** *adj* – vicinal
**vecinamente** *adv* – nearby, contiguously
**vecindad** *f* – vicinity, neighborhood, legal residence
**vecindario** *m* – vicinity, neighborhood
**vecino** *m* – neighbor, resident, tenant
**vecino** *adj* – neighboring, similar
**veda** *f* – prohibition, interdiction
**vedado** *adj* – prohibited, interdicted
**vedamiento** *m* – prohibition, interdiction
**vedar** *v* – to prohibit, to hinder
**veedor** *m* – supervisor, inspector, busybody
**veeduría** *f* – inspectorship, inspector's office
**vehemencia** *f* – vehemence
**vehemente** *adj* – vehement
**vehementemente** *adv* – vehemently
**vehículo** *m* – vehicle, carrier, means
**vehículo comercial** – commercial vehicle
**vehículo corporativo** – corporate vehicle
**vehículo de motor** – motor vehicle
**vehículo de negocios** – business vehicle
**vehículo de publicidad** – advertising vehicle
**vehículo empresarial** – business vehicle
**vehículo mercantil** – commercial vehicle
**vehículo publicitario** – advertising vehicle
**vejación** *f* – abuse, insult
**vejador** *adj* – abusive, insulting
**vejamen** *m* – abuse, insult
**vejar** *v* – to abuse, to insult
**vejatorio** *adj* – abusive, insulting
**vejez** *f* – old age
**vela** *f* – watch, night sentry, night work
**velador** *m* – watcher, night-guard
**velador** *adj* – watching, guarding
**velar** *v* – to watch, to guard, to work at night
**velo corporativo** – corporate veil
**veloz** *adj* – rapid
**velozmente** *adv* – rapidly
**venal** *adj* – venal
**venalidad** *f* – venality
**vencedero** *adj* – maturing
**vencedor** *m* – victor
**vencedor** *adj* – victorious
**vencer** *v* – to mature, to expire, to defeat
**vencido** *adj* – due, expired, in arrears, defeated
**vencido e impago** – due and unpaid
**vencido y pagadero** – due and payable
**vencimiento** *m* – maturity, expiration, victory, defeat
**vencimiento acelerado** – accelerated maturity
**vencimiento anticipado** – accelerated maturity
**vencimiento contractual** – contractual maturity
**vencimiento fijo** – fixed maturity
**vencimiento obligatorio** – obligatory maturity
**vencimiento original** – original maturity
**vendedor** *m* – seller, salesperson, salesman, saleswoman, sales clerk, bargainer
**vendedor a comisión** – commission seller
**vendedor a domicilio** – door-to-door seller
**vendedor ambulante** – traveling seller, peddler, pedlar
**vendedor callejero** – street vendor, peddler, pedlar
**vendedor descubierto** – short seller
**vendedor directo** – direct seller
**vendedor en firme** – firm seller
**vendedor firme** – firm seller
**vendedor marginal** – marginal seller
**vendeja** *f* – public sale
**vender** *v* – to sell, to sell out
**vender a comisión** – to sell on commission
**vender a crédito** – to sell on credit
**vender al contado** – to sell for cash
**vender al descubierto** – to sell short
**vender al por mayor** – to wholesale
**vender al por menor** – to retail

**vender al público** – to sell to the public
**vender en línea** – to sell online, to sell through the Internet
**vender en remate** – to auction, to auction off
**vender online** – to sell online, to sell through the Internet
**vender por Internet** – to sell through the Internet, to sell online
**vendetta** *f* – vendetta
**vendí** *m* – bill of sale
**vendible** *adj* – salable, marketable
**vendido** *adj* – sold, betrayed
**vendido ilegalmente** – illegally sold
**vendido legalmente** – legally sold
**venduta** *f* – auction
**vendutero** *m* – auctioneer
**veneno** *m* – poison, wrath
**venenoso** *adj* – poisonous
**venéreo** *adj* – venereal
**vengador** *m* – avenger
**vengador** *adj* – avenging
**venganza** *f* – vengeance
**vengar** *v* – to avenge
**vengarse** *v* – to take revenge
**vengativo** *adj* – vengeful
**venia** *f* – pardon, permission, authority given to minors to handle their own property
**venia judicial** – court authority given to minors to handle their own property
**venial** *adj* – venial
**venialidad** *f* – veniality
**venialmente** *adv* – venially
**venidero** *adj* – coming, forthcoming, upcoming
**venideros** *m* – successors, heirs, future generations
**venir** *v* – to come, to come from, to arrive, to occur, to approach, to suit
**venta** *f* – sale, sales, selling, contract, inn
**venta a crédito** – credit sale
**venta a cuenta** – sale on account
**venta a ensayo** – sale on approval
**venta a granel** – bulk sale
**venta a plazos** – installment sale
**venta a prueba** – sale on approval
**venta absoluta** – absolute sale
**venta acordada** – agreed sale
**venta agresiva** – hard sale
**venta aislada** – isolated sale
**venta al contado** – cash sale
**venta al descubierto** – short sale
**venta al detal** – retailing, retail sale
**venta al detalle** – retailing, retail sale
**venta al martillo** – auction
**venta al menudeo** – retailing, retail sale
**venta al por mayor** – wholesaling
**venta al por menor** – retailing, retail sale
**venta clandestina** – clandestine sale
**venta comercial** – commercial sale
**venta compulsiva** – compulsory sale, forced sale
**venta compulsoria** – compulsory sale, forced sale
**venta con garantía** – sale with warranty
**venta condicional** – conditional sale
**venta corporativa** – corporate sale
**venta cruzada** – crossed sale
**venta de apertura** – opening sale
**venta de bloque** – block sale
**venta de bonos** – bond sale
**venta de cierre** – closing sale
**venta de liquidación** – clearance sale, liquidation sale
**venta de negocios** – business sale
**venta de saldos** – remnant sale, clearance sale
**venta directa** – direct sale, direct selling
**venta domiciliaria** – door-to-door selling
**venta efectiva** – effective sale
**venta empresarial** – business sale
**venta en almoneda** – auction
**venta en bloque** – bulk sale
**venta en consignación** – consignment sale
**venta en cuenta** – sale on account
**venta en cuotas** – installment sale
**venta en descubierto** – short sale
**venta en línea** – online sale
**venta en remate** – auction
**venta ficticia** – simulated sale
**venta final** – final sale
**venta firme** – firm sale
**venta forzada** – forced sale
**venta forzosa** – forced sale
**venta fraudulenta** – fraudulent sale
**venta futura** – future sale, forward sale
**venta hipotecaria** – foreclosure sale
**venta ilegal** – illegal sale
**venta ilícita** – illicit sale
**venta impropia** – improper sale
**venta inapropiada** – inappropriate sale
**venta incondicional** – unconditional sale, absolute sale
**venta involuntaria** – involuntary sale
**venta judicial** – judicial sale
**venta libre de impuestos** – duty-free sale
**venta lícita** – licit sale
**venta mayorista** – wholesaling
**venta mercantil** – mercantile sale
**venta minorista** – retailing, retail sale
**venta necesaria** – necessary sale
**venta negociada** – negotiated sale
**venta normal** – normal sale
**venta obligatoria** – compulsory sale, forced sale
**venta ocasional** – occasional sale
**venta online** – online sale
**venta ordinaria** – ordinary sale
**venta parcial** – partial sale
**venta particular** – private sale
**venta piramidal** – pyramid selling
**venta privada** – private sale
**venta pública** – public sale, public auction
**venta pura y simple** – absolute sale
**venta restringida** – restricted sale
**venta simulada** – simulated sale
**venta subsiguiente** – subsequent sale
**venta sujeta a aprobación** – sale on approval
**venta voluntaria** – voluntary sale
**ventaja** *f* – advantage, profit, additional pay
**ventaja absoluta** – absolute advantage
**ventaja comercial** – commercial advantage
**ventaja comparativa** – comparative advantage
**ventaja competitiva** – competitive advantage
**ventaja competitiva desleal** – unfair competitive advantage

**ventaja competitiva injusta** – unfair competitive advantage
**ventaja desleal** – unfair advantage
**ventaja diferencial** – differential advantage
**ventaja fiscal** – tax advantage
**ventaja impositiva** – tax advantage
**ventaja injusta** – unfair advantage
**ventajosamente** *adv* – advantageously
**ventajoso** *adj* – advantageous, profitable
**ventana de oportunidad** – window of opportunity
**ventanilla** *f* – window, small window, counter
**ventas a crédito** – charge sales
**ventas comparables** – comparable sales
**ventas comparativas** – comparative sales
**ventas creativas** – creative selling
**ventas de activos** – asset sales
**ventas de campo** – field sales
**ventas de casa en casa** – house-to-house selling
**ventas de exportación** – export sales
**ventas de importación** – import sales
**ventas de préstamos** – loan sales
**ventas de puerta en puerta** – door-to-door selling
**ventas directas** – direct sales
**ventas en apuro** – distress selling
**ventas especulativas** – speculative selling
**ventas múltiples** – multiple sales
**ventas nacionales** – national sales
**ventas netas** – net sales
**ventas por catálogo** – catalog sales
**ventas por correo** – mail order selling
**ventas por correspondencia** – mail order selling
**ventas por Internet** – Internet sales
**ventas por teléfono** – telephone sales
**ventas telefónicas** – telephone sales
**ventilación** *f* – ventilation
**ventilar** *v* – to ventilate
**ver** *v* – to see, to look, to try, to consider, to examine, to decide, to talk over, to foresee
**ver una causa** – to try a case
**veracidad** *f* – veracity
**veras** *f* – truth, reality, fervor, earnestness
**veraz** *adj* – truthful
**verbal** *adj* – verbal
**verbalizar** *v* – to verbalize
**verbalmente** *adv* – verbally
**verbigracia** *adv* – for instance
**verdad** *f* – truth
**verdaderamente** *adv* – truly
**verdadero** *adj* – true, real, genuine
**verdugo** *m* – executioner
**veredicto** *m* – verdict
**veredicto absolutorio** – verdict of not-guilty
**veredicto adverso** – adverse verdict
**veredicto arbitrario** – arbitrary verdict
**veredicto cerrado** – sealed verdict
**veredicto conjunto** – joint verdict
**veredicto de culpabilidad** – verdict of guilty
**veredicto de inculpabilidad** – verdict of not-guilty
**veredicto de inocencia** – verdict of not-guilty
**veredicto defectuoso** – defective verdict
**veredicto desfavorable** – unfavorable verdict
**veredicto favorable** – favorable verdict
**veredicto general** – general verdict
**veredicto injusto** – unfair verdict, false verdict
**veredicto público** – public verdict
**veredicto sellado** – sealed verdict
**vergüenza** *f* – shame, embarrassment, shyness, integrity
**verídico** *adj* – veridical
**verificable** *adj* – verifiable
**verificación** *f* – verification, check, inspection, fulfillment
**verificación aduanera** – customs check
**verificación de aduanas** – customs check
**verificación de análisis** – analysis verification
**verificación de auditoría** – audit verification
**verificación de autoridad** – authority verification
**verificación de calidad** – quality verification
**verificación de calificaciones** – qualification verification
**verificación de cancelación** – cancellation verification
**verificación de compra** – purchase verification
**verificación de crédito** – credit verification
**verificación de cuenta** – account verification
**verificación de cheque** – check verification, cheque verification
**verificación de daños** – damage verification
**verificación de dominio** – title verification
**verificación de elegibilidad** – eligibility verification
**verificación de empleo** – employment verification
**verificación de firma** – signature verification
**verificación de identidad** – identity verification
**verificación de incorporación** – incorporation verification
**verificación de participación** – participation verification
**verificación de peso** – weight verification
**verificación de reclamación** – claim verification
**verificación de salud** – health verification
**verificación de seguro** – insurance verification
**verificación de uso** – use verification
**verificación de valor** – value verification
**verificación de venta** – sale verification
**verificación directa** – direct verification
**verificación física** – physical verification
**verificación negativa** – negative verification
**verificación registral** – property registry verification
**verificado** *adj* – verified, inspected, fulfilled
**verificador** *m* – verifier, inspector
**verificador** *adj* – verifying, inspecting
**verificar** *v* – to verify, to inspect, to fulfill
**verificar el pago** – to make the payment, to verify the payment
**verificar la identidad** – to verify the identity
**verificativo** *adj* – verificative
**verosímil** *adj* – verisimilar, credible
**verosimilitud** *f* – verisimilitude, credibility
**versátil** *adj* – versatile, changeable
**versatilidad** *f* – versatility, changeableness
**versión** *f* – version, translation
**versión electrónica** – electronic version
**vertedero** *m* – landfill, garbage dump
**vertido de petróleo** – oil spill
**vesania** *f* – insanity, fury
**vesánico** *adj* – insane, furious
**vestigio** *m* – vestige
**vetar** *v* – to veto

**veterano** *m* – veteran
**veto** *m* – veto
**veto de bolsillo** – pocket veto
**vez** *f* – turn, time
**vez, a la** – at the same time
**vía** *f* – way, procedure, recourse, means, jurisdiction, track
**vía administrativa** – administrative recourse
**vía contenciosa** – judicial recourse
**vía crítica** – critical path
**vía de apremio** – legal procedure for debt collection
**vía ejecutiva** – execution
**vía judicial** – legal procedure
**vía ordinaria** – ordinary legal procedure
**vía pública** – public thoroughfare
**vía sumaria** – summary procedure
**viabilidad** *f* – viability, feasibility
**viabilidad económica** – economic viability
**viabilidad financiera** – financial viability
**viable** *adj* – viable, feasible
**viajante** *m/f* – traveller, travelling seller
**viajante** *adj* – travelling
**viajante comercial** – business traveller, commercial traveller
**viajante de comercio** – travelling seller, commercial traveller
**viajante mercantil** – commercial traveller
**viaje** *m* – voyage, trip, travel, way, load
**viaje aéreo** – air travel
**viaje comercial** – commercial travel, commercial trip
**viaje corporativo** – corporate travel
**viaje de negocios** – business trip, business travel
**viaje mercantil** – commercial travel, commercial trip
**viajero** *m* – traveller, passenger
**vial** *adj* – pertaining to thoroughfares
**vialidad** *f* – thoroughfare service
**vías de derecho** – legal recourses
**vías de hecho** – non-legal recourses, violence
**viático** *m* – travel allowance
**vicecónsul** *m* – vice-consul
**viceconsulado** *m* – vice-consulate
**vicegobernador** *m* – vice-governor
**vicepresidencia** *f* – vice-presidency
**vicepresidenta** *f* – vice president, vice chair, vice-chairwoman, vice-chairperson
**vicepresidenta ejecutiva** – executive vice president
**vicepresidente** *m* – vice president, vice chair, vice-chairman, vice-chairwoman, vice-chairperson
**vicepresidente ejecutivo** – executive vice president
**vicesecretaría** *f* – assistant secretaryship
**vicesecretario** *m* – assistant secretary
**vicetesorero** *m* – vice-treasurer
**viceversa** *adv* – vice versa
**viciado** *adj* – vitiated, polluted
**viciar** *v* – to vitiate, to pollute, to adulterate, to falsify, to misconstrue
**viciarse** *v* – to become vitiated, to become polluted, to become addicted, to become warped
**vicio** *m* – vice, defect, addiction, overindulgence
**vicio aparente** – apparent defect
**vicio de construcción** – construction defect
**vicio de fondo** – substantive defect
**vicio de forma** – procedural defect
**vicio inherente** – inherent defect
**vicio intrínseco** – intrinsic defect
**vicio manifiesto** – apparent defect
**vicio oculto** – latent defect
**vicio patente** – patent defect
**vicio redhibitorio** – redhibitory defect
**vicios procesales** – procedural defects
**vicioso** *adj* – defective, addicted, depraved, overindulged
**vicisitud** *f* – vicissitude
**víctima** *f* – victim
**victimización** *f* – victimization
**victimizado** *adj* – victimized
**victimizar** *v* – to victimize
**victimología** *f* – victimology
**victimólogo** *m* – victimologist
**victoria** *f* – victory
**victorioso** *adj* – victorious
**vida** *f* – life, living
**vida acostumbrada** – customary life
**vida activa** – working life
**vida amortizable** – depreciable life
**vida de un producto** – product life
**vida depreciable** – depreciable life
**vida económica** – economic life
**vida económica esperada** – expected economic life
**vida esperada** – expected life
**vida estimada** – estimated life
**vida limitada** – limited life
**vida media** – average life
**vida normal** – normal life
**vida privada** – private life
**vida pública** – public life
**vida típica** – typical life
**vida útil** – useful life, economic life
**vidente** *adj* – sighted
**videocámara** *f* – videocamera
**videoconferencia** *f* – videoconference
**vidrioso** *adj* – delicate
**vidual** *adj* – pertaining to widowhood
**vieja economía** – old economy
**vigencia** *f* – force, validity, legal effect, duration, life
**vigencia de la garantía** – duration of the guaranty
**vigencia de la patente** – patent life
**vigencia de la póliza** – term of the policy
**vigencia, en** – in force
**vigente** *adj* – in force, valid, prevailing, current
**vigía** *f* – lookout post
**vigía** *m* – lookout
**vigiar** *v* – to keep a lookout on
**vigilancia** *f* – vigilance, surveillance, monitoring
**vigilancia continua** – continuous surveillance, continuous monitoring, continuous vigilance
**vigilante** *m/f* – guard, police officer
**vigilante** *adj* – vigilant, guarding
**vigilante de seguridad** – security guard
**vigilante jurado** – security guard
**vigilar** *v* – to watch, to guard, to oversee
**vigilia** *f* – vigil, night work, wakefulness
**vigor** *m* – vigor, force
**vil** *adj* – vile
**vileza** *f* – vileness
**vilipendiador** *adj* – reviling, denigrating
**vilipendiar** *v* – to revile, to denigrate
**vilipendio** *m* – revilement, denigration

**vilmente** *adv* – vilely
**vilo, en** – in the air
**villano** *m* – villain
**vinculable** *adj* – that can be linked, entailable
**vinculación** *f* – link, entailment, tie
**vinculado** *adj* – linked, entailed, tied
**vincular** *v* – to link, to entail, to tie, to peg, to continue
**vínculo** *m* – link, entail, entailment, bond, tie
**vínculo de parentesco** – family tie
**vínculo familiar** – family tie
**vínculo jurídico** – legal relationship
**vínculo matrimonial** – matrimonial relationship
**vindicable** *adj* – vindicable
**vindicación** *f* – vindication
**vindicador** *adj* – vindicative
**vindicar** *v* – to vindicate
**vindicativo** *adj* – vindicating
**vindicatorio** *adj* – vindicatory
**vindicta** *f* – vengeance
**violable** *adj* – violable
**violación** *f* – violation, rape, infringement, transgression, breach
**violación de armisticio** – violation of armistice
**violación de contrato** – breach of contract
**violación de deberes** – breach of duty
**violación de domicilio** – breaking and entering, unauthorized entry into a domicile
**violación de garantía** – breach of warranty
**violación de la ley** – violation of the law
**violación de patente** – infringement of patent
**violación de promesa** – breach of promise
**violación de propiedad** – breaking and entering
**violación de seguridad** – security breach
**violador** *m* – violator, rapist, infringer, transgressor
**violar** *v* – to violate, to rape, to infringe, to transgress
**violar la ley** – to break the law
**violencia** *f* – violence, force, rape
**violencia en el matrimonio** – marital violence
**violencia física** – physical violence
**violencia moral** – coercion
**violentamente** *adv* – violently
**violento** *adj* – violent, severe
**virtual** *adj* – virtual
**virtualmente** *adv* – virtually
**virtud** *f* – virtue
**virtud de, en** – by virtue of
**virulencia** *f* – virulence
**virulento** *adj* – virulent
**virus** *m* – virus
**vis-a-vis** – face-to-face, vis-à-vis
**visa** *f* – visa
**visa consular** – consular visa
**visa de entrada** – entry visa
**visa de residencia** – residence visa
**visa diplomática** – diplomatic visa
**visado** *m* – visa
**visado de entrada** – entry visa
**visado de residencia** – residence visa
**visar** *v* – to stamp with a visa, to visa, to endorse, to certify
**visibilidad** *f* – visibility
**visible** *adj* – visible, evident
**visiblemente** *adv* – visibly
**visión** *f* – vision
**visita** *f* – visit, inspection, visitor
**visita a los hijos** – visit to the children
**visita comercial** – business visit, business call, commercial visit, commerce call
**visita de comercio** – business visit, business call, commercial visit, commerce call
**visita de negocios** – business visit, business call
**visita de sanidad** – health inspection
**visita de ventas** – sales visit, sales call
**visita mercantil** – commercial visit
**visitador** *m* – visitor, inspector, judicial inspector
**visitar** *v* – to visit, to inspect
**vislumbrar** *v* – to see vaguely, to surmise
**visorio** *m* – inspection by an expert
**visorio** *adj* – visual
**víspera** *f* – eve
**vista** *f* – vision, hearing, trial, sight, view, look
**vista** *m* – customs official
**vista, a la** – at sight, in sight
**vista administrativa** – administrative hearing
**vista completa** – full hearing
**vista de, a** – in the presence of, in view of, in consideration of
**vista de aduana** – customs inspector
**vista de causa probable** – probable cause hearing
**vista de, en** – in view of
**vista disciplinaria** – disciplinary hearing
**vista informal** – informal hearing
**vista preliminar** – preliminary hearing
**vistas** *f* – meeting
**vistazo** *m* – glance
**visto** *adj* – seen, awaiting sentence or resolution, closed, decided, unoriginal, clear
**visto bueno** – approval
**visto para sentencia** – ready for judgment
**visto que** – in view of the fact that, since
**visto y aprobado** – seen and approved
**visual** *adj* – visual
**visualización** *f* – visualization
**visura** *f* – visual inspection, inspection by an expert
**vital** *adj* – vital
**vitalicio** *m* – life annuity, life insurance policy
**vitalicio** *adj* – for life
**vitalicista** *m/f* – holder of a life annuity, holder of a life insurance policy
**vitalidad** *f* – vitality
**vitrina** *f* – showcase, shop window
**vituperación** *f* – vituperation
**vituperador** *m* – vituperator
**vituperador** *adj* – vituperating
**vituperante** *adj* – vituperating
**vituperar** *v* – to vituperate
**vituperio** *m* – vituperation
**viuda** *f* – widow
**viudal** *adj* – pertaining to a widow, pertaining to a widower
**viudedad** *f* – widowhood, widow's pension
**viudez** *f* – widowhood
**viudo** *m* – widower
**víveres** *m* – food, provisions
**viveza** *f* – quickness, brightness, vehemence, thoughtless remark
**vividero** *adj* – habitable

**vividor** *m* – enterprising person, sponger
**vividor** *adj* – living, long-living, enterprising
**vivienda** *f* – housing, dwelling, way of life
**vivienda de familia única** – single-family housing
**vivienda de precio tasado** – housing which meets specific requirements for government incentives
**vivienda de protección oficial** – housing which meets specific requirements for government incentives
**vivienda familiar** – family housing
**vivienda justa** – fair housing
**vivienda manufacturada** – manufactured housing
**vivienda modular** – modular housing
**vivienda multifamiliar** – multifamily housing
**vivienda prefabricada** – prefabricated housing
**vivienda pública** – public housing
**vivienda subsidiada** – subsidized housing
**vivienda subvencionada** – subsidized housing
**viviendas desprendidas** – detached housing
**viviente** *adj* – living
**vivir** *v* – to live, to live in, to endure
**vivo** *adj* – living, live, lively, bright
**vocación** *f* – vocation
**vocacional** *adj* – vocational
**vocal** *m/f* – board member
**vocal** *adj* – vocal
**vocear** *v* – to shout out, to publish, to acclaim
**vocero** *m* – speaker, attorney, representative, spokesman, spokesperson, spokeswoman
**volante** *m* – flier, steering wheel
**volátil** *adj* – volatile
**volatilidad** *f* – volatility
**volición** *f* – volition
**volitivo** *adj* – volitional
**voltear** *v* – to turn, to turn over, to overturn, to change
**volumen** *m* – volume
**volumen actual** – actual volume
**volumen bruto** – gross volume
**volumen comercial** – commercial volume, trade volume
**volumen de exportación** – export volume
**volumen de importación** – import volume
**volumen de negocios** – business volume, turnover
**volumen de producción** – production volume
**volumen de transacciones** – trading volume
**volumen de ventas** – sales volume
**volumen real** – real volume, actual volume
**volumen total** – total volume
**voluntad** *f* – will, desire, consent, affection
**voluntad, a** – voluntarily
**voluntad común** – meeting of minds
**voluntad expresa** – express will
**voluntad libre** – free will
**voluntad tácita** – implied will
**voluntariamente** *adv* – voluntarily
**voluntario** *m* – volunteer
**voluntario** *adj* – voluntary
**voluntariosamente** *adv* – willfully
**volver** *v* – to turn, to return
**volver a girar** – to redraw
**votación** *f* – voting, vote, ballot
**votación acumulativa** – cumulative voting
**votación cumulativa** – cumulative voting
**votación no acumulativa** – non-cumulative voting
**votación normal** – normal voting
**votación ordinaria** – ordinary voting
**votación por representación** – vote by proxy
**votación regular** – regular voting
**votación secreta** – secret ballot
**votador** *m* – voter, swearer
**votador** *adj* – voting
**votante** *m/f* – voter
**votar** *v* – to vote, to swear
**voto** *m* – vote, voter, promise, swearword
**voto a favor** – vote in favor
**voto activo** – right to vote
**voto acumulado** – cumulative vote
**voto afirmativo** – affirmative vote
**voto de calidad** – casting vote
**voto de censura** – vote of no confidence, vote of censure
**voto de confianza** – vote of confidence
**voto decisivo** – casting vote
**voto directo** – direct vote
**voto en contra** – vote against
**voto facultativo** – optional vote
**voto indirecto** – indirect vote
**voto mayoritario** – majority vote
**voto negativo** – negative vote
**voto nulo** – invalid ballot
**voto obligatorio** – obligatory vote
**voto por correo** – vote by mail
**voto por correspondencia** – vote by mail
**voto por poder** – vote by proxy
**voto público** – public vote
**voto secreto** – secret vote, secret ballot
**voz** *f* – voice, say, term, vote, rumor
**voz activa** – right to vote
**VPO (vivienda de protección oficial)** – housing which meets specific requirements for government incentives
**VPT (vivienda de precio tasado)** – housing which meets specific requirements for government incentives
**vuelo** *m* – flight
**vuelo chárter** – charter flight
**vuelta** *f* – turn, return, restitution, reverse, change, compensation, beating
**vulgar** *adj* – vulgar
**vulgaridad** *f* – vulgarity
**vulgarismo** *m* – vulgarism
**vulgarmente** *adv* – vulgarly
**vulgo** *m* – common people, uninformed people, masses
**vulnerabilidad** *f* – vulnerability
**vulnerabilidad de la víctima** – victim's vulnerability
**vulnerable** *adj* – vulnerable
**vulnerar** *v* – to harm, to injure, to violate

**warrant** *m* – warrant
**website** *m* – Website

# X

**xenofobia** *f* – xenophobia
**xenófobo** *adj* – xenophobic
**xenófobo** *m* – xenophobe
**xenófilo** *m* – xenophile
**xenófilo** *adj* – xenophilous

# Y

**y/o** – and/or
**y otros** – and others
**ya dicho** – aforesaid
**ya mencionado** – abovementioned, aforementioned
**yacer** *v* – to lie, to lie buried, to have sexual intercourse
**yacimiento de petróleo** – oilfield
**yacimiento mineral** – mineral deposit
**yacimiento petrolero** – oilfield
**yapa** *f* – bonus, tip
**yermo** *adj* – deserted, barren
**yerno** *m* – son-in-law
**yerro** *m* – error
**yuppie** *m* – yuppie, yuppy
**yuxtaponer** *v* – to juxtapose
**yuxtaposición** *f* – juxtaposition

# Z

**zacapela** *f* – row
**zafar** *v* – to free, to loosen
**zafarse** *v* – to escape, to evade, to hide, to break loose
**zalagarda** *f* – ambush, trap
**zanjar** *v* – to surmount, to settle
**zona** *f* – zone, region
**zona aduanera** – customs zone
**zona aérea** – flight zone
**zona comercial** – commercial zone, business district
**zona de comercio exterior** – foreign trade zone
**zona de empleo** – zone of employment
**zona de ensanche** – development zone
**zona de guerra** – war zone
**zona de influencia** – zone of influence
**zona de libre cambio** – duty-free zone
**zona de libre comercio** – free-trade zone
**zona de moneda común** – common currency zone
**zona de negocios** – business district
**zona de operaciones** – zone of operations
**zona de peligro** – danger zone
**zona de ventas** – sales region, sales zone, sales district
**zona económica exclusiva** – exclusive economic zone
**zona empresarial** – enterprise zone
**zona euro** – Euro zone
**zona fiscal** – tax district
**zona franca** – duty-free zone, customs-free area
**zona fronteriza** – border zone, frontier zone
**zona industrial** – industrial zone, industrial park
**zona libre de impuestos** – duty-free zone
**zona monetaria** – common currency zone, currency zone
**zona residencial** – residential area, residential district
**zona restringida** – restricted area
**zona rural** – rural area
**zona urbana** – urban area
**zona urbanizada** – urbanized area, built-up area
**zona verde** – green space
**zonal** *adj* – zonal
**zonificación** *f* – zoning
**zonificar** *v* – to zone
**zozobra** *f* – capsizing, worry, anxiety
**zozobrar** *v* – to capsize, to fail, to worry, to be anxious, to be in jeopardy
**zurriagazo** *m* – whiplash, unexpected misfortune, unexpected rebuff